ISBN 978-0-266-67827-4
PIBN 11013173

1 MONTH OF FREE READING

at

www.ForgottenBooks.com

By purchasing this book you are eligible for one month membership to ForgottenBooks.com, giving you unlimited access to our entire collection of over 1,000,000 titles via our web site and mobile apps.

To claim your free month visit:

English
Français
Deutsche
Italiano
Español
Português

www.forgottenbooks.com

Mythology Photography **Fiction**
Fishing Christianity **Art** Cooking
Essays Buddhism Freemasonry
Medicine **Biology** Music **Ancient
Egypt** Evolution Carpentry Physics
Dance Geology **Mathematics** Fitness
Shakespeare **Folklore** Yoga Marketing
Confidence Immortality Biographies
Poetry **Psychology** Witchcraft
Electronics Chemistry History **Law**
Accounting **Philosophy** Anthropology
Alchemy Drama Quantum Mechanics
Atheism Sexual Health **Ancient History**
Entrepreneurship Languages Sport
Paleontology Needlework Islam
Metaphysics Investment Archaeology
Parenting Statistics Criminology
Motivational

Juristische Wochenschrift.

Herausgegeben von

S. Haenle,
Königl. Advokat in Ansbach.

und

M. Kempner,
Rechtsanwalt beim Landgericht I. in Berlin.

Organ

des Deutschen Anwalt-Vereins.

Achter Jahrgang.

Berlin,
W. Moeser Hofbuchhandlung.
1879.

Alphabetisches Inhalts-Register

des

Achten Jahrgangs der Juristischen Wochenschrift.

Reichstage selbst, bei der Berathung über den Entwurf, eine solche Betrachtung Platz greift, und Geltung gewinnt.

Die bisherige Behandlungsweise der anwaltschaftlichen Angelegenheiten auf dem Reichstage hat gezeigt, daß derselbe eine ernstliche Erörterung aller einschlägigen Fragen und der Anträge und Wünsche des Standes selbst, für nothwendig erachtete. Es ist deshalb auch für diesen Entwurf die Aussicht vorhanden, daß er nach allen Richtungen hin, so geprüft werde, wie es eine Gesetzesmaterie verlangt, die nicht blos über das Wohl und Wehe von Tausenden von Familien entscheidet sondern von der auch abhängt, ob von nun an ein tüchtiger, lebensfähiger Anwaltstand im Reiche bestehen kann, oder, ob wir eine Zeit anbrechen sehen müssen, in der die Nahrungssorge, die Sorge für die Zukunft, den Stand herunterzieht, so daß Höherstrebende den Beruf fliehen werden, daß er eine Zufluchtsstätte wird, für Persönlichkeiten, die im Richterstande nicht fortkommen zu können glauben.   S. H.

Ueber die Rechtsanwaltsgebührenordnung.

Der im Reichsjustizamt ausgearbeitete und dem Bundesrath zugegangene Entwurf einer Rechtsanwaltsgebührenordnung schreibt (wie die politischen Tagesblätter nun mittheilen) in seinem ersten Paragraphen vor, daß die in diesem Gesetz vorgeschriebenen Gebührensätze und sonstigen Bestimmungen Anwendung finden sollen für die Vertretung resp. für den Beistand in Streitigkeiten, welche in das Gebiet der deutschen Civilprozeß-, Strafprozeß- und Konkurs-Ordnung fallen, sowie auf Consultationen, welche sich auf diese Rechtsverhältnisse beziehen. Ausgeschlossen dagegen sind von dem vorliegenden Entwurf die Sachen, auf welche die gedachten Reichsprozeßgesetze keine Anwendung finden oder welche vor anderen Behörden als den ordentlichen Gerichten geführt werden. Entsteht bei der Führung einer Rechtssache durch einen Rechtsanwalt ein Zweifel, ob für die Gebührenfestsetzung das Reichsgesetz oder die bezw. Landesgesetzgebung maßgebend sein soll, so kann der Anwalt nach einer Schlußbestimmung des Entwurfs einen Anspruch auf den für ihn günstigeren Satz erheben. Außer dieser Grundbestimmung enthält der erste Abschnitt des Entwurfs „Allgemeine Bestimmungen" noch folgende wesentliche Bestimmungen: Führen mehrere Anwälte gemeinschaftlich eine Sache, so hat Jeder von ihnen Anspruch auf die volle Vergütung. Der Beistand durch einen Anwalt ist ebenso zu vergüten wie die volle Vertretung durch einen Anwalt. Die Unterzeichnung eines Schriftstücks durch einen Anwalt ist ebenso zu vergüten, wie die vollständige Anfertigung. Der niedrigste einem Anwalt zu entrichtende Gebührenbetrag ist mindestens eine Mark, auch wenn nach der Tarifberechnung weniger herauskommen würde. — Im zweiten Abschnitte werden die Anwaltsgebühren in bürgerlichen Rechtsstreitigkeiten behandelt und ein fester Tarif für die Fälle aufgestellt, in denen nicht eine freie Vereinbarung zwischen dem Machtgeber und seinem Anwalt über die Höhe der Gebühren (was nach den Schlußbestimmungen des Entwurfs statthaft ist) erfolgt ist.

Den speciellen Bestimmungen ist folgende Grundtaxe der sog. vollen Gebühr vorangestellt: Bei Werthobjekten bis 20 Mk. incl. beträgt die volle Gebühr 1 Mk., — von 21—60 Mk. beträgt die Gebühr 2 Mk., — von 61—120 Mk. 4 Mk., — von 121 bis 200 Mk. 7 Mk., — von 201—300 Mk. 10 Mk., — von 301 bis 450 Mk. 14 Mk., — von 451—650 Mk. 19 Mk., — von 651 bis 900 Mk. 24 Mk., — von 901—1200 Mk. 28 Mk., — von 1201 bis 1600 Mk. 32 Mk., — von 1601—2100 Mk. 36 Mk., — von 2101 bis 2700 Mk. 40 Mk., — von 2701—3400 Mk. 44 Mk., — von 3401—4300 Mk. 48 Mk., — von 4301—5400 Mk. 52 Mk., — von 5401—6700 Mk. 56 Mk., — von 6701—8200 Mk. 60 Mk., — von 8201—10,000 Mk. 64 Mk. Die Werthklassen steigen sodann um je 2000 Mk., und die Gebührensätze steigen mit den Werthklassen bis zu 50,000 Mk. um je 4 Mk., sodann bis 100,000 Mk. um je 3 Mk. und über 100,000 Mk. um je 2 Mk. Diese vollen Gebührensätze sind dem Anwalt zu entrichten: 1) für die Prozeßführung (Prozeßgebühr), 2) für die Abhaltung einer mündlichen Verhandlung (Verhandlungsgebühr) und 3) für die Herstellung eines Vergleichs (Vergleichsgebühr). Die Hälfte des vollen Gebührensatzes ist zu entrichten: für die Vertretung bei der Eidesleistung des Gegners oder einer sonstigen Beweisaufnahme (Beweisgebühr); für die Vertretung in nicht contradictorischen Verhandlungen, ausgenommen Ehesachen und die vor die Landgerichte gehörigen Entmündigungssachen; für die Herstellung eines Vergleichs, wenn der Anwalt bereits auf die volle Verhandlungsgebühr Anspruch erheben kann, und schließlich bei Erledigung der Sache noch vor Einreichung der Klageschrift. Drei Fünftel der vollen Gebühr ist zu erheben für die Vertretung im Wechsel- und Urkundenprozeß. Drei Zehntel der vollen Gebühr hat der Anwalt für seine Vertretung im Zwangsvollstreckungsverfahren zu beanspruchen. Im Mahnverfahren kann er drei Zehntel der vollen Gebühr für die Erwirkung eines Zahlungsbefehls, einschließlich die Mittheilung des Widerspruchs an seinen Auftraggeber, $2/10$ für die Erhebung des Widerspruchs und $1/10$ für die Erwirkung des Vollstreckungsbefehls erheben. Für die Vertretung in der Beschwerde-Instanz kann der Anwalt $3/10$ der vollen Prozeßgebühr liquidiren, $1/10$ für die Anfertigung von Schriftstücken in einem Prozeß, ohne Prozeßbevollmächtigter zu sein, $2/10$ für die Rathsertheilungen und $3/10$ der vollen Gebühr für das Abrathen der Einlegung der Berufung oder Revision, wenn der Mandatar diesen Rath befolgt. — Die Bestimmungen des 3. Abschnittes über die Gebühren im Konkursverfahren schließen sich an die Bestimmungen des 2. Abschnitts in analoger Weise an wie die bezw. Bestimmungen des deutschen Gerichtskostengesetzes. — Der 4. Abschnitt handelt von den Gebühren in Strafsachen und bestimmt für die Vertheidigung vor dem Schöffengericht eine Gebühr von 12 Mk., vor den Strafkammern 20 Mk. und vor dem Schwurgerichte und dem Kreisgericht 40 Mk. Dauert die Strafverhandlung mehrere Tage lang, so hat der Anwalt für den 2. und die folgenden Tage die Hälfte der vollen Gebühr zu liquidiren, ausgenommen Privatklagen, bei welchen er für jeden Verhandlungstag die volle Gebühr erheben kann. Für die Vertretung in Privatklagesachen kann der Anwalt, falls eine Beweisaufnahme erfolgt, noch besonders 6 Mark erheben. Für die Vertretung in der Berufungs- oder Beschwerde-Instanz hat der Anwalt nach denselben Gebührensätzen, wie in erster Instanz, zu liquidiren.

Nᵒ 1.　　　　　　　Berlin, 1. Januar.　　　　　　　1879.

Juristische Wochenschrift.

Herausgegeben von

S. Haenle,　　　und　　　**Dr. A. Küntzel,**
Königl. Advokat in Ansbach.　　　Rechtsanwalt beim königl. Obertribunal in Berlin.

Organ des deutschen Anwalt-Vereins.

Preis für den Jahrgang 12 Mark. — Bestellungen übernimmt jede Buchhandlung und Postanstalt.

Der Vorstand des deutschen Anwaltvereins hat den Vereinsbeitrag für das Jahr 1879 auf 12 Mark festgesetzt, welche, wenn nicht früher Zahlung erfolgt, am ersten Februar 1879 satzungsmäßig durch Postvorschuß eingezogen werden.

Mecke, Schriftführer.
Königgrätzerstraße 105.

Der Vorstand des deutschen Anwalt-Vereins hat beschlossen, zur Berathung des zu erwartenden Entwurfs einer Anwaltsgebührenordnung einen Anwaltstag nach Berlin zu berufen. Als Berichterstatter sind die Herren Justizrath Lesse zu Berlin und Rechtsanwalt Fürst zu Mannheim bestellt. Die Versammlung soll stattfinden etwa 14 Tage nachdem der Entwurf der Gebührenord-nung amtlich veröffentlicht ist.

Zum neuen Jahr.

Kaum daß in Folge des französisch-deutschen Krieges die langersehnte deutsche Einheit wieder hergestellt, das deutsche Reich errichtet war, so geschahen auch aus der Mitte der deutschen Anwaltschaft Schritte, um den Gedanken der Einheit und Zusammengehörigkeit unter sich zu fördern und zu bewirken, daß ein deutsches Recht zu Stande komme. Am 25. August 1871, also nur etwa ¹/₂ Jahre, nachdem das Band der neuen Einigung geknüpft worden war, tagte der erste deutsche Anwaltstag zu Bamberg, wurde der deutsche Anwaltverein gegründet. Wer das Wirken desselben und der Anwaltstage verfolgt hat, wird

zugeben, daß durch die gepflogenen Verhandlungen der Geist der Vaterlandsliebe, der Liebe für die Wissenschaft des Rechtes, des Eifers für Umgestaltung desselben auf nationaler Grundlage, des Bestrebens auf Hebung des Standes und der Schaffung eines deutschen Anwaltstandes, gegangen ist.

Mit den größten Hoffnungen für dieses Gebiet der deutschen Einheit, wurde der Verein ins Leben gerufen. Insoweit, als es sich um Herstellung einer nationalen Justiz-Gesetzgebung handelte, haben sich diese Hoffnungen erfüllt und der Anwalt mag hierin einen Trost finden dafür, daß er so manche Hoffnung über das, was seinen eigenen Stand betrifft, sinken lassen mußte. Wir haben eine Organisation bekommen, von der wohl Mancher die Ansicht hat, daß das Experiment der „Zulassung" den Anwalt nicht so stellt, daß er als völlig unabhängig zu betrachten sei, und doch wieder so, daß er mit allen Uebeln der Concurrenz zu kämpfen habe. Aber auch der Gedanke, daß im deutschen Reiche auch ein deutscher Anwaltstand erstehen würde, und daß, wie die Zollschranken gefallen sind, auch die Zulassungs-schranken der Einzelstaaten für den Anwalt fallen würden, müßte, was wenigstens die nächste Zukunft betrifft, aufgegeben werden.

Noch ein Gesetz ist vor Thorschluß fertig zu bringen, daß die Justizgesetze im Oktober d. J. ins Leben zu treten ver-mögen — das Gesetz über die anwaltschaftlichen Gebühren. Es sind nicht sowohl Hoffnungen, als Befürchtungen, die in dieser Hinsicht von dem Anwaltstande gehegt werden, und ich glaube nicht irre zu gehen, wenn ich behaupte, daß derselbe der Neugestaltung nicht eben freudig entgegensieht. Nach den letzten Nachrichten liegt der Gesetzentwurf jetzt dem Bundesrathe vor. Vielleicht daß der Hinblick auf die bisherigen Zustände der Anwälte in den verschiedenen deutschen Staaten die Erwägung an die Hand giebt, daß eine Neuerung wenigstens keine Verschlechterung sein soll, vielleicht auch, daß auf dem

Für die Vertheidigung im Vorverfahren hat der Anwalt die Hälfte der vollen Gebühr zu liquidiren. Aus den beiden folgenden Abschnitten des Entwurfs sind folgende Bestimmungen hervorzuheben. Für die Ausarbeitung juristischer Gutachten kann der Anwalt eine angemessene Vergütung beanspruchen, welche, falls der Auftraggeber die Liquidation des Anwalts für zu hoch hält, durch Gutachten des Vorstandes der Anwaltskammer festzustellen ist. Führt der Anwalt Rechtsgeschäfte aus, für welche ein gesetzlicher Gebührensatz nicht besteht, so hat er pro Stunde 3 Mk. zu beanspruchen. Die in diesem Gesetz vorgeschriebenen Gebührensätze finden auch Anwendung für die Vertretung 1) im schiedsrichterlichen Verfahren, 2) in Patentsachen, 3) im Disciplinarverfahren, 4) im ehrengerichtlichen Verfahren gegen Rechtsanwälte, 5) in Untersuchungen wegen See-Unfälle. — Im siebenten Abschnitte (Schlußbestimmungen) befindet sich die wichtige Bestimmung, daß der Mandatar mit seinem Anwalt die Gebühren für die Prozeßführung frei vereinbaren kann, ohne Rücksicht auf die in diesen Gesetzen vorgeschriebenen Gebührensätze. Diese freie Vereinbarung kann jedoch rechtsgiltig nur durch einen schriftlichen Vertrag erfolgen. Wird von dem Anwalt bei der freien Vereinbarung die Mäßigung überschritten, so kann die Vereinbarung im Prozeßwege auf die gesetzliche Taxe herabgesetzt werden; die Thatsache, daß der Anwalt bei dem Gebührenanschlag die Mäßigung überschritten, ist durch ein Gutachten des Vorstandes der Anwaltskammer festzustellen.

Eine Mark.

Vorausgesetzt, daß die Angaben in den Zeitungen über den Entwurf der Gebührenordnung richtig sind, figurirt unter den Deservitenansätzen auch das Deservit von einer Mark, wenn es sich um einen Bagatellbetrag handelt. Ein solches Deservit ist doch in der That kaum noch ein Honorar zu nennen, denn von einem „Ehrensold" wird man da nicht reden können, wo ein Gerichtsvollzieher, ein Commissionär, ein Taglöhner, besser oder gleich gezahlt ist. In der That wird ein Anwalt, der sich vermüffigt findet, zu einem solchen Honorare zu plädiren, besser thun, wenn er sich als einfacher Bevollmächtigter geriit und als solcher bezahlen läßt. Die Gebühr für einen Zeugen kann für die Stunde 1 Mark betragen, ein Gerichtsvollzieher kann für eine Zustellung nach unserer jetzigen Gebührenordnung 1 Mark erhalten. Wie wenig dazu gehört, damit ein Gewerbsmann eine Mark zu fordern berechtigt ist, weiß alle Welt.

Will unsere Gesetzgebung, obgleich bei den Verhandlungen über die Anwaltsordnung Amtsanwalte von vielen Reichstagsmitgliedern gewünscht wurden, eine anwaltschaftliche Vertretung bei Bagatellsachen nicht, so scheint es mir gemäßer zu sein, hierüber eine Bestimmung zu treffen, als auf diese Weise es einem Anwalte, der einigermaßen Selbstgefühl hat, schwer zu machen, eine Vertretung zu übernehmen, die sich von einer Offizialvertretung, bezüglich der Bezahlung nicht viel unterscheidet, wenn auch der Mandant noch so vermögend ist. Gar Mancher der Clienten wird sich gniren, seinem Anwalte eine Bezahlung

zu reichen, die er vielleicht an demselben Vormittage schon einem seiner Arbeiter gegeben hat.

Allein wenn ein solches Deservit lediglich für das Einzelgericht Platz greifen würde, so könnte man doch sich eben aus dem eben angegebenen Grunde damit befreunden, daß ein Anwalt wegen 10 oder 12 Mark nicht plädiren, eine Vertretung nicht annehmen soll. Man kann doch immer sagen, solche Prozesse dürfen in der Unterinstanz nicht vertheuert werden sonst arten sie in Prozesse wegen der Kosten aus. Wie steht es nun aber mit der weiteren Instanz? Dasselbe Deservit obgleich Anwaltszwang, obgleich mit der Stufenfolge der Gerichte die Arbeit des Anwaltes in derselben Sache wächst, da eine Vertretung vor der höhern Instanz mit größerer Aufmerksamkeit und Umsicht behandelt werden muß.

Freilich kann der Anwalt durch einen Vertrag sich davor schützen ein Prozeßhonorar von einer Mark zu erhalten, während er nach derselben Gebührenordnung für eine Konferenz außerhalb der Prozeßsphäre wenigstens 3 Mark verlangen kann, aber wer wird wegen solcher Kleinbeträge, einen Vertrag abschließen wollen. Hier hätten wir ein schlagendes Beispiel dafür, wie nöthig neben dem Honorarvertrage, die Zulässigkeit der Selbsttaxirung ist, wobei freilich immer noch auf das Entschiedenste betont werden muß, daß eine Taxe von 1 Mark überhaupt als nicht angemessen erscheint.　　　　S. H.

Zum Anwaltstage.

In den schönen Sommertagen werden gewöhnlich auch die Versammlungstage der verschiedenen Vereine abgehalten. Geht man doch dabei von dem richtigen Gesichtspunkte aus, daß ein Hauptgewinn solcher Versammlungen darin besteht, die Berufsgenossen zusammen zu führen, ganz absehend von den Verhandlungen, einen Austausch der Meinungen, eine verallgemeinerte Kenntniß der Berufszustände, zu vermitteln, so daß also am füglichsten jene Zeit zu wählen sei, die überhaupt den Reiseplänen am meisten entspricht. Bei solchen Voraussetzungen ist nun gar Mancher nicht veranlaßt, den „Tag" zu besuchen, weil er ihn eben für nicht wichtig erachtet, dem Einen paßt die Zeit nicht, ein Zweiter will mit seiner Familie eine Reise machen, ein Dritter scheut die Kosten und wieder ein Anderer betrachtet eine solche Zusammenkunft als eitel Humbug, auf der viel gegessen und getrunken, aber wenig ausgerichtet wird. Das trifft nun Alles bei dem nächsten Anwaltstage, der voraussichtlich ein winterlicher werden wird, nicht zu. Wir haben wahrlich nicht Ursache bei demselben in Festivitäten uns zu ergehen und der Gegenstand, über welchen verhandelt werden wird, ist keineswegs ein akademischer, wohl aber haben wir dringenden Grund, Kosten und Zeit nicht zu sparen, um so zahlreich als möglich zu erscheinen, und unsre Stimme in einer Frage abzugeben, die unsre ganze Zukunft bedingt. Es ist absolut nöthig, daß der nächste Anwaltstag ein anderes Gepräge an sich trägt, wie unsere bisherigen Versammlungen, und wie überhaupt derartige Zusammenkünfte. Es bilden nämlich dabei in der Regel die Berufsgenossen der nächsten Umgebung eine solche Mehrzahl, daß man nicht läugnen kann, es würde dadurch ein lokaler Charakter der betreffenden Versammlung gegeben. Da es sich nun aber bei unserem demnächstigen Beisammensein darum handelt, zu dokumentiren, welchen Eindruck der Entwurf im ganzen Reiche gemacht habe, welche Ansichten, trotz der Verschiedenartigkeit der Taxgesetze, darüber überall unter uns herrsche, so ist es folgerichtig, daß auch von den fernsten Theilen des Vaterlandes die Berufsgenossen kommen, und daß es nicht wieder gehe, wie früher, wo mancher Bundesstaat gar nicht, aber nur sehr spärlich vertreten war.

Ein anderer Wunsch, eine andere Nothwendigkeit, deutgt sich gleichfalls, bezüglich des nächsten Anwaltstages auf: Die Beschränkung des Redegelechts auf das Nöthigste und Wichtigste, damit das Schwergewicht der Debatte nie aus dem Auge verloren werde und mit der Kraft und Energie hervortrete, welche erforderlich ist, damit auch Etwas erreicht werde. Je größer die Versammlung, je zahlreicher sie auch aus entfernteren Gegenden besucht wird, je praktischer die Vorschläge, je bedeutender die Stimmenzahl, mit der die Beschlüsse gefaßt werden, desto mehr ist Aussicht vorhanden, daß das Ergebniß des Anwaltstages, nicht ein frommer Wunsch bleibe, und bei den Regierungen und im Schooße des Reichstages, Berücksichtigung finde.

Nachdem der Entwurf der Gebührenordnung nunmehr durch die Tagesblätter bekannt wurde, so kann auch die Debatte darüber von dem prinzipiellen Felde mehr auf das Gebiet der einzelnen Bestimmungen übergehen. Es ist nun wünschenswerth, daß schon vorher, ehe wir zusammentreten, möglichste Uebereinstimmung und Klarheit, was wir wollen, unter den Kollegen herrsche und es ließe sich vielleicht in dieser Beziehung recht viele Zusendungen, sei es an unsere beiden Herren Referenten, sei es an die Juristische Wochenschrift, Einiges verbreiten. Was die letztere betrifft, so will ich hier die Hauptpunkte angeben, welche nach meiner unmaßgeblichen Ansicht — denn in allen diesen Aufsätzen äußert sich die Juristische Wochenschrift, nicht als "Organ des Anwaltvereines", sondern giebt lediglich die Meinung eines Einzelnen — ins Auge zu fassen sind.

1) Zulässigkeit der Selbsttaxirung. Wie die Sache liegt, hat der Entwurf prinzipiell doch nur regeln und bestimmen wollen, welchen Deservitenbetrag der Prozeßgegner ersetzt verlangen kann. Deshalb wurde auch die Vertragsfreiheit, wenn auch im beschränkten Maße und unter lästiger Form, gestattet. Aber der Vertrag ist, wie allgemein anerkannt, nur in Ausnahmsfällen anwendbar und so wäre der Anwalt, wenn die Selbsttaxirung nicht zugelassen wird, gezwungen mit Deservirten auszukommen, mit denen sich in Wirklichkeit nicht auskommen läßt. Es ist aber auch der Vorschlag der Selbsttaxirung nicht ohne Aussicht auf Erfolg. Nachdem in einem Theile unseres Vaterlandes, dieselbe schon seit Jahren besteht und von den Bewohnern keine Klagen dagegen erhoben werden, so ist wohl anzunehmen, daß im Reichstage gewichtige Stimmen sich dafür hören lassen werden.

2) Was das Deservitenmaß selbst betrifft, so läßt sich gegen die Abstufung prinzipiell der Einwand erheben, daß die Analogie mit der Abstufung der Gerichtskosten, keinen rationellen Grund hat. Es ist ganz natürlich, daß eine Steuer sich nach der Summe richtet, die zu besteuern ist, es ist aber keineswegs verständlich, warum auch bei der Annahme des Pauschalsystems, bei

Festsetzung eines Honorars lediglich der in Frage stehende Streitbetrag, maßgebend sein soll. So kam es, daß bei den Rechtsstreitigkeiten, die geringe Streitbeträge oder mittlere Beträge zum Gegenstand haben, die Deservirten viel zu niedrig normirt erscheinen, so daß eine einfache Berechnung vom Standpunkte der bisher geführten Prozesse aus, den Nachweis an die Hand giebt, die Gebührenordnung sei, mit den Worten eines Einsenders in dieser Zeitschrift zu reden: "auf den Leib der großen Städte zugeschnitten." Will unsere Gesetzgebung, Anwälte bei den Amtsgerichten, so kann sie doch nicht den Anwalt der vor denselben auftritt, unter den Commissionär herunter drücken wollen, indem sie ihn bei geringeren Sachen mit 1—4 Mark abspeist. Wenn auch nicht in so grellem Maße, doch durchaus unzulänglich, wie dies die Prozeßzusammenstellung der meisten Kollegialgerichte darthun würden, ist das Deservit bei Prozessen von mittleren Streitbeträge, Prozesse, bei denen bei Abschließung eines Vertrages in den wenigsten Fällen sich als würdig und praktisch darstellt. Jedenfalls sollte eine mehrfache Platdorie oder ein längeres Beweisverfahren Berücksichtigung finden, oder, wenn in dieser Hinsicht die Consequenzen des Pauschalsystems bis zum Aeußersten bis zur Härte verfolgt werden wollen, so sollte andererseits da, wo diese Consequenzen die Härte ausgleichen könnten, diese Consequenzen gleichfalls angenommen werden. In allen den Eventualitäten aber, in welchen eine kürzere Abwicklung der Sache im Prozeßwege, der mühesere Anwaltsarbeit, in Aussicht steht, z. B. beim Wechsel- und Urkundenprozeß ꝛc. ist darauf Rücksicht genommen, Rücksicht genommen, obgleich bei einer, längere Zeit und Arbeit in hohem Grade verlangende Vertretung, einzig und allein in hohem Grade verlangende Vertretung, einzig und allein die Summe maßgebend sein soll, um die der Prozeß sich dreht.

Doch genug für die Neujahrsnummer von diesem Thema. Die Wochenschrift wird, wie es ihre dringendste Aufgabe ist, nicht verfehlen, immer und immer wieder darauf zurück zu kommen. S. H.

Mittheilungen aus der civilrechtlichen Praxis des Obertribunals zu Berlin
von Justizrath Mecke.

A. Gebiet des Preußischen Landrechts.

1) N. 724|78 I. Erkenntniß vom 17. Mai 1878.

Zu den §§. 28, 30 Reichsgesetz über den Unterstützungs-Wohnsitz vom 6. Juni 1870 nimmt das Obertribunal unter Vernichtung des Appellations-Urtheils an, daß die Ersatzklage einer Privatperson, welche einen Armen an Stelle des verpflichteten Armenverbandes verpflegt hat, nicht gegen den vorläufig verpflichteten, sondern den definitiv verpflichteten Armenverband zu richten sei, wenn der vorläufig Verpflichtete die Uebernahme der Unterstützung verweigert hat bei dieser Weigerung beruhigt hat und der Verpflegte demnächst verstorben ist.

2) N. 621|78 I. Erkenntniß vom 17. Mai 1878.

Der Kläger hat der Erbschaft seiner Mutter in Bezug auf das, was er aus dem Nachlasse seiner Mutter noch fordern könnte zu Gunsten seiner jüngeren Schwester entsagt. Der Appellationsrichter hält diese Erklärung für eine wirkliche Erbschaftsentsagung, das Obertribunal vernichtet aber das Appellations-Erkenntniß wegen Verletzung der §§. 394—396 I. 9 Allgemeinen Landrechts, indem es ausführt:

Eine Erklärung, welche nach ihrem Inhalte jene gesetzliche Wirkung ausschließt, also den nach Testament oder Gesetz an Stelle des Entsagenden berufenen Personen andere oder einzelne von ihnen substituirt, ist also als eine wahre Erbschaftsentsagung nicht anzuerkennen, sondern läuft auf eine Disposition über den angefallenen Erbtheil hinaus, welche nur als eine solche wieder, eine Succession vermittelt, nicht aber dem Disponirenden die Erbesqualität vollständig entziehen kann, worauf es im vorliegenden Falle allein ankommen könnte.

3) N. 31;78 I. Erkenntniß vom 31. Mai 1878.

Bei Zurückweisung der auf Verletzung der Stempeltarifposition „Schuldverschreibungen" gestützten fiskalischen Nichtigkeits-Beschwerde sagt das Obertribunal rücksichtlich der rechtlichen Natur der von einem Gesellschafter versprochenen Einlage:

Als „Schuldverschreibung" ist nur die Beurkundung eines Rechtsverhältnisses anzuerkennen, innerhalb dessen sich zwei Personen als Gläubiger und Schuldner, aus wesentlich verschiedenem Interesse als berechtigt und in entsprechender Weise verpflichtet gegenüberstehen. Diese Kriterien treffen für das Versprechen des Gesellschafters, eine Einlage zu machen, nicht zu: abgesehen von dem hier nicht gegebenen Falle, daß der Gesellschaft die Rechte einer juristischen Person zustehen möchten, übernimmt er damit eine Leistung an einer Gesammtheit, bei der er selbst auch als Berechtigter betheiligt und als solcher nach Maßgabe des Vertrages in der Lage ist, über das Gezahlte selbst weiter zu verfügen.

4) N. 1231;78 I. Erkenntniß vom 10. Juli 1878.

Nach der Praxis des Obertribunals hat bei Gutsüberlassungsverträgen das Kind, welches von dem Vater eine Abfindung ausgesetzt, auf die Abfindung kein selbstständiges und unwiderrufliches Recht, solange es nicht dem Ueberlassungsvertrage beigetreten ist. Die Eltern sind daher solange befugt, in Uebereinstimmung mit ihrem Mitkontrahenten denselben zu Gunsten des abgefundenen aber unterlegt beigetretenen Kindes abzuändern und selbst ganz aufzuheben. Diese Befugniß wird, wie das Obertribunal in revisorio dem Appellationsrichter entgegen annimmt dadurch nicht beeinträchtigt, daß der Vater dem Kinde die Abfindungssumme übereignet und das Kind die von den Gutsübernehmer geleisteten Zahlungen annimmt. Denn darin liege, nicht wie der Appellationsrichter meine, die Cession und die Annahme der Zahlungen ohne Beitritt zum Vertrage sei und nicht geeignet, das Kind zum Mitkontrahenten zu machen. Vergl. §§. 75 ff. I. 5 §§. 376, 393 I. 11 Allgemeinen Landrechts Pl. Beschl. vom 25. August 1846.

5) N. 2212;78 I. Erkenntniß vom 7. Oktober 1878.

In revisorio tritt das Obertribunal der Ansicht des Appellationsrichters, daß eine zwar formlose, aber durch Uebergabe vollzogene Schenkung einer Summe Seitens des einen Ehegatten an den andern nicht wegen Mangels der §§. 198—201 II. 1 Allgemeinen Landrechts vorgeschriebenen Form ungültig sei, bei.

Es sagt:

Der Revise will die streitigen 12,000 Mark von seiner Ehefrau „warmer Hand", d. h. unmittelbar von Hand zu Hund, als Geschenk übergeben erhalten haben. Ist dies richtig, so findet eine Rückforderung wegen Mangels eines gerichtlichen Vertrages nach §. 1065 Tit. 11 Th. I. in Verbindung mit §. 310 Tit. I. Th. II. Allgemeinen Landrechts, wonach Geschenke unter Eheleuten, wie unter Fremden gültig sind, nicht statt. Hierfür spricht auch die Bestimmung des §. 1042 Tit. 11 Th. I. a. a. O., daß dasjenige, was Eheleute einander ohne Vorbehalt geben, für geschenkt angesehen werden soll, so lange nicht ein Anderes aus den Umständen erhellt, oder durch besondere Gesetze verordnet ist. Wenn §. 198 Tit. I. Th. 2 Allgemeinen Landrechts vorschreibt, in allen Fällen, wo die Frau in stehender Ehe zu etwas, wozu die Gesetze sie nicht verpflichten, dem Manne, oder zu dessen Vortheile verbindlich gemacht werden solle, sei der Vertrag oder die Verhandlung gerichtlich — und zwar unter Zuziehung eines Beistandes für die Frau §. 200 a. a. O. — zu vollziehen, so erscheint diese Vorschrift auf den gegenwärtigen Fall von vornherein nicht anwendbar, weil es sich nach der Behauptung des Revisen um eine durch Uebergabe bereits vollzogene Schenkung handelt, nicht aber um eine Vertrag oder sonstiger Rechtsakt, durch welche seine Ehefrau erst zu etwas hätte verpflichtet werden sollen.

6) N. 2367;78 I. Erkenntniß vom 18. Oktober 1878.

Der Klage auf Erstattung der für einen hülfsbedürftigen im Interesse eines Armenverbandes aufgewendeten Kosten entgegengestellt und von der Nichtigkeits-Beschwerde festgehaltene Einwand der Unzulässigkeit des Rechtsweges wird vom Obertribunal verworfen weil, wie in der neusten Judikatur des Obertribunals festsiehe, eine vorgängige Entscheidung der Verwaltungsbehörde nur dann erfordert werden könne, wenn Streitpunkte vorhanden, welche zuvor durch die Administrativbehörde hätten festgestellt und entschieden werden müßten; daß aber, wenn es an dergleichen Streitpunkten fehle, wenn vielmehr unter den Parteien außer Streit und Zweifel sei, daß der verpflegte Arme wirklich hülfsbedürftig gewesen und daß seine Verpflegung und Unterstützung in einer Weise stattgefunden, daß der dadurch entstandene Kostenaufwand keiner Bemängelung und Monitur unterliege, sich der erhobenen Klage nicht der Einwand der Unzulässigkeit des Rechtsweges entgegensetzen lasse, weil dann keine der Administrativ-Entscheidung bedürftige und deshalb der richterlichen Beurtheilung entzogenen Punkte vorhanden seien.

Vergl. §. 63 Preuß. Ausf. Ges. zum R. G. über den Unterst. Wohns. v. 8/3 1871.

7) N. 1524;78 II. Erkenntniß vom 27. Juni 1878.

In revisorio führt das Obertribunal in Uebereinstimmung mit dem Revisionskollegium aus, daß der Appellationsrichter befugt ist, über neue Fundamente eines bisher den Anspruch aus Rheinland bildenden Realrechts in II. Instanz zu entscheiden. Vergl. §. 189 Bo. v. 20. Juni 1817 §. 16 Bo. v. 22. November 1844.

8) N. 1496;78 II. Erkenntniß vom 17. September 1878.

Wie das Obertribunal unter Bezug auf Entsch. 79 S. 88, 81 S. 139 bei Verwerfung der R. B. ausführt, ist, wenn die Verwaltungsbehörde von dem Kreisausschusse einen Weg als einen öffentlichen in Anspruch genommen und der Kreisausschuß rechtskräftig die Inanspruchnahme gebilligt hat, die Klage auf Anerkennung des Weges als eines Privatweges bei den ordentlichen Gerichten nicht gegen den Kreisausschuß, sondern gegen das vermögensrechtsfähige Subjekt zu richten, welches bei der Frage, ob der Weg ein öffentlicher oder ein Privatweg interessirt, bezw. bei der Expropriation die Entschädigung zu leisten hat.

9) N. 1929|78 II. Erkenntniß vom 24. September 1878.

Der Appellationsrichter hatte ausgeführt, daß die Ausdehnung einer Grundgerechtigkeit selbst soweit, daß der Eigenthümer von der Anbung ausgeschlossen werde, nicht unzulässig sei und daß über den Umfang nach §. 28 I. 22 Allgemeinen Landrecht der Umfang des Besitzes entscheide, sodaß sie ohne Rücksicht auf den Grad des Bedürfnisses des herrschenden Grundstücks und auf den eignen Bedarf der Besitzer desselben ohne jede Beschränkung und Grenze ausgeübt werden könne. Dem tritt das Obertribunal unter Vernichtung des Appellations-Erkenntniß entgegen. Es sagt:

Ein Grundstück ist kein Rechtssubjekt, welches Träger aller Rechte jedes beliebigen Inhalts und Umfangs sein kann. Von diesem Rechtssatz findet nur die Eine Modifikation statt, daß einem Grundstück eine Grundgerechtigkeit gegen ein andres Grundstück erworben und durch dieses Recht perpetuirlich derart mit demselben verbunden werden kann, daß es von jedem Besitzer geltend gemacht werden kann. Wesentliche Voraussetzung eines solchen Rechts ist aber die, daß der wahrere Nutzen dem Grundstück selbst zu Gute kommen muß, so daß der Nutzen, den es dem jedesmaligen Besitzer bringt, durch den Besitz des Grundstücks vermittelt wird. Daraus folgt, daß für den Umfang des Rechts die Bedürfnisse des Grundstücks maßgebend sind, die persönlichen Bedürfnisse des Besitzers aber immer nur so weit, als sie durch den Besitz des Grundstückes bedingt sind. Eine Holznutzungsgerechtigkeit kann als Prädialservitut nur in dem Umfang erworben werden, daß dadurch alle Bedürfnisse des Gutes an Bauholz und Brennholz befriedigt werden, ein vollständiger fructus an einem Walde derart, daß der Berechtigte die ganze Holznutzung des Waldes ohne Rücksicht darauf beziehen darf, was er an Bau- und Brennholz auf dem Gute bedarf, so daß er also den Ueberschuß auch verkaufen darf, kann als Grundgerechtigkeit d. h. als ein dem herrschenden Grundstück und dem jedesmaligen Besitzer desselben zustehendes Recht nicht constituirt werden. Wird ein solches ausschließliches Recht auf die vollständige Anbung eines Waldes mit Ausschluß des Eigenthümers eingeräumt oder durch Verjährung erworben wird, so ist es keine Grundgerechtigkeit, sondern ein Personalservitut. Nur eine Person nicht aber ein Grundstück kann Träger eines solchen Rechtsverhältnisses sein.

10) N. 1919|78 II. Erkenntniß vom 15. Oktober 1878.

Unter Zurückweisung der Nichtigkeits-Beschwerde führt das Obertribunal aus, daß die Gras-Nutzung an Deichen keine res extra commercium sei. Vgl. §. 15 I. 4 Allgemeines Landrecht §§. 11, 15 Deichgesetz vom 28. Januar 1848, §. 18 der Allgemeinen Bestimmungen für künftig zu erlassende Deichstatute vom 14. November 1853.

11) N. 1638|78 III. Erkenntniß vom 13. September 1878.

In revisorio spricht das Obertribunal aus, daß die von einem nichteingetragenen Eigenthümer, der sein Eigenthum vor dem ersten Oktober 1872 erlangt hat, bewilligte Hypothek der Gültigkeit entbehrt und der Hypothekengläubiger nicht befugt ist, zum Zwecke der Eintragung der ihm zugesicherten Hypothek das Eigenthum des Verpfänders an der verpfändeten Besitzung im Grundbuche eintragen zu lassen.

12) N. 1355|78 III. Erkenntniß vom 23. September 1878.

Zu den §§. 197—201 I. 7 Allgemeines Landrecht nimmt das Obertribunal unter Zurückweisung der Nichtigkeits-Beschwerde und Bezugnahme auf Entscheidung 39 S. 50, 51 an, diese Vorschriften setzen voraus, daß der erfolgten Bestellung bereits ein früheres Wirthschaftsjahr aus der Besitzzeit des Bestellenden vorausgegangen oder doch, daß der Besitz vor Anfang eines Wirthschaftsjahres begonnen habe.

13) N. 1502|78 III. Erkenntniß vom 23. September 1878.

Der Appellationsrichter hatte angenommen, daß die Verfügung einer demnächst geschiedenen Ehefrau über eine ihr gehörige Forderung ohne Einwilligung des nichtbrauchsberechtigten Ehemannes gültig sei, weil am Tage der Verfügung auf Klage des Ehemannes ein die Ehetrennung aussprechendes Urtheil ergangen, das, weil von dem obsiegenden Ehemann erwirkt, diesem gegenüber die relative Rechtskraft erlangt habe. Das Obertribunal hat das Appellations-Erkenntniß wegen Verletzung des §. 731 II. I Allgemeines Landrecht vernichtet. Es sagt:

§. 731 a. a. O. bestimmt, daß die Ehetrennung mit der Rechtskraft des Scheidungsurtheils eintritt. Rechtskräftig wird das Urtheil aber erst mit dem Ablauf der gesetzlichen Rechtsmittelfrist. Von einer rechtskräftigen Entscheidung kann nicht die Rede sein, so lange das Scheidungsurtheil noch von einem der beiden Ehegatten mit einem Rechtsmittel angefochten werden kann. Es wird dieserhalb auf die ausführliche Begründung des Erkenntnisses des Obertribunals vom 5. März 1877, Entscheidung Bd. 79 S. 237 Bezug genommen. Die sogenannte relative Rechtskraft der Erkenntnisse steht mit dem hier in Frage kommenden Zeitpunkte der Rechtskraft in keinerlei Verbindung, jener wohnt ihm eine ganz andere Bedeutung bei. Dazu kommt, daß nach §. 53 der Verordnung vom 28. Juni 1844 die Ehescheidungsklage bis zur Rechtskraft des Scheidungsurteils zurückgenommen werden kann, also von dem klagenden Theile auch gerade dann, wenn seinem Antrage gemäß auf Scheidung erkannt ist.

14) N. 1656|78 III. Erkenntniß vom 11. Oktober 1878.

Zum §. 31 C. G. vom 5. Mai 1872 führt das Obertribunal unter Verwerfung der Nichtigkeits-Beschwerde aus, daß aus dem Verfügungsrechte des Grundeigenthümers über abgesonderte Früchte nicht auch die Befugniß zur Cession der Versicherungs-Gelder für diese als abgesondert verbrannten Früchte folge, eine solche Cession vielmehr ungültig sei, wenn sie zum Nachtheile der eingetragenen Gläubiger gereiche.

15) N. 2160|78 III. Erkenntniß vom 11. Oktober 1878.

Der Appellationsrichter hatte in der Bestimmung eines Pachtvertrags, wonach der Pächter bei Beendigung der Pacht die vom Verpächter übergebene Aussaat sowie das erhaltene Stroh in gleicher Qualität und Quantität zurückgeben müsse, ein uneigentliches Darlehen gefunden und den Adjudikatar, welcher die Aufhebung des Pachtvertrags mit dem Pächter verabredet hatte, mit dem Anspruche auf Aussaat und Stroh als des dinglichen Charakters entbehrend abgewiesen. Das Obertribunal

erklärt dies unter Vernichtung des Appellations-Erkenntnisses
für rechtsirrthümlich, weil nur über die mit dem Grundstücke
zu übergebende Aussaat Abrede getroffen, welche als Beilaß
oder Zubehör zu dem verpachteten Grundstück gehöre und mit
demselben zurück zugewähren sei, falls hierüber nicht abweichende
Vertragsbestimmungen verabredet worden. Vgl. §§. 853—860
I. 11 Allgemeines Landrecht.

16) N. 2082/78 III. Erkenntniß vom 21. Oktober 1878.
Bei Verwerfung der Nichtigkeits-Beschwerde wird vom
Obertribunal ausgeführt:

Für den Verwaltungsvertrag ist der vom Beklagten als
verletzt bezeichnete angebliche Rechtsgrundsatz, daß der Machtgeber seinen Bevollmächtigten wegen seiner Ansprüche aus dem
Vollmachts-Auftrage zunächst auf Rechnungslegung belangen
müsse, in dieser Allgemeinheit nicht anzuerkennen. Vielmehr
muß aus den besonderen Umständen jedes einzelnen Falles der
Frage beantwortet werden, ob die separate Geltendmachung
einer einzelnen Forderung aus der Gesammtheit der durch die
geführte Verwaltung begründeten, durch Abrechnung aber noch
nicht geordneten beiderseitigen rechtlichen Beziehungen gegen
den Betheiligten obliegende gutgläubige Verfahren verstößt und
deshalb von dem in Anspruch genommenen die Einlassung
abgelehnt werden kann.

17) N. 3176/78 III. Erkenntniß vom 28. Oktober 1878.
In einem Interventionsstreit hatte Kläger zum Nachweise
der erlangten Uebergabe der beanspruchten Mobilien behauptet
er habe auf die gekauften Sachen Papierzettel mit seinem Namen ankleben lassen. Der Appellrichter erblickte darin eine symbolische Uebergabe, welche unerheblich sei, weil § 64 a. a.
O. die Wirksamkeit einer solchen Uebergabe an die Voraussetzung
geknüpft sei, daß die körperliche Besitzergreifung ferner nicht
entgegen stehe, diese Voraussetzung aber nicht zutreffe, da in
dem Vertrage selbst der Kläger die Benutzung der gekauften
Sachen der Ehefrau des Verkäufers überlassen, und dadurch auf
die körperliche Besitzergreifung verzichtet habe: Das Obertribunal erklärt dies unter Vernichtung des II. Erkenntnisses in doppelter Richtung für rechtsirrthümlich, und zwar zunächst deshalb, weil Entsagungen und Verzichtleistungen nach dem §. 381
Theil I Titel 16. allgemeines Landrecht allemal eine ausdrückliche Willenserklärung erfordern, ein ausdrücklicher Verzicht aber
weder von dem Appellationsrichter festgestellt, noch überhaupt
in dem Vertrage zu finden sei.

Demnächst komme in Betracht, daß die vom Kläger behauptete Thatsache vom Standpunkt einer sogenannten sym-
bolischen Uebergabe, — deren Vorbedingungen freilich in einer
durch den Käufer bewirkten Zettelbeklebung nicht enthalten sind, —
überhaupt nicht zu beurtheilen gewesen sei. Die Anbringung
von Zetteln, sei es durch des Klägers eigene Hand, sei es durch
die einer von demselben beauftragten Person habe nur durch
wirkliche Handanlegung an die Sachen selbst ausgeführt werden
können. Es charakterisire sich daher diese Handlung recht eigentlich als ein Act körperlicher Besitzergreifung an den, von dem
Verkäufer freigegebenen Sachen, bei welcher auch die Absicht
einer solchen durch den Umstand, daß die Zettel den Namen des
Käufers trugen, unzweideutig hervor trete. Mit diesem Acte
sei die Uebergabe im Sinne des § 58 a. a. O. und damit
der Eigenthumserwerb für den Käufer erworben gewesen.

18) N. 1214/78 IV. Erkenntniß vom 4. Juli 1878.
Unter Verwerfung der Nichtigkeitsbeschwerde billigt das
Obertribunal die Ansicht des Appellationsrichters, daß eine Conventionalstrafe nach ihrer Verwirkung gültig vom Hauptrechte losgelöst und einem Dritten abgetreten werden könne.

19) N. 956/78 IV. Erkenntniß vom 19./26. September 1878.
Das Obertribunal vernichtet das Appellationserkenntniß aus
folgenden Gründen:

Der Appellrichter stellt das zwischen den Parteien verabredete
Geschäft dahin fest, daß Kläger im Frühjahr 1874 bei der verklagten Handelsgesellschaft — nach einem Modelle acht Mohren
als Dekorationsfiguren, welche die Verklagte in Baesig von
dortigen Künstlern anfertigen lassen sollte, zur Uebersendung an
ihn bestellt habe, und daß der Preis pro Stück auf 232 Thlr.
festgesetzt sei.

Wenn der Appellationsrichter dieses Rechtsgeschäft nach
§§. 925 folgende Theil I Titel 11. Allg. Landrecht als
Werkverdingung qualificirt, so verkennt er, wie die Nichtigkeitsbeschwerde mit Recht rügt, die rechtliche Natur dieser Geschäfts-
form und verletzt die §§. 925 folgenden und die Nr. 9 Instruktion vom 7. April 1839. Denn bei der Werkverdingung
steht dem Besteller der Arbeit ein Werkführer oder Künstler gegenüber, und die Absicht des Geschäftes ist darauf gerichtet,
daß das bestellte Werk von diesem Werkführer oder Künstler selbst angefertigt und geliefert werde. Der §. 928 a. a. O.
spricht das klare und deutlich durch die Worte aus:

„In allen Fällen, wo ein Werk oder eine Arbeit einem
Werkführer oder Künstler angegeben worden, ist derselbe das
Geschäft selbst auszuführen verbunden, und kann die Ausführung
wider den Willen des Bestellers einem Andern nicht übertragen".
Der § 929 a. a. O. gestattet ihm nur, wenn nicht ein Anderes verabredet worden, fremder Gehülfen und Mitarbeiter dabei sich zu bedienen. Auch das Präjudiz N. 1882
(Sammlung I 69) macht die Anwendung der §§. 925 folg.
a. a. O. davon abhängig, daß der Uebernehmer des Werkes
ein Werkverständiger ist, also zur selbsteigenen Ausführung
des Werkes Tüchtigkeit, Kenntniß und Erfahrung besitzt.

20) N. 1998/78 IV. Erkenntniß vom 24. September 1878.
Der Verklagte ist vom Appellrichter verurtheilt, der Klägerin
die Kosten der Alimentation seines Kindes, welches dieselbe gegen
dem Widerspruch des Beklagten bei sich behalten hatte, zu ersetzen.
Das Obertribunal vernichtet das Appellationserkenntniß wegen
Verletzung der vom Appellrichter angewandten §. 235 I 13 allgemeines Landrecht, weil dieser mit §. 234 ibid. im Zusammenhange stehe und die Feststellung des Appellrichters ausschließe,
daß wie §. 234 a. a. O. als Voraussetzung des §. 235 a. a. O.
erfordere, die Klägerin die Genehmigung der Beklagten erwarten durfte, ebenso, daß es sich um Abwendung eines zu besorgenden Schadens gehandelt habe. Ueberhaupt sein die gedachten Bestimmungen in Fällen nicht anwendbar, in welchen
die Genehmigung bereits zum Voraus versagt worden.

21) N. 1361/78 IV. Erkenntniß vom 15. Oktober 1878.
Unter Verwerfung der Nichtigkeitsbeschwerde stellt das Obertribunal zum § 218 I 17 Allgemeines Landrecht den schon früher
von ihm anerkannten Rechtssatz auf, daß nach nach erfolgter Auflösung einer Sozietät die Cession des Antheilsrechts eines Mitgliedes insbesondere des Rechts auf Rechnungslegung an ein

Nichtmitglied der Gesellschaft und deren Mitgliedern gegenüber rechtsunwirksam sei, so daß also aus dieser Session das gesellschaftliche Recht auf die Geschäftsprüfung und Einsicht der Bücher nicht hergeleitet werden könne.

(Fortsetzung folgt.)

Uebersichtliche Darstellung der Ergebnisse bei dem Vollzuge der §§. 23 ff. des R. St. G. B. im Königreiche Bayern während der Jahre 1872 bis 1877.

Die im Justiz-Ministerialblatt für das Königreich Bayern Jahrgang 1878 Nr. 6 S. 60 und 61 enthaltene Uebersicht obigen Betreffes ergiebt, daß während der genannten Jahre von den Strafanstaltsverwaltungen 1807 Anträge auf Bewilligung vorläufiger Entlassung gestellt, von dem Königlichen Justizministerium hiervon 208 abgewiesen, dagegen 1599 genehmigt wurden, bei welchen letzteren nach §. 24 a. a. O. in 59 Fällen ein Widerruf der vorläufigen Entlassung erfolgte.

Von den betreffenden 1599 Personen waren 303 wegen Meineids, 170 wegen Verbrechens oder Vergehens wider die Sittlichkeit, 22 wegen Todtschlags, 70 wegen Kindsmords, 23 wegen anderer Verbrechen und Vergehen wider das Leben, 403 wegen Körperverletzung, 289 wegen Diebstahls, 32 wegen Unterschlagung, 27 wegen Raub und Erpressung, 12 wegen Begünstigung und Hehlerei, 105 wegen Betrugs, Untreue, Urkundenfälschung, 57 wegen Brandstiftung, 2 wegen anderer gemeingefährlicher Verbrechen und Vergehen, 49 wegen Verbrechen und Vergehen im Amte, und 35 wegen anderer Verbrechen und Vergehen verurtheilt*).

Aus dem S. 79 ff. a. a. O. mitgetheilten Ergebniß der praktischen Konkursprüfung der zum Staatsdienste aspirirenden Rechtskandidaten ist zu entnehmen, daß in den Jahren 1874—1877 in den Landestheilen rechts des Rheins 348, im Regierungsbezirke der Pfalz 60 Kandidaten geprüft wurden, und daß von den ersteren 13 die I., 289 die II., 46 die III. Note erlangten, von den letzteren dagegen 3 die Note I., 50 die Note II. und 7 die III. erhielten.

Vorstehendem Ergebniß ist eine Uebersicht der Beförderungen, Versetzungen und Anstellungen im Justizfache im Königreiche Bayern während des Jahres 1877 angereiht, aus welcher — wenn uns unsere Zusammenrechnung nicht täuscht — sich ergiebt, daß rechts des Rheins 29 Rechtspraktikanten zu Untergerichtsschreibern an den Bezirks- und Einzelgerichten (hier 17, dort 12), 12 zu funktionirenden Staatsanwaltssubstituten, 26 zu Assessoren an Einzelngerichten, 1 zum Notar

*) Abgesehen von der Bemerkung, daß bei Verurtheilungen wegen mehrerer Reate nur je der schwerste derselben berücksichtigt, und daß jeder einzelner der genannten Jahrgänge ausgeschieden ist, giebt die Uebersicht keinen Anhaltspunkt! —, in Sonderheit nicht etwa über Alter und Geschlecht der Verurtheilten, was eben so interessant wäre, als die Mittheilung weniger bezüglich der Konfession, als über die Durchschnittszahl der Jahre, welche seit Antritt der Strafe bis zur vorläufigen Entlassung verstrichen war.

und 15 zu Advokaten ernannt wurden, somit in Summa 83 Rechtspraktikanten ihre erste Anstellung erhielten.

Hieran knüpfen wir die in jenem Ergebniß bezw. genannten Uebersicht selbst nicht aufgenommene Bemerkung, daß in den Jahren 1874 bis 1877 durchschnittlich 87 Kandidaten geprüft wurden (d. h. diesseit des Rheins), in Folge dessen pro 1877 für den Bedarf an Rechtskandidaten zu ersten Anstellungen 4 übrig blieben. Uebrigens ist diese Durchschnittszahl für die Jahre 1875, 1876 und 1877 größer, als die wirkliche Zahl der Kandidaten, denn während im Jahr 1874 noch 111 geprüft wurden, weist das Jahr 1875 noch 83, der Jahrgang 1876 sogar 85, das Jahr 1877 dagegen nur 69 auf.

Während im Regierungsbezirke der Pfalz für die Jahre 1874 bis 1877 mit faktisch 16. 9. 23. 12. Kandidaten sich eine Durchschnittszahl von 15 entziffert, erfolgten dort im Jahre 1877 jedenfalls 14 neue Anstellungen, wozu dann noch die Ernennung 1 Polizeianwaltes zum funktionirenden Staatsanwaltssubstituten, sodann die von geprüften Rechtskandidaten und Polizeianwälten zu in Summa 6 zu Landgerichtsschreibern, so daß unter allen Umständen, selbst wenn man auf die zuletzt erwähnten Persönlichkeiten nur 2 Rechtskandidaten rechnet, der jährliche Bedarf die genannte Durchschnittszahl 15 übersteigt.

Personal-Veränderungen

in der Deutschen Anwaltschaft vom 16. bis 31. Dezember 1878.

A. Ernennungen.

Der Rechtskandidat Herr Emil Krieg in Leipzig ist zum Advokaten ernannt und als solcher verpflichtet worden.

Der vormalige bayerische Rechtspraktikant und derzeitige Handelskammer-Secretär in Stuttgart Dr. Josef Landgraf aus Bamberg, ist auf sein Gesuch unter die öffentlichen Rechtsanwälte mit dem Wohnsitze in Stuttgart aufgenommen worden.

Der Rechtspraktikant Albrecht Winterer in Constanz tritt mit dem 1. Januar 1879 in die Praxis als Anwalt ein.

B. Versetzungen.

Dem Rechtsanwalt Dr. jur. Ortloff in Sonneberg ist gestattet worden, seinen Wohnsitz nach Meiningen zu verlegen.

Zum Beginn der jetzigen Session erlaube ich mir von Neuem auf die

Stenographischen Berichte

des

Abgeordnetenhauses,

Session 1878/79,

aufmerksam zu machen, welche durch die unterzeichnete Buchhandlung je 100 Bogen zu 5 Mark bezogen werden können.

Die Zusendung der Berichte erfolgt nach Erscheinen derselben entweder direkt per Post unter Kreuzband oder aber auf Wunsch durch jede solide Buchhandlung.

Berlin. W. Moeser, Hofbuchhandlung.

Für die Redaktion verantw.: S. Haenle. Verlag: W. Moeser, Hofbuchhandlung. Druck: W. Moeser, Hofbuchdruckerei in Berlin.

№ 2.   Berlin, 15. Januar.   1879.

Juristische Wochenschrift.

Herausgegeben von

S. Haenle,   und   **Dr. A. Küntzel,**
königl. Advokat in Ansbach.   Rechtsanwalt beim königl. Obertribunal in Berlin.

Organ des deutschen Anwalt-Vereins.

Preis für den Jahrgang 12 Mark. — Bestellungen übernimmt jede Buchhandlung und Postanstalt.

Der Vorstand des deutschen Anwaltvereins hat den Vereinsbeitrag für das Jahr 1879 auf 12 Mark festgesetzt, welche, wenn nicht früher Zahlung erfolgt, am ersten Februar 1879 satzungsmäßig durch Postvorschuß eingezogen werden.

Mecke, Schriftführer.
Königgrätzerstraße 105.

Der Vorstand des deutschen Anwalt-Vereins hat beschlossen, zur Berathung des zu erwartenden Entwurfs einer Anwaltsgebührenordnung einen Anwaltstag nach Berlin zu berufen. Als Berichterstatter sind die Herren Justizrath Lesse zu Berlin und Rechtsanwalt Fürst zu Mannheim bestellt. Die Versammlung soll stattfinden etwa 14 Tage nachdem der Entwurf der Gebührenordnung amtlich veröffentlicht ist.

Welchen Diensttitel sollen die deutschen Rechtsanwälte ins künftige führen?

Die Rechtsanwälte in den einzelnen deutschen Bundesstaaten führen bis jetzt sehr verschiedene Diensttitel, wie Rechtsanwalt, Advokat, Anwalt, Hofgerichts-Advokat, Advokat-Anwalt, Prokurator. Dieselben können selbstverständlich mit Einführung der Reichs-Justizgesetze nicht fortbestehen. Welcher Diensttitel aber soll den Rechtsanwälten, welchen als zu öffentlichen Dienstverrichtungen ermächtigten Personen ein solcher nothwendigerweise zukommt, künftighin ertheilt werden? Die Rechtsanwalts-Ordnung spricht sich hierüber nicht bestimmt aus. Es kann aber wohl kein Zweifel sein, daß der Diensttitel der Rechtsanwälte im ganzen deutschen Reiche ein und derselbe werde sein

müssen. Nachdem das Gerichtsverfassungsgesetz die gleichmäßige Benennung aller Gerichte je nach ihren Rangstufen eingeführt, ist dasselbe auch bei den Rechtsanwälten nicht zu umgehen und damit eine Verschiedenartigkeit ihres Diensttitels in den einzelnen Bundesstaaten unvereinbarlich. Ein solcher gleichmäßiger Diensttitel ist auch schon mit Rücksicht auf das Recht jedes Rechtsanwalts (§. 26 der R. A. O.) zur Uebernahme von Vertheidigungen, Beistandschaften und Vertretungen vor jedem deutschen Gerichte zu wählen; mancherlei sonst mögliche Unzuträglichkeiten wird dadurch vorgebeugt, der Geschäftsverkehr der Gerichte und Behörden mit den Anwälten vereinfacht und erleichtert. Mit Berücksichtigung aber der Vorschrift über die Zulassung jedes Anwalts bei einem bestimmten Gerichte (§. 8 der R. A. O.) den Anwälten einen Diensttitel je nach dem Gerichte, bei welchem sie zugelassen sind, zu ertheilen, würde sich ganz und gar nicht empfehlen. Alsdann wäre die durch die Rechtsanwalts-Ordnung hergestellte einheitliche Organisation der Rechtsanwaltschaft gestört, es würde alsdann Rechtsanwälte erster, zweiter, dritter und vierter Klasse geben, welche den Diensttitel als Amtsgerichts-, Landgerichts-, Oberlandesgerichts- und sogar als Reichsgerichts-Anwalt oder Advokat zu führen hätten. Dadurch könnte auch nur zu leicht das kollegialische Verhältniß unter den Anwälten getrübt, ein Rangstreit unter ihnen herbeigeführt werden, indem sich der an einem oberen Gerichte zugelassene Anwalt höher und vornehmer dünken dürfte als der bei einem niederen zugelassene Kollege. Es könnten dadurch Mißstände hervorgerufen werden, welche sich mit dem in der Rechtsanwalts-Ordnung ausgesprochenen Grundsatze der Gleichheit der Rechte und Pflichten der Anwälte oft kaum dürften vereinigen lassen. Dabei mag nicht einmal betont werden, daß der Anwalt, welcher von einem Gerichte abgeht und bei einem anderen die Zulassung erlangt, immer einen neuen Diensttitel annehmen müßte.

Wenn hiernach für alle Rechtsanwälte im deutschen Reiche ein und derselbe Diensttitel einzuführen ist, so wird derjenige zu wählen sein, welcher in einzelnen deutschen Ländern bereits eingebürgert ist, auch in der Rechtsanwalts-Ordnung gebraucht wurde. Es ist dies der Diensttitel „Rechtsanwalt" und wohl nicht zu erwarten, daß in der Beziehung in einzelnen Bundesstaaten andere Bestimmungen erlassen werden. Auf dem Frankfurter Anwaltstage war ein Beschluß über diese keineswegs bedeutungslose Frage bekanntlich abgelehnt worden.

A. W.

Anwaltliche Klugheits- und Geschäftsregeln.

Vorbemerkung. Wie sich der Rechtsanwalt zu seiner eigenen und zur Gegenpartei verhalten, wie er den Rechtsstreit instruiren, betreiben und zu Ende führen soll, ist aus Büchern nicht zu erlernen, die juristische Literatur giebt über die sogenannte anwaltliche Taktik wenig oder keine Auskunft. Der Rechtsanwalt, zumal der angehende, muß sich auf diesem Gebiete Erfahrungen erst im praktischen Leben, oft auf eigene, manchmal auch auf Kosten seines Vollmachtgebers, erwerben. Es dürfte sich deshalb empfehlen, diesen so wichtigen Gegenstand in dieser Zeitschrift in Anregung zu bringen. Vielleicht finden sich dadurch, wie sehr zu wünschen, andere Kollegen veranlaßt, ihre Erfahrungen in der Einsicht zum Besten des Anwaltstandes in dieser Zeitschrift ebenfalls zu veröffentlichen. Hiernach dürfte die Mittheilung der nachstehenden Klugheits- und Geschäftsregeln, welche auf Vollständigkeit freilich keinen Anspruch machen, gerechtfertigt sein.

1. Bei dem Rechtsanwalte ist eine gründliche Kenntniß des positiven Rechts und der Rechtsprechung vorauszusetzen. Er wird daher schon bei der beabsichtigten Uebertragung einer Rechtsangelegenheit zu beurtheilen wissen, ob das, was die Partei verlangt, rechtlich begründet sei. Ist dies nun offenbar nicht der Fall, z. B. das Cediren einer Partei zum Verhorrescenzgelde, so hat der Rechtsanwalt seine Mitwirkung hierzu sofort zu verweigern. Er erspart sich dadurch Verdrießlichkeiten und Vorwürfe, wenn der Antrag später verworfen wird. In gleicher Weise ist auch im Laufe eines übernommenen Prozesses zu verfahren und nöthigenfalls die Anwaltschaft der Sache niederzulegen.

2. Hat der Rechtsanwalt die Führung eines Rechtsstreits angenommen, so wird er sich vor allem behufs seiner Instruktion von seiner Partei alle darauf bezüglichen Papiere, wie Verträge, Korrespondenzen u. s. w., mittheilen lassen, auch jederzeit die Einsicht der etwa bei Behörden, insbesondere Gerichten, über die Angelegenheit bereits gepflogenen Verhandlungen und Akten verschaffen. Alle diese Schriftstücke sind genau zu durchgehen, aus weitläuftigen Akten Auszüge zu machen. Wo nöthig sind auch bei dritten Personen Erkundigungen einzuziehen, mitunter ist sogar der Streitgegenstand, z. B. bei Grenzstreitigkeiten, zu besichtigen. Es ist auch bei der Partei, welche oft gar zu gerne nur das, was ihr günstig, ihrem Rechtsanwalte mittheilt, das aber, was ihr nachtheilig, ihm vorenthält, über den Inhalt der vorliegenden Schriftstücke und Akten, sowie über das Ergebniß sonstiger Ermittelungen Instruktion, schriftlich oder mündlich, einzuholen, sie hierüber genau zu examiniren und ihr über etwaige Widersprüche der betreffenden Aktenstücke u. s. w. mit ihren eigenen Angaben Vorhalt zu machen. Eine Besprechung mit derselben ist auch niemals zu unterlassen, wenn Schriftstücke des Gegners, wie Klage, Einredeschrift, Beweisantretung, zu beantworten sind. Solchergestalt wird der Rechtsanwalt vor allem das Streitverhältniß gründlich klar zu stellen suchen. Es sind zwar, soweit es nicht schon jetzt nach einzelnen Partikulargesetzen zu geschehen hat, erst mit der bevorstehenden Wirksamkeit der Reichs-Civilprozeßordnung mit den zu behauptenden Thatsachen die Beweis- und Gegenbeweismittel zu verbinden. Allein auch schon dermalen wird der Rechtsanwalt die Letzteren zu sammeln und zu sichten suchen, wobei insbesondere Vorsicht bei einem der Partei angesonnenen Eide dringend geboten ist, damit gegen sie demnächst keine Anklage wegen Meineids erhoben werden kann. Solchergestalt wird der Rechtsanwalt in Stand gesetzt, das Gebiet des Streits gründlich zu überschauen und danach die von ihm vorzubringenden Behauptungen zu bemessen. Er steht in der Hinsicht mit einem Feldherrn auf gleicher Linie, welcher vor Beginn des Kampfes auch erst das Terrain recogniscirt, um im Gewühle der Schlacht durch unvorgesehene Zwischenfälle nicht überrascht zu werden. Hiernächst hat der Anwalt die Streitsache betreffenden Rechtsnormen, insbesondere die Literatur darüber, wie auch die etwa vorliegenden Präjudizien der Gerichte, zumal der einheimischen, sorgfältig zu Rathe zu ziehen. So gerüstet gehe er an die Arbeit selbst!

3. Obgleich der Rechtsanwalt eine gründliche Kenntniß des positiven Rechts besitzen soll, so besteht doch seine hauptsächlichste Kunst in gehöriger Darstellung des erheblichen streitigen faktischen Rechtsverhältnisses, insbesondere auch in vollständiger und nicht zu enge begrenzter Bekämpfung der Einreden, Repliken u. s. w. Hierbei ist hinsichtlich der Geständnisse Vorsicht empfehlenswerth und gewiß eine einfache Klugheitsregel, eher litem negativ als affirmativ zu kontestiren. Freilich wird ein anständiger Anwalt notorisch wahre Thatsachen nicht bestreiten.

4. Die Gesuche (Petita) einer Klagschrift, Berufung u. s. w. sind nicht allzu beschränkt, sondern möglichst umfangreich aufzustellen, um dadurch eine später etwa nöthige Remedur noch nachholen zu können. Dabei wird der Zusatz: „oder was sonst Rechtens zu Gunsten des Petenten zu erkennen", namentlich bei Berufungen gute Dienste leisten. Denn der Richter hat sich strenge an die Gesuche der Partei (Klaggesuche, Berufungsanträge u. s. w.) zu halten, darf ultra petitum nicht erkennen, selbst wenn derselben sonst das klare Recht zur Seite stehen sollte.

5. Sind zur Sache gehörige Thatsachen vorzubringen, welche eine Ehrverletzung oder Verläumdung des Gegners oder dritter Personen enthalten, so geschehe dies wo möglich, um die eigene Partei und bezw. den Anwalt selbst einer Injurienklage nicht auszusetzen, erst dann wenn bereits die für solche Thatsachen ausreichenden Beweismittel gesammelt vorliegen oder doch der Vollmachtgeber jenes Vorbringen ausdrücklich und wenn thunlich schriftlich genehmigt hat. Dagegen sind alle die Sache nicht berührende Injurien wider die Gegenpartei, das Gericht oder Dritte, wodurch sich der Anwalt nur selbst verantwortlich machen würde, sorgsam zu vermeiden.

6. Steht der beklagte Schuldner auf der Pfandang, so leistet er häufig eine Abschlagszahlung und bittet wegen der Restschuld um Befristung. In einem solchen Falle ist es Kautel, eine Zahlungsfrist in der Regel nur mit Genehmigung der eigenen

Partei aber doch gegen Stellung reeller Sicherheit (Pfand, Bürgschaft, Vorbehalt der Pfandrechte an den gepfändeten Gegenständen) zu bewilligen. Das Erstere empfiehlt sich, um etwaige Regreßansprüche der Partei gegen ihren Anwalt wegen von diesem bewilligter Zahlungsfristen zu beseitigen. Das Letztere aber ist zu beachten, weil mancher Schuldner oft nur eine Theilzahlung leistet, um die Pfandgegenstände frei zu machen und als dann anderweit zu verwerthen, wo dann der Gläubiger späterhin mitunter das leere Nachsehen hat, sei es, daß der Schuldner alle pfändbaren Gegenstände bei Seite schafft oder gar seine Zahlungsunfähigkeit anzeigt und Einleitung des Konkurses beantragt. A. W.

Geschäftsaufgabe der Gerichte in bürgerlichen Rechtsstreitigkeiten und in der nicht streitigen Rechtspflege, dann Ergebnisse der Strafrechtspflege im Königreich Bayern während des Jahres 1876.

„Schon wieder Statistik!" hören wir den einen oder anderen der verehrlichen Leser unserer juristischen Wochenschrift ausrufen.

Wir nehmen allerdings fast selbst Anstand, neuerdings auf die gleichfalls bei Christian Kaiser in München erschienene, in der Ueberschrift mit ihrem vollständigen Titel eingeführte Uebersicht zu sprechen zu kommen. Allein wie es eben allerhand Liebhabereien giebt, so reiten wir mit Vorliebe das Steckenpferd der Statistik.

Und in der That bietet jene Geschäftsaufgabe ein reiches Feld und des Interessanten so viel, daß wir uns nicht enthalten können, einige Mittheilungen aus derselben zu geben, um so mehr, als wir schon im Voraus versprechen, uns der möglichsten Kürze zu befleißigen.

Die belagte Geschäftsaufgabe enthält auf 97 enggedruckten (Quart-)Seiten:

1) eine Einleitung (S. 1 bis 9),

2) 16 Tabellen, von denen 1 bis 6 die Civilrechtspflege, 7 bis 15 die Strafrechtspflege, 16 die ortsanwesende Bevölkerung des Königreichs nach dem Ergebnisse der Volkszählung vom 1. Dezember 1875 giebt.

Wir enthalten uns, aus der „Civilrechtspflege" (S. 10 bis 31) einzelne Zahlen zu geben und begnügen uns mit der Bemerkung, daß

1) Tab. I von der Geschäftsaufgabe und deren Erledigung in bürgerlichen Rechtsstreitigkeiten und in der nichtstreitigen Rechtspflege bei den Stadt- und Landgerichten rechts des Rheines in 34 Rubriken (S. 10 bis 25),

2) Tab. II desgleichen bei den Landgerichten der Pfalz in 6 Spalten (S. 26),

3) Tab. III von der Geschäftsaufgabe auf Grund der Prozeßordnung vom 29. April 1869 bei den Bezirksgerichten in 22 Kolumnen (S. 27 und 28),

4) Tab. IV desgleichen bei den Handelsgerichten in 16 Rubriken (S. 29 und 30),

5) Tab. V von der Geschäftsaufgabe der Appellationsgerichte auf Grund der Pr. Ord. vom 29. April 1869 in 12 Spalten (S. 31),

6) Tab. VI desgleichen der Handelsappellationsgerichte in 14 Kolumnen (S. 31) handelt, und daß am Schlusse der jeweiligen Tabelle der Gesammtzahl pro 1876 die einschlägige Totalsumme des Jahres 1875 beigefügt ist[*]).

Bezüglich der Strafrechtspflege ist gewidmet

1) die Tab. VII den bei den Stadt- und Landgerichten anhängig gewordenen Strafsachen (mit Ausnahme der Forststrafsachen) in 13 Spalten (S. 32 bis 40).

2) die Tab. VIII der Forststrafrechtspflege bei den Stadt- und Landgerichten (S. 41 bis 49) in 18 Rubriken,

3) die Tab. IX der Thätigkeit der Bezirksgerichte als Strafgerichte erster und zweiter Instanz in 41 Kolumnen (S. 50 bis 53),

4) die Tab. X den bei den Appellationsgerichten angefallenen Strafsachen in 29 Spalten (S. 54 und 55)

5) die Tab. XI den von den Schwurgerichten, Bezirksgerichten als Strafgerichten erster Instanz und von den Stadt- und Landgerichten abgeurtheilten Personen, den Akten der Aburtheilung und den persönlichen Verhältnissen der Verurtheilten in 33 Rubriken (S. 56 bis 67) mit Ausnahme der Forststrafsachen,

6) die Tab. XII den von den Schwurgerichten, Bezirksgerichten als Strafgerichten erster Instanz abgeurtheilten Verbrechen in 24 Kolumnen (S. 68 und 69[**]),

7) die Tab. XIII den von den Schwurgerichten, von den Bezirksgerichten als Strafgerichten erster Instanz und von Stadt- und Landgerichten abgeurtheilten Vergehen in 47 Spalten (S. 70 bis 81),

8) die Tab. XIV desgleichen Uebertretungen und strafbaren Handlungen überhaupt (mit Ausnahme der Forststrafsachen) in 32 Rubriken (S. 81 bis 91) und

9) die Tab. XV der Zusammenstellung der in den Jahren 1872 bis 1876 abgeurtheilten strafbaren Handlungen (mit Ausnahme der Forststrafsachen) in 8 Kolumnen (S. 92 mit 94[***]).

Bei unserer oben bereits constatirten Vorliebe für Statistik wird es nahe liegen, wenn wir bei der letztgedachten Tabelle etwas länger verweilen. Sie führt unter A I die Verbrechen gegen das Reichsstrafgesetz unter Angabe der bezüglichen Abschnitte des Theil II daselbst, unter A II die Verbrechen gegen das Militärstrafgesetzbuch auf, bezüglich welch letzteren gleich bemerkt sein soll, daß nur der Jahrgang 1876 eine Bezeichnung der treffenden Handlung mit einer Zahl und zwar mit 2 figurirt.

Sodann folgen, sub B die Vergehen dabei unter I die gegen das Reichsstrafgesetzbuch, unter II die gegen Spezialgesetze und unter III die gegen das Militärstrafgesetzbuch, hierauf unter C die Uebertretungen und auch hier wieder unter I die des Reichs-

---

[*]) Bei den Handelsappellationsgerichten ist die Zahl der Einträge im Hauptverzeichnisse pro 1876 die gleiche, wie im Jahre 1875, nämlich S. 374.

[**]) Auf Seite 69 hat sich ein Druckfehler eingeschlichen, indem die Kolumne „Summe der Verbrechen" die Zahl 23 trägt, während es heißen muß „24".

[***]) Auch die Tab. VII mit XI giebt je eine Vergleichung des Gesammtzahlverhältnisses pro 1876 mit dem des Jahres 1875, welche Vergleichung ergiebt, daß in all den verschiedenen Spalten nur eine einzige Zahl in beiden Jahren gleichgeblieben ist, d. h. daß im Jahre 1875, wie 1876 je einmal auf lebenslängliches Zuchthaus erkannt wurde.

Strafgesetzbuches, unter II die des Polizeistrafgesetzbuches und die von Spezialgesetzen sub B sowohl, als C unter Bezeichnung von besonderen Kategorien strafbarer Handlungen. Wir geben diese in nachstehender Reihenfolge mit den betreffenden Zahlen

Hochverrath und Landesverrath 0,
Beleidigung des Landesherrn 0,
Beleidigung von Bundesfürsten 0,
feindliche Handlungen gegen befreundete Staaten 0,
Verbrechen in Bezug auf die Ausübung staatsbürgerlicher Rechte 0,
Widerstand gegen die Staatsgewalt

Verbrechen wider die öffentliche Ordnung

Münzverbrechen
Meineid 286. 330. 340. +
Verbrechen in Bezug auf den Personenstand 0. 0. — —.
Verbrechen wider die Sittlichkeit 308. 324. 332. 395. +

Zweikampf 0. 0. 0. 0. — —.
Mord
Todtschlag
Kindsmord
Andere „Verbrechen wider das Leben"

Körperverletzung —

Verbrechen wider die persönliche Freiheit 0. 0. 0. 0. — —.
Diebstahl 2372. 3173. 4246. 3034. 3354. + 320. 282.
Raub und Erpressung

Hehlerei
Betrug 593. 369.
Urkundenfälschung 424. 492. 409. —

Bankerutt
Brandstiftung
Andere gemeingefährliche Verbrechen 0. 0.

Bestechung §. 334 Abs. 0.

Verbrechen im Amte 488.**) — 361.

sonach Summe der Verbrechen einschlüssig obiger gegen das Militärstrafgesetzbuch 3555. 5103. 6127. 5363. 5273. — + 1713.

---

*) Zum besseren Verständnisse bemerken wir, daß hier je die ersten Zahlen die Jahrgänge 1872. 1873. 1874. 1875. 1876, dagegen die 2 letzten Ziffern je die Zu- und Abnahme im Jahre 1876 gegenüber den Jahren 1875 und 1872 andeuten.

**) Eine sehr bedenkliche, um nicht zu sagen „geradezu Schrecken erregende" Zahl!

Ad
Beleidigung des Landesherrn

Beleidigung von Bundesfürsten —

feindliche Handlungen gegen befreundete Staaten 0. 0. 0. 0.

Vergehen in Bezug auf staatsbürgerliche Rechte 0. 0. 0.

Widerstand gegen die Staatsgewalt 1103. 1179. 1037. 1110. 1153. —

Hausfriedensbruch (§.

Beseitigung gepfändeter Gegenstände (§.

Vergehen in Bezug auf die Kriegsdienstpflicht 499. 436. 594. 389. 541. +

Andere Vergehen wider die öffentliche Ordnung 1144. 1311. 1613. 1571. 2081. + 510. + 937.

Münzvergehen
Vergehen in Bezug auf Eid und Versicherung an Eidesstatt

falsche Anschuldigung
Vergehen, welche sich auf die Religion beziehen

Vergehen in Bezug auf den Personenstand 0.

Vergehen wider die Sittlichkeit 314. 292. 319. 370. +

Beleidigung 14458. 16011. 17702. 17584. 19168. + 1584. + 4710.

Zweikampf
Vergehen wider das Leben —

Körperverletzung 15367. 15575. 16422. 17194. 22551. + 5357. + 7184.

Vergehen wider die persönliche Freiheit 317. 286. 323. 545. + 370.

Diebstahl 12649. 11565. 12904. 11689. 13055. + 1366. + 406.

Unterschlagung 2209. 2778. 3264. 3135. 3377. + 1168.

Erpressung
Begünstigung und Hehlerei 727. 989. 1045. 1082. 956. —

Betrug und Untreue 2172. 2331. 2587. 2560. 2634. + 462.

Urkundenfälschung

Bankerutt
Verschleppung und widerrechtliche Wegnahme eigener Sachen (§. 288 und 289)

Unbefugtes Jagen, Fischen, Krebsen (§. 292 bis 296a) 772. 706. 743. 776. 850. +

Andere Vergehen „strafbaren Eigennutzes" und Verletzung fremder Geheimnisse 307. 284. 279. 300. +

31) Sachbeschädigung 2902. 3282. 3301. 3555. 3903. + 348. + 1001.

32) Gemeingefährliche Vergehen 349. 271. 284. 350. 219. — 131. — 130.

33) Bestechung (§. 333) 94. 108. 147. 122. 132. + 10. + 38.

34) Vergehen im Amte 163. 348. 298. 219. 233. + 14. + 70.

Ad B. II.

9) Uebertretungen in Bezug auf Maß und Gewicht (§. 369.

721. 728. 818. 769. 718. — 51. — 3.

11) Andere Uebertretungen 23632. 35818. 36270. 37771. 44980. + 7209. + 21348.

Ad C. II.

+ 10. — 24.

5) Vergehen gegen die Gewerbegesetze 11. 140. 272. 425.

1. 13. 31. 187. 173. — 9. + 177.

7) Andere Vergehen gegen bürgerliche Strafgesetze*) 90. 44. 45. 45. 76. + 31. — 14.

Ad B. III.

(NB. Bezüglich der Vergehen gegen das Militärstrafgesetz-

14. — 3. + 2; sonach Gesammtsumme der Vergehen 56220. 59021. 64108. 63965. 73969. + 10004. + 17749.

Ad C. I.

231. 91. 130. 65. — 65. — 38.

2) Ruhestörung und grober Unfug (§. 360 Ziff. 11) 29621. 35035. 37424. 41177. 42178. + 1001. + 12557.

3) Thierquälerei (§. 360 Ziff. 13) 944. 1195. 1271. 1432. 1775. + 343. + 831.

4) Bruch der Polizeiaufsicht, Landstreicherei, Betteln u. s. w. (§. 361) 39420. 36831. 40841. 36584. 46397. + 9813. + 6977.

5) Fälschung von Legitimationspapieren u. f. w. (§. 363) 671. 981. 679. 638. 722. + 84. + 51.

6) Gefährdung des Lebens und der Gesundheit Anderer (§. 367., also ohne spezielle Ausscheidung bezüglich verfälschter u. f. w. Lebensmittel) 4524. 6365. 6757. 6589. 6708. + 119 + 2184.

7) Uebertretungen in Beziehung auf Feuerpolizei (§. 368. Ziff. 3—8) 9889. 11500. 11818. 11679. 11277. — 402. + 1388.

8) Jagdfrevel (§. 368 Ziff. 10 und 11) 372. 267. 319. 302. 302. — . — 70.

eine 49. 65. 112. 105. 59. — 46. + 10.

4) Uebertretungen der Gewerbegesetze 59. 6731. 8663. 7904. 7819. — 85. + 7760.

5) Uebertretungen der Zoll- Salzabgaben- Zucker- und Tabak-Steuergesetze 46. 94. 147. 115. 102. — 13. + 56.

6) Wechselstempelsteuerhinterziehungen 124. 137. 78. 100. 296. + 196. + 172.

7) Uebertretungen des Malzaufschlagsgesetzes 306. 261. 224. 265. 304. + 39. — 2.

8) Andere Uebertretungen 2559. 1768. 2749. 2073. 4397. + 2324. + 1838.

sonach Gesammtsumme der Uebertretungen 198435. 229344. 246628. 238395. 267828. + 29433. + 69398, und mithin Totalsumme aller Verbrechen, Vergehen und Uebertretungen 258210. 293468. 316863. 307728. 347070. + 39342. + 88860*).

---

*) Sollten hierunter die Vergehen des Malzaufschlagsgesetzes begriffen sein? Denn nicht, sollte im Jahre 1876 kein einziges derartiges Vergehen zur Aburtheilung durch die Gerichte gekommen sein? Es ist nicht anzunehmen, daß die hier beregten Verfehlungen unter Ziff. 8 inbegriffen sind, denn unter C. III sind in Ziff. 7 unabhängig von Ziff. 5 (Uebertretungen gegen Zoll- u. f. w. Gesetze) die Uebertretungen des Malzaufschlagsgesetzes gesondert vorgetragen.

*) So beachtungs- und schätzungswerth auch diese Zusammenstellung ist, so wird es uns doch nicht als Unbescheidenheit ausgelegt werden, wenn wir an jener Uebersicht Eines vermissen, nämlich die Bekanntgabe der Zahlenverhältnisse pro 1871. Nur auf diese Weise wäre unseres Erachtens möglich ein ganz klares Bild zu bekommen darüber, welchen Einfluß die Einführung des Reichsstrafgesetzbuches hatte im Gegensatz zu der bayerischen Strafgesetzgebung in Sonderheit vom 10. November 1861. Denn auch zugegeben werden will und muß, daß das B. St. G. B. nicht das gleiche System einhielt, wie es das R. St. G. B. thut, indem nicht alle einzelnen Hauptstücke des ersteren mit den bezüglichen Abschnitten des letzteren harmoniren, so wird doch nicht zu weit gegangen sein, wenn behauptet

Wir hoffen bei dem Umstande, daß zwar die Frage der Berufung und bzw. Inappellabilität durch die Strafprozeßordnung für das deutsche Reich vom 1. Februar 1877 (Reichs-Ges. Bl. Nr. 8 S. 253 ff.) endgültig geregelt ist, jedoch in diesem Punkte immer noch viel für und wider gesprochen und geschrieben wird, die Geduld unserer Leser nicht auf eine allzu harte Probe zu stellen, wenn wir zum Schlusse noch einigen Zahlen im Punkte „Berufungen" geben.

Anlangend nämlich die bei den Bezirksgerichten anhängig gewordenen Berufungen (und in der Folge findet nach §. 354 der Str. Pr. Ord. Berufung statt gegen die Urtheile der Schöffengerichte) so waren im Jahre 1876 im ganzen Königreiche einschlüssig 639 (im Vorjahre 610") aus den Jahren 1875 übergangener 7152 Berufungen zu erledigen, von welchen abgesehen der 886 unerledigt gebliebenen 2478 (2465) eine Abänderung im Erfolge hatten.

Was sodann die appellationsgerichtliche Thätigkeit in Berufungen gegen bezirksgerichtliche Endurtheile betrifft, so betrug für das gesammte Königreich die Zahl der Rückstände aus dem Vorjahre 135 (158), der neu angefallenen 2680 (2193), sohin in Sa. 2815 (2351). Hiervon wurden erledigt 1529 (1379) durch Verwerfung der Berufung, 768") (716) durch abänderndes

wird, daß zum Mindesten im Großen und Ganzen jede That, welche im R. St. G. B. mit einer Strafe bedroht ist, auch im B. St. G. B. nicht strafloß war. Im ungünstigsten Falle hätte es genügt, wenn ohne Aufzählung der einzelnen Reate die Gesammtsumme der Verbrechen, der Vergehen und der Uebertretungen, wie sie sich im Jahre 1871 ergab, in die genannte Tabelle XV aufgenommen worden wäre. Mußte man ja doch z. B. auch bezüglich der Verfehlungen gegen die Gewerbegesetze im Jahre 1872 noch ausschließlich auf dem Boden der Bayerischen Strafgesetzgebung stehen, da bereits im Jahre 1873 die Reichsgewerbe- Ordnung vom 21. Juni 1869 in Betracht ziehen, welche durch das Reichsgesetz vom 12. Juni 1872 mit dem 1. Januar 1873 in Bayern in Kraft trat allerdings mit der Beschränkung, daß bezüglich der §§. 29 und 147. Ziff. 3 schon am 1. Juli 1872 die Einführung erfolgte.

Nicht zweckmäßig wäre es auch bei den als Verbrechen vorgeführten Diebstählen und Betrugsreaten gewesen, wenn ausgeschieden worden wäre, weil viele Rückfälle hierunter enthalten sind, in welcher Beziehung freilich auch die Spezialtabelle Nr. XII nicht ausscheidet. Uebrigens werden Angesichts des §. 265 des R. St. G. B. (Brandlegung einer gegen Feuersgefahr versicherten Sache oder eines versicherten Schiffes, bezüglich der Verbrechen des Betruges die weil am meisten Fälle auf den Rückfall (§. 264) treffen.

Zu weit gegangen wäre es, so interessant es auch sein dürfte, zu verlangen eine Angabe, wie oft bei den einzelnen Reaten mildernde Umstände angenommen wurden, worüber wohl bei den verschiedenen Untergerichten oder Staatsanwälten Aufschreibungen sich vorfinden dürften. Von Bedeutung möchte diese Frage wegen der Kompetenzbestimmungen des §. 73 und bzw. 75 des Ger. Verf. Ges. für das deutsche Reich sein, inhaltlich dessen eine nicht unbedeutende Zahl von im Allgemeinen zur Zuständigkeit der künftigen Landgerichte gehörigen Vergehen an die Schöffengerichte zur Aburtheilung überwiesen werden können.

*) Diese, sowie die nachfolgenden inklammerten Zahlen bedeuten das treffende Ergebniß im Vorjahre 1875.

**) Läßt diese Ziffer auch nicht erschen, ob z. B. Abänderung des unterrichterlichen Urtheils aus rechtlichen oder blos thatsächlichen Gründen erfolgt, ob eine solche nur im Straf- oder allenfalls nur

Urtheil; 141 (121) fielen weg durch Verzicht u. s. w., auf das Jahr 1877 gingen über 377.

Die Thätigkeit des obersten Gerichtshofs auf dem Gebiete der Strafrechtspflege hat selbst um 54 Richtigkeitsbeschwerden angenommen, wobei zu bemerken kommt, daß im Jahre 1876 gegen Urtheile der Appellationsgerichte 250 (darunter 233 von den Verurtheilten), im Jahre 1875 nur 206 (darunter 193 von den Verurtheilten) Nichtigkeitsbeschwerden erhoben wurden.

Zum Schlusse noch aus der Thätigkeit der Bezirksgerichte in bürgerlichen Rechtsstreitigkeiten lediglich die Bemerkung, daß in Tab. III für das ganze Königreich 389 Ehestreitigkeiten in der Spalte „Einträge im Hauptverzeichnisse" aufgeführt sind, und daß hierunter auf unser Münchener Bezirksgericht I. J. allein 68 kommen, während das nächst höchstbesteuerte das Bez. Ger. Nürnberg mit 39 ist. Leider fehlt jeder Anhaltspunkt darüber, ob es sich in jenen 389 Fällen um wirkliche Ehescheidungsklagen handelt (wäre dem so, so wäre dies allerdings eine betrübende Erscheinung) oder ob nicht und zwar hauptsächlich wie viele Sachen in dem §. 78 des Civilgesetzes vom 6. Februar 1875 ihren Grund haben. †.

Ein vierhundertjähriger Prozeß.

Anknüpfend an die in Nr. 1 S. 5 (Jahrgang 1877) unserer juristischen Wochenschrift über den Eingangs angedeuteten Prozeß bekannt gegebene Mittheilung wird bezüglich seines weiteren Verlaufes folgendes berichtet:

Nachdem vom Erstrichter durch Urtheil vom 28. Oktober 1875 unter Anderem ausgesprochen war, die Beklagten . . . . . seien schuldig, aus dem gemeinsamen Vermögen der Gesammtfamilie die innerhalb der Periode von 1716|17 bis 1848 aus den Gütern und Rechten der klagenden Gemeinde bezogenen Nutzungen oder an deren Stelle das Interesse, wie dies letztere von der Klagpartei auf Grund der in den eigenen Rechnungen der Freiherrn von Thüngen vorgetragenen Einnahmen und Abrechnung der unten zu erweisenden Kompensationsposten innerhalb des unter B eingeleiteten Liquidationsverfahrens liquid gestellt werden soll, nebst den 5%gen Zinsen hieraus von dem 28. Juni 1872 als dem maßgebenden Tage der Klagszustellung zu erstatten, nachdem ferner abgesehen von dem vorstehend ange-

im Kostenpunkte oder bezüglich der Ehrenfolgen eintrat; so giebt jene Zahl doch immerhin Veranlassung zum Nachdenken über die Frage der Zweckmäßigkeit oder Unzweckmäßigkeit der Berufungen gegen bezirksgerichtliche (erstinstanzielle) Endurtheile. Für die erstere spricht allerdings nicht die Zunahme dieser Berufungen (d. h. 487 mehr neu angefallene), denn diese selbst hängt mit der Zunahme der strafbaren Handlungen überhaupt zusammen, was sicherlich wenn auch nicht ausschließend, so doch gewiß in einem sehr erheblichen Maße in dem §. 223a des R. St. G. B. abgesehen von der Unzulässigkeit der Zurücknahme des Strafantrags einerseits, der Verfolgung jener Reate von Amtswegen andererseits seinen Grund hat; denn es will daran erinnert werden, daß allein die Vergehen der Körperverletzungen im Jahre 1876, für dessen ganze Dauer das R. St. G. B. vom 26. Februar 1876 i. e. unter Anderem jener §. 223a noch nicht maßgebend war, gegen 1876 um 5857 zugenommen haben, eine Zahl, welche nach der erfolgten Andeutung im Jahre 1877 sich wohl noch steigern wird.

deuteten Liquidationsverfahren die Klägerin auch zum Beweise darüber zugelassen worden war, daß die jetzt beklagten und beigeladenen Freiherrn von Thüngen Universalsuccessoren jener Freiherrn von Thüngen geworden sind, welche als Streittheile in dem seit dem Jahre 1716 schwebenden Prozesse zwischen der Freiherrn von Thüngen und der Gemeinde Burgsinn auftraten, wurde die von den Beklagten erhobene Berufung*) durch Erkenntniß des Königlichen Appellationsgerichts in Bamberg vom 28. Juli 1877 als unstatthaft verworfen.

Die Entscheidungsgründe hierzu scheinen uns wichtig genug, wenigstens theilweise, wie folgt hier wiederzugeben:

..... Eine endliche Entscheidung über einen Theil des bestrittenen Rechtsverhältnisses im Sinne des Art. 682 Abs. 2 der Pr. Ord. liegt dann vor, wenn der in der Klage behauptete und in der Sachbitte der Klage verfolgte Rechtsanspruch wenigstens theilweise zu- oder aberkannt wurde; es mußte daher der Gemeinde Burgsinn von den in der Klage geforderten 749208 fl. 21⅓ Kr. und 2250 fl. ein Theil zuerkannt worden sein, wenn die Berufung gerechtfertigt sein sollte. Einen solchen Ausspruch enthält aber das angefochtene Urtheil Ia. nicht; im Gegentheile ist .... über die Klagforderungspost von 746824 fl. 2 Kr. die Klagepartei zum Beweise zugelassen und hängt es von dem Ergebnisse des Beweisverfahrens ab, ob der Klägerin die geforderte Summe oder ein Theil hiervon zuerkannt wird. Die Annahme, daß unter Theil des Rechtsverhältnisses auch die Entscheidung über die Schuldfrage allein zu verstehen sei, stellt sich als unrichtig dar. In jeder Klage muß allerdings nicht nur der zu verfolgende Anspruch, sondern auch der Grund, aus welchem der Kläger solchen und zwar gegenüber dem Beklagten zu erheben berechtigt ist, angeführt werden; wenn der Richter den Klaggrund oder die Verbindlichkeit des Beklagten als tiquid, den Anspruch selbst aber in der geforderten Größe als illiquid annimmt und deßhalb über diesen auf Beweis erkennt, so ist noch kein Theil des Klagsanspruchs endlich entschieden.

Bei den Berathungen des Ges. Geb.-Aussch. vom 27. December 1866 (Beil. Bd. III. Abth. 3 S. 82) ist als Beispiel angeführt, daß Jemand als Erbe eines Anderen auf Zahlung einer Summe belangt wird; der Richter erachtet die Erbqualität, welche bestritten ist, für gegeben, erkennt aber bezüglich der Existenz der Forderung auf Beweis. Hier fällt die Erbqualität des Beklagten mit dem geltend gemachten Rechtsanspruche nicht zusammen, sondern sie ist nur eine der Thatsachen, welche den Rechtsanspruch begründen; mithin fällt dieser Fall nicht unter Art. 1 Abs. 2 — jetzt Art. 682 Abs. 2. — ....

Hiernach unterliegt es keinem Zweifel, daß das Urtheil Ia. auf Grund des Art. 682 Abs. 2 der Pr. Ord. von 1869 nicht durch Berufung angefochten werden kann, da der Gemeinde Burgsinn von der eingeklagten Forderung auch nicht ein Theil zuerkannt wird.

In diesem Art. ist auch noch die endliche Entscheidung einer Präjudizialsache erwähnt. Allein die Frage, ob die Beklagten zur Zahlung einer Forderung verbunden sind, ist keine Präjudizialsache im Sinne des Art. 190 der Pr. Ord.,

---

*) Die Anschlußbeschwerde der Kläger, sowie die Berufung der Beklagten gegen eine Vorsichtsverfügung des Unterrichters bleibt hier außer Betracht.

denn die] Schuldfrage gehört ebenso zur Hauptsache, wie die Frage über die Existenz der Forderung selbst und findet daher auch dieser Ausnahmsfall hier keine Anwendung ganz abgesehen davon, daß die Schuldfrage nicht zur alleinigen Entscheidung gebracht ist, sondern über dieselbe, sowie über die Größe der Forderung gemeinsam verhandelt und in einem Urtheile hierüber erkannt ist.

. Erstrichter hat zwar in seinem Urtheile eine Unterscheidung zwischen Hauptsache und Liquidationsprozeß gemacht, ... allein ein besonderes Liquidationsverfahren ist nicht vorbehalten, es wird der Beweis in der Hauptsache zugleich mit dem Liquidationsverfahren erhoben ..... Es handelt sich daher im gegebenen Falle um einen Prozeß über die Klage vom Juni 1872, wobei die beiden zur Begründung der Klage vorgebrachten Thatsachen, ob die Beklagten zahlungspflichtig sind, und ob ihre Schuld an die Klägerin so viel beträgt, als diese behauptet, gemeinsam zur Erörterung und Entscheidung zu ziehen sind. Es liegt sonach in der Hauptsache ein Beweisurtheil und kein Ausspruch über eine zur alleinigen Entscheidung gebrachte Vorfrage vor.

Der beklagtische Vertreter will die Berufung noch um deßwillen für zulässig erachtet wissen, weil, wenn er solche nicht ergriffen hätte, der Ausspruch über die Schuldfrage in Rechtskraft übergehe. In dieser Beziehung ist auf Art. 296 der Pr.-Ord. zu verweisen, wonach der Richter an Verfügungen, welche weder Endurtheile, noch bezüglich der Zulassung der Berufung diesen gleichgestellt sind, nicht gebunden ist, wie denn auch nach Art. 345 der Pr.-Ord. selbst nach erhobenem Beweise die Erhebung weiteren Beweises angeordnet werden kann. Wegen dieser gesetzlichen Bestimmungen ist auch bei der Verh. des Ges. Geb.-Aussch. der K. der K. K. Bd. III. S. 4—5 der Beschränkung der Berufung gegen Endurtheile zugestimmt worden. Hierzu kommt noch die Bestimmung des Art. 727 der Pr.-Ord., wonach das Obergericht an nicht appellable Vor- und Zwischenbescheide nicht gebunden ist, und es jedem Appellanten bei Anfechtung eines Endurtheils frei steht, seine Beschwerde gegen frühere Zwischenurtheile vorzubringen.

Der hierher bezügliche Ausspruch des Unterrichters erscheint aber auch nicht als Endurtheil im Sinne des Art. 682 Abs. 1. ...

... Ein Endurtheil kann nun nur in Verurtheilung oder Freisprechung in Ansehung desjenigen bestehen, was mit der Klage verlangt wird. Ein solches Endurtheil liegt aber im gegebenen Falle nicht vor.

..... Es sind die Beklagten noch keineswegs zur Zahlung derjenigen Summe, welche die Gemeinde Burgsinn nach ihrer Klage in Anspruch nimmt, verurtheilt worden, im Gegentheil es wird auf das Beweisergebniß hingewiesen, von dem es abhängt, ob überhaupt und in welchem Betrage dereinst ein Schuldausspruch erfolgen wird. Ein Endurtheil muß nicht nur die zum Vollzuge erforderliche Schuldsumme enthalten, sondern auch in seder Beziehung klar und bestimmt sein, so daß der obsiegende Theil in der Lage ist, darauf hin das nach Art. 842 der Pr.-Ord. zu erlassende, dem Schuldner zuzustellende Befriedigungsgebot zu erwirken. ..... Der Gesetzgeber hat aber ein erst nach Erhebung sämmtlicher Beweise über alle Streitpunkte definitiv sich aussprechendes Urtheil als Endurtheil für appellabel erklärt, und kann hierunter der noch in mehrfacher Beziehung zur Beweiserhebung veranlassende Ausspruch I. a. nicht subsummirt werden.

.... Auch von dem Gesichtspunkte aus, daß ....
auch über die Berufung wegen des erlassenen Belastungs- und Veräußerungsgebotes verhandelt wurde, und nunmehr gemäß Art. 484. der Pr.-Ord. in einem Urtheile Entscheidung erlassen werden muß, läßt sich die Berufung in der Hauptsache nach Art. 708 der Pr.-Ord. nicht aufrecht halten. Denn es ist über die einschlägige Vorsichtsverfügung und deren Aufhebung in erster Instanz gesondert verhandelt und in einem selbstständigen Urtheile entschieden. Zudem steht die Entscheidung in der Hauptsache und der Ausspruch über die Vorsichtsverfügung in keinem solchen inneren Zusammenhange, wie solchen das Gesetz verlangt.

Allerdings hängt die Erlassung der Vorsichtsverfügung von der in der Hauptsache verhandelten Frage ab, ob dem Gemeinde Burgsinn gegen die Verklagten ein Anspruch zusteht; ob aber eine Vorsichtsverfügung gegen dieselben erlassen werden kann, ist von der Entscheidung der Hauptsache nicht abhängig*).

Personal-Veränderungen

in der Deutschen Anwaltschaft vom 1. bis 15. Januar 1879.

A. Ernennungen.

Der Rechtskandidat Herr Dr. Franz Emil Schedlich ist zum Advokaten ernannt und als solcher verpflichtet worden.

Der Auditor Dr. Richard Huch zu Braunschweig ist als Advokat zugelassen und als solcher verpflichtet worden.

Der Rechtsanwalt bei dem Ober-Tribunal, Justizrath Haenschke ist zum Rechtsanwalt bei dem hiesigen Stadtgericht und zugleich zum Notar im Departement des Kammergerichts ernannt.

Der Kreisrichter Urbach in Inowrazlaw ist zum Rechtsanwalt bei dem Kreisgericht in Poln. Wartenberg und zum Notar im Departement des Appellationsgerichts zu Breslau, mit Anweisung seines Wohnsitzes in Festenberg ernannt worden.

B. Versetzungen.

Der Rechtsanwalt und Notar Schulze zu Osterode Ostpreußen ist in gleicher Eigenschaft an das Stadt- und Kreisgericht und das Kommerz- und Admiralitäts-Kollegium zu Danzig mit Anweisung seines Wohnsitzes daselbst versetzt werden.

Der Rechtsanwalt und Notar Dittmar zu Liegnitz ist in gleicher Eigenschaft in das hiesige Stadtgericht versetzt worden.

C. Ausscheiden aus dem Dienst.

Dem Rechtsanwalt und Notar, Justizrath Wagener in Stralsund ist die nachgesuchte Dienstentlassung ertheilt.

Herr Dr. Wilhelm Heinrich Bertling, gegenwärtig in Leipzig, vorher in Großschönau, hat aus Gesundheitsrücksichten dem von ihm bisher bekleideten Amte der Advokatur mit Genehmigung des Justizministeriums entsagt.

D. Titelverleihung.

Dem Rechtsanwalt und Notar Deyds hierselbst wurde der Charakter als Justizrath verliehen.

E. Ordensverleihungen.

Dem Rechtsanwalt und Notar, Justizrath Wagener in Stralsund wurde bei seinem Ausscheiden aus dem Dienst der Rothe Adler-Orden IV. Classe verliehen.

F. Todesfälle.

Verstorben sind:
der Rechtsanwalt und Notar Clausen in Burg a. F.

---

*) Ist es gestattet, hier eine Vergleichung der bayerischen diesfälligen Prozeßvorschriften mit denen der Civ.-Pr.-Ord. für das Deutsche Reich bezüglich der Appellabilität des Eingangs besagten Erkenntnisses erster Instanz anzurufen, so dürfte dieselbe dahin führen, daß besagter Ausspruch auch nach der Pr.-Ord. für das D. R. mit dem Rechtsmittel der Berufung nicht angefochten werden könne.

Der zunächst maßgebende §. 472 lautet:

„Die Berufung findet gegen die in erster Instanz erlassenen Endurtheile statt".

daß jenes Judikat L. a. kein Endurtheil ist, bedarf einer näheren Ausführung nicht, denn es ist über den durch die Klage erhobenen Anspruch noch nicht entschieden (§. 293 Abs. 1).

Das gedachte Urtheil fällt auch nicht unter den Begriff eines Theilurtheils im Sinne des §. 273 und 274, welches dort als Endurtheil bezeichnet wird, stellt sich auch nicht als f. g. bedingtes Urtheil dar, von welchem z. B. in §. 425 Abs. 1 die Rede ist.

Das Erkenntniß vom 28. Oktober 1875 wird aber auch nicht unter die Vorschrift des §. 276 gebracht werden können, welcher bestimmt:

„Ist ein Anspruch nach Grund und Betrag streitig, so kann das Gericht über den Grund vorab entscheiden.

Das Urtheil ist in Betreff der Rechtsmittel als Endurtheil anzusehen; das Gericht kann jedoch, wenn der Anspruch für begründet erklärt ist, auf Antrag anordnen, daß über den Betrag zu verhandeln ist".

Der Erstrichter hat nun zwar im gegebenen Falle über den „Grund" Urtheil erlassen, allein er hat nicht ausschließend hierüber vorab entschieden; er hat vielmehr den „Betrag" zum Gegenstand der Verhandlung bereits gemacht und die Klagepartei zum Beweise in dieser Richtung zugelassen, wobei nicht einmal darauf ein weiteres Gewicht gelegt werden will, daß, wie dies nach dem betreffenden Beweissatze zu entnehmen sein wird, zur Zeit noch nicht festgestellt ist, ob die Beklagten auch wirklich die richtigen Beklagten sind.

Demnach erscheint das oft erwähnte Erkenntniß L. a. auch nach der C. Pr. f. b. d. St. kaum appellabel, wodurch die Beklagten nicht wohl beschwert sein durften, da bei Berufung derselben gegen das seinerzeitige Endurtheil der Beurtheilung des Oberrichters auch die früheren Entscheidungen des Erstrichters und gerade das Urtheil vom 28. Oktober 1875 unterliegen, welche und bezw. welches nicht unter die Ausnahmen des §. 473 fällt.

Für die Redaktion verantw.: E. Haenle. Verlag: W. Moeser, Hofbuchhandlung. Druck: W. Moeser, Hofbuchdruckerei in Berlin.

№ 3. Berlin, 1. Februar. 1879.

Juristische Wochenschrift.

Herausgegeben von

S. Haenle, und Dr. A. Künzel,
königl. Advokat in Ansbach. Rechtsanwalt beim königl. Obertribunal in Berlin.

Organ des deutschen Anwalt-Vereins.

Preis für den Jahrgang 12 Mark. — Bestellungen übernimmt jede Buchhandlung und Postanstalt.

Der Vorstand des deutschen Anwaltvereins hat den Vereinsbeitrag für das Jahr 1879 auf 12 Mark festgesetzt, welche, wenn nicht früher Zahlung erfolgt, am ersten Februar 1879 satzungsmäßig durch Postvorschuß eingezogen werden.

Mecke, Schriftführer.
Königgrätzerstraße 105.

Der Vorstand des deutschen Anwalt-Vereins hat beschlossen, zur Berathung des zu erwartenden Entwurfs einer Anwaltsgebührenordnung einen Anwaltstag nach Berlin zu berufen. Als Berichterstatter sind die Herren Justizrath Lesse zu Berlin und Rechtsanwalt Fürst zu Mannheim bestellt. Die Versammlung soll stattfinden etwa 14 Tage nachdem der Entwurf der Gebührenordnung amtlich veröffentlicht ist.

Die Hauptgrundsätze der Anwaltsgebührenordnung

sind nun bekannt und ich will es versuchen im Gegensatze zu früheren Artikeln, in denen das System, der eine oder der andere Grundsatz des Entwurfs eines Weitern besprochen werden war, in Kürze diese Hauptgrundsätze zusammenzustellen und daran einige Bemerkungen zu knüpfen.

1) Der Entwurf beruht auf dem Bauschsysteme. Mag nun gar Mancher diesem Systeme abhold sein, hiergegen anzukämpfen scheint mir unpraktisch und aussichtslos. Es würde uns schwerlich gelingen die ganze Oekonomie des Entwurfs zu ändern und etwas audrees an seine Stelle zu bringen.

2) Die Taxe soll insofern nicht obligatorisch sein, als es in dem Entwurfe gestattet ist, einen Honorarvertrag zu schließen. Daß aber dieser Vertrag schriftlich zu errichten sei, wie der Entwurf vorschreibt, scheint mir eine um so lästigere Beschränkung des Vertragsrechtes, als überhaupt der Anwalt in den seltensten Fällen dazu kommen wird, seiner Mandantschaft vorzuschlagen im Voraus ein Uebereinkommen über das Honorar abzuschließen.

Neben dem Vertrage empfiehlt sich die Gestattung der Selbsttaxirung um so mehr als man auf Grund positiver Ansätze, die man nach geeignigtem Prozesse aufzustellen vermag, die Partei leichter überzeugen kann, die gemachte Forderung sei nicht übertrieben, als man dies im Voraus, wo die Partei noch keine Ansicht über die aufzuwendende Mühe und die zu fertigenden Arbeiten zu thun im Stande ist.

3) Die Skala, wie sie im Anschluß an das Gerichtskostengesetz bezüglich der Gebührensätze in dem Entwurfe aufgestellt ist, ist zu niedrig, namentlich was die 12 ersten Klassen betrifft, und nach meinem Ermessen ist dies der Cardinalpunkt, bezüglich dessen wir vor Allem eine Aenderung anstreben müssen. Es liegt in der Natur der Sache, daß das Recht des Vertrags und der Selbsttaxirung immer nur subsidiärer Natur sein kann. Wenn der Anwalt auch nicht gesetzlich an die Taxe gebunden ist, so ist er es doch moralisch und thatsächlich; in der Regel zwingen ihn die Umstände bei den Ansätzen der Taxe zu bleiben, zumal, wenn durch die Freigabe der Advokatur an gar manchen Orten die Konkurrenz ihren Einfluß ausübt. Eine zu niedrige Taxe nöthigt aber auch den Mandanten, während er bis jetzt gewohnt war, "auf Unrechtskosten" zu streiten, selbst im Falle Obsiegens, Geld aufzuwenden, um sich gegen muthwillige oder wenigstens ungerechtfertigte Ansprüche zu wehren; das Mehr, was er seinem Anwalte im Vertragswege oder bei der Selbsttaxirung bewilligt hat, bekommt er ja nicht ersetzt. Je mehr die Taxe Ansätze enthält, bei welcher die Anwälte nicht

bestehen können, je mehr die Anwälte durch die Niedrigkeit der Taxe gezwungen sind, sich höher bezahlen zu lassen: um so mehr verstößt die Taxe gegen den Elementargrundsatz des Prozeßrechtes, daß der Unterliegende die Kosten des Streites zu tragen hat, um so wehe wird sie eine Prämie für den Streitmuthwilligen, den sie schont auf Kosten des gerecht Streitenden. —

Warum die Ansätze niedriger sind als die der Gebühren, die an den Staat zu entrichten sind, ist nicht recht einzusehen; es dürfte jedenfalls nicht als ein ungerechtes Verlangen erscheinen die Gebühren wenigstens insoweit zu erhöhen, wie sie im §. 8 des Gerichtskostengesetzes normirt sind. Nach meinem Dafürhalten ist auch diese minutiöse Abtheilung wie sie das Gerichtskostengesetz hat bei Normirung der Anwaltsserviten nicht an der Stelle. Man kann immer innerhalb der Normirung des Gerichtskostengesetzes bleiben, ohne alle die Unterabtheilungen desselben beizubehalten. Zwei Klassen würden für die amtsrichterlichen Sachen vollständig genügen und bei den landgerichtlichen könnte man auch immer 2 Zwischenklassen streichen und die Taxe dabei ansetzen, die je für die höchste treffende Klasse im Gerichtskostengesetze vorgesehen ist. Damit wäre schon viel geholfen. Für die Parteien ist der Nutzen doch fürwahr ein äußerst geringer, da es sich ja dabei nur um wenige Mark handelt; für den Anwalt ist dagegen der Unterschied ein sehr bedeutender, da diese wenigen Mark bei jedem Prozesse, den er führt, ihm entgehen.

Daß bei den niedrigsten Werthklassen Gebührensätze vorkommen, die mit der würdigen Lebensstellung, die einem Anwalte eingeräumt werden will, sich schwer vereinigen lassen, wurde schon mehrfach betont. Man rechne einmal, ob ein Anwalt auf dem Lande mit diesen Gebühren existiren kann, man rechne einmal, ob ein Theil der Landgerichtsanwälte bei denselben bestehen kann. Ich glaube weder das Eine noch das Andere und das Experiment, das hier mit den Anwälten gemacht werden will, kann Manchen in die trostloseste Lage bringen. Und was soll die Folge dieser Ansätze der resten 5 Werthklassen sein? Daß Jeder, der einen Prozeß führt, sich um seine Paar Mark einen Advokaten „kauft", der dann mit dem Kommissionair in dem Gerichtssaal zu rangiren hat. Junge Anwälte, die bekannt werden wollen, werden auch das Mandat nicht verweigern und so wird es kommen, daß bei gar vielen einzelrichterlichen Prozessen entweder eine zeitraubende Plaidoirie Platz greifen wird oder daß man das Publikum daran gewöhnt, daß dem Anwalt das Wort abgeschnitten wird. Es wird auch kaum widersprochen werden können, daß durch eine zu niedrige Taxe in Bagatellsachen der Prozeßlust gerade auf dem Gebiete Vorschub geleistet wird, auf welchem sie am schädlichsten wirkt.

4) Das Bauschsystem ist in dem Entwurfe insofern nicht konsequent durchgeführt, als, während einerseits bei geringen Streitsummen darauf keine Rücksicht genommen wird ob mehr oder weniger Arbeit verursacht, andererseits bei anwaltschaftlichen Arbeiten, bei denen voraussichtlich eine geringere Arbeit nöthig ist, die Ansätze sehr erniedrigt sind.

Hiegegen, glaube ich, werden sich gewichtige Bedenken erheben lassen. Insbesondere dagegen, daß beim Urkunden- und Wechselprozeß eine Ermäßigung doch wohl um so weniger an der Stelle, als bei einfacher Sachlage das Mahnverfahren Platz greift und zudem soll in den Fällen der §§. 559 und 563 der

C. P. O. s. d. D. R. der Rechtsanwalt im Nachprozeß sich die Prozeßgebühr des Urkunden- und Wechselprozesses anrechnen lassen. Ebenso dagegen, daß, wenn die Prozeßlage eine gesonderte Prozeßhandlung verlangt, z. B. Zeugenvernehmung zum ewigen Gedächtniß, die hierfür bewilligte Gebühr, wenn der Prozeß durchgeführt wird, abgezogen werden soll.

5) Ob beim Beweisverfahren, für welches nur die Hälfte der Normalgebühr angesetzt ist, diese genügt, obgleich in den Gebieten, wo ein Vertrag nicht schriftlich errichtet werden muß, oft langandauernde Beweiserhebungen (2—3 Tage hindurch) stattfinden müssen, bezweifle ich sehr. Hier dürfte wohl die Bemessung der Gebühr nach dem Zeitaufwande statt nach der Streitsumme sich als zweckmäßiger darstellen, wenigstens eine ganze Normalgebühr an der Stelle sein.

6) Die Gebühren in Strafsachen und der Ersatz für Kopialien erscheinen nicht ausreichend.

7) Die höhere Normalgebühr, die dem Anwalte beim Reichsgerichte gewährt werden soll, möge auch auf die Anwälte beim O. L. Ger. ausgedehnt werden.

S. H.

Urtheile über den Entwurf, die anwaltschaftlichen Gebühren betreffend.

I.

Nr. 22 und 23 Bd. XVIII. der Zeitschrift des bayerischen Anwaltvereins enthält, wie bereits berichtet, eine umfassende sehr berücksichtigungswerthe Besprechung über den Entwurf. Ich glaube auch nicht zu irren, wenn ich annehme, daß er im Großen und Ganzen die Ansichten der bayerischen Advokaten über den Entwurf ausdrückt. In den meisten Fragen steht der Artikel auf demselben Standpunkte den auch eine Reihe von Aufsätzen in dieser Zeitschrift eingenommen haben, wie auch in dem Aufsatze in dieser Nummer die Hauptgrundsätze der Allg. Geb. Ord. nur in wenigen Einzelheiten abweichende Ansichten vorgetragen sind. Handelt es sich doch, wie oft gesagt wurde und immer wieder gesagt werden muß, möglichste Uebereinstimmung der Anwälte für die Abstimmung am Anwaltstage zu Stande zu bringen. Folgende Grundsätze sind an die Spitze gestellt:

1) Die Geb. Ord. muß dem Anwalte ein Einkommen sichern, das dem Anwalte die Mittel gewährt, seine Familie standesgemäß zu ernähren und für die Tage des Alters und der Krankheit einen Nothpfennig zu sammeln.

2) Die Vertragsfreiheit ist zwar anzustreben wird aber den wenigsten Anwälten zu Statten kommen. Der Vertrag soll schriftlich errichtet werden, eine Revision derselben statthaft sein, und die Stipulation niederer als der in der Geb. Ord. festgestellten Belohnung verboten sein.

3) Die Geb. Ord. ist nach den Bedürfnissen der nicht übermäßig beschäftigten Anwälte in den kleinern Städten zu bemessen.

4) Die in Preußen gestattete Vereinigung des Notariat mit der Anwaltschaft und der dort gegenwärtig herrschende Mangel an Juristen kann bei Bemessung der Gebührensätze als ein zufälliger Umstand nicht in Betracht kommen.

5) In Strafsachen empfehlen sich, ein der Wichtigkeit der Sache gemäßer hoher Gebührensatz.

6) Die Kopialgebühr ist derart zu normiren, daß nicht nach Maßgabe der für einen einzelnen Fall wirklich gemachten Aufwand zu vergüten ist, sondern daß der Anwalt für seinen gesammten auf diesen Theil gemachten Aufwand wenigstens annähernd schadlos gehalten wird.

Aus den Spezialvorschlägen entnehme ich:

a. Die Abstufung der Werthklassen nach dem Systeme des Gerichtskostengesetzes ist ungerecht und unpraktisch. „Ungerecht wären sie, weil, wenn die Gebühren nach dem Werthe der Streitsache um 20, 40, 60 und 80 Mark abgestuft würden, für die niederen Klassen eine Gebühr bestimmt werden müßte, welche auch dem minimum anwaltschaftlicher Leistung gegenüber keinen angemessenen Lohn gewährte und weil, wenn auch eine Differenz in der Belohnung des Anwalts je nach dem Werthe des Streitgegenstandes unvermeidlich ist, es doch geradezu gegen das Recht, Belohnung für die Leistung zu fordern, verstoßen würde, eine gleich große und gleich mühevolle Thätigkeit in dem einen Falle so gut, wie nicht, in dem anderen Falle unverhältnißmäßig hoch zu belohnen." „Auch die Verweisung auf die nicht vermögensrechtlichen Ansprüche in die 2,000 Mark Klasse sei ungerechtfertigt, sie gehören in die höchste regelmäßige Klasse.

b. Der Gebührensatz von 1 Mark ist viel zu niedrig.

c. Für jede mündliche Verhandlung wird die Verhandlungsgebühr gefordert.

d. Für den Urkunden- und Wechselprozeß wird die Normalgebühr verlangt, ebenso für das Beweisverfahren.

e. Als Normalgebühr vor dem Schöffengericht werden 12 Mark, vor der Strafkammer mindestens 36 Mark und vor dem Schwurgerichte mindestens 60 Mark vorgeschlagen, und zwar eine Normalgebühr als Artha, eine andere für die Vertheidigung im Vorverfahren und eine dritte für die Hauptverhandlung, wobei für jeden Tag der Hauptverhandlung die Gebühr in ihrem vollen Betrage zu gewähren ist.

Der Aufsatz (von Dr. Feust in Fürth) enthält u. a. folgende Worte, die gewiß an der Stelle sind:

„Ein Experiment, das mit dem Wohl und Wehe einiger tausend Familien gemacht würde, das im Falle Mißlingens deren Existenz dauernd zu untergraben sehr geeignet ist, ist vornherein als ein äußerst bedenkliches zu bezeichnen. Aus Rechts- und Nützlichkeitserwägungen sollte der Gesetzgeber es sich reiflichst erwägen, ob er ein solches Experiment wagen möchte.

Wenn aber gleichwohl das Experiment gemacht werden will, so muß es derart gemacht werden, daß auch im schlimmsten Falle die Existenz der Anwälte nicht aufs Spiel gesetzt ist. Es müssen eben dann versuchsweise die Gebühren so reichlich bemessen werden, daß auch im allerungünstigsten Falle die Anwälte weiter bestehen könnten.

Wir begreifen wohl, daß erhöhte Gebühren der ganzen Nation leicht lästig fallen können, zumal wenn die Möglichkeit nicht ausgeschlossen ist, daß die Gebühren über den Bedarf hoch wären. Allein die Nation würde leichter den pecuniären Verlust als den außerdem unvermeidlichen und unersetzlichen Verlust eines tüchtigen, zum Bestande des nationalen Wohlergehens unentbehrlichen Anwaltsstandes ertragen. Es wäre auch nur gerecht, daß diejenigen die Gefahr des Experimentirens tragen, denen die Thätigkeit des Anwaltes zugute kommt, oder die sie im einzelnen Falle verschuldet haben, während es, ganz abgesehen von allen Utilitätserwägungen, nicht gerecht ist, das Experiment auf Kosten derer zu wagen, die die besten Jahre ihres Lebens der Vorbereitung auf ihren dornenvollen Beruf gewidmet haben, und ohne die die nationalen Justizgesetze gar niemals ins Volk einzuführen wären."

„Ein jeder Stand genießt die Achtung, deren er sich selbst werth hält, weil wahre Selbstachtung nur dem möglich ist, der von der Bedeutung seiner Aufgabe und dem ernsten Streben, sie nach Kräften zu erfüllen, durchdrungen ist.

Wenn der deutsche Anwaltstand einmüthig und unerschrocken, sogar auf die Gefahr hin, einen Augenblick lang der Selbstsucht geziehen zu werden, Zeugniß dafür ablegt, daß er nur mit der Gebührenordnung bestehen könne, die auch dem weniger beglückten Anwälten ihr Auskommen und die Ansammlung eines Nothpfennigs gestattet; wenn er jetzt seine gerechte Forderung nach einer Gebührenordnung in diesem Sinne geltend macht, ohne sich durch die Furcht beirren zu lassen, daß seine Forderungen nicht durchweg berücksichtigt werden; wenn er sich vor Augen hält, daß jede jetzt verschuldete Unterlassung überhaupt nicht mehr gutgemacht werden kann: so wird auch der Gesetzgeber nicht anstehen können, eine Gebührenordnung zu beschließen, die die Existenz eines tüchtigen Anwaltstandes ermöglicht und damit auch eine gedeihliche Uebung des Rechtes verbürgt."

II.

Nr. 1 der deutschen Juristenzeitung 3. Jahrgang enthält eine von einem sächsischen Anwalt ausgehende Einsendung, die wir nicht anders als einen „Nothschrei" wegen der Einführung der Justizgesetze, bezeichnen können.

So heißt es in demselben:

„Durch Einführung der neuen Reichsjustizgesetze wird ein großer Theil der Deutschen Rechtsanwälte brodlos werden; namentlich im Königreich Sachsen, Württemberg, den Thüringer Staaten, Mecklenburg, Anhalt ꝛc., wo beim Uebertritt der Juristen eine Ueberzahl von Rechtsanwälten vorhanden ist, von denen die Majorität jetzt schon mit Nahrungssorgen zu kämpfen hat. Eines Beweises bedarf diese notorische Thatsache nicht, selbst wenn nicht bekannt wäre, daß tüchtige Juristen, welche 6 bis 8 Jahre als Rechtsanwälte practicirten, um ihrer materiellen Existenz willen Kanzleistellen annahmen."

„Wie sind diejenigen Rechtsanwälte enttäuscht, welche eine Verbesserung ihrer pekuniären Lage von der seit Jahren in Aussicht stehenden Reichsjustiz-Organisation erhofften.

Beneidenswerthes Loos der Rechtsanwälte, vor den Amtsrichtern mit Winkel-Advokaten konkurriren zu dürfen und zwar in Sachen bis einschließlich 300 Mark, also in den meisten Prozessen.

Konnte §. 75 der Reichscivilprozeßordnung nicht für die nächste Generation, in der sich die Advokatenverhältnisse nach den Intentionen der neuen Justizgesetzgebung geregelt haben werden, aufgespart werden. Sollen jetzt unsere alten Rechtsanwälte die Kreisgerichtsorte, an welchen sie über ein Menschenalter hinaus gesessen haben, verlassen, weil sich daselbst nur Amtsgerichte befinden werden. Und wer ersetzt ihnen die Notariats-

Praxis, welche sie verlieren oder doch zum größten Theil verlieren, wenn sie dem Landgerichte nachziehen, denn in ihrer neuen Heimath wird diese Praxis bereits in den sichern Händen der daselbst schon domicilirenden Kollegen sein."

Und doch kann in Sachsen der Anwalt auch Notariatsgeschäfte übernehmen, kaner Bürgermeister werden und bekleidet dort faktisch bereits Freigabe der Advokatur.

Neben andern Vorschlägen, die der Einsender macht, um dem drohenden Uebelstande vorzubeugen (Erleichterung des Uebertritts in den Staatsdienst, Erweiterung des Geschäftskreises der Notare durch eine Deutsche Notariatsordnung, so daß der Anwalt zugleich als Notar ein größeres Einkommen bezieht, größere Beschränkung der gerichtlichen Thätigkeit der Bevollmächtigten) ist auch der, die Gerichtsgebühren um die Hälfte zu kürzen und diese Hälfte den Advokatenkosten zuzusetzen. Dieser Vorschlag hat wohl kaum Aussicht auf Erfolg, allein der Gedanke, der demselben zu Grunde liegt, daß die neuen Gerichtsgebühren eine große Schwierigkeit für angemessene Anwaltsgebühren bilden, ist beachtenswerth.*)

S. H.

Der §. 8 des Einführungsgesetzes vom 1. Februar 1877 zur Strafprozeßordnung für das deutsche Reich vom gleichen Tage (Reichs-Gesetzblatt 1877 Nr. 8 S. 346)

dahin lautend:

> „In den am Tage des Inkrafttretens der Strafprozeßordnung anhängigen Strafsachen sind für das weitere Verfahren die Vorschriften der Strafprozeßordnung maßgebend; die Landesgesetzgebung kann die zur Ueberleitung des Verfahrens erforderlichen Bestimmungen treffen.
>
> War jedoch vor dem Tage des Inkrafttretens der Strafprozeßordnung ein Endurtheil erster Instanz ergangen, so finden auf die Erledigung der Sache bis zur rechtskräftigen Entscheidung die bisherigen Prozeßgesetze Anwendung."

gibt zu den nachstehenden Bemerkungen Veranlassung:

Es mag dahin gestellt bleiben, ob es ein glücklicher Griff ist, die kategorische Regel des ersten Satzes in 1. Absatze dieses §. 8 aufzustellen, nachdem man schon im zweiten Satze eine Ausnahme sanktionirte und sogar im 2. Absatze noch weiter ging, indem man daselbst die „bisherige Prozeßgesetzgebung" ziel- und maßgebend erklärte für die Fälle, in welchen vor dem 1. Oktober 1879 ein Endurtheil erster Instanz ergangen ist, und ob es eben deßhalb nicht angemessener gewesen wäre, den §. 8 a. a. O. einfach dahin zu fassen:

In den am Tage des Inkrafttretens der Strafprozeßordnung anhängigen Strafsachen finden auf die Erledigung derselben bis zur rechtskräftigen Entscheidung die bisherigen Prozeßgesetze Anwendung.*)

Sehen wir auch ein, daß bei organisatorischen Veränderungen der Satz „ubi lis coepta, ibi finiatur" nur zu oft in die Brüche gehen muß, so meinen wir doch, daß bei der von uns vorgeschlagenen Instanz des §. 8 auch der §. 9 hätte erspart werden können.

Was in Sonderheit den §. 9 betrifft, so kann, wenn wir seine Tragweite richtig erfassen, es kommen, daß für den Fall, daß gegen das vor dem 1. Oktober 1879 von einem Bezirksgerichte ergangene Urtheil die Berufung an das Königliche Appell-Gericht ergriffen worden war, und in Gemäßheit des Art. 336 des St. Pr. Ges. vom 10. November 1848 vom Zweitrichter wegen Unzuständigkeit jenes Bezirksgerichts unter Annahme der Kompetenz eines anderen Bezirksgerichts das Erkenntniß I. vernichtet, und die Sache zur Aburtheilung an dieses andere Bezirksgericht — künftig Landgericht — verwiesen wird, die Zuständigkeit des letzteren Angesichts z. B. des §. 27 Ziff. 8 Ger. Verf. Ges. vom 27. Januar 1877 nicht mehr gegeben ist. Wenn nun der §. 9 a. a. O. bei Aufhebung des Endurtheils erster Instanz durch die höhere Instanz das weitere Verfahren sich nach den Vorschriften der Strafprozeßordnung regelt, so fragt es sich dann, ob jenes andere Bezirks- oder Landgericht trotz des angezogenen §. 27 Ziff. 8 noch urtheilen kann oder nun entgegen dem Ausspruche des möglicher Weise gedachten Untergerichts vorgesetzten Obergerichts, welches nach der klaren verständlichen Fassung des §. 8 Abs. 2 noch die früheren Prozeßgesetze zu handhaben hat, also selbständig die Kompetenzfrage nach der neuen Str. Pr. Ord. nicht erledigen darf seine eigene Unzuständigkeit erklären darf, sonach die Sache an das treffende Amtsgericht i. e. Schöffengericht verweisen muß?

Wir für unsre Person glauben nun zwar, daß das neuere „Bezirks- bzw. Landgericht" dieses Recht, ja die Pflicht hat, seine Inkompetenz auszusprechen. Und zum Glück leidet darunter der Angeklagte (so wird nach §. 155 der Str. Pr. Ord. der Angeschuldigte zu nennen sein, nachdem gegen ihn die Eröffnung des Hauptverfahrens bereits einmal beschlossen war) nicht; denn nach §. 354 eod. findet Berufung statt gegen Urtheile der Schöffengerichte, wenn auch nicht gegen die der Land- und Schwurgerichte; eine Bestimmung, welche d. h. die Zulässigkeit der Appellation gegen die schöffengerichtlichen Urtheile uns offen gestanden so wenig behagt, als die Vorschrift des §. 77 des Ger. Verf. Ges., inhaltlich deren die Strafkammern der Landgerichte in der Hauptverhandlung mit 5 Mitgliedern, in der Berufungsinstanz bei Uebertretungen nur mit 3 Mitgliedern zu besetzen sind, eine Vorschrift, aus welcher allerdings zu folgern sein wird, daß falls das Schöffengericht über ein Vergehen judizirt, die Strafkammer des Landgerichts mit 5 Mitgliedern in der Berufungsinstanz zu besetzen ist.

---

*) Der Herr Einsender sagt u. A.: „Wenn der eine oder der andere Rechtsanwalt in einer Landstadt die Bürgermeisterstelle mit einem Jahresgehalt von 800 bis 1000 Thalern übernimmt und dabei noch als Notar fungirt, so kann ein Mann mit einem bescheidenen Sinn die schon zufrieden leben." Wie nun in jenen Staaten, wo der Anwalt weder Bürgermeister noch Notar werden kann?
S. H.

*) So wenig praktisch der §. 60 Abs. 2 des Ger. Verf. Ges. sein dürfte insofern, daß die Bestellung des Untersuchungsrichters nur auf die Dauer eines Geschäftsjahres erfolgt, so freudig begrüßen wir den §. 64 eod., inhaltlich dessen der Untersuchungsrichter ungehalten werden kann, daß bei ihm anhängigen Untersuchungen auch nach Ablauf des Geschäftsjahres zu Ende zu führen.

Indem wir nachtragen, daß der §. 211 Abſ. 2 der St. Pr. Ord. auch Fälle kennt, in denen der Amtsrichter auch ohne Zuziehung von Schöffen*) Endurtheile erlaſſen kann, und daß gegen dieſe gleichfalls die Berufung ſtattfindet, möchten wir auf das Bedenkliche aufmerkſam machen, das jener §. 9 des Einf. Geſ. zur Str. Pr. Ord. in dem Falle hat, wenn in dem oben erwähnten Beiſpiele der Aufhebung des Urtheils I. Inſtanz des Gericht erſter Inſtanz ſachlich — dabei ſind wie uns offen geſtanden nicht ganz klar darüber, ob die ſachliche Kompetenz aus dem Gerichts-Verf. Geſ., oder aus der Str. Pr. Ordnung abgeleitet wird handelt es ſich hier wie dort um eine Strafſache, dort allerdings um das Genus, hier um die Spezies — zuſtändig iſt.

Denn Dank des §. 354 l. c. wird nun bei dem weiteren Verfahren nach den Beſtimmungen der Str. Pr. Ord. der Angeklagte des Rechtsmittels der Berufung verluſtig, das er bereits vorher, theilweiſe ſogar mit Erfolg, eingelegt hatte, ein Verluſt, der durch die nunmehr ſtattfindende Beſetzung der Strafkammern mit 5 Mitgliedern ſtatt 3 wie früher, unſeres Erachtens nicht aufgewogen wird.

Es dürfte vorſtehender Deduktion kaum der Vorwurf der Unhaltbarkeit aus dem Geſichtspunkte des Abſ. 2 des §. 8 a. a. O. gemacht werden können! Es iſt undenkbar, daß der Geſetzgeber mit dem §. 9 denſelben Fall, wie mit §. 8 Abſ. 2 im Auge gehabt habe. Eben deßhalb muß der Schwerpunkt der Vorſchrift des §. 9 nur darin geſucht und gefunden werden, daß derſelbe eine Ausnahme von der in §. 8 Abſ. 2 ſanktionirten Regel aufſtellen wollte, eine Ausnahme, welche, wenn auch hier nicht ausſchließend die Statthaftigkeit der Berufung im Auge gehabt, ſondern z. B. auch der Strafvollzug nach dem alten Verfahren behandelt werden ſoll, dort in §. 9 gerade nur für die Berufung und Reviſion**) ganz ausnahmslos bezüglich der Aufhebung (im Gegenſatze zur Abänderung im Allgemeinen) des erſtinſtanziellen Endurtheils maßgebend erſcheint.

Wir haben zwar bereits bemerkt, daß der §. 8 Abſ. 2 a. a. O. nicht blos auf die Berufung gemünzt iſt, allein ſeine praktiſche Bedeutung wird er wenigſtens in Bayern hauptſächlich doch nur für die Frage der Zuläſſigkeit der Appellation gegen die bezirksgerichtlichen Urtheile finden, welche ohne jenen Abſ. 2 Angeſichts des ſchon allegirten §. 354 der Str. Pr. Ord. mit dem 1. Oktober 1879 bedingungslos abgeſchnitten wäre. Ob die Zuläſſigkeit dieſes Rechtsmittels in den dort b. h. in §. 8 Abſ. 2 vorgeſehenen Fällen ein dringendes Bedürfniß iſt, nachdem die Str. Pr. Ord. die Inappellabilität der bezirks bezw. künftig landgerichtlichen Strafurtheile auf ihre Fahne geſchrieben hat, unterſuchen wir ebenſo wenig, als ob Angeſichts der in der

*) Nämlich dann, wenn der Beſchuldigte vorgeführt iſt, er nur wegen Uebertretung verfolgt wird, die ihm zur Laſt gelegte That eingeſteht, und der Staatsanwalt mit Nichtzuziehung der Schöffen einverſtanden iſt.

**) Dieſe — gleichbedeutend mit „Nichtigkeitsbeſchwerde" — wie hier deßhalb angeführt werden dürfen und müſſen, weil in Bayern ſeither gegen ſchwurgerichtliche Urtheile lediglich dieſes Rechtsmittel zuläſſig iſt, ſonach der Kaſſationshof die höhere Inſtanz gegenüber der erſten Inſtanz bildet, während er bei anderen Strafurtheilen — ſit venia verbo — die höchſte Inſtanz gegenüber der höheren bezw. erſten Inſtanz iſt.

Augsburger Abendzeitung (1878) Nr. 200 S. 3 und 4 mitgetheilten Entſcheidung d. d. Königsberg i. Pr. 16. Juli 1878, wenn auch freilich ohne jegliche Ausſicht auf Erfolg, der Wunſch nach Abänderung der kategoriſchen Vorſchrift jenes §. 354 ſelbſt noch vor dem 1. Oktober 1879 nicht doch wenigſtens Berechtigung hat.

Keine Schwierigkeit macht natürlich der Fall, wenn noch vor dem 1. Oktober 1879 Verfügung des treffenden Appellgerichts auf Anberaumung einer öffentlichen Verhandlung zur Verbeſcheidung der angemeldeten Berufung ergangen war, oder der Fall, wenn am Abend des 30. September 1879 bei einem Appellgericht die einſchlägigen Akten mit der diesfälligen Berufung eingelaufen waren, oder ſelbſt der Fall, wenn noch am gleichen Tage — 30. September 1879 — auf der Gerichtsſchreiberei des Bezirksgerichts die Berufung eingelegt wurde. In allen dieſen Fällen iſt das Oberlandesgericht zur Aburtheilung zuſtändig. Gleiches muß aber nach unſerem unmaßgeblichen Dafürhalten zutreffen, wenn die Berufung gegen ein am 28. 29. und 30. September 1879 ergangenes bezirksgerichtliches Endurtheil die Berufung am 1. bezw. 2. oder 3. Oktober ejsd. erhoben wird, denn immerhin war daſſelbe vor dem Tage des Inkrafttretens der Strafprozeßordnung erlaſſen. Das Nämliche gilt ſelbſtverſtändlich auch bei den von den Bezirksgerichten ergehenden Verſäumungsurtheilen, gegen welche, ſofern ſie nur noch vor dem 1. Oktober 1879 geſprochen ſind, auch noch nach dieſem Tage innerhalb der ſonſt durch Art. 358 des Str. Pr. Geſ. vom 10. November 1848 feſtgeſetzten Friſt von 8 Tagen ſtatt des Einſpruchs in Gemäßheit des Geſetzes vom 16. Mai 1868, das Ungehorſamsverfahren u. ſ. w. betreffend, Berufung zuläſſig iſt. eine Friſt, inſofern ſie jedoch in den Fällen des Art. 348 Abſ. 2 und 358 Abſ. 3 in der Weiſe erweitert, daß, wenn der Verurtheilte auch nach Ablauf dieſer Friſt die Unmöglichkeit der früheren Anmeldung darthut, dieſe Berufung auch noch ſpäter eingelegt werden kann. Selbſtverſtändlich iſt, daß wenn gegen ein Kontumazialerkenntniß ſtatt der Berufung zunächſt lediglich der Einſpruch erhoben wird, gegen das hierauf ergehende Urtheil das Rechtsmittel der Appellation alſo nicht mehr eingelegt werden kann, mag an die Stelle des erſten Judikats ein anderer Endausſpruch erfolgen oder nicht.

Wie aber verhält ſich die Sache, wenn z. B. am 30. September 1879 eine Verhandlung anberaumt war, welche eine ſolche Ausdehnung nimmt, daß das Urtheil erſt — und beim Schwurgericht iſt dies ſchon öfter vorgekommen —; weßhalb ſoll dies alſo beim Bezirksgerichte unmöglich ſein? — nach 12 Uhr Nachts geſprochen werden kann; ein Fall der auch dann denkbar iſt, wenn der Gerichtsvorſtand, um tabula rasa zu machen, und gerade in der anerkennungswerthen Abſicht, um dem Angeſchuldigten noch das Rechtsmittel der Berufung zu retten, der 30. September 1879 ſo viele Verhandlungen anberaumt hat, daß deren Erledigung durch Endurtheile trotz Aufwand aller Kräfte wegen vorher nicht geahnter Gründe wirklich nicht mehr thunlich wird, in Folge deſſen z. B. die letzte zum Aufruf beſtimmte Sache auf einem anderen Tag angeſetzt werden muß.*) In allen derartigen Fällen heißt es,

*) Nachgeholfen könnte vielleicht werden, daß noch ein zweiter oder dritter Senat zuſammengeſetzt wird, vorausgeſetzt daß wegen noch

wenn auch zum Nachtheile des Angeschuldigten, „die Berufung ist unerbittlich ausgeschlossen" Angesichts des eine Mißdeutung nicht zulassenden §. 8 Abs. 2, denn es ist eben vor dem 1. Oktober 1879 kein Endurtheil ergangen.

Nachgeholfen kann hier gegebenen Falles nur werden im Gnadenweg, der freilich nicht nachträglich das Rechtsmittel der Appellation zu gewähren im Stande ist. Ist mit dem zweiten Satze des §. 8 Abs. 1 l. c. in dieser Richtung etwas zu machen? Es wird sich fragen, ob die königlich bayerische Staatsregierung von dem ihr eingeräumten Rechte Gebrauch macht oder nicht. Bis heute — Dienstag den 30. Juli 1878 — ist uns dies nicht bekannt; obgleich wir natürlich nicht bezweifeln, daß eine diesfallsige Vorlage an die nach Maßgabe des Ges. vom 15. Juli 1878, die Behandlung der . . . . Gesetzentwürfe betr. (Ges.-Ver. Bl. Nr. 35 S. 359) gewählten Gesetzgebungsausschüsse erfolgen wird. Es steht zu vermuthen, daß der treffende Entwurf mehr oder weniger dem Art. 65 des B. Einf. Ges. vom 26. Dezember 1871 entsprechen wird. Denn jenen auch dem Art. 66 eod. nachzubilden, dürfte keine Veranlassung gegeben sein, indem dieser seine Bedeutung insofern verloren hat, als er mit der damaligen Einführung des Reichsstrafgesetzbuches in unmittelbarstem Zusammenhange stand, in welcher gegenwärtig keine Aenderung in Aussicht stehen wird allenfalls mit Ausnahme eines übrigens die Strafprozeßordnung selbst kaum berührenden Sozialisten-Gesetzes,[*] welches freilich ohnehin bis zum 1. Oktober 1879 vollendete Thatsache sein wird.

In Betracht dürfte allerdings bei jenem Entwurfe zu ziehen sein: Die Ueberleitung jener Reate, in welchen die Str.-Pr.-Ord. eine Privat- und Nebenklage zuläßt. Es möchte jedoch wünschenswerth sein, wenn die einschlägigen §§. 414—446. die nach bayerischen Begriffen füglich ein „noli me tangere" zu nennen sind, so lange als nur überhaupt möglich außer Anwendung bleiben, d. h. daß alle hieher bezüglichen strafbaren Handlungen bis zu ihrer endgiltigen Erledigung nach den bisherigen gesetzlichen Anordnungen abspielen. Es steht dem der Schlußsatz des oft gedachten §. 8 Abs. 1 kaum ein Hinderniß im Wege. Denn — sit venia verbo — schlägt dieser Schlußsatz ohnehin gewissermaßen dem Vordersatz in das Gesicht, dann geschieht dies doch wohl auch in dem Falle, daß etwa nach Anleitung des Art. 65 Abs. 1 des B. C. G. vom 26. Dezember 1871 vom 1. Oktober 1879 ab diejenigen Strafsachen, in welchen vor diesem Tage bereits eine Vorladung oder Verweisung des

nicht abgelaufener Gerichtsferien genug Richter anwesend sind. Oder sollen die Gerichtsferien im Jahre 1879 durch Einführungsgesetz zum Ger. Verf. Ges. beschränkt werden?

[*] In dieser Richtung möchten wir uns doch eine Bemerkung erlauben. Nach §. 6 des Einf. Ges. zum Ger. Verf. Ges. vom 27. Januar 1877 bleiben unberührt die bestehenden landesgesetzlichen Vorschriften über die Zuständigkeit der Schwurgerichte für die durch die Presse begangenen strafbaren Handlungen. Daraus folgt mit nothwendiger Konsequenz, daß in Bayern, sofern nicht das Sozialisten-Gesetz etwas Anderes bestimmt, die durch letzteres verpönt werdenden Reate, wenn sie durch die Presse verübt sind, auch von den Schwurgerichten abzuurtheilen sind, was sich gegenüber den Staaten, in welchen gleiche Vorschriften nicht bestehen, noch weniger gut ausnehmen wird, als jetzt schon obiger §. 6 überhaupt, obschon dieser in Bayern, natürlich wohl ungetheilte Freude erregt.

Angeschuldigten vor ein bestimmtes Strafgericht zur Aburtheilung stattgefunden hat, von letzterem noch nach den seitherigen Prozeßgesetzen abgeurtheilt werden sollen. Erscheint aber solches zulässig, so sollten wir denken, es wäre auch die Abwicklung der strafbaren Handlungen, in denen künftig Privat- und Nebenklage möglich ist, nach dem alten Verfahren nichts Exorbitantes.

Es ist möglich, daß jener Entwurf Vorkehrung dahin zu treffen hat, daß vom 1. Oktober 1879 ab an die Stelle des Stadt- und Landgerichts das Amtsgericht, an die des Bezirksgerichts das Landgericht, an die des Appellationsgerichts das Oberlandesgericht, endlich an die des obersten Gerichtshofs das oberste Landesgericht zu treten hat. Allein das möchten wir weniger eine Ueberleitungsbestimmung, als vielmehr eine reine Wort- oder Redaktionsform nennen, die sich eigentlich von selbst versteht, so daß ohne jeglichen Anstand d. h. ehne daß es einer besonderen Vorschrift bedarf, am genannten Tage und soweit nothwendig auch noch später z. B. das dermalige Stadtgericht sich als Amtsgericht einführen kann, selbst wenn es noch nach altem Verfahren judizirt. Wir meinen nämlich, daß dasselbe auch nach der neuen St.-Pr.-Ord. sogar bei Zuziehung von Schöffen nicht qua Schöffengericht, sondern einfach qua Amtsgericht urtheilt.

Dem Allen nach und in der Erwägung, daß im Hinblick auf obige Andeutung über die Möglichkeit einer Gesetzgebebestimmung analog dem Art. 65 Abs. 1 des B. C. G. vom 26. Dezember 1871 der Kgl. Bayerischen Staatsregierung durch §. 8 Abs. 1 am Eingange die Hände nicht gebunden sind, dürfte sich empfehlen, wenn die Ueberleitungsbestimmung einfach dahin gefaßt würde:

Insoweit nicht der §. 8 Abs. 2 und §. 9 des Einf. Ges. zur St.-Pr.-Ord. anderweitige Vorschriften enthält, sind in den am Tage des Inkrafttretens der Strafprozeßordnung anhängigen Strafsachen auch für das Verfahren bis zum Endurtheile erster Instanz die bisherigen Prozeßgesetze maßgebend.

Hiemit wäre unseres Dafürhaltens jedes Bedenken darüber gehoben, ob etwa schon am 1. Oktober 1879 eine bereits vor diesem Tage in Angriff genommene, zur einzelrichterlichen Zuständigkeit kompetirende Strafsache vorbehaltlich des schon angezogenen §. 211 Abs. 2 der St.-Pr.-Ord. unter Zuziehung von Schöffen zur Verhandlung gezogen werden muß, ein „muß", das wir nicht annehmen würden.

Uebrigens zweifeln wir keinen Augenblick, daß je nach der Fassung des in Aussicht stehenden Bayerischen Einführungsgesetzes es in dem Pouvoire des Gerichtsvorstandes mehr oder weniger liege, eine Sache noch vor oder aber erst nach dem 1. Oktober 1879 dem Endurtheile erster Instanz zuzuführen, wie dies unseres Wissens seiner Zeit gelegentlich der Einführung des R. St. G. B. und des Ges. vom 26. Dezember 1871, nicht minder der Novelle hiezu vom 25. Januar 1874 der Fall war, welch letztere bekanntlich die Zuständigkeit der Schwurgerichte sehr erheblich beschränkte, während diese durch das Ger. Verf. Ges. vom 27. Januar 1877 erweitert erscheint, indem Angesichts des §. 80 im §. 73 eod. z. B. alle Meineide und die Reate des §. 176 Ziff. 1 und 2 den Strafkammern der Landgerichte abgenommen und den Schwurgerichten zugewiesen sind, welche letztere nach Art. 56 Abs. 3 lit. a mit Ausnahme des

§. 154 Abſ. 2 des St. G. B. und Lit. b des S. C. G. vom 26. Dezember 1871 über die vorgenannten Verbrechen nicht zu urtheilen hatten, und welchen — den Schwurgerichten — allerdings vom 1. Oktober 1879 an auch in Bayern die Verfolgung gegen den §. 130a des R. St. G. B., ſofern ſie nicht durch die Preſſe verübt iſt, die Kompetenz entzogen erſcheint, worüber wir keine Thräne vergießen.   z.

Aus der Praxis des Reichsoberhandelsgerichts.

Kaufvertrag.

Tradition der Waare durch beiderſeitige Willenserklärungen.

U. d. RODG. v. 15. Dez. 1877 Szczech c. Mabrzejewski.

Rep. 1554/77.

Aus den Gründen.

Der Appellationsrichter iſt darin zwar dem erſten Richter beigetreten, daß bei dem Abſchluſſe des fraglichen Kaufvertrages zwiſchen den Parteien den Gegenſtand des Vertrages die auf dem Grundſtücke des Klägers in Rabzgorzel lagernden Faſchinen gebildet haben, und eine Abrede über die Dimenſionen — Stärke und Länge — der Faſchinen nicht getroffen, auch nicht anzunehmen ſei, daß eine gewiſſe Stärke und Länge ſtillſchweigend vorausgeſetzt ſei.

Dagegen hat der Appellationsrichter nicht für erwieſen angeſehen, daß, abgeſehen von den durch den Beklagten abgefahrenen 248 Schock Faſchinen, eine Uebergabe des Reſtes ſtattgefunden habe, weil Kläger zum Zwecke der Beſitzübertragung gar nichts gethan habe und dieſe vollſtändige Unthätigkeit als ein Aufgeben des Beſitzes zu Gunſten des Käufers nicht anzuſehen ſei. Dem entſprechend hat der vorige Richter den Beklagten auch nur zur Bezahlung des 248 Schock für verbunden erachtet und ihn zur Zahlung des Reſtkaufgeldes für dieſes Quantum mit 312 Mark verurtheilt, dagegen den Kläger mit der Mehrforderung von 1512 Mark für 252 Schock abgewieſen.

Die gegen dieſen Theil des Erkenntniſſes gerichtete Revisionsbeſchwerde des Klägers iſt begründet.

Es iſt vom vorigen Richter unbeachtet gelaſſen, daß der Kläger nach dem Abſchluſſe des Kaufvertrages dem Beklagten die Uebergabe der gekauften Faſchinen an Ort und Stelle ausdrücklich angeboten haben will, der Beklagte aber auf dieſe Uebergabe verzichtet haben ſoll.

Es fragt ſich, welche Bedeutung dieſen vom Kläger behaupteten, vom Beklagten aber beſtrittenen gegenſeitigen Erklärungen beizulegen, ob darin insbeſondere eine Beſitzübertragung zu finden iſt.

Das Allgemeine Landrecht geſtattet in den §§. 70 flg. Theil I Titel 7 eine Uebertragung des Beſitzes durch bloße Willenserklärung und führt dort einzelne Fälle dieſer Art der Uebergabe auf, ohne anzudeuten, daß die Beſtimmung nur auf dieſe Fälle beſchränkt ſein ſoll. Auch iſt nicht vorgeſchrieben, mit welchen Worten und Ausdrücken der Wille erklärt werden ſoll. Es werden deshalb, wie bezüglich der ſymboliſchen in §. 62 geſtattet iſt, die Zeichen willkürlich zu wählen, auch die Worte und Ausdrücke, durch welche die Kontrahenten die Abſicht der Uebergabe zu erkennen geben, deren Belieben überlaſſen ſein müſſen, vorausgeſetzt nur, daß die Willensmeinung aus ihnen mit genügender Sicherheit zu entnehmen iſt. Zwar wird in den §§. 70, 71 das Erforderniß der Rechtsbeſtändigkeit, beziehungsweiſe Rechtsgültigkeit aufgeſtellt, womit unzweifelhaft der Tendenz des Allgemeinen Landrechts entſprechend die Schriftform gemeint iſt; indeß iſt das vorliegende Geſchäft offenbar nach den Beſtimmungen des Handelsgeſetzbuchs zu beurtheilen, die Schriftform daher zur Rechtsbeſtändigkeit nicht erforderlich, und beſeitigt

ſich damit denn auch der Einwand des Beklagten, daß die Verzichtleiſtung auf die Uebergabe nicht rechtsbeſtändig ſei. Artikel 317 des Handelsgeſetzbuchs.

Wenn nun aber ſchon in dem Allgemeinen Landrecht eine beſtimmte Ausdrucksweiſe für derartige Willenserklärungen nicht vorgeſchrieben iſt, überdies aber bei Auslegung von Willensäußerungen im Handelsverkehr nach Artikel 278 des Handelsgeſetzbuchs vorzugsweiſe auf die Abſicht und den eigentlichen erkennbaren Willen der Kontrahenten geſehen werden ſoll, ſo wird auch in den obigen Erklärungen, welche bei dem fraglichen Kaufabſchluſſe in Betreff der Uebergabe der Faſchinen von den Kontrahenten abgegeben ſein ſollen, die beſtimmte Abſicht gefunden werden müſſen, ſeitens des Klägers als Verkäufers ſich des Beſitzes der Faſchinen zu entſchlagen, und ſeitens des Beklagten als des Käufers den Beſitz zu übernehmen. ·Es bliebe ſonſt geradezu unerfindlich, welche andere Abſicht die Kontrahenten mit jenen Erklärungen bezweckt haben ſollten; ſie beſagen eben das, was in anderen Verträgen mit den Worten ausgedrückt zu werden pflegt: „Die Uebergabe iſt geſchehen, ſie wird für bewirkt angenommen.“ Es kann unerörtert bleiben, ob derartige Aeußerungen für ſich allein ſchon zur Beſitzübertragung genügen. Das Obertribunal hat in zahlreichen Entſcheidungen

vergleiche Striethorſt, Archiv Band 6 Seite 261, Band 9 Seite 89, Band 11 Seite 119, Band 12 Seite 281, Band 15 Seite 76, Band 20 Seite 253.

ſie jedenfalls für ungenügend erklärt, wenn die faktiſchen Umſtände entgegenſtanden, der Verkäufer in dem unveränderten Beſitze der verkauften Sache verblieben, dem Käufer die Verfügung darüber thatſächlich entzogen war. Der §. 63 a. a. O. verlangt denn auch im Falle der Uebertragung des Beſitzes durch Zeichen, daß dem Erwerber die körperliche Beſitzergreifung dadurch ermöglicht werde, und daſſelbe wird auch Bedingung der Beſitzübertragung durch Willenserklärung ſein müſſen.

In dem vorliegenden Falle iſt dieſem Erforderniſſe vollſtändig genügt und beſtätigen die thatſächlichen Verhältniſſe die vollkommene Bedeutung und Wirkſamkeit jener Erklärungen der Parteien. Denn der Beklagte hat unbeſtritten nahezu die Hälfte der gekauften Faſchinen abgefahren und die Kläger das ganz unbeanſtandet geſchehen laſſen, auch iſt kein Umſtand erſichtlich, welcher der Abfuhr des Reſtes der Faſchinen ſeitens des Beklagten irgend hindernd entgegengeſtanden hätte. Die Abfuhr iſt aus einem ganz anderen Grunde unterblieben, weil die Faſchinen nicht die vorausgeſetzten Eigenſchaften gehabt haben ſollen.

Daß aber die abgefahrenen 248 Schock, wie der Beklagte anfänglich behauptet hatte, ihm beſonders angewieſen waren, iſt nicht dargethan, der Beklagte hat die dahin gehende Behauptung ſpäter als irrthümlich zurückgenommen.

Die Abfuhr der 248 Schock könnte ſomit nur mit jenen Erklärungen bei dem Kaufabſchluſſe — vorausgeſetzt, daß ſie abgegeben worden — in Verbindung gebracht werden und würde dann auch als Beſitzergreifung des ganzen Kaufobjektes umſomehr angeſehen werden müſſen, als der Beklagte anſcheinend — zumal eine beſondere Anweiſung nicht geſchehen — ganz nach eigenem Ermeſſen die 248 Schock aus dem ganzen Quantum herausgenommen hat.

Daß die Beſtimmung über Beſitzergreifung eines Inbegriffs von Sachen §. 53 Titel 5 und §. 121 Titel 11 Theil I des Allgemeinen Landrechts hier keine Anwendung findet, iſt vom Appellationsrichter zutreffend gezeigt.

Vergl. Entſch. d. RODG. Bd. 9. S. 109.

Ein Zeugniß.

In unſerer Zeit, in der ſich trotz aller ſchönklingenden Redensarten über die Hochachtung vor dem Wirken der Anwaltsſtandes da und dort die alte Abneigung und das alte Mißtrauen gegen die Advokatur geltend macht, iſt es um ſo erfreulicher den Brief eines hochgestellten bayerischen Richters über die Erfahrungen, die er den Anwälten gegenüber gemacht hat, mittheilen zu können. Der Zeitschrift des bayerischen Anwaltsvereins wurde von der Vorstandschaft derselben folgendes Schreiben zur Veröffentlichung übergeben, das der Herr Oberappellationsgerichtsdirektor v. Wolf an den Herrn Kollegen Hofrath Dr. Henle in München gerichtet hat:

„Sehr geehrter Herr Hofrath!

Nach der von mir im Herbste vorigen Jahres überstandenen lebensgefährlichen Gehirnhautentzündung belästigt mich ein häufig periodisch eintretendes Kopfleiden, welches in der Regel mit einem höchst belästigenden Schwindel verbunden ist.

Da dieser dauernd krankhafte Zustand mich hindert, den Anforderungen meines Berufes in entsprechendem Maße nachzukommen, und von ärztlicher Seite mir dringend gerathen wurde, mich zur Vermeidung eines größeren Uebels einer intensiveren geistigen Thätigkeit zu enthalten, habe ich mich zu meinem innigsten Bedauern entschlossen, um Gewährung meiner Versetzung in den Ruhestand nachzusuchen, welchem Gesuche auch durch allerhöchste Entschließung entsprochen wurde.

Bevor ich aus meiner dienstlichen Laufbahn scheide, halte ich es für eine mir nahe gehende Pflicht, den sehr geehrten Herren Rechtsanwälten, die ich stets als wichtige Organe der Rechtspflege hochschätze und deren Gediegenheit und Ehrenhaftigkeit ich während meiner richterlichen Praxis und namentlich im Laufe meiner fast sechsjährigen dienstlichen Thätigkeit als Senatsvorstand des Kassationshofes im vollsten Maße kennen zu lernen Gelegenheit hatte, noch ein herzliches „Lebewohl" mit der Bitte zuzurufen, mir auch in meinem Quiescemp-Stande ein freundliches Andenken bewahren zu wollen.

Indem ich Sie, hochgeschätzter Herr Hofrath, ersuche, auch Ihren geehrten Herren Kollegen vom Ausdrucke meiner vorstehend kundgegebenen Gefühle hiernächst zu geben, verharre ich in steter Anhänglichkeit und mit besonderer Hochachtung

Eure Hochwohlgeboren ganz ergebenster

München,   (gez.)   v. Wolf,
den 15. November 1878.   Oberappellationsgerichts-
Direktor a. D."

Personal-Veränderungen
in der Deutschen Anwaltschaft vom 16. bis 31. Januar 1879.

A. Ernennungen.

Der Advokat Jansen in Düsseldorf, ist zum Anwalt bei dem Landgericht daselbst ernannt worden.

Der Referendar Georg Heinrich Adolf Alfons Maria Striale zu Frankfurt a./M., ist zum Advokaten im Bezirk des Königlichen Appellationsgerichts daselbst ernannt worden.

Der Referendar Duncker in Hildesheim ist zum Advokaten im Bezirk des Königlichen Appellationsgerichts zu Celle mit Anweisung seines Wohnsitzes in Hildesheim, und

der Referendar Rheinart aus Trier, zum Advokaten im Bezirk des Königlichen Appellationsgerichtshofes zu Cöln ernannt worden.

Der Justizreferendar erster Klasse Dr. jur. Albert Bacher, bisher Hilfsrichter bei dem Oberamtsgerichte Backnang, wurde unter die Zahl der öffentlichen Rechtsanwälte, mit dem Wohnsitz in Stuttgart, aufgenommen.

Der Rechtsanwalt und Notar Roeder in Driesen ist zum Rechtsanwalt bei dem Appellationsgericht in Halberstadt und zugleich zum Notar im Departement desselben mit Anweisung seines Wohnsitzes in Halberstadt ernannt, ihm auch bei dem Kreisgericht daselbst die Praxis widerruflich gestattet worden.

B. Versetzungen.

Dem Rechtsanwalt und Notar Devin in Emmerich, welchem die Verlegung seines Wohnsitzes nach Duisburg bewilligt war, ist gestattet worden, in Emmerich zu verbleiben.

Auf Grund des §. 113 der Rechtsanwaltsordnung vom 1. Juli 1878 sind in die Liste der bei dem Reichsgericht zugelassenen Rechtsanwälte unter dem Vorbehalte, daß binnen 2 Monaten vom 1. Oktober 1879 ab die Beeidigung nachgewiesen und am Sitze des Reichsgerichts Wohnsitz genommen wird, eingetragen worden:

1) der Advokat, Justizrath Adolf Emanuel Gottfried Stegemann,
2) der Advokat Dr. Wilhelm Reuling,
3) der Rechtsanwalt Emil Sachs,
    zu 1 bis 3 zu Leipzig,
4) der Rechtsanwalt, Justizrath Anton Engelbert Friedrich Arndts,
5) der Rechtsanwalt, Justizrath Dr. Johann Emil Otto Bohlmann,
6) der Rechtsanwalt, Justizrath Dr. Karl Wilhelm Braun,
7) der Rechtsanwalt, Justizrath Theodor Julius Gussenius,
8) der Rechtsanwalt, Geheime Justizrath Karl Wilhelm Ferdinand Dorn,
9) der Rechtsanwalt, Justizrath Gottfried Ludwig Fenner,
10) der Rechtsanwalt, Justizrath Johann Wilhelm Hänichte,
11) der Rechtsanwalt Joseph Christian Gustav Franz Johannsen,
12) der Rechtsanwalt Dr. Alfred Lünzel,
13) der Rechtsanwalt, Justizrath Hermann Mecke,
14) der Rechtsanwalt Franz Julius Rubert Pohli,
15) der Rechtsanwalt, Justizrath Ernst Ludwig Romberg,
16) der Rechtsanwalt, Justizrath Georg Bernhard Simson,
    zu 4 bis 16 zu Berlin,
17) der Rechtsanwalt Dr. Gustav Ludwig Gerhard Fels zu Barel,
18) der Ober-Gerichtsanwalt Julius William Erythropel zu Celle.

C. Ausscheiden aus dem Dienst.

Dr. Ernst Friedrich August Kresten zu Dresden, ist in Folge des Ausganges einer wider ihn geführten Untersuchung der bisher von ihm bekleideten Aemter der Advokatur und des Notariats verlustig geworden.

Der Hofgerichts-Advokat Dr. Georg Freiherr von Wedekind in Darmstadt schied, auf sein Nachsuchen, aus der Advokatur aus.

Dem Rechtsanwalt und Notar, Justizrath Windthorst in Duisburg ist die nachgesuchte Dienstentlassung ertheilt.

Für die Redaktion verantw.: G. Haenle. Verlag: W. Moeser, Hofbuchhandlung. Druck: W. Moeser, Hofbuchdruckerei in Berlin.

№ 4 und 5.   Berlin, 15. Februar.   1879.

Juristische Wochenschrift.

Herausgegeben von

S. Haenle,
königl. Advokat in Ansbach.

und

Dr. A. Fürst,
Rechtsanwalt beim königl. Obertribunal in Berlin.

Organ des deutschen Anwalt-Vereins.

Preis für den Jahrgang 12 Mark. — Bestellungen übernimmt jede Buchhandlung und Postanstalt.

Deutscher Anwaltverein.

Die Herren Vereinsmitglieder werden hiermit zur diesjährigen Generalversammlung auf den

1. März d. J. Vormittags 9 Uhr

nach

Berlin

berufen.

Die Verhandlungen finden im großen Saale des Berliner Architekten-Vereinshauses, Wilhelm-straße 92, 93 statt.

Hauptsächlichster Gegenstand der Tagesordnung wird die Berathung des dem Reichstage vor-gelegten Entwurfs der Gebührenordnung für Rechtsanwalte sein.

Wir brauchen wohl kaum auf die außerordentliche Bedeutung der gedachten Vorlage für die ganze Zukunft unseres Standes hinzuweisen und erwarten zuversichtlich eine recht zahlreiche Betheiligung.

Den sämmtlichen Herren Collegen geben wir von dem Versammlungstage, den Vorlagen und den Anträgen der Herren Berichterstatter hierdurch mit der Bitte Kenntniß, dem Vereine beizutreten und sich an den Verhandlungen zu betheiligen.

Berlin, Bamberg, Dresden, Heidelberg und Ansbach im Februar 1879.

Der Vorstand des Deutschen Anwaltvereins.

Dorn,	Kreitmair,	Dr. Schaffrath,	Fürst,	v. Wilmowski,	Haenle,	Mecke,
Geheimer Justizrath, Vorsitzender.	Hofrath.	Justizrath.	Rechtsanwalt.	Justizrath.	k. Advokat.	Justizrath, Schriftführer.

Vorläufige Tagesordnung

des

VII. deutschen Anwaltstages zu Berlin

am 1. März 1879 Vormittags 9 Uhr.

I. Berathung des dem Reichstage vorgelegten Entwurfs einer Gebührenordnung für Rechtsanwalte. Berichterstatter:
    1. Justizrath Leste zu Berlin,
    2. Rechtsanwalt Fürst zu Mannheim.

II. Antrag des Rechtsanwalts Herr zu Cöslin, betreffend die Einsetzung einer Kommission zur Ent-werfung von Prozeßformularen.

III. Rechnungslegung.

Die Versendung erfolgt nach dem in dem Heymann'schen Terminkalender für 1879 enthaltenen Rechtsanwaltsverzeichnisse.

Satzungen des Deutschen Anwaltvereins

in der

am 3. Juni 1876 vom Anwaltstage zu Köln beschlossenen Fassung.

§. 1.

Zweck des Deutschen Anwaltvereins ist:

I. Die Förderung des Gemeinsinns der Standesgenossen und die Pflege des wissenschaftlichen Geistes.

II. Die Förderung der Rechtspflege und der Gesetzgebung des Deutschen Reichs.

III. Die Vertretung der Berufsinteressen.

Zur Verfolgung dieses Zweckes besteht eine Zeitschrift als Organ des Vereins.

§. 2.

Das Recht zum Eintritt in den Verein steht jedem Deutschen Anwalte oder Advokaten zu.

Die Erklärung über den Eintritt erfolgt durch schriftliche Anzeige. Die Mitgliedschaft beginnt mit dem Empfange der Mitgliedskarte.

Jedes Mitglied erhält die Zeitschrift unentgeltlich.

§. 3.

Der Beitrag jedes Mitgliedes wird auf zwölf Mark jährlich, welche nach Maßgabe des Bedürfnisses vom Vorstande erhoben werden, festgesetzt und ist innerhalb 4 Wochen nach Beginn jedes neuen Kalenderjahres zu entrichten, widrigenfalls derselbe durch Postvorschuß eingezogen wird.

Nimmt ein Mitglied den mit Postvorschuß beschwerten Brief nicht an, so wird dies einer ausdrücklichen Austrittserklärung gleichgeachtet.

§. 4.

Organe des Vereins sind der Anwaltstag und der Vorstand.

§. 5.

Der Anwaltstag beschließt mit einfacher Stimmenmehrheit der auf demselben erschienenen Vereinsmitglieder.

§. 6.

Der Vorstand hat folgende Befugnisse und Obliegenheiten:

1. Er vertritt den Verein und sorgt für die Ausführung der vom Anwaltstage gefaßten Beschlüsse.

2. Er bestimmt Zeit und Ort des abzuhaltenden Anwaltstages, trifft die für denselben nöthigen Vorbereitungen und erläßt die Einladungen durch öffentliches Ausschreiben unter Bekanntgabe der von ihm vorläufig festgestellten Tagesordnung.

3. Er ernennt aus der Zahl der Mitglieder Berichterstatter über die zu erörternden Fragen.

4. Er nimmt die Beitrittserklärungen neuer Mitglieder entgegen; fertigt die Mitgliedskarten aus, empfängt die Beiträge und legt darüber Rechnung.

5. Er ergänzt sich selbst, falls eines oder mehrere seiner Mitglieder im Laufe der Geschäftszeit ausscheiden.

§. 7.

Der Vorstand besteht aus sieben Mitgliedern. Diese wählen aus ihrer Mitte den Vorsitzenden, den Schriftführer und deren Stellvertreter.

Der Schriftführer ist zugleich Rechner. Es kann jedoch auch ein besonderer Rechner aus den Vorstandsmitgliedern gewählt werden. Der Vorstand beschließt mit einfacher Stimmenmehrheit.

Zur Giltigkeit der Beschlüsse wird erfordert, daß wenigstens drei Mitglieder ihre Stimme abgegeben haben.

§. 8.

Der Vorstand wird auf drei Jahre gewählt. Er hat seinen Sitz an dem vom Anwaltstage bestimmten Vororte.

Der Vorstand verwaltet sein Amt auch nach Ablauf seiner Wahlperiode noch so lange, bis der Anwaltstag einen neuen Vorstand gewählt hat.

§. 9.

Abänderungen dieser Satzungen können vom Anwaltstage durch einfache Stimmenmehrheit beschlossen werden, jedoch nur auf schriftlichen Antrag, der vier Wochen vor dem Zusammentritt des Anwaltstages dem Vorstande zu überreichen ist.

Anträge zu dem Entwurfe einer Gebührenordnung für Rechtsanwälte.

1. Des Referenten Justizrath Lesse (Berlin).

Der Anwaltstag wolle beschließen:

an den Deutschen Reichstag die Bitte zu richten, den Entwurf einer Gebührenordnung für Rechtsanwälte in folgenden Punkten zu ändern:

1. Zu §. 9 des Entwurfs: Die Gebührensätze in den ersten 10 Werthklassen, und ganz besonders in den ersten 5 Werthklassen angemessen zu erhöhen.

2. Zu §. 19 des Entwurfs: Die festgesetzten 6 Zehntheile auf 7 Zehntheile zu erhöhen.

3. Zu §. 30 des Entwurfs: Alinea 5 zu streichen.

4. Den §. 48 des Entwurfs zu streichen.

5. Zu §. 50: Die Worte „einschließlich der Neben-Intervenienten" zu streichen, und ferner eine angemessene Erhöhung der Prozeßgebühr des gemeinschaftlichen Anwalts für den Fall eintreten zu lassen, daß einer der durch ihn vertretenen Streitgenossen besondere Einreden vorgebracht hat.

6. Zu §. 54: Die daselbst festgesetzten sechs Zehntheile und vier Zehntheile auf acht Zehntheile resp. fünf Zehntheile zu erhöhen.

7. Zu §. 63 Alinea 1: Die daselbst festgesetzten fünf Zehntheile auf acht Zehntheile zu erhöhen.

8. Zu §§. 93 und 94: Diesen Paragraphen folgende Fassung zu geben:

§. 93.

Sofern der Rechtsanwalt nicht einer Partei zur Wahrnehmung ihrer Rechte beigeordnet oder als Vertheidiger bestellt ist, kann der Betrag der Vergütung durch Vertrag über den in diesem Gesetz bestimmten Betrag hinaus festgesetzt werden.

Auch kann der Rechtsanwalt einem Uebereinkommen mit der Partei bei Uebernahme des Auftrags sich vorbehalten, für Ausführung desselben eine angemessene, über den in diesem Gesetze bestimmten Betrag hinausgehende Vergütung zu beanspruchen.

Die Vereinbarung einer geringeren als der in diesem Gesetze bestimmten Vergütung ist nur gestattet, wenn es sich um Uebernahme eines ganzen Inbegriffs von Geschäften oder eine generelle Vertretung handelt.

Die Festsetzung der Vergütung des Rechtsanwalts durch Bezugnahme auf das Ermessen eines Dritten ist ausgeschlossen. In dem Verhältnisse des Auftraggebers oder Rechtsanwalts zu dem Erstattungspflichtigen ist die in Alinea 1 und 2 dieses Paragraphen gestattete Vereinbarung nicht maßgebend.

§. 94.

Bei Angelegenheiten, welche den Bestimmungen der Abschnitte 2 und 3 dieses Gesetzes unterliegen, kann die durch Vertrag festgesetzte Vergütung im Prozeßwege bis auf den in diesem Gesetze bestimmten Betrag herabgesetzt werden, wenn

1. der Rechtsanwalt bei Abschluß des Vertrages die Nothlage des Auftraggebers in unzulässiger Weise benutzt, oder sonst mit Verletzung der Standesehre Zwecks der Erhöhung der gesetzlichen Vergütung auf den Auftraggeber eingewirkt hat und zugleich

2. die Grenzen der Mäßigung bei Verabredung der Vergütung überschritten sind.

Das Vorhandensein dieser Voraussetzungen wird durch Gutachten des Vorstandes der Anwaltskammer festgestellt.

Diese Vorschrift findet entsprechende Anwendung auf Ansprüche, welche für Ausarbeitung eines Gutachtens (§. 88) oder auf Grund des in §. 93 Alinea 2 gestatteten Vorbehalts erhoben werden.

Die Herabsetzung im Prozeßwege ist ausgeschlossen, wenn der Auftraggeber die vertragsmäßig festgesetzte oder auf Grund der §. 88 oder 93 Alinea 2 geforderte Vergütung des Rechtsanwalts bezahlt hat.

2. Des Referenten Anwalts M. Fürst (Mannheim).

Der Anwaltstag wolle beschließen:

an den deutschen Reichstag die Bitte zu richten, den Entwurf einer Gebührenordnung für Rechtsanwälte in folgenden Punkten zu ändern:

1. Zu §. 9 alinea 2.

Der Gebührensatz beträgt bei Gegenständen im Werthe:

1.	bis zu		120 Mark		2 Mark	40 Pf.
2.	von mehr als	120 bis zu	300 Mark	11	—	—
3.	» » »	300	»	900	» 26	» —
4.	» » »	900	»	2,100	» 44	» —
5.	» » »	2,100	»	3,400	» 56	» —
6.	» » »	3,400	»	5,400	» 68	» —
7.	» » »	5,400	»	8,200	» 81	» —
8.	» » »	8,200	»	10,000	» 90	» —

2. Zu §. 13 Ziffer 4.

Die Gebühr für die Beweisaufnahme wolle nach deren Dauer geregelt werden.

3. Zu §§. 19 und 20.

statt „sechs Zehntheile" = „sieben" Zehntheile.

4. Zu §. 28, §. 30 alinea 5, §. 37 alinea 2, §. 38 alinea 5.

Diese Bestimmungen wollen gestrichen werden.

5. Zu §. 29 Ziffer 2.

statt „mit Intervenienten" zu setzen „mit Nebenintervenienten."

6. Zu §. 50.

wie Antrag Lesse.

7. Zu §. 63.

ebenso.

8. Zu §. 75.

Strich des alinea 1.

9. Zu §. 93.

Strich des alinea 2.

10.

daß eine Gebühr für Bewirkung von Inscriptionen von Ladungen und von Urtheilen aufgenommen werde, etwa 1/10 der Prozeßgebühr.

11.

daß dem Anwalte das Recht verliehen werde, die Richtigkeit seiner Gebühren und Auslagen von dem Prozeßgerichte sich beurkunden zu lassen.

Der Entwurf einer Gebührenordnung für Rechtsanwälte

wie er im Bundesrathe beschlossen wurde, lautet wie folgt:

Wir Wilhelm, von Gottes Gnaden Deutscher Kaiser, König von Preußen ꝛc. verordnen im Namen des Reichs, nach erfolgter Zustimmung des Bundesraths und des Reichstags, was folgt:

Erster Abschnitt.
Allgemeine Bestimmungen.

§. 1.

Die Vergütung für die Berufsthätigkeit des Rechtsanwalts in einem Verfahren vor den ordentlichen Gerichten, auf welches die Civilprozeßordnung, die Strafprozeßordnung oder die Konkursordnung Anwendung findet, sowie für die berathende Berufsthätigkeit des Rechtsanwalts, welche den Beginn oder die Fortsetzung eines solchen Verfahrens betrifft, bestimmt sich nach den Vorschriften dieses Gesetzes.

§. 2.

Für die gemeinschaftliche Ausführung eines mehreren Rechtsanwälten ertheilten Auftrags steht jedem derselben die volle Vergütung zu.

§. 3.

Bei Ausführung von Aufträgen mehrerer Auftraggeber durch dieselbe Thätigkeit haftet jeder Auftraggeber dem Rechtsanwalt für denjenigen Betrag an Gebühren und Auslagen, welcher bei abgesonderter Ausführung seines Auftrags erwachsen sein würde. Die Mitverhaftung der anderen Auftraggeber kann dem Rechtsanwalt gegenüber nicht geltend gemacht werden.

§. 4.

Für die Thätigkeit als Beistand stehen dem Rechtsanwalt die gleichen Gebühren zu wie für die Vertretung.

§. 5.

Für die Unterzeichnung eines Schriftsatzes erhält der Rechtsanwalt die gleichen Gebühren wie für Anfertigung desselben.

§. 6.

Für Anfertigung und Uebersendung von Rechnungen über Gebühren und Auslagen und für die Zahlungsaufforderungen wegen derselben kann der Rechtsanwalt eine Gebühr nicht beanspruchen.

§. 7.

Bei dem Betrieb eigener Angelegenheiten kann der Rechtsanwalt von dem zur Erstattung der Kosten des Verfahrens verpflichteten Gegner Gebühren und Auslagen bis zu dem Betrage fordern, in welchem er Gebühren und Auslagen eines bevollmächtigten Rechtsanwalts erstattet verlangen könnte.

§. 8.

Der niedrigste Betrag einer jeden nach den Vorschriften der Abschnitte zwei bis vier zu berechnenden Gebühr wird auf eine Mark bestimmt.

Zweiter Abschnitt.
Gebühren in bürgerlichen Rechtsstreitigkeiten.

§. 9.

In bürgerlichen Rechtsstreitigkeiten werden die Gebühren nach dem Werthe des Streitgegenstandes erhoben.

Der Gebührensatz beträgt bei Gegenständen im Werthe:

	von mehr als	bis	einschließlich	Satz
1.	bis 20 Mark einschließlich			2 Mark,
2.	20	60	Mark einschließlich	3 "
3.	60	120	"	4 "
4.	120	200	"	7 "
5.	200	300	"	10 "
6.	300	450	"	14 "
7.	450	650	"	19 "
8.	650	900	"	24 "
9.	900	1,200	"	28 "
10.	1,200	1,600	"	32 "
11.	1,600	2,100	"	36 "
12.	2,100	2,700	"	40 "
13.	2,700	3,400	"	44 "
14.	3,400	4,300	"	48 "
15.	4,300	5,400	"	52 "
16.	5,400	6,700	"	56 "
17.	6,700	8,200	"	60 "
18.	8,200	10,000	"	64 "

Die ferneren Werthklassen steigen um je 2,000 Mark und die Gebührensätze in den Klassen bis 50,000 Mark einschließlich um je 4 Mark, bis 100,000 Mark einschließlich um je 3 Mark und darüber hinaus um je 2 Mark.

§. 10.

Auf die Werthsberechnung finden die Vorschriften der §§. 9 bis 13 des Gerichtskostengesetzes Anwendung.

§. 11.

Die für die Berechnung der Gerichtsgebühren maßgebende Festsetzung des Werthes ist für die Berechnung der Gebühren der Rechtsanwälte maßgebend.

§. 12.

Gegen den im §. 16 des Gerichtskostengesetzes bezeichneten Beschluß steht dem Rechtsanwalte die Beschwerde nach Maßgabe der §§. 531 bis 538 der Civilprozeßordnung zu.

§. 13.

Die Sätze des §. 9 stehen dem als Prozeßbevollmächtigten bestellten Rechtsanwalte zu:
1. für den Geschäftsbetrieb, einschließlich der Information (Prozeßgebühr);
2. für die mündliche Verhandlung (Verhandlungsgebühr);
3. für die Mitwirkung bei einem zur Beilegung des Rechtsstreits abgeschlossenen Bergleiche (Bergleichsgebühr).

Die Sätze des §. 9 stehen dem Rechtsanwalte zu fünf Zehntheilen zu:
4. für die Vertretung in dem Termine zur Leistung des durch ein Urtheil auferlegten Eides, sowie in einem Beweisaufnahmeverfahren, wenn die Beweisaufnahme nicht blos in Vorlegung der in den Händen des Beweisführers, oder des Gegners befindlichen Urkunden besteht (Beweisgebühr).

§. 14.

Soweit der Auftrag vor der mündlichen Verhandlung erledigt ist, ohne daß der Rechtsanwalt die Klage eingereicht hat oder einen Schriftsatz zustellen lassen, steht ihm die Prozeßgebühr nur zu fünf Zehntheilen zu.

In einem Verfahren, für welches eine mündliche Verhandlung durch das Gesetz nicht vorgeschrieben ist, findet die gleiche Ermäßigung statt, soweit der Auftrag erledigt ist, bevor der Antrag an das Gericht eingereicht, der mündliche Antrag gestellt oder der Auftrag an den Gerichtsvollzieher oder den diesen Auftrag vermittelnden Gerichtsschreiber ertheilt ist.

§. 15.

Die Verhandlungsgebühr steht dem Rechtsanwalte nicht zu, welcher zur mündlichen Verhandlung geladen hat, ohne daß dieselbe durch das Gesetz vorgeschrieben oder durch das Gericht oder den Vorsitzenden angeordnet war.

§. 16.

Für eine nicht kontradiktorische Verhandlung (Gerichtskostengesetz §. 19) steht dem Rechtsanwalte die Verhandlungsgebühr nur zu fünf Zehntheilen zu. Diese Minderung tritt in Ehesachen und in den vor die Landgerichte gehörigen Entmündigungssachen nicht ein, sofern der Kläger verhandelt.

Die Verhandlung im vorbereitenden Verfahren (Civilprozeßordnung §§. 313 bis 316) gilt als kontradiktorische mündliche Verhandlung.

§. 17.

Insoweit sich in den Fällen des §. 13 Nr. 4 die Vertretung auf die weitere mündliche Verhandlung erstreckt, erhöht sich die dem Rechtsanwalte zustehende Verhandlungsgebühr um fünf Zehntheile und, wenn die weitere mündliche Verhandlung eine nicht kontradiktorische ist, um die Hälfte dieses Betrages.

§. 18.

Die Vergleichsgebühr steht dem Rechtsanwalte nur zu fünf Zehntheilen zu, wenn ihm für denselben Streitgegenstand die volle Verhandlungsgebühr zusteht und der Vergleich vor dem Prozeßgericht oder einem ersuchten oder beauftragten Richter abgeschlossen ist.

§. 19.

Sechs Zehntheile der in den §§. 13 bis 18 bestimmten Gebühren erhält der zum Prozeßbevollmächtigten bestellte Rechtsanwalt für die Vertretung im Urkunden- oder Wechselprozesse (Civilprozeßordnung §§. 555 bis 567.)

§. 20.

Fünf Zehntheile der in den §§. 13 bis 18 bestimmten Gebühren erhält der zum Prozeßbevollmächtigten bestellte Rechtsanwalt, soweit die durch die Gebühr zu vergütende Thätigkeit ausschließlich im Gerichtskostengesetze §. 26 Nr. 1 bis 10 bezeichneten Gegenstände betrifft.

§. 21.

Der zum Prozeßbevollmächtigten bestellte Rechtsanwalt erhält die Prozeßgebühr nur zu fünf Zehntheilen, wenn seine Thätigkeit ausschließlich die Erledigung eines bedingten Urtheils betrifft.

§. 22.

Der zum Prozeßbevollmächtigten bestellte Rechtsanwalt erhält die Prozeßgebühr und die Verhandlungsgebühr nur zu fünf Zehntheilen, wenn seine Thätigkeit Anträge auf Sicherung des Beweises (Civilprozeßordnung §§. 447 bis 455) oder die Anordnung der von Schiedsrichtern für erforderlich erachteten richterlichen Handlungen (Civilprozeßordnung §. 862) betrifft. Für die Vertretung bei der Beweisaufnahme erhält der Rechtsanwalt die Beweisgebühr (§. 13 Nr. 4).

§. 23.

Drei Zehntheile der in den §§. 13 bis 18 bestimmten Gebühren erhält der zum Prozeßbevollmächtigten bestellte Rechtsanwalt, wenn seine Thätigkeit betrifft:
1. die im Gerichtskostengesetze §. 27 Nr. 1, §. 34 Nr. 1, 2, §. 35 Nr. 2, 4, §. 47 Nr. 1 bis 12 bezeichneten Angelegenheiten;
2. die Zwangsvollstreckung.

§. 24.

Zwei Zehntheile der in den §§. 13 bis 18 bestimmten Gebühren erhält der zum Prozeßbevollmächtigten bestellte Rechtsanwalt, wenn seine Thätigkeit die im Gerichtskostengesetze §. 35 Nr. 1, §. 38 bezeichneten Anträge und Gesuche betrifft.

§. 25.

Jede der im §. 13 benannten Gebühren kann der Rechtsanwalt in jeder Instanz rücksichtlich eines jeden Theils des Streitgegenstandes nur einmal beanspruchen.

§. 26.

Für die Bestimmung des Umfanges einer Instanz im Sinne des §. 25 finden die Vorschriften der §§. 30, 31 des Gerichtskostengesetzes entsprechende Anwendung.

§. 27.

Im Falle der Zurücknahme oder Verwerfung des gegen ein Versäumnißurtheil eingelegten Einspruchs gilt das Verfahren über denselben für die Gebühren der Rechtsanwälte, mit Ausnahme der Prozeßgebühr, als neue Instanz.

Im Falle der Zulassung des Einspruchs steht dem Rechtsanwalte des Gegners der den Einspruch einlegenden Partei die Gebühr für die mündliche Verhandlung, auf welche das Versäumnißurtheil erlassen ist, besonders zu.

Ist das Versäumnißurtheil wegen Nichterscheinens des Schwurpflichtigen in einem zur Eidesleistung bestimmten Termine ergangen (Civilprozeßordnung §. 430), so finden die Bestimmungen des Absatz 2 auch auf den Rechtsanwalt der Partei Anwendung, welche den Einspruch eingelegt hat.

§. 28.

Das ordentliche Verfahren, welches nach der Abstandnahme vom Urkunden- oder Wechselprozesse, sowie nach dem mit Vorbehalt in demselben erlassenen Urtheil abhängig bleibt (Civilprozeßordnung §§. 559, 563), gilt für die Berechnung der Gebühren des Rechtsanwalts als besonderer Rechtsstreit; der Rechtsanwalt muß jedoch die Prozeßgebühr des Urkunden- oder Wechselprozesses auf die gleiche Gebühr des ordentlichen Verfahrens anrechnen.

§. 29.

Die im §. 13 benannten Gebühren umfassen die gesammte Thätigkeit des Rechtsanwalts von dem Auftrage bis zur Beendigung der Instanz.

Zu der Instanz gehören insbesondere:

1. das Verfahren behufs Feststellung des Werthes des Streitgegenstandes;
2. Zwischenstreite mit Intervenienten, sowie mit Zeugen oder Sachverständigen;
3. das Verfahren zur Sicherung des Beweises (Civilprozeßordnung §§. 447 bis 455), wenn die Hauptsache anhängig ist;
4. das Verfahren über einen Antrag auf Anordnung oder Aufhebung eines Arrestes oder einer einstweiligen Verfügung, sowie über einen Antrag auf vorläufige Einstellung, Beschränkung oder Aufhebung einer Zwangsvollstreckung (Civilprozeßordnung §§. 647, 657, 688, 690 Abs. 3, §§. 696, 710 Abs. 4), sowefit das Verfahren mit dem Verfahren über die Hauptsache verbunden ist;

5. das Verfahren über einen Antrag auf Aenderung einer Entscheidung des beauftragten oder ersuchten Richters oder des Gerichtsschreibers (Civilprozeßordnung §. 539);
6. das Verfahren über die im Gerichtskostengesetze §. 47 Nr. 1 bis 12 bezeichneten Streitpunkte und Anträge;
7. die Zustellung und Empfangnahme der Entscheidungen und die Mittheilung derselben an den Auftraggeber;
8. die Uebersendung der Handakten an den Bevollmächtigten einer anderen Instanz.

§. 30.

Die Gebühren werden besonders erhoben für die Thätigkeit bei Streitigkeiten und Anträgen, welche betreffen:

1. die Sicherung des Beweises (Civilprozeßordnung §§. 447 bis 455), wenn die Hauptsache noch nicht anhängig ist;
2. das Verfahren über einen Antrag auf Anordnung oder Aufhebung eines Arrestes oder einer einstweiligen Verfügung, sowie über einen Antrag auf vorläufige Einstellung, Beschränkung oder Aufhebung einer Zwangsvollstreckung (Civilprozeßordnung §§. 688, 690 Abs. 3, §§. 696, 710 Abs. 4), sofern das Verfahren von dem Hauptverfahren über die Hauptsache getrennt ist;
3. den Betrag der zu erstattenden Prozeßkosten (Civilprozeßordnung §§. 98, 99).

Die Prozeßgebühr ist in den Fällen Nr. 2 auf die Prozeßgebühr des Rechtsanwalts in der Hauptsache anzurechnen.

§. 31.

In der Zwangsvollstreckung bildet eine jede Vollstreckungsmaßregel zusammen mit den durch dieselbe vorbereiteten weiteren Vollstreckungshandlungen bis zu der durch die Maßregel zu erlangenden Befriedigung des Gläubigers Eine Instanz.

Die landesgesetzlichen Bestimmungen in Betreff der Gebühren für eine den Landesgesetzen unterliegende Zwangsvollstreckung bleiben unberührt.

§. 32.

Das Verfahren über einen Antrag auf Ertheilung einer weiteren vollstreckbaren Ausfertigung (Civilprozeßordnung §. 669), das Verfahren zur Abnahme des Offenbarungseides (Civilprozeßordnung §§. 781, 782) und die Ausführung der Zwangsvollstreckung in ein gepfändetes Vermögensrecht durch Verwaltung (Civilprozeßordnung §. 754 Abs. 3) bilden besondere Instanzen der Zwangsvollstreckung.

§. 33.

Die Vollstreckung der Entscheidung, durch welche der Schuldner nach Maßgabe des §. 773 Abs. 2 der Civilprozeßordnung zur Vorauszahlung der Kosten verurtheilt wird, scheidet aus der Zwangsvollstreckung zur Erwirkung der Handlung als besonderes Verfahren aus.

Soll die Zwangsvollstreckung auf Unterlassung oder Duldung einer Handlung durch Strafen ausgeführt werden (Civilprozeßordnung §. 775 Abs. 1), so bildet eine jede Verurtheilung zu einer Strafe nach Maßgabe der Vorschriften des §. 29 den Schluß der Instanz.

Die Erwirkung der einer Verurtheilung vorausgehenden Strafandrohung (Civilprozeßordnung §. 775 Abs. 2) gehört zur Instanz der Hauptsache; dem Rechtsanwalte, welcher diese Instanz nicht geführt hat, steht die im §. 23 bestimmte Gebühr zu.

§. 34.

Bei Ausführung der Zwangsvollstreckung auf Vornahme einer Handlung durch Geldstrafen oder Haft (Civilprozeßordnung §. 774) bildet das gesammte Verfahren eine Instanz.

§. 35.

Für die einmalige Erwirkung des Zeugnisses der Rechtskraft (Civilprozeßordnung §. 646) oder der Vollstreckungsklausel (Civilprozeßordnung §§. 662 bis 666, 703, 704 Abs. 1, §. 705 Abs. 1, 2, §. 809) steht weder dem Rechtsanwalte der Instanz, in welcher dieselben zu ertheilen, noch dem Rechtsanwalte, welcher mit dem Betriebe der Zwangsvollstreckung beauftragt ist, und für die Aufhebung einer Vollstreckungsmaßregel weder dem Rechtsanwalte, welcher deren Vornahme veranlaßt hat, noch dem Rechtsanwalte, welcher mit dem Betriebe der weiteren Zwangsvollstreckung beauftragt ist, eine Gebühr zu.

§. 36.

Die Vorschriften der §§. 31 bis 35 finden bei Vollziehung eines Arrestbefehls oder einer einstweiligen Verfügung (Civilprozeßordnung §§. 808 bis 813, 815) entsprechende Anwendung.

Die Instanz dauert bis zur Aufhebung des Arrestes oder der einstweiligen Verfügung oder bis zum Anfange der Zwangsvollstreckung aus dem in der Hauptsache erlassenen Urtheile.

§. 37.

Für die Mitwirkung bei einem der Klage vorausgehenden Sühneverfahren (Civilprozeßordnung §§. 471, 571) erhält der Rechtsanwalt drei Zehntheile der Sätze des §. 9.

Diese Gebühr wird auf ein in dem Rechtsstreite zustehende Prozeßgebühr angerechnet.

Ist in dem Falle des §. 471 der Civilprozeßordnung unter der Mitwirkung des Rechtsanwalts ein Vergleich geschlossen, so erhält er die vollen Sätze des §. 9.

§. 38.

Im Mahnverfahren erhält der Rechtsanwalt von den Sätzen des §. 9:
1. drei Zehntheile für die Erwirkung des Zahlungsbefehls, einschließlich der Mittheilung des Widerspruchs an den Auftraggeber;
2. zwei Zehntheile für die Erhebung des Widerspruchs;
3. zwei Zehntheile für die Erwirkung des Vollstreckungsbefehls.

Die Gebühr in Nr. 2 wird auf die in dem nachfolgenden Rechtsstreite zustehende Prozeßgebühr und die Gebühr in Nr. 3 auf die Gebühr für die nachfolgende Zwangsvollstreckung angerechnet.

§. 39.

Für die Vertretung im Vertheilungsverfahren (Civilprozeßordnung §§. 758 bis 763, 768) stehen dem Rechtsanwalte fünf und, falls der Auftrag vor dem Termine zur Ausführung der Vertheilung erledigt wird, drei Zehntheile der Sätze des §. 9 zu.

Der Werth des Streitgegenstandes wird durch den Betrag der Forderung und, wenn der zu vertheilende Geldbetrag geringer ist, durch diesen Betrag bestimmt.

§. 40.

Im Aufgebotsverfahren (Civilprozeßordnung §§. 823 bis 833, 836 bis 850) stehen dem Rechtsanwalte, als Vertreter des Antragstellers (Civilprozeßordnung §. 824) drei Zehntheile der Sätze des §. 9 zu:
1. für den Betrieb des Verfahrens, einschließlich der Information;
2. für den Antrag auf Erlaß des Aufgebots;
3. für die Wahrnehmung des Aufgebotstermins.

Als Vertreter einer anderen Person erhält der Rechtsanwalt diese Gebühr nur einmal.

§. 41.

Drei Zehntheile der in den §§. 13 bis 18 bestimmten Gebühren erhält der zum Prozeßbevollmächtigten bestellte Rechtsanwalt:
1. in der Beschwerdeinstanz;
2. wenn seine Thätigkeit ausschließlich einen Antrag auf Aenderung einer Entscheidung des beauftragten oder ersuchten Richters oder des Gerichtsschreibers (Civilprozeßordnung §. 539) betrifft.

In der Instanz der an eine Nothfrist nicht gebundenen Beschwerde steht dem Rechtsanwalte die Prozeßgebühr nicht zu, wenn ihm dieselbe oder eine der in den §§. 37 bis 40 bezeichneten Gebühren in der Instanz zustand, in welcher die angefochtene Entscheidung ergangen ist.

§. 42.

Der zum Prozeßbevollmächtigten bestellte Rechtsanwalt, welcher auf Verlangen der Partei die Vertretung in der mündlichen Verhandlung einem anderen Rechtsanwalte übertragen hat, erhält neben den ihm zustehenden Gebühren fünf Zehntheile der Verhandlungsgebühr. Diese Gebühr wird auf eine ihm zustehende Verhandlungsgebühr angerechnet.

§. 43.

Dem Rechtsanwalte, welchem auf Verlangen der Partei nur die Vertretung in der mündlichen Verhandlung oder die Ausführung der Parteirechte in derselben übertragen ist, steht neben der Verhandlungsgebühr die Prozeßgebühr zu fünf Zehntheilen zu. Letztere Gebühr steht auch dann zu, wenn der Auftrag vor der mündlichen Verhandlung erledigt wird.

§. 44.

Dem Rechtsanwalte, welcher lediglich den Verkehr der Partei mit dem Prozeßbevollmächtigten führt, steht eine Gebühr in Höhe der Prozeßgebühr zu. Er erhält nur fünf Zehntheile, wenn ihm in unterer Instanz die vorbezeichnete Gebühr oder die Prozeßgebühr zustand.

Die mit der Uebersendung der Akten an den Rechtsanwalt der höheren Instanz verbundenen gutachtlichen Aeußerungen dienen nicht zur Begründung dieser Gebühr, wenn nicht zu denselben Auftrag ertheilt war.

§. 45.

Dem Rechtsanwalte, welcher, ohne zum Prozeßbevollmächtigten bestellt zu sein, einen Schriftsatz anfertigt oder welcher den Auftraggeber in einem anderen, als dem zur mündlichen Verhandlung bestimmten Termine vertritt, steht eine Gebühr in Höhe von fünf Zehntheilen der Prozeßgebühr zu.

Die Wahrnehmung eines weiteren Termines zur Fortsetzung der Verhandlung begründet nicht eine Erhöhung der Gebühr für Vertretung im Termine.

Wird der Auftrag vor der Ausführung erledigt, so erhält der Rechtsanwalt fünf Zehntheile des im ersten Absatze bestimmten Betrages.

§. 46.

Für einen ertheilten Rath erhält der nicht zum Prozeßbevollmächtigten bestellte Rechtsanwalt eine Gebühr in Höhe von drei Zehntheilen der Prozeßgebühr.

Eine Gebühr in Höhe von fünf Zehntheilen der Prozeßgebühr steht dem mit Einlegung der Berufung oder der Revision beauftragten Rechtsanwalte zu, wenn derselbe von der Einlegung abräth und der Auftraggeber sich dabei beruhigt.

§. 47.

Der nicht zum Prozeßbevollmächtigten bestellte Rechtsanwalt erhält für die in den §§. 43 bis 46 bezeichnete Thätigkeit höchstens die für den Prozeßbevollmächtigten bestimmte Gebühr, falls die ihm aufgetragenen Handlungen in den Kreis derjenigen Thätigkeit fallen, für welche dem Prozeßbevollmächtigten zustehende Gebühr bestimmt ist.

§. 48.

Wird ein Rechtsanwalt, nachdem er in einer Rechtssache thätig gewesen, zum Prozeßbevollmächtigten bestellt, so erhält er auf Grund der §§. 43 bis 46 und als Prozeßbevollmächtigter zusammen nicht mehr an Gebühren, als ihm zustehen würde, wenn er vorher zum Prozeßbevollmächtigten bestellt werden wäre.

§. 49.

Wird der einem Rechtsanwalte ertheilte Auftrag vor Beendigung der Instanz aufgehoben, so stehen dem Rechtsanwalte die Gebühren in gleicher Weise zu, als wenn die Instanz zur Zeit der Aufhebung des Auftrags durch Zurücknahme der gestellten Anträge erledigt wäre, unbeschadet der aus einem Verschulden sich ergebenden civilrechtlichen Folgen.

§. 50.

Bei Vertretung mehrerer Streitgenossen, einschließlich der Nebenintervenienten, stehen dem Rechtsanwalte die Gebühren nur einmal zu. Falls die Streitgenossen nicht gleichzeitig Vollmacht ertheilen, so erhöht sich durch jeden Beitritt die Prozeßgebühr um zwei Zehntheile. Die Erhöhung wird nach dem Betrage berechnet, bei welchem die Vollmachtgeber gemeinschaftlich betheiligt sind; durch mehrere Erhöhungen darf der einfache Betrag der Prozeßgebühr nicht übersteigen werden.

§. 51.

Für die bei dem Reichsgerichte zugelassenen Rechtsanwälte erhöhen sich die Gebührensätze in der Revisionsinstanz um drei Zehntheile.

Dritter Abschnitt.
Gebühren im Konkursverfahren.

§. 52.

Auf die Gebühren im Konkursverfahren finden die Vorschriften der §§. 9, 11, 12 entsprechende Anwendung.

§. 53.

Im Verfahren über einen Antrag auf Eröffnung des Konkursverfahrens (Konkursordnung §§. 96 bis 98) erhält der Rechtsanwalt zwei Zehntheile, oder wenn er einen Gläubiger vertritt, fünf Zehntheile der Sätze des §. 9.

§. 54.

Für die Vertretung im Konkursverfahren erhält der Rechtsanwalt sechs Zehntheile, wenn jedoch die Vertretung vor dem allgemeinen Prüfungstermine (Konkursordnung §. 126) sich erledigt oder erst nach demselben beginnt, vier Zehntheile der Sätze des §. 9.

§. 55.

Der Rechtsanwalt erhält die Sätze des §. 9 besonders:
1. für die Thätigkeit bei Prüfung der Forderungen;
2. für die Thätigkeit in dem Zwangsvergleichsverfahren;
3. für die Thätigkeit in dem Vertheilungsverfahren.

§. 56.

Beschränkt sich die Thätigkeit des Rechtsanwalts auf die Anmeldung einer Konkursforderung, so erhält derselbe zwei Zehntheile der Sätze des §. 9.

§. 57.

Für die Vertretung:
1. in der Beschwerdeinstanz,
2. in dem Verfahren über Anträge auf Anordnung von Sicherheitsmaßregeln im Falle des §. 183 Absatz 2 der Konkursordnung

erhält der Rechtsanwalt besonders die im zweiten Abschnitte (§§. 23, 41) bestimmten Gebühren.

§. 58.

Die Gebühren der §§. 53 bis 55 sowie des §. 57 im Falle der Beschwerde gegen den Beschluß über Eröffnung des Konkursverfahrens (Konkursordnung §. 101) oder den Beschluß über Bestätigung eines Zwangsvergleichs (Konkursordnung §. 174) werden, wenn der Auftrag von dem Gemeinschuldner ertheilt ist, nach dem Betrage der Aktivmasse (Gerichtskostengesetz §. 52) berechnet.

Ist der Auftrag von einem Konkursgläubiger ertheilt, so werden die Gebühren der §§. 53, 54, 56 und die Gebühr im Falle der Beschwerde gegen den Beschluß über Eröffnung des Konkursverfahrens nach dem Nennwerthe der Forderung, die

Gebühren des §. 55 und die Gebühr im Falle der Beschwerde gegen den Beschluß über die Bestätigung eines Zwangsvergleichs nach dem Werthe der Forderung des Gläubigers unter entsprechender Anwendung des §. 136 der Konkursordnung berechnet.

§. 59.

In einem wieder aufgenommenen Konkursverfahren erhält der Rechtsanwalt die Gebühren nach den Bestimmungen der §§. 54 bis 58 besonders.

§. 60.

Insoweit dem Rechtsanwalte Gebühren für die Vornahme einzelner Handlungen im Konkursverfahren zustehen, darf der Gesammtbetrag derselben die im §. 54 bestimmte Gebühr nicht übersteigen.

Wird der Rechtsanwalt, nachdem er einzelne Handlungen im Konkursverfahren vorgenommen hat, mit der Vertretung im Konkursverfahren beauftragt, so erhält er zusammen nicht mehr an Gebühren, als ihm zustehen würde, wenn er vorher mit der Vertretung im Konkursverfahren beauftragt worden wäre.

§. 61.

Die Gebühren werden für jeden Auftrag gesondert, ohne Rücksicht auf andere Aufträge, berechnet.

Vierter Abschnitt.
Gebühren in Strafsachen.

§. 62.

In Strafsachen erhält der Rechtsanwalt als Vertheidiger in der Hauptverhandlung erster Instanz:
1. vor dem Schöffengerichte . . . . 12 Mark;
2. vor der Strafkammer . . . . 20 Mark;
3. vor dem Schwurgericht oder dem Reichsgerichte . . . . 40 Mark.

§. 63.

Erstreckt sich die Verhandlung auf mehrere Tage, so erhöhen sich die im §. 62 bestimmten Gebühren für jeden weiteren Tag der Vertheidigung um fünf Zehntel.

Im Verfahren auf erhobene Privatklage findet diese Bestimmung nicht Anwendung.

§. 64.

Findet in den auf Privatklage verhandelten Sachen eine Beweisaufnahme statt, so erhöht sich die im §. 62 bestimmte Gebühr um 6 Mark.

§. 65.

In der Berufungsinstanz sowie in der Revisionsinstanz stehen dem Rechtsanwalte die in den §§. 62 bis 64 bestimmten Sätze zu. Die Stufe bestimmt sich nach der Ordnung des Gerichts, welches in erster Instanz erkannt hat.

§. 66.

Für die Vertheidigung im Vorverfahren erhält der Rechtsanwalt:

1. in den zur Zuständigkeit der Schöffengerichte gehörigen Sachen . . . . 6 Mark;
2. in den zur Zuständigkeit der Strafkammer gehörigen Sachen . . . . 10 Mark;
3. in den zur Zuständigkeit der Schwurgerichte oder des Reichsgerichts gehörigen Sachen . . . . 20 Mark.

§. 67.

Fünf Zehntheile der im §. 62 bestimmten Sätze stehen dem Rechtsanwalte zu für Anfertigung:
1. einer Schrift zur Rechtfertigung einer Berufung;
2. einer Schrift zur Begründung einer Revision;
3. eines Antrags auf Wiederaufnahme des Verfahrens.

Die Stufe bestimmt sich nach der Ordnung des Gerichts, welches in erster Instanz erkannt hat.

§. 68.

Für Einlegung eines Rechtsmittels sowie für Anfertigung anderer, als der im §. 67 bezeichneten Anträge, Gesuche und Erklärungen erhält der Rechtsanwalt je 2 Mark.

§. 69.

Die in den §§. 62 bis 65 sowie die im §. 66 bestimmten Gebühren umfassen die Anfertigung der zu derselben Instanz oder zu dem Vorverfahren gehörigen Anträge, Gesuche und Erklärungen sowie die Einlegung von Rechtsmitteln gegen Entscheidungen oder Verfügungen derselben Instanz oder des Vorverfahrens.

§. 70.

Auf die Gebühr für Rechtfertigung der Berufung (§. 67 Nr. 1) und auf die Gebühr für Begründung der Revision (§. 67 Nr. 2) wird die Gebühr für Einlegung des Rechtsmittels (§. 68) angerechnet.

§. 71.

Im Falle der Vertheidigung mehrerer Beschuldigter durch einen gemeinschaftlichen Vertheidiger erhöhen sich die Gebühren um fünf Zehntheile.

§. 72.

In Ansehung der Gebühren für Vertretung eines Privatklägers, eines Nebenklägers oder einer Verwaltungsbehörde (Strafprozeßordnung §. 464) kommen die Bestimmungen über die Gebühren für die Vertheidigung zur entsprechenden Anwendung.

Die Anfertigung einer Privatklage begründet für den Rechtsanwalt die im §. 66 Nr. 1 bestimmte Gebühr.

§. 73.

Für Anfertigung eines Antrags auf gerichtliche Entscheidung im Falle des §. 170 der Strafprozeßordnung erhält der Rechtsanwalt die im §. 66 bestimmten Sätze.

§. 74.

Nach Maßgabe der Vorschriften des zweiten Abschnitts (§. 23) stehen dem Rechtsanwalte Gebühren besonders zu für die Vertretung:

1. in dem Verfahren behufs Festsetzung der zu erstattenden Kosten (Strafprozeßordnung §. 496 Absatz 2);
2. in der Zwangsvollstreckung aus Entscheidungen, welche über eine Buße oder über Erstattung von Kosten ergangen sind (Strafprozeßordnung §§. 495, 496).

Fünfter Abschnitt.
Auslagen.

§. 75.

Schreibgebühren stehen dem Rechtsanwalt nur für die zum Zwecke der Einreichung bei Gericht oder zum Zwecke der Zustellung anzufertigenden Abschriften von Schriftsätzen, Urkunden, Urtheilen oder Beschlüssen zu.

Für die Höhe der Schreibgebühren sind die Vorschriften des §. 80 des Gerichtskostengesetzes maßgebend.

§. 76.

Für Verpackung von Briefen und Akten dürfen Auslagen nicht berechnet werden.

§. 77.

Bei Geschäftsreisen erhält der Rechtsanwalt, vorbehaltlich der Bestimmungen in den §§. 18, 37, 39 Abs. 2 der Rechtsanwaltsordnung:

I. an Tagegeldern . . . . 12 Mark;
II. für ein Nachtquartier . . . . . . 3 Mark;
III. an Fuhrkosten einschließlich der Kosten der Gepäckbeförderung:
   1. wenn die Reise auf Eisenbahnen oder Dampfschiffen gemacht werden kann, für das Kilometer   13 Pf. und für jeden Zu- und Abgang . . . . 3 Mark;
   2. anderenfalls . . . . 60 Pf. für das Kilometer der nächsten fahrbaren Straßenverbindung.

Haben erweislich höhere Fuhrkosten aufgewendet werden müssen, so werden diese erstattet.

§. 78.

Die Fuhrkosten werden für die Hin- und Rückreise besonders berechnet.

Hat ein Rechtsanwalt Geschäfte an verschiedenen Orten unmittelbar nach einander ausgerichtet, so ist der von Ort zu Ort wirklich zurückgelegte Weg ungetheilt der Berechnung der Fuhrkosten zu Grunde zu legen.

Bei einer Reise zur Ausführung der Aufträge mehrerer Auftraggeber findet die Vorschrift des §. 3 entsprechende Anwendung.

§. 79.

Für Geschäfte am Wohnorte stehen dem Rechtsanwalt weder Tagegelder noch Fuhrkosten zu; dasselbe gilt von Geschäften außerhalb des Wohnortes in geringerer Entfernung als zwei Kilometer von demselben.

War der Rechtsanwalt durch außergewöhnliche Umstände genöthigt, sich eines Fuhrwerks zu bedienen, oder waren sonstige nothwendige Unkosten, wie Brücken- oder Fährgeld aufzuwenden, so sind die Auslagen zu erstatten.

Für einzelne Ortschaften kann durch die Landesjustizverwaltung bestimmt werden, daß den Rechtsanwälten bei den nicht an der Gerichtstelle vorzunehmenden Geschäften die verauslagten Fuhrkosten zu erstatten sind.

§. 80.

Bei Berechnung der Entfernungen wird jedes angefangene Kilometer für ein volles Kilometer gerechnet.

§. 81.

Der Rechtsanwalt, welcher seinen Wohnsitz verlegt, kann bei Fortführung eines ihm vorher ertheilten Auftrags Tagegelder und Reisekosten nur insoweit verlangen, als sie ihm auch bei Beibehaltung seines Wohnsitzes zugestanden haben würden.

§. 82.

Hat ein Rechtsanwalt seinen Wohnsitz an einem Orte, an welchem sich kein Gericht befindet, so kann die Landesjustizverwaltung bestimmen, daß ihm Tagegelder und Reisekosten nur insoweit zustehen, als er solche auch verlangen könnte, wenn er seinen Wohnsitz an dem Orte des Amtsgerichts, in dessen Bezirk er wohnt, genommen hätte.

Sechster Abschnitt.
Einforderung von Gebühren und Auslagen.

§. 83.

Der Rechtsanwalt kann von seinem Auftraggeber einen angemessenen Vorschuß fordern.

§. 84.

Dem Auftraggeber gegenüber werden die Gebühren des Rechtsanwalts fällig, sobald über die Verpflichtung, dieselben zu tragen, eine Entscheidung ergangen ist, sowie bei der Beendigung der Instanz oder bei Erledigung des Auftrags.

§. 85.

Die Einforderung der Gebühren und Auslagen ist nur zulässig, wenn vorher oder gleichzeitig eine von dem Rechtsanwalt unterschriebene Berechnung derselben mit Angabe des Werthes des Streitgegenstandes, sofern der Werth maßgebend, und unter Bezeichnung der zur Anwendung kommenden Bestimmungen dieses Gesetzes mitgetheilt wird.

Die Mittheilung dieser Berechnung kann auch nach erfolgter Zahlung verlangt werden, so lange nicht die Handakten zurückgenommen sind oder die Verpflichtung des Rechtsanwalts zur Aufbewahrung derselben erloschen ist (Rechtsanwaltsordnung §. 32).

Siebenter Abschnitt.
Schlußbestimmungen.

§. 86.

Für die Annahme oder Besorgung einer Zustellung, einschließlich der erforderlichen Mittheilungen an den Auftraggeber, steht dem Rechtsanwalte, welcher ausschließlich mit einer solchen Thätigkeit beauftragt ist, eine Gebühr von 50 Pfennig zu.

§. 87.

Für Erhebung und Ablieferung von Geldern erhält der Rechtsanwalt eine Gebühr:

> von 1 Mark für jedes angefangene Hundert des Betrags bis 1000 Mark;
>
> von 50 Pfennig für jedes angefangene Hundert des weiteren Betrags bis 10000 Mark;
>
> von 25 Pfennig für jedes angefangene Hundert des Mehrbetrags.

Für Erhebung und Ablieferung von Werthpapieren erhält der Rechtsanwalt nach Maßgabe des Werthes die Hälfte der vorstehenden Gebühren.

Die Gebühr für Erhebung und Ablieferung von Geldern kann von diesen bei der Ablieferung entnommen werden.

§. 88.

Für die Ausarbeitung eines Gutachtens mit juristischer Begründung hat der Rechtsanwalt angemessene Vergütung zu beanspruchen.

§. 89.

Ist für das dem Rechtsanwalt übertragene Geschäft der Betrag der Gebühr in diesem Gesetze nicht bestimmt, so erhält er für jede Stunde der auf die Ausführung des Geschäfts verwendeten Zeit 3 Mark. Die angefangene Stunde wird für voll gerechnet.

§. 90.

Insofern in diesem Gesetze für die begonnene oder vorbereitete Ausführung eines vor der vollständigen Ausführung erledigten Auftrags eine Gebühr nicht vorgesehen ist, erhält der Rechtsanwalt eine nach Maßgabe des §. 89 zu berechnende Gebühr bis zu dem für die vollständige Ausführung bestimmten Betrage.

§. 91.

Die Vorschriften dieses Gesetzes finden entsprechende Anwendung:

1. im schiedsrichterlichen Verfahren;
2. im Verfahren wegen Nichtigkeitserklärung oder Zurücknahme eines Patents;
3. im Disziplinarverfahren nach Maßgabe des Gesetzes, betreffend die Rechtsverhältnisse der Reichsbeamten, vom 31. März 1873 (Reichsgesetzbl. S. 61);
4. in ehrengerichtlichen Verfahren gegen Rechtsanwälte;
5. bei der Untersuchung von Seeunfällen.

Für die Berechnung der Gebühren des im schiedsrichterlichen Verfahren als Prozeßbevollmächtigten bestellten Rechtsanwalts gilt das gerichtliche Verfahren im Falle des §. 862 der Civilprozeßordnung als zum schiedsrichterlichen Verfahren gehörig.

Das Verfahren vor der Disziplinarkammer, vor dem Ehrengericht und vor dem Seeamte steht im Sinne des §. 62 dem Verfahren vor der Strafkammer gleich.

§. 92.

Fällt eine dem Rechtsanwalt aufgetragene Thätigkeit, für welche ihm nach Vorschrift dieses Gesetzes eine Vergütung zusteht, zugleich in den Kreis derjenigen Angelegenheiten, in welchen die den Rechtsanwälten zustehende Vergütung durch landesgesetzliche Vorschrift geregelt ist, so kommt, soweit die Anwendung beider Vorschriften zu einer zweifachen Vergütung derselben Thätigkeit führen würde, nur eine derselben und zwar die dem Rechtsanwalte günstigere zur Anwendung.

§. 93.

Sofern der Rechtsanwalt nicht einer Partei zur Wahrnehmung ihrer Rechte beigeordnet oder als Vertheidiger bestellt ist, kann der Betrag der Vergütung durch Vertrag abweichend von den Vorschriften dieses Gesetzes festgebt werden. Die Festsetzung durch Bezugnahme auf das Ermessen eines Dritten ist ausgeschlossen.

Der Auftraggeber ist an den Vertrag nur gebunden, soweit er denselben schriftlich abgeschlossen hat.

In dem Verhältnisse des Auftraggebers oder Rechtsanwalts zu dem Erstattungspflichtigen ist die vertragsmäßige Festsetzung nicht maßgebend.

Der Auftraggeber kann eine Berechnung der gesetzlichen Vergütung nach Maßgabe des §. 85 verlangen.

§. 94.

Hat der Rechtsanwalt durch den Vertragsschluß die Grenzen der Mäßigung überschritten, so kann die durch Vertrag festgesetzte Vergütung im Prozeßwege bis auf den in diesem Gesetze bestimmten Betrag herabgesetzt werden. Daß diese Grenzen überschritten sind, wird durch ein Gutachten des Vorstandes der Anwaltskammer festgestellt.

Diese Vorschrift findet entsprechende Anwendung, wenn der Rechtsanwalt durch den für die Ausarbeitung eines Gutachtens erhobenen Anspruch (§. 88) die Grenzen der Mäßigung überschritten hat.

§. 95.

Dieses Gesetz tritt im ganzen Umfange des Reichs gleichzeitig mit dem Gerichtsverfassungsgesetz in Kraft.

Urkundlich ꝛc.

Gegeben ꝛc.

Antrag.

I. Der Deutsche Anwalt-Verein wählt eine Commission von 5 Mitgliedern zur vollständigen Entwerfung der, nach Einführung der Gerichtsorganisation für den Verkehr:

> a. der Anwälte unter einander,
>
> b. der Anwälte mit den Gerichten und Gerichtsvollziehern,

erforderlichen Formulare.

II. Diese Commission wird aus 3 Berliner Anwälten, von denen der eine unter der Herrschaft des Rheinischen Rechtes ausgebildet ist, einem Bairischen und einem Sächsischen Anwalte zusammengesetzt, und mit der Zuziehung technischer Hülfskräfte, aus dem Kreise der Gerichtsbeamten, und geeignetenfalls der, mit dem gerichtlichen Formularwesen betrauten, Beamten des Königlichen Justizministeriums beauftragt, und ersucht, mit Sr. Excellenz dem Herrn Justizminister über die Herstellung einer Gleichartigkeit der anwaltlichen, mit den gerichtlichen Formularen in Einvernehmen zu treten.

III. Die Commission wird verpflichtet, iher Entwürfe bis zum 20. März d. Js. fertig zu stellen, bis zum 1. Apeil d. Js. den Ehrenräthen der Anwaltskammern zur Monirung vor dem 15. April d. Js. mitzutheilen, und bis zum 1. Mai d. Js. den definitiven Text festzustellen, demnächst auch mit einer angesehenen Verlagshandlung ein Abkommen über Vervielfältigung der Formulare und zur Zeit in sauberer und eleganter Ausstattung zu schließen.

IV. Jedes Mitglied der Commission erhält für seine Mühwaltungen eine Entschädigung von 300 Mark. Nothwendige baare Auslagen werden erstattet. Die Hülfskräfte sind angewiesen zu entschädigen.

V. Jedes Mitglied des Deutschen Anwalts-Vereins zahlt Behufs Bestreitung der Kosten des Unternehmens einen Zuschußbeitrag von Mark, erhält dagegen ein Freiexemplar der entworfenen Formulare, und ist berechtigt, die Verabfolgung seines Bedarfes an Formularen von der gewählten Verlagshandlung unter den vereinbarten Normativbedingungen zu verlangen.

Coeslin, den 17. Januar 1879.

Herr.
Rechtsanwalt.

Zur Gebührenfrage.

Ein Punkt wird, nach Dem, was mir mitgetheilt wurde, vielfach unter den Kollegen besprochen, der, ob nicht die Bestimmungen über die Vertragsfreiheit nur als untergeordnete Fragen zu betrachten seien, da es sich hauptsächlich darum handle, daß die Taxansätze selbst zu niedrig seien. Ebenso sei es zweifelhaft, ob nicht durch die Anregung das Selbsttaxirungsrecht zuzulassen der Schwerpunkt unserer Stellung zu dem Entwurfe insofern verrückt werde, als auch dadurch wieder von der Hauptsache, nämlich der Angemessenheit der Taxansätze abgelenkt würde. Wenn wir es erreichen können, daß der §. 9 des Entwurfs wesentlich zu unseren Gunsten umgeändert wird, wenn beispielsweise für die 3 niedrigsten Klassen eine Normalgebühr von mindestens 2 Mark zugelassen wird, für die darauffolgenden Klassen bis zu der 15 ein höherer Absatz bestimmt wird, wenn ferner die Normalgebühr so oft berechnet werden darf, als eine mündliche Verhandlung stattfindet, wenn weiter für das Beweisverfahren nicht eine halbe, sondern eine ganze Normalgebühr in Ansatz gebracht werden kann, anderer bereits mehrfach ausgesprochener Wünsche nicht zu gedenken, dann tritt allerdings die Nothwendigkeit und Wichtigkeit der Vertragsfreiheit und des Selbsttaxirungsrechtes in den Hintergrund. Der Anwalt wird dann durch die Taxe hinlänglich geschützt und ist weder genöthigt mit der Partei zu paciren, noch kommt er in die Lage ihr erklären zu müssen: auch wenn sie den Prozeß gewinnen ein Theil der Kosten wird ihnen von dem unterliegenden Theil nicht

ersetzt werden. Taxe einerseits, Vertrags- und Selbsttaxirungsrecht andererseits, stehen zu einander in dem Verhältnisse, daß je besser die Taxe, je weniger ist Vertrags- und Selbsttaxirungsrecht nöthig. Wenn wir also mit Sicherheit hoffen können, daß die Taxansätze bedeutend erhöht werden, dann erscheinen die Wünsche über Vertrag und Selbsttaxirung allerdings ohne große praktische Bedeutung.

S. H.

Schlechte Aussichten!
Noch ein Beitrag zur Gebührenfrage.

Nach dem Erscheinen des Aufsatzes „Ueber die Rechtsanwaltsgebührenordnung" in Nr. 1 der Wochenschrift habe ich die Sätze der demnächstigen Gebührenordnung mit den Sätzen, die jetzt in der Provinz Hannover gelten, verglichen und daraus keine sehr rosige Hoffnungen für die Zukunft gezogen. Durch Veröffentlichung dieser Parallele hoffe ich, dem in Aussicht genommenen Anwaltstage einiges schätzenswerthe Material liefern zu können. Zahlen beweisen!

In der Provinz Hannover ist, gleichwie nach der demnächstigen neuen Gebührenordnung, das Honorar des Anwalts von dem Werth des Streitgegenstandes abhängig. Dagegen kennt man hier keine Pauschsätze. Vielmehr wird jeder Termin und jeder nothwendige Schriftsatz einzeln honorirt. Außer der Termins- und Schriftsatz-Gebühr giebt es eine sogenannte Aertha als Informationsgebühr und eine sogenannte Prokuraturgebühr, die das Honorar für den außergerichtlichen Geschäftsbetrieb des Rechtsstreits darstellen soll. Die Höhe der letztern richtet sich nach der Dauer des Rechtsstreits.

In den folgenden beiden Tabellen sind die Gebühren, welche der Anwalt (Advokat) der Provinz Hannover zu beziehen hat, nach den einzelnen Werthklassen zusammengestellt. Die erste (I) bezieht sich auf das contradictorische, die zweite (II) auf das Contumacialverfahren. Dem letztern gleich steht, was die Gebührenhöhe betrifft, das Verfahren, in dem der Anspruch des Klägers durch Anerkenntniß des Beklagten erledigt wird.

Bei der Zusammenstellung dieser Tabellen bin ich von der Voraussetzung ausgegangen, daß sich der Prozeß völlig glatt, namentlich ohne alle Incidentpunkte, abwickelt und ich habe daher nur die allernothwendigsten Schriftsatz- und Termins-Gebühren berücksichtigt. Beispielsweise habe ich darin nur einen Beweisschriftsatz und nur einen Beweisaufnahmetermin aufgenommen, obwohl in manchen Prozessen allein für die Vernehmung von Zeugen und Sachverständigen mehrere Termine verwendet und häufig mehrere Beweisschriftsätze nothwendig zu werden pflegen. Ein, die Zahl der Termine vermehrendes, Verfahren wegen Edition oder Anerkennung von Beweisurkunden ist ganz außer Betracht gelassen; desgleichen das Verfahren wegen Wiederaufnahme des Rechtsstreits in Folge Aussetzung desselben, desgleichen gerichtliche Vergleichsverhandlungen, Kostenliquidationen xc. xc. Ferner habe ich angenommen, daß im Lauf des Rechtsstreits in Folge mangelnder Instruction des Anwalts oder aus andern Gründen nur eine einzige Terminsvertagung nöthig werde, während die Erfahrung leider lehrt, daß derartige unzählige Terminsvertagungen — obwohl sie in der Regel schriftlich beantragt werden sollen — häufiger als ein Mal vorzukommen pflegen. — Behuf Berechnung der Prokuraturgebühr habe ich die Zeitdauer des Rechtsstreits auf fünf Monate fixirt. Auch hier habe ich sehr knapp gerechnet; die meisten Prozesse dauern viel länger.

I.

Werthobjekt	30 bis 75 M.	75 bis 150 M.	150 bis 300 M.	300 bis 450 M.	450 bis 900 M.	900 bis 1500 M.	1500 bis 3000 M.	3000 bis 6000 M.	6000 bis 9000 M.	9000 bis 12000 M.	12000 bis 15000 M.	15000 bis 18000 M.	Maximum. M.
Arrha	2,90	3,80	6	8,50	11,30	15	18,80	22,50	24,40	26,25	28,20	30,10	75
Klageschrift	1,30	1,90	2,70	4,20	5,70	7,80	9,40	11,30	11,30	11,30	11,30	13,20	13,20
Vollmacht	60	70	90	1,40	1,90	2,50	3,20	3,80	3,80	3,80	3,80	4,40	4,40
Verhandlungstermin	1,90	2,70	4,20	5,70	7,80	9,40	11,30	13,20	13,20	13,20	13,20	15	15
Urtheilstermin	70	90	1,40	1,90	2,50	3,20	3,80	4,40	4,40	4,40	4,40	5	5
Beweisarrha	1,40	1,90	3	4,30	5,70	7,50	9,40	11,30	12,30	13,80	14,10	15,10	37,50
Beweisschriftsatz	1,50	1,90	2,70	4,20	5,70	7,50	9,40	11,30	11,30	11,30	11,30	13,20	13,20
Beweisantretungstermin	1,90	2,70	4,20	5,30	7,80	9,40	11,30	13,20	13,20	13,20	13,20	15	15
Beweisaufnahmetermin	1,90	2,70	4,20	5,70	7,80	9,40	11,30	13,20	13,20	13,20	13,20	15	15
Urtheilstermin	70	90	1,40	1,90	2,50	3,20	3,80	4,40	4,40	4,40	4,40	5	5
Terminsvertagung	70	90	1,40	1,90	2,50	3,20	3,80	4,40	4,40	4,40	5	5	
5 Monate Prokura	3,50	4	5	6,50	6,50	8	8	9,50	9,50	9,50	9,50	12,50	12,50
	19	25	37,10	51,30	66,80	85,60	103,50	122,50	125,30	128,90	131	148,30	215,60
Eidesleistungstermin	1,90	2,70	4,20	5,20	7,50	9,40	11,30	13,20	13,20	13,20	15	15	
	20,90	27,70	41,30	57,60	74,30	95,30	114,30	135,70	138,50	141,40	144,30	163,30	230,60

II.

Werth-Objekt.	30 bis 75 M.	75 bis 150 M.	150 bis 300 M.	300 bis 450 M.	450 bis 900 M.	900 bis 1500 M.	1500 bis 3000 M.	3000 bis 6000 M.	6000 bis 9000 M.	9000 bis 12000 M.	12000 bis 15000 M.	15000 bis 18000 M.	Maximum. M.
Arrha	1,40	1,90	3	4,30	5,70	7,50	9,40	11,30	12,30	13,20	14,10	15,10	37,50
Klageschrift	1,50	1,90	2,70	4,20	5,70	7,50	9,40	11,30	11,30	11,30	11,30	13,20	13,20
Vollmacht	50	70	90	1,40	1,90	2,50	3,20	3,80	3,80	3,80	3,80	4,40	4,40
Verhandlungstermin	1,30	1,90	2,80	3,90	5	6,30	7,50	8,40	8,40	8,40	8,40	10	10
1 Monat Prokura	70	90	90	1,30	1,30	1,60	1,60	1,90	1,90	1,90	1,90	2,30	2,30
	5,40	7,10	10,30	15	19,60	25,40	31,10	37,10	38	39	39,40	45,30	67,40

Kurz, die Zusammenstellung in den Tabellen steht ganz entschieden unter der mittleren Höhe des Honorars, das der Anwalt in der Provinz Hannover beanspruchen kann. In vielen Fällen wird sogar ein bedeutend höheres Honorar liquidirt werden können.

Die letzte Position der Tabellen („Eidesleistungstermin") trifft für den Fall zu, daß nach durchgeführtem Beweisverfahren auf einen Ergänzungseid für eine der Parteien erkannt werden sollte. Dieser Fall pflegt bekanntlich sehr häufig einzutreten und mußte daher, wegen der durch ihn herbeigeführten Vermehrung der Zahl der Termine, besonders berücksichtigt werden.

Wie stellt sich nun diesen Tabellen gegenüber die neu zu erwartende Taxe?

Der Anwalt hat in einem contradictorischen, mit Beweiserhebung verknüpften, Prozeß nach dem von mir citirten Aufsatz Anspruch auf eine sogenannte Prozeßgebühr, Verhandlungsgebühr und Beweisgebühr, daneben, wenn er auch die Execution betreiben läßt, auf eine Zwangsvollstreckungs-gebühr. Es berechnet sich also z. B. bei einem Werthobject von 21 bis 60 Mark seine Gebühr so:

   Prozeßgebühr . . . . 2 M
   Verhandlungsgebühr . . . . . . 2 .
   Beweisgebühr (½) . . . . 1 .
   Zwangsvollstreckungsgebühr (⅒) . . . 60
              Sa. 5,60 M

In nicht contradictorischem Verfahren beträgt das Honorar die Hälfte des vollen Gebührensatzes. Der Anwalt wird also bei obigem Werthobject liquidiren:

   Prozeßgebühr (½) . . . . 1 M
   Verhandlungsgebühr (½) . . . . . 1 .
   und daneben
   Zwangsvollstreckungsgebühr (⅒) . . . 60
              Sa. 2,60 M

In den folgenden Tabellen findet sich eine Uebersicht über die künftigen Honorare.

III.

Werthobject	21 bis 60 M	61 bis 120 M	121 bis 200 M	201 bis 300 M	301 bis 450 M	451 bis 650 M	651 bis 900 M	901 bis 1200 M	1201 bis 1600 M	1601 bis 2100 M	2101 bis 2700 M	2701 bis 3400 M	3401 bis 4300 M	4301 bis 5400 M	5401 bis 6700 M	6701 bis 8200 M	8201 bis 10000 M	10001 bis 12000 M	12001 bis 14000 M	14001 bis 16000 M	16001 bis 18000 M	18001 bis 20000 M
Prozeßgebühr	2	4	7	10	14	19	24	26	22	34	40	44	48	52	56	60	64	68	72	76	80	84
Verhandlungsgebühr	2	4	6	10	14	19	24	26	22	34	40	44	48	52	56	60	64	68	72	76	80	84
Beweisgebühr	1	2	3,50	5	7	9,50	12	14	16	18	20	22	24	26	28	30	32	34	36	38	40	42
Zwangsvollstreckungsgebühr	60	1,20	2,10	3	4,30	5,30	7,30	8,10	9,40	10,40	12	13,30	14,40	15,40	16,40	18	19,30	20,40	21,40	22,40	24	36,30
Sa.	5,60	11,20	19,40	28	39,30	52,30	67,40	73,40	69,40	100,40	112	123,30	134,40	145,40	156,40	168	179,30	190,40	201,40	212,40	234	235,40

IV.

Werthobject	21 bis 60 M	61 bis 120 M	121 bis 200 M	201 bis 300 M	301 bis 450 M	451 bis 650 M	651 bis 900 M	901 bis 1200 M	1201 bis 1600 M	1601 bis 2100 M	21.. bis 2400 M	2401 bis 3400 M	3401 bis 4300 M	4301 bis 5400 M	5401 bis 6700 M	6701 bis 8200 M	8201 bis 10000 M	10001 bis 12000 M	12001 bis 14000 M	14001 bis 16000 M	16001 bis 18000 M	18001 bis 20000 M
Prozeßgebühr	1	2	3,50	5	7	9,50	12	14	16	18	20	22	24	26	28	30	32	34	36	38	40	42
Verhandlungsgebühr	1	2	3,50	5	7	9,50	12	14	16	18	20	22	24	26	28	30	32	34	36	38	40	42
Zwangsvollstreckungsgebühr	60	1,20	2,10	3	4,30	5,30	7,30	8,40	9,40	10,40	12	13,30	14,40	15,40	16,40	18	19,30	20,40	21,40	22,40	24	25,40
Sa.	2,60	5,20	9,10	13	18,30	24,30	31,30	36,40	41,40	46,40	52	57,30	62,40	67,40	72	78	83,30	88,40	93,40	98,40	104	109,40

Eine Vergleichung der Gebühren für das contradictorische Verfahren (Tabelle I und III) ergiebt in den Werthklassen bis zu 3000 Mark, ganz besonders aber in den zur Competenz der Amtsgerichte gehörenden Sachen (bis 300 Mark), eine auffallende Verschiedenheit. Der Amtsgerichtsanwalt, der einen Prozeß in der Werthklasse von 30—75 Mark führt, würde nach hannoverscher Taxe 19—20 Mark, nach der neuen Taxe 5,60—11,20 Mark, bei Objecten von 75—150 Mark jetzt 25—27 Mark, in Zukunft 11,20—19,60 Mark, bei Objecten von 150—300 Mark jetzt 37—41 Mark, in Zukunft 19,60 bis 28 Mark verdienen.

Der Anwalt bei dem Obergericht würde demnächst als Anwalt bei dem Landgericht statt 51—57 Mark nur 39,20 Mark, statt 66—74 Mark nur 53—67,20 Mark, statt 85—95 Mark nur 78—89,60 Mark als Honorar zu genießen haben.

Von der Werthklasse 2700—3400 Mark an tritt eine geringe Besserung ein. Während der hannoversche Anwalt aus einem Prozeß um 3000—6000 Mark ein Deferit von 122 bis 135 Mark zu fordern hat, wird der Anwalt in Zukunft auf 123—156 Mark Anspruch machen können. Je weiter man die Werthklassen hinaufsteigt, desto günstiger die demnächstigen Gebührensätze. Bei einem Object von 50000 Mark, beispielsweise würde das demnächstige Honorar 144 + 144 + 72 + 43,20 Mark = 403,20 Mark, das jetzige Honorar dagegen 175—190 Mark betragen. Bei einem Object von 90000 Mark ist das Honorar 571,20 Mark, das hannoversche 213—228 Mark und damit ist das Maximum der hannoverschen Taxe erreicht, während die Steigerung nach der neuen Taxe bis in's Unendliche geht.

Zu einem ganz andern Resultat gelangt man, wenn man die Tabellen II und IV (Contumacialverfahren) vergleicht.

Mit Ausnahme der beiden niedrigsten Werthklassen (21—60 und 61—120 Mark) ist die zu erwartende neue Taxe um ein Bedeutendes höher, als die hannoversche. Ein Amtsgerichtsanwalt wird z. B. in einem Rechtsstreit um 201—300 Mark künftig 13 Mark, jetzt nur 10,30 Mark, ein Landgerichtsanwalt bei einem Object von 301—450 Mark 18,20 Mark, statt jetzt 15 Mark, bei einem Object von 2—3000 Mark 57,20 Mark statt jetzt 31,10 Mark, bei einem Object von 15000 Mark 98,80 Mark statt jetzt 39,90 Mark zu fordern haben. Die höchste Gebühr in Contumacialsachen beträgt nach der hannoverschen 67,60 Mark, nach der neuen Taxe steigt sie in infinitum.

Dies Größenverhältniß zwischen der Contradictions- und der Contumacialgebühr ist auffallend. Sachen der letzteren Art sind fast ausnahmslos sehr einfacher Natur. Die Schuldklage wird formularmäßig ausgearbeitet. Es bedarf nur eines Termins und des Vortrags der Klage, um ein Versäumniß- urtheil herbeizuführen. In contradictorischen Sachen dagegen erfordert die Conception der Klage sehr häufig eine anstrengende geistige Thätigkeit. Ihr folgt ein contradictorisches Plaidoyer, das, da die Beweiserhebung die Regel bildet, mehrere Termine in Anspruch nimmt! Und welches ist das Honorarverhältniß? Beispielsweise: circa 18,20 Mark : 39,20 Mark; 57,20 Mark : 123,20 Mark, oder richtiger, da in diesen Summen die Gebühr für die Zwangsvollstreckung steckt, 14 : 35, 44 : 110 Mark.

Warum soll denn gerade der säumige Schuldner, der gern zahlen will, wenn er nur könnte, eine verhältnißmäßig hohe, der starrköpfige Client dagegen, der zahlen kann, aber nicht will, weil er „Recht" zu haben glaubt, verhältnißmäßig nie- drige Gebühren zahlen?

Indem ich die Kritik des Entwurfs im Einzelnen den Ver- handlungen auf dem Anwaltstage überlasse, will ich kurz dar- zulegen versuchen, daß die neue Taxe die Ansprüche der Anwälte keineswegs befriedigen kann.

Contumacialsachen bilden bekanntlich eine ganz kleine Quote der Prozesse. Die contradictorische Verhandlung wird die Regel sein. Ich lasse daher die allerdings nicht unerhebliche Erhöhung der Gebühren in Contumacialsachen bei meiner Erörterung außer Betracht.

Eine Vergleichung der obigen Tafeln hat gezeigt, daß die neue Taxe in den niedrigeren Werthklassen bis zur Streitobjekts- höhe von etwa 3000 Mark hinter der hannoverschen weit zurück- bleibt, und daß nur bei sehr hohen Werthobjecten die neue Taxe ein erheblich höheres Honorar, als die hannoversche bestimmt. Für die Beurtheilung der Frage, ob die neue Taxe als eine auskömmliche anzusehen ist, sind die verhältnißmäßig hohen Ge- bühren in den Prozessen über sehr hohe Objecte von geringer Bedeutung. Ihre Anzahl ist eine verhältnißmäßig geringe, ihre Existenz für eine große Zahl der Anwälte völlig imaginär. Es gilt das namentlich von den bei den kleinern Landgerichten und den Amtsgerichten beschäftigten Anwälten. Maßgebend für die Frage wird daher die Höhe der Gebühren für diejenigen Werthklassen sein, in denen sich der Regel nach die Prozesse be- wegen werden, und das sind gerade diejenigen Werthklassen (bis zu 3000 Mark), für die nach Obigem die neue Taxe im Ver- hältniß zur hannoverschen erheblich geringere Gebührensätze aufweist.

In der Praxis wird diese auffallende Differenz noch eine weit größere werden, als die Tabellen aufdecken. In der Tabelle III steckt nämlich die Gebühr für die Zwangsvollstreckung, welche das hannoversche Gebührengesetz gar nicht kennt. Diese Gebühr wird aber dem Anwalt nur in wenigen Fällen zu Theil

werden. Sehr häufig wird die unterliegende Partei, ohne die Zwangsvollstreckung abzuwarten, zahlen. In vielen Fällen, insbesondere gegen einen nicht am Wohnorte des Anwalts an- sässigen Schuldner, wird die Partei die Zwangsvollstreckung selbst betreiben lassen und selbst beauftragen, ohne Hülfe des Anwalts. Manche Anwälte, namentlich die stark beschäftigten, werden die Leitung und Beaufsichtigung der Zwangsvollstreckung schon deshalb von der Hand weisen, weil sich diese, mehr admi- nistrative, Thätigkeit, mit einer großen Praxis in der That schwer vereinigen läßt.

Schon das mündliche Verfahren nach der für die Provinz Hannover geltenden Prozeßordnung ist für den Anwalt, wie für den Richter, viel aufreibender, und für den Anwalt daneben viel zeitraubender, als jedes andere Prozeßverfahren im deutschen Reich. Eine noch weit größere Aufwendung an Kraft und Zeit wird aber das demnächstige neue Prozeßverfahren erfordern. Die Theilung des Prozesses durch das Interlocut in einen Abschnitt der Behauptungen und einen Abschnitt des Beweises macht dem Anwalt in meiner Provinz die Prozeßführung zwar langweiliger, aber leichter, als in dem Fall der Verbindung beider Abschnitte zu einem Verfahren. Die Arbeit des hanno- verschen Anwalts nach dem Interlocut ist, abgesehen etwa von dessen Gegenwart in Zeugenvernehmungsterminen, eine solche, die weniger juristischen Verstand, als einen einigermaßen practischen Sinn erheischt. Es dient ihm dieser zweite Prozeßabschnitt — der nach unserem jetzigen Gebührengesetz verhältnißmäßig viel zu hoch tarifirt ist — zur Erholung. Mit ihm pflegt ein zwar langweiliger, aber erquickender Ruhepunkt einzutreten, der dem Anwalt häufig durch den Kopf des Schreibers ein Honorar gleicher Höhe einbringt, wie der eigentliche juristische Theil des Prozesses, der erste Abschnitt.

Ein solcher Ruhepunkt fällt mit dem Reichscivilprozeß fort. In Zukunft muß der Anwalt in jedem Stadium des Prozesses bis zum Schluß desselben Herr des gesammten juristischen, wie des thatsächlichen Gebiets sein, auf das ihn die mündliche Ver- handlung leitet. Mit dieser Arbeit steht aber die neue Gebühr in den Werthklassen bis zu 3000 Mark offenbar nicht in Ein- klang, wenigstens dann nicht, wenn man die hannoversche Taxe als normal betrachtet. Und daß diese zu hoch bemessen sei, hat bis heute noch kein Kundiger behauptet!

Aurich, im Januar 1879.

Haude.

Aus der Praxis des Reichsoberhandelsgerichts.

Rechtsmittel. Redhibitorische Klage.

Nach Preußischem Rechte ist 1) die Revision un- statthaft, wenn das erste Urtel zwar mit einer Maß- gabe, aber der Sache nach ganz bestätigt wird; 2) die redhibitorische Klage auch dann statthaft, wenn nach der Rücktrittserklärung das Kaufobjekt ohne Ver-

---

Anmerkung. Prozesse bis zu 20 Mark habe ich nicht berück- sichtigt. Hier wird der Anwalt entweder gratis operiren oder sich ein höheres, als das gesetzliche Honorar ausbedingen müssen.

schulden des Käufers deteriorirt oder untergegangen ist.

(Urtheil des Reichsoberhandelsgerichts v. 12. Dez. 1877. Rep. 1425/77. Wolff c. Meyer.)

Aus den Gründen.

Gegen das Appellationserkenntniß, durch welches das der ersten Instanz mit einer Maßgabe bestätigt worden, hat der Verklagte die Revision und soweit eine gleichförmige Entscheidung vorliegt, die Nichtigkeitsbeschwerde eingelegt.

Für die Entscheidung der Frage, welches dieser beiden Rechtsmittel zuzulassen, ist die Bedeutung jenes vom Appellationsrichter gebrauchten Ausdrucks

Bestätigung mit einer Maßgabe

entscheidend.

Es mag richtig sein, daß dieser Ausdruck nach dem allgemein üblichen Gebrauche der Gerichtshöfe nur eine Beschränkung, beziehungsweise Erläuterung des Erkenntnisses früherer Instanz in einem unwesentlichen Nebenpunkte, keineswegs aber eine eigentliche Abänderung andeuten soll.

Gleichwohl läßt sich nicht in Abrede stellen, daß jener Ausdruck, welcher der Prozeßgesetzgebung durchweg unbekannt ist, eine für die betroffene Partei ganz wesentliche Aenderung des vorausgegangenen Erkenntnisses und somit selbst ein revisibles Objekt darstellen kann. Deßhalb wird in jedem einzelnen Falle zu prüfen sein, welchen Einfluß eine Bestätigung des angegriffenen Erkenntnisses mit einer Maßgabe für die dadurch betroffene Partei haben kann und welche Bedeutung der erkennende Richter mit jenem Ausdrucke verbunden hat, oder hat verbinden wollen. Erst dann wird über die Statthaftigkeit des dawider eingelegten Rechtsmittels entschieden werden können.

In dem vorliegenden Falle hat nun der erste Richter erkannt,

daß der Verklagte an den Kläger gegen Rücknahme der dem Kläger — verkauften zwei braunen Stuten 1050 Thlr. zu bezahlen schuldig sei,

der Appellationsrichter aber dieses Erkenntniß mit der Maßgabe bestätigt,

daß der Verklagte zur Zahlung des Kaufgeldes von 1050 Thlr. an den Kläger gegen Rücknahme der noch lebenden braunen Stute schuldig.

Durch die Entscheidung des ersten Richters ist offenbar dem Verklagten zwar der Anspruch auf Rückgabe der verkauften zwei Pferde gegen Zahlung des Kaufgeldes von 1050 Thlr. zugestanden. Wenn ihm auch sein im Wege der Exekution zu verfolgendes selbstständiges Recht zuerkannt ist, die beiden Pferde zurückzuverlangen, so stand ihm doch das Recht zu, die 1050 Thlr. so lange zurückzuhalten, als ihm nicht Zug um Zug die beiden Pferde zurückgegeben wurden. Es entspricht das der Bestimmung in §. 327 Theil I Titel 5 des Allgemeinen Landrechts, nach welcher der Uebernehmer einer Sache, wenn er wegen fehlender vorbedungener oder gewöhnlich vorausgesetzter Eigenschaften von dem Vertrage wieder abgehen will, die Sache in dem Stande, in welchem er sie empfangen, zurückgeben muß. Anderenfalls muß er sich nach §. 328 mit einer Entschädigung begnügen.

Allein nach der feststehenden Rechtsprechung des Obertribunals
Entscheidungen, Band 41, Seite 40,
Striethorst, Archiv, Band 1, Seite 46; Band 34, Seite 82; Band 37, Seite 130
und auch des Reichsoberhandelsgerichts
vergleiche Entscheidungen Band 8, Seite 393, Band 9, Seite 132, Band 12 Seite 416,

ist die rechibitorische Klage aus §. 327 auch dann nicht ausgeschlossen, wenn die Sache sich nach der Rücktrittserklärung verändert und selbst dann nicht, wenn sie gänzlich untergegangen ist, also gar nicht oder nicht im früheren Zustande, den sie bei der Uebergabe gehabt hat, zurückgegeben werden kann, vorausgesetzt nur, daß der Untergang beziehungsweise die Veränderung nicht durch ein Verschulden des Empfängers herbeigeführt ist. Für die Beschaffenheit der zurückzugebenden Sache ist insofern also jedenfalls der Zeitpunkt der Rücktrittserklärung maßgebend, so daß alle Veränderungen, die bis nachher — ohne Verschulden des Empfängers — ereignen, den Geber als Eigenthümer in Folge der verzögerten Rücknahme treffen. Derselbe kann sich daher in solchem Falle auch nicht weigern, das Kaufgeld zurückzuzahlen, gegen Rücknahme der veränderten verschlechterten Waare oder im Falle ihres gänzlichen Unterganges auch ohne Rückempfang.

Ein Erkenntniß, durch welches in solchem Falle der Verkäufer zur Rückzahlung des Kaufgeldes gegen Rücknahme des Kaufgegenstandes verurtheilt ist, hat somit selbstverständlich die Bedeutung, daß der Verkäufer den Kaufgegenstand in dem Zustande zurücknehmen muß, in welchem sich derselbe zur Zeit der Rücknahme befindet, also im Falle des völligen Unterganges die Rückgabe fortfällt.

Daß nun aber in dem vorliegenden Falle der erste Richter die Bedeutung des §. 327 l. c. anders aufgefaßt haben sollte, wie wohl in früheren Erkenntnissen anderer Gerichte geschehen, läßt sich, nachdem sich die höchsten Gerichtshöfe konstant in dem oben entwickelten Sinne ausgesprochen haben, nicht annehmen, die Ausführung des ersten Richters enthält wenigstens keinerlei Andeutung, daß er der Ansicht gewesen, der Verklagte solle die 1050 Thlr. Kaufgeld &c. nur gegen Rücknahme der beiden Pferde in dem unveränderten Zustande, in welchem er sie dem Kläger verkauft und übergeben hatte, dem Letzteren zahlen. Ist dieses aber nicht die Ansicht des Richters gewesen, dann würde auch in dem Erkenntniß zweiter Instanz, durch welches das Erkenntniß erster Instanz mit der Maßgabe bestätigt worden,

daß die Pferde in dem Zustande zurückzunehmen seien, in welchem sie zur Zeit der Rücknahme sich befinden werden,

in der That nur eine Erläuterung der vorausgegangenen unbestimmten Entscheidung, keineswegs aber eine Aenderung derselben enthalten und etwas Anderes ist es dann nicht, wenn der Appellationsrichter, nachdem der Tod des einen der beiden Pferde konstatirt ist, die Maßgabe hinzufügt, daß nun auch nur das noch lebende Pferd zurückzugeben ist. Damit ist nichts Anderes erkannt, als was sich bei richtiger Auslegung der Vorentscheidung und des ihr zum Grunde liegenden Gesetzes von selbst verstand. Eine Aenderung des Erkenntnisses erster Instanz zum Nachtheile des Klägers liegt somit nicht vor und ist folgeweise auch das Rechtsmittel der Revision unstatthaft.

§. 2 der Verordnung vom 14. Dezember 1833.

Aus vorstehender Ausführung ergiebt sich ferner, daß der zur Begründung des Rechtsmittels der Nichtigkeitsbeschwerde erhobene Vorwurf der Verletzung der Grundsätze von der Wirkung rechtskräftiger Entscheidungen aus den §§. 65, 66 der Einleitung und §. 1 Titel 16 Theil 1 der Allgemeinen Gerichtsordnung unbegründet ist. Denn enthält das Appellationserkenntniß nur eine Erklärung der nicht genügend bestimmten Entscheidung des ersten Richters, so kann auch von einer Entscheidung zum Nachtheile des Appellanten nicht die Rede sein.

Für die Redaktion verantw.: E. Haenle. Verlag: W. Moeser, Hofbuchhandlung. Druck: W. Moeser, Hofbuchdruckerei in Berlin.

№ 6.   Berlin, 22. Februar.   1879.

Juriſtiſche Wochenſchrift.

Herausgegeben von

J. Haenle,   und   Dr. A. Läuzel,
königl. Advokat in Ansbach.   Rechtsanwalt beim königl. Obertribunal in Berlin.

Organ des deutſchen Anwalt-Vereins.

Preis für den Jahrgang 12 Mark. — Beſtellungen übernimmt jede Buchhandlung und Poſtanſtalt.

Der Vorstand des Deutſchen Anwaltvereins hat am 16. d. M. die Anträge der Berichterstatter, betreffend den Entwurf einer Gebührenordnung dem Reichstage, dem Bundesrathe und dem Reichsjustizamte überreicht. Die vom Reichstage zur Berathung der Gebührenordnung erwählte Kommiſſion, ſowie Seine Excellenz der Herr Präſident des Reichsjustizamts ſind eingeladen, den Verhandlungen des Anwaltstages am 1. März d. J. beizuwohnen.

Die VI. Kommiſſion des Reichstags

zur

Vorberathung des Entwurfs einer Gebührenordnung für Rechtsanwälte

iſt am 20. Februar d. J. gewählt und beſteht aus folgenden Herren:

1) Dr. Wolffſon, Advokat zu Hamburg, Vorſitzender.
2) von Forcade de Biaix, Obertribunalsrath zu Berlin, Stellvertreter des Vorſitzenden.
3) Eiſſoldt, Advokat zu Pirna, Schriftführer.
4) Römer, Rechtsanwalt zu Stuttgart, Stellvertreter des Schriftführers.
5) Dr. Mayer, Appellationsgerichtsrath zu Augsburg.
6) Grütering, Kreisrichter zu Weſel.
7) Pfafferott, Oberamtsrichter zu Liebenburg.
8) Schröder, Rechtsanwalt a. D. zu Lippſtadt.
9) Schenk, Advokat-Anwalt zu Cöln.
10) von Gerlach, Landrath zu Cöslin.
11) Dr. Bölk, Rechtsanwalt zu Augsburg.
12) Laporte, Obergerichtsanwalt zu Hannover.
13) Witte, Appellationsgerichtsrath zu Breslau.
14) Dr. Rückert, Kreisgerichtsdirektor zu Meiningen.
15) Thilo, Kreisgerichtsdirektor zu Delitzſch.
16) von Heim, Oberbürgermeiſter zu Ulm.
17) Stelter, Juſtizrath zu Königsberg O./P.
18) Müller, Rechtsanwalt zu Gotha.
19) von Goßler, Oberverwaltungsgerichtsrath zu Berlin.
20) Saro, Oberſtaatsanwalt zu Inſterburg.
21) Ackermann, Hofrath zu Dresden.

Oeffentliche Stimmen über die Gebührenordnung.

I.

Die Handels- und Gewerbekammer Zittau beſchäftigte ſich, wie aus den gedruckten Protokollen derſelben hervorgeht, am 29. Januar d. J. u. a. auch mit dem Entwurf der Gebührenordnung. Die Verhandlung hat um ſo mehr Intereſſe für uns, als bis jetzt ſich die nichtjuriſtiſchen Kreiſe völlig ſchweigſam über den Entwurf verhalten haben als ob es von gar keinem Einfluſſe auf das öffentliche Wohl und insbeſondere auf Handel und Wandel ſei, ob eine Gebührenordnung entſpreche oder nicht. Den Anlaß zu den Verhandlungen in Zittau gab die Ueberſendung einer Petition den Entwurf betreffend von Seite der Reichenbacher Handelskammer an die Zittauer mit der Bitte um Anſchluß.

Die Reichenbacher beantragten:

1. eine genaue tarifmäßige Regelung der Gebühren für die Korreſpondenz;
2. Pauſchtaxen;
3. Obligatoriſchen Charakter der Taxe, ſo daß die Vereinbarung über Extrahonorare auszuſchließen ſei.

Der Sekretär der Zittauer Handelskammer bemerkte in den einleitenden Worten ſeines Berichts über dieſe Petition:

Es wird kaum bezweifelt werden können, daß die neuen Justizgesetze des Deutſchen Reichs das Material der anwaltſchaftlichen Arbeiten vermindern, die Konkurrenz der Anwälte unter einander in einem großen Theile des Reichs, in welchem bisher die freie Advokatur bisher nicht beſtand, vermehren, die Möglichkeit einer Ausdehnung ihrer Praxis aber für die Anwälte im

Allgemeinen beschränkten werden. Es ist ferner zweifellos, daß die Selbständigkeit der Advokaten in Sachsen künftig eine viel beschränktere sein wird, als bisher.

Um so wichtiger ist es, die Regelung des Gebührenwesens der Anwälte so zu treffen, daß das hohe Interesse des gesammten Publikums an der Erhaltung und Ausbildung eines tüchtigen und ehrenhaften Sachwalterstandes nicht geschädigt wird. Eine solche Schädigung kann auch durch eine allzu karge gesetzliche Normirung der Anwaltsgebühren entstehen.

Bezüglich der einzelnen Anträge begutachtete er Anschluß an den Antrag 1 der Reichenbacher und bemerkt bezüglich des Antrags 2:

> Dagegen erheben sich gegen die weitere Forderung der „Einführung des Systems der Pauschquanta" erhebliche Bedenken. Man verweist, und zwar in kaufmännischen Kreisen, entgegen der, in den Motiven zur Petition behaupteten Bewährung der Pauschquanta, auf ungünstige Erfahrungen, welche das, an das System der Einzelansätze gewöhnte sächsische Publikum mit dem System der Pauschquanta in Preußen gemacht habe. Man klagt darüber, daß dieses System das Interesse der Anwälte an der sorgfältigen Ausführung der ihnen ertheilten Aufträge wesentlich abschwäche und leicht zur bloßen „Erledigung" der Aufträge verleite.

Auch gegen den Ausschluß der Extrahonorare spricht er sich aus und hält es für entsprechend das Vereinbarungsrecht, wie es in Sachsen seit 1873 besteht, fortbestehen zu lassen. Es werde zwar dieses Recht verhältnißmäßig nur selten benutzt, aber dennoch liege es nur im Interesse der Clienten, wenn es gestattet würde, für besonders schwierige und bedeutsame Mühewaltungen einen Deservitenvertrag abzuschließen.

Diesem Berichte entgegen sprach sich eine Stimme für das Pauschsystem aus, mit dem man wenigstens in kleinen Prozeßsachen günstige Erfahrungen in Preußen gemacht habe. Sonstige Ansichten wurden nicht laut, die Verhandlung wurde vertagt.

II.

Die bayerische Anwaltszeitung führt fort sich mit dem Entwurf zu beschäftigen. In einer Einsendung an dieselbe äußert sich ein Anwalt, der mit dem französischen Verfahren vertraut ist, gegen die Selbsttarirung, welche im diesseitigen Deutschland unpraktisch wäre, da die Mehrkosten, welche die Mandantschaft dem taxirenden Advokaten zu zahlen habe, dieser durch die dem französischen Recht eigenthümliche Zuerkennung einer arbiträren Geldsumme an den Sieger (dommages-intérêts) wieder zu mittelbarem Ersatze von Seite des Besiegten gelangten, was aber im diesseitigen Deutschland wegfalle. —

Dann giebt die Zeitschrift eine Berechnung über die Jahreseinnahme einer bedeutenderen bayerischen Advokatur nach Maßgabe der einzuführenden Gebührenordnung. Diese Advokatur befindet sich am Sitze eines Collegialgerichts I. und II. Instanz und eines Handelsgerichts I. und II. Instanz. Die Einnahme aus Civilprozessen würde sich nicht ganz auf 8000 Mark belaufen. Die Zahl der Prozesse, welche eine höhere Streitsumme als 2100 Mark hatten, waren 30, die Gesammtsumme aller Prozesse 214, kaum der achte Theil davon gelangte in das Stadium des Beweisverfahrens, ungefähr 40 Sachen waren Contumazialsachen (nun meist Mahnverfahren), über 30 Sachen waren Wechselsachen, 16 Vergleiche. —

Notariats-Ordnung für das Deutsche Reich betreffend.

Von Rechtsanwalt Oskar Asemissen, Lemgo in Lippe.

Es sind jetzt in allen deutschen Staaten die Einführungsgesetze zu den am 1. Oktober d. J. in Kraft tretenden Reichsgesetzen erlassen, und ein Ueberblick über die äußere Gestalt der Gerichte ist schon möglich. Manche Hoffnung wird getäuscht sein, und mancher Deutsche wird es jetzt aufrichtig bedauern, daß die kleineren und kleinsten Staaten berechtigt geblieben sind, eigene Landgerichte herzustellen. Lippe, Bückeburg, Mecklenburg u. A. haben denn auch, sicherlich gegen den Wunsch der Mehrzahl der Abgeordneten, und ganz wider Erwarten, von diesem Rechte Gebrauch gemacht. Die Kleinstaaterei ist durch die Reichsgesetze nicht gestört worden; sie hat ihren Wohnungscontract getrost erneuert. Für diejenigen kleinen Staaten, welche sich durch particularistische Tendenzen geleitet, abgeschlossen haben von der Gemeinschaft mit größeren Landgerichten, die sie in organischem Zusammenhang mit größeren Staatskörpern respektive dem ganzen Reiche gebracht hätten, ist es im höchsten Grade fraglich, ob die neuen Gesetze einen Fortschritt enthalten, oder ob sie nicht vielmehr ein Danaer-Geschenk zu nennen sind.

Die Beamten und Rechtsanwälte derselben treten vollständig unvorbereitet in das mündliche Verfahren ein, beim Anschlusse an größere Landgerichte würden sie in den Collegen Führer und Vorbilder gefunden haben. Die belebende Wirkung des Verkehrs mit geschulten Juristen der größeren Staaten wird ihnen auch ferner fehlen und sie sind, wie bisher nur auf sich selbst angewiesen. Es wäre hingegen besonders wünschenswerth, daß die Juristen der kleineren Staaten ganz außergewöhnlich tüchtig wären, weil die Gesetzgebung in denselben, wo meistens das gemeine Recht gilt, noch mangelhaft ist, da weder die wichtigsten Gebiete des Rechtslebens gesetzlich geordnet, noch die erlassenen Gesetze klar und scharf codificirt sind und den Verhältnissen entsprechend verändert, noch die vorhandenen Lücken durch Präjudiciensammlungen der Obergerichte ausgefüllt sind.

Bisher aber stand der Umstand der kleineren Staaten den Juristen hemmend im Wege, daß Verwaltung und Justiz nicht getrennt waren. Die Vortheile, welche künftig aus der Trennung dieser beiden Zweige erwachsen, werden gelähmt durch die vermehrten Anforderungen, welche das öffentliche Verfahren an die Juristen stellt. Der Wegfall der Aussichten auf größeres Avancement, wie in größeren Staatsgemeinheiten, wird ersetzt werden, nach wie vor durch Anhäufung kleinerer Stellen auf eine Person, deren Ausfüllung die Kräfte des Inhabers verzettelt, wo ein Concentriren so nöthig wäre.

Es scheint aber Sache des Reichs, nachdem durch die neue Gesetzgebung die Ansprüche an die Leistungsfähigkeit der ausübenden Factoren gesteigert worden sind, dafür Sorge zu tragen, daß auch in den kleinen Staaten ein tüchtiger Juristenstand sich halten kann.

Das Ziel würde meiner Ansicht nach bedeutend näher gerückt durch Einführung einer allgemeinen Notariats-Ordnung für das Reich.

Der Schwerpunkt der neuen Justizeinrichtungen liegt in den Amtsgerichten; trotzdem ist nach jetziger Lage der Dinge nicht zu erwarten, daß sich an denselben überall Rechtsanwälte niederlassen werden. Einmal sind die Sitze vielfach an kleineren unbedeutenden Orten eingerichtet, außerdem wird es kaum möglich sein, daß ein Anwalt bei mündlichem Verfahren seine Thätigkeit auf mehrere auseinander liegende Amtsgerichte erstreckt.

Die Landgerichtssitze bieten im Allgemeinen angenehmere Wohnorte und bessere Aussichten auf Verdienst. Es wird daher schwer sein, Rechtsanwälte an die Amtsgerichte zu fesseln, wenn ihnen dort nicht ganz besondere Vortheile geboten werden.

Das Notariat allein vermag dies zu bewirken. Dasselbe ist überall vom Publikum hochgehalten worden, wo es eingeführt gewesen, und es liegt im Interesse der Nation, daß es auf das ganze Reich ausgedehnt werde. Es hat sich allgemein herausgestellt, daß das Publikum mit Vorliebe Verträge und andere Rechtshandlungen bei den Notaren abschließt.

Die kleinen Staaten werden aus eigener Initiative das Notariat ebenso wenig in Zukunft bei sich einführen, als sie es bislang gethan. Die Gründe, die sie davon abhalten, sind theils Furcht vor selbstständigen, unabhängigen Juristen, theils die Scheu, den Wirkungskreis und den Einfluß der Beamten zu schmälern. Die Reichsgesetzgebung muß daher anregen, daß das Notariat **allgemein mit der Advokatur an den Amtsgerichten verbunden**, eingeführt werde.

Durch eine solche Verordnung würde dem Juristenstande der Zuwachs derjenigen Kräfte gesichert, welche bislang sich aus den verschiedensten Motiven vom Studium der Jurisprudenz fern hielten.

Für die Landgerichtsanwälte wird das Notariat kein Bedürfniß sein, um so mehr jedoch für die an den Amtsgerichtssitzen lebenden Anwälte.

Am Amtsgericht besteht kein Anwaltszwang, und doch wird mündlich verfahren. Der Richter wird daher schwerlich des Anwalts entbehren können. In ländlichen Kreisen besonders, und auch in den Städten wird er mit den größten Schwierigkeiten zu kämpfen haben, wenn kein Anwalt ihm die Thatsachen unterbreitet. Die untern Klassen der Bevölkerung bedürfen ganz besonders der Unterstützung eines tüchtigen gut situirten Rechtsanwalts. Bei Abschließen von Verträgen ergänzt ein treuer gewissenhafter Rechtsbeistand die mangelhafte Kenntnisse seiner Klienten; er beugt gleich einem tüchtigen Arzt vor, er arbeitet einem Processe entgegen, wie einer Krankheit. Ein Rechtsanwalt muß seine Hauptaufgabe darin finden, als Vertrauensperson beim Abschluß wichtiger Verträge zugezogen zu werden, und dann suchen, klar Grundlagen der entscheidenden und zu regelnden Verhältnisse zu schaffen. Winkeladvokaten und andere gefährliche Individuen werden aber beim Mangel an Rechtsanwälten die Rechtspflege schädigen, und mit ihrem nachtheiligen Einfluß das Ansehen des Gesetzes untergraben. Dem Amtsrichter selbst wird es an Gelegenheit fehlen, sich an Juristen zu reiben und zu bilden. Für jeden Fachmann ist der Verkehr mit Collegen ein dringendes

Bedürfniß zur Förderung freier Befähigung. Der Richterstand wird unabhängiger, freier werden, wenn er sich bewußt ist, daß er jeden Augenblick durch Uebertritt zur Advokatur und zum Notariat für sich und seine Familie ein gutes Einkommen erlangen kann.

Durch Verbindung des Notariats mit der Advokatur erhielte der Repetismus in den kleinen Staaten einen empfindlichen Stoß.

Zweckmäßig erscheint es, die Bestimmung zu treffen, daß zunächst die am Landgerichte bereits beschäftigten Rechts-Anwälte die freiwerdenden Notariatsstellen an den Amtsgerichten erhielten, und erst wenn sich von diesen keiner um solche Stelle bewirbt, andere Anwälte zugelassen würden.

Der Aufenthalt am Landgericht ist für die Entwickelung des Rechtsanwaltstandes von höchster Bedeutung, und es bedürfen voraussichtlich die an den Landgerichten thätigen Anwälte der Vermehrung ihrer Einnahme nicht, die aus dem Notariat erwachsen würde; dagegen für die an den Amtsgerichten thätigen Anwälte ist es Bedürfniß, daß sie die Schule des Landgerichts durchgemacht haben, und ihnen auch Gelegenheit bleibt, ferner am Landgerichte thätig zu bleiben. Für das Notariat sind eben erfahrene und tüchtige Anwälte besonders erwünscht.

Die Herausnahme des Zugebrachten durch den überlebenden Ehegatten.

Es ist wunderbar, wie langsam, man könnte fast sagen, wie gar nicht, die bessere Erkenntniß sich Bahn bricht. Im Jahre 1867 machte ich in der Zeitschrift des bairischen Anwaltvereins Bd. VII. S. 146 folg. darauf aufmerksam, daß eine Anzahl Rechte mit sogenanntem getrenntem Güterstande nicht nur der überlebenden Ehefrau, sondern auch dem überlebenden Ehemann gestatten, sein Vermögen ungeschmälert aus dem in der Ehe vereinigten Vermögen zu nehmen. Weicht diese Art der Vermögensauseinandersetzung schon von dem römischen Grundsatze ab, daß Frauengut weder schwinden noch wachsen soll, so ist eine weitere Consequenz derselben, daß der Wittwer den Erben seiner Frau keine Rechenschaft über die Vermögensverwaltung giebt, daß die vorhandenen Schulden vorerst auf dem Nachlasse, nicht auf seinem Vermögen haften; daß die Erben der Frau nicht sowohl in ihr Vermögen unmittelbar eintraten, als vielmehr mit der Theilungsmasse, weist nur mit einem quoten Theil derselben abgefunden werden; daß der von der Volksanschauung mit dem Spruchwort verurtheilte römische Erfolg nicht eintritt, Reiche Mütter machen arme Väter; endlich daß die Errungenschaft der Ehe nicht dem Manne verbleibt, sondern in die Masse fällt.

Diese wichtigen, weittragenden Unterschiede sind gewiß bemerkenswerth, und zwar auch bei sogenannter Errungenschaftsgemeinschaft. Denn sie treten sofort ein, wenn eine Errungenschaft nicht vorliegt; in der Praxis der häufigere Fall. Herr v. Roth, welcher mir in seinem bairischen Civilrecht die Ehre der Erwähnung erweist, ignorirt aber jene Unterschiede vollständig und lehrt 1871 z. B. vom verdingten Ehe Bd. I. S. 367, 368, daß in Nürnberg die Kluber das Sondervermögen des Verstorbenen erhalten. Wir sehen davon ab, daß es in Nürnberg in erster Ehe keine Errungenschaftsgemeinschaft, also auch kein Sondervermögen giebt, sondern das Vermögen der Frau in der Hand des Ehemannes mit dem seinigen zur Verwaltung und zum Nutzgenusse vereinigt ist, Ref. von 1564 Tit. 28. S. 2 und 3; baie. Anw. Zeitg. Bd. 17 S. 356, 369 folg. Aber schon die Lehre, daß die Kinder das Vermögen des Erstverstorbenen erben, ist dem Praktiker unverständlich. Wird es nach dem Dotalsysteme ausgeschieden? aber muß auch die Wittwe das Eingebrachte des Ehemannes vollständig (aber nach Quoten) herausgeben?

Dem obigen Theilungsysteme der Herausnahme liegt ein von römischer Anschauung ganz verschiedener Gesichtspunkt zu Grunde, wonach der Ehemann schon übel genug daran ist, wenn er nach langer Dauer der Ehe, nach Verlust der jugendlichen Thatkraft sich im Alter mit seinem Zugebrachten begnügen muß. Allein er ist dabei doch noch eher vor Mangel geschützt, als wenn er obendrein das ganze Vermögen ersetzen müßte. Als ich daher bei vergleichender Durchforschung der deutschen Eherechte die erwähnte Form der Erbtheilung in gar vielen Quellen fand, welche seit vielen Jahrhunderten außer aller gegenseitigen Beziehung standen, stellte ich diese 130 Quellenzeugnisse aus allen Zeiten und Gegenden Deutschlands zusammen und fand darin eine ureigene, jedenfalls sehr alte germanische Theilsform. (Gem. ehel. Güter- und Erbr. Thl. I. S. 170, folg. Thl. II. S. 66 folg.) Ich erreichte jedoch damit nichts anderes, als daß die Priester der Themis mit überlegenem Hohne lächelten, daß ich eine zufällige Erscheinung der neueren Zeit für altes verbreitetes Recht hielte.

Im Nachfolgenden berichte ich über eine Quelle, welche wenigstens in dem Punkte verdachtfrei sein könnte, moderne Erfindung zu sein, und eine dazu gehörige authentische Interpretation, welche das Rechtsverhältniß noch näher beleuchtet. Es ist zwar nur Nürnberger Partikularrecht; aber Letzteres machte seinerzeit Epoche und diente vielen anderen Rechten als wörtliches Muster, z. B. dem Landrechte von Oberhessen, Solms, Würzburg, dem Stadtrechte von Worms, Frankfurt, Hamburg und der churfächsischen Appellationsgerichtsordnung von 1605, wie Stobbe in seinem trefflichen Werke über die deutschen Rechtsquellen Bd. II. S. 297, 298, 306, 260, 382, 369, 332, 323, 313, 263 zeigt; aber auch, wie ährten &c. meine eigenen Forschungen ergeben, keine Landrechte von Baiern, Ansbach, Würtemberg, Nassau, Oettingen, Spielberg, und einer ziemlichen Anzahl meist schwäbischer Stadtrechte namentlich von Lindau, Mindelheim, Memmingen, Alsperg, Tübingen, Freiburg im Br., ferner von Dinkelsbühl, Rotenburg, Regensburg. Wenn man nun bei näherer Forschung und Vergleichung findet, daß gerade das Eherecht von Nürnberg am wenigsten Aufnahme in anderen Rechten fand, und daß sich gerade in den fraglichen Bestimmungen am wenigsten ein wörtlicher Anklang an das Nürnberger Gesetz zeigt, so kann die Verwandtschaft nicht äußerlich und zufällig, sondern muß innerlich sein und auf alten gleichen Anschauungen beruhen. Die Reformation von 1522 verordnet in T. XIII. S. 4: „Was aber das anber bleybend Gegenoß seinem „verstorben eegenossen hat zupracht oder in sonsterlichen aber „in ander weyße in bestendiger Ee ist zugestanden, sollche habe „alle soll dem kleibenden Eegenossen unverhindert da kinder auß „der ersten oder andern Ee geporn, volgen und pleybe."

Eben dort findet sich in der Ref. von 1522 die Stelle: „Und ob es sich begebe, das die habe und güter, so in auf- „richtung der andern Ee vorhanden gewesen, durch unfleiß beder „Eegenossen oder eines auß denselbigen were merklich geringert „und geschmelert und die Erben auß der ersten Ee ursach für- „pringen wolten, das das anber bleybend Eegenoß den kinds- „teyl, so ime erblichen weyß zugestanden, solt verwürckt haben, „sollichs alles soll alsdann zu erkantnuß der urtexler des Stat- „gerichts geset sein, . : von des bleybenden Eegenossen als der „kinder Stiffvater oder Stifmuter engere habe den kindern auß „der ersten Ee geparn zu ergetzlichkeit ires schadens und abgangs „was zu sprechen" . . . . „Und so sich erfünde, das zu „sollicher andern bestendiger Ee durch geschicklikeit beder Eege- „nossen etlich habe und güter würden gewonnen, sollche ge- „winnung soll alsdann gemein sein und getzlich Eegenoß den „halben teyl baran haben, unverhindert der kinder auß erster „und andern Ee geporn."

In den rheinischen Rechten hatte man lange schon eine Theilung der Errungenschaft, d. h. des Immobiliarerwerbs während der Ehe gekannt; neu war, daß man in Süddeutschland setzt an eine Theilung des Vermögenszuwachses während der Ehe dachte. Theilte man die Errungenschaft in diesem Sinne, so schien es billig, auch die Einbuße zu theilen. Zunächst dachte man sich die Gemeinschaft, welche mit der Theilungspflicht zusammenhing, nicht als nach gleichen oder nach Schwert- und Spindeltheilen ($\frac{1}{3}$ und $\frac{2}{3}$), sondern als die kaufmännische oder römische des Gesellschaftsvertrages, nach der Größe des beiderseitigen Einlagekapitals; daher nach martzal (Marktzahl) Ref. T. 12 S. 4; Erbordnung von Baden und Hochberg 1529 (Gem. ehel. Güter- und Erbr. Thl. II. S. 269 und 17b.)

So kam man in Nürnberg auf die Ueberwälzung der Einbuße und vergaß das alte Recht, wonach die Kinder erster Ehe ein selbstverständliches Vorzugsrecht ihr Vater- oder Muttergut vor dem Ueberlebenden der zweiten Ehe hatten (Thl. I. S. 171,636 not. 2814; Thl. II. S. 67, a. a. O.); man wußte sich aber bald wieder entschließen, dasselbe in authentischer Interpretation anzuerkennen. Es verordnet nämlich ein Nürnberger Rathsverlaß vom 18. Junuar 1559, welchen ich in gleichzeitiger Handschrift dem gedruckten Exemplar der Ref. von 1522 im k. Kreisarchive Nürnberg, und zwar dem vordern Buchdeckel entnehme:

„Nachdem einem Ebara Rath angelangt, welcher gestalt „das 4. gesetz unter dem 13. Titul in ungleichen statthaft an- „gezogen und etwae in Erbtheilungen und sonst dahin gedeut „werden, als solt den Ehefrauen in anderer Ehe von wegen „ires Zugebrachten guts der vorgang uff den verstorbenen Gewirth „verlassen hab nit allein vor andern Gläubigern gegeben, sondern „auch sie den kindern aus Ester Ehe in Erforderung ires „Mutterlichen guts fürgesetzt worden, welches aber eines Erbarn „Raths gemut und meinung nie gewesen; damit aber hinfüro „solch fürkoman und das beruret gesetz zu gleichmaffigem, billichem „verstand gebracht werde, so gibt ein Erbarer Rath diese nach- „volgende erlauterung:

1. „So Jemand in Erster Ehe kinder erzeugt und nach „Absterben seines Ehegenossen zu der andern Ehe greift, daz sei „den kindern aus Erster Ehe an irem Gelebten Vaterlichen oder „Mutterlichen gut und derhalb habende stilschweigende verpfandung

„aller Ding unschedlich sind, so lang und viel, bis sie desselben
„ires Väterlichen oder Mütterlichen guts völlig bezalt, vergnügt
„und endlich habhaft worden, one unterschied, ob ihr Vater und
„Mutter in verdingter oder versambter heirat gesessen waren.

2. „Und begab sich, daß der Mann mit todtabgang und
„Kinder aus Erster Ehe, auch seinen anderen Ehegenossen oder
„desselben in anderer Ehe erzeugte Kinder hinter ime verließ, was
„sich dran erfindt, daß ime dasselbig sein anderer Ehegenoss zu-
„gebracht oder in weerender Ehe in Erb- oder ander weis über-
„kommen hat, und noch vor nutzen were, das alles soll unver-
„hindert der Kinder aus Erster Ehe demselben im leben bleiben-
„den Ehegenossen oder seinen in anderer Ehe erzeugenden Kindern
„volgen und zugestellt werden.

3. „Herwiderumbwas der Kinder aus Erster Ehe Erlebtru
„Mütterlich gut, so der verstorbnen ir Vater in verwaltung
„und gebrauch gehabt, noch vorhanden und gefunden wurdt,
„des soll ime auch unverhindert der Stiefmutter und Stiefge-
„schwistergit one Mittel verfolgen und bleiben.

4. „Wer wäre aber, das solchs der Kinder aus Erster Ehe
„Mütterlich gut gar oder zum theil nit vorhanden, desgleichen
„an des andern Erbgenossen Zugebrachten gut auch mangel oder
„abgang erschiene, also daß es beder seits uf erstattung von der
„Abgestorbenen verlassen hab und gueter stunde, dieselbigen
„aber so weit sich erstreiten, alsdan sollen die Kinder aus Erster
„Ehe bis zu volliger vorzeugung ires Mütterlichen guts der
„Stiefmutter und dann in anderer Ehe erzeugten Stiefgeschwister-
„git fürgezogen und von ime ires Mütterlichen Guts bezalt
„und entricht werden. Jedoch sollen hin demselben andern Ehe-
„genossen und desselben Kindern an deren haben vorangege-
„rechtigkeit gegen andern Gläubigern nichts benomen, sondern
„damit nach ausweisung anderer gesetze gehalten werden.

„Und diese Erläuterung soll in allen heiraten, so dieser
„Zeit beschlossen sindt oder kunftiglich beschlossen werden, also
„verstanden und in allen bishero unerorterten fallen dero gomes
„in Gericht erkant und geurtheilt werden.“

Kurze Zeit darauf wurde die jetzt noch geltende Nürnberger
Reformation von 1564 verfaßt und veröffentlicht, und entsprechen
ihre Vorschriften der eben angeführten Erläuterung. Hiernach
nimmt der überlebende Ehegatte in bedingter Ehe sein zugebrachtes
Vermögen ungeschmälert heraus: so bleibt dem Man sein zugebracht, ererbt und angefallen gut, auch was ime in der Heiraths-
abrad bedingt oder versprochen ist; so bleibt dem Weib alles,
das sie dem Man zugebracht, ererbt und in angefallen, auch was
in der heirathsabred bedingt worden ist; so nimbt zuvorderst das
pleibend jtes zugebracht gut; so nimbt das pleibend alles das,
so es dem verstorbenen zugepacht und ime sonst in weerender
Erbs- oder ander weis ist angefallen (Titel 33 G. 1, 2, 6 und 7).
Im Gesetz 8 ist die Bestimmung über die Einbuße in zweiter
Ehe aus der Reformation von 1522 wörtlich wiederholt, nur
lautet der Schluß statt: von des bleibenden Ehegenossen als der
Kinder u. s. w.: „und den Kindern erster Ee nach gestalt der
sachen des abgangs halber pillich erstattung geschehen.“ Auch
über die Errungenschaft in zweiter Ehe ist im Gesetze 9 wörtlich
wie in der Ref. von 1522 bestimmt mit einigen bieher bedeutungs-
losen Zusätzen. Jn Titel XXII. G. 3 endlich findet sich der
Vorzang der Kinder weiter vor denen zweiter Ehe, gemäß der
Erläuterung von 1559 bestätigt, und das Separationsrecht,

welches dort nach Nr. 2 den Kindern aus der zweiten Ehe zugesprochen ist.

Vergleicht man alle diese Stellen, namentlich in dem sowohl
bei den Kindern als den Ueberlebenden angewendeten Ausdrucke:
„unverhindert der Kinder auß den ersten Ee,“ so kann nicht der
mindeste Zweifel übrig bleiben, daß auch der überlebende Vater
das Recht der ungeschmälerten Herausnahme seines zugebrachten
u. s. w. Vermögens hat, und daß die Erläuterung von 1559
nur deßhalb die in zweiter Ehe überlebende Mutter hervorhebt,
weil für den speziellen Fall des Vermögensrückganges der Vorzug des erstehelichen Kelterngutes gewohnheitsrechtlich festsltand.
Beim Vater konnte sich eine Streitfrage darüber nicht ergeben,
sondern nur bei der Mutter, welcher seit 1484 durch Ref. XXIII, 2
das römische stillschweigende Unterpfandrecht für ihr Heiraths-
gut eingeräumt war.

H. Bocke.

Aus der Praxis des Reichsoberhandelsgerichts.

Rechtliche Stellung des Vorstandes einer eingetragenen Genossenschaft.

Der Vorstand einer eingetragenen Genossenschaft ist nicht befugt, die verspätete Austrittserklärung eines Genossenschafter für das bezügliche
Geschäftsjahr als rechtzeitig anzuerkennen.
Urtheil des Reichsoberhandelsgerichts vom 21. Dezember 1878.
Rep. Nr. 441/78 i. S. Peschel contra Falliment der Düsseldorfer Gewerbebank:

Im Statut der Düsseldorfer Gewerbebank ist unter Anderem bestimmt:

„Außerdem steht den Mitgliedern auch der Austritt aus dem Vereine am Ende des Rechnungsjahres
nach rechtzeitiger schriftlicher Aufkündigung beim Vorstande frei; doch muß die Kündigung mindestens
3 Monate vor dem Schlusse des Rechnungsjahres
erfolgen, widrigenfalls der Kündigende erst mit Ende
des nächstfolgenden Rechnungsjahres von der Mitgliedschaft entkunden werden kann.“

Nachdem nun die Gewerbebank im Jahre 1875 im Falliment gerathen war, erhoben die Syndike am 2. Mai 1876
gegen die jetzigen Kassationskläger Klage auf Bezahlung eines
Saldos von 597 Mark 39 Pf. nebst Zinsen.

Beklagter wendet ein, daß er bereits am 1. Oktober 1874
seine Mitgliedschaft gekündigt habe, entlassen werden sei, und
fordert demnach seinen Stammtheil mit 900 Mark, so daß die
Klageforderung kompensirt und er noch mit 341 Mark 73 Pf.
zum Passivsatus zu admittiren sei.

Der klagende Theil bestritt die Rechtzeitigkeit der Kündigung und behauptete, daß Beklagter noch zur Zeit des Falli-
mentausbruch Mitglied gewesen sei.

Das Handelsgericht zu Düsseldorf hat mit Urtheil vom
16. Juni 1876 die Klage zugesprochen.

In zweiter Jnstanz bot Beklagter, Appellant, subsidiarisch
Zeugenbeweis darüber an:

„daß seine schriftliche Kündigung vom 1. Oktober 1874
vom damaligen Vorstande der Gewerbebank als vor

dem Schluſſe des Rechnungsjahres rechtzeitig erfolgt angenommen worden ſei, daß er in Folge deſſen aus dem durch den Vorſtand der Genoſſenſchaft dem Düſſeldorfer Handelsgerichte amtlich eingerichteten vollſtändigen alphabetiſch geordneten Verzeichniſſe der Genoſſenſchafter pro 1875 durch das Handelsgericht am 15. März 1875 revidirt worden, ausgelaſſen wurde. Eventuell wird die Vorlage der Bücher und Liſten der Gewerbebank pro 1874 (1875) beantragt.

Die Berufung iſt mit Urtheil vom 24. November 1877 aus folgenden Gründen verworfen worden:

Es handle ſich nur darum ob Appellant auf Herausbezahlung ſeines Geſchäftsantheiles bereits ſeit März 1875 oder erſt ſeit März 1876 einen begründeten Anſpruch hatte. Da die Kündigung erſt am 1. Oktober 1874, also nicht drei Monate vor dem Schluſſe des Rechnungsjahres erfolgte, habe er ſtatutenmäßig erſt mit 1. Januar 1876 aufgehört Mitglied zu ſein. Der Umſtand, daß der Vorſtand ſtatutenwidrig ihn auf die Kündigung vom 1. Oktober auf 1. Januar 1875 aus dem Mitgliederverzeichniſſe löſche, könne hieran ebenſowenig etwas ändern, als wenn derſelbe erklärt haben ſollte, die Kündigung vom 1. Oktober als ſchon vor Beginn des letzten Quartals des Rechnungsjahres 1874 geſchehen anſehen zu wollen; es handle ſich untergebend um Rechte der Konkursmaſſe und könne es dem Vorſtande nicht zuſtehen Verfügungen zu treffen oder Zugeſtändniſſe an Genoſſenſchafter zu machen, welche eine Verletzung auf dem Statute beruhender Rechte der Genoſſenſchaftsgläubiger im Gefolge haben. —

Der Kaſſationsrekurs rügt:
Verletzung der Artikel 17—21, 24, 25, 38, 39 des Genoſſenſchaftsgeſetzes vom 4. Juli 1868, der Artikel 442—447 des Rheiniſchen Handelsgeſetzbuches Artikel 6, 1134, 1135, 1167 des B.G.B. Artikel 7 des Dekrets vom 20. April 1810.

Es wird ausgeführt:
Der Vorſtand vertrete die Genoſſenſchaft vollſtändig; es ſei bezüglich der Geſchäfte, wodurch er ſie verpflichte, keine Ausnahme gemacht, also gehörten auch Vergleiche mit den Mitgliedern über die Zeit ihres Austritts dazu. Der Umſtand, daß das Statut hierwegen gewiſſe Friſten vorſchreibe, hindere ein Paktiren im einzelnen Falle nicht. Wenn der Appellationsrichter darauf Gewicht lege, daß es ſich hier um Rechte der Fallitmaſſe handle, ſo überſehe er, daß dem Kaſſationskläger der Austritt ſchon im Jahre 1874 bewilligt worden ſein fall und dieſe Bewilligung keine nach den Geſetzen über das Fallitment anfechtbare Handlung darſtelle.

Es werde auch gar nicht thatſächlich feſtgeſtellt, daß die jetzigen Gläubiger der Konkursmaſſe ſchon zur Zeit der Entlaſſung des Klägers vorhanden waren. Die Anſprüche der Konkursmaſſe warten durch die Zeit der Fallimentseröffnung fixirt. Die Aufſtellung der Liſte der Genoſſenſchaftsmitglieder gebühre dem Vorſtande; andere als die in der gemäß §. 25 des Geſetzes einzureichenden und zu verlautbarenden Liſte aufgeführten Genoſſenſchaften exiſtirten für Dritte nicht. Der §. 24 des Geſetzes ſei dazu beſtimmt, die An- und Abmeldungen von Genoſſenſchaftern vom Handelsgerichte kontrolliren zu laſſen, und da letzteres gegen den Austritt des Kaſſationsklägers vom 31. Dezember 1874 Nichts einzuwenden hatte, ſo könne keine Rede davon ſein, daß der Vorſtand ihn entlaſſen habe, um ihm einen Vortheil zuzuwenden. Sollte der Vorſtand ſeine nach §. 25 beſchränkte Befugniß überſchritten haben, ſo ſei dies für den Kaſſationskläger und die Konkursgläubiger nicht maßgebend.

Verletzung der zitirten Beſtimmungen des Bürgerlichen Geſetzbuchs und défaut de motifs lägen vor, weil der Appellationsrichter die Unterſuchung unterlaſſen habe, ob es nach dem Statute dem Vorſtande ſpeziell unterſagt worden ſei, die Rechtzeitigkeit einer Kündigung anzuerkennen.

Es wird Vernichtung beantragt.
Hierauf iſt erwidert:

Die §§. 17—21 des Geſetzes vom 24. Juli 1868 regelten die Vertretungsbefugniß nach Außen; darüber, in welcher Weiſe das einzelne Mitglied austreten und ſeinen Geſchäftsantheil zurückverlangen könne, beſtimme das Statut. Durch dieſes ſei dem Vorſtande nicht die Befugniß beigelegt, die Mitgliedſchaft willkührlich vor der beſtimmten Zeit aufhören zu laſſen. Die Streichung des Kaſſationsklägers aus der Liſte ſei unerheblich, denn der §. 25 des Geſetzes enthalte nur eine Kontrolmaßregel, welche die wirkliche Sachlage unberührt laſſe. Zu der in der Denkſchrift vermißten Unterſuchung habe der Appellationsrichter keinen Anlaß gehabt, da es nur darauf ankam, ob dem Vorſtande das Recht zuſtand, zum Nachtheile der Gläubigerſchaft einen einzelnen Genoſſenſchafter auf einem anderen, als dem ſtatutenmäßig vorgeſchriebenen Wege ſeiner Verbindlichkeit zu entlaſſen.

Das Reichsoberhandelsgericht hat den Kaſſationsrekurs verworfen.

In Erwägung,
daß zwar den als verletzt gerügten §§. 17—21 des Geſetzes vom 4. Juli 1868 über die privatrechtliche Stellung der Gewerbs- und Wirthſchaftsgenoſſenſchaften der Vorſtand einer eingetragenen Genoſſenſchaft dieſe nach Außen unbeſchränkt zu vertreten hat, dieſe Befugniß jedoch keinenfalls weiter reichen kann, als die Handlungs- und Diſpoſitionsfähigkeit des Prinzipals ſelbſt, nämlich der Genoſſenſchaft reicht, der Vorſtand vielmehr die dieſer gezogenen Schranke einzuhalten hat;

daß nun für den Austritt des Genoſſenſchafters aus der Genoſſenſchaft zufolge des §. 38 des zitirten Geſetzes in erſter Reihe der Geſellſchaftsvertrag entſcheidet und die Genoſſenſchaft ihre Mitglieder nur nach Maßgabe des Statuts von der Mitgliedſchaft und den damit verbundenen Verpflichtungen enthoben, beziehungsweiſe dem im §. 39 zugeſicherten Anſpruch gewähren kann, mithin auch dem Vorſtande die Befugniß entzogen iſt, von dieſer der Genoſſenſchaft in deren eigenem und im Interesse ihrer Gläubiger (§§. 12, 63) gesetzten Beschränkung abweichende Uebereinkommen über Entlassung von Mitgliedern zu treffen;

daß hieran der Umstand Nichts zu ändern vermag, wenn ein ungesetzlich entlassenes Mitglied nicht mehr in dem zufolge des §. 25 dem Handelsgerichte einzureichenden Verzeichnisse aufgeführt ist, da die fragliche Vorschrift nur die Bedeutung einer Kontroimaßregel hat und die in unzulässiger Weise genehmigte Entlassung nicht dadurch Gültigkeit erlangen kann, daß der widerrechtlich gefaßte Beschluß durch Streichung im Mitgliederverzeichnisse vollzogen worden ist;

daß, da es einer Anfechtung im Sinne der Artikel 442 bis 447 des Rheinischen Handelsgesetzbuches und 1167 des Bürger Gesetzbuchs nicht bedurfte, um die vom Kassationskläger behauptete Zustimmung des Vorstandes zum vorzeitigen Ausscheiden zu beseitigen, die Rüge der Verletzung dieser Artikel gegenstandsloses ist;

daß demnach durch das angefochtene Urtheil keines der im Kassationsrekurs bezeichneten Gesetze verletzt ist und auch der Vorwurf mangelnder Begründung nicht zutrifft, weil der Richter gar keine Veranlassung zu der Prüfung hatte, ob es nach dem Statute dem Vorstande speziell untersagt war, die Rechtzeitigkeit der Kündigung anzuerkennen.

Entscheidungen des Cassationssenates des Oberappellationsgerichts zu Oldenburg
mitgetheilt vone Obergerichtsanwalt Dr. Hoyer.

1. Wirkungen eines Verbots im Civilstaatsdienergesetz, ohne Erlaubniß des Staatsministeriums neben dem Dienstgeschäfte einen andern Erwerbszweig zu betreiben.

Aus Staatsrücksichten können Staatsdiener zu gewissen Geschäften für unfähig erklärt werden, gewisse Geschäfte der Staatsdiener für ungültig erklärt werden, wo aber, wie im revidirten Civilstaatsdienergesetze von 1867 Artikel 29 kein Verbot des Geschäftes, sondern nur ein Verbot an den Staatsdiener „darf ohne Erlaubniß nicht" ausgesprochen ist und nur die disciplinarische Ahndung gegen den Zuwiderhandelnden erwähnt (Artikel 70) die civilrechtliche Wirkung in keiner Weise berührt ist, ist anzunehmen, daß der Staat nur die Pflichten des Staatsdieners gegen den Staat, welche aus seinem auf Vertrag beruhenden Dienstverhältnisse hervorgehen, habe festsetzen wollen, so daß der Einfluß auf Dritte kein anderer ist, das derjenige einer vertragsweise gegen den Staat übernommenen Verpflichtung

„ohne Erlaubniß des Staatsministeriums neben dem Dienstgeschäfte keinen Erwerbszweig zu ergreifen."
Munen c. During (1877) R. 88.

2. Beschwerde eines Anwaltes gegen Tengang von Gerichtskosten.

Der Beschwerdeführer Obergerichtsanwalt G. war durch eine in der Beschwerdeinstanz abgegebene Entscheidung zur Tragung von Gerichtskosten verurtheilt. Er hatte als Anwalt der Beklagten zur Prozeßsache Sammann u. Grißtede contra Suh

ren am 7. Februar 1877 Beschwerde wegen verweigerter oder verzögerter Justiz erhoben, welche in der Beschwerdeinstanz für völlig unmotivirt erkannt war. Die Beschwerde war beim Appellationssenat eingelegt und gemäß Artikel 289 §. 1 der bürgerlichen Prozeßordnung, da der Appellations-Senat derselben nicht abzuhelfen vermochte, dem Cassations-Senate vorgelegt.

Dieser erachtete die Beschwerde für begründet.

Der Artikel 12 §. 2 der Anwalts-Ordnung, auf Grund dessen die Verurtheilung erfolgt war, setzte nämlich voraus, daß, um die Kosten eines durch einen Anwalt gestellten prozessualischen Antrages als vom Anwalt verschuldet erscheinen zu lassen, der Anwalt den gänzlichen Mangel jedweder rechtlichen Begründung des Antrages entweder selbst erkannt oder doch bei einiger besonnenen Erwägung habe erkennen können oder sollen.

Die Bestimmung des Schlußsatzes des Art. 12 §. 2 der Anwalts-Ordnung befasse ferner nur eines derjenigen Mittel, welche zur Aufrechthaltung des gesetzlich geregelten Ganges des prozessualischen Verfahrens in Anwendung gebracht werden können.

Dieser geregelte Gang sehe, was die dabei vorzunehmenden Partheihandlung betrifft, namentlich die Einhaltung von Vorschriften voraus, welche die rechtliche Wirksamkeit des Verfahrens, das stetige Fortschreiten der einzelnen Akte zu dem Endziele der Verhandlungen bestimmt sehen.

Darnach sei der Anwalt zur zeitigen Beibringung seiner Legitimation zur erforderlichen Sorgfalt in Wahrnehmung der gesetzlichen und richterlichen Fristen rc. verpflichtet und sei die Anwendung der gegen die Hintansetzung dieser Pflichten nothwendigen Repressionmittel durch die Anwalts-Ordnung den Gerichten vorbehalten.

Der Begriff des gesetzlich geregelten Verfahrens befasse dagegen nicht auch, daß dasselbe auf solche Verhandlungen beschränkt bleibe, welche an sich zur Vorbereitung der Entscheidung über einen streitigen Anspruch nothwendig sind, daß keine Neben- oder Zwischenverhandlungen hinzutreten, welche theils vernöge rechtlicher Nothwendigkeit erledigt werden müssen, theils in Folge der Geltendmachung einer prozessualischen Befugniß einer Partei, wie besondere durch die Verfolgung von Rechtsmitteln, veranlaßt werden können.

Bei solchen erweiterten Verhandlungen unterliege die Beobachtung der gesetzlichen äußeren Ordnung zwar ebenfalls nach Artikel 12 §. 2 der Anwalts-Ordnung der Zwangsgewalt der Gerichte, aber auch nur diese.

Die Handlung eines Anwalts dagegen, welcher zur Erhebung einer materiell völlig unbegründeten Beschwerde gegen das Gericht oder einer Appellation leichtfertiger, oder gar bewußter Weise, einem freiwilligen Beistand leihe, lasse sich nicht als einen nur gegen die Ordnung der Procedur gerichteten, Verstoß auffassen, sollten durch den betreffenden Antrag nach Verzögerungen des Prozeßes und Kostenaufwendungen veranlaßt sein, welche ohne denselben vermieden gewesen sein würden.

Vielmehr sei in einem solchen Verfahren die Verletzung einer höheren Anwaltspflicht enthalten (Anwalts-Ordnung §. 3 Artikel 5, §. 3a), zu deren Ahndung nach Artikel 12 §. 2 und 32 die Anwaltskammer berufen ist.

Zu der Erhebung der Beschwerde sei eine besondere Anwaltvollmacht nicht erforderlich gewesen, vielmehr durch die nach dem gewöhnlichen Vollmachtsformular ausgestellte Prozeßvoll macht der Anwalt auch zur einfachen Beschwerde, welche nach Artikel 289 §. 1 der bürgerlichen Prozeß-Ordnung bei demjenigen Gerichte, gegen welches dieselbe erhoben wird, sofort vollständig zu verhandeln ist, jedenfalls dann legitimirt, wenn nicht in Gemäßheit Artikel 291 §. 1 ein weiteres Verfahren vor dem oberern Gerichte stattfinden soll.

— Beschwerde des D. G. Anwalts Goose in Barel, zur Sache Sahren c. Sammann u. Grislede. S. 129 (1877). —

3. Verhältniß einer auf Kündigung stehenden Forderung zum Contocurrent.

Eine auf Kündigung stehende Forderung ist von einem Contocurrent-Verhältnisse an sich ausgeschlossen.

Cordes c. Rolfe. M. 89. 1877.

4. Ingrossationsdokument, Bedeutung desselben.

Das Ingrossationsdokument ist als solches nicht Träger der Hypothek, und sein Vorhandensein nicht Bedingung der Existenz derselben, vielmehr nur Beweismittel der geschehenen Ingrossation und Legitimationsmittel zur Bewirkung von Veränderungen, welche mit dem in die Hypothekenbücher eingetragenen Ingrossate vorgenommen werden sollen.

Klostermann c. Schußler. L. 66. 1877.

5. Wiederholt erkannte zeitweilige Trennung der Ehe von Tisch und Bett.

Die Erkennung einer abermaligen Trennung von Tisch und Bett wegen fortdauernder Unfriedfertigkeit nach Ablauf einer bereits wegen Unfriedfertigkeit erkannten Trennung ist zweifellos zulässig. Die Entscheidung darüber, ob der Grund der Trennung fortbesteht bezw. ob derselbe sich solcher Maßen festgewurzelt und gesteigert hat, daß statt der Trennung die Scheidung der Ehe beansprucht werden könne, ist Sache des thatsächlichen Ermessens.

Küpfer c. Küpfer K. 70. 1877.
(Schluß folgt.)

Personal-Veränderungen
in der Deutschen Anwaltschaft vom 1. bis 20. Februar 1879.

A. Ernennungen.

Der Advokat Dr. Richard Huch in Braunschweig ist zum Advokatanwalt ernannt und als solcher beeidigt worden.

Der Kreisrichter Dr. jur. Levy in Dortmund ist zum Rechtsanwalt bei dem Kreisgericht in Ratibor und zugleich zum Notar im Departement des Appellationsgerichts daselbst, mit Anweisung seines Wohnsitzes in Ratibor ernannt worden.

Der Kreisrichter Poeppel in Bundsburg ist zum Rechtsanwalt bei dem Kreisgericht in Friedeberg i. d. N. und zugleich zum Notar im Departement des Appellationsgerichts zu Frankfurt an der Oder mit Anweisung seines Wohnsitzes in Friedeberg N./M. und

der Referendar O. Müller aus Celle zum Advokaten im Bezirk des Königlichen Appellationsgerichts zu Celle, mit Anweisung seines Wohnsitzes in Verden ernannt.

Der Rechtsanwalt und Notar Vater in Kempen ist zum Rechtsanwalt bei dem Appellationsgericht in Breslau und zugleich zum Notar im Departement desselben, mit Anweisung seines Wohnsitzes in Breslau, ernannt worden.

Der Rechtsanwalt Theodor Frank hat sich als Anwalt in Mannheim niedergelassen.

Der Rechtsanwalt Fischer in Köln ist zum Advokaten im Bezirk des Königlichen Appellationsgerichtshofes zu Köln ernannt worden.

Der Stadtrichter Emil Krüger in Berlin ist zum Rechtsanwalt bei dem Kreisgericht in Halberstadt und zugleich zum Notar im Departement des Appellationsgerichts daselbst mit Anweisung seines Wohnsitzes in Halberstadt ernannt worden.

Der Referendar Praesent aus Celle ist zum Advokaten im Bezirk des Königlichen Appellationsgerichts zu Celle mit Anweisung seines Wohnsitzes in Harburg ernannt worden.

B. Versetzungen.

Der Advokat Friedrich Arthur Eysoldt hat seinen Wohnsitz von Pirna nach Dresden verlegt.

Der Rechtsanwalt Stapff hat seinen Wohnsitz von Wieselbach nach Weimar verlegt.

Der Rechtsanwalt und Notar Jaeger in Wongrowitz ist in gleicher Eigenschaft an das Stadtgericht in Breslau, unter Gestattung der Praxis bei dem Kreisgerichte daselbst mit Anweisung seines Wohnsitzes in Breslau versetzt worden.

C. Ausscheiden aus dem Dienst.

Der seitherige Advokat und Notar Franz Adolf Schmidt zu Dresden ist in Folge des Ausganges einer wider ihn geführten Untersuchung der Aemter der Advokatur und des Notariats verlustig geworden.

Dem Rechtsanwalt und Notar Cohn in Sorau Niederlausitz ist die nachgesuchte Dienstentlassung ertheilt.

D. Titelverleihungen.

Dem Rechtsanwalt und Notar Köppelmann in Kerz wurde der Charakter als Justizrath verliehen.

Dem Finanzprokurator Advokat Ackermann zu Dresden wurde der Charakter als Hofrath verliehen.

E. Ordensverleihungen.

Dem Advokaten Dr. jur. Odrell zu Frankfurt a. M. wurden die Commandeur-Insignien des Königlich spanischen Ordens Isabella's der Katholischen verliehen.

F. Todesfälle.

Verstorben sind:
der Advokat und Notar Justizrath Dr. Fürst in Peine.

Ein neues Verzeichniß der Mitglieder des Deutschen Anwaltvereins wird mit Rücksicht auf den bevorstehenden Wohnsitzwechsel vieler Vereins-Mitglieder zur Zeit nicht ausgegeben. Das neue Verzeichniß soll am 1. November d. J. erscheinen.

Für die Redaktion verantw.: E. Haenle. Verlag: W. Moeser, Hofbuchhandlung. Druck: W. Moser, Hofbuchdruckerei in Berlin.

4. Sitzung

Erste Berathung des Entwurfs einer Gebührenordnung für Rechtsanwälte (Nr. 6 der Anlagen).

Präsident: Wir gehen nun über zum dritten Gegenstand der Tagesordnung:

> erste Berathung des Entwurfs einer Gebühren-
> ordnung für Rechtsanwälte (Nr. 6 der Druck-
> sachen).

Ich eröffne diese erste Berathung hiermit und ertheile das Wort dem Herrn Staatssekretär Dr. Friedberg.

Bevollmächtigter zum Bundesrath Staatssekretär im Reichs-justizamt Dr. Friedberg: Meine Herren, der dem Reichstag vorgelegte Gesetzentwurf einer Gebührenordnung für Rechts-anwälte bildet ein weiteres Glied in der Reihe derjenigen Gesetze, die dazu bestimmt und nöthig sind, damit die großen Justizgesetze des Jahres 1877 am 1. Oktober 1879 zur Aus-führung gebracht werden können.

Der Gesetzentwurf schließt sich in seinen Grundlagen der von Ihnen im vorigen Jahre festgestellten Rechtsanwaltsord-nung, und in seinen Prinzipien wie in seinen Einzelheiten demjenigen Gesetzentwurf an, den Sie gleichfalls im vergan-genen Jahre über die Gebühren der Gerichte hier angenom-men haben.

Die Schwierigkeiten, welche sich dem vorliegenden Gesetz-wurf entgegenstellten, waren um vieles geringer, weil der größte Theil derselben schon im voraus in dem Gesetzentwurf überwunden war, dessen ich eben erwähnt habe, dem Gesetz-entwurf über die Gerichtsgebühren. Nichtsdestoweniger, meine Herren, waren aber auch hier die Schwierigkeiten noch immer groß genug, und ich fürchte, Sie werden bei Ihren Be-rathungen sie demnächst nicht minder groß finden. Denn auch hier wie damals wußten wir nicht, wie jene großen Ge-setze: der Zivilprozeß, der Strafprozeß, die Konkurs-ordnung, funktioniren werden, und wir haben darum auch keinen festen Maßstab dafür, wie die Thätigkeit der Rechtsanwälte auf jenen Gebieten durch die Gebühren genügend remunerirt werden soll. Bei der Abmessung dieser Gebühren waren zwei Gefahren zu überwinden; die eine: die Gebühren zu hoch zu greifen, und damit den Prozeß der-artig zu vertheuern, daß er möglicherweise den Gerichtsein-gesessenen zu einer allzu großen Last würde. — die andere: die Gebühren zu niedrig zu halten und damit die andere Ge-fahr herbeizuführen, daß der Stand der Rechtsanwälte in seiner wirthschaftlichen Lage gefährdet und damit selbst zu einer Gefahr für unsere Rechtspflege, ja vielleicht für unser staatliches Leben überhaupt werde.

Wenn es nun diesem Gesetzentwurf gelungen sein sollte, zwischen diesen beiden eben gekennzeichneten Abwegen eine richtige Mitte zu finden, so wird das Verdienst hierfür haupt-sächlich auf diejenigen Männer zurückzuführen sein, die, aus allen Theilen Deutschlands aus dem Stande der Advokaten selbst berufen, an dieser gesetzgeberischen Vorarbeit theilge-nommen haben. Ich fühle mich um so mehr verpflichtet, dies hier dankbar zu erwähnen, als sie überall da, wo es sich darum handelte, zu entscheiden zwischen dem, was das pekuniäre Standesinteresse verlangte, und dem, was das Interesse der Rechtspflege heischte, immer die pekuniären eigenen Inter-essen zurücktreten ließen vor den Forderungen einer guten Rechtspflege.

Darum, meine Herren, ist es aber doch nicht ausgeblieben, daß aus den Kreisen der Advokaten selbst gegen den Entwurf vielfache Klagen erhoben worden sind dahin gehend, daß die Gebühren zu gering bemessen seien, daß dadurch die wirthschaft-liche Lage des Advokatenstandes und damit der Stand selbst durch die neue Gebührenordnung gefährdet werde. Neben den Klagen hat es auch nicht an Rathschlägen gefehlt, wie ge-holfen werden könne. Um nur einen davon anzuführen, so ging dieser dahin: man möge die Gebühren, welche das Gesetz vom 18. Juli v. J. für die Gerichte angenommen hätte, auf die Hälfte herabsetzen, diese hier ersparte Hälfte solle man den Advokatengebühren zulegen, und dann wäre allen Theilen ge-holfen! — Das Mittel ist allerdings einfach, ich fürchte aber, in seiner Einfachheit zu drastisch, namentlich möchte ich den Beifall der deutschen Finanzminister finden! Auf diese Aushilfe glaubte man also nicht eingehen zu können, und so nehme an, daß auch Sie nicht darauf werden eingehen wollen.

Aber nicht bloß die Gebührenskala ist als eine nicht richtig abgemessene getadelt worden, sondern man hat auch das Grundprinzip, auf welchem der Gesetzentwurf beruht, nämlich das feste Pauschgebühr neben der Möglichkeit freier Ver-einbarung, angefochten und es ist entgegnet worden, man hätte statt dessen lieber freie Vereinbarung oder einfache Selbsttaxirung einführen sollen; denn es wäre das dasjenige Prinzip, welches der Würde der Advokatur um vieles ent-sprechender sein würde.

Wenn die verbündeten Regierungen auf den Vorschlag der freien Vereinbarung, oder gar der Selbsttaxirung nicht eingegangen sind, so sind sie dabei hauptsächlich durch die Erwägungen bestimmt worden, daß mit einer solchen Neue-rung ein allzu scharfer Bruch mit der ganzen Vergangenheit auf diesem Gebiete, mit dem Gang, in welchem die Frage der Advokatengebühr in Deutschland sich geschichtlich entwickelt hat, vollzogen würde, und man glaubte, die großen Schwierig-keiten, welche unserem Rechtsleben in diesem Jahre überhaupt bevorstehen, die Schwierigkeiten aus einer neuen Organisation, einem neuen Zivilprozeß, einem neuen Strafprozeß nicht noch durch die hier vorgeschlagene und unerprobte Neuerung erhöhen zu sollen.

Ich darf meine wenigen einleitenden Bemerkungen hiermit schließen, denn ich gehe wohl nicht fehl, wenn ich annehme, daß hohe Haus werde es mit diesem Gesetzentwurf so machen, wie es früher mit dem Gerichtskostengesetz es gemacht hat, nämlich denselben in eine Kommission zur Vorberathung zu überweisen. Damals ist es gelungen, jenen schwierigeren Gesetzentwurf aus einer solchen Kommission in einer Form hervorgehen zu lassen, daß er hier Annahme an bloo finden konnte und ich hoffe, es wird bei gleichem Bemühen dem hier vorliegenden Gesetzentwurf in einer Kommission gleich günstig ergeben.

(Bravo!)

Präsident: Der Herr Abgeordnete Dr. Wolffson hat das Wort.

Abgeordneter Dr. Wolffson: Meine Herren, gestatten Sie mir einige Bemerkungen zu dem hier vorliegenden Entwurf. Wir sind hier mit einer Materie beschäftigt, deren einheitliche Regelung zu den bedenklichsten Aufgaben unserer neuen Justizverfassung gehört. Bedenklich nenne ich diese Aufgabe nicht deshalb, weil ich irgend einen Zweifel daran hege, daß die Frage einheitlich geregelt werden muß. Die Höhe der Kosten, die die Parteien namentlich in dem Civil- und Konkursprozeß zu bezahlen haben, um ihr Recht zu erstreiten oder ihr Recht zu behaupten, ist ein so wesentliches Moment für ihren Entschluß und für die Möglichkeit der Durchführung ihres Rechtes, daß alle Einheit der Gesetzgebung geradezu nur auf dem Papiere stehen würde, wenn wir in dieser Beziehung die Verschiedenheiten beibehalten würden, die wir jetzt noch in Deutschland haben. Also einer einheitlichen Regelung bedarf es. Aber, meine Herren, es handelt sich nicht bloß um die Frage, wie viel die Partei an Prozeßkosten zu bezahlen hat, sondern auch um die Erwerbsfähigkeit der Anwälte, und Sie bedenken, meine Herren, daß die deutschen Anwälte zerstreut über das ganze Reich in den allerverschiedensten Lebensverhältnissen stehen, in so verschiedenen Verhältnissen, wo nicht nur die reinen Geschäftskosten, sondern auch ihr persönlicher Bedarf sich nach ganz verschiedenem Maßstabe regeln, so werden Sie auch die außerordentlichen Schwierigkeiten anerkennen, eine einheitliche Grundlage zu finden, auf der allen berechtigten Ansprüchen genügt werden kann. Es hat aber schon der geehrte Herr Vorredner gesagt, daß es sich nicht bloß um Interessen des Standes handelt, dessen Gebühren hier geregelt werden sollen, sondern um viel weiter gehende Interessen. Dieser Stand, meine Herren, ist für die Rechtspflege, ja, man kann sagen, für die öffentliche Moral ein so außerordentlich wichtiger, seine Einflüsse sind so bedeutend, daß es keine größere Gefahr gibt als die, ein Proletariat zu erziehen innerhalb der Rechtsanwaltschaft. Das, meine Herren, hab n wir nach Kräften thunlichst zu vermeiden.

Nun, meine Herren, einheitlich muß und soll schon aus den angegebenen Gründen die Materie geregelt werden, und wir werden nicht umhin können, einem großen Theil der deutschen Anwälte schwerwiegende Opfer aufzulegen, die namentlich die gegenwärtige Generation um so schwerer treffen, weil gerade nach den zum zukünftigen ganz verschiedenen bisherigen Erwerbsverhältnissen die Zahl der Anwälte sich bestimmt hat. Natürlich richtet sich nach der Größe des Erwerbes die Zahl der Bewerber, und, meine Herren, wenn wir jetzt mit ganz neuen Maßstäben kommen, so kann es nicht ausbleiben, daß die gegenwärtige Generation, bis sich das Verhältniß geregelt haben wird, ganz schwere Opfer zu tragen hat. Aber die müssen getragen werden und werden getragen werden, denn der höhere Zweck, die Ausführung und Durchführung der Justizgesetze, macht sie erforderlich. Umsomehr jedoch, meine Herren, wird es unsere Aufgabe sein, mit

die in dieser Vorlage vorgeschlagen sind, wirklich ausreichend sind. Es ist hier für einen großen Theil von Deutschland außerordentlich schwer, Vergleiche zwischen dem vorgeschlagenen System und den jetzt in den einzelnen Ländern bestehenden Systemen anzustellen; nur für Preußen ist der Vergleich leichter, und es hat die Regierungsvorlage in ihren Motiven auch ausgeführt, daß die Sätze im allgemeinen eine mäßige Erhöhung des Einkommens der preußischen Anwälte herbeiführen werden. Meine Herren, das scheint ein sehr beruhigendes Zeugniß zu sein, ist es aber in Wahrheit nicht. Denn die Verhältnisse werden sich wesentlich anders gestalten, als sie in diesem Augenblick in Preußen sind. Ich will nicht darauf hinweisen, daß natürlich durch die freie Advokatur sich die Zahl der Bewerber um die Anwaltschaft vermehren und daß dadurch der Erwerb der einzelnen geringer sein wird. Man wird mit Recht darauf erwidern können: die Taxe kann sich nicht nach der Zahl der Bewerber richten, sondern die Zahl der Bewerber muß sich nach der Taxe und dem, was sie einträgt, richten.

Aber, meine Herren, eine andere Frage kommt dabei in Betracht. Es wird für den Anwalt absolut unmöglich sein, unter der Herrschaft der neuen Zivilprozeßordnung ein solch massiges Material zu bewältigen, wie er es unter der preußischen Gerichtsordnung bewältigen kann. Und das, meine Herren, ist nicht etwa ein Vorwurf, der die neue Zivilprozeßordnung trifft, sondern geradezu ein Vorzug. Es kommt ja nicht bloß darauf an, daß die Sachen erledigt werden, sondern auf die Art und Weise der Erledigung. Käme es nur darauf an, die Sachen zur Erledigung zu bringen, dann wäre es das Zweckmäßigste, man entscheide zwischen Kläger und Beklagten durch das Loos. Aber gerade ist der Vorzug der neuen Zivilprozeßordnung, daß sie dem Anwalt darauf hinweist, in die Sache sich zu vertiefen, sich mit ihr vertraut zu machen, und je mehr das geschieht, um so mehr wird er durch seine Thätigkeit eine gute Entscheidung vorbereiten, um so mehr wird auch der Zeit- und der Kraftaufwand sein, den er für die einzelnen Sachen braucht, und diesen Unterschied schlage ich im Verhältniß zwischen der neuen Zivilprozeßordnung und der bisherigen preußischen so hoch an, daß ich glaube, daß die Verschiedenheit nicht ausgeglichen wird durch die vorgeschlagene Erhöhung der Taxe. Hauptsächlich kommt es dabei auf die mittleren Sätze an, die für den größten Theil des deutschen Anwaltstandes maßgebend sind. Unser Augenmerk wird vorzugsweise darauf zu richten sein: sind die mittleren Taxen in angemessener Weise geordnet?

Nun, meine Herren, ist noch im Punkt, der auch von dem Herrn Vorredner angeregt ist, über den ich mir erlauben will ein paar Worte zu sagen: die Frage der Selbstschätzung. Diese Selbstschätzung ist niemals in dem Sinne aufgefaßt, daß der Anwalt in souveräner Weise seinen Parteien bittiren kann: du hast mir so viel für die Arbeit, die ich geleistet habe, zu bezahlen, — sondern sie ist immer verstanden unter dem Vorbehalt einer Ermäßigung, sei es durch den Vorstand der Anwaltskammer, sei es durch die Gerichte, eine Ermäßigung, wie sie auch der Entwurf im Fall des Vertrags vorschreibt.

Für eine richtige Gebührenordnung, die — sagen wir — dem Ideal einer Gebührenordnung entspräche, müßte man eine Unterscheidung zwischen der mehr formalen und mechanischen Thätigkeit des Rechtsanwalts, also der eigentlichen anwältlichen Thätigkeit, und der mehr geistigen Thätigkeit machen, welche in der Vertretung der Parteiinteressen, in der eigentlichen Advokaturthätigkeit liegt.

Die erste Gattung von Arbeiten ist eine solche, die man nach der Schablone behandeln kann, bei der sich sagen läßt: dies und jenes ist der angemessene Preis, denn weder läßt sich eine große Verschiedenheit geistiger Fähigkeiten dabei bewähren, noch bietet die Aufgabe große Verschiedenheit in Bezug auf ihre Schwierigkeiten und den dazu erforderlichen Anstrengungen.

Aber ganz anders liegt die Sache in Bezug auf die

interesses. Hier ist es von enormer Verschiedenheit, ob die Sache selbst große Schwierigkeiten bietet, ob der Anwalt selbst gute und schlechte Arbeit liefert, und im voraus nach einem festen Satz das zu bestimmen, muß mit Nothwendigkeit in zahllosen Fällen zur Ungerechtigkeiten führen. Man hat sich bei der Grundlegung dieser Gebührenordnung für das sogenannte Pauschsystem entschieden, das alle Sachen, einerlei, welcher Art sie sind, bloß nach Maßgabe der Größe des Gegenstandes eintheilt und die Gebühren danach festsetzt. Was man auch immerhin gegen dieses System vorbringen kann, man muß zugestehen, daß es wirklich das einzige ist, auf dem sich eine einheitliche Ordnung der Gebührentaxe für Deutschland mindestens zur Zeit einrichten läßt, und deshalb werde ich mich auch jeder Opposition dagegen enthalten. Will man wirklich die einzelne Arbeit nach ihrem Werth schätzen, so könnte sich wohl ein einheitlicher Maßstab für einen einzelnen Ort und für einen einzelnen Gerichtssprengel herausbilden; eine einheitliche Auffassung für ganz Deutschland würde sich nach der Verschiedenheit der bisherigen Anschauungen auf diesem Wege jetzt nicht gewinnen lassen, vielleicht in späterer Zeit, für den Augenblick wird kaum eine andere Bestimmung möglich sein, als die nach Pauschsummen, wiewohl dieses System eigentlich mehr den Charakter einer Besteuerung der Prozeßführenden hat nach der Höhe des Interesses, das sie an dem Prozeß haben. Denn nicht das Maß der Arbeit, sondern der Durchschnitt wird bezahlt, der Eine bezahlt zu wenig und der Andere zu viel. Ein solches System, meine Herren, soll aber auch nicht weiter ausgedehnt werden als durchaus nothwendig, und diese Nothwendigkeit liegt allerdings vor, wenn es sich um die Frage handelt, was die unterliegende Partei der siegenden Partei an Kosten zu bezahlen hat. Da muß auch eine feste Taxe maßgebend sein, zumal ja die bessere Arbeit des Gegners der unterliegenden Partei nicht zum Vortheil gereicht.

Aber ganz anders liegt die Sache, meine Herren, wenn es sich um das Verhältniß des Anwalts zu seiner eigenen Partei handelt; hier ist es das Interesse der Partei, daß der Anwalt sich in die Sache mit dem größten Fleiße vertieft, hier ist es das Interesse der Partei, dem Manne ihres speziellen Vertrauens, von dem sie glaubt, daß er die größere Fähigkeit und Sachkenntniß hat, ihre Sache zu übertragen. Nun, meine Herren, wenn man immerhin sagen kann, die Verschiedenartigkeit der Sachen gleichen sich aus, wenn man einen mittlern Satz annimmt, so mag das richtig sein für die Gesammtheit aller Prozesse, es ist aber nicht richtig für die Thätigkeit eines einzelnen Anwalts. Denn es ist ein außerordentlich geringer Trost für denjenigen Anwalt, der für seine große Arbeit eine geringe Bezahlung bekommt, daß sein Nachbar nebenan für eine kleine Arbeit eine große Bezahlung bekommt. Eine Ausgleichung würde nur stattfinden, wenn man von vornherein annehmen könnte, daß die Arbeiten sich gleichmäßig vertheilen. Nun kann sich aber die Sache so stellen: die hervorragenden, fleißigen, kenntnißreichen Anwälte werden gerade gesucht sein für die schwierigeren Sachen, für die leichteren wird man sich mit den minder fleißigen und minder kenntnißreichen Anwälten behelfen. Es könnten sich im Laufe der Zeit zwei Klassen von Anwälten ausscheiden, wenn auch nicht in so schroffer Form, von denen die eine ganze Zeit mit Eintreibung von schlechten Schulden zubringt und dadurch eine große Einnahme erzielt, während die andere, der eine große Anstrengung an geistiger Thätigkeit zugemuthet wird und die sehr großen Fleiß auf ihre Sachen verwenden muß, eben deshalb aber auch nur eine geringe Zahl von Fällen bewältigen kann, außerordentlich viel schlechter gestellt ist. Das, meine Herren, ist ein Verhältniß, welches, wenn es auch in der krassen Form nicht in der Praxis vorkommen wird, doch immer Berücksichtigung verdient. Man soll auch dem Anwalt nicht den Anreiz geben,

verständigen kann über dasjenige, was sie dem Anwalt zu vergüten hat, die Möglichkeit hat, an das Gericht zu gehen und sich vom Gericht einen Anwalt zutheilen zu lassen, wiewohl mit Verzicht auf die Möglichkeit, sich selbst eine Person ihres speziellen Vertrauens zu wählen, und daß derjenige, der einer Partei zugetheilt ist, nach der Taxe und ohne Vereinbarung zu arbeiten verpflichtet ist, wenn Sie das berücksichtigen, so ist überall kein Grund vorhanden, der freien Vereinbarung zwischen Partei und Anwalt irgendwelche Schranken zu ziehen, wie es in dieser Vorlage geschehen ist. Die Vorlage hat allerdings die Nothwendigkeit anerkannt, unter den gegebenen Umständen die Vereinbarung des Anwalts mit der Partei über die Höhe der Kosten zuzulassen, und sie mußte es zugestehen, weil eben nur ein System, das wirklich nach dem Werthe das Honorar bemißt, die freie Vereinbarung entbehrlich macht. Aber wie hat die Vorlage nun ihre Vorschläge gemacht? Sie verlangt zunächst bei der freien Vereinbarung zwischen Anwalt und Partei eine feste oder eine nach objektiven Merkmalen zu bestimmende Summe, z. B. zweifache oder dreifache Taxe, sie verlangt ferner eine schriftliche Verabredung, und soll ohne diese die Partei an die Vereinbarung nicht gebunden sein, und sie unterwirft drittens eine solche Interesse der Partei verletzende Vereinbarung der Kognition des Vorstandes der Anwaltskammer oder einer Moderirung durch die Gerichte. In der letzteren Beziehung, meine Herren, bin ich vollkommen einverstanden, aber was die beiden ersten Punkte betrifft, so scheinen sie mir in keiner Weise gerechtfertigt zu sein.

Namentlich sind es zwei Besorgnisse, die die Vorlage hegt. Sie fürchtet, daß bei nicht schriftlicher Vereinbarung die Anwälte häufig in unangenehme Prozesse über ihre eigenen Honorare gerathen können. Ja, meine Herren, wenn die Herren Verfasser des Entwurfs im ganzen deutschen Reich umsehen, werden sie überall die Ueberzeugung gewinnen, daß es keinen Stand gibt, der weniger geneigt ist, mit seiner Privatangelegenheiten die Gerichte zu behelligen, als der Anwaltsstand. Gewohnt, einem Richter in der vornehmeren Stellung, möchte ich mich bezeichnen, als Vertreter fremder Interessen entgegenzutreten, scheut er sich davor, seine eigenen Interessen vor demselben geltend zu machen. Also diese Besorgniß, meine Herren, ist eine theoretische, keine praktische. Will man aber die Rücksicht auf das Zartgefühl, das sich überhaupt gegen dergleichen Verabredungen sträubt, in Betracht ziehen, so frage ich Sie: welche Situation ist die delikatere? Denken Sie sich, eine Partei kommt zum Anwalt in einem Prozesse, dessen Umfang im voraus nicht zu berechnen ist, der möglicherweise in den gewöhnlichen Verhältnissen verläuft, möglicherweise sich aber auch zu großen Dimensionen ausbauscht. Der Anwalt muß nach den Vorschlägen der Vorlage der Partei sagen: ich kann nicht wissen, was aus deiner Sache wird, ich kann nicht wissen, ob ich im Stande bin, das volle Maß der Arbeit, welche deine Sache erfordert, dir gegen eine Entschädigung, wie die Taxe sie vorschreibt, zu liefern; also schreibe ich dir zwei oder dreimalige Taxe auf, daß du mir die zwei oder dreimalige Taxe bezahlen willst. Oder denken Sie sich den Vorgang: der Anwalt, der in einer solchen Situation ist, sagt zur Partei: ich bin nicht in der Lage, im voraus zu sagen, welchen Umfang dir Arbeit deine Sache verursachen wird; du mußt mir das Vertrauen schenken, daß ich selbst entscheide, ob sich die Arbeit als eine gewöhnliche ausweist, die nach der Taxe behandelt werden kann, oder ob, wenn ich genöthigt sein würde, über die Taxe hinaus zu berechnen, ich das in billiger Weise nach dem Maße der Arbeit thun werde; und sollte ich darin doch Unrecht thun, so bleibt dir das Mittel, dich an den Vorstand der Anwaltskammer oder an die Gerichte zu wenden, um meinen zu hohen Ansatz zu ermäßigen.

der Würde des Anwaltstands und dem ganzen Verhältniß außerordentlich viel angemessener ist, als die erste? Und das ist es, meine Herren, was ich an diesem Gesetz geändert zu sehen wünsche. Ich wünsche, daß die Taxe absolut maßgebend bleibt für das Verhältniß des Gegners, ich wünsche, daß sie eine subsidiäre Vorschrift bleibt für das Verhältniß zwischen Partei und ihrem Anwalt, und zwar absolut maßgebend, wenn eine andere Verständigung nicht zu Stande kommt. Ich wünsche aber allerdings, daß die Möglichkeit einer Verständigung in den freiesten Formen gegeben werde, und vor allem, meine Herren, daß die Schriftlichkeit, die auf diesem ganz ungerechtfertigten Mißtrauen gegen den Anwaltstand beruht, auf einem Mißtrauen, das fabelhaft mit dem großen Vertrauen kontrastirt, das dem Anwaltstand in unseren Prozeßgesetzen geschenkt wird, — daß diese Schriftlichkeit aus diesem Gesetz herausgebracht wird. Sie ist eine Beschränkung, meine Herren, deren die schlechten Elemente sehr leicht Herr zu werden im Stande sein werden, die aber für die guten Elemente gerade die Vereinbarung fast absolut unmöglich machen, mit der man eigentlich also gar nichts erreichen wird.

Ich will mich, meine Herren, auf diese Bemerkungen beschränken und mache Ihnen den Vorschlag, diese Vorlage, deren Prüfung im einzelnen dem vollen Hause unmöglich sein wird, an eine Kommission von 21 Mitgliedern zu überweisen.

(Bravo!)

Präsident: Der Herr Abgeordnete Thilo hat das Wort.

Abgeordneter Thilo: Meine Herren, im großen und ganzen bin ich mit meinem Herrn Kollegen Wolffson einverstanden; was aber seinen letztgestellten Antrag betrifft, so meine ich, daß wohl die Kommission aus 14 Mitgliedern ganz angemessen zusammengesetzt werden kann.

Mir will es scheinen, daß 21 Mitglieder für diese Materie zu viel sind, und zwar spreche ich aus Erfahrung. Ich war selbst Mitglied der Kommission für die Berathung des deutschen Gerichtskostengesetzes, und war jene Kommission aus 21 Mitgliedern zusammengesetzt. Ich glaube, die Herren, welche der Kommission mit angehört haben, werden mir darin beistimmen, daß die Zusammensetzung von 21 Mitgliedern sich nicht schädlich, wohl aber als überflüssig erwiesen hat.

Ich meine nämlich, daß man bei Aufstellung der Gebührenordnung die verschiedenen Rechtsmaterien in den einzelnen Ländern nicht zu kennen braucht, sondern die Grundlage für die Beurtheilung dieses Gebührengesetzes geben die deutsche Gerichtskostengesetze und die deutschen Prozeßordnungen. Eine Kommission von 14 Mitgliedern wird aber auch rascher arbeiten und vielleicht auch rascher sich einigen über das, was zur Verbesserung des Gesetzes nothwendig erscheint.

Darin kann ich dem Herrn Kollegen Wolffson nicht beistimmen, daß jene Schriftlichkeit aus dem Gesetze ausgemerzt werde, in dem Falle, wo eine Partei mit dem Anwalte einen Vertrag über die Höhe der Gebühren gegen die gesetzliche Taxe schließt; ich schicke nämlich voraus, daß es mir höchst zweifelhaft erscheint, ob es überhaupt günstig für uns wirken wird, wenn wir von dem alten Systeme der fixirten Taxen abgehen, und wenn wir dem Vorgange anderer Gesetzgebungen, z. B. den belgischen, folgen, daß der Anwalt mit der Partei einen Vertrag schließen kann, wodurch er die gesetzlichen Gebührensätze beseitigt.

Folgen wir aber jenem Beispiel, wobei mir im Augenblick noch sehr zweifelhaft scheinen will, ob es eine Verbesserung für unsere bisherigen Zustände ist, so würde ich der Ansicht sein, daß man wenigstens die sichere Grundlage der Klagbarkeit, daß die Parteien ihr Versprechen einer höheren Gebühr schriftlich abgeben müssen, aufrecht erhalten müsse.

über die Tragweite dessen klar zu werden, — er wird es erst, wenn es zum Bezahlen kommt.

Ich glaube deshalb, indem ich von vornherein der Meinung bin, daß in der Kommission es ernstlich zu erwägen sein wird, ob das Abgehen von den fixirten Gebühren durch freien Vertrag zu billigen, die Schriftlichkeit unter allen Umständen aufrecht zu erhalten ist. Meine Herren, es liegt dem Entwurf der verbündeten Regierungen eine dankenswerthe Tabelle bei, welche eine Zusammenstellung der Gebührenhöhe uns gibt in Betreff der vorgeschlagenen Gebühren für das deutsche Reich und denjenigen, wie wir sie jetzt bei uns im größten Theile des deutschen Reichs, in Preußen, haben.

Dieser Vergleich ergibt als Resultat, daß die Gebühren gegen diejenigen des preußischen Gesetzes vom 12. Mai 1851 erhöht worden sind. Es sind aber außerdem durch Gesetz vom 1. Mai 1875 in Preußen auf einmal die bisherigen Gebühren um ¼ erhöht, mit Rücksicht auf die Theurungsverhältnisse und gesteigerten Lebensbedürfnisse. Wir waren aber alle der Meinung, und ich glaube, das wäre auch im großen und ganzen die Ansicht des Anwaltstandes, daß nach jener Erhöhung der Gebühren um ¼, um 25 Prozent, wie sie durch das Gesetz vom Jahre 1875 herbeigeführt worden ist, für eine noch weitere Erhöhung wohl nicht viel Raum mehr bleibt. Ich bin ganz der Ansicht des Herrn Kollegen Wolffson, daß wir es zu vermeiden haben, und daß es eine Gefahr für unser ganzes Rechtsleben wäre, wenn wir uns etwa heranziehen wollten ein Proletariat des Anwaltstandes; ich bin allerdings der Ansicht, daß eine angemessene Bezahlung durchaus für die Förderung der Rechtspflege nothwendig sei. Aber andererseits müssen wir doch auch ein Maß insoweit innehalten, als die Rechtspflege nicht zu sehr vertheuert werden darf. Schon das deutsche Gerichtskostengesetz — und ich habe als damaliger Referent in diesem Hause es hervorgehoben und betont — hat die bisherigen Gebühren nicht bloß in Preußen, aber auch in anderen deutschen Staaten in nicht unbedeutendem Maße erhöht. Ich glaube, daß, wenn wir nicht sehr vorsichtig sind und sorgfältig die Höhe der Gebühren der Anwälte bemessen, wir nicht allein die Rechtspflege sehr schädigen würden, indem aus Scheu vor der Höhe der Kosten der Rechtsschutz nicht gesucht werden würde, sondern daß wir auch die ganze neue Justizgesetzgebung und die ganze Reorganisation in den Augen des Volkes diskreditiren würden. Ich habe dies jetzt hier hervorgehoben, weil ich nicht zweifle und Anzeichen dafür sprechen, daß es auch an Versuchen nicht fehlen wird, das nach meiner Meinung zulässige Maß der Höhe der Gebühren zu überschreiten.

Ich betone nochmals: ich bin für eine angemessene Bezahlung der Mühwaltung des Anwalts, angemessen den heutigen Verhältnissen und den gesteigerten Anforderungen an seine Thätigkeit; ich weiß auch, daß der Anwalt nicht in dem Anfange wird Geschäfte übernehmen können, wie jetzt, wo das mündliche Plaidoyer die ganze Grundlage des Prozesses gibt. Andererseits aber würde eine angemessene Vertheurung der Prozesse schließlich denselben Zustand herbeiführen, wie die Rechtsverweigerung; es würden eben auch die wohlbegründetsten Prozesse nicht geführt werden, und die gesteigerte Gebühr würde nur verminderte Einnahmen der Anwaltschaft im Gefolge haben. Ich wiederhole noch einmal, daß ich es für vortheilhaft halte, wenn die Kommission nur aus 14 Mitgliedern besteht, und ich bitte Sie, in diesem Sinne zu stimmen.

Präsident: Der Herr Abgeordnete Dr. Bähr (Kassel) hat das Wort.

Abgeordneter Dr. Bähr (Kassel): Meine Herren, ich

dem gesetzlichen Honorar noch ein Honorar mit denen zu vereinbaren. Meine Herren, auch ich kann Ihnen nicht verschweigen, daß es eine große Anzahl Juristen gibt, und zwar nicht nur Richter, sondern auch Anwälte, — An-wälte, denen ihr Beruf und das Interesse ihres Standes in hohem Maße am Herzen liegt, — welchen dieses gesammte Prinzip in hohem Maße bedenklich ist. Es ist ja gar nicht zu bezweifeln, daß Herr Kollege Wolffson, wie wir ihn ja alle kennen, nach bester Ueberzeugung und bestem Wissen seine Gedanken vertreten hat; aber ich weiß nicht, ob Herr Kollege Wolffson die Verhältnisse so überblickt, wie sie überall in Deutschland sind. Herr Kollege Wolffson ist Anwalt in einer großen Handelsstadt. Der Kaufmann führt überhaupt nur selten Prozesse; wenn er aber Prozesse führt, weiß er sehr gut, warum er es thut, und dann kommt es ihm auch nicht darauf an, noch ein Stück Geld dazu zu legen. Meine Herren, in einem großen Theile Deutschlands rekrutirt sich das prozeßführende Publikum aus ganz anderen Kategorien der Be-völkerung: es sind die minder wohlhabenden Stände, namentlich die minder wohlhabenden Stände der Landbevölkerung, welche das große Kontingent der Prozeßführenden bilden, und es ist geradezu unglaublich, wie ein Theil dieser Bevölkerung in Rechtsdingen unverständig ist und in Rechtsstreitigkeiten hin-eingeräth, ohne zu wissen, wie. Wenn nun der Bauer zu einem Anwalt in die Stadt kommt, der ihm empfohlen ist, und vielleicht zu einem nahen Termine seine Hilfe in An-spruch nimmt, und der Anwalt aber dann sagt: „mir ist die Sache so schwierig, du mußt mir als Extrahonorar noch so und so viel versprechen": da unterschreibt der Bauer alles, was der Anwalt ihm vorlegt. Auf diese Weise bietet das Extrahonorar die Gefahr, daß es in manchen Fällen zu einer Form legaler Erpressung wird. Wenn nun in einem großen Theile Deutschlands, namentlich in Preußen, dies dahin ge-führt hat, daß schon bisher eine solche freie Vereinbarung über das Honorar nicht gestattet war, so tritt in dem neuen Verfahren noch eine andere Gefahr hinzu. Meine Herren, je mehr die Mündlichkeit wirklich sich entwickelt, um so mehr liegt die Gefahr nahe, daß nicht der Richter, sondern der Anwalt den Prozeß beherrscht, mit andern Worten, daß nicht derjenige den Prozeß gewinnt, welcher die gerechte Sache hat, sondern der, welcher den besten Anwalt hat. Gewährt man nun noch dem Anwalt die Be-fugniß, über das Honorar mit der Partei zu paktiren, so kann dies nur in dem Glauben unseres Volkes sehr nachtheilige Folgen nach sich ziehen; es kann dahin führen, daß man glaubt, man gewinne den Prozeß, wenn man das meiste Geld auf den Prozeß verwende. Meine Herren, in Amerika be-stehen diese Verhältnisse im vollsten Maße; dort beziehen die Anwälte für Uebernahme des Patrozinium u. theure Sum-men, Tausende: — erkundigen Sie sich über die dortigen Ver-hältnisse, ob dort das Vertrauen besteht, daß Recht und Ge-rechtigkeit überall bei den Gerichten obwaltet!

Meine Herren, dieses freie Paktiren über das Honorar hat aber auch noch eine andere Seite. Wo eine allzu große Anzahl von Anwälten sich sammelt, wie es bei der freien Advokatur nicht unmöglich ist, läßt es sich denken, daß sich auch Anwälte finden, welche zu einem geringeren Betrage als dem gesetzlichen Honorar sich dazu verstehen, Prozesse zu führen; daß ein Angebot von einzelnen gemacht wird: ich übergebe dir den Prozeß, aber du mußt dich mit einer ge-ringeren Summe begnügen. Meine Herren, daß dies die größte Gefahr, namentlich im Interesse der Ehre des Anwalt-standes, in sich trägt, liegt so nahe, daß ich es nicht näher auszuführen brauche.

Meine Herren, ich habe dies schon in diesem Stadium der Verhandlung aussprechen wollen, weil ich in der That wünsche, daß auch die Laien hier im Hause sich um diese Fragen der Justizgesetze bei Nichtjuristen nicht das volle Ver-ständniß finden; sonst würden vielleicht manche unserer Justiz-gesetze anders ausgefallen sein. Bei dieser Frage, glaube ich, können sie die Bedeutung derselben erkennen, und deswegen möchte ich, daß sie sich beizeiten mit dieser Frage befassen und darüber sich ein Urtheil bilden. Gerade weil solche wichtigen Fragen im Gesetze vorkommen, möchte ich bitten, die Kom-mission aus 21 Mitgliedern zusammenzusetzen. Wir haben ja neuerdings im Abgeordnetenhause, der Abgeordnete Thilo wird es bestätigen, die Erfahrung gemacht, daß auch eine Kommission von dieser Größe recht schnell arbeiten kann.

Präsident: Das Wort wird nicht weiter gewünscht...

(Abgeordneter Witte (Schweidnitz) bittet ums Wort.)

(Rufe: Oho!)

Der Herr Abgeordnete Witte hat das Wort.

Abgeordneter Witte (Schweidnitz): Nur wenige Worte Ich wollte mich auch dem vom Kollegen Bähr (Kassel) aus-gesprochenen Wunsche, die Kommission aus 21 Mitgliedern zusammenzusetzen, auf das nachdrücklichste anschließen und den Wunsch befürworten. Ich glaube, meine Herren, das Gesetz mag zu denjenigen gehören, von welchen der preußische Justizminister Dr. Leonhardt im Abgeordnetenhause gesagt hat, es seien langweilige juristische Gesetze, und es dürfte wenig Interesse an der Sache wegen der juristischen Bedeu-tung vorhanden sein; aber, meine Herren, die materiellen Interessen aller Schichten der Bevölkerung werden auf das lebhafteste dadurch berührt, und ich hätte den Wunsch, daß eine große Kommission von Mitgliedern aus allen Be-rufsklassen ernannt und nicht bloß Anwälte, Richter und Geschäftsleute, sondern auch solche, welche die ländlichen Interessen vertreten, hineingewählt würden. Ich wünschte gerade, daß auf diese Weise die Gelegenheit gegeben würde, vom Standpunkte einander entgegenstehender Interessen möglichstes Einverständniß zu gewinnen, und möchte noch darauf hinweisen, daß vielleicht auch die Er-fahrungen, die innerhalb besonderer Rechtssysteme gesammelt worden sind, fruchtbringend sich zeigen dürften.

Ich erspare mir ein Eingehen auf die Einzelheiten jetzt hier im Hause, bitte aber auch lebhaft, die Kommission aus 21 Mitgliedern zusammenzusetzen.

Präsident: Das Wort wird nicht weiter gewünscht; ich schließe die erste Berathung.

Darüber besteht Einverständniß, daß das Gesetz über-haupt an eine Kommission verwiesen werden soll, — ich glaube nicht, daß ein Widerspruch hierüber im Hause vor-handen ist. Von der einen Seite wird eine Kommission von 21 Mitgliedern, von der anderen Seite eine Kommission von 14 Mitgliedern beantragt.

Ich werde daher die Frage stellen, ob der Entwurf einer Kommission von 21 Mitgliedern zur weiteren Vor-berathung überwiesen werden soll; wird die Kommission von 21 Mitgliedern abgelehnt, so nehme ich an, daß der Ent-wurf an eine Kommission von 14 Mitgliedern zur weiteren Vorberathung geht.

(Pause.)

Das Haus ist mit der Fragestellung einverstanden, und ich ersuche nunmehr diejenigen Herren, welche die Vorlage an eine Kommission von 21 Mitgliedern zur weiteren Vor-berathung verweisen wollen, sich zu erheben.

(Geschieht.)

Das ist die Mehrheit; der Entwurf geht an eine Kommission

№ 7 und 8.   Berlin, 26. Februar.   1879.

Juristische Wochenschrift.

Herausgegeben von

B. Haenle,   und   **Dr. A. Lüntzel,**
königl. Advokat in Ansbach.   Rechtsanwalt beim königl. Obertribunal in Berlin.

Organ des deutschen Anwalt-Vereins.

Preis für den Jahrgang 12 Mark. — Bestellungen übernimmt jede Buchhandlung und Postanstalt.

Anträge an den Anwaltstag.

I.

Antrag des Advokatanwalts Adams (Coblenz).

Der Anwaltstag wolle beschließen:

an den Deutschen Reichstag die Bitte zu richten, den Entwurf einer Gebührenordnung für Rechtsanwälte in folgenden Punkten zu ändern:

1) in §. 9 Alinea 2 zu faffen:

Der Gebührensatz beträgt bei Gegenständen im Werthe

1. bis 20 Mark einschließlich				2 Mark.
2. von mehr als 20 bis	60 Mark einschließlich			3 M.
3. " " 60 "	200 "	"	"	8 "
4. " " 200 "	300 "	"	"	10 "
5. " " 300 "	450 "	"	"	20 "
6. " " 450 "	900 "	"	"	30 "
7. " " 900 "	1600 "	"	"	40 "
8. " " 1600 "	2700 "	"	"	50 "
9. " " 2700 "	5400 "	"	"	60 "
10. " " 5400 "	10000 "	"	"	64 "

2) in §. 13 Nr. 4 zuzusetzen:

Dauert die Beweisverhandlung länger als 3 Stunden, so steht dem Rechtsanwalt für jede fernere angefangene Stunde ein Zehntel der Sätze des §. 9 zu.

Sodann als neues Alinea zu §. 13.

In Berufungssachen steht dem Rechtsanwalt für den Geschäftsbetrieb die doppelte Betrag der Sätze des §. 9 zu.

3) Den §. 19 zu streichen.

4) Zu §. 77 die Sätze ad I an Tagegeldern auf 20 Mark ad II für ein Nachtquartier auf 5 Mark festzusetzen.

5) Den §. 93 und 94 durch nachfolgende Bestimmungen zu ersetzen.

§. 93.

Der eigenen Partei gegenüber ist der Rechtsanwalt berechtigt in nachfolgenden Fällen eine besondere der Gegenpartei in keinem Falle zur Last kommende Vergütung in Anspruch zu nehmen:

1) wenn die Partei eine solche versprochen hat;
2) wenn die Sache eine besondere durch vorstehende Sätze nicht angemessen vergütete Thätigkeit des Rechtsanwalts erfordert hat.

§. 94.

Die von dem Rechtsanwalte für die in dem vorstehenden Paragraphen erwähnte besondere Vergütung, sowie auch die von demselben für Ausarbeitung eines Gutachtens (§. 88) berechneten Ansprüche unterliegen im Bestreitungsfalle der Festsetzung durch den Vorstand der Anwaltskammer.

Motive.

Die Motive des Entwurfs, welche im Allgemeinen die Verhältnisse der Rechtsanwälte in anerkennenswerther Weise würdigen, sagen, daß bei Bemessung der Sätze davon ausgegangen sei, „daß die Anwaltsgebühren nicht erheblich „höher sein sollen, als sie es nach dem preußischen „Gesetze vom 12. Mai 1851 und 1. Mai 1875 zur Zeit sind." Als Endergebniß rechnen sie „bei gleichbleibender Zahl der Anwälte auf eine, wenn auch nicht bedeutende Erhöhung der Durchschnittseinnahme."

Dieser Art der Normirung würde bei geschloffener Anwaltszahl nicht widersprochen werden können. Bei dem gesetzlich angenommenen Prinzip der freien Advokatur ist dieselbe aber eine ungenügende. Die freie Advokatur hat gerade zur Folge, daß die jetzige Zahl der Anwälte nicht gleichbleibe, daß im Gegentheil der Eintritt in die Zahl der sich um das Vertrauen des Publicums bewerbenden Rechtsanwälte einer großen Zahl neuer Concurrenten geöffnet werde. Eine Normirung also, welche die schon durch die Theurungsverhältnisse und die vermehrte Arbeit gebotene „nicht bedeutende Erhöhung" der älteren Taxen nur für den Fall in Aussicht stellt, daß die Zahl der Anwälte sich durch die Freigebung der Anwaltschaft nicht vermehre, trägt den Verhältnissen keine genügende Rechnung.

Bei freier Anwaltschaft, bedarf es einer wesentlich höheren, als der für eine geschlossene Anwaltszahl genügend gewesenen Taxe, wenn nicht ein beträchtlicher Theil der Anwälte eine unauskömmliche Existenz haben soll. — Das rechtsuchende Publikum kann und muß sich diese höhere Taxe gefallen lassen, denn wesentlich in seinem Interesse liegt die Freigebung der Advokatur. Ihm wird die Freiheit in der Auswahl des Anwaltes vergrößert; ihm wird der Eintritt für sich und seine Söhne in den Anwaltstand erleichtert; ihm vor Allem muß daran gelegen sein, daß die Anwälte, denen er seine Rechtssachen anzuvertrauen es gezwungen ist, unabhängige, und zum Mindesten über die Nahrungssorgen des Lebens erhabene Männer seien.

Von diesen allgemeinen Gesichtspunkten ausgehend, suchen die vorstehenden Abänderungsanträge, ohne den Rahmen des Entwurfs zu verlassen, und ohne die in demselben aufgestellten Grundsätze wesentlich zu alteriren, durch Erhöhung der Sätze für die mittleren Sachen eine auskömmliche Normirung der Durchschnittseinnahme zu erreichen, welche immerhin, soweit sich dies übersehen läßt, noch weit unter derjenigen bleibt, welche die gegenwärtige rheinische Gebührenordnung bietet.

Im Einzelnen wird bemerkt:

ad 1 des Antrages (§. 9.)

Während der vorliegende Antrag für die erste und zweite Stufe dem Entwurfe folgt, und bei dem Betrage von 10000 Mark sowie allen höheren Streitobjekten sich dem Entwurf wieder anschließt, werden für die mittleren Sachen höhere Sätze mit konsequenter Anwendung des für die Berechnung der Zehntheile passenderen reinen Dezimalsystems vorgeschlagen. Es beruht dies auf den vorstehend ausgeführten allgemeinen Erwägungen. Nur durch Fixirung eines die volle Arbeit angemessen honorirenden Satzes für die mittleren, das eigentliche Gros der landgerichtlichen Thätigkeit bildenden Sachen — insbesondere die zwischen 450 und 2100 Mark — kann eine genügende Taxe hergestellt werden.

ad 2 (§. 13.)

Daß es gerechtfertigt ist, bei einem Beweistermine 2c. welcher einen ganzen Tag oder sogar mehrere Tage dauert die Gebühren des Anwalts in der vorgeschlagenen bescheidenen Weise um 1/10 des Satzes für jede nun vollendeten 3 Stunden folgende Ueberstunde zu erhöhen, bedarf wohl keiner Ausführung.

Wichtiger aber wohl unerläßlich, wenn die Taxe den bestehenden Verhältnissen einigermaßen entsprechen soll, ist die beantragte Zusatzbestimmung, daß der Anwalt in Berufungssachen wenigstens für die Position „Geschäftsbetrieb" die doppelten Sätze des §. 9 beziehe. Diese Bestimmung rechtfertigt sich aus verschiedenen Gründen.

a. Bei Berufungssachen besteht die Information des Anwalts nicht nur in der Ermittelung des Streitgegenstandes selbst, sondern auch aus der gesammten Verhandlung erster Instanz einschließlich oft eines vielleicht weitläufigen Beweisverfahrens.

b. Bei Berufungssachen ist die Thätigkeit des Anwalts bei Bearbeitung und mündlicher Verhandlung eine potenzirte, da es sich um Angriff eines dem Gegner zur Seite stehenden motivirten Urtheils handelt. Auch die Bekämpfung eines solchen potenzirten Angriffs erfordert ein erhöhte Thätigkeit.

c. Wenn es im Allgemeinen nothwendig sein mag die Sätze für kleinere Streitsachen an den Amtsgerichten niedrig zu fixiren, so können dieselben doch für das Verfahren an den Landgerichten, wo meist Wohnungs- und sonstige Lebensverhältnisse viel theurer sind, nicht als eine genügende Vergütung erscheinen. Ebenso dürfte es angemessen sein, die Gebühren der Anwälte an den Oberlandesgerichten zu erhöhen, da die Zahl der dort zur Verhandlung kommenden Sachen eine verhältnißmäßig geringere ist.

d. Wollen überdies die Parteien sich mit der ersten richterlichen Entscheidung nicht begnügen, den Berufungsweg beschreiten, so bedürfen sie ganz gewiß nicht einer Begünstigung in diesem Bestreben; eine Begünstigung des Appelirens, ein Reiz für den Appellanten läge insbesondere bei den kleinen Sachen darin, daß er für einen winzigen Betrag den ganzen Apparat des Kollegialgerichts und zweier Rechtsanwälte in Bewegung setzte.

ad 3 (§. 19.)

Es ist eine inkonsequente Abweichung von dem Prinzipe des Bauschsystems, die Sachen des Urkunden- und Wechselprozesses, welche ohnedies schon durch die Art ihrer Verhandlung vielfach unter die niedrigst zu tarifirenden Rechtsstreite fallen werden, von der Regel auszunehmen. Inkonsequent zum Nachtheil der Rechtsanwälte ist dies, wenn man nicht gleichzeitig für alle besonders schwierigen Sachen eine gesetzliche höhere Gebühr normirt. Das Wesen des Bauschsystems liegt ja gerade darin, daß die leichteren Sachen ebensoviel einbringen sollen, wie die schweren, daß es gerade nicht auf die größere Arbeit, sondern auf die Höhe des Objekts ankommt.

ad 4 (§. 77.)

Da die Anwälte nicht in fixem Gehalte stehende Beamte sind, sondern ihr Einkommen lediglich von ihrer Thätigkeit im Berufe abhängt, so können auch die Vergütungen für Abwesenheit vom Sitze der Berufsthätigkeit nicht nach Analogie anderer Beamtenverhältnisse, sondern nur danach regulirt werden was der Anwalt durch seine Abwesenheit versäumt.

Der Satz von 12 Mark Tagegeldern und 3 Mark Nachtquartier entspricht entfernt nicht dem, was der Anwalt durch seine Abwesenheit von seinem Wohnsitze versäumt. — Die seit dem Jahre 1876 geltende Novelle für den Bezirk des Rheinischen Rechts beläßt allen Anwälten an den Landgerichten ein Tagegeld incl. Nachtquartier von 27 Mark, und außerdem sehr bedeutende Reisekosten. Die diesseits beantragten Erhöhungen haben immer noch eine sehr beträchtliche Verminderung der jetzigen Gebühren 2c. zur Folge und sind äußerst mäßig. Ein Gesammtbetrag von 25 Mark für einen ganzen auswärts verbrachten Tag incl. Nacht steht immer noch in gar keinem Verhältniß zu dem was der Anwalt dadurch verliert, daß er anstehende unaufschiebbare Termine (in Strafsachen 2c.) nicht wahrnehmen kann, daß neue eilige Rechtssachen anderen anwefenden Collegen übergeben werden, daß er endlich jedenfalls seine laufenden Geschäfte ruhen laffen muß und felbe nicht vorantreiben kann. —

ad 5 (§§. 93 u. 94).

Bezüglich der Honorarfrage werden dem Rheinifchen Rechte analoge Beftimmungen beantragt. — Der in dem vorliegenden Entwurfe vorgefchlagene Weg eines fchriftlichen Vertrages ift der Stellung, welche der Anwalt zu feiner Partei einnehmen foll, unangemeffen. Deßhalb war er auch in vielen älteren Rechtsordnungen geradezu verboten. Der Anwalt foll und muß der Partei dastehen als der ihrd vollften Vertrauens würdigfte Rechtsgelehrte, als ein Mann, von dem fie überzeugt ift, daß er fich ihrer Sache wegen der Gerechtigkeit derfelben annimmt. Es ift nicht möglich einen fchrilleren Mißton in diefes Verhältniß zu bringen, als daß man durch eine unzulängliche Taxe den Anwalt darauf hinweift, die Partei feine von ihr erbetene, vielleicht als die einzige Hoffnung von ihr angefehene, Rechtshülfe für einen befonders auszubedingenden Preis zu verkaufen. Es muß dem correct fühlenden Rechtsanwalte unendlich fchwer, wenn nicht unmöglich fein, dem Rechtfuchenden, der ihm fein Vertrauen gefchenkt hat, ihn vor Anderen ausgewählt hat, als Antwort und Dank für diefes Vertrauen zu erklären, daß die Gerechtigkeit feiner Sache, die Bedrängtheit feiner Lage kein genügender Grund für ihn den Rechtsanwalt fei, die Sache zu übernehmen, daß dies vielmehr davon abhänge, daß zuerft noch fchriftlich feftgeftellt werde, wie viel er der Anwalt außer der gefetzlichen Taxe extra erhalte. — Zwingt dies nicht den Anwalt fich der Partei als vorzugsweise egoiftifch und mißlaunifch hinzuftellen?

In folcher Weise hat die Bewilligung eines Honorars keinen Werth für den Anwaltsftand.

Will man ihm in dem Honorar einen Ausgleich für die Unzulänglichkeit der Taxe geben, fo versuche man doch es in der Weise des Rheinifchen Rechts zu thun. Sollte das, was im Gebiete des Rheinifchen Rechts zu keinen Inconvenienzen geführt hat, fich für das ganze Reich nicht bewähren, fo bleibt in der Reichsgefetzgebung ja immer noch vorbehalten eine Aenderung eintreten zu laffen. —

Jedenfalls wäre es fehr zu beklagen, wenn man um der Zuläffigkeit eines folchen Honorars willen die allgemeine Taxe wie fie oben beantragt ift, auch nur um irgend einen Betrag verkürzen wollte. —

II.

Die unterzeichneten Anwälte am Königlichen Stadtgerichte zu Berlin ftellen folgenden Antrag zu dem Entwurfe einer Gebührenordnung für Rechtsanwälte zur Berathung und Befchlußfaffung in der auf den 1. März cr. berufenen Generalverfammlung des deutfchen Anwaltvereins:

Der Anwaltstag wolle befchließen:
an den Deutfchen Reichstag die Bitte zu richten, den Entwurf einer Gebührenordnung für Rechtsanwälte in folgenden Punkten zu ändern:

1) zu §. 9 des Entwurfs:
die Gebühren-Sätze in den erften 10 Werthklaffen und ganz befonders in den erften fünf Werthklaffen angemeffen zu erhöhen.

2) zu §. 19 des Entwurfs:
die feftgefetzten 6 Zehntheile auf 7 Zehntheile zu erhöhen.

3) zu §. 30 des Entwurfs:
Alinea 5 zu ftreichen.

4) den §. 48 des Entwurfs zu ftreichen.

5) zu §. 50 des Entwurfs:
die Worte „einfchließlich der Nebenintervenienten" zu ftreichen, und ferner eine angemeffene Erhöhung der Prozeßgebühr des gemeinfchaftlichen Anwalts für den Fall eintreten zu laffen, daß einer der durch ihn vertretenen Streitgenoffen befondere Einreden vorgebracht hat.

6) zu §. 54 des Entwurfs:
die dafelbft feftgefetzten 6 Zehntheile und 4 Zehntheile auf 8 Zehntheile resp. 5 Zehntheile zu erhöhen.

7) zu §. 63 Alinea 1:
die dafelbft feftgefetzten 5 Zehntheile auf 8 Zehntheile zu erhöhen.

8) zu §. 89 des Entwurfs:
die dort auf 3 Mark für jede angefangene Stunde feftgefetzte Gebühr auf 15 Mark zu erhöhen.

9) zu §. 93 und 94 des Entwurfs:
diefem Paragraphen folgende Faffung zu geben:

§. 93.

Sofern der Rechtsanwalt nicht einer Partei zur Wahrnehmung ihrer Rechte beigeordnet oder als Vertheidiger beftellt ift, kann der Betrag der dem Rechtsanwalt zuftehenden Gebühren durch Vertrag abweichend von den Vorfchriften diefes Gefetzes feftgefetzt werden.

Die Form und Wirkfamkeit eines folchen Vertrages beftimmt fich nach den Grundfätzen der bürgerlichen Landesgefetze.

Der Beurtheilung des Vorftandes der Anwaltskammer als Disziplinarbehörde unterliegt es, ob bei Abfchluß des Vertrages der Rechtsanwalt die Grenzen der Mäßigung überfchritten, in unzuläffiger Weise die Nothlage des Auftraggebers benutzt, oder fonft bei der Verabredung einer geringeren oder höheren Vergütigung, als diefe Ordnung beftimmt, die Standes-Ehre verletzt hat.

§. 94a.

In den Fällen, in denen ein rechtsgültiger Vertrag über die Höhe der Gebühren nicht ftattgefunden, und in welchen die Thätigkeit des Rechtsanwaltes unverhältnißmäßige Mühewaltung verurfacht hat, kann ausnahmsweise am Schluffe jeder Inftanz oder nach Erledigung des Auftrages neben den durch diefes Gefetz beftimmten Gebühren ein befonderes Honorar gefordert werden. Ueber die Zuläffigkeit und Angemeffenheit diefes Honorars entfcheidet bei dem Widerfpruche der Betheiligten der Vorftand der Anwaltskammer.

§. 94b.

Die zur Erstattung verpflichtete Gegenpartei ist immer nur zur Erstattung der in diesem Gesetze tarifmäßig festgestellten Gebühren verpflichtet.

Berlin, den 21. Februar 1879.

Laué. Dirksen. Ulfert. Koiska. Wolff. Müller. Jansen. Härtel. Golz. Klemm. Riemann. Leonhard. Wenzig. Jakobi. Geppert. Adel. Stargardt. Meyer. Heilborn. Robert. Haas. Humbert. Euchel. Kremnitz. Goslich. von Herzberg. Simson. Teichert. Levy. Schmidt I. Drews. Arndts. Krebs. Gerth. Oruold. Heilbron. Wegner. Frenzel. Ackermann. Mathias. Loewe.

III.

Die Anwälte zu Breslau beantragen:

Der Anwalttag in Berlin wolle beschließen, an den Deutschen Reichstag die Bitte zu richten, den Entwurf der Gebühren-Ordnung für Rechtsanwälte in folgenden Punkten zu ändern:

I.

Dem Schlußsatze des §. 9 des Entwurfs die Fassung zu geben:

Die ferneren Werthklassen steigen um je 2000 Mark und die Gebührensätze um je 5 Mark für jede angefangene Werthklasse.

II.

Den §. 93 des Entwurfs dahin zu fassen:

Sofern der Rechtsanwalt nicht einer Partei zur Wahrnehmung ihrer Rechte angeordnet, oder als Vertheidiger bestellt ist, kann eine, über den in diesem Gesetze bestimmten Betrag hinausgehende Vergütung verabredet werden.

Die Verabredung einer geringeren als der in diesem Gesetze bestimmten Vergütung ist unzulässig. Ist jedoch dem Rechtsanwalt der Betrieb eines ganzen Inbegriffs von Geschäften z. B. eine Nachlaßpflegschaft, Testaments-Vollstreckung, Vermögensverwaltung, Häuser- oder Güteradministration oder ein Syndikat u. s. w. übertragen, oder ist derselbe zum Generalbevollmächtigten oder sonst zu einer generellen Verwaltung bestellt, so ist ihm gestattet, ein nach dem Zeitraum der Dauer dieser Uebertragung oder Bevollmächtigung zu bestimmendes Pauschquantum einer Vergütung zu vereinbaren. Die Festsetzung der Vergütung des Rechtsanwalts nach Bezugnahme auf das Ermessen eines Dritten ist ausgeschlossen.

In dem Verhältniß des Auftraggebers oder Rechtsanwalts zu dem Erstattungspflichtigen ist die vertragsmäßige Festsetzung nicht maßgebend.

III.

Den §. 94 des Entwurfs in nachstehender Weise anzunehmen, respektive abzuändern:

Hat der Rechtsanwalt durch den Vertragsschluß die Grenzen der Mäßigung überschritten, so kann die durch Vertrag festgesetzte Vergütung bis auf den in diesem Gesetze bestimmten Betrag herabgesetzt werden. Daß diese Grenzen überschritten sind, wird im Falle der Klage, durch ein demselben beizufügendes Gutachten des Vorstandes der Anwaltskammer festgesetzt.

Diese Vorschrift findet entsprechende Anwendung, wenn der Rechtsanwalt durch den für die Ausarbeitung eines Gutachtens erhobenen Anspruch (§. 88) die Grenzen der Mäßigung überschritten hat. Dieselbe ist dagegen in beiden Fällen auf bereits bezahlte Vergütung nicht anzuwenden.

Breslau, den 21. Februar 1879.

Die Versammlung der Anwälte zu Breslau.

Fischer. Korn. Petiscus.

IV.

Von Herrn Collegen Caspari aus Detmold wird uns geschrieben:

Durch verschiedene Rücksichten leider verhindert, an dem diesjährigen Anwaltsvereine persönlich theilzunehmen, halte ich es doch für angezeigt, mich wenigstens schriftlich über den dem Reichstage vorgelegten Entwurf einer Gebührenordnung für Rechtsanwälte zu äußern. Ich kann denjenigen Herren Kollegen, welche sich in der Juristischen Wochenschrift über den qu. Entwurf ausgesprochen haben, darin nicht beistimmen, daß durch ein jenem Entwurfe entsprechendes Gesetz die Existenz eines großen Theiles der Anwälte bedroht wird, daß namentlich die in kleineren Städten ausässigen Anwälte, denen die Gelegenheit, in Sachen von größerem Werthe zu arbeiten nur selten sich bietet, dem drohenden Mangel gegenüberstehen. Es liegt nicht nur im Interesse dieser selbst, daß der Entwurf in der vorliegenden Gestalt nicht zum Gesetze werde, sondern auch im Interesse einer geordneten Rechtspflege. Zu der Thätigkeit an den Amtsgerichten und den Landgerichten mit geringen Bezirken, wie solche in den kleineren Staaten die Regel bilden, wird sich auf die Dauer kein fähiger Anwalt mehr herbeilassen, und leicht könnte es eintreten, daß die Civilprozeßordnung, welche den Betrieb der Prozesse durch die Parteien oder nicht zur Anwaltschaft zugelassene Vertreter nur bei den Amtsgerichten gestattet, nachhaltig gar nicht durchgeführt werden kann. Die dem Entwurfe anscheinend zu Grunde liegende Erwägung, daß sich bei dem augenblicklichen Darniederliegen des Handels und des Verkehrs immer eine genügende Anzahl von Leuten finden werde, welche mit den kargen Verdiensten und der dadurch bedingten untergeordneten Stellung eines Anwalts bei kleineren Landgerichten vorlieb nähmen, dürfte sich auf die Dauer als sehr trügerisch erweisen. Die geschäftliche Kalamität kann und muß sich ändern und außerdem dürfte es dem Publikum nicht gerade dienlich sein, sich der Hülfe solcher Anwälte zu bedienen, welche diesen Beruf nur gewählt haben, weil ihnen eine andere Möglichkeit, ihr Leben zu fristen, nicht gegeben war.

Daß die in dem vorliegenden Entwurfe gewählten Gebührensätze für die unteren Werthklassen zu gering sind, bedarf wohl keines Nachweises. Dieser ist außerdem durch den Artikel „Schlechte Aussichten" in Nr. 4, 5 der juristischen Wochenschrift auf das Schlagendste geliefert worden. Nimmt man an, daß in kleineren Städten die in 6. Werthstufe (451—650) verhandelten Prozesse den Durchschnitt bilden, so würde ein Anwalt, um ein jährliches Einkommen von 9000 Mark zu haben, welches mit Rücksicht darauf, daß ihm keinerlei Pensionsberechtigung zusteht, als übermäßig glänzend nicht bezeichnet werden kann, 180 derartige Sachen in einem Jahre vollständig durchzuführen haben. Abgesehen davon, daß eine übernormale Arbeitskraft einer solchen Aufgabe wohl kaum gewachsen sein dürfte, wird ein Anwalt an einem kleineren Landgerichte schwerlich in die Verlegenheit kommen, seine Leistungsfähigkeit einer solchen Probe zu unterziehen. Man wird nicht fehlgehen, wenn man die ihm übertragenen Sachen auf den dritten Theil veranschlagt. (Diese Schätzung ist in der Weise aufzufassen, daß z. B. 2 Sachen vierter Werthklasse gleich einer der sechsten Stufe gerechnet werden.)

Ich kann daher den Anträgen der beiden Herren Referenten bezüglich der Erhöhung der Gebührensätze in den ersten 10 Werthklassen im Allgemeinen nur beistimmen. Durch die von dem Herrn Collegen Fürst vorgeschlagene ist aber meines Erachtens dem Mangel des Entwurfes nicht genügend abgeholfen, während ich bei dem Antrage des Herrn Justizrath Lesse die erforderliche Präcisirung vermisse. Ich erlaube mir daher zu dem letzteren den Verbesserungsantrag zu stellen,

1) zu §. 9 des Entwurfs: die Gebühren in den ersten 5 Werthklassen zu verdoppeln und in der 5 folgenden um die Hälfte zu erhöhen.

Außerdem erlaube ich mir noch, folgenden selbstständigen Antrag zu stellen,

folgenden Zusatz zu §. 25 bei dem Reichstage zu befürworten:

„Erstreckt sich die mündliche Verhandlung zur Hauptsache über mehrere Termine, so kann der Rechtsanwalt für jeden derselben die Verhandlungsgebühr beanspruchen, falls nicht die Vertagung des Termines durch sein Verschulden veranlaßt ist."

Zur Begründung dieses Antrages bemerke ich, daß eine Vertagung des Hauptverhandlungstermines namentlich in den nächsten Jahren nach dem Inkrafttreten der Civilprozeßordnung häufig vorkommen wird. In dem größeren Theile Deutschlands ist der Uebergang von den bisherigen Verfahren zu dem durch die Reichsjustizgesetze bedingten, ein so schroffer, daß die Gerichte sich nur sehr schwer an das letztere gewöhnen werden. Es ist daher zu erwarten, daß sie sich häufig einer Schwierigkeit gegenüber sehen, deren Ueberwindung in demselben Termine nicht möglich ist und daher zu einer Vertagung führt. Die Verhandlungsgebühr ist aber offenbar mit Rücksicht darauf bemessen, daß die Hauptverhandlung in einem einzigen Termine erledigt werde. Die Billigkeit erfordert daher, daß für mehrmalige Verhandlung auch mehrmalige Gebühr anforderbar ist.

Der von mir beantragte Zusatz würde außerdem den bei dem Gerichtspersonal mißliebigen Anwalt davor schützen, daß zu einer Vertagung des Termins bei jenem mehr Neigung vorhanden ist, als vielleicht unter anderen Verhältnissen.

Daß der Anwalt die mehrfache Verhandlungsgebühr nicht

beanspruchen darf, wenn eine Vertagung durch sein Verschulden veranlaßt ist, bedarf keiner Befürwortung.

Detmold, im Februar 1879.

A. Caspari.

Zur Gebührenfrage.

Herr Kollege Haucke hat in der letzten Nummer d. Bl. einen sehr schätzenswerthen Beitrag zur Beurtheilung des Entwurfs der Gebührenordnung geliefert. Was er bezüglich der Differenz zwischen der Höhe der Taxe des Entwurfs und der der hannoverschen Gebührenordnung für amtsgerichtliche Streitfälle bemerkt, trifft beinahe in gleichem Maße gegenüber der württembergischen Gebührenordnung vom 29. Junuar 1869 zu.

Es beträgt nämlich die württembergische Taxe in:

	Werthklasse			
	I. bis 60 ℳ	II. bis 100 ℳ	III. bis 200 ℳ	IV. bis 300 ℳ
Arrha	—	4	8	12
Schriftsatzgebühr . .	2 50	3	4	5
Verhandlungsgebühr .	3	4	5	7
Beweisarrha	—	2	4	6
Beweisaufnahme . .	3	4	5	7
Summe . .	8 50 Maximum 11 ℳ	17	26	37

Es würde sich hiernach das Einkommen eines württembergischen Amtsgerichtsanwalts aus seiner Thätigkeit in bürgerlichen Rechtsstreitigkeiten um mindestens ein Drittheil vermindern und damit die Existenz von Anwälten in nicht zugleich mit dem Sitze eines Landgerichts bedachten Amtsgerichtsstädten zur Unmöglichkeit gemacht werden.

Das hohe Interesse, welches das rechtsuchende Publikum darin hat, daß auch in solchen Städten von einiger Bedeutung Anwälte niedergelassen sind, wurde in d. Bl. aus Anlaß der Erörterung der Lokalisationsfrage früher mehrfach nachgewiesen. Ich möchte heute nur darauf zurückkommen, wie sehr nicht allein den Angehörigen eines Amtsgerichtsbezirks ohne Landgericht, sondern auch Auswärtigen die gerichtliche Verfolgung von zur Zuständigkeit des Amtsgerichts gehörigen Forderungen rc. erschwert wird, wenn sie genöthigt sind, sie einem entfernt wohnenden Landgerichtsanwalte zu übertragen. In Württemberg befinden sich zur Zeit in 40 Oberamtsstädten, welche nicht zugleich den Sitz eines Landgerichts haben, 70 Anwälte, ein unumstößlicher Beweis für das Bedürfniß der Vorhandensein von Anwälten in solchen Städten.

Die den Amtsgerichtsanwälten durch die Anwaltsordnung verliehene Befugniß der Parteivertretung in Anwaltsprozessen bei dem Landgerichte ihres Wohnsitzes würde den Einnahmeausfall aus ihrer Thätigkeit in amtsgerichtlichen Civilprozessen weit nicht ausgleichen, da die Parteien mit nur seltenen Ausnahmen der Reisekosten wegen vorziehen werden, sich eines am Landgerichtssitze wohnenden Anwalts zu bedienen, oder im Falle der Aufstellung eines Amtsgerichtsanwalts die von ihm selbst zu tragenden Reisekosten einen erheblichen Theil seiner Einnahme aus solchen Prozessen wieder verschlingen würden. Die unausbleibliche Verminderung der Zahl der Prozesse überhaupt durch die hohen Gerichtskosten darf auch nicht außer Betracht gelassen werden.

Auch für ihre Thätigkeit in Strafsachen (vergl. Entwurf der Gebührenordnung Seite 71) würden die Württemberger Anwälte nach dem Entwurf weit geringer belohnt als jetzt. Nebenbei bemerke ich, daß das Maximum der Audienzgebühr in anderen als Strafsachen in Württemberg 5 Mark pro Stunde beträgt. Von der bedeutenden Verminderung der Vergütung für auswärtige Geschäfte, dadurch, daß der Entwurf bei gleichzeitiger Besorgung mehrerer solcher Geschäfte nur die einmalige Anrechnung des Taggeldes gestattet, während dasselbe nach der Württembergischen Gebührenordnung für jedes Geschäft besonders verrechnet werden kann, soll ganz abgesehen sein.

Der Antrag des Herrn Kollegen Fürst, die Gebührensätze des

Entwurfs bei einem Werthe bis 120 Mark auf 3 M. 40
    und   ·   ·   ·   von 120 bis 300   ·   · 11 ·

zu erhöhen, würde die Niederlassung von Anwälten an diesen Amtsgerichtssitzen immer noch nicht ermöglichen. Ich beantrage dagegen es im Anschlusse an das Gerichtskostengesetz bei den Werthklassen des Entwurfs bei einziger Erweiterung der ersten Klasse bis auf 60 Mark zu belassen, aber die Gebühren des §. 9 in   I. Klasse auf   2 Mark 50

  » II. »   ·   5   »
  » III. »   ·   9   »
  » IV. »   ·   13   »

in den drei nächstfolgenden Klassen aber um mindestens Zweizehntel zu erhöhen.

Die höheren Werthklassen werden in den Deservitenbüchern der deutschen Anwälte, sofern sie nicht in großen Städten ansässig sind, künftig noch mehr als jetzt nur zu den seltenen Ausnahmeerscheinungen gehören und auf das regelmäßige Einkommen eines sehr großen Theils der Anwälte einen geringen Einfluß haben.

Eine Belohnung von 6 und respective 10 Mark für einen vollen Tag (§. 62, Ziffer 1 und 2. §. 63 des Entwurfs) dürfte auch entschieden keine angemessene Belohnung für die häufig überaus anstrengende und aufregende Berufsthätigkeit eines Vertheidigers in der Hauptverhandlung sein.

Die Betretung des in §. 93 des Entwurfs uns gelassenen Auswegs zur Verschaffung eines anständigen Auskommens aus dem Ertrage unserer Praxis ist, wie in diesem Blatte ebenfalls schon mehrfach gezeigt wurde, für den Einzelnen sehr peinlich und um sie zu ermöglichen absolut nothwendig, daß der Deutsche Anwaltsverein im Voraus die Grenzen festestelle, welche in der Regel bei Vereinbarung der Gebühren mit den Parteien nicht überschritten werden sollen.

Dieß führt mich zu dem von allen meinen Württemberger Kollegen, welchen ich ihn mittheilen konnte, gebilligten Antrag:

Der Vorstand des Anwaltsvereins schreitet sofort zur Bildung einer Kommission von 30 Mitgliedern, welche allen Gebieten der einzelnen jetzt bestehenden Gebührenordnungen nach Verhältniß ihrer Einwohnerzahl zu entnehmen sind, und es erhält diese Kommission von dem Anwaltstage den Auftrag und die Ermächtigung, die einzelnen Sätze der Deutschen Gebührenordnung alsbald nach ihrer gesetzlichen Verkündung einer Prüfung zu unterziehen und soweit sie dieselben zu niedrig findet, die Quoten festzusetzen und bis zum 1. September 1879 durch das Organ des Deutschen Anwaltsvereins und andere ihr dazu geeignet erscheinende öffentliche Blätter bekannt zu machen, zu welche sie im Vertragswege zu überschreiten unter allen Umständen gestattet sein soll; und es sollen sämmtliche Mitglieder des Anwaltvereins verpflichtet sein, diese Quotensätze in alle ihre Vollmachten aufzunehmen.

Es könnten zu diesem Zwecke von der Kommission zugleich für jede Werthklasse besondere Vollmachtsformulare entworfen werden.

Auf solche Weise schaffen wir uns, wie dies von den Deutschen Architekten längst für ihre Taxen geschehen ist, einen Vereinstarif und es weiß Jeder bei Ertheilung eines Auftrags an einen Anwalt, was er ihm für die Besorgung desselben zu bezahlen haben wird und wie weit er dafür nach der gesetzlichen Gebührenordnung respective der Civil-Prozeßordnung von seinem Gegner Ersatz anzusprechen hat, und der §. 94 des Entwurfs wird nie zur Anwendung kommen können.

Heidenheim, 19. Februar 1879.

                  Freisleben,
                  Rechtsanwalt.

Ein Beitrag zur Beurtheilung der Wirkungen der neuen Gebührenordnung.

Um auch vom Standpunkte des Sächsischen Advokatenstandes ein möglichst klares Bild darüber zu gewinnen, wie unter der Herrschaft des neuen Prozesses und der neuen Gebührenordnung sich die Einnahmen des Rechtsanwalts gegenüber den bisherigen Verhältnissen gestalten werden, habe ich mich an eine Zusammenstellung hierüber gemacht, die ich meinen Herren Kollegen nachstehend vorlege.

Ich bin bei ihrer Aufmachung davon ausgegangen, daß ein einigermaßen klares Bild sich nur dann gewinnen läßt, wenn man als Objekt der Vergleichung eine größere Reihe von wirklich vorhandenen Fällen nimmt, bei berechnet, wieviel an Gebühren in denselben gegenwärtig, unter der Herrschaft der Sächsischen Taxordnung aus dem Jahr 1859 verdient worden ist und daneben stellt, wieviel nach der neuen Gebührenordnung in diesen Sachen bei ungefähr gleichem Verlauf derselben verdient werden wird.

Daß gegenüber der großen Verschiedenheit des neuen Verfahrens von dem alten sich diese Vergleichung nicht mit völliger Sicherheit anstellen läßt, ist klar; sie hat aber gegenüber jeder anderen Methode den Vorzug, daß dabei die verschiedenartige

Gestaltung der einzelnen Prozesse in Bezug auf frühere oder spätere Beendigung und die aufzuwendende Arbeit, die Vertheilung der Prozesse auf die einzelnen Prozeßgattungen, die verschiedene Höhe der Prozeßobjekte, Zahl der durchlaufenen Instanzen insgesammt nach Maßgabe praktischer Erfahrung in Berücksichtigung kommen.

Aus diesem Gesichtspunkte habe ich — unter Ausscheidung der Strafsachen, die bei mir nur wenig in Betracht kommen und selbstverständlich unter Weglassung derjenigen Sachen, die nicht nach der neuen Gebührenordnung zu vergüten sind — alle im Laufe eines reichlichen Jahres von mir geführten Prozeßsachen, in denen mir die Kosten bezahlt worden, hergenommen und festzustellen gesucht, wieviel in diesen Sachen bei dem aus der Individualität des Falles sich voraussichtlich ergebenden Gang der Sache im neuen Verfahren und nach der neuen Taxe von mir verdient werden würde.

Meine Untersuchung hat sich im Ganzen auf 648 einzelne Fälle erstreckt.

Darunter befinden sich

a) 416 Sachen, die in Zukunft nach dem gewöhnlichen Verfahren zu erledigen sein würden und zwar:
327 Sachen bis Mark 300.
54 Sachen von Mark 301 bis Mark 1000.
35 Sachen über Mark 1000.
als.
b) 90 Urkunden- und Wechselprozesse,
c) 90 Mahnsachen
und
d) 52 Vertretungen in Konkursen.
648 als.

Aus meiner Zusammenstellung ergiebt sich nun Folgendes:

An Gebühren

	I. wurde seither verdient	II. wird in Zukunft verdient
1) in 327 Sachen bis M. 300	9239 M. 45 Pf.	9031 M. 40 Pf.
2) in 54 Sachen von M. 300 bis M. 1000	1333 · 20 ·	1559 · 00 ·
3) in 35 Sachen über M. 1000	4166 · 65 ·	3185 · 00 ·
4) in 90 Urkunden- und Wechselprozessen	2956 · 34 ·	2254 · 25 ·
5) in 90 Mahnsachen	936 · 18 ·	223 · 40 ·
6) in 52 Konkurssachen	1293 · 95 ·	1608 · 10 ·
	19953 M. 37 Pf.	84. 17953 M. 75 Pf.

Zu diesen Zahlen habe ich noch Folgendes zu bemerken:

In den nach dem ordentlichen Prozeßverfahren zu verhandelnden Sachen habe ich die Vergleichsgebühr auch da, wo bloß eine Gestundung zu Stande kommt, und die Verhandlungsgebühr auch in Fällen der Contumaz voll eingesetzt.

Erst aus dem — mir erst seit gestern zugänglichen — vollen Wortlaut des Entwurfs und aus den Motiven habe ich ersehen, daß in diesen Fällen nur die Hälfte der Sätze passirt.

Ich habe dies bei den Urkunden- und Wechselprozessen berücksichtigt; bei den unter Nr. 1—3 begriffenen, nach dem ordentlichen Verfahren zu verhandelnden Fällen konnte ich es nicht mehr, es stellt sich mithin in einer großen Anzahl dieser Fälle der künftige Gebührensatz noch niedriger als von mir eingestellt und reduzirt sich daher auch das Gesammtresultat der Tabelle II.

Dagegen treten gegenüber meiner Aufstellung einige Verbesserungen ein durch die Erhöhung der beiden niedrigsten Gebührensätze in §. 9 und durch das Hinzutreten der Incassogebühr. Beides war mir neu, da hierüber aus den in die Oeffentlichkeit gelangten Notizen Nichts zu ersehen war; die durch diese beiden Faktoren bewirkte Erhöhung der Sätze in Tabelle II wird jedenfalls die durch die obgedachte Herabminderung der Vergleichs- und Verhandlungsgebühr veranlaßte Verringerung der künftigen Einnahmen noch nicht völlig aufwiegen.

Rücksichtlich der Vertretung im Concursverfahren giebt §. 55 in Verbindung mit §. 58 a. E. des Entwurfs für die dort genannten Gebühren einen so schwankenden Maßstab, daß ich ihn bei der vorliegenden Statistik nicht in Anwendung bringen konnte.

Ich habe daher vorgezogen, für jede Vertretung im Concurse anstatt der verschiedenen Sätze von §. 54 und 55 den vollen Satz nach §. 9 anzusetzen; zu niedrig habe ich damit wohl kaum gegriffen.

Ueberhaupt bin ich nach Kräften bestrebt gewesen, den Entwurf so günstig für unsere Interessen aufzufassen, als nur möglich und in Fällen, wo es mir zweifelhaft war, ob ein höherer oder ein niedriger Gebührensatz anzuwenden sei, habe ich lieber den ersteren eingestellt, um mir und Anderen nicht von vornherein die Handhabung des neuen Verfahrens zu verleiden.

Ich stelle Jedem die Unterlagen meiner Zusammenstellung zur Verfügung und Niemand wird sagen können, daß ich die Folgen der Anwendung der entworfenen Gebührenordnung schwärzer gemalt hätte, als sie sind.

Gleichwohl ist das Resultat der angestellten Vergleichung ein höchst niederschlagendes, denn obgleich es notorisch ist, daß die in der Hauptsache aus dem Jahre 1859 herrührende und vielfach veraltete Taxordnung der Sächsischen Advolaten ihnen nur einen sehr mäßigen Verdienst bei der Prozeßführung gestattet, stellt uns die neue Gebührenordnung ausweislich obiger Ziffern noch schlechter.

Dabei ist noch gar nicht in Anschlag gebracht,

daß in einer großen Anzahl von Sachen (von Mark 151 bis 300) in Zukunft kein Anwaltszwang mehr besteht, diese uns daher in der Hauptsache entzogen werden,

daß durch das Prinzip der Lokalisirung uns die auswärtige Praxis verloren geht,

daß durch das mündliche Plaidiren wir während eines großen Theiles des Tags ans Gericht gefesselt und dadurch gezwungen werden, uns erfahrenere und daher auch theure Hülfsarbeiter anzuschaffen, als bisher nöthig war,

daß in Folge der neuen Gestaltung des Concursverfahrens uns höchstens die Vertretung streitiger Forderungen zufallen wird u. s. w.

Ich stimme daher völlig mit Denen überein, welche den Entwurf der Gebührenordnung in seiner jetzigen Form für unannehmbar halten.

Verbesserungen desselben würden meines Erachtens in folgenden Richtungen anzustreben sein.

Die Sätze in §. 9 sind auf den Betrag der Sätze in §. 8 des Gerichtskostengesetzes zu erhöhen.

Es ist auch in der That gar nicht abzusehen, warum für den Anwalt niedrigere Sätze gelten sollen, als für das Gericht. Der Entwurf hat meines Erachtens zu wenig Rücksicht darauf genommen, daß mit dem Steigen der streitigen Beträge auch die Verantwortlichkeit des Rechtsanwalts wächst, andererseits den Clienten die Ausgabe für die Anwaltsgebühren weniger hart trifft.

b.

Die nicht contradictorische Verhandlung ist der contradictorischen und jeder zur Erledigung des Prozesses dienende Abkommen dem Vergleich gleichzustellen.

Hierbei dürfte in Berücksichtigung zu ziehen sein

1) daß der Rechtsanwalt auch bei der nicht contradictorischen Verhandlung genöthigt ist, sich auf das Gericht zu bemühen nach Befinden stundenlang bis zum Aufruf seiner Sache zu warten und dann seinerseits das Parteivorbringen in schlüssiger Weise vorzutragen;

2) daß der ohne Noth Ausbleibende keine Rücksicht in Bezug auf den Kostenpunkt verdient;

3) daß ein Abkommen, wonach zwar der Gläubiger Nichts von seiner Forderung nachläßt, aber dem Schuldner günstigere Bedingungen in Bezug auf Zahlung zc. einräumt, den Prozeß ebenso ablürzt, wie ein Vergleich im civilrechtlichen Sinne und den Parteien ebensoviel nützt.

c.

Im Urkunden- und Wechselprozeß ist nur die Prozeßgebühr auf ⁹⁄₁₀ zu mindern.

Für Herabsetzung der übrigen Gebühren giebt es schlechterdings keinen stichhaltigen Grund.

d.

Soweit der Rechtsanwalt nicht selbst daran schuld ist, daß mehrere mündliche Verhandlungstermine nöthig werden, muß ihm für jede Verhandlung die volle Gebühr gewährt werden.

Der Rechtsanwalt ist sonst in Bezug auf Prorogation von Terminen u. s. w. völlig der Willkühr des Gerichts preisgegeben.

e.

Die Kosten müssen auch fällig werden, wenn der Rechtsanwalt Gelder für seinen Mandanten erlangt. Auch muß ihm das Recht zustehen, von Geldern, die er für den Auftraggeber einnimmt, sich einen entsprechenden Kostenvorschuß zurückzubehalten. Sonst kann er in die Lage kommen, daß bei ihm eingehende Gelder inhibirt werden und er nicht einmal in der Lage ist, wegen der zwar verdienten, aber noch nicht fälligen Kosten sich bezahlt zu machen, bezw. sicherzustellen.

f.

Die Sätze für die Vertretung in Strafsachen (§. 62) sind wenigstens rücksichtlich der Vertretung vor der Strafkammer und dem Schwurgericht zu erhöhen (auf Mark 30 und Mark 50).

Oder es ist auszusprechen, daß die Gebühren sich um die Hälfte erhöhen, wenn die Verhandlung länger als 4 Stunden dauert.

Die Bestimmung, daß für den 2. und die folgenden Tage eine Ermäßigung der Gebühr auf die Hälfte eintreten soll, hat schlechterdings keinen vernünftigen Grund, schädigt aber den Rechtsanwalt, der durch die Verhandlung von seinen übrigen Geschäften abgehalten ist, ungemein; es ist daher auszusprechen, daß für jeden Tag der Verhandlung der volle Gebührensatz zu gewähren ist.

g.

Der Satz von Mark 3 in §. 89 ist auf das Doppelte zu erhöhen.

h.

In §. 77 ist der Satz sub I auf Mark 30, der sub II auf Mark 6 zu erhöhen.

i.

Dem Rechtsanwalt muß das Recht zustehen, seine Gebühren und Auslagen auf kürzestem Wege vom Auftraggeber einzuziehen.

Er kann daher verlangen, daß ihm, sobald er der Bestimmung in §. 85 genügt hat, von dem Prozeßgericht oder, soweit ein Prozeß nicht anhängig, von dem Amtsgericht seines Wohnorts seine Kostenrechnung auf Grund seiner Privatakten festgestellt und mit der Vollstreckungsklausel versehen werde.

Bei der Feststellung hat das Gericht nicht die Höhe der einzelnen Ansätze, sondern nur zu prüfen, ob dieselben überhaupt verdient worden sind.

k.

Es fehlt noch an der (gegenüber der sonstigen Unentgeltlichkeit des Mandats unentbehrlichen) Bestimmung, daß der Rechtsanwalt in allen Fällen, wo er für Andere handelt, auch ohne vorgängige Vereinbarung berechtigt ist, Vergütung seiner Bemühungen und Auslagen von seinem Auftraggeber zu fordern.

Für Handlungen, für welche specielle Bestimmungen in der Gebührenordnung nicht getroffen sind, hat der Rechtsanwalt nach eigenem Ermessen die Gebühr festzusetzen.

Diese Gebühr ist auf Ansuchen der Partei nach Maßgabe von §. 94 festzustellen.

Chemnitz, 17. Februar 1879.

Dr. F. Koch,
Advokat.

Vergleichung der Gebühren der badischen Anwälte
nach der
bisherigen badischen Anwaltstaxordnung und der projectirten Reichsgebührenordnung.

Nach dem Entwurfe beträgt die Gebühr		ℳ	₰	Nach der badischen Taxordnung beträgt die Gebühr		ℳ	₰
Erste Taxclasse des Entwurfs				Bei einem Streitwerthe unter . . . . . . ℳ 50		18	—
Prozeßgebühr . . . . 2 ℳ							
Vertragsgebühr . . . . . . 2 »		4	—				
Zweite Taxclasse . . . . 2 × 3 »		6	—	bis zu 75		19	—
Dritte Taxclasse . . . . 2 × 4 »		8	—	100		20	—
				125		21	—
Vierte Taxclasse . . . . . . 2 × 7 »		14	—	150		22	—
				175		23	—
				200		24	—
Fünfte Taxclasse . . . . 2 × 10 »		20	—	225		25	—
				250		26	—
				275		27	—
				300		28	—
Sechste Taxclasse . . . . 2 × 14 »		28	—	325		29	—
				350		30	—
				400		50	—
				450		51	—
Siebente Taxclasse . . . . . . 2 × 19 »		38	—	500		52	—
				550		53	—
				600		54	—
				650		55	—
Achte Taxclasse . . . . 2 × 24 »		48	—	700		56	—
				750		57	—
				800		58	—
				850		59	—
				900		60	—
Neunte Taxclasse . . . . 2 × 28 »		56	—	950		61	—
				1,000		62	—
				1,050		63	—
				1,100		64	—
				1,150		65	—
				1,200		66	—
Zehnte Taxclasse . . . : . . . . 2 × 32 »		64	—	1,250		67	—
				1,300		68	—
				1,350		69	—
				1,400		70	—
				1,450		71	—
				1,500		72	—
				1,550		73	—
				1,600		74	—
Elfte Taxclasse . . . . 2 × 36 »		72	—	1,650		75	—
				1,700		76	—
				1,750		77	—
				1,800		78	—
				1,850		79	—
				1,900		80	—
				1,950		81	—
				2,000		82	—
				2,250		83	—
Zwölfte Taxclasse . . . . . . 2 × 40 »		80	—	2,500		84	—
				2,750		85	—
Dreizehnte Taxclasse . . . . . . 2 × 44 »		88	—	2,750		85	—
				3,000		86	—
				3,250		87	—
				3,500		88	—
Vierzehnte Taxclasse . . . . . . 2 × 48 »		96	—	3,500		58	—
				3,750		89	—
				4,000		90	—
				4,250		91	—
				4,500		92	—

Nach dem Entwurfe beträgt die Gebühr	ℳ	₰		Nach der badischen Taxordnung beträgt die Gebühr	ℳ	₰
Fünfzehnte Taxclasse . . . . 2 × 52 ℳ	104	—	Bei einem Streitwerthe bis zu . . . . . ℳ 4,500	92	—
			4,750	93	—
			5,000	94	—
			5,250	95	—
			5,500	96	—
Sechszehnte Taxclasse . . . . 2 × 56 ·	112	—	5,500	96	—
			5,750	97	—
			6,000	98	—
			6,500	99	—
Siebenzehnte Taxclasse . . . . 2 × 60 ·	120	—	6,500	99	—
			7,000	100	—
			7,500	101	—
			8,000	102	—
			8,500	103	—
Achtzehnte Taxclasse . . . . 2 × 64 ·	128	—	8,500	103	—
			9,000	104	—
			9,500	105	—
			10,000	106	—
Neunzehnte Taxclasse . . . . 2 × 68 ·	136	—	10,500	107	—
			11,000	108	—
			11,500	109	—
			12,000	110	—
Zwanzigste Taxclasse . . . . 2 × 72 ·	144	—	12,500	111	—
			13,000	112	—
			13,500	113	—
			14,000	114	—
Einundzwanzigste Taxclasse . . . . . 2 × 74 ·	148	—	14,500	115	—
			15,000	116	—
			15,500	117	—
			16,000	118	—
Zweiundzwanzigste Taxclasse . . . . . 2 × 78 ·	156	—	16,500	119	—
			17,000	120	—
			17,500	121	—
			18,000	122	—
Dreiundzwanzigste Taxclasse . . . . . 2 × 82 ·	164	—	18,500	123	—
			19,000	124	—
			19,500	125	—
			20,000	126	—
Vierundzwanzigste Taxclasse . . . . . 2 × 86 ·	172	—	20,500	127	—
			21,000	128	—
			21,500	129	—
			22,000	130	—
Fünfundzwanzigste Taxclasse . . . . . 2 × 90 ·	180	—	22,500	131	—
			23,000	132	—
			23,500	133	—
			24,000	134	—
Sechsundzwanzigste Taxclasse . . . . . 2 × 94 ·	188	—	24,500	135	—
			25,000	136	—
			25,500	137	—
			26,000	138	—
Siebenundzwanzigste Taxclasse . . . . 2 × 98 ·	196	—	26,500	139	—
			27,000	140	—
			27,500	141	—
			28,000	142	—
Achtundzwanzigste Taxclasse . . . . . 2 × 102 ·	204	—	28,500	143	—
			29,000	144	—
			29,500	145	—
			30,000	146	—
Neunundzwanzigste Taxclasse . . . . . 2 × 106 ·	212	—	30,500	147	—
			31,000	148	—
			31,500	149	—
			32,000	150	—

Nach dem Entwurfe beträgt die Gebühr	ℳ	₰	Nach der badischen Taxordnung beträgt die Gebühr	ℳ	₰
Dreißigste Taxclasse . . . . . 2 × 110 ℳ	220	—	Bei einem Streitwerthe bis zu . . . . . ℳ 32,500	151	—
			33,000	152	—
			33,500	153	—
			34,000	154	—
Einunddreißigste Taxclasse . . . 2 × 114 .	228	—	34,500	155	—
			35,000	156	—
			35,500	157	—
			36,000	158	—
Zweiunddreißigste Taxclasse . . . 2 × 118 .	236	—	36,500	159	—
			37,000	160	—
			37,500	161	—
			38,000	162	—
Dreiunddreißigste Taxclasse . . . 2 × 122 .	244	—	38,500	163	—
			39,000	164	—
			39,500	165	—
			40,000	166	—
Vierunddreißigste Taxclasse . . . 2 × 126 .	252	—	41,000	167	—
			42,000	168	—
Fünfunddreißigste Taxclasse . . . 2 × 130 .	260	—	43,000	169	—
			44,000	170	—
Sechsunddreißigste Taxclasse . . . 2 × 134 .	268	—	45,000	171	—
			46,000	172	—
Siebenunddreißigste Taxclasse . . . 2 × 138 .	276	—	47,000	173	—
			48,000	174	—
Achtunddreißigste Taxclasse . . . 2 × 142 .	284	—	49,000	175	—
			50,000	176	—
Neununddreißigste Taxclasse . . . 2 × 145 .	290	—	51,000	177	—
			52,000	178	—
Vierzigste Taxclasse . . . . . 2 × 148 .	296	—	53,000	179	—
			54,000	180	—
Einundvierzigste Taxclasse . . . . . 2 × 151 .	302	—	55,000	181	—
			56,000	182	—

1. Die badische Taxordnung steigt nun noch weiter für je 1000 ℳ mit 1 ℳ; mit einem Streitwerthe von 273,000 ℳ ist das Maximum der Bauschgebühr, 400 ℳ, erreicht. Es ist überflüssig, die Zusammenstellung weiter fortzuführen, weil solch hohe Streitwerthe überhaupt nicht vorkommen. Die Prozesse in Baden bewegen sich in Folge des Geldwerthes und insbesondere in Folge der weitgeführten Theilbarkeit des Eigenthums zumeist innerhalb der Streitwerthe von 100 ℳ bis 1,800 ℳ.

2. In Wechselsachen ermäßigt sich in Baden (Taxordnung §. 4 Ziffer 1) die Bauschgebühr auf sieben Zehntel, nach dem Reichsentwurfe §. 19 auf sechs Zehntel.

3. Für die Bemühungen im Vollstreckungsverfahren werden in Baden keine Bruchtheile der Bauschgebühr, sondern Einzelgebühren (Taxordnung §. 2 Ziffer 1 und §. 16) vergütet; für einfache Gesuche bei den Amtsgerichten 1 ℳ 50 ₰, bei den Collegialgerichten 2 ℳ — Für ausführliche Anträge, je nach der Höhe des Streitwerthes, 3 ℳ bis 30 ℳ

Entscheidungen des Cassationssenates des Oberappellationsgerichts zu Oldenburg

mitgetheilt vom Obergerichtsanwalt Dr. Hoyer.

(Schluß.)

6. Klage auf Theilung einzelner Erbschaftssachen.

Ein Miterbe ist nicht gehindert statt sofortiger Erbschaftstheilung zunächst nur Theilung einzelner Erbschaftssachen (mit der actio communi dividundo) zu beantragen unter Vorbehalt der actio familiae herciscundae wegen des Rechtes.

Die Theilungsklage kann auf den richterlichen Ausspruch, daß und wie getheilt werden solle, ohne daß eine weitere Vermittelung des Richters bei Durchführung der Theilung nachgesucht wird, beschränkt werden.

Block c. Block. B. 106. de 1877.

7. Beglaubigung der Prozeßvollmacht einer Behörde die ein Amtssiegel führet.

Eine Behörde, welche ein Amtssiegel führt ist für ermächtigt zu halten, der von ihr selbst ausgestellten Vollmacht durch Bedrückung desselben öffentlichen Glauben zu geben.

Kahn c. Intendantur. K. 68. de 1878.

8. Einwand des Beklagten im fremden Namen contrahirt zu haben. Abläugnen des Beweggrundes.

Der Einwand, in fremden Namen contrahirt zu haben, ist Abläugnen, nicht Einrede. Die Beweislast richtet sich nach den Regeln für die confessio qualificata.

Ohmstede c. Lübbers. O. 32. de 1878.

9. Actio negatoria. Geltendmachung von Schadensersatzansprüchen mittelst derselben. Kann durch diese Klage eine Wiederherstellung des früheren vor der beschädigenden Handlung vorhanden gewesenen Zustandes gefordert werden?

Die Eisenbahndirektion hatte durch einen ihrer Sections-Ingenieure ein dem T. gehöriges Grundstück ausspülen lassen. T. verlangte principaliter Wiederherstellung des früheren Zustandes eventuell Schadenersatz.

Der Appellationssenat ging davon aus, daß T. die Wiederherstellung des Grundstücks in den Zustand, den es vor der Ausspülung hatte, verlangen könne und erkannte dem principalen Antrage gemäß.

Der Cassationssenat erachtete jedoch die actio negatoria nicht für anwendbar und nur den Anspruch auf Ersatz des Schadens e. c. mit der actio legis Aquiliae für an sich begründet.

Eisenbahn c. Tauzen. C. 41, de 1878.

10. Pfandrecht des Verpächters an den vom Pächter in den gepachteten Räumen untergebrachten beweglichen Sachen des Pächters, wegen der Vertragsverbindlichkeiten des Pächters. (Artikel 18. des Gesetzes vom 3. April 1876 betreffend die Verpfändung von Schiffen ꝛc.) Dasselbe hat keine die Zwangsvollstreckung hindernde Wirkung.

Das im Artikel 18 des Gesetzes vom 3. April 1876 betreffend die Verpfändung von Schiffen, anderen beweglichen Sachen und Forderungen konstituirte Pfandrecht des Verpächters hat keine, die Zwangsvollstreckung hindernde Wirkung, vielmehr ist dem Pächter und Miether zu Ende des Absatzes 1 des gedachten Artikels 18, so wie nach den Motiven die freie Veräußerung der eingebrachten Sachen und Früchte ausdrücklich gesichert und damit die Zwangsvollstreckung an diesen Sachen offen gehalten.

Deeaksen c Soumre. O. 30. de 1878.

11. Kompetenz bei Streitigkeiten wegen Theilung von Kirchengütern zwischen zwei Pfarrgemeinden.

Zur Entscheidung der Frage, in welcher Weise bei der verfassungsmäßig zu Stande gekommenen Theilung einer Pfarrgemeinde in mehrere selbstständige Gemeinden die bei der bisherigen ungetrennten Gemeinde vorhanden gewesenen theilbaren Kirchengüter der einen oder anderen neuen Gemeinde zu ihrer nunmehr alleinigen Benutzung anzuweisen sind, ist nur die obere Kirchenregierung und nicht die Gerichte kompetent.

Brake c Hammelwarden. B. 108, de 1878.

12. Juramentum in litem, (speziell bei der actio pro socio).

Der Schätzungseid ist nur bei Ansprüchen, welche ursprünglich auf ein restituere oder exhibere gingen, zulässig, wenn die Erfüllung derselben durch contumacia oder dolus beziehungsweise lata culpa des Gegners möglich geworden ist.

Wenn ein Gesellschafter nun aber von seinem Mitgesellschafter die Theilung einer zum Gesellschaftsvermögen gehörigen Sache, welche letzterer sich widerrechtlich angeeignet hat und die Herausgabe seines Antheils an derselben verlangt, so macht er mit der Klage aus dem Gesellschaftsvertrage einen Anspruch darauf geltend, daß ihm dasjenige, was ihm gehört, restituirt werde. Die Klage ist also eine auf restituere gerichtete.

Ahlers e Albrecht. A. 33, de 1878.

13. Voraussetzung der Zulässigkeit des j. i. l. ist stets, daß die Existenz einer Rechtsverletzung als erwiesen vorliege.

Nothwendige Voraussetzung der Zulässigkeit des Schätzungseides ist, daß derjenige, welcher sein Interesse mit demselben beweisen will, darthun muß, daß ihm ein rechtlicher Anspruch wirklich zugestanden hat, dessen Erfüllung durch eine Arglist oder grobes Verschulden des Gegners vereitelt worden ist.

Mag auch die unentschieden gelassene Frage, ob der Verletzte nicht blos den Betrag seines Schadens, sondern auch die Existenz eines solchen mit dem Schätzungseide erweisen kann, bejaht werden, so muß doch jedenfalls die Existenz einer Rechtsverletzung als festgestellt vorausgesetzt werden und diese kann nur mittelst der ordentlichen Beweismittel bewiesen werden.

Dieselbe Sache.

14. Erbtheilungsklage, gerichtet auf lediglich Ausgleichung von Conferenden.

Eine absolute rechtliche Nothwendigkeit, die gesammte Erbmasse in einem und demselben gerichtlichen Verfahren zur Theilung zu bringen, besteht nicht, und ist die erbschaftliche Theilungsklage auch für die Ausgleichung blos persönlicher Ansprüche gegeben, sobald in den thatsächlichen Verhältnissen für eine solche Beschränkung Gründe vorliegen.

Die angestellte Erbtheilungsklage auf Ausgleichung von Conferenden unter Aussetzung der Erbtheilung bezüglich des übrigen hauptsächlichen Nachlaßbestandes ist deshalb für zulässig erachtet.

Heinen c Janßen. H. 104, de 1878.

15. Bedeutung der Clausel in einem Pachtvertrage „für die angegebene Größe der Ländereien wird nicht eingestanden."

In einem Falle, wo Parteien darüber einverstanden waren, daß das verpachtete Land nicht, wie im Pachtvertrage angegeben, 15 Jück, sondern nur 13½ Jück enthalte und Kläger, der den Pachtpreis für 15 Jück bezahlt hatte, mittelst der conditio indebiti das Zuvielgezahlte zurückforderte, Beklagter dagegen unter Berufung auf die gedachte Clausel behauptete, daß er als Verpächter durch diese Clausel von jeglicher Garantie für das angegebene Landmaaß befreit sei, ist anerkannt worden — mit Rücksicht auf den übrigen Inhalt des Pachtvertrages, wonach der Pachtpreis nach der angegebenen Jückzahl berechnet wurde, die Bedeutung der fraglichen Clausel sei nur die, daß der Verpächter nicht zur Schadloshaltung wegen Nichterfüllung des Contrakts dem Pächter verpflichtet sein solle, wenn das Pachtstück nicht die angegebene Größe haben sollte, und daß nicht jede, auch die verhältnißmäßig unbedeutendste Differenz zwischen der angegebenen und der wirklichen Größe eine Minderung der nach Stückzahl berechneten Pachtsummen oder einen Rücktritt vom Pachtvertrage solle begründen können.

Danach wurde, indem die Differenz von 1½ Zücken als eine unerhebliche nicht angesehen wurde, die Klage für begründet erachtet.

Graeger c Cohen. G. 48, de 1878.

Das Kgl. Appellationsgericht in Bamberg, als Berufungsgericht in Strafsachen,

hat im Geschäftsjahre 1877 folgende mittheilungswerthe Aussprüche erlassen[*]).

1) am 9. Januar. Die Entwendung eines versperrten Koffers in einem Eisenbahnwaggon, welcher Koffer aber erst außerhalb des letzteren aufgesprengt wird, fällt nicht unter den Begriff des schweren Diebstahls nach §. 243 Ziff. 4 des R.-St.-G.-B., da es sich in gegebenen Falle nicht um Abschneiden oder Ablösung eines Verwahrungsmittels, noch um die ordnungswidrige Eröffnung eines Transportstückes handelt, sondern der Koffer sammt Inhalt gestohlen wurde.

2) am 10. Januar. Die Wegnahme eines Fäßchens — Werth 3 M. — mit dem Inhalte von — 16 Liter Bier — Werth 3 M. 20 Pf. — in der Absicht rechtswidriger Zueignung bildet nicht den Thatbestand einer Uebertretung im Sinne des §. 370 Ziff. 5 R.-St.-G.-B., sondern den eines Vergehens nach §. 242[**]).

3) am 12. Januar. Der Angeschuldigte hat dadurch, daß er die 8 Jahre alte N. N. auf den Boden warf, ihren Leib durch Aufheben der Röcke bis an den Nabel entblößte, sich auf dieselbe legte sie an sich drückte und einige Minuten lang Bewegungen mit seinem Untertheile auf dem ihrigen machte, wobei er auch weder seine Hose öffnete, noch sein männliches Glied heraus that, noch die Geschlechtstheile der N. N. berührte, nicht, wie der Erstrichter annahm, nur einen wegen freiwilligen Abstandes (§. 46 Ziff. 1 des R.-St.-G.B.) straflosen Versuch des Verbrechens wider die Sittlichkeit nach §. 176 Ziff. 3 a. a. O., sondern das vollendete Verbrechen im Sinne dieser Gesetzesstelle begangen.

4) am 13. Januar. Gegen die Bestimmung des Art. 7 des Malzaufschlagsgesetzes vom 16. Mai 1878 verfehlt sich unverkennbar derjenige, welcher s. g. Biercouleur dem Bier beimischt, indem dieselbe aus Zucker besteht, welcher nicht nur die Farbe, sondern auch den Zuckergehalt und den Geschmack des Bieres beeinflußt. Hiernach beschränkt sich das Verbot des Art. 7 a. a. O. nicht blos auf die eigentliche Bierbereitung aus dem hiezu erforderlichen Malzquantum sondern umfaßt auch

jene Thätigkeit bzw. jene Stoffe, wodurch die mehr oder weniger dunkle Färbung des Bieres bedingt wird, da die Herstellung der Bierfarbe auch einen Theil der Bierbereitung bildet. Hiezu wird nämlich, um eine möglichst dunkle Farbe des Biers hervorzubringen, neben dem zur Erzeugung des Bieres nöthigen Malzquantum überhaupt Farbmalz d. h. stark gerösteter Malz genommen, demgemäß läßt sich nicht bezweifeln, daß, wenn dem Biere eine erhöhte Färbung gegeben werden will, dies nur durch Zusatz von Farbmalz geschehen darf, dies um so mehr, als der damalige Regierungskommissar bei der Berathung des Malzaufschlagsgesetzes sich, ohne auf Widerspruch zu stoßen, wörtlich dahin äußerte:

Farbmalz ist ein Malz, wie anderes, und unterliegt der Steuer. Ein Farbestoff, welcher nicht aus Malz entnommen wird, ist ein Malzsurrogat und gleichmäßig der Steuer unterworfen.

Beil. Bd. III. S. 505 der Verh. der K. d. Abg. 1866/67.

Der Angeschuldigte hat sich mithin, indem er jedenfalls als Zusatz zum Farbmalz Biercouleur bestehend aus zu Karamel gebrannten Zucker behufs dunkler Färbung des Bieres benutzte, so zwar, daß wenigstens bei einem aus 38 Eimern bestehenden Sude 4—8 Maß Biercouleur verwendete und dadurch das Malzaufschlagsgefälle verkürzte, indem er, durch Benutzung der Couleur weniger Malz zu verwenden brauchte, gegen die Vorschrift des Art. 7 a. a. O. verfehlt, gleichzeitig aber auch nach §. 73 des R.-St.-G.-B. gegen die Bestimmung des §. 367 Ziff. 7 eod; da eine Fälschung des Biers, die nicht durch Verschlechterung desselben bedingt ist, darin gefunden werden muß, daß ein Stoff, der mit Malz ist, statt dessen das Bier beigemengt wurde, das nur aus Hopfen, Malz und Wasser hergestellt werden darf. (Landtages-Abschied vom 10. November 1861 §. 26 Ziff. 2 Abs. 4; Ges. Bl. 1861/62 Nr. 10 S. 49 ff.).

5) am 20. Juunue. Der Brauerei-Direktor, sowie der Brauerei-Inspektor sind für die objektiv vorliegende Uebertretung des Malzaufschlagsgesetzes vom 16. Mai 1868, sofern nicht etwa der Artikel 53 im gegebenen Falle eine Ausnahme statuirt, nicht verantwortlich, da nach Art. 52 a. a. O. für derartige Uebertretungen in der Regel nur der Betriebsberechtigte strafrechtlich verantwortlich ist. Dagegen sind dieselben, wenn gleich sie nur als Bedienstete der betreffenden Brauerei in Betracht kommen, strafbar nach §. 367 Ziff. 7 des R.-St.-G.-B., wenn das Brauerei ein mit Biercouleur versehenes, also gefälschtes Bier an die Kunden abgegeben wird, zumal sie — d. h. Direktor und Inspektor — den kaufmännischen Theil des Geschäftes betreiben und das Bier an die Kunden abgeben.

6) am nämlichen Tage. Die Verwendung von Biercouleur bei der Bierbereitung verstößt gegen die Vorschrift des Art. 7 des Malzaufschlagsgesetzes vom 16. Mai 1868 und in sächlichen Zusammenflusse nach §. 74 des R.-St.-G.B. gegen die Bestimmung des §. 367 Ziff. 7 eod, denn die Verfehlung gegen Art. 7 a. a. O. entsteht sofort mit der Verwendung eines Stoffes irgend welcher Art an Stelle des Malzes bei der Bierbereitung, wo gegen eine derartige Verwendung die Verfehlung gegen §. 367 Ziff. 7 l. c. nur vorbereitet wird, und erst durch Feilhalten oder durch den Verkauf des so gefälschten Bieres ins Leben tritt. Es erhellt diese reale Konz

---

[*] Mitgetheilt vom Staatsanwalt Lösch in Bamberg. Nr. B. Derselbe ist jetzt Appellationsgerichtsrath D. R.

[**] Der Oberrichter ging dabei ausdrücklich von der Ansicht aus, daß der Angeschuldigte in Sonderheit auch die Absicht hatte, das Fäßchen gleichfalls sich rechtswidrig anzueignen.

kurrenz deutlich aus Art. 24 Ziff. 13 des Einf.-Ges. vom 26. Dezember 1871, indem hienach Art. 63 des R. N. G. in seiner neuen Fassung unter Abs. 4 vorschreibt, daß die Strafen neben einander auszusprechen sind, wenn eine und dieselbe Person gleichzeitig Strafen nach dem Malzaufschlagsgesetze und nach anderen Gesetzen verwirkt[*]).

7) am 26. Junuae. Der Angeschuldigte, welcher von Bayern aus in einem Briefe nach dem zwar nicht in Bayern, wohl aber in Deutschland gelegenen . . . . eine dortige Behörde in der gröblichsten Weise beleidigte, und gegen welchen die gedachte Behörde rechtzeitig bei dem Staatsanwalte, in dessen Amtsbezirke der Beschuldigte wohnte und auch den fraglichen Brief schrieb, Strafantrag gestellt hatte, unterliegt der Zuständigkeit dieses bayerischen Gerichts, in Sonderheit nicht des auswärtigen Gerichtes, in dessen Sprengel jene Behörde ihren Sitz hat und den mehr genannten Brief in Empfang nahm. Es besteht nämlich der Artikel 30 Th. II. des St.-G.-B. von 1813 auch seit der Giltigkeit der Reichsverfassung fort. Denn der Art. 3 der Deutschen Reichsverfassung bestimmt nur, daß Angehörige eines Bundesstaates als Inländer zu erachten sind. Darüber jedoch, von welchen Gerichten in den einzelnen Bundesstaaten die Straffälle abzuurtheilen sind, ist in dem Reichsgesetze keine Vorschrift enthalten, nirgends ist dort etwas daraus zu finden, daß die frühere bezüglich des Verfahrens geltende Bestimmung der Einzelstaaten von dort an wegzufallen habe.

Es hat daher auch die frühere bayerische Bestimmung im Art. 30 Th. II. des St.-G.-B. von 1813, wonach strafbare von bayerischen Unterthanen im Auslande verübte Handlungen von bayerischen Gerichten abgeurtheilt werden sollen, und kein bayerischer Unterthan einem auswärtigen Staate — vorbehaltlich besonderer Staatsverträge — zur Untersuchung und Bestrafung ausgeliefert werden darf, hiedurch keine Modifikation erlitten.

8) am 27. Januar. Das Vergehen wider die persönliche Freiheit im Sinne des §. 235 des R. St. G. B. ist die sonstigen dort vorgesehenen Erfordernisse vorausgesetzt auch dann gegeben, wenn die Eltern der minderjährigen Person diese dem Beschuldigten zu einem bestimmten Zweck und auf eine bestimmte Zeit anvertraut haben, derselbe jedoch — in concreto — sie (über die gedachte Zeit) in der Stadt . . . . . zwei Tage und zwei Nächte in Wirthshäusern herumzog und im Freien übernachtete, ohne sie übrigens zum Betteln u. s. w. zu gebrauchen.

9) am 30. Junuae. Als ein Geschäftsraum nach §. 123 R. St. Gb. — Hausfriedensbruch — ist auch eine isolirt stehende, nicht in dem umfriedeten Besitzthum gelegene, jedoch zum treffenden Anwesen gehörige Scheune zu betrachten.

10) am nämlichen Tage. Auch bei einem in gegebenen Falle erst 13 Jahre alten Angeschuldigten, bezüglich dessen der Erstrichter die Unterbringung in eine Erziehungs- oder Besserungsanstalt angeordnet hatte, steht das durch Art. 76 des

Bayer. Eink. Ges. vom 26. December 1871 eingeräumte Rechtsmittel der Berufung zu, da der Ehemann derselben und bzw. Vater desselben dermalen in der Gefangenanstalt detinirt ist, somit die Mutter das Recht der Erziehung ihres angeschuldigten Sohnes hat.

Dagegen mußte entgegen dem Ausspruche des Erstrichters auf Ueberweisung desselben an seine Familie nach §. 56 Abs. 2 des R. St. G. B. erkannt werden, da der Angeschuldigte zwar von den Zeugen als böser Bube gilt, allein nach dem amtlichen Atteste sein Leumund bisher noch als gut bezeichnet wird, jenem auch außer der angezeigten Mißhandlung des N. N. irgend eine Uebelthat nicht nachgewiesen, ebensowenig das häusliche Familienleben seiner Eltern der Art geschildert ist, daß solches auf die Erziehung des Angeschuldigten nachtheilig einwirken müßte.

11) am 15. Februar. Der vorsätzlich geführte Biß in den linken Zeigefinger, in Folge dessen wegen Zersplitterung des Knochen der Finger vollständig amputirt werden mußte, begründet den Thatbestand des §. 224 R. St. G. B. indem hierdurch der Verletzte ein wichtiges Glied verlor.[*]

12) am 26. Februar. Eine Körperverletzung nach §. 223a des R. St. G. B. durch gemeinschaftliche Verübung Mehrerer ist nur dann gegeben, wenn jeder an der beabsichtigten Mißhandlung ist thatsächlich durch Zuschlagen betheilig, und Mitthäter gewesen ist, nicht schon dann, wenn er durch seine passive Assistenz den eigentlichen Thäter nur moralisch unterstützt und diesem die Ausführung der That, das eigentliche Zuschlagen allein überläßt.

13) am 28. Februar. Von einer Ermäßigung der Strafe des §. 156 des R. St. G. B. (wissentlich falsche Versicherung an Eidesstatt) zu Folge der Bestimmungen des §. 157 Abs. 1 Ziff. 2 a. a. O. — unterlassene Belehrung über das Recht der Zeugschaftenschlagung — mit Art. 70 des Eink. Ges. vom 26. Dezember 1871 der Verbindlichkeit zum Zeugnisse in Strafsachen sind befreit . . . . Verlobte) kann hier keine Rede sein, nachdem Seitens der Angeschuldigten resp. ihres Vertheidigers selbst anerkannt wurde, daß zur Zeit der zeugschaftlichen Vernehmung der ersteren eine Verlobung derselben mit dem damaligen Beschuldigten[**]) im gesetzlichen Sinne nicht erfolgt gewesen sei.

14) am nämlichen Tage. Der Angeschuldigte hat sich dadurch, daß er die auf offener Dorfstraße an einer Mauer lehnenden N. N. die Röcke hinaufschob, an ihre Schaamtheile griff und aus den behaarten Theile derselben eine Partie Haare herausriß nicht, wie der Erstrichter annahm, ein Verbrechen wider die Sittlichkeit nach §. 176 Ziff. 1 des R. St. G. B., weil das Herausreißen der Haare Gewalt erfordert, in idealer Zusammenflusse mit einem Vergehen wider die Sittlichkeit nach §. 183 begangen, sondern nur eines Vergehens wider die Sitt-

---

[*]) Nach Art. 63 des R. N. G. sollten beim Zusammenflusse von Uebertretungen des R. N. G. mit nach anderen Gesetzen strafbaren Handlungen die gewöhnlichen Bestimmungen des Art. 84 bis 86 des St.-G.-B. und des Art. 24 des Polizei-St.-G.-B. vom 10. November 1861 Anwendung finden.

[*]) Darüber, ob dieser Verlust auch eine dauernde erhebliche Entstellung involvirt, sprach sich der Oberrichter nicht aus.

[**]) Dieser mißhandelte am 30. Juli 1876 die A; und machte die Angeschuldigte, welche jenen damals schon als ihren „Geliebten" bezeichnete, am 24. August 1876 die diesfallsige wissentlich falsche Versicherung an Eidesstatt. In letzterer Richtung fand die erstrichterliche Verhandlung am 29. Dezember 1876 statt. In einem Zeitpunkte, in welchem die Angeschuldigte bereits einige Monate von jenem „Geliebten" in der Hoffnung war, während die Verehelichung selbst Anfangs oder Mitte Januar 1877 statt fand.

lichkeit nach §. 183 a. a. O. sich schuldig gemacht, weil die Gewalt nicht in der unzüchtigen Handlung selbst liegen darf, sondern Mittel zum Zweck sein muß, in idealem Zusammenflusse — §. 73 l. c. — mit einem Vergehen der Körperverletzung nach §. 223 eod., wegen deren Strafantrag gestellt ist, indem durch das Herausreißen der Haare der N. N. Schmerzgefühl verursacht wurde.

15) am 14. März. Nachdem die drei Hauptangeschuldigten eines Vergehens des Diebstahls an aufgearbeitetem Holze im Sinne des Art. 80 des Forstgesetzes vom 28. März 1852 und bzw. §. 249 des R. St. G. B. für überführt erachtet wurden, konnte auch der weitere Beschuldigte, da er seines Vortheils wegen von jenem Holze, da er den Umständen nach annehmen mußte, daß es mittels einer strafbaren Handlung, nämlich mittels Diebstahls erlangt war, nur wegen Vergehens der Hehlerei im Sinne des §. 259. a. a. O. verurtheilt werden, nicht aber lediglich wegen Uebertretung nach Art. 99[*) des Forstgesetzes, weil solcher voraussetzt, daß das treffende Holz durch einen Forstfrevel, nicht aber durch Diebstahl erworben wurde.

16) am nämlichen Tage. Wenn bei der dem A. und B. zur Last liegenden, unbefugten Jagdausübung nach §. 293 des R. St. G. B. der Mitbeschuldigte C. nur als Treiber und Wildträger thätig war, im gegebenen Falle wohl deßhalb, weil für diesen ein drittes Gewehr jetzt bereit war, so war C. doch in Ausübung der Jagd in eigenem Interesse begriffen, namentlich wenn erwogen wird, daß am hellen Tage in einer größeren Waldung — wie geschehen — die Jagd ohne Treiber mit Aussicht auf Erfolg kaum ausgeübt werden kann; C. kommt daher nicht als Gehilfe nach §. 49 a. a. O., sondern als Mitthäter nach §. 47 und §. 293 eod. in Betracht, indem er sich mit A. und B. zum Betriebe des Jagdfrevels förmlich verbunden hatte, und die drei Angeschuldigten wenn auch nur theilweise mit Gewehr versehen am . . . im . . . Walde in gleichem Interesse und gemeinschaftlich förmliche Treibjagd abgehalten haben.

17) am 26. März. Den §. 14 des Reichsgesetzes vom 30. November 1874 über den Markenschutz erfordert bezüglich der geschützten Waarenzeichen neben der Widerrechtlichkeit bei deren Gebrauch ausdrücklich noch weiter, daß hierbei auch so wissentlich verfahren wurde.

18) am 23. April. Wer die Behauptung aufstellt, daß in den Staatslehranstalten Bayerns die Jugend in kirchenfeindlichem Sinne erzogen wird und hieran die Bemerkung knüpft, daß zu Folge dessen der religiöse Sinn bereits vielfach gebrochen und geknickt ist, behauptet hiermit eine Thatsache, welche objectiv geeignet ist, eine Staatseinrichtung verächtlich zu machen (§. 131 des R. St. G. B.)

19) am 28. Mai. Weinfälschung fällt nicht blos unter den Begriff des §. 367 Ziff. 7 des R. St. G. B., sondern auch unter den des §. 263 — denn, wenn vertragsmäßig reiner Naturwein zu liefern war, statt dessen aber wissentlich und vorsätzlich in der Absicht, sich einen rechtswidrigen

Vortheil zu verschaffen, gefälschter Wein, vollends gar Fruchtwein übersendet, als der bestellte deklarirt bzw. avisirt war und von dem Käufer in der Meinung, vertragsmäßig bedient worden zu sein, angenommen wurde; in einem solchen Falle wurde ächte Waare ausdrücklich zum Gegenstande des Vertrags gemacht. Wenn daher trotz dem dolos unächte Waare unter der Firma der ächten geliefert wurde, und Käufer im Glauben den gewollten Wein zu erhalten, die Waare annahm, als dann liegt zweifelloses Täuschung und Irrung im Sinne des §. 263 R. St. G. B. vor.

In dem Verschneiden des Weines durch Vermischung von Bezugsorten verschiedener Güte . . . . kann etwas Unreelles darin nicht erblickt werden, wenn ein solcher Wein weder der Lage noch dem Namen nach beim Verkaufe bezeichnet wird. Anders verhält es sich beim f. g. Verschneiden der Weine, wenn diese unter dem Namen der besseren Sorte für den Preis der letzteren verkauft wird. Dies verstößt offenbar gegen Treue und Glauben, ja erreicht schon das Gebiet des strafrechtlich verfolgbaren Betruges, denn dadurch wird der Empfänger getäuscht und benachtheiligt.

20) am 6. Juni. Wenn eine Aktiengesellschaft in eine Geldstrafe wegen eines strafbaren Reates verurtheilt wird, so bedarf es einer eventuellen Umwandlung derselben in die entsprechende Freiheitsstrafe im Sinne des Art. 44 des B. G. G. vom 26. Dezember 1871 nicht, denn Freiheitsstrafen können nur an physischen Personen vollzogen werden. Ein Rückgriff auf den Vorstand der Aktiengesellschaft oder gar auf die Aktionäre ist gesetzlich unstatthaft, indem Ersterer nach Art. 227 des Handels-G.B. nur auf dem Gebiete des Privatrechts als Repräsentant der Gesellschaft seine Thätigkeit zu entwickeln hat, letztere aber gemäß Art 209 a. a. O. nach Außen gar nicht in Betracht kommen, weil sie hiernach persönlich für die Verbindlichkeiten der Gesellschaft nicht zu haften haben.

Im vorliegenden Falle, in welchem es sich um Uebertretung des Malzaufschlagsgesetzes handelt, ist jene Umwandlung der Geldstrafe in eine Freiheitsstrafe umsoweniger berechtigt, als Art. 52 dieses Gesetzes nach seinem Sinne und Wortlaute das Prinzip, daß nur der eigentliche Thäter bzw. eine physische Person strafrechtlich verfolgbar ist, ohnehin lediglich hinsichtlich der Geldstrafen und Kosten durchbrochen hat. Denn nach Abs. 3 a. a. O. haftet im Falle einer Verfehlung Seitens einer politischen Gemeinde die Gemeindekasse, und wenn eine Genossenschaft straffällig ist, haften deren Mitglieder solidarisch, in concreto aber das Vermögen der Gesellschaft, da, wie gezeigt, die Aktionäre nicht verbindlich sind.

21) am 7. August. Zum Thatbestand der Hehlerei nach §. 259 R. St. G. B. durch Mitwirken zum Absatze der treffenden Sachen genügt nicht der Nachweis der erfolglosen Aufforderung zum Kaufe; es muß vielmehr die Sache wirklich zum Absatze gekommen sein.

22) am 10. August. Die Hinwegnahme (in der Absicht rechtswidriger Zueignung) einer auch sehr geringen Quantität Holzes aus dem Walde, welches zum größten Theile aus dürrem, zusammengelesenen Holz besteht, zu einem Haufen zusammengelegt ist und zur Abfuhr aus dem Walde bereit liegt, bildet ein Vergehen des Diebstahls im Sinne des §. 242 des R. St. G. B., nicht aber eine Uebertretung des Art. 83 des

---

*) Derselbe lautet:

Der Käufer oder sonstige Erwerber des durch Frevel erworbenen und verkauften Holzes, von welchem er wußte oder nach Beschaffenheit des Falles und der Umstände wissen konnte, daß es durch Frevel erlangt wurde, wird mit einer dem doppelten Werthe des Gegenstandes gleichen Geldstrafe belegt, jedoch nie unter einem Gulden.

Forstgesetzes vom 28. März 1852, denn das Holz, als es im gegebenen Falle von dem Beschuldigten entwendet wurde, war von einem Dritten bereits aufgearbeitet und zum Verkaufe hergerichtet, nämlich durch Arbeit im Walde schon in einen Zustand gebracht, in welchem es vom Eigenthümer zum Zwecke des Verbrauchs aus dem Walde abgeführt zu werden pflegt; es lag sonach nicht mehr im Walde noch zerstreut zur Erde und brauchte der Beschuldigte dasselbe vorher nicht erst zusammenzulesen und auf diese Weise erst zum Heimfahren herzurichten.

23) am 28. August. Die Verwendung eines Gemenges von Wicken, Haber und Gerstenmalz zu einem Süd Braunbier ist keine Verfehlung gegen das Malzaufschlagsgesetz vom 16. Mai 1868, wenn für dieses Gemenge die erforderliche Kalotte erholt, auch der treffende*) Malzaufschlag entrichtet wurde.

24) am 21. November. Der Art. 7 und 71 des Malzaufschlags gesetzes vom 16. Mai 1868 setzt voraus, daß die Bereitung von Bier d. h. ein durch den Brauprozeß im Wege der Gährung aus Malz und Hopfen erzeugtes Getränke beabsichtigt war, was aber bei einem in einem Waschkessel zum Selbstgebrauch für den brustleidenden Beschuldigten, aus Wasser, Zucker, Zimmt, Nelken und etwas Hopfen bestehenden Gemische im vorliegenden Falle nicht anzunehmen ist.

25) am 18. Dezember. Der bayrische Unterthan, welcher aus einem Walde, der auf einer in bayrischem Gebiete liegenden Herzoglich Sachsen-Koburg'schen Enklave steht, gefälltes, zum Verkaufe und Verbrauche hergerichtetes Holz in der Absicht rechtswidriger Zueignung wegnimmt, ist in Bayern in Gemäßheit des Art. 80 des Forstgesetzes vom 28. März 1852 und des §. 242 des R. St. G. B. wegen Diebstahls zu bestrafen, trotzdem nach Art. 1 und 2 des bezüglichen Herzoglich Sachsen-Koburg'schen Gesetzes vom 29. Dezember 1870 derartige Entwendungen nur als Forstfrevel zu bestrafen und nach Art. 24 a. a. O. nicht in Anwendung des §. 242 i. e. als Vergehen zu beurtheilen sind; denn ausweislich des mit der Herzoglich Sachsen-Koburg'schen Regierung am 16. April 1839 (Reg. Bl. 1839 S. 72 ff.) abgeschlossenen Staatsvertrags hat sich die Königlich Bayrische Staatsregierung verbindlich gemacht, Forstfrevel,

---
*) Zur Vervollständigung des Sachverhalts mag hier noch bemerkt werden, daß jenes Gemenge als reiner Gerstenmalz deklarirt, von den Sachverständigen als solcher erklärt wurde, weil in überwiegender Menge Gerste sich vorfand, ferner daß es nicht erst vor der Verwendung hergestellt, sondern schon bei der Ernte auf dem Felde bestand, und endlich daß das daraus gewonnene Bier nicht verkauft, sondern zum Haustrunk bestimmt war.

welche ihre Unterthanen auf Herzoglich Sachsen-Koburg'schem Gebiete verübt haben, nach den bayerischen Gesetzen zu bestrafen, und nach den letzteren fällt die eben besagte Entwendung nicht unter den Begriff eines Forstfrevels, sondern eines gewöhnlichen Diebstahls.

Literatur.

Bei dem Andrange, der unseren Stand so tief und nahe berührenden Gesetzesangelegenheiten, war es den Herausgebern nicht mehr möglich, auf dem Gebiete der juristischen Literatur zu folgen oder auch nur den Einsendungen verehrter Mitarbeiter vollständig gerecht zu werden. Um jedoch uns nicht fortwährend der Versäumniß schuldig zu machen, wollen wir heute wenigstens nicht verfehlen, einstweilen auf den praktischen, umfassenden und gründlichen Civilprozeßcommentar von Kleiner (Würzburg bei Stuber), und auf den Commentar zur Concursordnung von Wilmowski (Berlin bei Bahlen), einem Buche, das sich der Civilprozeßordnung von Wilmowski und Levy würdig anschließt, aufmerksam zu machen. Es haben sich übrigens bereits so viele Juristen der Erläuterung der neuen Justizgesetze bemächtigt, daß es eine würdige Aufgabe wäre, alle diese Erläuterungsschriften einmal in ihrer Gesammtheit zu besprechen und das Charakteristische jedes einzelnen Werkes vergleichend hervorzuheben.

Personal-Veränderungen
in der Deutschen Anwaltschaft vom 20. bis 26. Februar 1879.

A. Ernennungen.
Der Kreisrichter Weitzrmel zu Löbau, Westpreußen, ist zum Rechtsanwalt bei dem Kreisgericht zu Osterode, Ostpreußen, und zugleich zum Notar im Departement des Ostpreußischen Tribunals zu Königsberg, mit Anweisung seines Wohnsitzes in Osterode, ernannt worden.

B. Versetzungen.
Der Rechtsanwalt und Notar Rickell zu Marggrabowa ist in gleicher Eigenschaft an das Kreisgericht zu Lyck, mit Anweisung seines Wohnsitzes daselbst versetzt worden.

C. Todesfälle.
Gestorben sind:
der Rechtsanwalt und Notar, Justizrath Stoppel in Altona.

Für die Redaktion verantw.: S. Haenle. Verlag: W. Moeser, Hofbuchhandlung. Druck: W. Moeser, Hofbuchdruckerei in Berlin.

№ 9. Berlin, 1. März. 1879.

Juristische Wochenschrift.

Herausgegeben von

J. Haenle, und Dr. A. Küntzel,
königl. Advokat in Ansbach. Rechtsanwalt beim königl. Obertribunal in Berlin.

Organ des deutschen Anwalt-Vereins.

Preis für den Jahrgang 12 Mark. — Bestellungen übernimmt jede Buchhandlung und Postanstalt.

Uebersicht der Anträge zum Anwaltstage nach den Paragraphen des Entwurfs.

Zu §. 1.

Antrag des Lübecker Advokaten-Vereins:

Zu §. 1 die Worte:

„sowie für die berathende Berufsthätigkeit des Anwalts"

zu streichen.

Nach §. 1 ist als §. 1a folgende Bestimmung einzuschalten:

„Die in diesem Gesetze festgestellten Gebührensätze sind maßgebend für die Berechnung der Anwaltsgebühren, soweit sie von der Gegenpartei zu erstatten sind, und sofern der Rechtsanwalt einer Partei zur Wahrnehmung ihrer Rechte beigeordnet oder als Vertheidiger von Amtswegen bestellt ist."

Zu §. 9.

Antrag des Referenten Justizrath Lesse, der Anwälte des Stadtgerichts zu Berlin und des Disciplinar-Rathes zu Köln:

1. Zu §. 9 des Entwurfs: Die Gebührensätze in den ersten 10 Werthklassen, und ganz besonders in den ersten 5 Werthklassen angemessen zu erhöhen.

Zusätzlicher Antrag des Justizrath Lesse:

Als angemessene Vergütung erscheint bei Gegenständen im Werthe von

1.	bis 20 ℳ einschließlich					. . 2	ℳ
2.	von mehr als	20 bis	60 ℳ	einschließlich	4	»
3.	» »	60	130	»	»	6	»
4.	» »	120	200	»	»	8	»

5.	von mehr als	200 bis	300	ℳ einschließlich	12	ℳ
6.	» »	300	450	»	»	16	»
7.	» »	450	650	»	»	21	»
8.	» »	650	900	»	»	26	»
9.	» »	900	1200	»	»	31	»
10.	» »	1200	1600	»	»	35	»

Des Referenten Dr. Fürst:

Der Gebührensatz beträgt bei Gegenständen im Werthe:

1.	bis zu 120 Mark	. . . .	2 Mark 40 Pf.
2.	von mehr als	120 bis zu	300	Mark	11	—
3.	» »	300	»	900	»	26	—
4.	» »	900	»	2,100	»	44	—
5.	» »	2,100	»	3,400	»	56	—
6.	» »	3,400	»	5,400	»	68	—
7.	» »	5,400	»	8,200	»	81	—
8.	» »	8,200	»	10,000	»	90	—

Antrag des Advokatanwalts Adams (Coblenz).

Der Gebührensatz beträgt bei Gegenständen im Werthe

1.	bis 20 Mark einschließlich 2 Mark.
2.	von mehr als	20 bis	60	Mark einschließlich	3 M.
3.	» »	60	200	»	»	8 »
4.	» »	200	300	»	»	10 »
5.	» »	300	450	»	»	20 »
6.	» »	450	900	»	»	30 »
7.	» »	900	1600	»	»	40 »
8.	» »	1600	2700	»	»	50 »
9.	» »	2700	5400	»	»	60 »
10.	» »	5400	10000	»	»	64 »

Rechtsanwalt v. Freisleben (Württemberg) beantragt:

die erste Klasse bis auf 60 Mark zu belassen, aber die Gebühren

des §. 9 in	I.	Klasse auf	2 Mark 50 Pf.
» »	II.	» »	5 »
» »	III.	» »	9 »
» »	IV.	» »	13 »

in den drei nächstfolgenden Klassen aber um wenigstens Zweizehntel zu erhöhen.

Antrag vom Rechtsanwalt Koch (Sachsen):

die Sätze in §. 9 sind auf den Betrag der Sätze in §. 8 des Gerichtskostengesetzes zu erhöhen.

Antrag vom Justizrath v. Grobbeck (Marienwerder):

a. die Sätze des Entwurfs durch die folgenden zu ersetzen:

1	bis 20 Mark	. . . .	2,50 Mark.
2	· 60 ·	. . . .	5 ·
3	· 120 ·	. . . .	7,50 ·
4	· 200 ·	. . . .	10 ·
5	· 300 ·	. . . .	13 ·
6	· 450 ·	. . . .	16 ·
7	· 650 ·	. . . .	20 ·
8	· 900 ·	. . . .	26 ·
9	· 1200 ·	. . . .	32 ·
10	· 1600 ·	. . . .	38 ·
11	· 2100 ·	. . . .	44 ·
12	· 2700 ·	. . . .	48 ·
13	· 3400 ·	. . . .	52 ·
14	· 4300 ·	. . . .	56 ·
15	· 5400 ·	. . . .	66 ·
16	· 6700 ·	. . . .	72 ·
17	· 8200 ·	. . . .	81 ·
18	· 10000 ·	. . . .	90 ·

Antrag von Justizrath Schulz in Magdeburg und Rechtsanwalt Lüdecke zu Neuhaldensleben:

Sämmtliche Gebührsätze um 20 Prozent zu erhöhen.

Antrag von Obergerichtsanwalt Crothropel aus Celle:

4.	von mehr als 120—200 Mark	12 Mark.
5.	· · · 200—300 ·	18 ·
6.	· · · 300—450 ·	24 ·
7.	· · · 450—650 ·	28 ·
8.	· · · 650—900 ·	30 ·
9.	· · · 900—1200 ·	34 ·
10.	· · · 1200—1600 ·	36 ·
11.	· · · 1600—2100 ·	40 ·

Antrag des Rechtsanwalts Caspari (Detmold):

die Gebühren in den ersten 5 Werthklassen zu verdoppeln und in den 5 folgenden um die Hälfte zu erhöhen.

Antrag der Anwälte zu Breslau:

Als Schlußsatz zu §. 9.

Die ferneren Werthklassen steigen um je 2000 Mark, die Gebührensätze um je 5 Mark für jede angefangene Werthklasse.

Zu §. 13 Ziffer 4.

Antrag des Referenten Dr. Fürst:

Regelung der Gebühr des Beweisverfahrens nach der Dauer.

Antrag des Advokat-Anwalts Adams:

2) in §. 13 Nr. 4 zuzusetzen:

Dauert die Beweisverhandlung länger als 3 Stunden, so steht dem Rechtsanwalt für jede fernere angefangene Stunde ein Zehntel der Sätze des §. 9 zu.

Sodann als neues Alinea zu §. 13.

In Berufungssachen steht dem Rechtsanwalt für den Geschäftsbetrieb der doppelte Betrag der Sätze des §. 9 zu.

Antrag des Disciplinar-Raths zu Cöln:

Zusatz zu §. 13 Nr. 4:

Erstreckt sich die Beweisaufnahme auf 2 oder mehrere Tage, so beträgt die Beweisgebühr die vollen Sätze des §. 9.

Antrag des Justiz-Raths v. Grobbeck:

b. dem §. 13 hinzuzufügen:

Dauert das Beweisaufnahmeverfahren mehr als 4 Stunden hintereinander oder erfordert dasselbe auch bei kürzerer Dauer mehr als einen Termin, so steht dem Rechtsanwalt für die Vertretung in jeder ferneren Stunde nach der Vertretung während der 4 ersten oder während des ersten Termins zusätzlich 3 Mark zu.

Ueberschüsse von weniger als $1/2$ Stunde werden nicht, größere für eine volle Stunde gerechnet. Die Dauer der mehreren folgenden Termine wird zusammengerechnet. Für die Vertretung in einem zweiten Termine stehen jedenfalls 3 Mark zu.

Antrag des Lübecker Advokaten-Vereins:

einzuschalten:

„4) für das Beweisaufnahme-Verfahren, wenn die Beweisaufnahme nicht nur in der Vorlegung der in den Händen des Beweisführers oder des Gegners befindlichen Urkunden besteht (Beweisgebühr).

Die Sätze des §. 9 stehen dem Rechtsanwalt zu $9/10$ zu:

5) für die Vertretung in dem Termin zur Leistung des durch ein Urtheil auferlegten Eides (Eidesgebühr)."

Zu §. 16.

Antrag des Rechtsanwalt Koch (Sachsen):

Die nicht contradictorische Verhandlung ist der contradictorischen und jedes zur Erledigung des Prozesses dienende Abkommen dem Vergleich gleichzustellen.

Zu §. 17.

Antrag des Disciplinar-Rathes zu Köln:

Diese Erhöhung tritt so oft ein, als auf die weitere mündliche Verhandlung eine Entscheidung erfolgt.

Antrag des Justizraths von Grobbeck zu Marienwerder:

e. die Fassung im Anfang des §. 17 dahin zu ändern:

Insoweit die Vertretung sich auf eine neue mündliche Verhandlung nach erfolgter Beweisaufnahme erstreckt.

Zu §. 19.

Antrag der Referenten und des Disciplinar-Rathes zu Köln:

Die Tarif-Erhöhung von $4/10$ auf $7/10$.

Ebenso beantragen die Anwälte des Stadt-Gerichts zu Berlin.

Antrag von Rechtsanwalt Koch (Sachsen):

Nur die Prozeßgebühr auf $6/10$ zu mindern.

Antrag vom Advokatanwalt Adams (Coblenz):

3) Den §. 19 zu streichen.

Antrag des Justizraths von Grobbeck zu Marienwerder:
d. den §. 19 zu streichen, wenigstens aber die Gebühr auf 9/10 des vollen Satzes zu erhöhen.

Zu §. 20.
Antrag vom Referenten Dr. Fürst und des Disciplinar-Rathes zu Köln:
Erhöhung auf 9/10.

Zu §. 25.
Antrag des Rechtsanwalt Koch und Caspari (Detmold):
Soweit der Rechtsanwalt nicht selbst daran schuld ist, daß mehrere Verhandlungstermine nöthig werden, muß ihm für jede Verhandlung die volle Gebühr gewährt werden.

Zu §. 28.
Antrag des Referenten Dr. Fürst:
Zu streichen.
Antrag des Disciplinar-Rathes zu Köln:
Streichung des letzten alinea.

Zu §. 29 Ziffer 2.
Antrag des Referenten Dr. Fürst:
Statt „mit Intervenienten" zu setzen „mit Nebenintervenienten".

Zu §. 30 alinea 5.
Anträge der beiden Referenten, der Anwälte des Stadtgerichts zu Berlin und der des Disciplinar-Rathes zu Köln:
Zu streichen.

Zu §. 37 alinea 2 und §. 38 alinea 5.
Antrag des Referenten Dr. Fürst:
Zu streichen.
Antrag des Disciplinar-Rathes zu Köln:
Streichung des §. 37 alinea 2.

Zu §. 46.
Antrag des Lübecker Advokatenvereins:
Absatz 1 zu streichen.
Antrag des Rechtsanwalt Justizrath Hänschke (Berlin):
alinea 2 am Schluß
statt der Worte „und der Auftraggeber sich beruhigt" zu setzen: „und der Rechtsanwalt nicht dennoch auf Verlangen des Auftraggebers das Rechtsmittel einlegt."

Zu §. 48.
Anträge des Referenten Lesse, der Anwälte des Stadtgerichts zu Berlin, sowie des Justizraths Schulz und des Rechtsanwalts Lübcke:
Zu streichen.

Zu §§. 28, 30, 37, 48.
Antrag des Justizraths Grobbeck:
e. in den §. 28, 30, 37, 38 und 48 die Anrechnung nur der Hälfte der Vorgebühren auf die vollen Gebühren für das ordentliche Verfahren beziehungsweise für dem Prozeßbevollmächtigten eintreten zu lassen.

Zu §. 50.
Anträge der beiden Referenten und der Anwälte des Stadt-Gerichts zu Berlin:
die Worte „einschließlich der Nebenintervenienten" zu streichen, und ferner eine angemessene Erhöhung der Prozeßgebühr des gemeinschaftlichen Anwalts für den Fall eintreten zu lassen, daß einer der durch ihn vertretenen Streitgenossen besondere Einreden vorgebracht hat.

Zu §. 51.
Antrag des Ober-Gerichts-Anwalts Erythropel (Celle):
In der Berufungsinstanz erhöhen sich die Gebühren um 25 Prozent, in der Revisionsinstanz für die beim Reichsgerichte zugelassenen Rechtsanwälte um 50 Prozent.

Zu §. 54.
Antrag des Referenten Justiz-Raths Lesse und der Anwälte des Stadtgerichts zu Berlin:
Erhöhung auf 9/10 resp. 9/10.

Zu §. 57.
Antrag des Justizraths von Grobbeck zu Marienwerder:
f. dem §. 57 hinzuzusetzen:
Das Gleiche findet für die bei den Oberlandesgerichten zugelassenen Rechtsanwälte in der Berufungsinstanz statt, wenn sie nicht schon als Prozeßbevollmächtigte mit der Vertretung in der I. Instanz befaßt gewesen sind.

Zu §. 62.
Antrag des Advokatenvereins zu Lübeck:
4) §. 62 Ziffer 3 ist dahin abzuändern:
„3) vor dem Schwurgericht oder dem Reichsgericht nach Bestimmung des Präsidenten . 40 bis 100 ℳ"
Antrag des Rechtsanwalts Koch (Sachsen):
Die Sätze für die Vertretung in Strafsachen (§. 62) sind wenigstens rücksichtlich der Vertretung vor der Strafkammer und dem Schwurgericht zu erhöhen (auf Mark 30 und Mark 50).
Oder es ist auszusprechen, daß die Gebühren sich um die Hälfte erhöhen, wenn die Verhandlung länger als 4 Stunden dauert.

Zu §. 63, alinea 1.
Antrag der beiden Referenten und der Anwälte des Stadtgerichts zu Berlin:
Erhöhung von 9/10 auf 9/10.

Zusatz zu §. 67.

Antrag des Obergerichtsanwalts Dr. Bödiker zu Aurich:
hinter Nr. 3 einzuschalten:

Nr. 4 eines Gesuches um Erlaß, oder Aenderung der
Strafe (Gnadengesuch).

Zu §. 71.

Antrag des Rechtsanwalt Justizrath Hänschke (Berlin):
Diesen Paragraphen so zu fassen:

„Im Falle der Vertheidigung mehrerer Beschuldigten
durch einen gemeinschaftlichen Vertheidiger erhält der
Rechtsanwalt von jedem von ihm vertheidigten Beschuldigten die vollen Gebühren.“

Zu §. 75.

Antrag des Referenten Dr. Fürst:
Strich des Alinea 1.

Antrag des Obergerichtsanwalts Dr. Bödiker (Aurich):
Im ersten alinea wird das Wort „nur“ fortgelassen.
„Hinter alinea 2, folgendes alinea“:

Schreibgebühren für nothwendige oder dienlich zu er-
achtende Mittheilungen an die Partei stehen dem Anwalte zum
Betrage von mindestens fünf und zwanzig Pfennigen zu“.

Antrag des Advokatenvereins zu Lübeck:
5) §. 75 letzter Absatz ist dahin zu verändern:

„Die Höhe der Schreibgebühr wird von der Landesregierung nach Einziehung eines Gutachtens der
Vorstände der Anwaltskammern festgestellt.“

Zu §. 77.

Antrag des Advokat-Anwalts Adams:
4) In §. 77 die Sätze ad I an Tagegeldern auf 20 Mark
ad II für ein Nachtquartier auf 5 Mark festzusetzen.

Zu §. 85.

Antrag des Rechts-Anwalts Koch:
Die Kosten sollen auch fällig werden, wenn der Rechtsanwalt Gelder für seinen Mandanten erlangt. Auch soll ihm
das Recht zustehen, von Geldern, die er für den Auftraggeber
einnimmt, sich einen entsprechenden Kostenvorstand zurückzubehalten.

Zu §. 87.

Antrag des Disciplinar-Raths zu Cöln:
Die Gebühren des §. 87 sind auf das Doppelte
zu erhöhen.

Zu §. 89.

Antrag der Anwälte des Stadt-Gerichts zu Berlin:
die dort auf 3 Mark für jede angefangene Stunde
festgesetzte Gebühr auf 15 Mark zu erhöhen.

Antrag des Rechts-Anwalts Koch:
Der Satz von Mark 3 ist auf das Doppelte zu erhöhen.

Zu §. 93 und 94.

Antrag des Referenten Justiz-Rath Lesse auf folgende Fassung:

Sofern der Rechtsanwalt nicht einer Partei zur Wahrnehmung ihrer Rechte beigeordnet oder als Vertheidiger bestellt
ist, kann der Betrag der Vergütung durch Vertrag über den in
diesem Gesetz bestimmten Betrag hinaus festgesetzt werden.

Auch kann der Rechtsanwalt durch Uebereinkommen mit
der Partei bei Uebernahme des Auftrags sich vorbehalten, für
Ausführung desselben eine angemessene, über den in diesem Gesetze
bestimmten Betrag hinausgehende Vergütung zu beanspruchen.

Die Vereinbarung einer geringeren als der in diesem
Gesetze bestimmten Vergütung ist nur gestattet, wenn es sich
um Uebernahme eines ganzen Inbegriffs von Geschäften oder
eine generelle Vertretung handelt.

Die Festsetzung der Vergütung des Rechtsanwalts durch Bezugnahme auf das Ermessen eines Dritten ist ausgeschlossen. In
dem Verhältnisse des Auftraggebers oder Rechtsanwalts zu dem
Erstattungspflichtigen ist die in Alinea 1 und 2 dieses Paragraphen gestattete Vereinbarung nicht maßgebend.

§. 94.

Bei Angelegenheiten, welche den Bestimmungen der Abschnitte 2 und 3 dieses Gesetzes unterliegen, kann die durch
Vertrag festgesetzte Vergütung im Prozeßwege bis auf den in
diesem Gesetze bestimmten Betrag herabgesetzt werden, wenn

1. der Rechtsanwalt bei Abschluß des Vertrages die
Nothlage des Auftraggebers in unzulässiger Weise benutzt, oder sonst mit Verletzung der Standesehre
Zwecks der Erhöhung der schriftlichen Vergütung auf
den Auftraggeber eingewirkt hat und zugleich
2. die Grenzen der Mäßigung bei Verabredung der Vergütung überschritten sind.

Das Vorhandensein dieser Voraussetzungen wird durch Gutachten des Vorstandes der Anwaltskammer festgestellt.

Diese Vorschrift findet entsprechende Anwendung auf Ansprüche, welche für Ausarbeitung eines Gutachtens (§. 88) oder
auf Grund des in §. 93 Alinea 2 gestatteten Vorbehalts erhoben werden.

Die Herabsetzung im Prozeßwege ist ausgeschlossen, wenn
der Auftraggeber die vertragsmäßig festgesetzte oder auf Grund
der §. 88 oder 93 Alinea 2 geforderte Vergütung des Rechtsanwalts bezahlt hat.

Antrag des Advokatanwalts Adams (Coblenz):

§. 93.

Der eigenen Partei gegenüber ist der Rechtsanwalt berechtigt in nachfolgenden Fällen eine besondere der Gegenpartei
in keinem Falle zur Last kommende Vergütung in Anspruch zu
nehmen:

1) wenn die Partei eine solche versprochen hat;
2) wenn die Sache eine besondere durch vorstehende
Sätze nicht angemessen vergütete Thätigkeit des Rechtsanwalts erfordert hat.

§. 94.

Die von dem Rechtsanwalte für die in dem vorstehenden
Paragraphen erwähnte besondere Vergütung, sowie auch die von
demselben für Ausarbeitung eines Gutachtens (§. 88) berechneten
Ansprüche unterliegen im Bestreitungsfalle der Festsetzung durch
den Vorstand der Anwaltskammer.

Antrag der Anwälte des Stadtgerichts zu Berlin.

§. 93.

Sofern der Rechtsanwalt nicht einer Partei zur Wahrnehmung ihrer Rechte beigeordnet oder als Vertheidiger bestellt ist, kann der Betrag der dem Rechtsanwalt zustehenden Gebühren durch Vertrag abweichend von den Vorschriften dieses Gesetzes festgesetzt werden.

Die Form und Wirksamkeit eines solchen Vertrages bestimmt sich nach den Grundsätzen der bürgerlichen Landesgesetze.

Der Beurtheilung des Vorstandes der Anwaltskammer als Disziplinarbehörde unterliegt es, ob bei Abschluß des Vertrages der Rechtsanwalt die Grenzen der Mäßigung überschritten, in unzulässiger Weise die Nothlage des Auftraggebers benutzt, oder sonst bei der Verabredung einer geringeren oder höheren Vergütigung, als diese Ordnung bestimmt, die Standes-Ehre verletzt hat.

§. 94a.

In den Fällen, in denen ein rechtsgültiger Vertrag über die Höhe der Gebühren nicht stattgefunden, und in welchem die Thätigkeit des Rechtsanwaltes unverhältnißmäßige Mühewaltung verursacht hat, kann ausnahmsweise am Schlusse jeder Instanz oder nach Erledigung des Auftrages neben den durch dieses Gesetz bestimmten Gebühren ein besonderes Honorar gefordert werden. Ueber die Zulässigkeit und Angemessenheit dieses Honorars entscheidet bei dem Widerspruche der Betheiligten der Vorstand der Anwaltskammer.

§. 94b.

Die zur Erstattung verpflichtete Gegenpartei ist immer nur zur Erstattung der in diesem Gesetze tarifmäßig festgestellten Gebühren verpflichtet.

Antrag des Disciplinar-Rathes zu Köln.

§. 93.

Sofern der Rechtsanwalt nicht einer Partei zur Wahrnehmung ihrer Rechte beigeordnet oder als Vertheidiger bestellt ist, kann er seinem Auftraggeber gegenüber neben den tarifmäßigen Gebühren ein Honorar liquidiren, dessen Höhe im Bestreitungsfalle der Vorstand der Anwaltskammer nach Anhörung der Parthei festsstellt.

§. 94 fällt weg.

Eventueller Antrag ad 93 und 94:

§. 93 bleibt nach dem Entwurf.

§. 94 soll lauten: Hat der Rechtsanwalt durch den Vertragsschluß die Grenzen der Mäßigung überschritten, so kann die durch Vertrag festgesetzte Vergütung durch den Vorstand der Anwaltskammer, nach Anhörung des Auftraggebers, bis auf den in diesem Gesetze bestimmten Betrag herabgesetzt werden.

Diese Vorschrift findet entsprechende Anwendung, wenn der Rechtsanwalt durch den für die Ausarbeitung eines Gutachtens erhobene Anspruch (§. 88) die Grenzen der Mäßigung überschritten hat.

Antrag des Advokatenvereins zu Lübeck.

§. 94 letzter Absatz

zu streichen.

Antrag des Justizraths Schulz und Rechtsanwalts Lüdecke.

II. zu §. 93 nur das Alinea 2 des Leßteren Vorschlages zu beantragen, wonach der Anwalt eine geringere als die taxmäßige Vergütung nur soll vereinbaren dürfen, wenn es sich um Uebernahme eines ganzen Inbegriffs von Geschäften oder um eine generelle Vertretung handelt.

Antrag der Anwälte zu Breslau.

Sofern der Rechtsanwalt nicht einer Partei zur Wahrnehmung ihrer Rechte beigeordnet, oder als Vertheidiger bestellt ist, kann eine, über den in diesem Gesetze bestimmten Betrag hinausgehende Vergütung verabredet werden.

Die Verabredung einer geringern als der in diesem Gesetze bestimmten Vergütung ist unzulässig. Ist jedoch dem Rechtsanwalt der Betrieb eines ganzen Inbegriffs von Geschäften z. B. eine Nachlaßpflegschaft, Testaments-Vollstreckung, Vermögensverwaltung, Häuser- oder Güteradministration oder ein Syndikat u. s. w. übertragen, oder ist derselbe zum Generalbevollmächtigten oder sonst zu einer generellen Verwaltung bestellt, so ist ihm gestattet, ein nach dem Zeitraum der Dauer dieser Uebertragung oder Bevollmächtigung zu bestimmendes Pauschquantum einer Vergütung zu vereinbaren. Die Festsetzung der Vergütung des Rechtsanwalts durch Bezugnahme auf das Ermessen eines Dritten ist ausgeschlossen.

In dem Verhältniß des Auftraggebers oder Rechtsanwaltes zu dem Erstattungspflichtigen ist die vertragsmäßige Festsetzung nicht maßgebend.

Die Anträge der Münchener Anwälte und der Anwälte des Kreisgerichts zu Bochum kamen zu spät ein, um in dieser Uebersicht noch berücksichtigt werden zu können.

Zur Lehre vom gemeinen Rechte.

Die Rechtswissenschaft hat die Aufgabe, nicht die Lücken eines Gesetzes zu ergänzen, wohl aber die gesetzlichen Bestimmungen zu erklären und deren Konsequenzen zu ziehen. Mitunter schließt ein Partikularrecht durch seinen Inhalt die Anwendbarkeit solcher Lehrsätze aus, oder die Forschungen der Neuzeit thun die bisherige Doktrin als veraltet dar, oder es fehlt ganz oder zum Theil an wissenschaftlichen Aufstellungen zur Erklärung eines Partikularrechts. Der Richter steht dann vor einer Lücke desselben.[*] — (Stobbe, P. R. S. 38, 39, 46, 47, 34, 148). Wenn es ein Rechtsinstitut betrifft, welches dem römischen Rechte nicht unterworfen werden kann, oder deutschrechtliche Geschäfte

---

[*] Ich werde mich öfter auf Stobbes Handbuch des deutschen Privatrechts und seine Rechtsquellen berufen, welche den ersten Band der Geschichte des deutschen Rechts, bearbeitet von G. Beseler und And., bilden. Das erste Werk werde ich Stobbe P. R., das zweite mit Stobbe Qu. citiren. Wo der Band nicht beigefügt ist, ist der erste gemeint.

betrifft, räth Stobbe dem Richter nicht das römische Recht, sondern mittelst der Theorie des deutschen Privatrechtes diejenigen Bestimmungen aus einem anderen Partikularrechte anzuwenden, welche seinem Landesrechte am gemäßesten sind, und mit dessen Entwicklung im Allgemeinen die meiste Verwandtschaft haben. Denn es läßt sich dieses nicht wohl außer Zusammenhang mit dem Rechte des übrigen Deutschlands denken. Der Richter wird dabei nicht erklären, daß ein fremdes Partikularrecht zur Anwendung kommen muß, sondern daß der von ihm herbeigezogene Satz dem Wesen des betreffenden Instituts am meisten entspricht, mehr, als wenn er nur im Allgemeinen auf die Natur der Sache, auf das Naturrecht oder auf die aequitas zurückgreift (S. 39—41, 45—47, 50, 147). Stobbe cilirt Pfeiffers praktische Ausführungen Bd. 1 S. 120 folg.: der praktische Jurist wird sich in die Nothwendigkeit versetzt sehen, die Existenz eines gemeinen deutschen Privatrechtes zu bejahen, indem es ihm gar bald als unwiderlegbarer Erfahrungssatz erscheint, es müsse ein gemeines deutsches Privatrecht geben, weil er nämlich ein solches anzuwenden sich genöthigt sieht. Die Bedenken, welche gegen das empfohlene Verhalten aufsteigen, sucht Stobbe damit zu beseitigen, daß es durch Gewohnheitsrecht geheiligt sei und immer eingehalten werde; je vergleicht es mit der irrationellen Reception des römischen Rechtes, welche auch durch Gewohnheitsrecht unanfechtbar geworden sei. Dennungeachtet kommen ihm immer wieder die Bedenken, daß die Wissenschaft obigen Rath nicht billigen könne, daß der Richter dabei über seinen Wirkungskreis hinausgreife, statt der Handhabung des als geltend beglaubigten Rechtes eine rechtschaffende Thätigkeit ausübe und gegen den Satz verstoße, daß, was als Regel für das Ganze gelte, noch nicht unbedingt für die Theile anwendbar sei, (S. 35, 37, 39, 41, 42, 44, 45, 149; die Literatur hierüber S. 49 folg.; Gerber, System des deutschen Privatrechtes, 12. Aufl. § 5 S. 8 folg.) Stobbe (P. R. S. 49) schlägt vor, die Frage, ob das hülfsweise zugegebene Recht gemeines sei, ganz ruhen zu lassen und statt nach gemeinem Rechte nach dem innerhalb bestimmter Grenzen anwendbaren Rechte zu forschen. Allein, was der Richter aushülfsweise benutzen darf, muß gemeines Recht sein. Darin liegt die Beglaubigung der Anwendbarkeit. Aeußerst wichtig ist die Frage, was partikuläres oder gemeines Recht sei, auch wegen der Zulässigkeit der Revision der letzteren nach dem künftigen Civilprozeßgesetze, §§. 511, 525.

Widersprechende Definitionen.

Nirgends ist die Theorie so gänzlich unsicher und zerfahren als über den Begriff des gemeinen Rechtes (Literatur bei Stobbe P. R. S. 47 folg. 17, 35, 36, und Gerber a. a. O.) Eichhorn findet es dort, wo neuere Partikularrechte mit den früheren gemeinsamen Normen deutschen Rechtes übereinstimmen; Runde dort, wo die Natur der Sache die Entscheidung an die Hand giebt; Wächter nennt gemeines Recht, was wegen einer für verschiedene Bezirke gleichmäßig bestehenden juristischen Nothwendigkeit zur Anwendung kommt; Krüll (Deutsches P. R. S. 3) was auf deutschem Boden entstanden, durch ganz Deutschland gilt; Seuffert (Archiv, Band 1, Einleitung Seite V), was als der Inhalt eines, im ganzen Umfange deutschen Rechtslebens und deutscher Rechtsanwendung geltenden

jus gentium germanicum erscheint; selbst wenn es auf Anwendung partikularer Normen beruht, aber diese mit Rechtssätzen zusammentreffen, welche im gemeinen römischen oder deutschen Rechte Boden haben; Maurenbrecher, was seine verbindende Kraft dergestalt in sich trägt, daß jeder deutsche Richter, zu welchem Staate er auch gehöre, dasselbe anzuwenden verpflichtet ist; wobei er das Anerkenntniß durch die Rechtslehre noch betont; Bruns, Beseler, Richthofen, was nach den Aufstellungen der Wissenschaft auf der gemeinschaftlichen Rechtsüberzeugung beruhe und aus der Einheit des Volks hervorgegangen sei; Thöl, das für mehrere kleinere Rechtsgebiete, welche zusammen ein Ganzes machen, auf einer Rechtsquelle beruhende Recht des ganzen Gebietes; Stobbe, (P. R. S. 36, 39, 47, 48) schließt sich am nächsten an die beiden letzten Aufstellungen an; Gerber, die gegenwärtige Aeußerung der Rechtsüberzeugung des deutschen Volkes; Reyscher, (Zeitschr. für deutsches Recht Bd. 10 S. 154; Bd. 9 S. 339) die allgemeinen Gewohnheiten eines Reiches oder einer Gegend; was vermöge der inneren Wahrheit seiner Säße überall entscheidet, wenn es auch nicht Gesetzeskraft hat; Goldschmidt, was aus einer Rechtsquelle für den nämlichen Staat oder umfassende Gebietstheile desselben geflossen ist; Beseler, was vermöge seiner inneren Beschaffenheit und der Natur seiner Quellen als Einheit für das Ganze und deswegen auch für die einzelnen Theile gilt; Puchta (Vorlesungen zum Pandektenrechte S. 15), was bei den allgemeineren Recht über sich hat, von dem eine Abzweigung ist, die Wurzel, der Stamm, welche die Abzweigungen trägt; Savigny (System des römischen Rechts Bd. 1 §. 2 S. 4, 102) meint, daß der Gegensatz zwischen gemeinen und partikulären Rechte sich verhalte wie das zwischen Reich und Territorium.

Noch schwieriger wird der Begriff des gemeinen Rechtes durch die Aufstellung eines Unterschiedes mit einem allgemeinen. Stobbe (P. R. S. 48) sagt mit Recht, daß es dann kein gemeines deutsches Recht mehr außer dem Reichsgesetzen gebe, und weil das römische Recht sein gemeines mehr sei. Thöl nennt allgemeines Recht, was in mehreren Rechtsgebieten gilt, auf deren partikularen Rechtsquellen beruht und sich als partikuläres Recht darstellt; Maurenbrecher, was in allen deutschen Staaten gilt, weil es in allen Partikularrechten enthalten ist; Bruns, Beseler, Richthofen, was nicht aus der Einheit des Volkes hervorgegangen ist, sondern bei welche die Gründe der Gemeinschaftlichkeit zufälliger Natur sind; Goldschmidt, das gleiche Recht verschiedener Staaten; Windscheid (Pandekten Bd. 1 §. 1 S. 1; §. 2 S. 5 not. 2), der Unterschied des gemeinen vom allgemeinen Rechte verhalte sich wie der vom Ganzen zu der Summe der Theile; das allgemeine Recht sei das gemeinschaftliche partikulär für alle einzelne Theile; gemeines das für ein Rechtsgebiet als Ganzes geltende Recht.

Der Grund dieser Controversen liegt, wie schon Gerber (a. a. O. § 10 § 6, S. 15 §. 7) andeutet, darin, daß den Praktikern nur dem zu unmittelbaren Anwendung geeigneten Materiale liegt, während die Theorie sich einen Begriff sucht, welcher die Zusammenfassung des Materials als eines Ganzen in den Lehrbüchern rechtfertigt. Indem sie eine bloß äußerliche Sanktion der Anwendung betont, muß sie immer auf das römische Recht als die Grundlage des gemeinen zurückkommen und will eine Modifikation desselben nur dann anerkennen, wenn alle deutschen obersten Gerichtshöfe bereits einig darüber sind. Den Richtern unterer Instanzen und ihren Bedürfnissen ist mit solchen Aufstellungen nichts gedient. Diese Richter müssen gemeines Recht anwenden und seine Sanktion in der inneren Zusammengehörigkeit der Rechtssätze finden; sie werden sich daher nach einem anderen Begriffe für gemeines Recht in der Rechtsgeschichte umsehen.

Sogenanntes allgemeines Recht.

Als gemeines Recht galt nicht immer und aller Orten das nämliche. Die Römer verstanden unter jus commune in der Regel das für Alle geltende zum Unterschiede von den Rechtswohlthaten und Privilegien, zu dem jus singulare (L. 16 Dig. 1, 3; Puchta Pandekten §. 21, 30, 31); doch wird auch das jus gentium so bezeichnet, quod naturalis ratio inter omnes homines constituit, quo omnes populi communi omnium hominum jure utuntur; naturalia jura, quae apud omnes gentes peraeque servantur; jus naturale, quod natura omnia animalia docuit (L. un. init. §. 1, §. 11 Inst. 1, 2); quod semper aequum et bonum est (L. 11 Dig. 1, 1); davon verschieden ist das jus civile, quod quisque populus sibi jus constituit; quod omnibus aut pluribus in civitate utile est (L. un. §. 1 Inst. 1, 2; L. 11 Dig. 1, 1). Im Gegensatze zu diesem nationalen jus civile und zu der oben besprochenen Aufstellung eines allgemeinen Rechts nannten die Römer gemeines Recht der Völker, was auf der gemeinsamen Rechtsüberzeugung derselben, auf der Natur der Sache beruht. Gerade dieses wurde später in Deutschland als gemeines Recht aufgenommen (Stein Gegenwart und Zukunft der Rechts- und Staatswissenschaft S. 56—59). Ganz in gleicher Weise wie die Römer verstanden die Engländer und Franzosen unter gemeinem Rechte die ratio scripta des römischen Rechts und stellten es ihrem nationalen Rechte gegenüber (Schmidt C. A. die Reception des römischen Rechtes S. 147, 141, 143).

Gemeines Stammesrecht.

In Deutschland konnte gemeines Recht ursprünglich nur das eines Volksstammes sein, weil dieser nur sich selbst, nicht auch die übrigen deutschen Stämme als ein in rechtlicher Gemeinschaft stehendes Ganze betrachtete (Reyscher in Zeitschr. für Deutsches Recht Bd. 10 S. 154, Bd. 9 S. 339; vgl. Savigny röm. Recht S. 19; Puchta Pand. §. 10). Aehnlich stehen die älteren preußischen Provinzen mit ihrem allgemeinen Landrechte und dessen Rechtsgebiete dem übrigen Deutschlands gegenüber, ebenso das rheinische oder französische und das österreichische Rechtsgebiet (Stobbe P. R. S. 12). Unsere mittelalterlichen Rechtsquellen bezeichnen das Stammes- oder Landrecht im älteren Sinne als das gemeine; z. B. um 1220 Sachsenspiegel III 79 §. 2, vor gericht muß man antworten „na gemenenen lautrechte"; 1223 galt in Höxter §. 9 nach beerbter Ehe Halbtheilung des Gesamtvermögens, quod tamen, non est jus commune; 1244 schaffte man in Hannover die Grade ab, quamvis autem jus sit commune; 1245 hatte ein Vermächtniß in Hohenlohe bei Vorhandensein von Erben nicht Kraft juxta jus commune; 1272 Höxter, seinen Gewährsmann belangen, prout deposceret jus commune; 1251 Augsburg, jus commune der clerici und

milites; 1280 bei Hagelschlag und Heerzug wird Nachlaß an den Gülten gewährt, quidquid de commune jure pro tali casu faciendum fuerit (Stobbe P. R. S. 6; Lu. S. 620; Gengler Codex juris municipalis Bd. 1 S. 73; Deutsche Stadtr. S. 187, 202; Kraut Grundriß zu Vorles. über d. deutsche P. R. S. 15). Gewährschaft und Bürgschaft wegen eines Gutsverkaufes thun juxta oder secundum communem terrae consuetudinem, 1282 und 1301 Eichstädt (Falkenstein Nordgau'sche Alterthümer Urk. B. von 1733 S. 72 und von 1788 S. 112), 1332 und 1329 in Unterfranken ebenso (handschriftlich). 1357 gemeine lautrecht (Kraut a. a. O. S. 16). 1341 Paderborn §. 3, Brackel: ihre Satzungen über Heergewede und Gerade geben sie nicht „vor en ghemene recht" aus; 1360 Herford: über diese Gegenstände wolle man „eyn ghemene recht" sagen; um 1440 ließ ein Statut von Höxter „deme gemenen rechte" laufen; im Schweizer Weisthum von 1518 enthielt nach Aenderung einiger Sätze, welche „wider das gemein recht warnten," die Gerichts- und Dorfordnung und die Rechte der Dorfherren wie andere Gemeindeordnungen, (Stobbe P. R. S. 6). Auch dem späteren gemeinen Sachsenrechte (S. 6, 10 folg. Qu. I, 2 S. 4) lag noch die Idee eines gemeinen Stammesrechtes zu Grunde, obgleich es gerade im alten Sachsenlande d. h. in Westfalen bis zur Nordsee nicht galt.

Gemeines Recht der Gruppen.

Wie im römischen Weltreiche der römische Bürger nur nach jus civile Recht nahm, so ursprünglich in Deutschland überall Jeder nicht nach dem Rechte des Gerichtsbezirkes, sondern nach dem seines Stammes (Kraut a. a. O. S. 15) aber nicht nur für sich, sondern nach einer Einwanderung auch für seine Abkömmlinge bis zu den entferntesten Graben und für die ihnen vom Landesherrn verliehenen Kolonien (Stobbe P. R. S. 174) und die von ihnen gegründeten Ortschaften (Tschoppe und Stenzel, Urkundensammlung zur Geschichte des Ursprungs der Städte in Schlesien und der Oberlausitz, Tomaschek, deutsches Recht in Oesterreich, Bischoff, österreichische Stadtrechte: über Gründungen nach deutschem, fränkischem und flandrischem Rechte, zusammengestellt in Vocke gemeinem ehelichen Güter- und Erbrecht Bd. 1 S. 47—60). Neugegründeten oder ältern Städten wurde das Recht einer berühmten, außer dem Stammesgebiete gelegenen Stadt übertragen. Ein verbreiteter Irrthum will hierin nur die Uebertragung öffentlichen Rechtes und Freiheiten sehen (Stobbe P. R. S. 3). Aber die drei in solchen Freiheitsbriefen immer wieder kehrenden, von den Bremern schon 1186 von Kaiser Karl hergeleiteten Rechte gehören dem damaligen Privatrechte an, daß nämlich ein Höriger frei wird, welcher Jahr und Tag unversprochen in der Stadt sitzt, daß man Heergewede und Gerade nach freiem Rechte giebt und an die Erben aufsendet; daß man ein Gut, welches man Jahr und Tag besessen hat, mit dem Erbe behaupten kann (Gengler Cod. jur. mun. Bd. 1 S. 318). Die Gleichzeitigkeit der Vorortschaften von Musterstädten, die entstehenden Stadtrechts-Familien und Gruppen (Stobbe P. R. S. 5; Lu. Bd. I, 2. S. 4 Bd. I, 1. S. 483 folg., 489, 529—551) und das Aussterben des Stammesrechtes in ganzen Gegenden, z. B. des altsächsischen Rechtes außer in Soest und im lübischen Rechtsgebiete (Schröder, Geschichte des ehelichen Güterrechtes Bd. 2, 3 S. 22, 297, 304) sprechen für Verleihung eines fremden Privatrechtes. Der Einwanderer, seine Abkömmlinge, seine Kolonien, die mit fremden Rechte bewidmeten Städte hatten gegenüber dem Rechte ihres Landes zwar jura singularia, unter sich und gegenüber ihrem Stammlande oder Vororten lebten sie aber nach dem gemeinen Rechte des Stammes, auf welchen ihr Privilegium hinwies. Damit stimmen die Quellenzeugnisse: 1312 sagt das Stadtrecht von Ingolstadt §. 14: Nach gemainem recht, zwelich man ober weiß ein aigen hat gehapt in stiller gewer jar und tag on anspruch, den mag darumb fürbaz niemant angesprechen. (Quellen zur bair. und deutsch. Gesch. Bd. 6 S. 206.) Das war nicht gemeines Recht des Landes oder der Gegend. Der Schwabenspiegel (Laßberg 209, 76 L) um 1276, Ruprechts von Freyberg Rechtsbuch (Maurer Bd. 2, 94) von 1328, Ludwigs bair. Stadtrecht von 1347 (Freyberg Sammlung hist. Schriften Bd. 5 S. 350, 356), das Freisinger Stadtrecht um 1359 (S. 199) das Freisinger Landrecht (Maurer §. 137) lassen es trotz der einjährigen Gewere noch zu einem Prozesse kommen. Dagegen die bayerische und hannövrische Stadtrechtsgruppe, an welche sich ein Landstrich in der Schweiz und das Land Hadeln anschließt (Grimm Weisthümer Bd. 1 S. 204; Bd. 4 S. 350 §. 18, S. 353 §. 18, S. 707; Bd. 5 S. 189 §. 19; Bd. 6 S. 308) schließen bei vorausgegangener gerichtlicher Auflassung nach einjährigem Besitze jeden weiteren Rechtsstreit aus (1225 Passau §. 3, 1294 München §. 16, 18—20, 1241 Hannover §. 4, 7, 1227 Braunschweig §. 9, Gengler Stadtr. S. 344, 295, 186, Cod. jur. mun. S. 286). In Stendal sollen die Juden 1297 communi jure gaudeant civitatis. Es galt dort Magdeburger Recht (Stadtr. S. 461). Um 1390 erklärte Biel im Kanton Bern seine Stadtsatzung namentlich über Ehe- und Erbrecht solle für ein gemeines Recht stät und festgehalten werden (Cöd. jur. mun. S. 217). Diese Satzungen waren nicht gewillkürt, sondern Biel gehörte damit in die schweizer Freiburger Stadtgruppe. Die Städte waren durch ein gemeines Stadtrecht verbunden (Stobbe Lu. Bd. I., 2 S. 4; Bl. I., 1 S. 529; Tomaschek deutsches Recht in Oesterreich S. 76)

Weitaus die meisten Städte und Städtefamilien standen mit dem flandrischen Rechte in Verbindung. Da zerstörten um die gleiche Zeit, als der Sachsenspiegel entstand, drei Ereignisse gewaltsam die Verbindung mit dem Heimathlande des Rechtes und dadurch die Theilnahme an dessen Fortbildung. Der deutsche Kaufmann d. h. Köln überwarf sich mit flandrischen und verdrängte ihn vom deutschen Markte (1178), die flandrische Handelsstraße donauabwärts ging verloren (1204), die Territorien begannen sich gegen die Vorortschaft der auswärtigen Städte abzuperren, zuerst Brandenburg gegen Magdeburg (1232).

(Schluß folgt.)

Eine Parallele.

Ihering in seinem bekannten vielbesprochenen Werkchen: Der Kampf ums Recht macht darauf aufmerksam, daß auch in den civilrechtlichen Beschädigungen nicht bloß ein Angriff auf das Objekt, sondern auch auf die Person selber liege, während im Gegensatze hinzu das gemeine Recht alle Rechtsverletzungen nach dem Maaßstabe des materiellen Rechts bemesse, — es sei der nüchterne glatte Materialismus, der in demselben zu vollendeter Ausprägung gelangte. Das mittlere römische Recht habe einen ausgedehnteren Gebrauch von Vermögensstrafen gemacht; wer in ungerechter Sache es zum Prozeß kommen ließ oder ihn erhob, für den war ein ganzes Arsenal von derartigen Schreckmitteln in Bereitschaft. Ihering hebt als einen charakteristischen Zug des spätern römischen Rechtes das Bestreben hervor, die Stellung des Schuldners auf Kosten des Gläubigers zu verbessern, und bezeichnet es als das Zeichen einer schwachen Zeit mit dem Schuldner zu sympathisiren. —

Indem nun der Gebührenentwurf die Deserviten, um den unterliegenden Theil nicht zu schädigen, auf durchschnittlich kleine Summen herunterdrückte, folgte er ganz dem Grundsatze, den Ihering als einen verwerflichen dargestellt hat. Diese Herabminderung der Gebühren zu Gunsten Dessen, der nach dem Ausspruche des Gerichtes im Unrechte sich befunden hat, sei es, weil er mit Unrecht einen Anspruch erhebt, sei es, weil er mit Unrecht gegen einen gerechten Anspruch ankämpfte: benachtheiligt Den, der sein gutes Recht zu vertheidigen gezwungen war, weil ihm die Gebührenordnung nöthigt, seinem eigenen Anwalte gegenüber mehr an Kosten zu zahlen als ihm ersetzt wird und beeinträchtigt die Rechtspflege insofern, als hierdurch es erleichtert wird, ungerechte Prozesse zu führen.

S. H.

Personal-Veränderungen
in der Deutschen Anwaltschaft vom 26. bis 28. Februar.

A. Ernennungen.

Der Kreisrichter Schulze in Kempen ist zum Rechtsanwalt bei dem Kreisgerichte daselbst und zugleich zum Notar im Departement des Appellationsgerichts in Posen mit Anweisung seines Wohnsitzes in Kempen ernannt worden.

B. Versetzungen.

Der Rechtsanwalt und Notar Urban zu Frankenstein i/S. ist in gleicher Eigenschaft an das Kreisgericht zu Liegnitz mit Anweisung seines Wohnsitzes daselbst versetzt worden.

C. Ausscheiden aus dem Dienst.

Das dem Bürgermeister Herrn Karl Konstantin Timmel zu Schandau, vormals in Dahlen, verliehene Amt der Advokatur und des Notariats ist durch Uebernahme des Bürgermeisteramts zu Schandau beendigt worden.

E. Ordensverleihungen.

Dem Advokat-Anwalt Bodem zu Colmar im Elsaß wurde die Erlaubniß zur Anlegung des ihm verliehenen Ritterkreuzes zweiter Klasse des Herzoglich Sachsen-Ernestinischen Hausorden ertheilt.

Für die Redaktion verantw.: S. Haenle. Verlag: B. Moeser, Hofbuchhandlung. Druck: B. Moeser, Hofbuchdruckerei in Berlin.

№ 10 bis 16.   Berlin, 8. März.   1879.

Iuriſtiſche Wochenſchrift.

Herausgegeben von

S. Haenle, und **Dr. A. Fürtzel,**
Königl. Advokat in Ansbach.   Rechtsanwalt beim königl. Obertribunal in Berlin.

Organ des deutſchen Anwalt-Vereins.

Preis für den Jahrgang 12 Mark. — Beſtellungen übernimmt jede Buchhandlung und Poſtanſtalt.

Die Ergebniſſe des letzten Anwaltstages.

Die Beſchlüſſe des Anwaltstages ſowie die ſtenographiſchen Protokolle über die geführten Verhandlungen ſind in der Juriſtiſchen Wochenſchrift vollſtändig mitgetheilt; es erübrigt alſo nur einen Rückblick auf das Ergebniß der Berathungen zu werfen. Mit ſorgenſchwerem Herzen wird die Mehrzahl der deutſchen Anwälte dieſem Ergebniſſe entgegenſehen, weil es bei den Kommiſſions- und Reichstagsverhandlungen mit über das Schickſal unſeres Standes entſcheidet. Aber wie auch immer die Reichstagsabſtimmung ausfallen wird der Gang der Berathungen auf unſerem Anwaltstage war derart daß wir mit Selbſtgefühl auf denſelben zurückzublicken vermögen, wegen der Würde mit der ſie geführt, wegen der Ruhe Sachlichkeit und Ziffermäßigkeit, mit welcher die allgemeinen Bemerkungen, die ſich in den Motiven hie und da zerſtreut finden beantwortet wurden und endlich hauptſächlich deshalb, weil das Intereſſe der Rechtspflege nie wegen des perſönlichen Intereſſes der Anwälte außer Acht gelaſſen worden iſt. Die Art und Weiſe wie der Entwurf auf dem Anwaltstage durchgeſprochen wurde, war ein Prüfſtein für den ganzen Charakter des Standes; handelte es ſich doch bei den Anträgen und Vorſchlägen nicht etwa um Angelegenheiten die in gar keinem oder nur in entferntem Bezuge zu den Privatintereſſen der Betheiligten ſtehen, ſondern die ihre ganze zukünftige pekuniäre Exiſtenz betreffen. Während in ſolchen Lagen ſehr häufig die gröbſte Selbſtſucht durchbricht und mit aller Heftigkeit zum Vorſcheine gelangt, iſt, wie bereits erwähnt wurde, auch nicht ein einziges Mal eine Aeußerung aufgetaucht, die von der Nobleſſe der Geſinnung ſich entfernt hätte.

Es war ein goldenes Wort, welches bei der erſten Leſung des Gebührenentwurfs im Reichstage geſprochen wurde, daß der Anwalt ſich zu nobel fühle, um als Vertreter fremder Intereſſen ſeine eigenen in den Vordergrund zu ſtellen. Das hat ſich auch bei dem Anwaltstage wieder bewährt; wie denn dieſe Erfahrung nicht blos in den Gerichtsſälen, ſondern, ſeitdem das deutſche Volk in ſeinen öffentlichen Angelegenheiten mitzureden hat, überhaupt ſich nachweiſen läßt. Wo das allgemeine Wohl in den einzelnen Zweigen des Staatslebens nicht ohne Beeinträchtigung des Beſtehenden verwirklicht werden kann, wo der Intereſſenkampf beginnt, wird man ſeit Jahrzehnten Anwälten als Vertreter der Allgemeinheit, ſei es auch auf Koſten ihres eigenen Vortheils begegnen. Ob nun doch das alte Mißtrauen gegen die Advokaten auch im neuen Reiche, auch unter den neuen ſo Vieles und ſo Vielerlei ändernden Juſtizgeſetzen als eine deutſche Rechtseigenthümlichkeit zu betrachten ſei, die nicht völlig aufgegeben werden könne, möchte eine Frage ſein deren Beantwortung der wiederholten Prüfung werth erſcheint. Ihre Verneinung wäre ein ſo ſtarker Vorwurf gegen die deutſche Advokatur, daß alle Lobſprüche über dieſelbe, wie ſie ſich in den Motiven finden, ſich als eitel und bedeutungslos darſtellen würden.

Ueber die Frage, ob das Syſtem der Pauſchalſätze angemeſſen ſei und ob es auf Prinzipien beruhe oder nicht, verbreitete ſich die Verſammlung faſt gar nicht; man ging von dem richtigen Geſichtspunkte aus, daß es unpraktiſch ſei, einem Syſteme entgegenzutreten, welches jedenfalls feſtgehalten werden wird. Nur inſofern ſtreifte die Debatte das Syſtem, als ein paar Mal darauf hingewieſen wurde, wie ſyſtemlos das Syſtem in dem Entwurfe durchgeführt ſei. So hat Advokat-Anwalt Adams betont, daß die Reduktionen des Normalſatzes, die bei einer geringeren anwaltſchaftlichen Thätigkeit vorgeſehen ſind, in grellem Kontraſte zu dem Hauptgrundſatze ſtehe, auf welchem das Pauſchalſyſtem beruhe, und in gleichem Gegenſatze zu der Niedrigkeit des Tarifs bei den unteren Werthklaſſen; ſo hat Juſtiz-Rath Mackower auf das Unikum hingewieſen, daß der § 93 einen Vertrag schaffe, der gelten und nicht gelten sollte, der für den Einen gelte und für den Andern nicht. Aber auch diese Systemwidrigkeiten und Prinziplosigkeiten hielten die Versammlung nicht ab, bloß praktisch vorzugehen und Alles das hinzunehmen, so weit es nur immer ohne Beeinträchtigung der vitalsten Interessen des Anwaltstandes und der Rechtspflege geschehen konnte.

Daß dieses der Fall gewesen sei, ergibt sich am Besten aus der Sachlichkeit der einzelnen Ausführungen, mit welcher man die Behauptung bekämpfte, daß der Tarif ein anständiges Auskommen der Anwälte zulasse. In dieser Hinsicht ist vor Allem die Ausführung des Justizraths Leffo, die Darlegung der Justizräthe v. Wilmowski, Schulz und v. Groddeck von Bedeutung, weil ihre Bemerkungen von den preußischen Verhältnissen ausgingen, auf welche, um den Nachweis der Gemäßheit der Gebühren zu erbringen, im Entwurf vorzugsweise Gewicht gelegt wurde.

Noch ein anderer Umstand scheint mir in dieser Hinsicht von höchstem Gewichte zu sein, nämlich der, daß der Zusammentritt der Deutschen Anwälte gerade in Berlin stattgefunden und daß die Mehrzahl der Versammlung dem altpreußischen Anwaltstande angehört hat. Während bei den früheren Anwaltstagen die Thatsache, daß nothwendig bei solchen Versammlungen der größere Theil der Anwesenden aus der Nähe kommt, die Kraft und den Werth der gefaßten Beschlüsse schmälerte, wurden sie bei dem diesjährigen Zusammentritte gerade dadurch erhöht. Ist doch anzunehmen, daß wenn wirklich auch bei dem neuen Verfahren die bisherigen preußischen Gebühren, wie sie in dem Gesetzentwurfe reproduzirt wurden, angemessen erscheinen würden, ein Theil der Anwesenden sich für dieselben ausgesprochen haben würde. Man kann jedoch trotzdem nicht sagen, daß die Versammlung einen Lokalen Charakter an sich getragen habe; man wird im Gegentheile in Hinblick darauf, daß fast alle Advokatenvereine Anträge eingesendet haben, und sie durch Beauftragte vertreten ließen, behaupten können, der Anwaltstag habe im Namen und im Sinne des Deutschen Anwaltstandes gesprochen.

Von Interesse ist es auch, wie vielfach erörtert wurde, in welchen Mißverhältnisse einzelne Gebührensätze zu den bestehenden Taxen stehen. Die Bayern (die Advokaten Rau und Hellmann) wiesen auf die Nachtheile hin, welche bezüglich der Verhandlungs- und Beweisgebühr etc. die bayerischen Anwälte erleiden würden, die Sachsen (Advokat Freytag) auf die enormen Reduktionen der Vertheidigungsgebühr im Gegensatze zu den sächsischen, die Rheinpreußen machten darauf aufmerksam, daß hinsichtlich der Reisegebühren etc. französische Normen, die im ersten Jahrzehnt unseres Jahrhunderts aufgestellt wurden, weit besser den Anwalt bedacht haben als der jetzige Entwurf unter ganz geänderten Werth- und Preisverhältnissen. Ein-

gehende statistische Nachweise wurden von Adams bezüglich der Rheinlande, von Becher bezüglich Württembergs und von v. Groddeck bezüglich des zukünftigen Lage der altpreußischen Anwälte in der Berufungsinstanz gegeben. —

Um zum Einzelnen überzugehen bemerke ich, daß die Versammlung darüber einig war, der Schwerpunkt der Gebührenordnung liege in der Normirung des Tarifs, daß aber immerhin als Correktive gegen einen in Allgemeinen zu niedrigen Tarif oder gegen einzelne Sonderfälle, welche in dem Tarife nicht vorgesehen werden konnten, das Recht des Vertrages und der Selbsttaxirung von allerhöchster Bedeutung sei.

Aus dieser Anschauung ging der **einstimmige** Beschluß bezüglich des Vertrages und der Selbsttaxirung (in außergewöhnlichen Fällen) hervor. Bei letzterem fand man den Schutz gegen Mißbrauch in dem Ermäßigungsrechte der Vorstandes der Anwaltskammer und bei ersterem entfernte man die nach Ansicht der Versammlung den Anwaltstand herabwürdigende Nothwendigkeit der schriftlichen Abfassung. Nur sehr getheilt war die Meinung der Anwesenden über das Verbot auf ein geringeres Deservit zu paktiren. Es wurde gar nicht verkannt, daß in vielen Fällen darin eine des Standes unwürdige Konkurrenzmanipulation liege, aber zuweilen ginge doch eine solche Minderung aus edlen Motiven hervor.

Aus dieser Anschauung über das Verhältniß der Taxe zum Deserviten-Uebereinkommen und über die Nothwendigkeit eines angemessenen Tarifs, bei welchem in manchen Gegenden ganz unpraktische Vertrag vermieden werden könne, ging der weitere **einstimmige** Beschluß hervor, den Tarif, wie er von Adams und den Referenten vorher vereinbart wurde, anzunehmen. Im Gegensatze zu einer bloß der praktischen Erleichterung wegen dem Gerichtskostengesetze adäquaten Abstufung hat der so vorgeschlagene Tarif den großen Vorzug, daß er in Rücksicht auf die Werthklassen, welche am häufigsten in den Prozessen vorkommen, normirt wurde, so daß er dem minderbeschäftigten Anwalte ein anständiges Auskommen sichert. Man wies ferner zugleich darauf hin, daß die Entwurfs-Skala nicht einmal dem beschäftigten Anwalte ein solches verschaffe, indem die Sätze der Gebühren bei den Werthklassen über 10000 Mark zwar auf dem Papier stünden aber in höchst seltenen Fällen zur Verwirklichung gelangten. Die Art und Weise wie Adams nach Maßgabe eines ganz umfassenden statistischen Materials zu den Sätzen kam, die er für acceptabel erklärte, war überzeugend für die Versammlung und dürfte geeignet erscheinen, auch in den maßgebenden Kreisen dem Vorschlag Billigung zu verschaffen.

Eine Reihe von Einzelanträgen bezüglich der Gebühren beim Beweisverfahren, in der Berufungsinstanz, bei einzelnen Prozeßhandlungen, im Konkursverfahren, im Strafverfahren wurden gestellt und zum ziemlichen Theile auch angenommen, obgleich nicht zu verkennen war, daß

für die Anwesenden diese Detail-Besprechung und Veränderung des Entwurfs im Grunde peinlich gewesen ist;
man wollte den Schein vermeiden über Kleinigkeiten zu
markten, hielt es aber dennoch für Verpflichtung, in umfassender Weise den gesetzgebenden Faktoren darzulegen,
wie in dieser oder jener Richtung hin der Entwurf dem
praktischen Bedürfnisse nicht entspreche. Es ist nicht
nöthig auf diese einzelnen Abänderungsvorschläge hier noch-
mal eines Weiteren einzugehen, da denselben unmittelbar
immer die genügende Motivirung des Antragstellers voran-
ging. Als besonders wichtig glaube ich jedoch auf die
Debatten hinsichtlich der Gebühren im Konkursverfahren,
im Strafverfahren und in der Berufungsinstanz hinweisen
zu müssen.

So wie in der Versammlung bei den verschiedensten
Gegenständen der Berathung die Besprechung immer wieder
auf den § 9 des Entwurfs zurückkehrte, so glaube ich auch
diesen Artikel nicht schließen zu können ohne noch einige
Bemerkungen über denselben gemacht zu haben. Nicht
erst durch den Vertrag, nicht erst durch die Selbsttaxirung
muß die Subsistenz des Anwalts gesichert werden, sondern
schon durch die gesetzliche Norm des Tarifes. Sehr zutreffend ist die Bemerkung der Motive, daß ein solcher
Tarif, wo er nicht gesetzlich vorgeschrieben ist, durch das
Leben, wie es in Sachsen Koburg Gotha geschehen, sich
machen würde. Wenn es aber richtig ist, daß Wissen-
schaftlichkeit, volle Hingebung an die Sache der Mandantschaft und Unabhängigkeit drei Eigenschaften sind, die dem
Anwalte nicht fehlen dürfen, so ist es nothwendig, daß der
Anwalt mit der Literatur fortschreiten muß, daß ihn die
eigene Sorge nicht unfähig machen darf, den Sorgen
Anderer sich zu widmen,. daß seine Unabhängigkeit nicht
durch die grobe Nahrungssorge gefährdet werden darf.
Deshalb kann man nicht mit dem Maßstab die Gebühren bemessen, wie es der Entwurf gethan hat. Deshalb kann man die anwaltschaftlichen Interessen von denen
des rechtsuchenden Publikums nicht auf eine Weise trennen,
wie es da und dort geschieht. Will man einen tüchtigen Anwaltstand, so darf man kein Advokaten-
proletariat schaffen wollen.   S. H.

Beschlüsse des VII. Deutschen Anwalts-
tages zu Berlin

am 1. und 2. März 1879.

I.

Es wurde der Antrag mit Mehrheit angenommen
zum § 8 des Entwurfs:

a. Hinter 2—4 einzuschalten und „7".
b. Statt eine Mark zu setzen „Zwei Mark".

II.

Einstimmig angenommen wurde der Antrag für den
§ 9 Absatz 2 des Entwurfs folgende Fassung zu erbitten:
Bei einem Streitgegenstande

1. von	1—	20 ℳ incl. Gebühr	2,00 ℳ
2. »	20—	60 » » »	4,00 »
3. »	60—	120 » » »	6,00 »
4. »	120—	200 » » »	8,00 »
5. »	200—	300 » » »	12,00 »
6. »	300—	450 » » »	20,00 »
7. »	450—	900 » » »	30,00 »
8. »	900—	1,600 » » »	40,00 »
9. »	1,600—	2,700 » » »	50,00 »
10. »	2,700—	5,400 » » »	60,00 »
11. »	5,400—	10,000 » » »	70,00 »

III.

Zu den §§ 13 und 17 wurde der Antrag beschlossen:
1. Es möge in dem Entwurf die Bestimmung Aufnahme finden:

„Für jeden Tag der Beweisaufnahme wird
die in dem Entwurfe bestimmte Beweisgebühr
bewilligt."

Fast einstimmig:
2. zu §. 17. Die Erhöhung tritt so oft ein, als
auf die weitere mündliche Verhandlung eine Entscheidung erfolgt.

IV.

Zu §§ 19 und 20.

Mit großer Mehrheit wurde der Antrag angenommen:

Die Streichung des § 19 in Vorschlag zu bringen.
Auch soll ferner § 20 des Entwurfs gestrichen werden.

V.

Zu §§ 28, 30 Abs. 2, 37 Abs. 2, 38 Abs. 2.
Nahezu einstimmig wird die Streichung der §§ 28,
30 Abs. 2, 37 Abs. 2, 38 Abs. 2 des Entwurfs vorgeschlagen.

VI.

Zu § 48.

Es wird beschlossen, die Streichung des § 48 des
Entwurfs zu empfehlen.

VII.

Zu § 50.

Aus § 50 sollen die Worte
„einschließlich der Nebenintervenienten"
gestrichen werden.

VIII.

Zu § 51.

Mit großer Mehrheit wurde beschlossen, in
der Berufungs- und Revisionsinstanz erhöhen sich
die Gebührensätze um $^5/_{10}$.

IX.

Zu § 54.

Einstimmiger Beschluß: Die dort bezeichneten Gebühren auf 9/10 resp. 8/10 zu erhöhen.

X.

Zu § 56.

Einstimmiger Beschluß: Die Erhöhung der Gebühren auf 5/10 zu befürworten.

XI.

Zu § 62.

Beschluß:, Denselben in folgender Weise zur Abänderung zu empfehlen:

2. vor der Strafkammer 20—30 Mark,

3. vor dem Schwurgericht oder dem Reichsgericht 40—100 Mark.

XII.

Zu § 63.

Beschlossen: Absatz 1 des § 63 möge lauten:

„Erstreckt sich die Verhandlung auf mehrere Tage, so werden die im § 62 bestimmten Gebühren für jeden weiteren Tag der Vertheidigung bewilligt."

Absatz 2 möge gestrichen werden.

XIII.

Zu § 66.

Beschluß: Für die Vertheidigung in der Voruntersuchung die Bewilligung der im § 62 bestimmten Gebühren zur Hälfte zu empfehlen.

XIV.

Zu § 67.

Beschluß auf Einschaltung des folgenden Alinea:

4. Eines Gesuchs um Erlaß oder Aenderung der Strafe (Gnadengesuch).

XV.

Zu § 71.

Beschluß. Die Bewilligung der vollen Gebühr für den gemeinschaftlichen Vertheidiger in Ansehung eines jeden Mitbeschuldigten in Antrag zu bringen.

XVI.

Zu § 75.

Beschluß. Es möge die Schreibgebühr für alle vom Anwalt gefertigten Abschriften bewilligt werden.

XVII.

Zu § 77.

Einstimmiger Beschluß.

Ein Tagegeld von 20 Mark und 5 Mark für ein Nachtquartier zu empfehlen.

XVIII.

Zu § 89.

Beschluß.

Erhöhung der dort bezeichneten Gebühr auf 10 Mark in Antrag zu bringen.

XIX.

Einstimmig zu §§ 93 und 94 des Entwurfs, für diese Paragraphen folgende Fassung zu empfehlen:

§ 93. Insofern der Rechtsanwalt nicht einer Partei zur Wahrnehmung ihrer Rechte beigeordnet oder als Vertheidiger bestellt ist, kann der Betrag der dem Rechtsanwalt zustehenden Gebühren durch Vertrag abweichend von den Vorschriften dieses Gesetzes über die Taxe hinaus festgestellt werden. Die Form und Wirksamkeit eines solchen Vertrages bestimmt sich nach den Vorschriften der bürgerlichen Landesgesetze.

§ 94. In Ermangelung einer Uebereinkunft kann in den Sachen, welche in außergewöhnlicher Weise die Thätigkeit des Rechtsanwaltes in Anspruch genommen haben, am Schlusse jeder Instanz oder nach Erledigung des Auftrages neben den durch dieses Gesetz bestimmten Gebühren ein besonderes Honorar gefordert werden. Ueber die Zulässigkeit und Angemessenheit dieses Honorars entscheidet beim Widerspruch der Betheiligten der Vorstand der Anwaltskammer endgiltig nach Anhörung der betheiligten Partei.

In getrennter Abstimmung wurde mit 134 gegen 125 Stimmen beschlossen, als letztes Alinea des § 93 folgenden Satz in Vorschlag zu bringen:

„Der Entscheidung des Vorstandes der Anwaltskammer als Disziplinarbehörde unterliegt es, ob und inwiefern bei Abschluß des Vertrages die Grenzen der Mäßigung überschritten sind."

Weiter wurde mit Mehrheit beschlossen, bei § 93 des Entwurfs in der vom Anwaltstage gewünschten Fassung noch folgenden Zusatz vorzuschlagen:

„Die Vereinbarung einer geringeren als der in diesem Gesetze bestimmten Vergütung ist nur gestattet wenn es sich um Uebernahme eines ganzen Inbegriffs von Geschäften oder eine generelle Vertretung handelt."

Verhandlungen des VII. Deutschen Anwaltstages zu Berlin

am 1. und 2. März 1879.

Verzeichniß der Theilnehmer.

1. Alster, Rechts-Anwalt, Cassel.
2. Schaeffer, Rechts-Anwalt, Militsch.
3. van Werden, Advokat-Anwalt, Elberfeld.
4. Bitting, Rechts-Anwalt, Gardelegen.
5. Ackermann, Rechts-Anwalt, Berlin.
6. Döring, Rechts-Anwalt, Berlin.

7. Wegener, Rechts-Anwalt, Berlin.
8. Wilke, Justiz-Rath, Berlin.
9. Arndts, Justiz-Rath, Berlin.
10. Dr. Bohlmann, Justiz-Rath, Berlin.
11. Bußenius, Justiz-Rath, Berlin.
12. Dorn, Geh. Justiz-Rath, Berlin.
13. Fenner, Justiz-Rath, Berlin.
14. Mecke, Justiz-Rath, Berlin.
15. Romberg, Justiz-Rath, Berlin.
16. Patzki, Rechts-Anwalt, Berlin.
17. Seeger, Rechts-Anwalt, Berlin.
18. Haenschke, Justiz-Rath, Berlin.
19. Contenius, Rechts-Anwalt, Berlin.
20. Stubenrauch, Justiz-Rath, Berlin.
21. v. Herzberg, Justiz-Rath, Berlin.
22. Ornold, Rechts-Anwalt, Berlin.
23. Krebs, Justiz-Rath, Berlin.
24. Meyer, Justiz-Rath, Berlin.
25. Lesse, Justiz-Rath, Berlin.
26. Heilborn, Justiz-Rath, Berlin.
27. Dr. Golz, Justiz-Rath, Berlin.
28. Robert, Justiz-Rath, Berlin.
29. Koffka, Justiz-Rath, Berlin.
30. Heilbron, Rechts-Anwalt, Berlin.
31. Caspar, Justiz-Rath, Berlin.
32. Karsten, Justiz-Rath, Berlin.
33. Gerth, Rechts-Anwalt, Berlin.
34. Riemann, Justiz-Rath, Berlin.
35. Jansen, Rechts-Anwalt, Berlin.
36. Schmidt I., Rechts-Anwalt, Berlin.
37. Levy, Rechts-Anwalt, Berlin.
38. Dr. Quenstedt, Rechts-Anwalt, Berlin.
39. Frosch, Rechts-Anwalt, Berlin.
40. König, Rechts-Anwalt, Berlin.
41. Schwerin, Justiz-Rath, Berlin.
42. Frenzel, Justiz-Rath, Berlin.
43. Haack, Justiz-Rath, Berlin.
44. Arndts, Theodor, Justiz-Rath, Berlin.
45. Humbert, Justiz-Rath, Berlin.
46. Schmidt II., Rechts-Anwalt, Berlin.
47. Stargardt, Rechts-Anwalt, Berlin.
48. Geppert, Justiz-Rath, Berlin.
49. Dirksen, Justiz-Rath, Berlin.
50. Leonhardt, Justiz-Rath, Berlin.
51. v. Billmowski, Justiz-Rath, Berlin.
52. Winterfeldt, Rechts-Anwalt, Berlin.
53. Jacobson, Justiz-Rath, Berlin.
54. Haagen, Justiz-Rath, Berlin.
55. Dr. Horwitz, Justiz-Rath, Berlin.
56. Teichert, Justiz-Rath, Berlin.
57. Laue, Justiz-Rath, Berlin.
58. Ernst, Rechts-Anwalt, Berlin.
59. Dr. Meyer, Advokat-Anwalt; Mühlhausen i./Elsaß.
60. Frieß, Rechts-Anwalt, Cassel.
61. Dr. Braun, Advokat, Frankfurt a./M.
62. Lüders, Rechts-Anwalt, Berlin.
63. Mellien, Rechts-Anwalt, Berlin.
64. Dr. Lünzel, Rechts-Anwalt, Berlin.
65. Apel, Rechts-Anwalt, Schwetz i./Westpr.
66. Dr. Caspari, Advokat, Frankfurt a./M.
67. Kremnitz, Justiz-Rath, Berlin.
68. Dr. Heidenfeld, Rechts-Anwalt, Berlin.
69. Simson, Justiz-Rath, Berlin.
70. Madower, Justiz-Rath, Berlin.
71. Goßlich, Justiz-Rath, Berlin.
72. Becherer, Justiz-Rath, Berlin.
73. Euchel, Justiz-Rath, Berlin.
74. Abel, Rechts-Anwalt, Berlin.
75. Müller, Justiz-Rath, Berlin.
76. Primker, Justiz-Rath, Berlin.
77. Hecker, Rechts-Anwalt, Berlin.
78. Wolff, Justiz-Rath, Berlin.
79. Jacoby, Rechts-Anwalt, Berlin.
80. Freydorff, Justiz-Rath, Berlin.
81. Meyn, Justiz-Rath, Berlin.
82. Simonsohn, Justiz-Rath, Berlin.
83. Dr. Wenzig, Justiz-Rath, Berlin.
84. Drews, Justiz-Rath, Berlin.
85. Staß, Justiz-Rath, Aachen.
86. Rabermacher, Advokat-Anwalt, Aachen.
87. Käufer, Advokat-Anwalt, Aachen.
88. Rumpen, Justiz-Rath, Aachen.
89. Leiber, Justiz-Rath, Straßburg i./E.
90. Meibauer, Rechts-Anwalt, Conitz.
91. Meibauer, Rechts-Anwalt, Dramburg.
92. Bacher, Rechts-Anwalt, Stuttgart.
93. Richter, Rechts-Anwalt, Landshut i./B.
94. Gaßner, Advokat-Anwalt, Amberg.
95. Dr. Rau, Rechts-Anwalt, München.
96. Vorbrugg, Advokat, München.
97. Dr. Hellmann, Advokat, München.
98. Grieving, Advokat, Düsseldorf.
99. Strauven, Advokat, Düsseldorf.
100. Wirz, Advokat-Anwalt, Düsseldorf.
101. Boyens, Rechts-Anwalt, Cammin i./P.
102. Kranz, Advokat-Anwalt, Barmen.
103. Roßen, Advokat-Anwalt, Barmen.
104. Brunnemann, Rechts-Anwalt, Greifenhagen.
105. Rosenberger, Advokat-Anwalt, Zweibrücken.
106. Mahla, Advokat-Anwalt, Landau.
107. Kleinschmitt, Hofrath, Leipzig.
108. Kahr, Advokat, Kronach.
109. Herzfeld, Justiz-Rath, Halle.
110. Wannowski, Rechts-Anwalt, Danzig.
111. Jablonski, Rechts-Anwalt, Rybnick.
112. Henning, Advokat, Greitz.

113. Dr. Koch, Advokat, Chemnitz.
114. Oppe, Advokat, Chemnitz.
115. Dr. Geiger, Advokat, Frankfurt a./M.
116. Holtheim, Advokat, Frankfurt a./M.
117. Herkner, Advokat, Döbeln.
118. Brunswig, Advokat, Neustrelitz.
119. Lehmann, Rechts-Anwalt, Dresden.
120. Walther, Rechts-Anwalt, Merane.
121. Geiler, Rechts-Anwalt, Merane.
122. Dr. Reuling, Rechts-Anwalt, Leipzig.
123. Schiedges, Advokat-Anwalt, Düsseldorf.
124. Frings II., Advokat-Anwalt, Düsseldorf.
125. Fusbahn, Advokat-Anwalt, Düsseldorf.
126. Dittmar, Rechts-Anwalt, Sonneberg S./M.
127. Dr. Barkhausen, Rechts-Anwalt, Bremen.
128. Dr. Bähr, Advokat, Dresden.
129. Anz, Justiz-Rath, Essen.
130. Clauß, Advokat-Anwalt, Straßburg i./E.
131. Dr. Braubach, Advokat, Cöln.
132. Dr. Schreiner, Advokat-Anwalt, Cöln.
133. v. Metzsch, Rechts-Anwalt, Leipzig.
134. Dr. Eckstein, Rechts-Anwalt, Leipzig.
135. v. Coellen, Advokat-Anwalt, Cöln.
136. Reuß-Zaefferer, Advokat, Cöln.
137. Hendrichs, Advokat-Anwalt, Cöln.
138. Meurin, Advokat-Anwalt, Trier.
139. Afemiffen, Rechts-Anwalt, Lemgo.
140. Huber, Advokat, Straßburg i./E.
141. Kyll, Advokat, Cöln.
142. Custodis, Advokat, Cöln.
143. Becher, Rechts-Anwalt, Stuttgart.
144. Tafel, Rechts-Anwalt, Stuttgart.
145. Sutro, Rechts-Anwalt, Bochum.
146. Dr. Schedlich, Rechts-Anwalt, Dresden.
147. Mohr, Rechts-Anwalt, Rudolstadt.
148. Caspary, Rechts-Anwalt, Detmold.
149. Kaufmann, Rechts-Anwalt, Berlin.
150. Müller, Rechts-Anwalt, Cüstrin.
151. Berndorf, Rechts-Anwalt, Köln.
152. Dr. Krause, Rechts-Anwalt, Dresden.
153. Geisler, Advokat, Freiberg i./Sachsen.
154. Warneck, Advokat, Freiberg i./Sachsen.
155. Teschner, Advokat, Freiberg i./Sachsen.
156. Seibert, Advokat, Darmstadt.
157. Dr. Reinach, Advokat-Anwalt, Mainz.
158. Dr. Oppenheim, Advokat-Anwalt, Mainz.
159. Dr. Levy, Advokat-Anwalt, Mainz.
160. Fürst, Advokat, Heidelberg.
161. Dr. Freudentheil, Ober-Gerichts-Anwalt, Stade.
162. Dörpinghaus, Advokat-Anwalt, Barmen.
163. Schorn, Advokat, Barmen.
164. Warda, Rechts-Anwalt, Thorn.
165. Rothschild, Advokat-Anwalt, Trier.
166. Weiß, Rechts-Anwalt, Breslau.
167. Seger, Rechts-Anwalt, Neiße.
168. Stegemann, Justiz-Rath, Leipzig.
169. Ickelheimer, Advokat, Frankfurt a./M.
170. Klossowski, Rechts-Anwalt, Bunzlau.
171. Laymann, Rechts-Anwalt, Cassel.
172. Ziemffen, Rechts-Anwalt, Stralsund.
173. Sönke, Justiz-Rath, Frankfurt a/O.
174. Mallison, Rechts-Anwalt, Danzig.
175. Haenle, Advokat, Ansbach.
176. Adams, Advokat-Anwalt, Coblenz.
177. Kahle, Advokat, Parchim.
178. Dormann, Advokat-Anwalt, Düsseldorf.
179. Zausen, Advokat-Anwalt, Düsseldorf.
180. Meyer, Rechts-Anwalt, Pleschen.
181. Peltason, Rechts-Anwalt, Lüben i/Schl.
182. Wachenhusen, Advokat, Penzenburg.
183. Timm, Advokat, Schwerin.
184. Crull, Advokat, Rostock.
185. Berg, Advokat, Rostock.
186. Möller, Advokat, Rostock.
187. Thiemer, Rechts-Anwalt, Zittau.
188. Dr. Dreyer, Rechts-Anwalt, Görlitz.
189. Voigt, Rechts-Anwalt, Fürstenwalde.
190. Eisermann, Justiz-Rath, Frankfurt a/O.
191. Kempner, Rechts-Anwalt, Bromberg.
192. Grieben, Justiz-Rath, Angermünde.
193. Seiler, Justiz-Rath, Angermünde.
194. Schulz, Justiz-Rath, Magdeburg.
195. Langerfeld, Rechts-Anwalt, Bückeburg.
196. Dr. Hänisch, Rechts-Anwalt, Soldin.
197. Heisterbergk, Advokat, Freiberg.
198. Zoel, Justiz-Rath, Bromberg.
199. Cohn, Advokat, Rostock.
200. Weißmann, Rechts-Anwalt, Coburg.
201. Dr. Wolf I, Advokat, Dresden.
202. Dr. Zeteurt, Advokat, Dresden.
203. Schanz, Advokat, Dresden.
204. Erythropel, Ober-Gerichts-Anwalt, Celle.
205. Rieß, Rechts-Anwalt, Cassel.
206. Neele, Advokat-Anwalt, Barmen.
207. Humser, Advokat, Frankfurt a. M.
208. Goetz, Justiz-Rath, Cöln.
209. Meurer, Advokat-Anwalt, Cöln.
210. Rauschenbuich, Justiz-Rath, Hamm.
211. Zurhellen, Advokat-Anwalt, Elberfeld.
212. Ehrhard, Advokat-Anwalt, Cöln.
213. Dr. Scheidges, Advokat-Anwalt, Crefeld.
214. Dubbelmann, Justiz-Rath, Cöln.
215. Dr. Cuno, Advokat-Anwalt, Wittenberg.
216. Berger, Rechts-Anwalt, Bergen.
217. Dr. Feust, Advokat, Fürth.
218. Werner, Ober-Gerichts-Anwalt, Hannover.

219. Clreves, Ober-Gerichts-Anwalt, Hannover.
220. Fischer II., Ober-Gerichts-Anwalt, Hannover.
221. Bojunga, Ober-Gerichts-Anwalt, Hannover.
222. Dr. von Blema, Advokat, Hannover.
223. Dumont, Advokat-Anwalt, Cöln.
224. Sieger, Advokat-Anwalt, Cöln.
225. Römer, Rechts-Anwalt, Stuttgart.
226. Dr. Belmonte, Advokat, Hamburg.
227. Dr. Heimen, Advokat, Hamburg.
228. Antoine-Feill, Advokat, Hamburg.
229. v. Basedow, Rechts-Anwalt, Dessau.
230. Freischem, Advokat, Düsseldorf.
231. Stelter, Justiz-Rath, Königsberg i/P.
232. v. Krapniki, Rechts-Anwalt, Cüstrin.
233. Semmler, Ober-Gerichts-Anwalt, Braunschweig.
234. Huch, Advokat-Anwalt, Braunschweig.
235. Aronheim, Advokat-Anwalt, Braunschweig.
236. Sehlmacher, Justiz-Rath, Stettin.
237. Stapper, Advokat-Anwalt, Düsseldorf.
238. Herr, Rechts-Anwalt, Cöslin.
239. Wrede, Rechts-Anwalt, Schlawe.
240. Dr. Haag II., Advokat, Frankfurt a./M.
241. Schröder, Justiz-Rath, Altona.
242. Heymann, Rechts-Anwalt, Altona.
243. Dr. Wilkens, Ober-Gerichts-Anwalt, Bremen.
244. Bindewald, Rechts-Anwalt, Magdeburg.
245. Meißner, Rechts-Anwalt, Magdeburg.
246. Steinbach, Justiz-Rath, Eberswalde.
247. Toll, Rechts-Anwalt, Eberswalde.
248. Kährn, Justiz-Rath, Salzwedel.
249. Meibauer, Rechts-Anwalt, Cöslin.
250. Matthias, Advokat, Crefeld.
251. Gravenhorst, Ober-Gerichts-Anwalt, Lüneburg.
252. Schmidt, Ober-Gerichts-Anwalt, Lüneburg.
253. Dr. Magnus, Ober-Gerichts-Anwalt, Braunschweig.
254. Kellinghausen, Ober-Gerichts-Anwalt, Osnabrück.
255. Graff, Ober-Gerichts-Anwalt, Osnabrück.
256. Dr. Peacock, Advokat, Lübeck.
257. Dr. Görtz, Advokat, Lübeck.
258. Dr. Curtius, Advokat, Lübeck.
259. Dr. Klug, Advokat, Lübeck.
260. Dr. Staunau, Advokat, Lübeck.
261. Block, Justiz-Rath, Magdeburg.
262. Costenoble, Rechts-Anwalt, Magdeburg.
263. Dr. Lochte, Rechts-Anwalt, Magdeburg.
264. Freitag I., Advokat, Leipzig.
265. Freitag II., Advokat, Leipzig.
266. Eiler, Advokat, Leipzig.
267. Thelen, Advokat-Anwalt, Barmen.
268. Hillig, Advokat, Leipzig.
269. Heilpern, Advokat, Leipzig.
270. Brohda, Advokat, Leipzig.
271. Dr. Burkas, Advokat, Leipzig.

272. Pfannenstiel, Advokat-Anwalt, Saargemünd.
273. Dr. Langbein, Rechts-Anwalt, Leipzig.
274. Predöhl, Advokat, Hamburg.
275. Niederstetter, Justiz-Rath, Breslau.
276. Tornau, Rechts-Anwalt, Bitterfeld.
277. Heß, Rechts-Anwalt, Eisenach.
278. Dr. Enßmann, Rechts-Anwalt, Chemnitz.
279. Dr. Fehling, Advokat, Lübeck.
280. Göhring, Rechts-Anwalt, Schlawe.
281. Meyer, Rechts-Anwalt, Kiel.
282. Dr. Hirsch, Advokat, Hamburg.
283. Dr. Kirsner, Advokat, Hamburg.
284. Nicolov, Advokat, Krimitschau.
285. Dr. Lév, Rechts-Anwalt, Magdeburg.
286. Wendlandt, Justiz-Rath, Stettin.
287. Burwig, Justiz-Rath, Stettin.
288. v. Groddeck, Justiz-Rath, Marienwerder.
289. Hientzsch, Rechts-Anwalt, Magdeburg.
290. v. Frankenberg, Rechts-Anwalt, Magdeburg.
291. Rennecke, Advokat, Schwerin.
292. Eick, Advokat-Anwalt, Barmen.
293. Mittrup, Rechts-Anwalt, Rothenburg.
294. Meinhardt, Rechts-Anwalt, Gnesen.
295. Gräßner, Rechts-Anwalt, Magdeburg.
296. Gundlach, Advokat, Neu-Strelitz.
297. Lazarus, Advokat, Strelitz.
298. Frommer, Rechts-Anwalt, Cottbus.
299. Heymann, Advokat, Braunschweig.
300. Schlichting, Rechts-Anwalt, Jüterbogk.
301. Schliekmann, Rechts-Anwalt, Halle.
302. Engel, Rechts-Anwalt, Neumünster.
303. v. Gersdorff, Rechts-Anwalt, Havelberg.
304. Castringius, Rechts-Anwalt, Falkenberg O./S.
305. Gerbing, Ober-Gerichts-Anwalt, Celle.
306. Schömann, Ober-Gerichts-Anwalt, Greifswald.
307. Stiebler, Rechts-Anwalt, Grätz.
308. Zenker, Rechts-Anwalt, Breslau.
309. Weyland, Rechts-Anwalt, Bochum.
310. Dr. Behn, Rechts-Anwalt, Hamburg.
311. Dr. Gloy, Rechts-Anwalt, Hamburg.
312. Barnhagen, Rechts-Anwalt, Bochum.
313. Kutscher, Rechts-Anwalt, Stolp i. P.
314. Riepel, Justiz-Rath, Eberswalde.
315. Vette, Rechts-Anwalt, Wittenberg.
316. Müller, Rechts-Anwalt, Gotha.
317. Dr. Schmidt, Rechts-Anwalt, Bamberg.
318. Dr. Erasemann, Advokat, Hamburg.
319. Brauer, Justiz-Rath, Charlottenburg.
320. Kette, Rechts-Anwalt, Frankfurt a./O.
321. Dr. v. Ibell, Advokat, Frankfurt a./M.
322. Beitzen, Ober-Gerichts-Anwalt, Lüdesheim.
323. Westphal, Rechts-Anwalt, Jüterbogk.

Erste Sitzung

am Sonnabend, den 1. März 1879,

Vormittags 9 Uhr.

Die Sitzung wird durch Herrn Geheimen Justizrath Dorn (Berlin) im Namen des Vereinsvorstandes eröffnet.

Präsident Geheimer Justizrath **Dorn** (Berlin): Meine geehrten Herren! Im Auftrage des Vorstandes unseres Vereins habe ich die Ehre, Sie zu begrüßen und zu gleicher Zeit zwei Mitglieder des Vorstandes zu entschuldigen, die verhindert sind, unter uns zu erscheinen: unsere Kollege Schaffrath und Herr Kollege Kreitmair.

Unsere erste Aufgabe ist, uns einen Vorsitzenden zu wählen, der heute und eventuell morgen die Verhandlungen leitet. Eine Geschäftsordnung haben wir eigentlich nicht, auch die Statuten schreiben keinen bestimmten Modus für die Wahl vor, und es wird sich also fragen, ob Vorschläge aus dem Gremium gemacht werden, oder ob eine schriftliche Abstimmung stattfinden soll.

Advokatanwalt **Adams** (Koblenz): Meine Herren! Bei der beschränkten Zeit, die uns Allen zu Gebote steht und die auch in Bezug auf die vorliegende Sache in Betracht zu ziehen ist, erlaube ich mir den Vorschlag zu machen, sofort durch Akklamation einen Präsidenten zu wählen. Damit werden gewiß Alle einverstanden sein.

(Zustimmung.)

Und da der Vorsitz bereits in denjenigen Händen liegt, denen wir ohnedies ihn übertragen würden, in den Händen eines Mannes, der besonders geeignet ist, diese vielleicht schwierig werdenden Verhandlungen zu leiten, und der zugleich Vorsitzender unseres Vereins ist, so schlage ich Ihnen vor, unserem Herrn Kollegen Dorn durch Akklamation den Vorsitz zu übertragen, und ihn zu gleicher Zeit auch zu ermächtigen, das Büreau zu ergänzen.

(Allseitige Zustimmung.)

Präsident Geheimer Justizrath **Dorn** (Berlin): Nicht ohne Besorgniß nehme ich die ehrenvolle Wahl an. Die Leitung wird nicht ganz leicht sein bei den vielen Zahlen und Brüchen, die zur Erörterung kommen werden, und bei den verschiedenartigen sich durchkreuzenden Anträgen, die uns vorliegen. Ich bitte also um Ihre Nachsicht und gütige Unterstützung.

Es würde jetzt meinerseits zu ernennen sein ein erster und zweiter Stellvertreter des Vorsitzenden und dann eine Anzahl Schriftführer. Ich würde ergebenst bitten, daß Herr Kollege Adams aus Koblenz das Amt als erster Stellvertreter und Herr Kollege Tafel aus Stuttgart als zweiter Stellvertreter übernehmen; sodann würde ich bitten, als Schriftführer zu fungiren, den Herrn Kollegen Theodor Arndts aus Berlin, den Herrn Kollegen Dr. Feust aus Fürth, den Herrn Kollegen von Basedow aus Dessau und den Herrn Kollegen Dr. Reinach aus Mainz.

Wir würden nun zunächst eine Geschäftsordnung festzusetzen haben. Wir besitzen nämlich keine kodifizirte, sondern eine durch Gewohnheitsrecht begründete Geschäfts-

ordnung; natürlich würde es uns in jedem Augenblick freistehen, von derselben abzugehen oder sie zu modifiziren.

Ich erlaube mir erstens vorzuschlagen, daß jeder, der sprechen will, sich bei einem der Herren Schriftführer zum Worte meldet; die Reihenfolge der Meldungen wird maßgebend sein für die Reihenfolge, in welcher die Herren zum Wort gelangen. Vielleicht würde es auch zweckmäßig sein, wenn jeder der Herren, so weit es sich um Berathung eines bestimmten Antrags handelt, gleich bestimmt bemerkt, ob er pro oder contra sprechen will; wir würden dann zunächst einen pro hören, und wenn keiner contra sich gemeldet hat, dann würden wir wahrscheinlich mit dem ersten ja zufrieden sein.

(Heiterkeit.)

Die Anträge haben wir immer schriftlich erfordert.

Ferner haben wir eingehalten, daß jedem Redner mit Ausnahme der Referenten nur 10 Minuten bewilligt werden, die ja, wenn sie gut benutzt werden, auch ausreichen dürften. Es versteht sich von selbst, daß unter Voraussetzungen eine weitere Frist bewilligt werden kann, ich würde aber bitten, daß, wenn man glaubt, die gesetzmäßige Zeit sei überschritten, nicht durch Zurufe oder Unterbrechungen das markirt, sondern daß Sie es mir überlassen; wenn nach meiner Uhr die Zeit überschritten ist, ich den Redner bitte einzuhalten, um dann an die Versammlung die Frage zu richten, ob sie die Fortsetzung zu hören wünscht.

Bei den Abstimmungen werde ich den Modus einhalten, daß durch Handerheben gestimmt wird, und zwar werde ich die Fragen so stellen, daß das Handerheben allemal Ja bedeutet; ausgenommen natürlich eine etwaige Gegenprobe, bei der das Nöthige speziell hervorzuheben wäre.

Wir können nun übergehen zu dem ersten Gegenstand der Tagesordnung, also zur

Berathung des Entwurfs einer Gebührenordnung für Rechtsanwälte.

Ich schlage vor, daß wir nicht mit § 1 anfangen, sondern das wichtigste und für die vorhergehenden Bestimmungen maßgebende Prinzip des § 93 daran anschließende § 94 vorweg nehmen; wenn wir uns darüber verständigt haben, dann würde die Debatte über die einzelnen Paragraphen sehr viel leichter und glatter vorwärts gehen.

Rechtsanwalt **Bacher** (Stuttgart): Ich würde es doch zweckmäßig halten, daß zunächst eine allgemeine Diskussion eröffnet wird; wir würden dann auf die einzelnen Paragraphen nicht mehr auf die Grundprinzipien zurückkommen müssen. Ich habe zwar schon von anderer Seite gehört, daß man Zeit zu gewinnen glaubt, wenn keine allgemeine Diskussion beliebt wird, aber meine Erfahrungen gehen dahin, daß viel mehr Zeit verloren geht, wenn man die einzelnen Paragraphen veranlaßt ist, auf allgemeine Grundsätze und Anschauungen zurückzukommen.

Präsident: Meine Herrn, eine solche allgemeine Diskussion würde sich, wie ich glaube, doch wohl ins Schrankenlose verlieren.

(Sehr wahr!)

Uebrigens habe ich bezüglich unserer Geschäftsordnung noch vergessen zu bemerken, daß wir immer festgehalten haben, daß ein Antrag, der nicht bereits durch den Vorstand zur Kognition gebracht ist, nicht beachtet wird, wenn er nicht wenigstens 25 Stimmen Unterstützung findet. Das wollen wir doch auch heute festhalten.

(Zustimmung.)

Ich weiß nicht, ob der Antrag des Herrn Kollegen Bacher von 25 Stimmen unterstützt wird.

Rechtsanwalt Bacher (Stuttgart): Das war in Köln nicht der Fall; man hat in Köln jeden Antrag zugelassen, gleichviel ob er von einem Mitglied der Versammlung oder von neun oder mehreren gestellt worden war. Die Zeit ist zu kurz, um herum zu gehen und Stimmen zu suchen; ich möchte daher bitten, daß dieser Modus auch heute nicht als maßgebend anerkannt wird.

Präsident: Ich muß das kurze Gedächtniß unseres verehrten Kollegen bewundern; er ist sehr thätig auf dem Anwaltstage gewesen und hat, wenn ich mich recht erinnere, unter der Bestimmung gelitten.

(Heiterkeit.)

Rechtsanwalt Bacher (Stuttgart): Meine sämmtlichen Anträge, die ich dort gestellt habe, waren bloß von mir unterzeichnet, ohne Unterstützung von anderer Seite, und kamen sämmtlich zur Berathung und zur Beschlußfassung.

Präsident: Meine Herren! Im allgemeinen scheint man ja meiner Ansicht zu sein.

(Zustimmung.)

Wir würden also über §§ 93 und 94 den Bericht des Herrn Berichterstatter hören; bevor ich dann die Diskussion eröffne, werde ich meinen Feldzugsplan in Bezug auf die Debatte mittheilen.

Berichterstatter Justizrath Leffe (Berlin): Meine geehrten Herren Kollegen! Sie werden mit mir einverstanden sein, daß es keine sehr angenehme Aufgabe ist, in einer öffentlichen Versammlung die Grundlagen seiner materiellen künftigen Existenz zu besprechen; indeß Sie werden auch darin mit mir einverstanden sein, daß es eine Pflicht gegen unseren Stand, eine Pflicht auch im Interesse einer ordnungsmäßigen Rechtspflege ist, und so müssen wir über diese persönlichen unangenehmen Gefühle hinwegkommen. Sie werden mir auch gestatten, bevor ich bezüglich dieser Gruppe — ich muß es so nennen darf — der §§ 93 und 94 auf die einzelnen Vorschläge eingehe, ein paar allgemeine Gesichtspunkte voranzuschicken, da ja diese Vorschläge, und ich glaube, auch alle weiteren heut gestellten Vorschläge doch eben in dem Lichte allgemeiner Gesichtspunkte betreffend unsere gegenwärtige Gesetzgebung beurtheilt werden müssen.

Meine Herren, darüber kann ja gar kein Zweifel sein, daß die neuen Zustände, die wir mit dem 1. Oktober 1879 hineingehen, in materieller Beziehung für den Anwaltstand in hohem Grade ungünstig wirken werden. Das ist ja nicht eine Anschauung, die in den Köpfen von Anwälten entstanden ist, sondern das geben auch die begeistertsten Freunde dieser neuen Organisation zu. Ich darf Sie beispielsweise an die Worte erinnern, mit denen Herr Professor Gneist den vorjährigen allgemeinen Juristen-

tag geschlossen hat, wobei er mit einem freundlichen Kompliment gegen den Anwaltstand bestätigte, daß die Kosten dieser neuen Einrichtung wesentlich von dem Anwaltstand getragen werden würden. Und das ist auch ganz gewiß richtig. Wir treten ja zunächst ein in eine neue Prozeßordnung, die für die meisten von uns viel größere Opfer an Zeit und Arbeit verursachen wird. Wir in Altpreußen — um nur mit einem Worte daran zu erinnern — lebten insofern in sehr glücklichen Zuständen, als wir eine Civiljustiz hatten, die im ganzen für das Publikum nicht kostspielig war und dabei doch dem Anwalt gestattete, bei angestrengter Thätigkeit sich eine würdige äußere Lebensstellung zu gewinnen. Das lag ja darin, wie Sie wissen, daß nach unseren preußischen Verhältnissen es bei dem glücklichen Ineinandergreifen der Arbeit des Richters und des Anwalts möglich war, eine größere Anzahl Rechtssachen, ohne daß die einzelnen geschädigt wurden, zu übernehmen. Das wird anders. Wir treten ferner am 1. Oktober 1879 unter die Herrschaft einer neuen Rechtsanwaltsordnung, die auf der einen Seite die Freiheit der Advokatur bringt, auf der anderen Seite bei einer meiner bescheidenen Ansicht nach etwas weitgetriebenen Lokalisation die Thätigkeit des Einzelnen beschränkt und beschränken muß, — einer Lokalisation, die, wie Sie ja wissen, hervorgegangen ist einerseits aus einer vielleicht zu ängstlichen Besorgniß um das richtige Funktioniren der Prozeßordnung, andererseits aus etwas Mangel an Vertrauen zum Anwaltstande. Nun, meine Herren, als die neuen Gesetze noch in der Vorarbeit waren, habe ich häufig, auch von Mitgliedern der Kommissionen, die daran arbeiteten, den Satz aussprechen hören, es sei ja nothwendig, daß, wenn das Prinzip der Mündlichkeit mit der neuen Prozeßordnung eingeführt werde, die Anwaltsgebühren ganz erheblich erhöht würden, da ja die Opfer an Zeit und Kraft ganz anders werden würden. Heute hört man das nun schon etwas seltener aussprechen, wenn man es auch vielleicht im Prinzip zugiebt. Aber das muß man doch anerkennen, daß erstens der Anwalt weit größere Opfer an Zeit und Arbeit bringen muß, und daß dabei die Gerichte nicht ganz unwesentlich entlastet werden, und gerade dieser Gesichtspunkt hätte es wohl in hohem Grade wünschenswerth, ja nothwendig gemacht, daß das Gerichtskostengesetz und die Anwaltsgebührenordnung zusammen berathen und festgestellt worden wären.

(Zustimmung.)

Meine Herren, daß dies nicht geschehen ist, ist ein schwerer Schade für den Anwaltstand. Die ziemlich hohen Gerichtskostensätze sind jetzt für die Fisci der einzelnen Staaten, wenn ich so sagen darf, eingeheimst, und wenn wir jetzt hohe Gebühren verlangen, so erwidert man: ihr dürft die Rechtspflege nicht vertheuren. So befinden wir uns in einer Zwangslage; man appellirt an unser Gefühl für das Bedürfniß des Volks, und ich bin auch überzeugt, man wird nicht vergebens daran appelliren; denn wir sind vermöge der Thätigkeit unseres Lebens daran gewöhnt, die Interessen der Rechtsuchenden unseren eigenen Interessen voranzustellen, und insofern werden wir dieser Zwangslage, so bedauerlich es ist, Rechnung tragen und Rechnung tragen müssen. Meine Herren, aus diesem Gesichtspunkte bitte ich es euch zu erklären, wenn ich beispielsweise in meinen Vorschlägen, so weit sie Erhöhungen betreffen, sehr mäßig und bescheiden gewesen bin, da ich eben dieser Zwangslage glaube Rechnung tragen zu müssen.

Fragen Sie mich nun, ob ich der Meinung bin, daß diese Gebührenordnung, wie Sie vor uns liegt, uns entschädigen kann für die Nachtheile, die die neuen Organisationen mit sich bringen, so antworte ich, wahrscheinlich in Uebereinstimmung mit Ihnen Allen, mit einem kurzen Nein. Alle die Betrachtungen, die in den Motiven aufgestellt sind, so wohlgemeint sie gewiß sind, treffen nicht zu; denn wenn da eine Berechnung aufgestellt ist, was nach den Grundsätzen der preußischen Gesetze eine geringere Einnahme bringen wird und andererseits wieder eine größere, so wäre das Alles vielleicht richtig, wenn wir überhaupt die preußischen Zustände behielten; da das aber nicht der Fall ist, so sind diese Betrachtungen nicht zutreffend.

Also, meine Herren, nach dieser Richtung müssen wir zugeben, daß diese Schäden nicht gut zu machen sind. Es ist ja gar kein Zweifel: eine Gebührenordnung kann nicht das gut machen, was möglicherweise die Freigebung der Advokatur für einzelne und viele Anwälte im Nachtheilen mit sich bringt; ja auch die Nachtheile der Lokalisation kann eine Gebührenordnung nur bis zu einem sehr geringen Theile wieder gut machen. Sie wissen, daß der Reichstag versucht hat die schweren Schäden, welche die Lokalisation für die Anwälte nach sich zieht, durch Uebergangsbestimmungen zu mildern, daß die vorhandenen Rechtsanwälte in ihrem Bestißtand einigermaßen erhalten worden sind, und wir wollen auch hoffen, daß die Landesjustizverwaltung, wo sie die Befugniß nach der Rechtsanwaltsordnung hat, namentlich an Orten, die mehre Kollegialgerichte haben, in einer Weise hievon Gebrauch machen wird, daß die Sache nicht zu sehr nach Expropriation schmeckt. Also ich sage nur: durch die Gebührenordnung werden wir auch diese Schäden nur in einem sehr geringen Maße ausgleichen können. Dagegen bleibt der Gesichtspunkt meiner Meinung nach bestehen, daß allerdings die Thätigkeit, die Arbeit des Rechtsanwalts eine bedeutend gesteigerte wird unter der neuen Prozeßordnung, daß er bei weitem nicht mehr so viele Sachen übernehmen kann; das ist ein Gesichtspunkt, der meiner Meinung nach allerdings mit Recht gewisse Erhöhungsvorschläge nach sich gezogen hat. Wie gesagt, ein gewisses Maß wird darin geübt werden müssen, denn man muß auch anerkennen, daß hier eine Gebührenordnung für ganz Deutschland geschaffen werden muß und es allerdings schwer ist, hier den einzelnen Verhältnissen Rechnung zu tragen.

Meine Herren, diesen Standpunkt hat, soviel ich es herausfühle, auch wohl die Kommission eingehalten, die aus unserer Mitte heraus die Gebührenordnung auf Anrufen der Regierungen berathen hat. Dieser Kommission ist neulich von hervorragender Stelle ein Lob gespendet worden, und ich glaube, wir werden Alle einstimmen in den Dank, den wir unseren Kollegen schuldig sind für die Art und Weise, wie sie ihre Aufgabe in der Kommission gelöst haben.

Nun, meine Herren, wenn ich also davon ausgehe, daß ich befürchten muß, daß, welche Anträge wir auch stellen — und ich glaube in der That, je mäßiger diese Anträge sein werden, je mehr Aussicht haben sie auf Erfolg, man braucht damit noch nicht zu weit nach unten zu gehen — doch immer diese Gebührenordnung eine im mäßige und niedrige bleiben wird im Verhältniß zu den Aufgaben, die der Anwaltstand durch die neuen Verhältnisse bekommt; so haben schon die Motive darauf hingewiesen, daß die Ungleichheit, die ja in vielen Fällen sich

herausstellen wird, das arge Mißverhältniß zwischen der Leistung des Anwalts und den ihm in dieser Gebührenordnung zugebilligten Gebühren, durch irgend ein Auskunftsmittel beglichen werden muß, welches in besonderen Fällen den Anwalt schadlos halten kann, und als solches ist in dem § 93 der Vertrag vorgeschlagen. Prinzipiell zu motiviren ist derselbe ja sehr leicht; ich glaube, er ist ganz zutreffend in den Motiven der Vorlage motivirt worden, wo es heißt:

Ganz abgesehen davon, daß die gesetzliche Taxe, weil sie eben einen Durchschnittsmaßstab anwenden muß, im einzelnen Falle zu einer Entschädigung führen kann, welche zu der Leistung in einem grellen Mißverhältniß steht, so ist der Gesichtspunkt allein ausschlaggebend, daß nach den Grundsätzen, von welchen die Rechtsanwaltsordnung ausgeht, der Rechtsanwalt in der Regel nicht verpflichtet ist, einen ihm ertheilten Auftrag anzunehmen. Fällt aber die Verpflichtung des Rechtsanwalts zur Annahme eines ihm ertheilten Auftrags fort, so fehlt es an jedem inneren Grunde, den Rechtsanwalt an der Abschließung von Verträgen zu hindern. Es ist vielmehr nur eine Konsequenz der Berechtigung des Rechtsanwalts, angetragene Aufträge abzulehnen, daß die Taxe nur im Mangel eines freigeschlossenen Vertrages, also insbesondere da, wo die Annahme des Auftrags nicht auf dem freien Willen des Rechtsanwalts beruht, zur Anwendung kommt.

Ich kann mir gar nicht verhehlen, meine verehrten Herren Kollegen wissen es ja, daß der ganze Vertrag unter den altpreußischen Kollegen keine große Sympathien hat; man würde ihn auch gar nicht in Altpreußen erstrebt haben, wenn wir die alten Zustände behalten hätten. Aber wir dürfen nicht vergessen, diese alten Zustände fallen mit dem 1. Oktober 1879, und da müssen wir anerkennen, wenn wir einen Blick auf die neuen Zustände werfen — Rechtsanwaltsordnung —, dann ist allerdings der Vertrag nicht zu entbehren, wenn ich auch zugeben will, daß er auf eine verhältnißmäßig geringe Zahl von Fällen vielleicht nur Anwendung finden wird; er wird vielleicht eine größere Anwendung finden auf Kriminalsachen, es wird eine nicht unbedeutende Anwendung finden im Verkehr mit dem Auslande, im Verkehr mit Angehörigen derjenigen Staaten, die an den Vertrag gewöhnt sind, die sogar wünschen, daß man mit ihnen kontrahirt, wie Viele von Ihnen erfahren haben werden, — er wird auch in einzelnen Fällen Anwendung finden, wo dem Rechtsanwalt eine ganz besonders mühevolle Aufgabe gestellt wird; aber viel weiter wird er keine Anwendung finden, und daher ist, glaube ich, das Bestreben ganz gerechtfertigt, was sich in allen vorliegenden Anträgen kund giebt, nun noch sozusagen ein Mitteldieng zwischen Vertrag und Gebührenordnung zu schaffen, welcher die Möglichkeit, größere Sachen in anderer Weise entschädigt zu erhalten, eröffnet.

Meine Herren, wenn ich zunächst bei dem Vertrage stehen bleibe, der, glaube ich, auch von denjenigen Herren Kollegen, denen er nicht sympathisch ist, doch in der That kaum bekämpft werden kann, so komme ich zunächst auf einen Inzidentpunkt, nämlich auf die Frage der Form des Vertrages. Nach dieser Richtung sprechen sich ja mehrere Anträge aus. Ich habe von den Anträgen zu diesen

Paragraphen hauptsächlich im Auge die Anträge der verehrten Kollegen vom Rhein, den Antrag des Herrn Kollegen Adams, die Anträge der Herren aus Lübeck, die Anträge der Herren Kollegen aus München, die Anträge der Herren Kollegen Schultz und Lüdeke, die Anträge der Herren Kollegen aus Breslau, die Anträge der Herren Kollegen aus Bochum, die Anträge des Lokaladvokatenvereins zu Dresden, die Anträge meiner Berliner Kollegen und meine eigenen Anträge.

Was die Form anbetrifft, so ist ja von verschiedenen Seiten vorgeschlagen, die schriftliche Form zu streichen und dagegen diesen Vertrag derjenigen Form zu unterwerfen, die eben für solche Sachen nach dem bürgerlichen Gesetz maßgebend ist. Diesen Antrag kann ich nur in vollem Maße unterstützen. Meine Herren, wenn man die Sache rein vom pekuniären Standpunkt auffassen wollte, so könnte man ja vielleicht sagen, es wäre ganz angenehm für den Rechtsanwalt, wenn er das klipp und klar schriftlich bekommt, sodaß an diesem Vertrage nichts zu deuten ist. Indessen auf der andern Seite enthält diese Bestimmung doch ein Stück Mißtrauensvotum gegen den Anwaltsstand, und von dem Gesichtspunkt aus glaube ich sie bekämpfen zu müssen. Meine Herren, der Rechtsanwalt ist an die mündliche Verabredung gebunden, — die Partei soll nur gebunden sein, wenn die Sache schriftlich gemacht ist! Es liegt da offenbar die Befürchtung zu Grunde, der Anwalt könnte durch Zureden oder sonst wie die Partei zu leichtsinnigen mündlichen Versprechungen bestimmen, die vielleicht schriftlich nicht gegeben würden. Meine Herren, zunächst bemerke ich, wenn man befürchtet, daß die Aufregung der Leute benutzt werden könnte; nur in höchst seltenen Fällen kommen die Klienten in aufgeregtem Zustand zum Anwalt, in der Regel geschieht dies in ganz ruhiger Stimmung. Aber selbst abgesehen davon müssen wir uns doch dagegen verwahren, daß man unserem Stande es zutraut, daß er diese Gleichberechtigung in der Weise mißbrauchen könnte, und ich meine deshalb, wir streichen diese Bestimmung.

Es kommt ferner eine Inzidentfrage zur Sprache beim Vertrage, die meiner Ansicht nach auch unabhängig behandelt werden muß, ganz einerlei wie man sich nachher über die weiteren Anträge entscheidet, nämlich die, ob man in diesem Gesetz bestimmen solle, daß nicht unter der Taxe paktirt werden darf. Meine Herren, nach langer Erwägung muß ich sagen, ich halte eine solche Bestimmung für nothwendig; ich halte sie namentlich für nothwendig in einem Augenblick, wo in großen Theilen Deutschlands die freie Advokatur mit einem Schlage eröffnet wird. Ich meine, es muß der Gedanke nicht aufkommen dürfen, daß ein derartiges Paktiren unter der Taxe für ein erlaubtes Mittel gehalten wird, um im Kampfe des Lebens die Konkurrenten damit zu besiegen,

(sehr richtig!)

und ich glaube, das Bewußtsein hiervon, kann sowohl denjenigen, die künftig in den Anwaltsstand eintreten, als auch den Disziplinarkammern nicht besser beigebracht werden, als wenn man diese Bestimmung ausdrücklich in das Gesetz aufnimmt. Ich habe in der That die Befürchtung, daß, so wie die Vorlage lautet, eine Disziplinarkammer der Meinung sein könnte, es lasse sich das im Ganzen rechtfertigen und sei höchstens dann zu bestrafen, wenn es in ganz eklatanter Weise zur Erscheinung kommt. Meine Herren, es sind ja Gegenvorschläge gemacht worden; meine

verehrten Kollegen aus Berlin haben den Vorschlag gemacht, daß nicht das Verbot ausgesprochen werden, sondern daß es der Beurtheilung des Vorstandes der Anwaltskammer unterliegen soll, ob die Verabredung einer geringeren oder höheren Vergütung die Standesehre verletzen kann. Ich muß aber sagen, mir gehen diese Anträge nicht weit genug. Diejenigen der Breslauer Kollegen sind mir wieder etwas zu spezialisirt, und ich mache namentlich darauf aufmerksam, daß da Dinge hineingebracht werden, die gar nicht unter diese Gebührenordnung fallen, wie Häuseradministrationen u. s. w. Ich meine, es ist genügend, wenn man es, wie in meinem bescheidenen Vorschlage, verbietet und dabei die Generalmandate und die generellen Vertretungen ausnimmt; denn die muß man ausnehmen, da man unmöglich bei solchen Uebertragungen von Generalmandaten von vornherein übersehen kann, ob die einzelne Handlung, die innerhalb des Mandats geleistet werden wird; über oder unter der Taxe honorirt wird. Aus diesem Grunde würde ich also bei diesem Punkt meinen Vorschlag bei § 93 anzunehmen bitten, der da lautet:

Die Vereinbarung einer geringeren als der in diesem Gesetze bestimmten Vergütung ist nur gestattet, wenn es sich um Uebernahme eines ganzen Inbegriffs von Geschäften oder eine generelle Vertretung handelt.

Ich will gleich noch bemerken, ich habe zu § 94 folgenden Schlußsatz beantragt:

Die Herabsetzung im Prozeßwege ist ausgeschlossen, wenn der Auftraggeber die vertragsmäßig festgesetzte oder auf Grund der § 88 oder 93 Alinea 2 geforderte Vergütung des Rechtsanwalts bezahlt hat.

Ich habe damit nur einen Zweifel klarstellen wollen. Von anderer Seite ist mir freilich gesagt worden, daß man den §. 94 der Vorlage gar nicht in anderem Sinne aufgefaßt hat.

Ich komme nun aber zu dem wichtigen Punkte, in welchem die Anträge erheblich differiren, nämlich zu dem Punkt, ob neben dem Vertrage ein Honorar gestattet sein soll, wie es die Anträge der Herren Kollegen aus Köln, des verehrten Kollegen Adams und meiner Berliner Kollegen — Unterschiede bestehen ja zwischen diesen Anträgen — wünschen, oder ob man sich hier zu nichts entschließt, und ob man vielleicht den anderen Auswege wählt, den ich mir erlaubt habe vorzuschlagen, der dahin lautet:

Auch kann der Rechtsanwalt durch Uebereinkommen mit der Partei bei Uebernahme des Auftrags sich vorbehalten, für Ausführung desselben eine angemessene, über den in diesem Gesetze bestimmten Betrag hinausgehende Vergütung zu beanspruchen.

Meine Herren, ich kann nicht leugnen, daß ich mit den Anträgen des Herrn Kollegen vom Rhein in Bezug auf das Honorar vollständig sympathisire; wenn ich es nicht vorgeschlagen habe, so haben mich dazu wesentlich praktische Rücksichten bewogen. Ich halte nämlich die Annahme derartiger Bestimmungen für recht sehr schwer durchführbar, sowohl für den Reichstag, wie auch für die Regierungen. Man erwidert — und mir ist das selbst schon in Privatgesprächen erwidert worden, — es sei einmal alte deutsche Anschauung, daß die Partei vorher wissen muß, was der Prozeß kostet, und das werde nicht der Fall sein, wenn der Rechtsanwalt unbeschränkte Befugnis habe, am Schluß der Instanz ein Honorar zu liquidiren. Da ich befürchte, daß diese Erwägung durchschlagen und die vorgeschlagene Bestimmung keine Annahme finden wird, so sehr ich das im Interesse derjenigen Landestheile bedaure, wo mit gutem Erfolg und ohne Beschwerde für das Publikum diese Honorarbestimmung gegolten hat, so habe ich doch sie nicht vorschlagen zu können geglaubt, und zwar lediglich, weil ich wünschte etwas vorzuschlagen, was Aussicht auf praktische Annahme hat.

Ferner erwähne ich bei der Gelegenheit die Anträge der Herren Kollegen aus München, die sehr prinzipiell gehalten sind, die im wesentlichen eigentlich ohne weiteres Selbsttaxe hinstellen; sie schließen sich also aufs engste den rheinischen Anträgen an. Zugleich der Antrag des Advolatenvereins in Lübeck, der offenbar auch eben die Freiheit der Selbsttaxirung haben will und nun vorschlägt:

Bei Streitigkeiten zwischen dem Auftraggeber und dem Rechtsanwalte über Gebührensätze des Letzteren ist zunächst eine gütliche Einigung durch das zu beantragende Gutachten des Vorstandes der Anwaltskammer zu versuchen, in dessen Bezirk der Rechtsanwalt zugelassen ist.

Beruhigen sich die Parteien hierbei nicht, so kann jede derselben im Prozeßwege das zuständige Gericht angehen. Demselben ist das Gutachten des Vorstandes der Anwaltskammer vorzulegen.

Dann kämen die Anträge der rheinischen Kollegen, der Antrag Adams und die Anträge meiner verehrten Kollegen von Berlin, vollständig für meinen Vorschlag hat sich ausgesprochen, wie es scheint, der Lokaladvokatenverein der Dresdener. Die Kollegen in Bochum haben eventuell wenigstens dem beigestimmt und nur eine andere Fassung beantragt.

Was meinen Vorschlag betrifft, so will ich denselben nur mit zwei Worten dahin motiviren, daß ich ihn betrachte als eine Art des Vertrages und, daß, wenn man den Vertrag in der Vorlage uns konzedirt, es gar keinem Bedenken unterliegen kann, daß man auch diese Unterart des Vertrages uns konzediren muß. Wenn ein Vertrag zulässig sein soll über eine bestimmte Summe, so meine ich, daß es nicht zu viel verlangt ist, und daß es wirklich ein größeres Vertrauen zum Anwaltstande erfordert, zu tragen, die Partei soll mit dem Anwalt auch dahin einig werden können, daß ihm sagt, wir gestatten dir, nach Ermessen zu liquidiren, wir schenken dir das Vertrauen, in denjenigen Sachen, die du dazu für angethan halten wirst, deine Arbeit selbst abzuschätzen. Meine Herren, wenn man an eine Schädigung der Partei denken wollte, so meine ich, könnte sie eher gedacht werden, wenn ein Vertrag in einem Augenblicke geschlossen wird, wo man doch beim besten Willen die Arbeit nur allgemein beurtheilen kann; da ist es denkbar, daß man eine Festsetzung trifft, die nachher sich als etwas hoch oder zu hoch erweist. Dagegen wenn man ein solches Paktum gestattet, wie ich es eben auseinander gesetzt habe, so kommt der Partei doch zu Gute, daß der Anwalt sein Liquidat nachher in einem Augenblicke aufstellt, wo die Sache vorbei ist, wo er die Erfolge betrachtet, die er erzielt hat, wo er die ganze Sachlage ins Auge faßt, und wo ihn der eigene Takt dahin führen wird, recht vorsichtig zu sein, damit ihm nicht der Vorwurf gemacht werden kann, nach Lage der Verhältnisse zu viel gefordert zu haben. Also ein Schutz für die Partei liegt in dieser Bestimmung fast mehr als in der Bestimmung, daß man vorher paktiren und eine bestimmte Summe stipuliren kann. Denn das Ermäßigungsrecht ist doch kein absoluter Schutz, wenn nicht die Grenzen der Mäßigung eklatant überschritten sind; wenn man über die Sache streiten kann, so wird der Richter respektive die Anwaltskammer an der Summe nichts ändern. Ich meine daher, man muß diese wichtige Unterart des Vertrages bringend empfehlen. Ein ähnliches Verhältniß ist ja schon in bestimmten Territorien Deutschlands usuell, und ich meine, daß man auch darauf Rücksicht nehmen muß, wenn irgend möglich, dort dieses Verhältniß zu erhalten; ich erwähne die Hansestädte, wo ja ein sehr umfangreiches Selbsttaxiren Sitte ist. Nach meinem Vorschlage gestattet man dem Anwalt, in das meiner Meinung nach durchaus gentile Verhältniß mit der Partei zu treten, daß bei Beginn der Geschäfte die Partei zum Anwalt einfach sagt: du sollst meine Sachen übernehmen, und ich überlasse dir die Beurtheilung inwieweit du bei der einzelnen Sache nach der Taxe liquidiren willst oder nicht. Das, scheint mir, muß vollständig erlaubt sein und ist gewiß im Stande, ein angemessenes Verhältniß zwischen der Partei und dem Anwalt zu begründen.

Das wären die Gesichtspunkte, welche ich für diesen meinen Vorschlag geltend zu machen habe.

Ich komme nun bloß mit ein paar Worten auf die Ermäßigung. Da gehen die Anträge auseinander. Die Anträge meiner Kollegen aus Berlin verlangen, daß das Ermäßigungsrecht gestrichen wird und es nur der Disziplinarkammer oder Disziplinarbehörde zur Beurtheilung unterliegen soll, ob die Grenzen der Mäßigung überschritten sind. Mir ist dieser Gesichtspunkt etwas bedenklich; ich fürchte, man treibt die Leute gerade dazu, sich nun sehr häufig an die Disziplinarkammer zu wenden und ein derartiges Verfahren zu extrahiren, während ja durchaus nichts ehrenrühriges darin liegen würde, wenn eine Partei glaubt, die liquidirte Summe sei zu hoch, sich an den Richter zu wenden oder erst ein Gutachten der Anwaltskammer einzuholen, ob die Grenzen der Mäßigung überschritten sind oder nicht. Mir ist der Vorschlag in der Beziehung bedenklich, und ganz ohne jede Remedur glaube ich, wird schwerlich die Wohlthat der §§ 93 und 94 — wenn ich es so nennen darf — erreicht werden.

Ich habe nun etwas detaillirtere Vorschläge hier gemacht; indessen bei der großen Menge der Anträge, die schon da sind, will ich die Schwierigkeit der Berathung und Abstimmung nicht vermehren, sondern will meine detaillirten Bestimmungen sub 1 und 2 in § 94, die ich zum Schutz der Anwälte hineinbringen zu sollen geglaubt habe, fallen lassen, weil ich anerkennen muß, daß auch die Regierungsvorlage in dieser Beziehung, in Bezug auf Anfechtung eines Vertrages und dann auch auf Anfechtung einer Selbsttaxe, wenn sie nach meinen eventuellen Vorschlägen erfolgt, nicht so gar bedenkliche Bestimmungen enthält. Ich bitte auf die Motive Rücksicht zu nehmen; in denen steht: eine Ermäßigung ist überhaupt nur möglich durch den Richter, wenn die Anwaltskammer konstatirt hat, daß die Grenzen der Mäßigung überschritten sind; hat sie das nicht konstatirt, so kann der Richter überhaupt gar nicht in die Lage kommen, über die Frage zu judiziren; im ersteren Falle aber hat er nicht bloß das Recht, die taxmäßigen Gebühren festzusetzen, sondern er kann auch über dieselben hinausgehen. Ich führe das nur an, um zu beweisen, daß die Vorschläge des § 94 der Vorlage so sehr bedenklich nicht sein dürften, und ich würde deshalb,

unter Zurücknahme meiner detaillirten Verbesserungsvor-
schläge, jedoch unter Aufrechterhaltung des letzten Alinea,
bitten, der Vorlage hier zuzustimmen.

Einen Punkt möchte ich nur noch mit einigen Worten
detailliren. Sie werden finden, daß im Eingang des § 94 ich
mir erlaubt habe vorzuschlagen, daß die Anfechtung nur
stattfinden soll bei Geschäften, welche den Bestimmungen der
Abschnitte 2 und 3 unterliegen. Sie werden sofort bei
Einblick in die Vorlage sehen, daß ich Kriminalsachen ausgenommen habe. Ich gehe davon aus, obgleich ich selbst
persönlich eine ziemlich geringe Erfahrung auf diesem Gebiet habe, daß bei den Kriminalsachen der Grad des Vertrauens zu der Person ein so eminenter Faktor ist — und
ein Faktor, den eigentlich kaum jemand anders abschätzen
kann als die Partei selbst oder der Anwalt selbst, — daß
es sehr mißlich und fast unmöglich für eine Disziplinarkammer ist, sich zum Richter über den Grad dieses Vertrauens zu machen und zu sagen: ja, ein so hohes Vertrauen hat die Partei zu dem Rechtsanwalt doch nicht
gehabt, daß es gerechtfertigt wäre, eine solche Summe zu
verlangen. Ich meine daher, daß dieser Gesichtspunkt
maßgebend sein muß, um hier die Entscheidung der Disziplinarkammer auszuschließen. Ich kann auch, ganz objektiv betrachtet, eigentlich nicht befürchten, daß ein erheblicher Mißbrauch damit getrieben werden könnte. Es
wäre ja denkbar unter den bisherigen Verhältnissen, wo
wichtige Strafsachen vor kleineren Gerichten zur Verhandlung kamen, wo vielleicht nur zwei Anwälte existirten und
also eine Zwanglage für die Partei vorhanden war. Davon kann keine Rede sein, nachdem die wichtigen Kriminalsachen an die großen Landgerichte gewiesen sind, wo
also immer eine Auswahl vorhanden ist und nach der
Richtung hin eine Nothlage des Angeklagten schwerlich
wird eintreten können. Ich meine daher, daß es wohl
beachtungswerth und wichtig ist, in Kriminalsachen eine
Ausnahme zu machen und dort das Ermäßigungsrecht zu
streichen. Ueberdies habe ich aber kein Bedenken, es so
aufrecht zu erhalten, wie es die Vorlage thut.

Meine Herren, ich bitte um Entschuldigung, daß ich
Ihre Aufmerksamkeit so lange in Anspruch genommen
habe; ich habe wenigstens alle Anträge ganz kurz nur
charakterisiren wollen und möchte mich schließlich dahin
aussprechen: der Vertrag muß gebracht; die Form
des Vertrages wünschen wir nicht schriftlich zu haben,
sondern sie soll den Bestimmungen der bürgerlichen Gesetze
unterliegen; das Verbot des Arbeitens unter der
Taxe halte ich für nothwendig im Gesetz auszusprechen;
das Honorar mag sehr erwünscht für uns sein, ich fürchte
aber, für ganz Deutschland werden wir es erst in einer
späteren Zeit erreichen in dem Sinne, wie es meine verehrten Kollegen vom Rhein und aus Berlin vorgeschlagen
haben; das Ermäßigungsrecht halte ich mit Ausnahme
der Kriminalsachen nicht für bedenklich. Und mit diesen
Modifikationen würde ich sie bitten meinen Anträgen
zuzustimmen.

Wenn ich aber Ihrer Ansicht nach mit diesen Anträgen,
wie ich sie mir zu § 93 erlaubt habe — indem ich die
Möglichkeit der Selbsttaxe aufgestellt habe — nicht weit
genug sein sollte, wenn Sie sich, meine Herren Kollegen,
in der Majorität doch für Honorar entscheiden sollten,
dann würde ich nur die eine Bitte an Sie richten, daß
Sie sich dann eventuell meinen Vorschlägen anschließen
möchten, damit beide Anträge an den Reichstag gelangen.

Fürchten Sie nicht, was man oft zu sagen pflegt, daß
ein eventueller Antrag den prinzipalen abschwächt; ich
glaube, diese Befürchtung kann hier nicht maßgebend sein.
Wir bringen ja diese Anträge vor das Forum ganz selbstständiger Männer, für die nicht entscheidend ist, was die
Anwälte wünschen oder nicht wünschen, sondern die ganz
selbstständig unsere Anträge prüfen und sich fragen: was
ist im allgemeinen Interesse das Beste? Aus diesem
Gesichtspunkte also bitte ich Sie, wenn Sie meinen Anträgen nicht pure beistimmen und sich vielleicht doch für
das Ho erar in dieser oder jener Form erklären, daß Sie
wenigstens sagen: eventuell halten wir auch diesen Vorschlag des Referenten zu Alinea 2 des § 93 für eine
Verbesserung und präsentiren ihn eventuell dem Reichstag.

(Bravo!)

Korreferent Rechtsanwalt **Fürst** (Mannheim): Meine
Herren Kollegen! Nur in einem einzigen Punkte differire
ich von den Ausführungen und Anträgen unseres verehrten
Herrn Kollegen Lesse. Es ist dies der Punkt des Arbeitens
unter der Taxe. Hier halte ich nicht die That selber für
verwerflich, sondern unter Umständen die Motive. Die
Motive können unter bestimmten Voraussetzungen sehr
lobenswerth sein; wenn Jemand nahezu an der Zulassung
zum Armenrecht steht, allein er kann nicht zum Armenrecht zugelassen werden, und ein Anwalt überzeugt sich, der
Mann hat recht, und er sagt ihm: ich will deinen Prozeß
führen und will und der Ersatz meiner Auslagen haben,
ich verlange keine Gebühren, — da, glaube ich, meine
Herren, ist die That des Anwalts und sein Motiv nicht
zu verwerfen. Will aber Jemand etwa, um sich die Praxis
anzueignen, verbreiten: Ich bin der Wenigstnehmende unter
meinen Kollegen, — dann, meine Herren, würde das
ohnehin unter die Disziplin fallen, das ist disziplinär
strafbar. Wir müssen wohl unterscheiden das Gebührengesetz von der Anwaltsordnung; das Disziplinäre gehört
in die Anwaltsordnung und hat dort seine Aufnahme gefunden; in das Gebührengesetz gehört eine solche Bestimmung meiner Ansicht nach nicht.

Nur in diesem einzelnen Punkte differire ich von dem
Herrn Kollegen Lesse, und ich habe mich verpflichtet ge-
fühlt, diesen Punkt zu markiren.

Präsident: Ich eröffne jetzt die Diskussion über
die Vorschläge des Herrn Kollegen Lesse. Es wird dadurch primo loco die Frage berührt, ob der Vorschlag der
Herren Kollegen von Köln annehmbar ist, wonach neben den
Gebühren nach Beendigung der Sache ein selbsttarirtes
Honorar gefordert werden kann. Eine Modifikation hierzu
liegt in dem Antrage der Herren aus München vor; wenn
dieser Antrag angenommen würde, dann würde meines
Erachtens der Antrag, die vertragsmäßige Festsetzung
respektive Vereinbarung zuzulassen, wegfallen oder doch
nur in zweiter Reihe eventuell in Frage kommen, es sei
denn, daß, wie Herr Kollege Lesse auch eventuell beantragt,
Sie kombiniren wollen, also zulassen wollen die nachträgliche Selbsttaxirung oder auch die Vereinbarung. Es
würde sich also die Debatte meines Erachtens wesentlich
vereinfachen, wenn Sie diese beiden Punkte vornehmlich
ins Auge faßten, also ob Sie sich entscheiden für Selbsttaxirung oder für vertragsmäßige Vereinbarung. — Die
Möglichkeit der Ermäßigung bleibt natürlich vorbehalten. —

Alsdann kämen eventuell in Frage die Modalitäten, in welchen Verträge geschlossen werden dürfen.

Die Diskussion ist also eröffnet.

Advokat Dr. Geiger (Frankfurt a/M.): Meine Herren Kollegen! Ich habe namens der Frankfurter Advokaten hier noch einen speziellen Antrag zu vertheidigen, den ich freilich nicht auf den Tisch des Hauses niederzulegen brauche, da er sich lediglich auf die Streichung des § 94 richtet. Derselbe betrifft die Ermäßigungsfrage. Meine Herren Kollegen, ich kann mich den außerordentlich beredten Worten unseres Herrn Referenten nicht anschließen; ich bin nicht der Ansicht, daß wir in einer so stattlichen Anzahl hierher nach Berlin gekommen sind in der Absicht, bei Vertretung der Interessen unseres Standes besonders bescheiden zu sein. Wir haben auch nicht nothwendig, hier zu markten und etwa nur dasjenige zu verlangen, was erreichbar ist; wir sind keine Gesetzgeber, sondern wir sollen diejenigen Wünsche aussprechen, die wir nach unserer Ueberzeugung als im Interesse des Anwaltstandes liegend erachten. Und, meine Herren, da bin ich der festen Ueberzeugung, daß dieser § 94 auf der einen Seite absolut werthlos für den Klienten und auf der anderen Seite beschämend für den Anwaltstand ist. Der § 94, welcher dem Disziplinarrath oder dem Ehrenrath oder dem Vorstand der Anwaltskammer das Recht giebt, die Taxe zu ermäßigen, ist nach meinem Dafürhalten, wie er jetzt vorliegt, absolut unannehmbar. Wenn der Anwalt mit der Partei ein höheres Honorar vereinbart hat, so hat er das Recht, dieses Honorar späterhin von der Partei zu fordern und eventuell, falls es nicht in Güte gezahlt wird, einzuklagen. Er steht dann seiner Partei gerade so gegenüber wie Jeder, der von einem Anderen etwas fordert; ich sehe absolut nicht ein, weshalb wir auf der einen Seite mehr verlangen wollen als ein anderer Stand, auf der anderen Seite uns aber schlechter stellen sollen. Und, meine Herren, wenn der Anwalt unanständig in der Ausmachung des Honorars gewesen ist, so wird er bestraft, nicht weil es in der Gebührenordnung steht, sondern deswegen, weil in der Anwaltsordnung zu lesen steht: „Ein unangemessenes Benehmen des Anwalts wird disziplinarisch gerügt." Durch diesen § 94 geben Sie nur den unanständigen Klienten eine Handhabe gegen den anständigen Anwalt, der sich häufig genug fürchten wird, in dieser Weise chikanirt zu werden.

Ich bitte Sie dringend, meine Herren, diesen Paragraphen abzulehnen, denn die Bestimmung hat gar keinen Zweck.

(Bravo!)

Rechts-Anwalt Dr. Meuling (Leipzig): Meine Herren! Der Entwurf erkennt ja an, daß zweifellos nicht in allen Fällen die Sätze der Gebührenordnung ausreichen, und die Frage kann in der That nur die sein, in welcher Form für diejenigen Fälle, in welchen die Gebühren unzureichend sind, uns eine zureichende Entschädigung für unsere Mühwaltung gegeben wird. In dieser Beziehung nun, meine Herren, sind dem, was sich auf den Boden des neuen Verfahrens in vielen Ländern und insbesondere auch in den Rheinlanden seit vielen Jahren praktisch vollständig bewährt hat, nämlich der Selbsttaxirung unter entsprechender — allerdings praktisch nur in sehr seltenen Fällen bedeutsamer — Moderirung, theoretische Bedenken in der Begründung des Entwurfs entgegengesetzt worden. Meine Herren, wenn wir zurückgehen in die Geschichte unserer Civilprozeßordnung, in jene Zeit, wo in der That der weit aus größte Theil des Deutschen juristischen Personals in der Lage war, einem Entwurf gegenüber zu stehen, dem er auch viele Bedenken entgegensetzte: — was geschah da seitens derjenigen, die die neue Prozeßordnung, die dieses öffentliche mündliche Verfahren vertreten? Sie wiesen hier auf die Rheinlande und sagten: Diejenigen, welche diese Bedenken aufstellen, stellen Bedenken auf, die bereits durch die Erfahrung längst widerlegt sind. Nun, meine Herren, die Herren, die damals auf die praktische Erfahrung der Rheinlande verwiesen, mögen denn auch heute die Rheinlande sich zum Muster nehmen!

(Bravo!)

und wenn damals den deutschen Anwälten und den deutschen Richtern, die mit Bedenken hervortraten, gesagt wurde: das sind theoretische Bedenken, — nun, meine Herren, dann haben wir im Hinweis auf die Rheinlande das Recht, auch heute zu sagen, das sind theoretische Bedenken. Es ist nur diesmal die Stellung derjenigen, welche die Institution der Rheinlande vertreten, und derjenigen, welche die Bedenken dagegen haben, die umgekehrte: heute sind es die Verfasser, damals war es, wenn wir ganz Deutschland nehmen, die Majorität des Richters und des Anwaltpersonals.

Wenn ich nun, meine Herren, die Erfahrungen in Betracht ziehe, wie sie in den Rheinlanden gemacht sind, so ist die Sachlage die, daß in den Rheinlanden zufrieden sind die Anwälte und zufrieden ist das Publikum.

(Sehr wahr!)

Meine Herren, wie ist es denn möglich, daß in dieser Weise dort — ich möchte sagen — die Quadratur des Zirkels gelöst ist? Die Sache beruht keineswegs darauf, wie man in Verkennung der Gründe, warum diese Institutionen dort sich bewährt haben, vielfach annimmt, daß die Rheinlande reiche Provinzen sind, und das leichtlebige Volk der Rheinländer das nicht so genau nimmt. Meine Herren, die Institutionen, die sich in den Rheinlanden bewährt haben, haben sich nicht minder bewährt in Frankreich, in Italien, bei allen romanischen Nationen; und bekanntlich giebt es keine Nation, die so geizig ist als die italienische. Wenn also die Italiener hohe Honorare zahlen und doch mit der Institution dort zufrieden sind, so sieht man, daß es nicht die Leichtlebigkeit des Rheinländers ist, welche diese Institutionen praktisch unfühlbar macht, sondern daß da andere Gründe vorliegen. Meine Herren, es war ja ein Rheinländer, der gesagt hat: in Geldsachen hört die Gemüthlichkeit auf, — Hansemann; die Rheinländer behaupten diese Frage gerade so rein geschäftlich, wie es auch in Berlin und überhaupt diesseits der Elbe geschieht. Die Gründe, warum die Institution dort sich in diesem Sinne bewährt hat, warum gleichsam die Quadratur des Zirkels dort gelöst worden ist, sind meines Erachtens folgende:

Man spricht ja in den letzten Wochen oder Monaten so viel von den Vorzügen der indirekten Besteuerung gegenüber der direkten Besteuerung, daß jene für die Bevölkerung minder fühlbar sei. So ist es in der That in den Rheinlanden. Dort werden die hohen Honorare in denjenigen Fällen bezahlt, wo dieselben für die Partei minder fühlbar sind, und in den Fällen, in denen sie fühlbar werden würden, werden geringere Honorare festgesetzt.

(Sehr richtig!)

Die hohen Honorare, die die rheinischen Advokaten ziehen, ziehen sie meist nur von denjenigen Objekten, in denen die Partei gewonnen hat; wo die Partei verloren hat, da fällt es keinem rheinischen Anwalt ein, nun auch noch ein hohes Honorar seiner Partei anzusetzen, sondern da mißt er das sehr bescheiden zu. Die Parteien, die ihre Prozesse gewonnen haben und die es tragen können, die sind es, die im wesentlichen die wirthschaftlich günstige Situation der rheinischen Kollegen begründen.

Wenn ich nun, meine Herren, mich wende zu dem, was diesen Institutionen entgegengehalten wird, so sagt man uns, es sei ein deutscher Gedanke, eine deutsche Sitte, und von der könne man nicht abgewichen werden, daß in allen Fällen die Partei von Anfang an wissen müsse, was der Prozeß kostet. Meine Herren, bis in dieses Jahrhundert hat in ganz Deutschland, abgesehen von den Gebieten, wo die preußische Gerichtsordnung galt, nichts anderes gegolten als der gemeine deutsche Prozeß mit einzelnen partikularrechtlichen Abweichungen, und es hat in ganz Deutschland niemals ein Anwalt und niemals ein Richter vorher sagen können, was ein Prozeß kostet, denn in ganz Deutschland sind die Apothekerrechnungen, die heute noch in Sachsen gemacht werden, damals gemacht worden, und die Pauschquanta, die angeblich eine „alte deutsche Sitte" sind, sind überhaupt erst in den letzten Jahrzehnten in Deutschland bekannt geworden; Preußen hat mit dem Gesetz von 1851 angefangen, Baden ist gefolgt, u. s. w. Derartige rechtshistorische Fehlgriffe darf man doch bei der Argumentation nicht machen.

Ich habe vorhin hervorgehoben, meine Herren, daß diese Institution die Vorzüge gleichsam der indirekten Besteuerung gegenüber der direkten hat. Und nun, warum ist es denn möglich, oder warum entschließen sich die Parteien in der Rheinlanden, die hohen Honorare zu z-hlen? Weil sie selbst empfinden, was ihnen die individuelle Leistung ihrer Anwalts, wenn sie den Prozeß gewonnen haben, werth gewesen ist. Ich und jeder, meine Herren, der in dritter Instanz oder beim Obergericht in rheinländischen Sachen thätig gewesen ist, wird ja manchen Brief empfangen haben, wo eine rheinische Partei schreibt: Wir haben den Prozeß verloren, weil unser Anwalt dem Gegenanwalt nicht gewachsen war. Meine Herren, ich praktizire beim Reichsoberhandelsgericht seit 8 Jahren in vielen altpreußischen Sachen, und ich habe noch niemals eine derartige Aeußerung seitens einer altpreußischen Partei gehört. Gewiß nicht um deswillen, als ob nicht auch in Altpreußen der eine dem andern überlegen wäre, sondern aber weil die Partei nicht sieht, wie sie in den Rheinlanden sieht. Auf dem Boden des neuen Prozesses, des mündlichen Verfahrens, wird jede Partei jederzeit ganz genau wissen, was sie ihrem Anwalt zu danken hat, und deswegen wird sie sich entschließen, ein größeres Honorar zu zahlen. Sehen Sie auf den Arzt! Wenn Jemand sich eine gelungene Augenoperation hat machen oder ein Bein abschneiden lassen, und er hat gefunden, was die Leistung des hervorragenden Mediziners, der ihn operirt hat, ihm werth gewesen ist, so bezahlt er gern das große Honorar, wenn an und für sich seine Mittel hinreichen. Ganz in der nämlichen Stellung ist der Advokat.

Präsident: Darf ich den Herrn Redner bitten, sich einen Augenblick zu unterbrechen! Die 10 Minuten sind um. Ich frage also jetzt die Versammlung, ob sie noch weiter zu hören geneigt ist.

(Rufe: Nein! und Ja!)

Rechtsanwalt Dr. **Reuling** (Leipzig): Nur zwei Worte noch, meine Herren! Ich habe dem Standpunkt des verehrten Kollegen Lesse nur das Eine entgegen zu halten: er will die Zulässigkeit des Honorars auch, aber dasselbe soll bei Annahme des Mandats vorbehalten werden. Meine Herren, in sehr vielen Fällen kann man beim Beginn noch gar nicht wissen, ob ein solches Honorar sachgemäß sein wird. Also es muß durch die Gesetzgebung schon zugelassen werden, daß in geeigneten Fällen ein selbstfatirtes Honorar eintritt.

(Bravo!)

Rechtsanwalt **Bacher** (Stuttgart): Meine Herren! Ich bitte nur für kurze Zeit um Ihr Gehör

(Ruf: 10 Minuten!)

— es wird nicht einmal solange dauern —; ich stelle Ihnen außerdem in Aussicht, daß ich vermuthlich nur dieses eine Mal sprechen werde.

(Bravo!)

Deshalb haben Sie Geduld!

Meine Herren, ich bin nämlich nicht hierher gekommen, um auf dem Anwaltstage darüber zu markten, ob unsere verschiedene Klassen um 1,2 oder 10 Pfennige heraufgesetzt oder vermindert werden sollen, sondern um prinzipielle Stellung zu dem Gesetze zu nehmen. Ich muß, da eine allgemeine Diskussion beliebt wurde, anknüpfen an die §§ 93 und 94 der Gebührenordnung, in denen ich auch den Kernpunkt des ganzen Gesetzes sehe. Aber ich habe eine ganz andere Anschauung, als sie bisher von Seiten des Herrn Referenten vertreten worden ist; denn von dem, was in § 93 nach dem Ausspruch des Herrn Referenten bloß als Auskunftsmittel zu betrachten ist, erachte ich, daß das an die Spitze des Gesetzes hätte gestellt werden sollen. Ich halte die Vertragsfreiheit, die als Auskunftsmittel im § 93 ganz hinten an das Gesetz angeflickt worden ist, für ein Naturrecht der Anwälte, und ich werde Ihnen das beweisen. Sie wissen, daß auf Grund der deutschen Anwaltsordnung die Anwaltschaft aufgehört hat, ein staatliches Amt zu sein; Sie wissen, daß die Anwaltschaft nach der neuen Anwaltsordnung, also vom 1. October 1879 an, keine Begünstigungen für die Anwälte enthält, bloß noch Beschränkungen und Lasten. Es kann künftighin jeder Anwalt werden, es ist also die Anwaltschaft nichts anderes als eine Berufsart, eine Erwerbsart, wenn auch die Arbeit mehr geistige Anstrengung erfordert; und während jeder Schneider, Schuster, Maler, Künstler, Bildhauer für seine Thätigkeit, für seine Schöpfung, ein Honorar freiwillig vereinbaren kann mit dem, der mit ihm in ein Vertragsverhältniß tritt, so soll dieses Recht dem Anwalt verkümmert, bloß als Auskunftsmittel zugestanden werden. Und deßhalb sage ich, das ist ein Unrecht; der Anwalt muß ebenso gut das Recht haben, über seine Thätigkeit, über seine Leistungen ein besonderes Honorar zu vereinbaren, und zwar in jedem Zeitpunkt des Prozesses. Von diesem, meiner Ueberzeugung nach einzig logischen Standpunkte aus, muß die ganze Frage beurtheilt werden, und darum bin ich der Ansicht, daß in erster Linie dem deutschen Anwaltstand, dem keine Privilegien mehr durch die deutsche Anwaltsordnung eingeräumt werden, eine unbeschränkte Vertragsfreiheit einzuräumen ist. Von diesem Grundsatze aus erledigen sich alle diese Amendements und Unteramendements die hier gestellt worden sind.

Nun gebe ich zu, Zweckmäßigkeitsgründe sprechen dafür, daß wir einen Tarif feststellen; aber wer ist berechtigt diesen Tarif festzustellen? Meiner Ueberzeugung nach nicht der deutsche Reichstag, nicht die deutsche Reichsregierung, sondern die deutsche Anwaltschaft auf Grund von Uebereinkünften. Ich sage nämlich, die deutsche Reichsregierung ist deswegen inkompetent, die Gebührenordnung festzustellen, weil wir ja überhaupt kein staatliches Verhältniß mehr haben. Wir haben ja noch keinen socialen Staat, weder den christlich socialen des Herrn Hofprediger Stöcker noch den staatssocialen des Herrn Wagener, auch nicht den socialdemokratischen der Herren Bebel und Liebknecht, sondern wir haben den Reichstag; deshalb, da die Anwaltschaft kein staatliches Amt mehr ist, hat der Reichstag auch gar keine Berechtigung, die Gebührenordnung festzustellen. Ich wäre daher der Ansicht, daß bei der Anwaltschaft . . . . .

(Ruf: Schluß!)

Präsident: Meine Herren! Wir haben als einen Passus der Geschäftsordnung festgestellt, es soll mir überlassen werden, zu moniren, wenn die 10 Minuten um sind. Wir müssen dem Redner die 10 Minuten gönnen, und wir kommen einfacher zum Ziel, wenn wir den Redner bis dahin sprechen lassen.

Rechtsanwalt Bacher (Stuttgart): Sie schüchtern mich nicht ein, Sie erreichen Ihren Zweck gar nicht, also wozu denn umsonst „Schluß" rufen.

Ich sage also, ich bin auch für einen Tarif, aber für einen Konventionaltarif, den sämmtliche deutsche Anwälte unter sich vereinbaren, und wäre daher der Ansicht, daß der deutsche Anwaltstag heute eine Kommission wählte, um einen solchen Tarif mit etwaiger Berücksichtigung provinzieller Besonderheiten festzustellen; dieser Tarif wäre dann sämmtlichen Mitgliedern des deutschen Anwaltstandes zur Berücksichtigung zu empfehlen oder auch, wenn Sie wollen, als Verpflichtung aufzuerlegen.

Das ist mein Standpunkt in der Sache. Aber es mag sein, daß der Reichstag doch das Recht prätendiren sollte, unsere Gebührenordnung gesetzlich festzustellen. Mögen wir nun einen legalen Tarif durch den Reichstag oder die Reichsregierung bekommen oder einen Konventionaltarif durch die deutsche Anwaltschaft: eines müssen wir wahren, unsere unbeschränkte Vertragsfreiheit. Meine Herren, das ist keine Unbescheidenheit. Das ist nichts weiter als die Wahrung unserer Unabhängigkeit, unserer Selbstständigkeit, — das ist Männertugend, das ist Mannesmuth, und dem setze ich voraus bei sämmtlichen Mitgliedern des deutschen Anwaltstandes.

(Bravo! Heiterkeit.)

Advokat Dittmar (Sonnenberg): Meine Herren Kollegen! Die Interessen der deutschen Anwälte sind eben so verschieden, wie die Zustände Deutschlands überhaupt; und daß da von mancher Seite ein größeres Opfer gebracht werden muß, darüber müssen wir vorzüglich uns

klar sein, die wir in den kleinen Mittelstaaten des deutschen Vaterlandes zeither als Anwälte praktizirt haben. Meine Herren, wir können uns mit den Verhältnissen, in denen Sie leben, nicht messen; deshalb mußten für uns bescheidene Forderungen an den Tag treten. Ich will durchaus nicht dem entgegen sein, daß bei den anderen Herren, die in so viel besseren Verhältnissen leben als wir, andere Ansichten sich nach und nach entwickelt haben; allein Sie werden mir doch verstatten, Ihnen nur in Kürze den Standpunkt kund zu geben, der bei uns einschlägig ist. Nämlich bei uns

(Ruf: Wo denn?)

— in Sachsen-Meiningen! — kommt die Gelegenheit wunderselten, daß ein Objekt so groß ist, daß die Partei über einen einzigen Sieg sich zu freuen kann, um ein besonderes Honorar dem Anwalt zu versprechen. Glücklich, beneidenswerth Sie Rheinländer! Allein bei uns ist leider Gelegenheit dafür nicht gegeben. Meine Stellung zu dieser Vertragsmäßigkeit geht also dahin: zeither war als Palmarium, die besondere Honorirung des Anwalts seitens seiner Partei im Falle des Obsiegs, verboten; das neue Gesetz hebt dieses Verbot auf; die Aufhebung dieser Beschränkung nehme ich dankbar an. Es fügt hinzu: vorkommenden Falls soll der Anwalt auch das Mehrversprochene einklagen können, aber nur unter zwei Voraussetzungen. Nun frage ich: sind denn diese beiden Voraussetzungen, unter denen in Zukunft ein Honorar extra versprochen werden kann, mit der Würde des Anwaltstandes unvereinbar? Nun, meine Herren, wenn es heißt, schriftlich soll er das machen, — wir lassen uns ja auch Vollmachten schriftlich geben; also darin liegt keine Schwierigkeit. Und wenn es weiter heißt: es soll die Beschränkung stattfinden, daß von der Anwaltskammer dann geprüft wird, ob er nicht die Mäßigung überschreitet. — Meine Herren, da ist uns, die wir eben in solchen großartigen Verhältnissen leben, etwas geboten, was wir vom Gesetzgeber annehmen müssen. Allein mit einer Einschränkung, die ich, meine Herren! Nämlich, wie ich vorhin schon erwähnte, kommen wir nie so hoch hinauf, wir bewegen uns in den unteren Sphären, und es wird deswegen gerade für uns von den allernachtheiligsten Folgen sein, wenn bann der Gesetzgeber davon ausgehen würde: ja, ihr Anwälte habt ja jetzt das Recht, mit einer Partei einen besonderen Vertrag zu schließen, ihr könnt also die Mängel eurer Taxe durch diesen Vertrag selbst heilen. Ich ersuche Sie also, meine Herren, wenn Sie das Prinzip der Vertragsmäßigkeit in der einen oder andern Form annehmen, daß Sie dann wenigstens nicht glauben, es sei genügende Abhülfe geschaffen, und daß Sie also deshalb nicht die übrigen Punkte für erledigt erachten.

(Lebhafter Beifall.)

Advokat-Anwalt Adams (Koblenz): Meine Herren Kollegen! Ich habe das Wort erbeten sowohl zur Unterstützung und zur Ausführung des von mir gestellten Antrages; wie auch um den Grundsätzen entgegen zu treten, die vor kurzem hier über die Stellung des Anwalts ausgesprochen worden sind. Meines Erachtens ist das ein durchaus unrichtiger Standpunkt, den Anwalt aufzufassen als jemanden, der einen beliebigen Vertrag nur zu schließen hat, der wie jeder andere Erwerbsmann dem Publikum gegenüber steht. Meine Herren, das sind wir nicht, wir sind eine wichtige Staatseinrichtung, wir sind einer der wichtigsten Faktoren, wenn nicht vielleicht der wichtigste, in der Rechtsprechung, und um diesen Standpunkt vollkommen auszufüllen, dazu ist vor allen Dingen nothwendig unsere Ehrenhaftigkeit, — nicht nur, daß wir sie in uns selbst tragen, sondern daß sie auch von außen anerkannt wird,

(Bravo!)

sowohl anerkannt wird von dem Richterkollegium, dessen Vertrauen wir besitzen müssen, als auch von dem Publikum, dessen Vertrauen uns unentbehrlich ist, und es läßt sich, meine Herren, in der Stellung, die wir haben, wo wir fortwährend ja auch in Bezug auf die Gebühren unser eigenes Interesse zu vertreten haben, die Ehrenhaftigkeit im Allgemeinen konsequent nicht erhalten, wenn wir nicht selbst damit einverstanden sind, daß auch Zügel angelegt werden.

(Sehr richtig!)

Meine Herren, ich stehe auf dem Standpunkt, daß ich die Paragraphen, mit denen wir es jetzt zu thun haben, als die Nebensache ansehe, und daß ich eine gute Taxe als die Hauptsache für uns betrachte.

(Bravo!)

Ich wünschte, meine Herren, daß wir den Zweck erreichen könnten, daß wir mit der Taxe so zufrieden wären, daß wir weder Hülfshonorar noch Vertrag brauchten. Unter allen Umständen, meine Herren, ist es für den Anwalt ein unangenehmes Gefühl, seiner Partei, der er zum Recht verholfen hat, sagen zu müssen: ganz ungeschoren gehst du doch nicht aus der Geschichte heraus, denn du mußt mir doch noch das und das nachbezahlen. Und wir Anwälte am Rhein haben dieses Gefühl ganz besonders dadurch empfunden, daß wir für Handelssachen in dieser Lage sind. In Handelssachen fallen die Gebühren bei uns dem unterliegenden Theile nicht zur Last, und ich kann Ihnen versichern, meine Herren, daß es unzählige Male für den rheinischen Anwalt eine höchst unangenehme Sache ist, der Partei, die gewonnen hat, die Gebühren berechnen zu müssen, die bei kleinen Objekten fast dem Betrage des Objektes gleichkommen, wenn er nicht unter der Taxe arbeiten will. Meine Herren, dieser Zustand ist ein unleidlicher, und wenn wir ihn durch eine gute Taxe überwinden könnten, so würde ich das als das unbedingt Beste begrüßen.

(Sehr wahr!)

Ich möchte daher auch um Alles nicht, daß alles das, was hier über Honorar und über Vertragsvereinbarung gesagt und beschlossen wird, nur im entferntesten dazu dienen könnte, an der guten Taxe, an den Erhöhungen, die wir in Bezug auf die Taxe selbst beantragen, irgend etwas zu verkürzen; dann, meine Herren, würden wir ganz gewiß einen Stein für ein Stück Brod erhalten.

(Sehr richtig!)

Ich sage also, eine gute Taxe ist die Hauptsache, und ich hoffe, daß wir am Schluß unserer Verhandlungen vielleicht in einer Resolution das als Schwerpunkt der ganzen Sache hinstellen werden, damit man uns nicht nachher sagt: wir geben euch die Vertragsfreiheit, im übrigen aber bleibt es beim Alten.

Meine Herren, was nun die beiden verschiedenen Arten betrifft, Honorar und Vertrag, so stehe ich auf dem Standpunkt des rheinischen Verfahrens. Nach meinem Antrage soll ein Honorar nicht unbedingt zulässig sein, nicht immer berechnet werden können, sondern nur dann, entweder wenn eine Vergütung versprochen worden ist — womit also das Bedenken, ob überhaupt ein derartiges Versprechen zulässig sei, beseitigt ist — oder zweitens in denjenigen Fällen, wo die Sache eine außergewöhnliche ist, wo sie also derart angethan ist, daß die gewöhnlichen Sätze des Tarifs keine angemessene Vergütung bieten. Das ist in meinem Antrage ausgesprochen, und in den letzten Punkten unterscheidet er sich von dem Antrag meiner Kölner Kollegen, die im allgemeinen ein Honorar in allen Sachen für zulässig erklären. Ich möchte nicht, meine Herren, daß ein Honorar unbedingt in allen Sachen zulässig wäre, denn wir kommen dann auf den Standpunkt, daß die Parteien nicht wissen, was sie eigentlich zu bezahlen haben, wenn sie sich sagen müssen: ich habe dem Anwalt die Sache übertragen, und er kann mir, auch ohne daß besondere Gründe in der Sache selbst liegen, doch noch ein Honorar hinein drauf rechnen. Das ist ein ungewisser Zustand, den wir, meine Herren, nicht wollen, und auf den der Reichstag nicht eingehen wird. Etwas anderes aber ist die Frage, ob nicht, wenn die Sache so geeigenschaftet ist, daß ein Honorar sich wirklich aus dem Mißverhältniß der Arbeit zu den kleinen Sätzen der Taxe rechtfertigt, dann überhaupt ein Honorar berechnet werden kann. Dagegen, meine Herren, bin ich auf das entschiedenste gegen die Bestimmung, daß wir Vertragsfreiheit und zwar unbedingte Vertragsfreiheit einführen sollen. Es mag sein, meine Herren, daß, wenn die Taxe nicht wesentlich erhöht wird, für einzelne Landestheile eine derartige Vereinbarung nothwendig ist, und wenn Sie sie als eine eventuelle hinstellen; so mag das berechtigt sein. Aber, meine Herren, im Grunde genommen kann ich nur sagen: die Abschließung eines Vertrages widerspricht dem Verhältniß, worin der Rechtsanwalt eigentlich zu seiner Partei stehen soll.

(Bravo!)

Ich habe in den Motiven zu meinem Antrag bereits den Gedanken ausgesprochen; die Partei kommt zu dem Rechtsanwalt, weil sie ihm das größte Vertrauen entgegenbringt, weil sie ihn als denjenigen Rechtsgelehrten ansieht, von dem sie mit voller Hoffnung ihr Recht erwartet, von dem sie denkt, daß sie ihre Sache nur um deren Gerechtigkeit willen annimmt, und den sie nur als den Besten unter Allen sich heraus gesucht hat; und wenn sie dem nun ihr Herz ausgeschüttet hat, dann soll der Anwalt ihr entgegentreten mit der Bemerkung: ja, mein lieber Freund, das ist alles sehr schön und gut, aber meine von Dir sehr ersehnte Hülfe gebe ich Dir nur dann, wenn Du mir so und soviel giebst! Das ist doch nicht das Verhältniß, in welchem der Rechtsanwalt zur Partei stehen soll,

(Bravo!)

und deshalb möchte ich, daß unser Streben dahin gerichtet werde, die Taxe wesentlich zu verbessern, dort, wo ein Honorar versprochen worden ist, und wo die Sache so geeigenschaftet ist, daß ein Mißverhältniß zwischen der Arbeit und der Taxe besteht, ein besonderes Honorar, das von der Anwaltskammer rektifizirt wird, zu bestimmen, aber den Vertrag nicht zu genehmigen. Wollen Sie aber, meine Herren, den Vertrag doch beschließen, dann, muß ich sagen, bin ich auf das Entschiedenste dafür, daß die Schwierigkeiten, die in den Vertrag hineingelegt sind, drinbleiben; nicht hinaus mit der Schriftlichkeit! nicht hinaus mit der Ermäßigung! drinnen sollen die Sachen bleiben! Die Bestimmung der Schriftlichkeit rechtfertigt sich meines Erachtens, nicht aus dem Grunde, weil man sagen könnte: der Anwalt wird am Ende das Vertrauen mißbrauchen, er wird die Leute zu sehr einschüchtern, — nein, meine Herren, das sind Gründe, die uns gegenüber unwürdig sind, die höre ich auch nicht an; aber daß wir uns den Zügel anlegen und die Abschließung eines Vertrages uns selbst schwer machen, das halte ich für etwas, was im Interesse unseres Standes liegt, und deshalb, meine Herren, geht mein Antrag dahin: behandeln wir diese Frage überhaupt nur als die untergeordnete und legen wir den Schwerpunkt auf die Verbesserung der Taxen, stimmen wir im übrigen neben einer sachgemäßen Taxe für Zulässigkeit eines Honorars in der Weise, daß es nur dann zu berechnen ist, wenn es versprochen ist, oder in besonders geeigneten Fällen, worüber ich bereits gesprochen habe. Sollten wir aber dazu kommen, eine freie Vereinbarung überhaupt zuzulassen, dann streichen wir diese Erschwerungsmittel, die in dem Gesetze sind, nicht heraus, sondern lassen dieselben darin stehen.

(Bravo!)

Advokat-Anwalt **Trimborn** (Cöln): Meine verehrten Herren Kollegen! Der Herr Kollege Adams hat hervorgehoben, daß er im Wesentlichen den Standpunkt vertrete, der am ganzen Rhein gang und gäbe ist und der maßgebend war für unsere Verhältnisse in den letzten 70 bis 80 Jahren. Er hat seinen Vortrag damit eingeleitet, daß er sagte, das eigentliche Ideal, das zu erstreben wäre, sei eine Taxe, die unter allen Umständen der Mühwaltung des Anwalts entspräche. Das ist ein Ideal, meine Herren,

(sehr wahr!)

aber es ist eben auch nur ein Ideal, und deswegen können wir über dieses Ideal zur Tagesordnung übergehen.

(Zustimmung und Widerspruch.)

Meine Herren, es kann nicht sein, es wird niemals sein, daß in dem einzelnen Falle die tarifmäßigen Gebühren den wirklichen Mühen des Anwalts entsprechen; es wird also immer Fälle geben, in denen eine besondere Vergütung stattfinden muß. Das ist auch der Standpunkt des Entwurfs, ich meine, meine Herren, wir hätten durchaus keinen Anlaß, von diesem Standpunkte uns irgend wie im Prinzip zu entfernen.

(Sehr wahr!)

Ich nehme also in dieser Frage eine Einmüthigkeit in dieser Versammlung an.

Nun, meine Herren, handelt es sich davon: wie soll das Honorar, diese besondere Vergütung, in die Welt kommen? Und da bin ich der Meinung, daß allerdings einiges Gewicht gelegt werden müsse auf die Erfahrungen in denjenigen Rechtsgebieten, in denen die Geltendmachung eines Honorars in Uebung ist.

Meine Herren, zunächst aber über diesen Punkt ein Wort der Verständigung. Am Rhein nennen wir Honorar dasjenige, was erhoben werden darf neben den tarifmäßigen Gebühren, an einem andern Orte in Deutschland, etwa in den Hansestädten, ist das Hanorar etwas anderes, da versteht man darunter dasjenige, was überhaupt dem Anwalt eigentlich zukömmt. Wenn also ich von dem Honorar rede, meine Herren, dann verstehe ich einfach darunter die besondere Vergütung, welche dem Anwalt in außerordentlichen Fällen gebührt, und hier komme ich auf den Punkt, Zeugniß abzulegen, wie es denn in der Rheinprovinz und in den angrenzenden rheinisch rechtlichen Verhältnissen mit dem Honorar gehalten worden ist.

Da muß ich einem Mißverständnisse vorbeugen, das gar zu leicht Platz greifen könnte in Betreff derjenigen Rechtsgebiete, wo das Honorar bisher nicht in Uebung ist. Man muß sich nicht vorstellen, meine Herren, als wenn in jeder Sache der Rechtsanwalt ein Honorar liquidirte; das fällt ihm gar nicht ein, die Sache stellt sich in Wirklichkeit so — um in Zahlen zu sprechen —, daß etwa im zwanzigsten, fünfundzwanzigsten Falle es vorkommt, daß neben der tarifmäßigen Gebühr ein Honorar liquidirt wird, nämlich in denjenigen Fällen, in welchen die Thätigkeit des Rechtsanwalts in einer außergewöhnlichen Weise in Anspruch genommen worden ist. Und, meine Herren, weil das so der Fall ist, deswegen nehme ich keinen Anstand, im Namen des Gros meiner rheinischen Kollegen, im Namen der Vertreter von Köln, von Elberfeld, von Düsseldorf, im Namen auch der Herren von Mainz, die mich besonders beauftragt haben, — hier zu deklariren, daß der Kölner Antrag, den ich in erster Linie zu vertreten habe, nur den Sinn hat, nicht daß in jeder Sache ein Honorar liquidirt werden könne, sondern nur in außerordentlichen Fällen, und wir erlauben uns daher unseren Antrag in dem Sinne zu rektifiziren, der auch den Ansichten des Herrn Kollegen Adams durchaus entspricht, daß wir nun sagen:

Sofern der Rechtsanwalt nicht einer Partei zur Wahrnehmung ihrer Rechte beigeordnet oder als Vertheidiger bestellt ist, kann er seinem Auftraggeber gegenüber in den Sachen, welche in außergewöhnlicher Weise seine Thätigkeit in Anspruch nehmen, neben den tarifmäßigen Gebühren ein Honorar liquidiren, dessen Höhe im Bestreitungsfalle der Vorstand der Anwaltskammer nach Anhörung der Partei feststellt.

Meine Herren, ich glaube, mit diesem rektifizirten Antrage erweitern wir den Boden einer Vereinbarung; ich glaube, meine Herren, diesem rektifizirten Antrage, wonach die Honorarberechnungsbefugniß wesentlich eingeschränkt wird, aber eingeschränkt wird auf die naturgemäßen Fälle. können auch diejenigen beitreten, bei denen bisheran das Honorar nicht in der Rechtsübung war. Und ich glaube zum Zweiten, meine Herren, wir können beim Festhalten dieses rektifizirten Antrages auch durchaus von dem Vertrage und all dem Gehäffigen, was der Vertrag mit sich bringt, absehen. Wir müssen uns auf den allein natürlichen Boden der Selbsttaxirung stellen, die Selbsttaxirung, die aber moderirt werden muß und moderirt werden soll, und zwar durch die Entscheidung der allein zur Bemessung des Honorars in letzter Instanz berufenen technischen Behörde, durch die Entscheidung des Vorstandes der Anwaltskammer.

Ich glaube sonach, meine Herren, daß wir uns einigermaßen der Hoffnung hingeben dürfen, Ihre Zustimmung zu erhalten zu diesem unserem allerdings wesentlich modernirten Antrage wegen der Honorarbefugniß.

Justiz-Rath Laue (Berlin): Meine Herren! Ich kann in diesem Augenblick nicht im Auftrage oder Einverständniß aller derjenigen Anwalte hier sprechen, die seitens der Berliner Kollegen den Antrag mit unterschrieben haben; es ist dieser Antrag eben zu Stande gekommen durch ein Nachgeben diesseits und jenseits von verschiedenen Ansichten. Für einen großen Theil derjenigen aber, die den Antrag unterschrieben haben — und dahin rechne ich vor Allem mich selbst — ist dasjenige, was der Herr Vorredner eben ausgeführt hat, ganz eigentlich aus dem Herzen gesprochen, auch wir wünschen vor allen Dingen die Taxe und nur in Ausnahmsfällen ein Mittel — eine Remedur vielleicht wenn ich es so nennen soll — gegen die Taxe in gewissen Fällen, wo ausnahmsweise ein großes Mißverhältniß eintritt, und diese Remedur soll eintreten nach beendeter Sache durch Forderung eines Honorars, welches die Anwaltskammer eventuell festsetzt. Nur in zweiter Linie hat ein großer Theil von denen, die den Antrag unterschrieben haben — ich kann nicht von allen sprechen — an den Vertrag gedacht, weil der in dem Entwurf enthalten war. — Es ist an und für sich in dem Antrage etwas, was, wie ich zugestehen muß, nicht ganz konzis gesagt ist; der erste Satz unseres § 94a soll sich auf die Fälle beziehen, in denen ein Vertrag nicht geschlossen ist, und ferner auch auf die Fälle außergewöhnlicher Mühewaltung; der Wortlaut des Paragraphen könnte auch eine andere Auslegung zulassen. — Geht der rheinische Antrag durch, dem ich, wie gesagt, mich vollständig anschließe, so bin ich für meine Person gar nicht noch für einen besonderen Vertrag; sollte der aber trotzdem noch beliebt werden, so steht nichts entgegen, daß eventuell auch neben dem tarifmäßigen Honorar ein Vertrag statuirt wird. Ich bin nicht dafür.

(Bravo!)

Rechtsanwalt Levy (Berlin): Meine Herren! Wie Ihnen schon mitgetheilt worden ist, steht das Gros der Berliner Kollegen, so weit ich es habe auffassen können, im Großen und Ganzen auf dem rheinischen Standpunkte und hält es für die Kardinalpflicht, frei und offen und so eindringlich wie möglich auszusprechen, daß das beste Korrektiv gegen die Härten des Tarifs darin liegt, wenn hier festgesetzt wird, daß dem Anwalt gestattet sein müsse, am Schluß der Instanz oder nach beendigtem Auftrag sein Honorar zu liquidiren. Der Antrag, welcher von den Herren aus Köln u. s. w. gestellt worden ist, würde deshalb uns vollständig genehm sein; ich vermisse nur formell in diesem Antrage das, was wir in unserem fast gleichlautenden Antrage hineinzusetzen uns genöthigt gesehen haben, nämlich daß das Honorar — denn wir müssen ja vom Standpunkte des Entwurfs ausgehen — doch nur gestattet werden kann in Ermangelung einer Vereinbarung. Denn, meine Herren, mit dem Augenblick, wo wir hier beschließen, daß das Honorar festgesetzt werden könne, und mit dem Augenblick, wo wir damit vielleicht das Resultat erreichen, die Reichskommission von der Richtigkeit unserer Ansicht zu überzeugen — mit diesem Augenblick beseitigen wir doch noch keinesweges die Vertragsfreiheit, und ich von meinem Standpunkt aus möchte Sie doch

sehr warnen, ein Votum gegen die Vertragsfreiheit im Allgemeinen dadurch abzugeben, daß Sie für das Honorar stimmen.

(Sehr richtig!)

Ich selbst habe keine besondere Sympathie für den Vertrag, und ich glaube, viele der Herren Kollegen werden sich scheuen, gegen die Sitte zu verstoßen, die ja bei uns bisher geherrscht hat, keinen Vertrag zu schließen. Aber, meine Herren, ich warne Sie davor, anzunehmen, daß das, was Sitte ist am Rhein, auch sehr leicht Sitte werden könne in anderen Ländern. Gesetze lassen sich übertragen, aber die Sitte läßt sich nicht so leicht übertragen. Wenn es dem rheinischen Publikum etwas ganz gewöhnliches ist, daß ihm am Schluß der Instanz ein Honorar abgefordert wird, so ist das doch bei uns in Altpreußen nicht eingeführt, und ich glaube, das Publikum wird es sehr übel empfinden, wenn das geschieht. Darum bin ich der Meinung, wir brauchen die freie Vereinbarung noch als ein weiteres Korrektiv. In keinem Falle aber, meine, ich, sollen wir uns dahin aussprechen: wir wollen die freie Vereinbarung des Entwurfes nicht, wir wollen das Honorar. Ein solches Votum gegen die freie Vereinbarung könnte allerdings von sehr großem Einfluß auf den Reichstag und auf die Gesetzgebung sein, und wir sind gar nicht gewiß, ob gerade dieses Votum durchschlägt, während die Korrektive, die wir vorschlagen, abgelehnt werden. Ja, meine Herren, dann hätte es sich wirklich nicht verlohnt, daß wir hier zusammengekommen sind, um über die Gebührenordnung zu verhandeln.

Ich bin also in der That dafür, daß die Vertragsfreiheit bestehen bleibe, und daß wir mit unserem Votum für das Honorar nicht ein Votum gegen die Vertragsfreiheit abgeben.

Ich bin aber auch der ferneren Meinung des Herrn Kollegen Lesse, daß wir die Beschränkungen der Vertragsfreiheit, so viel an uns ist, zu streichen suchen. Herr Kollege Adams hat Ihnen gesagt, wir sollen uns selbst Zügel anlegen, und selbst bevormunden und sollen akzeptiren, was uns der Entwurf giebt. Aber, ich glaube, wir sind Mann genug, um diese Zügel in uns selbst zu fühlen; denn, wenn wir sie nicht in uns selbst haben, — von außen werden sie uns nicht gegeben werden.

Und wenn ich mich ganz auf den Entwurf stelle und frage: wie kommt das Gesetz dazu, uns ein solches privilegium odiosum zuzumuthen, welches so weit hinausgeht, selbst über die Bestimmung des Allgemeinen Landrechts, — meine Herren, denn die schriftliche Form würde auch nach dem Landrecht nicht nothwendig sein bei Verträgen über Handlungen, — und über die Vertragsfreiheit einen Dritten zu setzen, welcher berechtigt sein soll, das zu moderiren, was wir mit der Partei verhandelt haben? — ja, meine Herren, dann darf ich auch wohl fragen: welche andere Previlegien sind denn dem Anwaltstand bezüglich der Gebühren in der Anwaltordnung und im Gebührengesetz gegeben worden, welche die Korrelate dazu sind? Ich kann keine solche finden, ich finde vielmehr, daß alle vorhandenen Privilegien in dieser Beziehung beseitigt sind, so der Mandatsprozeß, das Vorzugsrecht im Konkurse u. dgl. Und nun sollen wir schlechter dastehen als jeder andere Gewerbetreibende, und hinterher soll das Gericht oder die Anwaltskammer sagen dürfen: du hast zu viel gefordert!? Ich glaube, das läßt sich durchaus nicht mit dem Gedanken der freien Advokatur vereinigen, und die Verfasser des Entwurfs haben sich meiner Meinung nach nicht auf der Höhe dieses Gedankens befunden.

Wenn dann weiter, meine Herren, geäußert worden ist — vom Herrn Kollegen Reuling, glaube ich —, daß diese ganze Frage überhaupt nicht in das Gesetz gehöre, so stimme ich ihm vollständig darin bei. Wir haben in unserm Antrag — das will ich zur Erläuterung hinzufügen — den Satz: es soll der Beurtheilung der Disziplinarkammer unterliegen, ob eine Erhöhung oder Erniedrigung der Gebühren gegen die Standesehre verstoße, — wir haben diesen Satz nur deßhalb aufgenommen, um unsere Meinung darüber auszudrücken, aber nicht etwa um einen legislatorischen Vorschlag zu machen, dahin gehend, daß das ins Gesetz aufgenommen werde. Nein! wir sind auch der Ansicht des Herrn Kollegen Reuling, daß sich das ganz von selbst versteht, und wir haben nur dem Reichstag sagen wollen: das gehört gar nicht in das Gebührengesetz, sondern in die Anwaltsordnung.

Aus diesen Gründen, meine Herren, empfehle ich Ihnen den Antrag der Kölner Kollegen, aber keinen Antrag, der etwa gestellt werden könnte gegen die freie Vereinbarung; ich empfehle ferner die Anträge des Herrn Kollegen Lesse, welche gegen die Beschränkung der freien Vereinbarung sind.

Präsident: Ich habe mitzutheilen, daß Herr Kollege Adams seinen Antrag zu Gunsten des Antrags Trimborn zurückgezogen hat.

(Bravo!)

Justiz-Rath v. Wilmowski (Berlin): Ich will von vornherein bemerken, daß ich im Wesentlichen den Antrag des Herrn Lesse befürworten und mir nur erlauben will, bezüglich dieses Antrags von dem Trimborn'schen Antrag, der sonst eine ziemlich allgemeine Unterstützung zu finden scheint, einige Worte zu sagen. Wenn die Taxe ganz allgemein austreichend wäre, so bedürften wir keiner Worte und könnten ohne Weiteres beistimmen; der Grund, weßhalb wir einen anderen Gesichtspunkt suchen, liegt eben darin, daß die Taxe unmöglich für alle Fälle genügend sein kann.

Es fragt sich also, welches Mittel das sachgemäße ist, um die Unzukömmlichkeiten der Taxe auszugleichen, und nun finden die Herren vom Rhein das Mittel darin, daß sie theoretisch allgemein sagen: Jeder Anwalt ist berechtigt, selbst zu bestimmen, was er an Gebühren haben will, vorbehaltlich der Ermäßigung im Bestreitungsfalle durch die Anwaltskammer. Es soll diese Selbsttaxirung maßgebend sein nach dem Verhältnisse wie etwa beim Arzt, beim Gewerbtreibenden, überhaupt wie bei jedem Anderen, der über etwas paktirt, sie nennen es nur nicht Paktum. Maßgebend ist die Forderung, die gestellt wird, sofern sie keine übermäßige ist.

Der Entwurf nun bietet uns einen schriftlichen Vertrag und einen bestimmten Betrag der Gebühren. Ich glaube, wir sind sämmtlich darüber einig, daß dieses Mittel allein unbedingt nicht genügt, daß der Vertrag zumal ein schriftlicher Vertrag, in allen Fällen schon deßhalb nicht austreichend ist, weil in den bei weitem meisten Fällen ein Vertrag nicht geschlossen wird; denn es ist eine höchst delikate Sache für einen Anwalt, von einer Vertragsschließung überhaupt nur zu sprechen. Die Frage reduzirt

sich, wenn man das als richtig anerkennen muß, darauf welche mildere Form muß der Anwalt haben, um sagen zu können: ich fordere meine Gebühren und zwar nicht bloß die in der Taxe, im Tarif festgesetzten. Solch' eine mildere Form wird uns durch die Selbsttaxirung geboten und andererseits nach dem Vorschlag des Herrn Kollegen Lesse durch die Erklärung des Anwalts, daß er sich vorbehalte, Gebühren außer der Taxe noch zu fordern.

Ich gebe zu, daß die Forderung der Herren vom Rhein eine für den Anwalt bequemere ist, auch eine leichter zu handhabende, bei der er kein Wort zu verlieren braucht; sie würde ihm die Befugniß geben, in außergewöhnlichen Fällen zu bestimmen, was er mehr fordern kann. Es wird oft auf die Erfahrungen hingewiesen, die in der Beziehung am Rhein gemacht sind, und Herr Kollege Reuling hat uns mitgetheilt, daß es eine ganz alte Praxis am Rhein sei, seit den fünfziger Jahren bestände. Ich will das ganz kurz dahin berichtigen: wir haben die preußischen Pauschquanta nicht erst seit der Taxe von 1851, sondern bereits seit 1833; das Verfahren in Preußen ist also ein so junges nicht. Dagegen muß ich meinerseits — und ich glaube, die Herren vom Rhein werden wir dahin auch recht geben — thatsächlich bemerken, daß das Verfahren am Rhein sich nicht auf Erfahrung seit undenklichen Zeiten stützt, sondern daß am Rhein seit langer Zeit die Selbsttaxirung in Vergessenheit gerathen,

(Widerspruch)

und erst in den fünfziger Jahren im Großen und Ganzen wieder aufgekommen ist.

(Widerspruch.)

— Ich habe nicht am Rhein gelebt, ich kann nur bestätigen, was mir von verschiedenen Seiten vom Rhein her gesagt worden ist; ich lege darauf aber weniger Gewicht, weil es, meines Erachtens, darauf wirklich gar nicht ankommt. Selbst angenommen, am Rhein sei undenklich langer Zeit es ebenso gehandhabt wie jetzt, so hat uns heute, ohne Widerspruch zu finden, Herr Kollege Adams selbst vorerzählt, daß es für jeden Anwalt ein peinliches Gefühl sei, wenn er eine Taxe fordern solle, die der Gegner nicht zu erstatten brauche, sogar in begonnenen Prozessen.

(Zuruf: Das ist etwas anderes!)

— Gewiß ist das etwas anderes, aber eben deßhalb wollen wir wo möglich bei der Regel bleiben, daß die Taxe maßgebend ist, und daß das Publikum, wenn es über die Taxe hinausgeführt werden soll, auch darauf aufmerksam gemacht werden soll. In diesem Aufmerksammachen liegt der erschwerende Umstand, den der Vorbehalt mit sich führt. Es ist das auch nicht für den Anwalt angenehm und wird auch eine Ausnahme bleiben, daß ausdrücklich ein Vorbehalt gemacht wird. Die Sache ist weitläufig, wenn man sich sagen muß: du kannst in den Fall kommen, daß du Gebühren zahlen mußt, die dir nicht erstattet werden; aber der wesentliche Unterschied liegt darin, daß wir durch einen Vorbehalt die Rechte des rechtsuchenden Publikums mitwahrnehmen, und wir können meines Erachtens uns doch nicht auf den rein theoretischen Standpunkt stellen, daß wir nur Interessenpolitik für uns Anwälte treiben, wir müßen auch die Thatsachen berücksichtigen, daß die Gesetze, in Betreff welcher wir ankämpfen, nicht von uns beschlossen werden, sondern daß wir nur petitioniren und bei der Gelegenheit das möglichst Erreichbare nur wünschen können, und daß wir uns auch wesentlich auf den Standpunkt des rechtsuchenden Publikums stellen müssen und den Wünschen des Publikums insoweit entgegen zu kommen haben, als unsere Stellung dadurch nicht wesentlich deteriorirt wird. Das geschieht nicht durch einen Vorbehalt; der Vorbehalt kann die gewöhnlichste und leichteste Form annehmen, er kann brieflich ausgedrückt sein, er wird auch nur die Ausnahme sein; aber ich wiederhole: die Scheidewand zwischen den beiden Vorschlägen liegt darin, daß der Vorschlag des Herrn Kollegen Leſſe wesentlich die Interessen des Publikums mit berührt.

Ich schließe mich nur noch kurz an das an, was Herr Kollege Levy sagte; die gesellschaftlichen Verhältnisse am Rhein und die gesellschaftlichen Verhältnisse in dem größten Theile von Deutschland sind doch nicht dieselben; wir können nicht die Wohlhabenheit am Rhein auf unser übriges Deutschland fortpflanzen, das ist unmöglich. Selbst in politischen Angelegenheiten wäre es eher möglich, etwas ganz Neues einzuführen, als gerade in den gesellschaftlichen Zuständen, und zu denen rechne ich in erster Linie die Verhältnisse des Anwalts zu seinem Auftraggeber.

Ich schließe also damit, daß ich wiederholt den Vorschlag des Herrn Kollegen Leſſe befürworte, und möchte auch seinen eventuellen Vorschlag befürworten, daß in dem Falle, daß ein anderer Antrag angenommen wird, der vielleicht — ich will das ja zugeben — theoretisch richtiger sein kann zum Interesse des Anwalts aus, der eventuelle Vorschlag des Herrn Kollegen Leſſe wenigstens angenommen und der Reichstagskommission für die Berathung des Gesetzes mit unterbreitet wird, damit diese nicht, wenn ein Vorschlag allein kommt — ich will denselben Vorbehalt für irgend einen anderen eventuellen Antrag machen — annimmt, daß, wenn ein Vorschlag, theoretisch vielleicht der allerbeste, hier durchgedrungen ist, nun gar keine andere Ansicht mehr möglich wäre, und daß die Reichstagskommission, wenn sie diesen Vorschlag aus irgend einem Grunde ablehnt, nicht nöthig hat, sich über andere Vorschläge den Kopf zu zerbrechen. Deßhalb wünsche ich den eventuellen Vorschlag aufrecht zu erhalten.

Juſtiz-Rath **Mackower** (Berlin): Meine Herren! Ich glaube meine Stellung am besten damit bezeichnen zu können, wenn ich mittheile, wie ich zu den einzelnen Anträgen des Herrn Kollegen Leſſe stehe. Die augenblickliche Lage des Entwurfs macht es ganz unmöglich, uns in theoretische Erörterungen einzulassen, ob dieses oder ein anderes System zweckmäßig sei, denn binnen Kurzem muß die Sache entschieden werden, und daß der Bundesrath nicht umzustimmen sein wird, um auf ein ganz neues Prinzip einzugehen, welches nicht im Entwurf steht, ich glaube, davon sind wir alle als praktische Männer überzeugt. Folglich würde ein bloß theoretisches Votum, worin wir erklärten, daß der ganze Entwurf des Bundesraths auf einem falschen Prinzip beruhe, ein Beschluß sein, der irgend welche. praktische Folgen nicht haben könnte.

Nun finde ich viele Sympathien in der Versammlung bereits dafür ausgedrückt, daß eine feste Taxe bestehen soll, und das ist auch das Prinzip des Entwurfs. Aber der Entwurf ist von dem sehr richtigen Gedanken ausgegangen, daß es unmöglich ist, bei den Verschiedenheiten der thatsächlichen Verhältnisse in Deutschland irgend ein einzelnes Prinzip ausschließlich hinzustellen, und ich glaube gerade nach dem, was wir hier gehört haben, wird es durchaus nothwendig sein, neben einem allgemein ausgeführten Grundsatz gewisse Ventile zuzulassen, um diesen Grundsatz dann den einzelnen thatsächlichen Verhältnissen anzupassen. Es ist ganz richtig, daß die Verhältnisse für Berlin nicht ganz ebenso regulirt werden können, wie in irgend einer kleinen baierischen Stadt, die zufällig ein Landgericht hat. — Wie wollen Sie ein solches Ventil schaffen? Der Kollege Leſſe hat mit meinem vollen Einverständniß ein zweites Ventil eröffnet, das ich für durchaus zweckmäßig erachte: für die meisten Fälle erstens die Vertragsfreiheit und zweitens die Ansetzung eines Honorars nach Beendigung der Sache, wenn man vorher den Vorbehalt eines solchen Honorars erklärt hat. Nun mag in einem oder anderen deutschen Lande die Sitte herrschen, solche Verträge zu schließen, in anderen Theilen dagegen nicht, sondern vielmehr das Honorar später zu fordern oder überhaupt bei der Taxe zu bleiben; aber allein auf diesem Wege wird es unmöglich sein, einigermaßen die verschiedenen Verhältnisse zu berücksichtigen. Ich würde deßhalb entschieden dafür sein, daß neben der Anerkennung des Prinzips der freien Taxe, wie es der Entwurf hat, diese beiden Möglichkeiten zugelassen werden.

Was zunächst die Vertragsfreiheit betrifft, so verstehe ich nicht, wenn man sie überhaupt zulassen will, daß man wieder einen Zwang hereinzieht, und zwar einen ganz wunderbaren Zwang. Nach den Motiven und dem Entwurf soll nämlich ein Vertrag, der nicht schriftlich abgeschlossen ist, für die Partei nicht bindend sein wohl aber für den Anwalt, mit anderen Worten: der Vertrag soll gelten und soll nicht gelten — ein Unikum in der ganzen Rechtspflege —. Es ist nicht etwa ein pactum claudicans das nach Ablauf der Zeit gelten soll, sondern in den Motiven steht ganz ausdrücklich ausgesprochen, der Vertrag gilt für den einen und nicht für den anderen. Ich sehe keinen Grund ein, zu einer solchen exorbitanten Bestimmung seine Zuflucht zu nehmen. Lassen Sie einen Vertrag zu, so gilt er wie jeder andere Vertrag, und in dieser Beziehung gehe ich noch weiter als mehrere der Herren, die in meinung hier bereits geltend gemacht haben. Für den Fall des Vertrags will ich gar kein Ermäßigungsrecht der Anwaltskammer haben.

Beachten Sie wohl, daß ich einen Unterschied mache bei der Selbsttaxe. Ich verstehe nicht, weshalb jemand, der einen Vertrag schließt und handlungsfähig ist, mit einem Male in dem Vertragsquantum von irgend einem Dritten soll herabgesetzt werden können. Setzen Sie nun allgemein bloß das Prinzip fest, es sei die Mäßigung überschritten, so verstehe ich nicht, ich sage es gerade heraus, wie wollen Sie entscheiden, ob die Mäßigung überschritten ist? Ist denn die Mäßigung nur in der Taxe enthalten? Gewiß nicht. Wenn ich einen Vertrag vorher mache über etwas Unbekanntes, da soll ich bereits unmäßig verfahren sein, während ich die Arbeit noch nicht tariren kann! Und nehmen Sie hinzu, welche Kränkung darin liegt, wenn mir gesagt wird, ich hätte einen unmäßigen Vertrag gemacht. Es tritt noch ein anderes Moment hinzu, die Frage, ob man unanständig gehandelt habe. Gewiß ist der Fall möglich, aber wir können noch eine ganze Reihe von Fällen anführen, bei denen unsere Kollegen sagen werden, es wäre besser gewesen, man hätte einen solchen Vertrag nicht geschlossen. Diese disciplinare Vorfrage hat mit der Geltung des Vertrags meines Erachtens gar nichts zu thun.

Nun hat der Herr Kollege Lesse noch ein Auskunftsmittel vorgeschlagen — und ich glaube, das wird die Herren vom Rhein versöhnen — daß man am Ende des Prozesses noch ein Honorar soll fordern können, wenn man der Partei von Anfang an gesagt hätte, man behalte sich die Forderung eines solchen Honorars vor. Der Grund, der mich sehr dafür bestimmt, dies zu befürworten, beruht darin, daß die Partei in der Lage ist, bei Beginn des Prozesses zu sagen, auf diese Gefahr will ich mich nicht einlassen, ich werde mir einen anderen Anwalt suchen, der mir meinen Prozeß für die Taxe führt. Ich bin zwar überzeugt, daß dieser Fall nicht vorkommen wird, sondern diejenigen, die zu einem Anwalt gehen und ihm Vertrauen schenken, werden von ihm schwerlich abgehen, wenn er sagt: ich behalte mir vor, wenn besondere Mühwaltung mit der Sache verbunden ist, dann etwas mehr zu liquidiren, wenn man nur das Korrektiv zulassen wird, daß nacher ein Mäßigungsrecht seitens der Ehrenkammer der Anwälte eintritt. Ueberall da, wo eine übermäßige Schätzung ist, können wir die Partei nicht zwingen, zu zahlen, da muß eine Remedur möglich sein. Darin liegt aber ein wesentlicher Unterschied von dem Vertrage.

Ich glaube also, wenn Sie sich für die Taxe an sich erklären, wie sie im Entwurf enthalten ist, wenn Sie zunächst den Vertrag zulassen nach den allgemeinen Regeln — über den Vertrag würde ich nichts absolut weiter sagen, als daß er zulässig ist ohne Remedur seitens des Ehrenraths, der Anwaltskammer —, wenn Sie ferner zulassen, daß man sich vorher verhalten kann, ein Honorar zu fordern, daß diese Forderung aber unter keinen Umständen der Ermäßigung, der Anwaltskammer unterliegt, so wird das eine Gebührenordnung werden, mit der man in den verschiedenen Gegenden Deutschlands fertig werden kann.

Von diesem meinen Standpunkt aus möchte ich noch zwei Bemerkungen machen, weshalb ich nicht ganz für den Antrag des Herrn Kollegen Lesse stimmen möchte. Zunächst wird ein besonderer Satz aufgenommen, daß das Ausbedingen einer geringeren Summe als die Taxe unzulässig sein soll. Meiner Auffassung von Zulässigkeit eines Vertrages gemäß muß ich natürlich gegen diese Bestimmung stimmen. Ich bin durchaus nicht der Meinung, daß das Ausbedingen einer geringeren Summe als die Taxe in vielen Fällen nichts weiter als eine illoyale Konkurrenz ist, und daß wir selbstverständlich die illoyale Konkurrenz in allen Formen verdammen, also nicht bloß in dieser Form. Es giebt ganz andere Arten, die Parteien heranzuziehen, die wir ganz ebenso verdammen, als das etwa durch das Ausbieten, man mache die Dinge billiger, geschieht. Ich sehe keinen Grund ein, gerade diese eine Form der Unanständigkeit besonders hervorzuheben. Es giebt aber, meine Herren, — und deswegen eignet sich dieser Satz nicht zum Gesetz — Fälle, in denen, wie ich behaupte, wir sammt und sonders dagegen gehandelt haben, wo es nicht illoyal, sondern erst recht loyal ist. Innerhalb unserer Praxis kommt es vor, daß wir Leuten, die nur eine bestimmte Summe für einen Prozeß aufwenden können, aber nicht die Taxe, doch zu ihrem Recht verhelfen und ihnen sagen, wir werden auch für weniger die Sache führen. In diesem

Falle werden sie sammt und sonders sagen, der Anwalt hat anständig gehandelt, und nicht unanständig; man kann also nicht durch Gesetz den allgemeinen Satz hinstellen, daß dies für unanständig gilt.

Endlich will ich kein willkürliches Recht, und ich bin immer gegen Bestimmungen des willkürlichen Rechts. Es heißt da in dem Antrage: „Die Festsetzung der Vergütung des Rechtsanwalts durch Bezugnahme auf das Ermessen eines Dritten ist ausgeschlossen." Ja, meine Herren, wenn die Partei mit mir kontrahirt, ein Dritter, dem wir Beide vertrauen, soll das Quantum schätzen, warum soll das nicht ausgeführt werden können. Ich sehe keinen Grund dafür ein, weshalb man nicht auch so kontrahiren könne, es sollen die Summen noch als Honorar gezahlt werden, die der Ehrenrath der Anwälte mit Rücksicht auf die Sachlage nacher bestimmen werde; weshalb soll das nicht zulässig sein?

Zu meinem Bedauern hat der Herr Kollege Lesse den § 94 fallen lassen, der meines Erachtens einen ganz richtigen Gedanken ausgesprochen hat. Es heißt nämlich darin, daß eine Mäßigung durch die Anwaltskammer stattfinden kann unter zwei Bedingungen. Die erste sagt: wenn unanständig gehandelt ist, und die Grenze der Mäßigung bei Verabredung der Vergütung überschritten ist. Gewiß, unter diesen beiden Voraussetzungen werden wir allerdings sammt und sonders einig sein, daß da eine Abhilfe sein muß; wenn aber nichts weiter gesagt wird, als daß die Grenze der Mäßigung überschritten ist, so habe ich bereits erklärt, daß ich das nicht verstehe. Ich bin manchmal aufgefordert worden, gegen ein ganz unsinniges Honorar Dinge zu übernehmen, die ich abgelehnt habe; aber wenn ich sie angenommen hätte und es würde ein Dritter kommen und sagen: du hast unanständig gehandelt, und ich sollte Mäßigung eintreten lassen, so verstehe ich das nicht und bin meine, man kann die Mäßigung nur eintreten lassen, wenn diese Unanständigkeit konstatirt worden ist, und das mag der Ehrenrath der Anwaltskammer entscheiden.

Ich bin also im wesentlichen mit den Anträgen des Herrn Kollegen Lesse einverstanden.

Präsident: Zur Abkürzung und Konzentrirung der Debatte will ich hier einschieben, wie jetzt die Anträge geändert sind. Herr Kollege Adams hat seinen Antrag zu Gunsten des Trimborn'schen Antrages gänzlich zurückgezogen. Der Trimborn'sche Antrag lautet mit der Modifikation wie folgt:

Sofern der Rechtsanwalt nicht einer Partei zur Wahrnehmung ihrer Rechte beigeordnet oder als Vertheidiger bestellt ist, kann er seinem Auftraggeber gegenüber in den Sachen, welche in außergewöhnlicher Weise seine Thätigkeit in Anspruch nehmen, neben den tarifmäßigen Gebühren ein Honorar liquidiren, dessen Höhe im Bestreitungsfalle der Vorstand der Anwaltskammer nach Anhörung der Partei festzustellen hat.

Der Antrag der Berliner Herren (welcher gedruckt unverändert vorliegt) weicht von diesem Antrag nicht wesentlich ab. Ich würde anheim geben, ob die Berliner sich vielleicht mit den Kölner Herren verständigen.

Der prinzipale Antrag des Herrn Trimborn ist also modifizirt, die Selbsttaxe ist hier festgehalten. Wenn der Antrag abgelehnt werden sollte, dann wollen die rheinischen

Herren auf die Vertragszulässigkeit eingehen, und für diesen Fall wird der Vorschlag gemacht:

Sofern der Rechtsanwalt nicht einer Partei zur Wahrnehmung ihrer Rechte beigeordnet oder als Vertheidiger bestellt ist, kann der Betrag der dem Rechtsanwalt zustehenden Gebühren durch Vertrag abweichend von den Vorschriften dieses Gesetzes über die Taxe hinaus festgesetzt werden.

Die Form und Wirksamkeit eines solchen Vertrages bestimmen sich nach den Vorschriften der bürgerlichen Landesgesetze.

Die Entscheidung des Vorstandes der Anwaltskammer als Disziplinarbehörde unterliegt es, ob und wie fern bei Abschluß des Vertrages der Rechtsanwalt die Grenzen der Mäßigung überschritten habe.

Dann würde sich anschließen (§ 94):

In Ermangelung einer Uebereinkunft kann in den Sachen, welche in außergewöhnlicher Weise die Thätigkeit des Rechtsanwalts in Anspruch genommen haben, nach Schluß jeder Instanz oder nach Erledigung des Auftrags neben den durch dieses Gesetz bestimmten Gebühren ein besonderes Honorar gefordert werden.

Ueber die Zulässigkeit und Angemessenheit dieses Honorars entscheidet bei dem Widerspruch des Betheiligten der Vorstand der Anwaltskammer endgültig nach Anhörung der betheiligten Parteien.

Außerdem hat Herr Kollege v. Grobbeck ein Amendement zu beiden Anträgen gestellt. Das betrifft die Frage, ob ausgesprochen werden soll, es sei verboten, daß ein Anwalt durch Abkommen sich obligire, unter der Taxe zu arbeiten.

Ich bemerke, daß dieses mir einen selbstständigen Grundsatz zu enthalten scheint, den wir nicht als Amendement, sondern separat behandeln müssen.

In der jetzt weiter gehenden Diskussion hat Herr Du Mont das Wort.

Advokat-Anwalt Du Mont (Köln): Meine verehrten Herren Kollegen! Es ist bereits an diesem Orte hervorgehoben worden, daß es für den Effekt, den wir mit unseren Verhandlungen zu erzielen wünschen, im höchsten Grade wünschenswerth sei, eine möglichst große Einhelligkeit hervorzubringen, jedenfalls aber für unsere Beschlüsse eine ganz eklatante Mehrheit zu erzielen, und zu dem Zwecke wird hier in Privatkreisen, wenn ich so sagen darf, vielfach die Frage ventilirt, ob es zweckmäßig sei, den ersten Prinzipalantrag des Kölner Kollegiums zurückzuziehen, zu Gunsten des eventuellen, weil in dem eventuellen Antrag des Kölner Kollegiums eine vollständige Uebereinstimmung mit dem Berliner Kollegium erzielt ist.

(Bravo!)

Es sind Stimmen laut geworden, und zwar von denjenigen Herren Kollegen, bei denen andere Institutionen bisher in Geltung gewesen sind, namentlich von den Herren Kollegen aus den Hansestädten, die, wie mir scheint, ein besonderes Interesse daran haben, daß der Prinzipalantrag wenigstens seinen Ausdruck findet um deswillen, weil das in unserem Prinzipalantrag zur Geltung gebrachte Prinzip am meisten demjenigen entspräche, was bei ihnen Gang und Gebe ist. Ich bin im Allgemeinen, wenn der Zweck erreicht werden soll, auch dafür im Interesse der Einstimmigkeit, den Kölner Prinzipalantrag zurückzuziehen.

(Bravo!)

Der Kölner Antrag hat aber besondere Motive gehabt. Ich will Ihre Zeit nicht lange in Anspruch nehmen, ich will nur drei Sätze mittheilen, die es gewesen sind, welche bei den Kölnern und überhaupt am Rhein einen Widerspruch gegen den Entwurf und gegen die Motive hervorgerufen haben; sie sind theilweise schon hervorgehoben.

Zunächst sagte man sich, der Entwurf schafft einen Vertrag — und der Herr Kollege Mackower hat das schon hervorgehoben — der eigentlich ein Vertrag nicht ist, der den Namen eines Vertrages nicht verdient, weil er die beiden Pazizenten nicht gleichmäßig bindet; das ist gewiß richtig und ich glaube, meine Herren, wir vom Anwaltsstandpunkt aus können um so weniger einem derartigen System zustimmen, weil ja gerade die Verklausulirung, die besonderen Wirkungen dieses Vertrags wesentlich auf einem Mißtrauen gegen den Anwaltsstand basiren.

Zum zweiten, meine Herren, fragen wir uns in Köln, wenn das Prinzip also: ohne Vertrag kein Honorar oder keine über die Taxe hinausgehende Vergütung, wenn das Gesetz wird, was ist die praktische Folge? Darüber, meine Herren, kann man meines Erachtens gar nicht in Zweifel sein; denn welcher Kollege ist im Stande, in dem Moment, wo eine Sache an ihn herantritt, zu erwägen, die Sache macht dir so und soviel Mühe. Oft sind es gerade die Sachen, die sich von vornherein als leidlich einfach darstellen, im Laufe der Zeit aber höchst verwickelt werden. Also die praktische Folge eines Gesetzes, welches auf das Prinzip des Entwurfs sich stellt, würde die sein, daß jeder Anwalt, wenn er die Sache übernimmt, auf einen Vertrag im Sinne des Entwurfs eingeht; er hat dann wenigstens die Latitüde, wenn die Sache verwickelt wird, ein Honorar zu beanspruchen. Nun sagen wir, ja, wenn das voraussichtlich die Regel ist, warum hält man denn an der Nothwendigkeit eines Vertrages fest, warum sagt man nicht gleich im Gesetz, der Anwalt ist in jedem Falle, wo seine Thätigkeit die gewöhnlichen Schranken überschreitet, wo seine Thätigkeit nicht mit den im Tarif gegebenen Gebühren im Verhältniß steht, berechtigt, ein darüber hinausgehendes Honorar zu fordern, was im Bestreitungsfalle seiner Höhe und Zulässigkeit nach festgestellt wird. Am allermeisten hat uns aber ein Passus der Motive Veranlassung gegeben, auf das Prinzip des Vertrages von vornherein nicht einzugehen. In den Motiven zu § 94 ist nämlich gesagt: Die Frage, ob eine Ueberschreitung der billigen Mäßigung vorliegt, muß beurtheilt werden nach dem faktischen Momenten, die zur Zeit des Vertragsabschlusses vorlagen; und dann sagen die Motive weiter: wenn auch in der Folge die Sache sich wesentlich vereinfacht und eine besondere Mühewaltung nicht beansprucht hat, und wenn diese Vereinfachung auch nicht das Verdienst des Anwalts ist, dann soll er doch berechtigt sein, das einmal stipulirte Honorar zu verlangen. Meine Herren, von dem Standpunkt, den wir am Rhein haben, ist das für uns unbegreiflich; ein derartiges Verfahren eines Kollegen, daß man nämlich sagt: weil ich mit dir paktirt habe, darum mußt du mir ein Honorar geben, von dem ich selber sage, ich habe es nicht verdient, ist für uns vollständig unannehmbar.

Das sind die Gründe gewesen, weshalb wir im Prinzip uns gegen den Antrag ausgesprochen haben, wir haben aber uns von Anfang an darüber klar gemacht, daß die Frage, ob die Taxe in allen Verhältnissen maßgebend sein soll, absolut geleugnet werden muß, daß es eine Lebensfrage für den Anwaltsstand ist, und zwar nicht eine Frage, die lediglich ein finanzielles Interesse hat, sondern mit der auch ein Ehreninteresse verbunden ist, daß wir, um das Honorar zu retten, eventuell auch auf das Prinzip des Vertrags eingehen, und daher haben wir uns auch den späteren Vorschlägen des Herrn Kollegen Lesse akkommodirt und sind damit einverstanden. Es würde also jetzt die Frage sein: soll der Prinzipalantrag definitiv gestrichen werden oder nicht.

Präsident: Ich theile mit, daß der Antrag Trimborn und Genossen zurückgezogen ist. Derselbe ist aber vom Herrn Kollegen Block wieder aufgenommen.

Justiz-Rath Laue (Berlin): Der eventuelle Antrag der Kölner Kollegen ist beinahe mit dem von den Berliner Kollegen gestellten Antrag identisch. Ich für meine Person ziehe den Berliner Antrag zu Gunsten des eventuellen Antrags der Kölner Kollegen zurück, und ich möchte die Herren Mitantragsteller, die im Widerspruch hiermit sind, bitten, in dieser Richtung sich zu äußern, sonst nehme ich an, daß wir in dieser Beziehung einig sind.

(Nachdem ein Schlußantrag eingebracht und genügend unterstützt ist, entspinnt sich eine längere Debatte, ob Herr Block dadurch, daß er den zurückgezogenen Antrag Trimborn wieder aufgenommen, als Antragsteller das Wort zu gestatten sei. Diese Frage wird von der Versammlung verneint.)

Referent Justizrath Lesse (Berlin): Ich wollte erstens denjenigen Herren, die mit vielem Beifall ausgesprochen haben, ihr Ideal sei eine gute Taxe, sagen, daß ich Ihnen durchaus nicht widerspreche, und daß meine Anträge auch gar nicht gegen dieses Ideal gerichtet sind. Ich habe nur die Ueberzeugung, wenn wir die Aufgaben betrachten, die uns die Gesetzgebung gestellt hat, daß wir eine in dem Sinne gute Taxe nicht bekommen werden, daß wir sagen können, wir sind mit der Taxe zufrieden, wie wir es früher in Alt-Preußen gesagt haben. Deshalb müssen wir ein Auskunftsmittel erstreben und dürfen dasjenige nicht verwerfen, was uns die Vorlage geboten hat. Es macht auf mich den Eindruck, als ob eigentlich früher auf Anwaltstagen immer viel Neigung zu dem Vertrag gewesen ist, und heute, er uns zum ersten Male geboten wird, sprechen wir uns dagegen aus. Die Herren vom Rhein, die zu meiner großen Freude im Interesse der Einigkeit auf den Boden der Vorlage sich gestellt haben, haben eigentlich im wesentlichen gesagt: wir haben den Vertrag nicht gehabt, wir halten ihn für unpassend, wir wollen ihn nicht. Außerdem haben sie darauf aufmerksam gemacht, in den Motiven stehe etwas ganz Wunderbares, was wir nicht acceptiren können, was gegen unsere Anschauung ist. Nun, meine Herren, ich will das aus den Motiven auf sich beruhen lassen, aber um dieser Stelle willen, wollen wir die Sache selbst nicht verwerfen. Ich fürchte, wenn wir heute uns für den Prinzipalantrag der Rheinländer hier ausgesprochen hätten, daß

wir den Erfolg hätten haben können, daß wir nicht die ideale Taxe bekommen hätten und auch nicht den Vertrag.

Was nun jetzt die Unteranträge betrifft, so wollte ich sagen, — ich bin Referent, der ich wesentlich einen praktischen Standpunkt einnehme und mich auch dahin ausgesprochen habe, daß ich durchaus kein Gegner des Honorars sei und nur einen Antrag wollte, der auch Aussicht auf Annahme bei der Gesetzgebung hätte. Ich kann natürlich nicht leugnen, daß mir der Antrag der Herren Rheinländer lieber ist als meiner, aber ich erkenne zunächst Folgendes an, daß ich mit Freuden begrüße, daß man eine Vereinigung möglich macht, und ferner muß ich anerkennen, daß, nachdem im ersten Satz der Vertrag der Vorlage angenommen ist, wenn man nun fragt, worüber muß du nun abstimmen, ich sagen muß, das Weitgehendste ist das Honorar, was der Herr Kollege Trimborn jetzt beantragt, und folglich ist es nicht zweifelhaft, daß dieser Antrag in seiner Totalität zunächst zur Abstimmung kommen muß. Von unserem hochverehrten Herrn Präsidenten weiche ich aber darin ab, daß ich das Amendement Groddeck, der mein Alinea 3 einfügen will, doch für ein Amendement halten muß. Nämlich, Herr Kollege Trimborn drückt in dem Satz 1 aus: die Gebühren sollen über die Taxe hinaus vereinbart werden können; damit sagt er doch also: unter der Taxe nicht. Wenn der Herr Kollege Groddeck dazu nun einen Zusatz macht: „wenn die Vereinbarung geringer ist, nur in dem und dem Falle gestattet x.", — so meine ich, daß es ganz richtig wäre, darüber zunächst abzustimmen, ob dieses Amendement in dem Antrag Trimborn aufgenommen werden soll; das stört die Einigkeit meiner Ansicht gar nicht. Dann wäre prinzipaliter angenommen dasjenige, was Herr Kollege Trimborn unter Beistimmung der großen Majorität wünscht.

Dann hat der Herr Kollege v. Wilimowski betont: für den Fall, daß der Reichstag nicht damit einverstanden ist, so sind Sie auch für mein Alinea 2, weil es das mindere ist, ich meine die vorbehaltene Selbsttaxe, und ich halte mich nicht berechtigt, als Referent, obwohl ich ja den Kompromißantrag, um zur Einigkeit zu gelangen, begrüße, meinen Antrag in dieser Beziehung zurückzuziehen. Im Gegentheil, meine Herren, ich verweise auf das, was ich im Eingang gesagt habe, ich bitte Sie eventuell auch dies anzunehmen und dadurch auch dem Antrag v. Wilimowski zu entsprechen, das heißt zu sagen: unser prinzipaler Wunsch ist der Antrag Trimborn, eventuell schließen wir uns, wenn das nicht zu erreichen ist, auch noch außer dem Vertrage der vertragsmäßig vorbehaltenen Selbsttaxe an.

Abstimmung: (Die Vorfrage, ob der Antrag v. Groddeck als Amendement oder als selbstständiger Antrag zu behandeln sei, wird dahin erledigt, daß er als selbstständiger Antrag behandelt wird.)

Präsident: Zu § 93 ist der Schlußsatz beantragt: der Entscheidung des Vorstandes der Anwaltskammer als Disziplinarbehörde unterliegt es, ob und in wie fern bei dem Abschluß des Vertrags der Rechtsanwalt die Grenze der Mäßigung überschritten hat.

Ueber diesen Absatz wird gesonderte Abstimmung verlangt, weil von einigen Kollegen gewünscht wird, bei der Selbsttaxe die Anwaltskammer bestehen zu lassen, aber beim Vertrage nicht. — Es können ja an und für sich die §§ 93 und 94 im wesentlichen bestehen bleiben, auch wenn dieser Zusatz nicht angenommen wird, obgleich dadurch natürlicherweise die Bestimmung des § 93 sehr wesentlich geändert wird.

Ich bitte also sich darüber zu entscheiden, ob wie es von mir vorgeschlagen ist, die ungetrennte Abstimmung beliebt wird, und damit dieser Antrag gefallen ist.

Justiz-Rath Dr. Horwitz (Berlin): Es handelt sich hier nicht um etwas Nebensächliches, sondern um ein Prinzip. Es ist unmöglich darüber abzustimmen, ob ein theilbarer Antrag getheilt werden soll; er muß getheilt werden, wenn ein Mitglied es verlangt.

Präsident: Die Versammlung macht sich ja ihre Geschäftsordnung selbst, und da die Majorität dafür ist, daß getrennt abgestimmt werden soll, so werde ich danach verfahren.

Abstimmung: Die §§ 93 und 94 werden in folgender Fassung:

§ 93. Sofern der Rechtsanwalt nicht einer Partei zur Wahrnehmung ihrer Rechte beigeordnet oder als Vertheidiger bestellt ist, kann der Betrag der dem Rechtsanwalt zustehenden Gebühren durch Vertrag, abweichend von den Vorschriften dieses Gesetzes, über die Taxe hinaus festgesetzt werden. Die Form und Wirksamkeit eines solchen Vertrages bestimmt sich nach den Vorschriften der bürgerlichen Landesgesetze.

§ 94. In Ermanglung einer Uebereinkunft kann in den Sachen, welche in außergewöhnlicher Weise die Thätigkeit des Rechtsanwalts in Anspruch genommen haben, am Schlusse jeder Instanz oder nach Erledigung des Auftrages neben den durch dieses Gesetz bestimmten Gebühren ein besonderes Honorar gefordert werden. Ueber die Zulässigkeit und Angemessenheit dieses Honorars entscheidet bei dem Widerspruch der Betheiligten der Vorstand der Anwaltskammer endgültig nach Anhörung der betheiligten Parteien

einstimmig angenommen.

Die Abstimmung über den Zusatz zu § 93, welcher lautet:

Der Entscheidung des Vorstandes der Anwaltskammer als Disziplinarbehörde unterliegt es, ob und in wiefern bei Abschluß des Vertrages der Rechtsanwalt die Grenzen der Mäßigung überschritten hat. —

bleibt durch Handaufheben auf Probe und Gegenprobe unentschieden, es wird deshalb zur itio in partes geschritten, bei welcher auf der Seite "ja" von den beiden Schriftführern 131 resp. 133, auf der Seite "nein" 125 Mitglieder gezählt werden. Der Zusatz ist also angenommen.

(Pause von 12½ bis 1 Uhr.)

Kassenbericht.

Rechts-Anwalt **Fürst:** Meine Herren! Im Auftrage des Vorstandes habe ich die Ehre, Ihnen das Ergebniß des letzten Rechnungsjahres mitzutheilen. Es ist nicht minder erfreulich, wie dasjenige des vorigen Jahres. Der Verein hat in der Zeit vom 1. März 1878 bis zum 23. Februar 1879 eine Einnahme von 15,565 Mark

75 Pfennigen gehabt; die Ausgaben beziffern sich auf 11,422,44 Mark, so daß sich ein Kassenüberschuß von 4,143,31 Mark ergiebt. Sie werden es mir selbstverständlich erlassen, auf die näheren Details einzugehen. Wer Lust und Liebe zur Sache hat, für den liegen die Rechnungen und die Anlagen hierzu offen.

Ich wollte mir nur erlauben zu bemerken, daß der Kassenvorrath von 4143,31 Mark allerdings in etwas bedeutendem Maße gemindert werden wird durch die großen Druckkosten, die sich in der nächsten Zeit herausstellen werden, allein auf der andern Seite sind auch eine Reihe von neuen Einnahmen ganz bestimmt zu erwarten, und immerhin ist das Resultat so, daß wir ohne indirekte Steuern oder Zölle ganz vertrauensvoll in die Zukunft in Bezug auf die pekuniären Verhältnisse unseres Vereins blicken können.

(Heiterkeit.)

Ich bitte daher, dem Rechnungsführer unseres Vereins, Herrn Justiz-Rath Mecke, Decharge zu ertheilen.

Präsident: Meine Herren! Die Rechnungen sind revidirt, ich bitte also, daß wir Herrn Rechnungsführer Mecke Decharge ertheilen.

(Lebhafte Zustimmung.)

Meine Herren, wir kommen also jetzt zu dem eventuellen Antrag des Herrn Kollegen Lesse, der schon Gegenstand der Diskussion gewesen ist, über den wir bloß abzustimmen haben. Ich will nur das Verhältniß dieses eventuellen Antrags zu dem Antrage, den wir bereits angenommen haben, feststellen. Wir haben also das Prinzip der Zulässigkeit der vertragsmäßigen Vereinbarung angenommen; der eventuelle Antrag des Herrn Kollegen Lesse bezweckt für den Fall, daß dieses Prinzip, was an sich ja auch im Entwurf bereits anerkannt ist, doch mit den Modalitäten, die wir beigefügt haben, keine Anerkennung fände, einer Bestimmung Aufnahme zu gestatten, welche sich auf Seite 27 unserer juristischen Wochenschrift abgedruckt findet, wo sie den mittleren Absatz der Vorschläge des Kollegen Lesse bildet. Der Antrag ist also gestellt für den Fall, daß der Reichstag oder der Bundesrath den §§ 93 und 94, wie wir sie beschlossen haben, nicht zustimmen möchte, und lautet folgendermaßen (die Redaktion bleibt vorbehalten):

Auch kann der Rechtsanwalt durch Uebereinkommen mit der Partei die Uebernahme des Auftrags sich vorbehalten, für Ausführung desselben eine angemessene, über den in diesem Gesetze bestimmten Betrag hinausgehende Vergütung zu beanspruchen.

Das ist also die Modifikation desjenigen Antrags, den ursprünglich prinzipaliter die Herren vom Lehrin gestellt hatten, er weicht ab von denjenigen, was wir beschlossen haben, nämlich unter Voraussetzung des vertragsmäßigen Uebereinkommens, und will für den Fall, daß kein vertragsmäßiges Uebereinkommen zu Stande gekommen ist, die Selbsttaxirung eintreten lassen, wenn ein Vorbehalt gleich bei Uebernahme des Auftrages des Mandatars gemacht worden ist. Dieser eventuelle Antrag hat natürlicherweise bis jetzt keinen Werth, wenn unsere §§ 93 und 94 bestehen bleiben; wenn aber der Reichstag dieselben verwerfen sollte, dann wünscht Herr Kollege Lesse, daß unter dieser Modifikation eine Selbsttaxirung eintreten könne. Wie gesagt, besprochen ist ja der Gegenstand bei

Gelegenheit der Erörterung der Hauptsache, und wir können deshalb ohne weiteres zur Abstimmung schreiten, denn meiner Meinung nach sind vorhin bei der großen Diskussion alle diese Unterfragen, die eigentlich schon erledigt sind, durch Annahme des eventuellen Antrags, der schließlich zum Hauptantrag erhoben war, schon zur Sprache gekommen, so daß wir jetzt nicht mehr darauf eingehen können. Herr Kollege Lauß hält diesen eventuellen Antrag auch schon für erledigt.

Justiz-Rath **Lauß** (Berlin): Es ist die Gefahr vorhanden, daß wir unsere vorige Abstimmung sehr abschwächen dadurch, daß wir jetzt einen neuen eventuellen Antrag annehmen. Was der Herr Kollege Lesse damit beabsichtigt, daß die Regierung von diesem Antrag Kenntniß bekommen soll, das wird ja so wie so erreicht, da ihr der Antrag mitgetheilt wird. Es haben überhaupt andere Anträge in dieser Versammlung nicht vorgelegen, als der eine, der hier einstimmig angenommen ist, und der verbleibende des Kollegen Lesse, also an und für sich ist schon hier in der Versammlung durch die Abstimmung dokumentirt, daß wir einstimmig den ersten Antrag haben wollen und das, was übrig ist, nur ein anderer Antrag des Kollegen Lesse war, und daß einzelne Stimmen überhaupt nur zur Sprache gekommen sind. Ich möchte aber noch das Eine hier in dieser Beziehung geltend machen, daß der Antrag meines Erachtens beseitigt ist, denn er ist nichts weiter als ein Antrag, einen Vertrag zu schließen mit der Partei. Wenn ich mir einen Vorbehalt mache, so muß der Vorbehalt von dem Gegner acceptirt sein, sonst ist es kein wirklicher Vorbehalt. Es fällt also das Ganze unter den Vertrag, und es würde an und für sich nach dem, was wir bisher einstimmig angenommen haben, eben so zulässig sein, daß das, was der Kollege Lesse will, auch in dieser Weise vertragsmäßig festgesetzt wird. Das ausdrücklich auszusprechen, dagegen bin ich; ich bin der Ansicht, daß es keiner Formalismus würde, wenn wir eine derartige gesetzliche Bestimmung hineinbringen und alle unsere Buchhändler und Buchdrucker würden gar keine anderen Vollmachten mehr drucken und wir würden keine anderen mehr zu kaufen haben, als was sub Nr. 13 steht:

> Es wird dem Bevollmächtigten vorbehalten, bei Schluß der Instanz ein Honorar zu fordern.

Ich bin deshalb dagegen, daß wir überhaupt abstimmen; daß dieser Antrag des Kollegen Lesse eine gewisse Berechtigung hat, ist aus den Verhandlungen hervorgegangen.

(Bravo!)

Justiz-Rath **Lesse** (Berlin): Ich kann dem Herrn Kollegen Lauß nicht ausführlich mehr antworten, da die Debatte geschlossen worden ist, sonst würde ich ihm auseinandersetzen, daß das eine Täuschung wäre, wenn man Formulare drucken und sie einer Partei vorlegen wollte. So ist der Antrag nicht gemeint, und ich brauche das wohl nicht weiter auseinanderzusetzen. Ich muß ihm aber auch darin widersprechen, wenn ich glaube, daß dieser Antrag unsere vorigen Abstimmungen abschwächt, und daß es ein Grund wäre, ihn zurückzuziehen; ich muß den Antrag als Referent aufrecht erhalten. Die Kollegen vom Rhein sagen: Vertrag eventuell Honorar; es bleibt hier nun das Eventuelle stehen, ob, wenn der Reichstag das nicht annimmt, er nicht vielleicht Vertrag eventuell vertragsmäßige Selbsttaxe annehmen will.

Justiz-Rath **v. Groddeck** (Marienwerder): Die Differenz zwischen dem eventuellen und dem neuen Antrag hat Herr Kollege Lesse klar bezeichnet: wenn nicht unbedingt Selbsttaxe, dann Selbsttaxe falls der Vertrag vorher abgeschlossen worden ist. Nun weiß ich aber, daß, wenn wir bloß so abstimmen, wie der Herr Vorsitzende vorgeschlagen hat, wir dann den Vertrag ganz fallen lassen. Wir müssen meines Erachtens jetzt nicht bloß über den zweiten Absatz eventuell, sondern auch über den ersten Absatz abstimmen, damit wir wenigstens den Vertrag als solchen behalten, sonst würden wir den Antrag Trimborn ganz ablehnen, und wir hätten ein „auch" ohne Abschluß.

Präsident: Das ist ja Sache der Redaktion was aus diesem „auch" gemacht werden soll. An und für sich wird durch die frühere Abstimmung diesem subsidiären Antrage durchaus nicht präjudizirt, es ist eine Zweckmäßigkeitsfrage, die man bejahen oder verneinen kann: wollen wir für den Fall, daß unsere Vorschläge nicht angenommen werden, diesen Antrag dem Reichstage unterbreiten oder nicht? und es scheint mir das einfachste zu sein, daß wir darüber abstimmen.

Abstimmung. Der Antrag Lesse wird nicht angenommen.

Präsident: Wir kommen jetzt zu einem Antrage, über den eine Diskussion noch nicht stattgefunden hat. Es ist sowohl von dem Herrn Referenten Lesse als auch von Herrn Kollegen v. Groddeck die Frage angeregt, eine Bestimmung aufzunehmen, die sich gegen die Zulässigkeit einer Vereinbarung unter der Taxe richtet.

Justiz-Rath **v. Groddeck** (Marienwerder): Ich bitte das Bureau, zu konstatiren, daß ich außer dem Antrage, der eben erwähnt ist, und unmittelbar damit verbunden noch einen andern Antrag gestellt habe:

> Die Festsetzung der Vergütung des Rechtsanwalts durch Bezugnahme auf das Ermessen eines Dritten ist ausgeschlossen.

Ich möchte die beiden Anträge zusammen behandeln, sie werden sich sehr kurz behandeln lassen, weil über den zweiten dasjenige zu sagen wäre, was über den ersten hätte gesagt werden müssen, wenn Sie ihn nicht schon in der Hauptsache angenommen hätten, und es sich nur noch um eine Ausnahme handelte. Sie haben nämlich angenommen, daß nur der Vertrag eine Honorirung gestattet sein soll, welche über das Maß der Taxe hinausgeht, und haben damit schon beschlossen, daß eine Vereinbarung über eine Ermäßigung nicht zulässig sein soll.

(Rufe: Jawohl!)

Es ist aber doch wohl so unbedingt bedenklich — der Fall des Generalmandats bei dem bisherigen Recht, daß da allgemeine Sätze vereinbart werden durften, auch wenn sie niedriger waren.

Das wäre aber nicht der Grund, weshalb ich noch etwas zu sagen hätte, sondern es ist der zweite Antrag:

> die Festsetzung der Vergütung des Rechtsanwalts durch Bezugnahme auf das Ermessen eines Dritten ist ausgeschlossen.

Herr Kollege Mackower hat gegen beide etwas angeführt, nämlich gegen die zivilrechtliche Unzulässigkeit, — und das hebe ich besonders hervor, denn die Frage ob es disziplinarisch, unangemessen ist, bleibt hier ganz ausgeschlossen — daß man nicht festsetzen und nicht bestimmen dürfe, daß der Vertrag nicht durch Beziehung auf das Ermessen eines Dritten geschlossen werden dürfe. Meine Herren Kollegen, es kann inkonsequent erscheinen, wenn jemand darauf geachtet hat, daß er vorher dafür gestimmt habe, die Ermäßigung im Falle eines Vertrags durch die Anwaltskammer wegzulassen, und daß ich doch jetzt diesen Antrag stelle; ich bin aber der Meinung, daß das erste etwas für die Erhaltung der Ehrenhaftigkeit unseres Standes außerordentlich Untergeordnetes und Gleichgültiges ist, was fast niemals in der Weise vorkommen kann, daß es unserem ganzen Stand aufgebürdet werden kann, denn es geschieht, ja nicht so, daß die Anwälte sagen: für die Gebühren kann ich das nicht annehmen, du mußt mehr geben, sondern es geschieht so, daß der Client sagt: mir kommt es auf Geld nicht an, ich gebe 100 Thaler, wenn Sie die Sache durchsetzen, und wenn Sie es auch nicht durchsetzen, so gebe ich es doch. Wenn dann der Anwalt sagt, schön, wenn du willst, dann schreibe es auf, so kann das, mag es nun zu viel oder zu wenig sein, wohl unter Umständen disziplinarisch gerügt werden, aber zivilrechtlich ist es verbindlich; aber wenn wir gestatten, daß mit unserer Thätigkeit Handel getrieben wird, daß mit uns herabdingen lassen, dann würdigen wir unsern Stand herab, und jeder einzelne Anwalt, der das thäte, würde dazu beitragen unseren ganzen Stand herabzuwürdigen. Deshalb meine ich, daß es auch zivilrechtlich nicht erlaubt sein darf. Etwas ähnliches findet statt durch Benugnahme auf das Ermessen eines Dritten. Wenn zwei Kollegen immer mit den Parteien paktiren, daß jeder dem andern seine Gebühren heraufschrauben soll, dann muß dies nicht genug, daß es disziplinarisch gerügt wird, sondern es muß auch zivilrechtlich nicht gültig sein, denn erst dann ist man sicher, daß dieser Schaden auch zur Sprache kommt. Das sind die Gründe aus denen ich bitte, die Anträge anzunehmen.

(Bravo!)

Justizrath **Laue** (Berlin): Ich möchte nur darauf aufmerksam machen, daß wir hier einen einmüthigen Beschluß gefaßt haben, es sei gestattet ein höheres Honorar sich durch Vertrag auszubedingen, als die Taxe statuirt. An und für sich ist ja positiv dadurch nicht ausgesprochen, daß es unzulässig sei, unter der Taxe einen Vertrag zu machen, es kann auch in Altpreußen mir Keiner eine derartige gesetzliche Bestimmung nachweisen. Ich habe mir gestern sogar die Mühe gegeben, alles nachzusehen, und habe selbst im Justizministerialblatt von 1859 in Erkenntniß gefunden, worin steht, daß es nach unserem bisherigen Gesetz nicht verboten ist, daß vielmehr bloß das Motiv, woraus dies geschehe, das entscheidende sei, und mit Rücksicht darauf ist ein Anwalt, der sich nicht mal verpflichtet, sondern nur reservirt hatte, einem Kaufmann gegenüber, für bestimmte Prozente geringer zu arbeiten, bestraft. Ich glaube deshalb, an und für sich müssen wir alle wünschen, daß das Gesetz ausdrücklich ausgesprochen wird. Ich möchte aber auch noch darauf aufmerksam machen, daß, wenn Sie diesen Zusatz, der hier beantragt wird, annehmen, Sie meines Erachtens den Punkt, den Sie erreichen wollen, absolut gar nicht erreichen. Vergessen Sie nicht, daß es weit Unehrenhafteres für das Publikum, weit Schädlicheres für den Anwaltsstand und für dessen Ansehen weit Gefahrbringenderes giebt, als gerade die Verabredung eines Vertrags auf ein bestimmtes geringeres Quantum. Ich erinnere Sie an den Vertrag, der abgeschlossen werden kann zwischen dem Anwalt und der Partei, wonach der Anwalt sich bestimmte Prozente von dem, was im Erkenntniß erstritten wird, von dem Mandatar ausbedingt. Das braucht kein Vertrag unter der Taxe zu sein, es ist aber ein Vertrag den ich weit mehr verdamme und für weit schlimmer halte, als alles Uebrige. Wenn Sie jetzt hier aussprechen, ein derartiges geringeres Quantum soll verboten sein, so statuiren Sie gerade das andere ausdrücklich, und das möchte ich nicht. Ich selbst stehe auf dem Standpunkt des Herrn Kollegen Mackower, daß ich sage, wenn es auch nicht oft vorkommt, so kann es doch Verhältnisse geben, die es wirklich höchst ehrenwerth und anständig machen, wenn der Anwalt von vornherein sagt, wenn auch nicht ausdrücklich durch Vertrag, aber der Partei zu verstehen giebt, daß er nicht die gesammte Taxe verlangen will; dann bleibt es doch immer ein Abkommen, was daraufhin ihm das Mandat übertragen wird. Was denken Sie sich dabei, daß der Vertrag ungültig ist? Der Antrag schlägt nun vor, es soll absolut nicht gültig sein, also auch der Anwalt, der sich verpflichtet hat, für das geringere Honorar zu arbeiten, soll nicht an den Vertrag gebunden sein! Ich soll den Anwalt wirklich so stellen, daß er sein Wort eigenmächtig brechen kann! Der Zusatz ist nicht durchdacht, er ist für das Gesetz nicht brauchbar, er schadet und hilft uns nichts.

Der zweite Vorschlag der gemacht ist, hat einen Sinn nach der Vorlage, aber hat keinen Sinn, so wie wir die §§ 93 und 94 jetzt beschlossen haben. Die Gesetzesvorlage verlangt, daß der ernste Wille in schriftlicher Form der Partei vorhanden sein soll, um das Honorar höher zu bedingen, und da hat dieser Antrag einen Sinn; wenn aber die Partei selbst das nicht schriftlich niederzulegen braucht, da hat die Bestimmung keinen Sinn, wie ich Herrn Kollegen Mackower zugebe.

(Bravo!)

Präsident: Die Debatte wird geschlossen, wir kommen jetzt zur Abstimmung über folgenden Zusatzantrag:

> Die Vereinbarung einer geringeren als der in diesem Gesetz bestimmten Vergütung ist nur gestattet, wenn es sich um Uebernahme eines ganzen Inbegriffs von Geschäften oder um eine generelle Vertretung handelt.

Der Groddeck'sche Antrag ist ein Verbesserungsantrag zu dem gedruckten Antrag Lesse.

Nun ist vom Herrn Kollegen Sutro ein Antrag eingebracht, die Frage in zwei Theile zu theilen. Während nämlich Herr v. Groddeck einen Grundsatz aufstellt und gleich eine Ausnahme davon machen will, schlägt Herr Kollege Sutro vor, nur den Grundsatz zu acceptiren. Nun würde es ganz einfach sein, daß wir uns erst über die Frage verständigen, ob der Grundsatz, abgeschwächt durch die Ausnahme, Platz greifen soll.

Justiz-Rath Dr. **Horwitz** (Berlin) zur Geschäftsordnung: Es steht nichts entgegen, daß wir nach dem Antrage Sutro die Theilung eintreten lassen. Der Antrag Sutro verhält sich zu dem Antrag Groddeck wie ein Theil zum Ganzen und es steht dem nichts entgegen, daß wir zuerst über das Prinzip abstimmen und dann über die Modalität, die der erweiterte Antrag Groddeck hinzufügt;

so können wir zur Abstimmung schreiten, ohne die Debatte über dasjenige Maß der Zeit, was uns vergönnt ist, auszudehnen.

Präsident: Es ist gleichgültig, in welcher Ordnung wir abstimmen, ich accomodire mich aber.

Abstimmung. Der Antrag Grodbeck, daß vorbehaltlich des Prinzips des Verbots, in Ausnahmefällen dieses Verbot doch außer Wirksamkeit treten soll, wird angenommen.

Ebenso wird nach dem Antrag Sutro das Verbot, zu geringeren Sätzen zu arbeiten, mit sehr großer Majorität angenommen.

(Die Redaktion wird vorbehalten.)

Präsident: Im Zusammenhange mit diesem besprochenen Grundsätzen wird von Seiten des Kollegen Dr. Reuling der Antrag gestellt:
Nach erfolgter Zahlung des Mandanten ist die Vereinbarung bezüglich der Festsetzung nicht weiter anfechtbar.

Rechts-Anwalt Dr. Reuling (Leipzig): Das ist einfach der Theil des Lesseschen Antrags, der offenbar, als die Kölner ihn amendirten, verloren gegangen ist, und worin wir Alle einverstanden sind. Die Sache ist ganz selbstverständlich, aber der Standpunkt des Entwurfs scheint ein anderer zu sein, und das wollte auch der Kollege Lesse; da aber sein Antrag zufällig verloren gegangen ist, so will ich dies durch die Wiederaufnahme dieses Antrags ausgeschlossen wissen.

Advokat-Anwalt Adams (Coblenz): Ich wollte Sie nur bitten, diesen Antrag abzulehnen. Wir gehen doch ganz gewiß von der Meinung aus, daß wir in unserem ganzen Thun unter unserem Disziplinarrath stehen. Diejenigen, welche dazu schreiten werden, unsere Gesetze zu übertreten, werden auch die Mittel finden, das zu verschleiern, und werden den Weg, der ihnen hier geöffnet ist, ihr Verhalten unanfechtbar zu machen, regelmäßig wählen. Das können wir nicht wollen, deshalb lehnen wir den Antrag ab.

(Bravo!)
(Der Antrag wird hierauf zurückgezogen.)

Abstimmung: Der Antrag v. Grodbeck, welcher das Verbot hinein nehmen will, daß das Arbitrium eines Dritten entscheidend sein soll, wird angenommen.

Präsident: Jetzt sind die §§ 93 und 94 erledigt, und wir kommen nun zu den einzelnen Paragraphen von Anfang der Vorlage an.

§ 1 bis 8.

Zu § 1 ist ein Antrag der Lübecker Kollegen eingebracht worden; da derselbe aber nicht aufrecht erhalten wird, so wird der Antrag für erledigt erklärt. Zu den §§ 2 bis 8 liegen keine Anträge vor, dieselben werden unverändert angenommen.

§ 9.

Referent Anwalt M. Fürst (Mannheim): Meine Herren Kollegen! Mit Recht ist der § 9 als der Schwerpunkt des ganzen Entwurfs bezeichnet worden, und es sind auch hinsichtlich desselben eine Reihe von Anträgen von einzelnen Anwaltgremien und von einzelnen Anwaltskollegien schriftlich gestellt. Darüber sind Alle einig, daß in den unteren und mittleren Werthklassen die Tarifirung des § 9 eine zu knappe ist. In den unteren Werthklassen soll doch wahrlich kein Anwaltproletariat geschaffen werden, und was die mittleren Werthklassen betrifft, so sind diese in einem großen Theile des deutschen Reiches die vorherrschenden. Die großen Streitwerthe kommen da seltener vor und gleichen die Ausfälle in mittleren Streitwerthen nicht aus. Ich hatte anfänglich geglaubt, als ich an § 9 herantrat, daß ich lediglich mich selbst und meine Umgebung zu sehr ins Auge gefaßt hätte. Ich glaubte, daß nur in Süddeutschland, wo der Geldwerth ein geringer ist und in dem Rechtsgebiet des französischen Rechts, wo die Theilung des Grundeigenthums kaum eine Grenze hat, die mittleren und kleineren Streitwerthe die Regel seien; allein aus allen Theilen Deutschlands sind mir Zustimmungen zu meinem Antrage mit oder ohne Modifikationen eingelaufen, und ich sehe daraus, daß nicht nur in Süddeutschland und in den Ländern des französischen Rechts, sondern auch in Mittel- und Norddeutschland und in den Ländern des preußischen Rechts und dem gemeinen Rechts dieselben Verhältnisse vorliegen. Sie werden es mir erlassen, daß ich Ihnen die einzelnen Vorschläge mit Ziffern und Zahlen verlese. Ich kann Ihnen nur sagen, einzelne Anträge gingen dahin, die Sätze um durchweg 20 Prozent zu erhöhen; andere gehen dahin, die Sätze für die fünf unteren Klassen zu verdoppeln, wieder andere halten sich nur in der Allgemeinheit, daß die fünf untersten und zehn folgenden einigermaßen erhöht werden. Ich darf voraussetzen, daß die Drucksachen in Ihrer Aller Händen sind, und Sie werden daraus ersehen, daß mein Herr Kollege und Mitberichterstatter Lesse und Herr Kollege Adams und ich, einige Vorschläge gemacht haben. Dieselben begründen sich in wesentlichen dadurch: der § 9 hat sich an das Gerichtskostengesetz angelehnt und hat die Abstufung nach dem Gerichtskostengesetz genommen. Die Gerichtstaxe ist eine Abgabe, eine Steuer, welche auf die Rechtsuchenden gelegt wird. Da kann man sagen, je nach dem Interesse des Rechtsuchenden erhöht oder vermindert sich die Abgabe. Bei den Anwälten dagegen herrscht die Präsumtion, daß bei größeren Streitwerthen die Aufgabe und die Schwierigkeit des Rechtsstreits zunimmt, da kann man aber in der That nicht sagen, daß bei einer geringeren Steigerung und bei einer geringen Abnahme des Streitwerthes auch die Arbeit sich in demselben Maße steigert beziehungsweise abnimmt wie die Gerichtskosten. Das ist die Grundlage unserer Anträge.

Wir haben gestern in später Abendstunde unsere drei verschiedenen Vorschläge zu einem einzigen Vorschlage vereinbart, und ich erlaube mir, Ihnen diesen Vorschlag zu verlesen. Er lautet:
Der Gebührenansatz beträgt bei Gegenständen im Werthe

bis 20 Mark einschließlich			2 Mark
von mehr als 20 bis	60 Mark		4 .
. . . 60 .	120	.	6 .
. . . 120 .	200	.	8 .
. . . 200 .	300	.	12 .
. . . 300 .	450	.	20 .
. . . 450 .	900	.	30 .
. . . 900 .	1600	.	40 .

von mehr als 1600 bis 2700 Mark 50 Mark
   „   „   „ 2700 „ 5400 „ 60 „
   „   „   „ 5400 „ 10000 „ 70 „

Es läßt sich allerdings nicht eine eingehende Begründung dieser Ziffern geben, alle Ziffern haben in dieser Beziehung irgend etwas Willkürliches; aber wir haben nach eingehender Berathung uns auf diese Ziffern vereinigt und ich wünschte, daß nicht etwa eine Diskussion über diese Ziffern und Zahlen stattfinden möchte, sondern daß Sie diesen Antrag annehmen.

(Bravo!)

Rechts-Anwalt **Becher** (Stuttgart): Meine Herren! In meiner Heimath Würtemberg ist vor 10 Jahren amtlich durch das Justizministerium festgestellt worden, daß 84 Prozent sämmtlicher im ganzen Lande anhängiger Prozesse Streitwerthe unter 600 Mark betragen haben. Bei solchen Streitwerthen eine Aushülfe gegen einen ungenügenden Gebührentarif im Wege des Vertrages zu suchen, halte ich nicht für möglich, nicht für wünschenswerth. Diese Streitwerthe sind streitig zwischen Parteien der mittleren, wo nicht derjenigen Klassen, welche der Armuth sich nähern, eher als zwischen Parteien der reichen Klassen, und da ist es für den Anwalt sehr mißlich, von diesen einen ausnahmsweisen Zusatz zu dem Honorar, das ihm das Gesetz zuspricht, zu beanspruchen.

Die Folge nun davon, wenn der Entwurf angenommen würde, wäre meines Erachtens in meiner Heimath die, daß die gesuchteren Anwälte sich diese Streitobjekte alle vom Halse schaffen würden, und das wäre ein immenser Nachtheil für die Rechtsuchenden und für die Güte der Urtheilsprechung. Die Sache hat aber noch eine andere Seite. Bei uns ist das Notariat, das Erbschaftswesen, das Hypothekenwesen in einer Weise geordnet, daß der Anwalt außergerichtlichen Verdienst sehr wenig hat; ein großer Theil der Kollegen in meiner Heimath ist daher für seinen Unterhalt gerade auf Streitigkeiten von diesen Werthen unter 600 Mark angewiesen, und wenn die Gebühr für diese Streitwerthe nicht namhaft erhöht wird, so glaube ich, bleibt der Kampf ums Dasein unserem Stande nicht schlechthin erspart. Daß dies aber ein großes Unglück für den ganzen Stand wäre, das bedarf keiner Ausführung, und ich hoffe, daß wir uns wie ein Mann für eine Erhöhung der Gebühren, wenigstens in den fünf unteren Klassen erklären werden.

(Bravo!)

Rechts-Anwalt **Block** (Magdeburg): Meine Herren Kollegen! Ihre Beschlüsse haben dahin geführt, daß ich mit Lebhaftigkeit für die jetzige Frage eintreten möchte. Ich bin mit Freuden den Ausführungen des Herrn Kollegen Adams gefolgt, worin er das Ideal des Anwalts wieder hervorgehoben und dargestellt hat, daß der Anwalt der Patron des Rechtsuchenden ist. Ich meine, er hat damals mit Recht hervorgehoben, warum er so, wie ich es auch gethan habe, gegen den Vertrag überhaupt gestimmt hat; man muß den Leuten eine ordentliche Taxe geben, man muß es ausschließen, daß sie gezwungen werden, durch Verträge sich das zu suchen, was sie verdienen. Ich bin 34 Jahre lang Anwalt gewesen, auf einem Dorfe, in einer mittleren Stadt und jetzt in Magdeburg, ich kenne also die Verhältnisse genau, und da meine ich, gerade auf die

unteren Sätze sind wir angewiesen; daß man durch die oberen Sätze entschädigt werden soll, das ist ein Köder, auf den man nicht anbeißen kann, denn die große hat man nicht,

(Heiterkeit)

sondern die meisten Streitobjekte sind die kleinen. Es muß dafür gesorgt werden, daß der Anwalt in den kleinen Städten anständig leben kann, er muß anders leben können, als ein Gewerbetreibender, mit dem wir heute durch einen Vorredner verglichen worden, er muß eine andere Stellung haben als ein Schuster oder Bildhauer. Nun meine ich, reicht die Erhöhung vollständig aus, wenn sie sich in den Klassen bis etwa 1000 oder 2000 Thaler bewegt, aber die Prozentsätze, die hier angeregt sind, sind das mindeste: in den unteren Klassen müssen die Sätze um 50% erhöht werden und in den nächsten um 25%, sonst bekommen Sie das Proletariat und bringen es dahin, was die Meisten vermeiden wollen, daß immer mehr kontrahirt wird, daß es ein ewiges Handeln mit den Parteien giebt, was der Stellung des Anwalts unwürdig ist.

(Bravo!)

Ober-Gerichts-Anwalt Dr. **Magnus** (Braunschweig): Meine Herren! Wir haben in Braunschweig bis zum Jahre 1850 eine schlechte Taxe gehabt und haben, wie allgemein angenommen wird, in Folge dessen einen schlechten Anwaltstand gehabt. Ich war damals noch nicht Mitglied des Anwaltstandes, ich weiß aber, daß er sehr viel räudige Schafe enthielt. Seit 1850 haben wir eine anständige Taxe, und seit der Zeit haben wir einen durchgehends anständigen Anwaltstand, es wird sich Niemand in Braunschweig über einen unanständigen Anwalt beklagen. Es ist allgemein anerkannt, daß das die Folge einer guten Taxe ist, und deshalb wünschen wir sehr, nicht durch die jetzt beabsichtigte Einführung der schlechten Taxe der Anwaltstand wieder zu einem unanständigen gemacht werde. Der Vorbehalt einer Vereinbarung soll ja überhaupt nur eine Ausnahme sein, sie wird für unsere dortigen Verhältnisse eine Seltenheit sein, vielleicht gar nicht vorkommen, wir werden also auf die Taxe angewiesen sein und wollen das auch, aber wir wollen eine anständige Taxe haben, namentlich in den niedrigen Positionen. In den hohen Positionen ist nach unseren Verhältnissen und Ansichten die Taxe ausreichend; aber in den unteren Positionen reichen selbst die Vorschläge, welche die drei Herren gestern vereinbart haben, nicht aus.

Wir haben nach unsern Verhältnissen bestimmte Vorschläge gemacht, haben uns auf die ersten 10 Positionen beschränkt und haben diese Vorschläge so eingerichtet, daß sie mit den Vorschlägen des Bundesraths in Uebereinstimmung gebracht werden können, ohne daß sonstige Aenderungen vorzunehmen wären, weil wir geglaubt haben, daß, je weniger Aenderungen vorgenommen werden, je eher darauf eingegangen werden kann. Wie wir die Vorschläge gemacht haben, indem wir in der ersten Position mit 3 Mark beginnen und nach und nach bis zur zehnten Position überführen, schließen sie sich an die elfte Position des Bundesraths an, und dadurch glauben wir die gerechtfertigten Ansprüche erfüllt zu haben. Deshalb stellen wir — ich spreche im Namen meiner Braunschweiger Kollegen, nicht bloß der hier anwesenden, sondern auch der zurückgebliebenen — anheim, diese Vorschläge anzunehmen. Ich glaube, daß dadurch dem dringendsten Bedürfniß abgeholfen wird, daß sie das Richtige treffen, nicht zu viel, aber das verlangen, was nothwendig ist, um den Anwaltstand nicht herabwürdigen zu lassen. Deßhalb bitte ich, womöglich auf unsere Vorschläge einzugehen.

Justiz-Rath **Schultz** (Magdeburg): Meine Herren! Den Antrag, den ich mit Herrn Kollegen Lüdecke gestellt habe, ist prinzipiell auch für die Frage, die hier vorliegt. Wir beantragen, einen durchgreifenden Satz für alle Klassen anzunehmen, nämlich eine Erhöhung um 20%. Ich höre, daß das als zu wenig befunden wird. Nun, das könnte ja durch ein Amendement geändert werden; aber ich halte es für nöthig, daß sämmtliche Klassen um einen durchgreifenden Satz gesteigert werden, denn wir sind der Meinung, daß es angebracht ist, sowohl der Kommission als dem Reichstage gegenüber nur einen Satz vorzuschlagen, als eine ganze Reihe von lauter kleinen Abänderungsvorschlägen zu machen, und daß, wenn wir einen solchen höheren durchgreifenden Satz annehmen, wir dann auch die andern Amendements zu den späteren Paragraphen, deren eine ganze Reihe uns vorliegt, werden entbehren können. Ich hatte ursprünglich 25% vorgeschlagen, aber meinen Magdeburger Kollegen schien das zu hoch zu sein.

Präsident: So eben geht ein Antrag des Herrn Justizrath Meyer (Berlin) ein:

den Tarif bei Objekten bis zu 9000 Mark zu erhöhen.

Justiz-Rath **v. Groddeck** (Marienwerder): Bei gewissen Sätzen der Taxe würden die künftigen Gebühren niedriger sein als nach der jetzigen preußischen; das ist meines Wissens noch gar nicht erwähnt.

Präsident: Das ist nichts Neues, das steht ja in den Motiven. Von Herrn Rechts-Anwalt Gräßner (Magdeburg) ist der Antrag eingebracht:

sämmtliche Gebührensätze um 50 Prozent zu erhöhen.

Dieser Antrag findet nicht die genügende linierstützung, dagegen wird der Antrag Schultz auf eine durchgreifende Erhöhung um 20 Prozent ausreichend unterstützt.

Advokat **Möller** (Rostock): Ich möchte nur wenige Worte gegen den Antrag Schultz sagen. Derselbe geht theilweise nicht weit genug, andererseits geht er wieder zu weit. Für die höheren Werthklassen brauchen wir eine Erhöhung um 20 Prozent nicht, für die niedrigen aber ist es zu wenig. Darum empfehle ich, diesen Antrag abzulehnen und den Antrag der Herren Referenten anzunehmen.

Hierauf zieht Herr Justiz-Rath Schultz seinen Antrag zurück.

(Bravo!)

Präsident: Von Herrn Rechts-Anwalt Caspari (Detmold) ist der Antrag eingebracht:

Die Gebühren in den 5 ersten Klassen zu verdoppeln und in den 5 folgenden Klassen um die Hälfte zu erhöhen.

Dieser Antrag wird nicht genügend unterstützt.

Präsident: Von Herrn Kollegen Erythropel ist folgender Antrag gestellt zu § 9 Alinea 2:

Der Gebührensatz beträgt bei Gegenständen im Werthe

4.	von mehr als	120— 200	Mark	12	Mark.
5.	» » »	200— 300	»	18	»
6.	» » »	300— 450	»	24	»
7.	» » »	450— 650	»	28	»
8.	» » »	650— 900	»	30	»
9.	» » »	900—1200	»	34	»
10.	» » »	1200—1600	»	36	»
11.	» » »	1600—2000	»	40	»

Ober-Gerichts-Anwalt **Erythropel** (Celle): Meine Herren! Ich habe nicht ums Wort gebeten, um diesen Antrag in dem Umfange aufrecht zu erhalten, wie er gestellt ist, weil ich der Meinung bin, daß, wenn wir etwas erreichen wollen, wir uns den Anträgen der Herren Referenten anschließen müssen. Was diese Anträge betrifft, so will ich hier konstatiren, daß man aus den Kreisen heraus, wo man schon mit einem Verfahren gearbeitet hat, welches im wesentlichen dem neuen entspricht, auf Grund von Auszügen aus den Büchern der Anwälte und auf Grund von Berechnungen im wesentlichen zu den Sätzen gekommen ist, die die Herren Referenten beantragen. Meines Erachtens ist der Hauptfehler des neuen Tarifs der in den Motiven ausgesprochene Grundsatz, sich an die altpreußische Taxordnung anzulehnen, während man sich an einen Satz, der der Thätigkeit eines Anwalts in Zukunft entspricht, hätte anlehnen sollen. Ich will mich nicht weiter darüber verbreiten, weshalb die Sätze so hoch sein müssen; ich wollte nur anführen, daß die sämmtlichen Kollegen aus Hannover der Meinung sind, daß mit den Sätzen, welche von den beiden Herren Referenten übereinstimmend gebracht sind, das Bedürfniß gedeckt ist, welches wir alle empfinden, daß nämlich der Anwalt beim Amtsgericht und beim kleinen Landgericht eine genügende Bezahlung für seine Bemühung findet.

Advokat Dr. **Rau** (München): Ich wollte Sie im Namen der Münchener Kollegen bitten, daß Sie es bei den Sätzen 11 bis 18 belassen mögen, weil wir der Meinung sind, daß es Schwierigkeiten haben werde, in den Motiven ausgesprochen ist, warum man gerade diese 18 Klassen gewählt hat, jetzt eine Abänderung zu bewirken. Es wäre mir sehr wünschenswerth gewesen, wenn die Herren Referenten sich dahin verständigt hätten, allenfalls von den Klassen 1 bis 10 eine angemessene Erhöhung, aber von den Klassen weiter hinauf keine Erhöhung zu beantragen, weil meines Erachtens diese höheren Klassen ohnedies ausreichend bedacht sein dürften. Ich will spezielle Anträge in dieser Beziehung nicht einbringen und nur an die Herren Referenten die Bitte richten, eventuell einen Vorschlag beizufügen des Inhalts: es würde eine Erhöhung von Klasse 1 bis 10 vorgeschlagen, bei den höheren Klassen aber von einem solchen Vorschlage Umgang genommen. Meine Bitte geht also lediglich an die Herren Referenten um einen eventuellen weiteren Antrag, weil wir doch nicht wissen, ob die Kommission nicht bei diesen 18 Klassen beharren wird.

Advokat-Anwalt **Adams** (Koblenz): Meine Herren! Ich habe mir das Wort erbeten aus dem Grunde, um in

Beziehung auf die von den beiden Herren Referenten und mir beantragte Fassung des § 9 wo möglich eine Einstimmigkeit zu erzielen, und ich glaube sie dadurch erzielen zu können, daß ich Ihnen mit wenig Worten sage, wie diese von uns vorgeschlagene Taxe gefunden worden ist. Sie ist nicht aus der Luft gegriffen, sondern ist das Resultat einer sehr genauen Prüfung der Verhältnisse an einem Landgericht mit normalen Verhältnissen. Wir gehen von dem Standpunkte aus, daß es allerdings nicht Sache der Gesetzgebung sein kann, für ungesunde Landgerichtsverhältnisse eine richtige Taxe zu geben; es ist nicht möglich eine Taxe zu schaffen, die an einem überfüllten Landgericht den sämmtlichen Anwälten ein genügendes Auskommen giebt. Das, meine Herren, ist nicht möglich; aber etwas anderes ist möglich und nothwendig, und das ist das, was bei dem uns vorgelegten Entwurf nicht berücksichtigt ist. Der vorgelegte Entwurf mag wohl dafür genügen, um einer angemessenen Anzahl von Anwälten ein genügendes Durchschnittseinkommen zu geben, dem will ich nicht widersprechen; aber, meine Herren, das genügt nicht, denn es liegt in der Einrichtung der Rechtsanwaltschaft, wie wir sie haben, als eine nothwendige Konsequenz der Einrichtung selbst, daß immer ein größerer Theil der Anwälte nur die Hälfte des Durchschnittseinkommens hat. Der Herr Justizminister hat das selbst bei den vorigen Verhandlungen des Reichstags ausgesprochen, daß die Parteien sich stets an denjenigen Anwalt wenden, der schon am meisten zu thun hat, sie suchen sich den berühmtesten aus, und so kommt es, daß, wenn wir die verschiedenen Landgerichte durchgehen etwa ein Drittel das Durchschnittseinkommen erreicht, etwa ein Drittel weit über den Durchschnitt hat und ein volles Drittel regelmäßig nur die Hälfte des Durchschnittseinkommens erreicht. Meine Herren, das liegt nicht an der eignen Unfähigkeit der einen Theils, oder etwa, weil dieselben nicht in den Anwaltstand hineingehören, sondern es liegt daran, daß das Publikum die freie Wahl hat und auch haben soll. Es ist also ein Umstand, der in der Organisation liegt, dem auch Rechnung getragen werden soll. Es kann ja ganz gewiß nicht die Absicht, weder des Reichstages noch überhaupt Jemandes sein, daß regelmäßig ein Drittel der Anwälte ein absolut unauskömmliches Einkommen habe. Auf dieser Basis, meine Herren, ist unser Antrag aufgebaut, und mit Berücksichtigung dieses Gesichtspunktes ist die Taxe des Entwurfs als eine absolut unzulängliche erachtet worden.

Es handelt sich nun darum, meine Herren, wo und wie soll die Erhöhung gesucht werden? Es scheiden die höheren Sätze aus, die sind gut bezahlt; was über den zehnten Satz geht ist hoch genug. Was die niederen Sachen an den Amtsgerichten betrifft, so haben wir es hier mit einem zweischneidigen Schwert zu thun. Die Anwälte an den Amtsgerichten müssen die Konkurrenz der Winkeladvokaten in jeder Beziehung aushalten können. Wir haben stipulirt, sie dürfen nicht unter der Taxe arbeiten, aber wohl über die Taxe. Es können leicht Fälle vorkommen, wo ein Anwalt an einem Amtsgericht nicht sein Auskommen finden könnte, wenn die Taxe für die Amtsgerichte so hoch gegriffen wäre, daß es für die Winkelkonsulenten eine Leichtigkeit wäre, erheblich darunter zu arbeiten. Deshalb darf man die Taxe für die Amtsgerichte nicht gar zu niedrig greifen, und es ist auch die Erhöhung, wie sie von Herrn Kollegen Leffe beantragt

war und wie sie für die Amtsgerichte angenommen worden ist, in vollständig bescheidenen Grenzen, aber sie ist eine solche, wie sie dem Interesse des Anwaltstandes an den Amtsgerichten entspricht. Der Schwerpunkt der ganzen Sätze liegt in den Klassen über 300 Mark, und in dieser Beziehung sind die von mir vorgeschlagenen Sätze angenommen, und ich erlaube mir mitzutheilen, wie diese Sätze gefunden sind.

Anknüpfend an einen Artikel, der sich in unserer Anwaltszeitung unter dem Motto: „Hic Rhodus, hic salta!" befand, wo gesagt war, es müßte statistisch festgestellt werden, wie sich die Sache verhält, haben die Anwälte am Landgericht Koblenz ganz genaue Tabellen für das Jahr 1878 machen lassen. Diese Tabellen lege ich vor, sie sind von dem Obersekretär des Landgerichts angefertigt und enthalten alle Sachen mit Angabe der Objekte, ob es ein Contumazialurtheil war, und mit Angabe der Höhe des Werthgegenstandes und so weiter. Ebenso sind von dem Handelsgerichtssekretär Tabellen für das Handelsgericht angefertigt und von dem Sekretär des Zuchtpolizeigerichts ein Verzeichniß der Sachen, wo Anwälte in Strafsachen aufgetreten sind. Wir haben in Coblenz ungefähr normale Verhältnisse, es sind nicht zuviel Anwälte und nicht zu wenig, 14 Anwälte genügen gerade. Auf diesen Grundlagen, die also etwas Feststehendes bieten, ist die Berechnung vorgenommen worden, es sind die sämmtlichen Sachen in die verschiedenen Klassen des Entwurfs vertheilt worden und das Resultat war, daß, wenn es uns nicht gelingen sollte, namentlich in den Klassen zwischen 300 und 2100 Mark eine wesentliche Erhöhung hineinzubringen, die im allgemeinen mehr ist als 20—25 Prozent, der Anwaltstand überhaupt kein genügendes Auskommen hat. Die Sätze, wie sie hier vorgeschlagen sind, geben den Weg; es ist nicht etwa im allgemeinen eine Erhöhung um 20 bis 50 Prozent beliebt worden, denn das geht auch nicht, damit käme man bei den hohen Sätzen in eine unrichtige Skala hinein, weil die Sätze über 2100 Mark, die schon angemessen bezahlt sind, keine so bedeutende Erhöhung brauchen, wie die Sätze zwischen 300 und 2100 Mark. Das Zahlenverhältniß, wie sich die Sachen in die Klassen vertheilen, ist dafür wohl ausschlagend. Ich erlaube mir mit ein paar Worten anzugeben, wie das Zahlenverhältniß bei einem normalen Landgerichte ist.

In Coblenz kamen im Jahre 1877 am Land- und Handelsgericht 1542 Civilsachen zur Entscheidung, davon waren Appellationssachen von Amtsgerichten in den Klassen 3, 4 und 5 — die erste und zweite Klasse kennen wir nicht — durchschnittlich 50 bis 60 Sachen; in der 6. Klasse, also von 300—450 Mark, haben wir 444 Sachen, in der 7. Klasse 316, also in der 6. und 7. Klasse zusammen 760 Sachen, also praeter propter die Hälfte von sämmtlichen Sachen, und es kommt deshalb darauf an, bei diesen Klassen eine wesentliche Erhöhung eintreten zu lassen. In der 8. Klasse waren es 156, in der 9. Klasse 124, in der 10. Klasse 155, in der 11. Klasse 62, in der 12. Klasse 35 und in der 13. Klasse 22 Sachen. Diese Uebersicht zeigt, daß der Schwerpunkt in den mittleren Klassen liegt und daß, wenn wir in diese mittleren Sachen eine angemessene Erhöhung bringen, wir beruhigt sein können darüber, daß wir wirklich ein genügendes Einkommen haben.

Es erübrigt nur noch, Ihnen mit ein paar Worten zu sagen, in welchem Prozentsatz etwa die Erhöhung dieser Hauptklassen 6 bis 9 eintreten kann. Die Klasse 6, welche auf 14 Mark projektirt war, kommt jetzt auf 20 Mark, das ist also eine Erhöhung um über 40%, die Klasse 7 (von 450 bis 650 Mark) war zu 19 Mark tarifirt, sie wird jetzt mit der folgenden Klasse (650—900 Mark) zusammengefaßt, und die ganze Klasse (450—900 Mark) erhält 30 Mark. Damit, meine Herren, steigt diese sehr wichtige Klasse, in der wir ungefähr ¼ aller Sachen haben, von 19 auf 30 Mark also ungefähr um 60%. In dieser Weise ist nun das weitere Verhältniß wieder absteigend, und das gesammte Resultat ist, daß die sämmtlichen Klassen durchschnittlich um 25% steigen, aber es ist das gewonnen, daß die Klassen 6 bis 9, auf die es ankommt, um einen höheren Prozentsatz erhöht sind als überhaupt beantragt ist. Das ist die Basis unseres Antrages, und es war mir ein Bedürfniß, das auseinanderzusetzen, um denjenigen Herren, die meinen sollten, mit dem von uns vereinbarten Antrage sei nicht das erfüllt, was sie wollen, nämlich eine genügende Erhöhung, die Beruhigung zu geben, daß ihre Wünsche eine genügende Berücksichtigung gefunden haben. Ich wollte Sie deshalb bitten, daß wir in vollständiger Uebereinstimmung die Anträge annehmen, welche von den Herrn Referenten und mir vereinbart sind.

(Bravo!)

Präsident: Ich habe noch mitzutheilen, daß der Antrag des Kollegen Meyer zurückgezogen ist.

Die Debatte ist geschlossen. Bevor wir zur Abstimmung schreiten, hat noch Kollege Lesse als Referent das Schlußwort.

Referent Justiz-Rath **Lesse** (Berlin): Meine Herren! In Uebereinstimmung mit meinen Herren Mitantragstellern wollte ich Ihnen blos folgende Fassung für meinen Antrag vorschlagen:

„Die Gebührensätze in den ersten 18 Werthklassen angemessen zu erhöhen. Als eine angemessene Vergütung erscheint: bei Gegenständen von u. s. w. (wie vom ersten Herrn Referenten vorgetragen ist.) Wir sind einerseits der Meinung, daß wir bestimmte Zahlen vorschlagen müssen, das erwartet man von uns; indessen wir können sie nicht als apodiktisches Gewißheit vorschlagen, und wir wollen nur sagen: es soll angemessen erhöht werden, und diese Sätze scheinen uns die besten zu sein. Der eine Referent hat bereits erwähnt, daß unser Vorschlag auf einem Kompromiß beruht. Wie Sie aus den Drucksachen ersehen, hatte ich nur ein Bedürfniß für die ersten 10 Klassen erkannt, ich legte ein besonderes Gewicht auf die ersten 5 Klassen und meinte außerdem, daß die Sachen bis 1600 Mark unsere Gerichte in den nächsten 10 Jahren vorzugsweise beschäftigen werden. Auf einen Prozentsatz konnten wir nicht eingehen, weil, wie Sie gesehen haben, wir bei den ersten 5 Klassen viel mehr Erhöhung beantragt haben als 20 Prozent und nachher weniger. Für mich war folgender Gesichtspunkt maßgebend, daß, nachdem die Regierungen sich dafür ausgesprochen haben, daß bei unsern Amtsgerichten die Anwälte lokalisirt werden, nun auch den Anwälten die Möglichkeit eröffnet werde, sich da niederzulassen und bestehen zu können. Unsere Befürchtung der Konkurrenz mit den Winkeladvokaten schien mir nicht erheblich, da nach meinen Erfahrungen diese sich mehr bezahlen lassen als ein Anwalt.

Deswegen kamen wir dahin überein, daß, obwohl ich mich nur für die ersten 10 Klassen mit einer Erhöhung begnügt hätte, ich doch den Ausführungen der Herren Kollegen aus Hannover und des Herrn Kollegen Adams folgen mußte und wir uns über eine Erhöhung der ersten 18 Klassen in der vorgeschlagenen Weise einigten.

Abstimmung: Der Antrag, welcher von den Referenten mit Herrn Adams vereinbart ist, wird einstimmig angenommen.

Rechts-Anwalt Fürst (Mannheim): Es ist mir noch folgender Antrag eingesandt, den ich keinen Anstand nehme Ihnen zu empfehlen. Derselbe schlägt im Anschluß an die bayerischen Bestimmungen vor:

Streitsachen über dingliche Rechte an Immobilien, deren Werth 650 Mark nicht übersteigt, sind, sofern es sich nicht um Pfandrechte handelt, bezüglich des Gebührensatzes denjenigen gleichzustellen, welche einen Werth von 650 Mark zum Gegenstande haben.

Präsident: Der Antrag geht also nicht direkt vom Herrn Referenten aus. Wird der Antrag unterstützt? — Nein!

Es ist übersehen worden, daß zu § 8 noch ein Antrag aus Mecklenburg vorliegt. Derselbe lautet:
a) hinter „zwei bis vier" einzuschalten „und sieben";
b) statt „eine Mark" zu setzen „zwei Mark".
Der Antrag wird sehr ausreichend unterstützt.

Advokat Möller (Rostock: Meine Herren! Der Antrag des Mecklenburger Advokatenvereins ist deswegen gestellt worden, weil in dem siebenten Abschnitt, namentlich in den §§ 86 und 87 mehrere Bestimmungen vorkommen, welche dem Anwalt ein ganz lächerliches Honorar einbringen können. Nach § 86 soll nämlich der Anwalt, sofern sonst mit der Sache nichts zu thun hat, als daß er eine Zustellung anzunehmen oder zu besorgen hat, einschließlich der erforderlichen mündlichen oder schriftlichen Mittheilung an den Auftraggeber eine Gebühr von 50 Pfennig erhalten. Ich frage Sie, meine Herren Kollegen, wer für 50 Pfennig eine Zustellung annehmen und besorgen und vielleicht noch schriftliche Mittheilung an den Auftraggeber machen will. Und im § 87 Alinea 2 heißt es:

Für Erhebung und Ablieferung von Werthpapieren erhält der Rechtsanwalt nach Maßgabe des Werthes die Hälfte der vorstehenden Gebühren,

nämlich für jedes angefangene Hundert die Hälfte von 1 Mark. Setzen wir also den Fall, daß ein Anwalt ein Mandat bis zu hundert Mark hat, so würde die Gebühr 50 Pfennig betragen. Wir kommen also auch hier auf die lächerlichen Sätze von § 86.

Ich glaube Ihnen deshalb empfehlen zu können, meinen Antrag anzunehmen, den ich nicht in der Reihenfolge der Paragraphen gestellt habe, um die wichtige Diskussion über § 9 nicht zu verzögern.

Präsident: Die Gebühren in § 87, auf den zuletzt Bezug genommen wurde, machen noch den Gegenstand eines besonderen Antrages aus.

Abstimmung: Der Antrag wird in seinen beiden Theilen angenommen.

§§ 13—17.

Referent Rechtsanwalt **Fürſt** (Mannheim): Der § 13 gliedert die einzelnen Gebühren, er unterſcheidet zwiſchen der Prozeßgebühr, der Verhandlungsgebühr, der Vergleichsgebühr und der Beweisgebühr. Der § 17 gibt noch einen näheren Anhalt, wie die Beweisgebühr zu berechnen iſt. Von den Anträgen, welche mir zugekommen ſind, richten ſich einige gegen die Ziffer 2 des § 13, die „Verhandlungsgebühr". Mehrere Anwaltsgremien, z. B. Köln, wollen, daß die Verhandlungsgebühr für einen jeden Termin angeſetzt werden dürfe, daß alſo, wenn mehrfach über dieſelbe Sache verhandelt werde, auch mehrfache Verhandlungsgebühren angeſetzt werden ſollen. Ich kann mich dieſem Antrage nicht anſchließen. Er widerſpricht dem Syſtem der Pauſchgebühr; die Pauſchgebühr hat gerade das zur Grundlage, daß die aufgewendete Mühe nicht im Einzelnen beſonders belohnt, ſondern daß für den geſammten Prozeß eine beſtimmte Gebühr ausgeſetzt werden ſoll. Der Vorſchlag von Köln u. ſ. w. hätte nur in zwei Fällen eine weſentliche Bedeutung, nämlich in den Fällen der §§ 137 und 139 der Civilprozeßordnung, wenn nämlich das Gericht die einzelnen Angriffs- und Vertheidigungsmittel zur getrennter Verhandlung bringt, oder wenn das Gericht zuerſt über den Rechtsſatz, über das Beſtehen des Rechtsverhältniſſes oder über die Störung desſelben, und dann über die Summen, welche zu erſetzen iſt, plädiren läßt; — allein ich glaube, wir ſollten uns auf dieſe Minutioſitäten nicht einlaſſen und an dem § 13 in dieſer Beziehung nicht rütteln.

(Bravo!)

Es ſind dann weiter zu der Ziffer 4 des § 13, beziehungsweiſe zu § 17, Anträge geſtellt worden, denen ich mich theilweiſe anſchließe. Es werden nämlich für eine Beweisaufnahme fünf Zehntheile vergütet. Die Beweisaufnahme vor verſammeltem Gericht nenne ich den weſentlichen Theil der Mündlichkeit. Wenn nun ſolche Beweisaufnahmen, welche in Zukunft durch die unbeſchränkte Zulaſſung des Zeugenbeweiſes, durch die unbeſchränkte Zahl der Zeugen ſehr zunehmen werden, — längere Zeit dauern, ſo ſoll eine gewiſſe Erhöhung ſtattfinden. Dieſen Anſchauungen, welche ich aufgeſtellt habe, haben ſich auch andere Kollegen angeſchloſſen, wir gehen nur darin auseinander, ob die Erhöhung eintreten ſoll, wenn die Beweisaufnahme 3 Stunden oder 4 Stunden, oder mehrere Tage dauert. Ich nehme keinen Anſtand, mich der Anſicht anzuſchließen, daß die Beweisgebühr für einen jeden Tag anzuſehen iſt, welche die Beweisaufnahme in Anſpruch nimmt, und ich ſchlage Ihnen vor, in dieſem Sinne ein Erſuchen an den Reichstag zu ſtellen. Es iſt dann weiter bei § 17 der Wunſch geäußert worden, daß die Beweisgebühr, beziehungsweiſe die Vortragsgebühr, noch einmal angeſetzt werde, wenn die Schlußvorträge nach der Beweisaufnahme ſich nicht unmittelbar an die letztere anſchließen, ſondern an einem andern Tage vorgenommen werden. Ich kann mich dieſem Wunſche nicht anſchließen; ich ſehe keinen Unterſchied, ob man unmittelbar, nach dem die Beweisaufnahme vollendet iſt, den Schlußvortrag hält, oder ob das am nächſtfolgenden Tage geſchieht.

Juſtiz-Rath **Wilke** (Berlin): Meines Erachtens iſt die Hauptſache bei der ganzen Gebührenordnung die, ob unſer Abänderungsvorſchlag zu § 9 durchgeſetzt wird oder nicht. Es kommt Alles darauf an, die Reichstagskommiſſion möglichſt geneigt zu machen, unſerem Vorſchlage zuzuſtimmen. Das ſtellen wir nun meines Erachtens in Frage durch die vielen minutiöſen Zuſätze und Abänderungen, die wir bei allen übrigen Paragraphen vorſchlagen, da wir dadurch den Schein erregen, als ob es uns darauf ankäme, bei jedem kleinen Satz eine kleine Erhöhung für uns herauszubekommen. Ich würde alſo dafür ſtimmen, alle Abänderungsvorſchläge abzulehnen, um das Gewicht unſeres Abänderungsvorſchlages zu § 9 recht fühlbar zu machen.

Advokat-Anwalt **Adams** (Koblenz): Wenn wir auf dem Standpunkte, den der große Reichskanzler ſo häufig betont hat, ſtänden, daß wir miteinander zu handeln hätten, und daß man durch das Hingeben des Einen das Andere beſtimmt erreichen könnte, dann würde das, was der Herr Vorredner vorgetragen hat, vielleicht von großer Bedeutung ſein. Aber in der Lage ſind wir nicht. Wir haben die Aufgabe, in Beziehung auf den vorgelegten Entwurf diejenigen Anträge, die wir für wirklich begründet halten und nur dieſe, die aber auch vollſtändig, vorzubringen. Es wird ja ohnehin von demjenigen, was wir als unſere Bitte vortragen, das Eine oder Andere geſtrichen werden, und das werden wir auch dadurch nicht ändern können, daß wir alle übrigen Anträge ablehnen. Dagegen können wir allerdings unſere Vorſchläge möglichſt vereinfachen, und ich will in dieſer Beziehung mit gutem Beiſpiel vorangehen. Ich habe zu § 13 den Antrag geſtellt:

> Dauert die Beweisverhandlung länger als 3 Stunden, ſo ſteht dem Rechtsanwalt für jede fernere ang ang n Stunde ein Zehntel der Sätze des § 9 zuſ ee

Ich ziehe dieſen Antrag zu Gunſten des eben vom Herrn Referenten Fürſt geſtellten Antrages zurück, da es mir auch genügend ſcheint, wenn beſtimmt wird, daß für jeden Tag der Beweisverhandlung die volle Gebühr anzuſetzen iſt.

Rechts-Anwalt Dr. **Maa** (München): Die Münchener Anwälte haben zu den §§ 13 und 17, die zuſammengehören, verſchiedene Anträge geſtellt. Ich bitte zu beachten, daß wir ſeit 1870 erfahren haben, wie es mit der neuen Civilprozeßordnung in praxi ausſieht; wir haben aus dieſem Grunde unſere Anträge zu den verſchiedenen Paragraphen aus der Praxis heraus ſtellen können. Ich will Sie mit den Einzelheiten nicht weiter aufhalten. Ich glaube, wir können uns mit dem zufrieden geben, was der Herr Referent Fürſt beantragt hat, daß nämlich, wenn die Beweisaufnahme ſich auf mehrere Tage erſtreckt, für jeden Tag die volle Gebühr angeſetzt werde. Ich ziehe deshalb die von uns zu §§ 13 bis 17 geſtellten Anträge zurück.

Advokat **Schanz** (Dresden): Es iſt davon geſprochen worden, daß es bei uns in Sachſen noch Apothekerrechnungen gäbe. Was unſern Vorſchlag zu § 13 betrifft, ſo haben wir uns dabei vielleicht noch zu ſehr durch unſer ſeitheriges Verfahren leiten laſſen. Wir waren allerdings der Meinung, daß die Beweisgebühr mit der Hälfte der Verhandlungsgebühr in der Regel zu niedrig bemeſſen ſein würde; wir hatten uns daher zu § 13 den Vorſchlag erlaubt, daß die Beweisgebühr in der Regel der vollen Prozeßgebühr gleichkommen müsse. Wir sind daran gewöhnt, daß wenn eine Sache zum Beweis angesetzt wird, dadurch in der Regel eine dreifach höhere Arbeit erwächst, als für die ganzen Vorstadien. Wir wollen nicht die Beschränkung beseitigt haben, die in dem Entwurf enthalten ist, daß, wenn es sich blos um Vorlegung von Urkunden handelt, keine besondere Beweisgebühr beansprucht werden soll; wir sind auch dafür, daß, wenn es sich nur darum handelt, im Abschwörungstermine das Urtheil zu purifiziren, die Hälfte der Gebühr bestehen bleiben soll. Wir sind aber der Meinung, daß die Thätigkeit in der Beweisaufnahme mit der Hälfte der Verhandlungsgebühr nicht genügend honorirt ist. Der Herr Referent sagt selbst, diese Honorirung sei zu gering, wenn die Beweisaufnahme mehrere Tage dauert. Nun vergleichen Sie einmal die Prozeßgebühr; wenn Sie mehrere Tage thätig gewesen sind, so sollen Sie für den ganzen Tag nur die Hälfte der Verhandlungsgebühren verdienen. Das schien uns in Sachsen eine so geringe Bezahlung, daß wir uns den Vorschlag erlaubt haben:

Die Beweisgebühr möge im vollen Betrage der Sätze des § 9 bestehen, mit der zu Ende des Absatzes 4 erwähnten Beschränkung, jedoch nur in fünf Zehntheilen für die Vertretung in dem Termine zur Leistung des in einem Urtheile auferlegten Eides.

Referent Rechts-Anwalt **Fürst** (Mannheim): Auf den Vortrag des Herrn Kollegen Schanz habe ich nur eine Bemerkung zu machen. Es ist richtig: die Beweisaufnahme ist ein sehr wesentlicher Theil des Rechtsstreites und oft sehr mühsam, und fünf Zehntel sind vielleicht unter Umständen nicht genügend; allein was wird man uns entgegenhalten? Man wird uns sagen: „Ihr habt ja die Beweisgebühr und die Vortragsgebühr, die Ihr als leicht verdiente Gebühren anerkennt, ganz, und es würde Ihr euch empfehlen, in all denjenigen Sachen, in welchen keine Beweisaufnahme stattfindet, die Prozeßgebühr und die Vortragsgebühr auf fünf Zehntheile zu ermäßigen." Ich glaube, da, wo wir es nicht nöthig haben an den Entwurf eine Aenderung vorzunehmen, sollten wir keine Anträge stellen.

Präsident: Es ist Niemand weiter gemeldet. Es würde sich fragen, in welchem Verhältniß die beiden Anträge, der des Herrn Referenten Fürst und der der sächsischen Anwälte zu einander stehen. Der Herr Referent verlangt, meiner Auffassung nach, wenn die Beweisaufnahme mehrere Tage dauert, für jeden Tag fünf Zehntel der Verhandlungsgebühr, die Herren Kollegen aus Sachsen dagegen wollen den vollen Satz, gleichgültig, wie viel Tage die Beweisaufnahme dauert.

Rechts-Anwalt Dr. **Mau** (München): Ich habe es so verstanden: Wenn die Beweisaufnahme mehrere Tage dauert, dann sollen als Verhandlungsgebühr die fünf Zehntel, von welchen in § 13, Ziffer 4 die Rede ist, und die weiteren fünf Zehntel, um die sie sich für den Fall des § 17 erhöhen, vergütigt werden. Das scheint mir das Entsprechende zu sein. Die Idee des Entwurfs ist doch folgende: Für die Beweisaufnahmegebühr werden fünf Zehntheile bewilligt; kommt eine Verhandlung hinzu, so erhöht sich die Gebühr um weitere fünf Zehntel nach

§ 17. Nun habe ich verstanden daß Herr Kollege Fürst beantragt, es solle, wenn die Beweisaufnahme mehrere Tage dauert, die volle Verhandlungsgebühr stattfinden.

(Widerspruch.)

Präsident: Es kann ja eine Beweisaufnahme stattgefunden haben, ohne daß ein mündliches Verfahren darauf folgt, das sind ja ganz verschiedene Dinge. Für die Beweisaufnahme bekommt der Anwalt nach § 13 Ziffer 4 fünf Zehntel. Der § 17 setzt voraus, daß eine solche Beweisaufnahme stattgefunden hat, und daß nach erfolgter Beweisaufnahme weiter verhandelt wird, und er regulirt die entsprechende Erhöhung der Gebühr. In § 13 Ziffer 4 handelt es sich nur um die Assistenz bei der Beweisaufnahme. Da setzt nun der Entwurf die Vergütung auf fünf Zehntel der in § 9 aufgeführten Gebühr fest; Kollege Fürst dagegen wünscht, daß diese fünf Zehntel nicht für das Beweisaufnahmeverfahren im Ganzen, sondern für jeden Tag der Beweisaufnahme bewilligt werden, während die Herren Kollegen aus Sachsen vorschlagen, daß für die Beweisaufnahme die volle Gebühr zugebilligt wird, gleichviel, ob sie einen ganzen Tag oder beliebig viel Tage dauert.

Abstimmung: Der Antrag des Referenten Rechts-anwalt Fürst (Mannheim)

für jeden Tag der Beweisaufnahme die im Entwurf § 13 Nr. 4 bestimmte Beweisgebühr zu bewilligen,

wird mit großer Mehrheit angenommen. Damit ist der Antrag der Dresdener Anwälte erledigt.

Präsident: Diese Abstimmung bezog sich nur auf § 13 Nr. 4; es ist damit § 17 noch nicht erledigt, welcher den Fall betrifft, daß sich an die Beweisaufnahme noch eine weitere Verhandlung knüpft.

Advokat Dr. **Hellmann** (München): Der § 17 des Entwurfs der Gebührenordnung geht, wie sein Wortlaut zeigt, von dem Gedanken aus, es werde in dem neuen Verfahren die Regel sein, daß die Beweisaufnahme vor versammeltem Prozeßgericht erfolgt und die mündliche Verhandlung sich sofort daran anschließt. In wieweit das in der Praxis der Fall sein wird, vermag ich nicht zu übersehen; in Bayern haben wir die entgegengesetzte Erfahrung gemacht. Aber selbst wenn es richtig wäre, so sind doch Ausnahmefälle denkbar, wo das Beweisaufnahmeverfahren einem beauftragten Richter übertragen wird, wo in Folge einer neuen Ladung zum Schlußtermin die Verhandlung sich in einen besonderen Termin vor dem Prozeßgericht abspielt. In dem Regelfall nun, wo die Beweisaufnahme vor dem versammelten Prozeßgericht erfolgt, ist dem Anwalt, wenn sich die Schlußverhandlung sofort daran anknüpft, vollständig genug gethan, wenn er neben der halben Gebühr noch die Vermehrung der Verhandlungsgebühr also noch eine halbe Gebühr dazu bekommt. Anders liegt es aber in den Ausnahmsfällen, und das sind gerade die Fälle, wo die Beweiserhebung und die Prüfung in der Regel große Schwierigkeiten hat. Denn hier hat der Anwalt in der Regel höchst umfangreiche Stoffe zu prüfen und zu studiren und sich auf eine neue mündliche Verhandlung, die mit der ersten nur in losem Zusammenhange steht vorzubereiten, — eine Vorbereitung, die in der Regel viel schwieriger ist, als die Vorbereitung auf die erste Verhandlung, wo blos die Fakta auseinander gesetzt werden. Es ist also durchaus kein Grund, weshalb der Anwalt für diese vollständig neue Thätigkeit nur die halben Gebühren bekommen soll. Die Beweisaufnahme, der er bei dem beauftragten Richter beiwohnen müssen, ist ein Ding für sich, die Verhandlung ist etwas neues. Es ist meines Erachtens von Seiten des Entwurfs ein falsches Festhalten an dem Prinzip der Zivilprozeßordnung, daß die Verhandlung bis zum Endurtheil als ein Ganzes gedacht wird. Das kann man vom Standpunkt des Prozesses wohl so ansehen, aber wenn es sich um die Belohnung der Thätigkeit des Anwalts handelt, hilft es mir nichts, ob ich mir meine Thätigkeit als eine Einheit denke, wenn es keine ist, und ich für die Einheit mich dreifach plagen muß.

(Zustimmung.)

Wir sollten uns auf den Standpunkt der münchener Kollegen stellen, den ich selbst als Münchener mit vertrete, daß für jede mündliche Verhandlung, welche nicht unter den § 17 fällt, welche also nicht unmittelbar sich an die Beweisaufnahme anschließt, die volle Verhandlungsgebühr bewilligt wird.

Advokat-Anwalt Du Mont (Köln): Die Kölner Anwälte haben zu § 17 ebenfalls ein Amendement gestellt. Der § 17 handelt nämlich von dem Falle, daß auf das Beweisverfahren eine weitere mündliche Verhandlung folgt, und bestimmt, daß wenn der Anwalt, der die Partei im Beweisverfahren vertreten hat, sie auch bei der auf das Beweisverfahren folgenden mündlichen Verhandlung vertritt, er noch einen Zuschuß von fünf Zehntel, nicht für die Beweisaufnahme, sondern für die weitere Verhandlung, erhält. In den Motiven ist hervorgehoben, daß sich dies durch rechtfertige, weil eine besondere Mühwaltung damit verbunden sei. Wir haben uns nun zunächst gefragt: Wie stimmt der § 17 mit dem § 25 überein? Der § 25 sagt: „Jede der im § 13 benannten Gebühren kann der Rechtsanwalt in jeder Instanz rücksichtlich eines jeden Theiles des Streitgegenstandes nur einmal beanspruchen." In dem § 13 ist nun die vorerwähnte Verhandlungsgebühr nicht enthalten, sondern sie ist ein Spezifikum des § 17. Dürfen wir aus dieser Fassung des Gesetzes, weil im § 25 lediglich auf § 13 verwiesen ist, schließen, es sei die Meinung, daß unter den § 25 die Gebühren des § 17 nicht fallen? Wir sind zuletzt zu dem Schluß gekommen, daß nach dem Entwurf und nach den Motiven die Frage höchst zweifelhaft ist. Um diesen Zweifel zu lösen, haben wir den Antrag gestellt, daß die Erhöhung, die in dem § 17 zugebilligt wird, so oft eintreten soll, als nach stattgehabtem Beweisverfahren auf die weitere mündliche Verhandlung eine Entscheidung erfolgt. Nach der Civilprozeßordnung ist es bekanntlich möglich, daß der Beweis verordnet, der Beweis geführt, das Beweisverfahren geschlossen und nun verhandelt wird. Dann ist es dem Gericht gestattet zu sagen: Wir werfen das Ganze wieder um, wir legen jetzt die Sache auf einen ganz andern Karren und gehen jetzt in anderer Richtung vor. Ist es möglich, daß die Sache dadurch in ein ganz anderes Stadium, in eine ganz andere Richtung eintritt, und in solchen Fällen wird dem Anwalt eine wesentlich veränderte Mühwaltung erwachsen. Darum haben wir geglaubt, durch den vorerwähnten Antrag alle Zweifel lösen zu müssen. Es ist schon hervor-

gehoben worden, daß der Entwurf richtig gefaßt ist, wenn man als Rezel annimmt, daß nach dem Beweisverfahren, welches vor dem erkennenden Richter selbst stattfindet, sofort auch die weitere Verhandlung folgt. In dem Bezirk des Appellationsgerichtshofes zu Köln ist man allgemein der Ansicht, daß diese Verfügung der Civilprozeßordnung ideell gewiß ganz richtig ist, bei uns aber niemals Platz greifen wird. Denn bei den rheinischen Landgerichten, und ich glaube sagen zu können: bei den kleinsten, wird es unmöglich sein, dieser Bestimmung der Civilprozeßordnung zu folgen. Wie es bisher bei uns in dieser Materie gehalten worden ist, so wird es unter dem Regime der neuen Prozeßordnung weiter der Fall sein. Die Prozeßordnung gestattet ja dem erkennenden Richter, ein anderes Gericht mit der Beweisaufnahme zu kommittiren, und es kann gar keinem Zweifel unterliegen, daß, wenn das getrennt wird, wenn der erkennende Richter nicht zugleich die Beweisaufnahme hat, daß dann die Thätigkeit des Anwalts, die auf die Beweisaufnahme folgt, eine weit größere und mehr Mühe beanspruchende ist. Darum haben wir vorgeschlagen, die Erhöhung, die in dem § 17 enthalten ist, für alle diejenigen Fälle zu fordern, in denen nach dem Beweisverfahren eine neue Verhandlung und eine Entscheidung eintritt.

Abstimmung: Der Antrag des Advokat-Anwalts Du Mont (Köln) zu § 17:
   Diese Erhöhung der Gebühren tritt so oft ein, als auf die weitere und mündliche Verhandlung eine Entscheidung erfolgt,
wird mit großer Mehrheit angenommen. Damit werden der Antrag Hellmann zu § 17 und auch die zu § 25 gestellten Anträge für erledigt erklärt.

§§ 19—20.

Referent Rechts-Anwalt Fürst (Mannheim): In dem § 19 sind für Urkunden- und Wechselprozesse nur sechs Zehntel der in den §§ 13—18 bestimmten Gebühren normirt. § 20 setzt fünf Zehntel fest für diejenigen Fälle, welche unter das Gerichtskostengesetz § 26 Nr. 1—10 fallen, und im § 23 werden drei Zehntel der Gebühren bewilligt für gewisse andere dort näher angegebene Prozeduren. Bei § 19 gehen einige Anträge dahin, denselben vollständig zu streichen, sodaß also auch im Wechsel- und Urkundenprozeß die volle Gebühr eintreten soll. Diesem Antrage schließe ich mich nicht an; es geht das gegen die öffentliche Meinung, gegen dasjenige, was die Rechtsuchenden erwarten, daß nämlich im Wechsel- und Urkundenprozeß die Sache nicht nur rascher, sondern auch billiger vor sich gehe. Dagegen bin ich für eine Erhöhung der Gebühren von sechs Zehntel auf acht Zehntel. Beschuldigen Sie mich nicht dabei des Marktens. Ich halte in meinem gedruckten Antrage „sieben Zehntel" gesagt, allein dann würden wir bei dem Kontumazialverfahren auf sieben Zwanzigstel kommen. Daher schlage ich lieber bei § 19 statt sechs Zehntel acht Zehntel vor, dann kommen wir beim Kontumazialverfahren auf vier Zehntel.

Der § 20 läßt, wie bereits erwähnt, in gewissen Incidentproceduren des Gerichtskostengesetzes fünf Zehntel passiren, allein diese Fälle sind nicht immer ganz unbedeutend. Zum Beispiel Verhandlungen über prozeßhindernde Einreden, über Arrestschlag und Arrestaufhebung, über Aufhebung von provisorischen Vollstreckungen, über Streitigleiten in Betreff des gewählten Gerichtsstandes, über die Zuständigkeit des Gerichts, — das alles sind nicht grade Prozeduren untergeordneter und durchweg leichter Natur. Ich möchte mir daher erlauben, die fünf Zehntel auf acht Zehntel an erhöhen.

In § 23 sind drei Zehntel normirt. Die mecklenburger Kollegen haben darauf hingewiesen, daß zu den Fällen, welche der § 23 im Auge hat, auch das Entmündigungsverfahren gehöre und daß dieses nicht immer ganz leicht sei. Ich meinerseits schlage jedoch eine Aenderung beim § 23 nicht vor.

Justiz-Rath Joel (Bromberg): Der Wechsel- und Urkundenprozeß ist für unsere Praxis nicht zu unterschätzen. Die Herren Referenten wollen hier nur eine Erhöhung eintreten lassen gegen den Satz des Entwurfs. Andere wollen, daß der Paragraph ganz gestrichen werde und dieselben Gebühren wie für jeden Prozeß gezahlt werden. Das Leßtere, glaube ich, wird nicht konzedirt werden und ist auch nicht gerecht, das Erstere aber ist nicht ausreichend, denn in dem Moment, in welchem der Wechsel- und Urkundenprozeß in das Stadium des Kontradiktoriums tritt, sind uns dieselben Lasten auferlegt wie bei anderen Prozessen; die Einreden können sehr weitläuftig sein, und der Prozeß wird dann eben so konstruirt wie jeder andere. Ich beantrage daher, zu § 19 den Zusatz:

Wird der Prozeß kontradiktorisch, so gelten von da ab die Säße der § 13 und 18.

Advokat-Anwalt Adams (Coblenz): Ich stelle den Antrag, den § 19 zu streichen. Ich halte den § 19 für inkonsequent und auch für nicht nöthig. Die Sachen, die im Urkunden- und Wechselprozeß behandelt werden, sind zum großen Theil schon nach den sonstigen Bestimmungen der Gebührenordnung in niedrige Klassen verwiesen; es werden das meist Kontumazial- und Mahnsachen sein, die an sich schon eine beträchtliche Verminderung erfahren. Ich sehe keinen Grund ein, warum die Sachen, die im Urkunden- und Wechselprozeß behandelt werden, anders tarifirt werden sollen. Ich will durch das ganze Gesetz der Gedanke hindurch, daß nicht auf die Schwere der Arbeit, sondern auf die Höhe des Objektes Rücksicht zu nehmen sei? Wenn man die schwierigen Sachen, die Servitut-, Erbtheilungssachen u. s. w., nicht mit einem höheren Betrage tarifirt hat, dann sehe ich nicht ein, warum man diejenigen, die leichter zu behandeln sind, billiger tarifiren soll. Ich kann darin nur eine Infonsequenz erblicken und stelle daher den Antrag, den § 19 zu streichen.

(Bravo!)

Rechts-Anwalt Dr. Mau (München): Ich möchte für den Antrag des Herrn Kollegen Joel eintreten. Ich halte es nicht für denkbar, daß der Antrag des Kollegen Adams durchgeht, aber für sehr wahrscheinlich, daß der Antrag Joel durchgeht. Wenn ein Wechselprozeß kontradiktorisch wird, dann haben wir alle Anlaß, die volle Gebühr zu fordern; wenn er aber nicht kontradiktorisch ist, dann glaube ich, bestehen Gründe der Opportunität, den Wechselprozeß nicht so hoch bezahlen zu lassen.

Justiz-Rath Lesse (Berlin): Ich schließe mich dem Antrage des Herrn Kollegen Fürst an. Es ist nicht zu leugnen, daß im Publikum der dringende Wunsch vorliegt,

diese Prozesse billiger führen zu können; zweitens aber werden Sie zugeben müssen, daß diese Prozesse auch im Kontradiktorium einfacher sind als die meisten andern Prozesse. Wenn Sie etwas thun wollen, dann streichen Sie lieber den ganzen Paragraphen. Allein für diese Prozesse, wenn sie nicht kontradiktorisch sind, acht Zehntel, und wenn kontradiktorisch, die volle Gebühr zu beanspruchen, das ist nicht hübsch. Die Referenten sind schon um zwei Zehntel hinaufgegangen, ich würde Sie bitten, es dabei bewenden zu lassen.

Advokat Cruß (Rostock): Die Unangemessenheit des Gebührensaßes im Entwurf scheint mir nicht so sehr darin zu liegen, daß im kontradiktorischen Verfahren eine Ermäßigung stattfindet, denn da wird hinterher immer noch eine kleine Aushülfe vorhanden sein. Es soll ja nach einem späteren Paragraphen eine besondere Gebührenberechnung stattfinden, wenn das Wechselverfahren in das ordentliche Verfahren übergeleitet worden ist.

(Widerspruch. Ruf: Das ist ganz etwas anderes!)

Die unstatthafte Berechnung dieser Gebühren im § 19 scheint mir gerade dann vorzuliegen, wenn das Verfahren nicht kontradiktorisch ist, denn dann würden diese sechs Zehntel noch einmal auf die Hälfte erniedrigt werden, sodaß die Gebühr nur drei Zehntel beträgt. Wenn wir einmal mit Pauschquanten rechnen, dann dürfen wir uns diese Rechnung für einen ganzen Prozeß nicht gefallen lassen. Aus diesem Grunde möchte ich Sie bitten, nicht auf den Vorschlag des Kollegen Joel einzugehen, der bestimmte Voraussetzungen betreffs des Verfahrens macht, sondern sich den Anträgen anzuschließen, die darauf ausgehen, diesen Paragraphen vollständig zu streichen.

Abstimmung: § 19 wird nach dem Vorschlage des Advokat-Anwalts Adams (Coblenz) mit großer Mehrheit gestrichen. — Der Vorschlag des Rechts-Anwalts Sutro (Bochum), den Antrag des Justiz-Raths Joel wenigstens als eventuellen anzunehmen, findet nicht die Mehrheit.

§ 20 wird nach dem Antrage des Rechts-Anwalts Sutro (Bochum) gestrichen.

§ 28, § 30 Absatz 5, § 37 Absatz 2, § 38 Absatz 5.

Referent Rechts-Anwalt Fürst (Mannheim): Die Anrechnungsfrage tritt uns zuerst im § 28 entgegen. Wenn nämlich in dem Urkunden- oder Wechselprozesse von diesem Prozeß Abstand genommen wurde, oder wenn Einreden — wie wir uns im gemeinen Prozeß ausdrücken — zum besonderen Austrage verwiesen werden, wenn sogenannte Nachklagen kommen, so soll die Prozeßgebühr, die der Anwalt im Urkundenprozeß erhalten hatte, demselben auch auf jenen Nachprozeß angerechnet werden. Nun steht dies, wie die Motive selber anerkennen, im Kontrast mit dem § 33 des Gerichtskostengesetzes. Beim Gerichtskostengesetze wird das nicht in Anrechnung gebracht. Allein die Motive sagen, in der Regel werde der Anwalt bei der Uebertragung des Urkundenprozesses auch schon informirt sein für diejenigen Einwendungen, welche später in dem Ordinarium vorgebracht werden. In der That aber kaum zutreffen. In der Regel wird man sich bei dem ersten Verfahren darauf beschränken, entweder die Zulässigkeit des Urkunden- und

Wechselprozesses durchzusetzen, beziehungsweise von beklagter Seite die Zulässigkeit desselben zu bekämpfen, dagegen wird man alles dasjenige, was altioris indaginis ist, für das Nachverfahren aufsparen. Es wird daher eine zweimalige Information stattfinden müssen, und in der Regel sind die Informationen, welche z. B. aus den Wechsel zu Grunde liegenden Zwieverhältniß hergenommen sind, nicht einfacher Natur. Ich sehe daher nicht ein, warum dasjenige, was in einer Prozedur verdient worden ist, in einer anderen Prozedur abgezogen werden soll.

Zum zweiten Mal kommt diese Anrechnung der Gebühren im § 30 im letzten Alinea vor. Wenn natürlich vorher zur Sicherung des Beweises sogenannte Beweiserhebungen zum ewigen Gedächtniß erfolgt sind, oder wenn im getrennten Verfahren Arrestgesuche gestellt oder die Aufhebung von Arresten begehrt worden ist, oder wenn getrennte Gesuche um einstweilige Beschränkung und Aufhebung von Zwangsvollstreckung gestellt worden sind und so weiter, dann soll wieder eine Aufrechnung der Prozeßgebühr in die Hauptgebühr stattfinden. Auch hier handelt es sich um ganz verschiedenartige Bemühungen des Anwalts, und was er auf der einen Seite durch seine Arbeit erworben hat, das sollte man ihm doch nicht dadurch, daß er noch eine andere Arbeit zu besorgen hat, entziehen. Was insbesondere die Sicherung des Beweises betrifft, so wird das wenigstens theilweise mit dem Beschluß zusammenfallen, den wir heute schon gefaßt haben. Wenn nämlich die Beweise in verschiedenen Terminen erhoben werden, so soll für jeden Termin eine besondere Gebühr angesetzt werden dürfen. Deswegen rechtfertigt es sich ganz gewiß nicht, daß wenn vorläufig zum ewigen Gedächtniß zur Sicherung des Beweises eine Beweisaufnahme stattgefunden hat und später noch einmal eine Beweisaufnahme stattfindet, dann die Gebühr der einen Prozedur die der anderen paralysirt.

Im § 37 Alinea 2 ist für die Fälle, in welchen zur Sühne geladen werden soll, ebenfalls die Anrechnung der betreffenden Gebühr in die Hauptgebühr vorgesehen. Einmal kann der Anwalt, ehe er zum Rechtsverfahren, zur Verhandlung ladet, an das Amtsgericht zum Vergleich laden; außerdem aber sind Sühneladungen im Ehescheidungsprozeß vorgeschrieben. Es läßt sich nun nicht einsehen, warum, wenn der Anwalt sich die Mühe giebt, den Hauptprozeß durch einen Sühneversuch abzuschneiden, und wenn diese seine Absicht nicht erreicht wird, ihm dann dasjenige, was er durch die Ladung zur Sühne erworben hat, ihm später wieder abgezogen werden soll. Ebenso scheint es mir nicht richtig zu sein, daß wenn in dem Ehescheidungsverfahren zur Sühne geladen worden ist, und der Anwalt sich die Mühe gegeben hat, die streitigen Ehegatten vor dem Amtsrichter mit einander auszusöhnen, daß die Gebühren dafür blos deswegen hinwegfallen sollen, weil es dem Anwalt nicht gelungen ist, eine Aussöhnung herbeizuführen.

Endlich findet sich die Anrechnung noch an einer vierten Stelle, nämlich im letzten Absatz des § 30. Ich muß sagen, daß, wenn es sich nur um diese Anrechnung handelte, ich nichts dagegen einwenden würde. Wenn in dem Mahnverfahren erklärt worden ist, daß man den Forderungen widerspreche, so ist dafür eine Gebühr vorgesehen, die dann aber beim Hauptprozeß wieder abgezogen werden muß; darin würde ich, wie gesagt, etwas Ungerechtes nicht sehen. Aber im Allgemeinen halte ich an dem Grundsatz fest: dasjenige, was der Anwalt in einem Verfahren erworben hat, soll ihm im Haupt- oder Nachverfahren nicht wieder abgezogen werden.

Advokat **Crull** (Rostock): Ich habe nicht das Wort ergriffen, um in irgend einer Weise den beredten Ausführungen meines geschätzten Herrn Vorredners entgegenzutreten. Ich möchte sie vollständig unterstützen und nur noch hervorheben, daß selbst in dem Falle des Mahnverfahrens eine Anrechnung meiner Ansicht nach nicht stattfinden kann. Vor allen Dingen aber ist es nothwendig, daß ich auf einen Irrthum des Herrn Vorredners hinweise. Er hat sich bemüht, auseinanderzusetzen, daß in den Fällen der Sicherung des Beweises eine Anrechnung der Prozeßgebühr nicht statthaft sei. Es scheint mir nothwendig, zu konstatiren, daß nach dem vorliegenden Entwurf in diesem Falle eine solche Anrechnung auch gar nicht beabsichtigt ist. Im § 30 heißt es im Schlußsatz: „Die Prozeßgebühr ist in den Fällen der Nr. 2 anzurechnen"; das betrifft also nur den Fall der Arrestlegung oder Aufhebung. — Es heißt am Schluß der Nr. 2: „sofern das Arrestverfahren von dem Hauptverfahren über die Hauptsache getrennt ist."

Das ist gerade der Grund, weshalb eine Anrechnung der Prozeßgebühr unstatthaft ist. Gerade die Trennung des Arrestverfahrens von der Hauptsache läßt eine solche Anrechnung vollständig unerklärlich erscheinen.

Referent Rechts-Anwalt **Fürst** (Mannheim): Ich danke dem Herrn Kollegen Crull für diese Berichtigung.

Abstimmung: Die in § 28, § 30 Absatz 5, § 37 Absatz 2, § 38 Absatz 5 ausgesprochene Anrechnung von Gebühren wird nach dem Antrage des Referenten Rechts-Anwalt Fürst (Mannheim) nahezu einstimmig gestrichen.

Die zu § 46 seitens der Lübecker Anwälte und seitens des Justiz-Raths Haenschke (Berlin) gestellten Amendements werden, da keiner der Antragsteller anwesend ist, einer Diskussion nicht unterzogen.

Präsident: Der § 48 lautet:
> Wird ein Rechts-Anwalt, nachdem er in einer Rechtssache thätig gewesen, zum Prozeßbevollmächtigter bestellt, so erhält er auf Grund der § 43—46 und als Prozeßbevollmächtigter zusammen nicht mehr an Gebühren, als ihm zustehen würde, wenn er vorher zum Prozeßbevollmächtigten bestellt worden wäre.

Diesen Paragraphen will Herr Kollege Lesse ganz streichen, er will also statuiren, daß in solchen Fällen der successiven Thätigkeit der Anwalt mehr bekommen kann, als wenn er von Hause aus zum Bevollmächtigter bestellt wäre.

Referent Rechts-Anwalt **Fürst** (Mannheim): Der Herr Präsident hat Ihnen schon das Wesentliche des Antrages des Kollegen Lesse mitgetheilt. Das Pro und Contra können Sie sich selbst machen, es liegt zu nahe. Ich enthalte mich irgend einer Besprechung.

Abstimmung: § 48 wird nach dem Vorschlage des Justizrath Lesse gestrichen.

§ 50.

Präsident: In § 50 beantragte Herr Justizrath Lesse 1) die Worte „einschließlich des Nebenintervenienten" zu streichen, und 2) eine angemessene Erhöhung der Prozeßgebühr des gemeinschaftlichen Anwalts für den Fall eintreten zu lassen, daß einer der durch ihn vertretenen Streitgenossen besondere Einreden vorgebracht hat.

Referent Rechtsanwalt Fürst (Mannheim): Ich möchte diesen Antrag unterstützen. Ich kann anführen, daß auch in meinem engeren Vaterlande, im Großherzogthum Baden, für besondere Einreden, welche zum Beispiel Nebenintervenienten oder sonstige Streitgenossen vorbringen, besondere Gebühren normirt sind. Es wird sich empfehlen, daß, wenn der eine Streitgenosse nicht dasselbe Interesse oder dieselbe Vertheidigung hat, wie die andern, sondern wenn in seinem Interesse ganz besondere Vertheidigungsmittel oder Angriffsmittel begründet werden müssen, daß dafür eine Erhöhung eintritt. Ich würde die Erhöhung auf etwa drei Zehntel vorschlagen.

Präsident: Wenn ich mir selber das Wort zu diesem Punkte ertheilen darf, so möchte ich Bedenken gegen den Antrag erheben. Es ist sehr schwer zu untersuchen, ob denn wirklich die Einrede qualitativ oder quantitativ eine andere ist, und wenn einer Mehrere vertheidigt, so giebt es ja viele Fälle, wo die Vertheidigung des Einen dem Andern zu statten kommt, und wo die Rollen der Einreden vertheilt werden können. Das giebt nachher eine große Untersuchung, ob ein solcher Fall vorliegt. Ich würde, da wir die Pauschquanta haben, auf diese Kleinigkeit kein Gewicht legen.

Referent Rechtsanwalt Fürst (Mannheim): Ich lege auch kein Gewicht darauf. Ich habe den Antrag nur gestellt, weil er mir suppeditirt wurde. Ich nehme ihn zurück.

(Bravo!)

Abstimmung. In § 50 werden die Worte „einschließlich der Nebenintervenien" gestrichen. Im Uebrigen bleibt der Paragraph unverändert.

§ 51.

Advokat Dr. Hellmann (München): Wir stehen hier, wie ich in Uebereinstimmung mit einem großen Theile der Anwesenden von vorn herein behaupten kann, vor einer höchst wichtigen Frage der Gebührenordnung. Ich möchte sie neben die zuerst und so lange ventilirten Honorar-Frage gradezu für eine prinzipielle, nicht für eine Detailfrage, erklären. Erlauben Sie mir, ehe ich auf das Einzelne eingehe, zunächst die Fassung, welche die Münchener Anwälte in den gedruckten Vorschlägen gewählt haben, und die von den Anträgen eines anderen Anwalts-Gremium's abweicht, zu rechtfertigen. Unser Antrag lautet:

Die in § 9 verzeichneten Gebühren erhöhen sich vor dem Reichsgericht sowie in der Revisionsinstanz um fünf Zehntel, in der Berufungsinstanz um drei Zehntel.

Die Revisionsinstanz fällt nämlich nicht mit dem Reichsgericht zusammen, und zwar für Bayern deshalb, weil wir in Bayern für Civilsachen unser oberstes Landesgericht als obersten Gerichtshof behalten haben. Alle Civilsachen, die nicht jetzt schon vor das Reichsoberhandelsgericht gehören, gehören in Zukunft in der Revisionsinstanz vor das bayrische Gericht. Ich sehe nicht ein, warum wir bayrischen

Anwälte nicht partizipiren sollen an dem Bene, welches die Anwälte aus den andern Ländern am Reichsgericht haben. Außerdem ist unsre Fassung deshalb gewählt worden, weil in Strafsachen das Reichsgericht nicht nothwendig als Revisionsinstanz thätig ist, sondern auch als erste Instanz, nämlich im Hochverrathsprozeß. — Was das Einzelne anlangt, so möchte ich mich darauf beschränken, den Antrag auf Erhöhung der Gebühren in der Berufungsinstanz zu rechtfertigen. Dieser Antrag rechtfertigt sich aus drei Gesichtspunkten. Einmal von dem Gesichtspunkt der Lokalisirung der Anwaltschaft, wie derselbe in der Rechtsanwaltsordnung aufgestellt ist. Wir wissen ja nicht, in wie weit die Landesregierung von dem § 107 der Rechtsanwaltsordnung — welcher den gegenwärtigen Besitzstand der Anwälte garantiren soll — Gebrauch machen wird, aber wir dürfen uns nicht sagen: Après nous le déluge. Es ist also zweifellos, daß prinzipiell die Anwaltschaft in Zukunft an einzelnen Kollegialgerichten lokalisirt sein wird. Ich habe darüber keine statistischen Berechnungen aufgestellt, aber es wird sofort als zweifellos zugegeben werden, daß — und das ist ja auch ein Glück — nicht alle Sachen, die in erster Instanz durchgekämpft worden sind, sondern nur ein verhältnißmäßig geringer Bruchtheil derselben in die Berufungsinstanz kommt. Da nun aber bei den Berufungsgerichten die Anwälte lokalisirt sind, also der Anwalt, der am Oberlandgericht lokalisirt ist, nicht in erster Instanz plädiren darf, so ist er darauf beschränkt, seinen Erwerb durch Vertretung von Berufungssachen zu suchen. Wenn die Zahl der letzteren aber viel geringer ist, als die Zahl der Sachen der ersten Instanz, so leidet sein Einkommen einen schweren Schaden, wenn er nur dieselben Gebühren berechnen darf, wie der Anwalt erster Instanz.

(Zuruf: Es sind dort aber auch weniger Anwälte!)

Ja, meine Herren, aber es giebt auch ungemein viel weniger Sachen! Ich glaube nicht, daß die Zahl der Anwälte im Verhältniß steht zu der geringeren Zahl der Sachen, die vor die Oberlandesgerichte kommen.

Außerdem stellt die Vertretung der Sachen in der Berufungsinstanz in sehr vielen Fällen an den Rechtsanwalt ganz andere Anforderungen, als die Vertretung der Sachen beim Landgericht. Die Motive führen eine Reihe von Gründen für die Erhöhung der Gebühren in der Revisionsinstanz an; gerade dieselben Gründe aber sind in vielen Fällen auch maßgebend für die Erhöhung der Gebühren in der Berufungsinstanz. In der Berufungsinstanz wird die Arbeit sehr häufig nicht in der Bearbeitung des thatsächlichen Materials bestehen, sondern sich häufig auf Rechtsfragen zuspitzen, die ein besonderes gelehrtes Studium veranlassen, und dafür sollte dem Anwalte auch eine besondere Vergütung zukommen. Der Entwurf lehnt die Erhöhung in der Berufungsinstanz deshalb ab, weil im Allgemeinen nicht angenommen werden könne, daß die Thätigkeit in der Berufungsinstanz größer sei als in der ersten Instanz. Das ist in sehr vielen Fällen nicht zutreffend. Endlich muß ich noch auf einen Gesichtspunkt kommen, der vorhin schon einmal geltend gemacht worden ist, der aber wie mir scheint hauptsächlich deshalb, weil die Herren sich in die konkreten Verhältnisse von ihrem Standpunkte aus nicht sofort haben hineindenken können, abgelehnt wurde. Es ist in einem großen Rechtsgebiet Bayerns, in 3 fränkischen und 2 bayrischen

Kreisen, Thatsache, daß die jetzigen Bezirksgerichtsanwälte, die künftig die Landgerichtsanwälte sein werden, über die Hälfte ihrer Prozesse aus den ständigen Immobilienstreitigkeiten hernehmen. Die Streitigkeiten um Servitute, um den gegenwärtigen Besitz, die prozessorischen Interdikte, spielen da eine große Rolle, auch die Vindikationen von kleinen Parzellen kommen bei dem durchgeführten Parzellirungssystem in Bayern sehr häufig zum Prozeß. Nun gehören bisher alle diese Sachen, die sich um Immobilien drehen, vom Rechtswegen vor die Bezirksgerichte; sie konnten nicht von Einzelrichtern verhandelt werden, wurden auch von Rechtswegen ohne Rücksicht auf ihren Werth in die fünfte, das heißt in die vorletzte Gebührenklasse eingereiht. Nun haben Sie den Antrag eines bayrischen Kollegen, der, weil diese Prozesse jetzt in der Regel vor die Amtsgerichte kommen und weil der aktuelle Werth dieser Servitute in der Regel unter 300 Mark sich bewegt, die Gebühr für dingliche Immobilienstreitigkeiten vor den Amtsgerichten erhöhen wollte, abgelehnt. Es werden nun aber thatsächlich die jetzigen Anwälte in den genannten bayrischen Provinzen Berufungsanwälte für solche dinglichen Streitigkeiten. Unser Bauer, der ungeheuer zäh ist in Beziehung auf seine Servitutrechte und seinen Besitz, wird sich bei dem Gericht erster Instanz in der Regel nicht beruhigen, er wird Berufung ergreifen und unsere Landgerichtsanwälte werden diese Sachen in der Berufungsinstanz zu vertreten haben. Wenn man erwägt, daß diese Sachen sehr häufig ein großes Aufgebot von juristischer Thätigkeit erfordern, daß in der Regel ein ungeheures Urkundenmaterial zu bewältigen ist, und wenn man dem Anwalt zumuthet, daß er das für 4—6 Mark besorgen soll, so ist das im höchsten Maße unbillig. Um die Unbilligkeit einigermaßen wieder auszugleichen, daß man vor den Amtsgerichten die Gebühren für dingliche Immobiliarstreitigkeiten nicht erhöht, wird es glaube ich angemessen sein, zu bestimmen, daß weil diese Sachen in vielen Gebietstheilen einen großen Theil der Berufungssachen ausmachen werden, die Berufungsgebühren für diese Sachen erhöht werden.

Obergerichts-Anwalt **Erythropel** (Celle): Mein Antrag reprodurzirt den Inhalt einer Petition, die der Celler Advokatenverein an den Reichstag gerichtet hat, namentlich im Interesse der Anwälte beim Oberlandesgericht. Ich habe beantragt, daß die Gebühren in der Berufungsinstanz sich um 25 Prozent erhöhen; es würde freilich richtiger sein, die Erhöhung in Zehnteln auszudrücken, ich würde mich also auch dem Antrage der Münchener Kollegen welche die Erhöhung um drei Zehntel vorgeschlagen haben, anschließen. Die Zeller Kollegen, deren Ansicht hier zu vertreten ich ausdrücklich beauftragt bin, gehen von dem Gesichtspunkt aus, daß man darüber zu streiten kann, was schwieriger sei, in erster oder in zweiter Instanz sich zu präpariren und zu plädiren; das läßt sich nicht entscheiden, das kann so oder so liegen. Aber die Stellung des Anwalts, der auf ein bestimmtes Gericht beschränkt ist, und die Möglichkeit desselben, Geld zu verdienen, ist ganz verschieden, je nachdem er in der ersten Instanz ständig plädirt, oder in zweiter Instanz. Bei uns hat sich die Sache so herausgebildet: Wir hatten keine so strenge Lokalisirung wie sie in Zukunft sein soll, und da war die Folge, daß, weil die Herren beim Oberlandesgericht nach unserer Taxe nicht genügend verdienten, sie gezwungen waren, wenn sie mit den Landgerichtsanwälten in eine Linie kommen wollten,

Prozesse beim Landgericht zu führen, sehr zum Schaden nach beiden Richtungen. Bei uns ist die allgemeine Meinung unter den Anwälten die, daß für den Oberlandesgerichtsanwalt die Möglichkeit, eine auskömmliche Praxis zu haben, nicht so leicht gegeben ist, wie für den Landgerichtsanwalt. Einmal, weil er nicht so leicht bekannt wird. Wenn sich Jemand am Oberlandesgericht als Anwalt niederläßt, so gehört eine viel längere Zeit dazu, um mit den Kollegen Fühlung zu bekommen, als wenn er sich in der ersten Instanz habilitirt. Ferner ist er nicht in so ständiger Berührung mit dem Publikum. Eine ganze Menge von einzelnen Rechtsgebieten, Verwaltungsfragen, Abschließung von Kontrakten und so weiter entziehen sich ihm, die dem Landgerichts-Anwalt übertragen werden, weil das Publikum mit dem letzteren mehr zu thun hat. Drittens: Wenn der Oberlandesgerichts-Anwalt älter wird, so wird er, wenn seine Bekannten absterben, seine Praxis verlieren, wenn er auch selbst noch vollständig arbeitsfähig und tüchtig ist; er verliert eben die Korrespondenten, während ein Anwalt, der in erster Instanz arbeitet, im Publikum immer bekannt und gesucht bleibt. Das war der Grund, weswegen wir obige Petition an den Reichstag gerichtet haben, wir hatten wie gesagt, für die Berufungsinstanz die Erhöhung von 25 Prozent beantragt, und da die Reichsgerichts-Anwälte dem entsprechend auch noch einen kleinen Aufschlag verdienten, so haben wir für diese die Erhöhung von 50 Prozent vorgeschlagen.

Präsident: Ich bin ein Gegner dieses Antrages; ich bin der Meinung, daß man nicht Gradationen in dieser Weise aufstellen kann. Der Entwurf hat schon eine Modifikation bezüglich der Reichsgerichts-Anwälte aufgenommen. Ich würde eher dafür sein, diese zu streichen, aber nicht dafür noch mehr davon hereinzubringen.

Rechts-Anwalt Dr. **Schmidt** (Bamberg): Ich bitte Sie, die Bedeutung des Antrages, wie er von den Münchener Herren gestellt worden ist, nicht zu verkennen. Ich mache nur noch auf den Umstand aufmerksam, daß in Baiern fast in allen Provinzen, in all den Theilen des Landes, die nicht zu den besonders reichen gehören, in den kleinen Städten, überall da, wo nicht große geschlossene Güter, sondern parzellirte Grundstücke vorhanden sind, wo also der einzelne Werth, der in den Prozeß hineinkommt, immer ein kleiner ist, — daß da für die Anwälte sowohl beim Oberlandesgericht wie bei den Landgerichten diejenige Partie von Prozessen die Hauptrolle spielt, welche sich auf Parzellirung von Grundstücken, auf Besitzstreitigkeiten, auf Grenz- oder Servitutstreitigkeiten, auf Vindikationen von kleinen Theilen ze. bezieht. Durch die neue Prozeßordnung verlieren die Oberlandesgerichts-Advokaten, weil nicht wie bisher in Baiern der Charakter des Prozesses entscheidet, sondern der Werth, der Werth aber bei unseren Parzellirungen in der Regel ein geringer ist und oft nicht über einige 100 Mark hinausgeht, — mehr als die Hälfte dieser Prozesse, aber nicht blos die Oberlandesgerichts-Anwälte verlieren dies, sondern die Landesgerichts-Anwälte ebenfalls. Die Prozesse gehen alle an die Amtsgerichte. In der Hälfte dieser Prozesse wird sicherlich Berufung zu dem Landgericht ergriffen werden. Wenn nun in allen Theilen Deutschlands, wo Güterparzellirung besteht, die Anwälte an den Landgerichten die Hälfte ihrer Praxis an die Amtsgerichte hergeben müssen, und, wenn von den

Amtsgerichten in der Hälfte der Fälle Berufung ergriffen wird zu den Landgerichten, so daß nur ein Viertel ihrer bisherigen Praxis wieder an die Landgerichts-Anwälte kommt, und wenn diese nun für 4—8 Mark solche Sachen machen sollen, so nehmen Sie damit unsern Advokaten mehr als die Hälfte ihrer Einnahme und Sie führen einen Zustand ein, der dem bisherigen Zustande gegenüber eine schwere Härte enthält. Bisher war es in Bayern anerkannt, daß für die Berufungssachen eigene Taxen vorhanden sind, und ebenso für die Oberlandesgerichtsangelegenheiten. Es ist daher vollkommen berechtigt, daß in solchen Fällen in der Berufungsinstanz dem Landgerichtsanwalt eine erhöhte Gebühr bewilligt wird. Nur auf diese Weise wird ein großes Unrecht, welches sonst schwer empfunden werden würde, beseitigt.

Advokat-Anwalt **Clauß** (Straßburg im Elsaß): Wenn ich prinzipiell und im Ganzen für den Antrag, der gestellt ist, eintrete, so spreche ich nicht pro domo: Ich bin nicht Anwalt am Oberappellationsgericht. Gleichwohl weiß ich aus Erfahrung und aus vielfacher Verbindung mit den Herren, daß es unumgänglich nöthig ist, die Arbeit und die Mühwaltung der Anwälte in zweiter Instanz besser zu honoriren. Es sind ja die Gründe schon auseinandergesetzt worden. Auch ist bekannt, daß ein Prozeß in zweiter Instanz, bezüglich der That- und Rechtsfrage neu instruirt, oder mit größerer Gediegenheit instruirt werden muß, als dies in erster Instanz möglich ist. Obgleich ich also prinzipiell dafür eintrete, habe ich doch einen modifizirenden Antrag gestellt, der dahin geht, daß dieses Plus nicht für die Berufungsinstanz überhaupt gewährt werden soll, sondern blos den Anwälten am Oberlandesgericht. In dieser Beziehung differire ich mit den Herren Kollegen aus Bayern. Meines Erachtens wird der Anwalt, der in zweiter Instanz, wenn gegen die Entscheidung der Amtsgerichte zum Landgericht appellirt ist, vor dem Landgericht auftritt, durch die Gebühren, wie sie in den erhöhten Positionen von uns vorgeschlagen werden, genügend honorirt. Es ist deshalb nicht nöthig, daß hier generell von der Berufungsinstanz gesprochen wird, es würde dem Zweck vollständig entsprechen, wenn wir hier blos das Oberlandesgericht in Auge fassen. Ich habe dann noch eine zweite Modifikation beantragt, welche sich auf die Höhe bezieht. Die Herren in München haben drei Zehntel für das Oberlandesgericht und fünf Zehntel für den obersten Gerichtshof oder das Reichsgericht gewünscht. Ich beantrage für das Oberlandesgericht fünf Zehntel und für die Kassationsinstanz acht Zehntel.

Advokat-Anwalt **Adams** (Coblenz): Ich hatte auch den Antrag gestellt, daß in der Berufungsinstanz überhaupt die Gebühren erhöht werden sollen, und zwar war mein ursprünglicher Antrag dahin gerichtet, daß die Geschäftsgebühr doppelt gerechnet werden solle. Ich will mich jedoch jetzt den anderen Anträgen im Wesentlichen anschließen und nur eine kleine Modifikation beantragen. Ich halte es für durchaus nothwendig, daß in der Berufungsinstanz überhaupt die Gebühren höher seien. Es ist das meines Erachtens so wesentlich, daß dasjenige, was wir im § 9 erbeten haben, nur mit Hinzunahme sowohl der Streichung des § 19, als auch dieser Erhöhung der Gebühren in Appellsachen als eine genügende Erhöhung

der Taxe erscheinen kann. Es ist das aber auch in der Regel vollständig motivirt. In unserer rheinischen Gebührenordnung haben die Anwälte am Appellhofe eine bedeutend höhere Taxe, in Bayern ebenfalls. Was wendet man denn dagegen ein? Man sagt: die Arbeit in zweiter Instanz ist nicht größer, denn die Herren bekommen die Sachen instruirt. Für die Berufungssachen, die bei den Landgerichten vorkommen, ist das meist nicht der Fall; diese werden von den Parteien oder von Winkelkonsulenten eingesandt, da besteht keine gehörige Instruktion. In der Berufungsinstanz brauchen doch die Gebühren gewiß nicht geringer zu sein. Wenn Sie es aber so nehmen, wie es im Entwurf steht, dann sind sie effektiv geringer. Der Anwalt in der Berufungsinstanz hat nicht nur die Sache selbst zu studiren, sondern auch den ganzen Prozeß erster Instanz und das Beweisverfahren in der ersten Instanz. Während der Anwalt, der in erster Instanz auftritt, für die Thätigkeit im Beweisverfahren eine Gebühr bekommt, bekommt der Anwalt der Berufungsinstanz, der auch das gesammte Beweismaterial verarbeiten muß, keine Gebühr. Das ist nicht konsequent. Deshalb halte ich es für richtig, daß man sagt: in der Berufungs- und Revisionsinstanz erhöhen sich die Gebühren um fünf Zehntel. Das schlage ich Ihnen vor.

Justiz-Rath **v. Grobbeck** (Marienwerder): Obwohl ich Obergerichtsanwalt in Marienwerder bin, werde ich doch nicht pro domo sprechen, weil wenn Sie auch die Erhöhung beschließen und der Reichstag dieselbe annimmt, ich doch nicht da bleiben kann, wo ich bin, weil ich dort einfach nicht mehr werde existiren können von meinen Einnahmen. Ich möchte Ihnen mit Zahlen, die für Jeden begreiflich sind und die hoffentlich in die Presse kommen werden, klar machen, wie es um die Oberlandesgerichtsanwälte bestellt ist, nach der Kompetenzverringerung, die sie durch die Civilprozeßordnung erfahren haben. In Marienwerder wurden bisher — das ist amtlich konstatirt — durch das Appellationsgericht nicht voll 1500 Appellationssachen verhandelt. Zur Kompetenz des künftigen Oberlandesgerichts würden, abgesehen von einer Sprengelverminderung, drei Fünftel, jetzt volle 900 Sachen gehören. Die Sprengelverminderung betrifft den Kreis Deutsch-Krone. Dadurch geht der siebzehnte Theil ab; ich will annehmen, daß es der zwanzigste Theil wäre. Aber eine bedeutende Verringerung würde eintreten durch die Momente, welche bereits angeführt worden sind: die Eventualmarime ist beseitigt, Theilurtheile sind zulässig, der zweite Richter kann das erste Urtheil ganz oder theilweise für vollstreckbar erklären — alles Momente, welche die Leute, die bisher die Berufung versuchsweise anstellten, um Zeit zu gewinnen, davon abschrecken. Ich nehme an, daß höchstens 750 Sachen im Jahre zur Verhandlung kommen. Diese mögen 1000 Termine erfordern. 40 Wochen stehen nach Abzug der Ferien zur Disposition, bleiben für die Woche 25 Termine, das sind 50 Anwaltsmandate. Die Thätigkeit des Berufungsanwalts in der Folge wird annähernd die gegenwärtigen Referenten sein. Fragen Sie nun bei irgend wem, wie viel Referate er in einer Woche liefern kann; — ich glaube, die meisten werden sagen: nicht mehr wie 6. Ich will annehmen, der Anwalt arbeitet doppelt so viel, er liefert 12.

(Ruf: Das ist nicht möglich!)

Meine Herren, ich nehme es so günstig wie möglich an! Dann sind also 4 Anwälte in Marienwerder nöthig, um 50 Mandate zu erledigen. Diese 4 Anwälte theilen sich in 750 Sachen. Das sind für die Anwälte 1500; also hat jeder nicht voll 400. Nun bringt nach meiner Berechnung jede einzelne Sache dem Anwalt höchstens 18 Mark Reinertrag. Meinetwegen soll die Gebühr sich um 30 Prozent erhöhen; das wäre also 23 Mark. Multipliziren Sie 23 mit 400 so werden Sie finden, daß der Anwalt noch nicht 2000 Thaler erwirbt. Was ist die Folge? Nach Marienwerder werden nur Leute gehen, die eben das Examen gemacht haben, sie werden dort ein paar Jahre sitzen und Oberlandesgerichtsanwalt spielen. Ich frage Sie, ob das wünschenswerth ist, daß gänzlich erfahrungslose Leute die Berufungsinstanz pflegen! — Nun noch mein Amendement! Die Erhöhung, welche ich hier beantragt habe, seien es drei Zehntel oder fünf Zehntel, soll nur denjenigen Berufungsanwalt treffen, welcher nicht die Sache in erster Instanz gehabt hat. Es ist bei mehreren Kollegialgerichten an einem Orte zulässig, daß wenn die Justizverwaltung und die Anwaltskammer übereinstimmen, die Anwälte in beiden Instanzen praktiziren; es könnte also ein Landgerichtsanwalt die Sache in erster Instanz übernehmen, und sie nachher auch beim Oberlandesgericht weiter führen. In diesem Falle ist kein Grund zur Erhöhung vorhanden, denn da ist die Arbeit nicht schwierig. Ich bitte also, dieses Amendement anzunehmen.

Referent Rechts-Anwalt **Fürst** (Mannheim): Ich spreche in dieser Frage gewiß nicht pro domo, denn mit dem ersten Oktober höre ich auf, Anwalt dritter Instanz zu sein und werde Anwalt erster Instanz. Nichts desto weniger unterstütze ich den Antrag, und zwar wesentlich aus dem Grunde: In der ersten Instanz wird der einzelne Prozeß entschieden, in der höheren werden die Rechtsgrundsätze geschaffen. Der Entwurf hat dies dadurch anerkannt, daß er bei dem Reichsgericht einen Zuschlag von fünf Zehnteln gewährt. Was nun im Größeren von dem Reichsgericht gilt, muß im Geringeren auch von dem Oberlandesgericht gelten. Bei den Oberlandesgerichten werden in Zukunft sehr viele Rechtsmaterien in letzter Instanz entschieden. Ueber diejenigen Gesetze, welche sich nicht über das Gebiet von mehreren Oberlandesgerichten erstrecken, spricht das Oberlandesgericht in letzter Instanz. Da nun der Anwalt beim Oberlandesgericht berufen ist, für die Fortbildung des Rechtes und der Rechtsanwendung mitzuwirken, so glaube ich, daß wir ihm die Erhöhung wohl gönnen dürfen.

Präsident: Die Diskussion ist geschlossen. Es liegen folgende Anträge vor. 1) Der Antrag der Münchener Anwälte, vertreten durch Herrn Kollegen Dr. Hellmann: Erhöhung der Gebühren in der Berufungsinstanz um drei Zehntel, vor dem Reichsgericht und in der Revisionsinstanz um fünf Zehntel; 2) Der Antrag des Herrn Kollegen Clauß (Straßburg), welcher den Münchener Antrag in zweifacher Beziehung modifizirt, nämlich a) statt „in der Berufungsinstanz" sagen will: „vor dem Oberlandesgericht", b) statt drei und fünf Zehntel resp. fünf und acht Zehntel; 3) Der Antrag des Herrn Kollegen Adams (Koblenz): Gleichmäßige Erhöhung in der Berufungs- und Revisionsinstanz um fünf Zehntel. — Ich würde den letztgenannten Antrag — abgesehen von den acht Zehnteln, welche Herr Kollege Clauß beansprucht — als den weitestgehenden ansehen und bringe denselben daher zuerst zur Abstimmung.

Abstimmung: Der Antrag des Advokat-Anwalts Adams (Koblenz):

Inder Berufungs- und Revisionsinstanz erhöhen sich die Gebühren um fünf Zehntel ꝛc.

wird mit großer Mehrheit angenommen. Advokat-Anwalt Clauß (Straßburg) zieht hierauf seinen bezüglich der „acht Zehntel in der Revisionsinstanz" noch weiter gehenden Antrag zurück. Damit sind auch die übrigen Anträge erledigt.

(Schluß der Sitzung 5 Uhr.)

Zweite Sitzung
am Sonntag, den 2. März 1879,
Vormittags 9 Uhr.

Präsident: Meine Herren, die Sitzung ist eröffnet. Zu §§ 52 und 53 sind keine Anträge gestellt; wir gehen daher über zu **§ 54 und 56**, zu denen Anträge vorliegen.

Referent Justiz-Rath **Leffe** (Berlin): Meine geehrten Herren Kollegen! Obgleich ich nach den Beschlüssen des gestrigen Tages keine große Neigung habe, erhebliche Erhöhungen noch zu befürworten, so muß ich doch sagen, daß das bei den Konkurssachen durchaus nothwendig sein wird. Der Rechtszustand ist bis jetzt ein sehr verschiedener in Bezug auf die Entschädigung der Anwälte, für die Zukunft, glaube ich, werden Sie mir Recht geben, daß man gut thut, ungefähr den preußischen Maßstab anzulegen, weil ja in der That die gemeinsame Konkursordnung auf preußischen Grundsätzen beruht.

Es liegen drei Anträge vor: mein Antrag zu § 54, die Sätze zu erhöhen auf 8 resp. 5 Zehntel; dann der Antrag der Herren Mecklenburger zu § 56, statt 3 Zehntel zu setzen 5 Zehntel; und endlich der Antrag derselben Herren zu § 56, die Gebühren in allen Fällen gleichmäßig nach dem Rennwerth der Förderung zu berechnen. Meine Herren, diese letztere Bestimmung des Entwurfs im § 58 ist ja ziemlich einschneidend, daß man hier für die Sätze, so weit sie die Thätigkeit des Anwalts gegenüber den Konkursgläubigern betrifft, nicht nach der Forderung, wie bei uns, sondern künftig nach der muthmaßlichen Dividende berechnen will.

Wenn ich nun zu § 54 eine Erhöhung beantragt habe, so habe ich das allerdings in der Voraussetzung gethan, daß das Prinzip des § 58 nicht angefochten wird, was jetzt die Herren aus Mecklenburg thun. Ich muß ja zugeben, daß mit Rücksicht auf die Bestimmung des § 58 die Salarirung des Anwalts für die Prüfung der Forderung für das Zwangsvergleichsverfahren und Theilungsverfahren eine außerordentlich geringe sein wird, weil ja beträchtlich geringe Dividenden die Regel sind im Konkurse und es etwas illusorisch ist, wenn die Motive auf die Konkurse mit hoher Dividende als eine künftige bedeutende Einnahmequelle des Anwalts verweisen. Aber ich meine, wenn man für Konkurssachen, die ja schließlich nicht solche

Arbeit wie die Prozesse machen, wenn man im § 54 die Gebühren erhöht, daß man dann nicht weiter in das Prinzip einzugreifen braucht, sondern daß der Anwalt damit schon eine einigermaßen genügende Entschädigung erhält. Ich muß auch bekennen, daß ich eigentlich nur vergessen habe, auch zu § 56 einen Erhöhungsantrag zu stellen, und bin mit dem Antrag der Herren aus Mecklenburg ganz einverstanden, daß, wenn es sich nur um Anmeldung handelt, der Anwalt statt 2 Zehntel 5 Zehntel erhält.

Diese beiden Anträge würde ich also befürworten, im übrigen aber es bei dem Prinzip des § 58 lassen.

Abstimmung. Der Antrag des Referenten zu § 54, die Gebührensätze zu erhöhen von ⁶/₁₀ und respektive ⁴/₁₀ auf ⁸/₁₀ und respektive ⁵/₁₀, wird mit großer Majorität angenommen.

Der Mecklenburgische Antrag zu § 56, die Gebühren von ²/₁₀ auf ⁵/₁₀ zu erhöhen, wird gleichfalls angenommen.

Der Mecklenburgische Antrag zu § 58, die Gebührensätze stets gleichmäßig nach dem Rennwerth der Forderung zu berechnen, wird hiernach von Rechts-Anwalt Crull (Rostock) namens der Antragsteller zurückgezogen.

Präsident: Zu §§ 59, 60, 61 liegen keine Anträge vor. Wir gehen über zu § 62.

Referent Justiz-Rath Leffe (Berlin): Ich will nur mit zwei Worten motiviren, daß wir Referenten allerdings hier keine große Erhöhung beantragt haben. Wir haben geglaubt, daß es aussichtslos sein wird, und zwar deshalb, weil ja häufig der Fiskus die Gebühren bezahlen muß. Wir müssen aber auch anerkennen, daß die Strafsachen ganz unendlich verschieden sind, daß, wenn man die Fälle von der Strafkammer in Erwägung ziehe, man bei sehr vielen allerdings nicht sagen kann, 20 Mark sind genügend. Ich bin indeß der Meinung, daß der Vertrag, den wir angenommen haben, gerade bei Strafsachen ganz entsprechend eine geeignete Anwendung finden wird, und daß die Ungleichheit, die die Gebührenordnung hier ja ganz gewiß enthält, durch einen Vertrag genügend modifizirt werden kann. Die Herren werden ja ihre abweichende Ansicht motiviren.

Dagegen habe ich es für durchaus richtig gehalten, bei der Vertheidigung die Gebühren für den zweiten Tag auch zu erhöhen. In Berücksichtigung des Umstandes, daß man vielleicht sagen kann, der zweite Tag mache doch nicht dieselbe Arbeit wie der erste, wenn man die Vorarbeit in Betracht ziehe, wird der Satz von 8 Zehntel gewiß nicht zu unbescheiden sein.

Im Anschluß hieran würde ich auch den Vorschlag des Herrn Kollegen Häußche befürworten, daß bei mehreren Vertheidigungen der Anwalt für jeden einzelnen die volle Summe erhält.

Im weiteren haben wir Referenten keine Anträge zu stellen.

Advokat Rau (München): Die Münchener Kollegen haben in den sub VII zu § 62 Ihnen gedruckt vorliegenden Anträgen vorgeschlagen, eine Minimal- und Maximalgebühr festzusetzen; ich muß Ihnen aber pflichtgemäß auch die rationes dubitandi bekannt geben. Ich

halte es nämlich für bedenklich und mit mir ebenso eine große Anzahl der Münchener Kollegen, gerade an diesem Punkte zu rütteln. Es ist nicht zu verkennen, daß nach Einsicht der Motive, welche insbesondere sich mit der Frage beschäftigen, für die Offizialvertheidigung nach irgend welchem anderen Maße auf abgeminderte Quoten einzugehen, wie dies in vielen deutschen Staaten der Fall ist, es bedenklich sein dürfte, diese Minimal- und Maximalsätze aufrecht zu erhalten. Ich bin nicht in der Lage, mich auf meine Münchener Kollegen zurückzuziehen, aber ich habe mich verpflichtet erachtet, wenigstens die Zweifelsgründe bekannt zu geben, die von einer größeren Minorität der Münchener Kollegen geltend gemacht worden sind, und die ich persönlich habe.

Hofgerichts-Advokat Dr. **Magnus** (Braunschweig): Meine Herren! Ich bin von meinen Braunschweiger Kollegen beauftragt, den Braunschweigischen Antrag zu §§ 62 und 63 zu vertreten. Wir Braunschweiger sind der Ansicht, daß bei den Schwurgerichtssachen die vorgeschlagenen Entschädigungen nicht genügen. Beim Schwurgericht soll derjenige, der angeklagt ist, einen Vertheidiger sich wählen können, zu dem er Vertrauen hat. Einen solchen Vertheidiger kann er nicht durch einen Vertrag sich erwerben, weil in der Regel die Angeklagten, die vor das Schwurgericht gestellt werden, nicht in der Lage sind, große Honorare zu bewilligen. Aus dem Grunde wird in Braunschweig den Vertheidigern eine sehr reichliche Gebühr aus dem Staatsfiskus gezahlt. Meine Herren, als dieser Entwurf bekannt wurde, da hatte gerade der Präsident unseres Schwurgerichts Gelegenheit, mit unserem gesuchtesten Vertheidiger zu sprechen, und sagte: aber was soll denn daraus werden, — unter diesen Umständen können Sie ja nie wieder eine Vertheidigung übernehmen. So, meine Herren, liegt die Sache. Es muß dem Vertheidiger, wenn er das Vertrauen des Publikums genießt, und der deshalb auch den armen Klienten vertheidigt, nicht angesonnen werden, vielleicht wochenlang in den Schwurgerichtssessionen umsonst zu arbeiten, — das kann er eben nicht. Wie würde sich denn die Sache gestalten, wenn die Taxen so bleiben für die Schwurgerichtssachen, wie sie sind? Bei uns wenigstens wird kein Mensch für diese Taxe Schwurgerichtssachen übernehmen wollen; es wird also dahin kommen, daß die Vertheidiger alle ablehnen, daß ein Turnus eingeführt wird, und dann stößt es ein unglücklicher Angeklagter einen Vertheidiger zugewiesen, zu dem er auch nicht das geringste Vertrauen hat. Deshalb sind wir der Ansicht, die Gebühren müssen erhöht werden. Wir haben den Vorschlag noch sehr gering gehalten gegen das, was jetzt bei uns dem Vertheidiger aus der Staatskasse zugebilligt wird; wir sind bei einem Satz von 40 Mark stehen geblieben, den bei einer Dauer von mehr als 6 Stunden 60 Mark.

Was die folgenden Tage betrifft, so sind wir anderer Ansicht als der Herr Referent; wir sind der Ansicht und haben das aus der Erfahrung geschöpft, daß die folgenden Tage viel angreifender sind als der erste Tag. Wenn man mit einem Tage fertig ist, ist die Sache abgemacht; wenn man aber mehrere Tage sitzt, vielleicht eine Woche sitzt, so ist das eine entsetzliche Arbeit, und deshalb ist es unpassend die Gebühren da zu vertingern. Wir haben daher den Antrag gestellt, die folgenden Tage genau ebenso zu honoriren wie den ersten Tag.

Ich bitte Sie, unsere Anträge anzunehmen.

Advokat **Becher** (Stuttgart): Meine Herren! Ich vertheidige sehr viel, seit 25 Jahren, und ich halte es für eine Gewissenssache, in der elften Stunde noch zu diesem Paragraphen das Wort zu nehmen. Es wäre nämlich, so schwach die Aussichten sind, auf Kosten des Fiskus — denn das liegt unverkennbar vor — eine Verbesserung der Anwaltsgebühren zu erzielen, eine Pflichtversäumniß von seiten einer Versammlung von 300 Deutschen Anwälten, sich gegenüber dem Herrn Reichstag auch nur möglicherweise dem Verdacht auszusetzen, als ob wir die im § 62 gebotenen Gebühren für genügend hielten. Es handelt sich hier durchaus weniger um ein ökonomisches Interesse des Anwaltsstandes als um die Güte der Strafrechtspflege selbst.

(Sehr wahr!)

Im landgerichtlichen Verfahren vor rechtsgelehrten Richtern nehme ich keinen Anstand, der Vertheidigung etwas weniger Werth beizulegen als vor dem Schwurgericht. Der eigentliche Nerv der Rechtssicherheit vor dem Schwurgericht liegt in der Vertheidigung. Arbeitstheilung schafft Virtuosität; von der Arbeitstheilung rührt die immense Sicherheit der Mehrzahl der Staatsanwälte her, die den Geschwornen naturgemäß so sehr imponirt. Diese Sicherheit der Staatsanwälte bedarf eines Gegengewichtes, und dieses Gegengewicht bekommt sie erst dadurch, daß Spezialitäten von Vertheidigern sich ausbilden können. Sie können sich nicht durch Vertrag ausbilden, denn die wohlhabenden Angeschuldigten sind äußerst selten; sie können sich nur ausbilden auf Kosten der Staatskasse. Wir haben in Württemberg seit Einführung des Schwurgerichts in dieser Beziehung sehr liberale Bestimmungen, und die Folge dieser Bestimmungen ist denn auch, daß sich bei uns Spezialitäten ausgebildet haben, Spezialitäten, die — ich will nicht sagen, im Durchschnitt den Staatsanwälten gewachsen sei, die aber doch immer ein sehr erkleckliches Gegengewicht gegen den überwiegenden Einfluß der Staatsanwaltschaft auf die Geschwornen zu üben im Stande sind. Solche Spezialitäten können sich — ich stimme darin dem Herrn Vorredner vollkommen bei — mit der uns im § 62 angebotenen Taxe unmöglich bilden. Ich halte an dieser Taxe vorweg für mangelhaft, daß nicht eine Geschäftsgebühr neben der Tagegebühr aufgenommen ist. Ich habe schon ganze Sessionen des Schwurgerichts mit bestimmten Assisen durchgemacht, ich habe aber mitunter 8 Tage, 6 Tage, sehr häufig 2 bis 4 Tage zu einer gründlichen, gewissenhaften Vorbereitung auf die Hauptverhandlung gebraucht. Gehen wir nun davon aus, daß, wie dies im § 62 normirt ist, keine besondere Vergütung hierfür stattfindet, nehmen wir mit dem Herrn Antragsteller, dem Herrn Kollegen Leffe, an, daß die Tagegebühren, die er für den zweiten und die folgenden Tage verlangt, die wir doch supponiren müssen, nicht mehr betragen sollen als die für den ersten Tag, so bleiben von dem Honorar für diese Vorarbeiten 4 Mark übrig, — sage 4 Mark, für eine Arbeit, für die der Anwalt vielleicht eine ganze Woche angestrengtesten Fleißes angewandt hat.

Ich bin daher mit dem Herrn Vorredner der Anschauung, daß das Institut der Vertheidigung leidet, daß der Einfluß der Staatsanwaltschaft auf das Schwurgericht ein unheilvoller wird, wenn diese Bestimmungen Gesetzeskraft erhalten. Auf der andern Seite bin ich weit entfernt, einen von dem des Herrn Berichterstatters und von dem der braunschweiger Herren abweichenden Vorschlag machen zu wollen, mit der fast bestimmten Aussicht, daß derselbe, wenn auch die Annahme hier zu erzielen wäre, keine Berücksichtigung fände, und ich beschränke mich deshalb auf den dringenden Wunsch an den Reichstag, hier Abhilfe zu schaffen und sich auf den Standpunkt zu versetzen, daß es sich hier keineswegs um ein ökonomisches Interesse der Anwaltschaft handelt, sondern daß es sich darum handelt, ob die Strafrechtspflege in Deutschland auf der Höhe erhalten bleibt, die sie bis jetzt Gottlob noch einnimmt. Möge der Reichstag Abhilfe schaffen!

(Lebhaftes Bravo!)

Rechts-Anwalt **Freytag** (Leipzig): Meine Herren! Ich möchte den Antrag einbringen:

Der Anwaltstag wolle beschließen, den Reichstag zu ersuchen, dem § 62 folgende Fassung zu geben:

In Strafsachen erhält der Rechtsanwalt als Vertheidiger in der Hauptverhandlung erster Instanz:

1) vor dem Schöffengericht 12 Mark;
2) vor der Strafkammer 20 bis 50 Mark;
3) vor dem Schwurgericht 40 bis 100 Mark.

Die Höhe des betreffenden Gebührensatzes wird je nach der Schwierigkeit und Zeitdauer der Verhandlung durch das Gericht festgesetzt.

Meine Herren, ich kann Ihnen versichern, daß wir aus Sachsen mit wirklicher Bescheidenheit Ihren Ansichten stets vollständig beigepflichtet haben, wo wir annehmen und glauben mußten, daß Sie die Erfahrung für sich hatten, namentlich also die Erfahrungen der Herren vom Rhein, aus Baden u. s. w. In Strafsachen, meine Herren, maßen wir uns an, daß die bessere Erfahrung bei uns ist. Wir haben in Sachsen für Strafsachen das vollständig, was unsere künftige Strafjustiz wenigstens einigermaßen dem Deutschen Reiche geben wird. Wir haben in Sachsen in allen Sachen, wo Verbrechen in Frage kommen, die nothwendige Vertheidigung, und wo der Staat die nothwendige Vertheidigung verlangt, da tritt bei uns der Staat für den Vertheidiger gerade so ein, wie für den Staatsanwalt; der Vertheidiger wird gewählt von dem Angeschuldigten und bezahlt vom Staat. Die Gebühren, die er zu fordern hat, bezahlt unsere Staatskasse absolut, wenn eine Freisprechung später erfolgt; der Staat hat nicht einmal das Recht, sich die Gebühren von dem Clienten wiederzugeben zu lassen. Erfolgt eine Verurtheilung, so kann der Staat sehen, ob er von dem Verurtheilten etwas bekommt; uns geht das nichts an. Und diese Gebühren sind ganz andere als die hier vorliegenden. Ich kann Ihnen versichern, daß wir in Sachsen die Gebühren, wie sie hier festgesetzt worden sind, geradezu für skandalös niedrig halten. Wir werden künftighin das Eintreten des Staats für die Kosten der Vertheidigung wenigstens in Armensachen haben, und insofern wird wenigstens ein Schritt angebahnt dazu, daß künftighin in Deutschland der Grundsatz angenommen wird, daß der Staat die Vertheidigung bezahlen muß. Aber, meine Herren, mit den Sätzen wie sie hier sind, wird der Zweck vollständig verfehlt und ich kann Ihnen versichern, ein anständiger Anwalt kann bei diesen Sätzen absolut nicht vertheidigen, — es ist geradezu unmöglich. Wenn ich annehme — was gar nicht vorkommen kann — daß ein vielbeschäftigter Anwalt sich bloß mit solchen Vertheidigungen beschäftigt, daß er 300 Sachen vor der Strafkammer zu vertheidigen hätte, da würde er ja immerhin vielleicht auf 2000 Thaler jährlich kommen, und das ist keine Bezahlung für einen viel beschäftigten Anwalt.

Ich kann auch dem, was Herr Kollege Rau aus München erklärt hat, unter keinen Umständen beistimmen. Wenn derselbe glaubt, daß deshalb nicht darauf werde eingegangen werden, weil gerade der Fiskus in Mitleidenschaft komme, so halte ich das für einen falschen Standpunkt wenigstens von uns aus; ich glaube sogar ganz zuverlässig versichern zu können, daß wenigstens die sächsische Regierung einer ganz bedeutenden Erhöhung dieser Sätze nimmermehr entgegen sein wird, denn gerade in Sachsen hat die Regierung die langjährige Erfahrung gemacht, daß es die Strafrechtspflege unter allen Umständen bloß lähmen würde, wenn man den Vertheidiger auf einen solchen Standpunkt herabsetzt, daß ein anständiger Advokat absolut nicht mehr vertheidigen kann. Die Gebührensätze, die wir haben, kann ich Ihnen versichern, belaufen sich auf mehr als das doppelte von dem, was hier aufgenommen ist. Ich will bloß beispielsweise sagen, daß wir auch in einer Landgerichtssache einschließlich Vorbereitung nicht unter 25 Thaler pro Tag bekommen; ich will nur erwähnen, daß wir in Chemnitz vor ungefähr 4 Wochen eine Falschmünzerbande zu vertheidigen hatten, — es waren 15 Advokaten, die da vertheidigt haben, und da hat der Staat an uns gegen 14,000 Mark Vertheidigungskosten ausgezahlt.

(Bewegung.)

— Das sind Sätze die ganz gewöhnlich niedrig sind. — Ich kann außerdem versichern, daß unsere Bezirksgerichte ebenso wie unser oberster Gerichtshof, obgleich die Taxe sehr viel Spielraum hat, nimmermehr davon ausgehen, das Interesse des Staatssäckels uns gegenüber zu wahren, sondern unsere Richter schätzen ziemlich die Arbeit ab, und in allen schwierigeren Fällen bekommen wir weit über die Mitteltaxe.

Ich sehe also gar nicht ein, warum wir nicht mit aller Entschiedenheit dafür eintreten wollen, daß diese Taxen unbedingt erhöht werden müssen. Ich glaube, daß wir in spätern Jahren vielleicht auch in der Reichsgesetzgebung auf den Standpunkt kommen werden, daß der Staat für alle Vertheidigungen, wo sich um schwere Fälle handelt, einstehen muß, also auch für solche Fälle, wo einer, der zahlen kann, auf der Anklagebank sitzt. Und dann wird es doch recht gut sein, wenn wir hier wenigstens einigermaßen vorbereitet haben.

Ich sehe auch weiter nicht ein, warum wir die Sätze bloß für die Schwurgerichtsvertheidigungen erhöhen wollen und nicht auch für die Vertheidigung vor der Strafkammer; die Arbeit ist ja dieselbe. Dagegen halte ich eine Erhöhung der Gebühren für Vertheidigungen bei Schöffengerichten deshalb für nöthig, weil gerade da der Staat nicht einzutreten hat; denn selbstverständlicher Weise ist gerade in den Fällen Erhöhung geboten, wo der Staat zu bezahlen hat; die Fälle, wo er nicht zu bezahlen braucht, halte ich für die einzigen, wo der Vertrag über Gebühren am Platze ist, während ich sonst für Verträge mich gar nicht begeistern kann, obgleich wir in Sachsen den freien Vertrag seit 1873 haben.

Weiter möchte ich hinsichtlich des § 63 noch einige Worte sprechen. Wir haben in Sachsen die Praxis, daß, wenn eine Vertheidigung mehrere Tage dauert, wir für den zweiten und dritten Tag mehr bekommen. Wir haben eine Bescheidung unseres Appellationsgerichts, welche sich ganz klar darüber ausspricht, daß die Arbeit des Anwalts für die Vertheidigung am zweiten und dritten Tage u. s. w. allemal verhältnißmäßig größer ist. Es heimelt mich ganz eigenthümlich an, daß man für eine Vertheidigung, die mehrere Tage dauert, weniger bekommen soll.

Meine Herren, ich bitte Sie dringend, nehmen Sie die von uns gestellten Anträge an; ich bin überzeugt, daß die Herren die nach der künftigen Gesetzgebung sich auch mit Vertheidigung beschäftigen werden, die Erfahrungen, die wir in dieser Beziehung gemacht haben, als die richtigen auch später erkennen werden.

(Bravo!)

Präsident: Die Diskussion ist geschlossen. Zu der Position „Schöffengerichte" liegt vor der Mecklenburgische Antrag, statt: „12 Mark" zu setzen „10 bis 30 Mark", und der Münchener Antrag: „5 bis 20 Mark".

Advokat Crull (Rostock): Ich ziehe den Mecklenburger Antrag zu Gunsten des Münchener zurück.

Rechts-Anwalt Jenker (Breslau): Ich beantrage: „10 bis 20 Mark".

(Lebhafte Zustimmung.)

Advokat-Anwalt Trimborn (Köln): Ich glaube, daß die Fassung des Entwurfs an erster Stelle wird zur Abstimmung kommen müssen, denn hier handelt es sich nicht um eigentliche Amendements, es handelt sich lediglich um einer Zahl, und da bin der Meinung, daß die Fassung des Entwurfs bei der Fragestellung den Vorzug haben muß.

Justiz-Rath Häuschke (Berlin): Wenn so abgestimmt würde, dann bekämen wir ein ganz merkwürdiges Resultat: 12 wird abgelehnt, 5 bis 10 wird abgelehnt, 10 bis 20 wird abgelehnt, dann haben wir schließlich nichts beschlossen.

Präsident: Ich bin auch der Meinung des Herrn Kollegen Trimborn; es kann gegen den Entwurf stimmen, wer mehr will und wer weniger will.

Advokat Haenle (Ansbach): Der Münchener Antrag scheint mir noch unvollständig, denn er spricht von einem Rahmen, von einem Auf- und Absteigen, von der Möglichkeit, mehr oder weniger zu fordern; es ist aber nicht gesagt, wer die Berechtigung haben soll, das Mehr oder Minder festzusetzen.

(Zuruf: Im Leipziger Antrag steht es!)

Justiz-Rath Leffe (Berlin): Meine Herren! Ich kann dem verehrten Kollegen Trimborn nicht beistimmen. Ich glaube, wir müssen, wie in allen Fällen, hier über den weiter gehenden Antrag zuerst abstimmen, und ich glaube nicht, daß, wo es sich um eine Zahl handelt, man abweichen darf; denn dann würden wir einer Menge Kollegen präjudiziren, die für den Entwurf erst stimmen wollen, wenn alles andere erst abgelehnt ist.

Advokat-Anwalt Adams (Koblenz): Meine Herren! Ich glaube, daß der Entwurf deßhalb erst zur Abstimmung kommen muß, weil das eigentlich ein Antrag ist, über alle hier gestellten Anträge zur Tagesordnung überzugehen.

Advokat Schanz (Dresden): Ich bin der Meinung, daß, nachdem sich nicht eine einzige Stimme für den Entwurf ausgesprochen hat, im Gegentheil meines Erachtens ganz deutlich nachgewiesen ist, daß der Entwurf völlig unannehmbar ist, wir nur Zeit verlieren würden, wenn wir zunächst über den Entwurf abstimmten.

Justiz-Rath Meibauer (Konitz): Meine Herren! Wir kommen zu keinem Resultat, wenn zunächst über den Entwurf abgestimmt wird; ich werde präjudizirt und muß eigentlich den Entwurf annehmen, wenn die Amendements zunächst zur Abstimmung kommen. Es ist auch parlamentarisch nicht anders üblich, als daß, wenn eine Vorlage da ist, man erst dasjenige Amendement nimmt, welches sich am weitesten von derselben entfernt, und erst in letzter Reihe auf die Vorlage selber kommt.

Präsident: Meine Herren! Es handelt sich blos um zwei Alternative: einen firen Satz von 12 Mark oder einen variablen von 10—20 Mark. Es ist schwer zu sagen, welches der weitergehende ist, weil der letztere geringer beginnt und höher hinaufgeht als der erstere. Unter diesen Umständen bin ich nun aber doch der Meinung, daß wir über das Amendement zuerst abstimmen und, wenn dasselbe abgelehnt wird, die Vorlage für genehmigt erklären.

(Zustimmung.)

Abstimmung: A. Schöffengerichte. Das Amendement: „10 bis 20 Mark" wird, wie durch Probe und Gegenprobe konstatirt wird, mit geringer Majorität abgelehnt und somit der Entwurf in dieser Beziehung angenommen.

B. Strafkammer. Der Mecklenburgische Antrag, 20 bis 100 Mark wird abgelehnt; der Antrag Freytag (Leipzig) — 20 bis 50 Mark — wird angenommen.

C. Schwurgericht und Reichsgericht. Der Mecklenburgische Antrag hier zu setzen: 50 bis 300 Mark, wird abgelehnt, der Lübecker Antrag — 40 bis 100 Mark — mit geringer Majorität (Probe und Gegenprobe) angenommen. Damit ist der Braunschweigische Antrag — 40 Mark, über 6 Stunden 60 Mark — erledigt.

Präsident: Nun ist noch von den Mecklenburger Herren ein Antrag gestellt, der sich auf §§ 62 und 63 und außerdem auf §§ 64 und 66 bezieht. Es soll nämlich hinzugefügt werden: „nach eigener Schätzung des Rechts-Anwalts, unter entsprechender Anwendung des § 94 dieses Gesetzes."

Advokat Möller (Rostock): Ich will nur ganz kurz bemerken, wie der Antrag entstanden ist. Es wurde nämlich gesagt, daß, nachdem wir an Stelle der im Entwurf

vorgeschlagenen feste Pauschgebühren verlangten und hier zu variablen Gebühren gekommen sind, irgend ein Maßstab angelegt werden müsse, und daß namentlich, da es sich hier darum handle, dem Staat eine höhere Gebühr aufzuerlegen, der Staat auch wiederum dagegen geschützt werden müsse, daß der Sachwalt, der Vertheidiger nicht zu hoch innerhalb der Gebühren griffe. Das konnte in diesem Falle, entsprechend dem § 94, nicht anders geschehen, als indem bei Anfechtung der Vorstand der Anwaltskammer die Festsetzung zu übernehmen hat.

Abstimmung. Der Antrag wird abgelehnt.

Präsident: Nun kommt die Frage wegen des zweiten und der etwaigen folgenden Tage. Der Entwurf giebt für den folgenden Tag ⁹⁄₁₀ der Gebühren, der Antrag Lesse verlangt ⁸⁄₁₀ der Münchener und der Braunschweiger Antrag verlangen die ganze Gebühr.

Rechtsanwalt Dr. Neuling (Leipzig): Der § 63 steht im engsten Zusammenhang mit dem System des Entwurfs, wonach für den ersten Tag ein Firum gegeben wird. Sobald das Firum verlassen wird und an dessen Stelle eine Variable eintritt, ist natürlich die Bestimmung des § 62 auch nicht mehr maßgebend. Der Gedanke, den wir haben aussprechen wollen, ist der, daß die Gesammtleistung des Anwalts abgemessen wird, wobei eben der eine Tag in der Weise innerhalb der Variable abgemessen wird. Uebrigens erlaube ich mit doch zu bemerken, daß der § 63 in der Weise, wie er jetzt gefaßt ist, unvereinbar ist mit den Beschlüssen, wonach eine Variable für den einen Tag stattfindet. Ich bin prinzipiell im Allgemeinen dagegen, daß das Gericht irgend welchen Einfluß auf die Firirung der Anwaltshonorare hat; nur speziell für den einen Fall, wo das Gericht den Offizialvertheidiger persönlich bestimmt, glaube ich allerdings, daß dieses System sehr wohl zu ertragen ist.

Hofgerichtsadvokat Dr. Magnus (Braunschweig): Meine Herren! Ich bin mit dem Herrn Vorredner nicht einverstanden. Wenn es die Absicht gewesen wäre, das Pauschquantum, wie es festgesetzt werden soll, für alle Fälle und für alle Zahlen festzusetzen, dann hätten wir ein viel höheres Marimum nehmen müssen. Denken Sie sich doch, wenn ein Fall 14 Tage dauert, dann würde auch nicht über dieses Marimum hinausgegangen werden können. Die Sache liegt so: das Gericht hat für jeden Tag die Summe nach seinem Ermessen festzusetzen, es hat aber bei diesem Ermessen für den folgenden Tag ganz dieselben Grundsätze maßgebend sein zu lassen, wie für den ersten. Also verträgt sich das, was wir wünschen, durchaus mit einer variablen Taxe.

Ich bitte dann, mir zu gestatten, darauf hinzuweisen, daß wir auch noch beantragt haben, Alinea 2 des § 63 zu streichen, weil wir nicht einsehen, warum Privatanklagen anders behandelt werden sollen, als öffentliche Anklagen.

Abstimmung. Der braunschweiger Antrag auf die volle Gebühr wird angenommen; damit ist der Antrag Lesse (⁸⁄₁₀) und die Vorlage (⁹⁄₁₀) erledigt.

Präsident: Nun wird von Seiten der Münchener Herren die Streichung des Alinea 2 des § 63 beantragt.

Advokat Dr. **Mau** (München): Meine Herren! Ich glaube, daß dieser Vorschlag kaum einer Begründung bedarf. Es kann gerade so vorkommen wie bei Klagen, daß sich die Sache auf mehrere Tage erstrecken muß. Es ist garnicht abzusehen, warum hier eine für den Anwaltstand nachtheilige Ausnahme gemacht werden soll. Ich beantrage also, daß Sie diese Streichung beschließen wollen.

Abstimmung. Die von München beantragte Streichung wird angenommen.

Präsident: Zu §§ 64 und 65 liegen keine Anträge vor.

Zu § 66, das Vorverfahren betreffend, liegt ein Mecklenburger Antrag vor. Nach dem Entwurf erhält der Anwalt für die Vertheidigung:

vor dem Schöffengericht . . . . 6 Mark,
vor der Strafkammer . . . . 10 "
vor dem Schwurgericht oder Reichsgericht . . . . 20 "

also die Hälfte der Sätze, die der Entwurf für die Vertheidigung im Hauptverfahren festgesetzt hat. Es scheint mir eine Konsequenz zu sein, daß, nachdem wir die Sätze für die Hauptverhandlung in anderer Weise normirt haben, nun hier in entsprechender Weise die Hälfte der dort beschlossenen Sätze eingestellt wird, also :

vor den Schöffengerichten . . . . 6 Mark,
vor der Strafkammer . . . 10 bis 25 "
vor dem Schwurgericht oder
dem Reichsgericht . . . 20 bis 50 "

(Zustimmung.)

Ich erkläre also dies für angenommen.

Zu § 67 liegt ein Antrag des Herrn Obergerichtsanwalts Dr. Bödiker zu Aurich vor,

hinter Nr. 3 einzuschalten:

Nr. 4 eines Gesuches um Erlaß, oder Aenderung der Strafe (Gnadengesuch).

Es fragt sich ob dieser Antrag hier aufgenommen wird.

Rechts-Anwalt **Levy** (Berlin): Ich nehme den Antrag auf.

Abstimmung. Der Antrag wird angenommen.

Präsident. Zu § 68 (Einlegung eines Rechtsmittels ꝛc.) wird von den Mecklenburger Kollegen beantragt, statt 2 Mark zu setzen 5 Mark.

Advokat **Crull** (Rostock): Meine Herren, es scheint wie eine Konsequenz unserer gestern gefaßten Beschlüsse zu sein, wenn wir in diesem Paragraphen eine Erhöhung der uns offerirten Gebühr verlangen. Wir haben gestern beschlossen, daß die Minimalgebühr auch in den Strafsachen 2 Mark betragen soll. Hier handelt es sich gerade darum, eine Anwendung von diesem Fall zu machen. Dieser § 68 betrifft nämlich nur den Fall, wenn der Anwalt mit weiteren Handlungen, als den hier bezeichneten, nicht beschäftigt wird; insbesondere handelt es sich hier um den Fall der Einlegung des Rechtsmittels. Ist der Anwalt in der vorhergehenden Instanz Vertheidiger gewesen, so hat er nach den Motiven für die Einlegung eines Rechtsmittels überhaupt nichts mehr zu fordern; hat der Anwalt eine weiter darüber hinausgehende Thätigkeit, hat er insbesondere die Berufung zu rechtfertigen, dann soll er nach § 70 des Entwurfs sich die Gebühren für Einlegung des Rechtsmittels wiederum anrechnen dürfen. Aber, meine Herren, wir haben es hier nur mit dem Fall zu thun, wo die Thätigkeit des Anwalts ganz allein in Anspruch genommen wird für die hier bestimmten Fälle: Einlegung eines Rechtsmittels oder sonstiger Anträge, Gesuche und Erklärungen. Wenn wir nun gestern beschlossen haben, daß die Minimalgebühr 2 Mark betragen soll, so dürfen wir doch ganz gewiß nicht annehmen, daß alle diese Erklärungen, Anträge und Gesuche des Anwalts auf der Minimalstufe stehen, sondern es wird ganz gewiß diese Thätigkeit sehr oft eine sehr weit darüber hinausgehende sein, die häufig sehr umfangreiche Konsultationen mit in sich schließen wird.

Das sind die Gründe, weshalb ich Sie ersuche, dieser beantragten Erhöhung von 2 Mark auf 5 Mark, die wirklich in der That den Durchschnitt nicht übersteigen wird, zuzustimmen.

Abstimmung. Der Antrag wird abgelehnt.

Präsident: Zu § 69 und 70 liegt nichts vor. Zu § 71 beantragt der Kollege Hänschke, anstatt der vom Entwurf aufgestellten 5 Zehntel (für den Fall der Vertheidigung mehrerer Beschuldigten durch einen gemeinsamen Vertheidiger) die volle Gebühr zu verlangen.

Justiz-Rath **Hänschke** (Berlin): Meine Herren! Wenn früher 10 Angeklagte vor dem Schwurgericht standen, wurde jedem Angeklagten ein Vertheidiger ex officio zugeordnet, weil man dachte, es läge das im Interesse der Angeklagten. Wenn die gegenwärtige Bestimmung des Entwurfs Gesetz wird, so wird man in Zukunft jedem Vertheidiger fünf Angeklagte geben, um etwas zu profitiren. Das ist natürlich unzulässig. Außerdem ist es ja in der That für den Vertheidiger eine viel größere Arbeit, wenn er mit Zweien oder Dreien zu sprechen hat, als wenn er nur für Einen die Vertheidigung übernimmt.

Abstimmung. Der Antrag wird mit ganz geringer Majorität (einer oder zwei Stimmen) angenommen.

Präsident: Zu §§. 72, 73, 74 liegt nichts vor; wir kommen zu § 75, die Schreibgebühren betreffend.

Referent Rechts-Anwalt **Fürst** (Mannheim): Meine Herren Kollegen! Im Alinea 1 des § 75 ist festgesetzt, daß die Schreibgebühren dem Anwalt nur für die zum Zweck der Einreichung bei Gericht oder zum Zweck der Zustellung anzufertigenden Schriftsätze zustehen. Es ist das eine schwere Schädigung sowohl der Klienten als der Anwälte. Es kommen andere Abschriftsgebühren vor, und es ist nicht einzusehen, warum man die baaren Auslagen den Anwälten nicht ersetzen will. Es kommen Auslagen vor für Abschriften zur Information, — man muß aus älteren Akten, aus öffentlichen Büchern sich die betreffenden Urkunden ausziehen lassen, man muß sie wörtlich vor sich haben, um sie zur Instruktion zu benutzen, um sie bei dem mündlichen Vortrage vor sich zu haben und Schlußfolgerungen daraus zu ziehen. Man muß, wenn z. B. Zeugen bei auswärtigen Gerichten auf Requisition vernommen werden und dann die Schlußverhandlung vor dem urtheilenden Gericht stattfindet, die Zeugenaussagen vor sich haben, . . kein Mensch kann die im Kopf behalten. Außerdem aber hat die Partei ein Recht darauf, daß von jedem neueren Vorkommniß im Prozeß sie in Kenntniß gesetzt wird, daß man ihre Information darüber einholt und ihr ihre Anfragen über den gegenwärtigen Stand ihres Rechtsstreites ordnungsmäßig beantwortet.

Ich glaube deswegen, es wird sich der Antrag empfehlen, daß gebeten wird, diesen Absatz des § 75 zu streichen.

Ich stelle aber noch einen eventuellen Antrag. Es würde nämlich gebeten, wenn man nicht einen unbedingten Abstrich dieses Alinea 1 beschließen wolle, daß dann gleichfalls im allgemeinen für die Korrespondenzauslagen und die Informationsauslagen des Anwalts ein Bruchtheil der Prozeßgebühren ihm passire; ich würde diesen nach meinen Erfahrungen, wie ich es aus meiner eigenen Praxis ausgezogen habe, etwa auf 2 Zehntel der Prozeßgebühr normiren.

Mein Antrag geht daher dahin: es wolle die Bitte an den Reichstag gerichtet werden, in § 75 Alinea 1 zu streichen, eventuell aber dem Anwalt eine Pauschgebühr von 2 Zehntel der Prozeßgebühren für die Auslagen an Korrespondenzen und an Informations-Abschriften zu bewilligen.

Referent Justizrath **Leffe** (Berlin): Obwohl ich die Freude gehabt habe, mit meinem Herrn Kollegen in allen Dingen einverstanden gewesen zu sein, so kann ich doch nicht umhin, bei dieser Frage einige Bedenken zur Erwägung zu geben. Es ist ja gewiß die Klage berechtigt, und ich will auch nicht läugnen, daß die Entschädigung für Schreibgebühren, welche sich aus der Gesammtentschädigung ergiebt, eine ganz unbedeutende sein kann. Aber darauf wollte ich doch hinweisen, daß die Frage der Schreibgebühr immer für die kleinliche angesehen wird und bei jeder öffentlichen Besprechung zu den unangenehmsten Reußerungen über den Anwaltstand Anlaß gegeben hat. Dem preußischen Abgeordneten-Hause lag im Jahre 1875 die Erhöhung unseres Tarifs vor; da wurden auch derartige Anträge gestellt, und da hat man zu meinem Schmerz gehört, wie diese Frage zur Veranlassung genommen wurde, um dem Anwaltstand die bittersten Vorwürfe zu machen; ja, der Herr Regierungskommissarius äußerte unter dem Beifall des hohen Hauses: „Wenn die Anwälte bei jedem Bogen, den sie schreiben lassen, immer etwas aus ihrer Tasche hätten zulegen müssen, so wäre vielleicht aus dem altpreußischen Prozeßverfahren etwas ganz anderes geworden, als daraus geworden ist." Solche Dinge werden uns gesagt gelegentlich der Schreibgebühren, und da werden immer ähnliche Angriffe gegen uns vorkommen. Ich muß bitten, lassen wir den Punkt liegen.

(Bravo!)

Hofgerichtsadvokat Dr. **Magnus** (Braunschweig): Meine Herren! Wir braunschweiger Anwälte können dem Herrn Vorredner durchaus nicht beistimmen. Nach unseren Erfahrungen sind Schreibgebühren absolut nothwendig, nothwendig nicht nur im Interesse der Anwälte, sondern gerade im Interesse der Partei.

(Sehr richtig!)

Meine Herren, Sie werden aus unsrer Zeitschrift ersehen haben, daß die Handelskammer in Reichenbach gewünscht hat, daß für Porto eine Entschädigung gegeben werden solle; wenn der Anwalt immer auf eigene Rechnung schreiben lassen solle, dann werde er — wenigstens nehmen das die Kaufleute an — ihm nicht so gern von allen wichtigen Sachen Nachricht geben, als wenn wenigstens die baaren Auslagen erstattet werden sollen. Warum soll das nicht geschehen? Es ist ja auch das Prinzip des Entwurfs, daß die baaren Auslagen erstattet werden.

Ich glaube nun nicht, daß der Herr Referent Fürst das Richtige getroffen hat, wenn er einen Theil der Prozeßgebühren hier einstellt. Meine Herren, das kann ja kolossal hoch werden, und es soll ja doch nicht mehr gegeben werden, als die wirklichen Auslagen betragen. Wir glauben aber, daß die Bestimmungen, wie sie im § 80 des Gerichtskostengesetzes gegeben worden sind, auch für den Anwaltstand nicht genügen; wir haben wenigstens die Erfahrung gemacht, daß wir nur dann unsere Bureaukosten decken können, wenn es so bleibt wie es bisher gewesen ist. Wir haben 35 Pfg. für den Bogen bekommen, aber den angefangenen Bogen für voll gerechnet; wir haben dabei nichts übrig gehabt, aber wir haben auskommen können. Es ist geltend gemacht worden, die Berechnung der Kopialien würde zu Apothekerrechnungen führen; das ist aber nicht der Fall, — so gut wie Porto, können auch Kopialien in Rechnung gesetzt werden.

Ich gebe also anheim, daß Sie unseren Antrag zu § 75 annehmen, welcher dahin lautet:

statt § 75 Alinea 1 und 2 folgendes zu setzen:

An Schreibgebühren stehen dem Anwalt für den Bogen 35 Pf. zu. Ein angefangener Bogen wird für voll gerechnet.

Advokat **Schanz** (Dresden): Meine Herren! Es ist der Gegenstand vielleicht ein kleinlicher, und es könnte auffallen, daß ich trotzdem das Wort ergreife. Aber wir halten ihn in Sachsen wenigstens nicht für einen kleinlichen, und deswegen, weil wir in der Fassung des Entwurfs der Gebührenordnung lediglich ein Mißtrauen gegen den Anwaltstand erkennen, ist es Niemanden eingefallen, eine Beschränkung dahingehend vorzuschlagen, daß nur gewisse Sorten von Schreibgebühren passiren sollen, sondern es versteht sich ganz von selbst, daß sämmtliche Abschriften mit inbegriffen sind. Diese Worte des Paragraphen könnten dann keinen anderen Sinn haben, als daß man den Anwälten wirklich zutraut, sie wollen aus dem Anfertigen von Kopialien und dergleichen besonderen Gewinn ziehen. Nun, meine Herren, das ist doch kaum möglich anzunehmen. Ich bin sehr überrascht über die Aeußerung eines Regierungskommissars, die wir vom Herrn Referenten gehört haben. Der Herr ist zwar nicht anwesend und kann sich nicht vertheidigen, aber da wir einmal in der Lage sind, seine Aeußerung gehört zu haben, glaube ich auch, mir erlauben zu dürfen, zu sagen: Die Bemerkung war entschieden unpassend;

(sehr wahr! sehr richtig!)

denn der Anwaltstand steht zu hoch da, um daraus einen Gewinn machen zu wollen. Es ist aber doch höchst kurios, wenn nicht die baaren Auslagen erstattet werden sollen.

Ich möchte deshalb auch gegen den Herrn Referenten Fürst sein. Mir kommt der Satz von zwei Zehnteln auch viel zu hoch vor; wir wollen ja daraus keinen Gewinn ziehen, sondern eben nur einen Verlag erstattet haben.

Ich glaube aber nicht, daß es angemessen ist, wie die Braunschweiger Herren wollen, einen anderen Satz festzustellen, als wie er im Gebührengesetz steht. Der Satz des Gebührengesetzes ist niedriger, als die Kopialien in Sachsen seit hundert Jahren bestehen; dagegen sagen wir gar kein Wort und es ist uns nicht wichtig genug, um besondere Sätze vorzuschlagen. Ich möchte deshalb die Herren aus Braunschweig bitten, sich mit unserer Fassung zu konformiren, die so lautet:

„Schreibgebühren stehen dem Rechtsanwalt zu für Rein- und Abschriften aller Art einschließlich der Korrespondenz."

Daraus würde folgen, daß die Gebühr von 10 Pfg. für die Seite eben auch für die Anwälte maßgebend sein soll.

Advokat Dr. **Görtz** (Lübeck): Meine Herren, der hanseatische Vorschlag geht dahin, die ganze Frage hinsichtlich der Schreibgebühren aus diesem Gesetz insofern wegzulassen, als wir wollen, daß dieselbe der Landesjustizgesetzgebung überlassen bleibt. Es ist schon hervorgehoben, daß die Fragen, wie hoch die Gebühren in jedem einzelnen Falle sein sollen, sehr verschiedenartig sind. Bei uns beispielsweise sind sie ganz enorm hoch; wir sind in den Hansestädten nicht im Stande unter 60—70 Pfennig pro Bogen einen tüchtigen Abschreiber zu bekommen, und bei anderen Sachen sind wir schon gezwungen, den Bogen selbst mit 80 Pfennige zu vergüten. Ich glaube daher, daß diese ganze Frage besser hier im Gegensatz zu dem Entwurf und im Gegensatz zu den Anträgen der Braunschweiger und sächsischen Herrn Kollegen nach dem hanseatischen Vorschlag geregelt wird, dahingehend, daß die Taxe, die Auslage für Kopialien lediglich von Seiten der Landesjustizgesetzgebung nach Anhörung der Anwaltskammern bestimmt wird. Dann kommen wir über alle Schwierigkeiten hinweg und Sie werden nicht leugnen, daß dann der Vorwurf der Kleinigkeit bei dieser Sache auch wegfällt. Ich bitte diesen Antrag zu unterstützen.

Advokat **Crull** (Rostock): Die Motive haben die Schreibgebühren auf diese bestimmte Klasse beschränkt und namentlich Schreibgebühren für Korrespondenz gestrichen, weil sie sagen, das gehöre ins Pauschquantum.

(Sehr richtig!)

Aber wenn das richtig wäre, dann müßte auch die Pauschgebühr darnach bemessen werden. Daß ein hinreichender Spielraum zur Deckung der Kopialien da wäre, ist aber nach meinem Dafürhalten nicht der Fall, wenigstens nicht bei niedrigen Sachen, da ist kein Spielraum mehr, aus welchem Kopialien bezahlt werden können. Wir können uns unendlich viel Fälle draken, wo der Sachwalter mit seinen Kopialiengebühren in geringfügigen Sachen oder in Sachen, die nur prozessualische Dinge betreffen, nicht auskommt, wo wir mit 3/10 und 4/10 sie ansetzen müssen, und wo die Kopialiengebühren weit höher sind als der ganze Verdienst des Anwalts, was darauf hinauslaufen würde, daß der Sachwalter außer seiner Thätigkeit an Büreaukosten für Kopialiengebühren noch mehr ausgiebt. Daher kann ich nur dem prinzialen Vorschlag des Herrn Kollegen Fürst zustimmen, diese Beschränkung der Kopialiengebühren vollständig zu streichen, und bitte Sie, das zu unterstützen.

Advokat Dr. **Mau** (München): Wir haben aus München ebenfalls einen Antrag gestellt und zwar dahin gehend, daß eine Schreibgebühr von 20 Pfennigen für die Seite auch für Kopialschriften gewährt wird. Ich bin der Meinung, daß der Absatz für Kopialschriften wenig Aussicht auf Annahme haben wird. Ich glaube, daß die Erhöhung der Schreibgebühr auf 20 Pfennigen per Seite von dem Herrn Vorredner genügend begründet worden ist, wenn auch natürlich von einem verschiedenen Standpunkte in Bezug auf die Höhe ausgehend. Die Frage der Schreibgebühren ist von der höchsten Wichtigkeit, und es ist vollkommen unrichtig, daß bei den Pauschgebühren, sowie bei den Prozeßgebühren durchaus keine Rücksicht darauf genommen ist, daß sie unter Umständen die ganze Prozeßgebühr weitaus verschlungen werden würde, wenn Schreibgebühren versagt würden. Es ist bemerkt worden, daß die Schreibgebühren ein Schmerzenskind bei den Berathungen gewesen sind, und daß nur mit Mühe Schreibgebühren aufgenommen worden sind. Aber es ist zu verwundern, daß das so ist; denn ohne die Vergütung von Kopialien wird der Anwalt in seinem Einkommen in der ungebührlichsten Weise geschädigt, und es ist nicht abzusehen, warum nicht auch eine Beschränkung auf bestimmte Schriftstücke gemacht werden sollte.

Es ist von dem Herrn Kollegen Magnus (Braunschweig) erörtert worden, daß es von der größten Wichtigkeit ist, geschriebene Zeugenprotokolle zu besitzen oder sich anfertigen zu lassen, weil die Abschriften dem Gegner zugestellt oder den Gerichten übergeben werden.

Ich meinestheils glaube nun, daß unsre bayerische Regierung, die genügende Erfahrungen in dieser Beziehung hat, sowohl in dem schriftlichen Verfahren als in dem neuen Verfahren von 1870 an, bessere Schreibgebühren bewilligen würde, als sie hier im Entwurf stehen, und ich würde mich gern dem Antrag anschließen, die Frage der Landesgesetzgebung zu überlassen. Allein, meine Herren, ich kann mir nicht verhehlen, daß im Reichstag es seine großen Schwierigkeiten haben wird, daß man den Landesjustizgesetzgebungen es vielleicht nicht überlassen mag, und deswegen gestatte ich mir, Ihnen den Antrag München zu empfehlen, daß die Schreibgebühren auf 20 Pfennige pro Seite erhöht würden; eventuell schließe ich mich dem Antrage an, die Frage der Landesjustizgesetzgebung zu übergeben.

Correferent Anwalt **Fürst** (Mannheim): Ich habe in erster Reihe beantragt, daß die Auslagen für Schreibgebühr so gerade, wie wir sie zu machen haben, zu ersetzen wären, und nur im Anschluß daran, daß der Entwurf und namentlich auch die Motive darauf Gewicht legen, daß der Richter so wenig als möglich eingehende Prüfungen bei Beurtheilung eines Kostenverzeichnisses zu machen hat, habe ich eine Art Pauschgebühr auch hier vorgeschlagen. Ich verkenne aber nicht die Gegengründe, die gegen diesen meinen eventuellen Antrag vorgetragen worden sind, und ich will also diesen eventuellen Antrag zurückziehen. Mein negativer Antrag, nämlich der, das Alinea 1 zu streichen, stimmt ganz überein mit dem Antrag des Herrn Kollegen Schanz, das positiv zu sagen; und deswegen ziehe ich zu Gunsten des Antrages des Herrn Kollegen Schanz diesen Antrag zurück.

Abstimmung: Antrag Dr. Görtz, die Regelung der Kopialien in puncto der Höhe derselben der Landesgesetzgebung zu überlassen, wird abgelehnt.

Der Antrag, den Entwurf dahin zu erweitern, daß alle Abschriften respektive Schreibereien honorirt werden sollen, wird angenommen.

Der Antrag, nach dem Gerichtskostengesetz die Schreibgebühren pro Seite mit 10 Pfennigen, pro Bogen 40 Pfennigen zu berechnen, und ebenso der Münchener Antrag, das Doppelte dieses Satzes festzustellen, wird abgelehnt.

§. 76: „für Verpackung von Briefen und Akten dürfen Auslagen nicht berechnet werden". Hierzu der Antrag Claus: „für Porti wird ein Pauschale in jeder Instanz von 2 Mark bewilligt" derselbe wird nicht genügend unterstützt und fällt somit fort.

§ 77 bezieht sich auf die Geschäftsreisen. Hierzu liegt der Antrag Adams vor: „die Sätze ad I an Tagegeldern auf 20 Mark, ad II für ein Nachtquartier auf 5 Mark festzusetzen".

Korreferent **Fürst** (Mannheim): Meine Herrn Kollegen! Zu § 77 ist ein Antrag eingegangen auf Erhöhung der betreffenden Gebühren und zwar bei Tagegeldern von 12 auf 20 Mark, bei Nachtquartier von 3 auf 5 Mark. Ich unterstütze keinen der Abänderungsvorschläge; ich kann sagen, daß wir eine besondere Vorliebe für Reisen haben, wir vermeiden die Reisen, wo es irgend möglich ist, und wenn irgend eine Reise extra aufgetragen wird, so haben wir nach dem Prinzip der Vertragsfreiheit die Möglichkeit, uns mit dem betreffenden Auftraggeber kontraktlich auseinanderzusetzen. Ist das nicht geschehen, so glaube ich, sind die Ansätze des § 77 ganz genügend.

Advokat-Anwalt **Adams** (Koblenz): Ich habe zu § 77 den Antrag gestellt, die Tagegelder auf 20 Mark und das Nachtquartier auf 5 Mark zu erhöhen, und zwar ohne Unterschied, ob die Reise 6 Stunden oder darüber dauert. Ich kann mich der Meinung des Herrn Vorredners nicht anschließen, daß wir es einfach bei den Sätzen bewenden lassen sollen, wie sie der Entwurf vorschlägt. Ich glaube, meine Herren, es ist ganz gewiß richtig, daß es nicht wünschenswerth ist, daß die Anwälte zu viel auf Reisen sind, daß es für diese selbst nicht wünschenswerth ist; die ganze Thätigkeit des Anwalts liegt in der eigenen Persönlichkeit; es ist ja von der höchsten Wichtigkeit, daß er an seinem Wohnorte ist, nicht nur um die unaufschiebbaren Termine wahrzunehmen, sondern auch um diejenigen Klienten, die dringende Geschäfte haben, in Empfang nehmen zu können, die sonst vielleicht mit vielen darauf folgenden in andere Hände übergehen.

Aber es giebt andererseits auch viele Fälle, wo die Reise des Anwalts durchaus nothwendig ist, und es unangemessen wäre, durch eine so minimale Bezahlung, wie sie hier aufgestellt ist, ihn zu verhindern, daß er die Reise unternähme. Denn, meine Herren, das sage ich voraus, auf die Sache mit dem Vertrage, mit der Vereinbarung mag ich nichts geben; ich wünsche, daß das in der Taxe ordnungsmäßig festgesetzt ist. Es ist sehr häufig nothwendig, daß der Anwalt zu Zeugenverhören reist; wenn nun auch der betreffende Anwalt es nicht will, sein Gegner, ein gewandter tüchtiger Mann, reist hin; er hat es vielleicht mit einem Amtsrichter von unbedeutenden Fähigkeiten zu thun. — Kann man da im Interesse der Partei zulassen, daß während der andere Anwalt hinreist, er selbst zurückbleibt?

Das geht nicht. In der Regel ist bei alle den Sachen, wo auf Beweis erkannt wird, bei der Beweisaufnahme die Frage, wie das, was der Zeuge gesagt hat, in das Protokoll hineinkommt, ob es richtig oder anders gedeutet wird, von der größten Wichtigkeit, und deshalb muß der Anwalt, manchmal zu Zeugenverhören reisen. Wenn das richtig ist, dann frage ich Sie: soll man dem Anwalt dann eine derartige Bezahlung geben, die mit den Verhältnissen in gar keinem Einklang steht? Man hat hier den Maßstab angenommen dessen, was dem Richter bezahlt wird, einem in fixen Gehalt stehenden Beamten, wo von Versäumniß keine Rede sein kann, wo es nicht auf die persönliche Anwesenheit einmal ankommt. Aber bei einem Anwalt ist es etwas ganz anderes. Nehmen wir doch einmal an, was andere Gesetzgebungen vor 70 Jahren in dieser Beziehung als einen angemessenen Satz angenommen haben. Meine Herren, die französische Gesetzgebung, die wir in dieser Beziehung haben, ist vom 16. Februar 1807, und was bewilligt sie für die Anwälte? Sie bewilligt für den Anwalt erster Instanz ein Tagegeld von 27 Frcs., und für den vom Appelhof 40,₅₀ Frcs., das ist im Jahre 1876 mit der Markrechnung um 25% erhöht worden, so daß also unsere Anwälte außer der Reisegebühr einen Séjour von 27 Mark resp. 40,₅₀ Mark erhalten, und das sind die Sätze, die man mit 27 und 40 Frcs. im Jahr 1807, wo alles beispiellos viel billiger war als heute, angenommen hat, und ich meine, dann sind wir heute in Deutschland doch wenigstens soweit vorgerückt, daß man die Thätigkeit und Versäumniß des Mannes wohl auch auf 27 und 40 Mark berechnen kann.

Um zu zeigen, wie bescheiden wir sind, bin ich unter dem, was uns im Jahre 1876 noch bewilligt ist, also 35 Mark im Durchschnitt, heruntergegangen bis auf 25 Mark, und sage, wir sind zufrieden, wenn wir 25 Mark bekommen. Aber das können wir gewiß erwarten, daß solche Sachen angemessen bezahlt werden, und ich meine, daß der Satz für das Tagegeld von 20 Mark und für das Nachtquartier von 5 Mark angemessen ist.

Ober-Gerichts-Anwalt **Magnus** (Braunschweig): Zu den Motiven des Herrn Vorredners habe ich kein Wort hinzuzufügen; ganz dieselben Motiven haben uns Braunschweiger dazu geführt, unsern Antrag zu stellen. Aber ich glaube, daß unser Antrag konsequenter ist und wahrscheinlich mehr Aussicht auf Annahme hat. Wir sind ganz der Ansicht, daß der Anwalt nicht wie der Richter behandelt werden muß, weil er eben Versäumniß hat, und deshalb haben wir beantragt, nicht die Tagegelder zu erhöhen, sondern den von dem Entwurf zugebilligten Ansätzen einen anderen Ansatz als Entschädigung für Versäumniß hinzuzufügen. Wir beantragen also, zu § 77 des Entwurfs als IV. eine Versäumniß für jede Stunde 3 Mark hinzufügen, jedoch sollen für jeden Tag nicht mehr als 10 Stunden gerechnet werden. Ich bitte Sie diesen Antrag anzunehmen.

Referent Justiz-Rath **Lesse** (Berlin): Als Referent wollte ich den Antrag meines Herrn Kollegen Adams unterstüzen. Ich glaube, es ist richtig, daß sich dieser Antrag auf die kleinen Reisen bezieht, für die doch in der That nicht paktirt werden wird und werden soll. Bei großen Reisen ist es etwas anderes, da wird paktirt. Lediglich der Umstand, daß jetzt paktirt werden darf, hat mich als Referent davon abgehalten, sonstige Erhöhungen zu den § 77 zu beantragen. Ich wollte nur noch darauf hinweisen, daß wir in Preußen ohne weiteres eine Entschädigung von einem Thaler pro Meile haben; das hat den Vortheil, daß selbst bei größeren Reisen der Anwalt nicht zu paktiren brauchte, weil er ein genügendes Aequivalent hat. Das ist abgesetzt, dafür hat man den Vertrag. Aber das Reisen zur Beweisaufnahme u. s. w. halte ich die beantragte Erhöhung für durchaus berechtigt.

Abstimmung: Der Antrag Dresden ist zurückgezogen.

Antrag Braunschweig: es bei der Position des Entwurfs zu belassen, aber noch die neue Position hinzuzufügen „für Versäumnißkosten pro Stunde 3 Mark, jedoch täglich nicht mehr 10 Stunden zu berechnen, —" wird abgelehnt.

Antrag Adams: Erhöhung der Position I von 12 auf 20 Mark, Position II von 3 auf 5 Mark — anscheinend mit Einstimmigkeit angenommen.

§ 84. Hierzu Antrag Dr. Rau: § 84 zu streichen.

Advokat Dr. **Rau** (München): Die Sache ist nicht unbedeutend. Die Münchener Kollegen beantragen § 84 zu streichen. Wir sind von folgender Erwägung ausgegangen. Nach § 84 wird genau gesagt: wenn der Anwalt seine Gebührenforderung habe, — allein die Firationen, die dort sind, können unter Umständen den Anwalt sehr geniren. Denken Sie sich den Fall, daß eine Instanz noch nicht erledigt ist, und es rückt z. B. die Neujahrszeit heran, in der die Anwälte gewohnt sind, ihre Rechnungen den Parteien mitzutheilen; so wird der Bestimmung des Entwurfs § 84 der Anwalt verhindert, ihnen die Rechnung zu schicken, weil die betreffende Gebühr nicht fällig ist, und ein chikanöser Mandant könnte das benutzen. Es ist also diese Bestimmung überflüssig, und um deswillen haben wir die Streichung beantragt.

Zu § 85 Absatz 1 des Entwurfs haben wir die Streichung einiger Worte beantragt. Es sollen nämlich die Gesetzbestimmungen bei den Rechnungen, die wir auszustellen haben, die Artikel des Kostengesetzes unserer Gebührenordnung immer angeführt werden. Das scheint uns eine überflüssige Behelligung der Anwälte zu sein. Wir beantragen deshalb im § 85 die Worte: „und unter Bezeichnung der zur Anwendung kommenden Bestimmungen dieses Gesetzes" zu streichen.

Advokat-Anwalt Dr. **Levy** (Mainz): Meine Herren! Ich muß mich gegen den Antrag München auf Streichung des § 84 aussprechen, weil ich ihn für zweckmäßig halte und dasjenige, was von Seiten der Münchener Herren vorgebracht worden ist, für durchaus nicht zutreffend erachte. Die Herren haben vorgebracht, daß am Schluß eines Jahres die Prozedur noch nicht erledigt sei, und daß man alsdann nicht in der Lage wäre, einem chikanösen Klienten gegenüber seine Gebühren einzufordern. Meine Herren, ich denke mir die Sache so. So lange ein Prozeß im Gange ist, kann überhaupt von einer Endliquidirung nicht die Rede sein. Sehe ich, daß am Schlusse des Jahres ein Prozeß noch im Gange ist, so gibt mir der § 83 das Mittel, dem Klienten zu sagen: Ihr Vor-

schuß ist erschöpft, haben Sie die Freundlichkeit beim nächsten Besuch denselben zu vervollständigen.

(Heiterkeit.)

Der § 84 ist auch kein odiöser Paragraph, sondern ein solcher, der dem rechtsuchenden Publikum ans Herz legt, in welcher Periode eine Schuld dem Anwalt gegenüber besteht, und ich glaube, daß, wenn wir eine solche hier feststehende Bestimmung haben in Verbindung mit der des Vorschusses, daß wir absolut nicht mäkeln sollen.

Ebenso wenig bin ich für den Münchener Antrag, der da wünscht, daß das „Gesetz" gestrichen werde. Meine Herren, die Mühe, das Gesetz auf die Rechnung zu schreiben, ist unendlich gering, und offenbar hat man diese Bestimmung um deswillen gewünscht, damit eine nochmalige Vergleichung bei Ausfertigung der Rechnung stattfinde. Ich denke, meine Herren, daß da, wo wir nicht nöthig haben, gegen Forderungen im Interesse unseres Standes aufzutreten, wir nicht Sachen hineinlegen sollen. Hier diese Paragraphen wahren unser Recht, und ich bitte Sie, sie anzunehmen unter Ablehnung aller Gegenanträge.

Abstimmung: Der Antrag Dr. Rau auf Streichung des § 84 wird abgelehnt.

Antrag Dr. Rau in § 85 die Worte: „und unter Bezeichnung der zur Anwendung kommenden Bestimmungen dieses Gesetzes" zu streichen, wird abgelehnt.

§ 87 bezüglich der Gebühr für Erhebung und Ablieferung von Geldern.

Korreferent Anwalt **Fürst** (Mannheim): Den Antrag selbst haben Sie aus dem Munde des Herrn Referenten gehört; ich bin nicht in der Lage, den Antrag zu unterstützen. Ich halte die Normirung der Gebühren in § 87 für hier zutreffend und ausreichend. Ich muß es denjenigen Herren überlassen, welche den Antrag aufnehmen wollen, dies zu thun und ihn zu begründen.

Advokat **Trimborn** (Köln): Meine Herren, von unserer Seite ist zu diesem Paragraphen beantragt worden, daß die Empfangsgebühren angemessen erhöht werden, und wir haben uns erlaubt, vorzuschlagen, daß die doppelten Gebühren des Entwurfs zugebilligt werden und haben das auch in unseren gedruckten Anträgen kurz begründet, und zwar damit: was die kleineren Beträge bis zu 1000 Mark betrifft, so wissen wir, daß die Empfangnahme der Gelder, in der Regel aus Veranlassung einer schwebenden Exekution, mit den größten Mühen verbunden ist, daß der Anwalt in der Lage ist, auch die kleinste Gabe anzunehmen, daß der Schuldner in der Regel im Interesse des eigenen Klienten nicht zurückgewiesen werden darf, weil er selbst auf einer Position von 1000 Mark nur 20 oder 30 Mark heranbringt. Auf diese Weise entstehen in der Regel bei Einziehung der kleineren Beträge ganz außerordentliche Mühwaltungen, und da sind wir in der Meinung gewesen, daß 1 Prozent weitaus zu wenig wäre. Meine Herren, die Notare erheben für den Empfang von Geldern bis zu 300 Mark nach einer Preußischen Taxe 4 Prozent, bis zu 750 Mark 3 Prozent und bis zu 1500 Mark 2 Prozent, und nun wird uns hier zugemuthet, von 1 Mark bis 1000 Mark nur 1 Prozent zu erheben. Das ist eine ganz unverhältnißmäßige Bezahlung, und wenn der Posten überhaupt hier in die Ansätze hereingebracht ist, dann sind wir es uns selber schuldig, im Interesse derjenigen Anwälte, die sich mit Exekutionen befassen, ihnen auch eine angemessene Gebühr zu sichern.

Was nun die bedeutenderen Beträge bis zu 10,000 Mark und darüber hinaus betrifft, da sagen wir uns, daß in der Regel die Mühwaltung geringer sei, daß aber andererseits die Verantwortlichkeit eine desto höhere sei, und wir sind also mit dem Entwurf der Meinung, daß sich der Prozentsatz herabmindern müsse, wie er sich denn auch im Entwurf herabgemindert hat von einer Mark auf 50 Pfennige für Beträge bis 10,000 Mark, und auf 25 Pfennige für die Beträge darüber hinaus. Aber wir sind der Meinung, daß auch hier die Ansätze aus dem hier eben angegebenen Grunde der höheren Verantwortlichkeit zu gering sind. Wir haben uns daher erlaubt, Ihnen vorzuschlagen, an den hohen Reichstag die Bitte zu richten, die Taxansätze einfach zu verdoppeln.

Rechts-Anwalt Levy (Berlin): Meine Herren! Ich möchte Sie bitten, den Antrag der Kölner Kollegen abzulehnen, und zwar aus den praktischen Erfahrungen, die wir in Preußen gemacht haben. Die Gebühren, wie sie jetzt der Entwurf festsetzt, sind bis zu 4000 Mark den bisher in Preußen festgesetzten annähernd gleich, und darüber hinaus etwas höher, und die Herren aus Alt-Preußen werden mir zustimmen, daß schon nach den gegenwärtigen preußischen Gebührensätzen es sehr häufig den Anwälten unmöglich war, den Parteien die Gebühren in Rechnung zu setzen, welche der Tarif vorschrieb, und die Folge davon war, daß wir, weil wir unter dem Tarif nicht liquidiren konnten, garnichts in Ansatz brachten.

Ich muß sagen, ich hätte lieber gewünscht, der Entwurf hätte eine Erniedrigung eintreten lassen, ich halte das für viel mehr im Interesse des Anwaltstandes. Diese Erhöhung ist offenbar ein sehr zweischneidiges Schwert; Sie werden sich in der Praxis davon überzeugen.

Justiz-Rath Dr. Horwitz (Berlin): Meine Herren! Das Mißverhältniß zwischen dem, was der Anwalt erhält und demjenigen, was der Banquier berechnet, ist ein schreiendes. Wir können, wenn wir in die Lage kommen, Geld von unseren Klienten zu erheben, durchaus keinen Unterschied machen zwischen der Person desjenigen, der es nur nebenher, und dem, der es professionsmäßig thut. Nun beträgt der Prozentsatz bis 1000 Mark 1 Prozent, von da bis 10,000 Mark $\frac{1}{2}$, und von 10,000 Mark an weiter $\frac{1}{4}$; das sind ganz bedeutend höhere Sätze, als diejenigen, die der koulanteste Banquier zu berechnen pflegt; der berechnet $\frac{1}{8}$, $\frac{1}{8}$, $\frac{1}{10}$. Für die einzelnen Fälle, wo nur geringe Beträge erhoben werden, ist der Satz auch ausreichend. Die Mühwaltung, die damit verbunden ist, kann unter den Umständen, die der Herr Vorredner erwähnt hat, ja zutreffen, das werden aber nur Ausnahmefälle sein.

(Widerspruch.)

Nun, meine Herren, dann lehnen Sie es ganz einfach ab; Sie können keine Aussicht haben, mit derartigen Vorschlägen durchzukommen, und es muß ein Gefühl von Unbehagen erregen, wenn wir gegenüber einer positiven Mißstimmung gegen derartige Ansätze auf einem Verlangen

beharren, von dem wir uns sagen können, auch nicht eine Stimme in der Reichstagskommission wird sich mit entsprechendem Gewicht für die Erhöhung in diesem Sinne aussprechen.

Referent Justiz-Rath Leffe (Berlin): Nach meinen Erfahrungen stimme ich vollständig den Herren Kollegen Dr. Horwitz und Levy bei. Was die Mühwaltung betrifft, so gebe ich ja zu, daß bei kleinen Objekten diese Mühe eine größere sein kann, aber ich fasse die Gebühr wesentlich als Versicherungsgebühr auf, es scheint mir aber auch dieser Vorschlag ganz ausreichend. Die Gebühr ist eben so hoch respektive noch höher als in Preußen. Ja, ich mache darauf aufmerksam, daß auch für die Erhebung von Werthpapieren Gebühren liquidirt werden können, was wir in Preußen bisher nicht durften. Meine Herren, unsere Kommission hat die Sache schon erhöht, wie ich Ihnen mittheilen kann. Und, meine Herren, wenn Sie nicht zustimmen, was wird die Folge sein? Die Leute werden sich bemühen, auf Umwegen die Sache dem Anwalt zu entziehen. Es sind in meiner Praxis viele Fälle vorgekommen, wo die Leute geradezu gefragt haben: es ist wohl sehr theuer, wenn ich bei Ihnen das Geld niederlege; wenn ich dann gesagt habe, beim Banquier ist es billiger, so übergaben sie es mir doch; das thaten sie in der Erwägung, daß die Gebühr, die ich liquidire, doch nicht so exorbitant höher ist als beim Banquier. Wenn Sie aber die höheren Sätze annehmen, so wird jeder auf Umwegen versuchen, wie er uns die Gelder entziehen kann.

Advokat Trimborn (Köln): Wenn einer in der Versammlung der Meinung ist, daß die Frage von unserer Berathung nicht ausgeschlossen werden darf, dann bin ich es, und ich sage Ihnen, daß nach meiner Auffassung allerdings bis dahin schon zuviel Detailbeschlüsse gefaßt worden sind in Sachen des Quantums, und wenn es nach meinem Sinne gegangen wäre, so wären wir über die Paragraphen wegen der Schreibgebühr und andere Paragraphen zur Tagesordnung übergegangen.

(Sehr richtig!)

Aber, meine Herren, man hat es nicht gewollt. Wir unsererseits standen durchaus auf dem Standpunkt, das nur zur Diskussion in den Vordergrund zu schieben, was unser Ehreninteresse betrifft, und wo möglich alles Andere aus der Berathung zu entfernen, allenfalls die Sachen zu pointiren, die die Grundlage des ganzen Tarifs sind; aber auf Einzelheiten uns einzulassen, sollte nicht geschehen, und Sie werden erfahren haben, daß diese Seite des Hauses alle ten Anträgen, die sich ins Detail verloren, fort und fort entgegengetreten ist. Nun stehen wir vor einem quantitativen Kapitel, das allerdings nach unseren Erfahrungen von der allergrößten Bedeutung für die Anwälte ist, die sich mit Handelssachen abgeben und in der Lage sind, die Gelder erheben zu müssen. Meine Herren, wenn mir einer zumuthet, ich sollte ihm 10000 Mark verwahren, ich werde ihm sagen: gehen Sie zu ihrem Banquier. Darum handelt es sich nicht, irgend eine Hinterlegung erheben zu sollen, sondern um dasjenige, was wir nothgedrungen erheben müssen; wir werden gewiß, wenn das nicht müssen, es anderen Leuten überlassen. Aber wenn wir im Verfolg unserer Anwaltthätigkeit und im Interesse der Partei genöthigt sind, diese Gelder zu erheben, um sie nachher zu verwenden und abzuliefern, dann muß man doch zusehen, wenn man sich auf dem Boden der Beurtheilung des Quantums stellt, ob die Gebühr angemessen ist oder nicht. Und da, meine Herren, sage ich, es ist das sauerste Brod das man verdienen kann, mit den Schuldnern, die uns succeffive ihre Schuld abtragen, zu verhandeln, und darum muß ich nochmals betonen besonders in Bezug auf den Punkt, der die niederen Beträge betrifft, daß es nur als eine einigermaßen angemessene Vergütung erscheint, wenn der Betrag verdoppelt wird.

Abstimmung: Antrag Köln zu § 87 auf Verdoppelung der Gebühren — wird abgelehnt.

§ 89. — Hierzu liegen zwei Anträge vor. Antrag Berlin auf Erhöhung des Satzes von 3 Mark auf 15 Mark, und Antrag Dresden auf eine variable Summe von 3 bis 10 Mark.

Korreferent Fürst (Mannheim): Auch hier stehe ich auf dem Boden des Entwurfs. Es handelt sich doch hier offenbar um gerichtliche Angelegenheiten. Hat man wegen einer außergerichtlichen Angelegenheit, etwa bei Abschluß eines Vertrags, Konferenzen mit der Partei, so fallen diese offenbar nicht unter § 89, und es scheint mir ein Mißverständniß zu sein, welches die Anträge hervorgerufen hat, daß man geglaubt hat, es sei hier die Konsultationsgebühr unbedingt auf 3 Mark pro Stunde normirt. Die Fälle, welche in dem Entwurf nicht besonders hervorgehoben worden sind, sind so äußerst selten, daß ich nicht glaube, daß wir in dieser Beziehung von dem § 89 abweichen sollen.

Advokat Schanz (Dresden): Meine Herren! Die sächsische Landesgesetzgebung hat die Position vor 20 Jahren so aufgestellt: für Thätigkeit nach der Zeit 2 bis 9 Mark. Es kam uns so vor, als wenn die Gebühr des § 89, rückfichtlich deren der Herr Referent zugeben will, daß fie verhältnißmäßig seltener vorkommen werden, nicht angemessen wäre. Mit 3 Mark pro Stunde bezahlen wir eine mäßig begabte Klavierlehrerin.

Advokat Levy (Berlin): Ich bin mit dem Herrn Vorredner durchaus einverstanden, daß der Satz von 3 Mark für die Mühwaltung des Anwalts durchaus unwürdig ist. Ich bin auch nicht der Ansicht des Herrn Kollegen Fürst, daß solche wenig vorkommen können, daß außerhalb der Taxe noch gerichtliche Geschäfte gemacht werden können. Ich erinnere Sie daran, daß der Anwalt z. B. beauftragt wird, Informationen aus Urkunden, Akten u. f. w. zu ziehen, bloß zu dem Zwecke, um beurtheilen zu können, ob der Prozeß mit Erfolg geführt werden kann oder nicht. Das gehört also noch nicht zur Prozeßführung, sondern erst zur Einholung der Information. Meine Herren, wir haben im preußischen Tarife für diese Informationseinziehung einen sehr erheblichen Satz, wo wir bis zu 50 Thaler liquidiren konnten. Wenn wir dafür pro Stunde 3 Mark berechnen sollen, so ist das unbedingt zu wenig. Ich bitte also dem Berliner Antrag zuzustimmen.

Advokat Hillig (Leipzig): Meine Herren! Es scheint mir gerade hier sehr wünschenswerth, daß man sich gegen diesen Satz möglichst einmüthig ausspricht. Man sagt damit, daß fortan, soweit nicht die Taxe es anders feststellt, die Stunde hinreichend mit 3 Mark bezahlt worden sei, und daß das nicht genügt, das halte ich für nothwendig auszusprechen. Die Zeitverhältnisse sind überhaupt nicht günstig für die Festsetzung der Taxgebühren für die Sachwalter, wir sind im Niedergang, und die Zeiten, die vor 3 und 4 Jahren so günstig waren für die Festsetzung der Gehalte für die Beamten, die liegen jetzt nicht mehr vor. Ich halte es daher für nothwendig, gegen diesen Satz uns auszusprechen um so mehr, als wir ja bei der Festsetzung der Angemessenheit eines Honorars oder der Vertragsbestimmung die betreffenden Leute sehr leicht geneigt sein könnten, auf diese Grundposition, die subsidiäre Geltung hat, Rückgriff zu nehmen, und nachher zu sagen, 3 Mark ist die Entschädigung für die Stunde der Thätigkeit des Sachwalters. Wenn man 6 Mark annimmt, ist es indessen auch genug. Ich möchte dringend bitten, daß wir bei der beantragten Erhöhung von 3 bis 10 Mark auf 6 Mark zurückkommen, und zwar möglichst einmüthig.

Referent Justiz-Rath Leffe (Berlin): Ich möchte den Beschluß des Anwaltstags so auffassen, daß wir aussprechen, dieser Satz von 3 Mark ist unwürdig; dagegen widerstrebt es mir, ihn gleich zu verfünffachen. Schlagen wir 10 Mark vor. Es ist ja überhaupt nur für Fälle berechnet, die selten vorkommen. Dem Herrn Kollegen Levy kann ich nicht beistimmen, wenn er die Informationseinziehung hier hereinbringen will. Die Kollegen des Kreisgerichts Siegen haben dasselbe in einer Vorstellung, die fie mir eingelegt haben, auch geltend gemacht. Indessen da ist es ein Pauschalquantum. Also an sich können wir nicht hier in einem Aushilfsparagraphen, der für alle Fälle bestimmt ist, die sonst bei der Anwaltsordnung nicht vorkommen, die Fälle der Informationseinziehung berücksichtigen. Ich möchte mit als Vermittelungsantrag erlauben, hier den Satz von 10 Mark vorzuschlagen.

Abstimmung: Der Antrag Berlin mit dem Satz von 15 Mark — wird abgelehnt.
Der Antrag Leffe, in § 89 statt 3 Mark zu setzen 10 Mark; wird angenommen.
Damit ist der sächsische Antrag 3 Mark bis 10 Mark erledigt.

Es liegt sodann ein Antrag aus München vor:
Es sei die Einstellung einer Bestimmung in den Entwurf vorzuschlagen, wonach das Gericht ermächtigt werde, dem Anwalte wegen besonderer Schwierigkeit des Falles eine höhere Gebühr als die des § 9 auch der unterliegenden Gegenpartei gegenüber zu bewilligen.

Korreferent Advokat Fürst (Mannheim): Meine Herren! Der Antrag der Münchener Herren erinnert an das französische Recht, wonach der Richter das Recht hat, ohne eine eigentlich minutiöse Untersuchung der obsiegenden Partei gewisse Summen zuzusprechen. Allein ich kann den Antrag der Münchener Herren als einen regelmäßigen nicht empfehlen, daß nämlich dieses regelmäßig eintreten foll. Wenn der Antrag hier aufrecht erhalten werden sollte, so muß ich diejenigen Herren bitten, welche für denselben eintreten wollen, denselben auch zu begründen.

Bei der hierauf gestellten Unterstützungsfrage wird der Münchener Antrag nicht genügend unterstützt und scheidet somit aus der Berathung aus.

§ 95 sagt:

„dieses Gesetz tritt im ganzen Umfang des Reichs gleichzeitig mit dem Gerichtsverfassungsgesetz in Kraft."

Hierzu liegt ein Antrag der Mecklenburger Herren vor, es soll das Gesetz nach Ablauf von 3 Jahren einer Revision unterzogen werden.

Dieser Antrag wird ebenfalls nicht genügend unterstützt.

Ferner liegt noch ein genereller Antrag des Korreferenten Fürst (Mannheim) vor

daß dem Anwalt das Recht verliehen werde, die Richtigkeit seiner Gebühren und Auslagen von dem Prozeßgericht sich beurkunden zu lassen.

Korreferent Fürst (Mannheim): Meine Herren! Um Mißverständnisse zu vermeiden, will ich von vornherein markiren: es handelt sich hier nicht darum, daß das Gericht zwischen Maximum und Minimum bemessen soll, was der Anwalt zu berechnen hat, sondern lediglich darum, daß das Prozeßgericht auf Grund der vorgelegten Akten, auf Grund des Gesetzes beurtheilt, daß die Gebühren ordnungsmäßig angreßt sind. Es hat dieses mehrere Gründe für sich. Einmal, wenn man für ausländische Klienten arbeitet und diesen eine solche Beurkundung zuschickt, so sind sie vollständig beruhigt. Es fehlt auch nicht bei den inländischen Klienten, aber namentlich bei dem Pauschgebührensystem, daß manchmal die Rechnung den Klienten übermäßig vorkommt für dasjenige, was der Anwalt ihm in dem speziellen Falle geleistet hat; es beruhigen sich aber die Klienten dabei, wenn man ihnen zeigt, die Rechnung ist von dem zuständigen Gericht geprüft und als zutreffend beurkundet worden.

Endlich, meine Herren, haben wir einen § 352 im Reichsstrafgesetzbuch, der Anwalt, welcher mehr verlangt, als ihm gesetzlich zusteht, wird nicht disziplinär bestraft, sondern er hat sich eines Vergehens schuldig gemacht, und schon der Versuch ist strafbar.

Ich habe gar keinen Zweifel, daß in den nächsten Jahren große Meinungsverschiedenheiten über die Interpretation dieses oder jenes Paragraphen der Gebührenordnung sich herausstellen werden. Ist nun ein Anwalt für die Ausdehnung der Interpretation und hat er mehr gefordert, so steht er in der Gefahr, daß bei einer Differenz in der Forderung der § 352 Anwendung finden wird. Es ist also eine Schutzmaßregel, welche ich hier vorschlage, wenn ich Sie bitte, dafür zu stimmen, daß dieses Recht dem Anwalte beigelegt werde. Ich entnehme nämlich dieses Recht aus einem bestehenden Recht in meinem Heimathslande. Der § 11 der badischen Anwaltsordnung hat folgende Bestimmung, die sich sehr gut bewährt hat: „auf Verlangen des Anwalts oder seiner Partei wird das Kostenverzeichniß von dem Gericht, bei welchem die Vertretung stattgefunden hat, daß dasselbe und inwieweit mit der Taxordnung und mit den Akten übereinstimmt oder nicht."

Justiz-Rath Dr. Horwitz (Berlin): Meine Herren! Die Opportunität der vorgeschlagenen Prozedur wird Jedermann anerkennen. Herr Kollege Levy hat schon gestern bemerkt, daß wir in einigen Punkten schlimmer daran wären als früher; aber wir mußten uns doch auf den Boden derjenigen Verhältnisse stellen, die hier angestrebt werden.

Wir wollen nicht eine Attestirung der Richtigkeit der Gebühren, wir wollen uns nicht von dem betreffenden Richter kontroliren lassen, der in der ungeheuren Mehrzahl der Fälle, bei aller schuldigen Ehrerbietung vor seinem Amt, von diesen Dingen nichts versteht. Meine Herren, schlagen wir an unsere eigene Brust, wir verstehen oft genug auch nichts davon, wenn wir nicht einen tüchtigen Bureauvorsteher haben! Meine Herren, da sollen wir nun, die wir dem Richter gegenüber ganz frei und unabhängig stehen, die wir gleichberechtigte Faktoren der Rechtspflege sein sollen, um Atteste bitten, damit wir den einzelnen Klienten verständigen! Die Folge wird sein, daß fast alle Klienten bei einem geringen Maß von Uebellaunigkeit uns derartiges zu muthen. Ich bitte Sie, lassen wir es bei dem bewendenwie es ist.

Abstimmung: Der Antrag Fürst:

„daß dem Anwalte das Recht verliehen werde, die Richtigkeit seiner Gebühren und Auslagen von dem Prozeßgerichte sich beurkunden zu lassen", — — wird abgelehnt.

Präsident: Meine Herren! Wir sind nun mit der Gebührenordnung fertig und haben nur noch einen Antrag zu behandeln, das ist der Antrag des Herrn Rechtsanwalt Herr in Betreff der Formulare, die durch den Antragsteller selbst sehr vereinfacht worden ist. Der Antragsteller schlägt Folgendes vor:

„Der Anwaltsverein wolle den Vorstand ersuchen, eine Kommission von 3 bis 5 Mitgliedern zur Entwerfung der nach Einführung der Gerichtsorganisation für den Verkehr:

1. der Anwälte untereinander,

2. der Anwälte mit den Gerichten und Gerichtsvollziehern,

erforderlichen Formulare zu ernennen.

Also die Modalitäten, die in dem gedruckten Antrage enthalten sind, will der Herr Kollege Herr hier nicht zur Erörterung bringen, sondern dem Vorstande überlassen, die erforderlichen Mittel und Wege zu finden.

Rechts-Anwalt Herr (Köslin): Bei dem vorgerückten Zeitstadium, bis zu welchem sich unsere Verhandlungen ausgedehnt haben, würde ich davon Abstand genommen haben, auch diesen Antrag noch auf die Tagesordnung zu erhalten, wenn ich nicht eben davon ausginge, daß heute der letzte Zeitpunkt ist, in welchem ein solcher Beschluß gefaßt werden kann, und daß es wohl intendirt ist, die regelmäßigen 10 Minuten, darüber schlüssig zu werden, darauf zu verwenden.

Wie die Sache liegt, so ist kein Zweifel, daß diejenige Thätigkeit, welche formularer Natur ist, mit der Einführung der neuen Prozeßordnung in den meisten Rechtsgebieten eine bei weitem ausgedehntere ist, daß wir viele mechanische Arbeiten überkommen, die bisher den Gerichten und anderen Behörden oblagen. Andererseits unterliegt es keinem Zweifel, daß, wenn jeder sich seine Formulare selbst machen würde, eine Menge Zeit und Arbeitskraft erforderlich wäre, wenn die Sache nicht einheitlich geregelt würde. Ich lege gerade darauf einen Werth, daß wir mit einer gleichmäßigen und anständigen Ausstattung der Formulare dem Publikum gegenüber treten, und daß eine thatsächliche Einheit nach dieser Richtung herrscht. Ich bitte meinen Antrag in der abgekürzten Form; wie er

Ihnen vorliegt, anzunehmen und die Sache dem Vorstand zu überlassen.

Justiz-Rath Dr. **Horwitz** (Berlin): Meine Herren! Ich erkenne die Wichtigkeit dieser Frage voll und ganz an, und würde nicht Anstand nehmen Ihnen zuzumuthen, daß wir noch eine volle Stunde deshalb beisammen bleiben. Aber ich glaube, daß es mit der Lösung dieses Problems, für das ganze deutsche Reichsgebiet einheitliche Formulare herzustellen, nicht viel anders ist wie mit der Lösung der sozialen Frage u. s. w. Meine Herren, die großen Schwierigkeiten sind ja die: wir haben keine einheitliche Geschäftssprache im ganzen Gebiet der deutschen Rechtspflege; dann, meine Herren: wer soll das machen? Was man nicht selber machen kann, vertraut man der Kommission an; der Vorstand soll diejenigen Männer wählen, die das machen können. Nun, meine Herren, bei aller aufrichtigen Hochachtung vor unserm Vorstand — ich kenne keinen Einzigen, dem ich das zutraue. Ich traue es mir selber nicht zu, und ich habe mich 20 Jahre lang mit diesen Fragen beschäftigt. Es ist eine sehr heikle Frage. Ich habe im preußischen Abgeordnetenhause denselben Gegenstand angeregt und den Justizminister darauf aufmerksam gemacht, daß das Formularwesen einer eingehenden Revision bedürfte. Es ist nachher von seinem Regierungskommissar gesagt, daß diese Frage fortwährend Gegenstand aufmerksamer Beachtung im Ministerium wäre.

Außerdem aber, meine Herren, sind eine ganze Anzahl von sehr tüchtigen Kollegen jetzt im Begriff, solche Formulare herzustellen, aber wir können sie nicht von Seiten des Anwaltstandes mit einem Mandat betrauen, das ganz unabsehbar in seiner Ausführung ist. Ich glaube, daß auf diesem Gebiet wie auf allen ähnlichen, die freie Konkurrenz am besten in der Lage sein wird, Abhilfe zu schaffen.

(Sehr richtig!)

Und wenn ich dem Antragsteller und denjenigen, die seinem Antrage Sympathie entgegen bringen, hiermit ausdrücklich versichere, daß sie ganz beruhigt sein können, ich weiß aus sicherer Quelle, daß man auf diesem Gebiet unablässig thätig ist, so glaube ich, daß man damit einverstanden sein kann, wenn jetzt diesem Antrage keine weitere Folge gegeben wird.

Abstimmung: Antrag Herr auf Einsetzung einer Kommission zur Entwerfung der Formulare — wird abgelehnt.

Präsident: Ich habe jetzt nur noch die Aufgabe, den Anwaltstag zu schließen und Ihnen persönlich meinen ergebensten Dank auszusprechen für die Nachsicht, die Sie mir haben zu Theil werden lassen. Ich hoffe, daß wir uns auf dem nächsten Anwaltstag gesund und froh wiedersehen.

Justizrath Dr. **Horwitz** (Berlin): Meine geehrten Herren Kollegen! Nach zweitägigen Berathungen sind wir am Schluß unserer Verhandlungen angelangt, und ich glaube, wir Alle sind erfüllt von einem Gefühl der Befriedigung darüber, daß im Großen und Ganzen nicht blos jede Meinung hier voll und entschieden zum Ausdruck gelangt ist, sondern daß wir erreicht haben, was wir erreichen wünschten, nämlich Einmüthigkeit in den wesent-

lichsten Punkten, die wir anstrebten. Kein geringer Theil des Verdienstes an diesem Erfolge gebührt der geschäftskundigen, unermüdlichen und ich kann auch das hinzufügen, geduldigen Leitung in der Hand unseres verehrten Herrn Vorsitzenden.

Er möge es mir verzeihen, wenn ich mir erlaube, ihn hier ins Gesicht zu loben; eingedenk des Göthe'schen Wortes: „Was man lobt, dem stellt man sich gleich" — aber von einer solchen Anmaßung bin ich weit entfernt. Es hat mich gedrängt, diese Worte aufrichtiger und warmer Anerkennung auszusprechen, und wenn Sie damit einverstanden sind, meine Herren, so schlage ich Ihnen vor: stimmen Sie mit mir ein in den Ruf: unser verehrter Vorsitzender Geheimrath Dorn lebe hoch!

(Die Versammlung stimmt dreimal lebhaft in den Hochruf ein.)

Präsident: Ich danke Ihnen herzlich für den freundlichen Gesinnungen. Was meine Geschäftsführung anlangt, so gebührt der Dank hauptsächlich den Herren, die das Bureau zu bilden die Güte gehabt hatten. Ich übertrage also den stärksten Theil des Dankes auf meine Herrn Kollegen, die an diesem Tische gesessen haben; ich danke ihnen dafür und bitte auch Sie mit einem Hoch zu beehren.

(Die Versammlung stimmt auch hier dreimal lebhaft in den Hochruf ein.)

(Schluß der Sitzung 12 Uhr.)

Aus der Praxis des Reichsoberhandelsgerichts.

Patentrecht.

Unterschied zwischen Ungültigkeit und relativer Unwirksamkeit eines Patents. Voraussetzung Beider. Jus novorum Competenz. (Reichs-Oberhandelsgericht. U. v. 10. Dezember 1878. Rep. 1375/78 Klaude c. Aufterheide).

In Sachen des Fabrikanten Julius Klaude zu Solingen, Nichtigkeits- und Berufungsklägers, wider den Mechaniker Johann Heinrich Aufterheide zu Kaiserslautern und den Civilingenieur Carl Kurz zu Cöln, Nichtigkeits- und Berufungsbeklagte,

hat der Erste Senat des Reichs-Oberhandelsgerichts zu Leipzig in seiner Sitzung von 10. Dezember 1878, an welcher Theil genommen haben: der Präsident, Wirkliche Geheime Rath, Dr. Pape, die Reichsoberhandelsgerichtsräthe Dr. Fleischauer, Dr. Voigt, Dr. Wernz, Wiener, Krüger, Dr. von Melbom und Wittmaack,

für Recht erkannt:

daß die Entscheidung des Kaiserlichen Patentamts vom 13. Juni 1878 zu bestätigen und die Kosten des Berufungsverfahrens dem Berufungskläger aufzuerlegen.

Von Rechtswegen.

Aus den Gründen.

Die Berufungsbeklagten haben für ihre Erfindung eines „Stiefelettenziehers" unter dem 21. Januar 1877 ein Königlich Bayerisches, unter dem 12. März 1877 ein Königliche Preußisches und unter dem 10. April 1878 ein Reichs-Patent erlangt.

Der Berufungskläger hat den Antrag gestellt, Letzteres für nichtig zu erklären, weil der „Stiefelettenzieher" bereits im Januar und Februar 1877 von ihm selbst und andern Fabrikanten in Solingen hergestellt und in den Handel gebracht worden sei.

Diesen Antrag hat das Kaiserliche Patentamt durch Entscheidung vom 13. Juni 1878 abgewiesen, weil nicht in genügender Weise dargelegt sei, daß bereits vor dem 21. Januar 1877, das heißt vor Ertheilung des Bayerischen Patents, die Erfindung im Inland benutzt worden sei.

Die hiergegen rechtzeitig erhobene Berufung ficht die Entscheidung des Patentamts, ohne die Annahmen desselben in thatsächlicher Hinsicht zu bestreiten, lediglich um deswillen an, weil das in Preußen und insbesondere in der Rheinprovinz nicht bekannt gemachte Bayerische Patent dem Berufungskläger gegenüber keine Wirksamkeit gehabt habe und zu der Zeit, als er im Februar 1877 die Fabrikation der Stiefelettenzieher begonnen, die Erfindung ihm gegenüber durch kein Patent geschützt gewesen sei. Es wird deshalb von ihm beantragt, das Patent zurückzuziehen oder doch ihm die Fabrikation der Stiefelettenzieher zu gestatten.

Die Berufung ist unbegründet.

Dem Berufungskläger ist zwar darin Recht zu geben, daß vor der Ertheilung des Preußischen Patents er nicht gehindert war, sich der Erfindung der Berufungsbeklagten zu bedienen, indem das vorher ertheilte Bayerische Patent nur für den Umfang des Bayerischen Staatsgebiets ein ausschließliches Recht gewährte, woran auch eine Bekanntmachung desselben im Preußischen Staatsgebiete nichts geändert haben würde.

Allein es kommt hierauf bei Beantwortung der Frage, ob der Reichs-Patent für nichtig zu erklären sei, in keiner Weise an.

Wie schon vor dem Patentgesetze vom 25. Mai 1877 zwischen der Zurücknahme des Patents wegen des Nachweises, daß die Voraussetzung der Neuheit und Eigenthümlichkeit der Erfindung zur Zeit der Patentertheilung nicht gegründet war, und der relativen Unwirksamkeit des in Kraft bleibenden Patents gegenüber einzelnen Personen, welche sich zur Zeit der Patentertheilung bereits in Benutzung der Erfindung befanden, unterschieden wurde,

vergl. Uebereinkunft der Zollvereinsstaaten vom 21. September 1842 (Preußische Gesetzsammlung 1843 Seite 265) Nr. VI;

Zollvereinigungs-Vertrag vom 8. Juli 1867 (Bundesgesetzblatt Seite 81) Artikel 21;

Reichsverfassung vom 16. April 1871 Artikel 40; so unterscheidet auch das Patentgesetz vom 25. Mai 1877 die Erklärung der Nichtigkeit des Patents (§ 10) und die Unwirksamkeit des Patents gegenüber denjenigen, welche die Erfindung bereits zur Zeit der Anmeldung derselben ohne Verletzung eines Patentrechts in Benutzung genommen oder die zur Benutzung erforderlichen Veranstaltungen getroffen hatten (§ 5, § 44).

Der Berufungskläger hat in erster Instanz nur die Nichtigkeitserklärung beantragt, einen Anspruch aus § 44 dagegen nicht erhoben. In zweiter Instanz hält er zunächst den Antrag auf Nichtigkeitserklärung aufrecht, fordert aber eventuell, daß, wenn die Zurückziehung des Patents nicht

erfolge, ihm wenigstens die Fabrikation und der Verkauf der Stiefelettenzieher gestattet werde.

Was nun zunächst die Frage der Nichtigkeit des Patents betrifft, so hängt die Beantwortung derselben im vorliegenden Falle lediglich davon ab, ob die Erfindung, als sie patentirt wurde, neu, folglich patentfähig, war oder nicht (§ 10 Nr. 1). Handelte es sich um ein ursprünglich als Reichspatent ertheiltes Patent, so würde hinsichtlich der Neuheit der Erfindung die Zeit ihrer Anmeldung bei dem Reichspatentamt entscheidend sein (§ 2). Da es sich aber um Verwandlung von Landespatenten in ein Reichspatent handelt, so ist der Zeitpunkt entscheidend, in welchem die Erfindung im Inlande, das ist in irgend einem Theile des Reichsgebiets, zuerst einen Schutz erlangte (§ 42). Nach diesem Zeitpunkt hat das Patentamt die Neuheit der Erfindung zu beurtheilen, wenn die Verwandlung eines Landespatents in ein Reichspatent beantragt ist. Hieraus folgt, obgleich § 42 im § 10 Nr. 1 nicht in Bezug genommen ist, daß auch bei der Verfügung über einen Antrag auf Nichtigkeitserklärung die Neuheit der Erfindung nach demselben Zeitpunkt beurtheilt werden muß. Denn es handelt sich bei der Nichtigkeitserklärung darum, dieselbe Prüfung, welche schon bei der Anbringung des Patentgesuchs von Amtswegen anzustellen ist (§ 22 Absatz 2), nach der Patentertheilung auf den Antrag eines Betheiligten (§. 27) wieder aufzunehmen und auf Grund dieser nachträglichen Prüfung eine nicht gerechtfertigte Patentertheilung rückgängig zu machen. Das Patentamt hat daher seine Entscheidung mit Recht davon abhängig gemacht, ob die Erfindung am 21. Januar 1877, an welchem Tage sie zuerst durch das Bayerische Patent im Inland einen Schutz erlangte, neu war oder nicht.

Nach § 2 des Patentgesetzes würde die Erfindung nicht als neu gelten, wenn sie in dem gedachten Zeitpunkte im Inlande, das ist in einem Theile des Reichsgebiets bereits so offenkundig benutzt war, daß danach die Benutzung durch andere Sachverständige möglich war.

Eine solche Benutzung aber hat, wie das Patentamt mit Recht annimmt, der Berufskläger nicht dargelegt. Außer Betracht bleiben hierbei die von Zuncke und Görres behufs Ausführung der Erfindung vorgenommenen Handlungen, weil diese Personen nach der vom Berufungskläger nicht bestrittenen Behauptung der Patentinhaber im Auftrag des Berufungsbeklagten Kurz gehandelt haben. Was aber die von dem Berufungskläger behufs Ausführung der Erfindung gethanen Schritte betrifft, so ist — abgesehen davon, ob darin eine offenkundige Benutzung im Sinne des § 2 gefunden werden könnte — nicht dargethan, daß diese Benutzung schon vor dem 21. Januar 1877 stattgefunden hat. Den in dieser Hinsicht vom Patentamt ausgeführten Gründen ist um so mehr beizutreten, da der Berufungskläger den vom Patentamt gerügten Mängeln der thatsächlichen Begründung seines Antrags in zweiter Instanz in seiner Berufungsschrift nicht abgeholfen, vielmehr durch die Behauptung, daß er im Februar 1877 mit der Fabrikation der Stiefelettenzieher begonnen habe, zugegeben hat, daß er am 21. Januar 1877 die Erfindung noch nicht benutzt hatte.

In einer Erwiderung auf die Beantwortung der Berufungsschrift führt der Berufungskläger an, er habe wenn nicht früher doch zu gleicher Zeit wie die Patentinhaber mit der Fabrikation der Stiefelettenzieher begonnen, indem er schon vor der im Februar 1877 stattgehabten Uebergabe der Modelle an die Gießerei von Picklein auf die Aus-arbeitung des neuen Artikels, die Herstellung von Proben zur Vervollständigung der Zeichnungen und die Anfertigung der Modelle sehr viel Zeit verwendet habe. Der Berufungs-kläger hat keinen Anspruch auf Berücksichtigung dieser nach-träglichen Behauptungen, weil dieselben nicht innerhalb der sechswöchigen Berufungsfrist bei dem Patentamt vorgebracht sind (Gesetz vom 25. Mai 1877 § 32; Verordnung vom 1. Mai 1878 § 1). Wenn es nun auch zulässig wäre, diese Behauptungen, obgleich Berufungskläger damit aus-geschlossen ist, von Amtswegen zu berücksichtigen, (Ver-ordnung vom 1. Mai 1878 § 7), so liegt doch hierzu kein Anlaß vor, da auch das nachträgliche Vorbringen eine bestimmte Angabe darüber, wann Berufungskläger mit den Vorbereitungen zur Benutzung der Erfindung begonnen habe, nicht enthält.

Der Antrag, das Reichspatent für nichtig zu erklären, ist demnach mit Recht als unbegründet zurückgewiesen worden.

Was sodann den eventuellen Antrag des Berufungs-klägers betrifft, so kann demselben aus formellen Gründen nicht stattgegeben werden.

Ein Antrag, dem in Kraft bleibenden Reichspatent die Wirksamkeit gegenüber dem Berufungskläger abzusprechen, ist in erster Instanz nicht gestellt, es ist demnach auch von dem Patentamt darüber nicht entschieden worden. Die Berufung ist daher in dieser Beziehung gegenstandslos. Die dem Berufungskläger nach § 1 der Verordnung vom 1. Mai 1878 zustehende Befugniß, zur Begründung des in erster Instanz erhobenen Anspruchs in zweiter Instanz neue Thatsachen und Beweismittel geltend zu machen, um-faßt nicht die Befugniß, einen in erster Instanz nicht erhobenen Anspruch in zweiter Instanz zuerst geltend zu machen.

Ohnehin aber gehören die aus den §§ 5 und 44 herzuleitenden Ansprüche gegen die Patentinhaber nicht zu denjenigen, über welche in erster Instanz das Patentamt (§§ 13 ff., 27 ff.) und in zweiter Instanz das Reichs-Oberhandelsgericht (§ 32) zu entscheiden berufen ist. Es muß daher denen Berufungskläger überlassen bleiben, einen derartigen Anspruch, wenn er glaubt, damit durchlangen zu können, bei dem zuständigen Gerichte zu verfolgen.

Personal-Veränderungen

in der Deutschen Anwaltschaft vom 1. bis 7. März.

A. Ernennungen.

Der Referendar Katenhausen aus Hannover ist zum Advokaten im Bereich des Königlichen Appellationsgerichts zu Celle mit Anweisung seines Wohnsitzes in der Stadt Hannover ernannt worden.

Der frühere Gerichts-Assessor Joël ist unter Wieder-aufnahme in den Justizdienst zum Rechtsanwalt bei dem Kreisgericht in Berlin und zugleich zum Notar im Depar-tement des Kammergerichts, mit Anweisung seines Wohn-sitzes in Zossen, ernannt worden.

B. Versetzungen.

Der Rechtsanwalt und Notar Nickell in Marggra-bowa wurde an das Kreisgericht in Lyck versetzt.

Dem zum Rechtsanwalt und Notare in Friedeberg N.-M. ernannten Kreisrichter Poeppel in Landsburg ist die Ver-legung seines Wohnsitzes nach Driesen gestattet worden.

C. Ausscheiden aus dem Dienst.

Der Rechts-Anwalt, Justiz-Rath Friedensburg zu Breslau ist daselbst zum ersten Bürgermeister der Stadt, unter Verleihung des Titels „Ober-Bürgermeister" ernannt worden.

D. Ordensverleihungen.

Dem Obgerichts-Anwalt und Notar, Justiz-Rath Jüdell zu Celle wurde der Rothe Adler-Orden vierter Klasse verliehen.

Dem Advokaten Philipp Lenk in Würzburg wurde das Ritterkreuz I. Klasse des Verdienst-Ordens vom heiligen Michael verliehen.

E. Todesfälle.

Verstorben sind:
der Advokat Dr. v. d. Hellen in Medingen.
der Advokat und Notar Julius Heidner in Altenburg.
der Advokat und Notar Hugo Meißner in Schmölln.

Für die Redaktion verantw.: E. Haenle. Verlag: W. Moeser, Hofbuchhandlung. Druck: W. Moeser, Hofbuchdruckerei in Berlin.

№ 17.   Berlin, 1. April.   1879.

Juristische Wochenschrift.

Herausgegeben von

J. Haenle,   und   Dr. A. Künzel,
königl. Advokat in Ansbach.   Rechtsanwalt beim königl. Obertribunal in Berlin.

Organ des deutschen Anwalt-Vereins.

Preis für den Jahrgang 12 Mark. — Bestellungen übernimmt jede Buchhandlung und Postanstalt.

Der Vorstand des Deutschen Anwaltvereins hat die Ehre gehabt am 5. März d. J. die Beschlüsse des Deutschen Anwaltvereins Seiner Excellenz dem Präsidenten des Reichsjustizamts Wirklichen Geheimen Rath Herrn Dr. Friedberg zu überreichen. Die Beschlüsse und Verhandlungen des Anwalttages sind demnächst dem Reichstage, dem hohen Bundesrathe und dem Königlich Preußischen Justizministerium in der erforderlichen Anzahl von Exemplaren vorgelegt worden.

Die Beschlüsse der VI. Reichstagskommission zur Berathung eines Entwurfs einer Gebührenordnung für Rechtsanwälte.

Die abgeänderten Paragraphen lauten nach der ersten Lesung wie folgt:

§. 2.

Für die Ausführung eines Auftrages, dessen gemeinschaftliche Erledigung mehreren Rechtsanwälten übertragen ist, steht jedem derselben die volle Vergütung zu.

§. 9.

In bürgerlichen Rechtsstreitigkeiten werden die Gebühren nach dem Werthe des Streitgegenstandes erhoben.

Der Gebührensatz beträgt bei Gegenständen im Werthe:

1. bis 20 Mark einschließlich . . . . 2 Mark,
2. von mehr als 20 bis 60 Mark einschließlich 3 .
3. . . . 60 . 120 . . . 5 .
4. . . . 120 . 200 . . . 8 .
5. . . . 200 . 300 . . . 12 .
6. . . . 300 . 450 . . . 17 .
7. . . . 450 . 650 . . . 22 .
8. von mehr als 650 bis 900 Mark einschließlich 27 Mark.
9. . . . 900 . 1 200 . . 32 .
10. . . . 1 200 . 1 600 . . 36 .
11. . . . 1 600 . 2 100 . . 40 .
12. . . . 2 100 . 2 700 . . 44 .
13. . . . 2 700 . 3 400 . . 48 .
14. . . . 3 400 . 4 300 . . 52 .
15. . . . 4 300 . 5 400 . . 56 .
16. . . . 5 400 . 6 700 . . 60 .
17. . . . 6 700 . 8 200 . . 64 .
18. . . . 8 200 . 10 000 . . 68 .

Die ferneren Werthklassen steigen um je 2 000 Mark und die Gebührensätze in den Klassen bis 50 000 Mark einschließlich um je 4 Mark, bis 100 000 Mark einschließlich um je 3 Mark und darüber hinaus um je 2 Mark.

§. 23.

Drei Zehntheile der in den §§. 13 bis 18 bestimmten Gebühren erhält der Rechtsanwalt, wenn seine Thätigkeit betrifft:

1. die Festsetzung der vom Gegner zu erstattenden Prozeßkosten (Civilprozeßordnung §. 99);
2. die Zwangsvollstreckung.

§. 23a.

Drei Zehntheile der in den §§. 13 bis 18 bestimmten Gebühren erhält der Rechtsanwalt, wenn seine Thätigkeit ausschließlich betrifft:

1. einen Antrag auf Aenderung einer Entscheidung des beauftragten oder ersuchten Richters oder des Gerichtsschreibers (Civilprozeßordnung §. 539);
2. Zwischenstücke mit Nebenintervenienten, so wie mit Zeugen oder Sachverständigen;
3. die im Gerichtskostengesetze §. 35 Nr. 2, 4 §. 47 Nr. 1 bis 12 bezeichneten Streitpunkte und Anträge.

§. 26.

Für die Bestimmung des Umfanges einer Instanz im Sinne des §. 25 finden die Vorschriften der §§. 30, 31 des

Gerichtskostengesetzes entsprechende Anwendung, in den Fällen der §§. 501, 528 der Civilprozeßordnung jedoch nur rücksichtlich der Prozeßgebühr.

§. 29.

Die im §. 13 benannten Gebühren umfassen die gesammte Thätigkeit des Rechtsanwalt von dem Auftrage bis zur Beendigung der Instanz.

Zu der Instanz gehören insbesondere:

1. das Verfahren behufs Festsetzung des Werthes des Streitgegenstandes;
2. Zwischenstreite mit Nebenintervenienten, sowie mit Zeugen oder Sachverständigen;
3. das Verfahren zur Sicherung des Beweises (Civilprozeßordnung §§. 447 bis 455), wenn die Hauptsache anhängig ist;
4. das Verfahren über einen Antrag auf Anordnung oder Aufhebung eines Arrestes oder einer einstweiligen Verfügung, sowie über einen Antrag auf vorläufige Einstellung, Beschränkung oder Aufhebung einer Zwangsvollstreckung (Civilprozeßordnung §§. 647, 657, 688, 690 Abs. 3, §§. 696, 710 Abs. 4), soweit das Verfahren mit dem Verfahren über die Hauptsache verbunden ist;
5. das Verfahren über einen Antrag auf Aenderung einer Entscheidung des beauftragten oder ersuchten Richters oder des Gerichtschreibers (Civilprozeßordnung §. 539);
6. das Verfahren über die im Gerichtskostengesetze §. 47 Nr. 1 bis 12 bezeichneten Streitpunkte und Anträge;
7. die Zustellung und Empfangnahme der Entscheidungen und die Mittheilung derselben an den Auftraggeber;
8. die Uebersendung der Handakten an den Bevollmächtigten einer anderen Instanz.

§. 41.

Drei Zehntheile der in den §§. 13 bis 18 bestimmten Gebühren erhält der zum Prozeßbevollmächtigten bestellte Rechtsanwalt für seine Thätigkeit in der Beschwerdeinstanz.

§. 45.

Dem Rechtsanwalte, welcher, ohne zum Prozeßbevollmächtigten bestellt zu sein, einen Schriftsatz anfertigt oder den Auftraggeber in einem anderen als dem zur mündlichen Verhandlung bestimmten Termine vertritt, steht die Prozeßgebühr, welche im gleichen Falle der Prozeßbevollmächtigte erhalten würde, nur zu fünf Zehntheilen zu.

Die Wahrnehmung eines weiteren Termins zur Fortsetzung der Verhandlung begründet nicht eine Erhöhung der Gebühr für Vertretung im Termine.

Wird der Auftrag vor der Ausführung erledigt, so erhält der Rechtsanwalt fünf Zehntheile der für den Fall der Ausführung bestimmten Gebühr.

§. 46.

Für einen ertheilten Rath erhält der nicht zum Prozeßbevollmächtigten bestellte Rechtsanwalt eine Gebühr in Höhe von drei Zehntheilen der Prozeßgebühr.

Eine Gebühr in Höhe von fünf Zehntheilen der Prozeßgebühr steht dem mit Einlegung der Berufung oder der Revision beauftragten Rechtsanwalte zu, wenn derselbe von der Einlegung abräth und der Auftraggeber seinen Auftrag zurücknimmt.

§. 48.

Wird ein Rechtsanwalt, nachdem er in einer Rechtssache thätig gewesen, zum Prozeßbevollmächtigten bestellt, so erhält er für die ihm vorher aufgetragenen Handlungen, soweit für dieselben die dem Prozeßbevollmächtigten zustehende Gebühr bestimmt ist, und als Prozeßbevollmächtigter zusammen nicht mehr an Gebühren, als ihm zustehen würde, wenn er vorher zum Prozeßbevollmächtigten bestellt worden wäre.

§. 50.

Bei Vertretung mehrerer Streitgenossen, einschließlich der Nebenintervenienten, stehen dem Rechtsanwalte die Gebühren nur einmal zu. Bei nachträglichem Beitritt von Streitgenossen erhöht sich durch jeden Beitritt die Prozeßgebühr um zwei Zehntheile. Die Erhöhung wird nach dem Betrage berechnet, bei welchem die Vollmachtgeber gemeinschaftlich betheiligt sind; mehrere Erhöhungen dürfen den einfachen Betrag der Prozeßgebühr nicht übersteigen.

§. 67.

Fünf Zehntheile der im §. 62 bestimmten Sätze stehen dem Rechtsanwalte zu für Anfertigung:

1. einer Schrift zur Rechtfertigung einer Berufung;
2. einer Schrift zur Begründung einer Revision;
3. eines Antrags auf Wiederaufnahme des Verfahrens;
4. eines Gnadengesuchs.

Die Stufe bestimmt sich nach der Ordnung des Gerichts, welches in erster Instanz erkannt hat.

§. 75.

Für die Höhe der dem Rechtsanwalt zustehenden Schreibgebühren sind die Vorschriften des §. 80 des Gerichtskostengesetzes maßgebend.

§. 77.

Bei Geschäftsreisen erhält der Rechtsanwalt, vorbehaltlich der Bestimmungen in den §§. 18, 37, 39 Absatz 2 der Rechtsanwaltsordnung:

  I. an Tagegeldern . . . . . . 12 M.;
  II. für ein Nachtquartier . . . . . . 5 M.;
  III. an Fuhrkosten einschließlich der Kosten der Gepäckbeförderung:
   1. wenn die Reise auf Eisenbahnen oder Dampfschiffen gemacht werden kann, für das Kilometer . 13 Pf. und für jeden Zu- und Abgang 3 M.;

2. anderenfalls . . . . . 60 Pf.
für das Kilometer der nächsten fahrbaren Straßenverbindung.

Haben höhere Fuhrkosten aufgewendet werden müssen, so werden diese erstattet.

§. 88.

Für die Ausarbeitung eines Gutachtens mit juristischer Begründung hat der Rechtsanwalt angemessene Vergütung zu beanspruchen. Ueber die Höhe der Vergütung wird im Prozeßwege nach eingeholtem Gutachten des Vorstandes der Anwaltskammer entschieden.

§. 89.

Ist für das dem Rechtsanwalt übertragene Geschäft der Betrag der Gebühr in diesem Gesetze nicht bestimmt, so erhält er eine unter entsprechender Anwendung der Bestimmungen dieses Gesetzes zu bemessende Gebühr.

§. 90.

Insofern in diesem Gesetze für die begonnene oder vorbereitete Ausführung eines vor der vollständigen Ausführung erledigten Auftrags eine Gebühr nicht vorgesehen ist, erhält der Rechtsanwalt eine nach Maßgabe des §. 89 zu bemessende Gebühr.

§. 93.

Sofern der Rechtsanwalt nicht einer Partei zur Wahrnehmung ihrer Rechte beigeordnet oder als Vertheidiger bestellt ist, kann der Betrag der Vergütung durch Vertrag abweichend von den Vorschriften dieses Gesetzes festgesetzt werden. Die Festsetzung durch Bezugnahme auf das Ermessen eines Dritten ist ausgeschlossen.

Der Auftraggeber ist an den Vertrag nur gebunden, soweit er denselben schriftlich abgeschlossen hat. Der Auftraggeber kann eine Berechnung der gesetzlichen Vergütung nach Maßgabe des §. 85 verlangen.

Hat der Rechtsanwalt durch den Vertragsschluß die Grenze der Mäßigung überschritten, so kann die durch Vertrag festgesetzte Vergütung im Prozeßwege, nach eingeholtem Gutachten des Vorstandes der Anwaltskammer bis auf den in diesem Gesetze bestimmten Betrag herabgesetzt werden.

§. 94.

Gestrichen.

§. 94a.

Ist der Betrag der Vergütung nicht durch Vertrag festgesetzt, so kann der Rechtsanwalt, welcher nicht einer Partei zur Wahrnehmung ihrer Rechte beigeordnet oder als Vertheidiger bestellt ist, in außergewöhnlichen Fällen neben der gesetzlich bestimmten Vergütung bei Mittheilung der Berechnung derselben (§. 85) eine außerordentliche Vergütung beanspruchen.

Ueber die Zulässigkeit und Höhe des Anspruchs wird im Prozeßwege nach eingeholtem Gutachten des Vorstandes der Anwaltskammer entschieden.

§. 94b.

Für das Verhältniß des Auftraggebers oder des Rechtsanwalts zu dem Erstattungspflichtigen kommt weder die vertragsmäßige Festsetzung der Vergütung (§. 93) noch der Anspruch auf eine außerordentliche Vergütung (§. 94a) in Betracht.

Vorträge über die praktische Anwendung der deutschen Civilprozeßordnung.*)

I. Ueber den Prozeßbetrieb.

Vortrag des Herrn Justizrath von Wilmowski in der Versammlung der Berliner Anwälte am Dienstag, den 25. März 1879.

Meine verehrten Herren Kollegen! Zur praktischen Lösung der Aufgaben, welche uns Anwälten von der deutschen Civilprozeßordnung gestellt worden sind, dürfte es von besonderem Werth sein, namentlich den Zusammenhang solcher Bestimmungen zu erörtern, welche nicht mit dürren Worten direkt in der Prozeßordnung auseinandergesetzt sind, und deren Verbindung und Ineinanderwirken nicht schon von der Civilprozeßordnung selbst in systematischer Folge geordnet zu Tage liegt, sondern mehr aus den einzelnen zerstreuten Vorschriften zu kombiniren ist. Die einzelnen Detailfragen könnten dann um so mehr dem Selbststudium überlassen werden, je weniger man in Gefahr ist, bei der einzelnen Vorschrift die Stellung zum Ganzen zu verlieren. Zugleich würde es dann zur Erörterung solcher Grundzüge sachgemäß sein, unsre bisherigen praktisch zeitenden Vorschriften denjenigen gegenüber zu stellen, welche uns die deutsche Civilprozeßordnung als künftige vorschreibt; um der ferneren Gefahr zu entgehen, das bekannte Frühere aus unwillkührlich und gewohnheitsmäßig etwa unter der Kategorie des Selbstverständlichen noch als ferner anwendbar gelten zu lassen.

Wenn ich versuchen will, in diesem Sinne der ehrenvollen Aufforderung zu entsprechen, zum Verständniß der Civilprozeßordnung beizutragen, so möchte ich ferner vorausschicken, daß ich jede Kritik der Vorschriften der Civilprozeßordnung ablehne. Ich nehme an, es ist unser Zweck, zume Verständniß beizutragen, nicht aber eine Kritik der Zweckmäßigkeit der einzelnen Vorschriften zu üben. Nur in solchen Fällen, wo etwa die Civilprozeßordnung selbst verschiedene Wege zu demselben Zwecke darbietet, liegt es in der Natur der Sache, daß ich mich nicht würde enthalten können, auf die Vorzüge oder Nachtheile des einen oder anderen aufmerksam zu machen.

Noch eine zweite Bemerkung möchte ich vorausschicken, daß es selbstverständlich absolut unmöglich ist, alle Detailfragen zu erschöpfen. Ich würde sehr gern Rede stehen in Betreff jeder einzelnen Detailvorschrift, deren nähere Erörterung wünschenswerth ist, und stelle anheim, Fragen in dieser Beziehung an mich

---

*) Die Herren Kollegen von Wilmowski und Levy haben ihren Berliner Kollegen eine Reihe von Vorträgen über die praktische Anwendung der deutschen Civilprozeßordnung zugesagt. Dieselben sollen sämmtlich in der juristischen Wochenschrift veröffentlicht werden.

zu richten. Es ist das um so sachgemäßer, als ich nicht in der Lage bin, zu wissen, ob für jede von den Detailbestimmungen eine Aufklärung Einzelnen von Ihnen vielleicht wünschenswerth wäre. Im Wesentlichen hatte ich schon wegen der Unmöglichkeit, anders zu verfahren, es für nöthig, mich nur auf die Darstellung der Grundzüge zu beschränken.

Wenn wir nun, vor die Menge von Detailfragen gestellt, uns orientiren wollen, so werden wir gedrängt, zunächst festzustellen, welcher mechanischer, äußerer Schritte und Maßregeln wir uns bedienen dürfen und müssen, um auf unsere Klagen eine Entscheidung, auf unsere Anträge eine materielle Antwort vom Gericht zu bekommen. Die erste Frage wird immer sein: wie fangen wir es an, um das Gericht in Bewegung zu setzen? Es wird uns das von der Civilprozeßordnung nicht so leicht gemacht, wie uns das in unserem bisherigen Verfahren zu Theil geworden ist. Nach unserm preußischen Verfahren reichte es aus, eine Klage auf irgend welche Weise in die Gerichtsräume gelangen zu lassen; dadurch war den Gerichten ein Anstoß gegeben, genügend, damit das Gericht nun die Ladung der Gegner, die Ladung sonstiger Betheiligten, die Kontrole der Ladungen, die Zuziehung Aller und die Veranlassung alles dessen, was zum weiteren Prozeßbetriebe nöthig war, seinerseits veranlaßte, um auf diese Weise bis zur gesetzlichen Entscheidung zu gelangen. Auch der Beklagte seinerseits hatte bis jetzt nichts zu thun nöthig, als in den angesetzten Terminen zu erscheinen und seine sachlichen Erklärungen abzugeben. Wenn die Parteien überhaupt nur in den Terminen erschienen, so sorgte das Gericht für alles Uebrige, und für die Partei war eine weitere Thätigkeit nicht nöthig.

Diesem unserm System der Offizialthätigkeit des Gerichts gegenüber tritt das System, welches das französische Recht in Anwendung gebracht hat und was am Rhein und in Bayern namentlich auch jetzt noch gilt: es ist das System des Selbstbetriebes des Prozesses seitens der Parteien. Nach diesem System haben die Parteien ihrerseits alles Nöthige zu thun, um den Richter in den Stand zu setzen, zu entscheiden. Das Gericht zeigt nur die Terminszeiten an, wenn es bereit ist, Recht zu sprechen über Anträge, welche vor das Gericht gebracht werden, und alles Uebrige, was dazu nöthig ist, sämmtliche Ladungen, die Zuziehungen der Betheiligten, die Herbeischaffung des Materials ist Sache der Partei. Im Wesentlichen und Grundsätzlichen geht unsere deutsche Civilprozeßordnung von diesem System des Selbstbetriebes der Partei bezw. des Anwalte aus. Es herrscht aber nicht absolut, sondern es ist mehrfach durchbrochen durch einzelne Bestimmungen, welche auch dem Gerichte eine Offizialthätigkeit in Betreff des Prozeßbetriebes auferlegen, und es wird daher um so wichtiger sein, die Grundzüge festzustellen, welche in dieser Beziehung maßgebend sind. Das Prinzip selbst, der Grundsatz des Parteiselbstbetriebes ist derart maßgebend, und das müssen wir festhalten, daß überall, wo nicht eine Ausnahme im Gesetz gemacht ist, der Parteiselbstbetrieb die Regel bildet. Die Ausnahmen sind dadurch angedeutet, daß im Gesetzbuche gesagt ist: das Gericht hat Das oder Jenes zu thun, oder, das Gericht hat von Amtswegen diese oder jene Anordnung zu treffen. Wo eine solche Ausnahme gemacht ist, gilt sie natürlich; aber auch da, wo sie gemacht ist, nur in so weit, wie sie aufgestellt, und wie dem

Gericht eine spezielle Offizialthätigkeit auferlegt ist. Keine der Ausnahmen ist ausdehnend zu interpretiren. Soweit die Ausnahme nicht gilt, gilt das grundsätzliche System.

Der Grundsatz selbst ist hinsichtlich der Ladungen und Zustellungen in den §§. 191 ff. ausgesprochen, wonach die Partei welche mündlich verhandeln lassen will, zum Termin laden lassen muß, und in den §§. 152 ff., wonach es die Partei ist, welche zu den Zustellungen den Gerichtsvollzieher beauftragen muß. In Betreff der Urtheile ist im §. 288 dann noch besonders ausgesprochen, daß die Zustellung der Urtheile auf Betreiben der Parteien erfolgt. Derselbe Grundsatz gilt auch für die sachlichen Darstellungen, für das Abgeben der Prozeßerklärungen, und in dieser Beziehung liegt er in den §§. 244, 245, 251, 252; danach müssen die Parteien selbst für die zeitige Mittheilung der Erklärungen sorgen, widrigenfalls sie den gesetzlichen Nachtheilen unterworfen bleiben, die Kosten zu tragen oder unter Umständen wegen Verschleppung einen Rechtsverlust überhaupt zu vertieren. Im Anwaltsprozesse, worin die Partei überhaupt nur durch den Anwalt wirken und auftreten kann, ist es natürlich der Anwalt, dem diese Sorge obliegt, und deshalb ist für uns Anwälte grade diese Sorge m. E. für das Mechanische und Aeußere eine der ersten und wichtigsten.

Die wesentlichste Ausnahme andererseits liegt darin, daß das Gericht von amtswegen für die Ausführung der beschlossenen Beweisaufnahme sorgen muß. Das Gericht muß die Zeugen und Sachverständigen von amtswegen laden §§. 326 ff., 342, 367, das Gericht macht von amtswegen auch den Parteien nach Beendigung der Beweisverhandlung den ferneren Termin zur Fortsetzung der mündlichen Verhandlung bekannt, sofern der Termin nicht etwa vorher schon verkündet worden ist, §. 335 und ebenso muß das Gericht von amtswegen die Termine zur Fortsetzung der Verhandlungen bekannt machen, ebenfalls mit der Beschränkung: sofern diese Termine nicht bereits verkündet worden sind, §. 127 Abs. 3. Auch für diese Ausnahmen ist, dem Gerichte der Prozeßbetrieb den Parteien gegenüber durch die schon angedeutete Beschränkung erleichtert. Jeder Beschluß, der auf eine mündliche Verhandlung erfolgt, muß mündlich verkündet werden; die Ladungen zu einem solchen Termine, welcher mündlich verkündet ist, brauchen den Parteien nicht mehr besonders zugestellt zu werden; die Partei gilt für geladen, sobald der Beschluß verkündet worden ist; das gilt auch selbst derjenigen Partei gegenüber, die in dem Termine, worin der Beschluß verkündet worden ist, nicht zugegen ist, vorausgesetzt, daß sie zu diesem Termine richtig geladen war. Nur nichtverkündete Gerichtsbeschlüsse und Verfügungen brauchen von amtswegen bekannt gemacht zu werden. §§. 294, 195. Der Partei gegenüber hat also das Gericht so gut wie gar keinen Prozeßbetrieb, wenn das Gericht nicht etwa den Beschluß überhaupt aussetzt. Auch in diesem Falle kann es einen Termin zur Verkündung des Beschlusses ansehen, und von diesem Termine gilt dann wiederum dasselbe wie von jedem anderen Termin, der zur Fortsetzung der mündlichen Verhandlung beschlossen worden ist.

Wenn wir nun diesen Ausnahmen absehen und die Konsequenzen verfolgen, die das Systeme des Selbstbetriebes des Prozesses hat, so macht sich dieses System namentlich nach zwei Richtungen hin geltend, einmal den Gegnern gegenüber darin, daß die betreibende Partei für die Zustellung und für die Ladung forgen muß, dafür sorgen muß, daß sie gehörig und rechtzeitig erfolgt, und dann dem Gerichte gegenüber darin, daß die Partei genöthigt ist, dem Gerichte namentlich im Fall der Versäumung eines Termins den Nachweis zu führen, daß die Ladung oder Zustellung, gehörig und rechtzeitig erfolgt ist.

Dem Zwecke in Betreff der Bewirkung der Zustellungen selbst entsprechen die Vorschriften über die Zustellung, dem Zwecke in Betreff des Beweises entsprechen die Vorschriften über die Zustellungsurkunden. Im übrigen wird die Thätigkeit des Gerichts für die Ladungen, welche nicht von amtswegen erfolgen, nur in soweit in Anspruch genommen, daß der Vorsitzende des Gerichts auf die ihm unterbreiteten Ladungen den Termin zu bestimmen hat; er überläßt dann der Partei beziehungsweise dem Rechtsanwalt, die Ladung mit der Terminsbestimmung selbst wieder abzuholen oder abholen zu lassen. Mit der Terminsbestimmung hängt damit zusammen, daß das Gericht beziehungsweise der Vorsitzende die Termine und die dabei zu beachtenden Fristen abkürzen und verlängern kann. Es kann das bekanntlich ohne vorangegangene mündliche Verhandlung geschehen, und dieß wird in den meisten Fällen die Regel sein. Der Vorsitzende hat namentlich das Recht, die Einlassungsfristen ohne mündliche Verhandlung und ohne dem Gegner vorher zu hören abzukürzen; es genügt dazu ein Vermerk auf der Klageladung, der dann dem Gegner mitzutheilen ist, um ihn aufmerksam zu machen, daß in diesem Falle eine Abweichung von der gewöhnlichen sonstigen gesetzlichen Frist bestimmt worden ist.

Die gebotene Sorge für die Gehörigkeit der Bestellungen und Ladungen legt dem Anwalt schon im eigenen Interesse das Recht und die Pflicht auf, für die Ausbildung der Gerichtsvollzieher mit zu sorgen. Die Sorge selbst für die Gehörigkeit der Ladung kann sich übrigens auch die Partei im Parteiprozesse nicht entschlagen. Bei den Ladungen, die die Partei im Parteiprozesse veranlaßt, ist sie es immer, die laden läßt, und nöthigenfalls den Beweis zu führen hat, daß die Ladung wirklich geschehen ist, die also auch interessirt ist, diesen Beweis sich zu sichern. Die Partei ist dies einigermaßen erleichtert durch die Vorschrift, daß sie nicht den Gerichtsvollzieher direkt zu beauftragen braucht, sondern den Gerichtsschreiber um seine Vermittlung angehen kann. Bekanntlich soll das vermuthet werden, sofern sie nicht ausdrücklich sagt, daß sie für die Ladungen und Zustellungen selbst sorgen will. Jedoch auch dann, wenn die Partei den Gerichtsschreiber um seine Vermittlung ersucht, bleibt es die Partei, die ihrerseits den Gerichtsvollzieher durch den Gerichtsschreiber beauftragt. Die Parteien sind es auch und, falls der Anwalt laden läßt, natürlich der Anwalt, die die Zustellungsurkunde demnächst vom Gerichtsschreiber bezw. Gerichtsvollzieher zurückzubekommen und sie aufzubewahren haben, um den nöthigen Beweis zu führen.

Die erste Maßregel der Kontrole, welche dem Anwalt obliegt, der zu einem Termin laden läßt, richtet sich darauf, daß überhaupt dem Gegner oder sonst Betheiligten zugestellt wird und daß die Zustellung auch rechtzeitig erfolgt.

In Betreff der Rechtzeitigkeit ist daran zu erinnern, daß dem Beklagten von der Zeit der Zustellung ab bis zum Termine eine sogenannte Einlassungsfrist frei sein muß, welche nach dem Gesetz mindestens einen Monat beträgt, aber mit Zustimmung und auf Anordnung des Vorsitzenden abgekürzt werden kann.

Während der Anhängigkeit des Prozesses ist für die Ladung ebenfalls eine Frist bestimmt, die von der Zustellung an gerechnet wird, die sogenannte Ladungsfrist. Sie ist geringer bemessen; für gewöhnliche Prozesse beträgt sie 8 Tage. Auch diese Frist kann abgekürzt werden, um das Verfahren mit Rücksicht auf die Schleunigkeit elastischer zu machen und besondere Acten eines schleunigen Verfahrens vermeiden zu können. Darauf würde sich also die erste Kontrole des Anwalts richten müssen, daß, wenn Zustellungen erfolgen, entweder die allgemein gesetzliche Frist oder in speziellen Fällen, wenn eine Abkürzung erreicht ist, die kürzere Frist immer noch inne gehalten bleibt.

Die weitere Kontrole geht dahin, daß die Ladung auch gehörig erfolgt ist. Wie sie erfolgen muß, ist ausführlich in den §§ 152 ff. in der Prozeßordnung angegeben. Eine Erläuterung dieser einzelnen Detailvorschriften dürfte wohl nicht nöthig sein. Auf eine Ausdrucksweise möchte ich aber aufmerksam machen, weil, soviel ich erfahren habe, dieselbe schon zu vielen Mißhandlungen Veranlassung gegeben hat. Nach den §§ 173, 177 sollen die Zustellungsurkunden auf die Urschrift des zuzustellenden Schriftstücks oder auf einen mit demselben zu verbindenden Bogen gesetzt werden. Die Zustellungsurkunde mit dieser Urschrift wird dann der betreibenden Partei ausgeantwortet. Es soll dadurch die Identität dessen, was zugestellt wird, festgestellt werden. Aus dieser Bestimmung ergiebt sich, daß unter der Urschrift im Sinne der Vorschriften über das Zustellungswesen allemal diejenige Schrift verstanden wird und zu verstehen ist, die der betreibenden Partei mit der Zustellungsurkunde wieder zurückgegeben ist. Für diese Beziehung ist davon ausgegangen: daß die Zustellungsurkunde das beweisende Dokument ist und das mit ihr verbundene Schriftstück also das Original ist, von welchem bewiesen wird, daß es zugestellt ist. Es ist festzuhalten, weil diese Bedeutung für die Vorschriften über die Zustellung wichtig ist, bei Zustellungen von Ausfertigungen, von Urtheilen u. s. w. natürlich die Ausfertigung selbst dem Gegner zugestellt wird und in dieser und anderer Beziehung leicht angenommen werden kann: als Urschrift sei immer nur das zu verstehen, was derjenige in die Hand bekommt, dem zugestellt wird. In anderer Beziehung ist das auch ganz richtig. Zeigen sich z. B. Abweichungen, so würde in Betreff diese Abweichungen für denjenigen, dem zugestellt wird, das Original b. h. das maßgebende Schriftstück dasjenige sein, was er erhalten hat; er ist nicht verbunden, in dem Augenblick des Empfanges zu kollationiren, ob das ihm zugestellte wörtlich übereinstimmt mit demjenigen, was der Gerichtsvollzieher als zugestellt angiebt. Es ist das umso weniger anzunehmen, als bei der Zustellung nicht einmal eine Unterschrift desjenigen nöthig ist, dem zugestellt wird. Ich wollte auf diesen Sprachgebrauch für das Wort: Urschrift aufmerksam machen, weil derselbe mit dem Begriffe einer Urschrift in anderer Beziehung z. B. im § 400 auseinanderfallen kann, während in den Vorschriften über die Zustellungen von jenem Sprachgebrauch nicht abgewichen ist.

Allgemeiner wichtig sind die weitern Fragen: welche Folgen hat eine mangelhafte Zustellung und welche Folgen hat eine mangelhafte Zustellungsurkunde? Die beiden Fragen sind zu trennen. Die Vorschriften über die Zustellung sind an sich obligatorisch. Eine Zustellung, die anders erfolgt als an denjenigen, an dem sie nach den §§ 157 bis 164 erfolgen soll, und eine Zustellung, die in anderer Weise als nach den §§ 156, 165 bis 172 erfolgt, ist ungültig, es braucht ihr nicht Folge geleistet zu werden. Jedoch an die Mangelhaftigkeit ist nicht die Folge der Nichtigkeit geknüpft; die Zustellung ist nicht nichtig und die Mängel können unter Umständen geheilt werden. Wir werden in dieser Beziehung die drei Alternativen unterscheiden müssen: ob der Adressat der Ladung nicht entspricht und im Termine nicht erscheint, und wenn er erscheint wieder, ob er dann den Mangel rügt, oder ob er ihn ungerügt läßt. Erscheint der Betheiligte auf eine ungültige Ladung, zur mündlichen Verhandlung nicht, so kann auf Grund der Ladung ein Versäumnißurtheil nicht erlassen werden; der Antrag darauf würde zurückgewiesen werden müssen. Immerhin bleibt es jedoch bedenklich, nicht zu erscheinen, wenn die Ladung wirklich in die Hände des Betreffenden gekommen ist. Zwar muß der Gerichtsvollzieher die Zustellungsurkunde auch auf dem zugestellten Schriftstücke verwerten; man weiß aber nicht, was das Gericht daraus folgert, ob der Mangel überhaupt entdeckt wird und ob in Folge der Entdeckung der Mangel für ein wesentlicher angesehen wird. Der Betheiligte muß, wenn er erscheint, nach § 267 in der nächsten mündlichen Verhandlung, worin er erscheint, dem Mangel rügen. Wenn er erscheint und nicht rügt, so gilt der Mangel überhaupt für geheilt, auch wenn er an sich ein recht wesentlicher ist. Die schwierigen Fragen treten zu Tage, wenn er erscheint und den Mangel rügt. Im Allgemeinen werden auch gerügte Mängel als geheilt anzusehen sein, sobald unzweifelhaft feststeht, daß den Zwecken der Zustellung vollständig entsprochen ist oder wird. Im Falle des Erscheinens des Adressaten wird die Sachlage in der Regel die sein, daß er die Ladung überhaupt bekommen hat; sonst würde er wahrscheinlich nicht gekommen sein. Die Mängel können nun verschieden sein. Es kann ein sachlicher Mangel vorliegen, der die Vollständigkeit und Korrektheit der zugestellten Ladung, der mitgetheilten Klage, und dergl. betrifft, und in solchem Falle würde sachgemäß unter Umständen eine Vertagung oder Erneuerung der Ladung zu veranlassen sein, — oder der Mangel ist nur ein äußerer; er beklagt sich etwa darüber, daß nicht an einem der Angehörigen, an die nach den bestimmten Vorschriften zugestellt werden soll, die Zustellung ergangen ist, sondern daß sie ihm etwa durch die Thür in seine Wohnung hineingeschoben ist, oder daß in ähnlicher äußerer Weise die die Zustellung nicht korrekt verfahren ist. Solchen Mängeln gegenüber wird der Umstand ins Gewicht fallen, daß er überhaupt die Ladung bekommen hat, dadurch würde festzustellen sein, daß überhaupt zugestellt worden ist. Dieß reicht jedoch nicht aus, um ein Versäumnißurtheil und die Verpflichtung zur sachlichen Auslassung zu begründen. Der Geladene hat zugleich das Recht, zu verlangen, daß er rechtzeitig geladen sei, und in dieser Beziehung würde eine Beseitigung des Mangels nur erfolgen, wenn er etwa selbst bekennt, daß er bereits vor entsprechend langer Zeit das Schriftstück erhalten habe. Dieß kann auch aus den Umständen gefolgert werden nach der Theorie der freien Beweiswürdigung. Sobald jedoch nach den Umständen nicht unbedingt feststeht, daß die Zustellung rechtzeitig erfolgt ist, würde die Partei bezw. der Anwalt eine Vertagung der Verhandlung zugestehen, oder beantragen müssen, die ja in solchem Falle, wenn nicht rechtzeitig geladen ist, der Geladene jedenfalls verlangen kann.

Die andere Frage ist die: was sind die Folgen mangelhafter Zustellungsurkunden? Was in einer Zustellungsurkunde stehen muß, ist im §. 174 ausdrücklich und mit der Bestimmung gesagt: die Zustellungsurkunde muß das enthalten. Nach der Ausdrucksweise der Civilprozeßordnung heißt das, die Bestandtheile sind unbedingt nothwendig, und die Frage ist nun, was daraus folgt, wenn einer der andere Bestandtheil nicht darin steht. Dieselbe Frage erhebt sich nach §. 178 für die Zustellungsurkunde des Postboten. Bekanntlich ist bei der Zustellung durch die Post eine doppelte Urkunde nöthig: einmal die des Gerichtsvollziehers darüber, daß er das bestimmte Schriftstück adressirt mit der angegebenen Adresse an die Post abgegeben hat, und eine weitere Urkunde des Postboten, daß er das so adressirte Schriftstück dem Adressaten zugestellt hat. Beide Zustellungsurkunden müssen enthalten, was die §§. 174, 178 vorschreiben. Ungeachtet dieses ist jedoch daraus, daß die Zustellungsurkunde eine der vorgeschriebenen Angaben nicht enthält, noch nicht zu folgen, daß dann die Zustellung selbst nicht erfolgt ist. Die Zustellungsurkunde ist das Beweismittel für die Zustellung. Das Gesetz sagt aber nicht, daß es das einzig zulässige Beweismittel ist; es sagt nicht, daß der Beweis nicht ergänzt werden könne; auch nicht, daß ein Beweis überhaupt nur durch die Urkunde zu führen sei. Im Gegentheil ist in dieser Beziehung das allgemeine Prinzip der freien Beweiswürdigung des §. 259 zu berücksichtigen. Das Gericht kann ungeachtet dessen, daß eine Zustellungsurkunde ein bestimmtes Moment nicht enthält, zufolge der freien Beweiswürdigung annehmen, daß dieses Moment entweder im Zusammenhang der ganzen Urkunde doch vorliege, oder daß es vielleicht in Folge der Ausdrucksweise als selbstverständlich implicite mit ausgedrückt anzunehmen sei; es kann auch, ganz abgesehen von der Zustellungsurkunde, nach der ganzen Sachlage folgern, daß das als erwiesen anzunehmen sei, was etwa in der Urkunde nicht ausgedrückt ist. Das Gericht kann aber allerdings zufolge desselben Prinzips der freien Beweiswürdigung auch zu dem Schlusse kommen, daß ein solcher Beweis nicht geführt sei. Die Zustellungsurkunden sind an sich öffentliche Urkunden in Folge den amtlichen Charakters der Gerichtsvollzieher. Bei der Berathung der Prozeßordnung ist ein Zusatz, der in dem früheren Entwurfe bereits enthalten war, daß, wenn eine Zustellungsurkunde eines der Momente nicht enthält, sie nicht die Beweiskraft öffentlicher Urkunden haben soll, eliminirt worden. Es ist dadurch ausgedrückt, daß durch diesen Umstand allein die Qualität der öffentlichen Urkunde noch nicht verloren geht; sie bleibt immer eine Urkunde eines Beamten und als solche eine öffentliche. Was darin steht, wird durch sie bewiesen. Ob das bewiesen ist, was nicht darin steht, hängt von der freien Beweiswürdigung des Richters ab.

Die Prüfung der Zustellungsurkunde wird deshalb immer wesentlich sein, und es ist zu rathen, daß namentlich mit Rücksicht auf diese freie Beweiswürdigung, deren Resultat man ja im Voraus niemals wissen kann, jeder Anwalt zunächst die Zustellungsurkunde an der Hand des Gesetzbuchs nach den §§. 174, 178 genau prüft, namentlich für die erste Zeit ist dies umsomehr zu rathen, als bekanntlich allemal in der ersten Zeit der Anwendung eines neuen Gesetzes die Gefahr nahe liegt, daß auch richterlicherseits die Anwendung eine möglichst buchstäbliche sein wird, und als der Ausdruck: die Urkunde muß etwas enthalten, gewissermaßen darauf hinzuweisen scheint, als könne man, wenn es nicht drin steht, die ganze Zustellung als nicht geschehen ansehen. Erleichtert wird ja wahrscheinlich diese Prüfung durch die Formulare, die wohl auf Veranlassung der Landesjustizverwaltung sorgfältig ausgearbeitet für die Gerichtsvollzieher erscheinen werden, schon weil das Gericht selbst in der Lage ist, für die Ladungen, welche das Gericht anzuführen hat, seinerseits dieselbe Kontrole ausüben zu müssen. Aber falls auch die sachgemäßesten Formulare geliefert werden, bleibt immer die Kontrole darüber nöthig, daß die Formulare auch ordnungsmäßig ausgefüllt werden. Dieser Sorge kann man sich also unter keinen Umständen entschlagen.

In Betreff des äußeren Verfahrens möchte ich noch beiläufig erwähnen, daß selbstverständlich der Anwalt alle einzelnen Schritte nicht persönlich zu thun braucht, daß er nicht persönlich die Klage aufs Gericht zu bringen, dem Gerichtschreiber zu übergeben, nicht persönlich sie abzuholen braucht u. s. w. Der Verkehr der Gerichtschreiber mit dem Publikum wird ohnehin ein durchaus anderer sein müssen. Die bisherige Anzeige: „dem Publikum ist der Eintritt verboten" wird wohl fortfallen müssen. Im Gegentheil setzt das Gesetz voraus, daß zur Einsicht der Akten, zur Hinbringung von Schriftstücken behufs der Terminsbestimmung, zur Abholung von Terminsladungen, von Zustellungssachen, von Urtheilen, die zugestellt werden sollen, zur Einsicht des Verzeichnisses über die verkündeten und unterschriebenen Urtheile, und dergleichen, ein Verkehr seitens der Partei sowohl wie des Anwalts mit dem Gerichtschreiber nothwendig ist.

Wenn wir nun die weiteren Konsequenzen des Grundsatzes verfolgen wollen, daß der Partei und namentlich dem Anwalt die Selbstfürsorge für den Prozeßbetrieb obliegt, so ist ferner zu beachten, daß der Anwalt auch hinsichtlich seines eigenen Machtgebers zu einer viel größeren Thätigkeit verpflichtet ist, als wir bisher daran gewöhnt waren. Der §. 162 schreibt vor, daß Zustellungen, die in einem anhängigen Rechtsstreite erfolgen sollen, an den Prozeßbevollmächtigten erfolgen müssen. Die Partei wird also dadurch geladen, daß der Prozeßbevollmächtigte geladen wird. Auch in dem Falle, wenn die Partei einen Eid leisten soll, braucht das Gericht das der Partei nicht zu sagen, sondern es beschließt und verkündet nur, daß die Partei in dem verkündeten Termine den Eid zu leisten hat. Ist dann die Partei auch nicht gegenwärtig, sondern nur der Prozeßbevollmächtigte, sind auch der Prozeßbevollmächtigte nicht gegenwärtig, er war aber geladen zu dem Termine, worin dieses verkündet wird, so ist dadurch die Partei geladen. Es ist Sache des Prozeßbevollmächtigten, also des Anwalts, die Partei zu veranlassen, daß sie im Termine erscheint, wenn sie nicht pro jurare nolenti erachtet werden soll. Ganz dasselbe gilt von dem Beschluß des Gerichts, daß die Partei persönlich kommen soll. Dem Gericht steht frei, das persönliche Erscheinen der Partei anzuordnen. Die Anordnung besteht aber auch nur in der Verkündung des Beschlusses, daß die Partei zum nächsten Termine persönlich kommen muß, und in diesem Falle ist es Sache des Anwalts, hierfür zu sorgen. Es bleibt dahingestellt, was daraus folgt, wenn sie nicht kommt; bekanntlich hat das keine direkten Nachtheile, es kann aber den indirekten Nachtheil haben, daß der Richter annimmt, wenn die Partei

nicht zur Aufklärung kommen wolle, so müßte sie die Aufklärung scheuen oder könne die Beachtung unklarer Erklärungen nicht erwarten. Es möchte nur in seltenen Fällen der Partei zu rathen sein, nicht zu kommen, wo sie etwa durch Reisen, Entfernung vom Gerichtsorte, Krankheiten und dergl. verhindert ist.

Eine weitere Konsequenz des Selbstbetriebes des Prozesses liegt darin, daß es der Partei überlassen ist, den Prozeß ruhen zu lassen. Beide Parteien können das verabreden; beide Parteien können es auch erzielen, ohne es besonders dem Gericht anzuzeigen, wenn sie beide zum Termine nicht erscheinen. Der Prozeß ruht auch ohne besondere Anzeige, wenn nach einem Urtheil keine von beiden Theilen Anstalt trifft, das Urtheil dem anderen zustellen zu lassen. Die Fristen für die Rechtsmittel fangen erst von der Zustellung an. Die Zustellung erfolgt nur auf Betreiben der Partei; wenn also keine Partei zustellen läßt, so ruht der Prozeß so lange, bis dies geschieht. Das Mittel kann benutzt werden, um über die Ferien hinaus zuzuwarten, oder um einen Prozeß ruhen zu lassen, wenn etwa Vergleichsverhandlungen schweben.

Endlich zeigen sich auch die Konsequenzen des Selbstbetriebes in den Vorschriften über das Verfahren, welches eine Partei gegenüber Dritten zu beobachten hat. Wenn ein Dritter, abgesehen von den Fällen einer Hauptintervention, wodurch ein neuer Prozeß veranlaßt wird, als Nebenintervenient sich bei einem Prozesse betheiligen will, muß er seine Absicht kund geben. Er thut das dadurch, daß er den Parteien einen Schriftsatz zustellen läßt; von dem Schriftsatze hat er auch dem Gerichte eine Abschrift mitzutheilen. Hat er das gethan, so ist er zum Prozesse ohne weiteres zuzuziehen, d. h. jede Partei, die zu mündlicher Verhandlung laden läßt, muß den Nebenintervenienten mitladen lassen und das Gericht, wenn es von amtswegen laden läßt, muß ihn ebenfalls zuziehen. Für das Gericht ist er berechtigt, so lange die Parteien ihn als berechtigt zulassen. Nur wenn eine von den Parteien seine Berechtigung in Zweifel zieht, seine Zuziehung nicht wünscht, so muß diejenige Partei, die das nicht wünscht, ihrerseits den Antrag stellen, die Zulassung des Nebenintervenienten abzuweisen. Es hat also im Gegensatz zu unserem bisherigen Verfahren nicht der Intervenient seinerseits die Zulassung zu beantragen, sondern derjenige, der ihn nicht zulassen will, hat seinerseits den Schritt zu thun, daß die Zulassung abgewiesen wird.

Sobald der Antrag gestellt ist, würde allerdings der Nebenintervenient die Verpflichtung haben, nachzuweisen, daß er ein Recht hat, wirklich zugelassen zu werden, und den Nachweis führt er nach dem Gesetze dadurch, daß er glaubhaft macht, daß er ein rechtliches Interesse hat. Macht er das glaubhaft, so wird der Antrag auf Zurückweisung der Nebenintervention zurückgewiesen. So gestaltet sich das Verfahren, wenn ein Dritter sich von selbst meldet.

Wenn umgekehrt eine der Parteien einen Dritten zuziehen will, so wird das Gericht dabei gar nicht betheiligt. Will eine Partei einem Dritten Streit verkünden, so hat die Partei diesem Dritten direkt die Litis denunciatio, die Streitverkündigung mitzutheilen. Dem Gericht braucht davon gar keine Mittheilung gemacht zu werden. Für das Gericht hat dies kein Interesse; es ist nur ein Vorgang, der außerhalb des gegenwärtigen Prozesses liegt; er ist auch im Erkenntniß nicht zu berühren. Die

Streitverkündung als solche, die Zustellung kann deſſen ungeachtet ja nothwendig ſein, namentlich in den Fällen, wo es nach dem materiellen Civilrecht nöthig iſt, daß Jemand einem Dritten Streit verkündet. Meldet ſich der Dritte nicht weiter, dann iſt der ganze Vorgang der Streitverkündung nur ein aufzubewahrendes Beweismaterial für einen künftigen Prozeß, worin etwa die Streitverkündung nachgewieſen werden muß. Meldet ſich aber der Litis denunciat, um zu aſſiſtiren, dann iſt er Nebenintervenient und dann finden dieſelben Vorſchriften ſtatt, die in Betreff der Nebenintervention gelten; er muß dann als Nebenintervenient ſich melden und würde nur etwa die Litisdenunciation benutzen können, um ſein rechtliches Intereſſe glaubhaft zu machen.

Zu den Fällen der Litisdenunciation gehören auch die Fälle der §§. 72 und 73, wenn auf Streitverkündung ein Dritter interveniren will, der eine eingeklagte Forderung für ſich ſelbſt in Anſpruch nimmt, oder ein Dritter, in deſſen Namen ein verklagter Beſitzer einer Sache dieſelbe zu beſitzen behauptet.

Ebenſo iſt es auch von der Zivilprozeßordnung dem Selbſtbetrieb der Partei überlaſſen, wenn ſie von einem Dritten die Edition einer Urkunde verlangt, die der Dritte beſitzt. Das Gericht kümmert ſich hierum nicht, ſondern überläßt es der Partei, von dem Dritten die Urkunde zu beſchaffen. Nur inſofern nimmt es darauf Rückſicht, daß dann der Partei eine Friſt gegeben wird, innerhalb welcher ſie für die Beſchaffung der Urkunde ſorgen ſoll. Die Partei muß ſehen, ob ſie die Urkunde beſchaffen kann, oder ob ſie dazu einen Prozeß gegen den Dritten nöthig hat. Auch der Prozeß mit dem Dritten tangirt das Gericht nicht weiter, als daß er auf die Beſtimmung der Friſten und Verlängerung einen verhältnißmäßigen natürlichen Einfluß übt. Der Prozeß wird dann abgewartet; unter Umſtänden kann aber die Friſt als abgelaufen angeſehen und dem Hauptprozeſſe Fortgang verſchafft werden, wenn die Editionspflichtige keine genügenden Schritte vornimmt, um die Urkunde von dem Dritten zu beſchaffen.

Eine Ausnahme hiervon iſt gemacht worden mit Rückſicht auf Urkunden, die im Beſitz eines öffentlichen Beamten oder einer öffentlichen Behörde ſich befinden. In ſolchen Fällen hat die Zivilprozeßordnung zugelaſſen, daß das Gericht auf Antrag die öffentliche Behörde oder den Beamten erſucht, die Urkunde zu ediren. Weigert ſich aber die Behörde oder der Beamte, die Urkunde zu ediren, ſo liegt die Sache ſo, wie wenn nichts geſchehen wäre; dann muß die Partei von ſelbſt wieder dafür ſorgen, daß ſie die Urkunde bekommt, und daß ſie, was in den desfallſigen Vorſchriften gewährt iſt, wenn ſie ein Recht auf Edition hat, von dieſem Recht im Prozeßwege Gebrauch macht. In der gleichen Weiſe, wie bei der Edirung von Urkunden, iſt es auch von dem Selbſtbetriebe der Partei überlaſſen, die Zwangsvollſtreckung in Sachen des Schuldners, die ein Dritter beſitzt, ſeinerſeits zu veranlaſſen, nach erfolgter gerichtlicher Ueberweiſung des Anſpruchs des Schuldners, auf Herausgabe der Sache, wie ſchon unſre preußiſche Verordnung vom 20. März 1854 dies ordnet. Indeß dies, ſowie die Ueberweiſung von Schuldforderungen wird wohl noch der näheren Ausführung bei

in einem ſpäteren Vortrage über die Zwangsvollſtreckung vorbehalten bleiben dürfen.

Wenn es mir nun nicht gelungen iſt, bei meiner Darſtellung ein vollſtändig erſchöpfendes Bild zu geben, ſo bitte ich das theilweiſe dem Umſtand zuzuſchreiben, daß wirklich das Gebiet ein ſo außerordentlich reiches iſt und gerade den Betrieb des Prozeſſes, alle Phaſen des Prozeſſes von Anfang bis zu Ende berührt. Ich würde wünſchen, Aeußerungen darüber zu hören, ob dieſe Art der Behandlung an und für ſich als erwünſcht der Folgeordnung der Zivilprozeßordnung gewünſcht würde. Wenn Letzteres nicht der Fall iſt, möchte ich vorſchlagen, daß ich über 8 Tage ungefähr in der gleichen Weiſe das Verhältniß der Mündlichkeit und Schriftlichkeit in der Prozeßordnung behandeln darf.

Berichtigung zum ſtenographiſchen Sitzungsberichte.

Meine Aeußerungen zu den §§. 62 S. 114 des ſtenogr. Ber. und zu § 75 S. 120 ſind durch Auslaſſungen und Veränderungen entſtellt. Geſtatten Sie mir deren vollinhaltliche Berichtigung: Ich bemerkte nämlich Folgendes:

Zu § 62: Die Münchener Kollegen haben in den sub VII. zu § 62 Ihnen gedruckt vorliegenden Anträgen vorgeſchlagen, eine Minimal- und Maximalgebühr feſtzuſetzen; ich habe Ihnen aber pflichtgemäß auch die rationes dubitandi bekannt gegeben. Ich halte es nämlich für bedenklich und mit mir ebenſo eine große Anzahl der Münchener Collegen, gerade an dieſem Punkte zu rütteln. Es iſt nicht zu verkennen, daß nach Einſicht der Motive zur Gebührenordnung, inſoweit ſie ſich mit der Frage der Entlohnung der Offizialvertheidigung beſchäftigen, es bedenklich ſein dürfte, für dieſelbe etwa nach anderen Maßen, nach abgeminderten Quoten ausgemeſſen wird. Es iſt ja in manchen deutſchen Staaten ein minderer Gebührenſatz für Offizialvertheidigung beliebt worden. Deshalb dürfte es beſſer ſein, die Sätze aufrecht zu halten. Ich bin nicht in der Lage, den Antrag meiner Münchener Collegen zurückzuziehen, aber ich habe mich verpflichtet erachtet, wenigſtens die Zweifelgründe bekannt zu machen, von einer größeren Minorität der Münchener Collegen geltend gemacht worden ſind und ich ſie perſönlich habe.

Zu § 75: Wir haben aus München ebenfalls einen Antrag gebracht, und zwar dahin gehend, daß eine Schreibgebühr von 20 Pfennigen für die Seite für alle Abſchriften (im Stenogramm irrig Copialſchriften!) gewährt wird. Ich bin der Meinung, daß der Anſatz für alle Abſchriften nicht weniger Ausſicht auf Annahme habe . . . . Es iſt vollkommen richtig (ſtatt unrichtig im Stenogramm), daß nach Pauſchgebühren . . . . Es iſt von dem Herrn Kollegen Magnus erörtert worden, daß es von der größten Wichtigkeit iſt, Abſchriften der Zeugenprotokolle ſich anfertigen zu laſſen, und ſind dieſe Abſchriften ebenſo zu vergüten, als wenn ſie dem Gegner zugeſtellt oder den Gerichten übergeben werden . . . . .

München.   Dr. Rau.

Für die Redaktion verantw.: S. Haenle. Verlag: B. Moeſer, Hofbuchhandlung. Druck: B. Moeſer, Hofbuchdruckerei in Berlin.

№ 18.   Berlin, 9. April.   1879.

Juristische Wochenschrift.

Herausgegeben von

J. Haenle,
Königl. Advokat in Ansbach.

und

Dr. A. Künzel,
Rechtsanwalt beim Königl. Obertribunal in Berlin.

Organ des deutschen Anwalt-Vereins.

Preis für den Jahrgang 12 Mark. — Bestellungen übernimmt jede Buchhandlung und Postanstalt.

Die VI. Reichstagskommission hat am 4. April b. J. die zweite Lesung des Entwurfs einer Gebührenordnung für Rechtsanwälte vollendet. Wir hoffen in der nächsten Nummer die bezüglichen Beschlüsse mittheilen zu können. Soviel wir hören, wird die Kommission einen schriftlichen Bericht nicht erstatten.

Vorträge über die praktische Anwendung der deutschen Civilprozeßordnung.

II. Ueber Mündlichkeit und Schriftlichkeit in der Civil-Prozeßordnung.

Vortrag des Herrn Justizrath von Wilmowski in der Versammlung der Berliner Anwälte am 1. April 1879.

Geehrte Herren Kollegen!

Hat uns die Besprechung des Prozeßbetriebes gezeigt, welche Schritte und Maßregeln nach der Civil-Prozeßordnung nöthig sind, um uns dem Gegner und dem Gericht gegenüber Gehör zu verschaffen, so führt uns die Erörterung des Verhältnisses der Schriftlichkeit und Mündlichkeit im Prozesse in den Kern der Frage, welche Prozeßmittel nöthig sind, um uns das Gehör dauernd bis zur endlichen Entscheidung auf unser Verlangen zu erhalten. Auch hier werde ich nicht de lege ferenda die Zweckmäßigkeit der einzelnen Vorschriften erörtern, sondern nur die Tragweite des gegebenen Gesetzes und die Möglichkeit beziehungsweise Sachgemäßheit verschiedenartiger Anwendung der zulässigen Mittel beleuchten. Im voraus bemerke ich als selbstverständlich daß, wenn im Anwaltsprozesse von der Partei die Rede ist, darunter natürlich der Anwalt verstanden wird, der allein darin das Wort hat, und daß, wo von der Partei im Parteiprozesse die Rede ist, darunter auch natürlich die Prozeßbevollmächtigten mit verstanden sind.

Die Motive zur Civil-Prozeßordnung bemerken, das System der Civil-Prozeßordnung müsse richtiger als das der „Unmittelbarkeit" statt der „Mündlichkeit", bezeichnet werden, nämlich als das System, wonach dem gesammten erkennenden Gericht gleichzeitig der Rechtsstoff ohne Vermittlung eines Referenten, einer maßgebenden Schrift oder eines anderen Mediums, als der Prozeßbetheiligten, zur Sachentscheidung unterbreitet würde. Wir können es aber der Kürze halber wohl bei dem üblichen Ausdruck der „Mündlichkeit" belassen; er ist allgemein verständlich. Eine absolute „Unmittelbarkeit" besteht ohnehin nicht. Die Thatsachen und die Thaten geschehen nicht vor dem erkennenden Richter, sie werden dem erkennenden Richter auch nur mitgetheilt; es bedarf also eines Mittels. Und die Unmittelbarkeit besteht, zumal wenn die Beweisaufnahme, namentlich die Zeugenvernehmung nicht vor dem erkennenden Prozeßgericht erfolgt, wesentlich nur in der Unmittelbarkeit des Verhältnisses zwischen den Parteien und dem erkennenden Gericht. Das Hauptmittel soll aber eben der mündliche Vortrag sein.

Der mündliche Vortrag der Parteien vor dem erkennenden Gericht ist das systematisch wesentliche Mittel, welches die C. P. O. giebt, um den Rechtsstoff dem erkennenden Gericht zu unterbreiten. Als erste Vorschrift für das Verfahren ist an die Spitze des Abschnitts über das Verfahren im §. 119 bestimmt:

Die Verhandlung der Parteien über den Rechtsstreit vor dem erkennenden Gerichte ist eine mündliche.

Die Tragweite des Prinzips bezieht sich nicht bloß auf die Verhandlung, welche dem Endurtheil unmittelbar vorangeht, sondern auch auf die Verhandlung vor der Entscheidung, durch welche das Gericht etwa eine Beweisaufnahme beschließt und dadurch zu erkennen giebt, daß es die Aufnahme des Beweises nöthig hält, ehe es erkennen kann. Die Vorschrift bezieht sich auch auf die Verhandlung vor jeder Entscheidung über Fragen, welche durch den Prozeß veranlaßt sind, und deren Entscheidung das Gericht vor dem Urtheile für nothwendig hält, so über die Zulässigkeit von Beweismitteln, über die Zuziehung oder Zurückweisung von Nebenintervenienten, über den Eintritt Dritter in den Prozeß. In allen diesen Fällen fungirt das Gericht ebenfalls als ein erkennendes. Den Gegensatz dazu bilden diejenigen Thätigkeiten des Gerichtes, welche zwar auch durch das der Sachentscheidung unterbreitete Prozeßverfahren veranlaßt sind, welche aber mehr mechanisch und äußerlich zur Vorbereitung der Sachentscheidung dienen: die sogenannten prozeßleitenden Verfügungen, wodurch angeordnet wird, daß etwas mitgetheilt, zugestellt wird, Ladungen von Amtswegen, Aufforderungen, Fristbestimmungen und dergl. Anordnungen, um dem Prozesse seinen Fortgang zu verschaffen. Die Unterscheidung zwischen den Funktionen eines erkennenden Gerichtes und den lediglich prozeßleitenden Verfügungen ist an sich nicht immer leicht zu finden; begriffsmäßig sind auch die Anordnungen, welche nur mittelbar zur Vorbereitung der Sachentscheidung dienen, nicht unbedingt von der Thätigkeit des erkennenden Gerichts ausgeschlossen. Es bleibt daher nur übrig, sich an die äußerliche Regel zu halten, daß jede Entscheidung des Prozeßgerichtes, welche den Rechtsstreit unmittelbar oder mittelbar betrifft, eine mündliche Verhandlung voraussetzt, es sei denn, daß die Civil-Prozeßordnung eine Ausnahme ausdrücklich gestattet. Mit dem Begriffe der Entscheidung umfaßt die Civilprozeßordnung nach dem §. 146 auch alle Verfügungen und Beschlüsse außer den eigentlichen Erkenntnissen.

Außer demjenigen, was deshalb als Ausnahme bezeichnet ist, weil es nur die Prozeßleitung betrifft, hat die Civil-Prozeßordnung noch verschiedene andere Verfügungen von der Nothwendigkeit der mündlichen Verhandlung ausgeschlossen, namentlich solche, welche die Ausführung der getroffenen Entscheidungen betreffen. Selbst Verfügungen, welche eine wirkliche Entscheidungsthätigkeit des Gerichts dokumentiren, sind von der Nothwendigkeit einer mündlichen Verhandlung mehrfach ausgeschlossen. Die praktisch wichtigsten sind die Entscheidungen über Beschwerden, alle Entscheidungen, welche das Vollstreckungsgericht als solches im Zwangsvollstreckungsverfahren trifft, die Anlegung von Arresten und einstweiligen Verfügungen und die Festsetzung der zu erstattenden Kostenbeträge. Der innere Grund für diese Ausnahme liegt theilweise darin, daß eine mündliche Verhandlung vor einer solchen Entscheidung dem Zweck widersprechen würde, wie namentlich bei Arresten und einstweiligen Verfügungen; theilweise darin, daß das Material bereits genügend vorliegt oder in kurzen Anzeigen oder Bemerkungen gegeben werden kann, so daß eine mündliche Verhandlung unnöthig erscheint. Indeß ist nicht nach diesen inneren Gründen dem Richter ein Ermessen freigestellt, ob eine mündliche Verhandlung stattfinden soll oder nicht, sondern die Ausschließung der Nothwendigkeit der mündlichen Verhandlung ist immer nur als einzelne Ausnahme aufgestellt. Auch für diese Ausnahmen wird daher die äußerliche Regel zu beachten sein, daß eine Entscheidung nur nach mündlicher Verhandlung zulässig ist, sofern nicht eine ausdrückliche Ausnahme statuirt ist. Keine der Ausnahmen darf ausdehnend interpretirt werden.

Eine Kategorie von Ausnahmen ist ferner durch die Fassung des §. 119 festgesetzt. Nur die Verhandlung der Parteien über den Rechtsstreit soll eine mündliche sein. Wenn also nicht die Parteien untereinander verhandeln, ist die mündliche Verhandlung nicht nothwendig. Demgemäß unterliegt der Streit einer Partei oder beider Parteien mit einem Dritten, einem Zeugen oder Sachverständigen dem gegnerischen Anwalt oder Nebenintervenienten gegenüber nicht dem Grundsatze des §. 119 der Parteien; ebenso nicht, wenn das Gericht einen Streit gegenüber dem Rechtsanwalt, dem Prozeßbevollmächtigten, dem gesetzlichen Vertreter, dem Gerichtsschreiber oder dem Gerichtsvollzieher erhebt. Bekanntlich ist das Gericht durch den §. 97, den die Reichsjustizkommission in die Civil-Prozeßordnung hineingebracht hat, ermächtigt, solchen Vertretern die Kosten aufzuerlegen, welche sie durch grobes Verschulden veranlaßt haben. — In allen solchen Fällen ist die Ausnahme durch den §. 119 nicht als einzelne, sondern als Kategorie aufgestellt. Die zu beachtende Folge davon ist also, daß in solchen Fällen der §. 119 nicht anwendbar, und im Gegentheil die Nichtnothwendigkeit der mündlichen Verhandlung die Regel ist, so daß also eine mündliche Verhandlung nur dann stattfindet, wenn das Gesetz dies ausdrücklich vorschreibt. Die Nichtnothwendigkeit der mündlichen Verhandlung ist auch für die Beschlüsse hinsichtlich der Zeugen und Sachverständigen, für die Kampferöffnung des Gerichts gegen Bevollmächtigte, Gerichtsschreiber und Gerichtsvollzieher im Gesetze erklärt. Dagegen ist die Nothwendigkeit der mündlichen Verhandlung in einzelnen Fällen, namentlich für den Zwischenstreit mit den Nebenintervenienten und mit dem gegnerischen Anwalt wegen des innigen Zusammenhanges und des Einflusses auf den sonstigen wirklichen Parteienstreit vorgeschrieben. Solche Differenzen mit Dritten werden als Zwischenstreite bezeichnet und sind von den Zwischenstreiten zu unterscheiden, welche die Parteien untereinander führen, deren nähere Erörterung wir jedoch einem späteren Vortrage vorbehalten müssen.

In allen diesen Fällen der Ausnahmen von der Nothwendigkeit mündlicher Verhandlung hat das Gericht fakultativ zu ermessen, ob eine mündliche Verhandlung stattfinden soll oder nicht. Nur in einem ganz vereinzelten Falle — im §. 806 — ist direkt gesagt, daß das Gericht eine mündliche Verhandlung nicht eintreten lassen soll. Das Arrestgericht hat darnach auf Antrag ohne vorgängige mündliche Verhandlung anzuordnen, daß eine Partei, die einen Arrestbefehl erwirkt hat, binnen einer zu bestimmenden Frist Klage zu erheben habe. Das Kategorische der Vorschrift liegt an sich wohl mehr darin, daß überhaupt die Anordnung getroffen werden soll. Nach der Fassung ist die Vorschrift freilich auch dahin gegeben, daß die Anordnung ohne mündliche Verhandlung erfolgen soll. Eine andere bestimmte Vorschrift, daß eine mündliche Verhandlung nicht stattfinden soll, enthält das Einführungsgesetz zum Gerichts-Verfassungsgesetz in Betreff der Verfügung eines obersten Landgerichtshofs, den bekanntlich nur Bayern bekommen wird, über die Zulässigkeit der Revision.

Abgesehen von diesen einzelnen Fällen, lautet die Vorschrift in der Regel dahin: es kann ohne vorgängige mündliche Verhandlung eine Entscheidung getroffen werden. Ordnet das Gericht eine mündliche Verhandlung an, so hat es nur den Antragsteller demgemäß zu bescheiden, und es würde dann dessen Sache sein, bei Anordnung der Betheiligten laden zu lassen. Ordnet es eine mündliche Verhandlung nicht an, so ist das Verfahren das unserer gewöhnlichen Dekretur: Es ergeht auf einen schriftlichen Antrag ein schriftlicher Beschluß. Dabei sind die Vorschriften darüber zu beachten, ob es verboten ist, den Gegner vorher zu hören, wie der Exequendus über das Gesuch eines Gläubigers auf Pfändung einer Forderung vor der Pfändung nicht gehört werden soll, oder ob der Gegner ausgeschlossen zu hören ist, oder ob — was in den meisten Fällen zutrifft — es dem Ermessen des Gerichts überlassen bleibt, den Gegner zu hören oder nicht zu hören. Soll der Gegner gehört werden, so genügt dazu eine schriftliche Aufforderung des Gerichts an den Gegner zur schriftlichen Gegenerklärung.

Der Beschluß muß, da er in der Ermangelung einer mündlichen Verhandlung nicht verkündet wird, den Parteien zugestellt werden.

Der §. 294 Abf. 3 jagt:

Nicht verkündete Beschlüsse und nicht verkündete Verfügungen find den Parteien von Amtswegen zuzustellen. Nach dem Wortlaut scheint es, als wenn die Zustellung jedesmal an beide Parteien erfolgen sollte; dieß ist jedoch nicht immer nöthig und auch nicht ausnahmslos beabsichtigt. In einzelnen Fällen ist nur die Zustellung an Einen Theil vorgeschrieben, und es ist ihm dann überlaffen, den anderen Betheiligten den Beschluß zustellen zu laffen, namentlich bei Pfändungen von Forderungen und bei Anlegung von Arresten; aus nahe liegenden Gründen. In anderen Fällen ist darüber nichts weiteres gesagt. Als selbstverständlich kann es aber gelten, daß bei abweisenden Verfügungen, eine Zustellung nur an den Antragsteller nöthig ist; und vorausgesetzt ist dieß wahrscheinlich auch in Betreff der Zustellung eines Zahlungsbefehls, welcher beim Mahnverfahren veranlaßt wird. Zweifelhaft könnte die Handhabung für einen für uns wichtigen Fall sein, nämlich für die Koftenfeststetzung. Im §. 98 ist hinsichtlich derselben vorgeschrieben, daß dem Gericht auch eine zur Mittheilung an den Gegner bestimmte Abschrift der Koftenberechnung eingereicht werden soll. Offenbar ist vorausgesetzt, daß das Gericht den Feststetzungsbeschluß dem Gegner mit diefer Abschrift mittheilt. Dieß würde dem Wortlaut des §. 294 „den Parteien" auch entsprechen. Sollte indeß die Praxis sich dahin gestalten, daß das Gericht den Koftenfeststetzungsbeschluß nur dem Antragsteller mittheilt, so wird mit Rücksicht auf das allgemeine Prinzip des Prozeßselbftbetriebes füglich auch nicht etwas dagegen eingewendet werden können. —

Wenden wir uns nun zu den Fällen, in denen eine mündliche Verhandlung an sich nothwendig ist, so ist zuerst das Verfahren zu erwähnen, welches nach den §§. 313—318 in außergewöhnlichen Fällen für Prozeße zuläffig erklärt ist, welche die Richtigkeit einer Rechnung, einer Vermögensauseinandersetzung oder ähnliche thatsächlich umfangreiche Verhältnisse zum Gegenstande habe, wenn eine erhebliche Anzahl von Ansprüchen oder Erinnerungen Prozeßgegenstand wird. Auch in diefem Falle ist der Beginn des Prozeffes mit einer mündlichen Verhandlung zu machen. Nur in einer mündlichen Verhandlung kann der Beschluß gefaßt werden, daß ein solches vorbereitendes Verfahren stattfindet, und im mündlichen Verfahren find auch die etwaigen prozeßhindernden Einreden zuerst zu erledigen. Wir mögen von dem schriftlichen, mit Eventualmaximen verbundenen vorbereitenden Verfahren heute absehen. Nach der Absicht der Civil-Prozeßordnung wird vorausgesetzt, daß es verhältnißmäßig selten werde. In Würtemberg, wo seit Jahren ein ähnliches Verfahren zuläffig ist, ist bis jetzt nicht ein einziger Fall vorgekommen, worin es nothwendig gefunden wäre.

Wollen wir dem regelmäßigen mündlichen Verfahren näher treten, so zeigen sich die Konsequenzen der Nothwendigkeit einer mündlichen Verhandlung, ihren Schatten vorauswerfend, schon vor der Verhandlung selbft. Daffelbe kann nicht per decretum abgewiesen werden. Der Vorsitzende des Gerichtes muß auf die Klageladung, welche zur Terminbestimmung beim Gerichtsschreiber einzureichen ist, den Termin zur mündlichen Verhandlung bestimmen, und er darf die Terminbestimmung —

also auch die Klage selbft — weder mit Rücksicht auf die Schlüffigkeit des Klageinhalts noch auf die Unzuständigkeit des Gerichts oder auf die Zuläffigkeit des Rechtsweges ablehnen. Der §. 230 bestimmt mehrere Erfordernisse, welche jede Klage enthalten muß: die Bezeichnung der Parteien und des Gerichts, bestimmte Angaben über Gegenstand und Grund des Anspruchs, bestimmten Antrag und die Ladung zur mündlichen Verhandlung. Aber selbft das Fehlen dieser Requifite würde ungeachtet der kategorischen Vorschrift des §. 230 nicht genügen, um dem Vorsitzenden das Recht zu geben, die Terminbestimmung seinerseits abzulehnen. Jene Requifite find vorgeschrieben, damit sie der erkennende Richter nach mündlicher Verhandlung beachtet, nicht damit der Vorsitzende des Gerichtes darnach eine Terminbestimmung ablehnen kann. Bei anderer Auslegung des §. 230 würde, gegen den Geist des Gesetzes und gegen die positive Vorschrift des §. 119, bereits der Vorsitzende des Gerichts erkennendes Gericht sein, und es würde ohne mündliche Verhandlung der Vorsitzende entscheiden können, ob ihm der Grund oder der Gegenstand oder der Antrag bestimmt genug erscheint, was unter Umständen im höchsten Maße zweifelhaft sein kann.

Eine Grenze hat allerdings die Verpflichtung des Vorsitzenden zur Terminbestimmung; die Grenze liegt aber im Wesen der Ladung, welche vorausgesetzt ist. Der Gerichtsvorsitzende braucht nur auf eine wirkliche Ladung, welche zum Laden vor das bestimmte, angegangene Gericht beabsichtigt ist, welche eine wirkliche Ladung ist, einen Termin zu bestimmen. Der Schein, die Maske einer Ladung, kann natürlich nicht ausreichen. Die Ladung muß auch von Jemandem ausgehen, welcher berechtigt ist, vor dies bestimmte Gericht zu laden. Will vor ein Landgericht oder vor ein anderes höhere Gericht, vor welches nur ein zugelaffener Rechtsanwalt laden laffen kann, ein nicht zugelaffener Anwalt laden laffen, so bleibt eine solche Ladung allerdings wirkungslos, weil er nicht berechtigt ist, eine Ladung vor das Gericht zu veranlaffen. Der Vorsitzende kann die Ladung ablehnen. Zum Vertreten der Partei vor dene Gerichte im Sinne des §. 74 gehört auch schon das Einreichen der Klageladung zur Terminbestimmung. Will ein Prozeßvollmächtigter vor ein Amtsgericht laden, ohne die Vollmacht beizufügen, so kann das Amtsgericht, da es von amtswegen den Mangel der Vollmacht im Amtsgerichtsverfahren berücksichtigen muß, eine solche Ladung ebenfalls ablehnen, weil der Prozeßvollmächtigte nicht legitimirt ist, vor das Gericht zu laden (von den Fällen der einstweiligen Zulaffung im §. 85 abgesehen). Wollte Jemand — um den Gegensatz in der Absurdität zu zeigen — durch einen ganz verrückten Schriftsatz eine Ladung veranlaffen, durch einen Schriftsatz, bei dem die Ernstlichkeit und Zuverläffigkeit der Willenserklärung überhaupt mit Fug bezweifelt werden kann, so wird sicherlich der Vorsitzende darauf hin eine Terminbestimmung nicht zu veranlaffen brauchen. Dieß find Folgerungen daraus, daß eine Ladung vorausgesetzt ist. Das Prinzip selbft aber, daß die Klage nicht per decretum abgewiesen werden kann, wird hierdurch nicht berührt.

Daffelbe findet statt hinfichtlich der Unzuläffigkeit einen Einspruch, eine Berufung, eine Revision per decretum abzulehnen. Die Prüfung der Frage, ob ein Rechtsmittel oder ein Einspruch an sich statthaft oder innerhalb der zuläffigen Frift oder in der zuläffigen Form angebracht ist, bleibt ebenfalls dem erkennenden Gerichte vorbehalten, nicht dem Gerichtsvorsitzenden, welcher die Ladung veranlaßt. Dasselbe gilt von allen Ladungen, die im Laufe des Prozesses überhaupt stattfinden.

Die Konsequenzen der Nothwendigkeit der mündlichen Verhandlung zeigen sich freier in dem Falle, wenn nicht beide Parteien erscheinen oder nicht beide verhandeln. In einem solchen Falle, wenn nur eine Partei erscheint oder verhandelt, so kann und muß sie nichts desto weniger allein verhandeln. Das Verhandeln der anderen Partei wird durch gesetzliche Vermuthungen ersetzt. Erscheint der Kläger nicht, so wird vermuthet, er habe auf die Klage verzichtet, die Klage wird abgewiesen; erscheint der Verklagte nicht, so wird vermuthet, er habe die zeitig vorgebrachten Thatsachen zugestanden. Die einzelnen Versäumnißvermuthungen will ich hier nicht näher erörtern. Ich wünschte nur, das Verhältniß zur Mündlichkeit des Verfahrens zu zeigen; das Versäumniß-Verfahren müßte im Uebrigen einem späteren Vortrage überlassen bleiben. Mit dem Unterschiede also, daß an Stelle des Verhandelns der anderen Partei die gesetzlichen Vermuthungen treten, muß die erscheinende und nicht versäumende Partei dennoch verhandeln; sie muß ihre Anträge stellen, die Thatsachen vortragen, soweit sie es für nöthig hält, die logischen und juristischen Folgerungen vortragen. Es zeigt sich die Nothwendigkeit ihres mündlichen Verhandelns darin, daß das Gericht auch nicht bloß eine Verurtheilung aus dem formalen Grunde des Versäumnisses der anderen Partei giebt, sondern ein wirkliches Erkenntniß nach Prüfung der Sachlage, ein Erkenntniß, welches zu Gunsten des Versäumenden auch die Klage oder ein Rechtsmittel abweisen kann. In der Natur der Sache liegt es, daß der Vortrag der verhandelnden Partei ein viel knapperer zu sein braucht; der Antrag muß allerdings im Anwaltsprozesse verlesen werden, aber in kürzester Weise kann das Sachverhältniß vorgetragen werden, soweit nicht größere Ausführlichkeit sich sachgemäß zeigt, was namentlich gegen einen versäumenden Berufungsbeklagten und Revisionsbeklagten oft der Fall sein wird.

Den einschneidendsten Einfluß, welchen die Nothwendigkeit der mündlichen Verhandlung zeigen wir in dem Falle, wenn nach bereits erfolgter mündlicher Verhandlung nach Vertagung oder aus einem anderen Grunde, selbst nach einer Beweisaufnahme eine weitere Verhandlung stattfindet, darin, daß auch dann die Versäumnißnachtheile zutreffen, wenn eine der Parteien nicht kommt. Die Vorschrift ist im §. 297 vorhanden, und sie ist zu befolgen, selbst wenn die Beweisaufnahme dasjenige widerlegt, was vermöge der Vermuthung im Versäumnißverfahren als zugestanden gilt. Es ist darin der Möglichkeit Rechnung getragen, daß solche Thatsachen, welche nun als zugestanden gelten müssen und nicht als zugestanden gelten würden, wenn auf die Beweisverhandlungen Bezug genommen werden könnte, durch ein anderes Vorbringen, durch sonstige Einwendungen bedeutungslos erscheinen, durch Einwendungen, welche der Versäumende abschneidet, indem er durch sein Nichterscheinen die weitere Verhandlung unmöglich macht. Beiläufig kann darauf hingewiesen werden, daß durch den Einspruch gegen das Versäumnißurtheil eine verhältnißmäßig leichte Handhabe gegeben ist, um den Nachtheil auszuschließen, welcher durch Versäumniß in solchem Falle entsteht.

In den regelmäßigen Fällen des kontradiktorischen Prozesses, wenn beide Parteien bezw. Anwälte verhandeln, ist die Nothwendigkeit der mündlichen Verhandlung eine dergestalt absolute, daß nur dasjenige zu berücksichtigen ist, was von den Parteien dem erkennenden Richter ohne Vermittlung eines Referenten mündlich vorgetragen ist. Hiervon macht die Civil-Prozeßordnung gar keine Ausnahme. Ein Vorbringen, was nur schriftlich zu den Akten gebracht ist, ist nicht zu berücksichtigen; die Bezugnahme auf Schriftsätze, welche an Stelle des mündlichen Vorbringens gestellt werden sollen, ist unstatthaft, und auch das Ablesen eines Vortrags ist nicht gestattet; die Vorträge sind in freier Rede zu halten. Das ist der gesetzliche Zwang zum Freien, den die Civil-Prozeßordnung statuirt. Ohne daß dieses Prinzip jedoch verletzt wird, würde es seinem Wesen nach verlangt werden, wenn man annähme, daß jede Thatsache, welche irgend einmal zur Begründung des Anspruch gedient hat, nun auch vollständig vorgetragen werden müßte. Wird das Resultat einer Rechnung für gelieferte Arbeiten, für gelieferte Waaren eingeklagt, und erscheint nach der bisherigen in den Schriftsätzen vorliegenden Erklärungen beider Theile an sich die Frage in Betreff der Entstehung der Schuld nicht zweifelhaft, räumt der Gegner etwa Beraubredung, Preise, Lieferung ein und erhebt er nur andere Einwendungen der Zahlung u. s. w., so wird sich der Kläger begnügen können, zu erklären, er fordere die bestimmte Summe für gelieferte Waaren, und zum Beweise darauf hinzudeuten, daß der Gegner bereits in seinem Schriftsatze dies anerkannt hat. Wird ein Exmissionsprozeß angestrengt und es ist nur die Auslegung eines bestimmten Paragraphen zweifelhaft, so wird der Kläger fragen, die unter andern Umständen wichtig sein können, darüber, ob der Kläger Eigenthümer, ob er Vermiether ist, ob er in Stelle des Vermiethers eingetreten ist, nicht ausführlich vorzutragen brauchen. Wenn der Gegner dann im Prozesse, was ihm freisteht, eine Seite schlägt und unerwartet mit anderen Erklärungen hervorkommt, etwa Zahlung bestreitet, so steht seinem Gegner immer noch frei, im mündlichen Vortrage das Nöthige zu ergänzen. Zufolge des Fortfalles der Eventualmaxime gilt die spätere Erklärung noch als rechtzeitig angeführt.

Die Vorschrift, daß nur der mündliche Vortrag berücksichtigt werden soll, schließt jedoch die Schrift nicht unbedingt aus. Die Schrift kann und soll nicht entbehrt werden, sie tritt nur neben und außerhalb der Verpflichtung zum mündlichen Vortrage hinzu, theilweise in Folge obligatorischer Vorschrift, theilweise ist sie fakultativ als Hilfsmittel zugelassen. Das Verhältniß, in welchem die Schrift nothwendig ist, schließt sich im Ganzen dem Charakter der Schrift im Verhältnisse zur Mündlichkeit an. Hat der mündliche Vortrag den Vorzug, daß zu derselben Zeit gleichzeitig Mehreren, also dem gesammten Gerichtskollegium dieselbe, durch einen Referenten oder durch ein anderes Medium nicht gefärbte Mittheilung gemacht werden kann, und daß die Kernpunkte eindringlicher hervorgehoben werden können, so hat die Schrift den unleugbaren Vorzug, daß sie durch das Auge dieselbe identische Erklärung genau jeder Zeit wieder vor die Seele führen kann, wenn der Schall der Rede verflogen ist; scripta manent. In Folge dessen muß nothwendig das Fundament des Prozesses ein schriftliches sein; die Klage muß schriftlich eingereicht sein, sie ist das, was den Prozeß individualisirt, was ihm seinen besonderen Charakter gegenüber allen anderen, früheren und künftigen Prozessen giebt. Sie muß auch den

Erfordernissen des §. 230 entsprechen, und wenn eins derselben fehlt, würde das erkennende Gericht allerdings eine solche Klage als des wesentlichen Inhalts entbehrend zurückweisen müssen, ohne Rücksicht darauf, ob spätere Ergänzungen erfolgen, soweit nicht nach den §§. 240 ff. Ergänzungen und Abänderungen der Klage zulässig sind.

Außer der Klage ist für den Anwaltsprozeß, freilich nicht für den Parteiprozeß obligatorisch, daß die Anträge schriftlich redigirt werden; sie müssen aus Schriftsätzen verlesen werden, aus der Klage und den vorbereitenden Schriftsätzen, soweit sie darin enthalten sind, und soweit sie neugestellt oder abgeändert werden, aus Schriftsätzen, welche dem Protokoll als Anlagen beizufügen sind. Anträge oder Abänderungen von Anträgen, welche nur mündlich vorgetragen werden und in einem Schriftsatze nicht niedergelegt sind, dürfen nicht berücksichtigt werden. Gemeint sind indeß damit nur solche, der Gerichtsentscheidung zur Beendigung des Streites oder Zwischenstreites unterbreitete Anträge, die wir als Petita bezeichnen können: Klageanträge, Widerklageanträge, Berufungs-Revisionsanträge, Anträge auf gänzliche oder theilweise Abweisung des Gegners, auf Modifikation der Verurtheilung, auf Feststellung prozeßhindernder Einreden, auf Feststellung von Rechtsverhältnissen, Zurückweisung von Nebenintervenienten, Anträge über den Eintritt Dritter in den Prozeß und dergleichen. Dagegen sind unter den vorzulesenden Anträgen nicht verstanden die sekundären Anträge, welche nur darauf gerichtet sind, einzelne Prozeßurakte „auf Antrag" zu veranlassen: Fristen, Vertagungen zu bestimmen, Feststellungen zu bewirken, eine Beweisaufnahme zu veranlassen. Die Redigirung, die Ueberreichung und die Verlesung derjenigen Anträge, welche zu verlesen sind, ist natürlich Sache desjenigen, der eben wünscht, daß ein solcher Antrag berücksichtigt wird.

Außer diesen nothwendigen schriftlichen Beiträgen ist die Schrift als Hilfsmittel zugelassen hauptsächlich in den Schriftsätzen, welche die Civil-Prozeßordnung vorbereitende nennt. Klagebeantwortung, Widerklage, Replik, Duplik, und die entsprechenden Schriftsätze in höherer Instanz fallen darunter. Für den Anwaltsprozeß als Regel vorausgesetzt, sind sie für den Parteiprozeß wenigstens nicht verboten. Für denjenigen, der auf möglichste Ausführlichkeit zur Auffrischung des Gedächtnisses Werth legt, mag es zur Beruhigung dienen, daß das Gericht in Folge dieser Vorschriften auch die umfangreichsten Schriftsätze nicht ablehnen darf;

(Heiterkeit)

der Platz in den Akten bleibt ihnen jedenfalls gesichert. Es würde aber allerdings dem Geiste der Prozeßordnung widersprechen, m. E. auch in den meisten Fällen dem eigenen Interesse derjenigen, die die Schriftsätze einreichen, wenn die Schriftsätze ausführlicher sind, als eben nach der Sachlage nöthig ist. Die Sachlage kann indeß auch nach dem konkreten Gegenstande eine so verschiedene sein, daß ein bestimmtes Maß nicht festgesetzt werden konnte und sollte. Jedenfalls ist der Inhalt der Schriftsätze gesetzlich nur soweit zu berücksichtigen, als er mündlich vorgetragen ist. Das nähere Verhältniß der Schriftsätze zum Verfahren muß ich, um im Rahmen des Vortrags über das Verhältniß der Mündlichkeit und Schriftlichkeit zu bleiben, und um die übliche Zeit nicht zu überschreiten, einem späteren Vortrage in Betreff des Ganges des Verfahrens vorbehalten.

Die mündliche Verhandlung wird ferner durch die Schrift begleitet. Dazu dient das Sitzungsprotokoll. Dasselbe soll nicht die gesammte Sachlage, nicht alle Vorträge zu Papier bringen. Es ist indeß höchst wichtig: es ist der einzige nur durch den Beweis der Fälschung anzufechtende Beweis in Betreff der Förmlichkeiten des Verfahrens, und es ist, was möglichst noch wichtiger ist, der einzige zulässige Gegenbeweis gegen den Thatbestand, welchen der Richter in dem demnächstigen Urtheil über das Sachverhältniß aufstellt. Aus dem letzteren Grund ist sehr zu beachten, was der Anwalt bezw. die Partei in das Sitzungsprotokoll hineinbringen kann und zur desfallsigen Berücksichtigung muß.

Für den Partei- und für den Anwaltsprozeß gemeinschaftlich ist die Vorschrift gegeben, daß auf Antrag Geständnisse und die Erklärung über Annahme oder Zurückschiebung zugeschobener Eide durch das Sitzungsprotokoll fest zu stellen sind. Das Gericht kann sich also dem nicht entziehen. Für den Anwaltsprozeß kann die Feststellung aber nur erfolgen, wenn der Anwalt die desfallsige Erklärung in einem Schriftsatze dem Sitzungsprotokoll beifügt. Bei dem dauernden Werthe solcher Erklärungen ist es erheblich, in welcher Weise dieser Vorschrift Genüge zu leisten ist. Die Feststellung kann sowohl von dem Gestehenden und Erklärenden als auch von dem Gegner beantragt werden; wer sie beantragt, muß den entsprechenden Schriftsatz einreichen. Nach den konkreten Umständen wird es sich richten, wer das größere Interesse hat. Für Geständnisse ist das besonders wichtig. Zu den Geständnissen würde im Sinne der Civil-Prozeßordnung begriffsmäßig jedes Anerkennen der thatsächlichen Behauptungen des Gegners gehören auch ohne Rücksicht darauf, ob die Rechtsfolgerungen des Gegners durch solche thatsächlichen Ausführungen wirklich unterstützt oder nicht berührt werden, oder ob sie vielleicht gar dadurch hinfällig werden. Der Gegner selbst, dem gegenüber gestanden wird, hält natürlich das Anerkennen seiner thatsächlichen Behauptungen für wesentlich, so wie er die Behauptungen selbst für wesentlich halten wird, und in der Regel wird er sich ja auch nicht irren. Er hat meistens das größere Interesse, daß das Geständniß festgestellt wird; er wird die Feststellung seinerseits veranlassen und kann das, wie alle solche begleitenden Schriftsätze, durch eine einfache Bemerkung auf einem Streifen Papier, worin er etwa erklärt: ich konstatire, daß mein Gegner diese oder jene thatsächlichen Anführungen zugestanden hat. Der Gegner kann dies seinerseits selbst konstatiren, und in vielen Fällen wird es auch das Interesse des Gestehenden sein, sein Geständniß selber zu konstatiren. Für den Gestehenden gehört allerdings eine gewisse Selbstüberwindung dazu, etwas zu gestehen; er hat mitunter das unwillkürliche Gefühl, namentlich wenn der Gegner auf Feststellung drängt, als wenn er etwas gethan hätte, was er eigentlich nicht hätte thun sollen. Indeß der Grundsatz der neueren Diplomatie, daß in der größten Offenheit die größte Klugheit liegt, enthält ein großes Korn Wahrheit; es ist zwar nicht absolut richtig, die Diplomatie sucht sich ja auch ihre Zeiten aus, wann sie Wahrheiten kund giebt, aber es ist theilweise richtig und gilt auch für den Prozeß. Abgesehen davon hat der Gestehende namentlich dann ein Interesse an der Feststellung, wenn mit Rücksicht auf die Möglichkeit der Auferlegung eines Eides oder auf eine sonstige Beweisaufnahme, oder auf die Redaktion des

Gegners die Präzisirung der zugestandenen Thatsache nothwendig wird. In solchen Fällen wird natürlich der Gestehende seine Erklärung am sachgemäßesten selbst präzisiren. Zulässig ist die Erklärung beider Theile. Falls die Redactionen des Gestehenden und seines Gegners von einander abweichen, wird das Gericht sich nicht entbrechen können, da es die Erklärungen selber gehört hat, zu Protokoll festzustellen, welche Erklärung abgegeben ist. Auch in dem Falle wird das Gericht dies thun müssen, wenn die Erklärung, welche einer von beiden als abgegeben in einem Schriftsatze angicht, in der That denjenigen widerspricht, was erklärt ist, — abgesehen von denjenigen Fällen, worin eine Erklärung geändert, ein Geständniß widerrufen werden kann.

Die Feststellung zu Protokoll ist dann nicht zu vermeiden, obgleich der §. 270, welcher darüber handelt, für den Anwaltsprozeß nur eine Feststellung durch Schriftsätze kennt; schon deshalb nicht, damit nicht, wenn eine Erklärung in einem solchen Schriftsatze unwidersprochen dem Sitzungsprotokolle beigefügt wird, dadurch diese Erklärung konstatirt würde, wenn nicht das Gericht einen anderen thatsächlichen Vorgang festitellt. Ich meine, daß die Befugniß und die Nothwendigkeit für eine solche Feststellung des Gerichts in der Vorschrift liegt, daß der Zweck der Feststellung anders nicht zu erreichen ist. Das Gericht kann nicht gezwungen sein, einen Schriftsatz unwidersprochen bei den Akten zu behalten, wenn es die positive Ueberzeugung hat, daß die Erklärung anders, als der Schriftsatz sagt, abgegeben worden ist. Die Nothwendigkeit ergiebt sich zumal durch die Vorschrift, daß nur durch das Sitzungsprotokoll der Thatbestand widerlegt werden kann.

Außer den Geständnissen und Erklärungen über Eide sind die Vorschriften über dasjenige, was das Sitzungsprotokoll enthalten kann oder soll, für den Anwaltsprozeß und für den Parteiprozeß verschieden. Im Anwaltsprozesse können auf Antrag wesentliche Erklärungen einer Partei, welche nicht schon in Schriftsätzen enthalten sind, und wesentliche Abweichungen von dem in den Schriftsätzen Vorgetragenen zu Protokoll festgestellt werden, ebenfalls aber nur durch Schriftsätze, die einzurichten und als Beilagen dem Protokoll beizufügen sind. Der Unterschied solcher begleitender Schriftsätze, wie man sie bezeichnen könnte, von den vorbereitenden Schriftsätzen liegt praktisch darin, daß das Gericht solche begleitende Schriftsätze nur anzunehmen braucht, wenn es nicht findet, daß die darin enthaltenen Erklärungen wesentliche sind; es muß sie allerdings nach §. 270 annehmen, wenn die Erklärungen wesentliche sind. Die Praxis wird wohl einführen, daß, wenn es nur irgend zweifelhaft sein kann, ob die Erklärungen wesentliche oder unwesentliche sind, sie angenommen werden. Durch diese Vorschrift über Schriftsätze ist die Möglichkeit gegeben, namentlich im Anschluß an die bereits eingerichteten vorbereitenden Schriftsätze, noch Erklärungen schriftlich zu formuliren, wie das zu jetzt bei unseren mündlichen Verhandlungen geschieht. Unter Umständen wird auch das Bestreiten einer in den Schriftsätzen behaupteten Thatsache als wesentliche Erklärung gelten müssen, wenn die Thatsache nicht schon früher bestritten war. Das Nähere muß ich dem Vortrage über den Gang des Verfahrens vorbehalten, und ich möchte auch die Vorschriften, welche das Sitzungsprotokoll im Parteiprozeße betreffen, dahin verweisen. Die desfallsige Vorschrift des §. 470, Absatz 1 greift in die Erörterung der Eventualmaxime hinein, und würde ein näheres Eingehen jetzt eine übermäßige Ueberschreitung unseres Zeitmaaßes veranlassen.

Ich wünsche nur noch einige Worte sagen zu dürfen über ein allerdings noch wesentliches schriftliches Moment. Es ist das der Thatbestand, den jedes Endurtheil enthalten muß, also auch ein Versäumnißurtheil. Er ist im Gegensatz zu den bisher berührten schriftlichen Feststellungen nicht von den Parteien beziehungsweise Anwälten, sondern vom Gericht aufzustellen. Er soll eine vollständige Darstellung des Sach- und Streitstandes auf Grund der mündlichen Verhandlungen mit Einschluß des thatsächlichen Materials der Beweisaufnahme unter Hervorhebung der Anträge enthalten. Der Thatbestand kann durch ein Berichtigungsverfahren berichtigt werden. Der Antrag auf Berichtigung muß jedoch in der Frist, von einer Woche, nachdem das Verzeichniß der verkündeten und unterschriebenen Urtheile in der Gerichtsschreiberei ausgehängt ist, gestellt werden. Für den Fall, daß davon Anwendung gemacht werden soll, wird es daher dringend wichtig, sich regelmäßig das Verzeichniß der unterschriebenen und verkündeten Urtheile anzusehen, um die Frist zur Berichtigung nicht zu versäumen.

(Bewegung.)

Das Berichtigungsverfahren selbst besteht in einer weiteren mündlichen Verhandlung vor denjenigen Richtern, welche das Endurtheil beschlossen haben, sodaß unter Umständen, wenn einer von den Richtern verhindert ist, die beiden übrigen Richter allein darüber zu befinden haben. Indessen nach den Erfahrungen, die in Hannover und in Würtemberg, wo ein ähnliches Verfahren besteht, gemacht sein sollen, soll ein solches Berichtigungsverfahren nur sehr selten vorgekommen sein; es wird angenommen, daß ein „eigentliches Bedürfniß" dazu nicht vorliegt, so daß für seltene Fälle überhaupt anwendbar ist.

Das Nähere über den Gang des Verfahrens bitte ich mir zu erlauben einem Vortrage über 8 Tage vorzubehalten. Derselbe würde den Gang des regelmäßigen Verfahrens erster Instanz mit Ausschluß des Beweises zum Gegenstande haben. Ich muß mit dem Geständniß schließen, daß das übliche Zeitmaaß etwas überschritten ist; die Fülle des Stoffes und der Wunsch, in möglichst kurzer Zeit möglichst viel zu sagen, hat mich zu der Ueberschreitung veranlaßt; ich plaidire für mildernde Umstände.

(Lebhafter Beifall.)

Vorsitzender Geh. Justizrath Ulfert: Meine Herren! Es ist von verschiedenen Seiten der Wunsch ausgesprochen worden, nach den vortrefflichen Vortrage Fragen aufzustellen, und ich ersuche diejenigen Herren, die mit Fragen hervortreten wollen, sich zu melden.

Rechtsanwalt Heilbronn: Bekommt man von amtswegen oder auf Antrag eine Abschrift des Sitzungsprotokolls? und wird das Sitzungsprotokoll verlesen?

Justizrath von Wilmowski: Nach dem §. 271 der Civil-Prozeßordnung können die Parteien von den Prozeßakten Einsicht nehmen und sich aus denselben durch den Gerichtschreiber Ausfertigungen, Auszüge und Abschriften ertheilen lassen — also auch eine Abschrift vom Sitzungsprotokoll. Ungebeten bekommt niemand etwas vom Gericht.

(Heiterkeit.)

Das Protokoll ist nach §. 148 allerdings „den Betheiligten vorzulesen oder zur Durchsicht vorzulegen."

Justizrath Wilke: Habe ich wohl das richtig aufgefaßt: Gegen ein Versäumnißurtheil stehe doch Jedem Einspruch zu; der Richter muß nun zur Verhandlung über den Einspruch, einerlei ob er zur rechten Zeit oder zu spät ergangen ist, einen Termin zur mündlichen Verhandlung ansetzen. Wird dann in der ersten mündlichen Verhandlung über gar nichts weiter verhandelt, als darüber, ob der Einspruch zulässig sei, sodaß also das Resultat sein würde, daß, wenn der Einspruch zulässig ist, nicht zur Sache verhandelt, nur erkannt wird, als daß eben der Einspruch zulässig ist und ein neuer Termin zur mündlichen Verhandlung angesetzt wird?

Justizrath von Wilmowski: Das ist allerdings nicht richtig. Wenn gegen ein Versäumnißurtheil ein Einspruch eingelegt wird, so muß der Einspruch zugleich die Ladung zur mündlichen Verhandlung enthalten; das erkennende Gericht hat zu prüfen, ob der Einspruch an sich statthaft, und ob er in der gesetzlichen Form und Frist vorgebracht ist. Der Einsprechende muß aber — abgesehen von den Fällen, wenn das Gericht etwa die Verhandlung auf den Einspruch zunächst beschränkt — nicht bloß über den Einspruch, sondern auch zur Hauptsache verhandeln, und würde sonst nochmals versäumen. Unter Umständen kann allerdings das Resultat das sein, daß nur über den Einspruch verhandelt und Beschluß gefaßt wird. Es würde z. B. bedeutungslos sein, wenn der Einspruch unzweifelhaft als unzulässig zu verwerfen ist, noch zur Hauptsache zu verhandeln. — Im Uebrigen möchte ich bitten, die Fragen in Betreff des Versäumnißverfahrens einem späteren Vortrage vorbehalten zu dürfen.

Justizrath Wolff: Ich werde aufgefordert, eine Frage mit Bezug auf §. 270 zu stellen, wie sich die Sache stellt, wenn der Anwalt des Verklagten im Anwaltsprozesse ohne vorbereitenden Schriftsatz erscheint. Er erzählt eine lange Prozeßgeschichte, und auf den Antrag des Klägers, dieß in einem begleitenden Schriftsatz festzustellen, thut er das einfach nicht. Dann soll der Kläger einen Bogen Papier nehmen und selber diesen begleitenden Schriftsatz zu den Akten reichen mit dem Antrage, ihn als Anlage zum Protokoll zu betrachten. Wenn dann der Verklagte der Ansicht ist, daß der Kläger ihn falsch verstanden hat, so kann er das moniren, und das Gericht hat zu entscheiden, was gesagt ist. Ein Zwangsmittel gegen den Anwalt, daß er den Schriftsatz einreicht, finde ich in der Civil-Prozeßordnung nicht, sondern es würde dieses tumultuarische Verfahren eintreten.

Justizrath v. Wilmowski: Der Kläger würde in den meisten solcher Fälle, wenn der Verklagte außer seinem Antrage nichts als begleitenden Schriftsatz selbst einreicht, meines Erachtens thöricht sein, wenn er irgend etwas weiteres veranlassen wollte. Wenn der Anwalt des Verklagten auf seine Erklärung selbst so wenig Gewicht legt, und er sie weder in einem vorbereitenden noch in einem begleitenden Schriftsatze dem Gerichte unterbreitet, so ist der Kläger der Letzte, der darauf aufmerksam zu machen hat, daß vielleicht ein Körnchen von wesentlichen Mittheilungen darin steckt. — Will der Kläger das thun, kann er das allerdings; er würde dann selbst derjenige sein, der sich den Prozeß verlängert. Die Regel wird es gewiß nicht sein.

Justizrath Wolff: Ich bin mißverstanden. Wenn der Beklagte im ersten Termin eine Einrede macht und der Kläger um einen neuen Termin bitten muß, so kann es meines Er-

achtens sehr gut im Interesse des Klägers liegen, zu fixiren, was der Gegner gesagt hat. Denn es ist sehr wohl möglich, daß er nachher etwas ganz Neues vorbringt, wovon im vorigen Termine noch nicht die Rede war, und dagegen wird sich der Anwalt des Klägers nicht anders schützen können, um den Beweis der Verschleppung zu führen, als wenn er das, was im ersten Termin gesagt ist, fixirt.

Justizrath von Wilmowski: Es können ja derartige Fälle vorkommen; dann hat aber jedenfalls der Kläger nicht das Interesse, die Sache weitläuftiger darzustellen. Dies ist jedenfalls nur im Interesse des Verklagten. Im Großen und Ganzen würde es ein kurzes Gedächtniß des Gerichts voraussetzen, wenn das Gericht sich nicht darauf besinnen sollte, daß im ersten Termine etwa ein ganz anderer Einwand gemacht wäre. Die Möglichkeit einer Verschleppung ist nicht ausgeschlossen; das Gericht würde jedoch, schon durch die Regelwidrigkeit des Prozedirens ohne Schriftsatz aufmerksam gemacht, leicht von der, ihm im §. 252 gegebenen sehr entscheidenden Befugniß Gebrauch machen, und einen verschleppten Einwand dann ohne weiteres zurückweisen.

Rechtsanwalt Dr. Heidenfeld: Welche rechtlichen Folgen treten ein, wenn unter Konnivenz des Gerichts eine Partei nicht im Sinne der Civil-Prozeßordnung mündlich verhandelt, sondern auf Schriftsätze Bezug nimmt? Könnte das für die andere Partei ein Recht zur Berufung oder einen Revisionsgrund abgeben? So weit ich es verstanden habe, würde ein solches Recht daraus nicht hergeleitet werden können.

Justizrath von Wilmowski: Die Verletzung der Vorschriften über die Oeffentlichkeit des Verfahrens bildet einen Revisionsgrund; die Verletzung der Vorschriften über die Mündlichkeit ist eine Gesetzesverletzung, aber allerdings kein Revisionsgrund. Es ist in dieser Beziehung angenommen, daß das Verfahren selbst durch die Praxis sich bewähren und den Vorschriften über die mündliche Verhandlung gemäß gestalten würde.

Justizrath Dirksen: Hat der Verklagte, wenn er auf Erlaß des Versäumnißurtheils anträgt, diesen seinen Antrag zu begründen? Hat er einen sachlichen Vortrag darüber zu halten?

Justizrath von Wilmowski: So weit es zur Begründung des Antrags nöthig ist, hat jeder Erscheinende mündlich zu verhandeln. Die Verhandlung des erscheinenden Verklagten kann inteß sehr einfach sein; er muß seinen Antrag stellen und vortragen: ich bin zur Beantwortung und zur Erklärung auf diese bestimmte Klage geladen — es wird eben nur die bestimmte Klage abgewiesen. — Der Vortrag auch des Verklagten ist immerhin ein nothwendiger, weil das Versäumnißurtheil sich nur auf die bestimmte Klage bezieht.

Justiz-Rath Lesse: Wenn eine Partei es unterlassen hat, eine Berichtigung des Thatbestandes vorzunehmen oder zu erwirken, giebt es in der zweiten Instanz irgend eine Hülfe dagegen? Und namentlich: wäre es zulässig, eine erneute Beweisaufnahme zu beantragen, wenn etwa der Thatbestand gegen den Inhalt einer bereits stattgehabten Beweisaufnahme festgestellt worden ist?

Justizrath von Wilmowski: Es würde dies wohl besser in die spätere Rechtsmittellehre hineingehören; indeß will ich es knapp beantworten. Der §. 285 sagt unbedingt: der Thatbestand des Urtheils liefert rücksichtlich des mündlichen Parteivorbringens Beweis; dieser Beweis kann nur durch das Sitzungsprotokoll entkräftet werden. Die Frage, was in erster Instanz vorgebracht worden ist, wird dadurch endgültig entschieden. Das Sitzungsprotokoll, aber auch nur dieser Gegenbeweis kann zur Widerlegung auch in zweiter Instanz dem Thatbestande, soweit es auf dessen Beweiskraft dann ankommt, entgegengehalten werden, und zwar auch dann, wenn ein Widerspruch zwischen Beiden nicht durch ein Berichtigungsverfahren festgestellt ist. Dagegen können unter Umständen die Anführungen der ersten Instanz in zweiter Instanz geändert bezieh. nachgeholt werden und es ist auch eine Erneuerung der Beweisaufnahme zulässig. Wie weit dies Alles zulässig ist, möchten wir wohl dem Vortrage über die zweite Instanz überlassen.

Personal-Veränderungen
in der Deutschen Anwaltschaft aus der Zeit vom
8. März bis 7. April 1879.

A. Ernennungen.

Der Referendar Heibland aus Bonn ist zum Advokaten im Bezirk des Königlichen Appellationsgerichtshofes zu Cöln ernannt worden.

Der Kreisrichter Neumann in Neustettin ist zum Rechtsanwalt bei dem Kreisgericht in Sorau N./L. und zugleich zum Notar im Department des Appellationsgerichts zu Frankfurt a./O. mit Anweisung seines Wohnsitzes in Sorau N./L.,

der Gerichts-Assessor Goldstein in Margonin zum Rechtsanwalt bei dem Kreisgericht in Schlawe und zugleich zum Notar im Department des Appellationsgerichts zu Cöslin mit Anweisung seines Wohnsitzes in Rügenwalde,

der Gerichts-Assessor Dr. phil. Linhoff in Callies zum Rechtsanwalt bei dem Kreisgericht in Stolp und zugleich zum Notar im Department des Appellationsgerichts zu Cöslin mit Anweisung seines Wohnsitzes in Stolp, und

der Referendar Dr. juris Ludwig Julius Lindheimer zum Advokaten im Bezirk des Königlichen Appellationsgerichts zu Frankfurt a. M. ernannt worden.

Die bisherigen Notare Dr. juris Paul Sonnentalb in Altenburg und Eduard Anton Heyner in Roda sind als Advokaten verpflichtet und ihnen ihre gegenwärtigen Wohnsitze zur Betreibung der sachwalterischen Praxis angewiesen worden.

Der Referendar Colshorn aus Hannover ist zum Advokaten im Bezirk des Königlichen Appellationsgerichts zu Celle, mit Anweisung seines Wohnsitzes in der Stadt Hannover, ernannt worden.

Der Kreisgerichts-Rath Hahn in Wreschen ist zum Rechtsanwalt bei dem Kreisgericht in Bongrowitz und zugleich zum Notar im Department des Appellationsgerichts zu Bromberg mit Anweisung seines Wohnsitzes in Bongrowitz ernannt worden.

Der Advokat Thissen zu Aachen ist zum Anwalt bei dem Landgericht daselbst ernannt worden.

Der Rechtskandidat Josef Gustav Türk in Dresden ist zum Advokaten ernannt und als solcher verpflichtet worden.

Der geprüfte Rechtspraktikant und Concipient Moses Siegel von Bamberg wurde zum Advokaten daselbst ernannt.

Der Kreisrichter Kirsch in Militsch ist zum Rechtsanwalt

bei dem Kreisgericht in Striegau und zugleich zum Notar im Department des Appellationsgerichts zu Breslau, mit Anweisung seines Wohnsitzes in Striegau, ernannt worden.

B. Versetzungen.

Auf Grund des §. 113 der Rechtsanwaltsordnung vom 1. Juli 1878 sind in die Liste der bei dem Reichsgericht zugelassenen Rechtsanwalte unter dem Vorbehalte, daß binnen 3 Monaten, vom 1. Oktober 1879 ab, die Vereidigung nachgewiesen und am Sitze des Reichsgerichts Wohnsitz genommen wird, eingetragen worden:

1. der Rechtsanwalt und Ober-Appellationsgerichts-Prokurator Dr. Friedrich Crome zu Lübeck,

2. der Rechtsanwalt Dr. Heinrich Carl Ernst Bernhard Luden zu Weimar,

3. der Rechtsanwalt Bernhard Freytag zu Leipzig.

C. Ausscheiden aus dem Dienst.

Der Advokat und Bürgermeister August Max Rumpelt in Rudeberg hat das Amt der Advokatur niedergelegt.

Der seitherige Advokat und Notar Cari Christian Mager in Leipzig ist infolge des Ausgangs einer wider ihn geführten Disciplinaruntersuchung der Aemter der Advokatur und des Notariats entsetzt worden.

Der seitherige Advokat und Notar Friedrich Ernst Sendig in Dresden ist in Folge des Ausgangs einer wider ihn geführten Disciplinaruntersuchung der Aemter der Advokatur und des Notariats entsetzt worden.

Der Advokat und Notar Julius Robert Deumer zu Kamenz, welchem ein Staatsamt übertragen worden, hat den Aemtern der Advokatur und des Notariats mit Genehmigung des Justizministeriums entsagt.

Der Rechtsanwalt Adam Rapp in Bamberg hat auf seine Advokatenstelle Verzicht geleistet.

D. Titelverleihungen.

Dem Rechtsanwalt Hofrath Dr. Schumacher in Stuttgart wurde der Titel und Rang eines Geheimen Hofrathes verliehen.

Dem Advokat und Notar Dr. Bruno Stübel in Dresden wurde der Charakter als Hofrath verliehen.

Dem Rechtsanwalt und Notar Hahn zu Bongrowitz wurde der Titel „Justiz-Rath" verliehen.

E. Ordensverleihungen.

Dem Rechtsanwalt und Notar a. D., Justizrath Flemming zu Striegau wurde der Rothe Adler Orden vierter Klasse verliehen.

F. Todesfälle.

Verstorben sind:

der Rechtsanwalt und Notar, Justizrath Tilman in Neuwied,

der Obergerichts-Anwalt Heiliger in Nienburg,

der Rechtsanwalt und Notar, Justizrath Haack in Glogau,

der Rechtsanwalt und Notar, Justizrath Schwerdtfeger in Genthin,

der Advokat und Notar, Justizrath Dr. Fester in Frankfurt a. Main.

Für die Redaktion verantw.: G. Haenle. Verlag: W. Moeser, Hofbuchhandlung. Druck: W. Moeser, Hofbuchdruckerei in Berlin.

№ 19 und 20. Berlin, 25. April. 1879.

Juristische Wochenschrift.

Herausgegeben von

3. Harnle, und Dr. X. Künzel,
Königl. Advokat in Ansbach. Rechtsanwalt beim königl. Obertribunal in Berlin.

Organ des deutschen Anwalt-Vereins.

Preis für den Jahrgang 12 Mark. — Bestellungen übernimmt jede Buchhandlung und Postanstalt.

Inhalt:

I.

Die von der VI. Reichstagskommission zur Berathung des Entwurfs einer Gebührenordnung für Rechtsanwälte abgeänderten Paragraphen

des Gesetzentwurfs lauten nach der zweiten Lesung wie folgt:

§ 2.

Für die Ausführung eines Auftrages, dessen gemeinschaftliche Erledigung mehreren Rechtsanwälten übertragen ist, steht jedem derselben die volle Vergütung zu.

§ 9.

In bürgerlichen Rechtsstreitigkeiten werden die Gebühren nach dem Werthe des Streitgegenstandes erhoben.

Der Gebührensatz beträgt bei Gegenständen im Werthe:

1. bis 20 Mark einschließlich					2 Mark.
2. von mehr als 20 bis	60 Mark einschließlich				3 .
3. . . . 60 .	120 .		.		5 .
4. . . . 120 .	200 .		.		8 .
5. . . . 200 .	300 .		.		12 .
6. . . . 300 .	450 .		.		17 .
7. . . . 450 .	650 .		.		22 .
8. . . . 650 .	900 .		.		27 .
9. von mehr als 900 bis 1200 Mark einschließlich					32 Mark,
10. . . 1200 . 1600			.		36 .
11. . . 1600 . 2100			.		40 .
12. . . 2100 . 2700			.		44 .
13. . . 2700 . 3400			.		48 .
14. . . 3400 . 4300			.		52 .
15. . . 4300 . 5400			.		56 .
16. . . 5400 . 6700			.		60 .
17. . . 6700 . 8200			.		64 .
18. . . 8200 . 10000			.		68 .

Die ferneren Werthsklassen steigen um je 2000 Mark und die Gebührensätze in den Klassen bis 50000 Mark einschließlich um je 4 Mark, bis 100000 Mark einschließlich um je 3 Mark und darüber hinaus um je 2 Mark.

§ 13.

Die Sätze des §. 9 stehen dem als Prozeßbevollmächtigten bestellten Rechtsanwalte zu:

1. für den Geschäftsbetrieb, einschließlich der Information (Prozeßgebühr);
2. für die mündliche Verhandlung (Verhandlungsgebühr);
3. für die Mitwirkung bei einem zur Beilegung des Rechtsstreits abgeschlossenen Vergleiche (Vergleichsgebühr).

Die Sätze des §. 9 stehen demselben zu fünf Zehntheilen zu:

4. für die Vertretung in dem Termine zur Leistung des durch ein Urtheil auferlegten Eides sowie in einem Beweisaufnahmeverfahren, wenn die Beweisaufnahme nicht blos in Vorlegung der in den Händen des Beweisführers oder des Gegners befindlichen Urkunden besteht (Beweisgebühr).

Fünf Zehntheile der in den §§. 13 bis 18 bestimmten Gebühren erhält der Rechtsanwalt, soweit die durch die Gebühr zu vergütende Thätigkeit ausschließlich die im Gerichtskostengesetze §. 26 Nr. 1 bis 10 bezeichneten Gegenstände betrifft.

§ 20.

§ 21.

Der Rechtsanwalt erhält neben den ihm sonst zustehenden Gebühren die Prozeßgebühr nur zu fünf Zehntheilen, wenn seine Thätigkeit ausschließlich die Erledigung eines bedingten Urtheils betrifft.

§. 22.

Der Rechtsanwalt erhält die Prozeßgebühr und die Verhandlungsgebühr nur zu fünf Zehntheilen, wenn seine Thätigkeit Anträge auf Sicherung des Beweises (Civil-Prozeßordnung §§. 447 bis 455) oder die Anordnung der von Schiedsrichtern für erforderlich erachteten richterlichen Handlungen (Civil-Prozeßordnung §. 862) betrifft. Für die Vertretung bei der Beweisaufnahme erhält der Rechtsanwalt die Beweisgebühr (§. 13 Nr. 4).

§. 23.

Drei Zehntheile der in den §§. 13 bis 18 bestimmten Gebühren erhält der Rechtsanwalt, wenn seine Thätigkeit betrifft:

1. die im Gerichtskostengesetze §. 27 Nr. 1, §. 34 Nr. 1, §. 35 Nr. 2, 4, §. 47 Nr. 1 bis 12 bezeichneten Angelegenheiten;
2. die Zwangsvollstreckung.

§. 24.

Zwei Zehntheile der in den §§. 13 bis 18 bestimmten Gebühren erhält der Rechtsanwalt, wenn seine Thätigkeit die im Gerichtskostengesetze §. 35 Nr. 1, §. 38 bezeichneten Anträge und Gesuche betrifft.

§. 28.

Das ordentliche Verfahren, welches nach der Abstandnahme vom Urkunden- oder Wechselprozesse sowie nach dem mit Vorbehalt in demselben erlassenen Urtheil anhängig bleibt (Civil-Prozeßordnung §§. 559, 563), gilt für die Berechnung der Gebühren des Rechtsanwalts als besonderer Rechtsstreit.

§. 29.

Die im §. 13 benannten Gebühren umfassen die gesammte Thätigkeit des Rechtsanwalts von dem Auftrage bis zur Beendigung der Instanz.

Zu der Instanz gehören insbesondere:

1. das Verfahren behufs Festsetzung des Werthes des Streitgegenstandes;
2. Zwischenstreite mit Nebenintervenienten sowie mit Zeugen oder Sachverständigen;
3. das Verfahren zur Sicherung des Beweises (Civil-Prozeßordnung §§. 447 bis 455), wenn die Hauptsache anhängig ist;
4. das Verfahren über einen Antrag auf Anordnung oder Aufhebung eines Arrestes oder einer einstweiligen Verfügung sowie über einen Antrag auf vorläufige Einstellung, Beschränkung oder Aufhebung einer Zwangsvollstreckung (Civil-Prozeßordnung §§. 647, 657, 688, 690 Abs. 3, §§. 696, 710 Abs. 4), soweit das Verfahren mit dem Verfahren über die Hauptsache verbunden ist;
5. das Verfahren über einen Antrag auf Aenderung einer Entscheidung des beauftragten oder ersuchten Richters oder des Gerichtsschreibers (Civil-Prozeßordnung §. 539);

6. das Verfahren über die im Gerichtskostengesetze §. 47 Nr. 1 bis 12 bezeichneten Streitpunkte und Anträge);
7. die Zustellung und Empfangnahme der Entscheidungen und die Mittheilung derselben an den Auftraggeber;
8. die Uebersendung der Handakten an den Bevollmächtigten einer anderen Instanz.

§. 30.

Die Gebühren werden besonders erhoben für die Thätigkeit bei Streitigkeiten und Anträgen, welche betreffen:

1. die Sicherung des Beweises (Civil-Prozeßordnung §§. 447 bis 455), wenn die Hauptsache noch nicht anhängig ist;
2. das Verfahren über einen Antrag auf Anordnung oder Aufhebung eines Arrestes oder einer einstweiligen Verfügung sowie über einen Antrag auf vorläufige Einstellung, Beschränkung oder Aufhebung einer Zwangsvollstreckung (Civil-Prozeßordnung §§. 688, 690 Abs. 3, §§. 696, 710 Abs. 4), sofern das Verfahren von dem Verfahren über die Hauptsache getrennt ist;
3. den Betrag der zu erstattenden Prozeßkosten (Civilordnung §§. 98, 99).

Wird die vorläufige Einstellung, Beschränkung oder Aufhebung der Zwangsvollstreckung bei dem Vollstreckungsgericht und bei dem Prozeßgerichte beantragt, so wird die Prozeßgebühr nur einmal erhoben.

§. 37.

Für die Mitwirkung bei einem der Klage vorausgehenden Sühneverfahren (Civil-Prozeßordnung §§. 471, 571) erhält der Rechtsanwalt drei Zehntheile der Sätze des §. 9.

Diese Gebühr wird im Falle der Verhandlung des Rechtsstreits vor dem Amtsgericht auf die Prozeßgebühr angerechnet.

Ist in dem Falle des §. 471 der Civil-Prozeßordnung unter der Mitwirkung des Rechtsanwalts ein Vergleich geschlossen, so erhält er die vollen Sätze des §. 9.

§. 41.

Drei Zehntheile der in den §§. 13 bis 18 bestimmten Gebühren erhält der Rechtsanwalt:

1. in der Beschwerdeinstanz;
2. wenn seine Thätigkeit sich auf ein Verfahren beschränkt, welches die Aenderung einer Entscheidung des beauftragten oder ersuchten Richters oder des Gerichtsschreibers (Civil-Prozeßordnung §. 539) betrifft.

In der Instanz der an eine Nothfrist nicht gebundenen Beschwerde steht dem Rechtsanwalte die Prozeßgebühr nicht zu, wenn ihm dieselbe oder eine der in den §§. 37 bis 40 bezeichneten Gebühren in der Instanz zustand, in welcher die angefochtene Entscheidung ergangen ist.

§. 43.

Dem Rechtsanwalte, welchem von der Partei oder auf deren Verlangen von dem Prozeßbevollmächtigten nur die Vertretung in der mündlichen Verhandlung oder die Ausführung der Parteirechte in derselben übertragen ist, steht neben der Verhandlungsgebühr die Prozeßgebühr zu fünf Zehntheilen zu. Letztere Gebühr steht ihm auch dann zu, wenn der Auftrag vor der mündlichen Verhandlung erledigt wird. Erstreckt sich die Vertretung auf eine mit der mündlichen Verhandlung verbundene Beweisaufnahme, so erhält der Rechtsanwalt außerdem die Beweisgebühr.

§. 45.

Der Rechtsanwalt, dessen Thätigkeit sich auf die Vertretung in einem nur zur Leistung des durch ein Urtheil auferlegten Eides oder nur zur Beweisaufnahme bestimmten Termine beschränkt, erhält neben der dem Prozeßbevollmächtigten im gleichen Falle zustehenden Beweisgebühr, eine Gebühr in Höhe von fünf Zehntheilen der Prozeßgebühr. Letztere Gebühr steht ihm auch dann zu, wenn der Auftrag vor dem Termin erledigt wird.

Die Wahrnehmung eines weiteren Termins zur Fortsetzung der Verhandlung begründet nicht eine Erhöhung der Gebühr.

§. 45a.

Beschränkt sich die Thätigkeit des Rechtsanwalts auf die Anfertigung eines Schriftsatzes, so erhält er eine Gebühr in Höhe von fünf Zehntheilen der Prozeßgebühr.

§. 46.

Für einen ertheilten Rath erhält der nicht zum Prozeßbevollmächtigten bestellte Rechtsanwalt eine Gebühr in Höhe von drei Zehntheilen der Prozeßgebühr.

Eine Gebühr in Höhe von fünf Zehntheilen der Prozeßgebühr steht dem mit Einlegung der Berufung oder der Revision beauftragten Rechtsanwalte zu, wenn derselbe von der Einlegung abräth und der Auftraggeber seinen Auftrag zurücknimmt.

§. 47.

Der nicht zum Prozeßbevollmächtigten bestellte Rechtsanwalt erhält höchstens die für den Prozeßbevollmächtigten bestimmte Gebühr, falls die ihm aufgetragenen Handlungen in den Kreis derjenigen Thätigkeit fallen, für welche die dem Prozeßbevollmächtigten zustehende Gebühr bestimmt ist.

§. 48.

Wird ein Rechtsanwalt, nachdem er in einer Rechtssache thätig gewesen, zum Prozeßbevollmächtigten bestellt, so erhält er für die ihm vorher aufgetragenen Handlungen, soweit für dieselbe die dem Prozeßbevollmächtigten zustehende Gebühr bestimmt ist, und als Prozeßbevollmächtigter zusammen nicht mehr an Gebühren, als ihm zustehen würde, wenn er vorher zum Prozeßbevollmächtigten bestellt werden wäre.

§. 50.

Bei Vertretung mehrerer Streitgenossen, einschließlich der Nebenintervenienten, stehen dem Rechtsanwalte die Gebühren nur einmal zu. Bei nachträglichem Beitritte von Streitgenossen erhöht sich durch jeden Beitritt die Prozeßgebühr um zwei Zehntheile. Die Erhöhung wird nach dem Betrage berechnet, bei welchem die Vollmachtgeber gemeinschaftlich betheiligt sind; mehrere Erhöhungen dürfen den einfachen Betrag der Prozeßgebühr nicht übersteigen.

§. 67.

Fünf Zehntheile der im §. 62 bestimmten Sätze stehen dem Rechtsanwalte zu für Anfertigung:

1. einer Schrift zur Rechtfertigung einer Berufung;
2. einer Schrift zur Begründung einer Revision;
3. eines Antrags auf Wiederaufnahme des Verfahrens;
4. eines Gnadengesuchs.

Die Stufe bestimmt sich nach der Ordnung des Gerichts, welches in erster Instanz erkannt hat.

§. 75.

Für die Höhe der dem Rechtsanwalte zustehenden Schreibgebühren sind die Vorschriften des §. 80 des Gerichtskostengesetzes maßgebend.

§. 77.

Bei Geschäftsreisen erhält der Rechtsanwalt, vorbehaltlich der Bestimmungen in den §§. 18, 37, 39 Absatz 2 der Rechtsanwaltsordnung:

I. an Tagegeldern . . . . 12 M.;
II. für ein Nachtquartier . . . . . 5 M.;
III. an Fuhrkosten einschließlich der Kosten der Gepäckbeförderung:
   1. wenn die Reise auf Eisenbahnen oder Dampfschiffen gemacht werden kann, für das Kilometer . . . 13 Pf. und für jeden Zu- und Abgang 3 M.;
   2. anderenfalls . . . . 60 Pf. für das Kilometer der nächsten fahrbaren Straßenverbindung.

Haben höhere Fuhrkosten aufgewendet werden müssen, so werden diese erstattet.

§. 78.

Die Fuhrkosten werden für Hin- und Rückreise besonders berechnet.

Hat ein Rechtsanwalt Geschäfte an verschiedenen Orten unmittelbar nach einander ausgerichtet, so ist der von Ort zu Ort zurückgelegte Weg ungetheilt der Berechnung der Fuhrkosten zu Grunde zu legen.

Bei einer Reise zur Ausführung der Aufträge mehrerer Auftraggeber findet die Vorschrift des §. 3 entsprechende Anwendung.

§. 86.

Zu streichen.

§. 88.

Für die Ausarbeitung eines Gutachtens mit juristischer Begründung hat der Rechtsanwalt angemessene Vergütung zu beanspruchen. Ueber die Höhe der Vergütung wird im

Prozeßwege nach eingeholtem Gutachten des Vorstandes der Anwaltskammer entschieden.

§. 89.

Ist für das dem Rechtsanwalt übertragene Geschäft der Betrag der Gebühr in diesem Gesetze nicht bestimmt, so erhält er eine unter entsprechender Anwendung der Bestimmungen dieses Gesetzes zu bemessende Gebühr.

§. 90.

Insofern in diesem Gesetze für die begonnene oder vorbereitete Ausführung eines vor der vollständigen Ausführung erledigten Auftrags eine Gebühr nicht vorgesehen ist, erhält der Rechtsanwalt eine nach Maßgabe des §. 89 zu bemessende Gebühr.

§. 93.

Sofern der Rechtsanwalt nicht einer Partei zur Wahrnehmung ihrer Rechte beigeordnet oder als Vertheidiger bestellt ist, kann der Betrag der Vergütung durch Vertrag abweichend von den Vorschriften dieses Gesetzes festgesetzt werden. Die Festsetzung durch Bezugnahme auf das Ermessen eines Dritten ist ausgeschlossen.

Der Auftraggeber ist an den Vertrag nur gebunden, soweit er denselben schriftlich abgeschlossen hat.

Der Auftraggeber kann eine Berechnung der gesetzlichen Vergütung nach Maßgabe des §. 85 verlangen.

Hat der Rechtsanwalt durch den Vertragsschluß die Grenze der Mäßigung überschritten, so kann die durch Vertrag festgesetzte Vergütung im Prozeßwege, nach eingeholtem Gutachten des Vorstandes der Anwaltskammer, bis auf den in diesem Gesetze bestimmten Betrag herabgesetzt werden.

§. 94.

Zu streichen.

§. 94a.

Ist der Betrag der Vergütung nicht durch Vertrag festgesetzt, so kann der Rechtsanwalt, welcher nicht einer Partei zur Wahrnehmung ihrer Rechte beigeordnet oder als Vertheidiger bestellt ist, in außergewöhnlichen Fällen neben der gesetzlich bestimmten Vergütung bei Mittheilung der Berechnung derselben (§. 85) eine außerordentliche Vergütung beanspruchen.

Ueber die Zulässigkeit und Höhe des Anspruchs wird im Prozeßwege, nach eingeholtem Gutachten des Vorstandes der Anwaltskammer, entschieden.

§. 94b.

Für das Verhältniß des Auftraggebers oder des Rechtsanwalts zu dem Erstattungspflichtigen kommt weder die vertragsmäßige Festsetzung der Vergütung (§. 93) noch der Anspruch auf eine außerordentliche Vergütung (§. 94a) in Betracht.

II.

Zusammenstellung derjenigen Punkte in dem Entwurfe einer Gebührenordnung für Rechtsanwälte, über deren Bedeutung im Laufe der Kommissionsberathungen die Uebereinstimmung der Kommissionmitglieder und der Vertreter der verbündeten Regierungen zum Protokoll festgestellt worden ist.

1. §. 19.

Die fünf Zehntheile in §. 20 sollen berechnet werden von den vollen Gebühren, wie sie in §§. 13—18 bezeichnet sind, ohne Rücksicht auf §. 19. — §. 21 spricht von Prozeßgebühr in concreto, wie sie sich nach Maßgabe aller vorstehenden Paragraphen berechnet. In §. 23 wird wiederum §. 19 ausgeschlossen. Diese Unterscheidung in der Bezeichnung ist durchaus im Entwurf festgehalten. Da, wo ein vorausgehender Paragraph bei Bestimmung der Quote einer Gebühr ausgeschlossen werden soll, ist dies in der betreffenden Bestimmung stets ausdrücklich hervorgehoben.

2. §. 37.

Der Absatz 3 des §. 37 bezieht sich nur auf die Fälle des §. 471 der Civil-Prozeßordnung, dagegen ist die Thätigkeit eines Rechtsanwalts zur Herbeiführung eines Vergleichs in einer noch nicht anhängigen Sache außerhalb der Fälle der §§. 471, 571 der Civil-Prozeßordnung im außergerichtlichen Wege dann, wenn der Auftrag zur Herbeiführung eines Vergleichs gerichtet ist, nach der für das Bundesland, in welchem der Anwalt seinen Wohnsitz hat, bestehenden Landestaxordnung zu liquidiren und zu honoriren. Das Gleiche gilt bezüglich eines vom Rechtsanwalt vermittelten außergerichtlichen Arrangements zur Abwendung eines Konkursantrages.

3. §. 46.

Die in Absatz 1 §. 46 aufgeführte Ertheilung eines Rathes und die hierfür dem Sachwalter zu gewährende Gebühr bezieht sich lediglich auf die in §. 1 der Vorlage begrenzten Angelegenheiten. Ein Rath des Rechtsanwalts, welcher eine andere, von §. 1 der Vorlage nicht betroffene Angelegenheit betrifft, ist nicht nach der Gebührenbestimmung des §. 46, sondern nach landesgesetzlichen Taxbestimmungen zu honoriren.

4. §. 48.

Für die in §. 48 erwähnte Rechtssache gilt die in §. 1 festgestellte Beschränkung, von welcher in der Hauptsache das Gesetz beherrscht wird.

5. §. 87.

Das Verhältniß zwischen Mandat und Anwalt regelt sich nach den partikularrechtlichen Bestimmungen über Mandat auch bezüglich des Retentionsrechts.

6. §. 94.

Nach Zahlung eines die gesetzliche Gebühr überschreitenden Betrages findet eine Herabminderung im Prozeßwege nicht mehr statt, wenn nicht nach Maßgabe des betreffenden Landesgesetzes eine Rückforderungsklage begründet ist.

Vorträge über die praktische Anwendung der deutschen Civilprozeßordnung.

III. Der Gang des Civilprozeßverfahrens erster Instanz.

Vortrag des Herrn Justizrath von Wilmowski in der Versammlung der Berliner Anwälte am 8. April 1879.

Geehrte Herren Kollegen! In den Mitteln des Prozeßbetriebes und in den Formen des schriftlichen und mündlichen Vorbringens haben wir gewissermaßen die Baumaterialien kennen gelernt, welche wir zum Aufbau unseres künftigen Prozesses benutzen dürfen bezw. müssen. Uns bleibt noch übrig, die Verbindung und die Konstruktion zu erörtern, in welchen uns die Verwendung dieser Baumaterialien theils gestattet, theils geboten ist. Zunächst möchte es angemessen sein, das System festzustellen, welchem die Civil-Prozeßordnung in dieser Beziehung folgt. Um den Stoff nicht zu sehr zu häufen, würde sich der heutige Vortrag auf das Verfahren erster Instanz beschränken, wie auch davon möchte ich die Beweismittel ausnehmen und andererseits den Parteiprozeß nur gelegentlich behandeln.

Das nothwendige Fundament des Prozesses ist die Klage und in die Klage wesentlich der Klagegrund. Gegen den Willen des anderen Theiles kann keine Partei daran rütteln. Zwar dem Gerichte gegenüber ist die Unverrückbarkeit des Klagegrundes keine absolute. Das Gericht kann von amtswegen in erster Instanz wegen Aenderung des Klagegrundes nicht abweisen; in zweiter Instanz freilich ist eine Aenderung selbst mit Genehmigung des Gegners nicht zulässig. Dagegen kann in erster Instanz mit dem Willen des Gegners auch der Klagegrund geändert werden, und zwar nicht nur im ersten, sondern auch in jedem späteren Termin. Damit ist dem Parteiwillen zur Abschneidung unnöthiger Prozeßhäufung Rechnung getragen. Um andererseits nicht nur dem Gerichte, sondern auch dem Gegner gegenüber die Möglichkeit der Ausnutzung von mitunter spitzfindigen Erörterungen über den Klagegrund keinen zu großen Einfluß zu gestatten, und um den dem Rechtsspruche zu unterbreitenden Klagegrund möglichst bald festzustellen, ist im §. 241 die Rechtsvermuthung aufgestellt, daß auch der Kläger die Klageänderung nicht mehr rügen kann, vielmehr als einwilligend angesehen wird, wenn er sich in einer mündlichen Verhandlung auf die geänderte Klage eingelassen hat. Die Ausdrucksweise im §. 241: „Die Einwilligung des Gegners ist alsdann anzunehmen", bezeichnet eine unbedingte Rechtsregel und schließt einen Gegenbeweis sowie die Zulassung einer andern Parteien-Vereinbarung aus. Soll eine solche Ausschließung nicht gemeint sein, so ist den Worten „ist anzunehmen" oder „ist anzusehen" regelmäßig ein entsprechender Zusatz beigefügt; das ergiebt die Vergleichung der Paragraphen, in denen die Ausdrücke „ist anzunehmen" oder „ist anzusehen" vorkommen.

Zur ferneren baldigen Sicherung des Fundaments ist noch im §. 242 die Vorschrift gegeben, daß, wenn ein erkennendes Gericht (im Tenor oder in den Entscheidungsgründen) entschieden hat, es liege keine Aenderung des Klagegrundes vor, diese Entscheidung für den ganzen ferneren Rechtsstreit wirksam bleibt; sie kann nicht angefochten werden, damit nicht die darauf gebaute materielle Entscheidung in späteren Instanzen durch den bloß formalen Einwand beseitigt werden könne, daß darüber ein besonderer Prozeß hätte angestrengt werden müssen. Die Vorschrift enthält die eigenthümliche Rechtskraft eines Entscheidungsgrundes und zwar noch eigenthümlicher in der Weise, daß es nicht darauf ankommt, ob ein solcher Entscheidungsgrund vom ersten Richter oder von einem Richter höherer Instanz ausgesprochen wird; sobald ein Richter erklärt hat, es liege keine Klageänderung vor, bleibt dies Resultat wirksam. Dagegen findet die Vorschrift keine Anwendung für den umgekehrten Fall, wenn ein Richter erklärt hat, daß eine Aenderung des Klagegrundes vorliege.

Abgesehen von dieser Beschränkung in Betreff der richterlichen Entscheidung und abgesehen von der Nothwendigkeit, den Einwand zeitig vor der Einlassung auf die geänderte Klage geltend zu machen, braucht sich der Verklagte eine Aenderung des Klagegrundes nicht gefallen zu lassen. Will der Kläger eine Klageänderung, ohne daß er die Einwilligung des Gegners dazu hat oder hoffen kann, so muß er die Klage zurücknehmen oder seine Abweisung gewärtigen. Auch die Zurücknahme der Klage kann er nach §. 243 nur bis zum Beginn der mündlichen Verhandlung des Beklagten zur Hauptsache bewirken. Erklärt sich nach dem Antrage des Klägers der Beklagte zur Hauptsache, wenn auch nur dahin, daß er die Klageänderung rügt, denn auch das ist schon eine Verhandlung zur Hauptsache — so kann der Kläger die Klage nicht mehr zurücknehmen, falls es sich der Beklagte nicht gefallen läßt. Der Beklagte kann die Abweisung der Klage durch Urtheil verlangen. Seine praktische Bedeutung hat der Antrag auf Abweisung durch Urtheil in diesem Falle namentlich dadurch, daß nur durch ein Urtheil der Gegner einen Titel zur Zwangsvollstreckung in Betreff der Kostenerstattung gewinnt, während er ohne Abweisung durch Urtheil die Kostenerstattung nur vermittelst einer besonderen Klage erreichen kann.

Nächst der Klage hat der Prozeß noch eine gebotene Folgeordnung hinsichtlich der prozeßhindernden Einreden und einiger anderer qualifizirten Einreden. Nach §. 43 muß die Ablehnung eines Richters wegen Befangenheit von einer Partei beantragt werden, bevor sie sich in eine Verhandlung eingelassen oder Anträge gestellt hat. Nach §. 73 ferner muß die Benennung des Autors seitens eines Beklagten, welcher als Besitzer einer Sache verklagt ist, die er im Namen eines anderen zu besitzen behauptet, ebenfalls erfolgen, ehe er sich auf die Klage zur Hauptsache eingelassen hat. Die hauptsächlichsten Einreden jedoch, welche an die Folgeordnung gebunden sind, sind die sogenannten prozeßhindernden Einreden. Sie beschränken sich auf diejenigen, die im §. 247 ausdrücklich angegeben sind, also auf die Einreden der Unzuständigkeit des Gerichts, der Unzulässigkeit des Rechtsweges, der mangelnden Sicherheit für Prozeßkosten, der Rechtserstattung von früheren Kosten im Falle einer Erneuerung des Rechtsstreites, und mangelnder Prozeßfähigkeit oder mangelnder gesetzlicher Vertretung. Diese Einreden kann der Beklagte mit der Erklärung geltend machen, daß er eine Verhandlung zur Hauptsache verweigern, und in diesem Falle muß das Gericht besondere Verhandlung und Entscheidung über die Einreden eintreten lassen. Auch ohne eine solche Weigerung des Beklagten kann das Gericht von Amtswegen oder auf Antrag die abgesonderte Verhandlung darüber veranlassen. Wird die Einrede verworfen, so müffen die bezüglichen Rechtsmittel geltend gemacht werden, wenn das Erkenntniß nicht rechtskräftig werden soll. Die prozeßhindernden Einreden müffen gesetzlich im Anwaltsprozeß erster Instanz sämmtlich gleichzeitig und zwar vor der mündlichen Verhandlung des Beklagten zur Hauptsache vorgebracht werden. Später können zu jeder Zeit allerdings noch solche Einreden geltend gemacht werden, welche das Gericht von amtswegen berücksichtigen muß: die Einrede der Unzuläffigkeit des Rechtsweges, mangelnder Prozeßfähigkeit, mangelnder Vertretung und der Unzuständigkeit des Gerichtes, in den Fällen, wenn ein ausschließlicher Gerichtsstand vorhanden ist, oder wenn über nicht vermögensrechtliche Angelegenheiten verhandelt wird. Andere prozeßhindernde Einreden können dagegen nur unter besonderer Entschuldigung der Verspätung noch später vorgebracht werden.

Die Bestimmungen über die prozeßhindernden Einreden find für den Urkunden- und Wechselprozeß und ebenso für den Parteiprozeß, und für die ferneren Instanzen einigermaßen modifizirt. Die Details übergehe ich; es genügt hier, darauf aufmerksam zu machen, daß für diese Einreden ein besonderes Verfahren zur Hauptsache theils zuläffig, theils geboten ist. Die Verhandlungen über die prozeßhindernden Einreden bilden ein Vorverfahren; den Gegensatz bildet die Verhandlung zur Hauptsache, welche die prozeßhindernden Einreden nicht mit umschließt.

Außer diesen Vorschriften herrscht die sogenannte Eventualmaxime in besonders normirter Weise und in Verbindung mit schriftlicher Protokollfeststellung in den Ausnahmeprozessen der sogenannten Punktensachen, betreffend Rechnungslegung, Vermögensauseinandersetzung und dergleichen.

Abgesehen von diesen Vorschriften ist jedoch im wesentlichen nicht die Eventualmaxime, sondern deren Beseitigung für das Prozeßverfahren maßgebend; dies sprechen die §§. 251 Abs. 1 und 256 Abs. 1 aus. Alles ist rechtzeitig vorgebracht, was in der mündlichen Verhandlung und zwar bis zum Schluß derjenigen mündlichen Verhandlung, auf welche das Urtheil ergeht, geltend gemacht wird. Bis dahin jedoch müffen auch alle Behauptungen und Beweismittel angeführt und die Erklärungen darüber abgegeben sein, um berücksichtigt zu werden. Die vorbereitenden Schriftsätze sind bekanntlich nicht derartig obligatorisch, daß eine Unterlassung derselben die Berücksichtigung des demnächst vorgetragenen Rechtsstoffes verhindert. Ebensowenig kommt es darauf an, ob eine Erklärung in der Klagebeantwortung oder in der Duplik oder erst in der mündlichen Verhandlung vorgebracht ist. Alle Angriffs- und Vertheidigungsmittel — und dazu rechnet die Civilprozeßordnung nach ihrer Ausdrucksweise alle Klagegründe, Widerklagegründe, Einreden, Einwendungen im weiteren Sinne mit Einschluß des Bestreitens, Repliken und fernerer Erklärungen — und ebenso alle Beweismittel und Beweiseinreden, (welche nicht zu dem Angriffs- und Vertheidigungsmittel gerechnet werden,) müffen bis zum Schluß der mündlichen Verhandlung vorgebracht werden. Weder die Folgeordnung der Erklärungen, noch der Umstand, ob sie in früheren Terminen schon vorgebracht sind, schließt an sich die Nothwendigkeit der Berücksichtigung aus. Die gesammten Erklärungen, welche eine Partei in der maßgebenden mündlichen Verhandlung abgiebt, find insoweit als ein Ganzes anzusehen, als die Folgeordnung

und die Frage, ob die Erklärungen schon früher abgegeben find, für die Nothwendigkeit der Berücksichtigung des einzelnen Angeführten nicht entscheidend ist. Freilich hat die Behandlung der Erklärungen einer Partei als ein Ganzes nicht die Bedeutung, daß, wenn über dieselbe Thatsache oder dieselbe Frage eine Partei verschiedene Erklärungen abgiebt, dann nur die letzte als berücksichtigungswerth anzusehen ist, weil sie eben allerdings noch rechtzeitig vor dem Schluß der mündlichen Verhandlung vorgebracht ist. Einer solchen Auffassung treten verschiedene positive Bestimmungen des Gesetzes entgegen. Die Erklärungen über Annahme oder Zurückschiebung zugeschobener Eide können nur nach den bestimmten Vorschriften des §. 423 widerrufen werden. Hat ferner eine Partei auf einen Anspruch oder einen Theil des Anspruches verzichtet, so ist das ein Dispositionsakt, welcher seine materiellen Rechtswirkungen hat. Die Thatsache, daß der Verzicht erklärt ist, kann durch eine spätere Erklärung an sich nicht ungeschehen gemacht werden. Der Verzicht ist von amtswegen nach §. 146 zu Protokoll festzustellen und hat nach §. 277 auf Antrag des Gegners die Abweisung in Betreff des verzichteten Anspruchs oder Theiles des Anspruchs zur Folge. Vorausgesetzt ist dabei natürlich, daß der Verzicht rechtswirksam ist und nicht durch spätere Erklärung entweder die Rechtsunwirksamkeit nachgewiesen oder unter Beweis gestellt ist, worüber nach den konkreten Umständen unter Berücksichtigung des bürgerlichen Rechts zu entscheiden ist. Dasselbe gilt auch von Anerkenntnissen. Wird ein Anspruch oder ein Theil des Anspruchs anerkannt, so ist auch dies zu Protokoll festzustellen, und es hat die Verurtheilung auf Antrag des Gegners zur Folge, ebenfalls unter der Voraussetzung, daß nicht das Anerkenntniß etwa als auf Irrthum, Mißverständniß u. f. w. beruhend unwirksam bleibt. Auch das von den Anerkenntnissen eines Anspruches verschiedene Geständniß einer gegnerischerseits behaupteten Thatsache kann nach der bestimmten Vorschrift des §. 263 nur widerrufen werden, wenn die widerrufende Partei beweist, daß das Geständniß der Wahrheit nicht entspreche, und zugleich, daß es durch einen Irrthum veranlaßt sei. In allen diesen Fällen ist indeß wesentlich zu berücksichtigen, daß das Princip der freien richterlichen Beweiswürdigung nicht bloß dann Anwendung findet, wenn eine wirkliche Beweisaufnahme stattgefunden hat, sondern daß es durchweg für die Feststellung aller für den Rechtsstreit wesentlichen Thatsachen und für die Entscheidung alles in dem Rechtsstreit abgegebenen Erklärungen gilt. Das Gericht hat nach seinem Ermessen festzustellen, ob etwas und was gestanden oder nicht gestanden ist. Es wird unter Berücksichtigung der Umstände, daß die Vorträge in freier Rede gehalten werden sollen, jedenfalls nicht den Wortlaut allein berücksichtigen dürfen, so wie ja auch der Redegewandtere in der Sprache tastend nicht immer gleich den seinen Willen vollständig deckenden Ausdruck findet. Dasselbe findet Anwendung, wenn über dieselbe Thatsache verschiedene nicht miteinander harmonirende Erklärungen abgegeben werden. Das Gericht hat dann zu ermessen, welchen Einfluß schon dies Thatsache allein etwa hat, ob eine der beiden Erklärungen oder ob vielleicht keine derselben zu berücksichtigen ist. Das Prinzip der Nichtgeltung der Eventualmaxime wird aber durch alle diese Vorschriften nicht berührt.

Auf diesem Grundsatz der Beseitigung der Eventualmaxime

beruht auch die Vorschrift, welche für den amtsgerichtlichen Prozeß das Verhältniß der Mündlichkeit zur Schriftlichkeit hinsichtlich der Protokollsetzung bestimmt. Anerkenntnisse, Verzichte, Vergleiche müssen in jedem Prozeß, Anwalts- oder Parteiprozeß, von amtswegen zu Protokoll festgestellt werden. Zugeständnisse und Erklärungen über Annahme oder Zurückschiebung von Eiden müssen in jedem Prozeß, Anwalts- und Parteiprozeß, auf Antrag zu Protokoll festgestellt werden; in dieser Beziehung besteht zwischen den beiden Prozeßarten nur der Unterschied, daß der Amtsrichter die Partei nicht auf eine Feststellung durch Schriftsatz verweisen darf, sondern eine solche Feststellung zu Protokoll vornehmen muß. Abgesehen von diesen Feststellungen aber sind Anträge und Erklärungen einer Partei nach §. 470 im Amtsgerichtsprozesse durch das Sitzungsprotokoll nur festzustellen, so weit das Gericht beim Schluß derjenigen mündlichen Verhandlung, auf welche das Urtheil oder ein Beweisbeschluß ergeht, die Feststellung für angemessen erachtet. Der Amtsrichter, welcher sonst das von ihm für wesentlich Gehaltene in seinen Thatbestand aufnehmen muß, ist an sich in Betreff der Berichtigung des Thatbestandes denselben Vorschriften unterworfen, wie das Prozeßgericht im Anwaltsprozesse der Berichtigung durch sich selbst. Aber die Gefahr seiner Souveränität in der Protokollfeststellung ist bei diesem altartigen Verfahren offenbar. Er kann den einzigen Gegenbeweis, welcher gegen den Thatbestand durch die Feststellung des Sitzungsprotokolls zulässig ist, beseitigen; und er kann auch, da die Anträge ebenfalls von der Vorschrift betroffen sind, Anträge, deren Wiederholung in zweiter Instanz geradezu unmöglich ist, Anträge, deren Vorbringung in erster Instanz in Betreff des Zeitpunktes schon wesentlich sein kann, z. B. Widerklageanträge, indem die Widerklage erst durch die Geltendmachung zur mündlichen Verhandlung erhoben wird, — solche Anträge kann er verschleppen oder auch beseitigen dadurch, daß er sie nicht protokollirt.

(Heiterkeit.)

Praktisch dürfte in Fällen, wo Rechtsanwälte betheiligt sind, mit Rücksicht darauf, daß Schriftsätze, vorbereitende sowie begleitende, zulässig sind, die Gestaltung auch des Amtsgerichtsprozesses kaum anders werden als wie im Anwaltsprozesse. Indeß auch für den Anwalt ist die Nothwendigkeit vorhanden, im Amtsgerichtsprozeß bis zum Schluß der Verhandlung oder wenigstens so lange, als der Gegner aushält, den Termin wahrzunehmen, wenn er sich nicht Uebervortheilungen aussetzen will.

Die Möglichkeit mißbräuchlicher Verschleppung ist unbedingt nicht zu bestreiten. Ich halte es nicht für meine Aufgabe, hier die Unmöglichkeit oder auch nur die Schwierigkeit der Verschleppung zu bedreiten, und muß jedem überlassen, sich denjenigen Grad von Pessimismus zu konserviren, mit welchem er sich in dieser Beziehung belasten zu müssen glaubt. Ich muß indeß auf einige Mittel aufmerksam machen, welche immerhin die Civil-Prozeßordnung zur Gegenwirkung gegen Verschleppung uns an die Hand giebt.

Zunächst kommt eine Partei, welche mit Erklärungen oder Beweismitteln zurückhalten will, um sie in einem späteren Termine vorzubringen, in die augenscheinliche Gefahr, daß das Gericht die Sache schon für spruchreif hält und daß er seine Rechtsbehelfe für die Instanz vollständig verliert. Er kann nicht wissen, ob nicht diese Verhandlung schon die letzte ist, dies

um so weniger, als die Civil-Prozeßordnung von der Verhandlungsmaxime ausgeht. Dem Gerichte ist zwar ein ausgedehntes Fragerecht gegeben, aber nicht um Einwendungen und Repliken heraus zu inquiriren, sondern nur um die Tragweite der abgegebenen Erklärungen festzustellen. Das Gericht kann ferner selbst in Fällen, wenn es einen Beweisbeschluß faßt, ihn so fassen, daß keine der Parteien vollständig die Richtung verfolgen kann, welche damit an die Hand gegeben wäre. Dies beruht auf der hier kurz zu erwähnenden Natur des Beweisbeschlusses; er ist für das Gericht nicht bindend und bezeichnet nur die von beiden Seiten angebotenen Beweismittel, ohne Gründe, ohne den Grad und das Verhältniß der Erheblichkeit der einzelnen Thatsachen kund zu geben und ohne sich über die Beweislast auszusprechen.

Ein positives Mittel gegen die Verschleppung ist ferner darin gegeben, daß der Partei, welche im Stande war, Erklärungen oder Beweismittel früher abzugeben, die Kosten des verzögerten Rechtsstreites ganz oder theilweise aufzuerlegen sind. Bei der Höhe der Gerichtskosten kann das Mittel ein sehr drastisches sein. Nach dem §. 48 des Gerichtskostengesetzes vom 18. Juni 1878 kann das Gericht in solchen Fällen von amtswegen die Erhebung einer besonderen Gebühr für die verursachte weitere Verhandlung bezw. einer Gebühr für eine veranlaßte Beweisanordnung beschließen, vorbehaltlich der Beschwerde. Die Gebühr besteht in der vollen Einheitsgebühr des §. 8 des Gerichtskostengesetzes und kann allerdings bis zu %/₁₀ davon ermäßigt werden.

Sodann ist das Gericht befugt, verzögerliche Einreden des Beklagten und ebenso nach dem Beweisbeschluß von dem Kläger oder von dem Beklagten in Bezug genommene Beweismittel auf Antrag des Gegners zurück zu weisen, wenn die Partei nach der Ueberzeugung des Gerichts sie in der Absicht der Verschleppung oder aus grober Fahrlässigkeit nicht früher vorgebracht hat. In zweiter Instanz können solche verzögernde Vertheidigungsmittel des Beklagten zur besonderen Verhandlung verwiesen werden, welche indeß dann die Vollstreckbarkeit des ohne Berücksichtigung dieser verzögernden Mittel ergangenen Erkenntnisses nicht hindert. Das Mittel ist ein so eingreifendes, daß eine Partei oder ein Anwalt, welche öfter auch nur zur Erörterung eines solchen Antrages Veranlassung geben würden, sicherlich leicht den Kredit seine Gericht einbüßen würden.

Ueberhaupt müssen wir darauf Rücksicht nehmen, daß die Gestaltung des Verfahrens und namentlich auch der Mittel gegen Verschleppung zum Theil allerdings von der Gesetzanwendung des Gerichts abhängt, zum sehr großen Theil aber von uns Anwälten selbst. Wir Anwälte haben als Klasse mit unverdientem Mißtrauen beladen, zu viel Kredit zu verlieren. Wir können uns nicht verhehlen, daß wir als Klasse nicht zu den Lieblingen der Justiz gerechnet werden, nicht einmal zu den ungezogenen Lieblingen, sondern häufig nur schlechtweg zu der Klasse der Ungezogenen, die das Schwert der Gerechtigkeit nicht zu führen, aber desto mehr zu fühlen hätten. Die Möglichkeit, das Verfahren sachgemäß zu gestalten und namentlich auch die Mittel gegen Verschleppung zu benutzen, liegt gerade deshalb wesentlich in unserer Hand, weil die Civil-Prozeßordnung den Anwälten eine viel größere Thätigkeit in Betreff des Prozesses einräumt, und bei aller sachgemäßen Kollegialität namentlich in Betreff der Vertagung der Termine könnte eine zu große

Connivenz der Anwälte untereinander für den ganzen Anwaltstand gefährlich werden.

Eine zweite Gefahr des Verfahrens ist ebenfalls nicht zu bestreiten; die Schwierigkeit der Bewältigung des Rechtsstoffes, welche zur Verwirrung und zur Unübersichtlichkeit führen kann. Die Mittel dagegen sind ebenfalls theils den Anwälten theils den Gerichten gegeben. Ein wesentliches Mittel sowohl um Vollständigkeit als auch um Uebersichtlichkeit zu erlangen, hat der vortragende Anwalt; er kann sich den Vortrag bedeutend erleichtern, wenn er schon seine Schriftsätze als gegliederte Disposition für den Vortrag einrichtet und dann auf der Basis und nach Anleitung der Schriftsätze verträgt. Er gewinnt dadurch die Gewißheit, daß die Thatsachen und Beweismittel, die er in seinem Schriftsatze vorgebracht hat, wirklich auch in der Verhandlung geltend gemacht worden sind. Das Sitzungsprotokoll würde dann den allgemeinen Satz enthalten können: Die Anwälte haben die in ihren Schriftsätzen niedergelegten Erklärungen abgegeben.

(Heiterkeit.)

Dadurch würde ernstlich das weitere bedeutende Mittel gewonnen, daß im Sitzungsprotokolle diese Thatsache festgestellt wird, gegenüber einem etwaigen anderen Thatbestande des Urtheils. Es möchte darum doch nicht rathsam sein, die Schriftsätze als förmliche Reden auszuarbeiten; es genügt ein Gerippe, welches die wesentlichsten Thatsachen, Erklärungen und Beweismittel enthält. Mit einem mäßigen Aufwande von Gewandtheit wird es dann möglich sein, im Vortrage dem Skelett Leben einzuhauchen. Die Ausarbeitung förmlicher Reden im Schriftsatze hat im Gegentheil den Mißstand zur Folge, daß sie zu dem unseligen Verfahren führen kann, daß das Gericht sich gewöhnt, anzunehmen, es wisse bereits alles, was in dem Schriftsatze steht und was also der Rechtsanwalt sagen würde, es könne ihm nichts neues mitgetheilt werden, und es habe das Recht, unaufmerksam und gelangweilt nicht zu hören. Das Gericht wird hören lernen müssen, sowie wir reden lernen müssen.

Weitere Mittel gegen den Mangel an Uebersicht hat das Gericht in den ihm gegebenen Befugnissen; einmal in dem bereits erwähnten Fragerechte, dann in dem Rechte, die Wiedereröffnung einer Verhandlung zu veranlassen, um Zweifel aufzuklären, und am meisten in dem wichtigen Rechte, Theile des Rechtsstreites zu trennen. Das Gericht kann verschiedene Ansprüche des einen oder anderen Theiles und im Fall der Erhebung der Widerklage das Verfahren über die Klage und das Verfahren über die Widerklage im besonderen Prozesse sondern; es kann auch in demselben Prozeß die verschiedenen Fragen und die verschiedenen Theile von Ansprüchen zur besonderen Verhandlung verweisen. Vorschläge der Anwälte werden dabei sicherlich ein geneigtes Gehör finden. Das Trennungsrecht macht sich namentlich auch im Urtheil geltend. Auch wenn die Verhandlung selbst nicht getrennt stattgefunden hat, kann das Gericht in der Entscheidung eine Trennung eintreten lassen, und muß dies auf Antrag, wenn ein Theil des Anspruches anerkannt ist; dann kann der Beanspruchende, also der Kläger, verlangen, daß ein Urtheil über diesen Theil gesprochen wird, welches dann sofort vollstreckbar ist. Ein solches Urtheil, welches über einen quantitativen Theil des Anspruchs oder im Falle der Erhebung der Widerklage über die Klage allein oder über die Widerklage allein erlassen ist, nennt die Civilprozeßordnung Theilurtheil. Die Theilurtheile sind ebenfalls Endurtheile für die darin entschiedenen Theile des Rechtsstreites, das heißt unbedingte oder durch Parteieid bedingte Instanzentscheidungen über die Hauptsache des Rechtsstreites. Die Theilurtheile können und beziehungsweise müssen durch Rechtsmittel besonders angefochten werden, ohne daß auf die Erledigung der übrigen Theile des Rechtsstreites gewartet zu werden braucht.

Die Trennung kann auch noch in anderer Weise stattfinden. Ueber einzelne Streitfragen, einzelne Klagegründe, Vertheidigungsgründe, oder über zwischen den Parteien sich erhebenden Zwischenstreit etwa über die Zulässigkeit von Beweismitteln oder die Abnahme von Parteieide kann durch ein besonderes Urtheil entschieden werden. Solche Urtheile nennt die Civilprozeßordnung Zwischenurtheile. Sie sind einmal zu unterscheiden von den Zwischenstreiten, die eine Partei oder auch das Gericht mit einem Dritten vorhat; sie sehr gemeinte Zwischenurtheile betreffen den Streit der Parteien selbst untereinander; und sie sind andererseits zu unterscheiden von den Endurtheilen. Sie sind nicht Endurtheile über einen quantitativen Theil des Anspruchs, sondern sie sind Urtheile über einen Gedankenabschnitt der Gründe. Sie sind für den beschließenden Richter bindend, so daß, wenn nach Erwägung der übrigen für die Gesammtentscheidung wesentlichen Angriffs- und Vertheidigungsmittel sich findet, daß es auf das Zwischenurtheil über diese bestimmte Streitfrage ankommt, nur die im Zwischenurtheil gegebene Entscheidung auch für die Gesammtentscheidung der Endurtheils maßgebend bleiben muß. Wenn zum Beispiel durch ein Zwischenurtheil entschieden ist, daß eine Einrede verworfen wird, so kann derselbe Richter, welcher das Endurtheil spricht, in demselben nicht erklären, es überzeuge sich, daß es Unrecht gehabt habe, die Einrede greife allerdings durch; es kann zwar sagen, daß auf Grund einer anderen Einrede dennoch die Klage abzuweisen sei, es muß aber die, durch Zwischenurtheil verworfene Einrede auch im Endurtheil als verworfen annehmen und zu Grunde legen. Die Instanz abschließend ist erst das Endurtheil, und zwar erst dessen Zustellung, welche an die Prozeßbevollmächtigten erfolgen muß.

Die Zustellung des Urtheils ist für die Rechtsmittel, welche von der Zustellung ab beginnen, für die Rechtskraft des Urtheils und für die Vollstreckbarkeit, welche ohne Zustellung nicht erfolgen kann, von bedeutender Erheblichkeit. Ich möchte bitten, darüber noch eine Bemerkung machen zu dürfen und insbesondere auch einen Irrthum, in Betreff der Zustellung der Urtheile in unserem Kommentar berichtigen zu düfen, welcher, durch die Aenderung des ursprünglichen Entwurfs seitens der Reichstagsjustizkommission veranlaßt ist. Die Vorschriften der §§. 156 und 173 sind von der Reichstagsjustizkommission aus ihrem früheren Verbande umgestellt worden und sind im §. 156 mit einem früher darin fehlenden Zusatze versehen, welcher die Zustellung von Ausfertigungen betrifft. Die Zustellung der Ausfertigung soll in der Uebergabe der Ausfertigung bestehen; in allen anderen Fällen wird dem Adressaten die beglaubigte Abschrift des Schriftstückes behändigt. Wenn also nicht eine Ausfertigung zugestellt werden soll, ist die beglaubte Abschrift zu behändigen, und die betreibende Partei, beziehungsweise bei Zustellungen von amtswegen der Gerichtsschreiber bekommt die

Urschrift des Schriftstückes zurück, verbunden mit der Zustellungsurkunde. In diesem Falle ist der §. 173 wörtlich anzuwenden. Ist jedoch seine Ausfertigung zuzustellen, so ist das Verfahren im §. 173, im direkten Widerspruch mit dem §. 156 angeordnet. Die Urschrift, also die zuzustellende Ausfertigung soll nach §. 156 dem Adressaten behändigt werden; nach §. 173 soll die Urschrift aber an denjenigen zurückkommen, der zustellen läßt. Der Widerspruch ist dadurch veranlaßt, daß, als die Reichstagsjustizkommission den Zusatz in Betreff der Ausfertigungszustellung in §. 156 aufnahm, sie übersehen hat, eine entsprechende Aenderung im §. 173 vorzunehmen. Es bleibt nichts übrig, wenn man nicht den Zweck des §. 156 illusorisch machen will, als zur Lösung dieses Widerspruchs im Falle der Zustellung einer Ausfertigung, die Bestimmung des §. 173, daß die Urschrift an den Betreibenden zurückgehen soll, nicht anzuwenden. Hierüber sind auch sämmtliche Kommentatoren einverstanden. Es bleibt jedoch, die weitere Frage; wann ist eine Ausfertigung im Sinne des §. 156 zuzustellen? In dieser Beziehung hatte ich aus der Gewöhnung unseres preußischen Verfahrens angenommen, daß von Urtheilen die Ausfertigung zugestellt werden müsse, darin ist meiner Auffassung von den Kommentatoren allerdings auch Kleiner beigetreten; indeß die übrigen Kommentatoren, namentlich Struckmann-Koch, Seuffert und Petersen machen dagegen geltend, daß eine Ausfertigung im Sinne des §. 156 nur dann zuzustellen ist, wenn die Civil-Prozeßordnung dies vorschreibt; und dieß ist nur in den §§. 342, 367 und 865 für Ladungen von Zeugen und Sachverständigen und für einen Schiedsspruch vorgeschrieben, nicht aber für Urtheile. Ich überzeuge mich, daß dieß richtig ist; die Civil-Prozeßordnung enthält nicht die Nothwendigkeit, daß ein Urtheil in Ausfertigung zugestellt werden muß, und die Zustellung der Urtheile wird daher nur derartig geschehen können, daß nach dem Wortlaute des §. 173 die beglaubte Abschrift dem Gegner zuzustellen und die Urschrift d. h. die Ausfertigung des Urtheils, von welchem die beglaubte Abschrift genommen ist, mit der Zustellungsurkunde verbunden zurückgegeben wird. Für den Empfänger ist dieß auch um so weniger bedenklich, als er nach §. 271 jederzeit von den Prozeßacten Einsicht nehmen und sich selbst Ausfertigung des Urtheils geben lassen kann. Ich wünschte den Irrthum um so mehr aufzuklären, als das Verhältniß der §§. 156, 173 in meinem Vortrage vor 14 Tagen gestreift ist, ohne diese Beziehungen aufzuklären, und als gerade die Zustellung der Urtheile besonders wichtig ist.

Wenn wir nunmehr den äußeren Verlauf eines regelmäßigen Anwaltsprozesses erster Instanz verfolgen, so werden wir ungeachtet aller Verschiedenheiten doch recht viel bekannte Züge finden, und ich möchte glauben, daß das Grauen, welches unsere Civil-Prozeßordnung nach mehrfachen Mittheilungen erregt hat, sich einigermaßen bei näherer Bekanntschaft mildern wird. Das verhältnißmäßig Fremdeste werden uns die Ausdrucksweisen und die Formen sein. In dieser Beziehung werden indeß theils die Formulare, welche höheren Orts voraussichtlich zum Gerichtsgebrauche angeordnet werden, theils die bereits erschienenen Formularbücher zu Hülfe kommen. Von den mir bekannt gewordenen erlaube ich mir als das vorzüglichste die „Anleitung zur Prozeßpraxis nach der Civil-Prozeßordnung vom Obergerichtsrath Meyer zu Celle" zu empfehlen.

Der Prozeß fängt mit der Klage an; der Anwalt des Klägers fertigt seine Klage ungefähr so, wie wir sie bisher gefertigt haben, unter Mitaufnahme der Beweismittel, unter Stellung eines bestimmten Antrages, Angabe des Streitgegenstandes und des Grundes; ich möchte aber annehmen, in Betreff des Details möglichst knapper, als wir es zu thun gewohnt waren. Er fügt der Klage die Ladung den Beklagten zur mündlichen Verhandlung bei und — im Anwaltsprozesse — die Aufforderung, einen Anwalt zu bestellen. Die Einreichung der Vollmacht ist nicht unbedingt sofort nothwendig. Man kann darüber streiten, ob es sachgemäß ist, sie zugleich mit einzureichen oder abzuwarten, daß der Gegner es verlangt. Wir sind in unserem preußischen Verfahren gewöhnt, sie mit einzureichen, und man entgeht dadurch weiteren Nachfragen. Die Sache hat indeß noch eine andere Seite: der Gegner kann verlangen, daß die Vollmacht gerichtlich oder notariell — ohne Zeugen — beglaubigt sein soll; ist sie nicht beglaubigt eingereicht, so könnte durch die Einreichung das Verlangen der Beglaubigung hervorgerufen werden und dadurch leicht noch ein Anstand und eine verhältnißmäßige Verzögerung veranlaßt werden. Die Praxis hierin wird sich indeß bald feststellen. Der Vorsichtige wird sich sofort die Beglaubigung sichern, sowohl dieß leicht möglich ist. Unter loyalen Anwälten wird es genügen, die Vollmacht nicht einzureichen und abzuwarten, ob sie verlangt wird.

Der Anwalt des Klägers schickt eine Urschrift und eine für das Gericht bestimmte Abschrift von seiner Klage dem Gerichtsschreiber zur Terminsbestimmung; der Gerichtsschreiber legt die Urschrift dem Vorsitzenden des Gerichts oder des Senats zur Terminsbestimmung vor. Diese selbst soll binnen 24 Stunden erfolgen. Voraussichtlich wird sie in kürzerer Zeit erfolgen können, und werden die Zeiten, worin die Vorsitzenden die Terminsbestimmungen festzusetzen pflegen, wahrscheinlich bald bekannt sein, — sie werden sich wahrscheinlich auf einige Stunden des Tages beschränken, entweder des Vormittags, oder auch, wenn der Vorsitzende sich die Sachen nach Hause schicken läßt, Nachmittags und Abends, so daß, wenn der Anwalt des Morgens früh seine Klage zur Gerichtsschreiberei geschickt hat, er sie etwa schon Nachmittags, oder vom Nachmittage ab zum nächsten Morgen, wieder abholen lassen können. Jedenfalls liegt es im Interesse des Anwalts und der Partei, daran festzuhalten, daß eine Ueberschreitung der Vorschrift, wonach die Terminsbestimmung binnen 24 Stunden erfolgen soll, in Durchschnitt nicht zu statuiren, sondern nöthigenfalls mit Beschwerden dagegen einzuschreiten ist. Wir können nicht wissen, ob im Falle einer Verzögerung der Gerichtsschreiber oder der Vorsitzende sie verschuldet; wir können uns aber nicht lange auslegen, daß eine so einfache Sache, wie die Bestimmung eines Termins ist, durchschnittlich länger als 24 Stunden dauert. Es muß, zumal bei der sonstigen Entlastung der Gerichte, unbedingt aufhören, daß wir, wie jetzt recht häufig, auf solche einfache formularmäßige Mittheilung wochenlang zu warten haben. Nicht die Einreichung der Klage, sondern erst die Zustellung der Klage ist es, welche die Verjährung unterbricht, für die Rechtshängigkeit, für die Qualität des Gegenstandes als eines Streitgegenstandes und für die Begründung des Gerichtsstandes bestimmend ist, auf Verzug und Zinsen einwirkt und den guten Glauben unterbricht.

Der Vorſitzende beſtimmt alſo den Termin; der Termin wird auf der Urſchrift vermerkt, der Gerichtſchreiber vermerkt denſelben Termin auf der Abſchrift, welche beim Gericht bleibt. Der Anwalt läßt die Urſchrift nach der Terminsbeſtimmung zurückholen und ſchickt ſie nun mit einer für den Beklagten beſtimmten, vom Anwalt beglaubigten Abſchrift dem Gerichtsvollzieher, um ſie dem Beklagten zuzuſtellen. Die Zuſtellung muß, um nicht den Antrag auf Verſäumnißurtheil abgewieſen zu ſehen, derart zeitig erfolgen, daß die Einlaſſungsfriſt gewahrt bleibt, welche der Beklagte zwiſchen der Zuſtellung und dem Termin verlangen kann. Selbſtredend hat ſchon der Vorſitzende auf dieſe Einlaſſungsfriſt Rückſicht zu nehmen. Sie beträgt im gewöhnlichen Verfahren 4 Wochen; in Wechſelſachen 24 Stunden, wenn an demſelben Ort zugeſtellt werden ſoll. — 3 Tage, wenn innerhalb des Gerichtsbezirks — 8 Tage, wenn an einem anderen Orte innerhalb Deutſchlands zuzuſtellen iſt. Soll eine Verkürzung beantragt werden, ſo iſt dieſer Antrag auf der Urſchrift der Klage zu bemerken; der Vorſitzende kann dann die Einlaſſungsfriſt abkürzen. Dies muß vermerkt werden; die bloße Anſetzung eines früheren Termins reicht nicht aus um eine legale Abkürzung der geſetzlichen Einlaſſungsfriſt zu bewirken. Der Vermerk, daß die Verkürzung der Einlaſſungsfriſt bewilligt iſt, muß dann auch dem Gegner in der ihm zuzuſtellenden Abſchrift gleichfalls in Abſchrift mitgetheilt werden. Iſt dem Beklagten die Klage zugeſtellt, ſo läßt der Kläger ſich vom Gerichtsvollzieher die Urſchrift, verbunden mit der Zuſtellungsurkunde zurückgeben.

Der Beklagte bevollmächtigt nun ſeinerſeits einen Anwalt, und von nun an können die Zuſtellungen durch das bequeme Mittel der Zuſtellung von Anwalt zu Anwalt erfolgen. Schon die erſte Zuſtellung, die der Anwalt des Beklagten vorzunehmen hat, muß an den Prozeßbevollmächtigten geſchehen, nicht an den Kläger, ſondern an den Klägeriſchen Anwalt. Die Zuſtellung von Anwalt zu Anwalt, welche die Hülfe des Gerichtsvollziehers vermeidet, bleibt ſelbſt dann, wenn etwa im Momente der Zuſchickung der empfangende Anwalt nicht zu Hauſe wäre und nicht ſofort die Quittung, welche allerdings nöthig iſt, um den Beweis führen zu können, unterſchreiben könnte, ein überaus bequemes Mittel. Es iſt auch nicht nur im Anwaltsprozeſſe, ſondern theoretiſch im Parteiprozeſſe, wenn beide Theile durch Anwälte vertreten ſind, anwendbar.

Der Anwalt des Beklagten ſtellt dem klägeriſchen Anwalt ſeine Klagebeantwortung zu. Er muß dieß binnen ½ der Einlaſſungsfriſt thun, d. h. nicht innerhalb ½ des geſetzlichen Minimums, ſondern innerhalb ½ der wirklich thatſächlich gegebenen, wenn auch das Minimum überſchreitenden Friſt. Iſt alſo der Termin 6 Wochen nach Zuſtellung der Klage angeſetzt, ſo hat der Beklagte die Klagebeantwortung binnen 4 Wochen dem klägeriſchen Anwalt zuſtellen zu laſſen. Der Kläger kann dann eine Replik, der Beklagte unter Umſtänden noch wieder ein Duplik dem Gegner zuſtellen. So weit es nicht möglich iſt, vor dem Termin unter Beobachtung der Friſten der §§. 123 und 245 eine Zuſtellung bewirken zu laſſen, würde ſachgemäß derjenige Anwalt, welcher ſich zu erklären hat, ſeine Erklärung, wenn ſie Weſentliches enthält, als begleitenden Schriftſatz zur mündlichen Verhandlung mitbringen und dort übergeben.

Wenn der Termin herannaht, ſo können beide Theile vereinbaren, daß der Termin aufgehoben wird; ſie haben das dem Gericht in dieſem Falle nur anzuzeigen. Dieß iſt ſachgemäß falls unzweifelhaft unter den Anwälten vorher konſtatirt wird, daß eine oder die andere der Parteien noch nicht genügend vorbereitet iſt, noch eine weſentliche Erklärung abzugeben hat, welche zum Termine nicht beſchafft werden kann. Denſelben Zweck können die Anwälte auch dadurch erreichen, daß ſie nicht im Termin erſcheinen. In dieſem Falle ruht der Prozeß ſo lange, bis eine Partei die andere wieder laden läßt. Dieſes letztere Mittel, nicht zu erſcheinen, würde nur eine größere Rückſichtsloſigkeit gegen das Gericht enthalten. Das Gericht kann indeß auch von Amtswegen den Termin vertagen und muß dann von Amtswegen von neuem laden. Auch eine Partei allein kann ohne den Willen der andern eine Verlegung des Termins beantragen, hat dann aber erhebliche Gründe glaubhaft zu machen.

Wird der Termin nicht vertagt und erſcheint nur eine Partei, ſo kann ſie mit dem Beweiſe, daß der Gegner geladen iſt, ein Verſäumnißurtheil gegen ihn beantragen. Sie kann aber auch die Vertagung des Termins beantragen, und dieß iſt unter Umſtänden räthlich. Es wird nöthig ſein, wenn entweder noch Anſtände in Betreff der Punkte, welche das Gericht von Amtswegen berückſichtigen muß, zu erledigen ſind, oder wenn der Nachweis der gehörigen und namentlich der rechtzeitigen Ladung nicht geführt werden kann, oder wenn der nicht erſchienenen Partei ein thatſächliches mündliches Vorbringen, welches der Erſchienene geltend machen will oder ein zu ſtellender Antrag nicht rechtzeitig mittelſt Schriftſatzes mitgetheilt war. In dieſen Fällen hat die Partei ſachgemäß die Vertagung des Termins zu beantragen, um ſich nicht dem auszuſetzen, daß das Gericht nach §. 300 den Antrag auf Verſäumnißurtheil abweiſen muß.

Erſcheinen beide Theile und wollen ſie kontradiktoriſch verhandeln, ſo muß im Anwaltsprozeſſe, welchen wir ja jetzt beſprechen, zuerſt der klägeriſche Anwalt ſeinen Antrag verleſen; alsdann muß der Beklagte den ſeinigen verleſen. Die Verleſung der Anträge iſt noch keine Verhandlung zur Hauptſache und überhaupt keine Verhandlung. Dies iſt wichtig in Betreff des Zeitpunktes zur Vorbringung einzelner Einreden. Daß die Verleſung der Anträge nicht ſchon als Verhandlung zur Sache verſtanden wird, ergiebt ſich aus dem einzigen Einwand, welcher noch vor der Verleſung der Anträge geſtellt werden muß, um berückſichtigt zu werden. Die Ablehnung eines Richters wegen Befangenheit kann nämlich ableſen der Entſchuldigungsgründen der Verſpätung nach §. 43 nur erfolgen, wenn die Partei noch nicht „in eine Verhandlung ſich eingelaſſen oder Anträge geſtellt hat.‟ Die Anträge ſind bekanntlich aus der Klage und aus den vorbereitenden Schriftſätzen vorzuleſen; ſoweit ſie neu geſtellt werden, aus Schriftſätzen, welche ſofort zu überreichen ſind, wie dies im früheren Vortrage ſchon erwähnt wurde.

Nach Verleſung der Anträge trägt der Kläger zuerſt den Inhalt und die Begründung ſeiner Klage vor. Er kann ſich damit begnügen, nur die Klage vorzutragen und die, wenngleich ihm aus den Schriftſätzen bekannten Einwendungen des Beklagten ignoriren; er kann indeß in ſeinem Vortrag auch antizipiren und ſchon auf die Einreden in der ſicheren Erwartung, daß ſie doch kommen werden, ſeinerſeits antworten. Hierüber

sind schwerlich allgemeine Regeln zu geben; je nach der Sachlage kann das eine oder das andere Verfahren zweckmäßiger
sein. In den meisten Fällen dürfte es zur Uebersicht, namentlich für das Gericht dienen, wenn der Kläger zunächst nur die
Klage vorträgt, darauf der Beklagte die Klagebeantwortung, der
Kläger die Erwiderung darauf u. s. w. Jedenfalls kann der
Beklagte nicht zuerst das Wort verlangen. Daß dies nicht geschehen soll, ergiebt sich aus der Naturnothwendigkeit, welche
eine Vertheidigung unmöglich macht, wenn kein Angriff vorliegt,
und aus den Vorschriften, worin wiederholt die mündliche Verhandlung des Beklagten, beziehungsweise die mündliche Behandlung des Beklagten zur Hauptsache als ein entscheidener Moment angegeben ist, bis zu welchem beide Theile einzelne Erklärungen abgeben können beziehungsweise müssen. Der Beklagte,
welcher antwortet, hat seinerseits zu beachten, daß er die nothwendig vor jeder Einlassung auf die Klage vorzubringenden Einwendungen und die vor der Einlassung auf die Hauptsache
geltend zu machenden, prozeßhindernden Einreden zu seiner Zeit
vorträgt. Im Uebrigen kann dann je nach der Sachlage mündlich replizirt und duplizirt werden. Der Vorsitzende und das
Gericht können ihr Fragerecht ausüben, und der Vorsitzende
schließt die Verhandlung, wenn das Gericht die Sache genügend
erörtert findet.

Der Beschluß des Gerichts muß sodann verkündet werden.
Die Anwälte werden nach dem Schluß ihre Verhandlung sachgemäß entweder die Verkündung abwarten, oder sich, wenn das
nicht möglich ist, baldmöglichst an der Gerichtsschreiberei danach
erkundigen müssen: Denn der verkündete Beschluß ist bindend.
Im Falle einer Vertagung der Verhandlung bedarf es nach der
Verkündung des neuen Termins gar keiner besonderen Vorladung. Die Anwälte sind durch die Verkündung vorgeladen,
und die Vertagung, auch die Wiedereröffnung der Verhandlung
kann für einen verkündeten Termin mit nur achttägiger Ladungsfrist beschlossen sein. Die Nothwendigkeit, sich nach dem Resultat
des Beschlusses zu erkundigen, ergiebt sich daraus von selbst.
Beschließt das Gericht eine Beweisaufnahme, so müssen zwar
Zeugen und Sachverständige vom Amtswege geladen werden.
Die Parteien können aber auch in diesem Falle durch Verkündung des Beschlusses entweder zu demselben oder zu einem
später anzusetzenden Termin zur mündlichen Verhandlung geladen
werden, so daß es auch dann ihrer besonderen Vorladung
nicht bedarf.

Wenn nach einer besonderen Beweisaufnahme eine mündliche Verhandlung erfolgt, so tritt zu dem bisherigen Rechts-
stoffe dann noch der Vortrag in Betreff der Beweisaufnahme
hinzu. Es ist keine Vorschrift gegeben, wer das Resultat der
Beweisaufnahme vorzutragen hat, — keine andere als die, daß
nicht das Gericht, sondern die Parteien beziehungsweise die
Anwälte auch dies vorzutragen haben. Je nach dem Abkommen
der beiden Anwälte kann einer allein das gesammte Resultat
vortragen, sie können sich auch in den Stoff theilen, so daß
ein Theil der Beweisaufnahme von dem einen, ein Theil von
dem anderen vorgetragen wird. Der Vortrag selbst erfolgt
selbstverständlich unter Kontrole des Gerichts und namentlich
des Vorsitzenden, so daß, wenn der Inhalt der Beweisaufnahme
unrichtig angegeben sein würde, der Vorsitzende darauf aufmerksam zu machen hat, der Vortrag also der wirklichen Beweis-

aufnahme entsprechen muß. Hat ein Theil der Beweisaufnahme
kein Resultat ergeben, und finden die Anwälte kein Interesse
daran, dies negative Resultat hervorzuheben, so braucht eine
solche Negative nicht weiter vorgetragen zu werden.

Im Uebrigen wiederholt sich die erwähnte Gestaltung des
Vortrags, bis das Gericht sein Endurtheil verkündet und das
Schwert der Gerechtigkeit auf eine von beiden oder vielleicht
auch auf jeden von beiden herab fällt.

(Lebhafter Beifall.)

Fragen.

Justizrath Laué: Ich möchte, anschließend an die letzten
Aeußerungen, dem Herrn Kollegen v. Wilmowski die Frage vorlegen, ob nicht die Bestimmung, daß nach erfolgter Beweisaufnahme die Partei darüber Vortrag halten soll, nur dann besteht,
wenn die Beweisaufnahme nicht vor dem Prozeßgericht erfolgt
ist. Für den Fall, daß vor dem Prozeßrichter die Beweisaufnahme erfolgt ist, hat die Civil-Prozeßordnung nur den Ausdruck: „die Parteien haben darüber zu verhandeln".

Justizrath von Wilmowski: Das ist durchaus richtig.
Meine Schlußbemerkung über den Beweisvortrag bezog sich nur
auf den Fall, wenn die Beweisaufnahme nicht vor dem Prozeßgerichte stattgefunden hat, was ich nicht versäumt habe, hervorzuheben. Falls die Beweisaufnahme vor dem Prozeßgericht
stattgefunden hat und dasselbe Prozeßgericht weiter verhandelt,
ist in dieser Verhandlung das Beweisresultat von den Parteien
nicht vorzutragen. Zu ergänzen ist jedoch: wenn in demjenigen
Termine, worin vor dem Prozeßgericht die Beweisaufnahme
stattgefunden hat, die Sache nicht beendet ist und eine spätere
mündliche Verhandlung erfolgt; dann würde vor dem dann
tagenden Prozeßgerichte wieder die Partei in der Nothwendigkeit
sich befinden, die Beweisaufnahme vorzutragen.

Justizrath Laué: Darauf wollte ich eben kommen. Es
kommt darauf an: was ist im §. 258 der Civil-Prozeßordnung
unter dem Ausdruck: „Prozeßgericht" zu verstehen, das dasjenige Gericht zu verstehen, vor welchem augenblicklich verhandelt
wird, oder der Prozeßrichter, d. h. das Prozeßgericht, bei dem
überhaupt der Prozeß angebracht ist? Ich gebe selbst zu, daß
wohl anzunehmen ist, daß die Bestimmung diejenige Verhandlung betrifft, in der die Beweisaufnahme erfolgt ist.

Eine zweite Frage. Unser Herr Kollege hat uns gewarnt,
nicht zu sehr Konnivenz gegen Andere auszuüben. Ich wollte
ihm die Frage vorlegen, ob er der Ansicht ist, daß das Gericht
alle die Strafen, die es aufgeführt hat, — mit Ausnahme der
Strafe, daß die Partei die Prozeßkosten auferlegt werden können,
— ex officio verhängen kann. Meines Erachtens geschieht
das nur auf Antrag des Gegners; also ohne Antrag, wenn
wir uns gegenseitig zuvorkommen, so kann meines Erachtens
der Richter nichts thun, er ist dagegen ohnmächtig.

Justizrath von Wilmowski: Ich hatte selbst erwähnt,
daß nur auf Antrag die Abweisung von verschleppten Verthei-
bigungsmitteln nach §. 252 erfolgen kann, — ebenso von verzögerten Beweismitteln. Kein Anwalt kann unbedingt und für
alle Fälle sich vornehmen, niemals einen solchen Antrag zu
stellen und ich hatte deshalb darauf aufmerksam gemacht, daß
es nicht sachgemäß wäre, uns in die Lage zu setzen, einen

solchen Antrag auch nur erörtern zu müssen. Die Bestimmung wegen der Gerichtskosten macht überhaupt keinen Antrag nöthig.

Justizrath Laue: Meine dritte Frage endlich betrifft die allerdings abnorme Bestimmung, daß der Bagatellrichter, nachdem er sich im Kopf das Erkenntniß zurecht gesetzt hat, nachträglich das Protokoll redigirt in Betreff der Thatsachen, die er feststellen will. Ich wollte fragen, ob unser Kollege nicht der Ansicht ist, daß wir Anwälte in dieser Beziehung doch ein Steuer haben, daß er es nicht auch für den Amtsgerichtsprozeß für zulässig erklärt, daß, wenn wir schriftliche Anträge einreichen, diese als Theile des Protokolls angenommen werden müssen. Meines Erachtens findet sich im Abschnitt über Amtsgerichte keine Ausnahme in dieser Beziehung; es heißt dort nur, daß sie nicht eingereicht werden müssen, nicht aber, daß sie nicht eingereicht werden können.

Justizrath von Wilmowski: In dieser Beziehung ist zu unterscheiden. Die vorbereitenden Schriftsätze müssen auch vom Amtsgericht angenommen werden; das Amtsgericht, sowie im Anwaltsprozeß das Landgericht, kann die Einreichung vorbereitender Schriftsätze nicht zurückweisen, wenn sie auch noch so umfangreich sind. Begleitende Schriftsätze aber, die zum Protokoll überreicht werden sollen, braucht das Amtsgericht nicht anzunehmen. Die Unterschiede zwischen dem Anwaltsprozesse und dem Amtsgerichtsprozesse in dieser Beziehung ergeben sich aus den §§. 270, 470. Der Amtsrichter braucht, abgesehen von Geständnissen, und von der Erklärung über Annahme oder Zurückschiebung von Eiden, die Anträge und Erklärungen einer Partei durch das Protokoll, also auch durch Beilagen zum Protokoll, nur insoweit festzustellen, als das Gericht beim Schluß der mündlichen Verhandlung, worauf Urtheil oder Beweisbeschluß ergeht, die Feststellung für angemessen erachtet. Es ist also ganz unbedingt die Uebernahme von dergleichen Schriftsätzen, die nicht als vorbereitende eingereicht sind, ablehnen. Es ist etwas Anderes, ob das praktisch geschehen wird; aber die Verpflichtung zur Annahme ist unbedingt nicht vorhanden.

Rechtsanwalt Dr. Jacoby: Das Rechtsmittel der dritten Instanz, die Revision, ist in Vermögensangelegenheiten bedingt durch einen Beschwerdegegenstand von 1500 Mark. Nun hat der Herr Vortragende schon hervorgehoben, daß ein wesentliches Mittel von dem Instanzrichter angewandt werden kann, um die Sache übersichtlich zu machen, nämlich das Mittel der Theilurtheile. Wenn ich es recht verstehe, so ist die Gefahr bei der Anwendung von Theilurtheilen die, daß unter Umständen der Partei dadurch das Rechtsmittel der Revision verloren gehen kann, wenn nämlich dadurch eine Theilung herbeigeführt ist, die den Beschwerdegegenstand unter das Minimum von 1500 Mark bringt. Es würde also die Verpflichtung des Anwalts sein, gegen Theilurtheile in den Fällen, wo solche Gefahren für seine Partei vorliegen, auf alle Weise anzukämpfen, und ich möchte mir die Frage erlauben, ob das Gesetz in dieser Beziehung ein Mittel an die Hand giebt.

Justizrath von Wilmowski: Die Frage möchte besser zu dem Vortrag über die Revision passen. Die angedeutete Gefahr in Folge der Trennung ist allerdings vorhanden. Man muß hoffen, daß praktisch in solchen Momenten das Gericht von der Befugniß zur Theilung keinen Gebrauch macht. Eine unbedingte Verpflichtung, die Theilung vorzunehmen, besteht nur

in dem Falle, wenn der Beklagte einen Anspruch oder einen Theil davon anerkennt und der Kläger ein Theilurtheil beantragt. Eine ebenso große Gefahr in Folge sachwidriger Anwendung der Theilungsbefugniß kann eintreten, wenn eine Kompensationsforderung geltend gemacht wird, welche mitunter nur dann eine praktische Bedeutung hat, wenn über sie zugleich mit der Forderung entschieden wird und sie zugleich mit dieser zur Rechtskraft und Vollstreckbarkeit gelangt. Indeß auch dann kann der Einzelne nicht wiedersprechen, wenn das Gericht in einem solchen Falle von der Befugniß der Trennung Gebrauch macht.

Justizrath Wolff: Der Beklagte bekommt beglaubigte Abschrift der Klage; nun fehlt eine Bestimmung in der Civil-Prozeßordnung, ob die Abschrift, die das Gericht bekommen soll, beglaubigt sein muß.

Justizrath von Wilmowski: Eben weil dies nicht gesagt ist, ist eine Beglaubigung der Abschrift für das Gericht nicht nöthig; es bekommt nach §§. 230, 124 eine einfache Abschrift.

Justizrath Wolff: Also da hat es gar keine Kontrole, ob das richtig ist, was in der Abschrift steht?

Justizrath von Wilmowski: Das ist auch im Durchschnitt nicht wichtig; es muß hören, was mündlich vorgetragen wird.

Zur Lehre vom gemeinen Rechte.

(Schluß.)

So lange ein außer dem Stammlande liegender Mutterort die Fortbildung des Rechtes und den Zusammenhang vermittelte, verwandelte sich durch Abtrennung von der Heimath des Rechtes das gemeine Recht noch nicht in ein partikuläres; nur wurde es jetzt statt des gemeinen Rechtes des Stammes ein solches der Gruppe. Denn eine Abtrennung von Gebietstheilen z. B. durch Einführung des preußischen, österreichischen, französisch-rheinischen Rechtes kann das Fort-Bestehen des bisherigen gemeinen Rechtes nicht hindern (Windscheid I., §. 1 N. 1.), ebensowenig die Auflösung des Deutschen Reichsverbandes 1806 (Stobbe, D. R. S. 17, 36, 48). Auch gab es in jener frühen Zeit in Deutschland überhaupt kein Ganzes, keine örtlich abgeschlossene Gemeinschaft mit gleicher Civilrechtsbildung als eben die Stämme oder Gruppen. Auffallend rasch ging aber die Zersetzung in partes, die partikularrechtliche Rechtsbildung in Ehrecht vor sich des Magdeburger Schöffenstuhles vor sich. Erfreulicherweise hat trotz der Zersplitterung Deutschlands und trotz des Eindringens des römischen Rechtes eine große Anzahl räumlich getrennter Rechtsgebiete eine ganz gleiche Fortbildung des Eherechts ringsgeschlagen. Es ist jene Gruppe, für welche Agricola ein besonderes eheliches Güterrecht verlangt (Verhandlungen des Juristentages Bd. 12, S. 316, 323). Die Gebiete gehörten alle zum salisch-fränkischen Rechte; die gemeinsame Fortbildung trotz der entgegenstehenden Hindernisse kann nur auf Rechnung der fortdauernden gemeinschaftlichen Rechtsüberzeugung geschrieben werden. Die Form ihrer Erscheinung ist Partikularrecht, der Inhalt gemeines, oder wie andere sagen, allgemeines Recht.

Bald galt der Stamm nirgends mehr als Ganzes. Das

Gefühl einer darüber hinausgehenden Gemeinschaft, der Zugehörigkeit zu einer die Stämme aufsaugenden Rechtsgruppe fand um so lauter Ausdruck, wenn auch noch vorerst in unklarer Weise. Die goldene Bulle von 1356 c. 5 §. 1 kennt nur zwei Rechtsgebiete, ein fränkisches und ein sächsisches, im ersten soll der Pfalzgraf vom Rhein, im zweiten der Herzog von Sachsen Reichsverweser sein (Kraut a. a. O. S. 15 N. 37). Es taucht in fränkischen und baierischen Quellen der Gedanke auf, daß sie ein großes gemeinsames Rechtsgebiet bilden, umschlossen von den vier Wäldern, Thüringer-, Böhmer-, Schwarz- und Scharnitzwald, und daß nur wer über diese Gebirge sei, als außer Landes betrachtet wurde; 1271 Sporenberg (Zeitschr. für Bayern, Bd. 2, 11, S. 199), 1343 Rotenburg Landgericht (Lang, Regesta Boica Bd. 8, S. 9), 1347 Bair. L.-R. §. 7, 1359 Freising Stadtr. (Freyberg Bd. 4, S. 525, Bd. 5, S. 164); 1406 Bülfringen, 1431 Werdenfels (Grimm, Weisthümer Bd. 3, S. 560, 660); dann handschriftlich 1444 Wendelstein, 1473 Nürnberg Stadtgericht. Das Landgericht Burggrafenthum Nürnberg will hienach 1455 über Baiern, Schwaben, Thüringen und Franken richten und ächten (Grimm, Rechtsalterthümer S. 399). Thüringen war bis 1247 fränkisch, dann kam es an Meißen. Die genannten vier Wälder sind beiläufig die Grenzen der unter den Hohenstaufen vereinigten Herzogthümer Schwaben und Franken gewesen. Das Gefühl der Zusammengehörigkeit kann nur die Hohenstaufen-Herrschaft als Grundlage haben. In einer Kaiserurkunde von 1431 über die Pfahlbürger, welche König Sigmund zu Nürnberg ausfertigte, sagt er: und als wir nu in dise land zu Swaben komen sind.

Was versteht man unter gemeinem Rechte? Hienoch ist gemeine Recht mit verschiedener Ausdehnung und für verschiedene Kreise. Das gemeine Recht kann alle Kulturstaaten, oder nur das deutsche Reich oder nur einen Stamm oder eine Rechtsgruppe umfassen. Dem geschichtlichen Ganze in Deutschland zu Folge, gab es zuerst ein gemeines Recht des Stammes, dann der Gruppe, endlich des Reiches.

Ueberall wo mehrere Bezirke sich als ein in rechtlicher Gemeinschaft stehendes Ganzes fühlen, sei es nun Volk, Stamm oder Gruppe, und aus ihrer gemeinsamen Rechtsüberzeugung ein gleicher Rechtssatz hervorgeht, ist gemeines Recht vorhanden. Eine Gleichzeitigkeit der Entstehung ist nicht erforderlich. Die Uebereinstimmung ist nie zufällig, sondern es liegt ihr immer eine innere Nothwendigkeit zu Grunde. Vermittelst gemeinsamer Rechtsüberzeugung kann auch für mehrere Ganze, Rechtsgebiete oder Völker, ein gemeiner Rechtssatz entstehen. Das sogenannte allgemeine und das gemeine Recht haben immer den nämlichen Ausgangspunkt. Insofern man die erstere Bezeichnung etwa gerade auf das deutsche, die letztere auf das römische Recht anwenden wollte, käme man zu dem auffallenden Ergebnisse, daß das allgemeine gerade aus Ort und Stelle aus einer Wurzel, aus der Zusammengehörigkeit nach Ursprung, Sprache und Sitte gewachsen, das römische aber von außen aufgenommen ist. Ersteres ist noch viel weniger zufällig als das zweite (Stobbe P. R. S. 1, 25, 31, 36, 48; Savigny römisches Recht §. 8 S. 19). Ohne Einfluß auf die Eigenschaft des gemeinen Rechtes ist es, ob ein oder viele Theile des Ganzen den Rechtssatz in ihrem Partikularrechte codificirt haben. Entscheidend ist die Gemeinsamkeit in Folge gleichmäßiger Rechts-überzeugung, die Form kann Partikularrecht sein, der Inhalt ist gemeines Recht. Erst durch die Reception ist das römische Recht bei uns zum gemeinen geworden. Die Reception aber ging auch nicht gleichzeitig und sehr häufig partikularrechtlich vor sich (Stobbe 9 und Bd. I., 2 S. 137, 125 folg.).

Das Recht, welches, wie am Eingange erwähnt, anzuwenden Stelle dem Richter räth, wird fast immer das gemeine Recht der Gruppe sein. Ob zwei Rechte zur nämlichen Gruppe gehören ist an der Hand der Rechtsgeschichte nicht schwer zu untersuchen und zu entscheiden. Am schwersten wohl in Bayern, wo, außer in Franken durch Arnolds Beiträge zum deutschen Privatrechte, nicht einmal für die Sammlung der Geschwornrechte etwas geschah. Wie ganz anders in Preußen, wo für die Rechtsgeschichte so viel gesammelt ist. Auch bei uns ist die Ausbeute, welche gewonnen werden kann, außerordentlich groß. Selbstverständlich mußte ich mich bei deren Veröffentlichung in meiner oben gedachten Schrift auf das eheliche Güterrecht beschränken.

Mit der Reception des römischen Rechtes trat eine Verschmelzung des Einheimischen und Fremden im Rechtsbewußtsein ein. Man ist darüber einig, daß das einheimische geltende Recht vor dem fremden zur Anwendung kommen muß, daß es dabei nicht zwei, sondern nur ein gemeines Recht geben kann, und daß so widerborstig einheimisches und fremdes sich gegeneinander verhalten mögen, sie in ein System gebracht werden und als ein Ganzes zur Anwendung kommen müssen (Savigny römisches Recht Bd. 1 S. 262, Keller Pand. §. 1 S. 2, Windscheid §. 1, §. 2 n. 5 S. 6, Arndts Pand. §. 4; Reyscher in Zeitschrift für deutsches Recht Bd. 10, S. 158, 497; Bd. 9, S. 34; Rößler Bedeutung des deutschen Rechtes in Oesterreich S. 3.)

Es gilt dies übrigens nicht nur für das gemeine, sondern auch für jedes partikuläre Recht. Wer z. B. in einem Lehrbuch des in Nördlingen geltenden Rechtes schreiben wollte, mußte dessen partikuläres und das gemeine, einheimische und fremde Recht zu einem Ganzen verarbeiten (Gerber P. R. §. 10 S. 22). Und dies versetzt uns mitten in die Frage: Wie ist das römische Recht in Deutschland aufgenommen worden?

Seit Savigny (röm. Recht §. 18 S. 78; Windscheid §. 1 S. 2) ist man darüber einig, daß die Aufnahme zunächst auf einer irrigen Annahme und Lehre der Juristen beruhte. Die deutschen Kaiser sah man als Nachfolger der römischen Kaiser, das römische als Reichsrecht an (Stobbe Qu. S. 613 folg.), welches hiernach das ursprüngliche wäre, (Bd. I, 2 S. 115 folg.). Das deutsche Recht wäre ein incontum, es enthielte böse Gewohnheiten (S. 38, 41, 113, 117, 120; Bd. I, 1 S. 651), man müßte es durch strictissima interpretatio möglichst beseitigen (Bd. I, 2 S. 116, 121; P. R. S. 21); das römische Recht habe fundata intentio für sich, die Existenz einer entgegenstehenden Gewohnheit müßte als etwas faktisches erst bewiesen werden (P. R. S. 21; Qu. Bd. I, 2 S. 42, 118, 131). Das römische Recht wäre als ein Ganzes aufzufassen und gälte als solches in Deutschland in complexu. Die Juristen dachten dabei nicht an die Aufnahme eines fremden Rechtes, sondern hielten seine Gültigkeit für selbstverständlich. (Windscheid §. 1 S. 2 not. 5 und 6). Jetzt, wo man weiß, daß es sich um seine Reception handelt, findet nur der letzte Satz (in complexu) noch seine

Bertheidiger (Stobbe Qu. S. 115. P. R. S. 17, 22; über die Literatur S. 18; Roth Bair. Civilrecht Bd. 1 S. 339). Im Uebrigen kann man jetzt eher das fremde Recht ein in-certum nennen (Stobbe Qu. Bd. I, 2 S. 139 P. R. S. 23); es darf erst zur Anwendung kommen, wenn es an jeder parti-kulären Vorschrift fehlt (S. 21, 22); die Interpretation muß eine nationale Richtung nehmen, der volleren Entfaltung der deutschen Rechtsbildung gemäß (S. 23, 31, 38); das deutsche Recht darf dabei keine Verkümmerung erleiden (S. 19). Was das Lehnrecht (2. Feud. 1) darüber sagt: Legum Romanarum non est vilis auctoritas, sed non adeo vim suam extendant, ut nonn vincant aut mores, gilt auch für das bürgerliche Recht. Es läßt sich nicht läugnen, daß die Reception übrigens aus einem inneren Bedürfniß des deutschen Volkes hervorging (Qu. S. 624 n. 48, 636, 639), daß sie durch das Beispiel der Humanisten bei der Wiederaufnahme der klassischen antiken Literatur gefördert (S. 651; Bd. I, 2 S. 33 folg., 40, 112 folg., 115, 137) und durch die Gewohnheit und die partikuläre Gesetzgebung sanktionirt wurde (S. 114). Letztere befiehlt überall die subsidiäre Anwendung des römischen Rechtes, wo das einheimische Lücken hat (S. 113, 114, 125 folg., 136). Die Aufnahme sowohl aber durch Gewohnheit als auch in der eben angegebenen gesetzlichen Form scheint mir durchaus gegen eine Reception in complexu zu sprechen. Das Volk verführt dabei anders wie der sog. Praktiker. Die Stadtschreiber im Mittel-alter schrieben sich ein oder mehrere Rechtsbücher, aber auch fremde Stadtrechte ab; die romanistisch gebildeten Juristen am Anfange der modernen Zeit kauften sich eine deutsche Bearbeitung des römischen Rechtes aus dem sechzehnten Jahrhundert, die modernen ein oder mehrere Pandektenhandbücher; damit hatten oder haben sie sich ihre Kochbücher zurechtgelegt, wenn es mit ihrer Kenntniß vom einheimischen Rechte ihres Gerichts-bezirkes zur Neige geht. Mit dem Corpus juris zu hantiren ist ihnen zu mühselig. Wer in umfassendster Weise seine Schuldigkeit thut, schlägt bei widersprechenden Lehrmeinungen die Pandektenstellen nach den Allegaten der Lehrbücher nach.

Gewöhnlich aber begnügt man sich mit dem Lehrbuch und der Fiktion, daß das römische Recht als ein ganzes in complexu aufgenommen ist. Dann ist den modernen Juristen einmal Vangerow gegen Seuffert das gesuchte Ganze, das andere Mal Seyffert gegen Vangerow. Die Doktrin giebt ihnen dazu ihren Segen. Savigny wenigstens, welcher lehrt, daß das Gewohn-heitsrecht eine Opposition der Unterthanen gegen die Re-gierung eine Anmaßung eines Zweigs der höchsten Gewalt (Röm. Recht Bd. I S. 169), also so eine Art Rebellion sei, verlangt vom Richter ein tagtägliches sacrificium intellectus gegenüber der Wissenschaft (S. 88). Auch andere Rechtslehrer sprechen im Gegensatze von dem historischen Theile der Rechts-wissenschaft von einem dogmatischen. Sie verlangen von uns in einer Wissenschaft kein Wissen, sondern nur Glauben; oder halten mit Savigny bei uns kein Wissen, sondern nur Glauben für möglich oder zuträglich. Die Aufnahme des römi-schen Rechtes in complexu halten wir für ein solches unbe-wiesenes und unbeweisbares Dogma. Denn was die Glossa-tern über die Gültigkeit des römischen Rechts lehrten, und was die Juristen, wie vorhin berührt, davon glaubten, hätte zur Aufnahme des römischen Rechts in Deutschland nicht genügt.

Eine Berufsklasse allein kann ein Gewohnheitsrecht noch nicht schaffen, dazu gehört die Rechtsüberzeugung des ganzen Volkes. Dieses beschränkt sich erfahrungsgemäß in seiner Thätigkeit auf das zunächst und unabweisbar Nothwendige. So auch in der Aenderung seines Rechtes. Besteht hiezu ein Bedürfniß, so schafft es sich zu der bereits vorhandenen Hauseinrichtung nicht eine neue, ganze, zweite an und mustert hintennach von der alten und neuen so viel Stücke als entbehrlich und unbrauchbar aus, daß sie wieder nur eine ganze Einrichtung hat. Sondern sie beschließt vor der Neuanschaffung die Beseitigung einiger alten Stücke und nur den Ersatz für diese erwirkt sie neu, weiteres nicht. Die Fortbildung des Rechtes geht im Volke zum allerwenigsten in Streithändeln vor sich, sondern in der täglichen Uebung nicht streitig werdender Rechtssachen. So hat es sich trotz und gegen das römische Recht seine Handelsrechts-sätze geschaffen. Auch wäre es ein großer Irrthum, anzunehmen, daß alle in dem Volke lebenden, dem römischen Rechte ähnlichen Normen dem letzteren entnommen sind. Das jus gentium, die allen oder doch den gebildeten Völkern innewohnende gemein-schaftliche Rechtsüberzeugung hat sie auch in Deutschland selbst-ständig und aufs Neue geschaffen. Auch bei der wirklichen Auf-nahme von römischem Rechte durch die Gewohnheit ist man nie über das augenblickliche Bedürfniß gegangen. Die Rechtsüber-zeugung wächst so ruhig wie eine Pflanze und nimmt aus dem heimischen Boden und aus dem fremden Dünger nur eben so viel, als sie gerade braucht. So sind denn überall nur Theile, überall andere, durch die Gewohnheit aufgenommen worden.[*) Die Behauptung einer Aufnahme in complexu ist gegen die Erfahrung und gegen die Geschichte.

Dasselbe gilt dann auch von der durch die Particularrechte vermittelten Aufnahme. Was ist denn eigentlich dem Richter bei der sog. subsidiären Anwendung des gemeinen Rechtes (Stobbe, Qu. Bd. I., 2 S. 113, 114, 125 folg., 13b) erlaubt und geboten? Daß er das einheimische Recht in Gesetz und Ge-wohnheit respektire und vom römischen gerade nur so viel auf-nehme und anwende, als das Bedürfniß erfordert. Es wird von ihm verlangt, daß er die Sache so ansehe, als habe die partikuläre Gesetzgebung gerade das nur Fehlende noch aus dem römischen Rechte heraus niedergeschrieben und dem eigenen Ge-setzbuche einverleibt. Der Ausdruck subsidär ist sonach nicht einmal passend (Puchta, Vorlesungen S. 16). Der Gesetzgeber hat dem Richter überall die oben an dem Nördlinger Beispiele gezeigte Aufgabe gestellt, das einheimische und fremde Recht zu einem Systeme zu verarbeiten. Dieses ist das Ganze, nicht das römische Recht.

Letzteres ist nie ein Ganzes, nie das gleiche Ganze gewesen. Nicht unter Justinian, welcher ein solches schaffen wollte, aber eine Mosaikarbeit widersprechender Lehrmeinungen, ein Gemisch von längst Veralteten und noch Geltendem lieferte; nicht unter Händen der Glossatoren, welche ein Ganzes lehren wollten; nicht was die früheren Praktiker und die Rechtswissenschaft vor

---

*) Namentlich ist es nicht richtig, daß die vorerwähnten Auf-stellungen der früheren Juristen durch Gewohnheitsrecht gebilligt worden seien. Denn jene Juristen dachten nicht an eine Reception und ihre Ansichten über den Umfang der Gültigkeit des römischen Rechts wurden gewohnheitsrechtlich nicht gebilligt.

Hugo als Ganzes zur Aufnahme empfohlen; nicht was jetzt die historische und die systematische Schule daraus gemacht haben und als Ganzes aufstellen.[*]) Welches Ganze ist dann aufgenommen, wann und wo?

Es ist ja richtig, daß die Wissenschaft die Aufgabe hat, das noch Brauchbare vone römischen Rechte in ein System zu bringen und als Ganzes zu behandeln (Arndts Pand. §. 5. Keller Pand. §. 1 S. 2). Aber weil noch immer streitig ist, was von seinen Theilen aufgenommen ist, z. B. das Dotalrecht, und weil die Sichtung des Aufgenommenen immer noch vor sich geht und wir noch mitten im Aufnahmeprozesse stehen (Windscheid §. 10 S. 24 not. 4; Stobbe P. R. S. 22; Gerber §. 31 S. 81; §. 2 S. 3), ist die Behauptung der Aufnahme in complexu nur eine Fiktion, mehr oder minder darauf berechnet, den Praktiker in den Glauben zu versetzen, daß er in den Pandekten-Lehrbüchern das zur Anwendung brauchbare, geltende gemeine Recht an der Hand habe. Ein Unterschied zwischen der Reception in complexa und zwischen der vollständigen Durchführung der Aufnahme bezüglich aller Rechtsinstitute oder zwischen dem vollständigen Abschlusse der Reception (Stobbe P. R. S. 18, 22) geht uns nicht ein; es ist die Wiederholung der Spitzfindigkeit, welche zwischen dem Ganzen und der Summe aller Theile unterscheidet. Die Rechtsgeschichte widerlegt die Reception in complexu; gerade aus der irrigen Annahme einer solchen folgt der gegenwärtige Zustand der Unsicherheit (S. 23) und die Nothwendigkeit der Fortdauer des Wieder-Ausscheidungsprozesses.

H. Bocke.

Aus der Praxis des Reichsoberhandelsgerichts.

Zum Reichshaftpflichtgesetz.

In Sachen der Gloganer Zuckerfabrik Germershausen u. Co. zu Glogau, Beklagten, jetzt Revidentin,

wider

die Zuckersiedereiarbeiterswittwe Luaise Hoffmann und Genossen daselbst, Kläger, jetzt Revis.,

ist ein auf Grund des §. 2 des Reichshaftpflichtgesetzes erhobener Anspruch vom Reichs-Oberhandelsgericht II. Senat mittels Erkenntniß vom 19. Februar 1879 auf die nachstehend abgedruckten Entscheidungsgründe hin — unter Abänderung des den Unternehmer verurtheilenden Urtheils zweiter Instanz — abgewiesen worden.

Gründe.

Am 26. September 1876 betrat der Zuckersiedereiarbeiter Hoffmann den Hofraum der Fabrik der Beklagten, um sich in die Fabrikschmiede zu begeben. Im Begriffe, an der dort befindlichen Remise vorbeizugehen, wurde er von einem aus dem oberen Raume der Remise herabfallenden Holzstücke am Kopfe getroffen und starb in Folge der hierdurch erlittenen Körperverletzungen drei Tage später.

Seine Relikten fordern von der Beklagten Schadenersatz

---

*) Holzschuher Pand. Bd. 1 §. 4 S. 36 lit. a.

auf Grund der §§. 2 und 3 des Reichsgesetzes vom 7. Juni 1871; sie behaupten, daß das Herabfallen des erwähnten Holzstückes mit dem Fabrikbetriebe der Beklagten im Zusammenhange stehe, und daß der Unfall selbst von einem Angestellten der Beklagten schuldvoll herbeigeführt worden sei.

Festgestellt ist, daß zur fraglichen Zeit die große Brückenwaage der Beklagten auf dem Felde vor dem Preußischen Thore zu dem Zwecke aufgerichtet werden sollte, um die ungekauften Rüben mit dem Wagen, auf welchen sie verladen waren, zu wiegen. Die Theile dieser Brückenwaage werden auf dem Boden der Remise aufbewahrt, im Herbste eines jeden Jahres zur Aufstellung der Waage heruntergelassen und sodann nach beendigter Rübenanfuhr wieder in die Remise verbracht. Mit Aufrichtung der Brückenwaage war am 26. September 1876 der Zimmermann und Vorarbeiter Standke beauftragt; derselbe wies vier Arbeiter an, die Waage mittelst einer Winde von der Remise herunterzuschaffen. Während drei derselben auf dem Boden damit beschäftigt waren, die Holztheile an ein Tau zu befestigen, sollte einer der Arbeiter vor der Remise Stellung nehmen, um demnächst die heruntergelassenen Stücke loszubinden. Letzterer schaffte nun ein im Hofe liegendes Stück Holz nach der Remise und grade, als er sich in deren Inneren befand, ging Hoffmann unterhalb der Bodenluke vorbei und wurde von einem als Unterlage der Waage dienenden, während der Arbeit zufällig herabstürzenden Holzstücke getroffen.

Die erste Instanz hat die erhobene Klage abgewiesen, weil der Zimmermann Standke keine zur Beaufsichtigung des Betriebs oder der Arbeiter angenommene Person gewesen, demselben auch kein Verschulden in Ausführung seiner Dienstverrichtungen zur Last zu legen sei, endlich das Herablassen der Brückenwaage von der Remise nicht zum Betriebe der Zuckerfabrik gehöre.

Der Appellationsrichter dagegen hat dies Alles für erwiesen erachtet und die Beklagte im Wesentlichen nach dem Klageantrage verurtheilt.

Es war wie geschehen zu erkennen.

Der §. 2 des gedachten Reichsgesetzes findet nach Geist und Wortlaut Anwendung, wenn der Tod oder die Körperletzung eines Menschen durch das Verschulden eines Angestellten ꝛc. des Betriebsunternehmers in Ausführung seiner Dienstobliegenheiten herbeigeführt worden ist, vorausgesetzt, daß die Verrichtung dieses Angestellten mit dem technischen oder mechanischen Betriebe des Unternehmers in Verbindung steht und der Unfall selbst bei Gelegenheit dieses Betriebs sich ereignet.

Gerade diese letztere Voraussetzung trifft aber nach Ansicht des Reichsoberhandelsgerichts im vorliegenden Falle nicht zu.

Unerheblich für die Entscheidung ist, ob und in welchem Zusammenhange die Remise, in welcher die Brückenwaage aufbewahrt wird, mit den Fabrikräumlichkeiten der Beklagten steht, unerheblich, daß die Aufstellung derselben außerhalb des Fabrikgrundstücks zu erfolgen hatte; wesentlich ist nur die Thatsache, daß das Herunterlassen der zu jener Waage gehörigen Theile deren Aufstellung und Benutzung zum Wiegen des für den Fabrikbetrieb erforderlichen Rohmaterials blos vorbereiten sollte. Ein solcher Vorbereitungsact fällt ebensowenig unter den Begriff des „Fabrikbetriebs", wie die Herstellung der Fabrik selber oder der Transport des Betriebsmaterials zu der Fabrik. Es kann daher auch eine Beschädigung, welche einer Person bei

Gelegenheit einer derartigen Verrichtung durch eine schuldvolle Handlung oder Unterlassung eines Angestellten ꝛc. des Betriebsunternehmers zugefügt worden ist, nicht dem §. 2 des Reichshaftpflichtgesetzes unterstellt werden.

Unter diesen Umständen kann es dahin gestellt bleiben, ob der Zimmermann Standke eine zur Leitung oder Beaufsichtigung der Arbeiter angenommene Person war und ihm zugleich ein Verschulden in der Ausführung seiner Dienstverrichtungen zu imputiren ist. **B. R.**

Personal-Veränderungen

in der Deutschen Anwaltschaft aus der Zeit vom 8. bis 26. April 1879.

A. Ernennungen.

Der Gerichts-Assessor Beermann in Treptow a. T. ist zum Rechtsanwalt bei dem Kreisgericht zu Stargard in Pommern und zugleich zum Notar im Departement des Appellationsgerichts zu Stettin, mit Anweisung seines Wohnsitzes in Pyritz, ernannt worden.

Der seitherige Rathsassessor Herr Horst Müller von Berneck in Dresden ist zum Advokaten ernannt und als solcher verpflichtet worden.

Der Rechtsanwalt bei dem Reichs-Ober-Handelsgericht in Leipzig, Illgner, und der Staatsprokurator Kleinholz in Aachen sind zu Rechtsanwalten bei dem Stadtgericht in Berlin und zugleich zu Notaren im Departement des Kammergerichts mit Anweisung ihres Wohnsitzes in Berlin, und

der Gerichts-Assessor Dr. juris Adolph Jakub Fester aus Frankfurt a. M. zum Advokaten im Bezirk des Königlichen Appellationsgerichts zu Frankfurt a. M. ernannt worden.

Die Referendare Dr. juris Otten und von Holtum aus Düsseldorf sind zu Advokaten im Bezirk des Königlichen Appellationsgerichtshofes zu Cöln ernannt worden.

B. Versetzungen.

Auf Grund des §. 113 der Rechtsanwaltsordnung vom 1. Juli 1878 sind in die Liste der bei dem Reichsgericht zugelassenen Rechtsanwalte unter dem Vorbehalte, daß binnen 3 Monaten vom 1. Oktober 1879 ab die Vereidigung nachgewiesen und am Sitze des Reichsgerichts Wohnsitz genommen wird, eingetragen worden:

1) der Advokat Dr. Louis Seelig zu Leipzig,
2) der Advokat Dr. Theodor Ludwig Uwe Thomsen zu Hamburg.

Der Rechtsanwalt Hofmeister hat seinen Wohnsitz von Rottenburg nach Tübingen verlegt.

C. Ausscheiden aus dem Dienst.

Der Rechtsanwalt Meyer in Pyrmont ist in Folge rechtskräftigen Disziplinar-Erkenntnisses aus dem Dienst entlassen.

Der Obergerichts-Anwalt Bartels in Hildesheim hat auf die Ausübung der Anwaltschaft und Advokatur verzichtet.

Dem Rechtsanwalt und Notar, Justizrath Wilberg in Berlin ist die nachgesuchte Dienstentlassung ertheilt.

D. Titelverleihungen.

Dem Rechtsanwalt und Notar Schlade in Rogasen wurde der Charakter als „Justiz-Rath" verliehen.

E. Ordensverleihungen.

Dem bisherigen Rechtsanwalt und Notar, Justizrath Riemer zu Halle a. d. S. wurde der Rothe Adler-Orden dritter Klasse mit der Schleife verliehen.

Dem Advokaten Karl Traugott Immanuel Oertel in Bischofswerda wurde das Ritterkreuz I. Klasse vom Albrechtsorden verliehen.

F. Todesfälle.

Verstorben sind:

der Rechtsanwalt und Notar, Justizrath Rösener in Demmin,

der Rechtsanwalt und Notar Meyerjahn in Oldenburg (Dep. Kiel).

Für die Redaktion verantw.: S. Haenle. Verlag: W. Moeser, Hofbuchhandlung. Druck: W. Moeser, Hofbuchdruckerei in Berlin.

№ 21 und 22.　　　Berlin, 10. Mai.　　　1879.

Juristische Wochenschrift.

Herausgegeben von

S. Haenle,　　　und　　　**Dr. A. Küntzel,**
Königl. Advokat in Ansbach.　　　Rechtsanwalt beim königl. Obertribunal in Berlin.

Organ des deutschen Anwalt-Vereins.

Preis für den Jahrgang 12 Mark. — Bestellungen übernimmt jede Buchhandlung und Postanstalt.

Die zweite Lesung des Entwurfs einer Gebührenordnung im Reichstag.

Als Beilage lassen wir heute den stenographischen Bericht über die zweite Lesung der Gebührenordnung folgen. Dieselbe konnte nicht zum Abschluß gelangen. Das bisherige Ergebniß ist ein wenig erfreuliches. Die geringe Erhöhung, welche die Reichstagskommission zum §. 9 des Regierungsentwurfs vorgeschlagen hatte, ist gefallen und die Annahme der Kommissionsvorschläge zu §. 93 des Entwurfs steht in Frage.

Wir müssen es auf das Schmerzlichste beklagen, daß der Reichstag dem einstimmigen Rufe des Anwaltstandes zur Verhütung eines Advokatenproletariats die Tarifsätze bei den unteren Werthklassen zu erhöhen, keine Folge geben zu wollen scheint. Es könnte in Frage kommen, ob der Anwaltstand nicht eine letzte Anstrengung machen solle, um wenigstens die Kommissionsvorschläge zum §. 9 zur Annahme zu bringen. Indessen klarer und nachdrücklicher wie schon jetzt geschehen, kann die Auffassung des Anwaltstandes nicht mehr ausgesprochen werden. Wir müssen daher Alles der gewissenhaften Entschließung des Reichstages um so mehr überlassen, als wir bei dem unserm Stande gebotenen besonderen Delikatesse nicht in der Lage sind, unsere Interessen in so rücksichtsloser Weise geltend zu machen, wie dies jetzt Seitens anderer Berufsklassen geschieht.

Die Debatten wurden vom Richterstande beherrscht. Wir wollen auf die Einzelheiten derselben hier nicht näher eingehen. Der Abgeordnete Pfafferott vertheidigte die Kommissionsbeschlüsse zu §. 9 des Entwurfs aus zutreffenden praktischen Gründen. Ihm folgte als Gegner der Abgeordnete Dr. Bähr. Seine Rede war, wie der Abgeordnete Marquardsen später sich ausdrückte, eine große Anklageakte gegen die Begehrlichkeit des Advokatenstandes. Wir haben dieselbe als eine schwere und gänzlich unverdiente Kränkung unseres Standes empfunden, zu welcher den Abgeordneten Dr. Bähr weder allgemeine Lebenserfahrungen noch seine seit Jahren spärliche richterliche Thätigkeit berechtigten. Dem Abgeordneten Windthorst wissen wir aufrichtig Dank, daß er die Insinuationen des Herrn Abgeordneten für Cassel gebührend zurückgewiesen hat. Ungeachtet der nachdrücklichen Vertheidigung der Kommissionsbeschlüsse durch den Abgeordneten Marquardsen wurde die Regierungsvorlage wieder hergestellt. Wie es scheint, soll das von dem Regierungskommissar empfohlene Experiment gewagt werden. Ueber den größten Theil des Entwurfs eilte dann der Reichstag hinweg, um bei §. 93 wieder einen längeren Halt zu machen. Das Resultat der Berathung war die Zurückverweisung des Restes der Vorlage an die Kommission.

Es kann nicht die Aufgabe unseres Blattes sein, den bitteren Gefühlen, welche die ganze Debatte uns aufdrängte, weitere Worte zu leihen. Wir entnehmen aus derselben die ernste Mahnung, uns noch fester zusammenzuschließen wie bisher und nach Innen wie nach Außen selbst über unsere Ehre eifrig zu wachen. Sind wir dazu Willens, so können wir es gefaßteren Muthes ertragen, wenn der Reichstag endgültig sagen sollte: fiat experimentum.

Vorträge über die praktische Anwendung der deutschen Civilprozeßordnung.

IV. Ueber Termine, Fristen und Versäumniß.

Vortrag des Herrn Rechtsanwalts M. Levy in der Versammlung der Berliner Anwälte am 22. April 1879.

Meine verehrten Herren Kollegen! Nicht ohne ein Gefühl von Bangigkeit trete ich vor Sie hin, um die meisterhaften und musterhaften Vorträge meines verehrten Freundes und Mitarbeiters, des Herrn Kollegen von Wilmowski hier fortzusetzen, vor einer Versammlung von Berliner Kollegen, unter denen ja bekanntlich der Kriticismus mindestens eben so bedeutende Vertreter hat als der Positivismus. Indessen ich hoffe, Sie werden sich der Rechtsparömie erinnern: ultra posse nemo obligatur, und indem ich dies hoffe, erhoffe ich auch Ihre Nachsicht, wenn ich das Muster nicht erreiche, das Ihnen und mir vorschwebt. Ich habe um so mehr Veranlassung, Ihre Nachsicht zu erbitten, als das Thema, welches ich mir erwählt habe, einen etwas spröden, schwer zu behandelnden Stoff darbietet, und namentlich sehr viele positive Details erfordert.

Eines der wesentlichsten Elemente des Civilprozesses ist bekanntlich die Zeit. Mögen die Philosophen darüber streiten, ob die Zeit etwas wirkliches ist, aber ob sie blos eine Form unserer Anschauung sei, — für den Civilprozeß hat sie jedenfalls objektive Realität. Wenn der Prozeß ein gegliedertes Ganze sein und wenn er nicht verwegt werden soll, so muß das Parteivorbringen in gewisse Zeitgrenzen eingeschlossen werden. Aus dieser Rücksicht entspringen die Institute der Termine und der Fristen, — die Termine, die zeitlichen Grenzen für das unmittelbare Verhandeln des Richters mit der Partei, also das mündliche Verhandeln im wesentlichen, die Fristen für das schriftliche Parteivorbringen.

Was nun zunächst das System der Termine der neuen Civilprozeß-Ordnung anbetrifft, so habe ich eigentlich hier nur eine gewisse Nachlese zu halten, da die wichtigsten Grundsätze schon in den Vorträgen des Herrn Kollegen von Wilmowski vorgetragen worden sind. Ich will nur ganz kurz die wichtigsten Prinzipien bezüglich der Ladungen wiederholen; sie sind enthalten in den §§. 191, 195 und 294 Absatz 2. Sie gehen also dahin: Wenn eine Partei mit der anderen über die Hauptsache oder über einen Zwischenstreit mündlich verhandeln will, so hat die Partei die andere zu laden. Daraus folgt nun nicht, wie mir neulich ein Rechtstheoretiker bemerkte, daß, wenn die Partei nicht laden will, wenn sie kein Interesse daran hat, den Prozeß fortzusetzen, — etwa der Beklagte, wenn der Kläger versäumt hat, und der Termin vertagt worden ist — daß dann nothwendigerweise das Gericht von amtswegen laden muß; das ist keine logische Folge, sondern die Folge ist nur: dann wird überhaupt nicht geladen, dann ruht der Prozeß. Dieser Grundsatz wirkt bis zur Beweisaufnahme. Von der Beweisaufnahme ab wied der Prozeß ex officio fortgesetzt bis zum Endurtheil. Wird nun ein bedingtes Urtheil erlassen, also wenn auf einen Eid erkannt wird — ich werde später auf diese Frage zurückkommen — dann ist meiner Meinung nach nicht von amtswegen der Termin zur Purifikation anzusehen, sondern das ist auch der Partei überlassen. Im ganzen Verfahren aber wirken zwei Grundsätze fort, die in §§. 195 und 294 Absatz 2 enthalten sind, daß, erstens, zu Terminen in verkündeten Entscheidungen überhaupt nicht geladen zu werden braucht, wogegen im konträren Gegensatz dazu Termine, wenn sie durch Entscheidungen, die den Parteien nicht verkündet sind, anberaumt sind, den Partien von amtswegen durch Mittheilung und Zustellung des Beschlusses bekannt zu machen sind. Von dem erst erwähnten Grundsatze, daß also zu Terminen in verkündeten Beschlüssen überhaupt nicht geladen zu werden braucht, findet sich eine Ausnahme im Versäumnißverfahren, auf welche ich ebenfalls später zurückkommen werde, und eine fernere Ausnahme in Ehesachen, für welche vorgeschrieben ist, daß der Beklagte zu jedem Termin zu laden ist, welcher nicht in seiner Gegenwart anberaumt war. Hervorzuheben ist noch eine singuläre Bestimmung bei der Streitgenossenschaft; im §. 60 ist vorgeschrieben, daß, wenn ein Streitgenosse seinen Gegner zu einem Termine ladet, er gleichzeitig alle übrigen Streitgenossen zu laden hat.

Einfacher Natur sind die Bestimmungen über Ort, Zeit des Termins, über den Beginn und den Schluß. Nun, der Ort ergibt sich ja ganz von selbst; es soll also nach der Vorschrift der Civilprozeß-Ordnung der Termin in der Regel an der Gerichtsstelle abgehalten werden; ausnahmsweise, z. B. wenn es sich um Einnahme eines Augenscheins handelt, wenn Zeugen und Sachverständige zu vernehmen sind, wird der Termin in loco abgehalten. Sodann ist noch eine Ausnahme, ein Privilegium gegeben für den Landesherrn, die Mitglieder der landesherrlichen Familien und die fürstliche Familie von Hohenzollern, die vom Erscheinen an der Gerichtsstelle dispensirt sind.

Was die Zeit anbetrifft, so ist die allgemeine Bestimmung hervorzuheben, daß an Sonn- und Feiertagen nur in Nothfällen Termine anberaumt werden sollen.

Der Termin beginnt mit dem Aufruf der Sache, — das ist an sich klar — und er endigt mit dem Schlusse, d. h., mit dem Schlusse der Verhandlung. Der Schluß der Verhandlung wird bei kollegialischer Behandlung der Sache selbstredend durch den Vorsitzenden ausgesprochen, sonst durch den Amtsrichter, durch den beauftragten, durch den ersuchten Richter. Es findet sich nun in der Prozeßordnung eine Bestimmung, daß nach dem Schlusse der Verhandlung das Gericht ermächtigt sei, die Wiedereröffnung der Verhandlung zu beschließen. Diese Vorschrift ist aber nicht so zu verstehen — und wir haben das in unserem Kommentar weitläufig auseinandergesetzt — daß nun ohne weiteres, nachdem der Termin geschlossen ist, die Verhandlung in contumaciam gegen diejenige Partei fortgesetzt werden darf, welche sich etwa entfernt hat. Sind beide Parteien anwesend, so kann ja die Verhandlung mit ihrem Einverständnisse sogleich fortgesetzt werden; ist aber eine Partei fortgegangen, so kann das Gericht verkünden: die Verhandlung soll wieder eröffnet werden, aber da die Partei nicht anwesend ist, so bestimmen wir einen Termin an dem und dem Tage, und zu diesem Termin braucht die nicht anwesende Partei nicht geladen zu werden; es kann aber nicht sofort gegen die nach dem Terminsschlusse abwesende Partei verhandelt und ein Versäumnißurtheil beantragt werden.

Ich komme dann noch zu der Verlegung des Termins. Es ist in der Prozeßordnung bestimmt — und das entspricht ja auch dem Gange, der ganzen Konstruktion des Verfahrens — daß eine Aufhebung des Termins durch Vereinbarung der Parteien zulässig ist. Ebenso ist aber eine Verlegung des Termins auf einseitigen Antrag zulässig, wenn erhebliche Gründe obwalten; was erhebliche Gründe sind, ist nicht gesagt, vielmehr in das Ermessen des Richters gestellt. Eine wiederholte Verlegung des Termins kann nur nach vorherigem Gehör des Gegners stattfinden, ohne daß darunter aber eine mündliche Verhandlung zu verstehen wäre; es kann eine mündliche Verhandlung anberaumt werden, es ist dies aber kein Erforderniß zur Verlegung des Termins. Das Verfahren dürfte etwa folgendes sein. Das Gesuch um Verlegung des Termins — das ja also zunächst wahrscheinlich praktisch aktuell werden wird, wenn der Beklagte die Zeit zu kurz glaubt, um sich zu äußern in Bezug auf die Klage — das Gesuch um Verlegung des Termins ist beim Gericht einzureichen, nicht etwa dem Gegner zuzustellen. Ich bemerke aber, daß im Anwaltsprozeß das Verlegungsgesuch von einem bei dem Prozeßgericht zugelassenen Anwalt ausgehen muß; die Partei ist nicht selbst ermächtigt, zu erklären: ich wünsche Terminsverlegung und werde einen Anwalt bestellen. Es ist keine Vorschrift in der Prozeßordnung enthalten, aus welcher hervorginge, daß Terminsverlegungsgesuche eine Abweichung von der Regel enthielten, daß im Anwaltsprozeß die Partei durch einen beim Prozeßgericht zugelassenen Anwalt vertreten sein müsse, es würde sonst heißen: das Gesuch um Terminsverlegung kann zu Protokoll des Gerichtsschreibers erklärt werden; wenn das darin stände, so würde kein Anwaltszwang sein. Demnächst kann ohne mündliche Verhandlung beschlossen werden, daß der Termin verlegt werde. Es muß der Gegner gehört werden, wenn es sich um ein wiederholtes Verlegungsgesuch handelt, andernfalls nicht. Es wird dann ein Beschluß gefaßt. Wenn dieser Beschluß auf Zurückweisung des Gesuchs geht, ist er unanfechtbar. Da der Beschluß nicht verkündet wird, muß er selbstredend dem Gegner von amtswegen mitgetheilt werden nach dem allgemeinen Grundsatz des §. 294. Auch von amtswegen kann ein Termin verlegt werden, kann die Verhandlung vertagt werden. Das ist im allgemeinen in das Ermessen des Gerichts gestellt. Eine Beschränkung dieser Regel findet sich aber auch wieder im Versäumnißverfahren, wie eigentlich sich von selbst ergiebt. Wenn eine Partei das Recht hat, zu verlangen, daß die andere Partei kontumazirt werde, so kann es unmöglich in das Ermessen des Gerichts gestellt werden, zu sagen: wir wollen den Termin verlegen, wir wollen die Sache vertagen. Es müssen bestimmte gesetzliche Gründe vorliegen, und diese gesetzlichen Gründe sind im §. 302 angegeben; ich werde beim Versäumnißverfahren darauf noch näher zu sprechen kommen.

Ich werde mich demnächst zu den Fristen. Hier sind nun zunächst die Fristen disziplinärer Natur auszuscheiden, die in der Prozeßordnung für den Richter und für den Gerichtsschreiber vorgeschrieben sind. Es finden sich dergleichen Bestimmungen, die wohlthätig wirken können, werden sie nicht beachtet, so folgt daraus eben nichts weiter, als daß disziplinäre Strafen gegen den Richter oder gegen den Gerichtsschreiber verhängt werden können. Der Richter soll nämlich, um das ganz kurz zu erwähnen, bei der Terminsfestsetzung eine Frist von 24 Stunden einhalten; er soll bei der Beschwerdeeinlegung dafür sorgen, daß die Beschwerde nach Ablauf einer Woche an das Beschwerdegericht gelange, und er soll die Verkündung des Urtheils nicht über eine Woche hinaus schieben. Das ist im §. 281 gesagt. Auch für den Gerichtsschreiber zweiter und dritter Instanz findet sich eine Vorschrift dahin, daß, wenn Berufung bez. Revision eingelegt wird, also wenn die Schrift bei dem Berufungsgericht oder bez. bei dem Revisionsgericht zum Zwecke der Terminsbestimmung eingereicht wird — das ist zunächst die Vorbereitung für die Einlegung des Rechtsmittels — daß dann der Gerichtsschreiber binnen 24 Stunden die Akten der Vorinstanz einfordern soll. Um diese Fristen handelt es sich hier nicht, sondern um Fristen, an welche in irgend einer Weise ein sachlicher Nachtheil in der Prozeßordnung geknüpft ist, mag dieser sachliche Nachtheil nebensächlicher aber hauptsächlicher Natur sein, mag er nur die Kosten aber die Sache selbst betreffen. Es sind das im Großen und Ganzen Parteifristen. Ich muß aber allerdings auch einige Fristen berühren, welche nicht reine

Parteifristen, sondern für die richterliche Thätigkeit vorgeschrieben sind.

Das Gesetz theilt die Fristen ein in gesetzliche und richterliche Fristen. Der theoretische Unterschied ist meiner Meinung nach, und auch nach der Meinung meines Herrn Kollegen von Wilmowski der, daß bei den gesetzlichen Fristen die Dauer der Frist durch das Gesetz bestimmt ist, bei den richterlichen Fristen die Dauer der Frist lediglich vom Richter bestimmt wird. Die Motive haben eine etwas abweichende Definition, die Unrichtigkeit derselben ist aber bereits in der Reichsjustizkommission hervorgehoben worden, und Herr von Amsberg hat dort erklärt, man müsse die Definition der Wissenschaft und der Praxis überlassen, so daß man wohl annehmen kann, daß die Motive hier sich selbst haben berichtigen wollen, denn Herr von Amsberg ist der Verfasser derselben. Das ist der theoretische Unterschied. Eine Unterart der gesetzlichen Fristen bilden die sogenannten Nothfristen, die eigentlichen Fatalien, auf die ich auch noch zu sprechen komme. Ich will nach einige Beispiele von richterlichen Fristen anführen; ob ich sie erschöpfen werde, weiß ich nicht, aber im Großen und Ganzen werden sie es wohl vollständig sein. Es sind richterliche Fristen: die Frist zur Sicherheitsleistung, die nach §. 245 für den Wechsel von Schriftsätzen festzusetzende Frist, wenn die Verhandlung deshalb vertagt ist, weil das Gericht annimmt, sie sei noch nicht genügend vorbereitet; die Fristen für Beseitigung von Hindernissen einer Beweisaufnahme, für Beibringung von Urkunden über eine Beweisaufnahme im Auslande, oder auch von Urkunden, die sich im Besitz eines Dritten befinden, endlich zur Anstellung der Hauptklage im Arrestverfahren. Dagegen wollte ich bemerken, daß nach der Civil-Prozeßordnung ein Institut, was im rheinischen Verfahren noch gilt, nämlich die Zahlungsfristen, die der Richter im Urtheil für die Leistungen des Schuldners bestimmen kann, daß diese Fristen ausdrücklich im Einführungsgesetze §. 14 aufgehoben sind.

Zu den gesetzlichen Fristen gehören nun: Einlassungs- und Ladungsfristen, von denen schon in den früheren Vorträgen die Rede war. Die Einlassungsfristen sind, um es kurz zu rekapituliren, diejenigen Minimalfristen, welche zwischen der Zustellung der Klage, der Berufung und der Revisionsschrift und den darauf folgenden Terminen zur Verhandlung über diese Klage und Rechtsmittel liegen müssen. Die Ladungsfristen unterscheiden sich davon nur dadurch, daß sie sich auf einen anhängigen Rechtsstreit beziehen und bilden die Fristen zwischen der Zustellung der Ladung und dem Terminstage. Das sind gesetzliche Fristen nach unserer Meinung. Dann. die Fristen für Zustellung vorbereitender Schriftsätze, für Einsicht von Urkunden, für Wiedereinsetzung in den vorigen Stand, für Anträge auf Berichtigung des Thatbestandes, Ergänzung des Urtheils, Widerspruch im Mahnverfahren, für Anfechtung des Entmündigungsbeschlusses, Einreichung von Berechnungen im Vertheilungsverfahren, Klage gegen den Vertheilungsplan, Vollziehung des Arrestbefehls, verschiedene Fristen im Aufgebotsverfahren u. s. w. Auch hier muß ich eine wichtige Frist erwähnen, die die Reichs-Civil-Prozeßordnung aufgehoben hat, ist eine bekannte Vollstreckbarkeitsfrist der Urtheile. Nach preußischem Recht ist ja bekanntlich die Vollstreckbarkeit der Urtheile binnen einem Jahre verjährt, nach der Reichs-Civil-Prozeßordnung wird das nicht mehr der Fall sein, die Urtheile sind in ganz unbestimmter Zeit vollstreckbar. Wie schon bemerkt, sind eine Unterart der gesetzlichen Fristen die eigentlichen Fatalien, die sogenannten Rothfristen. Das Gesetz sagt: Rothfristen sind nur diejenigen, welche in diesem Gesetz als solche bezeichnet werden. Praktisch unterscheiden sich die Rothfristen von den übrigen gesetzlichen Fristen dadurch, daß sie im öffentlichen Interesse angeordnet sind und deshalb keine Vereinbarung über ihre Verlängerung oder Abkürzung zulassen, — auch nicht ein Antrag auf Abkürzung oder Verlängerung der Rothfristen ist zulässig, weil das nicht ausdrücklich im Gesetz gesagt ist, und gesetzliche Fristen nur abgekürzt oder verlängert werden können, wo es das Gesetz ausdrücklich zuläßt — daß ferner die Rothfristen durch die Gerichtsferien nicht unterbrochen werden und daß auf der andern Seite — in dieser Beziehung stehen die Rothfristen günstiger als andere Fristen — gegen Versäumung von Rothfristen ein besonderer Rechtsbehelf in dem Institut der Wiedereinsetzung in den vorigen Stand gegeben ist, ein Rechtsbehelf, der bei Versäumniß der anderen Fristen nicht Platz greift. Dennoch haben die Parteien den Lauf der Rothfristen einigermaßen in der Hand, denn die wesentlichsten Rothfristen beginnen zu laufen von der Zustellung der Urtheile. Wenn die Parteien also übereinkommen, daß sie sich die Urtheile nicht zustellen lassen wollen, so erreichen sie dasselbe Resultat, wie wenn sie verabreden, daß der Prozeß ruhen soll, obwohl ausdrücklich bestimmt ist, daß die Parteien zwar verabreden können, es solle der Prozeß ruhen, daß diese Verabredung aber auf die Rothfristen keinen Einfluß habe.

Es giebt nur 7 Rothfristen und zwar für folgende Rechtsbehelfe: für den Einspruch — das ist der Rechtsbehelf gegen das Versäumnißurtheil; — für die drei eigentlichen Rechtsmittel: die Berufung, Revision und sofortige Beschwerde; — dann für die sogenannten Wiederaufnahmeklagen — das sind: die Nullitätsklage nach unserer Terminologie und die Restitutionsklage; — ferner für die Anfechtungsklage gegen ein Ausschlußurtheil in Aufgebotssachen und dann für die Anfechtungsklage gegen den Schiedsspruch. Neben diesen Rothfristen existiren noch, und das ist wohl zu beachten, bei solchen Rechtsbehelfen, deren Fristenbeginn von einem dies incertus abhängt, weitere Präklusivfristen; so bei der Wiedereinsetzung in den vorigen Stand ist gesagt: das Rechtsmittel, die Frist für die Wiedereinsetzung in den vorigen Stand von 2 Wochen läuft von der Aufhebung des Hindernisses. Das ist ein dies incertus; das könnte ja möglicherweise erst in 10 oder 15 Jahren oder in noch längerer Frist gehoben sein. Da hat man denn bestimmt, nach Ablauf eines Jahres ist die Wiedereinsetzung in den vorigen Stand überhaupt nicht zulässig. Aehnliche Präklusivfristen existiren dann für die Wiederaufnahmeklagen, dort sind 5 Jahre bestimmt, bei den Anfechtungsklagen 10 Jahre. Diese Präklusivfristen sind keine Rothfristen, wohl aber gesetzliche Fristen; darum ist auch gegen die Versäumung dieser weiteren Präklusivfristen eine Wiedereinsetzung in den vorigen Stand zulässig.

Eine singuläre Frist muß ich doch noch erwähnen. Das Gesetz hat auch in einem einzelnen Falle uns Anwälten gestattet, eine Frist zu bestimmen; es ist allerdings nur ein einziger Fall, in dem uns dieses Vertrauen geschenkt worden ist, der Fall des § 126. Wenn wir nämlich unserem gegnerischen Anwalt eine Urkunde zustellen, so können wir die Frist bestimmen, innerhalb deren die Urkunde zurückgegeben werden soll, und wenn der Gegner die Frist nicht einhält, so können wir beantragen, daß er verurtheilt werde, die Urkunde sofort zurückzugeben.

Was nun die Dauer der Fristen betrifft, so ergibt sich von selbst, daß die Dauer der richterlichen Fristen nicht durch das Gesetz vorher bestimmt sein kann, daß sie vielmehr vom Richter bestimmt wird. Was die Dauer der Rothfristen betrifft, so ist dieselbe ziemlich einfach geregelt. Einspruch und Beschwerde, die sogenannte sofortige Beschwerde, will ich lieber sagen — es giebt auch eine einfache Beschwerde, die nicht an Fristen gebunden ist — haben eine Frist von 2 Wochen; alle übrigen Rechtsbehelfe, für welche Rothfristen bestimmt sind, haben eine Frist von einem Monat, also Berufung, Revision und die Klagen, die ich erwähnt habe. Sie sehen, daß in dieser Beziehung die Civil-Prozeßordnung einfacher ist als unser gegenwärtiges Verfahren. Wir haben in Preußen bekanntlich, wenigstens im ordinären Prozeß, doppelte Fristen, für die Einlegung der Appellationsinstanz eine 6wöchentliche und dann nachher noch eine 4wöchentliche, so daß wir eine doppelte Kontrole zu üben haben und es nicht selten vorkam, daß man ausrufen mußte: incidit in Scyllam, qui vult vitare Charybdim! Ebenso ist für den abgekürzten Prozeß — es gibt freilich keinen abgekürzten Prozeß, für schleunige Sachen will ich also lieber sagen, keine kürzere Rothfrist als für andere Sachen, sie ist vielmehr überall ganz gleichmäßig bestimmt. Was die sonstigen gesetzlichen Fristen betrifft, so haben wir Fristen von 24 Stunden, 3 Tagen, von 1 Woche, 2 Wochen, 3 Wochen, 1 Monat, 6 Wochen, 6 Monat, 1 Jahr, 5 Jahre, 10 Jahre, einen Bruchtheil einer Zeit, und endlich noch von einer Dauer, die unter Umständen durch den Richter bestimmt werden kann. Ich möchte Sie nicht mit dem gesammten Detail dieser Fristen behelligen, wenn es auch für den Stenographen vielleicht interessant wäre, aber einiges will ich Ihnen doch daraus mittheilen, was von besonderer Wichtigkeit ist, beispielsweise daß die Einlassungsfrist im Wechselprozeß, wenn an dem Orte des Gerichts behändigt wird, 24stündige ist, desgleichen die Einlassungs- und Ladungsfrist in Meß- und Marktsachen; Meß- und Marktsachen sind nämlich Prozesse, betreffend Streitigkeiten aus Handelsgeschäften, die an Messen und Märkten abgeschlossen sind, wobei jedoch die Jahr- und Wochenmärkte ausgeschlossen sind. Eine 3tägige Einlassungsfrist ist im Wechselprozeß für den Fall, daß an einem anderen Ort des Gerichtsbezirks zugestellt wird, vorgeschrieben. Auch im Amtsgerichtsprozeß findet sich dieselbe Frist von 3 Tagen bei Zustellung innerhalb des Gerichtsbezirks. Die gleiche Dauer von 3 Tagen haben: die Ladungsfrist im Mahnverfahren, die Frist für Zustellung von Schriftsätzen betr. Gegenerklärungen und einen Zwischenstreit, für Einsicht von Urkunden. Im Wechselprozeß ist die Einlassungsfrist eine Woche, wenn außerhalb des Gerichts-Bezirks an einem anderen inländischen Orte zugestellt wird. Einwöchentliche Fristen sind ferner: Die allgemeine Frist für Zustellung von vorbereitenden Schriftsätzen mit Nova, die Ladungsfrist im Anwaltsprozeß, die Frist für den Antrag auf Berichtigung des Thatbestandes und auf Ergänzung des Urtheils. Die Dauer von zwei Wochen ist festgesetzt: für die schon erwähnten Rothfristen des Einspruchs und der sofortigen Beschwerde, für die Einlassungsfrist in

Handelskammersachen (Gerichts-Verfassungsgesetz 102), für die Fristen der Wiedereinsetzung in den vorigen Stand in dem Hauptfalle des §. 212, des Widerspruchs gegen den Zahlungsbefehl, der Erklärung des Drittschuldners bei Pfändung von Forderungen, der Einreichung der Berechnungen im Vertheilungsverfahren, der Vollziehung des Arrestbefehls, für den Aushang bei öffentlichen Zustellungen. Eine dreiwöchentliche Frist gilt für die Erhaltung der Wirkungen einer Benachrichtigung von der bevorstehenden Pfändung durch die nachfolgende Pfändung. Einen Monat währen die schon erwähnten Nothfristen — mit Ausnahme der Einspruchs- und der Beschwerdefrist —, die Wiedereinsetzungsfrist im Falle des §. 213, die Einlassungsfrist im Anwaltsprozesse, die Frist für die Anfechtungsklage gegen einen Entmündigungsbeschluß, für die Klage gegen den Vertheilungsplan, für den Zeitverlauf seit Publication einer Edictalcitation zur Feststellung des Tages der Zustellung. Sechswöchentlich ist die Ladungsfrist in Aufgebotssachen §. 827. Eine Frist von sechs Monaten ist vorgeschrieben: für die Erhebung der Klage beim Landgericht nach geschehenem Widerspruch im Mahnverfahren zur Erhaltung der Wirkungen der Rechtshängigkeit, für den Antrag auf Erlaß des Vollstreckungsbefehls, auf Ansetzung eines neuen Aufgebotstermins, beim Aufgebot von Werthpapieren. Sechs Monate beträgt auch, wenn dies hierher gehört, die Dauer der Zwangshaft. Ein Jahr beträgt, wie schon erwähnt die weitere Präclusivfrist für die Wiedereinsetzung, fünf Jahre die gleiche Frist für die Wiederaufnahmeklagen, zehn Jahre für die Anfechtungsklagen gegen ein Ausschlußurtheil und gegen einen Schiedsspruch. Der Bruchtheil einer Zeit ist vorgeschrieben für die Beantwortung der Klage, der Berufung und Revision, zwei Drittel der wirklichen Einlassungszeit. Endlich hat in einigen singulären Fällen der Richter die Dauer der gesetzlichen Frist zu bestimmen, so die Einspruchsfrist, sowie die Einlassungsfrist, wenn edictaliter oder im Auslande zugestellt werden soll, auch die Ladungsfrist nach der Unterbrechung des Verfahrens zur Ladung von Rechtsnachfolgern nach §. 217. Soviel von der Dauer der Fristen.

Ich komme nunmehr zum Beginn des Fristlaufes. Derselbe ist bekanntlich von verschiedenen Momenten abhängig. Die Frist kann laufen von der Verkündung eines Beschlusses, von der Kenntniß irgend eines Umstandes, von der Beseitigung irgend eines Hindernisses, von dem Ablauf einer anderen Frist oder Zeit, endlich, und das ist der wichtigste Fall, von der Zustellung eines Schriftstücks. In letzterer Beziehung findet sich nun eine positive Vorschrift, daß bei richterlichen Fristen der Fristenlauf mit der Zustellung nur dann beginnt, wenn eine Zustellung ausdrücklich vorgeschrieben ist, sonst mit der Verkündung. Eine weitere außerordentlich wichtige positive Vorschrift ist diese, daß der Fristenlauf mit dem Tage der Zustellung beginnt, sowohl für diejenige Partei, welcher zugestellt wird, als für diejenige Partei, welche zustellt. Die Partei, welche also z. B. gegen ein Urtheil die Berufung einlegen will, muß die Berufungsschrift einlegen, wenn sie selbst das Urtheil zugestellt hat, einen Monat von Zustellung des Urtheils, und ebenso wenn es ihr zugestellt worden, eine Bestimmung, die ja selbstverständlich und nothwendig ist, um den Fristenlauf gleichmäßig für beide Parteien zu bestimmen. Fällt der Anfang einer Frist in die Ferien, so beginnt sie erst mit Ablauf der Ferien. Diese Bestimmung ist auf Nothfristen nicht anwendbar, worauf ich nachher noch kommen will.

Nächst dem Beginn der Frist ist es von Wichtigkeit, den Ablauf der Frist ins Auge zu fassen, also die Art und Weise, wie Fristen berechnet werden. Bestimmt ist für Tagfristen, die also nach Tagen zu berechnen sind, die computatio civilis, also dergestalt, daß der Tag nicht mitgerechnet wird, von welchem der Beginn der Frist abhängt, wie dies ja auch bei der Berechnung im preußischen Verfahren stattfindet. Bei Wochen- und Monatsfristen ist dagegen die Berechnung eine von unserem gegenwärtigen Verfahren abweichende. Es wird nicht nach Tagen gezählt, sondern es ist die Berechnung eingeführt, wie sie bereits in der allgemeinen Deutschen Wechselordnung und im Handelsgesetzbuch adoptirt worden ist, daß nämlich die Frist an dem entsprechenden Tage der letzten Woche beziehungsweise des letzten Monats abläuft, welcher denselben Namen beziehungsweise dieselbe Zahl hat wie der Tag, an dem die Frist begonnen hat, so jedoch, daß, wenn dieser Tag in dem letzten Monat fehlt, der letzte Tag dieses Monats auch der letzte Tag der Frist ist. Also wenn eine einmonatige Frist am 31. Januar beginnt, so läuft sie am 28. Februar ab, beginnt sie am 30. Januar, so läuft sie ebenfalls am 28. Februar ab, ebenso wenn sie am 29. und 28. Januar anfängt. Beginnt eine Wochenfrist am Freitag, so endigt sie auch am Freitag. Ist der letzte Tag — auch das ist wieder eine positive Vorschrift, die der Preußische Prozeß nicht kennt — ist der letzte Tag einer Frist, ganz gleich ob es eine Tagfrist, oder eine Wochen- oder Monatsfrist ist, ein Sonntag oder ein allgemeiner Feiertag, so läuft die Frist erst am nächstfolgenden Werktage ab. Die Sonntage und allgemeinen Feiertage, die innerhalb der Fristen liegen, werden mitgezählt; nur wenn der letzte Tag in den Sonntag oder allgemeinen Feiertag fällt, tritt diese Ausnahme ein. Für Stundenfristen ist eine Bestimmung im Gesetz nicht gegeben; hier müssen wir also sagen, daß a momento ad momentum gerechnet wird. Es muß also, wenn gesagt wird, die Einlassungsfrist ist 24 Stunden für Wechselsachen, ganz genau gezählt werden, daß mindestens 24 Stunden zwischen der Zustellung und dem Termine liegen, und mit Pflicht des Gerichtsvollziehers sein, in diesem Falle, die Stunde auf der Zustellungsurkunde zu vermerken, und auch unsere Pflicht zu controliren, ob auf der Zustellungsurkunde die Stunde genau angegeben ist, wenn es der konkrete Falle überhaupt nothwendig erscheint. Gesagt ist auch nicht, wie die Frist bei Jahresfristen berechnet werden soll, ich glaube aber, daß man da ohne weiteres suppliren kann, sie wird so wie bei Monatsfristen berechnet, denn das Jahr besteht aus 12 Monaten. Auch ist nicht ausgesprochen, wie die Zwischenfristen berechnet werden sollen. Wenn also bestimmt ist, daß für die Einlassung die Minimalfrist von einem Monat im landgerichtlichen Verfahren nothwendig sei, so muß meiner Meinung nach ein voller Monat zwischen der Zustellung und dem Termintage dazwischen liegen. Wenn die Zustellung am 15. Januar stattgefunden hat, so darf am 15. Februar der Termin zur Verhandlung der Sache noch nicht stattfinden, weil kein voller Monat zwischen Zustellung und dem Termintage liegt, vielmehr kann meiner Meinung nach erst am 16. Februar der Termin anberaumt werden, wenn die Einlassungsfrist gewahrt sein soll.

Fristen können auch gehemmt werden, wie ja bekannt ist. Eine Hemmung der Frist tritt nach dem Gesetz ein zunächst durch die Gerichtsferien, wobei die Nothfristen ausgenommen sind. Die Gerichtsferien beginnen am 15. Juli und endigen am 15. September, haben also gegenüber dem Preußischen Rechtszustande eine erhebliche Verlängerung erfahren. Nothfristen sind, wie bemerkt, von diesen Privilegien ausgeschlossen, ebenso Fristen in Feriensachen. Nach dem Gerichtsverfassungsgesetz sind Feriensachen: Arrestsachen, gewisse Miethstreitigkeiten (die bekannten Exmissions- und Immissionssachen, und die Streitigkeiten, bei denen es sich um Retention von Sachen handelt), ferner Bausachen — es ist dies das einzige Mal, daß die Bausachen überhaupt in dem Gesetz erwähnt werden — bei denen es sich um Fortsetzung eines angefangenen Baues, um Sistirung eines Baues handelt (das ist aus der preußischen Gerichtsordnung aufgenommen), und endlich ist noch eine arbiträre Bestimmung dem Gerichte zugebilligt, gewisse Sachen als Feriensachen zu behandeln. Zu erwähnen ist auch noch, daß das Gerichtsverfassungsgesetz im letzten Paragraphen, im §. 204, sagt: auf das Mahnverfahren und das Zwangsvollstreckungsverfahren finden die Ferien keine Anwendung. Danach sind Mahn- und Zwangsvollstreckungsverfahren allerdings auch Feriensachen. Der Rechtszustand in diesen Sachen ist während des ganzen Jahres derselbe, also es müssen die Fristen auch in den Ferien gewahrt werden, denn das ganze Verfahren wird von den Ferien nicht berührt, es muß innerhalb der zweiwöchentlichen Frist der Widerspruch erhoben werden ꝛc.

Eine weitere Hemmung der Fristen tritt ein bei der Unterbrechung und Aussetzung des Verfahrens nach dem §. 226 ff. Es ist dies auch ein ganz eigenthümliches Institut der Prozeßordnung. Die Unterbrechung des Verfahrens tritt ein, theils von amtswegen, theils auf Antrag. Wenn sie auf Antrag eintritt, nennt man sie Aussetzung des Verfahrens, wenn sie von amtswegen erfolgt, Unterbrechung. In diesen Fällen, also wenn die Partei stirbt, keinen Vertreter hat, wenn sie die Prozeßfähigkeit verliert, wenn Konkurs eröffnet wird u. dergl., werden die Fristen dergestalt unterbrochen, daß sie vollen Fristen von neuem zu laufen beginnen, wenn die Unterbrechung des Verfahrens aufgehört hat, abweichend von dem vorerwähnten Falle, wenn die Fristen durch die Gerichtsferien unterbrochen werden, in welchem Falle der Rest der Frist von Ablauf der Ferien weiterläuft. Die Hemmung der Fristen durch Unterbrechung und Aussetzung trifft auch die Nothfristen. Wie schon bemerkt, können die Parteien ferner vereinbaren, daß das Verfahren ruhen soll. Auch in diesem Falle werden sämmtliche Fristen gehemmt, jedoch mit Ausnahme der Nothfristen.

Ich komme nunmehr noch zu der Abkürzung und Verlängerung der Fristen. Eine Abkürzung und Verlängerung der Fristen ist zunächst allgemein zulässig auf Grund der Vereinbarung. Ausgeschlossen sind aber hiervon, wie schon früher erwähnt, die Nothfristen. Außer den Nothfristen ist von der Vereinbarung der Verlängerung ausgeschlossen die Frist für Wiedereinsetzung in den vorigen Stand. Demnächst können Fristen auf Antrag abgekürzt werden, ebenso wie Termine verlegt werden können, wenn erhebliche Gründe vorhanden sind und diese glaubhaft gemacht werden. Bei gesetzlichen Fristen ist aber bestimmt, daß das nur der Fall sein soll, wenn es in dem Gesetz ausdrücklich gesagt ist. Im Civilprozeß finden sich nur zwei Fälle, in welchen auf einseitigen Antrag gesetzliche Fristen verlängert bezw. abgekürzt werden können. In unserem Kommentar ist nur ein Fall aufgeführt, nämlich der für die Abkürzung der Einlassungs- und Ladungsfristen. Diese können selbst ohne vorgängiges Gehör abgekürzt werden nach dem §. 204, und diese Abkürzung erseht unser abgekürztes Verfahren. Wenn Jemand eine besonders schleunige Sache bei Gericht auch beschleunigen will, so hat er mit der Klage bei der Ueberreichung derselben oder vielmehr bei Einreichung auf der Gerichtsschreiberei zum Zwecke der Terminsbestimmung gleichzeitig auch den Antrag zu stellen, daß die Einlassungsfrist abgekürzt werde. Dies kann seitens des Vorsitzenden sofort geschehen ohne vorgängiges Gehör des Gegners, ohne weitere Verhandlung; nur ist vorgeschrieben, daß der Beschluß dem Gegner mitzutheilen ist, und da er nicht verkündet wird, muß er von amtswegen mitgetheilt werden. Außer diesen Fällen ist noch im §. 125 vorgeschrieben, daß auch die Frist für Einsicht von Urkunden — eine dreitägige Frist, wenn die Urkunde auf der Gerichtsschreiberei niedergelegt war — auf Antrag verlängert und abgekürzt werden kann.

Ich komme nun endlich zu der wichtigen Frage: wann ist eine Frist gewahrt? wir werden sagen, wenn die Prozeßhandlung innerhalb der Frist geschehen ist. Dabei müssen wir uns aber zunächst vergegenwärtigen: was heißt innerhalb der Frist? Ist eine Prozeßhandlung schon dann rite erfolgt, wenn sie vor dem Beginn der Frist erfolgt? Wir haben in dieser Beziehung in der Prozeßordnung nur zwei positive Bestimmungen bezüglich der Berufung und der Revision. Dort heißt es: die Berufung und die Revision können eingelegt werden gleichzeitig mit der Zustellung der Urtheile, wenn sie aber vor der Zustellung der Urtheile eingelegt werden, so sind sie unwirksam. Aus dieser positiven Vorschrift bezüglich der Berufung und der Revision möchte ich den Schluß ziehen, daß bei den übrigen Rechtsbehelfen es nichts schadet, wenn die Prozeßhandlung vor dem Beginn der Frist erfolgt, insbesondere wenn Einspruch eingelegt wird, vor Zustellung des Versäumnißurtheils. Ich will indeß zugeben, daß diese Frage wohl von verschiedenen Seiten verschieden beleuchtet werden kann; festzuhalten ist nur die eine positive Bestimmung, die ich erwähnt habe.

Hieran würde sich noch die Frage schließen: wenn die Frist zu wahren ist, auf welche Weise wird sie gewahrt? wie ist die Prozeßhandlung auszuführen? Da es sich ja bei Wahrung der Fristen lediglich um Schriften handelt, werden wir nach der Konstruktion des Verfahrens sagen müssen: in der Regel ist die Frist nur dann gewahrt, wenn der betreffende Schriftsatz der Gegenpartei zugestellt ist. Also die Frist für Berufung und Revision und anderer Rechtsbehelfe ist dadurch nicht gewahrt, daß ich dem Gericht die Berufungsschrift einreiche oder die dem Gerichtsschreiber zur Terminsbestimmung vorlege oder dergl., nein, erst in dem Augenblicke, wo die Zustellung an die Gegenpartei erfolgt. Ausnahmen von dieser Regel gelten jedoch z. B. für den Widerspruch im Mahnverfahren, das Rechtsmittel der Beschwerde — die Beschwerdeschrift wird beim Gericht eingereicht — für Antrag auf Erlassung des Vollstreckungsbefehls.

Nun werden Sie sagen: Ja, die Zustellung hat die Partei nicht in der Hand und es kann ja wohl sein, daß ich innerhalb der Frist den Gerichtsvollzieher und den Gerichtsschreiber mit der Zustellung beauftragt habe und hinterher wegen Versäumniß des Gerichtsvollziehers und Gerichtsschreibers des Rechtsmittels verlustig gehe. Dies wäre allerdings ein sehr böser Zustand. Man hat das der Konsequenz wegen prinzipiell nicht vermeiden wollen und nicht vermeiden können, man hat aber einen Ausweg gefunden, indem man bei der Wiedereinsetzung in den vorigen Stand gegen die Versäumung von Nothfristen festgesetzt hat, daß wenn der Schriftsatz dem Gerichtsvollzieher oder, wo eine Zustellung durch den Gerichtsschreiber zulässig ist, dem Gerichtsschreiber zugestellt ist mindestens 3 Tage vor Ablauf der Nothfrist, dann unter allen Umständen eine Wiedereinsetzung in den vorigen Stand zulässig sein soll und zwar innerhalb eines Monats nach Ablauf der Nothfrist. Ich werde auf diese Einrichtung, wenn die Zeit es gestattet, später zurückkommen.

Die Frage, wann eine Frist gewahrt ist, führt mich natürlich weiter zu der Frage: wann tritt die Versäumung ein? Ich gehe also zu diesem Kapitel speziell über. Wir müssen hier unterscheiden zwischen Terminen und Fristen. Die Regel bei den Terminen ist die, daß der ganze Termin und auch die einzelnen Erklärungen nur versäumt sind, wenn die Partei bis zum Schlusse des Termins entweder gar nicht verhandelt oder die erforderlichen Erklärungen nicht abgibt. Der Schluß des Termins ist also der kritische Zeitpunkt nach der Regel, wo die Versäumniß eintritt. Davon sind nun allerdings nach zwei Richtungen hin Ausnahmen gemacht. Es ist zuvörderst in einzelnen Fällen zugelassen, daß auch erst nach Schluß des Termins die Versäumung eintrete. Das ergibt sich zunächst daraus, daß die Eventualmaxime im Großen und Ganzen aufgehoben ist. Wenn also in den Terminen, in welchem die Versäumung erfolgt ist, das Urtheil noch nicht gesprochen und ein neuer Termin zur mündlichen Verhandlung anberaumt werden muß, dann ist die Prozeßhandlung, die in Gefahr war durch Schluß des Termins versäumt zu werden, dennoch nicht versäumt; sie kann im nächsten Termin ausgeführt werden. Hiergegen gibt das Gesetz, wie Ihnen ja bekannt ist, eine Remedur durch die Aufnahme der französischen Bestimmung der Sourcänität der Gerichte, auf die ich hier nicht weiter eingehen will.

Auch andere Rechtsbehelfe können nach Schluß des Terminus vorgebracht werden. So z. B. — Anmeldungen im Aufgebotsverfahren; dort ergeht das Präjudiz dahin, daß solche Anmeldungen bis zum Aufgebotstermin erfolgen sollen, sie werden aber dennoch auch nach Schluß des Termins zugelassen, wenn sie noch vor dem Erlaß des Ausschlußurtheils eingehen.

Auf der andern Seite aber sind gewisse Prozeßhandlungen nicht zulässig bis zum Schluß des Termins, sie müssen vielmehr vorgebracht werden bei bestimmten Abschnitten schon vor Schluß des Terminus — es ist davon auch schon in den früheren Vorträgen zum Theil die Rede gewesen. So unter andern: die Zurücknahme der Klage, die Zurücknahme der Berufung und Revision können ohne Einwilligung des Gegners nicht erfolgen, wenn der Gegner schon zur Hauptsache verhandelt hat; die Ablehnung eines judex suspectus kann nicht erfolgen, wenn man sich bereits mit dem Richter in Verhandlung eingelassen hat — davon verschieden ist die Inhabilität —; prozeßhindernde Einreden können auch nur bis zu einem gewissen Abschnitt des

Termins vorgebracht werden, später nur unter Umständen, wenn glaubhaft gemacht wird, daß sie ohne Verschulden der Partei nicht haben vorgebracht werden können, — d. h. solche meine ich, auf welche die Partei wirksam verzichten kann; solche, auf die sie wirksam nicht verzichten kann, solche absolute Einreden, können auch zu jeder Zeit vorgebracht werden, schon deswegen, weil ja das Gericht von Amtswegen auf dieselben Rücksicht nehmen muß. Eine fernere wichtige Bestimmung ist die, daß die Rüge der Verletzung einer Prozeßvorschrift erfolgen muß in der nächsten auf die Verletzung folgenden mündlichen Verhandlung, widrigenfalls später die Rüge nicht vorgebracht werden kann. Endlich ist ja durch die Wiedereinführung der Eventualmaxime im Vorbereitungsverfahren in Rechnungssachen von selbst gegeben, daß dasjenige, was in dergleichen Rechnungssachen, in Auseinandersetzungsfachen, nicht zu Protokoll des Richters festgestellt ist, im allgemeinen auch bei der darauf folgenden mündlichen Verhandlung nicht vorgebracht werden kann.

Die Prozeßhandlung ist nun ferner bei der Frist versäumt, in der Regel mit Ablauf der Frist. Auch hierven finden sich Ausnahmen im Civilprozeß, so vor allen Dingen — das ist ja von sehr praktischer Bedeutung — beim Widerspruch im Mahnverfahren. Das Mahnverfahren wird Ihnen ja Allen bekannt sein, meine Herren; es ist in der Prozeßordnung zugelassen, daß wegen aller sogenannten fungiblen Ansprüche, ganz gleich wie hoch sie sich belaufen, wenn sie vermögensrechtliche Ansprüche betreffen, ein Zahlungsbefehl mit zweiwöchentlicher Frist nach Art unseres Bagatell-Mandats auf Antrag erlassen werden muß, und es ist in diesem Mahnverfahren eine zweiwöchentliche Frist für den Widerspruch bestimmt, jedoch kann der Widerspruch immer noch erfolgen auch nach Ablauf dieser zweiwöchentlichen Frist, so lange als der Vollstreckungsbefehl nicht verfügt ist. Auch im Vertheilungsverfahren können die Berechnungen später eingereicht werden; ähnlich bei Beseitigung eines Hindernisses einer Beweisaufnahme u. dgl.

Ich will hier, wenn ich von allgemeinen Grundsätzen der Versäumung spreche, nicht unterlassen, noch auf eine Bestimmung der Prozeßordnung hinzuweisen bezüglich der Versäumniß seitens der Streitgenossen, — eine Frage, die ja im preußischen Prozeß zu sehr vielen Erörterungen geführt hat. Die Prozeßordnung unterscheidet, wie auch die Theorie, eine sogenannte formelle, blos prozeßualische Streitgenossenschaft und eine materielle, nothwendige Streitgenossenschaft; es wird eine materielle Streitgenossenschaft angenommen, wenn, wie das Gesetz sich ausdrückt, das Rechtsverhältniß allen Parteien gegenüber nur einheitlich festgestellt werden kann, oder wenn aus anderen gesetzlichen Gründen nach dem bürgerlichen Recht die Streitgenossenschaft eine nothwendige ist, also wenn es nothwendig ist, daß die Streitgenossen zugleich klagen müßten, z. B. nach preußischem Recht, weil die Forderung nicht ipso jure getheilt ist, ferner bei Streitigkeiten über Prädial-Servituten, über Erbrecht u. dgl. Für den ersteren Fall, die blos formelle Streitgenossenschaft, stehen die Streitgenossen nebeneinander, ohne sich gegenseitig nützen oder schaden zu können; wenn der Eine versäumt, versäumt er für sich, wenn er handelt, handelt er für sich, nicht für den Andern. Dagegen bei der materiellen Streitgenossenschaft ist vorgeschrieben, daß die säumigen Streitgenossen durch die nichtsäumigen vertreten werden; wenn also auch nur einer das Rechtsmittel einlegt, den Termin wahrnimmt, thut er das für seine Litiskonsorten. Die Ausnahmen von diesem Grundsatze bei der Eideszuschiebung und der Eidesleistung werden in dem Vortrage über den Beweis zu behandeln sein.

Ich wende mich sodann zu den Folgen der Versäumung, einem odiösen Kapitel, besonders für uns Anwälte. Die allgemeine Folge der Versäumung ist in dem §. 208 mit dürren Worten dahin ausgesprochen, daß, wer einen Termin, eine Frist versäumt, mit der vorzunehmenden Prozeßhandlung ausgeschlossen wird. Damit aber ist die Sache noch keineswegs erschöpft; denn nun wird sich weiter fragen: was folgt wieder daraus, daß die Partei mit der Prozeßhandlung ausgeschlossen wird? Diese besonderen Folgen aus der Versäumung der Prozeßhandlung für die Sachlage können die verschiedensten sein: es kann ein Zugeständniß angenommen werden, ein Verzicht auf die Klage beziehungsweise auf das Rechtsmittel, eine Genehmigung von Erklärungen eines Bevollmächtigten, wenn die Partei nicht gleich widerspricht, eine Anerkennung von Urkunden, die Eidesweigerung, — und eine ganz allgemeine Folge aus §. 90 der Prozeßordnung bezüglich der Kostenpflicht, die wohl zu beachten ist; da heißt es: „Die Partei, welche einen Termin oder eine Frist versäumt oder die Verlegung eines Termins, die Vertagung einer Verhandlung, die Anberaumung eines Termins zur Fortsetzung der Verhandlung oder die Verlängerung einer Frist durch ihr Verschulden veranlaßt, hat die dadurch verursachten Kosten zu tragen." Unter Umständen kann endlich aus der Versäumung auch folgen die Unzulässigkeit des Antrags auf Erlaß eines Versäumnißurtheils.

Regel ist nun, daß alle Versäumnißfolgen ipso jure eintreten, das heißt einmal, ohne daß die Rechtsnachtheile vorher angedroht zu werden brauchen, und andererseits ohne besonderen Antrag der Gegenpartei. Ausnahmen von dieser Regel finden sich erstlich bezüglich des Präjudizes bei dem Mahnverfahren: der Zahlungsbefehl muß erlassen werden unter dem Präjudiz, das vorgeschrieben ist; ebenso auch beim öffentlichen Aufgebot, da versteht es sich ganz von selbst, daß dasselbe bekannt gemacht werden muß unter dem Präjudiz, daß, wenn man sich nicht meldet, die Amortisation, die Kraftloserklärung der Urkunde u. s. w. erfolgt. Bezüglich des Antrages ist eine große hauptsächliche Ausnahme gemacht bei totaler Versäumung eines Termins zur mündlichen Verhandlung. In allen diesen Fällen kann ein Versäumnißurtheil — also die Hauptfolge einer solchen Versäumniß — nicht erlassen werden ohne Antrag der Gegenpartei und bevor die Verhandlung über diesen Antrag geschlossen ist. Fernere Ausnahmen sind bezüglich des Antrages gemacht bei der Sicherheitsleistung, bei Aufhebung des Arrestes wegen nicht zeitiger Anstellung der Hauptklage, beim Aufgebotsverfahren u. s. w. Erwähnen muß ich dann noch, daß in gewissen Fällen von aktueller Wichtigkeit die Versäumung nur eintritt nach vorheriger richterlicher Aufforderung zur Erklärung, und zwar ist dies bei Erklärungen über Eideszuschiebungen der Fall in jedem Verfahren; ebenso bei Erklärungen über Urkunden im amtsgerichtlichen Prozeß, — keine Urkunde darf hier in contumaciam für anerkannt erachtet werden, wenn der Amtsrichter nicht vorher die Partei ausdrücklich zur Erklärung über dieselbe aufgefordert hat. Ein dritter Fall findet sich im vorbereitenden Verfahren in Rechnungs-

sachen; wenn eine Partei vor dem beauftragten Richter erschienen ist und eine Erklärung nicht abgibt, so kann sie auch nur dann kontumazirt werden, wenn der beauftragte Richter sie aufgefordert hat, sich zu erklären. Bezüglich des Eides ist das gewiß eine Verbesserung, denn bisher mußten wir, wie Sie ja wissen, oft genug die Eideszuschiebungen mit Licht suchen in den betreffenden Schriftsätzen, in denen sie unter allerhand Klauseln und Schleiern versteckt waren.

Eine besondere Behandlung verdient nur noch, meine Herren, der Fall der totalen Versäumung eines Verhandlungstermins, also der wichtigste Fall der Versäumung. Zu diesem Fall wird, wie ich schon bemerkte, und wie Ihnen Allen bekannt sein wird, auf Antrag des Gegners ein Versäumnißurtheil erlassen, welches ganz besondere Folgen hat, ganz besondere Rechtsbehelfe nach sich zieht. Voraussetzung für den Erlaß des Versäumnißurtheils ist zunächst, daß wenigstens eine Partei in dem Termine erscheint; wenn keine erscheint, dann ruht das Verfahren. Eine aber muß nicht erscheinen; dem Nichterscheinen ist gleichgestellt das Nichtverhandeln, also wenn die Partei gar keine Erklärungen abgibt; gibt sie Erklärungen ab über einzelne Punkte, über andere nicht, so liegt der Fall der totalen Versäumniß nicht vor, und es kann ein Versäumnißurtheil nicht erlassen werden, vielmehr muß ein kontradictorisches Urtheil ergehen; das ist ausdrücklich in dem betreffenden Titel gesagt. Dem Nichterscheinen und Nichtverhandeln steht auch gleich, wenn die Partei wegen Ruhestörung entfernt wird, wenn ihr der Vortrag untersagt wird, wenn Winkelkonsulenten zurückgewiesen werden, — alles dies wird der Verhandlung der Sache; wenn schon verhandelt ist, kann auch in diesen Fällen ein Versäumnißurtheil nicht erlassen werden. Zu einzelnen stellt sich die Sache so: im gewöhnlichen Verfahren, in der Hauptverhandlung des ordentlichen Prozesses, wenn der Kläger im Termin nicht erscheint — ob es nun der Kläger ist oder der Beklagte —, so wird auf Antrag des Beklagten bzw. Widerbeklagten gegen ihn das Versäumnißurtheil dahin erlassen, daß er mit der Klage bzw. Widerklage abzuweisen ist, also sehr abweichend von unserem gegenwärtigen Verfahren. Der ersten mündlichen Verhandlung werden gleichgestellt alle Verhandlungstermine, die etwa anberaumt sind bei Vertagung der Sache, und selbst solche, die nach dem Schluß der Beweisaufnahme angesetzt werden. Man hat geglaubt, gewißermaßen Gerechtigkeit zu üben, indem man diese Vorschrift aufgenommen hat als Komplement dazu, daß der Beklagte in der Regel verurtheilt wird, wenn man das Versäumnißverfahren gegen ihn beantragt wird. Indessen, ich glaube — verzeihen Sie mir diese beiläufige Bemerkung — die Gerechtigkeit ist hier nicht völlig ausgleichend. Gegen den Beklagten wird nämlich das Präjudiz nicht so gestellt, daß er ohne weiteres nach dem Klageantrag verurtheilt würde; wäre das der Fall, dann wären die beiden Parteien gleichgestellt; das Präjudiz gegen den Beklagten bzw. Widerbeklagten geht aber nur dahin, daß bloß die mündliche Vorbringen des Klägers bzw. Widerklägers für zugestanden erachtet wird, und nur insoweit dieses den Klageantrag rechtfertigt, nur insoweit ergeht die Verurtheilung gegen den Beklagten, im Übrigen erfolgt Abweisung des Klägers. Bei solchem Verfahren steht der Kläger im Kontumazialverfahren natürlich schlechter als der Beklagte; er wird immer abgewiesen, der Verklagte aber nicht immer verurtheilt. Wenn nun ein solches Erkenntniß dahin ergeht, daß nur theilweise ein Versäumnißurtheil erlassen wird oder auch trotz der Versäumniß des Beklagten der Kläger ganz abgewiesen wird, so ist dieses Urtheil in Bezug auf den Kläger kein eigentliches Versäumnißurtheil, sondern gegen ihn, der erschienen ist, ein kontradiktorisches Urtheil, welches den gewöhnlichen Rechtsmitteln unterliegt.

In der zweiten Instanz stellt sich die Sache ähnlich. Erscheint der Berufungskläger nicht, so wird auf Antrag des Berufungsbeklagten das Versäumnißurtheil dahin erlassen, daß die Berufung zurückzuweisen ist; erscheint der Berufungsbeklagte nicht, — das ist zu „deutsch" der Appellat — so stellt sich die Sache ganz eigenthümlich, dann soll auch das neue mündliche Vorbringen des Klägers für zugestanden erachtet werden, „so weit nicht das festgestellte Sachverhältniß entgegensteht", und von einer von ihm beantragten, zulässiger Weise beantragten — im Text des Reichsgesetzes steht: zuverlässiger Weise — Beweisaufnahme wird im voraus angenommen, daß sie das Resultat gehabt habe, welches ihr prognostizirt wurde. Ich glaube, daß diese Vorschrift zu großen Schwierigkeiten in der Praxis führen wird; ich will aber heute bei der vorgerückten Zeit nicht weiter auf eine Interpretation dieses Paragraphen einlassen; ich verspare das auf eine gelegenere Zeit.

Bei der Revision stellt sich die Sache für den Revisionskläger selbstredend ebenso, daß, wenn er nicht erscheint, auf Antrag des Revisionsbeklagten die Revision zurückgewiesen wird; wenn dagegen der Revisionsbeklagte nicht erscheint, so hat das wohl in den seltensten Fällen eine Wirkung gegen ihn, denn Thatsächliches kann in der Revisionsinstanz nur in höchst seltenen Fällen noch vorgebracht werden, es kann also für gewöhnlich nichts mehr für zugestanden erachtet werden. Es können allerdings Fälle vorkommen, wo Prozeßvorschriften verletzt worden sind, die in der Revisionsinstanz gerügt werden und ein thatsächliches Vorbringen veranlassen. Bezüglich dieses thatsächlichen Vorbringens gilt die Regel der ersten Instanz.

Eine weitere crux von Streitigkeiten wird die Bestimmung des §. 812 ergeben. Dort ist nämlich gesagt: wenn lediglich über einen Zwischenstreit verhandelt werden soll, so darf sich das Versäumnißverfahren, das Versäumnißurtheil auch nur auf diesen Zwischenstreit beziehen, es findet da entsprechende Anwendung. Aber wie die entsprechende Anwendung in den einzelnen Fällen zu machen ist, das, glaube ich, wird häufig wohl zweifelhaft sein. Ich nehme an, es wird der Zwischenstreit geführt über eine Beweiseinrede, die der Beklagte im ersten Termin vorgebracht hat, und der Beklagte erscheint in der für diesen Zwischenstreit angesetzten besonderen Verhandlung nicht; wenn wir nun die Vorschriften über das Versäumnißverfahren buchstäblich anwenden sollen, so kommen wir zu gar keinem Resultat. Denn nach den allgemeinen Vorschriften über das Versäumnißverfahren soll ja nur das Vorbringen des Klägers für zugestanden erachtet werden. Wir werden aber wohl nicht fehl greifen, wenn wir in analoger Anwendung der Bestimmungen über das Versäumnißverfahren annehmen: Erscheint der Beklagte nicht, so will er von der Beweiseinrede keinen Gebrauch machen, dieselbe ist also durch Versäumnißurtheil auf Antrag zu verwerfen. Die Verhältnisse können

ja aber auch viel verwickelterer Natur sein. Ich will hierbei bemerken, daß, wenn der §. 812 sagt: „wenn lediglich über einen Zwischenstreit verhandelt wird, so beschränkt sich das Versäumnißverfahren auf den Zwischenstreit", daraus folgt, daß, wenn über den Zwischenstreit und die Hauptsache zugleich verhandelt wird, dieser Paragraph nicht zur Anwendung kommen kann. Dennoch kommt er in einem Falle ausnahmsweise zur Anwendung, der von großer Wichtigkeit ist, und den ich gleich erwähnen will. Bei versäumter Eidesleistung nämlich, wenn der Schwurpflichtige im Termin zur Eidesleistung nicht erscheint oder keine Erklärung abgiebt, wird auf Antrag des Gegners ein Versäumnißurtheil dahin erlassen, daß der Eid als verweigert zu erachten ist; es wird nicht erst bis zum Urtheil gewartet, und es findet auch keine Restitution statt, ohne daß ein solches Versäumnißurtheil erlassen wäre, es muß sofort auf Antrag des Gegners erlassen werden, und zwar selbst dann, wenn die Verhandlung gleichzeitig auch die Hauptsache betrifft. Dieses Versäumnißurtheil wird auch zu erlassen sein, wenn es sich um einen Erkenntnißeid (richterlichen oder zugeschobenen) handelt. Auf einen Eid soll in der Regel durch bedingtes Urtheil erkannt werden; nur ausnahmsweise ist die Normirung durch Beweisbeschluß zugelassen. Bezüglich des weiteren Verfahrens finden wir nur in der Prozeßordnung nur die eine trockene Bestimmung, daß die Folgen des bedingten Urtheils demnächst von dem Richter auszusprechen sind, und zwar — das möchte ich bemerken als Abweichung von unserem Verfahren, — daß das bedingte Urtheil zweiter Instanz auch von der zweiten Instanz zu erledigen ist und nicht von der ersten, ja daß sogar auch der Berufungsrichter berechtigt ist, ein bedingtes Urtheil der ersten Instanz vor sein Forum zu ziehen und dort zu erledigen. Die Verhandlung über die Purifikation des Urtheils kann nun aber auch nicht anders behandelt werden als die Verhandlung über einen Zwischenstreit. Zur Hauptsache mündlich zu verhandeln wird in der Regel nicht sein, es wird nur durch die Partei zu laden sein zur Leistung des Eides und zur Verhandlung über Läuterung des Urtheils. Ich sage, es wird durch die Partei (nicht von Amtswegen) zu laden sein; ich glaube, daß ich das streng beweisen kann. Es findet sich nämlich der Grundsatz in der Prozeßordnung, daß der Eid, der durch bedingtes Urtheil auferlegt ist, nicht eher abgenommen werden darf, als bis das Urtheil die Rechtskraft beschritten hat. Wir haben ja in unserem Verfahren zum Theil abweichende Bestimmungen. Nun, meine Herren, ob das Urtheil die Rechtskraft beschritten hat, das kann das Prozeßgericht gar nicht wissen, denn es weiß nicht, ob und wann das Urtheil zugestellt ist bez. ob noch die Rechtsmittelfristen laufen oder nicht; es ist also auch gar nicht in der Lage, von Amtswegen zur Läuterung des Urtheils zu laden; es muß dazu von der Partei angestoßen werden.

Wenn nun zu einem solchen Termin zur Purifikation des Urtheils der Schwurpflichtige erscheint, dagegen der Gegner nicht, so ist meiner Meinung nach der Schwurpflichtige nicht berechtigt, ein Versäumnißurtheil gegen den andern zu verlangen, denn es handelt sich ja bloß um die Eidesleistung, um diese eine Handlung, sondern er ist nur berechtigt, zu erklären, ich will den Eid leisten, oder ich verweigere es, oder gar nicht zu erklären. Erklärt er garnichts, so wird aus dem Termine auch nichts; erklärt er, daß er den Eid weigere, so muß das

Gericht für den Nichtschwörungsfall erkennen; leistet er den Eid, so wird natürlich für den Schwörungsfall erkannt. Erscheint dagegen der Gegner des Schwurpflichtigen im Termin, der Schwurpflichtige aber nicht, dann muß wieder zunächst auf seinen Antrag ein Versäumnißurtheil dahin erlassen werden, daß der Eid als verweigert anzusehen sei; gegen dieses Versäumnißurtheil findet der Einspruch statt, und erst nach Ablauf der Frist für den Einspruch wird von neuem zu laden sein, um das Urtheil definitiv zu machen.

Meine Herren, das Versäumnißurtheil — ich muß hier der Zeit wegen doch vieles übergehen — nimmt ja nun bei verschiedenem Verfahren verschiedene Gestalt an; ich will nur noch einen kuriosen Fall erwähnen gegen Rechtsnachfolger bei Unterbrechung des Verfahrens. Wenn nämlich das Verfahren unterbrochen ist, weil die Partei gestorben ist, so kann der Gegner die Rechtsnachfolger laden, und wenn dieselben nicht erscheinen, dann wird ein Versäumnißurtheil dahin erlassen, daß die Aufnahme des Prozesses durch die Rechtsnachfolger als erfolgt anzusehen ist, es werden alle Thatsachen, die sich auf die Rechtsnachfolger beziehen, für zugestanden erachtet, es kann aber über die Hauptsache noch nicht verhandelt werden.

Wenn nach Abschluß des Vorbereitungsverfahrens in Rechnungs- und Auseinandersetzungssachen Termin zum Schluß angesetzt wird, also Termin zur mündlichen Verhandlung, der in solchem Verfahren von amtswegen angesetzt wird, dann wird ein Versäumnißurtheil nur erlassen über die streitigen Ansprüche. Wenn sich im vorbereitenden Stadium dagegen heraus gestellt hat, daß gewisse Ansprüche unstreitig sind, so wird über diese hinterher im Schlußtermin ein kontradiktorisches Urtheil erlassen, und nur über die streitigen ein Versäumnißurtheil gegen den Ausbleibenden.

Wird der Antrag auf Versäumnißurtheil von dem Gericht zurückgewiesen, so findet das Rechtsmittel der sofortigen Beschwerde gegen diesen Beschluß statt. Ich muß aber hier noch erwähnen: von dem allgemeinen Grundsatz, daß zu Terminen in verkündeten Entscheidungen die Parteien nicht geladen zu werden brauchen, findet sich, wie ich schon im Eingang bemerkt habe, im Versäumnißverfahren eine spezielle Ausnahme, die vollkommen begreiflich ist. Wenn nämlich beispielsweise der Kläger den Antrag stellt, das Versäumnißurtheil gegen den Verklagten zu erlassen, so kann das Gericht sagen: Ja, es fehlen mir hier noch bestimmte Nachweise für die Passivlegitimation aber für die Aktivlegitimation, du hast mir das noch zu bringen. In diesem Falle kann es der Kläger auf die Zurückweisung seines Antrages ankommen lassen, es kann aber auch die Vertagung der Verhandlung beantragen. Zugleich ist das Gericht berechtigt, von amtswegen nur in gewissen Fällen die Vertagung der Verhandlung zu beschließen, wenn nämlich das Gericht der Ansicht ist, daß die Einlassungs- oder Ladungsfrist im vorliegenden Falle zu kurz bemessen war, oder die Partei durch vis major verhindert war an dem Termin Theil zu nehmen. In allen solchen Fällen soll der nächste Termin gleich verkündet werden, und es müßte dann nach der Regel der Beklagte nicht geladen zu werden brauchen. Es wäre ja aber ein Nonsens, anzunehmen: er sei entschuldbar ausgeblieben, und gleichzeitig zu fingiren, er sei bei der Verkündung anwesend. Darum hat das Gesetz bestimmt, in allen solchen Fällen ist die nicht erschienene Partei dennoch zu laden, und zwar meiner Ansicht nach von der Partei, da die Entscheidung verkündet ist und da sonst kein Grund vorliegt, anzunehmen, daß hier mit einem Male die offizielle Thätigkeit des Gerichts eingreifen solle.

Meine Herren, ich komme zum Schluß meines Vortrages; derselbe betrifft auch noch ein wichtiges Kapitel, die Beseitigung der Folgen der Versäumniß. Wie schon erwähnt, gibt es einen Rechtsbehelf gegen die Versäumung der Nothfrist, den Rechtsbehelf der Wiedereinsetzung in den vorigen Stand. Ich sage ausdrücklich nicht „Rechtsmittel", weil es dazu von dem Gesetz nicht gemacht ist. Die Wiedereinsetzung in den vorigen Stand wird gewährt, wenn die Partei durch Naturereignisse, oder andere unabwendbare Zufälle, kurz durch vis major abgehalten worden ist, die Frist zu wahren, und zwar innerhalb einer Frist von 2 Wochen von der Beseitigung des Hindernisses an, jedoch innerhalb der weiteren schon erwähnten Präklusivfrist von einem Jahre. Die Wiedereinsetzung wird auch gegeben in dem ebenfalls schon besprochenen Falle, daß die Zustellung an den Gerichtsvollzieher bezw. an den Gerichtsschreiber 3 Tage vor Ablauf der Nothfrist erfolgt und zwar binnen einer peremtorischen einmonatlichen Frist von Ablauf der Nothfrist. Das ist der Fall des §. 213. Da ist aber ferner noch nachgelassen, daß die Wiedereinsetzung in den vorigen Stand noch in dem Termine, zu welchem geladen worden ist, nachgeholt werden kann, wenn nur die Ladung innerhalb der einmonatlichen Frist vom Ablauf der Nothfrist erfolgt ist. Es könnte nämlich etwa folgender Fall vorkommen: ich lege die Berufung ein in einer amtsgerichtlichen Sache gegen eine Partei, die nicht durch einen Prozeßbevollmächtigten vertreten ist, ich muß mich also des Gerichtsvollziehers bedienen. Dieser bekommt von mir den Schriftsatz 3 Tage vor Ablauf der Nothfrist, behändigt ihn aber erst später, jedoch innerhalb der einmonatlichen Frist nach Ablauf der Nothfrist; dieser Schriftsatz enthält gleichzeitig die Ladung für den Termin; wie stellt er aber die Zustellungsurkunde wiederum erst einen Monat nach Ablauf der Nothfrist zu, so daß nunmehr auch die Frist für die Wiedereinsetzung abgelaufen ist. Darum hat man bestimmt: wenn nur wenigstens innerhalb der einmonatlichen Frist nach Ablauf der Nothfrist die Ladung erfolgt ist, dann kann man noch im Termine selbst die Wiedereinsetzung in den vorigen Stand beantragen, und zwar mündlich. Im Uebrigen ist die Wiedereinsetzung in den vorigen Stand in derselben Weise einzulegen wie die Rechtsmittel, indem man einen Schriftsatz macht, welcher die begründenden Thatsachen und die Mittel ihrer Glaubhaftmachung enthält und ihn dem Gegner innerhalb der bestimmten Frist zustellt; in diesem Schriftsatz muß gleichzeitig die Prozeßhandlung, die versäumt ist, nachgeholt, oder, wenn dies schon früher erfolgt ist, darauf Bezug genommen werden.

Meine Herren, das ist erst die eine Art der Beseitigung von Versäumnißfolgen. Eine zweite Art findet sich bei einzelnen Instituten: es kann das Versäumte bei gewisser Entschuldbarkeit der Partei nachgeholt werden, wobei jedoch eine Verschuldung der Vertreter nicht als eine Entschuldbarkeit der Partei angesehen wird, die ist also schädlich, nach §. 210. So bei der Ablehnung des judex suspectus, bei prozeßhindernden Einreden, im Vorbereitungsverfahren, bei Anträgen auf nachträgliche Beweisaufnahme nach Frustrirung des Termins. Viel wichtiger ist aber das Hauptmittel gegen die Folgen der totalen Versäumniß, der Rechtsbehelf des Einspruchs, der „Opposition" des französischen Rechts, der „Restitution" unserer Prozeßordnung. Dieser Einspruch ist nur zulässig gegen das erste Versäumnißurtheil; wenn also eine Partei sich des Einspruchs bedient hat und in dem zweiten Termin, also in dem Termin zur Verhandlung über den Einspruch und über die Hauptsache, von neuem versäumt, so wird ein zweites Versäumnißurtheil gegen sie erlassen, und gegen dieses zweite Versäumnißurtheil ist der Einspruch nicht zulässig. Der Einspruch ist ferner unzulässig, wenn eine Partei die Wiedereinsetzung in den vorigen Stand nachgesucht hat, in dem Termin zur mündlichen Verhandlung nicht erscheint und nun das Versäumnißurtheil gegen sie erlassen wird.

Die Frist für die Einlegung des Einspruchs ist zwei Wochen; sie beginnt mit der Zustellung des Urtheils. Der Einspruch wird eingelegt durch einen Schriftsatz, der dem Gegner zuzustellen ist, und dessen Bedingungen sehr einfach sind: es ist das Urtheil zu bezeichnen, gegen das der Einspruch eingelegt wird, es ist zu sagen: daß er eingelegt wird, und es ist gleichzeitig die Gegenpartei zur Verhandlung über die Hauptsache zu laden.

Der Einspruch hemmt die Rechtskraft des Versäumnißurtheils, nicht aber die Vollstreckbarkeit. Ist das Versäumnißurtheil, wie es ja in vielen Fällen auf Antrag und theilweise auch von Amtswegen geschehen muß, für vorläufig vollstreckbar erklärt — ich erinnere an die Bestimmung, daß in den zukünftigen Bagatellsachen, also in allen Gegenständen bis 300 Mark, das Versäumnißurtheil auf Antrag für vollstreckbar zu erklären ist — so hemmt der Einspruch die Vollstreckung an und für sich nicht; es ist das vielmehr in das Ermessen des Richters gestellt, ob der Fall dazu angethan ist, die Exekution zu sistiren oder nicht. — So lange Einwendungen durch Einspruch geltend gemacht werden können — das dürfte wohl auch zu bemerken sein — können sie in der Exekutionsinstanz vorgebracht werden.

Ich will mir eine eingehende Darstellung des Einspruchs vorbehalten, wenn ich die Rechtsmittellehre behandeln werde in einem der nächsten Vorträge.

Ich komme nun noch zu dem letzten Punkt, zu der Nachholung des Versäumten — der Heilung der Kontumaz, wie wir das bisher ausgedrückt haben — in der Berufungsinstanz. In dieser Beziehung weicht die Reichscivilprozeßordnung sehr erheblich ab von unserem gegenwärtigen Verfahren. Zunächst gilt der Grundsatz: „contumax non appellat," also: gegen ein Versäumnißurtheil, gegen welches der Einspruch zulässig ist, ist die Berufung unzulässig; gegen ein Versäumnißurtheil, gegen welches der Einspruch nicht zulässig ist, also gegen das zweite oder gegen das, was nach der Wiedereinsetzung in den vorigen Stand gegen den Antragsteller erlassen ist, ist die Berufung nur insoweit zulässig, als sie darauf gestützt wird, daß der Fall der Versäumung nicht vorgelegen habe. Sonst kann nicht nachgeholt werden durch neue Thatsachen und neue Beweismittel das, was in der ersten Instanz bei totaler Versäumniß versäumt worden ist. Hat dagegen nur eine partielle Versäumniß stattgefunden, ist also ein kontradiktorisches Urtheil erlassen, dann gilt allerdings der Grundsatz für die Berufung; es sind nova zulässig, und es ist auch zulässig,

unterlassene und verweigerte Erklärungen über Thatsachen, Urkunden, Eideszuschiebungen in zweiter Instanz nachzuholen. Dagegen ist ausgeschlossen die Nachholung der Versäumniß bei der Verweigerung der Eidesleistung. Man muß unterscheiden zwischen der Verweigerung einer Erklärung über die Eideszuschiebung und zwischen der Verweigerung der Eidesleistung. Ich will in dieser Beziehung gleich einen Irrthum — so glaube ich wenigstens — in unserem Kommentar berichtigen, der sich in die Anmerkung zum §. 495 eingeschlichen hat. Nach §. 493 können „die in erster Instanz unterbliebenen oder verweigerten Erklärungen über Thatsachen, Urkunden und Eideszuschiebungen in der Berufungsinstanz nachgeholt werden." „Thatsachen, Urkunden und Eideszuschiebungen" beziehen sich nach meiner jetzigen Ansicht auf „Erklärungen"; es sind nicht Erklärungen über Thatsachen und Urkunden, sowie Eideszuschiebungen, sondern Erklärungen auch über Eideszuschiebungen gemeint. Wenn also die Partei vom Richter aufgefordert ist, sich zu erklären und sie hat es dennoch nicht gethan, so wird zwar angenommen, daß sie den Eid verweigert habe; in zweiter Instanz kann sie es aber nachholen und kann sich erklären. Dagegen heißt es: „Die in erster Instanz erfolgte Annahme oder Zurückschiebung eines Eides behält ihre Wirksamkeit auch für die Berufungsinstanz" — das gilt auch hier für den Fall der Versäumung nicht an — „Dasselbe gilt von der Leistung, von der Verweigerung der Leistung und von der Erlassung eines Eides, wenn die Entscheidung, durch welche die Leistung des Eides angeordnet ist, von dem Berufungsgerichte für gerechtfertigt erachtet wird." Also, ist der Eid in erster Instanz verweigert, so kann er in zweiter Instanz nicht nachgeholt werden, und das gilt auch in dem Falle, wenn die Leistung des Eides durch Versäumnißurtheil für verweigert erklärt ist; es kann also nicht mehr vorkommen, daß eine Partei, die einmal ausgeblieben ist und sich dann hat restituiren lassen in erster Rechtszuge, dann in der zweiten Instanz sich von neuem erbiete, den Eid zu leisten, sich dann wieder restituiren läßt und im letzten Termine dann doch nicht erscheint. Das ist ausgeschlossen aus doppelten Gründen, einmal weil die Versäumniß als eine Verweigerung der Eidesleistung angesehen wird, und zweitens, weil gegen das Versäumnißurtheil keine Berufung zulässig ist, wenn der Einspruch zulässig war.

Ich will schließlich noch bemerken, daß neue Ansprüche in zweiter Instanz nur geltend gemacht werden können, wenn damit kompensirt werden soll, und auch nur dann, wenn glaubhaft gemacht wird, daß die Partei in der ersten Instanz nicht im Stande gewesen ist, von diesen Kompensationseinreden Gebrauch zu machen. Das ist gewiß ein wirksames Mittel gegen die Verschleppung des Prozesses; während die Vorschrift, welche die restitutio ex capite minorennitatis beseitigt, wohl nur für die gemeinrechtlichen Gebiete von Bedeutung ist, wo dieses Institut noch nicht antiquirt war.

Meine Herren, ich bin am Ende; sollte ich etwas versäumt haben, so bitte ich um Restitution.

(Lebhafter Beifall.)

Entscheidungen der höchsten Gerichte Würtembergs in Reichsgesetzsachen.

(Im Auszug mitgetheilt von Kreis-Richter Stahl in Rottweil.)

I. Civilrechtliche.

98. Zu §. 324, 342, 345 Abs. 2 des D. H. G. B.

Nach Art. 324 und 342 des H. G. B. ist der Ort der Handelsniederlassung der Beklagten der Erfüllungsort für die Beklagten, wenn nicht durch ausdrückliche oder stillschweigende Uebereinkunft etwas Anderes festgesetzt wurde.

Eine solche abweichende Uebereinkunft ist in den in die Schlußnote aufgenommenen Worten: „franco Bestimmungsort" nicht zu finden. Denn diesen Worten kommt an sich nur die Bedeutung zu, daß der Verkäufer den Transport der Waare nach dem Bestimmungsort für seine Rechnung besorgen solle. Daraus aber, daß der Verkäufer die Kosten der Versendung an den Bestimmungsort übernimmt, folgt nach Art. 345 Abs. 2 des H. G. B. für sich allein noch nicht, daß der Ort, wohin der Transport geschieht, für den Verkäufer als der Ort der Erfüllung gilt.

Dieser gesetzlichen Bestimmung gegenüber ist die Behauptung des Klägers, daß die Fruchthändler, anstatt ausdrücklich zu vereinbaren, es solle die Gefahr vom Verkäufer bis an den Bestimmungsort getragen und der Vertrag an diesem Ort erfüllt werden, hierfür die Worte: „franco Bestimmungsort" zu gebrauchen pflegen, nicht für erheblich zu erachten. Denn die Bestimmung des Art. 345 Abs. 2 hat gerade den Zweck, der in kaufmännischen Kreisen vielfach vertretenen Ansicht, die Vereinbarung, daß der Verkäufer die Versendungskosten übernehme, mache für sich schon den Bestimmungsort zum Erfüllungsort, entgegenzutreten. Aus der von dem Kläger behaupteten thatsächlichen Uebung würde daher nur das sich ergeben, daß jene von dem Gesetze verworfene Ansicht auch jetzt noch in gewissen Kreisen verbreitet ist, nicht aber das, daß auch im vorliegenden Falle die Kontrahenten übereinstimmend beabsichtigt haben, mit den Worten: „franco Bestimmungsort" den Bestimmungsort zum Erfüllungsorte zu machen. (Urtheil des Landesoberhandelsgerichts d. d. 20. Dezember 1877 im würt. Ger. Bltt. S. 117.)

99. Zu §. 8 des Haftpflichtgesetzes vom 7. Juni 1871.

Die hier normirte zweijährige Verjährung tritt erst mit dem vollständigen Ablauf des letzten Tages der Verjährungsfrist ein; und ist als dieser letzte Tag derjenige anzusehen, in welchen der mathematische Endpunkt der Frist, falls von Moment zu Moment gerechnet wird, fällt; es wird daher der erste Tag, in dessen Verlaufe die Frist beginnt, nicht mitgerechnet. — Die nach gemeinem Rechte zugelassene Restitution gegen den durch Schuld des Gerichts herbeigeführten Eintritt der Klageverjährung wird durch §. 8 des Haftpflichtgesetzes nicht ausgeschlossen, wie aus der Vergleichung des Gesetzes mit dem Entwurfe und den Verhandlungen über letzteren hervorgeht. (Urtheil des Landesoberhandelsgerichts d. d. 16. Februar 1878 im würt. Ger. Bltt. 14. S. 279 fgde.)

II. Strafrechtliche.

101. Zu §. 18 Z. 2 und §. 7 des Preßgesetzes vom 7. Mai 1874.

Der Redakteur einer periodischen Zeitschrift hört in Folge einer vorübergehenden Ortsabwesenheit nicht auf, der verantwortliche Redakteur zu sein; es kann somit darin, daß der Betreffende in den während seiner Abwesenheit erschienenen Nummern als verantwortlicher Redakteur bezeichnet ist, keine falsche Angabe, und folgeweise auch kein Vergehen im Sinne des §. 18 gefunden werden; übrigens kann im Fall der Ortsabwesenheit des Redakteurs nach §. 20 Abs. 2 des Preßgesetzes die Annahme seiner Thäterschaft rücksichtlich einer durch die Druckschrift verübten strafbaren Handlung als ausgeschlossen erscheinen. (Beschluß der Strafkammer des K. Obertribunals vom 28. Dezember 1877 im würt. Ger. Bltt. 14 S. 114.)

102. Zu §. 110 des St.-G.-B.

„Dieser Paragraph setzt nicht voraus, daß die Anordnung der Obrigkeit eine solche sei, deren alsbaldige Befolgung verlangt werden könne." (In dem betreffenden Falle stand es der zum Ungehorsam aufgeforderten Bürgerschaft frei, gegen den ihr zur Kenntniß gebrachten Beschluß der bürgerlichen Collegien Beschwerde zu erheben, was auch geschah); „auch ist nicht erforderlich, daß die Aufforderung zum Ungehorsam Erfolg gehabt habe." (Urtheil des Kassationshofs d. d. 27. Februar 1878 im Würtemb. Ger. Bltt. 14 S. 247.)

103. Zu §. 370 Ziff. 5, des St.-G.-B.

Diese Bestimmung findet auf Unterschlagungen keine Anwendung, denn es widerspricht dem Sprachgebrauche, unter einer Entwendung eine Unterschlagung zu verstehen. (Urtheil des Kassationshofes d. d. 24. Februar 1878 im Würtemb. Ger. Bl. 14 S. 249.)

104. Zu §. 147 Z. 3 der Gewerbordnung.

Ueber die Frage, ob diese Strafbestimmung ausreiche, um dem Mißbrauch zu begegnen, der mit Führung von durch amerikanische Universitäten erworbenen Doktortiteln Seitens solcher Personen getrieben wird, die, ohne geprüft zu sein, gewerbsmäßig Heilkunde ausüben, hat sich der Kassationshof in seinem Gutachten vom 18. Oktober 1877 dahin ausgesprochen:

Unter dem Ausdruck „geprüfte Medicinalpersonen" sind lediglich solche zu verstehen, welche die in §. 29 der Gewerbordnung behufs des Nachweises der Befähigung für die Approbation vorgeschriebenen Prüfungen erstanden haben, also für das Reichsgebiet geprüfte und approbirte Medicinalpersonen. Soll also durch die Führung eines Doktortitels die Anwendung jener Strafbestimmung verhindert werden, so muß festgestellt sein, daß durch diesen Titel der Glaube erweckt werde, der Inhaber sei eine solche im Inland geprüfte und approbirte Medizinalperson, sowie in subjektiver Hinsicht, daß durch die Beilegung dieses Titels dieser Glaube erweckt werden will. An und für sich beweist nun der Besitz der medizinischen Doktorwürde durchaus nichts für die Approbation zur Ausübung der Heilkunde oder dem hiefür erforderlichen Nachweis der Befähigung; die Erlangung der Doktorwürde ist weder eine Voraussetzung hiefür, noch geeignet, diesen Nachweis zu ersetzen. Die Führung des Doktortitels kann also nur bei denjenigen Theile des Publikums etwa den Glauben erwecken, der Inhaber sei eine geprüfte und approbirte Medicinalperson, welchem die Bedeutung des Doktortitels und die Bestimmungen der Gewerbordnung unbekannt sind.

Richtig ist zwar, daß im gewöhnlichen Sprachgebrauch unter der Bezeichnung Doktor ohne Rücksicht auf eine wirkliche Doktorpromotion Personen verstanden werden, welche die ärztliche Praxis betreiben, und so lange dies überhaupt nicht ohne staatliche Ermächtigung gestattet war, mochte der mit jener Bezeichnung verbundene Begriff als mit dem eines staatlich zur Ausübung der Heilkunde ermächtigten Arztes zusammenfallend angesehen werden. Um dies aber jetzt noch nach Freigebung des Betriebes der Heilkunde ebenfalls annehmen zu können, dazu würde gehören, daß in den Kreisen des Publikums, welche einer Täuschung durch die Beilegung des Doktortitels ausgesetzt sind, zwischen Personen, die mit Approbation und ohne solche die Heilkunde ausüben, mit Bewußtsein unterschieden und auf den Besitz der Approbation ein Werth gelegt wird. Dies scheint keineswegs allgemein der Fall zu sein, im Gegentheil werden nicht sowohl approbirte Aerzte als andere mit dem Betriebe der Heilkunde oder eines Zweiges derselben sich abgebende Personen, von denen Jedermann bekannt ist, daß sie nicht approbirt sind, mit dem Titel Doktor bezeichnet. Es wird daher mindestens nicht mit Sicherheit auf die behufs der Anwendung der Strafbestimmung des § 147 Ziff. 3 erforderlichen thatsächlichen Feststellungen im Falle der Führung des Doktortitels gerechnet werden können.

Die Möglichkeit dieser Feststellung wird unter allen Umständen desto seltener werden, je mehr die Kenntniß der Bestimmungen der Gewerbeordnung über den Betrieb der Heilkunde und die Bedeutung der Approbation sich verbreitet. In keinem Falle findet die Strafe nach §. 147 Ziffer 3 der Gewerbeordnung Anwendung, wenn die Doktortitel amerikanischer Universitäten offen als solche mit Bezeichnung ihres Ursprungs geführt werden (z. B. Doktor der Universität Philadelphia), weil hiedurch unmöglich der Glaube an die Erziehung der in §. 29 der Gewerbeordnung vorgesehenen Prüfungen erregt werden kann, und ebensowenig, wenn Personen, die wirklich eine Approbation erlangt haben, den bei einer amerikanischen Universität erworbenen Doktortitel führen. (Württ. Ger.-Bl. 14 S. 249 fgde.)

105. Zu §. 164 des St.-G.-B.

(Falsche Anschuldigung.)

Dieser Paragraph ist auch auf den Fall der Erhebung einer Strafklage anwendbar, und tritt Straflosigkeit nicht dann ein, wenn die Klage zurückgenommen wird, ehe gegen den falsch Beschuldigten gerichtlich eingeschritten wurde. (Urtheil des Kassationshofs d. d. 13. März 1878 im Württemb. Ger.-Bl. 14 S. 273).

106. Zu §. 74 des St.-G.-B.

Beim Zusammenrechnen der durch Umwandlung von Geldstrafen gewonnenen Freiheitsstrafen findet §. 74 des St.-G.-B. keine Anwendung; auch ist es zulässig, die umgewandelte Freiheitsstrafe in Monaten auszusprechen. (Urtheil des Kassationshofes d. d. 20. März 1878 im Württemb. Ger.-Bl. 14 S. 305.)

107. Zu §. 259 des St.-G.-B.

Zu dessen Anwendung genügt nicht die Feststellung, daß eine Sache „entfremdet" worden; es ist vielmehr die Thatsache festzustellen, in welcher die Entfremdung gefunden worden ist, und durch welche erkennbar gemacht wird, ob sie unter ein Strafgesetz falle und ob sie mit Recht für eine strafbare Handlung erklärt wurde. (Urtheil des Kassationshofs d. d. 27. März 1878 im Württemb. Ger.-Bl. 14 S. 308).

———————

Aus der Praxis des Reichsoberhandelsgerichts.

a.

Speditionsvertrag.

Zahlung von Nachnahme durch den Auslieferungs-Spediteur. Pfandrecht. Rückforderung durch den Destinatär.

(Reichs-Oberhandelsgericht. U. v. 6. Dez. 1878 Rep. 1447/78 Spediteur-Verein Berlin c. Wend).

Der Spediteur hat ein gesetzliches Pfandrecht:

1) für die eigentlichen Versendungskosten (Fracht, Provision, Auslagen, Kosten, Verwendungen ꝛc.) Artikel 381, 382 des Handelsgesetzbuchs;

2) für die dem Versender auf das Gut geleisteten Vorschüsse: Artikel 382 cit.

Es ist Streit, ob derjenige Spediteur, welcher dem Versender einen Vorschuß auf das Gut gegeben und deshalb ein Pfandrecht an dem Gut beansprucht, die Beweislast dafür habe, daß der Versender nach dem in concreto obwaltenden Rechtsverhältnisse zum Destinatär zur Erhebung des Vorschusses berechtigt gewesen sei, oder ob es für den Erwerb des Pfandrechts genüge, wenn der Spediteur nur in bona fide war, d. h. wenn er keine Umstände kannte, oder hätte kennen müssen, aus denen sich die Nichtberechtigung des Versenders zur Ertheilung des Speditionsauftrages und zur Entnahme von Vorschüssen ergebe. Während für die erstere Ansicht die Materialien zur Entstehungsgeschichte der gesetzlichen Bestimmungen angezogen werden könnten, beruft man sich für die zweite Alternative auf die allgemeine, die Vorschüsse indistincte, ob sie rechtmäßig oder ungerechtfertigt erhoben, durchführende Fassung des Artikels 382 a. a. O., sowie auf die nöthige Sicherung der Vorschußgeber erheischende Natur des herrschenden Geschäftsverkehrs.

cfr. Laband, das kaufmännische Pfand- und Retentions-Recht in Goldschmidt, Zeitschrift Band IX Seite 462, 465.

Diese Streitfrage bedarf im vorliegenden Falle nicht der Entscheidung.

Denn hier handelt es sich um die Rechte des Verklagten, welcher als Zwischen-Spediteur der Versenderin seinen Vormann, das Speditionshaus Charlier & Schleiber zu Aachen, wegen der streitigen von diesem ihm aufgegebenen Nachnahme, welche zum Theil in Frachtkosten, zum Theil in einem der Versenderin gegebenen Vorschusse bestand, gedeckt hat.

Der Zwischenspediteur, welcher seinen Vormann wegen der ihm aufgetragenen Nachnahme, möge diese nur in eigentlichen Versendungskosten bestehen, befriedigt, braucht dem Destinatär gegenüber nur zu beweisen, daß er solche Nachnahme zu bestimmten, spezialisirten Beträgen an den Vormann bezahlt habe. Dagegen hat er die Richtigkeit und Rechtmäßigkeit dieser Auslagen seines Vormannes nicht zu vertreten, da er ja zu deren materiellrechtlichen Prüfung in den meisten Fällen gar nicht im Stande sein würde. Deshalb erlangt der Nachmann ohne Weiteres durch das Gesetz bezüglich der von ihm bezahlten Nachnahme ein wirksames Pfandrecht, möchte es auch der Vormann, weil die

Nachnahme entweder überhaupt unbegründet, oder zu hoch gewesen, nicht gehabt haben.

cfr. Erkenntniß des Reichs-Oberhandelsgerichts vom 9. November 1875. Entscheidungen Band XX Seite 187 sq., 190.

Laband, a. a. O. Seite 467, 468.

Indem der Appellationsrichter von dem Verklagten als Zwischen-Spediteur der versendenden Handlung den Nachweis verlangt: nicht nur, daß der Vorspediteur des Verklagten von diesem im Auftrage der Versenderin den streitigen Nachnahmebetrag erhoben habe, sondern auch, daß die Versenderin zur Erhebung dieser Nachnahme berechtigt gewesen sei, hat er gegen den eben entwickelten Grundsatz verstoßen und damit die oben citirten Artikel 381, 382 des Handelsgesetzbuchs, sowie die Prinzipien über Vertheilung der Beweislast verletzt.

Aus diesem Grunde unterliegt die Vorentscheidung der Vernichtung.

In der Sache selbst muß das erste Urtel, wie geschehen, bestätigt, beziehentlich abgeändert werden.

Die Pflicht des Verklagten, dem Kläger den für den Transport von Berlin nach Konitz irrthümlich zu viel erhobenen Frachtbetrag von 55 Mark nebst 6 Prozent Zinsen davon seit dem Tage der Zahlung zurückzuerstatten, ist unter den Parteien nicht streitig.

Dagegen ist der Kläger mit seiner Mehrforderung von Mark 170,60 abzuweisen. Diesen Betrag hat, wie oben erwähnt, der Kläger durch die Bahnverwaltung an den verklagten Spediteur-Verein mitbezahlt. Könnte der Kläger nachweisen, daß er zur Bezahlung dieser Streitsumme rechtlich nicht verpflichtet gewesen sei, so würde er an sich zu deren Rückforderung von dem Verklagten befugt erscheinen.

Vorab ist zu bemerken, daß dem Kläger zwar die Bestimmung des §. 53 des Reglements für die Eisenbahnen Deutschlands vom 11. Mai 1874, wonach unrichtige Anwendung des Frachttarifs, sowie Fehler bei der Gebührenrechnung weder der Eisenbahn, noch dem zur Zahlung Verpflichteten zum Nachtheil gereichen sollen, nicht, zur Seite steht, weil diese Bestimmung als vertragsmäßige Vereinbarung nur zwischen der Eisenbahn und dem Zahlungspflichtigen Geltung hat. Die aufgestellte Klage ist aber auch nach den strengen Grundsätzen über die conditictio indebiti zu beurtheilen. In dem Frachtbriefe des Verklagten war die Nachnahme in Höhe von Mark 432,10 als Vorfracht bezeichnet, während von der hier streitigen, in jenem Betrage enthaltenen Summe nur ein Theil aus Versendungskosten des Spediteurs zu Aachen (Mark 15,90), der größte Theil (Mark 100,70) aber aus einem der Versenderin geleisteten Vorschusse entstanden war. Da nun der ganze Streitbetrag in dem Frachtbriefe als „Vorfracht" bezeichnet, mithin hier zweifellos als Fracht gefordert und bezahlt worden, so ist anzunehmen, daß der Kläger die Zahlung unter dem stillschweigenden Vorbehalte geleistet habe, den durch die Fracht nicht absorbirten Betrag zurückfordern zu dürfen. Ein solcher auch nur einseitiger Vorbehalt würde aber an sich zur Rückforderung ausreichen. Die Letztere würde bei Unterstellung eines nur einseitigen Vorbehaltes auch nicht dadurch gehindert sein, daß Kläger als Destinatär nach Artikel 408 des Handelsgesetzbuchs das Gut angenommen und die Nachnahme nebst Fracht

gezahlt hat. Denn, abgesehen von der hier nicht vorliegenden Frage, ob die fragliche Zurückforderung gegen den Frachtführer durch Artikel 408 cit. ausgeschlossen sein würde, so findet diese Gesetzes-Vorschrift keinesfalls auf Ansprüche gegen den Spediteur Anwendung.

cfr. Erkenntnisse des Reichs-Oberhandelsgerichts vom 10. Dezember 1872, Entscheidungen Band VIII. Seite 192, 195, 196; vom 15. Februar 1873, Entscheidungen Band IX. Seite 71 flg., 73; vom 20. Oktober 1876, Entscheidungen Band XXI. Seite 181.

Erkenntniß des Preußischen Ober-Tribunals vom 24. April 1877 im Archiv von Zenner & Mecke, 8. Jahrgang Seite 165 Nr. 60.

Ebensowenig würde die Passivlegitimation des Verklagten einem begründeten Bedenken unterliegen. Denn nach Lage der Sache, insbesondere nach der Erklärung der Litisdenunziatin, der Speditionsfirma Chartier & Scheibler in Aachen: „daß sie bezüglich ihrer dem Verklagten zur Einziehung von dem Destinatär aufgegebenen Nachnahme per Mark 432,10, — einschließlich also des hier streitigen Fracht- und Vorschußbetrages, — Seitens des Verklagten durch Verrechnung im Kontokorrent befriedigt sei", muß mit dem Appellationsrichter die Deckung dieses Vorspediteurs im Sinne des Absatzes 4 des Artikels 382 des Handelsgesetzbuchs um so mehr angenommen werden, als nach dieser Erklärung die erfolgte Gutschreibung im Kontokorrent von den Interessenten der Baarzahlung gleichgeachtet wird. Der Verklagte ist hiernach bei der Einziehung der fraglichen Nachnahme dem klagenden Destinatär gegenüber nicht als Beauftragter seines Vorspediteurs, sondern als aus eigenem Rechte legitimirter Pfandgläubiger aufgetreten.

Artikel 382 des Handelsgesetzbuchs Absatz 3, 4.

Laband a. a. O. Seite 468 bis 470.

Deshalb darf er dem jetzt gegen ihn erhobenen Anspruch auf Rückzahlung eines Theilbetrages nicht durch Verweisung des Klägers an den von ihm befriedigten Vorspediteur ausweichen, und muß selbst dem Kläger gegenüber verantworten, soweit dieß nach den Gesetzen erforderlich.

Nach Lage der Gesetze, wie sie oben entwickelt worden, ist er jedoch zur Rückerstattung der fraglichen Mark 176,60 an den Kläger nicht verpflichtet. Zwar hat er zugegeben, daß dieser Betrag — abgesehen von Mark 15,90 Versendungskosten der Litisdenunziatin — keine an seinen Vorspediteur gezahlte Fracht darstelle, also im Frachtbrief zu Unrecht als Vorfracht von dem Kläger gefordert sei. Dadurch ist er allerdings in die Lage gebracht, letzteren Betrag seinem Entstehungsgrunde nach anderweitig zu substantiiren. Dies ist aber geschehen. Wie oben gezeigt ist seine Behauptung, daß dieser Betrag einen zufolge Auftrags seines Vorspediteurs eingezogenen Vorschuß der Versenderin betreffe, wegen dessen er seinen Vorspediteur befriedigt habe, von letzterem bestätigt worden. Nach der obigen Ausführung genügt dieser Nachweis der Befriedigung seines Vormannes, ohne daß die Rechtmäßigkeit der Vorschußerhebung Seitens der Versenderin nachzuweisen hätte. Der Kläger hatte bei Offerirung des Frachtguts nur die Wahl, entweder die ganze auf demselben ruhende Nachnahme (Versendungskosten und Vorschuß) zu entrichten, oder die Abnahme des Gutes und die Zahlung zu verweigern. Letzteren Falles würde der Verklagte befugt gewesen sein, sich gemäß Artikel 310 des Handelsgesetzbuchs aus dem dann zurückbehaltenen Pfandgute wegen der ganzen Nachnahme zu decken. Zum Mindesten hätte also der Kläger, wenn er einen Theil der gezahlten Nachnahme zurückfordert, den Verklagten wieder in den Besitz des Pfandguts und dadurch in die Möglichkeit bringen müssen, sich dieserhalb aus dem Gute zu decken. Dies ist nicht geschehen.

b.

Assekuranzrecht.

Wenn im Rückversicherungsvertrage festgesetzt ist „daß im Schadenersatzfalle zur Einkassirung der Rückversicherung es nur der Quittung über den geleisteten Ersatz bedürfen solle", so entbindet diese Clausel den Rückversicherten von jeder Rechtfertigung seiner Schadensregulirung, sofern ihm nicht Arglist oder grobes Verschulden nachgewiesen wird. (Reichs-Oberhandelsgericht. U. v. 14. Dezember 1878. Rep. 1590/78 Eggeling & Thieriot c. Transportversicherungsgesellschaft Schweiz.)

Aus den Gründen.

Von Erheblichkeit ist die Berufung der Klägerin auf die Clausel der Police, daß „im Schadensfalle zur Einkassirung der Rückversicherung es nur der Quittung über den geleisteten Ersatz bedürfen würde."

Diese — in gleicher oder ähnlicher Fassung — in Rückversicherungs-Policen fast regelmäßig angetroffene Clausel ist dazu bestimmt, es außer Zweifel zu stellen, daß dem Rückversicherten bei der Beurtheilung desjenigen, was er als Versicherer nach Recht und Billigkeit dem Versicherten gegenüber im Schadensfalle zu leisten habe, einen freien Standpunkt einnehmen werde. Er wird hierdurch in die Lage gebracht, bei einer im Schadensfalle erforderlich werdenden, dem Versicherten zu treffenden Abmachung sich des mehr oder weniger ihn bezüglichen könnenden Gedankens zu entschlagen, daß er — je nach den Umständen nach für die Gesammtheit oder für eine Quote des in Frage stehenden Gegenstandes — seinen Regreß an einen Anderen, seinen Rückversicherer, zu nehmen habe, und möglicherweise dazu werde veranlaßt werden können, jene Gefahren diesem gegenüber rechtfertigen zu müssen. — Der Rückversicherer wird hiernach an die Schadensregulirung des Rückversicherten gebunden, wobei selbstverständlich die Ausnahme zu machen ist, daß dolose und grob-culpose Abmachungen, welche der letztere mit dem Versicherten treffen möchte, von dem Rückversicherer als ihn nicht verbindend zurückgewiesen werden dürfen.

Hat hiernach diese Clausel den Zweck, es dem Rückversicherten zu ermöglichen, im Verhältniß zu dem Versicherten Demjenigen zu folgen, was er im guten Glauben und ohne offenbare Fehlgriffe für recht und billig hält, so wohnt ihr eine um Vieles weiter reichende Wirksamkeit bei, als der ihr gleichzustellen versuchten, im Artikel 890 des Handelsgesetzbuchs und dem entsprechenden §. 148 der Allgemeinen Seeversicherungs-Bedingungen aufgeführten Clausel, „der Versicherte solle von gewissen Beweisen in Betreff des Schadensanspruches frei sein." Diese Clausel erweitert den Umfang der materiellen Rechte des

Versicherten in keiner Weise, dem Versicherer, welcher sich ihr unterworfen hat, steht vielmehr der Beweis des Gegentheils in Betreff aller Behauptungen des Versicherten frei, welche dieser zur Begründung seines Schadensanspruches vorzubringen hat und die er beweisen müßte, wenn er nicht vertragsmäßig von der Beweislast entbunden worden wäre. Den Rückversicherer, welcher mit der hier in Rede stehenden Clausel, gezeichnet hat, befreit dagegen nicht schon der Beweis, daß gewisse thatsächliche Voraussetzungen des von dem Rückversicherten anerkannten Schadensanspruches nicht vorhanden gewesen seien, sondern nur die Nachweisung, daß dieser mala fide oder culpa lata deren Vorhandengewesensein dem Versicherten gegenüber habe gelten lassen.

Die Clausel kann indessen dadurch in gewissen Beziehungen außer Kraft gesetzt werden, wenn der Rückversicherte sich mit dem Rückversicherer über das einzuhaltende Verfahren in Beziehung setzt und dessen Ansichten und Willensmeinung einholt. Er ist jedenfalls dann, wenn, wie im vorliegenden Falle stattgefunden hat, der gesammte Risico rückversichert worden ist, verbunden, den Kundgebungen des Rückversicherers soweit zu folgen, als dieser nichts Rechtswidriges, Unbilliges oder einer von ihm, dem Rückversicherten, gehegten wohlbegründeten Ueberzeugung Widersprechendes verlangt. Es wird unten in Betracht gezogen werden, ob in dieser Richtung die Klägerin durch Erklärungen der Beklagten beschränkt worden ist.

c.

Sequestration.

Der Käufer, welcher die Beschaffenheit der erhaltenen Waare bemängelt hat, ist nicht befugt, dem Verkäufer die Waare zu vorenthalten oder deren Sequestration zu begehren. (Urtheil des Reichs-Oberhandelsgerichts v. 26. Februar 78 Rep. 280/78 Ludwig c. Reimer.)

Aus den Gründen.

Der Kläger hat dem Verklagten ein Orchestrion geliefert, welches durch die Leute des Klägers in dem Saale des letzteren aufgestellt worden ist. Verklagter verweigert die Annahme dieses Instruments, weil es die im Vertrage zugesicherten Eigenschaften nicht besitze und hat daher auf Zurücknahme desselben und Wiedererstattung der auf den Kaufpreis gemachten Anzahlung gegen den Kläger geklagt, während dieser die Bemängelungen des Verklagten für unbegründet erklärt, und seinerseits widerklagend die Erfüllung des Kaufvertrags verlangt hat. Dieser Proceß ist in der Schwebe.

Der Verklagte war nun zwar nach Artikel 348 des Allgemeinen Deutschen Handelsgesetzbuchs verpflichtet, für die einstweilige Aufbewahrung des beanstandeten Instruments zu sorgen. Hieraus folgt aber nicht, daß ihm ein Recht darauf zusteht, das Instrument bis zur ausgetragenen Sache in seinem Gewahrsam zu behalten. An sich liegt dem Verkäufer die Verpflichtung ob, für die Aufbewahrung der von ihm gelieferten Waare zu sorgen, wenn der Käufer die Annahme wegen mangelhafter Beschaffenheit verweigert. Im Interesse des ersten ist in Fällen, in welchen er selbst nicht im Stande ist, die Waare unterzubringen, dem Käufer die Verpflichtung auferlegt, die Sorge für die einstweilige

Aufbewahrung zu übernehmen. Er hat in dieser Hinsicht nur das Interesse des Absenders zu vertreten; hieraus folgt, daß er, abgesehen von besonderen Gründen, welche ihn zur Zurückhaltung berechtigen, den Verfügungen des Verkäufers über die Waare sich nicht widersetzen darf.

cfr. Garreis, das Stellen zur Disposition nach modernem deutschen Handelsrecht, pag. 144.

Die in den Entscheidungsgründen des angefochtenen Erkenntnisses aufgestellte abweichende Ansicht erscheint nicht richtig.

Wenn in dem vorliegenden Fall der Verklagte deshalb der Entfernung des Instruments aus seinem Local widersprechen zu können glaubt, weil ihm für die Beweisführung daran gelegen sei, daß dasselbe an seinem gegenwärtigen Platze verbleibe, so kann dieses Interesse das Recht des Klägers, über das Instrument zu verfügen, nicht beeinträchtigen, ganz abgesehen davon, daß der Artikel 348 dem Verklagten einen Weg eröffnet, auf welchem er dem von ihm behaupteten Interesse Berücksichtigung verschaffen kann.

Hiernach ist der Kläger berechtigt, die einstweilige Wiederauslieferung des Instruments von dem Verklagten zu verlangen und dasselbe an einen ihm geeignet scheinenden Aufbewahrungsort zu bringen, nachdem er den letzteren wegen seiner etwaigen Retentionsrechte befriedigt hat.

(Zu vergleichen Handelsgesetzbuch, Artikel 315.)

Bei dieser Sachlage entbehrt der Antrag des Klägers, eine Sequestration des Instruments auf gemeinschaftliche Kosten der Parteien zu verfügen, der Begründung. Abgesehen von der Frage, ob die Befugniß des Richters, eine Sequestration des Streitgegenstands im Falle einer Gefährdung desselben anzuordnen, auf persönliche Klagen auszudehnen ist, so kann der Kläger sich hier auf eine seinen Interessen drohende Gefahr nicht berufen, da er in der Lage ist, das Instrument an einen anderen geeigneten Ort zu bringen, falls ihm die Aufbewahrung durch den Verklagten keine genügende Sicherheit gewährt. Es fehlt daher für eine Sequestration an der Voraussetzung der Gefahr. Wie der Verklagte überhaupt nur zur einstweiligen Aufbewahrung des Instruments, bis dahin, daß der Kläger in der Lage ist, selbst die Sorge für dasselbe zu übernehmen, verpflichtet erscheint, so kann ihm auch nicht zugemuthet werden, auf unbestimmte Zeit für dasselbe in Vorschuß zu treten; insbesondere nicht, wie der Kläger beantragt hat, die Kosten einer anderweitigen Aufbewahrung während des Hauptprocesses zur Hälfte zu vertreten. Selbstverständlich ist er aber, im Falle, daß seine Beanstandung des Instruments sich demnächst als ungerechtfertigt erweisen sollte, verpflichtet, die dem Kläger durch sein widerrechtliches Verhalten entstandenen Kosten zu erstatten.

Die gegenwärtig angestellte, auf eine Sequestration des streitigen Instruments auf gemeinschaftliche Kosten gerichtete Klage ist hiernach mit Recht, wenn auch aus nicht zutreffenden Gründen, von dem Appellationsrichter zurückgewiesen worden.

Personal-Veränderungen

in der Deutschen Anwaltschaft aus der Zeit vom 27. April bis 9. Mai 1879.

A. Ernennungen.

Der Bürgermeister a. D. Herr Dr. jur. Friedrich Wilhelm Lehmann, derzeit zu Goblis bei Leipzig, ist zum Advokaten ernannt und als solcher verpflichtet worden.

Der Advokat Dr. jur. Müller in Verden ist zum Anwalt bei dem dortigen Obergericht ernannt worden.

B. Versetzungen.

Die Rechtsanwälte Schali I. und Dr. Schali II. haben ihren Wohnsitz von Schw. Hall nach Stuttgart verlegt.

Der Rechtsanwalt Hetzel hat seinen Wohnsitz von Mergentheim nach Ulm verlegt.

C. Ausscheiden aus dem Dienst.

Der Rechtsanwalt und Notar Kreis in Sommerfeld ist durch rechtskräftiges Disciplinarerkenntniß aus dem Dienst entlassen.

D. Ordensverleihungen.

Dem Justizrath, Rechtsanwalt und Notar von Wehren zu Heiligenstadt wurde der rothe Adler Orden IV. Klasse verliehen.

E. Todesfälle.

Verstorben ist:
der Rechtsanwalt und Notar Barsitz in Gleiwitz.

Von der Redaction eines juristischen, periodischen Unternehmens wird ein practischer Jurist als Mitarbeiter gesucht, dem die Aufgabe zufallen sollte, die Justizgesetze an der Hand eines Prozeßganges durch alle Instanzen zu erklären. Die Honorarbedingungen sind außerordentlich günstig gestellt um event. die beste Kraft für die Ausführung zu gewinnen. Es ergeht das Ersuchen an die sich meldenden Herren, ihre Ansichten über die Art der Ausführung in ihrem Sinne zu äußern, auch etwaige frühere literarische Arbeiten zu nennen. Gefällige Offerten werden unter Chiffre: „Justiz" postlagernd Hofpostamt in Berlin erbeten.

Für die Redaktion verantw.: E. Haenle. Verlag: B. Moeser, Hofbuchhandlung. Druck: B. Moeser, Hofbuchdruckerei in Berlin.

№ 23 und 24.   Berlin, 17. Mai.   1879.

Juristische Wochenschrift.

Herausgegeben von

S. Haenle,   und   **Dr. A. Fürstel,**

Königl. Advokat in Ansbach.   Rechtsanwalt beim königl. Obertribunal in Berlin.

Organ des deutschen Anwalt-Vereins.

Preis für den Jahrgang 12 Mark. — Bestellungen übernimmt jede Buchhandlung und Postanstalt.

Vorträge über die praktische Anwendung der deutschen Civilprozeßordnung.

V. Der Beweis im Civilprozesse.

Vortrag des Herrn Justizrath von Wilmowski in der
Versammlung der Berliner Anwälte
am 28. April 1879.

Geehrte Herren Kollegen! Mein früherer Vortrag betraf das Verfahren erster Instanz mit Ausschluß des Beweisverfahrens. Wir sahen namentlich, in welcher Folge durch die einzelnen Prozeßhandlungen die Entscheidung vorbereitet wird. Durch den letzten Vortrag des Herrn Kollegen Levy haben wir uns über die Termine und Fristen orientirt, d. h. über die Zeitmarken, in denen die einzelnen Prozeßhandlungen erfolgen müssen. Ich möchte dem Gebiet des Verfahrens noch zwei Ergänzungen im Interesse der praktischen Prozeßbehandlung nachschicken.

Die erste Ergänzung betrifft die Handelssachen. Bei den Landgerichten können Kammern für Handelssachen eingerichtet werden, vor denen dann die in §. 101 des Gerichts-Verfassungsgesetzes bezeichneten Prozesse erörtert werden, darunter namentlich Klagen aus Wechseln, ohne Rücksicht ob die Kaufmannsqualität der einen oder anderen Partei, und Klagen gegen einen Kaufmann aus beiderseitigen Handelsgeschäften. Die Kammern sind Abtheilungen des Landgerichts; es findet also landgerichtliches Verfahren mit Anwaltszwang statt. Prozesse, welche begrifflich Handelssachen betreffen, aber von nur 300 Mark und weniger an Werth, würden vor die Amtsgerichte gehören. Der Kläger, welcher einen Prozeß vor der Handelsgerichtskammer anhängig machen will, muß dieß schon in der Klage erklären. Wenn der Prozeß vor einem Amtsgericht geschwebt hat und dieses sich für sachlich unzuständig erklären muß, oder in Folge einer Klageerweiterung oder Widerklage sachlich unzuständig wird, so muß

der Kläger den Antrag zur Verhandlung vor der Handelsgerichtskammer schon in der mündlichen Verhandlung vor dem Amtsgericht stellen. Der Beklagte andererseits, gegen welchen eine Sache verhandelt wird, muß die Anträge auf Verweisung von der Civilkammer vor die Handelsgerichtskammer und von dieser an die Civilkammer vor seiner Verhandlung zur Sache stellen; ebenso der Beklagte und der Widerbeklagte, wenn in einer vor einer Handelsgerichtskammer bereits anhängigen Sache die Klage erweitert oder eine Widerklage erhoben wird derart, daß die erweiterte Klage oder die Widerklage nicht vor die Handelsgerichtskammer gehört. Ueber solche Anträge soll vorab verhandelt und entschieden werden. Der entscheidende Moment ist hier nicht erst, wie für die prozeßhindernden Einreden die Zeit vor der Verhandlung zur Hauptsache, sondern vor der Verhandlung des Beklagten zur Sache. Nach dem §. 128 der Civil-Prozeßordnung wird die mündliche Verhandlung durch die Stellung der Anträge eingeleitet; die Stellung der Anträge gehört danach an sich schon als Theil der mündlichen Verhandlung zur Verhandlung. Man wird auch annehmen müssen, daß sie eine Verhandlung zur Sache enthalten; andernfalls würde wenigstens der Zweck, die Verweisung vorab besonders zu verhandeln, theilweise umgangen werden, wenn der Beklagte nur erst seinen Antrag auf Abweisung der Klage verlesen dürfte, dann der Kläger über die Verweisungsfrage hinaus seine gesammte Klage begründen müßte und nun erst der Beklagte die Verweisung beantragen dürfte. Sachgemäß werden dergleichen Anträge also von Beklagten mit den zu verlesenden schriftlichen Anträgen zugleich gestellt werden. Für die Handelssachen ist das ein sehr beachtenswerthes Fragment der Geltung der Eventualmaxime.

Ein anderes, analoges Fragment bietet uns die Gestaltung des Zwangsvollstreckungsverfahrens. Endurtheile, welche noch nicht rechtskräftig sind, können für vorläufig vollstreckbar erklärt werden. Für die im §. 648 der Civil-Prozeßordnung bezeichneten Endurtheile muß das von amtswegen geschehen; die in §. 649 bezeichneten Endurtheile, darunter namentlich Endurtheile über Prozesse von 300 Mark und weniger an Werth, über Miethsräumung u. s. w., also wesentlich in amtsgerichtlichen Sachen, sind nur dann für vorläufig vollstreckbar zu erklären, wenn der Kläger (wenngleich ohne sonstige Begründung) darauf anträgt. Für andere Endurtheile kann dies mit dem Gebieten zur Sicherstellung, oder bei besonderen Nachtheilen beantragt werden. Der Beklagte andererseits kann die Abwendung oder Aussetzung der vorläufigen Vollstreckbarkeit durch Sicherstellung oder das Glaubhaftmachen besonderer Nachtheile erwirken. Alle diese Anträge müssen vor dem Schlusse der mündlichen Verhandlung, auf welche das Endurtheil ergeht, geltend gemacht werden; sie können nur als Theil der Instanz verhandelt werden. Die Entscheidung über die vorläufige Vollstreckbarkeit ist ein Theil des Haupturtheils. Sind entsprechende Anträge nicht gestellt, so ist eine Ergänzung des Urtheils in derselben Instanz nicht zulässig; die Anträge können dann nur in der höheren Instanz gestellt werden, oder der Antragsteller kann sich nur durch Arrestgesuche helfen. An sich genügt es, die Anträge in der contradiktorischen mündlichen Verhandlung zu stellen. Bei der Wichtigkeit dieser Vorschriften, zumal für sämmtliche Amtsgerichtssachen, würde es jedoch rathsam sein, zumal im Beginn der Geltung der neuen Civil-Prozeßordnung und bis zur praktischen Gewährung, schon in den Klageanträgen bezw. bei der Beantwortung die entsprechenden Anträge mit aufzunehmen, um sie nicht über der Hauptsache zu vergessen. Besonders erheblich ist dies für Versäumnißurtheile. Würde bei Versäumniß des Beklagten der Antrag auf vorläufige Vollstreckbarkeit im Falle des §. 649 erst in der mündlichen Verhandlung gestellt, so dürfte ein solcher Antrag als ein solcher angesehen werden, welcher vorher rechtzeitig habe mitgetheilt werden müssen, um im Versäumnißurtheil berücksichtigt zu werden. Ich wollte mir umsomehr erlauben, darauf aufmerksam zu machen, als ich gesehen habe, daß in einigen Formularbüchern bei der Entwerfung der Klage darauf nicht Rücksicht genommen ist.

Auch diesen Nachträgen gehe ich zu unserem heutigen Thema über den Beweis über.

Die Thätigkeit des erkennenden Richters setzt die Feststellung der rechtlich erheblichen Thatsachen voraus. Die Feststellung soll nach der Verhandlungsmaxime nicht über den Kreis der beiderseitigen Behauptungen hinausgehen. Folge der Verhandlungsmaxime, also der Herrschaft der Parteien über den der Entscheidung zu unterbreitenden Rechtsstoff ist, daß Thatsachen, welche eine Partei behauptet und die andere zugesteht, als wahr ohne weiteres zu Grunde gelegt werden. Ein solches gerichtliches Geständniß ist ein Dispositionsakt der Partei, welche dadurch dokumentirt, daß sie unter der Voraussetzung, daß das Zugestandene richtig sei, die rechtlichen Folgen entschieden wissen will. Weil es ein Dispositionsakt, ein Willensakt ist, ist zur Aufhebung der Wirksamkeit eines solchen Prozeßgeständnisses nicht nur der Nachweis erforderlich erklärt, daß das Zugestandene nicht richtig sei, sondern auch der fernere, daß die Erklärung selbst auf Irrthum beruhe und als irrthümliche Willenserklärung unverbindlich sei. Abgesehen von einem derartig motivirten Widerruf, behält deshalb das gerichtliche Zugeständniß in der höheren Instanz seine Wirksamkeit. Die Vorfrage freilich, ob etwas, und was zugestanden ist, muß vorab entschieden sein, ehe überhaupt von einem Prozeßzugeständniß die Rede sein kann. Diese Vorfrage ist eine Thatsachenfrage; sie unterliegt, wie jede Thatsache und wie jede Erklärung einer Partei vor Gericht, der Thatsachen- und Beweiswürdigung des Richters. Die Vorschriften über die gerichtlichen Prozeß-Zugeständnisse finden keine Anwendung auf die sogenannten außergerichtlichen Zugeständnisse

d. h. auf Zugeständnisse, die außerhalb des Prozesses gemacht sind. Solche Erklärungen sind keine Dispositionsacte, um dem Gerichte Rechtsstoff zu unterbreiten; sie sind lediglich Beweismittel und die Beweisfähigkeit, sowie die Würdigung eines Widerrufs unterliegen der unbeschränkten richterlichen Beurtheilung. Folge des Systems, wonach die Erklärungen in der mündlichen Verhandlung erst die entscheidenden sind und nicht schon die Erklärungen in den vorbereitenden Schriftsätzen, ist es, daß die Zugeständnisse, welche in vorbereitenden Schriftsätzen vorgebracht sind, nicht als gerichtliches Prozeßgeständniß gelten, sondern in Betreff des Widerrufs den sonstigen Regeln in Betreff der Beweiswürdigung unterliegen. Als gerichtliche Prozeßzugeständnisse gelten nur die in mündlicher Verhandlung oder zu Protokoll eines in demselben Prozesse beauftragten oder ersuchten Richters abgegebenen Zugeständnisse.

Eine weitere Konsequenz der Verhandlungsmaxime ist es, daß auch dasjenige, was als Folge der Versäumniß als zugestanden gilt, des Beweises enthoben wird. Der wesentliche Unterschied eines solchen gesetzlich fingirten Zugeständnisses von dem ausdrücklichen Prozeßzugeständnisse liegt darin, daß das Präjudiz der Versäumniß nur für die Instanz und im Falle des Einspruchs gegen ein Versäumnißurtheil nur bis zur weiteren Verhandlung wirkt, und daß in dieser Verhandlung oder in der Berufungsinstanz die versäumten Erklärungen ohne weiteres nachgeholt werden können. Die Vorfrage, ob etwas ausdrücklich oder nach dem Gesammtinhalte der Erklärungen als zugestanden gilt, ist auch hier wieder eine Thatsachenfrage, welche der richterlichen Würdigung und Auslegung unterliegt, wie §. 129 ausdrücklich hervorhebt. Vorausgesetzt, daß die thatsächlichen Vorfragen, was gerichtlich zugestanden ist oder gesetzlich als zugestanden gilt, bejaht werden müssen, ist über die Wahrheit dessen ein Beweis nicht nöthig, weil nur das thatsächliche Verhältniß, welches die Parteien als wahr angeben oder vermöge gesetzlicher Fiktion als wahr anzugeben vermuthet werden, in Folge der Verhandlungsmaxime zur richterlichen Entscheidung vorgelegt wird. Es bedarf also auch noch keiner Beweiswürdigung darüber. Wir stehen damit noch vor der Lehre von der Beweiswürdigung.

Die eigentliche Beweisentscheidung über dasjenige, was nicht in solcher Weise zugestanden ist oder als richtig anzunehmen ist, ist von der Civilprozeß-Ordnung in die Seele des Richters gelegt. Das Gesetz unterscheidet den glaubenden von dem wissenden Richter. In einzelnen Fällen, namentlich wenn einstweilige Verfügungen zu treffen sind, durch welche dem Rechten des Gegners noch nicht definitiv etwas vergeben wird, begnügt sich das Gesetz, wenn die Behauptung glaubhaft gemacht wird. Der Begriff der Glaubhaftmachung, welchen wir ja auch in unserer preußischen Subhastationsordnung vom 15. März 1869 und im Grundeigenthumsgesetz vom 5. Mai 1872 bereits aufgenommen haben, ist im Gesetz nicht definirt; es ist also aus sich selbst zu erklären. Bestimmend ist dabei, daß Gericht ist, welchem glaubhaft zu machen ist, und daß das Gericht, um etwas glaubhaft zu finden, keine volle Ueberzeugung von der Wahrheit zu haben braucht. Es ist dem Gewissen des Richters überlassen, was er glaubwürdig finden will: er kann der bloßen Versicherung einer Partei glauben; er kann sich mit

Bescheinigungen oder mit dem Erbieten zur eidlichen Bestärkung begnügen; er kann diese Bestärkung selbst verlangen und kann sofort gestellte Zeugen vernehmen. Negativ ist nur bestimmt, daß nicht eine Beweisaufnahme erfolgen soll, welche nicht sofort geschehen kann, und daß eine Eideszuschiebung, welche das Hören des Gegners nothwendig machen würde, nicht ein Mittel der Glaubhaftmachung ist. Positiv ist ihm aber eine Art der Glaubigkeit nicht vorgeschrieben. Nur eine einzige Vorschrift enthält die Civilprozeß-Ordnung, daß dem Richter etwas genügen muß, um es glaubhaft zu finden: behufs der Eidesweigerung auf Grund zulässiger Geheimhaltung für Beamte, Geistliche u. s. w. soll deren diensteidliche Versicherung zur Glaubhaftmachung „genügen." §. 351.

Abgesehen von diesen Bestimmungen über die Glaubhaftmachung, darf das Gericht nur auf wahre Thatsachen die Wahrheit des Rechts aufbauen. Der durchgreifende Grundsatz ist im §. 259 angegeben: daß das Gericht hat nach freier Ueberzeugung zu entscheiden, ob eine Thatsache wahr oder nicht wahr zu rechten ist. Im Urtheil sind die leitenden Gründe anzugeben. An bindende Beweisregeln ist das Gericht nur gebunden in den Fällen, welche die Civil-Prozeßordnung selbst angiebt. Es kann nicht genug hervorgehoben werden, daß der Kardinalgrundsatz der freien Beweiswürdigung überall durchgreift, und daß selbst in den von den Ausnahmen betroffenen Gebieten dieser Grundsatz herrschend ist, soweit nicht die Ausnahme ausdrücklich reicht. Dies zeigt sich zunächst darin, daß alle Beweismittel zulässig sind, welche auf die Ueberzeugung des Richters wirken können; die Civil-Prozeßordnung bestimmt nicht, daß nur die in derselben besonders behandelten Beweismittel die einzigen zulässigen sind. Benutzbar find also außergerichtliche Zugeständnisse, von welchen die Civil-Prozeßordnung nichts sagt; ebenso diensteidliche, schriftliche Erklärungen, obgleich die Beamten selbst als Zeugen nicht diensteidlich, sondern eidlich zu vernehmen sind. Zulässig ist der Antrag, Akten vorzulegen, namentlich andere Gerichtsakten, obgleich dies ohne Spezifizirung der darin vorhandenen Urkunden kein Editionsantrag und kein bestimmter Urkundenbeweis ist. Statthaft ist der Antrag, amtliche Auskunft von einer Behörde zu erfordern, obgleich dies weder ein Zeugenbeweis ist, noch auch die Bezugnahme auf eine schon vorhandene Urkunde, sondern durch das zu ersuchende Attest der Behörde erst eine neue Urkunde geschaffen werden soll. Zulässig ist auch die Bezugnahme auf die Auskunft einer Verwaltungsleitung, welche keine Behörde ist, etwa die Direktion einer Aktiengesellschaft, auch von Firmen, oder Bescheinigungen von solchen. Daneben bleiben freilich die Vorschriften bestehen über die Verpflichtung, Urkunden zu ediren, und über die Verpflichtung oder Nichtverpflichtung, Auskunft zu ertheilen. Auch in Betreff der von der Civil-Prozeßordnung selbst behandelten Beweismittel ist die Zulässigkeit an sich nicht beschränkt. Die Civil-Prozeßordnung enthält keine Vorschrift, daß Zeugen oder Sachverständige nicht vernommen oder vorgeschlagen werden dürfen, daß Schriftstücke, welche nicht unterschrieben sind, also eigentlich keine Urkunden sind, nicht als Beweismittel dienen können, auch keine darüber, daß und wann Urkunden, die von Dritten unterschrieben sind, für oder gegen eine Partei beweisen können. Einen einzigen Fall enthält die Civil-Prozeßordnung worin Beweismittel nicht benutzt werden dürfen; diesen Fall enthält der §. 454: Beweisverhandlungen zum ewigen Gedächtniß — in der Sprache der Civil-Prozeßordnung „zur Sicherung des Beweises" — darf der Beweisführer nicht benutzen, wenn er zum Beweistermin den Gegner nicht zeitig geladen hat. Es überwog dabei die Rücksicht, daß der Gegner, wenn zeitig zugezogen, durch dieselben Beweismittel oder vielleicht auch durch andere Beweismittel zugleich andere begleitende, vorausgegangene oder nachfolgende Umstände seinerseits hätte beweisen können, wozu ihm die Möglichkeit durch die Nichtzuziehung abgeschnitten worden sein möge.

Der Werth der abstrakten Zulässigkeit der Beweismittel findet seine Grenze und seine Schätzung darin, daß nach demselben Kardinalgrundsatz das Gericht nach freier Ueberzeugung den Werth der Beweismittel selbst, ihre Wirkung und Beweiskraft bestimmt. Die Gründe, die den Richter für seine Ueberzeugung geleitet haben, können aus den gesammten Verhandlungen, aus den Erklärungen, Handlungen, Unterlassungen, aus veranlaßter Beweisaufnahme genommen sein. Der Richter muß sich der leitenden Gründe auch bewußt sein. Zur Abweisung des Gedankens, dürfe es nicht der subjective Wille des Richters ist, welcher entschieden hat, sondern seine Ueberzeugung, soll er die leitenden Gründe angeben. Eine weitere Objektivität der Ueberzeugung wird dadurch hergestellt, daß im Falle der Berufung oder der Beschwerde der Richter höherer Instanz in gleichem Maaße Recht und Pflicht der Beweiswürdigung nach seiner Ueberzeugung hat, also aus demselben Material möglicherweise andere Thatsachen, vielleicht geradezu entgegengesetzte als Wahrheit feststellen kann, als der Richter unterer Instanz. Immer ist aber, abgesehen von den gleich zu erwähnenden Ausnahmen für Urkunden und Eid, keine Regel gegeben, daß irgend ein Beweismittel oder eine Kombination von Beweismitteln und Thatsachen die Ueberzeugung des Richters begründen müsse oder nicht begründen dürfe. Abgesehen von jenen Ausnahmen kann im konkreten Falle das Gericht jedes abstrakt zulässige Beweismittel ablehnen, weil es auf seine Ueberzeugung nicht wirke; braucht anderen Beweisanträgen nicht stattzugeben, vorgeschlagene Zeugen und Sachverständige nicht zu vernehmen und hat auch das Resultat bei der Vernehmung nur danach zu würdigen, welche Wirkung dasselbe auf seine Ueberzeugung ausübt. In Betreff der Zeugen ist hiervon gar keine Ausnahme gemacht. Wohl hat die Civil-Prozeßordnung Vorschriften, daß zur Vermeidung der Versuchungen zur Verletzung der Eidespflicht Zeugen im öffentlichen Interesse nicht eidlich vernommen werden sollen; aber sie enthält keine Vorschrift, daß nicht ein unbeeidigtes Zeugniß auch für wahr angenommen werden kann, oder daß beeidigte Zeugnisse bestimmter Zahl oder Qualität seine Ueberzeugung begründen müßten. Hinsichtlich der Sachverständigen ist im §. 369 von der Reichsjustizkommission die Vorschrift aufgenommen, daß, wenn die Parteien sich über bestimmte Personen als Sachverständige geeinigt haben, der beschlossene Sachverständigenbeweis durch Vernehmung der geeinigten Personen stattfinden müsse. Daneben ist aber die Bestimmung stehen geblieben, daß der Richter jedes Gutachten als ungenügend ablehnen kann, und der Grundsatz, daß nicht die Ueberzeugung des Sachverständigen, sondern die Ueberzeugung des Richters maßgebend ist, ist auch hier nicht beschränkt.

Zur objectiven Förderung der Ueberzeugung des Gerichts,

ist als Regel aufgestellt, daß die Beweisaufnahme vor dem Prozeßgericht erfolgen soll. Zu den zugelassenen Ausnahmen gehört es indeß, wenn der Beweisaufnahme vor dem Prozeßgericht erhebliche Schwierigkeiten entgegenstehen. Ich wage keine Vermuthung, wie gering der Procentsatz derjenigen Beweisverfahren sein wird, in welchen nach jenem idealen Wunsche die Beweisaufnahme vor dem Prozeßgerichte stattfinden wird. Würde aber eine Partei sich etwa aus den vorbereitenden Schriftsätzen überzeugen, daß es nur auf eine einfache Zeugenvernehmung ankäme, hat sie das Interesse an der Beschleunigung des Prozesses, und zugleich die Möglichkeit, die Zeugen zu stellen, so würde sich allerdings der Richter der sofortigen Vernehmung nicht entziehen dürfen.

Die ausnahmsweise gegebenen bindenden Beweisregeln über Beweiskraft betreffen nur Urkunden und Eid. Nach der im §. 259 Absatz 2 angegebenen sprachlichen Oekonomie des Gesetzes ist in der Civilprozeß-Ordnung die Grenze des allgemeinen Grundsatzes und der positiven Beweisregeln derartig ausgedrückt, daß das Gesetz nur erwähnt, was von dem Grundsatze der freien Beweiswürdigung ausgeschlossen ist. Dieß ist zu beachten, um die Wirksamkeit der positiven Beweisregeln zu würdigen. Hinsichtlich der Urkunden sind die Vorschriften davon ausgegangen, daß die Beweiswürdigung des Richters so wenig als möglich Abbruch geschehen soll, und daß nur als Regel gefaßt wird, was nach allgemeinen Vernunftgründen oder nach alten Erfahrungen auf die Ueberzeugung jedes Richters wirken muß, und was ohne Versündigung gegen den Begriff der Urkunden, der Urkundspersonen und der Beamten nicht füglich ignorirt werden kann, — Regeln, deren Verletzung an sich skandalös sein würden. Vorschriften finde ich gegeben über den Beweis der Echtheit, d. h. über die Feststellung, ob eine Urkunde von demjenigen, welcher als Aussteller behauptet wird, wirklich ausgestellt ist, und über die Beweiskraft, welche die Urkunden, ihre Echtheit vorausgesetzt, haben.

Die Echtheit der öffentlichen Urkunden soll vermuthet werden, wenn sie nach Form und Inhalt sich als von einer öffentlichen Behörde oder einer öffentlichen Urkundsperson des Inlandes ausgestellt darstellen. Die Echtheit einer Privaturkunde wird gesetzlich vermuthet, wenn die Privaturkunde vom Aussteller unterschrieben oder die Handzeichen darunter gerichtlich oder notariell beglaubigt sind. Das sind die beiden einzigen Vermuthungen, welche die ganze Civil-Prozeßordnung enthält; bindende Beweisregeln finde ich noch zwei; es sind nur geregelte Winke. Ob im konkreten Fall die Vermuthung ausreicht, die Thatsache für wahr anzunehmen, ob sie im einzelnen Falle nicht zutreffen oder widerlegt ist, hängt von der Würdigung des Richters ab, welcher unter Umständen der einen aber der anderen Partei einen Eid auferlegen kann, sofern dieser seine Ueberzeugung von der Wahrheit begründen würde.

Privaturkunden, welche vorgelegt werden und worüber sich der Gegner, im Anwaltsprozeß unaufgefordert, im Amtsgerichtsprozeß nach gerichtsseitiger Aufforderung nicht erklärt, gelten als anerkannt. Dies ist wieder eine Folge der Verhandlungsmaxime und gehört also auch noch nicht zur Beweiswürdigung. Bindende Beweisregeln über die Echtheit der Urkunden kennt die Civil-Prozeßordnung nur zwei: Ausländische öffentliche Urkunden werden durch die Legalisation eines Konsuls oder Gesandten des deutschen Reichs bewiesen und der Beweis durch Schriftvergleichung wird als geführt angesehen, wenn der Gegner Schriften, welche sich zur Vergleichung eignen und welche er nach den sonstigen Vorschriften gesetzlich ediren muß, nicht edirt oder den Editionseid nicht leistet. Abgesehen von diesen Beweisregeln bleibt die Führung des Beweises der Echtheit einer Urkunde den allgemeinen Beweiswürdigungsregeln vorbehalten, und in dieser Beziehung möchte ich nur noch erwähnen, daß die Civil-Prozeßordnung keinen speciellen Diffessionseid kennt. Der Beweis der Echtheit der Urkunde ist durch gewöhnliche Eideszuschiebung zulässig, soweit überhaupt die Eideszuschiebung zulässig ist, worauf wir sogleich noch wieder zurückkommen.

In Betreff der Beweiskraft der öffentlichen Urkunden unterscheidet die Civil-Prozeßordnung drei Klassen. Die erste Klasse betrifft die Urkunden, worin vor einer öffentlichen Behörde oder Urkundsperson Erklärungen abgegeben werden. Für diese Urkunden ist in Betreff der Beweiskraft, die Echtheit vorausgesetzt, nur so viel der Beweiswürdigung entzogen, daß der beurkundete Vorgang als richtig angenommen wird, aber auch dies nur so lange, bis der Beweis dagegen geführt wird, daß also der Vorgang nicht richtig beurkundet ist, daß also die Erklärung entweder überhaupt nicht, oder von der bestimmten Person, aber nicht in der bestimmten Art oder Zeit erfolgt ist. Wie dieser Gegenbeweis zu führen ist, ist wieder nach den allgemeinen Regeln der Beweiswürdigung zu beurtheilen. Die Vorschrift, daß er zu führen ist, enthält jedoch die materielle Auferlegung der Beweislast. Andernfalls gilt der Vorgang als richtig beurkundet. Alle anderen begleitenden und nachfolgenden Umstände, die Beurtheilung dessen, was daraus folgt, daß die Erklärungen abgegeben sind, der Einfluß der Aushändigung, des Besitzes der Urkunde, — kurz, alles andere unterliegt lediglich der freien Beweiswürdigung des Richters.

Als zweite Klasse von Urkunden sind diejenigen hervorzuheben, welche eine amtliche Anordnung, Verfügung oder Entscheidung einer Behörde enthalten. Für diese ist nur der Satz ausgesprochen: sie beweisen, daß die Behörde damals diese Anordnung getroffen hat. Die Echtheit ist auch hier vorausgesetzt. Ein Angriff dagegen, daß die Behörde nicht die Anordnung getroffen hätte, fällt mit dem Beweis der Unechtheit zusammen. Der selbstverständliche Satz hat seine Formulirung nur deshalb gefunden, um diese Klasse von Urkunden von der gleich zu erwähnenden dritten Klasse abzusondern, und deshalb, weil für diese Art Urkunden nichts anderes bestimmt werden sollte, als jener rein selbstverständliche Satz; alles andere bleibt also der Beurtheilung des Richters überlassen, natürlich auch die Wirkung und die rechtliche Bedeutung der Anordnung.

Die dritte Klasse umfaßt alle öffentlichen Urkunden, welche einen anderen Inhalt haben, als die beiden erst angegebenen, worin also nicht vor einer Behörde oder Urkundsperson Erklärungen abgegeben sind und worin auch nicht eine Behörde Anordnungen getroffen hat, sondern worin die Behörde nur etwas bezeugt. Das Bezeugte gilt als wahr, sofern es auf der eigenen Wahrnehmung der Behörde beruht — und darin liegt eine wesentliche Ausnahme — sofern Landesgesetze davon absehen, daß die Beweiskraft von der eigenen Wahrnehmung der Behörden abhängen soll. Dieß gilt namentlich von Attesten der Civilstandsbeamten und der Geistlichen über den Personenstand. Der Gegenbeweis, daß in der That das Bezeugte doch nicht wahr ist, ist auch hier nicht ausgeschlossen, wieder aber mit der Einschränkung, soweit nicht Landesgesetze diesen Gegenbeweis unzulässig erklären oder einschränken.

Zwei besondere Vorschriften hat dann noch die Civil-Prozeßordnung, welche wir schon früher erwähnt haben, daß der Thatbestand, welchen das Urtheil über das mündliche Parteivorbringen ergiebt, nur durch das Sitzungsprotokoll widerlegt werden kann und daß die Förmlichkeiten der mündlichen Verhandlung nur durch das Sitzungsprotokoll erwiesen werden können, hiergegen auch nur der Beweis der Fälschung zulässig ist.

Privaturkunden beweisen, wenn sie unterschrieben sind oder wenn die Handzeichen gerichtlich oder notariell beglaubigt sind, daß die Erklärungen von den Ausstellern abgegeben sind. Die Echtheit ist auch hier vorausgesetzt. Ueber alles andere, ebenso wie bei den öffentlichen Urkunden, welche eine Erklärung Anderer beurkunden, entscheidet frei die richterliche Beweiswürdigung.

Alle diese bindenden Beweisregeln in Betreff der Urkundenbeweiskraft gelten nur mit der Einschränkung, daß, sofern Durchstreichungen, Radirungen, Einschaltungen oder äußere Mängel der Urkunde sich zeigen, der Richter wieder nach seiner Ueberzeugung zu entscheiden hat, welchen Einfluß diese Momente auf die Beweiskraft selbst haben. Die Vorschrift des §. 384, welche in diesem Zusammenhang nochmals hervorhebt, daß das Gericht hierüber nach freier Ueberzeugung entscheiden soll, hat wesentlich die Bedeutung, daß sämmtliche bindenden Beweisregeln über die Beweiskraft durch den Satz eingeschränkt sind, daß die äußeren Mängel den Richter ermächtigen, von der Beweiskraft abzusehen, wenn, abgesehen von solchen Mängeln, sonst eine Beweiskraft gesetzlich angenommen werden müßte.

Die Vorschriften über den Parteieid endlich binden den Richter positiv darin, daß die Zulässigkeit und Erheblichkeit des Eides vorausgesetzt, durch Erklärungsversäumniß, durch Leistung, Erlassung, Weigerung des Eides die davon betroffenen Thatsachen festgestellt werden. Die Vorschriften sind nicht mehr aus einem Guß; es ist fast in jedem Stadium der Gesetzgebung daran erheblich geändert. Sie gingen von dem Gedanken aus, daß ein Eid nur unter Umständen geleitet werden sollte, wo er auf die Ueberzeugung des Richters wirkt. Quoen ist stehen geblieben, ist ein Eid nur über Thatsachen und zur Wissenschaft des Schwörenden von den Thatsachen zu leisten ist. Indeß nicht bloß über die eigenen Handlungen und Wahrnehmungen kann geschworen werden, wie nach der strengsten Auslegung eines Ueberzeugungseides angenommen werden könnte, sondern ganz allgemein auch über die Handlungen und Wahrnehmungen der Rechtsvorgänger des Schwörenden, und ferner in den Fällen, worin sich die Parteien über [den zu leistenden Eid einigen, und in den Fällen, worin der Richter einen sogenannten richterlichen Eid, Erfüllungs- oder Reinigungseid auferlegt, über alle Thatsachen. Die Zuschiebung und Zurückschiebung des Eides hängt, abgesehen von diesen Fällen, in denen über alle Thatsachen ein Parteieid zulässig ist, davon ab, ob der Schwörende über seine oder seiner Rechtsvorgänger oder Vertreter Handlungen und Wahrnehmungen zu schwören hat. Um das an einem Falle zu demonstriren, welcher zugleich die Gestaltung des Eidesbeweises statt des Dissessioneides zeigt: Klagt ein Cessionar eines Contrahenten aus einem

Vertrage, welchen sein Cedent mit dem Erblasser des Verklagten geschlossen und gleichzeitig unterschrieben haben soll, so würde darüber die Eideszuschiebung zulässig sein, weil der Verklagten über Handlungen und Wahrnehmungen ihres Rechtsvorgängers zu schwören haben. Auch die Zurückschiebung des Eides würde zulässig sein, weil der Kläger ebenfalls über Handlungen und Wahrnehmungen seines Autors zu schwören hat. Ist der Beweis für einen Vertrag in Frage, welchen der Verklagte nicht mit dem Kläger oder Vertreter oder Rechtsvorgänger des Klägers, sondern mit einem Dritten geschlossen haben soll, so ist die Eideszuschiebung zulässig, weil es sich um die Handlungen des Verklagten selbst handelt. Die Zurückschiebung ist nicht zulässig, falls nicht der Kläger etwa selbst behauptet, daß er oder sein Rechtsvorgänger zugegen gewesen wäre. Wenn ferner ein Cessionar aus der Cession klagt und den Beweis, daß sein Autor ihm cedirt hat, antreten will, ohne ihn zugleich dahin anzutreten, daß der Verklagte oder dessen Autor dabei zugegen gewesen wäre, so kann er über die Cession überhaupt keinen Eid zuschieben, sondern er wird sich begnügen müssen, den Cedenten als Zeugen anzunehmen oder einen anderen Beweis anzutreten.

Die Eideszuschiebung gilt ferner gesetzlich nur als subsidiäres Beweismittel. Jede Partei kann immerhin, sie mag den Eid zugeschoben haben oder es mag ihr der Eid zugeschoben sein, noch andere Beweismittel geltend machen, und in diesem Falle gilt der Eid als nur für den Fall zugeschoben, daß die anderen Beweismittel keinen Erfolg haben. Der Eid gilt außerdem als nur für den Fall zugeschoben, daß den Zuschiebenden die Beweislast trifft. Mit Rücksicht auf diese gesetzlich subsidiäre Natur des Eides ist eine Weigerung des Eides wegen unterbliebener Erklärung nur dann als eingetreten anzunehmen, wenn die Partei ausdrücklich vom Gericht zur Erklärung darüber aufgefordert ist. Im Falle der Geltendmachung anderer Beweismittel kann die frühere Erklärung über den Eid widerrufen werden. Sonst jedoch kann die Annahme oder die Zurückschiebung des Eides später nicht widerrufen werden, auch in zweiter Instanz nicht. Das Resultat der Eidesleistung und der Verweigerung der Eidesleistung bleibt ebenfalls in zweiter Instanz bestehen. Die versäumten Erklärungen über den Eid dagegen können in zweiter Instanz widerrufen werden.

Die Leistung des Eides selbst kann im Urkunden- und Wechselprozeß nur durch Beweisbeschluß, nicht durch bedingtes Erkenntniß angeordnet werden, um die Verzögerungen, welche sonst das Hinausschieben der Eidesleistung hervorrufen würde, zu vermeiden. In allen anderen Prozessen soll umgekehrt die Leistung des Eides regelmäßig durch bedingtes Urtheil auferlegt werden. Indeß ist die Abnahme des Eides durch Beweisbeschluß zulässig, wenn die Parteien sich über Erheblichkeit und Norm des Eides einig sind, oder wenn ein Zwischenstreit der Parteien dadurch erledigt werden soll, und ferner, wenn über einzelne selbstständige Angriffs- oder Beweismittel durch den Eid entschieden wird. Im letzteren Falle ist auch ein durch den Eid bedingtes Zwischenurtheil zulässig, dessen Ausführung aber auch erst erfolgen soll, wenn die Entscheidung getroffen ist.

Außer diesen Vorschriften regelt die Civilprozeß-Ordnung noch Zeit und Formen der Beweisantretung, und Form und Bedingung der Beschaffung der Beweismittel. Die Beweisantretung, d. h. die Angabe, wofür und durch welche Mittel ein

Beweis geführt werden soll, muß vor dem Schluß der mündlichen Verhandlung erfolgen, auf welche der Beweisbeschluß oder das Urtheil ergeht. Hiervon und von der Zulässigkeit, auf Antrag Zeugen oder den Beweis durch Urkunden, welche ein Dritter besitzt, abzulehnen, wenn ein solcher Beweis nach einem Beweißbeschlusse über die darin bezeichneten Thatsachen verzögerlich angetreten wird, gilt dasselbe, was bereits früher von der Verzögerung des Parteivorbringens angegeben worden ist. Für die Form der Beweisantretung genügt im übrigen die Bezeichnung der zu beweisenden Thatsachen und der Beweismittel. Nur in Betreff der Urkunden ist hervorzuheben: Urkunden, welche der Beweisführer selbst besitzt, muß er unaufgefordert vor Schluß der mündlichen Verhandlung vorlegen; für Urkunden, welche der Gegner besitzt, müssen die Umstände angegeben werden, woraus sich ergiebt, daß der Gegner die Urkunde besitzt, und zugleich sind die Gründe dafür glaubhaft zu machen, daß der Gegner verpflichtet ist, die Urkunde zu ediren; In Betreff der Urkunden, welche ein Dritter besitzt, erfolgt die Beweisantretung, wie schon früher hervorgehoben, dadurch, daß sich der Antragsteller eine Frist erbittet, in welcher er die Urkunde seinerseits zu beschaffen habe.

In Betreff der Ermöglichung der Beschaffung der Beweismittel sind noch detaillirte Vorschriften gegeben, wann Zeugen und Sachverständige ihre Vernehmung verweigern können, wann Sachverständige abgelehnt werden können, unter welchen Formen diese Erklärungen abzugeben und darüber zu entscheiden ist, wann der Gegner oder ein Dritter Urkunden zu ediren verpflichtet ist und in welcher Weise die Beweisaufnahme selbst erfolgen soll. Bereits früher ist hervorgehoben, daß die beschlossene Beweisaufnahme selbst namentlich rücksichtlich der Zeugen und der Sachverständigen, gerichtsseitig von amtswegen zu betreiben ist, und ebenso, daß der Beweisbeschluß auch für das beschließende Gericht nicht bindend ohne Gründe und ohne Hervorhebung der Beweislast abzugeben ist und die beiderseits angebotenen Beweismittel zuläßt.

Die Frage der Beweislast ist keine Frage des Prozeßes. Was Jemand zu beweisen hat, hängt vom materiellen Rechte ab und von den Erfordernissen, welche danach für die Begründung oder Hinfälligkeit eines Angriffs- oder Vertheidigungsmittels nöthig sind. Der Richter giebt seine Ansicht darüber, wem die Beweislast obliegt, wenngleich er sie sich namentlich bei jeder Eidzuschiebung stets gegenwärtig halten muß, doch erst im Urtheil kund. Das Urtheil hat aus den thatsächlichen Verhältnissen, welche der Richter zufolge seiner Thatsachenwürdigung als wahr aufstellt, die Rechte und Pflichten der Parteien festzustellen, welche nach logischen Gesetzen und nach der positiven Gesetzanwendung daraus folgen. Voraussetzung ist die Wahrheit der Thatsachen für den Richter und andererseits die logisch richtige Schlußfolgerung. Nur wahre Thatsachen darf der Richter berücksichtigen, nicht die ihm nur wahrscheinlich, und nur unwahre Thatsachen, nicht die nur unwahrscheinlichen, darf er von der Berücksichtigung ausschließen. Liegt ein Fall der Wahrscheinlichkeit für ihn vor, so hat er das Mittel, einer oder der anderen Partei einen richterlichen Eid aufzuerlegen, so weit er dadurch seine Ueberzeugung im Falle der Leistung der Nichtleitung des Eides begründet finden würde. Ist das nicht der Fall, so wird er die nur wahrscheinlichen Thatsachen überhaupt

nicht berücksichtigen dürfen. Die Schlüsse, welche das Gericht aus den Thatsachen zu ziehen hat, und also auch den Kausalzusammenhang, haben den Gesetzen der Logik zu folgen und dürfen nicht bloße Vermuthungen sein. Nur auf einem Gebiete ist in beiden Beziehungen in Betreff der Wahrheit der Thatsachen und in Betreff des Kausalzusammenhanges die Befugniß des Gerichtes erweitert. Ueber die Entstehung eines rechtlich maßgebenden Schadens und die Höhe des Schadens und des Interesses hat das Gericht nach freier Ueberzeugung zu entscheiden. §. 260. Hierfür wird dadurch über die Ueberzeugung von maßgebenden Thatsachen hinaus die Ueberzeugung von einem, auch nicht genau logisch sich ergebenden Kausalzusammenhange und zugleich die Ueberzeugung von der Richtigkeit einer Wahrscheinlichkeitsberechnung legalisirt. Abgesehen hiervon, bilden für das Urtheil nur die als wahr festgestellten Thatsachen die Vordersätze; die anzuwendenden Gesetze bilden den Untersatz und die Logik ist es, welche das Urtheil über die Höhe des Rechte vermitteln muß. Für seine logischen Schlußfolgerungen und ebenso für die Gesetzeskenntniß — abgesehen von ausländischem Rechte von unbekannten Gewohnheitsrechten und Statuten — bedarf der Richter keines logischen oder juristischen Sachverständigen; er darf dazu keines bedürfen. Treten ihm bei der Beweisaufnahme in Zeugen- oder Sachverständigenerklärungen Verstöße gegen die Logik entgegen so hat er darüber das Recht und die Pflicht der freien Beurtheilung. Namentlich der Sachverständige soll nur Gehülfe des Richters sein, um ihm die Thatsachen und die thatsächlichen Folgerungen aus den dem Richter fremden Wissenschaften, Künsten und Gewerben vermitteln zu helfen, welche der Richter nicht selber ziehen kann. Verstößt der Sachverständige wider die Logik, so muß ihn die Logik des Richters korrigiren, und wenn der Richter dann nicht aus den durch Sachverständige oder ohne Sachverständige festgestellten Thatsachen selbst die Schlüsse logisch ohne -weitere Zuziehung von Sachverständigen ziehen kann, so hat er das Recht und die Pflicht, das Gutachten des Sachverständigen überhaupt als ungenügend abzulehnen. Soweit der Richter außer der allgemeinen Logik und seiner Gesetzeskenntniß Thatsachen oder thatsächliche Folgerungen aus seiner eigenen allgemeinen wissenschaftlichen Bildung oder aus seiner speziellen Kenntniß unterer Wissenschaften selbst kennt, soweit ist er in Folge des Grundsatzes der Thatsachen und Beweiswürdigung, selbst berechtigt, seine Kenntniß zur Anwendung zu bringen und sich selbst als Sachverständiger zu dienen. Für die mathematischen Folgerungen welche der Richter selbst ziehen kann und zieht, kann er des mathematischen Sachverständigen, des Kalkulators entbehren. Eine absolute Vorschrift über die Grenzen der Geltung des Sachverständigenbeweises ist danach natürlich nicht zu geben. Die Grenze ist so verschieden wie das Bildungs- und der Kenntnißreichthum der Richter selber. Grundsätzlich muß aber an dem theoretischen Satze festgehalten werden, daß, soweit nicht bindende Beweisregeln entgegenstehen, der Richter nach freier Thatsachenwürdigung die Thatsachen festzustellen und mit Rücksicht auf die als wahr festgestellten Thatsachen darauf die Logik und seine Gesehenkenntniß anzuwenden hat. Nur dann würde er mit Recht von Rechtswegen urtheilen.

(Lebhafter Beifall.)

VI. Ueber die Rechtsmittel.

Vortrag des Herrn Rechtsanwalts M. Levy, gehalten in der Versammlung der Berliner Anwälte am 6. Mai 1879.

Meine verehrten Herren Kollegen! Wir sind in der Betrachtung der deutschen Civil-Prozeßordnung bis zu der richterlichen Endentscheidung gelangt, und es schließt sich hieran zweckmäßig die Behandlung der Rechtsmittel. Ich habe natürlich nicht die Absicht, eine erschöpfende Darstellung dieses überaus schwierigen Gebiets zu geben, und wenn ich auf der anderen Seite bei einzelnen Fragen, die ganz besonders praktisch erscheinen, Oberflächlichkeit vermeiden will, so wird die Folge die sein, daß ich einige Gebiete gegenüber anderen etwas stiefmütterlich behandeln muß, und ich bitte deshalb um Entschuldigung, wenn ich im Interesse der Sache gewissermaßen künstlerische Formvollendung hierbei außer Acht setzen muß.

Meine Herren! Die richterlichen Entscheidungen sind ja, wie alles Menschliche und Irdische, auch nicht dem Fluche der Unzulänglichkeit entzogen, und es ist daher nicht zu verwundern, daß die deutsche Civil-Prozeßordnung wie alle anderen Prozeßordnungen, Mittel giebt, richterliche Entscheidungen anzufechten. Der Zweck solcher Anfechtungen geht entweder auf die Beseitigung materieller Rechtsverletzungen, die entstehen können durch Irrthum des Richters, durch Fehler der Parteien, oder durch Mangelhaftigkeit der Beweismittel, der Beweisaufnahme; oder die Anfechtung hat den Zweck, die wesentlichen Formen des Verfahrens und der Rechtsvertheidigung aufrecht zu erhalten und Schutz gegen Verletzung derselben zu gewähren. Gerade der letzte Zweck wird häufig, und mit Recht bei verschiedenen Anfechtungsmitteln in den Vordergrund gedrängt mit Rücksicht darauf, daß ja gerade die Aufrechterhaltung der wesentlichen Formen des Verfahrens die einzige Garantie für eine gute Rechtspflege bietet; wir werden das später bei Betrachtung der Revision noch des Näheren erfahren.

Solcher Anfechtungsmittel gegen richterliche Entscheidungen giebt nun die deutsche Civil-Prozeßordnung eine ganze Anzahl: den Einspruch gegen das Versäumnißurtheil, die Wiederaufnahmeklagen, nämlich die Nichtigkeitsklage und die Restitutionsklage, die Anfechtungsklage gegen einen Entmündigungsbeschluß, gegen ein Ausschlußurtheil, gegen einen Schiedsspruch. Hierzu gehören auch die Anträge auf Berichtigung des Urtheils wegen Rechnungsfehler und ähnlicher offenbarer Unrichtigkeiten, Anträge auf Berichtigung des Thatbestandes, Anträge auf Ergänzung des Urtheils wegen übergangener Punkte, der Widerspruch gegen einen Zahlungsbefehl, einen Arrestbefehl, und endlich die eigentlichen Rechtsmittel.

Die eigentlichen Rechtsmittel unterscheiden sich von den übrigen Anfechtungsmitteln der deutschen Civil-Prozeßordnung wesentlich nur durch ein Moment, nämlich dadurch, daß sie den Rechtsstreit vor einen höheren Richter bringen, daß sie, wie wir bisher gewohnt waren, zu sagen: Devolutiv-effekt haben, während dies bei den übrigen Anfechtungsmitteln im Großen und Ganzen nicht der Fall ist. Die Prozeßordnung kennt nur drei Rechtsmittel: die Berufung, das Rechtsmittel zweiter Instanz, die Revision, das Rechtsmittel dritter Instanz, und endlich zur Ergänzung des Rechtsmittelsystems die Beschwerde. Die sämmtlichen Rechtsmittel haben eine gemeinsame Wirkung mit dem Einspruche, daß sie nämlich die Rechtskraft der Erkenntnisse hemmen. Der §. 645 der Civil-Prozeßordnung sagt zunächst negativ:

die Rechtskraft der Urtheile tritt vor Ablauf der für die Einlegung der zulässigen Rechtsmittel oder des zulässigen Einspruchs bestimmten Frist nicht ein.

Der Eintritt der Rechtskraft wird durch rechtzeitige Einlegung des Rechtsmittels oder des Einspruchs gehemmt.

Hierbei entsteht nun zunächst die Frage: wann werden Urtheile positiv rechtskräftig? — Wir werden sagen müssen: sobald weder ein Einspruch, noch ein Rechtsmittel gegen das betreffende Urtheil, sei es überhaupt, sei es wegen Ablauf der Nothfrist zulässig ist. Hierbei aber fragt es sich weiter: ist die Zustellung ein wesentliches Moment? wie wir es nach unserer preußischen Prozeßordnung, wie wir es nach dem gemeinen Recht anzunehmen gewohnt sind, daß ein Urtheil nie rechtskräftig werden kann, bevor es nicht zugestellt ist, selbst ein solches nicht, gegen welches ein Rechtsmittel nicht zulässig wäre, auch wenn es zugestellt wäre. Es versteht sich ja ganz von selbst, daß die Rechtskraft der Urtheile, gegen welche ein Rechtsmittel an sich zulässig ist, nicht eintreten kann vor der Zustellung der Urtheile, weil im Urtheile selbst von der Zustellung die Urtheile abhängen. Wie steht es aber mit den anderen Urtheilen, also beispielsweise mit den Urtheilen der Landgerichte in der Berufungsinstanz, welche ja nicht weiter angefochten werden können? mit gewissen Urtheilen der Oberlandesgerichte, gegen die kein Rechtsmittel zulässig ist? endlich mit den Urtheilen des Reichsgerichts, mit den Urtheilen der letzten Instanz? werden diese schon rechtskräftig mit dem Augenblicke der Verkündung oder mit dem Augenblicke der Zustellung? Ich muß sagen, ich wollte diese Fragen hier eigentlich nicht definitiv entscheiden, als vielmehr anregen. Die Wichtigkeit der Frage leuchtet ja von selbst ein, der Einfluß auf die exceptio rei judicatae, die prozessualische Vorschrift, ein bedingtes Urtheil, ein Urtheil, welches auf einen Eid gestellt ist, nicht eher geläutert, purificirt werden kann, bevor nicht die Rechtskraft der Urtheile eingetreten ist; ferner die Vorschrift der Prozeßordnung, daß die Gerichtsschreiber Zeugnisse auszustellen haben über die Rechtskraft der Urtheile u. s. w. Einen gewissen Anhalt giebt der §. 283. Dort ist gesagt:

Die Wirksamkeit der Verkündung eines Urtheils ist von der Anwesenheit der Parteien nicht abhängig. Die Verkündung gilt auch derjenigen Partei gegenüber als bewirkt, welche den Termin versäumt hat.

Die Befugniß einer Partei, auf Grund eines verkündeten Urtheils das Verfahren fortzusetzen oder von dem Urtheile in anderer Weise Gebrauch zu machen, ist von der Zustellung an den Gegner nicht abhängig, soweit nicht dieses Gesetz ein Anderes bestimmt.

Diese Vorschrift würde meiner Meinung nach ein Stützpunkt für die Ansicht sein, daß der Eintritt der Rechtskraft solcher Urtheile, gegen die ein Rechtsmittel und Einspruch an sich nicht zulässig ist, mit dem Augenblick der Verkündung erfolgt; denn eine ausdrückliche Vorschrift der Prozeßordnung, daß die Zustellung hierzu erforderlich sei, ist nicht aufzufinden.

Eine gemeinsame Wirkung der beiden Rechtsmittel, Berufung und Revision, ist ferner die, daß die Vollstreckbarkeit der Erkenntnisse durch dieselben gehemmt wird, wenigstens in unserem Sinne gehemmt wird. Das Gesetz drückt sich so aus bezüglich der Vollstreckbarkeit der Erkenntnisse: „Ein Urtheil ist vollstreckbar, wenn es entweder rechtskräftig ist, aber für vorläufig vollstreckbar erklärt ist." Wenn also Berufung und Revision die Rechtskraft hemmen, so hemmen sie damit auch die Vollstreckbarkeit, insofern nicht das Urtheil für vorläufig vollstreckbar erklärt ist. Anders verhält es sich — ich habe dies auch nur für diesen Gegensatz hervorheben wollen — mit der Beschwerde; diese soll nur ausnahmsweise Suspensiveffekt haben in einzelnen bestimmten Fällen, auf die ich vielleicht noch später komme, und allgemein nach richterlichem Ermessen. Was im übrigen den Suspensiveffekt anlangt — insbesondere die Suspension des Verfahrens, wenn Rechtsmittel gegen Theilurtheile, gegen Urtheile über prozeßhindernde Einreden, über Präjudizialansprüche eingelegt werden, — so tritt dieselbe bei der Einlegung des Rechtsmittels gegen Theilurtheile nicht ein, bei den übrigen Urtheilen nur nach richterlichem Ermessen; der Richter erster Instanz kann das Verfahren fortsetzen, er kann es auch suspendiren.

Ich will bezüglich der gemeinsamen Merkmale der Rechtsmittel noch eins angeben: es können die Rechtsmittel in gewisser Weise mit dem Einspruch konkurriren, aber nur in der Weise, daß der einen Partei das Rechtsmittel, und der anderen Partei der Einspruch zusteht. Derselben Partei kann nicht gleichzeitig ein Rechtsmittel und Einspruch zustehen. Wenn nämlich ein Versäumnißurtheil ergangen ist gegen einen Beklagten, durch welches dem Kläger ein Theil der Forderung in contumaciam gegen den Beklagten zugesprochen wird, er wird aber mit dem andern Theil der Forderung abgewiesen, so hat er das Rechtsmittel der Berufung, der Beklagte den Einspruch. Noch mit einem andern Anfechtungsmittel aber haben die Rechtsmittel eine gewisse Konkurrenz, in einem einzigen singulären Falle, der allerdings von erheblicher praktischer Wichtigkeit ist, das ist der Fall des §. 549, die Konkurrenz der Rechtsmittel mit der Nichtigkeitsklage. Bei den Nichtigkeitsklagen ist vorgeschrieben, daß sie vor Ablauf der Nothfrist eines Monats zu erheben sind. Die Frist beginnt im Allgemeinen mit dem Tage, an welchem die Partei von den Anfechtungsgrunde Kenntniß erhalten hat, jedoch nicht vor eingetretener Rechtskraft des Urtheils. Nach Ablauf von 5 Jahren vom Rechtskraft des Urtheils an gerechnet, sind die Klagen unstatthaft. Im dritten Absatz des §. 549 aber ist gesagt:

> Die Vorschriften des vorstehenden Absatzes finden auf die Nichtigkeitsklage wegen mangelnder Vertretung keine Anwendung; die Frist für Erhebung der Klage läuft von dem Tage, an welchem der Partei und bei mangelnder Prozeßfähigkeit dem gesetzlichen Vertreter derselben das Urtheil zugestellt ist.

Man kann nicht suppliren, daß hier etwa die Zustellung eines schon vorher rechtskräftig gewordenen Urtheils gemeint sei in dem Sinne, wie ich es am Eingang andeutete, sondern es handelt sich hier — das ergiebt die allgemeine Ausdrucksweise — um Zustellung eines jeden und nicht rechtskräftig gewordenen Urtheils. Die Motive zu dem Justizministerialentwurf vom Jahre 1870 ergeben auch expressis verbis, daß hier in diesem Falle, also wenn beispielsweise ein Minderjähriger verklagt worden ist, der nicht gehörig vertreten war, die Konkurrenz der Berufung bezw. der Revision mit der Nichtigkeitsklage eintreten soll. Die Partei hat die Wahl, entweder das Rechtsmittel einzulegen, oder die Nichtigkeitsklage zu erheben. Das letztere wird sie ja thun, wenn sie sich eine Instanz erhalten will. Diese allgemeinen Bemerkungen wollte ich voraus schicken, und gehe nunmehr zur Betrachtung der einzelnen Rechtsmittel über.

Das Rechtsmittel zweiter Instanz nennt die Civilprozeßordnung die Berufung. Was zunächst die Zuständigkeit für die Verhandlung und Entscheidung über das Rechtsmittel der Berufung anbetrifft, so sind gegen die Urtheile der Amtsgerichte zuständig die Civilkammern der Landgerichte — nicht etwa die Handelskammern —, und gegen die Urtheile der Landgerichte die Oberlandesgerichte, und zwar die ersteren, die Civilkammern der Landgerichte, in einer Besetzung von 3 Richtern, die Oberlandesgerichte in einer Besetzung von 5 Richtern.

Was sodann die Zulässigkeit der Berufung anbetrifft, so ist dieselbe gegenüber unserem gegenwärtigen Verfahren erheblich verallgemeinert. Die Berufung findet statt gegen alle Endurtheile erster Instanz: in majoribus et minoribus facultas appellandi est; ich sage also: gegen die Endurtheile erster Instanz. Zu den Endurtheilen erster Instanz gehören nicht blos die Definitiventscheidungen, sondern unter anderm auch die bedingten Entscheidungen, diejenigen Endentscheidungen, durch welche auf einen Eid für die eine oder andere Partei erkannt ist, meine ich; ferner aber — und dies ist eine Abweichung von unserem gegenwärtigen preußischen Verfahren — auf die Purifikationserkenntnisse, wie wir ja gewohnt sind, Purifikationsresolutionen zu nennen, gegen die der preußische Prozeß bekanntlich nur die Nichtigkeitsbeschwerde zuläßt. Auch diese sogenannten Läuterungsurtheile — sie haben zwar den technischen Namen in der Prozeßordnung nicht, es wird sich aber empfehlen, ihnen einen Namen zu geben, darum wähle ich diesen — diese Läuterungsurtheile unterliegen der Berufung ebenso wie alle anderen. Nicht minder ist gegen Erkenntnisse, die auf Anerkenntniß ergehen, die agnitoria, die ja nach preußischem Recht auch nur der Nichtigkeitsbeschwerde unterliegen, Berufung zulässig; ebenso gegen Theilurtheile, gegen Urtheile auf Beziklagen, die zwar wie bei uns die Urtheile in Possessorienfachen nur der Nichtigkeitsbeschwerde unterworfen sind; alle Endurtheile in Arrestsachen, auf Grund mündlicher Verhandlung, wie auch nur die Anerkennung des Arrestes betreffen, unterliegen der Berufung. Dagegen sind Interlokute, Zwischenurtheile an sich nicht appellatel, wie im gemeinen Prozesse. Es werden davon nur einige Ausnahmen gemacht: erstens bezüglich der Präjudizialentscheidungen über den Grund eines Anspruches; wenn Grund und Betrag streitig sind, so kann ja nach unserer Prozeßordnung ebenfalls zunächst über den Grund erkannt werden, präjudiziren; dieses ist nach der Deutschen Civilprozeßordnung ebenfalls zulässig. Ein solches Urtheil, wie es ja gewiß ein Zwischenurtheil genannt werden muß, wird in Bezug auf die Rechtsmittel als Endurtheil angesehen. Dasselbe wird gesagt für Urtheile über prozeßhindernde Einreden, wenn solche verworfen werden. Werden sie zugelassen, kann ist ja der Kläger ohne weiteres abgewiesen, und dann ist ein Endurtheil gewiß vorhanden. Auch das Urtheil, welches im Urkundenprozeß ergeht unter Vorbehalt der Vertheidigungsmittel, gilt in Bezug auf die Rechtsmittel als Endurtheil.

Die Berufung hat aber auch gewisse Grenzen der Zulässigkeit und zwar mehrfach im Gegensatz zu unserm bisherigen Verfahren. So ist, wie schon bei meinem Vortrage über die Versäumniß angeführt worden, eine Berufung gegen Versäumnißurtheile, gegen welche der Einspruch zulässig ist, also nach gegen Vollstreckungsbefehle, nicht gestattet, wie gegen solche Versäumnißurtheile, welche dem Einspruch nicht mehr unterliegen, also gegen die zweiten, ist die Berufung zulässig, aber auch nur in so weit, als sie darauf gestützt wird, daß der Fall der Versäumung nicht vorgelegen habe. Zu bemerken ist dann noch, daß über den Kostenpunkt allein die Berufung als selbstständige Berufung nicht zugelassen wird. Dies entspricht ja gewissermaßen auch dem preußischen Prozeß, in welchem über den Kostenpunkt allein bekanntlich nur durch Rekurs Remedur geschaffen werden konnte.

Nächst der Zulässigkeit und Zuständigkeit der Rechtsmittel interessirt nun der Umfang und die Wirkung desselben. Ich habe hervorgehoben, daß gegen Zwischenurtheile die Berufung an sich nicht zulässig ist mit Ausnahme der 3 genannten Fälle. Wenn aber gegen das Endurtheil Berufung eingelegt wird, so werden von dieser Berufung alle vorhergegangenen Entscheidungen mit betroffen. Das Gesetz sagt: der Beurtheilung des Berufungsgerichts unterliegen alle vorausgegangenen Entscheidungen, demnach auch alle Zwischenurtheile, jedoch mit der Beschränkung, daß sie nicht der Beschwerde unterliegen, und daß sie nicht ausdrücklich unanfechtbar erklärt sind. Es wird also keine Konkurrenz der Beschwerde und der Berufung gebildet, während auf der andern Seite eine große Anzahl von Beschlüssen I. und II. Instanz durch das Gesetz ausdrücklich für unanfechtbar erklärt worden sind. In unserm Commentar befindet sich eine Zusammenstellung dieser unanfechtbaren Beschlüsse und Verfügungen. Ich will hier nur dasjenige hervorheben, was für die Berufung von Wichtigkeit ist. So sind unanfechtbar: die Bestimmungen des zuständigen Gerichts durch das höhere, ein Beschluß welcher dem Gesuche um Ablehnung eines Richters oder eines Sachverständigen statt giebt, die Untersagung des Vortrags, die Abweisung von Winkelkonsulenten, Anordnungen, betreffend die Bestellung eines Zustellungsbevollmächtigten, Zurückweisung eines Fristverlängerungs- oder Terminsverlegungsgesuches. In einem der Vorträge des Herrn Collegen v. Wilmowski ist auch schon erwähnt, daß die Entscheidung, daß eine Aenderung der Klage nicht vorliege, unanfechtbar ist und zwar nicht blos dann, wenn sie als Zwischenurtheil tenorirt worden ist, sondern auch dann, wenn sie nur aus den Gründen des Erkenntnisses hervorgeht. Unanfechtbar sind ferner: die Zurückweisung eines Antrags, betreffend die Berichtigung eines Urtheils, desgleichen alle Beschlüsse, betreffend die Berichtigung des Thatbestandes. Die Beschlüsse, welche die Art der Beweisaufnahme betreffen, d. h. die Frage, ob vor versammeltem Gericht die Beweisaufnahme stattfinden soll, oder vor dem ersuchten und beauftragten Richter, Zulassung der Sicherung des Beweises und endlich: die Verweisung des Rechtsstreites von einer Civilkammer an die Handelskammer und umgekehrt.

Noch erwähnen will ich einer Bestimmung im §. 10, welche lautet:

> Das Urtheil eines Landgerichts kann nicht aus dem Grunde angefochten werden, weil die Zuständigkeit des Amtsgerichts begründet gewesen sei,

welche Vorschrift sich jedoch nur auf die sachliche, nicht auf die örtliche Zuständigkeit bezieht.

Die Berufung gestaltet sich nun sowohl für den Richter als für die Partei im Wesentlichen als ein novum judicium; das wird vielfach in den Motiven hervorgehoben. Der Richter soll ungebunden sein, nur beschränkt an die Grenzen der Berufungsanträge, oder wir wollen lieber sagen, an die Grenzen der Anträge beider Parteien. Innerhalb dieser Grenzen soll der Rechtsstreit von neuem verhandelt werden, wie sich das Gesetz ausdrückt; es soll nicht blos eine Kritik des ersten Verfahrens durch die Appellation herbeigeführt werden, sondern es soll der Rechtsstreit von neuem vor sich gehen. Es ist jedoch Vorsorge getroffen, daß diese Bestimmung nicht zu weit ausgedehnt werde, daß die Bäume der Appellation nicht in den Himmel wachsen. So ist bestimmt, daß eine Abänderung des Erkenntnisses nicht erfolgen darf, wenn sie nicht beantragt ist; es darf also nicht ultra petitum erkannt werden; es darf auch nicht in pejus erkannt werden, wenn der Gegner nicht berechtigt war, einen solchen Antrag zu stellen oder ihn nicht gestellt hat; es darf auch keine Ergänzung des Urtheils erster Instanz eintreten. Wenn der Richter erster Instanz irgend einen Klagepunkt übergangen hat, so steht dem Verletzten das Recht zu, innerhalb der gegebenen Frist die Ergänzung des Urtheils zu fordern, wie dies auch preußischen Rechtens ist; er kann sie aber nicht in der Berufungsinstanz erlangen. Wenn er von jenem Rechtsbehelf keinen Gebrauch macht, so geht ihm die Ergänzung des Urtheils verloren, er muß dann in einem besonderen Prozeß klagen. Wenn hiernach der Richter zweiter Instanz übergangene Ansprüche nicht berücksichtigen darf, so ist er doch nicht gehindert, die vom ersten Richter übergangenen Vertheidigungsmittel und Angriffsmittel für die zweite Instanz gelangten Ansprüche zu berücksichtigen, auch wenn im ersten Urtheile deren gar keine Gewährung geschehen ist. Er ist befugt, eine Reproduktion der Beweisaufnahmen anzuordnen, und er hat, wie der Richter, freie Beweiswürdigung der Thatsachen. In Bezug auf die freie Beweiswürdigung ist aber scharf ins Auge zu fassen das Verhältniß desselben zum Thatbestande des ersten Urtheils. Im §. 284 Nr. 3 ist gesagt, „daß das Urtheil eine gedrängte Darstellung des Sach- und Streitstandes auf Grundlage der mündlichen Vorträge der Parteien unter Hervorhebung der gestellten Anträge" enthalten soll, in Klammern: „Thatbestand". Wie verhält sich nun die freie Beweiswürdigung des Berufungsgerichters zu diesem Thatbestande? Beschränkt ist dieselbe zunächst durch den §. 285, welcher verordnet:

> der Thatbestand des Urtheils liefert rücksichtlich des mündlichen Parteivorbringens Beweis. Dieser Beweis kann nur durch das Sitzungsprotokoll entkräftet werden.

Insofern er also durch das Sitzungsprotokoll nicht entkräftet werden kann, enthält der Thatbestand des Urtheils bezüglich desjenigen, was die Parteien nach der Aussage des ersten Richters vorgebracht haben sollen oder nicht vorgebracht haben sollen, eine praesumtio juris et de jure. Insofern man dann weiter annimmt, daß der Thatbestand auch dasjenige enthalten soll, was Zeugen ausgesagt haben, Sachverständige erklärt haben, dasjenige, was der Richter durch den Augenschein festgestellt hat, wird es sich dann ferner fragen: wie stellt sich die Beweiswürdigung des zweiten Richters dazu? Das Urtheil — wird man zugeben — ist jedenfalls eine öffentliche Urkunde, und bezüglich der öffentlichen Urkunden haben wir ja bestimmte Beweisregeln, welche für alle Instanzen gelten; es ist in specie eine öffentliche Urkunde, durch welche der Richter etwas bezeugt. Wenn also der Richter aus eigener Wahrnehmung in einer öffentlichen Urkunde bezeugt, daß er dies und das gesehen oder gehört habe, so wird der Berufungsrichter, wenn eine solche Urkunde nach dem §. 380 unbedingte Beweiskraft hat, auch diesem Zeugniß die Beweiskraft nicht versagen können. Aehnlich steht es auch mit den Protokollen über die Beweisaufnahme. Hier kommt zunächst §. 380 in Betracht, in welchem es heißt:

Urkunden, welche von einer öffentlichen Behörde innerhalb der Grenzen ihrer Amtsbefugnisse oder von einer mit öffentlichem Glauben versehenen Person innerhalb des ihr zugewiesenen Geschäftskreises in der vorgeschriebenen Form aufgenommen sind (öffentliche Urkunden), begründen, wenn sie über eine vor der Behörde oder der Urkundsperson abgegebene Erklärung errichtet sind, vollen Beweis durch die Behörde oder die Urkundsperson beurkundeten Vorgangs.

Es kann danach nicht bezweifelt werden, daß, wenn das Gericht protokollirt hat: der Zeuge hat die und die Aussage gemacht, daß diese Aussage auch in Wirklichkeit gemacht ist, vorbehaltlich des im zweiten Absatz des §. 380 zugelassenen Gegenbeweises. Der Beweis, daß der Vorgang unrichtig beurkundet sei, ist zulässig.

Diese Festsetzungen der ersten Instanz gelten vermöge der Kraft ihrer Beurkundung für den zweiten Richter, und er ist hier an dieselben Beweisregeln gebunden, wie der erste Richter bezüglich aller übrigen öffentlichen Urkunden gebunden ist. Aber auch er kann in allen Fällen den Beweis des Gegentheils zulassen, oder er kann sagen: der angetretene Beweis würde gegenüber der mir produzirten öffentlichen Urkunde doch auf meine Ueberzeugung keinen Einfluß ausüben. Dies ist der Ausfluß der freien Beweiswürdigung. Man muß nun aber — und davor kann nicht genug gewarnt werden — von diesen Grenzen der freien Beweiswürdigung unterscheiden die thatsächlichen Schlüsse, welche der erste Richter aus den Vorgängen der Beweisaufnahme vor ihm gezogen hat. Diese Schlüsse unterliegen vollkommen der freien Beweiswürdigung des Berufungsrichters. Wenn der erste Richter im Protokolle feststellt: der Zeuge hat das und das ausgesagt, so kann wohl bezweifelt werden, daß dies geschehen sei. Ob aber die Thatsache für wahr zu erachten ist, darüber hat der zweite Richter freies Arbitrium.

Aber nicht bloß für den Richter ist die Berufungs-Instanz ein novum judicium, sondern auch für die Parteien. Beide Parteien haben das Recht, nova vorzubringen; dies ist ein beneficium commune, wie auch in der Appellinstanz des preußischen Prozesses. Ausnahmen davon gelten nur folgende: Nach §. 491 sollen neue Ansprüche in der Berufungsinstanz nicht geltend gemacht werden dürfen als nur zum Zweck der Kompensation; aber — wie schon in einem früheren Vortrage erwähnt worden ist — auch zum Zweck der Kompensation nur in beschränkter Weise, nur dann, wenn die Partei glaubhaft macht, daß sie ohne ihr Verschulden nicht im Stande gewesen sei, von der Kompensationseinrede in erster Instanz Gebrauch zu machen.

Prozeßhindernde Einreden können nur unter gewissen Beschränkungen vorgebracht werden. Die Verhandlung zur Hauptsache darf auf Grund prozeßhindernder Einreden nicht verweigert werden. Ferner erstrecken sich auf die zweite Instanz die Wirkungen des gerichtlichen Geständnisses, der Eidesannahme und Zurückschiebung, der Eidesleistung, der Eidesweigerung, und der Verlust des Rügerechts bezüglich solcher Prozeßvorlegungen, welche die Partei in erster Instanz zu rügen versäumt hat; und endlich eine Aenderung der Klage ist absolut unzulässig, auch mit Einwilligung des Gegners nicht zulässig — eine Abweichung von dem Verfahren erster Instanz.

Zu den Wirkungen der Berufung für die Partei gehört nun aber ferner ein besonderes Institut oder vielmehr ein erweitertes Institut, welches wir nach unserer Prozeßordnung nur in einer kümmerlichen Weise haben gedeihen sehen, nämlich die Anschlußberufung. Die Einlegung der Berufung giebt dem Gegner, dem Berufungsbeklagten, das Recht, sich der Berufung anzuschließen, und zwar auch dann, wenn die Frist zur Einlegung der selbstständigen Berufung nicht mehr läuft, ja selbst dann, wenn er auf die selbstständige Berufung bereits verzichtet hat, und endlich auch sogar wegen des Kostenpunktes allein. Nur gegen Versäumnißurtheil steht ihm die Anschlußberufung nicht zu, so wenig wie die Berufung dagegen der Hauptpartei zusteht. — Diese Anschlußberufung fällt und steht mit der Berufung selbst; wird die Berufung zurückgezogen, so fällt damit auch die Anschlußberufung, wird die Berufung durch Versäumnißurtheil zurückgewiesen, so fällt damit nach meiner Ansicht ebenfalls die Anschließung. Nur wenn sie innerhalb der Frist eingelegt ist, gilt sie als selbstständige Berufung und wirkt auch als solche fort.

Eine schließliche Wirkung der Einlegung des Rechtsmittels ist die, daß die Zurücknahme der Berufung nur bis zur mündlichen Verhandlung des Gegners stattfinden darf, weil sonst auch die Wohlthat der Anschlußberufung illusorisch gemacht werden könnte.

Soviel von den Wirkungen und dem Umfang des Rechtsmittels. Ich wende mich nunmehr zu dem Verfahren. Das Verfahren ist im Großen und Ganzen einfach gestaltet. Die Berufung ist einzulegen binnen der Nothfrist eines Monats; die Nothfrist beginnt mit der Zustellung des Urtheils, für beide Parteien, ganz gleich welche Partei zuerst zugestellt hat — mit der ersten Zustellung; gegen die Versäumung der Nothfrist ist die Wiedereinsetzung in den vorigen Stand zulässig. Wird innerhalb der Nothfrist ein Urtheil auf Antrag in erster Instanz ergänzt, so läuft die Nothfrist für das Haupturtheil von neuem mit dem Augenblick, wo das Ergänzungsurtheil zugestellt wird; werden dann gegen beide Urtheile Berufungen eingelegt, so sollen sie mit einander verbunden werden. Wie schon in meinem ersten Vortrage hervorgehoben ist, kann die Einlegung des Rechtsmittels gleichzeitig mit Zustellung des Urtheils erfolgen, nicht aber vorher.

Die Form ist die, daß der Berufungskläger einen Schriftsatz nebst Ladung fertigt und denselben, nach geschehener Termineinrückung durch den Vorsitzenden des Berufungsgerichts, in der gewöhnlichen Weise dem Gegner zustellen läßt. Die Erfordernisse des Schriftsatzes sind durchaus einfache; die wesentlichen Momente sind nur die, daß das Urtheil zu bezeichnen ist, gegen welches Berufung eingelegt wird, daß zu sagen ist, es werde Berufung eingelegt, und daß endlich der Gegner zur Hauptverhandlung vor das Berufungsgericht geladen wird. Geht die Ladung an die Partei selbst, nicht an einen Rechtsanwalt, so muß sie gleichzeitig die Aufforderung enthalten, einen bei dem Berufungsgerichte zugelassenen Rechtsanwalt zu bestellen. Genügt der Schriftsatz diesen wesentlichen Erfordernissen, so ist die Form gewahrt, ganz gleich ob er Anträge enthält, in welcher Weise das Urtheil abzuändern ist, ob er die erforderlichen Nova hat oder nicht. Es soll der Schriftsatz zwar auch diese Anträge enthalten; der Ausdruck „soll" bedeutet aber überall in der Prozeßordnung nur eine instruktionelle Vorschrift; er kann dazu führen, daß, wenn die Vorschrift versäumt wird, eine Vertagung der Verhandlung auf Kosten des Berufungsklägers eintreten muß, obligatorisch ist aber weiter nichts vorgeschrieben, als das, was ich erwähnt habe. So werden Sie einsehen, daß dieser Schriftsatz eigentlich nichts weiter zu enthalten hat, als eine bloße Anmeldung des Rechtsmittels in unserem Sinne. Eine weitere Frist für die Rechtfertigung der Appellation ist nicht gegeben; die Rechtfertigung hat stattzufinden in der mündlichen · Verhandlung. Selbstredend ist die Berufungsinstanz regelmäßig Anwaltszwang, denn es kann ja nur vor dem Kollegialgericht verhandelt werden. Es muß also ein bei dem Berufungsgericht zugelassener Rechtsanwalt die Schrift unterschreiben und sie dem Gegner zustellen.

Es wird sich dann fragen: an wen ist zuzustellen? Darüber gibt der §. 164 den nöthigen Aufschluß. Ist schon ein Prozeßbevollmächtigter zweiter Instanz vom Gegner bestellt (der etwa auch schon Berufung eingelegt hat), so ist an den Prozeßbevollmächtigten zweiter Instanz die Berufungsschrift zuzustellen; ist kein solcher bestellt, so geht sie an den Prozeßbevollmächtigten erster Instanz eventuell an den Zustellungsbevollmächtigten und in letzter Reihe an die Partei selbst.

Im Uebrigen richtet sich das Verfahren nach den Ihnen ja schon allgemein bekannten Grundsätzen erster Instanz. Insbesondere ist die Beantwortungsschrift kein dispositiver Schriftsatz, wie die Berufungsschrift selbst, sie hat vielmehr nur vorbereitenden Charakter, und der Beklagte kann seine Beantwortung, auch die Anschlußberufung selbst, bis zur mündlichen Verhandlung verlagen, — bis zum Schlusse derjenigen mündlichen Verhandlung, auf welche das Urtheil ergeht. Der Schwerpunkt bleibt in zweiter Instanz, ebenso wie in erster Instanz, die mündliche Verhandlung, die Parteien sollen in der mündlichen Verhandlung das Urtheil erster Instanz, die Beweisverhandlungen, ihre Nova u. s. w. vortragen, insoweit als das zum Verständniß der Berufungsanträge und zur Kritik des ersten Urtheils erforderlich ist; insoweit sie das nicht thun, wird der Vorsitzende nach der Prozeßordnung die Aufgabe haben, das zu ergänzen.

Einzelne Abweichungen vom Verfahren erster Instanz dürften von Interesse sein: so, daß der Termin zur mündlichen Verhandlung vertagt werden muß, wenn er ansteht vor dem Ablauf der Berufungsfrist; ferner, wenn die Gegenpartei den Einspruch eingelegt hat, — ein Fall, den ich ja schon vorhin erwähnte, — so hat die Gegenpartei das Recht, zu verlangen, daß zunächst über ihren Einspruch in erster Instanz verhandelt werde und demnächst über die Berufung in zweiter Instanz. Ich will dabei gleich eine Frage zu erledigen suchen, die am Schlusse meines letzten Vortrages angeregt worden ist. Es kam zur Sprache, daß Anträge auf Berichtigung des Thatbestandes gestellt an dem Tage, wo die mündliche Verhandlung über die Berufung stattfinden soll, noch nicht erledigt sein könnten; und das kann um so eher der Fall sein, weil die Nothfrist durch die Gerichtsferien nicht unterbrochen wird, während die Frist für den Antrag auf Berichtigung des Thatbestandes allerdings der Unterbrechung durch die Gerichtsferien unterliegt. In diesem Falle, glaube ich, wird das Berufungsgericht sich auch nicht entbrechen können, auf Antrag des Betheiligten, der glaubhaft nachweist, daß er eine Berichtigung des Thatbestands rechtzeitig beantragt hat, die Verhandlung zu vertagen; ein anderes Mittel wüßte ich wenigstens nicht, um den Uebelstand abzuhelfen, daß auf die Berufung entschieden wird, bevor der Thatbestand die beantragte Berichtigung erfahren hat.

Wesentlich nun für die Verhandlung der Sache in zweiter Instanz ist ein Moment, welches sich hindurchzieht fast durch alle Anfechtungsmittel, welche die Prozeßordnung gegen die richterliche Entscheidung giebt, nämlich die Vorschrift, daß das Berufungsgericht verpflichtet ist, von amtswegen zu prüfen, ob die Berufung in der vorgeschriebenen Frist und in der gehörigen Form eingelegt ist. Es wird also, da die Zustellungsurkunden ja nicht in den Akten sich befinden, Sache des Berufungsklägers sein, in der mündlichen Verhandlung bewaffnet zu erscheinen mit der Zustellungsurkunde, betreffend das Urtheil erster Instanz und mit der Zustellungsurkunde, betreffend die Behändigung der Berufungsschrift; er wird diese Urkunden dem Gericht vorlegen müssen, um es in Stand zu setzen, diese offizielle Prüfung vorzunehmen.

Daß das Versäumnißverfahren in zweiter Instanz eine Modifikation erleidet, habe ich bei meinem früheren Vortrage schon erwähnt, daß weiterhin, wenn das Gericht zweiter Instanz zur Verschleppung der Sache vorgebracht werden, zurückzuweisen, dann verpflichtet ist, diese Vertheidigungsmittel zum besonderen Verfahren zu verweisen, ist auch bereits in den früheren Vorträgen erwähnt. Es ist dabei bemerkt, daß, wenn ein solches Urtheil ergeht, der Prozeß bezüglich dieser verhaltenen Vertheidigungsmittel in der Berufungsinstanz anhängig bleibe. Dieses Anhängigbleiben ist aber nicht mißzuverstehen; es bedeutet nicht etwa das, daß das Berufungsgericht nun von amtswegen diese weiteren Vertheidigungsmittel zu prüfen habe, sondern es bedeutet nur, daß die Wirkungen der Rechtshängigkeit bezüglich dieser Vertheidigungsmittel bestehen bleiben, und überläßt der betheiligten Partei, zu laden und das Verfahren fortzusetzen nach den allgemeinen Grundsätzen.

Das Berufungsgericht hat in der Regel nun in der Sache selbst zu entscheiden; nur in gewissen Ausnahmefällen ist es ermächtigt, die Sache in die erste Instanz zurückzuverweisen, und es ist dankbar anzuerkennen, daß diese Ausnahmsfälle in dem Gesetz ausdrücklich hervorgehoben sind. Es sind meistentheils solche Fälle, die das Gemeinsame haben, daß in der Hauptsache noch nicht erkannt ist: wenn der Einspruch als unzulässig verworfen ist, wenn gegen ein Versäumnißurtheil Berufung eingelegt ist, weil der Fall der Versäumung nicht vorgelegen habe, und der Berufung wird stattgegeben, und einige andere Fälle, — ich verweise kurz auf §§. 500 und 501. Dagegen besteht bezüglich der Vollstreckbarkeit des Erkenntnisses keine Abweichung von dem Verfahren erster Instanz; es tritt also nicht die Wirkung ein, die im preußischen Verfahren eintritt, wenn dann conformes ergehen, daß ohne weiteres das Urtel zweiter Instanz vollstreckbar ist. Es ist auch nicht vorgeschrieben, daß bei Konformität die Vollstreckbarkeit ausgesprochen werden soll, sondern die Frage, ob das Urtheil für vorläufig vollstreckbar zu erachten ist, — wenn es nicht durch die zweite Entscheidung rechtskräftig wird, — richtet sich nach den allgemeinen Grundsätzen über die Vollstreckbarkeit der Erkenntnisse und die Befugniß des Richters, solche Erkenntnisse für vorläufig vollstreckbar zu erklären. Dagegen ist zu beachten, daß die Vollstreckbarkeits-Erklärung des Urtheils erster Instanz von dem Berufungsgerichte schon während der Verhandlung der Sache in der zweiten Instanz auf Antrag auszusprechen ist, in soweit das erste Urtheil durch die Berufungs-Anträge nicht angefochten ist. Ueber alle Anträge, betreffend die Vollstreckbarkeits-Erklärung des ersten Urtheils ist in der zweiten Instanz auf Verlangen der Partei vorab zu verhandeln und zu entscheiden, wie der §. 656 bestimmt, und finden dabei die erwähnten Vorschriften des §. 486, betreffend die Vertagung keine Anwendung.

Keine Abweichung von dem Verfahren erster Instanz ist es ferner, daß der zweite Richter die von ihm erlassenen bedingten Urtheile selbst zu erledigen hat. Es ist dies zu dem Zwecke vorgeschrieben, damit nicht wiederum gegen das Läuterungsurtheil, welches die erste Instanz demnächst zu erlassen hätte, die Berufung eingelegt werden könnte; ja das Gericht ist sogar — offenbar aus demselben Grunde — ermächtigt, wenn es die Berufung zurückweist, die bedingten Urtheile erster Instanz vor sein Forum zu ziehen und zu erledigen.

Eine Vergleichung der Berufung mit unserer bisherigen Appellation würde bei einem kurzen Rückblick auf die gegebene Darstellung etwa, folgende wesentlichen Abweichungen ergeben: eine Verallgemeinerung der formellen Zulässigkeit der Berufung gegen erstinstanzliche Endurtheile aller Art, Ausdehnung des Rechtsmittels der Anschlußberufung, eine einfache Frist — nur eine Frist, Wiedereinsetzung gegen die Versäumung der Frist; auf der anderen Seite eine strengere Behandlung der in erster Instanz stattgehabten Kontumaz, und endlich, was sich aus der ganzen Konstruktion des Verfahrens ergiebt, eine größere Dehnbarkeit des judicium in Folge der Aufhebung der Eventualmaxime.

Ich wende mich jetzt zu dem Rechtsmittel dritter Instanz und werde suchen, mich möglichst kurz zu fassen und das so kursorisch zu behandeln, als die Sache überhaupt zuläßt.

Das Rechtsmittel dritter Instanz wird Revision genannt; es findet statt gegen die von den Oberlandesgerichten in der Berufungsinstanz erlassenen Endurtheile. Die Oberlandesgerichte

können ja in erster Instanz nicht erkennen, sondern nur in der Berufungsinstanz. Ich will aber doch für Preußen hier eine Bemerkung machen. Bekanntlich ist der privilegirte Gerichtsstand für den Landesherrn, die landesherrlichen Familien und die fürstliche Familie Hohenzollern aufrecht erhalten; so hat denn auch das preußische Einführungsgesetz zum Gerichtsverfassungsgesetz den Geheimen Justizrath conservirt und bestimmt, daß derselbe bei dem Oberlandesgericht zu Berlin gebildet werden soll; er wird also dort gewissermaßen einen Theil des Oberlandesgerichts bilden, wie er jetzt einen Theil des Kammergerichts bildet, aber in erster Instanz Recht sprechen in allen Sachen gegen den Kronfideikommißfonds u. s. w. das Rechtsmittel letzter Instanz gegen Urtheile des Geheimen Justizraths ist bisher noch nicht geordnet.

Zuständig für das Rechtsmittel der Revision ist das Reichsgericht, beziehungsweise das oberste Landesgericht, wo ein solches eingesetzt wird, — bekanntlich ein Reservat, welches wohl hauptsächlich für Bayern gewahrt werden ist. Für diejenigen Bundesstaaten, in welchen sich mehrere Oberlandesgerichte befinden, kann ein oberstes Landesgericht errichtet werden. Dieses oberste Landesgericht würde zuständig sein für alle Revisionssachen mit Ausnahme derjenigen, welche gegenwärtig unter die Herrschaft des Reichsoberhandelsgerichts fallen, und derjenigen, welche durch Reichsgesetz ausdrücklich dem Reichsgericht überwiesen sind oder noch überwiesen werden sollten. Wir sind ja nicht so glücklich, ein oberstes Landesgericht in Preußen zu erhalten, die Sache hat also für uns weniger praktische Wichtigkeit.

Bei der Revision muß man nun unterscheiden zwischen der formellen Zulässigkeit und der materiellen, die formelle Zulässigkeit — oder, ich will lieber sagen, die formelle Unzulässigkeit hat die Wirkung, daß das Revisionsgericht verpflichtet ist, das Rechtsmittel als unzulässig zu verwerfen, sich auf die Sache gar nicht einzulassen; während die materielle Zulässigkeit die Bedingungen enthält, welche dem Rechtsmittel den Erfolg versprechen. Wird das Rechtsmittel als materiell unzulässig befunden, so wird die Revision nicht als unstatthaft verworfen, sondern „zurückgewiesen."

Formell zulässig ist das Rechtsmittel der Revision gegen die Endurtheile der Oberlandesgerichte in allen nicht vermögensrechtlichen Angelegenheiten, also in Statussachen, in Ehesachen, in Entmündigungssachen u. s. w.; aber auch in vermögensrechtlichen Angelegenheiten, so weit es sich handelt um Unzuständigkeit des Gerichts, Unzulässigkeit des Rechtsweges und Unzulässigkeit der Berufung. Wenn das Gericht zweiter Instanz sich zu Unrecht für unzuständig oder zuständig erklärt hat, wenn es zu Unrecht den Rechtsweg für zulässig oder unzulässig gehalten, wenn es die Berufung unzulässigerweise zurückgewiesen hat, und vice versa, ist die Revision unbedingt zulässig, unabhängig davon wie hoch der Beschwerdegegenstand ist; endlich aber auch in solchen vermögensrechtlichen Rechtsstreitigkeiten, für welche die Landesgerichte ausschließlich zuständig sind. Diese vermögensrechtlichen Streitigkeiten, welche ausschließlich an die Landgerichte gewiesen sind, sind aufgeführt im Gerichtsverfassungsgesetz §. 70; es sind hauptsächlich Ansprüche an den Reichsfiskus aus dem Verhältniß des Reichsfiskus zu seinen Beamten und auch Ansprüche gegen Reichsbeamte wegen Verletzung ihrer Dienstpflichten. Man hat aber auch den Landesgesetzgebungen vorbehalten, ähnliche vermögensrechtliche Streitigkeiten ausschließlich den Landgerichten zu überweisen, und das ist auch in Preußen bereits geschehen; das preußische Einführungsgesetz zum Gerichtsverfassungsgesetz bestimmt in §. 39, daß auch für Ansprüche gegen den Staatsfiskus in gewissen Fällen, insbesondere aus den Rechtsverhältnissen der Beamten gegen den Staatsfiskus, ferner auch in allen Stempelsachen — also, wenn es sich auch nur um eine Mark handelt, — dann gegen Beamte wegen Ueberschreitung ihrer Amtsbefugnisse, die Landgerichte ausschließlich zuständig sind; und das hat dann zur Folge, daß in diesen Sachen das Reichsgericht, wenn es in vorgeschriebener Weise angerufen wird, Recht zu sprechen hat. In allen übrigen vermögensrechtlichen Angelegenheiten dagegen ist die Revision gebunden an eine summa revisibilis, nämlich daran, daß der Beschwerdegegenstand die Summe von 1500 Mark übersteigen muß. Dagegen ist eine Disformität der Urtheile nicht gefordert, auch gegen duae conformes ist die Revision zulässig, wenn sonst die Bedingungen derselben vorhanden sind.

Bei früheren Vorträgen ist zur Sprache gekommen, ob nicht, wenn in zweiter Zustanz über Theile eines 1500 Mark übersteigenden Klageanspruches Theilurtheile erlassen werden, welche die Revisionssumme nicht erreichen, in solchen Fällen das Rechtsmittel der Revision der Partei auf diese Weise entzogen werden könne. Ja, ich glaube, man kann sich nicht entziehen, diese Frage zu bejahen. Theilurtheile werden als besondere Endurtheile angesehen, gegen jedes Theilurtheil findet das Rechtsmittel besonders statt; wenn das Theilurtheil heute zugestellt wird, so muß binnen einer Frist von einem Monat von heute ab das betreffende Rechtsmittel, also auch die Revision, eingelegt werden. Es läßt sich also hier vermeiden, daß, wenn Theilurtheile erlassen werden, der Beschwerdegegenstand auf diese Weise für die einzelnen Urtheile vermindert wird. Daß dann die Revision auf diese Weise gebunden werden kann, das ist ein unvermeidlicher Uebelstand der summa revisibilis, und ich glaube, wir haben auch in unserem heutigen Verfahren hin und wieder Mittel, der Gegenpartei auf diese Weise das Rechtsmittel der Revision zu entziehen, indem wir selbst die Klagen theilen, oder indem wir noch in der Appellationsinstanz, wenn es sich um 510 Thaler handelt, 10 Thaler schwinden lassen.

Was sodann die materiellen Bedingungen für den Erfolg des Rechtsmittels betrifft, so unterscheidet das Gesetz unbedingte Revisionsgründe und andere. Die unbedingten Revisionsgründe sind im §. 513 angeführt: es sind die hauptsächlichsten Verletzungen der Vorschriften über das Verfahren, welche das besondere Privilegium genießen, in allen Fällen einen Revisionsgrund abzugeben. Hierbei zeigt sich der im Eingang meines Vortrages erwähnte Schutz der wesentlichen Prozeßformen in seiner Aktualität. Es heißt: eine Entscheidung ist stets als auf einer Verletzung des Gesetzes beruhend anzusehen, wenn das Gericht nicht vorschriftsmäßig besetzt war, ferner wenn eine Partei nicht nach Vorschrift der Gesetze vertreten war u. s. w. Ich kann mich hier wohl darauf beschränken auf die sieben speziellen Gründe, welche in dem §. 513 angeführt sind, zu verweisen. Liegen solche unbedingte Revisionsgründe, bei denen ein Causalzusammenhang zwischen der Verletzung des Gesetzes und der Entscheidung fingirt wird, nicht vor, dann ist die Revision mit Erfolg nur einzulegen, wenn nachgewiesen wird, daß die Ent-

scheidung auf der Gesetzesverletzung beruht, daß sie ohne solche nicht hätte so ergehen können, wie sie ergangen ist. Ueberall aber wird dabei erfordert: die Verletzung eines Reichsgesetzes oder eines solchen Gesetzes, dessen Geltungsbereich sich hinauserstreckt über den Bezirk des Berufungsgerichts. Es haben ja über diese Gesetzesstelle sehr lange Verhandlungen geschwebt; alle, die an diesen Verhandlungen Theil genommen haben, — zum Theil sind sie ja auch hier anwesend, — wissen, welche Schwierigkeiten es gehabt hat, einen Modus zu finden, um ein Reichsgericht mit einer angemessenen Competenz zu bilden, insbesondere nicht zu groß, um die Einheit der Rechtsprechung aufrecht zu erhalten. Man hat sich also hierauf beschränkt. Meine Herren, für uns Berliner wird es von Wichtigkeit sein, sich zu vergegenwärtigen, ob das märkische Provinzialrecht, und in denjenigen Materien, wo es nicht gemeines, sondern lediglich Partikularrecht enthält, der Beurtheilung des Revisionsgerichts unterliegen wird, und ich glaube, wir müssen diese Frage bejahen; denn das märkische Provinzialrecht wird sich auch nach der neuen Organisation hinauserstrecken über den Bezirk des Oberlandesgerichts Berlin, es gilt ja auch zum Theil für das Oberlandesgericht Stettin und zum Theil im Oberlandesgericht Naumburg — Magdeburg ist ja aufgehoben — im Jerichower Kreis, im Ruppower Kreis u. s. w. Dagegen werden wir verzichten müssen Entscheidungen etwa über Berliner Baurecht vom Reichsgericht zu erlangen.

Was nun die Stellung des Richters zu dem Rechtsmittel anbetrifft, so ist er an die formelle Begründung durch die Partei nicht gebunden; es ist nicht nothwendig, bestimmte Rechtsgrundsätze zu formuliren, und es ist nicht schädlich, wenn ein Gesetz als verletzt bezeichnet wird, welches nicht verletzt ist, während ein anderes verletzt worden ist; — kurz, der ganze Formalismus der gegenwärtigen preußischen Nichtigkeitsbeschwerde ist auf diese Weise beseitigt. Der Richter ist dagegen gebunden, wie der Berufungsrichter, an die Anträge der Partei, er kann nur innerhalb der Grenzen dieser Anträge verhandeln und entscheiden, und er ist endlich gebunden an die thatsächliche Feststellung des angefochtenen Erkenntnisses: Nova sind unzulässig, und ein Angriff auf die thatsächliche Feststellung kann nur erfolgen in Gemäßheit des §. 516 Nr. 2 und 3. Wenn also behauptet wird, daß Vorschriften des Verfahrens verletzt sind, so müssen die Thatsachen angegeben werden, welche die Verletzungen enthalten, und wenn behauptet wird, daß unter Verletzung des Gesetzes Thatsachen für vorgebracht oder für nicht vorgebracht angenommen sind, dann müssen auch diese Thatsachen bezeichnet werden. Alle übrigen thatsächlichen Anführungen sind ausgeschlossen.

Was nun sonst die Wirkung und das Verfahren in Ansehung des Rechtsmittels der Revision betrifft, so ist dasselbe fast genau dem Rechtsmittel der Berufung nachgebildet. Auch hier liegt wiederum der Schwerpunkt in der mündlichen Verhandlung. Es werden die Zwischenurtheile und sonstigen Vorentscheidungen der zweiten Instanz von dem Rechtsmittel ergriffen, wie bei der Berufung; gegen Versäumnißurtheile ist die Revision nur unter denselben Bedingungen zulässig wie die Berufung; prozeßhindernde Einreden werden nur in beschränkter Weise zugelassen; das Versäumnißverfahren ist ähnlich gestaltet; Frist, Form, Verzicht, Zurücknahme der Revision sind gleich behandelt wie bei der Berufung; ingleichen ist, wie bei der Berufung, so auch hier die Anschlußrevision in derselben Weise gestaltet, und endlich findet auch hier die officielle Prüfung statt, ob das Rechtsmittel in der vorgeschriebenen Frist, und in der gehörigen Form eingelegt ist. Eine wesentliche Abweichung von dem Verfahren der Berufungsinstanz ist die, daß das, was dort Ausnahme ist, hier Regel ist: es soll nämlich der Revisionsrichter in der Regel die Sache in die erste Instanz zurückweisen; Ausnahmen sind im Gesetz ausdrücklich bestimmt. Die Revision kann aber nicht wie die gegenwärtige Nichtigkeitsbeschwerde, für begründet erachtet und in der Sache selbst das angefochtene Urtheil aufrecht erhalten werden, — das ist ausgeschlossen; wenn auch eine Gesetzesverletzung vorliegt, es ergiebt sich aber, daß das Urtheil aus anderen Gründen aufrecht zu erhalten ist, so ist die Revision zurückzuweisen.

Meine Herren, ich will hiermit für heute schließen und danke Ihnen für Ihre freundliche Aufmerksamkeit. Die Darstellung des Rechtsmittels der Beschwerde behalte ich mir für meinen nächsten Vortrag vor.

(Lebhafter Beifall.)

Aus der Praxis des Reichsoberhandelsgerichts.
Einkaufs-Commissionär. Constitutum possessorium.

Wenn der Einkaufs-Commissionär bestimmte Werthpapiere für den Committenten erworben und diese unter hinlänglicher Bezeichnung der Gattung und der Nummern in seine Handelsbücher als Depot des Committenten eingetragen hat, so bewirkt die nachfolgende allgemeine Einkaufsanzeige, daß Eigenthum und Besitz auf den Committenten übergehen, derselbe daher ein Vindicationsrecht erwirbt.

(Gemeines und Preuß. Recht. (Reichs-Oberhandelsgericht. U. v. 17. Dez. 1878 Rep. 1384/78 Birnich c. Heß & Katz.)

Aus den Gründen.

Unbestritten hatte der Kläger bei Ertheilung der drei Einkaufsaufträge an die jetzige Cridarin Heß & Katz theils Werthpapiere theils baares Geld übersandt, um aus dem Erlös der zu verkaufenden Papiere und mit dem baaren Gelde die Kosten der Anschaffung der zu erwerbenden und nach ihrer Gattung bezeichneten Papiere zu bestreiten und den von der Cridarin ertheilten Abrechnungen war nach Bezahlung der eingekauften Papiere noch ein baarer Ueberschuß zu Gunsten des Klägers verblieben. Unbestritten hatte auch die Cridarin behufs Ausführung jener Einkaufsaufträge die drei Ankäufe von 1881er Amerikanern bei William Rosenheim & Co. vom 24., 27. August und 4. November 1875 gemacht, welche die Klage näher angegeben hat, und es sind die angekauften Nummern diejenigen gewesen, welche die Cridarin nachher mit anderen Werthpapieren für eigene Schulden verpfändet hat und auf deren die Pfandgläubigerforderungen übersteigenden Pfandverkaufserlös Kläger unter der Behauptung seines an jenen Nummern erlangten Eigenthums Anspruch macht.

Mit der Behauptung, daß die Cridarin die gedachten Werthpapiere bei William Rosenheim & Co. im Namen des

Klägers gekauft habe, ist Kläger beweisfällig. Es ist daher Kläger durch den Ankauf und die Uebergabe der Verkäufer an Heß & Katz nicht Eigenthümer derselben geworden. Vergleiche (Entscheidungen des Reichs-Oberhandelsgerichts Band XVI. Seite 208, 266 und 1; Band XIX. Seite 79). Auch ist in den Einkaufsanzeigen, in welchen es heißt: „wir halten die Stücke zu Ihrer Verfügung in Ihrem Depot", „wir kauften für Ihr Debet Depot", „für Ihr Debet und Depot", eine Nummeraufgabe nicht erfolgt. Aber es war zur Erörterung gekommen, daß die Cridarin die gekauften Werthpapiere noch vor den betreffenden Einkaufsanzeigen unter spezieller Bezeichnung der Nummern auf den Namen des Klägers in ihre Bücher übertragen hätte. Der zweite Richter hat es dahingestellt gelassen, ob dies als wirklich anzunehmen sei, da, auch wenn es geschehen, hierdurch weder allein noch in Verbindung mit den gedachten Einkaufsanzeigen eine Besitzübertragung durch constitutum — §. 71 Theil I Titel 7 des Allgemeinen Landrechts — hergestellt wäre. Diese Auffassung kann für zutreffend nicht erachtet werden.

Im gemeinen Recht herrscht zwar darüber Streit, ob ein constitutum Wirkung ausüben kann, wenn nicht eine bestimmte causa vorliegt, auf Grund deren die Detention vorläufig noch beim bisherigen Besitzer zurückbleiben soll. Wie diese Frage nach Preußischem Recht zu entscheiden, kann dahingestellt bleiben. An einer solchen causa würde es im vorliegenden Falle nicht fehlen, da nach dem Willen der Interessenten die eingekauften Effekten vorläufig in den Händen von Heß & Katz als Verwahrern bleiben sollten.

In einer Eintragung der in Ausführung des Einkaufsauftrages gekauften Effekten nach ihren speziellen Nummern auf den Namen des Committenten in die Handlungsbücher, speziell das Depotconto, Seitens des Commissionärs müßte aber die Bethätigung des Willens der Letzteren, diese zunächst im eignen Namen erworbenen Stücke nunmehr für den Committenten zu besitzen und zu verwahren, gefunden werden. Im Gegensatz zu einer bloß persönlichen Verpflichtung zur Lieferung einer Anzahl Stücke der Gattung, wenn der Committent sie fordern würde, wird damit, insbesondere wenn der Commissionär wegen seiner Anschaffungskosten bereits bezahlt ist, bethätigt, daß der Commissionär die bestimmten Stücke so behandeln wolle, als hätte er sie vom Committenten selbst in Verwahrung erhalten.

Nun wird für das gemeine Recht in neuerer Zeit überwiegend die Meinung vertreten, daß, jedenfalls in dem Falle eines zum Besitzerwerbe und zur Verwahrung oder Verwaltung ertheilten Auftrages, beziehentlich einer dazu gegebenen Ermächtigung auf den Uebergang des Besitzes auf den Auftraggeber — der zu dem Besitz mit dem Zeitpunkt der Besitzergreifung der Spezies für ihn auch ohne Kenntniß hiervon und von der erworbenen Spezies erwirbt — durch constitutum schon die erkennbare Bethätigung des Willens des Beauftragten, die zunächst für sich apprehendirte Sache nunmehr für den Auftraggeber zu besitzen, genügt, ohne daß die Erklärung dieses Willens gemäß dem Auftraggeber gegenüber erfolgen dürfe, weil das constitutum in diesem Falle sich nach den Grundsätzen des Besitzerwerbs durch Stellvertreter, nicht den allgemeinen Grundsätzen über Verträge unterliege. Demgemäß wird anerkannt, daß der Verwalter, Prokurator, speziell auch der Einkaufskommissionär durch Bezeichnung bestimmter Effekten mit dem Namen des Auftraggebers, durch Legung derselben in ein besonderes Behältniß speziell auch durch einen sich auf bestimmte Stücke beziehenden Vermerk in seinen Handelsbüchern schon den Auftraggeber zum Besitzer mache.

Vergleiche Goldschmidt, Handelsrecht Band I §. 66 Anmerkung 12 Seite 615; Bremer in Zeitschrift für Civilrecht und Prozeß, Neue Folge Band 11 Seite 242 und das dort erwähnte Urtheil des Oberappellationsgerichts Kiel; Exner, Tradition Seite 142; Randa, Besitz 2. Auflage Seite 415; Meischeider, Besitz und Besitzschutz Seite 291.

Ob diese Auffassung des constituti mit den daraus gezogenen Folgerungen dem Preußischen Landrecht deswegen, weil der §. 71 Titel 7 Theil I desselben eine rechtsgültige Erklärung des bisherigen Besitzers erfordert, widerstrebt, ob insbesondere nicht als einer solchen Erklärung gleichwirkend eine die Absicht, für den Anderen zu besitzen bethätigende Handlung, auch wenn sie nicht dem Anderen gegenüber vorgenommen, nach Landrecht wenigstens in den Fällen angenommen werden kann, wenn nach dem zwischen den Interessenten bestehenden, dem Besitzerwerb zu Grunde liegenden Rechtsverhältniß — wie bei geschehener Ertheilung und Annahme eines Auftrags zum Besitzerwerb und Annahme in Verwahrung für den Auftraggeber — überhaupt schon durch das dem Rechtsverhältniß entsprechende Handeln des Einen ohne noch erforderliche Erklärung dem Anderen gegenüber für Letzteren Rechte entstehen, kann hier unentschieden bleiben.

Vergleiche Koch, Lehre vom Besitz Seite 142 flg.; Förster, Preußisches Privatrecht 3. Auflage Seite 49 flg.

Unterstellt man im vorliegenden Falle die erfolgte Eintragung der gekauften Nummern auf den Namen des Klägers in den Handlungsbüchern von Heß & Katz, so fehlt auch die ausreichende Erklärung dem Kläger gegenüber mittelst der Einkaufsanzeigen nicht.

Der Erklärung, welche gegenüber der zum Besitzer zu machenden Person abgegeben wird, kann die Funktion übertragen sein, daß durch sie allein erst der Wille, für den Anderen zu besitzen, bethätigt und zugleich dem Anderen mitgetheilt wird. Eine solche Funktion kann die bloße Bezeichnung eingekaufter Effekten als Depot ohne deren Nummernangabe in der Einkaufsanzeige nicht erfüllen. Es kann aber auch der Erklärung die Bedeutung innewohnen, von einer bereits vorher erfolgten einseitigen Bethätigung des Willens, für den anderen zu besitzen, diesem in der Absicht, ihm hierdurch Besitz zu übertragen, Mittheilung zu machen. Auch in diesem Falle ist der schon vorher bethätigte Wille als bei der Erklärung fortwirkend und als fortwirkend erklärt zu erachten, so daß die Erklärung eines vorhandenen, nicht blos die Nachricht von einem einmal vorhanden gewesenen Willen vorliegt. Aber die Anforderungen an eine Erklärung diesen Sinnes sind andere als die erstgedachte Erklärung. Hier muß die Kundgebung, daß bereits der Wille, individualisirte Stücke für den Anderen zu besitzen, durch eine Handlung bethätigt worden und daß hieraus dem Anderen Rechte erwachsen sollen, auch ohne daß jene Bethätigungshandlung näher angegeben wird oder die Stücke speziell bezeichnet werden, jedenfalls bei einem zu Grunde liegenden Auftrags-, beziehentlich Ermächtigungsverhältniß zum Besitzerwerb, für ausreichend erachtet werden, sofern nur in Wahrheit eine solche Bethätigungs-

handlung vorausgegangen ist. Auch nach Preußischem Recht gilt der Grundsatz, daß bei einer Auftragsertheilung zum Besitzerwerb von nur generell bestimmten Gegenständen der Auftraggeber den Besitz mit dem Zeitpunkte der Besitzergreifung der Spezies durch den Beauftragten für ihn auch ohne Kenntniß hiervon wie von der erworbenen Spezies erwirkt.

Vergleiche Entscheidungen des Preußischen Ober-Tribunals Band 22 Seite 321; Koch l. c. Seite 180; Förster l. c. Seite 56.

Will man nun auch für den Fall, daß der Beauftragte zunächst für sich apprehendirt hat, zur Wirksamkeit des demnächstigen constituti ein Sich Binden dem Auftraggeber gegenüber für erforderlich erachten, so erscheint doch eine Erklärung, welche nach einem neuen Apprehensionsact für den Auftraggeber diesem in der wahrnehmbaren Absicht der Zuerkennung von Rechten aus derselben mittheilt, daß ein solcher stattgefunden habe, auch ohne nähere Bezeichnung desselben, beziehentlich der von ihm betroffenen Spezies, ausreichend, um für den Auftraggeber den Besitzerwerb auf Grund jenes Apprehensionsactes zu begründen.

Hat ein Commissionär in Wahrheit einen Act, der sich als Besitzhandlung für den Committenten darstellt, wie eine Eintragung der angelaufenen Effektennummern auf dessen Namen in seinen Handlungsbüchern, vorgenommen und hierauf die Anzeige, er habe Effekten gekauft und für den Committenten ins Depot genommen, diesem erstattet, so muß aber angenommen werden, daß der Wille bei dieser Anzeige dahin gerichtet gewesen, von dem geschehenen Bethätigungsacte in der Absicht, aus diesem dem Committenten Rechte zu verleihen und sich einseitiger Aenderung jener Bethätigung zu begeben, dem Committenten Mittheilung zu machen. Für diesen Willen enthält die gedachte Anzeige auch eine ausreichende Erklärung. Der Committent, der eine solche Anzeige, es seien in Folge seines Auftrages Effekten angekauft und für ihn ins Depot genommen, auch ohne Nummernangabe erhält, darf zunächst davon ausgehen, daß ein Act der Individualisirung bestimmter Effekten als für ihn zu verwahrender stattgefunden habe und ihm dies mitgetheilt werde. Nur ergibt sich nach der Art dieser Erklärung, welche auf eine vorgenommene Handlung Bezug nimmt und Rechte aus dieser zueignet, ihre Unfähigkeit, Wirkungen im Sinne des §. 71 cit. hervorzubringen, sobald sich ergibt, daß eine solche Handlung in Wahrheit nicht vorgenommen war.

In dem in Entscheidungen des Reichs-Oberhandelsgerichts Band XIX Seite 78 flg. behandelten Falle handelte es sich um die Prüfung der Wirkung einer Einkaufs- und Depotbezeichnungsanzeige lediglich für sich allein, ohne daß vorher eine thatsächliche Individualisirung bestimmter Stücke als Gegenstände einer Verwahrung oder eine sonstige Bethätigung des Willens, bestimmte Stücke für den Committenten zu besitzen, stattgefunden hatte oder doch als stattgefunden constitirte, und es wurde dieser Anzeige conforme mit den jetzigen Ausführungen mangels Bezeichnung bestimmter Nummern die Tendenz und Fähigkeit abgesprochen, selbst eine Bethätigung des Willens, bestimmte Stücke für den Committenten zu besitzen, darzustellen.

Was nun die Frage anlangt, ob im vorliegenden Falle eine Eintragung der speziellen bei William Rosenheim & Co. eingelauften Stücke in den Handlungsbüchern von Heß & Katz auf den Namen des Klägers stattgefunden hat, so kann eine

Würdigung des Gutachtens des in zweiter Instanz vernommenen Bücherrevisor Wunder und der einzelnen von diesem mitgetheilten Bucheintragungen sowie insbesondere auch die Erörterung, ob das Börsencontrolbuch ein wirkliches Handlungsbuch ist, ob der in diesem bei den Einkäufen gemachte Vermerk: „direkt Dr. Birnich" als eine Eintragung der Effekten auf den Namen des Klägers zu erachten ist, und ob Wunder die sämmtliche Bücher von Heß & Katz vor sich gehabt hat, auf sich beruhen bleiben.

Die Verklagte hat die Richtigkeit des Gutachtens des in erster Instanz vernommenen Bücherrevisor Schmidt, welches dahin gegangen war, es habe die Uebertragung der Effekten auf den Namen des Klägers unter spezieller Bezeichnung der Nummern in den Handlungsbüchern von Heß & Katz stattgefunden, mit welchem Gutachten das des Wunder übrigens auch in keinen direkten Widerspruch tritt, in zweiter Instanz gar nicht angefochten. Sie machte nur geltend, die Effekten seien nicht auf den Namen des Klägers gekauft und es sei dieser keine Nummernaufgabe gemacht und die Uebertragung der Effekten auf den Namen des Klägers in den Büchern sei keine Besitzübertragung. Danach hat sie also jene Uebertragung in den Büchern sogar ausdrücklich zugegeben. Es muß demnach von diesem Thatbestande als feststehend ausgegangen werden. Alsdann waren aber Heß & Katz mangels besonderer Umstände zur Verwahrung und Rückgabe derselben Stücke verpflichtet.

Unstreitig hat nun die Gridarin diese Werthpapiere mit noch anderen bei eigenen Gläubigern verpfändet. Die Pfandgläubiger haben erst nach der Concurseröffnung die gesammten Papiere mittelst Pfandverkaufs veräußert, dabei über den Betrag ihrer Forderungen hinaus noch 50735 Mark 95 Pf. und 14537 Mark 8 Pf. erlöst und diese Beträge zur Masse der Verklagten abgeführt.

Hätte der Pfandverkauf noch vor der Concurseröffnung stattgefunden, so möchte zweifelhaft sein, ob der abgeführte Erlös, zumal noch bei seiner Vermischung mit dem Erlöse anderer Papiere, für ein Vindikationsrecht des Klägers an die Stelle der Papiere selbst getreten wäre. Aber die Papiere waren zur Zeit der Concurseröffnung noch für die Gridarin vorhanden und nur mit einem Pfandrecht behaftet, welches der Kläger dem Pfandgläubiger gegenüber anerkennen mußte. Die Sache steht nicht anders, als wenn die Gridarin an den dem Kläger eigenthümlich gehörigen Papieren selbst ein Pfandrecht gehabt und dieses die Concursmasse realisirt hätte. Der über den Betrag der Pfandforderung erzielte Erlös gebührt gegenüber der Concursmasse dem Kläger. Aus der Vermischung der Erlöse der Papiere mit den Erlösen anderer beim Verkauf, welche erst nach der Concurseröffnung stattgefunden hat, kann die Concursmasse kein Recht herleiten, die mit der Concurseröffnung begründeten Ansprüche zu beseitigen oder zu verändern.

Vergleiche §. 44 der Concursordnung.

Kläger hat nun seinen Anspruch auf den 80 Prozent des Nominalbetrages der Papiere übersteigenden Erlös derselben auf zwei Wegen zu begründen gesucht, einmal, indem er behauptete, die Papiere seien nur in Höhe von 80 Prozent ihres Nominalbetrages den Pfandgläubigern verpfändet worden, sodann aber

mit der Behauptung, bei antheiliger Vertheilung des Erlösüberschusses der gesammten verpfändeten Papiere auf die Einzelerlöse entfiele von dem Ueberschusse auf seine 8000 D. Amerikaner gerate der Betrag ihres Erlöses über 80 Prozent des Nominalbetrages hinaus. Beide Behauptungen hat allerdings die Verklagte bestritten. Die erste Behauptung beruht nun wohl auf einer Verwechselung des Betrages, zu welchem die Pfandgläubiger die Amerikaner beliehen, mit demjenigen, der ihnen verpfändet worden. Aber in Betreff der zweiten genügte das bloße allgemeine Bestreiten der Verklagten nicht. Offenbar ist es richtig, daß, wenn die Papiere mit anderen zusammen verkauft sind und einen Ueberschuß, der zur Masse zurückgeflossen, gebracht haben, dieser Ueberschuß auf die klägerischen Papiere nach Verhältniß ihres Erlöses zum Gesammterlöse zu entfallen hat. Die Verklagte hat die Höhe des gesammten an sie zurückgelangten Erlösüberschusses wie die Höhe des Verkaufserlöses der klägerischen Papiere, wie sie Kläger behauptet hatte, zugegeben. Ihre Sache war es, wenn sie ein anderes Repartitionsergebniß, als das vom Kläger behauptete, geltend machen wollte, dies unter Angabe der Faktoren zu behaupten. Sie muß von den Pfandgläubigern Abrechnung empfangen haben. Kläger kann nicht wissen, welche anderen Papiere die Gridarin mit den ihrigen zusammen noch verpfändet hat und mit welchem Erlös diese gebracht haben. Die Verklagte erscheint aber auch dem Kläger in dieser Beziehung auskunftspflichtig, da durch Schuld der Gridarin jene Communion eingetreten und sie durch Darlegung des ihr bekannten Ergebnisses zur Auseinandersetzung mitzuwirken hat. Deßhalb muß mangels substantiirter Angaben der Verklagten die vom Kläger behauptete Repartition als nicht substantiirt bestritten zu Grunde gelegt werden.

Der Berliner Anwaltsverein.

Die großen Veränderungen, welche mit dem 1. Oktober er. vorzugsweise dem preußischen Anwaltsstande bevorstehen, haben unter den Anwälten Berlins das Bestreben hervorgerufen, sich fester zusammen zu schließen, und schon jetzt die Schritte in Erwägung zu ziehen, welche nothwendig sind, um der Anwaltschaft dieser größten Stadt des Deutschen Reichs eine den neuen Verhältnissen anpassende Gestaltung zu geben. In Berlin bestand seit Jahren ein aus den Anwälten sämmtlicher dort vorhandenen Gerichtshöfe gebildeter Anwaltverein, dessen Organisation vielleicht für die bisherigen, nicht aber für die nun bevorstehenden schwierigen Verhältnisse genügt. Mit Rücksicht hierauf hat in der letzten Woche eine Generalversammlung dieses Vereins stattgefunden, welche abgesehen von einigen anderen Statutenänderungen auch eine Vergrößerung des Vorstandes des Vereins beschloß. Derselbe soll fortan aus 9 Mitgliedern bestehen, und wurden in denselben vom Ober-Tribunal der Geheime Justiz-Rath Dorn, vom Kammergericht die Justiz-Räthe Fretzdorf und Wille, vom Stadtgericht die Justiz-Räthe Laue, v. Wilmewski, Heilborn, Lesse und Malower gewählt. Dem Vorstande soll es überlassen bleiben, für die neue Organisation des Vereins Vorschläge zu machen.

Für die Redaktion verantw.: S. Haenle. Verlag: B. Moeser, Hofbuchhandlung. Druck: W. Moeser, Hofbuchdruckerei in Berlin.

№ 25 und 26.　　　Berlin, 6. Juni.　　　1879.

Juristische Wochenschrift.

Herausgegeben von

S. Haenle,　　und　　**Dr. A. Künkel,**
Königl. Advokat in Ansbach.　　　Rechtsanwalt beim königl. Obertribunal in Berlin.

Organ des deutschen Anwalt-Vereins.

Preis für den Jahrgang 12 Mark. — Bestellungen übernimmt jede Buchhandlung und Postanstalt.

Die Rechts-Anwälte von Königsberg

erster und zweiter Instanz veröffentlichen folgende Kundgebung:

Die unterzeichneten Rechts-Anwälte geben im öffentlichen Interesse ihrem schmerzlichen Bedauern darüber Ausdruck, daß die vom Richterstande beherrschte Debatte bei der zweiten Lesung der Gebühren-Ordnung die Ablehnung der völlig begründeten Commissions-Vorschläge zu § 9 des Tarifs zur Folge gehabt hat.

Dieses für uns verhängnißvolle, mit nur geringer Mehrheit erzielte Ergebniß mußte umsomehr überraschen, als vom Tische des Bundesraths ausdrücklich erklärt war, daß die Annahme der beiläufig nur geringen Erhöhungen das Gesetz keinenfalls unannehmbar machen würde.

Wir halten es daher noch in zwölfter Stunde für geboten, diejenigen Haupt-Gesichtspunkte zu betonen, welchen leider nicht ausreichende Würdigung zu Theil geworden ist.

1. Der Anwaltstand wird mit dem 1. October mehr denn je ein Grundpfeiler der Rechtspflege, ein unentbehrliches hochwichtiges Glied im Rechts-Organismus, behufs lebendigster Wechselwirkung mit dem Richter-Stande.

2. Diese Stellung auferlegt ihm aber zugleich die schwersten Verpflichtungen.

An Zeit, an physischer und geistiger Kraftanstrengung, endlich durch bedeutend erhöhte Ausgaben für das Hülfspersonal (insbesondere durch Vermehrung der Schriftstücke, Beglaubigung, Control-Verkehr mit dem Gerichts-Vollzieher) sind größere Opfer zu bringen. Die Berufsthätigkeit nimmt, wie allseitig anerkannt ist, den ganzen Mann in Anspruch.

Die gerügte „lucrative, bloße Fabrikleitung" wird für immer unmöglich.

3. Der Schwerpunkt des gerichtlichen Verfahrens ist vor die Barre verlegt.

Der Richter im Anwaltsproceß wird erheblich entlastet.

Kein Referat, kein Vortrag!

Die finanziellen Gesichtspunkte, welche bei Fest-setzung des Gerichtskosten-Tarifs maßgebend waren dürfen nicht dahin führen, nachträglich auf unsere Kosten zur Gefährdung der Rechtssicherheit billigere Rechtspflege zu schaffen.

4. Ein Advokaten-Proletariat, welches gottlob bisher nicht existirte, das aber ein solcher Tarif, nach unserer sorgfältigsten ziffermäßigen Prüfung zur Folge haben muß, schädigt gleichmäßig die Standeswürde und die höchsten Interessen des Publicums. Diesem wird nur scheinbar eine sehr winzige Erleichterung verschafft. Es ist also unmöglich, auf Menschenalter hinaus dergestalt zu experimentiren.

5. Der deutsche Anwalt darf nicht ängstlich, nur um des Tages Nothdurft zu fristen, nach Beschäftigung aus-schauen; er muß entschieden besser dotirt sein, als der weniger beschäftigte Richter. Nur in einem mehr als die „Auskömmlichkeit" sichernden Tarif, gegen welchen die bedenklich verclausulirte, unserem Standes-gefühl widerstrebende Vereinbarungsfreiheit gar kein Correctiv bildet, kann ihm die Zuversicht gewährt sein, sich auch eine durch den Staats-Säckel dem Richter verbürgte Alterspension zu schaffen.

Darum hoffen wir zuversichtlich, daß unserem Ansuchen um Wiederherstellung der Commissions-Beschlüsse zu § 9 des Tarifs bei der dritten Lesung werde Rechnung getragen werden.

Die Rechtsanwälte bei den Gerichten erster und zweiter Instanz zu Königsberg in Pr.

Cruse. Stambrau. Mendthal. Krahmer. Engel-mann. Alscher. Eilendt. Bülowius. Meißen. Beer. v. Oberuitz. v. Gerhard. Katan v. Hofe. Bigurd. Hagen.

Vorträge über die praktische Anwendung der deutschen Civilprozeßordnung.

VII. Ueber die Beschwerde und die besonderen Prozeßarten.

Vortrag des Herrn Rechtsanwalts M. Levy gehalten in der Versammlung der Berliner Anwälte am 13. Mai 1879.

Meine geehrten Herren Kollegen!

Zunächst muß ich eine Schuld bezüglich der Rechtsmittellehre abtragen, nämlich, die Darstellung der Beschwerde, welche ich mir wegen Mangels an Zeit bei meinem letzten Vortrage habe vorbehalten müssen.

Der Zweck des Rechtsmittels der Beschwerde ist nach den Motiven ein doppelter: nämlich auf der einen Seite, das System der Rechtsmittel in der Weise zu ergänzen, daß, während die Berufung und die Revision nur gegen Endurtheile und solche Urtheile zugelassen werden, welchen das Gesetz ausdrücklich den Charakter der Endurtheile giebt, die Beschwerde gegen solche Entscheidungen gegeben wird, welche den Endurtheilen vorausgehen, soweit ein praktisches Bedürfniß für ein solches Rechtsmittel vorhanden ist; auf der anderen Seite ist der Zweck der, den Streitstoff für die übrigen Rechtsmittel zu beschränken, vermöge der Vorschrift, die wir schon kennen gelernt haben, daß der Beurtheilung des Berufungsrichters und des Revisionsrichters zwar alle dem Endurtheil vorausgegangenen Entscheidungen unterliegen, aber nur, soweit sie nicht unanfechtbar sind und soweit sie nicht der Beschwerde unterliegen. Alles also, was mit der Beschwerde anzufechten ist, scheidet später bei der Anfechtung mit den eigentlichen Rechtsmitteln aus, und durch diese Vorschrift wird natürlich der Stoff für die übrigen Rechtsmittel vereinfacht.

Was nun erstlich die Zuständigkeit für das Rechtsmittel der Beschwerde anbetrifft, so richtet sich dieselbe nach dem Instanzenzuge. Das Landgericht oder vielmehr die Civilkammern der Landgerichte sind zuständig für die Beschwerden gegen die Entscheidungen der Amtsgerichte; die Oberlandesgerichte gegen die Entscheidungen der Landgerichte; das Reichsgericht endlich, eventuell das oberste Landesgericht, gegen die Entscheidungen der Oberlandesgerichte. Eine Ausnahme von diesem Instanzenzuge ist nur in zwei Fällen gemacht, durch §. 183 und §. 160 des Gerichts-Verfassungsgesetzes. Der eine Fall bezieht sich auf die Festsetzung von Ordnungsstrafen gegen Parteien, Zeugen, Sachverständige, Beschuldigte u. s. w. und auch gegen Rechtsanwalte bei Handhabung der Sitzungspolizei; so ist in §. 180 des Gerichts-Verfassungsgesetzes verordnet, daß das Gericht gegen einen bei der Verhandlung betheiligten Rechtsanwalt oder Vertheidiger, der sich in der Sitzung einer Ungebühr schuldig macht, vorbehaltlich der strafgerichtlichen oder disziplinaren Verfolgung, eine Ordnungsstrafe bis zu 100 Mark festsetzen kann, und daß die Vollstreckung der vorstehend gedachten Ordnungsstrafen der Vorsitzende zu veranlassen hat. In solchen Fällen findet die Beschwerde, wenn der Amtsrichter eine derartige Ordnungsstrafe festsetzt, nicht an das Landgericht, sondern an das Oberlandesgericht statt; es wird also hier eine Ausnahme vom Instanzenzuge gemacht. Eine gleiche Ausnahme wird gemacht bei dem Ersuchen um Rechtshülfe; wenn der Amtsrichter — das Er-

suchen um Rechtshülfe geht ja nach dem Gerichts-Verfassungsgesetze stets an das Amtsgericht — die Rechtshülfe verweigert oder wenn er sie unzulässigerweise gewährt, so steht dem Betheiligten — auch den Gerichten selbst, bei der Verweigerung — die Beschwerde zu an das Oberlandesgericht und von dem Oberlandesgericht an das Reichsgericht; das Landgericht wird hiermit nicht befaßt. — Ich bemerke übrigens, daß die Beschwerde gegen Ordnungsstrafen, soweit sie gegen Rechtsanwalts gerichtet ist, Suspensivkraft hat und nicht ohne weiteres vollstreckt werden kann.

Die Beschwerde wird eingetheilt in eine Beschwerde schlechthin — ich will sie immer die einfache Beschwerde nennen, im Anschluß an den Sprachgebrauch des gemeinen Rechts, die querela simplex — und in eine sofortige Beschwerde. Der Ausdruck „sofortig" ist nun freilich nicht ernstlich gemeint; es ist nicht gemeint: angesichts dieses; auch soll es nicht heißen, daß binnen 24 Stunden die Beschwerde einzulegen ist, wie das etwa nach dem Allgemeinen Landrecht angenommen werden könnte, sondern es ist eine längere Frist — von 2 Wochen — gegeben, worauf ich noch zurückkommen werde. Die Beschwerde schlechthin, die einfache Beschwerde, ist nicht befristet, — mit einer einzigen Ausnahme, nämlich in dem schon erwähnten Falle, daß Ordnungsstrafen bei Handhabung der Sitzungspolizei festgesetzt werden; in diesem Falle, schreibt das Gerichts-Verfassungsgesetz vor, soll die Beschwerde binnen einer Woche vom Tage der Bekanntmachung an erfolgen. Diese Frist ist eine gesetzliche Frist, aber keine Nothfrist.

Sodann interessirt vor allen Dingen die Zulässigkeit der Beschwerde. Allgemeines Erforderniß ist dies, daß sie gerichtet sein muß gegen eine Entscheidung des Gerichts oder des Vorsitzenden des Gerichts, welcher in dieser Beziehung dem Gerichte gleichgestellt ist, — es wird fingirt, wenn der Vorsitzende eine Verfügung erlassen hat, daß sie vom Gericht ausgegangen sei. Dagegen ist eine eigentliche Beschwerde in den regelmäßigen Fällen nicht zulässig gegen die Entscheidungen des beauftragten Richters — d. h. also nach unserer Sprache, des deputirten und des requirirten Richters — und des Gerichtsschreibers; will man sich bei einer derartigen Entscheidung nicht beruhigen, so hat man nach der Prozeßordnung die Entscheidung des Prozeßgerichts anzurufen, und erst gegen dessen Entscheidung steht die Beschwerde zu. Eine Ausnahme hiervon ist bei der sofortigen Beschwerde festgesetzt, die ich später noch näher bezeichnen werde.

Im übrigen, sagt das Gesetz, findet die Beschwerde statt erstens in den besonders hervorgehobenen Fällen. Eine Zusammenstellung dieser Fälle ist gegeben in unserem Kommentar zu §. 530; ich habe dieselbe aus den inzwischen erschienenen neueren Reichsgesetzen noch ergänzt. Die Fälle sind: Zurückweisung und Ablehnung einer Gerichtsperson oder eines Sachverständigen; Entscheidung eines Zwischenstreits der Partei mit einem Nebenintervenienten, mit dem gegnerischen Anwalt, mit einem Zeugen oder Sachverständigen; Festsetzung der einer Partei zu erstattenden Prozeßkosten; Versagung oder Entziehung des Armenrechts; Entscheidung über Aussetzung des Verfahrens; Berichtigung des Urtheils gegen Schreibfehler, Rechnungsfehler und ähnliche Unrichtigkeiten; Versagung des Versäumnißurtheils; Verurtheilung von Zeugen und Sachverständigen zu Strafen und Kosten; Zwangsmaßregeln gegen dieselben oder gegen einen Beklagten in Ehesachen; Verurtheilung von Gerichtsschreibern, Gerichtsvollziehern und Vertretern von Parteien zur Tragung von Kosten — (bekanntlich eine singuläre Vorschrift, die schon von dem Herrn Kollegen v. Wilmowski erwähnt worden ist, daß ohne weiteres sogar Rechtsanwalte zur Tragung derjenigen Kosten verurtheilt werden können, welche durch ihr grobes Verschulden veranlaßt sind, — gegen Richter ist eine solche Bestimmung nicht aufgenommen —) ferner: Beschluß auf Ablehnung oder Wiederaufhebung einer Entmündigung; Aufhebung eines Arrestes oder einer einstweiligen Verfügung durch das Vollstreckungsgericht; alle Beschlüsse, welche im Zwangsvollstreckungsverfahren ohne mündliche Verhandlung erlassen werden können; Zurückweisung eines Gesuchs um Erlaß eines Vollstreckungsbefehls (hier muß ich einen Druckfehler in unserem Kommentar berichtigen; zu meinem Bedauern heißt es hier „Zahlungsbefehl" anstatt „Vollstreckungsbefehl"; daß es nur ein Druckfehler ist. ergiebt aber das Citat des §. 639; wenn ein Gesuch auf Erlaß eines Zahlungsbefehls im Mahnverfahren zurückgewiesen wird, so ist diese Entscheidung unanfechtbar); Versagung des Ausschlußurtheils im Aufgebotsverfahren; Entscheidungen über den Kostenansatz; Entscheidungen über die Festsetzung des Werths des Streitgegenstandes; wenn sie bloß zu dem Zwecke erfolgt, um die Kosten zu berechnen, nicht wenn es sich darum handelt, den Werth des Streitgegenstandes mit Rücksicht auf die Zuständigkeit des Gerichts oder die Zulässigkeit des Rechtsmittels dritter Instanz festzustellen; Festsetzung der Zeugen- und Sachverständigengebühren; Entscheidungen über Beiordnung von Rechtsanwälten (wenn Offizialvertreter bestellt werden sollen, so hat die Partei, wenn ihr Gesuch zurückgewiesen wird, die Beschwerde, — aber auch den Anwalt, wenn er bestellt wird); Ansatz der Gebühren der Gerichtsvollzieher, soweit nicht die bloße Erinnerung bei dem Prozeßgerichte ausreicht; sämmtliche Entscheidungen in Konkurssachen, wenigstens in der Regel; dann die schon erwähnten Festsetzungen von Ordnungsstrafen; Ablehnung oder unzulässige Gewährung der Rechtshülfe. Dies dürften sämmtliche in den Reichsjustizgesetzen besonders hervorgehobenen Fälle sein, in denen eine Beschwerde — theils eine einfache Beschwerde, theils eine sofortige Beschwerde — zugelassen wird.

Abgesehen von diesen besonders hervorgehobenen Fällen, findet aber die Beschwerde zweitens ganz allgemein statt, wenn ein das Verfahren betreffendes Gesuch zurückgewiesen wird durch eine Entscheidung, für welche eine mündliche Verhandlung nicht vorgeschrieben ist. Die Entscheidung muß zurückgewiesen sein; gegen die Entscheidung, welche dem Gesuche stattgiebt, findet die Beschwerde nur in denjenigen Fällen statt, welche „ausdrücklich hervorgehoben" sind. Es muß aber auch ferner diese Entscheidung nicht etwa in der Form eines Endurtheils ergangen sein; ist sie in der Form eines solchen ergangen, dann ist die Beschwerde nicht zulässig, sondern die Berufung bezw. Revision. So beispielsweise: wenn ein Arrest angeordnet wird auf Grund mündlicher Verhandlung, so muß er nach der Vorschrift der Civil-Prozeßordnung durch Endurtheil angeordnet werden; gegen ein solches Endurtheil findet die Berufung statt, gegen das Erkenntniß zweiter Instanz dann wieder die Revision, sofern die besonderen Voraussetzungen dieses Rechtsmittels vorliegen; wird aber der Antrag zurückgewiesen auf Grund eines bloßen Be-

schlusses, so findet dagegen die einfache Beschwerde statt. Fernere Beispiele wären: Zurückweisung eines Antrags auf Kostenfestsetzung oder auf Sicherung des Beweises. — Es darf ferner die Entscheidung nicht ausdrücklich für unanfechtbar erklärt sein; in diesem Falle ist ja jedes Rechtsmittel, also auch die Beschwerde, ausgeschlossen. Ich habe schon bei meinem letzten Vortrage Gelegenheit genommen, den größten Theil dieser unanfechtbaren Entscheidungen anzuführen, so weit sie, für das Rechtsmittel der Berufung von Interesse waren; ich will das hier mit einigen Wiederholungen ergänzen für das Rechtsmittel der Beschwerde. Es sind für unanfechtbar in dieser Beziehung erklärt: Zurückweisung eines Fristverlängerungs- oder Terminsverlegungsgesuchs; eines Antrags auf Berichtigung des Urtheils oder des Thatbestandes, auf Erlaß des Zahlungsbefehls im Mahnverfahren, auf Einstellung der Zwangsvollstreckung (bei Anträgen auf Wiederaufnahme des Verfahrens, oder Wiedereinsetzung bei Einwendungen in der Exekutionsinstanz, bezw. bei Interventionsansprüchen dritter Personen), sowie endlich Zurückweisung eines Antrags auf Vollstreckbarkeitserklärung des ersten Urtheils in der Berufungsinstanz.

Gegen die Entscheidung auf die Beschwerde soll nun nach der Absicht des Gesetzes eine weitere Beschwerde nicht stattfinden; wenigstens nach unserer Auffassung soll nur einmal über denselben Beschwerdegegenstand eine Beschwerde zulässig sein und keine weitere Instanz. Eine weitere Beschwerde wird nur zugelassen, insofern ein neuer, selbstständiger Beschwerdegrund durch die Entscheidung des Beschwerdegerichts gegeben wird. Unter einem „neuen, selbstständigen Beschwerdegrunde" kann man nach unserer Meinung nur verstehen einen neuen Grund analog einem neuen Klagegrunde; die Entscheidung muß einen ganz heterogenen sein, es muß ein neuer Fall für die Beschwerde vorliegen. Wenn also beispielsweise auf eine Beschwerde über den Kostenfestsetzungsbeschluß das Beschwerdegericht eine Aussetzung des Verfahrens anordnet, so ist das etwas ganz neues, und über diese ganz neue Entscheidung ist dann eine Beschwerde zulässig, welche man eigentlich nur uneigentlich eine weitere Beschwerde nennen kann. Es wird auch dem Gegner des Beschwerdeführers eine Beschwerde zustehen, wenn die Entscheidung zu seinem Nachtheil erfolgt; denn für ihn ist diese Entscheidung eine neue, und für ihn ist also auch diese Beschwerde eine erste. Dagegen — und das muß ich gegenüber der von Herrn v. Völderndorff ausgesprochenen Ansicht aufrecht erhalten — bin ich der Meinung, daß eine weitere Beschwerde nicht zulässig ist, wenn das Beschwerdegericht dahin entscheidet, daß die eingelegte Beschwerde der Form oder der Frist nach nicht gewahrt und deshalb a limine zu verwerfen sei. Das ist nichts neues, das ist nur eine Entscheidung über die eine Beschwerde. Für Preußen will ich noch gleich bemerken, daß nach dem Ausführungsgesetz zum Gerichts-Verfassungsgesetz wir neben dieser sogenannten weiteren Beschwerde der Civil-Prozeßordnung ein neues Institut erhalten haben unter demselben Namen „weitere Beschwerde", welches sich aber sehr unterscheidet von der „weiteren Beschwerde" der Civil-Prozeßordnung. Das Ausführungsgesetz zum Gerichtsverfassungsgesetz hat die Landgerichte zur Beschwerdeinstanz gemacht gegen alle Entscheidungen, welche den Amtsgerichten nach dem Ausführungsgesetz zustehen: also gegen Entscheidungen in denjenigen Sachen, in welchen nach den bisherigen Gesetzen Einzelrichter thätig waren, beispielsweise in allen Registersachen, Vormundschafts-sachen, Grundbuchsachen. Gegen die Entscheidungen der Land-gerichte nun in dieser Beschwerdeinstanz gibt das Ausführungs-gesetz jene „weitere Beschwerde", lediglich auf Grund von Gesetzesverletzungen, an das Oberlandesgericht zu Berlin, welches hiermit also zu einem obersten Gerichtshof — wie der Volksmund sagt, zu dem kleinen Obertribunal — für dergleichen Beschwerdesachen gemacht werden ist; übrigens auch noch in anderen Fällen, bei gewissen Revisionen in Strafsachen, auf die ich hier nicht weiter eingehen kann. Offenbar ist das eine sehr erhebliche Aenderung unseres bisherigen Rechtszustandes, auf welche ich nicht ermangeln wollte, bei dieser Gelegenheit hinzuweisen.

Ich wende mich sodann zu dem Umfang und den Wir-kungen des Rechtsmittels. Das Rechtsmittel der Beschwerde kann gestützt werden auf neue Thatsachen und auf neue Be-weismittel, und das ist zulässig in allen Instanzen, auch vor dem Reichsgericht; denn die Beschwerde hat nicht den Charakter der Revision, sie hat sich nicht allein zu stützen auf Gesetzes-verletzungen, sondern sie kann auch gestützt werden auf eine Kritik der thatsächlichen Beurtheilung. Die Beschwerde hat keinen Suspensiveffect in der Regel; nur ausnahmsweise ist dies gestattet, z. B. wenn Zeugen und Sachverständige zu Strafen verurtheilt sind und in ähnlichen Fällen. Im Uebrigen ent-scheidet darüber das Ermessen des Richters nach Maßgabe des §. 535. Diese Bestimmungen sind darum von besonderer Wichtigkeit, weil der §. 702 Nr. 3 der Civil-Prozeßordnung ausdrücklich die Entscheidungen, gegen welche eine Beschwerde zulässig ist, zu den vollstreckbaren Titeln rechnet, so weit über-haupt etwas aus der Entscheidung vollstreckt werden kann.

Bei Betrachtung der Wirkungen des Rechtsmittels entsteht nun die Frage: ist das Beschwerdegericht, so wie das Berufungs-gericht und das Revisionsgericht an die Anträge der Parteien gebunden, oder hat es ganz freies Arbitrium für seine Ent-scheidung? Nach dem allgemeinen Prinzip, welches den Civil-prozeß nach dem neuen Gesetz beherrscht, muß man wol an-nehmen, daß auch beim Rechtsmittel der Beschwerde über die Grenzen der Anträge von dem Beschwerdeführer nicht hinaus-gegangen werden soll, also auch hier nicht ultra petitum und in pejus reformirt werden darf.

Was endlich das Verfahren anbetrifft, so ist dasselbe ein von dem Verfahren bei Einlegung der anderen Rechtsmittel abweichendes. Während die Berufung und die Revision nur in der Weise eingelegt werden kann, daß die Schriftsatz dem Gegner zugestellt wird, ist abweichend davon vorgeschrieben, daß die Beschwerdeschrift bei dem Gericht eingereicht werden muß, und zwar prinzipaliter immer bei dem judex a quo und nur in dringenden Fällen bei dem Beschwerdegericht. — Ich will gleich bemerken, daß die Wahl des einen oder des anderen keine Nachtheile hat, daß die Beschwerde nicht darum zurückgewiesen werden kann, und daß die sofortige Be-schwerde nicht darum für desert erklärt werden kann, weil etwa zu Unrecht ein „dringender Fall" angenommen worden und die Beschwerde deshalb beim Beschwerdegericht eingereicht worden ist; es beruht dies auf ausdrücklicher Vorschrift.

Es herrscht nun im allgemeinen auch bei der Verhandlung über die Beschwerde und bei der Einlegung der Beschwerde An-waltszwang, denn die Sache wird ja vor einem Kollegialgericht verhandelt; ausnahmsweise ist nur bestimmt, daß, wenn das Verfahren ursprünglich beim Amtsgericht geschwebt hat oder noch schwebt, wenn die Beschwerde das Armenrecht betrifft, oder von einem Zeugen oder Sachverständigen erhoben wird, Anwalts-zwang nicht erforderlich ist. Das Gesetz drückt sich hier, wie in ähnlichen Fällen, dahin aus: es kann die Erklärung zu Protokoll des Gerichtsschreibers abgegeben werden. Abgesehen von diesen Ausnahmen herrscht Anwaltszwang, und es wird sich dann nur fragen: welcher Anwalt hat die Beschwerdeschrift zu fertigen? Gesagt ist das im Gesetz nicht, es muß also aus allgemeinen Rechtsgrundsätzen gefunden werden. Ich meine, es muß der-jenige Anwalt die Beschwerdeschrift anfertigen, welcher bei dem Gericht zugelassen ist, dessen Entscheidung angerufen wird. Die Stelle, bei welcher die Beschwerde eingerichtet wird, ist nur der Zustellungsort; dieser kann aber für die Entscheidung der Frage nicht maßgebend sein. Es handelt sich vielmehr darum, das Rechtsmittel vor das höhere Gericht zu devolviren, und hierzu kann nur ein bei diesem höheren Gericht zugelassener Rechtsanwalt gesetzlich befähigt sein.

Eine mündliche Verhandlung ist im Verfahren über die Beschwerde nicht vorgeschrieben; die Parteien können gehört werden oder auch nicht, in der einen oder andern Weise. Das Beschwerdegericht ist aber auch ermächtigt, eine mündliche Ver-handlung anzuordnen. Geschieht dies, so herrscht in der münd-lichen Verhandlung unzweifelhaft Anwaltszwang, auch in den Ausnahmefällen, in welchen sonst für die Einlegung der Be-schwerde kein Anwaltszwang vorgeschrieben ist, also auch dann wenn das Verfahren vor dem Amtsrichter geschwebt hat, und auch dann, wenn es sich um Beschwerden von Zeugen und Sach-verständigen handelt, oder betreffend das Armenrecht.

Das Beschwerdegericht hat nun — und das ist ja ein ge-meinsames Kennzeichen aller Rechtsmittel — zunächst von amtswegen zu prüfen, ob die Beschwerde in der gehörigen Form und in der vorgeschriebenen Frist eingelegt ist — eine Frist ist ja nur zu wahren, wenn es sich um die sofortige Be-schwerde handelt, in anderen Fällen nicht (abgesehen von dem vorher erwähnten singulären Falle der Verhängung von Ord-nungsstrafen bei Handhabung der Sitzungspolizei) —, und wird verneinendenfalls die Beschwerde als unstatthaft verwerfen, be-jahendenfalls aber eine materielle Entscheidung erlassen, für welche eine bestimmte Form nicht vorgeschrieben ist; es kann die erforderliche Anordnung selbst treffen, oder dieselbe dem judex a quo überlassen nach den Maximen, die es in seiner Entscheidung feststellt. Ich will nur bemerken: es kann auch der Fall vorkommen, daß das Beschwerdegericht gar nicht mit der Sache befaßt wird, und zwar kraft der Vorschrift, daß in den Fällen der einfachen Beschwerde der judex a quo zusehen soll, ob er sich nicht geirrt hat, und ob es nicht nöthig ist, der Be-schwerde ohne Weiteres abzuhelfen; das soll er thun, wenn er es für richtig hält, andernfalls soll er die Beschwerdeschrift binnen einer Woche dem Beschwerdegericht vorlegen.

Von diesem Verfahren für die einfache Beschwerde sind nun gewisse Abweichungen für die sofortige Be-schwerde vorgeschrieben. Die Hauptabweichung besteht darin, daß sie binnen einer Nothfrist von 2 Wochen einzulegen ist. Diese Nothfrist beginnt mit der Zustellung des Beschlusses, und nur in zwei Fällen — bei der Versagung des Versäumnißurtheils und bei Versagung des Ausschlußurtheils — mit der Verkündung. Die Frist wird verlängert in denjenigen Fällen, in welchen sich die materiellen Erfordernisse der Beschwerde decken mit den Erfordernissen, welche gegeben sind für die Fälle der Wiederaufnahme des Verfahrens. Bekanntlich ist die Nichtigkeits- und Restitutionsklage an sich nur zulässig gegen Endurtheile und zwar gegen rechtskräftige Endurtheile, während die Beschwerde nur zulässig ist gegen Entscheidungen, welche nicht den Character von Endurtheilen haben. An dieser principiellen Verschiedenheit kann nicht gerüttelt werden. Aber während gegen die Endurtheile ein solches Anfechtungsmittel in der Nichtigkeits- und Restitutionsklage gegeben ist, fehlt es dafür in der erweiterten Form für diejenigen Entscheidungen, welche mit der Beschwerde anzufechten sind. Ich mache darauf aufmerksam, daß in der Regel die Nothfrist für die Nichtigkeitsklage und für die Restitutionsklage beginnt und der Natur der Sache nach erst beginnen kann mit der Kenntniß des Anfechtungsgrundes, und es würde praktisch die Anfechtung anderer Entscheidungen als der Endurtheile aus den wichtigen Gründen der Wiederaufnahmeklage unmöglich werden, wenn man nicht ein Analogon dafür setzte bei der Beschwerde. Und das thut das Gesetz, indem es sagt: liegen die Erfordernisse der Nichtigkeits- oder Restitutionsklage vor — diese Erfordernisse sind in den §§. 542. 543. speciell genannt, und handelt es sich um eine Entscheidung, welche an sich mit der Beschwerde anzufechten ist, nicht etwa um ein Endurtheil, dann ist die Dauer der Nothfrist für Einlegung der Beschwerde derjenigen gleich, wie sie bei der Wiederaufnahme des Verfahrens vorgeschrieben ist.

Eine weitere Abweichung des Verfahrens bei der sofortigen Beschwerde ist die, daß die Abhilfe durch den judex a quo ausgeschlossen ist; man will nicht halbe Verbesserungen in solchen Fällen haben und auf diese Weise neue Beschwerden veranlassen.

Eine unwesentlichere Abweichung ist die, daß, wenn gegen den beauftragten oder ersuchten Richter oder gegen den Gerichtsschreiber die sofortige Beschwerde eingelegt ist, man die Entscheidung des Prozeßgerichts gleich auf dem für Einlegung der Beschwerde nothwendigen Wege machen muß, und daß das Prozeßgericht nur zu entscheiden hat, wenn es der Beschwerde entsprechen will, andernfalls aber die Beschwerde an das Beschwerdegericht ohne Weiteres abzugeben hat.

Daß gegen die Versäumung der Nothfrist die Wiedereinsetzung in den vorigen Stand zulässig ist, ist Ihnen bereits bekannt, und ich habe nur noch zu erwähnen, daß diese Wiedereinsetzung durch Einreichung eines Schriftsatzes einzulegen ist, und zwar entweder bei dem judex a quo oder bei dem Beschwerdegericht, nach der ausdrücklichen Vorschrift des §. 214.

Beschwerden über Justizverzögerung und über den Geschäftsgang werden nicht hierher; sie werden überhaupt nicht von der Civil-Prozeßordnung behandelt.

Erinnerungen gegen das Verfahren eines Gerichtsvollziehers gehen an das Vollstreckungsgericht, nicht im Wege der eigentlichen Beschwerde; sondern in der Form eines Antrages an das Vollstreckungsgericht, dem unrichtigen Verfahren des Gerichtsvollziehers Abhilfe zu gewähren. Und dies gilt auch in der Regel (die Ausnahme ist schon erwähnt), wenn es sich um den Ansatz der Gebühren seitens des Gerichtsvollziehers handelt.

Bevor ich nun meinen Vortrag über die Rechtsmittel schließe, will ich noch einige gemeinsame Bestimmungen über dieselben bezüglich des wichtigen Kapitels der Kosten hinzufügen. Im §. 92 der Civil-Prozeßordnung ist zunächst allgemein bestimmt:

Die Kosten eines ohne Erfolg eingelegten Rechtsmittels fallen der Partei zur Last, welche dasselbe eingelegt hat.

— Das ist der erste Absatz. Um die beiden anderen Absätze zu verstehen, muß man den allgemeinen Grundsatz der Prozeßordnung bezüglich der Kosten in Betracht ziehen, welcher dahin geht, daß die Kosten in den regelmäßigen Fällen stets der unterliegenden Partei aufzuerlegen sind; es darf also in zweiter oder dritter Instanz nicht, wie in unserm gegenwärtigen Verfahren, eine Kompensation der Kosten darum eintreten, weil der Richter der Vorinstanz geirrt hat; die Partei soll in Zukunft nicht mehr die Fehler des Richters in dieser Hinsicht büßen, — wenigstens nicht die obsiegende Partei, nur die unterliegende. — Ich will übrigens dabei einschalten, daß nach dem Gerichtskostengesetz das Gericht in gewissen Fällen, wenn die Kosten durch Schuld der Parteien entstanden sind, ermächtigt ist, dieselben niederzuschlagen. — Nun können aber nach Absatz 2 des §. 92 die Kosten der Berufungsinstanz der obsiegenden Partei auferlegt werden, wenn sie auf Grund eines neuen Vorbringens obsiegt, welches sie nach freiem Ermessen des Gerichts in erster Instanz geltend zu machen im Stande war. Endlich sollen nach Absatz 3 die Kosten der Revisionsinstanz in solchen Streitigkeiten, für welche die Landgerichte ausschließlich ohne Unterschied des Streitgegenstandes zuständig sind, dem Fiskus welcher die Revision eingelegt hat, auch im Falle seines Sieges auferlegt werden, wenn der Streitgegenstand die Summe von 300 Mark übersteigt, offenbar weil das Rechtsmittel hauptsächlich zu seinen Gunsten ohne Rücksicht auf die summa revisibilis zugelassen wird. Bei wechselseitig eingelegten Rechtsmitteln sind die Werthe zusammen zu rechnen. Und endlich will ich noch bemerken, daß die Gebührensätze für die Gerichtskosten (nicht etwa die Mandatariengebühren) sich in der Berufungsinstanz um ¼, und in der Revisionsinstanz sogar um die Hälfte erhöhen.

Meine Herren, ich schließe damit den Vortrag über die Rechtsmittel, und wende mich nunmehr zu dem zweiten Gegenstand meines Vortrags, der die besonderen oder außerordentlichen Prozeßarten betrifft.

Meine Herren, Sie mögen nun dem einen oder dem anderen System des Civilprozesses besonders anhängen, — jedenfalls wird es unmöglich sein, ein System zu erfinden, welches geeignet wäre, für alle Rechtsstreitigkeiten ohne Unterschied die Garantie einer gründlichen und prompten Rechtspflege unter gleicher Berücksichtigung des privaten und des öffentlichen Interesses zu gewähren. Alle Prozeßordnungen haben deshalb für gewisse Fälle ein abweichendes Verfahren vorgeschrieben; das thut auch die Reichs-Civil-Prozeßordnung und zwar theils obligatorisch, theils fakultativ, indem letzteres entweder der Partei oder dem Richter die Wahl gelassen wird zwischen der einen oder anderen Prozeßart.

Die Civil-Prozeßordnung kennt folgende außerordentliche oder besondere Prozeßarten: das vorbereitende Verfahren in Rechnungssachen, Auseinandersetzungssachen und ähnlichen Prozessen; die Wiederaufnahme des Verfahrens, d. h.

also die Nichtigkeits- und Restitutionsklage; den Urkunden- und Wechselprozeß; die Ehesachen (Streitigkeiten über Trennung, Nichtigkeit oder Ungiltigkeit einer Ehe, bezw. Herstellung des ehelichen Lebens); die Entmündigungssachen; das Mahnverfahren, Arreste und einstweilige Verfügungen; das Aufgebotsverfahren, und endlich, wenn das hierher gehört, das schiedsrichterliche Verfahren. Nicht aufgenommen ist von der Prozeßordnung der abgekürzte Prozeß unseres Verfahrens. Das ordentliche Verfahren an und für sich ist durch die Möglichkeit, die Einlassungsfristen abzukürzen, so dehnbar, daß man geglaubt hat, davon abstrahiren zu können, eine besondere summarische Prozeßart einzuführen. Ebensowenig ist unser eigentlicher Mandatsprozeß adoptirt, auch nicht das possessorium summariissimum. Für dieses wird Abhülfe geschaffen durch die sogenannten einstweiligen Verfügungen, durch welche der Besitzstand einstweilig geregelt werden kann. Die Besitzklage als solche geht im ordentlichen Verfahren vor sich, für dieselbe ist nur singulär vorgeschrieben, daß sie nicht mit der petitorischen Klage verbunden werden kann, und daß sie, wenn es sich um unbewegliche Sachen handelt, im ausschließlichen Gerichtstande der belegenen Sache zu verhandeln ist. Weitere Vorschriften finden sich über Possessoriensachen in der Prozeßordnung überhaupt nicht. Beseitigt sind endlich die sogenannten Provokations- und Diffamationsklagen. Die Injuriensachen sind aus dem Civilprozesse ausgemerzt und gehn in der Form des Strafprozesses vor den Schöffengerichten auf erhobene Privatklage vor sich. Ich habe mir vorgesetzt, meine Herren, heute eine spezielle Darstellung des Urkunden- und Wechselprozesses zu geben, ich möchte Sie aber vorher einladen, mit mir einmal aus der Vogelperspektive die sämmtlichen vorerwähnten besonderen Prozeßarten kurz zu überblicken, um uns einigermaßen zu orientiren.

Das vorbereitende Verfahren, um damit anzufangen, in Rechnungssachen, Auseinandersetzungssachen und ähnlichen Sachen ist ein Theil des ordentlichen landgerichtlichen (nicht amtsgerichtlichen) Verfahrens. Es steht im Ermessen des Gerichts, dieses Verfahren in geeigneten Fällen anzuordnen, ist also in sofern fakultativ. Der Zweck desselben ist wesentlich die Fixirung des status causae et controversiae in verwickelten Streitigkeiten zur genügenden Vorbereitung der mündlichen Verhandlung und zur Vereinfachung des Streitstoffes für dieselbe. Eigentlich ist dieses vorbereitende Verfahren unserem preußischen Prozeß nichts unbekanntes, wenngleich es nicht sehr praktisch geworden, ich erinnere an §. 14 der Verordnung vom 21. Juli 1846, wo die kommissarische Erörterung des Rechtsstreits in ähnlichen Fällen zugelassen wird. Das Mittel zur Erreichung des genannten Zweckes ist nun die protokollarische Vernehmung der Parteien von einem beauftragten Richter mit nachfolgender mündlicher Verhandlung unter Adoption der Eventualmaxime. Weiteres will ich heute zur bloßen Orientirung über diese Prozeßart nicht sagen.

Es folgt dann die Wiederaufnahme des Verfahrens, also Nullitäts- und Restitutionsklage. Der Zweck derselben ist die Anfechtung rechtskräftiger Urtheile wegen Verletzung der wesentlichsten Vorschriften des Verfahrens oder wegen sogenannter Restitutionsgründe, hauptsächlich strafbarer Handlungen der Richter, Zeugen, Gegenpartei und propter noviter reperta.

Diese Klagen unterscheiden sich von dem ordentlichen Prozeß weniger durch einen abweichenden Gang des Verfahrens, als durch gewisse Vorschriften, welche die Rechtsmittelnatur dieser Klagen erkennen lassen; so zunächst dadurch, daß eine Nothfrist für Einlegung der Klage gegeben ist, und daß das Gericht die Offizialprüfung hat, ob die Klage in gehöriger Form und in der vorgeschriebenen Frist eingelegt ist, daß, wenn das nicht geschehen ist, die Klage a limine durch das Gericht, (aber nicht etwa per decretum) zurückgewiesen werden muß; dann ferner durch den besonderen Gerichtstand, der für sie vorgeschrieben ist und der eine Abweichung von unserem Rechtszustand enthält. Es sollen nämlich die Klagen in der Regel bei demjenigen Gericht eingelegt werden, dessen Urtheil angefochten wird. Es ist der §. 547, welcher sagt:

Für die Klagen ist ausschließlich zuständig: das Gericht, welches in erster Instanz erkannt hat; wenn das angefochtene Urtheil oder auch nur eins von mehreren angefochtenen Urtheilen von dem Berufungsgerichte erlassen wurde, oder, wenn ein in der Revisionsinstanz erlassenes Urtheil auf Grund des §. 543. Nr. 1—3, 6, 7. angefochten wird, das Berufungsgericht; wenn ein in der Revisionsinstanz erlassenes Urtheil auf Grund der §§. 542 543 Nr. 4, 5 angefochten wird, das Revisionsgericht.

Daraus folgt dann auch, meine Herren, daß die Rechtsmittel anders geordnet sein müssen. Wenn die Wiederaufnahmeklagen vor dem Berufungsgericht verhandelt werden, so kann gegen die Entscheidungen über diese Wiederaufnahme die Berufung nicht zulässig sein, weil gegen die Endurtheile der Berufungsgerichte ja keine Berufung zulässig ist, sondern nur die Revision. Diese Prozeßart ist selbstverständlich obligatorisch. Wer von der Nichtigkeitsklage, von der Restitutionsklage Gebrauch machen will, muß sich auch den für dieselben gegebenen Vorschriften unterwerfen.

Der Urkunden- und Wechselprozeß, auf den ich später näher eingehen will, bezweckt bekanntlich für besonders liquide Ansprüche in möglichst kurzer Zeit wenigstens ein provisorisches Urtheil mit Vollstreckbarkeit zu erlangen. Um diesen Zweck zu erreichen, bedient sich das Gesetz des Mittels, die Rechtsvertheidigung des Beklagten zu beschränken, indem sie ihm seine Rechte beim Widerspruch ad separatum vorbehält. Das Gericht hat von Amtswegen zu prüfen, ob der Urkundenprozeß im vorliegenden Falle statthabe oder nicht. Diese Prozeßart ist hiernach zwar für die Partei, welche sie einlegen will, fakultativ; wenn aber die Erfordernisse der Prozeßart nicht vorliegen, so können die Parteien nicht darüber paktiren, daß dennoch in der Prozeßart verhandelt werden müsse, sondern das ist juris publici.

Bei den Ehesachen wird das Verfahren zum großen Theil von dem öffentlichen Interesse beherrscht an der Aufrechterhaltung der Ehe, und diese Rücksicht sowie ferner die Absicht, das Verfahren möglichst rein zu halten von anderen Streitigkeiten, hat zu sehr wesentlichen Abweichungen wie im Preußischen Prozesse so auch in der Civil-Prozeßordnung geführt. Ich will nur das Wesentliche anführen: Die Ausschließung der Prorogation; es ist ein ausschließlicher Gerichtstand bei dem Landgericht bestimmt, in dessen Bezirk der Ehemann

feinen Wohnsitz hat; Beschränkung der Verhandlungsmaxime, ein Sühneversuch vor dem Amtsrichter, nicht
mehr vor dem Geistlichen, Mitwirkung der Staatsanwaltschaft, welche jedoch nur fakultativ ist in denjenigen
Sachen, in welchen es sich um Trennung oder Ungültigkeit der
Ehe handelt, und nur, wenn es sich um Nichtigkeit der Ehe
handelt, obligatorisch vorgeschrieben ist, Ausschließung der
Oeffentlichkeit, Zustellung der Urtheile von Amtswegen, Ausdehnung der Zulässigkeit von Klageände-
rungen, Beschränkung von Klagehäufungen, Ausschluß
versäumter Klagegründe in späteren Prozessen, Aussetzung
des Verfahrens zum Zweck der Versöhnung, Unzulässigkeit der Zurückweisung neuer Vertheidigungsmittel in zweiter
Zustanz — also eine wesentliche Abweichung von dem gewöhnlichen Verfahren —, und endlich Ausschluß vorläufiger
Vollstreckbarkeitserklärungen.

Auch das Entmündigungsverfahren (unsere Gemüths-
untersuchungssachen und Prodigalitäts-Erklärungen) werden von
derselben Rücksicht auf das öffentliche Interesse beherrscht. Die
Reichsjustizkommission hat dieses Verfahren vollkommen umgestaltet, sie hat etwas ganz neues eingeführt; um es ganz kurz
zu bezeichnen: die Entmündigung erfolgt prinzipaliter auf
Grund einer summarischen causae cognitio ohne große kontradiktorische Verhandlung durch das Amtsgericht, und dem Entmündigten steht dagegen die Anfechtungsklage vor dem Landgericht
zu. Auch hier ist eine Mitwirkung der Staatsanwaltschaft vorgeschrieben. Die Prozeßart ist obligatorisch.

Der Zweck des Mahnverfahrens ist der, für unstreitige
fällige vermögensrechtliche Ansprüche auf Geld oder andere vertretbare Sachen ohne Unterschied der Höhe baldmöglichst einen
vollstreckbaren Titel zu schaffen. Der größte Theil der Prozesse
beruht ja auf unstreitigen Ansprüchen. Die Statistik ergibt, daß
die meisten Prozesse in unserem Verfahren entweder durch Mandat
oder durch Kontumazialbescheide erledigt werden. Die Civil-
Prozeßordnung hat das, was wir Bagatellverfahren nennen,
auf alle vermögensrechtlichen Ansprüche ohne Unterschied des
Werthes ausgedehnt; hier ist Zuständigkeit der Amtsgerichte vorgeschrieben und der Erlaß bedingter Zahlungsbefehle, welche,
nachdem die zweiwöchige Frist für den Widerspruch fruchtlos
verlaufen ist, für vollstreckbar erklärt werden. Dieser sogenannte
Vollstreckungsbefehl hat die Kraft des Versäumnißurtheils, läßt
den Einspruch zu und erlangt nach fruchtlosem Verlaufe der Einspruchsfrist die Kraft eines rechtskräftigen Endurtheils. Selbstredend ist dieses Verfahren nur fakultativ.

Die Arreste und einstweiligen Verfügungen haben
das Gemeinsame, daß sie die Zwangsvollstreckung antizipiren,
und zwar die Arreste zur Sicherung derselben wegen einer prinzipalen oder eventuellen Geldforderung, die einstweiligen Verfügungen zur Sicherung oder Individualleistung sowie Regelung
eines einstweiligen Zustandes in Bezug auf ein streitiges Rechtsverhältniß. Die Civil-Prozeßordnung behandelt beide Institute
unter dem Kapitel der Zwangsvollstreckung Buch VIII., indessen
nur die Vollziehung der Arreste und einstweiligen Verfügungen gehört zur Zwangsvollstreckung, nicht die Anordnung
und auch erlicht in allen Fällen die Aufhebung. Die hauptsächlichsten Abweichungen des Verfahrens bei Anordnung der
Arreste bestehen:

1. in der Zulassung eines Arrestbeschlusses ohne mündliche Verhandlung, ja ohne Gehör des Gegners, mit
darauf folgender kontradiktorischer Verhandlung und
Entscheidung beim „Widerspruche" des Gegners
gegen den Arrestbefehl;

2. in dem electiven Gerichtsstand des Gerichts der Hauptsache und des Amtsgerichts der belegenen Sache.

Die näheren Details werde ich in einem besonderen Vortrage erörtern.

Das Aufgebotsverfahren, welches auf die Präklusion
von Ansprüchen unbekannter Gegner gerichtet ist, bietet keine
erheblichen Vergleichungspunkte mit dem ordentlichen Verfahren.
Es wäre etwa nur als Abweichung von demselben hervorzuheben,
daß gegen das Ausschlußurtheil kein eigentliches Rechtsmittel,
sondern nur eine Anfechtungsklage mit Nothfrist zugelassen wird.
Uebrigens erstreckt sich das Verfahren, was ich hier beiläufig
bemerken will, auch auf Todeserklärungen.

Das schiedsrichterliche Verfahren endlich, welches sich
ja nicht vor den ordentlichen Gerichten abspielt, macht civil-
prozessualische Vorschriften eigentlich nur bezüglich der Anfechtung und der Vollstreckung der Schiedsprüche nothwendig; die Civil-Prozeßordnung hat jedoch noch weitere Vorschriften über Form und Wirkungen des Schiedsvertrages und
über das Verfahren vor den Schiedsrichtern aufgenommen.
Hier interessirt nur, daß gegen Schiedsprüche kein Rechtsmittel im engeren Sinne, sondern nur eine Klage auf Aufhebung mit Nothfrist gegeben und daß eine unmittelbare
Zwangsvollstreckung aus dem Schiedsspruche nicht mehr zulässig
ist, vielmehr hierzu der Erlaß eines Vollstreckungs-Urtheils
Seitens des ordentlichen Gerichts erfordert wird.

Nach dieser allgemeinen Orientirung wende ich mich zu der
Darstellung des Urkunden- und Wechselprozesses.

Meine Herren, ich bemerkte schon, daß der Urkunden- und
Wechselprozeß fakultativ ist, und zwar ist er dergestalt fakultativ,
daß die Partei, welche den Urkunden- und Wechselprozeß angestellt hat, noch im Laufe des Verfahrens davon abstrahiren kann
mit der Wirkung, daß der Prozeß beim ordentlichen Gericht anhängig bleibt. Der Urkunden- und Wechselprozeß findet sowohl
vor den Amtsgerichten als vor den Landgerichten statt. Materielle Erfordernisse desselben sind erstens: ein Anspruch auf
Geld oder auf andere vertretbare Sachen. Was vertretbare
Sachen sind, wird wohl einem preußischen Juristen nicht zweifelhaft sein; wir haben mit dieser Definition vielfach operirt; es
macht keinen Unterschied, ob der Anspruch ein bedingter, ein
fälliger oder ein nichtfälliger ist, ob er von einer Gegenleistung
abhängig ist oder nicht. Es wird also im Urkundenprozeß mit
einer Kündigungsklage geklagt werden können, es wird auf
Zahlung von Summen geklagt werden können, welche versprochen
worden sind Zug um Zug gegen eine Gegenleistung, wenn diese
nur angeboten wird. Eine Frage, die aufgeworfen ist und die
allerdings nicht unwichtig erscheint, ist die, ob eine Wechsel-
sicherstellungsklage zu denjenigen Klagen gehört, welche im
Urkundenprozeß angestellt werden können. Ich möchte diese Frage
so beantworten: Es ist zwar nicht bedenklich, daß, wenn die
Klage dahin angestellt wird, daß Zahlung von Geld ad depo-
situm gefordert wird, an und für sich der Urkundenprozeß zulässig
ist. Wenn es also möglich wäre, materiell eine Wechselsicher-

stellungsklage so anzustellen, dann hielte ich allerdings den Ur= kundenprozeß für zulässig; wenn aber die Bestellung von Sicher= heit in irgend einer anderen Form gefordert wird, so muß ich das meinen auch ungern verneinen.

Also dies ist das eine materielle Erforderniß des Urkunden= prozesses: es muß ein Anspruch auf eine Geldsumme oder auf andere vertretbare Sachen in bestimmter Quantität vorliegen. Zweitens aber müssen sämmtliche zur Begründung des Anspruchs erforderlichen Thatsachen urkundenmäßig bewiesen werden. Die urkundenmäßige Begründung hat nicht zur Voraussetzung, daß grade öffentliche Urkunden vorgelegt werden, vielmehr können auch Privaturkunden zum Beweise des Anspruches dienen. Was nun aber die zur Begründung des Anspruches erforderlichen Thatsachen sind, das wird nun freilich der Doktrin und der Praxis zu beurtheilen überlassen werden müssen. Bekanntlich kann das in vielen Fällen recht streitig werden. Gewiß gehört hierher die Begründung der Aktivlegitimation, der Passivlegiti= mation; beispielsweise wenn Erben eines Schuldners verklagt waren; wenn also gegen die Erben des Wechselschuldners die Wechselklage angestrengt werden soll, so werden die betreffenden Erbzeugnisse vorgelegt werden müssen, aus denen sich die Erben= qualität ergiebt, — allerdings keine Erleichterung des Wechsel= prozesses. Es ist gefragt worden, ob die Wechselklage im Ur= kundenprozeß zur Voraussetzung habe, daß auch die Präsentation des Wechsels urkundlich nachgewiesen werde. Ja, meine Herren, nach Artikel 44 der Wechselordnung gehört die Präsentation des Wechsels zur Erhaltung des Wechselrechts gegen den Acceptanten nicht, wenn nicht ein Domizilwechsel vorliegt. Es wird also, wenn es sich nur um das Kapital handelt, wohl im Urkunden= prozeß geklagt werden können, auch besonders in dem Falle, daß Zahlung verlangt wird gegen Präsentation des Wechsels. Was aber die Zinsen betrifft, so hängt ja der Anspruch auf Verzugs= zinsen nothwendigerweise von der Präsentation ab. Die Zinsen also können im Urkundenprozeß nicht eingeklagt werden, wenn die Präsentation nicht urkundlich nachgewiesen ist, und die Wechsel werden deshalb häufiger müssen protestirt werden. So viel von den materiellen Erfordernissen des Urkundenprozesses.

Die formellen Erfordernisse sind einfacherer Art. Die Klage muß die Erklärung enthalten, daß im Urkundenprozeß bezw. im Wechselprozeß geklagt wird, ganz girich, welche Form diese Erklärung hat; und zweitens: es müssen die Urkunden in Abschrift oder in Urschrift der Klage beigefügt werden. Das heißt nun nicht, daß die Urkunden dem Gericht eingereicht werden, wie jetzt, sondern das Original der Klage, von welchem das Ge= richt eine Abschrift erhält, und von welchem bei der Zustellung der Beklagte ebenfalls eine Abschrift erhält, dieses im Besitze des Klägers verbleibende Original der Klage muß die Urschrift oder die Abschrift des Wechsels enthalten. Im Termin zur münd= lichen Verhandlung ist dann die Originalurkunde vorzulegen.

Die Wirkungen des Urkundenprozesses können nun von drei Seiten betrachtet werden; es sind Wirkungen für beide Theile, Wirkungen für den Kläger, Wirkungen für den Beklagten. In Bezug auf beide Theile bestimmt die Prozeßordnung für den Urkundenprozeß, daß Beweis für die Echtheit der Urkunden, für Einreden, Repliken, Dupliken u. s. w. nur durch Urkunden oder Eideszuschiebung geführt werden kann; der Zeugenbeweis ist mit= hin für den Urkundenprozeß vollkommen ausgeschlossen. Der

Urkundenbeweis selbst kann nur geführt werden durch Vorlegung der Urkunde, nicht etwa durch Editionsanträge gegen den Gegner oder gegen einen Dritten. Die Eidesleistung endlich kann nur durch Beweisbeschluß geordnet werden. Ein bedingtes Urtheil ist unzulässig; ein richterlicher Eid ist ausgeschlossen; es kann kein Wechseterkenntniß mehr ergehen auf einen nothwendigen Eid für die eine oder andere Partei. Besondere Wirkungen für den Kläger sind die: Ergiebt sich im Urkundenprozeß, daß der Anspruch des Klägers materiell unbegründet ist, so wird es defi= nitiv abgewiesen; ergiebt sich, daß der Anspruch zwar materiell nicht unbegründet ist, aber daß er nicht in der Form bewiesen werden kann, wie der Urkundenprozeß vorschreibt, dann muß die Klage in der gewählten Prozeßart abgewiesen werden, wenn der Kläger nicht vorzieht, von dem Urkundenprozeß abzustehen. Thut er das letztere, so bleibt das Verfahren im ordentlichen Verfahren anhängig, thut er es nicht, läßt er es auf Abweisung im Ur= kundenprozeß ankommen, so muß er von neuem klagen. Eine wesentliche Abweichung von dem ordentlichen Verfahren für den Kläger ist endlich die, daß er, auch wenn er ein Ausländer ist, keine Sicherheit dem Beklagten zu leisten hat für die Prozeßkosten.

Die Wirkungen für den Beklagten oder mit andern Worten die Abweichungen von dem ordentlichen Verfahren in Bezug auf den Beklagten gehen dahin: Er kann auf Grund prozeßhindernder Einreden die Verhandlung zur Hauptsache nicht verweigern; es ist ihm nicht gestattet, Widerklagen anzustellen; erkennt er den Anspruch an oder versäumt er den Termin, so wird er definitiv verurtheilt; er hat gegen das Versäumnißurtheil ja den Einspruch, aber das Urtheil ist immer ein definitives. Wenn er den Einspruch versäumt, so wird das Urtheil rechts= kräftig, und es giebt kein Separatum dagegen, abweichend von unserm gegenwärtigen Verfahren. Nur wenn der Beklagte Widerspruch erhebt, wenn er im Termine erscheint und der Klage widerspricht, dann ergeht gegen ihn ein Urtheil unter Vor= behalt seiner Rechte in einem besonderen Verfahren. Dieses Urtheil hat die Kraft eines Endurtheils und unterliegt den gewöhnlichen Rechtsmitteln. Wenn ein solches Urtheil ergeht, so drückt sich die Prozeßordnung dahin aus, daß der Rechtsstreit im ordentlichen Verfahren anhängig bleibt. Die Wirkungen der Rechtsanhängigkeit bleiben also bestehen, wenngleich zum ordentlichen Verfahren von neuem (mit Ladungsfrist nicht Ein= lassungsfrist) zu laden ist. Endlich sehr ungünstig für den Be= klagten ist die Vorschrift, daß die condemnatorischen Urtheile im Urkunden= und Wechselprozeß von amtswegen für vorläufig voll= streckbar zu erklären sind.

Diesen Charakter behält der Urkundenprozeß auch in den folgenden Instanzen. In der Berufungsinstanz bedarf es bei Zurückweisung von Vertheidigungsmitteln selbstredend keines be= sonderen Vorbehalts, wie im ordentlichen Verfahren, da ja der allgemeine Vorbehalt bestehen bleibt, wenn auch die Berufung des Beklagten zurückgewiesen wird.

Ist nun ein condemnatorisches Urtheil mit Vorbehalt der Rechte des Beklagten ergangen, so hat dieser das Recht, eine Aenderung des Urtheils in einem Nachverfahren, im ordentlichen Verfahren zu fordern, in dem, was wir Separatum nennen. Dieses ordentliche Verfahren setzt sich an die Urkundenprozeß an als eine Fortsetzung desselben. Das Erkenntniß, welches im Urkundenprozeß ergangen ist, bildet gegenüber dem neuen Ver=

fahren ein Zwischenurtheil. Der Richter ist an dieses Zwischenurtheil gebunden, sofern er materielle Entscheidungen in demselben getroffen hat. Wenn er also eine Einrede des Beklagten als materiell unbegründet zurückgewiesen hat, so ist er auch in dem Nachverfahren an diese Entscheidung gebunden; wenn er dagegen die Einreden des Beklagten nur als in der gewählten Prozeßart unstatthaft zurückgewiesen hat, so versteht es sich ja von selbst, — und das ist ja der ganze Zweck des Nachverfahrens — daß der Beklagte in diesem ordentlichen Verfahren die Einwendungen von Neuem vorbringen kann und mit allen zulässigen Beweismitteln erhärten darf. Es ist im preußischen Verfahren häufig zur Sprache gekommen, ob ein versäumter Diffessionseid im Nachverfahren noch zulässig sei, das muß man für das Nachverfahren des neuen Urkundenprozesses verneinen. Es giebt überhaupt keine Diffessionseide mehr, es giebt nur einen zugeschobenen Eid über die Echtheit der Urkunde. Wird der zugeschobene Eid angenommen, aber nicht geleistet, so ergeht ein Versäumnißurtheil dahin, daß der Eid als nicht geleistet anzusehen ist, und wenn das Versäumnißurtheil nicht durch Einspruch angefochten wird, so wird diese Thatsache rechtskräftig und die Verweigerung des Eides wirkt noch in der Instanz, ja auch wie wir wissen, in der zweiten Instanz.

Ich will noch bemerken: bezüglich der Gerichtskosten für das Nachverfahren schreibt in Gegensatz zu dem, was man bei den Gebühren der Anwälte beabsichtigt, das Gerichtskostengesetz vor, daß der ordentliche Rechtsstreit, der sich an den Urkundenprozeß anschließt, als ein besonderer Rechtsstreit anzusehen ist, für den besondere Kosten zu berechnen sind. Davon, daß der Fiskus sich etwa die Kosten des Urkundenprozesses auf die Kosten des ordentlichen Rechtsstreites anzurechnen habe, ist im Gerichtskostengesetz keine Rede.

Gestatten Sie mir nun noch, meine Herren, die wichtigsten Abweichungen des Wechselprozesses hervorzuheben.

Der Wechselprozeß ist ein Urkundenprozeß und folgt den Vorschriften, die ich angeführt habe; er unterscheidet sich nur durch folgende Punkte: durch eine abgekürzte Einlassungsfrist; — ich will mich darüber nicht weiter auslassen, weil ich über die Fristen ausführlich gesprochen habe —, durch die Zuständigkeit der Kammer für Handelssachen, wenn die Sache vor das Landgericht gehört, andernfalls sind die Amtsgerichte zuständig; dadurch, daß die Wechselsachen zu Feriensachen gemacht worden sind, und daß endlich ein besonderer Gerichtsstand vorgeschrieben ist, ganz genau entsprechend dem in der preußischen Einführungsgesetz zur Wechselordnung angeordneten, den ich also nicht besonders zu erläutern habe.

Bezüglich der Wechselverjährung ist zu bemerken, daß ja die Verjährung nach der Civil-Prozeßordnung unterbrochen wird allgemein durch Erhebung der Klage. Im §. 239 ist vorgeschrieben:

> Die Vorschriften des bürgerlichen Rechts über die sonstigen Wirkungen der Rechtshängigkeit bleiben unberührt. Diese Wirkungen, sowie alle Wirkungen, welche durch die Vorschriften des bürgerlichen Rechts an die Anstellung, Mittheilung oder gerichtliche Anmeldung der Klage, an die Ladung oder Einlassung des Beklagten geknüpft werden, treten unbeschadet der Vorschrift des §. 190 mit der Erhebung der Klage ein.

Die Erhebung der Klage tritt nun nach §. 230 durch die Zustellung ein. Bei öffentlichen Zustellungen aber bei Zustellungen im Auslande, wenn also durch Requisition anderer Gerichtsvollzieher oder anderer Behörden zugestellt werden muß, tritt die Unterbrechung der Verjährung schon mit dem Augenblicke der Ueberreichung des Gesuchs ein, wenn nur überhaupt hinterher zugestellt wird; das ist im §. 190 ausdrücklich vorgeschrieben. Die Erhebung der Klage kann, wie Sie wissen, im amtsgerichtlichen Prozeß auch durch den mündlichen Vortrag in einzelnen Fällen erfolgen, wenn an ordentlichen Gerichtstage die Parteien erscheinen um den Rechtsstreit zu verhandeln, oder wenn sie daselbst zum Sühneversuch erscheinen und bei dieser Gelegenheit der Rechtsstreit vor dem Amtsgericht sich entspinnt und weiter spinnt; denn tritt in diesem Augenblick mit dem Vortrag der Klage auch die Unterbrechung der Wechselverjährung ein. Alles dies ist im Einführungs-Gesetz zur Civil-Prozeßordnung §. 13 besonders vorgesehen. Auch durch Zustellung des Zahlungsbefehls werden wir sagen müssen, daß die Wechselverjährung unterbrochen wird, wenn überhaupt vom Mahnverfahren für Wechselsachen Gebrauch gemacht werden sollte. Meines Erachtens ist es dazu wenig geeignet, weil die Widerspruchsfrist von zwei Wochen zu lang ist.

Nun ist aber zum Schluß noch eine überaus wichtige Bestimmung zu berücksichtigen. Wenn die Klage zurückgenommen wird, nachdem die Wechselverjährung unterbrochen ist, so ist die Unterbrechung als ungeschehen zu betrachten. Nach §. 243 Absatz 3 hat die Zurücknahme der Klage zur Folge, daß der Rechtsstreit als nicht anhängig geworden anzusehen ist. Damit fallen auch alle Wirkungen der Rechtshängigkeit, mithin auch die Wirkungen der Unterbrechung der Klageverjährung. Das Institut der Klageanmeldung ist überhaupt abgeschafft.

Hiermit erlaube ich mir meinen Vortrag über die außerordentlichen Prozeßarten, insbesondere den Urkunden- und Wechselprozeß für heute zu schließen. Ich behalte mir die detaillirte Darstellung einiger anderer wichtiger Prozeßarten für einen der nächsten Vorträge vor.

(Lebhafter Beifall.)

VIII. Die Zwangsvollstreckung.
Vortrag des Herrn Justizraths von Wilmowski am 20. Mai 1879.

Verehrte Herren Kollegen! Die Zwangsvollstreckung ist von den Theoretikern häufig kühl und stiefmütterlich behandelt; für den Prozeßzweck indeß hat sie um so viel größere Wichtigkeit, als die Erfüllung des Wünschenswerthen den Werth der bloßen Hoffnung übersteigt. Die Thätigkeit des erkennenden Richters ist an sich mit dem letztzulässigen Urtheile für die Feststellung der Parteirechte abgeschlossen; zur Realisation des Rechts würde sie aber nur dann genügen, wenn jeder leisten könnte, wollte und wirklich leistete, was er leisten sollte. In den Fällen freilich, worin die Leistung unmöglich wird, weil die Mittel dazu nicht vorhanden sind, steht das Recht vor der Grenze des Nihilismus, an welcher bekanntlich auch das Recht des Kaisers aufhört. Abgesehen von diesen Fällen bedarf es jedoch zur Vermeidung des Chaotischen in Selbsthülfe und Selbstvertheidigung der staatlichen Mitwirkung, um den zögernden oder fehlenden Willen des Schuldners zur schuldigen Leistung zu ergänzen und zu erzwingen und von ihm die Mittel zur Leistung zu erlangen. Es sind dazu Organe der Gewalt nöthig, Organe der Staatsgewalt, welche im Namen der Justizhoheit des Staats berufen sind, um innerhalb der Grenzen des Gläubigerrechts einerseits und der Grenzen der gesetzlichen Rücksicht auf den Schuldner andererseits die Erfüllung zu erzwingen.

Die Civil-Prozeßordnung bezeichnet durchgehends den Exekutionsfucher mit dem Namen des Gläubigers und den Exequendus mit dem Namen des Schuldners; die Bezeichnungen find sachgemäß und mögen deshalb beibehalten werden.

In unserem bisherigen preußischen Verfahren ist es, entsprechende Anträge auf Zwangsvollstreckung vorausgesetzt, das Prozeßgericht erster Instanz, welches theils durch direkte Verfügungen, theils durch Anweisung an seine Hilfsorgane, die Exekutoren, jede Maßregel der Zwangsvollstreckung anordnet, kontrolirt und verfolgt. Auch wenn außerhalb des Gerichtsbezirks eine Zwangsvollstreckung erfolgen soll, ist die Requisition des Prozeßgerichts nöthig, um die Erlaubniß und die Anregung dazu zu geben. Im Gegensatz dazu geht die deutsche Civil-Prozeßordnung, dem rheinisch-französischen Systeme folgend, auch hier vom Selbstbetriebe der Partei aus. Die staatlichen Vollstreckungsorgane werden den Parteien zur möglichst direkten Verwendung zur Verfügung gestellt. Die Partei kann und muß den Gerichtsvollzieher selbst beauftragen. Auch wenn außerhalb des Prozeß-Gerichtsbezirks eine Zwangsvollstreckung erfolgen soll, kann die Partei sich direkt an den Gerichtsvollzieher am Orte der Zwangsvollstreckung wenden. Das System des Selbstbetriebes schließt nicht jede gerichtliche Mitwirkung aus; für mehrere Vollstreckungsarten, namentlich für die Zwangsvollstreckung in unbewegliches Vermögen, zur Beitreibung von Geldforderungen aus den Forderungen des Schuldners und andern Vermögensrechten desselben außer den beweglichen Sachen, zur Erzwingung von Handlungen, Unterlassungen, Duldungen, für die Abnahme des Offenbarungseides und für die Haftnahme dazu, dient nicht der Gerichtsvollzieher, sondern das Gericht als Vollstreckungsorgan. Aber auch auf diesem Gebiete ist es nicht das Prozeßgericht als solches, sondern das Amtsgericht, durchschnittlich dasjenige am Orte der Vollstreckung, welches als Vollstreckungsgericht fungirt, ohne die Vermittlung des Prozeßgerichts nöthig zu machen. Und auch auf diesem Gebiet ist es bei den wichtigsten dieser Vollstreckungsarten, nämlich bei der Vollstreckung in die Forderungen des Schuldners zwar das Gericht, welches den Beschluß der Pfändung oder Ueberweisung der Forderung zu erklären hat; das System des Selbstbetriebes gewinnt aber auch hier sofort wieder sein Recht darin, daß dem Antragsteller überlassen ist, die Beschlüsse der Pfändung oder Ueberweisung den Betheiligten zuzustellen.

Voraussetzung der Zwangsvollstreckung ist zunächst ein zulässiger Titel. Als Vollstreckungstitel sind zulässig: Endurtheile, welche rechtskräftig oder für vorläufig vollstreckbar erklärt sind; gerichtliche Vergleiche, welche den rechtskräftigen Urtheilen gleichgestellt sind, und die den vorläufig vollstreckbaren Urtheilen gleichgestellten Vollstreckungsbefehle in Mahnverfahren; gerichtliche Entscheidungen, gegen welche Beschwerde zulässig ist, z. B. Kostenfestsetzungsverfügungen, und die gerichtlichen oder notariellen Vollstreckungsurkunden, in denen der Schuldner sich der sofortigen Zwangsvollstreckung zur Zahlung bestimmter Geldbeträge oder zur Leistung von quantitativ bestimmten fungiblen Sachen oder Werthpapieren unterwirft; endlich solche Schuldtitel, welche die Landesjustizgesetzgebung für vollstreckbar erklären wird, was bekanntlich in Betreff der Schiedsmannsvergleiche bei uns schon geschehen ist.

Die vorläufige Vollstreckbarkeit von Endurtheilen, welche noch nicht rechtskräftig sind, hat nicht die Bedeutung, daß die Zwangsvollstreckung durch Einlegung eines Rechtsmittels oder eines Einspruchs gehemmt würde, wie nach dem rheinisch-französischen Verfahren, oder daß vorläufig deponirt werden müßte, während die Vollstreckung definitiv erfolgt, sie beseitigt wird, wenn und soweit das frühere Urtheil abgeändert oder aufgehoben wird. Wie schon früher hervorgehoben ist, sind auch ohne Antrag für vorläufig vollstreckbar die im §. 648 bezeichneten Klassen von Endurtheilen zu erklären, darunter namentlich Verurtheilungen auf Grund von Anerkenntnissen, Urtheile im Urkunden- und Wechselprozeß, Purifikationsbescheide, zweite oder fernere Versäumnißurtheile zur Hauptsache, welche „fernere" zwar nicht möglich sind, wenn bereits zwei Versäumnißurtheile vollständig den gesammten Schuldbetrag umfassen, wohl aber, wenn nur Theilurtheile vorangegangen sind oder Endurtheile, die nur über den Grund und noch nicht über den Betrag der Forderung sprechen. Die im §. 649 bezeichneten Klassen von Urtheilen müssen auf Antrag für vorläufig vollstreckbar erklärt werden, ohne daß der Antragsteller etwas weiteres zur Begründung anzuführen brauchte, als den Nachweis, daß das Urtheil zu einer der Klassen des §. 649 gehört. Andere Endurtheile können unter dem Erbieten zur Sicherstellung oder unter Glaubhaftmachung schwerer Nachtheile für vorläufig vollstreckbar erklärt werden. Dem Schuldner andererseits ist gestattet, durch Hinterlegung oder auch bei besonderen Nachtheilen die vorläufige Vollstreckbarkeit abzuwenden. Daß die Anträge, welche hierauf abzielen, seitens des Gläubigers wie seitens des Schuldners vor dem Schluß der mündlichen Verhandlung, worauf das Urtheil ergeht, zu stellen sind, und daß die Entscheidung über die vorläufige Vollstreckbarkeit ein Theil des Haupturtheils ist, wurde ebenfalls schon früher erwähnt. Der Kläger kann wegen der Feststellung der vorläufigen Vollstreckbarkeit die Berufung einlegen; hierüber ist dann vorab zu verhandeln und zu entscheiden. So weit durch Berufungs- oder durch Revisionsanträge die Entscheidung über die Sache selbst nicht angegriffen wird, ist sie auf den in der mündlichen Verhandlung zu stellenden Antrag vom Berufungs- beziehungsweise Revisionsgerichte für vollstreckbar zu erklären.

Mit diesen Anträgen, welche sich darauf beziehen, ob und unter welchen Modificationen im Urtheile die vorläufige Vollstreckbarkeit auszusprechen ist, sind solche Anträge zu verwechseln, welche dem Schuldner gestattet sind, um nach dem Ergehen eines Urtheils auf die Sistirung oder Aufhebung der Vollstreckung zu wirken. Solche Anträge sind sowohl für die vorläufig vollstreckbaren als auch für die rechtskräftigen Urtheile zugelassen. In den Fällen nämlich der Einlegung eines Rechtsmittels oder eines Einspruchs, der Wiedereinsetzung wegen versäumter Nothfrist, einer Nichtigkeits- oder Restitutionsklage oder der Geltendmachung von Einwendungen in der Exekutionsinstanz kann das Gericht nach seinem Ermessen auf den Antrag des Schuldners anordnen, daß die Vollstreckung gegen oder ohne Sicherheitsleistung des Schuldners einstweilen eingestellt oder nur gegen Sicherheitsleistung des Gläubigers fortgesetzt wird.

Die Exekutionstitel setzen Urtheile, Entscheidungen und Urkunden deutscher Gerichte und deutscher Notare voraus. Ausländische Urtheile sind nur dann vollstreckbar, wenn dies durch Urtheil, also nach vorgängiger mündlicher Verhandlung für zulässig erklärt ist. Dieß Vollstreckungsurtheil ist indeß ohne sachliche Prüfung nur aus bestimmten Gründen mit Rücksicht auf fehlende Rechtskraft, Unzulässigkeit von Handlungszwingungen, Unzuständigkeit des ausländischen Gerichts, mangelnde Ladung und Einlassung, oder fehlende Gegenseitigkeit zu versagen.

Eine weitere formale Voraussetzung der Zwangsvollstreckung besteht darin, daß das Urtheil oder der sonstige Exekutionstitel mit einer Vollstreckungsklausel versehen sein muß, dahin lautend, daß die Ausfertigung dem Gläubiger behufs der Zwangsvollstreckung ertheilt werde. Für Vollstreckungsbefehle im Mahnverfahren liegt diese Klausel schon, im richterlichen Vollstreckungsbefehl und bedarf also keines besonderen nochmaligen Ausdrucks. Für Urtheile, vollstreckbare gerichtliche Entscheidungen, gerichtliche Vergleiche und gerichtliche Vollstreckungsurkunden ist die Vollstreckungsklausel vom Gerichtsschreiber zu ertheilen, für notarielle Vollstreckungsurkunden vom instrumentirenden oder verwahrenden Notar. Die mit der Klausel versehene, sogenannte vollstreckbare Ausfertigung ist nach vollständiger Leistung dem Schuldner auszuhändigen und bei einer theilweisen Leistung desjenigen Betrages, für welchen die Klausel lautete, mit einer Quittung zu versehen. Es wird indeß nichts dem entgegenstehen, die Vollstreckungsklausel nur unter Beschränkung auf Theile der Forderung zu beantragen und zu ertheilen.

Zur Vermeidung wiederholter Exekutionen wegen desselben Schuldbetrages ist die Ertheilung einer zweiten oder ferneren vollstreckbaren Ausfertigung nur auf besondere mit Beschwerde anfechtbare Anordnung des Vorsitzenden beziehungsweise des Gerichts zu ertheilen, welche vorher den Schuldner darüber hören können. Für notarielle Vollstreckungsurkunden ist diese Anordnung vom Amtsgericht im Bezirk des Notars zu treffen. Handelt es sich dagegen um eine Vollstreckungsklausel für einen anderen als den von der früheren Vollstreckungsklausel betroffenen Betrag, so ist dieß nicht eine zweite, sondern für diesen Schuldbetrag eine erste vollstreckbare Ausfertigung und ist also vom Notar zu ertheilen. Um Weiterungen etwa beim Verlust von Urkunden, und ebenso um die Nothwendigkeit gerichtlicher Genehmigung zur weiteren vollstreckbaren Ausfertigung möglichst zu vermeiden, dürfte es nicht immer rathsam sein, sogleich nach der notariellen Ausstellung der Urkunde sie auch mit der Vollstreckungsklausel versehen zu lassen, sondern erst dann, wenn das Bedürfniß dazu vorliegt und nur dann unter Beschränkung auf den einzuziehenden Betrag. Die Notariatsordnung von 1845 verbietet nur andern, als den Betheiligten, den Erben und Rechtsnachfolgern weitere Ausfertigungen zu geben; für die Betheiligten gestattet sie eine ungemessene Zahl von Ausfertigungen. Die Civil-Prozeßordnung beschränkt nur die weiteren vollstreckbaren Ausfertigungen.

Hängt die Vollstreckung von einer Sicherheitsleistung ab,

so muß die Hinterlegung des Betrags durch öffentliche Urkunden nachgewiesen werden; die Klausel selbst hängt davon nicht ab. Hängt die Vollstreckung aber von anderen Bedingungen ab, oder soll die vollstreckbare Ausfertigung einem Rechtsnachfolger gegeben werden oder gegen Erben oder allgemeine Rechtsnachfolger beziehungsweise gegen einen besonderen Nachfolger im Besitze des veräußerten Prozeßobjektes, soweit das Urtheil gegen den Besitznachfolger rechtlich wirksam ist, so muß der Eintritt der Bedingung und die Rechtsnachfolge durch öffentliche Urkunden nachgewiesen werden, soweit die Rechtsnachfolge nicht notorisch ist. Die Klausel ist dann für Urtheile, gerichtliche Entscheidungen, gerichtliche Vergleiche und gerichtliche Vollstreckungsurkunden vom Gerichtsschreiber nur auf Anordnung des Gerichtsvorsitzenden zu ertheilen. Für notarielle Vollstreckungsurkunden hat der Notar, welcher für die Klausel sowohl den Gerichtsschreiber als auch den Gerichtsvorsitzenden entsprechend vertritt, seinerseits die Klausel zu ertheilen. Die Ertheilung der Klausel ist auch für solche Urkunden in den §§. 703, 705 vorausgesetzt. Im §. 705 sind für alle anderen entsprechenden Verhältnisse die zuständigen Gerichte bezeichnet, welche, falls ein Gericht an die Stelle des Notars treten soll, für den Notar zu fungiren haben. Dagegen ist hinsichtlich der Ertheilung der Klausel in den Fällen der §§. 664, 665 nicht bestimmt, daß ein Gericht oder überhaupt irgend ein Anderer an die Stelle des Notars tritt. — Ist der Eintritt der Bedingungen oder der Rechtsnachfolge durch öffentliche Urkunden nicht nachzuweisen, so bleibt dem Antragsteller nichts übrig, als auf Ertheilung der Vollstreckungsklausel zu klagen. Der Eintritt eines Kalendertags, von welchem eine Fälligkeit abhängt, ist natürlich abzuwarten, bevor die Vollstreckung beginnen kann. Die Ertheilung der Klausel ist jedoch davon nicht abhängig. Der Kalendertag gilt in dieser Beziehung nicht als Bedingung; wohl aber gilt natürlich dafür die Kündigung.

In welchen Fällen gegen einen besonderen Rechtsnachfolger in Betreff des betroffenen Objektes die Klausel ertheilt werden kann, ob überhaupt das Urtheil bezw. der Schuldtitel wirksam und vollstreckbar wird, ist nach den §§. 236. 238 und bezw. nach dem materiellen Civilrechte zu entscheiden. Stellt ein Gläubiger eine dingliche Klage wegen einer Hypothekenforderung gegen den Besitzer eines Pfandgrundstückes an, so ist das Urtheil gegen den Besitznachfolger wirksam und vollstreckbar, welcher das Grundstück nach Erhebung der Klage erwirbt. Bei den, unter uns schon seit Wochen über die Klausel notarieller Schuldurkunden besonders lebhaft erfolgten gelegentlichen Erörterungen ist auch die Frage aufgeworfen, ob auch für gerichtliche und notarielle Vollstreckungsurkunden gegen den Rechtsnachfolger die Klausel entsprechend nach §. 665 zu geben ist, falls der frühere Besitzer sich betreffs des Grundstücks der sofortigen Zwangsvollstreckung unterworfen hat, bezw. eine entsprechende Eintragung erfolgt ist. Die Frage ist meines Erachtens zu bejahen. Die Motive meinen zwar, daß in einem solchen Falle für eine Klausel gegen den Besitznachfolger kein Raum sei, und Struckmann-Koch, Puchelt und Seuffert wiederholen dieß. In unserem Kommentar, dessen Buch von der Zwangsvollstreckung seine spezielle Bearbeitung dem Herrn Kollegen Levy verdankt, ist dagegen die entsprechende Anwendung des §. 665 ohne nähere Ausführung vorausgesetzt; meines Erachtens mit Recht. Die

Anwendbarkeit ist bestritten, weil kein Streit und also auch kein Streitobjekt vorliege. Dieser Unterschied trifft aber überhaupt die Vollstreckungsurkunden des §. 702 Nr. 5 im Verhältnisse zu den Urtheilen, und ohne daß ein Streit vorliegt, ist in jeder anderen Beziehung diese gerichtliche oder notarielle Vollstreckungsurkunde hinsichtlich der Vollstreckbarkeit einem, nach Klageerhebung ergangenem Urtheile gleich gestellt. Die Zeitmomente der Klageerhebung und des Urtheils fallen für solche Urkunden mit der Zeit ihrer Ausstellung zusammen. Von dieser Gleichstellung ist nur eine Ausnahme gemacht, daß nämlich die Einwendungen in der Exekutionsinstanz gegen vollstreckbare Obligationen nicht auf die Einwendungen beschränkt sind, welche nach der letzten mündlichen Verhandlung vor dem Urtheil entstanden sind. Sonst jedoch sind jene gerichtlichen oder notariellen Vollstreckungsurkunden den Urtheilen durchaus gleich gestellt, und wo der Gesetzgeber nicht unterschieden hat, ist es auch nicht unsere Sache, zu unterscheiden. Für diese meine Ansicht, die ich schon bei gelegentlichen Rücksprachen seit Wochen mir auszusprechen erlaubt habe, habe ich eine gewichtige Unterstützung in der soeben erschienenen Schrift des Geheimrath Kurlbaum über das preußische Gesetz vom 4. März d. J. gefunden. Er spricht sich unbedingt auch für die Ertheilung der Vollstreckungsklausel gegen den Besitznachfolger in solchen Fällen aus.

Als Voraussetzung der Vollstreckung (nicht der Klausel) ist endlich noch zu erwähnen, daß das Urtheil oder der sonstige Exekutionstitel dem Schuldner entweder schon zugestellt sein muß oder gleichzeitig zuzustellen ist. So viel von den Voraussetzungen der Vollstreckung.

Mit einer solchen vollstreckbaren Ausfertigung bewaffnet hat sich der Gläubiger an die Vollstreckungsorgane behufs der Erwirkung der Vollstreckung zu wenden. Sollen Handlungen erzwungen werden, so ist, abgesehen von der Forderung des Interesses und von Willenserklärungen, welche mit der Rechtskraft des Urtheils als abgegeben gelten, der Gläubiger zu ermächtigen, solche Handlungen, welche mit gleicher Wirkung auch von Dritten vorgenommen werden können, sogenannte fungible Handlungen auf Kosten des Schuldners durch einen Anderen vornehmen zu lassen. Zu anderen Handlungen, sofern sie lediglich vom Willen des Schuldners abhängen, wie namentlich zu einer Rechnungslegung ist derselbe durch das Prozeßgericht erster Instanz mittelst Urtheils durch Strafen als Zwangsmittel, um den Willen des Schuldners zu brechen, anzuhalten. Auch die Sicherung des Rechts auf Unterlassung oder Duldung von Handlungen, soll durch Strafurtheile des Prozeßgerichts erster Instanz gegen Zuwiderhandlungen neben der Zulassung, Sicherheitsleistung für künftiges Wohlverhalten zu fordern, bewirkt werden.

Um die Herausgabe beweglicher oder unbeweglicher Sachen, die Räumung eines Grundstücks seitens des Schuldners zu erwirken, ist der Gerichtsvollzieher Vollstreckungsorgan. Um für Geldforderungen exekutivisch unbewegliches Vermögen des Schuldners anzugreifen, ist das Amtsgericht der belegenen Sache Vollstreckungsorgan; die besonderen Vorschriften für diesen Fall der Landesjustizgesetzgebung überlassen. Dagegen gelten für die Zwangsvollstreckung in Grundstücken zur Beitreibung von Geldforderungen die allgemeinen Bestimmungen der Civil-Prozeßordnung, namentlich in Betreff der Voraussetzungen: des

Titels, der Klausel, und ebenso in Betreff der Einwendungen, welche hinsichtlich der Zwangsvollstreckung gemacht werden können.

Das praktisch weitaus wichtigste Gebiet der Zwangsvollstreckung ist das Verfahren, um für Geldforderungen aus dem beweglichen Vermögen des Schuldners die Mittel zu erlangen. Das gemeinschaftliche Mittel, sowohl betreffs des Angriffs auf körperliche Sachen als auf Forderungen des Schuldners ist die Pfändung. Für die Pfändung körperlicher Sachen ist der Gerichtsvollzieher Vollstreckungsorgan. Jeder deutsche Gerichtsvollzieher kann zur Pfändung von Sachen innerhalb seines geographischen Bezirks beauftragt werden. Das charakteristische Moment, mit welchem und durch welches die Pfändung bewirkt wird, besteht darin, daß der Gerichtsvollzieher die Sachen in Besitz nimmt. Für die Pfändung ausstehender Forderungen des Schuldners ist das Gericht Vollstreckungsorgan, und zwar das Amtsgericht des allgemeinen Gerichtsstandes des Schuldners eventuell das des §. 24, ausschließlich zuständig. Die Pfändung wird dadurch bewirkt, daß der Gerichts-Beschluß der Pfändung dem Drittschuldner zugestellt wird; die Bewirkung der Zustellung selbst ist, wie bemerkt, dem Antragsteller überlassen. Zur Vermeidung von Verzögerungsnachtheilen, welche dadurch entstehen können, daß der Gläubiger das Vollstreckungsgericht um die Pfändung anzugehen hat, ist dem Gläubiger gestattet, schon vorher mit der Benachrichtigung, daß die Pfändung bevorsteht, den Drittschuldner durch den Gerichtsvollzieher aufzufordern, daß er an den Schuldner nicht zahlt, und diesen, daß er sich der Verfügung über die Forderung enthält. Die Pfändungswirkung wird dann mit der Zustellung dieser Benachrichtigung erreicht, indessen nur bedingt, und zwar dadurch, daß binnen 3 Wochen die Pfändung des zuständigen Gerichts in der That nachfolgt, um die Wirkung zu erhalten.

Für einzelne Klassen von körperlichen Sachen und von Forderungen ist theils aus Humanitätsrücksichten gegen den Schuldner, um seine Existenzfähigkeit nicht zu vernichten, theils aus anderen Gründen des öffentlichen Interesses, die Zulässigkeit jeder Pfändung ausgeschlossen.

Der Akt und die Wirkungen der Pfändungen sind gemeinschaftlich für die Exekutionsvollstreckung und für den Arrest. Die Anlegung des Arrestes zur Sicherung einer künftigen Zwangsvollstreckung erfolgt ebenfalls durch Pfändung. Die Arrestpfändung unterscheidet sich von der Zwangsvollstreckungspfändung nur dadurch, daß die Arrestpfändung eine bedingte ist, bedingt dadurch, daß der Arrestgläubiger nachher einen Zwangsvollstreckungstitel erlangt, so daß mit der Erwirkung dieses Titels die Wirkung als mit dem Momente der Arrestpfändung bereits eingetreten bleibt, andernfalls aber die letztere fortfällt. Die sonstige Unterscheidung des Arrestes von der Zwangsvollstreckung beruht auf dem charakteristischen Unterschiede des Arrestes als einer Sicherungsmaßregel, und der Exekution als einer Befriedigungsmaßregel. Die Vorschriften über die Verwerthung der gepfändeten Sachen, welche bekanntlich bei körperlichen Sachen durchschnittlich durch Versteigerung und bei Forderungen durch Ueberweisung erfolgt, indeß auch auf andere Weise erfolgen kann, finden für den Arrest natürlich keine Anwendung. Wird ein gepfändetes Arrestobjekt verwerthet, so ist mit Rücksicht auf den Arrest der betreffende Erlös zu hinterlegen.

Die Wirkung der Pfändung, sowohl der Exekutions- als

der Arrestpfändung ist das Pfandrecht. Der Gläubiger erlangt an den gepfändeten Objekten ein Pfandrecht, der Arrestgläubiger ein ex tunc wirkendes bedingtes. Das Pfandrecht wirkt, wie wenn der Schuldner dem Gläubiger vertragsmäßig ein Faustpfandrecht (im Arrestfalle ein bedingtes) eingeräumt hätte; es behält die Wirkung auch für den demnächstigen Fall des Konkurses. Diesem Pfandrecht gehen diejenigen Vorzugsrechte voraus, welche an den gepfändeten Objekten ein Dritter bereits hat. Aber im Konkurse und außerhalb des Konkurses gehen ihm diejenigen Pfandrechte nicht vor, welche nicht in der Konkursordnung für den Konkursfall dem Faustpfandrechte gleichgestellt sind. Ob positiv solche dem Faustpfandrechte gleichgestellte Rechte vorangehen oder nicht, ist nach dem materiellen Recht zu entscheiden. An einem bereits gepfändeten Objekte kann ein anderer Gläubiger zwar eine sogenannte Anschlußpfändung durch Exekution oder Arrest bewirken, ihm gehen aber die früheren Pfändungspfandrechte unbedingt vor. Der Anschlußpfändende kann daher nur ein Recht auf das nach Befriedigung des Erstpfändenden oder beim Fortfalle dieser Erstpfändung Verbleibende erlangen; er ist also nicht ein Beitretender in unserem Sinne, sondern ein Nachzügler.

Die Wirkung ist die einer wirklichen pignoris capio. Sie kommt dem Gläubiger zu statten, welcher im Kreditgeben vorsichtig und bei der Verfolgung seiner Rechte sorgsam ist; sie sind allerdings bei ungesunden Kreditverhältnissen und bei vertrauensvollem Abwarten dem Gläubiger nicht vortheilhaft. Sie kann — wie ja freilich auch Alles — gemißbraucht werden, entweder mit dem Willen des Schuldners oder auch ohne dessen Willen von einem kühnen Gläubiger, welcher einen Arrestgrund heuchelt, wogegen nur das Ermessen des Gerichts hinsichtlich der Zulassung von Arresten ein Schutz ist.

Je mehr hiernach von der Richtigkeit, Sicherheit und Schnelligkeit der Vollstreckung abhängt, um so wichtiger wird die Persönlichkeit der Vollstreckungsorgane. So wie die Zukunft des Prozesses wesentlich von der Thätigkeit und Fähigkeit der Anwälte und der Richter, namentlich der Vorsitzenden, abhängt, so hängt die ganze Zukunft des Vollstreckungsverfahrens von der Qualität der Gerichtsvollzieher ab. Und zwar das Letztere in noch viel höherem Grade, weil Geschehenes nicht ungeschehen gemacht und in den meisten Fällen die versäumte oder unrichtig operirte Thätigkeit nicht wieder durch Rechtsmittel oder Rechtsbehelfe nachgeholt oder berichtigt werden kann. Die Stellung des Gerichtsvollziehers ist keine ganz einfache. Er ist allerdings Beauftragter des Gläubigers; er ist aber zugleich Beamter, um die staatliche Autorität für die Rechtshülfe geltend zu machen; er hat den Auftrag nur innerhalb der gesetzlichen Bestimmungen auszuführen, darf die Rechte des Schuldners und Dritter nicht verletzen, muß aber auch bis zur Grenze seines Auftrags dem Gläubiger gerecht werden. Würde uns daher ein nicht sorgfältig gewähltes, urtheilsunfähiges oder unzuverlässiges Vollstreckungspersonal zur Verfügung gestellt, dann mag man den Titel vor der Zwangsvollstreckung mit dem Motto versehen: „lasciate ogni speranza." Ein Prozeß, welcher seine Vollstreckung auch ohne den guten Willen eines unbedingt solventen Schuldners erwartete, würde allerdings dann besser ungeboren bleiben. Gegen das Eindringen mangelhafter Elemente müssen wir einen kräftigen Schutzzoll in einer scharfen und sorgfältigen Prüfung auf alle Eigenschaften wünschen, welche ein tüchtiger Gerichtsvollzieher hinsichtlich der Urtheilsfähigkeit, der Gewandtheit, der moralischen Zuverlässigkeit und der Gesetzeskenntniß haben muß. Vor Allem haben uns hoffentlich nach so manchen bitteren Erfahrungen aus dem Systeme, ziemlich unterschiedslos Militärkräfte in den Civildienst herüberzunehmen, eine genügende Warnung davor gegeben, daß gerade zum Dienste des Gerichtsvollziehers der Militärdienst keine passende Vorschule ist. Die Militärtugenden stehen in vielen Beziehungen in diametralem Gegensatz zu den Tugenden eines Gerichtsvollziehers. Nicht der Gehorsam gegen ein feststehendes Oberhaupt ist entscheidend, sondern die selbständige Thätigkeit eines urtheilsfähigen Mannes; nicht Rang- und Standesverhältnisse sind zu berücksichtigen, sondern das vor der Justiz gleiche Recht Aller; nicht auf die peinliche Beobachtung von Formen kommt es an, sondern auf die durchdachte Beachtung der Form, welche zugleich den Zweck und das Wesen der Sache im Auge hat; über die persönlichen und finanziellen Rücksichten muß der Gerichtsvollzieher durch Bildung und Gewöhnung entschieden erhaben sein; die militärische Kraft allein würde nur für Gehilfen eines Gerichtsvollziehers zu verwenden sein.

Wir haben uns bisher nur mit den Voraussetzungen, Formen und Wirkungen des Exekutionsverfahrens bei der Unterstellung beschäftigt, daß die Anwendung der Gesetze eine unstreitige ist. Zu berücksichtigen bleibt noch der Streit in der Exekutionsinstanz, und zwar sowohl für das Verhältniß zwischen Gläubiger und Schuldner, als auch für das Verhältniß beider zu Dritten und für die Konkurrenz mehrerer Gläubiger.

Für alle Verhältnisse sind einige Grundsätze durchgreifend wichtig. Die Entscheidungen des Vollstreckungsgerichts können ohne mündliche Verhandlung erfolgen; sie unterliegen der sofortigen Beschwerde, und die Gerichtsstände, welche im Buch vom Zwangsvollstreckungsverfahren bestimmt sind, (und zwar auch außerhalb eines Streites) sind ausschließliche.

Für das Verhältniß des Gläubigers und Schuldners kann zuerst schon ein Streit entstehen über die Vollstreckungsklausel, namentlich über die Vollstreckungsklausel. Untersuchen wir zunächst die Mittel, welche der Gläubiger in Betreff der Erlangung der Klausel hat, so würde, falls ihm die Ertheilung der Klausel vom Gerichtsschreiber verweigert würde, welchem von Gesetz in dieser Beziehung auch eine Entscheidung übertragen ist, dem Gläubiger die sofortige Beschwerde gegen die Weigerung des Gerichtsschreibers zustehen. Dasselbe ist der Fall, wenn in den Fällen des §. 666 der Vorsitzende die Anordnung weigert; ebenso wenn dem Gläubiger eine Vollstreckungsklausel zwar ertheilt wird, indeß hinsichtlich eines anderen Betrages oder in einer anderen Weise, als er sie beantragte. Daneben steht dem Gläubiger frei, im Wege der Klage sein Recht auf die Ertheilung einer Vollstreckungsklausel geltend zu machen. Der Schuldner andererseits kann in allen Fällen, wenn die Klausel ertheilt ist, über Einwendungen, welche die Zulässigkeit der Klausel betreffen, auf die Gerichts-Entscheidung provoziren. Diese Berufung auf die Gerichts-Entscheidung ist sachlich eine Beschwerde über den Gerichtsschreiber. In denjenigen Fällen, in welchen die Klausel nur auf Anordnung des Vorsitzenden zu ertheilen ist, wendet sich die Beschwerde allerdings gegen den Gerichtsvorsitzenden; dieß ist jedoch kein Grund, um

— mit Struckmann-Koch und Puchelt — in einem solchen Falle die Berufung auf die Gerichtsentscheidung für unzulässig zu erklären; Seuffert hebt dagegen mit Recht hervor, daß der §. 668 unterschiedslos allgemein diese Berufung zuläßt, sowie die Zurückbeziehung auf diesen Paragraphen im §. 687; wie ja auch über die Zulässigkeit beanstandeter Fragen an eine Partei oder an einen Zeugen nach der Civil-Prozeßordnung das Gericht zu entscheiden hat und selbst gegen eine vorgängige Anordnung des Vorsitzenden entscheiden kann.

Außer dieser Provokation auf das Gericht des Gerichtsschreibers hat der Schuldner noch das Recht, in Fällen, worin es auf den Eintritt einer Bedingung oder die Feststellung der Rechtsnachfolge ankommt, seine Einwendungen gegen die Zulassung der Klausel im Wege der Klage beim Prozeßgerichte erster Instanz geltend zu machen.

Erfolgt nach Ertheilung der Klausel die Vollstreckung selbst, so sind alle Anträge, Einwendungen und Erinnerungen, welche die Art und Weise der Zwangsvollstreckung oder das Verfahren des Gerichtsvollziehers dabei betreffen, sowohl vom Gläubiger als vom Schuldner als auch vom Dritten, an das Vollstreckungsgericht zu richten. Dessen Entscheidungen unterliegen ebenfalls der sofortigen Beschwerde. So wie die Einwendungen in Betreff der ertheilten Klausel eine Beschwerde über den Gerichtsschreiber involviren, so enthalten diese Anträge in der That sachlich eine Beschwerde über den Gerichtsvollzieher. Sie können sich auch darauf beziehen, daß der Gerichtsvollzieher es weigert, einen Auftrag überhaupt anzunehmen oder in einer bestimmten Richtung auszuführen. Sofern das Vollstreckungsgericht selbst und nicht der Gerichtsvollzieher Vollstreckungsorgan ist, wie bei Pfändung und Ueberweisung von Forderungen, richten sich die Anträge natürlich als Remonstrationen an dasselbe Gericht; im Falle der Abweisung würde dann jedoch die Entscheidung der höhern Instanz durch sofortige Beschwerde angerufen werden können.

Will endlich der Schuldner den durch das Urtheil oder den sonstigen Exekutionstitel festgestellten Anspruch selbst anfechten, so bleibt ihm an sich die Befugniß, seine Rechte im ordentlichen Verfahren vor dem zuständigen Gericht geltend zu machen. Er kann mit dem Zwecke, die Exekution zu sistiren, Einwendungen auch durch Klage bei dem Prozeßgericht erster Instanz geltend machen; für Einwendungen gegen gerichtliche oder notarielle Schuldurkunden hat er sich an das Gericht des allgemeinen Gerichtsstandes des Schuldners, eventuell §. 24, zu wenden; für Einwendungen gegen Vollstreckungsbefehle an das Prozeßgericht im Bezirk des Vollstreckungsgerichts. Sofern es sich um Einwendungen gegen vollstreckbare gerichtliche oder notarielle Urkunden handelt, ebenso sofern es sich um solche Einwendungen gegen die Klausel handelt, welche die Rechtsnachfolge, oder den Eintritt der Bedingungen betreffen, sind die Einwendungen in Betreff ihrer Art und Entstehung unbeschränkt. Andere gegen den Urtheilspruch selbst gerichtete Einwendungen, welche den Anspruch als definitiv oder zur Zeit beseitigt darstellen sollen, sind als derartige Einwendungen in der Exekutionsinstanz nur zulässig, soweit die Gründe dafür erst nach denjenigen mündlichen Verhandlung entstanden sind, in welcher sie während des Prozesses hätten geltend gemacht werden müssen, um im Urtheile berücksichtigt zu werden. Auf die Zeit vor dieser Urtheilsverhandlung soll der Schuldner nicht zurückgreifen dürfen, und falls er dieselbe versäumt hat, durch Einspruch die Einwendungen noch hätte geltend machen können und dies wiederum versäumt, so hat er sie dadurch auch für die Geltendmachung in der Exekutionsinstanz verloren. Den Parteien ist daher dringend zu rathen, daß sie Rechtshandlungen, welche den Anspruch ganz oder zur Zeit beseitigen, Vergleiche, Zahlungen, Stundungsabkommen u. s. w., ihrem Vertreter rechtzeitig vor der mündlichen Verhandlung mittheilen, damit sie nicht auf eine selbstständige actio doli oder condictio indebiti dafür beschränkt werden. Der Schuldner hat für solche Einwendungen in der Exekutionsinstanz die Parteirolle des Klägers; sein Klagegrund besteht in dem Einwande. Er muß zur Vermeidung der Präklusion alle Einwendungen, welche er zur Zeit der Klage geltend machen konnte, gleichzeitig geltend machen. Eine Sistirung der Exekution ist mit der Klage von selbst nicht verbunden, sie muß besonders beantragt werden und ist nach dem Ermessen des Gerichts, und zwar des Prozeßgerichts, in dringenden Fällen interimistisch des Vollstreckungsgerichts, mit oder ohne Sicherstellung des einen oder des andern Theils anzuordnen.

Der Gerichtsvollzieher darf außer dem Nachweise der Befriedigung oder der Stundung des Gläubigers oder einer nachgelassenen Sicherheitsleistung oder Hinterlegung die Vollstreckung nur einstellen, wenn ihm eine Gerichtsentscheidung vorgelegt wird, durch welche die Vollstreckung definitiv oder einstweilig beseitigt wird.

Für das Verhältniß zu Dritten ist im Allgemeinen der Grundsatz entscheidend, daß die Vollstreckung sich nur gegen Vermögensobjekte des Schuldners zu wenden hat, und daß der Gläubiger, sofern Dritte betheiligt sind, nicht mehr Rechte durch die Vollstreckung gewinnen kann, als der Schuldner selbst hat. Die Pfändung und Vollstreckung hat sich also auf das Herrschafts- und Gewahrsamsgebiet des Dritten nicht zu erstrecken. Sind Sachen des Schuldners im Gewahrsam eines Dritten, welcher sie nicht freiwillig herausgeben will, so können dem Gläubiger nur die Rechte, welche der Schuldner auf die Herausgabe solcher Objekte hat, nach Analogie der Ueberweisung von Geldforderungen überwiesen werden; der Dritte, durch seinen Gewahrsam geschützt, kann die Klage abwarten und dem Gläubiger dieselben Rechte entgegenstellen, welche ihm gegen den Schuldner zustehen. In dieser Lage befindet sich namentlich auch der Miether eines Wohnungsraums hinsichtlich der mitgemietheten Mobilien. Würde ein Gerichtsvollzieher den Herrschaftsbereich eines Dritten verletzen, so steht dem Dritten abgesehen von der Disziplinarbeschwerde das Recht zu, Anträge, Einwendungen und Erinnerungen, welche die Art und Weise der Vollstreckung oder das Verfahren des Gerichtsvollziehers betreffen, beim Vollstreckungsgericht geltend zu machen und gegen dessen Entscheidung, wenn nöthig, die sofortige Beschwerde einzulegen. Der §. 685, welcher über derartige Anträge bestimmt, ist nicht auf den Gläubiger oder den Schuldner beschränkt, und enthält keine Beschränkung hinsichtlich der berechtigten Persönlichkeit, kommt also auch dem Dritten zu statten. Abgesehen davon steht natürlich dem Dritten frei, seine Rechte gegen Jeden, Gläubiger oder Schuldner oder wer immer sie verletzt, im Wege der Klage geltend zu machen.

Ueber die Frage, in welchem Umfange einem Dritten Rechte

auf Erhaltung oder Sicherung, auf Erlangung oder Wiedererlangung seines Besitzes und seiner Befugnisse gegenüber versuchten oder erfolgten Exekutionsangriffen zustehen, entscheidet das bürgerliche Recht. Für dasselbe ist in der Civil-Prozeßordnung nur im §. 710 eine besondere Bestimmung gegeben, welche für das Gebiet unserer preußischen Konkursordnung nicht neu ist. Handelt es sich nämlich um die Beitreibung einer Geldforderung aus dem beweglichen Vermögen eines Schuldners, so kann derjenige, welcher das verpfändete Objekt nicht in seinem Gewahrsam hat, Pfandrechte oder Vorzugsrechte nicht mit der Wirkung geltend machen, daß die Pfändung beseitigt wird, beziehungsweise die Versteigerung nicht erfolgt. Er kann seine Rechte nur als Vorrechte im Erlöse geltend machen. Für das Gebiet des gemeinen Rechts mobilisirt diese und geläufige Vorschrift allerdings auch das materielle Recht. Zu beachten bleibt, daß die Bestimmung des §. 710 in dem Abschnitt über die Beitreibung von Geldforderungen aus dem beweglichen Vermögen sich befindet. Weder für die Zwangsvollstreckung gegen unbewegliches Vermögen, noch für die Zwangsvollstreckung, welche die Herausgabe von Mobilien und Immobilien bezweckt, wird hierdurch das bürgerliche Recht geändert oder berührt. — Prozessualisch ist bestimmt, daß der Anspruch auf Vorausbefriedigung aus dem Erlöse durch Klage im Bezirk des Vollstreckungsgerichts geltend zu machen ist. Wird der Anspruch glaubhaft gemacht, so ist der Erlös zu hinterlegen, wobei das Gericht auch hier nach seinem Ermessen über eine Sistirung der Exekution auf Antrag mit oder ohne Sicherheitsleistung des einen oder andern Theiles zu befinden hat.

In jeder anderen Beziehung ist das bürgerliche Recht in Betreff der Bestimmung darüber, ob, in welchem Umfange und mit welchen Wirkungen ein Dritter Ansprüche hinsichtlich eines Exekutionsobjektes gegenüber dem pfändenden Gläubiger oder dem gepfändeten Schuldner geltend machen kann, nicht geändert. So weit ein Dritter Ansprüche nach dem Civilrecht hat, kann er sie durch Klage geltend machen. Die Civil-Prozeßordnung hat diese Befugniß nicht eingeschränkt. Sie hat allerdings dem Dritten auch keine weitern Befugnisse gegeben, als welche ihm das Civilrecht gibt. Sie enthält überhaupt außer dem §. 710 keine materiellrechtliche Vorschrift. Der §. 690, welcher die Exekutionsintervention behandelt, enthält lediglich prozessualische Vorschriften; er regelt prozessualisch den Fall, wenn ein Dritter wegen seines Rechtes die Zwangsvollstreckung hindern oder beseitigen will, und setzt dafür voraus, daß dazu der Dritte an die Veräußerung hinderndes Recht in Betreff des gepfändeten Objektes hat. Diese Voraussetzung ist auch für sämmtliche Civilrechtssysteme zutreffend. Nur wer ein Recht hat, die Veräußerung eines Objekts zu hindern, kann derjenigen Entäußerung entgegentreten, welche für ihn darin liegt, daß das Objekt gepfändet wird, verwertet oder herausgegeben werden soll. Das Recht, welches zum Widerspruch befähigen soll, muß ferner dahin Geltung haben, daß es die Veräußerung hindert. Ein bloß persönlicher Anspruch des Dritten gegen den Schuldner, daß der Schuldner ihm das gepfändete Objekt gewähren soll, würde nicht die Wirkung haben, den Gläubiger vom Angriff auf das Objekt abzuhalten; nöthig ist dazu ein dinglich gegen alle, also auch gegen den Gläubiger, wirkendes Recht, also abgesehen vom Hauptfall des Eigenthums, (einschließlich des publicianischen)

Nießbrauch, Faustpfandrecht, Retentionsrechte, dingliche Untersagungsrechte, nach preußischem Rechte auch Pacht- und Miethrechte. Zwischen Besitz und Nichtbesitz des Dritten ist sonst kein Unterschied gemacht; aus der Kategorie der an und für sich veräußerungshindernden Rechte scheidet aber nach dem erörterten §. 710 innerhalb seines Betrichs der Fall eines nicht mit Gewahrsam verbundenen Pfand- oder Vorrechts aus.

Im übrigen betrifft der §. 690 nicht bloß den Fall, wenn die Veräußerung eines gepfändeten Objektes im Wege der Zwangsvollstreckung für den Gläubiger erfolgen soll; die Vorschrift befindet sich vielmehr im ersten Abschnitt, welcher die allgemeinen Bestimmungen für jede Art der Zwangsvollstreckung enthält; sie ist also auch anwendbar, wenn es sich um den Widerspruch gegen die Herausgabe von beweglichen oder unbeweglichen Sachen handelt oder um Veräußerung zur Beitreibung von Strafen bei Exekutionen wegen Handlungen oder Unterlassungen, oder wenn es sich auch nur erst an einen Widerspruch handelt, welcher schon gegen die Pfändung gerichtet wird, wenngleich etwa, wie bei Arresten, noch nicht die Veräußerung des Objekts in Frage ist. Nur die Voraussetzung eines veräußerungshindernden Rechtes des Widersprechenden ist für alle Fälle gemeinsam. Prozessualisch ist auch hier vorgeschrieben, daß die Klage im Bezirk des Vollstreckungsgerichts anzustrengen ist, und ebenso ist auch hier mit der Klage selbst nicht schon die Sistirung der Exekution verbunden, sondern sie ist besonders zu beantragen und kann nach dem Ermessen des Gerichts mit oder ohne Sicherstellung des einen oder des anderen Theiles angeordnet werden.

"Die Frage, inwiefern Dritte an einem durch die Zwangsvollstreckung ergriffenen Objekt noch Rechte erwerben können, ist auf Grund der Feststellung zu lösen, wann die Objekte aus dem Vermögen des Schuldners heraustreten, beziehungsweise in das Eigenthum eines Anderen übergehen, und in welcher Weise die Rechte durch die Pfändung beschränkt werden. Die nähere Ausführung, namentlich die Wirkungen der Hinterlegung, der Sicherstellung, der Ueberweisung von Forderungen u. s. w., würde den Rahmen des heutigen Vortrags überschreiten.

Für die Konkurrenz mehrerer Gläubiger endlich, insbesondere bei der Pfändung von Sachen oder Forderungen, ist das Verfahren bedeutend dadurch vereinfacht, daß die Zeit der Pfändung für das Recht der Betheiligten entscheidend ist, so weit nicht besondere Rechte in Frage kommen. Der Gerichtsvollzieher, welcher eine Sache pfändet, muß nach dieser Reihenfolge, auch wenn der Erlös nicht für alle hinreicht, selbst vertheilen, ohne beim Gericht anzufragen; er muß jedoch zuvor den nachher pfändenden Gläubiger von der bevorstehenden Auszahlung benachrichtigen und, falls dieser eine andere Vertheilung als nach der Reihenfolge der Pfändungen verlangt, unter Einreichung der Schriftstücke das Sachverhältniß dem Amtsgericht anzeigen und den Erlös deponiren; ebenso in dem Falle, wenn für mehrere Gläubiger gleichzeitig gepfändet ist. Werden Forderungen für mehrere Gläubiger gepfändet, so kann der Drittschuldner den Schuldbetrag beim erstpfändenden Amtsgerichte deponiren, ohne Rücksicht darauf, ob er zur Deckung Aller ausreichend ist oder nicht; er muß deponiren, sobald ein Gläubiger, welchem die Forderung überwiesen ist, darauf anträgt. Dasselbe ist der Fall wenn der Anspruch auf Herausgabe von beweglichen oder unbeweglichen Sachen für Mehrere gepfändet wird. Das Recht zur Klage auf eine desfallsige Deposition hat in diesem Falle jeder Gläubiger, welchem den Anspruch überwiesen ist; es ist dann Sache des Schuldners, alle betheiligten anderen Gläubiger zuzuziehen, widrigenfalls er gegen denjenigen, den er hätte laden lassen können und nicht geladen hat, sich auf eine ihm etwa günstige Entscheidung nicht berufen darf. Die Entscheidung ist einheitlich für und gegen alle Gläubiger zu erlassen.

Im Falle solcher Depositionen erfolgt zur Ausschüttung der Masse ein Offizial-Vertheilungsverfahren des Amtsgerichts, ohne daß es dazu eines besonderen Antrags bedarf, welcher vielmehr als schon in dem allgemeinen Pfändungsantrage liegend, angenommen wird. Das Gericht fordert alle Betheiligten zur Einreichung ihrer Berechnung innerhalb zweier Wochen auf, fertigt einen Plan auf Grund dieser Anzeigen, sowie derjenigen des Gerichtsvollziehers und des Drittschuldners und ihrer Schriftstücke und beraumt einen Termin zur Erklärung über den Plan an. Widersprüche gegen den Plan werden nur berücksichtigt, wenn sie vor oder im Termin erklärt sind, und wenn, falls sie nicht im Termin erledigt werden, der Widersprechende binnen vier Wochen nach dem Termin eine Klage gegen die anderen Betheiligten erhebt. Unberührt bleiben dabei die etwaigen Klagerechte, welche, ohne einen Einfluß auf die Vertheilung auszuüben, geltend gemacht werden können, namentlich die conditio indebiti; jedoch nur für den widersprechenden Gläubiger; der nicht widersprechende gilt, wenn zugezogen, als konsentirend.

Dem Theilungsplan ist der Grundsatz des Vorrechts der Erstpfändung zu Grunde zu legen, so weit nicht besondere Rechte in Frage kommen. Je später man kommt, desto mehr kommt man an die Grenze des Nichts.

(Lebhafter Beifall.)

Personal-Veränderungen
in der Deutschen Anwaltschaft aus der Zeit vom 10. Mai bis 5. Juni 1879.

A. Ernennungen.

Der Justizreferendar erster Klasse Franz Kapp von Stuttgart ist auf sein Ansuchen unter die Zahl der öffentlichen Rechtsanwälte, mit dem Wohnsitz in Stuttgart, aufgenommen worden.

Der Referendar Springsfeld in Aachen ist zum Advokaten im Bezirk des Königlichen Appellationsgerichtshofes zu Cöln ernannt worden.

Der Kreisrichter Kaufmann in Driesen ist zum Rechtsanwalt bei dem Kreisgericht in Demmin und zugleich zum Notar im Departement des Appellationsgerichts zu Stettin, mit Anweisung seines Wohnsitzes in Demmin, ernannt worden.

Der Staatsanwaltsgehülfe Draeger in Bochum ist zum Rechtsanwalt bei dem Kreisgericht in Genthin und zugleich zum Notar im Departement des Appellationsgerichts zu Magdeburg, mit Anweisung seines Wohnsitzes in Genthin, ernannt worden.

Der Justizreferendar erster Klasse Albert Mayer von Ulm ist auf sein Ansuchen unter die Zahl der Rechtsanwälte mit dem Wohnsitz in Ulm aufgenommen worden.

Der bisherige Assessor beim Gerichtsamt Dresden, Herr Hermann Bruno Windisch daselbst, ist zum Advokaten ernannt und als solcher verpflichtet worden.

B. Versetzungen.

Der Rechtsanwalt und Notar Gallus zu Neu-Stettin ist in gleicher Eigenschaft an das Kreisgericht zu Glogau, mit Anweisung seines Wohnsitzes daselbst, versetzt worden.

Der Rechtsanwalt Hirschmann hat seinen Wohnsitz von Crailsheim nach Hall verlegt.

Der Rechtsanwalt Dr. W. Köhler hat seinen Wohnsitz von Carlsruhe nach Freiburg i./Breisgau verlegt.

Der Advokat und Notar August Richard Clauß hat seinen Wohnsitz von Glauchau nach Zwickau verlegt.

Der Advokat und Notar Adolf Theodor Seumer hat seinen Wohnsitz von Crimmitschau nach Zwickau verlegt.

Der Advokat Dr. Johannes Karl Groeg Hegewald hat seinen Wohnsitz von Pirna nach Dresden verlegt.

Der Advokat und Notar Karl Heinrich Johann von Zeschau hat seinen Wohnsitz von Dresden nach Zittau verlegt.

Der Advokat und Notar Finanzprokurator Karl Adalbert Lehmann hat seinen Wohnsitz von Riesa nach Niederösznitz verlegt.

Der Advokat Gustav Anton Papsdorf hat seinen Wohnsitz von Zwönitz nach Hainichen verlegt.

C. Ausscheiden aus dem Dienst.

Dem Rechtsanwalt und Notar, Justizrath Pirzker in Naumburg a./S. ist die nachgesuchte Dienstentlassung ertheilt.

Dem Advokat-Anwalt Christian Welsch in Kaiserslautern ist die nachgesuchte Dienstentlassung ertheilt.

D. Todesfälle.

Verstorben sind:

der Rechtsanwalt und Notar, Justizrath Claes in Steinheim,

der Rechtsanwalt und Notar Lange in Osterode a./d. Drewenz,

der kgl. Advokat Ludwig Christoph Scherder in Hof,

der Advokat und Notar Albert Reinhard von Schlieben auf und zu Flößberg,

der Advokat und Notar William Alexander Schmidt in Zwickau,

der Advokat und Notar August Franz Werner in Leipzig,

der Advokat und Notar Karl Heinrich August Lorenz in Dresden,

der Advokat Ernst Maximilian Emil Meyer in Kirchberg,

der Advokat Karl Gustav Graupner in Waldenburg.

Berichtigung.

In Nr. 23 und 24 Seite 190 Spalte 1 Zeile 8 von oben ist statt „erste Instanz" „zweite Instanz" zu lesen.

Für die Redaction verantw.: S. Haenle. Verlag: W. Moeser, Hofbuchhandlung. Druck: W. Moeser, Hofbuchdruckerei in Berlin.

№ 27. Berlin, 20. Juni. 1879.

Juriſtiſche Wochenſchrift.

Herausgegeben von

J. Haenle, und Dr. A. Künzel,
Königl. Advokat in Ausbach. Rechtsanwalt beim königl. Obertribunal in Berlin.

Organ des deutſchen Anwalt-Vereins.

Preis für den Jahrgang 12 Mark. — Beſtellungen übernimmt jede Buchhandlung und Poſtanſtalt.

Der Vereinsvorſtand hat beſchloſſen, für das Jahr 1880 die Herausgabe eines die neue Prozeß-Geſetzgebung berückſichtigenden Terminkalenders für deutſche Rechtsanwalte zu veranſtalten. Die Buchhandlung von Carl Heymann hier hat den Verlag übernommen. Der Kalender wird den Vereinsmitgliedern gegen Ende Oktober d. J. unentgeltlich geliefert werden.

Berlin, 15. Juni 1879. Mecke, Schriftführer.

Vorträge über die praktiſche Anwendung der deutſchen Civilprozeßordnung.

IX. Ueber Arreſte und einſtweilige Verfügungen.

Vortrag des Herrn Rechtsanwalts M. Levy gehalten in der Verſammlung der Berliner Anwälte am 27. Mai 1879.

Meine verehrten Herren Kollegen! Dem allen Praktikern wohlbekannten Bedürfniß einer Sicherung der Zwangsvollſtreckung vor dem Zeitpunkte ihrer geſetzlichen Zuläſſigkeit, trägt auch die deutſche Civil-Prozeßordnung Rechnung, indem ſie im Buche der Zwangsvollſtreckung ſelbſt die Arreſte und einſtweiligen Verfügungen behandelt. Der gemeinſame Zweck dieſer beiden Inſtitute iſt eben der, die Rechtsanſprüche ſchon vor der Zwangsvollſtreckung ſicher zu ſtellen, beziehungsweiſe eine gefährdete Zwangsvollſtreckung zu ſichern. Der Unterſchied zwiſchen beiden Inſtituten liegt darin, daß die Arreſte auf Sicherung von Geldforderungen gehen, mögen dieſelben prinzipale oder eventuelle ſein — ſolche Anſprüche, wie das Geſetz ſich ausdrückt, die in eine Geldforderung übergehen können, — während die einſtweiligen Verfügungen die Sicherung einer individuellen Leiſtung, eines nicht fungiblen Anſpruches bezwecken und daneben auch die Regelung eines einſtweiligen Zuſtandes in Bezug auf ein ſtreitiges Rechtsverhältniß. Wie ſchon bemerkt, werden beide Inſtitute von der Civil-Prozeßordnung als Theil der Zwangsvollſtreckung behandelt; ſie gehören aber nicht in ihrem ganzen Umfange zur Zwangsvollſtreckung — nur die Vollziehung der Arreſte und die Vollziehung der einſtweiligen Verfügungen

gehört dahin, nicht aber die Anordnung und die Aufhebung der Anordnung; dieſe gehören vielmehr zu den außerordentlichen Prozeßarten, und ich habe ſie darum auch unter die außerordentlichen Prozeßarten bei meinem früheren Vortrag eingereiht.

Geſtatten Sie mir nun, meine Herren, zunächſt die Arreſte zu beſprechen.

Dem Gegenſtande nach unterſcheidet die Prozeßordnung einen dinglichen und perſönlichen Sicherheitsarreſt; der dingliche Arreſt geht auf das Vermögen des Schuldners, der perſönliche Sicherheitsarreſt auf Beſchränkung der perſönlichen Freiheit. Materielles Erforderniß beider Arreſte iſt, wie ſchon aus dem Zwecke, der von mir angedeutet wurde, hervorgeht, erſtens eine prinzipale oder eine eventuelle — und zweitens Umſtände, aus denen eine Beſorgniß einer Vereitelung oder Erſchwerung der Zwangsvollſtreckung hervorgeht. Das Geſetz macht keinen Unterſchied, ob die Forderung eine fällige iſt, oder eine nicht fällige; im Gegentheil, es ſagt, daß die Zuläſſigkeit des Arreſtes dadurch nicht ausgeſchloſſen wird, daß die Forderung eine betagte iſt. Von bedingten Forderungen ſpricht das Geſetz hierbei nicht; es wird aus allgemeinen Rechtsgrundſätzen zu entſcheiden ſein, ob auch bedingte Forderungen ſich für Arreſte eignen, und zwar nach den Grundſätzen des materiellen Rechtes desjenigen Rechtsgebietes, in welchem der Arreſt angelegt werden ſoll. Nimmt man an, daß pendente conditione der Anſpruch bereits exiſtirt, ſo wird man auch annehmen müſſen, daß ein Arreſt wegen einer bedingten Forderung zuläſſig iſt. Und das iſt ja wohl preußiſchen und gemeinen Rechtens ſogar bei der Suspenſivbedingung, nicht allein bei der Reſolutivbedingung. Kündbare Anſprüche ſind bloß betagte, nicht bedingte, und eignen ſich deshalb an ſich meiner Meinung nach zweifellos für die Anordnung des Arreſtes.

Was das zweite materielle Erforderniß einer Beſorgniß der Vereitelung oder weſentlichen Erſchwerung der Zwangsvollſtreckung — den eigentlichen Arreſtgrund — anbetrifft, ſo fagt das Gesetz, daß eine solche Besorgniß immer anzunehmen ist, bez. ein zureichender Arrestgrund immer vorliegt, wenn die Zwangsvollstreckung im Auslande vor sich gehen müßte. Es wird also nicht, wie im preußischen Rechte, unterstellt, daß der Schuldner ein Ausländer sein muß, sondern es kommt lediglich darauf an, daß das Urtheil im Auslande vollstreckt werden müßte. Zu Uebrigen ist dem richterlichen Arbitrium für die Beurtheilung der Umstände, aus denen die fragliche Besorgniß hervorgehen soll, ein großer Spielraum gelassen. Man wird aber, namentlich mit Rücksicht darauf, daß die Vollziehung des Arrestes — worauf ich später zurückkommen werde, — wenigstens des Arrestes in bewegliche Sachen, ein gleiches Pfandrecht gewährt wie die Pfändung im Wege der Zwangsvollstreckung, bei Anlegung der Arreste zu einer besonderen Vorsicht veranlaßt sein. Der Richter wird sich meiner Meinung nach sagen müssen, daß der Arrest nicht dazu dienen soll, gegen die Konkurrenz anderer Gläubiger zu schützen und ein bloßes Rennen zwischen diesen Gläubigern nach der Sicherung der Zwangsvollstreckung zu veranlassen, sondern daß der Zweck des Arrestes der ist, den Gläubiger zu sichern gegen nachtheilige Einwirkungen des Schuldners oder anderer unberechtigter Personen, beziehungsweise äußerer Umstände, und nach dieser Richtung hin wird es dann auch die Aufgabe der Anwälte und der Parteien sein, die Arrestgesuche zu substantiiren.

Das sind also die gemeinsamen materiellen Erfordernisse des Arrestes, sowohl des dinglichen als des persönlichen Sicherheitsarrestes.

Ein specielles Erforderniß des persönlichen Sicherheitsarrestes ist nun aber dies, daß zum Zwecke der Sicherung der Zwangsvollstreckung die Nothwendigkeit einer Beschränkung der persönlichen Freiheit des Schuldners geboten sein muß, daß also auf eine andere Weise die Sicherung der Zwangsvollstreckung nicht erreicht werden kann. Der persönliche Sicherheitsarrest soll nach der deutschen Civil-Prozeßordnung nicht so weit gehen wie nach dem Reichsgesetz über die Schuldhaft vom 29. Mai 1868. Der §. 2 dieses Reichsgesetzes ist durch das Einführungsgesetz zur Civil-Prozeßordnung aufgehoben; der persönliche Sicherheitsarrest hat insbesondere nicht mehr die Tendenz, die Einleitung und Fortsetzung des Prozeßverfahrens zu sichern, sondern lediglich die Zwangsvollstreckung in das Vermögen des Schuldners, — die Tendenz also, einer Verbringung des Vermögens, welches sich vielleicht im Auslande befindet, entgegenzutreten, eine Manifestirung desselben zu veranlassen. Da der persönliche Sicherheitsarrest gerade darauf geht und ganz allein darauf geht, die Zwangsvollstreckung in das Vermögen zu sichern, so wird es auch nothwendig sein, in dem Arrestgesuche anzugeben und glaubhaft zu machen, daß der Schuldner Vermögen habe; dies gehört zum Arrestgrunde und ohne dies würde ein solches Gesuch den formellen, sogleich zu besprechenden Erfordernissen nicht genügen.

Ich wende mich nunmehr zu dem Arrest-Verfahren. Hier ist streng zu unterscheiden die Anordnung und Vollziehung des Arrestes. Ich will zunächst von der Anordnung sprechen und erlaube mir von vornherein darauf aufmerksam zu machen, daß das Verfahren sich in sehr vielen Beziehungen von dem gegenwärtigen preußischen Verfahren unterscheidet.

Was zunächst die Zuständigkeit anbetrifft, so bestimmt die Prozeßordnung einen elektiven Gerichtsstand zwischen dem Gericht der Hauptsache und demjenigen Amtsgericht, in dessen Bezirke sich der mit Arrest zu belegende Gegenstand befindet, also das forum rei sitae, beziehungsweise in dessen Bezirk sich die in ihrer Freiheit zu beschränkende Person aufhält. Unter dem Gericht der Hauptsache ist zu verstehen das Gericht erster Instanz, — wenn jedoch die Sache in der Berufungsinstanz bereits schwebt, das Berufungsgericht, so daß also das Gericht erster Instanz befaßt wird sowohl dann, wenn die Sache in erster Instanz schwebt, als wenn sie beim Revisionsgericht, in der dritten Instanz, schwebt, dagegen nicht, wenn sie in der Berufungsinstanz schwebt. Das Gesetz macht im übrigen keinen Unterschied, ob die Hauptsache anhängig ist oder nicht, weder für die Zuständigkeit noch sonst für das Verfahren; es wird auch nicht, wie in Preußen, unterschieden zwischen schleunigen und ordentlichen Arresten.

Die formellen Erfordernisse für den Arrest sind nun folgende: Es ist ein Gesuch einzureichen, — nicht dem Gegner zuzustellen, sondern dem Gerichte einzureichen, also entweder dem Amtsgericht der belegenen Sache oder dem Gericht der Hauptsache, — ein Gesuch, welches dem Anwaltszwang nicht unterliegt, ganz gleich ob es dem Amtsgericht oder dem Gericht der Hauptsache eingereicht wird. In diesem Gesuch ist der Anspruch und der Arrestgrund zu bezeichnen, und beides glaubhaft zu machen. Der Ausdruck der Glaubhaftmachung ist schon bei früheren Vorträgen erörtert worden, §. 266 definirt denselben; es ist indessen in das Ermessen des Gerichts gestellt, an Stelle der Glaubhaftmachung eine Kaution, eine nach freiem Ermessen des Gerichts zu bestellende Sicherheit zu verlangen, oder auch neben der Glaubhaftmachung des Arrestgrundes und des Anspruchs eine solche Kaution zu fordern. Wenn es heißt: „das Gericht kann eine nach freiem Ermessen zu bestellende Sicherheit verlangen," so muß nicht gerade Realsicherheit in Gemäßheit des §. 101 bestellt werden, vielmehr ist die Höhe und die Qualität der Kaution dem freien Arbitrium des Gerichts überlassen, und es kann demnach auch Bürgschaft zugelassen werden.

In dem Arrestgesuch ist nun der Gegenstand, auf welchen Arrest gelegt werden soll, für den dinglichen Arrest nicht nothwendig besonders zu bezeichnen; ganz gewiß nicht, wenn das Arrestgesuch bei dem Gericht der Hauptsache angebracht wird; und, wenn das Amtsgericht der belegenen Sache angerufen wird, dürfte es zum Zweck der Begründung der Zuständigkeit genügen, wenn der Antrag dahin gestellt wird, den dinglichen Arrest anzuordnen in Vermögensgegenstände, welche sich im Bezirk des Amtsgerichts befinden.

Das weitere Verfahren ist nun wie folgt geregelt: Wenn der Richter bei Prüfung des Gesuchs findet, daß dasselbe den Erfordernissen nicht entspricht, so ist er nicht genöthigt, das Gesuch ohne weiteres zurückzuweisen, sondern es ist ihm ausnahmsweise eine Art von Dekretur gestattet; er kann das Gesuch zur Verbesserung zurückgeben oder in anderer Weise dem Arrestsucher Gelegenheit geben, das unvollständige Gesuch zu ergänzen. Thut er das nicht, so muß er freilich auf das Gesuch eine Entscheidung erlassen. Und dafür ist eine doppelte Form vorgeschrieben; er kann die Entscheidung erlassen ohne mündliche Verhandlung, ja sogar ohne Gehör des Gegners, und das wird ja die Regel beim Arrest sein, in diesen Fällen erfolgt die Entscheidung durch einen Beschluß; er kann aber auch unter Umständen eine mündliche Verhandlung anordnen, und dann muß er durch Endurtheil entscheiden. Ganz gleich, ob sie eine oder die andere Form gewählt wird, ist der terminus technicus für diese Entscheidung „Arrestbefehl". In dringenden Fällen ist sogar der Vorsitzende ohne Rückfrage bei dem Kollegium befugt, einen solchen Arrestbefehl zu erlassen — selbstredend nur in der Form eines Beschlusses.

Wird nun der Arrest durch Beschluß zurückgewiesen, so steht dem Arrestsucher dagegen die Beschwerde zu und zwar die einfache Beschwerde ohne Frist. In dem Buche über die Zwangsvollstreckung ist gesagt, daß alle diejenigen Entscheidungen, welche im Zwangsvollstreckungsverfahren ohne mündliche Verhandlung erfolgen können, der sofortigen Beschwerde unterliegen; das kann aber nicht gelten von der Zurückweisung eines Arrestgesuches, denn die Anordnung des Arrestes gehört noch nicht zum Zwangsvollstreckungsverfahren, sondern erst die Vollziehung. Es findet also die einfache Beschwerde statt. Wird das Gesuch durch Endurtheil zurückgewiesen, so ergiebt sich von selbst, daß gegen dieses Endurtheil die gewöhnlichen Rechtsmittel unter den gesetzlichen Voraussetzungen zulässig sind. — Dieser Fall wird ja praktisch eine Ausnahme sein.

Wird nun dagegen der Arrestbefehl erlassen, so geschieht das nicht in der Weise, wie im preußischen Verfahren, daß dem Gerichtsvollzieher, (dem Arrestinspector) von Amtswegen eine Anweisung ertheilt wird, gewisse Gegenstände des Schuldners mit Beschlag zu belegen, oder daß ohne weiteres Forderungen auf Antrag des Arrestsuchers mit Beschlag belegt werden, die dem Schuldner gehören, sondern es wird nur ein Arrestbefehl dahin erlassen, daß der dingliche Arrest gegen den Arrestbeklagten angeordnet wird, und zwar, wenn das Amtsgericht der belegenen Sache einen solchen Arrestbefehl erläßt, wird es sagen müssen: „der dingliche Arrest in Vermögensstücke, welche sich im Bezirk des unterzeichneten Amtsgerichts befinden." Dieser Arrestbefehl — wird auch nicht von amtswegen dem Gegner zugestellt, sondern muß, auch wenn es sich um einen bloßen, nicht verkündeten Beschluß handelt, — das ist eine Ausnahme von der Regel, — von dem Gläubiger dem Schuldner auf dem gewöhnlichen Wege des Selbstbetriebes zugestellt werden. Gleichzeitig mit dieser Zustellung — das will ich jetzt vorweg bemerken, damit die Bestimmung nicht zu exorbitant aussieht — ist die Vollziehung des Arrestes zulässig, gerade ebenso, wie gleichzeitig mit der Zustellung des vollstreckbaren Urtheils die Zwangsvollstreckung gestattet ist.

In dem Arrestbefehle soll regelmäßig der Geldbetrag festgesetzt werden, durch dessen Hinterlegung der Schuldner berechtigt ist, die Vollziehung des Arrestes zu hemmen, bezw. die Aufhebung des vollzogenen Arrestes zu fordern.

Ist nun ein solcher Arrestbefehl zugestellt, so hat der Gegner verschiedene Rechtsbehelfe dagegen. Ist die Entscheidung in Form eines Endurtheils ergangen, so hat er das ordentliche Rechtsmittel dagegen. Ist aber der Arrestbefehl durch Beschluß erlassen, so steht dem Schuldner dagegen keine Beschwerde sondern der Rechtsbehelf des „Widerspruchs" zu, und zwar in der Form einer schriftlichen Widerspruchserklärung, die aber nicht direkt an das Gericht zu richten, sondern nach der allge-

meinen Regel, in einem Schriftsatze, dem Gegner zuzustellen ist und zwar gleichzeitig mit der Ladung zur mündlichen Verhandlung vor dasjenige Gericht, welches den Arrest erlassen hat, vor das sogenannte „Arrestgericht". Dieser Widerspruch hat keinen Suspensiv-Effekt. Für die Erhebung desselben sowie bei der Verhandlung über denselben tritt nach den allgemeinen Regeln der Anwaltszwang ein, wenn die Sache vor dem Kollegialgericht schwebt, während selbstredend vor dem Amtsgericht ein solcher Anwaltszwang nicht stattfindet auch wenn der Gegenstand 300 Mark übersteigt. Bei dieser Verhandlung soll nun die Hauptsache selbst nicht in Rücksicht gezogen werden, sondern es soll lediglich die Rechtmäßigkeit des Arrestes behandelt und darüber entschieden werden, und zwar durch Endurtheil. Der Richter kann den Arrest bestätigen, er kann ihn abändern, modifiziren, er kann ihn auch abhängig machen von einer noch zu bestellenden Sicherheitsleistung. Wird der Arrest aufgehoben, so ist das aufhebende Urtheil vorläufig vollstreckbar, d. h. der Arrest bleibt nicht liegen, wie nach unserem Gesetze, sondern wird auf Antrag sofort aufgehoben.

Ein weiterer Rechtsbehelf des Schuldners ist der, daß, wenn die Hauptsache noch nicht anhängig ist, derselbe befugt ist, einen Antrag zu stellen auf Bestimmung einer Frist für den Gläubiger zur Anstellung der Hauptklage. Dabei macht es keinen Unterschied, ob der Arrest durch Beschluß oder durch Endurtheil angeordnet worden ist. Wird ein solcher Antrag beim Arrestgericht gestellt, so hat dasselbe ohne vorgängige mündliche Verhandlung dem Gläubiger eine bestimmte Frist zur Anstellung der Hauptklage zu gewähren und, falls diese Frist fruchtlos verläuft, auf Antrag die Aufhebung des Arrestes auszusprechen. Die Aufhebung des Arrestes setzt eine mündliche Verhandlung und ein Endurtheil voraus. Läuft also die Frist nicht mehr, und ist innerhalb der Frist die Hauptklage nicht angestellt, so wird der Schuldner den Gläubiger zur Verhandlung über die Aufhebung des Arrestes laden müssen, und diese wird durch Endurtheil ausgesprochen werden. Ich will aber bemerken, daß nach der allgemeinen Regel des §. 209 Abs. 2 die Hauptklage mit Erfolg auch noch angestellt werden kann vor dem Schluß der mündlichen Verhandlung über die Aufhebung des Arrestes, wenngleich die ursprünglich gestellte Frist schon verstrichen ist. Wenn der Arrestsucher also in der Lage ist, noch vor dem Schluß der mündlichen Verhandlung nachzuweisen, daß er die Hauptklage angestellt hat, so wird der Arrest trotz dem Fristverlaufe nicht aufgehoben werden können. Es ergiebt sich dies aus dem Grundsatze des §. 209 ganz deutlich.

Derselbe lautet:

Einer Androhung der gesetzlichen Folgen der Versäumung bedarf es nicht; dieselben treten von selbst ein, sofern nicht dieses Gesetz einer auf Verwirklichung des Rechtsnachtheils gerichteten Antrag erfordert.

— Der Antrag wird hier erfordert. Und nun sagt der Abs. 2:

Im letzteren Falle kann, so lange nicht der Antrag gestellt und die mündliche Verhandlung über denselben geschlossen ist, die versäumte Prozeßhandlung nachgeholt werden.

Es kann meiner Meinung nach keinem Zweifel unterliegen, daß der Paragraph auf den vorliegenden Fall Anwendung findet.

Eine ähnliche Anwendung desselben findet sich im Aufgebotsverfahren.

Einen ferneren Rechtsbehelf gegen die Anordnung des Arrestes
giebt die Prozeßordnung endlich dem Schuldner durch eine Art
von Relaxationsklage — §. 807; es soll dem Schuldner freistehen, auch in dem Falle, wenn der Arrest an sich, nach den
Umständen, die bei Anlegung des Arrestes vorgelegen haben,
begründet war, die Aufhebung des Arrestes zu fordern: wegen
veränderter Umstände, wegen Erledigung des Arrestgrundes, oder
auch auf Grund des Erbietens zu einer nach freiem Ermessen
des Gerichts zu bestimmenden Sicherheit. Diese Entscheidung
wird durch Endurtheil erlassen, setzt also mündliche Verhandlung
voraus, und erfolgt durch das Gericht, welches den Arrest angeordnet hat, — wenn aber die Hauptsache bereits anhängig
ist, durch das Gericht der Hauptsache.

Es wird sich nun weiter fragen, wenn wir die Rechtsbehelfe des Schuldners kennen gelernt haben: wie steht es denn
mit den Rechtsbehelfen des Gläubigers: — nicht gegen die
zurückweisende Entscheidung, denn diese haben wir schon kennen
gelernt, sondern wegen der Kosten und wegen der Rückgabe der
von ihm bestellten Sicherheit, wenn der Arrest durch Beschluß
angelegt ist? Ich setze voraus, daß der Schuldner von keinem
der ihm zustehenden Rechtsbehelfe Gebrauch gemacht hat, den
Beschluß des Arrestes rückgängig zu machen, dann bleibt der
Arrest liegen, von Amtswegen kann er unmöglich aufgehoben
werden. Es ist aber klar, daß auch von Amtswegen nicht dem
Beklagten die Kosten des Arrestverfahrens abgenommen werden
können, und daß auch nicht von Amtswegen ohne weiteres dem
Gläubiger die von ihm gestellte Sicherheit zurückgegeben werden
kann; denn durch den Beschluß ist ja der Arrest nur angeordnet,
aber noch nicht bestätigt, noch nicht für gerechtfertigt erklärt.
In diesen Fällen — die Prozeßordnung schweigt sich darüber
aus — kann seiner Meinung nach der Gläubiger zu seinem
Rechte nur dadurch kommen, daß er die Hauptklage anstellt und
mit der Hauptklage gleichzeitig den Antrag verbindet, den Beklagten zu den Kosten des Arrestverfahrens zu verurtheilen und
in die Rückgabe der Kaution einzuwilligen. Ohne Anstellung
der Hauptklage steht dem Gläubiger das Recht nicht zu, den
Schuldner behufs Justifizirung des Arrestes zur Verhandlung
zu laden. Die Reichs-Justizkommission hat einen dahin gehenden
Antrag ausdrücklich abgelehnt. Schwebt die Hauptsache schon, so
giebt die Civil-Prozeßordnung bekanntlich dem Gläubiger die
Mittel in die Hand, noch im Laufe der mündlichen Verhandlung
seinen Antrag in gleichem Sinne zu erweitern.

Nächst der Anordnung des Arrestes interessirt nun die
Vollziehung; denn mit der Anordnung ist der Arrest noch
nicht in unserem Sinne angelegt, der Schuldner hat von der
bloßen Anordnung noch nichts erfahren, und wenn ihm der
Arrestbefehl zugestellt ist, so ist damit auch noch nichts weiter
geschehen, — der Arrest muß vollzogen werden. Die Civilprozeßordnung bestimmt nun, daß auf die Vollziehung der Arreste
Anwendung finden sollen die Vorschriften über die Zwangsvollstreckung. Der Arrestbefehl gilt also als ein vollstreckbarer
Titel, aus dem die Zwangsvollstreckung nach den allgemeinen
Bestimmungen stattfindet, und zwar ist dieser vollstreckbare Titel
nach Analogie des Vollstreckungsbefehls in sofern privilegirt,
als er einer Vollstreckungsklausel nur für den Fall einer Rechts-

nachfolge auf Seiten des Gläubigers oder Schuldners bedarf.
Positive Vorschrift ist, daß die Vollstreckbarkeit des Arrestbefehls
in zwei Wochen von Verkündung, beziehungsweise Zustellung
desselben an den Arrestsucher präkludirt wird, wenn nämlich nicht
innerhalb dieser zwei Wochen der Arrestbefehl in Vollzug gesetzt
worden ist, wie die hannoversche Prozeßordnung (die Quelle
jener Vorschrift) sich ausdrückt. Die Vorschrift, daß die allgemeinen Bestimmungen über die Zwangsvollstreckung auf die
Vollziehung der Arreste Anwendung finden, bewirkt nun, daß,
insoweit die Mitwirkung der Gerichte bei der Vollziehung
der Arreste nothwendig wird, nicht das Arrestgericht als solches
damit befaßt sein kann, sondern das Vollstreckungsgericht.
Das Vollstreckungsgericht ist nach der allgemeinen Regel
dasjenige Gericht, in dessen Bezirk das Vollstreckungsverfahren vor sich geht oder vor sich gehen soll. Man hat nun
aber, um die Sache wenigstens einigermaßen zu vereinfachen, für die Beschlagnahme von Forderungen das Arrestgericht
zum Vollstreckungsgericht gemacht, während man bei Vollziehung des
Arrestes in körperlichen Sachen überall, wo die Mitwirkung des
Gerichtes dabei erforderlich ist, sich an das wirkliche Vollstreckungsgericht wenden muß nach Maßgabe der Vorschriften, die für die
Zwangsvollstreckung darüber gegeben worden sind. Der Arrest
ist natürlich in solche Gegenstände unzulässig — das ergiebt sich
ebenfalls aus den erwähnten allgemeinen Vorschrift, in welche
die Zwangsvollstreckung unzulässig ist. Die Vollziehung des
Arrestes in körperliche Sachen kann, wie ich schon vorhin bemerkte,
gleichzeitig mit der Zustellung des Arrestbefehls erfolgen, während,
wenn eine Beschlagnahme von Forderungen erfolgen soll, der
Arrestbefehl schon zugestellt sein muß, bevor die Pfändung der
Forderung erfolgt, weil die Pfändung der Forderung durch das
Arrestgericht als Vollstreckungsgericht erfolgen muß und doch
unmöglich das Vollstreckungsgericht selbst zustellen und gleichzeitig
pfänden kann. Wenn also Forderungen mit Arrest belegt werden
sollen, so ist es nothwendig, daß, nachdem der Arrestbefehl zunächst zugestellt ist, der ja ganz allgemein auf Anordnung des
dinglichen Arrestes lautet, sofort mit der Zustellungsurkunde das
Arrestgericht angegangen wird, um die Pfändung der Forderung
zu bewirken. Hierbei frägt es sich, ob nicht — und wir haben
in unserem Kommentar diese Frage bejaht — in diesem Falle
der §. 744 der Prozeßordnung analog anzuwenden ist bei
Arresten, wenngleich dies nicht ausdrücklich gesagt ist. Es
liegt ja offenbar die Gefahr vor, daß, wenn dem Schuldner der
Arrestbefehl zugestellt wird, er sich beeilen wird, seine Aktiva
bei Seite zu schaffen. Man hat darum einen Ausweg bei der
Zwangsvollstreckung in der Weise gefunden, daß schon vor der
eigentlichen Pfändung der Forderung der Drittschuldner und der
Schuldner benachrichtigt werden können von der bevorstehenden Pfändung, und es wird dann dieser Benachrichtigung dieselbe Kraft beigelegt wie der Pfändung, wenn letztere nur innerhalb 3 Wochen wirklich erfolgt; sobald dieselbe also ex tunc wirkt. Ob diese Vorschrift bei Arresten anzuwenden ist, ist, wie bemerkt, in der Civil-
Prozeßordnung nicht ausdrücklich gesagt; man wird sich aber
wohl im Interesse der Praxis für die analoge Anwendung entscheiden müssen.

Wenn ich nun kurz das Vollziehungs-Verfahren für die einzelnen Gegenstände charakterisiren soll, so geht es dahin: Sind bewegliche körperliche Sachen mit Arrest zu belegen, so hat sich der

Arrestsucher an den Gerichtsvollzieher zu wenden; er händigt ihm den Arrestbefehl aus und ersucht ihn, den Arrestbefehl dem Schuldner zuzustellen und gleichzeitig die körperlichen Sachen zu pfänden, die im Besitz des Schuldners sind. Die Pfändung erfolgt bekanntlich nach den Vorschriften der Zwangsvollstreckung dadurch, daß der Gerichtsvollzieher die zu pfändenden Sachen in Besitz nimmt. Es wird also auch beim Arrest vorausgesetzt, daß die Sachen nicht im Gewahrsam des Schuldners bleiben, sondern abgepfändet werden, es macht keinen Unterschied, ob Zwangsvollstreckung vollzogen wird oder ein Arrest. Im Gewahrsam des Schuldners sind sie nur dann zu lassen, wenn die Fortschaffung mit erheblichen Schwierigkeiten verbunden ist, kurz in den Fällen, wo auch die Ausnahme bei der Zwangsvollstreckung stattfindet. Wird baares Geld abgepfändet, so hat der Gerichtsvollzieher das baare Geld zu hinterlegen, desgleichen ist der bei einem Vertheilungsverfahren auf einen Arrestgläubiger fallende Erlös vorläufig zu deponiren bis zum Austrag der Sache, woraus sich ergiebt, daß verschieden von unserem preußischen Verfahren, Arrestgläubiger bei dem Prioritätsstreit ebenfalls betheiligt sind, nicht bloß Gläubiger, welche bereits rechtskräftige oder vollstreckbare Forderungen haben. Sollen dagegen Forderungen, oder andere Vermögensrechte mit Arrest belegt werden, so ist das Verfahren so gestaltet, wie ich es bereits bezeichnet habe. Man muß den Arrestbefehl zustellen lassen, man kann darauf sofort den Drittschuldner und den Schuldner von der bevorstehenden Pfändung durch den Gerichtsvollzieher benachrichtigen, und man wendet sich demnach mit der Zustellungsurkunde an das Arrestgericht, welches als Vollstreckungsgericht funktionirt, mit dem Antrage, diese bestimmte Forderung zu pfänden. Die Pfändung geschieht in der Weise, daß, auch wie bei der Zwangsvollstreckung geschieht — es ist hier kein Unterschied gemacht — ein Verbot an den Drittschuldner erlassen wird, die Forderung an den Schuldner zu zahlen, und ebenso an den Schuldner das bekannte Arrestatorium, welches auch nach unseren Gesetzen vorgeschrieben ist, erlassen wird, daß aber nicht so, wie in unserem Verfahren geschieht, an den Einen von amtswegen das Inhibitorium, an den Andern das Arrestatorium geschickt würde, sondern es wird beides in einem Beschluß ausgesprochen; dieser Beschluß wird dem Gläubiger zugestellt, indem ihm überlassen wird, seinerseits wieder die Zustellung an den Drittschuldner und den Schuldner im gewöhnlichen Wege bewirken zu lassen.

Die Wirkung, welche die Civil-Prozeßordnung mit der Vollziehung des Arrestes entstehen läßt, hat eine einschneidende Veränderung unseres gegenwärtigen Rechtszustandes zur Folge. Wenn ein Arrest in bewegliche Sachen vollzogen wird, seien es nun körperliche Sachen, oder seien es Forderungen, so bewirkt derselbe ein prioritätisches Pfandrecht für den Gläubiger, gerade so wie bei der Zwangsvollstreckung. Man hat sich über die Zweckmäßigkeit dieser gesetzgeberischen Maßregel in den betreffenden Kommissionen bekanntlich sehr gestritten, und ich will beiläufig bemerken, daß die Reichs-Justizkommission in erster und in zweiter Lesung das Arrestpfandrecht, welches schon im Justizministerialentwurf aufgenommen war, gestrichen hatte, und erst in der dritten Lesung dasselbe mit einer Stimme über die absolute Majorität adoptirt hat. Ob die Praxis damit auskommen wird, will ich dahin gestellt sein lassen. Hervorheben muß ich aber doch, daß das Arrestpfandrecht beim Ausbrechen

eines Konkurses über das Vermögen des Schuldners auf Grund der Bestimmungen der Konkursordnung anfechtbar ist. Diese Anfechtung braucht sich nicht gerade auf das Rechtsgeschäft zu richten, auf Grund dessen der Titel zum Arrest erwirkt worden ist, sondern auch gegen die Pfändung selbst. Der Gerichtsvollzieher bestellt gewissermaßen in Substitution des Schuldners dem Gläubiger ein Pfandrecht und dieses Pfandgeschäft selbst unterliegt der Anfechtung nach Maßgabe der Konkursordnung; wenn es also beispielsweise nach dem Antrage auf Konkurseröffnung erfolgt ist, oder nach der Zahlungseinstellung, 10 Tage vorher mit Kenntniß des Gläubigers u. s. w.

Die Vollziehung des Arrestes in unbewegliche Sachen soll sich nach den Vorschriften der Landesgesetze richten. In dem preußischen Ausführungsgesetz ist aber darüber nichts weiter gesagt, als daß die Vollziehung der Arreste in unbewegliche Sachen sich richten solle nach den in den einzelnen Landestheilen geltenden Rechten. Was nun darunter zu verstehen ist, möchte wohl zweifelhaft sein, umsomehr als in dem preußischen Ausführungsgesetz zur Civil-Prozeßordnung, gesagt ist, daß Vormerkungen, bei welchen nach unserer Grundbuchordnung die Bewilligung des Prozeßrichters erforderlich ist, künftighin nur im Wege einstweiliger Verfügungen eingetragen werden sollen, also nicht im Wege des Arrestes, während Vormerkungen aus vollstreckbaren Urtheilen, die noch nicht rechtskräftig sind, wie auch definitive Eintragungen in Grundbüchern auf Grund rechtskräftiger Erkenntnisse in Zukunft nicht mehr durch Vermittelung des Prozeßrichters einzutragen sind, sondern, wie das preußische Gesetz über die Zwangsvollstreckung in unbewegliches Vermögen ausdrücklich vorschreibt, auf unmittelbares Ansuchen des Grundbuchrichters durch die Partei. Wie soll es nun aber mit dem Arreste auf Immobilien in Preußen gehalten werden? Wenn ich also einen dinglichen Arrestbefehl in das Vermögen des Schuldners erhalten habe und eine unbewegliche Sache, ein Grundstück des Schuldners, mit Arrest belegen will, an wen habe ich mich da zu wenden nach preußischem Rechte? Ich meine, es wird nichts anderes übrig bleiben, insofern man überhaupt der Ansicht ist, daß nach dem gesetzlichen Institut der Vormerkung auch noch die Eintragung von Arresten in den Grundbüchern nach preußischem Rechte zulässig ist, als daß man sich an das Arrestgericht wendet mit dem Ersuchen, den Grundbuchrichter um diese Eintragung zu requiriren. Einen anderen Ausweg wüßte ich wenigstens nicht. — Soviel von der Vollziehung des dinglichen Arrestes.

Die Vollziehung des persönlichen Sicherheitsarrestes soll im allgemeinen nach der Vorschrift der Civil-Prozeßordnung erfolgen durch einen Haftbefehl, der gegen den Schuldner erlassen wird und ihm bei der Verhaftung vorzuzeigen ist. Es muß aber nicht gerade die Verhaftung des Schuldners erfolgen, es kann auch der persönliche Sicherheitsarrest in anderweitige Beschränkungen der persönlichen Freiheit bestehen; ich erinnere an den Paßarrest, auch Stubenarrest ist ja wohl schon in der Praxis vorgekommen.

Die Vollziehung des Arrestes kann, wie schon bei Besprechung der Form des Arrestbefehls bemerkt worden ist, gehemmt werden, und es kann die Aufhebung des vollzogenen Arrestes vom Schuldner gefordert werden, wenn er die Sicherheit leistet, die ihm im Arrestbefehl selbst bereits aufgegeben ist.

Er hat, wenn der Gerichtsvollzieher sich bei ihm meldet, um zu pfänden, ihm eine öffentliche Urkunde vorzulegen, aus der hervorgeht, daß er diese Sicherheit hinterlegt hat. Dann wird der Gerichtsvollzieher sich entfernen müssen, und die Vollziehung des Arrestbefehls gehemmt. Oder ist der Arrest schon vollzogen, so hat er sich an das Vollstreckungsgericht zu wenden, und dieses hat, ohne daß es einer mündlichen Verhandlung bedarf, nach geleisteter Sicherheit den Arrest aufzuheben, gegen welche Entscheidung, da es sich hier nur eine Entscheidung im Zwangsvollstreckungsverfahren ohne Erforderniß einer mündlichen Verhandlung handelt, die sofortige Beschwerde zulässig ist. Mit dieser Aufhebung des vollzogenen Arrestes wird aber der Arrestbefehl nicht aufgehoben; denn der Arrest überträgt sich ja von der zu pfändenden Sache oder der gepfändet gewesenen Sache auf das hinterlegte Geld, auf die Sicherheit, die geleistet ist. Es tritt hier der Grundsatz ein: pretium succedit in loeum rei. Also der ganze Arrest ist damit nicht abgethan, vielmehr würden auch in einem solchen Falle nach Aufhebung des vollzogenen Arrestes dem Schuldner die schon erwähnten Rechtsbehelfe, gegen den Arrestbefehl zustehen, um auch diesen aus der Welt zu schaffen. Abgesehen von dieser Hemmung der Vollziehung des Arrestes kommen dann natürlich auch die allgemeinen Vorschriften der Civil-Prozeßordnung aus §. 691 zur Anwendung bezüglich der Einstellung oder Beschränkung der Zwangsvollstreckung. Ich kann mich wohl darauf beschränken, auf die dort angeführten 5 Fälle zu verweisen. —

Hiermit schließe ich die Darstellung des Arrestverfahrens und wende mich nunmehr zu den einstweiligen Verfügungen. Es ist dies gerade kein eigenthümliches Institut der Civil-Prozeßordnung, wir kennen auch im preußischen Verfahren dergleichen einstweilige Verfügungen. Ich erinnere an die vorläufigen Befehle, welche erlassen werden können bei beschleunigter Besitzstörung im possessorium summariissimum, an Vormerkungen, ohne daß Arrestgründe vorliegen, die Protestationen nach dem früheren Sprachgebrauch, die der Prozeßrichter eintragen lassen kann zum Zweck der Erhaltung eines Pfandrechts, wenn ein gesetzlicher Pfandtitel vorliegt, also z. B. beim Pfandtitel des Werkmeisters. Ich erinnere ferner an die Regulirung des Interimistikums in Ehesachen, des Retentionsrechts in Miethsachen und dergleichen. Die Prozeßordnung hat diese Art von provisorischen Verfügungen erweitert zu einer allgemeinen Regel, in dem sie vorschreibt, daß solche einstweiligen Verfügungen erlassen werden können, wenn die Besorgniß vorliegt, daß die Verwirklichung des Rechts einer Partei durch Veränderung eines bestehenden Zustandes vereitelt oder wesentlich erschwert werden könnte, also im wesentlichen zur Sicherung einer Zwangsvollstreckung zur eine Individualleistung und außerdem auch noch zur Regelung einstweiliger Zustände in Bezug auf streitige Rechtsverhältnisse, besonders zur Abwendung von Gewalt oder List. Hierher gehören Sequestrationen zur Verhütung von Grenzverdunkelungen, Verfügungen zum Schutz von Personen die entmündigt werden sollen, Regulirung des Retentionsrechtes streitiger Besitzverhältnisse, Anordnungen in Bezug auf die Sistirung eines Baues und dergleichen. Ueberall aber wird eine streitige Sache vorausgesetzt. Die freiwillige Gerichtsbarkeit und das Vormundschaftswesen haben mit dem Institute der einstweiligen Verfügungen nichts zu thun.

Anzumerken ist nur noch eine Vorschrift des Einführungsgesetzes, wonach alle diejenigen Vorschriften des bürgerlichen Rechts, nach denen einstweilige Verfügungen erlassen werden können, unverändert bestehen bleiben. Die einstweiligen Verfügungen gehen hiernach zwar hauptsächlich und im Prinzip auf Sicherung einer individuellen Leistung und auf einstweilige Regelung von streitigen Rechtsverhältnissen aus, wenn aber im Civilrecht es zugelassen wird, daß auch wegen einer Geldforderung eine einstweilige Verfügung zu treffen ist, dann kann solche auch nach Maßgabe der Civil-Prozeßordnung erlassen werden; also beispielsweise in dem schon erwähnten Falle, daß eine Vormerkung zu Gunsten eines Werkmeisters zur Erhaltung seines Pfandrechtes eingetragen werden soll, zu Gunsten der Ehefrau für ihre Illaten rc. Dies setzt auch das preußische Ausführungsgesetz zur Civil-Prozeßordnung ausdrücklich voraus. Dahin würde auch die Devastationsklage nach den Vorschriften der preußischen Grundbuchordnung gehören. Wenn der Pfandschuldner das Pfandobjekt devastirt, so kann der Gläubiger bekanntlich nach unserem Civilrechte verlangen, daß Maßregeln getroffen werden zur Verhütung der Devastation. Diese Maßregeln werden unzweifelhaft erlassen werden können, auch wenn es sich um Geldforderungen handelt, im Wege einer einstweiligen Verfügung.

Was nun das Verfahren bezüglich der Anordnung und bezüglich der Vollziehung der einstweiligen Verfügungen betrifft, so gilt der Grundsatz, daß sich dasselbe nach dem Verfahren in Arrestsachen richtet mit einzelnen Abweichungen. Diese Abweichungen sind folgende. Erstens findet nicht der elektive Gerichtsstand statt so, wie es für Arreste vorgeschrieben ist, in seiner Allgemeinheit, sondern es soll in der Regel das Gericht der Hauptsache in dem Sinne, wie ich vorhin erläutert habe, also das Gericht erster Instanz und in der Berufungsinstanz das Berufungsgericht, die einstweilige Verfügung erlassen und nur in dringenden Fällen das Amtsgericht der belegenen Sache. Es ist ferner Regel, daß die einstweilige Verfügung nicht erlassen werden soll ohne mündliche Verhandlung und daß nur in dringenden Fällen davon eine Ausnahme zu machen ist. Wird in dringenden Fällen durch das Amtsgericht eine einstweilige Verfügung erlassen, so wird dem Extrahenten derselben gleichzeitig eine Frist gegeben zur Ladung des Gegners vor das Gericht der Hauptsache, eventuell dem fruchtlosen Ablaufe der Frist auf Antrag des Gegners die einstweilige Verfügung wieder aufgehoben. Es soll ferner die Aufhebung einer vollzogenen einstweiligen Verfügung gegen Sicherheitsbestellung in der Regel nicht zulässig sein. Dies erklärt sich daraus, daß eben die Individualleistung des Gläubigers erhalten werden soll und daß für diese Individualleistung die Sicherheit nicht immer ein entsprechendes Aequivalent gewährt. Endlich ist über die Art der zu treffenden Maßregel das freie Arbitrium des Richters zugelassen.

Meine Herren, indem ich hiermit meinen Vortrag beendige, bin ich auch in der Lage, den gesammten Cyklus unserer Vorträge über die Civil-Prozeßordnung zu schließen. Ich glaube im Sinne meines verehrten Mitvortragenden, des Herrn Kollegen v. Wilmowski zu sprechen, wenn ich Ihnen für die andauernde Theilnahme und die nachsichtsvolle Beurtheilung, die Sie unseren Vorträgen haben angedeihen lassen, unseren verbindlichsten Dank sage. Ich möchte aber noch einige kurze Bemerkungen daran knüpfen.

Wir haben unsere Aufgabe in der Weise zu lösen versucht, hier sowohl als in unserem Kommentar, daß wir die Civil-Prozeßordnung aus sich selbst heraus und aus ihrem Zusammenhang zu interpretiren versucht haben. Ich verkenne zwar durchaus nicht den Werth der wissenschaftlichen Erkenntniß des Zusammenhanges der Civil-Prozeßordnung mit den bisherigen Rechtssystemen. Die Civil-Prozeßordnung ist aber im großen und ganzen eine wesentlich neue Schöpfung, wie Sie, glaube ich, aus unseren Vorträgen bestätigt finden werden; sie ist namentlich in vielen Beziehungen ein Kompromiß der verschiedenen bestehenden Rechtssysteme, und darum haben wir es für das prinzipale und für das erste gehalten, zunächst dieses System genau zu durchforschen und kennen zu lernen, ehe wir uns auf das Grenzgebiet begeben zur Auffindung der Fäden, durch welche es mit den Einrichtungen unserer bisherigen Rechtssysteme zusammenhängt. Meine Herren, wir sind im Begriff, im Interesse der Einheit des Prozesses das Opfer mancher lieb gewordenen und zweckentsprechenden Einrichtung zu bringen. Dieses Opfer würde aber meiner Meinung nach ganz umsonst geschehen sein, wenn bei Handhabung der Civil-Prozeßordnung in jedem einzelnen Rechtsgebiet dieselbe nach dem zufällig bis dahin gültig gewesenen Prozeßsystem zurecht geschnitten würde. Am allermeisten aber würde ich es beklagen, wenn in die Prozeßordnung gewisse Spitzfindigkeiten einer wenigstens in Preußen glücklicherweise längst überwundenen prozeßualistischen Scholastik hineingetragen würden. Schon jetzt macht sich besonders in der Zeitschriftenliteratur die Tendenz geltend, diese doktrinären Feinheiten und Kontroversen der neuen Prozeßordnung aufzupfropfen. Damit kommen wir Praktiker nicht weiter. Der Civilprozeß ist unserer Meinung nach ein wesentlich praktisches Institut, und der Werth des Prozesses wird nach meinem Bedünken von vielen Theoretikern weit überschätzt. Jene Scholastik verleitet zu der irrigen und gefährlichen Annahme, daß der Civilprozeß Selbstzweck sei und gewissermaßen eine Fundgrube ewiger Wahrheiten, zu deren Richtigstellung man allen möglichen Scharfsinn und die größte Gelehrsamkeit aufbieten müsse. Man hat aber, glaube ich, in Preußen schon bei Emanation der Allgemeinen Gerichtsordnung richtig erkannt, daß der Prozeß nicht Selbstzweck, sondern nur Mittel zum Zwecke ist, die nothwendige Waffe zur Erkämpfung des materiellen Rechts. Je einfacher und handlicher diese Waffe hergerichtet wird, desto zweckentsprechender muß sie sein. Wie gesagt, ich halte den praktischen Standpunkt für den Prozeß als den vorwiegenden. Wir praktischen Juristen werden die Aufgabe haben, das uns vorliegende Gesetz zu einem lebensfähigen zu machen, und wir Anwälte vor allen Dingen, wir bilden hierbei die Avantgarde und sie fürchte, man wird das Geschäft durchaus nicht erleichtern, wenn wir nicht als milites expediti in diesen Kampf eintreten können, wenn man uns mit dem Gepäck veralteter Subtilitäten aus vergangenen Jahrhunderten belastet.

(Lebhafter Beifall.)

Geheimer Justizrath Ulfert. Der Herr Redner hat uns Dank gebracht, ich weiß nicht wofür. Ich glaube die Parteistellung müßte eine umgekehrte sein. Wir haben mit hochachtungsvoller Anerkennung — das ist meine Meinung und ich denke, die Herren werden diese theilen — zu accentuiren, in welchem Maße die nunmehr geschlossenen Vorträge uns werthvoll geworden

sind. Kollege von Wilmowski hat seiner Zeit und mit Recht dagegen protestirt, daß im Laufe der Verhandlungen, wenn ich es Verhandlungen nennen darf, die überhaupt hier stattgefunden haben, eine Polemik gegen das neue Prozeßgesetz stattfinde, und auch jetzt nach dem Schlusse glaube ich, kann davon nicht die Rede sein. Was persönlich ich darüber denke, ist ja selbstredend unerheblich, was aber im allgemeinen gedacht werden kann, halte ich, wenn überhaupt eine Kritik etwas hätte helfen können, für verspätet. Aber darüber, meine Herren, sind wir wohl Alle einig, daß das, was uns die Civil-Prozeßordnung bietet, für die Zukunft nicht etwa auf dem, wie es neulich einmal ausgedrückt worden ist, verschlachten Wege des preußischen Verfahrens die Rechtsfindung bequem gemacht hat und bequem machen wird. Ich befürchte, daß im Laufe weniger Zeit bei Anwendung des Gesetzes es sich zeigen wird, wie nicht nur an und für sich große Schwierigkeiten entstehen, große Verschleppungen stattfinden, sondern auch mitunter verschlossene Thüren entgegenstehen werden, durch die man nicht hindurch kann. Wenn man das ins Auge faßt und neben diesen die Diktion, die ich wenigstens nicht für eine solche halte, die Jedermann sofort klar legt, was gemeint ist, so müssen wir es umsomehr anerkennen, mit welcher Fülle der Gründlichkeit die beiden Herrn Redner, die zu hören wir die Ehre gehabt haben, diesen — ich möchte nicht sagen, spröden, sondern massiven und dennoch verwickelten Stoff durchdrungen haben und mit welcher Klarheit sie uns ein Bild überhaupt gegeben haben von dem, was wir in der Folge zu erwarten haben.

(Bravo!)

Mit Rücksicht auf diesen eminenten Fleiß, der von ihnen geleistet worden, und die fast liebenswürdige Leichtigkeit, mit der sie uns — uns tirones mehr oder weniger — in das neue Wesen eingeführt haben, glaube ich, haben wir den vollsten Dank ihnen auszusprechen für die Mühe, die sie sich für uns gegeben und ich ersuche Sie, zum Zeichen, daß Sie mit mir überein stimmen, sich von Ihren Sitzen zu erheben.

(Geschieht unter lebhaftem Beifall.)

Literatur.

B. **Civilprozeßordnung für das Deutsche Reich nebst dem Einführungsgesetze vom 30. Januar 1877.** Erläutert von Dr. Lothar Seuffert, ö. o. Professor der Rechte zu Gießen. Nördlingen. Verlag der C. H. Beck'schen Buchhandlung 1879.

Bei den Commentirungen der größeren Gesetzgebungswerke lassen sich zwei Phasen unterscheiden: die erste, worin der Commentator mehr aus dem Vollen der Gesetzgebungsmaterialien, den Entwürfen, den Motiven und den Verhandlungen der Gesetzgebungsausschüsse, sie und das Plenum schöpft, und die zweite, worin mehr die Ergebnisse der Praxis berücksichtigt und der in den Erkenntnissen der höchsten Gerichtshöfe aufgespeicherte rechtliche Schlagschatz in der für den täglichen Verkehr und das augenblickliche forensische Bedürfniß geeigneten Münze ausgeprägt wird. Zu der letzteren Phase gehört beispielsweise die Mehrzahl der jetzt erscheinenden Commentare zum Deutschen Handelsgesetzbuch, in der ersteren die Commentare der Justizgesetze für das Deutsche Reich. Unter den in dieser ersten Phase befindlichen Commentaren nimmt der Seuffert'sche eine hervorragende Rolle ein. Der Verfasser giebt in der Einleitung die Entstehungsgeschichte des Gesetzes, einen Excurs über die Benützbarkeit der Vorarbeiten für die Auslegung — mit Aufstellung eines nicht ganz zweifelfreien Rangverhältnisses dieser Vorarbeiten —, ferner über das Verhältniß der Civilprozeßordnung zum Gerichtsverfassungsgesetze und die Grundzüge des Verfahrens; er gibt weiter den Text der Civilprozeßordnung und des Einführungsgesetzes vom 30. Januar 1877, und zu den einzelnen Paragraphen das Wesentliche der Motive, sowie ausgeschieden hievon das den übrigen Gesetzesquellen entnommene und das reichhaltige, vom Verfasser durchaus selbständig ohne Anlehnung an die Vorarbeiten aus der Genesis des Gesetzes und aus der Doctrin geschöpfte Interpretationsmaterial. Der Verfasser hat in dem nun vollständig vorliegenden Commentare die Aufgabe, die er sich stellte, vollständig gelöst und ein des insbesondere in der bayrisch-prozessualen Welt gefeierten Namens Seuffert würdiges, durch Prägnanz, Klarheit und Vollständigkeit sich auszeichnendes Werk geschaffen. Es sind insbesondere auch die Partikulargesetze nicht ignorirt, wobei kleine Incorrectheiten — z. B. Nota 6 zu § 87 im Gegensatze zu Art. 52 Abf. 2 des bayrischen Ausführungsgesetzes zur Civilprozeßordnung — nicht dem Verfasser, sondern der Posteriorität des letztern Gesetzes zur Last fallen. Unter den mehr in Süddeutschland verbreiteten Commentaren bildet Seuffert mit Kleiner's und Hellmann's umfassenden und gründlichen Commentaren, ein Trifolium, von denen jedes auf's Wärmste empfohlen werden kann.

In gleichem Verlag erschien die

Konkursordnung für das Deutsche Reich nebst dem Einführungsgesetze vom 10. Februar 1877, erläutert von A. Hullmann, Reichsoberhandelsgerichtsrath.

Der Verfasser, welcher an der Vorberathung des Entwurfs dieses Gesetzes als Mitglied der Reichstagskommission betheiligt war, hat sich die Aufgabe gestellt und gelöst, eine dem praktischen Bedürfniß des Juristen entsprechende Ausgabe zu liefern.

Das Buch enthält die Geschichte des Entwurfs, einen Ueberblick über die bisher bestandenen Rechtszustände, die Grundsätze und Grundzüge des neuen Gesetzes, den Text und die Erläuterungen hiezu. Letztere sind hauptsächlich aus den Motiven, den Protokollen der Reichstagskommission und der Zuschrift zur preußischen Konkursordnung geschöpft, und erleichtern das Studium des neuen Konkursrechts und Prozesses ganz wesentlich.

Personal-Veränderungen

in der Deutschen Anwaltschaft aus der Zeit vom 6. bis 19. Juni 1879.

A. Ernennungen.

Die Referendare Quadflieg aus Aachen, Schnitzler und Dr. Adler aus Cöln sind zu Advokaten im Bezirke des Königlichen Appellationsgerichtshofes zu Cöln ernannt worden.

Der Referendar Bruel aus Göttingen ist zum Advokaten im Bezirk des Königlichen Appellationsgerichts zu Celle, mit Anweisung seines Wohnsitzes in Gestemünde, ernannt worden.

Der Obergerichts-Anwalt Jüdell II in Celle ist zum Anwalt bei dem dortigen Appellationsgericht ernannt worden.

Der Gerichts-Assessor Eichstedt in Danzig ist zum Rechtsanwalt bei dem Kreisgericht in Greifswald und zugleich zum Notar im Departement des Appellationsgerichts daselbst mit Anweisung seines Wohnsitzes in Wolgast, ernannt worden.

Der Referendar Dr. jur. Compes aus Cöln ist zum Advokaten im Bezirk des Königlichen Appellationsgerichtshofes zu Cöln ernannt worden.

B. Versetzungen.

Der Rechtsanwalt Wolfgang Glaß in Windsheim wurde, seinem Ansuchen entsprechend, als Advokat nach Hof versetzt.

Haus von Martini hat sich als Anwalt in Carlsruhe niedergelassen.

Der Rechtsanwalt Ferdinand Schilling hat sich zur Ausübung der Anwaltschaft in Freiburg in Baden niedergelassen.

Der Rechtsanwalt Dr. Daniel Mayer hat sich zur Ausübung der Anwaltschaft in Freiburg in Baden niedergelassen.

Der Rechtsanwalt Mayer hat sich zur Ausübung der Praxis in Ulm niedergelassen.

Dem Advokaten Jacoblen in Zellerfeld ist die Verlegung seines Wohnsitzes nach Hameln gestattet worden.

C. Ausscheiden aus dem Dienst.

Der Advokat und Notar Friedrich August Baumgarten in Schellenberg hat aus Gesundheitsrücksichten den von ihm bisher bekleideten Aemtern der Advokatur und des Notariats, mit Genehmigung des Justizministeriums entsagt.

Das von Herrn Dr. Ernst Heinrich Nake in Dresden seither bekleidete Amt der Advokatur ist durch Uebernahme des Amtes eines besoldeten Stadtrathes beendigt worden.

D. Titelverleihungen.

Dem Advokaten und Notar Gravenhorst in Lüchow wurde der Charakter als Justizrath verliehen.

Dem Obergerichts-Anwalt und Notar Justizrath Dr. Heitmann in Lüneburg wurde der Charakter als Geheimer-Justizrath verliehen.

Dem Rechtsanwalt und Notar Bitz in Merseburg wurde der Charakter als Justizrath verliehen.

E. Ordensverleihungen.

Der Rothe Adlerorden IV. Classe wurde verliehen: dem Justizrath, Rechtsanwalt und Notar Berner zu Langensalza, dem Justizrath, Rechtsanwalt und Notar Ziepler zu Naumburg a./S.

F. Todesfälle.

Verstorben sind:

der Rechtsanwalt und Notar, Justizrath Kluge in Brandenburg,

der Rechtsanwalt und Notar, Justizrath Mende in Quedlinburg,

der Rechtsanwalt und Notar, Justizrath Knipschild in Medebach und

der Rechtsanwalt und Notar Frahm in Ahrensböck.

Association und Hausverkauf betreffend.

Ein Rechts-Anwalt und Notar, welcher seit länger als fünfzehn Jahren in einer preußischen volk- und verkehrsreichen Haupt- und Universitätsstadt mit bestem Erfolge thätig ist, möchte sich sobald als zulässig ist, mit einem tüchtigen Collegen zur gemeinsamen Anwalts-Thätigkeit verbinden. Durch Familien-Verhältnisse auf baldige Uebersiedelung nach dem Westen hingewiesen, könnte ein diesem Amtsgenossen demnächst die ganze Praxis bei käuflicher oder miethweiser Uebernahme seines in bester City-Lage befindlichen, mit allem Comfort der Wohn- und Geschäfts-Räume ausgestatteten, gut verzinslichen Haus-Grundstücks, unter günstigen Bedingungen überlassen. Näheres auf briefliche Meldungen unter gefälliger Angabe des Dienst- und Lebensalters, der bisherigen amtlichen Thätigkeit, der Familien-Verhältnisse und pecuniären Lage sub C. R. 7. in der Expedition dieser Zeitschrift (W. Moeser Hofbuchhandlung).

Für die Vereinsmitglieder liegt die zweite Lesung des Entwurfs der Gebührenordnung im Reichstage bei.

Für die Redaktion verantw.: E. Haenle. Verlag: W. Moeser, Hofbuchhandlung. Druck: W. Moeser, Hofbuchdruckerei in Berlin.

№ 28. Berlin, 1. September. 1879.

Juristische Wochenschrift.

Herausgegeben von

S. Haenle, und **Dr. A. Künzel,**
Königl. Advokat in Ansbach. Rechtsanwalt beim Königl. Obertribunal in Berlin.

Organ des deutschen Anwalt-Vereins.

Preis für den Jahrgang 12 Mark. — Bestellungen übernimmt jede Buchhandlung und Postanstalt.

Der Vereinsvorstand überreicht mit dieser Nummer den Herren Vereinsmitgliedern eine **Karte der Gerichtsorganisation** im Deutschen Reich. Dieselbe ist aus Vereinsmitteln beschafft und dafür von den Vereinsmitgliedern Nichts zu entrichten. Die Karte soll auch den etwa nach dem 1. Oktober 1879 dem Anwaltvereine beitretenden Mitgliedern unentgeltlich geliefert werden.

Die dritte Lesung der Rechtsanwaltsordnung im Reichstage, welche bisher nicht zur Ausgabe gelangen konnte, wird ebenfalls beigefügt.

Berlin, 1. September 1879. Der Schriftführer
Mecke,
Justizrath.

Herr Justizrath von Wilmowski wird vom September d. J. ab im Berliner Anwaltverein eine Reihe von Vorträgen über die neue Konkursordnung halten, welche in der juristischen Wochenschrift zum Abdruck gelangen.

Zweikampf.

In Stenglein's Zeitschrift für Gerichtspraxis und Rechts-wissenschaft Bd. VII. (Abtheilung für Deutschland). S. 295 findet sich ein Erk. des preuß. Ober-Tribunals vom 6. Juni 1877 abgedruckt, in welchem ausgeführt ist, daß für Studenten-Duelle die Bestimmungen des R. St. G. B. maßgebend sind, in Sonder-heit die Vorschriften der treffenden Hochschule keine Anwendung finden können.

Wir stimmen mit diesem Ausspruche vollkommen überein, möchten uns aber doch die Frage erlauben, ob Angesichts der §§. 201 ff. des R. St. G. B. noch weitere Disziplinarvor-schriften der Universitäten, sofern es sich um strafrechtliche Einschreitung gegen einen Studenten handelt, am Platze und nöthig sind?

Wir verneinen diese Frage, weil wir bei der Stellung, welche der Studirende dem akademischen Senate gegenüber ein-nimmt, eine zweifache Bestrafung desselben auf strafrechtlichem und disziplinarem Gebiete für überflüssig halten. Wir sehen recht wohl ein, daß prinzipiell das Vorgehen in letzterer Richtung nicht gegen den Rechtsatz verstößt „ne bis in idem" so daß nur gebilligt werden kann, wenn z. B. ein Beamter gerade in Berücksichtigung seiner Stellung zur vorgesetzten Behörde und zum Staate, oder ein Strafgefangener in Folge seiner Unter-ordnung unter die Hausordnung gegebenen Falles in zweifacher Richtung einer Strafe unterliegt, d. h. daß derartige Persön-lichkeiten disziplinär beahndet werden können, auch wenn sie wegen einer strafrechtlich verfolgbaren That verurtheilt, nicht minder selbst dann, wenn sie vom Strafrichter freigesprochen wurden. Bezüglich der Studenten möchten wir jedoch, wie be-reits erwähnt, da die Voraussetzungen, wie sie sich in den oben genannten Beispielen ergaben, kaum zutreffen dürften, dieses disziplinäre Einschreiten nicht befürworten. Es ist möglich, daß unsere Auffassung nach gewissen Vorkommnissen auf unserer Universität Würzburg [aus der neuesten Zeit] eine zu ideale ist. Allein gleichwohl glauben wir von unserer Anschauung nicht abzugehen zu sollen, weil wir der festen Hoffnung sind, daß die gegen mehrere akademische Bürger verhängte Strafe nicht blos für die betreffenden Exzedenten, sondern auch für Dritte eine ernste Warnung vor ähnlichen Ausschreitungen sein wird, zumal die diesfällige Freiheitsstrafe im Polizeigerichts-Gefängnisse, nicht aber in dem Karzer zu erstehen ist. Eben deshalb wären wir auch die Letzten, welche einem allenfallsigen Vorschlag, jede gegen einen Studenten bis zu einer bestimmten Dauer — wollen wir sagen 3 Monate — vom Richter erkannten Freiheitsstrafe im Universitäts-Karzer verbüßen zu lassen, zustimmen würden.

Dagegen geben wir, falls und soweit man auf den Universitäten ohne Disziplinarstrafen, sei es nach rechtskräftiger Verurtheilung durch den Strafrichter wegen welchen Reates immer, sei es nach erfolgter Freisprechung, sei es endlich, daß es sich nur um ein Vorkommniß handelt, welches strafrechtlicher Verfolgung nicht unterliegt, wirklich nicht auskommen kann, dem Wunsche Raum, daß die Disziplinar-Vorschriften auf allen deutschen Hochschulen, soweit nur immer möglich, die gleichen sein möchten. Da bei diesen Vorschriften der Zweikampf wohl eine nicht untergeordnete Rolle spielen würde, so nehmen wir Veranlassung, uns über diese Materie vom strafrechtlichen Standpunkte im Nachstehenden des Näheren zu verbreiten:

Wenn von mancher Seite die Ansicht ausgesprochen wird, daß hierbei zu einem besonderen Abschnitt im R. St. G. B. kein genügender Grund gegeben sei, sondern, daß für den Zweikampf die Bestimmungen über Körperverletzung ausreichen, weil durch die §§. 201—210 des R. St. G. B. nur eine Bevorzugung von einigen Ständen, nämlich Offizier und Student, geschaffen sei, und weil durch Subsumirung der Duelle unter die Körperverletzung dieselben mindestens weniger würden, so mag es zunächst gestattet sein, hier anzuführen, was Dr. Weiß in seinem Kommentar zum bayer. St. G. B. vom 10. November 1861 Bd. I. S. 409 über dieses Delikt sagt:

„Das St. G. B. hat den Zweikampf als selbstständiges Vergehen behandelt, und zwar im Anschlusse an die Friedensstörung, als strafbare Eigengewalt. Man ging von der Ansicht aus, daß es einerseits zwar nicht angeht, das Duell straflos zu lassen, weil eine Eigenmacht, die sich selbst gewaltthätig Rechte verschaffen will, im Staate nicht bestehen darf, die Straflosigkeit auch die Zahl der Duelle vermehren würde, während die Gesetzgebung doch unleugbar die Aufgabe hat, den Duellen, soweit blos nach den Verhältnissen möglich ist, vorzubeugen, daß es aber andererseits bei den bezüglich des Duelles, namentlich in gewissen Ständen, nach bestehenden Anschauungen, die der Gesetzgeber, wenn sie auch Vorurtheile sind, doch nicht unbeachtet lassen darf, weder zweckmäßig noch gerecht ist, das Duell lediglich nach den Bestimmungen über Tödtung und Körperverletzung zu beurtheilen. Man erwog, daß, wenn man die Verhältnisse nimmt, wie sie sind, nicht wie sie sein könnten, oder vielleicht sein sollten u. s. w."

Was jene angebliche Bevorzugung betrifft, so kann nicht in Abrede gestellt werden, daß der „Zweikampf" mit Ausnahme des §. 207 — Tödtung und Körperverletzung bewirkt durch vorsätzliche Uebertretung der vereinbarten oder hergebrachten Regeln, in welchen Fällen die Vorschriften über Tödtung und Körperverletzung anzuwenden sind, sofern nicht eine höhere Strafe nach §§. 201—206 verwirkt ist — und des §. 210 (Anreizung zum Zweikampf durch Bezeigung oder Androhung von Verachtung) mit der jedenfalls weniger intensiven Festungshaft, nicht aber mit Gefängniß und Zuchthaus bedroht ist, und daß, wenn wir nicht irren, Festungshaft als ausschließende

Strafe nur in dem vom Zweikampfe handelnden 15. Absch. des II. Th. des R. St. G. B. vorkommt, wenn sie auch wahlweise neben einer anderen Freiheitsstrafe in den §§. 49a, 80, 83, 85, 86, 88, 89, 94, 95, 96, 98, 100, 101, 102, 103, 104, 105, 106, 109 und 130a vorkommt, wobei wir die Fälle, in welchen bei Annahme mildernder Umstände, nämlich §§. 81, 83, 85, 86, 87, 88, 89, 90, 92, 94, 96, 98, 100, 105, nur Festungshaft ausgesprochen werden kann, hieher wohl nicht werden rechnen dürfen.

Dagegen irren diejenigen sehr, welche meinen, daß Strafmaß sei bei dem Duell niedriger als bei der Körperverletzung. Abgesehen davon, daß der Zweikampf keine mildernden Umstände kennt — die Fälle des §. 207 im Zusammenhalte mit 212 und 213, sowie §. 228 rechnen wir nicht hieher, weil sie nicht wohl oder doch mindestens nur äußerst selten zu ahnden sein werden — so kennt das Vergehen der Körperverletzung keine Versuchshandlung, zu den wir, wenn auch der technische Begriff des §. 43 nicht zutrifft, die Herausforderung zum Zweikampf mit tödtlichen Waffen und die Annahme einer solchen zählen möchten. Während eine Körperverletzung nur dann bestraft wird, wenn eine Beschädigung der Gesundheit oder eine körperliche Mißhandlung eingetreten ist, wird der Zweikampf nach §. 205 schon dann bestraft, wenn dieser belegt war, auch ohne daß irgend welche nachtheilige Folge sich ergab. Trat eine solche ein, so besteht die Strafe in minimo in 3 Monaten, während die Körperverletzung nach §. 223a — lediglich diese, mittels Waffe begangene, kann in Vergleichung gebracht werden — nur eine solche von 2 Monaten nach sich zieht. Wird die Tödtung im Zweikampf als Körperverletzung mit nachgefolgtem Tode aufgefaßt, so ist im ersteren Falle die Strafe 2 bis 15 Jahren, im letzteren allerdings 3 bis 15 Jahren (§. 206 und 226), jene kann aber von 3 bis 15 Jahren ausgemessen werden, wenn der Zweikampf ein solcher war, welcher den Tod des einen von Beiden herbeiführte. Wird noch erwogen, daß der Zweikampf mit den Folgen des §. 224 auch mit einer Freiheitsstrafe bis zu 5 Jahren belegt werden kann, und nach §. 224 das maximum eben auch 5 Jahre ist, wobei nicht verschwiegen werden will, daß dort das minimum 3 Monate, hier dagegen 1 Jahr beträgt, so wird sich wohl Niemand ernstlich darüber beklagen können, daß die Duellanten sich einer besonderer Schonung oder Bevorzugung zu erfreuen haben, die, ständen sie nicht unter den Bestimmungen der §§. 201 ff., ihre Strafe wohl ausnahmslos in dem Zellengefängniß zu erstehen hätten, und denen die Möglichkeit der Verbüßung ihrer Strafe im Bezirksgerichtsgefängniß gesichert entzogen ist, eben, weil die Strafe vorbehaltlich der §§. 207 und 210 stets Festungshaft, nicht aber Gefängniß ist und selbst nur ein Tag Festungshaft nicht dort im Bezirksgerichtsgefängniß erstanden werden darf.

Seit Einführung des Strafgesetzbuchs für das deutsche Reich in Bayern ist stets eine Streitfrage, was versteht man unter „tödtlichen Waffen" d. h. sind hiezu die gewöhnlichen geschliffenen Schlägerklingen der Studenten zu zählen? Wir erinnern uns für den Augenblick nur eines in Stenglia l. c. Bd. II. S. 49 enthaltenen Ausspruch, welcher diese Waffe nicht unbedingt zu jenen tödtlichen Waffen rechnet. Wir pflichten dieser Ansicht nicht bei. Wäre es richtig, daß man unter „tödtlichen Waffen" solche verstanden haben wollte, die bei ordnungsmäßigem Gebrauche auf Tödtung des Anderen berechnet sind, Dr. Schwarze, Kom. zum St. G. B. S. 526, Aufl. 3., so dürfte man allerdings jene Schläger nicht hieher rechnen, denn sie werden wohl in 1000 Fällen auf Tödtung des Anderen „berechnet" sein. Allein wer wollte denn leugnen, daß sie selbst bei ordnungsmäßigem Gebrauche zur Beibringung tödtlicher Verletzungen geeignet sind? In dieser Weise spricht sich Oppenhof in seinem Kommentar S. 369 Note 4 Aufl. 2 aus. Und dieser Definition pflichten wir vollständig bei, weil es nur zu bekannte Thatsache ist, daß auch Zweikämpfe auf Schläger leider schon einen tödtlichen Verlauf genommen haben. Bei Beurtheilung der Frage, ob jene „Schlägerklingen" tödtliche Waffen sind, kommt es mithin nicht darauf an, daß nur in mehr oder weniger seltenen Fällen ein derartiges Duell einen tödtlichen Ausgang hat und seither gehabt hat, sondern ob dieser objektiv denkbar ist. Eben darum wird dem Schläger die Eigenschaft einer tödtlichen Waffe nicht durch Vorkehrungen genommen, eine Vorsorge, welcher allerdings bei der Strafausmessung geeignete Rechnung getragen werden kann und wird.

Wollte man die geschliffenen Schlägerklingen nicht als tödtliche Waffen auffassen, so würde wohl die ganze Intention des §. 201 beseitigt werden, die nach dem Sinne des R. St. G. B. doch nur die gewesen ist und sein kann, wenn und so weit möglich dem Zweikampf vorzubeugen, der gewiß in 100 Fällen 99 mal mittels Schlägerklingen sich abspielt. Dazu kommt, daß der §. 202 Festungshaft von 2 Monaten bis zu 2 Jahren verhängt wissen will, wenn bei der Herausforderung die Absicht, daß einer von beiden Theilen das Leben verlieren soll, entweder ausgesprochen oder aus der gewählten Art des Zweikampfs erhellt. Nun werden wir wohl fragen dürfen, wann letzteres der Fall sein wird? Die Antwort kann jedenfalls nur dahin lauten:

„wenn die Forderung auf Pistolen oder Pariser gestellt war".

Die krummen Säbel wollen wir nicht einmal hierher rechnen. Jene Waffen sind selbstverständlich tödtliche Waffen. Wenn nun der §. 201 unter tödtlichen Waffen nur diese Schutz- und Stoß-Waffen verstanden wissen wollte, so hätte es unserer Ansicht nach des §. 202 mindestens in seiner zweiten Alternative nicht bedurft, wenn auch vielleicht die Erhöhung der Strafe im §. 201 nöthig gewesen wäre. Da sonach der Gesetzgeber mit §. 201 andere Fälle, als im §. 202 ins Auge gehabt haben muß, und es geradezu undenkbar ist, daß er bei §. 201 z. B. nur an die krummen Säbel gedacht hat, so muß er unter den dort erwähnten tödtlichen Waffen auch die Schläger-Klingen begriffen haben; weil ja, wie bemerkt, derartige Duelle die Hauptregel, die anderen nämlich auf Pistolen, Pariser und Säbel nur vereinzelte Ausnahmen sind.

Die Ausdehnung der Schlägerklingen auf den Begriff von tödtlichen Waffen ist von größter Bedeutung für Anwendung des §. 205. Der bayerische Kassationshof geht nämlich, soweit wir wissen, von der Ansicht aus, daß die Bestrafung aus §. 205 von dem Gebrauche tödtlicher Waffen abhängt. Hieraus folgt, daß jeder Zweikampf auf geschliffene Schlägerklingen straflos ist falls ihnen überhaupt die Eigenschaft als tödtliche Waffen abgeht, vorbehaltlich — wie noch weiter unten zu bemerken kommt — etwaige Einschreitung wegen Körperverletzung im Sinne des §. 223 a.

Wir kennen die Motivirung der Anschauung des obersten Gerichtshofes nicht und theilen diese auch nicht. Wir betonen, daß der §. 205 einfach sagt „der Zweikampf", mithin nicht wie der §. 201 bezüglich der Herausforderung, „der Zweikampf mit tödtlichen Waffen". Allerdings gehen dem §. 205 die §§. 201 und 204 voraus, in denen nur vom Zweikampf mit tödtlichen Waffen die Rede ist. Es gilt dies in Sonderheit auch vom §. 203, trotzdem die Worte „mit tödtlichen Waffen" nicht vorkommen. Allein in den §§. 201 bis 203 handelt es sich lediglich um die Herausforderung selbst und deren Annahme, sowie um die Strafe der Kartellträger, sonach wie oben bereits bemerkt, nur um eine Art Versuchung oder Vorbereitung zum Zweikampf. Wenn nun in den §§. 205 ff. von dem letzteren gesprochen wird, so werden wir nicht zu weit gehen, wenn wir behaupten, daß hier ein ganz anderer Real Gegenstand strafrechtlicher Verfolgung ist, an welcher Auffassung der Umstand Nichts ändert, daß die Marginale des 15. Abschnittes „Zweikampf" lautet. Ist ja doch gewiß zwischen Meineid und wissentlich falscher Versicherung ein Unterschied, gleichwohl diese ihre Stellung in dem allgemeinen Abschnitt „Meineid" findet. Bildet aber der Zweikampf selbst einen anderen Thatbestand als die Herausforderung hiezu, so kann unseres Erachtens dort nicht einfach „mit tödtlichen Waffen" supplirt werden, schon deshalb nicht, weil — wie schon erwähnt und unter dem dort angedeuteten Vorbehalt — der Zweikampf ohne tödtliche Waffen, in Sonderheit wenn man zu diesen die geschliffenen Schlägerklingen nicht rechnen würde, die Hundert und aber Hundert derartige Paukereien straflos sein müßten, was kaum die Intention des Gesetzgebers gewesen sein kann.

Versteht es sich übrigens von selbst, daß jene Schlägerklingen unter allen Umständen — also ohne jegliche Rücksicht auf etwaige Vorsichtsmaßregeln tödtliche Waffen sind, so hat aber auch die Entscheidung, daß bei §. 205 die Worte „mit tödtlichen Waffen" zu suppliren sind, keine praktische Bedeutung, weil sich ein Zweikampf ohne Waffe nicht denken läßt. Dies wird denn wohl auch der Grund sein, weshalb das Gesetz keine Begriffsbestimmung vom „Zweikampf" gab; denn der Begriff eines Duells muß als ein allgemein bekannter vorausgesetzt werden, zumal durch die Aufstellung einer Definition die Gefahr herbeigeführt werden könnte, die Grenzen jenes Begriffs zu verrücken (cfr. Dr. Weiß Seite 410 a. a. O.). Dieser allgemein anerkannte Begriff des Zweikampf wird denn auch z. B. die Strafbarkeit des s. g. amerikanischen Duells ausschließen.

Das bayerische Strafgesetzbuch vom 10. November 1861 gab zu Streitfragen bezüglich der „tödtlichen Waffen" keine Veranlassung, denn dasselbe sprach in den korrespondirenden Art. 162 = §. 201 und Art. 163 = §. 205 einfach von der Herausforderung und von dem Vollzuge des Zweikampfes. Bei den niedrigen Strafen, die jenes St. G. bezüglich des Zweikampfs, der im treffenden Marginale auch „Duell" genannt wurde, vorsah, wird es uns gestattet sein, in dieser Richtung eine kurze Vergleichung anzustellen, welche folgendes Resultat ergiebt:

Art. 162 Abs. 1 = Arrest d. h. 1—42 Tage.
§. 201 1 Tag — 6 Monat Festungshaft.
Art. 162 Abs. 2 3 Monat — 1 Jahr Gefängniß.
§. 202 2 Monat — 2 Jahr Festungshaft.

Art. 163 1 Tag bis 2 Jahr Gefängniß, in leichtern Fällen 1 — 42 Tage Arrest, in den Fällen des Art. 162 Abf. 2 6 Monat — 2 Jahr Gefängniß.

§. 205 3 Monat — 5 Jahr Festungshaft.

Art. 164 1 bis 3 Jahr Gefängniß, in den Fällen Art. 162 Abf. 2 3 — 10 Jahr Gefängniß.

§. 206 2 — 15 Jahr Festungshaft bzw. 3 — 15 Jahr.

Art. 168 entspricht dem §. 207.

Der Art 164 = §. 206 (Tödtung im Zweikampf) sah noch speziell den Fall vor, daß der Gegner einen bleibenden Nachtheil an Körper oder Gesundheit erlitt; dieser Fall ist nach dem R. St. G. B. vorbehaltlich der Ausnahmen nach §. 207 einfach aus §. 205 zu bestrafen.

Dies führt uns nochmals auf die „tödtlichen Waffen". Gesetzt A. schlägt dem B. auf der Mensur mit einem krummen Säbel das Auge aus; er verfällt nach §. 205 einer Strafe von 3 Monaten bis 5 Jahren Festungshaft. Wenn dagegen C. dem D. das Gleiche mit einer Schlägerklinge thut, so müßte derselbe, wenn nicht von vornherein diese als tödtliche Waffe erachtet werden kann und es richtig ist, daß der §. 205 tödtliche Waffen voraussetzt, einfach wegen Verbrechens der Körperverletzung in ersterer Linie mit Zuchthaus von 1—5 Jahren belegt werden, was sicherlich nicht im Geiste des Gesetzes liegt, das grundsätzlich und ohne Rücksicht auf die Waffenqualität das Duell, sofern nicht §. 207 zutrifft, nicht unter die Vorschriften über Körperverletzung gestellt wissen will.

Obige beispielsweise Betonung des A. und B., worunter wir uns einen Civilisten und einen Militär denken, giebt uns Veranlassung zu der Bemerkung, daß es uns fast als ein unlöslicher Widerspruch bedünken will, wenn der betreffende Offizier durch das militärische Ehrengericht gezwungen wird, zum Zweikampfe noch dazu vielleicht mit einer vom letzteren gegen den Willen des erstern bestimmten Waffe — will er nicht seine Existenz auf das Spiel setzen — zu schreiten, und nun gleichwohl dem Strafgesetze wegen des Duells unterworfen sein muß? Da eine Freisprechung von der Anschuldigung des Zweikampfs denn doch wohl eigentlich vom juristischen Standpunkte aus nicht möglich ist, so würde jenem „Widerspruch" nur im Wege der allerhöchsten Gnade abgeholfen werden können, auf die gegebenenfalls auch die Civilperson würde hoffen dürfen.

Es drängt sich uns bei dem Beispiele eines Duells zwischen einem Offizier und einem Nichtmilitär die Frage auf, ob bei die treffende Untersuchung prinzipiell zu einer gemischtgerichtlichen Untersuchung im Sinne des bayerischen Gesetzes vom 1. Juli 1856 eignet? Wir sagen absichtlich „prinzipiell"; denn darüber machen wir uns keine Illusion, daß der Offizier nie dem bürgerlichen Strafgerichte zur weitern Aburtheilung überlassen wird; vielleicht dürfen wir sagen „wegen eines Zweikampfs erst recht nicht". Wollen wir ehrlich sein, so können wir die Beseitigung der gemischtgerichtlichen Untersuchung in dem Sinne, daß auch der Militär dem bürgerlichen Strafrichter unterstellt werden muß, nur ein frommer Wunsch ist und bleibt, die Nichtüberlassung des Offizieres an die Civilbehörde zumal wegen Duells nur billigen.

Die eben aufgeworfene Frage erledigt sich von selbst sofort dann, wenn der Civilist im Zweikampfe von seinem „militärischen" Gegner getödtet würde. Dagegen glauben wir, daß in anderen

Fällen, in denen Civil- und Militärpersonen betheiligt sind, die Zuständigkeit des bürgerlichen Strafgerichts über den Militär — die Ueberlassung desselben an solches vorausgesetzt — begründet ist, auch wenn unmittelbar nach der That die betheiligte Civilperson z. B. durch deren natürlichen Tod nicht weiter verfolgbar ist. Wie aber, wenn der Zweikampf ohne tödtlichen Erfolg abläuft? Wir halten dafür, daß sich die Sache nicht zur gemischtgerichtlichen Untersuchung eignet. Nach unserer Ansicht sind nämlich bei dem Duell, also bei demselben Verbrechen und Vergehen nicht Civil- und Militärpersonen betheiligt. Zwar haben sich Civil- und Militärpersonen bei der nämlichen Gelegenheit gegen dasselbe Strafgesetz verfehlt; sie haben dies aber nicht einer dritten Person gegenüber, die etwa als Beschädigte in Betracht zu kommen hätte, sie haben dies vielmehr nur sich selbst einander gegenüber gethan. Freilich ist ein Duell ohne zwei Personen nicht denkbar, allein es treffen bei dem nämlichen Reate nicht auf der einen Seite Civil- und Militärpersonen zusammen. Es kommt jede von ihnen ohne Rücksicht auf die andere bei der Strafbarkeit ihrer That in Betracht, in Folge dessen denn auch die getrennte Aburtheilung das allein Korrekte sein wird, mag auch die Untersuchung in einem Akte geführt worden sein. Wir meinen daher, daß in Fällen des Zweikampfs eine gemischtgerichtliche Untersuchung prinzipiell ausgeschlossen ist.

Die hier aufgeworfene Frage hat übrigens auch für bei einem Zweikampfe allein betheiligte Civilpersonen eine praktische Bedeutung, nämlich insofern, als bei Bejahung derselben sich die Verurtheilung dieser Duellanten in die Kosten der Untersuchung gesammtlich verbindlich nach Art 54 des B. C. G. vom 26. Dezember 1871 von selbst verstehen würde, was wir aber gleichfalls verneinen zu müssen glauben. Eine derartige solidarische Verbindlichkeit tritt ein, wenn bei einer strafbaren Handlung (abgesehen von mehreren Theilnehmern) mehrere Thäter vorhanden sind.[*] Dies ist z. B. der Fall bei der gemeinschaftlich von Mehreren begangenen Hausfriedensstörung, Körperverletzung oder Jagdausübung nach §. 123 Abf. 3, §. 223a und §. 293 des R. St. G. B., während es gewiß noch nicht Niemanden eingefallen ist, oder doch sicher nicht gerechtfertigt wäre, den E. und F., welche in einer und derselben Strafsache zum Nachtheile des G. mit der in §. 154 Abf. 2 angedeuteten Folge einen Meineid geleistet haben, solidarisch in die Kosten der vielleicht in einem Akte wegen Meineids wieder gefährten Untersuchung zu verurtheilen.

Um Wiederholungen zu vermeiden, nehmen wir auf obige Ausführungen bezüglich der Frage der gemischt gerichtlichen Untersuchung, als auch hier zutreffend, Bezug und bemerken, daß uns einmal mitgetheilt wurde, daß die Untersuchung wegen Zweikampfs in den von den Staatsanwälten nach Art. 22 des Str. Pr. Ges. vom 10. November 1848 je am ersten eines Monats dem Oberstaatsanwalte vorzulegenden Verzeichnisse unter zwei Nummern vorgetragen wird.

---

[*] Der §. 496 Abf. 2 der St. Pr. Ord. für das deutsche Reich vom 1. Februar 1877 lautet:

Mitangeklagte, welche in Bezug auf dieselbe That zur Strafe verurtheilt sind, haften für die Auslagen als Gesammtschuldner.

Vielleicht kann man nicht ohne Grund das Duell ein wechselseitiges Real nennen. Und in der That sind solche Reate dem R. St. G. B. nicht fremd; wenigstens spricht dasselbe in §. 198 von wechselseitigen Beleidigungen; zu derartigen Fällen werden wohl auch die des §. 199 und 233 gezählt werden können. Hier wird gewiß das Prinzip aufzustellen sein, daß jeder der Betheiligten im Falle Verurtheilung nur die durch seine Verfehlung gegen das R. St. G. B. verursachten Kosten zu tragen hat, und daß es sich nicht um eine — wenn wir so sagen dürfen — kombinirte That, sondern um zwei ganz getrennte Reate handelt. Aehnlich verhält es sich bei dem Zweikampf, so daß eben jeder Duellant die speziell durch seine Handlungen gegen das Strafgesetz erwachsenen Kosten allein zu übernehmen hat, mithin von einer solidarischen Haftung der beiden Ausgeschuldeten bezüglich der Kosten keine Rede sein kann! Hieran vermag auch der Umstand Nichts zu ändern, daß die einzelnen Kosten vielleicht nicht ausscheidbar sind, weil das ganze Untersuchungs-Material für die beiden Duellanten das gleiche ist.

Diese Gesammtverbindlichkeit ist bei Gleichheit der Grundsätze begreiflicher Weise auch ausgeschlossen in den Fällen des §. 201, nämlich Herausforderung und Annahme derselben, bezüglich deren zu bemerken kommt, daß die treffende Handlung mit der des §. 205 ff. weder real noch ideal konkurrirt, sondern in ihr aufgeht, falls es zum Vollzuge des Zweikampfs kam. Ebenso kann von einer Solidarität der Duellanten und Kartellträger bezüglich der Kosten nach unserer Meinung nicht die Rede sein. Es bedarf keiner weiteren Ausführung, daß die Kartellträger nicht Thäter im Sinne des §. 47 sind; bezüglich der Frage, ob sie allenfalls als Theilnehmer in Betracht kommen, genügt die Bemerkung, daß sie, wenn auch nicht ausschließlich, so doch in erster Linie nur für den herausfordernden Theil thätig, begreiflicher Weise diesen zur strafbaren That b. h. zur Herausforderung vorsätzlich nicht bestimmen, sondern nur einen ihnen vom Beleidigten, welcher in der Regel der Herausfordernde ist und die Absicht, dem Anderen b. h. dem Beleidiger [dem zu Fordernden] die Forderung zu kommen zu lassen, bereits, ehe die Kartellträger eine Thätigkeit entwickeln, gefaßt hat, gewordenen Auftrag ausrichten. Von ihnen kann man natürlich auch nicht gesagt werden, daß sie durch den Vollzug dieses Auftrags den zu Fordernden zur Annahme der Herausforderung vorsätzlich bestimmen, da der letztere durch die Beleidigung die Forderung mit dem Bewußtsein und Willen, sie anzunehmen, provozirt hat. Uebrigens wollen wir die Unmöglichkeit, daß je nach Lage des Falles ein Kartellträger nicht wegen Anstiftung verurtheilt werden kann, nicht behaupten.

Beim Vollzuge des Zweikampfs selbst kommen die Kartellträger auf dem Gebiete des Strafrechts ohnehin nicht weiter in Betracht; ihre Strafe bemißt sich auch in diesem Falle nur nach §. 203, fällt übrigens ganz weg, wenn dieselben ernstlich bemüht waren, den Zweikampf zu verhindern (§. 209), sodann wenn die Parteien den Zweikampf vor dessen Beginn freiwillig aufgeben (§. 204).

Was dieses „freiwillige" Aufgeben betrifft, so ergibt sich aus dem sprachlichen Gegensatze dieses Wortes von frißt, daß jeder nicht freiwillige, also „genöthigte" Abstand nicht hierher gehört, daß mithin zu letzterem gezählt werden muß, wenn

z. B. die Paukerei durch Einschreiten der Polizeibehörde u. dgl. aufgehoben wird. Ebenso wird von einem Zurücktreten im Sinne des §. 204 nicht gesprochen werden können, wenn die Forderung nicht angenommen worden war (Stenglein a. a. O. Bd. VII. Seite 294). Es bleibt in diesem Falle der Herausfordernde der Vorschrift des §. 201 event. 202 unterworfen. Wie aber verhält es sich, wenn der Geforderte die Herausforderung angenommen, im Verlaufe jedoch vor Beginn des Zweikampfes selbst dieselbe zurückgegeben d. h. erklären hat lassen, daß er den Zweikampf verweigert? Es wird dieser Fall mit dem vorerwähnten auf eine Stufe zu stellen sein, also von einem freiwilligen Aufgeben nicht gesprochen werden können. Die Frage ist nur, ob die von einer Seite erklärte freiwillige Aufgebung des Zweikampfs auch demjenigen zu Gute kommt, der nicht gleichfalls einen derartigen ungezwungenen Abstand erklärt hat. Wir glauben, daß nur der erstere der Straffreiheit sich erfreuen kann; wir sehen nicht ein, weßhalb dieser unter der Hartnäckigkeit seines Gegners — dieser Ausdruck wird nicht zu Mißverständnissen Veranlassung geben — leiden soll. Zudem halten wir je dafür, daß auch Herausforderung und Annahme derselben ganz getrennte Reate sind. Wir müssen also dahin gestellt sein lassen, ob die bei Stenglein l. c. Bd. V. S. 67 angezogene Entscheidung richtig ist, daß auch bei einseitiger Aufgeben die Straffreiheit nach §. 204 gewährt, billigen dagegen unbedingt die in Bd. VII. S. 100 mitgetheilte Anschauung, daß die Anwendbarkeit des §. 204 ausgeschlossen ist, wenn nach eingeleiteter Untersuchung (nach §. 201) die förmliche Zurücknahme der Forderung erfolgt.

Nicht ganz überflüssig möchte die Frage sein, was denn eigentlich das „vor Beginn des Zweikampfs" zu bedeuten hat, d. h. ob es nothwendig ist, daß überhaupt noch keine Vorbereitungen zum Zweikampfe getroffen sind, oder ob der Abstand erklärt werden kann noch im letzten Augenblick vor Anfang des Duells. Ein Beispiel wird die Sache klar legen. Gesetzt die Paukanten sind in voller Positur, das Kommando ist bereits erfolgt: „Auslage, los" und einer der Duellanten hat mit dem Schläger gezuckt, aber keinen Hieb gethan. Nun erfolgt die gegenseitige Zurücknahme der Forderung. In diesem Momente ist es zu spät; denn mit dem Zucken des Schlägers ist der Zweikampf begonnen, weil hiermit der Gegner selbst zum Vorgehen provozirt werden sollte. Dagegen halten wir die freiwillige Aufgabe möglich, wenn die Gegner nach erfolgtem „Los" unverrückt in Positur bleiben.

Es ist der von uns vorhin gedachte Fall von größter Bedeutung für die Frage der Vollendung des §. 205; erscheint unsere Anschauung richtig, daß jenes Zucken mit dem Schläger nicht bloß eine Vorbereitungshandlung, sondern bereits ein Akt des Zweikampfs ist, so wird z. B. in dem Falle, daß mit jenem Augenblick die Paukerei abgefaßt wird, die Strafe nach §. 205 auszumessen, während entgegengesetzten Falls nur §. 201 Anwendung finden kann; dies um so mehr als die Vorschriften über Versuch unmöglich sind, da ja in keinem der betreffenden Fälle (in Gemäßheit des §. 43 R. St. G. B.) der Versuch als strafbar erklärt ist. Prinzipiell denkbar erscheint allerdings eine Versuchstrafe nach §. 206 und 207, sie ist aber praktisch nicht ausführbar in jenem Beispiele, weil die Handlungen nach §. 206 und 207 den dort vorgesehenen Verbrechens-Charakter von einem bestimmten Erfolge abhängig machen, der sich bei jenem Falle von selbst ausschließt.

Noch liegt uns zum Schlusse eine Frage auf dem Herzen, welchen Strafbestimmungen z. B. die Studenten-Füchse unterliegen, welche zu einem Duell die Waffen schleppen aber bei demselben Wache stehen? Wir möchten fast sagen, es thut uns Leid, denselben für diese Thätigkeit nicht die Straflosigkeit nach §. 209, sondern vielmehr die strafrechtliche Verantwortlichkeit aus §. 49 und je nach den einzelnen Falle aus §. 205 und 206 des R. St. G. B. prognostiziren zu müssen.

Allein diese Personen zählen am allerwenigsten zu den Aerzten und Wundärzten; noch aber auch zu den Zeugen, welchen im §. 209 volle Straffreiheit garantirt ist. Es werden die Aerzte und Wundärzte zu einem eventuellen, die etwaigen Folgen des Duelles lindernden Einschreiten beigezogen, während die dort gleichfalls genannten Sekundanten ebenfalls zu einer Thätigkeit im »Interesse der Duellanten bestimmt sind. Die Zeugen erscheinen wenigstens als rein passive Zuschauer, während jene Wache stehenden Personen aktiv handeln und zwar nicht etwa zum Schutze der körperlichen Integrität der Paukanten, sondern gewissermaßen nur zur Sicherung ihrer persönlichen Freiheit, hauptsächlich aber um den ungestörten Fortgang des Zweikampfs zu ermöglichen. Sie erscheinen also um nichts besser, als der Sänftenträger oder Stiefelfuchs, welcher gegebenen Falls gleiche Dienste leistet, oder der Besitzer einer Wohnung, welcher solche wissentlich zum Vollzuge des Zweikampfs abläßt.*)

Da die oben genannten Personen mit ihrer geschilderten Thätigkeit selbstverständlich auch wissentlich zur Ermöglichung des treffenden Verbrechens und Vergehens Hülfe leisten, so kann bei der kategorischen Vorschrift des §. 209 eine Ausrechnung der dort bezeichneten Persönlichkeiten auf jene nicht stattfinden, und stehen letztere unter der Bestimmung des §. 49 a. a. O., welche es mit sich bringt, daß dieselben als Gehülfen in Anwendung des Satzes angezogenen Art. 54 des B. C. G. vom 26. Dezember 1871 für die Kosten der Untersuchung solidarisch mit denjenigen der Duellanten einzustehen haben, welchem sie die treffende Hülfe leisteten. Sollte freilich diese Hülfe wissentlich beiden Paukanten geleistet worden sein, so würde sich die solidarische Haftbarkeit bezüglich der beiderseitigen Kosten rechtfertigen.

Es könnte dies freilich eine etwas theuere Zeche werden, zumal es nur zu wohl bekannt ist, daß an einem Tage gleich 20 bis 30 Paukereien losgezogt werden. Allein der arme Fuchs muß, hat er es gesagt und sich zum Wachstehen herbeigelassen, auch 6 sagen und jenes Risiko auf sich nehmen, kann sich jedoch mit der Hoffnung trösten, es werde der Richter nicht sowohl durch die Finger sehen, als durch ein nicht in Abrede zustellendes Subordinationsverhältniß herbeigeführten Nothstand berücksichtigen und auf Grund §. 54 des R. St. G. B. ein freisprechendes Urtheil fällen.

*) Zu §. 204 sagt Dr. Schwarze S. 527 „diejenigen, welche .... die Waffen leihen, sind als Gehülfen zu behandeln." Zur Beleuchtung dieser Ansicht möchten wir uns die Frage erlauben, wer denn eigentlich in den unzähligen Fällen, in welchen die einzelnen Verbindungsmitglieder mit den Waffen des treffenden Corps pauten, wegen Leihens der Waffen als Gehilfe erscheinen soll? Doch gewiß nicht der Kartellträger!

Uebrigens ist uns offen gestanden noch kein Fall bekannt, daß ein Student wegen der eben geschilderten Thätigkeit überhaupt vor den Schranken des Gerichts gestanden ist; doch haben wir keine Wissenschaft darüber, daß dies nur deßhalb nicht geschah, weil unsere Ansicht bezüglich des §. 49 l. c. eine irrthümliche sei.*)

12.

Aus der Praxis des Reichsoberhandelsgerichts.
Selbsthülfeverkauf.

Bei dem Distanzkaufe ist die dem Käufer obliegende Pflicht zur Zahlung der Kaufgelder erst dann begründet, wenn ihm die Waare am Ablieferungsorte realiter angeboten ist; vorher tritt auch keine mora accipiendi des Käufers ein, und ist das Recht des Selbsthülfeverkaufes nicht statthaft.
(Urtel des Reichs-Oberhandelsgerichts v. 20. September 1878 Lißner, Hanßer & Co. c. Siegert. Rep. 891/78)

Aus den Gründen.

Die in London domizilirende Klägerin verlangt als Verkäuferin von Soba von dem in Hirschberg wohnenden und verklagten Käufer die Differenz zwischen dem stipulirten Kaufpreise und dem geringern Auktionserlöse der von ihr wegen angeblichen Verzuges des Verklagten im Wege der Selbsthilfe zu Stettin verkauften Waare. Der Appellationsrichter hat den Anspruch deßhalb zurückgewiesen, weil die Klägerin mangels eines Empfangnahme-Verzuges des Verklagten zum Selbsthilfeverkauf überhaupt, zumal in Stettin, nicht berechtigt gewesen sei.

In dieser Beziehung hat er angenommen:
London sei Erfüllungs-, Stettin Durchgangs- und Hirschberg Ablieferungs-Ort gewesen. Die Klägerin habe die vertragsmäßige Pflicht gehabt, als Beauftragte des Verklagten die Waare an diesen mit der Sorgfalt eines ordentlichen Kaufmannes nach Hirschberg abzusenden und dort abzuliefern, das heißt zum Zwecke der Empfangnahme und Prüfung der Empfangbarkeit ihm realiter zu offeriren.

Diese Oblation sei nicht erfolgt, insbesondere nicht etwa dadurch bewirkt, daß Klägerin die Waare im Durchgangsorte Stettin zurückgelassen und den Verklagten aufgefordert habe, dort die Waare zu prüfen und dorthin Zahlung einzusenden. Vielmehr hätte der Verklagte erst in Hirschberg bei der dortigen Ablieferung der Waare Zug um Zug Zahlung zu leisten brauchen.

*) Nachschrift. Heute den 8. April 1879 (und zwar einige Wochen nachdem vorstehende Erörterung bereits zum Abschluße gebracht war) lesen wir in der Augsburger Abendzeitung Nr. 97 Montag den 7. April — aus Würzburg, daß dort am 5. April vor dem Militärbezirksgerichte sich zwei Offiziere wegen je eines Säbelduelles mit je einem Studenten zu verantworten hatten. Es heißt in der treffenden Mittheilung, daß die beiden Civilisten ihrer Aburtheilung vor dem bürgerlichen Bezirksgericht harren. Wissen wir auch nicht, ob aus diesen Duellen gemischtgerichtliche Untersuchungen überhaupt haben konstruirt werden wollen, so dürfte doch die erwähnte Notiz ein Beleg dafür sein, daß unsere obige diesfällige Ausführung eine sehr praktische Bedeutung hat und zum Mindesten gewiß nicht zu belächeln sein wird.

Vergeblich ficht Klägerin diese Entscheidung mit dem Vorwurfe der Verletzung der Artikel 343, 347, 354, des Handelsgesetzbuches an.

Der Artikel 342 des Handelsgesetzbuches stellt im Absatz 3 die Regel auf, daß der Kaufpreis bei der Uebergabe zu entrichten sei, läßt aber dann Ausnahmen zu, wenn ein Anderes durch die Natur des Geschäfts bedingt, oder durch Vertrag oder Handelsgebrauch bestimmt ist. Welcher Akt als „Uebergabe" zu gelten hat, bestimmt sich nach Landesrecht. Im vorliegenden Falle würde mit dem Akte der Versendung der Waare nach Hirschberg, das heißt mit der Ueberlieferung der Waare an den Transportunternehmer seitens der Klägerin, die Uebergabe vollzogen gewesen sein.

§. 128 Theil I. Titel 11 des Allgemeinen Landrechts; Erkenntniß des Reichs-Oberhandelsgerichts vom 14. November 1871, Entscheidungen Band IV Seite 15 sq.

Bei diesem Akte hätte daher der Verklagte den Kaufpreis entrichten müssen, falls die oben erwähnte Regel anwendbar wäre. Letzteres kann jedoch nicht angenommen werden. Es liegt ein Distanzkauf vor. Die Natur eines solchen bedingt es, daß der Kaufpreis erst bei der Ablieferung der Waare an den Käufer Zug um Zug gezahlt werde. Denn bei dem Distanzkaufe tritt der Erfolg der Tradition erst mit dieser Ablieferung, das heißt mit dem Momente ein, wo der Käufer durch reale Offerirung der Waare an dem Ablieferungsorte in den Stand gesetzt wird, die Waare thatsächlich in Besitz zu nehmen und deren Empfangbarkeit zu prüfen (Artikel 347 des Handelsgesetzbuches).

Diesem Rechte des Distanzkäufers auf Prüfung und eventuelle Ablehnung der Uebernahme der nicht empfangbaren Waare würde es widersprechen, wenn demselben zugemuthet würde, schon vor der Ablieferung der Waare den Kaufpreis an den Verkäufer zu entrichten, um ihn eventuell demnächst bei gerechtfertigter Zurdispositionsstellung der Waare kondiziren zu müssen.

(Erkenntnisse des Reichs-Oberhandelsgerichts vom 14. Februar 1874, Entscheidungen Band XII Seite 275, 276; vom 21. April 1874, Entscheidungen Band XIII Seite 169, 170; von Hahn, Kommentar zume Handelsgesetzbuch 2. Auflage Band II Seite 264, 265; §. 8 zu Artikel 342 des Handelsgesetzbuches; Nürnberger Protokolle Seite 1371 zu Artikel 284 des Entwurfs (Artikel 342.)

Zutreffend hat daher der Appellationsrichter angenommen, daß — da die Klägerin die Waare dem Verklagten nicht in Hirschberg realiter offerirt, sondern am Durchgangsorte Stettin zurückgehalten und sich nur gegen Empfang des Kaufpreises zu deren Weitersendung nach dem Ablieferungsorte Hirschberg erboten habe — der Verklagte weder mit der Empfangnahme der Waare, noch mit der Zahlung des Kaufpreises in Verzug gerathen sei.

Mit dieser Verneinung des Verzuges auf Seiten des Käufers fällt die Vorbedingung zur Ausübung des Selbsthilfeverkaufs nach Artikel 343, 354 des Handelsgesetzbuchs für die Klägerin als Verkäuferin fort. Der Vorrichter hat hiernach ebensowenig diese Artikel, wie den Artikel 347 a. a. O. verletzt.

Personal-Veränderungen

in der Deutschen Anwaltschaft vom 21. Juni bis 31. August 1879.

A. Ernennungen.

Der frühere Amtsrichter, Bürgermeister a. D. Dohrn in Itzehoe ist unter Wiederaufnahme in den Justizdienst zum Rechtsanwalt bei dem Kreisgericht in Itzehoe sowie den in dessen Sprengel belegenen Amtsgerichten und zugleich zum Notar im Departement des Appellationsgerichts zu Kiel, mit Anweisung seines Wohnsitzes in Itzehoe, ernannt worden.

Der Referendar Dr. juris Joseph Binge zu Frankfurt am Main ist zum Advokaten im Bezirk des Königlichen Appellationsgerichts zu Frankfurt a. M. ernannt worden.

Der bisherige Notar Dr. jur. Knel Stöhr in Altenburg ist zum Advokaten verpflichtet und ihm die Stadt Altenburg als Wohnsitz angewiesen worden.

Der Justizreferendar I. Classe Schickler von Stuttgart, zuletzt Justizassessoratsverweser bei dem Stadtgerichte daselbst, wurde unter die Zahl der öffentlichen Rechtsanwälte, mit dem Wohnsitz in Stuttgart, aufgenommen.

Die Referendare Mayer in Cöln und Ruth in Bonn sind zu Advokaten im Bezirk des Königlichen Appellationsgerichtshofes zu Cöln ernannt worden.

Der Referendar Dr. jur. Seber aus Melle ist zum Advokatu im Bezirk des Königlichen Appellationsgerichtshofes zu Cöln ernannt worden.

Der Rechtsanwalt und Notar Ußmann in Neusalz ist zum Rechtsanwalt bei dem Appellationsgericht in Naumburg a. S. und zugleich zum Notar im Departement desselben, mit Anweisung seines Wohnsitzes in Naumburg a. S., und der Referendar Niemann aus Osnabrück zum Advokaten im Bezirk des Königlichen Appellationsgerichts zu Celle, mit Anweisung seines Wohnsitzes in Lingen, ernannt worden.

Der geprüfte Rechtspraktikant und Concipient Karl Streck in Pfarrkirchen wurde zum Rechtsanwalt in Straubing ernannt.

Der Rechtscandidat Dr. jur. Clemens Gneipels in Dresden ist zum Advokaten ernannt und als solcher verpflichtet worden.

Die bei dem Bezirksgerichte München links der Isar erledigte Advokatenstelle wurde dem geprüften Rechtspraktikanten und Concipienten Dr. Siegfried Mary in München verliehen.

Bei dem Bezirksgerichte München rechts der Isar wurde eine weitere Advokatenstelle errichtet und zum Advokaten bei diesem Gerichte der geprüfte Rechtspraktikant und Concipient Karl Eckert in München ernannt.

Der frühere Hofgerichtsadvokat, spätere Ministerialprotokollist Frank in Darmstadt, wurde in letzterer Eigenschaft pensionirt und wieder in die Zahl der Hofgerichtsadvokaten dahier aufgenommen.

Der Gerichtsaccessist Adolph Metz in Darmstadt wurde zum Hofgerichtsadvokaten daselbst, der Gerichtsaccessist Hofmann zum Hofgerichtsadvokaten in Offenbach, der Gerichtsaccessist Schrrer zum Advokatanwalt in Mainz ernannt.

B. Versetzungen.

Dem Advokaten und Notar Hugo Fürchtegott Westhoff zu Neuselwitz ist die Verlegung seines Wohnsitzes nach Altenburg gestattet worden.

Der Rechtsanwalt Naumann hat seinen Wohnsitz von Neustadt bei Stolpen nach Bautzen verlegt.

Der Advokat Richard Edmund Werner hat seinen Wohnsitz von Rochlitz nach Plauen i. V. verlegt.

Dem Advokaten Marcard in Hoya ist die Verlegung seines Wohnsitzes nach Osterode am Harz gestattet worden.

Der Advokat-Anwalt Otto Wachenhusen hat seinen Wohnsitz von Boizenburg nach Schwerin in Mecklenburg verlegt.

Moritz Fürst hat sich als Anwalt in Carlsruhe niedergelassen.

Der Rechtsanwalt und Notar Justiz-Rath Feuerstad zu Conn ist in gleicher Eigenschaft an das Kreisgericht zu Quedlinburg, mit Anweisung seines Wohnsitzes daselbst, versetzt worden.

Dem Rechtsanwalt und Notar Justiz-Rath Schmitz in Duisburg ist die Verlegung seines Wohnsitzes nach Mülheim an der Ruhr gestattet.

Geißmar hat sich als Rechtsanwalt in Carlsruhe niedergelassen.

Der Advokat Dr. jur. Friedrich Wilhelm Lehmann ist von Dresden nach Leipzig verzogen.

C. Ausscheiden aus dem Dienst.

Der Rechtsanwalt Feyer von Stuttgart hat auf die Ausübung der Rechtspraxis Verzicht geleistet.

Der Rechtsanwalt Melchior Stenglein in München, welcher vom 1. October d. J. an zum Rechtsanwalt in Leipzig ernannt wurde, ist von diesem Zeitpunkte an seiner Advokatenstelle in München enthoben worden.

Der Rechtsanwalt Dr. Essig in Stuttgart hat auf die Ausübung der Rechtspraxis Verzicht geleistet.

Herr Friedrich August Geyer in Dresden hat aus Gesundheitsrücksichten den von ihm bisher bekleideten Aemtern der Advocatur und des Notariats mit Genehmigung des Justizministeriums entsagt.

Der Rechtsanwalt Heinrich Capeller in Straubing hat auf seine Advokatenstelle Verzicht geleistet.

Die nachgesuchte Dienstentlassung ist ertheilt dem Advokat-Anwalt Justiz-Rath Steinberger in Cöln.

Der Hofgerichtsadvokat Otto Hofmann in Darmstadt ist in Folge seiner Ernennung als vortragender Rath beim Finanzministerium aus der Zahl der Anwälte ausgeschieden.

D. Titelverleihungen.

Das Prädikat „Justiz-Rath" wurde verliehen:
dem Rechtsanwalt und Notar Reinhold Bärwinkel in Arnstadt und
dem Rechtsanwalt und Notar Bruno Huschke in Sondershausen.

E. Ordensverleihungen.

Dem Rechtsanwalt und Notar Justiz-Rath Herrfurth zu Schwedig wurde der Rothe Adler-Orden IV. Classe verliehen.

Dem Justiz-Rath Rechtsanwalt und Notar Melzer zu Striegau wurde der Königl. Kronen-Orden III. Classe verliehen.

Dem Justiz-Rath und Rechtsanwalt Wilhelm zu Wiesbaden wurde der Rothe Adler-Orden IV. Classe verliehen.

Dem Rechtsanwalt und Notar Justiz-Rath Weniger zu Neuhaldensleben wurde der Rothe Adler-Orden III. Classe mit der Schleife verliehen.

F. Todesfälle.

Verstorben sind:
der k. Advokat Hofrath Joseph Elßner in Bamberg,
k. Advokat Joseph Wolfgang Dostler in Weiden,
Advokat und Notar Prüsmann in Geestemünde,
Julius Engelmann in Altenburg,
Rechtsanwalt und Notar Justiz-Rath Wocke in Fraustadt,
Rechtsanwalt und Notar Justiz-Rath Bnemann in Laasphe,
der Rechtsanwalt und Notar Hoffmann in Weißensee,
Kunen in Tondern,
Lewinski in Glogau,
k. Advokat August Model in Nördlingen,
Rechtsanwalt und Notar Justiz-Rath von Dajnr in Breslau,
der Rechtsanwalt und Notar Goldstandt in Danzig,
Advokat und Notar Dr. Ebeling in Lauenstein,
Advokat und Notar Justiz-Rath Maximilian Wilhelm Eckardt in Dresden.

der Advokat und Notar Justiz-Rath Eduard Contius in Zöblitz,
der Advokat und Notar Justiz-Rath Karl Friedrich August Hartung in Leipzig,
der Rechtsanwalt und Notar Stern in Herzberg an der Elster,
der Advokat und Notar Justiz-Rath Häusler in Trebnitz,
der Rechtsanwalt und Notar Justiz-Rath Pohle in Lissa,
Advokat und Notar Carl Eduard Lenguick in Dresden.

Für die Redaktion verantw.: S. Haenle. Verlag: W. Moeser, Hofbuchhandlung. Druck: W. Moeser, Hofbuchdruckerei in Berlin.

№ 29.   Berlin, 30. September.   1879.

Juristische Wochenschrift.

Herausgegeben von

J. Haenle,   und   **Kempner,**
Königl. Advokat in Ansbach.   Rechtsanwalt beim Landgericht I. in Berlin.

Organ des deutschen Anwalt-Vereins.

Preis für den Jahrgang 12 Mark. — Bestellungen übernimmt jede Buchhandlung und Postanstalt.

I.

An Stelle des nach Leipzig als Rechtsanwalt am Reichsgericht übergesiedelten Herrn Rechtsanwalt Dr. Läntzel ist Herr Kempner, Rechtsanwalt beim Landgericht I. zu Berlin, als Mitredakteur der Juristischen Wochenschrift eingetreten.

II.

Der Vereinsvorstand hat den Mitgliederbeitrag für das Jahr 1880 auf 12 Mark festgesetzt. Satzungsgemäß ist der Beitrag bis spätestens 31. Januar 1880 an den Schriftführer einzusenden. Die bis dahin nicht eingegangenen Beiträge werden durch Postvorschuß erhoben.

Die Zahlungen sowie die den Verein betreffenden geschäftlichen Mittheilungen sind vom 1. October d. J. abzusenden unter der Adresse: Justizrath Mecke, Rechtsanwalt am Reichsgericht, Leipzig, Marienstraße 13.

Berlin, 30. September 1879.   J. A.: **Mecke,**
Schriftführer.

An unsere Leser.

Mit der Einführung der neuen Justizgesetze und dem dadurch herbeigeführten Umschwung auf dem ganzen Gebiete des deutschen Rechtslebens tritt an die juristische Wochenschrift die Forderung heran, diesen so veränderten Verhältnissen insofern Rechnung zu tragen, als die Zeitschrift sich denselben anzupassen hat. Auf welche Weise wir nun dieser Forderung nachzukommen gedenken, erlauben wir uns hiermit eines Nähern darzulegen. Wir gingen vor Allem von dem Gesichtspunkte dabei aus, daß, je mehr die gemeinsame Gesetzgebung im Bereiche der Rechtspflege im deutschen Reiche vorschreitet, um so mehr habe unser den Interessen des Anwaltstandes vorzugsweise gewidmetes Blatt darauf Bedacht zu nehmen, daß besonders die Praxis, die Rechtsanwendung, dabei ins Auge gefaßt und die Besprechung rein theoretischer Fragen möglichst ausgeschlossen werde. Es entspricht diese Auffassung auch der Aufgabe unseres Berufslebens, das uns veranlaßt, die Theorie hauptsächlich in Bezug auf einzelne praktische Fragen anzusehen und zu bebauen. Andererseits ist eine dem deutschen Anwaltstande gewidmete Zeitschrift darauf angewiesen, und will sie sich nicht eine nach Raum und Zeit kaum lösbare

Aufgabe stellen, dazu genöthigt, besonders das Reichsrecht im Gegensatze zu dem Sonderrecht der Einzelstaaten zum Gegenstande der Besprechung und Berichterstattung zu machen und nur insoweit das Letztere zu berücksichtigen, als der Zusammenhang und die Vergleichung mit dem Reichsrechte es verlangt. Dagegen werden wir regelmäßige Berichte über die Judikatur des Reichsgerichtes in civilrechtlichen und strafrechtlichen Sachen bringen und zugleich, insoweit es zulässig erscheint, auch die Rechtsprechung in Disciplinarsachen mittheilen. Ferner werden wir bemüht sein, Wichtiges aus den Berathungen der Anwaltskammern mitzutheilen, und nicht verfehlen in Uebersichten und Zusammenstellungen die Aufmerksamkeit unserer Leser auf die bedeutendsten Vorgänge innerhalb des Rechtslebens zu lenken. Was aber die juristische Literatur anlangt, so wollen wir prinzipiell hiermit Kritiken ausgeschlossen haben, dabei werden wir aber nicht versäumen, die bedeutendsten Erscheinungen aus derselben anzuzeigen. Wie bisher wird endlich die Wochenschrift Notizen über den Wechsel im Personalstande der Anwaltschaft regelmäßig liefern. —

Eine Hauptaufgabe unseres Blattes wird und muß aber die sein, die Aenderungen, welche durch die Gesetze, zumal durch die Anwalts- und Gebührenordnung innerhalb unseres Standes geschaffen wurden, auf das Genaueste zu verfolgen. Es ist ja von den gesetzgebenden Faktoren selbst anerkannt, daß vorläufig nur ein „Versuch" gemacht werden wollte. Um so mehr sind wir darauf hingewiesen, immer und immer einer Prüfung zu unterstellen, wie dieser Versuch sich anläßt, ob er im Interesse der Rechtspflege sich erprobt, ob er mit der Würde der Selbstständigkeit und der pekuniären Existenzfähigkeit des Anwaltes auf die Dauer sich vereinigen läßt.

Das Reichsoberhandelsgericht.

Unter dem Lärm der Waffen, aber gleichzeitig auch unter dem erhebenden Eindruck der ersten Siegesnachrichten ward das Bundes-Oberhandelsgericht am 5. August 1870 eröffnet. Wie klein und unscheinbar war der Anfang! Zwei Präsidenten und 12 Räthe, war die Besetzung eines Gerichtshofes, der für circa 30 Millionen Menschen Recht sprechen sollte. Keine Bundesbehörde war bei der Eröffnungsfeier vertreten, der Bundeskanzler war beim Heere im Feld, sein Vertreter, der Präsident des Bundeskanzleramts, ließ sich entschuldigen, er hatte zu Hause die Hände voll zu thun. Selbst Sachsen, das doch die Ehre hatte in seinem Lande das Bundes-Oberhandelsgericht zu haben, hatte keinen offiziellen Vertreter geschickt, und wie Ironie klang es, als der Präsident des Appellationsgerichts in Leipzig sich zum Wort erhob und erklärte: „Es würde ein mir nicht zukommendes Unternehmen sein, wenn ich den hohen Gerichtshof im Namen der gesammten sächsischen Justiz in Sachsen willkommen heißen wollte." Die ganze Feierlichkeit ging interparietos vor sich; es war, wie wenn für Leipzig eine Lokalbehörde eingerichtet werden sollte. Unter solchen Auspicien gehörte viel Muth dazu, an's Werk zu gehen. Nur der Gedanke, daß hier eine nationale Aufgabe zu erfüllen sei, konnte für die damaligen Mitglieder des Bundes-Oberhandelsgerichts ein Sporn für die Thätigkeit sein, die sich später für Deutschland so segensreich und ersprießlich zeigen sollte.

Die Erfolge des Jahres 1870 blieben selbstverständlich nicht ohne Einfluß auf die Gestaltung und den Wirkungskreis dieses Gerichtshofs. Schon im Jahre 1871 nahm dieser auf Grund der Reichsverfassung den Namen „Reichsoberhandelsgericht" an.

Territorial dehnte sich die Jurisdiktion auf die süddeutschen Staaten (Südhessen, Bayern, Württemberg und Baden) und auf Elsaß-Lothringen aus, während in sachlicher Beziehung die Reichskonsulatsachen, das Haftpflicht-Musterschutz-Patentgesetz u. a. m. hinzukamen. Die Arbeit wuchs, mit ihr die Zahl der Räthe. Schon im Jahre 1871 wurde diese naß 16 erhöht; später bis auf 23 mit 3 Präsidenten (für 3 Senate) und einem Staatsanwalt. Ein Mitglied des Gerichtshofes, Schilling, starb im Mai d. J., so daß die Zahl der Räthe dermalen nur 22 ist.

Kein Gerichtshof in Deutschland wird sich rühmen können, eine so kolossale Arbeitslast bewältigt zu haben, als das Reichsoberhandelsgericht. Seit dessen Errichtung vermehrten sich die Spruchsachen um das Doppelte. Nach den offiziellen Geschäftsübersichten betrugen die eingelaufenen Spruchsachen im Jahre 1871 (das Geschäftsjahr läuft von Dezember zu Dezember) 791, im Jahre 1872: 942, im Jahre 1873: 1142, 1874: 1363, 1875: 1373, 1876: 1630, 1877: 1618, 1878: 1685. Nicht zu getreten der Beschwerdesachen, die sich in den 8 Jahren ebenfalls mehr als verdoppelten (von 60 in 1871 auf 139 in 1878). Interessant sind die Ziffern der aus den einzelnen Staaten jährlich eingelaufenen Spruchsachen. So lieferten

	Preußen	Bayern	Sachsen	Württemb.	Baden	Hessen	Mecklenb.-Schw.	Hamburg
1871	416	6	196	—	8	19	36	41
1872	500	49	182	2	29	23	34	38
1873	584	51	229	7	24	41	38	35
1874	673	110	281	4	19	56	37	36
1875	602	88	350	5	24	39	38	62
1876	785	107	358	11	28	49	51	52
1877	762	89	395	5	32	56	40	60
1878	815	106	374	9	84	43	69	54
Sa.	5137	606	2365	43	198	326	343	378.

Mit auffallend viel Spruchsachen partizipirt hiernach Sachsen mit auffallend wenig Württemberg. Worin dies seinen Grund hat, läßt sich schwer sagen. Die starke Betheiligung Hamburgs erklärt sich wohl aus seiner Bedeutung als Handelsplatz. Daß Hessen verhältnißmäßig viel Spruchsachen lieferte, mag seinen Grund in der geringen Oberappellationssumme (400 fl.) haben.

Vertheilt man die Geschäftslast der letzten 3 Jahre auf die 23 Räthe, so kommen auf einen Rath etwa 72 Spruchsachen. Von den 3 Senaten hatte jeder etwa 550 Spruchsachen jährlich zu erledigen. Rechnet man 3 Spruchsachen auf je eine Sitzung, so waren (die 8 Wochen Ferien in Abzug gebracht) etwa 4 Sitzungen für je einen Senat pr. Woche nothwendig, um die Spruchsachen zu erledigen. Nebenher gingen noch die Beschwerdesachen und wohl auch viele Plenarsitzungen (cfr. § 9 des Reichsgesetzes vom 12. Juni 1869, Regulativ für das Reichsoberhandelsgericht § 8).

Die deutsche Rechtswelt verdankt dem Reichsoberhandelsgericht (bis jetzt) nicht weniger als 24 stattliche Bände, in denen mehrere tausend Entscheidungen desselben mitgetheilt sind. Man hat diesen Entscheidungen allzu große Breite, allzu vieles Citiren und manches Andere zum Vorwurf gemacht und dem gegenüber die große Kürze der Entscheidungen des französischen Cassationshofes belobt. Man übersieht hierbei, daß der Letztere, als Wahrer des Gesetzes, lediglich im staatlichen Interesse, Urtheile, die das Gesetz verletzen, vernichtet; der französische Cassationshof spricht für die Partheien kein Recht, sondern verweist überall die Entscheidung in der Sache stets an die vordere Instanz. Das Reichsoberhandelsgericht hat überall, wo französisches Recht nicht gilt — und dies ist doch das bei weitem größte Rechtsgebiet — als Appell- oder Revisionsinstanz in der Sache selbst zu entscheiden. Es hat die That- und Beweisfragen festzustellen, bei Subsumtion der Thatsachen auf Dutzende von kodifizirten und nichtkodifizirten Rechtssystemen Rücksicht zu nehmen. Schon um sich dem Collegen verständlich zu machen, ist der Referent z. B. eines Altpreußischen, Bayerischen, Hessischen Falles gezwungen, oft weit auszuholen, die betr. Landesgesetze zu citiren, zu kritisiren, auf die Rechtsprechung der betr. obersten Landesgerichte Bezug zu nehmen. Dazu kommt, daß das Reichsoberhandelsgericht erst seit 9 Jahren besteht. Für diese kurze Zeit hat dieser Gerichtshof Großes geleistet, in einer Reihe von Rechtsmaterien (nicht bloß im Handels- und Wechselrecht) eine feste Rechtsprechung geschaffen, die allen Landesgerichten bereits zur Richtschnur dient. Wo Widerspruch bestand zwischen der Rechtsprechung des Reichsoberhandelsgerichts und der des obersten Landesgerichts, sind die unteren Instanzen regelmäßig dem Ersteren gefolgt. Diese Autorität verdankt das Reichsoberhandelsgericht nicht bloß seiner

Stellung als oberstes Reichsgericht, sondern mehr noch für in der Juristenwelt anerkannten Gediegenheit seiner Urtheile.

Wenn Deutschland das Reichsoberhandelsgericht, diesen ersten Grundpfeiler deutscher Einheit, der unter schweren Sorgen aufgerichtet wurde, ohne Bedauern dahinscheiden sieht, so hat dies nur darin seinen Grund, weil das Reichsgericht mit wesentlich erweitertem Wirkungskreise sein Rechtsnachfolger wird. Das Reichsoberhandelsgericht geht mit, sondern in dem neuen Reichsgericht auf. Möge dieses überall in die Fußstapfen seines Vorgängers treten und, was jenes war, ein Vorbild deutschen Fleißes und deutscher Gründlichkeit werden. Dem Reichsoberhandelsgericht aber wird das deutsche Volk stets ein ehrendes Andenken bewahren.   L.

Ueber den Konkursanspruch.
Vortrag des Justizraths v. Wilmowski.

Meine geehrten Herren! Kann man in unserer Zeit, die die Gesetze fast so leicht wechselt wie die Kleidung; einem der größeren Gesetzgebungswerke unserer Reichsjustiz ein längeres Leben voraussagen, so ist es vor allem unsere Reichskonkursordnung. Die logische, theoretische Folgerichtigkeit und die praktische Anwendbarkeit für alle Fälle in Verbindung mit der elastischen Schmiegsamkeit des Verfahrens, die sie mit der Civilprozeßordnung theilt, sichern ihr eine Lebensdauer über das Durchschnittsalter der neueren Gesetze hinaus. Dabei ist sie sowohl uns Altpreußen als auch den rheinischen Juristen und Betheiligten nicht etwas ganz Neues; sie schließt sich an die preußische Konkursordnung vom 8. Mai 1855 im Wesentlichen an, während diese wieder aus dem französisch-rheinischen Verfahren hervorgegangen ist. Wie ferner unsere preußische Konkursordnung wesentliche Verbesserungen des französischen Verfahrens enthält, so hat m. E. Erachtens die Reichskonkursordnung das Recht, sowohl durch die konsequente gedankliche Berücksichtigung aller in Betracht kommenden Rechte wie auch durch die Verwerthung der Erfahrungen des neueren Rechtslebens als eine bedeutende Verbesserung der preußischen Konkursordnung angesehen zu werden. Sie bietet allerdings immer noch erhebliche Schwierigkeiten für das Verständniß; das beruht aber hauptsächlich einerseits auf der nothwendigen entsprechenden Anschließung an die Formen der Civilprozeßordnung und an die Sprache der neueren Justizgesetze und andererseits auf der ungemein knappen Spruch- und Ausdrucksweise des Gesetzes, welche die der Civilprozeßordnung noch bei weitem übertrifft. Selbstverständlich kann es hier nicht meine Aufgabe sein, alle einzelnen Detailvorschriften zu kommentiren, und ich bitte mir zu gestatten, nur die Prinzipien der Konkursordnung im Ganzen darlegen zu dürfen.

Die Reichskonkursordnung macht keinen Unterschied, ob der Gemeinschuldner ein Kaufmann oder ein Nichtkaufmann ist; in der Unterstellung, daß Alle ohne Rücksicht des Standes und ohne Rücksicht auf den Grund ihrer Kreditverhältnisse gleichmäßig verpflichtet sind, ihre vermögensrechtlichen Verbindlichkeiten zu erfüllen, gilt für Alle dasselbe Konkursrecht und dasselbe Konkursverfahren. Abweichend von unserer preußischen Konkursordnung fällt also der Unterschied zwischen einem kaufmännischen und einem gemeinen Konkurse fort. — es giebt nur Einen Konkurs. Ebenso fällt die Unterscheidung der Rechte für Ehefrauen von Handelsleuten und Nichthandelsleuten.

Für die Grundlage des Konkurses ist die Qualifizierung des Konkurszustandes und des daraus hervorgehenden Konkursanspruchs der Gläubiger durchaus bestimmend; sie ist die Grundlage des materiellen Konkursrechts und ebenso des Konkursverfahrens. Der Konkurs wird nach unserer Konkursordnung bedingt durch die Zahlungsunfähigkeit des Gemeinschuldners, nicht dadurch, daß nach einer objektiven Schätzung des Vermögens die Aktivmasse nicht ausreichend sei, um die Schulden zu decken; also nicht durch eine objektive Ueberschuldung oder Insuffizienz — denn es soll jedem Gemeinschuldner auch freistehen, seinen Kredit und die Verwerthung seiner Zukunft für die Berichtigung seiner Schulden ebenfalls zu benutzen —, aber dadurch, daß thatsächlich er nicht in der Lage ist bezw. aufhört, seine vermögensrechtlichen Verpflichtungen regelmäßig und in ihrem allgemeinen Umfange zu erfüllen, weil er zufolge seiner Vermögenslage nicht im Stande ist, seine fälligen Zahlungen zu leisten.

Die Zahlungsunfähigkeit wird thatsächlich ausgedrückt und tritt thatsächlich in die Erscheinung durch die Zahlungseinstellung; ein Begriff, welcher dem uns bekannten Begriffe der preußischen Konkursordnung technisch entspricht. Sobald die Zahlungsunfähigkeit vorhanden bezw. thatsächlich geäußert ist, kann die Konkurseröffnung erfolgen, indeß nur auf Antrag des Gemeinschuldners oder eines Gläubigers, niemals von amtswegen.

Die Rechtsverhältnisse der Gläubiger untereinander, zum Gemeinschuldner und zu dessen ihnen verfallendem Vermögen beruhen auf der Qualifizierung des Konkursanspruchs, welcher den Gläubigern durch die Zahlungsunfähigkeit entsteht. Durch die Zahlungsunfähigkeit des Schuldners wird der Anspruch des Gläubigers, die vermögensrechtlichen Verpflichtungen des Schuldners erfüllt zu wissen, in Betreff der Ausführung modifizirt; es entsteht dadurch der rechtliche Anspruch des Gläubigers, daß das gesammte vorhandene Vermögen des Schuldners zur gesetzlich geordneten Vertheilung für sämmtliche Gläubiger verwendet und verwerthet wird, und dies bezeichnen wir mit Recht als den subjektiven Konkursanspruch der Gläubiger gegenüber dem Gemeinschuldner. Es ist dies die Grundlage, wie ich schon bemerkte, für das gesammte Konkursrecht und für das Konkursverfahren.

Es zeigt sich das zunächst in Betreff der Stellung des Gemeinschuldners zur Erfüllung des Konkurszwecks. Der Gemeinschuldner wird aus naheliegenden Gründen wegen kollidirender persönlicher Interessen nicht immer geneigt und jedenfalls nicht immer in der Lage sein, mit der nöthigen Objektivität und Autorität allen Betheiligten gegenüber dem Konkurszweck zu erfüllen, d. h. sein gesammtes Vermögen vollständig zur gleichmäßigen Verwendung für alle Gläubiger herzugeben. In dieser Voraussetzung hat das Gesetz angeordnet, daß für ihn ein Vertreter in der Person des Konkursverwalters dies thun soll. Der Konkursverwalter erhält die Disposition und die Verwaltung über das Vermögen des Gemeinschuldners; der Gemeinschuldner verliert Disposition und Verwaltung seines Vermögens zu Gunsten des Verwalters. Der Konkursverwalter soll in gesetzlicher Vertretung des Willens des Gemeinschuldners das thun, was nach dem Konkursanspruch der Gläubiger der Gemeinschuldner selber thun müßte. Der Konkursverwalter ist also der Vertreter des Gemeinschuldners hinsichtlich der Konkursmasse. In der Konkursordnung ist dies nicht mit dürren Worten ausgesprochen; die Motive beschränken sich darauf, zu sagen, es käme nur praktisch darauf an, die Befugnisse und Verpflichtungen des einen und des anderen Theiles festzusetzen, und es könne dahingestellt bleiben, es könne auch der Praxis und der Wissenschaft überlassen bleiben, ob der Verwalter in erster Linie den Gemeinschuldner oder in erster Linie die Gläubigerschaft oder die sogenannte Masse vertritt. Eine Reihe von Kommentatoren hat sich begnügt, diese Stelle aus den Motiven abzudrucken. Meines Erachtens wird aber die Frage dadurch nicht gelöst, daß man sie umgeht, und sie muß gelöst werden.

Die praktische Wichtigkeit springt sofort in die Augen, wenn man sich an den §. 435 der Civilprozeßordnung erinnert. Nach diesem Paragraphen soll einer prozeßunfähigen Partei gegenüber die Zuschiebung oder Zurückschiebung eines Eides nur an den gesetzlichen Vertreter und nur so weit zulässig sein, als die von ihm vertretene Partei, wenn sie persönlich ihr Prozesse führen könnte, oder als der Vertreter, wenn er persönlich Partei wäre, die Zu- oder Zurückschiebung des Eides sich gegenüber gefallen lassen müßten. Eine prozeßunfähige Partei ist bekanntlich eine solche, die ihre Prozesse nicht in Person führen kann. In Verbindung mit den allgemeinen Vorschriften über die Zulässigkeit von Zu- und Zurückschiebungen von Eiden geht daraus hervor, daß die Zuschiebung oder Zurückschiebung eines Eides gegenüber einer prozeßunfähigen Partei nur zulässig ist über Handlungen und Wahrnehmungen des gesetzlichen Vertreters oder der von ihm vertretenen Partei oder über Handlungen und Wahrnehmungen ihrer Bevollmächtigten und Vertreter. Wir stehen also praktisch wieder vor der Frage: wer ist die vom Konkursverwalter vertretene Partei? Wie bemerkt, verliert der Gemeinschuldner mit der Konkurseröffnung die Disposition und Verwaltung des Vermögens, er kann auch seine Prozesse nicht mehr in Person führen; er ist also eine prozeßunfähige Partei. Darin, meine Herren, liegt aber auch schon die Lösung. Der Konkursverwalter ist eben Vertreter des Gemeinschuldners, so weit die Konkursmasse betheiligt ist. Daß er Vertreter der Konkursmasse sei, könnte man überhaupt nur uneigentlich sagen, — die Konkursmasse ist keine Persönlichkeit und kein Rechtssubjekt, welches einen Prozeß führen könnte — sie ist der Komplex der Rechte und Sachen, welche nach wie vor dem Gemeinschuldner gehören und zum Konkurszweck nur hergegeben werden müssen. Man kann also logisch richtig nur sagen, daß der Verwalter Vertreter des Gemeinschuldners hinsichtlich der Konkursmasse ist. Allerdings auch nur in Betreff der Konkursmasse; denn im übrigen bleibt der Gemeinschuldner handlungsfähig und rechtsfähig, er kann Rechte und Sachen, Vermögen überhaupt, erwerben, und er kann sich verpflichten. Nach unserer Konkursordnung bleibt auch der Erwerb des Gemeinschuldners, welchen er nach der Konkurseröffnung macht, vom Konkurse ausgeschlossen, sowie andererseits diejenigen Gläubiger, welche erst nach der Konkurseröffnung des Gemeinschuldners werden, nicht als Konkursgläubiger gerechnet werden.

Man kann auch nicht sagen, daß der Konkursverwalter Vertreter der Gläubiger wäre. Die Konkursordnung kennt nicht den Begriff einer Gläubigerschaft als einer Gesammtpersönlichkeit oder als eines die Gesammtheit der Gläubiger umfassenden Rechtssubjekts; die Gläubiger bleiben im Konkurse als selbstständige einzelne Rechtssubjekte, welche ihre Interessen selbst wahrnehmen oder durch ihre Organe — den Gläubigerausschuß, die Gläubigerversammlung — wahrnehmen lassen.

Der Verwalter hat aber andererseits im gemeinsamen Interesse der Gläubiger die Masse behufs der gleichmäßigen Verwendung und Verwerthung für alle in gesetzlich geordneter Weise zu verwalten. Und das ist der Grund, weshalb der Verwalter allerdings nicht bloß dem Gemeinschuldner, sondern auch den Gläubigern verantwortlich ist. Er ist ihnen verantwortlich dafür, daß er nach den Gesetzen die Masse zur gesetzlich geordneten Vertheilung unter die Gläubiger verwaltet und verwendet, und zwar, wie die Konkursordnung sich ausdrückt, mit der Sorgfalt eines ordentlichen Hausvaters. Freilich nicht dafür, daß er den subjektiven Willen entweder des Gemeinschuldners oder der Gläubiger erfüllt; denn selbst wenn vom Gemeinschuldner vorgeschlagen oder von den Gläubigern gewählt, so ist der Verwalter in keinem Falle für den einen oder für den anderen ihr Bevollmächtigter. Den Konkursverwalter ernennt das Gericht: er vertritt den Gemeinschuldner kraft des Gesetzes; die Gläubiger haben ein Vorschlagsrecht. Etwas euphemistisch drückt das die Konkursordnung aus: sie hätten ein Wahlrecht; indeß das Konkursgericht braucht den Gewählten nicht zu ernennen, es braucht auch dafür nicht einmal Gründe anzuführen.

Wie demgemäß durch den Konkursanspruch und durch den Konkurszweck die Stellung des Verwalters bestimmt ist, so beherrscht derselbe Begriff des Konkursanspruchs auch das Verhältniß der Gläubiger zueinander und zu der ihnen verfallenden Masse. Ein jeder der Gläubiger hat den gleichen Konkursanspruch, den gleichen Anspruch, daß die gesammte Masse für alle gesetzlich verwendet wird. Jeder von den Gläubigern und auch jeder Dritte ist verpflichtet, diesen Konkursanspruch zu berichtigen; keiner von ihnen kann, sobald er es weiß, daß der Konkursanspruch begründet ist, unter Verletzung desselben noch Rechte gegenüber den Konkursgläubigern oder mit Rücksicht auf die Masse erwerben. Rechtshandlungen, welche der Gemeinschuldner nach der Eröffnung des Konkurses zur Benachtheiligung der Masse vornimmt, sind den Konkursgläubigern gegenüber und bezüglich der Masse nichtig; auch ohne daß sie angefochten zu werden brauchen, kann keiner daraus Rechte gegen die Konkursgläubiger und bezüglich der Masse geltend machen, und keiner kann sie einem Konkursgläubiger gegenüber einwenden. Die Konkurseröffnung stellt das Faktum des Konkurszustandes und der Entstehung des Konkursanspruches für alle absolut fest.

Indeß schon vor der Eröffnung des Konkurses entsteht der Konkursanspruch durch die Zahlungsunfähigkeit des Gemeinschuldners: schon sobald ein Betheiligter erfahren hat, daß der Konkursanspruch begründet ist, kann er Rechte unter Verletzung desselben nicht geltend machen. Rechtshandlungen, die dagegen verstoßen, sind zwar nicht nichtig, aber sie sind anfechtbar mit der Wirkung, daß dasjenige, was der Befriedigungsmasse entzogen worden ist, von dem, der es entzogen hat, der Masse wiedererstattet werden muß.

Die Zahlungsunfähigkeit dokumentirt sich äußerlich durch die Zahlungseinstellung und in gleicher Weise durch den Antrag auf Eröffnung des Konkurses, die demnächstige Konkurseröffnung vorausgesetzt. Darauf baut die Konkursordnung ihren Kardinalgrundsatz in Betreff der Anfechtung von Rechtshandlungen. Sobald dem anderen Theile — den Gemeinschuldner als den einen Theil vorausgesetzt — bekannt geworden ist, daß eine Zahlungseinstellung oder ein Antrag auf Konkurseröffnung erfolgt ist, sind die von dann ab erfolgenden Rechtshandlungen anfechtbar; der andere Theil gilt in Folge dieser Kenntniß als in bewußter Verletzung des Konkursanspruchs, in mala fide, begriffen, und er muß als malae fidei possessor; als schlechtgläubiger Erwerber, zur Konkursmasse alles, was derselben entäußert, aus derselben weggegeben oder aufgegeben ist, und nicht bloß das noch von ihm Besessene zurückerstatten.

Selbst der Gläubiger einer bereits fälligen Forderung kann diese fällige Forderung, die Kenntniß des Konkursanspruchs vorausgesetzt, nicht annehmen, ohne sich der Anfechtung auszusetzen. Ausgenommen sind nur fällige Wechselzahlungen alsdann, wenn der Wechselgläubiger sie gesetzlich annehmen muß, und wenn er zugleich bei Nichtannahme seinen Wechselanspruch bezw. seinen Regreß gegen einen anderen Wechselverpflichteten aufgeben müßte, — dadurch, daß er etwa nicht einen Protest aufnehmen lassen kann, wenn ihm die Wechselzahlung von dem Gemeinschuldner als Akzeptanten angeboten wird. Der Wechselgläubiger soll alsdann nicht in die Lage versetzt werden, daß er zugleich die Annahme der Zahlung seitens des Gemeinschuldners ablehnen müßte und zugleich doch keinen Protest aufnehmen lassen könnte und dann auch nicht in der Lage wäre, seine Vormänner in Betreff dieser Wechselzahlung angreifen zu können. In einem solchen Falle soll aber derjenige, der keinen näheren Regreßanspruch als nur dem Gemeinschuldner gegenüber hat, weil er dann derjenige ist, dem die Wechselzahlung zu gute kommt, bei seiner Kenntniß von der Entstehung des Konkursanspruchs verpflichtet sein, die gezahlte Wechselsumme zur Konkursmasse zu erstatten.

Das Anfechtungsrecht kann nur vom Verwalter ausgeübt werden, weil er im gemeinsamen Interesse der Gläubiger zur Herstellung der Aktivmasse gesetzlich berechtigt und verpflichtet ist. Der Verwalter muß in jedem einzelnen Anfechtungsfalle dem Gegner, gegen welchen er die Anfechtung geltend macht, den Nachweis führen, sowohl dafür, daß diesem die Zahlungseinstellung oder der Antrag auf Eröffnung des Konkurses bekannt ist, als auch die Vorfrage, wann die Zahlungseinstellung erfolgt ist, sofern er sich darauf stützt. Abweichend von unserem preußischen kaufmännischen Konkurse, soll nicht ein für allemal der Zeitpunkt der Zahlungseinstellung im voraus festgestellt werden, sondern es ist das dem besonderen Nachweise im einzelnen Falle und der besonderen, nur für den konkreten Prozeß wirksamen Entscheidung überlassen. Freilich ist es dadurch möglich, daß in verschiedenen Prozessen der Zeitpunkt der Zahlungseinstellung je nach der besseren Kenntniß oder nach dem besseren Nachweis der thatsächlichen Momente auch verschieden festgestellt werden kann.

Hinsichtlich einer Sicherung oder Zahlung, welche ein Konkursgläubiger erhält, ohne daß er überhaupt oder ohne daß er in der gewählten Art die Befriedigung oder Sicherung zu beanspruchen hätte, oder daß er sie in der verlangten Zeit beanspruchen dürfte, — hinsichtlich einer solchen Sicherung oder Befriedigung stellt das Gesetz die Präsumtion auf, daß derjenige, welcher nach der Zahlungseinstellung oder nach dem Eröffnungs-

antrage oder in den nächstvorangegangenen zehn Tagen sie erhalten hat, in der That von der Zahlungseinstellung oder dem Eröffnungsantrage oder von der dolosen Absicht des Gemeinschuldners, den Gläubiger zu begünstigen, Kenntniß gehabt hat. Indeß ist die Führung des Gegenbeweises von der mangelnden derartigen Kenntniß zulässig.

Sämmtliche Anfechtungen können aber nur erfolgen in Betreff solcher Rechtshandlungen, welche innerhalb sechs Monaten vor der Konkurseröffnung vorgenommen worden sind.

Ohne diese Zeitbeschränkung und überhaupt ohne irgend eine Zeitbeschränkung sind außerdem mit gleicher Rechtswirkung als betrügerisch noch anfechtbar Rechtshandlungen, welche von dem Gemeinschuldner in der dem anderen Theile bekannten Absicht, die Gläubiger zu benachtheiligen, vorgenommen worden sind. Der betrügerische Dolus liegt hier in der Absicht der Benachtheiligung der Gläubiger. Für die Fälle solcher benachtheiligenden Verträge, welche der Gemeinschuldner im letzten Jahre vor der Konkurseröffnung mit seinem Ehegatten oder mit Ascendenten, Descendenten oder Geschwistern des Gemeinschuldners oder seines Ehegatten abgeschlossen hat, ist wiederum die Vermuthung aufgestellt, daß der andere Theil die Absicht, zu benachtheiligen, gekannt habe, — ebenfalls unter Zulassung des Gegenbeweises von der mangelnden Kenntniß.

Ein Anfechtungsrecht ist ferner dem Verwalter in Betreff der unentgeltlichen Leistung des Gemeinschuldners gegeben, welche dieser in den letzten zwei Jahren vor Eröffnung des Konkurses zu Gunsten seines Ehegatten oder in dem letzten Jahre vorher zu Gunsten eines Anderen vorgenommen hat. Dies ist der einzige Fall, in welchem derjenige, gegen welchen sich die Anfechtung richtet, nicht dolos zu sein braucht. Während nach dem ganzen Prinzip der Konkursordnung in allen anderen Anfechtungsfällen dem Konkursverwalter ein Doloser, ein Schlechtgläubiger gegenübersteht, so ist in diesem Falle es möglich, daß jemand, welcher ein Geschenk, eine unentgeltliche Leistung erhalten hat, nicht im schlechten Glauben begriffen gewesen zu sein braucht. Ein solcher gutgläubiger Empfänger einer unentgeltlichen Leistung soll deshalb eine unentgeltliche Leistung, die er erhalten hat, auch nur insoweit herauszugeben verpflichtet sein, als er in dem Zeitpunkt noch bereichert ist, in welchem er durch seine Kenntniß von der Entstehung des Konkursanspruchs oder von der Absicht des Gemeinschuldners, die Gläubiger zu benachtheiligen, aufgehört hat, gutgläubig zu sein.

Zu den Rechtshandlungen und Rechtsgeschäften, welche in dieser Weise, wenn nach der Konkurseröffnung erfolgt, nichtig und rechtsunwirksam und, wenn vor der Konkurseröffnung mit Kenntniß vom Konkursanspruche erfolgt, anfechtbar sind, gehören vor allen auch diejenigen Rechtshandlungen, durch welche einem Gläubiger für seine Konkursforderung ein Pfandrecht oder ein Recht auf abgesonderte Befriedigung aus einem zur Konkursmasse gehörigen Gegenstande gewährt werden soll. Die Verfolgung der Rechte im Interesse der Gläubiger in Bezug auf einen solchen Gegenstand kann geschmälert und unter Umständen illusorisch gemacht werden, wenn ein im Auslande wohnender Besitzer eines solchen Gegenstandes eine Konkursforderung erwirbt und dann auf Grund dessen nach ausländischem Rechte den Gegenstand der Konkursmasse vorenthält. In einem solchen Falle soll dann derjenige, welcher seine Konkursforderung an einen derartigen

Inhaber cedirt und die Entstehung des Konkursanspruches in dem angegebenen Sinne damals gekannt hat, der Masse gegenüber entsprechend verantwortlich gemacht werden und den der Masse hierdurch entgangenen Betrag zur Masse wieder ersetzen müssen.

Die Konsequenzen des Konkursanspruches müssen wir noch weiter verfolgen. In der gleichen Weise, wie die Anfechtung von Rechtsgeschäften von dem Konkursanspruch beherrscht wird, beherrscht der Begriff auch die Lehre von der Kompensation im Konkurse, von der Aufrechnung, wie die Konkursordnung es übersetzt. Die Lehre von der Kompensation ist durch die konsequente Berücksichtigung des Konkursanspruches sehr bedeutend vereinfacht. Ein Gläubiger kann erstens nicht gegen Schulden, die er nach der Konkurseröffnung zur Masse schuldig geworden ist, mit Konkursforderungen aufrechnen, und er kann zweitens gegen Forderungen, die der Gemeinschuldner schon vor der Konkurseröffnung an ihn hatte, nicht aufrechnen mit solchen Forderungen, welche er nach der Konkurseröffnung oder durch ein Rechtsgeschäft mit dem Gemeinschuldner bezw. durch Cession oder Befriedigung eines Gläubigers mit der Kenntniß von der Zahlungseinstellung oder dem Eröffnungsantrage in den letzten 6 Monaten vor der Konkurseröffnung, erworben hat. Eine Ausnahme ist von der letzteren Bestimmung gemacht dahin, daß derjenige, welcher schon vorher eine Verpflichtung zur Zahlung bezw. zur Befriedigung eines Gläubigers hatte und infolge dieser Verpflichtung eine Forderung später erwarb, dann doch die Aufrechnung vornehmen kann, falls er zu der Zeit, in welcher seine Verpflichtung zur Uebernahme der Forderung begründet wurde, nicht von der Entstehung des Konkursanspruches im angegebenen Sinne Kenntniß hatte. Dies ist namentlich wichtig für den Fall, wenn ein vom Gemeinschuldner acceptirter oder zu zahlender Wechsel erst später von dem Gläubiger eingelöst werden kann oder muß, während schon vorher der Gläubiger die bedingte Verpflichtung zur demnächstigen Einlösung hatte. Wann jemand eine Forderung erworben hat und wann eine Verpflichtung begründet ist, entscheidet sich natürlich nach dem jedesmal zutreffenden speziellen Civilrecht. Auf diese Grundsätze beschränkt sich aber auch die Lehre von der Aufrechnung im Konkurse und sie ist dadurch der Kasuistik möglichst enthoben und auf konsequente Grundsätze in Verbindung mit dem Konkursanspruche zurückgeführt.

Für den Fall, daß ein im Auslande wohnender Schuldner nach dem ausländischen Recht eine nach unserer Konkursordnung unzulässige Aufrechnung mit einer an ihm abgetretenen Konkursforderung vornimmt, ist ebenso wie im Fall der Schmälerung der Masse durch die Herstellung eines ausländischen Absonderungsrechts die Bestimmung getroffen, daß derjenige, welcher mit Kenntniß vom Konkursanspruche einem im Auslande Wohnenden seine Konkursforderung abtritt, verantwortlich und verpflichtet ist, den der Masse entgehenden Betrag seinerseits zu erstatten.

Das Objekt, welches vom Konkursanspruche betroffen wird, ist die Konkursmasse. Die Konkursordnung rechnet dazu das gesammte, dem Gemeinschuldner zur Zeit der Konkurseröffnung gehörige, der Zwangsvollstreckung unterworfene Vermögen. Der Konkurs hat es nur mit Vermögensrechten zu thun. Die Strenge des altrömischen Exekutionsrechts, welches sich gegen die Person wendet, ist bekanntlich von der neueren Rechtswissenschaft längst verlassen worden. Die Zwangsvollstreckung gegen den Einzelnen und ebenso auch die Konkursausführung gegen den Gemeinschuldner beschränken sich auf die Vermögensrechte. Wenn ein Gläubiger so hart sein wollte, wie der König Ludwig XI. von Frankreich, welcher den Söhnen eines widerspenstigen Vasallen die Zähne ausbrechen ließ, um sie an den Zahnkünstler zu verkaufen, oder wie jener bayerische Gläubiger, der den Antrag stellte, im Wege der Exekution seiner Schuldnerin die schönen blonden Haare abschneiden und an einen Haarkräusler verkaufen zu lassen, — so würde der moderne deutsche Richter allerdings wohl sagen, daß dies keine reinen Vermögensrechte seien, daß der Besitz, den jemand an seinen Haaren und Zähnen hat, eben nicht zu den Vermögensrechten gehört. Die Konkursordnung befaßt sich überhaupt nicht mit dem Einfluß des Konkurses auf die nicht-vermögensrechtlichen Beziehungen des Gemeinschuldners. Diese Beziehungen, namentlich also auch der Einfluß auf die Befähigung zu Ehrenämtern, zu politischen, zu kommunalen Rechten bleiben von der Konkursordnung unberührt; sie sind der Landesgesetzgebung überlassen. Unser preußisches Ausführungsgesetz zur Konkursordnung vom 6. März 1879 hat in dieser Beziehung die verschiedenen einzelnen Bestimmungen aufrecht erhalten, welche bestanden, hat indeß im Anschluß an unsere Reichsgesetzgebung zwei durchgreifende Grundsätze aufgestellt, welche für die Zukunft auch in diesen nicht-vermögensrechtlichen Beziehungen maßgebend sein sollen, den einen dahin, daß sämmtliche Beschränkungen, welche durch die Zahlungsunfähigkeit oder die Zahlungseinstellung entstehen, nur durch die formelle Konkurseröffnung begründet werden können, und den anderen Grundsatz, daß alle Beschränkungen, die durch ein Konkurs- oder Fallimentsverfahren eintreten, ipso jure mit der Beendigung des Konkurses aufhören.

Zur Konkursmasse gehören nur die Vermögensobjekte, welche der Gemeinschuldner zur Zeit der Konkurseröffnung noch besitzt. Ausgeschlossen ist also der gesammte Erwerb des Gemeinschuldners, welchen er nach der Konkurseröffnung, also auch während des Konkurses, erwirbt. Maßgebend dafür sind theils Billigkeits-, theils Wirthschaftsrücksichten gewesen. Es soll dem Gemeinschuldner die Gelegenheit und die Lust belassen werden, einen neuen Erwerb für sich zu veranlassen, und es sollen andererseits die neuen Gläubiger, welche nach der Konkurseröffnung erst Gläubiger des Gemeinschuldners werden, zum Konkurse nicht hinzugezogen zu werden brauchen. Als Konkursgläubiger gelten infolge dessen nur Diejenigen, die eine zur Zeit der Konkurseröffnung bereits entstandene Forderung an den Gemeinschuldner haben. Darüber, was der Gemeinschuldner zur Zeit der Konkurseröffnung bereits an Rechten erworben hat, entscheidet das Civilrecht. Wo also in Betreff der Erbschaften und der Legate, wie nach unserem preußischen Recht und wie auch nach französischem Recht der Erbanfall entscheidet, ohne daß es einer Willenserklärung des Gemeinschuldners, einer Erbantretung erst bedürfen würde, da entscheidet natürlich auch in dieser Beziehung der Erbanfall in Betreff des Erwerbes zur Konkursmasse aber bezw. für den Gemeinschuldner selbst. Die Frage, ob einer bereits dem Gemeinschuldner angefallenen Erbschaft in solchem Falle später entsagt werden soll, würde der Verfügungsgewalt des Verwalters unterliegen nach der positiven Bestimmung der Konkursordnung, unter Zuziehung des noch später zu erwähnenden Gläubigerausschusses bezw. der Gläubigerversammlung.

Aus der Begrenzung der Konkursmasse auf das zur Zeit der Konkurseröffnung vorhandene Vermögen folgt ferner, daß die Konkursverwaltung vom Gemeinschuldner zwar Auskunft über dessen Vermögensverhältnisse verlangen kann, aber keinerlei sonstige Thätigkeiten. Wird eine Thätigkeit vom Verwalter im Interesse der Masse gefordert, so würde sie also, wenn er sie leisten will — er ist dazu nicht verpflichtet — remunerirt werden müssen. Der Gemeinschuldner kann natürlich der Masse auch erwerben, wenn er will, namentlich durch Leistungen von Bedingungen oder von Gegenleistungen, die noch erforderlich sein würden, um entsprechende Rechte für die Masse zu erwerben. Eine Verpflichtung dazu hat er nicht. Dagegen liegt es andererseits in der Verfügungsgewalt des Konkursverwalters, wonach er die Vermögensrechte des Gemeinschuldners wahr zu nehmen hat, daß der Gemeinschuldner solche Bedingungen und solche Gegenleistungen, die er mit rechtlicher Wirksamkeit ohne Rücksicht auf die Persönlichkeit des Gemeinschuldners vornehmen kann, seinerseits gewähren kann, um der Konkursmasse entsprechende Rechte noch zu gewinnen. Er kann natürlich also Geld verwenden aus der Konkursmasse, um Bedingungen zu erfüllen, er kann andere Objekte dazu verwerthen, er kann auch bis zu der Grenze gehen, wohin überhaupt die Vermögensrechte, ich möchte sagen, die fungiblen Vermögensrechte des Gemeinschuldners gehen; er kann also auch z. B. das Vermögensrecht des Gemeinschuldners ausüben, wonach derselbe infolge einer vorher gegangenen Verabredung unter ein Wechselaccept eines Dritten den Namen des Gemeinschuldners bezw. der Konkursverwaltung als Aussteller schreiben kann, die rechtlichen Beziehungen, die ihn dazu berechtigen, als begründet vorausgesetzt.

Der Konkursmasse gehört ferner nur das der Zwangsvollstreckung unterliegende Vermögen zu. Ausgeschlossen bleiben daher diejenigen Vermögensrechte, die nach der Civil-Prozeßordnung überhaupt von der Zwangsvollstreckung ausgeschlossen sind. Hinsichtlich des unbeweglichen Vermögens hat das die Civil-Prozeßordnung der Landesgesetzgebung überlassen; es würde hier zu weit führen, die desfallsigen Vorschriften, auch nur unsere preußischen Subhastationsbestimmungen zu erwähnen, die in dieser Beziehung getroffen sind. Hinsichtlich des beweglichen Vermögens sind zufolge dieses Grundsatzes von der Konkursmasse ausgeschlossen die beweglichen Sachen bezw. die Forderungsrechte, welche von der Zwangsvollstreckung nach den §§. 715 und 749 der Civil-Prozeßordnung ausgeschlossen sind. Es sind nur einzelne Ausnahmen in dieser Beziehung gegenüber dem Konkurse gemacht: die Inventarien, welche zur Landwirthschaft, zu einer Apotheke, zu einer Posthalterei gehören, und die Erntevorräthe, welche bis zur nächsten Ernte nöthig sind, können von einem Gläubiger in einer einzelnen Exekution im Angriff genommen werden, um dem Schuldner die Möglichkeit des Fortbetriebes zu belassen; sie sollen dagegen zur Konkursmasse mit herangezogen werden, weil im Konkurse diese Aussicht auf den Fortbetrieb ohnehin wegfällt.

Eine weitere Folge des Grundsatzes, daß nur das der Zwangsvollstreckung unterliegende Vermögen zur Konkursmasse gehört, besteht darin, daß Vermögensobjekte, welche zufolge privatautonomischer, letztwilliger Anordnungen oder Verträge für den Gemeinschuldner persönlich bestimmt und für Gläubiger unangreifbar sind, auch von der Konkursmasse ausgeschlossen bleiben; ebenso solche, welche nach dem Rechtsbegriff des bürgerlichen Rechts mit der Person des Schuldners untrennbar zusammenhängen, wie etwa der usus und die habitatio des gemeinen Rechts. Indeß Nießbrauchs- und andere Nutzungsrechte, deren Ausübung Dritten überlassen werden kann, gehören begrifflich zur Konkursmasse. So weit landesgesetzlich namentlich ein Gemeinschuldner ein Nießbrauchsrecht am Vermögen seiner Frau oder seiner Kinder hat und während des Konkurses erhält, insoweit ist die Zugehörigkeit eines solchen Nießbrauchsrechts zur Konkursmasse in der Konkursordnung auch ausdrücklich vorgeschrieben. Nach der positiven Bestimmung der Konkursordnung soll indeß von einem solchen Nießbrauch der Gemeinschuldner den Rechtsanspruch haben, daß ihm die Mittel zur Erfüllung seiner gesetzlichen Verpflichtung zur Unterhaltung bezw. Erziehung

seiner Ehefrau und seiner Kinder belassen werden, und ebenso den weiteren Rechtsanspruch, daß er selbst einen angemessenen Unterhalt für sich aus einem solchen Nießbrauch beziehen kann. Dies ist jedoch auch der einzige Rechtsanspruch, den ein Gemeinschuldner auf eine Kompetenz geltend machen kann. In wie fern im übrigen eine Unterstützung ihm gewährt werden könnte, hängt, wie wir noch weiter sehen werden, von dem Gläubiger bezw. dem Gläubigerausschuß und der Gläubigerversammlung ab.

Selbstverständlich handelt es sich nur um das Vermögen des Gemeinschuldners. Was also anderen gehört, muß davon ausgesondert werden. Die näheren Bestimmungen darüber müssen wir noch vorbehalten. Erwähnen möchte ich nur noch, daß aus demselben Grundsatze, daß es sich nur um das Vermögen des Gemeinschuldners handelt, auch weiter folgt, daß, wenn der Gemeinschuldner in irgend einer Vermögensgemeinschaft sich befindet, aus dieser Gemeinschaft nur dasjenige zur Konkursmasse gehört, was nach der Auseinandersetzung mit dem anderen Theile unter Berücksichtigung der Gemeinschaftsgläubiger als reiner Antheil des Gemeinschuldners an der Gemeinschaftsmasse übrig bleibt. Es gilt dies namentlich auch in Betreff der ehelichen Gütergemeinschaft. Der Konkurs wird nur über diejenige Person eröffnet, bei welcher die Voraussetzung des Konkurses, die Zahlungsunfähigkeit, vorhanden ist. Ist sie bei beiden Ehegatten vorhanden, so ist getrennt über das Vermögen eines jeden der Konkurs zu eröffnen. Jedenfalls gehört zur Konkursmasse eines jeden auch hier nur der reine, nach Abzug der Befriedigung der Gemeinschaftsgläubiger und nach Auseinandersetzung mit dem anderen Theile übrig bleibende Antheil des Gemeinschuldners an der Gemeinschaftsmasse. Die Auseinandersetzung selbst bildet wohl nicht einen Theil des Konkursverfahrens; sie ist nach den für solche Auseinandersetzungen gesetzlich vorgeschriebenen Formen vorzunehmen, und der Konkurs beeinflußt sie nur darin, daß der Konkursverwalter die Stelle des Gemeinschuldners einnimmt.

Es ist endlich noch zu bemerken, daß in Folge des Konkurszweckes, das Vermögen des Gemeinschuldners für die gemeinschaftliche Befriedigung der Gläubiger zu verwenden, solche Vermögensobjekte, welche begrifflich allerdings Vermögensrechte sind, welche aber thatsächlich aus irgend einem Grunde nicht in einen Vermögenswerth umgesetzt werden können, welche also nicht verwerthet werden können, der Konkursmasse nicht zu verbleiben haben, sondern dem Gemeinschuldner wieder anheimfallen. In der Regel wird sich das selten à priori feststellen lassen; es läßt sich in der Regel erst im Verlauf, meistens erst am Ende des Konkursverfahrens mit Sicherheit bemessen.

Aus den angegebenen Beziehungen ergibt sich, daß der strenge logische Begriff in einer das gesammte Vermögen des Gemeinschuldners umfassenden und zum Konkurszwecke herzugebenden Konkursmasse zufolge der positiven Gesetzbestimmungen mehrfach durchbrochen ist durch die Ausschließung des Erwerbs nach der Konkurseröffnung und durch die Exemtionen von der Zwangsvollstreckung bezw. vom Konkurse. Es soll die Billigkeit, das natürliche Humanitätsgefühl für den Gemeinschuldner und seine Familie es ermöglichen, daß auch neues Leben aus den Ruinen blühen kann.

Es bleibt uns in Betreff des Konkursanspruchs noch die subjektive Seite zu berücksichtigen, die Seite der Berechtigten im Konkurse; wir dürfen das wohl einem späteren Vortrage vorbehalten. (Lebhafter Beifall.)

Personal-Veränderungen

in der Deutschen Anwaltschaft vom 1. bis 24. September 1879.

A. Ernennungen.

Der Amtsrichter Kafalski in Aurich ist zum Advokaten im Bezirk des Königl. Appellationsgerichts zu Celle mit Anweisung seines Wohnsitzes in Harburg ernannt.

Die in Welden erledigte Advokatenstelle wurde dem geprüften Rechtspraktikanten und Concipienten Joseph Langefee in Paffau verliehen.

Zum Rechtsanwalt in Bamberg wurde der geprüfte Rechtspraktikant und Concipient Ludwig Andreas Koob zu Würzburg, entsprechend seinem alleruntertänigsten Ansuchen, ernannt.

Der seitherige Assessor bei der Staatsanwaltschaft Bautzen Herr Ehregott Immanuel Böhm ist zum Advokaten ernannt und als solcher verpflichtet worden.

B. Versetzungen.

Der Rechtsanwalt Saul hat seinen Wohnsitz von Aalen nach Ellwangen verlegt.

Der Rechtsanwalt Werner hat seinen Wohnsitz von Baihingen nach Cannstatt verlegt.

Der Rechtsanwalt Göppinger hat seinen Wohnsitz von Heidenheim nach Reutlingen verlegt.

Der Rechtsanwalt Stoecklin hat seinen Wohnsitz von Dillenburg nach Neuwied verlegt.

C. Ausscheiden aus dem Dienst.

Der Rechtsanwalt und Notar Gaesbeck in Koblenz ist in Folge rechtskräftigen Disziplinar-Erkenntnisses aus dem Justizdienst entlassen.

Der Obergerichts-Anwalt, Senator Meißner in Hannover hat auf die Ausübung der Anwaltschaft und Advokatur verzichtet.

Dem Rechtsanwalt und Notar, Justizrath Hanff in Frankfurt a. O. ist die nachgesuchte Dienstentlassung erteilt.

Die nachgesuchte Dienstentlassung ist erteilt: dem Rechtsanwalt und Notar Justizrath Dr. Wulff in Flensburg und dem Advokat-Anwalt Ruland in Bonn.

D. Titelverleihungen.

Dem Ober-Gerichtsanwalt und Notar Dr. jur. Schulz in Celle wurde der Charakter als Justizrath verliehen.

Dem Rechtsanwalt und Notar, Justizrath Hanff in Frankfurt a. O. wurde der Charakter als Geheimer Justizrath verliehen.

E. Ordensverleihungen.

Dem Rechtsanwalt und Notar, Justizrath Goetz zu Naumburg a. d. S. wurde der Rothe Adler-Orden III. Klasse mit der Schleife verliehen.

Dem Justizrath, Rechtsanwalt und Notar Kalau vom Hofe zu Königsberg i. Pr. wurde der Rothe Adler-Orden IV. Klasse verliehen.

Dem Justizrath, Rechtsanwalt und Notar Kloer zu Deutsch-Crone wurde der Rothe Adler-Orden IV. Klasse verliehen.

Dem Justizrath und Rechtsanwalt Hillmar zu Cöslin wurde der Rothe Adler-Orden III. Klasse mit der Schleife verliehen.

Dem Justizrath, Rechtsanwalt und Notar Krabmer zu Stettin und dem Justizrath, Rechtsanwalt und Notar Scheven zu Stralsund wurde der Rothe Adler-Orden IV. Klasse verliehen.

Dem Rechtsanwalt und Notar, Justizrath Anspach zu Reichenbach in Schlesien wurde der Rothe Adler-Orden IV. Klasse verliehen.

F. Todesfälle.

Verstorben sind:
der Rechtsanwalt und Notar Umlauf in Muskau,

Justizrath Schaefler in Bromberg,

der Advokat-Anwalt Nolden in Düsseldorf,

Rechtsanwalt und Notar Sartorius in Bartenstein.

In Veranlassung der neuen Reichs-Justizgesetze hat der Advokat und Notar Otto Wachenhusen seinen Wohnsitz von Boizenburg in Mecklenburg nach Schwerin in Mecklenburg verlegt.

Für die Redaktion verantw.: S. Haenle. Verlag: R. Moeser, Hofbuchhandlung. Druck: B. Maeser, Hofbuchdruckerei in Berlin.

Juristische Wochenschrift.

Herausgegeben von

S. Haenle, und **M. Kempner,**
Kgl. Advokat in Ansbach. Rechtsanwalt beim Landgericht I. in Berlin.

Organ des deutschen Anwalt-Vereins.

Preis für den Jahrgang 12 Mark. — Bestellungen übernimmt jede Buchhandlung und Postanstalt.

Zur Gebührenordnung.

1.

Eine Antinomie in der Gebührenordnung.

Nach §. 23 Ziffer 2 der Gebührenordnung erhält der Rechtsanwalt ⁸/₁₀ der in den §§. 13—18 bestimmten Gebühren für die Zwangsvollstreckung und zwar nach §. 31 für jede einzelne Vollstreckungsmaßregel. Nach §. 32 bildet das Verfahren über einen Antrag auf Ertheilung einer weiteren vollstreckbaren Ausfertigung (Civilprozeßordnung §. 669) eine besondere Instanz der Zwangsvollstreckung. Der Rechtsanwalt, der diesen Antrag stellt, hat daher, unabhängig von seinen sonstigen Gebühren, dafür drei Zehntel zu beanspruchen.

Die Motive Seite 51 begründen die besondere Honorirung dieser Bemühung in zutreffender Weise damit, daß in den meisten Fällen eine besondere Thätigkeit des Anwalts erforderlich sein wird, um den Vorsitzenden des Gerichtes zur Anordnung der Ertheilung einer weiteren vollstreckbaren Ausfertigung zu veranlassen.

Nach §. 24 der Gebührenordnung erhält der Rechtsanwalt zwei Zehntel der in den §§. 13—18 bestimmten Gebühren, wenn seine Thätigkeit die im Gerichtskostengesetz §. 35 Nr. 1 bezeichneten Anträge oder Gesuche betrifft.

Unter §. 35 Ziffer 1 des Gerichtskostengesetzes werden aber u. a. aufgeführt die Entscheidungen über Anträge auf Ertheilung einer weiteren vollstreckbaren Ausfertigung (Civilprozeßordnung). Hiernach verfügt §. 24 der Gebührenordnung mit aller wünschenswerthen Deutlichkeit, daß für den Antrag nach §. 669 der Civilprozeßordnung zwei Zehntel zu berechnen sind. Nach den Motiven Seite 45 soll für die Fälle des §. 35 Ziffer 1 des Gerichtskostengesetzes wegen der Geringfügigkeit der bezüglichen Thätigkeit in der Regel Nichts liquidirt werden, sondern die Vergütung dafür in der Bauschgebühr für die betreffende Instanz, beziehungsweise für die Zwangsvollstreckung gefunden werden. Wenn aber ausnahmsweise diese

Möglichkeit nicht obwalte, so solle der geringste Bauschsatz dafür zugebilligt werden.

Hiernach honorirt §. 23 Ziffer 2 in Verbindung mit §. 32 den Fall des §. 669 der Civilprozeßordnung mit drei Zehntel Bauschgebühr neben den sonstigen Gebühren für Führung des Rechtsstreites oder Besorgung der Zwangsvollstreckung; §. 24 aber mit zwei Zehntel, und zwar inhaltlich der Motive nur dann, wenn weder für die Führung des Rechtsstreites noch für die Zwangsvollstreckung eine Gebühr bezogen ist; letzterenfalls soll die Thätigkeit des §. 669 umsonst prästirt werden.

Der Widerspruch der beiden Bestimmungen ist offensichtlich. Es scheint mir aber kein Zweifel, daß die Fassung des §. 24 eine mangelhafte ist und der Fall des §. 669 der Civilprozeßordnung darin nicht begriffen werden wollte. Die Motivirung Seite 45 trifft nämlich für den Fall des §. 669 der Civilprozeßordnung inhaltlich der Motive Seite 51 nicht zu. Außerdem verweisen die Motive Seite 45 auf den §. 35 der Gebührenordnung und wollen den Ausschluß jeder Honorirung des Anwaltes, der andere Gebühren bezogen hat, und die Honorirung mit zwei Zehntel desjenigen Anwalts, bei dem dies nicht zutrifft, nur für solche Handlungen rechtfertigen, die in der Bauschgebühr der betreffenden Instanz oder der Zwangsvollstreckung ihre Vergütung finden sollen. In §. 35 der Gebührenordnung wird aber der Fall des §. 669 der Civilprozeßordnung nicht genannt, sondern nur die anderen Fälle des §. 35 Nr. 1 des Gerichtskostengesetzes.

Hiernach dürfte wohl für den Fall des §. 669 der Civilprozeßordnung der Ansatz von drei Zehntel neben den sonstigen Gebühren der Prozeßführung und der Zwangsvollstreckung gerechtfertigt sein.

Uebrigens enthalten die Motive zu §. 35 der Gebührenordnung auf Seite 52 eine weitere Unrichtigkeit. Sie besagen nämlich, der Rechtsanwalt, der weder in der Hauptsache, noch in der Zwangsvollstreckung thätig gewesen, erhalte für die in §. 35 der Gebührenordnung aufgeführten Bemühungen Vergütung nach §. 23 Absatz 2, d. h. drei Zehntel. Nun umfaßt §. 35 der Gebührenordnung gerade die Fälle des §. 35 Nr. 1 des Gerichtskostengesetzes mit Ausnahme des §. 669; die Fälle des §. 35 Nr. 1 des Gerichtskostengesetzes sollen aber nach §. 24 der Gebührenordnung, wenn überhaupt, mit zwei Zehntel honorirt werden.

2.

Welche Gebühr ist für die Erwirkung eines richterlichen Unterpfandrechtes in den Ländern des französischen Rechtes zu liquidiren?

In Baden besorgen die Rechtsanwälte in der Regel die Inscription der Urtheile in das Unterpfandbuch behufs Erwirkung eines richterlichen Pfandrechtes. Die betreffende Thätigkeit, bestehend in einem Antrag an die Pfandbuchbehörde und Fertigung der in Art. 2148 des Code civil vorgeschriebenen Auszüge kann nicht als zur Instanz der Hauptsache gehörig betrachtet werden, sie bildet aber ebensowenig einen Bestandtheil des Zwangsvollstreckungsverfahrens. Häufig wird die Inscription des Urtheils zu dem Zwecke genommen, um die durch Urtheil festgestellte Forderung ohne Gefahr stunden zu können und nicht zur Vollstreckung schreiten zu müssen.

In Baden wurde für die Erwirkung des Eintrags bisher eine vom Streitwerth unabhängige Gebühr von 2 Mark in collegialgerichtlichen, von 1,50 Mark in amtsgerichtlichen Sachen berechnet; auch für Vollstreckungsanträge bestand eine vom Streitwerth unabhängige Gebühr von 1,50 Mark für jeden Antrag.

Nach §. 89 und in entsprechender Anwendung des §. 23 Ziffer 2 der Gebührenordnung dürften wohl unter Herrschaft der Reichsgebührenordnung ⁵/₁₀ einer Gebühr nach §. 9 zu liquidiren sein; da eine Concurrenz von mehreren Gebühren im Sinne des §. 13 hier nicht wohl denkbar ist. Eine landesgesetzliche Bestimmung besteht in Baden jetzt nicht mehr. Es wäre von Interesse zu hören, ob und wie die Frage etwa in den andern deutschen Geltungsgebieten des französischen Rechtes geregelt ist.

Mannheim, Oktober 1879.

Dr. Regensburger,
Rechtsanwalt.

3.

In dem Berliner Anwaltverein ist die Frage zur Erörterung gekommen, wie seit dem 1. Oktober d. J. für eine auf Antrag der Partei von dem Anwalt, vor der Klage, an den Schuldner erlassene Aufforderung zur Erfüllung der Verbindlichkeit und zwar sowohl in dem Falle, daß Klage demnächst erhoben wird, als in dem Falle, daß sie nicht erhoben wird, zu liquidiren sei.

Auf einer Seite wurde angenommen, daß für die Mahnung in jedem Falle selbstständig und zwar nach den Sätzen der früheren (landesgesetzlichen) Vorschriften zu liquidiren sei, weil die Gebührenordnung vom 7. Juli 1879 sich lediglich auf die Berufsthätigkeit des Rechtsanwalts in einem Verfahren vor den ordentlichen Gerichten, auf welches die Civilprozeßordnung, Strafprozeßordnung oder Konkursordnung Anwendung findet, und auf die berathende Berufsthätigkeit, welche den Beginn oder die Fortsetzung eines solchen Verfahrens betrifft, bezieht. (§. 1). Unter keine dieser Thätigkeiten aber falle die Mahnung.

Deshalb sei auch §. 49 der Gebührenordnung,

„Wird ein Rechtsanwalt, nachdem er in einer Rechtssache thätig gewesen, zum Prozeßbevollmächtigten bestellt, so erhält er für die ihm vorher aufgetragenen Thätigkeiten, so weit für dieselben die dem Prozeßbevollmächtigten zustehende Gebühr bestimmt ist, und als Prozeßbevollmächtigter, zusammen nicht mehr an Ge-

bühren, als ihm zustehen würde, wenn er vorher zum Prozeßbevollmächtigten bestellt worden wäre"

nicht anwendbar. Es wurde dabei auf die Einschränkung hingewiesen, welche §. 49 gegen den Entwurf dadurch erfahren habe, daß die Worte:

„soweit für dieselben die dem Prozeßbevollmächtigten zustehende Gebühr bestimmt"

hinzugefügt worden.

Es könne nicht behauptet werden, daß die Prozeßgebühr auch den Zweck habe, die vor dem Prozeßbeginn erfolgte Mahnung zu vergüten. Auch wurde hervorgehoben, daß in der Reichstagskommission zur Berathung der Gebührenordnung für einen ähnlichen Fall — den Auftrag zur Herbeiführung eines Vergleichs in einer noch nicht anhängigen Sache im außergerichtlichen Wege — ohne Widerspruch konstatirt sei, daß die landesrechtlichen Vorschriften (nicht etwa der nur auf das Sühneverfahren der Civilprozeßordnung (§§. 471, 571) anwendbare §. 37 der Gebührenordnung), Platz greife.

Eine andere Meinung, welcher wir uns anschließen, ging dahin, daß die Liquidation nach der Gebühren-Ordnung weder in allen Fällen zulässig, noch ausgeschlossen sei.

Die Mahnung Seitens des Anwalts setzt im Allgemeinen, auch wenn zugleich der Auftrag zur Prozeßführung nicht ertheilt ist, die Information über die Verbindlichkeit, deren Erfüllung verweigert wird, voraus.

Unseres Erachtens ist zu unterscheiden:

a) Der Fall, daß lediglich der Auftrag der Mahnung, ohne Hinblick auf einen Prozeß, ertheilt ist (z. B. wenn die nähere Erörterung über den Anspruch zwischen Anwalt und Auftraggeber nicht erfolgt, auch Klage nicht erhoben wird, ist — da eine Thätigkeit, betreffend den Beginn eines Rechtsstreites nicht darstellt — nach den landesgesetzlichen Vorschriften zu behandeln.

b) Ist dagegen Vollmacht zur Prozeßführung, gleichzeitig mit dem Auftrage zur Mahnung ertheilt, die Klage wird aber nicht erhoben, so erhält der Anwalt, da der Betrag der Gebühr für das ihm aufgetragene Geschäft im Gesetz nicht bestimmt ist, eine unter entsprechender Anwendung der Bestimmungen der Gebühren-Ordnung zu bemessende Gebühr. (§. 89.) Die analog anzuwendende Vorschrift ist §. 38, welcher im Mahnverfahren für die Erwirkung des Zahlungsbefehls einschließlich der Mittheilung des Widerspruchs an den Auftraggeber, ⁵/₁₀ der Prozeßgebühr festsetzt. Sowohl hinsichtlich des Zwecks als der Art der Thätigkeit und Mühe des Anwalts, sind Mahnung des Gegners und Mahnverfahren im Wesentlichen analog.

Anscheinend war die Mehrzahl der Mitglieder des Anwaltsvereins dieser Meinung.

Es könnte auch an §. 14 gedacht werden:

Soweit der Auftrag vor der mündlichen Verhandlung erledigt ist, ohne daß der Rechtsanwalt die Klage eingereicht hat, oder einen Schriftsatz hat zustellen lassen, steht ihm die Prozeßgebühr nur zu fünf Zehntheilen zu."

Allein §. 14 bezieht sich seinem Wortlaut und seiner Stellung nach auf den Fall, daß die Prozeßführung an sich beschlossen und die eigentliche Prozeß-Thätigkeit für den Anwalt — wozu nicht gerade nothwendig, daß die Klage schon eingereicht worden — eingetreten ist.

c) Wird der Auftrag, im Hinblick auf einen aufzustellenden Prozeß, demnächst auch Vollmacht ertheilt und Klage erhoben, so findet §. 49 Anwendung, so daß eine besondere Gebühr für die Mahnung nicht zusteht.

Die von der Reichstagskommission beigefügte Beschränkung ist hier nicht von Bedeutung.

Der Anspruch nach b hat seinen wesentlichen Grund darin, daß der Anwalt schon durch den Auftrag zur Mahnung zur Informationseinziehung über den Anspruch genöthigt ist, — für diese Thätigkeit aber ist in der Prozeßgebühr ein Entgelt bestimmt.

Gegen die Anwendung des §. 49 könnte auf §. 38 Absatz 2 hingewiesen werden, wonach die Gebühr für Erwirkung des Zahlungsbefehls auf die im nachfolgenden Rechtsstreit zustehende Prozeßgebühr nicht angerechnet wird. Allein §. 89 verweist nur für den Betrag einer nicht bestimmten Gebühr auf die entsprechenden Bestimmungen, dagegen ist eine analoge Anwendung der Vorschriften über die Anrechnung oder Nichtanrechnung auf die Prozeßgebühr für die Fälle des §. 89 nicht vorgeschrieben und deshalb unzulässig. — K.

Die Berechtigten im Konkurse.
Vortrag des Justizrath v. Wilmowski am 16. September 1879.

Meine Herren! Der frühere Vortrag hat uns über die Grundlage für den Konkurs in unserer Konkursordnung orientirt: als solche hatte ich den Konkursanspruch der Gläubiger im Fall der Zahlungsunfähigkeit des Gemeinschuldners bezeichnet. Die Konkursordnung hat allerdings das nur entwickelte System nicht direkt und nicht in der Form paragraphischer Feststellung als das ihrige angegeben, wie ja überhaupt ein Gesetz nur die zu beobachtenden Vorschriften enthält. Indeß in den Bestimmungen der Konkursordnung, namentlich in denen über die Wirkungen der Konkurseröffnung, der Zahlungsunfähigkeit, der Zahlungseinstellung und des Eröffnungsantrags, ist das System in der That enthalten; wenngleich, wie in jedem Gesetze Verschiedenheit dabei durch bestimmte positive Anordnungen festgesetzt ist. Die Auffassung, daß das System in der Konkursordnung enthalten sei, kann deshalb meines Erachtens nur durch einen anderen Inhalt der Paragraphen der Konkursordnung widerlegt werden. Die Feststellung des Systems ist andererseits durchaus nothwendig, weil bei der sparsamen Ausdrucksweise unserer Konkursordnung die Worte der einzelnen Vorschrift nicht genügen, um die Tragweite und die Konsequenzen der Bestimmungen daraus erkennen zu lassen, insbesondere in Betreff der Anfechtung, und weil eine bloß wörtliche Auslegung der Bestimmungen der Konkursordnung vielfach zu verschiedenen möglichen Deutungen führen kann. Mit dem allgemeinen Ausdruck, daß der Konkurs eine positive Regelung, eine Art von Exekution in ein verschuldetes Vermögen sei, ist unter diesen Umständen nicht auszureichen; es fehlt die Charakterisirung, wie die positive Ordnung bestimmt ist. Wollte man dazu den Gedanken unserer preußischen Allge-meinen Gerichtsordnung von 1793 hinzunehmen, daß die Gläubiger durch die Konkurseröffnung ein allgemeines Pfandrecht an dem gesammten Vermögen des Schuldners erhielten, so ist dieser Gedanke in unserer deutschen Konkursordnung in der That weder ausgedrückt noch angedeutet, noch enthalten; nicht den Gläubigern wird die Disposition eines Pfandgläubigers über das Vermögen übertragen, sondern dem Verwalter wird eine Disposition übertragen, welche die Befugniß eines Pfandgläubigers bei weitem überschreitet. Uebrigens haben sowohl das Obertribunal in seinen neueren Entscheidungen, als auch namentlich das Reichsoberhandelsgericht das System des Konkursanspruchs, wie ich es entwickelt habe, einmal als dem Wesen des Konkurses entsprechend und andererseits als bereits in den entsprechenden analogen Vorschriften unserer preußischen Konkursordnung im Wesentlichen enthalten wiederholt anerkannt.

Durch die Entwicklung des Konkursanspruchs und der daraus hervorgehenden Konsequenzen haben wir uns im Allgemeinen über die Stellung orientirt, welche der Konkursverwalter als Vertreter des Gemeinschuldners hinsichtlich der Konkursmasse einnimmt. Er vertritt den Gemeinschuldner hinsichtlich der Konkursmasse, wie dieser sich gesetzlich verhalten soll, weil er nur in dieser Beziehung dispositionsunfähig ist; er vertritt ihn auch in Betreff der Anfechtungen, wie der Vormund sein Mündel vertritt, auch wenn er die Rechtsverbindlichkeit der Handlungen des Mündels angreift. Zu erörtern bleibt uns hinsichtlich der Stellung der im Konkurse betheiligten Personen noch das Verhältniß derjenigen, welche im eigenen Interesse ihre Rechte im Konkurse wahrzunehmen haben. Zunächst ist die Kategorie derer auszuscheiden, welche nicht auf den bloßen Konkursanspruch der gleichmäßigen gesetzlichen Vertheilung der Konkursmasse unter ihnen beschränkt sein wollen, welche also nicht auf Konkursgläubiger sein wollen, mit welchen Namen die Konkursordnung die auf den Konkursanspruch beschränkten Gläubiger bezeichnet, und auch unsere preußische Konkursordnung dieselbe Bezeichnung angenommen hatte.

Unter diesen anderen Berechtigten sind zunächst die Interessenten hervorzuheben, welche 'einen Anspruch dahin geltend machen, daß ein Gegenstand, welcher sich in der Konkursmasse befindet, in der That nicht zu ihr gehört, sondern, weil er dem Gemeinschuldner nicht gehört, dem Begriff der Konkursmasse gemäß aus derselben auszuscheiden ist. Die Konkursordnung bezeichnet diese Ansprüche mit dem Namen der Ansprüche auf Aussonderung; die Bezeichnung der „Vindikanten", welche die preußische Konkursordnung noch gewährt hatte, ist als zu eng aufgegeben, und das Recht auf Aussonderung selbst ist unzweifelhaft über den Kreis derer ausgedehnt, welche einen Gegenstand für sich als Eigenthum vindiziren wollen. Zur Aussonderung berechtigt ist Jeder, welcher aus einem dinglichen oder aus einem gegen den Gemeinschuldner wirksamen persönlichen Anspruche, sei es als Deponent, Mandatar, Darleiher oder aus einem sonstigen obligatorischen Verhältnisse einen Gegenstand als dem Gemeinschuldner nicht gehörig für sich verlangen kann. Freilich nicht derjenige, welcher verlangt, daß der Gemeinschuldner einen ihm, dem Gemeinschuldner, gehörigen Gegenstand dem Gläubiger gewähren soll; ein solcher Gläubiger würde immer nur Konkursgläubiger sein. Der Gegenstand, dessen Aussonderung nach §. 35 verlangt werden kann, kann nicht bloß ein Objekt des Sachbesitzes sein, sondern auch eine Forderung oder irgend ein anderes Vermögensrecht. Insbesondere ist bei der Berathung des Gesetzes in Uebereinstimmung der Regierungsvertreter und der Reichstagskommission konstatirt, daß durch §. 35 von dem Rechte auf Aussonderung auch Wechsel und andere durch Indossament übertragbare Urkunden, wenn sie dem Gemeinschuldner nur zur Einziehung oder nur zur Sicherung gegeben sind, nicht ausgeschlossen sein sollen, selbst dann nicht, wenn das Indossament keine desfallsige beschränkende Klausel enthält.

So lange der Konkurs dauert, ohne sonstige Zeitbeschränkung und ohne die Nothwendigkeit einer besondern Form der Anmeldung, kann der Berechtigte seinen Anspruch auf Aussonderung geltend machen. Das Verfahren, — also der Prozeßweg, wenn keine gütliche Einigung erfolgt, — bildet nicht einen Theil des Konkursverfahrens; nur tritt hier ebenfalls der Verwalter als Vertreter des Gemeinschuldners in Betreff der Konkursmasse an dessen Stelle. In allen Fällen der Aussonderung kann dann, wenn der Gemeinschuldner oder nach der Konkurseröffnung der Verwalter einen auszusondernden Gegenstand veräußert hat und die Gegenleistung entweder zur Masse eingezogen ist oder noch aussteht, der Aussonderungsberechtigte diese Gegenleistung bezw. das Recht auf Abtretung der Rechte auf dieselbe verlangen.

Unter den Vorschriften über Aussonderungsansprüche ist besonders die Bestimmung des §. 37 über die Rechte der Ehefrau des Gemeinschuldners hervorzuheben. Im Gegensatz zu den Begünstigungen des römischen Rechts hat die Konkursordnung die Ehefrau nur wie jeden anderen Konkursgläubiger behandelt. Ihr ist kein Vorrecht in Betreff der Rangordnung gegeben. Im Gegentheil sind besondere Kautelen festgesetzt, damit nicht der Gemeinschuldner zu Gunsten seiner Ehefrau seine eigenen Mittel oder die seinen Kredit begründenden und von den Kreditirenden als die seinigen berechneten Mittel der Ehefrau den Gläubigern entziehen kann. So wie wir in Betreff der Anfechtung der Rechtsgeschäfte des Gemeinschuldners solche Kautelen bereits kennen gelernt haben und hinsichtlich der Zulassung von Pfand- und Absonderungsrechten sie noch trauen lernen werden, so hat auch der §. 37 eine solche Vorschrift in Betreff der Aussonderungsrechte der Ehefrau. Alles, was eine Ehefrau nach dem jedesmal geltenden ehelichen Güterrecht außerhalb des Konkurses als ihr Eigenthum beanspruchen kann, kann sie auch im Konkurse für sich verlangen; indeß in Betreff dessen, was sie während der Ehe erworben hat, nur dann, wenn sie beweist, daß sie es nicht mit Mitteln des Ehemannes, des Gemeinschuldners, erworben hat. Zur Vermeidung der Verdeckung von anfechtbaren Rechtsgeschäften zwischen Mann und Frau soll sie dann außer den civilrechtlich zum Erwerbe nöthigen Akten den besonderen Nachweis führen, daß der Erwerb unabhängig von den Mitteln des Mannes erfolgt ist. Sie kann diesen Nachweis nicht dadurch führen, daß sie über eine desfällige Behauptung den Eid zuschöbe; das würde nicht eine Thatsache sein, für welche die Eideszuschiebung zulässig wäre, sondern ein Urtheil; sie kann den Beweis der Negative nur dadurch führen, daß sie positiv durch Aufdeckung der Rechtsgeschäfte bis zum ursprünglichen Erwerb der Mittel zurück den Ursprung der Erwerbsmittel für das zu beanspruchende Objekt nachweist. Soweit dabei Schenkungen des Ehemannes in Betracht kommen, würden in dieser Beziehung die Vorschriften über die Anfechtung von Schenkungen

zwischen Mann und Frau bestimmend sein, weil diese hierüber oodes materiae sind, also §. 25. Ist eine Schenkung des Mannes nicht anfechtbar, weil sie bereits zwei Jahr vor Eröffnung des Konkurses erfolgt ist, so hat die Ehefrau mit ihren Mitteln erworben, was sie mit gültig geschenkten Mitteln erwarb.

Enger als die Aussonderungsberechtigten hängen mit dem Konkurse die Separatisten ex jure crediti, die sogenannten Absonderungsberechtigten zusammen. Mit diesem Namen bezeichnet die Konkursordnung diejenigen, welche auf Grund eines Faustpfand- oder Hypothekenrechts oder eines diesem gleichgestellten Rechtes den Anspruch erheben, daß sie aus Gegenständen der Konkursmasse vorzugsweise abgesondert befriedigt werden. Sie haben dadurch, daß diese Gegenstände selbst Theile der Konkursmasse sind, eine nähere Beziehung zum Konkurse. Indeß nach der Bestimmung der Konkursordnung fällt das Verfahren sowohl zur Feststellung, als auch zur Verfolgung ihrer Rechte bezüglich des Gegenstandes resp. gegen dessen Inhaber, es mag dies der Verwalter für den Gemeinschuldner oder ein Dritter, oder es mögen auch die Absonderungsberechtigten selbst sein, außerhalb des Konkursverfahrens; und ebenso richten sich ihre Rechte nach den außerhalb des Konkurses geltenden Vorschriften. Nach diesen Vorschriften bestimmt sich, ob sie bloß in Folge des Verzugs oder erst auf Grund eines Titels zur Zwangsvollstreckung, ob sie gerichtlich oder außergerichtlich, durch Selbstübernahme des Gegenstandes oder auf irgend eine andere Weise ihre Befriedigung suchen können. Sie behalten die von ihnen besessenen Pfänder; sie brauchen sich im Konkurse nicht zu melden; eine von ihnen beantragte Zwangsvollstreckung wird durch den Konkurs nicht gehemmt. Soweit indeß für ihre Befriedigung die Gegenstände nicht nöthig sind, bleiben sie Theile des Konkursmasse, und mit Rücksicht darauf ist bestimmt, daß sie zur Vermeidung der Haftung für den aus der Unterlassung entstehenden Schaden verpflichtet sind, den Besitz anzuzeigen, die Gegenstände auf Verlangen vorzuzeigen, absichtlos zu lassen, und sofern sie ohne gerichtliches Verfahren ihre Befriedigung verlangen können, müssen sie dies in einer vom Konkursgericht bestimmten Frist veranlassen; andernfalls kann der Konkursverwalter die Verwerthung der Gegenstände im Wege der Zwangsvollstreckung veranlassen, vorbehaltlich des Rechts der Absonderungsberechtigten auf den Erlös. Wichtig ist die konsequentere Trennung der Absonderungsrechte vom Konkursverfahren in Abweichung von unserer preußischen Konkursordnung namentlich insofern, als auch lediglich die Vorschriften außerhalb des Konkursverfahrens in Betreff der Fälligkeit der Forderungen des Absonderungsberechtigten bezüglich der Verfolgung des Absonderungsgegenstandes maßgebend sind. Ist der Konkursverwalter zwar berechtigt, aber nicht verpflichtet, das Absonderungsobjekt im Wege der Zwangsvollstreckung veräußern zu lassen, also ein Grundstück, welches mit Hypotheken belastet ist, verkaufen zu lassen. Für den Absonderungsberechtigten wird seine Forderung, insofern er das Absonderungsobjekt, also etwa das Grundstück, welches mit Hypotheken belastet ist, angreifen will, nicht anders fällig, als wenn im Konkurse schwebte. Die Forderung wird nicht durch den Konkurs fällig. So lange z. B. für eine nur bei nicht pünktlicher Zinszahlung fällige kündbare Hypothek die Zinsen pünktlich gezahlt werden, würde der Hypothekengläubiger nicht berechtigt sein, die Kündbarkeit oder Fälligkeit zu behaupten und das Objekt anzugreifen.

Die Vorschriften darüber, welche Gläubiger ein Recht auf abgesonderte Befriedigung haben und in welchem Umfange, sind in Betreff des unbeweglichen Vermögens nicht reichsgesetzlich geordnet. Der Landesgesetzgebung ist die nähere Bestimmung darüber mit Rücksicht auf die Verschiedenheit der Grundbuch- und Hypothekenverhältnisse überlassen. In dieser Beziehung sind für uns das preußische Gesetz vom 4. März 1879, betreffend die Zwangsvollstreckung in unbewegliches Vermögen, und das Ausführungsgesetz zur Konkursordnung vom 6. März 1879 zu berücksichtigen. Hinsichtlich des beweglichen Vermögens ist die Frage, wer als absonderungsberechtigter Gläubiger anzusehen sei, insofern geordnet, als in den §§. 14 bis 16 des Einführungsgesetzes zur Konkursordnung bestimmte Minimalforderungen aufgestellt sind, ohne welche ein Faustpfandrecht an beweglichen Sachen, Forderungen und andern Vermögensrechten als für den Konkurs wirksam nicht anerkannt wird. Das Pfandrecht muß an sich landesgesetzlich nach Form und Inhalt gültig konstituiert sein. Außerdem ist zur Konkurswirksamkeit nötig, soweit nicht die Landesgesetzgebung selbst schon dies erfordert, und zwar für bewegliche körperliche Sachen, daß der Pfandgläubiger oder ein Anderer für ihn den Gewahrsam der Sache in landesgesetzlich gegen Dritte wirksamer Weise erlangt und behalten hat, oder daß eine gesetzlich der Pfandübergabe gleichgestellte Uebergabe der Kommossemente oder ähnlicher Papiere über bewegliche Sachen stattgefunden hat, abgesehen von Spezialvorschriften für Schiffe. In gleicher Weise ist hinsichtlich der Verpfändung von Forderungen und anderen Vermögensrechten erforderlich, daß, soweit die Landesgesetzgebung dies nicht ohnehin schon zur rechtsgültigen Konstituirung des Pfandrechts erfordert, entweder der Drittschuldner von der Verpfändung benachrichtigt ist, oder daß der Pfandgläubiger oder ein Dritter für ihn die Uebergabe des Sachpfandes oder der Urkunde über verpfändete Forderungen und anderer Vermögensrechte erlangt hat, oder daß die Verpfändung im Grund- und Hypothekenbuche eingetragen ist. Gegenüber mehrfachen Anfragen in Betreff des Verständnisses des §. 15 des Einführungsgesetzes zur Konkursordnung bemerke ich, daß es nach der Ausdrucksweise unserer neuen Gesetze ausreichend ist, wenn einem der drei eben genannten Erfordernisse des §. 15 entsprochen ist, und nicht alle drei Erfordernisse zusammen vorhanden zu sein brauchen. Für das Gebiet unseres preußischen Landrechts haben diese Bestimmungen überhaupt keine Aenderung zur Folge; denn nach den Vorschriften des Landrechts kann ein Pfandrecht überhaupt nur unter Bedingungen konstituirt werden welche zugleich den Vorschriften der Konkursordnung und des Einführungsgesetzes entsprechen. Dasselbe ist der Fall für das Gebiet des französischen Rechts. Auch für die gemeinrechtlichen preußischen Landestheile ist durch das Ausführungsgesetz zur Konkursordnung vom 6. März 1879 vorgesehen, daß künftig nach dem 1. Oktober 1879 keine vertragsmäßige Bestellung einer Generalhypothek als Verpfändung des gesammten Vermögens ohne Uebergabe, beziehungsweise ohne Erkennbarkeit für Dritte und keine Bestellung von derartigen Spezialhypotheken an beweglichen Sachen im Sinne des gemeinrechtlichen Begriffs der Hypothek mehr wirksam erfolgen kann.

Zur Milderung des Uebergangs ist der Landesgesetzgebung vorbehalten, denjenigen konkreten, am 1. Oktober 1879 bereits bestandenen Pfand- und Vorzugsrechten, welche durch die Konkursordnung ihre Wirksamkeit verlieren würden, für künftige Konkurse zwar nicht ein Pfandrecht, aber ein Vorzugsrecht zu gewähren, und zwar für Konkurse, welche erst nach zwei Jahren eröffnet werden, unter der Bedingung, daß sie vor Ablauf dieser zwei Jahre zur Eintragung in ein Vorzugsregister angemeldet werden. Für den Geltungsbereich unserer preußischen Konkursordnung von 1855 hat auch dieser Vorbehalt hinsichtlich der Pfandrechte keine Bedeutung und hinsichtlich der Vorrechte nur für Frauen von Nichthandelsleuten. Das preußische Ausführungsgesetz vom 6. März 1879 hat von jenem Vorbehalte dahin Gebrauch gemacht, daß das Vorrecht innerhalb der bisherigen Rangordnung für solche zur Eintragung in ein Vorrechtsregister angemeldeten Rechte erhalten bleibt. Es sind darin ferner Uebergangsbestimmungen getroffen, wonach für Ehefrauen ihr allgemeines Pfandrecht auf ein Recht zur Eintragung auf Grundstücke des Gemeinschuldners binnen einem Jahre nach der Einbringung und für die am 1. Oktober 1879 bereits bestandenen Rechte binnen einem Jahre nach dem 1. Oktobre 1879 beschränkt wird. Wenngleich im Gebiet unseres allgemeinen Landrechts diese Bestimmungen theils keine, theils nur geringe Anwendung finden, so möchte die ausführliche Erörterung dieser Materie immerhin dadurch bedeutsam sein, daß es einmal für uns Alle wichtig ist, auf diesem Gebiet vom 1. Oktober 1879 ab die Einheit des Rechts hergestellt zu sehen, anderstheils namentlich mit Rücksicht auf die allgemeine Fassung der Vorschriften der Konkursordnung sowie unseres Ausführungsgesetzes zur Konkursordnung dadurch, daß wir zu beachten haben, und daß von diesen Vorschriften speziell für uns keine Beachtung weiter verdient.

Den Faustpfandrechten sind einzelne bestimmte Rechte gleichgestellt. Darunter verdienen besonders die Rechte des Verpächters und des Vermiethers an den Grundstücksfrüchten und den eingebrachten Sachen, das handelsgesetzliche Zurückhaltungsrecht und das Recht, welches durch eine gültige Pfändung entsteht, hervorgehoben zu werden. Außerdem ist das landesgesetzliche Absonderungsrecht aufrecht erhalten, welches den Nachlaßgläubigern und Legataren am Nachlaß eines Gemeinschuldners, welchen er schon vor der Eröffnung erworben hat, zusteht; nicht aber das landrechtliche Absonderungsrecht der Gläubiger eines erbenden Gemeinschuldners an dessen Vermögen. Endlich ist noch ein besonderes Absonderungsrecht für diejenigen, welche mit dem Gemeinschuldner in irgend einer Gemeinschaft sich befinden, für ihre Ansprüche an den Antheil des Gemeinschuldners am Gemeinvermögen festgesetzt. Inwiefern ein Absonderungsberechtigter, welcher zugleich einen persönlichen Anspruch hat, wegen desselben seine Rechte als Konkursgläubiger geltend machen kann, wird zweckmäßig bei Betrachtung der Verhältnisse der Konkursgläubiger zu erörtern sein.

Den Ab- und Aussonderungsberechtigten schließen sich diejenigen Gläubiger an, welche mit einer eigenen Forderung gegen ihre Schulden aufrechnen wollen. Die Kompensation wirkt im Konkurse als Ab- und Aussonderungsrecht in Höhe des aufzurechnenden Betrages. Die Kompensation enthält die noch weitergehende Behauptung, daß die Forderung, welche der Verwalter etwa für die Konkursmasse in Anspruch nehmen will, bereits durch die Aufrechnung getilgt sei. Der Kompensant braucht sich also im Konkurse nicht zu melden; er braucht nicht von sich aus sein Recht auf Kompensation geltend zu machen;

er harre den Angriff des Verwalters, wenn dieser eine Forderung des Gemeinschuldners geltend machen zu können glaubt, abwarten. Er braucht auch die Kompensationserklärung nicht schon vor der Konkurseröffnung abgegeben zu haben; denn nach allen Rechtssystemen wirkt die Erklärung, kompensiren zu wollen, vor der Konkurseröffnung zurück, sobald das Recht auf die Kompensation schon vorher begründet war. Die Grundsätze, nach welchen eine Kompensation nicht zulässig ist, weil sie den gleichen Anspruch anderer Gläubiger benachtheiligen würde, haben wir bereits bei Gelegenheit der Folgen des Konkursanspruches mit Rücksicht auf die Aufrechnung erörtert.

Eine fernere Kategorie von Gläubigern, welche nicht auf den Konkursanspruch beschränkt sind, ist die der Massegläubiger, welche einen Anspruch wegen Kosten des Verfahrens, der Verwaltung, der Vertheilung der Masse oder einen Anspruch aus Rechtsverhältnissen, welche aus der Thätigkeit des Verwalters als Vertreters des Gemeinschuldners hervorgehen, geltend zu machen haben. Gläubiger des Gemeinschuldners sind sie ebenfalls. Ihre Ansprüche sind dadurch begründet, daß in gesetzlicher Vertretung des Gemeinschuldners dessen Verpflichtung zur Befriedigung des Konkursanspruches erfüllt wird. Der Gemeinschuldner ist also ihr Schuldner, so daß die Massegläubiger, insofern sie durch die Masse nicht befriedigt würden, ihre Befriedigung vom Gemeinschuldner fordern können. Sie gehen aber auch hinsichtlich der Befriedigung aus der Masse allen Konkursgläubigern vor, weil die Rechtsverhältnisse, woraus ihre Ansprüche hervorgehen, die nothwendige Vorbedingung für jede Möglichkeit einer Befriedigung für die Konkursgläubiger sind. Den Massekosten ist die Unterstützung angereiht, welche etwa durch Beschluß der Gläubiger dem Gemeinschuldner und seiner Familie gewährt wird. Die Konkursordnung hat den Versuch gemacht, für den Fall, daß die Masse selbst zur Befriedigung der Massegläubiger nicht ausreicht, eine Rangordnung aufzustellen. Als endgültige Lösung des Problems wird der Versuch freilich wohl nicht gelten können. Die verschiedenen Kategorien, welche in dieser Beziehung aufgestellt sind, schließen sich nicht logisch aus. Als Erstberechtigte sind nämlich die sogenannten Masseschulden im engeren Sinne gesetzt, welche durch die Verwaltungsthätigkeit des Verwalters kontrahirt werden, einschließlich einer rechtlosen Bereicherung, welche er in der Masse behält. Ihnen nachstehen sollen die sogenannten Massekosten für das Verfahren, die Verwaltung, Verwerthung und Vertheilung. Offenbar entstehen zum großen Theil auch letztere durch die Thätigkeit des Verwalters, und für alle derartige Schulden, welche zugleich in die eine und in die andere Kategorie gehören, fehlt das Prinzip der Unterscheidung.

Unter den Masseschulden sind besonders diejenigen hervorzuheben, welche darauf beruhen, daß Rechtsverhältnisse während des Konkurses fortgesetzt werden. Bei zweiseitigen Verträgen des Gemeinschuldners soll mit Rücksicht auf das Verhältniß der Leistung des einen Theils zur Gegenleistung des andern, sobald sie von keinem der beiden Theile vollständig erfüllt sind, der Verwalter das Wahlrecht haben, entweder die Erfüllung nicht zu verlangen und nicht zu leisten — und in diesem Falle würde der Berechtigte nur eine Entschädigungsforderung als Konkursgläubiger geltend machen können, soweit er nicht ein ihm civilrechtlich verbliebenes Eigenthum aus der Konkursmasse vindiziren

könnte, — oder der Verwalter kann die Erfüllung verlangen und muß sie dann auch für den Gemeinschuldner als Masseschuld seinerseits leisten.

Pacht-, Mieth- und Dienstverträge fallen ferner nicht sofort durch den Konkurs gehemmt werden, aber mit Rücksicht auf die veränderte Sachlage vor der sonst gesetzlichen oder bedungenen Zeit aufgelöst werden können. Die Ansprüche, welche für die Zeit des Konkurses aus solchen Verhältnissen entstehen, sind ebenfalls Masseschulden.

Nach Ausscheidung der vorerwähnten Kategorien der Aussonderungs- und Absonderungsberechtigten, der Kompensanten und der Massegläubiger bleiben die übrigen Gläubiger des Gemeinschuldners Konkursgläubiger. Mit diesem Namen sind, wie erwähnt, alle diejenigen bezeichnet, welche auf den Konkursanspruch der gleichmäßigen Vertheilung beschränkt bleiben.

Um als Konkursgläubiger berücksichtigt werden zu können, muß der Gläubiger eine persönliche obligatorische Forderung an den Gemeinschuldner haben. Der Anspruch muß ferner ein Vermögensanspruch sein und zwar auf Geld gerichtet oder in eine Geldforderung verwandelt, oder als solche geschätzt und als solche auch geltend gemacht werden. Diese Vorschrift, welche im §. 62 der Konkursordnung ausgedrückt ist, ist derartig unbedingt, daß eine Konkursforderung, welche nicht als Geldforderung angemeldet ist, nicht das Recht hat, zur Prüfung zu gelangen und überhaupt berücksichtigt zu werden. Der Vermögensanspruch muß auch schon zur Zeit der Konkurseröffnung begründet sein. Dies entspricht der Begrenzung der Konkursmasse auf den zur Zeit der Konkurseröffnung vorhandenen Bestand des Vermögens. Ob und in welchem Umfange eine Forderung begründet ist, entscheidet sich nach dem bürgerlichen Rechte. Durch Schulden, welche der Gemeinschuldner nach der Konkurseröffnung erst kontrahirt, kann er die Konkursmasse nicht mehr belasten. Eine Thätigkeit des Gemeinschuldners zur Perfektionirung eines früher begonnenen Geschäfts würde also nicht ausreichen, um eine Konkursforderung zu begründen. Abgesehen davon ist es aber für die Existenz einer Konkursforderung als solcher gleichgültig, ob sie bedingt, und ob eine Bedingung erst später durch an sich rechtlich zulässige Handlungen des Verwalters oder des Gläubigers, etwa eine nachträgliche an sich zulässige Unterschrift eines Wechsels oder Vertrages perfektionirt wird. Die Konkursordnung schließt endlich noch einzelne Forderungen, welche begrifflich Konkursforderungen sein würden, von der Geltendmachung als solche aus, namentlich die Zinsen aller Forderungen für die Zeit nach der Konkurseröffnung, Geldstrafen und Forderungen aus einer Freigebigkeit des Gemeinschuldners.

Ausländische Gläubiger sind im übrigen den inländischen gleichgestellt, es sei denn, daß der Bundesrath und der Reichskanzler das Recht der Wiedervergeltung ausländischen Staaten gegenüber für anwendbar erklärt.

Ob eine Forderung betagt, bedingt oder sofort auf Geld gerichtet ist, hat nur einen Einfluß auf den Schätzungswerth der Forderung und auf die Art und Höhe der Befriedigung beziehungsweise Sicherung. In dieser Beziehung gelten betagte Konkursforderungen für den Konkurs als sofort fällig. Sie sind im vollen Betrage geltend zu machen, anzumelden, in Gläubigerversammlungen stimmberechtigt, kompensationsberechtigt und zu befriedigen. Nur bei betagten unverzinslichen Forderungen ist das interusurium, nach der Hoffmann'schen Methode berechnet, abzurechnen, um den Forderungsbetrag zu finden, welcher in Betreff der Befriedigung oder einer etwa in Rede stehenden Kompensation zu berücksichtigen ist.

Forderungen, welche durch den Eintritt einer auflösenden (Resolutiv-) Bedingung hinfällig werden, sind als unbedingte geltend zu machen, zu befriedigen, kompensationsberechtigt und stimmberechtigt. Der Verwalter behält aber in Vertretung des Gemeinschuldners das Recht, von demjenigen Gläubiger, welcher dem Gemeinschuldner für den Fall des Eintritts der Bedingung civilrechtlich zur Sicherheitsleistung verpflichtet ist, diese Sicherheitsleistung, sofern eine Kompensation oder eine Befriedigung verlangt wird, zu verlangen; hinsichtlich der Kompensation in Höhe der Aufrechnung, hinsichtlich der Befriedigung in Höhe der Antheile, welche auf die Forderung im Konkurse fallen würden. Die Sicherung wird im letzteren Falle, wenn der Gläubiger nicht eine andere Sicherheit leistet, dadurch gewährt, daß der Konkursverwalter die Antheile in der Masse zurückbehält.

Die Forderungen, welche aufschiebend (suspensiv) bedingt sind, sind insofern besonders wichtig, als im Sinne der Konkursordnung dazu namentlich auch alle Ansprüche gerechnet werden, welche ein Mitschuldner oder ein Bürge des Gemeinschuldners deshalb hat, weil er bei Eintritt der Bedingung für den Gemeinschuldner eine Forderung zahlen muß beziehungsweise zahlt, — namentlich also auch Gläubiger, welche in Folge eines Gefälligkeitsaccepts einen civilrechtlichen Anspruch aus der Gefälligkeitsabrede gegen den Gemeinschuldner haben, ebenso Indossanten eines Wechsels, welchen der Gemeinschuldner acceptirt hat und welchen sie nach der Konkurseröffnung wieder einlösen müssen. Die aufschiebend bedingten Gläubiger können ihre Forderungen im vollen Betrage anmelden; sie sind nicht zur Befriedigung, aber zu einer Sicherung derartig berechtigt, daß die Forderungen bei Abschlagsvertheilungen im vollen Betrage zur Feststellung des Antheils, welcher auf die Forderung trifft, berechnet werden müssen. Der Antheil selbst aber wird in der Masse zurückbehalten beziehungsweise bei Anordnung des Konkursgerichts hinterlegt und wird dem Gläubiger nur dann ausgezahlt, wenn die Bedingung eintritt. Ist dieß bis zur Schlußvertheilung nicht geschehen, so werden die aufschiebend bedingten Forderungen nur dann weiter berücksichtigt, wenn der Gläubiger civilrechtlich vom Gemeinschuldner eine Sicherheitsbestellung für den Fall des Eintritts der Bedingung verlangen kann. Sind die Gläubiger hierzu befugt, so sind bei der Schlußvertheilung die Antheile für sie zurückzubehalten beziehungsweise zu hinterlegen; wenn nicht, so werden selbst die bei Abschlagsvertheilungen für sie zurückbehaltenen Beträge unter die anderen Gläubiger vertheilt. In gleicher Weise kann auch der Schuldner des Gemeinschuldners, welcher mit seiner aufschiebend bedingten Forderung aufrechnen will, sein Kompensationsrecht vorläufig beziehungsweise definitiv unter Deposition der Schuld sichern.

Forderungen, deren Geldbetrag nicht schon durch das Rechtsverhältniß, worauf sie sich gründen, in Geld festgestellt sind, oder deren Geldbetrag unbestimmt, ungewiß oder nicht in Reichswährung festgesetzt ist, müssen nach ihrem Schätzungswerthe in Reichswährung geltend gemacht werden. Nach diesem Schätzungswerthe sind sie anzumelden, stimmberechtigt, zu befriedigen und kompensationsberechtigt. Die Grundsätze darüber,

daß Forderungen, welche zu kompensiren sind, gleichartig sein müssen, sind für die Konkursforderungen nicht mehr anwendbar.

Nach den Motiven sollen auch illiquide Forderungen im Konkurse in derselben Weise wie aufschiebend bedingte Forderungen kompensationsberechtigt sein, weil sie zu den bedingten Forderungen zu rechnen seien, indem sie von der Bedingung des Nachweises der Richtigkeit der Forderung abhängen. Die Folgerung ist meines Erachtens in hohem Grade bedenklich. Eine unbedingte Forderung wird dadurch nicht bedingt, daß man sie nicht sofort nachweisen kann. Praktisch fällt der Unterschied aber für das Gebiet unseres Landrechts, weil dann, wenn ein Arrestgrund vorliegt, was im Konkursfalle anzunehmen ist, derjenige, welcher kompensiren will, das Recht hat, die Sicherung seiner Kompensation zu verlangen. Man würde mit etwas anderen Formen zu demselben Resultat kommen können.

Gläubiger, die eine abgesonderte Befriedigung beanspruchen, Faustpfandgläubiger und Gleichgestellte, können, wenn ihnen der Gemeinschuldner auch persönlich haftet, den vollen Betrag ihrer Forderung als Konkursgläubiger anmelden. Sie ist, vorbehaltlich der Feststellung ihres Ausfalls, anzuerkennen und festzustellen. Sofern und solange der Ausfall noch nicht feststeht, sind sie in Höhe des muthmaßlichen Ausfalls stimmberechtigt und bei Abschlagsvertheilungen zu berücksichtigen. Wenn der Absonderungsberechtigte ganz oder theilweise auf sein Absonderungsrecht verzichtet oder einen wirklichen Ausfall nachweist, sind ihm die bei Abschlagsvertheilungen auf ihn entfallenden Antheile auszuzahlen, andernfalls jedoch zurückzubehalten. Bei der Schlußvertheilung sind solche Gläubiger unbedingt nur zu berücksichtigen, soweit ein wirklicher Ausfall nachgewiesen wird oder die definitio ganz oder theilweise auf das Recht abgesonderter Befriedigung verzichten.

Haben wir nun in dem Konkursanspruche der Gläubiger und den daraus sich ergebenden Folgerungen die Grundlage festgestellt, auf welcher das Drama des Konkursverfahrens aufzuführen ist, und haben wir andererseits in dem Konkursverwalter, dem Gemeinschuldner und den sonstigen Berechtigten im Konkurse die Elemente kennen gelernt, welche thätig und leidend in diesem Drama zu wirken haben, so bleibt uns noch der praktisch interessantere Theil, die Thätigkeit der Elemente auf jener Grundlage zur Erreichung des Konkurszwecks zu verfolgen.

(Lebhafter Beifall.)

Das Konkursgericht und die Verwaltung der Masse.

Vortrag des Justizraths v. Wilmowski am 23. September 1879.

Meine Herren! Zur Feststellung der Thätigkeit der im Konkurse wirkenden Interessenten müssen wir zunächst die Mitwirkung des Konkursgerichts beleuchten. Das System der gerichtlichen Offizialthätigkeit des gemeinrechtlichen Verfahrens sowie unserer preußischen Gerichtsordnung von 1793 ist bereits von der preußischen Konkursordnung von 1855 verlassen und ist auch von unserer Reichskonkursordnung nicht wieder aufgenommen, — das System, wonach der Richter selbst alles möglichst direkt feststellt, verwaltet, den Verwalter in allen Einzelheiten bevormundend leitet und ihn wesentlich nur als Organ der richterlichen Anordnungen benutzt. Die Konkursordnung folgt andererseits auch nicht dem altrömischen Grundsatze, möglichst den Interessenten allein alles zu überlassen und das Gericht wesentlich nur zur Entscheidung über Streitpunkte zu berufen, — ein System, welchem die Engländer und Hamburger, diese in Handels- und Konkurssachen bewanderten praktischen Leute, näher stehen. Die Konkursordnung hat mit Rücksicht auf die Mitwirkung des Gerichts kein einheitliches System. Die Motive — welche allerdings von den früheren Motiven des ersten Entwurfes, der Gemeinschuldordnung, Vieles beibehalten haben, was nach demnächstiger Aenderung nicht mehr für die Konkursordnung paßt — proklamiren zwar als System das der Selbstverwaltung der Gläubiger, und ihrer Thätigkeit ist allerdings ein größerer Spielraum eingeräumt, als noch in unserer preußischen Konkursordnung. Indeß die Konkursordnung hat dieser Thätigkeit aus Zweckmäßigkeitrücksichten starke Dosen richterlicher Mitwirkung zugesetzt, zum Theil in so allgemeinen Ausdrücken, daß das Maaß der Gerichtsthätigkeit in hohem Grade von den leitenden Persönlichkeiten abhängt.

Die Thätigkeit des Gerichts ist theilweise eine beurkundende; die Forderungen der Gläubiger sind beim Gericht anzumelden, das Gericht stellt die Ansprüche und die Erklärungen der Betheiligten darüber fest, das Gericht beruft die Gläubigerversammlung, und stellt die Erklärungen der Gläubiger in den Versammlungen fest. Theilweise ist aber die Wirkung des Gerichts auch eine thätig eingreifende. An der Verwaltung selbst soll das Gericht in der Regel nicht theilnehmen; es soll nur Sicherungsmaßregeln treffen, Termine, Fristen bestimmen, die formelle Leitung in den Gläubigerversammlungen haben und über bestimmte Differenzpunkte und Verwaltungsakte entscheiden. Eingreifender ist die Thätigkeit schon in Betreff der Stellung des Gerichts zum Verwalter. Das Gericht ernennt und entläßt den Verwalter, ohne selbst an die einstimmige Erklärung der Gläubiger in dieser Beziehung gebunden zu sein. Der Verwalter steht unter der Aufsicht des Konkursgerichts, welches gegen ihn Ordnungsstrafen bis zu 200 Mark festsetzen kann. Die Vorschrift, daß der Verwalter unter der Aufsicht des Gerichts steht, ist auch bereits in unserer preußischen Konkursordnung enthalten. Nach den Motiven der Reichskonkursordnung soll das Gericht niemals die Zweckmäßigkeit, sondern nur die Pflichtwidrigkeit von Handlungen oder Unterlassungen des Verwalters zu prüfen haben und soll in der Regel auch nicht von Amtswegen einschreiten. In der That hat aber die Unterscheidung zwischen Zweck- und Pflichtmäßigkeit, welche an sich auch keinen logischen Gegensatz enthält, und ebenso die Beschränkung auf die Anträge Anderer keinen Ausdruck im Gesetz gefunden. Das Gesetz würde nicht entgegenstehen, wenn das Gericht etwa wöchentliche Berichte vom Verwalter erforderte oder Säumnisse oder Sachwidrigkeiten lediglich nach Zweckmäßigkeitsermessen des Gerichts feststellte. Indeß nach unseren preußischen Erfahrungen hat die gleiche Vorschrift in Betreff der Aufsicht des Gerichts über die Verwalter meines Wissens zu keinen Klagen Veranlassung gegeben. Ich darf wohl annehmen, daß die Herren Verwalter kein Wort des Tadels über eine Vielgeschäftigkeit oder Einmischung ihrer Herren Kommissarien haben, und wir können im allgemeinen darauf rechnen, daß die vis inertiae, die Naturgewalt der Trägheit, nach wie vor veranlaßt, daß die

Thätigkeit der Durchschnittsrichter über das Maaß des nothwendigen Arbeitspensums nicht hinausgehen wird. Hoffen wir also, daß eine unangemessene Einmischung des Konkursgerichts in die Verwaltungsgeschäfte auch ferner nicht stattfinden wird. Aus den einzelnen Vorschriften, wonach das Gericht negativ nur bestimmte Verwaltungsmaßregeln untersagen kann, können wir auch wohl mit Recht den Schluß ziehen, daß das Gericht nicht befugt sein soll, positive Handlungen anzuordnen, also auch nicht vom Verwalter dergleichen zu fordern. Negativ kann freilich das Konkursgericht auf Anrufen eines überstimmten Gläubigers oder des Verwalters die Ausführung eines jeden Beschlusses einer Gläubigerversammlung untersagen, sobald der Beschluß dem gemeinsamen Interesse der Konkursgläubiger, wie dies vom Konkursgericht verstanden wird, widerspricht.

Als Konkursgericht ist das Amtsgericht des allgemeinen Gerichtsstandes des Gemeinschuldners ausschließlich zuständig. Aus dem Umstand, daß ein Amtsgericht zuständig ist, in Verbindung mit der weiteren Bestimmung, daß die Vorschriften der Civilprozeßordnung entsprechende Anwendung im Konkursverfahren finden, folgt, daß im Ganzen das amtsgerichtliche Verfahren der Civilprozeßordnung stattfindet, also ohne Anwaltszwang. Jeder Betheiligte kann durch eine prozeßfähige Person, also auch durch Frauen vertreten sein. Auch eine Vertretung des Gemeinschuldners würde nicht ausgeschlossen sein, soweit es sich um seine Rechte und Erklärungen, die er abzugeben hat, handelt. Die Vollmacht würde sachgemäß für das Konkursverfahren auszustellen sein. Eine Vollmacht, welche in einem vorangegangenen Prozesse ertheilt ist, würde nach der Civilprozeßordnung §. 77 nicht ausreichend sein; denn das Konkursverfahren bildet weder einen Theil eines etwa vorangegangenen Civilprozesses, noch ist es eine Zwangsvollstreckung, sondern ein besonderes Verfahren. Daß der Verwalter Jemanden zu seiner Vertretung bevollmächtigen kann, ist ebenfalls geselblich nicht ausgeschlossen; indeß möchte es mit Rücksicht auf die Vertrauensstellung des Verwalters nicht in der Absicht des Gesetzes liegen, daß eine Vertretung des Verwalters im Konkursverfahren selbst häufig vorkäme. Im Uebrigen gelten die Formen des amtsgerichtlichen Verfahrens. Eine Unterschrift des Protokolls seitens der Betheiligten ist nicht nöthig. Zur Präklusion, soweit eine solche im Konkursverfahren zulässig ist, bedarf es weder einer Androhung der Rechtsnachtheile, noch eines desfallsigen Antrages.

Von dem Konkursverfahren ist das Verfahren in denjenigen Angelegenheiten, welche außerhalb des Konkurses liegen, zu unterscheiden; also das Verfahren in den außergerichtlichen Verhandlungen der Betheiligten unter einander, in den Handlungen der sogenannten freiwilligen Gerichtsbarkeit und in den wirklichen Prozessen, in welche die einzelnen Betheiligten verwickelt sein können. In solchen Prozessen findet die Civilprozeßordnung nicht nur entsprechende, sondern unbedingte Anwendung, namentlich auch die Vorschriften in Betreff der Zuständigkeit. Will der Verwalter einen Gläubiger oder einen Dritten in Anspruch nehmen, so kann er dies nur vor dessen allgemeinem oder besonderem Zuständigkeitsforum. Soll der Verwalter als Vertreter des Gemeinschuldners in Betreff der Masse in Anspruch genommen werden, so muß das in demjenigen Gerichtsstande geschehen, welcher für den Gemeinschuldner, wenn er nicht im

Konkurse begriffen wäre, als allgemeiner oder als besonderer Gerichtsstand zulässig wäre. Wo jedoch in der Konkursordnung das Gericht ohne Zusatz bezeichnet wird, ist darunter das Konkursgericht verstanden.

Die Entscheidungen des Konkursgerichts können ohne mündliche Verhandlung erfolgen, das heißt: in der Sprache unserer bisherigen früheren Gesetze: Alle Beschlüsse und Verfügungen des Konkursgerichts können im Wege der gewöhnlichen schriftlichen Dekreter erledigt werden. Das Gericht kann eine mündliche Verhandlung anordnen; für das Konkursverfahren möchte es dazu selten in der Lage sein, weil die Vorschriften über eine mündliche Verhandlung, und zumal über die unbedingte Nothwendigkeit des Erscheinens beider Theile, in der Regel für das Konkursverfahren nicht passen. Auch wenn das Gericht zur Aufklärung einer Angelegenheit die Ansetzung eines Termins veranlaßt, wird darin noch nicht der Beschluß zu finden sein, daß eine mündliche Verhandlung im Sinne der Civilprozeßordnung angeordnet sei.

Die Beschlüsse sind von Amtswegen zuzustellen. Die Zustellung erfolgt nach den Formen der Civilprozeßordnung; nur für die öffentlichen Bekanntmachungen sind einige abweichende Vorschriften gegeben, und für alle öffentlichen Bekanntmachungen ist bestimmt, daß sie zugleich als Zustellung an alle Betheiligte gelten.

Das einzige Rechtsmittel, welches für das Konkursverfahren selbst als zulässig erklärt ist, ist das der sofortigen Beschwerde nach den Vorschriften der Civilprozeßordnung. Die Frist von zwei Wochen wird in der Regel von der Zustellung der Entscheidung des Beschlusses an gerechnet. Ausnahmsweise wird sie bei der Beschwerde über die Bestätigung oder Verwerfung eines Zwangsvergleichs von der Verkündung an gerechnet, und für die Beschwerde gegen eine Berichtigung eines Vertheilungsverzeichnisses von der Zeit an, wenn diese Berichtigung auf der Gerichtsschreiberei niedergelegt ist. Die letztere Bestimmung ist eine sehr verdrießliche, weil niemand eine Nachricht davon bekommt, wenn es dem Gericht beliebt, die Berichtigung auf der Gerichtsschreiberei niederzulegen; es können nicht nur Tage, sondern Wochen und Monate vergehen, während welcher Zeit die Betheiligten zu häufigen Nachfragen genöthigt sind, ob eine Berichtigung niedergelegt sei. — Das Rechtsmittel der sofortigen Beschwerde ist durchschnittlich gegen alle Beschlüsse zulässig. Ausgeschlossen sind davon nur die Entscheidungen des Gerichts über die Stimmberechtigung der Gläubiger in Gläubigerversammlungen und der Gerichtsbeschluß über die Aufhebung eines Konkurses. Soweit das Rechtsmittel der Beschwerde zulässig ist, ist auch über die Entscheidung des Beschwerdegerichts, also des Landgerichts, da das Amtsgericht erste Instanz ist, eine weitere Beschwerde im Sinne der Civilprozeßordnung zugelassen, sofern in den Entscheidungen des Beschwerdegerichts ein neuer selbstständiger Beschwerdegrund liegt, nicht also, wenn das Beschwerdegericht die frühere Entscheidung aus denselben Gründen etwa bestätigt. Das Rechtsmittel weiterer Beschwerde ist lediglich in dem Falle ausgeschlossen, wenn es sich um eine Entscheidung über die Bestätigung oder Verwerfung eines Zwangsvergleichs handelt.

Die Vorschriften über das Verfahren, über die Entscheidungen und die Rechtsmittel finden schon auf das Verfahren über die Eröffnung des Konkurses Anwendung. Wie früher erwähnt, setzt die Eröffnung materiell die Zahlungsunfähigkeit des Gemeinschuldners und formell einen Antrag des Gemeinschuldners oder eines Gläubigers voraus. Beantragt ein Gläubiger die Konkurseröffnung, so hat er die Zahlungsunfähigkeit und seine Forderung, seine Qualität als Konkursgläubiger zunächst glaubhaft zu machen. Dies ist nöthig, um den Antrag überhaupt als zulässig erscheinen zu lassen. Die Eröffnung selbst kann nur erfolgen, wenn das Konkursgericht, wozu es nähere Ermittelungen anstellen kann, die Ueberzeugung von der Zahlungsunfähigkeit erlangt. Der Gemeinschuldner soll gehört werden, das heißt: es soll ihm Gelegenheit gegeben werden, mündlich oder schriftlich sich über die Anträge auszusprechen. In jedem Falle, wenn nicht eine Zustellung im Auslande oder eine öffentliche Zustellung nöthig ist, muß er gehört werden. Sobald also der Gemeinschuldner einen bekannten Aufenthalt im deutschen Reiche hat, muß er in dem angegebenen Sinne gehört werden, bevor der Konkurs eröffnet werden kann. Schon vor der Eröffnung kann das Konkursgericht Sicherungsmaßregeln treffen, Sperrvermerke, Eintragungen in Grund- und Hypothekenbüchern, Arreste, Siegelungen, allgemeine Veräußerungsverbote erlassen. Mit der Konkurseröffnung ernennt das Gericht den Verwalter, erläßt einen offenen Arrest und bestimmt eine Anmeldefrist zur Anmeldung der Konkursgläubiger, einen Prüfungstermin zur Prüfung der Anmeldungen und binnen einem Monat einen Termin zur Beschließung über die Bestellung eines Gläubigerausschusses beziehungsweise zur Wahl eines solchen. Die Termine zur Prüfung und zur Beschließung über den Gläubigerausschuß können zusammenfallen, aber nur, wenn die knappste Frist zur Prüfung nach der kürzesten Anmeldefrist bestimmt wird. In der Regel wird der Prüfungstermin erst später sein. Mit diesem Gerichtsbeschluß und dessen öffentlicher Bekanntmachung ist sämmtlichen Betheiligten der Weg zur Ausübung ihrer Thätigkeit im Konkurse gebahnt.

Die Thätigkeit hat zur Erfüllung des Konkurszweckes ein zweifaches Ziel zu erstreben, die Sicherung, Feststellung und Verwerthung der zu theilenden Aktivmasse, der Theilungsmasse, wie sie die Konkursordnung nennt, und die Feststellung der Konkursgläubiger, welche Rechte auf die Theilungsmasse geltend machen können. Wir werden uns für heute auf die Behandlung der Aktivmasse beschränken müssen. In dieser Beziehung ist der Verwalter der haupthätige Faktor; er ist jedoch für einzelne Akte an die Mitwirkung der Gläubiger, als welche aber nur die Konkursgläubiger mitzuwirken haben, gebunden. Diese Betheiligung der Gläubiger hat sich theils in allgemeinen Gläubigerversammlungen, theils durch einen Gläubigerausschuß beziehungsweise durch die Gläubiger zur Vertretung ihrer gemeinsamen Interessen im Konkurse wählen können, geltend zu machen. Schon vor der ersten Gläubigerversammlung kann das Konkursgericht einen solchen Ausschuß aus den Gläubigern oder ihren Vertretern bestellen. Ein solcher vom Gericht bestellter Ausschuß ist zur Vertretung der Gläubiger in Betreff ihrer gemeinsamen Angelegenheiten innerhalb der gesetzlichen Befugnisse eines Gläubigerausschusses nur solange berechtigt, bis die Gläubigerversammlung selbst darüber beschließt. Die Gläubigerversammlung braucht nicht einen Gläubigerausschuß zu bestellen; sie kann den etwa schon vom Gericht bestellten entlassen, kann denselben oder auch einen anderen wählen, ist dabei auch nicht auf die Personen der Gläubiger oder ihrer Vertreter beschränkt und kann die gewählten Mitglieder jederzeit wieder entlassen. Der von den Gläubigern gewählte Ausschuß vertritt die gemeinsamen Interessen der Gläubiger kraft des ihm von den Gläubigern ertheilten Mandats, aber auch nur innerhalb der im Gesetze für den Ausschuß festgesetzten Befugnisse. Falls ein Gläubigerausschuß nicht gewählt ist, fallen dessen Befugnisse in Betreff der Beschränkung des Verwalters fort, soweit sie nicht nach dem Gesetze für diesen Fall der Gläubigerversammlung übertragen sind.

Der Gläubigerausschuß hat unter eigner Verantwortlichkeit der Mitglieder für die Sorgfalt eines ordentlichen Hausvaters, den Verwalter in seiner Geschäftsführung zu unterstützen und zu überwachen; er kann dazu jederzeit vom Verwalter Bericht erfordern, seine Akten und Schriften einsehen, hat monatlich seine Kasse zu revidiren, seinen Geldverkehr und seine Rechnungen zu kontroliren, ist vom Verwalter in Betreff einzelner bestimmter Verwaltungsakte um seine Genehmigung zu befragen, hat über die Vornahme von Vertheilungen und über den Prozentsatz bei Abschlagsvertheilungen zu beschließen, soll sich über den Zwangsvergleich erklären und hat das Recht, auf die Entlassung des Verwalters und auf Berufung einer Gläubigerversammlung anzutragen. Die einzelnen Mitglieder können außer der Erstattung sachgemäßer Auslagen eine Vergütung je nach ihrer Einigung mit der Gläubigerversammlung, andernfalls nach Festsetzung des Konkursgerichts erhalten. Die Majorität. Es möchte schwer sein, allgemeine Regeln darüber zu geben, ob und wann ein Gläubigerausschuß zu wählen ist. Sollte etwa den Gläubigern ein ihnen mißliebiger Verwalter oktroyirt oder aufgedrungen werden haben, sie sonst Mißtrauen gegen den Verwalter, so wird man den Gläubigern allerdings wohl rathen können, einen Gläubigerausschuß zu wählen. Abgesehen indeß von dem Mißtrauen gegen den Verwalter würde bei einfacheren Konkursen ein Gläubigerausschuß wohl weniger rathsam sein, eher bei schwierigen und länger dauernden Konkursen, namentlich bei solchen, für welche dem Verwalter ein technischer Beirath wünschenswerth sein wird.

Die Gesammtheit der Gläubiger bildet, wie schon früher erwähnt, weder in der Gläubigerversammlung noch außerhalb einer solchen, ein einheitliches Rechtssubjekt. In der Gläubigerversammlung erscheinen die Gläubiger nur als einzelne selbstständig berechtigte Interessenten, welche nur über die im Gesetz ausdrücklich der Gläubigerversammlung überwiesenen Gegenstände in gesetzlich geordneter Weise zu berathen und zu beschließen haben. Ueber die ausdrücklich der Gläubigerversammlung gesetzlich zugewiesenen Fälle hinaus haben sie die Befugniß nicht zu üben; sie können also namentlich nicht gegen den Verwalter oder gegen einen Gläubiger, gegen ein Ausschußmitglied oder einen Dritten als corpus creditorum Klagen anstellen oder dazu bevollmächtigen. Die Zuständigkeit der Gläubigerversammlung ist beschränkt auf die Vorschläge zur Ernennung und Entlassung eines Verwalters, Beschließung über die Bestellung eines Gläubigerausschusses, Wahl der Ausschußmitglieder, Entlassung derselben, Berichtsforderung vom Verwalter und Gemeinschuldner, Bestimmung über die Vergütung der Ausschußmitglieder, über die Annahme oder Verwerfung eines Zwangsvergleichs unter besonderen Bestimmungen und über die Genehmigung zu Vor-

schlägen des Verwalters in Betreff einzelner Verwaltungsakte. Außerdem können die einzelnen Gläubiger in den Generalversammlungen ihre individuellen Rechte zur Prüfung der Forderungen und betreffs der Rechnungslegung des Verwalters geltend machen.

Zur Wirksamkeit des Beschlusses einer Gläubigerversammlung ist nöthig, daß zur Gläubigerversammlung vom Gericht durch öffentliche Bekanntmachung berufen ist, daß in der Bekanntmachung der Gegenstand der Beschließung ausdrücklich angegeben, die Versammlung selbst formell vom Gericht eingeleitet wird, und daß der Gegenstand der Beschlußfassung gesetzlich der Beschließung der Gläubigerversammlung unterliegt. Die öffentliche Bekanntmachung kann nur in dem Falle unterbleiben, wenn die Gläubigerversammlung selbst sich auf einen anderen Termin vertagt. Das Gericht, welchem allein das Recht zusteht, eine Versammlung mit der Wirkung verbindlicher Beschlußfassung zu berufen, kann diese Berufung zu jeder Zeit veranlassen. Es muß dazu aber, wenn entweder der Verwalter oder der Ausschuß oder mindestens fünf Konkursgläubiger, welche wenigstens den fünften Theil der vertretenen Forderungen vertreten, darauf antragen. Zum Beschlusse ist die Majorität nicht der Gläubigerzahl, sondern der von ihnen vertretenen Forderungen, also ein Betrag über die Hälfte der Forderungen nöthig. Dabei stimmen die privilegirten Forderungen gleichgeltend mit den nicht bevorrechtigten. Eine ausnahmsweise Stellung nimmt nur der Zwangsvergleich ein, sowohl hinsichtlich der bevorrechtigten Forderungen, welche dabei überhaupt nicht stimmen, als auch in Betreff der Berechnung der Majorität. Ein Stimmrecht haben unbedingt nur die festgestellten Forderungen; ob für streitige, für nicht geprüfte, für aufschiebend bedingte und für Forderungen, für welche zugleich ein Absonderungsrecht geltend gemacht werden kann, ein Stimmrecht bewilligt werden soll, ist in der Gläubigerversammlung zu verhandeln und im Streitfall vom Konkursgericht zu entscheiden. Die Entscheidung des Konkursgerichts erfolgt unanfechtbar; das Rechtsmittel der sofortigen Beschwerde ist in diesem Falle nicht zulässig, damit nicht im Fall einer wirksamen Anfechtung des Stimmrechts der gefaßte Beschluß in Frage gestellt werden könne. Die Entscheidung des Konkursgerichts erfolgt hinsichtlich der nicht geprüften, der aufschiebend bedingten und der absonderungsberechtigten Forderungen nur in Betreff des Stimmrechts für die jedesmal vorliegende Gläubigerversammlung; in Betreff der streitigen Forderungen erfolgt die Entscheidung jedoch mit der Wirkung eines bleibenden Stimmrechts, welches so lange auch für fernere Gläubigerversammlungen anzuerkennen ist, bis das Gericht, etwa auf Antrag eines Interessenten, eine andere Entscheidung hinsichtlich des Stimmrechts trifft. In der ersten Gläubigerversammlung werden alle Forderungen noch nicht geprüft sein, und sachgemäß wird dann mit der Feststellung der Stimmrechte zu beginnen sein, bevor ein Beschluß gefaßt werden kann.

Daß das Gericht im gemeinsamen Interesse der Konkursgläubiger die Ausführung jedes Beschlusses der Gläubigerversammlung auf Antrag eines überstimmten Gläubigers oder des Verwalters untersagen kann, wurde schon erwähnt; der Antrag muß jedoch schon in der Versammlung selbst gestellt sein. Abgesehen davon hat das Gericht nicht positiv eine Genehmigung zu ertheilen; während der Verwalter nach unserer preußischen Konkursordnung sich an das Gericht um die Ertheilung der

Genehmigung zu werden hatte, so hat er künftig den Ausschuß beziehungsweise die Gläubigerversammlung darum anzusprechen.

Der hauptsächlich thätige Faktor für die Verwaltung bleibt immer der Verwalter; er hat die Masse in Besitz zu nehmen, zu verwalten und zu verwerthen. Die Konkursordnung kennt keine Unterscheidung zwischen den Stadien eines einstweiligen und eines definitiven Verwalters; auch der vom Gericht sofort Ernannte hat dieselben Befugnisse eines definitiven Verwalters, wie der auf Vorschlag der Gläubiger oder ohne einen solchen belassene oder etwa neu angestellte. Zur Vermeidung von Mißbräuchen eines Gewaltmißbrauchs für die Zeit, bis die Gläubiger gehört werden können sind einzelne positive Vorschriften zur Beschränkung des Verwalters gegeben, namentlich in Betreff der Bewilligung des Unterhalts für den Gemeinschuldner und dessen Familie, welche nur mit Genehmigung des Gerichts oder eines vom Gericht etwa bestellten Ausschusses erfolgen kann; ferner betreffs der Anordnung, ob ein Geschäft geschlossen oder fortgeführt werden soll, und hinsichtlich der Verkäufe, welche ohne Nachtheil ausgesetzt werden können. Ebenso auch hat bis zum Beschluß durch seine Gläubigerversammlung das Gericht oder ein von ihm bestellter Ausschuß anzuordnen, wo Gelder, Kostbarkeiten und Werthpapiere hinterlegt werden sollen.

Der Verwalter hat die Masse in Besitz zu nehmen, insbesondere also aus dem Besitze des Gemeinschuldners. Falls dieser Widerstand entgegensetzt, so wird die Form des Verfahrens gegen ihn durch die Wirkung des Eröffnungsbeschlusses zu finden sein. Der Eröffnungsbeschluß ist ein die Disposition des Gemeinschuldners hinsichtlich der Konkursmasse auf den Verwalter übertragender Beschluß; er ist eine Entscheidung, gegen welche das Rechtsmittel der Beschwerde zulässig ist, und welche also nach §. 702 Nr. 3 der Civilprozeßordnung vollstreckbare Kraft gegen den Gemeinschuldner hat. Der Beschluß, mit einer gegen den Gemeinschuldner gerichteten Vollstreckungsklausel versehen, würde daher genügen, um im Wege der Zwangsvollstreckung ihn aus dem Besitze seiner unbeweglichen und beweglichen Sachen zu setzen. Einem Dritten gegenüber, welcher Sachen des Gemeinschuldners in Besitz hat und nicht freiwillig herausgiebt, ist der Verwalter auf den Prozeßweg gewiesen.

Der Verwalter kann seinem Ermessen siegeln lassen, er muß ein Inventar der Masse und eine Bilanz aufstellen und auf der Gerichtsschreiberei zur Einsicht niederlegen. Er ist zur Erfüllung des Konkurszwecks berechtigt, Zwangsverwaltung oder Zwangsversteigerung der Immobilien des Gemeinschuldners und die Verwerthung der mit Absonderungsrechten belasteten Vermögensobjekte des Gemeinschuldners unter Berücksichtigung der Rechte der Realgläubiger zu betreiben. Er ist nicht verpflichtet, die Verwerthung der Masse unbedingt im Wege der Zwangsvollstreckung erfolgen zu lassen, er kann aus freier Hand verkaufen, Immobilien mit Zustimmung des Ausschusses beziehungsweise der Gläubigerversammlung. Er ist überhaupt nicht verpflichtet, Objekte zu veräußern, wenn er wegen Hypotheken oder Pfandrechte oder aus einem anderen Grunde keinen Erfolg für die Masse dabei erwarten kann.

Ohne Rücksicht auf den Willen und die Anträge des Gemeinschuldners hat die Gläubigerversammlung endgiltig über einzelne Fragen zu beschließen, namentlich darüber, ob ein Geschäft geschlossen oder fortgeführt werden soll, ebenso ob, und welche

Unterstützung einem Gemeinschuldner und dessen Familie gewährt werden soll. Die Unterstützung kann von den Gläubigern nur aus den Mitteln der für gemeinsame Zwecke dienenden Gesammtmasse gewährt werden; aus einem Objekte, welches mit Hypotheken oder Absonderungsrechten belastet ist, kann eine Unterstützung nur mit Genehmigung der Realgläubiger gewährt werden; zur Bewilligung eines Wohnrechts in einem mit Hypotheken belasteten Grundstücke ist daher die Genehmigung der Hypothekengläubiger nöthig. — Ebenso hat die Gläubigerversammlung endgiltig darüber zu beschließen, ob und unter welchen Bedingungen der Verwalter Gelder, Kostbarkeiten und Werthpapiere hinterlegen soll, und ob, unter welchen Umständen und in welcher Höhe der Verwalter von einer solchen Hinterlegungsstelle selbst erheben oder Andere zur Erhebung anweisen kann. Haben die Gläubiger nichts anderes beschlossen, so ist zu solchen Erhebungen und Anweisungen die Zustimmung und Mitunterschrift eines Ausschußmitgliedes, falls ein Ausschuß gewählt ist, erforderlich. Die Gläubiger sind nicht auf eine staatliche Hinterlegungsstelle beschränkt, sie können nach ihrem Ermessen beschließen, daß ein staatliches Institut, ein Institut einer Korporation, eine Bank oder eine Privatperson, selbst einer der Gläubiger, die Hinterlegungsstelle bilden soll; eine jede Hinterlegungsstelle ist gesetzlich zulässig.

Abgesehen von diesen Bestimmungen, welche die Gläubigerversammlung ohne Rücksicht auf den Willen und die Zustimmung des Verwalters treffen kann, hat der Verwalter in den Fällen der §§. 121, 122 die Genehmigung des Gläubigerausschusses beziehungsweise der Gläubigerversammlung einzuholen. In diesen Fällen ist jedoch die selbstständige Entschließung des Verwalters ebenfalls nöthig; weder die Versammlung noch der Ausschuß können dem Verwalter positiv vorschreiben, daß er eine der Maßregeln in §§. 121, 122 vornehmen soll. Unter der Voraussetzung dieser beiderseitigen Uebereinstimmung jedoch, so weit eine Genehmigung des Ausschusses oder der Gläubigerversammlung nöthig ist, ist der Verwalter zu allen Handlungen, auch zu neuen Rechtsgeschäften, welche er im Interesse der Masse sachgemäß hält, befugt. Er kann Objekte, welche vielleicht ein Gläubiger oder ein Dritter wegen mangelnder Konkurrenz billig erstehen wollte, selber im Interesse der Masse für diese erstehen; er kann Gegenstände der Masse verpfänden, Darlehne aufnehmen, Pfandstücke einlösen, Kaufverträge als Käufer schließen; kurz Alles thun, was der Gemeinschuldner im Interesse der Masse thun könnte, falls kein Konkurs eröffnet wäre; also auch eine etwa noch fehlende Unterschrift des Gemeinschuldners ergänzen, sobald der Gemeinschuldner, falls über ihn nicht der Konkurs eröffnet wäre, dieß zu thun berechtigt wäre.

Von den beabsichtigten Maßregeln, welche in den §§. 121, 122 bezeichnet sind, soll der Verwalter dem Gemeinschuldner vor der Vornahme beziehungsweise vor der Beschlußfassung des Ausschusses Nachricht geben, und auf Anrufen des Gemeinschuldners kann das Gericht vorläufig die Vornahme solcher Handlungen untersagen, indem nur bis eine Gläubigerversammlung darüber beschlossen hat. Dem Gemeinschuldner soll dadurch ein Schutz gegen übereilte Handlungen des Verwalters und des Ausschusses gegeben werden. Gegen die Beschlüsse einer Gläubigerversammlung hat der Gemeinschuldner keinen derartigen Schutz; denn das Veto des Gerichts, welches nach §. 91 gegen die Be-

schlüsse der Gläubigerversammlung zulässig ist, kann nur von
einem überstimmten Gläubiger oder dem Verwalter, nicht vom
Gemeinschuldner angerufen werden.

Alle diese Vorschriften über die Nothwendigkeit der Genehmigung des Ausschusses oder der Gläubigerversammlung, die
Mittheilung an den Gemeinschuldner und dessen Einspruch betreffen indeß nur das innere Verhältniß des Verwalters zu den
Gläubigern und zum Gemeinschuldner; im übrigen wird, wie
§. 124 sich ausdrückt, die Gültigkeit einer Rechtshandlung des
Verwalters Dritten gegenüber durch diese Vorschriften nicht
berührt. Der Dritte braucht sich nicht darum zu kümmern, ob
ein Ausschuß bestellt ist, ob der Ausschuß oder eine Gläubigerversammlung ordnungsmäßig berufen sind, ob sie gesetzmäßig
beschlossen haben, und ob eine Handlung zu einer der Kategorien
der §§. 121, 122 gehört. Der Verwalter würde durch Nichtbeobachtung der Vorschriften sich den Gläubigern und dem
Gemeinschuldner gegenüber verantwortlich machen; seine Handlung bleibt aber immerhin für die Masse rechtsverbindlich. Die
Behörden, welche die Rechtsverhältnisse entweder allen Dritten
oder einzelnen Dritten gegenüber zu prüfen haben, haben daher
weder ein Interesse, noch das Recht, den Nachweis einer entsprechenden Genehmigung zu fordern. Dies ist namentlich für
Eintragungen und Löschungen im Grundbuche und für die
Frage, ob für die Anstrengung eines Prozesses der Nachweis
der Genehmigung nothwendig ist, wichtig.

Bei der Beendigung des Amtes muß der Verwalter Rechnung
legen, mag die Beendigung während des Konkurses, etwa durch
seine Entlassung, oder mit der Beendigung des Konkurses selbst
erfolgen. Die Rechnung soll mit Belägen auf der Gerichtsschreiberei niedergelegt werden; ist ein Ausschuß bestellt, so soll
dieser seine Bemerkungen beifügen. Die Rechnung wird denjenigen gelegt, welchen der Konkursverwalter verantwortlich ist,
also dem Konkursgläubigern und dem Gemeinschuldner; jeder
von diesen hat das individuelle Recht, Erinnerungen gegen die
Rechnung aufzustellen, und dasselbe Recht hat in dem Falle,
wenn während des Konkurses durch Entlassung, Todesfall oder
Verzicht das Amt eines Verwalters beendigt wird, der nachfolgende Verwalter, weil auch dieser im gemeinsamen Interesse
der Gläubiger den Gemeinschuldner vertritt. Der Termin zur
Abnahme der Rechnung dient indeß nicht dazu, um gemeinsame
Beschlüsse der Anwesenden hinsichtlich der Rechnungserinnerungen
mit verbindlicher Kraft gegen den Verwalter zu beschließen. Er
ist nur dazu bestimmt, den Betheiligten Gelegenheit zur Aufklärung über die Verwaltung zu geben, und die Erinnerungen
zu firiren, welche von irgend einem Betheiligten gegen die
Rechnung gemacht werden. Das Präjudiz für alle Betheiligten
ist, daß Erinnerungen, welche nicht im Termin gemacht werden,
später nicht geltend gemacht werden können; der Anfang der
Verantwortlichkeit des Verwalters wird dadurch abgeschlossen.
Werden Erinnerungen aufgestellt und nicht im Termin erledigt,
so bleibt dem Einzelnen überlassen, sie im besonderen Prozeßverfahren geltend zu machen, und dabei würde dann zu erörtern
sein, ob und wie weit die Einzelnen je nach der Natur der
Erinnerung und der Richtung ihrer Anträge berechtigt sind, die
Verantwortlichkeit des Verwalters in Anspruch zu nehmen.

(Lebhafter Beifall.)

Vom Reichsgericht.

Nachdem am 1. Oktober d. J. die Eröffnungsfeier, über
welche die Tagesblätter berichtet haben, stattgefunden, wurden in
der öffentlichen Sitzung vom 4. d. M. vereidet die beim Reichsgericht zugelassenen Rechtsanwälte: Arndts, Dr. Bohlmann,
Dr. Braun, Bussenius, Dr. Crome, Dorn, Erythropel,
Henner, Dr. Feß, Johannsen, Dr. Luden, Dr. Lünzel,
Mecke, Pahst, Dr. Reuling, Romberg, Sachs, Stegemann, Dr. Thomsen.

Weitere öffentliche Sitzungen des Reichsgerichts haben bis
Mitte Oktober noch nicht stattgefunden. Der regelmäßige Dienst des
Gerichtshofes kann erst beginnen, wenn eine genügende Anzahl von
Sachen alten Verfahrens durch schriftliche Berichterstattung vorbereitet sind. Nach dem deutschen Civilprozeßrecht zu verhandelnde Prozesse werden im Jahre 1879/80 wohl nur ganz vereinzelt vorkommen. Die für diese Zeitschrift zu erstattenden Berichte über die richterliche Thätigkeit des Reichsgerichts können
daher sachgemäß erst mit Anfang 1880 beginnen. Einstweilen
mag von Reichskanzler für die Zeit vom 1. Oktober bis
31. Dezember d. J. angeordnete Geschäftsvertheilung, deren spätere Regelung dem Präsidium des Reichsgerichts obliegt, hier
mitgetheilt werden.

Bei dem Reichsgerichte sind gebildet fünf Civilsenate, drei
Strafsenate und zwei Hülfssenate.

1) Von den bürgerlichen Rechtsstreitigkeiten sind zu bearbeiten:
a. vom I. Civilsenate,
die im §. 13 Abs. 1 Nr. 1, 3 und Abs. 2 des Gesetzes
betreffend, die Errichtung eines obersten Gerichtshofes für
Handelssachen, vom 12. Juni 1869 (B.-G.-Bl. S. 201),
in §. 19 des Gesetzes über Markenschutz vom 30. November 1874 (R.-G.-Bl. S. 143) und in §. 15 des
Gesetzes, betreffend das Urheberrecht an Mustern und
Modellen, vom 11. Januar 1876 (R.-G.-Bl. S. 11)
bezeichneten Handelssachen aus den Bezirken der Oberlandesgerichte Augsburg, Bamberg, Berlin, Braunschweig,
Breslau, Celle, Dresden, Hamburg, Hamm, Jena, Kiel,
Königsberg, Marienwerder, München, Naumburg, Nürnberg, Oldenburg, Posen, Rostock und Stettin, sowie aus
den Konsulargerichtsbezirken;
b. vom II. Civilsenate,
die zu a bezeichneten Sachen aus den Bezirken der Oberlandesgerichte Cöln, Colmar, Darmstadt, Frankfurt a./M.
Karlsruhe, Kassel, Stuttgart und Zweibrücken, sowie die
übrigen bürgerlichen Rechtsstreitigkeiten aus den Bezirken der Oberlandesgerichte Cöln, Colmar und Karlsruhe und des Landgerichts Mainz, soweit diese Sachen
nicht unter c. fallen;
c. vom III. Civilsenate,
die Rechtsstreitigkeiten in welchen durch die Klagen ein
Anspruch aus einem Wechsel im Sinne der Wechselordnung erhoben ist (§. 13 Abs. 1 Nr. 2 des Gesetzes betreffend die Errichtung eines obersten Gerichtshofes für
Handelssachen, vom 12. Juni 1869 (B.-G.-Bl. S. 201
und §. 101 Nr. 2 des Gerichtsverfassungsgesetzes) sowie die
in §. 2 Abs. 3 des Gesetzes über die Abgaben von der
Flößerei, vom 1. Juni 1870 (B.-G.-Bl. S. 312),

in §. 32 Abſ. 1 des Geſetzes, betreffend das Urheberrecht an Schriftwerken, Abbildungen, muſikaliſchen Kom-
poſitionen und dramatiſchen Werken, vom 11. Juni 1870
(B.-G.-Bl.-S. 339) in Verbindung mit §. 16 des Geſetzes, betreffend das Urheberrecht an Werken der bildenden Künſte, vom 9. Januar 1876 (R.-G.-Bl. S. 4)
und mit §. 9 des Geſetzes, betreffend den Schutz der
Photographien gegen unbefugte Nachbildungen, vom 10.
Januar 1876 (R.-G.-Bl S. 8),
in §. 10 des Geſetzes, betreffend die Verbindlichkeit zum
Schadenerſatz für die bei dem Betriebe von Eiſenbahnen,
Bergwerken u. ſ. w. herbeigeführten Tödtungen und Körperverletzungen, vom 7. Juli 1871 (R.-G.-Bl. S. 207),
in §§. 152—154 des Geſetzes, betreffend die Rechtsverhältniſſe der Reichsbeamten, vom 31. März 1873 (R.-G.-
Bl. S. 61),
in §. 44 der Strandungsordnung vom 17. Mai 1874
(R.-G.-Bl. S. 73),
in §. 50 des Bankgeſetzes vom 14. März 1875 (R.-G.-
Bl. S. 177) und
in §§. 32. 37 des Patentgeſetzes vom 25. Mai 1877
(R.-G.-Bl. S. 501)
bezeichneten Rechtsſachen aus dem ganzen Gebiete des
Reichs und den Konſulargerichtsbezirken, ſowie die nicht
unter a. fallenden bürgerlichen Rechtsſtreitigkeiten aus den
Bezirken der Oberlandesgerichte Braunſchweig, Celle, Dresden, Frankfurt a/M., Hamburg, Jena, Caſſel, Kiel,
Oldenburg, Roſtock und Stuttgart, ſowie der Landgerichte Darmſtadt und Gießen; und diejenigen Sachen,
welche dem Reichsgericht durch die Kaiſerliche Verordnung
vom 26. September d. J. betreffend die Ueberweiſung
heſſiſcher und §. 2 der Kaiſerlichen Verordnung vom 26.
September d. J., betreffend die Ueberweiſung waldecki-
ſcher Rechtsſachen, zugewieſen ſind.

d. Vom IV. Civilſenate,
die nicht unter a. und c. fallenden bürgerlichen Rechtsſtreitigkeiten aus den Bezirken der Oberlandesgerichte Berlin,
Breslau, Hamm, Königsberg, Marienwerder, Naumburg,
Poſen und Stettin und den Konſulargerichtsbezirken,
ſoweit ſie nicht dem V. Civilſenate zugewieſen worden; ſowie
diejenigen Sachen, welche dem Reichsgericht durch §. 2
der Kaiſerlichen Verordnung vom 26. September d. J.
betreffend die Ueberweiſung preußiſcher Rechtsſachen, zugewieſen ſind;

e. vom V. Civilſenate,
die ſachenrechtlichen Sachen aus den Bezirken der zu d.
bezeichneten Oberlandesgerichte.
Miets- und Pachtſachen ſind hiermit nur zu rechnen ſo-
es ſich um Streitigkeiten mit Hypothekengläubigern oder
anderen Realberechtigten oder mit dem Dritterwerber eines
vermietheten oder verpachteten Grundſtücks handelt.
Die durch Kaiſerliche Verordnung dem Reichsgericht zu-
gewieſenen Rechtsſachen, für welche in zweiter Inſtanz das
Reviſions-Collegium in Berlin zuſtändig iſt, gelten im
Sinne der vorſtehenden Beſtimmungen als Rechtsſachen
aus denjenigen Oberlandesgerichtsbezirken, in welchen die
von dem Verfahren betroffenen Grundſtücke belegen ſind.

f. Der I. Hülfsſenat hat zu bearbeiten: die in den Geſchäfts-
kreis des III. und IV. Civilſenats fallenden Sachen,
aus dem Obligationenrecht,
g. der zweite Hülfsſenat erledigt die altpreußiſchen Sachen,
welche betreffen:
α. Die ganze Lehre vom Bauernſtande und von Dorfge-
meinen.
aa. die Rechte der Bauern an ihren Beſitzungen: als Eigenthümer, Zins- und Erbzinsbeſitzer, Erb- oder Zeitpäch-
ter, Kulturſitzer u. ſ. w. der Gutsherrſchaft gegenüber, wogegen die Rechte und Verbindlichkeiten derſelben gegen
dritte Perſonen, ihrem Gegenſtande nach, der Kompetenz der übrigen Senate folgen;
bb. die auf dieſen Beſitzungen haftenden Dienſte, Dienſt-
gelder, Zinſen, Beſitzveränderungs- Abgaben und andere Laſten, jedem Berechtigten gegenüber;
cc. die perſönlichen Verpflichtungen der Bauern gegen die
Gemeine oder die Gutsherrſchaft;
dd. ſämmtliche Streitigkeiten über Altentheile;
ee. die hypothekariſchen Rechte und Verbindlichkeiten der
Müller, Krüger, Schmiede, Schlächter, Bäcker und anderer Handwerker auf dem Lande; gegen die Gutsherrſchaft, die Gemeine und deren Mitglieder;
β. Sämmtliche auf ländlichem oder ſtädtiſchem Eigenthum
haftenden Grundgerechtigkeiten (Land-Recht Thl. I. Titel 22) und die geſetzlichen Einſchränkungen dieſes Eigenthums (Land-Recht Thl. I. Tit. 8), Zwangs-, Bann-
Rechte, Rechte der Apotheker und andere Gewerbebe-
rechtigungen, einſchließlich der Abdeckereien und deren
Ablöſung, inſoweit dieſe Ablöſung nicht bei den Ge-
neral-Commiſſionen oder den an deren Stelle tretenden Ablöſungsbehörden verhandelt worden und zur Entſcheidung gekommen ſind;
γ. das Recht der Städte und Marktflecken mit den ihnen
zuſtehenden Befugniſſen als Gemeinen, insbeſondere die
Jahrmarkts-Gerechtigkeit, die Befugniß zur Erhebung
von Bürgerrechtsgeldern, und die Verwaltung des ſtädtiſchen Kämmerei-Vermögens, alle ſtädtiſchen Einkünfte,
ſtädtiſche Abgaben und Laſten auch andere Kommunal-
verpflichtungen, ohne Unterſchied, ob ſie dinglicher oder
perſönlicher Natur ſind;
δ. die Mühlengerechtigkeit und alle Mühlenſachen, die Anlage neuer Stauwerke, Entwäſſerungs- und Bewäſſe-
rungs-Angelegenheiten, Verſchaffung der Vorfluth und
Benutzung der öffentlichen und Privat-Gewäſſer;
ε. alle Auseinanderſetzungs-, Ablöſungs- und Gemein-
heitstheilungs-Sachen, ſowie alle anderen Streitigkeiten,
welche vor die Auseinanderſetzungs- und Ablöſungs-
Behörden gezogen worden;
ζ. die Streitigkeiten über Domänen;
η. Grenz- und Bauſachen (Tit. 42 der Prozeß-Ordnung);
ϑ. die Streitigkeiten über Gegenſtände des freien Thier-
fanges, der Jagd und Fiſcherei.
2) Von den Strafſachen ſind zu behandeln:
a. vom I. Strafſenate:
die Strafſachen aus den Bezirken der Oberlandesgerichte
Augsburg, Bamberg, Cöln, Colmar, Darmſtadt, Frank-

furt, Karlsruhe, München, Nürnberg, Stuttgart und Zwei-brücken;

b. vom II. Strafsenate:
die Strafsachen aus den Bezirken der Oberlandesgerichte Berlin, Breslau, Königsberg, Marienwerder, Posen und Stettin, sowie aus den Konsulargerichtsbezirken;

c. vom III. Strafsenate:
die Strafsachen aus den Bezirken der Oberlandesgerichte Braunschweig, Celle, Dresden, Hamburg, Hamm, Jena, Kassel, Kiel, Naumburg, Oldenburg und Rostock.
Für den Fall einer Ueberbürdung des II. Strafsenats mit Sachen, welche am 1. October d. J. bereits anhängig waren, kann durch Anordnung des Präsidiums ein Theil dieser Sachen dem I. Strafsenate zugewiesen werden.

3) Insofern das Reichsgericht zur Verhandlung und Entscheidung der im § 17 des Gerichtsverfassungsgesetzes bezeichneten Streitigkeiten berufen ist, entscheidet derjenige Senat, an den die anhängige Rechtsstreitigkeit selbst gelangen würde.

4) Im Zweifelsfalle, vor welchen Senat eine Sache gehöre, entscheidet der Präsident des Reichsgerichts.

Aus der Praxis des Reichsoberhandelsgerichts.

a. Retentionsrecht. Exceptio non adimpleti contractus.

(Urtel des Reichs-Oberhandelsgerichts vom 11. Sept. 1878 Rep. 916/78 Levin c. Lohf u. Thiemer).

Aus den Gründen.

In Erwägung:

daß nach dem Preußischen Recht der auf Zahlung eines von ihm geschuldeten Geldbetrags Verklagte nicht ein Zurückhaltungsrecht an dieser Geldschuld ausüben kann, wie das Reichs-Oberhandelsgericht bereits in einem früheren Falle (vergleiche Entscheidungen Band 21 pag. 83 bis 85) in Uebereinstimmung mit dem Königlich Preußischen Obertribunal (vergleiche Striethorst, Archiv Band 84 pag. 241 bis 243. Entscheidungen des Obertribunals Band 70 pag. 183, 184) und mit Förster (Preußisches Privatrecht Band I § 119b pag. 798 sqq. der dritten Ausgabe) entschieden hat, daß daher das Appellationsgerichts-Urtheil, welches ein solches Zurückbehaltungsrecht rechtsirrthümlich angenommen hat, der Vernichtung unterliegt;

daß bei anderweiter freier Beurtheilung der Sache sich nur fragen kann, ob der Verklagten die Einrede des nicht erfüllten Vertrags mit der Wirkung zur Seite steht, daß sie den eingeklagten unbestrittenen Preis der gelieferten Gußwaaren nur Zug um Zug gegen Rücklieferung der von der Verklagten dem Kläger übergebenen bei der Anfertigung der fraglichen Gußwaaren zu benutzenden Modelle fordern kann;

daß diese Frage je nach der konkreten Sachlage zu entscheiden ist, nach der thatsächlichen Lage der vorliegenden Sache aber verneint werden muß;

daß nämlich die Entscheidung davon abhängt, ob die Rückgabe der Modelle zu der eingeklagten Preiszahlung im Verhältnisse von Leistung und Gegenleistung steht, dies aber wiederum von der konkreten Intention der Paciscenten abhängt;

daß nun die Modelle von der Verklagten nicht zur Anfertigung einer einzelnen Arbeit, sondern zur Benutzung in einem intendirten Geschäftsverkehr von längerer Dauer, welche von vornherein gar nicht zu bestimmen war, hingegeben sind, und daß darnach der Zeitpunkt der Zurückgabe der Modelle erst eintreten sollte, wenn von der einen oder andern Seite der Geschäftsverkehr für definitiv beendigt erklärt und beim Aufhören des Zwecks, zu welchem die Modelle gegeben waren, deren Zurückgabe verlangt wurde;

daß aber die Intention der Paciscenten zweifelsohne nicht dahin ging, daß Kläger auf die Zahlung des Preises der nach und nach gelieferten Gußwaaren so lange warten sollte, bis der Zeitpunkt der Rückgabe der Modelle eingetreten sein werde, daß vielmehr ohne Zweifel die Preise der Gußwaaren, da eine Creditgewährung nicht behauptet ist, alsbald, nachdem solche geliefert waren, gezahlt werden sollte;

daß nun das letzte Stück von dem Kläger Anfangs December 1875 geliefert worden ist, auch die sämmtlichen noch rückständigen Preise im Dezember 1875 gefordert werden konnten, und daß Klägers Rechte dadurch nicht geschmälert werden konnten, daß er die Einklagung der Preise noch eine kurze Zeit aufschob, daß Verklagte aber die Rückgabe der Modelle ihrer eigenen Behauptung nach erst Anfangs Februar 1876 gefordert hat;

daß daher dem Kläger nicht zuzumuthen ist, auf die Zahlung der rückständigen Preise so lange zu warten, bis die Streitigkeiten über die verlangte Rückgabe von Modellen entgültig entschieden sind; der Verklagten vielmehr nur überlassen werden kann, ihre Ansprüche auf Rückgabe von Modellen im besonderen Verfahren geltend zu machen;

für Recht erkannt.

b. Gesetzliche Zinsen

dürfen nach Preußischem Rechte selbstständig eingeklagt werden, selbst wenn die Hauptforderung im Concurse des Schuldners liquidirt war.

(Vgl. § 14 Nr. 5 des Einführungsgesetzes zur Reichs-Civil-Prozeßordnung). (Reichs-Oberhandelsgericht. Urtheil 4. December 1878 Rep. 1436/78 Weuste c. Strathmann.)

Aus den Gründen.

Vom Reichs-Oberhandelsgericht ist in dem in den Entscheidungen Band 21 Nr. 104 Seite 320 abgedruckten Erkenntniß ausgeführt, daß der Satz: „Verzugszinsen dürfen nicht selbstständig eingeklagt werden" im Preußischen Landrecht nicht begründet und auch in dieser Allgemeinheit in der Praxis der Preußischen Gerichte nicht anerkannt ist. Die Imploranten wollen diesen Satz auch nicht aufrecht erhalten, sie bestreiten aber, daß, was von Verzugszinsen gelte, auch von den gesetzlichen Zinsen überhaupt gelten müsse. Was in den §§ 843 ff. des Allgemeinen Landrechts Theil I Titel 11 für Zögerungszinsen ausgesprochen ist, enthält nach der Ansicht der Imploranten specielle Bestimmungen für diese besondere Art der gesetzlichen Zinsen und kann darum auf gesetzliche Zinsen überhaupt nicht angewandt werden. In Ermangelung ausdrücklicher Vorschriften über die selbstständige Klagbarkeit der anderen Arten gesetzlicher Zinsen sei auf allgemeine Grundsätze zurückzugreifen, nach diesen aber sei die selbstständige Klagbarkeit nicht anzuerkennen.

Diese Ansicht ist eine irrige.

Die betreffenden Stellen finden sich allerdings in dem vom Darlehnsvertrag handelnden Abschnitt, aber das Gesetzbuch „handelt die Lehre von den Zinsen überhaupt an dieser Stelle ab, weil bei diesem Rechtsgeschäft am häufigsten und am meisten ihre Natur sich zeigt" (Förster, Preußisches Privatrecht §. 68 Note 1). Die Bestimmungen über Verzögerungszinsen werden aber im §. 65 des Allgemeinen Landrechts Theil I Titel 16 ausdrücklich auch „auf andere verzögerte Zahlungen" anwendbar erklärt.

Nun spricht der 7. Abschnitt Theil I Titel 11 allerdings nur von vorbedungenen und von Verzugszinsen, nicht von anderen gesetzlichen Zinsen. Daraus folgt aber nicht, daß von den Bestimmungen über die selbstständige Geltendmachung der Zinsen auf diese anderen gesetzlichen Zinsen keine Anwendung zu machen wäre, denn, wenn die vorbedungenen und die Verzugszinsen in dieser Beziehung verschieden behandelt werden, so beruht diese Verschiedenheit gerade auf dem verschiedenen Entstehungsgrund der Zinsansprüche; Vertrag — Gesetz. Dieser Entstehungsgrund ist aber für Verzugszinsen kein anderer, als für die sonstigen gesetzlichen Zinsen. Die betreffenden Grundsätze über Verzugszinsen sind deswegen auf alle gesetzlichen Zinsen anzuwenden (wie dies auch z. B. Förster a. a. O. ohne weitere Begründung thut). Keinenfalls ist es zulässig, die selbstständige Geltendmachung der anderen gesetzlichen Zinsen in beschränkterem Umfange zuzulassen, als die der Verzugszinsen. Der von den Imploranten aufgestellte Grundsatz ergiebt sich mithin in seiner Allgemeinheit als falsch.

Allein wollte man auch insoweit der Ansicht der Imploranten beitreten, als sie annehmen, das Landrecht enthalte keine Bestimmungen über die gesetzlichen Zinsen, abgesehen von den Verzugszinsen, es seien also allgemeine Grundsätze maßgebend, so würde man doch zu keinem anderen Resultat gelangen.

Es kann ununtersucht bleiben, unter welchen Voraussetzungen nach allgemeinen Grundsätzen die selbstständige Geltendmachung der gesetzlichen Zinsen unzulässig sei, denn keinenfalls kann sie in dem Fall als unzulässig erscheinen, wenn die Sache so liegt, daß weder der Berechtigte im Stande ist, bei der Geltendmachung des Hauptanspruchs auch den Zinsanspruch zu verfolgen, noch der angegangene Richter ex officio auf denselben erkennen darf, also insbesondere in dem Fall, wenn die Hauptforderung gegen eine Concursmasse geltend gemacht wird.

Die Bestimmung des §. 12 der Preußischen Konkursordnung, daß die Konkurseröffnung den Lauf der Zinsen jeder Forderung hemmt, schließt die Möglichkeit der Geltendmachung der von der Konkurseröffnung an laufenden gesetzlichen Zinsen gegen die Konkursmasse, beziehungsweise der Zahlung derselben aus der Konkursmasse aus. Dagegen bleibt dem Gemeinschuldner gegenüber der Zinsenlauf ungehemmt. Es muß also nothwendig auch ein Mittel gegeben sein, demselben gegenüber den Zinsanspruch geltend zu machen, und zwar auch dann, wenn die ganze Hauptforderung aus der Konkursmasse getilgt ist.

Der von den Imploranten aufgestellte Satz gilt mithin in der behaupteten Allgemeinheit nicht und zwar ist seine Geltung jedenfalls gerade in der Richtung hin ausgeschlossen, in welcher er vom zweiten Richter nicht anerkannt ist.

Der erste Angriff ist mithin verfehlt.

Dasselbe gilt aber auch vom eventuellen Angriffe.

Der Umstand, daß der Richter nicht über Zinsen erkannt hat, kann schlechterdings nur dann eine Bedeutung haben, wenn er darüber hätte erkennen können, weil das Uebergehen der Zinsen nur dann überhaupt als ein richterlicher Ausspruch aufgefaßt werden kann, wenn auch umgekehrt auf diese Zinsen hätte erkannt werden können.

Daraus, daß das in der Klagsache gegen die Konkursmasse des Hermann Weuste ergangene Erkenntniß die Verzugszinsen nicht erwähnt, kann daher nicht geschlossen werden, daß sie ihm aberkannt sein sollten. Ebensowenig kann dem Kläger daraus ein Präjudiz erwachsen, daß er die ihm zuerkannte Zahlung der Hauptschuld vorbehaltslos annahm.

Ein Vorbehalt der Zinsforderung dem Vertreter der Konkursmasse gegenüber würde, da dieser nicht einmal berechtigt war, die Zinsen zu zahlen, eine völlig bedeutungslose Handlung gewesen sein. Ein solcher Vorbehalt könnte auch nicht etwa als dem Gemeinschuldner gegenüber erfolgt angesehen werden, da der Vertreter der Konkursmasse den Gemeinschuldner nicht, beziehungsweise nicht weiter vertritt, als er für die Konkursmasse zu handeln befugt ist. Es hätte eine diesen Vorbehalt enthaltende Quittung sogar zurückgewiesen werden können. Entscheidungen des Reichsoberhandelsgerichts Band 20 Nr. 21 Seite 70.

Der zweite Richter hat sich somit einer Verletzung des §. 845 des Allgemeinen Landrechts Theil I Titel 11 nicht schuldig gemacht.

Personal-Veränderungen
in der Deutschen Anwaltschaft vom 25. September bis 31. Oktober 1879.

A. Titelverleihungen.

Dem bisherigen Ober-Gerichtsanwalt und Notar, Justizrath Dr. Augsburg in Lüneburg wurde bei seinem Ausscheiden aus dem Dienste der Charakter als Geheimer Justizrath verliehen.

Dem Rechtsanwalt und Notar Roeder in Dortmund wurde bei seinem Ausscheiden aus dem Justizdienste der Charakter als Justizrath verliehen.

B. Ordensverleihungen.

Dem Justizrath, Rechtsanwalt und Notar Dr. jur. Wolff zu Flensburg wurde der Rothe Adler-Orden IV. Klasse verliehen.

Dem Geheimen Justizrath, Rechtsanwalt und Notar Cruse zu Königsberg i. Pr. wurde der Rothe Adler-Orden III. Klasse mit der Schleife verliehen.

Dem Justizrath, Rechtsanwalt und Notar Hadelich zu Erfurt wurde der Rothe Adler-Orden III. Klasse mit der Schleife verliehen.

Dem Justizrath, Rechtsanwalt und Notar Reich in Wehlau wurde der Rothe Adler-Orden IV. Klasse verliehen.

Dem Justizrath, Rechtsanwalt und Notar Cochius zu Schweidnitz wurde der Rothe Adler-Orden IV. Klasse verliehen.

Dem Advokat-Anwalt Dr. Reinach zu Mainz wurde der Rothe Adler-Orden IV. Klasse verliehen.

Dem Justizrath, Rechtsanwalt und Notar Dr. Schulz zu Bochum wurde der Rothe Adler-Orden III. Klasse mit der Schleife verliehen.

Dem Rechtsanwalt und Notar a. D., Justizrath Sallbach zu Conitz wurde der Rothe Adler-Orden IV. Klasse verliehen.

Dem Justizrath, Rechtsanwalt und Notar Fischer zu Breslau wurde der Rothe Adler-Orden III. Klasse mit der Schleife verliehen.

Es wird hiermit in Anregung gebracht, daß die Anwaltskammern nach ihrer Konstituirung die Verzeichnisse der Mitglieder und Vorstandsmitglieder drucken lassen und jährlich gegenseitig austauschen. Die Vortheile eines solchen Verfahrens für den Geschäftsverkehr unter den deutschen Anwälten springen in die Augen.

In Nr. 27 der Juristischen Wochenschrift vom 20. Juni d. J. hat der Vereinsvorstand angezeigt, daß Ende October d. J. den Vereinsmitgliedern ein die neue Prozeßgesetzgebung berücksichtigender Terminkalender für Deutsche Rechtsanwälte unentgeldlich geliefert werden solle. Die Ausgabe des Kalenders verzögert sich in Folge mehrfacher bei Beschaffung des Materials hervorgetretener Schwierigkeiten bis Mitte November d. J. Es wird dadurch die Mittheilung aller bis Ende October bewirkten Eintragungen in die Rechtsanwaltslisten in dem Kalender möglich.

Mit Rücksicht darauf, daß den Mitgliedern in dem Terminkalender ein vollständiges Verzeichniß der Deutschen Rechtsanwälte geboten wird, und die Veröffentlichung aller seit dem September d. J. von den Gerichten in dem Reichsanzeiger bekannt gemachten Eintragungen in die Rechtsanwaltslisten einen sehr bedeutenden Raum in Anspruch nehmen würde, soll die Mittheilung der in der Deutschen Anwaltschaft eingetretenen Personalveränderungen für die Zeit vom 25. September bis zu dem Tage, an welchem die in dem Terminkalender berücksichtigten Listen abgeschlossen werden, unterbleiben.

Ansbach und Berlin, 21. October 1879.

Die Redaktion.

Für die Redaktion verantw.: E. Haenle. Verlag: W. Moeser, Hofbuchhandlung. Druck: W. Moeser, Hofbuchdruckerei in Berlin.

№ 32 und 33.   Berlin, 1. Dezember.   1879.

Juristische Wochenschrift.

Herausgegeben von

S. Haenle,
Königl. Advokat in Ansbach.

und

M. Kempner,
Rechtsanwalt beim Landgericht I. in Berlin.

Organ des deutschen Anwalt-Vereins.

Preis für den Jahrgang 12 Mark. — Bestellungen übernimmt jede Buchhandlung und Postanstalt.

Den Herrn Vereinsmitgliedern wird hiermit bekannt gegeben, daß der Terminkalender für Anwälte, Notare und Gerichtsvollzieher Anfangs Dezember d. J. zur Ausgabe gelangt. Derselbe wird den Mitgliedern durch Heymann's Verlag, Mauerstraße 63/65 Berlin direkt frei zugestellt. Wer den Kalender mit Papier durchschossen wünscht, möge solches unverzüglich Heymann's Verlag unter Uebersendung von 50 Pf. in Briefmarken melden. Reklamationen wegen etwaiger Uebergehung bei der Lieferung des Kalenders bitte ich gefälligst an mich zu richten.

Sodann benachrichtige ich die Herrn Vereinsmitglieder, daß Herr Geheimer Registrator im Reichsjustizamt Pfafferoth zu Berlin, Gneisenaustraße 101, sich bereit erklärt hat, die etwa bei Anwendung der Gebührenordnung auftauchenden Fragen, nöthigenfalls nach Berathung mit Berliner Anwälten, in der Juristischen Wochenschrift zu besprechen. Die Herrn Kollegen werden gebeten, über die etwa entstehenden Zweifel bei Anwendung der Anwalt-Gebührenordnung Herrn Pfafferoth gefälligst Mittheilung zu machen.

Endlich wird die frühere Benachrichtigung wiederholt, daß der Mitgliederbeitrag für 1880 auf 12 Mark festgesetzt ist.

Leipzig, Ende November 1879.

Mecke
Justizrath
Schriftführer.

Inhalt:

Berichtigung.

Zu den in dem Artikel vom Reichsgericht aufgeführten Anwälten, welche den Eid geleistet haben und definitiv zugelassen sind, gehört auch der Rechts-Anwalt Seelig zu Leipzig, dessen Benennung durch ein Versehen unterblieben ist.

Die Geschäftsordnung für die Anwaltskammer.

Dem bayerischen Anwaltstage, welcher sich am 21. September d. J. in Nürnberg versammelt hatte, lag als wichtigster Berathungsgegenstand ein Vorschlag zu einer Geschäftsordnung für die bayerischen Anwaltskammern vor. Der Referent, Herr Kollege Frankenburger, hatte eine wohldurchdachte und wohlmotivirte Geschäftsordnung entworfen, die wir um so mehr unseren Lesern unterbreiten zu müssen glauben, als sie auch den Geschäftsordnungen der Anwaltskammern anderer deutscher Staaten in den wesentlichsten Bestimmungen zu Grunde gelegt werden kann.*)

§. 1.

Bei der Anwaltskammer ist eine Liste ihrer Mitglieder mit Angabe der Wohnsitze derselben von dem Vorstande zu führen.

---

*) Der Herr Verfasser wünscht, daß der Entwurf von dem Gesichtspunkte aus beurtheilt werde, daß die einzelnen Bestimmungen an der Hand der Rechtsanwaltsordnung und der Reihenfolge der Bestimmungen dieses Gesetzes folgend entstanden sind. Deshalb entbehrt der Entwurf der systematischen Ordnung und enthält einerseits Wiederholungen, welche bei einer systematischen Zusammenstellung beseitigt werden können, andererseits bringt er einzelne Vorschriften getrennt von den damit in Zusammenhang stehenden Bestimmungen.

Mehrere Sätze können in einen Paragraphen verbunden werden, so namentlich die Bestimmungen, welche die Leitung der Versammlung der Anwaltskammer durch den Vorsitzenden des Vorstands und die Handhabung der Ordnung betreffen.

§. 2.

Mindestens der dritte Theil des Vorstandes der Anwaltskammer muß am Orte des Oberlandesgerichts wohnen.

§. 3.

Der Vorstand wird von der Versammlung der Kammer
durch nicht unterschriebene Stimmzettel in einer einzigen Wahlhandlung gewählt.

Die Versammlung des Vorstandes vollzieht ebenso durch
nicht unterschriebene Stimmzettel die Wahl des Vorsitzenden,
sodann dessen Stellvertreters, hierauf des Schriftführers und
endlich dessen Stellvertreters (§. 46 der Rechtsanwaltsordnung).

In gleicher Weise wählt der Vorstand die durch Wahl zu
bestimmenden Mitglieder des Ehrengerichts in einem einzigen
Wahlgange (§. 67 der Rechtsanwaltsordnung).

Die Abgabe der Stimmzettel erfolgt auf Namensaufruf.

Das Wahlergebniß wird von dem Vorsitzenden und dem
Schriftführer festgestellt.*)

§. 4.

Die Wahl durch Acclamation ist nur zulässig, wenn kein
Mitglied der Versammlung widerspricht.

§. 5.

Die Bestimmungen in den §§. 3 und 4 finden auch auf
die Ersatzwahlen Anwendung.

§. 6.

Die sonstigen Wahlen dürfen jederzeit durch Acclamation
vorgenommen werden.

§. 7.

Sofort nach Bekanntgabe des Wahlergebnisses veranlaßt
der Vorsitzende die Gewählten, welche in der Versammlung
anwesend sind, zur Erklärung über die Annahme der Wahl.

Den abwesenden Gewählten giebt derselbe von der auf sie
gefallenen Wahl mit der Aufforderung zur sofortigen Erklärung
über die Wahlannahme Kenntniß.

§. 8.

Wenn die Ablehnung der Wahl aus den in §. 45 der
Rechtsanwaltsordnung aufgeführten Gründen von den bei der Verkündigung des Wahlergebnisses in der Versammlung anwesenden
Gewählten nicht sofort nach der Verkündigung, von den abwesenden Gewählten nicht sofort (innerhalb . . . .)
nach Mittheilung der auf diese gefallenen Wahl erfolgt, wird
der Verzicht auf das Recht der Ablehnung angenommen.

§. 9.

Die Kammer kann über Ablehnungsgesuche, welche in der
Versammlung nach Verkündigung des Wahlergebnisses angebracht
werden, sofort beschließen und im Falle der Genehmigung zur
anderweiten Wahl schreiten.

§. 10.

Bei der Wahl des Vorsitzenden führt das älteste Mitglied

Bemerkungen des Verfassers finden sich noch bei den einzelnen
Paragraphen.

*) Hier ist hinzuzufügen:

Für den Fall der Resultatlosigkeit der Wahlhandlung wegen
Mangels einer absoluten Mehrheit erfolgt die engere Wahl
zwischen Denjenigen, welche die meisten Stimmen erhalten
haben. Bei Stimmengleichheit entscheidet das Loos.

der Kammer*) in der Versammlung den Vorsitz und bestimmt
den Schriftführer für die Versammlung aus deren Mitte.

Der gewählte Vorsitzende übernimmt sofort nach seiner
Wahl den Vorsitz.

§. 11.

Der Vorsitzende, der stellvertretende Vorsitzende, der Schriftführer, der stellvertretende Schriftführer und die durch Wahl zu
bestimmenden Mitglieder des Ehrengerichts werden auf ein Jahr
gewählt.

§. 12.

Jede Wiederwahl in den Vorstand und innerhalb des Vorstandes ist zulässig.

§. 13.

Die Versammlung der Kammer zur Wahl für Ergänzung
des Vorstandes nach §. 44 Abs. 1 der Rechtsanwaltsordnung
findet jeweilig im December des zweitfolgenden Jahres am Sitze
des Oberlandesgerichts statt.**)

Der Vorstand versammelt sich alljährlich im December am
Sitze des Oberlandesgerichts zur Wahl der Vorsitzenden, Schriftführer und Mitglieder des Ehrengerichts.

§. 14.

Der Vorstand und dessen Mitglieder setzen ihre Functionen
jederzeit bis nach vollendeter Ergänzungswahl fort.

§. 15.

Die Protokolle über die Versammlung der Anwaltskammer
können von jedem Mitgliede derselben eingesehen werden.

Ueber Anträge auf Gestattung der Einsicht sonstiger Protokolle und Acten mit Ausnahme solcher über ehrengerichtliche
Sachen beschließt der Vorstand, in dringlichen Fällen der Vorsitzende derselben.

Die Einsichtnahme darf nur aus besonderer Rücksicht auf
das Interesse der Anwaltskammer oder auch der Mitglieder verweigert werden.

§. 16.

Die Mitglieder des Vorstandes sind verpflichtet, die durch
Beschluß des Vorstandes ihnen übertragenen Geschäfte zu vollziehen.

Wenn der Vorstand einzelnen Mitgliedern die in Nr. 2
und 3 des §. 49 der Rechtsanwaltsordnung bezeichneten Geschäfte
im allgemeinen oder auf Zeit überträgt, so wird dadurch die
Abordnung eines andern Mitgliedes für ein solches Geschäft
nicht ausgeschlossen.

Das beauftragte Mitglied hat sofort nach dem Vollzuge
des Auftrags hierüber dem Vorstande zu berichten.

§. 17.

Der Vorstand ist berechtigt, für jeden in der Versammlung
der Kammer zu Verhandlung gelangenden Gegenstand einen
Berichterstatter zu bestimmen, welcher der Kammer Vortrag zu
erstatten hat.

§. 18.

Der stellvertretende Vorsitzende vertritt den Vorsitzenden,
der stellvertretende Schriftführer vertritt den Schriftführer in
Verhinderungsfällen.

§. 19.

Dem Vorsitzenden liegt die Leitung der Verhandlungen in
den Versammlungen der Kammer und des Vorstandes ob.

*) Statt "der Kammer" ist "des Vorstandes" zu setzen.
**) §. 13 kann mit §§. 21 bis 23 verbunden werden.

§. 20.

Der Schriftführer des Vorstandes ist zugleich der Schriftführer in der Versammlung der Kammer.

§. 21.

Die Kammer muß alljährlich mindestens einmal berufen werden.

§. 22.

Die jährliche Rechnungslegung über die Verwaltung des Vermögens der Kammer erfolgt in einer Versammlung, in welcher der Vorstand zugleich einen Jahresbericht über seine Thätigkeit erstattet.

§. 23.

Die gelegte Rechnung wird durch zwei von der Kammer aus ihrer Mitte zu wählende Revisoren geprüft. Den Revisoren wird die Rechnung von dem Vorstande 8 Tage vor der Versammlung der Kammer vorgelegt, in welcher die Rechnungsablage erfolgt.

Die Revisoren haben die geprüfte Rechnung unter schriftlicher Darlegung des Prüfungsergebnisses dem Vorstand vor dem Zusammentritt der Kammer zurückzugeben, und dieser über die Rechnung und deren Prüfung Bericht zu erstatten.

§. 24.

Die öffentlichen Bekanntmachungen zum Zwecke der Berufung der Kammer (§. 53) erfolgen in den nachstehend bezeichneten Blättern: . . . .

§. 25.

Der Vorsitzende eröffnet und schließt die Versammlung der Kammer, er ertheilt das Wort und hält die Ordnung in der Versammlung aufrecht.

§. 26.

Kein Mitglied darf sprechen, ohne das Wort verlangt und vom Vorsitzenden erhalten zu haben.

Der Vorsitzende ist berechtigt, den Redner auf den Gegenstand der Verhandlung hinzuweisen, zur Ordnung zu rufen und bei Erfolglosigkeit eines zweimaligen Ordnungsrufes ihm das Wort zu entziehen.

Der Vorsitzende kann jedes Mitglied der Kammer zur Ordnung rufen, welches die Ordnung in der Versammlung stört.

§. 27.

Gegen den Ordnungsruf und die Entziehung des Wortes steht dem Betroffenen Einspruch zu, über welchen die Kammer sofort beschließt.

§. 28.

Anträge von Kammermitgliedern, welche in der Versammlung zu einem Gegenstand der Tagesordnung gestellt werden, müssen dem Vorsitzenden schriftlich übergeben werden und von 10 Mitgliedern unterstützt sein.

§. 29.

Die Kammer kann jederzeit den Schluß der Debatte über einen Gegenstand beschließen.

§. 30.

Der Berichterstatter und dasjenige Mitglied, auf dessen Antrag der zur Verhandlung stehende Gegenstand auf die Tagesordnung gesetzt wurde, erhalten, wenn sie es verlangen, das Wort sowohl am Beginn als nach dem Schluß der Debatte.

§. 31.

Nach Schluß der Debatte stellt der Vorsitzende die Fragen. Ueber die Fragestellung kann das Wort verlangt werden, die Kammer beschließt darüber.

§. 32.

Die Abstimmung geschieht durch Aufstehen oder Sitzenbleiben.

Ist das Ergebniß nach Ansicht des Vorsitzenden zweifelhaft, so wird die Gegenprobe gemacht.

Liefert auch diese kein sicheres Ergebniß, so erfolgt namentliche Abstimmung.

Außerdem muß der Antrag auf namentliche Abstimmung von wenigstens 20 Mitgliedern unterstützt sein.

———

In Uebereinstimmung mit dem Herrn Referenten einigte sich jedoch die Versammlung dahin, lediglich folgende prinzipielle Grundsätze für die Abfassung der Geschäftsordnung aufzustellen.

1. Die Wahl sowohl des Vorstands der Anwaltskammer als des Vorsitzenden und Schriftführer, des Vorstands und von Mitgliedern des Ehrengerichts sind durch nicht unterschriebene Stimmzettel zu vollziehen — geheime Wahl —; die Wahl durch Acclamation ist ausgeschlossen.

2. Die Mitglieder des Ehrengerichts sind auf bestimmte Zeit — nicht von Fall zu Fall — zu wählen.

3. Die Vorsitzenden und Schriftführer des Vorstands sowie die Mitglieder des Ehrengerichts sind zunächst und für die erste Zeit auf ein Jahr zu wählen.

———

Die erste Versammlung der Anwaltskammer der innerhalb des Bezirks des Königlichen Kammergerichtes zugelassenen Rechtsanwalte hat am 22. November d. J. Zwecks der vorzunehmenden Wahlen folgende vorläufige Geschäfts-Ordnung für die Kammer und für den Vorstand festgestellt:

§. 1.

Die Zahl der Mitglieder des Vorstandes der Anwaltskammer wird auf 15 erhöht.

§. 2.

Der Vorsitzende der Versammlung hat die nähere Art und Weise, in welcher Beschlüsse der Kammer, mit Ausnahme der Wahlen der Mitglieder des Vorstandes nach absoluter Stimmenmehrheit zu fassen sind, zu bestimmen.

§. 3.

Die Wahlen der Mitglieder des Vorstandes des Vorsitzenden und Schriftführers desselben sowie deren Stellvertreter, ferner der Mitglieder des Ehrengerichtes erfolgen durch Abgabe von Stimmzetteln und zwar die Wahlen der Mitglieder des Vorstandes, sowie die Wahlen der Mitglieder des Ehrengerichts in je einem Wahlgange, dagegen die Wahlen des Vorsitzenden, des Schriftführers und deren Stellvertreter in verschiedenen Wahlgängen für jeden zu Wählenden. Ergiebt sich bei einem Wahlgange für einen oder mehrere eine absolute Stimmenmehrheit nicht, so erfolgt die engere Wahl unter denjenigen, welche die meisten Stimmen nächst den Gewählten gehabt haben, in doppelter Anzahl der noch zu Wählenden.

§. 4.

In Anschluß an die Wahlen der Mitglieder des Vorstandes der Anwaltskammer erfolgt unter Leitung des Vorsitzenden der Versammlung der Kammer unter den anwesenden gewählten Mitgliedern des Vorstandes die Wahl des Vorsitzenden, des Schriftführers und deren Stellvertreter.

Vom Reichsgericht.

Das Reichsgericht hat über die Legitimation der Anwälte zur Einführung des Rechtsmittels III. Instanz in vor dem 1. Oktober 1879 anhängig gewordenen Prozessen folgenden Beschluß gefaßt:

I. In den anhängigen Sachen sind, insoweit die bisherigen Prozeßgesetze des einzelnen Landes die Vertretung der Parteien bei Verhandlungen vor dem obersten Gerichtshofe gewissen jetzt weggefallenen Kategorien von Advokaten oder Anwälten übertrugen, beim Reichsgerichte nur die Reichsgerichtsanwälte als Vertreter zuzulassen. Insoweit aber die bisherigen Prozeßgesetze eine solche Beschränkung der Vertretungsbefugniß nicht statuiren, ist vor dem Reichsgerichte jeder Rechtsanwalt in den Grenzen seiner früheren Berechtigung als Parteivertreter zuzulassen.

II. Der §. 10 des Reichsgesetzes vom 12. Juni 1869, betreffend die Errichtung des Oberhandelsgerichts, und §. 5 des Reichsgesetzes vom 14. Juni 1871, betreffend die Bestellung des obersten Gerichtshofes für Elsaß-Lothringen, sind auch für das Reichsgericht maßgebend.

Preußisches Ausführungsgesetz zur Gebührenordnung.

Dem Preußischen Landtag ist folgender Gesetzentwurf vorgelegt:

§. 1.

Die Deutsche Gebührenordnung für Rechtsanwälte vom 7. Juli 1879 findet entsprechende Anwendung auf die Berufsthätigkeit des Rechtsanwalts

1. in den vor besondere Gerichte gehörigen Rechtssachen, auf welche die Deutsche Civil-Prozeßordnung oder die Deutsche Straf-Prozeßordnung Anwendung finden;

2. in den nach dem Gesetze vom 15. April 1878, betreffend den Forstdiebstahl, zu behandelnden Strafsachen;

3. im Disziplinarverfahren.

Das Verfahren vor der entscheidenden Disziplinarbehörde steht im Sinne des §. 63 der Gebührenordnung dem Verfahren vor der Strafkammer gleich.

§. 2.

Die Vorschriften der Deutschen Gebührenordnung für Rechtsanwälte §§. 2 bis 7, 10 bis 12, 41, 47, 76 bis 90, 93, 94 finden entsprechende Anwendung auf die Berufsthätigkeit des Rechtsanwalts in denjenigen Angelegenheiten, auf welche die Deutschen Prozeßordnungen nicht Anwendung finden, die Vorschrift des § 7 jedoch nur bei Prozeßangelegenheiten einschließlich der Zwangsvollstreckungen.

Soweit in solchen Angelegenheiten nach den bestehenden Vorschriften eine besondere Gebühr für die Vertretung in einem Termin oder für die Anfertigung eines Schriftsatzes zu erheben ist, beträgt dieselbe drei Zehntel der Sätze des §. 9 der Gebührenordnung.

§. 3.

Die Bestimmungen des §. 2 gelten auch für bereits anhängige Angelegenheiten mit Ausnahme der Konkurse, für anhängige Prozeßsachen jedoch nur insoweit, daß die Vorschriften der Gebührenordnung für Rechtsanwälte §§. 2 bis 7, 10 bis 12, 84 bis 86, 93, 94 nach Beendigung der Instanz Anwendung finden.

Auslagen werden auch in anhängigen Konkursen und Prozessen nach Maßgabe der Gebührenordnung §§. 76 bis 83 erhoben.

Die Gebühren für Erhebung und Ablieferung von Geldern werden nur kann nach § 87 der Gebührenordnung berechnet, wenn die Erhebung der Gelder nach dem Inkrafttreten des gegenwärtigen Gesetzes stattgefunden hat.

§. 4.

Dieses Gesetz tritt am Tage nach der Verkündung in Kraft.

Zustellungsfragen zur Civilprozeß-Ordnung und aus der Uebergangszeit.

Von Reichsgerichtsanwalt Dr. Reuling zu Leipzig.

1. Ueber Zustellungen im Auslande und deren Nachweis (§§. 182, 185 der Civil-Prozeßordnung).

Nach §. 182 der Civil-Prozeßordnung sind Zustellungen im Auslande mittels Ersuchens der zuständigen Behörde des fremden Staates oder des in diesem Staate residirenden Konsuls oder Gesandten des Reichs zu bewirken.

Nach §. 185 werden die erforderlichen Ersuchungsschreiben von den Vorsitzenden des Prozeßgerichts erlassen und wird die Zustellung durch das schriftliche Zeugniß der ersuchten Behörde oder Beamten, daß die Zustellung erfolgt sei, nachgewiesen.

Die Anwendung dieser Vorschriften hat für alle diejenigen Fälle keine Schwierigkeiten, in welchen es sich um die Zustellung einer gerichtlichen Verfügung oder überhaupt um Zustellungen handelt, welche durch den Gerichtsschreiber veranlaßt oder vermittelt werden (vergl. Civil-Prozeßordnung §. 152 Abs. 2).

Für diese Fälle einer Zustellung von Amtswegen war bisher schon der Weg der Requisition der betreffenden ausländischen Behörden vorgeschrieben. Insoweit überhaupt für diese Fälle eine Verschiedenheit des neuen gegenüber dem alten Verfahren hervortritt, betrifft dieselbe lediglich den bei der Requisition einzuhaltenden Geschäftsgang. Während nämlich bisher, soweit nicht in Staatsverträgen eine direkte Requisition vereinbart war, das Ersuchen an die kompetente ausländische Behörde auf diplomatischem Wege, also durch Vermittlung zunächst des auswärtigen Amtes und sodann weiter des betreffenden deutschen Gesandten oder Konsuls erfolgte, soll das Ersuchen jetzt, ohne diesen Umweg, direkt an die kompetente ausländische Behörde gerichtet werden.

Für alle diese Fälle von Zustellungen, welche von Amtswegen zu bewirken sind oder welche der Gerichtschreiber im Auftrag der Partei zu veranlassen hat, kann von Schwierigkeiten, welche sich aus der Anwendbarkeit der fraglichen Vorschriften ergeben könnten, nicht die Rede sein. Die Gerichtsakten ergeben, welche Schriftstücke zum Zweck der Zustellung auf dem Requisitionswege an die betreffende ausländische Behörde oder an den Gesandten oder Konsul geschickt sind. Sobald das Zeugniß dieser Behörde, bezw. des Gesandten oder Konsuls vorliegt, ist nicht blos die Zustellung an sich, sondern auch die Zustellung speziell der zur Zustellung bestimmten Schriftstücke nachgewiesen.

Anders liegt die Sache, wenn es um Zustellungen sich handelt, welche von der Partei auszugeben haben und wegen deren dieselbe, wenn eine Zustellung im Inlande in Frage stände, ihrerseits direkt an einen Gerichtsvollzieher sich zu wenden hätte, also nach §. 152 für alle Fälle des Anwaltsprozesses. Nach den Vorschriften der Civil-Prozeßordnung kann nicht zweifelhaft sein, daß die Partei, bez. deren Anwalt, in solchem Falle an den Präsidenten des Prozeßgerichts mit dem Antrage sich zu wenden hat, die Zustellung auf dem Requisitionswege zu veranlassen. Und zwar hat dabei die Civil-Prozeßordnung in §. 190 noch die besondere Sicherheitsvorschrift, daß in solchem Falle eine Verzögerung der wirklichen Zustellung deren Wirksamkeit nicht berührt, daß vielmehr, was den Ablauf der Zustellungsfrist betrifft, die Zustellung, wenn sie demnächst auf dem Requisitionswege wirklich erfolgt, als an dem Tage erfolgt gelten soll, an welchem das Ersuchen an den Vorsitzenden des Prozeßgerichts gerichtet worden ist.[*])

Insoweit ist also das Verfahren sehr einfach. Aber welche Mittel sind gegeben, um demnächst, wenn die Zustellung im Auslande wirklich bewirkt sein wird, betreffs der Identität oder doch des Inhalts der zugestellten Schriftstücke den etwa erforderlichen Nachweis zu liefern?

Zur Herstellung des desfallsigen Nachweises ist meines Erachtens nur ein völlig sicherer Weg gegeben. Nämlich der, daß der Antragsteller bei Einreichung der betreffenden Schriftstücke an den Vorsitzenden des Prozeßgerichts, welche selbstverständlich nicht bei diesem in Person, sondern auf der Gerichtsschreiberei zu erfolgen hat, sich von der Letzteren eine Bescheinigung ausstellen läßt, welche die Identität bezw. den Inhalt der übergebenen Schriftstücke ausreichend nachzuweisen geeignet ist. Nur in Verbindung mit einer solchen Bescheinigung kann demnächst durch das Zeugniß der ausländischen Behörde über die erfolgte Zustellung nicht bloß daß sondern auch was zugestellt ist, nachgewiesen werden.

Allerdings enthält die Civilprozeßordnung keine spezielle Vorschrift, welche die Gerichtsschreiberei zur Ausstellung einer solchen Bescheinigung verpflichtet. Und gewiß würde eine solche

*) Diese Vorschrift ist insofern unzureichend, als sie für den Fall, daß die Zustellung demnächst auf dem Requisitionswege nicht erfolgt und bez. nicht bewirkt werden kann, keine Vorsorge trifft. Es empfiehlt sich daher in allen solchen Fällen, das Ersuchen nicht allein auf die Zustellung auf dem Requisitionswege zu richten, sondern damit zugleich das eventuelle Gesuch um Zustellung mittels öffentlicher Bekanntmachung zu verbinden. Nur in diesem Falle würde nach §. 190 die Frist auf alle Fälle gewahrt sein.

Vorschrift zur Beseitigung von Zweifeln zweckmäßig gewesen sein. Meines Erachtens bedarf es derselben aber nicht, um den Gerichtsschreiber zur Ausstellung einer solchen Bescheinigung zu verpflichten, so daß also nicht materiell, sondern nur formell von einer desfallsigen Lücke des Gesetzes gesprochen werden kann. Eine solche Bescheinigung kann um so weniger verweigert werden, als nur in dieser Weise die Partei sich den erforderlichen Nachweis darüber, welche Schriftstücke sie zur Zustellung auf dem Requisitionswege eingereicht hat, sichern kann. Alle anderen Auskunftsmittel, an die man denken könnte, etwa daß zu den betreffenden Gerichtsakten eine entsprechende Registratur gemacht wird oder daß seitens des Gerichtschreibers Abschriften der überreichten Schriftstücke angefertigt und zu den Akten genommen werden, sind theils für die Gerichtsschreiberei weit beschwerlicher, theils entziehen sich dieselben als innere amtliche Vorgänge der Kontrolle der die Zustellung nachsuchenden Partei. Auf alle Fälle aber würden alle diese Auskunftsmittel das meines Erachtens in der Natur der Sache begründete Recht der Partei unbefriedigt lassen, daß die ihr demnächst unentbehrlichen Nachweise ihr auch selbst in die Hand gegeben werden, so daß sie insoweit nicht vom dem Schicksal von Gerichtsakten abhängig ist, die ihrer Disposition und Kontrolle entzogen sind.

Auch ein anderes Auskunftsmittel, das an sich gewiß sachgemäß wäre und welches, durch die bisherigen Vorschriften des französischen, hannoverschen und bayrischen Prozeßrechts besonders nahe gelegt wird, muß nach den Vorschriften der Civilprozeßordnung als ausgeschlossen gelten.

Nach den erwähnten Prozeßrechten nämlich gab es streng genommen Zustellungen, die im Auslande zu bewirken waren, nicht. Vielmehr hatte die Gesetzgebung eine Einrichtung getroffen, wonach jede an sich im Auslande zu bewirkende Zustellung an einer Zustellung im Inlande überging. Diese Einrichtung bestand einfach darin, daß die Zustellung, die an sich im Auslande zu erfolgen gehabt hätte, durch den Gerichtsvollzieher an den Staatsanwalt des Prozeßgerichts bewirkt wurde, der dann seinerseits die Zustellung an ihm vom Gerichtsvollzieher übergebenen Abschriften im Auslande auf diplomatischem Wege zu veranlassen hatte (Code de procedure civile art. 69 Nr. 9; hannoversche Prozeßordnung §. 124; bayrische Prozeßordnung Art. 193 Nr. 6). Durch den seitens des Gerichtsvollziehers über diese Zustellung an den Staatsanwalt, welche die Zustellung an die Partei selbst ersetzte, aufgenommenen Zustellungsakt wurde die erfolgte Zustellung in allen Beziehungen grade so nachgewiesen, wie wenn die Zustellung an die Partei selbst erfolgt wäre.

Die Analogie dieser Vorschriften legt den Gedanken nahe, statt die im Auslande zuzustellenden Schriftstücke dem Präsidenten oder für diese der Gerichtsschreiberei mit dem Ersuchen um Zustellung im Requisitionswege direkt einzureichen, sich deshalb an einen Gerichtsvollzieher zu wenden und durch diesen die Schriftstücke einreichen und das Ersuchen aussprechen zu lassen. Mittels der darüber wie über eine eigentliche Zustellung Seitens des Gerichtsvollziehers aufzunehmenden Urkunde würde dann der fragliche Vorgang, insbesondere also welche Schriftstücke überreicht wurden, nachgewiesen werden.

Vielleicht wäre es nicht unzweckmäßig und für uns Anwälte wäre es jedenfalls das Bequemste gewesen, wenn das Gesetz ein solches Verfahren vorgeschrieben oder doch zugelassen hätte. Dem Interesse des Zustellenden, der in solchem Falle die zuzustellende Urkunde einfach an den Gerichtsvollzieher abzugeben und etwa noch die formelle Richtigkeit des Zustellungsaktes zu kontrolliren gehabt hätte, wäre damit im vollsten Maße Rechnung getragen. Nach den Vorschriften der Civilprozeßordnung aber wäre zugleich die allerdings das Interesse des anderen Theils schwer verletzende Vorschrift der erwähnten Gesetzgebungen vermieden gewesen, wonach die Zustellung an den Staatsanwalt wie eine Zustellung an die Partei selbst wirkt, also im Sinne unserer neuen Ausdrucksweise eine wirkliche Ersatzzustellung ist, welche die (für solche Fälle allerdings etwas verlängerten) Fristen in Lauf setzt, ohne Rücksicht darauf, ob und wann demnächst die Zustellung an die ausländische Partei wirklich erfolgt ist.

Allein so zweckmäßig und bequem auch ein derartiges Verfahren an sich wäre, — das Gesetz kennt jedenfalls eine solche durch einen Gerichtsvollzieher zu bewirkende Zustellung an den Präsidenten des Prozeßgerichts nicht. Nach den Vorschriften der Civil-Prozeßordnung ist der Gerichtsvollzieher als Zustellungsbeamter nur befugt und hat als solcher öffentlichen Glauben nur insoweit, als es sich um Zustellungen an eine Partei handelt; sei es nun eine Zustellung an diese selbst, sei es in den Fällen einer Ersatzzustellung nun eine Zustellung für dieselbe an eine andere zur Aushülfe dienende Person, welche dabei die Partei zu vertreten hat. Dagegen liegt es außerhalb der Aufgabe und Kompetenz des Gerichtsvollziehers, den geschäftlichen Verkehr zwischen einer Partei und einer von ihr in Anspruch genommenen Gerichtsstelle zu vermitteln, insbesondere bei Gericht Namens der Partei Erklärungen abzugeben und Schriftstücke oder sonstige Gegenstände einzureichen. Einem Gerichtsvollzieher, der dies unternehmen wollte, würde dabei jedenfalls keine andere Eigenschaft und Autorität beizumessen sein, als die eines für den betreffenden Akt bestellten gewöhnlichen Prozeßbevollmächtigten. Ein über die betreffenden Vorgänge aufgenommener „Zustellungsakt" würde demgemäß ohne jede Autorität und Beweiskraft sein. Der ganze Zweck, um deswillen der Gerichtsvollzieher zugezogen würde, nämlich einen authentischen Nachweis über die eingereichten Schriftstücke zu erhalten, wäre also verfehlt.

So bleibt demnach auch dieser Weg verschlossen und der einzige, jedenfalls der sicherste und zugleich einfachste Weg ist der oben bezeichnete: daß, wer um eine Zustellung im Requisitionswege nachzusuchen veranlaßt ist, sich bei Einreichung der zuzustellenden Originale oder beglaubigten Abschriften auf der Gerichtsschreiberei eine zum Nachweis der Identität oder je nachdem des Inhalts der überreichten Schriftstücke dienliche Empfangsbescheinigung ausstellen läßt, mittels deren demnächst, in Verbindung mit dem Zeugniß der betreffenden Behörde über die im Auslande erfolgte Zustellung, der Nachweis erbracht wird, nicht bloß daß, sondern auch was zugestellt worden ist.

Nach dem hier vorgeschlagenen Verfahren ist auch bereits in einer beim Reichsgericht anhängigen Sache verfahren worden.

In einer elsaß-lothringischen Kassationssache hatte ich in den ersten Tagen des Oktober dem in Paris wohnenden Kassationsbeklagten den Kassationsrekurs nebst Präsidialordonnanz und Ladung vor das Reichsgericht zustellen zu lassen. Nach §. 45 des elsaß-lothringischen Einführungsgesetzes war diese Zustellung unter „entsprechender Anwendung" der Bestimmungen der Civil-Prozeßordnung zu bewirken. Nach Maßgabe dieser Vorschriften waren also — statt der nach dem bisherigen Recht vorgeschriebenen Zustellung an die Staatsbehörde (im Fragefall der Ober-Reichsanwalt) — die zuzustellenden Schriftstücke dem Präsidenten des Reichsgerichts mit dem Antrag einzureichen, die Zustellung in Paris durch Requisition der betreffenden französischen Behörde zu veranlassen. Mit diesem Antrag verband ich den weiteren Antrag, auf einem mit überreichten Duplikat des Ladungsaktes mir zu bescheinigen, daß gleichlautende Ladung nebst einer von mir beglaubigten Abschrift des Kassationsrekurses und der Präsidialordonnanz am betreffenden Tage von mir mit dem erwähnten Antrag bei dem Präsidenten des Reichsgerichts eingereicht worden sei. Diese Bescheinigung ist demnächst auch ertheilt worden. Das vorgeschlagene Verfahren hat also bei dieser Gelegenheit die Billigung des Präsidenten des Reichsgerichts oder richtiger wohl des Präsidenten des II., des sogenannten französischen Senats des Reichsgerichts gefunden, zu dessen Geschäftskreis die fragliche Sache gehörte.

Was speziell den Ladungsakt betrifft, so bedarf es wohl keiner besonderen Erwähnung, daß weil ein Gerichtsvollzieher jetzt nicht mehr mitzuwirken hat, die Ladung direkt von mir auszugehen hatte. Ebensowenig, daß im Gegensatz zu den Ladungen der (Reichs-) Civil-Prozeßordnung wie der hannoverschen Prozeßordnung (die nur Ladungen zu einem gerichtlich festgesetzten Termin kennen) diese Ladung dem insoweit nicht abgeänderten französischen Prozeßrechte gemäß nur eine Aufforderung an die Gegenpartei war und sein sollte „innerhalb der gesetzlichen Frist (im Fragefall von 3 Monaten) vor dem Reichsgericht zu erscheinen, daselbst einen Anwalt zu bestellen und dem im Kassationsrekurs gestellten Antrag gemäß erkennen zu hören."

Feststellung der Schulden und Vertheilung.
Vortrag des Justizrath von Wilmowski am 30. September 1879.

Geehrte Herren! Nachdem wir die Behandlung des Konkursobjektes und die Grundsätze, nach welchen über die Berechtigung der Interessenten zu entscheiden ist, kennen gelernt haben, erübrigt es sich für uns noch, das Verfahren kennen zu lernen, durch welches die Berechtigung der Konkursgläubiger zur Betheiligung an der Konkursmasse festgestellt und die Vertheilung der Konkursmasse unter die Berechtigten vermittelt wird. Nach dem englischen System ist die Prüfung und Feststellung der Konkursforderungen Sache der Betheiligten ohne Mitwirkung des Gerichts; das Gericht hat nur mitzuwirken, indem es in Streitfällen entscheidet. Im Gegensatz dazu hält die Konkursordnung eine gerichtliche Betheiligung zur Beurkundung, Feststellung und Uebersicht der Sachlage für sachgemäß. In Frage steht die nach dem Ausscheiden fremder Objekte und nach Berücksichtigung der Absonderungsansprüche übrig bleibende Kontursmasse. Die Aus- und Absonderungsberechtigten fallen in Betreff ihrer Behandlung außerhalb des Konkursverfahrens und in Betreff dieser würde auch nach der Konkursordnung es lediglich Sache der Betheiligten sein, ihre Befriedigung zu verfolgen. Für das Anmeldungs- und Prüfungsverfahren in Betreff der Konkursmasse kommen also lediglich die Konkursforderungen in Betracht. Dies verdient besonders hervorgehoben zu werden. Erfahrungsmäßig werden zur Eintragung in die Gläubigertabelle häufig Ansprüche angemeldet, welche nicht Konkursforderungen sind, wenngleich sie als Masseschulden, als Aussonderungs- oder Absonderungsansprüche oder gegen den Gemeinschuldner an sich begründet sein mögen. Sachgemäß würden dergleichen zum Anmelde- und Prüfungsverfahren nicht gehörige Forderungen, wenn sie in die Tabelle aufgenommen sind, dadurch auszuscheiden und auf den richtigen Weg der Verfolgung zu verweisen sein, daß bei der Prüfung erklärt wird, sie würden als Konkursforderungen nicht anerkannt, ohne sich auf eine sonstige Prüfung einzulassen. Die Tabelle hat in der Konkursordnung in höherem Maße noch als in unserer preußischen Konkursordnung als Grundlage für die Vertheilung und die Stimmberechtigung zu dienen, und es ist deshalb von hoher Wichtigkeit, die Tabelle für die Konkursforderungen rein zu erhalten.

Alle Konkursforderungen müssen beim Gericht angemeldet werden und sind vom Gerichtschreiber sodann in eine Gläubigertabelle einzutragen. Das Verfahren zur Anmeldung und Prüfung der Konkursforderungen schließt sich im Ganzen an die preußische Konkursordnung von 1855 an. Abgesehen von speziellen Vorschriften hinsichtlich der Zeit für Fristen und Termine sind die Abweichungen von der preußischen Konkursordnung hauptsächlich folgende:

Es wird nur eine Anmeldefrist und nur ein allgemeiner Prüfungstermin bestimmt. Die Wirkung der Prüfung besteht in Betreff der Betheiligung an der Konkursmasse darin, daß die Eintragung der Feststellung in die Tabelle als rechtskräftiges Urtheil gegenüber den Konkurs-Gläubigern, also in Betreff der Masse und der Stimmberechtigung gilt. Der Gemeinschuldner muß zur Vermeidung der gegen ihn persönlich eintretenden rechtsverbindlichen Wirkungen ebenfalls sich über die Bestreitung oder Anerkennung von Forderungen erklären. Im Uebrigen sind allerdings noch einzelne Bestimmungen in Abweichung von unserer preußischen Konkursordnung getroffen.

Die Anmeldung, ohne Anwaltszwang schriftlich oder zu Protokoll des Gerichtschreibers zu erklären, muß den Betrag und den Rechtsgrund der Forderung, sowie das beanspruchte Vorrecht enthalten. Wird ein Vorrecht nicht angemeldet, so ist es von Amtswegen nicht zu berücksichtigen. Werden Betrag und Rechtsgrund nicht angegeben, so ist die Anmeldung nicht berechtigt, in die Tabelle aufgenommen zu werden, und, wenn aufgenommen, nicht berechtigt, geprüft zu werden; die Forderung ist als mangelhaft angemeldet nicht anzuerkennen. Der Betrag der Forderung muß in Reichswährung angegeben und auch in Betreff der mitgeforderten Zinsen in bestimmter Summe angemeldet werden. Der Rechtsgrund der Forderung hat eine erhöhte Bedeutung dadurch, daß für die angemeldete Forderung, wenn sie festgestellt wird, die Wirkung des rechtskräftigen Urtheils eintritt, und ferner dadurch, daß für die angemeldete Konkursfor-

derung durch die Anmeldung der Lauf der Verjährung gegenüber sowohl den andern Gläubigern und dem Verwalter als auch dem Gemeinschuldner unterbrochen wird, während für andere als Konkursforderungen der Lauf der Verjährung gehemmt wird.

Ein Duplikat der Anmeldung braucht nicht eingereicht und auch dem Verwalter nicht mitgetheilt zu werden. Die Anmeldungen sind nur zur Einsicht aller Betheiligten auf der Gerichtschreiberei niederzulegen. Auch der Verwalter wird sie dort einsehen müssen und bekommt nur eine Abschrift der Tabelle. Für diese Abweichung von der Preußischen Konkursordnung ist in den Motiven die Besorgniß vor einem bedeutenden Schreibwerk geltend gemacht. Die Notizen in der Tabelle sollen in der Regel genügen. Der Verwalter könne sich auf Kosten der Masse nöthigenfalls Abschrift der Anmeldung geben lassen. Das Erbitten von Abschriften möchte bei den knappen Fristen der Konkursordnung an sich eine in ihrem Erfolge sehr zweifelhafte Maßregel sein. Für die Herren Verwalter, welche wissen, wie häufig es auf die Details der Anmeldung und der beigefügten Rechnungen ankommt, und wie oft es für den Verwalter in vielfachen Beziehungen auch nach der Prüfung nöthig ist, den Wortlaut der Erklärungen vor sich zu haben, wird es sicherlich seiner Ausführung bedürfen, daß Zeit und Arbeit der Verwalter in einer beklagenswerth erschwerten Weise in Anspruch genommen werden, um den Gläubigern eine verhältnißmäßig geringe Erleichterung zu verschaffen.

Die Prüfung im allgemeinen Prüfungstermin muß sich unbedingt auf die in der Anmeldefrist angemeldeten Forderungen erstrecken; sie kann sich auf die bis zum Prüfungstermin auch nach der Anmeldefrist angemeldeten Forderungen ausdehnen, sobald nicht der Verwalter oder ein Gläubiger widerspricht. Andernfalls sind für diese, sowie für die Anmeldungen nach dem Prüfungstermin besondere Prüfungstermine auf Kosten des Gläubigers anzuberaumen, und die später angemeldeten Forderungen können nur mit der Wirkung theilnehmen, daß sie das bisher Beschlossene, Festgestellte und Ausgeführte nicht in Frage stellen dürfen.

Die Prüfung der Forderungen hat ihren Hauptzweck darin, die Betheiligung der Gläubiger an der Konkursmasse festzustellen. In dieser Beziehung vertritt in Betreff der Erklärung über die Anerkennung oder Bestreitung der Forderungen der Verwalter auch hier den Gemeinschuldner im gemeinsamen Interesse der Konkursgläubiger hinsichtlich der Masse. Die persönliche Erklärung des in Betreff der Konkursmasse nicht verfügungsfähigen Gemeinschuldners bleibt dagegen auf die Betheiligung an der Konkursmasse ohne Einfluß. Neben dem Verwalter hat aber jeder Gläubiger das individuelle Recht, die Forderungen anderer Gläubiger zu bestreiten. Hat weder der Verwalter, noch ein Konkursgläubiger widersprochen, so gilt die Forderung als festgestellt, ist als solche in die Tabelle eingetragen und ist zur Theilnahme an Abstimmungen und an der Vertheilung berechtigt. Hat der Verwalter oder hat ein Gläubiger widersprochen, so ist es Sache der Betheiligten, den Widerspruch zu beseitigen; von Amtswegen geschieht dafür nichts. Das Verfahren zur Beseitigung des Widerspruchs und Herbeiführung der Feststellung ist jedoch ein verschiedenes, je nachdem der anmeldende Gläubiger einen vollstreckbaren Schuldtitel oder ein Enderurtheil für sich hat oder nicht. Hat der Gläubiger zur Zeit der Konkurseröffnung

gegen den Gemeinschuldner schon einen vollstreckbaren Schuldtitel oder ein Endurtheil für sich, so braucht er, um bei der
Vertheilung der Masse berücksichtigt zu werden, die Feststellung
nicht zu betreiben. Er ist dabei zu berücksichtigen, wenn nicht
der Widersprechende seinen Widerspruch verfolgt und die Anhän-
gigmachung des Prozesses nachweist. Dies ergiebt sich aus der
Kombination der Art. 134 Absatz 6, 140 und 155 Nr. 1. Der
Widersprechende, der Gegner des Liquidanten, kann seinen Widerspruch nur unter Berücksichtigung des vorhandenen Schuldtitels
verfolgen und dieser bleibt dabei auch gegenüber den Konkursgläubigern und dem Verwalter, vorbehaltlich eines etwanigen
Anfechtungsrechts des Verwalters, maßgebend. Abgesehen von
einem solchen Anfechtungsrechte kann der Widersprechende, welcher
behauptet, daß der Gläubiger keine Konkursforderung gegen den
Gemeinschuldner habe, welcher also aus dem Rechte des Gemeinschuldners widerspricht, und also in Betreff der Verfolgung seines
Widerspruchs an Stelle des Gemeinschuldners steht, nur unter
denselben Formen und Rechtsbehelfen durchdringen, wie der Gemeinschuldner könnte, wenn sein Konkurs schwebte. Er kann
also ein rechtskräftiges Erkenntniß nur durch Nichtigkeits- oder
Restitutionsklage beseitigen; ein noch nicht rechtskräftig gewor-
denes Endurtheil nur durch Aufnahme und Fortsetzung des
Rechtsstreits in Verbindung mit Einlegung der Rechtsmittel
oder des Einspruchs, sofern dies nicht schon geschehen sein sollte,
indem der frühere Prozeß durch die Konkursordnung unterbrochen
worden ist; und einen Vollstreckungsbefehl oder einen andern
vollstreckbaren Schuldtitel nur unter den in der Civil-Prozeß-Ordnung für den Schuldner vorgeschriebenen Formen und Bedingungen. Der Liquidant kann das Interesse haben, seinerseits die
Beseitigung des Widerspruchs, auch ohne daß dieser neut Widersprechenden verfolgt wird, herbeizuführen, namentlich in Betreff
einer ihm bestrittenen Stimmberechtigung. Er würde dann nach
den allgemeinen Grundsätzen der Civil-Prozeß-Ordnung §. 231
berechtigt sein, seinerseits auf Beseitigung des Widerspruches zu
diesem Zwecke zu klagen, obgleich er kein Interesse und keine
Verpflichtung hat, behufs der Betheiligung an der Konkursmasse
klagbar zu werden.

Hat der anmeldende Gläubiger zur Zeit der Konkurseröffnung seinen vollstreckbaren Schuldtitel oder ein Endurtheil für
sich, so ist es seine Sache, die Feststellung zu betreiben, im
Wege der Aufnahme eines Rechtsstreits, wenn ein solcher bereits geschwebt hat, und durch selbstständige Klage, wenn ein
Prozeß noch nicht geschwebt hat. Im letzteren Falle muß er
vor dem Amtsgericht des Konkurses klagen, und falls der Gegenstand die amtsgerichtliche Zuständigkeit überschreitet, vor dem
Landgericht des Bezirks. Das Gericht hat dabei nach freiem
Ermessen den Werth des Streitgegenstandes nach dem Verhältniß der Theilungsmasse zu der Schuldenmasse festzusetzen. Handelt es sich um eine nicht bevorrechtigte Forderung und in Betreff einer solchen nicht um das Vorrecht selbst, sondern um die
Richtigkeit der Forderung, so würde der Streitgegenstand nach
dem voraussichtlich zu erwartenden Prozentsatze zu bemessen sein.

Für die streitig gebliebenen Forderungen ist der Kreis der
Berechtigten durch die Erklärungen im Prüfungstermin nur insofern noch nicht abgeschlossen, als in einer etwaigen Prozeß
auch ein anderer, welcher früher nicht bestritten hat, der Verwalter oder ein Gläubiger, als Nebenintervenient mitintreten

könnte. Ist jedoch eine angemeldete Forderung rechtskräftig
durch Urtheil festgestellt, so wirkt dies absolut allen Betheiligten
gegenüber, d. h. ein nachträgliches Verfahren darüber ist ausgeschlossen, selbst wenn bei dem früheren Verfahren nicht alle Betheiligten zugezogen sein sollten. Sowohl in dem Falle einer
solchen rechtskräftigen Feststellung einer bestrittenen Forderung,
als auch im Falle der Feststellung einer unbestrittenen Forderung
ist infolge der Eintragung der Feststellung beigelegten Wirkung eines rechtskräftigen Erkenntnisses eine Anfechtung nur
ebenso möglich, wie die eines rechtskräftigen Erkenntnisses, also
nur durch Nichtigkeits- oder Restitutionsklage. Die anerkennende
Erklärung auch des Verwalters würde nicht durch eine Erklärung,
daß sie irrthümlich erfolgt sei, zurückgenommen werden können.
Bestehen bleibt aber auch hier das Recht jedes Anerkennenden,
welches jeder Partei in einem Prozesse zusteht, die Berichtigung
der Feststellung in Betreff der Schreibfehler, der Zahlen, der
Dunkelheiten u. s. w., nach den §§. 290 und 291 der Civil-
Prozeß-Ordnung zu verlangen.

Haben Mehrere einer Forderung widersprochen, so ist die
Forderung erst dann für festgestellt zu erachten, wenn der
Widerspruch Aller beseitigt ist. Es ist nicht vorgeschrieben und
daher nicht nöthig, daß die Verhandlung in Betreff aller Widersprechenden in demselben Prozesse erfolgt; nur würde bei den getrennten Prozessen der Antrag sachgemäß nicht absolut auf Feststellung, sondern dahin zu richten sein, daß der Widerspruch des
Einzelnen als beseitigt zu erachten oder die Forderung hinsichtlich des Widerspruchs des Einzelnen für festgestellt zu erklären
ist. Wird aber der Widerspruch Mehrerer in demselben Prozesse verhandelt, so kann das Resultat, ob die Forderung festgestellt oder umgekehrt der Widerspruch für begründet zu erachten
ist, nur einheitlich allen Betheiligten gegenüber im Sinne der
Civil-Prozeß-Ordnung §. 59 festgestellt werden.

Neben dem Zwecke der Feststellung der Betheiligten für die
Konkursmasse hat die Prüfung den Nebenzweck, die Verpflichtung des Gemeinschuldners festzustellen, welche für alle durch
den Konkurs nicht befriedigten Forderungen der besonderes Interesse behält. Der Gemeinschuldner hat sich deshalb im Prüfungstermine über die Anerkennung oder Bestreitung der angemeldeten Forderungen ebenfalls zu erklären, und in Betreff seiner
persönlichen Verpflichtung außerhalb der Masse ist nur seine
Erklärung wesentlich. Forderungen, welche festgestellt und vom
Gemeinschuldner und zwar im Prüfungstermin nicht bestritten
sind, haben einen Exekutionstitel gegen den Gemeinschuldner
auch nach der Aufhebung des Konkurses, soweit nicht durch
einen Zwangsvergleich, durch Entsagung oder Zahlung die Forderung beseitigt oder gemindert ist. Ob der Gemeinschuldner in
einem etwa vorangegangenen Prozesse die Forderung bestritten
hat, ist in dieser Beziehung ohne Einfluß. Hat er sie jedoch
im Prüfungstermin bestritten, so ist es ihm gegenüber wieder
unerheblich, ob die Forderung für die Konkursbetheiligung festgestellt ist oder nicht. Ihm gegenüber muß der Gläubiger
dann die persönliche Verbindlichkeit des Gemeinschuldners durch
Prozeß, beziehentlich durch Aufnahme desselben, wenn ein solcher
schon geschwebt hat, besonders erstreiten. Der Gläubiger kann
bereits während des Konkurses eine desfallsige Klage anstrengen.
Ueberhaupt kann wegen Forderungen, welche nicht die Konkursmasse sondern den Gemeinschuldner persönlich betreffen, und

welche nicht als Konkursforderungen geltend gemacht werden, schon während des Konkurses geklagt werden. Klagende Konkursgläubiger haben indeß in der Form und Richtung ihrer Anträge zu berücksichtigen, daß während des Konkurses Arreste und Zwangsvollstreckungen gegen den Gemeinschuldner nicht erfolgen können. Durch diese Vorschriften sind die Kontroversen der preußischen Konkursordnung hinsichtlich der Wirkung der Feststellung gegen den Gemeinschuldner nach dem Grundsatze entschieden, daß der Verwalter hinsichtlich der Konkursmasse den Gemeinschuldner vertritt und für ihn sich über die Forderungen der Gläubiger auszulassen und zu vertheidigen hat, indem der Gemeinschuldner hinsichtlich der Konkursmasse verfügungsunfähig ist, daß dieser aber im Uebrigen handlungs- und verfügungsfähig bleibt und seine persönliche sonstige Verpflichtung selbst zu vertheidigen hat.

Für die Schlußoperation des Konkurses, um den Konkurszweck zu erfüllen, für die Vertheilung, ist zunächst die Rangordnung der Gläubiger wesentlich. Vom Standpunkte des gemeinrechtlichen Verfahrens aus, welchem sich die Allgemeine Gerichtsordnung im Ganzen mit ihren Hunderten von Kategorien von Gläubigern noch anschloß, war die Beseitigung der Generalhypotheken auf das gesamte Vermögen und die Verweisung der Aus- und Absonderungsansprüche auf ein besonderes Verfahren bereits ein Fortschritt. Die Preußische Konkursordnung von 1855 hat, der französischen Gesetzgebung folgend, auch die Generalprivilegien der bevorrechteten Forderungen bereits bedeutend reduzirt; eine noch weitere Reduktion hat die Reichs-Konkursordnung vorgenommen. Die Rangordnung derjenigen Forderungen, welche noch bevorrechtet bleiben, ist in den §§. 54 ff. der Konkursordnung enthalten und dürfte einer näheren Erläuterung nicht bedürfen. Das Einführungsgesetz hat in den §§. 12, 13 und 17 der Landesgesetzgebung noch die Bewilligung von Vorrechten gestattet, namentlich für die konkreten Pfand- und Vorzugsrechte, welche vor dem 1. Oktober 1879 durch Vertrag, letztwillige Anordnung oder richterliche Verfügung erworben sind, sowie für solche, welche vor diesem Zeitpunkte für Ehefrauen, Kinder und Pflegebefohlene des Gemeinschuldners gemäß den bisherigen gesetzlichen Vorschriften entstanden sind, sofern diese Pfand- und Vorzugsrechte durch die Konkursordnung ihre Wirksamkeit verlieren würden. Das preußische Ausführungsgesetz zur Konkursordnung vom 6. März d. J. hat auch desfallsige Vorschriften gegeben. Für den Bereich der Geltung der preußischen Konkursordnung haben diese Vorschriften hinsichtlich der Kinder und Pflegebefohlenen des Gemeinschuldners keine Bedeutung, weil die preußische Konkursordnung diesen schon kein besseres Vorrecht gegeben hat als die Reichs-Konkursordnung. Nur die Erhaltung und Sicherung der Vorrechte der Ehefrauen könnte hier für die Frauen von Nichthandelsleuten eine Bedeutung haben, weil die preußische Konkursordnung den Frauen von solchen Gemeinschuldnern, welche nicht Handelsleute, Schiffsrheder oder Fabrikanten sind, ein Vorrecht bewilligt hat, während die Reichs-Konkursordnung den Ehefrauen überhaupt kein Vorrecht zugesteht.

Steht die Summe der Verwerthung der Konkursmasse fest, und ist ermittelt, wer in Betreff der Konkursmasse berechtigt ist, so ist die Vertheilung nur ein Rechenexempel; es wird um so einfacher, je weniger Kategorien von Gläubigern in Betreff der Rangordnung geschaffen sind, und je weniger bevorrechtete Forderungen überhaupt existiren. Das Exempel kann noch mehr vereinfacht werden, wenn nach dem Stande der Masse es möglich ist, den bevorrechteten Gläubigern ihre Zahlungen schon vor einer Vertheilung zu leisten; — die Konkursordnung trägt freilich dem Durchschnittsverwalter kein besonderes Vertrauen in dieser Beziehung entgegen, indem sie ihn nur mit Genehmigung des Gerichts ermächtigt, festgestellte bevorrechtete Forderungen vor einer Vertheilung auszuzahlen. Etwas komplizirter kann die Berechnung durch die früher schon hervorgehobene Nothwendigkeit der Berücksichtigung von streitigen, von bedingten und von absonderungsberechtigten Forderungen werden.

In jedem Falle sind zur Feststellung der Vertheilung die betheiligten Faktoren zuzuziehen. Das gemeinrechtliche Verfahren und auch die Gerichtsordnung ordneten die Vertheilung in der Form eines Urtheils an; die Entscheidung sollte erst nach der Verwerthung der gesamten Masse und nach Beendigung aller Streitigkeiten in Betreff der angemeldeten Forderungen erfolgen können, und sie erfolgte dann durch ein die gesamte Masse und sämmtliche Gläubiger umfassendes sogenanntes Distributionserkenntniß, gegen welches die gewöhnlichen Rechtsmittel zulässig waren. Die preußische Konkursordnung hatte die Verbesserungen eingeführt, daß vor der Schlußvertheilung, vor der Beendigung sämmtlicher Streitigkeiten, und vor der Verwerthung der gesammten Masse Abschlagsvertheilungen erfolgen konnten, und daß die Vertheilungen durch Vertheilungspläne in Verbindung mit einem kürzeren Verfahren hinsichtlich der Erinnerungen und der Entscheidung darüber vorbereitet wurden, ohne die Verfolgung eines Civilprozesses mit den gewöhnlichen Rechtsmitteln nothwendig zu machen. Die Reichskonkursordnung schließt sich im Ganzen in Betreff der Vertheilung ebenfalls an das Verfahren der preußischen Konkursordnung an, mit einigen Modifikationen und einigen unleugbaren Verbesserungen. Die Vornahme von Abschlagsvertheilungen soll nach dem Prüfungstermine erfolgen, sobald entsprechende baare Masse vorhanden ist. Keine Vertheilung kann gegen den Willen des Konkursverwalters erfolgen; der Konkursverwalter darf jedoch auch keine Vertheilung ohne Genehmigung des Gläubigerausschusses, falls ein solcher bestellt ist, und keine Schlußvertheilung ohne Genehmigung des Gerichts veranlassen. Um die für den Fall erfolgreicher Einwendungen nöthige Umrechnung von Vertheilungsplänen zu vermeiden, wird jede Vertheilung dadurch eingeleitet, daß der Verwalter nicht einen Vertheilungsplan, sondern zunächst nur das Verzeichniß der Forderungen, welche er berücksichtigen will, der Summen dieser Forderungen und des verfügbaren Massenbestands kundgibt. Die Gesammtschuldenmasse und der Massenbestand sind öffentlich bekannt zu machen; die Gläubiger können dann erwägen, ob sie nach dem Verhältnisse dieser beiden Summen und dem sich daraus ergebenden Prozentsatze es rathsam finden, die Verfolgung der streitigen, bedingten und absonderungsberechtigten Forderungen noch weiter zu betreiben; sie ersehen aus dem Verzeichnisse, ob und in welcher Höhe ein Gläubiger berücksichtigt werden soll. Das Verzeichniß braucht nur die Gläubiger und die Summen der Forderungen zu enthalten, welche der Verwalter behufs der Berechnung der Dividende berücksichtigen will, ohne Motivirung und ohne sonstige Vermerke, auch ohne den Vermerk, welche von den hiernach zu berechnenden Dividenden noch nicht sofort ausgezahlt werden sollen.

Nach dem früher Erörterten sind mit der Wirkung, daß die Dividende für sie zu berechnen ist, vorbehaltlich der Frage der Auszahlung, zu berücksichtigen: alle festgestellten Forderungen, die bedingten und absonderungsberechtigten unter den früher erwähnten Modifikationen, und von den streitig gebliebenen Forderungen diejenigen, welche einen vollstreckbaren Schuldtitel oder ein Enburtheil für sich haben, und ferner diejenigen anderen streitigen Forderungen, für welche der Gläubiger die Verfolgung des Rechtsanspruches im Prozeßwege nachweist. In zwei Wochen nach der öffentlichen Bekanntmachung — eine Frist, welche in der Konkursordnung technisch als „Ausschlußfrist" bezeichnet wird — können die Gläubiger von streitigen, bedingten und absonderungsberechtigten Forderungen die Betreibung ihrer Ansprüche bewirken und dem Verwalter das Vorhandensein der zur Berücksichtigung nothwendigen Erfordernisse nachweisen; der Verwalter hat dann, soweit er es nöthig findet, das Verzeichniß demgemäß zu ergänzen oder zu vervollständigen. Die Gläubiger können gegen dieses vom Verwalter mit Ende der Ausschlußfrist aufgestellte bezw. berichtigte oder ergänzte Verzeichniß ihre Einwendungen beim Gericht vorbringen, sei es wegen eigener Nichtberücksichtigung oder wegen der Berücksichtigung Anderer, und zwar bei Abschlagsvertheilungen in einer ferneren präklusivischen Frist von einer Woche nach der Ausschlußfrist und bei Schlußvertheilungen bis zum Ende des Schlußtermins. Ueber die Einwendungen entscheidet das Konkursgericht, nicht ein Prozeßgericht. Gegen die Entscheidung ist, wie gegen alle Entscheidungen des Konkursgerichts, das Rechtsmittel der sofortigen Beschwerde zulässig. Wird die Einwendung des Widersprechenden zurückgewiesen, so ist die Entscheidung in gewöhnlicher Weise von Amtswegen zuzustellen. Wird durch eine Entscheidung über die Berichtigung des Verzeichnisses angeordnet, so ist diese Entscheidung auf der Gerichtsschreiberei niederzulegen, und von dieser Niederlegung an ist die Frist zur Beschwerde gegen die entsprechende Entscheidung zu berechnen. Das Rechtsmittel der weiteren Beschwerde ist auch hier nicht ausgeschlossen.

Der Verwalter hat bei Abschlagsvertheilungen den zu zahlenden Prozentsatz zu bestimmen, selbstständig, wenn kein Ausschuß bestellt ist, und mit Genehmigung des Ausschusses, wenn ein solcher bestellt ist. Die Bestimmung des Prozentsatzes erfolgt nach dem Ermessen des Verwalters und des Ausschusses mit oder ohne Abwartung der Entscheidung über die vielleicht für den Prozentsatz wenig belangreichen Einwendungen. Der Prozentsatz ist vom Verwalter den zu berücksichtigenden Gläubigern bekannt zu machen, und dies vertritt in Verbindung mit dem niedergelegten Verzeichnisse und dessen etwaiger Berichtigung, die Stelle eines Vertheilungsplans bei Abschlagszahlungen. Bei Schlußvertheilungen wird der Prozentsatz nicht bekannt gemacht; er ergibt sich aus dem niedergelegten Verzeichnisse der Forderungen unter Berücksichtigung der etwaigen Berichtigungen, dem veröffentlichten und im Schlußtermin etwa geänderten Massenbestande. Bei diesem Verfahren wird die Anrechnung von Vertheilungsplänen dadurch vermieden, daß die Erörterungen und Ergänzungen hinsichtlich der Berücksichtigung von Forderungen vor der definitiven Beschließung und Berechnung der Forderungen und des Prozentsatzes vorangehen muß.

Die Präklusion der Forderungen, welche bei Abschlagsvertheilungen noch nicht berücksichtigt worden sind, weil sie entweder

noch nicht geprüft oder noch nicht angemeldet sind, oder weil ihrer Berücksichtigung sonst Hindernisse entgegenstehen, soll nach der Konkursordnung keine absolute sein; die Gläubiger werden nicht lediglich auf die Theilnahme an ferneren Vertheilungen verwiesen, sondern sie können auch die aus den früheren Abschlagsvertheilungen sich ergebenden Dividenden nachgezahlt verlangen, aber nur so weit die Restmasse dazu hinreicht, und so weit zur Zeit ihres Antrags auf eine solche Nachtragsberücksichtigung nicht schon die Verwendung der Restmasse für eine neue Vertheilung mit dem Ende der Ausschlußfrist für diese neue Vertheilung bereits festgestellt ist.

Die Auszahlung zur Ausführung einer Vertheilung zahlbarer Beträge ist ein Internum zwischen dem Verwalter und den Betheiligten, sowie auch die Auszahlung der Forderungen, welche Massegläubiger zu fordern haben; das Gericht hat sich nicht hineinzumischen. Die Vertheilung kann durch direkte Zahlung seitens des Verwalters oder durch Anweisung auf die Hinterlegungsstelle erfolgen; im Falle von Differenzen entscheiden die Landesgesetze über Ort, Art, Zeit und Legitimation. Die Beträge, welche bei Abschlagsvertheilungen für streitige, bedingte und absonderungsberechtigte Gläubiger zurückzuhalten sind, bleiben in der allgemeinen Masse bis zum Nachweise der Auszahlungsbedingungen bezw. bis zur Schlußvertheilung. Besondere Massen werden dafür nicht gebildet, die Gläubiger haben keine Zinsen dafür zu beanspruchen. Die Beträge jedoch, die bei Schlußvertheilungen noch zurückzubehalten sind, hat der Verwalter zu hinterlegen, und zwar nach Anordnung des Gerichts über die Hinterlegungsstellen und über die demnächstigen Auszahlungsbedingungen. Solche bei Schlußvertheilungen zurückzubehaltende Beträge werden für Rechnung der Betheiligten hinterlegt und kommen, falls sie nicht zur Masse zurückfließen, den Betheiligten auch mit den etwa davon erwachsenen Zinsen zu Gute.

Für die Beträge, welche nach der Ausführung der Schlußvertheilung für die Konkurs-Gläubiger noch verfügbar werden, weil in Betreff der bedingten Forderungen die Bedingungen zu Ungunsten der Gläubiger sich herausgestellt haben, oder bei streitigen Forderungen die Ansprüche der Gläubiger abgewiesen sind, ebenso für die Beträge, welche nicht bis zur Schlußvertheilung abgehoben sind, und für solche, welche etwa als Konkursmassenobjekte noch neu ermittelt werden, soll eine nachträgliche Vertheilung erfolgen; für dieselbe bleibt das Schlußverzeichniß mit den in Folge von Erinnerungen nöthigen Aenderungen und Ergänzungen maßgebende Grundlage. Die Berechnung und Vertheilung selbst soll an Stelle des Gläubigerausschusses und des Gläubigerversammlung, welche mit dem Schlußtermin zu funktioniren aufhören, das Gericht anordnen und prüfen.

Das Vertheilungsverfahren betrifft an sich nur die Konkurs-Gläubiger. Sollte ein solcher mehr als den ihm gesetzlich zustehenden tributarischen Antheil erhalten haben, so unterliegt er hinsichtlich der Zulässigkeit einer Rückforderung des zu viel Gezahlten den allgemeinen Rechtsgrundsätzen. Nach diesen ist zu bestimmen, inwiefern ein benachtheiligter Gläubiger oder auch der Verwalter, welcher den Gemeinschuldner im gemeinsamen Interesse der Gläubiger vertritt, einen Anspruch auf Kondiktion des zu viel Gezahlten erheben kann. Der Gemeinschuldner selbst hat einen Anspruch auf Kondizirung, sofern über den Gesammtschuldbetrag überhaupt hinaus gezahlt sein sollte.

Der Massegläubiger gehört überhaupt nicht in das Vertheilungsverfahren; er kann seinen Anspruch zu jeder Zeit unabhängig vom Konkursverfahren geltend machen und hat sich in dieser Beziehung an den Verwalter zu wenden. Auch für ihn existirt aber vernünftigerweise die Naturnothwendigkeit, daß, wenn er etwas haben will, er sich melden muß, solange etwas da ist, und im Sinne der Konkursordnung gilt nichts mehr für ihn vorhanden, sobald die Konkursmasse den Konkurs-Gläubigern rechtsverbindlich überwiesen ist. Als maßgebende Momente hierfür bestimmt die Konkursordnung §. 159 für Abschlagsvertheilungen die Festsetzung des Prozentsatzes hinsichtlich derjenigen Masse, welche zur Auszahlung des Prozentsatzes an die bei der Abschlagsvertheilung betheiligten Gläubiger unter Berücksichtigung der Einwendungen zu verwenden ist; für Schlußvertheilungen die Beendigung des Schlußtermins hinsichtlich des Gegenstandes der Schlußvertheilung, und für nachträgliche Vertheilungen die Bekanntmachung der Nachtragsvertheilung in Betreff des Gegenstandes dieser Nachvertheilung. Bis dahin müssen die Massegläubiger ihre Ansprüche dem Verwalter melden, und es ist dann Sache des Verwalters, für ihre nöthige Befriedigung, soweit die Masse ausreicht, zu sorgen. Hätte ein Massegläubiger seinen Anspruch nicht zeitig genug angemeldet, oder wäre er auch bei zeitiger Anmeldung vom Massenverwalter nicht berücksichtigt worden, so hat er immerhin das traurige Recht, sich an den Gemeinschuldner als an seinen persönlich verpflichteten Schuldner zu halten; würde jedoch der Verwalter, wenn ein Anspruch in dem angegebenen Sinne zeitig genug gemeldet ist und entsprechende Masse vorhanden war, einen solchen Anspruch nicht berücksichtigt haben, so bleibt freilich auch der Verwalter dem Massegläubiger regreßpflichtig, und er würde seinen eigenen Geldbeutel öffnen müssen.

(Lebhafter Beifall.)

Zwangsvergleich und Besonderheiten im Konkurse.
Vortrag des Justizrath von Wilmowski
am 7. Oktober 1879.

Meine Herren! Die Verwerthung und Vertheilung der gesammten Konkursmasse ist gewissermaßen der natürliche Tod des Konkursverfahrens, welches dadurch unter Benutzung aller vorhandenen Mittel seinen Zweck erfüllt. Zur Erfüllung desselben Zwecks auf anderem Wege oder wegen Nichterfüllbarkeit des Zwecks kann der Konkurs auch in anderer Art beendigt werden. Als eine gewöhnliche und nach den Motiven wünschenswerthe Art wird der Akkord, der „Zwangsvergleich“ in der Gesetzessprache, angesehen. Ob der Name „Zwangsvergleich“ richtig gewählt ist, können wir dahingestellt sein lassen; unwillkürlich macht er zunächst stutzig. Wir sind gewohnt, bei einem Vergleiche die freie Willenszustimmung der Betheiligten vorauszusehen, wie jede Willenserklärung durch Zwang unverbindlich wird. Der Name „Zwangsvergleich“ macht daher einen Eindruck wie etwa der Begriff einer „weißen Unschuld“, die eine „schwarze Schuld“ ist. In der That ist der Zwangsvergleich für die zustimmenden Gläubiger ein Vergleich ohne Zwang, für die dissentirenden ein Zwang ohne Vergleich und für die nicht mitstimmenden und dennoch betroffenen Gläubiger ein Vergleichszwang, ein Zwang des Vergleichs Anderer. Indeß wie haben einmal gesetzlich das Wort und die Sache.

Durch keine Ausführung wird eine juristische oder überhaupt nur logische Nothwendigkeit nachgewiesen werden können, daß der einzelne Gläubiger sein Individualrecht aufgeben muß, weil es die Majorität der Gläubiger verlangt. Ein Grund dafür, daß die Entscheidung der Mehrheit der Gläubiger, einen Konkurs ohne Vollverwerthung und Vertheilung zu beendigen und die Bedingungen dafür vorzuschreiben, auch für die dissentirende Minderheit bindend sein soll, würde nur in Interessenrücksichten gefunden werden können, in der Rücksicht theils auf die Billigkeit für den Gemeinschuldner, theils auf die Interessen der Gläubiger, welche durch den Eigensinn Einzelner nicht um den Genuß eines für sie vortheilhaften Arrangements gebracht werden sollen. Für die Art, wie das Akkordverfahren zu ordnen ist, können daher nur Zweckmäßigkeitsrücksichten bestimmend sein. Die Akkordlehre beruht demgemäß auf den positiven gesetzlichen Vorschriften, ohne eine einheitlich durchgreifende logische Grundsage; für die Darstellung kann es sich also nur darum handeln, von welchen Grundsätzen die einzelnen positiven Bestimmungen ausgehen.

Die Konkursordnung faßt den Zwangsvergleich als einen auf Beseitigung des Konkurses gerichteten, zwischen dem Gemeinschuldner und den Konkursgläubigern, und zwar nur den nicht bevorrechtigten Konkursgläubigern, geschlossenen Vertrag auf, welcher den Massegläubigern und den Absonderungsberechtigten ihre Rechte unverkümmert läßt und die Befriedigung der bevorrechtigten Gläubiger voraussetzt. Die Bedingungen für den verbindlichen Abschluß eines Zwangsvergleichs sind: Daß allen nicht bevorrechtigten Gläubigern gleiche Rechte gewährt werden müssen, sofern nicht ein zurückgesetzter Gläubiger mit seiner Zurücksetzung ausdrücklich sich einverstanden erklärt; daß die Mehrzahl der im Vergleichstermin anwesenden — also nicht aller — nicht bevorrechtigten Gläubiger zustimmt, und daß die Forderungen der zustimmenden Gläubiger mindestens drei Viertel der Forderungen aller Stimmberechtigten beträgt; endlich, daß der Zwangsvergleich vom Gericht bestätigt werden muß.

Die Einleitung des Akkordverfahrens kann vom Gericht zurückgewiesen werden, wenn der Vorschlag formell den Bedingungen des §. 161 nicht entspricht. d. h. wenn nicht darin angegeben ist, wie die Befriedigung der Gläubiger erfolgen und ob und wie eine Sicherstellung für sie bewirkt werden soll, oder wenn materiell der Vorschlag den Bedingungen des §. 162 gemäß aus Gründen eines betrügerischen Bankerutts, oder so lange der Gemeinschuldner flüchtig ist oder den Offenbarungseid zu leisten sich weigert, unzulässig ist. Andernfalls kann der Gemeinschuldner auch wiederholte Vergleichsvorschläge machen. Zur Vermeidung eines Mißbrauchs dieses Rechts kann jedoch ein zweiter oder fernerer Vergleichsvorschlag zurückgewiesen werden, wenn ein früherer von den Gläubigern abgelehnt oder vom Gericht nach öffentlicher Bekanntmachung des Vergleichstermins vom Gemeinschuldner zurückgenommen worden ist. Eine solche Zurückweisung kann jedoch nur dann erfolgen, wenn sowohl der Verwalter als auch der Ausschuß, falls ein solcher bestellt ist, die Zurückweisung beantragen.

Der Inhalt des Vergleichsvorschlages kann sachlich jede Behandlung der Gläubiger betreffen, welche auf die Beseitigung des Konkurses abzielt. Charakteristisch ist nur dies negative

Moment der Beseitigung des Konkurses. Unerheblich ist es dabei, ob ein Nachlaß an Kapital oder Zinsen oder ein Aufschub der Zahlung — also ein Erlaß quoad tempus — oder andere ungünstige Modalitäten der Befriedigung vorgeschlagen werden, oder ob überhaupt nur vereinbart wird, daß der Konkurs aufhören und der Gemeinschuldner oder ein Anderer für ihn die Befriedigung veranlassen soll. In jedem Falle ist im Vergleichsvorschlage mindestens ein Erlaß des Gläubigeranspruchs dahin enthalten, daß die Gläubiger die Fortsetzung der Konkursliquidation nicht verlangen kann. Ein künftiges Sprachreinigungsamt könnte vielleicht mit Rücksicht auf dies Resultat des Akkordes den Zwangsvergleich treffender einen „Zwangserlaß" nennen.

Das Akkordverfahren kann zu jeder Zeit nach dem allgemeinen Prüfungstermin und vor dem Beschlusse, wodurch das Gericht genehmigt, daß eine Schlußvertheilung erfolgen soll, beantragt werden. Der Antrag ist mit den Erklärungen des Verwalters und des etwaigen Ausschusses über die Annehmbarkeit auf der Gerichtsschreiberei niederzulegen, und vom Gericht ist dann ein Vergleichstermin unter öffentlicher Bekanntmachung anzuberaumen. Wesentlich für den Zwangsvergleich ist der Rechtszustand im Termine und zur Zeit des Termins. Nur die im Termine abgegebenen Erklärungen sind sowohl hinsichtlich des Vorschlags selbst, welcher vom Gemeinschuldner noch im Termin modifizirt werden kann und welcher nur so, wie er im Termin festgestellt ist, verbindlich wird, als auch hinsichtlich der Erklärungen der Gläubiger darüber maaßgebend. Der Gemeinschuldner und die Gläubiger müssen im Termine persönlich oder durch Bevollmächtigte vertreten sein, wenn ihre Erklärungen berücksichtigt werden sollen. Ebenso ist es hinsichtlich der Zahl der stimmenden Gläubiger sowie der Höhe ihrer Forderungen entscheidend, wer und in welcher Höhe Jeder zur Zeit des Vergleichstermins berechtigt ist. Im Termin oder in einem besonders anzuberaumenden Termin sollen behufs der Entscheidung des Gerichts über die Bestätigung oder Verwerfung des Zwangsvergleichs die Gläubiger, der Verwalter und der etwaige Ausschuß gehört werden.

Das Gericht hat von Amtswegen den Vergleich zu verwerfen, wenn den angegebenen Bedingungen jedes Zwangsvergleichs oder den Formvorschriften des Verfahrens nicht entsprochen ist, oder ein Fall der Unzulässigkeit eines Zwangsvergleichs nach §. 162 eingetreten ist. Aus anderen Gründen darf das Gericht von Amtswegen den Vergleich nicht verwerfen. Zum Schutz der Minorität ist jedoch jedem nicht bevorrechtigten Gläubiger, er mag durch Feststellung oder durch Gerichtsentscheidung stimmberechtigt sein oder auch nur nachträglich noch seine Forderung glaubhaft machen, ohne Rücksicht darauf, ob er beim Akkorde mitgestimmt hat, gestattet, die Verwerfung des Vergleichs aus besonderen Gründen zu beantragen. Solche besonderen Gründe, welche den Antrag auf Verwerfung rechtfertigen können, sind gesetzlich nur vorhanden, wenn der Vergleich in unlauterer Weise zu Stande gekommen ist, also namentlich unter Verletzung des gleichen Rechts Aller durch Begünstigung einzelner Gläubiger, oder wenn der Vergleich dem gemeinsamen Interesse der nicht bevorrechtigten Gläubiger widerspricht. In der letzteren Beziehung weicht die Konkursordnung von der preußischen Konkursordnung darin ab, daß nicht im Interesse der öffentlichen Ordnung, sondern nur im gemeinsamen Interesse der Kon-

kursgläubiger die Verwerfung erfolgen kann, und ferner darin, daß auch aus diesem Grund die Verwerfung nicht von Amtswegen, sondern nur auf Antrag zulässig ist. Gegen den Beschluß über die Bestätigung oder Verwerfung haben der Gemeinschuldner und die legitimirten Gläubiger der Rechtsmittel der sofortigen Beschwerde unter Ausschluß einer weiteren Beschwerde.

Ist der Zwangsvergleich rechtskräftig bestätigt, so sind alle nicht bevorrechtigten Gläubiger ohne Rücksicht, ob sie mitgestimmt oder angemeldet haben, an den Zwangsvergleich in Betreff der Art, der Zeit und der Höhe der Forderung und ihrer Befriedigung gebunden. Gläubiger, welche schon einen vollstreckbaren Schuldtitel für sich haben, können unter den etwa durch den Inhalt des Vergleichs gebotenen Modifikationen die Zwangsvollstreckung beantragen. Schwebende Prozesse sind unter gleicher Modifikation zu verfolgen. Gläubiger, welche noch nicht angemeldet oder streitige Forderungen nicht verfolgt haben, müssen besonders klagen. Forderungen, welche zur Zeit des Vergleichstermins festgestellt und vom Gemeinschuldner auch im Prüfungstermin nicht bestritten sind, haben unter den aus dem Vergleiche hervorgehenden Modifikationen das Recht der Zwangsvollstreckung sowohl gegen den Gemeinschuldner als auch gegen einen etwaigen Vergleichsbürgen; gegen den letzteren allerdings nur dann, wenn derselbe sich als Selbstschuldner verpflichtet oder wenigstens im Vergleiche sich nicht das Recht, daß der Gemeinschuldner zuerst angegriffen werden müsse, vorbehalten hat. Hat der Gemeinschuldner im Prüfungstermin eine Forderung bestritten, so würde der Gläubiger einen vollstreckbaren Titel gegen den Gemeinschuldner ebenso erst erstreiten müssen, wie zur Geltendmachung des persönlichen Anspruchs gegen den Gemeinschuldner außerhalb des Akkordverfahrens.

Auf die Rechte, welche ein Gläubiger gegen andere Bürgen als Vergleichsbürgen und gegen sonstige Mitschuldner des Gemeinschuldners hat, hat der Akkord überhaupt keinen Einfluß. Solche Bürgen oder Mitschuldner können dem Gläubiger nicht entgegensetzen, daß er durch einen ohne ihre Zuziehung geschlossenen Vergleich seine Rechte gegen sie verloren habe. Dem Gläubiger, welcher solche ihm verbliebene Rechte verfolgen will, muß auch der Gemeinschuldner die Mittel lassen, um diese Verfolgung geltend zu machen. Kann etwa der Gläubiger noch Ansprüche gegen einen Indossanten eines von ihm akzeptirten Wechsels geltend machen, so kann der Gemeinschuldner, wenngleich seine Verpflichtung durch den Akkord erledigt ist, vom Gläubiger auch die Aushändigung des Wechsels verlangen, welchen dieser nöthig hat, um seine Rechte gegen andere Mitverpflichtete geltend zu machen.

Außer dem Verfahren in Betreff der gerichtlichen Bestätigung des Vergleichs kann jeder Gläubiger auch einen bestätigten Vergleich anfechten, daß der Vergleich durch Betrug zu Stande gekommen sei. Unerheblich ist es dabei, von wem der Betrug begangen ist, oder welches Gläubigers Irrthum dabei erregt oder unterhalten ist. Auch ein besonderer Nachweis einer Vermögensbeschädigung oder einer Absicht auf einen rechtswidrigen Vermögensvortheil ist nicht nöthig. In dieser Beziehung genügt es, daß die Absicht auf das Zustandekommen des Akkordes gerichtet war. Denn allgemein ist anzunehmen, daß der Akkord dem Gemeinschuldner eine bessere Vermögenslage sichert. Die Wirkung dieser Anfechtung auf Grund des

Betruges besteht darin, daß der anfechtende Gläubiger die Rechte, welche ihm der Vergleich zugestanden hat, etwa der Mitverhaftung eines Vergleichsbürgen oder der Theilnahme an anderen Sicherungsmitteln behält, und daß er dennoch die durch den Vergleich ihm sonst auferlegten Beschränkungen in Betreff der Geltendmachung seiner Rechte dem Gemeinschuldner gegenüber nicht gegen sich gelten zu lassen braucht. Diese Wirkung hat die Anfechtung aber nur für den anfechtenden Gläubiger. Dasselbe Anfechtungsrecht mit der gleichen Wirkung für alle Gläubiger hat jeder Konkursgläubiger, wenn der Gemeinschuldner wegen betrüglichen Bankerutts rechtskräftig verurtheilt ist. Ist genügende Masse vorhanden, so kann in diesem Falle auch die Wiederaufnahme des Verfahrens gegen den Gemeinschuldner beantragt und beschlossen werden; ohne Antrag eines Gläubigers erfolgt indeß eine solche Wiederaufnahme nicht.

Außer der Erledigung des Konkurses durch Vertheilung oder durch Akkord kann eine Beendigung noch aus besonderen Gründen durch Einstellung des Verfahrens erfolgen. Das Gericht kann diese Einstellung beschließen, sobald es feststellt, daß nicht genügende Masse vorhanden ist, oder daß sämmtliche Gläubiger befriedigt sind, in welchem Falle Grund und Zweck des Konkurses fortfallen und der Verwalter nur noch dem Gemeinschuldner Rechnung zu legen hat, oder wenn sämmtliche Gläubiger mit der Einstellung einverstanden sind. Im letzteren Falle genügt vor dem Ablauf der Anmeldefrist die Zustimmung aller zur Zeit des Einstellungsbeschlusses dem Gerichte bekannten Gläubiger. Soll die Einstellung nach dem Ablauf der Anmeldefrist erfolgen, so ist die Zustimmung aller festgestellten Forderungen unbedingt nothwendig. Inwiefern die Zustimmung der noch nicht festgestellten, noch nicht geprüften oder streitig gebliebenen Forderungen nöthig ist, bleibt dem Ermessen des Gerichts überlassen; d. h. das Gericht hat zu beschließen, ob und in welcher Höhe ein solcher Gläubiger hinsichtlich des Einstellungsbeschlusses als Konkursgläubiger anzusehen ist. Dabei bezeichnen es die Motive mit Rücksicht auf Grund und Zweck des Konkurses als selbstverständlich, daß der Widerspruch Einzelner durch Hinterlegung oder Sicherung ihrer Forderungen beseitigt werden kann. In jedem Falle kann die Einstellung nur erfolgen, nachdem der Antrag des Gemeinschuldners öffentlich bekannt gemacht und dann eine Widerspruchsfrist von einer Woche verstrichen ist.

Abgesehen von einigen Strafbestimmungen, welche Sie mir wohl erlassen, sind in der Konkurs-Ordnung noch besondere Vorschriften mit Rücksicht auf die Rechtssubjektqualität einzelner Kategorien von Gemeinschuldnern gegeben. Wie schon früher erwähnt, ist dann, wenn Mehrere in der Lage der Zahlungsunfähigkeit sich befinden, über das Vermögen eines jeden Einzelnen getrennt der Konkurs zu eröffnen; bilden jedoch Mehrere ein einheitliches Rechtssubjekt oder wenigstens eine solche Verbindung oder Begriffseinheit, welche als Personeneinheit, Stiftung, Masse, Anstalt ein für sich bestehendes Rechtsleben führt, Rechte erwerben, Verbindlichkeiten eingehen, klagen, verklagt werden kann, und ein rechtlich und thatsächlich von anderem unterscheidbares Aktiv- und Passivvermögen hat, so kann der Konkurs über das Vermögen eines solchen Subjektes als des Gemeinschuldners eröffnet werden. Besondere Vorschriften sind namentlich mit Rücksicht auf die Stellung der betheiligten Persönlichkeiten zu den Funktionen des Gemeinschuldners gegeben.

• Ueber das Vermögen einer Aktiengesellschaft, einer offenen Handelsgesellschaft, einer Kommanditgesellschaft oder einer eingetragenen Genossenschaft kann auch nach deren Auflösung bis zur Vertheilung des Vermögens der Konkurs eröffnet werden, weil solche Gesellschaften in Folge des Konkurses zwar aufgelöst werden, d. h. für ihre früheren Zwecke nicht mehr wirksam sein können, indeß zum Zwecke der Liquidation bis nach Beendigung der Liquidation noch bestehen. Der Konkurs über das Vermögen einer solchen bestehenden oder aufgelösten Gesellschaft kann von jedem Vorstandsmitgliede, jedem Gesellschafter beziehungsweise Liquidator beantragt werden, ohne Rücksicht darauf, ob und wie sie zur Zeichnung der Firma aber zur Geschäftsführung berechtigt aber verpflichtet sind; die anderen Vorstandsmitglieder, Gesellschafter oder Liquidatoren sind über den Antrag dann zu hören, wie wenn der Antrag eines Gläubigers vorliege. Zu unterscheiden ist jedoch von dieser Antragsberechtigung die Frage, wer in einem solchen Konkurse den Gemeinschuldner in Bezug auf seine Rechte zu vertreten hat, also namentlich wer Namens des Gemeinschuldners im Prüfungstermine Forderungen zu bestreiten hat, um die persönliche Verhaftung abzulehnen, so weit es sich bei solchen Gesellschaften noch um eine persönliche Verhaftung handeln kann, ferner wer Namens des Gemeinschuldners die zulässigen Anträge bezüglich einzelner Verwaltungsakte stellen und die Rechnung des Verwalters moniren kann; zu solchen Erklärungen sind nur Diejenigen berechtigt, welche die Gesellschaft zu vertreten befugt wären, wenn kein Konkurs eröffnet wäre.

Für den Konkurs von Aktiengesellschaften ist ferner die Abweichung festgestellt, daß der Konkurs auch dann, wenn keine Zahlungsunfähigkeit sich herausstellt, eröffnet werden kann, sobald eine Ueberschuldung, eine Insuffizienz des Aktivvermögens für die Passiva, eingetreten ist. Der Grund dafür liegt darin, daß die Gläubiger einer Aktiengesellschaft ohnehin lediglich auf das Gesellschaftsvermögen ohne eine Verpflichtung der Aktionäre zur Zuzahlung angewiesen sind, und daß für Rechnung der Gläubiger nicht auf die Zukunft spekulirt werden soll. Auch über das Vermögen einer aufgelösten eingetragenen Genossenschaft kann wegen Ueberschuldung alsdann der Konkurs eröffnet werden, wenn die Bilanz der Liquidatoren eine Insuffizienz zeigt und nicht binnen acht Tagen nach der zu berufenden Generalversammlung der Ausfall gedeckt wird. Einem dritten Falle, worin wegen Ueberschuldung der Konkurs eröffnet werden, werden wir gleich noch beim Konkurse über den Nachlaß begegnen.

Den Grundbedingungen der eingetragenen Genossenschaften gemäß bleibt den Gläubigern das Recht auf die persönliche Mitverhaftung der Genossenschafter. Indeß die Feststellung der Forderungen im Genossenschaftskonkurse giebt den Gläubigern noch keinen Titel zur Zwangsvollstreckung gegen die einzelnen Mitglieder, weil die letzteren im Genossenschaftskonkurse nicht Gemeinschuldner sind. Die Gläubiger müssen ihre Ansprüche auf die persönliche Verhaftung der Genossenschafter durch besondere Klage mit dem Nachweise geltend machen, daß die Beklagten zu den persönlich haftenden Genossenschaftern gehören. Darüber, ob eine solche Schuld eine Genossenschaftsschuld ist, haben die Beklagten in einem solchen Falle alle zulässigen Einwendungen, für die im Genossenschaftskonkurse geprüften Forderungen aber nur, wenn der Vorstand aber die Liquidatoren eine solche Forderung als Genossenschaftsschuld ausdrücklich bestritten haben.

Die Gläubiger einer offenen Handelsgesellschaft oder einer Kommanditgesellschaft haben und erhalten ebenfalls die Rechte aus der persönlichen Verhaftung der Gesellschafter. Die Vorschrift der preußischen Konkurs-Ordnung, daß im Falle einer Konkurs-Eröffnung über das Gesellschafts-Vermögen auch über das Vermögen der einzelnen Gesellschafter der Konkurs eröffnet werden muß, ist aufgehoben; der Konkurs wird über das Vermögen des einzelnen Gesellschafters nur eröffnet, sofern für diesen selbst das Requisit der Zahlungsunfähigkeit vorhanden ist. Im Gesellschaftskonkurse werden die Gesellschaftsgläubiger befriedigt, soweit sie sich melden und die Masse reicht; im Privatkonkurse können sie den thatsächlich am Gesellschaftskonkurse erlittenen Ausfall geltend machen, ohne daß sie verpflichtet sind, behufs dieser Geltendmachung sich im Gesellschaftskonkurse zu melden. Die Ausfalls-Forderungen der Gesellschaftsgläubiger und die Privatforderungen sind im Privatkonkurse gleichberechtigt. Die Gesellschaftsgläubiger können in beiden Konkursen ihre Forderungen im vollen Betrage anmelden, und die Dividende ist auch im Privatkurse nach dem vollen Betrage zu berechnen. Sie ist jedoch nicht auszuzahlen, sondern — und zwar auch bei Schlußvertheilungen — zurückzubehalten, bis der Ausfall im Gesellschaftskonkurse festgestellt ist, was der Einzelne durch gänzliche oder theilweise Verzichtleistung auf die Theilnahme am Gesellschaftskonkurse erreichen kann. Ist der Ausfall festgestellt, so werden dann die Dividenden aus dem Privatkonkurse nach dem wirklichen Ausfalle berechnet und gezahlt.

In Betreff des Zwangsvergleichs sind noch besondere Vorschriften erlassen. Im Konkurse einer eingetragenen Genossenschaft ist ein Zwangsvergleich mit Rücksicht auf die bestehen bleibende persönliche Verhaftung der Genossenschafter für unzulässig erklärt. Für den Konkurs einer Aktiengesellschaft ist dagegen der Zwangsvergleich zulässig; er ist von den Vorstandsmitgliedern oder Liquidatoren zu schließen, welche die Gesellschaft, wenn kein Konkurs eröffnet wäre, zu vertreten befugt sein würden. Im Konkurse einer offenen Handelsgesellschaft, einer Kommanditgesellschaft oder einer Kommanditgesellschaft auf Aktien können nur alle persönlich haftenden Gesellschafter den Akkord schließen; wenn dann im Akkorde nicht ausdrücklich etwas anderes bestimmt ist, so sind auch für den Akkord über das Privatvermögen des persönlich haftenden Gesellschafters nur die im Akkorde bestimmten Beschränkungen für maßgebend. Das Gesetz vermuthet, daß dies in einem solchen Akkorde gemeint ist, wenn nicht ausdrücklich etwas anderes bestimmt wird.

Der Konkurs über den Nachlaß ist der Konkurs über das Vermögen, welches der Erblasser zur Zeit des Todes hatte. Der Erblasser wird als Gemeinschuldner angesehen; um dessen Rechte und um seine Schulden handelt es sich. Vorausgesetzt ist dabei negativ, daß der Erbe nicht persönlich haftet; haftet der Erbe persönlich, weil er etwa ohne die Rechtswohlthat des Inventariums die Erbschaft angetreten hat, und ist der Erbe zahlungsunfähig, so ist nicht über den Nachlaß, sondern über das Vermögen des Erben unter Berücksichtigung des Separationsrechtes der Nachlaßgläubiger und Vermächtnißnehmer der Konkurs zu eröffnen. Der Konkurs über den Nachlaß kann nur im Falle der Ueberschuldung eröffnet werden. Der Grund

entspricht im Wesentlichen dem schon in Betreff der Aktiengesellschaften angegebenen. Den Gläubigern haftet nur der Nachlaß, und der Erbe soll nicht mit dem Nachlasse zu Lasten der Gläubiger auf die Zukunft spekuliren. Der Antrag auf Konkurseröffnung kann von jedem Erben, jedem Vertreter des Nachlasses und jedem Nachlaßgläubiger gestellt werden, nicht vom Legatar, weil ein Legatar nach der besonderen Bestimmung des §. 56 Konkursordnung nicht Konkursgläubiger ist. Die Eröffnung des Konkurses erfolgt im Gerichtstand der Erbschaft. Einen Zwangsvergleich können nur alle Erben bezw. alle Vertreter des ganzen Nachlasses schließen.

Die Reichsgesetze erklären die landesgesetzlichen Bestimmungen über den erbschaftlichen Liquidationsprozeß für nicht berührt. Das preußische Gesetz vom 28. März 1879 über die Zwangsvollstreckung gegen Benefizialerben hat unter Modifikation der früheren desfallsigen Bestimmungen den Benefizialerben oder Nachlaßpfleger berechtigt erklärt, ein Aufgebot der Nachlaßgläubiger und Vermächtnißnehmer zu beantragen, mit der Wirkung, daß während des Verfahrens Zwangsvollstreckungen und Arreste nicht erfolgen, daß die bereits erwirkten gehemmt werden, und daß Nachlaßgläubiger und Vermächtnißnehmer, welche sich im Verfahren nicht gemeldet haben, nur noch insoweit Ansprüche erheben dürfen, als der Nachlaß ohne die Nutzungen seit dem Tode des Erblassers durch die angemeldeten Ansprüche nicht erschöpft wird. Die Eröffnung des Konkurses ist von einem solchen Verfahren unabhängig; der Konkurs kann eröffnet werden ohne Rücksicht darauf, ob ein derartiges Aufgebotsverfahren schwebt oder vorangegangen ist. Ist ein Aufgebot erfolgt, so kann das Resultat mit der angegebenen Wirkung des Zurücktretens der Nichtangemeldeten auch im Konkurse berücksichtigt werden. Wird der Konkurs eröffnet, so hat der Benefizialerbe nur den Nachlaß an den Verwalter abzugeben und diesem Rechnung zu legen; eine Verfolgung des Benefizialerben durch die einzelnen Gläubiger findet dann nicht mehr statt.

Die Vorschriften der Konkursordnung über den Einfluß eines ausländischen Konkurses auf inländische Zwangsvollstreckung und über den Konkurs über das im Inlande befindliche Vermögen eines Ausländers werden leicht verständlich sein.

Zu erwähnen ist indeß noch der Einfluß der Konkursordnung auf die vorangegangenen, früheren Rechtshandlungen. In dieser Beziehung gilt als Regel, daß alle Vorschriften der Konkursordnung in späteren Konkursen nach dem 1. Oktober 1879 Anwendung finden, soweit nicht in den §§. 9 bis 17 des Einführungsgesetzes ausdrückliche Ausnahmen bestimmt sind. Diese Ausnahmen betreffen die Anfechtungen, die Aufrechnungen und die Vorrechte. Absonderungsrechte können nur nach den Bestimmungen der Konkursordnung geltend gemacht werden, Vorrechte nur nach den Bestimmungen der Konkursordnung und der in der Konkursordnung der Landesgesetzgebung vorbehaltenen, früher erwähnten Ergänzungen. Auch für Anfechtungen gilt die Regel, daß die zur Zeit der Anfechtung, also für spätere Konkurse die nach dem 1. Oktober 1879 geltende deutsche Reichskonkursordnung und nicht das zur Zeit der früheren Rechtshandlung bestehende Recht über die Anfechtbarkeit, deren Umfang, Wirkung, Formen, Zeitdauer und die subjektive Legitimation entscheidet. Indeß soll die Anfechtung eines Erwerbes, welchen ein Dritter früher nach damaligem Recht unanfechtbar gemacht hat, nicht zulässig sein. In gleicher Weise ist auch die

Anfechtung der Aufrechnung mit einer früher abgetretenen oder erworbenen Forderung beschränkt werden.

Das preußische Ausführungsgesetz zur Konkursordnung vom 6. März 1879 hat neben manchen Bestimmungen für die Landestheile außerhalb der preußischen Konkursordnung theils Vorschriften über die entsprechende Anwendung der Konkursvorschriften für die Rechte der Gläubiger außerhalb des Konkursverfahrens gegeben, theils Bestimmungen zur Ergänzung der Konkursordnung betreffs der Mittheilung an die Staatsanwaltschaft und der Eintragung in das Grundbuch und in das Handelsregister getroffen, theils gemäß dem Vorbehalte der Konkursordnung für die bereits am 1. Oktober 1879 erworbenen Absonderungs- und Vorzugsrechte die Sicherung eines Vorrechts angeordnet. Für die bereits im Konkursverfahren ist im Ausführungsgesetze namentlich die Zuständigkeit der Gerichte geregelt und die entsprechende Anwendung von Vorschriften der Civilprozeßordnung, insbesondere der Vorschriften über die Zustellung, über die Zeugen und Sachverständigen und über die noch nicht anhängigen Rechtsstreitigkeiten angeordnet.

Indem ich hiermit die Vorträge über die Konkursordnung, für Ihre freundliche Theilnahme dankend, schließe, erlaube ich mir in Betreff meiner persönlichen Verschuldung sowohl für das, was ich verbrochen habe, als auch für das, was ich Ihnen schuldig geblieben bin, einen Zwangsvergleich dahin vorzuschlagen, daß Sie mir meine Sünden, namentlich die vielen nur gestrichenen oder völlig verschluckten Detailvorschriften erlassen und mit den Prozenten, die ich Ihnen geboten habe, zufrieden sein wollen. (Lebhafter Beifall.)

Vorsitzender Justizrath Laué:

Ich glaube im Namen der Versammlung den Schluß der Rede des Kollegen von Wilmowski für nicht anwendbar erklären zu dürfen: nicht einen Zwangsvergleich schließen wir mit ihm ab, sondern wir zollen ihm unsere Hochachtung und unseren Dank für die Vorträge, die er uns freundlich gehalten hat. (Bravo!)

Reichsgerichtliche Entscheidungen.

Der Wohnungsgeldzuschuß für Offiziere und Beamte des deutschen Heeres und dessen Berücksichtigung bei der Pensionsberechnung. Reichsgesetz vom 30. Juni 1873.

Kläger, ein mit Pension zur Disposition gestellter Offizier, hat eine Landwehr-Bezirks-Kommandeurstelle bekleidet und während dieser Amtsverwaltung Pension und den durch das Reichsgesetz vom 30. Juni 1873 eingeführten Wohnungsgeldzuschuß bezogen. Nachdem er in den Ruhestand getreten, hat er vom Reichsfiskus begehrt, daß der Wohnungsgeldzuschuß bei Berechnung der Pension mit in Anschlag gebracht werde. Der Reichsfiskus hat dem widersprochen. Kläger hat gegen das abweisende Erkenntniß des Königlichen Kammergerichts zu Berlin noch die Nichtigkeitsbeschwerde eingelegt. Das Reichsgericht hat am 6. November d. J. die Vorentscheidung aufgehoben und den Fiskus dem Klageantrag gemäß verurtheilt.

Gründe.

Das Eigenthümliche der Stellung des Klägers als Landwehr-Bezirks-Commandeur hat darin bestanden, daß er zwar eine etatsmäßige Stelle bekleidet, aber kein Gehalt erhalten, sondern die ihm bei seiner Pensionirung bewilligte Pension fortbezogen und auf Grund des Reichsgesetzes vom 30. Juni 1873 Wohnungsgeldzuschuß bekommen hat. Es ist daher die Frage entstanden: ob der Kläger bei seiner Entlassung aus seiner etatsmäßigen Stellung von dem Wohnungsgeldzuschuß Pension zu beanspruchen hat.

Für Beantwortung dieser Frage ist das Reichsgesetz vom 27. Juni 1871 ohne Bedeutung. Denn dasselbe bestimmt nur, auf welche Pension ein Offizier Anspruch hat, welcher sein Gehalt aus dem Militäretat bezogen und zur Fortsetzung des aktiven Militärdienstes unfähig und deshalb verabschiedet worden ist, § 2, und welche Veränderungen bezüglich der Pension eintreten, wenn ein mit Pensionsansprüchen aus dem aktiven Dienst geschiedener Offizier zu demselben wieder herangezogen worden ist und in einer etatsmäßigen Stellung Verwendung gefunden hat. Wie es aber bezüglich des Wohnungsgeldzuschusses zu halten sei, darüber hat jenes Gesetz nichts bestimmt und es konnte darüber nichts bestimmen, weil der Wohnungsgeldzuschuß erst durch das Gesetz vom 30. Juni 1873 eingeführt worden ist. Nur dies Gesetz ist daher für die aufgeworfene Frage von Bedeutung. Der § 1 desselben giebt ein Recht auf den Wohnungsgeldzuschuß jedem Offizier, welcher seinen dienstlichen Wohnsitz in Deutschland hat, eine etatsmäßige Stelle bekleidet und eine Besoldung aus der Reichskasse bezieht. Was insbesondere den Ausdruck „Besoldung" anbelangt, so ist derselbe umfassender, als der im Gesetz vom 27. Juni 1871 gebrauchte Ausdruck „Gehalt." Es ist darunter jede Art von Besoldung zu verstehen, ohne Unterschied, ob dieselbe in Form des Gehalts oder in Form des Fortbeziehens einer Pension gewährt wird. Dieser Auslegung des § 1 entsprechend ist dem Kläger, so lange er die etatsmäßige Stelle als Landwehr-Bezirks-Kommandeur bekleidete, der Wohnungsgeldzuschuß gezahlt worden. Er hat denselben nicht als einen Theil seiner Pension erhalten, sondern auf Grund des Bekleidens einer etatsmäßigen Stelle.

Wenn nun der § des Gesetzes bestimmt:

Bei Bemessung der Pension wird der Durchschnittssatz des Wohnungsgeldzuschusses für die Servisklassen I bis V in Anrechnung gebracht

und

in allen anderen Beziehungen gilt der Wohnungsgeldzuschuß mit der im §. 4 bestimmten Maßgabe als Bestandtheil der Besoldung,

so kann diese Bestimmung nur dahin verstanden werden, daß jeder Offizier, bei welchem die Erfordernisse des § 1 vorhanden waren, bei seinem Ausscheiden aus der etatsmäßigen Stelle, von dem nach § 8 zu berechnenden Betrage des Wohnungsgeldzuschusses Pension erhalten soll, ohne Unterschied, ob er in seiner etatsmäßigen Stelle Gehalt erhalten oder die ihm bewilligte Pension fortbezogen hat. Wenn der Appellationsrichter das Recht auf Pension von dem Wohnungsgeldzuschuß nur denjenigen Offizieren zuspricht, welche förmlich wieder im aktiven Dienst angestellt werden und demzufolge Gehalt oder wie der Appellationsrichter sich ausdrückt: „förmliche Besoldung" erhalten, so macht er eine Unterscheidung, welche das Gesetz nicht kennt. Denn das Gesetz spricht weder im § 1 noch im § 8 von Gehalt oder förmlicher Besoldung förmlich reaktivirter Offiziere, sondern einfach von Bekleiden einer etatsmäßigen Stelle und Besoldung. Und wenn der Appellationsrichter insbesondere meint, es sei nicht denkbar, daß der Gesetzgeber, wenn er den Grundsatz des § 21 des Militärpensionsgesetzes bezüglich des Wohnungsgeldzuschusses hätte ändern wollen, dies nicht ausdrücklich ausgesprochen haben würde, so kann diese Bemerkung nicht als richtig anerkannt werden. Es ist vielmehr im Gegentheil hervorzuheben, daß, wenn der Gesetzgeber denjenigen Offizieren, welche den Erfordernissen des § 1 des Gesetzes vom 30. Juni 1873 entsprechen, aber als Besoldung nicht Gehalt, sondern die ihnen bewilligte Pension beziehen haben, ein Recht auf Pension von dem Wohnungsgeldzuschuß hätte absprechen wollen, er dies ausgesprochen haben würde. Was sonst noch von den Parteien angeführt wird, ist unerheblich, namentlich daß von einer Reupensionirung des Klägers, soweit die ihm bereits bewilligte Pension in Betracht kommt, nicht die Rede sein kann, daß die Entlassung des Klägers aus seiner Stellung in einer anderen Form erfolgt ist, als bei der Pensionirung solcher Offiziere, welche eine mit Gehalt verbundene Stelle bekleiden, und daß die Stellung der Landwehr-Bezirks-Kommandeure in vielen Beziehungen eine andere ist, als die derjenigen Offiziere, welche unter Fortfall der Pension im aktiven Heere definitiv gegen Gehalt angestellt werden.

Der Anspruch des Klägers ist nach §. 1 und §. 8 des Gesetzes neue 30. Juni 1873 begründet und §. 21 des Gesetzes vom 27. Juni 1871 steht demselben nicht entgegen. Wegen Verletzung gedachter Gesetzesbestimmungen unterliegt das Appellationsurtel der Vernichtung.

In der Sache selbst folgt aus Vorstehendem, daß gegen die vom Kläger aufgestellte und vom ersten Richter als richtig anerkannte Berechnung ein Einwand nicht erhoben ist, die Bestätigung des ersten Urtheils.

Ordensverleihungen.

Dem Rechtsanwalt und Notar a. D. Justizrath Gerstein zu Haus Dahl im Kreise Hagen und

dem Rechtsanwalt und Notar Sturm zu Landsberg a/W. wurde der Rothe Adler-Orden IV. Klasse verliehen.

Anzeigen.

Für die Redaktion verantw.: E. Haenle. Verlag: W. Moeser, Hofbuchhandlung. Druck: W. Moeser, Hofbuchdruckerei in Berlin.

Juristische Wochenschrift.

Herausgegeben von

S. Haenle,
Rechtsanwalt in Ansbach.

und

M. Kempner,
Rechtsanwalt beim Landgericht I. in Berlin.

Organ

des Deutschen Anwalt-Vereins.

Neunter Jahrgang.

Berlin,
W. Moeser Hofbuchhandlung.
1880.

Alphabetisches Inhalts-Register
des
Neunten Jahrgangs der Juristischen Wochenschrift.

№ 1. Berlin, 1. Januar. 1880.

Juristische Wochenschrift.

Herausgegeben von

S. Haenle,
Rechtsanwalt in Ansbach.

und

M. Kempner,
Rechtsanwalt beim Landgericht I. in Berlin.

Organ des deutschen Anwalt-Vereins.

Preis für den Jahrgang 12 Mark. — Bestellungen übernimmt jede Buchhandlung und Postanstalt.

Der deutsche Anwaltsstand sieht sich in diesem Jahre vor ganz neuen Verhältnissen. Ob dieselben zum Guten oder zum Schlimmen sich gestalten, vermag Niemand mit Sicherheit zu verkünden. Der Deutsche Anwaltverein hat jetzt die Aufgabe die Wirksamkeit der ins Leben getretenen Reichsjustizgesetze mit Aufmerksamkeit zu beobachten, ihre Vorzüge zur Anerkennung zu bringen, nicht minder aber auch etwaige Schäden rückhaltlos aufzudecken und mit Beharrlichkeit auf deren Beseitigung hinzustreben. Das gilt insbesondere bezüglich derjenigen gesetzlichen Bestimmungen, welche den Anwaltsstand direkt berühren. Die gedeihliche Lösung der gestellten Aufgabe ist nur durch treues Zusammenwirken der gesammten Kollegenschaft möglich. Der Deutsche Anwaltverein soll der Stützpunkt sein, von dem die Bestrebungen zur Erreichung des Zieles ausgehen. Der Vereinsvorstand hält deshalb für seine Pflicht beim Jahreswechsel die Kollegen, welche dem Vereine noch nicht angehören, zum Beitritt aufzufordern. Er richtet seine Bitte an Alle, an die ältern Kollegen, weil er deren Erfahrungen nicht entrathen kann, an die neuen Mitglieder des Standes, weil Bedächtigkeit nur im Verein mit jugendlicher Rüstigkeit Tüchtiges zu leisten im Stande ist. Mögen Alle vereint an dem Gedeihen unseres Standes arbeiten, welcher der zuverlässige Berather unseres Volkes war und bleiben soll.

Leipzig, Berlin, Bamberg, Dresden, Heidelberg und Ansbach.

Porn. v. Wilmowski. Dr. Schaffrath. Mecke. F. Kreitmair. Fürst. Haenle.

Satzungen des Deutschen Anwaltvereins
in der
am 3. Juni 1876 vom Anwaltstage zu Köln beschlossenen Fassung.

§. 1.
Zweck des Deutschen Anwaltvereins ist:

I. Die Förderung des Gemeinsinns der Standesgenossen und die Pflege des wissenschaftlichen Geistes.

II. Die Förderung der Rechtspflege und der Gesetzgebung des Deutschen Reichs.

III. Die Vertretung der Berufsinteressen.

Zur Verfolgung dieses Zweckes besteht eine Zeitschrift als Organ des Vereins.

§. 2.
Das Recht zum Eintritt in den Verein steht jedem Deutschen Anwalte oder Advokaten zu.

Die Erklärung über den Eintritt erfolgt durch schriftliche Anzeige. Die Mitgliedschaft beginnt mit dem Empfange der Mitgliedskarte.

Jedes Mitglied erhält die Zeitschrift unentgeltlich.

§. 3.
Der Beitrag jedes Mitgliedes wird auf zwölf Mark jährlich, welche nach Maßgabe des Bedürfnisses vom Vorstande erhoben werden, festgesetzt und ist innerhalb 4 Wochen nach Beginn jedes neuen Kalenderjahres zu entrichten, widrigenfalls derselbe durch Postvorschuß eingezogen wird.

Nimmt ein Mitglied den mit Postvorschuß beschwerten Brief nicht an, so wird dies einer ausdrücklichen Austrittserklärung gleichgeachtet.

§. 4.
Organe des Vereins sind der Anwaltstag und der Vorstand.

§. 5.
Der Anwaltstag beschließt mit einfacher Stimmenmehrheit der auf demselben erschienenen Vereinsmitglieder.

§. 6.
Der Vorstand hat folgende Befugnisse und Obliegenheiten:

1. Er vertritt den Verein und sorgt für die Ausführung der vom Anwaltstage gefaßten Beschlüsse.
2. Er bestimmt Zeit und Ort des abzuhaltenden Anwaltstages, trifft die für denselben nöthigen Vorbereitungen und erläßt die Einladungen durch öffentliches Ausschreiben unter Bekanntgabe der von ihm vorläufig festgestellten Tagesordnung.
3. Er ernennt aus der Zahl der Mitglieder Berichterstatter über die zu erörternden Fragen.
4. Er nimmt die Beitrittserklärungen neuer Mitglieder entgegen; fertigt die Mitgliedskarten aus, empfängt die Beiträge und legt darüber Rechnung.
5. Er ergänzt sich selbst, falls eines oder mehrere seiner Mitglieder im Laufe der Geschäftszeit ausscheiden.

§. 7.

Der Vorstand besteht aus sieben Mitgliedern. Diese wählen aus ihrer Mitte den Vorsitzenden, den Schriftführer und deren Stellvertreter.

Eine Neujahrsbetrachtung.

Ein Rückblick auf die Bewegung im Deutschen Rechtsleben innerhalb eines Jahres, welches auf dem Boden einer eingelebten und bestehenden Gesetzgebung fortschritt, kann in die engen Grenzen eines Eingangsartikels einer Zeitschrift, wie der unsrigen, wohl zusammengefaßt werden; wenn aber im Laufe des Jahres eine neue Aera in des Wortes eigentlichster Bedeutung begonnen hat und Gesetzgebungen, die zum Theile Jahrhunderte lang bestanden haben, zu Grabe getragen worden sind: dann könnten in einem solchen Eingangsartikel eine Reihe von Fragen nur berührt und angedeutet werden, dann eignet sich eine solche Besprechung nicht für die Aufgabe eines Artikels. Was aber vom allgemeinen Standpunkte aus zu sagen wäre, ist so selbstverständlich, daß es nicht gesagt zu werden braucht. Wer, dem ein Herz für das Deutsche Vaterland, für den Wiederaufbau des Deutschen Reiches im Besten schlägt, wer, der erkannt hat, daß Recht und Sitte untrennbar sind, daß das nationale Sitte ein Nationalrecht verlangt, das Nationalrecht umgekehrt die Gemeinsamkeit der nationalen Sitte und Auffassung fördert, wer, welcher nur halbwegs eine Einsicht in die Tausende von Fäden hat, welche das Verkehrs- und Geschäftsleben Deutschlands umspannen, wer von allen Denen wird verkennen, daß die Einführung der Deutschen Justizgesetze eine unendliche Wohlthat, ein enormer Fortschritt für das Deutsche Vaterland gewesen ist. Nicht in welcher Gestalt, mit welchem Inhalt, sondern daß wir nur überhaupt sie bekommen haben, ist das Entscheidende dabei. Mag das Eine oder das Andere in den Gesetzen mehr oder minder einen gerechten Stoff zum Tadel abgeben, mag man sogar mit dem Systeme, welches einzelnen Einrichtungen zu Grunde gelegt wurde, mit größerem oder geringerem Rechte keineswegs einverstanden sein, und vielleicht hat kein Stand eine größere Berechtigung zur Klage dabei als der Anwaltstand,

Der Schriftführer ist zugleich Rechner. Es kann jedoch auch ein besonderer Rechner aus den Vorstandsmitgliedern gewählt werden. Der Vorstand beschließt mit einfacher Stimmenmehrheit.

Zur Giltigkeit der Beschlüsse wird erfordert, daß wenigstens drei Mitglieder ihre Stimme abgegeben haben.

§. 8.

Der Vorstand wird auf drei Jahre gewählt. Er hat seinen Sitz an dem vom Anwaltstage bestimmten Vororte.

Der Vorstand verwaltet sein Amt auch nach Ablauf seiner Wahlperiode noch so lange, bis der Anwaltstag einen neuen Vorstand gewählt hat.

§. 9.

Abänderungen dieser Satzungen können vom Anwaltstage durch einfache Stimmenmehrheit beschlossen werden, jedoch nur auf schriftlichen Antrag, der vier Wochen vor dem Zusammentritt des Anwaltstages dem Vorstande zu überreichen ist.

jeder Jurist, welcher das Misere der Rechtszersplitterung in Deutschland mit angesehen und erfahren hat, wird es als ein Glück ansehen, daß dieses Unwesen nun ein Ende hat. Und gerade, indem wir dieses schreiben, geht die erfreuliche Nachricht durch die Tagesblätter, daß auch die Vorarbeiten zum Civilrecht für das Deutsche Reich rasch voranschreiten.

Ja, diese Erwägungen sind so nahe liegend, daß eine weitere Besprechung derselben als überflüssig sich darstellt. Einzugehen auf die Gesetze selbst ist gewiß hier nicht der Raum, die Erfahrungen mitzutheilen, welche man seit den paar Monaten, in denen sie eingeführt worden sind, mit ihnen gemacht hat, ist allerdings Aufgabe unserer Zeitschrift, aber es wär geradezu eine Verkehrtheit, wenn man jetzt schon sich für berechtigt erachten würde, aus solchen Erfahrungen Schlüsse zu ziehen für die Gemäßheit oder Nichtgemäßheit der einzelnen Bestimmungen. Im Gegentheile ist es vielleicht am Platze davor zu warnen, jetzt schon vom praktischen Standpunkte aus — vom prinzipiellen und theoretischen hat das Urtheil seine Berechtigung — an eine Kritik der Gesetze zu gehen und hierüber sein und einige Bemerkungen gestattet. Man ist doch wohl noch zu sehr in den Gewohnheiten des eben abgeschafften Rechtes befangen, um nicht manches Neue als unpraktisch zu betrachten, eben, weil es uns noch nicht geläufig geworden ist. Jede Rechtseinrichtung muß eine Zeit lang geübt werden bis, um ihre Stelle in dem ganzen Geschäfts- und Rechtsleben völlig auszufüllen, um demselben angepaßt zu erscheinen. So lange Dies aber nicht erfolgt ist, insolange wird man den Fremdling als einen störenden Eindringling betrachten. Es stimmt ferner schon von vornherein gar Manchen, welcher bisher gewohnt war, nur die Gesetzesanwendung zum Gegenstande seines Studiums zu machen, die Gesetzeskenntniß aber sich schon längst im Großen und Ganzen erworben zu haben glaubte, nicht gerade günstig für die legislatorischen Schöpfungen der Neuzeit, daß er nun wieder vom Alpha anfangen und viele Stunden darüber verbringen muß, was nun auf einmal Rechtens geworden sei. Dank der vielen — vielleicht zu vielen — Kommentare, welche die Erscheinung der neuen Gesetze im langen Train schon begleiten, kann man sich mit der Vergleichung der einschlägigen

Stellen näher vertraut machen, als es Anfangs den Anschein gewinnt, aber wer selbst prüfen will, verliert denn doch einen großen Theil seiner Zeit damit. Daß man aber dadurch bei der Beurtheilung der Gesetze herber wird, liegt nahe. Dazu kommt ein weiteres Mißstand, der gerade dadurch entstanden ist, daß in den letzten Jahren man Gesetze schuf und abänderte, erst lobte, dann verwarf, ohne abzuwarten, ob denn nicht auf die Dauer das so rasch abgeänderte oder getadelte Gesetz sich bewährt haben würde. Man kann in der That, je nach der Verschiedenheit des Standpunktes bei mancher gesetzlichen Bestimmung sagen, sie war ein „Sommernachtstraum" oder ein „Wintermärchen." So begegnet man jetzt schon abermals in den Tagesblättern abfälligen Urtheilen über diese oder jene neue Gesetzesvorschrift; man hat eben nicht die Geduld abzuwarten, wie dieselbe sich „einlebt." Ein weiteres Moment, welches auf die Beurtheilung der Justizgesetze schädlichen Einfluß zu üben vermag, ist die große Erwartung, die man im Volke von denselben hegt; wie die Ansichten der Masse über neue Gesetze zu hören in der Lage ist, wird zugeben, daß man Unmögliches von ihnen verlangt und erwartet, und daß dann mit jedem verlorenen Prozesse man um so mehr schimpft, je mehr man glaubte, das neue Gesetz würde über alle Uebelstände des Verkehrs hinweghelfen. In der That ist es aber so, daß man an die Ecken und Kanten, an die Inconvenienzen der abgeschafften Gesetze sich gewöhnt hat, sie nicht mehr, oder wenigstens nicht mehr so hart empfand, daß man aber dagegen um so unangenehmer überrascht wird, daß auch die neuen Gesetze ihre Schattenseiten haben. Der berühmte bayerische Jurist Arnold soll einmal, halb im Ernste, halb im Scherze, die Bemerkung gemacht haben, mit neuen Gesetzen sei es wie mit dem Kopfweh. Wenn man eine Zeit lang auf der rechten Seite gelegen sei, wende man sich auf die linke, und in der ersten Zeit komme es Einem wirklich so vor, als ob man Linderung verspüre, bald aber stelle sich das Kopfweh wieder ein, und so werfe man sich bald rechts, bald links. Die Wahrheit, die in diesem Scherzworte liegt, ist doch wohl die, daß man menschliche Gesetze eben als unvollkommen hinnehmen muß und die relative Zweckmäßigkeit derselben nur schädigt, wenn man zu große Ansprüche an sie erhebt und sich nicht die Zeit nimmt abzuwarten, wie das Leben selbst Abhilfe da bringt, wo sie dringend geboten erscheint.

Wenn man billig sein, unbefangen urtheilen will, muß man auch die großen Schwierigkeiten ins Auge fassen, welche der Gesetzgeber zu überwinden hatte. Es war ja nicht ein einzelnes Recht abzuändern (auch wenn man dabei von der Verschiedenartigkeit der Gesetzesmaterien absieht), so daß ein allmähliges Hinüberführen von dem alten Zustande zu dem neuen ermöglicht gewesen wäre, sondern das zu schaffende Gesetz war in Territorien einzuführen, die bisher in den Grundprinzipien der Gesetzgebung (beim Civil- und Strafprozesse) sich zum Theil diametral entgegengestanden sind. Dies bot für eine gesetzgeberische Aufgabe, wie sie selten gestellt wird und die nicht unterschätzt werden darf. Es wird deshalb bei der Beurtheilung derselben darauf Rücksicht zu nehmen sein, daß das Urtheil sich unwillkürlich anders gestaltet, je nachdem die frühere Gesetzgebung nach ihrem Systeme der jetzigen näher aber entfernter gestanden ist, da der Uebergang zu den neuen Einrichtungen in Hinblick darauf sich als leichter oder schwieriger darstellt.

Diese Bemerkungen über die Beurtheilung unserer neuen Gesetzgebung, glauben wir aber nicht schließen zu dürfen, ohne der ins Grab gesenkten ein Lebewohl zu sagen. Die juristische Wochenschrift ging, von ihrer ersten Nummer an, treulich mit Jenen, welche die Einführung eines Deutschen Rechtes für dringend geboten erachteten, und in den Nummern unserer Zeitschrift wird man gar manche Belege der Unzukömmlichkeiten hervorgehoben finden, zu welchen die Buntscheckigkeit der Landes- und Statutarrechte geführt hat. Trotzdem hatte auch diese Verschiedenheit eine gute Seite. Wie die politische Zerrissenheit Deutschlands, so unheilvoll sie gewesen, dazu beitrug, das Vaterland mannigfaltiger zu gestalten, eine Reihe trefflicher Einrichtungen, interessanter Hauptstädte ins Leben zu rufen, so war auch auf dem Rechtsgebiet ein lebhaftes Ringen zwischen den einzelnen Gesetzgebungen und Tribunalen zu erkennen, was nicht wenig dazu beitrug, das Feld der Rechtswissenschaft förderlich zu bebauen. Die neuere Zeit hat in den Einzelstaaten eine Reihe von Gesetzen ins Leben gerufen, die mit vollem Fug von der Reichsgesetzgebung die eingehendste Berücksichtigung gefunden haben. Sie bildeten vorzügliche Bausteine zum Aufbau des neuen Rechtes. —

Und um nun noch mit einigen Worten der Veränderungen zu gedenken, welche für die Deutschen Anwälte die Neugestaltung unserer Rechtspflege gebracht hat, so sind viele und wohl auch gerechte Hoffnungen des Standes auf sie unerfüllt geblieben: aber wir wollen doch dabei nicht verkennen, daß ein Recht für das Deutsche Reich schon an und für sich der Anwaltschaft höhere und schönere Ziele steckt, ferner daß man jetzt erst von einem „Deutschen" Anwaltstande reden kann. Wir haben eine einheitliche Organisation erhalten und in ihr wie in den Prozeßgesetzen sind die Grenzen unserer Wirksamkeit doch nicht durchweg innerhalb der Grenzen der Einzelstaaten gebannt. Das „kann" des § 2 der Anwalts-Ordnung verträgt sich so wenig mit dem Gedanken der Deutschen Rechtseinheit, daß es nothwendig des consequenten Durchführung derselben weichen wird. —

In den gesetzgebenden Versammlungen des Reiches und der Einzelstaaten, auf den Anwaltstagen haben die Anwälte die Interessen der Rechtspflege höher gehalten als die eigenen, haben die Anwälte immer und immer die Ansicht festgehalten, daß die Interessen der Rechtspflege untrennbar seien von den wahren Interessen der Advokatur. Aber auch die Gegner des Standes werden sich der Ueberzeugung nicht entziehen können, daß eine unabhängige Rechtsanwaltschaft zur freiheitlichen Entwicklung eines Staates, zur Heranbildung eines intelligenten, kräftigen Staatsbürgerthums unumgänglich nöthig sei.

S. H.

Vom Reichsgericht.

Die Civil- und Hülfs-Senate des Reichsgerichts haben bis Mitte Dezember 1879 eine beträchtliche Thätigkeit entwickelt. Es sind zur Aburtheilung gelangt im Ganzen 473 Prozeßsachen. Unter diesen ist eine große Zahl, welche, weil der Schwerpunkt der Entscheidung auf dem prozessualen Gebiet beruhte, von keinem bayerischen Interesse. In andern war die Würdigung thatsächlicher

Verhältnisse für die Entscheidung des Reichsgerichts maßgebend. Nur eine Minderzahl brachte die Lösung wichtiger Rechtsfragen von allgemeiner Bedeutung. Wir wollen versuchen, eine Uebersicht derselben zu geben. Wir gehen dabei von der Ansicht aus, daß nicht allein die Mittheilung derjenigen Entscheidungen von Interesse sein dürfte, welche bisher unentschiedene Rechtsfragen behandeln, sondern zunächst wenigstens auch solche Urtheile Erwähnung finden müssen, welche die Praxis der aufgehobenen obersten Gerichtshöfe bezüglich wichtiger Controversen bestätigen oder mißbilligen.

Wir stellen das Reichsrecht und von diesem das kodifizirte voran und lassen das sogenannte gemeine Recht folgen. An Letzteres soll sich das preußische Landrecht mit den allgemeinen preußischen Staatsgesetzen reihen, während das in Deutschland geltende französische Recht den Schluß bildet. Wir werden diese Folgeordnung auch bei späteren Berichten festhalten, jedoch nicht unterlassen, da wo es angezeigt erscheint, auch derjenigen wichtigen partikularrechtlichen Entscheidungen zu gedenken, welche weder dem preußischen Landrechte noch dem französischen Rechte angefügt werden können.

Für das Handelsrecht, dessen weitere Ausbildung bisher im Wesentlichen dem ersten und zweiten Civilsenate anvertraut war, sind verschiedene Entscheidungen von praktischer Bedeutung zu verzeichnen.

Auf dem Gebiete des Aktiengesellschaftsrechts ist (n. 45/79 I vom 8. November 1879) ausgeführt, daß ein Aufsichtsrathsmitglied, wenn die Generalversammlung die eine Tantième für den Aufsichtsrath auswerfende Bilanz genehmigt hat, ohne ein Mitglied des Aufsichtsraths von dem Genusse der Tantième auszuschließen, seinen Antheil beanspruchen, und derselbe ihm nur auf Grund eines neuen den früheren widerrufenden Generalversammlungsbeschlusses und auch nur in Voraussetzung wirksamer Anfechtung der in dem früheren Beschlusse enthaltenen Willenserklärung wegen Betrugs oder Irrthums streitig gemacht werden kann. Zum Artikel 347 Allgemeinen Deutschen Handels-Gesetzbuchs ist (n. 24/39 I vom 5. November 1879) unter Bezugnahme auf Entscheidungen des Reichs-Ober-Handels-Gerichts bemerkt, es genüge weder, daß der Käufer im Allgemeinen seine Unzufriedenheit mit der Waare ausspreche, noch daß er dieselbe wegen solcher Mängel ausspreche, für welche ihm der Verkäufer nicht hafte, sondern er habe die Mängelanzeige gehörig zu substantiiren und daher mindestens im Allgemeinen dem Verkäufer zu erkennen zu geben, daß er die Waare wegen nicht vertragsmäßiger Beschaffenheit beanstande. Weiter ist zur Lehre vom Lieferungsgeschäft (n. 59/79 I vom 5. November 1879) angenommen, daß im Falle der vom Verkäufer nachträglich versprochenen Ersatzlieferung für fehlerhafte Stücke der Käufer die Zahlung des Kaufpreises nicht nur hinsichtlich der noch ausstehenden Lieferung, sondern auch in Ansehung der vertragsmäßig gelieferten Stücke mit Recht verweigert, wenn in dem Lieferungsgeschäft die beiderseitigen Leistungen der Vertragstheile als gegenseitige Aequivalente in rechtlicher Abhängigkeit von einanderstehen. R.O.H.G.-Entsch. 8 S. 423, 16 S. 48. — Die Praxis des Reichs-Ober-Handels-Gerichts, nach welcher die Vermuthung gegen das Fixgeschäft, Artikel 357 A.D.H.G.B. spricht und bewiesen werden muß, daß

die Innehaltung der bestimmten Zeit nach der Absicht der Kontrahenten einen wesentlichen Theil der Erfüllung bilden soll, ist (n. 86/79 II vom 5. Dezember 1879) vom Reichsgericht gebilligt. — Ein Kaufgeschäft über als Kuxe bezeichnete Antheile an einer auf Errichtung einer Gewerkschaft abzielenden Gesellschaft wurde (n. 31/79 I vom 8. November 1879), obwohl die Kuxe bergrechtlich noch nicht erstirten, in dem Falle für verbindlich erklärt, daß der Wille des Käufers nicht ausschließlich auf ein Kontrahiren im Sinne des Berggesetzes bereits bestehende Kuxe einer errichteten Gewerkschaft beschränkt gewesen. — Die Wechseldiskontirung wird (n. 50/79 V vom 15. November 1879) für ein Geschäft erklärt, welches zwar die Natur eines Vorschuß- resp. Darlehnsgeschäftes an sich tragen könne, welches aber im Geschäftsverkehr als ein Kaufgeschäft bezeichnet und behandelt werde, und auf welches sehr wohl die Grundsätze vom Kauf angewendet werden könnten, sofern nach der Sachlage des Falles anzunehmen sei, daß die Kontrahenten die diskontirten Wechsel als Waare und Kaufobjekt angesehen haben. Das Wechselrecht an sich, welches der Wechselnehmer erwerbe, stelle sich als Aequivalent der Valutenzahlung dar. — Hinsichtlich des Frachtgeschäfts der Eisenbahnen wird (n. 10/79 I vom 18. November 1879) angenommen, daß nur der schriftliche Vermerk auf dem Frachtbriefe an der gehörigen Stelle darüber entscheide, ob die Frachtgüter in gedeckten oder ungedeckten Wagen zu befördern wuren, und die mündliche Bestellung eines gedeckten Wagens bei einem Bahnbeamten für die Eisenbahn keine Verbindlichkeit erzeuge, sowie daß wenn die Eisenbahn Güter, welche in ungedeckten Wagen befördert werden durften, in gedeckten wenngleich schadhaften Wagen beförderte, sie doch nur nach Maßgabe der Bestimmungen über die Beförderung in ungedeckten Wagen wegen Beschädigung des Frachtgutes hafte.

Das Wechselrecht ist vorläufig dem III. Senate ausschließlich zugewiesen: derselbe hat (n. 269/79 III vom 4. November 1879) in einem Falle angenommen, daß wenn die Wechselbeklagte, nachdem die noch als Minderjährige auf das darauf befindliche Accept gesetzt, nach erfolgter Volljährigkeit ihnen Bruder beauftragte, von dem Wechsel Gebrauch zu machen, sie damit nachträglich ihrer Minderjährigkeit auf den Wechsel gesetzte Accept genehmigte. — Es ist ferner (n. 280/79 III vom 18. November 1879) ausgesprochen, daß wenn die Unterschrift auf dem Wechsel mit Wissen und Willen desselben von einem Dritten beigelegt ist, dieselbe den Beklagten ebenso verpflichtet, als wenn er sie selbst geschrieben hätte. — Wenn Jemand nach dem Abrede mit dem Wechselkläger als Wechselbürge fungiren soll, so ist (n. 286/79 III vom 11. November 1879) die Verpflichtung, welche er durch die Unterschrift nach Art. 81 Allgemeinen Deutschen Wechsel-Ordnung bekam, neben den des Acceptanten und der weiteren Giranten eine selbstständige und formale. Bei einer solchen in einen Wechsel verkleideten Bürgschaft bestimmt das Rechtsverhältniß zwischen dem Gläubiger und dem Bürgen nicht nach den Regeln civilrechtlicher Bürgschaft, sondern lediglich nach dem Wechselrechte, ebenso wie bei der Wechselbürgschaft per aval d. h. demjenigen, der durch solche Wechselverpflichtung Bürgschaft geleistet hat, stehen die Rechtswohlthaten, welche der civilrechtliche Bürge als solcher hat, auch das beneficium cedendarum actionum nicht zu, und er hat, wenn er den Wechsel bezahlt, nur das einem jeden zahlenden Wechselverpflichteten zustehende Recht. — In dem Geben und Nehmen neuer Accepte für den durch die verfallenen Klagewechsel gedeckten Theil des Guthabens des Verklagten an den Kläger findet das Reichsgericht (n. 319/79 III vom 14. November 1879) die Abrede, daß die Klagewechsel nicht sollten ausgeklingt werden. Daran werde auch dadurch nichts geändert, daß die Klagewechsel dem Kläger nicht zugleich zurückgegeben seien. — Zum Artikel 95 A. D. W. D. Haftung des Bevollmächtigten, erklärt das Reichsgericht (n. 252/79 III vom 18. November 1879), Voraussetzung dieser Haftung sei, daß der angeblich Bevollmächtigte die Wechselerklärung mit seinem Namen unter Hinzufügung des angeblichen Vollmachtsverhältnisses unterzeichnet habe, denn der Grund derselben sei nicht etwa in einem dolus des angeblichen Bevollmächtigten zu finden, aus welchem zwar ein Entschädigungsanspruch, aber nicht die formale Wechselverpflichtung entstehen könne, sondern in der Namenunterschrift des angeblichen Bevollmächtigten, auf welchen die daraus folgende formale Verpflichtung fällt, weil er das angebliche Vollmachtverhältniß nicht beweisen kann. — Der Einwand der Fälschung des Wechsels, wird in einem anderen Falle (n. 268/79 vom 18. November 1879) gesagt, der Einwand, daß die Bezeichnung der Firma, an welche gezahlt werden soll, von der Klägerin nach Uebernahme des Wechsels ohne Wissen und Willen des Verklagten geändert worden, sei aus dem Wechselrecht selbst hervorgehend zulässig, auch wenn Verklagtem der Wechsel von der Klägerin nicht selbst gegeben worden.

Die Haftpflichtsfälle nach dem Reichs-Gesetz vom 7. Juni 1871 gehören ebenfalls vorläufig in den Geschäftskreis des III. Senates. Derselbe hat (n. 92/79 III vom 25. November 1879) ausgesprochen, daß ein Unfall zum mindesten mittelbar mit der besonderen Gefährlichkeit des Eisenbahnbetriebes in ursächlichem Zusammenhange stehen müsse, um die Anwendung des § 1 a. a. O. zu begründen. — Ferner ist (n. 101/79 III vom 28. November 1879) ausgeführt, daß es nicht die Absicht des Gesetzgebers war, die Haftpflicht im Sinne des § 1 a. a. O. über den bei der Beförderung entstandenen Schaden auszudehnen. Die Worte „bei dem Betriebe" seien dahin auszulegen, daß darunter lediglich der Betrieb der Eisenbahn in ihrer Hauptfunktion der Beförderung von Personen und Sachen mit Einschluß der damit unmittelbar zusammenhängenden Handlungen zu verstehen sei. Daher wird § 1 a. a. O. auf einen Fall für unanwendbar erklärt, wo Jemand bei der Umladung von einem stillstehenden auf einen anderen Wagen körperlich verletzt worden ist.

Das Reichsgenossenschaftsgesetz vom 4. Juli 1868 empfängt seine Auslegung hauptsächlich vom I. Senate. Derselbe hat (n. 15/79 I vom 18. November 1879) angenommen, daß die Genossenschaft gegen die Einziehung des Stammantheils eines ausgeschiedenen Genossen, für dessen Bezahlung die im § 39 Absatz 2 zugelassene Frist verstrichen, sich nicht dadurch schützen kann, daß sie ihre Auflösung beschließt und zur Liquidation schreitet.

Das Reichsgesetz über den Wohnungsgeldzuschuß vom 30. Juni 1873 hat (n. 10/79 IV vom 4. November 1879) die Auslegung erfahren, daß der Wohnungsgeldzuschuß bei Berechnung der Pension von zur Disposition gestellten Offizieren, welche

eine etatsmäßige Landwehr-Bezirks-Kommandeurstelle bekleiden, in Ansatz kommt.

Zur Reichsgewerbeordnung ist (15/79 II vom 18. November 1879) angenommen, daß von in Preußen nicht concessionirten Versicherungsgesellschaften in Preußen abgeschlossene Versicherungsverträge der mangelnden Concession ungeachtet gültig seien.

(Fortsetzung betreffend die Partikularrechte in Nr. 2.)

Die strafrechtliche Thätigkeit des Reichsgerichts.

Der 1. Oktober 1879 führte zwar zur Constituirung des Deutschen Reichsgerichts, allein dies bewirkte nicht viel mehr, als daß die Beschlußfähigkeit des Reichsgerichts konstatirt war. Alle jene Attribute, welche erforderlich sind, um einen Gerichtshof mobil zu machen und ihn zur Aktion zu befähigen, wie Kanzlei, Sekretariat u. s. w. mußten erst gebildet werden. So kam es, daß die erste öffentliche Sitzung in Strafsachen erst am 17. Oktober abgehalten werden konnte, und zwar vom II. Strafsenat, während der I. am 20., der III. erst am 25. Oktober seine Thätigkeit begann. In der Zwischenzeit wurde aber um so eifriger gearbeitet, und während das preußische Obertribunal, der einzige oberste Gerichtshof Deutschlands, dessen Reste das Reichsgericht übernahm, beiläufig 450 Akten übergeben hatte, denen nach Beendigung der Gerichtsferien täglich eine ziemlich große Anzahl weiterer Akten folgte, die noch nach altem Verfahren zu erledigen waren, ist die Zahl der noch anhängigen Sachen bereits soweit reduzirt, daß im Augenblick, wo während dieser Bericht geschrieben wird, drei bis vier Sitzungen genügen würden, um das vorhandene Material zu erledigen.

Es bestehen bekanntlich drei Strafsenate beim Reichsgericht, deren Aufgabe territorial abgegrenzt ist, und zwar erledigt der I. Strafsenat die aus Bayern, Würtemberg, Baden, Hessen, Elsaß-Lothringen, aus den preußischen Rheinprovinz; der II. jene aus den preußischen Provinzen Brandenburg, Schlesien, Ost- und Westpreußen, Posen, Pommern und den Konsulargerichtsbezirken; der III. Senat die aus Braunschweig, Hannover, Schleswig-Holstein, Mecklenburg, den Hansestädten, Provinz Sachsen, Königreich Sachsen, Thüringen und den übrigen kleineren Staaten zufallenden Sachen. Da jedoch der II. Senat hiermit für den Anfang eine zu große Aufgabe erhielt, gab er die Provinzen Schlesien und Posen in Bezug auf Erledigung der älteren Sachen an den I. Senat ab. Auf Grund dieser Geschäftsvertheilung erledigte bis Weihnachten der I. Senat 190, der II. 184, der III. 135 Sachen.

Daß nur preußische Rückstände zu erledigen waren, hatte den großen Vortheil, daß der Gerichtshof nur mit drei älteren Prozeßordnungen zu arbeiten hatte, der altpreußischen von 1849 und 1852, der für die neuen preußischen Provinzen von 1867 und der rheinischen. Seit Ende November kommen jedoch in wachsender Anzahl solche Sachen hinzu, in welchen das Urtheil schon nach neuem Verfahren erlassen war, welche daher in Folge eingelegter Revision an das Reichsgericht erwachsen sind. Es ist an denselben leicht erkennbar, daß die Formen des neuen Prozesses den Gerichten noch einigermaßen fremd sind, weshalb schon mehrfach Vernichtung wegen Fehler im Verfahren eintreten mußte. Eine große Genauigkeit in Einhaltung der formellen Bestimmungen erschien jedoch schon deshalb nothwendig, weil in einem Prozeß, der keine Berufung zuläßt, nur die vollste Freiheit in der Vertheidigung und die genaueste Wahrung der zu Gunsten des Angeklagten gegebenen Vorschriften die Vereinbarung des formellen und materiellen Rechtes zu garantiren vermag. Leider muß jedoch darauf verzichtet werden, die bis jetzt ergangenen Urtheile, welche prozessuale Fragen entschieden, schon in diesem Berichte zu berühren. Die Expedition der Urtheile konnte nämlich mit der Produktivität der Senate nicht gleichen Schritt halten und ist um reichlich drei Wochen im Rückstande. Gerade in diese drei Wochen fallen aber die Urtheile, deren Publikation von Interesse waren.

In Bezug auf das materielle Strafrecht entfernte sich das Reichsgericht nicht allzu sehr von der bisher herrschenden Praxis. Doch fehlte es auch nicht an Differenzen mit den Anschauungen des bisherigen preußischen Obertribunals. Indem die hierbei gefundenen Rechtssätze nach Ordnung der Paragraphen des Strafgesetzbuchs eingereiht werden sollen, blieben alle Urtheile außer Betracht, welche älteres Prozeßrecht betreffen, und wurden auch nur die wichtigeren der angewendeten Rechtssätze berücksichtigt.

I. Zum Reichsstrafgesetzbuch ergaben sich hierbei folgende Präjudizien.

1. Zu § 68.

Die Vorladung und Vernehmung einer Person als Zeuge begründet gegen dieselbe keine Unterbrechung der Verjährung der Strafverfolgung, auch wenn der Zeuge die Betheiligung an der Strafthat zugesteht und deshalb unbeeidet vernommen wird. (Erk. d. I. Straff. v. 24. Nov. 1879 D. 164.)

2. § 123.

Ein Dienstbote, welcher der Aufforderung der Dienstherrschaft, aus der Wohnung unter sofortiger Entlassung sich zu entfernen, keine Folge leistet, begeht Hausfriedensbruch. Auch der Miether ist in Beziehung auf Handlungen gegen dies ihm zustehende Mitbenutzungsrecht von Räumlichkeiten vertragsberechtigt. (Erk. d. II. Straff. v. 3. Nov. 1879.)

3. § 159.

Um zu einer Verurtheilung aus § 159 gelangen zu können, ist es erforderlich, daß festgestellt ist, unter welchen thatsächlichen Merkmalen der Meineid, zu dessen Leistung der Thäter zu verleiten unternahm, geleistet werden sollte. (Erk. d. III. Straff. v. 12. Nov. 1879 D. 499.)

4. § 164.

In einer wissentlich falschen Privatklage wegen Beleidigung kann das Vergehen falscher Anschuldigung erblickt werden. (Erk. d. II. Straff. v. 7. Nov. 1879 D. 271.)

5. § 185 Str. G. Bch.

Es ist rechtsirrthümlich, wenn der Instanzrichter annimmt, die Vergleichung berufsmäßiger, geistiger Leistungen mit den Leistungen eines ehrbaren Gewerbes könne keine Beleidigung enthalten. (Erk. d. I. Straff. v. 1. Nov. 1879 D. 141.)

6. §§ 185. 193 Str. G. Bch.

Die Veröffentlichung einer beleidigenden Aeußerung durch die Presse gelegentlich des Berichts über eine die Aburtheilung der Beleidigung bezweckende Gerichtsverhandlung unterliegt der regel-

mäßigen strafrechtlichen Beurtheilung, ohne daß die prozessualen Bestimmungen über Oeffentlichkeit der Gerichts-Verhandlung als Entschuldigung dient oder § 193 des Str. G. Bchs. unbedingt Anwendung findet. (Erk. d. I. Straff. v. 20. Nov. 1879 D. 246.)

7. § 186. Str. G. Bch.

Die Behauptung von Thatsachen, welche geeignet sind, einen anderen verächtlich zu machen oder in der öffentlichen Meinung herabzuwürdigen, ohne daß sie erweislich wahr sind, ist nur dann aus § 186 strafbar, wenn Dritten gegenüber die Behauptung aufgestellt wird. (Erk. des II. Straff. v. 24. Oktober 1879 D. 191.)

Diese nicht ganz unbedenkliche Anschauung wurde auch schon in der bisherigen Praxis festgehalten: vgl. Erk. d. württ. Kass. H. v. 1. März 1873. Z. f. Gerichtspr. II. 316. preuß. O. Tr. v. 7. Febr. u. 11. Mai 1877. Rechtspr. d. O. Tr. XVIII. 108. Z. f. Gerichtspr. VII. 85. Goltd. Arch. XXVI. 332, bayr. Kass. H. v. 4. Jan. 1877. Z. f. Gerichtspr. VII. 85. O. A. G. zu Jena 1876, thüring. Bl. IV. 178. Z. f. Gerichtspr. VII. 83.

8. § 231.

Buße kann auch dann zuerkannt werden, wenn der civilrechtliche Entschädigungsanspruch unzulässig oder beschränkt ist. Der Anspruch auf Buße ist ausschließlich nach den Bestimmungen des Str. G. Bchs. zu beurtheilen. (Erk. d. I. Straff. v. 10. Nov. 1879 D. 112.)

9. § 233.

Nur leichte Körperverletzungen (§ 223), nicht auch gefährliche (§ 223a), eignen sich zur Compensation mit Beleidigungen oder leichten Körperverletzungen. (Erk. d. II. Straff. v. 28. Okt. 1879 D. 214.)

Vgl. das damit übereinstimmende Urtheil des preuß. O. Tr. v. 4. u. 30. Mai 1877 (Oppenh. Rechtspr. Bd. 18 S. 320. 352. Goltd. Archiv Bd. 35 S. 339. Stenglein, Zeitschr. f. Gerichtspr. Bd. 17. S. 117.), v. 2. Nov. 1877 (Oppenh. Rechtspr. Bd. 18 S. 687.)

10. § 240.

Die Drohung, auf einen ertappten Holzdieb zu schießen, wenn er nicht stehen bleibe, ist als Nöthigung strafbar, obgleich der Drohende berechtigt ist, das Stehenbleiben des Berechtigten zu erzwingen, jedoch nicht berechtigt, von einer Schußwaffe Gebrauch zu machen. (Erk. d. II. Straff. v. 21. Okt. 1879.)

Hiermit adoptirte auch das Reichsgericht die Anschauung des Obertribunals, daß die Widerrechtlichkeit des Mittels, der Bedrohung, nicht die Widerrechtlichkeit der Nöthigung, d. h. der Handlung, Duldung oder Unterlassung, zu welcher genöthigt wird, das Entscheidende sei.

Vgl. Erk. d. preuß. O. Tr. v. 14. Januar u. 18. Nov. 1874 (Oppenh. Rechtspr. Bd. XV. S. 27, 792. Goltd. Arch. Bd. 22 S. 51. Stenglein, Zeitschr. f. Gerichtspr. Bd. III. S. 338, Bd. IV. S. 359); vgl. ferner Erk. d. bayr. Kass. H. v. 31. Dez. 1874. Stenglein, Zeitschr. f. Gerichtspr. Bd. XIV. S. 360. Erk. d. bad. O. H. G. v. 5. Juni 1875 Bad. Annalen Bd. 41 S. 193.

11. § 242. Str. G. Bch.

Eine bewegliche Sache, auf deren Occupation Jemand ein besonderes Recht hat, ist dadurch noch nicht in seinen Ge-

wahrſam gebracht, daß er Maßregeln ergriffen hat, welche geeignet ſind, die Occupation vorzunehmen, ſondern es iſt eine
faktiſche Beſitzergreifung erforderlich. (Ein Jagdberechtigter hatte
Züchſe verziſtet, ein Unberechtigter aber verendeten Fuchs
an ſich genommen, ehe dies der Berechtigte gethan hatte, und
wne deshalb wegen Diebſtahls beſtraft. Das Reichsgericht hatte
jedoch vernichtet und in die Inſtanz zurückgewieſen, weil ein
Jagdvergehen vorliege. Erk. des II. Straff. v. 24. Oktober
1879. D. 191.)

12. § 246.

Der Finder eines Schazes begeht unter Herrſchaft des
preußiſchen Landrechts durch Aneignung des ganzen Schazes
Unterſchlagung an der dem Grundeigenthümer gebührenden
Hälfte, weil dieſen das Eigenthum an dieſer Hälfte kraft des
Geſetzes unmittelbar zuſteht. (Erk. d. I. Straffen. v. 17. No-
vembre 1879. D. 109.)

§ 263.

13. In der durch Täuſchung bewirkten Prolongation eines
Wechſels kann ohne Rechtsirrthum eine Vermögensbeſchädigung
des Prolongirenden erblickt werden, ſelbſt wenn der Wechſel-
ſchuldner zur Zeit der Prolongation keine Zahlungsmittel gehabt
haben ſollte. (Erk. des II. Straff. v. 21. Okt. 1879.
D. 80.)

14. Die durch Irrthums-Erregung bei dem Exekutor bewirkte Freigabe abgepfändeter, mit nisbald bevorſtehender Zwangs-
verſteigerung bedrohter Gegenſtände vom Pfande bildet eine
Vermögensbeſchädigung im Sinne des § 263. (Erk. d. I. Straf-
ſenats v. 23. Oktober 1879. D. 132.)

15. Ein Vortheil, welchen zu beanſpruchen man kein Recht
hat, iſt ein rechtswidriger in Bezug auf Betrug. Die Vermögensbeſchädigung des Getäuſchten muß durch den Irrthum
verurſacht ſein. (Erk. d. I. Straff. v. 10. Nov. 1879. D. 125.)
Die mit vorſtehenden Sätzen vollkommen übereinſtimmende bisherige Praxis ſ. Oppenh. Commentar 7. Aufl. Note 6 zu
§ 263 S. 561.

16. Der Verkäufer einer Sache, welcher dem Käufer Fehler
der verkauften Sache nicht eröffnet, begeht hiedurch nicht nothwendig eine Unterdrückung wahrer Thatſachen. (Erk. des II.
Straffenats v. 4. Nov. 1879. D. 267.)
Der konkrete Fall handelte vom Verkauf eines Pferdes,
deſſen Eigenſchaft als Krippenſetzer der Verkäufer verſchwiegen
hatte. Hiermit hielt ſich das R.-G. von der allzu weit gehenden
Ausdehnung des Betrugsbegriffs ferne, welche die Praxis des
preuß. Obertribunals vielfach feſtgehalten hatte.

17. § 288.

Eine drohende Zwangsvollſtreckung liegt auch dann vor,
wenn dieſelbe noch nicht begonnen iſt, aber der Gläubiger ſie
einzuleiten beabſichtigt. (Erk. d. I. u. III. Stenff. v. 1. u. 6.
Nov. 1879. D. 28, 128.)
Für den Thatbeſtand des § 288 iſt es ohne Belang, ob
der Thäter außer den beſeitigten Exekutionsobjekten noch andere
Befriedigungsmittel beſitzt, und ob er andere, ja ſelbſt bevor-
zugte Gläubiger mittels der beſeitigten Objekte befriedigte.
(Erk. d. I. Strmff. v. 6. Nov. 1879. D. 128.)

18. § 328.

Eine Perſon, welche in einem geſperrten Bezirke die von
einem Andern verkauften Thiere lediglich dem die verbotene
Ausführung aus dem Bezirke beabſichtigenden Käufer übergiebt,
kann als Mittthäter, Anſtifter oder Gehülfe, nicht aber als
Thäter beſtraft werden. Irrthum über die Tragweite der polizeilichen Anordnung ſchließt die Strafbarkeit aus, wenn derſelbe die Handlung nicht als unter die Anordnung fallend erſcheinen läßt. Die Ortspolizeibehörde in Preußen kann auf
Verhütung von Viehkrankheiten bezügliche Anordnungen erlaſſen.
(Erk. d. II. Straff. v. 21. Oktober 1879. D. 85.)
Vorſtehende Prinzipien ſtehen mit der bisherigen Praxis,
hauptſächlich des preuß. Ober-Trib. ſo ziemlich im Einklang.
Vergl. Erk. des preuß. Ober-Trib. v. 5. Mai 1874, 29. Nov.
u. 19. Dez. 1877. Rechtspr. d. Ober-Trib. XV. 273. XVIII.
749. 799. Golth. Arch. XXI. 272. XXV. 569. 584. 3.
ſ. Gerichtspr. XVIII. 293. 376.

19. § 331.

Die Annahme eines Geſchenkes durch einen Beamten für
an ſich nicht pflichtwidrige Amtshandlungen iſt nur ſtrafbar,
wenn das Geſchenk eine Gegenleiſtung für konkrete Amtshandlungen bilden ſollte. Daß eine Mehrheit von Amtshandlungen
vorlag, oder daß die Amtshandlung aus mehreren Akten beſtand, ob ferner die Amtshandlung zur Zeit der Annahme des
Geſchenkes bereits geſchehen war, oder noch geſchehen ſollte, begründet keinen Unterſchied. Geſchenke, welche als Anerkennung
perſönlicher Eigenſchaften, aus Dankbarkeit oder Pietät gegeben
werden, fallen nicht unter § 331. (Erk. d. III. Straff. v.
8. Nov. 1879 D. 361.)

20. § 359.

Ein auf Probe im ſtädtiſchen Dienſt, als Magiſtrats-
gehülfe bei der Polizei aufgenommener Bureau-Aſſiſtent iſt als
Beamter im Sinne des § 359 zu betrachten. (Erk. d. I. Straff.
v. 13. Nov. 1879 D. 110.)

II. Hieran reihen ſich einige Präjudizien über andere Geſetze,
welche Strafbeſtimmungen enthalten.

Zu § 308 preuß. Konk. Ordng. v. 8. Mai 1855.

1. Es iſt nicht rechtsirrthümlich, Zahlungseinſtellung anzunehmen, nachdem der Schuldner erklärt hatte, ſeine Gläubiger
nicht befriedigen zu können, unter Vorſchlag eines Akkords. Die
Gläubiger ſind durch Hingabe eines Maſſebeſtandtheils an einen
einzelnen Gläubiger an Zahlungsſtatt auch dann betheiligt,
wenn das Objekt zur Maſſe wieder zurückgebracht wird. (Erk.
d. III. Straff. v. 25. Okt. 1879.)

2. Die Thatſache, daß ein Kaufmann ſeine fälligen Verbindlichkeiten andrängenden Gläubigern gegenüber aus Mangel
an privaten Mitteln nicht zu erfüllen in der Lage iſt, genügt
zur Annahme der Zahlungs-Einſtellung. Das Bewußtſein,
durch die Befriedigung eines einzelnen Gläubigers die Lage der
übrigen Gläubiger zu verſchlechtern, genügt zur Annahme des
Vorſatzes, auch wenn die Abſicht, die übrigen Gläubiger zu
benachtheiligen, nicht feſtgeſtellt werden kann. (Erk. d. I. Straff.
v. 3. Nov. 1879 D. 197.)

3. § 10. Reichsgeſ. v. 26. Mai 1868 betr. die Beſteuerung des Tabaks.

Eine unrichtige Angabe über die mit Tabak bebaute Grundfläche zum Zwecke der Erhebung der Tabakſteuer iſt nur dann
ſtrafbar, wenn durch die Unrichtigkeit die Möglichkeit einer
Steuerverkürzung entſteht. (Erk. d. II. Straff. v. 7. Nov.
1879. D. 313.)

4. § 22. Gef. v. 7. April 1869. Maßregeln gegen die Rinderpest betr.

Ortskommiffare, welche zur Ueberwachung des Vollzugs der gegen die Rinderpest angeordneten Maßregeln bestellt sind, können nicht selbstständig Sperrmaßregeln anordnen. (Erk. d. II. Straff. v. 14. Nov. 1879. D. 304.)

5. §§ 16, 147 Ziff. 2 der Reichsgewerbe-Ordnung vom 21. Juni 1869.

Die Errichtung einer Stauanlage ohne Genehmigung der zuständigen Polizeibehörde unterliegt der Strafbestimmung des § 147 Ziff. 2 a. a. O., wenn die Stauanlage für ein Waffertriebwerk benutzt werden soll, gleichviel ob letzteres bereits errichtet oder deffen Errichtung begonnen ist oder nicht. (Erk. d. III. Straff. v. 19. Nov. 1879. D. 282.)

6. § 147 Ziff. 3. Reichs-Gewerbe-Ordnung v. 24. Juni 1869.

Die Führung von Titeln, welche geeignet sind, beim Publikum den Glauben hervorzurufen, derjenige, welcher den Titel führt, sei eine geprüfte, im Inlande approbirte Medizinalperson, ist strafbar, wenn thatsächlich festgestellt ist, daß die hierzu geeigneten und daß die Thäter sie mit dem Bewußtsein, daß sie es sind, gewählt hat. (Erk. d. III. Straff. v. 1. November 1879. D. 366.)

Mit vorstehendem Urtheile brach das St. G. mit denjenigen Urtheilen des preuß. Obertribunals, welche sich auf einen formellern Standpunkt stellten, und die Führung eines im Auslande nach dortigen Gesetzen erworbenen Doktortitels, sowie die Führung ärztlicher Titel mit Beziehungen auf das Ausland straflos erklärten, z. B. die Führung des Titels „amerikanischer Zahnarzt.“. Consequent verfolgt von anderen O. G. H. anerkannt wurde jene Anschauung allerdings nie. Vergl. hierüber Rechtspr. des D. T. XV. 271. 389. XIX. 369. Goltd. Archiv XXVI. 459. Zeitschr. f. Gerichtspr. IV. 234. V. 199. VI. 117. 119. VIII. 23. 350.

7. Braufteuergesetz v. 31. Mai 1872. §§ 29. 30.

Für jeden einzelnen Defraudationsfall beträgt die Minimalstrafe 30 M. Bei realem Zusammenfluß mehrerer Defraudationsfälle ist also, wenn der Einzelfall eine Strafe unter 30 M. ergiebt, für die Gesammtstrafe nicht die Summe aller defraudierten Steuerbeträge maßgebend, sondern jeder Einzelfall mit mindestens 30 M. Strafe in Anrechnung zu bringen. Ein ungesetzliches Uebermaß von Malzschrot über die deklarirte Menge ist nur dann als einer Defraudation gleichgeachtet strafbar, wenn das Uebermaß in der Braustätte in der Zeit zwischen Anmeldung und Einmaischung vorgefunden wird. (Erk. des I. Strafsenats v. 27. Oktober 1879 D. 163.)

8. §§ 170 Abf. 3. 176. 198. Deutsche Str. Proz. Ordng.

Die Beschwerde an das Gericht, welche dem Verletzten freigegeben ist, wenn die Staatsanwaltschaft in beiden Instanzen die Erhebung der öffentlichen Klage abgelehnt hat, geht nur in solchen Sachen zur Entscheidung an das Reichsgericht, in welchen dieses in erster und letzter Instanz zur Aburtheilung zuständig ist. (Befchl. d. I. Straff. v. 6. Nov. 1879 VI. 229.)
M E.

Berichtigung

einiger Angaben in dem Anwalts-Verzeichnisse des Termins-Kalenders für die Deutschen Rechtsanwälte, Notare und Gerichtsvollzieher.

Seite 180. Kammergericht:
vor R. A. Riem ist ein † statt ° zu setzen,
bei J. R. Eiermann fällt das ° fort,
hinter den Namen der Rechtsanwälte ist zu setzen:
Notar: Gubitz.
Seite 191. Landgericht Hanau:
bei Oflus fällt das ° fort.
Seite 215. Oberlandesgericht Hamm:
statt Rauschenbach muß es Rauschenbusch heißen,
sämmtliche Rechtsanwälte des Oberlandesgerichts haben ihren Sitz in Hamm.
Seite 213. Landgericht Neuwied:
die R. A.: Befener, Stocklich und Sayn haben ihren Wohnsitz in Neuwied.
Seite 222. Landgericht Meiningen:
bei Romberg fällt das ° fort.

Personal-Veränderungen.

Ordensverleihungen.

Dem Justizrath und Notar Kittel zu Bongrowitz ist der Rothe Adler-Orden IV. Klasse verliehen worden.

Dem Königlich sächsischen Hofrath und Rechtsanwalt von Könnerig zu Dresden ist der Kronen-Orden III. Klasse verliehen worden.

Titelverleihungen.

Dem Rechtsanwalt und Notar Justiz-Rath Billerbeck in Anclam wurde der Charakter als Geheimer Justiz-Rath verliehen.

Dem Rechtsanwalt und Notar Friedrich Embach zu Kirchhain im Regierungs-Bezirk Caffel wurde der Charakter als Justiz-Rath verliehen.

Todesfälle.

Der Rechtsanwalt und Notar, Justiz-Rath Berndt in Nordhausen und der Rechtsanwalt und Notar Dr. Hormann in Osterholz sind gestorben.

Anzeigen.

Für die Redaktion verantw.: G. Haenle. Verlag: W. Moefer, Hofbuchhandlung. Druck: W. Morfer, Hofbuchdruckerei in Berlin.

№ 2.   Berlin, 15. Januar.   1880.

Juristische Wochenschrift.

Herausgegeben von

S. Haenle,   und   **M. Kempner,**
Rechtsanwalt in Ansbach.   Rechtsanwalt beim Landgericht I. in Berlin.

Organ des deutschen Anwalt-Vereins.

Preis für den Jahrgang 12 Mark. — Inserate die Zeile 30 Pfg. — Bestellungen übernimmt jede Buchhandlung und Postanstalt.

Die Herren Vereinsmitglieder werden gebeten, den Vereinsbeitrag für 1880 mit 12 Mark bis 31. d. Mts. an mich einzusenden. Die bis dahin nicht eingegangenen Beiträge werden am 1. Februar d. Js. satzungsgemäß durch **Postvorschuß** erhoben.

Leipzig, 2. Januar 1880.

Mecke,
Schriftführer.
Marienstraße 13.

Das Rechtsmittel der Revision in Strafsachen.

Der §. 343 der St.-P.-O. bestimmt bezüglich der Revisionsanträge:

> aus der Begründung muß hervorgehen, ob das Urtheil wegen Verletzung einer Rechtsnorm über das Verfahren oder wegen Verletzung einer andern Rechtsnorm angefochten wird. Ersterenfalls müssen die den Mangel enthaltenden Thatsachen angegeben werden.

Durch diese Vorschrift ist das Verfahren, wie es bisher in Preußen mit Ausnahme des rheinischen Rechtsgebietes bestand, adoptirt worden. Prozessualische Angriffe müssen eingehend durch Anführung der betreffenden Thatsachen substantiirt werden, die Rüge einer materiellen Gesetzesverletzung z. B. von Vorschriften des Strafgesetzbuchs bedarf keiner näheren Begründung. Ist nur eine prozessualische Beschwerde erhoben, so darf der Revisionsrichter, mag ihm das angegriffene Urtheil auch noch so rechtsirrthümlich erscheinen, nicht untersuchen, ob das Strafgesetz auf den festgestellten Thatbestand richtig angewendet ist. Dagegen zwingt die einfache Behauptung, es seien materielle Strafrechtsnormen oder eine bestimmte Vorschrift der Strafgesetze verletzt, den Revisionsrichter zur allseitigen Prüfung in Bezug auf die Richtigkeit der Strafanwendung unter Festhaltung des von dem angegriffenen Urtheile angenommenen Thatbestandes. Der Vertheidiger in der mündlichen Verhandlung vor dem Revisionsrichter ist alsdann auch seinerseits in der Lage, die rechtsgrundsätzlich zweifelhaften Punkte der angegriffenen Entscheidung zur Erörterung zu bringen und namentlich Gesichtspunkte geltend zu machen, von denen er annehmen zu dürfen glaubt, daß sie den Rechtsanschauungen des berufenen Revisionsrichters, welche in ihrem jeweiligen Stande dem Verfasser der Revisionsanträge sehr häufig nicht bekannt sein können, entsprechen. Daraus folgt, daß die Revisionsanträge stets vorsorglich die Verletzung einer materiellen Rechtsnorm rügen sollen. Am zweckmäßigsten wird das vom Strafrichter angewandte Gesetz als verletzt bezeichnet werden.

Weil die Berufungsinstanz weggefallen ist, wird von dem Rechtsmittel der Revision in Strafsachen ein sehr reichlicher Gebrauch gemacht werden. Die entstehende Geschäftshäufung bringt den Revisionsrichter nach den bei ähnlichen Rechtsmitteln gemachten Erfahrungen in eine abwehrende Stellung und macht ihn geneigt, prozessualische Angriffe mit peinlicher Strenge zu behandeln. Die ungenaue Bezeichnung eines übergangenen Beweisantrags oder der verletzenden richterlichen Maßregel können zur Verwerfung des an sich vollkommen begründeten Angriffs führen. Daraus ergibt sich als Regel, daß der Verfasser der Revisionsanträge bei seiner Arbeit die Gerichtsakten benutzen und möglichst diejenigen Blätter derselben in den Revisionsanträgen anführen soll, welche für den prozessualen gestellten Angriff in Betracht kommen. Handelt es sich um übergangene Beweisanträge, so sind diese am besten **wörtlich** mit Angabe des betreffenden Blattes der Gerichtsakten in den Revisionsanträgen mitzutheilen. Daß

ein genauer thatfächlicher Vortrag bei neuen Behauptungen, soweit solche zuläſſig ſind, und die möglichſt
ſofortige Beibringung der Beweismittel, nothwendig
iſt, bedarf keiner weiteren Ausführung. Die gehörige Einrichtung der Reviſionsanträge iſt von weſentlichem Einfluß auf
die Geſtaltung der Rechtſprechung bei den Reviſionsgerichten und
namentlich bei'm Reichsgericht.   M.

Die richterliche Koſtenfeſtſetzung.

. (§. 98 der Civilprozeßordnung.)

Der §. 98 der Civilprozeßordnung hat zu der Auffaſſung
Veranlaſſung gegeben, daß die Geltendmachung der Koſtenerſatz-
forderung von der in die Koſten verurtheilten Gegenpartei eine
vorgängige Feſtſtellung der Koſten durch den Prozeßrichter voraus-
ſetze. Wenn das der Fall wäre, ſo brächte der §. 98 cit.
einen bedauerlichen Rückſchritt. Eine im Aufſichtswege geübte
Controle der Koſtenliquidationen des Anwalts, ſelbſt wenn ſie
nur zur Feſtſtellung des Erſtattungsanſpruchs geſchieht, iſt nicht
allein herabwürdigend, ſondern führt auch eine bedenkliche Abhängigkeit des Anwalts vom Richter mit ſich. Zudem iſt die
vorgeſchriebene Vorlegung der Handakten geradezu unthunlich.
Abgeſehen davon, daß mancher Brief der Partei zur Vorlage
ſchlechterdings nicht geeignet iſt, ſteht auch die Offenbarung des
übrigen Inhalts der Handakten vor dem Richter und zugleich
vor einem weniger diskreten Kanzleiperſonale einem Treubruche
gegen die Partei, wenigſtens in vielen Fällen, ſehr nahe. Wenn
aber der Richter oder, wie es häufig der Fall ſein wird, derjenige Subalternbeamte, welcher in Koſtenſachen das Orakel des
Richters iſt, eine Streichung von Koſten gegen die Ueberzeugung
des Anwalts vornimmt, ſo iſt der Anwalt auf den Weg der
Beſchwerde gewieſen, den zu betreten er aus mehr als einem
Grunde Bedenken tragen muß. Dazu iſt es noch vorgekommen,
daß die Streichung eines Koſtenanſatzes einer Anwaltsrechnung
Gegenſtand einer nicht beſonders wohlwollenden Unterhaltung
zwiſchen Gerichtsbeamten geworden iſt. Aber ſelbſt abgeſehen
von allen dieſen Unzuträglichkeiten kann der Anwalt ſeine Handakten, auf Grund deren er der Partei Auskunft zu ertheilen in
jedem Augenblicke gewärtig ſein muß, namentlich bei Beginn der
Executionsinſtanz, nicht Wochen lang entbehren. Es folgt
hieraus, daß der im §. 98 der Civilprozeßordnung bezeichnete
Weg zur Erlangung eines executoriſchen Titels behufs Beitreibung der Koſten von dem Prozeßgegner für den Anwalt
abſolut unannehmbar iſt. Vorgeſchrieben aber iſt dieſer Weg
des Antrages auf einen Koſtenfeſtſetzungsbeſchluß nicht. Der
§. 98 cit. lautet:

> „Der Anſpruch auf Erſtattung der Prozeßkoſten kann
> nur auf Grund eines zur Zwangsvollſtreckung ge-
> eigneten Titels geltend gemacht werden.
>
> Das Geſuch um Feſtſtellung des zu erſtattenden
> Betrages iſt bei dem Gerichte erſter Inſtanz anzu-
> bringen; es kann vor dem Gerichtsſchreiber zu Protokoll
> erklärt werden. Die Koſtenberechnung, die zur Mit-
> theilung an den Gegner beſtimmte Abſchrift derſelben
> und die zur Rechtfertigung der einzelnen Anſätze
> dienenden Beläge ſind beizufügen.“

Es wird alſo im erſten Alinea dieſes Paragraphen nichts
Anderes feſtgeſetzt, als was ſich von ſelbſt verſteht, daß für
Beitreibung der Koſten von dem zur Erſtattung verurtheilten
Gegner ein executoriſcher Titel nothwendig iſt und genügt. In
welcher Weiſe ſich der Anwalt den executoriſchen Titel ver-
ſchaffen ſoll, darüber iſt nichts verordnet. Nur für den Fall,
daß der Modus des Antrages auf Koſtenfeſtſetzung beliebt wird,
ein Modus, welchen ein Anwalt niemals, wohl aber die Partei
ſelbſt ſehr häufig wählen wird, iſt der hierfür anzugehende
Richter und die Form des Antrags beſtimmt. Der §. 98 iſt
vollkommen korrekt und für den Anwalt in keiner Weiſe
beſchwerend.

Der einfachſte Weg zur Erlangung eines zur Zwangsvollſtreckung geeigneten Titels, behufs Beitreibung der Koſten von
der Gegenpartei iſt das Mahnverfahren. Der Anwalt ſendet
dem Gegner ſeine Koſtenrechnung unter Aufforderung zur Zahlung
binnen einer Friſt und unter dem Bedeuten zu, daß im Nicht-
zahlungsfalle ihm ein richterlicher Befehl zugehen werde.
Iſt der Gegner von einem Anwalte bedient, ſo wird
er ſich bei dieſem Raths erholen, und etwaige Differenzen werden ſich leicht erledigen. An das Gericht kann
ſich der Gegner nicht mit dem Erfolge wenden, daß daſſelbe zur
Koſtenfeſtſetzung im Aufſichtswege ſchreite, denn mit dieſer
Funktion wird das Gericht erſt durch die Einreichung des Koſten-
feſtſetzungsgeſuches befaßt. Nach fruchtloſem Ablaufe der geſtellten Friſt beantragt ſodann der Anwalt nach §. 628 der
Civil-Prozeßordnung den Erlaß eines Zahlungsbefehls und zwar
auf die Summenzahl ſeiner Rechnung unter Begründung: bereits
mitgetheilte Koſtenrechnung, zu deren Erſtattung der Schuldner
verurtheilt iſt. Regelmäßig wird kein Widerſpruch erfolgen.
Erfolgt aber ein Widerſpruch, ſo iſt der alsdann durch die
Klage angerufene Richter nicht die Aufſichtsbehörde, ſondern der
erkennende Richter. Außer dem Falle, in welchem es ſich um
Reiſekoſten eines auswärtigen Anwalts handelt (§. 84 l. c.)
tritt auch das Arbitrium des Richters nicht ein, es handelt ſich
vielmehr ſtets lediglich um thatſächliche oder rechtliche Partei-
ſtreitigkeiten. Auf dieſem Wege wird alſo das Ziel unter Vermeidung jeder Unzuträglichkeit erreicht.

Nun könnte man darin eine Unbequemlichkeit finden, daß der
Anwalt zu dem etwa nothwendig werdenden Antrage auf Voll-
ſtreckbarkeitserklärung des Zahlungsbefehls eine zweite Vollmacht
bedarf, nämlich in dem Falle, wenn das anzurufende Amtsgericht
nicht zugleich das Prozeßgericht des Hauptprozeſſes iſt (§. 629 l. c.);
andernfalls wird die Bezugnahme auf die Vollmacht des Hauptprozeſſes genügen. Zur Einlegung der Klage wird es niemals
einer neuen Vollmacht bedürfen, denn nach §. 34 l. c. iſt ſtets
das Gericht des Hauptprozeſſes competent. Uebrigens läßt ſich
dieſe Unbequemlichkeit ſehr einfach dadurch umgehen, daß der
Anwalt ſich in der Vollmacht die zu erſtattenden Koſten unter
Vorbehalt künftiger Gutſchrift nach Eingang cediren läßt, und
ſodann ſelbſt als Gläubiger auftritt. Der Vortheil, welchen
dieſer Modus außerdem mit ſich bringt, erhellt aus §. 115 der
Civil-Prozeßordnung.   v. M.

Zur Gebührenordnung.

1. Ist die Gebühr für Erhebung und Ablieferung von Geldern und Werthpapieren (§. 87 der Gebühren-Ordnung) zu denjenigen Kosten zu zählen, deren Erstattung von dem in die Prozeßkosten verurtheilten Gegner gefordert werden kann, und ist es sonach zulässig, dem Gerichtsvollzieher Auftrag zu ertheilen, jene Gebühr mit den übrigen Kosten der Zwangsvollstreckung einzuziehen?

Der Anspruch auf Erstattung der Prozeßkosten kann in der Regel nur auf Grund eines, der Beschwerde unterliegenden, gerichtlichen Festsetzungsbeschlusses geltend gemacht werden (§§. 98 und 702, Abs. 3 C.-P.-O.). Im Mahnverfahren wird sowohl in den Zahlungsbefehl (§. 632 C.-P.-O.), wie in den durch Einspruch anfechtbaren Vollstreckungsbefehl (§. 639) der Betrag der zu erstattenden Kosten des Verfahrens aufgenommen. Die Kosten der Zwangsvollstreckung sind zugleich mit dem zur Zwangsvollstreckung stehenden Anspruche beizutreiben (§. 697 C.-P.-O.); sowohl gegen die Art und Weise der Zwangsvollstreckung wie auch über den Anspruch selbst können Einwendungen erhoben werden (§§. 685, 686 C.-P.-O.).

In allen Fällen unterliegt also der Anspruch auf Erstattung der Prozeßkosten der Prüfung und Entscheidung des Gerichts, und es ist somit hier zu untersuchen, inwieweit das Gericht befugt ist, die Forderung auf Kostenerstattung abzuweisen.

Die Civilprozeßordnung spricht in §. 87 an der Spitze des Abschnitts über Prozeßkosten den Grundsatz aus, daß die unterliegende Partei die Kosten des Rechtsstreits zu tragen, insbesondere dem Gegner erwachsenen Kosten, — somit auch die Gebühren und Auslagen des Rechtsanwalts — zu erstatten hat, soweit dieselben nach freiem Ermessen des Gerichts zur zweckentsprechenden Rechtsverfolgung und Rechtsvertheidigung nothwendig waren.

Das freie Arbitrium des Gerichts wird durch den zweiten Absatz desselben Paragraphen eingeschränkt, welcher lautet:

Die Gebühren und Auslagen des Rechtsanwalts der obsiegenden Partei sind in allen Prozessen zu erstatten, Reisekosten eines auswärtigen Rechtsanwalts jedoch nur insoweit, als die Zuziehung nach dem Ermessen des Gerichts zur zweckentsprechenden Rechtsverfolgung oder Rechtsvertheidigung nothwendig war. Die Kosten mehrerer Rechtsanwälte sind nur insoweit zu erstatten, als sie die Kosten eines Rechtsanwalts nicht übersteigen, oder als in der Person des Rechtsanwalts ein Wechsel eintreten mußte.

Welche Tragweite hat nun diese Einschränkung des richterlichen Ermessens?

Die Entstehungsgeschichte des §. 87 giebt darüber keinen erschöpfenden Aufschluß.

Der Entwurf, welcher der Berathung der Kommission zur definitiven Feststellung des Entwurfs einer Civilprozeßordnung zu Grunde lag, enthielt vom jetzigen §. 87 nur den ersten Absatz — als §. 85. — Bei der Berathung desselben wurde folgende zusätzliche Bestimmung beschlossen:

„Zu den zu erstattenden Kosten gehören in allen Fällen die Gebühren eines Rechtsanwalts. Wenn mehrere

Rechtsanwälte ohne Nothwendigkeit eines Wechsels zugezogen sind, so brauchen nur die Kosten für einen erstattet zu werden. Reisekosten ꝛc."

Dieser Zusatz hat demnächst eine andere Redaktion erfahren, wobei ihm die jetzige Fassung gegeben worden ist.

In der Reichstags-Justizkommission wurde zu §. 87 der Antrag eingebracht, den Eingang des Absatz 2 zu fassen:

Im Anwaltsprozesse sind die Gebühren und Auslagen des Rechtsanwalts der obsiegenden Partei zu erstatten.

Der Antrag sollte bezwecken, „im amtsgerichtlichen Prozesse die Erstattung von Anwaltskosten auszuschließen," wie dies nach französischem und preußischem Recht der Fall ist. Bei der Diskussion des demnächst abgelehnten Antrages erklärte der Regierungs-Kommissar, der Entwurf stehe auf dem Standpunkt, daß die Annahme eines Rechtsanwalts stets und in allen Prozeßarten als ein Aufwand angesehen werden müsse, der zur Führung des Prozesses entweder nothwendig oder mindestens zweckmäßig gewesen sei.

Aus dieser Darstellung läßt sich soviel entnehmen, daß durch die Einfügung des zweiten Absatzes in erster Linie lediglich dem Gericht eine Direktive ertheilt werden sollte, in allen Prozessen, gleichviel, ob in demselben die Vertretung der Partei durch einen Anwalt geboten ist oder nicht — also auch in Partelprozessen und im Mahnverfahren — die Annahme eines Rechtsanwalts als einen Aufwand zu betrachten, welcher zur Führung des Prozesses jedenfalls zweckmäßig sei.

Diese Auffassung wird unterstützt durch die Motive zu §. 87, welche S. 112 anführen:

„Die Gebühren und Auslagen des Rechtsanwalts bilden im Sinne des §. 87 Abs. 1 einen regelmäßigen Gegenstand der Erstattungspflicht. Die Festsetzung, daß auch im Partelprozesse die Anwaltskosten von Rechtswegen als zweckentsprechende Kosten der Rechtsverfolgung und Rechtsvertheidigung gelten, ist schon bestehendes Recht in Württemberg und Bayern."

Der allgemeine Grundsatz des §. 87 Abs. 1 wiederholt sich in dem §. 697, nach welchem die Kosten der Zwangsvollstreckung, also auch die betreffenden Anwaltsgebühren, insofern sie nothwendig waren (§. 87), dem Schuldner zur Last fallen.

Wenn nun auch einerseits der Wortlaut des Abs. 2 für sich es nahe legt, das Ermessen des Gerichts hinsichtlich der Gebühren und Auslagen des Rechtsanwalts völlig auszuschließen, so wird andererseits schon nach den obigen Ausführungen und bei der Beziehung des zweiten Absatz im §. 87 zu dem, das allgemeine Prinzip enthaltenden Vordersatz die Zulässigkeit einer Prüfung und Entscheidung des Gerichts in gewisser Beschränkung für nicht ungerechtfertigt gelten dürfen.

Bei der Ausarbeitung und Berathung des Entwurfs der Civilprozeßordnung stand die reichsgesetzliche Regelung des Anwaltsgebührenwesens noch nicht in bestimmter Aussicht; es waren also jedenfalls das System der Gebührenordnung und die durch letztere festgesetzten Arten von Gebühren und Auslagen unbekannt. Wenn demgemäß §. 87 die allgemeine Bezeichnung „Gebühren und Auslagen" gebraucht, so können darunter selbstredend nur Gebühren und Auslagen auf der Grundlage und nach Maßgabe der Vorschriften der Reichs-Gebührenordnung für Rechtsanwälte verstanden worden. Daraus ergiebt sich für das Gericht unzweifelhaft die Berechtigung, an der Hand der den Kostenpunkt regelnden, gerichtlichen Entscheidungen und der gesetzlichen Bestimmungen zu prüfen, ob die Ansätze an Gebühren und Auslagen den Vorschriften der Gebührenordnung entsprechen. Ist beispielsweise die Vergütung durch einen Vertrag zwischen dem Anwalt und seinem Mandanten festgesetzt, so würde gemäß §. 93 der Gebührenordnung nur der gesetzliche Gebührenbetrag, nicht aber der vertragsmäßige passiren können; ebenso würden nach §. 97 C.-P.-O. die durch grobes Verschulden veranlaßten Kosten von der Erstattung auszuschließen sein.

Die Zulässigkeit eines Ermessens des Gerichts wird besonders hinsichtlich der Auslagen als eine nicht abzuweisende anzuerkennen sein; z. B. würden die Mehrkosten, welche dadurch entstanden sind, daß eine Zustellung durch den Gerichtsvollzieher statt durch die Post erfolgt ist, im Falle des §. 180 C.-P.-O. unter allen Umständen abzusetzen sein; dasselbe würde auch geschehen müssen, wenn dem Mandanten doppelte Abschriften desselben Schriftstücks auf seinen Wunsch gefertigt worden sind, wenn Reisekosten für eine Reise des Anwalts liquidirt werden, welche im Interesse des Prozeßbetriebes nicht vonnöthen war, u. a. m.

Im Uebrigen ergeben sich die Grenzen für eine Prüfung und Entscheidung des Gerichts über die Erstattung von Anwaltskosten aus dem ersten Absatz des §. 87 C.-P.-O. Nach diesem hat nämlich die unterliegende Partei die nothwendigen „Kosten des Rechtsstreits" zu tragen. Der Rechtsstreit wird nun durch die gerichtliche Entscheidung zum Abschluß gebracht, für den Umfang der Vertretung der Partei durch den Prozeßbevollmächtigten wird indessen auch die Zwangsvollstreckung noch als zum Rechtsstreite gehörig betrachtet (§. 77 C.-P.-O.).

Die Kosten für die aus dem Prozeßbetriebe erwachsene Mühwaltung, d. h. die im zweiten Abschnitte der Gebührenordnung aufgeführten Gebühren werden an und für sich sonach vom Gericht wohl nicht bemängelt werden können. Nur in Betreff der Kosten der Zwangsvollstreckung dürften dem Gericht durch §. 697 C.-P.-O. die Grenzen für sein Ermessen weiter gezogen sein.

Anders wird es sich allerdings mit der Vergütung für besondere Mühwaltungen, welche nicht unmittelbar mit der Führung des Prozesses hervorgehen, oder nicht mehr als zum Rechtsstreit gehörig anzusehen sind, verhalten. Dazu werden hauptsächlich diejenigen Gebühren zu rechnen sein, welche sich schon in der Gebührenordnung durch ihre Abtrennung von den anderen Gebühren und Aufnahme in die Schlußbestimmungen als außerordentliche Vergütung kennzeichnen. Bei diesen wird dem Gericht für jeden einzelnen Fall die Prüfung obliegen, ob sie für eine mit der Prozeßführung im nothwendigen Zusammenhang stehende Handlung erwachsen sind.

Hinsichtlich der Gebühr für die Ausarbeitung eines Gutachtens mit juristischer Begründung (§. 88 der Gebührenordnung) heben schon die Motive hervor, daß von der Erstattung dieser Gebühr einem Gegner gegenüber nach der Natur der Sache keine Rede sein könne (S. 90).

Was nun die in Frage stehende Gebühr für Erhebung und Ablieferung von Geldern und Werthpapieren (§. 87 der Gebührenordnung) betrifft, so wird es bei dieser, „eine für sich abgeschlossene Thätigkeit" vergütenden Gebühr wesentlich auf die veranlassenden und begleitenden Umstände ankommen müssen. In der Regel wird sie wohl nicht zur Erstattung gelangen können, „weil", wie die Motive zu §. 77 C.-P.-O. bemerken, „die Erfüllung der streitigen Verpflichtung eine außerhalb des Rechtsstreits liegende Handlung ist." Die Gebühr für die Erhebung der vom Gegner zu erstattenden Prozeßkosten würde überdies nicht zugleich mit diesen im Wege der Zwangsvollstreckung beigetrieben werden können, weil sie erst mit der Gelderhebungs-Handlung selbst fällig wird, und die unterliegende Partei, welcher die Kosten zur Last fallen, nach §. 87 C.-P.-O. nur die dem Gegner erwachsenen Kosten zu erstatten hat, die erst nach Beendigung der Zwangsvollstreckung entstehenden Kosten aber nicht schon vorher in letzterer eingezogen werden dürfen.

2. Dürfen Anwälte Auslagen für Papier verrechnen?

Wie die Motive zum fünften Abschnitt der Gebührenordnung für Rechtsanwälte bemerken, ergiebt sich aus der Natur des Mandatsverhältnisses zwischen Auftraggeber und Anwalt der Grundsatz, daß dem Rechtsanwalte nothwendige und nützliche Auslagen, welche er zum Zwecke des ihm ertheilten Auftrags gemacht hat, zu erstatten sind. Die Gebührenordnung hat nur für zwei Arten von Auslagen, nämlich für Vergütung des Schreibwerks und für Geschäftsreisen besondere Bestimmungen für erforderlich gehalten, weil bei diesen die Ermittelung des für das einzelne Geschäft wirklich aufgewendeten Betrages auf Schwierigkeiten stößt, und es daher richtiger erschien, ein für allemal Vergütungssätze zu normiren.

Wie das System der Gebührenordnung sich an die preußischen Vorschriften anlehnt, so sind auch die Bestimmungen über die Auslagen wesentlich den preußischen Vorschriften nachgebildet, und es sind deshalb die letzteren für die Auffassung von Begriffsbestimmungen in jener nicht ohne Bedeutung.

Nach dem Sprachgebrauche des Preußischen Tarifs gilt nun die Schreibgebühr als Vergütung für die Herstellung von Abschriften, Ausfertigungen und anderer Schriftwerke (§. 2 des Tarifs) einschließlich der dazu verwandten Schreibmaterialien; solche kleine Ausgaben sollen durch den Vergütungs-Pauschsatz gedeckt werden.

In demselben Sinne faßt sowohl das Reichs-Gerichtskostengesetz vom 18. Juni 1878, wie auch die Gebührenordnung für Gerichtsvollzieher vom 24. Juni 1878 den Begriff „Schreibgebühr" auf. Nach beiden Reichsgesetzen bildet dieselbe eine Vergütung für ertheilte Abschriften oder Ausfertigungen, für Anzeigen, Erklärungen und andere Schriftstücke (§§. 80 bezw. 14). Aus beiden Gesetzen geht überdies klar hervor, daß dort die Schreibgebühr auch die Auslagen für Schreibmaterialien mitvergüten soll; denn sowohl im Gerichtskostengesetz (§. 79) wie in der Gebührenordnung für Gerichtsvollzieher (§. 13) werden diejenigen baaren Auslagen, deren Erstattung verlangt werden darf, genau bezeichnet; zu dieser Kategorie werden wohl Schreibgebühren mit Ausschluß der Schreibmaterialien gezählt.

Dieser Auffassung sich anschließend enthielt der dem Reichstag vorgelegte Entwurf der Anwaltsgebühren-Ordnung im §. 75 Abs. 1 die Bestimmung, daß

Schreibgebühren dem Rechtsanwalt nur für die zum Zwecke der Einreichung beim Gericht, oder zum Zwecke der Zustellung anzufertigenden Abschriften von Schriftsätzen, Urkunden, Urtheilen oder Beschlüssen zustehen sollen.

Die Bestimmung ist im Reichstag gestrichen, weil Schreibgebühren auch für die Korrespondenz und für sonstiges Schreibwerk zu entrichten sein sollten, und es ist nur der zweite Absatz des Paragraphen — jetzt §. 76 — stehen geblieben, welcher für die Höhe der Schreibgebühren die Vorschrift des §. 80 des Gerichtskostengesetzes als maßgebend erklärt.

Dieser §. 80 bestimmt:

„Die Schreibgebühren werden für Ausfertigungen und Abschriften erhoben. Die Schreibgebühr beträgt für die Seite, welche mindestens zwanzig Zeilen von durchschnittlich zwölf Silben enthält, zehn Pfennig, auch wenn die Herstellung auf mechanischem Wege stattgefunden hat.

Jede angefangene Seite wird voll berechnet."

Nach obiger Ausführung würde also, wenn die Höhe der — die Auslagen für Schreibmaterialien einschließenden — Schreibgebühr für gerichtsseitig geliefertes Schreibwerk als Norm für den Betrag, der dem Anwalt zu erstattenden Schreibgebühr gelten soll, durch die letztere ebenfalls die Auslagen für Schreibmaterialien als gedeckt anzusehen sein, wie dies auch in den Motiven zur Reichstags-Vorlage (S. 80) zum Ausdruck gebracht ist.

Hiernach dürfen Anwälte Auslagen für Papier in der Regel nicht besonders zum Ansatz bringen.

Pfafferoth.

Vom Reichsgericht.

(Schluß.)

Das sogenannte gemeine Recht wird in allen Civilsenaten, vorzugsweise aber im I. II. und III. Senate zur Anwendung gelangen. Zur Lehre von den Servituten ist (n. 23/79 III vom 24. Oktober 1879) ausgesprochen, daß der Wille der Ausübung eines Rechts auf ein fremdes Grundstück kundgethan werden könne durch Handlungen, welche zugleich auf Benutzung des eigenen Grundstücks gerichtet seien. — Das Hammerschlagsrecht gewährt (n. 21/79 III vom 28. Oktober 1879) gemeinrechtlich nur das Recht, das Nachbargrundstück zum Zwecke des Baues oder der Ausbesserung eines Gebäudes oder einer Scheidung zu betreten, nicht aber auch die Befugniß, etwaige die Reparatur hindernde Einrichtungen zu beseitigen. — In der Lehre vom Pfandrecht wird (n. 24/79 III vom 4. November 1879) zur L. 19 Dig. 20, 4 ausgeführt, daß das Recht, die Abtretung der jura nomina zu fordern, dem Pfandbesitzer nur unter der Bedingung „si offerat", d. h. wenn er dem Gläubiger die volle Befriedigung anbiete, gewähre; dem steht aber nicht der Fall gleich, wenn der Besitzer das Grundstück zur Versteigerung behufs der Befriedigung abtrete, denn hier bleibe es vorerst völlig ungewiß, bis zu welchem Betrage seiner Forderung der Gläubiger Zahlung erlange. Reiche der künftige Erlös nur zur theilweisen Befriedigung hin, so habe zunächst er für den Rest seines Guthabens die Klage nicht nur gegen den Hauptschuldner, sondern auch die übrigen Besitzer von Pfandobjekten; einem Gläubiger, dem vollständige Zahlung weder angeboten werde, noch in sicherer Aussicht stehe, könne aber die Cession seiner Forderung nicht angesonnen werden. — Bei der actio negatoria liegt ebenso wie bei der Vindikation dem Kläger der Beweis des Eigenthums ob. Denn, so wird (n. 11/79 I vom 17. November 1879) ausgeführt, die actio negatoria ist eine Eigenthumsklage und unterscheidet sich von der rei vindicatio nicht dem Klagegrunde, sondern der Veranlassung und dem Zwecke nach, die rechtliche Voraussetzung beider Klagen ist das Eigenthum.

Aus dem Gebiete des Preußischen Allgemeinen Landrechts gelangen die meisten Fälle bei dem IV. und V. Senate, sowie den beiden Hülfssenaten zur Aburtheilung. Für das landrechtliche Obligationenrecht ist (n. 1/79 I H. vom 11. November 1879) der Satz hervorzuheben, daß es nicht genüge zur Begründung des Zahlungseinwandes, wenn der Schuldner Zahlung überhaupt unter Beweis stelle, sondern es müsse, was ein Appellationsgericht verneint hatte, dargethan werden, daß der Schuldner auf die eingeklagte Forderung gezahlt habe. — In Betreff der behaupteten Unterbrechung der Verjährung einer Forderung wird (n. 26/79 I H. vom 11. November 1879) gesagt, daß Abschlagszahlungen, bei welchen aus Erklärungen des Zahlenden oder aus sonstigen Umständen zu entnehmen gewesen, der Zahlende habe zu erkennen gegeben, durch die Zahlungen seine Verbindlichkeiten noch nicht vollständig erfüllt zu haben, die Verjährung nach §. 562 I 9 Allgemeinen Landrechts zu unterbrechen nicht geeignet seien. — In Bezug auf die Passivlegitimation des Possessorienbeklagten wird (n. 103/79 V vom 22. November 1879) bemerkt, daß eine Handlung, zu deren Vornahme der Handelnde dienstlich verpflichtet gewesen, weder diesem noch den zur Ausführung seiner Dienstverrichtung herangezogenen Gehülfen als eigene Handlung angerechnet werden könne, solange nicht besondere Umstände vorlagen und soweit die Entscheidung im Possessorienprozesse zu erfolgen habe (vergl. Plenar-Beschluß des Preußischen Obertribunals vom 2. April 1849 Entsch. 18 S. 11). Auf dem Gebiete des preußischen Grundbuchrechts ist (n. 12/79 III vom 24. Oktober 1879) der Satz anerkannt worden, daß die Hypothek des preußischen Rechts für die Kosten der hypothekarischen Klage auch für die Prozeßkosten hafte, welche durch eine auf Grund des persönlichen Schuldverhältnisses erhobene Klage erwachsen sind. §. 30 Preußisches E.-E.-Gesetz vom 5. Mai 1872. — Auch das Reichsgericht theilt (n. 37/79 V vom 22. November 1879) die Ansicht, daß der Arrest zur Sicherung eines bloß persönlichen Rechts kein Realrecht an dem arrestirten Grundstücke begründet, sondern nur eine Dispositionsbeschränkung bewirkt. — Das Recht des Pächters wird (n. 9/79 I H. vom 11. November 1879) sobald er in den Besitz des Pachtstückes gelangt ist, ein dingliches. Daraus folgt insbesondere, daß beim Wechsel des Eigenthums am Pachtstücke das obligatorische Verhältniß zwischen dem ursprünglichen Verpächter und dem Pächter auch bezüglich solcher verpächterischer Rechte gelöst wird, in Betreff welcher der veräußernde Verpächter und der neue Eigenthümer ausdrücklich dahin kontrahiren, daß sie dem Veräußerer bleiben sollen. — Das Rücktrittsrecht des Pächters nach §§. 271, 272 I 21 Allgemeinen Landrechts betreffend, wird (n. 16/79 I H. vom 4. November 1879) ausgeführt, die gedachten Vorschriften bezögen sich nicht auf den Fall, in welchem die verpachtete oder vermiethete Sache dem Pächter oder Miether beim Beginn der Kontraktszeit nicht übergeben werden kann, sondern auf den Fall, daß der Sache, zu deren Uebergabe der Verpächter oder Vermiether bereit ist, natürliche Fehler anhaften. — Anlangend das landrechtliche Erbrecht, so ist der Ausspruch (n. 51/79 V vom 13. November 1879) zu erwähnen, daß ein Inventarium, bei welchem ein Vermögenseinbegriff als eine Rechnung im Sinne des §. 433 I 16 Allgemeinen Landrechts anzusehen sei. — Ueber das Accrescenzrecht §. 281 I 12 Allgemeinen Landrechts wird gesagt (n. 87/79 IV vom 13. November 1879), dasselbe trete ein, wenn von mehreren ernannten Erben der eine oder der andere nicht Erbe sein könne oder wolle. Es solle dann das erledigte, d. i. freiwerdende Erbtheil — in Ermangelung der übrigen eingesetzten Erben zuwachsen. Es sei klar und beruhe in dem Wesen des Rechtes selbst, es absorbirt werde durch die Thatsache des Erbanfalles und des Erbantrittes. — Das Pflichttheilsrecht wird angeblich (n. 115/79 IV vom 17. November 1879) erstreckt sich auf das volle Eigenthum an den auf den Pflichttheil fallenden Vermögensobjekten. Das Eigenthum faßt die Freiheit der letztwilligen Verfügung über eine Sache in sich und der Mangel dieser Verfügungsfreiheit ist eine Beschränkung der Rechte des Eigenthümers. Die vom Testator angeordnete

Substitution für den Fall des Absterbens des Pflichttheilsberechtigten in ledigem Stande, belastet daher den Pflichttheil des letzteren mit einer Einschränkung — §. 298 II 2 Allgemeinen Landrechts. — Die Vererblichkeit der Pflichttheilsklage gilt, in der Rechtsprechung und unter den Lehrern des Preußischen Rechts als herrschende Meinung und liegt kein Grund vor, davon abzuweichen. Im Gebiete des Eherechts ist ausgesprochen (n. 108/79 IV vom 20. November 1879), daß unter Personen aus dem Stande der Parteien (der Beklagte war Kaufmann) bei Eingehung der Ehe es als eine gewöhnliche Voraussetzung des einen, unbescholtenen Theiles betrachtet werden müsse, daß der andere Theil nicht schon wegen eines entehrenden Verbrechens oder Vergehens bestraft worden ist. Das Nichtbestraftsein mit einer entehrenden Strafe sei als eine Eigenschaft einer Person zu betrachten und der Mangel dieser Eigenschaft berechtigt nach §. 81 I 4 und §. 40 II 1 Allgemeinen Landrechts den bei der Eheschließung darüber in Irrthum gewesenen Gatten die Ungültigkeitserklärung der geschlossenen Ehe zu verlangen. — Anlangend den Ehescheidungsgrund halsstarriger Verweigerung der ehelichen Pflicht wird (n. 338/79 IV vom 20. November 1879) als Regel aufgestellt, daß der Mann den Vorwurf durch Beweis ablehnen müsse, er habe zur ehelichen Beiwohnung keine Anregung gegeben. Entsch. des Preußischen Obertribunals Band 22 S. 38. — Die Trennung der Ehe durch den Tod erlebigt das schwebende Ehescheidungsverfahren, wie (n. 1/79 IV vom 10. November 1879) dargelegt wird, auch in Ansehung der Entscheidung über die Schuldfrage und die gesetzlich daran geknüpften Folgen. — In Bezug auf die eheliche Gütergemeinschaft und deren Aufhebung durch den Tod des einen Ehegatten wird zum §. 653 II 1 Allgemeinen Landrechts unter Bezugnahme auf Entscheidungen des Preußischen Obertribunals gesagt (n. 37/79 V vom 22. November 1879), daß eine fortgesetzte Gütergemeinschaft des Ueberlebenden mit den Kindern nicht stattfinde, vielmehr nur ein Miteigenthumsverhältniß eintrete, und für den konkreten Fall gefolgert, daß der Kläger aus Wechseln, die der Ehemann nach dem Tode sei er Ehefrau ausgestellt hatte, keine Gläubigerrechte gegen die Kinder und aus den bei Ausklagung dieser Wechsel nur gegen den Ehemann erstrittenen Urtheilen keine dinglichen Rechte gegen die Kinder erwerbe. — Zu den §§. 168, 169 II 2 Allgemeinen Landrechts nichtfreies Vermögen der Kinder ist bezüglich eines Kapitals, das einem Haussohne von dem Großvater zum ausschließlichen Eigenthum testamentarisch mit der Bestimmung vermacht worden, daß dasselbe dem Sohne bei seiner Großjährigkeit ausgezahlt werde, angenommen, es sei dies die Zuwendung eines gewöhnlichen Hypothekenkapitals, welches zu dem nichtfreien Vermögen des Sohnes gehört, und welches der Vater vermöge des ihm zustehenden Verwaltungsund Nießbrauchsrechtes selbstständig habe einziehen dürfen. — Zu den §§. 132, 151, II 6 §. 152 I 13 Allgemeinen Landrechts wird (n. 13/79 IV vom 6. November 1879) in dem Plenarbeschlusse des Preußischen Obertribunals vom 21. Juni 1847 Entsch. 14 S. 92 angenommenen Rechtsgrundsatz über die Haftpflicht der Stadtgemeinden aus Versehen ihrer Beamten gebilligt, und bemerkt, es könne nicht zweifelhaft sein, den für Stadtgemeinden festgestellten Grundsatz der Haftpflicht auch auf Dorfgemeinden anzuwenden. — Auf dem Gebiete des protestantischen Kirchenrechts ist (n. 85/79 IV vom 24. November 1879) der Rechtssatz anerkannt, daß ein einzelnes Mitglied der Kirchengemeinde zu dem Einwande befugt sei, daß die Umlage der Gemeindekosten nicht allein dem Patron zur Last fallen, den Gemeindemitgliedern (zu Unrecht) auferlegt habe. Vergl. Kirchen- und Synodal-Ordnung vom 10. September 1873, Gesetz vom 25. Mai 1874 §§. 720, 731 II 11 Allgemeinen Landrechts. — Zu dem Gesetz über die Vermögensverwaltung der katholischen Kirchengemeinden vom 20. Juli 1875 und den Bestimmungen über die Zulässigkeit des Rechtsweges wurde (n. 16/79 II vom 18. November 1879) der Rechtssatz aufgestellt, daß die von der Kirchengemeinde gesetzlich beschlossenen Umlagen nicht im Wege der Klage bei den ordentlichen Gerichten, sondern nur im Verwaltungswege beigetrieben werden dürften.

Für die Gebiete des französischen Rechts, dessen Auslegung dem II. Senate obliegt, sind folgende Entscheidungen von Interesse. Zur Lehre vom don manuel wurde (n. 32/79 II vom 2. Dezember 1879) anerkannt, daß das Handgeschenk zu seiner Gültigkeit der inneren Form der Schenkung, namentlich der Acceptation nicht entbehren dürfe, daß jedoch, wenn die Erben des Schenkers die Herausgabe der geschenkten Sache von dem Besitzenden angeblich Beschenkten verlangten, sie den Beweis der Ungültigkeit der Schenkung, namentlich dem Mangel der inneren Form des Handgeschenks beweisen müßten. — Das Privilegium der gens de service — Artikel 2101 n. 4 c. c. wurde (n. 80/79 II vom 2. Dezember 1879) für den Bereich des rheinischen Rechts dem Handlungskommis abgesprochen. — Es wurde angenommen (n. 11/79 II vom 18. November 1879), daß die gegen den gütergemeinschaftlichen Ehegatten allein auf Grund eines gegen die Erben der Ehefrau und wirksam gegen den Ehemann ergangenen Urtheils nach Auflösung der Gütergemeinschaft durch den Tod der Ehefrau vorgenommene Hypothekar-Inscription rücksichtlich der Erben der Ehefrau nur eine Theilhypothek begründe und eine analoge Anwendung des Artikel 2149 c. c. unzulässig sei. — Für das rheinpreußische Fallimentsrecht wurde (n. 29/79 II vom 9. Dezember 1879) ausgesprochen, daß nach Artikel 445 Rhein. Handels-Gesetzbuchs erkannte Auflösung eines Kaufgeschäfts nicht gegen Dritte wirke, welche während der Besitzzeit des Erwerbers von diesem in gutem Glauben (Hypotheken-) Rechte an dem Kaufobjekte übertragen erhalten hätten.

Von Statutarrechten in der Nürnberger Reformation zu gedenken. Das Reichsgericht nimmt an (n. 178/79 III vom 14. November 1879), daß die Reformation keine Bestimmung enthalte, wodurch allgemein, etwa in Rücksicht auf ehefräuliche Munzium oder Vogtei der Ehefrau untersagt wäre, ohne Einwilligung des Mannes Verträge zu schließen, demnach wird die Vertrags- resp. Wechselfähigkeit in der verbringter Ehe nach der Nürnberger Reformation lebenden Eheweibes anerkannt.

Leipzig, 15. Dezember 1879.   M. u. F.

***

Haben die Gläubiger einer Kommanditgesellschaft ein direktes Klagerecht gegen die Kommanditisten auf Einzahlung des zum Handelsregister angezeigten Betrages der Vermögenseinlage, bezüglich deren die Abreden des Gesellschaftsvertrags über die Modalitäten der Einzahlung im Handelsregister nicht eingetragen sind.

Art. 165 A. d. H.-G.-B.

Erkenntniß des Reichsgerichts vom 19. November 1879 i. S. Dresdener Gewerbebank Concurs gegen Beltzmann.

Die in Concurs verfallene Gesellschaft Dresdener GewerbeBank Fröhner u. Co. war eine einfache Handels-Commanditgesellschaft, und als Betrag der Vermögenseinlage des Beklagten als Commanditisten war die Summe von 3000 Mark schlechthin und ohne Hinzufügung der im §. 3 des Gesellschaftsvertrages enthaltenen Festsetzung, daß auf jeden Geschäftsantheil nur jährlich 12 Thaler einzuzahlen seien, zur Eintragung in das Handelsregister angemeldet worden. Der Beklagte ist Commanditist und hat den Betrag seiner Vermögenseinlage nicht voll eingezahlt. Der Konkursverwalter hat den Rückstand im Wege der Klage eingefordert: Der erste Richter hat nach dem Klagantrage erkannt, der Appellationsrichter die Klage abge wiesen. Der Kläger hat weitere Berufung ergriffen. Das Reichsgericht hat das Urtheil des ersten Richters wiederhergestellt.

Gründe:

Durch die Erklärung der persönlich haftenden Gesellschafter und des Commanditisten zum Handelsregister erwuchs für diejenigen, welche nach dieser Eintragung zur Gesellschaft in ein Gläubiger-Verhältniß getreten sind, ein Recht gegen die Gesellschaft wie gegen den Commanditisten auf die Existenz eines Gesellschaftsvermögens entsprechend der abgegebenen Erklärung, also in Betreff der als unbedingt und ohne Zeitbeschränkung in Bezug auf die Fälligkeit versprochen erklärten Einlage auf das Vorhandensein einer solchen Einlageverpflichtung.

In der Commanditgesellschaft treten mit dem Complementar die Commanditisten als mit ihm durch die gemeinschaftliche Firma verbunden auch nach Außen auf und der die Gesellschaft vertretende Complementar soll obligiren und obligirt auch das Commanditkapital. Indem das Gesetz Dritte zur Anerkennung der Beschränktheit der Haftung für den Fall ihrer geschehenen Eintragung — Artikel 165 des Handelsgesetzbuchs — zwingt, muß es andererseits denselben auch ein Recht auf das Vorhandensein des gesetzen Haftungsobjects als eines voll und uneingeschränkt der eingetragenen Erklärung entsprechenden und die Mittel zur Geltendmachung dieses Rechts gewähren wollen. Sollte dieser Erfolg für die Gläubiger lediglich durch eine abgeleitete Geltendmachung der Rechte der Commanditgesellschaft selbst beziehungsweise des Complementars gegen den Commanditisten aus dem Gesellschaftsvertrage erreicht werden, so hätte das Gesetz vor Eintragung der Gesellschaft, mit der die Limitirung der Haftung zu wirken beginnt, die Vorlegung des ganzen Inhalts des Gesellschaftsvertrages beim Registerrichter behufs seiner Prüfung und Verweigerung der Eintragung, wenn die internen Festsetzungen mit dem aus dem aus der Eintragung Seitens Dritter zu entnehmenden Inhalt des Vertrages nicht im Einklange stehen, oder behufs Miteintragung der sich aus dem Vertrage ergebenden Einschränkungen der Einlageverpflichtung, falls die beschränkte Haftung auch noch unter weiterer Einschränkungen als der eine Vermögenseinlage zulässig sein sollte, anordnen müssen. Oder das Gesetz hätte bestimmen müssen, daß von dem durch die Erklärungen zum Handelsregister kundgegebenen Vertragsinhalte abweichende Vertragsfestsetzungen auch intern ohne Wirkung seien. Endlich hätte das Gesetz bestimmen müssen, daß, gleichviel ob nach dem Gesellschaftsvertrage und dem durch denselben festgesetzten Gewinn- und Verlustbetheiligungsverhältnisse der einzelne Commanditist sich unter Zurücknahme des durch ihn treffenden Verlust nicht erschöpften Theils seiner Einlage aus der Gesellschaft zurückziehen dürfte, diese Zurücknahme nicht ohne Auflösung der ganzen Gesellschaft, beziehungsweise nicht vor Befriedigung aller Gesellschaftsgläubiger geschehen dürfe.

Nichts von Allem diesem ist durch das Gesetz bestimmt. Lediglich auf die in der Nr. 1—4 des Artikels 151 aufgestellten Contenta beschränkt sich die Forderung des Gesetzes in Bezug auf die von den Betheiligten abzugebenden Erklärungen über den Inhalt des Gesellschaftsvertrages. Dagegen wird für das Rechtsverhältniß der Gesellschafter unter einander überhaupt und insbesondere für die Berechtigung zur Entnahme von Zinsen und Gewinn auf die Einlage nach Artikel 157 und 161 der Gesellschaftsvertrag für maßgebend erachtet. Endlich gestattet der Artikel 171 das Ausscheiden eines einzelnen Commanditisten mit seiner Einlage oder dem durch ihn treffenden Verlust nicht erschöpften Theile derselben ohne Auflösung der Gesellschaft selbst, beziehungsweise ohne vorausgehende Befriedigung oder Sicherstellung derjenigen Gesellschaftsgläubiger, die auf die kundgegebene Commanditeinlage hin contrahirt haben.

Alle diese Erwägungen zwingen dazu, gegenüber der vom Gesetz nicht berührten Freiheit der Gesellschafter in der Festsetzung ihres Rechtsverhältnisses unter einander und demgemäß auch zwischen der Gesellschaft und den Gesellschaftern im Sinne

des sonst zu vermissenden und doch wegen der vom Gesetz bei Zulassung der beschränkten Haftung in der einfachen Commanditgesellschaft verfolgten Tendenz nicht zu entbehrenden Gläubigerschutzes die Bestimmungen des Artikels 165 aufzufassen und dieselben im Sinne eines unmittelbaren Rechts der Gläubiger gegen die Commanditisten im Gegensatze eines bloß aus dem Rechte der Gesellschaft oder des Complementars nach dem Inhalt der Vertragsfestsetzungen abgeleiteten zu verstehen. Für diese, übrigens auch in der Theorie weitaus überwiegend vertretene Auffassung spricht auch die Stellung des Artikels 165, welcher — in unverkennbarer Analogie mit der Scheidung zwischen dem Rechtsverhältnisse der Gesellschafter unter einander und dem der Gesellschaft zu dritten Personen, wie sie sich bei der offenen Handelsgesellschaft im zweiten und dritten Abschnitt des zweiten Buchs des Handelsgesetzbuchs findet, — sich gegenüber dem in den Artikeln 157 bis 163 behandelten Rechtsverhältnisse der Gesellschafter unter einander in der Reihe der mit Artikel 163 anhebenden Bestimmungen über das Rechtsverhältniß zu dritten Personen befindet, und die Analogie der Fassung des Artikels 165 Absatz 1, mit der des Artikels 112 Absatz 1. Der Artikel 165 ist das Ergebniß der vom Gesetz bei seinen Vorschriften über die Voraussetzungen der Eintragung der Commanditgesellschaft angenommenen rechtlichen Construction, nach welcher die von den Interessenten zum Handelsregister angemeldeten Erklärungen über den Inhalt des Commanditgesellschaftsvertrages mit dem Verpflichtungswillen abgegeben sind, sich beziehungsweise die errichtete Gesellschaft nach Maßgabe dieses erklärten Vertragsinhalts und keines anderen von Dritten behandeln zu lassen.

In welcher Weise dies Recht der Gläubiger gegenüber den Commanditisten zu realisiren ist, darüber allgemeine Grundsätze aufzustellen, liegt im vorliegenden Falle kein Anlaß vor. Es steht fest, daß die hier in Frage kommende Commanditgesellschaft durch Concurs aufgelöst ist, und daß der vom Beklagten bisher nicht eingezahlte Theil seiner Einlage zur Tilgung der Gesellschaftsschulden erforderlich ist. Ebenso ergiebt sich aus dem Vorausgeschickte, daß der Beklagte sich den Gesellschaftsgläubigern gegenüber auf die im Gesellschaftsvertrage ihm gestatteten Theilzahlungen nicht berufen kann. Der Gütervertreter, der im Concurse über das Gesellschaftsvermögen bestellt worden, fordert die Einzahlung des noch ausstehenden Einlagetheils vom Beklagten zur Concursmasse und will die Berufung des Beklagten auf die Festsetzung der Theilzahlungen im Gesellschaftsvertrage aus dem Rechte der Gesellschaftsgläubiger zurückweisen.

Zur Geltendmachung solcher aus dem Rechte der Gläubiger geschöpfter Rechte will aber die zweite Instanz den Gütervertreter nicht für legitimirt erachten. Sie verweist die Gläubiger auf besondere Geltendmachung dieser Rechte gegen den Commanditisten, also bei thatsächlich eintretender Concurrenz mehrerer Gläubiger und dem Vorhandensein einer größeren Anzahl Commanditisten auf neben dem Concurse eintretende Weitheiten von Vertheilungsverfahren, deren Verhältniß zum Concurse, zu dessen Aufgaben ja die Realisirung der sogenannten internen Rechte der Gesellschaft gegen die Commanditisten gehören soll, den mannigfachsten Schwierigkeiten und Complicationen unterliegen würde. Ein solches Ergebniß als das des Gesetzes anzusehen, erscheint um so bedenklicher, als, wie schwankend auch die Nürnberger Conferenz in der Beurtheilung des Rechtsverhältnisses der Commanditisten gegenüber den Gesellschaftsgläubigern gewesen ist, man doch übereinstimmend den Fall der Geltendmachung des Rechts der Gläubiger gegen die Commanditisten im Concurse über die Gesellschaft gerade als den eminent practischen Fall einer Bethätigung des vierten Klagerechts gegen die Commanditisten erachtet hat.

Vergleiche Protokolle Seite 1103 flgd.

Aber die ganze Voraussetzung des von der zweiten Instanz gezogenen Ergebnisses, daß der Gütervertreter eines eröffneten Creditwesens nur diejenigen Rechte auszuüben habe, welche bis zum Ausbruche des Concurses dem Gemeinschuldner zustanden und mit diesem Zeitpunkte von diesem auf die Gesammtheit der Gläubiger übergingen, ist in dieser Allgemeinheit unrichtig.

Gleichviel wie man nach bisherigem Concursrecht die Frage abstract entscheidet, ob der Gütervertreter Vertreter des Gemeinschuldners oder der Gläubigerschaft ist — die herrschende Auffassung in Sachsen nimmt die zweite Alternative an, vergleiche Günther, Concurs Seite 26, 30; Wengler Concurs Seite 47, — daß die Befugniß des Gütervertreters sich nicht darauf beschränkt, blos diejenigen Vermögensrechte geltend zu machen, welche dem Gemeinschuldner selbst bis zum Ausbruche des Concurses zugestanden haben, die er also selbst geltend machen könnte, wenn nicht der Concurs ausgebrochen wäre, dies beweist die unzweifelhafte Befugniß des Gütervertreters zur Anstellung der actio Pauliana. Dem Gütervertreter liegt im Interesse der Gesammtheit der Gläubiger die Constituirung der zur Befriedigung der Gläubiger bestimmten Vermögensmasse des Gemeinschuldners ob. Er ist deshalb berechtigt wie verpflichtet, Alles zu dieser Masse hereinzuziehen, was vom Standpunkte der Gläubiger und ihrer Rechte sowohl gegen den Gemeinschuldner wie gegen den in Anspruch zu nehmenden Dritten aus zu dieser Masse gehört, auch wenn der Gemeinschuldner selbst sich seines Rechts darauf als eines für sich selbst auszuübenden durch seine Vereinbarungen begeben hätte.

Im Verhältniß zu den Gläubigern der Commanditgesellschaft erscheint aber, wie bereits ausgeführt, die Einlage des Commanditisten und nach Maßgabe den im Gesellschaftern zum Handelsregister angemeldeten Erklärungen als zum Vermögen der Commanditgesellschaft gehörig. Als das Vermögen der Commanditgesellschaft, über welches bei deren Zahlungseinstellung nach Artikel 170, 123 der Concurs eröffnet wird, ist nicht blos die Summe der Rechte, welche die Gesellschaft nach ihren internen Festsetzungen den Commanditisten gegenüber zustehen, sondern den Handlungsfonds zu verstehen, auf dessen Vorhandensein durch die Erklärungen der Gesellschafter Dritten sowohl der Gesellschaft wie den Gesellschaftern gegenüber Recht eingeräumt ist.

Die Einziehung der von den Commanditisten versprochenen Einlagen und zwar nach Inhalt des Versprechens, wie es in den Erklärungen zum Handelsregister enthalten, liegt daher nicht blos nicht außerhalb der Aufgaben des Gütervertreters im Concurse der Commanditgesellschaft, sondern ist recht eigentlich eine seiner erheblichsten Aufgaben.

Nun bezeichnet allerdings die zweite Instanz die Rechte der Gesellschaftsgläubiger gegen die Commanditisten auf deren Einlagen ohne Modification dieser Rechte durch die Theilzahlungsstipulation als Rechte bloßer einzelner Gesellschaftsgläubiger im Gegensatz zur Gesammtheit dieser Gläubiger. Allein dafür, daß nicht jeder der bei dem Concurs interessirten Gesellschaftsgläubiger die gedachten Rechte habe, fehlt es an jedem Anhalt. Auch wenn der Beklagte erst im Laufe des Bestehens der Gesellschaft derselben als Commanditist beigetreten sein sollte, so haftet er doch nach Artikel 166 auch in gleicher Weise den zur Zeit seines Beitritts bereits vorhanden gewesenen Gesellschaftsgläubigern. Daß von den Gläubigern etwa Einzelne beim Eintritt des Beklagten als Commanditisten, beziehungsweise bei ihrem Contrahiren mit der Gesellschaft die Vereinbarung in Betreff der Theilzahlungen gekannt hätten, hat Beklagter nicht behauptet, so daß es dahingestellt bleiben kann, ob überhaupt solche Kenntniß im Umfang der Verpflichtung des Commanditisten solchen Gläubigern gegenüber modificiren könnte.

Hiernach mußte das erste Erkenntniß wieder hergestellt werden.

Fernere Berichtigung

zum Termins-Kalender für die Deutschen Rechtsanwälte, Notare und Gerichtsvollzieher.

Seite 213. Wiesbaden Landgericht: es muß Dr. Pfeiffer statt Pfeifer heißen.
Seite 237. Weißenfels Landgericht: es muß J. R. Kaehrn statt v. Kaehen heißen.

Personal-Veränderungen.

Titelverleihungen.

Dem Rechtsanwalt und Notar Zimmermann zu Steinau im Regierungsbezirk Cassel ist aus Anlaß seines Dienstjubiläums der Charakter als Justizrath verliehen worden.

Versetzungen.

In Gemäßheit der Rechtsanwaltsordnung für das Deutsche Reich sind als Rechtsanwälte zugelassen: Justizrath v. Gerhard bei dem Landgericht in Königsberg i. Pr.; — Justizrath Damke bei dem Landgericht zu Schneidemühl mit dem Wohnsitze in Filehne; — Dr. jur. Adolph Ludwig Aaton Friedrich Martini bei dem Großherzoglichen Landgerichte in Schwerin; — von Jdell und Justizrath Raht bei dem Landgericht in Frankfurt a./M.; — Landsyndikus, Rath Ahlers in Neubrandenburg bei dem Landgericht in Neustrelitz; — Rechtsanwalt und Notar Stener in Lublinitz bei dem Landgericht zu Oppeln; — Georg Friedrich Julius Witschel und Carl Hermann Blüher bei dem Amtsgericht in Dresden; — Schmitz bei dem Amtsgericht in Elberfeld; — Conrad Walther Müller bei dem Amtsgericht in Großrudestedt; — Carl Eduard Ficker in Zittau, Ernst Heinrich Eißner in Sulsnitz, Johann Joseph Rudolph Thiel in Bautzen, Bernhard Theodor Holtenroth in Kloster St. Marienthal und Heinrich Moritz Beeger in Löbau für die Kammer für Handelssachen beim Amtsgericht in Zittau; — Fr. Wilh. Bösche, Gottl. Engelh. Fischer und Ant. Friedr. Cramer bei dem Amtsgericht in Leer; — Dr. jur. Rohdenburg beim Amtsgericht in Achim. Die Rechtsanwälte Schiebler, bisher in Bochum, und Schenk, bisher in Steele, haben ihren Wohnsitz nach Essen verlegt; — Justizrath, Rechtsanwalt und Notar Dächsel hat seinen Wohnsitz von Sangerhausen nach Nordhausen verlegt.

Ausscheiden aus dem Dienst.

Der Rechtsanwalt und Notar Hoffmann in Insterburg ist zum Amtsrichter bei dem Amtsgericht in Stallupönen, der Rechtsanwalt Dr. Fürst in Zabern zum Landrichter bei dem Landgericht daselbst, der Rechtsanwalt Gombart in Saargemünd zum Amtsrichter bei dem Amtsgericht in Albedorf ernannt.

Todesfälle.

Der Rechtsanwalt Heinrich Herding in Bayreuth ist gestorben.

Ein Bureau-Vorsteher

sucht bei einem Rechtsanwalt Stellung. Derselbe ist mit allen Bureau-Arbeiten gut vertraut und auch schon mit dem neuen Prozeßverfahren bekannt. soo. Off. sub A. B. an d. Exp. d. J.

Ein Registrator,

welcher circa 2 Jahre in jur. Bureaus genth., sucht Stellung. Offerten nimmt die Exp. d. Bl. sub D. 7 entgegen.

Anwaltssecretair

sucht Stelle. Derselbe ist mit allen Bureau- und Comptoir-Arbeiten vertraut und mit dem neuen Prozeßverfahren bekannt. soo. Offerten sub X. 20 bes. d. Exp. d. J.

Für die Redaktion verantw.: G. Haenle. Verlag: W. Moeser, Hofbuchhandlung. Druck: W. Moeser, Hofbuchdruckerei in Berlin.

№ 3.   Berlin, 1. Februar.   1880.

Juristische Wochenschrift.

Herausgegeben von

S. Haenle,   und   **M. Kempner,**
Rechtsanwalt in Ansbach.   Rechtsanwalt beim Landgericht I. in Berlin.

Organ des deutschen Anwalt-Vereins.

Preis für den Jahrgang 12 Mark. — Inserate die Zeile 30 Pfg. — Bestellungen übernimmt jede Buchhandlung und Postanstalt.

Die Geschäftsvertheilung des Reichsgerichts im Jahre 1880.

Nachdem die Errichtung eines dritten Hülfssenats beim Reichsgericht genehmigt ist, hat die erschöpfende Vertheilung der Geschäfte für das Kalenderjahr 1880 stattgefunden. Dieselbe wird während des Bestehens der Hülfssenate voraussichtlich keine wesentliche Aenderung erfahren. Die Vertheilung der Geschäfte bei den Strafsenaten war einfach. Jedem derselben ist eine bestimmte Anzahl Oberlandesgerichtsbezirke zugewiesen. Dagegen hat die Behandlung der Civilsachen augenscheinlich erhebliche Schwierigkeiten bereitet. Einestheils war die Gleichartigkeit der Rechtsgebiete zu beachten, anderntheils dafür zu sorgen, daß die Rechtsprechung der einzelnen Senate nicht allzusehr der Kontrole der Plenar-Entscheidungen entzogen wurde, während wiederum bei gewissen Rechtsmaterien die einheitliche Behandlung für das ganze Reich durch einen damit ausschließlich befaßten Senat sich aus praktischen Gründen empfahl.

Neben diesen sich mehr oder minder widersprechenden Gesichtspunkten war eine möglichst gleichmäßige Vertheilung der Arbeitslast die Aufgabe des nach dem Gesetze mit den bezüglichen Anordnungen betrauten Präsidiums. Die Erfahrung wird lehren, ob die Aufgabe richtig gelöst ist. Vorläufig ist die Bekanntgabe der Vertheilung für den Anwaltstand von dem dringlichsten Interesse. Sachlich richtig würde freilich sein, auch die Personenbesetzung der einzelnen Senate zu veröffentlichen, um zu erkennen, in welcher Weise die einzelnen Rechtsgebiete berücksichtigt sind. Es mag dies einer späteren Nummer vorbehalten bleiben. Wir wollen die Geschäftsvertheilung in der Art zur Kenntniß bringen, daß wir jeden Oberlandesgerichtsbezirk ohne Gesetze und in der bezüglichen Anordnung betrauten Präsidiums. Klar so wird nach unserer Auffassung eine gehörige Uebersicht gewonnen. Aber auch bei diesem Systeme bedarf es noch gewisser Erläuterungen, welche wir der Aufführung der einzelnen Oberlandesgerichtsbezirke vorausschicken.

Den vereinigten Senaten des Reichsgerichts und seinen einzelnen Senaten ist eine Anzahl von Rechtsangelegenheiten gesetzlich zugewiesen. Vgl. z. B. §§. 137—139 des Gerichts-Verf.-Ges. Diese werden bei den einzelnen Oberlandesgerichten nicht näher aufgezählt werden. Die Anwälte, welche bezügliche Fälle zu bearbeiten haben, werden bei Anwendung des Gesetzes ohne Weiteres auf die zuständigen Senate aufmerksam werden. Von den durch das Präsidium des Reichsgerichts zu vertheilenden Geschäften haben die I. und der IV. Civilsenat solche aus allen Oberlandesgerichtsbezirken zugewiesen erhalten. Der erste Civilsenat entscheidet alle Rechtsstreitigkeiten aus §§. 32 und 37 des Patentgesetzes vom 25. Mai 1877, aus §. 2 des Flößereigesetzes vom 1. Juni 1870, aus §. 44 der Strandungsordnung vom 17. Mai 1874 und aus §. 50 des Bankgesetzes vom 14. März 1875. (Entziehung der Befugniß zur Notenausgabe.) Wir werden diese Sachen bei allen Oberlandesgerichten mit der Abkürzung Patentsachen, Flößereiabgaben-Ablösungssachen, Bergungssachen und Banksachen bedenken. — Der IV. Civilsenat hat für das ganze Reich die Bestimmung des zuständigen Gerichts nach §. 36 C. P. O. und §. 9 Einf.-Ges. zur C. P. O., die Vorentscheidung nach §. 11 des Einf.-Ges. zum Ger.-Verf.-Ges. in Civilrechtsfällen die Entscheidungen nach §. 17 des Ger.-Verf.-Ges. in Verbindung mit §. 17 Einf.-Ges. dazu, sowie nach §. 160 Ger.-Verf.-Ges. Diese Sachen sollen die Rubrik Zuständigkeitssachen, Vorentscheidung bei Civil-Ansprüchen gegen Beamte, Rechtsweg, Rechtshülfe erhalten. Der erste Civilsenat hat für das ganze Reich mit Ausnahme der II. Civilsenate untergestellten Oberlandesgerichtsbezirke zu entscheiden die Rechtsstreitigkeiten aus den Reichsgesetzen über Urheberrecht und Schutz von Photographien, Marken, Mustern und Modellen. Diese Sachen bezeichnen wir mit Urheberrecht, Schutz von Photographien, Marken u. s. w.

Auf Anordnung des Präsidiums gehört das Obligationenrecht aus der Mehrzahl der preußischen Oberlandesgerichtsbezirke vor den 1. Hülfssenat. Es ist darunter im Wesentlichen derjenige Theil des Obligationenrechts zu verstehen, der nach Abzug der Handelssachen (§. 13 z. 1 u. 3 und Abs. 2 des Ger. vom 12. Juni 1869), Wechsel- und Haftpflichtsachen übrig bleibt. Pacht- und Miethsachen, bei denen es sich nicht nur um den Streit zwischen Miether oder Pächter mit Hypothekengläubigern, Realberechtigten und Dritterwerber der Mieth- und Pachtgrundstücke handelt, gehören ebenfalls als Obligationenrecht vor den I. Hülfsenat. Das gesammte Obligationenrecht in Sachen des neuen Verfahrens ist dem IV. Senat überwiesen. Das altpreußische Sachenrecht hat grundsätzlich der V. Civilsenat zu behandeln, doch sind die älteren Sachen im Ganzen dem III. Hülfsenate überwiesen, welcher namentlich auch die altpreußischen Grundbuchsachen zu bearbeiten hat. Das preußische Bergrecht mit Ausnahme der Bergwerksachen aus dem Bereiche des Oberlandesgerichts zu Cöln ist dem V. Civilsenate zugetheilt. Der II. Hülfsenat hat diejenigen Prozeßsachen zu entscheiden, in welchen der II. Senat des vormaligen Preußischen Obertribunals zuständig war. Es sind dies namentlich die Landeskulturstreitigkeiten (Agrarsachen, Ablösesachen), Streitigkeiten aus dem Nachbarrecht, Grundgerechtigten, Jagd- und Fischereirecht.) (Jur. Wochenschr. 1879, S. 245.) Dem vierten Civilsenate verbleiben die sonstigen landrechtlichen Civilsachen, namentlich aus dem Gebiete des Eherechts, Familien- und Vormundschaftsrechts, Staats-, Kirchen- und Schulrechts. — Bei den baierischen Oberlandesgerichten ist die beschränkte Zuständigkeit des Reichsgerichts im Auge zu behalten. Den Oberlandesgerichtsbezirken sind anzufügen die Konsularbezirke im Ganzen als eine fernere Abtheilung.

Augsburg.
a) Strafsachen — I. St.-S.
b) Civilsachen:
1. Patentsachen, Flößereiabgaben-Ablösungssachen, Bergungssachen, Banksachen — I. C.-S.
2. Zuständigkeitssachen, Vorentscheidung bei Civil-Ansprüchen gegen Beamte, Rechtsweg, Rechtshülfe — IV. C.-S.
3. Alle übrigen Civilsachen — II. C.-S.

Bamberg.
a) Strafsachen — I. St.-S.
b) Civilsachen,
1. Patentsachen, Flößereiabgaben-Ablösungssachen, Bergungssachen, Banksachen — I. C.
2. Zuständigkeitssachen, Vorentscheidung bei Civil-Ansprüchen gegen Beamte, Rechtsweg, Rechtshülfe — IV. C.-S.
3. Alle übrigen Civilsachen — II. C.-S.

Berlin, Kammergericht.
a) Strafsachen — II. St.-S.
b) Civilsachen:
1. Patentsachen, Flößereiabgaben-Ablösungssachen, Bergungssachen, Banksachen — I. C.-S.
2. Urheberrecht, Schutz von Photographien, Marken u. s. w. } I. C.-S.
3. Handelssachen }
4. Zuständigkeitssachen, Vorentscheidung bei Civil-Ansprüchen gegen Beamte, Rechtsweg, Rechtshülfe — IV. C.-S.
5. Obligationenrecht — I. H.-S.
6. Agrarsachen, Ablösungen, Nachbarrecht, Grunddienstbarkeiten, Jagd- und Fischereirecht — II. H.-S.

7. Bergrecht } V. C.-S.
8. Wechsel- und Haftpflichtsachen }
9. Das übrige Sachenrecht — III. H.-S.
10. Die sonstigen Civilsachen — IV. C.-S.

Braunschweig.
a) Strafsachen — III. St.-S.
b) Civilsachen:
1. Patentsachen, Flößereiabgaben-Ablösungssachen, Bergungssachen, Banksachen — I. C.-S.
2. Urheberrecht, Schutz von Photographien, Marken u. s. w. — I. C.-S.
3. Zuständigkeitssachen, Vorentscheidung bei Civil-Ansprüchen gegen Beamte, Rechtsweg, Rechtshülfe — IV. C.-S.
4. Sonstige Civilsachen — III. C.-S.

Breslau.
a) Strafsachen — II. St.-S.
b) Civilsachen:
1. Patentsachen, Flößereiabgaben-Ablösungssachen, Bergungssachen, Banksachen — I. C.-S.
2. Urheberrecht, Schutz von Photographien, Marken u. s. w. — I. C.-S.
3. Zuständigkeitssachen, Vorentscheidung bei Civil-Ansprüchen gegen Beamte, Rechtsweg, Rechtshülfe — IV. C.-S.
4. Handelssachen — V. C.-S.
5. Wechsel- und Haftpflichtsachen } V. C.-S.
6. Bergrecht — V. C.-S.
7. Obligationenrecht — I. H.-S.
8. Agrarsachen, Ablösungen, Nachbarrecht, Grunddienstbarkeiten, Jagd- und Fischereirechte — II. H.-S.
9. Das übrige Sachenrecht — III. H.-S.
10. Die sonstigen Civilsachen — IV. C.-H.

Cassel.
a) Strafsachen — III. St.-S.
b) Civilsachen:
1. Patentsachen, Flößereiabgaben-Ablösungssachen, Bergungssachen, Banksachen — I. C.-S.
2. Urheberrecht, Schutz von Photographien, Marken u. s. w. — I. C.-S.
3. Zuständigkeitssachen, Vorentscheidung bei Ansprüchen gegen Beamte, Rechtsweg, Rechtshülfe — IV. C.-S.
4. Bergrecht — V. C.-S.
5. Alle übrigen Civilsachen — III. C.-S.

Celle.
a) Strafsachen — III. St.-S.
b) Civilsachen:
1. Patentsachen, Flößereiabgaben-Ablösungssachen, Bergungssachen, Banksachen — I. C.-S.
2. Urheberrecht, Schutz von Photographien, Marken u. s. w. — I. C.-S.
3. Zuständigkeitssachen, Vorentscheidung bei Civil-Ansprüchen gegen Beamte, Rechtsweg, Rechtshülfe — IV. C.-S.
4. Bergrecht — V. C.-S.

5. Alle übrigen Civilsachen — III. C.-S.

Cöln.
a) Strafsachen — I. St.-S.
b) Civilsachen:
  1. Patentsachen, Flößereiabgaben-Ablösungs-sachen, Bergungssachen, Banksachen — I. C.-S.
  2. Zuständigkeitssachen, Vorentscheidung bei Civil-Ansprüchen gegen Beamte, Rechtsweg, Rechtshülfe — IV. C.-S.
  3. Alle sonstigen Civilsachen — II. C.-S.

Colmar.
a) Strafsachen — I. St.-S.
b) Civilsachen:
  1. Patentsachen, Flößereiabgaben-Ablösungs-sachen, Bergungssachen, Banksachen — I. C.-S.
  2. Zuständigkeitssachen, Vorentscheidung bei Civil-Ansprüchen gegen Beamte, Rechtsweg, Rechtshülfe — IV. C.-S.
  3. Alle sonstigen Civilsachen — II. C.-S.

Darmstadt.
I. Landgerichtsbezirk Mainz
a) Strafsachen — I. St.-S.
b) Civilsachen:
  1. Patentsachen, Flößereiabgaben-Ablösungssachen, Bergungssachen, Banksachen — I. C.-S.
  2. Zuständigkeitssachen, Vorentscheidung bei Civil-Ansprüchen, gegen Beamte, Rechtsweg, Rechtshülfe — IV. C.-S.
  3. Alle sonstigen Civilsachen — II. C.-S.

II. Landgerichtsbezirke Darmstadt und Gießen
a) Strafsachen — I. St.-S.
b) Civilsachen:
  1. Patentsachen, Flößereiabgaben-Ablösungssachen, Bergungssachen, Banksachen — I. C.-S.
  2. Urheberrecht, Schutz von Photographien, Marken u. s. w. — I. C.-S.
  3. Zuständigkeitssachen, Vorentscheidung bei Civil-Ansprüchen gegen Beamte, Rechtsweg, Rechtshülfe — IV. C.-S.
  4. Alle übrigen Civilsachen — III. C.-S.

Dresden.
a) Strafsachen — III. St.-S.
b) Civilsachen:
  1. Patentsachen, Flößereiabgaben-Ablösungssachen, Bergungssachen, Banksachen — I. C.-S.
  2. Zuständigkeitssachen, Vorentscheidung bei Civil-Ansprüchen gegen Beamte, Rechtsweg, Rechtshülfe — IV. C.-S.
  3. Alle sonstigen Civilsachen — II. C.-S.

Frankfurt a. M.
a) Strafsachen — I. St.-S.
b) Civilsachen
I. Landgerichtsbezirk Frankfurt a. M., soweit derselbe mit dem Bezirke des vormaligen Appellations-Gerichts Frankfurt a. M. zusammenfällt:
  1. Zuständigkeitssachen, Vorentscheidung bei Civil-Ansprüchen gegen Beamte, Rechtsweg, Rechtshülfe — IV. C.-S.
  2. Alle übrigen Civilsachen — I. C.-S.

II. Landgerichtsbezirke Hechingen, Limburg, Neuwied und die übrigen Theile des Landgerichtsbezirks Frankfurt a. M.
  1. Patentsachen, Flößereiabgaben-Ablösungssachen, Bergungssachen, Banksachen — I. C.-S.
  2. Urheberrecht, Schutz von Photographien, Marken u. s. w. — I. C.-S.
  3. Bergwerksachen — V. C.-S.
  4. Sonstige Civilsachen — III. C.-S.

Hamburg.
a) Strafsachen — III. St.-S.
b) Civilsachen:
  1. Zuständigkeitssachen, Vorentscheidung bei Civil-Ansprüchen gegen Beamte, Rechtsweg, Rechtshülfe — IV. C.-S.
  2. Alle übrigen Civilsachen — I. C.-S.

Hamm.
a) Strafsachen — III. St.-S.
b) Civilsachen:
  1. Patentsachen, Flößereiabgaben-Ablösungssachen, Bergungssachen, Banksachen — I. C.-S.
  2. Urheberrecht, Schutz von Photographien, Marken u. s. w. — I. C.-S.
  3. Zuständigkeitssachen, Vorentscheidung bei Civil-Ansprüchen gegen Beamte, Rechtsweg, Rechtshülfe — IV. C.-S.
  4. Handelssachen — V. C.-S.
  5. Wechsel- und Haftpflichtsachen — V. C.-S.
  6. Bergrecht — V. C.-S.
  7. Obligationenrecht — I. H.-S.
  8. Agrarsachen, Ablösungen, Nachbarrecht, Grunddienstbarkeiten, Jagd- und Fischereirecht — II. C.-S.
  9. Das übrige Sachenrecht — III. H.-S.
  10. Die sonstigen Civilsachen — IV. C.-S.

Jena.
a) Strafsachen
b) Civilsachen:
  1. Patentsachen, Flößereiabgaben-Ablösungssachen, Bergungssachen, Banksachen — I. C.-S.
  2. Urheberrecht, Schutz von Photographien, Marken u. s. w. — I. C.-S.
  3. Handelssachen — I. C.-S.
  4. Wechsel- und Haftpflichtsachen
  5. Zuständigkeitssachen, Vorentscheidung bei Civil-Ansprüchen von Beamten, Rechtsweg, Rechtshülfe — IV. C.-S.
  6. Alle übrigen Civilsachen — III. C.-S.

Karlsruhe.
a) Straffachen ... I. St.-S.
b) Civilfachen:
1. Patentfachen, Flößereiabgaben-Ablöfungs-fachen, Bergungsfachen, Bankfachen ... I. C.-S.
2. Zuständigkeitsfachen, Vorentfcheidung bei Civil-Ansprüchen gegen Beamte, Rechts-weg, Rechtshülfe ... IV. C.-S.
3. Alle fonstigen Civilfachen ... II. C.-S.

Kiel.
a) Straffachen ... III. St.-S.
b) Civilfachen:
1. Urheberrecht, Schutz von Photogra-phien, Marken u. f. w.
2. Patentfachen, Flößereiabgaben-Ab-löfungsfachen, Bergungsfachen, Bank-fachen ... I. C.-S.
3. Zuständigkeitsfachen, Vorentfcheidung bei Civil-Ansprüchen gegen Beamte, Rechtshülfe ... IV. C.-S.
4. Bergwerksfachen ... V. C.-S.
5. Sonstige Civilfachen ... III. C.-S.

Königsberg.
a) Straffachen ... II. St.-S.
b) Civilfachen:
1. Handelsfachen
2. Urheberrecht, Schutz von Photogra-phien, Marken u. f. w.
3. Patentfachen, Flößereiabgaben-Ab-löfungsfachen, Bergungsfachen, Bank-fachen ... I. C.-S.
4. Wechfel- und Haftpflichtfachen ... V. C.-S.
5. Bergwerksfachen
6. Obligationenrecht ... I. H.-S.
7. Agrarfachen, Ablöfefachen, Nachbarrecht, Grunddienftbarkeiten, Jagd- und Fifcherei-recht ... II. H.-S.
8. Sachenrecht ... III. H.-S.
9. Sonstige Civilfachen ... IV. C.-S.

Marienwerder.
a) Straffachen ... II. St.-S.
b) Civilfachen:
1. Handelsfachen
2. Urheberrecht, Schutz von Photographien, Marken u. f. w.
3. Patentfachen, Flößereiabgaben-Ab-löfungsfachen, Bergungsfachen, Bank-fachen ... I. C.-S.
4. Wechfel- und Haftpflichtfachen ... V. C.-S.
5. Bergwerksfachen
6. Obligationenrecht ... I. H.-S.
7. Agrarfachen, Ablöfefachen, Nachbarrecht, Grunddienftbarkeiten, Jagd- und Fifcherei-recht ... II. H.-S.
8. Sachenrecht ... III. H.-S.
9. Sonstige Civilfachen ... IV. C.-S.

München.
a) Straffachen ... I. St.-S.
b) Civilfachen:
1. Patentfachen, Flößereiabgaben-Ablöfungs-fachen, Bergungsfachen, Baufachen ... I. C.-S.
2. Zuständigkeitsfachen, Vorentfcheidung bei Civil-Ansprüchen gegen Beamte, Rechtsweg, Rechtshülfe ... IV. C.-S.
3. Alle übrigen Civilfachen ... II. C.-S.

Naumburg.
a) Straffachen ... III. St.-St.
b) Civilfachen:
I. Thüringifche und Anhaltifche Landestheile:
1. Patentfachen, Flößereiabgaben-Ab-löfungsfachen, Bergungsfachen, Bank-fachen
2. Urheberrecht, Schutz von Photogra-phien, Marken u. f. w.
3. Handelsfachen ... I. C.-S.
4. Wechfel- und Haftpflichtfachen
5. Zuständigkeitsfachen, Vorentfcheidung bei Civil-Ansprüchen gegen Beamte, Rechts-weg, Rechtshülfe ... IV. C.-S.
6. Sonstige Civilfachen ... III. C.-S.
II. Preußifche Theile:
1. Patentfachen, Flößereiabgaben-Ab-löfungsfachen, Bergungsfachen, Bau-fachen
2. Handelsfachen
3. Wechfel- und Haftpflichtfachen ... I. C.-S.
4. Obligationenrecht ... I. H.-S.
5. Agrarfachen, Ablöfefachen, Nachbarrecht, Grunddienftbarkeiten, Jagd- und Fifcherei-recht ... II. H.-S.
6. Bergrecht ... V. C.-S.
7. Sonstiges Sachenrecht ... III. H.-S.
8. Alle übrigen Civilfachen ... IV. C.-S.

Nürnberg.
a) Straffachen ... I. St.-S.
b) Civilfachen:
1. Patentfachen, Flößereiabgaben-Ablöfungs-fachen, Bergungsfachen, Bankfachen ... I. C.-S.
2. Zuständigkeitsfachen, Vorentfcheidung bei Civil-Ansprüchen gegen Beamte, Rechtsweg, Rechtshülfe ... IV. C.-S.
3. Alle übrigen Civilfachen ... II. C.-S.

Oldenburg.
a) Straffachen ... III. St.-S.
b) Civilfachen:
1. Patentfachen, Flößereiabgaben-Ablöfungs-fachen, Bergungsfachen, Bankfachen ... I. C.-S.
2. Urheberrecht, Schutz von Photographien, Marken u. f. w. ... I. C.-S.
3. Zuständigkeitsfachen, Vorentfcheidung bei Civil-Ansprüchen gegen Beamte, Rechtsweg, Rechtshülfe ... IV. C.-S.
4. Sonstige Civilfachen ... III. C.-S.

Posen.

a) Strafsachen — II. St.-S.

b) Civilsachen:

1. Patentsachen, Flößereiabgaben - Ablösungssachen, Bergungssachen, Banksachen
2. Urheberrecht, Schutz von Photographien, Marken u. s. w. — I. C.-S.
3. Wechsel- und Haftpflichtsachen,
4. Handelssachen — V. C.-S.
5. Bergwerkssachen,
6. Obligationenrecht — I. H.-S.
7. Agrarsachen, Ablösesachen, Nachbarrecht, Grunddienstbarkeiten, Jagd- und Fischerei-Recht — II. H.-S.
8. Sonstiges Sachenrecht — III. H.-S.
9. Die übrigen Civilsachen — IV. C.-S.

Rostock.

a) Strafsachen — III. St.-S.

b) Civilsachen

1. Zuständigkeitssachen, Vorentscheidung bei Civil-Ansprüchen gegen Beamte, Rechtsweg, Rechtshülfe — IV. C.-S.
2. Sonstige Civilsachen — I. C.-S.

Stettin.

a) Strafsachen — II. St.-S.

b) Civilsachen

1. Patentsachen, Flößereiabgaben - Ablösungssachen, Bergungssachen, Banksachen
2. Handelssachen — I. C.-S.
3. Wechsel- und Haftpflichtsachen
4. Bergwerkssachen — V. C.-S.
5. Obligationenrecht — I. H.-S.
6. Agrarsachen, Ablösesachen, Nachbarrecht, Grunddienstbarkeiten, Jagd- und Fischerei-Recht — II. H.-S.
7. Das sonstige Sachenrecht — III. H.-S.
8. Die übrigen Civilsachen — IV. C.-S.

Stuttgart.

a) Strafsachen — I. St.-S.

b) Civilsachen:

1. Patentsachen, Flößereiabgaben-Ablösungssachen, Bergungssachen, Banksachen — I. C.-S.
2. Zuständigkeitssachen, Vorentscheidung bei Civil-Ansprüchen gegen Beamte, Rechtsweg, Rechtshülfe — IV. C.-S.
3. Alle sonstigen Civilsachen — II. C.-S.

Zweibrücken.

a) Strafsachen — I. St.-S.

b) Civilsachen:

1. Patentsachen, Flößereiabgaben-Ablösungssachen, Bergungssachen, Banksachen — I. C.-S.
2. Zuständigkeitssachen, Vorentscheidung bei Civil-Ansprüchen gegen Beamten, Rechtsweg, Rechtshülfe — IV. C.-S.
3. Alle übrigen Civilsachen — II. C.-S.

Konsularbezirke.

a) Strafsachen — II. St.-S.

1. Patentsachen, Flößereiabgaben - Ablösungssachen, Bergungssachen, Banksachen
2. Urheberrecht, Schutz von Photographien, Marken u. s. w. — I. C.-S.
3. Handelssachen
4. Sachenrecht — V. C.-S.
5. Sonstige Civilsachen — IV. C.-S.

M. u. F.

Provision, Protestkosten und Portis, welche neben der Wechselsumme eingeklagt sind, bleiben bei Berechnung der Revisionssumme außer Betracht.

§§. 4, 11, 508 R.-C.-P.-O.

Erkenntniß des R.G. III. C.-S. vom 23. Dezember 1879 in Sachen Habermann wider Pelz.

Kläger hat in dem Verfahren der R.-C.-P.-O. dahin Klage erhoben, daß der Beklagte schuldig sei, an die Kläger zu bezahlen: die Wechselsumme von 1.500 Mark nebst 6% Zinsen seit dem 1. Juni 1879, 5 Mark Provision, 10 Mark 55 Pfennige Protestkosten, und 55 Pfennige Porto. Der erste Richter hat nach dem Klageantrag erkannt.

Auf Berufung des Beklagten wurde dieses Urtheil durch Urtheil des Königlichen Oberlandesgerichts zu P. dahin abgeändert, daß die Kläger mit ihrer Wechselklage als in der gewählten Prozeßart unzulässig abzuweisen und ihnen die Kosten des Rechtsmittelsaufzuerlegen seien.

Hiergegen haben die Kläger rechtzeitig Revision eingelegt.

Im Termine zur mündlichen Verhandlung hat der Vertreter der Revisionskläger den im vorbereitenden Schriftsatz gestellten Antrag wiederholt und gebeten, den vom Revisionsbeklagten in erster Linie gestellten Antrag, Mangels der Revisionssumme, die Revision als unzulässig zurückzuweisen, zu verwerfen.

Das Reichsgericht hat die Revision als unzulässig verworfen.

Gründe:

In Folge des für Berechnung des Werthes des Beschwerdegegenstandes in Anwendung kommenden §. 11 der Prozeßordnung bleiben Früchte, Nutzungen, Zinsen, Schäden und Kosten unberücksichtigt, wenn sie als Nebenforderungen geltend gemacht werden.

Unzweifelhaft sind im vorliegenden Falle die Provision, die Protestkosten und Portis gerade so, wie die Zinsen nicht als selbstständige Ansprüche, sondern nur neben der Wechselsumme eingeklagt, so daß die letztere Voraussetzung des §. 4 gegeben ist.

Die Provision muß aber zu den Schäden gerechnet werden, denn diese begreifen jeden Vermögensnachtheil in sich, welchen der Kläger, sei es als positiven Schaden, sei es als entgangenen Gewinn, dadurch erlitten zu haben behauptet, daß seinem Hauptanspruche nicht Genüge geleistet worden ist; hierzu gehört also auch der Schaden durch Zeitversäumniß und die Mühewaltung

welche durch den erfolglofen Verfuch der Beitribringung der Wech-
felfumme verurfacht worden find. Die Provifion ftellt aber den
vom Gefetze fixirten Betrag feft, welcher für diefe Zeitverfäumniß
und eigene Mühe gefordert werden darf.

Die Auslagen für Protefterhebung und Porto fallen unter
den Begriff der Koften, und haben mit den Prozeßkoften das
gemein, daß fie wie diefe durch die Zahlungsverweigerung des
Schuldners entftanden find und er fie demnach zu erftatten hat,
weil und fofern er mit Unrecht die Erfüllung der Hauptverbindlichkeit verweigert hat.

Dafür, die Beftimmung auf die Koften eines früheren Prozeffes zu befchränken, fehlt es an jedem inneren Grunde; dagegen fprechen die allgemeine Faffung des Gefetzes, und deffen
Abficht, für die Werthsermittelung einfache und klare Regeln
feftzufetzen, welche die Ausfchließung der Koften beider Arten
gleichmäßig rechtfertigt.

Daraus, daß der fogenannte hannoverfche Entwurf einer
Prozeßordnung nur die Prozeßkoften aufführte, kann nicht das
Gegentheil, fondern es müßte eher aus der fpäteren Erweiterung des Ausdrucks gefolgert werden, daß eine etwa beabfich-
tigte Befchränkung auf Prozeßkoften fallen gelaffen werden fei.

Der Werth des Befchwerdegegenftandes überfteigt demnach
den Betrag von 1.500 Mark nicht und erfcheint daher zu Folge
des §. 508 der Prozeß-Ordnung die Revifion unzuläffig.

Zur Auslegung von §. 87 Abfatz 2. C.-P.-O.

Bei dem Amtsgerichte N. ift ein einziger Anwalt an-
geffen.

Der Eigenthümer einer Wiefe einer in diefem Amtsgerichts-
bezirk belegenen Ortfchaft wandte fich, von feinem Grenz-
nachbar wegen eines angefprochenen Ueberfahrtsrechtes bein-
trächtigt, an einen Anwalt des benachbarten und überhaupt
nächftgelegenen Landgerichts Ellwangen und beauftragte ihn
mit Einreichung der entfprechenden Klage gegen den Servitut-
prätendenten. Dem Beklagten wurde in Folge auch das an-
gefprochene Recht aberkannt.

In der feitens des klägerifchen Anwaltes behufs Feftftellung
der bei dem Amtsgerichte eingereichten Koftenrechnung wurden
nun von dem Richter die Koften für zwei Reifen von N. nach
A. à zwei Tagegelder unter einfacher Allegirung des §. 87 Abfatz 2 C.P.O. als vom Beklagten nicht zu erfetzen abgeftrichen.

Gegen diefen Befchluß wurde fofortige Befchwerde
nach §§. 99, 540 C.P.O. erhoben und im Wefentlichen ausgeführt, daß die feitens des Amtrichters beliebte Auslegung
des §. 87 Abfatz 2 C.P.O., wonach der klagend auftretende
Prozeßgegner ftets an den — wenn auch einzig und allein
— am Orte des Amtsgerichts anfäffigen Anwalt gewiefen fein
folle, entfchieden zu eng fei und fich hierfür in analoger Herbeiziehung auf §§. 10 und 12 der Rechtsanwaltsordnung berufen.
Außerdem würde dadurch ein privilegium odiosum des rechtfuchenden Publikums zu Gunften eines einzigen, irgendwo anfäffigen
Anwaltes begründet, der vielleicht allgemein wenig Vertrauen
genieße, und fo der Kläger in die Zwangslage gedrängt, feine
Sache entweder dem fein Vertrauen nicht genießenden Anwalt

zu übergeben — und ein Prozeßmandat ift doch im eminenteften
Sinne Vertrauensfache — aber aber einen nächftgelegenen Anwalt zu betrauen und fich mit den Reife- und Tagegelderkoften
zu belaften, die vielleicht bei dem regelmäßigen Gauge der Abwicklung eines Prozeffes in 3 Terminen den Werth des Streit-
objektes fogar überfteigen, fo daß der vom Beklagten zum
Prozeffe trangfalirte und chikanirte Kläger mit Recht ausrufen
könne: „o weh' ich habe gewonnen!" Es habe daher im gegebenen Falle der Kläger durch die Aufftellung des nächftgelegenen Anwaltes ficherlich nicht mehr gethan als „zur zweckentfprechenden Rechtsverfolgung nothwendig war."

Hierauf erging fodann feitens Kgl. Landgerichts E. der
Befchluß: Die erhobene Befchwerde zu verwerfen in der Erwägung, daß nach §. 87 der C.P.O. die unterliegende Partei
der obfiegenden die Reifekoften eines auswärtigen Anwaltes nur
infoweit zu erftatten hat, als die Zuziehung nach dem Ermeffen
des Gerichts zur zweckentfprechenden Rechtsverfolgung aber Rechtsvertheidigung nothwendig war, daß aber bei dem Prozeßgericht
ein bei diefem zugelaffener Rechtsanwalt fich befindet, welcher
an der Uebernahme der Vertretung der klägerifchen Partei (nach
§. 31 R.A.-O.) nicht gehindert war, daß es daher zur Verfolgung der Rechte des Klägers nicht nothwendig war, einen
auswärtigen Anwalt beizuziehen, da das größere oder geringere
Vertrauen, welches eine Partei einem Anwalt fchenkt, ganz
fubjectiver Natur ift und fich jeder richterlichen Prüfung aus dem
Gefichtspunkt der Nothwendigkeit entzieht, auch das Gefetz bei
der Vorfchrift des §. 87 Abfatz 2 nicht von der Annahme ausgeht, daß in dem Verfahren vor den Amtsgerichten eine größere
Zahl von Rechtsanwälten am Size des Gerichts zur Auswahl
einer den Parteien genehmen Perfönlichkeit der Regel nach vorhanden fein werde."

Hierzu erlaube ich mir noch anzufügen, daß die Motive
des Gefetzes mit der kurzen Bemerkung über die vorwürfige Beftimmung hinweggehen: „nach §. 85 des Entwurfs (jetzt §. 87
des Gefetzes) tritt auch in Betreff der Anwaltskoften das Ermeffen des Gerichts ein für die Reifekoften eines auswärtigen
Anwaltes". Von den Commentatoren fchweigen fämmtliche, foweit fie mir zu Gebot ftanden, über die engere oder weitere
Auffaffung diefer Beftimmung (fo: Corwey, Peterfen, Wilmovsky)
während dagegen Gaupp, Mitglied des Landgerichts E., die nun
auch von dem Landgerichte adoptirte, obige engere Anficht vertritt. Vgl. Gaupp. C.P.O. Bd. I. S. 287. V.

Möge vorftehende Mittheilung die Herrn Collegen zur
Aeußerung etwa entgegengefetzter Uebung und Auffaffung nebft
deren Begründung veranlaffen.

E. in E.

Ift die Anficht des Gerichtshofes zu E. richtig, dann hätte
der Amtsgerichts-Anwalt, der allein an einem Amtsgerichte fitzt, ein
Bannrecht, und es könnte nicht mehr davon die Rede fein, das Ie-
mand in einem folchen Falle berechtigt fei, einen Anwalt feines Vertrauens zu wählen. Er müßte ja folche „Berechtigung" mit den
Reifekoften bezahlen. Der ftrikte Nachweis der Nothwendigkeit der
Zuziehung eines fremden Anwaltes ift ja nur in den feltenften Fällen
zu führen und gerade deshalb überläßt das Gefetz die Würdigung
darüber dem Ermeffen des Richters. Es ift doch einer Partei
nicht zuzumuthen, anzugeben: der einzige Anwalt der in N wohnt
ift „mir zu wenig erfahren", oder „geht zu viel mit der Gegenpartei

um, verkehrt jeden Abend beim Bier mit ihr" x. Etwas Anderes ist es, wenn mehrere Anwälte an einem solchen Orte domiziliren, dann hat der Prozeßführende doch wenigstens einige Auswahl, und es bestätigt sich auch hier wieder die in der Juristischen Wochenschrift mehrfach ausgesprochene Behauptung, daß ein Anwalt an einem Amtsgerichte für die Rechtspflege dort mancherlei Inconvenienzen veranlasse. Die §§. 9—12 der Anwalts-Ordnung haben zwar ganz andere Sachlagen im Auge, lassen aber doch die Absicht des Gesetzgebers erkennen, die Streittheile nicht in eine Nothlage zu versetzen. — Man denke sich nun, wie eine solche Zwangslage sich praktisch gestalten könnte. Einem Anwalt an einem Landgerichte wird ein solches Mandat übertragen, er muß natürlich die Partei darauf aufmerksam machen, daß die Reisekosten möglicherweise nicht ersetzt würden. „Aber" — sagt vielleicht die Partei — „ich informire ja Sie leichter, da Sie hier wohnen, und die Gegenpartei nimmt doch wahrscheinlich auch den Advokaten, der an demselben Orte, wo sie selbst sich befindet, wohnt." Demnach muß der so gewählte Rechtsanwalt darauf wiederholt hinweisen, daß so lange der Auftraggeber dies nicht gewiß wisse, die Reisegebühr riskirt sei. Daraufhin wendet sich nun die Partei wirklich an den Anwalt des Amtsgerichtes, und dieser nimmt auch das Mandat an. Was ist die Folge hiervon? daß die verklagte Partei nun statt des Klägers einen fremden Anwalt „nothwendig hat", und die Reisekosten dieses Anwaltes müssen ja im Falle Obsiegens zurückvergütet werden.   S. H.

Zur richterlichen Kostenfestsetzung.

In Nr. 2 des gegenwärtigen Jahrganges dieser Wochenschrift wird die Ansicht entwickelt, daß bei Geltendmachung der Kostenerstattungspflicht nach der deutschen Civil-Prozeß-Ordnung das Kostenfestsetzungs-Verfahren in Gemäßheit §§. 98 ff. das. inopportun, für den Anwalt sogar „absolut unannehmbar" sei und auf das Mahnverfahren als den einfachsten Weg dafür verwiesen.

Diese Ansicht dürfte jedoch mancherlei Bedenken unterliegen, und sei es gestattet, die hier kurz vorzuführen, damit die für den Anwaltsstand immerhin wichtige Frage weiter in Anregung gebracht werde.

Vor Allem muß bezweifelt werden, ob der Weg des Mahnverfahrens zur Beitreibung noch nicht festgesetzter Kosten dem Gegner gegenüber überhaupt zulässig sei.

Der Verfasser des angezogenen Artikels beruft sich darauf, daß §. 98 C.-P.-O. den Weg des Festsetzungs-Verfahrens nicht geradezu vorschreibe. Er ist dann weiter der Ansicht, daß der Anwalt den zur Beitreibung der Kosten erforderlichen exekutorischen Titel sich auch im Wege des Mahnverfahrens „verschaffen" könne. Augenscheinlich — und dies wird durch die weitere Ausführung bestätigt — unterliegt dabei die Ansicht, als sei der in §. 98 C.-P.-O. bezweckte „exekutorische Titel" etwas durch diesen oder dadurch vorgeschriebene Verfahren erst Herbeizuführendes. Dies erscheint aber als durchaus irrig. Der exekutorische Titel, auf Grund dessen §. 98 cit. der Anspruch auf Erstattung der Prozeßkosten nur geltend gemacht werden kann, soll vielmehr die Voraussetzung des Verfahrens auf Kostenfestsetzung bilden; es ist mit anderen Worten das Urtheil, das Anerkenntniß, der Vergleich u. s. w. in der Hauptsache gemeint. Nur unter Zugrundelegung solcher Titel kann der Anspruch „geltend gemacht werden" (§. 98 cit.) Für diese Geltendmachung ist aber nicht nur in §. 87 C.P.O. in Betreff der Höhe der Erstattungspflicht bestimmt, die dem Gegner der unterliegenden Partei verwachsenen Kosten frei von dieser zu erstatten,

soweit dieselben nach freiem Ermessen des Gerichts zur zweckentsprechenden Rechtsverfolgung oder Rechtsvertheidigung nothwendig waren.

Hiernach folgt zunächst, daß die Erstattungspflicht auch in quanto lediglich von dem Gerichte, unter welchem der Natur der Sache nach nur das in der Hauptsache angegangene Gericht,

das Prozeßgericht, zu verstehen ist — nach dem durchgehenden Sprachgebrauche der C.-P.-O., vgl. z. B. §§. 132 ff. das. —, zu bestimmen ist. Ein anderes Gericht kann also diesen Anspruch nicht bestimmen, und das entspricht durchaus der Natur dieses Anspruches als eines rein prozessualischen. Daß die Erstattungspflicht diesen Charakter einer rein prozessualen Verpflichtung in der C.-P.-O. hat, ist wohl von keiner Seite bisher bestritten worden.

Im Weiteren ist aber dann aus §. 87 cit. zu folgern, daß der Anspruch überhaupt kein von vornherein bestimmter, so zu sagen zahlenmäßig feststehender ist, vielmehr nur ein Anspruch auf diejenige Summe, welche das Prozeßgericht als zur zweckentsprechenden Rechtsverfolgung oder Rechtsvertheidigung nothwendig gewesene befindet. In dieser Form ermangelt aber der Anspruch der für das Mahnverfahren nach §. 628 C.P.O. erforderlichen Bestimmtheit und es muß eine Begründung desselben nach Absicht des Verfassers des hier angegriffenen Artikels: „bereits mitgetheilte Kostenrechnung, zu deren Erstattung der Schuldner verurtheilt ist (?)" zur Zurückweisung des Gesuches um Zahlungsbefehl nach Maßgabe §. 631 C.-P.-O. führen, weil sich aus dem Inhalte des Gesuches ergiebt, daß „der Anspruch überhaupt oder zur Zeit nicht begründet ist." Als fernere Erwägung drängt sich dabei auf, ob die geltend gemachte prozessualische Verpflichtung überhaupt einen „Anspruch" im Sinne der C.-P.-O. und speziell des §. 628 cit. bildet. Nach der Terminologie des Gesetzes wird man sich dagegen erklären müssen (vgl. Struckmann und Koch, Kommentar zur C.-P.-O. Anm. 2 zu §. 136 C.-P.-O., II. Aufl.). Etwas Anderes ist selbstverständlich der Anspruch des Anwaltes auf die eigene Partei ex mandato.

Wollte man aber auch diese Zweifel über die Zulässigkeit des Mahnverfahrens nicht theilen, so müssen doch auch gegen die Opportunitätsgründe des früheren Verfassers Bedenken obwalten. Der Verfasser nimmt hier vor Allem Anstoß an der „vorgeschriebenen Vorlegung der Handakten". Allein eine Vorschrift in dieser Form giebt es nicht. Es sollen nach §. 98 Abs. 2 C.P.O. Belege zur Rechtfertigung der einzelnen Ansätze dem Kostenfestsetzungs-Gesuche beigefügt werden; das gilt für die Partei, welche selbst ihren Prozeß beim Amtsgerichte geführt hat. Die Belege des Anwalts finden sich allerdings in seinen Handakten gesammelt. Aber sind dieselben nicht für die hauptsächlichen Liquidate (Prozeßgebühr, Verhandlungsgebühr, Beweisgebühr x.) schon in den Gerichtsakten vorhanden und wird daher insoweit nicht die Bezugnahme auf diese Akten genügen, um die in §. 99 C.P.O. für genügend erklärte „Glaubhaftmachung" nach §. 266 das. herzustellen? Kann insoweit die Nichtbefolgung der rein instruktionellen Vorschrift des §. 98 Abs. 2 cit. materielle Nachtheile im Gefolge haben? Und welcher Richter wird einem Anwalte die liquidirten Schreibgebühren und Porti für Correspondenz — deren Befügung dem Herrn Verfasser besonders unangenehm ist — nicht ohne Weiteres zubilligen, wenn dieselben nicht geradezu in exorbitanter Weise liquidirt sind? Wenn nicht, kann auf das Liquidat für ein zur Vorlegung nicht geeignetes Schreiben verzichtet werden, zumal bei dem regelmäßig geringfügigen Betrage desselben.

Bei dem großen Landgerichte, an welchem der Verfasser dieses Artikels als Anwalt fungirt, ist es bereits Praxis, daß Kostenfestsetzungs-Gesuche von Anwälten des Landgerichts auch ohne Befügung von Belegen lediglich nach Maßgabe der Gerichtsakten geprüft und weitere Belege erst dann erfordert werden, wenn gegnerischer Seits der Kostenfestsetzungs-Beschluß angegriffen wird. Im Interesse der Anwälte wie der Gerichte ist nur zu wünschen, daß diese Praxis weiteren Boden finde.

          Go.

Fernere Berichtigung des Terminkalenders ꝛc.

In Schmölln (Herzogthum Altenburg) fungirt noch Rechtsanwalt und Notar Staps.

Seite 205, 2. Zeile: Landgericht zu Mainz:
Die beiden *)*) haben wegzufallen.

Statt dessen ist zu bemerken, daß die sämmtlichen Mainzer Rechtsanwälte (und nicht bloß
die 2 jüngst ernannten!) gleichzeitig das Recht haben,
in rheinhessischen Sachen auch am Oberlandesgericht
zu Darmstadt aufzutreten — gemäß §. 114 der
Anwaltsordnung. —

Personal-Veränderungen.

Ordensverleihungen.

Den rothen Adlerorden vierter Klasse erhielten: Die Rechtsanwälte und Justizräthe Deycks in Elberfeld; — Haarmann
in Zelle; — Herberz in Cöln; — Laué in Berlin; —
Preiß in Schneidemühl; — Teichert in Berlin; — Walter
in Brathen O/S. — Dem Rechtsanwalt beim Reichsgericht,
Justizrath Dr. Bohlmann in Leipzig ist die Erlaubniß zur
Anlegung der ihm verliehenen Insignien, des Ritterkreuzes erster
Klasse des Königl. württembergischen Friedrichs-Ordens ertheilt
worden.

Zulassungen.

a. Amtsgerichte.

Dr. Berthold bei dem Amtsgericht in Elberfeld; —
Movius bei dem Amtsgericht in Rienburg; — Paal Schne-
mann und Dr. Friedrich Julius Steeger bei dem Amtsge-
richt in Dresden; — Theodor Heinrich Bruno Sieger bei
dem Amtsgericht in Neustadt-Aisch; — Friedrich August Adolf
Schmith bei dem Amtsgericht in Blankenburg; — Albin Curt
Schiffmann und Joh. Heinrich Philipp Grenner bei dem
Amtsgericht in Lobenstein; — Gustav Augspurg bei dem
Amtsgericht in Soltau; — Dahmen bei dem Amtsgericht in
Elberfeld; — Stadtsyndikus und Notar Hermann Lange bei
dem Amtsgericht in Quakenbrück; — Fricke bei dem Amtsgericht
in Lüneburg; — Justizrath Dr. Fleischer bei dem Amtsge-
richt in Prine; — Geh. Justizrath Wolde, Justizrath Dr. Schulz,
Senator Beste und Moritz Südell bei dem Amtsgericht in
Celle; — Dr. Clodius ist dem Amtsgericht in Syke; —
Schöning in Haarburg bei dem Amtsgericht in Stade;
Dr. Haarstrich bei dem Amtsgericht in Springe; — Kunhe
bei dem Amtsgericht in Bünren a. d. Luhe; — Meyer in Haus
Rabingen bei Melle bei dem Amtsgericht in Melle; — Schorn
bei dem Amtsgericht und der Kammer für Handelssachen in
Barmen; — Trinks bei dem Amtsgericht in Hildburghausen; —
Dr. jur. Rambke bei dem Amtsgericht in Elze; — Carl Levin
bei dem Amtsgericht in Osterode a. H.; — Dr. Wilhelm Hermann
Oskar Herz bei dem Amtsgericht in Hamburg.

b. Landgerichte.

Roerig in Nieder-Wildungen und Friedrich Koch in
Nieder-Wildungen bei dem Landgericht in Cassel; — Poppe
bei dem Landgericht in Breslau; — Advokat und Notar Bür-
germeister Dr. Piper zu Penzlin bei dem Landgericht in
Güstrow; — Th. Roscher bei dem Landgericht in Hannover; —
Dr. jur. Jakob Rieger bei dem Landgericht in Frankfurt a. M.;
— Franz Wesener bei dem Landgericht I in Berlin; —
Dr. Max Pensquens und Dr. Eugen Bod bei dem Land-
gericht in Cöln; — Heinrich Emil Plantiko und Dr. Frie-
drich Carl Edmund Friedmann bei dem Landgericht I zu
Berlin; — Dr. Wilhelm Hermann Oskar Herz bei dem Land-

gericht in Hamburg; — Gerichts-Assessor Jakob Schottländer
bei dem Landgericht in Posen; — Marcard in Osterode a. H.
Dr. von Sothen in Reinhausen, Dr. Eckels in Einbeck und
Wunderlich in Göttingen bei dem Landgericht in Göttingen; —
Gerichts-Assessor Werth bei dem Landgericht in Thorn; —
Knottnerus bei dem Landgericht in Aurich; — Schumacher
in Corbach bei dem Landgericht in Cassel; — Wilhelm Theodor
Schönherr in Schwerin i. M. und Bürgermeister Dr. jur.
Hermann Burmeister zu Boizenburg a. E. bei dem Landge-
richt in Schwerin i. M.; — Dunker in Gollnow bei dem
Landgericht in Stargard i. P.; — Dr. jur. Franz Fischer bei
dem Landgericht in Elbing; — Justizrath Pickerin bei dem
Landgericht in Elbing; — Carl Schmidt
in Malchin bei dem Landgericht in Güstrow; — Rechtsanwalt
und Notar Feuerstack in Gr. Strehlitz hat seinen Wohnsitz nach
Oppeln verlegt; — Dahmen bei dem Landgericht und der
Kammer für Handelssachen in Barmen; — Alfred Gall bei
dem Landgericht in Danzig. —

c. Ober-Landesgericht.

Justizrath Neumann bei dem Kammergericht in Berlin; —
Rechtsanwalt Spanzer-Herford in Detmold bei dem Ober-
Landesgericht in Celle; — Justizrath Dr. Wilhelm Michael
Schaffrath bei dem Ober-Landesgericht in Dresden; —
Dr. Sommer in Erfurt bei dem Ober-Landesgericht in Naum-
burg; — Hofrath Paul Hoen in Neustrelitz bei dem Ober-
Landesgericht in Rostock.

Justizrath Dr. Wilhelm Michael Schaffrath hat seine
Zulassung bei dem Landgericht in Dresden aufgegeben. — Rechtsanwalt und Notar Plantiko ist in der Liste der bei dem Landgericht zu Frankfurt a./O. zugelassenen Rechtsanwalte gelöscht
worden. — Der zum Stadtsyndikus ernannte Rechtsanwalt
Eugen Victor Huth in Altenburg wird fortan nur als Prozeßbevollmächtigter der dortigen Stadtgemeinde die Rechtsanwaltschaft ausüben. — Die Rechtsanwälte Laumann und Reusch
sind in der Liste der beim Amtsgericht in Lüdinghausen fungiren-
den Rechtsanwälte gestrichen. — Rechtsanwalt, Justizrath Riemann ist in der Liste der bei dem Landgericht in Brieg zugelassenen Rechtsanwälte gelöscht.

Ausscheiden aus der Rechtsanwaltschaft.

Der Rechtsanwalt Dr. Alphons Pleßing in Lübeck ist
zum Mitglied des Senats daselbst gewählt; — Rechtsanwalt
Dr. Hahn in Lübeck ist zum Amtsrichter in Schönberg ernannt; — Stadtsyndikus Richard Gustav Meißner in Altenburg ist zum Oberbürgermeister und Polizeidirektor daselbst ernannt; — Rechtsanwalt Fürst in Zabern ist zum Landrichter
ernannt; — Rechtsanwalt Adolf Ernst Wilhelm Ludwig Biese
in Rostock ist zum Gerichts-Assessor daselbst ernannt.

Todesfälle.

Der Rechtsanwalt: Justizrath Johann Friedrich Ludwig
Meyn in Berlin; — Köhler in Celle; — Gustav Hempel
in Ballenstedt; — Rechtsanwalt Carl Bauer in Arolsen.

Ein Rechtsanwalts-Bureau-Vorsteher
mit guten Empf. sucht anderw. Engagement. Gefl. Offerten
werth. erb. sub Chiffre J. K. Bunzlau postlagernd.

Ein junger Mann mit schöner Handschrift sucht Stellung als

Kanzlist;

derselbe hat über 5½ Jahr bei einem hiesigen Rechtsanwalt
gearbeitet.

Gefällige Adressen bitte zu richten an Carl Wietzner,
Körnerstraße 16, Hof ꝛ. 1 Treppe.

Für die Redaktion verantw.: S. Haenle. Verlag: W. Moeser, Hofbuchhandlung. Druck: W. Moeser, Hofbuchdruckerei in Berlin.

Auszug

aus den

Mittheilungen über die Verhandlungen des Sächsischen Landtags.

II. Kammer.

| № 24. | Dresden, am 13. Januar. | 1880. |

**Vierundzwanzigste öffentliche Sitzung der Zweiten Kammer
am 7. Januar 1880.**

Präsident Haberkorn eröffnet die Sitzung Vormittags 10 Uhr in Gegenwart der Herren Staatsminister Dr. von Abeken und Freiherrn von Könneriy, der Herren königl. Kommissare Geh. Räthe Hedrich und Held, Geh. Justizräthe Anton, Hensel und Dr. Rüger, sowie in Anwesenheit von 76 Kammermitgliedern.

Präsident Haberkorn: Wir kommen nunmehr zu Kapitel 17: Justizministerium nebst Kanzlei und Sportelfiskalat. Ich empfehle, allgemeine Anträge und Desiderien zu diesem Etat hier vorzubringen, spezielle Bemerkungen und Anträge zu den einzelnen Titeln aber bis zur Berathung derselben zu verschieben, damit wir nicht in ein Durcheinander gerathen.

Abg. Freytag: Meine Herren! Die Einführung der neuen Justizgesetze bedeutet für Sachsen nach meiner Ueberzeugung, was den Strafprozeß betrifft, einen entschiedenen Rückschritt; was den Zivilprozeß betrifft, einen enormen Fortschritt. Wir haben endlich die langersehnte Mündlichkeit, Unmittelbarkeit und Oeffentlichkeit in unserem Prozesse erhalten. Diese Unmasse Formen, unter denen das materielle Recht litt, sind verschwunden und unmittelbar nach dem Eindrucke der Parteien und der Beweisaufnahme wird und muß jetzt der Richter entscheiden. Die Oeffentlichkeit kommt namentlich auch dem seither so viel angefeindeten Rechtsanwaltstande zu statten. Es war früher gebräuchlich, alles Schlechte, was die Prozeßgesetzgebung verschuldete, alles Schlechte, was für das Publikum aus der Prozeßgesetzgebung resultirte, den Rechtsanwälten in die Schuhe zu schieben. Dieses falsche Urtheil wird durch die Oeffentlichkeit des Verfahrens beseitigt. Bei dem öffentlichen Verfahren sehen die Parteien, daß die Rechtsanwälte ihre Pflicht ebenso thun, wie der Richter. Gerade bei der jetzigen Prozeßordnung liegt fast die ganze Prozeßführung in den Händen der Rechtsanwälte und man wird hoffentlich künftighin auch seitens der oberen und unteren Justizbehörden erwarten können, daß der Rechtsanwaltstand diejenige Würdigung erfahre, die er unter allen Umständen verdient. Die Einführung der Justizgesetzgebung in Sachsen ging im großen Ganzen glatt; sie ging glatt in sofern, als die Gerichtsbezirke in der Hauptsache dieselben geblieben sind, auch insofern als man nichts von einer Völkerwanderung von Richtern von Ort zu Ort erfahren hat. Wo sich bei der Anstellung von Richtern Mängel eingestellt haben, wird man, hoffe ich, wohl bald Hilfe bringen. Anders verhält es sich freilich mit zwei Instituten, auf welche ich später zu sprechen komme, mit den Instituten der Gerichtsschreiberei und der Gerichtsvollzieher. Unsere Richter haben sich in das neue Rechtsleben außerordentlich schnell eingearbeitet und man kann die Tüchtigkeit derselben nur anerkennen. Es sind bei der Anstellung einzelne Mißgriffe gemacht worden, ganz zweifellos gemacht worden, die wohl namentlich zurückzuführen sind auf den einmal gegebenen Personenbestand; ich bin aber überzeugt, daß unser jetziges Prozeßleben derart ist, daß Mißgriffe von selbst geheilt werden müssen; denn unfähige Richter, namentlich unfähige Direktoren und unfähige Amtsrichter, sind geradezu unmöglich; sie müssen bald geschäftlich bankerott machen. Von dem Publikum ist allerdings noch zu erwarten, daß es mehr, als es bisher gethan hat, sich an den Anwaltszwang in größeren Sachen gewöhnt und schneller, als es bis jetzt geschieht, an die Anwälte sich wendet, wo das Gesetz eben vorschreibt, daß der Prozeß lediglich und allein durch Anwälte geführt werden kann. Von der Anwaltschaft in Sachsen kann man mit demselben Rechte behaupten, wie ich es von den Richtern gethan habe, daß dieselbe sich mit großem Erfolge bemüht hat, sich in das neue Verfahren einzuleben. Man kann wohl auch im Allgemeinen bei den Anwälten selbst eine große Zufriedenheit mit dem neuen Gerichtsverfahren im Ganzen konstatiren. Viel wird auch noch unter den Juristen gejammert, namentlich über das Zustellungswesen und über das Vollstreckungswesen. Nicht ganz mit Unrecht. Ich bin aber fest überzeugt, daß, wenn wir uns erst etwas mehr in die neuen Institutionen eingelebt haben, wie auch mit dem Gerichtsvollzieherwesen und namentlich mit dem Zwangsvollstreckungsverfahren zufrieden sein und einverstanden sein werden. Freilich ist dabei unbedingte Voraussetzung, daß die Justizverwaltung anders, als sie dies bis jetzt in dieser Richtung gethan hat, vorgeht. Soweit wäre die Sache im großen Ganzen ganz gut und zufriedenstellend.

Nun kommt aber die Kehrseite, meine Herren. Unsere Justizgesetze haben einen Krebsschaden mitgebracht, der meiner Ansicht nach geeignet ist, die Vortheile der neuen Prozeßgebung wieder aufzuheben; das ist die unerschwingliche Höhe der Gerichtskosten. Ich übertreibe nicht, wenn ich Ihnen versichere, daß gegenwärtig eigentlich nur noch sehr wohlhabende oder ganz arme Leute prozessiren können. Der Anwalt weiß dies, der rechtschaffene Anwalt, welcher, wenn eine Partei zu ihm kommt und ihm einen Prozeß übertragen will, seine Pflicht erfüllt und der betreffenden Partei ungefähr vorrechnet, was bis zum Schluß des Prozesses voraussichtlich Alles von ihm gefordert wird, was er Alles an Gerichtsgebühren, Zustellungskosten, Gerichtsvollzieherkosten wird bezahlen müssen. Ich kann Ihnen versichern, es vergeht dem Rechtsanwalt die Lust und der Muth, zu streiten, wenn er sieht, daß von der Staatsmaschine nur gearbeitet wird, wenn erst aufgeschüttet worden ist und daß nur Derjenige sein Recht verfolgen kann, welcher den Beutel recht voll Geld hat. Ich will Ihnen das kurz durch einige Beispiele erläutern. Jemand, der — ich will einmal sagen — einen Gegenstand von 300 bis 400 Mark einzutreiben hat, welcher diesen Anspruch zunächst geltend macht bei dem Untergericht, dann gegen die untere Instanz Berufung einwendet, der wird gewöhnlich an Gerichtskosten lediglich für die Gerichte nicht viel unter 100 Mark zu bezahlen haben.

Dazu kommen aber noch eine Menge Nebenkosten. Wenn der Anwalt eine Klage eingereicht hat, so verlangt das Gericht zunächst Kostenvorstand. Dieser Kostenvorstand wird in allen Sachen bis herunter zu den kleinsten Bagatellsachen zu drei Mark verlangt. Dann kommt die Klage mit dem Terminsvermerk zurück und der Anwalt muß sie der Gegenpartei zustellen lassen. Der Zustellungsbeamte fertigt aber kein Papier zu, ehe nicht erst aufgeschütte und die Zustellungsgebühr bezahlt ist. Ist in der Sache ein Urtheil gesprochen, so können wir nicht weiter vorgehen ohne Urtheilsausfertigung. Wir brauchen eine Ausfertigung vom Gerichtsschreiber. Der Gerichtsschreiber giebt uns keine Zeile, wenn nicht wieder erst bezahlt wird. Ehe dann der Gerichtsvollzieher die Ausfertigung dem Gegner zustellt, muß dieser bezahlt werden. Wenn wir nun aber endlich so weit sind, daß das Erkenntniß rechtskräftig ist, so müssen wir die Auspfändung oder Schwörungstermin beantragen können, erst an das Obergericht geben und von der Gerichtsschreiberei desselben uns eine Bescheinigung darüber geben lassen, daß gegen das erstinstanzliche Erkenntniß kein Rechtsmittel eingewendet worden ist. Diese einfache Bescheinigung kostet uns wieder eine ganz enorme Summe; ungefähr, ich will einmal sagen, bei einem Streitgegenstand im Werthe von 1200 bis 1500 Mark, wird uns für das einfache Zeugniß des Gerichtsschreibers des Oberlandesgerichtes, zu dessen Ausstellung gar keine juristische Befähigung nothwendig ist, gegen 8 Mark abgenommen. Wenn wir uns nun dieses Zeugniß verschafft haben und wir wollen auspfänden lassen, so geht uns der Gerichtsvollzieher keinen Schritt, wenn wir nicht erst wieder den nöthigen Kostenvorstand entrichtet haben. So kann der Anwalt die Sache eines Dienstmädchens, welches den Lohn von etwa 21 bis 22 Mark einklagen will, kaum annehmen, wenn nicht für die künftigen Gerichtszustellungsausfertigungskosten mindestens 8 bis 10 Mark hinterlegt werden. Dann hat der Anwalt für seine Kosten noch keinen Heller. Nun, meine Herren, denken sie sich in die Stellung eines Anwalts, namentlich des sächsischen, der im großen Ganzen zeither gewohnt gewesen ist, ohne Kostenvorstand zu arbeiten und sich nicht so leicht gerade in diese neue unangenehme Kostenberechnung hineinarbeiten kann, wenn er der Partei vorrechnen muß: „Wenn Sie nicht so- und soviel für Gerichtsgebühren vorschießen, kann ich die Sache nicht übernehmen. Wenn ich dem Gegner die Klage zustellen soll, wenn ich Ausfertigung haben, wenn ich die Vollstreckung beantragen will, muß ich die Kosten für die Vollstreckungs- und den Zustellungsbeamten erlegen; das kostet ungefähr so- und soviel. Für den Fall, daß Sie möglicher Weise unterliegen, müssen Sie dem Gegner so- und soviel bezahlen, und für den Fall, daß wir möglicher Weise Berufung einwenden müssen, werden Sie wieder dieselben Beträge mit Aufschlag vorzuschließen haben." Wie gesagt, der mittlere Mann, der sogenannte kleine Mann kann eigentlich gar nicht mehr prozessiren. Es ist gewissermaßen halb und halb ein Leichtsinn, wenn er es thut, namentlich wenn er von der Zahlungsfähigkeit des Gegners nicht vollständig überzeugt ist. An diesem Uebelstand ist lediglich unser Gerichtskostengesetz schuld.

Für dasselbe hat man im Reichstage geltend gemacht, es sollten die Prozesse durch die höheren Gerichtskosten verhindert werden. Meine Herren! Das ist ein sehr trauriger Grund. Diese Abschreckungstheorie, die in demselben liegt, ist die verwerflichste, die ich mir denken kann. Die Prozesse zu verringern zu suchen durch die Gesetzgebung, z. B. dadurch, daß man klare Gesetze giebt, welche zu wenig verschiedenen Auslegungen Gelegenheit geben, oder dadurch, daß das Gesetz den Schuldnern klar macht: „Ihr habt setzt nach dem Prozeßrechte auf keine Nachsicht zu rechnen, es wird die Exekution sehr schnell und kräftig eintreten," das ist ein vernünftiger Grundsatz; aber die Prozesse vermindern dadurch, daß man die Rechtspflege so theuer macht, daß der kleine Mann sein Recht nicht mehr erlangen kann, ist die traurigste Einrichtung, welche sich denken läßt. Es entsteht dadurch eine außerordentliche Rechtsunsicherheit; denn es ist eine Rechtsunsicherheit, wenn ein Mann, der im vollen Bewußtsein der Rechtsgiltigkeit seines Anspruches denselben deshalb nicht geltend machen will und kann, weil er nicht den nöthigen Gerichtskostenvorstaad stellen kann, während sein Nachbar, welcher denselben Anspruch, aber außerdem ein paar Thaler mehr in seinem Beutel hat, seinen Anspruch mit Erfolg geltend machen kann, weil er den nöthigen Kostenvorstand stellen kann. Meine Herren! Ich fordere meine speziellen Kollegen in der Kammer auf, zu erklären, ob sie mir nicht bestätigen können, daß die Sachen gegenwärtig so traurig liegen, wie ich sie schildere.

Nun ist es zwar richtig, wir haben das Armenrecht. Es kann jede Partei, welche ein Armuthszeugniß beibringt, die Ertheilung des Armenrechtes beantragen, und wenn das Armenrecht ertheilt ist, ist das Gericht verpflichtet, den Prozeß umsonst zu führen. Ja, meine Herren, wer verlangt denn gern das Armenrecht? Wer überhaupt noch Etwas hat, wenn auch nicht viel, wer gerade soviel hat, daß er mit Mühe und Noth seine Familie ernähren kann, hat noch nicht soviel, um einen Prozeß führen zu können; aber er soll sich deshalb das Armenrecht geben lassen? Ich kann Ihnen versichern, daß sehr viele Leute, und es sind das nicht die schlechtesten, eher keinen Prozeß führen, als daß sie sich von ihrer Gemeindebehörde das Armenzeugniß geben lassen.

Man ist auch sehr rigorös geworden mit Ertheilung des Armenrechtes. Ich habe vor ganz Kurzem einen Fall gehabt, wo Jemand nachgewiesen hatte, daß er nicht mehr als 300 Thaler Einkommen hat; dem ist das Armenrecht zur Führung eines größeren Prozesses vom Landgerichte nicht gegeben worden. In anderen Fällen hat man ähnlich entschieden. Also das Armenrecht ist unter allen Umständen keine genügende Abhülfe. Es ist und bleibt eine Thatsache, daß infolge unseres Gerichtskostengesetzes nur sehr wohlhabende Leute in die Lage versetzt sind, Prozesse führen zu können. Wenn man aber bedenkt — man lasse sich nicht durch das Anrüchige, welches im Volke an dem Ausdrucke „Prozesse führen" klebt, beirren —, daß wirklich wohlbegründete Rechtsansprüche deshalb nicht zur Geltung gebracht werden können, weil die Rechtshilfe zu theuer ist, so kann ich nur wiederholt versichern, daß hierdurch außerordentlich traurige Zustände im Rechtsleben herbeigeführt werden. Es ist die Pflicht eines Volksvertreters, überall und überall Protest zu erheben gegen solche Einrichtungen. Man hört die gleichen Beschwerden überall und überall ist man bemüht, eine Veränderung zu veranlassen. Ich habe mir deshalb gestattet, zu Kap. 17 den Antrag zu stellen:

„Die Kammer wolle beschließen: die kgl. Staatsregierung zu ersuchen, bei dem Bundesrathe auf Abänderung des Gerichtskostengesetzes, namentlich Herabsetzung der in demselben festgestellten Kostenbeträge, hinzuwirken."

Ich habe gemeint, daß die Budgetberathung der passende Ort ist, wo ein derartiger Antrag recht wohl gestellt werden kann, schon deshalb, weil wir ja in unserem Budget auch wiederholt Posten von Gerichtskosten eingestellt haben. Ich bitte Sie, meine Herren, dringend, diesen Antrag anzunehmen. Ich glaube, nicht zu viel zu sagen, daß dieser Antrag, wenn er von der Kammer angenommen wird, einen freudigen Widerhall nicht blos bei den sächsischen Juristen, sondern bei den sämmtlichen deutschen Juristen finden wird, und daß die Klagen, die ich erhoben habe, allerorts, am Rhein, in Bayern, Baden, Preußen u. s. w. in gleicher Weise erhoben werden. Ich bin auch fest überzeugt, daß sich die Reichsregierung gar nicht der Nothwendigkeit verschließen kann, dem Reichstage ein Gesetz vorzulegen, wodurch dieses außerordentlich schwer auf dem Volke lastende Gerichtskostengesetz in erheblicher Weise verbessert wird.

Präsident Haberkorn: Wird dieser Antrag des Abg. Freytag unterstützt?

(Sehr ausreichend.)

Staatsminister Dr. von Abeken: In Betreff des Antrags des Herrn Abg. Freytag: die Regierung wolle beim Bundesrathe dahin wirken, daß das Gerichtskostengesetz abgeändert werde, will ich mir nur wenige Bemerkungen erlauben.

Ich glaube, bevor man sich darüber eine Meinung bildet, ob das Gerichtskostengesetz die Tarsätze richtig gewählt hat oder nicht, muß man eine längere Erfahrung abwarten. Bis jetzt werden sehe wenige Prozesse nach dem neuen Verfahren bereits zu Ende geführt sein. Die Klagen, die jetzt über das Gerichtskostengesetz laut werden, beruhen meistentheils, vielleicht ausschließlich auf der regelmäßigen Erhebung an Kostenvorschüssen. Das ist etwas Ungewohntes. Bisher stellte man oft einen Prozeß an, ohne im Voraus gehörig zu überlegen, was für den eigenen Beutel dabei herauskommen würde. Die Meisten prozessiren ja wohl bona fide, in der Meinung, daß sie im Rechte seien, erwarten dadurch Verurtheilung und auch die Kostenerstattung seitens des Beklagten. Sehr oft aber unterlassen die Parteien, sich im Voraus auch darüber zu vergewissern, ob denn im Falle der Erlangung eines günstigen richterlichen Urtheils vom Beklagten Etwas zu erlangen sein werde, über die Zahlungsfähigkeit des Beklagten überhaupt, dem und darüber, ob man es mit einem zahlungswilligen oder einem von Denjenigen zu thun habe, die zwar zahlen könnten, aber nicht wollen, und jedes Mittel ergreifen, um den Gläubiger um den im Prozeßwege erstrittenen Anspruch zu bringen. In der Nothwendigkeit, beim Beginn des Prozesses einen Vorschuß zu leisten, liegt für den Kläger ein Anlaß, sich im Voraus über die Verhältnisse zu vergewissern, von denen es schließlich abhängt, ob er seinen Anspruch, wenn er ihn durchgeführt hat, auch wird realisiren können, ob der Schuldner Etwas besitzt oder ob er Jemanden hat, der ihm zur rechten Zeit mit einer Intervention zu Hülfe kommt. Die Einforderung eines Kostenvorschusses gewährt die Vortheile, die es haben würde, wenn überhaupt das Kreditnehmen im Handel und Wandel nicht in dem Maße überhand genommen hätte, wie es bisher der Fall gewesen. Ich will, wie gesagt, ein Urtheil darüber nicht aussprechen, ob die Tarvorschriften des Gerichtskostengesetzes an und für sich verhältnißmäßig richtig sind oder nicht. Das wird erst die Erfahrung zu lehren haben. Man hat ja auch bei der Redaktion des Gesetzes selbst schon sich gesagt, daß nach einigen Jahren darüber anderweit entschieden werden müsse, ob es bei den gewählten Sätzen verbleiben könne oder nicht. Jetzt getraue ich mir selbst nicht, mir ein definitives Urtheil darüber zu bilden.

Abg. Dr. Krause: Ich werde gegen den Freytag'schen Antrag stimmen; ich halte es aber für nothwendig, hier meine Beweggründe dafür besonders anzugeben.

Wie der Herr Justizminister bereits ausgeführt hat, ist das Gerichtskostengesetz nur erst seit ganz kurzer Zeit in Kraft getreten und man kann mit der größten Sicherheit behaupten, daß heute noch die verschiedenen Ansätze des Gerichtskostengesetzes in Sachsen nicht ein einziges Mal zur Auszahlung gekommen sind; noch viel weniger läßt sich irgendwie ermessen, wie das Gerichtskostengesetz nach einiger Einübung auf den Gang der Justizpflege und auf die Staatsfinanzen einwirken wird. Dagegen ist bei der Verhandlung des Gerichtskostengesetzes im Reichstage von allen Betheiligten, sowohl von den Vertretern der Reichsregierung, als auch aus der Mitte des Reichstages heraus, von vornherein zugegeben worden, daß Das, was man vorschlage, in seinen Wirkungen sich durchaus nicht vollständig übersehen lasse, sondern daß das Gesetz wesentlich die Natur eines Versuchs habe, die Interessen der Rechtspflege mit den Ansprüchen der Staatsfinanzen zu versöhnen. — Man hat auch darauf hingewiesen, wie schwer es sei, ein neues Gerichtskostengesetz für ganz Deutschland einzuführen, während bis jetzt jedes der vielen kleinen Territorien die verschiedensten Taxen für Prozesse gehabt hat und auch die Ansprüche der Staatskasse an die Einnahmen aus den Gerichtskosten in den verschiedenen Gebieten so sehr verschiedene gewesen waren. Wenn nun jetzt, nachdem erst seit wenigen Wochen dieses Gesetz in Kraft steht und wir gerade in Sachsen, wo der Unterschied des bei jetzt Bestehenden mit dem Neueingeführten ein sehr großer ist, während z. B. in Preußen der Unterschied ein sehr viel geringerer ist, wir gleich nach den ersten Wochen mit so weitgehenden Anträgen an die Regierung wenden, daß sie ein noch gar nicht angewendetes Gesetz wieder zu beseitigen bestrebt sein solle, so kann ich das nicht rechtfertigen. Ich enthalte mich vollständig, darauf einzugehen, ob das Gerichtskostengesetz sowohl seiner ganzen Theorie nach, als nach den Ansätzen der Taxen sachgemäß ist. Ich bin so wenig im Stande, diese Frage zu beantworten, wie die Gesetzgeber im Reichstage es im Stande gewesen sind und so wenig, wie auch die einzelnen Bundesregierungen bis jetzt im Stande sein werden, sie zu beantworten. Aber unter diesen Umständen würde ich es jetzt für ganz ungerechtfertigt halten, über ein mir unbekanntes Gebiet, über ein Gesetz, dessen Wirkung ich nicht übersehen kann, durch einen solchen Antrag mich interessirt zu urtheilen. Ehe ich mich für oder gegen eine Sache erkläre, muß ich wenigstens wissen, was die Sache ist und wie sie wirkt. Was insbesondere den Vorwurf anlangt, daß durch die Vorschußzahlungen die Rechtspflege erschwert werde, so kann ich doch soviel heute schon als meine Ansicht fest aussprechen, daß, welche Aenderungen auch das Gerichtskostengesetz noch erfahren wird — und Aenderungen wird es erfahren —, ich doch nicht glaube, daß man gerade das System der Vorschüsse wird fallen lassen, weil dadurch das Prozeßführen wesentlich auf solide Grundsätze zurückgeführt wird und ein großer Theil der Belästigungen, die das Publikum durch ungerechtfertigte, ja leichtfertig angestrengte Prozesse erfahren hat, verhindert wird.

Abg. Ackermann: Ich kann nur sagen, daß die Erfahrungen, die ich bis jetzt über die Höhe der Gerichtskosten gemacht habe, dieselben sind, welche von dem Herrn Abg. Freytag geschildert worden sind. Der Eindruck, den die Sache, insoweit es sich um die Kosten handelt, auf mich gemacht hat, ist ein überaus ungünstiger. Einmal ist es die maßlose Höhe der Gerichtskosten, welche jetzt zu zahlen sind, zum Andern ist es aber auch das Verfahren, wie diese verschiedenen Kosten eingezogen werden, daß zu Klagen reiche Veranlassung giebt. In letzterer Beziehung erwähne ich: Zunächst sind ein paar Pfennige für die Zustellung zu bezahlen, dann kommt das Gericht und verlangt einen Vorschuß, dann kommt der Gerichtsvollzieher und verlangt wieder einen Vorschuß. Ist nun die Sache — und ich schildere nur den Gang der einfachsten Sache, die in der ersten Instanz abgemacht wird — beendigt, so wird der Vorschuß wieder abgerechnet, einmal mit dem Gerichte, zum Andern mit dem Gerichtsvollzieher, so daß die Parteien oder, wenn sie sich durch den Anwalt vertreten lassen, der Anwalt, beziehentlich ein von diesem beauftragter Expedient, eine Unmasse von Mühen übernehmen müssen und fortwährend Kosten heraus- und hereinzuzahlen haben. Das war früher viel einfacher. Wenn man überhaupt einen Kostenvorschuß zu stellen hatte, bezahlte man im Anfange des Prozesses seine 90 Mark. Nun kam zwar im Laufe des Prozesses hin und wieder noch ein Sportelzettel, den man abzahlte; aber es gab doch nicht diese fortwährenden Störungen, welche dadurch erzeugt werden, daß jeder einzelne Beamte, der in Aktivität gesetzt wird, sofort seine einzelne kleine Gebühr verlangt, beziehentlich sogar hin und wieder in Form eines Vorschusses mit der darauffolgenden Abrechnung sich sicher zu stellen sucht. Die jetzige Einrichtung hat in Wahrheit große Belästigungen im Gefolge. Und ob nicht wenigstens nach dieser Seite hin Abhilfe zu schaffen wäre durch Konzentration der verschiedenen Kostenstellen, will ich anheimgegeben haben.

Den Antrag des Herrn Abg. Freytag anlangend, so muß ich sagen: wenn derselbe angenommen wird, ist er nach meiner Ueberzeugung für den Augenblick ohne Effect. Man darf sich der Hoffnung nicht hingeben, daß es in Berlin möglich sein wird, ein Gesetz nach dreimonatlichem Bestehen schon wieder umzuändern; die Hoffnung habe ich nicht entfernt. Wenn ich trotzdem für den Antrag des Herrn Abg. Freytag stimme, so thue ich es nicht aus Hoffnungsseligkeit, sondern um jetzt schon Stellung zu einer Frage zu nehmen, die noch nicht von mir gemachte Erfahrungen für mich bereits entschieden ist. Auf diesem Gebiete muß Abhilfe geschaffen werden. Ich bescheide mich, wenn die Regierungen nicht schon in den nächsten Reichstagssession eine Umgestaltung des Gerichtskostenwesens vornehmen; aber der Antrag, wie er heut gestellt worden, wird sich in der und jener Form — davon bin ich überzeugt — hier in der Kammer wiederholen, er wird im Reichstage zur Sprache kommen, er wird in anderen Ländern eine Rolle spielen, bis die Zeit gekommen ist, wo Abhilfe gebracht wird. So, wie die Dinge jetzt regulirt sind, kann — das weiß ich schon heute — es nicht bleiben.

Abg. Walter: Meine Herren! Bis jetzt haben nur Juristen über den Antrag des Herrn Abg. Freytag gesprochen; gestatten Sie mir, der ich leider vielfach Gelegenheit habe, mit Leuten, die Prozesse zu führen hatten, zu sprechen, auch deren Ansichten über die Höhe der Gerichtskosten kund zu geben. Recht viele Leute sind zu mir gekommen und haben mich befragt, ob es denn wirklich wahr wäre, daß die Höhe der Gerichtskosten jetzt so enorm gestiegen, wie sie bezahlen sollten. Die Leute glauben alle, daß nur der Advokat, der es doch ehrlich meint wie ihnen vorher sagt, was eine Klage kostet, dies nur in seinem eigenen Interesse spricht, und scheinen sie anzunehmen, die Advokaten sagten den Klägern gar nicht das Richtige. Das Publikum sucht die Schuld an der Möglichkeit so hoher Gerichtskosten. Meine Herren! Der Indifferentismus des deutschen Volkes bestraft sich einmal wieder sehr bei dieser Angelegenheit. Statt daß es sich seinerseits, als die Vorlage an den Reichstag kam, rührte und gegen die projektirte Steigerung der Gerichtskosten Einspruch erhob, blieb es ruhig und gleichgültig. Ich bin seiner Zeit Mitglied des Reichstags gewesen, als dieses Gesetz berathen wurde; ich erinnere mich aber auch daran, daß sehr schwere Bedenken, sehr tiefgehende Gründe namentlich von Seiten der württembergischen Abgeordneten bei der Berathung laut wurden und man schon damals prophezeite, daß dieses Gesetz nicht lange bestehen würde. Meine Herren! Ich glaube, dies hat sich schon jetzt bewahrheitet.

Wenn von Seiten der Ministerbank gesagt worden ist, es wären noch nicht genug Erfahrungen gesammelt, so will ich gerne zugeben, daß man hiergegen nicht gut anzukämpfen vermag. Aber, wie schon der Herr Abg. Ackermann äußerte, sofort wird der Antrag des Herrn Abg. Freytag seine Wirkung haben; aber bis dahin, wo er zur Wirkung kommen könnte, haben wir schon so viele Erfahrungen gemacht, daß, wenn dann ein Antrag vorliegt, vollständig darauf eingegangen werden kann. Und an traurigen Erfahrungen wird es nicht fehlen. Meine Herren! Ich möchte deshalb sehr bitten, diesen Antrag anzunehmen; er entspricht vollständig den Anschauungen der deutschen, namentlich auch den sächsischen Bulles. Daß die Prozesse deshalb sollen aufhören oder nicht so viel geführt werden, weil die Kosten sie verhindern, auf diesen Standpunkt kann ich mich allerdings nicht stellen. Und wenn das große Wort öfter gelassen ausgesprochen wird: wir Kaufleute sollen nicht zu viel Kredit geben, so kann ich nur antworten: ja, meine Herren, da muß man nur einmal Geschäftsmann sein, um dies beurtheilen zu können; nicht ein einziger Geschäftsmann giebt Etwas an Waaren oder Geld fort, von dem er nicht überzeugt ist, er bekommt dafür seiner Zeit die Gegenleistung. Daß unsere Kreditverhältnisse trübe sind, wissen wir; aber wenn wir einmal Recht suchen müssen, so soll doch wenigstens Der geschützt sein, der Kredit gegeben hat, und deshalb begrüße ich den Antrag von ganzem Herzen und bitte Sie, demselben Ihre Zustimmung zu ertheilen.

Vizepräsident Streit: Meine Herren! Auch ich werde für den Freytag'schen Antrag mit ganzem Herzen stimmen. Ich will zwar auf die Frage des Kostenvorschußsystems hier nicht eingehen, ich glaube, von diesem System wird man sich im Allgemeinen nicht losreißen können; allein daß die Höhe der Gerichtskosten jetzt in vielen Fällen eine ganz unverhältnißmäßige ist, darin, glaube ich, sind Erfahrungen in den verschiedensten Kreisen bereits gemacht worden, und ich stimme dem Herrn Abg. Ackermann hierin vollständig zu: es sind die Forderungen der Justiz an Prozeßkosten zu hoch gespannt. Wenn dieser Zustand fortbestehen soll, so wird allerdings der Fall eintreten, daß man in Deutschland ganz wieder — die Aermeren finden kein Recht mehr. Ich erlaube mir — ich will auf das Weitere nicht eingehen — blos nur das Eine hinzuzufügen, daß von einzelnen Seiten darauf hingewiesen worden, daß ja der Arme ein Armuthszeugniß bekommen könne. Gerade in dieser Beziehung erlaube ich mir, noch auf einige Erfahrungen hinzuweisen, die wohl bei den verschiedensten Behörden gemacht worden sind. Beanspruchen gegenwärtig Personen, weil sie absolut nicht in der Lage sind, die betreffenden Kostenvorschüsse zu geben, Armuthszeugnisse, so sind gewissenhafte Behörden oft in der Lage, zu sagen: der Mann ist nicht zu arm, er ist nicht gewisse Vorschüsse vielleicht doch aufbringen könnte. Allein es ist schließlich anzuerkennen, daß, wenn er alle die Mittel, die ihm vielleicht noch zur Verfügung stehen, auf Kostenvorschüsse verwenden soll, er sofort der Verarmung entgegengehen muß. Ein kleiner Gewerbtreibender, der eine ganz gerechte Forderung hat, muß ja gegenwärtig gleich, wenn er klagen muß, vielleicht wegen eines Betrages von 1, 2, 300 Mark einen Kostenvorschuß im Betrag von

30, 40 Mark in ganz kurzer Zeit schaffen. Das ist der Mann nicht im Stande, so viel kann er aus seinem Geschäft nicht herausnehmen und infolge dessen steht er sozusagen rechtlos da. Ich möchte doch meinen, es ist dieser Zustand ein solcher, daß die königl. Staatsregierung selbst auf die Gefahr hin, daß sie jetzt im Bundesrath einen Erfolg nicht erzielen sollte, der Sache sich nicht gleichgiltig gegenüberstellen darf. Wenn wirklich im Bundesrath und beziehentlich im Reichstag nicht in den nächsten Jahren eine Aenderung bezüglich des Gerichtskostengesetzes, namentlich bezüglich der Höhe der Gerichtskosten, sollte herbeigeführt werden können, nun, dann haben wir wenigstens seitens des sächsischen Staates unsere Pflicht und Schuldigkeit gethan. Ich empfehle daher die Annahme des Freytag'schen Antrages bringend.

Abg. Schreck: Da vom Herrn Antragsteller provozirt worden ist darauf, daß die im Saale anwesenden Juristen ihre praktische Erfahrung in der vorliegenden Angelegenheit der Kammer mittheilen möchten, so mag auch ich nicht unterlassen zu bestätigen, daß mir gegenüber von vielen Seiten Klagen darüber ausgesprochen worden sind, wie sie das neue Prozeßverfahren sowohl die Gerichtskosten, als auch die Vorschüsse zu hoch normirt seien. Ich muß auch sagen: wenn man diejenigen Beträge, welche jetzt gefordert werden, vergleicht mit denjenigen Kosten, welche früher berechnet wurden, ein großes Mißverhältniß sich ergibt. Es ist allerdings von vielen Seiten der Wunsch ausgesprochen worden, daß diese Angelegenheit bei der diesmaligen Berathung des Justizbudgets zur Sprache gebracht werde, damit die königl. Staatsregierung Gelegenheit nehme, im Bundesrathe diese Frage zur Sprache zu bringen.

Wenn von Seiten des Herrn Justizministers eingehalten worden ist, daß die Erfahrungen, welche vorliegen, zur Zeit noch zu kurze seien, so erlaube ich mir, einzuhalten, daß die Frage, ob das Einfordern der Vorschüsse die Prozesse vermindert werde oder nicht, kaum jemals mit Sicherheit sich feststellen lassen wird. Denn etwa eine Umfrage, ob und wie viel Leute von der Anstellung eines Prozesses sich haben abhalten lassen am deswillen, weil erst ein Vorschuß gefordert worden ist, wird mit Erfolg nicht gehalten werden können; es wird also auch eine Erfahrung in dieser Beziehung nicht konstatirt werden können. Ich werde also für den Antrag des Herrn Abg. Freytag so gewisse stimmen, als ja nicht zu erwarten steht, daß schon in der nächsten Woche im nächsten Monat die Frage zum Austrag gebracht werden wird.

Abg. Freytag: Ich wollte nur dem königl. Justizministerium erwidern, daß davon, daß gegenwärtig noch keine Prozesse beendet worden seien, gar nicht die Rede sein kann. Wir haben bei den Leipziger Amtsgerichten wohl, ich möchte fast sagen, tausend Prozesse erledigt. Die Erfahrungen über das Gerichtskostengesetz sind vollständig vorhanden. Mit den Gerichtskosten geht ja überhaupt der Prozeß an; es wird von keiner Behörde etwas gemacht, ehe nicht die Gerichtskostenfrage erledigt ist. Also das wissen wir ganz genau, wieviel Gerichtskosten bezahlt werden müssen, und wir können allerdings ungefähr beurtheilen den Einfluß des Gerichtskostengesetzes auf unser ganzes Rechtsleben. Wir konnten das auch früher schon beurtheilen, meine Herren, wenn wir einfach die Gebührenordnung zur Hand nahmen. Da sah ein Jeder ein, der ein bischen rechnen konnte, daß diese Kosten unter allen Umständen viel zu hoch seien. Es ist das auch eingestanden worden im Reichstag; aber es ist mit einer mir unbegreiflichen Schnelligkeit und Leichtigkeit über das Gesetz hinweggegangen worden. Dasselbe ist angenommen worden und, wie ich bereits erwähnt habe, es ist zur Vertheidigung dieses Gesetzes

bei meiner Ansicht nach höchst verwerfliche Grundsatz ausgesprochen worden, die Prozesse sollten durch die hohen Kostensätze vermindert werden — also so eine Art Abschreckungstheorie.

Ich will weiter noch in dieser Richtung bemerken, daß die Erfahrungen mit dem Gerichtskostengesetz an allen Orten gemacht worden sind und daß namentlich von Bayern, wo man ja schon lange dasselbe Gerichtsverfahren hat, wie wir jetzt eingeführt haben, darüber geklagt wird, daß seit der Einführung der neuen Gerichtskostentaxe die Prozesse sich in ganz außerordentlicher Weise vermindert haben und zwar, wie ich in einem bayer'schen Blatte gelesen habe, so, daß, wo früher bei einem Gerichte an einem Tage gegen 40 bis 50 Sachen eingegangen seien, gegenwärtig 3, 4 Sachen eingehen, und daß allerdings seiten der maßgebenden Personen diese Verringerung der Prozesse auf die außerordentlich hohen Gerichtskosten geschoben werde. Meine Herren! Ich habe Ihnen vorhin einige Beispiele vorgelegt, gerade weil ich weiß, daß sehr viele von Ihnen unser Kostengesetz noch nicht in Händen gehabt haben; ich habe Ihnen Einiges von der Taxe vorgeführt, wie sie erhoben wird, und ich frage Sie selbst, meine Herren: ist das nicht geradezu exorbitant, ist es nicht traurig um unser Rechtsleben bestellt, wenn für Ertheilung der Rechtshilfe derartige Beträge erhoben werden?

Präsident Habekorn: Es ist Ihnen unter Nr. 67 ein Antrag gedruckt vorgelegt worden; er ist ganz allgemein gemacht worden, kann daher als hierher gehörig betrachtet werden. Derselbe lautet:

„Die Kammer wolle die königliche Staatsregierung ersuchen:

1. eine der preußischen Schiedsmannsordnung vom 29. März 1879 entsprechende Gesetzesvorlage, in welcher von den Gemeindevertretungen erwählte Schiedsmänner oder Friedensrichter

   a) in den § 420 der Strafprozeßordnung gedachten Fällen (wegen Beleidigungen) obligatorisch,

   b) in bürgerlichen Rechtsstreitigkeiten auf Anrufen einer oder beider Parteien fakultativ,

   in beiden Fällen aber sie die Parteien kostenfrei die Sühne versuchen,

entweder noch diesem Landtage vorzulegen oder im Verordnungswege mit Vorbehalt der landständischen Zustimmung zu erlassen;

2. in gleicher Weise im Gesetz- und Verordnungswege, nach Analogie des bisherigen sächsischen Verfahrens

   a) sie die nach § 471 der Zivilprozeßordnung abzuhaltenden Sühneversuche,

   b) für alle diejenigen Amtsgerichtssachen, welche gleich im ersten Termine verglichen werden, Gerichtsgebührenfreiheit einzuführen.

Ich ertheile Herrn Abg. Lehmann das Wort.

Abg. Lehmann: Meine geehrten Herren! Es ist bereits im Laufe der heutigen Debatte darauf hingewiesen worden, daß von der ganzen neuen Justizgesetzgebung, die ja wesentlich Vortheilhaftes, wesentlich zum Wohle der Gesammtheit Gereichendes enthält, daß von dieser gesammten neuen Justizgesetzgebung das die Allgemeinheit am meisten Schädigende und am wenigsten Nützliche das Gerichtskostengesetz ist. Die horrenden Gerichtskosten scheinen in der That mehr dazu gemacht zu sein, um eine Abschreckungstheorie zu verwirklichen, um das Publikum zu veranlassen, möglichst fern von der Rechtspflege, möglichst fern von der Justiz zu bleiben, nicht zu prozessiren. So wünschenswerth das auch für alle die Fälle ist, in denen ohne Noth, frivol prozessirt worden ist, so sehr bedenklich ist es doch in allen den anderen Fällen — und die sind für ein gewerbtreibendes Volk, wie das sächsische, doch von überwiegender Mehrzahl, — wenn man das Publikum vor den Rechtsstreiten abschreckt und auf diese Weise eine moralische Pression dahin ausübt, daß man lieber auf sein Recht verzichtet, lieber sich vergleicht, ehe man den Rechtsweg einschlägt. In unserem alten sächsischen Prozesse hatten wir vor allen Dingen zwei gute Einrichtungen, die sich segensreich bewährt haben. Die eine war das gütliche kostenfreie Verhör. Es konnte Jeder, der eine Forderung hatte, gleichviel von welchem Betrage, ein gütliches kostenfreies Verhör bei dem Richter ausbringen. Es wurde ein Termin anberaumt, die Parteien wurden dazu vorgeladen und wenn der Gegner kam, so versuchte der Richter die Sühnepflegung und es wurde ein Vergleich abgeschlossen. Alles dies gerichtskostenfrei. Nur die wenigen Pfennige Beläge waren zu bezahlen. Der Segen dieser kostenfreien Verhöre ist mit der neuen Justizgesetzgebung für uns geschwunden. Es heißt im § 471 der Zivilprozeßordnung, daß es zulässig sei, „wer eine Klage zu erheben beabsichtigt, kann unter Angabe des Gegenstandes seines Anspruchs zum Zwecke eines Sühneversuchs den Gegner vor das Amtsgericht laden, vor welchem dieser seinen allgemeinen Gerichtsstand hat." Es ist ferner auch noch in der Zivilprozeßordnung rathe gesorgt, daß der Richter selbst zu verschiedenen Zeiten während des Prozesses es in der Hand hat, einen Vergleich herbeizuführen, die Sühne zu versuchen; allein das geschieht alles nicht mehr, wie bisher, kostenfrei, sondern je nach dem Objekt immerhin mit erheblichen Kosten für die Parteien. Das Gerichtskostengesetz ist ein Reichsgesetz und wir sind hier in Sachsen nicht berechtigt, das Gerichtskostengesetz insoweit abzuändern, als wir etwa noch höhere Sätze beanspruchen. Wir sind aber nicht behindert, auch neben dem Gerichtskostengesetz und so lange dieses noch in der jetzigen Höhe besteht, ermäßigende Bestimmungen einzuführen, und hierzu rechne ich vor allen Dingen die Einführung der gütlichen kostenfreien Verhöre, daß es also ermöglicht wird, daß man in Gemäßheit des § 471 der Zivilprozeßordnung den Sühneversuch kostenfrei erlangt.

Das zweite, besonders für die minder bemittelten Klassen höchst Wohlthätige unserer bisherigen sächsischen Justizgesetzgebung lag darin, daß in allen Prozessen bei Objekten bis 150 Mark dann, wenn im ersten Termin ein Vergleich zu Stande kam, auch dieser kostenfrei war, daß auch da nur die gewöhnlichen, auf 46 Pfennige, beziehentlich wenn Bestellgebühren zu auswärts hinzukamen, auf einige Pfennige mehr sich belaufenden Beläge zu bezahlen waren. Auch diese Wohlthat ist mit der neuen Gesetzgebung geschwunden und deren Wiedereinführung erachte ich für sehr dringlich und ich glaube, wenn es möglich wäre, wiederum in den Terminen vor den Amtsgerichten sofortige kostenfreie Vergleiche zu Stande zu bringen, dann würde, so kurz jetzt schon das Verfahren dort ist, dasselbe noch vielsach mehr abgekürzt werden; dann würden die Parteien eben in Rücksicht auf die Kostenfreiheit sich viel rascher zu vereinigen geneigt sein. Ich meine, wenn wir in dieser Beziehung das Wohlthätige und Humane unserer früheren Gesetzgebung wieder aufnehmen, werden wir etwas thun, was dazu hilft, die jetzt seit dem 1. Oktober so unpopulär im Laufe gewordene Justiz wieder so populär zu machen, wie sie früher in Sachsen war.

Der Herr Abg. Freytag hat das Wort.

Abg. Freytag: Meine Herren! Ich bin kein Gegner des Friedensrichterinstituts; aber ich glaube behaupten zu können, daß der wohlthätige Einfluß desselben doch von den Herren etwas überschätzt wird. Es ist ja ganz selbstverständ-

lich, daß sehr viele Streitigkeiten von den Friedensrichtern ausgeglichen werden; aber ich kann Ihnen die Versicherung geben, daß früher von den juristischen Einzelrichtern mindestens ebensoviele ausgeglichen worden sind. Bei manchen Einzelrichtern sind 60, 70 bis 80 Prozent der eingegangenen Rügen durch Versöhnung der Parteien zum Ausgleich gekommen. Wenn man eine ganz merkliche Abänderung der Rügen wahrnimmt, so liegt das wiederum in der außerordentlichen Höhe des Kostenvorschusses, der gefordert wird. Wenn heute ein Mädchen, was nicht gerade viel Geld hat, in frivolster Weise an ihrer Ehre gekränkt worden ist, so kann sie nicht etwa verlangen, daß der ihr angethane Schimpf gesühnt, daß der Beleidiger bestraft wird, außerdem sie legt zehn Mark hin; andernfalls, wenn sie dies nicht will und kann, muß sie den Schimpf und die Schande auf sich sitzen lassen. Ohne Erlegung der zehn Mark hat sie keine Rechtshilfe. Ich möchte einmal eine statistische Vergleichung der Sachen haben, welche bei den Friedensrichtern eingehen. Ich bin überzeugt, daß schon diese Eingänge eine außerordentliche Verminderung gegen die Eingänge bei den früheren Gerichten aufweisen. Denn, meine Herren, wenn heute Leute zu dem Anwalt kommen und Rügen anstellen wollen, nun, so sagen wir den Leuten einfach: erstenseinmal müssen Sie erst zum Friedensrichter gehen; zweitens aber auch, wenn Sie dem Friedensrichter gewesen sind, dann müssen Sie noch zehn Mark Vorschuß für das Gericht stellen; was der Anwalt verlangt, ist noch Sache für sich; überlegen Sie sich, ob Sie wirklich die zehn Mark daran wenden wollen dafür, daß Sie den Anderen bestrafen wollen. Die Meisten sagen: Ja, ich möchte den Gegner schon bestrafen lassen, aber ich habe die zehn Mark nicht. Sie lassen sich den Schimpf gefallen. Ebenso ist es bei körperlichen Beleidigungen. Es kann Einer geschlagen werden auf öffentlicher Straße und wenn nicht gerade ein Auflauf dadurch entsteht und wenn er seine zehn Mark Gerichtskostenvorschuß erlegen kann, so kann er seine Rechtshilfe erlangen, er muß sich schlagen lassen oder, meine Herren, er greift eben zur Selbsthilfe und haut wieder. (Heiterkeit.)

Das erreicht man mit diesem Kostenvorschuß in Rechtssachen. Nun hat eben Alles eine zwei Seiten. Ich bekenne ganz offen, daß früher in Rügensachen sehr viel gesündigt worden ist, daß die Leute viel zu oft ins Gericht gelaufen sind und zur Ungebühr Rügen erhoben haben. Aber dadurch, meine Herren, daß man jetzt gleich zehn Mark verlangt, entstehen sehr böse Konsequenzen.

Staatsminister Dr. von Abeken: Der Herr Vorredner hat von dem Rechtszustande, welcher nach seiner Meinung durch die Einführung der Kostenvorschußerfordernis in Sachsen herbeigeführt worden sei, eine Schilderung gemacht, die den Zuständen, wie sie nach den Gesetzen sein sollen, in keiner Weise entsprechen würde. Wenn das begründet ist, daß ein Gericht die Einleitung eines Zivil- oder Strafprozesses von der Zahlung des Kostenvorschusses abhängig gemacht habe, so ersuche ich den Herrn Abg. Freytag, der Regierung davon Anzeige zu machen. Es wird dann im Aufsichtswege eingeschritten werden; denn der Richter durfte so nicht verfahren. Es heißt ausdrücklich in § 3 des Gerichtskostengesetzes:

„Im weiteren Umfange, als die Prozeßordnungen und dieses Gesetz gestatten, darf die Thätigkeit der Gerichte von der Sicherstellung oder Zahlung der Gebühren oder Auslagen nicht abhängig gemacht werden."

Und nirgends steht, daß ein Strafverfahren wegen Beleidigung nicht eingeleitet werden solle, bevor der Kostenvorstand geleistet sei. Der Kostenvorstand darf sofort bei dem Anhängigmachen der Rüge gefordert und eingezogen werden und wenn er vom Kläger nicht beizutreiben ist, so hat nichtsdestoweniger der Prozeß seinen Fortgang zu nehmen. Ich muß also Verwahrung dagegen einlegen, wenn hier behauptet wird, daß Rechtszustände vorhanden seien und durch die Reichsprozeßgesetze herbeigeführt worden seien, welche die Leute zur Selbsthülfe nöthigten.

Abg. Dr. Schaffrath: Ich will zuvörderst zu dem gegenwärtigen Stande der Debatte bemerken, daß, wenn wirklich, wie der Herr Minister annimmt, von einem Abgeordneten gesagt worden wäre, daß ein Strafrichter oder Zivilrichter seine richterliche Thätigkeit von der vorzergehenden Leistung eines Gerichtskostenvorschusses abhängig gemacht habe, dieser Richter allerdings gegen die Reichsjustizgesetze gehandelt hätte. Ein solches Verfahren würde allerdings gegen den § 3 des Gerichtskostengesetzes verstoßen haben. Aber, meine Herren, wenn hier nicht ein Mißverständniß oder ein falscher Ausdruck vorliegt, so hat sachlich in Wirklichkeit die jetzt von den Reichsjustizgesetzen von jeder rechtsuchenden Partei unbedingt bei Vermeidung der Zwangsvollstreckung geforderte Leistung hoher Gerichtskostenvorschüsse die Wirkung und den Erfolg, daß Mancher sein Recht nicht sucht und suchen kann, weil er diesen hohen Kostenvorschuß nicht leisten kann. Wenn auch der Richter nicht sagen darf: ich verweigere so lange meine Thätigkeit, bis der Kostenvorschuß geleistet ist, so muß doch Derjenige, der den Vorschuß nicht schaffen kann und dem der Vorschuß und die Zwangsvollstreckung dennoch vor Augen steht, lieber Unrecht leiden, weil er den Vorschuß nicht leisten kann, aber auch ein Armuthszeugniß nicht beibringen kann. Ich sage also: der reale und moralische Eindruck jener Forderung von Kostenvorständen, und zwar von sehr unverhältnißmäßig hohen, ist allerdings ein vom Betreten des Rechtsweges abschreckender. Meine Herren! Tagtäglich muß ich den Leuten, die meine Hülfe in Anspruch nehmen, sagen: „Aber es ist nicht damit abgethan, daß wir jetzt die Klage einreichen, sondern Sie werden auch nächstens aufgefordert, mindestens 10 Mark Kostenvorschuß zu zahlen, und wenn Sie die nicht zahlen, werden Sie ausgepfändet." Ja, dann spricht allerdings Der, welcher den Vorschuß nicht schaffen kann — und ich muß ihm zustimmen —: „Dann lasse ich das Klagen lieber, da muß ich lieber Unrecht leiden." Es ist also die moralische Wirkung der gesetzlichen Forderung hoher Kostenvorschüsse eine die Rechtsverfolgung sehr erschwerende, wenn nicht hindernde, wenn sie auch nicht so drastisch ausgedrückt werden durfte, als es vielleicht geschehen ist.

Was nun die vorliegenden Anträge betrifft, so bin ich mit dem Antrage des Herrn Abg. Freytag vollständig einverstanden; mein geehrter Herr Nachbar zur Linken, Abg. Ackermann, hat mir aus der Seele gesprochen, als er sagte, daß wir darüber, daß die Gerichtskosten viel zu hoch normirt sind, keiner Erfahrung mehr bedürfen. Gewissermaßen wußte man das vorher, ja gewissermaßen ist es auch im Reichstage von ziemlich vielen Rednern vorher gesagt worden; es sind aber im Reichstage doch die angenommen unverhältnißmäßig hohen Kostenbeträge durchgegangen, trotzdem daß man fühlte, man mache ein sehr gewagtes Experiment. Ich hoffe also, daß unser Herr Minister mit aller Energie dahin wirken wird, daß das Gerichtskostengesetz sobald als möglich im Sinne einer Herabsetzung der Gerichtskosten revidirt werde. — Was den Antrag des Herrn Abg. Lehmann betrifft, so habe ich denselben selbst mit unterschrieben und hoffe, daß auch diesem Antrag der Herr Minister sein Wohlwollen nicht vorenthalten wird.

Abg. Freytag: Ich glaube, es hätte durchaus nicht des erhobenen Tones des Herrn Ministers bedurft, um zu versichern, daß meine Behauptung, die ich über den Kostenvorstand aufgestellt habe, ein Reichsgesetz beschuldige, daß es zur Verweigerung der Rechtshülfe beitrage und daß die Behauptung nicht wahr sei. Ich weiß jetzt nicht gleich ganz bestimmt, ob ich in der That gesagt habe: ohne Kostenvorschuß wird Niemand zur Klage zugelassen. Sollte ich mich so ausgedrückt haben, wie ich aber nicht annehme, so würden die Ausführungen des Herrn Ministers doch lediglich auf eine Wortstreiterei hinauskommen; denn in der Hauptsache ist es so, daß Niemand seine Klage durchführen kann, ohne den gesetzlichen Kostenvorstand zu erlegen. Der Herr Kollege Dr. Schaffrath hat bereits das Nöthige gesagt. Freilich wird die Klage ohne Vorschuß angenommen, es wird auch ein Termin zur Verhandlung auf dieselbe anberaumt; aber was weiter? Es wird dafür Sorge getragen, daß bis zum Termine bereits, wenn Kostenvorstand nicht gestellt ist, die Auspfändung wegen desselben erfolgt. Nun, meine Herren, ist das nicht ganz dasselbe? Ich gebe Ihnen die Versicherung, daß bei Eintreibung des Kostenvorstandes mit einer ganz außerordentlichen, bewundernswerthen Schnelligkeit gearbeitet wird und daß in der Regel der Auspfänder bereits da ist, ehe der Termin abgehalten wird. Ist es da nicht wahr, daß in der That die Rechtshilfe Denjenigen, die den Kostenvorstand nicht bestellen können, genommen wird? Denn das ist doch ganz klar, daß z. B. ein Handwerker, der sich und seine Familie mit Noth ernährt, sich nicht der Gefahr aussetzen wird, z. B. seine Uhr und seine Uhrkette sich abpfänden zu lassen, damit der Kostenvorstand bestritten werden kann. Ebensowenig wird sich z. B. ein Fabrikmädchen der Gefahr aussetzen, sich den Sonntagsstaat, den neuen Hut und das seidene Tuch abpfänden zu lassen, damit der Kostenvorstand von ihr für eine Rüge gedeckt werde. Die Leute verzichten dann eben lieber auf die Geltendmachung ihres Rechts.

Präsident Haberkorn: Es hat Niemand weiter um's Wort gebeten. Ich schließe die Debatte. Der Hr. Referent Dr. Mindwitz:

Was die auf die weitere Entwickelung unserer Justizorganisation sich beziehende Debatte und den dazu gestellten Antrag betrifft, so bin ich im Allgemeinen allerdings auch der Ansicht, daß unsre Erfahrungen noch sehr kurz sind. Allein bei der Zweifellosigkeit der zu hohen Bemessung der Gerichtsgebührentare kann ich Ihnen den Antrag Freytag nur zur Annahme empfehlen.

Präsident Haberkorn: Es hat Hr. Abgeordneter Freytag einen Antrag gestellt:

> die Kammer wolle beschließen:
> die Königl. Staatsregierung zu ersuchen, bei dem Bundesrathe auf Abänderung des Gerichtskostengesetzes namentlich Herabsetzung der in demselben festgestellten Kostenbeträge hinzuwirken.

Beschließt dies die Kammer?

Einstimmig: Ja.

Druck von C. W. Vollrath in Leipzig.

№ 4.   Berlin, 15. Februar.   1880.

Juristische Wochenschrift.

Herausgegeben von

S. Haenle,   und   **M. Kempner,**
Rechtsanwalt in Ansbach.   Rechtsanwalt beim Landgericht I. in Berlin.

Organ des deutschen Anwalt-Vereins.

Preis für den Jahrgang 12 Mark. — Inserate die Zeile 30 Pfg. — Bestellungen übernimmt jede Buchhandlung und Postanstalt.

Zur Kritik der neuen Gesetzgebung.

Gegenüber der einschneidenden Neuerung ziemt es dem Organe des deutschen Anwaltstandes, freimüthig Kritik zu üben und zu untersuchen, ob die neue Gesetzgebung auch in jeder Beziehung den zahllosen Panegyriken entspricht, die ihr vor dem 1. Oktober geworden sind, und ob sie nicht etwa Schäden in sich birgt, die recht bald geheilt werden sollten.

Niemandem soll es verargt werden, wenn es ihm nicht gerade lieb ist, von Mängeln des in redlicher Absicht für das ganze Volk geschaffenen Werkes hören zu müssen — aber wir sind Juristen und Juristen sollen sich durch keine auch noch so berechtigte nationale Erregung von ruhiger ernster Prüfung ablenken lassen.

Durch die sehr erklärliche Freude über die bloße That-sache der Gemeinsamkeit darf nicht an die Spitze zu stellende Forderung vergessen werden:

daß nämlich die gemeinsame Gesetzgebung für jeden Gau des Vaterlandes den Fortschritt und wenigstens nirgendwo in wesentlichen Dingen den Rückschritt bedeuten dürfe, daß also in diesem Punkte die zu bringenden Opfer ihre Grenze finden müssen.

Ist dieser Satz richtig, dann wird man es den Rhein-preußischen Anwälten nicht sehr verdenken können, daß sie die neue Gesetzgebung nicht mit übergroßer Freude begrüßen.

Wir haben ein vortreffliches Civilprozeßgesetz verloren, welches namentlich die großen, eines freien Volkes allein würdigen Grundsätze des freien Prozeßbetriebes und der Mündlichkeit in vollendeter Lauterkeit darstellte.

Mit dem Bewußtsein eines solchen Verlustes treten wir in die neue Aera ein und werden sofort nicht grade angenehm

berührt durch einen, wenn auch nur äußerlichen Mangel; nämlich schon die Gestalt und die Anordnung — die Zersplitterung in zahllose Einzelgesetze, in Ordnungen, Einführungs-, Ausführungs-, Uebergangs- und Vollstreckungsgesetze u. dgl. m. — sind ein wahres Kreuz für den Juristen und dieser Uebelstand ist keines-wegs gleichgültig, denn wie soll die Zeit für wirklich wissen-schaftliche Studien übrig bleiben? wo doch fast die ganze von der Praxis nicht absorbirte geistige Thätigkeit verbraucht wird, um nur nicht in dem zerstreuten Paragraphenzeug, in diesen Verweisungen auf lange Ziffernreihen, zu verkommen.

Wahrlich eine Pause in der Justizgesetzgebung ist durchaus nöthig, damit der mühselige und beladene Jurist wenigstens die allernöthigste Zeit gewinne, sich in dem Gesetzes-labyrinth und in den schon jetzt vorherzusehenden Novellen zurecht zu finden.

Und nun der freie Prozeßbetrieb durch die Parteien! — Wohin ist es mit diesem schönen Grundsatz gekommen? Man braucht ja nur einen Blick in die neuen Gesetze zu werfen, um zu sehen, wie das nobile officium judicio durch die Last mechanischer Prozeß- und Geschäftsleitung beschwert wird.

In der That gedenkt man am Rheine gern der Richter, die sich ausschließlich dem erhabenen Amte der Rechtsprechung zu widmen hatten, und auch wir Anwälte können nicht die schöne Zeit vergessen, wo wir selbständig und in freier Thätigkeit den Prozeß von Anfang bis zu Ende führten.

Wie soll es uns ferner verübeln, wenn wir nur mit großem Bedauern der Verkümmerung des mündlichen Verfahrens entgegensehen können?

Zwar schreibt die Deutsche Civilprozeßordnung die mündliche Verhandlung vor und es ist dem Gesetzgeber sicherlich voller Ernst damit — aber jeder Praktiker weiß, daß das mündliche Verfahren seinen hohen Entwickelungsgrad in den Rheinlanden ganz allein dadurch erreicht hat, daß nach hiesiger Prozeßart der Richter beim Beginne der mündlichen Verhandlung noch kein Sterbenswörtchen von dem ganzen Rechts-streit wußte und Alles, aber auch Alles erst aus dem Munde des vortragenden Advokaten zu erfahren hatte.

Auf diese Weise lag der Schwerpunkt der Sache wirklich in dem Vortrage.

Auf der anderen Seite ist gar nicht daran zu zweifeln, daß das jetzige System der Gerichtsakten, indem es dem

Richteramt vorherige Kenntniß gewährt, von der Mündlichkeit nur einen wesenlosen Schein übrig lassen kann! Die Gründe leuchten dem Kundigen so sehr ein, daß es Eulen nach Athen tragen hieße, wollte man hierüber noch ein Wort verlieren. —

Um nun einige Einzelheiten wenigstens noch anzudeuten, so erregt großes Bedenken: die allgemeine Verschiebung der Instanzen, die übergroße Erweiterung der Zuständigkeit des doch oft noch sehr jugendlichen Einzelrichters, das stark ausgebildete Institut der Haft im bürgerlichen Verfahren; auf dem Gebiete des Strafprozesses erregt noch mehr Bedenken die Befugniß der Strafkammer, bis zu 5, ja bisweilen bis zu 10 Jahren Zuchthaus zu erkennen — und noch dazu mit Ausschluß der Berufung!!

Nicht minder veranlaßt Zweifel der §. 259 der Civilprozeßordnung, der mit einem Schlage eine Reihe von Cautelen abschafft, die wir stets als sehr heilsam zu erkennen geglaubt haben. Hier berührt es eigenthümlich, daß der freien Ueberzeugung des Gerichts, wie einer unfehlbaren Weisheit schrankenloses Walten eingeräumt wird, während man auf der anderen Seite dem Anwalt, welcher doch dem Richter ebenbürtig ist, nicht einmal die Prozeßführung anvertraut.

Auch die allergrößte Beschwerde darf nicht mit Stillschweigen übergangen werden — nämlich das Gerichtskostengesetz.

Zu unglücklicher Stunde ist dieser Tarif der „Akte" der Justiz in die Welt gekommen und die jetzt schon erhobenen lauten Klagen der unabhängigen Presse verlangen die Abschaffung der schweren Last, unter der das rechtsuchende Volk seufzt.

Mit wahrer Freude hat man es ja auch gelesen, daß der jetzige Justizminister Preußens seine ihm Ehre machenden Bedenken im Abgeordnetenhause unverhohlen äußerte.

Es mag sein, daß das von der allgemeinen Militärnoth bedrückte Europa nicht zu dem edlen Grundsatz unentgeltlicher Rechtspendung zurückkehren kann — aber eine Veranlassung bestand doch wahrlich nicht, in ohnehin erwerblosen Zeiten noch über die Preußische Stempelsteuer hinauszugeben. Allerdings war diese auch eine Justizsteuer — aber sie war mäßig, hinderte Keinen an der Rechtsverfolgung und traf erst am Schlusse der Instanz den unterliegenden Theil.

Woher denn jetzt diese erdrückende Mehrbelastung?

Etwa um prozeßsüchtige Leute abzuschrecken?

Das hieße die Fliege auf der Stirn des Schlafenden mit einem Feldstücke tödten!

Am allermeisten Verstimmung hat es erregt, daß derjenige Gläubiger, welcher im Konkurs nicht auf die erste Einladung erscheint und später dennoch Admission verlangt, mit einer so empfindlichen Strafe belegt wird. Oder ist es etwa nicht eine wahre Geldstrafe, wenn er die volle Prozeßgebühr von dem Nominalbetrage seiner Forderung und außerdem noch Publikationskosten bezahlen muß? — und wozu? um später vielleicht eine sehr kleinere oder gar keine Dividende zu erhalten! Und das geschieht dem Gläubiger, der ganz Recht hat, sich zunächst einmal zu bedenken, ehe er für eine faule Forderung Kosten macht! Und wenn er nun später dennoch einem Hoffnungsschimmer folgt, dann dürfte er doch nicht wie ein Ungehorsamer bestraft werden, der eine Kontrolversammlung versäumt hat.

Am Rhein wenigstens fehlt für eine solche Härte gegen den ohnehin verlierenden Gläubiger jedes Verständniß und sehr wird der gemachte Rückschritt bedauert.

Hier zwingt die Rücksicht auf die Beschränktheit des zu beanspruchenden Raumes zum Schlusse und nur noch zum Abschluß sei die folgende Erwägung gestattet.

Wenn Kritik geübt wird, so soll das in der ehrlichen Absicht geschehen, die Besserung herbeizuführen und man soll dabei auch seine Augen nicht demjenigen Guten verschließen halten, welches wirklich dargeboten wird. Hierhin gehört es, daß wenigstens unserem Stande die Bahn eröffnet worden ist. Wir können, wenn wir treu und brüderlich zusammenhalten, wenn wir wie Männer mit ungebogenem Nacken unsern schweren Berufsweg wandeln, aus eigener Kraft ein einiger, mächtiger Körper Deutscher Anwaltschaft werden! Zwar haben wir Beschwerden (wohin z. B. der unliebsame Paragraph von der „Ungebühr" gehört) — aber im Ganzen ist uns Luft und Licht nicht verbaut.

So liegt es auch nur an uns, die unzweifelhafte Wahrheit zur Geltung zu bringen, daß Justizgesetze nur dann gelingen können, wenn die praktischen Erfahrungen des Anwaltstandes in erster Linie berücksichtigt werden.

Darum darf sich der deutsche Anwaltstand von der Betheiligung an der so nöthigen Gesetzeskritik nicht abdrängen lassen.

In diesem Sinne ist dieser Artikel nur ein Versuch der Anregung. Seinen Zweck hat er erreicht, wenn durch ihn befähigtere Kräfte zum Werke gebracht werden.

Die Hoffnung bleibt jedoch unverwehrt, daß manche Vereinsgenossen in den Ruf einstimmen werden:

Gegen die Gerichtsakten! — weil sie die Mündlichkeit ersticken.

Gegen das Gerichtskostengesetz! — weil es außer der Bedrohung der Existenz unseres Standes auch noch das Volk mit hohen Steuern belastet und sein Rechtsbewußtsein beirrt.[*)]

Köln, im Januar 1880.   A. B.

Vom Reichsgericht.

Das Reichsgericht hat in der Zeit vom 15. Dezember 1879 bis 15. Januar 1880 mehrere Hundert Civilprozeßsachen entschieden.

Von den in diesem Zeitabschnitte ausgefertigten Erkenntnissen sind folgende zu erwähnen.

Im Bereiche des Handelsrechts und zwar in Bezug auf die Kommanditgesellschaft ist (Nr. 227/1 79 vom 29. November 1879) angenommen, daß der Art. 165 A. D. H. G. B. im Sinne eines unmittelbaren Rechtes der Gläubiger gegen die Kommanditisten aufzufassen sei und daß wenn z. B.

[*)] Ob der Herr Verfasser nicht doch zu schwarz sieht? Freilich mit Ausnahme des Gerichtskostengesetzes dessen Härte bereits allgemein anerkannt wird.

S. H.

im Handelsregister das Kapital der Kommanditisten einfach auf 3.000 Mark angegeben sei, letztere sich den Gläubigern gegenüber auf eine Bestimmung des Gesellschaftsvertrages, wonach auf den Geschäftsantheil jährlich nur 12 Thlr. einzuzahlen seien, nicht berufen können. — In Ansehung des Kontokurrentverkehrs — Art. 291 A. D. H. G. B. — spricht das Reichsgericht i Nr. 16/79 I vom 26. November 1879) aus: Es genüge zur Herstellung eines solchen Rechtsverhältnisses in dem Geschäftsverkehr zwischen Kaufleuten das Einverständniß, daß die gegenseitigen einzelnen Leistungen nicht zur Erfüllung korrespondirender Verpflichtungen, beziehungsweise zur Tilgung einer gewissen einheitlichen oder zusammengesetzten Schuld dienen, sondern als unter sich und einander gegenüber unabhängige Kreditgewährungen gelten sollen bis zu einer nach gewissen Zeitabschnitten behufs Ermittelung, auf welcher Seite sich ein Ueberschuß herausstelle und auf wie hoch sich dieser, als eine selbstständige Forderung zu betrachtende Ueberschuß beziffere — vorzunehmenden Aufrechnung der Beträge des von jedem Kontrahenten Geleisteten und demnächst Vergleichung der beiden sich hieraus ergebenen Summen. — Das Stillschweigen auf eine Vertragsofferte ist (Nr. 87/79 I vom 19. November 1879) nach den Bestimmungen der Art. 318, 319, 322 A. D. H. G. B. prinzipiell nicht als Annahme derselben zu betrachten, und es ist vielmehr eine Thatfrage, ob demungeachtet in einem einzelnen Falle aus den besonderen Umständen desselben mit Rücksicht auf das Prinzip von Treu und Glauben doch auf Beantwortung einer Offerte auf deren Annahme geschlossen werden dürfe. — Die Verkaufsandrohung im Sinne des Art. 343 A. D. H. G. B. kann (nach Nr. 73/79 I vom 1. November 1879) auch durch Stellvertreter geschehen, und es ist bei Waaren, die einen Börsen- oder Marktpreis haben und öffentlich oder nicht öffentlich verkauft werden können, nicht erforderlich, daß die Verkaufsandrohung die gewählte Verkaufsart bezeichne.

Betreffs der Annahme der Waaren bei verspäteter Lieferung wird (Nr. 1/79 I vom 28. November 1879) ausgeführt, daß wenn die Lieferung zu spät, im Uebrigen aber vertragsmäßig erfolgt, der Käufer, von dem Falle des Fixgeschäftes abgesehen, die Waare annehmen müsse, wenn er nicht in Annahmeverzug gerathen wolle, L 17 D. de perie. 18, 6. Deshalb könne in der Annahme derselben ein Verzicht auf irgend ein Recht, insbesondere Entschädigung wegen Verspätung der Erfüllung nicht gefunden werden. Das Gegentheil sei auch (R. O. H. Entsch. III S. 276) nicht ausgesprochen. — Der Rügepflicht beim Distanzkauf ist (Nr. 7/79 I vom 19. November 1879) genügt wenn der Käufer nur rechtzeitig die mangelhafte Beschaffenheit der Waare gemeldet hat. Wo und wie, ob er die Waare untersucht hatte, ist gleichgültig. R. O. H. G. Entsch. 12 Nr. 29 S. 92. — Rücksichtlich des Eintrittsrechts des Kommissionärs Art. 376 A. D. H. G. B. wird (Nr. 226/79 I vom 3. Dezember 1879) unter Bezugnahme auf R. O. H. G. Entsch. 12 S. 188 und 23 S. 104 bemerkt, daß dasselbe nicht schlechthin deshalb, weil einen Kommittenten ein Preislimitum gestellt worden — wenn man im Auftrage zum ersten Kurse zu verkaufen beziehentlich zu kaufen, ein solches zu finden hätte, — rechtlich ausgeschlossen sei.

Im Bereiche des Wechselrechts findet sich (Nr. 372/79 III vom 12. Dezember 1879) der Ausspruch: War es auch zulässig, im Wege der Auslegung festzustellen, an welche Adresse der Wechsel gerichtet gewesen sei, so schließt doch die formale Natur des Wechselversprechens es aus, daß vom Wortlaute der Annahmeerklärung abgesehen und eine Firma als Acceptantin behandelt werde, welche nicht gezeichnet worden ist. — Zum Art. 45 A. D. W. O. wird (Nr. 179/79 III vom 11. November 1879) bemerkt, daß eine Benachrichtigung des Acceptanten von der Nichtzahlung des Wechsels selbst dann nicht erforderlich sei, wenn ein Domizilwechsel mit benanntem Domiziliaten vorliege. —

Das Reichshaftpflichtgesetz und zwar §. 2 desselben wird (Nr. 176/79 III vom 19. Dezember 1879) dahin ausgelegt, daß es auf den größeren oder geringeren Umfang der Funktionen eines Leiters oder einer Aufsichtsperson für die Verantwortlichkeit des Fabrikherrn nicht ankomme. Unter den gedachten Personen verstehe das Gesetz jeden, welcher eine Aufsichtsfunktion irgend welcher Art vorübergehend oder dauernd ausübt. — Die einstweilige Zuerkennung einer Rente während der Dauer des über die Haftpflicht angestrengten Prozesses wird (Nr. 49/79 III vom 15. Dezember 1879), sofern allgemeine prozessualische Grundsätze nicht entgegenstehen, als mit dem Haftpflichtgesetz vereinbar erklärt, aber anerkannt, daß die gewährende Schadenersatz nicht die Natur von Alimenten habe, und die provisorische Zuerkennung an die Voraussetzung geknüpft, daß die Haftpflicht an sich, sei es durch rechtskräftiges Erkenntniß oder Zugeständniß des Beklagten feststehe und etwa nur noch der Umfang der Schadenersatzpflicht oder die Frage in Streit befangen ist, ob derselbe nicht in Folge späterer Ereignisse in Wegfall gekommen sei.

Zur Reichsgewerbeordnung §. 123 Abs. 2 wird (Nr. 281/79 I H. vom 2. Dezember 1879) die Ansicht des Instanzgerichts mißbilligt, daß im Lehrvertrag ungeachtet der Unfähigkeit des Lehrlings zur Erlernung des betreffenden Handwerks verbindliche Kraft habe, falls die Unfähigkeit bereits zur Zeit des Vertragsabschlusses vorhanden gewesen und nicht erst nachträglich eingetreten sei. Das Gegentheil folge aus den allgemeinen Grundsätzen über Verträge und insbesondere aus dem Satze, daß über unmögliche Leistungen Verträge mit verbindlicher Kraft nicht geschlossen werden können. — Es wird weiter (Nr. 90/79 II vom 5. Dezember 1879) unter Billigung der Praxis des R. O. H. G. ausgeführt, daß nicht jede Beschränkung der gewerblichen Freiheit unzulässig sei, und demnach ein Vertrag für gültig erklärt, in welchem der eine Contrahent sich verpflichtet hatte, ein bestimmtes Konkurrenzgeschäft während der nächsten zehn Jahre in Deutschland nicht zu betreiben.

Ueber die Seemannsordnung vom 27. Dezember 1872, §§. 48, 49 und 50 ist (Nr. 150/79 I Erk. vom 29. November 1879) bemerkt, daß die Ansprüche des auf der Reise erkrankt zurückgelassenen Schiffsmannes gegen den Rheder nicht dadurch hinfällig werden, daß einiges Verschulden des Schiffsmannes an der Erkrankung untergelaufen sein möge. Die Verpflichtung des Rheders solle nur dann nicht eintreten, wenn die Krankheit oder deren Veranlassung die vorzeitige Entlassung ohne Entschädigung rechtfertigen würde. Nicht jedes Verschulden, durch welches sich der Schiffsmann die Erkrankung oder Verwundung zugezogen habe, sei hiernach als eine unerlaubte Handlung anzusehen, von welcher §. 50 S. O. rede und bei welcher man vorzugsweise Schlägerei, insbesondere nach einem ohne Erlaubniß erfolgten Verlassen des Schiffes vor Augen gehabt habe. Analog seien diese Grundsätze auch dann anzuwenden, wenn der bereits erkrankte oder verwundete Schiffsmann seine Genesung oder Heilung schuldvoller Weise verzögert oder schuldvoller Weise Rückfälle veranlaßt habe. Den Rechtsweg bei auf Kündigung angestellten Reichsbeamten betreffend ist (Nr. 103/79 II vom 9. Januar. 1880) angenommen, daß die Frage, ob die Kündigung mit Recht stattgefunden oder der Fall der Versetzung in den Ruhestand vorliege, von den ordentlichen Gerichten nicht zu entscheiden sei.

Für das sogenannte gemeine Recht sind folgende Entscheidungen von Belang. Es wird (Nr. 261/79 I H. vom 2. Dezember 1879) dargelegt, daß Schadensersatz wegen Tödtung eines Menschen nur von demjenigen gefordert werden könne, der bei der Tödtung wenigstens mitgewirkt habe. Nirgends werde aber diese Verantwortung auch demjenigen auferlegt, der sich zwar an dem schädigenden Ereigniß überhaupt betheiligt, zu dem Tödten oder Verwunden aber selbst nicht mitgewirkt habe. Die kriminelle Verantwortlichkeit bleibe ihm freilich nicht erspart. Dies gelte aber nur von dem Gesichtspunkte der Strafe, denn nicht sowohl die Herbeiführung der Tödtung, als die Betheiligung an einem ganz besonders gefährlichen verbrecherischen Thun an sich schon mit Strafe bedroht werde und zwar die Betheiligung jedweder Art, d. h. jede Thätigkeit wie auch immer geartet und gegen wen auch immer gerichtet, mithin selbst wenn sie in Handlungen besteht, die mit der Tödtung in gar keinem ursächlichen Zusammenhange stehen. — In Bezug auf den civilrechtlichen Dolus heißt es (Nr. 42/79 III vom 14. November 1879), mit Unrecht behauptet die vorige Instanz, daß ein Betrug (dolus), welcher civilrechtlich verantwortlich mache, die wissentliche Erregung eines Irrthums oder die Benutzung eines vorhandenen Irrthums voraussetze. Der Dolus erzeugt auch selbstständig, ohne Rücksicht auf rechtswidrige Täuschung rechtliche Folgen und kommt namentlich bei der Nichterfüllung bestehender Verträge in Betracht. — In Betreff der Haftung des Gastwirths für die eingebrachten Sachen des Reisenden wird (Nr. 243/79 II vom 7./14. November 1879) ausgeführt, daß in L 3 pr. D. IV 9 (Haftung für das übernommene aber noch nicht eingeladene Gut) nicht ein speziell nur für Schiffer geltender Satz, sondern der allgemeine Grundsatz des Ediktes auf den in jener Stelle angeführten Fall sei. Der Aufnahmeakt, wie er vom Gesetze für die Haftbarkeit des Wirths vorausgesetzt werde, falle daher nicht nothwendig mit der Aufnahme des Gastes ins Gasthaus und der Illation der betreffenden Sachen in dieses zusammen und wäre z. B. in dem Falle unzweifelhaft als erfolgt anzunehmen, wenn Jemand einen Wirth von seiner Ankunft mit dem Ersuchen, einen Wagen an den Bahnhof zu senden, benachrichtigt hätte, und die dem Führer des Wagens übergebenen Gegenstände, ehe diese oder der Reisende selbst in das Gasthaus gekommen, entwendet worden wären. — Ferner sei es zulässig, das Prinzip, welches dem an sich nicht anwendbaren Art. 395 A. D. H. G. B. zum Grunde liege, bei Entscheidung der Frage der eigenen Verschuldung des Gastes insofern heranzuziehen, als man diesem in dem Falle, wenn er Gegenstände von besonderem Werthe,

welche als solche nicht erkennbar sind, einem Bediensteten des Gastwirths zur Beförderung übergiebt, zumuthen könne, seinerseits eine gewisse Sorgfalt, insbesondere in Beachtung der Umstände, unter denen die Uebernahme der Gegenstände durch den Bediensteten geschieht, zu beobachten. — Rücksichtlich einer Stiftung für kirchliche Zwecke geht die Begründung des Artikels (Nr. 5/79 III vom 25. November 1879) von dem Satze aus: „Kirchliche Zwecke im Sinne vergangener Jahrhunderte umfaßten nicht allein Zwecke der Kirche im engeren Sinne, sondern auch Zwecke der Schule, indem die Schule als Zubehör der Kirche galt."

Zahlreich sind die das allgemeine Preußische Landrecht betreffenden erheblichen Entscheidungen. Ein Streit über den Umfang der Substanz eines Grundstückes hat zu dem Ausspruche (Nr. 38/79 II. H. vom 27. November 1879) veranlaßt: „Nicht alle Bestandtheile eines Grundstückes, welche nicht zu den Früchten gehören und daher im natürlichen Sinne für Theile der Substanz zu erachten sind, werden auch vom Gesetz als zur Substanz gehörig angesehen, im gesetzlichen Sinne gehören zur Substanz nur diejenigen Bestandtheile, ohne welche das Grundstück nicht das sein kann, was es vorstellen soll und wozu es bestimmt ist." §§. 4 und 5 I. 2 A. L. R. Die Wegnahme von Steinen wurde daher für keine Verringerung der Substanz des streitigen Grundstückes erklärt. — Zur Lehre vom animus juris bei Erwerb des Besitzes und Ersitzung wurde (Nr. 15/79 II. H. vom 27. November 1879) die Praxis des vormaligen Preußischen Obertribunals gebilligt, wonach in der Regel der Ersitzende nur die widerspruchslose Ausübung der streitigen Befugniß während der Verjährungszeit darzuthun habe, dies schließe aber nicht aus, daß der Richter im Einzelfalle Veranlassung haben könne, bei dem Handelnden den animus juris bis zur Führung eines Gegenbeweises zu vermissen. Vergl. §§. 81, 82, 107, 108 I 7, § 14 I A. L. R. — Ueber den Begriff der Besitzstörung wird (Nr. 215/79 V vom 6. Dezember 1879) gesagt: Das Recht des Besitzes bestimmt sich nach dem Umfange der thatsächlichen Gewahrsam und dem damit verbundenen Willen. Bei dem Sachbesitze ist dieser Wille der des Eigenthümers, dahin gehend, jede Verfügung eines Anderen über die Sache auszuschließen. Jede eigenmächtige Handlung, welche diese Gewahrsam thatsächlich berührt und mit der Absicht verbunden ist, sich mit dem Besitze des Besitzers in Widerspruch zu setzen, muß also jedenfalls als ein Eingriff in das Recht des Besitzes sich darstellen. Gewaltsam wird ein solcher Eingriff ohne Weiteres schon dadurch, daß er die Absicht, den Willen des Besitzers unberücksichtigt zu lassen, offen zu erkennen giebt. — In Betreff der Einrede, daß der Störende zu der Störung berechtigt gewesen sei, wird nach dem Vorgange des vormaligen Preußischen Obertribunals (Nr. 54/79 V) angenommen, daß das Recht zur Vornahme der störenden Handlung allerdings auch im Besitzprozesse zur Erörterung gezogen werden dürfe, jedoch nur, wenn der betreffende Einwand aus dem Besitze selbst hergeleitet werden könne. — Die Wiederherstellung des früheren Besitzstandes durch den Störer schließt die Possessorienklage nicht aus. Dadurch, heißt es (Nr. 83/79 V vom 6. Dezember 1879) daß der Störende, gleichviel aus welchem Grunde, vor oder nach Anstellung der Klage den gestörten Befitstand des Klägers wiederherstellt, wird die erfolgte Störung selbst nicht beseitigt und dem Gestörten das ihm aus derselben erwachsene Klagrecht nicht wieder entzogen. — Zum Nachbarrecht (Nr. 119/79 V vom 22. November 1879) wird ausgeführt, es gewähre §. 187 I 8 A. L. R. dem Grundeigenthümer die gesetzliche Befugniß, dem Nachbar die Erniedrigung des Bodens innerhalb drei Fuß von der auf der Grenze befindlichen Verzäunung zu untersagen. Diese gesetzliche Untersagungsbefugniß habe denselben Inhalt, welchen eine durch Vertrag oder sonstigen Privatrechtstitel als Grundgerechtigkeit constituirtes Untersagungsrecht haben könnte. Hieraus folge aber nicht, daß dieselbe auch Gegenstand des Besitzes sein könne, und daß dieser durch den ihr entsprechenden Zustand der benachbarten Grundstücke hergestellt werde. Vergl. §§. 86, 87 I 7 A. L. R. — Hinsichtlich der Kassirung der in dem §. 100 I 8 A. L. R. bezeichneten Gräben wird (Nr. 30/79 II. H. vom 27. November 1879) ausgesprochen, daß mit Rücksicht auf das Marginale zu §. 33 I 8 und §. 190 I 8 A. L. R. die Aufhebung solcher Gräben durch Willenserklärung ausgeschlossen sei. Die gänzliche Beseitigung einer solchen im Landesculturinteresse nothwendigen Wasserleitung sei daher der Privatwillkür jedenfalls entzogen und in solchen Fällen der §. 43 I 22 A. L. R. unanwendbar. — Zu §. 41 des C. C. Ges. vom 5. Mai 1843 (Grundbuchrecht) (Nr. 116/79 I H. vom 25. November 1879) ist der Rechtssatz anerkannt: Bei der Veräußerung eines mit Hypotheken belasteten Grundstückes erlangt der Gläubiger gegen den Erwerber, welcher die Hypothekschulden, denen eine persönliche Verbindlichkeit zum Grunde liegt, in Anrechnung auf das Kaufgeld übernimmt, im Augenblick des Ueberganges des Eigenthums am Grundstücke die persönliche Klage, und zwar ohne daß er seinen Beitritt zu dem Veräußerungsvertrage durch ausdrückliche Erklärung oder auch nur stillschweigend zu erkennen zu geben nöthig hat.

Anlangend die Klagen auf Herausgabe einer Sache oder Auflassung, so wird (Nr. 7/79 V vom 29. November 1879) der Gegensatz zwischen der Eigenthumsklage und der persönlichen Forderungsklage auf Herausgabe oder Auflassung erörtert. Bei letzterer sei es nicht wesentlich, daß der Beklagte Besitzer der Sache sei, die Verpflichtung zur Herausgabe oder Rückgabe einer Sache erleide keine Aenderung durch subjektive Hindernisse, welche ihrer Erfüllung entgegenstehen, nicht aber die objektive Unmöglichkeit begründen. Die persönliche Verpflichtung zur Herausgabe beziehungsweise Uebereignung einer Sache, also auch zur Auflassung eines Grundstücks werde nicht lediglich durch ihre Veräußerung, beziehungsweise Auflassung an einen Dritten in eine bloße Entschädigungsforderung umgewandelt. — Rücksichtlich des Rechtswegs bei dinglichen Klagen wird (Nr. 5/79 II H. v. 24. November 1879) der Satz aufgestellt, daß eine Klage auf Untersagung der Benutzung eines öffentlichen Weges, wenn kein besonderes Privatrecht an demselben verfolgt werde, bei den ordentlichen Gerichten nicht stattfinde. — Die Klage auf Anerkennung besonderer Privatrechte an öffentlichem Eigenthum sei bei deren rechtlicher Möglichkeit, wie (Nr. 174/79 V v. 22. November 1879) ausgesprochen wird, prozeßfähig. — Das Zurückbehaltungsrecht des Vermiethers betreffend wird (Nr. 52/79 I H. v. 25. November 1879) unter Bezugnahme auf Anh. §. 302

A. G. O. §. 395 I 21 A. L. R. §. 33 Nr. 4 Pr. K. K. O. vom 8. Mai 1855 ausgeführt, daß das Zurückbehaltungsrecht auf dasjenige beschränkt sei, was zur Bezahlung der schuldigen Miethe nöthig ist. — Sodann ist unter Bezugnahme auf die Praxis des vormaligen Preußischen Obertribunals (Nr. 35/79 I H. vom 28. November 1879) bezüglich des Rücktrittsrechts des Vermiethers anerkannt, daß wenn der Vermiether den Miethzins für das kommende Quartal mit der Kenntniß von dem vertragswidrigen Verhalten des Miethers vorbehaltlos angenommen hat, er des Rechts, die Entsetzung des Miethers aus dem Miethsbesitze zu verlangen, verlustig gegangen ist. — Aus dem Obligationenrecht ist zu erwähnen der Ausspruch (Nr. 5/79 I H. vom 5. Dezember 1879): die Bestimmung des §. 271 I 5 A. L. R.. wonach derjenige, welcher die Erfüllung eines Vertrages verlangt, nachweisen muß, daß er denselben von seiner Seite ein Genüge geleistet habe, setzt voraus, daß die in einem Vertrage übernommenen beiderseitigen Verpflichtungen im Verhältnisse von Leistung und Gegenleistung zu einander stehen. Es ist nicht ausgeschlossen, daß die Leistungen sich nicht in der in dem §. 271 angegebenen Weise bedingen sollen, insbesondere wird die Gültigkeit einer derartigen Uebereinkunft nicht dadurch beeinträchtigt, daß sie nicht mit ausdrücklichen Worten getroffen ist, wenn sie sich aus dem Inhalte und Zusammenhange der vertragsmäßigen Erklärungen mit Bestimmtheit ergiebt. — Zum §. 109 I 11 A. L. R. wird angenommen, (Nr. 123/79 I H. vom 3. Dezember 1879) derselbe betreffe nur das Verhältniß der Kaufcontrahenten in Beziehung auf die Nutzung der Kaufsache und des vereinbarten Draufgeldes und spreche nur einen in der regelrechten Vertragswirkung begründeten Satz aus, auf das Verhältniß des bloßen Besitzers der für das Kaufgeld verpfändeten Sache zum Verkäufer sei er ganz unanwendbar. — Die Fütterungskosten eines Thieres sei der begründeten Wandlungsklage sind (Nr. 44/79 I H. vom 18. November 1879) in der Regel von dem Verkäufer zu ersetzen. Das Preußische Recht will bei der Wandlungsklage den früheren Zustand hergestellt haben. Früchte und Nutzungen sollen dem zurückgebenden Käufer als redlichem Besitzer bleiben, soweit er sich nicht mit dem Schaden des Gegners bereichern würde; §. 189 I 7 A. L. R. §. 327 Theil I Titel 5 a. a. O. legt ihm allerdings die Pflicht auf, die Sache in dem Zustande zurückzugeben, wie er sie empfangen hat; und insofern hat er ein Interesse, die Sache zu erhalten. Dieses Interesse stellt sich indessen nicht als ein eigener Vortheil im Sinne des §. 254 Theil I Titel 13 des A. L. R. dar. Vielmehr bürdet §. 212 Titel 7 Theil I des A. L. R. die zur Erhaltung der Substanz nothwendigen und mit dem Besitze der Sache in untrennbarer Verbindung stehenden Kosten dem Eigenthümer auf. — Das Vorzugsrecht des §. 77 Pr. K. K. O. vom 8. Mai 1855 für Lidlohn wird auch (Nr. 10/79 I H. vom 18. November 1879) den Fabrikarbeitern die auf Kündigung, z. B. vierzehntägige, stehen, zuerkannt.

In Ansehung des Verwaltungsvertrages wird (Nr. 64/79 IV vom 8. Dezember 1879) gesagt: Wenn ein Prinzipal seinem Verwalter die Zahlung des bedungenen Lohnes verweigert, weil der Verwalter der ihm obliegenden Verpflichtung, Rechnung zu legen und die mit der Verwaltung in Verbindung stehenden Bücher auszuantworten (§§. 135 flg., §. 160 Theil I Titel 14 des Allgemeinen Landrechts) nicht nachkommt, so übt der Prinzipal nicht ein Retentionsrecht aus, sondern er wendet ein, er sei nicht verpflichtet zu erfüllen, weil der Verwalter seinerseits nicht erfüllt habe. Für einen solchen Fall sind also nicht die §§. 539, 552 Theil I Titel 20 des Allgemeinen Landrechts, anwendbar, sondern es muß §. 271 Theil I Titel 5 des Allgemeinen Landrechts zur Anwendung kommen. Zur Rechtswirksamkeit der formlosen Schenkung ist (Nr. 42/79 IV vom 11. Dezember 1879) die Naturalübergabe, sowohl bei unbeweglichen, wie bei beweglichen Sachen erforderlich. Die symbolische Uebergabe (Einhändigung der Schlüssel zum Aufbewahrungsorte der beweglichen Sache) genügt nicht. — Im Bereiche des Erbrechts wird (Nr. 39/79 IV vom 22. November 1879) der Satz anerkannt, daß der Gläubiger des Leben seines Schuldners, bevor sie die Verlassenschaft unter sich getheilt haben, nur zusammen auf Zahlung der Forderung an ihren Erblasser belangen dürfe. Vergl. §. 127 I 17 A. L. R. — Nach dem Systeme des Preußischen Rechts stellen (Nr. 75/79 IV vom 27. November 1879) die Rechte der Einzelerben an die Gemeinschaft nur ein ideelles, der Disposition zwar nicht entzogenes, in gewisser Beziehung durch das Resultat der Erbtheilung bedingtes Sondereigenthum dar. — Für das Eherecht ist der Spruch (Nr. 46/79 IV vom 20. November 1879) von Bedeutung: Man muß das Eheverbot des §. 33 Nr. 5 des Reichsgesetzes vom 6. Februar 1875 (R. G. Bl. S. 30) auch auf den Fall beziehen, wenn die Ehetrennung auf Grund des §. 673 II 1 A. L. R. ausgesprochen ist. Der erkennende Richter ist aber durch das letztgedachte Reichsgesetz nicht von der Verpflichtung entbunden, in das Urtheil gemäß §. 736 des cittirten Titels die Bestimmung aufzunehmen, daß dem schuldigen Ehegatten die anderweite Verheirathung nur durch besondere Erlaubniß zu gestatten sei. Denn dieser Paragraph statuirt nicht ein über den §. 25 dieses Titels und §. 33 Nr. 5 des Reichsgesetzes vom 6. Februar 1875 hinausgehendes Ehehinderniß (wie in dem Aufsatze auszuführen gesucht wird, welcher in dem nicht amtlichen Theil des Preußischen Justizministerialblattes von 1875 S. 119 abgedruckt ist), sondern derselbe hat nur die Bedeutung und den Zweck, die Wirksamkeit des im §. 25 aufgestellten Ehehindernisses zu sichern. Es handelt sich bei der Instruktion der §§. 736, 737 nicht um einen ein aufschiebendes Ehehinderniß enthaltenden Konsens des Gerichts, sondern nur um die Feststellung der in dem letzten Paragraphen hervorgehobenen Thatsachen mittelst eines gerichtlichen Zeugnisses. Endlich läßt sich auch nicht bezweifeln, daß, da die zuletzt gedachten Paragraphen dem öffentlichen Recht angehören und lediglich den Abschluß gesetzlich ungültiger Ehen zu verhindern bezwecken, der Vorbehalt von Amtswegen auszusprechen ist, und daß dies so lange zulässig ist, als die Trennung der Ehe noch nicht rechtskräftig ist. Auch wenn die Entscheidung des Revisionsrichters von dem des Ehebruchs schuldig erachteten Ehegatten angerufen wird, ist es keine reformatio in pejus, wenn der Revisionsrichter durch Hinzufügung des Vorbehalts, das der Vorderrichtern Versäumte nachholt. — Das eheliche Güterrecht betreffend, ist der Ausspruch (Nr. 484/79 IV vom 27. November 1879) zu verzeichnen, daß der Ehemann als Nießbraucher des Vermögens seiner Ehefrau dieselben Rechte und Pflichten, wie jeder andere Nießbraucher hat, namentlich auch wegen Ver-

gütung für die aus eigenen Mitteln geleisteten Kapitalzahlungen. Vergl. §. 231 II 1 A. L. R. — Den Erwerb der Ehefrau anlangend, wird (Nr. 43/79 IV vom 26. November 1879) ausgeführt, daß die Vorschrift des §. 211 II 1 A. L. R. sich auf den Erwerb der Frau durch ihre schaffende Thätigkeit außerhalb des Haushalts oder Gewerbes des Ehemannes, nicht aber auf lästige Verträge der Ehefrau mit einem Dritten, welche eine Hingabe aus ihrem Vermögen und eine Gegenleistung aus dem des andern Kontrahenten als Vergütung des Gegebenen zum Gegenstande haben, bezieht. — Bei der Frage über die Ersatzansprüche der in Abwesenheit des Ehemannes verwaltenden Ehefrau kommen (Nr. 81/79 IV vom 8. Dezember 1879) die §§. 185, 186 II 1 A. L. R. nicht in Betracht. Diese Frage ist nach §§. 202 ff. und 321 II 1 A. L. R. und soweit diese Vorschriften darüber eine spezielle Bestimmung nicht enthalten, nach allgemeinen Rechtsgrundsätzen zu entscheiden. Es wird deshalb die Annahme des Instanzrichters, daß die Ehefrau, wenn sie auch mit unverhältnißmäßig großen Kosten Wirthschaft, Haus und Geschäft des Ehemannes in dessen Abwesenheit verwaltet, nicht verpflichtet sei, diese Kosten zu tragen, für richtig erklärt. — Die Alimentationspflicht der Verwandten hat zu dem Spruche (Nr. 97/79 IV vom 4. Dezember 1879) veranlaßt, daß der unterstützungspflichtige Verwandte in der Regel seine Pflicht erfüllt, wenn er dem verarmten Verwandten Naturalverpflegung gewährt, er werde aber der vorläufig verpflegenden Armenverbande gegenüber dadurch nicht frei, daß der Unterstützte die Naturalverpflegung nicht annimmt. Es genüge dann nicht, daß der Pflichtige dem Armenverbande gegenüber zur Naturalverpflegung sich erbiete, sondern er sei seine Sache, sich in die Lage zu bringen, die Naturalverpflegung zu gewähren. Der Armenverband sei auch nicht verbunden, dem Pflichtigen den Armen zuzuführen. — Die Ansprüche aus der unehelichen Vaterschaft werden ausgeschlossen durch den Nachweis, daß die Mutter wegen unzüchtigen Lebenswandels berüchtigt ist. §. 9 lit. b, Gesetz vom 24. April 1854. Das Berüchtigtsein wird (Nr. 96/79 IV vom 24. November 1879) bemerkt, ist als eine durch Zeugenvernehmung festzustellende Thatsache vom Gesetzgeber betrachtet und daher nicht nothwendig, einen dahin gehenden Beweis durch Angabe bestimmter Thatsachen zu substantiiren. — Der Art. 15 der Pr. Verf. U. in seiner ursprünglichen Fassung ist (Nr. 21/79 II vom 13. Januar 1880) dahin ausgelegt, daß durch denselben die Nothwendigkeit staatlicher Genehmigung bei Veräußerung von Kirchengrundstücken nicht aufgehoben ist. Die Stempelgesetzgebung ist erläutert durch die Entscheidung (Nr. 131/79 IV vom 4. Dezember 1879), daß der Kaufstempel dann nicht zu entrichten sei, wenn einer der Miterben zum Zwecke der Theilung die Antheile der übrigen Miterben durch Erbschaftskauf erworben hat. Vgl. A.-O. vom 21. Juni 1844. — Dem Quittungsstempel ist (Nr. 86/79 IV. vom 18. Dezember 1879) nicht die Urkunde unterworfen, in welcher die Kasse einer Korporation (Kommune) einer anderen Kasse derselben Korporation über eine geleistete Zahlung quittirt. — Die Vormundschaftsordnung vom 5. Juli 1875 ist (Nr. 392/79 I H. vom 28. November 1879) dahin ausgewendet, daß der Preußische Vormundschaftsrichter einen in Preußen sich aufhaltenden, aber in seinem Heimathsstaate bevormundeten minderjährigen Nichtpreußen zum Zwecke des Betriebes einer Rechtsangelegenheit in Preußen unter Umständen einen Pfleger bestellen dürfe. — Die Armenunterstützung, welche ein Armenverband den Kindern der unvermögenden Eltern gewährt hat, ist (Nr. 27/79 IV vom 27. November 1879) nach den Grundsätzen des preußischen Rechts von den Eltern, wenn sie später zu Vermögen gelangen, aus dem Gesichtspunkte der nützlichen Verwendung zu ersetzen.

Aus dem Bereiche des französischen Rechts ist zu erwähnen (Nr. 26/79 II vom 16. Dezember 1879) die Anerkennung des Grundsatzes, daß die in dem Strafurtheil festgestellten Thatsachen für den Civilrichter maßgebend sind (le criminel emporte le civil). — Es ist ferner (Nr. 43/79 II vom 7. Januar 1880) unter Anwendung des Art. XII. Einführ. Ges. zum Pr. Str. G. B. vom 14. April 1851 angenommen, daß im Falle der Einstellung der Untersuchung wegen fahrlässiger Körperverletzung nach Ablauf der für dieses Vergehen gesetzten Verjährungsfrist eine Civilklage auf Entschädigung wegen Fahrlässigkeit (Art. 1382 ff. c. c.) nicht mehr zulässig sei. — Die Pfarrdotalgüter in der Rheinprovinz (die Diöcesen Trier, Aachen und Mainz) sind (Nr. 31/79 II vom 7. Februar 1880) Eigenthum der Kirchengemeinden und nicht des Staates. — Die Enregistrementsgesetzgebung betreffend ist (Nr. 99/79 II vom 16. Dezember 1879) angenommen, daß die jährliche Taxe für die Uebertragung von Aktien nach Art. 6 des frnz. Ges. vom 23. Juni 1857 nur in dem Falle eintrete, wo eine Uebertragung mit rechtlicher Wirkung für die Aktiengesellschaft ohne Ueberschreibung in deren Register stattfinden könne.

Aus dem Bereiche des Provinzial- und Statutarrechts ist im Fall (Nr. 42/29 III vom 14./11 1879) Mainzer Landrecht zu erwähnen. Der Pächter (Beständer Tit. 27 §. 3 des Mainzer Landrechts von 1755) hat nach dem M. L. R. nur ein dingliches Recht. Dasselbe kann aber einem Pfandgläubiger gegenüber, welchem schon vor der Verpachtung ein öffentliches Pfandrecht bestellt ist, nicht zur Wirksamkeit gelangen. — **M. u. F.**

Die Bedeutung der Worte: Bevollmächtigter, Repräsentant oder zur Leitung oder Beaufsichtigung des Betriebes oder der Arbeiter angenommene Person in §. 2 des Gesetzes vom 7. Juni 1871.

Erkenntniß des R. G. III C. S. vom 14. Dezember 1879
i. S. Klein ca. Fischer.

Kläger war als Taglöhner in der Eisengießerei des Beklagten beschäftigt. Am 8. September 1877 befahl der Gießer Konrad Fischer dem Kläger und dem Taglöhner Martin, mit flüssigem Eisen gefüllte Pfanne ihm zur Form tragen zu helfen; dort angelangt, ließ er die Pfanne niederstellen, kommandirte nach kurzer Zeit, um zum Guß zu schreiten: "Auf", ließ sogleich nach diesem Kommando die Pfanne so rasch in die Höhe, daß die beiden Taglöhner recht mehr Zeit genug hatten, um gleichzeitig mit ihm auf der entgegengesetzten Seite die Pfanne zu heben; von der dadurch ins Schwanken gekommenen Masse stoß ein Theil heraus und auf den Boden, hiervon spritzte ein Tropfen in das rechte Auge des Klägers, welches dadurch schwer verletzt und der Sehkraft für immer beraubt worden ist.

Der I. Richter hat eine Entschädigung zugesprochen, der II. Richter die Klage abgewiesen. Das R. G. hat das Erkenntniß des II. Richters vernichtet, und die Sache zur nochmaligen Verhandlung und Entscheidung in die II. Instanz zurückverwiesen.

Gründe:

Die Abweisung der Klage ist aus zwei Gründen erfolgt; zuvörderst wird verneint, daß der Gießer Konrad Fischer zu den zur Leitung oder Beaufsichtigung des Betriebes oder der Arbeiter angenommenen Personen gehöre.

Obgleich nämlich festgestellt wird, daß die beiden Gießer zur Aushülfe bei dem Heben und Tragen der Pfanne zugetheilten Taglöhner den Befehlen desselben zu gehorchen haben und der Gießer dabei die Stellung eines Vorarbeiters einnehme, und daß dies insbesondere auch in der Gießerei der Beklagten so gehalten worden sei, versagt das Appellationsgericht dennoch dem Paragraph zwei des Haftpflichtgesetzes die Anwendung und zwar aus solchen Gründen, welche bei richtiger Auslegung des Gesetzes keine Beachtung finden durften.

Zunächst deshalb, weil der Gießer doch nur ein gewöhnlicher Fabrikarbeiter und dem Gießmeister untergeben sei, welchem die technische Leitung und Aufsicht beim Gießen zukomme. Das Gesetz unterscheidet aber bezüglich der Haftung nirgends zwischen dem größeren und geringeren Umfange der Funktionen, sondern erkennt vielmehr an, daß die Haftung des Fabrikherrn nicht nur durch das Verschulden des Bevollmächtigten oder Repräsentanten, sondern auch durch das solcher Personen begründet werde, welche zur Leitung oder Beaufsichtigung des Betriebes oder der Arbeiter angenommen sind. Hierunter versteht das Gesetz nach seinem Vorbilde, dem Artikel 74 des preußischen allgemeinen Berggesetzes, inhaltlich der Motive und der Aeußerungen bei seiner Berathung seden, innerhalb welcher er für die Ausführung der ihm ertheilten Weisungen selbständig leitend und beaufsichtigend zu sorgen hat, deßen Abhängigkeit von demjenigen, von welchem diese Weisung ausgegangen ist, höchstens insofern sich nur als das Verschulden in der zuerst ertheilten Weisung selbst und nicht in der Ausführung zu finden wäre, wodurch jedoch die Haftung des Principals nicht ausgeschlossen, sondern nur aus der Verschuldung der mittelbar vorgesetzten Persönlichkeit hergeleitet würde. Bei einer folgerichtigen Durchführung der Ansicht des Königlichen Appellationsgerichts müßte auch die Haftung für ein etwaiges Verschulden des Gießmeisters abgelehnt werden, da auch dieser in der Regel die Weisungen eines ihm Uebergeordneten entgegenzunehmen hat.

Bei der dargelegten Auslegung des Gesetzes muß aber auch die andere Erwägung des Appellationsgerichts hinfällig erscheinen, welche der untergeordneten Stellung und dem geringen Maße technischer Kenntnisse des Gießers entnommen ist; denn mit der untergeordneten Stellung und dem geringen Wirkungskreise vermindert sich nur der Umfang der Verantwortlichkeit, ohne daß diese gänzlich aufhöre, und ist es immer ein die Haftung des Principals begründendes Verschulden, wenn ein solcher Leiter diejenige Umsicht und Sorgfalt nicht ausübt, welche bei dem bescheidenen Maße von Kenntnissen, welche er anzuwenden hat, erfordert werden müssen.

Wenn endlich, worauf weiter noch Gewicht gelegt wird, die hier in Frage stehende Arbeit nur eine einfache und gewöhnliche ist, so ist es doch rechtsirrthümlich, wenn daraus hergeleitet wird, daß derjenige, unter deßen Befehl und deßen Vorgehen sie auszuführen war, nicht als Leiter und Beaufsichtiger anzusehen sei.

Mit dieser letzteren unrichtigen Annahme steht aber der zweite Grund für die Klagabweisung unverkennbar im Zusammenbange. Es wird nämlich gesagt, daß, wenn auch Conrad Fischer zu den im §. 2 aufgeführten Personen gerechnet werden könnte, dies doch nicht in Bezug auf jene Handlung desselben der Fall wäre, in Folge deren der Kläger das rechte Auge einbüßte, denn die Verletzung des Auges sei nicht durch sein Commando, die Pfanne emporzuheben, herbeigeführt, sondern durch sein übereiltes, einseitiges Aufheben derselben und diese seine Thätigkeit sei jedenfalls die eines einfachen Arbeiters gewesen.

Das Appellationsgericht nimmt hiernach an, daß durch ein schuldhaftes Handeln eines Leiters oder Aufsehers die Haftung des Prinzipals nicht begründet werden könne, sofern die fragliche Thätigkeit nur die eines einfachen Arbeiters gewesen ist und erachtet schon mit der thatsächlichen Feststellung, daß dies der Fall war, den Klaganspruch für beseitigt. — Dies genügt aber nicht; denn auch durch verkehrte und unvorsichtige Verrichtung der Thätigkeit eines Arbeiters kann der Leiter oder Aufseher ein Verschulden im Sinne des §. 2 cit. verüben, sofern diese seine Mitthätigkeit mit den ihm untergebenen Arbeitern ungeachtet der thatsächlichen Gleichheit der Verrichtungen doch als ein Theil der Leitung für die Ausführung der gemeinschaftlich zu vollbringenden Arbeit entscheidend und für die Mitarbeiter das maßgebende Beispiel ist.

Aus der Gleichheit der Thätigkeit des mitwirkenden Vorarbeiters mit derjenigen der ihm unterstellten einfachen Arbeiter kann nicht die allgemeine Folgerung gezogen werden, daß ein Verschulden des Vorarbeiters bei der Ausführung der Verrichtung nicht als ein Verschulden bei der Leitung oder Beaufsichtigung zu gelten habe.

Es ist nicht blos denkbar, daß das mitthätige Eingreifen des Aufsehers, obgleich es, an sich betrachtet, als ganz die gleiche Thätigkeit wie die der übrigen Arbeiter erscheint, dennoch insofern die gleiche Wichtigkeit wie sein Kommando habe, als es dieses ergänze oder gar ersetze, sondern es kann auch vorkommen, daß das Miteingreifen des leitenden Fabrikarbeiters in so enger Verbindung mit dem Kommandoworte steht, daß ein hierbei begangener Fehler im Sinne des Gesetzes als ein Versehen der mit Leitung des Betriebs betrauten Person angesehen werden muß; Letzteres trifft namentlich in dem Falle zu, wo der leitende Fabrikarbeiter auf sein Kommandowort ein so übermäßig rasches Eingreifen in die Arbeit folgen läßt, daß ein gleichzeitiges Mitwirken des Arbeiters unmöglich macht und dadurch einen Unfall herbeiführt; denn die eigentliche Aufgabe der Leitung besteht ja doch in solchem Falle darin, ein gleichzeitiges Eingreifen sämmtlicher Arbeiter zu erwirken. Und es kann also rechtlich keinen Unterschied begründen, ob der Leitende unzeitig oder mangelhaft das Kommandowort ausspricht, oder ob er das durch seine Leitung herbeizuführende gleichzeitige Zusammenwirken in anderer Weise vereitelt.

Hiernach beruht es auf einer zu engen Auslegung des §. 2, wenn dessen Anwendung schon aus dem Grunde verneint wird, weil die Thätigkeit, bei welcher ein Vorgesetzter schuldhaft verfahren ist, die eines gewöhnlichen Arbeiters war und nicht geprüft wurde, welche Bedeutung diese Thätigkeit eben dadurch gewonnen hat, daß sie von dem Vorgesetzten bei der Ausführung derjenigen Arbeit verrichtet worden ist, bei welcher er den anderen Arbeitern zu befehlen und zugleich zu helfen hatte.

Beide Gründe, aus welchen die Klage abgewiesen worden, beruhen demnach auf einer unrichtigen Anwendung und Auslegung des §. 2 des Gesetzes vom 7. Juni 1871 und war deshalb das Urtheil zu vernichten.

Berichtigung.

In dem Artikel „Geschäftsvertheilung" in Nr. 3 muß es heißen unter Frankfurt a./M.: II. Landgerichtsbezirke Hechingen, Limburg, Neuwied, Wiesbaden und die übrigen Theile des Landgerichtsbezirks Frankfurt a./M.

Personal-Veränderungen.
Ordensverleihungen.

Es wurde verliehen den Justizräthen Kellermann in Gnesen den Kronenorden dritter Klasse; — Knerr in Culm der Rothe Adlerorden dritter Klasse mit der Schleife.

Zulassungen.
a. Amtsgerichte.

Amtsrichter Quassowski in Darkehmen bei dem Amtsgericht in Gumbinnen mit Wohnsitz in Gumbinnen; — Adolf Bräul bei dem Amtsgericht in Grätz; — Heribert Seiberg bei dem Amtsgericht in Emmerich; — Leopold Ernst Arnold und Rudolph Wilhelm August Döbner bei dem Amtsgericht in Sonneberg; — Lindenschmid bei dem Amtsgericht in Elberfeld; — Franz Albert Dierick bei dem Amtsgericht in Beckum.

b. Landgerichte.

Schäffer in Militsch bei dem Landgericht in Oels mit Anweisung seines Wohnsitzes in Oels; — Gerichtsassessor Dr. Fischer bei dem Landgericht in Cöln; — Reblich in Guhrau bei dem Landgericht in Glogau; — David Frenckel hat seinen Wohnsitz von Zweibrücken nach Kaiserslautern verlegt; — Paul Wolski bei dem Landgericht in Allenstein; — Panike in Münsterberg bei dem Landgericht in Glatz; — Joseph früher in Reidenburg bei dem Amtsgericht in Straßburg W.-Pr.; — Zenz in Elberfeld und Altenberg in Barmen bei dem Landgericht in Elberfeld und der Kammer für Handelssachen in Barmen; — Gerichts-Assessor Dr. Krause bei dem Landgericht in Königsberg i. Pr.; — Bernhard Breslauer bei dem Landgericht I in Berlin; — Carl Altenberg in Barmen bei dem Landgericht in Elberfeld; — Louis Julius Damm bei dem Landgericht in Dresden; — Adolf Baumstark in Freiburg ist in der Liste der bei dem dortigen Landgerichte eingetragenen Rechtsanwälte gelöscht.

c. Ober-Landesgerichte.

Dr. Büsing in Eutin bei dem Ober-Landesgericht in Hamburg; — Carl Lewald aus Mannheim bei dem Reichsgericht in Leipzig; — Klöppel und Lipke bei dem Kammergericht in Berlin; — Adolf Baumstark bei dem Ober-Landesgericht in Karlsruhe; — Justizräthe Rendtorff, — Castagne, Feldmann, — und Dr. Seestern-Pauly bei dem Ober-Landesgericht in Kiel.

Ausscheiden aus der Rechtsanwaltschaft.

Rechtsanwalt Hoffmann in Insterburg ist zum Amtsrichter in Stallupönen ernannt.

Todesfälle.

Justizräthe Moritz Jüdell in Celle; — Lingmann in Coblenz.

Für die Redaktion verantw.: E. Haenle. Verlag: W. Moeser, Hofbuchhandlung. Druck: W. Moeser, Hofbuchdruckerei in Berlin.

Hierbei eine Beilage: Auszug aus den Mittheilungen der Verhandlungen des Sächsischen Landtages über Einführung der neuen Justizgesetzgebung.

№ 5.   Berlin, 1. März.   1880.

Juristische Wochenschrift.

Herausgegeben von

S. Haenle,   und   M. Kempner,
Rechtsanwalt in Ansbach.   Rechtsanwalt beim Landgericht I. in Berlin.

Organ des deutschen Anwalt-Vereins.

Preis für den Jahrgang 12 Mark. — Inserate die Zeile 30 Pfg. — Bestellungen übernimmt jede Buchhandlung und Postanstalt.

Die strafrechtliche Thätigkeit des Reichsgerichts.

II.

Seit dem ersten Berichte in Nr. 1 Seite 5 u. fg. dieser Zeitschrift ist die Aufarbeitung der übernommenen Rückstände durch das Reichsgericht sehr vorgeschritten, ja man kann sagen, vollendet, obgleich noch immer eine erhebliche Anzahl von, nach altem Verfahren zu behandelnden Sachen zum Einlauf kommt. Immerhin überwiegt aber bereits die Zahl derjenigen Fälle, in welchen das neue Verfahren maßgebend ist, und zeigt dies auch die nachfolgende Anzahl von, über den Strafprozeß bereits ergangenen Präjudizien. Dieselben charakterisiren sich durch Hinwirkung auf eine formell und materiell genauere Handhabung des Prozesses, als dies bisher in der Gewohnheit vieler Gerichte lag. Diese letztere Erscheinung, wie die zur Anwendung gekommene Correctur erklärt sich durch das in Wegfall gekommene Institut der Berufung. Die Thatsache, daß Beschwerden im Wege der Berufung noch geltend gemacht werden konnten, veranlaßte offenbar bisher die Gerichte, dem Entlastungsbeweis und der Vertheidigung eine geringere Sorgfalt zuzuwenden, und diese Gewohnheit wirkt noch nach. Andererseits sind sicher die Bestrebungen des Reichsgerichts gerechtfertigt, dieser Gewohnheit entgegen zu wirken und dadurch die Gefahren zu vermindern, die unstreitig darin liegen, daß mit der Entscheidung der Thatfrage eine einzige Instanz befaßt ist. Die Raschheit, mit der in Deutschland die Schwurgerichte sich eingelebt haben, und die Anhänglichkeit an diese Institution, welche allenthalben sich findet, wo dieselbe besteht, zeigen am besten, daß das öffentliche Rechtsgefühl an dem Mangel einer zweiten Instanz keinen Anstoß nimmt. Dafür müssen auch die Garantien der Rechtssicherheit durch jene sorgfältige Vorbereitung der Urtheilsfällung geboten sein, welche bisher schon in Schwurgerichtsfällen zur Anwendung kam.

Daß dies nothwendig ist, ergiebt aber nicht nur eine abstracte Deduction, sondern auch die Erfahrung, daß vereinzelte Fälle zur Entscheidung des Reichsgerichts kommen, in denen die Entscheidung der Thatfrage nicht ohne Bedenken ist. Glücklicher Weise sind dies nur vereinzelt, und bieten dieselben auch meist prozessuale Blößen. Hoffen wir, daß auch diese vereinzelten Fälle mit der Zeit verschwinden.

Eine andere Erscheinung dürfte darauf hinweisen, daß das Wesen der Revision mehr und mehr im Publikum verstanden wird: die Erscheinung nämlich, daß die Fälle sich mehren, in welchen der Revident sich vor dem Reichsgericht durch einen Rechtsverständigen vertreten läßt.

Die nachfolgenden Präjudizien erschöpfen nahezu diejenigen Urtheile, welche bis 1. Januar 1880 ergangen sind. Der vollständigen und bis in die Neuzeit reichenden Berichterstattung stand das Hinderniß einer sehr langsamen Expedition durch die reichsgerichtliche Kanzlei im Wege. Anstrengungen, welche in neuerer Zeit gemacht wurden, um auch diesen Zweig der Thätigkeit des Reichsgerichts in geregelten Gang zu bringen, lassen hierfür Besserung hoffen.

Seit Neujahr gestaltet sich der Zuwachs der zu entscheidenden Straffsachen so, daß man glauben kann, die normalen Verhältnisse danach beurtheilen zu dürfen. Es ergiebt dies eine schwere Geschäftslast. Der Januar brachte etwa 300 neue Spruchsachen, und der Februar scheint bisher zu einem gleichen Ergebniß zu führen. Dies würde, wenn man die Ferienmonate gänzlich außer Acht läßt, was bekanntlich nicht richtig wäre, 3600 Spruchsachen im Jahre oder 1000 für jeden Senat ausmachen. Es hat also jeder Senat in 43 Arbeitswochen 23—24 Fälle pro Woche zu erledigen. Es dürfte zu bezweifeln sein, ob bei der Gründlichkeit, welche oberstrichterliche Urtheile erfordern, dies auf die Dauer möglich sein wird. Eine Abnahme der Revisionen durch die Rückwirkung einer festen Gerichtspraxis läßt sich jedenfalls erst nach längerer Zeit hoffen.

Die Geschäftsaufgabe der Strafsenate hat in Folge der Ueberbürdung des II. Senats eine Ausgleichung dadurch gefunden, daß der Oberlandesgerichtsbezirk Breslau (Schlesien) dem I. Strafsenat, der Oberlandesgerichtsbezirk dem

II. Strafsenat zugetheilt wurde, so daß der I. Senat nur noch die Revisionen aus den Provinzen Ost- und Westpreußen, Pommern und Brandenburg zu erledigen hat.

Der Judikatur des Reichsgerichts sind folgende prinzipielle Sätze zu entnehmen:

I. Zum Reichsstrafgesetzbuch.

1. Zu §. 65.

Der Strafverfolgungsantrag, welchen ein Dritter im Auftrage eines Dritten gestellt hat, wenn auch nicht ausdrücklich im Auftrage, ist wirksam, selbst bei nachträglicher Feststellung des Auftrags. (Erk. d. II. Strafsen. v. 29. Dezember 1879, Nr. 452/79.)

2. §. 68.

Die Vorladung des einer strafbaren That Schuldigen als Zeuge, oder dessen, wenn auch in Folge Geständnisses unbereidete Vernehmung unterbricht die Verjährung der Strafverfolgung gegen ihn nicht. (Erk. d. I. Strafsen. v. 24. November 1879, Nr. 164/79.)

3. §. 74.

Um eine Gesammtstrafe zu finden, muß die für jede einzelne Strafhandlung entsprechende Strafe abgemessen werden, und darf diese nicht unter das gesetzliche Strafminimum herabgehen. (Erk. d. II. Strafsen. v. 28. November 1878, Nr. 413/79.)

4. §. 112.

Eine allgemein an Militärpersonen gerichtete Aufforderung zum Ungehorsam x. genügt nicht zur Bestrafung aus §. 112, sondern nur eine an erkennbar gemachte, bestimmte Personen des Soldatenstandes gerichtete. (Erk. d. I. Strafsen. v. 8. Januar 1880, Nr. 552/79.)

5. §. 113.

Wenn in Preußen ein Amtsdiener eine im Auftrage des Amtsvorstehers vorgenommene Haussuchung ohne Zuziehung eines Beamten der gerichtlichen Polizei, des Amts- oder Gemeindevorstehers bewirkt, so befindet er sich nicht in rechtmäßiger Ausübung des Amts. (Erk. d. II. Strafsen. v. 5. Dezember 1879, Nr. 207/79.)

6. §. 123.

Hausfriedensbruch liegt vor, wenn Jemand eine beschränkte Befugniß zum Betreten fremder Räumlichkeiten über jene Beschränkung ausdehnt. (Erk. d. I. Strafsen. v. 24. Novbr. 1879, Nr. 183/79.)

7. §. 123.

Mitbewohner eines Hauses können von Unberechtigten auch das Verlassen solcher Räumlichkeiten des Hauses verlangen, welche im gemeinschaftlichen Besitze und Benutzung aller oder mehrerer Mitbewohner stehen. (Erk. d. III. Strafsen. v. 10. Dezember 1879, Nr. 562/79.)

8. §. 132.

Die Anmaßung einer Forderung auf Grund einer simulirten ▉▉▉ und das Auftreten vor Gericht in dieser Sache i▉▉ Geltungsbereiche der preußischen Gerichtsordnung eine ▉▉▉chtsanwalt vorbehaltene Amtshandlung. (Erk. des II. St▉▉▉. v. 28. November 1879, Nr. 432/79.)

9. §. 137.

Eine an den Arrestaten gerichtete Arrestverfügung ist wirkungslos in Bezug auf solche Sachen, über welche sich der Arrestat vor Zustellung der Verfügung der Disposition begeben hatte. (Erk. d. II. Strafsen. v. 18. November 1879, Nr. 333/79.)

10. §. 147.

Der Straffall des §. liegt nur einmal vor, wenn der Angeklagte das in einer Handlung beschaffte falsche Geld durch mehrere Handlungen verausgabte. (Erk. d. I. Strafsen. v. 4. Dezember 1879, Nr. 632/79.)

11. §. 159.

Um einen Angeklagten wegen Unternehmens der Verleitung zum Meineid strafen zu können, ist erforderlich, daß der Meineid, zu dessen Begehung der Angeklagte zu verleiten unternahm, nach seinen thatsächlichen Momenten festgestellt ist. (Erk. d. III. Strafsen. v. 12. November 1879, Nr. 499/79.)

12. §. 164.

Durch eine Anzeige bei einem Amtsvorsteher kann in Preußen das Vergehen falscher Anschuldigung begangen werden. (Erk. d. II.-Strafsen. v. 23. Dezember 1879, Nr. 696/79.)

13. §§. 164, 186.

Eine falsche Anschuldigung kann, wenn auch, weil nicht gegen besseres Wissen begangen, aus §. 164 straflos, doch als Beleidigung strafbar sein. (Erk. d. I. Strafsen. v. 8. Dezember 1879, Nr. 136/79.)

14. §. 166.

Eine Lästerung Christi ist als Gotteslästerung zu bestrafen. Es liegt jedoch nicht in jeder herabwürdigenden Aeußerung eine Lästerung durch Beschimpfung. Das Erforderniß der Oeffentlichkeit gehört zur thatsächlichen Feststellung. (Erk. d. III. Strafsen. v. 13. Dezember 1879, Nr. 398/79.)

15. §. 169.

Die wahrheitswidrige Anerkennung der Vaterschaft eines unehelich gebornen Kindes vor dem Standesbeamten ist als Veränderung des Personenstandes strafbar, wenn die Landesgesetze der Anerkennung rechtliche Wirkung beimessen. (Erk. d. I. Strafsen. v. 10. November 1879, Nr. 154/79.)

16. §. 180.

Es liegt kein Rechtsirrthum vor, wenn in dem pflichtwidrigen Dulden eines unsittlichen Verkehrs in der eigenen Wohnung ein zur Annahme der Kuppelei genügendes Vorschubleisten der Unzucht erblickt wird. (Erk. d. III. Strafsen. v. 12. November 1879, Nr. 384/79.)

17. §. 184.

Auch solche Annoncen in einem öffentlichen Blatte können ohne Rechtsirrthum als unzüchtig erkannt werden, welche unter anscheinend unverfänglichen Worten eine nicht mißzuverstehende unzüchtige Bedeutung haben (sg. Gummiannoncen). (Erk. d. I. Strafsen. v. 15. Dezember 1879, Nr. 733/79.)

18. §. 185.

Beleidigungen können auch in Bezug auf künftige, als sicher angenommene Handlungen des Beleidigten begangen werden, wie gegen Abgeordnete in Bezug auf eine bevorstehende Abstimmung. (Erk. d. III. Strafsen. v. 15. November 1879, Nr. 597/79.)

19. §. 185.

Die Absicht zu beleidigen ist beim objektiven Vorliegen einer Beleidigung nur im Falle des §. 193 Erforderniß des

Thatbestandes. In allen anderen Fällen genügt einfacher Vorsatz und dieser liegt beim Bewußtsein des objektiv beleidigenden Charakters der That vor. (Erk. d. II. Straffen. v. 5. Dezember 1879, Nr. 510/79.)

20. §. 231.

Ein Buße kann auch dann zuerkannt werden, wenn die Civilgesetze einen Entschädigungsanspruch gänzlich ausschließen oder doch beschränken. (Erk. d. I. Straffen. v. 10. November 1879, Nr. 114/79.)

21. §. 246.

Unter der Herrschaft des preußischen Landrechts begeht der Finder eines Schatzes an der dem Grundeigenthümer zustehenden Hälfte, durch Aneignung des ganzen Schatzes, Unterschlagung. (Erk. des I. Straffen. v. 17. November 1879, Nr. 109/79.)

22. §. 263.

Wer sich durch falsche Vorspiegelungen von einem Anderen eine Urkunde verschafft, in welcher ein Zahlungsversprechen, jedoch ohne Angabe eines Schuldgrundes, enthalten ist, begeht dann nicht vollendeten Betrug, wenn das betreffende Civilrecht einem solchen Zahlungsversprechen die Rechtswirksamkeit versagt, so daß keine Vermögensbeschädigung gegeben ist. (Erk. d. III. Straffen. v. 8. November 1879, Nr. 393/79.)

23. §. 263.

Vermögensbeschädigung kann auch dann angenommen werden, wenn der Beschädigte den gezahlten Betrag wirklich zu zahlen hatte, jedoch nur unter einer, in Wirklichkeit nicht vorliegenden Voraussetzung"). (Erk. d. III. Straffen. v. 3. Dezember 1879, Nr. 297/79.)

24. §. 283.

Das gleichzeitige Vorliegen mehrerer der in vorstehendem §. (bez. §. 210 der Reichskonkursordnung) aufgezählten Umstände bei einem Kaufmann, der seine Zahlungen eingestellt hat, begründet keine Mehrheit strafbarer Handlungen. (Erk. d. III. Straffen. v. 15. November 1879, Nr. 518/79.)

Mit diesem Satze trat die Reichsgericht der bisherigen ungetheilten Ansicht aller obersten Gerichtshöfe bei, obgleich Oppenhoff entgegengesetzter Ansicht war. Vergl. dessen Kommentor 7. Aufl. zu §. 281, Note 33—35; f. auch Pezold's Strafrechtspraxis S. 433, Note 50; II. S. 495 Note 39.

25. §. 283. Ziff. 3.

Um der Strafe des einfachen Bankerutts nicht zu unterliegen, muß der Kaufmann, welcher seine Zahlung einstellt, in jedem Zeitjahre, nicht blos in jedem Kalenderjahre, Bilanz gezogen haben. (Erk. d. II. Straffen. v. 2. Dezember 1879, Nr. 431/79.)

26. §. 284.

Der Thatbestand unerlaubten Glücksspiels liegt vor, sobald einer der Betheiligten zum Zwecke des Spiels einen Einsatz gemacht hat. Die Feststellung der Gewerbsmäßigkeit bedarf nicht den Nachweis einer Mehrheit von Fällen, sondern kann auch aus den getroffenen Vorbereitungen abgeleitet werden. (Erk. d. III. Straffen. v. 10. Dezember 1879, Nr. 644/79.)

*) In dem fraglichen Fall hatte ein Bediensteter des Beschädigten Zoll defraudirt, sich aber den defraudirten Betrag unter Vorspiegelung der geleisteten Zahlung von seinem Prinzipal ersetzen lassen.

27. §. 288.

Drohende Zwangsvollstreckung kann nicht angenommen werden, wenn der Gläubiger noch keine Schritte gethan hat, seine Forderung beizutreiben. Ein Gläubiger, welcher weder Exekution beantragt hat, noch der Exekution eines Anderen beigetreten ist, erscheint nicht als Beschädigter im Sinne dieses §. (Erk. d. II. Straffen. v. 16. Dezember 1879, Nr. 657/79.)

28. §. 295.

Die Einziehung des Gewehres, des Jagdgeräthes und des Hundes in Folge einer Verurtheilung wegen unbefugter Jagdausübung ist nicht davon bedingt, daß er dieselben Behufs der Ausführung der That bei sich geführt, sondern davon, daß er sie überhaupt bei Begehung der That bei sich gehabt hat. (Erk. d. III. Straffen. v. 6. Dezember 1879, Nr. 249/79.)

29. §. 304.

Sachbeschädigung von Gegenständen, welche zum öffentlichen Nutzen dienen, kann ohne Rechtsirrthum auch dann angenommen werden, wenn die Gegenstände nicht ausdrücklich zu diesen Zwecke bestimmt worden sind. Daß sich der Angeklagte dieser Eigenschaft bewußt war, bed___er Feststellung nur dann, wenn der Angeklagte das Bewu___ widersprochen hat. (Erk. d. III. Straffen. v. 10. De___ 1879, Nr. 586/79.)

30. §. 316, Abf. 2___B.

Wenn in Frage ___ ein wegen Gefährdung eines Eisenbahntransports ___ Eisenbahnbeamter den ihm obliegenden Pflichten ___en ist, so hat die für den Betrieb erlassene Dienstesinstruktion nur die Eigenschaft eines Beweismittels, nicht die einer anzuwendenden Rechtsnorm.*) (Erk. d. III. Straffen. v. 17. Dezember 1879, Nr. 648/79.)

31. §. 328.

Wer ohne Kenntniß einer publizirten polizeilichen Anordnung, welche keine selbstständige Strafvorschrift, sondern nur Aufsichtsmaßregeln enthält, gegen dieselbe handelt, ist nicht nach §. 328 strafbar. (Erk. d. II. Straffen. v. 9. Dezember 1879, Nr. 421/79.)

33. §. 348, Abf. 1.

Auf Dienstregister, welche lediglich zur Controlirung der von einem Beamten gemachten Einnahmen und Ausgaben dienen, bezieht sich §. 348 Abf. 1 nicht, sondern nur auf solche öffentliche Register, welche zum Beweise bestimmter, für das öffentliche Interesse erheblicher Thatsachen für oder gegen Jedermann zu dienen bestimmt sind. (Erk. d. II. Straffen. v. 23. Dezember 1879, Nr. 708/79.)

34. §. 350.

Um Empfang einer Sache in amtlicher Eigenschaft durch einen Beamten annehmen zu können, ist nicht erforderlich, daß der Empfang in der Zuständigkeit des Beamten lag, sondern nur, daß er aus Anlaß einer Amtshandlung stattfand. (Erk. d. III. Straffen. v. 17. Dezember 1879, Nr. 597/79.)

35. §. 354.

Unter den Begriff „Briefe" im Sinne dieses Paragraphen fallen auch Postanweisungen. Als Unterdrückung hat jede dauernde oder zeitweise Entziehung aus dem ___re mit dem Bewußtsein der Rechtswidrigkeit zu gelten. ___ Zweck des Handelnden ist ohne Belang. (Erk. d. ___ v. 8. Dezember 1879, Nr. 637/79.)

*) Die Reichsanwaltschaft war entgegengesetzter Ansicht

II. Zu verschiedenen Spezialgesetzen.

1. §§. 11, 13. Reichsges. v. 10. Juni 1869, betr. die Wechselstempelsteuer.

Um von der Anklage wegen Wechselstempelsteuerhinterziehung freizusprechen, welche ursprünglich auf Nichtverwendung des Stempels begründet war, genügt nicht die Feststellung, daß der Stempel vom pflichtigen Angeklagten verwendet und vorschriftsgemäß cassirt worden ist, sondern auch, daß die Verwendung rechtzeitig erfolgt ist. (Erk. d. III. Straffen. v. 16. November 1879, Nr. 872/79.)

2. §. 16. Reichsgewerbeordnung v. 21. Juni 1869.

Die Errichtung einer Stauanlage für ein Wassertriebwerk ohne polizeiliche Genehmigung ist strafbar, auch wenn das Wassertriebwerk noch nicht in Angriff genommen ist. (Erk. d. III. Straffen. v. 19. November 1879, Nr. 282/79.)

3. Preuß. Ges. v. 11. Mai 1873, §. 15.

Ein Geistlicher, den vor Erlaß der Maigesetze der Generalvicar generell zur Vornahme von geistlichen Stellvertretungshandlungen ermächtigt hatte, hat hierdurch nicht eine, durch ein übertragenes Amt sich ergebende Vertretungsbefugniß im Sinne des Gesetzes. (Erk. d. I. Straffen. v. 10. Nov. 1879, Nr. 152/79.)

4. §. 26. Reichspreßgesetz v. 7. Mai 1874.

Der freiwillige Austritt ... Weise und die dadurch bewirkte factische Unterbrechung in Bo... ung der Redaktionsgeschäfte gehört nicht unter die besond... ünde, welche die Annahme der Thäterschaft des Redakteu... iehung auf eine strafbare Stelle einer periodischen ... ausschließen. (Erk. d. II. Straffen. v. 14. Novem... 339/79.)

5. §§. 6. 19. Reichsge... tober 1878 gegen die gemeingefährlichen Bestrebung... ialdemokratie.

Die Annahme eines ne... g ... und veränderter äußerer Einrichtung einer periodisch... rift schließt nicht aus, daß Fortsetzung einer verbot... älteren Druckschrift ungenommen werden kann. (Erk. d.... affen. v. 14. November 1879 Nr. 311/79.)

6. §§. 16. 20. 21. Reichsges. v. 21. Oktober 1878, die gemeingefährlichen Bestrebungen der Sozialdemokratie betr.

Hat die zuständige Polizeibehörde Sammlungen behufs Unterstützung von Vereinen oder Personen, welche durch eine Maßregel kraft des citirten Gesetzes betroffen sind, oder die Aufforderung zu solchen Sammlungen verboten, so steht den Gerichten keine Prüfung zu, ob die Sammlung sozialistische Bestrebungen fördert. (Erk. d. II. Straffen. vom 2. Dezember 1879, Nr. 439/79.)

III. Zur Reichsstrafprozeß-Ordnung.

1. §§. 35. 175. Abs. 4, §. 385 Str.-Pr.-O.

Die Frist zur Revisionsbegründung beginnt mit Zustellung des Urtheils in Ausfertigung oder beglaubigter Abschrift. Zustellung einer einfachen Abschrift des Urtheils genügt nicht.) Auf die Zustellung kann nicht verzichtet werden. (Beschl. d. II. Straffen. ... Dezember 1879, 719/79.)

2. §... 376. 377. Ziff. 8 Str.-Pr.-O.

... überücksichtigung eines Beweisantrags, welcher ...

... iesem Punkte differiren, so viel uns bekannt, die beiden ...enate vom zweiten.

in einer gemäß §. 199 vorgenommenen Vernehmung des Angeklagten gestellt ist, begründet keine absolute Nichtigkeit des Verfahrens. (Erk. d. III. Straffen. v. 10. Dezember 1879, Nr. 677/79.)

3. §. 219. Str.-Pr.-O.

Die vor der Hauptverhandlung erfolgte, lediglich vom Vorsitzenden ausgegangene Ablehnung eines Beweisantrags ist nicht geeignet, Revision des Urtheils zu begründen. (Erk. d. II. Straffen. v. 16. Dezember 1879, Nr. 626/79.)

4. §§. 227. 243. 274. 34. Str.-Pr.-O.

Die Ablehnung eines unsubstantiirten Beweisantrags enthält keine Verletzung einer Rechtsnorm. Dieselbe muß aber, wenn der Beweisantrag in der Sitzung gestellt ist, durch einen motivirten, im Sitzungsprotokoll beurkundeten Gerichtsbeschluß erfolgen, nicht erst im Urtheil. (Erk. d. II. Straffen. v. 16. Dezember 1879, Nr. 664/79.)

5. §. 244. Str.-Pr.-O.

Zeugen, welche zur Hauptverhandlung geladen waren, auf deren Ladung aber der Staatsanwalt vor dem Termine wieder verzichtet hatte, unter Benachrichtigung des Vorsitzenden und des Angeklagten, gehören nicht unter die Zeugen, von deren Vernehmung nur im Einverständnisse des Staatsanwalts und des Angeklagten abgesehen werden kann. (Erk. d. II. Straffen. v. 16. Dezember 1879, Nr. 664/79.)

6. §§. 250. 376. Str.-Pr.-O.

Die Verlesung von Zeugenaussagen in der Hauptverhandlung ohne Fassung und Verkündung eines Gerichtsbeschlusses hat Nichtigkeit des Urtheils selbst dann zur Folge, wenn die Verlesung gesetzlich gerechtfertigt war. (Erk. d. III. Straffen. v. 10. Dezember 1879, Nr. 644/79.)

7. §. 256. Str.-Pr.-O.

Die Unterlassung der in diesem §. vorgeschriebenen Befragung des Angeklagten nach Erhebung eines jeden Beweismittels, ist dann geeignet, Revision zu begründen, wenn sich eine Beschränkung der Vertheidigung oder sonst eine Rückwirkung auf das Urtheil erhellt. (Erk. d. III. Straffen. v. 20. Dezember 1879, Nr. 717/79.)

8. §§. 264. 377. Ziff. 8. Str.-Pr.-O.

I. Wenn die Anklage den Tag der That unrichtig angiebt, und der Irrthum nicht sofort erkennbar war, so hat erst in der Hauptverhandlung hierauf aufmerksam gemachte Angeklagte ein Recht, Vertagung zu verlangen, und begründet deren Ablehnung Nichtigkeit.

II. Die Ablehnung vorgeschlagener Entlastungszeugen vor der Hauptverhandlung begründet keine Beschränkung der Vertheidigung, wenn der Antrag auf deren Vernehmung in der Sitzung nicht wiederholt worden war. (Erk. d. III. Straffen. v. 29. November 1879, Nr. 603/79, Satz II.; auch Erk. d. II. Straffen. v. 16. Dezember 1879, Nr. 626/79.)

9. §§. 375. 376. 243., Abs. 2. Str.-Pr.-O.

Ein in thatsächlicher Richtung motivirter, im Sitzungsprotokolle beurkundeter Gerichtsbeschluß, durch welchen Beweisanträge zurückgewiesen werden, unterliegt nicht der Nachprüfung des Revisionsgerichts. (Erk. d. II. Straffen. v. 16. Dezember 1879, Nr. 626/79.)

10. §. 381. Str.-Pr.-O.

Die Bitte um Ertheilung einer Abschrift des Urtheils

enthält keine Anmeldung der Revision. (Erk. d. II. Strafsen.
v. 2. Dezember 1879, Nr. 681/79.)

11. §. 389. Str.-Pr.-O.

Die Revision kann vom Revisionsgerichte auch dann als
unzulässig zurückgewiesen werden, wenn die Revisionsanträge
und die Begründung nicht den Vorschriften der §§. 376. 384
entsprechen. (Beschl. d. I. Strafsen. v. 8. Dezember 1879,
Nr. 705/79.)

Folgen der Gebührenordnung für Rechtsanwälte, insonderheit für die sächsischen Anwälte.

Daß die neue Gebührenordnung für die Anwälte aller
deutschen Einzelländer eine minder günstige ist, als die bisherigen
Taxordnungen waren — dies dürfte wohl kaum bestritten
werden. Daß aber ganz besonders die sächsischen Anwälte von
dieser Gebührenordnung schwer betroffen werden, ist wenigstens
innerhalb der Grenzen des Königreiches Sachsen nunmehr wohl
ziemlich allgemein anerkannt. Man spricht bereits in weitesten
Kreisen davon, daß in allernächster Zeit ein „Advokaten-
Proletariat" entstehen müsse, wie man ja früher — es ist
freilich lange her — höchst unmotivirter Maßen von einem
„Beamten-Proletariat" zu phantasiren beliebte.

Und fürwahr, ich glaube, man geht mit diesem traurigen
Prognostikon keineswegs zu weit. Facta loquantur, jam nunc.
Denn abgesehen davon, daß die neue Gebührenordnung mit
einziger Ausnahme des Satzes für bisherige kleine Bagatellsachen (bis mit 60 Mark) allenthalben äußerst geringe Sätze
enthält, wobei so sehr vieles „insgemein" geht, so sehr viele
nutzlose Bethelligungen von Seiten beider Partheien, welche
früher bei uns in Sachsen besonders und einzeln honorirt
wurden, jetzt eben nichts mehr kosten dürfen, so daß der Anwalt
der Willkühr beider Partheien bloßgestellt ist; abgesehen ferner
davon, daß -die in Sachsen früher ziemlich einträgliche Ver-
theidigerpraxis dermalen fast gänzlich aufgehört hat; abgesehen
auch davon, daß über den verhältnißmäßig geringen Betrag
von 300 Mark hinaus die meisten Prozesse an die Landgerichte
gewiesen sind und hierbei — da es in vorkommenden Fällen
eine große Seltenheit ist, daß der Beklagte sich freiwillig der
Amtsgerichtszuständigkeit unterstellt — die Anwälte an bloßen
Amtsgerichtsplätzen nicht den dritten Theil soviel mehr zu thun
haben, als sie früher zu thun, geschweige denn zu verdienen
hatten — so liegt doch ein bitter fühlbarer Abbruch für die
Anwälte auch zweifelsohne noch in dem Umstande, daß bei jeder
Kleinigkeit jetzt Gerichtskostenvorschüsse gefordert werden. Will
nun der Anwalt von fremden, ihm unbekannten Auftraggebern
auch noch für sich einen Vorschuß verlangen, so sind diese
Leute sofort abgeschreckt und lassen ihren Anspruch lieber gänzlich
fallen. Mir und anderen Kollegen ist dieser Fall in neuerer
Zeit mehrfach vorgekommen. Darf man hierin auch eine
Besserung der bisherigen Rechtszustände erblicken?

Was insonderheit die niedrigen Gebühren in Strafsachen
betrifft, so verweise ich auf die ganz treffliche Anmerkung, welche
der von dem sächsischen Justizministerium im Justizministerialblatt uns — und zwar mit Recht — empfohlene L. Siegrist

zu §. 66 der Gebührenordnung macht. Und weshalb sind
denn der Urkunden- und Wechselprozeß so stiefmütterlich angesehen worden? Hat der Anwalt hier etwa weniger Arbeit,
als im gewöhnlichen Civilprozeß? Oder tritt diese Ermäßigung
deshalb ein, weil man in nur äußerst seltenen Fällen zu einer
Beweisgebühr gelangt? Oder etwa deshalb, weil der Wechselprozeß jetzt weit langsamer und mühevoller zum Ziele führt, als
dies bei uns in Sachsen früher der Fall war?

· Und das erste Geld kommt unter allen Umständen in die
Gerichtskasse, ehe noch etwas für den Anwalt oder die Partei
abfällt. Man hat in neuerer Zeit hierüber im sächsischen Landtage sehr vernehmlich gesprochen.

Die Justiz soll durchaus keine Milchkuh sein für das Reich
oder für das einzelne Land; die Justiz mag immerhin ein onus
sein in pekuniärer Hinsicht; doch in erster Reihe hat sie für
Recht und Gerechtigkeit zu sorgen. Bei uns in Sachsen (— ich
weiß nicht, ob auch anderwärts —) hört man in Gerichtshallen
und an Bierbänken das ärgerliche dictanm: „Wer da kein Geld
hat, der hat kein Recht."

Doch, um wieder auf die Anwälte einzulenken — ich frage:
wie soll man bei solchen Verhältnissen und bei solchen Preisen
noch bestehen können? Ein rühmlichst bekannter Jurist in
Leipzig hat den Satz aufgestellt: wenn ein Anwalt jährlich
nur (!) 500 Aufträge hat und jeder Auftrag durchschnittlich
nur 10 Mark einbringt, so hat der Anwalt ein jährliches Einkommen von 5000 Mark. Ja, das Exempel ist richtig; wenn
nur auch die Grundlage dazu richtig wäre. Wo sollen denn
aber jetzt noch 500 Aufträge jährlich herkommen? Jetzt, wo
der Partheiprozeß Angesichts der von einer regsamen Presse
massenhaft den Leuten in's Haus gebrachten Formulare und
anderer goldener Brücken die Anwälte fast gänzlich überflüssig
gemacht hat? Wo überdem das Publikum von. dem unver-
wüstlichen Rechtsaberglauben nicht loszureißen ist, daß in dem
Partheiprozesse Anwaltkosten überhaupt unter allen Umständen
nicht erstattet würden? Wo soll da — namentlich bei den
kleineren Anwälten an bloßen Amtsgerichtsplätzen — noch eine
Jahreseinnahme von 5000 Mark zu erzielen sein?

Oder meint man etwa, durch die Bestimmung in §. 47
der Gebührenordnung mit der anderen Hand uns das wiederzugeben, was man mit der einen Hand uns genommen hat?

Wenn der Anwalt z. B. jemandem für einen wegen eines
Objektes von 134,000 Mark ertheilten Rath 75 Mark 90 Pf.
abverlangt, so steht der Mann (der Laie) wie versteinert und
meint, man erlaube sich einen schlechten Spaß mit ihm. „Was?
für die fünf Minuten? Da habe ich mein' Tage nur zehn
Groschen gezahlt." Damit ist er fertig und der Anwalt hat
das leere Nachsehen oder er muß den Betreffenden verklagen —
nota bene, wenn er ihn überhaupt kennt und sich nach so und
so viel Gerichtskostenvorschüssen auch übrigens entschließt, etwas
zu erlangen. Da freilich müssen die Leute über „horrente Advokatenkosten" schreien.

Wenn man uns mit §. 47 Balsam auf unsere Wunden
zu streichen vermeint, so dürfte man hier in einem error, vielleicht nicht juris, sondern facti befangen sein.

· Hinsichtlich ganz speziell der sächsischen Anwälte dürfte auch
der Umstand nicht außer Acht gelassen werden, daß Sachsen im
Vergleiche zu anderen deutschen Ländern mit Anwälten geradezu

überfüllt ist. In Nr. 202 der „Dresdner Nachrichten" vom 20. Juli 1864 ist der statistischen Aufstellung der „Allgemeinen Gerichtszeitung" entnommen und abgedruckt, daß in Würtemberg auf 6466, in Hannover auf 4440, in Braunschweig auf 3653, in Sachsen aber auf 2759 Einwohner je ein Advokat kommt. Dresden ist bekanntlich beträchtlich kleiner, als Berlin; Dresden hat aber mehr Anwälte, als Berlin. Ist dies nach jetzigem Gemeinprozeßrechte auch noch ein gesundes Verhältniß? Und dieses Mißverhältniß ist nicht etwa im Abnehmen, sondern es ist vielmehr im Wachsen begriffen, indem gerade nach der großen Oktober-Morgenröthe viele richterliche Beamte sich in Ruhestand setzen und als Rechtsanwälte immatrikuliren ließen.

Wie sollen da die kleineren Anwälte, welche schon früher ein ausreichendes Einkommen nicht hatten, speziell die sächsischen, noch das nöthige Brod finden können?

Hier spricht wirklich die Nothwendigkeit, — ich will lieber gleich sagen: die Noth — laut genug und schreit nach sofortiger Besserung so höchst trauriger und gefährlicher Zustände. Hier kann nicht gewartet werden, hier sollte schleunigste Abhülfe eintreten. Man entgegne mir nicht, die Sache sei noch zu neu, die Sache müsse erst ausgetragen werden. Frisch geschlagene Wunden schmerzen auch und wollen geheilt sein, ehe der Brand hineinkommt; und wo Häuser brennen, da gilt es kein langes Aufschieben, da muß sogleich thätig zugegriffen werden.

Oschatz in Sachsen, im Januar 1880.
Dr. Curt O. v. Querfurth,
Rechtsanwalt und Notar.

Aus Bayern.

Noch lassen sich die Folgen der neuen Justizgesetze, namentlich der Anwalts- und der Anwaltsgebühren-Ordnung für Bayern nicht übersehen. Was die Zahl der Anwälte anlangt, so hat sich dieselbe natürlich wesentlich vermehrt, doch ist der Zudrang nur in einzelnen Städten, zumal in München, ein derartiger, daß er als ein zu großer bezeichnet werden kann. Es haben denn auch schon einzelne Rechtsanwälte ihre Lust an der Rechtsanwaltschaft verloren und sind zur Staatsanwaltschaft übergegangen oder Amtsrichter geworden. Verhältnißmäßig nur gering ist die Niederlassung von Rechtsanwälten an Amtsgerichten. Unsere Prozeßpraxis ist meist zu unbedeutend, als daß sich ein Anwalt dort ernähren könnte.

Die Anwaltskammern haben ihre Vorstände gewählt und die meisten auch bereits ihre Geschäftsordnung beschlossen. Wie ich höre wurde es angeregt auf dem demnächstigen deutschen Anwaltstage dahin zu wirken, daß sämmtliche Geschäftsordnungen der Anwaltskammern der deutschen Reiches, soweit es nur immer thunlich, gleiche Bestimmungen enthalten sollen.

Die Advokaten-Wittwen- und Waisen-Pensionsanstalt im Königreich Bayern hat dieser Tage ihren Vermögensstand und die Personalverhältnisse für 1879 veröffentlicht. Nach dieser Publikation hatte Bayern 872 Advokaten, von denen 47 unverehelicht und 23 Wittwer waren. Im Dienstalter von 1—10 Jahren standen 222, von 31—35 Jahren 11, von 36—40 Jahren 9, von 41—45 Jahren 4, von 46—50 Jahren 5 und über 50 Jahre 3. Die lebenden Advokaten hatten 302 Frauen und 832 Kinder. Von verstorbenen Advokaten lebten 144 Wittwen, darunter 22 über 70 Jahre, 2 über 80. Advokatenwaisen zählte man 176, darunter 1 Waise von über 70 Jahren. Der reine Vermögensstand der Anstalt beläuft sich auf 2.331.577 Mark; sie ist im Besitze von 5 Häusern in München. Die Jahrespension betrug für eine Wittwe 504 Mark, für eine Doppelwaise 252 Mark, für eine einfache Waise 168 Mark; die Abfertigung für großjährige Waisen, 252 Mark für eine Doppelwaise und 168 Mark für eine einfache Waise. Wie sich noch Freigabe der Advokatur die Anstalt gestalten wird, ist noch ungewiß.

Steht es einer eingetragenen Genossenschaft bis zur wirklichen Zahlung des Guthabens des ausgeschiedenen Genossenschafters frei, ihre Liquidation mit der Wirkung zu beschließen, daß der Ausgeschiedene seinen Stammantheil nicht fordern darf, sondern das Ergebniß der Liquidation abwarten muß?

§. 39. R.-Genossensch.-Ges. vom 4. Juli 1868 Erk. d. R.-G. I C.S. vom 15. November 1879 i. S. Peuker ca. Vorschuß-Verein Jauer.

Kläger ist am 2. Januar 1877 aus dem beklagten Vorschußverein als Genossenschafter ausgeschieden und hatte am 2. Januar 1878 die Herausgabe seines Stammantheils zu fordern. Bekl. hat die Zahlung verweigert und ist zu derselben vom I. Richter verurtheilt worden; demnächst am 30. November 1878 hat Bekl. seine Liquidation beschlossen und unter Bezugnahme auf §. 39 R.-Gen.-Ges. vom 4. Juli 1868 in der von ihr beschrittenen Appellationsinstanz die Abweisung der Klage begehrt. Der II. Richter hat auch wegen der eingetretenen Liquidation die von ihm im Uebrigen für begründet erachtete Klage abgewiesen. Auf Nichtigkeitsbeschwerde des Klägers hat das R.-G. das Appellationserkenntniß vernichtet.

Gründe.

Der Appellationsrichter hat die gegen den verklagten Vorschußkassenverein — eine eingetragene Genossenschaft — erhobene Klage auf Auszahlung der vom Kläger als Mitglied des Vereines erworbenen Stammantheile zur Zeit abgewiesen, obwohl thatsächlich festgestellt ist, daß Kläger am 2. Januar 1877 seine Mitgliedschaft gekündigt und dadurch nach den Vereinsstatuten, wie auch vom Verklagten nicht bestritten ist, an sich das Recht erlangt hatte, die Herauszahlung dieser Antheile am 2. Januar 1878 zu verlangen. Der alleinige Grund dieser Entscheidung besteht darin, daß, weil unstreitig der verklagte Verein am 30. November 1878 seine Liquidation beschlossen habe und dieser Beschluß in das Genossenschaftsregister eingetragen sei, der Kläger nach §. 39 Absatz 3 und §. 47 sub a und b des Reichsgenossenschaftsgesetzes vom 4. Juli 1868 seinen Anspruch zur Zeit nicht geltend machen könne, sondern event. erst nach Beendigung der Liquidation, indem es unerheblich sei, daß der Beschluß der Liquidation erst nach dem Austritte des Klägers aus dem Verein gefaßt sei.

Der dem Appellationsrichter dieserhalb in der Nichtigkeitsbeschwerde gemachte Vorwurf der Verletzung des §. 39 des Genossenschaftsgesetzes erscheint als begründet.

Nach Absatz 2 dieses Paragraphen haben die aus der Genossenschaft ausgetretenen oder ausgeschlossenen Genossenschafter sowie die Erben verstorbener Genossenschafter, wenn der Gesellschaftsvertrag nichts Anderes bestimmt, zwar keinen Anspruch an den Reservefonds und das sonst vorhandene Vermögen der Genossenschaft, sind aber berechtigt zu verlangen, daß ihnen ihr Geschäftsantheil, wie er sich aus den Büchern ergiebt, binnen drei Monaten nach ihrem Ausscheiden ausgezahlt werde. In Absatz 3 heißt es sodann:

Gegen diese Verpflichtung kann sich die Genossenschaft nur dadurch schützen, daß sie ihre Auflösung beschließt und zur Liquidation schreitet.

Diese letztere Bestimmung hat offenbar den Zweck, die Genossenschaft gerade den bereits ausgeschiedenen Genossenschaftern gegenüber zu schützen, wie der Appellationsrichter unter Bezugnahme auf die Entscheidung des Reichs-Oberhandelsgerichts in Band 20 Seite 294 fg. mit Recht bemerkt. Den Ausführungen der letzteren gegen die einschränkende Auslegung des Absatz 3 des § 39 dahin, daß nur ein bis zum Ausscheiden des betreffenden Genossenschafters gefaßter Auflösungsbeschluß die Genossenschaft schütze, ist lediglich beizutreten.

Im vorliegenden Falle handelt es sich aber um die Frage, ob der Auflösungsbeschluß und die Liquidation auch dann noch die im § 39 Absatz 3 gedachte Wirkung herbeiführen, wenn sie erst nach Ablauf der in dem vorausgegangenen Absatz 2 vorgeschriebenen Frist von drei Monaten erfolgen, so daß es der Genossenschaft jederzeit, das heißt bis zur wirklichen Zahlung des Guthabens des ausgeschiedenen Genossenschafters, freistehen würde, denselben auf das Ergebniß der Liquidation zu verweisen. Diese, in jener Entscheidung des Reichsoberhandelsgerichts offen gelassene Frage ist im Einklange mit jener noch nicht veröffentlichten späteren, gegen den jetzigen Verklagten ergangenen Entscheidungen des Reichsoberhandelsgerichts vom 8. September 1879 zu verneinen.

Zunächst weist schon der Wortlaut des Gesetzes auf diese Auslegung hin. Denn obwohl der Absatz 3 des §. 39 cit. eine Zeitbeschränkung nicht ausdrücklich enthält, so steht er doch in dem engsten Zusammenhange mit dem vorausgehenden Absatz 2, welche den ausgetretenen und ausgeschlossenen Genossenschaftern sowie den Erben verstorbener Genossenschafter die Berechtigung ertheilt, die Auszahlung des buchmäßigen Geschäftsantheils binnen drei Monaten zu verlangen. Von einem Schutze gegen die dieser Berechtigung entsprechende Verpflichtung der Genossenschaft kann aber nach Ablauf dieser Frist füglich nicht mehr die Rede sein, da die Verpflichtung, binnen drei Monaten zu zahlen, dann bereits eingetreten ist, auch von einer Berechtigung der Genossenschaft kaum gesprochen werden könnte, wenn sich ihre Befugniß durch einen einseitigen Akt der Genossenschaft noch hinterher jederzeit willkürlich wieder beseitigen ließe. Wäre dies der Wille des Gesetzgebers gewesen, so würde er sich richtiger dahin haben ausdrücken müssen, daß der Genossenschaft nur eine alternative

Verpflichtung auferlegte, oder daß er ihr die Befugniß beilegte, sich von der prinzipalen Verpflichtung jederzeit durch den Beschluß der Auflösung und durch die Liquidation wieder zu befreien. Jedenfalls steht der Wortlaut des Gesetzes der Auslegung des Appellationsrichters nicht zur Seite und die erkennbare Absicht des Gesetzgebers steht ihm entschieden entgegen.

Denn während das Handelsgesetzbuch bei der offenen Handelsgesellschaft einem Gesellschafter aus wichtigen Gründen die Befugniß beilegt, jederzeit die Auflösung und Liquidation der Gesellschaft zu verlangen (Art. 125), und einem ausgeschiedenen oder ausgeschlossenen Gesellschafter die Auseinandersetzung mit der Gesellschaft auf Grund der Vermögenslage zur Zeit des Ausscheidens, respektive der Behändigung der Klage auf Ausschließung gewährt, wobei er sich zwar die Beendigung der laufenden Geschäfte nach dem Ermessen der verbleibenden Gesellschafter gefallen lassen muß, jedoch darüber Rechnungsablage verlangen kann (vergleiche Art. 130), während es den ausscheidenden Kommanditisten in der letzteren Beziehung dem offenen Handelsgesellschafter gleichstellt (vergl. Art. 172) und während es dem Aktionäre, welcher den Betrag seiner Aktie eingezahlt hat, freisteht, sich durch Veräußerung derselben seiner ferneren Betheiligung zu entschlagen, gewährt das Genossenschaftsgesetz dem ausscheidenden Genossenschafter und den Erben eines Genossenschafters, dessen Mitgliedschaft durch seinen Tod erloschen ist, analoge Befugnisse nicht. Es entzieht denselben ausdrücklich jeden Anspruch an den Reservefonds und das sonstige Vermögen der Genossenschaft und giebt ihnen vielmehr nur das Recht, die Auszahlung ihres Geschäftsantheiles, wie er sich aus den Büchern ergiebt, zu verlangen, wobei ihnen außerdem jeder selbständige Einfluß auf die Berechnungsart und Feststellung der Höhe dieses Geschäftsantheiles entzogen ist, da die Aufstellung der Bilanz und mithin auch die Abschreibung auf die erlittenen Verluste gesetzliche Sache der Organe der Genossenschaft ist, welche nicht schuldig sind, sich dem ausscheidenden Mitgliede, respektive dessen Erben gegenüber auf Erörterungen über den Grund und die Richtigkeit ihres hierbei eingeschlagenen Verfahrens einzulassen. Vergleiche Entscheidungen des Reichs-Oberhandelsgerichts, Band XXIV Seite 220.

Daß den Gesetzgeber auch diesen, dem ausscheidenden Genossenschafter, den einzigen Ersatz für seine bisherige Mitgliedsthumsquote am Genossenschaftsvermögen gewährenden Anspruch durch den Absatz 3 des § 39 cit. zu einem illusorischen habe machen wollen, läßt sich nicht annehmen. Dies würde aber der Fall sein, wenn durch diese Bestimmung der Genossenschaft das Recht verliehen wäre, sich zu jeder beliebigen späteren Zeit durch einen Auflösungsbeschluß und die Liquidation von jenem Ansprüche zu überheben und den ausscheidenden Genossenschafter beliebige Zeit darüber, ob er die Befriedigung seines Anspruches zu erwarten habe oder auf das Ergebniß der Liquidation verwiesen werde, im Ungewissen zu lassen. Der Sinn der Bestimmungen in Absatz 2 und 3 des §. 39 cit. ist vielmehr augenscheinlich der, daß zwar in der Regel die Fortdauer der Genossenschaft durch das Ausscheiden einzelner Genossenschafter nicht gefährdet werden wird und diesen daher an sich ein sofort in Kraft tretendes Recht, als Gläubiger der Genossenschaft die (Berechnung und) Auszahlung ihres Geschäftsantheils zu verlangen, zustehen, daß aber der Genossenschaft nicht nur mit Rücksicht auf die von ihr vorab vorzunehmende, einen gewissen Zeitaufwand erfordernde Berechnung des Geschäftsantheils eine angemessene Frist zur Auszahlung desselben ertheilt, sondern bis zum Ablaufe dieser den Anspruch des ausscheidenden Genossenschafters betagenden Frist mit Rücksicht darauf, daß unter gewissen Voraussetzungen allerdings das Interesse der bleibenden Genossenschafter und der Gläubiger der Genossenschaft die gänzliche Auflösung der letzteren und eine allgemeine Liquidation und Theilung des Genossenschaftsvermögens unter gleichmäßiger Behandlung sämmtlicher Genossenschafter anstatt der Auszahlung der Geschäftsantheile an die ausscheidenden Genossenschafter erfordern wird, auch Gelegenheit zur Prüfung dieser Frage gegeben und die Wahl freigelassen werden soll, den Eintritt der Fälligkeit jenes Anspruches eines ausscheidenden Genossenschafters überhaupt zu verhindern, so daß derselbe einstweilen, — das heißt bis zum Ablaufe der dreimonatlichen Frist — nicht nur ein betagter, sondern auch durch die Nichtausübung der der Genossenschaft im Absatz 3 des § 39 ertheilten Befugniß bedingter ist. Die in Absatz 2 vorgesehene Fälligkeitsfrist ist mithin zugleich als eine Deliberationsfrist für die Genossenschaft anzusehen, durch deren Nichtbenutzung das Forderungsrecht des ausscheidenden Genossenschafters in demselben Momente ein unbelagtes und unbedingtes wird. Die Auslegung von Parisius in dem Commentar zum Preußischen Genossenschaftsgesetze Seite 113 Note 116 und zum Reichsgenossenschaftsgesetze Seite 359 Note 4, nach welcher die durch Ablauf der dreimonatlichen Frist bereits eingetretene Zahlungsverpflichtung wieder suspendirt wird, sobald die Genossenschaft (hinterher) ihre Auflösung beschließt, entbehrt jeder Motivirung und führt zu praktischen Consequenzen, welche der Gesetzgeber unmöglich gewollt haben kann. Die (befugte) Geltendmachung des der Genossenschaft nach § 39 Absatz 3 eit. zustehenden Rechtes hat überhaupt nicht die Wirkung einer Hinausschiebung des Anspruches des ausgeschiedenen Genossenschafters auf Auszahlung seines Geschäftsantheiles, sondern ist dazu bestimmt, diesen Anspruch ein für alle Mal dadurch zu beseitigen, daß derselbe in einen Anspruch auf das demnächstige thatsächliche Ergebniß der Liquidation umgewandelt wird, wie wenn der betreffende Genossenschafter nicht ausgeschieden wäre.

Die in Absatz 2 des § 39 eit. bezeichnete Frist bezieht sich hiernach auch auf die in Absatz 3 der Genossenschaft ertheilte Befugniß; der Sinn der letzteren ist derselbe, wie der Schlußsatz des entsprechenden § 55 des Oesterreichischen Genossenschaftsgesetzes vom 9. April 1873, welcher lautet „insofern nicht bis dahin die Auflösung der Genossenschaft beschlossen . . . ist" und bei welchem, so viel ersichtlich (vergleiche Ausschußbericht Seite 37), eine bewußte materielle Abweichung von dem deutschen Gesetze in dem hier fraglichen Punkte nicht anzunehmen ist.

Das angefochtene Erkenntniß des Appellationsrichters unterliegt demnach der Vernichtung.

Personal-Veränderungen.

Zulassungen und Versetzungen.

Bürgermeister Leopold Waldek bei dem Amtsgericht in Kreisen; — Friedrich Christian Ullrich und Karl Emil Beutler bei dem Amtsgericht in Reichenbach i. V.; — Ober-Appellations-Gerichts-Sekretair z. D. Thiele bei dem Amtsgericht I in Celle; — Justizrath Krawinkel in Witten bei dem Landgericht in Hagen; — Theodor Mengelbier bei dem Landgericht in Düsseldorf; — Franz Paul Weber bei dem Landgericht in Landshut; — Referendar Hermann Frenken und Gerichts-Assessor Dr. jur. Johann Lambert Schmitz bei dem Landgericht in Aachen; — Dr. jur. Wilhelm Gotth. Hermann Wöhler bei dem Landgericht in Cassel; — Gerichts-Assessor Hermann Adeneuer bei dem Landgericht in Cöln; — Franz Jacob Rietz bei dem Landgericht I in Berlin; — Gerichts-Assessor Franz Julius Paul Wagner bei dem Landgericht in Graudenz; — Hoenmanns bei dem Landgericht in Hannover; — Leopold Dorn bei dem Landgericht I in Berlin; — Bürgermeister Max Röer in Gandersheim bei dem Landgericht in Holzminden; — Hennig bei dem Landgericht in Breslau; — Kloeppel und Lipke bei dem Kammergericht in Berlin.

Den Wohnsitz haben verlegt: Dr. Liebe von Bernburg nach Dessau; — Staehler von Ems nach Weilburg.

In der Liste der Rechtsanwälte sind gelöscht: Caspari in Detmold bei dem Ober-Landesgericht in Celle; — Kröger bei dem Landgericht in Flensburg.

Für die Redaktion verantw.: S. Haenle. Verlag: W. Moeser, Hofbuchhandlung. Druck: W. Moeser, Hofbuchdruckerei in Berlin.

№ 6. Berlin, 15. März. 1880.

Juristische Wochenschrift.

Herausgegeben von

S. Haenle, und **M. Kempner,**
Rechtsanwalt in Ansbach. Rechtsanwalt beim Landgericht I. in Berlin.

Organ des deutschen Anwalt-Vereins.

Preis für den Jahrgang 12 Mark. — Inserate die Zeile 30 Pfg. — Bestellungen übernimmt jede Buchhandlung und Postanstalt.

Zur Anwalts-Gebührenordnung.

I.

Wird der dem Anwalt in Prozeßsachen ertheilte Auftrag durch Zurücknahme der Klage erledigt, so richtet sich die Höhe der Gebühren nach dem Zeitpunkt der Zurücknahme der Klage.

1. Ein Anspruch auf die Prozeßgebühr ist erworben, sobald die Klage dem Gerichtsschreiber — zum Zwecke der Termineinrückung — oder dem Amtsgericht eingereicht ist (Gebührenordnung § 14 und C. P. O. §§ 193, 456), ohne Rücksicht darauf ob demnächst vor der mündlichen Verhandlung noch Schriftstücke vom Anwalt in der Sache gefertigt werden.

Erfolgt die Zurücknahme der Klage vor der mündlichen Verhandlung durch Zustellung eines Schriftsatzes, so steht also dem Anwalt als Vergütung die Prozeßgebühr zu.

2. Zur Prozeßgebühr tritt noch die Verhandlungsgebühr, wenn die Klage nach Beginn der mündlichen Verhandlung zurückgenommen wird.

Nach den §§ 13, 16 der Gebühren-Ordnung steht dem Rechtsanwalt „für die mündliche Verhandlung" d. h., in Berücksichtigung der analogen Bestimmungen in den §§ 17, 42, 43, bei der Vertretung der Partei zur mündlichen Verhandlung die Verhandlungsgebühr (in Höhe des Satzes § 9), soweit aber die Verhandlung nicht kontradiktorisch ist, nur die Hälfte dieser Gebühr zu.

Die mündliche Verhandlung wird nun nach dem in der Civilprozeßordnung (§ 128) vorgeschriebenen Gang des Verfahrens dadurch eingeleitet, daß die Parteien, also zuerst der Kläger und dann der Beklagte, ihre Anträge stellen; darauf folgen zur Begründung der Anträge die Vorträge der Parteien.

Die Stellung der Anträge durch die Parteien wird für den Gebührenansatz als der Beginn der Verhandlung im Sinne der §§ 13, 14 der Gebührenordnung zu betrachten sein; denn mit der Stellung der Anträge beginnt offenbar die Thätigkeit des Anwalts in Vertretung seiner Partei im Termine. Die Unterscheidung, welche § 43 der Civilprozeßordnung für gewisse Verhältnisse im Prozeßverfahren zwischen „Stellung der Anträge" und „Verhandlung" aufstellt, kann gleicherweise hinsichtlich der Vergütung der Mühwaltung des Rechtsanwalts wohl nicht Platz greifen; nach dem der Gebührenordnung zu Grunde liegenden Pauschalsystem muß immer — abgesehen von den in der Gebührenordnung selbst gegebenen Ausnahmebestimmungen § 17 u. a. — der größere oder geringere Umfang, in welchem die Verhandlungsgebühr begründende Thätigkeit zur Ausübung gekommen ist, ohne Einfluß auf die Höhe der Gebühr bleiben.

Die Verhandlungsgebühr wird demnach schon zu beanspruchen sein, wenn der Anwalt in dem Verhandlungstermine zur Vertretung seiner Partei anwesend ist und nach Eröffnung der Verhandlung in der einen oder anderen Weise eine zur Wahrnehmung der Interessen seiner Partei geeignete und erforderliche Thätigkeit entfaltet, wie z. B. auch bei Erledigung des Rechtsstreits durch Anerkenntniß, Verzichtleistung oder Vermittelung eines Vergleichs, selbst bevor eine kontradiktorische Verhandlung stattgefunden hat.

Wird also die Klage nach der Stellung der Anträge d. h. nach Beginn der Verhandlung zurückgenommen, so steht dem die Partei im Termin vertretenden Rechtsanwalt auch die Verhandlungsgebühr zu und zwar die volle Gebühr, sobald die Parteien sich in eine kontradiktorische Verhandlung zur Hauptsache eingelassen haben, bis dahin nur die halbe. Bei Berechnung des Werthsobjekts sind die Vorschriften des § 10 der Gebührenordnung und des § 12 des Gerichtskostengesetzes zu beachten.

3. Es mag hier noch erwähnt werden, daß bei Zurücknahme des Auftrags vor Einreichung der fertiggestellten Klage nach § 14 der Gebührenordnung die Prozeßgebühr nur zur Hälfte zu berechnen ist, mag der Rechtsanwalt zum Prozeßbevollmächtigten bestellt worden sein oder nicht, denn auch im letzteren Falle kann gemäß der Bestimmung im § 48 a. a. O. die Ge-

bühr nicht höher sein, als die dem Prozeßbevollmächtigten zustehende Gebühr.

II.

Welche Gebühr ist im Urkundenprozesse für die nicht kontradiktorische Verhandlung zu liquidiren?

Die Höhe der in § 13 der Anwaltgebührenordnung bezeichneten vier Arten von Pauschgebühren ist in den §§ 13 bis 18 daselbst festgesetzt und zwar bestimmen diese Paragraphen den Normal-Einheitssatz, wie auch die Erhöhungen und Ermäßigungen desselben beim gewöhnlichen Verlaufe des Prozesses.

Nach diesen Bestimmungen beträgt die Verhandlungsgebühr

a. für die kontradiktorische Verhandlung nach § 13 den vollen Satz des § 9,

b. für die nicht kontradiktorische Verhandlung nach § 16 ⁵/₁₀ vom Satze des § 9.

Wenn nun § 19 für den Urkunden- und Wechselprozeß nur ⁵/₁₀ der in den §§ 13 bis 18 bestimmten Gebühren bewilligt, so muß diese Ermäßigung nicht nur bei der vollen Verhandlungsgebühr, sondern auch bei der Gebühr für nicht kontradiktorische Verhandlung eintreten.

Die Verhandlungsgebühr für die nicht kontradiktorische Verhandlung im Urkundenprozeß beträgt demnach ⁵/₁₀ von ⁵/₁₀ = ²⁵/₁₀₀ vom Satze des § 9.

Mit dem an verschiedenen Stellen der Gebührenordnung wiederkehrenden Ausdruck „in den §§ 13 bis 18 bestimmte Gebühren" sind die in verschiedenen Beträgen normirten Gebührensätze, wie sie je nach der Verschiedenartigkeit der gerichtlichen Akte bezw. der Thätigkeit des Anwalts gemäß den Vorschriften der §§ 13 bis 18 sich berechnen, gemeint und nicht etwa nur die in § 13 aufgestellten Einheitssätze; es hätte in letzterem Falle eine andere Fassung, ähnlich in den §§ 25 und 29 gebrauchten Ausdrucksweise, im Gesetze zur Anwendung kommen müssen. **Pf.**

Zur Gebührenordnung für Gerichtsvollzieher.

Für die Thätigkeit des Gerichtsvollziehers innerhalb des ihm durch die Reichs-Prozeßordnungen zugewiesenen und im § 1 der Gebührenordnung für Gerichtsvollzieher vom 24. Juni 1878 umgrenzten Geschäftskreises dürfen nur die in dieser Gebührenordnung festgesetzten Vergütungen liquidirt werden.

Wenn also, wie es vorgekommen ist, ein Gerichtsvollzieher, welcher die ihm für Zustellungen oder andere Verhandlungen zustehenden Gebühren persönlich oder durch einen seiner Gehülfen von dem Auftraggeber einzieht, dafür noch eine besondere Entschädigung für sich beansprucht, so geschieht dies zu Unrecht.

Eine derartige Gebühr für die Erhebung der Gebühren und Auslagen des Gerichtsvollziehers ist in der Gebührenordnung nirgends vorgesehen. Nach §. 22 der Gebührenordnung steht dem Gerichtsvollzieher nur frei, seine Gebühren und Auslagen von dem Auftraggeber durch Postvorschuß — nach der jetzigen Einrichtung also durch Postnachnahme — zu erheben, gleichviel ob der Auftraggeber am Wohnsitz des Gerichtsvollziehers oder anderwärts wohnt. Benutzt er diesen Weg nicht, so geschieht dies allerdings seinem Auftraggeber, dem dann die Portogebühren

eripart bleiben, zum Vortheil; der Gerichtsvollzieher darf dagegen aus diesem Umstande keinenfalls einen Anlaß entnehmen, für sich eine besondere Entschädigung zu verlangen. Denn wenn ihm auch durch die persönliche Einkassirung seiner Forderung ohne Benutzung der Post Unkosten erwachsen mögen, wie z. B. für Fahrten oder Honorirung seiner Gehülfen, so steht doch dem Anspruch auf Erstattung dieser Auslagen zunächst schon der Grundsatz entgegen, daß eine Vergütung für Auslagen, welche nicht unter die im §. 13 der Gebührenordnung aufgeführten fallen, überhaupt ausgeschlossen sein soll. Einen Anspruch auf Erstattung von Auslagen kann aber der Gerichtsvollzieher überdies zweifellos nur insoweit geltend machen, als die Auslagen bei der Vornahme der Amtshandlungen innerhalb der oben bezeichneten Grenzen, nicht aber dann, wenn sie bei der Einziehung seiner eigenen Gebührenforderung entstanden sind. **Pf.**

Vom Reichsgericht.

Wir berichten über die Ergebnisse der Rechtsprechung in Civilsachen während der Zeit vom 15. Januar bis 1. März d. J.

Zur Reichscivilprozeßordnung § 74 ist (R. 1 V 80 vom 3. Februar 1880) angenommen, daß eine Beschwerdeschrift, abgesehen von den besonderen Ausnahmen (§ 522 Abs. 2) von einem bei dem Prozeßgericht zugelassenen Rechtsanwalt und wenn die Beschwerde bei dem Reichsgericht erhoben wird, von einem bei diesem zugelassenen Rechtsanwalt unterzeichnet sein müsse. — Die Ansicht, daß in Sachen, die bei einem Amtsgerichte anhängig sind, überhaupt eine Beschwerde an das Reichsgericht nicht erwachsen könne, wird (B. 17/79 1 vom 5. Januar 1880) mißbilligt und § 531 Abs. 2 C. P. O. ausgesprochen, daß als neuer selbstständiger Beschwerdegrund nicht schon der Umstand in Betracht komme, daß durch eine, eine vorgängige mündliche Verhandlung nicht erfordernde Entscheidung ein das Verfahren betreffendes Gesuch, nämlich eben das Beschwerdegesuch zurückgewiesen ist, sondern einer der andern in §. 530 C. P. O. bezeichneten Fälle vorliegen muß. — Für diejenigen Staaten, in welchen eine Umleitung der Sachen alten Verfahrens stattgefunden und der §§ 164 C. P. O. für anwendbar erklärt ist, verdient die Entscheidung (n. 185/79 II vom 3. Februar 1880) Beachtung, wonach die Vollmacht, die unter der Herrschaft des alten Verfahrens bestellten Anwalts dahin erweitert ist, daß ihm der Schriftsatz, durch welchen ein Rechtsmittel (Revision) eingelegt wird, gültig zugestellt werden kann. — Zum § 749 n. 2 C. P. O. wird (B. 70/79 III vom 23. Januar 1880) ausgesprochen, daß auf Grund des Reichshaftpflichtgesetzes zuerkannte Renten „als auf gesetzlicher Vorschrift beruhende Alimentenforderungen" nicht anzusehen sind und nicht unter die Bestimmung des § 749 n. 2 C. P. O. fallen.

Auf dem Gebiete des Handelsrechts und zwar in Betreff der Kommanditgesellschaft ist (n. 310/79 I vom 31. Dezember 1879) angenommen, daß zu dem Vermögen der in Konkurs gerathenen Kommanditgesellschaft das ganze von den Kommanditisten gezeichnete, durch Eintragung ins Handelsregifter als vorhanden kundgegebene Grundkapital gehört, die Zahlung der gezeichneten Beträge durch Ausbruch des Konkurses nicht erlischt, solche von dem Konkursverwalter einzuziehen find, und es nicht den Gesellschaftsgläubigern überlassen ist, ihren etwaigen Ausfall im Konkurse gegen die Kommanditäre auf Höhe der auf deren Zeichnungen noch ausstehenden Einzahlungen geltend zu machen. — Anlangend die Frage über Aufbewahrung der Geschäftsbücher einer aufgelösten Gesellschaft ist (n. 78/79 I vom 6. Dezember 1879) entschieden, daß sich darüber keine allgemeinen Regeln aufstellen ließen, vielmehr nach Zweckmäßigkeitsgründen zu verfahren und wenn die Parteien sich nicht zu einigen vermögen, richterliche Entscheidung einzuholen sei. In diesem Falle sei die Gesammtheit der thatsächlichen Verhältnisse darzulegen, um dem Richter die Beurtheilung der Frage zu ermöglichen. — Bezüglich des Handlungsgehülfen (Prokuristen) einer Gesellschaft wird (n. 100/79 I vom 6. Dezember 1879) verneint, daß derselbe als solcher verpflichtet sei, den einzelnen Gesellschaftern eine besondere umfassende und mit Belägen versehene Rechnung abzulegen. Derselbe sei nur zu einer ordnungsmäßigen Buchführung verpflichtet, das heißt: zur Führung von Büchern, aus welchen die Handelsgeschäfte und die Lage des Vermögens der Gesellschaft vollständig zu ersehen seien. Zur Führung der Bücher gehöre auch deren regelmäßiger Abschluß. Die Bücher seien zur Einsichtnahme der Gesellschafter offen zu halten. Sei der Handlungsgehülfe diesen Verpflichtungen nachgekommen, so habe er vorläufig das Seinige gethan und habe abzuwarten, ob und welche Aufklärungen im Einzelnen von ihm verlangt, beziehungsweise, welche Einwendungen ihm gemacht werden. — Ueber das Consortialbetheiligungsverhältniß wird (n. 206/79 I vom 15. Dezember 1879) gesagt, dasselbe sei, insbesondere bei dem Vorhandensein von Syndikatsbedingungen, wie die vorliegenden (üblichen), ein Gesellschaftsverhältniß besonderer Art. Der Consortiale habe die Verpflichtung gehabt, das vom Syndikat mitgetheilte Ergebniß zu acceptiren und danach das Erforderliche zu leisten, sofern er nicht in der Lage war, einen Widerspruch durch besondere Einwendungen zu begründen. Diese eigenthümliche Lage mit ihren Ergebnissen habe der Consortiale durch Ueberlassung seines Antheils oder eines Theiles desselben auf den Unterbetheiligten übertragen. Letzterer dürfe sein Zögern in Erfüllung der ihn treffenden Verpflichtungen nicht dazu benutzen, um nachträglich an den Tag getretenen Stoff für Einwendungen gegen das Syndikat dem Hauptbetheiligten entgegenzuhalten und diesen darauf zu verweisen, durch Conditionen gegen das Syndikat seine ehemalige Lage wiederherzustellen. Die spätere Entdeckung von Vertragsverletzungen Seitens des Syndikats könne dem Unterbetheiligten nur das Recht geben, vom Hauptbetheiligten Abtretung der diesem etwa gegen das Syndikat zustehenden Conditionsrechte zu verlangen. — Die von dem Richtkaufmann einem Kaufmanne gegenüber mündlich erklärte Kreditbürgschaft für Handelskäufe ist nach Art. 277, 317 A. D. H. G. B. in mündlicher Form gültig erklärt. (n. 44/79 I vom 20. Dezember 1879). — Für den Handelskauf und zwar die Art. 354—356 A. D. H. G. B. wird (n. 106/79 II vom 10. Februar 1880) ausgesprochen: der Tendenz des Handelsgesetzbuchs, durch seine Bestimmungen einheitliches Recht für ganz Deutschland zu schaffen und hiermit

dem Kaufmanne eine sichere Richtschnur für sein Verhalten an die Hand zu geben, entspricht es, die Art. 354—356 a. a. O. dahin aufzufassen, daß in den dort bezeichneten Fällen, das heißt, wenn der Käufer mit der Zahlung oder der Verkäufer mit der Lieferung der Waare im Verzuge ist, nur diejenigen Rechte bestehen sollen, welche das Handelsgesetzbuch verleiht, also die abweichenden Bestimmungen der Landesgesetze außer Betracht bleiben. Ebenso zweifellos erscheint es jedoch andererseits, daß in Fällen, wo die Voraussetzungen der Art. 354—356 a. a. O. nicht vorliegen, beim Mangel bezüglicher Bestimmungen des Handelsgesetzbuchs die Landesgesetze maßgebend bleiben. — Ueber den Zeitpunkt des Deckungskaufs heißt es (n. 77/79 I vom 30. Dezember 1879): Eine Frist für Vornahme des Deckungskaufs ist allerdings in Art. 355 A. D. H. G. B. nicht vorgesehen. Der Artikel räumt dem Käufer, wenn der Verkäufer mit der Uebergabe der Waare in Verzug kommt, unter Anderem das Recht ein, statt der Erfüllung Schadenersatz wegen Nichterfüllung zu fordern, ohne nähere Bestimmung über die Berechnung des Schadens. Für letzteren sind mithin neben der Vorschrift in Art. 283 a. a. O. die allgemeinen civilrechtlichen Grundsätze maßgebend. Nach diesen aber besteht der Betrag des vom Verkäufer zu leistenden Schadenersatzes regelmäßig aus dem Unterschiede zwischen dem Kaufpreise und dem Werthe, den die Waare zur Erfüllungszeit und am Erfüllungsorte hat. Daraus folgt, daß der Käufer, der Ersatz des ihm durch einen Deckungskauf erwachsenen Mehraufwandes an Kaufpreis fordert, in der Regel blos einen zur Erfüllungszeit bewirkten Deckungskauf für sich geltend machen darf. Denn deckt er sich erst später, nach inmittelst eingetretener Preissteigerung, so ist die ihm hieraus erwachsende Einbuße bis zum Beweise des Gegentheils seinem eigenen Verschulden, einer Versäumniß der von dem ordentlichen Kaufmanne zu beobachtenden Sorgfalt zuzuschreiben, also dem Verkäufer eine Ersatzpflicht nicht anzusinnen. — Das Frachtgeschäft der Eisenbahnen anlangend, so definirt das Reichsgericht (n. 14/79 II vom 25. November 1879) den Begriff der böslichen Handlungsweise ebenso wie das vormalige Reichsoberhandelsgericht und verwirft die Ansicht der Vorinstanz, daß darunter jede grobe Fahrlässigkeit der Bahn oder ihrer Leute zu verstehen sei. Nur Handeln in rechtswidriger Absicht und frevelhafter Muthwille, welcher sich der Folgen seines Handelns bewußt ist, wird darunter begriffen. — Dieselbe Definition ist auch für das Seerecht, Art. 610 A. D. H. G. B. maßgebend und die bösliche Handlungsweise eines Schiffsführers anzunehmen, wenn die Beschädigung des Guts die nothwendige und dem Schiffsführer erkennbare Folge der von ihm gewollten Handlung war (n. 53/79 I vom 10. Januar 1880).

Für das Wechselrecht sind folgende Entscheidungen zu vermerken.

Zu dem dem Wechselkläger obliegenden Beweise seiner Klage gehört nicht (n. 389/79 III vom 16. Dezember 1879) der Beweis, daß die großjährige Verklagte eine Wechselerklärung, welche ihrem Inhalte nach zur Zeit seiner Großjährigkeit ausgestellt sein kann, wirklich zu dieser Zeit abgegeben habe; vielmehr ist es Sache einer vom Beklagten zu beweisenden Einrede, wenn er geltend machen will, daß er die Erklärung vor erlangter Großjährigkeit abgegeben hat, und dazu gehört namentlich der Beweis über die Zeit der Ausstellung der Erklärung, da nur durch sie der Einwand dargelegt werden kann. — Der Begebungsvertrag, durch welchen allein der Inhaber eines Wechsels Wechselgläubiger wird, setzt voraus, (heißt es n. 354/79 III vom 2. Dezember 1879) daß der Wechsel mit dem Willen des Hingebenden, die Rechte daraus zu übertragen und mit dem Willen des Empfängers, die Rechte daraus zu erwerben, ausgeliefert worden sei. Spricht auch die Thatsache der Innehabung des Wechsels für einen solchen Vorgang, so kann doch im Wege des Gegenbeweises dargethan werden, daß eine Begebung nicht stattgefunden habe, mithin der Besitzer nicht Eigenthümer geworden sei. Der Wechselklage gegenüber ist das Vorbringen des Beklagten, daß eine Begebung nicht stattgefunden, die Einrede des dolus, dessen sich Kläger dadurch schuldig macht, daß er aus einem Wechsel klagt, obgleich er denselben niemals rechtlich erworben hat. — Ueber die Legitimation des Wechselinhabers wird (n. 105/79 I vom 5. Januar 1880) ausgeführt: derjenige, welcher nach dem gegenwärtigen Urkundinhalt des laufenden Wechsels auf demselben zuerst als Indossatar, dann aber als Indossant geschrieben steht, erscheint (auch wenn er den Wechsel hat) laut Wechsel als nicht befugt zu gegenwärtiger Ausübung der Rechte des Wechselinhabers. Allerdings kann eine solche Person rechtlich befugt sein, ihr auf dem laufenden Wechsel geschriebenes Indossament wieder auszustreichen. Unterläßt sie dagegen die Ausstreichung und verlangt lediglich gegen Präsentation des so beschafften Wechsels zu Verfall Zahlung vom Wechselacceptanten, so ist dieser nicht verpflichtet, auf eine solche Präsentation die Wechselsumme zu zahlen, weil der Wechsel selbst gegen das Recht des Präsentanten zu dem Zahlungsbegehren spricht. Es ist eine einfache Konsequenz dieser Grundsätze, daß ein im Auftrage einer solchen Person, welche zur Zeit der Protesterhebung auf dem präsentirten Wechsel als Indossatar und demnächst als Indossant geschrieben steht, erhobener Protest Mangels Zahlung ungültig ist. Durch den Besitz des derartigen Wechsels und derartigen Protestes kann weder ein Wechselregreßanspruch substantiirt, noch dürfen dadurch die Grundsätze über die Legitimation desjenigen, welcher den Wechsel hat, gegen den Wechsel-Acceptanten beeinflußt werden. — Wechselfälschungen betreffend, nimmt das Reichsgericht (n. 123/79 V vom 11. Februar 1880) an, jede Aenderung des durch den Schrift-Inhalt der Wechsel-Obligation bekundeten Willens ohne Wissen und Zustimmung des Ausstellers — sei Fälschung und zerstöre, wenigstens dem Aussteller gegenüber und abgesehen von den Wirkungen weiterer Begebungen, das Wesen des ursprünglichen Wechsels. Die Vermuthung spricht für die Richtigkeit des Wechselinhaltes und die Fälschung sei im Wege der Einrede vom Beklagten zu erweisen, während Kläger im Wege der Replik die Umstände darthun müsse, welche die vorgenommene Aenderung des Charakters der Fälschung entkleideten. — Die Fälschung der Wechselsumme betreffend ist zu erwähnen, n. 2/80 V vom 17. Januar 1880) der Ausspruch: Obwohl die Wechselordnung nur in Art. 75 Bestimmung über die falsche oder verfälschte Unterschrift des Ausstellers und in Art. 76 solche über falsche und verfälschte Accepte und Indossamente enthält, nicht auch Bestimmungen über die Verfälschung der Wechselsumme, so sind die Folgen solcher Fälschungen doch aus der besonderen Natur des Wechsels zu beurtheilen, der Einwand aus einer solchen Fälschung ist im Sinne des Art. 82 A. D. W. O. als aus dem Wechselrechte selbst hervorgehend anzusehen, und kann jedem Inhaber gegenüber geltend gemacht werden. Der Einwand ist auch ein untheilbarer, denn es handelt sich dabei darum, ob das Erforderniß eines Wechsels nach Art 4 n. 2 a. a. O. durch die Fälschung nicht beseitigt ist (die Einrede wirkt also nicht nur für die durch Fälschung bewirkte Erhöhung der Wechselsumme). — Durch das Accept eines Wechsels seitens des Vorstandes einer Genossenschaft wird zunächst nur die Genossenschaft als solche wechselmäßig verpflichtet. Die aus dem Wechselaccepte des Vorstandes der Genossenschaft erwachsenden Verbindlichkeiten sind ganz andere, als die eines Wechselverpflichteten nach Art. 81 A. D. W. O. (n. 365/79 III vom 12. Dezember 1879). Fehlt, so heißt es (n. 375/79 III vom 16. Dezember 1879) auf dem Wechsel die Bezeichnung einer Person oder Firma, ist als derjenige, der die Zahlung empfangen soll, weder eine Person noch eine Firma bezeichnet, so ist nicht nur die betreffende Wechselerklärung unverbindlich, sondern auch die auf den Wechsel gesetzten anderen Erklärungen, wie Indossament und Aval, haben nach Art. 7 A. D. W. O. keine Kraft. Ist aber die Bezeichnung dessen, an den gezahlt werden soll, mit Worten, welche an sich eine Person oder Firma bezeichnen, erfolgt, ohne daß die Bezeichnung richtig ist, existirt also die Person oder Firma nicht, so hat zwar die betreffende Wechselerklärung insofern die nicht existirende Person oder Firma keine Wirkung, das Schriftstück kann aber der Träger von Wechselerklärungen werden. So bei den sogenannten fingirten oder Kellerwechseln. In Bezug auf das Reichshaftpflichtgesetz wird ausgeführt (n. 103/79 III vom 23. Dezember 1879), daß der Betriebsunternehmer, welcher das in seinem Interesse liegende fortgesetzte Uebertreten des als undurchführbar erkannten Polizeiverbots Seitens seiner Angestellten durch Stillschweigen die Billigung begünstigt, bei einem eintretenden Unglücksfalle das gesetzliche Verbot nicht zum Stützpunkte für die Einrede des eigenen Verschuldens machen darf, um unter Berufung auf dieselbe die ihm nach § 1 a. a. O. obliegende Pflicht zum Schadensersatze von sich abzulehnen. Es müsse die Berechtigung hierzu im Hinblick auf das unter solchen Umständen in der Vorschätzung der Einrede des eigenen Verschuldens liegende Verletzung der Gebote der Billigkeit (replica doli) verneint werden. — Eine Klage auf Grund des § 3 Reichshaftpflichtgesetzes ist (nach n. 163/79 III vom 2. Dezember 1879) auch in dem Falle nicht für ausgeschlossen zu erachten, wenn der Verletzte zur Zeit der Verletzung zwar weder erwerbsthätig noch auch momentan erwerbsfähig ist, wohl aber in der Lage sich befindet, daß der Eintritt der Erwerbsfähigkeit und mit ihr die Ausübung gewinnbringender Thätigkeit erfahrungsgemäß und nach dem Laufe der Dinge zu vermuthen ist und wo die Folgen der erlittenen Verletzung der Art sind, daß die präsumtive Erwerbsfähigkeit im Zweifel als beeinträchtigt angesehen werden darf. — Zur Reichsgewerbeordnung ist hervorzuheben der Ausspruch (n. 12/79 I H. vom 16. Dezember 1879): Kontraktliche Beschränkungen der Gewerbefreiheit durch sogenannte Konkurrenz-Ausschluß-Geschäfte sind nicht unzulässig, wenn sie nicht das öffentliche Interesse gefährden. Das „Prinzip der Gewerbefreiheit" mag dahin führen, Verträgen den Rechtsbestand zu versagen, durch welche Personen die Verpflichtung übernehmen, keinerlei Gewerbebetrieb an irgend einem Ort und zu irgend einer Zeit zu üben. Aber ein Vertrag z. B. des Inhaltes, den Handel mit bestimmten Waaren in dem bisherigen Absatzgebiet der Klägerin zwanzig Jahre lang nicht zu betreiben, ist gültig.

Zum Patentgesetz vom 25. Mai 1877 wird (n. 25/80 I vom 24. Januar 1880) angenommen, daß der Berufungskläger nach § 1 Kais. V. O. vom 1. Mai 1878 zwar befugt sei, zur Rechtfertigung eines in I. Instanz erhobenen Anspruchs in der Berufungsinstanz neue Thatsachen und Beweismittel geltend zu machen, es aber unzulässig sei, einen neuen Anspruch, über welchen in I. Instanz weder verhandelt noch entschieden sei, zuerst in der Berufungsinstanz vorzubringen. Unzulässig sei es daher den in I. Instanz auf § 10 n. 2 P. Ges. vom 25/5 1877 gestützten Antrag in II. Instanz auf §. 10 n. I a. a. O. zu gründen.

(Fortsetzung folgt.)

Couponsprozesse. Die Auslegung österreichischer Eisenbahn-Obligationen und die Anwendbarkeit des Artikel 336 Abs. 2 A. D. H. G. B. bei stattgefundener Außerkurssetzung von Landesmünzen. Erkenntniß des Reichsgerichts II. Civilsenat vom 12. Dezember 1879 i. S. k. k. priv. Elisabethbahn a. G.

Die Verwaltung der k. k. priv. Elisabethbahn hat im Jahre 1860 ein Prioritätsanlehn von 12,000,000 Gulden aufgenommen und den Obligationsinhabern Rückzahlung in Wien in österreichischer Währung und effektiver Silbermünze oder in Frankfurt a./M. in süddeutscher Währung versprochen. Sie hat sich geweigert, den Obligationsinhabern nach der im Art. 14 Nr. 1 und 2 des Reichsmünzgesetzes vom 9. Juli 1873 vorgeschriebenen Umrechnung Zahlung zu leisten. Von den Vorinstanzen verurtheilt, hat sie die Oberberufung ergriffen, welche indeß vom Reichsgerichte verworfen ist.

Gründe:

Beklagte bestreitet nicht, daß, wenn eine alternative Verpflichtung zu einer in Wien und einer in Frankfurt a./M. zu leistenden Zahlung vorläge, auf letztere Zahlung die Vorschriften des Artikels 14 des Reichsmünzgesetzes vom 9. Juli 1873 Anwendung finden würden. Sie bestreitet aber, in der Schuldverschreibung vom 1. August 1860, aus welcher geklagt worden ist, eine alternative Verbindlichkeit übernommen zu haben, und behauptet, daß die darin übernommene Verpflichtung zur Rückzahlung des Kapitals nach Maßgabe des Verloosungsplans eine einzige, in Wien in österreichischer Silberwährung zu erfüllende, folglich von den Bestimmungen des deutschen Münzgesetzes in keiner Weise berührte Verbindlichkeit sei. Die Entscheidung der Sache hängt demnach von der Auslegung der Schuldverschreibung ab.

Obgleich die Deutung, welche Beklagte derselben giebt, in Beziehung auf ähnliche Schuldverschreibungen einer andern Bahn die Billigung der österreichischen Gerichte aller Instanzen gefunden hat,

vergl. Epstein, Oberstgerichtliche Entscheidungen in Eisenbahnsachen, Wien 1879 Seite 495 flg. und die Akten des betreffenden Prozesses, herausgegeben von Härdtl, Tremmel und Weiß, Wien 1878 Seite 377, 467, 519.

Beklagte auch eine in ihrem Sinn ergangene Entscheidung des Appellationsgerichts zu Cassel vom 12. April 1878 sich berufen kann, welche sie als integrirenden Theil ihrer Vernehmlassung angesehen wissen will,

vergl. Heuser Annalen der Justiz und Verwaltung im Bezirk des Königlichen Oberappellationsgerichts zu Cassel Band XXIV Seite 145 flg.

so ist doch mit dem vormaligen Reichs-Oberhandelsgericht

vergl. Entscheidungen Band XXIII Seite 205, Band XXV Seite 41, auch Band XXIV Seite 188

anzunehmen, daß überwiegende Gründe der entgegengesetzten Auslegung zur Seite stehn.

1. Der Behauptung, daß nur Zahlung österreichischer Silberwährung in Wien versprochen worden sei, steht in Widerspruch mit dem Wortlaut der Schuldverschreibung. Unter den Bestimmungen, unter welchen Beklagte sich zur Verzinsung und Einlösung der Schuldverschreibungen verpflichtet hat, befindet sich folgende:

„III. Die Rückzahlung der verloosten Obligationen erfolgt sechs Monate nach der Ziehung, nach Wahl des Besitzers entweder in Wien bei der Centralkasse der Kaiserin-Elisabethbahn in österreichischer Währung in effektiver Silbermünze oder in Frankfurt a./M. bei dem Bankhause M. A. von Rothschild & Söhne in süddeutscher Währung (des 52½ Gulden Fußes)."

Die Verpflichtung der Beklagten erstreckt sich mithin nicht blos auf die mit „entweder" beginnende erste, sondern auch auf die mit „oder" eingeleitete zweite Alternative. Wenn dessenungeachtet behauptet wird, nur die Zahlung in österreichischer Währung sei Gegenstand des Versprechens und die süddeutsche Währung nur zur Belehrung des Inhabers als Aequivalent dieser Zahlung erwähnt, so werden für diese dem vorgedachten Wortlaut nicht entsprechende Behauptung zwei Gründe geltend gemacht, erstens der Umstand, daß das Gesammtdarlehn, von welchem die vorliegende Schuldverschreibung einen Theil betreffe, in Silber nach dem österreichischen Fuße aufgenommen, folglich ebenso zurückzuzahlen sei, und zweitens die Aufschrift der Schuldverschreibung, welche in den Worten:

„Schuldverschreibung über 600 Fl. österreichischer Währung in Silber, gleich 700 Fl. süddeutscher Währung oder 400 Thaler der Thalerwährung (des 30 Thaler-Fußes)"

die angegebenen Beträge der süddeutschen und Thalerwährung ausdrücklich nur als Aequivalent der in österreichischer Währung ausgedrückten Schuldsumme bezeichne. Beide Gründe sind aber nicht durchschlagend.

Die Ausstellung der vorliegenden Schuldverschreibung wurde, wie aus derselben hervorgeht, dadurch veranlaßt, daß die Beklagte im Jahre 1860 zum Ausbau der Bahn nach Salzburg und Passau von Bankhäusern ein Anlehn von 12 Millionen Gulden österreichischer Währung aufnahm und nach Empfang der bedungenen Darlehnsvaluta den Anlehnscontrahenten 22,000 Stück Schuldverschreibungen, zu welchen die vorliegende gehörte, aushändigte. Sowohl die Rückzahlung der ausgeloosten Obligationen, als die Zahlung der Zinsen soll an den Besitzer erfolgen. Die Emission von Theilschuldverschreibungen ist mithin nicht in der Weise erfolgt, daß die Darleiher auf ihren Namen lautende durch Cession übertragbare Partialobligationen erhielten, sondern durch Aushändigung von Inhaberpapieren, welche die Anlehnscontrahenten empfingen und in Umlauf setzten. Bei einer derartigen Emission aber kann von den Rechten der Anlehnscontrahenten ein Schluß auf die Rechte der Inhaber der Obligationen und Zinsabschnitte nicht gezogen werden. Während erstere von dem Vertrage über die Negocirung des Darlehns abhängen, bestimmen sich letztere ausschließlich nach dem Inhalt des Inhaberpapiers. Es ist daher daraus, daß der Betrag des aufgenommenen Anlehns in österreichischer Währung festgesetzt wurde, ein Schluß darauf, daß auch die Verzinsung und Rückzahlung der Theilschuldverschreibungen in dieser Währung erfolgen müsse, nicht zu ziehen; vielmehr entscheidet in dieser Hinsicht lediglich der Inhalt der Schuldverschreibungen und ihrer Zinsabschnitte.

An dem Inhalt der Schuldverschreibung aber erscheint nicht die Aufschrift, sondern der Text als das Wesentliche. Es ist daher nicht aus jener, sondern aus diesem zu entnehmen, welche Verbindlichkeit der Aussteller übernommen hat. In dem Texte der Schuldverschreibung aber hat Beklagte, wie der oben hervorgehobene Satz beweist, nicht blos zur Zahlung von 600 Fl. österreichischer Währung in Wien, sondern auch und zwar nach Wahl des Besitzers der Obligation zur Zahlung von 700 Fl. süddeutscher Währung in Frankfurt sich verpflichtet. Wenn beide Beträge in der Aufschrift als gleichwerthig erwähnt werden, so ist hierdurch der Inhalt des im Text gegebenen Versprechens in keiner Weise abgeschwächt. In der Ueberschrift, welche nur den Zweck hat, Inhalt und Werth des Papiers kurz und augenfällig zu bezeichnen, genügte es, das Werthsverhältniß der versprochenen Leistungen anzugeben; die nähere Bestimmung der Zahlungsverbindlichkeit gehörte nicht in die Aufschrift, sondern in den Text der Schuldverschreibung.

2. Die Beklagte macht in der gegenwärtigen Instanz geltend, die Verpflichtung, das Anlehn in Wien in österreichischer Währung zurückzuzahlen und zu verzinsen, sei die Hauptverbindlichkeit, die Verpflichtung, den in österreichischer Valuta geschuldeten und in Wien zahlbaren Betrag nach Wahl des Besitzers auch in Frankfurt in Münzen der süddeutschen Währung auszuzahlen, trete als Nebenverbindlichkeit hinzu. Wäre dies richtig, so könnte mit dem Reichs-Oberhandelsgericht (Entscheidungen Band XVI Seite 16) angenommen werden, daß der Sitz der Obligation und das dieselbe beherrschende örtliche Recht nach dem Orte zu bestimmen sei, an welchem die Hauptverbindlichkeit zu erfüllen ist. Es fehlt aber an jedem Grunde, die erstere Verbindlichkeit für die prinzipale, die letztere für eine nur accessorisch zu derselben hinzugefügte zu erklären. Beide Verbindlichkeiten sind in derselben Schuldverschreibung, in demselben Satze und mit denselben Worten übernommen und durch die Verbindungsworte entweder — oder einander gleichgestellt. Auch dem Inhalt nach stellt sich die Verpflichtung, in Frankfurt in süddeutscher Währung zu zahlen, als eine solche dar, welche nicht neben der Verpflichtung, in Wien in österreichischer Währung zu zahlen, sondern anstatt derselben eintritt. Sie erscheint mithin nach Form und Inhalt nicht als eine accessorische, sondern als eine alternative Obligation.

3. In andern Prozessen ist versucht worden, den Inhalt dieser Alternativobligation dahin zu bestimmen, daß das Wahlrecht nur den Zahlungsort und die Münzsorten, in denen zu zahlen sei, betreffe, der Betrag der zu leistenden Zahlung dagegen für beide Fälle in österreichischer Währung bestimmt sei, so daß, wenn der Inhaber Zahlung in Frankfurt verlange, der nach dem jeweiligen Kurs zu berechnende Werth der versprochenen Anzahl österreichischer Silbergulden in Münzen süddeutscher Währung zu zahlen sei. Wäre dies der Inhalt des Zahlungsversprechens der Beklagten, so würde die Vorschrift des Art. 14 des deutschen Münzgesetzes keine Anwendung finden können, weil daselbst nur über das Verhältniß der aufgehobenen inländischen Währungen zu der Reichswährung, nicht auch über das Verhältniß der letztern zur ausländischen, insbesondere österreichischen Valuta bestimmt werden konnte und bestimmt worden ist. In der gegenwärtigen Instanz liegt indessen keine Veranlassung vor, die Unrichtigkeit dieser Auslegung darzuthun, da Beklagte selbst in ihrer Oberappellationsschrift zugiebt, daß die Zahlung in Frankfurt

„nicht nach dem jeweiligen Kurse der österreichischen Valuta, sondern nach Pari, also dem österreichischen Gulden zu 1 Fl. 10 Kr. süddeutscher Währung gerechnet"

versprochen worden sei. Beklagte räumt hiermit ein, daß die Verzinsung nicht in einem von den Schwankungen des Kurses abhängigen, sondern in einem feststehenden alljährlich gleichen Betrag erfolgen und die Rückzahlung im Falle der Auslosung nicht in einer nach Kurs zu berechnenden, mithin unbestimmten Summe, sondern in einem schon bei Ausstellung der Schuldverschreibung verinbarten bestimmten Betrage erfolgen sollte. Geht man hiervon aus, so könne nur in Zweifel gezogen werden, ob das gedachte Versprechen blos auf so lange geleistet sei, als das in der Schuldverschreibung unterstellte Werthverhältniß von 1 : 1⅙ zwischen dem österreichischen und süddeutschen Gulden rechtlich oder thatsächlich fortdauere. Wenn nun auch anzunehmen ist, daß die Beklagte durch das zur Zeit der Ausstellung der Schuldverschreibung infolge des Münzvertrags vom 24. Januar 1857 rechtlich und thatsächlich bestehende Werthverhältniß des österreichischen zum süddeutschen Gulden bewogen wurde, sich so wie geschehen zu verpflichten, so ist es doch weder selbstverständlich noch in Form einer Bedingung oder Zeitbeschränkung in der Schuldverschreibung ausgesprochen worden, daß Beklagte sich zur Zahlung in Frankfurt in süddeutscher Währung nur auf so lange verpflichte, als das vorgedachte Werthverhältniß fortdauere. Uebrigens ist es nicht einmal glaubhaft, daß Beklagte bei Eingehung der Verbindlichkeit von der Voraussetzung unveränderter Fortdauer dieses Werthverhältnisses ausgegangen sein sollte, da sie kaum annehmen konnte, daß dasselbe bis zum Schluße der erst im Jahr 1911 zu Ende gehenden Amortisation und Verzinsung des Anlehns unverändert fortbestehen werde.

4. Beklagte eignet sich die von dem Appellationsgerichte zu Cassel aufgestellte Ansicht an, daß, wenn sie alternativ verpflichtet gewesen wäre, ihre Schuld in Wien in österreichischem Silber oder in Frankfurt in süddeutschen Gulden zu zahlen, mit dem durch Einführung der Goldwährung in Deutschland herbeigeführten Wegfall der letztern Alternative ihre Verpflichtung auf die allein möglich gebliebene Zahlung in österreichischem Silber oder den dessen zeitigen Kurs entsprechenden Betrag der Goldwährung zurückgeführt worden sei. Diese Ansicht ist unrichtig, weil es ein Irrthum ist, daß die Erfüllung der Verbindlichkeit in ihrer zweiten Alternative durch Einführung der Goldwährung in Deutschland unmöglich geworden sei. Allerdings konnte die Zahlung in Frankfurt nicht mehr in Münzen süddeutscher Währung (des 52½ Gulden-Fußes) geleistet werden, nachdem auf Grund des Artikels 8 des Reichsmünzgesetzes vom 9. Juli 1873 sämmtliche Münzen dieser Währung außer Kurs gesetzt worden waren

Vergl. Bekanntmachungen des Bundesraths vom 2. Juli 1874 (Reichsgesetzblatt Seite 111), vom 7. Juni und 10. Dezember 1875 (Reichsgesetzblatt Seite 247, 315).

Allein hierdurch war die Zahlung nicht überhaupt unmöglich geworden. Denn nach Artikel 336 Absatz 2 des Handelsgesetzbuches, dessen Bestimmungen auf die unter der Herrschaft des Handelsgesetzbuchs zu leistenden Zahlungen auch dann anzuwenden sind, wenn die Zahlungsverbindlichkeit vor Einführung des Handelsgesetzbuchs entstanden war, in der Landesmünze gezahlt werden, falls die im Vertrage bestimmte Münzsorte am Zahlungsorte nicht in Umlauf ist. Diese Bestimmung leidet auch auf den Fall Anwendung, daß die bisherige Landesmünze infolge einer Veränderung der Währung außer Kurs gesetzt ist, dergestalt jedoch, daß die Vorschrift des Handelsgesetzbuchs, wonach die Umrechnung nach dem Werthe des geschuldeten Betrags zur Verfallzeit zu bewirken ist, durch die späteren reichsgesetzlichen Vorschriften ausgeschlossen wird, welche bei Einführung der neuen Währung über die Umrechnung der in alter Währung bestimmten Zahlungsverbindlichkeiten in die neue Währung erlassen sind. Die von der Beklagten übernommene Verpflichtung, in Frankfurt in süddeutscher Währung zu zahlen, konnte demnach auch nach Einführung der Goldwährung erfüllt werden. Anders würde es sich verhalten, wenn durch den Gebrauch des Wortes "effektiv" oder eines ähnlichen Zusatzes die Zahlung in Münzen süddeutscher Währung ausdrücklich bedungen worden wäre. Ein solcher Zusatz ist aber in der vorliegenden Schuldverschreibung hinsichtlich der in Frankfurt in süddeutscher Währung zu leistenden Zahlung nicht gemacht worden.

Ein Freizeichen im Sinne des § 10 Absatz 2 des Markenschutzgesetzes vom 10. November 1874 ist nicht vorhanden, wenn das Waarenzeichen eines einzelnen Gewerbtreibenden von andern Gewerbtreibenden nur mißbräuchlich benutzt worden ist. Erkenntniß des Reichsgerichts I. St.-S. vom 23. Februar 1880.

Das in einer Markenschutzsache ergangene landgerichtliche Urtheil ist vom Reichsgericht aufgehoben aus folgenden Gründen:

Die Freisprechung des Angeklagten und die Abweisung der Nebenklage stützt sich auf die Annahme, es liege die Voraussetzung des § 10 Absatz 2 des Gesetzes vom 30. November 1874 über den Markenschutz vor. Diese Annahme findet jedoch in der (von dem urtheilenden Gericht aus der Aussage des Zeugen Lohmann abgeleiteten) thatsächlichen Feststellung, daß das Waarenzeichen, wegen dessen Gebrauch das Strafverfahren gegen den Angeklagten eingeleitet worden, „schon seit dem Jahre 1857 in Deutschland von den Fabrikanten der fraglichen Waare allgemein gebraucht worden ist," keine genügende Grundlage, da diese Bestimmung einen bestandenen freien Gebrauch voraussetzt, daher nicht anwendbar ist, wenn eine, sei es auch mehr oder minder große, Zahl von Gewerbtreibenden mißbräuchlich das besondere Waarenzeichen eines einzelnen Gewerbtreibenden für Erzeugnisse der gleichen Gattung gebraucht hat, wie denn auch die Motive zu dieser Gesetzesbestimmung darthun, daß sie sich nur auf gewisse von althergebrachte oder hergebrachte Waarenzeichen beziehen; nach dieser Richtung aber mangelt eine thatsächliche Feststellung.

Es beruht daher das Urtheil, insofern es schon auf Grund jener Eingangs erwähnten Feststellung den Angeklagten freispricht und die Nebenklage abweist, sowie dem Nebenkläger die Kosten des Strafverfahrens und die durch die Nebenklage sonst entstandenen Kosten zur Last legt, auf einer Verletzung des Gesetzes, und war deshalb das angefochtene Urtheil in den genannten Beziehungen, nebst der hierauf bezüglichen thatsächlichen Feststellung, aufzuheben und die Sache insoweit gemäß § 394 Abs. 2 der Straf-Prozeß-Ordnung zur anderweiten Verhandlung und Entscheidung zurückzuverweisen.

Literatur.

1. Petersen, Julius, Kammerpräsident am Kgl. Landgericht zu Straßburg i. Els. Die Konkursordnung für das Deutsche Reich nebst Einführungsgesetz — für den praktischen Gebrauch erläutert. Lahr, Moriz Schauenburg, 1879. II. Lief. 2. Hälfte. III. Lief.

2. Blochmann, Handlexikon zur Civilprozeßordnung des Deutschen Reichs von Blochmann. Jena, Gustav Fischer. Brosch. 1,80 M., geb. 2,25 M.

3. Im Deutschen Gerichtshof, Gemeinverständliche Belehrung über die Reichsjustizgesetze (Separatabdruck aus „Berliner Gerichtszeitung"). Berlin, Gustav Behrend (Herm. Förster) 1879.

4. C. A. Voitus, Kgl. Preuß. Obertribunalsrath a. D. Kontroversen, betreffend die Strafprozeßordnung und das Gerichtsverfassungsgesetz. Lindau und Leipzig, Wilh. Ludwig Buchhandlg. 1879.

5. Dr. A. v. Prinz, o. ö. Professor des röm. Civilrechts, Festrede zu Friedrich Carl von Savignys hundertjährigem Geburtstage am 21. Februar 1879 in der Aula der Kgl. Ludwig-Maximilian-Universität München. München 1879, M. Rieger'sche Univ.-Buchhandlg. (Gustav Himmer).

6. Franz v. Holtzendorff, Wesen und Werth der öffentlichen Meinung. München 1879, dieselbe.

7. W. Turnau, Appell.-Gerichtsrath in Paderborn. Die preußischen Grundbuchgesetze in ihrer durch die neue Reichs- und Landesgesetzgebung gewonnenen Gestalt. Paderborn, Ferdinand Schöningh. 1879.

8. H. Hofmann, das neue Deutsche Gerichtsverfahren. Nach den Justizgesetzen dargestellt. Hamburg, Karl Grädener. 1879.

9. Dr. Fr. Meyer, Geh. Ob.-Regierungsrath und vortragender Rath im Reichsjustizamt und Dr. C. Finkelnburg, Geh. Regierungs- und Medicinalrath, Mitglied des Reichsgesundheitsamts, Gesetz betreffend den Verkehr mit Nahrungsmitteln, Genußmitteln und Gebrauchsgegenständen, vom ,14. Mai 1879. Mit Erläuterungen. herausgegeb. Berlin, Julius Springer. 1880.

10. Dr. August Pleschner von Eichstedt, Advokat in Wol. Meseritsch, der österreichische Juristentag und die Advokatur, Prag 1879, Heine. Mercy.

11. A. Boitus, Kgl. Preuß. Obertribunalsrath a. D., Handbuch für Schöffen. Berlin, G. Reimer. 1879.

12. Dr. Friedrich Hellmann, Civilprozeßordnung für das Deutsche Reich nebst Einführungsgesetz. Separatabdruck der Gesetzgebung des Deutschen Reichs mit Erläuterungen. II. Abth. Heft 1 bis 4, III. Abth. Heft 1, 2, 3. Erlangen, Palm und Enke (Adolph Enke).

Die Besprechung wird vorbehalten.

Personal-Veränderungen.

Zulassungen.

Hermann August Liebe und Carl Fedor Erchenbrecher bei dem Amtsgericht in Strehla; — von Werden bei dem Amtsgericht in Elberfeld; — Wilhelm Göpplinger bei dem Amtsgericht in Heldenheim; — Justizrath Kahleyß bei dem Amtsgericht in Zerbst; — Schlid, bei dem Amtsgericht in Grevenbroich; — Max Friedrich Hesse bei dem Amtsgericht in Koba; — Dr. Kleinschrod bei dem Amtsgericht in Ganzenhausen und dem Landgericht in Ansbach; — Carl Theodor Lüske in Zittau bei dem Landgericht in Bautzen; — Hieronymus Reindl zu Bohenstrauß bei dem Landgericht in Weiden; — Kornmesser, Gebner und Eckstorm bei dem Landgericht in Darmstadt; — Dr. Samuel Alexander Manheyu bei dem Landgericht in Frankfurt a. M.; — Fabeizi bei dem Landgericht in Breslau; — Franz Gentner bisher in München, bei dem Landgericht in Augsburg; — August Pfirstinger bei dem Landgericht I. in München; — von Werden, Lindenschmidt und Dr. Ber-

thold bei dem Landgericht in Elberfeld und der Kammer für Handelssachen in Barmen; — Xaver Zink in Straßburg i. E. bei dem Landgericht in Saargemünd; — Pohl bei dem Landgericht in Gleiwitz; — Rechtskonzipient Arnold Adlerstein von Bamberg bei dem Landgericht I in München; — Rechtskandidaten Karl König und Friedrich Engelhorn in Zweibrücken bei dem Landgericht in Saargemünd; — Hennig bei dem Landgericht in Breslau; — von Priester bei dem Ober-Landesgericht in Bamberg; — Adolf Baumstark bei dem Oberlandesgericht in Karlsruhe.

Die Zulassung haben aufgegeben: D. Matz bei dem Oberlandesgericht in Frankfurt a. M.; — Heinrich Keller bei dem Ober-Landesgericht in Bamberg; — Gentner bei dem Landgericht I in München; — Justizrath Riotte bei dem Landgericht in St. Johann-Saarbrücken; — Pfirstinger bei dem Landgericht München II; — Hennig bei dem Landgericht in Schweidnitz.

Ernennungen.

Meibauer in Berlin zum Notar im Bezirk des Kammergerichts daselbst; — Werhane in Neustadt a./R. zum Notar für den Bezirk des Landgerichts in Hannover; — Weinhagen in Hildesheim zum Notar für den Bezirk des Landgerichts daselbst.

Todesfälle.

Rechtsanwalt Bischoff in Sonneberg; — Dr. Voigt in Frankfurt a. M.; — Dr. Dehlenschlaeger in Frankfurt a. M.; — Tauß in Breslau; — Deahna in Meiningen; — Justizrath Keahmer in Stettin; — Carl Mallus in Hildesheim.

Ordensverleihungen.

Dem Rechtsanwalt und Notar, Justizrath von Hagen zu Stendal ist der Rothe Adler-Orden dritter Klasse mit der Schleife verliehen; — dem Justizrath Simson in Berlin wurde die Erlaubniß zur Anlegung des ihm verliehenen Ritterkreuzes des französischen Ordens der Ehrenlegion ertheilt.

Ein Expedient, seit 6 Jahren auf einem juristischen Bureau thätig, sucht sich, gestützt auf gutes Zeugniß, zu verändern. Gef. Off. nimmt die Exp. d. Bl. sub F. 20 entgegen.

Anwaltssecretair

sucht Stelle. Derselbe ist mit dem rheinischen Verfahren und dem neuen Prozeßverfahren gründlich bekannt und in der Buchführung und Correspondenz gewandt. fr. Offerten sub X. 10 bef. die Exp. d. Bl.

☛ Zur gefälligen Beachtung. ☚

Um ein richtiges und vollständiges Mitglieder-Verzeichniß des Deutschen Anwaltvereins herzustellen, liegt der heutigen Nummer der erste Bogen desselben bei, Fortsetzung und Schluß wird der nächsten Nummer beigelegt. Die Herren Mitglieder werden ersucht, Irrthümer baldigst der Verlagshandlung, W. Moeser, Stallschreiberstraße Nr. 34. 35, zur Berichtigung mitzutheilen.

Für die Redaktion verantw.: G. Haenle. Verlag: B. Moeser, Hofbuchhandlung. Druck: B. Moeser, Hofbuchdruckerei in Berlin.

№ 7. Berlin, 1. April. 1880.

Juristische Wochenschrift.

Herausgegeben von

S. Haenle, und M. Kempner,
Rechtsanwalt in Ansbach. Rechtsanwalt beim Landgericht I. in Berlin.

Organ des deutschen Anwalt-Vereins.

Preis für den Jahrgang 12 Mark. — Inserate die Zeile 30 Pfg. — Bestellungen übernimmt jede Buchhandlung und Postanstalt.

Revisible und nicht revisible Rechtsnormen.

Kritische Betrachtungen über die dem Reichstag zur Genehmigung vorliegende Verordnung vom 28. September 1879.

Von Rechtsanwalt Dr. Reuling zu Leipzig*).

Bekanntlich kann nach § 511 der Reichs-Civilprozeßordnung das Rechtsmittel der Revision, über welches vom Reichsgericht — für Bayern (soweit nicht bisher das Reichs-Oberhandelsgericht competent war) vom obersten bayerischen Gerichtshof — zu entscheiden ist, nur darauf gestützt werden, daß die Entscheidung auf der Verletzung eines Reichsgesetzes oder eines Gesetzes, dessen Geltungsbereich sich über den Bezirk des Berufungsgerichts hinaus erstreckt, beruhe. Dabei war aber in § 6 des Einführungsgesetzes zur Civilprozeßordnung vorbehalten, daß mit Zustimmung des Bundesraths durch Kaiserliche Verordnung solle bestimmt werden können, einerseits

„daß die Verletzung von Gesetzen, obgleich deren Geltungsbereich sich über den Bezirk des Berufungsgerichts hinaus erstreckt, die Revision nicht begründe", andererseits

„daß die Verletzung von Gesetzen, obgleich deren Geltungsbereich sich nicht über den Bezirk des Berufungsgerichts hinaus erstreckt, die Revision begründe."

Auf Grund dieser Vorschriften des Einführungsgesetzes ist unmittelbar vor dem Inkrafttreten der Reichsjustizgesetze, in der am 30. September v. J. ausgegebenen Nr. 33 des Reichsgesetzblattes, zugleich mit einer Anzahl anderer die Competenz des Reichsgerichts betreffender Kaiserlicher Verordnungen auch die Verordnung, betreffend die Begründung der Revision in bürgerlichen Rechtsstreitigkeiten vom 28. September 1879 publicirt worden.

*) Eine entsprechende Anzahl Separatabdrücke des nachstehenden Aufsatzes sind dem Präsidium des Deutschen Reichstags zur Vertheilung an die Reichstagsmitglieder überreicht worden.

In Gemäßheit des in dem Einführungsgesetz gemachten Vorbehalts ist diese Verordnung jetzt dem Reichstage zur Genehmigung vorgelegt worden. Insoweit diese Genehmigung ertheilt wird, erhält die Verordnung Gesetzeskraft, insoweit dieselbe versagt wird, tritt sie sofort außer Kraft. Es ist also wohl am Platz, diese Verordnung sich etwas näher anzusehen und zu prüfen, ob deren Bestimmungen überall sachgemäß sind und ob erwartet werden darf, daß dieselben in der Praxis sich bewähren; ob sie insbesondere geeignet sind, wie damit beabsichtigt ist, die Arbeitslast des Reichsgerichts zu erleichtern oder nicht vielleicht gar, sehr wider Willen, wesentlich zu vermehren und, was das Schlimmste ist, geradezu so kostbare Kräfte unproductiv zu vergeuden.

Im Wesentlichen handelt es sich dabei nur um das in § 1 der Verordnung aufgestellte Princip. Die Bestimmungen der Verordnung, soweit sie einzelne Rechtsgebiete (Bayern, Baden, Hessen, Oldenburg, Braunschweig, Hamburg, Elsaß-Lothringen) betreffen, geben zu Bedenken keinen Anlaß. Im Uebrigen ist wohl nur der § 3, wonach die Revision nicht auf Gesetze (Rechtsnormen) über das Lehnrecht soll gestützt werden können, um deswillen wenig empfehlenswerth, weil die ganz vereinzelten Lehnprozesse für die Geschäftslast des Reichsgerichts bedeutungslos sind, andererseits aber wegen der sehr bedeutenden Interessen, die dabei in Frage stehen, am wenigsten Anlaß sein kann, gerade für Prozesse dieser Art ausnahmsweise die Rechtsmittel einzuschränken.

Der erwähnte § 1, der ein allgemeines, die Zulässigkeit der Revision einschränkendes Prinzip aufstellt, lautet:

„Die Revision kann vorbehaltlich der besonderen Bestimmungen dieser Verordnung auf die Verletzung anderer Gesetze als derjenigen des gemeinen oder französischen Rechts nur gestützt werden, wenn dieselben über den Bezirk des Berufungsgerichts hinaus für den ganzen Umfang mindestens zweier deutscher Bundesstaaten oder zweier Provinzen Preußens oder einer preußischen Provinz und eines anderen Bundesstaats Geltung erlangt haben."

Durch diese Einschränkung der Revision soll einer Ueberbürdung des Reichsgerichts vorgebeugt werden.

Wie aber wird sich die Sache practisch gestalten? Nur der wohlthätige Einfluß der Rechtsprechung höchster Instanz wird durch diese Bestimmung abgeschwächt werden. Die Zahl der Fälle, in welchen das Reichsgericht eine falsche Gesetzesauslegung der unteren Instanz corrigiren kann, wird vermindert werden. Dagegen wird die Zahl der Fälle, welche zur Entscheidung des Reichsgerichts gebracht werden, sich kaum, jedenfalls nur wenig vermindern. Aber die Aufgabe desselben wird sich compliciren und es wird die Vorprüfung, ob das in Frage kommende Gesetz den Bedingungen des § 1 entspricht, die weitläufigsten und schwierigsten rechtsstatistischen Ermittelungen nöthig machen, und der beabsichtigte und an sich gewiß berechtigte Zweck, Zeit und Kräfte des Gerichtshofes im Interesse seiner hohen nationalen Aufgabe möglichst zu schonen, wird durch das falsch gewählte Mittel statt gefördert, geschädigt.

Der Bestimmung jenes § 511 der Civilprozeßordnung selbst liegt ein durchaus berechtigter gerichtsorganisatorischer Gedanke zu Grunde. Das Reichsgericht soll ein Organ der Rechtseinheit sein. Insoweit zur Wahrung der Rechtseinheit die Oberlandesgerichte ausreichen, insoweit es sich um die Anwendung von Gesetzen handelt, die nur innerhalb eines einzelnen Oberlandesgerichtsbezirks gelten, ist das Oberlandesgericht bereits von sich aus in der Lage, die Einheit der Rechtsprechung wenigstens für alle in seinem Sprengel zur Entscheidung kommenden Fälle aufrecht zu halten. Es liegt also insoweit kein Grund vor, das höchste Organ der Rechtseinheit, das Reichsgericht in Anspruch zu nehmen. Dagegen wäre es eine Illusion, zu glauben, daß diese Bestimmung des § 511 die Zahl der an das Reichsgericht zu bringenden Revisionen wesentlich vermindern wird. An sich ist zwar die für die Competenz des Reichsgerichts gezogene Schranke verhältnißmäßig leicht erkennbar. Ob ein Gesetz nur innerhalb eines einzelnen Oberlandesgerichtsbezirks gilt oder ob dasselbe auch noch außerhalb desselben in einem größeren oder kleineren Gebiete Geltung hat, ist in den meisten Fällen notorisch, jedenfalls nicht allzuschwer zu ermitteln. Die Frage ist entschieden, sobald feststeht, daß das Gesetz noch irgendwo sonst außerhalb des betreffenden Oberlandesgerichtsbezirks gilt. Die dem Reichstag vorgelegte Denkschrift überschätzt also gewiß die aus dem § 511 sich ergebenden Schwierigkeiten, wenn sie auf dem Boden dieses § 511 für viele Fälle umfangreiche rechtshistorische Untersuchungen für erforderlich erachtet. Für ganz vereinzelte Fälle mag dies zutreffen, für die weitaus überwiegende Mehrzahl der Fälle wird die Anwendung des § 511 sehr leicht sich erledigen. Aber die practische Bedeutung jenes § 511 für die Verminderung der Geschäftslast des Reichsgerichts darf deshalb doch nicht überschätzt werden. Alle hier in Frage kommenden Rechtsnormen besehen neben gleichsam ihren Hintergrund bildenden subsidiären Rechten, zunächst dem gemeinen, dem preußischen oder dem französischen Recht, je nachdem auch noch sonstigen Rechten subsidiärer Natur. Nur in vereinzelten Fällen wird für die Entscheidung der Sache ausschließlich die von der Competenz des Reichsgerichts ausgeschlossene particulare Rechtsnorm maßgebend sein. Meist wird für deren Auslegung oder doch für deren Anwendung im einzelnen Falle auch das den Hintergrund bildende subsidiäre Recht mitbestimmend sein, welches letztere auf alle Fälle Gelegenheit zur Revision giebt. In sehr vielen Fällen wird auch die äußerlich als particularrechtlicher Rechtssatz sich darstellende Bestimmung ihrem Inhalte nach nichts anderes sein, als ein in das particulare Gesetz auf-

genommener Satz des betreffenden subsidiären Rechts oder es wird doch die Frage, ob es sich um einen wirklich oder nur scheinbar particularen Rechtssatz handelt, zweifelhaft sein, so daß eben um dieses Zweifels willen Anlaß zur Einführung der Revision gegeben sein wird. In Wahrheit ist also der § 511 für die Erleichterung der Geschäftslast des Reichsgerichts von viel geringerem Werthe, als es zunächst den Anschein hat. Während er auf der einen Seite — zumal bei den hohen Kosten — vielfach von der Einführung der Revision abhalten wird, wird er andererseits in sehr vielen Fällen die Entscheidung, die an sich einfach wäre, wesentlich dadurch compliciren und erschweren, daß das Reichsgericht sich nicht dabei, daß eine Rechtsnorm verletzt ist, beruhigen darf, daß es vielmehr um dieses § 511 willen auch noch die weitere, vielfach sehr zweifelhafte und höchst complicirte Frage zu entscheiden hat, ob blos eine particulare Rechtsnorm oder ob nicht in Wahrheit daneben auch eine dem betreffenden subsidiären Recht angehörige Rechtsnorm allgemeinen Characters verletzt ist. Man braucht in der That nur einen Blick in den vortrefflichen Aufsatz von Gerius: die Revisionsinstanz und das Landesrecht :c. in Gruchot's Beiträgen Bd. XXIV S. 20 ff. zu werfen, um alsbald zu starken Zweifeln angeregt zu werden, ob nicht was der § 511 der Civilprozeßordnung dem Reichsgericht in der einen Richtung — bezüglich der Zahl der Sachen — an Arbeitslast abnimmt, mehr wie ausgeglichen wird durch die Complicirung der Aufgabe, dadurch, daß jede einfache und leicht zu entscheidende Sache, die in wenigen Minuten erledigt sein würden, durch die künstliche Schranke, welche dieser § 511 der Competenz des Reichsgerichts zieht, zu wirklich schwierigen Sachen gestaltet werden, die zu stundenlangen Erörterungen und Berathungen Anlaß geben. Mit einem Worte, die in § 511 für das Rechtsmittel der Revision gezogene Schranke hat für die Verminderung der Geschäftslast des Reichsgerichts in der Praxis nicht entfernt die Bedeutung, die sie auf dem Papiere hat. Nicht dieser Gesichtspunkt, sondern der dem § 511 zu Grunde liegende, an sich berechtigte gerichtsorganisatorische Gedanke ist es, welcher die Bestimmungen dieses § 511 allein zu rechtfertigen vermag.

Wie ganz anders liegt dagegen die Sache bei jenem § 1 der Verordnung vom 28. September 1879! Für ein weites Gebiet von Rechtsnormen, nämlich für die ganze ältere Gesetzgebung aus der Zeit, ehe die einzelnen deutschen Staaten und die ihnen aus preußischen Provinzen ihren territorialen Abschluß erhalten hatten, soll auf die Einheit des Rechtsprechung verzichtet werden. Während das Reichsgericht geschaffen worden ist, um die Einheit der Rechtsprechung für das ganze deutsche Reich herzustellen, soll speciell Preußen, das von der fraglichen Vorschrift in erster Linie betroffen wird, das hohe Gut der Einheit der Rechtsprechung, das es seit vielen Jahrzehnten besessen hat, für seine gesammte ältere Gesetzgebung verlieren. Und dies aus keinem anderen Grunde, als weil man im vermeintlichen Interesse der Erleichterung des Reichsgerichts eine Unterscheidung zwischen revisiblen und nicht revisiblen Rechtsnormen sich ausgeklügelt hat, die als Gesetzesparagraph formulirt sich allerdings ganz sauber und handlich darstellt, die aber, wie thatsächlich unser Rechtszustand beschaffen ist, praktisch völlig ungeeignet ist.

Man braucht nur die die Regierungsvorlage begleitenden Motive zu lesen, um darüber klar zu sein, daß der § 1 der

Verordnung vom 28. September 1879 ein reines Verlegenheitsgesetz war. Man glaubte die Zulässigkeit einschränken zu müssen, und da sich speziell für Preußen die Unmöglichkeit ergab, die revisiblen Rechtsnormen, wie es für andere Bundesstaaten leicht geschehen konnte, einzeln aufzuzählen, griff man schließlich zu der rein äußerlichen Unterscheidung des § 1, die zu formulirten allerdings keine Schwierigkeit bot. Man hat aber dabei offenbar Eines ganz übersehen, nämlich daß das Reichsgericht nicht erleichtert werden kann durch eine Abgrenzung der revisiblen Rechtsnormen, welche für den die Revision einführenden Rechtsanwalt nicht sofort erkennbar ist. Fehlt diese leichte Erkennbarkeit, dann ist der mit der Einführung der Revision beauftragte Reichsgerichtsanwalt — zumal bei der oftmals kaum für die rein geschäftliche Erledigung der Aufgabe ausreichenden kurzen Frist von einem Monat, innerhalb deren die Revisionsschrift dem Revisionsbeklagten zugestellt sein muß — nicht in der Lage, wegen der nicht revisiblen Natur der einschlägigen Rechtsnormen die Einführung der Revision abzulehnen.

Man vergegenwärtige sich nur die Aufgabe, die zu lösen ist, um auf dem Boden jenes § 1 über die Revisibilität oder Nichtrevisibilität einer Rechtsnorm sich schlüssig zu machen! Daß dieses oder jenes Stadt- oder Lokalrecht nach § 1 nicht revisibel sein würde, ist allerdings notorisch. Auch insoweit ist die Sache nicht sonderlich schwierig, als es sich um die Gesetzgebung neueren Datums handelt, aus der Zeit, seitdem die betreffenden Bundesstaaten oder preußischen Provinzen einen territorialen Zuwachs nicht mehr erhalten haben. Wohl aber wird auf dem Boden jenes § 1 die Abgrenzung der revisiblen von den nicht revisiblen Rechtsnormen äußerst complicirt und schwierig für die gesammte ältere Gesetzgebung. Der Rechtszustand der einzelnen Bundesstaaten, wie der einzelnen preußischen Provinzen ist, was diese ältere Gesetzgebung betrifft, ein äußerst complicirter. Es ist ja bekannt, wie die jetzigen deutschen Staaten gleichsam historische Mosaikarbeit sind, wie dem ursprünglich vorhandenen Territorium im Laufe der Zeit bald diese bald jene neue Territorialerwerbung hinzugefügt worden ist. Die bereits vorhandene Gesetzgebung des erwerbenden Staates ist im einzelnen Fall bald in größerem, bald in kleinerem Umfang auf das neu erworbene Gebiet ausgedehnt worden. In Folge dieser Entwicklung entbehren die einzelnen deutschen Staaten und ebenso auch die einzelnen preußischen Provinzen, was die ältere Gesetzgebung betrifft, eines homogenen Rechtszustandes. Die natürliche Folge hievon ist, daß die Frage, ob ein einzelnes aus jener früheren Zeit — vor dem territorialen Abschluß des betreffenden Bundesstaates bez. der betreffenden preußischen Provinz — datirendes Gesetz innerhalb des ganzen Bundesstaates bez. innerhalb der ganzen preußischen Provinz Geltung erlangt hat, nur beurtheilt werden kann auf Grund einer genauen Prüfung der rechtshistorischen Frage, ob das betreffende Gesetz im Laufe der späteren Gesetzgebung ausgedehnt worden ist auch auf die später erworbenen Gebietstheile und ob diese gesammte spätere Rechtsentwicklung das Resultat gehabt hat, daß das betreffende Gesetz schließlich für den ganzen Umfang des betreffenden Bundesstaates bez. der betreffenden preußischen Provinz Geltung erlangt hat, oder ob irgendwelche Partikelchen des Gebietes dieses Staates oder dieser Provinz schließlich doch von dem fraglichen Gesetz exemt geblieben sind.

Daß der mit der Einführung der Revision betraute Rechtsanwalt sich innerhalb der kurzen Revisionsfrist von vier Wochen, die thatsächlich für ihn oft nur eine Frist von wenigen Tagen ist, sich nicht auf die Prüfung derartiger complicirter Fragen einlassen kann, ist ohne weiteres klar. Nun halte man sich gegenwärtig, was oben bereits über den geringen Werth selbst des § 511 der Civilprozeßordnung für die geschäftliche Entlastung des Reichsgerichts gesagt worden ist, man halte sich gegenwärtig, daß in weitaus den meisten Fällen neben den etwaigen nicht revisiblen Rechtsnormen zugleich auch revisible Rechtsnormen in Frage kommen, daß also immer die Erwartung berechtigt bleibt, daß das Reichsgericht aus diesen mitgetheilten revisiblen Rechtsnormen die Berechtigung entnehmen werde gegen eine nicht gerechtfertigte Entscheidung der zweiten Instanz Abhülfe zu schaffen, und man wird zu dem Resultate kommen, daß jener § 1 nur in den seltensten Fällen für den betreffenden Rechtsanwalt Anlaß sein wird und, wir fügen hinzu, Anlaß sein darf, die Einführung der Revision um deßwillen, weil die Entscheidung auf einer nicht revisiblen Rechtsnorm beruhe, abzulehnen. Der Rechtsanwalt ist nicht Richter und darf nicht den Richter spielen wollen. Er darf es am wenigsten auf dem Boden eines bezüglich des Erfolges so unsicheren und schwankenden Rechtsmittels, wie es die Revision ist. Der Rechtsanwalt kann also jedenfalls nur in ganz klaren und zweifellosen Fällen moralisch berechtigt sein, der Partei, die die dritte Instanz versuchen will, den Weg in dieselbe Mangels der Revisibilität der einschlägigen Rechtsnormen direct abzuschneiden. Aber auch wo ausgesetzt, daß die Partei die Einführung der Revision ganz dem Ermessen ihres Anwalts anheimstellt — immer wird, je unzureichender die Frist zur Prüfung aller jener complicirten Fragen ist, um so mehr nicht blos die moralische, nein auch die rechtliche Verantwortlichkeit des Anwalts gegenüber seiner Partei ihn in allen Fällen, die nicht ganz klar und zweifellos liegen, zur Einführung der Revision drängen. Dies um so mehr, als bekanntlich das neue Rechtsmittel dritter Instanz als revisio in jure von allen inneren Schranken und Voraussetzungen abgesehen hat, welche für die analogen Rechtsmittel dritter Instanz (Cassationsrecurs, preußische, bayerische, württembergische, oldenburgische u. s. w. Nichtigkeitsbeschwerde) bisher bestanden und welche den wirksamsten Schutz gegen eine Geschäftsüberbürdung des obersten Gerichtshofes um deßwillen waren, weil sie den mit der Einführung beauftragten Anwalt, indem sie ihn zur näheren Darlegung oder doch Andeutung der verletzten Rechtsnormen verpflichteten, zugleich auch berechtigten, die Einführung aller Cassationsrecurse und bezw. Nichtigkeitsbeschwerden, deren nähere Begründung ihm unmöglich war, abzulehnen. Der bisherige Ruhm der Anwälte des preußischen Obertribunals und ich darf hinzusetzen des Reichsoberhandelsgerichts, von dem Gerichtshofe ungerechtfertigte Nichtigkeitsbeschwerden möglichst fern gehalten zu haben, wird seitens der Rechtsanwälte des Reichsgerichts aufrecht erhalten werden können, soweit es sich um die Abgränzung zwischen thatsächlicher Würdigung und rechtlicher Beurtheilung handelt. Aber er wird und kann nicht in gleicher Weise aufrecht erhalten werden, soweit es sich um die Abgränzung zwischen revisiblen und nicht revisiblen Rechtsnormen handelt; das Rechtsmittel ist seiner inneren Construction nach nicht dazu angethan. Auf dem Boden des § 1 jener Verordnung wird dies noch weniger möglich sein, als auf dem Boden des § 511 der Civilprozeßordnung. In der That, kein Rechtsmittel ist seiner inneren Construction nach weniger dazu angethan, als unsere jetzige Revision, eine Abgränzung zwischen revisiblen und nicht revisiblen Rechtsnormen zu ertragen, die nicht ganz klar und plan ist.

So ist es also wahrlich eine reine Illusion, daß die in diesem § 1 im Prinzip allerdings so präcis formulirte, in der Anwendung aber so unsichere Abgränzung zwischen den revisiblen und den nicht revisiblen Rechtsnormen die Zahl der zur Entscheidung des Reichsgerichts kommenden Sachen in irgend erheblicher Weise vermindern werde. Nur für die speciell in den §§ 6—12 bezeichneten einzelnen Bundesstaaten hat diese Verordnung erheblichen practischen Werth, für welche in der Verordnung selbst ein Register der revisiblen Gesetze aufgestellt ist, das man einfach nachzusehen braucht. Für alle anderen Bundesstaaten, insbesondere für Preußen, entspricht das gewählte Mittel in keiner Weise dem beabsichtigten Zweck. Es ist dabei — wie auch sonst vielfach bei der neuen Prozeßgesetzgebung — unbeachtet gelassen daß der Werth der Prozeßgesetze wesentlich davon abhängt, wie dieselben auf die im Prozeß handelnden Personen wirken; daß — wenn ich den Gegensatz so ausdrücken darf — Prozeßgesetze nicht blos logisch sondern auch psychologisch richtig gedacht sein müssen.

Aber betrachten wir jetzt noch kurz le revers de la medaille! Wir haben bereits darauf hingewiesen, daß nicht für die Zahl der an das Reichsgericht zu bringenden Sachen, wohl aber für die Zahl derjenigen Sachen jener § 1 der Verordnung von erheblicher praktischer Bedeutung sein wird, in welchen die an das Reichsgericht gebrachte Revision Erfolg hat. Man will dem Reichsgericht die Arbeitslast erleichtern. In Wahrheit vermindert man nur die fruchtbringend aufgewendete Arbeit; man macht die Arbeit, die allein jenen § 1 eine fruchtbare, Recht und Gerechtigkeit fördernde Arbeit sein würde, für viele Fälle zu einer nutzlos aufgewendeten, für Recht und Gerechtigkeit verlorenen Arbeit.

Aber damit nicht genug!

Ich habe bereits oben auf die sachlichen Schwierigkeiten hingewiesen, welche sich für die Anwendung des in § 1 aufgestellten Grundsatzes in der Praxis ergeben.

Was den Rechtsanwälten zu leisten unmöglich ist — das Reichsgericht wird und muß auf dem Boden jenes § 1 es leisten. Es muß in jedem einzelnen Falle, ehe es auf Grund einer betreffenden Rechtsnorm ein angefochtenes Urtheil aufheben kann, sich vergewissern, daß diese Rechtsnorm bezüglich ihres Geltungsgebietes den Voraussetzungen des § 1 genügt. In vielen Fällen wird diese Vorfrage die Zeit und Kräfte zunächst des Berichterstatters und demnächst des entscheidenden Senats ganz außerordentlich in Anspruch nehmen. Die rechtshistorischen Untersuchungen, auf deren Nothwendigkeit die Regierungsvorlage beigegebene Denkschrift selbst hingewiesen hat — auf dem Boden des § 511 der Civil-Prozeßordnung werden dieselben nur in ganz seltenen Fällen nöthig werden und die Aufgabe wird verhältnißmäßig auch immer leicht zu lösen sein. Auf dem Boden § 1 der Verordnung aber werden die weitläufigsten rechtshistorischen und rechtsstatistischen Untersuchungen ganz an der Tagesordnung sein. Sie werden ganz unvermeidlich sein

fast in allen Fällen, in welchen Vorschriften jener älteren Gesetze in Frage stehen, für welche jedesmal erst durch eine specielle Untersuchung ermittelt werden muß, ob die betreffende Bestimmung die Bedingungen jenes § 1 erfüllt — eine Aufgabe, die nicht zu lösen ist ohne den Gang der Gesetzgebung für die betreffende Rechtsmaterie in allen einzelnen Details mindestens für das gesammte territoriale Mosaik zweier preußischer Provinzen bez. Bundesstaaten klarzustellen.

Wahrlich, das Reichsgericht wird um diese Aufgabe, welche wohl in der Rechtsprechung aller Culturvölker einzig sein wird, nicht zu beneiden sein! Und wahrlich traurig wird es sein, wenn die Elite unserer deutschen Juristen, wenn diejenigen, welche unserer Nation in höchster Instanz Recht zu sprechen würdig befunden sind, ihre Zeit und ihre Kräfte auf solche lediglich rechtsstatistische Aufgaben sollten verschwenden müssen!

Daß eine derartige Abgränzung des Rechtsmittels am wenigsten in ein rein mündliches Verfahren paßt, soll hier wenigstens noch angedeutet werden. Vertagungen werden fast in allen Fällen, in welchen die Revisibilität der betreffenden Rechtsnorm zweifelhaft ist, nothwendig sein. Wie in solchen Fällen es möglich sein soll, innerhalb der Frist von einer Woche, in Verbindung mit § 281 in Verbindung mit § 520 der C. P. O. die Publikation des Urtheils erfolgen soll, mit dieser Frage zum Abschluß zu kommen, bleibt ein Räthsel.

Daß es auch mit einer so enorm theueren Rechtspflege, wie wir sie seit dem 1. Oktober v. J. haben, am wenigsten vereinbar ist, das Rechtsmittel der dritten Instanz nach seinen äußeren und inneren Bedingungen so zu gestalten, daß dasselbe für die rechtsuchenden Parteien auch in der Hand des tüchtigsten und gewissenhaftesten Anwalts — der Ausdruck ist nur allzu gerechtfertigt — geradezu zu einem Hazardspiel wird, soll hier auch nur angedeutet werden.

Mit einem Worte — ich fasse das Gesagte zusammen: Man schränke das Rechtsmittel der Revision ein so viel man will; man schränke es ein, daß die Zahl der an das Reichsgericht kommenden Sachen noch viel kleiner wird, als es in Folge der enormen Gerichtskosten so schon sein wird (in Wahrheit ist die befürchtete Ueberbürdung des Reichsgerichts bei diesen Gerichtskosten ein Phantom!) — aber man gebe uns Rechtsanwälten beim Reichsgericht bestimmte, für den einführenden Rechtsanwalt mit Sicherheit erkennbare Schranken! Man stelle uns Rechtsanwälte nicht vor eine Aufgabe, die geradezu unlösbar ist! Schon jener § 511 der Civil-Prozeßordnung ist ein schwanker unsicherer Boden. Jener § 1 der jetzt dem Reichstage zur Genehmigung vorliegenden Verordnung vom 28. September 1879 bringt uns für viele Fälle in eine so eigenthümliche Zwangslage, daß der sonst so schöne und hohe Beruf eines Rechtsanwalts dritter Instanz wahrlich keine geringe Einbuße an innerer Befriedigung erleiden wird und daß Jeder, der Rechtsanwalt beim Reichsgericht werden will, gleich von Anfang an anzurathen sein wird, sich mit der erforderlichen Portion Leichtfertigkeit auszurüsten. Denn er wird ihrer bedürfen um sich mit einer Aufgabe abzufinden die befriedigend zu lösen auch dem tüchtigsten und gewissenhaftesten Anwalte nicht möglich sein wird. —

Bei dieser Gelegenheit mag noch Eines kurz erwähnt werden. Von allen Fehlern, welche der Construction des Rechtsmittels der Revision, wie dieselbe in der C. P. O. gestaltet ist, anhaften, ist wohl der am unmittelbarsten hervortretende der, daß nach den Vorschriften jenes § 511 und ebenso auch nach dem § 1 jener Verordnung vom 28. September 1879 die Revision nur zulässig sein soll, wenn die verletzte Rechtsnorm innerhalb des eigenen Bezirks des Berufungsgerichts Geltung hat. Das Urtheil eines altpreußischen Oberlandesgerichts, welches auf einer falschen Anwendung eines Satzes des französischen (rheinischen) Rechts beruht, das Urtheil des Cölner Oberlandesgerichts, welches auf einer falschen Anwendung des preußischen Landrechts beruht, soll unansechtbar sein. Als ob nicht umgekehrt in solchen Fällen der oberstrichterliche Schutz gegen ein Mißverständniß eines dem betreffenden Richtern persönlich fern liegenden und folgeweise auch leichter mißverstandenen Rechtes doppelt nothwendig wäre! Handelt es sich um particulare und deshalb an sich nicht revisible Rechtsnormen, dann mag eben der mangelnde oberstrichterliche Schutz gegen falsche Urtheile erträglich sein. Handelt es sich dagegen um an sich revisible Rechtsnormen, dann fehlt es für die Versagung des oberstrichterlichen Schutzes gegen falsche Urtheile absolut an jedem rechtfertigenden Motiv. Niemand wird versehen, weshalb der Schutz, der gegeben wird gegen Rechtsirrthümer der mit dem betreffenden Rechte genau vertrauten Richter, versagt sein soll gegen ganz gleichartige Rechtsirrthümer der mit dem betreffenden Rechte nicht vertrauten Richter.

Vielleicht ist die hier hervorgehobene aus der Fassung des § 511 sich ergebende Einschränkung ursprünglich ganz unabsichtlich in das Gesetz hineingekommen und erst nachdem sie sich zufällig eingeschlichen hatte, als ob sie beabsichtigt gewesen wäre, in der Begründung des Entwurfs näher erörtert worden.

In § 479 des Entwurfs von 1871 lautete die betreffende Vorschrift:

„Die Oberrevision kann darauf, daß eine Rechtsnorm, welche sich nicht über das Gebiet des Revisionsgerichts hinaus erstreckt, nicht oder nicht richtig angewendet sei, nur insoweit gestützt werden, als durch die Nichtanwendung oder nicht richtige Anwendung jener Rechtsnorm ein Reichsgesetz verletzt worden ist."

Nach dieser negativen Fassung war die Ober-Revision nur für den Fall ausgeschlossen, daß die Entscheidung zu Grunde liegende Rechtsnorm ausschließlich innerhalb des Bezirks des erkennenden Obergerichts Geltung hat. Die Oberrevision, d. h. die jetzige Revision, war also nicht einmal ausgeschlossen für den Fall, daß eine an sich nicht revisible Rechtsnorm von einem andern Oberlandesgericht war angewendet worden, als demjenigen, in dessen Bezirk die Rechtsnorm ausschließlich Geltung hat. Erst mit der Umwandlung desselben Gedankens aus der negativen in die heutige positive Fassung sind mit solchen Fällen auch die hier erörterten Fälle von der Revision ausgeschlossen worden, in denen eine an sich revisible Rechtsnorm von einem Oberlandesgerichte angewendet worden ist, in dessen Bezirk die Rechtsnorm nicht gilt. Habent sua fata leges!

Leipzig den 16. März 1880.

Vom Reichsgericht.
(Fortsetzung und Schluß.)

Für den Bereich des gemeinen Rechtes ist (n. 44/79 III vom 9. Januar 1880) anerkannt, daß die Spolienklage nicht nur dem juristischen Besitzer, sondern auch dem Detentor zustehe. — Es ist ferner (n. 10/79 III vom 28. November 1879) ausgesprochen, daß die Spolienklage auf Wiedereinsatz beziehungsweise Herausgabe der Bereicherung zu richten sei, wenn der Beklagte zur Zeit der Klagerhebung sich nicht mehr im Besitze der spoliirten Sachen befunden hat. Fr. 1 § 42 fr. 15, 16 D. de vi (43, 16). — Die Zulässigkeit einer Schadensklage wegen einer durch das Markenschutzgesetz nicht zu ahndenden illoyalen kaufmännischen Konkurrenz wird (n. 129/79 II vom 19. Dezember 1879) für das gemeine Recht verneint. — Die Rechtswohlthat des Inventars kann dem Gläubiger des Erblassers gegenüber wirksam geltend gemacht werden, wenn die Erklärung, unter der Rechtswohlthat antreten zu wollen, erklärt und in den gesetzlichen Fristen und Formen Inventar gelegt ist. Die erfolgreiche Geltendmachung des Rechts eines Beneficialerben ist keineswegs (n. 141/78 IV vom 16. Dezember 1879) dadurch bedingt, daß die Erben unter Ueberreichung eines Nachlaßinventars zu den Prozeßakten, oder durch ziffermäßiges Aufführen der Aktiv- und Passiv-Bestandtheile der Erbmasse darlegen, daß die Erbmasse unzureichend sei, wieviel die Erbschaft betrage, bis zu welchem Betrage dieselbe zur Befriedigung des klagenden Erbschaftsgläubigers ausreiche und welcher Bruchtheil der Erbschaftsschuld durch vorhandenes Erbvermögen nicht gedeckt werde oder daß die beklagten Erben keine Nachlaßmasse mehr in Besitz haben. (Die Vorinstanzen hatten das Gegentheil angenommen.) —

Für das Preußische Allgemeine Landrecht sind folgende Entscheidungen von Belang. Das Reichsgericht billigt (n. 31/79 V vom 20. Dezember 1879) die Ansicht des vormaligen Pr. Obertr., daß der § 74 I 7 A. L. R. auch auf den Besitzerwerb der Gemeinden durch constitutum possessorium anwendbar sei. — Den Besitzerwerb der Gemeinden betreffend, ist (n. 115/79 II H. vom 22. Dezember 1879) ausgesprochen: Familienglieder von Gemeindegliedern sind nicht ohne Weiteres Gemeindeglieder. Durch Handlungen von Personen, die nicht Gemeindeglieder oder gemäß § 45 I 7 A. L. R. zu deren Stellvertretern gewählt sind, kann Besitz für die Gemeinde nicht erworben werden. (Es wurde deshalb den von den Familiengliedern einer Gemeinde ausgeübten Besitzhandlungen die Kraft eines Verjährungsbesitzes für die Gemeinde versagt.) — Zu den §§ 139, 140 I 8 A. L. R. ist (n. 23/79 II H. vom 5. Januar 1880) bemerkt: Nach § 149 I 8 A. L. R. muß ein neues Gebäude von einem unbebauten Platze des angrenzenden Nachbars anderthalb Werkschuhe zurücktreten. Dieser Zwischenraum ist nach der wahren Grenzlinie der Eigenthumsgrenze zu bestimmen. Ist ein erkennbarer oder anerkannter Grenzzug überhaupt noch nicht vorhanden gewesen, oder ist eine Verdunkelung oder Ungewißheit der bestandenen Grenze eingetreten, so wird dadurch der, welcher bauen will, von der fraglichen gesetzlichen Einschränkung noch nicht frei. — Das Altentheil ist allerdings ein in allen seinen Theilen unmittelbares dingliches Recht, allein der Besitzer des belasteten Grundstücks haftet persönlich für die in seine Besitzzeit fallenden einzelnen Leistungen und zwar auch nach Veräußerung des belasteten Grundstücks (n. 110/79 II H. vom 12. Januar 1880). — Wie das Altentheil, wird (n. 63/79 V vom 13. Dezember 1879) gesagt, als eine auf spätere Grundstückserwerber übergehende Reallast bezeichnet wird, so würde auch die in einem Uebertassungsvertrage dem Uebernehmer auferlegte Verbindlichkeit zur Verpflegung eines Kindes des abgehenden Grundstückseigenthümers unter den Gesichtspunkt einer Reallast fallen. Es würde also auch derjenige, welcher das belastete Grundstück in einer Subhastation als Adjudikatar erwirbt, dieselbe mit übernehmen müssen. — Nach dem älteren Hypothekenrecht war die Eintragung der Lehnsqualität einem Dritten gegenüber, welcher durch Verjährung ein dingliches Recht gegen das Lehngut erworben zu haben behauptet, nicht nöthig, um derselben Wirksamkeit gegen den Dritten zu verleihen (n. 104/79 II H. vom 18. Dezember 1879). — Im Anschluß an Präj. n. 1942 des Pr. O. Tr. wird (n. 149/79 II H.) ausgeführt, daß bei Berechnung des Laudemiums der Werth des auf dem Erbzinsgrundstücke stehenden Gebäude von dem Kaufgelde nur dann in Abzug zu bringen ist, wenn die Errichtung derselben nicht derjenigen Bestimmung entspricht, welche dem Grundstück ursprünglich bei der Verleihung von Erbzinsrechten gegeben ist. Dieser Satz müsse auch auf städtische Wohnhäuser angewendet werden, und diese seien, wenn das Erbzinsgrundstück, auf welchem sie errichtet seien, die Bestimmung habe, als Bauplatz für Gebäude dieser Art zu dienen, als emphyteutarische Meliorationen anzusehen. — Auch nach preußischem Recht kann eine Wegegerechtigkeit ohne bestimmten Bezug auf das dienende Grundstücke bestehen und durch Ersitzung erworben werden (n. 13/79 II H. vom 11. Dezember 1879). — Zum § 43 I 22 A. L. R. ist (n. 50/79 II H. vom 15. Dezember 1879) bemerkt: § 43 a. a. O. folgert aus dem wissentlichen Geschehenlassen der Herstellung von Anlagen, welche die Ausübung einer Servitut unmöglich machen, stillschweigenden Verzicht auf das Servitutrecht. Selbstverständlich ist eine solche Schlußfolgerung durch eine klare entgegengesetzte Willenserklärung ausgeschlossen. Freilich ist es möglich, daß der Protestirende durch sein demnächstiges passives Verhalten zu erkennen giebt, daß er seinem Proteste keine weitere Folge geben wolle und in diesem Falle kann nach der Entsch. des O. Tr. Band 41 S. 171 trotz des Protestes ein stillschweigender Verzicht angenommen werden. Ob das im einzelnen Falle anzunehmen sei, unterliegt dem thatsächlichen Ermessen des Richters. — In Bezug auf das Grundbuchrecht ist zunächst hervorzuheben der Ausspruch (n. 107/79 V vom 20. Dezember 1879): daß die Eintragung als Eigenthümer im Grundbuche einen Eingriff in das Eigenthum enthält und die Eingetragenen (der Eigenthumsklage gegenüber) passiv legitimirt, hat die landrechtliche Judikatur bereits in mehreren Fällen zutreffend ausgeführt. — Der Eigenthumsübergang bei der Subhastation erfolgt nach Maßgabe des Zuschlagsbescheides und der in dessen Tenor zum Ausdruck gelangten Bedingungen, auch wenn diese mit den im Bietungstermin aufgestellten nicht übereinstimmen. Der Subhastationsrichter hat die Stellung eines erkennenden Richters, gegen dessen Entscheidung zwar,

wenn die Interessenten sich verletzt fühlen, die Beschwerde zusteht, dessen Urtheil aber rechtskräftig wird. War eine Vormerkung zur Erhaltung des Rechtes auf Auflassung eingetragen, so ist nur der Zuschlagsbescheid hinsichtlich der Erhaltung dieses Rechtes ausschlaggebend, und nicht entscheidend, daß nicht der Eigenthümer, sondern der Hypothekengläubiger die Subhastation veranlaßt, mithin der Eigenthümer der Vormerkung nicht zuwidergehandelt hat (n. 150/79 V vom 3. Januar 1880). — Der von einem Nichteigenthümer bewilligte Pfandrechtstitel wird (n. 122/79 I H. vom 13. Januar 1880), sobald das Eigenthum der verpfändeten Sache in die Hand des Verpfänders übergeht, zu einem gültigen, und es befolgt alsdann das persönliche Recht des Gläubigers, von dem Verpfänder die wirkliche Bestellung des Pfandrechts, also bei dem eigentlichen Pfande die Uebergabe, bei der Hypothek die Erwirkung der Eintragung zu verlangen. In dieser Hinsicht, soweit es sich um das obligatorische Verhältniß zwischen Gläubiger und Verpfänder handelt, haben die landrechtlichen Vorschriften durch die neuere Gesetzgebung keine Aenderung erlitten. Zur Verfügung vor dem Grundbuche ist allerdings nur der eingetragene oder seine Eintragung gleichzeitig erlangende Eigenthümer legitimirt, und deshalb mag es sein, daß auf Grund der Bewilligung einer noch nicht im Grundbuche als Eigenthümer eingetragenen Person auch nach geschehener Eigenthumseintragung die Eintragung der Hypothek nicht vorgenommen werden kann. Dadurch wird aber der persönliche Anspruch des Gläubigers auf Hypothekbestellung gegen seinen hinterher als Eigenthümer eingetragenen Schuldner nicht berührt. Der Gläubiger ist berechtigt, diesen Anspruch im Wege des Processes zu verfolgen und die rechtskräftige Beurtheilung des eingetragenen Eigenthümers vertritt die Eintragungsbewilligung. — Durch vorbehaltlose Entgegennahme der Auflassung verliert der Grundstücksäufer seine Ansprüche wegen Mangels gewöhnlich vorausgesetzter Eigenschaften des Kaufgrundstücks, falls dieser Mangel bereits vor der Auflassung bekannt geworden ist (n. 98/79 I H. vom 13. Januar 1880). — Die rechtliche Streitfrage, heißt es (n. 51/79 V vom 3. Dezember 1879), ob die Bestimmung des § 42 Abs. 2 E. E. G. vom 5. Mai 1872 auf den Fall der Befriedigung des Gläubigers beim gerichtlichen Zwangsverkaufe aus dem Kaufgeltern eines der belasteten Grundstücke zu beschränken, oder aber, ob sie auch dann Anwendung findet, wenn der Eigenthümer des einen Grundstücks den Gläubiger befriedigt, kann unerörtert bleiben. Auch bei Annahme der zweiten Alternative kann im Hinblick auf die verschiedenen, aus der Zahlung der Hypothek seitens des Grundstückseigenthümers nach §§ 63, 64 a. a. O. resultirenden Rechtsfolgen nicht angenommen werden, daß eine das Erlöschen der Hypothek auf dem mitverhafteten Grundstück bewirkende Befriedigung des Gläubigers aus dem anderen mitverhafteten Grundstücke schon dann eingetreten sei, wenn einzig die von dem Eigenthümer des letzteren an den Gläubiger geleistete Zahlung feststeht.

Die Fiktion, heißt es (n. 24/79 V vom 13. Dezember 1879), welche den sich aus dem Grundbuch ergebenden Rechtsstand als den wirklichen hinstellt, darf ihrer Natur nach nur eine strikte Anwendung finden, und das Gesetz bietet nirgends einen Anhalt dafür, daß diese Fiktion sich über die Grenzen des

Befondern aus dem Eigenthumsrechte hinaus fich erftrecken folle auf die allgemeinen Erforderniffe der Rechtsfähigkeit. Es wird daraus gefolgert, daß, wer mit dem Bevollmächtigten des eingetragenen, aber verftorbenen Eigenthümers kontrahirt hat, fich auf die Eintragung nicht berufen kann, um den aus dem Erlöfchen der Vollmacht fich ergebenden Konfequenzen zu begegnen. Ebenfo kann auch, wird weiter gefagt, der Projeßrichter bei feiner Requifition um Eintragung einer Erekutionshypothek nur den Willen eines Lebenden ergänzen, und durch feinen Irrthum kann der Dritte, der Gläubiger, felbft wenn er fich in gutem Glauben befindet, ebenfowenig Rechte erwerben, als wenn er fich mit dem Mandatar eines Verftorbenen eingelaffen hätte. — Der Miterbe ift befugt (n. 59/79 V vom 3. Januar 1880), der zu Unrecht erfolgten Löfchung einer feinem Erblaffer zugeftandenen Hypothek in iherm ganzen Umfange zu widerfprechen und eine gehörig erfolgte Löfchung (§ 524 I 20 A. L. R.) ift nicht ftets eine folche, die auf Grund der beigebrachten Dokumente nach formalem Rechte erfolgen durfte. Wenn daher der Befißer des Pfandgrundftücks auf Grund von Löfchungsbewilligungen, welche eine andere, dem Notar betrügerifcher Weife als die Berechtigte vorgeftellte und rekognoscirte Perfon erklärt hat, die Löfchung bei dem Grundbuchrichter erlaugt, fo kann der, welcher das verpfändete Grundftük zur Zeit der Löfchung befaß, der Wiedereintragung nicht widerfprechen. — Das Obligationenrecht im Sinne der Gefchäftsvertheilung anlangend, ift zu erwähnen der (n. 60/79 I H. vom 9. Dezember 1879) erörterte Gegenfaß zwifchen Vertrag und Gefeß. Bezüglich des Reglements einer Provinzialfeuerfozietät wird gefagt, daffelbe fei, wenngleich durch das Staatsoberhaupt genehmigt und in der Gefeßfammlung publizirt, nicht fchlechthin als Gefeß anzufehen. Die betreffende Sozietät habe als Verficherung auf Gegenfeitigkeit einen wefentlich privatrechtlichen Charakter. Durch das Reglement würden die rechtlichen Verhältniffe der Sozietätsmitglieder unter einander und der Sozietät gegenüber geregelt, und foweit es diefe Regelung zum Gegenstande habe, feien feine Beftimmungen nicht allgemeine Rechtsnormen, fondern Vertragsnormen, welche zwifchen den Betheiligten während des Beftehens ihres Verhältniffes maßgebend feien. — Zu § 146 I 5 A. L. R. wird nach Vorgang des Pr. O. Tr. (n. 75/79 I H. vom 12. Dezember 1879) der Rechtsfaß anerkannt: Die Erklärung des Gläubigers, durch das Empfangene wegen feiner Forderung befriedigt zu fein und auf weitere Anfprüche zu verzichten, enthalte zwar die Beftimmung der Vereinbarung, aber noch nicht ihre wirkliche Erfüllung. Als eine bloß mündliche fei fie für den Gläubiger von keiner bindenden Kraft und ihm nicht hinderlich, feine darin aufgegebenen Rechte gegen den Schuldner noch geltend zu machen. Um eine Erfüllung annehmen zu können, müffen Leiftungen hinzugekommen fein, durch welche der Gläubiger den mündlich erklärten Verzicht auch thatfächlich zur Ausführung gebracht habe (n. 138/79 I H. vom 12. Dezember 1879). — Die Praxis des Pr. O. Tr. und des R. O. H. G. in Bezug auf § 581 I 11 A. L. R. ift (n. 66/79 I H. vom 19. Dezember 1879)

gebilligt, fo daß während eines Spiels gegebene Darlehne zurückgefordert werden können, wenn fie nicht ausdrücklich zum Spiel oder zur Bezahlung des dabei gemachten Verluftes verlangt und geliehen worden find. — Der Anfpruch aus der nüßlichen Verwendung ift (n. 126/79 I vom 30. Januar 1880 und n. 502/79 I H. vom 3. Februar 1880) auch in dem Falle zuzulaffen, wenn das Streitobject mittels eines zwifchen dem Verfionskläger und einem Dritten eingegangenen Rechtsgefchäfts in das Vermögen des Verfionsverklagten übergegangen ift. Der § 262 I 13 A. L. R. ift alfo fowohl auf den unmittelbaren, wie den mittelbaren Uebergang des in den Nußen verwendeten Vermögenswerthes zu beziehen. — Die Schriftform für den Kreditauftrag ift (n. 69/79 I H. vom 13. Januar 1880) in den Fällen der §§ 215, 216 I 14 A. L. R. nicht erforderlich. — Die dem Einwande der Zahlung entgegengefeßte Behauptung des Klägers, daß die in der (Spezial-) Quittung bezeichnete Zahlung auf eine andere ihm gegen den Beklagten zuftehende Forderung fich beziehe, ftellt fich als motivirtes Läugnen, nicht als eigentliche Replik dar. Dem Verklagten liegt alfo der Beweis ob, daß die produzirte Quittung die jeßt eingeklagte Forderung in der That betreffe. (n. 313/79 I vom 24. Januar 1880). — Für das Erbrecht ift zu erwähnen zunächft der Spruch (n. 48/79 IV vom 18. Dezember 1879): der Zweck des Inventars zur Erhaltung der Benefizial-Eigenfchaft ift die Ausfchließung der Konfufion des Vermögens durch Erbgangsrecht, und diefer Zweck ift unabhängig von der Abficht, in welcher ein Inventar zunächft aufgenommen ift. — Der § 127 I 17 A. L. R. fchließt die Annahme aus, daß eine gegen den Nachlaß geltend gemachte Forderung von einen Erben gegenüber für nicht beftehend, gegen den andern aber für beftehend erachtet, und der leßter allein für fchuldig erachtet werden könne, die Zahlung aus dem Nachlaffe herbeizuführen. Die Feftftellung einer Nachlaßfchuld muß der Gefammtheit der Erben gegenüber erfolgen, wenn die rechtliche Wirkung eintreten foll, daß für ihre Berichtigung der ungetheilte Nachlaß hafter (n. 132/79 I H. vom 20. Januar 1880). — Bei Erbverträgen unter Eheleuten finden (n. 45/79 IV vom 5. Januar 1880), foweit es fich um Zuwendungen an Dritte handelt, die Vorfchriften über wechfelfeitige Teftamente der Eheleute Anwendung, und die §§ 482 ff., 492, 493 II I A. L. R. greifen auch in dem Falle Plaß, wenn die Eheleute fich nicht zum Erben eingefeßt, fondern fich Vermächtniffe zugewendet haben. — Zum Zwecke der Berechnung des durch Schenkungen verleßten und zu ergänzenden Pflichttheils muß der ganze Betrag der widerruflichen Schenkung in Betracht kommen (n. 39/79 IV vom 22. Dezember 1879). — Anlangend die Alimentationspflicht des Ehemannes ift (n. 158/79 IV I H. vom 21. Januar 1880) ausgefprochen: Um feftzuftellen, ob der beklagte Ehemann zur Erfüllung der ihm obliegenden Verbindlichkeit, der Ehefrau den erforderlichen Unterhalt zu gewähren, vermögend ift, find die Revenüen des eingebrachten Vermögens der Frau mit in Rechnung zu ziehen. — Der Anfpruch desjenigen, welcher an Stelle des verpflichteten Vaters das Kind verpflegt hat, geht auf Entfchädigung des erft im Prozeffe feftzuftellenden Werthes des Geleifteten und unterliegt nicht der kurzen Verjährung des § 2 n. 5 Gef. v. 31./3. 1838,

(148/79 IV vom 22. Januar 1880). — Eine Ausstattung, welche der Vater seiner Tochter giebt, ist als Schenkung zu betrachten, sofern kein Vorbehalt bei der Hingabe gemacht wird. Will der Vater von der Befugniß des § 234 II 2 A. L. R. Gebrauch machen, so muß die bezügliche Willensmeinung bei der Hingabe zum Ausdruck gelangen (n. 61/79 V vom 6. Dezember 1879). — Zu den §§ 203—206 II 4 A. L. R. ist (n. 6/79 IV vom 22. Dezember 1879) angenommen, daß der Verzicht des Vaters auf das Fideikommiß auch die Rechte der zur Zeit des Verzichtes noch nicht geborenen Kinder zur Succession in das Fideikommiß nicht schmälern könne. — In Betreff der Kirchenbaulast wird (n. 181/79 IV vom 19. Januar 1880) ausgesprochen: der § 725 II 11 A. L. R. spricht überhaupt von mehreren Kirchen, ohne seine Disposition auf selbstständige Kirchen im Sinne des § 246 a. a. O. (vereinigte Mutterkirchen) zu beschränken; nach dem Parallelismus mit § 247 a. a. O. muß man darunter auch den Fall begreifen, wenn mehrere Haupt- oder Filialgemeinen mit eigenen Kirchengebäuden unter einem gemeinschaftlichen Pfarrer vereinigt sind. — Die über die Vertheilung der Kirchenbaulast bestehenden gesetzlichen Bestimmungen sind nach (n. 185/79 IV vom 8. Januar 1880) durch die K. und Syn. Ord. vom 10. September 1873 und Art. 9 Gesetzes vom 25. Mai 1874 nicht aufgehoben. — Die Schulbaulast betreffend ist (n. 223/79 IV vom 19. Februar 1880) gesagt: die nach § 36 II 12 A. L. R. bestehende Verpflichtung beschränkt sich, der Stellung und dem Interesse des Gutsherrn entsprechend, auf den Umfang des Guts, für welches die Schule gegründet ist und geht als allgemeine gesetzliche mit diesen auf jeden Besitzer über. Die Vereinigung desselben mit noch andern Gütern in einer Hand übt darauf, selbst wenn für letztere nur eine Eintragung in das Grundbuch erfolgt, keinen rechtlichen Einfluß aus, insofern weder der Herrschaftsbegriff die Grenzen des einzelnen Gutes, rücksichtlich dessen die Schulgemeinde nach § 36 a. a. O. berechtigt ist, einseitig zu ändern, noch die Schulgemeinde auf andern Gütern derselben Herrschaft sich vorfindende Baumaterialien für ihre Schule in Anspruch nehmen darf. — Zu den Schulden und Lasten, welche nach § 5 des Erbschaftssteuergesetzes vom 30. Mai 1873 in Abzug kommen, sind nur diejenigen zu zählen, welche der Erbe zu übernehmen rechtlich verpflichtet ist (n. 68/79 IV vom 11. Dezember 1879). —   M. u. F.

Personal-Veränderungen.

Zulassungen.

Ludwig Görlitz bei dem Amtsgericht Birkenfeld; — Gerichts-Assessor Aulig bei dem Amtsgericht Pyritz; — Gerichts-Assessor Pohl bei dem Amtsgericht in Gleiwitz; — Kröger, bisher in Flensburg bei dem Landgericht I in Berlin; — Carl Wilhelm Saeltzer bei dem Landgericht in Eisenach; — Dr. jur. Georg Friedrich Friedleben bei dem Landgericht in Frankfurt am Main; — Dr. Heinrich Krison und Nathan Katz bei dem Landgericht I in Berlin; — Johann Adam Batz in Worms bei dem Landgericht Mainz und dem Ober-Landes-

gericht in Darmstadt. — Isensee hat seinen Wohnsitz von Bernburg nach Dessau verlegt. —

Ihre Zulassung haben aufgegeben: Albrecht in Ueckermünde bei dem Landgericht Stettin; — Dr. Moritz Wittelshöfer bei dem Landgericht und dem Ober-Landesgericht in Nürnberg; — Gustav Friedrich Carl Christian Priester bei dem Landgericht in Schwerin; — Josef Bühler bei dem Landgericht in Offenburg.

Ernennungen.

Amtsrichter Westhues in Stuhm unter Zulassung zur Rechtsanwaltschaft bei dem Amtsgericht in Dt. Eylau zum Notar im Bezirk des Ober-Landesgerichts zu Marienwerder mit Anweisung seines Wohnsitzes in Dt. Eylau; — Amtsrichter Buchs in Katscher unter Zulassung zur Rechtsanwaltschaft bei dem Amtsgericht in Tarnowitz zum Notar im Bezirk des Ober-Landesgerichts zu Breslau, mit Anweisung seines Wohnsitzes in Tarnowitz; — Gerichts-Assessor Hanke in Brathen O./S. unter Zulassung zur Rechtsanwaltschaft bei dem Amtsgericht in Zabrze zum Notar im Bezirk des Ober-Landesgerichts zu Breslau mit Anweisung seines Wohnsitzes in Zabrze.

Ausscheiden aus dem Dienst.

Berding I in Rechta hat seinen Austritt aus der Rechtsanwaltschaft erklärt. — Dr. Manhayn in Frankfurt a./M. ist durch ehrengerichtliches Urtheil von der Rechtsanwaltschaft ausgeschlossen.

Todesfälle.

Dr. Nicol in Hannover; — Franz Otto Dähne in Leipzig; — Dr. Günther in Münden.

Ordensverleihungen.

Dem Justizrath Klotte in St. Johann-Saarbrücken ist der Kronen-Orden dritter Klasse verliehen.

☞ Zur gefälligen Beachtung. ☜

Um ein richtiges und vollständiges Mitglieder-Verzeichniß des Deutschen Anwaltvereins herzustellen, liegt der heutigen Nummer Fortsetzung und Schluß desselben bei. Die Herren Mitglieder werden ersucht, Irrthümer baldigst der Verlagshandlung, W. Moeser, Stallschreiberstraße Nr. 34. 35, zur Berichtigung mitzutheilen.

Für die Redaktion verantw.: S. Haenle. Verlag: W. Moeser, Hofbuchhandlung. Druck: W. Moeser, Hofbuchdruckerei in Berlin.

№ 8.   Berlin, 15. April.   1880.

Juristische Wochenschrift.

Herausgegeben von

. S. Haenle,   und   M. Kempner,
Rechtsanwalt in Ansbach.   Rechtsanwalt beim Landgericht I. in Berlin.

Organ des deutschen Anwalt-Vereins.

Preis für den Jahrgang 12 Mark. — Inserate die Zeile 30 Pfg. — Bestellungen übernimmt jede Buchhandlung und Postanstalt.

I.

Der Vorstand des Deutschen Anwaltvereins hat beschlossen, im Jahre 1880 keinen Anwaltstag zu berufen. Er ist davon ausgegangen, daß abgesehen von formellen Geschäften Gegenstand der Berathung des nächsten Anwaltstages die Besprechung der Reichsjustizgesetze in ihrer praktischen Wirksamkeit und die Gründung einer Pensionskasse für Deutsche Anwälte sein müssen. Die Verhandlung beider Gegenstände erfordert eine umfassende Vorbereitung, die Besprechung der Reichsjustizgesetze auch eine längere Erfahrung. Es ist deßhalb für richtiger befunden, die nächste Versammlung im Sommer 1881 abzuhalten.

II.

Es ist weiter von dem Vorstande beschlossen, auch für das Jahr 1881 die Mitwirkung des Vereins bei Herausgabe des im Verlage von Carl Heymann erscheinenden Terminkalenders eintreten zu lassen und diesen Kalender jedem Mitgliede im Oktober d. J. unentgeltlich zu liefern. Eine Zögerung in der Lieferung wird nicht eintreten, da die im vorigen Jahre bestandenen Hindernisse bei Aufstellung der Verzeichnisse in diesem Jahre nicht bestehen. Zu dem Kalender wird im Januar ein Nachtrag unentgeltlich geliefert werden, der die seit Abschluß der Verzeichnisse eingetretenen Veränderungen meldet. Vereinsmitglieder, welche den Kalender mit Papier durchschossen wünschen, werden gebeten, solches unter Uebersendung von 50 Pf. in Briefmarken der Verlagsbuchhandlung von Carl Heymann, Berlin W. Mauerstr. 63/65 zu melden. Wünsche in Bezug auf die Redaktion der Beilagen sind an den Schriftführer des Vereins zu richten.

III.

Der Vereinsbeitrag für 1881 ist auf 12 Mark festgesetzt.
Leipzig, den 2. April 1880.

Mecke,
Schriftführer.

Ueber Intervention und Adcitation im neuen Proceß.

I.

Bezüglich der neuen Procesgesetzgebung scheint wohl schon jetzt die Annahme, daß es zu einer umfassenden Novellirung kommen müsse, wenig Widerspruch zu finden. Unter allen Umständen kann die Kritik ihr Werk nicht früh genug beginnen. Je mehr Material sie für die Erkenntniß der Mängel herbeischafft, desto berechtigter wird die Hoffnung, durch eine Novellirung aus einem Gusse zu gesunderen Principien zu gelangen.

Unter anderem scheint auch der Titel der Civilprozeßordnung, welcher von der „Betheiligung Dritter am Rechtsstreite" handelt, doch sehr zu der Erwägung zu veranlassen: ob es wohlgethan war, aus der Intervention ein schwindsüchtiges Wesen zu machen, welches nicht leben und nicht sterben kann, und ob ferner die gänzliche Weglassung der Adcitation den Bedürfnissen des praktischen Lebens entspricht.

Gleich im Beginne des Titels von der Betheiligung Dritter begegnet uns in den §§ 61 und 62 die „Hauptintervention", und man möchte wirklich aus dem tönenden Klange des Wortes schließen, daß es sich hier von einer vollkräftigen Proceßeinrichtung handeln werde! Schade nur, daß diese sogenannte Hauptintervention nicht einmal das Schattenbild einer wirklichen Intervention ist.

In dem Organ des deutschen Anwaltvereins bedarf es für die ausnahmlos wissenden Leser schwerlich noch einer Erörterung darüber, daß keine wahre Intervention denkbar ist, wenn nicht der hinzutretende Dritte Partei im anhängigen Processe wird.

Nun enthält aber der § 61 nichts als eine Erleichterung in Beziehung auf die Zuständigkeit. Wer den Streitgegenstand für sich in Anspruch nimmt, soll gegen beide Theile bei dem Gericht des Processes klagen, d. h. eine selbstständige Klage anstellen dürfen. Dann giebt der § 62 unter Umständen die Möglichkeit einer Aussetzung des ursprünglichen Processes. Das ist Alles!

Es lassen sich vielleicht nur wenige Fälle denken, in denen diese Einrichtung praktisch werden könnte, man meistens wird dem Dritten eine etwa bloß gegen den Verklagten des Hauptprocesses angestellte Klage genau eben so viel nützen, und diese Klage wird fast immer ohnehin vor das Gericht des ersten Processes gehören. Nichts destoweniger mag das Institut doch recht gut und lobenswerth sein — aber unbegreiflich ist es, wie bei zwei selbstständig neben einander herlaufenden Processen von einer Hauptintervention geredet werden kann?

Da stellt der Art. 182 der Rheinischen Bürgerlichen Proceßordnung viel reiner das Wesen der Hauptintervention dar, wenn er sich auch des Namens nicht bedient.

Ein Ankäufer wird z. B. mit einer Eigenthumsklage verfolgt; sein Verkäufer, der die Vertretungspflicht vollaus anerkennt, übernimmt als sogenannter garant formel, wie es heißt, fait et cause für den Verklagten, d. h. er tritt — (mag der Kläger damit einverstanden sein oder nicht) — ganz und gar an die Stelle des Beklagten aus dem Proceß ausscheidet, und dennoch liegt hierin durchaus keine Beschwerde für den Kläger, denn das Urtheil, welches er gegen den garant formel erstreitet, ist auch vollstreckbar gegen den ursprünglichen Verklagten, den sogenannten garanti?

Das ist eine wahre Hauptintervention, welche die deutsche Proceßordnung nur in den seltenen Fällen des § 72 und bei der landatio autoris in Gemäßheit § 73 der Sache nach annähernd und ausnahmsweise kennt.

Um übrigens die Wahrheit zu sagen, würde der durch die Beseitigung der Hauptintervention entstehende Schaden nicht allzu groß sein, da eine nach gesunden Grundsätzen konstruirte Nebenintervention ungefähr dieselben Dienste leistet. Indessen das ist ja gerade das Bedauerwerthe, daß auch die Nebenintervention der deutschen Civilproceßordnung ein gänzlich zusammengeschrumpftes Ding ohne lebendigen Pulsschlag geworden ist.

Man erstaunt wirklich, wenn man die Motive liest und findet, welch ein dürftiges Institut der Gesetzgeber hier hat ins Leben rufen wollen.

Der Intervenient soll eigentlich so gut wie gar keine Rechte haben; er soll nicht einmal selbstständiges Rechtssubjekt werden, denn die Hauptpartei

„bleibt das eigentliche Rechtssubjekt, während der Intervenient lediglich ihren (!) Zwecken dient".

Wir haben immer gemeint, daß die einzig mögliche gesunde Auffassung darin bestehe, ihn seine eigenen Zwecke verfolgen zu lassen. —

Aber nein!

Nicht einmal Streitgenosse wird er derjenigen Partei, welcher er beitritt; vielmehr hat er materiell nur die Bedeutung „eines Beistandes der Hauptpartei".

In der That ist ihm seltsamer Weise die Stellung eines Bevollmächtigten zugewiesen worden, — nur mit dem Unterschiede, daß die Hauptpartei ihm keine Vollmacht auszustellen braucht und ihm sein Mandatorrolle nicht gänzlich nehmen kann.

Aber jede einzelne seiner Handlungen kann die Hauptpartei paralysiren, denn dieser Intervenient von der traurigen Gestalt darf nichts thun, was mit Erklärungen und Handlungen der Hauptpartei im Widerspruch steht (§ 64); so z. B. darf er nicht Berufung einlegen, wenn die Hauptpartei es verbietet; — ob er etwas bestreitet, ist gänzlich unerheblich, wenn die Hauptpartei die betreffende Thatsache zugegeben hat.

Wir erkennen es ja wohl, daß hier die Anschauungen des gemeinen deutschen Processes von der accessorischen Intervention von Einfluß gewesen sind, und verkennen auch nicht die Schwierigkeit, in neue Bahnen einzulenken — aber in einem ansehnlichen Theile des deutschen Reiches galt ja die wirkliche lebenskräftige Intervention, und es ist in der That sehr zu bedauern, daß in diesen Ländern das schöne, dem frischen pulsirenden Leben angehörende Institut dem wiederkehrenden Zopfe weichen muß.

Worin besteht denn nun das Wesen einer wirklichen Intervention? Die dem Praktiker zweifelsfreie Antwort lautet: Lediglich darin, daß der Intervenient als selbstständige vollberechtigte Partei und nicht als bloßer, jeden Augenblick zu verläugnender Beistand in den Proceß eintritt. Nur dann, er kraft eigenen Rechtes handelt, wenn er in der Vornahme der Proceßhandlungen, in der Einlegung von Rechtsmitteln von keiner Mißbilligung eines fictiven Machtgebers abhängt — ist er auch in der Lage, seine eigenen Interessen zu schützen. Deswegen macht der doch allgemein als höchst praktisch anerkannte französische Civilproceß durchaus keinen Unterschied zwischen Haupt- und Nebenintervention; er kennt nur eine Intervention schlechthin und der Nebenintervenient ist ebensogut selbstständige vollberechtigte Proceßpartei, wie der Hauptintervenient.

Wer intervenirt denn? — allerdings Jeder, der ein Interesse glaubhaft macht, kann es thun, aber für die Nebenintervention giebt es nur zwei Hauptfälle: — Der vertretungspflichtige Dritte oder der Gläubiger wird Veranlassung haben, zu interveniren, wenn er ungenügende oder dolose Proceßführung seitens der betreffenden Hauptpartei befürchtet; indessen gegen ungenügende Proceßführung kann sich der Dritte oder der

Gläubiger meistens ebenso gut dadurch schützen, daß er dem Anwalt der Hauptpartei das Material liefert, und gegen dolose Proceßführung, gegen Collusion der Hauptparteien hilft die Nebenintervention durchaus nichts mehr. Dafür hat § 64 gesorgt.

In den meisten Fällen wird also Jeder besser thun, nicht zu interveniren. Sein Eintreten in den Proceß nützt ihm selten, schadet aber stets, indem er nach § 65 die Einrede verliert, daß der Hauptproceß unrichtig entschieden sei. —

In der nächsten Nummer ein Wort über die Abcitation!

Cöln, im März. Bessel.

Ist es mit der Stellung des Anwalts zu dem rechtsuchenden Publikum, mit dem Ansehen des Anwaltsstands und den Rücksichten der Collegialität vereinbar, wenn die bei einem Landgerichte zugelassenen Anwälte sich gegen einander verpflichten, in den Processen bei diesem Gerichte nie einem auswärtigen Anwalte die Vertretung in der mündlichen Verhandlung zu gestatten?

Zu dieser Frage giebt dem Einsender die Coalition aller Anwälte eines kleinen Landgerichts Veranlassung, wonach von ihnen keinem auswärtigen Anwalte die Vertretung in der mündlichen Verhandlung in Processen bei jenem Gerichte übertragen werden soll, eine Thatsache, welche beiläufig bemerkt in auffallendem Widerspruche steht zu der Theilnahme jener Collegen an der lebhaften Opposition der Anwälte des betreffenden Landes gegen die Lokalisirung in der Entstehungszeit der deutschen Rechtsanwaltsordnung.

Daß ein solches Vorgehen nicht nur den Buchstaben des § 27 Abs. 2 der R. A. O., sondern auch die Consequenz des diesem Gesetze zu Grunde liegenden Lokalisirungsprinzips für sich hat, läßt sich nicht bestreiten. Aber eine Handlungsweise kann vollkommen im Einklange mit den Gesetzen stehen und doch von anderem Gesichtspunkte aus zu beanstanden sein.

Als oberstes Gesetz für das ganze berufliche Verhalten eines Anwalts haben nach Ansicht des Einsenders diejenigen Grundsätze zu gelten, welche sich in dieser Beziehung aus der Stellung der Anwälte zu dem Publikum und aus den Bedingungen ergeben, von welchen die Achtung des letztern von dem Anwaltsstande abhängt.

Besteht der Beruf des Anwalts darin, Anderen zu ihrem Rechte zu verhelfen, und giebt es unleugbar Fälle, in welchen der Rechtsuchende ein besonderes Interesse daran hat, daß der Anwalt, mit dem er schon seit lange Zeit zu verkehren gewohnt ist oder der seine Sache in erster Instanz geführt hat, ihm ausnahmsweise in einem Processe vor einem anderen Landgerichte, als bei welchem jener zugelassen ist, nun auch in der Berufungsinstanz vertrete, so wird es eben so unleugbar einen dem Ansehen des Anwaltsstands nicht förderlichen Eindruck auf die betreffende Partei hervorbringen, wenn sie erfährt, daß die Anwälte des betreffenden Gerichts sich gegen die substitutionsweise Zulassung eines auswärtigen Anwalts in Processen bei jenem Gerichte verschworen haben. Das Publikum erwartet mit Recht von den Anwälten diejenige Coulance, welche im Allgemeinen gebildete Männer im Verkehr mit Anderen an den Tag zu legen pflegen. Dieser Erwartung entspricht eine solche Coalition von Anwälten entschieden nicht und sie ist geeignet, den Gedanken zu erzeugen, daß die betreffenden Anwälte hauptsächlich nur die pekuniäre Seite ihres Berufs im Auge haben und denselben von einem höheren den Stand des Anwalts adelnden Gesichtspunkte aufzufassen nicht fähig seien.

Gewiß vindicirt auf der anderen Seite jeder Anwalt für sich mit allem Rechte von seinem Vollmachtgeber die volle äußere Anerkennung seiner beruflichen Tüchtigkeit und dessen ganzes Vertrauen, und ist daher seine Handlungsweise völlig unangreifbar, wenn er sich in Fällen, wo für die Partei kein besonderes Interesse daran ergeben ist, sich in der mündlichen Verhandlung von einem anderen Anwalte vertreten zu lassen, weigert, jenem Anwalt diese Vertretung zu übertragen. In solchen Fällen wird aber auch kein auswärtiger College ein Substitutionsansinnen an ihn stellen.

Der Beschluß, unter gar keiner Bedingung einem auswärtigen Collegen die Vertretung in der mündlichen Verhandlung zu übertragen, kann auch damit nicht gerechtfertigt werden, daß es gesetzlich jeder Partei frei steht, dem auswärtigen Anwalte, von welchem sie ihre Parteirechte ausgeführt wünscht, diese Ausführung in der mündlichen Verhandlung neben dem beim Processgerichte zugelassenen Anwalt zu übertragen. Nur ausnahmsweise wird eine Partei in der Lage sein, die Mehrkosten einer derartigen Aufstellung eines zweiten Anwalts auf sich zu nehmen.

Die werthen Collegen, welche jenen Prohibitivbund geschlossen haben, scheinen hierbei auch die Folgen, welche derselbe für ihre eigenen Klienten in den Fällen haben wird, in welchen es diesen besonders wünschenswerth erscheinen muß, durch sie im anderen Collegialgerichten vertreten zu werden, gar nicht bedacht zu haben, oder glauben sie von anderen Anwälten für ihre Parteien verlangen zu können, was sie denselben für deren Parteien versagen? Diese Frage führt auf den Gesichtspunkt der Collegialität, von welchem aus ein solcher comment suspendu der Anwälte eines Gerichts gegenüber ihrem auswärtigen Collegen denn doch auch in Betracht gezogen werden dürfte!

In Erwägung alles Vorstehenden ist Einsender zu der Ansicht gelangt, daß die in der Ueberschrift dieses Aufsatzes gestellte Frage zu verneinen sei, und vielmehr alle Anwälte sich einander die Hand reichen sollten, um es ihren Vollmachtgebern zu ermöglichen, mit dem thunlich geringsten Kostenaufwande sich in ihren Processen bei allen Gerichten durch denjenigen Anwalt vertreten zu lassen, von welchem im einzelnen Falle vertreten zu sein dieselben aus erheblichen, das Ansehen der bei dem Processgerichte zugelassenen Anwälte nicht verletzenden Gründen, den Wunsch äußeren.

Zur Anwaltsgebührenordnung.

Es sind Zweifel darüber zu Tage getreten, was künftighin in nichtprozessualen Angelegenheiten für mündliche Konferenzen und für Schreiben, welche bisher den Bestimmungen der §§ 14 und 16 des Preußischen Gesetzes vom 12. Mai 1851, betreffend den Anſatz und die Erhebung der Gebühren der Rechtsanwälte unterlagen, zu liquidiren ſei.

Das angeführte Geſetz regelt die Vergütungen folgendermaßen:

Nach § 28 deſſelben ſollen die im erſten Abſchnitt des Tariſs unter II für Prozeßſachen normirten Gebühren der Beiſtände und Konſulenten, ſowie für einzelne Prozeßgeſchäfte faſt durchweg auch für Geſchäfte in Angelegenheiten, welche keinen Prozeß betreffen, zum Anſatz kommen.

Danach ſind beſtimmte Gebühren vorgeſehen:
1. für ein ſchriftliches Gutachten oder eine ausgearbeitete Prozeßſchrift — einſchließlich der zur Einziehung der Information ſtattgehabten Konferenzen, Korreſpondenz, Akteneinſicht ꝛc. (§ 12);
2. für einen einfachen, ſchriftlich eingeholten und ſchriftlich ertheilten Rath ohne juriſtiſche Ausführung, für die Legaliſation einer Prozeßſchrift, ſowie für eine mündliche Konferenz (§ 14);
3. für die Anfertigung von ſchriftlichen Beſchwerden und Anträgen, welche nicht in die Kategorie der Prozeßſchriften fallen, einſchließlich der Korreſpondenz und Konferenz (§ 15);
4. für jedes Schreiben, welches auf Veranlaſſung der Partei gefertigt werden muß, wenn daſſelbe rechtliche Ausführungen oder materielle Auseinanderſetzungen enthält, die nothwendig waren; nicht aber z. B. für Benachrichtigungen, Beſchleunigungsgeſuche oder kurze Anzeigen (§ 16).

Für nicht tarifirte Geſchäfte iſt der Gebührenanſatz durch § 31 geregelt.

Das preußiſche Ausführungsgeſetz zur deutſchen Gebührenordnung für Rechtsanwälte vom 2. Februar 1880 (Geſetz-Sammlung Seite 43) ſchreibt nun im § 2 vor, daß eine Reihe von Vorſchriften dieſer Gebührenordnung auch auf die Berufsthätigkeit des Rechtsanwalts in denjenigen Angelegenheiten, auf welche die deutſchen Prozeßordnungen nicht Anwendung finden, entſprechend anzuwenden ſei.

Von dieſen für anwendbar erklärten Beſtimmungen der Gebührenordnung kommen hier — außer denen über die Berechnung und Feſtſtellung des Werths der Gegenſtandes (§§ 10, 12) — diejenigen in Betracht, welche die Gebühren
a) für die Unterzeichnung eines Schriftſatzes (§ 5),
b) für einen ertheilten Rath (§ 47),
c) für die Ausarbeitung eines Gutachtens mit juriſtiſcher Begründung (§ 83),
d) in der Beſchwerdeinſtanz (§ 41),
e) für nichttarifirte Geſchäfte (§§ 89, 90)
normiren. Außerdem wird in dem § 2 des Ausführungsgeſetzes die Höhe der in gleichen Angelegenheiten nach den beſtehenden Vorſchriften etwa zu erhebenden beſonderen Gebühr für die Anfertigung eines Schriftſatzes feſtgeſetzt, und zwar in prinzipiellem Anſchluß an die Beſtimmung des § 46 der Gebührenordnung.

Es iſt nun zu unterſuchen in welchem Umfange dieſe neuen Beſtimmungen Platz greifen und ob und wieweit etwa noch ältere Vorſchriften daneben in Kraft bleiben. Eine ausdrückliche Aufhebung von Beſtimmungen des preußiſchen Geſetzes

vom 12. Mai 1851 iſt durch das Ausführungsgeſetz zur Gebührenordnung nicht erfolgt. Ebenſowenig läßt ſich die bei der Berathung des Ausführungsgeſetzes im Herrenhaus vom Referenten vertretene Anſicht, daß fortan alle Gebühren nach der Gebührenordnung zu liquidiren ſeien, die bisherigen Geſetze alſo in Zukunft vollſtändig wegfallen, von vornherein mit völliger Sicherheit weder aus der Wortfaſſung des Geſetzes noch aus den Motiven zu demſelben ableiten.

Nach Inhalt der Motive will das Ausführungsgeſetz zunächſt zur gleichmäßigen Durchführung der Reichsgebührenordnung, dieſe auch bei Angelegenheiten, welche vor beſonderen Gerichten nach Maßgabe der Reichsprozeßordnungen verhandelt werden, anwenden. Es will aber auch, inſoweit als die deutſchen Prozeßordnungen nicht Anwendung finden, die Anwendbarkeit ſowohl derjenigen Beſtimmungen der Gebührenordnung verallgemeinern, welche auf jede Art von Verfahren paſſen und als allgemeine Grundſätze bezeichnet werden können, wie auch diejenigen Vorſchriften, welchen die geſammte Thätigkeit des Anwalts unterworfen iſt, weil dieſelbe in allen Fällen keine andere iſt, als die der Gebührenordnung unterliegende.

Die bisherigen Beſtimmungen werden demnach nur inſoweit für aufgehoben gelten können, als ihr Inhalt mit dem des preußiſchen Ausführungsgeſetzes und der betreffenden Beſtimmungen der Reichsgebührenordnung im Widerſpruch ſtehe, durch die letzteren nicht als völlig beſeitigt zu erachten ſind.

Inwieweit dies der Fall iſt, wird ſich aus einer vergleichenden Gegenüberſtellung der betreffenden Vorſchriften ergeben. Zunächſt iſt offenbar und wie auch in dieſem Falle die Geſetzesmotive anerkennen, durch die neue Gebührennormirung für nicht tarifirte Geſchäfte (§§ 89, 90 der Gebührenordnung) die gleiche Vorſchrift im § 31 des preußiſchen Geſetzes beſeitigt.

Was ſodann die Feſtſetzung einer Gebühr für „ein ſchriftliches Gutachten" und für „einen einfachen ſchriftlich eingeholten und ſchriftlich ertheilten Rath ohne juriſtiſche Ausführung" — oben unter 1 und 2 — anlangt, ſo wird dieſe anwaltliche Thätigkeit von bei jeden Fall der §§ 88 bzw. 47 des Reichsgebührenordnung zu vergütenden entſprechenden Thätigkeit — oben zu b und c — zweifelſos vollſtändig gedeckt; denn die Gebühr des § 47 a. a. O. wird für jeden Fall der Ratherheilung, gleichviel, ob der Rath ſchriftlich oder mündlich, ob er mit juriſtiſcher Ausführung oder ohne ſolche ertheilt iſt, gleichmäßig erhoben. Auch werden für die Unterſcheidung von Rath und Gutachten in den neuen und alten Beſtimmungen im Weſentlichen dieſelben Geſichtspunkte maßgebend ſein. Es müſſen ſomit in beiden Fällen die alten Beſtimmungen als durch die neuen aufgehoben gelten.

Die Vergütung ſchriftlicher Arbeiten iſt beiderſeits verſchiedentlich geregelt:

Die bisherige Feſtſetzung für die Legaliſation einer Prozeßſchrift — oben unter 2 — wird unzweifelhaft durch die nunmehr zur Anwendung gelangende Vorſchrift des § 5 der Gebührenordnung vollkommen gedeckt und ſomit beſeitigt.

Den übrigen preußiſchen Tarifpoſitionen §§ 12, 15, 16 ſtehen gegenüber: § 41 der Gebührenordnung über Gebühren in der Beſchwerdeinſtanz, — einen Theil des preußiſchen § 15 erledigend, — ferner die obenerwähnte neue Feſtſetzung der Gebühr für „die Anfertigung eines Schriftſatzes".

Die Civilprozeßordnung bezeichnet mit „Schriftſatz" in

erster Linie die eigentlichen Prozeßschriften (Klage Berufungs-
Revisionsschrift, vorbereitende Schriften u. a.), gebraucht das
Wort indessen sonst auch in allgemeinerem Sinne (§ 227
C. P. O.; so wendet sie z. B. in den §§ 146, 269 die
Ausdrücke „Schriftsatz" und „Schrift" als gleichbedeutend an,
mit „Schriften" werden wiederum aber auch Privatschreiben
u. A. begriffen (§ 406 C. P. O.). Im Sinne der deutschen
Anwaltsgebührenordnung sind inhaltlich der Motive zu derselben
unter „Schriftsätze" nicht nur diejenigen Schriften zu verstehen,
welche in der Civilprozeßordnung ausdrücklich als solche bezeichnet
werden, sondern alle schriftlichen Anträge und Gesuche, welche bei
Gericht gestellt werden; man wird sogar gemäß §§ 70, 463,
744 Civilprozeßordnung die Begriffserweiterung auf diejenigen
Mittheilungen ausdehnen können, welche an dritte Personen ergehen.

Hiernach und zufolge der Regel, daß im Zweifel die Worte
in ihrer vollen Allgemeinheit aufzufassen sind, wird man zu der
Annahme gelangen müssen, daß unter „Schriftsatz" für den
Gebührenansatz in nicht prozessualen Angelegenheiten nicht nur
Eingaben, Anträge und Vorstellungen an Gerichte und andere
Behörden, sondern auch schriftliche Mittheilungen, Aufforderungen,
sowie sonstige Schreiben jedweden Inhalts an Private zu ver-
stehen seien.

Somit beseitigt die neue, allgemein gefaßte Gebührenfestsetzung für die Anfertigung eines Schriftsatzes die bisherigen
einzelnen Normen für gleichartige Thätigkeiten, nämlich sowohl
für die Ausarbeitung von Prozeßschriften — oben zu Nr. 1 —
wie für die Anfertigung von Anträgen — oben zu 3 —, wie auch
für jedes andere Schreiben — oben zu 4.

Es verbleibt demnach von dem nach dem preußischen Tarif
zu vergütenden Gegenständen nur noch die „mündliche Konferenz", sofern dabei nicht etwa ein Rath ertheilt oder in Folge
derselben ein Gutachten oder ein Schriftstück gefertigt ist, in
welchen Fällen die darauf bezüglichen Vorschriften Platz greifen
würden. Für die bloße mündliche Konferenz ist in der Gebührenordnung oder in dem Ausführungsgesetz eine bestimmte Gebühr
nicht vorgesehen. In diesem einzelnen auch nur seltenen
Falle würde demgemäß die frühere Gebührenfestsetzung in Kraft
bleiben müssen. Es läßt sich jedoch schon nach den vorstehenden
Auseinandersetzungen wohl mit gutem Grunde die Ansicht aufstellen, daß mit dem Ausführungsgesetze das hier behandelte
Gebiet nicht nur in einzelnen Punkten abändernd, sondern vollständig neu hat geregelt werden sollen, wie dies noch § 1 der
Reichsgebührenordnung unzweifelhaft für das Prozeßverfahren
vor den ordentlichen Gerichten, und, wie oben erwähnt, auch für
das Verfahren vor den besonderen Gerichten geschehen ist.

Trifft dies zu, dann würde hier die ergänzende Vorschrift
des § 89 der Gebührenordnung entsprechend anzuwenden sein;
die Gebühr würde der für einen ertheilten Rath gleichkommen.

Uebrigens wird mit Rücksicht auf das zwischen dem Rechtsanwalt und dem Auftraggeber bestehende Mandatsverhältniß, sofern
der Rechtsanwalt den ihm ertheilten Auftrag sachgemäß und
erschöpfend ausgeführt hat, für jede Rathsertheilung, für jede Anfertigung eines Schriftstücks und für jede mündliche Konferenz
die betreffende Gebühr besonders zu beanspruchen sein.

Pf.

Markenschutz. Verbindung der eigenen Firma mit fremdem Waarenzeichen. Unterschied zwischen Etikette und Waarenzeichen. Freizeichen. §§ 10, 14, 18 Markenschutzgesetz vom 30. November 1874.

Erkenntniß des Reichsgerichts I. Civilsenat vom
11. Februar 1880 i. S. Justus wider Saniter und
Weber.

Für die klagende Firma ist auf deren Anmeldung zum
Handelsregister ein bestimmtes Waarenzeichen für Tabaksfabrikate
eingetragen worden. Die beklagte Firma hat ihre in den Verkehr gebrachten Tabaksfabrikate auf den Papierumschlägen der
Tabakspackete mit einem Zeichen versehen, welches nach Behauptung der Kläger, wenn man von dem sonstigen Inhalt der
Papierumschläge absieht, mit dem für Klägerin eingetragenen
Zeichen so sehr übereinstimmt, daß die Unterschiede zwischen
beiden nur durch Anwendung besonderer Aufmerksamkeit wahrgenommen werden können, mithin der Schutz, welchen das eingetragene Zeichen der Klägerin genießt, nach § 18 des Markenschutzgesetzes vom 30. November 1874 durch diese Abweichungen
nicht ausgeschlossen wird, wenn sonstige Gründe, ihn für ausgeschlossen zu erachten, nicht vorliegen.

Beklagte behauptet aber das Vorhandensein solcher Gründe
erstens, weil sie das fragliche Zeichen stets nur in Verbindung
mit ihrer Firma auf den Etiketten ihrer Tabaksfabrikate angebracht habe, und zweitens, weil Klägerin durch die Anmeldung des Zeichens zum Handelsregister ein ausschließliches Recht
auf dessen Gebrauch nach § 10 Abs. 2 des Markenschutzgesetzes nicht habe erwerben können, da dasselbe theils unverändert theils mit geringer Beränderung schon seit vielen Jahren
von einer großen Zahl deutscher Tabaksfabrikanten, namentlich
auch von ihr selbst seit 1809, offen gebraucht worden sei.

Der Appellationsrichter erklärt die Klage des ersten Einwands
ungeachtet für begründet und läßt bezüglich des zweiten Einwands der Beklagten Beweis nach.

Auf die Berufung beider Theile hat das Reichsgericht das
Appellations-Erkenntniß bestätigt.

Gründe.

I. Die Appellation der Beklagten betreffend, so
kann die Beschwerde derselben, daß die Klage nicht ohne Weiteres
abgewiesen worden sei, nicht auf die Verfügung des Obergerichts vom 23. November 1877 gegründet werden, durch welche
die Wiederaufhebung des gegen die Inhaber der beklagten Firma
auf Antrag der Klägerin wegen Uebertretung des § 14 des
Markenschutzgesetzes eingeleiteten Strafverfahrens angeordnet wurde.
Denn wenngleich diese Verfügung ausweislich der beigegebenen
Gründe auf die Ansicht beruht, daß das von der Beklagten gebrauchte Waarenzeichen von dem für Klägerin eingetragenen
Zeichen wegen Beifügung der Firma wesentlich verschieden sei,
so enthält doch die Verfügung selbst keine Rechtskraft fähige
Entscheidung über das im gegenwärtigen Rechtsstreit den Streit-
gegenstand bildende Privatrechtsverhältniß.

Die Ansicht, daß die Beklagte nicht gehindert sei, das für
die Klägerin eingetragene Waarenzeichen auf den Etiketten ihrer
Tabaksfabrikate zu führen, wenn sie demselben ihre Firma bei-

füge, kann nicht für begründet erachtet werden. Das Markenschutzgesetz, welches im § 13 eine Klage gegen denjenigen gewährt, welcher ein eingetragenes fremdes Waarenzeichen oder eine fremde Firma widerrechtlich zur Waarenbezeichnung verwendet, entscheidet nicht ausdrücklich den Fall, daß Jemand ein fremdes Waarenzeichen unter Beifügung seiner eigenen Firma zu diesem Zwecke gebraucht. Stellen sich diese Bezeichnungen als zwei verschiedene Mittel dar, die Waare zu kennzeichnen, so unterliegt es keinem Zweifel, daß die Rechtswidrigkeit der einen durch die Appellation der andern Bezeichnung nicht aufgehoben wird. Sind dagegen das Zeichen und die Firma in eine solche Verbindung gebracht, daß beide zusammen ein einziges Waarenzeichen bilden, weicht diese Verbindung in seiner Gesammterscheinung von dem eingetragenen augenfällig ab, so kann in dem Gebrauche desselben, wie man mit dem vormaligen Reichsoberhandelsgericht (Entsch. Bd. XX S. 353, XXI S. 410) annehmen muß, ein Gebrauch des eingetragenen Zeichens nicht gefunden werden, es wäre denn der Unterschied zwischen beiden Zeichen ein solcher, welcher nach § 18 des Markenschutzgesetzes nicht in Betracht kommt. Ob nun in der Verwendung der Firma neben dem Zeichen der Gebrauch einer einzigen oder mehrerer Bezeichnungen zu finden sei, kann nur in jedem einzelnen Falle entschieden werden, wobei insbesondere darauf zu sehen ist, ob beide Bezeichnungen als ein einziges Waarenzeichen zum Handelsregister angemeldet sind und ob sie sich in ihrer äußern Erscheinung als ein Ganzes darstellen. Daraus allein aber, daß die Etikette der Waare sowohl das Zeichen als die Firma enthält, ist die Verbindung derselben zu einem Gesammtzeichen noch nicht zu entnehmen. Versteht man unter Etikette die am Aeußern von Gegenständen, namentlich an Behältern oder Hüllen angebrachte Angabe über den äußerlich nicht erkennbaren Inhalt derselben,

vergl. Littré Dictionnaire s. v. etiquette: petit écriteau qu'on met sur les objets pour reconnaître qu' ils sont

so decken sich die Begriffe von Etikette und Waarenzeichen nicht gänzlich. Wie es Etiketten geben kann, die als nicht an Waaren angebracht keine Waarenzeichen sind, und Waarenetiketten, welche als lediglich aus Worten bestehend keine Waarenzeichen sind, so ist es auch bei Waarenetiketten, welche figürliche Zeichen enthalten, möglich, daß nicht Alles, was auf der Etikette sich befindet, als Bestandtheil des Zeichens sich darstellt. Insbesondere ist es möglich, daß die Etikette Bestandtheile hat, welche nicht dazu bestimmt sind, die Waare von den Waaren anderer Gewerbtreibenden zu unterscheiden, sondern gewisse Eigenschaften hervorzuheben, z. B. Preismedaillen, Maß und Gewichtsangaben, die Aechtheit verbürgende Siegel oder Stempel. Ebenso ist es möglich, daß ein Theil der Etikette dem Producenten, ein anderer Theil dem Händler bezeichnet. Aber auch wenn solche Gründe nicht vorhanden sind, zwischen den einzelnen Bestandtheilen der Etikette zu unterscheiden, ergiebt sich aus dem Umstande allein, daß ein Zeichen und die Firma in der Etikette enthalten sind, mehr nicht, als daß der betreffende Gewerbtreibende sich zwei verschiedener Mittel zur Bezeichnung seiner Waare bedient hat, von denen jedes auch für sich allein zu diesem Zwecke dienen könnte. Die Beifügung der Firma auf der Etikette giebt mithin noch keinen Grund ab,

dieselbe als Bestandtheil der ebenfalls auf derselben angebrachten Marke zu betrachten. Im vorliegenden Falle fehlt es, wie das Erkenntniß voriger Instanz mit Recht ausführt, an jedem Grunde, ein durch Kombination der Figuren und der Firma gebildetes Waarenzeichen anzunehmen. Es bedarf daher der Untersuchung nicht, ob, wenn ein solches anzunehmen wäre, die Gesammterscheinung desselben von der für Klägerin eingetragenen Marke so sehr abweiche, daß die Abänderungen auch ohne Anwendung besonderer Sorgfalt wahrgenommen werden können.

II. Die Appellation der Klägerin richtet sich dagegen, daß es geschehen der Beklagten der Beweis ihrer auf § 10 Abs. 2 des Markenschutzgesetzes gestützten Einrede nachgelassen und nicht vielmehr, weil diese Einrede rechtlich und thatsächlich unbegründet, auf sofortige Verurtheilung der Beklagten erkannt worden sei.

Durch die angeführte Bestimmung soll bewirkt werden, daß Zeichen, welche bis 1875 nicht als individuelle Zeichen für die Waaren einzelner Gewerbtreibender, sondern allgemein von allen oder ganzen Klassen von Gewerbtreibenden zur Bezeichnung ihrer Waaren benutzt wurden, auch fortan in dieser Weise benutzt werden können. Zu diesem Zwecke ist bestimmt, daß Niemand durch Anmeldung von Waarenzeichen, welche bisher im freien Gebrauche aller oder gewisser Klassen von Gewerbtreibenden sich befanden, ein ausschließliches Recht auf den Gebrauch derselben erlangen kann. Wenn nun Beklagte behauptet, das von der Klägerin angemeldete Waarenzeichen sei ein Freizeichen im Sinne des angeführten § 10, so kann hiergegen nicht eingewendet werden, dieses Zeichen sei seiner Beschaffenheit nach kein solches, wie § 10 voraussetze, indem die Vorschrift desselben, die Motive zum Gesetzentwurf ergeben, auf solche Zeichen zu beziehen sei, welche entweder von Alters her gebräuchlich sind, zur Zeit aber keine Bedeutung mehr haben, oder die Waarengattung, Qualitäts oder Größenverhältnisse oder die Herkunft der Waare aus einem bestimmten Ort oder Bezirk bezeichnen. Abgesehen davon, daß die Vorschrift des § 10 nicht auf die in den Motiven beispielsweise angeführten Fälle zu beschränken ist, wie auch vom ReichsOberHandelsGericht (Entsch. Bd. XXV S. 71) angenommen wurde, so steht keineswegs fest, daß das hier in Rede stehende Zeichen nicht von den in den Motiven erwähnten Art sei, da die Annahme nahe liegt, daß es eine bestimmte Sorte, den LouisianaTabak und deren Herkunft aus Louisiana bezeichnen soll.

Ebensowenig kann eingewendet werden, daß in Ansehung der Personen, welche das Zeichen vor 1875 gebraucht haben, die Voraussetzungen des § 10 nicht behauptet seien, da Beklagte nur vorbringe, daß eine große Zahl deutscher Tabaksfabrikanten sich desselben bedient habe, das Gesetz a. a. O. aber verlange, daß alle Gewerbtreibende oder doch alle zu einer gewissen Klasse gehörige Gewerbtreibende das Zeichen gebraucht haben. Das Gesetz verlangt keineswegs diesen unmöglichen Beweis, sondern nur die Nachweisung, daß das Zeichen nicht von einzelnen als individuelles Zeichen, sondern von den Angehörigen eines gewissen Personenkreises, sei es der Gewerbtreibenden überhaupt oder einer Klasse von Gewerbtreibenden, ohne Rücksicht auf individuelle Verhältnisse geführt worden sei. Diese Nachweisung kann durch den Beweis erbracht werden, daß das Zeichen gleichmäßig oder mit geringen Abänderungen von einer großen Anzahl von Gewerbtreibenden der fraglichen Art geführt worden ist, wobei nach richterlichem Ermessen zu beurtheilen ist, ob die Anzahl der Personen, welche das Zeichen geführt haben, so groß und der Unterschied in der Beschaffenheit der von ihnen geführten Zeichen so gering sei, daß hieraus auf allgemeine Führung des Zeichens innerhalb des betreffenden Personenkreises geschlossen werden könne.

Endlich ist auch der Vorwurf unbegründet, daß in dem angefochtenen Erkenntniß eine nicht aufgestellte Behauptung zu Beweis gestellt sei, indem Beklagte nur behauptet habe, daß das Zeichen in offenem Gebrauch gewesen sei, das angefochtene Erkenntniß aber den Beweis nachlasse, daß dasselbe sich in freiem Gebrauch befunden habe. Wenn es auch richtig ist, daß die Offenheit des Gebrauchs, als Gegensatz zur Heimlichkeit, etwas anderes ist, als die Freiheit desselben, d. i. die Erlaubtheit des Gemeingebrauchs, so ist es doch unrichtig, daß Beklagte das Vorhandensein eines freien Gebrauchs des Zeichens nicht behauptet habe. In der Berufung auf den § 10 Abs. 2 des Markenschutzgesetzes ist diese Behauptung zu finden. Wenn Beklagte außerdem behauptete, daß die Tabaksfabrikanten sich des Zeichens offen bedient haben, so ist hiermit die Offenheit des Gebrauchs als ein Beweisgrund dafür geltend gemacht, daß diejenigen, welche sich des Zeichens bedienten, den Gebrauch desselben als einen erlaubten angesehen haben.

Die Rechtskraft der in Haftpflichtsachen ergangenen richterlichen Entscheidungen.

Erkenntniß des Reichs-Gerichts V. Civilsenat vom 28. Januar 1880 i. S. Warlich wider Hagelberg.

Die Zurückweisung der Nichtigkeitsbeschwerde beruht auf folgenden Gründen:

Durch § 7 Abs. 2 des Haftpflichtgesetzes vom 7. Juni 1871 ist dem auf Grund dieses Gesetzes zur Zahlung einer Rente Verurtheilten das Recht gegeben, die Aufhebung oder Minderung der Rente, und ebenso dem Verletzten die Erhöhung oder Wiedergewährung derselben zu fordern, wenn die betreffenden Verhältnisse inzwischen sich wesentlich verändert haben.

Der Sinn dieser gesetzlichen Bestimmung ist, wie auch bei deren Berathung im Reichstage hervorgehoben worden, der, daß das Erkenntniß, welches auf Grund des Haftpflichtgesetzes ergeht, zwar in Betreff der Haftpflicht selbst rechtskräftig wird, nicht aber in Betreff der Höhe der Rente, diese auf Grund späterer Aenderungen in den Verhältnissen durch anderweites Erkenntniß anders festgestellt werden kann. In Betreff der Höhe der Rente ist das Erkenntniß im Reichstage zutreffend als ein Interimistikum bezeichnet.

Von welchem Zeitpunkte ab die Aenderung der Rente eintreten soll, ist im Gesetze nicht direkt bestimmt. Es können in Betracht kommen die Zeit der Aenderung der Verhältnisse, die Zeit der Rechtskraft des die Aenderung aussprechenden Erkenntnisses, und die Zeit der Behändigung der Klage auf Aenderung der Rente.

Eine ähnliche gesetzliche Bestimmung wie in § 7 Abs. 2 findet sich bereits in § 119 Th. 1. Tit. 6 des Preußischen Allgemeinen Landrechts, wonach, sobald der Beschädigte zu einem wirklichen Erwerb gelangt, dieser von der zu leistenden Entschädigung abgerechnet werden muß. Diese Abrechnung findet

nach den Worten des Gesetzes vom Eintritte des Erwerbes ab statt, obgleich die Entschädigung rechtskräftig zugesprochen worden ist. Die dort gedachte Entschädigung besteht aber nach § 115 a. a. O. in denjenigen Vortheilen, welche dem Verletzten dadurch entzogen sind, daß er sein Amt oder Gewerbe in der bisherigen Art zu betreiben gänzlich außer Stande gesetzt ist. Dieser gegenüber konnte jeder eigene Erwerb gewissermaßen, wie in § 119 geschehen, als eine Erledigung des Erkenntnisses angesehen werden. Dies trifft für die nach dem Haftpflichtgesetz zuzusprechende Entschädigung in Kapital und Rente nicht zu, § 7 Abs. 2 geht daher auch nicht von der Auffassung der Erledigung des früheren Erkenntnisses, sondern von der Berücksichtigung einer Veränderung seiner Grundlagen aus.

Darin liegt eine gesetzliche Einschränkung der Grundsätze von der Rechtskraft der Entscheidungen, und bei der Auslegung solcher Abweichung von allgemeinen Grundsätzen ist nicht über die deutlich erkennbare Absicht des Gesetzes hinauszugehen. Diese Absicht kann aber nicht dahin gegangen sein, gegen den Verletzten, welcher die ihm zugesprochene Rente verzehrt hat, ohne daß ihm ein Verlangen des Zahlungspflichtigen nach Minderung oder Fortfall der Rente bekannt geworden war, deren Fortfall oder Minderung für die vergangene Zeit eintreten zu lassen.

Die Aenderung der Rente tritt daher nicht materiell mit der Aenderung in den maßgebenden Verhältnissen ein, kann vielmehr nur für die Zukunft gefordert werden. Der maßgebende Zeitpunkt ist aber nicht der der rechtskräftigen Entscheidung über die Aenderung der Rente. Das frühere Erkenntniß hat zwar bis zu der anderweiten rechtskräftigen Entscheidung die Bedeutung und Wirkung eines Interimistikums, so daß es bis dahin auch zu vollstrecken ist; daß aber die Aenderung nicht von einem früheren Zeitpunkte an erfolgen kann, wird durch die Grundsätze von der Rechtskraft nicht bedingt. Die Rechtskraft der früheren Entscheidung, wenn sie nicht durch das Gesetz beseitigt wäre, würde jede Aenderung ausschließen. Der Zeitpunkt für die eintretende Aenderung muß auch für die Beträge des Verletzten und für die des Verpflichteten ein gleicher sein; es kann aber nicht als die Absicht des Gesetzgebers angenommen werden, daß, wenn zeitweise die Rente ganz fortgefallen war, deren Zahlung bei Wiedereintritt der Verpflichtung dazu, erst vom Tage der Rechtskraft des betreffenden Erkenntnisses eintreten soll. Ueberhaupt ist nicht anzunehmen, daß der zufälligen Dauer des Prozesses auf Aenderung der Rente, der Verschleppung desselben durch die Gegenpartei und dem Einlegen ungerechtfertigter Rechtsmittel ein Einfluß auf das materielle Recht hat beigelegt werden sollen. Das Gewicht ist vielmehr auf den Zeitpunkt zu legen, wo durch Behändigung der Klage auf Aenderung der früheren Bestimmung über die Höhe der Rente die Rechtshängigkeit dieses Anspruchs eingetreten ist. Da ist die Aenderung der Rente, wie § 7 verlangt, gefordert und zwar in der legalen, den Gegner bindenden Weise, nachdem auch die, die Aenderung begründende Aenderung der Verhältnisse eingetreten war. Wird dieser Zeitpunkt als der maßgebende angesehen, so ist die Einschränkung der Rechtskraft des früheren Erkenntnisses in der Art erfolgt, daß die vom Gesetze zugelassene Aenderung der früheren Entscheidung erfolgen kann, ohne die materiellen Rechte des Gegners zu beeinträchtigen.

Literatur.

13. Ungarische Gerichtshalle, Erster Jahrg., Nr. 1. Advokat Dr. Ludwig Rosenberg, Budapest, 1. Oktober 1879, wöchentlich 2 Mal.

14. Juristische Blätter, Dr. Burian, Dr. Johanny, Wien. VIII. Jahrg., Nr. 37 ff. IX. Jahrg. Nr. 1 ff.

15. Dr. Otto Mayer, die dingliche Wirkung der Obligation. Eine Studie zum Mobiliar-Eigenthum des Code civil und des Deutschen Handelsgesetzbuchs. Erlangen 1879, Eduard Besold.

16. Dr. Heinrich Buhl, Zur Rechtsgeschichte des Deutschen Sortimentsbuchhandels. Heidelberg, Carl Winters Universitätsbuchhandlg.

17. Dr. Jul. Amann, Ueber den Begriff des procurator und des mandatarius nach römischem Recht. Heidelberg, Carl Winters Universitäts-Buchhandlg.

18. Dr. Hermann Strauch, Zur Interventionslehre; Eine völkerrechtl. Studie. Heidelberg, Carl Wichrs Universitätsbuchhandlung.

19. Zeitschrift für Schweizerische Gesetzgebung und Rechtspflege, Dr. A. Schneider, H. Hafner, Dr. Franz Ulrich. IV. Bd. 1. Heft.

20. Juristische Beiträge zur Erläuterung des Deutschen Rechts in besonderer Beziehung auf das Preußische Recht mit Einschluß des Wechselrechts, Reichsgerichts-Rath Kassow, Landgerichts-Rath Küntzel, 3. Folge, 4. Jahrg. 1880, 1. bis 4. Heft.

21. Dr. jur. Julian Goldschmidt, Ueber den Entwurf eines Gesetzes, betreffend das Faustpfandrecht für Pfandbriefe und ähnliche Schuldverschreibungen. Jena, Gustav Fischer vorm. Friedrich Mauke. 1880.

22. Leo Labus, Das Preußische Stempel-Gesetz vom 7. März 1822 in seiner Anwendung auf privatschriftliche und notarielle Urkunden, auf gerichtlich aufgenommene freiwillige Akte, sowie auf Amtshandlungen und Verträge ꝛc. der Königlichen und Communal-Verwaltungs-Behörden. Breslau, J. U. Kerns Verlag (Max Müller). 1880.

23. Das allgemeine Preußische Berggesetz vom 24. Juni 1865. Erläutert durch die seither ergangenen Entscheidungen und Verfügungen der obersten Gerichtshöfe und Verwaltungsbehörden. Breslau, J. U. Kerns Verlag (Max Müller).

24. Heinrich Dernburg, Carl Georg von Wächter, Vortrag gehalten in der juristischen Gesellschaft Berlins. Halle a. S., Verlag der Buchhandlung des Waisenhauses. 1880.

25. Dr. Xaver Gretener, Begünstigung und Hehlerei in historisch-dogmatischer Darstellung. München, Theodor Ackermann. 1879.

26. Otto Kleiner, Kgl. bayrischer Appellationsgerichtsrath, Commentar zur Civilprozeßordnung für das Deutsche Reich. Nach den Quellen bearbeitet mit besonderer Berücksichtigung der Gesetzgebung in Bayern, Sachsen und Württemberg. XII. Lieferung. Würzburg, A. Stubers Buch- und Kunsthandlung. 1879.

Personal-Veränderungen.

Zulassungen.

Julius Meyer bei dem Amtsgericht in Wollenstein; — Geißler, bisher in Lissa, bei dem Amtsgericht in Fraustadt, wohin er seinen Wohnsitz verlegt; — August Haule bei dem Amtsgericht aus Ueckermünde bei dem Landgericht I in Berlin; — Albrecht Gaspari bei dem Landgericht in Cassel; — Gerichts-Assessor Johann Ludwig Lischke bei dem Landgericht in Meserit; — Dr. Theodor Löwenfeld bei dem Landgericht II in München; — Dr. Bernhard Bonz und Abraham Osner bei dem Landgericht I in München; — Gerichts-Assessor Dr. Freudenstein bei dem Landgericht in Hannover; — Bürgermeister Robert Rützer, in Eisenberg bei dem Landgericht in Altenburg; — Gerichts-Assessor Wilhelm Resch bei dem Landgericht in Cöln; — Franz Heinrich Fincinus bei dem Landgericht in Dresden; — A. Kuhn, — A. Hoenig, — Carl Leiste, — B. Runde, — G. Melnecke, — Gerhard, — H. Horst, — C. Lucius, — B. Hollandt II und W. Laugenheim bei dem Ober-Landesgericht in Braunschweig; — Dr. Leopold Regensburger bei dem Ober-Landesgericht in Karlsruhe; — Dr. Hedemann bei dem Kammergericht in Berlin; — Rechts-Anwalt Salomon hat seinen Wohnsitz von Samter nach Posen verlegt. —

In der Liste der Rechtsanwälte sind gelöscht: Justizrath Heinrich Richard Eduard v. Herzberg bei dem Landgericht I in Berlin; — Regensburger bei dem Landgericht in Mannheim; — Stemann in Segeberg bei dem Landgericht in Kiel; — Justizrath Foß bei dem Landgericht in Stettin; — Justizrath v. Hagen bei dem Landgericht in Stendal; — Carl Hartmann bei dem Ober-Landesgericht in Rostock; — Ernst Frieser bei dem Landgericht in Altenburg, in Folge der Verlegung seines Wohnsitzes nach Schmölln; — Justizrath v. Schenck bei dem Landgericht in Arnsberg; — Möller bei dem Ober-Landesgericht in Rostock, aus Anlaß seiner Ernennung zum Bürgermeister der Stadt Sülze. —

Ernennungen.

Rechtsanwalt Otto Jüdell in Celle zum Notar für den Bezirk des Landgerichts zu Lüneburg. —

Todesfälle.

Justizrath Borstel in Ihehoe; — Justizrath Kranz in Marienwerder; — Dr. jur. Eduard Arthur Roux in Leipzig; — Justizrath Hoymann in Bonn.

Ein Kanzlist,

2¼ Jahre bei Rechtsanw. thätig, sucht, gestützt auf gute Zeugn. Stellung. Gefl. Off. nimmt d. Exp. d. Bl. unter C. 20 entgegen.

Ein Expedient,

welcher seit mehreren Jahren bei einem Anwalt thätig, sucht ähnliche Stellung. Offerten unter M. H. bef. d. Exp. d. Bl.

Für die Redaktion verantw.: S. Haenle. Verlag: W. Moser, Hofbuchhandlung. Druck: W. Moeser, Hofbuchdruckerei in Berlin.

№ 9.   Berlin, 1. Mai.   1880.

Juristische Wochenschrift.

Herausgegeben von

S. Haenle,   und   M. Kempner,
Rechtsanwalt in Ansbach.   Rechtsanwalt beim Landgericht I. in Berlin.

Organ des deutschen Anwalt-Vereins.

Preis für den Jahrgang 12 Mark. — Inserate die Zeile 30 Pfg. — Bestellungen übernimmt jede Buchhandlung und Postanstalt.

I.

Der Vorstand des Deutschen Anwaltvereins hat beschlossen, im Jahre 1880 keinen Anwaltstag zu berufen. Er ist davon ausgegangen, daß abgesehen von formellen Geschäften Gegenstand der Berathung des nächsten Anwaltstages die Besprechung der Reichsjustizgesetze in ihrer praktischen Wirksamkeit und die Gründung einer Pensionskasse für Deutsche Anwälte sein müssen. Die Verhandlung beider Gegenstände erfordert eine umfassende Vorbereitung, die Besprechung der Reichsjustizgesetze auch eine längere Erfahrung. Es ist deßhalb für richtiger befunden, die nächste Versammlung im Sommer 1881 abzuhalten.

II.

Es ist weiter von dem Vorstande beschlossen, auch für das Jahr 1881 die Mitwirkung des Vereins bei Herausgabe des im Verlage von Carl Heymann erscheinenden Terminkalenders eintreten zu lassen und diesen Kalender jedem Mitgliede im Oktober d. J. unentgeltlich zu liefern. Eine Zögerung in der Lieferung wird nicht eintreten, da die im vorigen Jahre bestandenen Hindernisse bei Aufstellung der Verzeichnisse in diesem Jahre nicht bestehen. Zu dem Kalender wird im Januar ein Nachtrag unentgeltlich geliefert werden, der die seit Abschluß der Verzeichnisse eingetretenen Veränderungen meldet. Vereinsmitglieder, welche den Kalender mit Papier durchschossen wünschen, werden gebeten, solches unter Uebersendung von 50 Pf. in Briefmarken der Verlagsbuchhandlung von Carl Heymann, Berlin W. Mauerstr. 63/65 zu melden. Wünsche in Bezug auf die Redaktion der Beilagen sind an den Schriftführer des Vereins zu richten.

III.

Der Vereinsbeitrag für 1881 ist auf 12 Mark festgesetzt.

Leipzig, den 2. April 1880.

Mecke,
Schriftführer.

Vom Reichsgericht.

Aus der civilrechtlichen Praxis des Reichsgerichts erscheinen weiter folgende Entscheidungen bemerkenswerth.

Zur Civ.-Proz.-O. ist auf eine Beschwerde gegen das O. L. G. zu Darmstadt ausgesprochen worden, daß der § 162 C. Pr. O. zwar nur auf Zustellungen im Sinne des B. I Tit. 2 C. Pr. O., nicht auch auf formlose Mittheilungen oder Benachrichtigungen, welche in einem anhängigen Rechtsstreit ergehen, sich beziehe, und deshalb rücksichtlich der Statthaftigkeit der an den Anwalt erfolgten Behändigung einer für die Partei bestimmten Aufforderung zur Zahlung von Kosten nicht unmittelbar herangezogen werden könne; allein es unterliege keinem Bedenken, die Vorschrift rechtsähnlich auch bei derartigen Mittheilungen und Aufforderungen zur Anwendung zu bringen (III, 69, 79, B.). — Daß die durch die Zwangsvollstreckung entstehenden Kosten nicht zu den Prozeßkosten im Sinne des § 98 C. Pr. O. gehören, vielmehr ohne vorgängiges gerichtliches Verfahren durch den Gerichtsvollzieher, sei es auf Grund eigner pflichtmäßiger Schätzung, sei es auf Grund einer vom

Gläubiger aufzustellenden und dem Schuldner mitzutheilenden Berechnung bei der Vollstreckung miteinzuziehen seien, vorbehaltlich etwaiger von den Betheiligten nach § 685 C. Pr. O. bei dem Vollstreckungsgericht zu erhebenden Einwendungen, ist ausgesprochen auf eine Beschwerde gegen denselben Gerichtshof (III, 11, 10, B.).

Aus dem Gebiet des Handelsrechts ist zu erwähnen. Der Art. 347 H. G. B. wurde auf Werkverdingungen zwar nicht ohne Weiteres, wohl aber nach der konkreten Sachlage und da beide Parteien Kaufleute waren, für anwendbar erachtet (Erk. I. S. vom 20. Dezember 1879 Nr. 216. 79. I.). — Zu Art. 343 H. G. B. bemerkt ein Erk. desselben Senats vom 15. Dezember 1879, es sei weder ausdrücklich bestimmt, noch aus dem Zweck des Gesetzes zu folgern, daß der Verkäufer bei vorgeschriebener vorgängiger Verkaufsandrohung den Tag des beabsichtigten Weiterverkaufs mit bezeichnen müsse (Nr. 80. 79. I). — Mit Hinweisung auf Entsch. des R. O. Handelsgerichts B. 8 S. 127 spricht der 3. Senat in einem Erkenntniß vom 30. Januar 1880 aus, daß der Art. 356 H. G. B. den nicht säumigen Theil nicht zum Anbieten einer Nachfrist, sondern nur zur Gewährung einer vom andern Theil nachgesuchten Nachfrist verpflichte (Nr. 486. 79. III). — Der 5. Senat hat am 14. Februar 1880 die Auslegung des Art. 317 H. G. B. gebilligt, derzufolge ein schriftlicher Vertrag über Handelsgeschäfte durch einen mündlichen Vertrag abgeändert werden kann (Nr. 74. 80. V).

Zur Allgemeinen Deutschen Wechsel-Ordnung spricht ein Erkenntniß des 3. Senats (Nr. 354. 79. III.) aus, daß der Inhaber eines Wechsels nur durch den Begebungsvertrag, also dadurch, daß der Wechsel mit dem Willen ausgeliefert sei, die Rechte daraus übertrage bezw. erwerbe, daß die Thatsache der Innehabung des Wechsels zwar für einen solchen Vorgang spreche, daß jedoch im Wege des Gegenbeweises dargethan werden könne, daß eine Begebung nicht stattgefunden habe. — Derselbe Senat ließ in einem Erkenntniß vom 23. Januar 1880 (Nr. 447. 79. III.) den Beklagten, welcher vom Kläger aus einem ihm für Vertragserfüllung seitens eines Dritten als Kaution hingegebenen Wechsel belangt wurde, zu dem Nachweis zu, daß der Hauptschuldner die Verpflichtung, deren Erfüllung durch Hingabe des Wechsels gesichert werden sollte, erfüllt habe.

Zum Haftpflicht-Gesetz vom 7. Juni 1871. Der § 1 dieses Gesetzes wurde auf eine Bahn, welche ein Bergwerk mit der Köln-Mindener Eisenbahn verband, und nicht nur den Zwecken des Bergwerks, sondern auch dazu diente, die auf der letzten abzusendenden Kohlenzüge zu rangiren und aufzustellen, für anwendbar erachtet, obwohl sie keine öffentliche Verkehrsanstalt war (Erk. vom 21. Januar 1880 Nr. 29. 80. V).

Zu § 107 der Gewerbe-Ordnung führt der 1. Senat (Nr. 21. 80. I.) aus, daß die Gefährlichkeit einer Maschine den Fabrikanten für die bei deren Gebrauch eingetretenen Beschädigungen nicht ohne Weiteres, sondern nur dann haftbar mache, wenn die Benutzung der Maschine in so hohem Maße gefährlich erscheine, daß eine solche Maschine überhaupt nicht hätte gebraucht werden dürfen. — Für die Zulässigkeit der Verträge zum Ausschluß der Konkurrenz hat sich nun auch der 5. Senat (mit Bezugnahme auf den Plenarbeschluß des vorm. Preußischen Obertribunals vom 9. Juli 1877) in einem Falle

ausgesprochen, in welchem sich der Verklagte dem Kläger gegenüber verpflichtet hatte, innerhalb eines Zeitraums von 10 Jahren in kleinen Eisenwaaren nach Belgien keine Konkurrenz zu machen.

Zu § 2 des Patentgesetzes hat der 1. Senat in einer Entscheidung vom 27. Januar 1880 (Nr. 31. 80. I.) sich dahin ausgesprochen, daß eine Erfindung den Anspruch auf Neuheit schon dann nicht erheben könne, wenn sie — sei es durch Beschreibung in einer öffentlichen Druckschrift, sei es durch öffentlichen Betrieb der Herstellung oder die Beschaffenheit des hergestellten Gegenstandes — in der Weise an die Oeffentlichkeit getreten ist, daß Sachkundige Kenntniß davon erlangen können, ohne daß der Nachweis erforderlich sei, daß jemand auf diese Weise wirklich Kenntniß davon erlangt habe.

Wenn der § 39 des Genossenschafts-Gesetzes vom 4. Juli 1868 den Genossenschaftern das Recht giebt, sich durch Auflösung und Liquidation gegen die Verpflichtung der Auszahlung des Geschäftsantheils an einen ausscheidenden Genossenschafter zu schützen, so ist doch die Ausübung dieses Rechts, wie ein Erkenntniß des 5. Senats ausführt, nicht der Zeit nach unbeschränkt, geht vielmehr mit Ablauf des gesetzlich oder statutenmäßig festgelegten Zahlungstermins verloren (Nr. 51. 80. V).

Aus dem Gemeinen Recht ist mitzutheilen, daß der 3. Senat die Streitfrage, ob gegen einen Schuldschein nach Ablauf der zweijährigen Frist Gegenbeweis zulässig sei, bejahend entschieden hat (Erk. vom 20. Februar 1880 Nr. 540 III. 79.). — Nach einer Entscheidung desselben Senats vom 27. Januar 1880 ist der Schuldner, wenn er nur gegen Quittung zu zahlen hat, berechtigt, eine vom Gläubiger selbst unterschriebene Quittung zu verlangen, und ist nicht schuldig sich mit einer im mündlichen Auftrag des Gläubigers von einem Dritten geschriebenen Quittung zu begnügen (Nr. 310. 79. III). — Im Sinne der Vorschrift, welche die Insinuation gewisser Schenkungen anordnet, sind 500 solidi gleich 500 Reichs-Dukaten im 18 Gulden-Fuß und folglich 500 solidi gleich 1555½ Thalern (Erk. vom 24. Februar 1880 zu Nr. 474. 79. III). — Daß hinsichtlich der Form der Rechtsgeschäfte die Beobachtung der Form desjenigen Rechtsgebiets genügt, in welchem das Rechtsgeschäft zu errichten bestimmt ist, wurde anerkannt, es sei sich darum handelte, ob eine von einer zu Bremen wohnhaften Person einer anderen ebenda wohnhaften Person eingeräumte Generalhypothek in Bremen wirksam war, obwohl die Errichtung auf Hannoverschen Gebiet in nach daßigem Recht ungültiger Form stattgefunden hatte (Nr. 522. 79. I).

Für das Gebiet des Preußischen Landrechts sind folgende Entscheidungen hervorzuheben. Am 18. Februar (Nr. 455 79. I.) führt der I. Senat aus: der § 109 I., 11 A. L. R. habe in Bezug auf die Pflicht des Käufers zur Verzinsung des Kaufpreises den Sinn, daß der Käufer regelmäßig von dem Augenblick des Empfangs des Kaufgegenstandes gesetzliche — nicht Verzugs-Zinsen zahlen müsse und daß diese Regel nur in solchen Ausnahmsfällen nicht Platz greife, in denen die gleichzeitige Nutzung des Kaufgegenstandes und des Preises dem eignen Willen des Verkäufers entspreche. — Zu den §§ 325, 326 I., 5 A. L. R. hat derselbe Senat am 21. Februar mit Bezugnahme auf die Rechtsprechung des Obertribunals und des Reichs-Oberhandelsgerichts angenommen, daß der Käufer zunächst eine Beseitigung der Fehler, wenn diese unverzüglich bewirkt werden könne, verlangen dürfe, sich aber damit nicht so lange hinhalten zu lassen brauche, daß der Zweck, zu welchem er den Vertrag geschlossen, vereitelt oder verkümmert werde (Nr. 304 79. L). — Der V. Senat hat in einer Entscheidung vom 3. März, unter Vernichtung des auf gegentheiliger Ansicht beruhenden Erkenntnisses, angenommen, daß wie nach gemeinem, so auch nach Land-Recht derjenige, zu dessen Gunsten eine Lebensversicherung genommen worden ist, wenn der Vertrag bis zum Tode der Person, deren Leben versichert ist, fortbestanden hat, unmittelbar ein Klagerecht aus demselben hat, ohne daß sein Beitritt zum Vertrag in Gemäßheit des bei Verträgen zu Gunsten Dritter anwendbaren §. 75 A. L. R. I, 5 Voraussetzung seines Anspruchs wäre (Nr. 92 80. V.). — Die Bestimmung eines Testaments, wonach die Gläubiger für nicht berechtigt erklärt werden, die Substanz und die Einkünfte des Nachlasses, welcher dem Erben ohne diese Dispositionsbeschränkung hinterlassen wurde, für ihre Zwecke in Anspruch zu nehmen, wurde von demselben Senat für wirkungslos erklärt, mit dem Bemerken, daß diese Entscheidung nicht im Widerspruch stehe mit den Erkenntnissen des Obertribunals bei Striethorst Arch. B. 35 S. 30 und B. 85 S. 249, Entscheid. B. 45 S. 218, B. 48 S. 236 und B. 82 S. 104, weil in den diesen Entscheidungen zu Grund liegenden Rechtsfällen thatsächlich auch eine Beschränkung des Erben in seinem Verfügungsrecht über den Nachlaß obwalte (Nr. 108 IVa. 79). — Derselbe Senat führt in der Sache Nr. 169 IVa. 79 aus, der § 387 A. L. R. I, 21 habe keineswegs zur Voraussetzung, daß die gemiethete oder gepachtete Sache in allen ihren einzelnen Theilen vom Miether oder Pächter gemißbraucht sei, sondern nur, daß das Hauptobjekt des Mieth- oder Pachtverhältnisses dem Mißbrauch unterworfen sei. — Zu einem andern Erkenntniß sagt derselbe Senat zu § 840 A. L. R. I, 11: der landübliche Zinsfuß ist der Zinsfuß, welcher der Regel nach bei gesetzlichen Zinsen vorgeschrieben ist, also schlechthin der gesetzliche Zinsfuß, als solcher aber durch das Reichsgesetz vom 14. November 1867, welches allein die vertragsmäßigen Zinsen zum Gegenstand hat, nicht berührt.

Vom zweiten Hülfssenat ist in der Sache Nr. 103 79. Va ausgeführt worden, der § 332 A. L. R. I, 8 sei dahin zu verstehen, daß durch Inädifikation nur der wirklich bebaute Theil des Grund- und Bodens Eigenthum des Bauenden werde, und daß es unerheblich sei, ob etwa — wie das im untergebenen Fall festgestellt war — der Bauende durch Umfriedigung unbebaut gebliebener Flächen zu erkennen gegeben habe, daß er dieselben als ein Annexum des Gebäudes mit in die Inädifikation hineingezogen wissen wolle. —

In Bezug auf die Preußischen Immobiliar-Gesetze vom 5. Mai 1872 ist die Entscheidung des 3. Senats zu erwähnen, derzufolge, zwar nicht nach ausdrücklichen Bestimmungen, wohl aber nach dem zu Grunde liegenden Gedanken die Einräumung des Vorzugs von Seiten des an besserer Stelle eingetragenen an einen nachstehenden Gläubiger Rechtswirkung gegen Dritte nur erlange, wenn dieselbe im Grundbuch eingetragen oder wenn sie dem Dritten bei Erwerb seines Rechts bekannt gewesen sei (Nr. 69 79. III.).

Zum Anfechtungsgesetz vom 9. Mai 1855 erachtet der 1. Hülfssenat für eine Benachtheiligung der Gläubiger im Sinne des § 5 Nr. 3 nicht allein in dem Falle für vorliegend, wenn durch die Veräußerung den Gläubigern der Gegenstand ihrer Befriedigung gänzlich entzogen wird, sondern auch alsdann, wenn die Veräußerung nur eine Verzögerung in der Befriedigung der Gläubiger zur Folge hat (Nr. 74 79. IVa). — Nach einer anderen Entscheidung dieses Senats beruht die Befugniß des Gläubigers zur Anfechtung von Rechtshandlungen des Schuldners auf seinem Exekutionsrecht, wird also nicht ohne Weiteres schon damit begründet, daß die Forderung rechtskräftig zugesprochen ist, sondern tritt, falls das rechtskräftige Urtheil die Verpflichtung zur Erfüllung an eine Frist bindet, erst mit Ablauf dieser Frist ein (Nr. 113 79. IVa). — Eine Entscheidung desselben Senats vom 20. Februar (Nr. 140. 79. IVa) führt aus, daß im Falle der Anfechtung einer Hypothekbestellung der anfechtende Gläubiger nicht an die Stelle der Hypothek als dinglich Berechtigter tritt, daß vielmehr die Aufhebung des dinglichen Rechts und die Konsolidation desselben auf dem Eigenthum zum Erfolg hat. — Zu den §§ 86, 87 der Konkursordnung vom 8. Mai 1855 ist der 5. Senat bezüglich der Frage der Zulässigkeit eines Regreßanspruchs aus einem besonderen Titel nicht der bejahenden Ansicht des vorm. Obertribunals (Striethorst Arch. Bd. 41 S. 332), sondern der verneinenden Ansicht des vormaligen R. Oberhandelsgerichts (Entsch. Bd. 21 S. 92) beigetreten. (Nr. 47 80. V).

F. u. M.

Ueber Intervention und Abcitation im neuen Prozeß.

II.

Bekanntlich ist die Abcitation des gemeinrechtlichen Prozesses durchaus verschieden von der Garantie- oder Vertretungsklage des französischen Rechts, obwohl die letztere ebenfalls „Abcitation" genannt wird.

Von der ersteren Abcitation soll zunächst geredet werden. Dieselbe ist mehr ein Kind der Gerichtspraxis, denn ihre angeblichen Quellen, nämlich die Novelle 99 und L 2 D. XI, 2, geben nur einen sehr schwachen Anhaltspunkt. Wie dem aber auch sein möge, ganz unleugbar ist, daß der deutsche Prozeß die Abcitation als ein förmliches Verfahren ausgebildet hat. Sie bestand in der Verfügung des Richters, einen Dritten zu einem anhängigen Rechtsstreite beizuladen und trat bekanntlich in zwei Hauptfällen ein:

1) zu Gunsten des Klägers, wenn im Falle einer mehreren Personen zustehenden untheilbaren Klage der Mitberechtigte die Theilnahme an der Klage verweigerte, zu dem Zwecke, die exceptio plurium litis consortium des Verklagten zu beseitigen —

2) zu Gunsten des Beklagten, wenn derselbe zwar mit der exceptio plurium litis consortium den Prozeß gewinnen konnte, aber auch ein begründetes Interesse hatte, die untheilbare Klage der Sache nach unter Zuziehung der Mitberechtigten entschieden zu sehen.

In diesen Fällen konnte der Richter die entsprechende Beiladung verfügen, was unter anderm namentlich dann sehr praktisch war, wenn es sich von Dienstbarkeiten zwischen Grundstücken handelte, von welchen eines oder beide mehreren Mit-
eigenthümern gehörten.

Ein von der Doktrin hinzugefügter dritter Fall mag hier
übergangen werden, weil er in der That ein wenig an den Zopf
der Jahrhunderte des Reichskammergerichts erinnert.

In den Ländern des Code de procédure, der selbst mit
keiner Silbe von der Beiladung spricht, hatte sich in ähnlicher
Weise ein entschiedener Gerichtsgebrauch dahin ausgebildet, daß
das Richteramt auf Antrag einer Partei die Beiladung zu
gestatten pflegte.

Es kann indessen keinem Zweifel unterliegen, daß durch
die deutsche Civilprozeßordnung diese Arcitation vollständig beseitigt ist. Die Motive sprechen sich klar und deutlich aus.
Sie bezeichnen die Beiladung als ein abnormes, mit den Vorschriften des bürgerlichen Rechts unvereinbares Institut und sagen,
es sei um so weniger Veranlassung für seine Einführung vorhanden, als das bisherige Anwendungsgebiet in Deutschland
nicht groß sei und als dem Beklagten die exceptio plurium
consortium besser helfe.

Obwohl sich in der That schwer einsehen läßt, wie die
Beiladung durch das bürgerliche Recht verboten werde, so
muß doch zugegeben werden, daß in der That die Beiladung
dem Beklagten keineswegs völlig unentbehrlich ist. Indessen
wie soll sich in dem Falle sub 1 der Kläger helfen?

Sein mitberechtigter Genosse, z. B. der condominus eines
herrschenden Grundstücks will nicht mitklagen und der Beklagte will sich mit ihm allein nicht einlassen. Was soll er
thun? Bekanntlich ist kaum eine Rechtsfrage streitiger, als die
bekannte, in wie weit und wann in einem solchen Falle der
Beklagte zur Einlassung gezwungen werden könne.

Deswegen ging der Gerichtsgebrauch in den Ländern des
französischen Prozesses noch einen Schritt weiter, als das gemeinrechtliche Verfahren, indem man die Beiladung nicht von
der Bewilligung des Richters abhängig ließ, sondern nur von
vorn herein der Partei gestattete, zur „déclaration de
jugement common" oder zur sogenannten „intervention passive"
zu laden.

Kein Text des Gesetzes hat dieses Rechtsmittel eingeführt;
es ist lediglich ein Ergebniß des Gerichtsgebrauchs und wird
von den Schriftstellern gewissermaßen als ein Ausfluß des Natur-
rechts betrachtet, als eine „maxime, qui a été reçue dans tous
les temps".

Es könnte hiernach die Frage aufgeworfen werden, ob es
denn der deutschen Praxis nunmehr gänzlich verwehrt sei, durch
die Zulassung dieses Rechtsmittels dringenden Bedürfnissen des
Lebens abzuhelfen — indessen wird man auch die Klage „en
déclaration de jugement common" für beseitigt halten müssen,
denn im großen Ganzen ist sie eine wahre Abcitation,
wenn sie auch nicht vom Richter verfügt wird.

Freilich bleibt dann die Frage unbeantwortet, wie die un-
verkennbare Lücke ausgefüllt werden soll? Indessen noch
schwerer ist die Lücke auszufüllen, welche entstanden ist,
indem die deutsche Civilprozeßordnung die Vertretungsklage, die
eigentliche Garantieklage, gänzlich beseitigt.

In dem nicht unerheblichen Theile Deutschlands, wo sie
bestand und ebenfalls allgemein Abcitation genannt wurde,
ist nur eine Stimme darüber, daß sich grade diese Art der
Abcitation als außerordentlich nützlich bewährt hat.

Hier sei nur ein praktischer Fall aus tausenden erwähnt,
weil er vielleicht besonders geeignet ist, den Nutzen der Vertretungsklage anschaulich zu machen.

Ein Unternehmer hat einen großen Bau ausgeführt, bei
welchem er einer Reihe von Unterlieferanten resp. Unternehmern
die verschiedenen Lieferungen und Arbeiten übertragen hat. Der
Bauherr stellt gegen ihn eine mit dem Anspruch auf hohe Conventionalstrafe verbundene bedeutende Entschädigungsklage an.
Die Verhältnisse liegen so, daß der Kläger allerdings in Folge
eines höchst verwickelten Verfahrens seinen Prozeß gewinnen
kann, daß es aber durch ruchloses Detail sehr schwierig ist, festzustellen, wie sich das Verschulden der Ausführung oder der
Verspätung zwischen den verschiedenen Unternehmern vertheilt.

Da ist doch wirklich der vielleicht ganz schuldlose Haupt-
unternehmer übel daran, wenn er die ihm zur Garantie verpflichteten Personen nicht zum Hauptprozeß beiladen darf, wenn
er die Mühe und die Kosten der verwickelten Procedur zwei Mal
oder öfter ganz nutzloser Weise auf sich nehmen muß und wenn
er — statt in einem Verfahren entschieden zu sehen, wer den
Schaden tragen muß — nun erst einmal zur Zahlung gezwungen
wird und höchstens hoffen darf, durch einen neuen noch mehr
verwirrten Prozeß schließlich nach Jahren möglicher Weise
Ersatz zu erhalten!

Ebenso verderblich ist die Lage, welche dem Commissionär
und überhaupt dem kommerziellen Mandatar bereitet wird. Erst
nimmt einmal der betr. Dritte ein Urtheil gegen ihn und gar
leicht wird der Ersatzpflichtige in der Länge der Zeit zahlungsunfähig, da der zweite Prozeß naturgemäß fast immer länger
dauert als der erste und immer verwirrter wird, je mehr Akten
bereits zusammengeschrieben sind. —

Wahrlich! es gehört keine große Prophetengabe dazu, um
vorauszusagen, daß mancher Kaufmann bloß deswegen
zu Grunde gehen wird, weil ihm das Recht verwehrt, mit
der Erleidung der eigenen Verurtheilung gleichzeitig die Verurtheilung des Vertretungspflichtigen zu erwirken!

Die Gründe, welche gegen die Garantieklage geltend gemacht worden sind, können auch in keiner Weise überzeugen.

Da soll es ein Unrecht gegen den Garantiebeklagten sein,
daß er dem Gerichtsstande des Garantieklägers folgen muß! —
Aber ist es denn so außerordentlich unbillig, daß ich den Schaden
auch an demjenigen Orte abwenden soll, wo er allein ab-
gewendet werden kann? — und wenn denn nun Jemand
so außerordentliches Gewicht auf die relative Competenzfrage
legt — nun! dann mag er von vorn herein die Eingehung solcher
Rechtsverhältnisse vermeiden, die ihn vor ein fremdes deutsches
Gericht bringen können. Ueberhaupt hat doch gewiß auch in
jetziger Zeit, wo alle deutschen Gerichte in ganz gleicher Weise
eingerichtet sind, die Einrede der relativen Inkompetenz den
größten Theil ihrer Bedeutung verloren.

Da soll nun auch der Hauptkläger unbillige Verzögerung
erleiden, während es dem Richter doch jeden Augenblick freisteht, das verbundene Verfahren zu trennen! während
ferner doch gerade die Gegenpartei des Abcitirenden (sei

letzterer nun Kläger oder Verklagter) meistens quovis modo die Veranlassung zur Ancitation gegeben haben wird.

Ferner hat die Praxis in ausreichender Weise gezeigt, daß auch eine andere Furcht unbegründet ist. Es macht nämlich gar keine prozessualische Schwierigkeiten, wenn der Garantiebeklagte nun auch seinerseits förmlich interveniirt. Er kann vielmehr ganz gut in erster Linie z. B. beantragen, daß Gericht möge die Ancitation durch Abweisung der Hauptklage für erledigt erklären, eventuell aber die Garantieklage abweisen. Allerdings muß man hier die Befugniß zu einer wirklichen Intervention für den Garantiebeklagten beanspruchen; ihm muß mehr gestattet sein, als der unselbständige bloße Beistand der deutschen Civilprozeßordnung. Aber grade die Intervention der Garantiebeklagten ist so außerordentlich praktisch, daß manche Schriftsteller ihn auch ohne besonderen Willensakt seinerseits — eo ipso als Intervenienten betrachten.

Endlich soll die Kostenfrage kaum zu lösende Schwierigkeiten bieten! — Indessen hat die Praxis nur wenige durch die lex ferenda leicht zu beseitigende Streitfragen geboren und ganz gewiß bietet in dieser Hinsicht die Garantieklage nicht mehr Schwierigkeiten, als die (doch nicht beseitigte, wenn auch sehr verkümmerte) Intervention.

Ueberhaupt sind alle die theoretischen Bedenken, welche man der Garantieklage (wie auch der wirklichen Intervention) entgegengesetzt hat, durch die reiche Erfahrung mehrerer Menschenalter widerlegt.

In Frankreich, in Belgien, in Holland würde kein Sachkundiger einen Vorschlag verstehen, der dahin ginge:

„den Intervenienten in einen bloßen Beistand ohne selbständige Rechte zu verwandeln und die Garantieklage abzuschaffen". —

Köln.   Bessel.

Zur Anwaltsgebührenordnung.

Dem mit der Vertretung eines Gläubigers im Konkursverfahren betrauten Rechtsanwalt steht für die Wahrnehmung des Prüfungstermins neben der Bauschgebühr des §. 55 der Gebührenordnung — von sechs Zehntheilen der Sätze des §. 9 — die Gebühr des §. 56 zu 1 — nämlich die vollen Sätze des §. 9 — auch dann zu, wenn in diesem Termin die Forderung seines Mandanten anerkannt wird. Die letztere Gebühr ist in der Gebührenordnung noch besonders neben der allgemeinen Bauschgebühr vorgesehen, weil die Thätigkeit bei Prüfung der Forderungen nicht nothwendig im Konkursverfahren geleistet werden muß (§. 131 der Konkursordnung), sie andererseits aber eine Vermehrung der Gesammtthätigkeit des Rechtsanwalts bedingt. Die anwaltliche Thätigkeit im Prüfungstermine erstreckt sich nicht nur auf die Darlegung und Rechtfertigung der Forderung seines Mandanten, sondern auch auf die Prüfung der Zulässigkeit der Forderungen anderer Gläubiger (§§. 129, 130 der Konkursordnung). Nach dem die Gebührenordnung beherrschenden System kommt es nun aber zur Erwerbung eines Gebührenanspruchs in der Regel nicht auf den größeren oder geringeren Umfang der geleisteten Thätigkeit, sondern nur darauf an, ob überhaupt eine Thätigkeit der vorgeschriebenen Art, und zwar in dem zur Ausführung des Auftrags dienlichen und erforder-

lichen Maße entwickelt worden ist. Dies wird unzweifelhaft zutreffen können, sofern der Rechtsanwalt einen Prüfungstermin wahrnimmt, sei es auch nur für die Zeit, in welcher die von ihm vertretene Forderung — nach vorhergegangener Erörterung oder ohne solche — anerkannt wird.   Pf.

Ehrengerichtshof. Rechtsanwalt. Beeinflussung von Zeugen.*)

§§. 28, 62, 63 Rechtsanw.-Ordn. v. 1. Juli 1878.

Ein Rechtsanwalt, welcher auf die in einem Processe seiner Angehörigen auftretenden Zeugen und Sachverständigen durch Zusendung von Briefen, deren Inhalt geeignet ist, bei den Zeugen eine ungünstige Stimmung gegen die eine Proceßpartei zu erwecken, oder durch Zusendung von Geld, welches für die andere Proceßpartei eine günstige Stimmung hervorrufen soll, einwirkt, gefährdet die Unbefangenheit und Unparteilichkeit dieser Zeugen und Sachverständigen und macht sich dadurch seines Berufes unwürdig, sollte er auch nicht in dem Processe amtlich thätig gewesen sein und die Herbeiführung eines Meineides nicht bezweckt haben.

Urtheil des Ehrengerichtshofes v. 23. Februar 1880 (1/80).

Der Angeschuldigte hat geständlich einen Arzt A. zweimal, zuerst im Winter 1874 auf 1875 und dann kurze Zeit nach Erlaß des in der Proceßsache seiner Mutter wider die Geschwister B. ergangenen Urtheils III. Instanz besucht. Er hat bei dem zweiten Besuche den Arzt um nähere Auskunft ersucht, von dem Privatier O. B., auf dessen Nachlaß die Mutter des Angeschuldigten in dem erwähnten Processe Ansprüche erhob, ärztlich behandelt habe. Der Beklagte ertheilte nach Einsicht seiner Bücher dem Angeschuldigten die gewünschte Auskunft. Aus dem dabei geführten Gespräche, so wie aus einer anderweit gehaltenen Unterredung entnahm der Arzt, daß er in dem Processe als Zeuge werde vernommen werden. Später gingen mittels eingeschriebener Postsendung, ohne Anschreiben, mit einer Visitenkarte des Angeschuldigten dem Arzte A. 200 Mark zu. Der Angeschuldigte hat die Adresse der Sendung, wie er einräumt, geschrieben. Er giebt auch zu, daß er mit seinem seitdem verstorbenen Vater einverstanden gewesen sei, daß dem Arzte A. für dessen Bemühungen bei den Besuchen ein Honorar übersandt werde, will aber die Höhe des von seinem Vater gesandten Ho-

---

*) Das obige Erk. ist in Rechtsprechung des Reichsgerichts Bd. I. S. 368 abgedruckt.

Die Frage der Mittheilung von Ehrengerichtsfällen ist von der Redaktion vielfach erwogen. Im Allgemeinen geht sie von der Ansicht aus, daß für ehrengerichtliche Entscheidungen nicht zu viel Raum in Anspruch genommen werden solle, weil dieselben meistens auf der Eigenthümlichkeit des Einzelfalles beruhen und selten allgemeine Rechtssätze enthalten. Außerdem ist die berechtigte Empfindlichkeit der betreffenden Anwälte möglichst zu schonen. Wir glauben den Bedürfnisse zu genügen, wenn wir diejenigen Fälle, welche die Reichsanwaltschaft bei dem Reichsgerichte zu veröffentlichen geeignet befunden hat, abdrucken.   Die Redaktion.

norat nicht gekannt haben. Er behauptet, daß die Beantwortung seiner deshalb gestellten Frage von dem Vater abgelehnt worden sei.

Der Angeschuldigte hat ferner geständlich im Jahre 1878 dem Arzte A., sowie einer anderen im Processe als Zeugen benannten Person C., Abschrift von Briefen des Erblassers B. an seinen Bruder C. B. und an einen Dritten aus dem Jahre 1877 übersandt. In diesen zu den Proceßacten eingereichten Briefen spricht B. sich in beleidigender Weise über das Verhalten des Arztes und des anderen Zeugen C. aus. In dem die Abschriften begleitenden Schreiben theilte der Angeschuldigte den Adressaten mit, daß sie in dem Processe wider die Geschwister B. zur Erbringung des Beweises, daß O. B. zur Zeit der Errichtung seines Testaments nicht die dazu erforderliche Willensfähigkeit gehabt, als Zeugen benannt seien, daß sein Bruder C. B. die abschriftlich beigefügten Briefe vorgelegt habe, daß zwar die Aechtheit dieser Briefe von ihnen (d. h. der von dem Angeschuldigten und seinem Vater berathenen Mutter des Ersteren) bestritten werde, daß aber C. B. durch Vorlegung der Briefe seine Uebereinstimmung mit deren Inhalte zu erkennen gegeben habe und es die Zeugen A. und C. interessiren müsse, den Inhalt dieser Briefe zu kennen. Der Angeschuldigte hat erklärt, daß die Motive zur Absendung der Briefe aus den Briefen selbst sich ergeben, unter Berufung darauf, daß es zulässig sei, Actenstücke, welche die Parteien zu den Gerichtsacten eingereicht haben, den Zeugen mitzutheilen.

Auf Grund dieser Thatsachen erachtet der Ehrengerichtshof für dargethan,

daß der Angeschuldigte durch sein Verhalten außer dem Amte sich der Achtung und des Ansehens, die sein Beruf erfordert, unwürdig gezeigt (§§. 2 zu 2, 66 Disciplinarges. v. 21. Juli 1852 Art. 1 zu 2, Verordn. betr. die Ausdehnung der preuß. Disciplinargesetze ꝛc. v. 23. September 1867) und dadurch die Pflichten verletzt habe, welche auf Grund den Bestimmungen der Rechtsanwalts-Ordn. v. 1. Juli 1878 §§. 28, 62 dem Rechtsanwalte obliegen und deren Verletzung mit den in §. 63 daselbst vorgesehenen ehrengerichtlichen Strafen bedroht ist. —

Was zunächst die Geldsendung an den Arzt A. betrifft, so übersteigt der Betrag von 200 Mark bei weitem den Werth der geringfügigen Dienstleistung, welche der Adressat durch die erwähnte Auskunft dem Angeschuldigten und dessen Eltern geleistet hat, und das Maß des Honorars, welches auch von sehr vermögenden Personen für derartige Dienste gezahlt wird. Die Annahme, daß von dem Absender eine Einwirkung auf das Zeugniß und Gutachten des Arztes beabsichtigt wurde, ist nicht abzuweisen, wie denn auch dieser Arzt bald nach dem Empfange die ihm überschickte Summe als zu seinen Bemühungen, welche nur in dem Vorlegen seiner Bücher bestanden, in keinem Verhältniß stehend und als einen Versuch bezeichnete, auf sein Zeugniß auszuüben, und sie deshalb dem Bürgermeister übersandte.

Es muß aber auch für erwiesen erachtet werden, daß der Angeschuldigte den Betrag der Geldsendung gekannt hat. Für seine entgegengesetzten Behauptungen hat er einen Beweis nicht erbracht. Nach der gesammten Sachlage erscheinen dieselben als durchaus unglaubwürdig. Nirgends ist in den hier in Betracht

kommenden Beziehungen eine Thätigkeit oder Mitwirkung des Vaters des Angeschuldigten hervorgetreten. Der Angeschuldigte hat die Besuche bei dem Arzte A. gemacht; in einem von ihm geschriebenen Kouvert und mit seiner Visitenkarte ist die Geldsendung dem Letzteren zugegangen. Wollte man selbst auf Grund der Angaben des Angeschuldigten annehmen, daß der Vater bei der Absendung des Geldes sich betheiligt hat, so kann doch der Angeschuldigte nicht geglaubt werden, daß der Vater zwar über die Absendung eines Honorars mit ihm sich verständigt, aber die Beantwortung seiner Frage nach dem Betrage in der von Angeschuldigten angegebenen Weise abgelehnt haben sollte. Beim Mangel jedes Anhalts kann nicht angenommen werden, daß der Vater sich ohne Einvernehmen mit dem Angeschuldigten über den betr. Betrag der Handschrift und der Karte des Letzteren bedient und so seinen Sohn als den Urheber einer Handlung würde haben erscheinen lassen, deren Unlauterkeit und Verwerflichkeit er sich bewußt sein mußte. Diesen Erwägungsgründen gegenüber ist der Umstand unerheblich, daß der Angeschuldigte in anderen Fällen Briefe und Adressen für den Vater geschrieben haben mag.

Hiernach erscheint die Annahme des Ehrenraths als gerechtfertigt, daß der Angeschuldigte bei der Geldsendung mit Kenntniß von dem Betrage derselben und in der Absicht, dadurch auf den Arzt A. einzuwirken, sich thätig betheiligt hat.

Der Zweck, welchen der Angeschuldigte mit der Abfassung und Absendung der Schreiben im Jahre 1878 verfolgte, ergibt sich unmittelbar aus dem Inhalte derselben. Unter Hinweisung auf das Zeugniß, welches die Adressaten auf Antrag der Mutter des Angeschuldigten abzulegen haben würden, stellte ihnen der Proceßgegner der Letzteren als eine Persönlichkeit dargestellt werden, welche mit den schweren Beleidigungen und Beschuldigungen übereinstimmen, die in den abschriftlich beigefügten Briefen gegen die Adressaten enthalten sind.

Diese Handlungen lassen den Angeschuldigten als der für den Beruf des Rechtsanwalts erforderlichen Achtung völlig unwürdig erscheinen. Zwar gewähren die Verhandlungen keinen Anhalt dafür, daß er beabsichtigt hat, die Zeugen zur eidlichen Bekundung bestimmter unwahrer Thatsachen oder zur Abgabe eines wissentlich unrichtigen Gutachtens direct zu verleiten. Aber seine Handlungen zielten darauf ab, in dem Arzte A. eine dem Angeschuldigten und in ihm und dem anderen Zeugen C. eine dem Proceßgegner ungünstige, wenn nicht geradezu feindselige Stimmung zu erwecken und auf diese Weise auf den Inhalt ihrer abzugebenden Zeugnisse zu Gunsten des Ersteren und zum Nachtheile des Letzteren einzuwirken. Durch Geld und durch Hinterbringung von Aeußerung dritter Personen hat er versucht, in den Zeugen Gesinnungen hervorzurufen, durch welche dieselben sich möglicherweise von der unbefangenen und unparteiischen Bekundung der Wahrheit abhalten ließen und ihre Wahrheitsliebe und Gewissenhaftigkeit gefährdet wurde. Ein solches Verhalten macht Jeden, welcher auf Achtung im bürgerlichen Leben Anspruch macht, dieser Achtung, den Angeschuldigten des Berufs unwürdig, welchem er angehört.

Bei der Schwere des Vergehens kann, auch hinsichtlich der zu verhängenden Strafe, dem Angeschuldigten nicht, wie der Ehrenrath angenommen hat, zu Gute kommen, daß er in einem beiderseits mit großer Erbitterung geführten Familienprocesse die

Intereffen feiner nächften Angehörigen vertreten hat. Der Proceß berührt in erheblichem Maße auch das eigene Intereffe des Angeschuldigten. Durch feine Handlungen fuchte er Vortheile zu erreichen, welche auch ihm felbft zu Gute kommen mußten. Ueberdies charakterifirt fich die Einwirkung auf Zeugen zur Gefährdung der Wahrheit als ein Verhalten, welches gleich unfittlich erfcheint, wenn es zum Vortheile anderer, nahe oder fern ftehenden Perfonen, wie wenn es im eigenen Intereffe beobachtet wird. Je erbitterter aber der Proceß von den Parteien geführt wurde, um fo größer war die Pflicht des Angeschuldigten, als Rathgeber feiner Mutter fich nicht unlauterer Mittel zu bedienen. Ihm gereicht nicht zur Entschuldigung, wenn, wie er in der Berufungsschrift geltend macht, die Gegenpartei verfucht haben follte, Zeugen für fich günftig zu ftimmen. Ihm mußte die Verwerflichkeit folcher Verfuche ihm entgegentreten. Als die Folgen augenblicklicher Erregung oder leidenschaftlicher Aufwallung laffen feine Handlungen fich nicht auffaffen. Die verfuchte Einwirkung auf die Zeugen findet weder in dem formellen Rechte der Partei, vom Gegner beigebrachte Acten oder Beweisftücke den vorgeschlagenen Zeugen mitzutheilen, noch in dem Satze, daß die Benutzung der producirten Beweife den Producten zuftecht, eine Rechtfertigung. In keiner Weife fpricht der Umftand, daß der Angeschuldigte die Briefe unterschrieben, und nicht anonym abgefandt hat, dafür, daß er der Unfittlichkeit feiner Handlung fich nicht bewußt gewefen fei. Ein fo vollftändiger Mangel an fittlichem Bewußtfein ift dem Angeschuldigten nicht beizumeffen und würde keinenfalls geeignet erfcheinen, auch nur bei Feftfetzung der Strafe zu feinen Gunften geltend gemacht zu werden.

Wenngleich der Angeschuldigte bei den in Betracht kommenden Handlungen nicht in Ausübung feines Berufes, fondern außerhalb deffelben thätig war, fo rechtfertigen doch die vorftehenden Erwägungen die Anwendung der ftrengften ehrengerichtlichen Strafe.

Ift Verfäumnißurtheil gegen die im Termine zur Beweisaufnahme ausgebliebene Partei zuläffig?

§§. 332, 335, 504 C. Pr. O., Befchl. des R. G. I. C. S. v. 20./3. 1880 i. S. Lind c/a. Schier.

Das R. G. hat obige Frage verneint.

Gründe:

Nach der eigenen Sachdarftellung des Klägers war der Termin vom 28. Februar, in welchem der Beklagte nicht erschienen war, und der Kläger deswegen auf ein Verfäumnißurtheil antrug, vom Oberlandesgerichte nicht unmittelbar zur Fortfetzung der mündlichen Verhandlung, fondern zunächft zur Beweisaufnahme angefetzt. Nun ift aber nach §. 504, ebenfo wie nach §§. 295—297 der Civilprozeßordnung das Verfäumnißurtheil dadurch bedingt, daß die eine Partei in einem Termine zur mündlichen Verhandlung, beziehungsweife zur Fortfetzung derfelben ausgeblieben ift. Wenn auch nach §. 335 Abfatz 1 der Civilprozeßordnung, falls die Beweisaufnahme, wie hier, vor dem Prozeßgerichte erfolgt, der Beweisaufnahme-Termin zugleich zur Fortfetzung der mündlichen

Verhandlung beftimmt ift, fo nimmt er diefen Character doch erft nach wirklich erfolgter Beweisaufnahme an; denn das Gefetz fpricht von dem Termine, „in welchem die Beweisaufnahme ftattfindet", nicht fchlechtweg von demjenigen, welcher zur Beweisaufnahme beftimmt ift. Für den Termin zur Beweisaufnahme als folchen verordnet dagegen §. 332 Abfatz 1 der Civilprozeßordnung, daß ungeachtet des Ausbleibens einer Partei die Beweisaufnahme infoweit zu bewirken ift, als dies nach Lage der Sache gefchehen kann.

Aus der Stellung der §§. 332 und 333 zwifchen den §§. 326—331 und dem §. 334, welche fämmtlich nur von der Beweisaufnahme vor einem beauftragten oder erfuchten Richter, beziehungsweife im Auslande, handeln, und zu denen im Gegenfatze dann der §. 335 von dem Falle der vor dem Prozeßgerichte erfolgenden Beweisaufnahme zu reden anhebt, könnte man freilich auf den erften Blick fchließen, daß auch die §§. 332 und 333 fich nur auf die Beweisaufnahme vor beauftragten oder erfuchten Richter bezögen. Obwohl dies auch die Auffaffung der Motive des Regierungsentwurfes ift, kann diefelbe indeffen doch nicht gebilligt werden, wie auch der Regierungsvertreter in der Reichstags-Commiffion (Protokolle Seite 125) anerkannt hat; denn die Worte der §§. 332 und 333, für fich betrachtet, geben keinen Anhalt für jene einschränkende Auslegung, während auch aus innern Gründen die dafelbft getroffenen Beftimmungen auch im Falle der Beweisaufnahme vor dem Prozeßgerichte nicht wohl zu entbehren find. Diefelbe Auslegung der §§. 332 Abfatz 1 und 335 Abfatz 1 ift zum Beifpiel auch angenommen von

> Struckmann und Koch, zu §. 258 Nr. 1 Auflage 2 Seite 217 und zu §. 332 Nr. 1 Seite 283 ff. und
> Wach, Vorträge Seite 122 ff.;
> vergleiche auch von Bar, Syftematik des Deutschen Civilprozeß-Rechts Seite 65 flg.;

während freilich

> Endemann, zu §. 297 Seite 153, zu §. 332 Seite 194 Anmerkung 1, und zu §. 335 Seite 197,

anderer Anficht zu fein fcheint.

Der Kläger will nun zwar behaupten, daß durch den §. 504 Abfatz 2 für die Berufungsinftanz in Anfehung des Termines zur Beweisaufnahme vor dem Prozeßgerichte der §. 332 Abfatz 1 außer Anwendung gefetzt fei, indem er fich dafür auf

> Endemann, zu §. 504 Seite 439,

beruft. Diefe Anficht widerlegt fich aber einfach dadurch, daß, wie fchon hervorgehoben, auch der Abfatz 2 des §. 504 keinesweg vom Termine zur Beweisaufnahme, fondern vom Termine zur mündlichen Verhandlung fpricht. Inwiefern in §. 504 Abfatz 2 in Wahrheit wegen des Verfäumnißverfahrens in der Berufungsinftanz etwas von den die erfte Inftanz betreffenden Vorfchriften Abweichendes verfügt ift, darüber find zu vergleichen zum Beifpiel

> Struckmann und Koch, zu §. 504 Nr. 3 und 4 Seite 425 flg. und Wach, Vorträge Seite 206 flg.

Nur beiläufig foll noch bemerkt werden, daß die Berufung des Klägers auf feine Befugniß, nach §. 364 der Civilprozeß-Ordnung auf feine Zeugen zu verzichten, völlig verfehlt ift; denn durch folchen Verzicht wäre die von ihm beantragte Beweisaufnahme, in Anfehung welcher nach feinem jetzigen Antrage angenommen werden sollte, daß sie das in Aussicht gestellte Ergebniß gehabt habe, überhaupt rückgängig gemacht worden.

In jeder Hinsicht stellt sich also die Beschwerde des Klägers darüber, daß das Oberlandesgericht, statt auf seinen Antrag ein Versäumnißurtheil zu erlassen, die Beweisaufnahme zu bewirken beschlossen habe, als unbegründet dar, und hat daher der Kläger nach §. 92 Absatz 1 der Civilprozeß-Ordnung auch die durch dieselbe verursachten Kosten zu tragen.

Neuer selbstständiger Beschwerdegrund. §. 531 Abs. 2 C. P. O.

Beschl. des R. G. I. C. S. v. 6. April 1880 i. S. Horneyer Beschwerde. n 7/80 L B.

Die Beschwerde an das R. G. wegen Versagung des Armenrechts wurde als unzulässig verworfen in Erwägung,

daß das Königlich Preußische Oberlandesgericht durch den angefochtenen Beschluß die Beschwerde des pp. Horneyer gegen den Beschluß des Königlich Preußischen Landgerichts zu Frankfurt a. M. vom 22. November 1879, wodurch demselben das nachgesuchte Armenrecht versagt worden, aus denselben Gründen, wie das Landgericht, verworfen hat;

daß daher in dem angefochtenen Beschlusse des Beschwerdegerichts ein neuer, selbstständiger Beschwerdegrund nicht enthalten, eine weitere Beschwerde also nach §. 531 Absatz 2 der Civilprozeß-Ordnung nicht stattfindet.

Personal-Veränderungen.

Zulassungen.

Heinrich Keiler von Bamberg und Friedrich Frauenknecht in Fürth bei dem Amtsgericht in Erlangen und dem Landgericht in Fürth; — Amtsrichter Büchs bei dem Amtsgericht in Tarnowitz; — Alexander Clemens Grosser bei dem Amtsgericht und dem Landgericht in Zwickau und der Kammer für Handelssachen in Glauchau; — Gerichts-Assessor Reusch bei dem Amtsgericht in Neustadt-Magdeburg; — Rochus Bernhard Szurminski bei dem Amtsgericht in Schildberg; — Josef Anton Reich bei dem Landgericht in Ravensburg; — Hermann Adolph Lauha bei dem Landgericht in Leipzig; — Josef Geißmar in Mannheim; — Regierungs-Assessor a. D. Hedemann bei dem Landgericht I in Berlin; — Dr. jur. Karl Ferd. Moritz Flesch bei dem Landgericht in Frankfurt a. Main; — Kallenbach bei dem Ober-Landesgericht in Marienwerder; — Dr. Karl Martin Hartmann bei dem Ober-Landesgericht in Hamburg.

Rechtsanwalt Galster hat seinen Wohnsitz von Herford nach Bielefeld verlegt.

In der Liste der Rechtsanwälte sind gelöscht: Max Eugen Pfannenstiel bei dem Landgericht in Saargemünd; — Hins-

trager bei dem Landgericht in Schwäb. Hall; — Kallenbach zu Strasburg W.-Pr. bei dem Landgericht in Thorn. —

Ernennungen.

Zu Notaren sind ernannt: Der Amtsrichter Schubert in Toit, unter Zulassung zur Rechtsanwaltschaft bei dem Amtsgericht in Groß-Strehlitz — und Rechtsanwalt Sachs in Kattowitz im Bezirke des Ober-Landesgericht zu Breslau; — in den Hohenzollernschen Landen: die Rechtsanwälte Barlow und Rabbyl in Hechingen; — im Bezirk des Ober-Landesgerichts zu Frankfurt a. M., mit Ausnahme der Hohenzollernschen Lande: die Rechtsanwälte Justiz-Rath Hilf, Remnich, Keller und von Rößler in Limburg; — Rechtsanwalt Dr. Karl Nicolaus Berg in Frankfurt a. M., — der Rechtsanwalt Velde in Diez; — der Rechtsanwalt Staehler in Weilburg; — die Rechtsanwälte Justiz-Rath Dr. Großmann, Dr. Stamm, Schenck, Dr. Herz, Dr. Brück, Dr. Siebert, Franz Ebel, Schick und Dr. Koch in Wiesbaden; — der Rechtsanwalt Götz in Eltville; — der Rechtsanwalt Ernst Ebel in Rüdesheim; — der Rechtsanwalt Bauer in Höchst. —

Ausscheiden aus dem Dienst.

Julius Friedrich Theodor Engel in Neumünster, in Folge Eintritt in den Justizdienst der freien und Hanse-Stadt Hamburg. —

Todesfälle.

Justizräthe Haase in Tönning; — Leesemann in Münster; — Rechtsanwälte Heinrich Theodor Oehme in Doberan; — Lindemann in Achim; — Johann Ernst Biebrach in Kamenz; — Friedrich Reinhold in Leipzig. —

Ordensverleihungen.

Dem Justizrath Hassenstein in Gumbinnen ist der Rothe Adler-Orden vierter Klasse verliehen. —

Rechtsanwalt in einer mittleren Stadt der Provinz Sachsen wohnhaft, sucht

einen Sekretair,

welcher nur notarielle Arbeiten zu erledigen, mit der Bureauverwaltung Nichts zu thun hat.

Meldungen unter Angabe der bisherigen Beschäftigung bei der Expedition dieser Zeitung unter I.

Ein Expedient,

welcher seit mehreren Jahren bei einem Anwalt thätig, sucht ähnliche Stellung. Offerten unter M. A. befördert die Expedition dieses Blattes.

Ein Kanzlist,

welcher seit mehreren Jahren bei Rechtsanw. thätig ist, sucht Stellung. Gefällige Offerten nimmt d. Exp. d. Bl. unter D. 25 entgegen.

Ein gewandter Anwalts-Secretair,

in allen Bür.-Arb. gründl. erf., sucht Stelle. Beste Zeugn. — Gefl. Off. erb. M. 57 postl. Coblenz.

Für die Redaktion verantw.: E. Haenle. Verlag: W. Moeser, Hofbuchhandlung. Druck: W. Moeser, Hofbuchdruckerei in Berlin.

№ 10.   Berlin, 15. Mai.   1880.

Juristische Wochenschrift.

Herausgegeben von

S. Haenle,   und   **M. Kempner,**
Rechtsanwalt in Ansbach.   Rechtsanwalt beim Landgericht I. in Berlin.

Organ des deutschen Anwalt-Vereins.

Preis für den Jahrgang 12 Mark. — Inserate die Zeile 30 Pfg. — Bestellungen übernimmt jede Buchhandlung und Postanstalt.

Die strafrechtliche Thätigkeit des Reichsgerichts.

III.

(Uebersicht der Präjudizien bis 29. Februar 1880.)

I. Zum Reichsstrafgesetzbuch.

1. §. 8.

Im Sinne des Strafgesetzbuchs ist „Ausland" das nicht zum Deutschen Reiche gehörende Gebiet; „Inland" das gesammte Deutsche Reich. (Erk. d. II. Straffen. v. 6. Februar 1880, Nr. 923/79.)

2. §§. 32, 76.

Die Verhängung einer Gesammtstrafe von mindestens drei Monaten Gefängniß rechtfertigt das Erkennen auf Verlust der bürgerlichen Ehrenrechte nicht, wenn nicht eine der dabei in Anrechnung kommenden Einzelstrafen drei Monate erreicht. (Erk. d. I. Straffen. v. 5. Febr. 1880, Nr. 163/80.)

3. §. 56.

Die Verfügung, daß der freigesprochene jugendliche Angeklagte nicht in eine Erziehungs- oder Besserungs-Anstalt gebracht werden soll, kann auch in den Entscheidungsgründen wirksam getroffen werden. (Erk. d. I. Straffen. v. 15. Januar 1880, Nr. 847/79.)

4. §§. 57, 74. Str.-G.-Buch.

Bei Zusammenfluß eines mit Zuchthaus bedrohten Verbrechens und eines mit Gefängnißstrafe bedrohten Vergehens gegen eine jugendliche Person, wobei die Zuchthausstrafe in Gefängnißstrafe umgewandelt wird, ist die Gesammtstrafe so zu bemessen, als ob ursprünglich Gefängnißstrafe auch für das Verbrechen angedroht gewesen wäre. (Erk. d. III. Straffen. v. 3. Januar 1880, Nr. 828/79.)

5. §. 67.

Die Strafverfolgung von Vergehen, welche lediglich mit Geldstrafe bedroht sind, verjährt in drei Jahren. (Erk. d. II. Straffen. v. 27. Jan. 1880, Nr. 940/79.)

6. §. 113.

Die Rechtmäßigkeit der Amtshandlung wird dadurch nicht aufgehoben, daß ein Exekutor die durch Instruktion gebotene Zuziehung von Zeugen unterlassen hat. (Erk. d. II. Straffen. v. 27. Januar 1880, Nr. 450/79.)

7. §. 113.

Den von einer Stadtgemeinde zum Schutze eines außerhalb des Gemeindebezirks gelegenen Eigenthums angestellten Personen fehlt die Eigenschaft von Vollstreckungsbeamten. (Erk. d. II. Straffen. v. 27. Januar 1880, Nr. 709/79.)

8. §. 132.

Die Rechtsanwaltsordnung derogirt den bisherigen landesrechtlichen Bestimmungen über die Advokatur nur in Bezug auf die von den Reichsjustizgesetzen geordneten Rechtsgebiete. In allen anderen, wie in Administrativsachen stehen noch die bisherigen und neuen landesrechtlichen Bestimmungen in Kraft. (Erk. d. III. Straffen. v. 21. Febr. 1880, Nr. 685/79.)

9. §. 161.

Nur diejenigen Personen sind als Zeugen eidesunfähig, gegen welche diese Unfähigkeit ausdrücklich erkannt ist, nicht an sich schon die wegen eines Verbrechens oder Vergehens gegen den Eid verurtheilten Personen. (Erk. d. III. Straffen. v. 24. Januar 1880, Nr. 934/79.)

10. §. 164.

Wegen falscher Anschuldigung ist strafbar, wer wissentlich fälsch einen Strafantrag gegen einen Anderen stellte, wenn er auch einen Antrag wieder zurücknahm. (Erk. d. I. Straffen. v. 19. Januar 1880, Nr. 930/79.)

11. §. 164.

Falsche Anschuldigung einer That, deren Strafbarkeit verjährt ist, ist strafbar. (Erk. d. III. Straffen. v. 25. Febr. 1880, Nr. 362/80.)

12. §. 172.

Wegen Ehebruch kann der Strafantrag wirksam erst nach Rechtskraft des Scheidungsurtheils gestellt werden.[*] (Erk. d. III. Straffen. v. 3. Januar 1880, Nr. 258 u. 612/79.)

---

[*] Vgl. die übereinstimmenden Urtheile v. 6. Nov. 1873, 22. Okt. 1874, Rechtspr. XIV. 697, XV. 708. 3. f. Gerichtspr. N. 3. III.

13. §. 180.

In dem Vermiethen eines Lokals an einen Bordellinhaber, wenn der Vermiether erst nachträglich von der Verwendung des Lokals Kenntniß erhielt, kann Kuppelei nur dann gefunden werden, wenn der Vermiether den Miethsvertrag lösen konnte, dies aber aus Eigennutz zu thun unterließ. (Erk. d. III. Straffen. v. 28. Febr. 1880, Nr. 839/79.)

14. §. 180.

Das Halten eines Bordells mit polizeilicher Duldung ist nach §. 180 strafbar und erfordert nur das Bewußtsein, daß der Unzucht Vorschub geleistet werde, nicht daß die That strafbar sei. (Erk. d. I. Straffen. v. 29. Jan. 1880, Nr. 95/80.)

15. §. 183.

Das öffentlich gegebene Aergerniß im Sinne dieses Paragraphen bemißt sich nicht lediglich nach der Beschaffenheit des Oris als ein öffentliches, sondern darnach, daß die That von einer unbestimmten Anzahl von nicht betheiligten Personen gesehen werden konnte oder gesehen wurde. (Erk. d. II. Straffen. v. 10. Febr. 1880, Nr. 37/80.)

16. §. 183.

Als unzüchtige Handlungen erscheinen alle gegen Sitte und Anstand verstoßenden Handlungen mit geschlechtlichen Beziehungen. Die mittelbare oder unmittelbare Befriedigung des Geschlechtstriebs muß hierbei nicht in der Absicht der Handelnden gelegen sein. Lokale Anschauungen sind ohne Einfluß auf objektive unzüchtige Handlungen. (Erk. d. III. Straffen. v. 28. Febr. 1880, Nr. 838/79.)

17. §. 185.

Eine dem ganzen Richterstande eines Staates zugefügte Beleidigung ist strafbar, wenn auch nur eine Geringschätzung einzelner diesem Stande angehöriger Beamten festgestellt wird. (Erk. d. I. Straffen v. 29. Jonuar 1880, Nr. 900/79.)

18. §§. 185, 186, 192.

Einem nach §. 186 Angeklagten darf der Wahrheitsbeweis nicht dadurch abgeschnitten werden, daß trotz Vorliegens des Thatbestandes des §. 186 aus §. 185 gestraft wird. (Erk. d. III. Straffen. vom 11. Febr. 1880, Nr. 879/79.)

19. §§. 185, 186, 194.

Die Beleidigung einer kaufmännischen Firma ist ausgeschlossen und kann dieselbe auch keinen Strafantrag stellen. (Erk. d. III. Straffen. v. 31. Jan. 1880, Nr. 50/80.)

20. §. 193.

Die Entschuldigung des §. 193 steht dem Beleidiger auch zur Seite, wenn die verfolgten berechtigten Interessen keine eigenen sind. Gegen denjenigen, welcher in Vertretung der Interessen eines Andern eine objektiv beleidigende Schrift anfertigt, müssen, um die Strafe zu verhängen, die subjektiven Erfordernisse der Beleidigung vorliegen. (Erk. d. III. Straffen. v. 24. Dez. 1879, Nr. 659/79.)

21. §. 193.

Der Schutz des Paragraphen gebührt bei Wahrnehmung fremder Interessen dem Beleidiger nur dann, wenn er in einer bestimmten Beziehung zu den zu wahrenden Interessen steht. (Erk. d. I. Straffen. v. 22. Januar 1880, Nr. 892/79.)

22. §§. 218, 219.

Die erhöhte Strafe des §. 219 kommt nur bei vollendeter Abtreibung zur Anwendung. Bei versuchter, selbst wenn die That gegen Entgeld geschah, ist nur §. 218 mit §. 44 zur Anwendung zu bringen. (Erk. d. I. Straffen. v. 9. Febr. 1880, Nr. 179/80.)

23. §. 200.

Der vorgesetzten Behörde welche den Strafantrag wegen Beleidigung gestellt hat, kann auch die Befugniß zugesprochen werden, das ergangene Strafurtheil zu veröffentlichen. (Erk. d. III. Straffen. v. 18. Febr. 1880, Nr. 282/80.)

24. §§. 218, 219.

Gleichzeitiges Schuldigsprechen einer Schwangeren, welche ihre Frucht abgetrieben oder im Mutterleibe getödtet hat und einer zweiten Person als Mitthäter, weil sie auf Anregung der Schwangeren die die Kindsabtreibung bewirkenden Manipulationen vorgenommen hat, ist nicht rechtsirrthümlich. (Erk. d. III. Straffen. v. 25. Febr. 1880, Nr. 33/80.)

25. §§. 230. 232.

Die Annahme, daß ein von der Stadt nach Hause fahrender Bauer, der fahrlässiger Weise einen Andern überfährt und dadurch beschädigt, hierbei keine besondere Berufspflicht verletzt hat, ist nicht rechtsirrthümlich. (Erk. d. III. Straffen. v. 11. Febr. 1880, Nr. 164/80.)

26. §. 240.

Zur Strafbarkeit wegen Nöthigung ist es nicht erforderlich, daß die Drohung ernstlich gemeint ist, sondern nur daß der Bedrohte sie für ernstlich hält und der Drohende sich dessen bewußt ist. Der Wille zu einer Handlung zu zwingen ist erforderlich; dagegen ist es gleichgültig, ob ein Recht auf die Handlung besteht oder nicht, wenn die Drohung widerrechtlich ist. (Erk. d. III. Straffen. v. 24. Dez. 1879, Nr. 21/79.)

27. §. 242.

Bei Verkäufen von Waaren Zug um Zug schließt die in der Erwartung sofortiger Zahlung erfolgte Uebergabe der Waare nicht die Bestrafung wegen Diebstahls aus, wenn der angebliche Käufer sich dieselbe rechtswidrig zueignet. (Erk. d. I. Straffen. v. 5. Jan. 1880, Nr. 604/79.)

28. §. 243 Ziff. 2.

Eine aus Latten und Brettern konstruirte, mittelst Leinwand, die durch Nägel und Stricke befestigt ist, umgebene Marktbude kann als umschlossener Raum beurtheilt werden. (Erk. d. III. Straffen. v. 21. Jan. 1880, Nr. 932/79.)

29. §. 243 Ziff. 2.

Zimmer und andere Räume im Innern eines Hauses sind nicht umschlossene Räume im Sinne des Gesetzes. (Erk. d. I. Straffen. v. 23. Febr. 1880, Nr. 381/80.)

30. §. 246.

Wenn die Verfolgbarkeit der einzelnen Strafhandlungen oder die Identität der That nicht von Feststellung des Objekts oder der Zeit abhängt, kann wegen Unterschlagung in verschiedenen selbstständigen Fällen auf Strafe erkannt werden,

184. IV. 313. Goltd. Arch. XXII. 567. Erk. d. sächs. O. A. G. v. 29. Aug. 1873, sächsl. Gerichtspr. XVII. 307. J. f. Gerichtspr. III. 313. Goltd. Arch. XXII. 635. Bad. O. H. G. v. 26. Juni 1877. Annalen Bd. 43 S. 207. 3. f. Gerichtspr. VIII. 77. O. A. G. Jena 1872. 3. f. Gerichtspr. VI. 248. f. dagegen Oppenhoff Note 15 zu §. 172. Holtzendorff II. 629. Meyer S. 616. Goltd. Archiv XXIII. 171. 174.

ohne daß der in jedem einzelnen Fall unterschlagene Betrag oder die Zeit der Verübung jeder Unterschlagung genau festgestellt werden kann. (Erk. d. III. Straffen. v. 14. Jan. 1880, Nr. 589/79.)

31. §. 246.
Wer einen Wechsel, der ihm unter der Bedingung überlassen ist, daß er ihn erst bei Eintritt einer bestimmten Thatsache als Eigenthum zu betrachten habe, vor Eintritt dieser Bedingung in Umlauf setzt, kann wegen Unterschlagung bestraft werden. (Erk. d. III. Straffen. v. 17. Jan. 1880, Nr. 618/79.)

32. §. 246.
Zur Unterschlagung ist erforderlich, daß der Angeklagte sich bewußt war, fremdes Eigenthum als solches empfangen zu haben. War er sich nur einer Forderung des Andern bewußt, so ist der dolus ausgeschlossen. (Erk. d. III. Straffen. v. 21. Jan. 1880, Nr. 876/79.)

33. §. 253.
Der Thatbestand dieses Paragraphen wird nicht dadurch ausgeschlossen, daß die That, deren Verübung angedroht wird, eine an sich nicht rechtswidrige ist; jedoch muß der angestrebte Vermögensvortheil ein rechtswidriger sein. (Erk. d. I. Straffen. v. 12. Febr. 1880, Nr. 208/80.)

34. §. 254.
Zum Thatbestande der Erpressung ist es nicht erforderlich, daß der Drohende die Drohung ausführen wollte, oder daß die Ausführung in naher Aussicht steht, wenn nur der Bedrohte glaubt, die Drohung werde ausgeführt werden. (Erk. d. I. Straffen. v. 9. Febr. 1880, Nr. 20/80.)

35. §. 263.
Die durch die Vorspiegelung, die Wechselunterschrift erzeuge kein Obligo, erlangte Uebernahme einer Wechselverbindlichkeit enthält die Erfordernisse des Betrugs. (Erk. d. III. Straffen. v. 7. Januar 1880, Nr. 587/79.)

36. §. 263.
Durch Täuschung über die Qualität einer Waare und einen durch deren Verkauf erzielten übermäßigen Gewinn kann Betrug verübt werden. (Erk. d. I. Straffen. v. 22. Jonuae 1880, Nr. 924/79.)

37. §. 263.
Ein Kaufmann, der unter Verschweigung seiner Zahlungsunfähigleit Waaren gegen sofortige Baarzahlung bestellt, die er weder zahlen kann noch will, begeht Betrug. (Erk. d. III. Straffen. v. 24. Januar 1880, Nr. 931/79.)

38. §. 263.
Es begründet nicht den Thatbestand des Betrugs, wenn der Kläger bei Liquidation seiner Parteikosten nicht verlegte Beträge liquidirt und um deren Beitreibung bittet. (Erk. d. III. Straffen. v. 25. Febr. 1880, Nr. 366/80.)

39. §. 266.
Das in diesem Paragraphen gebrauchte Wort „absichtlich" ist gleichbedeutend mit „vorsätzlich", und ilegi dolus vor, wenn ein Vormund die seine Mündel schädigende Handlung mit dem Bewußtsein der Schädigung vorgenommen hat. (Erk. d. III. Straffen. v. 28. Jan. 1880, Nr. 51/80.)

40. §. 267.
Gebrauch einer gefälschten Urkunde liegt nicht vor, wenn dieselbe nur einer dritten nicht getäuschten Person übergeben wurde, welche die Uebergabe an die zu täuschende Person bewirken sollte, ohne daß diese Uebergabe bewirken ist. (Erk. d. III. Straffen. v. 28. Febr. 1880, Nr. 97/80.)

41. §§. 267, 268.
Ein von einem Gemeindevorstande (in Hannover) ausgestelltes Zeugniß über vorgekommenen Brandschaden ist eine öffentliche Urkunde und fällt deren fälschliche Anfertigung unter vorstehende Artikel. (Erk. d. III. Straffen. v. 20. Dez. 1879, Nr. 300/79.)

42. §§. 267, 268.
Der Thatbestand dieser Paragraphen ist dadurch nicht ausgeschlossen, daß für eine wahre Thatsache oder für einen erlaubten Zweck ein Beweismittel beschafft werden wollte, und daß der angestrebte Vortheil oder Nachtheil nicht erreicht wurde. (Erk. d. I. Straffen. v. 12. Februar 1880, Nr. 215/80.)

43. §. 274, Ziff. 1.
Wegen Unterdrückung von Urkunden kann derjenige nicht bestraft werden, der eine Urkunde an sich nimmt, nicht um dem Gegner ein Beweismittel zu entziehen, sondern sich ein solches zu verschaffen. (Erk. d. I. Straffen. v. 22. Januar 1880, Nr. 40/80.)

44. §. 274, Ziff. 1.
Die Vernichtung einer Urkunde in der Absicht, sich der Strafe für die unterlassene Stempelung derselben zu entziehen, ist aus diesem Paragraphen nicht strafbar. (Erk. d. III. Straffen. v. 4. Febr. 1880, Nr. 118/80.)

45. §. 283, Ziff. 2, Str. G. Bch. (§. 210, Ziff. 2, R. Konk. Dedug).
Unkenntniß der kaufmännischen Buchführung oder Ueberlassung der Buchführung an einen Gesellschafter entschuldigt keinen Kaufmann, welcher seine Zahlungen einstellt, ohne seine Bücher ordentlich geführt zu haben. Die Täuschung eines Gesellschafters über den Vermögenszustand kann entschuldigen. (Erk. d. III. Straffen. v. 7. Jan. 1880, Nr. 572/79.)

46. §. 283.
Auch wenn das Geschäft eines Kaufmanns derart beschaffen ist, daß sich die zweijährige Aufnahme des Inventars rechtfertigt, hat derselbe jedes Jahr Bilanz zu ziehen. (Erk. d. II. Straffen. v. 13. Febr. 1880, Nr. 771/79.)

47. §. 286.
Der Verkauf von Partialscheinen auf Anlehensloose, deren Originale im Eigenthum des Verkäufers bleiben, so daß die Abnehmer nur eine persönliche Forderung auf den Gewinnantheil gegen den Verkäufer, nicht aber einen ideellen Eigenthumsantheil am Originalloose haben, ist aus §. 286 strafbar. (Erk. d. I. Straffen. v. 5. Jan. 1880, Nr. 755/79.)

48. §. 286.
Die Ausspielung beweglicher Sachen, wobei die Loose mit einem Theaterbillet verbunden sind, ist nach §. 286 strafbar. (Erk. d. II. Straffen. v. 9. Jonuae 1880, Nr. 792/79.)

49. §. 286. St. G. Br. Art. 4 preuß. B.O. v. 25. Juni 1867.
Die Bestimmungen über Promessenverkauf sind in Preußen auch neben dem Reichsstrafgesetzbuch in Kraft geblieben. Promessenverkauf und Lotterieunternehmen unterscheiden sich dadurch, daß bei letzterem durch die Ziehung zu machende Gewinne jedenfalls bestimmt werden; beim Promessenkauf aber nur dann Ge-

winne gemacht werden, wenn bestimmte Loose bei der Ziehung erscheinen. (Erk. d. III. Strafsen. v. 10. Januar 1880, Nr. 837/79.)

50. §. 286.

Das Spielen in Lotterien, welche in anderen Deutschen Staaten veranstaltet sind, ist in den alten Provinzen Preußens noch nach der V. v. 5. Juli 1847 strafbar. (Erk. d. II. Strafsen. v. 24. Febr. 1880, Nr. 856/79.)

51. §. 328.

Die Uebertretung von Anordnungen wegen Führung von Viehregistern behufs Verhütung der Verbreitung der Rinderpest, ist nicht aus Ges. v. 21. Mai 1878, sondern aus §. 328 strafbar. (Erk. d. II. Strafsen. v. 24. Febr. 1880, Nr. 731/79.)

52. §. 348.

Ein Beamter, welcher ihm anvertraute Urkunden fälscht, ist strafbar, auch wenn die beurkundeten Thatsachen nicht rechtserheblich sind. (Erk. d. II. Strafsen. v. 20. Januar 1880, Nr. 66/79.)

53. §. 350.

Gelder, welche ein Beamter aus Veranlassung der Ausübung seines Amtes empfing, sind amtlich empfangen, wenn auch die Zahlung an einer anderen Stelle hätte geleistet werden sollen.*) (Erk. d. I. Strafsen. v. 19. Januar 1880, Nr. 889/79.)

54. §. 354.

Ein Postpacket, welches unter fingirter Adresse nur zur Beförderung von Post zu Post bestimmt ist, um den Thäter vorgekommener Postvergehen zu erforschen, steht unter dem Schutz des §. 354. (Erk. d. I. Strafsen. v. 12. Januar 1880, Nr. 803/79.)

55. §. 361 Ziff. 8.

Die Thatsache, daß der Angeklagte Angehörige hülflos läßt, rechtfertigt nicht die Verurtheilung aus dem alleg. Paragraphen, vielmehr muß sich derselbe durch Müßiggang unfähig gemacht haben, die pflichtgemäße Hülfe zu leisten. (Erk. d. III. Strafsen. v. 21. Febr. 1880, Nr. 288/80.)

56. §. 370 Ziff. 5.

Die zur Saat ausgesteckten Kartoffeln bleiben Nahrungsmittel, so lange sie hierzu tauglich sind. Der Begriff des alsbaldigen Verbrauchs läßt eine Zubereitung zu. (Erk. d. II. Strafsen. v. 24. Febr. 1880, Nr. 814/79.)

II. Verschiedene Gesetze strafrechtlichen Inhalts.

1. §. 55. R. Gewerbe-Ordnung v. 21. Juni 1869.

Gewerbebetrieb im Umherziehen und Gewerbesteuerpflicht ist durch jeden Auflauf eines Objekts außerhalb des Wohnorts von mehreren Personen zum Zwecke des Wiederverkaufs mit Gewinn begründet, auch ohne die Absicht eines dauernden Gewerbebetriebes. (Erk d. III. Strafsen. v. 25. Febr. 1880. Nr. 286/80.)

2. §§. 2, 3, 11. Reichsges. v. 11. Juni 1870, Schutz der Urheberrechte betr.

Der Herausgeber eines Sammelwerkes hat kein Recht gegen den Nachdruck der mit dem Namen der Urheber versehenen Einzelbeiträge. (Erk. d. I. Strafsen. v. 8. Januar 1880, Nr. 759/79.)

*) Vgl. Erk. d. III. Strafsen. v. 17. Dez. 1879 Nr. 5 S. 35 Ziff. 34.

3. §. 10. Abs. 2, Reichsges. v. 30. Nov. 1874, den Markenschutz betr.

Der Umstand, daß eine Marke allgemein gebraucht wurde, entschuldigt Niemand, wenn der Gebrauch ein mißbräuchlicher war. (Erk. d. I. Strafsen. v. 23. Febr. 1880, Nr. 132/80.)

4. §§. 13, 14, 18. Reichsges. v. 30. Nov. 1874, betr. den Markenschutz.

Der Gebrauch fremder geschützter Waarenzeichen ist strafbar, wenn auch die eigene Firma oder ein Waarenzeichen des Thäters beigefügt ist, jedoch in einer nur mit besonderer Aufmerksamkeit erkennbaren Weise. Ob dies der Fall ist, gehört zur thatsächlichen Feststellung. (Erk. d. III. Strafsen. v. 24. Dez. 1879, Nr. 686/79.)

5. §. 3. Reichsges. v. 21. Januar 1878, betr. Zuwiderhandlungen gegen die zur Abwehr der Rinderpest erlassenen Vieheinfuhrverbote.

Wer gegen ein bestehendes Einfuhrverbot durch Dritte Vieh über die Grenze bringen läßt, ist als Einführender und Thäter zu bestrafen, nicht als Anstifter der Transportirenden. (Erk. d. III. Strafsen. v. 24. Januar 1880, Nr. 570/79.)

6. §§. 1, 2. Reichsges. v. 21. Mai 1878. §§. 134, 153—156. Vereinszollges. v. 1. Juli 1869.

Contrebande ist auch dann der Confiskation unterworfen, wenn der Strafbare nicht Eigenthümer des zu confiszirenden Gegenstandes ist. Auf Erlegung des Werthes ist nur dann zu erkennen, wenn die Confiskation unthunlich ist. (Erk. d. II. Strafsen. v. 13. Januar 1880, Nr. 78/79.)

III. Zum Gerichtsverfassungsgesetz.

1. §. 75 Gerichts-Verf.-Ges.

Die Verweisung einer an sich vor das Landgericht gehörigen Sache vor das Schöffengericht kann von der Strafkammer des Landgerichts so lange zurückgenommen werden, bis der Verweisungsbeschluß einem Betheiligten eröffnet ist. (Erk. v. III. Strafsen. v. 11. Febr. 1880, Nr. 193/80.)

2. §§. 173, 175, Gerichts Verf. Ges. §§. 377°, 393, 394, Str. Pr. O.

Das Verfahren ist nichtig, wenn nicht nach Ausweis des Protokolls jeder Angeklagte über die beantragte Ausschließung der Oeffentlichkeit gehört, diese aber demnächst beschlossen wurde. (Erk. d. II. Strafsen. v. 9. Januar 1880, Nr. 745/79.)

3. §. 175, Gerichts Verf. Ges. §. 377 Ziff. 5, Str. Pr. O.

Wenn eine Handlung, welche bei Ausschluß der Oeffentlichkeit in nicht öffentlicher Sitzung hätte geschehen sollen, in öffentlicher Sitzung vorgenommen wird, so ist dies keine Verletzung einer Rechtsnorm, welche Revision begründet. (Erk. d. III. Strafsen. v. 7. Febr. 1880, Nr. 158/80.)

4. §. 187, Gerichts Verf. Ges.

Das Instanzgericht entscheidet unanfechtbar über die Thatsache, ob die Zuziehung eines Dolmetschers nothwendig ist. Ausländer, die der deutschen Sprache mächtig sind, können ohne Dolmetscher vernommen werden. (Erk. d. III. Strafsen. v. 10. Januar 1880, Nr. 840/79.)

Advocatur. Freigabe. Landesgesetzgebung.*)

§. 132 Str. G. B. §. 2 Einf.-Ges. zum G. B. G. §. 3 Einf.-Ges. zur Str. Pr. O. §. 3 Einf.-Ges. zur Civ. Pr. O. §. 26 Rechtsanwalts-Ordn.

Die Bestimmungen der Rechtsanwaltsordnung über Zulassung und ausschließliche Geschäftaufgabe der Rechtsanwälte haben nur auf die durch die Reichsjustizgesetze von 1877 begrenzten Rechtsgebiete Bezug. Im Uebrigen ist hierfür die Landesgesetzgebung maßgebend.

Erk. des III. Straff. v. 21. Februar 1880 c. Dinter (D. 685/79).

Gründe: Die Revision des Angeklagten, welche auf die Behauptung gestützt ist, daß die Handlung des Angeklagten, welche nach der zur Zeit der Aburtheilung geltenden Reichsrechtsanwaltsordnung zufolge der eigenen Annahme des Vorderrichters nicht strafbar sei, auch nach diesem milderen Gesetz zu beurtheilen gewesen wäre, und in der Nichtanwendung eine Verletzung von §. 2 Abs. 2 des Str. G. B. vorliege, konnte nicht für begründet erachtet werden.

Das angefochtene Urtheil stellt fest, daß der Angeklagte in der Zeit vor dem 1. Octbr. 1879 in einer, die Ertheilung einer Concession betreffenden Verwaltungssache eine zur Einreichung bei einer Behörde bestimmte Schrift, zu deren zweckmäßiger Abfassung Rechtskenntnisse erforderlich gewesen, für einen Anderen gefertigt habe, diese Schrift auch bei der Amtshauptmannschaft Zwickau eingereicht worden sei. In diesen festgestellten Thatumständen ist, im Hinblick auf die Vorschriften in §§. 1 und 9 der kgl. sächs. Advocatenordnung v. 3. Juni 1859, in denen die Abfassung solcher Schriften für Andere nur den immatriculirten Advocaten zugewiesen, und jeder Nichtadvocat hiervon ausgeschlossen wird, die unbefugte Vornahme einer Handlung, welche nur kraft des nach §. 31 Abs. 2 des Str. G. B. als ein öffentliches Amt anzusehenden Amts der Advocatur vorgenommen werden durfte, erblickt, und §. 132 des Str. G. B. zur Anwendung gebracht worden.

Diese Entscheidung ist für richtig zu achten gewesen, wenn schon die dafür geltend gemachten Gründe nicht allenthalben gebilligt werden können.

Der Vorderrichter geht von der Annahme aus, daß allerdings die kgl. sächs. Advocatenordnung v. 3. Juni 1859 durch die mit dem 1. Octbr. 1879 in Wirksamkeit getretene, dieselbe Materie behandelnde Reichsrechtsanwaltsordnung v. 1. Juli 1878, — nach welcher die in Frage stehende Handlung sich nicht als strafbar darstellen würde — ihrem vollen Umfange nach außer Kraft gesetzt worden sei. Er nimmt aber ferner an, daß gleichwohl §. 132 des Str. G. B. angewendet, und die That der Angeklagten nach den zur Zeit der Verübung derselben geltenden Vorschriften beurtheilt werden müsse, weil der in §. 2 Abs. 2 des Str. G. B. aufgestellte Grundsatz der rückwirkenden Kraft nur in dem Fall der directen Abänderung des Strafgesetzes im engeren Sinne, nicht aber dann Platz greife, wenn, wie hier, andere, im Strafgesetze vorausgesetzte persönliche oder sachliche Beziehungen eine Abänderung erfahren haben, und diese Ab-

*) Dieses Erkenntniß ist Rechtsprechung des Reichsgerichts Bd. 1 S. 406 abgedruckt.

änderung ihren Grund habe in einem Wechsel der Gesetzgebung auf einem anderen als dem strafrechtlichen Gebiete.

Auf eine Prüfung der in der letzteren Beziehung ausgesprochenen Rechtsansicht, daß der in §. 2 Abs. 2 des Str. G. B. aufgestellte Satz nur auf die, eine Strafsanction aussprechenden Gesetze Anwendung leide, hat das Reichsgericht keinen Anlaß gehabt, näher einzugehen, diese Frage steht erst in zweiter Reihe; an erster Stelle war zu prüfen, ob überhaupt ein Wechsel der Gesetzgebung stattgefunden habe, das heißt, ob die sächs. Advocatenordnung von 1859 in allen ihren Theilen und namentlich in den hier in Frage kommenden Bestimmungen durch die Rechtsanwaltsordnung von 1878 beseitigt worden sei. Diese Frage, mit deren Beantwortung der Erfolg des Rechtsmittels unmittelbar zusammenhängt, mußte entgegen der Auffassung des Vorderrichters verneint werden.

Die Anwaltsordnung steht mit dem Gerichtsverfassungsgesetze, der Strafproceßordnung, Civilproceßordnung und der Konkursordnung in organischem Zusammenhange, und vermag in Folge dessen eine weitergehende Wirksamkeit als wie sie den übrigen vorgenannten Reichsgesetzen zukommt, für sich nicht in Anspruch zu nehmen. Jene Gesetze aber leiden, abgesehen von einzelnen, hier nicht in Frage gelangenden Ausnahmefällen, nur Anwendung auf die ordentliche streitige Gerichtsbarkeit und deren Ausübung (Einf.-Ges. zum G. B. G. §. 2, zur Str. Pr. O. §. 3, zur Civ. Pr. O. §. 3).

Durch die Rechtsanwaltsordnung haben daher die Rechte und Pflichten der Rechtsanwälte ausschließlich nur für den Umfang der nach den obengenannten Gesetzen vorkommenden Geschäfte geregelt werden sollen; aus §. 26 der Rechtsanwaltsordnung geht dies klar hervor, indem daselbst nach Aufstellung des Rechtsgrundes für die Ausübung der amtlichen Anwaltsthätigkeit — Zulassung bei einem bestimmten Gerichte — der Inhalt und Umfang dieser Thätigkeit dahin geregelt wird, daß es umfassen solle das Recht, vor allen Gerichten des Reichs Vertheidigungen zu führen, als Beistand aufzutreten, und, in so weit Vertretung durch Anwälte nicht geboten ist, die Vertretung zu übernehmen.

Es ist somit das von der Rechtsanwaltsordnung in Verbindung mit den übrigen mehrerwähnten Reichsgesetzen nicht betreffene Gebiet der sachwalterischen und advocatorischen Praxis als ein freies, jenen Reichsgesetzen gegenüber selbständiges, die Regel der Derogation von Landesgesetzen durch Reichsgesetze nicht unterworfen; es ist dieses Gebiet der Regelung durch die Landesgesetzgebung überlassen, oder, in so weit diese Regelung, in so weit sie bereits früher erfolgt war, bis auf weiteres in Kraft bestehen.

Durch die kgl. sächs. Advocatenordnung von 1859 ist nun die sachwalterische Praxis (Procuratur) und die Advocatur gleichmäßig und ohne erkennbare Unterscheidung gemeinschaftlich geordnet, es wird demnach das letztere Gebiet, welches der Reichsrechtsanwaltsordnung an sich fremd ist, unberührt gelassen, dergestalt, daß, so lange nicht eine anderweite, landesgesetzliche Verfügung vorliegt, die Rechte und Pflichten der auf Grund jener Advocatenordnung immatriculirten Advocaten im Gebiete der freiwilligen Gerichtsbarkeit und der Verwaltung auch nach dem 1. Octbr. 1879 nach den Bestimmungen jenes Landesgesetzes beurtheilt werden müssen.

Eine solche anderweite gesetzliche Regelung, durch welche nach dem Vorstehenden an sich neben der Rechtsanwaltsordnung bestehen bleibende Theil der Advocatenordnung ausdrücklich aufgehoben und beseitigt worden wäre, ist von der kgl. sächs. Regierung nicht unternommen werden. Wohl aber liegt eine Verfügung der obersten Staatsbehörde vor, aus welcher, entgegen der in dieser Beziehung von dem Instanzrichter ausgesprochenen Ansicht, allerdings wird entnommen werden müssen, daß das theilweise Fortbestehen der Advocatenordnung nicht bloß, wie vorstehend bemerkt, aus dem relativen Umfange und Inhalt des Reichsgesetzes und des Landesgesetzes sich ergiebt, sondern von der sächs. Staatsregierung auch gewollt ist. Denn es wird in §. 13 der Verordn. v. 31. Juli 1879 zu Ausführung der Rechtsanwaltsordnung (sächs. Gesetz- und Verordnungsblatt S. 302 ff.) denjenigen Rechtsanwälten, welche auf Grund der Rechtsanwaltsordnung bei einem bestimmten Gerichte zugelassen werden, ausdrücklich die Befugniß zuerkannt, auch alle anderen Geschäfte der Advocatur vor den übrigen Behörden des Landes zu besorgen. Da nun aus der Rechtsanwaltsordnung weder ein Recht der Rechtsanwälte auf Vornahme dieser Art von Geschäften entnommen werden kann, noch auch darin ein Verbot der Vornahme gegenüber von Nichtanwälten enthalten, vielmehr davon auszugehen ist, daß an sich die Betreibung derartiger Geschäfte nach der Rechtsanwaltsordnung völlig freigegeben sein würde, und da sicherlich kein Anlaß gewesen wäre, den Rechtsanwälten, welche gemäß der Reichsproceßordnung bei einem bestimmten Gericht zugelassen sind, die Befugniß zu Besorgung der außerhalb der Reichsproceßordnungen liegenden sachwalterischen Geschäfte ausdrücklich zuzusprechen, wenn, wie der Vorberichter annimmt, vom 1. Octbr. 1880 ab die Besorgung dieser Geschäfte freigegeben, also Jedermann zustehen sollte: so kann auch die vorerwähnte Bestimmung der Ausführungsverordnung "nur als ein Ausfluß der Ansicht erklärt werden, daß die Advocatenordnung lediglich in ihrem mit der Rechtsanwaltsordnung zusammentreffenden Theile beseitigt sei, im Uebrigen dagegen habe in Kraft verblieben sollen.

Diese Ansicht findet aber auch einen Anhalt in der Erwägung, daß die Rücksicht auf den Schaden, welcher dem Publikum und auf die Belästigung, welche den Behörden daraus erwächst, wenn Geschäfte, zu deren zweckmäßiger Besorgung Rechtskenntnisse erforderlich sind, von Winkelschreibern besorgt werden, an Gewicht nichts eingebüßt hat.

Darnach muß als feststehend angesehen werden, daß denjenigen sächs. Advocaten, welche zur advocatorischen Praxis auf Grund der Advocatenordnung von 1859 waren, jedoch als Rechtsanwälte bei einem bestimmten Gerichte nicht zugelassen sind, so wie diejenigen zugelassenen Rechtsanwälte, welchen die in §. 13 der sächs. Ausführungsverordnung enthaltene Ermächtigung ertheilt worden ist, in der Vornahme der übrigen advocatorischen Geschäfte nicht nur nicht behindert sind, sondern auch innerhalb dieses Geschäftskreises gegen unbefugte Eingriffe von Nichtberechtigten in der ausschließlichen Ausübung dieser Rechte durch die Vorschriften in §. 9 verb. §. 1 der Advocatenordnung nach wie vor geschützt bleiben.

Im vorliegenden Falle handelt es sich nun unzweifelhaft um ein diesem Gebiete angehörendes Geschäft, und die Angeklagte, welcher nach den Feststellungen des angefochtenen Urtheils als Nichtadvocat eine zur Einreichung bei einer Verwaltungsbehörde bestimmte Schrift, zu deren zweckmäßigen Abfassung wie der Instanz-

richter ohne erkennbaren Rechtsirrthum angenommen, nach Lage der Sache Rechtskenntnisse erforderlich gewesen, für einen andern anfertigte, nahm damit unbefugt eine Handlung vor, welche nach §§. 1 und 9 der Advocatenordnung nur kraft des öffentlichen Amts der Advocaten oder einer besonderen, auf ihn nicht bezüglichen Ermächtigung vorgenommen werden darf; er hat sich demnach, gleichviel ob seine Handlung in die Zeit vor oder nach dem 1. Octbr. 1879 fiel, eines Vergehens gegen §. 132 des Str. G. B. schuldig gemacht. Die erhobene Revision war mithin zu verwerfen.

Muß der Wechselprotest gegen den in Konkurs verfallenen Wechselschuldner, dessen Geschäftslokal in Folge des Konkurses verschlossen ist, in der Wohnung des Wechselschuldners aufgenommen werden? Art. 91 A. D. W. Ungenauigkeit in Bezeichnung der Wechselsumme.

Erk. des R. G. I. C. S. vom 17. April 1880 i. S.
Herzfeld und Büchler contra Grothe.

Thatbestand.

Die Klägerin fordert aus einem bei dem Aussteller P. Sinasohn domicilirten Wechsel vom 31. Juli 1879 von den beiden Beklagten als Bezogenen und Acceptanten im Wechselprozesse als Wechselsumme den Betrag von 1783 M. 28 Pf. nebst Zinsen und Nebenkosten auf Grund eines am Verfalltage aufgenommenen Protestes Mangels Zahlung, in welchem der Akt der Vorlegung an den Domiciliaten dahin beurkundet ist:

„der Unterzeichnete — Gerichtsvollzieher — hat sich am 31. October 1879 Nachmittags 5 Uhr nach dem Geschäftslokale der Firma P. Sinasohn hierselbst verfügt und daselbst verschlossen gefunden. Bemerkt wird, daß über das Vermögen der gedachten Firma der Konkurs eröffnet worden ist. Es hat daher der Unterzeichnete wegen nicht erfolgter Zahlung den Protest eingelegt :c."

In dem Wechsel ist im Kontext die Summe nur auf: „Siebzehnhundert drei und achtzig auch 28 Pf.", also unter Weglassung des Zeichens „M." vor den Pfennigen ausgedrückt, während die Kapitalsumme in der rechten oberen Ecke in Zahlen mit „M. 1783" ausgegeben ist.

Wechselurkunde und deren Wiedergabe im Protest enthalten übereinstimmend eine durchstrichene Nothadresse.

Die Beklagten beantragten Abweisung der erhobenen Klage. Sie erachteten den Protest für ungültig, weil, da der Domiciliat in Konkurs verfallen war und ein aufgegebenes, beziehentlich als solches nicht mehr benutztes Geschäftslokal kein Geschäftslokal mehr wäre, der Wechsel ihm zu seiner eignen Wohnung hätte vorgelegt werden müssen, sodann auch, weil nicht bei der Nothadresse, die nach Annahme der Beklagten ausweislich des Protestes noch zur Zeit der Protesterhebung auf dem Wechsel undurchstrichen gestanden haben sollte, protestirt worden. Sie erachteten ferner aber auch den Wechsel Mangels zureichender Bezeichnung der Wechselsumme ungültig.

Endlich behaupteten sie unter Eideszuschiebung, daß sich der

Aussteller ihnen gegenüber bei Ausstellung ausdrücklich verpflichtet hätte, falls sie nicht im Stande sein sollten, am Verfalltage zu zahlen, den Wechsel gegen sie nicht einzuklagen, vielmehr einen neuen von ihnen in Prolongation zu nehmen, daß hiervon der Aussteller der Klägerin, die den Wechsel von ihm erworben, beim Erwerb ausdrücklich Mittheilung gemacht und dabei beide Theile vereinbart hätten, Klägerin solle den Wechsel durch Giro erwerben, um den Beklagten den Einwand aus dieser Vereinbarung zu entziehen. Klägerin hat diese Behauptungen unter Eidesannahme bestritten. Die Civilkammer des Königlich Preußischen Landgerichts zu Halberstadt hat die Beklagten unter Auferlegung der Kosten entsprechend dem Klageantrage zur Zahlung von 1783 M. 28 Pf. nebst 6% Zinsen seit dem 31. October 1879, 3 M. Protestkosten, 5 Mark 95 Pf. Provision und 85 Pf. verauslagtem Porto als Gesammtschuldner, übrigens unter Vorbehalt der Ausführung ihrer Rechte im ordentlichen Verfahren, verurtheilt. Auf Berufung der Beklagten aber hat in Abänderung dieses Erkenntnisses das Königlich Preußische Oberlandesgericht zu Naumburg die Klage als im Wechselprozeß unstatthaft abgewiesen und der Klägerin die Kosten beider Instanzen auferlegt.

Klägerin, jetzt Revisionsklägerin, hat den Antrag gestellt, das zweite Erkenntniß aufzuheben und das erste Erkenntniß zu bestätigen, wegen der Kosten aber das Gesetzliche zu bestimmen, während die Beklagten, jetzt Revisionsbeklagte, beantragt haben, die Revision als unbegründet zu verwerfen und der Revisionsklägerin die Kosten zur Last zu legen.

Das Reichsgericht hat das Urtheil II. Instanz aufgehoben und das Urtheil des I. Richters bestätigt.

Entscheidungsgründe:

Allerdings verliert sowohl nach der bisherigen Preußischen Konkursordnung vom 8. Mai 1855 § 4 wie nach der Reichskonkursordnung § 5 der Gemeinschuldner mit der Eröffnung des Konkursverfahrens die Befugniß, sein zur Konkursmasse gehöriges Vermögen zu verwalten und über dasselbe zu verfügen.

Allein nach keinem der beiden Gesetze ist diese Folge im Sinne einer Rechtsnachfolge der Gläubigerschaft oder des Verwalters in Bezug auf das Eigenthum an dem gedachten Vermögen des Gemeinschuldners zu verstehen. Der Gemeinschuldner bleibt Eigenthümer seines Vermögens. Er wird in Bezug auf Verfügung und Verwaltung nur kraft des Gesetzes im Interesse der Befriedigung der Gläubiger vertreten, gleichviel ob man als den ihm auferlegten Vertreter die Gläubigerschaft selbst oder den Verwalter ansieht. Was kraft dieser vom Gesetz übertragenen Disposition der Vertreter in Bezug auf die Activmasse thut, hat verbindliche Kraft für den Gemeinschuldner auch über die Dauer dieser Verwaltung hinaus.

Das für die Activmasse Erworbene und Erstrittene wird rechtlich dem Gemeinschuldner erworben und erstritten, wenn es auch zunächst dem Zwecke des Konkurses dienen soll. Nimmt der Verwalter in Ausübung seines Verwaltungsrechts in Bezug auf die Activmasse Rechtshandlungen oder neue Rechtsgeschäfte vor, so treffen die Ergebnisse derselben, insbesondere auch die dadurch entstehenden Verbindlichkeiten, rechtlich als den Geschäftsherrn den Gemeinschuldner, wenn sie auch zunächst aus der Masse zu bestreiten sind und der Verwalter sich verantwortlich

macht, falls er für ihre Deckung oder Sicherung aus der Masse nicht Sorge getragen hat.

Die Richtigkeit dieser Auffassung ergiebt sich für die Preußische Konkursordnung aus Goldhammer, Kommentar (1. Ausgabe) Seite 72, 73, 77, 78; Wenzel und Klose, Preußische Konkursordnung Seite 73, 74, 76 und dem Ausführungen des Reichs-Oberhandelsgericht in den Entscheidungen Band 4 Seite 228, 6 Seite 317, 7 Seite 62; vergl. auch §§ 160, 199, 223 der Konkursordnung; für die Reichskonkursordnung aber aus dem Motiven des Entwurfs zu den allgemeinen Bestimmungen des ersten Titel Ersten Buchs Seite 17; zu § 5 Seite 34; zu Titel 7 Seite 240 wie aus den Protokollen der Reichstags-kommission Seite 109; von Sarwey, Kommentar Seite 24, 25, 390, 391, 549, 643; vergl. §§ 50, 52, 123, 159, 176 der Reichskonkursordnung. Dadurch also, daß das Verfügungsrecht einer Person über ihr Geschäftslokal und Geschäft in Folge der Eröffnung des Konkurses über sie für dieselbe aufhört und durch einen Konkursverwalter ausgeübt wird, hört ihr Geschäft oder Geschäftslokal nicht auf, das ihrige zu sein, so wenig dies in anderen Fällen einer vom Gesetz auferlegten Stellvertretung, wie bei einem Entmündigten oder Verschwender, der Fall ist. Insofern daher die Entscheidungsgründe des zweiten Erkenntnisses die Annahme, daß das Geschäftslokal des P. Sinasohn nicht mehr dessen Geschäftslokal zur Zeit der Protesterhebung gewesen, daraus herleiten, daß das Vermögen desselben und sein Geschäftslokal durch die Konkurseröffnung aus seiner Verfügung in die der Gläubigerschaft, bezüglich des Verwalters, getreten, enthalten dieselben allerdings eine unrichtige Anwendung in den citirten Bestimmungen der Preußischen wie der Reichs-Konkursordnung enthaltenen Rechtsnormen und wegen der Annahme, daß unter dem in Artikel 91 der Deutschen Wechselordnung gemeinten Geschäftslokal das Geschäftslokal einer Person, über deren Vermögen lediglich ein Stellvertreter verfügen darf, nicht zu verstehen sei, auch eine Verletzung des Artikels 91 der Wechselordnung.

Es entsteht aber allerdings die fernere Frage, ob sich doch deshalb die ergangene Entscheidung als richtig darstellt, weil entweder aus dem Inhalt der Protesturkunde oder aus gesetzlichen Bestimmungen oder aus Beidem in Verbindung mit einander sich ergebe, daß eine Schließung des Geschäfts in Folge der Konkurseröffnung stattgefunden hatte. War allerdings jeder Fortbetrieb des Geschäfts des Gemeinschuldners überhaupt aufgegeben, so kann es bedenklich erscheinen, ob man den Konkursverwalter das bisherige Geschäftslokal als Stätte blos für die Ermittelung und Verwerthung der Theilungsmasse noch benutze, deshalb noch als Geschäftslokal des Gemeinschuldners zu erachten wäre, was voraussetzte, daß man die Ermittelung und Verwerthung der Masse zum Zwecke der Befriedigung der Konkursgläubiger, für sich allein und unmittelbar unter Sistirung des Geschäftsbetriebes ins Werk gesetzt, mit der Liquidation eines Handelsgeschäfts auf eine Linie stellen dürfte. Allein sowohl die Preußische Konkursordnung, wie die Reichs-Konkursordnung kennen die Fortführung des Geschäftsbetriebes als zulässige und unter Umständen im Interesse der Gläubiger wie des Gemeinschuldners zur Vermeidung von Nachtheilen gebotene Maßregel. Vergl. § 144 der Preußischen Konkursordnung und § 118 der Reichs-Konkursordnung. Nach letzterer

Vorschrift entscheidet bis zur Beschlußfassung einer Gläubiger-versammlung der Verwalter über Fortführung oder Schließung des Geschäfts nach seinem Ermessen. Der Geschäftsherr ist aber in solchem Falle, insofern die Fortführung sich innerhalb der Grenzen des Zwecks des Konkurses bewegt, nach dem Voraus-geschickten der Gemeinschuldner. Als Geschäft „des Gemein-schuldners", welches fortzusetzen oder zu schließen, bezeichnen beide Gesetzesstellen das Geschäft. Vergl. auch Motive Seite 351 und von Sarwey l. c. Seite 539. Da aber diese Fort-führung durch das Gesetz nicht ausgeschlossen, die sofortige Schließung des Geschäftsbetriebes häufig nicht thunlich, Dritte aber nicht immer sicher zu erkennen vermögen, ob ein thatsächlich noch benutztes Geschäftslokal lediglich für die Ermittelung und Verwerthung der Theilungsmasse oder zugleich doch zunächst noch für einen, wenn auch nur partiellen Fortbetrieb des Geschäfts, benutzt wird, so wird das benutzte zeitherige Geschäftslokal, welches sich noch unverändert als das des Gemeinschuldners kundgiebt, für den Rechtsverkehr, insbesondere im Sinne des Artikels 91 der Wechselordnung als wirkliches Geschäftslokal angesehen werden müssen, sofern nicht für den Dritten die Auf-gabe der Benutzung für solchen geschäftlichen Fortbetrieb bei Vor-nahme der betreffenden Acte erkennbar wird.

Nach der vorliegenden Protesturkunde hat allerdings der protestirende Beamte das Geschäftslokal geschlossen gefunden. Aber nach seiner Beurkundung hat er es doch als Geschäfts-lokal vorgefunden. Er hat also auf Grund seiner ange-stellten Ermittelungen, deren Details wiedergegeben ihm nicht oblag, die Ueberzeugung gewonnen, daß gedachtes Lokal noch zur Zeit die Eigenschaft des Geschäftslokals des P. Sinasohn hatte. Der bekundete derzeitige Verschluß des Lokals stand dieser Annahme nicht entscheidend entgegen. Diese genügen, um dem die Ungültigkeit des Protestes Behauptenden die Beweislast dafür aufzulegen, daß das Bekundete unrichtig und daß in Wahrheit die Benutzung des Lokals überhaupt aufgegeben oder doch die Aufgabe des Geschäftsbetriebes in dem Lokal für Dritte erkennbar gemacht war.

Das zweite Erkenntniß beruht daher auf Gesetzesverletzung und muß aufgehoben werden.

Die Sache selbst erscheint nach dem festgestellten Sach-verhältniß zur Endentscheidung reif.

Einen Einwand gegen die Richtigkeit des in der Protest-urkunde Bekundeten haben die Beklagten nicht erhoben, noch Beweis für die Unrichtigkeit angetreten. Sie folgern die Ungültig-keit des Protestes nur aus dem in demselben Beurkundeten.

Die Behauptung, daß der Wechsel zur Zeit der Protest-erhebung die Rothadresse undurchstrichen enthalten habe, wider-legt sich durch die in der Protesturkunde enthaltene Abschrift der Wechselurkunde. Daß dieser Protest nachträglich geändert worden wäre, behauptet Beklagte nicht.

Daß die Wechselsumme 1783 M. 28 Pf. beträgt, ergiebt sich mit ausreichender Sicherheit aus der Vergleichung der Be-zeichnung der Wechselsumme mit Buchstaben in dem Wechsel-kontext mit der in Zahlen in der oberen rechten Ecke. Vergl. Entscheidungen des Reichs-Oberhandelsgerichts Band 10 Seite 22.

Der Einwand der Arglist erscheint hinfällig, da Beklagte keinen bestimmten Zeitraum, auf welchen die von Sinasohn besprochene Prolongation sich erstrecken sollte, angegeben haben und das unbestimmte Prolongationsversprechen, welches voraus-setzte, daß Sinasohn den begebenen Wechsel selbst wieder ein-löste, nicht als in dem Sinne ertheilt anzusehen ist, daß es auch im Falle des Konkurses des Sinasohn Wirkung hätte aus-üben sollen.

Demgemäß muß das erste Erkenntniß bestätigt werden.

Die Entscheidung über die Kosten wird durch die §§. 87, 95 der Reichs-Civilprozeßordnung gerechtfertigt.

Personal-Veränderungen.

Zulassungen.

Justizrath Racke bei dem Amtsgericht in Borken; — Ge-richts-Assessor Koellen bei dem Amtsgericht in Euskirchen; — Otto Besenbeck bei dem Amtsgericht in Lahr; — Dr. Gottfried Jacob Gildemeister bei dem Amtsgericht in Bremen; — Gruwe, bisher in Osterwieck bei dem Amtsgericht in Neustadt-Magdeburg; — Dr. Hartmann bei dem Amts-gericht in Hamburg; — August Westhues bei dem Amts-gericht in Dt. Eylau; — Bürkner bei dem Amtsgericht in Rixdorf; — Carl Cremer bei dem Amtsgericht in Neuß; — August Simson bei dem Landgericht I in Berlin; — Georgii bei dem Landgericht in Stuttgart; — Dr. Perls, Koch, Wittig, Obert und Hasal in Glatz, — von Wedell und Justizrath Fassong in Frankenstein, — Schumann in Reinerz, — Kaehne in Landeck, — Koschella in Habelschwerdt und Pantke in Münsterberg bei dem Landgericht in Glatz; — Anton Albert bei dem Landgericht in Bamberg; — Dr. Karl Martin Hartmann bei dem Landgericht in Hamburg; — Dr. Alfred Klein bei dem Landgericht in Düsseldorf; — Ludwig Helbling bei dem Landgericht I und II in München; — Karl August von Schneider bei dem Landgericht I in München; — Cunow bei dem Landgericht in Potsdam; — Carl Rudolph August Heinrich Voß zu Plau bei dem Land-gericht in Güstrow; — Konstantin Hassold bei dem Land-gericht II in München; — Ludwig Guttenstein bei dem Landgericht in Mannheim; — Friedrich Goedike bei dem Landgericht in Halberstadt; — Reche bei dem Landgericht in Landsberg a./W.; — Gerichts-Assessor Dr. Benkard bei dem Ober-Landesgericht in Frankfurt a./M.

In der Liste der Rechtsanwälte sind gelöscht: Otto Besen-beck bei dem Landgericht in Mannheim; — Justizrath Racke in Borken bei dem Landgericht in Münster; — Reche bei dem Amtsgericht in Neusalz und dem Landgericht in Glogau; — Dr. Klügmann bei dem Landgericht in Lübeck; — Dr. Johann Paul Reinganum bei dem Ober-Landesgericht in Frank-furt a./M.; — Gruwe, bisher in Osterwieck, bei dem Land-gericht in Halberstadt; — Guttenstein und von Martini bei dem Landgericht in Carlsruhe; — Waldemar Cunow bei dem Amtsgericht in Potsdam.

Ernennungen.

Riemann in Lingen zum Notar für den Landgerichts-bezirk Osnabrück.

Todesfälle.

Rechtsanwalt Dr. Wilhelm Nagri in Begesack; — Justiz-räthe Kellermann in Gnesen und Lingmann in Coblenz; — Rechtsanwalt Chappuzeau in Uelzen.

Ordensverleihungen.

Dem Justizrath Kempe zu Stargard i./P. ist der Rothe Adler-Orden vierter Klasse verliehen.

Rechtsanwalt in einer mittleren Stadt der Provinz Sachsen wohnhaft, sucht

einen Sekretair,

welcher nur notarielle Arbeiten zu erledigen, mit der Bureau-verwaltung Nichts zu thun hat.

Meldungen unter Angabe der bisherigen Beschäftigung bei der Expedition dieser Zeitung unter X.

Ein früherer richterlicher Beamter sucht bei den Herren Rechtsanwälten Beschäftigung für längere Dauer. Gefällige Offerten sind unter den Buchstaben A. B. an die Redaktion dieses Blattes zu richten.

Für die Redaktion verantw.: S. Haenle. Verlag: W. Moeser, Hofbuchhandlung. Druck: W. Moeser, Hofbuchdruckerei in Berlin.

№ 11.   Berlin, 1. Juni.   1880.

Juristische Wochenschrift.

Herausgegeben von

S. Haenle,   und   **M. Kempner,**
Rechtsanwalt in Ansbach.   Rechtsanwalt beim Landgericht I. in Berlin.

Organ des deutschen Anwalt-Vereins.

Preis für den Jahrgang 12 Mark. — Inserate die Zeile 30 Pfg. — Bestellungen übernimmt jede Buchhandlung und Postanstalt.

Die strafrechtliche Thätigkeit des Reichsgerichts.

III.
(Uebersicht der Präjudizien bis 29. Februar 1880.)
(Fortsetzung und Schluß.)

IV. Zur Strafprozeß-Ordnung.

1. §§. 34, 199, 243. Str. Pr. O.

Die stillschweigende Ablehnung eines Beweisantrags, den der Angeklagte nach Zustellung der Anklageschrift gestellt hat, durch den Beschluß auf Eröffnung des Hauptverfahrens, begründet Verletzung einer Rechtsnorm. Ebenso die Ablehnung eines in der Hauptverhandlung gestellten Beweisantrags erst durch das Urtheil. (Erk. d. III. Straffen. v. 21. Jan. 1880, Nr. 914/79.)

2. §§. 34, 375, 377, Ziff. 8. Str. Pr. O.

Jeder einen Beweisantrag ablehnende Gerichtsbeschluß muß motivirt sein. Eine Unterlassung dieser Regel rechtfertigt Aufhebung des Urtheils. (Erk. d. II. Staffen. v. 19. Dez. 1879, Nr. 668/79.)

3. §§. 44, 45, 46. Str. Pr. O.

Wiedereinsetzung in den vorigen Stand gegen Ablauf der Frist zur Anmeldung eines Rechtsmittels ist gerechtfertigt, wenn ein Verhafteter rechtzeitig seine Vorführung verlangt hat, um eine Protokollerklärung zu geben, jedoch zu spät vorgeführt wird. (Beschl. d. II. Straffen. v. 2. Jan. 1880, Nr. 905/79.)

4. §§. 51, 57. Str. Pr. O.

Auch derjenige Mitschuldige, welcher bereits rechtskräftig abgeurtheilt ist, bleibt im Verhältniß zu später abgeurtheilten Mitschuldigen ein Beschuldigter im Sinne dieser Paragraphen. (Erk. d. I. Straffen. v. 12. Febr. 1880, Nr. 217/80.)

5. §§. 56, Ziff. 3. 242. Str. Pr. O.

Ob ein Zeuge wegen Verdachts der Theilnahme unbeeidet zu vernehmen sei, ist ausschließlich Sache der thatsächlichen Würdigung des Instanzgerichts.

Die Verlesung von Aktenstücken vor der Vernehmung des Angeklagten enthält an sich keine Verletzung einer Rechtsnorm. (Erk. d. III. Straffen. v. 24. Jan. 1880, Nr. 934/79.)

6. §§. 57, 34, Str. Pr. O.

Die eidliche Vernehmung von Zeugen, welche die Zeugschaft verweigern können, dies jedoch nicht thun, hängt auch dann vom freien richterlichen Ermessen ab, wenn sie in der Voruntersuchung eidlich vernommen wurden. Die Ablehnung der Beeidigung bedarf keiner weiteren Begründung als der Bezugnahme auf §. 57. (Erk. d. I Straffen. v. 16. Febr. 1880, Nr. 272/80.)

7. §§. 60, 65, Str. Pr. O.

Auch Zeugen, welchen der Richter unbedingt Glauben schenkt, sind eidlich zu vernehmen. (Erk. d. I. Straffen. v. 16. Febr. 1880, Nr. 208/80.)

8. §§. 65, 66, Str. Pr. O.

Zeugen, welche in der Voruntersuchung eidlich vernommen waren, dann aber in der Hauptverhandlung unter Bezugnahme auf den früheren Eid vernommen wurden, gelten als unbeeidigt, wenn sie wiederholt vorgerufen ohne Bezugnahme auf den Eid aussagen. (Erk. d. III. Straffen. v. 25. Febr. 1880, Nr. 234/80.)

9. §§. 111, Str. Pr. O.

Gegenstände, welche mittels gestohlenen Geldes gekauft wurden, gehören nicht unter die dem Bestohlenen durch die strafbare That entzogenen Gegenstände. (Erk. d. I. Straffen. v. 12. Januar 1880, Nr. 877/79.)

10. §§. 199, 201, 243, 244, Str. Pr. O.

Auf die Ablehnung von Beweisanträgen, welche der Angeklagte nach Mittheilung der Anklageschrift gestellt hat, durch das Gericht, kann, wenn der Angeklagte diese Anträge nicht beim Vorsitzenden oder in der Hauptverhandlung wiederholt hat, keine Revision wegen Beschränkung der Vertheidigung gestützt werden. (Erk. d. III. Straffen. v. 21. Jan. 1880, Nr. 823/79.)

11. §§. 203, 227, 259, Str. Pr. O.

Die Feststellung, daß der Angeklagte zur Zeit der That an Geistesstörung litt und daß dieselbe zur Zeit der Verhandlung noch fortdauert, hindert die Verhandlung und Freisprechung des Angeklagten nicht, wenn das Gericht befindet, daß eine

Verhandlung mit dem Angeklagten möglich sei. (Erk. b. III. Straffen. v. 17. Jan. 1880, Nr. 859/79.)

12. §§. 213, 218, 219, 220, 243, 244, Str. Pr. O.
Vorbehaltlich allseitigen Verzichts müssen nur die vom Staatsanwalt oder Gericht vorgeladenen und auch erschienenen Zeugen bei der Hauptverhandlung vernommen werden. Die Aussetzung der Verhandlung Behufs Vernehmung der nicht Erschienenen kann vom Gericht durch Beschluß wegen anzunehmender Unerheblichkeit ihrer Aussagen abgelehnt werden. (Erk. b. III. Straffen. v. 10. Febr. 1880, Nr. 869/79.)

13. §§. 216, 227, 199, Str. Pr. O.
Die Zustellung der Ladung nach der einwöchigen Frist berechtigt nur zur Stellung eines Antrags auf Aussetzung der Verhandlung, nicht zur Revision.
Die Unterlassung der Zustellung einer Abschrift der Anklage begründet an sich keine Revision. (Erk. b. III. Straffen. v. 23. Jan. 1880, Nr. 905/79.)

14. §§. 218, 219, 243, Str. Pr. O.
Auf die Ablehnung von Beweisanträgen durch den Vorsitzenden vor der Hauptverhandlung kann keine Revision des Urtheils begründet werden. (Erk. b. I. Straffen. v. 20. Januar 1880, Nr. 720/79.)

15. §§. 222, 223, Str. Pr. O.
Die Nichtvorlage des Protokolls über eine commissarische Vernehmung an den Vertheidiger rechtfertigt nicht unter allen Umständen Revision. Gefahr im Verzug liegt nicht vor, wenn nur die Aussicht der Hauptverhandlung veranlaßt werden kann. Als Gerichtsstelle erscheinen die Bureaulokalitäten des Gerichts. (Erk. b. III. Straffen. v. 18. Febr. 1880, Nr. 944/79.)

16. §. 225, Str. Pr. O., §§. 8, 9, preuß. Ges. v. 6. Mai 1869.
In Preußen können ohne Gesetzesverletzung Referendare die Geschäfte des Gerichtschreibers in der Hauptverhandlung wahrnehmen. (Erk. b. III. Straffen. v. 10. Jan. 1880, Nr. 840 und 790/79.)

17. §. 227, Abs. 3, Str. Pr. O.
Die Belehrung des Angeklagten bei Nichteinhaltung der Ladefrist über die Befugniß, Aussetzung der Hauptverhandlung zu verlangen, ist dem Vorsitzenden nur reglementär, nicht als wesentliche Rechtsnorm vorgeschrieben. (Erk. b. I. Straffen. v. 23. Febr. 1880, Nr. 383/80.

18. §§. 239—244, 281—285, Str. Pr. O.
Ein Verzicht auf Vernehmung geladener Zeugen, welchen der Vertheidiger in der Hauptverhandlung in Anwesenheit und ohne Widerspruch des Anklagten erklärt hat, ist wirksam. — Die vom Angeklagten fistirten Zeugen gehören nicht zu den geladenen, deren Vernehmung geboten ist. (Erk. b. II. Straffen. v. 10. Febr. 1880, Nr. 88/80.)

19. §§. 242, 136, Str. Pr. O.
Wenn der Angeklagte es ablehnt, sich über die Anklage auszusprechen, so muß das Gericht alle zum Thatbestande der Anklage erforderlichen Umstände, insbesondere auch den dolus, feststellen. (Erk. b. III. Straffen. v. 21. Januar 1880, Nr. 876/79.)

20. §. 243, Abs. 2, §§. 34, 376, Str. Pr. O.
Die Ablehnung eines Beweisantrags ohne motivirten Gerichtsbeschluß begründet keine Revision, wenn der Beweisantrag rechtlich unerheblich war und deshalb Einfluß auf das Urtheil nicht ausüben konnte. (Erk. b. II. Straffen. v. 16. Januar 1880, Nr. 813/79.)

21. §§. 243, Str. Pr. O.
Anträge auf Beweiserhebung in der Hauptverhandlung unterliegen dem Ermessen des Gerichts und kann eine thatsächliche Entscheidung der Revision nicht unterstellt werden. Der Beschluß über den Beweisantrag kann mit dem Urtheil verbunden werden, wenn er eine Prüfung der Schuldfrage zur Voraussetzung hat. (Erk. b. I. Straffen. v. 2. Febr. 1880, Nr. 58/80.)

22. §§. 243, 244, Str. Pr. O.
Wenn Zeugen, welche vom Staatsanwalt in der Anklageschrift als solche benannt, dann aber nicht geladen wurden, nicht erschienen sind, hat das Gericht nicht von Amtswegen über Aussetzung der Hauptverhandlung zu beschließen. (Erk. b. I. Straffen. v. 23. Febr. 1880, Nr. 383/80.)

23. §§. 243, 244, 245, Str. Pr. O.
Die Ablehnung der Vernehmung beantragter Zeugen, welche nicht geladen sind, wegen Unerheblichkeit ihrer angeblichen Aussagen durch einen in der Hauptverhandlung gefaßten Beschluß begründet keine unstatthafte Beschränkung der Vertheidigung. (Erk. b. III. Straffen. v. 10. Januar 1880, Nr. 790/79.)

24. §§. 244, 221, Str. Pr. O.
Zeugen, welche nicht vom Gerichtsvollzieher geladen, sondern vom Angeklagten selbst fistirt sind, gehören nicht zu denjenigen, welche ohne Prüfung der Erheblichkeit vernommen werden müssen, wenn nicht darauf verzichtet wird. (Erk. b. III. Straffen. v. 14. Febr. 1880, Nr. 278/80.)

25. §. 244, Str. Pr. O.
Nur die vorgeladenen und wirklich erschienenen Zeugen müssen in der Hauptverhandlung vernommen werden, falls nicht darauf allseitig verzichtet worden. Die Vernehmung anderer, erst in der Sitzung beantragter Zeugen kann als unerheblich durch Gerichtsbeschluß abgelehnt werden. (Erk. b. I. Straffen. v. 12. Januar 1880, Nr. 803/90.)

26. §. 244, Str. Pr. O.
Der Verzicht auf Vernehmung von Zeugen kann im Protokoll auch allgemein beurkundet werden, wenn nicht zweifelhaft ist, auf welche Zeugen der Verzicht sich bezieht. (Erk. b. I. Straffen. v. 15. Januar 1880, Nr. 908/79.)

27. §. 244, Str. Pr. O.
Nur die vorgeladenen und auch erschienenen Zeugen müssen vernommen werden. Ein Vertagungsantrag, um auch die ausgebliebenen Zeugen zu vernehmen, kann wegen Unerheblichkeit derselben abgelehnt werden. (Erk. b. I. Straffen v. 29. Jan. 1880, Nr. 83/80.)

28. §. 250, Abs. 3, Str. Pr. O.
Die Außerachtlassung der Vorschrift, daß in dem Gerichtsbeschluß über Verlesung einer Zeugenaussage der Grund der Verlesung angegeben und bemerkt werden muß, ob der Zeuge beeidet war, zieht Nichtigkeit des Verfahrens nach sich. (Erk. b. I. Straffen. v. 15. Januar 1880, Nr. 908/79.)

29. §. 255, Abs. 1, Str. Pr. O.
Unter den Körperverletzungen, welche nicht zu den schweren gehören, im Sinne dieses Paragraphen sind die unter §§ 223 und 223a des Str. G. B. fallenden gemeint. (Erk. b. I. Straffen. v. 5. Febr. 1880, Nr. 184/80.)

30. §. 256. Str. Pr. O.

Die Vorschrift, nach Erhebung eines Beweismittels den Angeklagten zu befragen, ist nur instruktioneller Natur und kann deren Außerachtlassung nur dann Revision begründen, wenn nach den Umständen dadurch eine Beschränkung der Vertheidigung begründet würde.*) (Erk. d. I. Straffen. v. 15. Januar 1880, Nr. 908/79.)

31. §§. 260, 266. Str. Pr. O.

Die Feststellung des Urtheils, daß ein Geständniß des Angeklagten wegen Ueberreinstimmung mit den sonst ermittelten Umständen glaubhaft sei, und dem Urtheil zu Grunde gelegt werde, ist, wenn über diese Umstände kein Beweis erhoben wurde, nichtig. (Erk. d. II. Straffen. v. 16. Januar 1880, Nr. 811/79.)

32. §. 266. Str. Pr. O.

In landgerichtlichen Urtheilen ist das Stimmenverhältniß bezüglich des Urtheils über die Schuldfrage nicht anzugeben. (Erk. d. II. Straffen. v. 20. Jan. 1880, Nr. 720/79.)

33. §§. 267, 377¹, 381 Abs. 2. Str. Pr. O.

Die Unterlassung der Verkündung von Entscheidungsgründen bei Verkündung des Urtheils begründet keine Revision, sondern gilt das Urtheil erst mit der Zustellung als verkündet. (Erk. d. II. Straffen. v. 20. Januar 1880, Nr. 907/79.)

34. §§. 267, 381¹, 386. Str. Pr. O.

Wenn das Urtheil auf Ausweis des Protokolls ohne Gründe publizirt wurde, so gilt es erst bei Zustellung des Urtheils als verkündet und beginnt erst von da die Frist zur Anmeldung der Revision. (Erk. d. II. Straffen. v. 6. Febr. 1880, Nr. 16/80.)

35. §§. 273, 376. Str. Pr. O.

Der Inhalt von Zeugenaussagen muß, abgesehen von schöffengerichtlichen Verhandlungen, nicht in das Protokoll der Hauptverhandlung aufgenommen werden. (Erk. d. II. Straffen. v. 10. Febr. 1880, Nr. 37/80.)

36. §. 275, Str. Pr. O.

Die Bestimmung, daß alle Richter zu unterschreiben haben, bezieht sich nur auf Urtheile nicht auch auf Beschlüsse. (Erk. d. III. Straffen. v. 18. Febr. 1880, Nr. 944/79.)

37. §§. 292, 293, Str. Pr. O.

Es ist nicht erforderlich, daß bei einer wegen Mord gestellten Frage das Vorliegen der Ueberlegung durch eine besondere Nebenfrage festgestellt werde. (Erk. d. I. Straffen. v. 29. Jan. 1880, Nr. 71/80.)

38) §§. 292, 295, 305, 307, Str. Pr. O.

Umstände, welche die Strafbarkeit mindern oder erhöhen, können in die Hauptfrage aufgenommen werden. Beantworten die Geschworenen einfach mit Ja oder Nein, so bezieht sich dies auch auf diese Umstände, ohne daß die Vornahme einer gesonderten Abstimmung bemerklich gemacht werden muß. (Erk. d. II. Straffen. v. 13. Jan. 1880, Nr. 836/79.)

39. §. 300, Str. Pr. O.

Die vom Vorsitzenden den Geschworenen zu ertheilende Rechtsbelehrung entzieht sich der Constatirung durch das Protokoll oder durch andere Beweismittel selbst dann, wenn behauptet wird, daß sie die gesetzlichen Grenzen überschritten hat oder rechtsirrthümlich war. Sie kann also auch nie zur Begründung der Revision dienen. (Erk. d. III. Straffen. v. 28. Jan. 1880, Nr. 18/80.)

40. §§. 303, 306, Str. Pr. O.

Darin, daß der Vorsitzende einen Geschworenen, der unbefugt das Geschworenenzimmer verläßt, um einen Aufschluß zu verlangen, in das Geschworenenzimmer zurückführt und die Geschworenen über die gesetzlichen Bestimmungen belehrt, liegt keine Verletzung einer Rechtsnorm. (Erk. d. I. Straffen. v. 12. Febr. 1880, Nr. 217/80.)

41. §§. 338, 339, Str. Pr. O.

Die Genehmigung der Anmeldung und Rechtfertigung der Revision, welche ein Anwalt abgegeben hat, der weder Vertheidiger war noch Vollmacht hatte, Seitens des Angeklagten nach Ablauf der Fristen, ist unwirksam. (Erk. d. II. Straffen. v. 16. Jan. 1880, Nr. 753/79. Ebenso Erk. d. III. Straffen. v. 14. Febr. 1880, Nr. 280/80.)

42. §. 344, Str. Pr. O.

Der Verzicht des Angeklagten auf ein Rechtsmittel wird erst durch den Einlauf bei Gericht unwiderruflich. (Erk. d. III. Straffen. v. 31. Jan. 1880, Nr. 113/80.)

43. §. 344, Str. Pr. O.

Der schriftliche, zu Protokoll eines Gefängnißinspektors erklärte Verzicht auf ein Rechtsmittel ist nicht bindend, wenn er nicht für das Gericht bestimmt, bindend erklärt und zur Kenntniß des Gerichts gelangt ist. (Erk. d. III. Straffen. v. 21. Febr. 1880, Nr. 279/80.)

Verzicht auf Rechtsmittel unter Vorbehalt kann keine theilweise Rechtskraft des Urtheils bewirken. (Erk. d. III. Straffen. v. 21. Febr. 1880, Nr. 288/80.)

44. §§. 375, 377⁴, 378, Str. Pr. O.

Ein Strafurtheil, welches in nicht öffentlicher Sitzung verkündet wurde, unterliegt der Revision auch auf Beschwerde des Staatsanwalts. (Erk. d. II. Straffen. v. 30. Januar 1880, Nr. 26/80.)

45. §§. 376, 34, Str. Pr. O.

Die Begründung eines in der Hauptverhandlung gefaßten Beweisantrages zurückweisenden Beschlusses lediglich durch die Bezeichnung als „thatsächlich unerheblich“ oder „vollständig unerheblich“ genügt nicht und rechtfertigt die Revision des Urtheils. (Erk. d. II. Straffen. v. 10. Febr. 1880, Nr. 724/79.)

46. §§. 381, 386, 389, Str. Pr. O.

Die Revision kann durch Telegramm wirksam nicht angemeldet werden. Wegen unzulässiger Form der Anmeldung kann nicht das Instanzgericht, wohl aber das Revisionsgericht die Revision durch Beschluß verwerfen. (Beschl. d. III. Straffen. v. 24. Januar 1880, Nr. 862/79.)

Eine Revisionsbegründung durch Telegramm ist unwirksam. (Erk. d. II. Straffen. v. 13. Febr. 1880, Nr. 90/80.)

47. §. 498, Str. Pr. O.

Die solidarische Haftung mehrerer Theilnehmer für die Kosten tritt Kraft des Gesetzes auch dann ein, wenn im Urtheil kein besonderer Ausspruch darüber erfolgt ist. (Erk. d. I. Straffen. v. 2. Febr. 1880, Nr. 117/80.)

---

*) Vergl. Erk. d. III. Straffen. in dem Bericht in Nr. 5 der Zeitschr. S. 36, Ziffer 7.

Schreibt die Reichscivilprocesordnung vor, daß vor der Vollziehung oder doch spätestens bei der Vollziehung des Arrestbefehls dessen Zustellung an den Schuldner erforderlich ist?

Bearbeitet von Amtsrichter Arnold in Darmstadt.

In verschiedenen Staaten Deutschlands, insbesondere auch in Hessen, galt vor dem 1. October 1879 ein Proceßrecht, nach welchem auf das Arrestgesuch zwei Verfügungen erlassen werden: 1. das Arrestmandat, welches an dritte Personen gerichtet war und die eigentliche Arrestanlegung enthält; 2. das Decret, welches unter den Parteien erging und in welchem diese von dem Arrestmandat in Kenntniß gesetzt wurden und der Arrestrechtfertigungstermin anberaumt wurde. Die Zustellung dieses Decretes an die Parteien war nicht Voraussetzung der Vollziehung des Arrestmandats. Die Parteien, namentlich aber der Schuldner, wurden erst von diesem Mandat unterrichtet, nachdem es vollzogen war. Die Vollziehung des Mandats und die Zustellung jenes Decrets an die Parteien geschahen von Amtswegen.

Nach der Reichscivilprocesordnung wird auf das Arrestgesuch nur eine Verfügung, der Arrestbefehl erlassen, der, wenn er in einem Endurtheil erging, verkündet, dem Gläubiger aber behufs Zustellung an den Schuldner eingehändigt wird, wenn er in einem Beschlusse, also ohne vorheriges Gehör des Gegners ausgesprochen wurde (cfr. 802). Die Betreibung der Vollziehung dieses Befehls ist gleichfalls dem Gläubiger überlassen.

Diejenigen Juristen nun, welche in dem Geltungsgebiete des älteren Proceßrechts leben, können sich nicht leicht an den Gedanken gewöhnen, daß die Reichscivilprocesordnung fordere, daß vor der Vollziehung oder doch spätestens bei der Vollziehung des Arrestbefehls dieser dem Schuldner zugestellt werden müsse, und es liegen auch bereits Entscheidungen erster und zweiter Instanz vor, die dieselbe Ansicht aussprechen. Auch findet diese Ansicht Bestätigung in Puchelt, Commentar Band II., S. 675.

I. In Nachstehendem soll nun untersucht werden, ob dieselbe richtig ist.

1. Das Arrestmandat jenes alten Proceßrechts ist nicht der Arrestbefehl, den die Reichscivilprocesordnung schuf. Nach dem alten Rechte war die Anordnung des Arrestes an schärfere Voraussetzungen geknüpft; es mußte Forderung und Arrestgrund unter allen Umständen bescheinigt sein; dem Erlaß des Arrestes mußte ein Arrestrechtfertigungstermin folgen; der Arrestbefehl war nur, um sich so auszudrücken, ein provisorisches Provisorium, die Form der Vollziehung war nicht die der gerichtlichen Pfändung, und ebenso war die Wirkung des vollzogenen Arrestes nicht die der gerichtlichen Pfändung; der vollzogene Arrest bewirkte kein Pfandrecht. Hieraus ergiebt sich, daß die Zustellung dieses Arrestmandats etwas laxer behandelt werden konnte.

Ganz anders verhält es sich bei dem Arrestbefehl nach der Reichscivilprocesordnung. Die Erwirkung des Arrestbefehls ist erleichtert, denn es kann die Glaubhaftmachung der Forderung und des Arrestgrundes durch Sicherheitsleistung ersetzt werden; es folgt kein Rechtfertigungstermin; an dem Schuldner ist es, sofort Anträge zu stellen, wenn er den Befehl beseitigen will; die Form der Vollziehung ist eine strammere, sie ist die der gerichtlichen Pfändung und der vollzogene Arrest, wenigstens der in das bewegliche Vermögen des Schuldners, begründet nach § 810 ein Pfandrecht, wie die Pfändung bei der Zwangsvollstreckung. Ist es nicht gerechtfertigt, daß die Vollziehung eines Arrestes, der so leicht zu erwirken, und so weittragende Wirkungen hat, schärfere Voraussetzungen haben, muß als der des alten Rechts! Die Motive zur Reichscivilprocesordnung nennen mit Recht die Vollziehung des von ihr geschaffenen Arrestbefehls eine anticipirte Zwangsvollstreckung (cfr. S. 454) und eine Vorschrift, daß der Schuldner vor oder doch bei der Vollziehung eines solchen strengen und wirkungsvollen Befehls Kenntniß erhält, dürfte doch gewiß zu billigen sein.

2. Ist diese Rücksicht gegen den Schuldner nun auch in der Reichscivilprocesordnung Rechnung getragen? Es giebt Viele, die da sagen, es ist nirgends im fünften Abschnitte des achten Buches, der von dem Arrest handelt, vorgeschrieben, daß die Vollziehung des Arrestes erst beginnen dürfte, wenn der Arrestbefehl dem Schuldner bereits zugestellt ist oder spätestens bei der Vollziehung zugestellt wird. Ein Paragraph, der genau diese Worte enthält, existirt nun freilich nicht, und doch schreibt jener fünfte Abschnitt des achten Buches vor, daß vor oder spätestens bei der Pfändung in körperliche Sachen oder in Forderungen und sonstige Vermögensrechte des Schuldners der Arrestbefehl zugestellt sein muß. Nur bei der provisorischen Beschlagnahme nach Maßgabe des § 744 ist jene Zustellung im Arrestverfahren ebensowenig, wie in dem Zwangsvollstreckungsverfahren nöthig. Wir wollen sehen, ob dies richtig ist.

Nach § 808 finden auf die Vollziehung des Arrestes die Vorschriften über die Zwangsvollstreckung entsprechende Anwendung, und im § 810 heißt es, die Pfändung im Arrestverfahren findet nach denselben Grundsätzen wie die Pfändung im Zwangsvollstreckungsverfahren statt. Wenn nun § 671 für die Zwangsvollstreckung bestimmt, daß die Zwangsvollstreckung erst beginnen darf, wenn das Urtheil bereits zugestellt ist oder spätestens bei der Vollstreckung zugestellt wird, so kann man nicht sagen, das 8. Buch enthalte eine gleiche Vorschrift für den Arrestbefehl nicht. Die Einwendungen, welche gegen die Deduktionen erhoben werden, sind nicht stichhaltig. Wir wollen sie einzeln durchgehen.

a. Unter den Vollstreckungstiteln, welche die §§ 644 und 702 im 1. Abschnitt des 8. Buches aufführen, komme, so wird gesagt, der Arrestbefehl als Vollstreckungstitel gar nicht vor, und daraus folge, daß der Arrestbefehl kein Vollstreckungstitel sei, wie die in den §§ 644 und 702 erwähnten Vollstreckungstitel, und es könne deshalb auch der § 671 auf ihn nicht angewendet werden. Wir wollen davon absehen, daß ein Arrestbefehl auch in einem Urtheil erlassen werden kann, der, obwohl das Urtheil nicht rechtskräftig, doch sofort vollziehbar ist, weil eben in dem Arrestbefehl die sofortige Vollstreckbarkeit ausgedrückt ist, und daß sonach recht gut der in einem Urtheile ausgesprochene Arrestbefehl mit den im § 644 erwähnten Titeln gleichgestellt werden kann. Wir wollen davon absehen, daß einige Kommentatoren, und unter diesen auch Siebenhaar und Puchelt, angeben, daß der Arrestbefehl unter die in § 702 pos. 8 angeführten Titel falle, da diese Ansicht nicht richtig zu sein scheint, indem ja gegen den einen Arrest anordnenden Beschluß nur Widerspruch, nicht aber Beschwerde statthaft ist (cf.

die in Struckmann und Koch, Wilmowsky und Levy und bei Anderen angeführten Gründe). Dessenungeachtet ist aber die oben ausgesprochene Folgerung unrichtig, weil die Voraussetzung eben nicht richtig ist. Der Arrestbefehl ist ein Vollstreckungstitel gleich den Schuldtiteln bei der Zwangsvollstreckung, nur ist der Zweck bei jenen ein anderer als bei diesen. Der 5. Abschnitt des 8. Buches hat einen Vollstreckungstitel geschaffen, den der § 809 mit dem in 702 pos. 4 erwähnten Vollstreckungsbefehl auf gleiche Stufe stellt.

b. Es wird hervorgehoben, der § 808 schreibe nur entsprechende Anwendung der Vorschriften über die Zwangsvollstreckung bei Vollziehung des Arrestbefehls vor, das heiße: nur diejenigen Bestimmungen der Zwangsvollstreckung dürften angewendet werden, welche sich mit dem Wesen des Arrestes vertrügen, mit dem Arreste sei aber die Anwendung des § 671 nicht vereinbarlich, indem, wenn der Arrestbefehl vor der Vollziehung zugestellt werden müsse, einmal der Schuldner in die Lage käme, sein Vermögen noch schnell zu beseitigen, und dann die Vollziehung des Arrestbefehls thatsächlich unter Umständen nicht möglich sei. Auch dieser Einwand erscheint unbegründet.

aa. Vor allem ist es nicht richtig, dem Worte „entsprechend" die vorstehende Bedeutung zu geben. Ganz derselbe Ausdruck befindet sich in § 703; hier ist gesagt, daß bezüglich der in § 702 erwähnten Vollstreckungstitel die Bestimmungen der §§ 662—701, welche von den Urtheilen reden, entsprechende Anwendung finden. Mit diesem Worte ist nur ausgesprochen, daß Bestimmungen, die überhaupt nur auf Urtheile passen, auf die in § 702 erwähnten Titel nicht angewendet werden könnten. Ebenso ist durch das in § 808 befindliche Wort „entsprechend" nur ausgedrückt, daß die Vorschriften des achten Buchs über die Zwangsvollstreckung, welche nur auf Urtheile resp. auf die in dem § 702 vorgesehenen Titel passen, sowie die Vorschriften, welche die Befriedigung des Gläubigers herbeiführen, nicht auf den Arrestbefehl Anwendung erleiden können, daß aber alle Vorschriften, welche auf alle Titel an sich passen und nicht die sofortige Befriedigung des Gläubigers bezwecken, auf alle, also auch auf Arrestbefehl angewendet werden müssen. Nun ist aber die Bestimmung des § 671 wie bei allen Schuldtiteln, so auch bei dem Arrestbefehl vollständig anwendbar. Hätte der Gesetzgeber bei Schaffung der § 808 und 810 den § 671 auf den Arrestbefehl nicht anwenden wollen, so hätte er, wie bezüglich anderer Bestimmungen, ebenfalls etwas Abweichendes ausdrücklich bestimmen müssen.

bb. Es ist auch nicht richtig, daß der § 671 sich mit dem Wesen des von der Reichscivilproceßordnung geschaffenen Arrestes nicht vertrüge. Dieser Arrest ist eben, wie wir oben gesehen haben, nicht der Arrest des älteren Processes. Der Schuldner kann bei einer anticipirten Zwangsvollstreckung mindestens dieselbe Rücksicht verlangen, die man ihm bei der definitiven Zwangsvollstreckung gewährt.

cc. Was nun den Umstand anbelangt, daß der Schuldner, der Kenntniß von dem Arrestbefehl vor der Vollziehung erhält, sein Vermögen bei Seite schaffen könne, und daß der Arrest unter Umständen nicht zu vollziehen sei, so kann man daraus doch nicht folgern, daß das Gesetz die fragliche Vorschrift nicht gegeben habe, man könnte höchstens sagen, daß die Bestimmung qu. unter Umständen unzweckmäßig sei. Es fragt sich aber, ob

denn wirklich bei dem Bestehen der in Rede stehenden Vorschrift etwas so unzweckmäßiges geschaffen werden ist? Wir wollen sehen.

α. Der §. 671 läßt es zu, gestattet also auch bei dem Arrestverfahren, daß gleichzeitig mit dem Vollzuge des Arrestbefehls derselbe zugestellt wird. Wenn nun der Schuldner anwesend ist und es sich um eine Vollstreckung in das bewegliche körperliche Vermögen dreht, so schwindet die Gefahr der Beiseiteschaffung des Vermögens vollständig.

β. Handelt es sich unter gleicher Voraussetzung um eine Vollstreckung in Forderungen und sonstige Vermögensrechte, so ist zwar die gleichzeitige Zustellung des Arrestbefehls bei der Vollziehung desselben nicht möglich, weil in dem Beschlusse, welcher die bekannten Aufforderungen an den Drittschuldner und Schuldner enthält, schon der Beginn der Vollziehung des Arrestbefehls liegt und dieser Pfändungsbeschluß des Gerichts daher die Zustellung voraussetzt. Hier kann aber der möglichen Einziehung oder Veräußerung der Forderung durch die im § 744 erwähnte provisorische Beschlagnahme durch den Gerichtsvollzieher vorgebeugt werden. Diese setzt nämlich nur voraus eine Ausfertigung des Arrestbefehls, deren Abschrift dem Drittschuldner mit dem bekannten Verbote zuzustellen ist. Die Benachrichtigung des Schuldners ist nur instruktionell, nicht aber materiell.

Diese provisorische Maßregel verlangt nicht die Wahrung der Vorschriften des § 671, denn sie ist noch keine Zwangsvollstreckung in dem dort angegebenen Sinne. Sie dürfte mit dem Arrestbefehl des alten Proceßrechts vergleichbar sein.

Zwar wollen einige Kommentatoren behaupten, daß die provisorische Beschlagnahme bei dem Arrest nicht anwendbar sei. Zu diesen gehören auch Struckmann und Koch und Seuffert; anderer Ansicht sind Wilmowsky und Levy. Jene Behauptung der Nichtanwendbarkeit des § 744 auf das Arrestverfahren dürfte nach den §§ 808 und 810 nicht richtig sein. Das Berufen der Anhänger dieser Ansicht auf eine Erklärung des Herrn von Amsberg in der Kommission ist ungerechtfertigt. Derselbe spricht dort nur zu § 744 von der Zwangsvollstreckung, was ganz natürlich ist; daraus und namentlich trotz der Bestimmungen der §§ 808 und 810 zu folgern, Herr von Amsberg habe in seiner Erklärung die Anwendbarkeit des § 744 nur im Zwangsvollstreckungsverfahren ausdrücken wollen, dürfte gewiß sehr gewagt sein. cf. Protokolle S. 402.

Ist nun die provisorische Beschlagnahme vollzogen, dann kann, falls hierbei die Zustellung des Arrestbefehls an den Schuldner nicht vorgenommen wurde, binnen 3 Wochen die Zustellung besorgt, die Pfändung der Forderungen bei Gericht beantragt und vollzogen werden.

γ. Nehmen wir den Fall an, der Schuldner sei abwesend, jedoch mit bekanntem Aufenthalte in Deutschland, so enthielte die fragliche Vorschrift ebenfalls keine Härte für den Gläubiger. Bezüglich der Vollziehung des Arrestes in Forderungen und sonstige Vermögensrechte hilft auch hier die provisorische Beschlagnahme. Bei der Arrestpfändung in bewegliche körperliche Sachen kann dem Schuldner schon in einem Zeitraume von längstens 36 Stunden der Arrestbefehl zugestellt und in gleicher Zeit die Zustellungsurkunde in Händen des Gläubigers sein. Die Zeit, die hier der Schuldner zur Beiseiteschaffung seines nicht bei ihm befindlichen Vermögens haben kann, ist doch gar gering anzuschlagen. Dazu kommt noch: Ist der Schuldner nicht da, wo sein Vermögen sich befindet, so wird in der Regel auch nur Arrestpfändung in bewegliche körperliche Gegenstände nicht zulässig sein, denn der Drittbesitzer muß ja mit der Pfändung einverstanden sein. Hier ist wieder der Rechtsbehelf der provisorischen Beschlagnahme am Platz; es wird der Anspruch auf jenes Vermögen provisorisch mit Beschlag gelegt.

δ. Wie sieht es aber aus, wenn der Schuldner im Auslande, sein Aufenthaltsort aber bekannt ist? Auch hier kann sofort, wenn Forderungen oder sonstige Vermögensrechte in Frage sind, provisorische Beschlagnahme stattfinden. Es ist die in § 809 Absatz 2 vorgesehene zweiwöchentliche Frist gewährt, es kann dann binnen der weiteren in § 744 vorgeschriebenen dreiwöchentlichen Frist das Provisorium in das Definitivum, welches nur eine Fortsetzung jenes ist, übergehen.

Die sofortige Arrestpfändung in bewegliche körperliche Sachen und die sofortige Beschlagnahme von Forderungen dürfte allerdings hier Schwierigkeiten bieten, da beide Vollziehungsarten die Zustellung des Arrestbefehls voraussetzen und der Arrest innerhalb zwei Wochen von Verkündigung resp. Zustellung an den Gläubiger angerechnet vollzogen sein muß, es sei denn daß man analoge Anwendung des § 730, der dort für den im Auslande befindlichen Schuldner eine Zustellung durch Aufgabe zur Post versieht, zulasse. Bei dem bekannt wo im Auslande abwesenden Schuldner könnte auch mit Rücksicht auf die Bestimmungen in den §§ 160 und 161 die zweiwöchentliche Frist des § 809 Absatz 2 dadurch gewährt werden, daß man das Gericht bittet, Verhandlungstermin anzuberaumen und den Arrestbefehl durch Urtheil auszusprechen.

ε. Bei dem unbekannt wo abwesenden Schuldner gegen welchen eine sofortige Arrestpfändung in bewegliche körperliche Sachen oder eine sofortige definitive Beschlagnahme von Forderungen ꝛc. mit Rücksicht auf die im § 189 Absatz 2 erwähnte Anheftungsfrist von zwei Wochen und auf die Bestimmung des § 809 Absatz 2 nicht ausführbar erscheint, dürfte eine Beseitigung des Vermögens überhaupt nicht zu befürchten sein, und es dürfte sich deshalb statt des Arrestgesuchs die Anstellung der Klage in der Hauptsache empfehlen. Höchstens könnte man die provisorische Beschlagnahme ins Auge fassen und diese, wenn nöthig, so lange wiederholen, bis die Zwangsvollstreckung auf Grund eines Urtheils in der Hauptsache betrieben werden kann. Die Anwendung dieses Mittels ist auch bei dem bekannt wo im Auslande abwesenden Schuldner empfehlenswerth.

Wir sehen also die angeblichen Mißstände, die die Anwendung des § 671 im Arrestverfahren mit sich bringen sollen, sind auf ein solches Minimum zurückzuführen, daß die Rücksichten, die der angebliche Schuldner zu fordern berechtigt ist, recht gut gewahrt werden können, ohne den Gläubiger zu benachtheiligen.

Außer dem bereits unter 1 und 2 Angeführten bestätigt auch noch das Folgende das Bestehen der fraglichen Vorschrift:

a. In § 803 ist bestimmt, daß in dem Arrestbefehl ein Geldbetrag festzustellen ist, durch dessen Hinterlegung die Vollziehung des Arrestes gehemmt und der Schuldner zu dem Antrage auf Aufhebung des vollzogenen Arrestes berechtigt ist.

Wie soll nun der Schuldner von § 803, der ihm zweifellos auch das Recht giebt, die Vollziehung des Arrestes zu verhindern, Gebrauch machen können, wenn ihm nicht spätestens bei der Vollziehung der Arrestbefehl zugestellt wird? Die Motive sagen zu diesem Paragraphen, der Schuldner solle berechtigt sein, die Sicherung seines Gläubigers auf die ihm, dem Schuldner, leichteste Weise zu bewirken.

b. Zu dem § 810 erklärte Dr. Wolffson in den Kommissionsberathungen: „Im Allgemeinen kann die Pfändung auf Grund eines vollstreckbaren Urtheils gleichzeitig mit der Zustellung der vollstreckbaren Ausfertigung erfolgen. Nach diesem Paragraphen wird bei der Arrestpfändung dasselbe gelten. Darnach kann es vorkommen, daß dem Schuldner, der noch gar nicht gefragt wurde, ob er zahlen wolle, ohne Weiteres gleichzeitig mit der Anzeige von der Arrestanlegung seine Mobilien weggenommen werden, obgleich die Forderung des Gläubigers noch nicht einmal fällig ist,“ — und beantragte, den § 810 zuzulassen, daß wenigstens Pfändungen in körperliche Sachen, die der Schuldner besitze, erst eine Woche nach Zustellung des den Arrest anordnenden Beschlusses stattfinden dürfe. Dr. v. Amsberg, der Vertreter der Reichsregierung, bestritt nicht, daß spätestens mit Vollziehung die Zustellung des Arrestbefehls zu erfolgen habe, wohl aber beanstandete er den beantragten Zusatz, der auch abgelehnt wurde.

II. In dem Vorgetragenen dürfte der Nachweis geliefert sein, daß die oben aufgeworfene Frage zu bejahen ist und daß die Eingangs dieses erwähnten Entscheidungen der nach der Ansicht Puchelt's der Reichsproceßordnung nicht entsprächen. Diese meine Ansicht findet auch Bestätigung in den Kommentaren von Wilmowski, Levy, Struckmann, Koch und Seuffert.

Daß kein Unterschied zu machen ist, zwischen Arrestpfändungen in bewegliche körperliche Sachen und zwischen Arrestpfändungen in Forderungen und sonstige Vermögensrechte bei Beantwortung obiger Frage liegt auf der Hand. Scheinbar anderer Ansicht sind Diejenigen, welche behaupten, daß der Arrestbefehl, welcher lediglich den Zweck hat, eine Forderung oder sonstiges Vermögensrecht des Schuldners zu arrestiren, den Pfändungsbeschluß zu enthalten habe. In Vierhand Formularbuch ist ebenfalls ein Arrestbefehl mit Pfändungsbeschluß enthalten. Siehe auch Struckmann und Koch zu § 744. Allein hierdurch soll nicht ausgedrückt sein, daß ein solcher Arrestbefehl vor der Vollziehung nicht zugestellt zu werden brauche. Hier ist offenbar nur ausgesprochen, daß der gleichzeitig mit dem Arrestbefehl verfügte Pfändungsbeschluß noch nicht Vollziehung des Arrestbefehls sei, daß vielmehr erst in der Zustellung dieses Befehls an den Drittschuldner der Beginn der Vollziehung liege. Ein solcher Befehl muß nach Obigem zuerst dem Schuldner, dann dem Drittschuldner zugestellt werden. Indeß gesetzlich ist die Vereinigung des Arrestbefehls und des Pfändungsbeschlusses nicht. Der Pfändungsbeschluß enthält, wie oben erwähnt, schon eine Vollziehung des Arrestes selbst.

Der Arrestbefehl, den das Gericht der Hauptsache (§ 799 und 821) erläßt, wird am zweckmäßigsten generell zu fassen sein. Er kann aber auch vom Amtsgericht der belegenen Sache (§ 799) in der Weise generell ergehen, daß er sich nur auf die im Gerichtsbezirke befindlichen Gegenstände erstrecke. Auf solche Arrestbefehle kann sowohl das bewegliche körperliche Vermögen als auch eine Forderung oder sonstiges Vermögensrecht des Schuldners angegriffen werden. Zuläſſig freilich iſt es, daß ein Arreſt auf einen beſtimmten einzelnen Vermögensgegenſtand auf desfalſigen Antrag gerichtet wird, aber wenn es ſich z. B. um die Arreſtirung einer Forderung ꝛc. dreht, daß der Arreſtbefehl nie mehr enthalten, als daß der Arreſt auf die beſtimmte Forderung ꝛc. erkannt werde. Etwas Weiteres als dieſes wollen auch die Motive zu § 800 nicht ausſprechen.

Plenarbeſchluß des Reichsgerichts
vom 29. April 1880.

In den Fällen, in welchen die Einlegung der Beſchwerde durch einen Rechtsanwalt erforderlich iſt, erſcheint das Rechtsmittel der Beſchwerde geſetzmäßig eingelegt,
wenn die Beſchwerdeſchrift

bei dem Gerichte, gegen deſſen Entſcheidung Beſchwerde erhoben wird, durch einen bei dieſem Gericht zugelaſſenen Rechtsanwalt

oder

bei dem Beſchwerdegericht — ſoweit die Beſchwerde hier eingelegt werden kann — durch einen bei letzterem Gericht zugelaſſenen Rechtsanwalt eingereicht worden iſt.

Gründe:

Die von dem Beklagten gegen den Beſchluß des Landgerichts zu Wiesbaden vom 2. December 1879 erhobene ſofortige Beſchwerde wurde bei dieſem Gericht von einem bei demſelben zugelaſſenen Rechtsanwalt durch Einreichung einer von ihm als Bevollmächtigten des Beklagten unterzeichneten Beſchwerdeſchrift eingelegt. Das Oberlandesgericht zu Frankfurt a. M. verwarf die Beſchwerde durch Beſchluß vom 26. Januar 1880 als unzuläſſig, weil zur Einreichung der für das Oberlandesgericht beſtimmten Beſchwerdeſchrift nur ein bei dieſem Gericht zugelaſſener Rechtsanwalt befugt geweſen wäre. Die hiergegen an das Reichsgericht gerichtete weitere Beſchwerde iſt ſowohl für zuläſſig, als für begründet zu erachten.

Es iſt zwar von einem Civil-Senate des Reichsgerichts durch Beſchluß vom 29. December 1879 in Sachen Schippang ꝛc. Co. wider Grüne ebenſo entſchieden worden, wie im vorliegenden Falle von dem Oberlandesgericht.

Dagegen ſind die vereinigten Civil-Senate des Reichsgerichts, an welche die Sache gemäß § 137 des Gerichtsverfaſſungsgeſetzes verwieſen worden iſt, der Anſicht, daß in den Fällen, in welchen die Einlegung der Beſchwerde durch einen Rechtsanwalt überhaupt erforderlich iſt, — das Rechtsmittel der Beſchwerde geſetzmäßig eingelegt erſcheint,
wenn die Beſchwerdeſchrift

bei dem Gerichte, gegen deſſen Entſcheidung Beſchwerde erhoben wird, durch einen bei dieſem Gericht zugelaſſenen Rechtsanwalt

oder

bei dem Beſchwerdegericht — ſoweit die Beſchwerde hier eingelegt werden kann — durch einen bei letzterem Gericht zugelaſſenen Rechtsanwalt eingereicht worden iſt.

Die Entſcheidung der Frage, welche Rechtsanwälte befugt ſeien, als Bevollmächtigte der beſchwerdeführenden Partei die Beſchwerdeſchrift einzureichen, iſt nicht aus den Vorſchriften über die Förmlichkeiten des Rechtsmittels der Beſchwerde (§§ 530 flg. der Civilprozeßordnung), ſondern aus den auf Prozeßhandlungen überhaupt bezüglichen Vorſchriften über die Nöthigung der Parteien, ſich durch Rechtsanwälte als Bevollmächtigte vertreten zu laſſen (§ 74 der Civilprozeßordnung), und die Befugniß der Rechtsanwälte zu ſolcher Vertretung (§ 27 der Rechtsanwaltsordnung) zu entnehmen. Nach dieſen Vorſchriften ſind die Parteien befugt und genöthigt, ſoweit der Anwalts-

zwang reicht, auch zur Einreichung der Beſchwerdeſchrift behufs Einlegung des Rechtsmittels der Beſchwerde ſich eines bei dem Prozeßgericht zugelaſſenen Rechtsanwalts zu bedienen. Als Prozeßgericht im Sinne des § 74 der Civilprozeßordnung erſcheint dasjenige Gericht, bei welchem der Prozeß anhängig oder die vorzunehmende Handlung anhängig zu machen iſt. Sind aber verſchiedene Abſchnitte deſſelben Prozeſſes bei verſchiedenen Gerichten zu erledigen, ſo kann bezüglich jeder einzelnen Prozeßhandlung nur dasjenige Gericht, vor welches dieſe Handlung gehört, als das Prozeßgericht im Sinne des § 74 angeſehen werden. Daher erſcheint bezüglich der Einlegung der Beſchwerde, welche nach §§ 532, 540 Abſatz 2 der Civilprozeßordnung bald bei dem Gericht, gegen deſſen Entſcheidung Beſchwerde geführt wird, bald bei dem Beſchwerdegericht ſtattfindet, entweder das erſtere oder das letztere als Prozeßgericht, je nachdem die Beſchwerde hier oder dort eingelegt wird. Hieraus ergiebt ſich, daß die Beſchwerdeſchrift im erſteren Falle von einem bei dem beſchwerdenden Gericht, im andern Falle von einem bei dem Beſchwerdegericht zugelaſſenen Rechtsanwalt einzureichen iſt.

Anders würde man entſcheiden müſſen, wenn das erſtgedachte Gericht die Beſchwerdeſchrift nur anſtatt der Beſchwerdegerichts, als deſſen Organ, für Letzteres entgegenzunehmen und weiter zu befördern hätte. Unter dieſer Vorausſetzung würde die Annahme gerechtfertigt ſein, daß die Einreichung bei dem beſchwerenden Gericht nichts anderes ſei, als eine Einreichung bei dem Beſchwerdegericht, mithin auch nur durch einen bei letzterem zugelaſſenen Rechtsanwalt erfolgen könne. In dieſer Weiſe aber hat die Civilprozeß-Ordnung die Stellung des Gerichts, gegen deſſen Entſcheidung Beſchwerde erhoben wird, nicht beſtimmt.

Insbeſondere geht aus der Vorſchrift des § 534, wonach daſſelbe der bei ihm eingelegte Beſchwerde zu prüfen, der für begründet erachteten Beſchwerde ſelbſt abzuhelfen und nur die von ihm für unbegründet erachteten Beſchwerden dem Beſchwerdegericht vorzulegen hat, mit Beſtimmtheit hervor, daß erſteres Gericht die Beſchwerde in eigenem Namen und vermöge ſeiner geſetzlich beſtimmten Zuſtändigkeit, nicht aber in Vertretung des Beſchwerdegerichts für letzteres entgegennimmt. Iſt dem Gericht, gegen deſſen Entſcheidung Beſchwerde erhoben wird, dieſe Stellung in Beziehung auf die Beſchwerde überhaupt zugewieſen, ſo nimmt es dieſelbe auch bei der nur als Unterart der Beſchwerde erſcheinenden ſofortigen Beſchwerde ein, obgleich ein beſondere aus § 534 zu entnehmende Grund auf § 540 Abſatz 3 bei der ſofortigen Beſchwerde nicht zutrifft.

Ein Bedenken gegen die im Vorſtehenden begründete, auch in der Literatur nicht unvertretene Anſicht
vergleiche H. Meyer, Anleitung zur Prozeßpraxis nach der Civilprozeßordnung vom 30. Junuae 1877, S. VI, 99, 206,
könnte daraus entnommen werden, daß die Motive zu §§ 508 bis 510 des Entwurfs der Civilprozeß-Ordnung davon auszugehen ſcheinen, daß die Beſchwerdeſchrift als für das Beſchwerdegericht beſtimmt von einem bei letzterem zugelaſſenen Anwalt eingereicht werden müſſe. Sie bemerken:

Die Beſchwerde wird nach § 508 Abſatz 2 entweder durch eine Beſchwerdeſchrift oder in den dort zugelaſſenen Fällen zum Protokoll des Gerichtsſchreibers eingelegt. Erſternfalls iſt die Beſchwerdeſchrift — weil für das Beſchwerdegericht, alſo für ein Gericht höherer Ordnung beſtimmt — nach der allgemeinen Regel № 72 (Norddeutſche Protokolle III. S. 1560) eine Anwaltsſchrift.

Es iſt indeſſen dieſer Bemerkung ein erhebliches Gewicht um ſo weniger beizulegen, da dieſelbe nur davon handelt, ob die Beſchwerdeſchrift einzureichen ſei, nicht aber von der hier zu entſcheidenden Frage, welche Rechtsanwälte zur Einreichung derſelben befugt ſeien, und da ferner dieſelbe auch in Betreff der erſteren Frage ungenau iſt, indem man eine in den Verhandlungen über den ſogenannten norddeutſchen Entwurf der Civilprozeßordnung vorkommende und nach den Bestimmungen dieses Entwurfs über die Beschwerde in amtsgerichtlichen Sachen zutreffende Bemerkung unverändert in die Motive des dem Reichstage vorgelegten Entwurfs aufgenommen hat, obgleich sie nach den Bestimmungen des letzteren Entwurfs bezüglich der Beschwerde in amtsgerichtlichen Sachen nicht zutrifft.

Andererseits ergiebt sich eine Unterstützung der hier gebilligten Ansicht aus § 41 der Gebührenordnung für Rechtsanwälte, welcher bestimmt, daß in der Instanz der an eine Nothfrist nicht gebundenen Beschwerde dem Rechtsanwalt die Prozeßgebühr nicht zusteht, wenn ihm dieselbe in der Instanz zustand, in welcher die angefochtene Entscheidung ergangen ist. Es ist nicht anzunehmen, daß bei der hieraus ersichtlichen Unterstellung der Möglichkeit eines Handelns des beim beschwerenden Gericht zugelassenen Rechtsanwalts in der Beschwerdeinstanz ausschließlich an die selteneren Fälle gedacht worden sei, in welchen ein bei dem Beschwergericht zugelassener Rechtsanwalt bei dem Gericht, gegen dessen Entscheidung Beschwerde erhoben ist, gehandelt und Prozeßgebühr zu fordern hat, wie es z. B. im amtsgerichtlichen Verfahren und in den Fällen der §§ 10 und 11 der Rechtsanwaltsordnung vorkommen kann. Ist der § 41 aber auf diese Fälle nicht beschränkt, so ergiebt sich daraus ein gesetzliches Anerkenntniß der Möglichkeit, daß der beim beschwerenden Gericht zugelassene Rechtsanwalt, welcher in der Instanz gehandelt hat, in welcher die angefochtene Entscheidung ergangen ist, auch in der Beschwerdeinstanz handelt, obwohl er beim Beschwergericht nicht zugelassen ist.

Schließlich ist darauf hinzuweisen, daß auch in solchen Fällen, in welchen nach den Reichsgesetzen die Berufung bei dem Gericht erster Instanz durch Einreichung einer Berufungsschrift einzulegen ist, nämlich in Konsularsachen nach § 20 des Reichsgesetzes vom 10. Juli 1879 und in Patentsachen nach § 32 des Patentgesetzes vom 25. Mai 1877 in Verbindung mit § 14 der Kaiserlichen Verordnung vom 1. Mai 1878, die Einreichung der Berufungsschrift durch einen bei dem Berufungsgericht zugelassenen Rechtsanwalt nicht verlangt wird.

Aus diesen Gründen ist die angefochtene Entscheidung für nicht gerechtfertigt und die weitere Beschwerde für begründet zu erachten, mithin die an das Oberlandesgericht gerichtete sofortige Beschwerde dem Antrage des Beschwerdeführers gemäß als gerechtmäßig eingelegt zu erklären. Dagegen kann dem weiteren Antrage desselben, in der Sache selbst zu verfügen, als Rechtens ist, nicht entsprochen werden. Denn mit der Entscheidung über die Zulässigkeit der gedachten Beschwerde ist (der auf den neuen selbständigen Beschwerdegrund beschränkte Gegenstand des Rechtsmittels der weiteren Beschwerde erschöpft. Der Entscheidung des Oberlandesgerichts in der Sache selbst kann in der gegenwärtigen Instanz nicht vorgegriffen werden, zumal da, wenn dasselbe die Entscheidung der ersten Instanz bestätigt, eine weitere Beschwerde an das Reichsgericht nach § 531, Absatz 2 unstatthaft sein würde.

Die durch die weitere Beschwerde verursachten Gerichtskosten sind auf Grund des § 6 des Gerichtskostengesetzes niederzuschlagen, wogegen es angemessen erscheint, die Entscheidung über den Kostenpunkt im Uebrigen bis zur Entscheidung in der Sache selbst zu verschieben.

Personal-Veränderungen.

Zulassungen.

Michael Spies bei dem Amtsgericht in Trostberg; — Otto Besenbeck in Lahe bei dem Landgericht in Offenburg; — Dr. Johann Paul Reinganum bei dem Landgericht in Frankfurt a./M.; — Max Fleißner bei dem Landgericht in Augsburg; — Doermer in St. Johann bei dem Landgericht in Saarbrücken; — Reusch und Geuwe in Neustadt-Magdeburg

bei dem Landgericht in Magdeburg; — Gustav Ernst Carl Kauffmann und Dr. Hermann Jacob Seemter bei dem Landgericht I. in Berlin; — Max Arthur Georg Rüttger u II. bei dem Landgericht in Aachen; — Bürkner in Rixdorf bei dem Landgericht II. in Berlin; — Dr. Heinrich Christoph Paul Haendly bei dem Landgericht I. in Berlin; — Dr. Gottfried Jacob Gildemeister bei dem Oberlandesgericht in Hamburg; — Max Eugen Pfannenstiel bei dem obersten Landesgericht in München.

In der Liste der Rechtsanwälte sind gelöscht: Ferdinand Eckstrom bei dem Oberlandesgericht und Landgericht in Darmstadt; — Michael Spies bei dem Landgericht in Traunstein.

Ernennungen.

Ernannt sind:

Die Rechtsanwälte Stoecklich und Suyn in Neuwied zu Notaren im Bezirk des Oberlandesgerichts zu Frankfurt a./M., mit Ausschluß der Hohenzollernschen Lande; — Feuerstack in Wernigerode zum Notar im Bezirk des Oberlandesgerichts zu Naumburg a./S.

Ausscheiden aus dem Dienst.

Der Justizrath Berendes in Eilenburg hat sein Amt niedergelegt; — Justizrath Pohlmann in Gardelegen ist aus dem Staatsdienst ausgeschieden; — Rechtsanwalt Senn Kindler in Rostock hat auf die Ausübung der Rechtsanwaltschaft verzichtet.

Todesfälle.

Justizrath Heydemann in Stettin; — Rechtsanwälte Carl Friedrich Dietrich in Leipzig; — Johann Georg Flemisch in Augsburg; — Julius Friedrich Kircheisen in Eisenberg; — Justizrath von Gostkowsky in Stolp; — R. A. Lessing in Freiberg.

Titelverleihungen.

Dem Rechtsanwalt und Notar Justizrath Hillmar in Cöslin ist der Charakter als Geheimer Justizrath verliehen.

Ordensverleihungen.

Den Justizräthen Michels zu Hattingen und Schneider in Brieg ist der Rothe Adler-Orden vierter Klasse verliehen.

Für die Redaktion verantw.: E. Harnie. Verlag: W. Moeser, Hofbuchhandlung. Druck: W. Moeser, Hofbuchdruckerei in Berlin.

№ 12.   Berlin, 15. Juni.   1880.

Juristische Wochenschrift.

Herausgegeben von

S. Haenle,   und   **M. Kempner,**
Rechtsanwalt in Ansbach.   Rechtsanwalt beim Landgericht I. in Berlin.

Organ des deutschen Anwalt-Vereins.

Preis für den Jahrgang 12 Mark. — Inserate die Zeile 30 Pfg. — Bestellungen übernimmt jede Buchhandlung und Postanstalt.

Ueber Pensionskassen zur Unterstützung der Invaliden und Wittwen.

Von Prof. Dr. Heym.

Es wird wohl keine verschiedene Meinung darüber bestehen, daß Hülfskassen, wie z. B. Krankenkassen, Knappschaftskassen, Pensionskassen und andere, nicht zum Gegenstand der Spekulation gemacht werden, also auch nicht Aktienanstalten sein, sondern nur auf Gegenseitigkeit beruhen können. Bei den größeren oder kleineren Lebensversicherungsgesellschaften erstreckt sich diese Gegenseitigkeit nur auf das Finanzielle insofern, als bei einem Defizit alle Mitglieder zur Deckung desselben durch Nachschüsse proportional ihren Beiträgen verpflichtet sind. Sonst sind die Lasten so vertheilt, wie es die Wahrscheinlichkeitsrechnung verlangt.

Bei den Hülfskassen dagegen erstreckt man die Gegenseitigkeit auch noch auf persönliche Beziehungen der Mitglieder unter einander. Man fordert, daß die jungen Mitglieder die alten mit übertragen, d. h. man hebt bei Bestimmung der Beiträge den Altersunterschied auf und läßt Alle ohne Rücksicht auf ihr Alter einen und denselben durchschnittlichen Beitrag zahlen. Diese Einrichtung widerstreitet offenbar den Prinzipien der Wahrscheinlichkeitsrechnung und man nennt sie deshalb irrational. Sie läßt sich aber aus vielen guten Gründen vertheidigen und ist in den meisten Fällen nicht zu entbehren, wenn man das Zustandekommen der Kasse nicht gefährden und die Verwaltung nicht verwickelt und dadurch kostspielig machen will. Ferner hebt man bei der Aufnahme die Beachtung des Gesundheitszustandes, wenn auch nicht vollständig, aber doch theilweise auf, man ist viel milder bei Beurtheilung desselben als die Lebensversicherungsgesellschaften, die allen Personen zugänglich sind. Mit anderen Worten, man verlangt, daß die gesunden Mitglieder die kränklichen mit übertragen. Endlich besteht auch bei vielen Hülfskassen die Einrichtung, den ärmeren Mitgliedern die Leistung der Kasse für einen billigern Beitrag zu gewähren. Wenn also z. B. von zwei Mitgliedern das eine eine Rente von 100 Mark, das andere eine von 1000 Mark erwirbt, unter sonst gleichen Bedingungen, so müßte das erstere einen 10 mal kleineren Beitrag zahlen als das letztere. Man nimmt aber hier den Beitrag mehr als 10 mal kleiner, weil man ähnlich wie bei den Staatssteuern annimmt, daß dem ärmeren Mitgliede im Allgemeinen die Prämie für eine kleinere Rente schwerer fällt, als dem wohlhabenderen Mitgliede für eine größere. Man läßt also die Armen von den Wohlhabenden mit übertragen.

Während also zur die finanzielle Gegenseitigkeit bei Lebensversicherungsgesellschaften aufrecht erhalten wird und auch nur aufrecht erhalten werden kann, da die einzelnen Mitglieder kein anderes Band untereinander als ein privatrechtlicher Vertrag, übertragen die Hülfskassen das Prinzip der Gegenseitigkeit auch auf andere Beziehungen der Mitglieder gegen einander. Eine solche Uebertragung ist aber nur möglich und zulässig, wenn die Mitglieder noch durch ein anderes Band unter einander verbunden sind, wie z. B. wenn sie einem und demselben Stande angehören und kollegialische Beziehungen zu einander haben. Daher hat man diese Art der Gegenseitigkeit nicht unpassend das Prinzip der Kollegialität genannt.

Innerhalb dieser Gegenseitigkeiten können aber bei Errichtung einer Hülfskasse noch zwei von einander ziemlich verschiedene Wege eingeschlagen werden.

Entweder man garantirt für Beiträge, die im Allgemeinen der Wahrscheinlichkeitsrechnung genügen müssen, bestimmte Kassenleistungen, selbstverständlich unter Beachtung der finanziellen Gegenseitigkeit, oder man setzt einen beliebigen Beitrag fest, sammelt Kapitalien an und gewährt aus den Zinsen, Beiträgen und anderen Zuschüssen nach statutarischer Bestimmung eine veränderliche Kassenleistung, welche mit der Zeit wächst. Diese letztere Einrichtung hat mit der Wahrscheinlichkeitsrechnung nichts, oder doch nur unter besonderen Umständen äußerst wenig zu schaffen.

Die erstere Einrichtung nähert sich mehr oder weniger der Einrichtung, welche nur allein bei Lebensversicherungsgesellschaften Anwendung finden darf. Sie erfordert, daß die Grundlagen der Rechnung zur Feststellung der Beiträge vorhanden sind, daß man also die Wahrscheinlichkeiten des Sterbens, des Erkrankens, des Invalidwerdens u. s. w. genau kennt. Kennt man diese Wahrscheinlichkeiten gar nicht oder nur mangelhaft, so würde sich die zweite der oben genannten Einrichtungen empfehlen.

Wollen die Sachwalter Deutschlands eine Hülfskasse gründen, welche Invaliden-, Wittwen- und Waisenpensionen gewähren soll, so würden sie zum Theil wenigstens in die eben erwähnte Lage kommen, weil man bis jetzt überhaupt nur wenig von der Wahrscheinlichkeit des Invalidwerdens kennt, von der Wahrscheinlichkeit aber, welche unter den Sachwaltern stattfindet, gar nichts weiß. Ließe sich dieser Mangel durch eine statistische Erhebung durchaus nicht beseitigen, so würde man, wenn man das in Rede stehende Projekt nicht ganz aufgeben will, hypothetische Annahmen über die Wahrscheinlichkeit des Invalidwerdens unter den Sachwaltern machen müssen, die sich in etwas wenigstens an das bereits Bekannte anschließen könnten.

Die Beiträge für eine Invalidenrente hängen nicht blos von der Wahrscheinlichkeit des Invalidwerdens, sondern auch von der des Sterbens unter den noch aktiven Mitgliedern und der des Sterbens unter den invaliden Mitgliedern ab. Die Wahrscheinlichkeit des Sterbens unter den Invaliden spielt bei jeder Invalidenkasse eine Hauptrolle und ist einflußreicher auf die Höhe der Beiträge als die beiden anderen Wahrscheinlichkeiten. Je größer die Wahrscheinlichkeit des Sterbens unter den Invaliden ist, um so kleiner der Beitrag. Näherungsweise stehen die Beiträge im umgekehrten Verhältniß dieser Sterbenswahrscheinlichkeiten. Wenn also bei den Invaliden eines gewissen Standes die Sterblichkeit doppelt so groß ist, als bei denen eines anderen Standes, so werden sich unter übrigens gleichen Bedingungen die Beiträge nahe wie 1:2 verhalten. Das läßt sich ja auch leicht einsehen, denn ist die Sterblichkeit unter den Invaliden sehr groß, so genießen sie ihre Rente nur kurze Zeit, belasten also die Kasse verhältnißmäßig wenig.

Die Sterblichkeit unter den Aktiven hat im Allgemeinen einen nicht so großen Einfluß, ebenso kann man die Wahrscheinlichkeit des Invalidwerdens, namentlich in den jüngeren Altersjahren erheblich vergrößern, ohne daß dadurch die Beiträge auch erheblich vergrößert würden.

Bei der doch im Allgemeinen ruhig verlaufenden Thätigkeit der Sachwalter wird man gewiß nicht sehr irren, wenn man ihre Sterblichkeit von der allgemeinen Sterblichkeit als nicht sehr verschieden annimmt und ebenso mag die Sterblichkeit der Invaliden wenig von der Sterblichkeit der Aktiven verschieden sein. Denn es fehlen hier alle die großen Gewalten, welche bei gefährlichen Berufsarten sofort den Tod herbeiführen, oder doch die Gesundheit der Invaliden so schädigen, daß sie nur kurze Zeit im Genuß der Rente bleiben. Nur zum kleineren Theil wird bei gefährlichen Berufsarten die Invalidität durch allmälig eintretende Altersschwäche herbeigeführt, während dies bei den Sachwaltern sicher die Regel ist. Daraus darf man schließen, daß die Beiträge für die Invalidenpension bei den Sachwaltern wohl nicht so gar gering zu veranschlagen sein dürften. Jemehr auf diesem noch sehr dunklen Gebiete durch fortgesetzte Forschung Licht verbreitet wird, um so mehr scheint sich zu bestätigen, daß die Last, welche eine Invalidenkasse übernimmt, größer ist, als man sie so gemeinhin zu schätzen pflegt.

Es ist daher bei Begründung derartiger Anstalten die äußerste Vorsicht allenthalben geboten.

Um nun doch einige wenige Zahlenangaben zu machen, möchten die folgenden, sehr lückenhaften Betrachtungen zu beachten sein.

Wie schon oben bemerkt, ist über die Invalidität der Rechtsanwälte zur Zeit nichts bekannt. Was etwa in bereits bestehenden Invalidenkassen der Sachwalter, die es ohne Zweifel giebt, an Erfahrungen vorhanden ist, liegt im Staube der Akten begraben. Um rechnen zu können, müssen aber die Invaliditätswahrscheinlichkeiten für jedes Altersjahr vorhanden sein. Nimmt man hypothetisch an, daß diese Wahrscheinlichkeiten, im Laufe eines Jahres invalid zu werden, auszugsweise wie folgt lauten:

$$
\begin{aligned}
\text{im Alter } 30 &= 0{,}0001 \\
" \quad 40 &= 0{,}0008 \\
" \quad 50 &= 0{,}0049 \\
" \quad 60 &= 0{,}0307 \\
" \quad 70 &= 0{,}1920 \\
" \quad 80 &= 1{,}0000
\end{aligned}
$$

oder daß von 10,000 Sachwaltern während eines Jahres invalid werden

$$
\begin{aligned}
\text{im Alter } 30 &= 1 \text{ Person} \\
" \quad 40 &= 8 \text{ Personen} \\
" \quad 50 &= 49 \quad " \\
" \quad 60 &= 307 \quad " \\
" \quad 70 &= 1{,}920 \quad " \\
" \quad 80 &= 10{,}000 \quad "
\end{aligned}
$$

was gewiß keine sehr große Invaliditätswahrscheinlichkeit ist; nimmt man ferner an, daß die Sterblichkeit der aktiven und invaliden Sachwalter gleich groß und von der Sterblichkeit des Volkes im Allgemeinen nicht verschieden ist und nimmt man endlich den Discont zu 4 Prozent an, so würde man für 100 Mark Invalidenrente, welche fällig wird bei wann immer eintretender Invalidität, die folgenden jährlichen Beiträge bis zum Eintritt der Invalidität zu zahlen haben:

$$
\begin{aligned}
30 &\quad 5{,}38 \text{ Mark} \\
35 &\quad 7{,}30 \quad " \\
40 &\quad 10{,}09 \quad " \\
45 &\quad 14{,}20 \quad " \\
50 &\quad 20{,}38 \quad " \\
55 &\quad 29{,}89 \quad " \\
60 &\quad 44{,}61 \quad "
\end{aligned}
$$

Eine Erhöhung dieser Beiträge der Verwaltung wegen hat nicht stattgefunden, es sind sogenannte normale Prämien.

Soll die Invalidenrente spätestens bei einem gewissen Altersjahre, falls die Invalidität nicht schon früher eintritt, etwa beim 65. Lebensjahre in jedem Falle fällig werden, so würden die Beiträge selbstverständlich größer sein müssen. In den jüngeren Lebensjahren ist der Unterschied jedoch gering. Diese Einrichtung ist deshalb empfehlenswerth, weil man dadurch der sehr schwierig zu entscheidenden Frage über den Eintritt der Invalidität durch Altersschwäche in vielen Fällen entgeht.

Trifft die Pensionskasse die Einrichtung, daß der Beitrag vom Alter unabhängig, d. h. für Alle gleich groß ist, was wie schon oben erwähnt wurde, zwar den Regeln der Wahrscheinlichkeitsrechnung nicht entspricht, aber doch in vielen Fällen bei Hülfskassen nicht zu vermeiden ist, so würde man den Beitrag zu zahlen haben, welcher dem Durchschnittsalter aller Mitglieder entspricht. Nach dem Verfasser bekannt gewordenen Fällen dürfte dies Alter ungefähr 45 Jahre sein, also der durchschnittliche jährliche Beitrag für 100 Mark Rente nahe 15 Mark betragen. Freilich ändert sich dieser Beitrag, wenn sich das mittlere Alter ändert.

Die Beiträge für eine Wittwenrente sind im Durchschnitt erheblich größer als für die Invalidenrente. Schwierigkeiten wegen mangelnder Beobachtungen finden hier nicht statt, da nur die Wahrscheinlichkeit des Sterbens in Betracht kommt. Nach der Erfahrung der Preußischen Staatswittwenkasse, welche beinahe 100 Jahre besteht, und viele Tausende von Ehepaaren beobachten konnte, stehen die Beiträge für 100 Mark Wittwenrute zu 4 Prozent berechnet, auszugsweise in der folgenden kleinen Tafel und zwar ohne jede Erhöhung.

	Alter der Frau				
	20	30	40	50	60
30	23,45	19,32	14,82	10,60	7,10
40	37,65	31,82	24,68	17,51	11,55
50	61,93	54,15	43,32	31,09	20,24
60	—	97,67	81,56	60,95	40,71

Wollte man für Alle einen gleichen Beitrag zulassen, so würde man das Durchschnittsalter aller Mitglieder und deren Frauen zu suchen haben. Es dürfte von 40/35 nicht sehr abweichen, was einen Durchschnittsbeitrag von nahe 30 Mark gäbe.

Alle diese Beiträge sind bis zur Auflösung der Ehe durch den Tod des einen oder anderen Gatten zu zahlen. Man hat aber auch bisweilen bei Wittwenkassen die Einrichtung getroffen, daß alle Mitglieder, auch die nicht verheiratheten, den Beitrag zahlen müssen und dann zwar bis zum Tode des Mitgliedes. Dies ermäßigt den obigen Beitrag um nahe 5 Mark, bringt ihn also auf 25 Mark jährlich. Noch empfehlenswerther wär es für eine solche Anstalt, wenn sie Invaliden- und Wittwenpension zugleich zahlen will, wenn die Beiträge für die Wittwenpension so berechnet würden, daß sie nicht länger als bis zum Eintritt der Invalidität gehen, sonst natürlich bis zum Tode des Mitgliedes. Dadurch müssen freilich die Beiträge größer werden.

Was endlich die Waisenpension anlangt, so ist sie nur dann von Gewicht, wenn für jedes einzelne Kind eine Pension von gewisser Höhe verlangt wird und diese Pension zugleich mit der Wittwenpension fällig wird. Verlangt man dagegen die Waisenpension nur für elternlose Waisen, dergestalt, daß ganz einfach die Wittwenrente summarisch an alle Waisen übergeht, so lange bis das Jüngste ein gewisses Alter erreicht hat, so ist sie eine geringe Last, und würde die oben mitgetheilten Beiträge für die Wittwenpension um etwa 1 bis 2 Prozent der Wittwenpension erhöhen.

Richtet sich also die zu begründende Pensionskasse zwar nach den Prinzipien der Wahrscheinlichkeitsrechnung ein, erhebt aber einen für alle Mitglieder gleichen Durchschnittsbeitrag, so würde dieser für 100 Mark Invalidenpension und 100 Mark Wittwenpension zusammen wenigstens 40 Mark (nämlich 15 + 25) betragen. Nun darf man aber wohl annehmen, daß die geringste Rente für einen Sachwalter und seine Wittwe zu 1000 Mark anzunehmen ist. Dann würde der Durchschnittsbeitrag auf 400 Mark jährlich steigen. Ob dies für einzelne Sachwalter ein zu hoher Beitrag ist, bleibt dahin gestellt.

Soll die Pensionskasse so eingerichtet werden, daß die Prinzipien der Wahrscheinlichkeitsrechnung dabei nicht in Anwendung kommen, so können derselben sehr verschiedene Einrichtungen gegeben werden. Diese jetzt auseinander zu setzen, liegt nicht in Absicht. Es dürfte genügen, als Beispiel auf eine andere Pensionskasse hinzuweisen, welche kürzlich errichtet worden ist und bei dabei des Rathes des Verfassers bedient hat. Nämlich die Pensionskasse der deutschen Bühnenangehörigen, deren Bureau Berlin, Charlottenstraße 85 sich befindet. Bei dieser Einrichtung ist nur nöthig, eine Zeitlang Kapitalien aufzuspeichern, nämlich durch regelmäßige beliebig genommene Beiträge, durch die Zinsen der Kapitalien, durch Geschenke, Vermächtnisse und dergleichen. Von einer gewissen Zeit ab beginnt dann die Rentenzahlung, wozu die Zinsen des Kapitals, die Beiträge der Mitglieder und sonstige Einnahmen ganz oder theilweise zu verwenden sind. Daß das Kapital möglichst hoch anwächst, darauf ist Bedacht zu nehmen. Man erkennt leicht, daß hierbei mehr Rücksicht auf das kommende Geschlecht, als auf die gegenwärtigen Mitglieder, welche die Kasse begründet haben, genommen wird.

Gehen die begründenden Mitglieder mit solcher Opferfreudigkeit ans Werk, so kann allerdings auf diesem Wege Großes geschaffen werden, ohne allzugroße Belastung des gegenwärtigen Geschlechtes.

In jedem Falle, wenn die Herren Rechtsanwälte ernstlich an die Begründung einer Pensionskasse denken, wird es nöthig sein, eine statistische Erhebung unter denselben anzustellen, da namentlich in Bezug auf Invalidität noch gar nichts bekannt ist. Diese Erhebung wird dadurch zu bewirken sein, daß man Fragebogen an die sämmtlichen Anwälte ergehen läßt, ähnlich wie die Fragebogen bei den Lebensversicherungsgesellschaften. Die Fragen würden sich erstrecken:

1. auf Geburtsjahr und Tag,
   a) des Anwaltes,
   b) seiner Ehefrau,
   c) seiner Kinder;
2. ob in dem Falle, daß eine Pensionskasse bereits vorhanden wäre,
   a) der betreffende jetzt schon oder doch bald seine Pensionirung wegen Arbeitsunfähigkeit beantragen würde, oder
   b) ob er sich noch im vollen Besitze seiner Arbeitskraft befindet;
3. welchen Jahresbeitrag der Betreffende seinen Vermögensverhältnissen gemäß höchstens zahlen könnte;
4. ob der Betreffende zur Begründung eines eisernen der Pensionskasse gehörigen Fonds einen Beitrag gewähren würde und von welcher Höhe, ohne deshalb eine Forderung an die Kasse bezüglich seiner einstigen Pensionirung zu stellen.

Diese Erhebung müßte in kurzer Zeit, vielleicht innerhalb zweier Monate erfolgen, weil sonst die Personalverhältnisse der Betheiligten beträchtliche Aenderungen erleiden könnten. Es soll aber diese Erhebung den Zustand für einen gewissen Zeitpunkt angeben.

Vom Reichsgericht.

Aus der civilrechtlichen Praxis des Gerichtshofs sind weiter folgende Entscheidungen mitzutheilen.

Zur A. D. Wechsel-O. ist vom 5. Civilsenat am 10. April 1880 angenommen worden, daß ein auf eine Zahlungsfrist („bis zum 1. November 1878") gestellter Wechsel der Gültigkeit entbehre (Entsch. d. R. O. H. G. B. 11 S. 170); ferner, daß, selbst wenn nach Süddeutschem Sprachgebrauch ein solcher Wechsel als auf einen bestimmten Zahlungstag gestellt anzusehen sei, dies nicht entscheiden könne, weil Wechsel als universelle Zahlungsmittel des Handelsstandes der Auslegung nach partikularem Sprachgebrauch überhaupt nicht unterliegen (Nr. 3 80 V). — Zur Begründung der Klage des Acceptanten eines Wechsels auf Deckung gegen den Trassanten (Revalirungsklage) genügt nach einem Erkenntniß desselben Senats vom 7. April 1880 nicht die Thatsache, daß ersterer den Wechsel eingelöst hat, vielmehr ist die Darlegung erforderlich, daß eine derartige Verpflichtung in dem dem Wechselzug zu Grunde liegenden Rechtsverhältnisse begründet sei (Nr. 79 80 V). — So lange der Indossant, welcher den Wechsel im Rücklauf einlöste, von der Befugniß, sein eigenes Indossament auszustreichen, keinen Gebrauch gemacht hat, steht ihm nach dem vorhandenen Urkundeninhalt das Eigenthum am Wechsel und ist er deshalb (vgl. Entsch. d. R. O. H. G. B. 18 S. 272 ff., B. 22 S. 322 ff.) zur Einziehung des Wechselbetrags und zur Protesterhebung nicht befugt. Erk. des 1. Civilsenats vom 5. Januar 1880 und des 2. Civilsenats vom 28. Februar 1880 zu Nr. 236 79 II.

Aus dem Gebiet des Handelsrechts sei erwähnt, daß der 1. Civilsenat in Uebereinstimmung mit dem vormaligen R. O. H. G. (Entsch. B. 18 S. 226) entschieden hat, daß der Art. 274 H. G. B. nicht in Betracht komme bei Entscheidung der Frage, ob der Kontrahent, welcher Mitglied einer Handelsgesellschaft ist, ein Geschäft im eigenen Namen oder im Namen der Gesellschaft abgeschlossen habe. Erk. v. 20. März 1880 zu Nr. 301 79 I. — Wie derselbe Senat in einem Erkenntniß vom 31. Dezember 1879 ausführt, enthält der Art. 220 Abs. 2 H. G. B. nur ein Bestärkungsmittel für die Erfüllung der Verpflichtung des Zeichners, nicht ein Mittel zu deren Schwächung, dergestalt, daß es von der Gesellschaft abhängt, die Aktienrechte einzuziehen, wenn nach ihrer Auffassung in solcher Einziehung wirklich eine Strafe für den Zeichner und ein Vortheil für sie zu finden ist. Eine Abmachung aber, inhaltlich deren es vom Zeichner abhängen soll, ob er durch Aufgabe der aus den bisherigen Einzahlungen erwachsenen Rechte sich seiner weiteren Verbindlichkeit zur Restzahlung entledigen will, würde den Bestand des Grundkapitals in die Willkür der Verpflichteten stellen und dem Wesen der Aktienzeichnung wie der Erforderlichkeit der Erhaltung des Grundkapitals widersprechen. Macht jedoch die Gesellschaft von dem in Art. 220 cit. ihr vorbehaltenen Recht Gebrauch, so fallen mit den Rechten des Zeichners auch dessen weitere Pflichten gegen die Gesellschaft fort. Nr. 290 79 I. — Da nach dem Gesetz vom 11. Juni 1870 (§ 1 Art. 5, Art. 201) die Aktiengesellschaften als Handelsgesellschaften anzusehen sind, auch wenn der Gegenstand ihres Unternehmens in Handelsgeschäften nicht besteht, und die in Betreff der Kaufleute gegebenen Bestimmungen auch für die Handelsgesellschaften gelten, so müssen alle Geschäfte einer Aktiengesellschaft nach Art. 273 H. G. B. als Handelsgeschäfte angesehen werden, soweit sie nach den Vorschriften des H. G. B. (vgl. Art. 275) überhaupt zu solchen gerechnet werden können. Erk. des 5. Civilsenats vom 20. März 1880 zu Nr. 48 80 V. — Daß es der im Art. 356 H. G. B. vorgeschriebenen Fristgewährung dann nicht bedürfe, wenn der andere Kontrahent die Weigerung der Erfüllung bereits bestimmt ausgesprochen hat, wurde unter Hinweisung auf die Entscheidung des vormaligen R. O. H. G. B. 17 S. 224 vom 2. Civilsenat unter dem 29. März 1880 ausgesprochen. Nr. 616 80 II. — Die im Art. 343 H. G. B. dem Verkäufer eingeräumten alternativen Befugnisse, insbesondere die Befugniß zum öffentlichen Verkauf der Waare, sind lediglich von dem Verzug des Käufers in der Empfangnahme abhängig gemacht, ohne daß es darauf ankäme, ob die Tradition nach dem subsidiarisch zur Anwendung kommenden bürgerlichen Recht des betreffenden Staats bereits als erfolgt anzusehen ist. Erk. des 5. Civilsenats vom 6. März 1880 zu Nr. 119 80 V, übereinstimmend mit dem vorm. R. O. H. G. Entsch. B. 9 S. 77.

In Uebereinstimmung mit dem vorm. R. O. H. G. (Entsch. B. 22 S. 35 ff.) nahm der 1. Civilsenat an, daß auf den Betrag des mit der actio quanti minoris verlangte der Betrag bei einem Weiterverkauf erzielten Gewinns nicht in Anrechnung zu bringen sei. Erk. v. 6. März 1880 zu Nr. 266 79 I. — Wiederum in Uebereinstimmung mit dem vorm. R. O. H. G. (Entsch. B. 11 S. 133) sprach derselbe Senat aus, daß diejenige Partei, welche behauptet, das, was ihr nach dem Versicherungsvertrag zu thun oblag, gethan zu haben, in der Bestreitung dieser Behauptung auch dann beweispflichtig sei, wenn die Nichterfüllung der Obliegenheit eine Strafe oder einen Rechtsverlust nach sich ziehe. Erk. v. 31. März 1880 zu Nr. 612 79 I. — Aus dem Art. 402, 405 H. G. B. läßt sich der Anspruch des Frachtführers auf Rückgabe des gegen die Anweisung des Absenders irrthümlich ausgelieferten Guts nicht beurtheilen; dieser Anspruch regelt sich vielmehr nach den allgemeinen Vorschriften über die rechtlichen Folgen einer aus Irrthum geschehenen Leistung. Erk. des 5. Civilsenats vom 6. März 1880 zu Nr. 60 80 V. — In einem Falle, wo auf eine Gesammtforderung für mehrere einzelne Leistungen Akontozahlungen angenommen waren, wurde vom 1. Hülfsenat in einem Erkenntniß vom 2. März 1880 (übereinstimmend mit Entsch. d. R. O. H. G. B. 12 S. 155, B. 16 S. 306) angenommen, daß der Gläubiger nicht zur Einklagung eines einzelnen beliebig herausgegriffenen Postens, sondern nur zur Einklagung seines Restguthabens berechtigt sei. Nr. 111 79 IV a.

Zum Genossenschaftsrecht hat der 1. Civilsenat in einer Entscheidung vom 10. Januar 1880 die Annahme 2. Instanz, es ergebe sich aus den Bestimmungen der §§. 4 und 8 des Gen. Ges. v. 4. Juli 1868, daß durch die Eintragung der Verklagten in das von dem Vorstand der Genossenschaft dem Register-Richter überreichte Mitgliederverzeichniß die Mitgliedschaft der Verklagten, so lange sie nicht Gegenbeweis erbringen, bewiesen werde, mit der Ausführung für irrthümlich erklärt, daß das Register nur die vom Anmeldenden abgegebene Erklärung konstatire, eine Kontrolle der Richtigkeit des vom Vorstand überreichten Mitgliederverzeichnisses dem Registerrichter aber um so weniger möglich sei, als ihm die Beitrittserklärungen selbst gar nicht vorzulegen seien. Nr. 628 80 I.

· Zum Markenschutz-Gesetz vom 30. November 1874 hat der 2. Civilsenat, unter Hinweisung auf das Erkenntniß des R. O. H. G. Gutsch. B. 24 S. 292 ff., am 2. April 1880 ausgesprochen, daß der §. 10 Abs. 2 des Gesetzes nicht entgegenstehe, ein Freizeichen in Verbindung mit anderen Zeichen, Worten, Buchstaben oder Zahlen als Waarenzeichen anzumelden, insofern in solchem Falle das mit verwendete Freizeichen einen bloßen Bestandtheil des Waarenzeichens, nicht das Waarenzeichen selbst bilde. Nr. 274 79 II.

Aus der gemeinrechtlichen Praxis ist anzuführen eine Entscheidung des 3. Civilsenats vom 12. März 1880, welche, als es sich um Vollstreckung eines in Oestreich-Ungarn erlassenen Erkenntnisses handelte, mit Hinweisung auf das Erkenntniß des verm. R. O. H. G. Entsch. B. 19 S. 442 es für eine allgemein anerkannte Regel erklärt, daß, soweit überhaupt Rechtshülfe gewährt wird, die Zuständigkeit des ausländischen Gerichts auch nach inländischem Recht begründet sein muß. Nr. 477 79 III. — Derselbe Senat hat in einer Entscheidung vom 5. März 1880 zu Nr. 507 79 III die Annahme des Appellationsgerichts mißbilligt, daß überall, wo ein Gläubiger zur Uebertragung seiner Forderung rechtlich verpflichtet sei, die Forderung nach gesetzlicher Bestimmung sofort, auch ohne Uebertragung von Seiten des Gläubigers, übergegangen sei (cessio legalis), sowie die daraus gezogene Folgerung, daß, wenn jemand im Auftrag eines Anderen, ohne diesen Auftrag mitzutheilen, mit einem Dritten kontrahirt habe, dem Auftraggeber kraft fingirter Cession ein sofortiger mittelst actio utilis verfolgbarer Anspruch wider den Dritten gegeben sei. — Als in einem unter Mitwirkung der Eltern geschlossenen Ehevertrag die Braut gewisse Vermögensgegenstände in die Ehe einzuwerfen zu wollen erklärte, nahm derselbe Senat an, daß dieses Dotationsversprechen im Zweifel als von den Eltern der Braut ausgegangen zu erachten sei, und daß der zukünftige Ehemann ein direktes Klagrecht gegen die Eltern der Braut erlange. Nr. 601 80 III. — Derselbe Senat sprach am 16. März 1880 aus, daß derjenige, welcher seinen Neubau mit Genehmigung des Nachbars zum Theil auf dessen Grund und Boden aufgeführt hatte, zwar auf des Nachbars Klage zur sofortigen Wegräumung, nicht aber zur Wegräumung auf seine eignen Kosten schuldig sei. Nr. 339 79 III. — Wenn auch dem Verpächter eines Landguts im Allgemeinen obliegt, die von ihm verpachteten Gebäulichkeiten in einen solchen Zustand zu setzen, daß sie ihrer Bestimmung gemäß benutzt werden können, so trifft ihn doch, nach einer Entscheidung desselben Senats vom 5. März 1880, bei Nichterfüllung dieser Verpflichtung die Verbindlichkeit zum Schadensersatz nur dann, wenn er zu solchen Herstellungen von der Nothwendigkeit der Herstellungen Kenntniß erhielt. Nr. 548 79 III. — Derselbe Senat nimmt an, daß der Cessionar des Nießbrauchs nicht nur die betreffenden Nutzungen, sondern auch, wie dem Cedenten, so auch dritten Personen gegenüber die Rechtsmittel sich bedienen könne, welche zum Schutz des Nießbrauchsrechtes gegeben sind. Erk. vom 6. April 1880 zu Nr. 400 79 III. —

(Fortsetzung folgt.)

Aus den bayerischen Anwaltskammern.

Die Vorstände der Anwaltskammern von München, Nürnberg, Bamberg und Augsburg haben folgende Mittheilung an die Mitglieder der Kammern gelangen lassen:

Im Laufe der letzten Monate haben die zahlreichen Zugänge zur Rechtsanwaltschaft und die nothwendige Verlegung des Wohnsitzes vieler Rechtsanwälte in Folge der neuen Gerichtsorganisation eine große Anzahl anwaltschaftlicher Geschäftsanzeigen hervorgerufen.

Unseres Erachtens ist hiebei nicht immer das Maß von Zartgefühl und Zurückhaltung beobachtet worden, welches der Würde des Standes allein entspricht. Will man nicht die Thätigkeit des Anwalts auf das Niveau des gewöhnlichen Gewerbebetriebs herabsinken lassen, so wird man auch nicht gestatten dürfen, daß der Rechtsanwalt das Publikum mit förmlichen Reklamen an sich zu ziehen suche, welche für den Geschäftsmann als erlaubte Mittel einer durch keine Standesrücksichten eingeschränkten Konkurrenz gelten dürfen, dem Anwaltstande aber fremd bleiben müssen.

Wenn auch manche solche Empfehlungen ohne Einverständniß des betreffenden Anwalts in untergeordneten Annoncenblättern veröffentlicht worden sein mögen, so sind doch mehrfach im Einverständniß mit Rechtsanwälten und auf deren Veranstaltung Geschäftsempfehlungen erschienen, welche auf dem Boden gewöhnlicher gewerblicher Reklame stehen, und durch welche die Empfohlenen in mehr oder minder aufdringlicher Weise ihre Thätigkeit dem Publikum zur Kenntniß bringen. Veröffentlichungen solcher Art, welche sichtlich nur den Zweck haben, neue Klienten anzulocken, sind mit der Ehre des Standes unvereinbar, weil hiedurch eine unlautere Konkurrenz geschaffen wird, während der Anwalt nur durch sein Wirken, nicht durch eigene Anpreisung seiner Thätigkeit das Vertrauen seiner Parteien sich erwerben soll.

Aus den gleichen Gründen erscheint es aber auch verwerflich, wenn der Anwalt sich einer Mittelsperson bedient, um durch deren Hilfe und gegen Einräumung materieller Vortheile den Kreis seiner Klienten zu vergrößern. Es ist den Pflichten eines Anwalts durchaus zuwider, mit Bürgermeistern, Lehrern, Gerichtsvollziehern, Gemeindedienern, Unterhäublern, Pachträgern und dergleichen Leuten ausdrückliche oder stillschweigende Vereinbarungen zu treffen, um gegen Zusicherung von finanziellen Vortheilen von diesen Personen Klienten zugewiesen zu erhalten; denn eine Betheiligung solcher Personen kann keine Garantie dafür bieten, daß dieselben sich nicht unlauterer Mittel bedienen, um die Geschäftsthätigkeit eines Anwalts zu fördern.

Gleiches gilt aber auch von derartigen Verbindungen zwischen Rechtsanwälten selbst. Ein Anwalt muß selbst den Schein vermeiden, als ob er solchen Einwirkungen einen Einfluß auf die Wahrnehmung seiner Pflichten gegenüber seinen Klienten gestatte und er darf für Empfehlung von Klienten weder etwas bezahlen noch sich hiefür bezahlen lassen.

Wir verkennen nicht die Schwierigkeiten, welche sich gegenüber einer Formulirung bestimmter Regeln auf diesem Gebiete erheben.

Immerhin erscheint es uns als nothwendige Pflicht, weiteren Ausschreitungen unsererseits nach Kräften entgegenzuwirken und dadurch, daß wir eine Reihe von Mißständen unverhohlen als solche kennzeichnen, für die Bildung einer festen und löblichen Standessitte einzutreten.

Ohne damit eine erschöpfende Aufzählung der auf diesem Gebiete möglichen Mißbräuche zu beabsichtigen, haben wir uns namentlich über folgende Sätze geeinigt:

1. Oeffentliche Geschäftsempfehlungen eines Anwalts, welche nicht durch äußere Veranlassung (Zulassung zur Anwaltschaft überhaupt, Verlegung des Wohnsitzes, Wohnungsveränderung und dergl.) nothwendig werden, erscheinen mit der Ehre des Standes nicht vereinbar.

2. Gleiches gilt von der Einwilligung eines Rechtsanwalts zur Aufnahme seines Namens in oin dem Zweck spezieller Reklame für die darin Aufgenommenen dienendes Verzeichniß.

3. Auch die Geschäftsempfehlung durch Versendung von Circularen, Karten, in Plakaten und dergl. ist verwerflich, wenn nicht die zu 1 erwähnte Veranlassung vorliegt.

4. Ebenso ist es unstatthaft, wenn ein Anwalt öffentlich bekannt macht, daß er bei Vieh- oder Jahrmärkten oder an einem bestimmten Ort sich einfinden und seine Parteien dort erwarten werde.

5. Es ist mit den Pflichten eines Anwalts unvereinbar, mit seinen Kollegen oder mit dritten Personen ausdrücklich oder stillschweigende Verabredungen zu treffen, vermöge deren denselben für die Zuweisung von Parteien finanzielle Vortheile geboten werden.

Die Vorstände der unterzeichneten Anwaltskammern geben den Mitgliedern der Kammern von diesen Beschlüssen zur Darnachachtung Kenntniß, und sprechen dabei die Hoffnung aus, daß sie in ihrem Bestreben, diese Grundsätze in vorkommenden Fällen strenge zur Geltung zu bringen, allseitiger Unterstützung begegnen werden.

Die Vorstände der Anwaltskammern von München, Nürnberg, Bamberg und Augsburg.

v. Auer.   Dr. Jaeger.   Kreitmair.   Dr. Voelk.

Zur Auslegung des § 40 Ger.-Kost.-Gesetzes.

Während das rheinisch·französische Verfahren keine andre Zustellung als im Parteibetriebe und keine anderen Zustellungsorgane als die Gerichtsvollzieher zuläßt, kennt die deutsche C. Pr. O. im Anschluß an das Hannöversche Prozeßrecht auch Zustellungen von Amtswegen und gestattet mit den Gerichtsschreibern, Zustellungen aller Art durch unmittelbares Ersuchen der Post zu bewirken. Um jedoch einem wenig wünschenswerthen Wettstreit zwischen beiden Beamten zu vornherein entgegen zu treten und das unmittelbare Ersuchen auf diejenigen Fälle zu beschränken, in welchen für dasselbe sachliche Gründe vorliegen, hat der Gesetzgeber zu der Bestimmung des § 40 Ger.-Kost.-Gesetz veranlaßt gesehen, wonach „für das durch den Gerichtsschreiber an die Post gerichtete Ersuchen um Bewirkung einer Zustellung (C. Pr. O. § 179) die einem Gerichtsvollzieher für den gleichen Akt zustehende Gebühr als Gerichtsgebühr zu erheben" ist. Es entsteht nun hierbei die Frage, ob diese Vor-

schrift auch bei den von Amtswegen angeordneten Zustellungen, z. B. wenn ein Zeuge geladen werden soll und der Gerichtsschreiber die Post um Bewirkung der Zustellung unmittelbar ersucht, Anwendung findet oder auf Zustellungen im Parteibetriebe zu beschränken ist. Die Praxis neigt sich, soviel bekannt, der ausdehnenden Erklärung zu, gleichwohl wird man m. E. der restriktiven Auslegung den Vorzug einräumen müssen. Es läßt sich allerdings nicht leugnen, daß der Wortlaut des § 40 ganz allgemein gehalten ist und sich auf jedes unmittelbare Ersuchen beziehen kann; dieser Annahme ist jedoch dadurch begegnet, daß auf die Worte „für das — Ersuchen der Bewirkung einer Zustellung" in einer Parenthese „C. Pr. O. § 179" folgt und so erkennbar gemacht ist, daß der Gesetzgeber den § 40 cit. auf die Fälle des § 179, nämlich wenn und insoweit eine Zustellung unter Vermittelung des Gerichtsschreibers zulässig ist, beschränkt wissen will. Eine Vermittelung des Gerichtsschreibers ist aber nur möglich, wenn eine Partei vorhanden ist, welcher principaliter die Bewirkung der Zustellung obliegt und welche zur Erfüllung dieser Pflicht gemäß § 152 Abs. 2 C. Pr. O. die Vermittelung des Gerichtsschreibers nachsucht, also nur bei Zustellungen im Parteibetriebe. Bei Zustellungen von Amtswegen hat dagegen der Gerichtsschreiber zwischen Partei und Gerichtsvollzieher resp. Post nichts zu vermitteln, er erfüllt vielmehr eine aus seiner amtlichen Stellung fließende Dienstpflicht.

Das hier gefundene Resultat wird durch die Motive zu § 34 Entw. (jetzt § 40) und die darin dargelegte ratio legis vollständig bestätigt. Hiernach befürchtete der Gesetzgeber, daß die Vorschrift des § 179 C. Pr. O. leicht einen Wettstreit zwischen Gerichts-Vollzieher und -Schreiber um die Zustellungsgebühr herbeiführen könnte, falls der Gerichtsschreiber dieselbe im Falle des § 179 für sich beanspruchen könnte, und beabsichtigte, durch die Einziehung der Gebühren zur Kasse die Zuziehung des Gerichtsvollziehers zur Regel zu machen. Der Gesetzgeber hat also nur Zustellungen im Parteibetriebe im Auge gehabt; auf die von Amtswegen angeordneten Zustellungen paßt jenes Raisonnement nicht, weil hierbei die Annahme, der Gerichtsschreiber könne für die Erfüllung einer Amtspflicht noch besondere Gebühren beanspruchen, ganz undenkbar wäre.

Hiernach nehme ich an, daß der § 40 Ger.-Kost.-Ges. nur bei Zustellungen im Parteibetriebe, nicht aber bei Zustellungen von Amtswegen zur Anwendung kommen darf. — M.

Ueber den § 11 der Gebühren-Ordnung für Gerichtsvollzieher vom 24. Juni 1878.

Nachdem die Gebühren-Ordnung vom 24. Juni 1878 in den §§ 4—9 die Gebühren des Gerichtsvollziehers für die Vornahme der verschiedenen Vollstreckungshandlungen normirt hat, trifft sie in den §§ 10 und 11 Bestimmungen für diejenigen Fälle, in welchen der dem Gerichtsvollzieher ertheilte Auftrag zur Zwangsvollstreckung, sei es durch freiwillige oder fingirte Zurücknahme des Auftrags, sei es durch freiwillige Leistung, seine Erledigung findet. In dem letztern, hier allein interessirenden Falle wird die Gebühr nach den Sätzen, welche der § 7 für Versteigerungen festsetzt, bemessen und beträgt ¼ oder ½, je nachdem der Auftrag erledigt wurde, „bevor der Gerichtsvollzieher sich an Ort und Stelle begeben hat," oder „nachdem er sich dorthin begeben hatte". Der hier bezeichnete Unterschied zwischen Abs. 1 und Abs. 2 des § 11 ist durch die Worte des Gesetzes nicht ganz unzweifelhaft hingestellt worden; namentlich lassen die Worte des Abs. 1 die Tragweite dieser Bestimmung nicht klar erkennen. Man wird vielmehr jenen Unterschied richtiger dahin wiedergeben: Abs. 2 des § 11 erfordere die Anwesenheit des Gerichtsvollziehers an dem speciellen Orte (Haus, Grundstück 2c.), auf welchem die Zwangsvollstreckung erfolgen soll, dergestalt, daß obige das freiwillige Angebot der Leistung zur sofortigen Pfändung geschritten werden könnte; alle übrigen Fälle dagegen fallen in den Rahmen des Abs. 1 § 11. Die gemeinsamen Voraussetzungen des Abs. 1 und 2 bestehen sonach darin, daß dem Gerichtsvollzieher zur Zwangsvollstreckung (Pfändung oder Versteigerung) ein Auftrag ertheilt ist und daß dieser Auftrag vor Beginn der aufgetragenen Handlung durch freiwillige Leistung erledigt wird. Es ist klar und wird auch in den Motiven anerkannt, daß, gerade weil es hier zu einer erquirenden Thätigkeit gar nicht kommt, der Gerichtsvollzieher auch nicht eine Gebühr nach § 4—9 beanspruchen kann, sondern sich mit Erstattung baarer Auslagen und etwaiger Reisekosten begnügen müßte; der Gesetzgeber glaubte jedoch aus Gründen der Billigkeit eine Gebühr festsetzen und dieselbe bei Geldzahlungen im Anschluß an § 7 nach Procenten bestimmen zu müssen.

Der Abs. 1 des § 11 wird hiernach nicht blos dann, wenn die geschuldete Leistung dem in Besitze des vollstreckbaren Titels befindlichen Gerichtsvollzieher in dessen Amtslokale angeboten wird, sondern auch dann anwendbar, wenn ihm auf dem Wege nach dem Vollstreckungsorte überliefert wird. Eine weitere Anwendung bietet der Fall, daß der Gerichtsvollzieher nach bewirkter Mobiliar-Pfändung und nach Ansetzung eines Versteigerungstermines, noch bevor er sich zur Abhaltung dieses Termines an Ort und Stelle begeben hat, erhält; er kann dann die Pfändungsgebühr nach § 4 sowie als eine auf Billigkeit beruhende Entschädigung für den vereitelten Versteigerungstermin die Gebühr des § 11 Abs. 1 beanspruchen. Damit dürfte das Anwendungsgebiet für diese Bestimmung erschöpft sein.

Anlangend den Abs. 2 des § 11, so umfaßt derselbe unbedenklich sowohl den Fall, daß der Gerichtsvollzieher, in der Behausung des Schuldners angelangt, von demselben Zahlung empfängt, als auch den Fall, daß derselbe nach bewirkter Pfändung und nach Bestimmung des Versteigerungstermines zur Abhaltung desselben in der Gemeinde erscheint und jetzt, jedoch vor Beginn des Geschäfts die Leistung erhält und deshalb die Versteigerung aufhebt. In dem letztgedachten Falle ist die Pfändungsgebühr und die halbe Versteigerungsgebühr in Ansatz zu bringen. Schwieriger ist dagegen die Beantwortung, wenn der Gerichtsvollzieher, welchem Zahlung nicht angeboten wird, zur Pfändung schreitet und wenn erst jetzt, während des Actes der Pfändung, die Zahlungsofferte erfolgt. Je nachdem man die Pfändungs- oder die halbe Versteigerungsgebühr (§ 11*) zuläßt, erhält der Gerichtsvollzieher zwar bei einem Betrage bis zu 80 Mark sieß das Minimum von 2 Mark, dagegen

bei   300 Mark eine Pfändungsgebühr von 8 Mark, eine (halbe) Versteigerungsgebühr von 5 Mark 50 Pf.,

bei 1,000 Mark eine Pfändungsgebühr von 4 Mark, eine (halbe) Versteigerungsgebühr von 12 Mark 50 Pf.,

bei 5,000 Mark eine Pfändungsgebühr von 6 Mark, eine (halbe) Versteigerungsgebühr von 32 Mark 50 Pf.,

bei 20,000 Mark eine Pfändungsgebühr von 6 Mark, eine (halbe) Versteigerungsgebühr von 70 Mark,

bei 100,000 Mark eine Pfändungsgebühr von 6 Mark, eine (halbe) Versteigerungsgebühr von 210 Mark 2c. 2c.

nicht mehr ganz unbedeutende Differenzen, welche wohl bewirken könnten, daß einmal der Gerichtsvollzieher den Beginn der Pfändung verschweigt und den Auftrag als durch Zahlung erledigt hinstellt. Recht auffallend zeigt sich das Mißverhältniß, wenn es gelingt, die geschuldete Summe von 20,000 Mark z. B. in baarem Gelde aufzufinden und zu pfänden. Der Gerichtsvollzieher hat dann trotz seines vielleicht stundenlangen Suchens, trotz der vielen Unannehmlichkeiten, die mit jeder Execution verbunden sind, doch nur auf das gesetzliche Maximum von 6 Mark Anspruch, während er bei der freiwilligen Zahlungs-Offerte, wobei er also eine exequirende Thätigkeit nicht zu entwickeln braucht, eine bedeutend höhere Gebühr erhält. Die Rücksicht auf das hier geschilderte Mißverhältniß veranlaßt viele Praktiker, die Liquidation nach § 11* für zulässig zu erachten; sie weisen darauf hin, daß der Gesetzgeber, welcher durch § 11 den Bedürfnissen der Billigkeit abhelfen wollte, unmöglich dabei den Grundsatz übersehen konnte, je schwerer die Arbeit, desto höher der Lohn, zumal derselbe bei freiwilliger Herausgabe von Sachen die volle Gebühr des § 6 deshalb hat eintreten lassen, weil die Thätigkeit des Gerichtsvollziehers dabei von seiner Thätigkeit bei Wegnahme der Sachen nicht wesentlich verschieden sei.

So berechtigt diese Erwägungen de lege ferenda sein mögen, de lege lata sind sie als stichhaltig nicht anzuerkennen. Der § 11, dem Gefühle der Billigkeit entsprungen und deshalb einer analogen Anwendung unzugänglich, kann, wie oben bereits dargethan, nur dann zur Anwendung kommen, wenn ein Anfang mit der aufgetragenen Executionshandlung überhaupt noch nicht gemacht, der Auftrag also vor Beginn der Zwangsvollstreckung erledigt worden. Sobald jedoch die Execution begonnen hat, ist für die Billigkeit kein Raum mehr; der Gerichtsvollzieher hat vielmehr für die entwickelte Thätigkeit die hierfür in den §§ 4 folg. bestimmte Gebühr in Ansatz zu bringen. Hierbei kann es keinen Unterschied machen, ob der Gerichtsvollzieher schließlich das Geld vom Schuldner empfängt oder es ihm wegnimmt; in dem einen wie in dem anderen Falle ist es der thatsächlich ausgeübte Zwang, welcher die Erledigung des Auftrags herbeiführt. Daß die hier vertheidigte Ansicht gewisse Härten im Gefolge hat, ist allerdings bedauerlich; dieselben werden jedoch durch den schließlich noch zu erwähnenden Fall der Versteigerung ausgeglichen. Wird nämlich nach Beginn der Versteigerung, jedoch vor ihrer Beendigung, Zahlung geleistet, so ist der Gerichtsvollzieher in der Lage, dieselbe Gebühr wie für das vollständig zu Ende geführte Geschäft zu erheben. Es ist also durchaus richtig, wenn die Motive am Schlusse ausführen, daß auf die dem Gerichtsvollzieher durch die Vornahme einer Pfändung oder Versteigerung nach Maßgabe der §§ 4, 7 bereits erwachsenen Gebührenansprüche eine vor Beendigung des Geschäfts erfolgende freiwillige Zahlung ohne Einfluß ist.

Bei einer Revision der Gebührenordnung dürfte es sich empfehlen, die Gebühr des § 11 nicht allgemein nach der Versteigerungsgebühr zu berechnen, sondern auf einen Bruchtheil der für das aufgetragene Geschäft bestimmten Gebühr festzusetzen.

M.

Personalbewegung in der österreichischen Advocatur während des Jahres 1879.

Wie entnehmen den „Juristischen Blättern" über die Personalbewegung in der österreichischen Advocatur während des Jahres 1879 folgende Zahlen:

Im Jahre 1879 haben 112 Advocaten die Advocatur auszuüben begonnen, und zwar 69 (62 Procent) am Sitze von Gerichtshöfen, 43 (38 Prozent) am Sitze von Bezirksgerichten. Die neu eingetragenen Advocaten waren, mit Ausnahme eines Einzigen (eines pensionirten Oberfinanzrathes und Finanzprocurators), unmittelbar aus den Advocaturscandidaten hervorgegangen.

An der Gesammtzahl der neuen Advocaten participiren die Reichshauptstadt Wien mit 40 (36 Procent) und die Landeshauptstadt Prag mit 8 (7 Procent); 65 derselben (59 Procent) haben ihren Amtsitz an den Sitzen der Advocatenkammern, und darunter 63 (56 Procent) in den Landeshauptstädten genommen.

Im Vergleiche mit dem Jahre 1878 ist die Zahl der Eintragungen gesunken um 26; es sind nämlich 23 Advocaten weniger an Sitzen von Gerichtshöfen und 3 Advocaten weniger für Orte mit Bezirksgerichten eingetragen worden.

In den Jahren 1878 und 1879 zusammen haben sich für Wien (ohne Vororte) 84 Advocaten eintragen lassen.

Im letzten Jahre sind 40 Veränderungen des Amtsitzes (Uebersiedelungen) vorgekommen, und zwar sind erfolgt: 3 von Orten mit einem Gerichtshofe an andere Orte mit einem Gerichtshofe, 18 von Gerichtshöfen zu Bezirksgerichten, 5 von Bezirksgerichten zu Gerichtshöfen, und 14 von Bezirksgerichten zu Bezirksgerichten. Nur in 9 Fällen ist die Verlegung des Amtsitzes auch der Uebertritt in einen anderen Kammersprengel vorgenommen worden. In 8 Fällen der Uebersiedelung wurde der Oberlandesgerichtssprengel und das politische Verwaltungsgebiet (Land) verlassen.

Die Disciplinarstrafe der Streichung von der Liste ist im verflossenen Jahre an 4 Advocaten vollzogen worden, von welchen 2 an Orten mit einem Gerichtshofe (Wien und Lemberg) und 2 am Sitze von Bezirksgerichten (Rheinbrugg in Niederösterreich und Landeck in Tirol) domicilirten.

Von den 5 Advocaten, welchen im Vorjahre disciplinariter die Ausübung der Advocatur auf eine bestimmte Zeit eingestellt worden ist, wohnten 3 am Sitze von Gerichtshöfen (2 in Wien, 1 in Klagenfurt) und 2 an Orten mit einem Bezirksgerichte (Ottaring bei Wien und Landeck).

Nach der Anzahl der Mitglieder reihen sich die Advocatenkammern: Wien 649, Prag 495, Brünn 182, Graz 153, Lemberg 95, Triest 82, Linz 73, Trient 51, Krakau 49, Troppau 41, Tarnow 37, Innsbruck 33, Rovereds 31, Bozen 29, Czernowitz 27, Przemysl 26, Klagenfurt 25, Görz 24, Laibach 23, Spalato 20, Salzburg und Stanislau je 17, Tarnopol 16, Sambor und Zara je 15, Feldkirch 14, Ragusa 11.

Von der Gesammtzahl der Advocaten Oesterreichs am Schlusse des Jahres 1879 hatten 66 Procent ihren Wohnsitz an Orten mit Gerichtshöfen, also in Städten, 55 Procent an den Sitzen der Advocatenkammern, und nur 34 Procent an Orten mit Bezirksgerichten oder auf dem Lande.

Personal-Veränderungen.

Zulassungen.

Clemens Liste bei dem Amtsgericht in Dirschau; — Gerichts-Assessor Emmerich bei dem Amtsgericht in Suhl; — Friedrich Ernst Schmidt bei dem Amtsgericht in Dresden; — Amtsrichter Batirs bei dem Amtsgericht in Osterode O./Pr.; — Regierungs-Assessor a. D. Giersberg in St. Johann-Saarbrücken, bei dem Landgericht in Saarbrücken; — Jacob Langermann bei dem Landgericht in Nürnberg; — Dr. Gottfried Jacob Wildemeister bei dem Landgericht in Bremen; — Georg Waafer bei dem Landgericht in Halle; — Joseph Marforting bei dem Landgericht in Stendal; — Scheuch in Bockenheim bei dem Ober-Landesgericht in Frankfurt a./Main.

In der Liste der Rechtsanwälte sind gelöscht: Gustav Friedrich Jacobs bei dem Landgericht in Altenburg, in Folge seines Eintritts in den unmittelbaren Staatsdienst; — Hofrath Hermann Klotz bei dem Amtsgericht in Frankenberg; — Hilmar Brise in Meißen bei dem Landgericht in Dresden.

Ernennungen.

Der Rechtsanwalt und Notar Dr. Wiener in Stendal zum Amtsrichter; — Ahmann in Ehrenbreitenstein zum Notar im Bezirke des Ober-Landesgerichts zu Frankfurt a./M. mit Ausnahme der Hohenzollernschen Lande; — Liste in Dirschau zum Notar für den Ober-Landesgerichtsbezirk Marienwerder; der Amtsrichter Batirs in Osterode O./Pr. vom 16. Juli d. J. ab, zum Notar im Bezirk des Ober-Landesgerichts zu Königsberg; — von Hartmann in Hannover zum Notar für den Bezirk des Königlichen Landgerichts zu Hannover.

Todesfälle.

Justizrath Raaß in Cöslin; — Dr. Carl Hermann Mayer in Leipzig; — Justizrath Henkel in Stolp; — Petersen in Elmshorn.

Ordensverleihungen.

Es wurden verliehen: Dem Geh. Justizrath Dürre in Magdeburg und dem Justizrath Lüders in Hannover der Rothe Adler-Orden dritter Klasse mit der Schleife; — den Justizräthen Block in Magdeburg, Gödling in Halle a. S. und Lauß in Cöln der Rothe Adler-Orden vierter Klasse.

Für die Redaktion verantw.: E. Haenle. Verlag: W. Moeser, Hofbuchhandlung. Druck: W. Moeser, Hofbuchdruckerei in Berlin.

№ 13.   Berlin, 1. Juli.   1880.

Juristische Wochenschrift.

Herausgegeben von

S. Haenle,
Rechtsanwalt in Ansbach.

und

M. Kempner,
Rechtsanwalt beim Landgericht I. in Berlin.

Organ des deutschen Anwalt-Vereins.

Preis für den Jahrgang 12 Mark. — Inserate die Zeile 30 Pfg. — Bestellungen übernimmt jede Buchhandlung und Postanstalt.

Die sachliche Unzuständigkeit der Amtsgerichte.

Ein Rechtsfall, mitgetheilt und besprochen von M—a.

Der alte Schulstreit „judicia omnia esse absolutoria" scheint durch die neue C. P. O. in einer anderen Hinsicht eine praktische Wiederauflebung feiern zu wollen, wie wenigstens der nachfolgende Rechtsstreit an den Tag legt.

In der bei dem Amtsgericht in B. eingereichten Klagschrift vom 21. Februar 1880 beantragte Kläger auf Grund eines Schuldscheins die Verurtheilung des Beklagten zur Rückzahlung von 900 Mark.

Der Beklagte erhob dagegen in einem vorbereitenden Schriftsatze den Einwand der sachlichen Unzuständigkeit des Amtsgerichts, in Folge dessen Kläger in einem dem Beklagten noch rechtzeitig vor dem Verhandlungstermine zugestellten Schriftsatze das Klagobjekt auf 300 Mark ermäßigte. In dem Termine selbst beantragte er auch nur in dieser Höhe die Verurtheilung des Beklagten. Letzterer verlangte gleichwohl auf Grund des § 4 C. P. O. die Abweisung der Klage wegen Unzuständigkeit.

Der erste Richter verwarf diesen Antrag, weil lediglich der in der mündlichen Verhandlung gestellte Antrag maßgebend sei; der zweite Richter gab demselben dagegen statt und sprach durch Endurtheil vom 7. Mai 1880 die Unzuständigkeit des Amtsgerichts aus. Er erwog dabei, daß es sich vorliegend um eine Frage der Gerichts-Verfassung handele und daß dieselbe nach dem 1. Titel C. P. O., zu entscheiden sei. Letzterer erkläre für die Werthberechnung als maßgebend den Zeitpunkt der Klageerhebung, welche vorliegend durch die Zustellung der Klagschrift vom 21. Februar erfolgt sei. Wie sich nun an diesen Zeitpunkt der Klagezustellung alle gesetzlichen Wirkungen der Klagerhebung knüpften, so sei auch der in der Klagschrift auf 900 Mark angegebene Werth des Streitgegenstandes für die sachliche Zuständigkeit des Landgerichts entscheidend. Diese ursprünglich mit der Klagerhebung begründete Zuständigkeit des Landgerichts habe auch durch die nachträgliche Verminderung des Klageantrages nicht alterirt werden können, weil die Zuständigkeit des Prozeßgerichts durch eine Veräußerung der

fie begründenden Umstände nicht berührt werde (§ 235*). Diese Bestimmung treffe gerade Fälle der vorliegenden Art und bezwecke offenbar, den Beklagten, der einen gesetzlichen Anspruch auf das landgerichtliche Verfahren habe, in diesem Rechte gegen klägerische Willkür zu schützen.

Die vorstehend mitgetheilten Entscheidungsgründe können als stichhaltig nicht erachtet werden; bei der praktischen Wichtigkeit des Streitfalles sei es gestattet, dieselben einer eingehenderen Kritik zu unterziehen und ihre Unrichtigkeit darzulegen. —

Nach dem bisherigen preußischen und gemeinen Rechte gehörte eine Abweisung der Klage wegen sachlicher Unzuständigkeit zu den Seltenheiten; fand der Bagatell-Richter bei der Prüfung der Klage oder im Laufe der Verhandlung, daß das Prozeßobjekt 150 Mark übersteige, so überwies er durch formlosen Beschluß den Rechtsstreit zur weiteren Verhandlung an die Civil-Deputation. Nach dem heutigen Prozeßrechte sind derartige Ueberweisungen nicht mehr zulässig; das angerufene Prozeßgericht hat vielmehr seine Unzuständigkeit durch Urtheil auszusprechen und in demselben auf Antrag das zuständige Gericht zu bezeichnen. Hierdurch hat die Frage der Zuständigkeit eine erhöhte Bedeutung gewonnen; gleichwohl hat die C. P. O. nur wenige Bestimmungen hierüber getroffen. Dazu gehört vor Allem der § 4, wonach in denjenigen Fällen, in welchen die Zuständigkeit der Gerichte von dem Werthe des Streitgegenstandes abhängt, für die Werthberechnung der Zeitpunkt der Erhebung der Klage entscheidend ist. Diese Bestimmung besagt ihrem klaren Wortlaute nach, daß der Gläubiger, welcher wegen eines zur Zeit der Klagerhebung 300 Mark übersteigenden Objekts klagen wolle, sich an die Landgerichte wenden, in allen anderen Fällen aber die Amtsgerichte angehen solle. Befolge er diese Vorschrift, so habe er einen Einwand der sachlichen Unzuständigkeit nicht zu befürchten. Welche Folgen aber die Nichtbeachtung des § 4 herbeiführe, ist vom Gesetzgeber nicht festgesetzt und es ist daher durchaus willkürlich, wenn der zweite Richter mit dem § 4 das Präjudiz verknüpft, daß der Amtsrichter, welcher wegen eines zur Zeit der Klagerhebung mehr als 300 Mark betragenden Streitgegenstandes angegangen wird, stets und in allen Fällen sich für unzuständig erklären müsse. Ob und wann eine solche Unzuständigkeitserklärung zu erfolgen habe, bestimmt sich vielmehr nach allgemeinen Grundsätzen, wobei davon auszugehen ist, daß nach der unzweifelhaften Absicht des Gesetzgebers

Prozesse über 300 Mark eine sorgfältigere Vorbereitung erfahren und der praesumtiv besseren Rechtsprechung der Collegialgerichte vorbehalten sein sollen. Hieraus folgt, daß sich das Amtsgericht — von einer prorogatio voluntaria immer abgesehen — in allen Fällen, in welchen es über ein Objekt von mehr als 300 Mark entscheiden soll, für unzuständig erklären muß. Es kommt also hierbei der Zeitpunkt der Urtheilsfällung wesentlich in Betracht, es kann sogar der Zeitpunkt der Klagerhebung mitunter ganz unberücksichtigt bleiben, wie § 467 zeigt. Wenn nämlich in einer Amtsgerichtssache durch Wider- oder Feststellungs-klage oder durch Erweiterung des Klageantrages ein vor die Landgerichte gehöriger Anspruch erhoben wird, so muß das Amtsgericht, obgleich es zur Zeit der Klagerhebung zuständig war, doch die Entscheidung dem Landgerichte überlassen, weil eben das Urtheil ein Objekt von mehr als 300 Mark umfaßt. In dem umgekehrten, hier vorliegenden Fall war zwar das angerufene Amtsgericht zur Zeit der Klagerhebung unzuständig, allein das Streitobjekt ist vor der mündlichen Verhandlung auf 300 Mark herabgegangen, es handelte sich also bei der Ver-handlung und Entscheidung nur noch um ein zur amtsgericht-lichen Zuständigkeit gehöriges Streitobjekt. Daß die Entschei-dung hierüber dem Einzelrichter gebührt, kann nach dem sorben nachgewiesenen Absicht des Gesetzgebers nicht zweifelhaft sein. Für die gegentheilige Ansicht wird zwar noch der § 235° C. P. O.

„Die Zuständigkeit des Prozeßgerichts wird durch eine Veränderung der sie begründenden Umstände nicht berührt"

angeführt, jedoch mit Unrecht. Denn diese Bestimmung, welche ebenso sehr die sachliche wie die örtliche Zuständigkeit im Auge hat, bedeutet nur, daß wenn diese sachliche und örtliche Zustän-digkeit zur Zeit der Klagerhebung gesetzlich begründet war, eine spätere Veränderung der sie begründenden Umstände nicht ins Gewicht fällt. Von einer Anwendung dieser Vorschrift auf den vorliegenden Fall, in welchem nicht das an sich zuständige Land-gericht, sondern das unzuständige Amtsgericht angegangen worden, kann hiernach nicht die Rede sein. Auch das im § 235 zur Herrschaft gelangte Prinzip ist vorliegend nicht verwertbar. Dasselbe zielt keineswegs dahin, den Beklagten, welcher einen Anspruch auf das landgerichtliche Forum erlangt hat, gegen die Willkür des Klägers zu schützen, betrifft den § 235 auch den Gerichtsstand und schützt auch den Kläger, z. B. gegen etwaige Verlegung des Wohnsitzes des Beklagten. Die wahre ratio des § 235 ist, beide Parteien an die durch die Streitsache bei der Erhebung der Klage gegebene Gestalt zu binden. (Motive S. 187.) Aus § 235° läßt sich also nur entnehmen, daß wenn die Klage wegen 900 Mark bei dem Landgerichte angebracht worden wäre, die spätere Werthsverminderung auf die einmal begründete Zu-ständigkeit einflußlos wär — und dies Resultat entspricht der oben gegebenen Auslegung des § 4, dagegen nicht weiter folgern, daß, weil das (gar nicht angerufene) Landgericht zur Zeit der Klagerhebung zuständig war, es trotz der Werthsver-änderung zuständig geblieben wäre. — Zu welchen praktischen Consequenzen würde überdies diese Annahme führen? Die Klage-ermäßigung hat doch nicht stets nur die Begründung der amts-gerichtlichen Competenz zum Zweck, sie erfolgt nicht seiten aus dem Grunde, weil der Beklagte nach Zustellung der Klage den eingeklagten Anspruch bis auf einen geringen Betrag bezahlt,

so daß Kläger in der That nur ein Bagatellobject zu fordern hat und beansprucht. Erklärt sich nun das Amtsgericht für sachlich unzuständig und wird dies Urtheil rechtskräftig, so muß Kläger eine neue Klage anstrengen, deren Antrag selbstverständlich nur auf Zahlung von 300 Mark lauten kann, also ein zur amts-gerichtlichen Zuständigkeit gehörendes Object umfaßt. Gleich-wohl kann diese Klage nach § 11 bei dem Amtsgerichte nicht angebracht werden; es bleibt dem Kläger also nichts anderes übrig, als den Proceß, selbst wenn der Streitgegenstand sich inzwischen auf 1 Mark reducirt haben sollte, in den schwer-fälligen Formen des landgerichtlichen Processes durchzuführen. Man vergegenwärtige sich ferner folgenden in der amtsgericht-lichen Praxis gar nicht seltenen Fall, daß die Klagschrift nicht den bestimmenden Inhalt des § 230 vollständig enthält, daß z. B. die Ladung fehlt. Man ist einig, daß dann eine Er-hebung der Klage im Sinne der §§ 4, 231 nicht erfolgt ist, daß es aber dem Kläger freisteht, in einem nachträglich zuge-stellten Schriftsatze oder in der mündlichen Verhandlung die Ladung des Beklagten nachzuholen. Wenn nun damit zugleich eine Ermäßigung des Streitgegenstandes von ursprünglich 900 Mark auf 300 Mark verbunden wird, so ist auch nach der gegenseitigen Ansicht die Zuständigkeit des Amtsgerichts begründet. Die vor-schriftsmäßige Klagschrift wäre hiernach schlechter gestellt als die unvollständige!

Zu einer solchen Annahme hat der Gesetzgeber keinen An-laß geboten.

Die Bedeutung und Tragweite des § 4, sowie seine Ueber-einstimmung mit § 235° ist oben dargelegt worden. Es er-übrigt nur noch, zur Vertheidigung der hier aufgestellten Ansicht auf den § 243

„Die Zurücknahme der Klage hat zur Folge, daß der Rechtsstreit als nicht anhängig geworden anzusehen ist" hinzuweisen. Es ist zwar hier von der Zurücknahme des ganzen eingeklagten Anspruches die Rede, die Bestimmung muß aber unbedenklich auch bei der Zurücknahme eines Theiles des Klage-anspruches zur Anwendung kommen (cfr. § 277). Hiernach muß angenommen werden, daß die gültig zurückgenommenen 600 Mark gar nicht in judicio deducirt worden sind; die Sach-lage ist also so anzusehen, als ob von Anfang an nur 300 Mark eingeklagt worden wären, nur dieser Betrag zur Zeit der Klage-erhebung den Werth des Streitgegenstandes ausmachte. Wenn hiergegen der Beklagte einwenden wollte, er sei nur zur Ver-handlung über einen Rechtsstreit von 900 Mark geladen, nicht aber über einen 300 Mark geloden werden, so würde ihm entgegen zu halten sein, daß, wenn ein bestimmter Gegenstand, z. B. 1000 Mark, eingeklagt werden, stets hinzuzudenken ist: „1000 Mark oder weniger, so viel als zuerst gen ist." (Savigny System VI. S. 303.)

Das Resultat der vorstehenden Untersuchung ist dahin zu-sammenzufassen:

Das Amtsgericht hat, ohne Rücksicht darauf, ob es zur Zeit der Erhebung der Klage zuständig war oder nicht, seine Unzuständigkeit nur dann auszusprechen, wenn der Streitgegenstand zur Zeit der Urtheilsfällung 300 Mark übersteigt oder sonst zur Zuständigkeit der Landgerichte gehört und eine Partei hierauf anträgt.

Die strafrechtliche Thätigkeit des Reichsgerichts.

IV.

(Uebersicht der Präsidien vom 1. März bis 30. April 1880.)

I. Zum Reichsstrafgesetzbuch.

1. §. 49 a.

Wenn derjenige, welcher sich zur Verübung eines Verbrechens erbietet, diese nicht ernstlich beabsichtigt, sondern einen andern Zweck, z. B. einen Betrug verfolgt, so ist weder er noch der das Erbieten Annehmende aus §. 49 a strafbar. (Erk. d. III. Straffen. v. 31. März 1880 Nr. 399/80.)

2. §. 61.

Auch eine bloße Anzeige kann vom Gericht als Strafantrag beurtheilt werden, wenn nach vorliegenden Umständen der Antragsberechtigte die Strafverfolgung wollte. Der Antrag ist wirksam, wenn auch der Antragsteller den Thäter nicht kannte, jedoch läuft die dreimonatliche Frist erst von der Kenntniß des Thäters an. Der Ablauf der Frist gegen einen bekannten Thäter präjudizirt nicht dem Antrag gegen später bekannt gewordene Mitthäter und zieht der gegen diese gestellte Antrag die Verfolgung aller nach sich. Ob der Antrag gestellt sei, unterliegt auch ohne thatsächliche Feststellung der Prüfung des Revisionsgerichts. (Erk. d. III. Straffen. v. 17. April 1880 Nr. 756/80.)

3. §§. 61 Str. G. Bch. §. 266 Str. Pr. O.

Die rechtzeitige Stellung des Strafverfolgungsantrags bedarf keiner Feststellung im Urtheile, unterliegt aber der Prüfung des Revisionsgerichts. (Erk. d. III. Straffen. v. 21. April 1880 Nr. 580/80.)

4. §§. 61, 65.

Generalvollmacht legitimirt zur Stellung von Strafanträgen, wenn dieselbe erkennen läßt, daß der Wille des Vollmachtgebers für gewisse Fälle dahin ging, daß der Strafantrag gestellt werde. (Erk. d. II. Straffen. v. 20. April 1880 Nr. 738/80.)

5. §. 95.

In dem Hingeben einer Schrift an einen Anderen, mit dem Bewußtsein, daß die Schrift eine Majestätsbeleidigung enthält, liegt nur dann eine erneute Majestätsbeleidigung, wenn ein Umstand hinzutritt, durch welchen der Uebergebende den strafbaren Inhalt der Schrift sich aneignet. (Erk. d. III. Straffen. v. 17. März 1880 Nr. 329/80.)

6. §. 113.

Ein mit Sistirung einer Person vor eine Polizeibehörde beauftragter Beamter ist in rechtmäßiger Ausübung seines Amtes, wenn er bei Tage die Wohnung eines Dritten betritt, um den Befehl auszuführen, und unterliegt die Handlung nicht der Beurtheilung nach dem preuß. Gesetze vom 12. Februar 1850. (Erk. d. II. Straffen. v. 23. Febr. 1880 Nr. 268/80.)

7. §. 113.

Nicht-deutsche Bodensee-Dampfschiffe haben keine Rechte der Exterritorialität. Widerstand auf denselben gegen deutsche Vollzugsbeamte ist vor deutschen Gerichten abzuurtheilen und entschuldigt den Thäter kein Auftrag deutscher Behörden. (Erk. d. I. Straffen. v. 22. April 1880 Nr. 735/80.)

8. §. 123.

Zur Eigenschaft eines Besitzthums als befriedet ist deffen Zusammengehörigkeit mit einer menschlichen Wohnung erforderlich.

Eine Einfriedigung reicht hierzu nicht aus. (Erk. d. II. Straffen. v. 6. April 1880 Nr. 340/80.)

9. §. 123.

Eine kurze Zögerung einer Person, welche von einem Anderen zum Verlassen seines Hauses aufgefordert wurde, begründet keinen Hausfriedensbruch, wenn darin kein Widerstand gegen die Aufforderung erblickt werden muß. (Erk. d. III. Straffen. v. 28. April 1880 Nr. 1013/80.)

10. §§. 133, 303.

An einem noch nicht vollzogenen Postbehändigungsschein kann das Vergehen der Urkundenunterdrückung nicht begangen werden, wohl aber das der Sachbeschädigung. Die Werthlosigkeit des Objekts schließt letzteres nicht aus, möglicher Weise aber den dolus. (Erk. d. III. Straffen. v. 21. April 1880 Nr. 502/80.)

11. §. 137.

Der dolus beim Delikt des §. 137 besteht im Bewußtsein, daß die beseitigten Sachen gepfändet oder mit Beschlag belegt sind, wenn auch einem Dritten, wird also durch die Annahme des Thäters, er sei Eigenthümer und zur Disposition berechtigt, nicht ausgeschlossen. (Erk. d. I. Straffen. v. 11. März 1880 Nr. 555/80.)

12. §. 137.

Die Beseitigung von Mobilien, welche durch das Civilgesetz als Pertinenzstücke eines der Subhastation unterstellten Grundstücks erklärt sind, ist aus §. 137 strafbar, jedoch ist der dolus ausgeschloffen und tritt deshalb Straflosigkeit ein, wenn der Thäter über die civilrechtliche Bestimmung sich im Irrthum befand. (Erk. d. II. Straffen. v. 16. April 1880 Nr. 461/80.)

13. §. 141.

Die Beurtheilung der Frage, wann die Desertion eines Soldaten vollendet ist, wie lange also die Beförderung der Desertion stattfinden kann, ist thatsächlicher Natur, und liegt kein Rechtsirrthum vor, wenn angenommen wird, daß die Desertion nicht schon mit der Entfernung aus der Kaserne, sondern erst mit der Entfernung aus Ausland vollendet war. (Erk. d. III. Straffen. v. 31. März 1880 Nr. 419/80.)

14. §. 147.

Auch das Hingeben falschen Geldes, welches der Thäter sich verschafft hat, an eine Mittelsperson, damit diese es in den Verkehr bringt, ist strafbar. (Erk. d. II. Straffen. v. 30. April 1880 Nr. 893/80.)

15. §. 166.

Die Concile als solche sind eine Einrichtung der katholischen Kirche und die Beschimpfung derselben strafbar. Dagegen kann die Beurtheilung eines einzelnen Concils zwar die Einrichtung als solche treffen, dies ist aber nicht nothwendig der Fall, sondern ist auch eine historische Kritik denkbar. Die Grenzen zwischen Kritik und Beschimpfung ist Sache thatsächlicher Erwägung. (Erk. d. III. Straffen. v. 31. März 1880 Nr. 354/80.)

16. §§. 173, 61 Str. G. Bch.

Die Antragsfrist bei Ehebruch beginnt erst nach Rechtskraft des Scheidungsurtheils.[*] (Erk. d. I. Straffen. v. 23. März 1880 Nr. 641/80.)

---

[*] Vgl. oben S. 73 Ziff. 12. Nachdem sich nunmehr auch der I. Strafsenat für diese Ansicht ausgesprochen hat, dürfte dieselbe vorläufig beim Reichsgericht feststehen.

17. §. 173.

Der Beischlaf zwischen Verschwägerten in auf- und absteigender Linie ist strafbar, auch wenn er erst nach Auflösung der die Schwägerschaft begründenden Ehe erfolgt ist. (Erk. d. III. Straffen. v. 7. April 1880 Nr. 777/80.)

18. §. 175.

Zur Annahme widernatürlicher Unzucht unter Männern ist ein zum Zwecke der Befriedigung des Geschlechtstriebes am Körper des Anderen vorgenommener beischlafsähnlicher Akt erforderlich. (Erk. d. II. Straffen. v. 23. April 1880 Nr. 744/80. Erk. d. III. Straffen. v. 24. April 1880 Nr. 752/80.)

19. §. 180.

In der Vermiethung einer Wohnung an Prostituirte kann ein Vorschubleisten der Unzucht erblickt werden, wenn sie mit dem Bewußtsein geschieht, daß die Wohnung zur Unzucht benutzt wird. (Erk. d. II. Straffen. v. 27. April 1880 Nr. 174/80.)

20. §§. 186, 187.

Bei Beurtheilung der Frage, ob dem Angeklagten der Beweis der Wahrheit seiner Behauptungen gelungen sei, ist nicht der Beweis aller Einzelheiten maßgebend, sondern der Gesammtcharakter der behaupteten Thatsache. (Erk. d. III. Straffen. v. 7. April 1880 Nr. 816/80.)

21. §. 193.

Eine zur Wahrung berechtigter Interessen gemachte beleidigende Aeußerung ist nicht strafbar, wenn sie auch mit dem Bewußtsein des beleidigenden Charakters gemacht wurde. Die Strafbarkeit setzt in diesem Fall Absicht, zu beleidigen, voraus. (Erk. d. II. Straffen. v. 16. März 1880 Nr. 151/80.)

22. §§. 194, 185, 61, 64 Str. G. Bch. §§. 416, 431. Str. Pr. O.

Auch wenn die Staatsanwaltschaft wegen vorliegenden öffentlichen Interesses die öffentliche Klage wegen Beleidigung erhebt, ist der Strafantrag des Beleidigten Vorbedingung der Verfolgung und schließt die rechtzeitige Zurücknahme des Antrags die weitere Verfolgung aus. (Erk. d. III. Straffen. v. 14. April 1880 Nr. 334/80.)

23. §. 200.

Abs. 2 ergänzt den Absatz 1, so daß letzterer in Bezug auf Zeitungen nach den Bestimmungen des Absatz 2 zu vollziehen ist und zwar ipso jure ohne Rücksicht auf Verfügungen des Urtheils. (Erk. d. III. Straffen. v. 14. April 1880 Nr. 853/80.)

24. §. 218.

Auf die bloße Beschaffung oder Verabreichung von Abortivmitteln findet Abs. 3 keine Anwendung; liegt auch der Thatbestand des §. 219 nicht vor, so ist jene Thätigkeit als Hilfeleistung zur Abtreibung der Leibesfrucht strafbar. (Erk. d. I. Straffen. v. 11. März 1880 Nr. 551/80.)

25. §§. 218, 219.

In der Beurtheilung desjenigen, welcher gegen Entgelt der Schwangeren Abortivmittel verschafft, beigebracht oder bei ihr angewendet hat, aus §. 219 und der Beurtheilung der Schwangeren als Gehülfin oder deren Freisprechung liegt kein Widerspruch. (Erk. d. III. Straffen. v. 10. April 1880 Nr. 866/80.)

26. §. 221.

Kindsaussetzung liegt nicht vor, wenn eine Mutter ihr Kind auf der Diele eines fremden Hauses niedergelegt hat, jedoch in der Nähe geblieben ist und das Kind überwacht hat, bis es Aufnahme von Dritten fand. (Erk. d. III. Straffen. v. 21. April 1880 Nr. 518/80.)

27. §. 222.

Fahrlässige Tödtung liegt vor, wenn die fahrlässige Handlung des Thäters die genügende Ursache des tödtlichen Erfolgs enthielt, wenn auch noch eine eigene Thätigkeit des Getödteten hinzukommen mußte. (Erk. d. I. Straffen. v. 12. April 1880 Nr. 570/80.)

28. §. 222 Abs. 2.

Diese Bestimmung ist nur dann anwendbar, wenn ein Gewerbetreibender bei der fahrlässigerweise eine Tödtung herbeiführenden Handlung eine Aufmerksamkeit unterließ, zu der er durch sein Gewerbe besonders verpflichtet war. (Erk. d. II. Straffen. v. 23. April 1880 Nr. 147/80.)

29. §. 223.

Unter Herrschaft der preußischen Gesinde-Ordnung v. 1810 ist für geringere Thätlichkeiten, welche der durch ungebührliches Betragen des Gesindes zum Zorne gereizte Dienstherr dem Gesinde zufügt, jede Strafverfolgung, sei es durch Privat- oder öffentliche Klage, ausgeschlossen. (Erk. d. I. Straffen. v. 12. April 1880 Nr. 837/80.)

30. §. 223.

Die Grenzen des Züchtigungsrechtes eines Lehrers und dessen Strafbarkeit wegen Ueberschreitung des Züchtigungsrechtes dürfen nicht nach landesrechtlichen Bestimmungen beurtheilt werden. Wegen Mißhandlung kann ein Lehrer, der in Ausübung des Züchtigungsrechtes körperlich straft, nur bestraft werden, wenn er vorsätzlich das Züchtigungsrecht nur als Vorwand einer Mißhandlung benützt, oder unerlaubte Züchtigungsmittel anwendet, oder absichtlich die angemessenen Grenzen einer Züchtigung überschreitet. (Erk. d. III. Straffen. v. 14. April 1880 Nr. 775/80.)

31. §. 223a.

Gefährliches Werkzeug im Sinne dieser Bestimmung ist jeder zur Hervorbringung von Verletzungen geeignete Gegenstand, ohne Rücksicht auf dessen gewöhnliche Bestimmung; z. B. ein zum Zuschlagen angewendetes Bierglas. (Erk. d. III. Straffen. v. 10 März 1880 Nr. 134/80.)

32. §§. 232, 223, 61, 65.

Unter Herrschaft des preußischen Landrechts ist die uneheliche Mutter nicht berechtigt, wegen einer ihrem Kinde zugefügten Körperverletzung Strafantrag zu stellen. (Erk. d. II. Straffen. v. 16. April 1880 Nr. 569/80.)

33. §§. 242, 246.

Sachen, welche dem Dienstpersonal vermöge des Dienstes zugänglich sind, bleiben im Gewahrsam des Dienstherrn und begründet deren widerrechtliche Wegnahme durch das Dienstpersonal Diebstahl, oder Unterschlagung. (Erk. d. I. Straffen. v. 5. April 1880 Nr. 747/80.)

34. §. 243 Ziff. 2.

Das Eintriechen durch einen unterhalb einer Thür befindlichen Spalt kann als Einsteigen beurtheilt werden. (Erk. d. III. Straffen. v. 18. März 1880 Nr. 341/80.)

35. §. 243 Ziff. 2.

Ein Einbruchdiebstahl ist als schwerer Diebstahl strafbar, wenn auch der Dieb ohne Einbruch in das Gebäude hätte ge-

langen können. (Erk. b. II. Straffen. v. 27. April 1880
Nr. 912/80.)

36. §. 245.

Die zehnjährige Frist, welche die Rückfallstrafe ausschließt,
muß zwischen dem neu zu bestrafenden Diebstahl und dem zuletzt
bestraften liegen. Der Ablauf zwischen den einzelnen Vorstrafen
ist ohne Bedeutung. (Erk. b. I. Straffen. v. 4. März 1880
Nr. 478/80.)

37. §. 246.

Durch Zahlung eines Wechsels und Versprechen der Rückgabe ohne diese selbst wird der Wechselschuldner nicht sofort
Eigenthümer des Wechsels; durch Weiterbegebung desselben begeht
also der Inhaber nicht Unterschlagung. (Erk. b. II. Straffen.
v. 2. April 1880 Nr. 490/80.)

38. §. 246.

Durch die Verpfändung einer fremden gemietheten Sache
wird keine Unterschlagung begangen, wenn der Miether die rechtzeitige Auslösung beabsichtigt und die Ueberzeugung hat, die
Auslösung bewirken zu können. (Erk. b. III. Straffen. v.
24. April 1880 Nr. 615/80.)

39. §. 246.

Ein Vertrag, nach welchem Jemand einem Andern eine
Sache vermiethet, nach Zahlung des stipulirten Miethzinses aber
das Eigenthum der Sache auf den Miether übergeht, ist nach
preußischem Landrecht gültig und bleibt das Eigenthum bis zu
erfolgter Vollzahlung beim Vermiether. Durch Verpfändung
der gemietheten Sache begeht der Miether Unterschlagung nur
dann, wenn er die verpfändete Sache nicht einlösen will oder
voraussichtlich nicht einlösen kann. (Erk. b. III. Straffen v.
24. April 1880 Nr. 749/80.)

40. §. 253.

Erpressung liegt in der durch Gewalt oder Drohung von
einem Dritten erlangten Zahlung nur dann, wenn der wahre
Werth der Forderung nach Sicherheit u. s. w. ein geringerer war, als der von dem Dritten erlangten Zahlung. (Erk.
b. III. Straffen v. 17. März 1880 Nr. 855/80.)

41. §. 253.

Eine durch Drohungen erlangte Zahlung an eine Orts-
armenkasse als Sühne einer strafbaren Handlung kann ohne
Rechtsirrthum als Erpressung bestraft werden. (Erk. b.
I. Straffen. v. 18. März 1880 Nr. 556/80.)

42. §. 259.

Der Hehler muß das Bewußtsein, daß die Sachen, in
Bezug auf welche Hehlerei geübt wird, von deren Besitzer mittels
einer strafbaren Handlung erlangt sind, nur im Allgemeinen
haben; die genaue Kenntniß der strafbaren Handlung und deren
Umstände ist nicht erforderlich. (Erk. b. I. Straffen. v. 5. April
1880 Nr. 715/80.)

43. §. 263.

Wenn ein Kaufmann seine Kunden dadurch täuscht, daß
er einer Waare den Anschein eines anderen Ursprungs giebt, als
ihr wirklich zukommt, so begeht er nur dann Betrug, wenn die
Waare einen geringeren Preis hat, als die angeblich verkaufte,
gleichviel wie ihr innerer Werth ist. (Erk. b. III. Straffen.
v. 10. März 1880 Nr. 452/80.)

44. §. 263.

Durch die Vorzeigung eines unrichtigen Postscheines über

Aufgabe eines Werthpackets, um hierdurch einen mit Exekution
beauftragten Beamten zur Unterlassung der Exekution zu bestimmen, wird nicht ohne Weiteres die Absicht, sich einen rechtswidrigen Vermögensvortheil zu verschaffen, dargethan. Dieselbe
ist z. B. durch sofortige Zahlung der Schuld widerlegt. (Erk.
b. II. Straffen. v. 23. März 1880 Nr. 444/80.)

45. §. 263.

Die Erklärung des Käufers bei einem Kaufsgeschäft, der
Verkäufer könne sofort nach Uebergabe des Kaufsobjekts Zahlung
erhalten, obwohl der Käufer sich des Mangels von Zahlungs-
mitteln bewußt ist, enthält die Vorspiegelung einer unwahren
Thatsache. (Erk. b. III. Straffen. v. 8. April 1880 Nr. 717/80.)

46. §. 263.

Ein insolventer Kaufmann, der Waaren auf Credit bestellt,
begeht dadurch allein noch keinen Betrug. (Erk. b. III. Straffen.
v. 7. April 1880 Nr. 431/80.)

47. §. 263.

Betrug kann dadurch verübt werden, daß ein Kaufmann
von einem Geschäftsfreund, von dem er weiß, daß er ihm keinen
weiteren Credit mehr gewähren würde, Waaren gegen Cassa bestellt, ohne sich in der Lage zu befinden, wirklich zu zahlen.
Feststellung der Absicht, überhaupt nicht zahlen zu wollen, ist
nicht erforderlich. (Erk. b. III. Straffen. v. 10. April 1880
Nr. 791/80.)

48. §§. 263, 43.

Durch Einklagung eines wissentlich nicht begründeten Anspruchs unter Beantragung des Mandatsprozesses auf Grund
von scheinbar beweisenden Gerichtsakten wird Betrugsversuch
begangen, auch wenn der Richter das ordentliche Verfahren
eingeleitet hat. (Erk. b. III. Straffen. v. 17. März 1880
Nr. 322/80.)

49. §§. 270, 267, 268.

Der Gebrauch einer gefälschten Urkunde kann nicht in der
bloßen Behauptung, dieselbe in Händen zu haben, gefunden
werden, wenn der Thäter auch die gefälschte Urkunde bei sich
geführt hat. Wohl kann aber hierin der Versuch einer Urkundenfälschung liegen. (Erk. b. III. Straffen. v. 31. März 1880
Nr. 668/80.)

50. §. 271.

Wenn für einen zur Verantwortung über eine Anschuldigung vor Gericht Geladenen ein Anderer erscheint und unter
dem Namen des Geladenen Erklärungen abgiebt, so liegt der
Thatbestand zu §. 271 vor. (Erk. b. I. Straffen. v. 27. April
1880 Nr. 993/80.)

51. §. 283 Str. G. Bch. §. 210 Konk. Ord.

Auch ein ausgetretener Handelsgesellschafter ist wegen
Bankerutts strafbar, wenn zwar die Zahlungseinstellung nach
seinem Austritt erfolgte, die übrigen Erfordernisse der That
aber während seiner Theilnahme. (Erk. b. III. Straffen. v.
21. April 1880 Nr. 560/80.)

52. §. 283 Ziff. 1 Str. G. Bch., §. 210 Ziff. 1 Konk. Ord.

Differenzhandel im Sinne dieser Gesetzesbestimmungen liegt
nicht bloß in solchen Geschäften, welche vertragsmäßig lediglich
auf Regulirung der Differenzen gerichtet sind, sondern auch in
solchen, bei welchen die Absicht der bloßen Differenzregulirung am
Stichtage erkennbar ist. (Erk. b. II. Straffen. v. 31. März 1880
Nr. 171/80.)

53. §. 283 Ziff. 1, §. 210' Konk. Ord.

Auf den Begriff des Differenzhandels ist nicht der handelsrechtliche Begriff eines auf bloße Zahlung der Differenzen gerichteten Vertrags anzuwenden, sondern fällt unter §. 283 Ziff. 1 (210 Ziff. 1 K. O.): jede Spekulation, welche nur den Gewinn der Differenz des Marktpreises bis zu einem bestimmten kurzen Termin zum Zweck hat. (Erk. d. III. Straffen. v. 10. April 1880 Nr. 791/80.)

54. §. 283 Ziff. 2 Str. G. Bch., §. 210 Ziff. 2 Reichs-Konk. Ord.

Handelsbücher im Sinne dieser Bestimmung sind nur die nach Art. 28, 32 H. G. Bch. dem Kaufmann zur Führung vorgeschriebenen, nicht bloße Notizbücher. (Erk. d. II. Straffen. v. 9. April 1880 Nr. 557/80.)

55. §§. 283, 74 Str. G. Bch., §. 210 Konk. Ord.

Der unter mehrere der unter Ziff. 1—3 in §. 283 bezw. 210 aufgeführten Merkmale fallende einfache Bankerutt bildet nur eine Strafthat, kein Zusammentreffen mehrerer Vergehen.*) (Erk. d. II. Straffen. v. 20. April 1880 Nr. 843/79.)

56. §. 283 Str. G. Bch., §. 210 Konk. Ord.

Dadurch, daß auf einen vor 1. Oktober 1879 begangenen, nach diesem Tage abgeurtheilten Fall des Bankerutts §. 283 Str. G. Bch., nicht §. 210 Konk. Ord. angewendet wird, kann die Revision nicht gerechtfertigt werden. Ein Handelsgesellschafter wird durch seinen Austritt aus der Gesellschaft nicht von der strafrechtlichen Haftung für Handlungen und Unterlassung befreit, welche vor seinem Austritt begangen wurden. (Erk. d. III. Straffen. v. 21. April 1880 Nr. 560/80.)

57. §. 286 Str. G. Bch.

§. 4 der Verordnung vom 25. Juni 1867 über Spielen in auswärtigen Lotterien und Vertrieb der Loose steht neben §. 186 noch in Kraft und tritt an Stelle des cit. §. 268 des preuß. Str. G. Bch., §. 286 R. Str. G. Bch. — Für das brieftliche Anerbieten von Loosen solcher Lotterien ist das Gericht des Wohnorts des Adreffaten zuständig. Zur Absendung des brieflichen Anerbietens ist der anbietende Lotteriekollekteur nur dann haftbar, wenn er die Absendung aus seinem Geschäfte weiß. (Erk. d. III. Straffen. v. 13. März 1880 Nr. 398, 427, 428, 436, 437, 512, 513.)

58. §. 286.

Das Anbieten von Loosen zu Ausspielungen an eine unbestimmte Anzahl von Personen in deren Privatwohnungen ist ein öffentliches und strafbar, auch wenn die Ausspielung nicht zu Stande gekommen ist. (Erk. d. I. Straffen. v. 12. April 1880 Nr. 800/80.)

59. §. 288.

Die Absicht des aus §. 288 strafbaren Thäters muß nur auf Entziehung eines einzelnen mit Exekution bedrohten Vermögenstheils gerichtet sein, nicht auf Vereitelung der Befriedigung überhaupt. (Erk. d. I. Straffen. v. 7. April 1880 Nr. 797/80.)

60. §§. 292, 293, 49.

Es liegt kein Rechtsirrthum vor, wenn Personen, welche im Einverständniß mit unbefugt Jagenden das erlegte Wild vom Orte der That abholen und dasselbe sowie die Thäter in Sicherheit bringen, nicht als Begünstiger, sondern als Theilnehmer bestraft werden. (Erk. d. II. Straffen. v. 13. April 1880 Nr. 349/80.)

61. §. 315.

Die Strafbestimmung setzt nicht den Willen voraus, dem Eisenbahntransport zu gefährden oder zu beschädigen, sondern nur das Bewußtsein der Gefahr bei Vorsätzlichkeit der konkreten Handlung. (Erk. d. III. Straffen. v. 10. April 1880 Nr. 114/80.)

62. §. 333.

Das Anbieten von Geschenken, um einen Beamten zu bestimmen, bei Besetzung einer von ihm zu vergebenden Stelle andere Rücksichten als die der Tauglichkeit des Bewerbers zu nehmen, ist als Bestechung strafbar. (Erk. d. I. Straffen. v. 29. April 1880 Nr. 1034/80.)

63. §. 348.

Absatz 1 ist nur auf Beamte anwendbar, welche zur Aufnahme von Urkunden zuständig sind, welche zum Zwecke des Beweises die Erklärung einer Person oder die Wahrnehmung des Beamten festellen sollen. (Erk. d. III. Straffen. v. 13. März 1880 Nr. 414/80.)

64. §. 350.

Beamte, welche andere Beamte während deren Beurlaubung mit Genehmigung der vorgesetzten Behörde vertreten und das hierbei empfangene Geld sich rechtswidrig zueignen, sind wegen Amtsunterschlagung strafbar, auch bei Uebernahme der Kaffe die Bestimmungen der Geschäftsordnung nicht vollständig beobachtet wurden. (Erk. d. III. Straffen. v. 14. April 1880 Nr. 908/80.)

65. §. 360 Ziff. 11.

Als grober Unfug erscheint eine Ordnungsstörung dann nicht, wenn sie in einer Privatwohnung Einzelnen oder einem begrenzten Kreise von Personen gegenüber verübt wurde. (Erk. d. I. Straffen. v. 27. April 1880 Nr. 1004/80.)

(Fortsetzung folgt.)

Zur Anwaltsgebührenordnung.
Schreibgebühren.

Die Bestimmung über die Schreibgebühren im §. 76 der Anwaltsgebührenordnung hat zufolge der ihr bei der Reichstags-Berathung gegebenen Fassung in der Praxis eine sehr verschiedenartige Auslegung erfahren.

Der dem Reichstag vorgelegte Entwurf wollte Schreibgebühren nur für die zum Prozeßbetrieb regelmäßig erforderlichen Abschriften von Schriftsätzen, nämlich für die zum Zwecke der Einreichung bei Gericht oder der Zustellung anzufertigenden Abschriften von Schriftsätzen, Urkunden, Urtheilen oder Beschlüssen bewilligen. Der Reichstag hat aber diesen Paffus, insbesondere aus dem Grunde, um auch die Vergütung für die Korrespondenz des Rechtsanwalts mit seinen Mandanten zu ermöglichen, gestrichen und nur den die Höhe der Gebühr normirenden Absatz der Bestimmung des Entwurfs beibehalten.

Für den Umfang der zu beanspruchenden Vergütung enthält das Gesetz also keine bestimmte Grenze und es wird eine solche

---

*) Vorstehender vom preuß. Obertribunal in einer großen Reihe von Urtheilen festgehaltene Satz ist auch schon vom III. Straffenat in einem Urth. v. 15. Novbr. 1879 anerkannt worden. S. oben S. 35 Ziff. 24.

nur aus dem Sinn und dem Inhalt des Gesetzes und aus der Entstehung desselben entwickelt werden können.

Die Anwaltsgebührenordnung sondert die Vergütung der Rechtsanwälte in Gebühren und Auslagen. Die eigene Thätigkeit des Anwalts wird durch die im Gesetze vorgesehenen, klar bestimmten Gebühren honorirt; die letzteren hat die unterliegende Partei in der Regel ohne Bemängelung zu erstatten, wie dies näher in der Nr. 2 der Wochenschrift erörtert worden ist. Die Auslagen sind dagegen nicht ebenso bestimmt in der Gebührenordnung angegeben und geregelt. Hinsichtlich derselben führen vielmehr nur die dem Reichstag vorgelegten Motive an, der Grundsatz, daß dem Rechtsanwalt nothwendige und nützliche Auslagen, welche er zum Zwecke der Ausführung des ihm ertheilten Auftrags gemacht hat, zu erstatten sind, ergebe sich aus der Natur des Mandatsverhältnisses.

Zu den Auslagen zählt das Gesetz auch die Schreibgebühren. Hieraus folgt, daß letztere nur eine Vergütung des baaren Kostenaufwands für geleistete Schreibarbeit (und der nöthigen Materialien) sind, der also nur dann erstattet verlangt werden kann, wenn er wirklich erwachsen ist, dagegen nicht auch dann schon, wenn er hätte entstehen können, von der Befugniß aber kein Gebrauch gemacht worden ist. Diese Ansicht ist auch in den der betreffenden Berathung des Reichstags vorangegangenen Verhandlungen des VII. Deutschen Anwaltstages über den Entwurf der Anwaltsgebührenordnung zum Ausdruck gelangt; der von der Versammlung beschlossene Antrag lautete: „es möge die Schreibgebühr für alle vom Anwalt gefertigten Abschriften bewilligt werden".

Wenn ferner der Entwurf der Gebührenordnung den im Gerichtskostengesetz festgestellten Grundsatz, daß Schreibgebühren für Ausfertigungen und Abschriften erhoben werden, wie oben erwähnt, auf gewisse Schriftstücke beschränken wollte, so wird, nachdem diese Einschränkung fortgefallen, gleichwohl im Hinblick auf die enge Anlehnung des Systems der Gebührenordnung an das des Gerichtskostengesetzes, jener allgemeine Grundsatz immerhin auch für die Vergütung des Anwalts noch Geltung behalten.

Es kommt vor Allem darauf an, festzuhalten, daß eben die in Frage stehende Vergütung auch durch ihre Benennung als „Schreibgebühr" nicht ihren Charakter als Auslagen verliert.

Es wird sich demgemäß der oben gegebene Begriff der Schreibgebühr bestimmter feststellen, daß Schreibgebühren nur für die durch Hülfskräfte gefertigten Abschriften und Reinschriften, auch wenn die Herstellung auf mechanischem Wege stattgefunden hat, zu liquidiren sind. Für die eigene schriftliche Thätigkeit des Anwalts ist danach ein Anspruch auf Schreibgebühren überhaupt ausgeschlossen. Es ergiebt sich dies auch schon aus der Vorschrift der §§. 13, 29 der Gebührenordnung, welche die Prozeßgebühr für den ganzen Geschäftsbetrieb, einschließlich der Information, also auch für die Anfertigung aller vorkommenden Schriftsätze oder schriftlichen Anträge und den zur Prozeßführung erforderlichen Verkehr mit den Parteien, dem Gericht und den Gerichtsvollziehern gewähren, desgleichen aus §§. 46, 40 Absatz 2, §§. 68, 69, 73, 74 u. a., welche für die Anfertigung eines Schriftsatzes die entsprechende Gebühr vorsehen. Nun gehört aber

offenbar zur Abfassung eines Schriftsatzes auch die schriftliche Fixirung des Gedachten und im Geiste Concipirten.

Wenn somit für die Entwürfe und Concepte zu Schriftsätzen, Anträgen, Mittheilungen u. dgl. die Erhebung einer Schreibgebühr sich nicht rechtfertigen läßt, selbst wenn solche Entwürfe durch Hülfskräfte gefertigt worden sind, so kann nur noch in Frage kommen, ob eine Schreibgebühr zu beanspruchen ist, falls der Anwalt durch körperliche Eigenschaften oder andere Gründe genöthigt ist, den Inhalt von Schriftstücken einem Schreiber in die Feder zu diktiren, oder wenn der Anwalt Schreiben, die durch Verhinderung eines Anwalts an selbständiger Ausführung eines Auftrags ihm entstehenden Unkosten — nach Analogie der §. 18 Absatz 4, §. 37 der Rechtsanwaltsordnung und §. 82 der Gebührenordnung — der Partei nicht zur Last fallen, andererseits liegen auch die vom Anwalt selbst gefertigten Schreiben immer nur in dem Rahmen der durch die Gebühren honorirten Thätigkeit des Rechtsanwalts. Man könnte in letzterer Beziehung vielleicht auf die gemäß §. 78 der Gebührenordnung zu liquidirenden Fuhrkosten hinweisen, welche ja zweifellos auch dann zu gewähren sind, wenn die Reise nicht mittelst Fuhrwerks, sondern zu Fuß oder auf andere Weise zurückgelegt worden ist. Abgesehen von dem verschiedenen Charakter dieser Auslagen wird indessen ein Vergleich schon aus dem Grunde nicht angängig sein, weil die Zurücklegung von Wegestrecken wohl nimmermehr zum Geschäftsbetrieb und zur Prozeßführung des Rechtsanwalts gerechnet werden kann. Es ist ferner zu berücksichtigen, daß auch die Bauschgebühren der Gerichtsvollzieher, deren Gebührenordnung, — wenn gleich freilich hier eine ganz andersartige Thätigkeit zu Grunde liegt, — von demselben System wie die Anwaltsgebührenordnung beherrscht wird, ebenfalls die zu den Amtshandlungen gehörenden Mittheilungen, Aufforderungen, Bekanntmachungen u. a. mitvergüten. Es bleibt nunmehr noch die Frage zu erörtern, ob für alle Abschriften, beziehungsweise für welche Schreibgebühren liquidirt werden dürfen?

Zur Festsetzung der von der Gegenpartei zu erstattenden Gebühren und Auslagen sind gemäß §. 98 der Civilprozeßordnung die einzelnen Ansätze durch Vorlegung von Belegen zu rechtfertigen. Die Ansätze an Auslagen unterliegen nach der mehrseitig zugestandenen Interpretation des §. 87 Absatz 2 der Civilprozeßordnung der Prüfung des Gerichts auch darauf, ob sie zur zweckentsprechenden Rechtsverfolgung oder Rechtsvertheidigung nothwendig waren; die Prüfung des Gerichts wird sich meist an der Hand der vom Anwalt überreichten Manualakten vollziehen. Inwieweit nun Schreibarbeiten zur Prozeßführung nothwendig sind, läßt sich schwerlich in einer allgemeinen, bestimmten Formel erschöpfend darstellen. Ob die Abschriften für die Handakten — z. B. zur Information — oder zur Hingabe an Behörden und Dritte gefertigt sind, ist jedenfalls ohne Belang. Im Zweifel werden zunächst die Vorschriften der Prozeßordnungen und sonstiger Bestimmungen von entscheidender Bedeutung sein.

So wird z. B. nach §. 98 der Civilprozeßordnung weder von dem Gesuch um Festsetzung der zu erstattenden Kosten, noch von den zur Rechtfertigung der einzelnen Aufsätze dienenden Belegen die Einreichung von Abschriften für die andere Partei erforderlich sein.

Von den vorbereitenden Schriftsätzen nebst deren Anlagen ist stets eine Abschrift für die Gerichtsakten und eine für die Gegenpartei zu fertigen. Hier und da ist es überdies Gebrauch bei Rechtsanwälten, zu den Schriftsätzen, welche zur Erwirkung einer Terminsbestimmung dem Gericht überreicht werden müssen, eine Abschrift des ursprünglichen Concepts fertigen zu lassen. Diese Abschrift, auf welche also der Richter die Terminsbestimmung setzt, welche nebst Abschrift der Gerichtsvollzieher behufs Zustellung erhält, der demnächst auch die Zustellungsurkunde angefügt wird und mittels welcher sodann erforderlichenfalls durch Vorlegung in der mündlichen Verhandlung — oder vielleicht auch durch Ueberreichung zu den Akten — der Nachweis der legal erfolgten Zustellung zu führen ist, gilt nach der Terminologie der Civilproceßordnung dann als Urschrift. Obgleich dieser Geschäftsgebrauch sich aus der Civilprozeßordnung nicht streng rechtfertigen läßt, so dürfte es doch, wenigstens hinsichtlich der Klage-, Berufungs- und Revisionsschrift ausnahmsweise für billig und zulässig zu erachten sein, für diese die Urschrift darstellende Abschrift des ursprünglichen Concepts eine Schreibgebühr anzusetzen. Das ursprüngliche Concept wird sich häufig, und besonders bei unleserlicher Handschrift weder zur Vorlegung bei Gericht noch zur Zustellung eignen; außerdem aber muß es stets dem Anwalt von größtem Werth und Interesse sein, jene wichtigen Schriftstücke fortwährend in Händen zu haben. In Anerkennung dieser Umstände hat auch bereits eine In der Beschwerdeinstanz ergangene Entscheidung des Oberlandesgerichts Jena vom 13. Dezember 1879 (Blätter für Rechtspflege in Thüringen und Anhalt von 1880 Seite 129) sich dahin ausgesprochen, daß die Schreibgebühr für die Urschrift (d. h. wie aus den Gründen der angefochtenen Entscheidung hervorgeht, für die als Urschrift geltende Abschrift des Klage-Concepts) nicht für unnöthig erachtet werden kann.

Für die abschriftliche Uebertragung der vom Richter auf die Urschrift gesetzten Terminsbestimmung auf die vorweg gefertigte, zur Zustellung bestimmte Abschrift der Urschrift wird nur dann, wenn damit eine neue Seite beginnt, eine Schreibgebühr erhoben werden dürfen, weil die für die Höhe der Gebühr maßgebende Vorschrift des §. 80 des Gerichtskostengesetzes nur das Minimum des Inhalts einer Seite Abschrift festsetzt.

Was schließlich die Vollmacht betrifft, so ist für dieselbe, da sie als eine dem Mandanten ausgestellte Urkunde erscheint, eine Schreibgebühr nicht zu liquidiren. Dem Gegner eine Abschrift der Vollmacht mitzutheilen ist in der Regel nicht als nothwendig zu erachten sein; die Vollmacht ist mit der Abschrift der Klage oder eines vorbereitenden Schriftsatzes dem Gerichtsschreiber zu den Gerichtsakten mitzutheilen (§§. 76, 124 Civil-Prozeßordnung) und dort kann der Gegner dieselbe einsehen. Die Mittheilung einer Abschrift würde sich nur rechtfertigen lassen, wenn in dem, dem Gegner zuzustellenden Schriftstück auf die Vollmacht Bezug genommen wird (§§. 122, 124 Civil-Prozeßordnung).

Pf.

Personal-Veränderungen.

Zulassungen.

Otto Paul Hüttenrauch bei dem Amtsgericht in Lengefeld im Erzgebirge; — Emmerich in Suhl bei dem Landgericht in Meiningen; — Adolf Sieben bei dem Landgericht in Landau; — Friedrich Reßig und Max Silberschmidt bei dem Landgericht zu Braunschweig; — Kanzler früher in Straubing, bei dem Landgericht in Traunstein; — Hermann Gensel in Schellenberg bei dem Landgericht in Chemnitz; — Sebastian Riederer, — Bernhard Wurzer, — Josef Hofer, — Anton Unzner, — August Schnepf, — Robert Mayr, — Max Beigl, — Matthaeus Koegerl bei dem Landgericht in Neuburg a. D.; — Gustav August Diedrich Böhmcker zu Eutin bei dem Ober-Landesgericht in Hamburg; — Friedrich Becker in Bockenheim bei dem Ober-Landesgericht in Frankfurt a/M.

In der Liste der Rechtsanwälte sind gelöscht: Fikus bei dem Landgericht in Ratibor; — Dr. Schottländer bei dem Landgericht in Frankfurt a/M.

Ernennungen.

Ernannt sind:

Rechtsanwalt Welcker in Marburg zum Notar im Bezirk des Ober-Landesgerichts zu Cassel; — Rechtsanwalt Kallenbach in Marienwerder vom 16. Juli d. J. ab unter Zulassung zur Rechtsanwaltschaft bei dem Königlichen Landgericht in Conitz zum Notar im Bezirk des Ober-Landesgerichts zu Marienwerder mit Anweisung seines Wohnsitzes in Conitz.

Todesfälle.

Karl Will in München; — Cramer in Leer; — Ludwig Meyer in Altenburg; — Justizrath v. Hertzberg in Zielenzig.

Ordensverleihungen.

Dem Justizrath von Bilmowski zu Berlin ist die Erlaubniß zur Anlegung des von dem Fürsten von Rumänien ihm verliehenen Offizierkreuzes des Ordens „Stern von Rumänien" ertheilt.

Ein früherer richterlicher Beamter wünscht Beschäftigung als Hilfsarbeiter bei einem Rechtsanwalt. Geehrte Offerten unter C. D. sind an die Expedition dieses Blattes zu richten.

Jüngerer, tüchtiger Anwaltssekretair sucht unter bescheidenen Ansprüchen Stellung. Geehrte Offerten sub A. B. 6 befördert die Expedition dieses Blattes.

Ein routinirter Concipient (Jurist)

geübt in amtsger. Verhandlungen, mit sehr guten Referenzen, cautionsfähig, wünscht Stellung event. als Bureauvorsteher. Antr. nach Uebereinkunft. Off. sub No. E. befördert die Expedition.

Für die Redaktion verantw.: E. Haenle. Verlag: W. Moeser, Hofbuchhandlung. Druck: W. Moeser, Hofbuchdruckerei in Berlin.

№ 14. Berlin, 15. Juli. 1880.

Juristische Wochenschrift.

Herausgegeben von

S. Haenle, und **M. Kempner,**
Rechtsanwalt in Ansbach. Rechtsanwalt beim Landgericht I. in Berlin.

Organ des deutschen Anwalt-Vereins.

Preis für den Jahrgang 12 Mark. — Inserate die Zeile 30 Pfg. — Bestellungen übernimmt jede Buchhandlung und Postanstalt.

Die strafrechtliche Thätigkeit des Reichsgerichts.

IV.

(Uebersicht der Präjudizien vom 1. März bis 30. April 1880.)

(Fortsetzung.)

II. Verschiedene Gesetze strafrechtlichen Inhalts.

1. § 210 Ziff. 3 Konk. Ord.

Die Bilanz muß ein Kaufmann auch dann alljährlich aufstellen, wenn sein Geschäft die Inventur nur alle zwei Jahre zuläßt. Ein Irrthum des insolventen Kaufmanns hierüber entschuldigt nur bei Vorliegen besonderer Gründe. (Erk. d. III. Strafsen. v. 13. März 1880 Nr. 547/80.)

S. auch hierüber zu § 283 Str. G. Bch.

2. §§. 134, 146 Reichs-Gewerbe-Ord. v. 21. Juni 1869.

Die Auszahlung des Arbeitslohns in Bons, welche von der Fabrikkasse für die vom Arbeiter bei bestimmten Händlern bezogenen Waaren eingelöst werden, fällt unter das Verbot des §. 134. (Erk. d. I. Strafsen. v. 19. April 1880 Nr. 567/80.)

3. §. 134 Vereinszolltarif. v. 1. Juli 1869.

Contrebande liegt nicht vor, wenn die Einfuhr des Objekts (Vieh) zwar im Allgemeinen verboten, in besonderen Fällen aber gestattet und unter Bezugnahme auf diese Gestattung bei der Einfuhr angemeldet war. (Erk. d. I. Strafsen. v. 12. April 1880 Nr. 826/80.)

4. §. 153 Vereinszollgesetz v. 1. Juli 1869.

Ehegatten und Eltern haften dann nicht für die von ihren Gatten und Kindern wegen Zollvergehen verwirkten Geldstrafen, wenn sie selbst Theilnehmer an dem Zollvergehen sind, sondern nur dann, wenn das aufgetragene Geschäft, gelegentlich dessen das Zollvergehen begangen wurde, ein an sich erlaubtes ist. (Erk. d. III. Strafsen. v. 24. März 1880 Nr. 533/80.)

5. §. 54 Reichsgef. v. 11. Juni 1870, betr. den Schutz der Urheberrechte.

Die Entschädigung für unbefugte Aufführung dramatischer Werke ist nicht von dem Nachweise eines Schadens bedingt. (Erk. d. I. Strafsen. v. 18. März 1880 Nr. 835/80.)

6. §. 20 Reichs. Preßgef. v. 7. Mai 1874.

Als besondere Umstände, welche den Redakteur einer Zeitung entschuldigen, gelten nur solche, welche ihm die Kenntnißnahme eines strafbaren Artikels ohne eigenes Verschulden unmöglich machen. Die Verantwortlichkeit des Redakteurs erstreckt sich auch auf die Inserate, wenn für dieselben kein besonderer Redakteur benannt ist. (Erk. d. I. Strafsen. v. 26. April 1880 Nr. 430/80.) Aehnlichen Inhalts ist auch die Entscheidung des I. Strafsenats v. 6. April 1880 Nr. 612/80.)

7. §. 19 Reichsgef. v. 21. Okt. 1878, betr. die gemeingefährlichen Bestrebungen der Sozialdemokratie.

In dem Hingeben von verbotenen sozialdemokratischen Schriften an Andere, mit denen sich der Thäter Behufs wohlfeileren Bezugs auf jene Schriften gemeinschaftlich abonnirt hat, kann, wenn dies ein größerer Kreis von Personen ist, ein Verbreiten der Schriften im Sinne des §. 19 erblickt werden. (Erk. des III. Strafsen. v. 17. März 1880 Nr. 329/80.)

8. §. 28 Reichsgef. v. 21. Okt. 1878, gegen die gemeingefährlichen Bestrebungen der Sozialdemokratie.

Zur Strafbarkeit wegen Uebertretung einer auf Grund des Gesetzes erlassenen, öffentlich bekannt gemachten Verfügung ist die Bekanntgabe der Verfügung an den Betheiligten nicht erforderlich. (Erk. d. II. Strafsen. v. 13. April 1880. Nr. 737/80.)

III. Zum Gerichtsverfassungsgesetz.

1. §§. 61, 65 Gerichtsverf. Gesetz.

Im Falle der Verhinderung des Vorsitzenden einer Strafkammer hat das älteste ständige Mitglied der Kammer ihn zu vertreten, nicht der eintretende Stellvertreter, wenn derselbe auch älter an Dienstjahren ist. (Erk. d. II. Strafsen. v. 2. März 1880 Nr. 821/79.)

2. §. 175 Gerichtsverf. Gef. §. 377 Ziff. 6 Str. Pr. O.

Der Angeklagte kann keine Revision darauf gründen, daß über den Ausschluß der Deffentlichkeit in öffentlicher Sitzung verhandelt wurde. (Erk. d. II. Straffen. v. 23. April 1880 Nr. 744/80.)

IV. Zur Strafprozeßordnung.

1. §§. 34, 243 Abf. 2 Str. Pr. Ord.

Der Gerichtsbeschluß, durch welchen ein Beweisantrag abgelehnt wird, muß aus seinen Motiven ersehen laffen, ob die Ablehnung aus rechtlichen oder aus thatsächlichen Gründen erfolgt, die Motivirung kann aber auch im Urtheile nachgeholt werden. (Erk. d. III. Straffen. v. 17. April 1880 Nr. 713/80.)

2. §. 56 Ziff. 3 Str. Pr. O.

Das Gericht kann die Beeidigung eines Zeugen deshalb ablehnen, weil derselbe bei dem strafbaren Vorfalle betheiligt war, welcher den Gegenstand der Anklage bildet, wenn auch die Betheiligung des Zeugen einen anderen strafbaren Thatbestand begründet, als den zunächst abzuurtheilenden, und der Zeuge deshalb schon früher bestraft ist. (Erk. d. III. Straffen. vom 31. März 1880 Nr. 168/80.)

3. §§. 56, 57, 60, 65 Str. Pr. O.

Wenn Zeugen unbeeidigt bleiben, bei welchen die Beeidigung nicht gesetzlich ausgeschloffen ist, oder wenn der Grund der Nichtbeeidigung nicht aus dem hierüber gefaßten Gerichtsbeschluß hervorgeht, ist das auf solchen Zeugenaussagen beruhende Urtheil aufzuheben. (Erk. d. III. Straffen. vom 21. April 1880 Nr. 981/80.)

4. §§. 58, 244 Str. Pr. O.

Die Vernehmung eines geladenen Zeugen kann nicht aus dem Grunde unterlaffen werden, weil der Zeuge während der Verhandlung im Sitzungssaale geblieben war. (Erk. d. I. Straff. v. 15. April 1880 Nr. 508/80.)

5. §§. 60, 65 Str. Pr. O.

Sachverständige, welche auch über Thatsachen Auskunft geben sollen, sind mit dem Sachverständigen- und dem Zeugen-Eid zu belegen. (Erk. d. I. Straffen. v. 29. April 1880 Nr. 1030/80.)

6. §§. 60, 65, 66, 222, 223, 244, 280, 254 Str. Pr. O.

Es begründet Verletzung wesentlicher Rechtsnorm, wenn Zeugen bei einer commiffarischen Vernehmung nach Eröffnung des Hauptverfahrens auf einen im Vorverfahren geleisteten Eid verwiesen werden, wenn die Vernehmung ohne neuen Gerichtsbeschluß verlesen wird und wenn der Angeklagte von der Vernehmung nicht benachrichtigt war. Aussetzung der Hauptverhandlung begründet keine Gefahr im Verzug. (Erk. d. III. Straffen. v. 24. April 1880 Nr. 630/80.)

7. §§. 65, 66 Str. Pr. O.

Die Beeidigung eines Zeugen im Vorverfahren begründet keine Revision, auch wenn sie gesetzlich unzuläffig ist. Die Hinweisung eines im Vorverfahren beeideten Zeugen auf diesen Eid bei einer in Folge Gerichtsbeschluffes im Hauptverfahren vorgenommenen commiffarischen Vernehmung deffelben ist unzuläffig. (Erk. d. III. Straffen. v. 24. April 1880 Nr. 630/80.)

8. §§. 191, 222, 250 Str. Pr. O.

Wenn ein commiffarisch vernommener Zeuge eine frühere, nicht unter den Formen des §. 191 aufgenommene Thatsache ausdrücklich in Bezug genommen und bestätigt hat, muß auch die frühere Aussage mit der commiffarisch aufgenommenen verlesen werden. (Erk. d. I. Straffen. v. 28. April 1880 Nr. 919/80.)

9. §. 199 Str. Pr. O.

Wenn ein Angeklagter, welchem die Anklageschrift mit der in §. 199 vorgeschriebenen Verfügung des Vorsitzenden nur vorgelesen worden war, in der Hauptverhandlung die Zustellung der Anklageschrift erfolglos beantragt, ist Revision des Urtheils begründet. (Erk. d. II. Straffen. v. 6. April 1880 Nr. 631/80.)

10. §. 217 Str. Pr. O.

Die unterlaffene Ladung des gewählten und vom Angeklagten dem Gerichte angezeigten Vertheidigers zur Hauptverhandlung begründet Revision des Urtheils. (Erk. d. I. Straffen. v. 29. April 1880 Nr. 1017/80.)

11. §§. 222, 223 Str. Pr. O.

In der Möglichkeit, daß die Hauptverhandlung ausgesetzt werden muß, liegt keine Gefahr im Verzug, die es rechtfertigen könnte, von dem Vernehmungstermin eines commiffarisch abzuhörenden Zeugen den Angeklagten nicht zu benachrichtigen. (Erk. d. III. Straffen. v. 24 April 1880 Nr. 630/80.)

12. §§. 222, 223, 250, 191 Str. Pr. O.

Die Verlesung einer Zeugenaussage, obwohl die mündliche Abhör des Zeugen möglich ist, und keiner der in §. 222 erwähnten Umstände konstatirt ist, und obwohl die in §. 191 und 223 vorgeschriebenen Förmlichkeiten nicht beobachtet sind, begründet Revision des Urtheils. Diese wird dadurch nicht ausgeschloffen, daß der Angeklagte in der Hauptverhandlung keinen Antrag auf Aussetzung der Hauptverhandlung und Wiederholung der Zeugenvernehmung gestellt hat. Dagegen gehört es nicht zu den wesentlichen Rechtsnormen, daß das Vernehmungsprotokoll dem Vertheidiger nicht vorgelegt worden war. (Erk. d. III. Straffen. v. 3. April 1880 Nr. 420/80.)

13. §. 227 Str. Pr. O.

Die Verschiebung einer Hauptverhandlung auf eine spätere Stunde des gleichen Tages gilt nicht als Aussetzung derselben und rechtfertigt auch keinen Antrag auf Aussetzung. (Erk. d. I. Straffen. v. 1. März 1880 Nr. 408/80.)

14. §. 243 Abf. 2 Str. Pr. O.

Die Ablehnung von Beweisanträgen während der Vorbereitung zur Hauptverhandlung kann keine Revision begründen, sondern nur die Ablehnung in der Hauptverhandlung selbst, hier insbesondere dann, wenn der ablehnende Gerichtsbeschluß nicht motivirt ist. (Erk. d. III. Straffen. v. 17. März 1880 Nr. 350/80.)

15. §§. 243 Abf. 2 §. 34 Str. Pr. O.

Der Mangel der Beurkundung verkündeter Gründe zu einem einen Beweisantrag ablehnenden Gerichtsbeschluß im Sitzungsprotokoll der Hauptverhandlung wird durch Aufnahme der Gründe in das Urtheil erfetzt. (Erk. d. I. Straffen. v. 19. April 1880 Nr. 910/80.)

16. §. 243 Abf. 2 Str. Pr. O.

Der Gerichtsbeschluß, welcher über einen in der Hauptverhandlung gestellten Beweisantrag gefaßt werden muß, kann nicht dadurch erfetzt werden, daß ein früherer, nach §. 199 Abf. 3 ergangener, ablehnender Beschluß verlesen wird. (Erk. d. I. Straffen. v. 18. März 1880 Nr. 619/80.)

17. §§. 243, 244, 250 Str. Pr. O.

Wenn der Angeklagte selbst Beweismittel herbeigeschafft hat, so ist das Gericht gehalten, dieselben zu erheben, ohne die Beweiserheblichkeit zu prüfen. Mißbrauch in der Herbeischaffung kann zwar Ablehnung begründen, aber muß genügend motivirt werden. Beschlüsse über Beweisanträge müssen als Beschlüsse des Gerichts bezeichnet und motivirt sein. (Erk. d. III. Straffen. v. 3. März 1880 Nr. 404/80. Den letzten Satz enthält auch ein Urtheil d. I. Straffen. v. 4. März 1880 Nr. 497/80.)

18. §§. 243, 244 Str. Pr. O.

Dem Gerichte ist gestattet, die Beweiserheblichkeit geladener, aber nicht erschienener Zeugen zu prüfen und einen Antrag auf Aussetzung der Verhandlung, um die nicht erschienenen Zeugen zu hören, abzulehnen, weil sie zur Aufklärung des Thatbestandes nicht erforderlich seien. (Erk. d. III. Straffen. v. 7. April 1880 Nr. 816/80.)

19. §§. 243, 244, 219 Str. Pr. O.

Dadurch, daß das Gericht die Beweiserheblichkeit der vom Angeklagten vorgeladenen Zeugen prüft und deren Vernehmung aus thatsächlichen Gründen ablehnt, verstößt es dennoch nicht gegen die Regel des §. 244 Abs. 1, wenn der Angeklagte dem Gerichte die Ladung nicht angezeigt, sondern die Zeugen als sistirte zu vernehmen beantragt hat. (Erk. d. III. Straffen. v. 7. April 1880 Nr. 537/80.)

20. §§. 243, 244, 34 Str. Pr. O.

Die Vernehmung eines geladenen und erschienenen Zeugen kann nicht abgelehnt werden, weil der Zeuge während der Verhandlung im Sitzungssaale verblieben war. Der Gerichtsbeschluß, durch welchen eine Zeugenvernehmung abgelehnt wird, muß den Betheiligten mit Gründen eröffnet werden. (Erk. d. I. Straffen. v. 15. April 1880 Nr. 808/80.)

21. §§. 243 Abs. 2, §. 257 Str. Pr. O.

Es begründet Revision, wenn ein im Laufe der Hauptverhandlung gestellter Beweisantrag erst durch das Urtheil ablehnend beschieden wird. (Erk. d. III. Straffen. v. 13. März 1880 Nr. 31/80.)

22. §§. 244, 377 Ziff. 8 Str. Pr. O.

Die Ablehnung von Zeugen, welche der Angeklagte förmlich geladen hat, durch Gerichtsbeschluß wegen Beweisunerheblichkeit ihrer in Aussicht gestellten Aussagen beschränkt die Vertheidigung. (Erk. d. III. Straffen. v. 10. April 1880 Nr. 789/80.)

23. §. 244 Abs. 1 Str. Pr. O.

Die vom Angeklagten vorgeladenen Zeugen gehören, wenn ihre förmliche Ladung dem Gerichte nachgewiesen ist, zu den Zeugen, deren Vernehmung nur bei allseitigem Einverständniß unterbleiben darf. (Erk. d. III. Straffen. v. 24. April 1880 Nr. 392/80.)

24. §§. 244, 255 Str. Pr. O.

Das Gericht ist befugt, die Verlesung einzelner Theile einer herbeigeschafften Beweisurkunde deshalb abzulehnen, weil sie Leumundszeugnisse enthalten. (Erk. d. III. Straffen. v. 31. März 1880 Nr. 168/80.)

25. §§. 248, 191 Str. Pr. O.

Die Verlesung eines Augenscheinsprotokolls in der Hauptverhandlung ist zulässig, auch wenn der Angeklagte von Vornahme des Augenscheins nicht benachrichtigt war, vorausgesetzt, daß der Angeklagte verhaftet war und der Augenschein nicht in den Gerichtslokalitäten [Gerichtsstelle*)] vorgenommen wurde. (Erk. d. III. Straffen. v. 21. April 1880 Nr. 946/80.)

26. §. 249 Str. Pr. O.

Wenn ein Gericht Thatsachen als bewiesen annimmt, über welche es nicht selbst Beweis erhoben hat und über welche auch Sachverständige kein auf wissenschaftlichen Erfahrungen beruhendes Urtheil abgeben können und welche endlich nicht von einer Behörde innerhalb ihrer Zuständigkeit als auf eigene Wahrnehmung beruhend beurkundet werden können, sondern über welche eine andere Behörde selbst thatsächliche Erhebungen gepflogen hat, so zieht dies Nichtigkeit des Urtheils nach sich. (Erk. d. III. Straffen. v. 6. März 1880 Nr. 476/80.

27. §§. 249, 250 Str. Pr. O.

Die Verlesung einer Vernehmung eines Sachverständigen in der Hauptverhandlung begründet Revision des Urtheils, wenn nicht ein Gerichtsbeschluß erfolgt ist, der die Umgangnahme von der mündlichen Vernehmung rechtfertigt. (Erk. d. II. Straffen. v. 2. März 1880 Nr. 796/79.)

28. §§. 249, 255 Str. Pr. O.

Protokolle über thatsächliche Wahrnehmungen Sachverständiger oder ärztliche Gutachten, welche nicht in §. 255 Abs. 1 erwähnt sind, dürfen in der Hauptverhandlung nicht verlesen werden. (Erk. d. III. Straffen. v. 21. April 1880 Nr. 727/80.)

29. §. 250 Str. Pr. O.

Die Verlesung von Zeugenaussagen, ohne daß durch einen Gerichtsbeschluß der gesetzliche Grund festgestellt ist, welcher die Verlesung gestattet und ohne Bemerkung über die Beeidigung oder Nichtbeeidigung des Zeugen begründet Revision des Urtheils. (Erk. d. I. Straffen. v. 5. April 1880 Nr. 757/80.)

30. §§. 250, 254 Str. Pr. O.

Die Verlesung einer Zeugenaussage darf auch dann nicht ohne neuen genügend motivirten Gerichtsbeschluß stattfinden, wenn die kommissarische Vernehmung früher aus einem gesetzlich zulässigen Grunde durch Gerichtsbeschluß angeordnet worden war. (Erk. d. III. Straffen. v. 24. April 1880 Nr. 630/80).

31. §. 255 Str. Pr. O.

In der Hauptverhandlung können Atteste eines Arztes über nicht schwere Körperverletzung, wenn die Eigenschaft des Arztes als solcher nicht bestritten ist, auch ohne besondere Feststellung hierüber verlesen werden. (Erk. d. II. Straffen. v. 13. April 1880 Nr. 660/80.)

32. §. 263 Str. Pr. O.

Ein Urtheil, welches die Zeit der Verübung der abgeurtheilten That irrig bezeichnet, eignet sich nicht zur Aufhebung, wenn offenbar nur ein Schreibverstoß vorliegt, die verwiesene That aber auch Gegenstand der Verhandlung und Aburtheilung war. (Erk. d. III. Straffen. v. 7. April 1880 Nr. 537/80.)

33. §. 263 Str. Pr. O.

Die Prüfung, ob eine That, welche nicht unter den der Anlage zu Grunde liegenden rechtlichen Gesichtspunkt subsumirt wurde, nicht unter einem andern Gesichtspunkt strafbar erscheint, muß nur dann im Urtheil Ausdruck finden, wenn ein bestimmter Antrag hierzu veranlaßt. (Erk. d. III. Straffen. v. 21. April 1880 Nr. 518/80.)

---

*) Ueber die Bedeutung dieses Wortes vergl. auch Erk. desselben Senats vom 18. Februar 1880 oben S. 82 Ziff. 15.

34. §. 264 Str. Pr. O.

Die Unterlassung der Hinweisung des Angeklagten auf eine veränderte rechtliche Beurtheilung der That rechtfertigt Revision des Urtheils, wenn der Angeklagte nicht zu erkennen giebt, daß ihm dies nicht zu einer besonderen Vertheidigung Veranlassung giebt. (Erk. d. I. Straffen. v. 8. März 1880 Nr. 494/80.)

35. §. 264 Str. Pr. O.

Die Hinweisung des Angeklagten auf eine veränderte rechtliche Beurtheilung der That muß auch dann stattfinden, wenn die Anwendung eines milderen Strafgesetzes in Frage kommt; z. B. Unterschlagung statt Diebstahl. (Erk. d. I. Straffen. v. 15. April 1880 Nr. 845/80.)

36. §. 264 Str. Pr. O.

Die Hinweisung des Angeklagten darauf, daß der Gegenstand der Anklage auch unter einem anderen rechtlichen Gesichtspunkt beurtheilt werden könne, als in der Anklage, kann in jeder Form geschehen, welche für den Angeklagten verständlich ist, und in jedem Stadium des Prozesses. (Erk. d. III. Straffen. v. 21. April 1880 Nr. 594/80.)

37. §§. 264, 273 Str. Pr. O.

Der Mangel der Beurkundung im Protokoll, daß der Angeklagte auf den veränderten rechtlichen Gesichtspunkt, unter dem die Verurtheilung erfolgte, hingewiesen worden war, zieht Aufhebung des Urtheils nicht nach sich, wenn der Angeklagte zu erkennen gab, daß er sich in seiner Vertheidigung nicht beeinträchtigt fühle. (Erk. d. I. Straffen. v. 12. April 1880 Nr. 833/80.)

38. §. 266 Str. Pr. O.

Ein Urtheil, aus dessen Gründen nicht ersichtlich ist, welchen Beweismitteln die festgestellten Thatsachen entnommen sind, unterliegt deshalb nicht der Aufhebung. (Erk. d. II. Straffen. v. 2. April 1880.)

39. §. 266 Str. Pr. O.

Ein Urtheil, welches anstatt die angenommenen Thatsachen festzustellen, auf den Inhalt anderer Aktenstücke verweist, unterliegt der Revision (Erk. d. III. Straffen. v. 7. April 1880 Nr. 431/80), ebenso ein Urtheil, welches lediglich der zur Last gelegten Strafthaten für schuldig erklärt. (Erk. d. I. Straffen. v. 15. April 1880 Nr. 478/80.)

40. §. 266 Str. Pr. O., §. 61 Str. G. Bch.

Die Thatsache, daß der Strafantrag gestellt oder rechtzeitig gestellt werden sei, bedarf keiner Feststellung im Urtheil; dem Revisionsgericht steht jedoch frei, sie nach den Akten zu prüfen. (Erk. d. III. Straffen. v. 21. April 1880 Nr. 580/80.)

41. §§. 266, 273 Str. Pr. O.

Bei einer Differenz zwischen den thatsächlichen Feststellungen des Urtheils und den Beurkundungen des Sitzungsprotokolls sind erstere entscheidend und ist keine Revision begründet. (Erk. d. I. Straffen. v. 1. April 1880 Nr. 780/80.)

42. §. 267 Str. Pr. O.

Die Nichtverkündung der Entscheidungsgründe eines Urtheils ist unschädlich, wenn das Urtheil dem Angeklagten zugestellt wird. (Erk. d. III. Straffen. v. 13. April 1880 Nr. 547/80.)

43. §§. 267, 273, 274 Str. Pr. O.

Der dispositive Theil eines Urtheils muß zum Nachweis der Identität im Protokoll beurkundet werden. Die Unterlassung der Beurkundung zieht Aufhebung des Urtheils nach sich. (Erk. d. III. Straffen. v. 20. März 1880 Nr. 42/80.)

44. §§. 273, 274 Str. Pr. O.

Randbemerkungen am Protokoll können nur dann als Theile des Protokolls gelten, wenn sie in gleicher Weise unterschrieben sind, wie das Protokoll selbst. (Erk. d. III. Straffen. v. 3. März 1880 Nr. 404/80.)

45. §. 293 Str. Pr. O., §. 348 Str. G. Bch.

Es ist nicht erforderlich, in der an die Geschworenen zu stellenden Frage den Begriff der Urkunde in deren thatsächliche Momente aufzulösen, wenn auch hierdurch der Revision des Urtheils die Möglichkeit entzogen ist, zu prüfen, ob der Begriff der Urkunde richtig angewendet ist. (Erk. d. III. Straffen. v. 7. April 1880 Nr. 496/80.)

46. §§. 340, 344, 149 Str. Pr. O.

Ein minderjähriger Angeklagter kann wirksam und unwiderruflich auf Rechtsmittel verzichten. Der Vater eines großjährigen, unter väterlicher Gewalt stehenden Angeklagten kann für denselben Rechtsmittel einlegen. (Beschl. d. II. Straffen. v. 23. April 1880 Nr. 47/80.)

47. §. 344 Str. Pr. O.

Der Verzicht auf Rechtsmittel zu Protokoll des Gefängniß-Inspektors ist nur dann wirksam, wenn er an das Gericht gerichtet ist. (Erk. d. III. Straffen. v. 3. März 1880 Nr. 403/80.)

48. §. 377 Ziff. 1 Str. Pr. O.

Die Führung des Vorsitzes durch einen gesetzlich zu derselben nicht berufenen Richter begründet Revision des Urtheils. (Erk. d. II. Straffen. v. 2. März 1880 Nr. 821/79 [s. §§. 61, 65 Gerichtsverf. Ges.].)

49. §. 377 Ziff. 1 Str. Pr. O.

Nach dieser Bestimmung ist auch dann das Urtheil aufzuheben, wenn das Gericht bei der Entscheidung über Eröffnung des Hauptverfahrens nicht vorschriftsmäßig besetzt war. Der Mangel der Besetzung kann aus einem Mangel der Unterschrift des Beschlusses nicht gefolgert werden. (Erk. d. I. Straffen. v. 29. April 1880 Nr. 1030/80.)

50. §. 381 Str. Pr. O., §. 78 Gerichtsverf. Ges.

Die Revision des Urtheils einer bei einem Amtsgericht gebildeten Strafkammer ist bei dieser, nicht beim Landgericht anzumelden. (Erk. d. III. Straffen. v. 10. März 1880 Nr. 452/80.)

51. §. 436 Str. Pr. O.

Ein Antrag auf Zulassung als Nebenkläger, welcher zu Protokoll gestellt wird, ist wirkungslos; deshalb bewirkt auch ein Verzicht auf die Zulassung keinen Ausschluß mit einem erneuerten schriftlichen Antrag. (Erk. d. II. Straffen. v. 31. März 1880 Nr. 609/80.)

52. §. 497 Str. Pr. O.

Verurtheilte Angeklagte haben in der Regel auch solche Untersuchungskosten zu tragen, welche durch ein Versehen dritter Personen, selbst der in der Untersuchung thätigen Beamten, verursacht wurden, vorbehaltlich des Rückgriffs auf den Veranlasser. (Erk. d. III. Straffen. v. 24. März 1880 Nr. 533/80.)

Iſt das amtsgerichtliche Verfahren wegen Entmündigung und wegen Wiederaufhebung der Entmündigung eines Verſchwenders öffentlich?

(Bearbeitet von Amtsrichter Arnold in Darmſtadt.)

In einem heſſiſchen Blatte wurde im Monat Oktober d. J. eine öffentliche Verhandlung ins Amtsgericht W. betreffend: Entmündigung wegen Verſchwendung mitgetheilt; es war in dieſer Mittheilung das Reſultat der Zeugenvernehmung beſprochen, durch welche feſtgeſtellt worden ſei, daß der zu Entmündigende mit einem Anderen in der leichtfertigſten Weiſe für ſein Vermögen höchſt nachtheilige Geldgeſchäfte gemacht habe.

Dieſe Notiz veranlaßte mich, der ich ſeither überzeugt war, ſolche Verhandlungen ſeien nicht öffentlich, nochmals die oben aufgeworfene Frage zu prüfen. Ich erlaube mir das Reſultat dieſer Prüfung hier niederzulegen, da die Sache wichtig genug iſt, beſprochen zu werden.

1. Das deutſche Gerichtsverfaſſungsgeſetz ſchreibt vor:

§ 170.

„Die Verhandlung vor dem erkennenden Gerichte, einſchließlich der Verkündung der Urtheile und Beſchlüſſe deſſelben, erfolgt öffentlich.“

§ 172.

„In dem auf die Klage wegen Anfechtung oder Wiederaufhebung der Entmündigung einer Perſon wegen Geiſteskrankheit eingeleiteten Verfahren (§ 605, § 620 der Civilprozeßordnung) iſt die Oeffentlichkeit während der Vernehmung des Entmündigten ausgeſchloſſen, auch kann auf Antrag einer der Parteien die Oeffentlichkeit der Verhandlung überhaupt ausgeſchloſſen werden. .

Das Verfahren wegen Entmündigung oder Wiederaufhebung der Entmündigung (§§ 593—604, 616—619 der Civilprozeßordnung) iſt nicht öffentlich.“

2. Nach dieſen zwei Paragraphen iſt obige Frage zu beantworten.

Das Amtsgericht W. iſt wohl von der Anſicht ausgegangen, der Abſatz 2 des § 172 des G. V. G. beziehe ſich nur auf den Geiſteskranken, und folgert daraus, daß das amtsgerichtliche Verfahren bezüglich des Verſchwenders öffentlich ſei.

Die bis jetzt erſchienenen Kommentare, deren Einſicht mir zu Gebote ſteht, beſtätigen die Anſicht des Amtsgerichts W. Dieſelben ſprechen ſich dahin aus, und zwar:

v. Wilmowski u. Levy, Commentar zum G. V. G.

„Abſatz 2 (des § 172) bezieht ſich gemäß der citirten Paragraphen nur auf die Entmündigung wegen Geiſteskrankheit,“

Struckmann und Koch:

„Die Vorſchrift in Abſatz 2 (des § 172) bezieht ſich, wie die allegirten Geſetzesparagraphen und der Zuſammenhang mit Abſatz 1 (des § 172) deutlich ergeben, nicht auf das amtsrichterliche Verfahren wegen Verſchwendung,“

Thomas Hauck:

„In den Entmündigungsverfahren, welche wegen Geiſteskrankheit ſtattfinden, nicht auch bei jenen wegen Verſchwendung, iſt es die Rückſicht auf das Familien-

leben, welche zur Ausſchließung beziehungsweiſe Beſchränkung der Oeffentlichkeit führte.“

Keller:

„§ 172 bezieht ſich nicht auf des Entmündigungsverfahren, welches die Erklärung als Verſchwenders betrifft.“

Ganz in derſelben Weiſe ſprechen ſich auch noch andere, z. B. Endemann ꝛc. aus.

Der Ausſpruch dieſer Juriſten, welche ſich um die Auslegung der Reichsjuſtizgeſetze ſo ſehr verdient gemacht haben, iſt gewiß ſehr ſchwerwiegend; ich vermag indeß denſelben ſowie die Anſicht des Amtsgerichts W. für richtig nicht anzuerkennen.

3. Nach dem Entwurf der deutſchen Civilprozeßordnung war das Entmündigungsverfahren ſowohl bezüglich des Geiſteskranken als bezüglich des Verſchwenders ein rein prozeſſualiſches. Für dieſes Prozeßverfahren ſollten die Landgerichte ausſchließlich zuſtändig ſein. Der Entwurf zum deutſchen Gerichtsverfaſſungsgeſetze ſchrieb nur für Eheſachen Ausſchließung der Oeffentlichkeit vor. Wären alſo die Entwürfe in der Beziehung zum Geſetze erhoben worden, ſo läge die Beantwortung der Frage, ob das Verfahren in Entmündigungsſachen wegen Verſchwendung öffentlich ſei oder nicht, leicht. Die Antwort müßte bejahend ausfallen. Das Verfahren in dieſen Entmündigungsſachen falle unter die Regel, daß die Verhandlungen vor dem erkennenden Richter öffentlich ſeien.

Der Entwurf der Civilprozeßordnung wurde in fraglicher Beziehung nicht zu Geſetz. Die Reichsjuſtizkommiſſion ſtrich aus dem Entwurfe den ganzen Abſchnitt, der von dem Entmündigungsverfahren handelt, und ſetzte an Stelle des reinen Prozeßverfahrens ein gemiſchtes Verfahren, nämlich ein Offizialverfahren vor den Amtsgerichten und ein Prozeßverfahren vor den Landgerichten. In dem Offizialverfahren beſchließt der Amtsrichter, Sachunterſuchung vorgängig, in ſeiner Eigenſchaft als Richter ſowohl über den Antrag, eine Perſon wegen Geiſteskrankheit oder Verſchwendung zu entmündigen, als auch über den Antrag, eine wegen Geiſteskrankheit oder Verſchwendung angeordnete Entmündigung wieder aufzuheben. Das Prozeßverfahren wird beſchritten, wenn der Beſchluß des Amtrichters, der die Entmündigung in Folge Geiſteskrankheit oder Verſchwendung ausſpricht, im Wege der Klage angefochten werden ſoll, oder wenn durch Beſchluß des Amtsrichters der Antrag auf Wiederaufhebung einer ſolchen Entmündigung abgelehnt wird, durch Klage ſodann vor dem Landgerichte die Wiederaufhebung der Entmündigung herbeigeführt werden ſoll. Die Beſchlüſſe der Reichsjuſtizkommiſſion fanden die Billigung aller geſetzgebenden Factoren, ſie wurden Geſetz. In den §§ 593—604 iſt das Offizialverfahren wegen Entmündigung eines Geiſteskranken und in den §§ 616—619 das Offizialverfahren wegen Wiederaufhebung der Entmündigung eines ſolchen Kranken geregelt. Das Prozeßverfahren bezüglich eines Geiſteskranken findet ſeine Regelung in den §§ 605—615 bez. 620 der Civilprozeßordnung. Auf das Offizialverfahren wegen Entmündigung eines Verſchwenders oder Wiederaufhebung derſelben finden die §§ 594, 595 Abſ. 1, §§ 596, 597 Abſ. 1 und 4 und § 604 bez. §§ 616 bis 619 der Civilprozeßordnung entſprechend Anwendung. Wir sehen also, daß das Offizialverfahren bezüglich des Geisteskranken der Hauptsache nach das nämliche ist, wie das Offizialverfahren in Betreff des Verschwenders. Ebenso verhält es sich mit dem Prozeßverfahren.

Nachdem so die Reichsjustizkommission das Entmündigungsverfahren geordnet hatte, wurde von ihr auch das Gerichtsverfassungsgesetz hinsichtlich der Oeffentlichkeit des Verfahrens geändert. Sie beschloß den § 172 wie er oben wörtlich citirt ist. Der erste Absatz behandelt das Prozeßverfahren, vor den Landgerichten, jedoch·nur bezüglich des Geisteskranken; dieser schreibt Ausschließung der Oeffentlichkeit während der Vernehmung des Geisteskranken vor, und gestattet Ausschließung derselben im übrigen Verfahren gegen letzteren auf Antrag. Bezüglich des Verschwenders trifft der erste Absatz keine Bestimmung. Das Prozeßverfahren gegen diesen fällt also unter die Regel und ist sonach durchweg öffentlich. Der zweite Absatz des § 172 behandelt das Offizialverfahren bezüglich des Geisteskranken und des Verschwenders vor den Amtsgerichten. Daß dies so ist, dafür spricht schon die Fassung des § 172 an sich. Obwohl nämlich im ersten Absatze die §§ 605 und 620 der Civilprozeßordnung, welche in erster Linie für den Geisteskranken gegeben sind, angeführt wurden, so sah man sich doch veranlaßt, auszudrücken, daß der Absatz 1 sich lediglich auf den Geisteskranken beziehe. Es geschah dies offenbar deshalb, weil die §§ 605 und 620 auch Anwendung auf den Verschwender finden und man in dem Prozeßverfahren vor den Landgerichten den Geisteskranken anders behandeln wollte als den Verschwender. Nun betrachte man den Absatz 2 des § 172. Hier wird ganz allgemein das Entmündigungsverfahren besprochen; man sah sich nicht veranlaßt, den Geisteskranken besonders hervorzuheben. Es sind zwar Paragraphen, die zunächst für den Geisteskranken gegeben sind, citirt, diese finden aber nach § 621 der Civilprozeßordnung mit wenigen Ausnahmen auch auf den Verschwender Anwendung. Hätte man die Absicht gehabt, durch Absatz 2 auszudrücken, daß nur das Offizialverfahren gegen den Geisteskranken nicht öffentlich sei, so hätte man gewiß, wie im ersten Absatze, denselben ausdrücklich hervorgehoben. Der Absatz 2 will, indem er die fraglichen Paragraphen anführt, ausdrücken, daß die Handlungen, die in jenen Paragraphen näher bezeichnet sind und die sich auf den Geisteskranken sowohl als auf den Verschwender beziehen, nicht öffentlich vorgenommen werden sollen. Man ersparte sich durch das Citiren der Paragraphen ca. das Aufführen der einzelnen Handlungen, bei deren Vornahme die Oeffentlichkeit im Offizialverfahren bezüglich beider ausgeschlossen sein sollte; nicht wollte man aber andeuten, daß der zweite Absatz sich nur auf den Geisteskranken beziehe.

Das ist der eine Grund, der für meine Ansicht spricht. Aber auch der weitere spricht dafür. Das Offizialverfahren bezüglich des Geisteskranken und des Verschwenders ist im Großen und Ganzen dasselbe; es ist ein Verfahren vor einem sachuntersuchenden Richter, welches mit einem Beschluß endigt, nicht aber ein Verfahren vor dem erkennenden Richter, welches mit einem Urtheil sich abschließt. Nach § 170 der C. P. O. ist aber nur das Verfahren vor dem erkennenden Richter öffentlich.

Welcher Verstoß gegen den im § 170 ausgesprochenen Grundsatz wäre es nun, zu sagen, das Offizialverfahren bezüglich des

Verschwenders ist, obwohl kein Verfahren vor dem erkennenden Richter, öffentlich? Dies wollte man gewiß nicht. Hätte man es aber gewollt, dann hätte es gar nicht umgangen werden können, einen Paragraphen zu schaffen, der positiv eine Ausnahme von der Regel festsetze.

Der Absatz 2 des § 172 enthält eigentlich etwas Ueberflüssiges. Wäre er nicht vorhanden, so würde einfach ebenfalls § 170 des G. V. G. entscheidend sein. Man könnte freilich fragen, was war der Grund, daß man in Absatz 2 etwas bestimmte, was sich nach § 170 des G. V. G. von selbst versteht.

Die Antwort darauf ist nicht leicht.

Ueber diesen Absatz wurde vor der Reichsjustizkommission nicht verhandelt; wenigstens habe ich in dem mir vorliegenden Materiale eine Besprechung des Absatz 2 nicht gefunden; er verdankt, wie ich annehmen muß, seine Entstehung jedenfalls der Redaktion.

Ich denke mir, daß er Aufnahme gefunden hat, um nochmals ausdrücklich hervorzuheben, daß das Verfahren vor den Amtsgerichten in Entmündigungssachen überhaupt kein Verfahren vor dem erkennenden Richter und deshalb nicht öffentlich sei.

Der § 172 mit seinem 2. Absatze erscheint zum ersten Male in der „Zusammenstellung der Beschlüsse der Kommission."

In den Kommissionsverhandlungen finden wir nirgends also ausdrücklich ausgesprochen, daß das Offizialverfahren bezüglich des Geisteskranken und Verschwenders öffentlich oder nicht öffentlich sei. Daß aber der Reichsjustizkommission in Wirklichkeit der Ansicht war, das Offizialverfahren sowohl hinsichtlich des Geisteskranken als des Verschwenders sei nicht öffentlich, geht aus ihrem Berichte an den Reichstag klar hervor. Hier ist an der Stelle, welche von der Oeffentlichkeit des Verfahrens spricht, wörtlich gesagt:

„Der Entwurf gestattet dem Gerichte, die Oeffentlichkeit der Verhandlung im Falle der Gefährdung der öffentlichen Ordnung oder der Sittlichkeit auszuschließen; Ehesachen sollten stets nicht öffentlich sein."

„Die Kommissionsbeschlüsse modifiziren letztere Bestimmung insoweit als nach denselben die Oeffentlichkeit nur auf den Antrag einer der Parteien auszuschließen ist. Außerdem soll nach den Kommissionsbeschlüssen das Verfahren wegen Entmündigung oder Wiederaufhebung der Entmündigung nicht öffentlich sein und ist bei der Vernehmung des wegen Geistesstörung Entmündigten in dem Verfahren wegen Anfechtung oder Wiederaufhebung der Entmündigung die Oeffentlichkeit gleichfalls ausgeschlossen. Ebenso kann indessen in diesem Verfahren überhaupt ausgeschlossen werden.

cfr. Nr. 4 der Drucksachen der II. Session 1874 — 1875.

Dieser Bericht unterscheidet bezüglich des Offizialverfahrens nicht zwischen einem Verfahren gegen den Geisteskranken und einen solchen gegen den Verschwender, bezeichnet vielmehr dasselbe ganz allgemein als ein solches, welches nicht öffentlich sei.

Der Bericht ist hiernach als ein Hauptinterpretationsmittel anzusehen. Die Beschlüsse der Kommission bezüglich des § 172 und der Ausspruch derselben in dem Berichte qu. wurden weder von Seiten des Bundesrathes, noch von Seiten des Reichstages beanstandet. Der qu. Paragraph wurde in der Fassung Gesetz, wie er von der Kommission vorgeschlagen wurde.

Meines Erachtens dürfte im Vorstehenden der Beweis geliefert sein, daß die oben aufgeworfene Frage zu verneinen sei. Die von mir ausgesprochene Ansicht steht mit keiner der Methoden der doctrinellen Auslegung im Widerstreit.

Zur Gebührenordnung für Gerichtsvollzieher.

Die den Gerichtsvollziehern gesetzlich zugestandene Vergünstigung, von dem Auftraggeber ihre Gebühren und Auslagen durch Postnachnahme erheben zu dürfen (§. 20 der Gebührenordnung für Gerichtsvollzieher) führt zu einer nicht unbeträchtlichen Vermehrung der Kosten, die besonders in kleinen Orten, wo der Gerichtsvollzieher es zum Geschäftslokal des Rechtsanwalts meist nicht weiter hat, als zur Post, als ein schwerer Uebelstand empfunden wird. Der klaren und bedingungslosen Vorschrift des §. 20 einer wesentlichen Bestimmung des nur die Verhältnisse der Gerichtsvollzieher ordnenden Reichsgesetzes gegenüber, dürfte indessen eine Einschränkung weder durch die Gerichte noch durch die oberste Justizverwaltung als zulässig gelten können. Bliebe den einzelnen Gerichten eine einschränkende Modifikation des erwähnten §. 20 für gewisse Orte überlassen, so müßte daraus offenbar eine mit der Absicht des das ganze Gebiet einheitlich regelnden Gesetzes unmöglich vereinbare Ungleichmäßigkeit in der Praxis hervorgehen. Es erübrigte demnach nur die Ordnung der Angelegenheit für die einzelnen Bundesstaaten. Die Befugniß dazu läßt sich aber schwerlich aus dem Gesetze herleiten; denn die Gebührenordnung hat derartige Beschränkungen und Ausnahmen in den §§. 24, 25 nur für einzelne Bestimmungen, zu welchen §. 20 jedoch nicht gehört, gestattet. Dementsprechend haben auch die Gerichtsvollzieher-Instruktionen und Anweisungen die fragliche Vorschrift theils ohne Einschränkung wiedergegeben, theils gar nicht erwähnt oder erörtert.

Zur theilweisen Beseitigung des bezeichneten Mißstandes möchte es sich vielleicht empfehlen, den Gerichtsvollziehern im Auftragswege vorzuschreiben, die Gebühr einzeln von dem Rechtsanwalt einzuziehen, vielmehr in gewissen Zeitabschnitten, etwa monatlich, die Erhebung der gesammten inzwischen entstandenen Gebühren in einem Betrage vorzunehmen.

Pf.

Der § 75 I. 13. A. L. R. hat den Charakter eines Prohibitivgesetzes. Die von einem Concipienten bedungene Belohnung für Prozeßleitung und Correspondenz fällt als eine Vergütung für anwaltliche Thätigkeit unter die Vorschrift des § 75 I. 13 A. L. R.

Erk. des R. G. I. H. S. vom 1. Juni 1880 i. S. Baumert c. Ostermann.

Der Kläger ist Concipient und hat mit dem Beklagten einen Vertrag geschlossen, wonach er für die Leitung eines

vom Beklagten zu führenden Prozesses die Besorgung der Correspondenz und die Auswahl eines Anwaltes sich eine erhebliche Belohnung vorbedungen hat.

Die Klage fordert diese Belohnung, sie ist auch in I. Instanz zugesprochen, in II. Instanz aber auf Grund des § 75 I. 13 A. L. R.:

> Wenn Geschäfte, zu welchen eine bestimmte Klasse von Personen bestimmt ist, von anderen, welche zu dieser Klasse nicht gehören, auf eine an sich erlaubte Art gegen eine vorbedungene Belohnung übernommen werden, so darf doch eine solche Belohnung nicht die den Personen der anderen Klasse vorgeschriebene Taxe übersteigen

abgewiesen.

Kläger hat die Revision eingelegt, das R. G. aber das II. Erkenntniß bestätigt.

Gründe:

Der Appellationsrichter hat die Klage auf Grund des § 75 I. 13 Allgemeinen Land-Rechts abgewiesen. Der Kläger bekämpft den Abweisungsgrund mit der Ausführung, daß, da der Beklagte aus dem allegirten § eine Einrede gegen seine Zahlungspflicht nicht herzuleiten habe, die unzulässige Supplirung einer Einrede vorliege. Dies Argument ist indeß hinfällig. Die im § 75 I. 13 Allgemeinen Land-Rechts enthaltene Rechtsnorm, nach welcher, wenn Geschäfte, zu denen eine bestimmte Klasse von Personen bestimmt ist, von anderen, welche zu dieser Klasse nicht gehören, gegen eine vorbedungene Belohnung übernommen werden, eine solche Belohnung die den Personen der anderen Klasse vorgeschriebene Taxe übersteigen darf, hat den Charakter eines Prohibitivgesetzes in der Art, daß das Verbot Unwirksamkeit der Zusage einer höheren Belohnung. Wäre nun anzunehmen, daß die Berufung auf das fragliche Verbotsgesetz prozessualisch als Einrede behandelt werden müßte, so würde die Anstellung der Einrede in der Vertheidigung des Beklagten auf die Klage auch zu finden sein. Der Beklagte hat allerdings auf § 75 I. 13 Allgemeinen Land-Rechts sich nicht ausdrücklich berufen. Er hat aber, nachdem er in den von ihm vor Anstellung der gegenwärtigen Klage an den Kläger gerichteten Schreiben vom 19. März 1878 sich dahin ausgesprochen, „daß er mehr, als der Kläger zu verlangen berechtigt sei, demselben gezahlt habe und von Seiten der Behörde festzustellen lassen werde, was der Kläger für seine Bemühungen gesetzlich zu verlangen habe", in der Klagebeantwortung die Höhe der geforderten Vergütung dergestalt bemängelt und ist im Termine zur mündlichen Verhandlung erster Instanz auf diese Bemängelung in der Art zurückgekommen, daß der Gedanke, dem er hat Ausdruck geben wollen, dahin fixirt werden muß, die geforderte Belohnung sei so enorm, daß sie Niemanden versprochen werden würde, selbst einem Rechtsanwalte nicht, geschweige dem Kläger, der doch als gewöhnlicher Consulent kaum den vierten Theil des dem Rechtsanwalte Zustehenden zu beanspruchen hätte; — das dem Kläger angeblich Versprochene dürfe derselbe hiernach zufolge gesetzlicher Bestimmung nicht einfordern. Der Vorwurf, die Klage sei auf Grund eines nicht oder eines zu spät vorgebrachten Rechtseinwandes abgewiesen oder den Gegner über einen Rechtseinwand nicht gehört zu haben, kann daher dem Appellationsrichter schon hiernach mit Grund nicht gemacht werden. Wenn hiernach prozessualische Rücksichten der Abweisung der Klage auf Grund des § 75 I. 13 Allgemeinen Land-Rechts nicht entgegengestanden haben, so fragt es sich weiter, ob das in Rede stehende Verbotsgesetz materiell zutrifft.

Der Kreis der Geschäfte, zu denen die Rechtsanwälte staatlich bestellt sind, ist im § 17 unter I bis III Allgem. Gerichts-Ordnung III. 7 gezogen. Werden die in dem Vertrage vom 15. November 1875 vom Kläger übernommenen Geschäfte darauf geprüft, ob sie in jenen Kreis fallen, so kann die Antwort nur bejahend lauten. Die Prozeßleitung und die Führung der auf den Prozeß bezüglichen gesammten Correspondenz sind zweifellos Anwaltsgeschäfte. Mit der Bestellung eines Anwaltes, die dem Kläger nach dem Vertrage hat obliegen sollen, kann aber nichts anderes gemeint sein, als die Auswahl oder die Beihilfe bei der Auswahl des zur Partei vor Gericht zu vertreten berufenen Anwaltes und die Vermittelung der Abschließung des Vollmachtsauftrages mit dem Anwalte. Auch hier sind Anwaltsgeschäfte in Frage, wie sie stattfinden, wenn die Partei, ohne in unmittelbaren persönlichen Verkehr mit dem Anwalte, der die Sache vor Gericht zu führen berufen ist, zu irren, dafür Sorge tragen will, daß ihre Rechtsache von einem geeigneten Anwalte mit Aussicht auf Erfolg vor Gericht vertreten werde, und wie sie auch im § 19 des Tarifs zum Gesetze betreffend den Ansatz und die Erhebung der Gebühren der Rechtsanwälte vom 12. Mai 1851 vorgesehen werden.

Daß ein Rechtsanwalt, wenn er die vom Beklagten dem Kläger übertragenen Geschäfte übernommen hätte, höhere Gebühren, als die in dem Tarif zu dem allegirten Gesetze bestimmten beansprucht nicht würde haben bedingen können, erscheint nach § 9 des fraglichen Gesetzes nicht als zweifelhaft. Auf die im § 13 des Tarifs zu dem Gesetze enthaltene Bestimmung, nach welcher, wenn die Vorbereitungen zur Einleitung eines Prozesses außergewöhnliche Mühe, Arbeit und Zeit erfordern, dem Rechtsanwalte gestattet ist, sich mit Genehmigung des Ehrenraths ein besonderes Honorar zu bedingen, kann sich der Kläger nicht berufen. Er hat das Vorhandensein der Voraussetzungen, unter denen ein Rechtsanwalt sich ein besonderes Honorar, zumal ein Honorar von in dem Vertrage festgesetzten Höhe, gültig sich hätte bedingen können, nicht dargelegt. Uebrigens ist dem Kläger die Belohnung nicht für die Vorbereitung zur Einleitung des Prozesses versprochen, der Vertrag ist vielmehr nach der eigenen Angabe des Klägers erst nach Einreichung der angefertigten Klage abgeschlossen worden.

Ebensowenig stehen die Bestimmungen der Gewerbeordnung vom 21. Juni 1869 dem Kläger zur Seite. Nach § 6 derselben ist ihre Anwendung auf die advocatorische Praxis ausgeschlossen. Verfehlt ist auch die Bezugnahme auf die im § 72 der Gewerbeordnung ausgesprochene Unzulässigkeit polizeilicher Taxen.

Bei der Erfolglosigkeit des Rechtsmittels fallen dem Kläger die Kosten der dritten Instanz zur Last.

Personal-Veränderungen.

Zulassungen.

Dr. Friedrich Otto Sierich bei dem Amtsgericht in Bergedorf; — Joseph Zinglem bei dem Amtsgericht in Reuß; — Friedrich Koebel bei dem Amtsgericht in Rosenheim; — Hermann Frenken bei dem Amtsgericht in Heinsberg; — Dr. Otto Grimm bei dem Amtsgericht in Reichenbach i. V.; — v. Fuchsius bei dem Landgericht in Düsseldorf; — Aulig in Pritz bei dem Landgericht in Stargard i./P.; — Dr. Friedrich Otto Poulid bei dem Landgericht in Frankfurt a./M.; — Dr. Berthold Geiger bei dem Oberlandesgericht in Frankfurt a./M.

In der Liste der Rechtsanwälte sind gelöscht: Koebel bei dem Landgericht in Memmingen; — Hofrath Kühne bei dem Landgericht in Neustrelitz und dem Oberlandesgericht in Rostock; — Dr. Friedrich Otto Sierich bei dem Amtsgericht in Hamburg; — Dr. Wiener bei dem Landgericht in Stendal; — Dr. Berthold Geiger bei dem Landgericht in Frankfurt a./M.; — Justizrath Siemon in Langensalza bei dem Landgericht in Erfurt; — H. Frenken bei dem Landgericht in Aachen.

Todesfälle.

Dr. Schottländer in Frankfurt a./M.; — Justizrath Putze in Liegnitz.

Titelverleihungen.

Dem Rechtsanwalt Dr. Wedikind in Uslar ist der Charakter als Justizrath verliehen.

Ordensverleihungen.

Dem Justizrath Pohlmann zu Garbelegen der Rothe Adler-Orden dritter Klasse mit der Schleife; — dem Justizrath Siemon zu Langensalza der Rothe Adler-Orden vierter Klasse.

Für die Redaktion verantw.: E. Haenle. Verlag: W. Moeser, Hofbuchhandlung. Druck: W. Moeser, Hofbuchdruckerei in Berlin.

№ 15.   Berlin, 1. August.   1880.

Juristische Wochenschrift.

Herausgegeben von

S. Haenle,   und   **M. Kempner,**
Rechtsanwalt in Ansbach.   Rechtsanwalt beim Landgericht I. in Berlin.

Organ des deutschen Anwalt-Vereins.

Preis für den Jahrgang 12 Mark. — Inserate die Zeile 30 Pfg. — Bestellungen übernimmt jede Buchhandlung und Postanstalt.

Vom Reichsgericht.

(Fortsetzung.)

Das **Preußische Landrecht** betreffen folgende Entschei-dungen:

In Uebereinstimmung mit der Praxis des vormaligen Ober-tribunals (Plenarbeschl. v. 18. Mai 1857) hat der 1. Hülfs-senat in einer Entscheidung vom 24. Febr. 1880 zu Nr. 372. 79 angenommen, daß die Vorschrift des § 19 A. L. R. I, 4 sich nur auf denjenigen Berechtigten bezieht, dessen Rechte im Grundbuch eingetragen stehen, und nur dahin geht, daß ihm gegenüber kein späterer Erwerber auf eine Unkenntniß seiner Berechtigung sich berufen darf, während die Rechte, welche die Kontrahenten über ein Grundstück gegen einander haben, nach anderen rechtlichen Gesichtspunkten zu beurtheilen sind. — Ebenso ist von demselben Senat die Praxis des vormaligen Ober-tribunals (vgl. z. B. Striethorst Arch. B. 66. S. 159), der-zufolge das zum Zweck der Eheschließung gemachte mündliche Versprechen gewisser Leistungen zu seiner Klagbarkeit den Nach-weis voraussieht, daß die Leistungen als Vergeltung für die Heirat des Klägers ihm versprochen seien, gebilligt worden. Erk. v. 2. April 1880 zu Nr. 446. 79. — Bezüglich der Frage, wie bei der actio quanti minoris die Preisermäßigung zu berechnen sei, hat derselbe Senat in einem Erk. v. 5. März 1880 sich für die relative Berechnungsart entschieden, also für maßgebend erachtet die Differenz zwischen dem Kaufpreis und demjenigen Summe, welche zu dem Kaufpreise in dem Ver-hältniß steht, wie der Werth der fehlerhaften Sache zum Werth der fehlerlosen Sache; dabei ist ausgeführt, daß dieses Verfahren auch bei Tauschverträgen in der Weise Anwendung leide, daß an Stelle des Kaufpreises der wahre Werth der tausch-weise gegebenen Sache zu Grund zu legen sei. Nr. 90. 79. —

Nach einer Entscheidung des 3. Hilfssenats vom 24. März 1880 zu Nr. 273. 79 verlangt der Plenarbeschluß des vorma-ligen Obertribunals oom 20. November 1854 zur Gültigkeit eines constitutum possessorium auch bei Gegenständen über 50 Thaler nicht schlechthin Schriftlichkeit, sondern die Wahrung der für dasjenige Geschäft vorgeschriebenen Form, welches dem Konstitut zu Grund liegt: ist dieses z. B. ein Verwahrungs-vertrag, also ein Realkontrakt, so ist Schriftlichkeit nicht er-forderlich. — Die Annahme des vormaligen Obertribunals, daß § 521 A. L. R. I, 9 dann nicht anwendbar sei, wenn nur einzelne Pertinenzien oder Gerechtsame eines Grundstücks verpachtet sind (Präj. 1423), daß übrigens die Frage der An-wendbarkeit mit Rücksicht auf den Grund des Gesetzes nach den besonderen Umständen des vorliegenden Falles zu prüfen sei, hat den Beifall des 2. Hülfssenats gefunden in einer Entscheidung vom 5. April 1880 zu Nr. 106. 79. — Derselbe Senat führt im Erkenntniß vom 26. Febr. 1880 zu Nr. 117. 79 aus, daß nach § 170 A. L. R. I, 9 zur Fischerei auch der Fang von Krebsen gehöre, und daß zwar das Recht des Krebsfangs auch als besonderes Recht vorkommen könne, aber auch in diesem Falle den Charakter eines beschränkten Fischereirechts habe und deshalb den Vorschriften der Art. 1 und 12 des Gesetzes vom 2. März 1850 unterliege. — Ein Erkenntniß desselben Senats vom 4. März 1880 zu Nr. 52. 79 spricht sich gegen die Annahme des 2. Richters ´aus, demzufolge behufs Ermittlung der Grenze zwischen einem See und einem anliegenden Grund-stück nicht der mittlere, sondern der höchste Wasserstand des Sees maßgebend sei. — Nach einer Entscheidung desselben Senats vom 22. März 1880 zu Nr. 160. 79 setzt der § 660 Tit. 9 Th. I voraus, daß die gegenseitigen Berechtigungen und Ver-pflichtungen in der erwähnten Art genau fixirt sind, und daß der Berechtigte die Befugniß für sich in Anspruch nimmt, die so gesteckten Grenzen zu überschreiten. — Der 1. Civil-Senat hat im Einklang mit dem vormaligen K. O. Handelsgericht (Entsch. XV. S. 259) ausgeführt, daß es sich mit dem Wesen der Werkverdingung vertrage, wenn die Vergütung für das aufge-tragene Werk nicht in einer Pauschsumme bedungen, sondern für die einzelnen Arbeiten im angemessenen Betrag zu bezahlen sei. Entsch. vom 7. April 1880 zu Nr. 414. 79. — Der 4. Civilsenat hat in einer Entscheidung vom 1. März 1880 zu Nr. 138. 79 den Grundsatz des vormaligen Obertribunals

(Präjudiz Nr. 1004) gebilligt, daß die gesetzlichen Vorschriften darüber, unter welchen Verhältnissen und Umständen die Absicht zu schenken vermuthet werde, in dem Falle keine Anwendung finden, wenn jemand für den Andren eine Schuld bezahlt hat. — Nach dieser Praxis des vormaligen Obertribunals (Präjudiz Nr. 1687) kommt der § 22 Tit. 13 Th. I gleichmäßig zur Anwendung, mag es sich um eine eigentliche Vollmacht, welche die Vertretung gegen Dritte bei einem Rechtsgeschäft zum Gegenstand hat, oder um einen einfachen Auftrag zu thatsächlichen Verrichtungen handeln. Dieser Grundsatz ist von 1. Hülfssenat in einer Entscheidung vom 23. März 1880 zu Nr. 761 gebilligt werden. — Der 5. Civil-Senat hat in einem Erkenntniß vom 20. März 1880 zu Nr. 85. 80 im Widerspruch mit den Ausführungen des vormaligen Obertribunals bei Striethorst Arch. 73 S. 154 ff., 77 S. 69 ff., denen zufolge die Klage aus der nützlichen Verwendung in dem Falle nicht Platz greifen soll, wenn zwischen dem Dritten und der Mittelsperson ein Vertrag zu Stande gekommen sei und aus dessen Vermögen, nicht aus dem Dritten, die Bereicherung erfolge, ausgeführt, daß die Bereicherungsklage nach dem Allgemeinen Landrecht im Vergleich zum gemeinen Recht eine Erweiterung erfahren habe durch den Fortfall der nach gemeinem Recht gegebenen Nothwendigkeit einer Mittelsperson zwischen dem Bereicherten und dem, aus dessen Vermögen die Bereicherung bewirkt wird. — Als der 2. Richter § 158 Titel 16 Theil I auf einen Fall angewendet hatte, in welchem die ältere Post zur Zeit der Zahlung bereits verjährt war, erklärte ist derselbe Senat am 10. März 1880 zu Nr. 71. 80 für unzulässig, weil eine verjährte Forderung als erloschen gelte. § 502 Titel 9. — Daß der Assignat, welcher die Anweisung angenommen hat, dem Assignatar Zahlung leisten muß, auch wenn er dem Assignanten zu nichts verpflichtet wäre, spricht der 1. Hülfssenat aus in einem Erkenntniß vom 12. März 1880 zu Nr. 170. 79. — Die Frage, ob ein den Ehemann allein zu einer Zahlung verurtheilendes Erkenntniß nach dem Tod der Ehefrau bei noch ungetheilter gütergemeinschaftlicher Vermögensmasse einen gültigen Pfandrechtstitel auf die zu dieser Masse gehörenden Immobilien abgebe, ist vom 3. Hülfssenat in einem Erkenntniß vom 18. Februar 1880 zu Nr. 47. 79' auf Grund des § 661 Titel 1 Theil I verneint. — Als der Ehemann, nachdem er durch fortgesetzte Mißhandlungen seiner Ehefrau deren Tod herbeigeführt hatte, die Vortheile in Anspruch nahm, welche ihm vermöge der bestandenen Gütergemeinschaft zustehen, wurde er in 2. Instanz mit diesem Anspruch auf Grund des § 828 Titel 1 Theil II zurückgewiesen, und der 4. Civilsenat des Reichsgerichts hat am 8. März 1880 zu Nr. 14. 80 diese Entscheidung gebilligt.

Zu einzelnen Preußischen Gesetzen sind nachstehende Entscheidungen anzumerken.

Zum Gesetz vom 24. April 1854 § 9 führt ein Erkenntniß des 4. Civilsenats vom 18. März 1880 zu Nr. 21. 80 aus, daß die nach Nr. 2a als Folge der Annahme einer Bezahlung für den Beischlaf sich ergebende Bescholtenheit einer Frauensperson in ihrer Dauer unbeschränkt sei, und es nicht gestattet erscheine, um deswillen, weil die den Verlust der Unbescholtenheit begründenden Thatsachen schon längere Zeit vor der Empfängnißzeit geschehen sind, zu folgern, daß dieser Ver-

lust überhaupt nicht eingetreten oder daß durch den Zeitablauf die frühere Unbescholtenheit wiederbegewonnen sei.

Zum Anfechtungsgesetz vom 9. Mai 1855 führt ein Erkenntniß des 1. Hülfssenats vom 20. Februar 1880 zu Nr. 39. 79 mit Berufung auf die Rechtsprechung des vormaligen Obertribunals (z. B. Striethorst B. 76 S. 132) aus, daß außerhalb des Konkurses eine Hingabe an Zahlungs Statt nur dann der Anfechtung unterliege, wenn die Leistung kein Aequivalent für die Forderung sei, sondern dieselbe übersteige, indem in einem solchen Falle von einer Zahlung des Geschuldeten nicht geredet werden könne. — Der Zweck des § 101 der Konkursordnung vom 8. Mai 1855 ist, die objektive Begünstigung einzelner Gläubiger zu verhindern und eine solche Begünstigung findet ebenso bei Tilgung einer bedingten Schuld vor Eintritt der Bedingung, als bei Zahlung einer betagten Schuld vor der Verfallzeit statt. —

Zum Eigenthums-Erwerbs-Gesetz vom 5. Mai 1872. Der Eintrag eines Grundstücks auf den Namen des Eigenthümers (§§ 1, 7 des gedachten Gesetzes) schließt die Annahme aus, daß das Grundstück Zubehör eines einem Dritten gehörigen Gutes sei. Entscheidung des 4. Civilsenats vom 8. April 1880 zu Nr. 72. 80. — Uebereinstimmend mit dem vormaligen Obertribunal (Entscheidung B. 71 S. 243) hat der 2. Hülfssenat angenommen, daß unter dem eingetragenen Eigenthümer im Sinne des § 7 dieses Gesetzes nicht derjenige verstanden werden könne, welcher seinen Besitztitel unter der Herrschaft des früheren Rechts erlangt hat und demnächst auf Grund jenes Besitztitels, wenn auch nach dem 1. Oktober 1872, in das Grundbuch eingetragen ist. — Im Falle des § 38 Absatz 2 dieses Gesetzes ist es Aufgabe des Verklagten, die Voraussetzungen für die Zulässigkeit von Einreden aus dem persönlichen Schuldverhältniß zu behaupten und zu beweisen. Erkenntniß des 3. Hülfssenats vom 10. März 1880 zu Nr. 167. 79. — Während zu § 41 dieses Gesetzes das vormalige Obertribunal (Entscheidung Bd. 80 S. 68) angenommen hat, der Gläubiger habe gegen den Erwerber nicht die Klage aus dem ursprünglichen Schuldverhältniß, sondern werde durch den § 41 in den Kaufvertrag hineingezogen und habe nur die Klage aus dem hierin enthaltenen Schuld- und Uebernahme-Vertrag, führt ein Erkenntniß des 1. Hülfssenats vom 16. März 1880 zu Nr. 92. 79 aus, der Uebernehmer succedire kraft gesetzlicher Bestimmung in die Obligation des Schuldners und hafte der ursprünglichen Schuldklage des Gläubigers. — Derselbe Senat bemerkt in einer Entscheidung vom 24. März 1880 zu Nr. 356. 79, die Vorschriften des bisherigen Rechts über die Verpfändung von Forderungen seien durch die §§ 54, 55 dieses Gesetzes beseitigt und namentlich sei aus den §§ 54, 55 dieses Gesetzes nicht herzuleiten, daß die Verpfändung der Grundschuld selbst durch bloße Aushändigung des mit Blanko-Abtretung versehenen Grundschuldbriefs erfolgen könne; ebensowenig sei § 1 der Verordnung vom 9. Dezember 1809 durch die Grundbuchgesetze aufgehoben. —

Daß die Rechte am sog. eigenthümlichen Fond der Posener Landschaft subjektiv und objektiv dingliche Rechte seien, hat in Uebereinstimmung mit dem vormaligen Obertribunal der 3. Hülfssenat in einer Entscheidung vom 25. Februar 1880 zu Nr. 136. 79 ausgesprochen. —

Zum Enteignungs-Gesetz vom 11. Juni 1874 sagt ein Erkenntniß des 3. Hülfssenats vom 18. Februar 1880, der nach § 8 dieses Gesetzes zu vergütende volle Werth sei nur auf objektiver Grundlage zu bemessen; dieser gemeine Werth resultire aus der Benutzungsfähigkeit des Grundstücks, während die Benutzungsart desselben nur den Beweis liefere, inwieweit der Gegenstand für diese Benutzungsart besonders fähig sei. — Ein Erkenntniß des 3. Civilsenats vom 27. Januar 1880 zu Nr. 208. 79 sagt, die zum Zweck der Enteignung zu bewirkende Abschätzung, welche die Aufgabe der Feststellung des objektiven Werthes habe, müsse in der Regel und zunächst die Ermittlung des Preises zur Grundlage nehmen, welchen der Eigenthümer nach Ort und Zeit unter günstigen Verhältnissen beim freiwilligen Verkauf des enteigneten Grundstücks zu erlangen im Stande sei; nur wo die Voraussetzung, daß es an der Gelegenheit zur Anschaffung eines Ersatzes für das enteignete Grundstück nicht fehle, nicht zutreffe, oder wo ein durch die besonderen Umstände des Falles begründeter, durch anderweite Anschaffung nicht zu ersetzender Mehrwerth in Frage komme, könne eine andre Art der Werthermittlung gerechtfertigt sein.

Der § 1 des Gesetzes vom 22. April 1875, so führt der 4. Civilsenat in seiner Entscheidung vom 1. April 1880 zu Nr. 15 80 aus, verordnet die Einstellung sämmtlicher in der Erzdiöcese Gnesen und Posen für die Geistlichen bestimmten Leistungen aus Staatsmitteln und macht keinen Unterschied bezüglich der rechtlichen Natur und des Charakters der Leistungen, so daß dazu auch diejenigen Leistungen zu rechnen sind, welche der Staat nicht der allgemeinen Fürsorge für den Religionskultus, sondern aus einem privatrechtlichen Rechtstitel als Forst- und Domänen-Fiskus gewährt.

F. u. M.

Zur Anwaltsgebührenordnung.

Das Preußische Gesetz vom 12. Mai 1851, betreffend den Ansatz und die Erhebung der Gebühren der Rechtsanwälte war bisher für die Vergütung der Thätigkeit des Rechtsanwalts in Subhastationssachen noch maßgebend. § 7 des ersten Abschnitts des Tarifs zu diesem Gesetze sieht in „Subhastations-Prozessen" dreierlei Gebühren vor, nämlich eine Bauschgebühr: a. für den Antrag, b. für die Wahrnehmung der Termine, einschließlich der Licitation, c. für die Wahrnehmung des Kaufgelderbelegungs- und Vertheilungsverfahrens. Neben diesen Gebühren dürfen für alle darauf bezügliche Geschäfte keine weiteren Gebühren außer Schreibgebühren und Gebühren für Gelderhebung liquidirt werden.

Die Anwaltsgebührenordnung und das Preußische Ausführungsgesetz zu derselben vom 2. Februar 1880 (Gesetzsammlung Seite 43) haben nun hierin Wandel geschaffen; über die Tragweite und die Wirkung des letzteren Gesetzes sind bereits Meinungsverschiedenheiten zu Tage getreten.

Was zunächst die obige Gebühr zu a. für den Antrag betrifft, so tritt an deren Stelle nunmehr unzweifelhaft die in § 23 Nr. 1 der Anwaltsgebührenordnung bestimmte Gebühr.

Denn die auf Antrag stattfindende Anordnung der Zwangsvollstreckung in ein Grundstück bildet eine noch von den Vorschriften der Civilprozeßordnung ergriffene Zwangsvollstreckungsmaßregel (§ 755 C. P. O.) und unterliegt demgemäß hinsichtlich der Honorirung des Rechtsanwaits den Bestimmungen der Anwaltsgebührenordnung.[*] Die Vergütung der auf die Anordnung der Zwangsvollstreckung in das unbewegliche Vermögen gerichteten, anwaltlichen Thätigkeit besteht also jetzt in $\frac{5}{10}$ der in den §§ 13 bis 18 der Anwaltsgebührenordnung bestimmten Gebühren und zwar nicht nur bei der Subhastation in ein Grundstück (§ 755 C. P. O.), sondern auch bei der Subhastation in andere Gegenstände des unbeweglichen Vermögens, da auch bei diesen nach § 3 des Preußischen Gesetzes vom 4. März 1879, betreffend die Zwangsvollstreckung in das unbewegliche Vermögen (Gesetzsammlung Seite 102) § 755 der Civilprozeßordnung Anwendung findet.

Bei dem der Anordnung der Subhastation folgenden Verfahren, welches in Preußen zur Zeit lediglich durch das Subhastationsgesetz vom 15. März 1869 und das vorerwähnte Gesetz vom 4. März 1879 geregelt ist, handelt es sich dagegen um eine Angelegenheit, auf welche — im Großen und Ganzen — die deutschen Prozeßordnungen nicht zur Anwendung kommen und es greift deshalb hinsichtlich dieses ferneren Verfahrens die Vorschrift des § 2 des Preußischen Ausführungsgesetzes zur Anwaltsgebührenordnung vom 2. Februar 1880 Platz.

Es ist nun die Frage, inwieweit die Vorschriften des Gesetzes vom 12. Mai 1851, deren Aufhebung in dem neuen Gesetze nicht ausdrücklich verfügt ist, durch die Bestimmungen der letzteren als beseitigt zu gelten haben.

Nach Absatz 2 des § 2 des Preußischen Ausführungsgesetzes zur Anwaltsgebührenordnung soll, „soweit nach den bestehenden Vorschriften eine besondere Gebühr für die Vertretung in einem Termine zu erheben ist", dieselbe fortan $\frac{5}{10}$ des Satzes des § 9 der Gebührenordnung betragen. Die amtlichen Motive zu dieser Bestimmung führen aus, daß der Absicht, auch den § 45 der Gebührenordnung über Gebühren für Termine zugleich mit den anderen Vorschriften ohne Weiteres für anwendbar zu erklären, der § 48 daselbst entgegenstand und daß, weil dieser nicht anwendbar gemacht werden konnte, die Gebühren für Termine der Gebühr für die Beschwerdeinstanz — d. h. also der Verhandlungsgebühr in dieser — gleichgestellt worden sind.

Wie nun der Verhandlungsgebühr in der Beschwerdeinstanz, der Zwangsvollstreckungsinstanz und überhaupt nach dem Prinzip der Anwaltsgebührenordnung als Vergütung für die Wahrnehmung aller in derselben Sache vorkommenden Verhandlungstermine gilt, so läßt sich aus vorstehender Begründung wohl die Folgerung ziehen, daß die gedachte Vorschrift des § 2 nicht nur die Vertretung in einem einzelnen Termin, sondern den zur Erledigung des Mandats erforderlichen, in dem Gesetz einheitlich zusammengefaßten, mehreren Terminen desselben Verfahrens vergüten will, eine Ansicht, die in der Vorschrift des Absatz 2 des § 45 der Gebührenordnung, nach welcher die Wahrnehmung eines weiteren Termins zur Fortsetzung der Verhandlung nicht eine Erhöhung der Gebühr begründet, wie auch

---

[*] Siehe Pfafferoth, Handbuch für das Anwaltsgebührenwesen im Deutschen Reiche (Berlin 1879, zweiter Abdruck) Seite 61.

im § 40 Nr. 3 a. a. O., wo nach den Motiven ebenfalls durch die Wahrnehmung mehrerer Termine die für „die Wahrnehmung des Aufgebotstermins" festgesetzte Gebühr nicht erhöht werden darf,[*]) eine beachtenswerthe Unterstützung findet.

Danach würde die im Anfange aufgeführte Vergütung für die Wahrnehmung der Termine, einschließlich der Lizitation, — nämlich des Versteigerungstermins bezw. des neuen Versteigerungstermins (Subhastationsordnung §§ 27, 28) sowie des Termins zur Verkündung des Zuschlags — durch die neue Taxe erfetzt, und für die Wahrnehmung dieser Termine also nunmehr eine Gebühr von ⁶/₁₀ des Satzes des § 9 zu liquidiren sein.

Derselbe Satz wird dann auch an die Stelle der dritten im Gesetze vom 12. Mai 1851 vorgesehenen Gebühr für die Wahrnehmung des Kaufgelderbelegungs- und Vertheilungsverfahrens treten. Nach dem Wortlaut dieser Bestimmung handelt es sich allerdings um die Entschädigung für die gesammte Mühwaltung während eines ganzen Verfahrens-Abschnitts. Dabei darf aber nicht unberücksichtigt bleiben, daß in Wirklichkeit die Thätigkeit des Rechtsanwalts in diesem Abschnitt ausschließlich wohl nur in der Wahrnehmung des Kaufgelderbelegungs- und Vertheilungs-Termin zur Ausübung gelangt, da außerhalb dieses Termins der anwaltlichen Thätigkeit neben dem Schriftwechsel mit dem Mandanten kaum ein weiterer Raum durch das Subhastationsgesetz vom 15. März 1869 gegeben ist. Sonach stellt sich auch die bisherige Vergütung, wenngleich der Wortlaut des Gesetzes dies nicht unmittelbar ergiebt, nach der thatsächlichen Leistung als eine Gebühr für Vertretung in einem Termine dar.

Es läßt sich indessen nicht leugnen, daß die Ausdrucksweise des § 2 des Ausführungsgesetzes Zweifel wegen der Anwendbarkeit dieser Bestimmung zu erwecken geeignet ist. Namentlich legt die Bezeichnung „besondere Gebühr", obgleich dieselbe hier wohl nicht die gleiche Bedeutung hat, wie die entsprechenden Ausdrücke im § 47 Absatz 2, und § 48 des Gerichtskostengesetzes oder im § 27 Absatz 2 der Anwaltsgebührenordnung, die Auffassung nahe, es sei hier die Gebühr für einzelne Handlungen den als Bauschgebühren sich unzweifelhaft kennzeichnenden, älteren Sätzen gegenübergestellt, und es vermöge deshalb die erstere die letzteren nicht zu decken. Auf dieses Bedenken ist zu erwidern, daß „besondere Gebühr" hier offenbar nur im Gegensatz zu der ein ganzes Verfahren in einem einzigen Bauschsatz vergütenden Gebühr, also etwa im Sinne der Vorschrift des § 13 Nr. 2 der Gebührenordnung — für die mündliche Verhandlung — oder des § 40 Nr. 3 a. a. O. — für die Wahrnehmung des Aufgebotstermins — zu verstehen ist, in welchen Fällen nämlich zum Zwecke des Gebührenansatzes die Gesammtmühwaltung des Anwalts in verschiedene Arten der Thätigkeit zerlegt ist und neben anderer Thätigkeit innerhalb und desselben Verfahrens auch die Wahrnehmung von Terminen besonders für sich einen Gegenstand der Vergütung bildet.

Wenn schon aus der Fassung der bezüglichen Vorschrift die Nothwendigkeit einer ausdehnenden und systematischen Auslegung sich ergiebt, so dürfte gewiß auch aus der Absicht und dem Prinzip des Gesetzes vom 2. Februar 1880 die hier dar-

gelegte Auffassung sich als zutreffend erweisen. Nummer 8 dieser Wochenschrift erörtert in dem Aufsatz „Zur Gebührenordnung", wie das neue Gesetz offenbar beabsichtigt hat, auf dem Gebiete der nichtstreitigen Gerichtsbarkeit sämmtliche ältere Gebührentaxen für die anwaltliche Thätigkeit durch die für anwendbar erklärten Normen der Anwaltsgebührenordnung zu ersetzen. Auch hinsichtlich des Subhastationsverfahrens wird sich dasselbe mit gutem Grunde behaupten lassen; denn dadurch, daß das eigentliche Fundament der Gebührenberechnung, die Werthfestsetzung, nunmehr nach den Regeln der neuen Gebührenordnung erfolgt, daß ferner die allgemeinen Vorschriften der Gebührenordnung und die Bestimmungen der letzteren über gewisse Gebühren und über Auslagen auch auf das Subhastationsverfahren unbedingt anzuwenden sind, würde es als eine Inkonsequenz erscheinen, wenn daneben noch die älteren Gebührensätze Geltung behalten sollten, eine Inkonsequenz, welche der Gesetzgeber sicherlich nicht beabsichtigt haben kann, und die andererseits den gewiß unerquicklichen Zustand schaffen würde, daß für den einen Theil der anwaltlichen Mühwaltung, nämlich für den Antrag nach neuer Norm, im Uebrigen aber für dieselbe noch den bisherigen Sätzen zu liquidiren wäre.

Wenn es sonach gerechtfertigt erscheint, an die Stelle der älteren Sätze im Subhastationsverfahren die neuen Gebühren zu setzen, also sowohl für den Antrag, wie für die Wahrnehmung der Termine bis einschließlich der Lizitation und für das Kaufgelderbelegungs- und Vertheilungsverfahren je ⁶/₁₀ des Satzes des § 9 der Anwaltsgebührenordnung zu erheben, so wird, da auch den neuen Gebühren immerhin noch der Charakter der Bauschgebühren beiwohnt, die mit dem Prinzip der Gebührenordnung im Wesentlichen vereinbare fernere Bestimmung des Gesetzes vom 12 Mai 1851, wonach neben obigen Gebühren nur noch Schreibegebühren und Gebühren für Gelderhebung liquidirt werden dürfen, mit der Modifikation noch gültig bleiben, daß außerdem auch die Ausarbeitung eines Gutachtens mit juristischer Begründung honorirt und außer der Schreibgebühr auch noch die sonstigen baaren Auslagen erstattet verlangt werden können.

Es ist noch zu erwähnen, daß die vorstehend dargelegte Auffassung mit der Auslegung, welche die fragliche Gesetzesstelle bei den mit Subhastationen befaßten Amtsgerichten im Bezirke des Landgerichts I in Berlin, sowie der Mehrzahl der bei diesem Gerichte zugelassenen Rechtsanwälte erfahren hat, übereinstimmt.

Pf.

Klage auf Versagung des Rechts, den fürstlichen Titel und das Geschlechtswappen einer zum deutschen hohen Adel gehörigen Fürstenfamilie zu führen — Zulässigkeit des Rechtsweges. — Mißheirath.

Erk. des R. G. III. C. S. vom 7. Mai 1880 i. S. Sayn-Wittgenstein c. Sayn-Wittgenstein.

Die Frau Beklagte, von Geburt dem Bürgerstande angehörig, hat den Fürsten Sayn-Wittgenstein-Sayn geheirathet.

---

[*]) Siehe Pfafferoth, Handbuch, Seite 37.

Die Ehe ist in dem Canton Genf geschlossen, wo der Fürst zur Zeit des Eheschlusses seinen Wohnsitz gehabt haben soll.

Nach dem Tode des Gemahls der Frau Beklagten hat das nunmehrige Haupt der fürstlichen Familie gegen die Frau Beklagte Klage dahin erhoben, daß ihr das Recht, sich des fürstlichen Titels und des Geschlechtswappens der fürstlichen Familie zu bedienen, abgesprochen werde.

In den Vorinstanzen ist nach dem Klageantrage erkannt. Das K. G. hat das II. Erk. bestätigt.

Gründe.

Der gegen die Zulässigkeit der Revision erhobene Einwand ist nach § 56 der Königlichen Verordnung vom 21. Juli 1849 über das Verfahren in Civilprozessen nicht begründet, da die Beschwerde der Frau Beklagten nicht lediglich das Vermögen betrifft, sondern Familien- und Standesverhältnisse zum Gegenstande hat, über welche in der Formel des angefochtenen Urtheils eine dispositive Bestimmung getroffen ist.

Die Beschwerden sind jedoch nicht gerechtfertigt und es war daher das Urtheil des Appellationsgerichts zu bestätigen.

Beide Vorrichter haben zunächst die unter den Parteien streitige Frage, ob der von dem Herrn Kläger verfolgte Anspruch überhaupt im Wege der Civilklage geltend gemacht werden könne, ob der Rechtsweg zulässig sei? mit Recht bejaht.

Der Klageantrag geht dahin: „der Beklagten das Recht abzusprechen, den Titel einer Fürstin zu Sayn-Wittgenstein-Sayn ferner zu führen und sich des fürstlich Wittgenstein'schen Geschlechtswappens zu bedienen." Nach den im Königreich Preußen über die Zulässigkeit des Rechtswegs bestehenden gesetzlichen Vorschriften würde der gegen die Statthaftigkeit der Klage erhobene Einwand begründet sein, wenn, wie die Frau Beklagte geltend macht, das ihr vom Kläger bestrittene Recht keinen privatrechtlichen Charakter hätte, sondern dem öffentlichen Rechte angehörte. Diese Ansicht ist jedoch nicht zutreffend. Die Vorrechte des Adels, als eines besondern Standes, beruhen zwar der Mehrzahl nach auf öffentlichen Rechte, sind politischer Natur. Allein das Recht zur Führung des Titels und Wappens eines bestimmten adligen Geschlechts gehört dem Privatrechte an. Es ist bedingt durch die Angehörigkeit zu dieser bestimmten adligen Familie und sein Gebrauch ist ein Kennzeichen dieser Angehörigkeit.

Mit Recht hebt der Appellationsrichter hervor, daß es im vorliegenden Rechtsstreite um die Frage sich handle, ob die Frau Beklagte als ein vollberechtigtes Mitglied der fürstlich Sayn-Wittgenstein-Sayn'schen Familie anzusehen sei, beziehungsweise ob die Ehe der Frau Beklagten mit dem verstorbenen Fürsten Ludwig zu Sayn-Wittgenstein-Sayn ihr das Recht gebe, den Titel einer Fürstin von Sayn-Wittgenstein-Sayn zu führen und sich des fürstlich Wittgenstein'schen Geschlechtswappens zu bedienen, daß diese Frage von der allgemeinen Frage zu unterscheiden sei, ob die Frau Beklagte zum Adelstande gehöre und berechtigt sei, das mit der Zugehörigkeit zu einer der verschiedenen Klassen dieses Standes verbundene Prädikat zu führen, sowie daß die letztere Frage dem öffentlichen Rechte, die erstere dagegen dem Privatrechte angehöre.

Es muß dem Vorrichter ferner auch darin beigetreten werden, daß, wenn auch der Klageantrag nicht ausdrücklich

darauf gerichtet ist, der Frau Beklagten das Recht der Zugehörigkeit zur fürstlich Sayn-Wittgenstein-Sayn'schen Familie abzuerkennen, doch der Klageantrag mit Nothwendigkeit zu einer Entscheidung der Frage führt, ob die Frau Beklagte ein vollberechtigtes Mitglied der fürstlich Sayn-Wittgenstein-Sayn'schen Familie durch ihre Vermählung mit dem Fürsten Ludwig geworden sei, weil das Recht zum Gebrauche des Titels und Wappens dieses Geschlechts nur Ausfluß der Zugehörigkeit zu demselben sein kann.

Wenn die Revidentin die Verwerfung des Einwandes der Unzulässigkeit der Klage auch mit Rücksicht auf die Vorschriften in § 360 Ziffer 8 des Reichsstrafgesetzes als nicht gerechtfertigt angreift und namentlich rügt, der Appellationsrichter habe diese gesetzliche Bestimmung durch unrichtige, beziehungsweise unterlassene Anwendung verletzt, weil er nur die Verhinderung der Anmaßung eines Adelsprädikats überhaupt als dem öffentlichen Recht angehörig aus dem § 360 cit. herleite, während der § 360 die unbefugte Annahme eines Titels, einer Würde und eines Namens unter Strafe stelle, so ergiebt sich das Unzutreffende dieser letzteren Ausführung aus dem Wortlaute und dem Zusammenhange der Entscheidungsgründe des Urtheils des Appellationsgerichts. Aus der in Artikel 105 des Preußischen und in § 360 Ziffer 8 des Reichsstrafgesetzbuchs enthaltenen Strafbestimmung kann aber auch gegen die Zulässigkeit einer Civilklage in Fällen der vorliegenden Art nichts gefolgert werden. Wenngleich gegen diese Strafbestimmung dadurch verstoßen wird, daß Jemand unbefugt die Adelsprädikate, Titel und Namen eines bestimmten adligen Geschlechts sich beilegt und führt, und die Organe der Strafgewalt hiergegen einzuschreiten befugt sind, so ist doch hiervon wesentlich verschieden die Frage, ob die Mitglieder der Familie, deren Titel und Wappen unbefugt von einem Dritten gebraucht worden, dieses im Wege der Civilklage verhindern können. Diese Frage muß bejaht werden, weil das Recht, um dessen Verletzung es sich handelt, ein dem Privatrecht angehörendes ist.

Die fernere, unter den Parteien streitige Frage, ob der Herr Kläger zur Anstellung der erhobenen Klage legitimirt sei? ist gleichfalls mit Recht bejaht worden. Die von dem Gerichte erster Instanz geltend gemachten Gründe sind zwar, wie bereits vom Appellationsrichter hervorgehoben ist, nicht unbedenklich, die in dem angefochtenen Urtheile enthaltenen Gründe sind jedoch im wesentlichen zu billigen. Grund und Zweck der Klage ist, der Frau Beklagten die Zugehörigkeit zur fürstlich Sayn-Wittgenstein-Sayn'schen Familie zu bestreiten und weil nach Lage der Sache der Anspruch der Zugehörigkeit zu dieser Familie sich nur in dem Gebrauche des Titels und Wappens der Familie äußern kann, so wendet sich auch der Klageantrag nur gegen diese Handlungen der Beklagten. Da aber eine Klage auf Feststellung der Zugehörigkeit einer Person zu einer bestimmten Familie auch in dem Falle zuzulassen ist, wenn es sich nicht um Verletzung von Vermögensrechten handelt, so muß jedes Mitglied der Familie zur legitimirt erachtet werden, diese Klage zu erheben. Denn das Recht eines jeden Familiengliedes, daß kein Unberechtigter den Zugehörigkeit zum Geschlecht ausdrückenden Titel und das Geschlechtswappen führe, wird durch einen solchen Gebrauch von Seiten eines zur Familie nicht Gehörigen verletzt.

In Uebereinstimmung mit dem Richter erster Instanz geht das Appellationsgericht davon aus, daß für die Entscheidung des vorliegenden Rechtsstreits nicht, wie die Frau Beklagte behauptet, das Recht der Schweiz, insbesondere das im Canton Genf geltende Recht, sondern das deutsche Privatfürstenrecht maßgebend sei. Diese Annahme ist zu billigen. Ob die für dieselbe von den Vorderrichtern geltend gemachten Gründe zutreffend seien, kann dahin gestellt bleiben; auch bedarf es einer näheren Prüfung der dagegen von der Revidentin erhobenen Einwendungen nicht, da sich aus der besonderen Natur der hier in Frage kommenden Rechtsnormen deren Anwendbarkeit auf den vorliegenden Fall ergiebt, ohne Rücksicht darauf, welche Ansicht man sonst bei der Entscheidung der Frage über die Collision der Rechte bei Statusfragen und Familienrechten zu Grunde legt.

Der verstorbene Gemahl der Frau Beklagten, der Fürst Ludwig zu Sayn-Wittgenstein-Sayn gehörte unbestritten zum hohen deutschen Adel und zu den Preußischen Standesherren. Für die Beurtheilung seiner Rechtsverhältnisse überhaupt, wie namentlich für die Entscheidung der Frage, mit welchen Personen er eine bürgerlich vollwirkame Ehe eingehen konnte, waren daher die besonderen Normen maßgebend, welche in dem für den hohen Adel geltenden Privatfürstenrechte aufgestellt sind und zwar zunächst die in den Wittgensteinischen Hausgesetzen enthaltenen autonomischen Bestimmungen, eventuell die auf dem gemeinen deutschen Privatfürstenrecht beruhenden. Diese Rechtsnormen sind ihrem Begriff und ihrer geschichtlichen Entwicklung nach nicht territorialer, sondern personaler Natur und für die Beurtheilung der Rechtsverhältnisse maßgebend, ohne Rücksicht auf ihren jeweiligen Wohnort, selbst wenn derselbe außerhalb Deutschlands sein sollte. Der Preußische Staat erkennt dem Standesherren, gleichviel, wo er seinen Wohnsitz hat, in und mit der Standesherrlichkeit das gemeine Deutsche und speziell standesherrliche Privatfürstenrecht als ein personales zu. Denn letzteres ist eine wesentliche Seite der Standesherrlichkeit und weder die Deutsche Bundesakte Artikel 14, noch die Königlich Preußischen Gesetze, betreffend die Rechtsverhältnisse der Standesherren, machen diese von dem Wohnsitz abhängig. Sollte auch der auswärtige Staat, in welchem ein Preußischer Standesherr seinen Wohnsitz genommen hat, das gemeine Deutsche oder das spezielle Privatfürstenrecht als sein personales Recht nicht anerkennen, so kann doch der Preußische Staat diese Anerkennung nicht ablehnen. Für die Preußischen Gerichte ist für die Entscheidung der Rechtsverhältnisse der Mitglieder des fürstlichen Hauses Sayn-Wittgenstein-Sayn das für dieses Haus geltende Privatfürstenrecht maßgebend, gleichviel ob das betreffende Mitglied in Deutschland oder im Auslande seinen Wohnsitz gehabt hat. Es erscheint daher für die Beurtheilung der Frage, welche Wirkungen die von der Frau Beklagten mit ihrem verstorbenen Gemahl geschlossene Ehe hat, ohne Bedeutung, ob der letztere, welcher zur Zeit seiner Vermählung preußischer Staatsangehöriger war, im Canton Genf oder in Preußen sein Domicil gehabt hat.

Da feststeht, daß die Frau Beklagte von Geburt dem Bürgerstande angehört, so haben die Vorderrichter mit Recht die Ehe derselben mit dem Fürsten Ludwig, einem Mitgliede des hohen Adels, für eine Mißheirath erklärt. In der Doctrin und in

der Praxis der Gerichte herrschen allerdings über die Frage, unter welchen Voraussetzungen die Ehe eines dem hohen Adel angehörenden Mannes als eine Mißheirath zu erachten sei, verschiedene Ansichten. Während von einer Seite behauptet wird, jede Ehe eines Mannes vom hohen Adel mit einer nicht zum hohen Adel gehörenden Frau sei eine Mißheirath, wird andererseits vielfach die Ansicht vertreten, daß die Ehen mit Frauen vom niederen Adel als gleiche Ehen anzusehen seien, sofern nicht die in der einzelnen Familie bestehenden Hausgesetze oder die Hausobservanz entgegenstehen. Welcher dieser Ansichten der Vorzug zu geben sei, kann hier dahin gestellt bleiben, weil jedenfalls die Ehen hochadliger Männer mit Frauen bürgerlichen Standes nach den geltenden allgemeinen Grundsätzen des Staats- und Privatfürstenrechts unter den Begriff der unstreitig notorischen Mißheirathen fallen.

Es ist zwar auch dieser Satz von einzelnen Schriftstellern bestritten worden, indem entweder zwischen dem höheren und niederen Bürgerstande unterschieden und nur eine Verbindung mit dem letzteren für eine standeswidrige erklärt wird, oder nur Ehen von Herren aus reichständischen Häusern mit Frauen leibeigner oder knechtischer Herkunft als notorische Mißheirathen anerkannt werden. Diese Ansicht kann jedoch für zutreffend nicht erachtet werden, selbst wenn man nicht die zuerst erwähnte strengste Meinung, sondern die Annahme billigt, daß Ehen hochadliger Männer mit dem niederen Adel angehörenden Frauen als Mißheirathen nicht zu bezeichnen seien.

Es kann dahin gestellt bleiben, ob der im älteren Deutschen Rechte bestehende Grundsatz, wonach nur eine Ehe eines Freien mit einer Unfreien als eine Standesungleiche galt, während bei Ehen unter Freien keine die gleiche Rechtsgenossenschaft der Ehegatten und ihrer Kinder beeinträchtigende Absonderung stattfand, schon im Laufe des 13. Jahrhunderts dahin abgeändert worden, daß das Ebenbürtigkeitsprinzip in gleicher Strenge und Wirksamkeit bei Ehen unter verschiedenen Klassen der Freien, namentlich zwischen hohen und niederen Freien zur Geltung gelangt sei, weil nach dem neueren Deutschen Rechte, wie solches in der Wahlkapitulation Kaiser Carls VII. von 1742 einen reichsgesetzlichen Ausdruck erlangt hat, eine Ehe eines reichständischen Mannes mit einer Frau bürgerlicher Herkunft und zwar ohne Unterscheidung eines höheren und gemeinen Bürgerstandes als „unstreitig notorische Mißheirathen" angesehen und ohne Consens der Agnaten der Wirkungen der Ebenbürtigkeit beraubt wurde. Der Begriff der notorischen Mißheirath ist allerdings weder vor, noch nach der Wahlkapitulation von 1742 gesetzlich festgestellt, indem die einem Reichsschlusse vorbehaltene nähere Bestimmung, „was eigentlich notorische Mißheirathen seien" nicht getroffen, vielmehr nur die Klausel des Artikels 22 § 4 der Wahlkapitulation von 1742 in die späteren Kaiserlichen Wahlkapitulationen wieder aufgenommen ist. Allein die Veranlassung der Aufnahme der in Artikel 22 § 4 der Wahlkapitulation von 1742 enthaltenen Zusage, die voraufgegangenen Verhandlungen, sowie die Anwendung jener Bestimmung in einer Reihe von Fällen durch den Reichstag und die obersten Reichsbehörden, lassen die von der überwiegenden Mehrzahl der Publizisten vertretene und in der Praxis der Deutschen Gerichtshöfe zur Anerkennung gelangte Ansicht als die richtige erscheinen, wonach jedenfalls Ehen dem hohen Adel angehöriger Männer mit Frauen aus dem Bürgerstande zu den unstreitig notorischen Mißheirathen zu rechnen sind. Die nächste Veranlassung zu der Aufnahme der gedachten Bestimmung in die Wahlkapitulation gab bekanntlich die Ehe des Herzogs Anton Ulrich von Sachsen-Meiningen mit einer Tochter eines Hauptmanns Schurmann. Nachdem die Agnaten bei dem Kaiser und dem Reichshofrathe darauf angetragen hatten, die der Gemahlin und den Kindern des Herzogs ertheilte kaiserliche Standeserhöhung für kraftlos zu erklären und der Herzog hiergegen protestirt hatte, erging auf ein Gutachten des Reichshofraths ein Kaiserliches Decret vom 25. September 1744, worin ausgesprochen wurde, „daß dieser Fall durch die von dem Kaiser beschworne Wahlkapitulation schon für· entschieden anzunehmen." Der Herzog ergriff hiergegen zwar noch den Recurs an die Reichsversammlung; allein durch einen auf ein Reichsgutachten erfolgten am 4. September 1747 erlassenen Reichsschluß wurde ausgesprochen, daß der Herzog mit dem Recurse abzuweisen sei und den in seiner bekannten Mißheirath erzeugten Kindern das Recht auf die herzoglich Sächsische Würde und Succeßsionsfähigkeit·abgesprochen. Es wurde also eine Ehe mit einer nicht dem gemeinen Bürgerstande angehörenden Frau als eine „unstreitig notorische Mißheirath" im Sinn der Wahlkapitulation angesehen und behandelt, dasselbe geschah in einer Reihe anderer Fälle, so wurde namentlich durch Reichshofrathserkenntniß von 1748 die 1715 von dem Erbprinzen Carl Friedrich von Anhalt-Bernburg mit Wilhelmine Rüßler, der Tochter eines Kanzleiraths, also ebenfalls einer nicht dem niedern Bürgerstande angehörigen Frau, geschlossene Ehe für eine Mißheirath erklärt (vergl. Heffter: Die Sonderrechte der souveränen und der mediatisirten vormals reichsständischen Häuser Deutschlands, S. 115. Kohler, Handbuch des Deutschen Privatfürstenrechts, S. 130.).

Danach ist nicht zu bezweifeln, daß bis zur Auflösung des Deutschen Reichs ein feststehendes Reichsherkommen bestanden hat, wonach die Ehen der Mitglieder des hohen Adels mit Frauen aus dem Bürgerstande als Mißheirathen zu betrachten sind und der Wirkungen der Ebenbürtigkeit entbehren, und daß es nicht gerechtfertigt ist, auch für die neuere Zeit den Begriff der Mißheirath auf Ehen des hohen Adels mit Personen unfreier Geburt zu beschränken. Diese Grundsätze des Reichsrechts sind auch durch die Auflösung des Deutschen Reichs nicht beseitigt, bestehen vielmehr noch jetzt als geltendes Recht für den hohen Adel fort; sie sind durch die Deutsche Bundesakte und namentlich auch durch die Preußische Gesetzgebung über die Rechtsverhältnisse der Standesherren aufrecht erhalten (vergl. Artikel XIV. der Deutschen Bundesakte vom 8. Juni 1815. Königl. Verordnung vom 21. Juni 1815. Instruktion vom 30. Mai 1820, Geetz vom 10. Juni 1854. Königl. Verordnung vom 12. November 1855).

Wenn die Frau Beklagte dagegen auszuführen sucht, daraus, daß die Königlich Preußische Verordnung vom 21. Juni 1815 den ehemals reichsständischen Familien das Recht der Ebenbürtigkeit gewährleiste, folge nicht, daß die früher bestandene Beschränkung der Mitglieder des hohen Adels, wonach eine nicht ebenbürtige Ehe der vollen staatsbürgerlichen Wirkungen entbehre, gleichfalls aufrecht erhalten sei, denn die Preußische Gesetzgebung habe nur den reichsunmittelbaren Familien durch das gemeinrechtliche Privatfürstenrecht gewährten Vor-

erchie aufrecht erhalten wollen, nicht aber die durch dasselbe ihnen auferlegten Beschränkungen, zu denen es zweifellos gehör, wenn ein Mitglied der Familie nicht in der Lage sei, seiner ihm in rechtmäßiger Ehe zur rechten Hand angetrauten Gemahlin seinen Rang und seine Standesvorrechte zu verschaffen; so ist diese Ansicht nicht zutreffend, vielmehr mit Recht in den Vorinstanzen verworfen worden.

Zunächst ist es irrig, daß die Preußische Gesetzgebung lediglich bezweckt habe, die den früher reichsunmittelbaren Familien nach dem bisherigen Rechte zustehenden Vorzüge und Vorrechte in dem Sinne, wie Beklagte annimmt, aufrecht zu erhalten. Es war vielmehr die Absicht, die Rechte und Vorzüge festzusetzen, welche die vormals reichsunmittelbaren Deutschen Reichsstände als eine ihrem Stande gemäße Auszeichnung genießen sollen und den durch die Deutsche Bundesakte Artikel XIV. und die Königliche Verordnung vom 21. Juni 1815 geschaffenen Rechtszustand jener Familien zu regeln. Wenn es aber in Artikel XIV. der Deutschen Bundesakte und in § 1 der Königlichen Verordnung vom 21. Juni 1815 heißt: „daß diese fürstlichen und gräflichen Häuser fortan nichts destoweniger zum hohen Adel in Deutschland gerechnet werden und ihnen das Recht der Ebenbürtigkeit in dem bisher damit verbundenen Begriffe verbleibt", so wird damit das Ebenbürtigkeitsrecht, wie solches nach der Deutschen Reichsverfassung bestanden hatte, aufrecht erhalten, also diejenigen Rechtsnormen, welche bisher mit dem Recht der Ebenbürtigkeit verbunden waren, folglich auch die Grundsätze über die Ehe, wie sie für die Mitglieder jener reichsständischen Familien bis zur Auflösung des Deutschen Reichs festgestellt waren.

Durch die neuere Gesetzgebung, insbesondere im Königreich Preußen durch Artikel 4 der Verfassungsurkunde, sind nun zwar alle Standesvorrechte aufgehoben und damit auch die früher zwischen dem niederen Adel und dem Bürgerstande bestehenden politischen staatsbürgerlichen Standesunterschiede beseitigt; auch haben im Uebrigen die Anschauungen über die Stellung des Bürgerstandes und sein Verhältniß zu dem niederen Adel sich wesentlich im Vergleich zu den Anschauungen, welche im 18. Jahrhundert herrschten, geändert. Allein daraus kann nicht, wie die Frau Revidentin vermeint, gefolgert werden, daß seit der Zeit eines Herrn aus einem vormals reichsständischen Hause mit einer Frau von niederem Adel eine „Mißheirath" nicht sei, auch eine Ehe mit einer dem Bürgerstande, mindestens mit einer dem höheren Bürgerstande angehörenden Frau jetzt als eine ebenbürtige angesehen werden müsse. Denn trotz der verfassungsmäßigen Aufhebung aller Standesvorrechte dauern Adel und Bürgerstand noch fort, und es handelt sich hier um ein durch die Deutsche Bundesakte völkerrechtlich vereinbartes Prinzip und Singularrecht des hohen Adels. Es kann daher für die Feststellung der Voraussetzungen der Ebenbürtigkeit für die Ehen desselben nicht auf die jeweiligen Anschauungen über die sociale Stellung des Adels und Bürgerstandes und die politische Gleichstellung des letzteren mit dem ersteren ankommen, sondern es muß der durch das Reichsherkommen und die Reichsgesetzgebung festgestellte, durch die Deutsche Bundesakte und die Preußische Gesetzgebung aufrecht erhaltene Begriff der Ebenbürtigkeit als maßgebend erachtet werden.

Da für die Beantwortung der Frage nach den Vorausſetzungen einer ebenbürtigen Ehe des ehemals reichsſtändiſchen, hohen Adels zunächſt die Hausgeſetze und die ihnen gleichſtehende Hausobſervanz der einzelnen Familien entſcheidend ſind, ſo würden der Entſcheidung des vorliegenden Rechtsſtreits die vorerwähnten Normen des Deutſchen Privat- und Privatfürſtenrechts dann nicht zu Grunde gelegt werden dürfen, wenn nach den Hausgeſetzen des fürſtlichen Hauſes Sayn-Wittgenſtein oder nach einer in ihm rechtswirkſam beſtehenden Obſervanz auch nie Ehen mit bürgerlichen Frauen als ſtandesgemäße und ebenbürtig angeſehen werden. Allein, daß dieſes noch den Wittgenſtein'ſchen Hausgeſetzen der Fall ſei, iſt von der Frau Beklagten nicht behauptet. Sie hat allerdings der Ausführung des Herrn Klägers, daß nach den älteren Hausgeſetzen, dem Teſtamente des Grafen Ludwig des Aeltern von 1593, der Erbverbrüderung vom 26. November 1607, ſowie nach den neueren 1861 und 1862 von dem Vater des Herrn Klägers getroffenen Beſtimmungen die Ehe der Frau Beklagten mit dem Fürſten Ludwig als eine Mißheirath anzuſehen ſei, widerſprochen, allein eine Behauptung, daß durch die Hausgeſetze den allgemeinen, in Ermangelung entgegenſtehender autonomiſcher Normen, maßgebenden Grundſätzen des Privatfürſtenrechts derogirt ſei, daß danach auch die Ehe eines Mitgliedes der fürſtlich Wittgenſtein'ſchen Familie mit einer Nichtadligen als eine ſtandesgemäße zugelaſſen ſei, hat ſie nicht aufgeſtellt. Es bedurfte daher weder einer Heranziehung der bisher nicht vorgelegten älteren Hausgeſetze, noch einer Prüfung der Frage, welche Bedeutung den Beſtimmungen des Fürſten Ludwig aus den Jahren 1861 und 1862, wonach als ebenbürtig nur ſolche Ehen angeſehen werden ſollen, welche mit Mitgliedern hochadliger Familien geſchloſſen worden, für die Ehe der Frau Beklagten mit ihrem verſtorbenen Gemahl beizulegen ſei.

Die Bezugnahme der Frau Beklagten auf eine ihr zur Seite ſtehende Hausobſervanz iſt nicht zutreffend. Die allgemeine Behauptung, daß in der Wittgenſtein'ſchen Familie die angeblich allgemeine Uebung des Privatfürſtenrechts hinſichtlich der Ebenbürtigkeit der Ehen keineswegs beobachtet ſei, und die Anführung eines Falles einer Heirath eines Mitgliedes der fürſtlichen Familie Sayn-Wittgenſtein-Berleburg mit einer Frau bürgerlicher Herkunft, welche als eine ebenbürtige anerkannt ſein ſoll, ſind nicht geeignet, eine den allgemeinen Rechtsnormen derogirende Familienobſervanz zu begründen.

Da auch eine Zuſtimmung der Agnaten zu der Ehe der Frau Beklagten mit dem Fürſten Ludwig nicht erfolgt iſt, ſo muß dieſelbe als eine Mißheirath angeſehen werden.

Fragt es ſich dann, welche Wirkungen die von einem Mitgliede des hohen Adels mit einer Frau des Bürgerſtandes eingegangene Ehe habe?, ſo kann es zwar keinem Zweifel unterliegen, daß eine ſolche Ehe, ſofern die ſonſtigen geſetzlichen Vorausſetzungen vorliegen, als eine vollkommene, wahre Ehe anzuſehen ſei; ſie iſt aber keine bürgerlich vollwirkſame, es tritt insbeſondere, worauf es hier nur ankommt, die Frau nicht in den Stand des Mannes ein, behält vielmehr ihren bisherigen Stand bei. Sie nimmt daher nicht Theil an den Standesvorrechten des Mannes, iſt namentlich nicht berechtigt, den fürſtlichen oder gräflichen Titel und das Geſchlechtswappen, als Zeichen und

Ausdruck des Ranges und Standes ihres Mannes und der Zugehörigkeit zu der hochadligen Familie zu führen. — Die von der Revidentin aufgeſtellte Anſicht, das Prinzip der Ebenbürtigkeit ſei nur von Bedeutung für die Frage der Succeſſion, die Frau werde auch im Falle einer Mißheirath von dem Stande und Range ihres Mannes nicht ausgeſchloſſen, iſt nicht zu billigen, ſteht vielmehr in Widerſpruch mit der Entwicklung der Grundſätze der Ebenbürtigkeit und der Mißheirath.

Unbegründet iſt endlich auch der Einwand, daß, weil der fürſtliche Titel, deſſen Ablegung von dem Herrn Kläger verlangt werde, nicht auf der Eigenſchaft der Familie Sayn-Wittgenſtein-Sayn als einer reichsunmittelbaren beruhe, der Titel nicht von Kaiſer und Reich, ſondern von Sr. Majeſtät dem Könige von Preußen verliehen ſei, die Preußiſchen Geſetze über die Rechtsverhältniſſe der Standesherren keine Anwendung finden und daher ſelbſt im Falle der Annahme einer Mißheirath mit den daran geknüpften Folgen das Urtheil des Appellationsgerichts nicht gerechtfertigt ſei. Denn wenn auch nach § 6 der Inſtruktion vom 30. Mai 1820 den Standesherren und den ebenbürtigen Mitgliedern ihrer Familien nur das Recht beigelegt iſt, die vor Auflöſung der Deutſchen Reichsverbindung innegehabten Titel und Wappen zu führen, die Beſtimmung alſo auf den hier in Frage ſtehenden Titel direkt Anwendung findet, ſo folgt doch daraus nicht, daß nicht im Uebrigen die geſetzlichen Vorſchriften über die Rechtsverhältniſſe der Mediatiſirten in Preußen zur Beurtheilung der für die Frau Beklagte aus der Ehe mit dem Fürſten Ludwig zu Sayn-Wittgenſtein-Sayn entſtandenen Rechte maßgebend ſeien. In dieſen iſt aber das Recht der Ebenbürtigkeit und dem früheren, zur Auflöſung des Deutſchen Reichs damit verbundenen Begriffe aufrecht erhalten, und hieraus folgt, daß die Frau Beklagte in den Rang und Stand ihres Gemahls überhaupt nicht eingetreten iſt; die ihm zuſtehenden Titel und Wappen nicht führen darf. Vorausſetzung für das Recht zur Führung des Titels Fürſt von Sayn-Wittgenſtein-Sayn und des Geſchlechtswappens der fürſtlichen Familie Sayn-Wittgenſtein iſt aber ebenbürtige Zugehörigkeit zu dem ehemals reichsunmittelbaren Hauſe Sayn-Wittgenſtein. Richtig iſt zwar, wie die Frau Revidentin geltend macht, daß der Titel „Fürſt" und die Zugehörigkeit zum hohen Adel ſich nicht decken; allein der Titel, um den es ſich hier handelt, iſt einer Linie des vormals reichsſtändiſchen Hauſes Sayn-Wittgenſtein verliehen und wenn die Frau Beklagte in dieſes Haus als vollberechtigtes Mitglied durch ihre Vermählung mit dem Fürſten Ludwig nicht eingetreten iſt, ſo darf ſie auch den dieſem als Beſitzer des Fideikommiſſes Sayn zuſtehenden Titel Fürſt von Sayn-Wittgenſtein-Sayn, nicht führen.

Da aus dieſen Erwägungen die angefochtene Entſcheidung begründet erſcheint, war dieſelbe zu beſtätigen und die Beklagte in die Koſten dieſer Inſtanz zu verurtheilen.

Perſonal-Veränderungen

werden in der nächſten Nummer nachgetragen werden.

Für die Redaktion verantw.: S. Haenle. Verlag: W. Moeſer, Hofbuchhandlung. Druck: W. Moeſer, Hofbuchdruckerei in Berlin.

№ 16.   Berlin, 15. August.   1880.

Juristische Wochenschrift.

Herausgegeben von

S. Haenle,
Rechtsanwalt in Ansbach.

und

M. Kempner,
Rechtsanwalt beim Landgericht I. in Berlin.

Organ des deutschen Anwalt-Vereins.

Preis für den Jahrgang 12 Mark. — Inserate die Zeile 30 Pfg. — Bestellungen übernimmt jede Buchhandlung und Postanstalt.

Ueber das der Eidesleistung vorangehende und dieselbe vorbereitende Verfahren.

Die C. Pr. O. hat über das formelle Verfahren, welches der Leistung eines zu- oder zurückgeschobenen oder richterlich auferlegten Eides vorangehen muß, besondere Vorschriften nicht erlassen; es haben sich deshalb in der Praxis der Gerichte verschiedene Prozedurarten gebildet, welche größtentheils an das bisherige Prozeßrecht anknüpfen und Anspruch auf Richtigkeit und allgemeine Anerkennung nicht erheben können. Es sei daher gestattet, die einzelnen, hierbei zur Sprache gelangten Fälle aufzustellen und bezüglich eines jeden darzuthun, welches Verfahren zur Anwendung gelangen müsse. Dabei wird zunächst vorausgesetzt, daß es eine Prozeßpartei ist, welche den Eid zu leisten hat.

I. Der Eid ist durch Beweisbeschluß normirt.

Unstreitig gehört die Abnahme des Eides zur Beweisaufnahme und hat daher regelmäßig vor dem erkennenden Gerichte zu erfolgen (§. 320 C. Pr. O.). Wohnt die schwurpflichtige Partei der Verhandlung in Person bei, so kann ihr der Eid sofort abgenommen werden. Eine Frist, wie sie noch die Verordnung vom 1. Juni 1833 §. 31 dahin angeordnet hat, daß der Eid nicht früher als 8 Tage nach Auferlegung desselben, selbst wenn die Partei bei letzterer anwesend wäre, abgenommen werden dürfte, ist von der C. Pr. O. nicht übernommen. Die Fristen, welche diese selbst aufstellt, wie Einlassungs-, Ladungsfristen, betreffen nur den Zwischenraum zwischen der Zustellung einer Ladung resp. Verkündung und einem anzuberaumenden Termine, beziehen sich also nicht auf die hier aufgeworfene Frage, ob in dem Termine selbst sofort zur Abnahme geschritten werden dürfe. Besteht sonach keine gesetzliche Vorschrift, welche die Anberaumung eines neuen Termins zur Eidesleistung anordnet, so ist der Richter nicht gehindert, den Eid sofort abzunehmen. Hierbei entsteht die Frage, ob nicht auch in diesem Falle der Eidesleistung die Fassung und Verkündung eines den Erfordernissen des §. 324 C. Pr. O. entsprechenden Beweisbeschlusses vorangehen müsse. Ein solches Verlangen ist in der That von dieser und jener Seite gestellt und durch die Berufung auf §. 323 C. Pr. O. motivirt worden. Die Eidesleistung, so wird behauptet, falle nicht in den Rahmen der Hauptverhandlung, sie bilde einen Bestandtheil der Beweisaufnahme und müsse deshalb durch einen Beweisbeschluß angeordnet werden. Wäre diese Ansicht richtig, so müßte sie in gleicher Weise auch für die Beweisaufnahme durch Vorlegung mitgebrachter Urkunden (Handelsbücher) und Vernehmung gestellter Zeugen gelten; es wär aber nicht ersichtlich, welche Motive den Gesetzgeber zu einem so schwerfälligen und doch nutzlosen Verfahren veranlassen konnten. Dasselbe würde namentlich für den amtsgerichtlichen Prozeßgang unpraktisch sein und nichts anderes bedeuten, als daß der Einzelrichter sich selbst Vorschriften ertheilte, welche er sofort ausführte, deren Ausführung er aber auch jederzeit unterlassen könnte. Wem sollte auch die Niederschrift des unanfechtbaren, nicht bindenden Beweisbeschlusses frommen? dem Richter gewiß nicht. Die Parteien und Zeugen erfahren bei Beginn der Vernehmung den Gegenstand derselben. Welche Fälle blieben aber überhaupt noch übrig, die ein besonderes Verfahren nicht erforderten? In der That bietet der Wortlaut des §. 323 zu einer solchen Annahme keinen Anlaß dar. Von ihm werden nur diejenigen Fälle getroffen, welche in den nachfolgenden §§. 326 folg. dargestellt werden, nämlich die Beweisaufnahme durch ersuchte Richter, im Auslande oder vor dem Prozeßgerichte in einem neuen Termine, wie denn nach § 328 nicht die Beweisaufnahme an sich, sondern das dazu erforderliche besondere Verfahren durch Beschluß angeordnet werden soll. —

Ist die sofortige Eidesabnahme nicht angängig, so muß am Schluße der Verhandlung der Eid vermittelt und der Termin zur Eidesleistung, welcher eo ipso zur Fortsetzung der mündlichen Verhandlung bestimmt ist, verkündet werden. Neben dieser Verkündung ist eine besondere Vorladung der schwurpflichtigen Partei, gleichviel, ob sie in Person oder durch einen Vertreter erschienen ist und ob sie bis zur Verkündung anwesend gewesen, nicht erforderlich. Durch die Vorschrift des § 195, wonach zu allen Terminen ohne Unterschied ihres Zwecks, welche in verkündeten Entscheidungen bestimmt sind, die Ladung der Parteien sich erübrigt, ist die abweichende Bestimmung des preußischen Rechts beseitigt. Sache des Anwalts ist es daher, seinen Mandanten zur Eidesleistung zu laden; durch Unterlassung kann er sich regreßpflichtig machen. —

Soll auf Grund des § 441 C. Pr. O. der Eid vor einem ersuchten Richter erfolgen, so hat das Prozeßgericht eine dahin zielende Anordnung zu treffen, welche, weil vom Prozeßgericht ausgehend, eine vorgängige mündliche Verhandlung erfordert und in einem förmlichen Beschluße niedergelegt und verkündet sein muß. Fehlt es an dem letzteren Erforderniß, so kann der ersuchte Richter unter Berufung auf § 320¹ C. Pr. O. das Ersuchen gemäß § 159 G. V. wegen örtlicher Unzuständigkeit ablehnen. In allen übrigen Fällen setzt der ersuchte Richter Termin zur Eidesleistung an und ladet die schwurpflichtige Partei u. z. wenn sie einen Prozeßbevollmächtigten hat, zu dessen Händen vor; ob auch den Gegner, ist zweifelhaft, aber zu bejahen, weil nach § 294¹ nicht verkündete Verfügungen den Parteien, also beiden Theilen von Amtswegen zuzustellen sind. Der Prüfung des ersuchten Richters unterliegt nicht die Frage, ob die Voraussetzungen für die Eidesabnahme durch ersuchte Richter vorhanden sind; er hat nur ein Beschwerderecht an die vorgesetzte Behörde des ersuchenden Gerichts, welche von Aufsichtswegen einschreiten kann. Ob auch die Parteien sich in keiner besseren Lage befinden, kann nach Abs. 2 des § 320 C. Pr. O. zweifelhaft sein. Derselbe verbietet ganz allgemein die Anfechtung des Beschlusses, durch welchen die eine oder andre Art der Beweisaufnahme angeordnet wird. Die Motive S. 243 besagen aber, daß in den zugelassenen Ausnahmefällen das Prozeßgericht zu ermessen hat, ob die eine oder andre Art der Beweisaufnahme stattfinden soll; die hierüber erlassene Verfügung kann nicht angefochten werden, weil sie vom diskretionären Ermessen des Gerichts abhängig ist. Hiernach muß der Abs. 2 dahin beschränkt werden, daß er die Anfechtung nur dann verbietet, wenn in einem gesetzlich zugelassenen Fall ein anderer Richter ersucht wird. Die Frage dagegen, ob ein solcher gesetzlich zugelassener Fall vorliegt, kann Gegenstand der Anfechtung sein.

II. Der Eid ist einer Partei durch Urtheil auferlegt.

Beruhigen sich beide Theile bei dem ergangenen Urtheil, so kann auf Antrag der Eid sofort abgenommen oder ein Termin zur Eidesleistung bestimmt, resp. ein Amtsgericht um die Abnahme des Eides ersucht werden; anderenfalls steht jeder Partei

das Recht zu, nach beschrittener Rechtskraft den Gegner zur mündlichen Verhandlung zu laden. Eine Offizialthätigkeit kann, obwohl die Eidesleistung zur Beweisaufnahme gehört, schon deshalb nicht eintreten, weil das Gericht von der Zustellung der Urtheile keine Kenntniß erhält und den Eintritt der Rechtskraft nicht prüfen kann. Zwar heißt es im § 499, das Berufungsgericht habe ein von ihm erlassenes bedingtes Urtheil zu erledigen, allein hierdurch sollte nur das Gericht bezeichnet werden, vor welches die Ladung zu erfolgen hat. Es genügt, wenn die letztere blos „zur mündlichen Verhandlung" ladet; denn der Schwurpflichtige muß wissen, daß es sich lediglich um die Leistung des auferlegten Eides handeln kann, und deshalb persönlich erscheinen.

Fraglicher erscheint das Verfahren, wenn der Eid durch einen ersuchten Richter abgenommen werden kann und soll, wie denn das Kgl. Landgericht** in einer Berufungssache auf den bloßen Antrag des klägerischen Mandatars, den Eid des schwurpflichtigen Kläger durch einen ersuchten Richter abzunehmen, die Akten urschriftlich zur Abnahme des Eides dem Amtsgerichte überfandte. Da der § 441 die Art und Weise, in welcher das Prozeßgericht die Anordnung zu treffen hat, nicht klar stellt, so sind zwei verschiedene Wege denkbar. Entweder wendet sich die schwurpflichtige Partei — der Gegner hat keine Interesse — mit einem Gesuche um Erlaß der Anordnung an das Prozeßgericht, welches einen demgemäßen Beschluß faßt und beiden Theilen zustellen läßt; auf Grund dieses Beschlusses wird nunmehr vor das ersuchte Gericht geladen, welches in gewöhnlicher Weise den Termin bestimmt, worauf das betreffende Theil die Zustellung zu besorgen hat. Im Termine wird, sei es aus den inzwischen überfandten Prozeßakten oder nach Vorlegung mit einem Gesuche um Celaß der Anordnung an die Prozeßgericht, welches einen demgemäßen Beschluß faßt und beiden Theilen zustellen läßt; auf Grund dieses Beschlusses wird nunmehr vor das ersuchte Gericht geladen, welches in gewöhnlicher Weise den Termin bestimmt, worauf das betreffende Theil die Ausfertigung des Urtheils und der Anordnung der Eid abgenommen und die Verhandlung an das Prozeßgericht zurückgeschickt. Der andere Weg führt dahin, daß die Ladung vor das Prozeßgericht erfolgt, und dieses nach mündlicher Verhandlung die Anordnung des § 441 trifft, worauf die Akten zur Abnahme des Eides abgegeben werden. Der letztere Weg ist nicht nur zweckmäßiger, er entspricht auch dem unter I dargestellten Verfahren und vermeidet die Schwierigkeit, daß das Prozeßgericht ohne mündliche Verhandlung eine Anordnung treffen soll.

III. Der Eid ist durch Versäumnißurtheil gemäß § 430 für verweigert erklärt.

Es steht dann dem Schwurpflichtigen der Einspruch zu, er muß aber sofort in dem neuen Termine persönlich erscheinen und den Eid leisten. Es ist die Frage aufgeworfen worden, ob nicht wenigstens im Falle I. nochmals durch Beweisbeschluß die Abnahme des Eides anzuordnen ist; hierbei wird übersehen, daß nach § 307 in Folge des Einspruchs der Prozeß ohne Weiteres in die frühere Lage versetzt wird, dergestalt, daß auch der frühere, den Eid auferlegende Beschluß wieder in Kraft tritt. Recht schwerfällig gestaltet sich die Erledigung eines bedingten Urtheils, wenn die Eidesleistung vor einem ersuchten Richter erfolgen soll und der Schwurpflichtige einmal ausbleibt; es sind dann nicht weniger als 6 Termine erforderlich, darunter 4 zu mündlichen Verhandlungen, während gerade das preußische Recht in diesem Punkte so einfach und glatt war.

Schließlich soll noch des Offenbarungseides Erwähnung ge-

geschehen. Bei vielen Gerichten wird das Gesuch in der früheren Weise so aufgenommen, daß eine Ladung des Schuldners vor das zuständige auswärtige Vollstreckungsgericht nicht enthalten ist, und demnächst dem Richter vorgelegt, welcher das Gesuch urschriftlich an das Vollstreckungsgericht „zur Abnahme des Offenbarungseides" sendet. Dies entspricht jedoch keineswegs den Vorschriften des C. Pr. O.; danach hat der Gerichtschreiber in das Gesuch eine ausdrückliche Ladung aufzunehmen und dasselbe entweder dem ladenden Gläubiger auszuhändigen oder selbst an das Vollstreckungsgericht zu übermitteln.

Ist der Schwurpflichtige nicht zugleich Prozeßpartei, so muß derselbe stets von Amtswegen geladen werden.   M—n.

Ist es der Landesgesetzgebung gestattet, zu bestimmen, daß auf die vor dem 1. Oktober 1879 anhängig gewordenen Prozesse, welche von diesem Tage ab nach Maßgabe der Reichscivilprozeßordnung zu erledigen sind, die alten Kosten- und Gebührengesetze und Verordnungen auch nach dem 1. Oktober 1879 Anwendung finden können? Bejahendenfalls wie sind solche Bestimmungen zu handhaben?

Bearbeitet vom Amtsrichter Arnold in Darmstadt.

Die vorstehend aufgeworfenen Fragen beschäftigen sich mit Uebergangsbestimmungen. Die Besprechung derselben hat, obwohl seit Einführung der Reichsjustizgesetze nahezu ein Jahr verflossen ist, nicht lediglich theoretische Bedeutung; sie ist vielmehr immer noch von praktischer Wichtigkeit, da Uebergangsbestimmungen der angedeuteten Art nicht blos jetzt noch in Uebung sind, sondern auch noch längere Zeit geübt werden.

I. Ich wende mich zunächst zur ersten Frage.

1. Im § 18 Abs. 1 des Einführungsgesetzes zur Reichscivilprozeßordnung ist bestimmt, daß auf die Erledigung der vor dem 1. Oktober 1879 anhängig gewordenen Prozesse bis zur rechtskräftigen Entscheidung die bisherigen Prozeßgesetze anzuwenden seien; in Absatz 2 dieses Paragraphen ist aber der Landesgesetzgebung gestattet, die Reichscivilprozeßordnung auf jene alten Prozesse für anwendbar zu erklären und zu dem Zwecke Uebergangsbestimmungen zu erlassen.

In Hessen wurde von diesem Rechte Gebrauch gemacht und in Artikel 73 des hessischen Ausführungsgesetzes zur Reichscivilprozeßordnung vom 4. Juni 1879 für die Provinzen Starkenburg und Oberhessen, in welchen der Hauptsache nach der gemeine deutsche Prozeß galt, angeordnet, daß die vor 1. Oktober 1879 bei den Stadt- und Landgerichten und bei den Hofgerichten in I. oder II. Instanz, sowie etwa bei dem Ober-Appellationsgericht in I. Instanz anhängigen bürgerlichen Rechtsstreitigkeiten nach den Vorschriften der Reichscivilprozeßordnung weiter zu behandeln seien.

Der Entwurf zu diesem Ausführungsgesetze hatte trotz der in Artikel 73 erwähnten Uebergangsbestimmung keine Bestimmung bezüglich der Gerichts- und Anwaltskosten getroffen; streng genommen gehört eine Bestimmung dieser Art auch nicht

in ein Ausführungsgesetz zur Civilprozeßordnung, sondern in ein Ausführungsgesetz zum deutschen Gerichtskostengesetz resp. zur Gebührenordnung für Rechtsanwälte. Nach dem Ausschußbericht der II. Kammer wurde indeß zwischen der Großh. Regierung und dem Gesetzgebungsausschuß jener Kammer eine Vereinbarung dahin getroffen, zu beantragen, einen Artikel folgenden Inhalts einzufügen:

„Hat die Behandlung eines Rechtsstreites theils im alten, theils im neuen Verfahren die Folge, daß einzelne Handlungen oder Gruppen von Handlungen in Bezug auf Gerichts- oder Anwaltskosten theils nach den alten theils nach den neuen Kosten- und Gebührengesetzen beziehungsweise Verordnungen zu beurtheilen wären, so steht es im Ermessen des Gerichts, bei Gerichtskosten die dem Pflichtigen günstigere, bei Anwaltskosten die den Anwälten günstigere Bestimmung zur Anwendung zu bringen."

Dieser Antrag fand die Billigung aller gesetzgebenden Faktoren und wurde Gesetz. Er bildet jetzt den Artikel 89 des citirten Ausführungsgesetzes.

Es kann keinem Zweifel unterliegen, daß es nach dieser Gesetzesstelle zulässig sein soll, daß, obwohl der Rechtsstreit, der unter der Herrschaft der alten Prozeßgesetze anhängig wurde, nach den neuen Gesetzen weiter behandelt wird, die alten Kosten- und Gebührengesetze und Verordnungen auch für den Theil des Prozesses, der in das neue Verfahren fällt, angewendet würden.

Ist eine solche Uebergangsbestimmung, wie sie der Artikel 89 des Hess. Ausf. Gesetzes darstellt, mit der Reichsgesetzgebung vereinbarlich?

Die Beantwortung dieser Frage hängt davon ab, ob diese Uebergangsbestimmung Abweichendes von dem deutschen Gerichtskostengesetze und der Anwaltsgebührenordnung enthält, und ob, wenn das der Fall ist, eine solche Uebergangsbestimmung ihre Begründung in einem Reichsgesetze hat.

a. Die Frage, ob der Art. 89 des Hess. Ausf. Gesetzes Abweichendes von dem deutschen Gerichtskostengesetze und der Anwaltsgebührenordnung enthält, entscheiden die §§ 1 des deutschen Gerichtskostengesetzes und der deutschen Gebührenordnung für Rechtsanwälte. Der § 1 des am 1. Oktober 1879 in Kraft getretenen Gerichtskostengesetzes lautet:

„In den vor die ordentlichen Gerichte gehörigen Rechtssachen, auf welche die Civilprozeßordnung ꝛc. Anwendung findet, werden Gebühren und Auslagen der Gerichte nur nach Maßgabe dieses Gesetzes erhoben"

und der § 1 der ebenfalls am 1. October 1879 in Kraft getretenen Anwaltsgebührenordnung spricht:

„Die Vergütung für die Berufsthätigkeit des Rechtsanwalts in einem Verfahren vor den ordentlichen Gerichten, auf welches die Civilprozeßordnung ꝛc. Anwendung findet, sowie für die berathende Berufsthätigkeit der Rechtsanwälte, welche den Beginn oder die Fortsetzung eines solchen Verfahrens betrifft, bestimmt sich nach den Vorschriften dieses Gesetzes."

Diese beiden Paragraphen stehen in direktem Widerspruch mit dem Artikel 89 des Heff. Ausf. Gesetzes zur Civilprozeßordnung. Daß die alten Prozesse nach dem 1. October 1879 in einem Verfahren vor ordentlichen Gerichten verhandelt werden, bedarf nach § 70 des Heff. Ausführungsgesetzes zur Civilprozeßordnung und § 12 des deutschen Gerichtsverfassungsgesetzes seines weiteren Wortes, und daß die beiden citirten Paragraphen der Reichsgesetze mit dem Art. 89 des Heff. Ausf. Gesetzes in Widerspruch stehen, liegt nach dem Inhalte derselben ebenso klar auf der Hand. Der § 1 des Gerichtskostengesetzes spricht mit seiner Silbe davon, daß das Gerichtskostengesetz nur auf die Rechtssachen anzuwenden sei, welche nach dem 1. October 1879 beginnen, sondern sagt, daß es auf alle Rechtssachen Anwendung finden müsse, auf welche mit dem 1. October 1879 die deutsche Civilprozeßordnung anzuwenden ist, einerlei ob der Beginn vor den ersten October 1879 oder nach diesem Zeitpunkt fällt. Ganz dasselbe drückt der § 1 der Anwaltsgebührenordnung in Bezug auf die Anwendbarkeit der Letzteren aus. Der § 89 des Heff. Ausf. Gesetzes dagegen hält es für zulässig, daß auch für den Theil der alten Prozesse, der nach der Reichscivilprozeßordnung weiter behandelt wird, die alten Kosten- und Gebührenbestimmungen angewendet würden.

b. Nun fragt es sich, ob die Reichsgesetze der Landesgesetzgebung das Recht zum Erlassen solcher von jenem abweichenden Uebergangsbestimmung zugesprochen haben?

Ich habe mich sehr bemüht, die den Art. 89 rechtfertigende Stelle in den Reichsgesetzen zu finden. Meine Bemühung war indeß umsonst. Die Materialien zu dem Heff. Ausf. Gesetze geben in fraglicher Richtung keine Auskunft; ja es erhellt aus denselben nicht einmal, was die Motive zu dem Artikel 89 gewesen sind. Das deutsche Gerichtskostengesetz vom 18. Juni 1878 enthält ebensowenig, wie die Anwaltsgebührenordnung vom 7. Juli 1879 Bestimmungen, aus denen die Landesgesetzgebung das Recht zu Anordnungen, wie sie der Art. 89 des citirten Gesetzes anführt, ableiten könnte. Bei der Prüfung der Frage fiel mein Augenmerk auch noch einmal auf den Absatz 2 des § 18 des deutschen Einführungsgesetzes zur Civilprozeßordnung, dessen Inhalt oben bereits angegeben ist. Er hat die Worte „und zu dem Zwecke Uebergangsbestimmungen zu erlassen". Diese Worte in Verbindung mit § 18 des Einführungsgesetzes zum deutschen Gerichtsverfassungsgesetz besagen aber nur, daß die Landesgesetzgebung anordnen könne, vor welchen Gerichten der alte Rechtsstreit im neuen Verfahren und wie derselbe in Bezug auf das Verfahren behandelt werden soll. Wie die Gerichtskosten- und Anwaltskostenfrage bei einem solchen Rechtsstreite zu regeln sei, darüber wollte und konnte — nach der Stelle, an welcher er steht — dieser Absatz 2 des § 18 des Einführungsgesetzes zur Civilprozeßordnung Bestimmungen nicht treffen.

3. Wenn es nun richtig ist, daß die Reichsgesetzgebung mit dem § 89 des Heff. Ausf. Gesetzes im Widerspruch steht, und wenn es wohl ist, daß die Reichsgesetze eine Erlaubniß zu einem Erlaß einer abweichenden Bestimmung qu. ertheilt haben, so folgt daraus, daß das Hessische Ausführungsgesetz den Artikel 89 nicht schaffen durfte, denn was durch Reichsgesetz geordnet ist, kann durch Landesgesetz nicht geändert werden — ein Satz, der unbestreitbar ist.

Mit Recht sagt daher Pfafferoth in seinem Kommentar zu § 1 des deutschen Gerichtskostengesetzes:

„Auch für die Uebergangszeit finden die Bestimmungen des Gerichtskostengesetzes Anwendung, insoweit nach Maßgabe des deutschen Einführungsgesetzes zu der C.P.O. oder der von den einzelnen Staaten erlassenen Uebergangsbestimmungen für die vor dem 1. Oktober 1879 anhängig gewordenen Rechtssachen das Verfahren der neuen C.P.O. Platz greift," —

und bei einer Kommissionsberathung vom 2. April 1879, welche über § 95 der Anwaltsgebührenordnung gepflogen wurde, erklärte der Vertreter der Reichsregierung auf Anfrage eines Abgeordneten der Reichsregierung, „daß hinsichtlich derjenigen Prozesse, welche vor dem 1. Oktober 1879 in den einzelnen Staaten anhängig seien und nach den in diesen Staaten geltenden Partikulargesetzgebungen zu Ende geführt werden sollten, die Honorirung für die Thätigkeit der Rechtsanwälte in derartigen Prozessen nach Maßgabe der in den betreffenden Staaten geltenden Partikular-Landesgebührenordnungen erfolgen solle;" umgekehrt sagt also der Regierungsvertreter, daß bei den vor dem 1. Oktober 1879 anhängigen Prozessen, die nach der Reichscivilprozeßordnung zu Ende geführt werden, die Honorirung der Rechtsanwälte nach der deutschen Anwaltsgebührenordnung eintreten müsse.

4. Nach Vorstehendem ergeben sich die nachstehenden Sätze:

a. Der hessische Richter darf den Art. 89 des Ausführungsgesetzes, da er mit der Reichsgesetzgebung in Konflikt geräth, nicht anwenden; er hat vielmehr nach dem 1. Oktober 1879 lediglich nach dem deutschen Gerichtskostengesetz und der Reichsgebührenordnung für Rechtsanwälte zu entscheiden.

b. Alle Akte, welche im neuen Verfahren vorgenommen werden und nach dem deutschen Gerichtskostengesetz kostenpflichtig sind, sind, ohne Rücksicht darauf, ob und welche Kosten im alten Verfahren erhoben wurden, nach dem deutschen Gerichtskostengesetz zu tarixen. Eine Aufrechnung der im alten Verfahren erhobenen Kosten auf die im neuen Verfahren entstehenden Kosten ist unstatthaft. Die Kosten des alten Verfahrens sind für einzelne bestimmte Handlungen entstanden und bezahlt. Diese Aufrechnung wäre nur statthaft, wenn im Reichsgesetz oder in einem Landesgesetz ausdrücklich eine dahin gehende Bestimmung aufgenommen worden wäre. Die Aufnahme einer solchen Bestimmung wäre übrigens nicht gerechtfertigt, denn diese könnte zur Folge haben, daß das ganze Verfahren nach dem 1. Oktober 1879 kostenfrei sei, und rechtfertige konsequenter Weise die weitere Bestimmung, daß, insoweit die vor dem 1. Oktober 1879 bezahlten Kosten mehr betragen, als die Kosten betragen würden, wenn der Prozeß nur im neuen Verfahren geführt würde, der überschießende Betrag an die betreffende Partei herauszuzahlen sei.

c. Die Rechtsanwälte haben ohne Rücksicht darauf, ob sie für ihre Thätigkeit im alten Verfahren schon Vergütung erhielten oder zu beziehen haben, für die Thätigkeit im neuen Verfahren die Gebühr, welche die Anwaltsgebührenordnung vorsieht, zu beanspruchen. Hieraus ergiebt sich aber mit Nothwendigkeit:

aa. Eine Aufrechnung der im alten Verfahren verdienten Gebühren auf die im neuen Verfahren verdienten Gebühren ist aus dem unter 4 b Erwähnten auch hier unzulässig; sie wäre also insbesondere auch hier nur zulässig, wenn in der Reichsgebührenordnung dies ausdrücklich ausgesprochen wäre. Wie man nun in Ermangelung einer gesetzlichen Bestimmung es juristisch konstruiren will, daß, weil frühere Forderungen existiren oder existirten, eben deshalb die späteren Forderungen ganz oder theilweise getilgt anzusehen seien, ist mir nicht klar; denn etwas anderes würde jene Aufrechnung nicht bedeuten. Und doch hört man Stimmen, die solche Ansichten vertreten.

bb. Der Rechtsanwalt, der einen vor dem 1. Oktober 1879 anhängigen Prozeß nach dieser Zeit im neuen Verfahren fortführt, hat keinen Anspruch auf Prozeßgebühr nach Maßgabe der Reichsgebührenordnung. Die Prozeßgebühr nach der deutschen Anwaltsgebührenordnung wird für die Uebernahme des Prozesses, für die Information und den Geschäftsbetrieb gewährt. Diese Thätigkeit ist im alten Verfahren, wenn auch in anderer Weise — ob in günstigerer oder ungünstigerer Weise ist gleichgiltig — bereits vergütet, und dann kommt im angegebenen Falle ein großer Theil der Thätigkeit, welcher den Bezug der Prozeßgebühr im neuen Verfahren rechtfertigt, in Wegfall, da er ja in die Zeit vor dem 1. Oktober 1879 fällt.

cc. Im Falle eines Wechsels des Anwalts wird dem neu eintretenden Anwalte die Prozeßgebühr gerade so vergütet, als wenn der Wechsel hie und da in einem nach dem 1. Oktober 1879 begonnenen Prozesse eingetreten wäre. In beiden Fällen erfolgt Vergütung ganz nach Maßgabe der deutschen Gebührenordnung. Die Frage der Erstattungspflicht auf Seiten des Gegners richtet sich in einem solchen Falle nach § 87 Abs. 2 der C.P.O.

5. Die von mir vertretene Ansicht mag allerdings, wenn auch weniger für die Rechtsanwälte, so doch für die kostenpflichtige Partei hie und da zu Härten führen. Dieser Umstand muß aber bei Gesetzesanwendungen außer Betracht bleiben. Jede neue Gesetzgebung wird mehr oder weniger Härten für die Uebergangszeit im Gefolge haben. Den hier fraglichen Härten hätte zum Theil vorgebeugt werden können, wenn im Ausführungsgesetz zur C.P.O. bestimmt worden wäre, daß die Prozesse, welche im alten Verfahren soweit gediehen waren, daß das Endurtheil lediglich noch von der Leistung eines Eides abhängig war, im alten Verfahren zu Ende geführt werden müßten. —

II. Da ich nach dem I. Vorgetragenen zu dem Resultate kam, daß die oben zuerst aufgeworfene Frage zu verneinen ist, so hätte ich eigentlich nicht nöthig, in Erörterung der zweiten Frage einzutreten. Es soll indeß mit wenigen Worten geschehen, unterstellend, daß meine Ausführungen unter I. nicht richtig seien. Wie oben bereits angedeutet, geben die Materialien zu dem § 89 des hess. Ausführungsgesetzes keinerlei Auskunft für die Interpretation desselben. Meines Dafürhaltens will nach der grammatischen Interpretation der Artikel 89 sagen:

1. die Gerichtskosten anlangend:

a. entweder:

Die nach dem 1. Oktober 1879 vorgenommenen Handlungen werden, soweit es angeht, ebenso wie die vor dem 1. Oktober 1879 vorgenommenen taxirt; z. B. zur Aufnahme des Sitzungsprotokolles wird ein Stempel zu 1.30 Mark per Bogen verwendet.

b. oder:

Vom 1. Oktober 1879 ab werden die neuen Akte ganz nach Maßgabe des deutschen Gerichtskostengesetzes behandelt; unter die Kostenrechnung des alten Verfahrens wird ein abschließender Strich gemacht.

2. Die Gebühren der Rechtsanwälte betreffend:

a. entweder:

Die Rechtsanwälte erhalten für jede einzelne Handlung, die sie nach dem 1. Oktober 1879 vornehmen, Vergütung nach den alten Kostengesetzen und Verordnungen.

b. oder:

Die Rechtsanwälte erhalten nach dem 1. Oktober 1879 ganz nach Maßgabe der neuen Anwaltsgebührenordnung Honorar.

Diese Auslegung entspricht offenbar auch der Absicht des Gesetzgebers; denn was anderes sollte der Gesetzgeber beabsichtigt haben?

Welcher der unter II, 1 und 2 erwähnten Wege aber soll eingeschlagen werden? Der Art. 89 sagt, es steht im Ermessen des Gerichts. Hierdurch soll indeß nicht ausgedrückt sein, daß das Gericht nach Willkür den einen oder anderen Weg wählen könne, vielmehr ausgesprochen sein, daß, wenn keine besonderen Gründe entgegenstehen, immer der für die kostenpflichtige Partei resp. für die Rechtsanwälte günstigere Weg einzuschlagen sei.

Mögen übrigens auch die unter II, 1b und 2b bezeichneten Wege eingehalten werden, eine Aufrechnung der vor dem 1. Oktober 1879 für bestimmte Handlungen entstandenen resp. verdienten Kosten und Gebühren auf die nach dem 1. Oktober 1879 entstehenden Gerichtskosten und Gebührenforderungen ist aus dem oben Bemerkten auch hier unstatthaft. Der Art. 89 enthält kein Wort, keine Andeutung davon, daß solche zulässig wäre.

Zur Anwaltsgebührenordnung.

I. § 13 der Gebührenordnung bezeichnet die vier verschiedenen Bauschgebühren, welche dem Prozeßbevollmächtigten in bürgerlichen Rechtsstreitigkeiten — abgesehen von einigen besonderen Nebengebühren — ausschließlich zustehen, und bestimmt die anwaltliche Thätigkeit, für welche diese Gebühren erhoben werden sollen. Danach kommt die Beweisgebühr in zwei Fällen zum Ansatz, nämlich 1. für die Vertretung in dem Termin zur Leistung des durch ein Urtheil auferlegten Eides, 2. in einem Beweisaufnahmeverfahren, wenn die Beweisaufnahme nicht blos in Vorlegung der in den Händen des Beweisführers oder des Gegners befindlichen Urkunden besteht. Der hieraus sich ergebenden Möglichkeit, in einem und demselben Prozesse die Beweisgebühr, wenn beide Arten der diese Gebühr begründenden Thätigkeit vorliegen, zweimal zu liquidiren, beugt § 25 a. a. O. vor, welcher vorschreibt, daß der Anwalt jede der im § 13 benannten Gebühren, also auch die Beweisgebühr in jeder Instanz rücksichtlich eines jeden Theils des Streitgegenstandes nur einmal beanspruchen kann. Für den Begriff und Umfang der Instanz sind §§ 26 ff. der Gebührenordnung maßgebend. Der Rechtsanwalt, welcher in derselben Instanz verschiedene Termine zur Beweisaufnahme sowie zur Leistung des durch ein Urtheil auferlegten Eides wahrnimmt, darf mithin dafür doch nur einmal die Beweisgebühr erheben, sofern die verschiedenen Handlungen denselben Streitgegenstand, beziehungsweise denselben Theil desselben betreffen. Ist letzteres nicht der Fall und bezieht sich die Abnahme des Eides auf einen anderen Theil des Streitobjekts als die Beweisaufnahme, so wird die

Beweisgebühr in Gemäßheit des § 10 der Anwaltsgebühren-ordnung und des § 12 des Gerichtskostengesetzes von beiden Werththeilen einzeln angesetzt; die Summe dieser getrennt be-rechneten Gebühren darf indessen nicht größer sein, als die von dem Gesammtbetrage der betr. Werththeile zu berechnende Gebühr.

Wird z. B. bei einem Streitgegenstand von 5000 Mark über einen Theil von 1000 Mark Beweis aufgenommen, über einen anderen Theil von 1500 Mark ein durch Urtheil auferlegter Eid abverlangt, so würde die Beweisgebühr zu berechnen sein:

  a. von 1000 Mark auf 14 Mark,
  b. „ 1500 „ „ 16 „
      zusammen 30 Mark.

Da bei dem Gesammtobjekt von 2500 Mark jedoch die Beweisgebühr nur 20 Mark betragen würde, so darf auch nur dieser Betrag als Beweisgebühr in Ansatz kommen.

II. Es ist in Frage gekommen, ob eine Partei, welche im Prozeß durch einen Rechtsanwalt vertreten wird, für die per-sönliche Wahrnehmung von Terminen Reisekosten beanspruchen kann, insbesondere, ob solche

  a. für die Reise zur Instruktion des Rechtsanwalts,
  b. für die Reise behufs Beiwohnung eines Termins zur Zeugenvernehmung

verlangt werden dürfen.

§ 87 der Civilprozeßordnung bestimmt, daß die unter-liegende Partei die dem Gegner erwachsenen Kosten zu erstatten hat, soweit dieselben zum freiem Ermessen des Gerichts zur zweckentsprechenden Rechtsverfolgung oder Rechtsvertheidigung nothwendig waren. Eine Spezifikation des Begriffs „Kosten" ist in der Civilprozeßordnung nicht gegeben. Nach den Aus-führungen der Motive sind Gegenstand der Erstattungspflicht die durch den Prozeß entstandenen Kosten der Partei ohne Rück-sicht darauf, ob dieselben an das Gericht oder an einen anderen Zahlungsempfänger gezahlt sind, im Sinne des preußischen Prozesses die gerichtlichen und außergerichtlichen Kosten. Als außerhalb des Prozeßkostenersatzes liegend werden Schadensan-sprüche bezeichnet, deren Fundament nicht allein durch die That-sache des Obsiegs im Rechtsstreite, sondern noch durch weitere Umstände begründet werden; solche Forderungen sind in beson-deren Prozessen zu verfolgen.

Die Civilprozeßordnung führt ferner an zwei anderen Stellen, nämlich in den §§ 366 und 378 nebeneinander auf: Entschä-digung für Zeitversäumniß und Erstattung der durch die Reise und den Aufenthalt am Orte der Vernehmung verursachten Kosten der Zeugen und Sachverständigen. Mit Rücksicht hierauf werden demnach unter „Kosten" alle wirklichen Ausgaben, welche der Partei unmittelbar durch den Prozeß erwachsen, also auch unzweifelhaft Reise- und Zehrungskosten, zu verstehen sein.

Inwieweit nun der Reiseaufwand der Partei als im obigen Sinne nothwendig anzusehen und daher von der unterliegenden Partei zu erstatten ist, wird sich nur bei Prüfung des einzelnen Falles, und zwar nach der objektiven und subjektiven Seite hin, ermessen lassen. Eine allgemeine Norm läßt sich dafür unmög-lich aufstellen; nur soviel darf vielleicht behauptet werden, daß wohl nur in den seltneren Fällen für die Partei die offen-bare Nothwendigkeit vorliegen wird, im Interesse des Prozesses eine Reise zu unternehmen, sei es zum Prozeßbevollmächtigten oder um neben diesem vor Gericht zu erscheinen.

Hat das Gericht selber das persönliche Erscheinen einer Partei angeordnet, z. B. zur Aufklärung des Sachverhältnisses (§ 132 C.P.O.) oder zum Zwecke des Sühneversuchs (§ 268 C.P.O.), so wird ihr ohne Zweifel der Aufwand für Reise und Aufenthalt erstattet werden müssen. Anders dagegen, wenn die Partei nur kraft der ihr durch § 322 der Civilprozeßordnung gegebenen Befugniß einer Beweisaufnahme beiwohnt; hier wird es wesentlich auf den förderlichen Einfluß, welchen die Gegenwart der Partei auf den Gang und den Ausfall der Beweisaufnahme gehabt hat, oder auszuüben der Natur nach geeignet war, — wie z. B. bei Grenzstreitigkeiten oder auch Eidesleistungen — ankommen.

Das persönliche Benehmen der Partei mit ihrem Anwalt wird in umfangreichen oder verwickelteren Prozeßangelegenheiten häufig unvermeidlich sein, da in solchen Sachen der Partei und zumal der im schriftlichen Verkehr weniger geübten Partei nicht immer zugemuthet werden kann, ohne großen Zeitverlust dem Rechtsanwalt das zur Einleitung der Sache erforderliche Ma-terial im Wege der Korrespondenz zu liefern. Dabei ist zu berücksichtigen, daß die Partei ihre Rechtssache dem Bevollmäch-tigten zum weiteren Austrag derselben übergiebt, und es deshalb im Interesse beider Parteien liegt, daß die Anwälte von vorn herein in vollem Umfange informirt sind. Ob eine Reise der Partei zur Information des Prozeßbevollmächtigten nothwendig war, werden schon die vorbereitenden Schriftsätze meist darthun können.

Selbstredend bleibt immer zunächst die Vorfrage zu erle-digen, ob die Vertretung durch einen Rechtsanwalt überhaupt geboten oder der Natur der Sache nach nothwendig war, und ob es nicht angängig war, einem näher wohnenden oder einem am Wohnort der Partei residirenden Anwalt die Vertretung zu übertragen.   Pf.

Erklärung.

In Nummer 8 dieser Wochenschrift S. 59 ist die dort aufgeworfene Frage:

„Ist es mit der Stellung des Anwalts zum rechtsu-chenden Publikum, mit dem Ansehen des Anwaltstan-des und den Rücksichten der Collegialität vereinbar, wenn die bei Landgerichte zugelassenen Anwälte sich gegen einander verpflichten, in den Prozessen bei diesem Gerichte nie einem auswärtigen Anwalte die Vertretung in der mündlichen Verhandlung zu ge-stalten?"

mit der Thatsache einer solchen vereinbarten Verpflichtung, auch bezeichnet als „Coalition", „Prohibitivbund", „Beschluß" und comment suspondu aller Anwälte „eines kleinen Landge-richts", motivirt, wonach von ihnen unter keiner Bedingung einem auswärtigen Anwalte die Vertretung in der mündlichen Verhand-lung bei jenem Gerichte übertragen werden soll.

Nachdem der Herr Einsender jenes Artikels einzelnen Colle-gen und jetzt auch den Anwälten eines bestimmten Landgerichts gegenüber erklärt hat, daß mit den Anwälten jenes kleinen Land-gerichts die Rechtsanwälte eben dieses bestimmten Landge-richts gemeint seien, sehen sich die Anwälte dieses Landgerichts zu fol-gender Erklärung genöthigt:

Sie haben nicht beschlossen oder vereinbart, unter keiner Bedingung einem auswärtigen Anwalt die Substitution in einem an ihrem Landgericht anhängigen Prozesse zu versagen.

Es besteht überhaupt keine Vereinbarung oder Verpflichtung zwischen ihnen in dieser Beziehung.

Dagegen sind sie allerdings der Ansicht, daß der Versuch einzelner Anwälte, in jedem an sie herantretenden auswärtigen Falle sich über die Localisation durch Aufstellung eines zugelassenen Anwalts als zustellenden und die fremden Schriftsätze unterzeichnenden Strohmanns hinwegzusetzen, gegen Sinn und Geist der Civilprozesse und Rechtsanwaltsordnung, sowie gegen das Interesse der Parteien verstößt.

Sie sind ferner der Ansicht, daß der Abs. 2 des §. 27 der Rechtsanw.-Ordn. nur Ausnahmefälle im Auge hat, und daß ein Anwalt, welcher in andern als Ausnahmefällen solche „Halbmandate" zu übernehmen pflegen würde, gegenüber von Collegen, Richtern und Publikum nicht die Achtung gebietende Stellung einnehmen könnte, welche des Anwalts würdig ist.

Wenn der Einzelne dem auswärtigen Collegen die Vertretung des Prozesses in der mündlichen Verhandlung, die Anfertigung der Schriftsätze und den Verkehr mit der Partei und Gegenpartei überlassen, wenn er sie umgekehrt auswärts beantragen will, muß natürlich der Cognition des Betreffenden im einzelnen Fall anheim gegeben sein.

Auf Grund dieser Ansicht wurden von Anwälten des bezeichneten Landgerichts Kartellanträge, gerichtet auf Substitution des auswärtigen Anwalts in allen ihm für ihr Landgericht anfallenden Prozessen und umgekehrt principiell, und einzelne Anträge wegen mangelnder Begründung abgelehnt.

Ob dieses den Herrn Einsender zu den vorliegenden Ausfällen auf „die Anwälte eines kleinen Landgerichts" berechtigte, können sie um so ruhiger dem Urtheile der Collegen überlassen, als der Herr Einsender am Schlusse seines Artikels jetzt selbst für solche Substitutionen erhebliche Gründe fordert.

Die Namen sind der Redaktion übergeben.

Zu den §§. 284¹, 511, 513 C. P. O. Der Mangel eines Thatbestandes im Urtheil I. Instanz begründet nur dann die Revision gegen das Urtheil II. Instanz, wenn ein Zusammenhang zwischen jenem Mangel und der Entscheidung des Berufungsgerichts vorhanden ist.

Erk. v. 4. Mai 1880 i. S. Kuckuck ca. Wilkening Nr. 603/80 III.

Aus den Gründen.

Mit Recht rügt der Revisionskläger es als einen Mangel des Urtheils erster Instanz, daß in demselben der Vorschrift des §. 284³ der Reichs-Civilprozeßordnung zuwider eine Darstellung des Sach- und Streitstandes auf Grundlage der mündlichen Vorträge der Parteien unter Hervorhebung der gestellten Anträge nicht enthalten und daß auch aus dem Protokoll über die mündliche Verhandlung vom 15. Dezember 1879 nicht zu ersehen ist, in welcher Weise die Anwälte die gestellten Anträge begründet haben. Allein die auf diesen Mangel gestützte Revisionsbeschwerde ist nicht begründet. Da nach §. 511 der Civilprozeßordnung die Revision nur darauf gestützt werden kann, daß die Entscheidung auf Verletzung eines Reichsgesetzes ꝛc. beruhe, und der Mangel des Thatbestandes nicht zu denjenigen Fällen gehört, in welchen nach §. 513 die Entscheidung stets als auf einer Verletzung des Gesetzes beruhend anzusehen ist, so muß ein Zusammenhang zwischen jenem Mangel und der angefochtenen Entscheidung des Berufungsgerichts vorhanden sein. Dies ist aber vorliegend nicht der Fall. Aus dem Urtheile erster Instanz ist zu entnehmen, daß der zwischen den Parteien über die in Frage stehenden Sachen geschlossene Vertrag, welcher die Grundlage der Klage bildet, von der Beklagten anerkannt ist und es ergiebt der in dem Urtheile zweiter Instanz enthaltene Thatbestand, daß der Streit der Parteien in dieser sich nicht um die Frage drehte, ob Kläger Eigenthümer der Sachen qu. sei, sondern welche Verpflichtungen dem Beklagten nach dem Vertrage obliegen, insbesondere ob die vereinbarte Miethe pränumerando oder postnumerando zu zahlen sei, ob Beklagte diesen Verpflichtungen nachgekommen und ob die Klage mit Rücksicht auf die in dieser Richtung vom Kläger aufgestellten Behauptungen begründet sei. Die über diese Streitpunkte vom Berufungsrichter getroffene Entscheidung ist durch jenen Mangel des Thatbestandes im Urtheil erster Instanz nicht beeinflußt. Die Feststellung der Verhandlungen erster Instanz ist vielmehr für den Berufungsrichter nur maßgebend bei der Frage gewesen, ob Beklagte die gesammte Jahresmiethe Ende Juli 1879 gezahlt zu haben, für vom Kläger zugestanden zu erachten sei.

Die Entscheidung des Berufungsrichters, wodurch die Berufung bezüglich der vom ersten Richter ausgesprochenen Klageabweisung für begründet erklärt, das Urtheil des ersten Richters aufgehoben und ein Beweisbeschluß erlassen wird, ist kein Endurtheil und die Revision dagegen nicht zulässig.

§§. 272—276, 323, 507, 510 C. P. O.

Erk. vom 11. Mai 1880 i. S. Hess. Ludw. Bahn c. Lederer.
N. 91/80 II.

Der erste Richter wies die Klage als unzulässig ab, weil die Beklagte, welche aus Artikel 1382 bis 1384 cod. civ. belangt werde, dem Kläger mit Recht entgegenhalte, daß dieser nicht in der Lage gewesen sei, aus §. 1 des Haftpflichtgesetzes gegen die Main-Neckar-Bahn zu klagen.

Auf die vom Kläger eingelegte Berufung hat das Oberlandesgericht zu Darmstadt die Berufung für begründet erklärt, das Urtheil des Bezirksgerichts Mainz aufgehoben und einen Beweisbeschluß erlassen, wodurch dem Kläger der Hauptbeweis über die obigen Thatsachen, sowie über die Folgen der Verletzung und die Höhe des Schadens, und der Beklagten der Gegenbeweis auferlegt resp. nachgelassen wurde.

Die Seitens der Beklagten eingelegte Revision ist vom Reichsgericht als unzulässig zurückgewiesen.

Entscheidungsgründe.

Die Entscheidung des Großherzoglichen Oberlandesgerichts zerfällt in zwei Theile; im ersten Theil wird für Recht erkannt, daß die Berufung für begründet zu erklären und das Urtheil des Bezirksgerichts Mainz aufzuheben sei; der zweite Theil enthält einen Beweisbeschluß (Civil-Prozeßordnung §. 323).

Nach §. 507 der Civil-Prozeßordnung findet die Revision gegen die in der Berufungsinstanz von den Oberlandesgerichten erlassenen Endurtheile statt, und es ist mithin die Zulässigkeit der Revision davon abhängig, ob jener erste Theil der Entscheidung als Endurtheil zu betrachten ist.

Dies ist nicht der Fall. Es liegt weder ein Endurtheil im eigentlichen Sinne (§§. 272 bis 276 der Civil-Prozeßordnung), noch ein Urtheil vor, welches über den Grund der Klage vorab entschieden hat und in Betreff der Rechtsmittel dem Endurtheil gleichsteht (§. 276 der Civil-Prozeßordnung); denn die Verpflichtung der Revisionsklägerin zum Schadenersatz ist noch keineswegs anerkannt, und nicht nur über den Betrag des Schadens, sondern vor Allem über das Verschulden der Revisionsklägerin ist noch eine Beweisaufnahme angeordnet. Nur soviel ist entschieden, daß im Falle der Richtigkeit der zum Beweise gestellten Thatsachen eine Verantwortlichkeit der Revisionsklägerin aus Artikel 1383 cod. civ. herzuleiten sei und daß deshalb das Bezirksgericht die Klage nicht hätte als unzulässig abweisen dürfen. Allerdings hat das Oberlandesgericht mit Unrecht die Berufung schon jetzt für begründet erklärt und das Urtheil des Bezirksgerichts aufgehoben, anstatt die Entscheidung darüber, ob die Berufung begründet oder zurückzuweisen sei, bis zum Schlusse des Verfahrens vorzubehalten, und, wenn es über die vom Bezirksgerichte angenommene Unzulässigkeitseinrede als über ein selbstständiges Vertheidigungsmittel durch Zwischenurtheile (Civil-Prozeßordnung §. 275.) erkennen wollte, sich auf die Verwerfung dieser Unzulässigkeitseinrede zu beschränken; allein dieser Formfehler kann nicht dazu führen, daß die Entscheidung auch materiell als Endurtheil anzusehen ist; vielmehr gehört sie zu denjenigen Entscheidungen, welche, wenn nöthig, nach §. 510 der Civil-Prozeßordnung erst mit dem Endurtheil durch Revision angefochten werden können.

Personal-Veränderungen.

Zulassungen.

v. Hagen bei dem Amtsgericht in Duderstadt; — Otto Haack bei dem Amtsgericht in Neumünster; — Dr. Karl Eigenbrodt II. in Darmstadt bei dem Amtsgerichte in Michelstadt; — Dr. Franz Damian Görz bei dem Landgericht in Trier; — Gerichts-Assessor Müller-Jochmus bei dem Landgericht in Halle a/S.; — Dr. Kleine bei dem Landgericht in Heilbronn; — Paul Jonas und Jsidor Cohn bei dem Landgericht I. in Berlin; — Gerichts-Assessor Haack bei dem Landgericht in Kiel; — Sachs bei dem Landgericht in Breslau; — Adolf Zürg und Dr. Georg Kugelmann bei dem Landgericht I. in München; — Meyer bei dem Landgericht in Goldberg; — Weber in Elberfeld bei dem Amtsgericht in Elber-

feld und bei der Kammer für Handelssachen in Barmen; — Christian Dorner bei dem Landgericht in Mosbach; — Carl Josef Leonhard Cillis bei dem Landgericht in Coblenz; — Hintrager (früher in Hall) bei dem Landgericht in Stuttgart; — Felix Tichauer bei dem Landgericht I. in Berlin; — Johann Baptist Kanzler (früher in Straubing) bei dem Landgericht in Traunstein; — Dr. Georg Richard Schmidt bei dem Ober-Landesgericht in Dresden.

Den Wohnsitz haben verlegt: Stark von Pasewalk nach Stettin; — Keller von Worbis nach Nordhausen; — D. Asemissen von Lemgo nach Detmold.

Dem Rechtsanwalt und Notar, Justiz-Rath Fischer in Neisse ist in seiner Eigenschaft als Notar vom 1. September d. J. ab der Wohnsitz in Neurode und dem Rechtsanwalt und Notar Ostermeyer in Heydekrug in seiner Eigenschaft als Notar vom 1. Oktober d. J. ab der Wohnsitz in Tilsit angewiesen.

In der Liste der Rechtsanwälte sind gelöscht: Dr. Friedrich August Heinrich Behnke bei dem Amtsgericht und dem Landgericht in Bremen und der Kammer für Handel in Bremerhaven; — Kaltenbach in Konitz bei dem Ober-Landesgericht in Marienwerder; — Adolf Zürg bei dem Amtsgericht in Soltau; — Dr. Heußenstamm bei dem Landgericht in Frankfurt a/M.; — G. Augsburg bei dem Amtsgericht in Soltau; — Dr. Heinrich Alphons Plessing und Dr. Friedrich Eduard Hahn in Lübeck bei dem Ober-Landesgericht in Hamburg; — Hermann von Priester bei dem Landgericht und dem Ober-Landesgericht in Bamberg; — Hertel in Freising bei dem Landgericht II. in München; — Dr. Georg Richard Schmidt bei dem Landgericht in Dresden; — Dr. Karl Eigenbrodt II. in Darmstadt bei dem Landgericht der Provinz Starkenburg.

Ernennungen.

Ernannt sind:

Zum Amtsrichter: Rechtsanwalt Dr. Witting in Berlin bei dem Amtsgericht in Altona. — Zu Notaren: Rethe in Landsberg im Bezirk des Kammergerichts in Berlin; — Marfording in Stendal im Bezirk des Ober-Landesgericht in Naumburg a/S.; — Haack in Neumünster, im Bezirk des Ober-Landesgerichts in Kiel.

Das Notariat haben niedergelegt: die Rechtsanwälte Hacker, Loeffke und Leonhardy in Königsberg i. Pr.

Todesfälle.

Eberhard Pahl in Lahr; — Dr. Adam Voege in Kiel; — Justizrath Deycks in Elberfeld; — Justizrath Poschmann in Danzig; — Otto Welter in Cöln; — Ludwig Seyd I. in Friedberg; — Rudolf Schmidt in Delsnitz.

Ordensverleihungen.

Dem Rechtsanwalt und Notar Holthoff zu Berlin ist der Rothe Adler-Orden vierter Klasse verliehen.

Ein junger Expedient, seit über 6 Jahren bei Rechtsanwälten thätig, sucht gestützt auf gutes Zeugniß anderweit Stellung. Gef. Off. nimmt die Exp. d. Bl. sub. R. F. entgegen.

Für die Redaktion verantw.: E. Haenle. Verlag: W. Moeser, Hofbuchhandlung. Druck: W. Moeser, Hofbuchdruckerei in Berlin.

№ 17.   Berlin, 1. September.   1880.

Juristische Wochenschrift.

Herausgegeben von

S. Haenle,   und   **M. Kempner,**
Rechtsanwalt in Ansbach.   Rechtsanwalt beim Landgericht I. in Berlin.

Organ des deutschen Anwalt-Vereins.

Preis für den Jahrgang 12 Mark. — Inserate die Zeile 30 Pfg. — Bestellungen übernimmt jede Buchhandlung und Postanstalt.

Vom Reichsgericht.

Wir berichten über den Inhalt der bis zu Beginn der Ferien ausgefertigten Entscheidungen.

Zur Civilprozeßordnung ist angenommen, daß der Richter seine Zuständigkeit stets von Amtswegen zu prüfen habe (N. 808/80, I. vom 26. Mai 1880). — In derselben Entscheidung ist ausgesprochen, daß Art. 325 Abs. 2 A.D.H.G. durch § 29 C. P. O. nicht aufgehoben sei. — Ferner ist (N. 117/80, II. vom 1. Juni 1880) angenommen, daß § 24 C. P. O. auch gegen Ausländer anwendbar sei. — In Gemäßheit des § 254 C. P. O. tritt in Bezug auf eine Einrede deren Rechtshängigkeit erst mit der Vorschützung in der mündlichen Verhandlung ein (N. 607/80, III. vom 4. Juni 1880). — Ist der Gegenbeweis gegen eine im bürgerlichen Recht aufgestellte Vermuthung über die Gewißheit einer Thatsache an sich zulässig, so darf das Gewicht desselben nicht nach den prozessualen Grundsätzen der betreffenden Landesgesetze, sondern nur nach der Civilprozeßordnung beurtheilt werden. § 259 C. P. O. (Erk. IV. C. S. vom 7. Juni 1880 in P. S. ca. R.) — Der Gesetzgeber geht davon aus, daß regelmäßig der Richter den Thatbestand selber aufzustellen habe und nur möglicher Weise in einzelnen Punkten auf die Schriftsätze und das Protokoll verweisen dürfe. Voraussetzung einer solchen dem richterlichen anheimgegebenen Verweisung ist aber, daß völlig deutlich erkennbar sei, was der Richter hat feststellen wollen. Eine einfache Bezugnahme auf die Akten wird daher nur in seltenen Fällen genügen (N. 811/80, I. vom 16 Juni 1880). — Gegen die auf Grund des Art. 26 A.D.H.G.B. wegen unrechtmäßigen Gebrauchs einer Firma erlassenen Verfügungen der berufenen Behörden findet (in Preußen) eine Beschwerde zum Reichsgericht nicht statt (N. 13/80, I. vom 9. April 1880). — Eine Beschwerde in amtsgerichtlichen Sachen an das Reichsgericht ist nicht unbedingt unzulässig (N. 5/80, I. vom 20. März 1880). — Der Widerspruch gegen eine von dem Staatsanwalt veranlaßte Vollstreckung einer Geldstrafe kann

beim Amtsgerichte erhoben werden. Derselbe ist begründet, wenn die Vollstreckung nicht auf Grund einer vollstreckbaren Ausfertigung des Strafurtheils erfolgt (N. 5/80, I. vom 20. März 1880). — Das Geständniß in Ehescheidungssachen unterliegt der freien Würdigung des Richters (N. 810/80, I. vom 12. Juni 1880). — Die Revision findet nach dem Großherzoglich Hessischen Ausführungsgesetze vom 4. Juni 1879 nur gegen solche Entscheidungen der früheren Gerichte statt, welche im Sinne der C. P. O. als Endurtheile zu betrachten sind (N. 602/80, III. vom 22. April 1880). — Nach dem klaren Worte der Allerh. Verordn. vom 28. September 1879 sind unter Gesetzen, deren Verletzung (in badischen Rechtssachen) die Revision begründet, nicht solche Gesetze gemeint, welche blos im Anschlusse an ein gesetzliches Prinzip eine damit im Zusammenhange stehende Materie selbstständig und ausführlich regeln, sondern nur solche, welche eine bestimmte einzelne Gesetzesvorschrift für sich allein betreffen (N. 115/80, II. vom 1. Juni 1880). — Eine Einrede gegen eine beantragte vorläufige Verfügung bedarf zu ihrer Begründung nur der Glaubhaftmachung §§ 800, 815 C. P. O. (N. 73/80, IV. vom 11. Juni 1880). — Der Gerichtsschreiber der Berufungsgerichte (in Preußen) darf in nach altem Verfahren zu behandelnden Rechtssachen die Ertheilung des Zeugnisses der Vollstreckbarkeit gegen eine Partei, welche nicht appellirt hat, während die Sache in Folge der von einer andern Partei eingelegten Appellation bei dem Berufungsgericht schwebt, nicht ablehnen, weil die erstgedachte Partei aus dem Verfahren Mangels der Einlegung eines Rechtsmittels ausgeschieden ist (N. B. 18/80, V. vom 16. Juni 1880). — Die bei der Beweisführung im Auslande vom Beweisführer unterlassene Benachrichtigung des Gegners thut deren Gültigkeit keinen Eintrag. §§ 328, 329 C. P. O. Eine im Auslande vorgenommene Beweisaufnahme ist gültig, wenn sie den betreffenden ausländischen Prozeßgesetzen entspricht. Dies gilt auch für das Verfahren bei Abnahme von Eiden §§ 441, 443 C. P. O. (N. 805/80, I. vom 8. Mai 1880).

Aus dem Bereiche des Handelsrechts ist hervorzuheben. Die Führung einer dem wahren Sachverhältnisse nicht entsprechenden Firma ist vom Gesetze ausnahmsweise nur unter der Bedingung gestattet, daß das Geschäft, für welches dieselbe bisher geführt wurde, im Wesentlichen fortbesteht. Dabei ist unter Geschäft nicht blos der Vermögenskomplex, sondern das kaufmännische Unternehmen zu verstehen, welchem jener dienstbar ist (N. 92/80, II. vom 4. Mai 1880). — Die Bestimmung des Statuts einer Actiengesellschaft, wonach der Zeichner von Namensactien sich durch seinen eigenen Verzug, beziehungsweise die Nichtbeachtung der Aufforderung von der Einzahlungspflicht des bezeichneten Betrags über 50 % hinaus soll los sagen dürfen, ist unzulässig und rechtlich unwirksam Art. 220 A. D. H. G. B. (N. 601/79, I. vom 24. April 1880). — Die Vermittelung eines Grundstückkaufs kann ein Handelsgeschäft sein. Art. 275 A. D. H. G. B. (N. 540/79, I. H. vom 9. April 1880). — Der Art. 306 Abs. 4 A. D. H. G. B. begreift seinem Sinne nach alle die Fälle, in denen Jemandem gegen seinen Willen und ohne sein Zuthun die Sache abhanden gekommen ist (N. 43/80, II. vom 20. April 1880). — Der Art. 319 A. D. H. G. B. bezieht sich auf die Fälle, in welchen der Antragende eine Antwort erwartet, nicht aber auf diejenigen Fälle, in welchen die Effectuirung der Bestellung die Annahme sein soll, und eine Erklärung nur dann erwartet wird, wenn der Bestellungsempfänger die Bestellung ablehnt (N. 107/79, I. H. vom 22. Juni 1880). — Die im Art. 343 A. D. H. G. B. vorgeschriebene Verkaufsandrohung wird durch die vorausgegangene Annahmeweigerung des Käufers nicht entbehrlich (N. 361/80, I. vom 29. Mai 1880). — Ein Vertrag über die Fertigung und Lieferung eines Werks, zu welchem der Liefernde den Stoff hergiebt, ist nach den Grundsätzen des gemeinen und des Handelsrechts als Kauf anzusehen und den Vorschriften des Art. 347 A. D. H. G. B. unterworfen (N. 195/79, II. vom 13. Februar 1880). — Bei Verträgen über Lieferungen von Waaren derselben Art (hier Holzstämme), welche successive erfolgen sollen und einen bedeutenden Werth repräsentiren, ist es als das Gewöhnliche und darum als das von den Parteien Gewollte anzunehmen, daß die Zahlungen nicht erst nach völlig beendeter Lieferung, sondern schon nach Bewirkung der einzelnen Theillieferungen und nach Verhältniß des Gelieferten zu leisten sind. Da aber der eine Vertrag dadurch nicht in verschiedene einzelne Verträge aufgelöst wird, sondern immer ein einheitlicher bleibt, so kann der Verkäufer, bevor er weitere Leistungen macht, die Zahlung des Kaufgeldes für das bereits Gelieferte verlangen, und er kann, bevor diese Zahlung geleistet ist, in Betreff weiter zu machender Leistungen nicht in Verzug kommen (N. 247/79, I. vom 5. Mai 1880). — Die Nachfrist im Sinne des Art. 356 A. D. H. G. B. ist nicht vom Zeitpunkte des Verzuges, sondern vom Zeitpunkte der Wahlanzeige zu gewähren (N. 186/79, II. vom 7. Mai 1880). — Das Pfandrecht des Art. 374 A. D. H. G. B. gewährt dem Commissionair auch das Recht, das Gut bis zur erfolgten Befriedigung wegen seiner bepfandrechteten Forderungen im Besitz zu behalten. Dasselbe ist nicht dahin eingeschränkt, daß es zum Zwecke sofortiger Ausübung des Verkaufsrechts geltend gemacht werden könnte. Der Commissionair wird auch nicht durch die erfolgte gerichtliche Deposition des Betrags seiner bepfandrechteten Forderungen zur Herausgabe des retinirten Gutes verpflichtet (N. 73/80, I. vom 17. April 1880). — Das Wahlrecht des Commissionairs, die Commission entweder durch Abschluß mit einem Dritten auszuführen oder als Selbstkontrahent einzutreten,

ist nicht in der Art zeitlich beschränkt, daß der Commissionair bei der Ausführungsanzeige die betreffende Erklärung bei Verlust des Eintrittsrechts abzugeben hätte (N. 561/79, I. vom 10. April 1880). — Die Stellung des Correspondent-Rheders ist ein auf dem freien Willen der Rhederei beruhendes Auftrags- und Vollmachts-Verhältniß. Der Correspondent-Rheder ist nach den Art. 460—466 A. D. H. G. B. zwar Dritten gegenüber berechtigt, aber nicht verpflichtet, die Rhederei vor Gericht zu vertreten. Diese haben nicht das Recht, ihn gegen seinen Willen als Vertreter der Rhederei zu belangen (N. 305/79, I. vom 12. Mai 1880). — Wäre der Satz von der Untheilbarkeit der Prämie, wie er von Malß in Goldschmidts Zeitschrift für Handelsrecht Band 6 S. 373 ff. aufgestellt wird, auch als Rechtssatz anzuerkennen, so könnte er doch nur so verstanden werden, daß er zur Anwendung zu bringen wäre, wenn die Kontrahenten beim Vertragsabschlusse nicht andere Festsetzungen getroffen hätten. Auf die Bedeutung, daß es der rechtlichen Natur des Versicherungsvertrags widerspreche, wenn die Theilbarkeit der Prämie nach Maßgabe der Dauer des Vertrages von den Kontrahenten festgesetzt würde, hat er in seinem Falle Anspruch (N. 147/79, I. vom 2. April 1880). —

Zum Genossenschaftsgesetz ist ausgeführt: Der buchmäßige Geschäftsantheil, dessen Zahlung der austretende Genossenschafter in Gemäßheit des § 39 Abs. 2 Gen. Ges. vom 4. Juli 1868 drei Monate nach dem Austritte verlangen kann, bestimmt sich nach dem Vermögensstande der Genossenschaft zur Zeit des Austritts und da letztere nach § 38 daselbst im Mangel abweichender statutarischer Bestimmungen nur mit dem Schlusse des Geschäftsjahres erfolgen darf, so ist es die am Schlusse des Geschäftsjahres aufzustellende Bilanz, welche spätestens für den Umfang des zu zahlenden Geschäftsantheils maßgebend wird. — Eine Feststellung nach Ablauf des Zahlungstermins ist ausgeschlossen (N. 160/80, V. vom 29. Mai 1880). —

Zur Reichsgewerbeordnung ist der Ausspruch zu verzeichnen: Die Ansicht, daß Verträge, durch welche der eine Kontrahent dem andern Kontrahenten gegenüber sich verpflichtet, ein Gewerbe in einem bestimmten Bezirke nicht zu betreiben oder in einem Konkurrenzgeschäfte nicht thätig zu werden, nach den Bestimmungen der Reichsgewerbeordnung ungiltig seien, kann nicht gebilligt werden (N. 604/80, III. vom 27. April 1880). — Die Landwirthschaft gehört nicht zu den Gewerben im Sinne der Reichsgewerbeordnung vom 21. Juni 1869. Dasselbe gilt von landwirthschaftlichen Nebengewerben, welche selbstständig betrieben, sich als Gewerbe im Sinne der Reichsgewerbeordnung qualificiren würden (N. 220/79, I. H. vom 11. Mai 1880). — Alle Streitigkeiten über die Erfüllung der vom Lehrherrn im Lehrvertrage übernommenen Verpflichtungen, und Entschädigungsansprüche wegen unberechtigter Aufhebung des Lehrvertrages unterliegen der ausschließlichen Entscheidung der Gemeindebehörden. Lehrverträge über Unterricht in der Musik unterliegen den Bestimmungen der Reichsgewerbeordnung, wenn aus der Musik ein Gewerbe ohne höheres Kunstinteresse gemacht wird (N. 166/80, I. H. vom 11. Mai 1880). —

Zum Reichshaftpflichtgesetz vom 7. Juni 1871: Sogenannte Arbeitsbahnen können als Eisenbahnen im Sinne des § 1 a. a. O. angesehen werden (N. 23/80, I. vom 17. März 1880; N. 224/79, II. vom 16. April 1880; N. 38/80, V. vom 5. Mai 1880). Das gilt auch in dem Falle, wo die Arbeitsbahnen ohne Dampfkraft betrieben werden. In einem solchen Falle ist unter Berücksichtigung aller Umstände — die Länge und Bauart der Bahn, die Art und Weise des Betriebes, die Nothwendigkeit oder Räthlichkeit von Schutzvorrichtungen und Sicherheitsmaßregeln — zu entscheiden, ob der Betrieb der dem öffentlichen Verkehr nicht übergebenen Eisenbahn die Gefahren des gewöhnlichen Eisenbahnbetriebes mit sich führe (N. 388/79, III. vom 11. Juni 1880). — Handlungen von Bediensteten der Bahn in Ausübung ihres Dienstes begangen, können in der Regel einen Fall höherer Gewalt nicht begründen. Nur bei ganz besonderen Umständen, z. B. in einem Falle plötzlicher Geistesstörung, könnte eine Ausnahme statthaft erscheinen (N. 45/80, II. vom 9. April 1880). — Als Betriebsunternehmer im Sinne des § 1 a. a. O muß derjenige angesehen werden, für dessen Rechnung und dessen Gefahr der Eisenbahnbetrieb stattfindet. Es kann vorkommen, daß auf einem und demselben Schienengeleise verschiedene Unternehmer für ihre Rechnung einen Eisenbahnbetrieb haben. Ereignet sich in einem solchen Falle ein Unfall, auf welchen § 1 a. a. O. Anwendung findet, so ist zu untersuchen, bei wessen Betrieb das Ereigniß eingetreten ist (N. 168/80, vom 19. Mai 1880). — Der § 7 a. a. O. läßt die Aenderung eines rechtskräftigen Erkenntnisses auf Zahlung einer bestimmten Entschädigungsrente oder auf den Fortfall derselben zu, hebt daher für Erkenntnisse dieser Art die Rechtskraft in gewissem Umfange auf. Dies ist jedoch nur der Fall, soweit es sich nur die Höhe, den Wegfall oder den Wiedereintritt des durch Rente zu ersetzenden Schadens handelt, nicht in Betreff der Haftbarkeit für die eingetretene Körperverletzung. Letztere wird rechtskräftig durch ein Erkenntniß auf Rente entschieden (N. 203/80, V. vom 9. Juni 1880). — Wenn der Verletzte nach dem Unfalle heirathet, so haben die Ehefrau und die aus der Ehe entsprossenen Kinder nach seinem Tode einen selbstständigen Anspruch auf Entschädigung wegen des Unfalls (N. 182/79, II. vom 20. Januar 1880).

Zum Reichsbeamtengesetz vom 31. März 1873: Die Frage, ob ein auf Kündigung angestellter und in Folge Kündigung entlassener nach § 37 des Gesetzes pensionsberechtigter Beamter in den Ruhestand zu versetzen sei, ist ausschließlich von den Verwaltungsbehörden zu entscheiden ($\frac{26.80}{\mathrm{II.}\ 108}$) vom 9. Januar 1880). — Der Art. 18 der Reichsverfassung verbindet mit dem Begriffe eines Reichsbeamten einen engeren Sinn, als das Reichsbeamtengesetz. Während das Letztere hierunter sowohl die von den Kaiser persönlich oder durch Delegation anzustellenden Beamten — die unmittelbaren Reichsbeamten oder die Kaiserlichen Beamten — als auch diejenigen von den Landesregierungen anzustellenden Beamten, welche nach der Reichsverfassung den Kaiserlichen Anordnungen Folge zu leisten verpflichtet sind und welche man deshalb als mittelbare Reichsbeamte zu bezeichnen pflegt, versteht der Art. 9 der Reichsverfassung unter Reichsbeamten, wie sein erster Absatz ergiebt, nur die von dem Kaiser anzustellenden Beamten (N. 476/79, III. vom 4. Mai 1880).

Zum Patentgesetz: In Patentsachen kann das Bestreiten einer in erster Instanz wegen Nichterklärung des Gegners für erwiesen angenommenen Thatsache in der Berufungsinstanz noch nachgeholt werden (N. 125/80, I. vom 1. Mai 1880).

Aus dem Bereiche des gemeinen Rechts ist zu erwähnen: In jeder aufschiebenden Bedingung liegt im Zweifel zugleich eine Befristung (N. 804/80, I. vom 10. Mai 1880). — Die Regel, daß man sich bei schriftlicher Abfassung eines Vertrages auf mündliche Nebenverabredungen, welche in die Urkunde nicht aufgenommen sind, nicht berufen kann, hat nur den Sinn einer dahin gehenden thatsächlichen Vermuthung, daß in die Urkunde Alles aufgenommen sei, was unter den Kontrahenten definitiv gelten sollte (N. 450/79, III. vom 25. Mai 1880). — Die L. 17 cod. de fide instr. 4, 21 bestimmt ihrem Wortlaute nach schlechthin, daß Verträge, insbesondere Vergleiche, über welche man eine Urkunde aufzunehmen eben eingekommen sei, nur dann Geltung haben sollen, wenn die gefertigte Reinschrift durch die Unterschrift der Parteien bestätigt worden sei. Nach Auffassung des Reichsgerichts entscheiden aber die allgemeinen Auslegungsregeln, ob ein sofortiges Gebundensein als mit Abschluß des mündlichen Vertrages eingetreten angenommen werden muß oder nicht (N. 83/80, IV. vom 20. Mai 1880). — Die Verbindlichkeit eines mündlich zum vollständigen Abschluß gebrachten Vertrages wird nicht durch die daneben getroffene Abrede, daß der Vertrag auch noch schriftlich errichtet werden soll, von der schriftlichen Errichtung des Vertrages abhängig gemacht. Die L. 17 c. 4, 21 und pr. Inst. 3, 23 sprechen nur von dem Falle, daß die Absicht der Kontrahenten bei den mündlichen Verhandlungen dahin gegangen ist, sich erst durch die vorbehaltene schriftliche Errichtung des Vertrages binden zu wollen. Es kommt daher in jedem Falle auf die thatsächliche Feststellung an, ob nach der Absicht der Kontrahenten durch die vorbehaltene schriftliche Abfassung des Kontraktes derselbe erst zur Perfektion gebracht oder nur ein Beweismittel für den bereits mündlich abgeschlossenen Vertrag hergestellt werden sollen (N. 526/79, III. vom 21. Mai 1880). — Als Kaufvertrag ist zu behandeln der Vertrag über Fertigung und Lieferung eines Werks von bestimmter Art, zu welchem der Werkmeister den Stoff hergeben soll (N. 195/79, II. vom 13. Februar 1880). — Der Zinsanspruch des Verkäufers beruht auf dem Gedanken, daß es unbillig ist, wenn der Käufer zugleich Waare und Preis nutze. Diese Erwägung wird aber maßgebend, wo auch nur thatsächlich die Möglichkeit der Benutzung gegeben ist, weshalb nach den Quellen selbst der bittweise erlangte Besitz des Käufers an dem Kaufobjekt seine Zinspflicht begründet. Der Uebergang des Eigenthums an dem verkauften Grundstück bildet daher in der Regel keine Voraussetzung für die letztere, noch weniger bis zum Eigenthumsübergang heutzutage etwa erforderliche Auflassung (N. 504/79, III. vom 15. Juni 1880). — Die exceptio rei venditae et traditae ist zwar in dem Falle gestattet, in welchem der Vindikationskläger ein das Eigenthum übertragendes Geschäft mit dem Verklagten geschlossen, aber demselben die Sache nicht übergeben hat und der Verklagte auf andere Weise in den Besitz des Vertragsobjektes gelangt ist, jedoch nur unter der Voraussetzung, daß die Besitzübertragung auf fehlerlose Weise erfolgt ist. Dagegen versagt die Einrede, wenn der kontraktlich Berechtigte sich wider den Willen des Eigenthümers in den Besitz der versprochenen Sache setzt (N. 73/80, III. H. vom 24. März 1880). — Nach heutigem Recht kann der bei den Verhandlungen über den Vertragsschluß von dem Bevollmächtigten des einen Theils Getäuschte mit der Vertragsklage der Regel nach nicht den Bevollmächtigten, sondern nur den Machtgeber auf Entschädigung in Anspruch nehmen (N. 314/80, I. vom 15. Mai 1880). — Der Rechtsgrundsatz, daß bei einer Mehrheit von Forderungen des einen Theils es von der Wahl des anderen Theils abhängt, gegen welche derselben er mit seiner Gegenforderung kompensiren will, läßt die Folgerung nicht zu, daß es ebenso der Wahl des Verklagten überlassen sei, ob er gegen den eingeklagten oder den nicht eingeklagten Theil der Forderung des Klägers kompensiren wolle. Es steht hier der Forderung des Beklagten nur ein und dieselbe größere Forderung des Klägers gegenüber; folglich kann die vom Verklagten angerufene Kompensation nur die Wirkung haben, daß diese ganze Forderung des Klägers bis auf die Differenz beider Forderungen als getilgt anzusehen ist, und ebenso wie der Kläger durch die Kompensationseinrede nicht behindert war, den ganzen verbleibenden Rest einzuklagen, kann dieselbe auch der Einklagung eines Theiles dieses Restes nicht entgegenstehen (N. 138/80, III. vom 18. Juni 1880). — Die Frage, ob dem Bürgen ein Regreß gegen den Hauptschuldner zusteht, ist nach dem zwischen ihnen obligenden Rechtsverhältniß zu beurtheilen. Als Regel gilt, daß der Bürge das dem Gläubiger Gezahlte auch ohne Cession der Klage von dem Hauptschuldner nach den Grundsätzen des Auftrags oder der Geschäftsführung ersetzt verlangen kann. Eine Ausnahme tritt nur dann ein, wenn der Bürge die Bürgschaft in seinem eigenen Interesse als fidejussor in rem suam oder donandi animo übernommen hat (N. 229/79, I. H. vom 27. April 1880). — Es kann nicht bezweifelt werden, daß der selbstschuldige Bürge die fällig gewordene Hauptschuld ohne Weiteres zu bezahlen verpflichtet ist. Dies gilt nach Römischem Recht sowohl vom Fidejussor als auch vom Konstituenten. Ein Bürge haftet, auch wenn man die Römischen Rechtsgrundsätze vom Constitutum der Beurtheilung zum Grunde legt, immer auch für den Verzug des Hauptschuldners (N. 804/80, I. vom 10. Mai 1880). — Nach gemeinem Recht ist es Regel, daß der debitor cessus gegen den Cessionar mit Forderungen an den Cedenten kompensiren darf, sofern ihm diese Forderungen bei der Certitoration zugestanden und, wenn die cedirte Forderung fällig ist, damals ebenfalls fällig waren (N. 229/79, I. H. vom 27. April 1880). — Ist in einer Einrede nur die Geltendmachung eines Anspruchs zu finden, so muß dieselbe nothwendig mit der Aufhebung des Anspruchs wegfallen. Es ist daher die Beantwortung der Frage, ob die auf einem obligatorischen Anspruch beruhenden Einreden der Verjährung unterliegen, zunächst von Entscheidung der Kontroverse abhängig, ob bei der Verjährung der persönlichen Klage noch eine natürliche Verbindlichkeit — im juristischen Sinne also ein mit unvollkommenem Rechtsschutz ausgestatteter Anspruch — übrig bleibe; wäre dies zu bejahen, so würde hiermit die Fortdauer einer ausreichenden Grundlage einer Einrede gegeben sein. In den Aussprüchen der Quellen ist weder

für die bejahende noch für die verneinende Ansicht ein genügender Beweis zu finden. Man muß daher auf das Wesen zurückgehen; diese Auffassung führt aber dahin, daß man in Betreff des Obligationenrechtes das Klagerecht und den Anspruch selbst für identisch zu halten und folglich die Klageverjährung als Verjährung des Anspruchs anzusehen hat (N. 455/79, IV. vom 11. Juni 1880). — Der Erwerb von Servituten durch Verjährung, ohne Unterschied, ob die Servitut durch unvordenkliche oder durch die im sächsischen Rechte zugelassene Verjährung von 31 Jahren 6 Monaten und 3 Tagen entstanden ist, bestimmt sich nach dem Umfange der bisherigen Ausübung (tantum praescriptum quantum possessum). Dieser Rechtsgrundsatz drückt aus, daß durch die Verjährung kein stärkeres Recht erworben werden kann, als es das Wesen der betreffenden Besitzhandlungen, der durch die Ausübung selbst kundgegebene Wille der Betheiligten mit sich bringt. Allerdings wird zum Nachweise des Verjährungserwerbes nicht erfordert, daß für jeden einzelnen denkbaren Fall der Ausübung besondere Besitzhandlungen der Verjährungszeit vorliegen mußten, so daß letztere nur ihrer äußeren Erscheinung nach ohne alle Beziehung zu dem Rechte, das in ihnen zum Ausdruck gelangte, zu dem wirthschaftlichen Zwecke, der damit verbunden werden soll, zu der besonderen Bestimmung des herrschenden Grundstücks, überhaupt zu der natürlichen Lage und Beschaffenheit der beiderseitigen Grundstücke in Betracht kämen. Allein immerhin ist eine gewisse Gleichartigkeit der einzelnen Besitzhandlungen erforderlich, wenn aus einzelnen Vorkommnissen und begrenztem Besitz der Inhalt des erworbenen Rechts festgestellt werden soll. Nicht in gleichem Maße gilt dies für die Erhaltung der durch Verjährung einmal erworbenen Servitut; denn hierzu ist es nicht nöthig, daß die Dienstbarkeit stets bis zur äußersten Grenze des Rechts ausgeübt wird (N. 355/79, III. vom 13. April 1880). — Keinem Zweifel kann es unterliegen, daß, wenn über die Mitberechtigung des die Theilung Verlangenden oder den Gegenstand der Gemeinschaft, das Theilungsobjekt, Streit entsteht, dieser nur unter denjenigen Mitberechtigten auszufechten ist, unter welchen er besteht; daß nicht auch diejenigen Theilhaber in den Prozeß hineingezogen werden müssen, welche das Recht, die Antheilsquote des auf Theilung Provozirenden nicht bestreiten und bezüglich des Theilungsobjektes mit ihm einverstanden sind (N. 122/79, III. vom 9. April 1880). — Nach gemeinem Recht involvirt die freiwillige Vollziehung des Beischlafs von Seiten des unschuldigen Ehegatten nach erlangter Kenntniß von der ihm einen Anspruch auf Aufhebung der Ehe gewährenden Thatsache einen Verzicht auf die Geltendmachung dieses Anspruchs (N. 810/80, I. vom 12. Juni 1880). —

(Fortsetzung folgt.)

Die strafrechtliche Thätigkeit des Reichsgerichts.

V.

(Uebersicht der Präjudizien vom 1 Mai bis 30. Juni 1880.)

I. Zum Reichsstrafgesetzbuch.

1. §§. 21 [1], 79.

Die Zusatzstrafe, welche gegen einen rechtskräftig zur Zuchthausstrafe Verurtheilten wegen einer nach der früheren Verurtheilung verübten That in Gefängniß zu erkennen ist, kann nicht in Zuchthausstrafe umgewandelt werden. (Erk. d. III. Straffen. v. 12. Mai 1880 (1197/80).

2. §. 43.
Die Strafbarkeit des Versuchs wird dadurch nicht ausgeschlossen, daß der Thäter zur Herbeiführung des beabsichtigten, aber nicht eingetretenen Erfolgs sich absolut untauglicher Mittel bedient hat. Erk. der vereinigten Straffenate v. 24. Mai 1880 (264/80).

3. §. 43.
Der Versuch ist strafbar, wenn auch die Vollendung wegen Untauglichkeit des Objekts oder Untauglichkeit des angewendeten Mittels unmöglich war. (Erk. d. I. Straffen. v. 10. Juni 1880 (1184/80).

4. §. 47.
Es ist nicht erforderlich, daß der Mitthäter einen Theil des Thatbestandes selbst bewirkt hat, sondern es genügt, wenn er nach vorausgegangener Verabredung bei der That in der ihm zugetheilten Weise mitwirkte. (Erk. d. III. Straffen. v. 12. Mai 1880 (1056/58).

5. §§. 48, 49.
Der Anstifter einer strafbaren That ist nicht zugleich als Gehülfe strafbar, wenn er mit Rath aber Thut bei der Ausführung Hülfe leistet. Erk. d. III. Straffen. v. 1. Mai 1880 (610/80).

6. §§. 61, 65.
Der Generalbevollmächtigte, welcher mit Verwaltung eines Vermögenskomplexes beauftragt ist, kann in Beziehung auf diesen auch ohne speziellen Auftrag seines Mandanten Strafanträge stellen, wenn dieser handlungsfähig und nicht aus persönlichen Gründen antrageberechtigt ist. Erk. d. III. Straffen. vom 1. Mai 1880 (610/80).

7. §. 65.
Die Mutter eines unehelichen Kindes ist nach preußischem Recht nicht gesetzliche Vertreterin ihres Kindes. (Erk. d. I. Straffen. v. 7. Juni 1880 (1336/80).

8. §§. 113, 117.
Thätigkeiten oder Widerstand gegen Forst- oder Jagdbeamte u. s. w. sind nach §. 117 strafbar, wenn dieselbe sich in Ausübung des Forst- oder Jagdschutzes befinden, auch wenn die That nicht im Forst oder bei unmittelbarer Verfolgung aus demselben verübt ist. (Erk. d. III. Straffen. vom 15. Mai 1880 (803/80).

9. §. 114.
Ein an den Bürgermeister eines badischen Gemeinderaths gerichteter Drohbrief, um den Gemeinderath von Amtshandlungen der Armenpflege abzuhalten, ist aus §. 114 strafbar. Erk. d. I. Straffen. v. 13. Mai 1880 (1120/80).

10. §. 117.
Forst- oder Jagdberechtigte, welche an der Ausübung ihres Rechts durch Gewalt oder Drohung gehindert werden, genießen nicht den Schutz des §. 117, sondern nur dann wenn sie Widerstand bei Ausübung der Forst- oder Jagdpolizei erfahren. Erk. d. III. Straffen. v. 29. Mai 1880 (959/80).

11. §. 122.
Zwei in einer Gefangenanstalt befindliche Gefangene können durch Zusammenrottung zum Zwecke gewaltsamen Ausbruchs sich der Meuterei schuldig machen. Erk. d. II. Straffen. vom 1. Juni 1880 (1215/80).

12. §. 137.
Arrestbruch kann auch der Gläubiger, der die Beschlagnahme erwirkt hat, oder ein Dritter im Einverständniß mit dem Gläubiger durch Wegschaffung der beschlagnahmten Sache ohne Genehmigung des Gerichts begehen. Erk. d. III. Straffen. v. 1. Mai 1880 (751/80).

13. §. 139.
Die Nichtanzeige eines gemeingefährlichen Verbrechens ist auch an solchen Personen strafbar, welche aus persönlichen Gründen sich der Zeugenschaft gesetzlich entschlagen dürfen. Erk. d. III. Straffen. v. 15. Mai 1880 (1192/80).

14. §§. 153, 163.
Es ist thatsächlich festzustellen und in der Revisionsinstanz nicht zu prüfen, in welchem Sinne eine Eidesformel aufzufassen, und ob sie richtig oder falsch beschworen wurde. Erk. d. III. Straffen. v. 30. Juni 1880 (1268/80).

15. §§. 159, 161.
Die Unfähigkeit, als Zeuge oder Sachverständiger eidlich vernommen zu werden, ist nicht bei Verurtheilung wegen erfolgloser Verleitung zum Meineid auszusprechen. Erk. d. I. Straffen. v. 10. Juni 1880 (1460/80).

16. §. 163.
Rechtsunkenntniß bei Ableistung eines Falscheides kann nicht unter allen Umständen zur Fahrlässigkeit angerechnet werden, sondern nur dann, wenn eine Verpflichtung, die Rechtskenntniß sich zu verschaffen, angenommen werden kann. Erk. d. I. Straffen. v. 21 Juni 1880 (1540/80).

17. §§. 169, 271, 73.
Die Erklärung des unehelichen Vaters vor dem Standesamt, die Mutter des Kindes, dessen Geburt er anzeigt, sei seine Ehefrau, ist aus §§. 169, 271 strafbar. Erk. d. III. Straffen. v. 8. Mai 1880 (1089/80).

18. §. 180.
Kuppelei liegt nicht in der Aufforderung, in ein Bordell einzutreten, wenn nicht mindestens ein Eingehen auf die Aufforderung hinzutritt, wenn auch nicht der wirkliche Eintritt in das Bordell. Erk. d. III. Straffen. v. 15. Mai 1880 (820/80).

19. §. 205.
Studentenduelle auf Schläger sind Zweikämpfe mit tödtlichen Waffen, welche der Judikatur der regelmäßigen Gerichte anheimfallen, wenn nicht die Art der Schutzmaßregeln die Tödtlichkeit der Waffen ausschließt. Erk. d. III. Straffen. v. 2. Juni 1880 (1265/80).

20. §§. 222, 230.
Der Verleiher von Hängegerüsten, welcher aus diesem Verleihen ein Gewerbe macht und durch Hingabe schadhafter Gerüste die Verletzung oder Tödtung Anderer fahrlässig verursacht, unterliegt der strengeren Bestrafung aus Abs. 2. Erk. d. II. Straffen. v. 2. Mai 1880 (608/80).

21. §. 222.
Die Leibesfrucht ist als Mensch zu betrachten, sobald sie theilweise den Mutterleib verlassen hat. Erk. d. II. Straffen. v. 8. Juni 1880 (721/80).

22. §. 223a.
Die gemeinschaftliche von Mehreren verübte Mißhandlung

erfordert kein vorausgehendes Einverständniß, sondern nur bewußtes Zusammenwirken Mehrerer. Erk. d. III. Straffen. v. 8. Mai 1880 (1047/80).

23. §. 223 a.

In einem zugeklappten Taschenmeſſer kann unter Umſtänden ein gefährliches Werkzeug gefunden werden. Erk. d. III. Straffen. v. 15. Mai 1880 (1073/80).

24. §. 223 a.

Zum Thatbeſtande der gefährlichen Körperverletzung genügt die Feſtſtellung, daß die Mißhandlung eine objektiv das Leben des Mißhandelnden gefährdende war; das Bewußtſein des Thäters, daß die Gefahr beſtehe, iſt nicht erforderlich. Erk. d. I. Straffen. v. 14. Juni 1880 (1507/80).

25. §. 240.

Nöthigung liegt vor, wenn die Anwendung von Gewalt oder Drohung widerrechtlich war, wenn auch der Zweck, der durch die Nöthigung erreicht werden wollte, nicht widerrechtlich war. Erk. d. III. Straffen. v. 26. Juni 1880 (1449/80).

26. §. 240.

Nöthigung kann auch dadurch begangen werden, daß der Genöthigte zur Duldung der Besitzergreifung eines ihm gehörenden Gegenstandes durch seine körperliche Vergewaltigung bewirkt wird. Erk. d. III. Straffen. vom 19. Juni 1880 (1186/80).

27. §§. 242, 243, 74.

Zwei in einer Wohnung in unmittelbarer Folge verübte einfache und mittels Erbrechens von Behältnissen begangene Diebſtähle können als selbſtſtändige, real concurrirende Delikte beurtheilt werden. Erk. d. III. Straffen. v. 15. Mai 1880 (799/80).

28. §§. 242, 246.

Die Annahme eines Gegenstands von Seite eines Wahnſinnigen kann nur dann als Diebſtahl beurtheilt werden, wenn der Wahnſinnige weder des Gewahrſams noch eines auf Besitzübertragung gerichteten Willensaktes im natürlichen Sinne fähig war. Außerdem liegt Unterſchlagung vor. Erk. d. III. Straffen. v. 19. Juni 1880 (1523/80).

29. §. 243³.

Ein Sack, mittels deſſen Aufſchneidens die in demſelben befindlichen Sachen entwendet werden, kann als Behältniß angeſehen werden. Erk. d. III. Straffen. v. 29. Mai 1880 (1228/80).

30. §. 243¹.

Die Erbrechung eines Behältnisses, um demſelben einen Schlüssel zu entnehmen, mittels deſſen der Thäter einen Diebſtahl auszuführen beabſichtigt, und die Ausführung dieſes Diebſtahls zieht Beſtrafung wegen ſchweren Diebſtahls nach ſich. Erk. d. III. Straffen. v. 23. Juni 1880 (1548/80).

31. §. 243³.

Einſteigen zum Zweck des Diebſtahls liegt vor, wenn der Dieb in einem angebauten Nebengebäude zu einer Oeffnung deſjenigen Gebäudes emporklettert, in welchem er ſtehlen will. Dies Steigen auf einer zum regelmäßigen Zugang benützten Leiter gilt nicht als Einſteigen. Erk. d. III. Straffen. v. 9. Juni 1880 (1140/80).

(Fortſetzung folgt.)

Das Feld- und Forſtpolizeigeſetz im Hauſe der Abgeordneten der Preußiſchen Monarchie.

Bei dem hohen Intereſſe, welches die Verhandlungen des Feld- und Forſtpolizeigeſetzes während der letzten Seſſion des Landtags der Preußiſchen Monarchie in Anſpruch nahmen, dürfte dieſe — wenn auch wegen Raummangels verſpätete — Mittheilung des nachfolgenden, unmittelbar unter dem Eindrucke dieſer Verhandlungen von einem Mitgliede des Abgeordnetenhauſes geſchriebenen Aufſatzes nicht verſpätet ſein.

Das Feld- und Forſtpolizeigeſetz iſt, nachdem es wiederholt von der Staatsregierung eingebracht und in einer Kommiſſion des Hauſes durchberathen war, jetzt zum erſten Male zum Vortrage im Abgeordnetenhauſe und dann auch im Herrenhauſe gelangt. Die Verhandlungen ſind im erſteren mit ungewöhnlicher Lebhaftigkeit geführt. Es ereignete ſich hier, wie bei den wirthſchaftlichen Vorlagen, daß einerſeits die Befürwortung, andererſeits die Gegnerſchaft nicht weſentlich nach den Fraktionen des Hauſes, ſondern nach den Anſchauungen, die die Intereſſengemeinſchaften hervorzurufen pflegen, ſich bildete. Während die Rechte, im Gegenſatze zu den liberalen Parteien und dem Centrum für die Vorlage geſchloſſen eintrat, gab es doch ſowohl innerhalb des Centrums, als der liberalen Parteien zahlreiche Einzelne, welche mit den Konſervativen ſtimmten. Allerſeits war im Hauſe der Wunſch vorherrſchend, das Feld- und Forſtpolizeigeſetz zu Stande zu bringen; auf Seiten der Gegner der Vorlage ſchon deshalb, weil in verſchiedenen Bezirken die Polizeiverordnungen ſich des Gegenſtandes bemächtigt hatten, und es geboten erſchien, durch ein allgemeines Landesgeſetz die Grundſätze feſtzuſtellen, innerhalb deren die feld- und forſtpolizeilichen Strafverordnungen ſich zu bewegen haben.

Dabei mußte in Erwägung kommen, ob es für ſolchen Zweck nicht beſſer geweſen wäre, nur Normativbeſtimmungen für die Monarchie anzuordnen und deren Ausfüllung den Lokal- und Bezirksverordnungen zu überlaſſen. Dies hätte jedoch eine Zurückweiſung der Vorlage zur gänzlichen formellen Umarbeitung bedingt, was, nachdem der Geſetzentwurf bereits dreimal von der Staatsregierung eingebracht war, kaum thunlich erſchien. Andererſeits aber wurde auf einem Gebiete, wo die Einmiſchung der Polizei wohl geeignet iſt, den Gewinn oder Verluſt, überhaupt die Umgeſtaltung von Rechten zu beeinfluſſen, polizeiverordnungsweiſen ſich zu bewegen haben, ein gewiſſes Mißtrauen entgegengetreten.

Es wurde ferner von verſchiedenen Rednern beſprochen, ob es ſich nicht empfehle, die geſetzliche Regelung der Feld- und Forſtpolizei den Provinzialorganen zu überlaſſen. Gar bald nämlich hatte ſich herausgeſtellt, daß im Weſten in Betreff der ſtrengen Ausſchließlichkeit des Grundeigenthums andere Verhältniſſe und andere thatſächliche Ausübungen beſtehen, wie im Oſten der Monarchie. Man erläuterte dies aus der hiſtoriſch verſchiedenen Entwickelung. Aber der Gedanke behielt doch die Oberhand, daß die Feld- und Forſtpolizei durch ein allgemeines Landesgeſetz geregelt werden ſolle, wobei denn die Befürchtung, daß die Provinzialandtage in manchen Provinzen mehr den agrariſchen, als dem allgemein menſchlichen Bedürfniſſen und Wünſchen Rechnung tragen könnten, für Viele von Einfluß geweſen ſein mag.

Das vorliegende Feld- und Forstpolizeigesetz hat eine erhebliche soziale Bedeutung und zwar nach zwei Richtungen.

Zunächst in Beziehung auf die qualitative Bedeutung des Grundeigenthums.

Während der Schulbegriff des Eigenthums an unbeweglichen sowohl wie an beweglichen Sachen die Ausschließlichkeit desselben festhält, und die Freunde der Vorlage daraus ein rücksichtsloses allgemeines Fortweiserecht des Eigenthümers von dem ihm gehörigen Grundstücke herleiten zu müssen glaubten, machte andererseits sich das Gefühl geltend, daß unmöglich der Verkehr der menschlichen Gesellschaft auf dem eigenen Grundbesitz und auf den öffentlichen Straßen und Plätzen in der Weise beschränkt sein dürfe, daß Niemand befugt wäre, auch da, wo nicht das geringste wirthschaftliche Interesse des Grundbesitzers berührt wird, einen Wald, ein abgeerntetes Feldstück, eine Waldtrift, eine Feldklippe ohne Erlaubniß des Besitzers zu betreten.

Sodann aber giebt es Bodenerzeugnisse, die der Grundbesitzer, weil die Kosten der Einsammlung im Verhältnisse zu dem Gewinne für ihn zu bedeutend sind, zu dereliquiren pflegt, die aber der armen Bevölkerung einen Nahrungszweig gewähren, der in manchen Gegenden für deren Existenz geradezu unentbehrlich ist. Während nun die Entbehrlichkeit auf der einen und das Bedürfniß auf der andern Seite die Freigabe solcher Bodenerzeugnisse als selbstverständlich erscheinen läßt, in vielen Fällen auch eine wirkliche, den Eigenthümer belastende Servitut, sei es aus der historischen Bildung der betreffenden Grundeigenthums- und Gemeinverhältnisse, sei es durch Verjährung, sich wird nachweisen lassen, so wird doch die mit Einsammlung dieser Bodenerzeugnisse so leicht sich verbindende Veranlassung und Gelegenheit zu Beschädigungen von den Grundeigenthümern hart empfunden.

So bewegte sich denn der Kampf wesentlich um den § 9, den sogenannten Feldfriedensbruchs-Paragraphen und den § 41 der Vorlage, den Pilz- und Beerenparagraphen. Dazwischen lagen verschiedene Angriffe auf einzelne Bestimmungen des Gesetzes, welche theils als Härten, theils als sonstige Mängel bezeichnet wurden.

Der § 9 lautet nach der Regierungsvorlage.

„Mit Geldstrafe bis zu 10 Mark oder mit Haft bis zu 3 Tagen wird bestraft, wer, abgesehen von den Fällen des § 123 des Strafgesetzbuchs, von einem Grundstücke, auf dem er ohne Befugniß sich befindet, auf die Aufforderung des Berechtigten sich nicht entfernt.

Die Verfolgung tritt nur auf Antrag ein."

Die Analogie des § 9 mit dem, den Hausfriedensbruch strafenden § 123 des Strafgesetzbuchs, welche die Motive der Regierungsvorlage hervorheben, war keine glückliche. Die Bestimmung des § 123, daß auch die bloße Nichtbefolgung einer Aufforderung des Berechtigten, aus einer Wohnung, einem Geschäfts- oder sonstigen unverschlossenen Raume sich fortzubegeben, strafbar sein soll, hat erfahrungsgemäß zu einer übergroßen Bethelligung der Gerichte mit Straffällen, bei denen häufig die moralische Schuld wehe auf Seiten des Anklägers wie des Angeklagten liegt, geführt. Die günstige Gelegenheit mit Hülfe des § 123 Gehässigkeit auszuüben, ist nur zu sehr in den unteren Klassen der Bevölkerung bekannt geworden. Sehr häufig entwickelt sich der Straffall so, daß der Angeklagte in grober Weise aufgefordert, sich fortzubegeben, durch die verletzende Form

veranlaßt wird, zu antworten, und eben nicht fortzugehen. Dazu kommt, daß der § 123 des Strafgesetzbuchs nicht den Zweck hat, das Eigenthum oder das Wohnungsrecht, sondern die Person und den Hausfrieden des Bewohners in seiner Heimstätte zu schützen und daß ferner die Legitimation zur Aufforderung sich fortzubegeben, in den Wohnungen und umfriedigten Räumen zwar stets, auf unbeen Grundstücken, im freien Felde und Walde aber durchaus nicht immer unzweifelhaft sein dürfte.

Die Gegner der Vorlage machten ferner geltend, daß es bei ihrer Opposition nicht auf eine Schmälerung des Eigenthumsrechts abgesehen sein könne, da dies Recht in seiner qualitativen Bedeutung gar nicht berührt werde. Es handle sich vielmehr lediglich um die Frage, ob der Grundeigenthümer, der nicht blos durch die Klagen des Civilrechts und zwar in jeder erdenklichen Weise sondern auch durch die Spezialbestimmungen des Feld- und Forstpolizeigesetzes in allen Beziehungen seines wirthschaftlichen Interesses und zwar durch Strafbestimmungen hinlänglich geschützt sei, nunmehr auch noch durch eine ganz neue strafrechtliche Erfindung für das, was neben seinem wirthschaftlichen Interesse noch übrig bleibe, also auch für das besondere Bewußtsein seiner Grundherrlichkeit und die Ausbrüche seiner Willkür einen besonderen Strafschutz erhalten solle.

Dem Allen gegenüber wurde, nachdem ein Mal der Gedanke ausgesprochen war, daß dem Grundbesitzer in gleicher Weise wie dem Hausbewohner mit Strafbestimmungen beigestanden werden solle, wenn es sich entschließt, von seinem Grundstücke fort zu weisen, diese Sache als eine ganz besonders werthvolle Rechtshülfe von den Feld- und Forstwirthen aufgefaßt. Man erblickte darin, daß die Zulässigkeit auch nur die Nothwendigkeit eines solchen Schutzes angezweifelt wurde, einen Angriff auf die qualitative Bedeutung des Eigenthums überhaupt und würde, wenn der § 9 nicht angenommen wäre, dies als eine prinzipielle Schmälerung des Eigenthumsrechts geachtet haben. Ein Versuch den Strafschutz des Fortweiserechts einzuschränken auf notorische Feld- und Forstfrevler und Vagabunden und auf den Fall, daß der Grundbesitzer allgemein durch öffentliche, und von der Polizeibehörde genehmigte Bekanntmachung das Betreten seines betreffenden, nicht umfriedigten Grundstücks verbietet, konnte entschiedene Zurückweisung, konnte auch, bei der Schwierigkeit außerhalb der Kommissionsberathungen Specialitäten, insbesondere die Merkmale der Notorität überzeugend zu charakterisiren, im Abgeordnetenhause selbst kaum auf eine Annahme rechnen.

Die Kommission verschärfte sogar den § 9, indem sie das bloße Gehen auf einem fremden, auch nicht bestellten, umfriedigten, auch nicht in Schonung gelegten Grundstücke und ohne Rücksicht auf den Widerspruch des Besitzers an und für sich für strafbar erklärte.

Diese, sowie alle sonstigen Verschärfungen des § 9, die sich aus verschiedenen Amendements ergaben, lehnte das Haus ab, nahm aber den § 9 in seiner ursprünglich von der Regierung beantragten Fassung, und zwar mit nicht geringer Majorität.

Es ist nicht zu leugnen, in den Gegenden, in welchen kaum Jemand vorhanden ist, der den Wald, und überhaupt Gottes freie Natur nicht aus Erwerbszwecken zu betreten pflegt, mag es nicht ungerechtfertigt sein, in jeder im Freien, nicht auf gewöhnlicher Landstraße befindlichen Person eine solche zu erblicken, welche Ungewöhnliches, in der Regel Ungehöriges vor hat. Es ist auch erklärlich, wie der wirthschaftliche Eifer, der, zum Glück für unsern Wohlstand, in allen Kreisen der Feld- und Forstwirthe lebendig ist, Bitterkeit über jede zugefügte oder drohende Beschädigung anzufachen wohl geeignet ist. Aber es entsteht doch die Frage, ob der § 9 das Richtige getroffen hat, ob er nicht, im Lande als Erfolg versprechender neuer Satz proklamirt, wie der Hausfriedensbruch des Strafgesetzbuchs, eine immer wehe auch nach der Seite hin sich verbreitende Anwendung erfahren wird, daß er zu billigem Streite und zu bequemer Chikane Veranlassung giebt, ohne dem Grundbesitzer wirklich gegen wirthschaftliche Schäden zu helfen. Denn der Frevler, welcher, vom Besitzer bemerkt, fortgewiesen wurde, wird sicherlich sich hüten, auf diesem Gauge die vorhabende Frevelthat auszuführen. Er kommt ein anderes Mal wieder, wenn der Besitzer oder seine Aufseher ihn nicht bemerken. Was soll überhaupt die Bestimmung des § 89 mit ihrer geringen, doch immer auch erst im Strafverfahren festzusetzenden und beizutreibenden Strafe gegen wirkliche Frevler helfen? Seine Spitze richtet sich ebenso, namentlich in der Umgebung von Städten und von Touristen besuchten Gegenden, gegen die, welche Erholung und geistige Anregung in der Natur zu finden pflegen.

In Rücksicht der Beeren und Pilze wurde, insbesondere aus Hessen, berichtet, daß dort in den großen Walddistrikten die gesammte Erwerbthätigkeit der ärmeren Bevölkerung in gewissen Theilen des Jahres im Einsammeln und Verkauf dieser Bodenerzeugnisse beschränkt sei, daß dies Einsammeln nicht unbeträchtliche Erträgnisse liefere und für die Ernährung dieser Volksklasse unentbehrlich wäre.

Es wurde ferner berichtet, daß diese Gewohnheit ganz allgemein ohne Widerspruch Seitens der Waldbesitzer seit unvordenklichen Zeiten bestehe, wahrscheinlich ein Ausfluß der alten Mitbenutzungsrechte an der gemeinen Mark sei, aber im einzelnen Falle sich als ein wirklich klagbares Recht schwer werde erweisen lassen. Jedenfalls würde dieser Nahrungszweig der dortigen Bevölkerung im äußersten Maße gefährdet werden, wenn sie, in Folge des § 41 der Vorlage genöthigt werde, im Falle von Anklagen Civilprozesse gegen den Grundeigenthümer anzustellen. Die Anklage sei leicht zu begründen, sie brauche ja blos auf die Vermuthung der Freiheit des Eigenthums von Belastungen und auf den § 41 zu berufen.

Vor den kostspieligen Civilprozessen müßten die armen Leute sich scheuen, und dann stehe ihnen immer der Umstand entgegen, daß das von ihnen ausgeübte Herkommen in vielen Fällen, als auf bloßer Vergünstigung beruhend, möglicherweise gedeutet werden könne.

Aehnliche Mittheilungen erfolgten aus Hannover und aus den Rheinlanden. In Folge dessen erhielt der § 41, welcher nach der Regierungsvorlage folgendermaßen lautet:

„Mit Geldstrafe bis zu 10 Mark oder Haft bis zu 3 Tagen wird bestraft, wer auf Forstgrundstücken:

1. ꝛc.
2. ohne Erlaubniß des Waldeigenthümers Kräuter, Beeren oder Pilze sammelt, oder falls er einen Erlaubnißschein erhalten hat, denselben nicht bei sich führt."

in zweiter Lesung einen Zusatz dahin, daß das Sammeln von Kräutern, Beeren und Pilzen auf Forstgrundstücken da nicht strafbar sei, wo demselben die Berechtigung oder das Herkommen zur Seite stände. Der Schwerpunkt lag dabei auf dem Worte „oder", wodurch angedeutet wurde, daß eine Verschiedenheit bestehen solle zwischen dem wirklichen Rechte und einem Zustande herkömmlicher Ausübung. Dieser Zusatz wurde beschlossen, obwohl von verschiedenen Seiten darauf hingewiesen wurde, daß Herkommen und Berechtigung sich nicht scheiden lasse, wenn man eben darauf einen Anspruch begründen wolle.

Vor der dritten Lesung wurde bekannt, daß die königl. Staatsregierung sehr entschieden gegen diesen Zusatz protestire, und daß daraus die Gefahr der gänzlichen Verwerfung des Gesetzes, wie es im Hause umgestaltet worden, entstehe. Deshalb wurde beantragt, jenen Zusatz fallen zu lassen, und in Beziehung auf die Bestrafung des Sammelns von Kräutern, Beeren und Pilzen besondere gesetzliche Regelung vorzubehalten. Dieser Antrag erlangte in dritter Lesung die Stimmenmehrheit.

So wurde denn, anstatt das ganze Gesetz zu vertagen, die Vertagung auf diesen Theil desselben beschränkt. Die Königl. Staatsregierung hätte Zeit und Möglichkeit gehabt, die fraglichen Verhältnisse in rechtlicher, sozialpolitischer und nationalökonomischer Beziehung zu prüfen, und dementsprechend die gesetzliche Regelung zu veranlassen. (Fortsetzung folgt.)

In Augsburg starb Hr. Collega Dr. v. Kerstorf, ein hochverdientes Mitglied unseres Standes, der erst vor Kurzem, wie wir berichtet haben, unter allgemeiner Anerkennung und Ehrung sein Dienstjubiläum gefeiert hat.

Personal-Veränderungen.
Zulassungen.
Meyer in Goldberg bei dem Landgericht in Liegnitz; — Stadtrath a. D. Dr. Johannes Müller bei dem Landgericht Plauen; — Dr. Treptow bei dem Landgericht in Stettin.

In der Liste der Rechtsanwälte sind gelöscht: Justizrath Berendes in Eilenburg bei dem Landgericht in Torgau; — Baunstädt in Fulda bei dem Landgericht in Hanau; — Dr. Meyn bei dem Landgericht in Gersthemünde und dem Landgericht in Verden; — Justizrath Stinner in Schlochau bei dem Landgericht in Konitz; — Dr. Eugen Brunner bei dem Landgericht und Oberlandesgericht in Nürnberg.

Ernennungen.
Zum Notar: Rechtsanwalt Tharan in Berent im Bezirk des Oberlandesgerichts in Marienwerder.

Zum Amtsrichter: Rechtsanwalt Baunstädt in Fulda mit dem Charakter als Amtsgerichtsrath; — Rechtsanwalt Stiegert in Koiten.

Todesfälle.
Johannes Müller in Darmstadt; — Jablonski in Rastenburg; — Justizrath Rohl in Iserlohn; — Friedrich Schmitz in Colmar; — Johann Woldemar Döring in Dresden.

Titelverleihungen.
Dem Rechtsanwalt und Notar Czarnikow in Sondershausen ist der Charakter als Justizrath verliehen.

Ordensverleihungen.
Den Justizräthen Neukirch in Minden und Stinner (früher in Schlochau) in Hochheim bei Erfurt der Rothe Adler-Orden vierter Klasse.

Für die Redaktion verantw.: S. Haenle. Verlag: W. Moeser, Hofbuchhandlung. Druck: W. Moeser, Hofbuchdruckerei in Berlin.

№ 18. Berlin, 15. September. 1880.

Juristische Wochenschrift.

Herausgegeben von

S. Haenle, und M. Kempner,
Rechtsanwalt in Ansbach. Rechtsanwalt beim Landgericht I. in Berlin.

Organ des deutschen Anwalt-Vereins.

Preis für den Jahrgang 12 Mark. — Inserate die Zeile 30 Pfg. — Bestellungen übernimmt jede Buchhandlung und Postanstalt.

Wir bringen nachstehend einen Fragebogen, welcher die Sammlung von statistischem Material zur Pensions-kasse bezweckt. Der Fragebogen ist von Herrn Professor Dr. Heym (siehe Nr. 12 der Juristischen Wochenschrift) verfaßt und soll im October d. J. an alle Collegen versandt werden. Die Antworten sollen an den Schriftführer gehen. Wir bitten die Vereinsmitglieder dringend, in den Kreisen ihrer speciellen Collegen dahin zu wirken, daß die Ant-worten von Allen und möglichst vollständig gegeben werden. Es muß darüber Klarheit gewonnen werden, ob und unter welchen Voraussetzungen eine Anwalts-Pensionskasse mit erfolgreicher Wirksamkeit ins Leben treten kann. Ohne Beschaffung einer gehörigen statistischen Grundlage ist eine Beurtheilung in dieser Hinsicht nicht möglich. Die gewonnenen Resultate sollen in der Juristischen Wochenschrift mitgetheilt und auch den Collegen, welche den Fragebogen beantwortet haben, aber nicht Vereinsmitglieder sind, durch Separatabdrucke zugänglich gemacht werden.

Herr

Rechtsanwalt in

wird ersucht, behufs der Errichtung einer Pensionskasse für die Sachwalter im deutschen Reiche die folgenden Fragen nebenstehend zu beantworten.

1. Wann sind Sie geboren?
2. Wann ist Ihre Gattin geboren?
3. Wann sind Ihre gegenwärtig lebenden Kinder geboren, zugleich unter Angabe des Geschlechts?
4. Stammen die vorstehend genannten Kinder aus einer Ehe?
5. Sind Ihre Gesundheitsverhältnisse gegenwärtig von der Art, daß Sie, falls Sie bei einer Invalidenpensionskasse be-theiligt wären, noch lange nicht daran denken, Ihre Pensionirung zu beantragen?
6. Oder findet das Gegentheil statt und nach welcher Zeit von jetzt an gerechnet würden Sie wahrscheinlich die Pensionirung beantragen müssen?
7. Oder befinden Sie sich schon gegenwärtig und seit wann in vollständig oder fast vollständig arbeitsunfähigem Zustande, der voraussichtlich ein bleibender sein wird?
8. Welche Invalidenpension würden Sie Ihren Vermögensverhältnissen gemäß wünschen?
9. In gleicher Weise, welche Wittwenpension im Falle Ihres Todes?
10. Endlich in welcher Weise, welche Waisenpensionen und bis zu welchem Lebensalter der Kinder gehend?
11. Endlich Sie, falls die zu errichtende Pensionskasse wirklich ins Leben tritt, zur Begründung eines eisernen, der Pen-sionskasse gehörigen Fonds einen einmaligen oder laufenden Beitrag gewähren und von welcher Höhe, ohne aus dieser Leistung bei einstiger Gewährung von Pension an die Kasse eine Forderung zu stellen?

Ort: Unterschrift:

Datum:

Die strafrechtliche Thätigkeit des Reichsgerichts.

V.

(Uebersicht der Präjudizien vom 1 Mai bis 30. Juni 1880.)

(Schluß.)

32. §. 244.

Auf einen in gewinnsüchtiger Absicht verübten, nach §43 der preuß. Feldpolizei-Ordnung als Diebstahl strafbaren Felddiebstahls sind auch die Bestimmungen des k. Str. G. Bch. wegen Rückfalls im Diebstahl anzuwenden. Erk. d. I. Straffen. v. 13. Mai 1880 (1168/80).

33. §. 245.
Der Ablauf einer zehnjährigen Frist zwischen einer und der andern, zum Rückfall erforderlichen Vorstrafen schließt die Rückfallstrafe nicht aus, sondern nur der Ablauf jener Frist zwischen der letzten Vorstrafe und dem neu zu bestrafenden Diebstahl. Erk. d. III. Straffen. v. 29. Mai 1880 (1355/80).

34. §. 246.
Die Veräußerung von Deputatholz durch einen Förster, dem lediglich der Verbrauch gestattet war, kann als Unterschlagung beurtheilt werden. Erk. d. III. Straffen. v. 8. Mai 1880 (1148/80).

35. §. 246.
Wechsel, welche mit der ausdrücklichen Untersagung dieselben zu begeben, einem Andern in Verwahrung gegeben sind, werden durch Disfontirung derselben unterschlagen, auch wenn der Thäter die Wiedereinlösung der Wechsel beabsichtigt hatte. Erk. d. I. Straffen. v. 20. Mai 1880 (417/80).

36. §. 246.
An einem Geldbetrag, welcher aus Irrthum einem Andern zu viel bezahlt wurde, begeht der Empfänger durch Aneignung seine Unterschlagung. Erk. d. I. Straffen. v. 24. Mai 1880 (1085/80).

37. §§. 246, 47, 49, 259.
Fällt die Aneignung einer anvertrauten fremden Sache mit deren Entäußerung zusammen, so ist der Erwerber derselben Theilnehmer an einer Unterschlagung, nicht Hehler. Erk. d. II. Straffen. v. 28. Mai 1880 (1188/80).

38. §. 247.
Die Verfolgung eines Diebstahls ist nicht von dem Strafantrag des zunächst Bestohlenen abhängig, wenn dieser zwar ein Angehöriger des Diebs ist, das Diebstahlsobjekt aber nur durch eine strafbare Handlung in seinen Gewahrsam gelangt war. Erk. d. III. Straffen. v. 29. Mai 1880 (1273/80).

39. §. 259.
Ein Geschäftsmann hat durch eine strafbare Handlung erlangte Sachen auch dann seines Vortheils wegen an sich gebracht, wenn er auch nur den gewöhnlichen Geschäftsgewinn davon hat. Erk. d. II. Straffen. v. 28. Mai 1880 (990/80).

40. §§. 259, 286.
Die Annahme der Hehlerei ist dadurch nicht ausgeschlossen, daß in den Besitz des Hehlers nicht das durch eine strafbare Handlung erlangte Objekt unmittelbar, sondern ein Theil des durch Umwechselung (eines Sparkassenbuchs) erlangten Geldes kam, dessen Herkunft (strafbares Glücksspiel) der Hehler kannte. Erk. d. III. Straffen. v. 16. Juni 1880 (945/80).

41. §. 263.
Betrug liegt nicht vor, wenn ein zur Einziehung von Sachen rechtskräftig Verurtheilter dem Exekutor den Besitz dieser Sachen ableugnet. Erk. d. III. Straffen. v. 8. Mai 1880 (1082/80).

42. §. 263.
Die Stellung eines Exekutionsantrags wegen einer bereits bezahlten Schuld und Beitreibung derselben auf Grund eines vor der Zahlung erwirkten Urtheils ist als Betrug strafbar. Erk. d. III. Straffen. v. 22. Mai 1880 (1225/80).

43. §. 263.
Durch wissentlich falsche Gewichtsdeklaration auf dem einer Bahnverwaltung übergebenen Frachtbrief Behufs Bewirkung geringerer Frachtberechnung, als dem aufgegebenen Frachtgut entspricht, kann Betrug begangen werden. Erk. d. III. Straffen. v. 2. Juli 1880 (285/80).

In der Vorspiegelung, einen Wechsel sofort zahlen zu wollen, kann die Vorspiegelung einer Thatsache gefunden werden. Erk. d. I. Straffen. v. 10. Juni 1880 (1326/80).

45. §. 264.
Rückfall im Betrug liegt auch vor, wenn der Thäter nach den erforderlichen Vorstrafen einen Betrugsversuch begeht. Erk. d. I. Straffen. v. 3. Mai 1880 (953/80).

46. §§. 267, 268.
Die Fälschung einer dem Angeklagten gehörigen Urkunde durch diesen, um in der Untersuchung damit ein günstiges Beweisresultat zu erzielen, ist nicht strafbar. Erk. d. III. Straffen. v. 1. Mai 1880 (994/80).

47. §§. 267, 268.
Wechselaccepte ohne Ausfüllung des Wechsels sind Urkunden und deren Fälschung strafbar. Erk. d. I. Straffen. v. 3. Mai 1880 (953/80).

48. §§. 267, 268.
Die unbefugte Aenderung der Spesennote auf einem Eisenbahnfrachtbrief zum Zwecke der Täuschung ist Urkundenfälschung. Erk. d. III. Straffen. v. 8. Mai 1880 (1005/80).

49. §§. 267, 268.
Durch Aufgabe eines Telegramms unter falschem Namen wird keine Urkundenfälschung begangen, auch wenn der Inhalt des Telegramms einer Urkunde entspricht. Erk. d. III. Straffen. v. 15. Mai 1880 (703/80).

50. §. 274¹.
Die Vernichtung eines zur Herstellung eines Wechsels geeigneten Accepts kann als Unterdrückung einer Urkunde strafbar sein. Erk. d. I. Straffen. v. 24. Mai 1880 (1311/80).

51. §. 274¹.
In der Durchstreichung der Unterschrift einer Urkunde mittelst Bleistift kann eine Beschädigung der Urkunde erblickt werden. Erk. d. II. Straffen. v. 29. Juni 1880 (1244/80).

52. §. 274⁴.
Grenzzeichen, welche von Holz zur Bezeichnung eines zu expropriirenden Platzes provisorisch angebracht sind, stehen unter dem Schutz des Gesetzes, und ist deren eigenmächtige Entfernung strafbar. Erk. d. III. Straffen. v. 22. Mai 1880 (1204/80).

53. §. 281¹ Str. G. Bch. §. 209¹ K. Konk. Ordng.
Die Veräußerung eines Grundstücks in der Absicht, die Gläubiger zu benachtheiligen, von Seite eines insolventen Kaufmanns, ist als Beiseiteschaffen eines Vermögensstücks zu beurtheilen. Erk. d. II. Straffen. v. 22. Juni 1880 (1418/80).

54. §. 283² Str. G. Bch. §. 210² Konk. Ordn.
Wenn ein Kaufmann, der seine Zahlung einstellt, in mehreren Jahren die Bilanzziehung unterlassen hat, so liegt nach nur ein Straffall, nicht so viele Straffälle als Unterlassungen, vor. Erk. d. III. Straffen. v. 5. Juni 1880 (1358/80).

55. §. 286.

Die Verloosung von Früchten in öffentlichen Wirthshäusern fällt selbst dann unter den Begriff der Ausspielung, wenn sich nur der Unternehmer und ein Gegenspieler betheiligt. Erk. d. I. Straffen. v. 7. Mai 1880 (1079/80).

56. §. 289.

Wer Sachen, die er in eine gemiethete Wohnung inferirt hat, wegnimmt, nachdem der Vermiether erklärt hat, daß er wegen einer bestehenden Miethsschuld das Retentionsrecht geltend mache, ist auß §. 289 straftbar. Erk. d. III. Straffen. v. 8. Mai 1880 (1111/80).

57. §. 305.

Ein von Menschenhand errichtetes, mit dem Grundstück zusammenhängendes, für einen dauernden Zweck bestimmtes Werk (in concreto ein mit steinernen, im Boden eingelassenen Sockeln errichtetes Hofthor) kann ohne Rechtsirrthum als ein Bauwerk im Sinne des Paragraphen beurtheilt werden. Erk. d. III. Straffen. v. 30. Juni 1880 (1481/80).

58. §§. 308. 309.

Ein Düngerhaufen ist nicht als Vorrath landwirthschaftlicher Erzeugnisse zu beurtheilen. Erk. d. III. Straffen. v. 19. Juni 1880 (1412/80).

59. §. 310.

Wenn der Thäter einer Brandstiftung eine andere Person herbetruft, um durch dieselbe oder mit ihrer Hülfe den Brand zu löschen, und dies auch, ehe der Brand weiter greift, gelingt, so wird weder durch die Wahrnehmung der herbeigerufenen Person, noch dadurch die Strafflosigkeit ausgeschlossen, daß der Brandstifter nicht allein gelöscht hat. Erk. d. I. Straffen v. 3. Mai 1880 (1049/80).

60. §. 359.

Wenn Jemand trotz entgegenstehender gesetzlicher Bestimmung, z. B. vor Erreichung des gesetzlichen Alters, als Beamter angestellt wurde, so finden alle zum Schutz der Beamten gegebenen Strafbestimmungen auf die gegen denselben begangenen Handlungen Anwendung, so lange er das Amt bekleidet. Erk. d. I. Straffen v. 3. Juni 1880 (1421/80).

II. Zur Strafprozeßordnung.

1. §. 23ᵃ Str. Pr. O.

Untersuchungsrichter im Sinne dieses Paragraphen ist nicht derjenige Richter, welche aushülfsweise einzelne Untersuchungshandlungen vorgenommen hat.

Der Vertagungsbeschluß, um weitere Beweise zu erheben, ist keine Entscheidung des erkennenden Gerichts. Erk. d. I. Straffen. v. 10. Juni 1880 (1406/80).

2. §§. 23ᵃ 377ᵃ Str. Pr. O.

Bei der Hauptverhandlung dürfen nicht mehr als zwei Richter mitwirken, welche bei einem Beschluß auf Außerverfolgsetzung, der auf Beschwerde aufgehoben wurde, mitwirkten. Wird dies nicht beobachtet, so steht dem Staatsanwalt Revision zu. Erk. d. I. Straffen. v. 10. Mai 1880 (1121/80).

3. §. 44. Str. Pr. O.

Der Umstand, daß in der Regel die an das Gericht bestimmten Poststücke vom Botenpersonal abgeholt werden, durch das Unterbleiben dieser Gewohnheit eine Revisionsanmeldung aber verspätet in den gerichtlichen Einlauf kommt, ist kein

unabwendbarer Zufall, der Wiedereinsetzung in den vorigen Stand begründet. Beschl. d. I. Straffen. v. 31. Mai 1880 Nr. 2084.

4. §. 66 Str. Pr. O.

Ein von einem Zeugen abgelegter promissorischer Eid bezieht sich auch auf spätere, in derselben Hauptverhandlung ohne Rückerinnerungen an den Eid abgelegte Aussagen. Erk. d. III. Straffen. v. 12. Mai 1880 (1069/80).

5. §§. 111 Str. Pr. O.

Das Geld, in welches die dem Verletzten entzogenen Gegenstände vom Thäter umgesetzt worden war, ist nicht ohne Weiteres nach Beendigung des Verfahrens an den Verletzten herauszugeben. Erk. d. I. Straffen. v. 3. Juni 1880 (1423/80).

6. §. 145 Str. Pr. O.

Wenn sich in den Fällen nothwendiger Vertheidigung der Vertheidiger im Laufe der Verhandlung entfernt, und dieselbe wird ohne Vertheidiger fortgesetzt, so ist das Urtheil aufzuheben und die Verhandlung mindestens von dem Abschnitte an zu erneuern, in welchem sich der Vertheidiger entfernt hat. Ein Verzicht des Angeklagten auf Vertheidigung ist unwirksam. Erk. d. I. Straffen. v. 14. Juni 1880 (1520/80).

7. §§. 215, 216, 217 Str. Pr. O.

Revision ist nicht begründet, wenn der vor die Strafkammer verwiesene Angeklagte irrthümlich vor das Schöffengericht geladen ist, sich aber ohne Einwendung in die Verhandlung vor die Strafkammer einläßt; oder wenn er über sein Recht, Aussetzung der Verhandlung wegen Nichtbeobachtung der Ladefrist zu verlangen, nicht belehrt wird. Erk. d. III. Straffen. v. 8. Mai 1880 (935/80).

8. §§. 239, 240, 241 Str. Pr. O.

Die Ablehnung einer Frage von einem Zeugen, dessen Glaubwürdigkeit dadurch geprüft werden soll, durch den Gerichtshof, weil die Frage ohne Einfluß auf die Glaubwürdigkeit sei, enthält keinen Eingriff in die Befugnisse der Geschworenen. Erk. d. III. Straffen. v. 5. Mai 1880 (1100/80).

9. §§. 243, 136 Str. Pr. O.

Das Urtheil unterliegt nicht deshalb der Revision, weil bei Verlesung des Eröffnungsbeschlusses und Vernehmung des Angeklagten Zeugen sich im Sitzungssaale aufhalten, ohne daß das Gericht hiervon Kenntniß hat. Erk. d. II. Straffen. v. 7. Mai 1880 (961/80).

10. §§. 243, 73 Str. Pr. O.

Der Antrag, weitere Sachverständige zu vernehmen, kann durch Gerichtsbeschluß wegen genügender Aufklärung der Sache abgelehnt werden, ohne daß Revision des Urtheils veranlaßt ist. Erk. d. I. Straffen. v. 20. Mai 1880 (1259/80).

11. §§. 243, 244, 248, 249 Str. Pr. O.

Schriftliche Beweismittel gelten nur dann als herbeigeschaffte und müssen auf Antrag des Angeklagten verlesen werden, wenn sie dem Gerichte vorliegen.

Der Beweis von Thatsachen, über welche Zeugenvernehmung möglich ist, darf nicht durch die Feststellungen anderer Gerichte geführt werden. Erk. d. III. Straffen. v. 9. Juni 1880 (1088/80).

12. §§. 243, 244, 377ᵃ Str. Pr. O.

Wenn die Motivirung eines Beweisanträge ablehnenden Gerichtsbeschlusses beim Hauptverfahren ersehen läßt, daß die Richter den Beweisantrag unrichtig auffaßten, oder daß sie ein Urtheil über den Erfolg der erheblichen Beweismittel fällten, ohne dieselben erhoben zu haben, ist das dadurch beeinflußte Urtheil aufzuheben. Erk. d. III. Straffen. v. 26. Juni 1880 (1287/80).

13. §. 244 Str. Pr. O.
Die Unterlassung der Vernehmung eines geladenen Zeugen nach Verzicht des Staatsanwalts und desjenigen Mitangeklagten, auf dessen Antrag der Zeuge geladen war, giebt den übrigen Mitangeklagten, welche einen Einwand gegen die Nichtvernehmung erhoben hatten, keine Beschwerde. Erk. d. III. Straffen. v. 16. Juni 1880 (1551/80).

14. §§. 244, 239, 240 Str. Pr. O.
Schriftstücke, die erst in der Sitzung übergeben werden, gehören nicht unter die herbeigeschafften Beweismittel, welche ohne Prüfung der Beweisbehelflichkeit erhoben werden müssen. — Fragen des Angeklagten oder Vertheidigers an Zeugen dürfen nicht wegen Unerheblichkeit, sondern nur wenn sie ungeeignet sind oder nicht zur Sache gehören, zurückgewiesen werden. Erk. d. III. Straffen. v. 26. Juni 1880 (1539/80).

15. §§. 248, 260, 272, 273 Str. Pr. O.
Urtheile, welche sich auf Beweisurkunden stützen, die nach Ausweis des Protokolls bei der Hauptverhandlung nicht verlesen wurden, eignen sich zur Aufhebung. Eine nachträgliche Constatirung der Verlesung im Protokoll ist unstatthaft. Erk. d. I. Straffen. v. 31. Mai 1880 (1264/80).

16. §§. 248, 273, 274 Str. Pr. O.
Ein Urtheil, welches sich auf schriftliche Beweismittel stützt, deren Verlesung im Sitzungsprotokoll nicht beurkundet ist, eignet sich zur Aufhebung. Erk. d. I. Straffen. v. 17. Juli 1880 (1410/80).

17. §§. 260, 266 Str. Pr. O.
Es ist nicht erforderlich, daß die Entscheidungsgründe eines Strafurtheils die Beweismittel angeben, auf welche sich die thatsächliche Feststellung des Urtheils gründet. Erk. d. II. Straffen. v. 14. Mai 1880 (832/80).

18. §. 263 Str. Pr. O.
Der Umstand, daß der Richter auch erwogen hat, ob die That, wegen welcher er freispricht, nicht unter einem anderen rechtlichen Gesichtspunkt strafbar ist, muß nur dann im Urtheil Ausdruck finden, wenn dies durch einen Antrag veranlaßt ist. Erk. d. I. Straffen. v. 3. Mai 1880 (1049/80).

19. §. 263 Str. Pr. O.
Nur wenn ein besonderer Antrag dies veranlaßt, zieht die Nichterwähnung des Umstandes in den Entscheidungsgründen, daß die That auch unter andern rechtlichen Gesichtspunkten als dem in der Anklage enthaltenen geprüft wurde, die Aufhebung des Urtheils nach sich. Erk. d. I. Straffen. v. 20. Mai 1880 (1230/80).

20. §§. 263, 264, 265 Str. Pr. O.
Wenn in dem das Hauptverfahren eröffnenden Beschluß das Delikt nur im Allgemeinen durch eine Hinweisung, daß eine Mehrheit von Fällen vorliege, bezeichnet war, kann die Verurtheilung nicht wegen einer Mehrheit von Fällen erfolgen. Erk. d. III. Straffen. v. 23. Juni 1880 (1519/80.).

21. §§. 263, 267, 273 Str. Pr. O.
Auf Abweichung zwischen den mündlich verkündeten und den schriftlich abgefaßten Urtheilsgründen kann eine Revision nicht gestützt werden und sind letztere allein maßgebend. Erk. d. III. Straffen. v. 2. Juni 1880 (285/80).

22. §. 264 Str. Pr. O.
Aussetzung der Hauptverhandlung auf Antrag des Angeklagten wegen Veränderung des rechtlichen Gesichtspunktes ist nur nach Ermessen des Gerichtshofes zu beschließen, wenn weder ein schwereres Strafgesetz noch ein Straferhöhungsgrund indizirt ist. Erk. d. I. Straffen. v. 3. Juni 1880 (1423/80).

23. §§. 264, 306, 391 Str. Pr. O.
Die Ergänzung der Fragen (§. 306 Abs. 2) kann sich auch auf Stellung neuer Neben- oder Hülfsfragen erstrecken, und liegt in der Fragestellung eine genügende Hinweisung des Angeklagten auf den veränderten rechtlichen Gesichtspunkt. Erk. d. I. Straffen. v. 10. Juni 1880 (1497/80).

24. §§. 264, 274 Str. Pr. O.
Durch die Anführung in den Entscheidungsgründen des Urtheils, der Vorschrift des §. 264 sei genügt, wird die Beurkundung im Protokoll, daß und in wie weit der Angeklagte auf die Veränderung des rechtlichen Gesichtspunkts in der Beurtheilung der That hingewiesen ist, nicht genügend ersetzt. Erk. d. I. Straffen. v. 14. Juni 1880 (1538/80).

25. §. 264 Str. Pr. O.
Die Hinweisung des Angeklagten allgemein darauf, daß die angeklagte That auch unter ein anderes Strafgesetz subsumiert werden könnte, wie in der Anklage geschah, entspricht nicht der Vorschrift des §. 264. Die Hinweisung muß das mögliche Weise anzunehmende Delikt und Strafgesetz bestimmt bezeichnen. Erk. d. II. Straffen. v. 22. Juni 1880 (1487/80).

26. §. 265 Str. Pr. O.
Die Ausdehnung der Verhandlung auf eine That, wegen welcher das Hauptverfahren nicht eröffnet war, kann nur erfolgen, wenn dem Angeklagten die That genau nach ihren gesetzlichen Merkmalen und dem darauf anzuwendenden Strafgesetz bezeichnet war. Erk. d. III. Straffen. v. 12. Mai 1880 (1108/80).

27. §. 266 Str. §. 259 Str. G. Bch.
Die alternative Feststellung eines wegen Hehlerei ergangenen Strafurtheils, daß der Angeklagte gewußt oder den Umständen nach habe müssen wissen, daß die von ihn an ihn gebrachten Sachen durch eine strafbare Handlung erlangt waren, ist zulässig. Erk. d. II. Straffen. v. 14. Mai 1880 (39/80).

28. §. 266 Str. Pr. O.
Ein Urtheil, welches sich auf Feststellung der abstrakten Thatbestandsmerkmale beschränkt, ohne die als erwiesen angenommenen Thatumstände anzuführen, auf welche sich die Schlußfeststellung nach dem Wortlaute der anzuwendenden Gesetzesstelle gründet, ist, als die rechtliche Prüfung des Urtheils ausschließend, nicht genügend motivirt. Erk. d. II. Straffen. v. 14. Mai 1880 (1150/80).

29. §. 266 Str. Pr. O.
Das Urtheil muß nicht nur die dem Gesetze entsprechenden Thatbestandsmerkmale feststellen, sondern auch die Thatsachen anführen, auf welche sich jene Feststellung gründet. Erk. d. II. Straffen. v. 25. Juni 1880 (1295/80).

30. §§. 292—295 Str Pr. O.
Die Fragestellung ist vom Vorsitzenden, eventuell vom Gericht nach Zweckmäßigkeit einzurichten und verstößt bei Anklage

wegen Körperverletzung mit tödtlichem Erfolg die Fragestellung, bei welcher die Hauptfrage die vorsätzliche Mißhandlung, die Nebenfragen die gemeinschaftliche Verübung durch Mehrere und den tödtlichen Ausgang betreffen, nicht gegen das Gesetz. Erk. d. III. Straffen. v. 12. Mai 1880 (1153/80).

31. §§. 344, 267 Str. Pr. O.

Auf Rechtsmittel kann vor Beginn der Rechtsmittelfrist wirksam nicht verzichtet werden. Sind die Urtheilsgründe nicht verkündet, so hat die Frist nicht begonnen. Beschl. d. II. Straffen. v. 1. Juni 1880 (VII. 54).

32. §. 376 Str. Pr. O.

Auf Umstände, welche der Staatsanwalt erst im Laufe der Revisionsfrist eruirt hat, und welche eine andere rechtliche Beurtheilung des Falls rechtfertigen würden, kann die Revision nicht begründet werden. Erk. d. III. Straffen. v. 2. Juni 1880 (1380/80).

33. §. 377 Ziff. 1 Str. Pr. O. §§. 61, 62, 66, 69 Gerichts-Verf.-Gef.

Die Einberufung eines ordentlichen Mitglieds der Strafkammer in eine Civilkammer, in der er Stellvertreter ist und dessen Ersatz durch einen zur Stellvertretung berufenen Amtsrichter bewirkt keine ungesetzliche Besetzung des Gerichts. Erk. d. III. Straffen. v. 5. Mai 1880 (983/80).

34. §. 377¹ Str. Pr. O., §§. 6, 69 Gerichts-Verf.-Gef.

Eine Strafkammer, in welcher bei der Aburtheilung eines Straffalls ein Hilfsrichter fungirte, welcher als solcher keinen Gehalt bezieht, ist nicht gesetzwidrig besetzt. Erk. d. III. Straffen. v. 19. Juni 1880 (1545/80).

35. §. 377⁴ Str. Pr. O.

Es begründet Revision des Urtheils, wenn ein Entlastungszeuge auf Antrag des Angeklagten zur Ladung bestimmt, aber nicht geladen war, und der Antrag auf Aussetzung der Verhandlung unbeachtet bleibt. Erk. d. III. Straffen. v. 5. Mai 1880 (1081/80).

36. §. 379 Str. Pr. O.

Gegen freisprechende Urtheile des Schwurgerichts hat der Staatsanwalt die Revision, wenn der Wahrspruch auf „Nichtschuldig" inkorrekt oder unvollständig oder zweideutig ist. Erk. d. II. Straffen. v. 11. Juni 1880 (1393/80).

37. §§. 381, 386 Str. Pr. O., §. 78 Gerichts-Verf.-Gef.

Die Revision gegen ein von einer amtsgerichtlichen Strafkammer erlassenes Urtheil kann auch beim Landgericht des Bezirks angemeldet werden. Beschl. d. II. Straffen. v. 4. Juni 1880 (Tgb. 1079/80).

38. §. 393 Str. Pr. O.

Wenn ein Strafurtheil wegen ungenügender thatsächlicher Feststellung aufgehoben wird, muß sich die neue Verhandlung und Feststellung auf den ganzen Thatbestand erstrecken und darf nicht ein Theil desselben aus den früheren Feststellungen herüber genommen werden, auch wenn die Aufhebung desselben nicht ausdrücklich erfolgt war. Erk. d. I. Straffen. v. 13. Mai 1880 (1098/80).

In gleichem Sinn entschied ein Erk. d. III. Straffen. v. 30. Juni 1880 (1398/80).

39. §. 453 Str. Pr. O.

Die Bestrafung einer That durch eine vollzogene polizeiliche Strafverfügung hindert nicht die nochmalige Aburtheilung unter der Qualifikation als Verbrechen oder Vergehen. Erk. d. III. Straffen. v. 2. Juni 1880 (1320/80).

III. Verschiedene Gesetze strafrechtlichen und strafprozessualen Inhalts.

1. §§. 69, 83 Gerichts-Verf.-Gef.

Ein zur Aushülfe beim Landgericht gesetzlich berufener Amtsrichter kann ohne Verstoß gegen das Gesetz auch beim Schwurgericht verwendet werden. Erk. d. I. Straffen. v. 20. Mai 1880 (1229/80).

2. §§. 33, 45, 46 Reichs-Gew.-Ordng. v. 21. Juni 1869.

Die Wittwe eines konzessionspflichtigen Gewerbsmannes bedarf keiner neuen Konzession, ebensowenig deren Stellvertreter. Jedoch hat die Polizeibehörde die Befugniß, letzteren wegen ungenügender Qualifikation zurückzuweisen. Erk. d. I. Straffen. v. 20. Mai 1880 (1206/80).

3. §. 52, 61¹ Reichsgef. v. 11. Juni 1870, den Schutz der Urheberrechte betr.

Als erschienen im Sinne des §. 61 gilt ein Werk, sobald es zum ersten Male erschienen ist. Verlagsartikel ausländischer Autoren bei inländischen Verlegern, welche vorher schon im Auslande erschienen waren, genießen, abgesehen von internationalen Verträgen, den Schutz des Gesetzes nicht. Erk. d. III. Straffen. v. 12. Juni 1880 (1450/80).

4. §§. 1, 4, 27 Reichsgef. v. 21. Mai 1872 wegen Erhebung der Brausteuer. Normativbestimmungen v. 1872.

Die unrichtige Führung des Brauregisters Seitens eines unter dem Vorbehalt der Nachversteuerung firirten Brauers, durch welche er Steuer hinterzieht, ist weder mit Defraudationsnoch mit der Betrugsstrafe, sondern lediglich mit einer Ordnungsstrafe zu belegen. Erk. d. III. Straffen. v. 26. Juni 1880 (1459/80).

Das Feld- und Forstpolizeigesetz im Hause der Abgeordneten der Preußischen Monarchie.
(Schluß.)

Dem Beschlusse der zweiten Lesung konnte aber der Vorwurf einer juristischen Fehlerhaftigkeit, wie wohl hie und da verlautete, nicht gemacht werden. Man muß sich nur vergegenwärtigen, daß es sich um Strafbestimmungen, nicht um Feststellung der Berechtigung selbst, handelt, und daß es gewiß nicht ungerechtfertigt war, dem armen Mann einen schwierigen Prozeß über bestehendes Recht nicht aufzunöthigen, ja vielmehr für straflos zu erachten, wenn er auch nur den leichteren Nachweis eines bestehenden Herkommens führe.

Es ist aber anzuerkennen, daß das obige Amendement eine gründliche Lösung in Aussicht stellte.

Leider ist die Hoffnung nicht in Erfüllung gegangen, daß das Herrenhaus diesen Auffassungen sich anschließen und dem §. 41 so annehmen werde. Es hat vielmehr, dem Wunsche der Königl. Staatsregierung, der auch schon im Hause der Abgeordneter von ihr ausgesprochen war, folgend, die ganze oben mitgetheilte vom Verfasser der Bestrafung des Sammelns der Kräuter, Beeren und Pilze handelnde Bestimmung des §. 41 Nr. 2 gestrichen, und das Abgeordnetenhaus hat, wohl unter dem Drucke, daß sonst das ganze Gesetz fallen möchte, dem schließlich zugestimmt.

So wären denn unter der, wohl nicht zweifelhaften Voraussetzung, daß das Gesetz, wie es von beiden Häusern des Landtags übereinstimmend beschlossen worden, nun auch von Sr. Majestät genehmigt werden werde, gerade das eingetreten, was so lebhaft von der anfänglichen Majorität des Hauses bekämpft wurde, daß nämlich die Königl. Staatsregierung (fußend auf § 1 Nr. 4 des Forstdiebstahlsgesetzes vom 15. April 1878, welcher bestimmt: „Das unbefugte Sammeln von Kräutern, Beeren und Pilzen unterliegt forstpolizeilichen Bestimmungen") diese ganze Angelegenheit nunmehr den Bezirks- und Localpolizeiverordnungen überlassen wird. Daß sie so verfahren würde, hat sie bei den Verhandlungen im Landtage mehrfach angekündigt. Möchten dann aber nun auch die Zusicherungen und Erwartungen Wahrheit werden, daß man dabei sich bewußt bleiben werde, wie sehr die Einwirkung solcher Verordnungen geeignet ist, bestehendes Recht zu verändern. Uns begleitet die Hoffnung, daß die Nahrung der ärmeren Bevölkerung für die Königl. Staatsregierung stets ein Gegenstand besonderer Fürsorge sein und bleiben muß.

Von den sonstigen Bestimmungen des Gesetzes gaben die §§ 18 bis 21, sowie der § 24 die meiste Veranlassung zum Widerspruch.

Der § 18 bestraft die Entwendung von Bodenerzeugnissen und umfaßt dabei nicht blos die schweren, sondern auch sehr leichte Fälle.

Danach fällt, dem Wortlaute nach, auch das Nehmen einer wildwachsenden Blume, eines Kleeblattes, einer Erdbeere vom Wege oder Graben unter das Strafgesetz.

Ein Versuch, die Strafbarkeit auf Bodenerzeugnisse einzuschränken, welche Gegenstand des Anbaues oder einer Nutzung von Seiten des Besitzers sind, fand bei der Mehrheit des Hauses keine Billigung.

Dagegen wurde in zweiter Lesung ein Amendement „Die Verfolgung tritt nur auf Antrag ein" angenommen.

Diese Bestimmung wurde aber in dritter Lesung auf die Fälle des § 370 Nr. 5 des Strafrechts, die Entwendung von Nahrungs- oder Genußmitteln von unbedeutendem Werthe oder in geringer Menge zum alsbaldigen Gebrauche eingeschränkt.

Freilich werden dadurch die leichten Fälle, in denen es sich nicht um Nahrungs- oder Genußmittel handelt, z. B. die Entwendung von Pflanzen, welche wild am Wege, im Graben, oder am Raude einer Wiese oder eines Feldstücks, oder im Walde auf Weiden und in der Stoppel wachsen, die der Thäter abbricht, weil er sich dafür wissenschaftlich interessirt, oder weil er sich damit schmücken will, nicht gedeckt. Indeß wird in solchen Fällen überhaupt eine Bestrafung nicht eintreten können, da zum Begriffe der Entwendung die Absicht der rechtswidrigen Zueignung gehört und diese überall da, wo der Thäter annehmen durfte, daß der Besitzer des betreffenden Grundstücks ihm die Handlung nicht verbieten werde, nicht vorliegt. (Vergleiche Oppenhof Reichsstrafgesetzbuch § 242 Nr. 40 Lex 46 § 7, Lex 77 pr. Dig: de furtis Lib. 47 Tit. 2 § 7 Inst. de obligationibus quae ex delicto nascuntur 4, 1. Gajus III, 197).

Von einer Seite her wurde, da zu den Motiven der Polizeistrafen auch die Erzwingung der vorgeschriebenen polizeilichen Ordnung ohne Rücksicht auf die moralische Schlechtigkeit der mit Strafe bedrohten That zu gehören pflegt, wiederholt der Versuch gemacht, einen direkten Ausspruch dieser Auffassung, welche auch andere Fälle des vorliegenden Gesetzes beeinflußt, von Seiten der Königlichen Staatsregierung für dies Polizeistrafgesetz zu erlangen. Die gewünschte direkte Erklärung geschah nicht, wohl aber ist aus den wiederholten Auslassungen des Ministers der landwirthschaftlichen Angelegenheiten sowohl als seiner Vertreter, insbesondere aus der Hinweisung, daß in § 1 der Vorlage ausdrücklich die Bestimmungen des Strafgesetzbuchs, also überall auch seine strafwissenschaftlichen Voraussetzungen, als die maßgebende Grundlage des Gesetzes bezeichnet sind, die Uebereinstimmung mit jener Auffassung wohl zweifellos zu entnehmen.

In ähnlicher Weise hatten die Bestimmungen des § 24, wonach derjenige bestraft werden soll, welcher Gras von Wegen, Triften oder an Gräben abrupft, oder wer Laub von Sträuchern oder Bäumen abbricht, Bedenken erregt. Auch dem Wortlaute der Vorschrift kann auch schon das bloße Abstücken eines Blattes oder eines Grashalms durch einen Unberechtigten Strafe hervorrufen. Das Abgeordnetenhaus milderte diese Bestimmung, indem es für die Strafbarkeit des Laubabpflückens das Moment der Beschädigung hinzufügte, wie denn auch schon die Kommission für alle Fälle der Strafanwendung des § 24 den Antrag des Berechtigten erfordert hatte. Für das Grasabrupfen ist freilich jene in der Voraussetzung des Schadens liegende Milderung nicht beschlossen worden. Indeß möchte auch hier, wie bereits angedeutet, der Begriff des Unbefugten im einzelnen Falle sich danach modificiren, ob der Handelnde sich bewußt sein durfte, daß der in keiner Weise beschädigte Besitzer, ohne unvernünftig zu sein, sich durch die Handlung nicht verletzt fühlen könne.

Die Hervorhebung gerade dieser Beziehungen ist um deswillen von Werthe, weil sie hier ebenso, wie in dem oben bei § 9 erörterten Falle, die Grenze berührt, wo bei Erlaß eines den Eigenthumsschutz beabsichtigenden Polizei-Strafgesetzes, die Rücksicht für den Schutz des wirthschaftlichen Privateigenthums aufhört, und die Frage beginnt, in wie weit der Gesetzgeber sich nun noch berufen sehen könne, der reinen Willkür des Eigenthümers neben dem Schutze, den derselbe durch das bürgerliche Recht ohnehin und dem Begriffe des Eigenthums gemäß erfährt, noch mit Strafbestimmungen beizustehen.

Von der einen Seite wurden solche Erwägungen als sozialistischen Ursprungs und als die Nichtbesitzenden zu der Begierde anreizend, an dem Genusse des Besitzthums Anderer Theil zu nehmen, bezeichnet, während von der anderen Seite davor gewarnt wurde, die bestehenden sozialen Gegensätze durch unnöthige Strafbestimmungen noch zu verschärfen. Jedenfalls dürfte die Rücksicht wohl berechtigt sein, daß, wo es sich um einen Schutz des Privateigenthums handelt, dieser Schutz da überflüssig ist, wo man von einem vernünftig denkenden Eigenthümer annehmen kann, daß er selbst diesen Schutz nicht verlange. Das Gesammtresultat der Verhandlungen des Landtages über den Entwurf des Feld- und Forstpolizeigesetzes ist nun das gewesen, daß neben Festhaltung der Bestimmungen, auf welche die Königl. Staatsregierung besonderen Werth legte, im Einzelnen verschiedene sich bei näherer Beleuchtung herausstellende Härten wesentlich gemildert sind. So sollte, nach § 4 der Vorlage, die Bestimmung des Strafgesetzbuchs (§ 57

Nr. 6), wo für jugendliche Angeschuldigte in besonders leichten Fällen eines Vergehens oder einer Uebertretung die Möglichkeit gegeben ist, nur auf Verweis zu erkennen, für Feld- und Forstpolizeisachen dies ausgeschlossen sein. Diese Ausschließung hat das Haus aufgehoben, obwohl es die Rücksicht, daß gerade die Jugend von der Begehung der Feld- und Forstfrevel, wozu sie so leicht hinneigt, durch die Strafe abgeschreckt werden müsse, dadurch anerkannte, daß es die im Strafgesetzbuche allgemein vorgeschriebene Ermäßigung der für jugendliche Uebelthäter zu verhängenden Strafen für die Fälle der Vorlage nicht gestattete. Bei einer Reihe von Fällen geringerer Bedeutung hat das Haus die Strafverfolgung von dem Antrage des Verletzten abhängig gemacht und allgemein hinzugefügt, daß überall auch die Zurücknahme des Antrags die weitere Verfolgung verhindern solle.

Es erübrigt, nicht auf das Detail dieser Aenderungen weiter einzugehen, ebensowenig die Kritiken zu wiederholen, die in Bezug auf Einzelheiten eine vollständige Erledigung noch nicht gefunden zu haben scheinen. Die von beiden Häusern des Landtags genehmigte Vorlage dürfte jeden Falls darin ihren besonderen Werth haben, daß sie, der Mannigfaltigkeit der in der Monarchie geltenden sowohl allgemeinen Landes-, als der bezirklichen und localen Polizeiverordnungen überall da ein Ende machen wird, wo sie einen Gegenstand berührt, der in ihr geregelt worden ist.

Berlin.   Fiebiger.

Eine durch Arrestvollziehung erwirkte Rechtshandlung, die ohne oder wider Willen des Gemeinschuldners erfolgt ist, gehört zu den nach §. 23 Abs. 1 K. K. O. anfechtbaren Rechtshandlungen.

Erk. vom 2. Juni 1880 i. S. Schönewelß c. Gogarten 506/80 V.

Der Beklagte hat nach der Zahlungseinstellung des Gemeinschuldners einen durch Abpfändung von Sachen vollzogenen Arrest erwirkt. Die Konkursmasse hat diese Rechtshandlung angefochten und in dem Vorinstanzen ein obsiegliches Urtheil erwirkt. In den Gründen des Berufungsrichters ist die Vorschrift §. 23 Nr. 2 der Deutschen Konkurs-Ordnung für anwendbar erachtet unter gleichzeitiger Hinweisung auf §. 28 daß., und ausgeführt, daß danach auch eine durch Arrestvollziehung erwirkte Rechtshandlung, die ohne oder wider Willen des Gemeinschuldners erfolgt ist, anfechtbar sei, und daß die übrigen Voraussetzungen der benannten Vorschrift, eine innerhalb der bestimmten Frist vor dem Eröffnungsantrage, ja selbst mit Kenntniß von der bereits erfolgten Zahlungseinstellung, vorgenommene Rechtshandlung, die Erwerbung einer von dem Beklagten damals noch nicht zu beanspruchen gewesenen Sicherheit, nämlich eines mit der Pfändung verbundenen Pfandrechts für einen angeblichen Anspruch auf Wechseleinlösung, und der Mangel des nachgelassenen Beweises guten Glaubens vorliegen, die Beschlagnahme somit den Konkursgläubigern gegenüber unwirksam sei. Der Beklagte hat die Revision eingelegt, dieselbe ist jedoch vom Reichsgericht zurückgewiesen.

Gründe:

Der dem Berufungsgerichte gemachte Vorwurf einer unrichtigen Anwendung und Auslegung der §§. 22, 23 Nr. 2, 28 der Deutschen Konkurs-Ordnung ist nicht begründet.

Die Anwendbarkeit der Bestimmungen dieses neuen Gesetzes auf den vorliegenden Fall, in welchem sowohl die Konkurseröffnung, wie die angefochtene Rechtshandlung in die Zeit nach 1. Oktober 1879 fällt, ist unbedenklich — §. 1, 9 Einführ.-Gesetz vom 10. Februar 1877. — Die Ausführung der Beschwerde geht auch nur dahin, daß nach dem Laute und Sinne jener Vorschriften Rechtshandlungen, bei denen der Gemeinschuldner in seiner Weise mitgewirkt hat, einer Anfechtung nicht unterliegen.

Der Wortlaut unterstützt diese Ansicht nicht. Der §. 22 a. a. O. bezeichnet die vor der Konkurs-Eröffnung vorgenommenen Rechtshandlungen überhaupt als anfechtbar, und der §. 23 unterscheidet bei der näheren Bestimmung anfechtbarer Rechtsakte die von dem Gemeinschuldner vorgenommenen Rechtsgeschäfte und erfolgte Rechtshandlungen ohne Rücksicht auf den Handelnden.

Ueber den Sinn dieser Unterscheidung, den Zusammenhang der Anfechtungsbestimmungen und den Grund der Vorschriften §§. 23, 28 geben die Motive zum Entwurfe der Konkurs-Ordnung, gedruckt Berlin 1875, und die Verhandlungen der Reichstags-Kommission vollständige Auskunft.

Der allgemeine Grund der Bestimmungen über die Anfechtung im Konkurse beruht nach den Motiven — S. 111—112 a. a. O. — in dem Gedanken, daß bei materiell vorhandenem Konkurse die Gläubiger ein Recht auf gemeinsame Befriedigung aus der vorhandenen Vermögensmasse haben, dies Recht durch eine absichtliche vorzugsweise Befriedigung einzelner Gläubiger verletzt werde, und daher die darauf abzielenden bewußten Handlungen, gleichviel ob sie vom Gläubiger oder Schuldner getroffen werden müssen. In diesem Sinne war der unverändert gebliebene §. 22 des Entwurfs und der §. 23 desselben, welcher als anfechtbar bezeichnete:

„die von dem Gemeinschuldner an einen Konkursgläubiger vorgenommenen Leistungen, wenn der andere Theil ꝛc. die Leistung in Empfang nahm"

und „die ꝛc. vorgenommenen Rechtshandlungen des Gemeinschuldners", welche

einem Konkursgläubiger eine — nicht zu beanspruchende — Sicherung oder Befriedigung gewähren,

aufzufassen, und die Motive — S. 119—120 a. a. O. — bemerkten dazu noch ausdrücklich, daß es gleich stehe, ob die verletzende Leistung freiwillig, oder auf Drängen des Gläubigers oder im Wege der Zwangsvollstreckung und des Arrestes erfolgt sei, ob der Gläubiger die Leistung vom Schuldner annehme oder sie demselben abzwinge, da auch in letzterem Falle der Schuldner sie durch Vertretung aus seinem Vermögen leiste; der hiervon abweichenden auf der Preußischen Konkursordnung beruhenden Rechtsprechung müsse entgegengetreten werden, und der §. 28 des Entwurfs, welcher unverändert in das Gesetz übergegangen ist, würde in dieser Beziehung jeden Zweifel abschneiden. Nach diesem §. 28 sei es gleichgültig, ob für die anzufechtende Handlung schon ein vollstreckter Titel erlangt war, und ob sie rechtlich erzwungen werden konnte, und insofern entspreche er auch den in der Preußischen Konkurs-Ordn. enthaltenen Grundsätzen — S. 144 daselbst.

Diese deutlichen Erklärungen befriedigten aber der Fassung des Entwurfs gegenüber die Reichstagskommission bei der Berathung des Gesetzes nicht, diese setzte vielmehr, „um zu konstatiren, daß unter §. 23 auch die durch Vermittelung des Gerichts vollstreckte Sicherung und Befriedigung falle", die jetzige Fassung des Gesetzes in §. 23 an die Stelle des Entwurfs, und damit ist auch die Meinung, daß §. 23 nur Rechtshandlungen, bei denen der Schuldner sich betheiligt habe, im Auge habe, gänzlich unhaltbar geworden.

vergl. Petersen Konkurs-Ordnung S. 133—4, 160, Sarwey dieselbe S. 132, 136, v. Wilmowski dies. S. 112 u. 113, v. Völderndorf Kont.-Ord. I. 276, 333. Insbesondere läßt sich für diese Auffassung nicht aus dem Schlusse des §. 23 Nr. 2, wonach der betreffende Gläubiger auch sein Wissen um eine Begünstigungsabsicht des Gemeinschuldners zu widerlegen hat, ein Argument herleiten. Dieser Gegenbeweis bezieht sich auf diejenige mögliche Kollusion von Gläubiger und Schuldner, welche schon binnen der kritischen Zeit vor der Zahlungseinstellung oder dem Eröffnungsantrag stattgefunden hat — Sarwey a. a. O. S. 141 —; aber in Bezug auf eine vom Gläubiger erzwungene Rechtshandlung undenkbar ist und die Kollusionsabsicht schon durch die Beschaffenheit der Handlung widerlegt wird, kann sich nur in die Einzelfalle beurtheilen lassen; könnte aber auch eine dahin gehende allgemeine Behauptung aufgestellt werden, so würde sich daraus doch niemals der Schluß ziehen lassen, daß §. 23 a. a. O. erzwungene Rechtshandlungen nicht zum Gegenstande habe, und daß dieselben unanfechtbar seien, auch wenn sie der Gläubiger in voller Kenntniß der geschehenen Zahlungseinstellung und des Antrags auf Konkurseröffnung veranlaßt hat.

Kann hiernach von der Seiten des Revisionsklägers behaupteten Einschränkung des Gegenstandes der Anfechtung nicht die Rede sein, so können bei dem Thatbestande des Vorderurteils Bedenken gegen die Anwendbarkeit des §. 23 Nr. 2 a. a. O. nicht vorhanden sein. Der Beklagte hat binnen der kritischen Frist, und sogar nach der Zahlungseinstellung des Gemeinschuldners einen durch Abpfändung von Sachen vollzogenen, ein Pfandrecht — §. 810, 709 Civil-Prozeß-Ordnung — begründenden, Arrest erwirkt; er hatte diese Sicherstellung für seinen Anspruch auf Wechseleinlösung, selbst wenn derselbe fällig war, zur Zeit der Arrestlegung nicht zu beanspruchen, weil eine Verpflichtung des Schuldners zu solcher Sicherstellung damals nicht bestand.

v. Wilmowski a. a. O. S. 113, Petersen a. a. O. S. 135. Motive a. a. O. S. 127, und er hat den Beweis seines guten Glaubens zu führen nicht einmal versucht. Die Beschlagnahme der Eisenwaaren ist daher mit Recht als den Konkursgläubigern gegenüber unwirksam erklärt und aufgehoben.

Personal-Veränderungen.

Zulassungen.

Ferdinand Eberwein zu Bensheim bei dem Amtsgericht in Zwingenberg; — Jacob Langermann bei dem Amtsgericht in Kitzingen; — Eduard Jordan bei dem Amtsgericht in Nereheim; — Justizrath Hermann Rebe zu Zeitz bei dem Landgericht in Rudolstadt; — Emil Langfeldt bei dem Landgericht in Güstrow; — Richard Gröger bei dem Landgericht in Schweidnitz; — Bennewitz bei dem Landgericht in Halle a/S.; — August Hertel bei dem Landgericht in Nürnberg; — Louis Cohn bei dem Landgericht in Görlitz; — D. Asmussen in Detmold bei dem Oberlandesgericht in Celle;

— Emil Langfeldt hat seinen Wohnsitz von Rostock nach Güstrow verlegt.

In der Liste der Rechtsanwälte sind gelöscht: Justizrath Neumann bei dem Kammergericht in Berlin; — Franz Haas in Mainz bei dem Oberlandesgericht in Darmstadt; — Doetle in Kulel bei dem Landgericht in Schneidemühl; — Schurich bei dem Landgericht in Bromberg; — Couchpin bei dem Landgericht in Mülhausen; — Jacob Langermann bei dem Landgericht in Nürnberg.

Ernennungen.

Zu Notaren: Im Bezirk des Kammergerichts in Berlin: Gerichtsassessor Hildebrandt in Insterburg vom 1. Oktober d. J. ab unter Zulassung zur Rechtsanwaltschaft bei dem Amtsgericht in Beeskow und Rechtsanwalt und Notar Kroelke in Johannisburg unter Zulassung zur Rechtsanwaltschaft bei dem Amtsgericht in Havelberg und dem Landgericht in Neu-Ruppin mit Anweisung seines Wohnsitzes in Havelberg; im Bezirk des Landgerichts in Göttingen Rechtsanwalt Marcard in Osterode. Zum Amtsrichter: Rechtsanwalt Stiegert in Kosten zum Amtsrichter in Posen.

Justizrath Reichert zu Thorn ist als zweiter Bürgermeister in Görlitz gewählt und bestätigt worden.

Todesfälle.

Julius Dreves in Detmold; — Justizrath Wiedemhöver in Warendorf.

Für die Redaktion verantw.: G. Haenle. Verlag: W. Moeser, Hofbuchhandlung. Druck: W. Moeser, Hofbuchdruckerei in Berlin.

№ 19. Berlin, 1. Oktober. 1880.

Juristische Wochenschrift.

Herausgegeben von

S. Haenle,
Rechtsanwalt in Ansbach.

und

M. Kempner,
Rechtsanwalt beim Landgericht I. in Berlin.

Organ des deutschen Anwalt-Vereins.

Preis für den Jahrgang 12 Mark. — Inserate die Zeile 30 Pfg. — Bestellungen übernimmt jede Buchhandlung und Postanstalt.

Wir bringen nachstehend einen Fragebogen, welcher die Sammlung von statistischem Material zur Pensionskasse bezweckt. Der Fragebogen ist von Herrn Professor Dr. Heym (siehe Nr. 12 der Juristischen Wochenschrift)
verfaßt und soll im October d. J. an alle Collegen versandt werden. Die Antworten sollen an den Schriftführer gehen.
Wir bitten die Vereinsmitglieder dringend, in den Kreisen ihrer speciellen Collegen dahin zu wirken, daß die Antworten von Allen und möglichst vollständig gegeben werden. Es muß darüber Klarheit gewonnen werden, ob und
unter welchen Voraussetzungen eine Anwalts-Pensionskasse mit erfolgreicher Wirksamkeit ins Leben treten kann.
Ohne Beschaffung einer gehörigen statistischen Grundlage ist eine Beurtheilung in dieser Hinsicht nicht möglich.
Die gewonnenen Resultate sollen in der Juristischen Wochenschrift mitgetheilt und auch den Collegen, welche den
Fragebogen beantwortet haben, aber nicht Vereinsmitglieder sind, durch Separatabdrucke zugänglich gemacht werden.

Herr

Rechtsanwalt in

wird ersucht, behufs der Errichtung einer Pensionskasse für die Sachwalter im deutschen Reiche die folgenden Fragen nebenstehend
zu beantworten.

1. Wann sind Sie geboren?
2. Wann ist Ihre Gattin geboren?
3. Wann sind Ihre gegenwärtig lebenden Kinder geboren, zugleich unter Angabe des Geschlechts?
4. Stammen die vorstehend genannten Kinder aus einer Ehe?
5. Sind Ihre Gesundheitsverhältnisse gegenwärtig von der Art, daß Sie, falls Sie bei einer Invalidenpensionskasse betheiligt wären, noch lange nicht daran denken, Ihre Pensionirung zu beantragen?
6. Oder findet das Gegentheil statt, und nach welcher Zeit von jetzt an gerechnet würden Sie wahrscheinlich die Pensionirung
beantragen müssen?
7. Oder befinden Sie sich schon gegenwärtig und seit wann in vollständig oder fast vollständig arbeitsunfähigem Zustande,
der voraussichtlich ein bleibender sein wird?
8. Welche Invalidenpension würden Sie Ihren Vermögensverhältnissen gemäß wünschen?
9. In gleicher Weise, welche Wittwenpension im Falle Ihres Todes?
10. Endlich in welcher Weise, welche Waisenpensionen und bis zu welchem Lebensalter der Kinder gehend?
11. Würden Sie, falls die zu errichtende Pensionskasse wirklich ins Leben tritt, zur Begründung eines eisernen, der Pensionskasse gehörigen Fonds einen einmaligen oder laufenden Beitrag gewähren und von welcher Höhe, ohne aus dieser
Leistung bei einstiger Gewährung von Pension an die Kasse eine Forderung zu stellen?

Ort: Unterschrift:

Datum:

Ueber die Wirkungen eines den gesetzlichen Be-
stimmungen zuwider erlassenen Zahlungsbefehls.

Das siebente Buch der C. P. O., das Mahnverfahren betreffend, macht die Erlassung eines Zahlungsbefehls positiv von
dem Vorhandensein gewisser materieller und formeller Erfordernisse
abhängig und verlangt andererseits die Abwesenheit bestimmter

Umstände. Dieser doppelten Prüfung muß demgemäß jedes Gesuch um Erlassung eines Zahlungsbefehls unterworfen werden. Wie aber, wenn ohne eine solche Prüfung trotz des Nichtvorliegens der gesetzlichen Voraussetzungen der Zahlungsbefehl erlassen wird und ohne Widerspruch bleibt? Der Gesetzgeber scheint ein solches Vorkommniß nicht für möglich und seine gesetzliche Regelung nicht für erforderlich erachtet zu haben, die §§ 628, 630 sind leges imperfectae. Unter den Commentatoren ist es allein Endemann III S. 82, 91, welcher jene Frage aufwirft und ihre Beantwortung versucht. Er glaubt nicht annehmen zu dürfen, daß ein solcher Zahlungsbefehl eo ipso nichtig und für den Schuldner unbeachtlich sei, und motivirt dies damit, daß zur Geltendmachung der Nichtigkeit durch Einrede im Zwangsvollstreckungsverfahren kein Platz bleibe. Die Richtigkeit dieser Deduktion kann zugegeben werden, aus ihr folgt aber nicht, daß ein gegen die Gesetze erlassener Zahlungsbefehl die vollen Wirkungen eines gültigen ausübe. Hierbei darf nämlich nicht außer Acht gelassen werden, daß die Zwangsvollstreckung nicht an den Zahlungsbefehl anschließt, sondern lediglich auf Grund des Vollstreckungsbefehls erfolgt; dieser hat aber nach § 640 die Natur eines (und zwar auf Versäumniß erlassenen) Endurtheils und wird, wie jedes andere Versäumnißurtheil, durch unbenutzten Ablauf der Einspruchsfrist rechtskräftig und unanfechtbar, selbst wenn es unter Verletzung wesentlicher Vorschriften ergangen sein sollte. Es läßt sich also aus der Thatsache, daß gegen einen rechtskräftig gewordenen Vollstr.-Befehl die Richtigkeit des Zahlungsbefehls nicht mehr eingewendet werden kann, noch nicht folgern, daß der gesetzwidrige Zahlungsbefehl vollwirksam wäre. Die Wirkungen eines gültigen z. B. äußern sich nach einer doppelten Richtung:

1) daß auf Grund dessen nach Ablauf der Widerspruchsfrist der Vollstr.-Befehl ertheilt werden muß und

2) daß mit der Zustellung die Rechtshängigkeit begründet wird.

Wir haben daher zu prüfen, ob diese Wirkungen auch bei einem gegen die gesetzlichen Vorschriften erlassenen Zahlungsbefehl eintreten.

Bezüglich der Wirkungen ad 1 scheint unsere Frage durch den § 639 ihre Lösung gefunden zu haben. Nach der Vorschrift desselben muß der Z. B. nach abgelaufener Widerspruchsfrist für vorläufig vollstreckbar erklärt werden; der Richter wird also zu dieser Erklärung unbedingt verpflichtet, seine Cognition soll sich nach den Motiven auf die Feststellung der formellen Voraussetzungen für den Erlaß des Urtheils beschränken. Bringt man hiermit noch die in dem Zahlungsbefehl aufzunehmende Warnung „bei Vermeidung sofortiger Zwangsvollstreckung" in Verbindung, so kann man sich kaum der Annahme verschließen, als ob der Richter die Vollstreckbarkeitserklärung auch zu Grunde verlagen dürfe, weil er erst jetzt den Anspruch für sachlich unbegründet oder die Voraussetzungen des Mahnverfahrens nicht für vorhanden erachte. Gleichwohl kann diese Annahme nicht durchweg als richtig anerkannt werden. Es läßt sich zunächst nicht annehmen, daß das Gesetz dem Richter die Vornahme von nichtigen Akten, von Entscheidungen auferlegen wolle, welche durch bloßen Widerspruch in das Nichtsein zurückfallen, denn sie entstanden sind. Sodann ist nicht zu übersehen, daß nach der Construktion des Mahnverfahrens das Hauptgewicht auf den

Vollstr.-Befehl zu legen ist; der Zahlungsbefehl ist gleichsam nur eine Anfrage an den Schuldner über die Richtigkeit der vorgebrachten Behauptungen, welche im Falle der Versäumnung für zugestanden gelten und aus denen das Facit in Gestalt des als Versäumnißurtheil anzusehenden Vollstr.-Befehls gezogen wird. Ist nun im Versäumnißverfahren des ordentlichen Prozesses nach § 296' eine Abweisung der Klage nicht ausgeschlossen, warum sollte nicht auch die Vollstreckbarkeitserklärung abgelehnt werden dürfen, wenn bei nachträglicher Prüfung ein Hinderniß angetroffen wird, welches ursprünglich nicht vorhanden war oder übersehen wurde? Man denke nur an den gewiß seltenen, aber immerhin möglichen Fall, in welchem ein Zahlungsbefehl ohne Bezeichnung der Unterschrift des Gerichts erlassen und zugestellt wurde. Sollte auch hier der Vollstr.-Befehl ertheilt werden müssen, obgleich der Schuldner das betr. Gericht gar nicht kannte, auch nicht annehmen konnte, daß es sich um eine ernstlich gemeinte, richterliche Anordnung handle? Wie ferner wenn der Schuldner nach Erlaß des Zahlungsbefehls aus dem Gerichtsbezirke verzieht und die Zustellung an seinem neuen Wohnsitze entgegennimmt, das Hinderniß also erst nachträglich eingetreten und bekannt geworden ist, eine prorogatio fori aber nach § 40 l. f. nicht eintreten kann, oder wenn endlich der Zahlungsbefehl wegen einer nichtigen Schuld (z. B. Spielschuld) erlassen ist? U. E. kann in diesen und ähnlichen Fällen die Vollstreckbarkeitserklärung verweigert werden. Eine unbillige Härte gegen den Gläubiger liegt offenbar nicht vor, denn er hat es ja in der Hand, den mangelhaften Zahlungsbefehl zur Ergänzung zurückzureichen. — Das hier gefundene Resultat steht mit den Motiven und dem Wortlaute § 639 keineswegs im Widerspruch. Erstere besagen (S. 385 zu § 592 des Entw.):

„Die sachliche Prüfung, ob der Anspruch in sich begründet ist, erfolgt bereits bei Erlaß des Zahlungsbefehls; sucht nach abgelaufener Frist der Gläubiger die Vollstreckbarkeitserklärung nach, so beschränkt sich die richterliche Cognition sachgemäß auf die Feststellung der formellen Voraussetzungen für den Erlaß des Urtheils."

Sie haben also den regelmäßigen Fall einer vorangegangenen sachlichen Prüfung im Auge und denken nur aus, daß in diesem (vorausgesetzten) Fall der Richter bei Erlaß des Vollstr.-Befehls nur eine formelle Thätigkeit entwickeln werde. Ein Gebot, sich hierauf zu beschränken, ist in ihnen nicht enthalten. Selbst die etwas schärfer gehaltenen Worte der Motive S. 382 i. f. „da der Vollstreckungsbefehl ohne sachliche Prüfung auf die bloße Thatsache des Fristablaufs hin zu ergehen hat" haben den regelmäßigen Fall zur Voraussetzung und wollen ihrem ganzen Zusammenhange nach ein Verbot der nachträglichen Prüfung nicht aufstellen. Demgemäß sind wir auch berechtigt, den Ausdruck in § 639 „der Zahlungsbefehl" dahin auszulegen, daß darunter nur der nach sachlicher Prüfung unter Beobachtung der gesetzlichen Bestimmungen ergangene zu verstehen ist. Selbstverständlich wird die Vollstreckbarkeitserklärung auch aus wesentlichen Mängeln versagt werden dürfen, z. B. wegen Unzuständigkeit des Gerichts, Nichtigkeit, Bedingtheit oder Betagtheit des Anspruchs, mangelnder Prozeßfähigkeit des Gläubigers oder Schuldners; dagegen gehört nicht dahin Mangel in der Bezeichnung des Standes oder Gewerbes, mangelhafte Substantiirung. —

Was die Rechtshängigkeit anlangt, so bestimmt § 638, daß sie mit der Zustellung des Zahlungsbefehls eintrete. Denn da der letztere den für die Klagschrift vorgeschriebenen Inhalt in sich aufnehmen muß, so enthält seine Zustellung die Zustellung der Sache nach auch die Zustellung der Klage und begründet somit die Rechtshängigkeit (Motive S. 382); daraus folgt, daß, sofern der Zahlungsbefehl die Erfordernisse des § 630 ad 1—3 (Bezeichnung der Parteien, des Gerichts und des Anspruchs) enthält, die Litispendenz eintritt, mögen im übrigen die Erfordernisse der § 628, 629 verletzt sein.   M-n.

Zur Anwaltsgebührenordnung.

I. Für die Thätigkeit in der Zwangsvollstreckung stehen dem Rechtsanwalt nach § 23 Nr. 2 der Gebührenordnung drei Zehntheile der daselbst in den §§ 13—18 bestimmten Gebühren zu. Die angezogenen Paragraphen behandeln die verschiedenen Arten der Gebühren und die mannigfachen Sätze derselben. Von diesen Vorschriften enthält § 13 offenbar die Hauptregeln. Er bezeichnet nämlich zunächst die vier Bauschgebühren, welche die anwaltliche Thätigkeit in bürgerlichen Rechtsstreitigkeiten zu vergüten bestimmt sind; auf diese „im § 13 benannten Gebühren," nämlich die Prozeßgebühr, Verhandlungsgebühr, Beweisgebühr und Vergleichsgebühr, weisen auch die wichtigen Bestimmungen der §§ 25 und 29 a. a. O. hin. § 13 giebt ferner an, für welche der verschiedenen Funktionen der Thätigkeit des Rechtsanwalts jede der vier Bauschgebühren als Vergütung gelten soll. Derselbe Paragraph setzt endlich noch die Höhe der vier Bauschgebühren in ihrem Normalbetrage fest. Die nach diesen drei Richtungen hin bestimmten Gebühren können sich aber noch entsprechend der Verminderung oder weiteren Ausdehnung der zu Grunde liegenden Mühwaltung in ihrem Betrage ermäßigen, beziehungsweise erhöhen; diese Modifikationen sind in den Vorschriften der §§ 14—18 gegeben. Hiernach soll sich z. B. die Thätigkeit in der mündlichen Verhandlung honorirende Verhandlungsgebühr auf die Hälfte ermäßigen, soweit die Verhandlung nicht kontradiktorisch gewesen ist.

Gewährt die Gebührenordnung einen Bruchtheil der in den §§ 13—18 bestimmten Gebühren, so ist also nicht etwa nur der bezügliche Theil von dem Satz des § 9 zu erheben, sondern es kann je nach der Art und dem Umfange der anwaltlichen Thätigkeit eine jede der obengenannten vier Bauschgebühren einzeln aber nebeneinander, liquidirt werden. Der vorgesehene Bruchtheil ist dann von demjenigen Betrage zu berechnen, auf welchen nach Lage der Sache die betreffende Bauschgebühr gemäß den Bestimmungen der §§ 13—18 sich stellen würde.

Nach § 29 der Gebührenordnung umfassen die genannten vier Bauschgebühren die gesammte Thätigkeit des Anwalts in der Instanz, wie letztere sich zum Zweck der Gebührenerhebung abgrenzt. Es geht hieraus hervor, daß die als Unterlage und Maßstab der Gebührenansatz geltende Thätigkeit in dieser Instanz selber ausgeübt sein muß und die dem Beginn der Instanz vorausgegangene Thätigkeit bei der Berechnung der Gebühren völlig unberücksichtigt bleibt. Danach wird es für die Zwangsvollstreckungsinstanz ohne Einfluß sein, in welcher Weise der Anwalt im vorhergegangenen Prozeßverfahren thätig

gewesen ist; bei der Gebührenerhebung für die Zwangsvollstreckungsinstanz kommt vielmehr nur die in dieser Instanz ausgeübte Thätigkeit zur Geltung. Der Prozeßbevollmächtigte in der Zwangsvollstreckungsinstanz ist somit zunächst wohl immer befugt, die Prozeßgebühr und zwar nach § 23 Nr. 2 nur zu drei Zehntheilen des vollen Gebührensatzes, hier also ³/₁₀ des Satzes § 9, zu liquidiren. Insoweit ferner in derselben Instanz auch eine mündliche Verhandlung oder eine Beweisaufnahme stattgefunden hat, kommen dafür, wenn der Rechtsanwalt derselben in Vertretung seines Mandanten beigewohnt hat, ebenso ³/₁₀ der Verhandlungs- bezw. Beweisgebühr, hier also ⁶/₁₀ bezw. ³/₁₀ des Satzes § 9 zum Ansatz. Diese Sätze ermäßigen aber erhöhen sich, insoweit die Voraussetzungen in den §§ 14—18 der Gebührenordnung vorliegen.

II. Nach § 21 des Einführungsgesetzes zur Civilprozeßordnung ist eine vor dem Inkrafttreten der Civilprozeßordnung, also vor dem 1. Oktober 1879 anhängig gewordene Zwangsvollstreckung nach den bisherigen Prozeßgesetzen zu erledigen; auf eine jede seit dem 1. Oktober 1879 anhängig gewordene Zwangsvollstreckung finden mithin die Vorschriften der Civilprozeßordnung Anwendung, und zwar ohne Unterschied, ob die Zwangsvollstreckung aus einem vor oder nach diesem Tage begonnenen, also nach ältern oder neuen Vorschriften verhandelten Rechtsstreit hervorgeht. Letzteres ergiebt sich klar aus dem Zusammenhange der §§ 18 und 21 a. a. O.; nach § 18 sind auf die Erledigung der vor dem 1. Oktober 1879 anhängig gewordenen Prozesse die bisherigen Prozeßvorschriften eine bis zur rechtskräftigen Entscheidung anzuwenden, die Zwangsvollstreckung ist hiernach nicht mit inbegriffen, vielmehr der besonderen Regelung durch § 21 überlassen. (Siehe auch Entscheidung des Hanseatischen Oberlandesgerichts, II. Civil-Senat, vom 14. Mai 1880. — Deutsche Juristen-Zeitung Nr 24.)

Die in der Reichs-Anwaltsgebührenordnung vorgesehenen Vergütungen stehen nun dem Anwalt für jedes gerichtliche Verfahren zu, sofern auf dasselbe die Civilprozeßordnung Anwendung findet (§ 1). Die nach den §§ 13, 25 der Gebührenordnung für die Instanz zu erhebenden Gebühren sind also auch in der Zwangsvollstreckung aus einem Urtheil, welches nach dem 1. Oktober 1879 ergangen ist, aber eine vor diesem Tage bereits anhängig gemachte Klage entschieden hat, zu liquidiren; denn nach § 31 der Gebührenordnung bildet für den Gebührenansatz die Zwangsvollstreckung für sich eine Instanz, bezw. besondere Instanzen.

III. Es kommt öfters vor, daß Geschäftsleute u. a., welche in mißliche Verhältnisse gerathen sind und doch die Eröffnung des gerichtlichen Konkurses vermeiden wollen, die Hülfe eines Rechtsanwalts in Anspruch nehmen, um sich durch einen sogen. außergerichtlichen Accord mit ihren Gläubigern abzufinden. Es ist die Frage, nach welchen Normen der Anwalt, welcher eine derartige, dem Konkursverfahren ähnliche Abwickelung von Schuldverhältnissen besorgt, für seine Mühwaltung Gebühren zu beanspruchen hat. Die Bestimmungen der Anwaltsgebührenordnung sind auf die Berechnung der Gebühren für die Thätigkeit vorliegender Art zweifelsohne nicht anwendbar; denn es handelt sich hier weder um ein Verfahren vor den ordentlichen Gerichten, da die private Abwickelung ohne Vermittelung der Gerichte und gerade zu dem Zwecke geschieht, um die Regelung der Sache den Gerichten zu entziehen, noch um ein Verfahren, auf welches die Reichsprozeßordnungen Anwendung finden, da die Verhandlungen auf dem Wege der freien, privaten Abmachung erfolgen. Diese beiden Voraussetzungen müssen aber nach der Vorschrift des §. 1 der Gebührenordnung zutreffen, wenn die Bestimmungen derselben zur Anwendung gelangen sollen. Soweit das Reichsgesetz nicht Platz greift, bleiben die landesgesetzlichen Taxbestimmungen auch fernerhin in Kraft, nach diesen ist also für die in Rede stehende Mühewaltung zu liquidiren. Eine mit Vorstehendem übereinstimmende Auffassung hat auch die mit der Vorberathung des Entwurfs der Anwaltsgebührenordnung betraut gewesene Reichstagskommission unter Zustimmung der Regierungskommissare in einer sogen. Konstatirung bekundet. 　　　Pf.

Die Legitimation eines Wechselinhabers nach Verfall und Protest kann nicht durch ein vor Verfall ertheiltes Blankoindossament hergestellt werden. Art. 16 d. W. O.

Entscheidung der vereinigten Civilsenate des Reichsgerichts vom 8. Juli 1880 i. S. Ehring c. Koch N. 188/80 V. O. L. G. Hamm.

Kläger fordert von dem Beklagten als Acceptanten die Bezahlung des von diesem acceptirten Wechsels. Kläger hat den Wechsel nach Verfall und Protest erworben und stützt seine Aktivlegitimation auf zwei vor Verfall und Protest auf den Wechselgesetzte Blankoindossamente.

Die Legitimation des Klägers ist vom Beklagten bestritten. Letzterer ist in I. und II. Instanz klagegemäß verurtheilt.

In seiner gegen die Entscheidung des Appellationsrichters erhobenen Nichtigkeitsbeschwerde behauptet er Verletzung des Art. 16 d. W. O. mit oben obigem Rechtsatz entsprechenden Ausführung. Dieser Grundsatz war bereits von dem II. Civilsenat des Reichsgerichts anerkannt worden. Der V. Senat, welcher über die erhobene Nichtigkeitsbeschwerde zu entscheiden hatte, glaubt dem II. Civilsenat nicht beistimmen zu sollen und hat deshalb die Sache vor die vereinigten Civilsenate verwiesen. Letztere haben unter Vernichtung des Appellationserkenntnisses und Abänderung des Urtheils I. Instanz die erhobene Wechselklage abgewiesen.

Gründe.

Der protestirte Wechsel, aus welchem der Kläger im Wechselprozesse gegen den Beklagten als Acceptanten klagt, weist nirgends den Kläger als einen selbst im Wechselverbande Stehenden nach. Derselbe stützt vielmehr seine Legitimation lediglich darauf, daß einer Reihe von Vollindossamenten, deren letztes auf den Protesterheber lautet und hinter welchen sich Nachverfallsindossamente überhaupt nicht befinden, zwei Blankoindossamente, das erste das des Ausstellers des an eigene Ordre gezogenen Wechsels, vorausgehen.

Der zweite Richter hat den Kläger für legitimirt erachtet, von der allerdings in Rechtswissenschaft und Praxis*) überwiegend

---

*) Auch das Reichsoberhandelsgericht und das vormalige Preußische Obertribunal hatten die vom Reichsgericht jetzt verworfene Rechtsansicht.

---

herrschenden Ansicht aus, daß die Legitimation eines Wechselerwerbers nach Verfall und Protest auch durch ein vor Verfall ertheiltes Blankoindossament hergestellt werden könne.

Dieser Ansicht, deren Prüfung der in der Nichtigkeitsbeschwerde erhobene Angriff einer Verletzung des Art. 16 der Deutschen Wechselordnung erforderlich machte, konnte nicht beigetreten werden.

Ein Lauf des Wechsels nach Verfall und Protest kann seinen Ausgangspunkt von der Person des Inhabers zur Zeit des Protestes oder eines Vorindossanten, auf den der Wechsel im Rücklaufe zurückgelangt, nehmen.

Gestattet man, statt für den Beginn eines Nachverfalllaufes ein Indossament eines der bisherigen Wechselverbundenen zu fordern, eine Legitimation eines Nachverfallinhabers durch ein Vorblankoindossament, so ist aus Wechsel und Protest nicht zu ersehen, welcher der Wechselverbundenen bis zum Verfall der wirkliche erste Urheber des betreffenden Nacherwerbs ist, ob der Protestant, ob ein dem Blankoindossament nachfolgender Vorindossant, ob der Blankoindossant selbst. Jeder dieser Wechselverbundenen, beziehentlich ihrer Rechtsnachfolger, kann es sein, der sich gedachten Mittels zu einer Begebung bedient hat. Auch wenn man annehmen wollte, daß, während bei den beiden ersten Erwerbshergängen die Indossamente bis zu einem Blankoindossamente hinauf gestrichen werden müßten, dies im letzten Falle unterlassen werden könne, so wäre doch auch im letzten Falle die Durchstreichung nicht gehindert.

Nun liegt der Einwurf nahe, für die Legitimation sei der wirkliche Hergang des Wechselerwerbs gleichgültig. Die Benutzbarkeit eines Vorblankoindossaments für den Nachverfallerwerb wird auch gerade darauf gestützt, daß Art. 16 das Indossament als Uebertragungsform für den Wechsellauf nach Verfall ausdrücklich statuire und nur die materiellen Wirkungen desselben im Gegensatze zu den Wirkungen eines Indossaments vor Verfall einschränke, daß daher in Bezug auf die Uebertragungsform, beziehentlich Legitimation, beim Mangel besonderer Ausnahmebestimmungen die Grundsätze der Wechselerwerbungen über die Legitimation durch Indossament anwendbar seien, insbesondere auch die in den Artikeln 13, 36 enthaltenen, wonach jeder legitimirte Indossatar, statt neuer Indossirung, den Wechsel mittelst Durchstreichung des ihm ertheilten Indossaments und aller Indossamente bis zurück auf ein vorhandenes Blankogiro wirksam begeben kann, da ausgestrichene Indossamente nicht gelesen werden.

Allein diese Auffassung wird der Bedeutung des Nachverfallerwerbs und der Tragweite des Art. 16 nicht gerecht.

Beim Laufe des Wechsels bis zum Verfall begründet das Accept wie jedes Indossament selbständige Rechte in der Person jedes legitimirten Indossatars. Die Entstehung des Gläubigerrechts wird daher lediglich durch die Legitimation vermittelt. Die Indossamente wirken neben ihrer Bedeutung als Verpflichtungserklärungen nur als fortlaufende Legitimationszeichen, nicht als Rechtsvorgängerschaften. Nur die Ausübung des Gläubigerrechts kann wegen besonderer Abmachungen zwischen dem legitimirten Inhaber und dem Beanspruchten oder, weil die Geltendmachung wider Treu und Glauben, durch den Einwand des besonderen Abkommens oder der Arglist verhindert werden. Diesem Rechtsverhältniß entspricht die wiederholte

Begebbarkeit unter dem Schutze eines Blankoindossaments mittelst Durchstreichung der daran gereihten Indossamente. Wo nur das Princip der Legitimation herrscht, rechtlich eine Rechts-vorgängerschaft, die übertragen würde, gar nicht existirt, kann auch von einer Vertheilung einer solchen nicht gesprochen werden. Mit Verfall und Protest erlischt aber die Bestimmung des Wechsels, in der Person seines Nehmer selbstständige Rechte zu erzeugen. Allerdings ist auch alsdann noch eine weitere Cir-culation durch Indossirungen zulässig. Aber diesem neuen Wechsellauf, der nach Verfall und Protest anhebt, gegenüber wird nicht etwa bloß der Kreis der einwandsfähigen Thatsachen erweitert, sondern es hat derselbe insofern einen durchaus ver-schiedenen Charakter, als er nur noch die in Personen des bis zum Verfall im Wechselverbande Gestandenen begründeten Rechte weiter zu übertragen vermag und gegen die Uebertragenen selbst keine Wechselrechte begründet werden. Die wirkliche Ur-heberschaft des betreffenden Nachverfallaufes ist also hier von entscheidender rechtlicher Bedeutung. Von welcher wechselver-bundenen Person die Rechte abgeleitet werden, tritt klar hervor, wenn man zur Ueberleitung in die Circulation nach Verfall ein neues Indossament eines bisherigen Wechselverbundenen erfordert. Es wird verfehlt, wenn man hierzu ein Vorblankoindossament für benutzbar erachtet.

Sieht man für den Inhalt des zu erhebenden Ausspruch doch die wahre Urheberschaft des betreffenden Erwerbs als maß-gebend an, so ist überhaupt zu keinen Ergebnissen zu gelangen, bei welchen die von den Vertheidigern jener Verwendbarkeit des Vorblankogiros auseinander gehaltene Legitimation und Urheber-schaft neben einander zur richtigen Geltung kämen. Entweder ist man genöthigt, wegen der vorhandenen Legitimation des Klägers es dem Verklagten aufzubürden, den wirklichen Erwerbs-hergängen nachzuspüren und sie zu beweisen, um die Unbe-gründetheit des Ausspruchs darthun zu können. Damit wird dem Verklagten die Ermittelung und Nachweisung des Klage-fundaments auferlegt, um gegen dieses seine Einwendungen richten zu können, denn, wenn nach Art. 16 der Nachverfalls-erwerber nur die Rechte seines Indossanten geltend machen kann und bei Benutzung des Vorblankogiros aus dem Wechsel nicht konstirt, wer der Indossant im Sinne jenes Artikels ist, so gehört dessen Angabe zur Klagebegründung.

Oder man verlangt behufs Wahrung des Einrederechts des Verklagten vom Kläger noch trotz seiner angeblichen Legitimation die Angabe, von welchem Wechselverbundenen bis zum Verfall, beziehentlich Protest er seine Rechte herleite. Alsdann ist also trotz der angeblichen Legitimation der Anspruch durch den Wechsel allein doch noch nicht begründet. Die Consequenz solcher Angabe-pflicht ist aber auch die Pflicht zum Beweise, wenn dem Wechsel-inhaber die behauptete Autorschaft in einer Weise vom Ver-klagten bestritten wird, welche diesen Punkt als erheblich für die Rechtslage des Letzteren erscheinen läßt. Damit fällt aber der ganze Anspruch aus dem Rahmen des Wechsel- beziehentlich Urkundenprocesses. Noch schärfer treten die unzuträglichen Folgen des unrichtigen Princips hervor, wenn man den Anspruch des so legitimirten Nachverfallserwerbers gegen den Aussteller des fraglichen Blankogiros selbst in Betracht zieht. Hat der gedachte Erwerber den Wechsel vom Protestanten oder einem dem Blanko-giro nachstehenden Vorindossanten erhalten, so ist das Blankogiro

das alte Vorindossament und der Blankogirant ist dem Inhaber wechselmäßig verpflichtet. Hat der Inhaber den Wechsel vom Blankogiranten selbst erhalten, so wirkt das Blankogiro als neues Nachindossament und sein Aussteller haftet nicht wechsel-mäßig. Aus dem Wechsel ist daher nicht zu ersehen, ob der Blankogirant dem Inhaber wechselmäßig verpflichtet ist oder nicht. Von irgend einer auf die gedachte Legitimation sich stützenden Präsumtion für eine bestimmte Autorschaft kann aber nicht aus-gegangen werden. Eine solche spricht weder für einen Erwerb vom Protestanten noch für einen solchen von einem Vorindossanten nach dem Blankogiro, noch für einen vom Blankogiranten.

Die Annahme der Verwendbarkeit des Vorblankoindossaments für die Legitimation des Nachverfallserwerbers drängt zu den Consequenzen, daß für den Fall solcher Legitimation entweder die Vorschrift des Art. 16 über die Wirkungen des Indossa-ments nach Verfall ganz außer Anwendung zu bleiben hätte oder daß vermöge der Wahl der Interessenten, welche ihnen das Vorhandensein eines Blankogiro eröffnet, der Blanko-indossant als Derjenige, dessen Rechte übertragen würden, also als Autor des Nachverfalls nach Verfall, auch wenn er es thatsächlich nicht sei, zu gelten hätte, so daß nur Einwendungen aus seiner Person der Nachverfalls sich gefallen zu lassen brauchte, während Einwendungen aus dem wahren Autor-verhältniß nur insoweit in Betracht kämen, als sie als Ein-wendungen einer Arglist des Nachverfalls qualificirt würden. Jede von beiden Consequenzen steht aber mit dem Art. 16 in Widerspruch und wird deshalb auch von den Vertretern der gedachten Verwendbarkeit des Vorblankoindossaments überwiegend perhorrescirt. Das Princip des Art. 16 über die Wirkungen des Wechsellaufs nach Verfall gilt ausnahmelos, gleichviel ob dieser Lauf durch ein altes Blankoindossament vermittelt wird oder nicht. In der That wäre aber der Zweck des Art. 16 für alle Wechsel, welche ein Blankoindossament tragen, vereitelt, wenn die zweitgedachte Consequenz anzunehmen wäre. Es wär alsdann das Mittel gegeben, daß der Inhaber bei Verfall trotz empfangener Zahlung, trotz seinem Anspruch aufhebenden Ein-wendungen den Wechsel durch einen gutgläubigen Nachverfall wieder von Neuem gegen den Acceptanten oder die Vorschuldner, die, aus den benutzten Vorblankoindossament keine Einwendungsgründe haben, geltend machte aber daß der zahlende Acceptant durch Veranlassung der Protestirung des Wechsels und der Uebertragung desselben an einen Nachverfallserwerber mittelst Benutzung solcher Blankogiros die Vormänner des Blankoindossanten zum Rembourfiren zwänge, also in Wahrheit das ganze natürliche Wechselzugsverhältniß auf den Kopf stellte. Das ganze ungesunde und unbefriedigende Casuistik ried bei Anerkennung des Satzes vermieden, daß es zu jeder Ein-leitung einer Circulation nach Verfall eines neuen Indossaments eines irgend Eines aus der geschlossenen Reihe der bis zum Verfall Wechselverbundenen bedürfe, so daß keine Nachverfalls-erwerber legitimirt ist, dessen Legitimation nicht auf ein solches Indossament zurückführt. Alsdann ergiebt sich aus dem Wechsel mit Sicherheit für jeden Nachverfallserwerb der wirkliche erste Urheber, da der von Neuem Indossirende ja den Wechsel zu seiner Verfügung gehabt haben muß. Diese Ersichtlichkeit bleibt dieselbe, auch wenn der Wechsel nach einander mehrfach von verschiedenen Vorindossataren in Lauf nach Verfall gesetzt wird.

Allerdings sind im Stadium des Laufs des Wechsels nach Verfall neue Blankoindossamente und Legitimationen durch solche mittelst Durchstreichung darauf folgender Indossamente nicht ausgeschlossen, wie ja auch das erforderte neue Indossament selbst ein Blankoindossament sein kann. Allein die für den Nachverfallserwerb entscheidenden Personen, deren Rechtsbeziehungen zu den Wechselschuldnern, wie sie sich fixirt haben, allein übertragen werden, bleiben immer diejenigen im Wechselverbande Stehenden, auf die als erste Wechselgeber nach Verfall das Recht des Wechselklägers zurückzuführen ist. Deren Rechtsverhältniß zu den Wechselschuldnern ist es, das Art. 16 für allen Nacherwerb fixirt wissen will und das jeden Nacherwerb beherrschen soll. Der für die Bedeutung des Wechsels einschneidende Zeitpunkt des Verfalls ist der naturgemäße Zeitpunkt für die Lösung der Verbindlichkeit.

Deshalb soll das in diesem Zeitpunkt begründete materielle Rechtsverhältniß den Wechsel für alle Folgezeit beherrschen. Daß in Folge einer Forticirculation nach Verfall durch verschiedene Hände sich noch neue individuelle Rechtsverhältnisse daran knüpfen können, ist von nur accidenteller Bedeutung, und es enthält weder einen Widerspruch noch eine ungerechtfertigte Ungleichheit der Lage der Wechselschuldner, wenn man Erkennbarkeit für den Nacherwerb fundamentalen Verhältnisses aus dem Wechsel fordert, dagegen bei Einwendungen aus Rechtsbeziehungen, welche im Laufe der Forticirculation nach Verfall der Wechselschuldner mit aus dem Wechsel nicht kenntlichen Nacherwerbern neu angeknüpft hat, vom Schuldner den Nachweis dieser Nacherwerbe fordert.

Für den legitimen Wechselverkehr erscheint aber auch der Behelf jener Verwendbarkeit des Vorblankoindossaments für den Nachverfallserwerb überflüssig. Das Bedürfniß, sich an einer Wechselcirculation ohne eigenes Hervortreten zu betheiligen, hat nur für die Circulation bis zum Verfall Sinn. Das Indossament nach Verfall und Protest erzeugt keine wechselrechtlichen Verpflichtungen. Eine Haftung kann nur nach Maßgabe des unterliegenden civilrechtlichen Verhältnisses entstehen und sie ist nach Maßgabe desselben für den wahren Autor vorhanden, gleichviel ob er seinen Namen auf dem Wechsel kund gegeben oder denselben, ohne dies zu thun, zum Gegenstand einer Abtretung gemacht hat. Ein Bedürfniß, die wahren Ueberleitungshergänge in den Lauf des Wechsels nach Verfall zu verhehlen, kann als vorhanden den Schutze bedürftig nicht anerkannt werden. Wohl aber gewährt solche Verhehlung für Uebervortheilungen der Wechselschuldner, Vertragsuntreue und Afteranwendung der Wechsel vor Verfall eigenthümlichen Wirkungen auf die eine ganz andre Bedeutung habende Circulation desselben nach Verfall den geeigneten Schlupfwinkel.

Diesen Erwägungen gegenüber würde es zur Annahme gedachter Verwendbarkeit eines kategorischen Ausspruches des Gesetzes bedürfen. Aus der Zulassung einer Uebertragung des Wechselanspruchs nach Verfall in den Formen der Wechsellegitimation folgt durchaus noch nicht die Zulässigkeit dieser Uebertragung durch ein altes, vor Verfall ertheiltes und benutztes Legitimationszeichen. Aber der Wortlaut des Gesetzes steht gedachter Annahme gerade entgegen und stimmt mit den dießseitigen Erwägungen überein.

Der Art. 16 spricht lediglich von einer nach Verfall, beziehentlich Protest geschehenen Indossirung. Das Gesetz nennt aber die bloße Uebergabe eines Wechsels unter Benutzung eines früher ertheilten Blankoindossaments eines Andern nicht Indossirung. Es spricht bei ertheiltem Blankoindossament nur von dessen Ausfüllung Seitens eines Inhabers oder von dessen Weiterindossirung ohne Ausfüllung — Art. 13 —, das ist der Ertheilung eines neuen Indossaments Seitens des Inhabers, der nach Art. 36 Absatz 3 als Erwerber des Wechsels durch das Blankoindossament gilt. Diese Terminologie hängt eng mit dem Begriff des Indossanten zusammen. Wer nur einen den Erwerber durch das Giro eines Andern legitimirenden Wechsel weggiebt, kann nicht Wechselregressat werden. Eine Auffassung, welche unter den Indossanten des Art. 16 einmal den wechselmäßigen Legitimanten und zugleich doch auch wieder den wirklichen Rechtsvorgänger, der gar nicht indossirt hat, versteht, sagt sich vollständig vom Texte des Gesetzes los. Offenbar hat „das Indossament, vor welchem der Wechsel protestirt worden" in Absatz 2 des Art. 16 keine andere Bedeutung als das Indossiren, nachdem die Frist zur Protesterhebung abgelaufen in Absatz 1 daselbst. Bei letzterem Falle würde die beliebige Benutzung eines Vorblankoindossaments aber dahin führen, daß entweder der Blankoindossant wider seinen Willen, trotzdem der Wechsel verfallen, im Regreß verbleibe, oder daß dem Text des Gesetzes zuwider der neue Wechsellauf ohne Vorhandensein eines neuen Ziehers, beziehentlich Indossanten, anheben könnte.

Wollte man die Benutzung des Vorblankoindossaments mit den Gesetzesworten in dem speciellen Falle für vereinbar halten, daß der Blankoindossant selbst den Wechsel im Regreßwege eingelöst und behufs Ersparung eines neuen Giros unter Benutzung seines Blankogiros weiter gegeben hätte, so ist doch dieser Fall nicht der einzig mögliche, der einer Benutzung des Blankogiros zu Grunde zu legen ist, noch ist auch dem Wechsel ersichtlich, ob gerade dieser Fall vorliege. Daß seine fictive Unterstellung dem Art. 16 widerspricht, ist schon oben ausgeführt worden. Ueberhaupt aber müßte eine Legitimationsführung durch das Blankoindossament, welche der Unterstellung jenes besonderen Herganges benöthigt wäre, daran scheitern, daß das gedachte Blankogiro schon bei der Legitimationsprüfung des Rückkaufes des Wechsels mitgelesen werden muß, um den Erwerb durch Einlösung anzunehmen und das vorausgehende, dem Blankogiranten ertheilte Giro wieder in volle Kraft zu setzen, innerhalb eines und desselben Legitimationsausweises aber ein und dieselbe Erklärung nicht zweimal, einmal zur Begründung des geschehenen Rücklaufes und noch einmal zur Begründung eines neuen Vorwärtslaufes, gelesen werden kann. Indem das Blankoindossament schon einmal mitgelesen ist und dazu geführt hat, das vorausgehende Indossament als den eingelöst habenden Blankoindossanten legitimirend wieder in volle Würden zu setzen, verschwindet es und gilt rechtlich als nicht mehr vorhanden, worauf ja auch die Auffassung beruht, daß es nicht erst ausgestrichen zu werden braucht. Es gilt als gestrichen und kann daher nicht noch einen neuen Weitererwerb vermitteln. In der That widerspräche es auch, um auf den Fall des Absatz 1 Art. 16 noch einmal zurückzukommen, dem im Wesen der Wechselverpflichtung begründeten Erforderniß ihres bestimmten und sicheren Hervorgehens aus der Scriptur, wenn, je nachdem das alte Blankoindossament vom Blankoindossanten selbst oder von einem Anderen nochmals benutzt worden, dasselbe eine neue wechselmäßige Verpflichtung oder nur die alte verfallene und erloschene darstellte. Es bedarf daher auch im Falle der Wiederbegebung des im Regreßwege eingelösten Wechsels Seitens des Blankoindossanten eines neuen Indossaments. Demnach schließt das „Indossiren nach Verfall, beziehentlich Protest" die Benutzung eines Vorblankoindossaments aus. Es ist nicht zuzugeben, daß das Premisse des Wortlauts des Gesetzes zu der Consequenz nöthige, auch die Benutzung von Nachblankoindossamenten im Verlaufe der Wechselcirculation nach Verfall für unstatthaft zu erklären. Der Gesetzestext besagt, daß die Legitimation für den Nachverfallserwerb nur durch ein neues Nachindossament eingeleitet werden kann. Dieser Wortlaut des Gesetzes, schon als solcher beachtlich, entspricht gerade dem im Hinblick auf die durch Art. 16 vorgeschriebenen materiellen Wirkungen allein gefundenen, einfachen und klarer Consequenzen fähigen Princip.

Die Theorie hat, wenn sie auch überwiegend den verworfenen Grundsatz vertritt, irgendwie sichere Consequenzen desselben nicht zu ziehen vermocht.

Nach Einigen soll solcher durch Benutzung des Vorblankoindossaments ermittelter Erwerb gar nicht Nacherwerb, sondern Vorerwerb, nach Anderen zwar Nacherwerb sein, aber der Blankogirant immer als Vorindossant, nach Anderen wieder immer als Nachindossant gelten, nach wieder Anderen der wahre Autor in Betracht kommen und danach der Blankogirant bald als Vorindossant bald als Nachindossant zu erachten sein. Die Letzteren, welche auf die materiellen Wirkungen, die Art. 16 vorschreibt, am meisten Rücksicht nehmen, vermögen nicht zu sagen, im Sinne welchen wechselmäßigen Erwerbsherganges ein so gestellter Anspruch zunächst zu denken ist. Der Fall, daß das Blankogiro das letzte Giro vor Verfall ist, bereitet ihnen die erheblichsten Verlegenheiten. Tritt der durch gedachtes Blankogiro legitimirte Inhaber zur Verfallzeit dadurch, daß ihn die Protesturkunde fixirt, in die Reihe der Wechselverbundenen — und es kann ja nicht zweifelhaft sein, daß dieser durch Protest nachgewiesene Inhaber weiter indossirt, beziehentlich Autor eines Nacherwerbs sein kann — so ist hier ein Zwischenglied gegeben, welches die unmittelbare Verbindung zwischen dem Blankogiro und einem Nachverfallserwerb verhindert. Die Annahme, das Blankogiro sei durch die Inhaberschaft bei Protesterhebung nur materiell, aber nicht formell consumirt, ist willkürlich. Muß man überhaupt Wechsel und Protest zusammen lesen, so muß man es auch in Bezug auf die Legitimation thun. Was aber für das Blankoindossament gilt, wenn es als letztes Indossament vor Verfall steht, muß auch für ein vorher stehendes gelten. Die unmittelbare Verbindung zwischen solchem Blankoindossament und einem Nachverfallserwerb wird dadurch verhindert, daß, auch wenn alle dazwischen stehenden Indossamente auf dem Wechsel gestrichen werden, die rechtliche Beziehung des letzten Indossatars bei Verfall durch seine Protesterhebung untilgbar fixirt bleibt. Die wesentliche Voraussetzung für den Zusammenhang zwischen dem Blankogiro und einem späteren Indossament oder einer Inhaberschaft beruht in dem Verschwinden der Zwischenglieder, die selbst keinen solchen Anschluß gewähren. Es erhält aber einen Widerspruch, ein solches Zwischenglied als wirkend zu setzen, wie es ja geschieht, indem dem weiteren Erwerb der Character eines Erwerbs nach Verfall und Protest aufgedrückt

wird und es doch bei der Legitimation wieder als nicht vorhanden anzusehen. Auf diesem inneren Widerspruche beruht der eigenthümliche Satz, daß das legitimirende Blankoindossament Vorindossament und doch der legitimirte Inhaber Nachindossator sei. Dieser Gegensatz weist schon auf die dazwischen stehende Wechselverbandsperson, den Inhaber bei Verfall hin, deren Vorhandensein gerade die unmittelbare Beziehung des Blankoindossaments auf den Nachverfallserwerber hindert. Die Judikatur weist in Ziehung der Consequenzen aus dem hier bekämpften Grundsatze die gleiche Unsicherheit auf.

> Vergleiche Martin in Voigt Archiv für Handelsrecht, Band 2 Seite 381, 382, 414 fg., Rießer ebenda, Band 3 Seite 29 fg., 61 fg., Hoffmann in Archiv für Wechselrecht, Band 10 Seite 149 fg. und Band 14 Seite 235 fg. 238, Kuntze ebenda, Band 11 Seite 148 fg., Gruchot, Wechselbegebung nach Verfall, Seite 84 fg. 92, 105, 106, Hartmann, Wechselrecht, Seite 305, vergleiche ferner Entscheidungen des Reichsoberhandelsgerichts, Band 3 Seite 217 und Band 15 Seite 314 gegenüber Band 23 Seite 38, Striethorst, Band 70 Seite 365 gegenüber Band 46 Seite 360 fg., dann wiederum Entscheidungen des Preußischen Obertribunals Band 56 Seite 263, endlich Oberappellationsgericht Lübeck in Kierulff, Band 2 Seite 126.

Endlich kann die Frage auch nicht verschieden beantwortet werden, je nachdem es sich um den Anspruch auf die Wechselsumme gegen den Acceptanten oder auf die Regreßsumme gegen die Indossanten und den dafür mitverpflichteten Acceptanten handelt. Allerdings kann, da es für erstgedachten Anspruch, wenn kein domicilirter Wechsel vorliegt, keines Protestes bedarf, vom Kläger durch Unterdrückung des Protestes demselben der Schein eines Anspruchs auf Grund eines Erwerbs vor Verfall gegeben werden. Aber der Acceptant ist in der Lage, den vollständigen wechselmäßigen Hergang aufzudecken und damit jenen Schein zu zerstören. Daß aber der Anspruch auf die Wechselsumme gegen den Acceptanten nach der Vorschrift des Art. 16 über die Wirkungen des Nachverfallserwerbs nicht betroffen werde, läßt sich nicht behaupten. Vielmehr ist es gerade besonders das materielle Rechtsverhältniß des Acceptanten zum Wechselinhaber zur Zeit des Verfalls, dessen Fixirung und Maßgeblichkeit für einen weiteren Wechsellauf durch den Art. 16 hat festgesetzt werden sollen.

Demnach mußte das zweite Erkenntniß vernichtet werden. Es folgt aus dem angenommenen Grundsatze, daß Kläger mit der Wechselklage abgewiesen werden muß, ohne daß es darauf ankommen kann, daß im Laufe der ersten Instanz in Folge des Zugeständnisses des Richters durch Zugeständniß der Klägers Uebereinstimmung der Parteien darüber erzielt worden ist, daß Kläger den Wechsel vom Aussteller erworben habe. Es fehlt demnach auch an Anlaß, auf die Frage einzugehen, ob der Legitimation des Klägers — unterschiedlich von einer Legitimation eines im Besitze des Wechsels befindlichen Blankoindossanten selbst — schon der Umstand entgegensteht, daß die den Blankoindossamenten folgenden Vollindossamente nicht ausgestrichen worden, welche Frage bei Prüfung der Begründetheit der Nichtigkeitsbeschwerde außer Betracht bleiben mußte, da in dieser Richtung Angriffe nicht erhoben waren.

Literatur.

Jahrbuch der deutschen Gerichtsverfassung, herausgegeben auf Veranlassung des Reichsjustizamts von Carl Pafferoth, Berlin Carl Heymanns Verlag, 1880. Der Verfasser, unser geschätzter Mitarbeiter, hat die dankenswerthe Aufgabe übernommen, in dem Jahrbuche die seit dem 1. Oktober 1879 in Deutschland bestehenden Gerichtseinrichtungen durch entsprechende Mittheilung der gesetzlichen und reglementarischen Bestimmungen sowie eines reichen statistischen Materials zur Anschauung zu bringen. Das Buch enthält Alles, was bei den zur Zeit seiner Vollendung im Frühjahre 1880 noch theilweise unfertigen Zuständen gegeben werden konnte. Im ersten Theile finden wir die Ausführungsbestimmungen der Bundesstaaten zum Gerichtsverfassungsgesetz, die Verträge der Bundesstaaten über Gerichtsgemeinschaften, eine Darstellung über die Vorbereitung und Prüfung zum Richteramt, über Besoldungs- und Pensionsverhältnisse der Justizbeamten, über das Geschäftsjahr, die Hülfsbeamten der Staatsanwaltschaft, die Vergleichsbehörden und die zur Rechtsanwaltsordnung erlassenen ergänzenden Bestimmungen. Der zweite Theil bringt eine Darstellung der obersten Justizverwaltungsbehörden, des Reichsgerichts und seiner Geschäftsordnung, des obersten Landesgerichts zu München und der sonstigen in Deutschland organisirten ordentlichen Gerichte, das Rechtsanwaltsverzeichniß, statistische Uebersichten, aus denen wir hervorheben, daß die Zahl der Rechtsanwälte 4143 beträgt, und ein Verzeichniß der Gerichtssitze. Alles ist übersichtlich geordnet und macht den Eindruck größter Zuverlässigkeit. Die Ausstattung des Werks ist eine gute. Dasselbe wird für alle Behörden ein unentbehrliches Nachschlagebuch sein. Auch den beschäftigteren Anwälten ist seine Anschaffung zu empfehlen, während es in den gemeinsamen Handbibliotheken nicht fehlen sollte. — Die Notariatsordnung und die Gebühren der Notare für die Preußische Monarchie mit Ausschluß der Oberlandesgerichtsbezirke Celle und Cöln. Mit Erläuterungen und Tabellen herausgegeben von Siméon, Geheimer Rechnungsrath im Preußischen Justizministerium. Berlin, Carl Heymanns Verlag, 1880. Eine Zusammenstellung und Erläuterung, wie sie der Herr Verfasser giebt, war durch das Preußische Gesetz vom 8. März 1880 zur Nothwendigkeit geworden. Der Verfasser hat dem Bedürfnisse in erschöpfender Weise Rechnung getragen, und das Werkchen wird den Notaren der Preußischen Monarchie gewiß sehr willkommen und nützlich sein. — Die Praxis in Expropriationssachen. Beiträge zur Beurtheilung der bezüglichen Controversen des Preußischen und auch des gemeinen Rechts. Von Dr. Otto Bohlmann, Königlich Preußischem Justizrath, Rechtsanwalt beim Reichsgericht. Lindau und Leipzig, 1880. So einfach auch der jetzt überall in Deutschland anerkannte Satz, daß dem Enteigneten volle Entschädigung gebühre, zu sein scheint, so ruft derselbe in seiner Anwendung doch die größten Schwierigkeiten hervor. Das zeigt sich besonders bei theilweiser Enteignung eines Grundstücks und bei der Frage wegen Vergütung solcher Schäden, welche erst in der Folge und zwar namentlich durch den Gebrauch, welche der enteignende Theil von dem zwangsweise erworbenen Grundstück macht, hervortreten. Mit dem von den Fiskus und meisten Korporationen stets angezogenen Satze „qui jure suo utitur neminem laedit" ist nicht auszukommen. Andererseits begegnet man bei den Enteigneten vielfach übertriebenen Ansprüchen. Der Verfasser vertritt nachdrücklich den Schutz des enteigneten Eigenthümers und entwickelt bei erschöpfender Erörterung der einschlägigen Streitfragen an der Hand von Doktrin und Praxis den Umfang der dem Eigenthümer zustehenden Entschädigung, und zwar zunächst rücksichtlich der Schadenersatzforderungen, der durch den Bau und Betrieb der Eisenbahnen betroffenen Grundeigenthümer. Dem mit Enteignungssachen betrauten Anwalt wird das Werkchen ein schätzenswerther Rathgeber sein. Es ist zu wünschen, daß der Verfasser sein Versprechen, in weiteren Heften die sonstigen Expropriationsfälle, z. B. die im Interesse der Durchführung von Bebauungsplänen der Städte und Ortsgemeinden erfolgenden Enteignungen und Baubeschränkungen folgen zu lassen, bald einlösen möge.   M.

Personal-Veränderungen.

Zulassungen.

Schurich (bisher in Bromberg) bei dem Amtsgericht in Grünberg i. Schl.; — Giesecke bei dem Landgericht in Magdeburg; — Dr. Carl Josef Reinach bei dem Landgericht in Mülhausen; — Dr. Otto Mayer bei dem Landgericht in Straßburg; — Abt bei dem Landgericht in Colmar.

In der Liste der Rechtsanwälte sind gelöscht: Reichert bei dem Landgericht in Thorn; — Dr. Otto Mayer bei dem Landgericht in Mülhausen; — Xaver Zink, Alfred Mayer und Dr. Carl Josef Reinach bei dem Landgericht in Straßburg; — Justizrath Dr. Getz bei dem Oberlandesgericht in Frankfurt a/M.

Ernennungen.

Ernannt sind:

Rechtsanwalt Brüel in Geestemünde zum Notar im Bezirk des Landgerichts zu Verden; — Rechtsanwalt Werth in Thorn zum Notar im Bezirk des Oberlandesgerichts zu Marienwerder; — dem Justizrath Schwabe in Breslau ist in seiner Eigenschaft als Notar der Wohnsitz in Ratibor und dem Rechtsanwalt Büch in Tarnowitz in seiner Eigenschaft als Notar der Wohnsitz in Cosel angewiesen.

Todesfälle.

Doelle in Nakel; — Justizrath Dippe in Tilsit; — Sebald Vogel in Passau; — Justizrath Plathner in Breslau.

Ordensverleihungen.

Dem Geh. Justizrath Pitzschky zu Stettin der Kronen-Orden dritter Klasse.

Für die Redaktion verantw.: E. Haenle. Verlag: B. Moeser, Hofbuchhandlung. Druck: B. Moeser, Hofbuchdruckerei in Berlin.

Iuriſtiſche Wochenſchrift.

Herausgegeben von

S. Haenle,   und   **M. Kempner,**
Rechtsanwalt in Ansbach.   Rechtsanwalt beim Landgericht I. in Berlin.

Organ des deutschen Anwalt-Vereins.

Preis für den Jahrgang 12 Mark. — Inserate die Zeile 30 Pfg. — Bestellungen übernimmt jede Buchhandlung und Poſtanſtalt.

Vom Reichsgericht.
(Schluß.)

Das **Preußiſche Allgemeine Landrecht.** Der Auffaſſung,
daß eine Fabrik weder ein Immobile noch ein Mobile, vielmehr nur ein Begriffsganzes mehrerer mit einem gemein-
ſchaftlichen Namen bezeichneter beſonderer Sachen im Sinne des
§. 32 I. 2 A. L. R. ſei, kann für den Fall nicht beigetreten
werden, wo ein Grundſtück mit den darauf radizirten Gebäuden
beſiehet und die für den Fabrikbetrieb beſtimmten und dafür
nothwendigen Maſchinen wiederum mit dieſen Gebäuden feſt
verbunden ſind. Das Ganze kann hier nur als eine unbewegliche Einheit, als ein Fabrikgrundſtück betrachtet
werden (N. 505/80 IV. vom 24. Juni 1880). — Die Beſtimmung eines Verſicherungsvertrags, welche dem Verſicherten
die Beibringung eines Nachweiſes binnen einer gewiſſen Friſt
bei Verluſt des Entſchädigungsanſpruchs zur Pflicht macht, iſt
nicht als Feſtſetzung einer eigentlichen Bedingung im
Sinne der §§. 101, 102 I. 4 A. L. R., ſondern als eine Abrede anzuſehen, wonach dem Verſicherten eine vertragliche Obliegenheit auferlegt wird, welche als weſentlicher Theil ſeiner
vertraglichen Pflichten gelten ſoll, dergeſtalt, daß von dem Nach-
weiſe ihrer Erfüllung der Entſchädigungsanſpruch abhängig ſein
ſoll (N. 575/79 I. H. vom 15. Juni 1880). — Die Beſtimmung des §. 68 I. 5 A. L. R. bezieht ſich, wie ſich aus dem
folgenden §. 69 a. a. O. ergiebt, auf Handlungen, welche
gegen ein Verbotsgeſetz verſtoßen; ſie iſt nicht anwendbar auf
Handlungen, durch deren Vornahme, wo daß ihnen ein Verbotsgeſetz entgegen ſteht, ein Beamter ſich eine Diſziplinar-
ſtrafe zuziehen würde, auch dann nicht, wenn dem Beamten die
Pflichtwidrigkeit der Handlung beſonders vorgehalten wurde und er
ſich dem im Aufſichtswege erlaſſenen Verbote der Handlung ausdrücklich unterworfen hat (N. 85/79 I H. vom 6. April 1880).
— Der §. 307 I. 5 A. L. R. knüpft den Verluſt der Konventionalſtrafe nicht an den Mangel der Vorbehaltserklärung
in dem Zeitpunkte der Gewahrſamserlangung an dem verſpätet
gelieferten Objekte, ſondern an ſolchen Mangel eines Vorbehalts
im Zeitpunkte der Annahme der verſpäteten Lieferung als Vertragserfüllung, dieſen Begriff zivilrechtlich und nicht im
handelsrechtlichen Sinne einer Empfangnahme verſtanden. Wenn
der §. 307 a. a. O. auch, falls das Recht auf die Strafe
bereits erworben und Strafe und Erfüllung nebeneinander in
obligatione ſind, das Recht auf die Strafe beim Mangel ſeines
Vorbehalts bei nachträglicher Annahme der Erfüllung untergehen
läßt, ſo beruht der Grund in der Vorausſetzung, daß bei er-
innerungsloſer Annahme verſpäteter Erfüllung die bisherige
Erfüllungsözögerung nach dem Willen des Annehmenden als mit
ihren Wirkungen beſeitigt gelten ſolle. Steht der der das gelieferte
Objekt aufnehmenden Mittelsperſon die Vertretung des Empfängers auch in Bezug auf die Rechtshandlung der Annahme der
Waare als Erfüllung auf den geſchloſſenen Vertrag zu, ſo wird
ſchon die Unterlaſſung ihres Vorbehalts dem Vertretenen präjudizirt. Vertritt ſie ihn aber lediglich in Bezug auf das
körperliche Innehaben, ſo muß der Geſchäftsherr noch durch un-
verzügliche Erklärung im Zeitpunkt erlangter oder bei ordnungs-
mäßiger Veranſtaltung zu erlangen geweſener Kunde von der
Lieferung den Vorbehalt nachholen können (N. 303/79, I.
vom 17. April 1880). — Nach §. 307 I. 5 A. L. R. kann
der Berechtigte, wenn er die nacherige Erfüllung ganz oder
zum Theil ohne Vorbehalt angenommen, die Konventionalſtrafe nicht ferner antragen, und dadurch iſt im gedachten
Falle eine Vermuthung für den Verzicht auf die Strafe begründet. Wie es das Geſetz ausdrücklich ausſpricht, hat dieſe
Vermuthung die Annahme der nacherigen Erfüllung durch
den Berechtigten zur Vorausſetzung. Die Annahme bildet
aber rechtlich nicht einen für ſich allein baſtehenden, einſeitigen
Akt, ſondern iſt nur als Theil eines zweiſeitigen Rechtsgeſchäfts
denkbar. Ihr ſteht das Anerbieten gegenüber. Es muß
daher hier der Verpflichtete, oder für ihn ein Anderer dem
Berechtigten die Erfüllung nachträglich anbieten und der
Berechtigte ſolche vorbehaltlos annehmen. Es kommen
mithin zwei Rechtshandlungen in Betracht, welche ſich gegen
einander bedingen und von denen folgeweiſe eine jede ein ſelbſt-
ſtändiges Rechtsſubjekt als Träger erfordert, und deshalb kann
nicht davon die Rede ſein, daß Berechtigter, wenn er hinter
die Handlung, zu welcher ſich der Gegentheil ihm gegenüber bei
Vermeidung der Konventionalſtrafe verpflichtet hatte, nachträglich

selbst leistete, ohne sich wegen der Strafe einen Vorbehalt zu machen, von dem Verpflichteten die ihm schuldige Vertragserfüllung vorbehaltlos angenommen hat (N. 503/79 I. H. vom 14. Mai 1880). — Der Ansicht, daß die in den §§. 339 ff. I. 5 A. L. R. gegebenen Regeln für den Kauf eines Inbegriffs von Sachen seien außer Anwendung zu lassen, wenn es sich um einen Gewährsanspruch wegen Mangels einer versprochenen Eigenschaft handle, kann nicht beigetreten werden. Es liegt kein Grund vor, die in diesen Paragraphen gebrauchten Ausdrücke „fehlerhaft" und „Fehler" in einem beschränkteren Sinne zu verstehen, als er sich nach der Definition des §. 197 I. 11 A. L. R. ergiebt (N. 144/80 V. vom 24. April 1880). — Auf Korporationen und Gemeinden finden bezüglich ihrer Verantwortlichkeit für die Handlungen ihrer Bevollmächtigten und Beamten in gleicher Weise wie auf andere Personen die §§. 50, 53 I. 6 A. L. R. Anwendung (N. 33/80 IV. vom 1. April 1880). — Der Zusammenhang, in welchem die §§. 72 und 73 I. 7 A. L. R. mit dem §. 71 a. a. O. stehen und das im Eingang des §. 72 gebrauchte Wort „daher" machen klar erkennbar, daß die §§. 72 und 73 nur Beispiele des im §. 71 ausgesprochenen Grundsatzes enthalten, und fehlt es auch an jedem zureichenden Grunde, die Anwendung auf andere gleichartige Fälle auszuschließen. Vielmehr muß das constitutum possessorium als Form des Besitzerwerbs durch Uebergabe in allen denjenigen Fällen gelten, in denen, wie in dem vorliegenden, die Uebergabe lediglich durch einen mittelst mündlichen Erklärung des dokumentirenden Willensakt im Sinne des §. 71 a. a. O. vollzogen wird (N. 451/79 III. H. vom 20. März 1880). — Durch den Erwerb eines entgegenstehenden Untersagungsrechts hört der erworbene Besitz des negativen Rechts auf (§. 127 I. 7 A. L. R.), aber wenn es sich um die Besitzergreifung eines negativen Rechts handelt, so ist ein Widerspruch in dem Sinne der §§. 83, 85 a. a. O. hinreichend, die Besitzergreifung zu hindern (N. 4/80 III. H. vom 12. Mai 1880). — Der Streit über die Grenzen der Befugnisse des Eigenthümers und des Servitutberechtigten kann nur im petitorischen Prozesse zum Austrag gebracht werden und ist der Possessorienprozeß nur beim Nachweis zulässig, daß durch die als Turbation bezeichnete Handlung in den Rechtsbesitz des Klägers eingegriffen d. h. die Ausübung der Servitut geradezu verhindert wird (N. 65/80, III. H. vom 1. Mai 1880). — In subjektiver Hinsicht ist zur Besitzstörung nur erforderlich, daß die Vornahme der in die Besitzsphäre des Klägers eingreifenden Handlung eine von dem Verklagten gewollte ist. Findet letzteres statt, so erscheint der etwa vorhandene gute Glaube des Handelnden unerheblich und die Besitzstörungsklage wird durch denselben nicht ausgeschlossen (N. 218/79, III. H. vom 21. April 1880). — Aus den §§ 131, 132 I. 7 A. L. R. ist nicht zu folgern, daß mit dem Aufhören des Pachtrechts der Pachtbesitz selbst aufhöre (N. 242/79, III. H. vom 21. April 1880). — Bei Begründung der Possessorienklage aus § 154 I. 7 A. L. R. findet die Vermuthung der Fortdauer des einmal erlangten Besitzes zwar nicht als eine gesetzliche, den Richter unter allen Umständen bindende, wohl aber als eine sogenannte faktische, der freien Würdigung des Richters nach den Umständen des Falles unterliegende Präsumtion statt (N. 11/80, III. H. vom 5. Mai

1880). — Ist über die Frage zu entscheiden, ob die Handlung, welche als die besitzstörende bezeichnet wird, den Charakter der Turbation darum nicht an sich trage, weil sie als Ausfluß eines gesetzlichen Rechts, einer gesetzlichen Befugniß erscheine, so muß auch im Possessorienprozeß das Recht zur Vornahme jener Handlung der Beurtheilung unterzogen werden (N. 383/79, III. H. vom 10. April 1880). — Der § 100 I. 8 A. L. R. setzt nichts weiter voraus, als daß das Wasser durch den fraglichen Graben seinen ordentlichen und gewöhnlichen Abfluß habe. Hiermit ist die Natur und der Zweck desselben im Allgemeinen charakterisirt; über die Zeit, während welcher der Graben diesem Zwecke bereits faktisch gedient haben müsse, enthält das Gesetz nichts, setzt also dem richterlichen Ermessen keine Schranken (N. 57/80, II. H. vom 13. Mai 1880). — Abgesehen von Befriedigungen in freier Feldflur, müssen die zwischen zwei benachbarten Grundstücken bestehenden Scheidungen erhalten werden, und zwar, wo die Gesetze darüber nicht etwa Besonderes verordnen, von dem Eigenthümer (N. 37/80, II. H. vom 13. Mai 1880). — Der Pächter eines Grundstücks kann lediglich auf Grund seiner Eigenschaft als Pächter die Verjährung durch Besitz in Ansehung einer Grunddienstbarkeit für den Eigenthümer nicht anfangen. Dagegen kommen Handlungen des Pächters, welche sich auf die Erhaltung und Fortsetzung des Besitzes von Rechten an dem verpachteten Grundstücke beziehen, dem Eigenthümer zu statten (N. 16/80, II. H. vom 29. April 1880). — Der Erwerb des Eigenthums vollzieht sich nach § 1 Ges. vom 5. Mai 1872 bei freiwilligen Veräußerungen nur durch Auflassung und Eintragung und nach § 5 a. a. O. in allen übrigen Fällen in Gemäßheit der bisherigen Vorschriften, also ganz unabhängig von der Eintragung. Gleichwohl ist die Klagebefugniß des Eigenthümers nach § 7 a. a. O. in jedem Falle an die bloße Eintragung geknüpft. Zur Ausschließung derselben bedarf es, wenn nicht die Abweisung der Klage ungeachtet des bestehenden Bucheigenthums gerechtfertigt ist, der Beseitigung dieses Bucheigenthums mittelst besonderer Klage oder Einrede. Die Anfechtung der Eintragung unterliegt den Vorschriften des bürgerlichen Rechts. Sie steht daher nur demjenigen zu, welcher ein persönliches oder dingliches Anfechtungsrecht hat und muß demnach entweder den Charakter einer persönlichen Klage oder den einer Vindikation des wahren Eigenthümers haben. Sie setzt m. a. W. voraus, daß der Anfechtende ein rechtliches Interesse an der Beseitigung der Eintragung hat. Dagegen kann der bloße Besitzer eines Grundstückes, welcher dem Bucheigenthümer weder ein persönliches Recht noch sein wahres Eigenthum entgegensetzen vermag, die Eintragung desselben nicht anfechten, wenn schon er thatsächlich an deren Beseitigung ebenfalls interessirt ist (N. 188/79, III. H. vom 23. Mai 1880). — Falls die Unmöglichkeit der Rückgabe des mit dem redhibitorischen Fehler behafteten Kaufgegenstandes, sei es überhaupt, sei es in wesentlich unverändertem Zustande, nur durch solche Verfügung des Käufers über jenen Gegenstand herbeigeführt ist, welche lediglich (die Entdeckung des redhibitorischen Fehlers erst herbeiführende, mit einem Vermögensvortheil für den Käufer nicht verknüpfte) Bethätigung des Seitens des Käufers bei dem Kaufvertragsabschlusse (in für den Verkäufer klar gelegter Weise) bezweckten Verwendung des Kaufgegenstandes bestanden hat, ist § 328 I 5 A. L. R. nicht anwendbar. (N. 210/80, I. vom 30. Juni 1880). — Gewährsmängel im Sinne des § 183 I. 11 A. L. R. werden, so lange nicht feststeht, daß sie nicht beseitigt werden können, wie evictio imminens nach §§ 222, 223 I. 11 A. L. R. behandelt. Steht aber fest, daß die Last nicht zu beseitigen und daß sie, weil nicht blos eine prätendirte, sondern eine rechtlich feststehende, den Werth des Kaufobjekts mindert, so handelt es sich nicht mehr um evictio imminens noch um einen schwebenden Zustand, gegen dessen Gefahren Sicherstellung hilfe, sondern der Käufer, welcher nicht zurücktreten kann oder will, fordert resp. kürzt — ohne auf das Recht zur „Zurückhaltung" nach § 223 angewiesen zu sein — nach den allgemeinen Vorschriften (§§ 271, 285 ff., 317, 328 Theil I. Titel 5 des Allgemeinen Landrechts) als Schadensersatz (Vergütung, Interesse) die Minderwerths-Differenz nach sachkundiger Schätzung. Für diese Schätzung kommt in Betracht die Wahrscheinlichkeit, wann und in welchem Umfange die Realisirung der Last abseiten des Berechtigten voraussichtlich thatsächlich geübt werden wird (N. 251/79, I. H. vom 30. April 1880). — Die §§ 154, 155 I. 11 A. L. R. sind dahin zu verstehen, daß in Ermangelung einer Abrede über die Vergütung der Käufer den Kaufpreis oder bei culpa des Verkäufers Schadloshaltung zu beanspruchen hat, beides jedoch mit der Beschränkung, daß seine Forderung sich um den vom Evinzenten erhaltenen Betrag vermindert. Daß dieser Fall eingetreten sei, bildet eine Einrede des Verkäufers, weil jede Verminderung oder Aufhebung eines durch den Vertrag begründeten Rechtes von dem Verpflichteten dargethan werden muß. — § 156 a. a. O. erfordert kein Verschulden des Verkäufers, um ihn den Kosten des Evitionsprozesses verantwortlich zu machen (N. 353/79, I. H. vom 14. Mai 1880). — Der § 284 I. 11 A. L. R. hat ebenso wie das gemeine Recht, von welchem derselbe stammt, nur Forderungsrechte im eigenen Sinne im Auge, d. h. Rechte, deren Gegenstand eine an sich einen Vermögenswerth darstellende Leistung ist, bei welcher der Berechtigte als Gläubiger, der Verpflichtete als Schuldner im engeren Sinne dieser Worte erscheint. Nicht jedes Klagrecht ist in diesem Sinne ein Forderungsrecht, denn der Umstand, daß ausnahmsweise dem Schuldner die Rolle des Klägers zufällt, kann nicht bewirken, daß die Natur des Obligationsverhältnisses sich ändere und der Schuldner zum Gläubiger werde. Wenn der Schuldner in Fällen, wo dies statthaft ist, mit der condictio sine causa aber der condictio indebiti blos die Befreiung von einem Schuldversprechen verlangt oder wenn er Klage auf Nichtbestehen des Schuldverhältnisses erhebt, so fordert er allerdings etwas, wie denn jede Klage begriffsgemäß im Begehren voraussetzt, allein ein Forderungsrecht im vorbesagten Sinne macht er hiermit nicht geltend, sondern nur eine Befugniß, die aus dem Schuldverhältnisse selbst entspringt und so untrennbar mit demselben verbunden ist, daß sie ebensowenig durch Cession auf eine andere Person übertragen werden kann, als die Schuld selbst (N. 209/79, II. none 6. April 1880). — Ein Vertrag über ein in bestimmten Raten am festgestellten Tagen zu gebendes Darlehn, in welchem sich der Darlehnsucher verpflichtet, die erste Rate zu einem vereinbarten Zwecke zu verwenden, ist nicht schon deswegen ein zweiseitiger

d. h. ein auf Austausch sich gegenseitig bei der Vertragserfüllung als gleichgewichtig bedingender Hauptleistungen gerichteter obligatorischer Vertrag (N. 801/80, I. vom 10. April 1880). — Die §§ 815, 816 I. 11 A. L. R. sind durch § 1 des Reichsgesetzes vom 14. November 1867 aufgehoben (N. 507/80, V. vom 5. Juni 1880). — Die §§ 1054—1057 I. 11 A. L. R. behandeln den Fall der Simulation und der Beifügung von Auflagen zum Vortheil des Beschenkten. Ein Anhalt für die Beurtheilung der eigentlichen donatio sub modo, nämlich einer solchen, die weder schlechthin ein lästiger Vertrag, noch eine Schenkung, sondern ein negotium cum donatione mixtum ist, fehlt im Landrecht. Die Anwendung der Grundsätze des gemeinen Rechts auf diese Art von Schenkungen erscheint unzulässig. — Der Richter soll vielmehr prüfen, welches der beiden Momente (Verpflichtung und Schenkung) er für die Beurtheilung des ganzen Rechtsgeschäfts maßgebend hält und im zweifelhaften Falle die Schenkung unter einer Bedingung aber zu einem Endzweck für einen lästigen Vertrag achten (N. 168/80, I. H. vom 8. Juni 1880). — Die schenkweise Ausstellung und Aushändigung eines eigenen Wechsels an den Beschenkten ist kein blos ungültiges Schenkungsversprechen, welches erst die Erfüllung für die Zukunft erheischt, sondern eine wirklich vollzogene und deshalb gültige Schenkung, daher der Beschenkte in den thatsächlichen Besitz des Wechsels und durch diesen die Dispositionsbefugniß über die durch den Wechsel begründete und verkörperte Forderung erlangt (N. 212/80, V. vom 19. Juni 1880). — Der Wegfall der Erbeseinsetzung ist auf das Fortbestehen der Testamentsexekution welche sich als eine Beschränkung der Erben darstellt — wenn dieselbe nicht etwa ausdrücklich mit Rücksicht auf die Person des eingesetzten Erben angeordnet ist — ohne Einfluß. §§ 277, 278 I. 12 A. L. R. (N. 403/79, I. H. vom 7. Mai 1880). — Wenn auch nach Preußischem Recht gemäß § 656 I. 12 A. L. R. als eine Ausnahme von der Regel des § 75 I. 5 A. L. R. anerkannt werden, daß bei Gutsüberlassungsverträgen die nicht zugezogenen Kinder, welche daran Abfindungen ausgesetzt sind, auch ohne Beitritt zum Vertrage ein Recht gegen den Gutsübernehmer erlangen. — Der Vertrag tritt als eine dispositio inter vivos — und zwar seinem ganzen Inhalte nach — mit dem Abschlusse in Wirksamkeit, nicht erst mit dem Todesfall der Kontrahenten oder eines derselben. — Es vollzieht sich das abtretende parens in Betreff des abgetretenen Vermögens schon bei Lebzeiten eine divisio inter liberos. Die Abtretung in allen Bestimmungen wirkt nicht blos als Vertrag unter den Kontrahenten, sondern zugleich als Theilungsakt unmittelbar für und gegen alle Betheiligte, auch die nicht zugezogenen Kinder. Der hierin liegende Dispositionsakt der Eltern bindet, so lange er nicht widerrufen ist, den Uebernehmer und gewährt auch den Abfindungen ein unmittelbares Recht gegen denselben und zwar mit dem Abschluß des Vertrages und ohne Beitritt (N. 526/80, I. H. vom 18. Juni 1880). — Wenn bei alternativen Obligationen die Erklärung des Wahlberechtigten, durch welche er sich für die eine, aber die andere Alternative entscheidet, unwiderruflich sein soll, so liegt darin zugleich der Verzicht des Erklärenden auf sein Wahlrecht. Auch § 388 I. 16 A. L. R. ist aber bei Verzichtleistungen ebenso, wie bei Schenkungen und anderen Verträgen eine aus drücklich, oder durch Handlungen erklärte Annahme erforderlich. Deshalb läßt sich in keiner Beziehung bezweifeln, daß eine von dem Wahlberechtigten über die von ihm getroffene Wahl abgegebene Erklärung, um unwiderruflich zu werden, der Annahme des Gegenkontrahenten bedarf und dieser erst durch die Annahme Rechte aus jener Erklärung herleiten kann. Ein anderer Fall ist es, wenn der Wahlberechtigte auf die eine Alternative klagt. Wie das frühere Obertribunal in dem Erkenntnisse vom 10. April 1856 (Entscheidungen Band 34 Seite 33) zutreffend angenommen hat, darf alsdann der Wahlberechtigte die getroffene Wahl nicht mehr ändern, wenn der Beklagte sich ohne Widerspruch gegen die Wahl auf die Klage eingelassen hat. (N. 187/79, II. H. vom 15. April 1880). — Ablösekapitalien für abgelöste Reallasten sind nicht wie diese, von Natur dingliche Rechte. Sie sind nicht in allen Beziehungen ein Surrogat jener Berechtigungen, sondern nur insofern, als es sich um Rechte dritter Personen an den abgelegten Berechtigungen und die Fortdauer und Sicherung dieser Rechte an den dafür als Entgelt gewährten Abfindungen handelt. Sind solche dritte Berechtigte nicht vorhanden, so werden die Abfindungen freies Eigenthum der Abgefundenen (N. 158/79, III. H. vom 29. Mai 1880). — Der Grenzscheidungsklage kann an sich nicht ein vorausgegangener Streit über das Eigenthum, mag dieser durch Vindikation oder durch die actio negatoria geltend gemacht werden, und dessen rechtskräftige Entscheidung entgegengesetzt werden. Sie ist nach Begründung und Zweck verschieden, indem sie die Beseitigung der Unsicherheit der Grenzen nach Maßgabe der §§ 372 ff. Theil I. Titel 17 des Allgemeinen Landrechts, die Eigenthumsklage aber die Anerkennung des Eigenthums an einer Sache verfolgt. Letztere sezt die bestimmte Begrenzung der Sache voraus, jene will sie erst herbeiführen. Die Abweisung oder Anerkennung des Eigenthumsanspruchs erledigt daher den Grenzstreit an sich nicht, weil er immer zu einem positiven Ergebniß führen muß, auch wenn dabei die Vorentscheidung im Eigenthumsstreit berücksichtigt wird (N. 161/79 II. H. vom 15 April 1880). — Wenn die Lehnsqualität eines Gutes feststeht, so ist der zeitige Lehnsbesitzer in seiner Dispositionsbefugniß über die Substanz des Lehnsgutes durch die eventuellen Successionsrechte der Agnaten beschränkt, und es kann daher auch ein Dritter durch Besitzhandlungen, welche während rechtsverjährender Zeit lediglich gegen den zeitigen Lehnsbesitzer vorgenommen sind, ein die Rechte der Agnaten beschränkendes dingliches Recht an dem Grundstück nicht erwerben — cfr. Präjudiz Nr. 2216 — Entscheidungen des Ober-Tribunals Band 53 Seite 191 und Striethorst Archiv Band 34 Seite 106 (N. 33/80, II. H. vom 20. Mai 1880). — Was den Erwerb durch Spezifikation anlangt, so existirt keine Vorschrift, welche letzterer die Wirkung beilegte, das Hypothekenrecht oder überhaupt ein auf der Sache haftendes Recht aufzuheben (N. 129/79, III H. vom 20. März 1880). Derjenige, welcher ein Grundstück, das am Tage des Inkrafttretens der Grundbuchordnung vom 5. Mai 1872 mit einem auf privatrechtlichem Titel beruhenden, ohne Eintragung rechtsgültigen, nicht eingetragenen dinglichen Rechte belastet ist, vor dem 1. Oktober 1873 erworben hat, gehört nicht zu den im §. 73 a. a. O. bezeichneten dritten Personen (N. 69/80, IV. vom 20. Mai 1880). — Aus der Fassung, wie der Entstehungsge-

schichte des §. 30 Ges. vom 5. Mai 1872 ergiebt sich, daß unter den mit den Pacht- oder Miethgeldern zusammengestellten sonstigen Hebungen nur die an Stelle der Früchte und Nutzungen tretenden Nutzungswerthe des dem Gläubiger verpfändeten Grundstücks zu verstehen sind. Zu dieser gehört aber der Reingewinn aus dem Betriebe einer (während des Konkurses fortbetriebenen) Fabrik nicht, denn dieser besteht nicht aus dem Nutzungswerthe eines Grundstück, sondern er repräsentirt den Geldserlös eines Gewerbe- oder Geschäftsbetriebs, für welchen neben andern wesentlichen Faktoren das verpfändete Grundstück nur als ein Hülfsmittel erscheint (N. 8/80 III. vom 18. Juni 1880). — Auch unter der Herrschaft des §. 47 C. C. Ges. vom 5. Mai 1872 gilt der Rechtssatz, daß ein Ausgedinge zu den dinglichen Lasten gerechnet wird, welche in Ermangelung entgegenstehender Festsetzung der Adjudikatar außer dem Kaufpreise zu übernehmen sind (N. 190/79 III. H. vom 8. Mai 1880). — Dem Theil einer Hypothekenforderung, welchen der zu Abschlagszahlungen an seine Gläubiger verpflichtete Grundeigenthümer abgetragen hat, steht in Ermangelung entgegenstehender Verabredungen gleicher Rang wie der Restforderung des Gläubigers zu. §§. 17, 63, 64 C. C. G. vom 5. Mai 1872 (N. 369/79 III. H. vom 21. April 1880). — Der Vermiether und Verpächter hat an den eingebrachten Sachen des Miethers und Pächters schon von der Zilation ab ein wirkliches Pfandrecht, ein dingliches Recht §. 395 I. 21 A. L. R. (N. 318/79 III. H. vom 8. Mai 1880). — Mißbilligt wird die Ansicht des A. R., daß der Nießbraucher nach Beendigung des Nießbrauchs zur Herausgabe der von ihm prozipirten Früchte keinesfalls verbunden, vielmehr berechtigt sei, alle von ihm prozipirten Früchte zu vernichten, zu veräußern und deren Herausgabe zum alleinigen und ausschließlichen Besitz vom Eigenthümer zu verlangen. Vielmehr sind die Früchte des lezten Jahres nach Verhältniß der Zeit des Nießbrauchs zu theilen (N. 125/79 II. H. vom 7. Juni 1880). — Das Allgemeine Landrecht Theil I. Titel 22 §. 8 schließt den Anspruch auf eine nothwendige Grundgerechtigkeit aus, wenn dieselbe beanspruchende Eigenthümer sich durch willkürliche Handlungen in die Nothlage versezt hat. Es muß dem Appellationsrichter darin beigetreten werden, daß die Willkürlichkeit hier ihren Charakter nach der zitirten Gesezstelle nicht verliert, wenn der Beklagte die Veränderung erst auf Veranlassung des Klägers vornahm. Insbesondere hat sich der Appellationsrichter in dieser Beziehung mit Recht auf §. 168 Theil I. Titel 5 des Allgemeinen Landrechts insofern berufen, als der Kläger darnach im vorliegenden Falle von dem ungültigen Vertrage zurücktreten durfte, ohne sich einer Arglist gegen den Verklagten schuldig zu machen (N. 72/79 II. H. vom 24. Mai 1880). — Die Vorschrift des §. 14 Titel 22 A. L. R., daß bei der Erwerbung einer Grundgerechtigkeit durch Verjährung nachgewiesen sein muß, daß der Besitzer des berechtigten Grundstücks die streitige Befugniß als ein wirkliches Recht, und nicht vermöge einer bloßen Vergünstigung in Besitz genommen habe, enthält keine Abweichungen von den allgemeinen gesezlichen Bestimmungen über den Besitz und die Verjährung von Rechten, und findet daher auch die dreißigjährige Verjährung Anwendung (N. 218/79 vom 15. April 1880). — Nicht nur das in den individuell identischen Vermögensstücken zur

Zeit der Auseinandersetzung noch vorhandene Eingebrachte unterliegt dem durch den §. 755 II. 1 A. L. R. den Eheleuten gesicherten Recht auf Zurücknahme. Es kommt darauf an, ob die Werthe der von denselben bei der Heirath in die Gemeinschaft hingegebenen, aber nicht mehr vorhandenen Objekte in der bis dahin gemeinschaftlich gewesenen Vermögensmasse sich vorfinden und durch diese Werthe repräsentirt werden. Aus der überhaupt vorhandenen Vermögensmasse ist das Eingebrachte beider Theile, eventuell dessen Werth als Schuld auszusondern, und was übrig bleibt, ist gemeinschaftliches Vermögen. Deckt das Vorhandene nicht die Illaten beider Theile, so muß dasselbe nach Verhältniß der letzteren getheilt werden und wo eine Theilung in natura nicht thunlich ist, der eine Theil dem andern einen Betrag herauszuzahlen. Eine nur auf die Thatsache der Illation gegründete, schlechthin die Zurücknahme des bei der Auseinandersetzung in natura vorhandenen Eingebrachten fordernde Klage würde bei bestandener Gütertrennung zwar statthaft sein, und für dieses Güterverhältniß sind die Bestimmungen der §§. 755—758 a. a. O. zunächst gegeben. Anders liegt die Sache, wo dieselben durch die Verweisung in dem §. 812 zur Anwendung gelangen; hier müssen sie dem begrifflichen Wesen der Gütergemeinschaft angepaßt werden, mit welchem eine derartige Klage nicht in Einklang gebracht werden kann (N. 22/80 IV. vom 8. April 1880). — Der §. 704 Theil II. Titel 1 des Allgemeinen Landrechts findet bei dem gegenwärtig gänzlich veränderten Strafsystem unter Umständen auch auf Verurtheilungen zu einer Gefängnißstrafe Anwendung, die wegen Wechselfälschung in 10 Fällen unter Annahme von mildernden Umständen erfolgte Bestrafung des Beklagten mit zweijährigem Gefängniß muß, auch wenn daß auf zeitigen Verlust der bürgerlichen Ehrenrechte erkannt ist, von gleicher Bedeutung mit einer wegen grober Verbrechen auferlegten, harten und schmählichen Zuchthaus- oder Festungsstrafe im Sinne des §. 704 erachtet werden. Weder die Annahme mildernder Umstände, noch die angeblich zu dem Verbrechen verleitende Noth des Beklagten oder die durch ihn bewirkte Entschädigung eines Theils der Beschädigten ändern etwas an dieser Auffassung (N. 143/80 vom 7. Juni 1880). — Unter dem Worte: „Mitgabe", von welchem die §§. 243 ff. II. 2 A. L. R. handeln, ist nur die Zuwendung eines Dritten an einen der künftigen Ehegatten zu verstehen. Das ergiebt schon der Sprachgebrauch, denn das Wort drückt deutlich aus, daß die Gabe vermöge des Hingebens in die durch die Ehe begründete vermögensrechtliche Sphäre übergehen soll. Das paßt nicht für eine Zuwendung, welche eine Ehegatte dem andern Ehegatten macht. Das Vermögen, welches die Ehefrau vom Ehemann erwirbt, wird nicht durch ein Hingeben von außen her in diese Rechtssphäre gebracht, sondern tritt in dieselbe lediglich durch die Eingehung der Ehe ein (§. 205 Theil II. Titel 1 des Allgemeinen Landrechts). Es kann so wenig, wie andres Vermögen, welches die Ehefrau nicht als ihr zum Zweck der Ehe von einem Dritten zugewendetes besitzt, als Mitgabe bezeichnet werden (N. 70/80 IV. vom 13. Mai 1880). — Die §§. 64, 65, 251, 252 II. 2 A. L. R. legen dem Vater bezüglich seiner vorhandenen Mittel unbedingt und uneingeschränkt die Pflicht auf, für den Unterhalt des Kindes Sorge zu tragen, und schließen keines seiner Vermögensstücke von der Verwendung hierzu bloß aus dem Grunde aus,

daß durch diese Verwendung der Vater selbst in Zukunft der Gefahr ausgesetzt würde, in Noth zu gerathen und auf die Unterstützung Anderer angewiesen zu sein. Durch ihre Blutsverwandtschaft stehen Vater und Kind in einer so nahen und engen Verbindung, daß bei ihrem Verhalten zu einander die gegenwärtige Gefahr des Einen gegenüber einer in Zukunft drohenden, also noch nicht gegenwärtigen Gefahr nicht hintenangesetzt werden darf, und der Vater kann nicht eine für ihn erst zukünftige Gefahr vorschützen, um sich von der Verpflichtung zur Unterhaltung des Kindes, dessen Existenz schon gegenwärtig von seiner Unterstützung abhängt, zu befreien (N. 92/80 IV. vom 12. Mai 1880). — Die §§. 251 ff. II. 2 Allgemeinen Landrechts, auf deren wörtliche Fassung ein entscheidendes Gewicht nicht zu legen ist, enthalten keine Bestimmung darüber, ob der Unterhalt in Geld oder in Natur zu gewähren ist, und die hierüber offen gelassene Frage ist im einzelnen Falle nach den konkreten Verhältnissen zu entscheiden. Der Appellationsrichter, indem er die Alimentationspflicht unter Eltern und Kindern durch Naturalverpflegung als gesetzliche Regel hinstellt, verletzt hierdurch die §§. 251 ff. (N. 100/80, IV. vom 27. Mai 1880). — Ansprüche der Eltern aus Verträgen über Erziehung der Kinder, geschlossen zwischen den Eltern (vor der Ehescheidung), unterliegen der Beurtheilung des Prozeßrichters und nicht des Vormundschaftsrichters, wenn das Interesse des Kindes nicht berührt wird (N. 80/80, IV. vom 3. Mai 1880). — Die im §. 122 Theil II. Titel 4 des Allgemeinen Landrechts zugelassene dreißigjährige Verjährung kann gegen ein Fideikommiß als solches nur insoweit von Wirksamkeit sein, als sie in einer Weise begonnen hat, wodurch sämmtliche Fideikommiß-Interessenten gebunden sind. — Wenn der Besitzer eines Grundstücks, gegen welchen eine Grundgerechtigkeit aus dem Fundamente der erwerbenden Verjährung prätendirt wird, einwendet, daß die Ersitzung durch das Fideikommiß-Eigenthum am Grundstücke ausgeschlossen werde, so liegt ihm der Beweis ob, daß dem Grundstücke, welches dienstbar sein soll, die Eigenschaft eines Familienfideikommißgutes beiwohnte, und daß diese Eigenschaft bereits bei Beginn der auf Erwerb durch Verjährung gerichteten Handlungen entweder im Hypothekenbuche vermerkt oder dem Verjährenden bekannt war. Nur wenn dies dargethan, hat der Prätendent den Nachweis zu führen, daß die Verjährung in einer sämmtliche Fideikommiß-Interessenten bindenden Weise begonnen habe (N. 99/79, II. H. vom 8. April 1880). — Der Handelsminister ist nicht befugt gewesen, in dem Reglement über die freien Fahrten auf den Preußischen Staats- und unter Staatsverwaltung stehenden Eisenbahnen vom 1. September 1871 allgemeine Vorschriften über die Bestrafung der definitiv oder auch nur auf Kündigung angestellten Beamten mit Dienstentlassung einseitig zu erlassen. Soweit ein Staatsbeamte handelt, entscheidet hierüber das Gesetz, und die Verhältnisse derjenigen Eisenbahnbeamten, welche diese Eigenschaft nicht besitzen, regeln sich nach ihrem Anstellungsvertrage und wenn neben diesem noch die höheren Orts erlassenen Reglements in Betracht kommen sollen, nach dieß insofern, als der betreffende Beamte sich denselben durch eine ausdrückliche Willenserklärung unterworfen und hierdurch jene Reglements zu einem Bestandtheile des Anstellungsvertrags gemacht hat (N. 57/80, IV. vom 13. Mai 1880). — Die dem Patron nach §. 584 II. 11 A. L. R. obliegende Sorge für die Unterhaltung der Kirche, welche auch die Pflicht begreift, dazu bei Ermangelung eines hinlänglichen Kirchenvermögens aus eigenen Mitteln beizutragen, enthält nicht die Verpflichtung, zur Erhaltung der Pfarrländereien beizutragen (N. 39/80, IV. vom 3. Mai 1880). — Der §. 680 II. 11 A. L. R. findet auch in dem Falle Anwendung, wenn ohne Neubau oder Umbau der Kirche eine Vermehrung der Gestühle durch Neuanschaffung derselben erfolgt, überhaupt aber in den kirchlichen Verhältnissen solche Veränderungen eingetreten sind, durch welche eine durchgreifende Aenderung des Gestühlswesens bedingt war (N. 112/80, IV. vom 27. Mai 1880). — Nach §. 707 II. 11 A. L. R. steht über die Frage der Nothwendigkeit und Art eines kirchlichen Baues dem bürgerlichen Richter keine Kognition zu und die Prozesse, mit denen die Interessenten im §. 708 a. a. O. an ihn verwiesen werden, können sich nur auf die anderen damit in Zusammenhang stehenden oder die dadurch bedingten Kosten-Aufbringungen oder Vertheilungen beziehen. Der vorliegende Streit gehört also auch, da über ihn von den Interessenten nicht frei verfügt werden darf, nicht zu den Streitigkeiten über Sachen und Rechte des Privateigenthums des §. 1 der Einl. zur A. G. O., die, wenn kein gütliches Uebereinkommen erfolgt, durch Richterspruch zu entscheiden sind (N. 28/80, IV. vom 22. April 1880).

Zu einzelnen Preußischen Gesetzen. Allgemeines Berggesetz vom 24. Juni 1865: Der Bergwerksbesitzer ist im Allgemeinen zur Zuleitung der dem Nachbar schädlichen Grubenwasser nicht befugt und seine Rechte sind durch das dem Grundeigenthümer gegenüber durch die in § 135 a. a. O. ihm eingeräumten Expropriationsrechte bestimmt (N. 6/79 V. vom 21. April 1880). — Rückständige Verbindlichkeiten aus Verträgen, welche ein Gutsbesitzer in Ausübung der ihm zustehenden gutsherrlichen Polizeiverwaltung geschlossen hat, sind auf den in Folge der Kreisordnung vom 13. December 1872 gebildeten, den ehemaligen gutsherrlichen Polizeibezirk umfassenden Amtsbezirk nicht übergegangen (N. 558/79 I. H. vom 11. Juni 1880). — Der Eintritt eines Rest-Grundstücks in den s. g. Feuerrayon der Eisenbahn steht in keinem ursächlichen Zusammenhange mit der Thatsache der von der Eisenbahn bewirkten Enteignung des Hauptgrundstücks (N. 35/80 III. H. vom 26. Mai 1880). — Der § 30 des Enteignungsgesetzes vom 11. Juni 1874 schreibt eine Präklusivfrist für die Beschreitung des Rechtswegs gegen die Entscheidung der Bezirksregierung (des Bezirksrathes) über die Entschädigung vor. Solche Entscheidung setzt aber ein förmliches kontradiktorisches Verfahren voraus, wie es durch das Enteignungsgesetz geordnet ist. Auf das vor Erlaß des Enteignungsgesetzes eingeleitete Verfahren findet der §. 30 a. a. O. keine Anwendung (N. 35/80 III. H. vom 26. Mai 1880). — Einerlei, ob der außerordentliche Werth der enteigneten Fläche im Sinne des § 9 Theil 1 Titel 11 in Verbindung mit § 114 Theil I Titel 2 des Allgemeinen Landrechts oder der volle Werth im Sinne des § 8 des Enteignungsgesetzes zu vergüten ist, in jedem Fall kommen bei der Werthberechnung nur solche Nachtheile für die dem Grundeigenthümer verbleibenden Flächen in Betracht, welche in einem nothwendigen ursächlichen Zusammenhang mit der Thatsache der

Enteignung stehen. Ein solcher Zusammenhang ist nicht vorhanden, wenn und soweit der Nachtheil auch dann entstanden sein würde, falls dem Grundbesitzer von seinem Eigenthum nichts enteignet worden wäre, die Anlage vielmehr auf nachbarlichem Grund und Boden hergestellt oder herzustellen ist. Sache des die Entschädigung fordernden Klägers ist es aber, darzuthun, daß und inwieweit der behauptete Nachtheil ihm nur durch die Thatsache der Enteignung erwächst (N. 36/80 III. H. vom 16. Mai 1880). — Ueber die Frage, ob eine Aktiengesellschaft verpflichtet sei, dem Verlangen der Stempelbehörde auf Vorlegung des Aktienbuches stattzugeben, findet der Rechtsweg nicht statt (N. 59/80 IV. vom 13. Mai 1880). —

Für das Französische Recht (Badisches Landrecht) kommen in Betracht: Ein Frage, wer zur gesetzlichen Erbschaft berufen sei, ist nach dem zur Zeit des Anfalls der Erbschaft geltenden Rechte zu beurtheilen. Gleichbedeutend mit dieser Frage ist aber die, welche Verwandtschaft der Art und dem Grade nach Erbansprüche begründe (N. 113/80 II. vom 4. Juni 1880). — Nach richtiger Auslegung des Art. 689 B. G. B. (Landr. S. 689) ist, damit die servitutarische Anlage als eine offene, das Merkmal als ein äußeres gelten kann, erforderlich, daß jene deutlich den Zweck anzeige, daß dadurch eine bestimmte Grundbienstbarkeit ausgeübt, dem nachbarlichen Grundstücke also eine bestimmte Last zum Nutzen und Vortheil des andern Grundstücks auferlegt werden soll, — indem die Anlage ihrer ganzen Beschaffenheit nach unzweideutig zu diesem Zwecke bestehen und nur dazu bestimmt sein kann. Nur unter diesen Voraussetzungen ist es möglich zu sagen, daß sich eine Dienstbarkeit durch ein äußeres Zeichen ankündige (N. 100/80 II. vom 11. Mai 1880). — Die dem römischen Rechte entnommene Bestimmung des Art. 1142 B. G. B. (L. R. S. 1142) schließt keineswegs die Klage auf das Thun oder auf die Unterlassung beziehungsweise Besetigung die gegen Verbot Errichteten aus, und nöthigt den Gläubiger nicht, auf Schadenersatz zu klagen (N. 72/80 II. vom 27. April 1880). — Die Prinzipien des französischen Rechts über Erwerbung des Eigenthums ohne Uebergabe durch die Wirkung des Vertrags (1582 ff. B. G. B.) haben zwar zunächst nur den Fall im Auge, wo einzelne bestimmte Sachen den Gegenstand des Vertrages bilden, finden jedoch, wie unbestritten, auch bei Sachen, die nur generell bestimmt sind, also insbesondere bei Genusläufen Anwendung und zwar von Zeitpunkte an, wo die Individualisirung des Vertragsgegenstandes im Sinne des Vertrages stattgefunden hat (N. 161/79 II. vom 7. Mai 1880). — Die Ausübung des im Art. 1699 B. G. B. dem debitor cessus gegebenen Rechts (im Prozesse) ist nicht davon abhängig, daß der debitor cessus in seiner Erklärung oder in dem Eidesantrage über die Cessionspreis einen bestimmten unter dem Nominalwerth bleibenden Preis behauptet (N. 147/79 II. vom 27. April 1880). —

Von s. g. partikularrechtlichen Entscheidungen sind noch zu erwähnen: In Schlesien sind auch öffentliche Flüsse zu den nicht ausgethanen Theilen der Feldmark zu rechnen, über welche den Gutsherren, so lange sie öffentlich sind, ein Dispositionsrecht nicht zusteht. Hören dieselben auf, öffentlich zu sein, so sind sie dem Auenrechte des Gutsherrn unterworfen (N. 122/79, II. H. vom 5. April 1880). — Nach dem in der Grafschaft Solms-Braunfels bis zum Gesetz vom 2. Februar 1864 in

Seitung gewesenen Recht ist der Verkäufer, welcher den Vertrag durch Uebergabe des verkauften Immobiles erfüllt hat, nicht mehr befugt, die mangelnde Konfirmation des Vertrags zu rügen (N. 11/80, V. vom 2. Juni 1880). — Nach dem in Frankfurt a/M. geltenden Recht ist die Pflicht des überlebenden Ehemanns, welcher das nachgelassene Vermögen seiner Ehefrau in Rußnießung hat, das letztere zu inventarisiren und Kaution zu stellen, nur davon abhängig, daß die Eigenthümerin solches begehren (N. 5/80, I. vom 26. Mai 1880). — Der §. 9 der Schleswig-Holsteinischen Verordnung vom 31. Oktober 1804, betreffend den Gebrauch des gestempelten Papiers, ist durch die Preußische Verordnung vom 7. August 1867 aufgehoben (N. 541/79, III. vom 27. April 1880). — Der Nassauische Erlaß vom 11. November 1826, die bei Lehm- und Thongruben zu beobachtenden Vorschriften betreffend, giebt lediglich polizeiliche Bestimmungen, deren Nichteinhaltung keinesweges ohne Weiteres civilistischen Ansprüchen zur Grundlage dienen könnte (N. 503/79, III. vom 15. Juni 1880). — Unter der Klage auf Gewährleistung im Sinne des baierischen Gesetzes vom 26. März 1859 ist nur die Klage zu verstehen, welche den Fehler, wegen dessen die Gewährleistung beansprucht wird, bestimmt bezeichnet (N. 220/79, II. vom 5. März 1880). — Die reclamatio uxoria des fränkischen Rechts ist bei Blechhändeln und Darlehnsschäften nicht ausgeschlossen (N. 153/79, vom 9. März 1880). — Lib. I Tit. 8 Art. 2 des Lübischen Rechts kann nur auf die Ersißung solcher Servituten angewandt werden, die durch eine bauliche Einrichtung ausgeübt werden (N. 59/80, III. vom 11. Mai 1880). — Die Bestimmung in Art. 3 Al. 2 Lübeckischen Einführungsgesetzes zum A. D. H. G. B. vom 26. Oktober 1863 ist sowohl auf die Ehefrauen, deren Ehemann schon zur Zeit der Erklärung der Ehefrauen, für die Schulden der Ehemänner mit haften zu lassen, Kaufleute und als solche in das Handelsregister eingetragen waren, als auch die Ehefrauen, deren Ehemänner erst nach der gedachten Erklärung Kaufleute geworden sind, zu beziehen. Die Forderungen der Ehefrau sind den Handelsgläubigern des Ehemanns gegenüber, wenn die Forderungen vor der Bekanntmachung durch die Registerbehörde gemäß Art. 3 Al. 2 entstanden sind, wirkungslos (N. 241/80 I. vom 7. April 1880). M. u. F.

• ⸻⸻⸻

Muß der Offenbarungseid dem Beklagten, der zur Ableistung desselben bereit ist, abgenommen werden, wenn Kläger in dem Termin nicht anwesend ist?

In einem zur Ableistung des Offenbarungseids anberaumten Termin erschien der Schuldner und erklärte sich zur Eidesleistung bereit, wurde jedoch entlassen, weil er eine Ladung nicht aufweisen konnte. Im Prinzip erachtete das betreffende Amtsgericht die Anwesenheit des Klägers bei der Eidesleistung nicht für erforderlich.

Die Beschwerde des Klägers ist von dem Landgericht zu M. zurückgewiesen, weil in dem Termin zur Leistung des Offenbarungseides ein mündliches Verfahren stattzufinden habe, bei welchem Kläger anwesend sein müsse.

Die hierüber eingelegte weitere Beschwerde ist von dem gemeinschaftlichen thüringischen Oberlandesgericht zu Jena als solche für zulässig erachtet, weil der Beschluß des Landgerichts zu M. dem Kläger ungünstiger sei, als die Annahme des Amtsgerichts; in der Sache ist der Beschluß des Landgerichts aufgehoben und angeordnet, daß der Beklagte aufs Neue zur Ableistung des Offenbarungseids zu laden und ihm der Eid, falls er sich zur Ableistung erbietet auch, in Abwesenheit des Klägers und ohne daß Beklagter Ladung aufweist, abzunehmen, aus folgenden

Gründen.

Nach § 711 der C. P. O. ist der Gläubiger befugt, falls die Pfändung nicht zu seiner vollständigen Befriedigung geführt hat ꝛc., zu verlangen, daß der Schuldner ein Vermögensverzeichniß vorlegt und die Richtigkeit desselben — durch Ableistung des Offenbarungseides — erhärtet.

Diesem Erforderniß entspricht der erste Antrag des Klägers vom 9. Februar d. J.

Die in dem § 711 dem Schuldner auferlegte Verpflichtung ist eine einheitliche, sie besteht darin, ein eidlich zu bekräftigendes Vermögensverzeichniß vorzulegen. Diese Verpflichtung zerließt sich nicht etwa — wie angenommen worden ist — zu vergl. Petersen Comment. zu § 711 und 781 a. a. O. in verschiedene, besonders in verhandelnde Verpflichtungen des Schuldners. Denn der § 781 a. a. O. schreibt ausdrücklich vor:

Das Verfahren (zur Abnahme des Offenbarungseides) beginnt mit der Ladung des Schuldners zur Leistung des Eides.

In den Motiven zum Regierungsgesetzentwurf wird diese Vorschrift dadurch begründet, daß es dem Schuldner überlassen werde, in dem Termin Einwendungen gegen seine Verpflichtung zur Ableistung des Eides zu erheben, S. 483.

Je nach dem Verhalten des Schuldners sind für das zu beobachtende Verfahren verschiedene Vorschriften gegeben, aus denen zu entnehmen ist, ob im einzelnen Fall ein mündliches Verfahren — unter Zuziehung beider Theile — erforderlich ist oder nicht. Es ist hierbei vor allen Dingen zu beachten, daß das Vollstreckungsgericht das Amtsgericht ist, § 780, daß das Vollstreckungsgericht befugt ist, seine Entscheidungen ohne vorgängige mündliche Verhandlung zu treffen, § 684 alinea 3 und daß nach den Motiven zu dem Gesetzentwurf gerade zum Zweck der Vereinfachung und der Erleichterung das Vollstreckungsverfahren dem Amtsgerichte übertragen ist. Motive S. 442.

In dem § 781 alinea 2 ist der Fall vorgesehen, daß der Schuldner in dem Termine seine Verpflichtung zur Leistung des Eides bestreitet und für diesen Fall vorgeschrieben, daß das Gericht durch Urtheil über den Widerspruch zu entscheiden habe. In diesem Fall ist daher ein mündliches Verfahren unter Zuziehung beider Theile vorausgesetzt, da das Urtheil nicht, ohne den Kläger zu hören, gefällt werden kann, und nur in diesem Falle, wenn Kläger zu einem mündlichen Verfahren geladen hat, würde der Erlaß eines Versäumnißurtheils gegen ihn zulässig sein.

§ 295 ff. C. P. O. Entscheidung des Reichsgerichts S. 238.

In dem § 782 ist der Fall vorgesehen, daß der Schuldner in dem Termin ausbleibt, oder die Leistung des Eides ohne

Grund verweigert, in diesem Falle bedarf es nur des Antrags des Gläubigers, um die Haft des Schuldners zur Erzwingung der Eidesleistung seitens des Gerichts anzuordnen.

Daß dieser Antrag in dem Termin gestellt werden muß, ist nicht vorgeschrieben, eine solche Vorschrift würde insbesondere für den ersteren Fall, wenn der Schuldner ausbleibt, keinen Sinn haben, der Antrag kann daher auch später — der Gläubiger mag sich die Prosperität weiterer Maßregeln ja überlegen wollen — schriftlich gestellt werden.

In dem § 783 ist der Fall vorgesehen, daß der Schuldner es auf den Zwang, auf die Haft ankommen läßt. Das Gesetz gestattet ihm, um aus der Haft entlassen zu werden, die sofortige Abnahme des Eides zu verlangen, ohne die Ladung des Klägers veranlassen zu müssen. Die Benachrichtigung erfolgt nach ausdrücklicher Vorschrift des alinea 2 hinterher. Gestattet aber das Gesetz dem Schuldner durch freiwillige Ableistung des Eides sich weiterer Verfolgung des Gläubigers nach dieser Richtung hin zu entziehen, so würde es rein willkürlich sein, wenn man dem Beklagten, der sich in dem ersten Termin gestellt und Abnahme des Eides verlangt, dies verweigern wollte, weil Kläger nicht anwesend, oder weil Beklagter die Ladung nicht vorzeigen kann. Der Beklagte hat nicht allein eine Pflicht, den Eid zu leisten, sondern auch ein Recht, die Abnahme in dem ersten Termin zu verlangen.

Erwägt man den Zusammenhang dieser Vorschriften, so ergiebt sich mit Evidenz, daß in dem Falle 1 des § 781 von dem Kläger zunächst nichts weiter erfordert wird, als daß er den entsprechend begründeten Antrag stellt, die Ladung des Schuldners besorgt und daß sein Nichterscheinen nur dann mit Rechtsnachtheilen verknüpft sein kann, wenn er den Beklagten zur Leistung des Eides und zur mündlichen Verhandlung hat laden lassen und wenn der Beklagte in diesem Termin seine Verpflichtung zur Ableistung des Eides bestreitet.

Personal-Veränderungen.

Zulassungen.

Büchs in Cosel bei dem Amtsgericht in Tarnowitz und dem Amtsgericht in Cosel; — Dr. Gillis und Dr. Ruland bei dem Landgericht in Bonn; — Kalkowski bei dem Landgericht in Breslau; — Oskar Ehrlich bei dem Landgericht in Erfurt; — Beelitz in Pyritz bei dem Landgericht in Stettin; — Moses Sinauer bei dem Landgericht in Freiburg in Baden; — Albert Linsenmair und Gotthard Boelzl bei dem Landgericht I. in München; — von Hulewicz bei dem Landgericht in Thorn; — Dr. Fedor Julius Höckner bei dem Amtsgericht und Landgericht in Dresden; — Schaub bei dem Landgericht in Duisburg; — Leopold Erbe bei dem Landgericht in Posen; — Dr. Scherlenzky bei dem Oberlandesgericht in Frankfurt a/M.; — Ernst Bassermann bei dem Landgericht in Mannheim.

In der Liste der Rechtsanwälte sind gelöscht: Christoph Schuepf bei dem Landgericht in Neuburg a/D.; — Dr. Fedor

Julius Höckner bei dem Amtsgericht und Landgericht in Bautzen und der Kammer für Handelssachen in Zittau; — Ludwig Hugo Rietzscher bei dem Landgericht in Bautzen; — Justizrath Frings I. bei dem Landgericht in Düsseldorf; — Dr. Carl August Scherlenzky bei dem Landgericht in Frankfurt a/M.; — Kalau v. Hofe in Loetzen bei dem Landgericht in Lyck; — Justizrath Schwabe bei dem Oberlandesgericht in Breslau; — Chop in Frankenhausen bei dem Landgericht in Rudolstadt; — Justizrath Hassenstein in Gumbinnen bei dem Landgericht in Insterburg.

Ernennungen.

Ernannt sind: Der Amtsrichter Gebauer in Newe unter Zulassung zur Rechtsanwaltschaft bei dem Amtsgericht in Schlochau zum Notar im Bezirk des Oberlandesgerichts zu Marienwerder. — Dem Notar, Rechtsanwalt Büning in Ahaus ist der Wohnsitz in Burgsteinfurt angewiesen.

Ausscheiden aus dem Dienst.

Der Rechtsanwalt Kalau v. Hofe in Loetzen hat sein Amt niedergelegt.

Todesfälle.

Bernhard Schnitzer in Ravensburg; — Georg Friedrich Julius Witschel und Hans Conrad Hermann in Dresden; — August Levi und Dr. Gustav Keriell in Mainz.

Für die Redaktion verantw.: E. Haenle. Verlag: B. Moeser, Hofbuchhandlung. Druck: B. Moeser, Hofbuchdruckerei in Berlin.

№ 21.   Berlin, 1. November.   1880.

Juristische Wochenschrift.

Herausgegeben von

S. Haenle,   und   M. Kempner,
Rechtsanwalt in Ansbach.   Rechtsanwalt beim Landgericht I. in Berlin.

Organ des deutschen Anwalt-Vereins.

Preis für den Jahrgang 12 Mark. — Inserate die Zeile 50 Pfg. — Bestellungen übernimmt jede Buchhandlung und Postanstalt.

Inhalt:

Zur Auslegung des preußischen Gesetzes vom 2. Juli 1875, betreffend die Anlegung und Veränderung von Straßen und Plätzen in Städten und ländlichen Ortschaften.

Von Rechtsanwalt Dr. Renling in Leipzig.

Nach verschiedenen Richtungen hin ergeben sich Zweifel über die Auslegung des oben bezeichneten, für die ganze preußische Monarchie erlassenen Gesetzes.

Insbesondere die ganz skizzenhaften Bestimmungen des § 13[*] über die einzelnen Fälle, für welche das Gesetz einen Entschädigungsanspruch der durch ein Straßenprojekt betroffenen Grundeigenthümer anerkennt, zu Zweifeln Anlaß. Die Entscheidung dieser Zweifel wird wesentlich dadurch erschwert, daß

[*] Derselbe lautet:

Eine Entschädigung kann wegen der nach den Bestimmungen des § 12 eintretenden Beschränkung der Baufreiheit überhaupt nicht, und wegen Entziehung oder Beschränkung des von der Festsetzung neuer Fluchtlinien betroffenen Grundeigenthums nur in folgenden Fällen gefordert werden:

1. wenn die zu Straßen und Plätzen bestimmten Grundflächen auf Verlangen der Gemeinde für den öffentlichen Verkehr abgetreten werden;
2. wenn die Straßen- oder Baufluchtlinie vorhandene Gebäude trifft und das Grundstück bis zur neuen Fluchtlinie von Gebäuden freigelegt wird;
3. wenn die Straßenfluchtlinie einer neu anzulegenden Straße ein unbebautes, aber zur Bebauung geeignetes Grundstück trifft, welches zur Zeit der Feststellung dieser Fluchtlinie an einer bereits bestehenden und für den öffentlichen Verkehr und den Anbau fertig gestellten anderen Straße bele-

bezüglich dieser Entschädigungsansprüche das System des von der Regierung vorgelegten Entwurfes demnächst vollständig verlassen werden ist, so daß also die Motive zu diesem Entwurf für die Auslegung des Gesetzes völlig werthlos sind. Und andererseits gewähren die weiteren Auslegungsmaterialien (Kommissionsbericht u. s. w.) nur eine Aufklärung über die allgemeinen Gesichtspunkte, von denen aus das System des Entwurfs verlassen und ein anderes System aufgenommen worden ist. Für die Auslegung des Gesetzes im Einzelnen gewähren dieselben kaum irgend welche Ausbeute. Um so höheren Werth gewinnen jene den Materialien zu entnehmenden Aufschlüsse über die maßgebend gewesenen allgemeinen Gesichtspunkte und die vom Gesetzgeber gewollten Zwecke des Gesetzes.

Zweifellos unterscheidet das Gesetz zwei an sich verschiedene Gründe der Entschädigungspflicht.

Im Falle der Nr. 1 des Artikel 13 ist die Entschädigungspflicht der Kommune begründet um deswillen, weil dieselbe von ihrem Expropriationsrecht Gebrauch macht, ihrerseits die Abtretung des betreffenden Grundstücks auf dem Zwangswege verlangt.

In den Fällen der Nr. 2 und 3 des Artikel 13 dagegen ist es nicht die Kommune, die expropriirt. Vielmehr ist es in diesen Fällen der Grundeigenthümer, welcher die Kommune zum

gen ist und die Bebauung in der Fluchtlinie der neuen Straße erfolgt.

Die Entschädigung wird in allen Fällen wegen der zu Straßen und Plätzen bestimmten Grundfläche für Entziehung des Grundeigenthums gewährt. Außerdem wird in denjenigen Fällen der Nr. 2, in welchen es sich um eine Beschränkung des Grundeigenthums in Folge der Festsetzung einer von der Straßenfluchtlinie verschiedenen Baufluchtlinie handelt, für die Beschränkung des bebaut gewesenen Theiles des Grundeigenthums (§ 12 des Gesetzes über Enteignung von Grundeigenthum vom 11. Juni 1874) Entschädigung gewährt.

In allen eben gedachten Fällen kann der Eigenthümer die Uebernahme des ganzen Grundstücks verlangen, wenn dasselbe durch die Fluchtlinie entweder ganz oder soweit in Anspruch genommen wird, daß das Restgrundstück nach den baupolizeilichen Vorschriften des Orts nicht mehr zur Bebauung geeignet ist.

Bei den Vorschriften dieses Paragraphen ist unter der Bezeichnung Grundstück jeder im Zusammenhange stehende Grundbesitz des nämlichen Eigenthümers begriffen.

Gewerb des betreffenden Gebäudes gegen eine Entschädigung zwingt, welche nach den für den Fall einer Expropriation geltenden Grundsätzen zu bemessen und innerhalb des für diesen Fall vorgeschriebenen Verfahrens festzusehen ist, — kraft ausdrücklicher Bestimmung des Gesehes zu zwingen berechtigt ist. Dies hat auch bereits der Zweite Hülfssenat des Reichsgerichts in einer Entscheidung vom 21. Juni 1880 (in Sachen der Deutschen Eisenbahnbau-Gesellschaft contra Stadtgemeinde Berlin*) anerkannt.

Demgemäß ist in solchen Fällen der Einwand, daß die Kommune zur Zeit das fragliche Gelände nicht bedürfe, daß sie dasselbe — in Folge einer möglichen Veränderung des Bauplans — vielleicht niemals nötig haben werde, überhaupt alles, was die Kommune vom Standpunkte ihrer Interessen und ihres Verhaltens geltend machen möchte, völlig bedeutungslos. Entscheidend ist lediglich das Verhalten des Grundeigenthümers.

Im Falle der Nr. 3 ist der Anspruch des Grundeigenthümers auf Abnahme des betreffenden Geländes seitens der Kommune gegen Entschädigung, also — wenn der Ausdruck gestattet ist — auf eine gleichsam umgekehrte Expropriation ohne Weiteres dadurch begründet, daß er sein Grundstück in der neuen Straßenfluchtlinie (rectius Baufluchtlinie) bebaut. Für diesen Fall erkennt das Geseh den Anspruch auf Abnahme des in die projektirte Straße fallenden Geländes gegen Entschädigung (Wertheshah) ohne weitere Voraussehung an. Insbesondere wird nicht vorausgesetzt, daß der Grundeigenthümer für ein über die Baufluchtlinie hinübergreifendes Bauprojekt dem polizeilichen Baukonsens nachgesucht und derselbe verweigert worden ist. Wer sein Grundstück bis an die nach dem Bebauungsplan noch zulässige äußerste Baulinie bebaut, würde gewiß, falls es zulässig gewesen wäre, auch noch denjenigen Theil seines Grundstücks bebaut haben, den zu bebauen ihm in Folge des Bebauungsplans nicht mehr gestattet ist. Dies ist der einfache praktische Kalkül, auf den hin das Geseh die Kommune — ohne Rücksicht darauf, ob sie selbst bereits das fragliche Gelände zu erwerben ein Interesse hat — verpflichtet, dem bauenden Grundeigenthümer denjenigen Theil seines Geländes gegen Entschädigung abzunehmen, welchen derselbe um der projektirten Straße willen unbebaut lassen mußte.**)

Bei dem in § 13 Nr. 2 vorgesehenen Fall liegt die Sache

*) Das Kammergericht war von der zweifellos irrthümlichen Ansicht ausgegangen, daß es in allen Fällen des § 13 zur Begründung eines Entschädigungsanspruchs gegen die Kommune deren Initiative bedürfe, insbesondere auch im Falle der Nr. 2 die Freilegung von der Kommune gefordert sein müsse.

**) Für den Fall, daß die projektirte Baufluchtlinie nicht mit der Straßenfluchtlinie zusammenfällt, erhält der Grundeigenthümer im Falle der Nr. 3 nur für den in die projektirte Straße fallenden und an die Kommune abzutretenden Theil seines Grundstücks Entschädigung. Dagegen erhält derselbe — wie es in Absah 2 des § 13 für den Fall der Nr. 2 vorgeschrieben ist, zugleich auch Entschädigung für die Baubeschränkung, welche denjenigen Theil seines Gebäudes trifft, der zwischen die projektirte Straßenfluchtlinie und die projektirte Baufluchtlinie fällt und ihm als Vorgelände verbleibt. Dies entspricht dem Standpunkte des Geseses, wonach für die Baubeschränkung als solche, insofern sie bisher unbebautes Gelände betrifft, Entschädigung überhaupt nicht gewährt wird (vergl. die Eingangsworte des § 13.)

ähnlich. Auch hier ist in gleicher Weise, wie bei Nr. 3, nur das eigene Verhalten des Grundeigenthümers entscheidend. Wollte man diese Nr. 2 anders auslegen, so würde es dieser Nr. 2 gar nicht bedurft haben. Es würden alsdann immer schon die Voraussetzungen der Nr. 1 gegeben sein. Diese Auslegung ist unbedingt ausgeschlossen und es kann die Entschädigungspflicht von keiner anderen Voraussetzung abhängig gemacht werden, als daß der Grundeigenthümer seinerseits das Grundstück bis zur neuen Baufluchtlinie von Gebäuden freilegt. Es spricht hierfür auch noch speziell die Vorschrift des Absah 2, wonach, wenn die Baufluchtlinie hinter die Straßenfluchtlinie fällt, im Falle der Nr. 2 (im Gegensah zu Nr. 3, wo es sich um ein bisher unbebautes Grundstück handelt) die Entschädigung zu gewähren ist nicht bloß für den in die projektirte Straße fallenden als Kommune abzutretenden Grundstückstheil, sondern auch dafür, daß derjenige Theil des Grundstücks, der zwar dem Eigenthümer verbleibt, der aber, weil in die Baufluchtlinie fallend, einmal freigelegt, von Gebäuden frei bleiben muß, nicht mehr wie bisher als Baugelände benutzt werden kann. Die Freilegung dieses Theils würde die Kommune ihrerseits zu fordern gar nicht berechtigt sein, so daß also nur auf eine vom Eigenthümer selbst ausgehende Freilegung gedacht sein kann.

Insoweit kann ein Zweifel über die Auslegung des Geseses in der That kaum aufkommen. Ebensowenig darüber, wie in den Fällen des § 13 Nr. 2 und 3 das Verfahren sich zu gestalten hat.

Im Falle der Nr. 1 treten die Bestimmungen des Expropriationsgeseses ein, ohne daß dieser Fall von anderen Expropriationsfällen sich unterscheidet. Ganz anders aber liegt die Sache in den Fällen der Nr. 2 und 3. Hier ist es der Grundeigenthümer, der von der Kommune Abnahme seines Geländes gegen Entschädigung verlangt, während die Kommune zur Zeit kein Interesse an dem Erwerb dieses Geländes hat. Hier ist es also nicht, wie im Fall der Nr. 1 die Kommune, welche die Abtretung betreibt. Vielmehr ist der Grundeigenthümer der interessirte und betreibende Theil, der jenachdem den Widerstand der Kommune im gesetzlichen Verfahren zu überwinden hat.

Und zwar sind es, wie beim eigentlichen Expropriationsverfahren, so auch hier, zwei an sich verschiedene Fragen, welche der Entscheidung bedürfen. Einmal die Frage, ob die Kommune überhaupt zur Abnahme des Grundstücks gegen Entschädigung verpflichtet ist. Zum Zweiten, nachdem diese Frage zu Gunsten des Grundeigenthümers entschieden ist, die Feststellung der Entschädigung.

Wie bereits erwähnt, hat unser Geseh und gewiß mit Recht für die Entscheidung dieser letzteren Frage sowohl was das Verfahren als was die für die Feststellung der Entschädigung maßgebenden materiellen Grundsätze betrifft, kurzweg die betreffenden Bestimmungen des ebenfalls für die ganze Monarchie geltenden Expropriationsgeseses vom 11. Juni 1874 für anwendbar erklärt. Es ist dies geschehen in § 14 Abs. 1, welcher lautet:

„Für die Feststellung der nach § 13 zu gewährenden Entschädigungen und die Vollziehung der Enteignung kommen die §§ 24 ff. des Gesetzes über Enteignung von Grundeigenthum vom 11. Juni 1874 zur Anwendung."

Dagegen bedurfte es einer besonderen gesetzlichen Bestimmung über das Verfahren zur Entscheidung jener anderen, in erster Linie stehenden Frage, ob die Kommune zur Abnahme des vom Grundeigenthümer gegen Entschädigung abzutretenden Geländes überhaupt verpflichtet ist.

Daß nicht schon nach allgemeinen Grundsätzen die Entscheidung dieser Frage Sache der Gerichte ist, liegt auf der Hand. Die Baubeschränkung des Grundeigenthümers ist eine demselben im öffentlichen Interesse auferlegte Einschränkung seines Eigenthums. Wie diese, so ist auch der Anspruch auf Entschädigung wegen dieser Eigenthumsbeschränkung und ebenso der noch weitergehende Anspruch auf Abnahme des Gegenstandes des im öffentlichen Interesse eingeschränkten Eigenthums gegen Entschädigung kein privatrechtlicher Anspruch, sondern öffentlich rechtlicher Natur.

Andererseits war aber doch auch für die Fälle der Nr. 2 und 3 jede direkte oder auch nur analoge Anwendung der einschlägigen Bestimmungen des Expropriationsgesetzes von selbst ausgeschlossen. Nicht blos die Parteirollen sind hier vertauscht. Auch Ziel und Endzweck brider Verfahren sind ganz verschieden. Dort soll dem betheiligten öffentlichen Interesse, hier soll dem Privatinteresse des betroffenen Grundeigenthümers Genüge geleistet werden.

Das Gesetz hat hier den einfachen Ausweg getroffen, durch welchen keinem Theile zu nahe getreten wird, die Entscheidung der Frage, ob die Kommune das vom Eigenthümer ihr gegen Entschädigung angebotene Grundstück gegen solche abzunehmen verpflichtet ist, den Gerichten zu überweisen, so daß also über diese Frage auf dem gewöhnlichen Prozeßwege entschieden wird. Es ist dies geschehen in § 14 Abs. 2, welcher lautet:

„Streitigkeiten über Fälligkeit des Anspruchs auf Entschädigung gehören zur gerichtlichen Entscheidung."

Daß mit dem Ausdruck „Fälligkeit" hier nichts anderes verstanden ist, als die Existenz jenes Anspruchs des Grundeigenthümers auf Abnahme seines Grundstücks gegen Zahlung der im gesetzlichen Verfahren festzustellenden Entschädigung, ist bei Berathung des Gesetzes unzweideutig ausgesprochen worden[*]).

So gestaltet sich also in den Fällen der Nr. 2 und der Nr. 3 des § 13, insofern nicht eine gütliche Einigung zwischen Grundeigenthümer und Kommune zu Stande kommt, das Verfahren dahin, daß der Grundeigenthümer zunächst gegen die Kommune auf dem gewöhnlichen Prozeßwege ein rechtskräftiges Erkenntniß zu erstreiten hat, durch welches deren Verpflichtung zur Abnahme des abzutretenden Gebäudes gegen die im gesetzlichen Verfahren zu bestimmende Entschädigung festgestellt wird. Steht diese Verpflichtung fest, dann ist die Feststellung der Entschädigung Sache eines weiteren zunächst administrativen und eventuell gerichtlichen Verfahrens, auf welches die §§ 24 ff. des Expropriationsgesetzes uneingeschränkt Anwendung finden. Daß, sobald die Verpflichtung der Kommune zur Abnahme rechtskräftig feststeht, der Grundeigenthümer Abnahme fordern und nicht erst noch die Feststellung der Entschädigung abzuwarten habe, kann nicht fraglich sein. Andererseits aber ist der Grundeigenthümer keineswegs etwa in der Lage, die Feststellung der Entschädigung

in dem Sinne zu fordern, daß es seiner Entschließung vorbehalten bliebe, ob er gegen die demnächst festgestellte Entschädigung nun auch das betreffende Gelände an die Kommune abtreten will oder nicht. Der Grundeigenthümer kann die Feststellung der Entschädigung nur ganz in demselben Sinne fordern, wie im Falle einer Expropriation, nämlich in dem Sinne, daß die Abtretung als solche, mag sie bereits vollzogen sein oder demnächst erst vollzogen werden, bereits feststeht.

Wie auch bis dahin das Rechtsverhältniß sich gestaltet haben mag, so ist also jedenfalls mit dem Antrage auf Feststellung der Entschädigung seitens des Grundeigenthümers zugleich auch ein Anspruch der Kommune auf Uebertragung des Eigenthums an dem betreffenden Grundstück gegen die in diesem Verfahren festzustellende Entschädigung begründet.[*])

In allen diesen Punkten giebt das Gesetz zu ernstlichen Zweifeln, wie gesagt, keinen Raum. Wohl aber bleibt eine andere Frage, deren Beantwortung nicht so ohne Weiteres an die Hand gegeben ist.

Die Nr. 2 des § 13 betrifft den Fall, daß ein zur Zeit mit einem Gebäude besetztes, in die Straßen- resp. Baufluchtlinie fallendes Gelände „freigelegt wird". Die Nr. 3 betrifft den Fall, daß ein bisher unbebautes Gelände in der neuen Baufluchtlinie bebaut wird, daß, wie der Wortlaut des Gesetzes sagt, dessen „Bebauung erfolgt".

Beidesmal handelt es sich um eine einen längeren Zeitraum ausfüllende und in der Zeit fortschreitende Thätigkeit, für welche sich die verschiedenen Stadien der Vorbereitung, des Beginnens, des Fortschreitens, des Vollendetseins unterscheiden lassen. Beidesmal erhebt sich die Frage: was muß bereits geschehen sein, damit der Grundeigenthümer verlangen kann, daß die Entschädigung im gesetzlichen Verfahren festgestellt werde, um demnächst nach erfolgter Feststellung die Abtretung des betreffenden Geländes an die Kommune gegen Zahlung der festgesetzten Entschädigung zu bewirken?

Es liegt an sich nahe, die beiden der Fälle Nr. 2 und Nr. 3 insoweit parallel zu behandeln. Meines Erachtens wäre dies nicht richtig und zwar aus einem sehr einfachen Grunde, der aus dem innern Gegensatz beider Fälle sich ergiebt.

Im Falle der Nr. 3 wird die Entschädigungspflicht der Kommune begründet durch eine Thätigkeit des Grundeigenthümers, welche, von der Vorschrift unseres Gesetzes abgesehen, ganz außerhalb des Interesses der Kommune liegt. Von einer Verpflichtung des Grundeigenthümers gegenüber der Kommune, den Bau, der zur Abtretung des frei bleibenden Geländes gegen Entschädigung Anlaß gegeben hat, nach erfolgter Abtretung dieses Geländes und nach empfangener Entschädigung, wenn er noch nicht begonnen war, zu beginnen, wenn er bereits begonnen war, zu vollenden, kann niemals die Rede sein. Ebensowenig würde eine derartige

---

[*]) Verhandlungen des Abgeordnetenhauses 1875 III. S. 2043.

[*]) In der bereits erwähnten Prozeßsache Deutsche Eisenbahnbau-Gesellschaft ⚭ Stadtgemeinde Berlin hatte die Letztere geltend gemacht, sie sei nicht verpflichtet, zur Feststellung der Entschädigung mitzuwirken, auf die Gefahr hin, daß der Grundeigenthümer, falls ihm dieselbe nicht genüge, sie nicht akzeptiren, vielmehr sein Grundstück behalten werde. Dieser Einwand ist aus dem obigen Grunde nicht zutreffend.

Verpflichtung auf dem Exekutionswege sich realisiren lassen. Andererseits aber fordert das Gesetz nur, daß die „Bebauung erfolgt". Davon, daß der Bau bereits vollendet, daß er bis zu einem bestimmten Stadium bereits fortgeschritten sei, ist die Verpflichtung der Kommune nicht abhängig gemacht. Das Gesetz würde dies auch, ohne den berechtigten Interessen der Grundeigenthümer zu nahe zu treten, nicht haben fordern können. So bleibt also die Auslegung jener Nr. 3 ein Problem, das befriedigend gewiß nur in der Weise gelöst werden kann, daß man einerseits weder die Vollendung des Baues fordert, noch andererseits mit dem Bauprojekt als solchem oder mit dessen erster Inangriffnahme sich begnügt. Es wird gefordert werden müssen, daß der Bau soweit fortgeschritten ist, daß nach richterlichem Ermessen die Annahme ausgeschlossen erscheint, das ganze Bauprojekt sei nur darauf berechnet, den gesetzlichen Voraussetzungen des § 13 Nr. 3 formell zu genügen.

Wesentlich anders liegt die Sache im Falle des § 13 Nr. 2. Die Kommune hat auf alle Fälle Anspruch darauf, daß das ihr abzutretende Gelände bereits vor der Abtretung freigelegt ist. Die Freilegung hat also hier für die Kommune ein weitergehendes Interesse, als in jenem Falle der Nr. 3 die Bebauung. Andererseits aber fällt hier jenes bei Nr. 3 sich ansträngende Bedenken weg. Eben um deswillen, weil die Kommune nur gegen Abtretung des freigelegten Geländes die festgesetzte Entschädigung zu zahlen verpflichtet ist und weil andererseits auch die Freilegung so gut wie die Abtretung selbst auf dem Exekutionswege erzwungen werden kann, ist kein Grund ersichtlich, weshalb die Freilegung bereits vollendet sein oder auch nur über das Stadium der Vorbereitung hinausgekommen sein müßte, damit der Grundeigenthümer seinen Anspruch auf demnächstige Abnahme des freigelegten Geländes gegen Entschädigung auf dem Prozeßwege gegen die Kommune soll verfolgen können. So gut wie die Abtretung des Geländes selbst kann auch die Freilegung in der Zukunft erfolgen.

Für die Auslegung des Gesetzes ist damit freilich positiv noch nichts gewonnen. Es ist damit nur klargestellt, daß einer solchen Auslegung des Gesetzes für die Fälle der Nr. 2 nicht, wie es für die Fälle der Nr. 3 allerdings anerkannt werden muß, sachliche Bedenken entgegenstehen. Es bleibt also immer noch die Frage, welches zeitliche Verhältniß der Freilegung zu dem Entschädigungsanspruch des Grundeigenthümers in den verschiedenen Stadien seiner fortschreitenden praktischen Realisirung dem in Gesetze zum Ausdruck gebrachten gesetzgeberischen Gedanken entspricht.

Anscheinend hat diese spezielle Frage die gesetzgebenden Faktoren überhaupt nicht beschäftigt. Wenigstens enthalten die Auslegungsmaterialien[*] keinerlei Anhaltspunkte dafür, daß man diese Frage irgendwie sich vorgelegt und dieselbe in dem einen oder anderen Sinne zu entscheiden beabsichtigt habe. So bleibt

[*] Entwurf nebst Motive: Drucksachen des Abgeordnetenhauses 1875 I. S. 287 ff.
Erste Berathung des Abgeordnetenhauses: Verhandlungen desselben 1875 I. S. 73 ff.
Kommissionsbericht desselben (Berichterstatter Abg. Zelle): Drucksachen 1875 III. S. 2043 ff.
Zweite Berathung desselben: Verhandlungen 1875 III. S. 2027 ff.
Dritte Berathung desselben: daselbst S. 2115 ff.

also kein anderer Weg, als in dem bereits oben angedeuteten Sinne auf die bei Abfassung des Gesetzes maßgebend gewesenen allgemeinen leitenden Gesichtspunkte und praktischen Tendenzen zurückzugehen, um von diesen aus zu einer dem gesetzgeberischen Gedanken entsprechenden Entscheidung unserer Frage zu gelangen.

(Schluß folgt.)

Grundsätze für die in Enteignungs-Sachen zu gewährende Entschädigung.

Sind im Falle der partiellen Enteignung eines Grundstückes für Eisenbahn-Anlagen auch die Nachtheile zu entschädigen, welche

I. für das Restgrundstück durch die nach der Enteignung auf dem enteigneten Theile herzustellenden Anlagen und durch die Benutzung dieser späteren Anlagen Seitens des Bahn-Unternehmers entstehen?

II. Sind insbesondere auch diejenigen Nachtheile zu vergüten, welche durch die in Folge jener Anlagen eintretende Unterwerfung des Restgrundstückes unter gesetzliche oder polizeiliche Gebrauchs-Beschränkungen entstehen?

III. Sind event. jene Nachtheile dann nicht zu ersetzen, wenn und soweit sie für das Restgrundstück auch im Falle der Bahn-Anlage auf nachbarlichem Terrain entstanden sein würden?

(Erkenntnisse des dritten Hülfssenats des Reichsgerichts vom 26. Mai 1880 in Sachen Neumann wider Oberschlesische Bahn und in Sachen Doepner wider Eisenbahn-Fiskus.)

Ad I.

In vorstehend citirten Urtheile des dritten Hülfs-Senats wider Neumann heißt es wörtlich:

„Dieser außerordentliche Werth ist mithin bei der Abschätzung zu berücksichtigen. Solches ist auch in der Judikatur stets angenommen. Ferner ist in demselben stets angenommen, daß es bei Berechnung des Werths auf den Zeitpunkt der Enteignung ankommt. Darüber aber, welche einzelnen Nachtheile in Berechnung zu ziehen, hat eine konstante Praxis nicht bestanden. Es ist entschieden worden, daß es nur auf solche Nachtheile ankomme, welche durch die Enteignung, die Entziehung des Eigenthums, herbeigeführt würden. In anderen Entscheidungen ist davon ausgegangen, daß auch diejenigen Nachtheile zu berücksichtigen seien, welche dem Grundbesitzer durch die späteren Anlagen auf dem enteigneten Grund und Boden und durch deren Benutzung seitens des Unternehmers entständen. Die letztere Ansicht hat aber keinen gesetzlichen Anhalt. Nach § 75 der Einleitung zum Allgemeinen Landrecht ist derjenige, welcher seine besonderen Rechte und Vortheile dem Wohl des

Erste Berathung des Herrenhauses: Verhandlungen 1875 S. 613, 614.
Zweite Berathung desselben (nur mündliche Berichterstattung): daselbst S. 648, 649.

gemeinen Bestens aufzuopfern genöthigt wird, zu entschädigen. Das (besondere) Recht des Grundbesitzers bis zur Enteignung war die freie Benutzung des enteigneten Areals zu allen seinen Zwecken. Auf Grund des § 75 der Einleitung zum Allgemeinen Landrecht ist er bei der Enteignung für alle Nachtheile zu entschädigen, welche ihm dadurch entstehen, daß er die Fläche nicht mehr benutzen kann, mit anderen Worten: er ist für die Nachtheile zu entschädigen, welche mit der Entziehung des Grundeigenthums in ersichtlichem Zusammenhang stehen. Ist aber der Unternehmer einmal Eigenthümer der enteigneten Fläche geworden, so hat er alle Rechte des Eigenthümers.

Er darf sein Eigenthum innerhalb der durch das Gesetz — §§ 26 bis 28 Theil I. Titel 8, §§ 36 bis 38 Theil I. Titel 6 des Allgemeinen Landrechts — gezogenen Schranken benutzen. Die Berücksichtigung solcher späteren Benutzung bei der Entschädigungsberechnung schließt sich gerade in Folge des Grundsatzes aus, daß bei Bemessung der Entschädigung der Zeitpunkt der Enteignung maßgebend ist.

Nun ist es freilich denkbar, daß gewisse, aus der Thatsache der Enteignung hervorgehende, durch sie verursachte Nachtheile nicht schon bei der Enteignung erkennbar werden. Dahin gehören zum Beispiel die Nachtheile, daß die Bewässerung der unterliegenden Grundstückstheile beeinträchtigt wird, oder daß dem Grundbesitzer der Zugang zu den ihm verbleibenden Grundstückstheilen erschwert, oder daß ihm die Aussicht von seiner Hofstätte nach denselben durch eine Dammanlage entzogen wird. Alle derartigen Nachtheile müssen, wenn sie auch später erst hervortreten, vergütet werden, da sie im ursächlichen Zusammenhange mit der Enteignung stehen; denn sie würden überhaupt nicht eingetreten sein, wenn der Grundbesitzer die freie Verfügung über das enteignete zwischenliegende Aereal behalten hätte. Solche Nachtheile dagegen, welche durch die Anlage erst später entstehen, und in ihrer Art auch entstanden sein würden, wenn die Enteignung lediglich Nachbarland betroffen hätte, wie zum Beispiel eine Benachtheiligung durch Licht- und Luftentziehung, bleiben von der Berücksichtigung bei Bemessung des außerordentlichen Werthes ausgeschlossen, weil sie nicht im ursächlichen Zusammenhang mit der Enteignung stehen."

Die Unhaltbarkeit des hier vom dritten Hülfs-Senat ausgesprochenen Grundsatzes: diejenigen Nachtheile, welche dem Restgrundstücke durch die nach der Enteignungs-Akte auf dem enteigneten Theile hergestellten Anlagen und durch die Benutzung der letzteren Seitens des Bahn-Unternehmers entständen, seien bei Feststellung der Entschädigung im Enteignungs-Verfahren nicht zu berücksichtigen, erzielt sich zunächst schon aus den in jenem Erkenntnisse angeführten zwei Beispielen der Beeinträchtigung der Bewässerung oder der Aussicht des Restgrundstücks durch die Anlagen des Eisenbahndamms. Der

Hülfs-Senat giebt selbst mit ausdrücklichen Worten zu, daß diese Nachtheile vom Eisenbahn-Unternehmer zu ersetzen seien, sieht sich aber, da doch die Anlage des Eisenbahndamms — abgesehen von anderweitiger gütlicher Enteignung — erst nach dem Enteignungs-Akte erfolgen darf, durch dieses Zugeständniß in offenbarem Widerspruch mit jenem Grundsatze.

Die vom Hülfs-Senate für jenen Grundsatz angeführten beiden Gründe, daß der Enteignete nur für die Nachtheile zu entschädigen sei, welche mit der Enteignung seines Grundstückstheils in Zusammenhang ständen, und daß bei Bemessung der Entschädigung der Zeitpunkt der Enteignung maßgebend sei, enthalten zwei richtige Behauptungen, beweisen jedoch für jenen Grundsatz absolut nichts. Während dem Hülfs-Senat bei jenen zwei Beispielen die in facto und in jure schon „im Zeitpunkte der Enteignung" lediglich schon an die Thatsache der Enteignung eines Grundstücks-Theils sich für das Restgrundstück ergebenden nachtheiligen Consequenzen richtig gewürdigt hat, hat er bei Aufstellung jenes Grundsatzes diese Consequenzen völlig verkannt. In facto hat der Senat verkannt, daß, wenn Jemand von seinem Grundstücke einen Theil notorisch zu einem Zwecke verkauft, durch dessen Realisirung das Restgrundstück entwerthet wird, der Verkaufswerth des Restgrundstücks schon durch die Thatsache der Abtretung des Theils zu jenem für das Restgrundstück nachtheiligen Zwecke vermindert wird und daß sich die Entstehung der Werthsverminderung keineswegs bis Ausführung jenes Zwecks hinausschiebt. Mit Recht sage Dr. Bohlmann in seiner lehrreichen, die praktische Seite der Enteignungssachen beleuchtenden Schrift: „Die Praxis in Expropriationssachen" S. 13: „Wenn Jemand z. B. von seinen ihm örtlich dicht neben einanderliegenden Bauplatz zum mittleren Bauplatz zum Zwecke der Anlage eines Kirchhofs oder einer chemischen Fabrik ꝛc. verkauft, so entsteht die Werthsverminderung seiner beiden anderen Plätze nicht erst mit dem Momente, wo die Todten dort begraben werden, oder der chemische ꝛc. Fabrikbetrieb in Thätigkeit gesetzt wird, sondern vielmehr schon durch die Abtretung des mittleren Platzes zum Zwecke jener Anlagen." Beim freiwilligen Verkaufe nur eines Grundstückstheils bildet der Zweck, zu dem der Käufer den anzukaufenden Theil voraussichtlich erwerben will, der Gebrauch, den der Käufer davon künftig machen wird, und die vorherzusehende Rückwirkung dieses zukünftigen Gebrauchs auf das Restgrundstück grade den zutreffenden Factor bei Abmessung der Preisforderung für den zu verkaufenden Theil. Beim freiwilligen Verkaufe verkauft man daher einen Grundstückstheil billiger zur Anlage eines schönen Hauses, als zur Anlage einer das Restgrundstück durch Schmälerung der Bewässerung oder der Aussicht, durch großes Geräusch, Rauch, Staub, Dampf, Erschütterung, Feuersgefahr ꝛc. entwerthenden gewerblichen Anlage. Bei der Zwangsenteignung kann der Preis nur nach denselben Rücksichten bemessen werden, welche beim freiwilligen Verkaufe rationell sind. (Anerkannt vom Königl. Ober-Tribunal im Erkenntnisse vom 5. April 1872, Striethorst Archiv Bd. 86, S. 79).

In jure hat der Senat verkannt, daß mit der Abtretung des Eigenthums an dem zu enteignenden Grundstückstheile auch das in diesem Eigenthum liegende Recht (jus prohibendi) abgetreten wird, auf diesem Theile die Errichtung von

Anlagen zu unterfagen, welche von irgendwie nachtheiliger Einwirkung auf das Restgrundstück sein können.

Diese, den vom Hülfsenate aufgestellten Grundsatz wider-
legenden Gründe sind in der citirten Abhandlung von Dr.
Bohlmann, „Die Praxis in Expropriationssachen" in §§ 2
und 3 S. 3 bis 21 und in den dort mitgetheilten gerichtlichen
Erkenntnissen, namentlich in dem S. 15 mitgetheilten, ausgezeichnet motivirten Erkenntnisse des Appellhofs zu Celle vom
9. April 1875 unwiderleglich entwickelt.

Die Behauptung des Senats in jenem Erkenntnisse:
„Auch das Enteignungsgesetz vom 11. Juni 1874
enthält in Bezug auf die Frage, ob und in wie weit
bei der Entschädigungsberechtigung die späteren Anlagen auf der enteigneten Fläche mit zu berücksichtigen
seien oder nicht, keine besonderen Bestimmungen."
muß in hohem Grade überraschen. Der Senat hat die Motive
des Gesetzgebers zu § 1 jenes Gesetzes, ferner den Zweck des
Plan - Feststellungs - Verfahrens (§ 15 seq. das.) übersehen
und aus § 31 das. nicht die richtige Consequenz gezogen (wie
aus der citirten Abhandlung des Dr. Bohlmann §§ 4 und 5
klar zu ersehen ist). Nach § 2 jenes Gesetzes soll die Kabinets-
ordre, wodurch das Expropriationsrecht verliehen wird, nicht
bloß den Unternehmer, sondern — weil es für die betheiligten
Grundeigenthümer wegen ihrer Rechte auf Entschädigung
von Wichtigkeit ist, auch den Zweck, zu dem die Eigenthum
in Anspruch genommen wird, kennen zu lernen, — auch den
Unternehmen, um welches es sich handelt, bezeichnen. Ferner
soll durch das der Feststellung der Entschädigung vorhergehende
Planfeststellungsverfahren der zu Enteignende, ehe er seine
Schadenrechnung aufstellt, über den Gebrauch, welchen der
Unternehmer von dem zu enteignenden Areal machen will, und
über die Rückwirkung dieses Gebrauchs auf das Restgrundstück
informirt werden.

(Schluß folgt.)

Bei Gründung von Aktiengesellschaften, wenn Aktionäre nicht in Geld bestehende Einlagen machen, ist für diese Einlagen der im Preußischen Stempelgesetze vom 7. März 1822 bestimmte Immobiliarkaufstempel nicht zu entrichten.

(Erk. der vereinigten Civilsenate des Reichsgerichts
vom 5. Juli 1880 i. S. Krämer c. Fiskus N. 48/79 II.*).

Der nunmehr verstorbene Heinrich Adolph Krämer war
Eigenthümer des Quinter-Hüttenwerkes bei Trier.

Durch Notariatakt vom 21. August 1874 hat er mit seinen
Descendenten einen Vertrag abgeschlossen, folgenden Inhalts:

„Sie, die Comparenten, hätten sich entschlossen, eine
Aktiengesellschaft unter der Firma „Quinter-Hütten-
Eisenwerk" unter sich zu bilden, in welche der Com-
parent Krämer alle vorstehend näher beschriebenen zu
dem sein Eigenthum seienden Hüttenwerke gehörigen
Realitäten und Vermögensobjecte mit allen Aktiven
und Passiven und jedes seiner hiebei erschienenen zwei
Kinder aus seinem gedachten Aktivconto einen Geld-
betrag von 40,000 Thlr. und die gedachten minorennen
Krämer aus ihrem gedachten Aktivconto den Betrag

---

*) Das vormalige Preußische Obertribunal hatte in dem Plenar-
beschluß Entsch. Band 70 S. 20 die entgegengesetzte Rechtsansicht
ausgesprochen.

von zusammen 40,000 Thlr. einbringe. — An dieser
Aktiengesellschaft sei nach genauer Berechnung Herr
Krämer (der Vater) zu ¹⁰/₁₂, jede der beiden Töchter
zu ¹/₁₂ und die Minorennen zusammen zu ¹/₁₂ betheiligt."

Das nun folgende Statut besagt in

§ 3: die Gesellschaft, in welche Herr Krämer folgende
Objekte (die Bestandtheile des Quinter-Hüttenwerks
mit allen Zubehörungen, Aktivis und Passivis, werden
aufgeführt), die Descendenten den Geldbetrag von
40,000 Thlr. einbrächten, bezwecke die Weiterführung
und Ausdehnung jener Werke rc.

§ 4. Das Grundkapital der Gesellschaft ist auf 1,760,000
Thlr. festgesetzt und in 880 Aktien, jede Aktie im
Werthe von 2000 Thlr. zerlegt. Der Werth der
erwähnten Einlage des Comparenten Krämer ist ab-
züglich der damit verbundenen Passiva auf die Summe
von 1,640,000 Thlr. festgesetzt und werden ihm hiefür
820 Aktien gewährt, jedem seiner zwei Kinder: Char-
lotte Franziska und Ehefrau Klaatsch für ihre Einlagen von je 40,000 Thlr. 20 Aktien und den
Minorennen zusammen 20 Aktien gewährt."

Zu dem Akte ist ein Stempel von 1,50 Mark adhibirt,
vom Stempelfiskal aber ein solcher von 31,900 Mark defectirt.
Der letztgedachte Betrag ist von den Kassationsklägern eingezahlt,
dann aber im Wege der gerichtlichen Klage beim Landgerichte
Cöln zurückgefordert. Die Klage ist durch die gleichlautenden
Entscheidungen des Landgerichts vom 24. April 1877 und des
Rheinischen Appellationsgerichtshofes zu Cöln vom 13. März
1879 zurückgewiesen worden.

Der Appellationsrichter tritt, unter Beseitigung verschiedener
nicht mehr interessirender Klagegründe den Erwägungen des
ersten Richters bei, indem er im Wesentlichen ausführt:

Es sei von dem Grundsatze auszugehen, daß die bei
der Gründung einer Aktiengesellschaft getroffene Vereinbarung: einzelne Kontrahenten sollten auf das
Grundkapital anzurechnende nicht in baarem Gelde
bestehende Einlagen machen und dagegen mit einer
dem festgesetzten Werthe entsprechenden Anzahl Aktien
an der Gesellschaft betheiligt sein, als ein von dem
Gesellschaftsvertrage verschiedenes Rechtsgeschäft anzusehen sei. Dieser Satz beruhe auf der Anschauung,
daß nach der Natur und gesetzlichen Constitution der
Aktiengesellschaft das Grundkapital derselben nur in
Gelde bestehe, daher jede in dem Gesellschaftsvertrage
erfolgte Uebernahme von Aktien an sich die Verpflichtung
zur Baareinzahlung ihres Betrages begründe und es
sich als eine besondere, der Bildung der Aktiengesellschaft fremde Verabredung darstelle, wenn in
einem einzelnen Falle an Stelle der Baareinlage die
Leistung eines Aequivalents an die Gesellschaft stipulirt
werde.

Ein Gleiches müsse von einer Vereinbarung der
vorliegenden Art gelten, die juristisch dahin aufzufassen
sei, daß Adolph Krämer sich mit einer bestimmten
Zahl von Aktien betheilige unter der Beding ng, daß
für den Betrag derselben die von ihm der Gesellschaft
übereigneten Vermögensstücke als Zahlung angenommen
werden rc.

Eine solche Stipulation sei aber nach den Regeln
über die Hingabe an Zahlungsstatt zu beurtheilen,
welche zufolge der Allerhöchsten Cabinetsordre vom
13. November 1828 dem nämlichen Stempel wie der
Kaufvertrag unterliegt.

Die Kassationskläger haben gegen dieses Urtheil Kassations-
recurs eingelegt.

Die Sache wurde zunächst bei dem zweiten Civilsenat des
Reichsgerichts vom 5. März 1880 verhandelt und sodann die
Verhandlung und Entscheidung an die vereinigten Civilsenate

verwiesen, weil der zweite Civilsenat der vom vierten Civilsenate in einem Urtheile vom 15. Januar 1880 ausgesprochenen Rechtsansicht,

daß bei Gründung von Aktiengesellschaften, wenn Aktionäre nicht in Geld bestehende Einlagen machen, hierfür der im Preußischen Stempelgesetze vom 7. März 1822 beziehungsweise in der Cabinetsordre vom 13. November 1828 für Verkäufe oder Hingabe an Zahlungsstatt bestimmte Stempelbetrag zu entrichten sei, nicht beigetreten beschlossen hatte.

Die vereinigten Senate des Reichsgerichts haben das angefochtene Urtheil kassirt und den Fiskus zur Rückzahlung des beigetriebenen Stempels verurtheilt.

Gründe.

In Erwägung,

daß die einzelnen Positionen im Tarife zum Stempelgesetze vom 7. März 1822 die Geschäfte, von deren Beurkundung der dort beigesetzte Stempel erhoben werden soll, nur mit den civilrechtlichen Benennungen aufführen und es demnach und in Ermangelung irgend einer entgegenstehenden Vorschrift des Gesetzes, einem Zweifel nicht unterliegen kann, daß auch nur nach den Grundsätzen des Civilrechts zu beurtheilen ist, ob in einem gegebenen Falle die Merkmale eines solchen Geschäftes — also beispielsweise eines Kaufvertrages — vorliegen;

daß aber damit die Annahme ausgeschlossen ist, als ob die Bestimmung in Ziffer 1. der allgemeinen Vorschriften beim Gebrauche des Stempeltarifs, wonach, wenn eine schriftliche Verhandlung verschiedene stempelpflichtige Gegenstände oder Geschäfte enthält, der Betrag des Stempels für jeden dieser Gegenstände und jedes dieser Geschäfte, nach den darauf zur Anwendung habenden Vorschriften besonders zu berechnen ist — der Begriff des Geschäfts in einem von dessen civilrechtlicher Bedeutung verschiedenen Sinne aufzufassen sei;

daß sodann, wie auch in der Rechtsprechung anerkannt, für den Ansatz des Stempels nur das jeweils beurkundete Geschäft, nicht aber die mit dessen Abschlusse beabsichtigte oder eingetretene vermögensrechtliche Veränderung zu berücksichtigen, also die unmittelbar oder mittelbar bewirkte Vermögensübertragung nur dann und insoweit mit der Steuerpflicht zu belegen ist, als der Tarif eine solche für das beurkundete besondere Geschäft vorschreibt;

daß hiernach das Einbringen von nicht in Geld bestehendem Vermögen in eine Aktiengesellschaft nicht schon wegen der damit bewirkten Eigenthumsübertragung mit dem für Kauf oder Hingabe an Zahlungsstatt (Allerhöchste Cabinetsordre vom 13. November 1828) festgesetzten Stempel besteuert werden darf, vielmehr zu prüfen ist, ob dieses bestehende Einlage in die Gesellschaft und die Gewährung von Aktien für den Werth desselben sich als ein vom Gesellschaftsvertrage verschiedener Rechtsgeschäft darstelle und die civilrechtlichen Merkmale oder der Hingabe an Zahlungsstatt an sich trage;

daß nun das angefochtene Urtheil bei seiner Feststellung, der Vertrag enthalte, obgleich darin eine Gesellschaft konstituirt worden, außerdem noch alle Momente eines Kaufes oder einer Hingabe an Zahlungsstatt von der Annahme ausgeht, die rechtliche Natur und Construktion einer Aktiengesellschaft erfordere es, daß das Grundkapital derselben, mithin auch die Einlage in Geld bestehe;

daß mithin die Richtigkeit der Feststellung von der Richtigkeit der rechtlichen Voraussetzung, auf welcher sie beruht, bedingt, letztere aber rechtsirrthümlich ist;

daß nämlich das Handelsgesetzbuch sowohl bei der offenen Handelsgesellschaft wie bei der Kommanditgesellschaft und bei der Kommanditgesellschaft auf Aktien unter "Einlage" oder "Vermögenseinlage" nicht nur die in baarem Gelde, sondern auch die in anderen Gegenständen gemachte Einlage versteht — vergleiche Artikel 85, 91, 92, 95, 106, 108, 150, 161, 165, 171, 180, 181, 197 — mithin die Sprachweise des Gesetzes keinen Anhalt dafür bietet,

die Bezeichnung „Einlage" im Artikel 207 in einem engeren, auf Geldeinlage beschränkten Sinne aufzufassen und zwar um so weniger als — wie die Vergleichung dieses Artikels mit den Artikeln 85, 150 ergiebt, der Schwerpunkt nicht auf „Einlagen", sondern auf das negative Merkmal zu legen ist, daß bei keinem Gesellschafter persönliche Haftung stattfinde;

daß dem Bedürfnisse des kaufmännischen Verkehres und Rechnens entsprechend und in Rücksicht auf die Gewinn- und Verlustvertheilung bei allen Gesellschaftsarten eine Schätzung der nicht in baarem Gelde bestehenden Einlagen nach Geld, als dem allgemeinen Werthmaße stattfinden muß und daher die Artikel 207a, 209 Ziffer 4, 209a, 210 Ziffer 4, 216, 217, 219, 220, 221, 222, 223, 225b Ziffer 1, 239a Ziffer 1 und 3, 208 um so weniger für die Behauptung angeführt werden könne, daß die Einlage in eine Aktiengesellschaft nur in baarem Gelde bestehen dürfe, als man sonst aus einem Theile dieser und aus Artikel 240 auch die — jedenfalls unstatthafte — Folgerung ziehen könnte, das Vermögen der Gesellschaft (Gesellschaftskapital) müsse fortdauernd in baarem Gelde erhalten bleiben;

daß der entgegengesetzte Ansicht auch im Artikel 180 und in dem diesem nachgebildeten Artikel 209b des Handelsgesetzbuchs (Gesetz vom 11. Juni 1870) und in der Entstehungsgeschichte beider ihre Widerlegung findet, indem sowohl die Motive zum Preußischen Entwurfe des Handelsgesetzbuchs (zu den Artikeln 159, 183), als auch die Berathungen in der Nürnberger Conferenz, wie endlich auch die Motive zur Novelle vom 11. Juni 1870 anerkennen, daß auch das nicht in baarem Gelde bestehende Einbringen gerade so als Einlage gelten solle, wie die Geldeinlage;

daß, was insbesondere den Artikel 209b betrifft, die darin vorgeschriebene Schätzung keineswegs als ein rein civilrechtliches zu den Zwecke zu betrachten ist, die Einlage als Kaufobjekt zu kennzeichnen, solche vielmehr vorzugsweise auf dem öffentlichen Interesse beruht, Täuschungen der Aktionäre zu verhüten, wie denn auch der Werthe der nicht in baarem Gelde bestehenden Einlage nicht ein Preis, sondern die Anzahl der Aktien gegenüberstellt ist, welche für jene gewährt werden und welche den Umfang der Betheiligung bei der Gesellschaft darstellen;

daß der aus den übrigen Vorschriften des Artikels 209b hergeleitete Einwand. Derjenige, welcher eine nicht in baarem Gelde bestehende Einlage mache, contrahire nicht als Gesellschafter mit allen übrigen Gesellschaftern, sondern als Dritter mit der Gesellschaft, verkennt, daß die Billigung des unter der (gesetzlichen) Bedingung der Genehmigung abgeschlossenen Gesellschaftsvertrages in der Generalversammlung der Aktionäre nicht den Abschluß eines neuen, gesonderten Vertrags der Aktiengesellschaft mit dem Aktionäre darstellt, welcher die nicht in baarem Gelde bestehende Einlage geleistet hat und überdies auf der nach dem Ausgeführten unwichtigen Unterstellung beruht, die nicht in baarem Gelde geschehene Einlage entbehre den rechtlichen Charakter der Einlage und sei deshalb ein besonderer Vertrag mit einem solchen Aktionäre erforderlich;

daß in allen den Fällen, wo der Betrieb einer bestimmten Anlage oder eines bestehenden Geschäfts den Anlaß zur Errichtung einer Aktiengesellschaft gegeben hat, der Natur der Sache nach die Absicht bei der Constituirung der Gesellschaft nicht sowohl auf das allseitige Zusammenschießen von Geld als vielmehr auf das Einbringen eben dieser Anlage oder Geschäfts gerichtet ist und zwar nicht für einen Preis, sondern für die in den Aktien sich darstellende Betheiligung des Einbringenden an der Gesellschaft;

daß es übrigens unerheblich ist, ob thatsächlich aber auch im Sinne des Gesetzes die Einlage von Geld die Regel bilde, da, wenn die Einlage von anderen Gegenständen auch nur ausnahmsweise vorkäme oder gestattet wäre, sie immerhin den rechtlichen Charakter als Einlage behielte und daher in keinem Falle diese Festsetzung als ein neben dem Gesellschaftsvertrag bestehender, von demselben verschiedener besonderer Vertrag, sondern immer als eine derjenigen Abrede darstelle, welche in ihrer Gesammtheit den individuellen Gesellschaftsvertrag ausmachen;

daß demnach das angefochtene Urtheil, weil es einen Bestandtheil des einheitlichen Geschäftsvertrags loslöst und als besonderes Geschäft behandelt, nicht nur die bereits erwähnten Bestimmungen des Handelsgesetzbuchs, sondern auch die Ziffer I. der allgemeinen Vorschriften über den Gebrauch des Tarifs zum Gesetze vom 7. März 1822 verletzt und deshalb zu kassiren ist;

In Erwägung zur Sache:

daß hiernach die Klage auf Rückerstattung des mit Unrecht defektirten Stempelbetrags von 31,900 Mark nebst Zinsen begründet und die Berufung gegen das die Klage abweisende erstinstanzliche Urtheil gerechtfertigt erscheint.

Personal-Veränderungen.

Zulassungen.

Adam Wolff bei dem Amtsgericht in Groß-Umstadt; — Benecke bei dem Amtsgericht und der Kammer für Handelssachen in Siegen; — Robert Mangold bei dem Amtsgericht in Geestemünde; — Ernst Friedrich Hugo Braun bei dem Amtsgericht in Weißenfels; — Neuhaus in Elberfeld bei dem Amtsgericht in Elberfeld und der Kammer für Handelssachen in Barmen; — Hünerbein bei dem Amtsgericht in Elberfeld; — Justizrath Schwabe bei dem Landgericht in Ratibor; — Gerichts-Assessor Dr. Kelch bei dem Landgericht in Potsdam; — Ludwig Liske bei dem Landgericht in Posen; — Hermann David Woelbling bei dem Landgericht I. in Berlin; — Dr. Otto Moritz Wilhelm Brandis bei dem Ober-Landesgericht in Hamburg; — Bürgermeister Dr. Giese, — Syndikus Dr. Magnus Maßmann, — Ulrich Zastrow — und Johann Hans Christian Ledder bei dem Landgericht in Rostock; — Adolf Ebey bei dem Landgericht in Erfurt; — Gustav Evlinger und Peter Dubelmann bei dem Landgericht in Cöln; — Karl Goldmann bei dem Landgericht in Nürnberg.

In die Liste der Rechtsanwälte sind gelöscht: Karl Richter bei dem Landgericht in Landshut; — Dr. Leopold Mayersohn bei dem Landgericht in Aschaffenburg; — Schrage bei dem Landgericht in Thorn; — Liske bei dem Landgericht in Meserik; — Ebop in Frankenhausen bei dem Landgericht in Rudolstadt; — Dr. Birkhainer bei dem Landgericht in Bonn.

Ernennungen.

Der Rechtsanwalt Krug in Marburg ist zum Notar im Bezirke des Ober-Landesgerichts zu Cassel, und der Rechtsanwalt Dr. jur. Bernhard in Breslau zum Notar im Departement des Ober-Landesgerichts zu Breslau ernannt worden.

Todesfälle.

Wilhelm Kekule in Darmstadt; — August Levi in Mainz.

Titelverleihungen.

Dem Rechtsanwalt und Notar Justizrath Engelmann in Ratibor ist der Charakter als Geheimer Justizrath verliehen.

Ordensverleihungen.

Dem Rechtsanwalt Fischer in Cöln ist der Rothe Adler-Orden vierter Klasse verliehen.

Gemäß §. 5 der Geschäftsordnung der Anwaltskammer zu Berlin werden die Herren Mitglieder der Anwaltskammer zu Berlin zur ordentlichen Versammlung der Anwaltskammer zum 20. November d. Js. Abends 6 Uhr im Hôtel Magdeburg hierselbst Mohrenstraße Nr. 11 berufen.

Tagesordnung: Rechnungslegung und Wahl der Revisoren der Rechnung gemäß §. 5 der Geschäftsordnung.

Berlin, den 26. October 1880.

Der Vorsitzende des Vorstandes der Anwaltskammer.

Alsert.

Für die Redaktion verantw.: S. Haente. Verlag: W. Moeser, Hofbuchhandlung. Druck: W. Moeser, Hofbuchdruckerei in Berlin.

№ 22.   Berlin, 15. November.   1880.

Iuriſtiſche Wochenſchrift.

Herausgegeben von

S. Haenle,
Rechtsanwalt in Ansbach.

und

M. Kempner,
Rechtsanwalt beim Landgericht I. in Berlin.

Organ des deutſchen Anwalt-Vereins.

Preis für den Jahrgang 12 Mark. — Inſerate die Zeile 30 Pfg. — Beſtellungen übernimmt jede Buchhandlung und Poſtanſtalt.

Der Vereinsbeitrag für das Jahr 1881 iſt vom Vorſtande auf 12 Mark feſtgeſetzt und an den Unterzeichneten zu zahlen. Die am 1. Februar k. Is. noch rückſtändigen Beiträge müſſen ſatzungsgemäß durch **Poſtvorſchuß** erhoben werden.

Leipzig, Marienſtraße 13, im November 1880.

Meſke,
Schriftführer.

Zur Auslegung des preußiſchen Geſetzes vom 2. Juli 1875, betreffend die Anlegung und Veränderung von Straßen und Plätzen in Städten und ländlichen Ortſchaften.

Von Rechtsanwalt Dr. Reuling in Leipzig.
(Schluß.)

Der Entwurf war, der bisherigen Rechtſprechung des Obertribunals folgend, davon ausgegangen, daß die mit Rückſicht auf das Straßenprojekt erfolgte Verſagung eines nachgeſuchten Baukonſenſes für die Entſchädigungspflicht entſcheidend ſein falle. Wem daraufhin ein nachgeſuchter Baukonſens verſagt war, der war — ſo nahm der Entwurf an — durch die feſtgeſtellte Baufluchtlinie thatſächlich geſchädigt. So lange ein Baukonſens nicht nachgeſucht war, war dagegen die Beſchränkung der Baufreiheit praktiſch bedeutungslos geblieben, ein Anlaß zur Entſchädigung alſo nicht gegeben.

Dieſer Standpunkt des Entwurfs, der übrigens allein den Rechten des Grundeigenthümers voll gerecht wird, iſt demnächſt im Intereſſe der Kommunen verlaſſen worden. Und zwar iſt dies aus keinem anderen Grunde geſchehen, als weil man die Entſchädigungspflicht der Kommunen nicht abhängig machen wollte von dem nur formellen Erforderniß der Verſagung des Bau-

konſenſes, welches herzuſtellen jeder betheiligte Grundeigenthümer auch ohne die wirkliche Abſicht zu bauen in der Hand hat. Man' hat nicht verkannt, daß nach allgemeinen Rechtsgrundſätzen allerdings dem Grundeigenthümer in ſolchem Falle Entſchädigung gebühre. Aber man fürchtete, die Kommunen mit in Wahrheit nur fingirten Entſchädigungsanſprüchen zu belaſten. Aus dieſem Grunde glaubte man die Entſchädigungspflicht der Gemeinde davon abhängig machen zu ſollen, daß der Grundeigenthümer bereits in ſeine ökonomiſche und Rechtslage in ſolcher Weiſe thatſächlich eingegriffen hat, daß dadurch die Annahme ausgeſchloſſen wird, es ſei ein bloßer auf die Motivirung von Entſchädigungsanſprüchen berechneter Schein beabſichtigt. Auf dieſem Motiv allein beruht es, daß der Standpunkt des Entwurfs verlaſſen wurde, daß nach dem Geſetz die Verſagung des Baukonſenſes für die Entſchädigungspflicht der Kommune bedeutungslos bleibt, weder für ſich allein die Entſchädigungspflicht begründet, noch auch (als eine an ſich bedeutungsloſe Förmlichkeit) überhaupt noch erfordert wird.

Dieſer den ganzen § 13 beherrſchende Geſichtspunkt: es ſolle das thatſächliche nicht blos auf einen Schein berechnete Verhalten des Grundbeſitzers entſcheidend ſein und (was die ausgeſprochene Tendenz des Geſetzes iſt) es ſollen die Intereſſen der betheiligten Grundbeſitzer und der Kommune inwit möglich verſöhnt werden, muß jedenfalls auch für die Entſcheidung unſerer Frage maßgebend bleiben.

Dem Wortlaut des Geſetzes entſpricht es jedenfalls nicht die bereits vollendete Niederlegung des abzubrechenden Gebäudes vorauszuſetzen. Es heißt dort „freigelegt wird", nicht „freigelegt worden iſt." So wenig es im Falle der Nr. 3 dem Wortlaut und Sinne des Geſetzes entſprechen kann, die Entſchädigungspflicht bis dahin aufzuſchieben, daß das in der neuen

Fluchtlinie zu errichtende Gebäude vollendet ist; so wenig kann im Falle der Nr. 2 verlangt werden, daß die Freilegung bereits beendet ist. Sobald dieselbe begonnen ist, also mit dem Geschäft des Abbrechens angefangen ist, und dies würde schon mit dem ersten abgedeckten Ziegel der Fall sein, müßte jedenfalls der Fall der Nr. 2 als bereits vorliegend erachtet werden. Dem Wortlaut des Gesetzes wäre damit genügt. Aber es wäre gewiß auch bereits dasjenige thatsächliche Verhalten des Eigenthümers konstatirt, welches vom Standpunkte des Gesetzes zur Begründung der Entschädigungspflicht erforderlich sein soll, nämlich daß der Grundeigenthümer durch die Baufluchtlinie fallende Gelände seiner bisherigen Bestimmung als bebautes Grundstück wirklich entzogen hat. Das Gebäude hat in solchem Falle aufgehört seiner Bestimmung nach ein Gebäude zu sein, es ist nur noch als ein abzubrechender Haufen, sei es noch brauchbarer, sei es unbrauchbarer Baumaterialien anzusehen.

Aber zu welchen, der Tendenz des Gesetzes geradezu hohnsprechenden praktischen Resultaten kommt man mit einer Auslegung des Gesetzes, welche überhaupt die, sei es vollendete, sei es auch nur bereits begonnene Niederlegung des abzubrechenden Gebäudes fordert! Statt daß die Interessen der Gemeinde und der Grundstückseigenthümer der Absicht des Gesetzes entsprechend versöhnt werden, werden die Interessen Beider schwer geschädigt!

Dem Interesse der Gemeinde entspricht es, das Gelände nicht eher erwerben und bezahlen zu müssen, als bis sie es wirklich braucht. Dem Interesse des Grundstücksbesitzers entspricht es, sein Gebäude lieber bis dahin, daß es ihm expropriirt wird, zu behalten, als für eine ihn nicht befriedigende Entschädigung sein bisher bebautes Gelände frei zu legen und dasselbe an die Gemeinde abzutreten. Muß das Gebäude bereits ganz oder theilweise abgebrochen sein, ehe der Grundeigenthümer die Festsetzung der Entschädigung im gesetzlichen Verfahren verlangen kann, kann wird in vielen Fällen das Resultat das sein, daß der durch die Entschädigungssumme nicht befriedigte Grundbesitzer auch seinerseits bedauert, sein Gebäude niedergelegt und das freigelegte Gelände der Gemeinde aufgezwungen zu haben und es lieber vorerst noch behalten haben würde, während der Gemeinde natürlich dadurch nichts genützt wird, daß mit ihrem zugleich auch das Interesse des Grundbesitzers geschädigt ist und beide unzufriedenstellt sind. Dies ist die „Versöhnung" der Interessen Beider, welche der ausgesprochene Zweck des § 13 ist, wie sie als unvermeidliche Folge einer solchen Auslegung des Gesetzes sich herausstellen würde!

Geht nun dagegen davon aus, daß der Fall des § 13 Nr. 2 gegeben ist und die Feststellung der Entschädigung im gesetzlichen Verfahren zu erfolgen hat, sobald der Grundeigenthümer in bindender Weise erklärt: das Grundstück wird freigelegt und steht gegen die im gesetzlichen Verfahren festzustellende Entschädigung zur Verfügung der Gemeinde, kann hat das Gesetz wirklich, so weit dies möglich ist, die Interessen beider Betheiligten versöhnt. Die Gemeinde hat in Folge einer solchen bindenden Erklärung ein Recht darauf, daß nach Feststellung der Entschädigung das Grundstück freigelegt und ihr zu überlassen wird. Aber nichts steht im Wege, daß wenn und solange nach Feststellung der Entschädigungssumme beide Theile es ihrem Interesse entsprechend finden, es bei dem bisherigen thatsächlichen

und Rechtszustande zu belassen, es dabei belassen wird. Die Gemeinde behält ihr Geld, statt dafür ein ihr zur Zeit werthloses Grundstück erwerben zu müssen; der Grundeigenthümer behält sein Grundstück mit dem zur Zeit noch nicht abgebrochenen Gebäude.

Diese Auslegung also entspricht allein der Tendenz des Gesetzes. Sie entspricht allein denjenigen Gesichtspunkten, von denen aus das Gesetz im Gegensatz zum Entwurf zur Begründung des Entschädigungsanspruchs mehr verlangt als die einfache Ablehnung des Baukonsenses zu einem vielleicht gar nicht ernstlich gemeinten Bauprojekte. Es hat für den Grundeigenthümer sehr ernste Folgen, wenn er sein Grundstück der Gemeinde gegen die gesetzlich festzusetzende Entschädigung mit der Erklärung zur Verfügung stellt, daß dasselbe freigelegt werde. Er hat damit über sein Grundstück endgültig disponirt und es würde einer besonderen Vereinbarung mit der Kommune bedürfen, diese Disposition rückgängig zu machen.

Daß diese Auslegung mit dem Wortlaut des Gesetzes nicht in Widerspruch steht, bedarf keines Nachweises. Der Ausdruck „freigelegt wird" legt das Freilegen entweder in die Zukunft oder in die Gegenwart. Keinesfalls aber, wie bereits hervorgehoben, in die Vergangenheit. So bleibt also nur die Wahl zwischen der hier vertretenen, der Tendenz des Gesetzes gemäßen und sachlich befriedigenden Auslegung oder jener vorher besprochenen, der Tendenz des Gesetzes nicht entsprechenden und sachlich höchst unbefriedigenden Auslegung, wonach das Freilegen begonnen sein müßte. Letztere Auslegung, für welche der Wortlaut nicht spricht, als ihr zuwider, würde nicht blos, wie nachgewiesen, den schließlichen Absichten des Gesetzes widersprechen. Es würde der bei § 13 maßgebend gewesenen Intention des Gesetzgebers auch insoweit nicht entsprechen, als dabei Gewicht darauf gelegt würde, daß etwas bereits geschehen ist, was jeden Augenblick geschehen kann, das Beginnen des Freilegung. Es würde also schließlich doch wieder nur eine andere rein äußere, jederzeit willkürlich zu erfüllende Förmlichkeit zur Voraussetzung der Entschädigung gemacht sein.

Die hier vertretene Auslegung des Gesetzes ist seitens des zweiten Hülfssenats des Reichsgerichts in der bereits erwähnten Entscheidung vom 21. Juni 1880 in Sachen der deutschen Eisenbahnbaugesellschaft zu Berlin contra Stadtgemeinde Berlin nicht gebilligt worden.

Die im Wesentlichen auf die hier dargelegten Gesichtspunkte gestützte Nichtigkeitsbeschwerde ist auf die Erwägung hin verworfen worden, daß nach den unzweideutigen Worten des Gesetzes Entschädigung nicht schon dann gefordert werden könne, wenn die Freilegung blos beabsichtigt wird. Nach dieser Rücksicht hin bedürfe es keines Eingehens auf die legislatorischen Vorarbeiten, um den Sinn des Gesetzes festzustellen. Auch nach dem Wortlaut des Abs. 2 des § 13 sei dem Grundeigenthümer in dem dort bezeichneten Falle nur für die Beschränkung des „bebaut gewesen" Theils des Grundstücks Entschädigung zu gewähren. Also auch in diesem Falle ist Voraussetzung des Entschädigungsanspruchs, daß das Grundstückstheil ein bebaut gewesener, freigelegter ist.

Daß diese Entscheidung und ihre Begründung der zur Entscheidung stehenden Frage auch nur annähernd gerecht geworden sei, wird sich nicht behaupten lassen.

Wie der Wortlaut des Gesetzes, der das Freilegen jedenfalls nicht in die Vergangenheit verlegt, dieser Auffassung und zwar so bestimmt zur Seite stehen soll, daß man eines Eingehens auf die Entstehungsgeschichte überhoben sei, bleibt unerfindlich. Dieser Auffassung steht zunächst der Wortlaut des Gesetzes jedenfalls nicht zur Seite und nur der Nachweis, daß gerade diese Auslegung der Absicht des Gesetzgebers allein entspreche, vermöchte sie zu rechtfertigen.

Was speziell die Bezugnahme auf die Bestimmung des Absatz 2 betrifft, so ist hierbei ein sehr tiefgreifender innerer Gegensatz beider Fälle völlig außer Acht gelassen.

Die Entschädigung, von der in diesem Absatz 2 die Rede ist, ist eine Entschädigung, die der Grundeigenthümer für die Beschränkung der Baufreiheit erhält, die ein ihm verbleibendes Gelände trifft. Die Entschädigung wird — gegen die Regel — dafür gewährt, daß das bisher bebaut gewesene, jetzt aber freigelegte Grundstückstheil um der neuen hinter die Straßenfluchtlinie fallenden Baufluchtlinie willen nicht wieder bebaut werden darf. Die Entschädigung ist also in diesem Fall dafür zu leisten, daß in Folge der Baubeschränkung der durch die Freilegung erst hergestellte Zustand fortdauern muß. Daß in solchem Falle von einem Entschädigungsanspruch nicht die Rede sein kann, bevor derjenige Zustand hergestellt ist, dessen nothwendige Fortdauer zur Entschädigungspflicht der Kommune Anlaß giebt, ist in der Sache selbst begründet.

Völlig verschieden hiervon ist der Fall der Nr. 2. Was das Gesetz die Entschädigungspflicht der Kommune nennt, ist im Falle der Nr. 2 (ebenso wie im Falle der Nr. 3) nichts anderes, als das gesetzlich anerkannte Recht des Grundeigenthümers, das betreffende Gelände an die Kommune gegen Ersatz seines vollen, im gesetzlichen Verfahren festzustellenden Werthes abzutreten und die dementsprechende gesetzliche Verpflichtung der Kommune dem Grundeigenthümer gegen Abtretung des betreffenden Geländes den so ermittelten Werth desselben zu zahlen. Der Fall der Nr. 2 (und ebenso der Nr. 3) hat also seine Analogie in der Nr. 1, in der Expropriation des Grundstücks seitens der Kommune und unterscheidet sich, wie bereits ausgeführt wurde, von dieser nur dadurch, daß statt der Kommune der Grundeigenthümer der Interessirte und betreibende Theil ist.

Zwischen den Fällen einerseits der Nr. 2 und der Nr. 3, und andererseits des Absatzes 2 fehlt es also an jeder Analogie. Die beiden ersten Fälle einerseits und der Fall des Abs. 2 andererseits haben in Wahrheit nichts mit einander gemein, als daß beidesmal eine festgestellte Straßen- bez. Baufluchtlinie den äußeren Anlaß gegeben hat in jenem Falle zur Abtretung eines Geländes an die Kommune gegen den Ersatz des Werthes, in dem letzteren Falle zu einem Entschädigungsanspruch des Grundeigenthümers an die Kommune wegen der ihm auferlegten Baubeschränkung.

Für den in jener Entscheidung herangezogenen Fall von Abs. 2 kann natürlich von verschiedenen Stadien, in denen der Entschädigungsanspruch oder richtiger die Abtretung des Geländes an die Kommune von dem ersten Anerbieten an dieselbe bis zur schließlich erfolgten Abtretung zeitlich sich fortentwickelt,

nicht die Rede sein. Für diesen Fall des Abs. 2 existirt also die hier erörterte Frage überhaupt nicht. Wohl aber existirt sie für den Fall der Nr. 2 und der Nr. 3 — ganz ebenso, wie für den Fall der Nr. 1, den Fall der gewöhnlichen Expropriation.

Daß diese Frage, was speziell den Fall der Nr. 2 betrifft, nicht damit abgethan sein kann, daß die Kommune (was gewiß richtig ist), die Entschädigung erst zu leisten habe nach erfolgter Freilegung des abzutretenden Geländes, daß dann erst der Entschädigungsanspruch im üblichen und korrekten Sinne dieses Ausdruckes fällig geworden sei, liegt auf der Hand. In gleicher Weise ist die Entschädigung zu leisten, die Entschädigungssumme zu zahlen erst nach erfolgter Abtretung oder doch Zug um Zug gegen diese. Niemand wird daraus herleiten wollen, daß die zunächst allein in Frage stehende Verpflichtung der Kommune zum Zweck der demnächstigen Abnahme des Grundstücks bei der Feststellung des zu ersetzenden Werthes mitzuwirken, nicht vor erfolgter Abtretung auf dem Prozeßwege geltend gemacht und zur gerichtlichen Feststellung gebracht werden könne. Aber um nichts besser berechtigt ist der Schluß, daß weil die im gesetzlichen Verfahren erst noch festzustellende Entschädigungssumme selbst nicht gefordert werden kann vor erfolgter Abtretung des freigelegten Geländes, eine gerichtliche Feststellung der Verpflichtung der Kommune, das zur Abtretung angebotene Gelände gegen Ersatz seines Werthes abzunehmen und zur Ermittelung dieses Werthes im gesetzlichen Verfahren mitzuwirken, nicht zulässig sei und auf dem Prozeßwege nicht erstritten werden könne, bevor die Freilegung des angebotenen Geländes erfolgt bez. beendet ist. Allerdings gebraucht das Gesetz den Ausdruck „Entschädigung", wo zunächst nur die Verpflichtung der Kommune in Frage steht, zur Ermittelung des Werths des abzutretenden Grundstücks im gesetzlichen Verfahren mitzuwirken, während die Abtretung des Geländes selbst und die dadurch erst begründete Verpflichtung zur Zahlung des ermittelten Werthes noch in der Zukunft liegt. Es gebraucht ebenso (in § 14) das Wort „Fälligkeit", wo zur Zeit von einer Fälligkeit der erst noch im gesetzlichen Verfahren zu ermittelnden Entschädigungssumme selbstverständlich noch nicht die Rede sein kann. So verhüllt allerdings das Gesetz mit einem in der That seltenen redaktionellen Ungeschick durch eine inkorrekte und dem üblichen Sprachgebrauch jedenfalls nicht entsprechende Ausdrucksweise den gesetzgeberischen Gedanken. Aber um so weniger kann man sich der Aufgabe entbunden erachten, den hinter der ungeschickten Redaktion verborgenen legislatorischen Gedanken an der Hand der Gesetzesmaterialien aufzusuchen.

Thut man dies, dann bleibt in Ermangelung jedes speziellen Anhaltspunktes für die Ermittelung des gesetzgeberischen Gedankens — in einer Frage, welche die gesetzgeberischen Faktoren selbst anscheinend gar nicht beschäftigt hat, in der That nur die Wahl, ob man die legislatorische Skizze, welche nun einmal Gesetz geworden ist, auslegen will in einer den leitenden Gesichtspunkten und der Gesammttendenz des § 13 entsprechenden Weise oder ob man sie auslegen will in einem Sinne, welcher statt beiden Theilen möglichst gerecht zu werden, gleichzeitig die Interessen beider Theile ernstlich gefährdet und jenachdem schwer schädigt.

Demnächst wird der Zweite Civil-Senat des Reichsgerichts in einer andern und zwar in einer ehein-preußischen Kassationssache (Reusch contra Stadtgemeinde Crefeld) die hier erörterte Frage zu entscheiden berufen sein. Es bleibt abzuwarten, ob auch dieser Senat des Reichsgerichts, wie es in jener Entscheidung des Zweiten Hülfs-Senats geschehen ist, die Frage als bereits durch den Wortlaut des Gesetzes entschieden erachten wird aber ob er nicht vielmehr gegenüber der höchst zweifelhaften Wortfassung es für geboten erachten wird, auf die Entstehungsgeschichte des § 13 zurückzugehen, aus der sich ergibt, daß nur die hier vertretene Auffassung mit den allgemeinen Gesichtspunkten, welche bei Abfassung des § 13 leitend gewesen sind, in Einklang steht, wie denn jedenfalls auch nur diese Auslegung des Gesetzes zu einem praktisch befriedigenden Resultate führt.

Grundsätze für die in Enteignungs-Sachen zu gewährende Entschädigung.
(Fortsetzung.)
ad II.

Im citirten Urtheile wider Rexmann heißt es weiter wörtlich:

"Ausgeschlossen (scil. bei der Entschädigung) bleiben ferner solche Nachtheile, welche lediglich dadurch entstehen, daß der Grundbesitzer in Folge der errichteten Anlagen in seinem Eigenthum beschränkt wird. Nach §§ 29 bis 31 Theil I. Titel 8 des Allgemeinen Landrechts ist hierfür zwar unter Umständen Entschädigung zu gewähren, aber nicht nur demjenigen, welchem ein Theil seines Grundeigenthums enteignet ist, sondern jedem benachtheiligten Eigenthümer. Daher ist der Rechtsgrund für die Entschädigungspflicht nicht die Enteignung, sondern die Anlage in Verbindung mit den gesetzlichen oder polizeilichen Eigenthumsbeschränkungen."

Ferner heißt es dort:

"Prüft man hiernach die Entschädigungsforderung für die durch den Feuerrayon herbeigeführte angebliche Entwerthung der dem Kläger verbliebenen Grundstücke, so handelt es sich allerdings zunächst um eine nicht schon aus dem Gesetz hervorgehende Eigenthumsbeschränkung. Daß und wie weit diese aber im ursächlichen Zusammenhang mit der Thatsache der Enteignung stehe, daß und wie weit sie lediglich eine Folge derselben sei, dafür ist nichts beigebracht. Eine solche Einschränkung trifft Jeden, welcher Grundeigenthum innerhalb des Rayons hat, ohne Rücksicht darauf, ob ihm Grund und Boden zur Bahnanlage entzogen ist oder nicht. Auf die Thatsache der Enteignung kann daher ein Entschädigungsanspruch nicht gegründet werden. Ob Kläger aus den §§ 29 bis 31 Theil I. Titel 8 des Allgemeinen Landrechts einen Entschädigungsanspruch gründen kann, darf hier völlig dahingestellt bleiben, da die Klage nach dieser Richtung hin nicht substantiirt ist, überdies die durch ministerielle Anordnung allgemein angeordnete Baubeschränkung zum Besten des allgemeinen Wesens,

nicht aber zum besonderen Vortheil der Verklagten ergungen ist, daher nicht ersichtlich ist, wie gerade die Verklagte entschädigungspflichtig sei."

Auch die hier vom Hülfs-Senat nicht recht klar entwickelten Rechtsansichten sind meines Erachtens für verfehlt zu erachten. Gesetzt A. ist Eigenthümer von drei parallel dicht neben einander liegenden Grundstücken a, b, c, wovon das Grundstück b in der Mitte liegt, — er ist deshalb bisher für die Grundstücke a und c nach der Seite des in der Mitte liegenden Grundstücks b keinen gesetzlichen oder polizeilichen Nachbar-Beschränkungen unterworfen, — er ist hier sein eigener Nachbar, — das mittlere Grundstück ist sein Schutzland gegen die Anwendbarkeit solcher Beschränkungen. Wird ihm nunmehr dieses Schutzland b zum Eisenbahnbau enteignet, so wird er für die Grundstücke a und c nach der Seite des Grundstücks b hin lediglich durch die Thatsache der Enteignung des Grundstücks b den für Eisenbahn-Adjacenten bestehenden gesetzlichen resp. polizeilichen Nachbarbeschränkungen, insbesondere den sogen. Feuer-Rayon-Beschränkungen, wonach in einem gewissen Abstande von den Schienen nicht gebaut rc. werden darf, unterworfen. Wäre die Behauptung: diese Unterwerfung des A. unter jene Nachbarbeschränkungen stehe deshalb nicht in ursächlichem Zusammenhange mit der Thatsache der Enteignung, weil auch andere Bahn-Adjacenten, welche kein Terrain zur Bahn abgetreten hätten, jenen Beschränkungen gleichfalls unterworfen würden, nicht völlig unlogisch? Auch wenn man mit Recht behaupten dürfte, in Folge des letzteren Umstandes könne A. keine Entschädigung für jene Unterwerfung fordern, würde man doch jenen Causal-Nexus nicht leugnen, sondern nur für unerheblich bezüglich der Entschädigungs-Forderung erklären können.

Nach der klaren bezüglichen Darlegung in Bohlmann's allegirter Abhandlung (cfr. § 6) und nach den dort mitgetheilten Erkenntnissen kann übrigens im obigen Falle der A. den bezeichneten außerordentlichen Werth resp. die Beschädigung der Grundstücke a und c durch die Unterwerfung derselben unter gesetzliche oder polizeiliche Bau- oder sonstige Eigenthums-Beschränkungen vom Eisenbahn-Unternehmer unbedingt ersetzt verlangen, — einerlei, ob es sich um gesetzliche oder um polizeiliche Anordnungen handelt, — einerlei, ob diese Anordnungen zum Besten des allgemeinen Wesens oder zum besonderen Vortheile des betreffenden Eisenbahn-Unternehmers ergangen sind, — einerlei endlich, ob solche Bahnadjacenten, welche kein solches Schutzland gegen jene gesetzlichen oder polizeilichen Beschränkungen zur Bahn gegeben hätten, für solche durch den Bahnbau für ihr Land eintretende Beschränkungen Schadenersatz fordern können oder nicht. Aber selbst wenn auch den letzteren Adjacenten (Entschädigungs-)Klagen wegen jener Schäden zustehen sollten, dürfte in jenem Falle dem A. eine solche selbstständige, d. h. außerhalb des Enteignungsverfahrens geltend zu machende Klage nicht zustehen: durch die ihm im Enteignungs-Verfahren zugebilligte Entschädigung gilt er für vollständig abgefunden und befriedigt — die Werthsmomente seines ihm enteigneten Grundstückstheils, einschließlich des außerordentlichen Werths, können selbstredend in einem und demselben einheitlichen Verfahren zur Feststellung gelangen, — er hat, wenn auch gezwungen, verkauft, sogar ausdrücklich zu einem bestimmten, sein Restgrundstück schädigenden Zwecke verkauft, und dürfte also ex post nicht noch auf Ersatz des Schadens klagen können, der ihm aus dem kontraktmäßigen Gebrauche des verkauften Grundstücks-Theils durch den Käufer erwächst (cfr. das in Bohlmann S. 48/49 mitgetheilte Erkenntniß des Ober-Tribunals vom 10. März 1853).

Aus den obigen, nicht recht line gefaßten Stellen des Erkenntnisses des Hülfs-Senats scheint hervorzugehen, daß der Verfasser die in den von Dr. Bohlmann S. 15, 60, 71 mitgetheilten Erkenntnissen des Appellhofes zu Celle, des Ober-Tribunals und des Appellhofes zu Münster so klar entwickelte Verschiedenheit der rechtlichen Lage, einerseits des theilweise enteigneten Grundeigenthümers, andererseits des nicht exproprirten Bahn-Adjacenten nicht gebührend beachtet hat. Zu dieser Annahme wird man namentlich durch jene, den Feuer-Rayon betreffende Stelle des Urtheils veranlaßt, wo es als nicht ersichtlich bezeichnet wird, weshalb für die bezügliche Feuer-Rayon-Beschränkung gerade die Eisenbahn-Verwaltung entschädigungspflichtig sei. Im Uebrigen reproducirt das Urtheil bezüglich des Feuer-Rayons im Wesentlichen die Gründe des vom fünften Senat des früh. Preuß. Obertribunals am 16. April 1872 erlassenen, von Bohlmann S. 62/63 mitgetheilten Urtheils. Allein diese Gründe sind von Bohlmann in § 6 schlagend widerlegt und derselbe fünfte Senat hat dann auch in dem a. a. D. S. 64/65 mitgetheilten Urtheile vom 28. Januar 1879 — obgleich dabei noch 5 Richter mitwirkten, welche auch die frühere Entscheidung vom 16. April 1872 gefällt hatten — die frühere Auffassung aufgegeben und conform mit den übrigen von Bohlmann mitgetheilten Urtheilen erkannt.

Im Einklange mit der diesseitigen Auffassung steht ein im Verwaltungs-Ministerialblatt pro 1859 S. 107 abgedruckter gemeinschaftlicher Erlaß der Minister des Innern und für Handel ꝛc. vom 28. Februar 1859, die Ausführung der von der Landespolizeibehörde für nöthig erachteten Schutzanlagen, namentlich die Umwandlung von Strohbedachung in feuerfichere Bedachung, behufs Sicherung der an die Eisenbahnen angrenzenden Gebäude ꝛc. gegen Feuersgefahr betreffend. In diesem Rescripte an eine Regierung oder nicht.

„Die Pflicht der Adjacenten, sich solche im öffentlichen Interesse nothwendigen Maßregeln gefallen zu lassen, folgt aus den allgemeinen gesetzlichen Bestimmungen (§ 30, 31, Theil I, Tit. 8, Allg. L. R.) — die Pflicht der Eisenbahn-Gesellschaften, die Kosten dieser Maßregeln zu tragen, aus § 14 des Gesetzes vom 3. November 1838.

Eine Expropriation des ganzen Grundstücks würde in vorliegendem Falle nicht zu begründen sein, da ein Zwang zur Abtretung des Eigenthums nur so weit zulässig, als der Zweck dies erheischt. Dagegen hat es kein Bedenken, auf Grund des § 8 des Gesetzes einen Grundbesitzer in der Ausübung eines der im vollen Eigenthum enthaltenen Rechte (§ 9, Theil I, Tit. 18 Allg. L. R.) — hier des Gebrauchsrechts — zu beschränken aber ihm dasselbe ganz zu entziehen, und somit eine partielle Eigenthums-Abtretung im Wege der Expropriation herbeizuführen, wie dies bei jeder Auferlegung einer Servitut geschieht. Selbstredend ist die Eisenbahngesellschaft verpflichtet, den Grundbesitzer für die durch den eingeschränkten Gebrauch herbeigeführten Nachtheile, beziehungsweise den Minderwerth des Grundstücks im gesetzlichen Umfange zu entschädigen.

Die Königliche Regierung wird daher angewiesen, den N. anzuhalten, daß er der N. Eisenbahn-Gesellschaft die Anbringung der von der Regierung als nothwendig erachteten Vorkehrungen zur Abwendung von Feuersgefahr auf Kosten der Gesellschaft gestattet und eventuell durch polizeiliche Zwangs-Maßregeln ihren Anordnungen Nachdruck zu geben. — Die Frage wegen der Entschädigung des N. für die ihm verursachten Nachtheile ist gemäß § 11 des Ges. nom 3. Novbr. 1838 zum Austrage zu bringen."

Der Minister des Innern   Der Minister für Handel
Flottwell   v. d. Heydt.

Diese Grundsätze sind durch §§ 1, 2, 4, 12, 14 des Enteignungsgesetzes vom 11. Juni 1874 nicht abgeändert worden. Insbesondere hat der § 14 des Eisenbahn-Gesetzes vom 3. November 1838, dessen Aufhebung in den Motiven des älteren Vorlagen des Enteignungsgesetzes vom 11. Juni 1874 irrthümlich angenommen war, noch heute, wie im Ministerial-Rescripte nom 21. Juni 1880 (Eisenbahn-Verordnungsblatt S. 284) des Näheren dargelegt ist, Geltung.

Nach der in der citirten Abhandlung von Dr. Bohlmann, § 10 S. 49 nachgewiesenen Judikatur des früheren Preuß. Obertribunals ist der Eisenbahn-Unternehmer, wenn er die im § 14 des Eisenbahngesetzes nom 3. November 1838 resp. in § 14 des Enteignungsgesetzes nom 11. Juni 1874 erwähnten Maßregeln zur Sicherung der Adjacenten gegen Gefahren und Nachtheile nicht trifft, z. B. am Bahndamm kein Schutzdach gegen den Auswurf von Funken, gegen Rauch, Staub ꝛc. anlegt, den Adjacenten zum Schadenersatz verpflichtet, gleichviel ob die Verwaltungsbehörde dergleichen Sicherungsmaßregeln angeordnet hat (cfr. § 21 Nr. 2 des Enteignungs-Gesetzes nom 11. Juni 1874) oder nicht. Es muß auffallen, daß der dritte Hülfsenat in den in Rede stehenden Erkenntnissen diese lex specialis völlig unberücksichtigt gelassen hat.

(Schluß folgt.)

Vom Reichsgericht.

Wir vermerken folgende Entscheidungen zur Civilprozeßordnung. Dem Gesuch um Bewilligung des Armenrechts für eine bestimmte Instanz kann nur dann stattgegeben werden, wenn dasselbe vor Verkündigung des Urtheils der betreffenden Instanz eingereicht ist (N. III. 74/80, vom 27. Juli 1880). — Die der Gerichtskasse gegenüber bestehende Verpflichtung zur Zahlung der Gerichtskosten ist nicht davon abhängig, daß die gerichtliche Entscheidung, durch welche die Feststellung der Kostenpflicht unter den Parteien erfolgt, rechtskräftig ist (N. 19/80 I., nom 27. Juli 1880). — Es ist unerheblich, daß ein Versehen des mit Zustellung der Revision betrauten Gerichtsvollziehers dem Vertreter des Revisionsbeklagten die beglaubigte Urschrift der Revision, statt wie es der Wortlaut der C. P. O. vorschreibt, deren Abschrift behändigt worden ist; denn da

Beklagter keine Einwendungen gegen diesen Akt erhoben hat, so kann nicht angenommen werden, daß der Zustellungsempfänger ein Interesse gerade am Besitze einer beglaubigten Abschrift der Revision habe (N. 611/80 III., vom 29. Juni 1880). — Mängel in der Feststellung des Thatbestandes durch das Berufungsgericht begründen die Aufhebung des Berufungsurtheils, wenn die Entscheidung auf die Mängel zurückzuführen ist (N. 611/80 III., vom 29. Juni 1880). — Die von dem Berufungsgericht unterstellte Thatsache (folgt deren Mittheilung) ist soviel die Erkenntnisse und Sitzungsprotokolle, sowie die in Bezug genommenen vorbereitenden Schriftsätze ergeben, in keiner Weise Gegenstand der mündlichen Verhandlung gewesen. Das angefochtene Erkenntniß verstößt daher gegen den Grundsatz der Civilprozeßordnung, daß die mündliche Verhandlung die alleinige Grundlage der Entscheidung sein soll. Wäre übrigens die gedachte Thatsache bei der mündlichen Verhandlung vorgekommen, so würde doch ein Verstoß gegen die Civilprozeßordnung (§ 284 N. 4, § 513 N. 7) insofern vorliegen, als das angefochtene Erkenntniß die Gründe nicht erkennen läßt, aus welchen erstere für feststehend erachtet worden ist (N. 816/80 I., vom 10. Juli 1880). — Die Anschließung ist durch Stellung und Verlesung des Antrags in der Sitzung, da andere Förmlichkeiten nicht vorgeschrieben sind, gültig eingelegt und der Umstand, daß eine Zustellung an den Gegner nicht vor der mündlichen Verhandlung stattgefunden hat, könnte höchstens zu einer Vertagung der letzteren führen (N. 137/80 I., vom 2. Juli 1880). —

Aus dem Wechselrecht ist hervorzuheben: Für die Bereicherungsklage aus Art. 83 A. D. W. O. ist nicht erforderlich, daß der Schade des Klägers mit der Bereicherung des Verklagten in direktem Connex stehe, also z. B. ein civiles Rechtsverhältniß direkt zwischen den Parteien bestanden haben müsse und darüber der Wechsel ausgestellt sei — ein Fall, der durch den Eintritt in ein fertiges Rechtsgeschäft auf dem Wege des Indossaments kaum realisirt werden kann (N. 223/80 V., vom 7. Juli 1880). —

Handelsrecht. Ein gegen die Firma einer offenen Handelsgesellschaft ergangenes Erkenntniß ist nicht ohne Weiteres gegen die einzelnen Gesellschafter in deren besonderes Vermögen vollstreckbar. — Diese Vollstreckbarkeit wird auch nicht dadurch gegen einen Gesellschafter begründet, weil derselbe bei der Auseinandersetzung unter den Gesellschaftern das Aktiva und Passiva der Gesellschaft übernommen hat (N. 214/80 V., vom 3. Juli 1880). — Es ist rechtlich vollkommen statthaft, sich Vertragsbestimmungen (Vereinbarungen der Gründer) zu unterwerfen, welche man zur Zeit (der Zeichnung auf die im Prospekt als fest übernommen angekündigten Aktien) nicht kennt, vorausgesetzt, daß sie in einer vom Willen des Gegenkontrahenten unabhängigen Weise fixirt werden können (N. 169/80 II., vom 12. Juli 1880). — Selbst wenn von der betreffenden Partei alle Thatsachen, aus denen sich ein kaufmännisches Retentionsrecht nach Art. 313, 314 A. D. H. G. ergeben würde, angeführt sein sollten, so wäre eine von Amtswegen vorgenommene Berücksichtigung dieses Rechts selbst, schon mit der Vorschrift des Art. 315 a. a. O., wonach der Gläubiger verpflichtet ist, von der Ausübung des Zurückbehaltungsrechts den Schuldner ohne Verzug zu benachrichtigen, unvereinbar (N. 178/80 I.,

vom 26. Juni 1880). — Indem das Eisenbahn-Betriebsreglement vom 11. Mai 1874 im § 49 bestimmt, daß der Frachtvertrag durch die Ausstellung des Frachtbriefes Seitens des Absenders und durch die zum Zeichen der Annahme erfolgende Aufdrückung des Expeditionsstempels geschlossen werde, sollte der für den Beginn der Lieferfristen und der Haftpflicht entscheidende Zeitpunkt des Vertragsabschlusses und der Empfangnahme des Frachtgutes in einer äußerlich scharf hervortretenden Form bezeichnet werden. Dadurch ist aber nicht ausgeschlossen, daß in einem einzelnen Falle der Beweis über einen früheren Abschluß des Frachtvertrags in anderer Weise geführt werde (N. 137/80 II., vom 2. Juli 1880). —

Der § 26 der Reichsgewerbeordnung vom 21. Juni 1869 gestattet den alternativen Klageantrag der durch Immissionen des Fabrikbetriebes Beschädigten gegen den Fabrikbesitzer, entweder der schädlichen Immissionen zu beseitigen oder Schadenersatz zu leisten (N. 258/80 V., vom 10. Juni 1880). — Zum § 62 des Reichsgesetzes über den Unterstützungswohnsitz vom 6. Juni 1870 ist ausgesprochen, daß ein Entschädigungsanspruch eines Unterstützten aus dem Haftpflichtgesetz, wenn er ein Arbeiter ist und die Entschädigung für aufgehobene oder beschränkte Erwerbsfähigkeit in einer Rente ihm zusteht, die Rente zu denjenigen einem Dritten obliegenden Leistungen gehört, welche der Armenverband nach § 62 a. a. O. unter den dort vorgeschriebenen Beschränkungen fordern kann (N. 208/80 V., vom 30 Juni 1880). — Das Reichshaftpflichtgesetz vom 7. Juni 1871 hat wieder zu einer ganzen Reihe von Entscheidungen Veranlassung gegeben. — Die Ursache des Unfalls ist blos in einer plötzlich eingetretenen Geistesstörung des Verunglückten zu finden, welche Geistesstörung trotz aller Sorgfalt nicht vorausgesehen werden konnte. Der plötzliche Eintritt einer Geistesstörung ist aber ein Ereigniß, welches, sofern es bei Aufwendung größter Sorgfalt nicht vorhergesehen und seinen Folgen begegnet werden konnte, einen Fall höherer Gewalt im Sinne des § 1 Reichshaftpflichtgesetzes unzweifelhaft begründet (N. 163/80 II., vom 9. Juli 1880). — Betriebsunternehmer im Sinne des R. H. G. ist derjenige, welcher aus dem Unternehmergewinnen willen, mithin für eigene Rechnung den Betrieb einer Anlage übernimmt, nicht derjenige, welcher den technischen Betrieb ausführt oder ausführen läßt, sondern derjenige, auf dessen Kosten und Gefahr der Betrieb stattfindet, so daß das ökonomische Ergebniß des Betriebes ihm Vortheil oder Nachtheil bringt (N. 203/80 I., vom 16. Juni 1880). — Zur Begründung der Einrede des eigenen Verschuldens ist allerdings auch schon ein leichtes Verschulden ausreichend, allein man muß vor Augen behalten, daß ein Eisenbahnbediensteter vermöge der Anforderungen seines Dienstes, welcher immer mehr oder weniger zur Eile drängt, nicht in der Lage ist, gleichwie ein vorsichtiger Dritter jede Gefahr drohende Situation vollständig zu vermeiden und im Stillstehen ängstlich Umschau zu halten (N. 134/80 III., vom 13. Juli 1880). — Das Wort "bei" im § 1 des R. H. G. bedeutet nicht lediglich eine örtliche und zeitliche Verbindung eines Unfalls mit dem Betriebe einer Eisenbahn; wenngleich der § 1 den Eisenbahnunternehmer für den Zufall haftbar macht und dem Beschädigten die Beweislast abnimmt, so wird durch das Wort "bei" doch erfordert, daß die Möglichkeit eines

Caufalzufammenhanges zwifchen dem Unfalle und den befonderen Gefahren des Eifenbahnbetriebes, gegen welchen das Gefetz Schutz gewähren will, vorhanden ift (N. 232/80 V., vom 30. Juni 1880). — Der § 4 R. H. G. findet nicht Anwendung, wenn der Betriebsunternehmer nur vorübergehend oder in einzelnen Fällen einen entfprechenden Beitrag an die Unterftützungskaffe geleiftet hat (N. 190/80 V., vom 23. Juni 1880). —

Zum Markenfchutzgefetz vom 30. November 1874. Etiketten d. h. am Aeußern von Gegenftänden, namentlich an Gefäßen oder Hüllen angebrachte Angaben über den äußerlich nicht erkennbaren Inhalt derfelben, find als folche gefetzlich nicht gefchützt (N. 816/80 I., vom 10. Juli 1880). —

§ 16 des Reichsgefetzes vom 1. Februar 1875 (Naturalleiftungen für die bewaffnete Macht in Frieden) ift Schlußbeftimmung für das ganze Gefetz. Er normirt die Friften für die Geltendmachung der verfchiedenen nach den vorhergehenden Beftimmungen zu gewährenden Entfchädigungsanfprüche. Die Frift beginnt mit dem Eintritt der Befchädigung, beziehungsweife mit dem Entftehen der Entfchädigungsverpflichtung, fie dauert in beftimmten Fällen vier Wochen, in den übrigen Fällen das laufende und das nächft folgende Kalenderjahr. Der in Streit befangene Anfpruch gehört zu denjenigen, bei denen die Frift mit dem Eintritt der Befchädigung beginnt und mit vier Wochen vollendet ift. An weitere Bedingungen ift das Erlöfchen des Anfpruchs nicht geknüpft. Daher ift daffelbe weder davon abhängig, ob von den bevorftehenden Truppenübungen dem Ortsvorftand Nachricht gegeben ift — § 11 — noch daven, ob bas in § 14 befchriebene Verfahren betreffend Feftftellung des Schadens erfolgt ift (N. 127/80 II., H. S. vom 1. Juli 1880). —

Zur Erbringung des nach § 2 Patentgefetzes vom 25. Mai 1877 dem Kläger auf Nichtigkeit eines Patentes obliegenden Beweifes, daß die patentirte Erfindung keine neue fei, ift die Nachweifung erforderlich, daß nach Anleitung der in einer öffentlichen Druckfchrift enthaltenen Befchreibung der Erfindung oder der aus offenkundiger Benutzung derfelben zu fchöpfenden Belehrung andere Sachverftändige ohne Weiteres d. h. ohne daß es einer weiteren Erfindung bedurfte, zu bauten im Stande waren (N. 419/80 I., vom 3. Juli 1880). —

Gemeines Recht. Das bloße Stillfchweigen auf eine Vertragsofferte kann zwar ohne Hinzutritt befonderer Umftände nicht als Annahme derfelben angefehen werden, aber man darf auch die kafuiftifchen Entfcheidungen der Quellen, in welchen das bloße Schweigen zu einer Handlung oder auf eine Anfrage eines Andern als Einwilligung oder Genehmigung aufgefaßt wird, nicht als eine erfchöpfende Aufftellung pofitiver Spezialgefetze, die eine analoge Anwendung nicht zulaffen, verftehen, diefelben find vielmehr nur Beifpiele einer freien thatfächlichen Würdigung des ftattgehabten Verhaltens, man darf vielmehr aus ihnen die Regel ziehen, daß dem Schweigen eine Bedeutung da beizulegen ift, wo der Betreffende unter den obwaltenden Umftänden nach den Grundfätzen über Treu und Glauben fich verpflichtet gehalten werden muß, im Falle der Nichteinwilligung fich entfprechend zu erklären (N. 172/80 III., vom 2. Juli 1880). — Wenn ein Kontrahent zwar nicht ausdrücklich im Namen eines Andern kontrahirt hat, feinem Mitkontrahenten aber nachträglich erklärt, daß die ihm verkauften Bauern nicht für fich, fondern für feinen Prinzipal, in deffen

Gefchäft er fich befinde, verkauft habe, fo ift er nicht mehr berechtigt, die aus dem Vertrage entfpringenden Rechte für fich und zum eigenen Vortheil geltend zu machen (N. 94/80 III., vom 29. Juni 1880). — Wenn der Verkäufer von der erkauften Sache einen erheblichen Theil willkürlich abtrennt und nur den verbleibenden Reft dem Käufer anbietet, fo bietet er eben eine andere Sache an als diejenige, welche Gegenftand des Kaufvertrags war und der Käufer ift nicht verpflichtet, fich diefe Lieferung gefallen zu laffen. (Es war eine Heerde, fo wie fie vor Augen des Käufers war und ftand, verkauft und nur ein Theil derfelben geliefert (N. 132/80 II., vom 28. Mai 1880). — Sparkaffenbücher können Inhaberpapiere fein und zwar felbft dann, wenn in demfelben der erfte oder auch ein fpäterer Erwerber ausdrücklich bezeichnet ift. Ob Sparkaffenbücher als Inhaber- oder nur als fogen. Legitimationspapiere zu betrachten find, ift nach deren Inhalt zu entfcheiden (N. 68/80 III., vom 2. Juli 1880). — Die Rechtsgültigkeit einer Ceffion ift nicht davon bedingt, daß zur Zeit der Uebertragung der Klagerechte fchon Veranlaffung zur Geltendmachung derfelben gegeben war. Und dies gilt namentlich auch für die Ceffion dinglicher Anfprüche, welche, wo fie ohne Befchränkung erfolgt, nicht nur das Klagerecht gegen den derzeitigen Befitzer der Rechte, fondern auch gegen jeden fpäteren Befitzer überträgt (N. 43/80 III., vom 15. Juni 1880). — Ift bei der vertragsmäßigen Conftituirung eines Fahrtrechts deffen Umfang und Richtung nicht ausdrücklich beftimmt worden, fo ift das dienende Grundftück an und für fich in allen Theilen belaftet; es kann aber der Berechtigte genöthigt werden, mit billiger Berückfichtigung der Intereffen des Verpflichteten eine beftimmte Strecke zur Ausübung der Servitut zu wählen und es hat, im Falle er dies unterläßt, richterliches Ermeffen einzutreten. Die Ausübung des Wahlrechts kann fowohl ausdrücklich als ftillfchweigend erfolgen und ift letzteres namentlich dann anzunehmen, wenn entweder der Berechtigte einen Weg anlegt, oder aus der fortgefetzten Einhaltung einer beftimmten Richtung nach dem Umftänden des Falles ein Einverftändniß der Betheiligten darüber fich ergiebt, daß nur die feither befahrene Strecke fernerhin dienftbar fein foll. L. 9. Dig. ed fequ. 8, 1 (N. 76/80 III., vom 25. Juni 1880). — Der Befitzer einer Erbfchaft kann von den Erben mittelft der hereditatis petitio, fowie auch mittelft einer diefelbe vorbereitenden Klage angehalten werden, ein Verzeichniß der in feinem Befitz gelangten Nachlaßgegenftände herzugeben und daffelbe eidlich zu beftärken. Dies gilt auch für den überlebenden Ehegatten bezüglich der Errungenfchaft (N. 155/80 III., vom 2. Juli 1880). — Der Rechtsfatz, daß der Anfpruch auf die ftatutarifche Portion eine Univerfalfucceffion begründe, befteht als ein allgemeiner nicht. Die Frage, ob durch das mit dem Namen ftatutarifche Portion bezeichnete deutfchrechtliche Erbrecht des Ehegatten eine Univerfal- oder Singularfucceffion begründet werde, hängt vielmehr davon ab, wie diefes Recht in jedem einzelnen Partikularrecht geregelt ift (N. 175/80 III., vom 13. Juli 1880). —

Perſonal-Veränderungen.

Zulaſſungen.

Regierungsaſſeſſor a. D. Thiele bei dem Amtsgericht in Gelſenkirchen; — Gerichtsaſſeſſor Wilhelm Kliſch bei dem Amtsgericht in Tecklenburg; — Szarminski bei dem Amtsgericht in Schildberg; — Zingſem bei dem Amtsgericht in Reuß; — Torno bei dem Amtsgericht in Mittenwalde; — Hünerbein in Elberfeld bei der Kammer für Handelsſachen in Barmen; — Dr. Joſt Birkhäuſer bei dem Landgericht in Coblenz; — Hünerbein bei dem Landgericht in Elberfeld; — Dr. Otto Moritz Wilhelm Brandis bei dem Amtsgericht und dem Landgericht in Hamburg; — Ludwig Hugo Kietſchker bei dem Landgericht in Dresden; — Wilhelm Bruck, Wilhelm Bading, — Hugo Gerſchel — und Iſidor Auerbach bei dem Landgericht I. in Berlin; — Rechtsanwalt und Notar Göring hat ſeinen Wohnſitz von Schlawe nach Stolp verlegt.

In der Liſte der Rechtsanwälte ſind gelöſcht: Karl Riedhamer in Landshut i/B.; — Biſchof zu Sonneberg bei dem Landgericht in Meiningen; — Juſtizrath Krauſe in Grätz bei dem Landgericht in Meſeritz.

Ernennungen.

Ernannt iſt:
Der Rechtsanwalt Thiele in Gelſenkirchen zum Notar im Bezirk des Ober-Landesgerichts zu Hamm.

Todesfälle.

Heinrich Albin Chalybäus in Chemnitz; — Juſtizrath Bergholz in Hamm.

Ordensverleihungen.

Dem Rechtsanwalt und Notar, Juſtizrath Brachvogel zu Koſten iſt der Rothe Adler-Orden vierter Klaſſe verliehen.

№ 56. Termins- und Friſten-Kalender für 1881	ℳ	3,50
„ 57. Handakten-Repertorium. 100 Bogen. (Mit Falzen zum Einkleben weiterer Bogen.)	„	10,—
„ 58. Vorſchuß-Kontrolle. 25 Bogen	„	4,—
„ 59. Gebühren-Kontrolle. 50 Bogen	„	5,50
„ 60. Depoſitalbuch mit vorgedruckten miniſteriellen Beſtimmungen über ſeine Führung. 25 Bogen	„	4,—
„ 61. Notariats-Regiſter mit vorgedruckten miniſteriellen Beſtimmungen über die Führung eines ſolchen. 25 Bogen	„	4,—
„ 61a. „ „ 50	„	5,50
„ 62. Wechſelproteſt-Regiſter. 25 Bogen	„	4,50
„ 62a. „ „ 50	„	6,50

Für die Redaction verantw.: E. Haenle. Verlag: W. Moeſer, Hofbuchhandlung. Druck: W. Moeſer, Hofbuchdruckerei in Berlin.

№ 23 und 24.   Berlin, 1. Dezember.   1880.

Juristische Wochenschrift.

Herausgegeben von

S. Haenle,   und   **M. Kempner,**
Rechtsanwalt in Ansbach.   Rechtsanwalt beim Landgericht I. in Berlin.

Organ des deutschen Anwalt-Vereins.

Preis für den Jahrgang 12 Mark. — Inserate die Zeile 30 Pfg. — Bestellungen übernimmt jede Buchhandlung und Postanstalt.

Der Vereinsbeitrag für das Jahr 1881 ist vom Vorstande auf 12 Mark festgesetzt und an den Unterzeichneten zu zahlen. Die am 1. Februar k. Js. noch rückständigen Beiträge müssen satzungsgemäß durch **Postvorschuß** erhoben werden.

Leipzig, Marienstraße 13, im November 1880.

Mecke,
Schriftführer.

Das Aufsichtsrecht des Vorstandes der Anwaltskammern und die Stellung der Staatsanwaltschaft zu der Disciplinargewalt desselben.

Von Rechtsanwalt Dr. Hermann May in Hamburg.

I.

Der §. 49 der Rechtsanwaltsordnung, welcher den Wirkungskreis des Vorstandes der Anwaltskammern begrenzen soll, nennt in erster Linie als solchen „die Aufsicht über die Erfüllung der den Mitgliedern der Kammer obliegenden Pflichten zu üben und die ehrengerichtliche Strafgewalt zu handhaben."

Man kann nicht annehmen, daß in diesem Satze lediglich die letztere Thätigkeit dem Vorstande hat zugewiesen werden und mit dem Ausdruck „Aufsicht zu üben" nur eine Verschönerung des Satzes hat hergestellt werden sollen. Vielmehr muß angenommen werden, daß die Aufsicht die eine, die Handhabung der ehrengerichtlichen Strafgewalt die andere Thätigkeit sein soll, von denen die letztere bisweilen Folge der ersten sein wird.

Diese Ansicht wird wohl an vielen Stellen getheilt werden. Daß der von der Kammer selbst gesetzte Vorstand die Aufsicht über die Erfüllung der Pflichten der Mitglieder der Kammer zu führen hat, ist um so mehr berechtigt, als keiner anderen Behörde dieses Recht zugesprochen ist. Der Gesetzgeber hat es aber durchaus unterlassen, die Grenzen dieser Aufsicht zu bestimmen; weder in den Motiven zum Entwurfe noch ja den Berathungen der Kommission ist ein Wort darüber erwähnt.

Ebensowenig sind Bestimmungen gegeben, in welcher Form diese Aufsicht geübt werden und welche Macht dadurch dem Vorstande eingeräumt werden soll. Der Entwurf wollte eine Art Mandatsverfahren herstellen.

Der Vorsitzende des Vorstandes sollte nach Anhörung des Staatsanwalts und des Rechtsanwalts Warnungen, sowie Geldstrafen bis zum Betrage von M. 150 verhängen, und gegen dessen Ausspruch das ehrengerichtliche Verfahren angerufen werden können.

Dieser Antrag des Entwurfs ist in der Reichstagskommission und zwar einstimmig gestrichen. So ist für die Zwecke der „Aufsicht" nichts geblieben als die Veranlassung des ehrengerichtlichen Verfahrens.

In verschiedenen Vorständen der Anwaltskammern, z. B. in München (s. deren Jahresbericht) hat sich daher die Ansicht gebildet, daß das Aufsichtsrecht nicht anders als ausschließlich im ehrengerichtlichen Verfahren geübt werden könne.

Wer dies annimmt, wird gezwungen sein anzunehmen, daß der Ausdruck „Aufsicht üben" Nichts als rhetorischer Schmuck sei. Wer aber auf dem Standpunkte steht zu meinen, daß die Aufsicht nicht mit der ehrengerichtlichen Thätigkeit zusammenfalle, der wird entweder im Gesetze selbst Anhalt finden müssen, um diese Aufsicht wirksam werden zu lassen, oder wird eine desfallsige Ergänzung von der Gesetzgebung fordern müssen.

Denn die noch so kurze Erfahrung, welche den Vorständen der Anwaltskammern zu Gebote steht, muß schon gelehrt haben, daß das ehrengerichtliche Verfahren ganz ungeeignet ist, als alleinige Handhabe zur Geltendmachung des Aufsichtsrechts und zur wirksamen Remedur gegen Verstöße zu dienen.

Um dies zu beweisen, muß zunächst daran erinnert werden, worüber Aufsicht geführt werden soll.

§. 49 sagt, über die Erfüllung der den Mitgliedern der Kammer obliegenden Pflichten.

Das Gesetz hat eine Definition der Pflichten, welche gemeint sind, hier nicht gegeben. In §. 62 heißt es bekanntlich: Ein Rechtsanwalt, welcher die ihm obliegenden Pflichten verletzt hat, hat die ehrengerichtliche Bestrafung verwirkt.

Die Reichstags-Commission hat auf Antrag der Redactionscommission hinter das Wort „Pflichten", nach einem Vorgange im Rechtsbeamtengesetz, den Hinweis (§. 28) eingeschaltet. Damit steht fest, daß nur bei unter einzelnen Paragraphen fallenden Vergehen das Ehrengericht in Wirksamkeit treten kann.

Weit genug freilich ist dieser Begriff gefaßt. Der Satz: „Der Rechtsanwalt ist verpflichtet, seine Berufsthätigkeit gewissenhaft auszuüben und durch sein Verhalten in Ausübung des Berufs sowie außerhalb desselben sich der Achtung würdig zu zeigen, die sein Beruf erfordert", enthält eine Bestimmung, unter welche so ziemlich das ganze Leben eines Menschen fällt.

Aber es giebt eine Reihe von Pflichten des Rechtsanwalts, welche er erfüllen muß, ohne daß man, wenn er sie nicht erfüllt, sagen könnte, er habe seine Berufsthätigkeit nicht gewissenhaft ausgeübt oder sich der Berufsachtung nicht würdig gezeigt.

Dahin gehören alle Beschwerden, aus welchen sich ein Versehen, eine Nachlässigkeit in einem einzelnen Falle oder dgl. ergiebt, Verstöße auch gegen specielle Verpflichtungen des Anwalts, die ihm in der Rechtsanwaltsordnung oder sonst auferlegt sind.

Um ein Beispiel anzuführen, möge der wirklich vorgekommene Fall erwähnt werden, in welchem ein Schwurgerichtshof, als ein Vertheidiger — aus Versehen — zu spät kam, so daß die Sitzung kurze Zeit vertagt werden mußte, eine „dienstliche Ahndung" auf Grund des §. 145 der Strafprozeßordnung von dem Vorstande der Anwaltskammer verlangte.

Der Betreffende war unter seinen Collegen als ein im höchsten Grade gewissenhafter Anwalt bekannt. Nur dadurch, daß die übliche Anfangsstunde der Sitzung für diesen Tag verlegt war, war das Versäumniß entstanden. Indessen hatte er Ladnag zur richtigen Strafe erhalten und der Gerichtshof war in seinem Recht „dienstliche Ahndung" zu verlangen. Allein wenn der Vorstand sich nicht entschließen konnte, deswegen ein ehrengerichtliches Verfahren eintreten zu lassen, so konnte er auch keine Remedur geben.

Er mußte also trotz der ihm zweifellos zukommenden Aufsicht, trotz der zweifelsohne ihm allein zustehenden „dienstlichen Ahndung" sich Mangels eines Mittels, diese „Ahndung" sachgemäß eintreten zu lassen, seiner Rechte begeben und es dem Gerichtshofe überlassen, ob er sich an den Staatsanwalt wenden wollte, um eine ehrengerichtliche Anlage zu provoziren.

Wenn erforderlich, wird dies Beispiel um zahlreiche andere vermehrt werden können, welche, wie dieses, darthun, daß die Uebung der Aufsicht noch andere Formu der Rechtswahrung erheischt als das ehrengerichtliche Verfahren bietet.

Nun wird freilich die Frage aufgeworfen werden können,

weshalb in solchen Fällen nicht ein Verweis oder dgl. im ehrengerichtlichen Verfahren eintreten sollte. Jeder mit den Verhältnissen Vertraute wird darauf leicht die Antwort finden.

Dies Verfahren ist ersteus ein so schwerfälliges und durch die Gleichartigkeit mit dem Strafprozeß so herbes, um einen milden Ausdruck zu gebrauchen, daß man es für die leichtesten Fälle, in denen ein freundlich warnendes Wort die einzige Remedur sein würde, wahrlich nicht anwenden darf, ein Verfahren überdies, welches durch zu häufige Anwendung an Eindruck und Werth verlieren würde, dann aber ferner ist auch durch die Herbeiziehung des Staatsanwalts als Ankläger ein Element demselben beigemischt, welches in gar keinem Verhältniß steht zu demjenigen, was für diese leichtesten Verstöße erkannt werden soll, und welches in jedem Falle einen Apparat nothwendig herbeiführt, der allein durch die Formen weitaus härter trifft als beabsichtigt ist.

Es liegt in der Absicht dieser Bemerkungen, über die Stellung des Staatsanwalts noch Weiteres zu erörtern, hier wird es genügen zu constatiren, daß es schwer verständlich ist, weshalb, damit einem Anwalte eine collegiale Warnung übermittelt werde, es für erforderlich gehalten wurde, den ganzen Apparat einer Voruntersuchung, Anklage, Eröffnung der Hauptverhandlung und diese selbst in offenem Gerichte u. s. w. vorangehen zu lassen.

Von diesen Gesichtspunkten aus ist denn auch die Ansicht vertreten, zu welcher sich der Verfasser bekennt, daß der Vorstand kraft seiner Aufsichtspflicht das Recht habe, monitorisch, ermahnend, verhütend den Collegen in Fällen leichtester Pflichtverletzung entgegenzutreten, ohne daß es eines ehrengerichtlichen Verfahrens bedarf.

Diejenigen aber, welche anderer Meinung sind, sollten ihre Anstrengungen darauf richten, eine Ergänzung des Gesetzes in diesem Sinne herbeizuführen. Gegen die Bestimmung des Entwurfs, nach welcher der Vorsitzende eine vorläufige diskretionäre Gewalt haben sollte, sind Ausweise der Protokolle bedeutendere Gründe nicht geltend gemacht, die Gegner meinten, es sei für dasselbe ein Bedürfniß, führe zu den „schlimmsten Folgen" (welche dies seien ist nicht gesagt) und es könne leicht zu milde verfahren werden.

Wieso schließlich, obwohl zwei Mitglieder sich dafür ausgesprochen hatten, die Ablehnung einstimmig erfolgte, ist nicht zu ersehen. Nun ist es vielleicht richtig, daß, den Vorsitzenden allein mit solcher Gewalt zu bekleiden, etwas gewagt sein kann, aber ein Beschluß des Vorstandes oder eines Theiles desselben bietet gewiß Garantien genug nach allen Richtungen.

Daß ein Bedürfniß dazu vorliegt, ist hoffentlich durch diese Ausführungen nachgewiesen.

Es bliebe also nur zu erwägen, ob es möglich wäre, diejenigen Fälle abzugrenzen, in welchen die Aburtheilung durch das Ehrengericht erfolgen muß, und das würde sich ja z. B. schon erzielen lassen, wenn die „Warnung" dem Ehrengericht ganz entzogen und dem Vorstande überwiesen würde, oder wenn eine Ermahnung oder collegiale Rüge ohne ehrengerichtliches Verfahren zulässig erklärt wird.

Eingehende Vorschläge in dieser Richtung werden leicht zu machen sein, wenn sich eine Uebereinstimmung mit den hier entwickelten Ansichten als allseitig vorhanden erweisen sollte.

II.

In anderer Richtung ist die Aufgabe des Vorstandes in Betreff der Disciplinargewalt verunklart durch die Stellung, welche im ehrengerichtlichen Verfahren dem Staatsanwalt eingeräumt ist. Indem das Gesetz den letzteren zum Ankläger in diesem Verfahren bestellte, hatte es nach der Aeußerung des Regierungscommissärs in der Reichstagscommission (Protokoll Nr. 9) beabsichtigt dadurch zu erreichen, „daß die Landesjustizverwaltung ihre Anschauungen im ehrengerichtlichen Verfahren vertreten könne."

Den Gegnern dieser Betheiligung des Staatsanwalts, welche zweimal vergeblich versuchten, an seiner Statt einen Rechtsanwalt mit den Verrichtungen der Staatsanwaltschaft betraut zu sehen, wurde, wenn sie plaidirten, daß dadurch eine Ueberwachung einträte, welche dem beabsichtigten Zweck der Selbstdisciplin nicht entspreche, entgegnet „es werde von ihnen auf die Thätigkeit des Staatsanwalts viel zu großes Gewicht gelegt. Was könne er thun? Nichts als Anträge stellen, die in der Hauptsache der Entscheidung von Standesgenossen unterliegen."

In der Praxis stellt sich heraus, daß dem Staatsanwalt ein viel wesentlicherer Einfluß beiwohnt, ein Einfluß, welcher dem Gedanken des Gesetzes kaum entspricht.

Auf zweierlei Weise gelangen Fälle zur ehrengerichtlichen Beurtheilung; meistentheils wird eine Beschwerde über die Handlungsweise eines Anwalts, sei es von Privaten direkt, sei es durch Vermittlung einer Behörde oder eines Gerichtes, an den Vorstand gelangen; der letztere wird, wenn ein ernster Fall vorliegt, in welchem entweder die Vermittlung nicht gelungen ist, oder Thatsachen vorliegen, deren Vermittlung ausgeschlossen erscheinen lassen, das Material dem Staatsanwalt mittheilen. Diesem ist also, abgesehen von der möglichen Beschwerde eines Verletzten an das Oberlandesgericht aus §. 170 der Strafprozeßordnung, zunächst allein die Cognition überlassen, ob überall ein ehrengerichtliches Verfahren eintreten soll; hält er dafür, daß es eintreten solle, wird aber sein Antrag auf Eröffnung der Voruntersuchung abgelehnt, so hat er die Beschwerde gegen die Ablehnung; wird das Hauptverfahren eröffnet und spricht nachher das Ehrengericht frei, so steht ihm die Berufung an den Ehrengerichtshof zu. Dadurch kann der Staatsanwalt jede Sache dem Urtheil des Standesgerichts entziehen und auf den mehr als Disciplinargericht zu betrachtenden Ehrengerichtshof provoziren.

So liegt also in seiner Stellung durch diese ihm gegebenen Rechte das Hauptgewicht bei der Führung der Aufsicht.

Viel einflußreicher wird die Stellung in denjenigen Fällen, welche durch Private oder Behörden bei ihm zur Anzeige gelangen; alsdann wird er zunächst Ermittlungen veranlassen, somit die Sache allein instruiren und wird häufig, indem er annimmt, daß eine Veranlassung zum ehrengerichtlichen Verfahren nicht vorhanden ist, die Akten dann fortlegen.

Auf diese Weise erhält dann der Vorstand auch nicht einmal eine Kenntniß von dem Vorgange und das Aufsichtsrecht ist thatsächlich von dem Staatsanwalt allein geübt.

Würde das Gesetz ihm die Verpflichtung auferlegen in solchem Falle mindestens eine Anzeige von dem Geschehenen zu machen, so würde das Material zur Beurtheilung der Mitglieder

in der Hand des Vorstandes zusammen sich finden. Sowie die Sache jetzt liegt, können bei der Staatsanwaltschaft eine Reihe von Denunciationen eingegangen sein, deren Thatbestand nach der Meinung des Vorstandes eine Verletzung der Standesehre involviren würde, während der Staatsanwalt dieselben unberücksichtigt läßt. Das wird allerdings nur von Wichtigkeit sein in den übrigens nicht seltenen Fällen, in welchen eine Mehrzahl von Versäumnissen und Vernachlässigungen erst ein Einschreiten gerechtfertigt erscheinen lassen würde.

Nun muß zugestanden werden, daß auch im umgekehrten Falle die Sache Bedenken erregt.

Es kann vom Staatsanwalt in einem Falle eine Denunciation gegen einen Anwalt, der seine Pflicht nicht thut, oder der z. B. wegen Schulden belangt wird, die Einschreiten nicht für nöthig erachtet werden, weil er das Angezeigte für einen einzeln stehenden Fall hält, während bei dem Vorstande bereits eine Reihe solcher Fälle zur Kenntniß gebracht und durch Vermittlung erledigt worden sind.

In der That giebt es Staatsanwälte, welche die Auffassung haben, der Vorstand sei verpflichtet, von allen solchen Vorkommnissen, bei welchen auch nur ein Zweifel entstehe, ob sie Grundlage eines ehrengerichtlichen Verfahrens bilden könnten, dem Staatsanwalt Kunde zu geben.

Diese Auffassung ist ersichtlich falsch und geht von der irrigen Voraussetzung aus, daß das Gesetz den Staatsanwalt zur Aufsichtsführung bestellt habe und dem Vorstand lediglich die Rolle des Denuncianten zugewiesen sei; es läßt sich aber nicht verkennen, daß die ganze Art und Weise, wie das Gesetz die Stellung des letzteren normirt hat, Unklarheit in die Materie gebracht hat.

Biewohl es nicht ganz zu den hier behandelten Fragen gehört, darf wohl darauf hingewiesen werden, daß die Anwendung des Strafprozesses auf das ehrengerichtliche Verfahren auch wunderliche Erscheinungen zu Tage fördert.

Nachdem der Vorstand in seiner Gesammtheit zunächst beschlossen hat, daß die Anzeige dem Staatsanwalt zu übergeben sei, wird die Frage auf Eröffnung der Voruntersuchung dem Ehrengericht unterbreitet, also fünf derjenigen Personen, welche eben in der Sache ihre Meinung geäußert haben.

Dieselben Personen, allerdings biweilen auch Stellvertreter derselben, beschließen über die Eröffnung des Hauptverfahrens und da §. 80 deren Theilnahme an dem Hauptverfahren nicht ausschließt, so urtheilen sie auch in diesem, dabei läßt noch die Unklarheit des §. 67 die Auslegung zu, daß für den Vorsitzenden und stellvertretenden Vorsitzenden nicht einmal Stellvertreter möglich seien. Diese Auffassung scheint nicht richtig, wo sie aber herrscht, sind die letzteren jedenfalls in allen Phasen des Prozesses an den Beschlüssen betheiligt.

Diese Eigenthümlichkeiten zeigen gewiß, daß für den Begriff des Standesgerichts andere Grundsätze auch nach dem Gesetze gelten sollten als für die Straf- und sonstige Disciplinargerichtsbarkeit; um so unbegreiflicher ist es daher, daß die Reichstagscommission, freilich nur mit der Majorität von einer Stimme, die Zulassung des Staatsanwalts in dem Verfahren angenommen hat, und daß der Reichstag dieser Majorität gefolgt ist.—

Die Schilderung dieser Zustände ist hervorgegangen aus dem Wunsche, eine Diskussion anzuregen darüber, wie die An-

waltskammern die durch das Gesetz entstehenden Unzuträglichkeiten möglichst ebnen können; denn dazu, daß das Gesetz jetzt
schon geändert werde, wird gegenüber den bestimmten Erklärungen der Regierungen in der Commission schwerlich eine Aussicht sein.

Bei dieser Gelegenheit wird eine Reihe von speciellen Vorkommnissen, deren gleichmäßige Erledigung in allen Anwaltskammern gewiß wünschenswerth ist, zur Besprechung gelangen
können. So z. B. die allerdings nicht bedeutende Frage, wer
denn nach §. 71 den Präsidenten des Oberlandesgerichts um die
Abordnung eines Richters zur Führung der Voruntersuchung zu
ersuchen habe; jene Prozeßhandlung, welche auch bereits zu
Competenzstreitigkeiten zwischen Staatsanwalt und Vorstand
Gelegenheit gegeben haben wird.

Bestimmte Vorschläge aber zur Ausgleichung der Uebelstände zu machen, wird freilich erst dann möglich sein, wenn
eine größere Erfahrung gesammelt ist, oder aus allen Anwaltskammern die bisherigen Erfahrungen zusammengestellt sind.

Den deutschen Anwaltsverein darauf aufmerksam zu machen,
daß er dieser für die Interessen des Anwaltsstandes so wichtigen
Materie seine Beachtung schenke, ist der Zweck dieser Zeilen.

Grundsätze für die in Enteignungs-Sachen zu gewährende Entschädigung.

(Schluß.)

Ad III.

In der sub I wörtlich mitgetheilten Stelle des in Rede
stehenden Urtheils vom 26. Mai 1880 und in einem am nämlichen Tage von demselben Hülfssenat des Reichsgerichts erlassenen Urtheile in Sachen Döpner wider Fiskus ist ferner
ohne weitere Motivirung der Grundsatz aufgestellt, daß
im Enteignungs-Verfahren bei Feststellung der Entschädigung
diejenigen für das Restgrundstück entstehenden Nachtheile nicht zu
berücksichtigen seien, welche auch dann für das Restgrundstück
entstanden sein würden, falls dem Grundbesitzer von seinem
Eigenthum nichts enteignet, die Eisenbahnanlage vielmehr lediglich
auf benachbarten Grundstücken hergestellt wäre.

Wenn den eng zusammen hangenden Grundstücken a und b
des N. vom dicht anstoßenden fremden Grundstücke c aus der
auf c liegenden Quelle werthvolles Wasser zufließt, welches dem
Grundstücke a durch Anlage eines tiefen Einschnittes auf b entzogen werden kann, so würde N. als bonus pater familias, insbesondere als Vormund beim freihändigen Verkaufe seines Grundstückes b unter allen Umständen den Vorbehalt machen müssen,
daß der Käufer ihm für das Grundstück a jenes Quellwasser
nicht entziehe oder ihn wegen Versiegung jenes Quellwassers auf seinem Grundstücke a deshalb seine Entschädigung fordern können, weil N.
denselben Schaden ohne Ansprüche auf Schadenersatz (cf. Allg.
Ld. R. I. 8. § 130) auch erlitten haben würde, wenn die
Eisenbahn über das Grundstück c angelegt wäre!! In § 7

der oben citirten Abhandlung des Dr. Bohlmann und in dem
dort S. 38 mitgetheilten Ober-Tribunals-Erkenntnisse vom
19. December 1851 ist die Unhaltbarkeit jener ohne Angabe von
Gründen vom Hülfs-Senate hingestellten Meinung dargethan.
Auf den Umstand, daß der Eigenthümer von c berechtigt ist,
dem N. jenes Wasser zu entziehen, „si von animo nocendi,
sed suum agrum meliorem faciendi id fecit“ — lex 15 § 12
D. de aqua (39,3) — kann der Bahn-Eigenthümer seine Weigerung des Schadenersatzes nicht gründen, weil er die jura
dieses Nachbars nicht erworben hat. Bei partieller Enteignung,
sagt Dr. Bohlmann S. 40 mit Recht, kann der Expropriat
fordern, daß die Entschädigung nach Maßgabe der neuen Ministerium und vom Reichs-Eisenbahn-Amte in Gemäßheit des § 4
des Eisenbahn-Gesetzes vom 3. November 1838 und § 4 des
Reichs-Gesetzes vom 27. Juni 1873 (R.-Ges.-S. S. 164)
wirklich genehmigten Bahn-Trace und nicht nach Maßgabe
einer nur fingirten Bahn-Trace bemessen werde. Auf bloße
Möglichkeiten, sagt das von Dr. Bohlmann S. 67 mitgetheilte Urtheil des Appellhofes zu Magdeburg mit Recht, kann
in Ermangelung thatsächlicher Umstände, welche den Eintritt
jener Möglichkeiten auch nur als wahrscheinlich erachten lassen
**und deren Nachweis der Eisenbahn-Verwaltung obgelegen
hätte**, kein Gewicht gelegt werden.

Wäre man bezüglich der einen Grenzlinie des zu enteignenden Grundstückes berechtigt, hier die Anlage einer Eisenbahn zu fingiren und dem zu enteignenden Grund-Eigenthümer
die Nachtheile, welche ihm an dieser Grundstücksseite durch Anlage
einer Eisenbahn erwachsen würden, von seiner Schadenberechnung
in Abzug zu bringen resp. in Gegenrechnung zu stellen, so
könnte man mit demselben Rechte diese Fiction, diese Gegenrechnung für alle Grenz-Seiten des partiell zu enteignenden
Grundstücks aufstellen. Man würde dann zu dem widersinnigen
Resultat gelangen, daß für werthvolle städtische Baustellen, für
welche sie solche bei freihändigem Verkaufe hohe Preise erzielt
werden könnten, in vielen Fällen beim Zwangs-Verkaufe im
Enteignungs-Verfahren nur die niedrigen Preise von Ackerlän-
dern, Gärten oder Lagerplätzen zu entrichten sein würden, da
Bauplätze im Falle der Anlage von Eisenbahnen auf allen oder
mehreren Seiten derselben in den meisten Fällen die Qualifi-
cation zu Bauplätzen verlieren und nur noch zu Aeckern, Gärten
oder Lagerstellen benutzbar bleiben würden. Das wäre ein Hohn
auf den in Gesetzen (cf. § 1 des Enteignungs-Ges. vom 11. Juni
1874) aufgestellten Grundsatz, daß das Grund-Eigenthum nur
gegen vollständige Entschädigung entzogen oder beschränkt werden soll.

Vor solchen Verirrungen schützt die Beobachtung des im
Urtheile des frühern Ober-Tribunals vom 5. April 1872
(Striethorst Archiv Bd. 86, S. 78) und in dem zum Enteignungs-Gesetze vom 11. Juni 1874 von den Reichs-
Gerichtsräthen Dr. Bähr und Langerhans herausgege-
benen Commentar S. 132 anerkannten Axioms, daß
bei der Zwangs-Enteignung der Kaufpreis nur nach den
auch beim freihändigen Verkaufe rationellen Rücksichten bemessen werden darf. Nach diesem Axiom kann bei Abmessung
des Kaufpreises eines Grundstückes auf die bloße Möglichkeit,
daß dasselbe vielleicht einmal durch die Anlage einer Eisenbahn
auf dem benachbarten Terrain beschädigt werden kann, im Ent-

eignungs-Verfahren nicht mehr Werth gelegt werden, als beim freihändigen Verkaufe geschieht. Beim Zwangs-Verkaufe wird man sich daher wie beim freihändigen Verkaufe für den concreten Fall die Frage vorlegen müssen: liegt bei diesem speciellen Grundstücke nach den hier obwaltenden concreten Verhältnissen die Gefahr der Eisenbahn-Anlage auf benachbartem Terrain vor oder nicht? Diese Gefahr wird — abgesehen davon, daß die Gründung eines Eisenbahn-Unternehmens keine leichte Sache ist, — häufig schon wegen der concreten lokalen Verhältnisse des Nachbar-Grundstückes und der gesammten Nachbarschaft für ausgeschlossen zu erachten sein. Wie nach § 6 Allg. L.-R. Th. I. Tit. 6 bei Abschätzung entzogener Vortheile nur auf solche Vortheile Rücksicht genommen werden darf, „die entweder nach dem gewöhnlichen Laufe der Dinge und der Geschäfte des bürgerlichen Lebens, oder vermöge gewisser schon getroffener Anstalten und Vorkehrungen vernünftiger Weise erwartet werden konnten," so muß man auch umgekehrt bei Arbitrirung der Werths-Verminderung und der Nachtheile, welche einem zu enteignenden Grundstücke bevorstehen können, dieselben Grenzen festhalten und nicht rein imaginäre Nachtheile in Berechnung ziehen.

Dr. H.

Ueber den Einspruch, unter besonderer Berücksichtigung des amtsgerichtlichen Prozesses.

Nach § 297 folg. C. Pr. O. ist ein Versäumnißurtheil auf Antrag zu erlassen, wenn eine Partei in irgend einem Verhandlungstermine nicht erscheint oder nicht verhandelt. Es kann dahin gestellt bleiben, ob diese Neuerung für amtsgerichtliche Sachen, deren regelmäßig einfache Natur bei der raschen Aufeinanderfolge der Termine einen wiederholten Vortrag der Sache nur selten erfordert, geboten war, das Anwendungsgebiet des Versäumnißurtheils ist jedenfalls ein größeres geworden und damit hat das Correlat, der Einspruch, eine erhöhte Bedeutung gewonnen. Gleichwohl sind die Bestimmungen der C. Pr. O. über den Einspruch nicht so klar, daß sich nicht schon Meinungsverschiedenheiten über ihre Tragweite gebildet hätten. Es sei gestattet, einige davon nachstehend darzulegen.

I. Der Einspruch gehört bekanntlich nicht zu den sog. Rechtsmitteln, er ist vielmehr nur ein Rechtsbehelf, er muß aber innerhalb einer zweiwöchigen Nothfrist, deren Lauf mit der Zustellung des Versäumnißurtheils beginnt, eingelegt werden. Hierbei entsteht die Frage, ob jede, also auch die säumige, Partei die Zustellung des Versäumnißurtheils bewirken kann. Die Motive S. 234 (Hahn Mat. I. S. 297) besagen:

> Die Einspruchsfrist ist eine Nothfrist, deren Lauf mit der Zustellung des Versäumnißurtheils auf Betreiben der gehorsamen Partei beginnt"

und scheinen hierdurch anzudeuten, daß nur die gehorsame Partei in der Lage ist, durch Zustellung den Lauf der Frist herbeizuführen. Diese Ansicht wird auch von Koch und Struckmann u. A. getheilt, sie kann aber als richtig nicht anerkannt werden. Der klare Wortlaut des § 304 verlangt für den Beginn der Frist nichts weiter als die Zustellung des Versäumnißurtheils und unterscheidet nicht, von welcher Partei die Zustellung bewirkt wird und es erscheint deshalb unzulässig, eine solche vom Gesetzgeber nicht beliebte Unterscheidung willkürlich aufzustellen. Dieselbe tritt auch in einen Widerspruch mit der Vorschrift des § 198, wonach — zur Vermeidung wiederholter Zustellung — die von einer Seite bewirkte Zustellung den Lauf einer gesetzlichen oder richterlichen Frist ebenso gegen die zustellende Partei wie gegen deren Gegner herbeiführt. Es ist nicht abzusehen, warum gerade bei Versäumnißurtheilen die Zustellung Seitens der säumigen Partei ohne Wirkung bleiben und eine nochmalige Zustellung Seitens des Gegners erforderlich sein soll, um den Lauf der Einspruchsfrist beginnen zu lassen. Offenbar haben die mitgetheilten Motive nur den gewöhnlich eintretenden Fall vor Augen. — Nach der gegnerischen Meinung würde im Fall der Abweisung des Klägers durch Versäumnißurtheil der Fortgang der Sache ganz von dem Beklagten abhängen.

II. Ein weiterer Streit wird darüber geführt, ob die vorherige Zustellung des Versäumnißurtheils Voraussetzung der gültigen Einlegung des Einspruchs ist; doch dürfte dieser Streit m. E. im verneinenden Sinne zu entscheiden sein. Denn § 304 bestimmt nur, daß die Einspruchsfrist vor der Zustellung nicht läuft und erst mit dieser beginnt, er besagt aber nicht, daß der Einspruch selbst erst nach vorausgegangener Zustellung, nach Beginn des Laufs der Nothfrist eingelegt werden dürfe. Hätte der Gesetzgeber eine solche Vorschrift beabsichtigt, so würde er sicherlich nicht unterlassen haben, derselben in § 303 oder 304 in ähnlicher Weise wie er es in §§ 477, 870 gethan hat, besonderen Ausdruck zu verleihen und sie nachdrücklich hervorzuheben. Zwar heißt es in den Motiven S. 234, daß die Vorschriften des § 304 mit den Bestimmungen über die Fristen zur Einlegung der Berufung 2c. im Einklange stehen; gleichwohl erscheint eine analoge Ausdehnung des § 477 durch seine Entstehungsgeschichte ausgeschlossen. Danach kamen für die Berechnung des Anfangspunktes der Berufungsfrist zwei Momente in Frage. Die erstere Verkündung und Zustellung des Urtheils, in Frage. Die erstere wurde verworfen, weil die Parteien vor Einsicht des vollständigen Urtheils, deren Möglichkeit erst durch die Zustellung festgestellt wird, den Erfolg des einzulegenden Rechtsmittels mit Sicherheit zu prüfen nicht in der Lage sind; die Zustellung dagegen, mit der Maßgabe, daß die frühere Einlegung wirkungslos sei, deshalb acceptirt, weil in dieser Weise die Einheit der Frist für beide Parteien, sowie die einheitliche Wirkung der in der Berufungsinstanz erreicht wird. (cfr. Motive S. 302 Hahn I. S. 353.) Diese Gründe treffen für den Einspruch nicht zu. Denn da dieser Rechtsbehelf stets nur einer, der säumigen, Partei zusteht, so kann hier von einer einheitlichen Frist und Verhandlung beider Parteien nicht wohl die Rede sein. Insofern aber die Zustellung die Kenntniß der Gründe vermitteln soll, so erscheint sie hier überflüssig, weil der Entscheidungsgrund nur dahin lauten kann und formularmäßig dahin lautet: „in Erwägung, daß das thatsächliche mündliche, den Klageanspruch rechtfertigende Vorbringen des Klägers für zugestanden anzusehen ist" oder: „gemäß § 295". In Ermangelung eines dahin zielenden ausdrücklichen Verbotes ist daher die Einlegung des Einspruchs vor der Zustellung des Versäumnißurtheils für zulässig zu erachten.

III. Was die Form der Einspruchserhebung anlangt, so fordert § 305 Zustellung eines Schriftsatzes von bestimmtem Charakter, ein Erforderniß, dessen Beobachtung von Amtswegen zu prüfen ist. Während im landgerichtlichen Verfahren ein Verstoß kaum vorkommen wird, giebt in amtsgerichtlichen Prozessen, in welchen die Parteien in Person auftreten, die Erörterung der Formalien oft zu Bedenken Veranlassung. Hierbei darf man die in den Motiven wiederholt hervorgehobene Tendenz des Gesetzgebers „das Verfahren von entbehrlichen Formen fernzuhalten", nicht aus dem Auge verlieren. Wenn also §. 305 Nr. 1 die Bezeichnung des Urtheils verlangt, gegen welches Einspruch erhoben wird, so ist diesem Erforderniß offenbar genügt, wenn auch nur das Prozeßrubrum so genau bezeichnet ist, daß der Gegner über die Sache nicht im Zweifel sein kann. Ein Zusatz, etwa: „In Sachen ꝛc. bin ich durch Versäumnißurtheil von . . . abgewiesen worden" würde u. s. G. eine nutzlose Formalität enthalten, nutzlos deshalb, weil die Absicht des Einsprechenden auch ohne ihn sofort erkennbar ist, und ein Zweifel darüber, daß der Angriff speziell gegen das Urtheil gerichtet sei, nicht aufkommen kann. Aus dem Unterbleiben jenes Zusatzes kann daher ein Abweisungsgrund nicht entnommen werden; ebensowenig aber auch daraus, daß das Wort: „Einspruch" nicht in dem Schriftsatze gebraucht ist. Es gilt sicherlich auch hier was die Motive (S. 303 Hahn I. S. 354) bezüglich der Berufung ausführen, daß nämlich zu der Erklärung, es werde Berufung eingelegt, der Gebrauch solenner Worte nicht erforderlich ist; es genügt also, daß die Absicht, Einspruch zu erheben, in erkennbarer Weise ausgedrückt wird. Auch für das Erforderniß, §. 305 Nr. 3, die Ladung zur mündlichen Verhandlung, ist der Gebrauch solenner Worte nicht vorgeschrieben; der Gesetzgeber hat sich sogar absichtlich enthalten, auch nur spezielle Erfordernisse der Ladung festzustellen, weil sich dieselben mit Rücksicht auf den Zweck der Ladung, auf den Gegenstand des Termins und auf die Person des Ladenden von selbst ergeben; es muß aber in jedem Falle in den gebrauchten Worten die Aufforderung zum Erscheinen im Termine enthalten sein. Wenn also die Einspruchsschrift sich damit begnügt die Anberaumung eines Termines zu erbitten, so ist zwar zuzugeben, daß hierdurch der Wille, mit dem Gegner zu verhandeln, unverkennbaren Ausdruck erhalten hat, allein eine an die gerichtete Aufforderung, in dem Termine zu erscheinen, ist nicht aufgenommen und der Einspruch muß als unzulässig verworfen werden. Ist am Termintage die zweiwöchige Einspruchsfrist bereits abgelaufen, so ist der Mangel irreparabel und das Versäumnißurtheil wird rechtskräftig. In den anderen Fällen entsteht die Frage, ob in der mündlichen Verhandlung bei dem Erscheinen beider Parteien die Mängel der Einspruchsschrift geheilt werden können. Der Wortlaut des §. 304 sowie die im §. 305 vorgeschriebene Offizialprüfung legen eine verneinende Antwort nahe, bei näherer Erwägung wird man jedoch die Affirmative als richtiger vorziehen. Man vergegenwärtige sich, daß auch die Klageschrift einen bestimmten Charakter hat und nicht selten ebenfalls der Offizialprüfung unterliegt. Wird nun allgemein angenommen, daß die fehlenden Essentialien der Klageschrift im Verhandlungstermine ergänzt werden können, so liegt kein Grund vor, die gleiche Befugniß bezüglich der Einspruchsschrift nicht zuzulassen. Es würde sicherlich an die formalistische Strenge des röm. Legisaktionenprozesses erinnern, wollte man trotz des Erscheinens beider Parteien und trotz ihrer Absicht, mündlich zur Hauptsache zu verhandeln, den Einspruch

verworfen, weil die Ladung mit ausdrücklichen Worten in dem Schriftsatze nicht enthalten ist. Ja, man muß sogar noch weiter gehen und annehmen, daß, wenn die Parteien an ordentlichen Gerichtstagen ohne Terminbestimmung erscheinen, der Einspruch erhoben und zur Hauptsache verhandelt werden kann, also namentlich dann, wenn eine Partei, welche vielleicht den Aufruf überhört hat, erst nach Erlaß des Versäumnißurtheils eintritt und verhandeln will. §. 461 scheint zwar nur die Klageanbringung im Auge zu haben; allein sein Wortlaut enthält nichts, was zu einer solchen Beschränkung zwingt. Da er den Parteien zur Verhandlung des Rechtsstreits ohne Ladung und Terminbestimmung zu erscheinen gestattet, so trifft er alle Fälle der mündlichen Behandlung, in welchen sonst Ladung und Terminbestimmung erforderlich sind. Hierfür spricht auch §. 462, nach welchem die Einspruchsschrift nicht minder wie Ladungen zur Verhandlung über einen Zwischenstreit, auf Berichtigung oder Ergänzung eines Urtheils ebenso wie nach §. 457 die Klageschrift zu Protokoll erklärt werden können. Die Annahme, daß hiernach die Parteien zur Verhandlung über einen Zwischenstreit, zur Berichtigung resp. Ergänzung des Urtheils ohne Ladung erscheinen dürfen, ist so unbedenklich und muß auch bezüglich des Einspruchs gelten, der im §. 462 mit den gedachten Fällen gleich behandelt wird. —

M.

Zur Auslegung des §. 211 C. P. O.

Entsch. des R. G. II. C. S. v. 28./9. 1878 i. S. Péridon c. Ledain Nr. 192/80 II. O. L. G. Colmar.

Die von den Beklagten eingelegte Berufung ist durch Urtheil des Oberlandesgerichts zu Colmar vom 12. April 1880 zurückgewiesen worden. Gegen dieses, dem Rechtsanwalt S. als Prozeßbevollmächtigten des Beklagten am 27. April 1880 zugestellte Urtheil des Oberlandesgerichts hat der Beklagte durch Zustellung vom 10. Juni 1880 Revision eingelegt und in dem zugestellten Schriftsatze bemerkt, daß er zugleich Wiedereinsetzung gegen den Ablauf der Revisionsfrist beantrage und zur Rechtfertigung dieses Antrags ein ärztliches Zeugniß hinterlege, wonach der Anwalt des Revisionsklägers in den letzten Monaten ernstlich erkrankt gewesen sei.

Das hinterlegte ärztliche Attest ist am 7. Juni 1880 ausgestellt, in demselben ist bescheinigt, Rechtsanwalt S. sei seit einigen Monaten in dem Grade leidend gewesen, daß er seine Geschäfte nur in geringem Umfang erledigen durfte; in den letzten Wochen habe er sogar, namentlich wegen hinzugetretener Sehstörung, kaum lesen können und sich aller Arbeiten enthalten müssen.

Das R. G. hat den Antrag auf Wiedereinsetzung verworfen und die Revision als unzulässig zurückgewiesen.

Entscheidungsgründe:

Nicht mit Unrecht hat der Revisionsbeklagte gerügt, daß der Vorschrift des §. 214 Nr. 1 der Civilprozeßordnung, wonach der Antrag auf Wiedereinsetzung in den vorigen Stand die Angabe der die Wiedereinsetzung begründenden Thatsachen enthalten muß, durch den zugestellten Schriftsatz nicht entsprochen sei; denn die Erwähnung, daß der Anwalt des Revisionsklägers in den letzten Monaten ernstlich erkrankt gewesen sei, läßt eine nähere thatsächliche Auskunft darüber vermissen, inwieweit diese Krankheit, welche auch zur Zeit der Einlegung der Revision, und zwar in erhöhtem Grade, noch fortbestand, nach der Behauptung des Revisionsklägers mit der Versäumung der Nothfrist in einem ursächlichen Zusammenhang stehe. Jedenfalls kann aber auf Grund des Vorgebrachten im vorliegenden Falle nicht angenommen werden, daß der Revisionskläger durch einen unabwendbaren Zufall verhindert worden sei, die Revisionsfrist einzuhalten (§. 211 der Civilprozeßordnung). Es ist nicht glaubhaft gemacht, daß der erkrankte Vertreter des Revisionsklägers nicht einen anderen Rechtsanwalt mit der Wahrnehmung dringender Geschäfte, soweit er sie selbst zu erledigen außer Stande war, hätte beauftragen oder in anderer Weise geeignete Vorsorge hätte treffen können. Der Begriff des unabwendbaren Zufalls ist gleichbedeutend mit dem der höheren Gewalt im Sinne des Artikels 395 des Handelsgesetzbuchs; nun waren aber Vorkehrungen möglich, welche ungeachtet der Krankheit des Vertreters die Wahrung der Nothfrist gesichert hätten. Der Wortlaut und die Entstehungsgeschichte des §. 211 der Civilprozeßordnung ergeben, daß, wenn es einerseits die Absicht des Gesetzgebers war, die durch unverschuldete Versäumung der Nothfristen in manchen Fällen entstehenden Härten zu vermeiden, andererseits zur Verhütung von Mißbräuchen die Wiedereinsetzung nur innerhalb der fest gezogenen Grenzen bewilligt werden soll.

Die strafrechtliche Thätigkeit des Reichsgerichts.

VI.

(Uebersicht der Präjudizien vom 1. Juli bis 30. September 1880.)

I. Zum Reichsgesetzbuche.

1. §. 2.

Eine unter der Herrschaft eines milderen Strafgesetzes begonnene, unter der Herrschaft eines strengeren fortgesetzte und beendete strafbare Handlung ist nach dem strengeren Gesetze zu bestrafen. Urth. d. Feriensen. v. 7. Sept. 1880 (2114/80).

2. §. 41.

Die Unterdrückung einer Schrift kann auch ausgesprochen werden, wenn die Geschworenen den Angeklagten freigesprochen haben. Urth. d. I. Straffen. v. 12. Juli 1880 (1878/80).

3. §. 49.

Der Gehülfe ist als solcher auch strafbar, wenn der Thäter von der geleisteten Hülfe keine Kenntniß hatte, und wenn die verabredete und geleistete Beihülfe nicht nachweisbar die That förderte. Urth. d. I. Straffen. v. 23. Sept. 1880 (2016/80).

4. §. 49a.

Zur Bestrafung aus §. 49a wegen mündlicher Aufforderung zu einem Verbrechen ist es nicht erforderlich, daß der in Aussicht gestellte Vortheil ein bestimmter war, und daß der Auffordernde ihn selbst leisten oder dafür haften wollte. Urth. d. III. Straffen. v. 2. Juli 1880 (1502/80).

5. §. 59.

Irrthum des Thäters über die Strafbarkeit der That, hervorgerufen dadurch, daß früher die gleiche That als straflos

behandelt wurde, bewirkt nicht Straflosigkeit. Urth. d. III. Straffen. v. 25. Sept. 1880 (1862/80).

6. §§. 59. 49.

Der dolos handelnde Gehülfe kann bestraft werden, wenn auch der physische Urheber der That durch Irrthum über eine Thatsache straflos ist. Urth. d. III. Straffen. v. 2. Juli 1880 (1440/80).

7. §§. 67. 68.

Unterlassungsdelikte (Nichterfüllung der Wehrpflicht) verjähren nicht, so lange die Nichterfüllung der gesetzlichen Pflicht andauert. Urth. d. I. Straff. v. 16. Sept. 1880 (1902/80).

8. §§. 73. 74.

Die mehrfache Verletzung desselben Strafgesetzes durch eine und dieselbe strafbare Handlung, wie fahrlässige Herstellung eines Baugerüstes und die dadurch bewirkte Verletzung mehrerer Personen, bildet ideelle, nicht reale Concurrenz. Urth. d. I. Straffen. v. 1. Juli 1880 (1682/80).

9. §. 74.

Der Abmessung einer Gesammtstrafe muß die Abmessung der Einzelstrafen ausdrücklich zu Grund liegen. Urth. d. I. Straffen. v. 20. Sept. 1880 (2280/80).

10. §. 115.

Die Theilnahme an einer öffentlichen Zusammenrottung kann nur dann nach diesem Paragraphen bestraft werden, wenn festgestellt ist, daß der Theilnehmer sich vorsätzlich und mit Wissen von dem strafbaren Zwecke der Zusammengerotteten an die Menge angeschlossen hat. Urth. d. I. Straffen. v. 1. Juli 1880 (1709/80).

11. §. 131.

Die Frage, ob Thatsachen entstellt sind, oder ob nur Verdächtigung der Motive und Absichten der Obrigkeit vorliegt, gehört zur Thatfrage. Urth. d. III. Straffen. v. 14. Juli 1880 (1679/80).

12. §. 132.

Derjenige, welcher eine Handlung, die er auch als Privatperson hätte vornehmen können, unter der Vorspiegelung, er sei Beamter, vornimmt; oder der sich einen nicht bestehenden Amtstitel beilegt, oder eine Handlung vornimmt, welche nicht in der Zuständigkeit des angemaßten Amtes gelegen wäre, kann wegen Amtsanmaßung bestraft werden. Urth. d. III. Straffen. v. 7. Juli 1880 (1633/80).

13. §. 139.

So lange die in verschiedenen verschlossenen Zellen detinirten Gefangenen sich noch in denselben befinden, also getrennt sind, kann keine Zusammenrottung angenommen werden, wenn sie auch gemeinschaftliche Selbstbefreiung verabredet haben und einer der Gefangenen aus seiner Zelle ausgebrochen ist und die andern zu befreien versucht. Urth. d. III. Straffen. v. 25. Sept. 1880 (2229/80).

14. §. 173.

Unter die Verwandten in auf- und absteigender Linie fallen auch uneheliche. Urth. d. II. Straffen. v. 21. Sept. 1880 (1912/80).

15. §. 180.

Die Kuppelei durch Vermittelung erfordert die Herbeiführung von Verhältnissen, wodurch für die Unzucht günstigere Voraussetzungen geboten sind. Urth. d. I. Straffen. v. 23. Sept. 1880 (2058/80).

16. §. 183.

Die Anwendung des §. 183 setzt voraus, daß festgestellt ist, daß Jemand an einer unzüchtigen Handlung Aergerniß genommen hat. Urth. d. I. Straffen. v. 12. Juli 1880 (1892/80) und des III. Straffen. v. 29. Sept. 1880 (1598/80). Hiermit verließ das Reichsger. die bisher bestehende Praxis, welche nur eine objektiv zur Erregung von Aergerniß geeignete Handlung forderte; vgl. jedoch Urth. v. 28. Febr. 1880 oben S. 74 Ziff. 16.

17. §. 239.

Zu der unbefugten vorläufigen Festnahme einer Person zur Feststellung seiner Person kann, auch wenn sie nur kurze Zeit dauerte und der Festgenommene sich befreien könnte, eine Freiheitsberaubung erblickt werden. Urth. d. III. Straffen. v. 7. Juli 1880 (1633/80).

18. §§. 242. 43.

Das Ausstrecken der Hand, um ein Behältniß zu öffnen und aus demselben zu stehlen, ist Diebstahlsversuch. Urth. d. II. Straffen. v. 9. Juli 1880 (1552/80).

19. §. 242.

Gestochener Torf ist kein Bodenerzeugniß, dessen Entwendung als Feldfrevel zu bestrafen ist. Urth. d. III. Straffen. v. 7. Juli 1880 (1735/80).

20. §§. 242. 246.

Der Miether meublirter Zimmer begeht durch Aneignung von Meubles Unterschlagung, nicht Diebstahl. Urth. d. II. Straffen. v. 12. Juli 1880 (1728/80).

21. §. 243 Ziff. 7.

Zum Diebstahl mittels Einschleichens zur Nachtzeit ist nicht erforderlich, daß der Dieb in getrennten Zeitabschnitten sich eingeschlichen und dann später gestohlen hat. Urth. d. Feriensen. v. 11. August 1880 (2180/80).

22. §. 244.

Zur Annahme des Rückfalls beim Diebstahl eignet sich auch eine wiederholte Bestrafung als Gehülfe beim Diebstahl. Urth. d. I. Straffen. v. 23. Sept. 1880 (2016/80).

23. §. 246.

Die Aneignung von Geld, welches ein Bevollmächtigter durch Verwerthung eines ihm hierzu übergebenen Wechsels erhalten hatte, und an einen Dritten abliefern sollte, ist als Unterschlagung strafbar. Urth. d. Feriensen. v. 7. Sept. 1880 (2241/80).

24. §§. 253. 74.

Die Absicht, einen und denselben Vermögensvortheil zu erlangen, welche mittels Bedrohung mehrerer Personen zu erreichen unternommen wurde, schließt die Annahme mehrerer realconcurrirender Erpressungen nicht aus. Urth. d. I. Straffen. v. 1. Juli 1880 (1678/80).

25. §. 259.

Hehlerei kann nicht durch Erwerbung von Sachen begangen werden, welche mittels der durch eine Strafthat erlangten angeschafft waren. Urth. d. II. Straffen. v. 6. Juli 1880 (1379/80).

26. §. 259.

Der Mitgenuß gestohlener Sachen kann Hehlerei begründen, wenn der Thatrichter entscheidet, daß die Sache in den Gewahrsam des Hehlers übergegangen war. Urth. des III. Straffen. v. 22. Sept. 1880 (1605/80).

27. §. 266.

Ein Vormund ist wegen Untreue strafbar, wenn die vorsätzlich begangene That objektiv den Mündel benachtheiligte, wenn dies auch nicht in der Absicht des Thäters lag und der Nachtheil kein dauernder war. Urth. d. II. Straffen. v. 2. Juli 1880 (1652/80). (Vgl. oben S. 73 Ziff. 39.)

28. §. 350. 246.

Beamte, welche amtlich empfangenes Geld zu einer Zeit sich aneignen, in welcher sie nicht mehr Beamte waren, begehen einfache Unterschlagung. Urth. d. II. Straffen. v. 9. Juli 1880 (1648/80).

29. §§. 350. 359.

Ein im öffentlichen Dienste Angestellter (Postgehülfe) ist Beamter, wenn auch sein direkter Vorgesetzter (Postexpeditor) für ihn haftet. Urth. d. I. Straffen. v. 1. Juli 1880 (1700/80).

II. Zu verschiedenen Gesetzen strafrechtlichen und prozessualen Inhalts.

1. §§. 32. 85. Gerichts Verf. Ges. §. 377: Str. Pr. O.

Eine Aufhebung des Urtheils wegen Funktion eines unfähigen Geschworenen ist nur veranlaßt, wenn der Geschworene zur Zeit seiner Dienstleistung unfähig war, nicht wenn zur Zeit der Einberufung. Urth. d. I. Straffen. v. 21. Sept. 1880 (1844/80).

2. §§. 62, 66 Gerichts Verf. Ges.

Das Revisionsgericht hat nicht zu prüfen, ob die reglementären Vorschriften über die Besetzung des erkennenden Gerichts beobachtet sind. Urth. d. I. Straffen. v. 8. Juli 1880 (1857/80).

3. §§. 3, 10, 12. Reichsges. v. 26. Mai 1868, betr. die Besteuerung des Tabaks.

Eigenthümer, welche durch Bedienstete die mit Tabak bestellten Flächenmaße aus Versehen unrichtig deklariren, sind mit der Ordnungsstrafe zu belegen. Urth. des III. Straffen. v. 22. Septbr. 1880 (1697/80).

4. §. 134. Vereinszollges. v. 1. Juli 1869.

Zum Thatbestande der Contrebande gehört nicht nur das Hinüberbringen einer verbotenen Waare über die Grenze, sondern auch das Bringen zur Grenze und das in Sicherheit Bringen von dort und können die mit diesen verschiedenen Handlungen Befaßten als Mitthäter und als Theilnehmer einer Bande beurtheilt werden. Urth. d. I. Straffen. v. 23. Sept. 1880 (2014/80).

5. §§. 81, Abs. 2. Seemannsordnung v. 27. Dez. 1872. §. 10 Str. Pr. O.

Die Desertion aus dem Schiffsdienste ist als auf dem Schiffe begangen anzusehen, nicht erst mit dem Verlassen des Schiffes. Beschl. des I. Straffen. v. 27. Sept. 1880 (3251/80).

6. §§. 1, 3, 7, 9. Reichsges. v. 10. Januar 1876, den Schutz der Photographien.

Photographen, welche ohne Genehmigung des Bestellers Portraits nochmals anfertigen und öffentlich ausstellen, sind strafbar. Urth. des II. Straffen. v. 21. Sept. 1880 (1783/80).

7. §§. 24, 25. Reichsges. v. 21. Okt. 1878, gegen die gemeingefährl. Bestrebungen der Sozialdemokratie.

Die Uebergabe verbotener Druckschriften an Spediteure, Behufs Abgabe an Leser, gilt als Verbreitung der Druckschriften. Urth. d. II. Straffen. v. 9. Juli 1880 (1411/80).

8. §§. 16, 20. Reichsgel. v. 21. Okt. 1878, gegen die gemeingefährlichen Bestrebungen der Sozialdemokratie.

Ein Verbot von Sammlungen, welches nicht gegen bestimmte Sammlungen gerichtet ist, von welchen sich die Polizeibehörde überzeugt hat, daß sie sozialistischen Zwecken dienen, sondern welches bestimmten Klassen von Personen das Sammeln verbietet, und diesen zu beweisen überläßt, daß es nicht sozialistischen Zwecken dienen soll, fällt nicht unter §. 16. Urth. d. III. Straffen. v. 11. Juli 1880 (1747/80).

III. Zur Strafprozeß-Ordnung.

1. §. 250, 35, Abs. 3. Str. Pr. O.

Die Verkündung eines im Protokoll der Hauptverhandlung beurkundeten Gerichtsbeschlusses bedarf keiner besonderen Beurkundung. Urth. d. Feriensen. v. 7. Sept. 1880 (2258/80).

2. §. 37. Str. Pr. O. §. 166 Civ. Proz. Ordnung.

Ein Urtheil darf nicht der Ehefrau des Hauswirths, wenn auch in Abwesenheit des Angeklagten und beim Mangel von Hausgenossen zugestellt werden. Beschl. des III. Straffen. v. 25. Sept. 1880 (VIII. 52/80).

3. §. 51 Ziff. 1. Str. Pr. O.

Zur Zeugschaftsverweigerung berechtigt nicht ein Liebesverhältniß, welches die Betheiligten Brautstand nennen, sondern nur ein vom Thatrichter als solches anerkanntes förmliches Verlöbniß. Urth. d. III. Straffen. v. 10. Juli 1880 (1742/80).

4. §. 51 Abs. 2 Str. Pr. O.

Die Unterlassung der Belehrung eines Zeugen über das Recht der Zeugnißverweigerung, begründet Aufhebung des Urtheils, wenn dasselbe auf dem Zeugnisse beruht. Urth. d. I. Straffen. v. 5. Juli 1880 (1771/80) u. v. 20. Sept. 1880 (2428/80).

5. §§. 51, 55. Str. Pr. O.

Wenn das Gericht ohne Beanstandung des Angeklagten in Folge der Angabe eines Zeugen, er stehe zu dem Angeklagten in einem Verhältniß, welches ihn zur Zeugschaftsverweigerung berechtigte, dem Zeugen über sein Recht der Verweigerung belehrt und dieser das Zeugniß ablehnt, liegt keine Verletzung einer wesentlichen Norm des Verfahrens vor. Urth. d. III. Straffen. v. 2. Juli 1880 (1634/80).

6. §§. 51, 56, 376. Str. Pr. O.

Wenn eine zur Zeugschaftsverweigerung berechtigte Person über dieses Recht nicht belehrt, sondern vernommen und dabei die frühere widersprechende Aussage verlesen wurde, ist das Urtheil aufzuheben, auch wenn es auf der verlesenen Aussage beruht. Urth. d. Feriensen. v. 7. Sept. 1880 (2112/80).

7. §. 52. Str. Pr. O.

Zeugen, welchen die Beantwortung bestimmter Fragen die Gefahr strafgerichtlicher Verfolgung zuziehen würde, sind nicht zur Zeugnißverweigerung überhaupt befugt. Die Abschneidung der Stellung von anderen Fragen durch den Staatsanwalt der den Angeklagten, enthält Verletzung einer Rechtsnorm. Urth. d. I. Straffen. v. 27. Sept. 1880 (2453/80).

8. §. 56. Str. Pr. O.

Der Dieb kann, wenn er auch bereits rechtskräftig abgeurtheilt ist, nicht als beeideter Zeuge gegen den Hehler vernommen werden. Urth. d. II. Straffen. v. 9. Juli 1880 (1214/80).

9. §. 60. Str. Pr. O.

Es liegt keine Verletzung einer Rechtsnorm in der Nichtbeeidigung eines Zeugen, auf welchen in der Hauptverhandlung nach den die Vernehmung vorbereitenden Fragen verzichtet worden war. Urth. d. II. Straffen. v. 24. Sept. 1880 (1896/80).

10. §. 79 Str. Pr. O.

Die Hinweisung eines Sachverständigen auf einem von ihm im Allgemeinen geleisteten Eid, ohne daß derselbe seine Aussage auf diesen Eid bekräftigt, ersetzt die Eidesleistung nicht. Urth. d. III. Straffen. v. 18. Sept. 1880 (2289/80).

11. §. 111. Str. Pr. O.

Pfandzettel, welche über Verpfändung der durch die strafbare That gewonnenen Gegenstände ausgestellt sind, können dem Berechtigten ausgehändigt werden. Urth. d. I. Straffen. v. 5. Juli 1880 (1750/80).

12. §§. 222, 223. Str. Pr. O.

Der Vertheidiger kann auf die Vorlage des Protokolls über die commissarische Vernehmung eines Zeugen verzichten und thut dies stillschweigend, wenn er die Verlesung unbeanstandet geschehen läßt. Urth. d. III. Straffen. v. 2. Juli 1880 (1634/80).

13. §. 239. Str. Pr. O.

Der Vertheidiger hat nicht das Recht, die Stellung von Fragen an den Angeklagten zu beantragen. Urth. d. I. Straffen. v. 27. Sept. 1880 (2033/80).

14. §. 243. Abs. 3. Str. Pr. O.

Der Vorsitzende kann in der Hauptverhandlung Beweismittel von Amtswegen erheben. Ein Gerichtsbeschluß ist nur erforderlich, wenn ein gegentheiliger Antrag vorliegt. Urth. d. III. Straffen. v. 2. Juli 1880 (1634/80) u. des X. Straffen. v. 5. Juli 1880 (1772/80).

15. §. 250. Abs. 1. Str. Pr. O.

Die Verlesung der Aussage eines verstorbenen Zeugen, welcher dieselbe in einer polizeilichen Vernehmung abgegeben hat, ist unstatthaft. Urth. d. III. Straffen. v. 20. Sept. 1880 (2373/80).

16. §. 250. Abs. 3. Str. Pr. O.

Die Angabe ein Zeuge, dessen Aussage verlesen wird, sei beeidet, während es nicht der Fall war, rechtfertigt Aufhebung des Urtheils, wenn dasselbe auf jener Aussage beruht. Urth. d. I. Straffen. v. 20. Sept. 1880 (2378/80).

17. §. 262. Abs. 2. Str. Pr. O.

Die Stellung des erforderlichen Strafantrags, und dessen rechtzeitige Stellung gehört nicht zur Thatfrage, und ist in die Fragestellung an die Geschworenen nicht aufzunehmen. Urth. d. I. Straffen. v. 12. Juli 1880 (1887/80).

18. §. 264. Str. Pr. O.

Auf die Annahme realer Concurrenz mehrerer Strafthaten, welche als in idealer Concurrenz stehend zur Hauptverhandlung verwiesen waren, muß der Angeklagte vor der Urtheilsfällung hingewiesen werden. Urth. d. II. Straffen. v. 6. Juli 1880 (1657/80).

19. §. 292. Str. Pr. O.

Es ist unzulässig, die Frage an die Geschworenen, ob mildernde Umstände vorliegen, in einer Weise zu stellen, daß sie sich auf mehrere, selbstständige Delikte enthaltende Hauptfragen bezieht. Urth. des Feriensen. v. 25. Aug. 1880 (2078/80).

20. §. 304. Str. Pr. O.

Das Revisionsgericht hat nicht zu prüfen, wie die Wahl des Obmanns durch die Geschworenen erfolgt ist. Urth. d. I. Straffen. v. 20. Sept. 1880 (2273/80).

21. §. 379. Str. Pr. O.

Ein die Unterdrückung einer Schrift ablehnendes Urtheil kann vom Staatsanwalt mittels Revision angefochten werden, auch wenn die Geschworenen den Angeklagten freigesprochen haben. Urth. d. I. Straffen. v. 12. Juli 1880 (1878/80).

22. §. 385. Str. Pr. O.

Die Verweisung im Protokolle eines Gerichtsschreibers auf eine vom Beschwerdeführer verfaßte und dem Protokolle beigelegte Schrift gilt nicht als eine zu Protokoll gegebene Revisionsbegründung. Beschl. d. I. Straffen. v. 8. Juli 1880 (1938/80) u. des II. Straffen. v. 17. Sept. 1880 (2519/80).

23. §. 398. Abs. 2. Str. Pr. O.

Der Richter, welcher nach einem auf Beschwerde des Angeklagten vernichteten Urtheile von Neuem zu urtheilen hat, kann die gleiche Strafe verhängen, wie früher, auch wenn er früher mehrere concurrirende Delikte, im neuen Urtheil nur ein Delikt angenommen hatte. Urth. d. III. Straffen. v. 22. Sept. 1880 (1903/80).

24. §. 398. Abs. 2. Str. Pr. O.

Wenn auf Beschwerde des Angeklagten ein eine Gesammtstrafe aussprechendes Urtheil aufgehoben wurde, so darf das neue Urtheil keine härtere Strafe auslprechen, als die frühere Gesammtstrafe, ist aber an die früheren Einzelstrafen nicht gebunden. Urth. des II. Straffen. v. 12. Juli 1880 (1733/80).

Vom Reichsgericht.

Aus dem Gebiete des Preußischen Allgemeinen Landrechts sind weiter folgende Entscheidungen hervorzuheben.

Etwas Unsittliches oder Unehrbares läßt sich nicht darin erblicken, daß ein von dem Schuldner wegen Nachlasses von einen Forderungen angegangener Gläubiger den Nachlaß in Ansehung einer Forderung bewilligt, in Ansehung einer andern denselben verweigert und sich Vollzahlung ausbedingt. Werden aus Anlaß solcher Geschäfte konkurrirende Gläubiger hintergangen oder sonst in ihren Rechten verletzt, so steht es ihnen zu, dies geltend zu machen, der Schuldner oder Uebernehmer der Schuld kann die Erfüllung der bestehenden Verbindlichkeit nicht unter dem Vorwande verweigern, daß hier lediglich bestätigendes Erfüllungsversprechen gegen die Sitte verstoße. Der §. 7, Theil I, Titel 4 des Allgemeinen Landrechts ist auf solchen Fall nicht anwendbar (Nr. 189/80 V. vom 7. Juli 1880). — Der Cessionsvertrag (pactum de cedendo) ist kein Vertrag, welcher Handlungen zum Hauptgegenstande hat. Den Gegenstand des Cessionsvertrags bildet das abzutretende Recht, also eine Sache (§§. 1 ff., Theil I, Titel 2 des Allgemeinen Landrechts), und nicht eine Handlung im Sinne der §§. 165, 408 ff., Theil I, Titel 5, §§. 869 ff., Theil I, Titel 11 des Allgemeinen Landrechts. Die Ertheilung der Cession und die Auslieferung der Cessionsurkunde und beziehentlich des Dokuments stellen nur den Akt der Tradition des abgetretenen Rechts dar, und sind daher nicht Gegenstand, sondern Folge des Cessionsvertrages (§§. 376, 377, Theil I, Titel 11 des Allgemeinen Landrechts Nr. 577/79L H. vom 6. Juli 1880). — Die Abrede einer Konventionalstrafe ist nicht blos auf Fixirung des Interesses gerichtet, sondern kommt auch als Mittel in Betracht, die Erfüllung von Verbindlichkeiten zu sichern. Daraus, daß §. 301, Theil I, Titel 5 des Allgemeinen Landrechts dem Vertragsbrüchigen gestattet, die Herabsetzung der Konventionalstrafe auf den doppelten Betrag des erweislichen Interesses des Gegenkontrahenten zu verlangen, folgt nicht, daß, sofern sich ergiebt, der Gegenkontrahent habe überhaupt kein nachweisbares Geldinteresse, die Strafe in Wegfall kommt. Dann handelt es sich um Interessen, welche in Gelde nicht schätzbar sind und deren Verletzung mit der vollen Strafe zu ahnden ist. §. 302 a. a. O. (Nr. 666/79 I H. v. 29. Juni 1880). — Irrthümlich ist die Ausführung, daß §. 330, Theil I, Titel 5 des Allgemeinen Landrechts nicht blos auf den Fall des Mangels einer gewöhnlich vorausgesetzten, sondern auch auf den Fall des Mangels einer ausdrücklich vorbedungenen Eigenschaft sich beziehe (Nr. 17/80 I H. vom 9. Juli 1880). — Das Allgemeine Landrecht giebt eine Definition des redlichen Besitzers nicht. Nur im Register zum Allgemeinen Landrecht wird als redlicher Besitzer der bezeichnet, welcher nach den ihm bekannten Thatsachen seinen Besitz für rechtmäßig halten durfte. Im Gegensatz zu der im §. 11, Theil I, Titel 7 aufgestellten Begriffsbestimmung eines unredlichen Besitzers wird man denjenigen als einen redlichen erachten müssen, der es nicht weiß, daß er aus keinem gültigen Titel besitze. Es sind damit auch die Fälle getroffen, wo ein Titel überhaupt nicht existirt und wo der vorhandene nur gültig ist. Der bloße Mangel eines Titels ist kein Kriterium des bösen Glaubens, die Unredlichkeit dagegen ist eine Anmaßung wider besseres Wissen (Nr. 30/79 II. H. vom 8. Juli 1880). — Die Uebergabe des Besitzes durch bloße Willensäußerung, insbesondere durch Constitutum possessorium (§. 71, Theil I, Titel 7 des Allgemeinen Landrechts), setzt, wie jede Uebergabe desselben, vor allem voraus, daß der Uebergebende selbst im Besitze, also nicht blos für einen Andern im Gewahrsam der Sache befinde. Es ergiebt sich dies daraus, daß nach §. 58, Theil I, Titel 7 des Allgemeinen Landrechts der Besitz durch Uebergabe nur erlangt wird, wenn der bisherige Besitzer einer Sache sich derselben zum Vortheil eines Andern entschlägt, und daß nach §. 59 daselbst zur Erschließung des Besitzes nur die Willenserklärung dieses Besitzers hinreicht. Nicht minder ist es bezüglich des Constitutum possessorium im §. 71 a. a. O. selbst anerkannt, da derselbe bestimmt, daß die Uebergabe des Besitzes für vollzogen zu erachten ist, wenn der bisherige Besitzer seinen Willen, die Sache nunmehr für einen Andern in seiner Gewahrsam zu halten, rechtsgültig erklärt hat (Nr. 95/79 I. H. vom 17. Juni 1880). — Daraus, daß der Besitz in dem bisherigen Umfange aufrecht zu erhalten ist, folgt von selbst, daß auch seine thatsächlichen Voraussetzungen, wie sie vor der Störung bestanden haben, wiederhergestellt werden müssen. Es ist daher hierüber ebenfalls im Possessorienprozesse zu entscheiden (Nr. 216/79 II. H. vom 28. Juni 1880). — Der §. 138, I. 8. A. L. R. schränkt den Eigenthümer, welcher sich Licht und Aussicht verschaffen will, nur dann ein, wenn er Oeffnungen oder Fenster in einer unmittelbar an des Nachbars Hof oder Garten stehenden Wand oder Mauer anbringt (Nr. 174/79 II. H. vom 10. Juni 1880). — Die unverschuldete Unkenntniß des Gläubigers von der Wohnungsänderung des Schuldners ist ein Hinderniß der Rechtsverfolgung, welches nach §. 516, L 9 A. L. R. den Anfang der Verjährung hindert (Nr. 257/80 I. H. vom 13. Juli 1880). — Der §. 10 des E. E. Ges. v. 5. Mai 1872 ist auch auf die im Pr. Allg. Landrecht Thl. I. Tit. 5, §§. 127—129 gedachten mündlichen Nebenabreden zu schriftlichen Verträgen zu beziehen. In Uebereinstimmung mit dem vorm. Pr. Ober Tr. Entsch. 81, S. 9 angenommen (Nr. 399/79 II. H. vom 29. Juni 1880). — Die Auflassung und Eintragung eines Eigenthumsüberganges, falls die Auflassung von einem vor dem 1. Oktober 1872 eingetragenen Eigenthümer erklärt worden, ist auch dann rechtswirksam, wenn ein anderer wahrer Eigenthümer vorhanden ist. Contra die Praxis des vorm. Pr. Ob. Tr. (Entsch., Band 75, S. 15) (Nr. 358/79 II. H. vom 12. Juli 1880). — Der Umstand daß der Zweck eines Kaufvertrags dahin geht, dem Käufer die Möglichkeit zu gewähren, sich wegen seiner Forderungen an den Verkäufer, theils Befriedigung, theils Sicherung wegen künftiger Befriedigung zu schaffen, berührt das Wesen desselben als eines Kaufvertrages nicht und läßt ihn nicht in ein aus Kauf und Verpfändung gemischtes Geschäft umwandeln. Und der Umstand, daß der außerhalb des Wesens eines Vertrags liegende durch denselben beabsichtigte Zweck in dem Vertrage nicht ausgedrückt ist, macht denselben noch nicht zu einem simulirten Vertrag (Nr. 452/79 II. H. vom 28. Juni 1880). — Der streitige Vertrag ist kein Pachtvertrag. Zur Begründung des Pachtverhältnisses gehört die Ueberlassung einer Sache zur Nutzung. Verklagter hat dem F. weder das Gut, noch das dort vorhandene Milchvieh zur Nutzung, sondern die von ihm selbst auf dem Gute gewonnene Milch zur Fabrikation von Käse und Butter, welche F. verkaufen wollte, überlassen. Das ist ein Kaufgeschäft oder doch ein kaufmännisches Geschäft. Daß Verklagter dem F. zur Erleichterung des Fabrikationsbetriebes die Benutzung von Gutsräumlichkeiten zu gestatten, Kartoffeln, Holz zu liefern und Fuhren zu gestellen, und daß F. die Molkenrückstände zurückzugeben, sowie dem Verklagten Butter gegen Bezahlung zu liefern hatte, sind Nebenbestimmungen, welche nicht geeignet sind, dem Vertrage den Charakter eines Kaufvertrages zu nehmen (Striethorst Archiv Band 12, Seite 187 Entscheidungen des Obertribunals Band 72, Seite 187). (Nr. 10/80 I. H. vom 29. Juli 1880). — Die Klage auf Erfüllung eines obligatorischen Vertrags durch Abschluß eines gerichtlichen Vertrags, durch Uebergabe und durch Auflassung wird durch die Eigenschaft des Vertragsgegenstandes als einer fremden Sache nicht ausgeschlossen. Daß solchen Falles der Vertrag auch von dem Falle §. 46, Theil I. Titel 5 des Allgemeinen Landrechts abgesehen nicht ungültig ist, folgt aus den Rechtssätzen, welche die Klage wegen Entwährung und die Ersitzung betreffen (vergl. Koth, Recht der Forderungen, Band 2, Seite 353—355, 2. Aufg.). Damit ist allerdings die Frage, ob der Käufer der fremden Sache eine Klage auf Erfüllung des Vertrages durch Uebergabe und Auflassung habe, noch nicht entschieden. Aber da ihm die Gesetze die Klage nicht absprechen, so muß die Frage den oben dargelegten Grundsätzen gemäß,

nach welchen obligatorische Verträge regelmäßig eine Klage auf die dem geäußerten Vertragswillen entsprechende Erfüllung geben bejaht werden. Eine Modifikation der Verpflichtungen des Käufers tritt allerdings ein, wenn für den Verkäufer die relative Unmöglichkeit der Erfüllung in der Art vorliegt, daß derselbe dem Käufer die Sache nicht verschaffen, ihn nicht zum Eigenthümer der Sache machen kann. In diesem Falle tritt an die Stelle des Anspruchs auf die dem geäußerten Vertragswillen entsprechende Erfüllung der Anspruch auf Schadensersatz nach Maßgabe der beim Vertragsabschlusse vorhanden gewesenen Verschuldung des Promittenten (§§. 285 ff., §. 53, Theil I. Titel 5 des Allgemeinen Landrechts), wenn eine Verschuldung als vorhanden zu erkennen ist (Nr. 583/79 I. H. vom 18. Juni 1880). — Zwar versteht sich von selbst, daß bewegliche Sachen, welche nicht Eigenthum des Subhastaten, also nach §. 108, L 2 A. L. R. kein wirkliches Zubehör des Grundstücks und folgeweise auch dem Gläubiger nicht mit verhaftet sind, von der Subhastation ausgeschlossen werden müssen, daß es m. a. W. materiell ungerechtfertigt ist, wenn dieselben trotzdem mit dem Grundstücke subhastirt werden. Allein hieraus allein läßt sich in einem bestimmten Falle nicht der Schluß ziehen, daß solche Sachen von der Subhastation in der That ausgeschlossen seien. Denn, was den wirklichen Gegenstand der letztern gebildet habe, hängt von der Absicht des Subhastationsrichters ab, kann also nur nach den thatsächlichen Umständen des konkreten Falles entschieden werden. Der Subhastationsrichter kann irren, indem er bewegliche Sachen mit Unrecht als Zubehör des Grundstückes ansieht und deshalb mit zum Verkauf bringt. Allein, ist solches einmal geschehen, so haben auch solche Sachen im Objekt der Subhastation gebildet und die Wirkung der letzteren erstreckt sich auf dieselben ebenso wie auf das Grundstück selbst (Nr. 260/79 II. H. vom 5. Juli 1880). — Von der Regel zu §. 394, Theil I. Titel 11 des Allgemeinen Landrechts, wonach die Cession einer Schuldforderung, worüber briefliche Urkunden vorhanden sind, allemal schriftlich erfolgen muß, enthält §. 401 die Ausnahme, daß bei Instrumenten, die auf jeden Inhaber lauten, es zur Uebertragung des Eigenthums keiner Cession bedarf. Seit dem Gesetz vom 17. Juni 1833 — Gesetz - Sammlung Seite 75 — dürfen jedoch dergleichen Papiere nur mit landesherrlicher Genehmigung, welche in Form eines gehörig publicirten landesherrlichen Privilegiums ertheilt sein muß, ausgestellt und in Umlauf gesetzt werden. Die landesherrliche Genehmigung bildet daher — gleichgültig, ob der Aussteller Kaufmann oder Nichtkaufmann ist — ein wesentliches Erforderniß der Giltigkeit solcher Papiere und als ihrer Uebertragbarkeit ohne Cession (Nr. 60/79 I. H. vom 22. Juni 1880). — Der §. 9 Abs. 2 E. E. Ges. vom 5. Mai 1872 ist auch auf Hypotheken, welche im Wege der Exekution eingetragen sind und die Vormerkungen zur Sicherung dieser Hypotheken zu beziehen (Nr. 228/79 II. H. vom 8. Juli 1880). — Für die Begründung eines unmittelbaren Rechtsverhältnisses zwischen dem Machtgeber und dem Dritten ist allein von entscheidender Bedeutung, daß der Bevollmächtigte in einer für den Dritten erkennbaren Weise als Stellvertreter des Machtgebers gehandelt, also daß er entweder dem Dritten ausdrücklich erklärt hat, daß er nur Namens des Machtgebers

auftrete oder daß für den Dritten hierüber nach den obwaltenden Umständen ein Zweifel nicht bestehen konnte und derselbe
daher bewußt mit dem Bevollmächtigten als Stellvertreter des
Machtgebers kontrahirt hat. Es kommt mithin lediglich darauf
an, daß sowohl auf Seiten des Bevollmächtigten, als des Dritten
der zum Ausdrucke gelangte Wille vorhanden ist, daß der Machtgeber durch das Geschäft berechtigt und verpflichtet werden solle.
Fehlt es an diesem übereinstimmenden und erklärten Willen, so
sind durch den Vertrag unmittelbar nur zwischen dem Bevollmächtigten und dem Dritten Rechte und Pflichten begründet,
und wenn der Machtgeber den Dritten direct auf Kontrakts-
erfüllung in Anspruch nehmen will, so muß er sich die Rechte
des Bevollmächtigten erst abtreten lassen (Nr. 512/79 I. H. vom
9. Juli 1880). — Daß Zinsen, Verzugszinsen, wenn anders
der Anspruch auf dieselben als ein dinglicher soll erachtet werden
können, im Grundbuch eingetragen sein müssen, ergiebt
der Wortlaut des §. 30 a. a. O. Es kann auch darüber nach
der Entstehungsgeschichte desselben kein Zweifel aufkommen (Nr.
164/79 II H. vom 24. Juni 1880). — Die Unterscheidung, welche
das Allgemeine Landrecht Theil I. Titel 21, §§. 292 und
293, sowie §§. 413 und 414 zwischen Lasten und Abgaben
einerseits, sowie Interessen der Hypothekenschulden, und den aus
Verträgen oder letztwilligen Verordnungen auf der Sache haftenden Zinsen und fortlaufenden Prästationen andererseits macht,
betrifft den Entstehungsgrund der Verpflichtung. Diejenigen
Leistungen, welche kraft eines Willensakts des Verpächters,
resp. der ihm verpflichteten Personen, auf dem Gute ruhen,
verbleiben ihm. Das Gesetz vermuthet nicht, daß ihm der
Pächter ohne ausdrückliche Stipulation derartige Verbindlichkeiten hat abnehmen wollen. Dagegen fallen dem Pächter alle
Leistungen zur Last, welche ohne den Willen des Eigenthümers,
sei es durch den Staat oder andere hierzu berechtigte Organe
auf das Gut gelegt sind. Zu letzteren, welche das Gesetz mit
dem Ausdruck Abgaben und Lasten bezeichnet, gehören Feuer-
versicherungsgelder nicht (Nr. 596/79 I. H. v. 13. Juli 1880). —
Der §. 43 I. 22 A.L.R. findet bei Servituten, bei denen
der Widerspruch den Inhalt des Rechts bildet, keine
Anwendung. Das Untersagungsrecht kann erst ausgeübt werden,
wenn die verbotene Handlung stattgefunden hat. Die verbotene
Anlage macht darum die Ausübung des Rechts nicht nur nicht
unmöglich, sondern ist sogar einzig und allein die Voraussetzung
seiner Geltendmachung. Das Unterbleiben des Widerspruchs
hat daher nicht die Wirkung, daß die Servitut sofort aufhört,
sondern nur die, daß der Besitzer des dienenden Grundstücks sich
in den Besitz des entgegenstehenden negativen Rechts (etwas zu
thun) gesetzt hat — §. 128 Theil I. Titel 7 des Allgemeinen Landrechts. — So lange die Besitzung des entgegenstehenden Rechts nicht stattgefunden hat, kann demnach
der Servitutberechtigte die Wegschaffung der störenden Anlage fordern (Nr. 232/80 II. H. vom 1. Juli 1880). — Daß
die Ehefrau wegen ihres Eingebrachten, wenn sie die Eintragung nicht binnen der in Art. XII. der Einführungs-Ge-
setzes zur Konkurs-Ordnung v. 8. Mai 1855 gestellten Frist
erlangt hat, Sicherstellung nicht mehr verlangen könne, ist Regel.
Eine Ausnahme von dieser Regel ist der Fall des Eintritts
von Umständen, welche die Besorgniß des Verlustes rechtfertigen.
Dieses ergiebt sich aus den Worten: „nur alsdann" in §. 255

II. 1 Allgem. Land-Rechts. Wenn sie daher gleichwohl eine
Sicherheit erlangt hat, und aus derselben Gläubigern des
Mannes gegenüber Recht herleiten will, so ist es ihre Sache,
darzuthun, daß der Ausnahmefall vorliegt. In Consequenz
dessen ist dem Gläubiger das Anfechtungsrecht gegeben. K.K.O.
§. 103 Nr. 4. Ges. v. 9. Mai 1855 §. 7 Nr. 4. Subh. O.
v. 15./3. 1869 §. 71 Nr. 4. Die Anfechtung kann von der
Ehefrau beseitigt werden, wenn sie die erwähnten Umstände
nachweist (Nr. 114/80 II. H. vom 21. Juni 1880). — Der
§. 9 des Ges. v. 24. April 1854 zählt unter Nr. 2 Beispiele von
Fällen auf, in denen immer eine Beschottenheit angenommen
werden soll, definirt aber nicht den Begriff einer solchen. Er
giebt auch keine Andeutungen von Fällen, in denen Beschollen-
heit nicht angenommen werden dürfe. Es ist also auch grundsätzlich unrichtig, wenn der Appellationsrichter in bestimmten
Worten ausspricht, daß §. 9 eine Beischlafsvollziehung mit
Anderen vor der Conceptionszeit nicht als einen Grund der
Beschottenheit ansehe. Abgesehen von den im Gesetze gegebenen
Beispielen unterliegt die Frage über ein Vorhandensein der Beschottenheit der freien richterlichen Beurtheilung der Umstände
des einzelnen Falles (Nr. 133/80 IV. v. 5. Juli 1880). —
Die Vorschriften Titel 11 Theil II. des Allgemeinen Landrechts
§§. 761, 762, 699 und 710, welche die Baulast bezüglich
der Kirchengebäude und auch der Kirchhöfe innerhalb der
Kirchengemeinde regeln, machen keine Exemtionen von den allgemeinen Vorschriften des Titels 8 Theil I. des Allgemeinen
Landrechts bezüglich der Nachbarrechte und können weder dazu
führen, dem Besitzer eines an den Kirchhof anstoßenden Grundstücks an der Errichtung einer Scheidewand zu hindern noch
der benachbarten Kirchengemeinde als Eigenthümerin des Kirchhofs den Anspruch auf Wiederherstellung und Unterhaltung der
einmal von dem benachbarten Grundstücksbesitzer längs des
Kirchhofs errichteten Scheidewand zu versagen (Nr. 242/80
II. H. v. 12. Juli 1880). — Bei Schulbauten ist der auf
dem Gute, wo die Schule sich befindet, wohnende Gutsherr bezüglich seiner an anderen Orten innerhalb des Schulbe-
zirks belegenen Güter nicht nach Maßgabe des §. 34 II. 12
A. L. R. beitragspflichtig. Vorausgesetzt wurde bei diesem
Spruch, daß diese Güter Dominien sind und es sich um eine
für den ganzen Schulbezirk bestimmte Schule handelt (Nr.
114/80 IV. v. 12. Juli 1880).

Zum Enteignungs- und s. g. Fluchtliniengesetz hat
das R. G. ausgesprochen: Die Bestimmung eines Grundstücks, welche der §. 9 des Enteignungsgesetzes vom
11. Juni 1874 hat, muß, um bei der Enteignung berücksichtigt
zu werden, bereits in die äußere Erscheinung getreten sein; die
Berücksichtigung einer bloß möglichen künftigen, wenn auch von
dem Eigenthümer beabsichtigten Verwendung ist von dem §. 9
nicht in Aussicht genommen (Nr. 408/79 III. v. 13. Juli 1880).
— Der §. 9 Abs. 3 des Pr. Enteignungsgesetzes vom
11. Juni 1874 kommt in allen denjenigen Fällen, in welchen
nach §. 13 al. 1 des Pr. Gesetzes vom 2. Juni 1875 Entschädigung gefordert werden kann, zur Anwendung. Ist hiernach
ein theilweise in Anspruch genommenes Gebäude ganz zu übernehmen, so muß dasselbe mit dem Grund und Boden, auf
welchem es steht, übernommen werden (Nr. 385/79 II. H.
v. 24. Juni 1880). — Entschädigung gemäß §. 13 Nr. 2

des Gesetzes vom 2. Juni 1875 kann nur im Falle der Freilegung der neuen Fluchtlinie, nicht aber im Falle der Absicht der Freilegung gefordert werden (Nr. 74/80 II. H. vom 21. Juni 1880).

Für das Gebiet des französischen Rechtes sind folgende Entscheidungen bemerkenswerth. Nach dem badischen Landrechtssatz 272 (Art. 272 c. c.) setzt zwar die Einrede der Versöhnung oder des Verzichts auf die Ehescheidungsklage die Kenntniß des Klägers von der ihm widerfahrenen Beleidigung voraus. Es liegt aber in der Natur der Sache, daß diese Kenntniß nicht unumstößliche Gewißheit sein kann, sondern daß ein Verdacht genügen muß, welcher so begründet ist, daß der Ehegatte erwarten kann, die gerichtliche Aufnahme der vorhandenen Beweise werde zur vollen Gewißheit führen. Unter der letzteren Voraussetzung ist die Versöhnung dahin aufzufassen, daß der beleidigte Ehegatte ohne weitere Nachforschung auch für den Fall vergeben wolle, wenn alle Verdachtsgründe auf Wahrheit beruhen sollten (Nr. 159/80 II. v. 2. Juli 1880). — Zu den Art. 660—663 c. c. ist angenommen, daß der Nachbar, welcher auf eigene Kosten eine Grenzmauer auf gemeinschaftlichem Grund und Boden erbaut hat, den Ersatz der halben Baukosten von dem gegenwärtigen Nachbar zu fordern befugt ist, wenn die Erbauung der Mauer während der Besitzzeit dessen Vorbesitzers erfolgt ist, und zwar insbesondere dann, wenn er die errichtete Mauer ebenfalls gebraucht (Nr. 2/80 II. v. 6. Juli 1880). — Zur Lehre von den (eigenhändigen) Testamenten ist ausgesprochen: Wenn auch nicht die Bezugnahme auf irgend eine Urkunde oder Aufzeichnung als hinreichend bestimmte letztwillige Anordnung gelten kann, so ist doch der herrschenden Doktrin und Praxis beizutreten, welche annehmen, daß durch die Verweisung auf eine Urkunde, welche selbst alle Merkmale eines Testamentes an sich trägt, eine letztwillige Verfügung in zulässiger Weise einen bestimmten oder doch bestimmbaren Inhalt gewinne.

Aus dem Bereiche der s. g. partikularrechtlichen Entscheidungen sind erwähnenswerth: Unter dem im §. 2 Cap. 48 der Magdeburger Polizeiordnung erwähnten jus perpetuae coloniae ist ein Erbzinsrecht zu verstehen (Nr. 240/80 II. H. vom 5. Juli 1880). — Für den Käufer einer Sache hat die Rechtsregel des lübischen Rechts: Hand muß Hand wahren die Bedeutung, daß der Verkauf so grade, als sei er von dem Eigenthümer der verkauften Sache selbst vorgenommen; dem Käufer kann von dem Eigenthümer nicht mit Erfolg entgegengehalten werden, daß jene sein Eigenthum nicht erworben habe, weil der Verkäufer zum Verkaufe nicht befugt gewesen sei. Weiter aber reicht die Wirkung der Rechtsregel nicht; ist das behauptete Kaufgeschäft wegen sonstiger Mängel nicht geeignet, Eigenthum zu übertragen, so liegt keine perfekt gewordene und wirksame Veräußerung vor, und der bisherige Eigenthümer kann sein, den Dritten nicht gelangtes Eigenthum nach wie vor verfolgen (Nr. 199/79 I. H. v. 24. Juni 1880). — Die Bestimmung des Art. 9a des Meiningischen Pensionsgesetzes, wonach das Recht auf Pension erlischt, wenn der pensionirte Staatsdiener sich solcher Verzehungen schuldig macht, die, wenn er noch im Dienste wäre, Dienstentsetzung oder Dienstentlassung mit Gehaltsentziehung zur Folge gehabt haben würde, ist weder durch das Reichsstrafgesetzbuch noch das Einführungsgesetz zu demselben aufgehoben, gehört vielmehr dem geltenden Recht an

(Nr. 606/80 III v. 28. Mai 1880). — Der Auseinandersetzungsreceß zwischen dem Preußischen Staat und der Stadt Frankfurt a. M. vom 26. Februar 1869 ist ein Vertrag und hat dadurch die Natur eines Vertrages nicht verloren und die eines Gesetzes angenommen, daß dieser Rezeß und das dazu gehörige Schlußprotokoll nach §. 1 des Gesetzes vom 6. März 1869 die Genehmigung der gesetzgebenden Faktoren erhalten haben (Nr. 551/79 III. v. 13. Juli 1880). — Nach kurmärkischem Auenrecht sind die Plätze und Straßen in den Dörfern zum öffentlichen Gebrauche bestimmt, und zur Dorfstraße gehört nicht bloß der Fahrdamm, sondern auch des zwischen diesem und den Gehöften liegende Raum, der die Kommunikation der Gehöfte mit dem Fahrdamm vermittelt, also auch für den öffentlichen Gebrauch bestimmt ist. Das Auenrecht des Gutsherrn berechtigt diesen daher auch nicht, einzelne Theile dieses Raumes dem öffentlichen Gebrauche zu entziehen, selbst wenn sie zu diesem Gebrauche nicht unbedingt nothwendig sind (Nr. 288/80 II. H. v. 1. Juli 1880).

M. u. F.

Zum Wuchergesetz.

Aus drei am 14. Januar bezw. 5 Februar und 13. Juni 1880 ausgestellten und am 6. September 1880 fälligen Wechseln über 450, 420 und 120 Mark klagte der Aussteller gegen die E'schen Eheleute als Acceptanten.

Der mitbeklagte Ehemann habe — so behaupten die Beklagten — vom Kläger drei baare Darlehne an den Ausstellungstagen der drei Wechsel von bezüglich 300 Mark, 300 Mark und 75 Mark mit der Vereinbarung einer Verzinsung mit 80% und der Entrichtung der Monatszinsen für je 300 Mark mit 20 Mark resp. 25 Mark in Monatsraten und gegen Ausstellung der drei behufs Sicherung des Darlehnsgebers wegen der Zinsen über höhere Beträge lautenden Accepte erhalten. Vereinbart sei hierbei indessen, daß Kläger die Wechsel nur in Höhe der gewährten Darlehne, zuzüglich der etwa rückständigen 80% Zinsen solle geltend machen dürfen und deshalb habe Kläger auch einen entsprechenden Vermerk auf die Wechsel gesetzt, diesen indeß nachträglich abgeschnitten. Demnächst habe der Kläger einige Tage vor dem Inkrafttreten des Wuchergesetzes sich von dem Beklagten 18 Accepte über die Zinsen in Höhe je 45 Mark, welche vom 1. Juli ab in Monatszwischenräumen fällig gemacht seien, geben lassen und ihm zugesagt, daß er das Darlehns-Capital nicht vor dem 1. Januar 1882 zurück verlangen würde. Bezahlt seien nun die Zinsen der Darlehne am 1. März, 1. April, 1. Mai, 1. Juni cr. mit je 40 Mark und am 1. Juli cr. mit 45 Mark gegen Quittung beziehungsweise Aushändigung des am letztgedachten Tage fälligen Wechsels.

Unter Bezugnahme auf drei in Abschrift überreichte Briefe des Klägers, welche die behaupteten Thatsachen bestätigen sollen, bemerken Beklagte, daß der Klageanspruch überhaupt zur Zeit, jedenfalls aber in dem das Capital von 675 Mark und die fälligen Zinsen übersteigenden Mehrbetrage unbegründet sei und erheben außerdem den Einwand des Wuchers, weil sich aus der Höhe des Zinssatzes bereits ohne Weiteres die Nothlage, in der Beklagte bei Entnahme der Darlehne gewesen, ergebe.

Beklagte erbieten sich endlich im Vergleichswege 476 Mark 14 Pf. gegen Aushändigung der 17 Wechsel über 45 Mark zu zahlen, indem sie auf die Darlehnsumme von 675 Mark die als Zinsen inzwischen über 6 % gezahlten Beträge mit 198 Mark 86 Pf. in Abzug bringen.

Der Kläger räumt hierauf nur ein, daß die von ihm dem beklagten Ehemann gegen Ausstellung der Klagewechsel gewährten Darlehne die von der Gegenseite angegebenen Beträge nicht überstiegen haben, bestreitet die sonstigen gegnerischen Angaben, insbesondere die Befugniß des Beklagten, die geleisteten Zinszahlungen hier irgend wie in Anrechnung zu bringen und trägt vor, daß die Beklagten ihn nur durch Täuschung über ihre wahre Vermögenslage zur Gewährung der Darlehne vermocht haben. Nur zum Zwecke der Beseitigung einer vorübergehenden Verlegenheit habe er die Darlehne gewährt und habe nach den ihm gemachten Mittheilungen annehmen dürfen, daß Beklagte die ausbedungenen Zinsen mit 20 Mark für 300 Mark auf ein Monat ohne Schaden entrichten könne. Nur für den Fall der pünktlichen Entrichtung dieser Zinsen habe Kläger auf Grund der Wechsel nicht mehr als zweimal 300 Mark und 75 Mark fordern sollen.

Dies sei auch auf den Wechseln vermerkt gewesen. Diese Vermerke hätten aber keine verbindliche Kraft gehabt und Kläger habe durch ihre Beseitigung und Vernichtung seine Befugnisse nicht überschritten. Allerdings seien nach Erhöhung des Darlehns um die zuletzt gewährten 75 Mark die Zinsen auf monatlich 45 Mark festgesetzt und hierüber besondere allmonatlich fällig gemachte Wechsel zum Betrage von je 45 Mark ausgestellt und dem Kläger behändigt, allein bereits die am 1. August und 1. September cr. fällig gewesenen Wechsel seien unbezahlt geblieben und Kläger habe dieserhalb klagbar werden müssen.

Vierzehn dieser Wechsel will Kläger den Beklagten übergeben bereits zurückgegeben und nur den am 1. Oktober 1880 fälligen will er zurückbehalten haben.

Kläger ist von einer Handelskammer des Landgerichts Berlin I in Höhe von 323.87 Mark nebst Zinsen abgewiesen, wegen des Ueberrestes und 6% Zinsen von Klagezustellungstage sind Beklagte verurtheilt.

Gründe.

Der Kläger bestreitet nicht, daß er die drei oben näher bezeichneten und zusammen über 990 Mark lautenden, von beiden Beklagten acceptirten Wechsel gegen Darlehen empfangen hat, welche er dem mitbeklagten Ehemann in Höhe von zusammen 675 Mark in drei Raten gewährt hat. Er räumt ferner ein, daß von dem Darlehnsempfänger diese Darlehne — so lange als sie 600 Mark betrugen — mit monatlich 40 Mark und nach Gewährung der letzten 75 Mark mit monatlich 45 Mark zu verzinsen gewesen seien.

Endlich will Kläger berechtigt sein, trotz dieser Sachlage, und obwohl unstreitig am 1. März, 1. April, 1. Mai 1880 je 40 Mark und am 1. Juni 1880 48 Mark Zinsen gezahlt sind, den vollen Nominalbetrag der Wechsel von den Beklagten zu beanspruchen, weil vereinbart gewesen sei, daß dieselben nur, wenn sie ohne Klage zahlen würden, die

Wechsel von ihm gegen Zahlung der Darlehnsbeträge wieder erhalten sollten. Hiernach steht fest, da 40 und 45 Mark pro Monat einem Zinssatze von 80% per Jahr entsprechen, daß Kläger sich für Gewährung von Darlehnen von den Beklagten 80 % Zinsen hat versprechen lassen, daß er auch in der That für die Zeit bis 1. Juni 1880 Zinsen in dieser Höhe gezahlt erhalten hat, und daß er, weil die Einlösung der Wechsel nicht ohne Klage erfolgt ist, sich das Recht zuschreibt, auf Grund derselben 315 Mark mehr zu beanspruchen, als er in der That den Beklagten bei dem dem Wechselzuge zu Grunde liegenden Geschäft gewährt hat.

Dies Geschäft ist mit Rücksicht hierauf, und ohne daß es eines Nachweises bedarf, als ein im Sinne des Gesetzes vom 24. Mai 1880 wucherisches Geschäft zu bezeichnen. Allerdings sind von den Beklagten keinerlei weitere Thatsachen beigebracht, welche darauf schließen lassen, daß sie sich in einer Nothlage befanden und daß Kläger eine solche oder ihre Unerfahrenheit oder ihren Leichtsinn benutzt habe, vielmehr will Kläger Mittheilungen und Versicherungen der Beklagten darthun, welche alles dies ausschließen, allein hierauf war nicht zu rücksichtigen.

Wenn ein den landesüblichen Zinssatz um das drei- oder vierfache übersteigender Zinssatz ausbedungen, wenn 20—30 % pro anno stipulirt werden, so mag hieraus allein nicht auf eine Ausbeutung der Nothlage, des Leichtsinns oder der Unerfahrenheit geschlossen werden, weil nicht undenkbar ist, daß einerseits durch kaufmännische Betriebsamkeit Vortheile erzielt worden, die eine solche Verzinsung ermöglichen, und weil durch Abwendung drohender Nachtheile derartige Opfer — namentlich wenn nur kurze Zeiträume in Betracht kommen — unter gewissen Umständen sich rechtfertigen lassen können. Anders wenn es sich um einen Zinssatz handelt, der die landesüblichen um das Sechzehnfache, den kaufmännisch üblichen um das Dreizehnfache übersteigt. Nur die äußerste Nothlage kann es erklärlich machen, daß ein verständiger Mensch eine solche einfach unerträgliche Last auf sich nimmt — und wenn eine solche Lage nicht vorhanden ist, so bleibt nur übrig, anzunehmen, daß man es mit einem in höchstem Grade leichtsinnigen oder in geschäftlichen Dingen gänzlich unerfahrenen Menschen zu thun hat.

Es ist also klar, daß ein Zinssatz von 80 % pro anno nur ausbedungen sein kann unter Ausbeutung entweder der Nothlage oder des Leichtsinns oder der Unerfahrenheit der Beklagten.

Wenn daher das Geschäft zwischen den Parteien nach dem 14. Juni 1880 — dem Tage der Gesetzeskraft des am 31. Mai ausgegebenen Gesetzes vom 24. Mai 1880 (siehe S. 109 des Reichsgesetzbl. von 1880 und Art. 2 der Reichsverfassung) geschlossen wäre, so wäre dasselbe unbedenklich als ungültig zu betrachten und die Beklagten könnten die Vorschriften des Art. 3 des gedachten Gesetzes in vollem Umfange zu ihren Gunsten geltend machen.

Da dies nicht der Fall und dem Gesetze vom 24. Mai 1880, welches seinem Wesen und Hauptinhalte nach ein Strafgesetz ist, eine unbedingt rückwirkende Kraft nicht beigelegt werden kann, so gehen die Anträge der Beklagten, insofern sie auf der Voraussetzung der gänzlichen Ungültigkeit des Darlehnsgeschäfts von Anbeginn an beruhen, zu weit. Allein ebensowenig erscheint es gerechtfertigt, die Bestimmungen des gedachten Gesetzes im vorliegenden Falle gänzlich unbeachtet zu lassen, lediglich weil das fragliche Geschäft vor seiner Geschoßkraft zum Abschluß gebracht war. Der Geschäftsabschluß an sich muß gegenwärtig, eben in Hinblick auf die gesetzlichen Vorschriften, als eine unerlaubte Handlung betrachtet werden, wenn derselbe auch seiner Zeit erlaubt gewesen und dieserhalb auch gegenwärtig noch straflos bleiben muß. Unzulässig ist's aber, gegenwärtig, d. h. nach dem 14. Juni 1880, aus jenem Geschäftsabschlusse, jener als unerlaubt zu charakterisirenden Handlung, Rechte irgend welcher Art jetzt noch herzuleiten. In diesem Sinne dem gedachten Gesetze eine Wirkung — also in gewissem Sinne eine relativ rückwirkende Kraft — beizulegen, erscheint geboten, nicht blos im Hinblick auf die sittliche Grundlage des Gesetzes selbst, sondern namentlich auch mit Rücksicht auf das im §. 35 A. L. R. I 3 zum Ausdrucke gebrachte Prinzip, welches verbietet, Rechte herzuleiten aus einem Geschäft und einer Handlung, welche nach Lage der gegenwärtigen Gesetzgebung unerlaubt und mit Strafe bedroht ist.

Insoweit also als der wucherische Zinssatz auf die Zeit bis zum 14. Juni 1880 entfällt und bezahlt ist, kann von einer Rückforderung nicht die Rede sein. Da aber Kläger diesen Zinssatz nach diesem Zeitpunkt nicht mehr beanspruchen durfte, so muß er auch die ohne Rechtsgrund erhaltene Zahlung wieder zurückgewähren, beziehungsweise deren Verrechnung sich gefallen lassen.

Die Beklagten sind somit berechtigt, denjenigen Theil der am 1. Juli 1880 mit 45 Mark bezahlten Zinsen, welcher nicht auf die Zeit bis zum 14. Juni entfällt, zurückzufordern und Kläger kann für die Zeit nachher und bis zum Rückzahlungstage des Darlehns nur die unter Kaufleuten zu entrichtenden Zögerungszinsen von 6 Prozent fordern. In dem Klageantrage sind diese seit dem Klagezustellungstage, dem 18. September 1880 gefordert — die zurückzuzahlende resp. zu verrechnende Summe verringert sich daher um die Zinsen zu 6 Prozent von 675 Mark für die Zeit seit dem 14. Juni bis zum 13. September 1880, d. h. für drei Monat.

Von den am 1. Juli 1880 gezahlten 45 Mark gebühren also von Rechtswegen den Beklagten

a) 80 % Zinsen für die Zeit vom 1. bis 14. Juni 1880 von . . . . 675 Mark — Pf. mit . . . . 21 — —

b) 6 % Zinsen von derselben Summe für drei Monat bis zum 13. September 1880 . . . . 10 — 13 —

zusammen . . 31 Mark 13 Pf.

so daß Beklagte nur in Höhe von . . . 8 — 87 — ein Rückforderungsrecht haben, somit auch nur diese Summe gegen die an sich unstreitige Forderung von 675 Mark zur Verrechnung bringen können. Beklagte haben somit noch 666 Mark 87 Pfennige zu zahlen. Sie behaupten freilich, daß Kläger zur Zeit überhaupt kein Klagerecht habe, und erst im Jahre 1882 das Darlehn zurückzufordern berechtigt sei, aber diesem Einwande steht die Erwägung entgegen, die Beklagten eben so wenig wie der Kläger aus einem Geschäfte, welches eine unerlaubte Handlung in sich schließe, Rechte für sich herleiten können. Sie können nicht den Darlehnsvertrag oder das Abkommen, die Prolongation betreffend, insoweit als es zu ihrem

Nachtheil gereicht, wegen Wuchers anfechten, insoweit aber als sie Nutzen haben, aufrecht halten.

Die weitergehenden, 666 Mark 13 Pfennige nebst Klagezinsen übersteigenden klägerischen Ansprüche aber müssen als unbegründet zurückgewiesen werden. Wenn es in der That wahr wäre — was für jetzt noch streitig —, daß die Beklagten damit einverstanden gewesen, daß Kläger, wenn sie nicht ohne Klage zahlen, die volle Wechselsumme gegen sie — neben den ausbedungenen 80 % Zinsen solle einklagen dürfen, so würde dies nicht minder wie die Vereinbarung jenes unerhört hohen Zinssatzes den Character eines Wuchergeschäfts an sich tragen, und zwar aus den oben entwickelten Gründen, denn es würde dies eine Conventionalstrafe von mehr als 80 % des Capitals lediglich für die nicht prompte Zahlung bedeuten. Auch dies kann nur die äußerste Noth, Leichtsinn oder gänzliche Unerfahrenheit erklärlich werden und deshalb kann Kläger gegenwärtig nach dem Inkrafttreten des Gesetzes vom 24. Mai 1880 diesen Anspruch nicht mehr erheben, muß sich vielmehr damit begnügen, auf Grund der Klagewechsel das darauf dargeliehene Capital zurückzuerhalten.

Personal-Veränderungen.

Zulassungen.

Justizrath Krause bei dem Amtsgericht in Nakel; — Ernst Frieser bei dem Amtsgericht in Schmölln; — Rudert bei dem Amtsgericht in Glauchau; — Franz Bruno Liebe bei dem Amtsgericht und dem Landgericht in Chemnitz; — Dr. Friedrich Alfred Tharandt bei dem Landgericht in Dresden; — Zülzer bei dem Landgericht in Ratibor; — Glaser bei dem Landgericht in Breslau; — Chop in Erfurt bei dem Ober-Landesgericht in Naumburg a/S.; — Dr. Carl Georg Kellinghausen bei dem Amtsgericht in Bergedorf; — Max Grieser bei dem Amtsgericht in Weilheim; — Gotthold Ferdinand Robert Rudert in Glauchau bei dem Landgericht in Zwickau.

In der Liste der Rechtsanwälte sind gelöscht: Deahna bei dem Landgericht in Meiningen; — Zülzer in Sommerfeld bei dem Landgericht in Guben; — Eberbach in Gorbach bei dem Landgericht in Cassel; — Rahr bei dem Landgericht in Frankfurt a/M.; — Dr. Bernhard Bonk bei dem Landgericht I. in München; — Max Grieser bei dem Landgericht II. in München; — Ferdinand Trinks zu Hildburghausen bei dem Amtsgericht in Meiningen; — Wameyer in Liebenwerda bei dem Landgericht in Torgau; — Karl Ludwig Weinhold bei dem Landgericht in Dresden.

Ernennungen.

Der Amtsrichter Michalek zu Strasburg W./Pr. ist, unter Zulassung zur Rechtsanwaltschaft bei dem Amtsgericht in Neumark, zugleich zum Notar im Bezirk des Ober-Landesgerichts zu Marienwerder, mit Anweisung seines Wohnsitzes in Neumark, vom 1. Dezember d. J. ab ernannt worden; — Der Rechtsanwalt Gaßmann in Wesel ist zum Notar im Bezirk des

Ober-Landesgerichts zu Hamm in Wesel ernannt worden; — der Gerichts-Assessor Rohrer in Allenstein ist vom 1. Januar 1881 ab unter Zulassung zur Rechtsanwaltschaft bei dem Amtsgericht in Lötzen zum Notar im Bezirk des Ober-Landesgerichts zu Königsberg i. Pr. mit Anweisung seines Wohnsitzes in Lötzen ernannt worden.

Todesfälle.

Dr. Carl Jacob Philippi zu Bremerhaven; — Alexander Magnus Hauhmann in Dahlen; — Rechtsanwalt und Notar Justizrath Seel in Bromberg.

Titelverleihungen.

Dem Rechtsanwalt und Notar Graebe in Rinteln ist der Charakter als Justizrath verliehen.

Ordensverleihungen.

Dem Rechtsanwalt, Justizrath König zu Cleve der Rothe Adler-Orden dritter Klasse mit der Schleife; — dem Rechtsanwalt und Notar, Justizrath Dr. Gerding in Celle der Rothe Adler-Orden vierter Klasse; — dem Rechtsanwalt, Justizrath Dr. jur. Blum zu Frankfurt a./M. der Kronen-Orden dritter Klasse.

Für die Redaction verantw: S. Haenle. Verlag: W. Moeser, Hofbuchhandlung. Druck: W. Moeser, Hofbuchdruckerei in Berlin.

№ 25 und 26.　　　Berlin, 18. Dezember.　　　1880.

Juristische Wochenschrift.

Herausgegeben von

S. Haenle,　　　und　　　**M. Kempner,**
Rechtsanwalt in Ansbach.　　　　　Rechtsanwalt beim Landgericht I. in Berlin.

Organ des deutschen Anwalt-Vereins.

Preis für den Jahrgang 12 Mark. — Inserate die Zeile 30 Pfg. — Bestellungen übernimmt jede Buchhandlung und Postanstalt.

Der Vereinsbeitrag für das Jahr 1881 ist vom Vorstande auf 12 Mark festgesetzt und an den Unterzeichneten zu zahlen. Die am 1. Februar k. Js. noch rückständigen Beiträge müssen satzungsgemäß durch **Postvorschuß** erhoben werden.

Leipzig, Marienstraße 13, im November 1880.

Mecke,
Schriftführer.

Ist durch das Reichsgesetz vom 6. Februar 1875, die Beurkundung des Personenstandes und die Eheschließung betreffend, das Königlich bayerische Gesetz vom 2. Mai 1868, die Schließung und Trennung der Ehen der keiner anerkannten Religionsgesellschaft angehörenden Personen betreffend, in allen Punkten aufgehoben?

Man breche nicht zu vornherein den Stab über uns ob der im Vorstehenden aufgeworfenen Frage, deren Fassung durch die Worte „in allen Punkten" zur Genüge andeutet, daß es uns selbstverständlich nicht entfernt in den Sinn kommen kann, an die unbedingte Fortdauer der Giltigkeit des Gesetzes vom 2. Mai 1868 auch nur im Traume zu denken.

Das R. G. vom 6. Februar 1875 enthält keine Bestimmung, welche spezielle Gesetze mit dem Zeitpunkte seines Inkrafttretens ihre Wirksamkeit verlieren; denn die Bestimmung des § 9, daß alle Vorschriften, welche das Recht zur Eheschließung weiter beschränken, als es durch dieses Gesetz geschieht, aufgehaben werden, berührt unsere Frage nicht. Das R. G. vom 6. Febr. 1875 bedient sich auch nicht der anderwärts gebräuchlichen Formel „alle entgegenstehenden Gesetze u. s. w. sind aufgehoben". Dagegen finden wir an einzelnen Stellen die Anordnung, daß diese oder jene landesgesetzliche Vorschrift maßgebend ist, z. B. im § 38:

Hinsichtlich der rechtlichen Folgen einer gegen die Bestimmung der §§ 28—35 geschlossenen Ehe sind die Vorschriften des Landrechts nachgebend. Dasselbe gilt von dem Einflusse des Zwangs, Irrthums und Betrugs auf die Giltigkeit der Ehe.

§ 38: Die Vorschriften, welche die Ehe der Militärpersonen, Landesbeamten u. s. w. von einer Erlaubniß abhängig machen, werden nicht berührt.

§ 55 Abs. 2. Die landesgesetzlichen Vorschriften, nach welchen es zur Trennung einer Ehe einer besonderen Erklärung und Beurkundung vor dem Standesbeamten bedarf, werden nicht berührt.

§ 66 Abs. 1. Für das Berichtigungsverfahren gelten, insoweit die Landesgesetze nicht ein Anderes bestimmen, die nachstehenden Vorschriften;

§ 74 Abs. 2. Wo die Zulässigkeit der Ehe nach den bestehenden Landesgesetzen von einem Aufgebote abhängig ist, welches durch andere bürgerliche Beamten als die Standesbeamten vollzogen wird, vertritt dieses die Stelle des von dem Standesbeamten anzuordnenden Aufgebotes.

§. 80. Die vor dem Tage, an welchem dieses Gesetz in Kraft tritt, nach den Vorschriften des bürgerlichen Rechts ergangenen Aufgebote behalten ihre Wirksamkeit.

Neben diesen Paragraphen könnte für die Dissidenten allenfalls von Bedeutung sein der §. 74 Abs. 2 und §. 80; denn nach dem Gesetz vom 2. Mai 1868 mußte der Eheschließung auch ein Aufgebot vorausgehen. Zwar ist in dem maßgebenden Art. 7 der Ausdruck „Aufgebot" nicht gebraucht; allein die dortige Vorschrift, daß die beabsichtigte Eheschließung von dem Richter mit dem Beifügen bekannt zu geben ist, daß Personen, welche dagegen Einspruch erheben wollen, denselben binnen zehn Tagen anzubringen haben, und daß diese Bekanntmachung während zehn Tagen durch die Verwaltung der Gemeinde, in welcher die Brautleute ihren Aufenthalt haben, öffentlich anzuheften ist, wird wohl der Bestimmung des §. 46 entsprechen, zumal auch Art. 7 Abs. 4 verordnet, daß, wenn innerhalb sechs Monate nach Ablauf jener Frist die Abschluß der Ehe nicht erfolgt, eine wiederholte Bekanntmachung eintreten muß, wie denn auch nach §. 57 das Aufgebot seine Kraft verliert, wenn seit dessen Vollziehung sechs Monate verstrichen sind, ohne daß die Ehe geschlossen werden ist.

So gewiß es jedoch ist, daß obiger §. 80 nur als eine Uebergangsbestimmung in dem Sinne erscheint, daß mit dem 1. Januar 1876 der Vollzug der Ehe statthaft war, auch wenn das Aufgebot rechtzeitig noch unter Einhaltung der Bestimmungen z. B. jenes Art. 9 bethätigt worden war, so sicher hat es §. 74 Abs. 2 nicht an den Fortbestand des Ges. vom 2. Mai 1868, in Sonderheit eben dieses Art. 9 gedacht, wenn er auch gerade in Bezug auf die in Bayern rechts des Rheins bestehenden Vorschriften über Heimath, Verehelichung und Aufenthalt geschaffen wurde (in Sonderheit Art. 32 ff. des Ges. vom 16. April 1868). Ohne den §. 74 Abs. 2 hätte ein doppeltes Aufgebot der Eheschließung vorausgehen müssen, indem zu Grund zumal des Art. 35 eod. ein Aufgebot von 10 Tagen stattzufinden hat, das durchaus civiler Natur ist, zu welchem noch das Aufgebot vor dem Standesbeamten hinzu zu treten hätte. Diesem Mißstande abzuhelfen, wurde dem einschlägigen Amendement des Reichstagsabgeordneten Dr. Marquardsen u. s. w. durch die Fassung des §. 74 Abs. 2 Rechnung getragen.

cfr. Dr. v. Sicherer Reichsgesetz über Beurkundung des Personenstandes S. 575 Th. I. Bd. I. der Ges. Geb. des deutschen Reichs mit Erläuterungen von Dr. Bezold.

Hiernach besteht für uns zunächst nicht der leiseste Zweifel, daß bezüglich der Frage der Eheschließung auch für Dissidenten unbeschadet des Vorbehalts im §. 74 Abs. 2 und das R. G. vom 6. Februar 1875 maßgebend ist und sein muß, obgleich der Art. 4 materielle Vorschriften in Betreff der Eingehung einer Ehe enthält insoferne, als hiernach für die Dissidenten das aus zu naher Verwandtschaft fließende Ehehinderniß beschränkt ist auf Blutsverwandte und Verschwägerte in gerader Linie und voll- sowie halbbürtige Geschwister so zwar, daß im Uebrigen hinsichtlich der Ehehindernisse und der rechtlichen Voraussetzung der Eheschließung das an ihrem Wohnorte für Protestanten geltende Eherecht maßgebend ist, so weit es mit den Vorschriften dieses Gesetzes vereinbar erscheint.

Statt dieses Art. 4 gilt jetzt auch für die Dissidenten der §. 33, welcher die Ehe verbietet:

1) zwischen Verwandten in auf- und absteigender Linie,

2) zwischen voll- und halbbürtigen Geschwistern,

3) zwischen Stiefeltern und Stiefkindern, Schwiegereltern und Schwiegerkindern jeden Grades;

4) zwischen Personen, deren eine die andere an Kindesstatt angenommen hat, solange dieses Rechtsverhältniß besteht,

5) zwischen einem wegen Ehebruchs Geschiedenen und seinem Mitschuldigen.

Das Ges. vom 2. Mai 1868 enthält auch prozessuale Bestimmungen bezüglich der Ehestreitigkeiten gegen Dissidenten und zwar in dem Art. 17—23, von welchen unter Anderem Art. 18 Abs. 1 bestimmt:

> Bei gemischten Ehen behalten die besonderen Ehegerichte, welche für Katholiken und bzw. Protestanten eingesetzt sind, ihre bisherige Zuständigkeit bezüglich der treffenden Religionsgenossen, auch wenn es sich um eine Ehe zwischen einer solchen Person und einem Dissidenten*) handelt, sofern die Ehe durch kirchliche Trauung geschlossen aber diese der bürgerlichen Trauung nachgefolgt ist,

während Art. 20 Abs. 1 verordnet:

> In Ehescheidungssachen, welche bei den nach Art. 17 eingesetzten Ehegerichten zur Entscheidung kommen sollen, finden die einschlägigen Bestimmungen des am Wohnorte des Beklagten für Protestanten geltenden Eherechts, soweit sie mit den Vorschriften des gegenwärtigen Gesetzes vereinbar sind, Anwendung.

Wir sind uns natürlich vollständig bewußt, daß durch die Vorschrift des §. 76 die durch Art. 17 geschaffenen Dissidenten-Ehegerichte (Ansbach und Bayreuth in erster, Appell.-Gericht Bamberg in zweiter Instanz) so gut gefallen sind, als die in Art. 18 Abs. 1 angedeuteten besonderen Ehegerichte für Katholiken und bzw. Protestanten. Allein wenn in Art. 20 Abs. 1 für die Ehescheidungssachen der Dissidenten die einschlägigen Bestimmungen des am Wohnorte des Beklagten für Protestanten geltenden Eherechts als anwendbar erklärt sind, so wird man uns wohl beipflichten, wenn wir behaupten, daß hier eine materielle Anordnung getroffen wurde, dies um somehr, als hauptsächlich der Art. 21 speziell das Verfahren in derartigen Ehescheidungssachen regelt und zwar dahin, daß sich dasselbe nach den für das Verfahren vor den protestantischen Ehegerichten geltenden Vorschriften richtet.

Es wird nicht geleugnet werden können, daß das R. G. vom 6. Februar 1875 abgesehen von den in §. 33 enthaltenen Normen bezüglich der Eheverbote und der Bestimmung des §. 77, inhaltlich dessen die Auflösung des Bandes der Ehe sofort auszusprechen ist, wenn nach dem bisherigen Rechte auf beständige Trennung der Ehegatten von Tisch und Bett zu erkennen sein würde, an dem materiellen Eherecht Nichts geändert hat aber ändern wollte. Es hat sich denn auch, soweit uns bekannt ist, seit Einführung des Ges. vom 6. Februar 1875 der Grundsatz geltend gemacht, daß bei der Frage, nach welchem Rechte die Ehescheidungsgründe zu prüfen sind, die Kon-

*) Hier wird natürlich voraus gesetzt, daß der eine Ehetheil in rechtsverbindlicher Form aus der Kirche aus getreten und damit wirklich Dissident geworden ist.

feftion des Beklagten theils in Betracht zu kommen hat. So
wenig wir gegen diese Praxis im Allgemeinen Etwas einwenden
wollen, so möchten wir doch wenigstens anregen, ob es nicht
vorzuziehen wäre, wenn hier der Ehemann und bzw. dessen
Religionsverhältnisse den Ausschlag zu geben hätten; denn er ist
das Haupt und der Repräsentant der Familie, eine Stellung,
die wohl auch der Grund sein wird, daß nach Art. 14 Abs. 1
Pr.-Ord. nom 29. April 1869 die Ehefrauen den Gerichtsstand ihrer Männer haben, und daß der Gerichtsstand in Ehesachen sich seither nach dem Wohnorte des Mannes — wenigstens
halten wir dies für das allein Richtige, und wird vom 1. Oktober 1879 im Hinblicke auf §. 568 Abs. 1 des R. C. Pr. O-
rom 30. Januar 1877 so gehalten — so gut zu richten
hatte, als nach konstanter Praxis die Ehescheidungsgründe nach
den Gesetzen beurtheilt wurden, welche da gelten, wo der Mann
zur Zeit der Klage seinen Wohnsitz hat.

Glück Sammlung ehegerichtliche Entscheidungen. S. 3
§. 1.

Wenn nun der Satz richtig ist, daß durch das Grs. vom
6. Febr. 1875 an den materiellen Eherechte der verschiedenen Re-
ligionsgesellschaften — obige wenige vereinzelte Fälle ausgenommen — Nichts geändert hat, und daß der konfessionelle Charakter desselben auch bei Ehescheidungsklagen zum Ausdruck gebracht werden soll, wie dies daraus zu folgern ist, daß es an
der angeführten Stelle heißt „nach dem bisherigen Rechte", wenn
ferner der Aufstellung zutrifft, daß für die Dissidenten, denen vor
dem 2. Mai 1868 ein besonderes Eherecht nicht zur Seite stand,
durch den Art. 20 Abs. 1 ein solches geschaffen wurde, nämlich
das für die Protestanten, allerdings nur das am Wohnorte
des (künftigen) Beklagten maßgebende, so drängten diese Thatsachen zur Behauptung, daß trotz Reichsrechtes, welches im Allgemeinen dem Landesrechte vorgeht, der Art. 20 Abs. 1 l. c.
nicht außer Wirksamkeit gesetzt ist. Wird ja doch auf diese
Weise allein im Einklange mit dem Ges. vom 6. Februar 1875
der konfessionelle Charakter, der natürlich auch dem protestantischen Eherechte anklebt, in dieser Richtung auch den Dissidenten gegenüber gewahrt.

Welche Folgen es haben würde, eventuell hat, wenn der
Art. 20 Abs. 1 eod. als durch das Reichs-Civil-Ehegesetz von
selbst hinfällig und beseitigt erachtet werden müßte, haben
wir hier nicht zu untersuchen. Aber bemerken möchten wir,
daß für Dissidenten, unter denen wir nur diejenigen verstehen,
welche sich thatsächlich nicht mehr zu einer speziellen Religionsgesellschaft halten und von der Kirche losgesagt haben, in Sonderheit ihren Austritt aus derselben in der nach §. 10 der II.
Beil. zur Verf. Urk. Gilt über die äußeren Rechtsverhältnisse u. s. w. in Bezug auf Religion und kirchliche Gesellschaften
btr. vorgeschriebenen Weise erklärt haben, nicht aber diejenigen
zählen, welche formell noch einer bestimmten Religionsgesellschaft
gehören, jedoch thatsächlich von dieser Angehörigkeit Nichts wissen
wollen, in Sonderheit nicht unbedingt diejenigen rechnen
möchten, welche der bürgerlichen Trauung nicht die kirchliche
folgen ließen, bei Annahme der Aufhebung des Art. 20 Abs. 1
a. a. O. bezüglich der Frage der Ehestreitigkeiten derselbe Zustand eintreten müßte, welcher vor Einführung des Grs. vom
2. Mai 1868 obwaltete. War derselbe von der Art, daß der
Nothwendigkeit bestand, den Art. 20 Abs. 1 zu schaffen,

zu zwingt die Thatsache des Bestehens einer — wollen wir
sagen — Dissidenten-Sekte, falls unsere Anschauung über Fortdauer des erstgedachten Art. 20 wegen des in Mitte liegenden
Reichsgesetzes vom 6. Februar 1875 für bedenklich oder gar
darof erscheinen sollte, dazu wohl nur zu der Alternative, im
Wege der Gesetzgebung entweder materielle Bestimmungen über
Ehescheidungsklagen zwischen den Dissidenten zu erlassen oder
den Art. 20 l. c. in geeigneter Weise wiederherzustellen.

Zum Schlusse glauben wir uns gegen den Vorwurf verwahren zu sollen, als gingen wir von der Ansicht aus, es stünden dermalen und künftighin alle Dissidenten, wie wir sie oben
gekennzeichnet haben, in Ehescheidungssachen unter der Herrschaft jenes Art. 20. Es versteht sich die von uns behauptete
Fortdauer des Art. 20 nur für die unter der Herrschaft des
Ges. vom 2. Mai 1868 in die Ehe getretenen Dissidenten.
Dabei wird im Falle Klagestellung, bei welcher allein so die
ganze Frage von Bedeutung ist, vorausgesetzt, daß in diesem
Zeitpunkte die Streittheile wirklich noch Dissidenten sind.

Denjenigen, welche anderer Meinung, als wir sind, möge
gewissermaßen zur Beruhigung dienen, daß alter Wahrscheinlichkeit nach nur sehr Wenige eine Ehe nach den Vorschriften
des Ges. vom 2. Mai 1868 eingegangen haben — es fehlt uns
in dieser Beziehung jeglicher Anhaltspunkt, was wir gleich am
meisten bedauern — und daß in Folge dessen die im Vorstehenden
besprochene Angelegenheit vielleicht nie eine praktische Bedeutung
erlangt, eine Möglichkeit, welche uns jedoch nicht abhalten
konnte, die Frage vom theoretischen Standpunkte näher zu treten
und dieselbe nach unserem besten Wissen und Gewissen, sowie
unserer innersten Ueberzeugung sowie geschehen zu lösen, wobei
uns, wie oben angedeutet, die Lücke nicht verborgen bleiben
konnte, wie es mit denjenigen wirklichen Dissidenten in Ehescheidungssachen zu halten ist, welche nicht unter der Herrschaft des
oft erwähnten Gesetzes vom 2. Mai 1868 sich ehelich verbunden
haben.
                                                    tz.

Zur Auslegung des § 8 des Preuß. Enteignungs-Gesetzes vom 11. Juni 1874. — Was ist im Sinne dieser Vorschrift im Falle nur partieller Enteignung eines in Einer Hand befindlichen städtischen Grundbesitzes unter örtlichem Zusammenhang des Grundbesitzes zu verstehen?

Wenn durch die Enteignung eines städtischen Grundstückes
ein anderes, dem Enteigneten gleichfalls gehöriges städtisches
Grundstück beschädigt wird, so kann der Eisenbahn- oder sonstige
Unternehmer die Erstattung dieses Schadens nicht deshalb ablehnen, weil die beiden Grundstücke durch ein dazwischenliegendes
öffentliches oder Privatgrundstück, z. B. durch einen öffentlichen
Weg, Fluß ꝛc. getrennt sind.

Gesetzt, einem Haus-Eigenthümer gehört ein gegenüber
seinem Hause jenseits der daran vorbeiführenden Straße liegender Bauplatz oder Garten ꝛc., welcher für ihn deshalb einen
außerordentlichen Werth hat (im Gegensatz zu dem gemeinen
Kaufwerthe), weil er als Eigenthümer jenes Platzes, Gartens ꝛc.
verhindern kann, daß darauf seinem Hause schädliche Anlagen

(z. B. häßliche Bauten, industrielle Etabliffements ꝛc.) errichtet werden. Beim freihändigen Verkaufe jenes Platzes zur Ausführung einer solchen schädlichen Anlage würde er als bonus pater familias oder als Vormund unter allen Umständen bei Abmessung des Kaufpreises die durch den Verkauf eintretende Werths-Verminderung seines Hauses in Rechnung stellen müssen. Beim Zwangs-Verkaufe kann der Kaufpreis nur nach den beim freihändigen Verkaufe rationellen Rücksichten bemessen werden. (cfr. Bohlmann, die Praxis in Enteignungs-Sachen S. 10). Wollte man dem Haus-Eigenthümer bei der Zwangs-Enteignung jenes Platzes dafür nur den gemeinen Werth, welchen der Platz unter allen Umständen und für Jedermann hat, zubilligen und die Erstattung jener Werths-Verminderung verlagen, so würde er die ihm nach § 1 des allegirten Enteignungs-Gesetzes zu gewährende „vollständige Entschädigung" nicht erhalten. Im Commissions-Berichte Nr. 304 des Abgeordneten-Hauses vom 29. Januar 1870 (Drucksachen Nr. 3 S. 1339) wird diese vollständige Entschädigung dahin definirt:

> „Die Entschädigung soll vollkommen den Schaden ersetzen, welchen durch die Eigenthums-Entziehung der Expropriat erleidet, soll den Vermögens-Unterschied ausgleichen, welcher zwischen dem Zustande vor und nach der Enteignung erkennbar ist. Sie umfaßt daher den gemeinen und den außerordentlichen Werth nach landrechtlichem Begriff. Welche Punkte bei der Ermittlung dieses Werthes zu berücksichtigen, wird speciell bestimmt. (§ 7)".

Dalcke äußert sich hierüber in seinem Commentar zu dem preuß. Enteignungs-Gesetze S. 54 zutreffend, wie folgt:

> „Der Expropriat soll mit einem Worte durch die Enteignung nicht schlechter gestellt werden, als er vorher gestanden hat. Ist nun mit diesem allgemeinen Principe auch noch wenig gewonnen und erscheint es deshalb erforderlich, die einzelnen Elemente der Entschädigung noch näher in's Auge zu fassen, so ergibt sich aus demselben doch zunächst wohl so viel, daß bei Ermittelung der Entschädigungs-Summe das abgetretene Vermögens-Object durchaus nicht blos für sich allein in Betracht kommen darf, sondern daß dasselbe stets in seiner Verbindung mit dem übrigen Vermögen des zu Expropriirenden aufgefaßt werden muß, und daß es also nicht sowohl auf eine bloße Ermittelung des Werthes des abgetretenen Objectes, als vielmehr auf eine Schätzung derjenigen Nachtheile ankommt, welche dem Eigenthümer überhaupt aus der Abtretung erwachsen."

Siehe auch Häberlin im Archiv für die civilistische Praxis Bd. 39, S. 183 n. 184.

Diese Auffassung steht auch im vollen Einklange mit der Bestimmung in § 8 Absatz 2 des Preußischen Enteignungsgesetzes, wonach die Entschädigung zugleich den Mehrwerth, welchen der abzutretende Theil durch seinen örtlichen oder wirthschaftlichen Zusammenhang mit dem Ganzen hat, sowie den Minderwerth umfassen muß, welcher für den übrigen Grundbesitz durch die Abtretung entsteht. Liegen zwei Grundstücke

desselben Eigenthümers so nahe bei einander, daß die Art und Weise der Benutzung des einen Grundstückes auf den Kaufwerth des andern Grundstückes dauernd inituirt, daß insbesondere die Bebauung des einen Grundstückes, je nachdem sie mit schönen herrschaftlichen Häusern oder mit häßlichen Miethe-Kasernen oder mit geräuschvollen Fabriken oder sonst für die Nachbarschaft lästigen und deteriorirenden Anlagen ꝛc. erfolgt, den Werth des andern Grundstückes steigert resp. vermindert, so liegt gerade in diesem Umstande der Beweis ihres örtlichen Zusammenhangs im Sinne des § 8 Absatz 2 des Enteignungsgesetzes. Hieran kann auch die Trennung jener zwei Grundstücke durch eine dazwischen liegende öffentliche Straße ꝛc. oder durch ein fremdes Privatgrundstück Nichts ändern. Man kann nicht einwenden, jener § 8 Absatz 2 habe nur einen unmittelbaren örtlichen Zusammenhang, nicht aber einen bloß nahen örtlichen Zusammenhang und bloße nahe örtliche Beziehungen der Grundstücke desselben Eigenthümers im Auge. Diese Interpretation würde völlig willkürlich sein und ohne allen Grund einen Widerspruch zwischen § 8 Absatz 2 und dem in § 1 des Enteignungsgesetzes aufgestellten Principe der vollständigen Entschädigung des Enteigneten gewaltsam in das Gesetz hinein interpretiren, der ratio des Gesetzgebers, welcher die Aufhebung der bisherigen Vorschrift der Erstattung des außerordentlichen Werthes (Allg. Landrecht I. 11 § 9) nicht im Entferntesten bezweckte, widersprechen, also den elementarsten Auslegungs-Regeln, insbesondere dem § 46 der Einleitung zum allgemeinen Landrechte zuwiderlaufen.

Daß der § 8 Absatz 2 des Enteignungsgesetzes nicht einen unmittelbaren, sondern nur einen nahen örtlichen Zusammenhang im Auge hat, findet eine jeden Zweifel ausschließende Bestätigung in den Materialien desselben. In den von der Regierung dem Landtage vorgelegten Entwürfen dieses Gesetzes, cfr. z. B. den mittelst Cab. O. vom 13. Novbr. 1873 vorgelegten Entwurf (Druck. d. Abg.-H. pro 1873/74 Anl. Bd. 1 S. 189) war nur bestimmt worden, daß dem Expropriaten der Mehrwerth zu ersetzen sei, welchen der abzutretende Gegenstand durch seinen Zusammenhang mit andern Eigenthums-Theilen für den Expropriaten habe, ohne daß die Art und Weise jenes Zusammenhangs in den Gesetzentwürfen näher definirt wurde. Die bezügliche Commission des Hauses der Abgeordneten hatte laut ihres Berichtes vom 19. December 1873 (cfr. Drucksachen des Abgeordneten-Hauses Nr. 149) dem § 8 Absatz 2 des Gesetzes folgende Fassung gegeben:

> „Wird nur ein Theil von einem Grundstücke in Anspruch genommen, so umfaßt die Entschädigung zugleich den Mehrwerth, welchen der abzutretende Theil durch seinen Zusammenhang mit dem Ganzen hat, so wie den Minderwerth, welcher für das Rest-Grundstück durch die Abtretung entsteht."

Der Abgeordnete Knebel hatte in der Commission eine nähere Definition jenes Wortes „Zusammenhang" durch den Zusatz: „örtlichen oder wirthschaftlichen" (Zusammenhang) verlangt, indem er befürchtete, daß ohne diesen Zusatz unter dem bloßen Worte „Zusammenhang" nur der örtliche und nicht auch der bloß wirthschaftliche Zusammenhang, vielleicht in großer Entfernung von einander liegender Grundstücke verstanden werden würde. Allein die Commission erachtete diese

Befürchtung für grundlos und lehnte deshalb die Annahme jenes Zusatzes ab. Zur Motivirung dieser Ablehnung heißt es im citirten Commissions-Bericht Nr. 149 Seite 5 (Drucksachen des Abgeordnetenhauses pro 1873/74 Anlagen Bd. 2 S. 969) wörtlich:

„Dem — Kuebel'schen Antrage — gegenüber wurde bemerkt, daß der hier fragliche Zusammenhang allerdings nicht stets ein unmittelbarer zu sein brauche, daß aber doch dieser Zusammenhang durch nahe örtliche Beziehungen der Grundstücke als bedingt werde angesehen werden müssen, während eine alternative Hinstellung des „örtlichen oder wirthschaftlichen Zusammenhangs" als Factors der Werth-Erhöhung leicht dahin führen könnte, die Werths-Erhöhung unter Umständen anzunehmen, wo sie gar keine Berechtigung hat."

Bei der zweiten Plenar-Berathung im Abgeordnetenhause, wo jener Kuebel'sche Antrag angenommen wurde, erklärte der Berichterstatter Abgeordnete Dr. Bähr, ohne Widerspruch zu finden, wörtlich:

„Es ist ja vollkommen richtig, daß der örtliche Zusammenhang, in welchem Grundstücke stehen, — um den Minderwerth des Rest-Grund-Eigenthums in Rechnung zu ziehen, nicht ein unmittelbar örtlicher zu sein braucht."

cfr. Stenogr. Berichte pro 1873/74 Bd. 2 S. 1272. Dieselbe Erklärung gab der Berichterstatter Dr. Bähr bei der dritten Plenar-Berathung ab.

cfr. a. a. O. S. 1502.

Endlich hob der Abgeordnete Knebel bei der dritten Plenar-Berathung hervor, daß, da bei partieller Enteignung der Minderwerth nicht bloß des speciellen partiell enteigneten Grundstückes, sondern der Minderwerth des gesammten, im Zusammenhang stehenden Grundbesitzes des nämlichen Eigenthümers erstattet werden solle, die vorhin angegebene, von der Commission festgestellte Fassung des § 8 Absatz 2 insofern einer Aenderung bedürfe, daß im Eingange an Stelle der Worte „Wird nur ein Theil von einem Grundstücke" x. — die Worte „Wird nur ein Theil des Grundbesitzes desselben Eigenthümers" x. — gesetzt werden müßten, und daß ferner am Schlusse statt der Worte „Minderwerth, welcher für das Restgrundstück durch die Abtretung entsteht" x. — die Worte „Minderwerth, welcher für den übrigen Grundbesitz durch die Abtretung entsteht" — zu setzen seien. cfr. Stenogr. Ber. Bd. 2 S. 1502. Ein Bedürfniß für diese Abänderung lag zwar nicht vor, da desfallsige Zweifel dadurch ausgeschlossen waren, daß nach dem Vorschlage der Commission am Schlusse des folgenden § 10 (jetzt § 9) der Begriff „Grundstück" auch für § 8 dahin erläutert werden sollte, daß unter „Grundstück" jeder im Zusammenhang stehende Grundbesitz des nämlichen Eigenthümers begriffen sei. Allein alle 3 gesetzgebenden Factoren haben dieses Amendement acceptirt und ist auf diese Weise die jetzige Fassung des § 8 Absatz 2 entstanden. Der Schlußsatz des § 9 erhielt demzufolge die jetzige Fassung, während derselbe nach dem Beschlusse der Commission des Abgeordnetenhauses (cfr. Bericht vom 19. Dec. 1873 Nr. 149 der

Drucksachen S. 19) gelautet hatte: „Bei den Vorschriften dieses Paragraphen, so wie des § 8 Abs. 2 ist unter Bezeichnung „Grundstück" jeder im Zusammenhang stehende Grundbesitz des nämlichen Eigenthümers begriffen". Die vorstehenden Worte „so wie des § 8 Abs. 2" waren im § 9 überflüssig geworden, nachdem § 8 Abs. 2 auf Antrag Knebel's die jetzige Fassung erhalten hatte, in § 8 Abs. 2 also schon ausgesprochen war, daß es sich nicht bloß um den Minderwerth des speciellen enteigneten Grundstücks, sondern um den Minderwerth des gesammten übrigen Grundbesitzes des nämlichen Eigenthümers handle.   Dr. H.

Zur Hinterlegungsordnung.

Ausländer müssen gemäß § 102 C. P. O. dem Beklagten auf Verlangen Sicherheit leisten für die entstehenden Prozeßkosten. Diese Sicherheit kann durch die prozeßhindernde Einrede aus § 247 Nr. 4 l. c. erzwungen werden.

Nun sollte man meinen, daß § 247 cit. nur dann Platz greife, wenn Sicherheit fehlt, und daß dann, wenn Sicherheit bestellt ist, der Einwand nicht oder doch nur insoweit erhoben werden könne, als behauptet wird, daß die Sicherheit nicht ausreiche. Denn der Kläger muß doch in der Lage sein, dem Einwande und somit der Verschleppung seines Prozesses vorzubeugen. Die freiwillige Hinterlegung scheint daher unbedenklich zulässig, und zwar um so mehr, als der § 85 Ger. Kost. Ges. dem Kläger für die Bemessung der Sicherheit einen Maßstab bietet, den im Streitfalle auch das Gericht regelmäßig anwenden wird. Freilich kann es sich bei dieser vorbeugenden Sicherheitsbestellung ereignen, daß Beklagter den Einwand gar nicht erhebt oder daß die geleistete Sicherheit für ausreichend nicht erachtet wird. Im ersteren Falle war die Hinterlegung überflüssig, im letzteren muß die Sicherheit erhöht werden. Dies sind doch aber Eventualitäten, welche den Kläger allein berühren. Nur den Kläger, nicht die Hinterlegungsstelle geht es an, wenn er mit der Hinterlegung den beabsichtigten Erfolg nicht erzielt.

Die §§ 102 ff. cit. stehen nicht entgegen. Sie reguliren den Fall, wenn über die zu leistende Sicherheit Streit entsteht, also wenn noch nicht oder nicht genügende Sicherheit bestellt ist. Sie besagen nicht weiter, als daß der Kläger verpflichtet ist, Sicherheit zu leisten, und daß die Höhe der Sicherheit vom Gericht festgestellt wird. Danach würde das Gericht sehr wohl in der Lage sein, den Einwand des Beklagten zu verwerfen, wenn ausreichende Sicherheit bereits bestellt ist, und es würde nicht berechtigt sein, trotz der ausreichenden Sicherheitsbestellung dem Einwande bloß deshalb stattzugeben, weil der Hinterlegung eine Entscheidung oder Festsetzung seitens des Gerichts nicht vorausgegangen ist.

Die Frage, ob eine Hinterlegung zur Sicherheit für die Kosten ohne vorausgegangene Entscheidung möglich ist, wird in den §§ 102 ff. cit. nicht entschieden. Maßgeblich sind die Vorschriften der Hinterlegungsordnung.

In dieser findet sich nirgends eine Vorschrift, aus welcher sich die Unzulässigkeit der Hinterlegung folgern ließe. Der § 20 H. O. betrifft den Fall, wenn über die Rechtmäßigkeit der Hinterlegung eine Entscheidung der zuständigen Behörde ergangen ist, besagt aber nicht, daß die Hinterlegung nicht stattfinden dürfe, wenn eine Entscheidung nicht ergangen ist; er kann bei dieser Frage überhaupt nicht herangezogen werden. Ebensowenig steht § 14 Nr. 3 ibid. entgegen, der nichts weiter besagt, als daß die Veranlassung der Hinterlegung bestimmt angegeben werden muß.

Wenn man nun auch aus § 20 cit. e contrario folgern muß, daß der Hinterlegungsstelle die Entscheidung über die Zulässigkeit der Hinterlegung zusteht, so darf dennoch die Annahme einer Sicherheitsleistung für Prozeßkosten nicht deshalb abgelehnt werden, weil eine richterliche Entscheidung nicht vorgelegt werden kann. Denn der Ausländer ist gemäß § 102 C. P. O. zur Sicherheitsleistung verpflichtet, und letztere erfolgt gemäß § 101 ibid. durch Hinterlegung. Die Pflicht zur Hinterlegung steht also gesetzlich fest. Folglich hat der Ausländer Veranlassung zur Hinterlegung, und zwar um so mehr, als er dadurch dem Beklagten einen Einwand abschneidet. Diese Veranlassung ist schon bei der Klageerhebung vorhanden und wird nicht erst dann existent, wenn der Mangel der Sicherheit vom Beklagten gerügt wird. Im letzteren Falle entsteht nur für das Gericht Veranlassung, über die Pflicht zur Hinterlegung zu entscheiden. Nach der H. O. muß man also die Hinterlegung für zulässig halten.

Die Königl. Ministerial-, Militär- und Bau-Kommission in Berlin ist entgegengesetzter Ansicht und der Herr Finanzminister ist ihrer Ansicht aus Anlaß einer Beschwerde in einem Rescript vom 22. November 1880 beigetreten.

Demnach ist der Ausländer der Gefahr ausgesetzt, daß der Beklagte durch den Einwand der mangelnden Sicherheitsstellung den Prozeß aufhält, ohne daß er in der Lage ist, dieser Verzögerung vorzubeugen. Der Einwand kann vom Gericht natürlich nur im Termine berücksichtigt werden und es wird daher jedenfalls ein neuer Termin nothwendig.   R.

Zum Gerichtskostengesetz.

Die Verhandlungsgebühr wird für die kontradiktorische Verhandlung erhoben. Nach § 19 Ger. Kost. Ges. gilt eine Verhandlung als kontradiktorisch, soweit von beiden Parteien einander widersprechende Anträge gestellt werden. Wird also vom Beklagten nur beantragt, den Kläger mit seiner Mehrforderung abzuweisen, so ist die Verhandlungsgebühr nur nach dem Werthe dieser Mehrforderung zu berechnen (§ 12 l. c.).

Man sollte meinen, daß diese Vorschriften ziemlich deutlich und bestimmt sind. Denn da ohne Anträge ein Urtheil nicht ergehen kann, so muß sich aus dem Terminsprotokoll oder dem Urtheile die Grundlage für die Gebührenberechnung stets ergeben. Sind die Anträge ungenau oder der Sachlage nicht entsprechend, so hat das Gericht für die Stellung richtiger Anträge zu sorgen (§§ 130, 464 C. P. O.); und sollte dennoch ein unrichtiger Antrag gestellt sein, der dem protokollirten mündlichen Vortrage nicht entsprechen, so würde zweifellos das Gericht an den Wortlaut des Protokolls nicht gebunden sein, falls es über Erinnerungen gegen den Gebührenansatz gemäß § 4 Ger. Kost. Ges. zu entscheiden hat.

Daß man trotzdem vorsichtig sein, und daß die Partei namentlich auf den Inhalt des Protokolls achten muß, lehrt folgender Fall.

Kläger beantragte beim Kgl. Amtsgericht Berlin I, den Beklagten zur Zahlung von 252 Mark zu verurtheilen. Der im Termine anwesende Beklagte bemängelte lediglich einige Preise der Klagerechnung und behauptete, daß bei einigen Positionen im Ganzen um 46 Mark geringere Preise verabredet seien. Den ihm zugeschobenen Eid leistete er sofort. Nunmehr ermäßigte Kläger seinen Anspruch um 46 Mark, und Beklagter wurde zur Zahlung des Restes verurtheilt. Das Terminsprotokoll enthält den Vermerk: „Die Parteien verhandelten zur Sache", das Urtheil aber ergiebt unzweideutig, daß andere Einwendungen nicht erhoben wurden, und erwähnt überhaupt nicht, daß Beklagter Anträge gestellt habe.

Das Gericht berechnete außer Entscheidungs- und Beweisgebühr noch 11 Mark Verhandlungsgebühr, letztere also von der Werthsklasse 200 bis 300 Mark.

Auf die Erinnerung der Partei erging der kurze Bescheid, daß in der Sache im Allgemeinen verhandelt sei und daher bei einem Objecte von 200 bis 300 Mark die Verhandlungsgebühr 11 Mark betrage.

Die Beschwerde hierüber wurde mit folgender Motivirung vom Kgl. Landgerichte I, zurückgewiesen:

Das Terminsprotokoll ergebe nur die Verhandlung über das ganze Prozeßobject, die Verhandlungsgebühr würde nur von den 46 Mark zu berechnen gewesen sein, wenn bezüglich des Betrages von 206 Mark ein formelles Anerkenntniß abgegeben worden wäre, so daß die kontraditorische Verhandlung auch in der Berufungsinstanz über den an sich unstreitigen Betrag nicht mehr möglich gewesen wäre.

Als dann die Partei um nochmalige Prüfung der Sache bat mit dem Bemerken, daß diese Entscheidung mit § 19 cit. im Widerspruche stehe, wurde sie dahin beschieden,

daß bei Entscheidung der vorliegenden Kostenfrage von Erhebung der Verhandlungsgebühr von dem ganzen Klageobjecte nur dann Abstand zu nehmen gewesen wäre, wenn die Verhandlung vor dem Amtsgericht in eine kontraditorische und nicht kontraditorische zerfallen wäre, daß von einer nicht kontraditorischen Verhandlung bezüglich der 206 Mark aber nur bei einem solchen Anerkenntniß die Rede sein könnte, das durch seine Form die theilweise nicht kontradiktorische Verhandlung festgestellt hätte.

Der die Beschwerde abweisende Beschluß wurde demgemäß aufrecht erhalten.

Bemerkenswerth ist hierbei, daß in keiner dieser Entscheidungen festgestellt werden ist, ob und inwieweit einander widersprechende Anträge gestellt sind, obschon doch die Verhandlungsgebühr nur dann erhoben werden kann, wenn und soweit widersprechende Anträge gestellt sind. Ergiebt das Terminsprotokoll nicht, daß und inwieweit solche gestellt sind, dann darf dies der Partei nicht zum Nachtheile gereichen, zumal wenn der Thatbestand und die Gründe des Urtheils darthun, welche Anträge gestellt sind oder gestellt sein können.   R.

Verzögerung bei der richterlichen Terminbestimmung. Verlust der Einspruchsfrist. §§ 193, 213, 501 C. P. O.

Entscheidung des Reichsgerichts IV. C. S. vom 15. November 1880 i. S. Rossa c. Lange u. 436/80 IV. O. L. G. Breslau.

Das Berufungsgericht hat angenommen, daß der vom Beklagten gegen das wider ihn vom I. Richter erlassene Versäumnißurtheil erhobene Einspruch verspätet sei. Der Beklagte hat Revision eingelegt, das Reichsgericht dieselbe aber zurückgewiesen.

Es kann nur in Frage kommen, ob die Ansicht des Beklagten,

> der Verlust der Einspruchsfrist sei wesentlich dadurch verschuldet werden, daß der Richter auf die von dem Beklagten am 14. Februar 1880 übergebene Abschrift der Einspruchsfrist gegen die Vorschrift des § 193 der Civilprozeß-Ordnung den Termin nicht am 15., sondern erst am 17. Februar bestimmt habe,

richtig ist.

Zur Begründung dieser Ansicht führt der Revisionskläger an: Wäre der Termin am 15. Februar bestimmt worden, so hätte dem Gerichtsvollzieher am 15. Februar noch Auftrag ertheilt und § 213 der Civilprozeß-Ordnung angewendet werden können. Der Beklagte hätte binnen der einmonatlichen Frist des § 213 von Neuem laden lassen können. Sei ein Fehler des Gerichts vorgefallen, ohne welchen die Prozedur eine ganz andere Entwickelung hätte nehmen können, so dürfe von der Voraussetzung ausgegangen werden, daß bei gehöriger Beobachtung des Gesetzes durch den Richter auch die Partei geleitet verfahren haben würde. Hätte der Beklagte vom 15. bis 17. Februar (dem Ablauf der Einspruchsfrist) Zeit gehabt, die Zustellung zu besorgen, so würde die Zustellung voraussichtlich mit ruhiger Ueberlegung bewirkt worden sein.

Entgegen dieser Ansicht hat der Berufungsrichter in dem gerügten Verstoß gegen die Vorschrift des § 193 der Civilprozeß-Ordnung einen wesentlichen Mangel des Verfahrens im Sinne des § 501 a. a. O., welcher die Aufhebung dieses Verfahrens und des darauf gegründeten Urtheils rechtfertigen könnte, nicht gefunden, weil zwischen der verspäteten Termineinrückung und der Versäumung der Nothfrist für die Einlegung des Einspruchs ein ursächlicher Zusammenhang nicht erkennbar sei.

Diese Auffassung des Berufungsrichters ist als eine richtige anzuerkennen. Denn es ist in der That ein ursächlicher Zusammenhang zwischen der zu spät erfolgten Terminbestimmung und der zu spät erfolgten Zustellung der Einspruchsschrift nicht erkennbar. Wenn auch der Beklagte schon am 15. Februar in den Besitz der mit der Terminbestimmung versehenen Einspruchsschrift gekommen wäre, so kann doch deshalb nicht ohne Weiteres angenommen werden, die Zustellung der Einspruchsschrift würde dann rechtzeitig in gehöriger Form bewirkt worden sein. Der Beklagte hat zum Erweise dessen auch nichts anzuführen vermocht, als die Behauptung:

> wenn der Richter das Gesetz gehörig beobachtet hätte, sei auch anzunehmen, daß die Partei regelrecht verfahren haben würde.

Allein durch eine derartige Behauptung kann der Nachweis nicht geführt werden, daß ein Versehen der Partei seinen Grund in einem Versehen des Richters habe. Es muß vielmehr im konkreten Falle dargethan werden, daß zwischen dem Versehen der Partei und dem Versehen des Richters ein ursächlicher Zusammenhang bestehe. Dies kann im vorliegenden Falle nicht angenommen werden, denn, wie Seitens des Beklagten im Termine am 1. April 1880 angezeigt wurde, war die Einspruchsschrift dem Kläger durch ein Versehen des Gerichtsvollziehers damals noch gar nicht zugestellt. Es fehlt daher an jedem Nachweise des ursächlichen Zusammenhanges zwischen der verspäteten Termineinrückung und der verspäteten Zustellung der Einspruchsschrift.

Gerichtsstand der Bereicherungsklage condictio furtiva § 32 C. P. O.

Erk. des Reichsgerichts III. C. S. vom 12. Oktober 1880 i. S. Hermann c. Vörhauer u. 627/80 III. O. L. G. Braunschweig.

Am 15. Juli 1877 hat Kläger zu Hornburg im Königlich Preußischen Amtsgerichtsbezirke Osterwick einen schriftlichen Vertrag mit dem Erblasser der Beklagten abgeschlossen, inhaltlich dessen letzterer den ihm eigenthümlich zustehenden Kothhof zu Westerode im Herzoglich Braunschweigischen Amtsgerichtsbezirke Harzburg für den Preis von 12,075 Mark an ersteren verkaufte und sich verpflichtete, den gedachten Hof am 1. Oktober 1877 vor dem Amtsgericht Harzburg auf des Klägers Namen übertragen zu lassen. Als Vorleistung auf den Kaufpreis will Kläger demnächst einen Wechsel über 1800 Mark ausgestellt haben und fordert nunmehr, nachdem der Erblasser der Beklagten die am 1. Oktober 1877 fällig gewordene Wechselsumme bei dem früheren Kreisgerichte Wolfenbüttel im Wechselprozesse eingeklagt, auch die rechtskräftige Verurtheilung des Wechselbeklagten erwirkt hatte, die von ihm zwangsweise beigetriebene Geldsumme nebst Zinsen und Kosten vor dem Landgerichte zu Braunschweig zurück. Er beruft sich zur Begründung dieser Klage darauf, daß der am 25. März 1878 verstorbene Verkäufer trotz ergangener Aufforderung die übernommenen Verbindlichkeiten nicht erfüllt, insbesondere am 1. Oktober 1877 die Verlautbarung des Kaufvertrags bei Gericht nicht vollzogen, vielmehr eigenmächtig anderweit über das Kaufobjekt verfügt habe. Indem derselbe gleichwohl, ungeachtet des Widerspruchs des Wechselbeklagten, gegen das Bestehen eines materiellen Verpflichtungsgrundes und des Vorbehalts der Zurückforderung der Nichtschuld in einem besonderen Verfahren die Wechselforderung im Klagwege verfolgte, habe er sich nicht nur auf ungerechtfertigte Weise bereichert, sondern geradezu eines Betrugs schuldig gemacht.

Die Beklagten sind im Verhandlungstermine erster Instanz nicht erschienen. Letztere hat dieselben in contumaciam der Klagthatsachen für geständig erachtet, die Klage selbst aber wegen mangelnder Zuständigkeit zurückgewiesen und das Oberlandesgericht dieses Erkenntniß auf kontradiktorische Verhandlungen bestätigt. Kläger hat Revision eingelegt. Das Reichsgericht hat das Berufungsurtheil aufgehoben und unter Aufhebung des Urtheils I. Instanz die Sache zur anderweiten Verhandlung und Entscheidung in die I. Instanz verwiesen.

Gründe:

Als dinglicher Gerichtsstand im Sinne der §§ 25 bis 27 der Civilprozeßordnung kann das Landgericht Braunschweig nicht angesehen werden, da Kläger einen rein persönlichen Anspruch auf Rückzahlung einer von ihm im Wechselprozesse beigetriebenen Geldsumme verfolgt.

Auch der Gerichtsstand der Widerklage oder des Zusammenhangs der Sache nach § 33 der Civilprozeßordnung ist nicht begründet, weil die Vorklage längst vor Erhebung des jetzigen Rechtsstreits ihre Erledigung gefunden hatte, und der § 563 der Civilprozeßordnung ist nicht anwendbar, weil der Thatbestand des Berufungsurtheils nicht feststellt, daß dem Revisionskläger die Ausführung seiner Rechte durch das im Wechselprozesse ergangene Erkenntniß vorbehalten worden sei, auch Wechselprozeß und Rückforderungsklage unter die Herrschaft verschiedener Prozeßgesetze fallen. Ob aber die gegenwärtige Klage in Gemäßheit der §§ 258 und 259 der Braunschweigischen Civilprozeßordnung vom 19. März 1850 in Verbindung mit § 9 des Braunschweigischen Uebergangsgesetzes zur Reichscivilprozeßordnung vom 1. April 1879 als Nachklage bei dem für die Wechselklage zuständig gewesenen Gerichte angebracht werden konnte, entzieht sich nach den §§ 511 und 525 der Civilprozeßordnung der Beurtheilung des Revisionsgerichts.

Den Vorinstanzen ist endlich darin beizutreten, daß der Gerichtsstand des Vertrags im Sinne des § 29 der Civilprozeßordnung nicht gegeben sei.

An sich hat derjenige Kontrahent, welcher bei einem zweiseitigen Vertrage vorleistet, keinen Anspruch auf Rückerstattung, wenn die erwartete Gegenleistung ausbleibt, vielmehr regelmäßig nur die Kontraktsklage auf Erfüllung. Das Berufungsgericht erwägt jedoch, daß der hier streitige Kaufvertrag, weil nicht in gesetzlicher Form geschlossen, nicht zur Vollendung gelangt sei. Wenn die vorige Instanz dabei auch nicht ausdrücklich auf partikularrechtliche Bestimmungen Bezug nimmt, so können doch nur solche zur Anwendung kommen. In der That bedürfen nach dem Landesgesetz vom 19. März 1850 Verträge über Immobilien, um einen rechtsgültigen persönlichen Anspruch im Wege der Klage oder Einrede zu erzeugen, der Verlautbarung vor Gericht oder Notar und es zieht nach der Rechtsprechung der Braunschweigischen Gerichte die in der Erwartung solcher Verlautbarung geleistete Zahlung keinerlei Kontraktsklage, sei es auf die vom Mitkontrahenten verheißene Gegenleistung, sei es auf Entschädigung, nach sich.

Vergl. Zeitschrift für Rechtspflege in Braunschweig Band 25 Seite 204.

Aus jener mit dem Rechtsmittel der Revision nicht anfechtbaren Feststellung des Berufungsurtheils folgt, daß die Zuständigkeit des Landgerichts Braunschweig nicht darauf gestützt werden kann, daß der Erblasser der Beklagten dem Kläger wegen Nichtgewährung des Rothhofs zur Schadloshaltung verpflichtet sei und diese Entschädigung zum mindesten in der Rückerstattung der beigetriebenen Wechselzahlung nebst Zinsen und Kosten bestehe, daß vielmehr dem

Kläger zunächst nur die Rückforderungsklage (condictio sine causa oder causa data causa non secuta) in Ansehung des ohne Rechtsgrund oder unter einer nicht eingetretenen Voraussetzung Gezahlten nach den Grundsätzen des gemeinen Rechts zusteht. Dieser Anspruch aus der ungerechtfertigten Bereicherung der Beklagten gehört aber zu den Forderungen aus vertragsähnlichen Gründen und auf solche Quasikontrakte erstreckt sich der § 29 der Civilprozeßordnung nach seinem klaren Wortlaute nicht.

Ueberdies läßt sich nicht einmal behaupten, daß der Erfüllungsort für diese streitige Verpflichtung am Orte des Vorprozesses oder am Wohnorte des Rückforderungsberechtigten sei. Es erhellt daher auch nichts zur Sache, daß gemeinrechtlich in Fällen der vorliegenden Art die Kontraktsklage auf Rückerstattung des Geleisteten mit der Condiktion konkurrirt.

(2 Dig. de cond. 5 c. (12,7) l. 30 Dig. de contr. emt. (18,1) l. 11 § 6 Dig. act. emt. & vend. (19,1) l. 84 § 5 Dig. de legat. I.

Dagegen erscheint der Gerichtsstand der unerlaubten Handlung nach § 32 der Civilprozeßordnung begründet. Derselbe findet nicht nur bei allen Civilklagen aus strafbaren Handlungen, sondern auch bei allen Klagen aus civilrechtlichen Delikten und Quasidelikten statt, sofern nur bloß eine schuldvolle Verletzung vertragsmäßiger Verbindlichkeiten in Frage kommt.

Nach dem Thatbestande hat sich Revisionskläger im Wesentlichen darauf bezogen, daß der Erblasser der Beklagten die formelle Verpflichtung des Klägers aus der Wechselbegebung materiell widerrechtlich und im Bewußtsein, daß ihm aus dem unterliegenden Rechtsverhältnisse ein civilrechtlich verfolgbarer Anspruch an den Wechselschuldner nicht zustehe, zur gerichtlichen Beitreibung der streitigen 1800 Mark benutzt habe.

Die Einrede, daß dem der Wechselobligation unterliegenden Rechtsverhältnisse die Klagbarkeit entzogen sei, hätte der Revisionskläger als exceptio doli nach Art. 82 der Allgemeinen Deutschen Wechselordnung im Vorprozesse mit Erfolg der Wechselklage entgegensetzen können, wenn er im Stande gewesen wäre, solche in Gemäßheit des § 258 der Braunschweigischen Civilprozeßordnung urkundlich liquid zu stellen. Denn diese Einrede gründete sich auf dem Wechselschluß und stand dem Wechselbeklagten unmittelbar gegen den Remittenten und Wechselkläger zu. Bei der provisorischen Natur des in summarischen Wechselprozesse ergangenen rechtsvertheilenden Erkenntnisses kann nunmehr der frühere Wechselbeklagte auch ohne besonderen Vorbehalt seiner Rechtsbehelfe in jenem Urtheile die Rückerstattung der zwangsweise beigetriebenen Wechselzahlung im Wege des ordentlichen Prozesses durch besondere Klage fordern. Vergl. Entscheidungen des Reichsoberhandelsgerichts Band 19 Seite 111.

Unzweifelhaft handelte sodann der Erblasser der Revisionsbeklagten arglistig, wenn er im Bewußtsein, daß ihm materiell kein Anspruch auf Zahlung eines Kaufpreises zustehe, den ihm als Vorleistung zur theilweisen Deckung des Kaufpreises bestimmten Wechsel, anstatt solchen zurückzugeben, einlagte und er bereicherte sich durch Einziehung des Wechselbetrags widerrechtlich zum Schaden des Revisionsklägers.

Vergl. Entscheidungen des Reichsoberhandelsgerichts Band 25 Seite 300.

Ob nun unter solchen Umständen die besondere Klage

wegen Arglift — actio doli im eigentlichen Sinne — gegeben sei, kann dahin gestellt bleiben. Denn unbedenklich ist die erhobene Klage unter dem Gesichtspunkte einer Klage auf Herausgabe der durch bewußte widerrechtliche Aneignung entstandenen Bereicherung — condictio furtiva — für begründet zu erachten. Das gemeine Recht giebt schon bei einer im Bewußtsein der Nichtberechtigung in Empfang genommenen Zahlung mit Rücksicht auf die hierin von selbst liegende gewinnsüchtige Absicht des Zahlungsempfängers die Condiction wegen Entwendung (furtum).

l. 18 Dig. de cond. furt. (13,1) l. 38 § 1 Dig. de soint (46,3) l. 21 § 1 Dig. de furt. (47,2) l. 14 Dig. de cond. caus. dat. (12,4).

Dieser Anspruch geht auf vollen Schadensersatz auch gegen die Erben des Verpflichteten und erscheint wesentlich als ein Deliktsanspruch.

l. 4 Dig. de cond. furt. (13,1) c. 1 Cod. de cond. furt. (4,8). Windscheid Pandekten § 425 & 426 nte 16 § 359 nte 18.

Vergl. Entscheidungen des Reichsoberhandelsgerichts Band 22 Seite 296 ff. Haufer, Annalen für Rechtspflege 2c. Band 5 Seite 25 ff.

Gegen die Statthaftigkeit der Deliktsklage kann nicht eingewendet werden, daß der Revisionskläger nach seiner eigenen Behauptung bei der Befriedigung des Wechselgläubigers sich nicht im Irrthume befunden habe. Zwar darf derjenige nicht zurückfordern, welcher wissentlich eine Nichtschuld zahlte. Allein diese Regel erleidet eine Ausnahme, wenn, wie hier, der Condicirende in Folge eines im Wechselprozesse ergangenen rechtskräftigen Erkenntnisses zu zahlen gezwungen wird und zudem nur unter Vorbehalt seiner Rechte den Wechselgläubiger befriedigt.

Die Frage endlich, welcher Bezirk als derjenige der begangenen unerlaubten Handlung anzusehen sei, innerhalb dessen die Handlung vorgenommen wurde, oder der, wo der schadende und den Gegenstand der Klage bildende Erfolg eingetreten ist, hat für den vorliegenden Rechtsstreit keine praktische Bedeutung, da beides in dem Bezirke des angerufenen Gerichts zusammentrifft, insofern der Erblasser der Revisionsbeklagten dort die der materiellen Grundlage entbehrende Wechselobligation zur Geltung brachte.

Form der Beschwerdeschrift*).

Die Civilprozeß-Ordnung, welche die bisher formlose Beschwerde zu einem ordentlichen Rechtsmittel erhebt, unterwirft im Abs. 2 des §. 532 die Form der Einlegung folgender Vorschrift:

"Die Einlegung erfolgt durch Einreichung einer Beschwerdeschrift; die Einlegung kann auch durch Erklärung zum Protokolle des Gerichtsschreibers erfolgen, wenn der Rechtsstreit bei einem Amtsgericht anhängig ist oder war, wenn die Beschwerde das Armenrecht

*) Wir können uns der Meinung, welche der Verfasser nachstehend vertritt, nicht anschließen, haben aber der Ausführung mit Rücksicht auf die zur Erörterung gebrachten Fragen gern Raum gegeben.

betrifft oder von einem Zeugen oder Sachverständigen erhoben wird".

Es wird hier als Regel die Einreichung einer Schrift angeordnet, welche, weil für ein Collegialgericht bestimmt, dem Anwaltszwange unterliegt. Ausnahmsweise ist protokollarische Erklärung gestattet; doch ist hierbei die Frage, ob der Beschwerdeführer auch zur Einreichung einer formlosen, von einem Anwalte nicht unterschriebenen Beschwerdeschrift berechtigt oder ob er neben der Anwaltsschrift auf die protokollarische Erklärung beschränkt ist, bereits Gegenstand verschiedener Beurtheilung geworden. Es soll hier eine Darlegung der für die erstere Alternative sprechenden Gründe versucht werden.

§. 74 C. Pr. O., welcher den Anwaltszwang für die Collegialgerichte eingeführt und ihn u. A. bei allen Handlungen, welche zu Protokoll erklärt werden können, aufhebt, befindet sich bekanntlich in dem allgemeinen Theil und ist deshalb bei allen anderen Bestimmungen anzuwenden, welche seine Voraussetzungen enthalten, sollte auch auf ihn nicht speziell verwiesen sein. Der Gesetzgeber, welcher irgendwo erklärt, daß eine Handlung zu Protokoll erklärt werden kann, befreit also dadurch diese Handlung vom Anwaltszwange. Richtig ist allerdings, daß in den meisten hierher gehörigen Fällen z. B. §§. 64. 98. 109. 225 371. 448 C. Pr. O., der Ausdruck:

"Das Gesuch kann zu Protokoll des Gerichtsschreibers erklärt werden"

gebraucht ist, während im §. 532 heißt: "die Einlegung kann auch zum Protokoll erfolgen"; allein aus dem hinzugefügten Wörtchen "auch" läßt sich nicht schließen, daß in den zugelassenen Fällen die Beschwerde, wenn eine Anwaltsschrift eingereicht wird, einzig und allein durch protokollarische Erklärung soll erhoben werden können. Hätte dieser Gedanke dem Gesetzgeber vorgeschwebt, so hätte er ihm sicherlich einen ebenso bezeichnenden Ausdruck verliehen, wie in §. 406* Strafproc. Ordn., nach welchem "der Antrag auf Wiederaufnahme nur mittels einer vom Vertheidiger oder Rechtsanwalt unterzeichneten Schrift oder zu Protokoll angebracht" werden kann. Das Wörtchen "auch" im §. 532 soll nur die gewährte Befugniß zur protokollarischen Erklärung und damit die Freiheit vom Anwaltszwange nachdrücklicher hervorheben, keineswegs aber eine Beschränkung des Beschwerdeführers herbeiführen. Es ist auch nicht abzusehen, welcher Grund für eine solche Beschränkung geltend gemacht werden könnte. Geht man davon aus, daß nach den Motiven zu §. 72 (S. 99 Hahn Mat. I. S. 187) der Anwaltszwang nicht eintritt "für Prozeßacte, welche sich nicht als grundsätzliche Bestandtheile der mündlichen Verhandlung vor dem erkennenden Gerichte darstellen", so wird man zugeben, daß die Beschwerde, welche eine mündliche Verhandlung nicht erfordert, von vornherein für die Formlosigkeit geeignet war. Daß dieselbe für diejenigen Acte, welche schon beim früheren a quo dem Anwaltszwange unterlagen, nicht zugelassen wurde, ist leicht erklärlich; auffallend wäre es aber, wenn in den zugelassenen Fällen (amtsger. Sachen, Armenrecht, Zeugen) zwar der Anwaltszwang aufgehoben, an seine Stelle jedoch eine bestimmte andere Form gesetzt werden sollte. Und was für eine Form? Die Erklärung zu Protokoll des Gerichtsschreibers! Der altpreußische Jurist, welcher ungenügende Gesuche durch Vermittelung des Wochendeputirten ergänzen ließ, ist gewöhnt, in dieser Einrichtung eine Garantie gegen unnütze oder unverständliche Eingaben zu finden. Wäre diese Auffassung auch in die C. P. O. übergegangen, so ließe sich das Erforderniß der protokollarischen Anmeldung der Beschwerde allerdings rechtfertigen; der Gesetzgeber hat jedoch einen ganz anderen Zweck im Auge gehabt. Die Motive zu § 98 (S. 119 Hahn Mat. I. S. 203) besagen:

„Dem einfachen Gegenstande schreibt der Paragraph ein thunlichst einfaches und rasches Verfahren vor; das Gesuch unterliegt daher nicht dem Anwaltszwange, sondern kann vor dem Gerichtsschreiber zu Protokoll erklärt werden."

Ebenso wird von den Motiven zu § 457—461 (S. 292 Hahn eod. S. 344) die protokollarische Klageanmeldung dahin begründet:

.... Es wird im Interesse des Prozeßpublikums diejenige Klageform erhalten, welche erfahrungsmäßig für den Bereich des Bagatellprozesses die bequemste, häufigste und billigste ist.

Sind hiernach die protokollarischen Erklärungen — nicht wie bisher die Vernehmungen zu Protokoll — vorzugsweise im Interesse des Publikums mit Rücksicht auf Bequemlichkeit und Billigkeit zugelassen, so wäre es geradezu unverständlich, wenn der Gesetzgeber die Partei stets zwingen wollte, von dem für sie geschaffenen beneficium Gebrauch zu machen. Wer also wegen Nichtbewilligung des Armenrechts, wegen zu kärglich bemessener Zeugengebühren Beschwerde einlegen will, soll zwar zur Annahme eines Anwalts nicht verpflichtet sein, aber doch den oft mit unbedeutenden Weg bis zum Sitze des Prozeßgerichts zurücklegen! Wer soll dem Zeugen die Unkosten vergüten?

Wir glauben deshalb annehmen zu dürfen, daß der Gesetzgeber, welcher eine Erklärung zum Protokoll des Gerichtsschreibers gestattet, dadurch die Partei nicht hindert, eine durch oder für sie angefertigte, formlose Schrift einzureichen.

Schließlich soll noch darauf hingewiesen werden, daß die hier vertheidigte Ansicht auch in den Motiven aufgestellt wird. Ausdrücklich heißt es S. 330. „Die Beschwerde wird entweder durch eine Beschwerdeschrift oder in den zugelassenen Fällen zum Protokolle des Gerichtsschreibers eingelegt; ersterenfalls ist die Beschwerdeschrift — weil für das Beschwerdegericht, also für ein Gericht höherer Ordnung bestimmt — nach der allgemeinen Regel des § 74 eine Anwaltsschrift. Daß jedoch hierdurch die Vorschrift im Absatz 2, des § 74 für die Beschwerde nicht aufgehoben wird, ergiebt sich daraus, daß die Motive zu § 72 S. 99 zu den Fällen, in welchen der Anwaltszwang nicht erfordert wird, ausdrücklich die Anbringung von Beschwerden rechnen, „weil hier innere und äußere Gründe des Anwaltszwanges fehlen." —

M.

Litteratur.

Mausbach „Der Nießbrauch an Forderungen". Marburg. Elwert 1880. SS. 87.

Die vorliegende Arbeit hat eine von der juristischen Facultät zu Marburg 1877 gestellte Preisaufgabe glücklich gelöst und ist nach dem Tode des jugendlichen Verfassers, von Professor Enneccerus bevorwortet, herausgegeben worden. Dieselbe beschäftigt sich im I. Abschnitte mit der Construction des Begriffes „Recht am Rechte" und sucht unter Darlegung und Beurtheilung der verschiedenen hierüber aufgestellten Ansichten den Satz nachzuweisen: „dadurch, daß ein Dritter mein Recht veräußert, herrscht er unmittelbar nur über das Object jenes Rechts, mittelbar allerdings hebt er damit mein Recht auf" (S. 18). Hieraus wird gefolgert, die sogenannten Rechte an Rechten seien aus den letzteren emanirende Rechte, dergestalt daß der Ausdruck „Recht an der Emphyteuse, am Pfandrecht" ein von einer Emphyteuse, einem Pfandrechte abgeleitetes Recht an der Sache bedeute und ein Pfandrecht, ein Nießbrauch an einer Forderung nichts anderes besage, als: es bestehe ein Pfandrecht, ein Nießbrauchsrecht, wie es von einem Forderungsberechtigten constituirt werden könne. Im Abschnitt II. behandelt der Verfasser Wesen und Arten des Forderungsnießbrauchs und vertheidigt insbesondere die Ansicht, daß die Qualität des Gegenstandes der Nießbrauchsforderung über die Qualität des Rechtes des Nießbrauchers analog wie beim Sachennießbrauch entscheide, während der Abschnitt III. die einzelnen Grundsätze des Nießbrauchs in Anwendung auf den Forderungsnießbrauch erörtert.

Die Abhandlung, welche sich auf das Gebiet des gemeinen Rechts beschränkt, zeigt das ihr gewordenen Preises durchaus würdig, sie ist mit großem Fleiße und mit vollständiger Beherrschung des Stoffes verfertigt und zeichnet sich durch eine klare, verständliche Darstellung aus.

Moritz Obermeyer „Die Lehre von den Sachverständigen im Civilproceß". München. Ackermann 1880. SS. 209.

Auch diese Arbeit ist eine, und zwar von der juristischen Facultät zu München 1879 gekrönte Preisschrift, welche der Verfasser demnächst einer Umarbeitung unterzogen und als Inauguraldissertation veröffentlicht hat. Nach einer kurzen, aber erschöpfenden historischen Einleitung wendet sich der Verfasser in der dogmatischen Darstellung der vielerörterten Controverse über die Stellung der Sachverständigen, ob partheiisches Beweismittel oder richterliche Gehülfen, zu und entscheidet sich für eine Mittelmeinung, wonach der Richter in gewissen Fällen, namentlich zu seiner Instruirung innerhalb seines Frage- und Aufstellungsrechts, falls er eigene Fachkenntnisse nicht geltend machen will oder kann, Sachverständige von Amtswegen zuzuziehen hat, während in den übrigen Fällen Antrag der Partheien erforderlich ist. In den folgenden Abschnitten werden die Wahl und Zahl der Sachverständigen, ihre Verpflichtung zur Begutachtung, die Stellung der Partheien und der Richter ihnen gegenüber, namentlich bezüglich der Würdigung des Gutachtens, und endlich die Collision eines Gutachtens mit einem anderen Gutachten oder einem sonstigen Beweismittel, sorgfältig erörtert und gezeigt, wie diese Fragen nach den einzelnen Theorien zu beantworten sind und in den Gesetzgebungen der verschiedenen Zeiten ihre Regelung gefunden haben. Hervorzuheben ist hierbei, daß auch die Reichscivilprozeßordnung in den Kreis der Darstellung einbezogen und ihre Bestimmungen über den Sachverständigen-Beweis, wenn auch ihr Grundgedanke, der in den Sachverständigen nur richterliche Gehülfen sieht, eine beifällige Kritik nicht findet, einer eingehenden

Besprechung gewürdigt worden sind. Ueberall zeigt der Verfasser große Vertrautheit mit der einschlägigen Literatur, praktisches Verständniß und stilistische Gewandtheit; seine Ansichten sind auch da, wo man ihnen nicht beizutreten vermag, gut fundirt, auch die Disposition sachgemäß; nur glauben wir, daß durch Zusammenfassung mehrerer Abschnitte resp. Paragraphen sich Wiederholungen hätten vermeiden lassen. Weiter auf Einzelnheiten einzugehen, ist hier nicht am Platze; wir begnügen uns auszusprechen, daß die vorliegende Arbeit durchaus geeignet ist, theils aufklärend, theils anregend zu wirken.

B. Hartmann, Rechtsanwalt. „Gesetz, betreffend die Anfechtung von Rechtshandlungen eines Schuldners außerhalb des Konkursverfahrens. Vom 21. Juli 1879." Berlin. Carl Heymann. 1880. SS. 101.

Der vorliegende Commentar ist so eingerichtet, daß zunächst in Form von Vorbemerkungen das System und der Charakter der Anfechtung sowie die Statutencollision zusammenhängend behandelt werden und demnächst auf den wortgetreuen Text eines jeden Paragraphen im Anschluß an einzelne Worte desselben detaillirtere Erläuterungen folgen. In ihnen hat der Verfasser nicht nur die Motive des Anfechtungsgesetzes und der Reichenkursordnung, sondern auch die bisherige Judicatur sorgfältig berücksichtigt und hierdurch sowie durch Gegenüberstellung des bisher geltend gewesenen Rechts sich erfolgreich bemüht, das Verständniß des neuen Gesetzes zu befördern und seine praktische Handhabung zu erleichtern. In hervorragender Weise gilt dies von dem u. E. wichtigsten Paragraphen des ganzen Gesetzes, dem §. 3, welchem die S. 30—60 gewidmet sind. Anzuerkennen ist, daß der Verfasser nicht bloß Reichs- und gemeines Recht berücksichtigt, sondern seine Erörterungen auch auf das altpreußische Recht ausgedehnt hat. Wir empfehlen das Werk der Beachtung der Fachgenossen.

Es sind ferner eingegangen:

Joseph Evelt, das Preußische Civilrecht für das Studium und die Praxis; herausgegeben von August Evelt. 4. Aufl. Erster Theil. Paderborn, Ferdinand Schöningh. 1880.

W. A. Günther, das Preußische Feld- und Forstpolizeigesetz vom 1. April 1880 aus den Materialien und mit Bezug auf die Ausführungsverfügung vom 12. und 29. Mai 1880 erläutert. Breslau 1880, J. U. Kern's Verlag (Max Müller) Preis 3 Mark.

Förster, Theorie und Praxis des heutigen gemein-preußischen Privatrechts auf Grundlage des gemeinen Deutschen Rechts. IV. Aufl. Herausgegeben von Dr. M. E. Eccius I. Bd. Abth. 1, Berlin, G. Reimer 1880.

Carl Groeg von Wächter, Pandekten; herausgegeben von O. v. Wächter. I. Allgemeiner Theil. Leipzig, Breitkopf & Härtel. 1880.

Preußisch-Deutscher Gesetz-Codex, ein chronologisch geordneter Abdruck der in der Preußischen Gesetzsammlung, im Bundes- und im Reichsgesetzblatt enthaltenen Gesetze, Verordnungen, Cabinetsordres, Erlasse ꝛc. mit Rücksicht auf ihre noch jetzige Gültigkeit und praktische Bedeutung, zusammengestellt von Paul Stoepel III. Aufl. Bd. I. Lieferung 1. Frankfurt a/O., Trowitzsch & Sohn. 1881.

Dr. med. Emil Kraepelin, die Abschaffung des Strafmaßes. Ein Vorschlag zur Reform der heutigen Strafrechtspflege. Stuttgart, Ferdinand Enke. 1880.

Dr. Schulze-Delitzsch, Streitfragen im Deutschen Genossenschaftsrecht, Heft 1. Leipzig, Ernst Keil. 1880.

Marschall von Biberstein, die Deutsche Civilprozeßordnung in vergleichender Gegenüberstellung der entsprechenden bis zum 1. Oktober 1879 im Gebiete der Preußischen Allgemeinen Gerichtsordnung in Geltung gewesenen Gesetzesbestimmungen. I. Lieferung. Berlin, Ferd. Dümmlers Verlagsbuchhandlung Harrwitz & Gohmann. 1881.

Hugo Knoblauch, das Patentgesetz für das Deutsche Reich vom 25. Mai 1877, Heft 1. Berlin, Eugen Grosser. 1880.

Paul Schneider, Tabellen zur Berechnung des Kapitalwerths wiederkehrender Hebungen und unter Berücksichtigung der gesetzlichen Zwischenzinsen, insbesondere in Gemäßheit des § 63 der Deutschen Concursordnung vom 10. Februar 1877. Berlin 1878, Selbstverlag des Verfassers.

Dr. Eugen Dippe, die Bestimmungen über Tagegelder, Reisegelder und Umzugskosten in Preußen und dem deutschen Reich. I. Abth. Die allgemeinen Bestimmungen enthaltend. Berlin 1880, J. Schneider u. Co.

Paul Stoepel, Preußischer Gesetzcodex. Authentischer Abdruck der in der Preuß. Gesetzsammlung enthaltenen Gesetze ꝛc. von 1806 bis auf die neueste Zeit. Supplement VII. 1876 bis 1877 mit Register. Frankfurt a./O. Trowitzsch & Sohn. 1880.

Die Besprechung wird vorbehalten.

Personal-Veränderungen.

Zulassungen.

Gerichts-Assessor Richard Hahn bei dem Amtsgericht in Neidenburg; — Kallmann bei dem Landgericht I in Berlin; — Julius Haber bei dem Landgericht in Breslau; — Stadtrath Adolf Fritze bei dem Landgericht in Stolp; — Dr. Boul bei dem Landgericht I in Berlin; — Carl Linck bei dem Landgericht in Mühlhausen; — Norbert Zahle bei dem Landgericht in Posen; — Karl König bei dem Landgericht in Zweibrücken; — Emil Karl Burchard bei dem Landgericht in Stendal; — Oryer bei dem Landgericht in Stuttgart; — Zwoelke bei dem Amtsgericht zu Havelberg und dem Landgericht zu Neu-Ruppin; — Dr. Schumacher bei dem Landgericht in Bonn; — Carl Gebauer bei dem Amtsgericht in Schlochau; — Dr. Karl Gustav Eduard Patow bei dem Amtsgericht und dem Landgericht in Hamburg; — Julius Salz bei dem Landgericht in Posen; — Epiphan Ketterer bei dem Landgericht in Waldshut; — Hermann Warnecke bei dem Amtsgericht in Liebenwerda; — Gerichts-Assessor Wolfen bei dem Landgericht in Bromberg; — Gerichts-Assessor Eugen Kuhne bei dem Landgericht in Cottbus; — Hoffmeister bei dem Amtsgericht in Lauban.

In der Liste der Rechtsanwälte sind gelöscht: Zwoelke bei dem Amtsgericht in Johannisburg und dem Landgericht in Lyck; — Dr. Schumacher bei dem Landgericht in Wiesbaden; — Justizrath **Rahl** bei dem Ober-Landesgericht in Frankfurt a. M.; — Carl **König** bei dem Landgericht in Saargemünd; — Dr. **Schmidbaur** bei dem Landgericht in Memmingen; — Dr. **Norden** bei dem Landgericht in Gleiwitz; — Justizrath **Köppelmann** bei dem Landgericht in Wesel.

Ernennungen.

Ernannt sind: Rechtsanwalt **Autig** in Pyritz zum Notar im Bezirk des Ober-Landesgerichts zu Stettin; — Rechtsanwalt **Schultz** in Bromberg vom 1. Januar 1881 ab zum Notar im Bezirk des Ober-Landesgerichts zu Posen mit Anweisung seines Wohnsitzes in Kosten; — Amtsrichter Dr. **Stern** in Neuwedell vom 1. Januar 1881 ab unter Zulassung zur Rechtsanwaltschaft bei dem Amtsgericht in Oranienburg zum Notar im Bezirk des Kammergerichts, mit Anweisung seines Wohnsitzes in Oranienburg.

Todesfälle.

Chalybaeus in Chemnitz; — Rechtsanwalt und Notar Geh. Justizrath **Fischer** in Breslau; — Rechtsanwalt und Notar Justizrath von **Eisenhart-Rothe** in Potsdam; — Rechtsanwalt und Notar Justizrath **Seeligmüller** in Halle a. S.; — **Barlet** in Lichtenfels; — Joseph **Gräfle** in Schopfheim; — Dr. Friedrich **Henneberg** in Gotha.

Für die Redaktion erantw.: S. **Haenle**. Verlag: W. **Moeser,** Hofbuchhandlung. Druck: W. **Moeser,** Hofbuchdruckerei in Berlin.

Verzeichniß
der
Mitglieder des deutschen Anwalt-Vereins
vom
1. März 1880.

Abkürzungen: R. G. = Reichsgericht. — Ob. L. G. = Oberstes Landesgericht. — O. L. = Oberlandesgericht. — K. G. = Kammergericht. — L. = Landgericht. — K. f. H. = Kammer für Handelssachen. — A. = Amtsgericht.

№	Name	Wohnort	Gericht, bei welchem die Zulassung erfolgt ist	№	Name	Wohnort	Gericht, bei welchem die Zulassung erfolgt ist
1.	Abel, Fried., R. A.	Hof i. Bayern.	L. Hof.	31.	Auer, R. A.	Stuttgart.	L. Stuttgart.
2.	Ackermann, Hofrath.	Dresden.	O. L. Dresden.	32.	Augsburg, R. A.	Verden i. Han.	L. Verden.
3.	Ackermann, R. A.	Berlin.	L. I. Berlin.	33.	Augustin, R. A.	Gnesen.	L. Gnesen.
4.	Ackermann, Wilh., R. A.	Güstrow i. Mecklenburg.	A. u. L. Güstrow.	34.	Bach, R. A.	Bonn.	L. Bonn.
5.	Adams, J. R.	Coblenz.	L. Coblenz.	35.	Bacher, A., R. A.	Stuttgart.	L. Stuttgart.
6.	Adel, R. A.	Berlin.	L. I. Berlin.	36.	Bachmann, R. A.	Bayreuth.	L. Bayreuth.
7.	Adelmann, R. A.	Regensburg.	L. Regensburg.	37.	Dr. Bähr, R. A.	Dresden.	L. Dresden.
8.	Adler, R. A.	Stuttgart.	L. Stuttgart.	38.	Dr. Baer, R. A.	Frankf. a. M.	L. Frankfurt a. M.
9.	Ahues, R. A.	Bremen.	O. L. Hamburg, L. u. A. Bremen u. K. f. H. Bremerhaven.	39.	Baerwinkel I., Fr. Em., J. R.	Leipzig.	L. Leipzig.
10.	Aldefeld, R. A.	Wetzlar.	L. Limburg.	40.	Baerwinkel, R. O., J. R.	Arnstadt.	L. Erfurt u. O. L. Naumburg.
11.	Dr. Alef, R. A.	Geilenkirchen, R.-B.Aachen.	L. Aachen, A. Geilenkirchen.	41.	Bahmann, R. A.	Coburg.	L. Meiningen, K. f. H. u. A. Coburg.
12.	Dr. Altmann, R. A.	Glogau.	L. Glogau.	42.	Dr. Banks, R. A.	Hamburg.	O. L., L. u. A. Hamburg.
13.	Alscher, J. R.	Königsberg i. Pr.	L. Königsberg i. Pr.	43.	Barchewitz, R. A.	Breslau.	O. L. Breslau.
14.	Alster, R. A.	Cassel.	L. Cassel.	44.	Barlet, R. A.	Lichtenfels.	A. Lichtenfels, L. Bamberg.
15.	Andriessen, J. R.	Labes.	L. Stargard i. Pom.	45.	Bartel, R. A.	Vechta i. Old.	A. Vechta, L. Oldenburg.
16.	Dr. Andritzky, R.A.	Leipzig.	L. u. A. Leipzig.	46.	Baethel, R. A.	München-berndorf.	L. Gera.
17.	Anschütz, J. R.	Leipzig.	L. Leipzig.	47.	Barthels, R.A.	Dessau.	A. u. L. Dessau, O. L. Naumburg.
18.	Dr. Antoine - Feill, R. A.	Hamburg.	A., L. u. O. L. Hamburg.	48.	Dr. de Bary, Ct., R. A.	Frankfurt am Main.	L. Frankfurt a. M.
19.	Anton, G. J. R.	Dresden.		49.	v. Basedow, R. A.	Dessau.	L. Dessau und O. L. Naumburg.
20.	Anz, J. R.	Essen, R. B. Düsseldorf.	L. Essen.	50.	Bauck, R. A.	Lauenburg in Pommern.	L. Stolp.
21.	Apel, R. A.	Schwetz.	L. Graudenz.	51.	Baucke, R. A.	Salzwedel.	L. Stendal.
22.	Armack, Hofrath.	Altenburg.	L. Altenburg.	52.	Bauer II., Herm., R. A.	Chemnitz in Sachsen.	L. Chemnitz.
23.	Arndts, J. R.	Leipzig.	R. G.	53.	Baumeister, R. A.	Caunstadt.	L. Stuttgart.
24.	Arndts, J. R.	Berlin.	A. Berlin.	54.	Baumgaertel, R. A.	Limbach i. S.	L. Chemnitz und A. Limbach.
25.	Arnold, R. A.	Krotoschin.	A. Krotoschin.	55.	Baumgarten, R. A.	Naumburg an der Saale.	L. Naumburg.
26.	Dr. Aronheim, R. A.	Braunschweig	L. Braunschweig.				
27.	Aschenborn, R. A.	Hirschberg i. Schl.	L. Hirschberg.				
28.	Asemissen, R. A.	Lemgo.	L. Detmold u. A. Lemgo.				
29.	Aßmus, R. A.	Meseritz.	L. Meseritz.				
30.	v. Auer, R. A.	München.	L. I u. II, O. L. u. a. Ob. L. G. München.				

№	Name	Wohnort	Gericht, bei welchem die Zulassung erfolgt ist	№	Name	Wohnort	Gericht, bei welchem die Zulassung erfolgt ist
56.	Baumgartner, R. A.	Augsburg.	L. und O. L. Augsburg.	98.	Billerbeck, Geh. J. R.	Anklam.	A. Anklam, L. Greifswald.
57.	Baumstark, R. A.	Carlsruhe in Baden.	L. Carlsruhe.	99.	Bindewald, R. A.	Magdeburg.	L. Magdeburg.
58.	Baustaedt, R. A.	Fulda.	L. Hanau.	100.	Block, J. R.	Magdeburg.	L. Magdeburg.
59.	Bayer, Adolph, R. A.	Ansbach.	L. Ansbach.	101.	Blecken, R. A.	Regensburg.	L. Regensburg.
60.	Bayerhammer, R. A.	Ellwangen.	L. Ellwangen.	102.	Bloem, Jul., R. A.	Elberfeld.	L. Elberfeld.
61.	Becher, Aug., R. A.	Stuttgart.	O. L. Stuttgart.	103.	Bloem II., R. A.	Düsseldorf.	L. Düsseldorf.
62.	Becherer, J. R.	Berlin.	L. I. Berlin.	104.	Blüber, R. A.	Freiberg i. S.	L. Freiberg.
63.	Beck, R. A.	Engen in Baden.	L. Konstanz, A. Engen.	105.	Blümner, R. A.	Brieg, R. B. Breslau.	L. Brieg.
64.	Dr. Beck, R. A.	Gotha.	A. u. L. Gotha.	106.	Dr. Blum, R. A.	Carlsruhe in Baden.	L. Carlsruhe.
65.	Beck, Kurt, R. A.	Leipzig.	L. Leipzig.	107.	Boeth, M., R. A.	Carlsruhe.	L. Carlsruhe.
66.	Beck, R. A.	Pforzheim.	L. Carlsruhe.	108.	Böcking, J. R.	Saarbrücken.	L. Saarbrücken.
67.	Becker, R. A.	Bockenheim.	L. Frankfurt a. M.	109.	Böguer, R. A.	Fürth i. B.	L. Fürth.
68.	Becker II., H. F., R. A.	Oldenburg i. O	L. u. O. L. Oldenburg.	110.	Böhm, Gust., R. A.	Augsburg.	A., L. u. O. L. Augsburg.
69.	Dr. Becker, Adolph, R. A.	Rostock.	L. u. O. L. Rostock.	111.	Böhncker, G., R. A.	Eutin.	A. Eutin, L. Lübeck.
70.	Becker, Otte, R. A.	Cöln a. Rh.	L. Cöln.	112.	Dr. Böhme, R. A.	Annaberg i. S.	L. Chemnitz und A. Annaberg.
71.	Dr. Beeth, R. A.	Nürnberg.	L. u. O. L. Nürnberg.	113.	Böhmer, R. A.	Verden i. Han.	L. Verden.
72.	Dr. Beer, Ernst, R.A.	Ratzeburg.	L. Altona.	114.	Böhmert, W., R. A.	Dresden.	L. Dresden.
73.	Beer, R. A.	Königsberg i. Pr.	L. Königsberg i. Pr.	115.	Bänner, H. J., R. A.	Attendorn.	L. Arnsberg, A. f. H. Siegen.
74.	Dr. Behm, Paul, R. A.	Rostock.	L. u. O. L. Rostock.	116.	Dr. Bohlmann, J. R.	Leipzig.	R. G.
75.	Dr. Behn, R. A.	Hamburg.	A., L. und O. L. Hamburg.	117.	Bohm, J. R.	Stettin.	L. Stettin.
76.	Behr, Carl, R. A.	Cöthen.	Sämmtliche Gerichte im Herzogthum Anhalt und O. L. Naumburg.	118.	Bojunga, R. A.	Hannover.	L. Hannover.
				119.	Dr. Bolten, R. A.	Rostock.	L. und O. L. Rostock.
				120.	Boltz, R. A.	Saarbrücken.	L. u. A. Saarbrücken.
				121.	Borger, R. A.	Straubing.	L. Straubing.
				122.	Bornschlegel, J., R. A.	Forchheim.	A. Forchheim.
77.	Behr II., Ferd., R.A.	Cöthen.	A. Cöthen, L. Dessau, O. L. Naumburg.	123.	Borstel, J. R.	Stehoe.	L. Altona.
78.	Beitzen, R. A.	Hildesheim.	L. Hildesheim.	124.	Bourwieg, J. R.	Stettin.	L. Stettin.
79.	Bellier de Launay, R. A.	Breslau.	O. L. Breslau.	125.	Dr. Brackenhoeft, R. A.	Hamburg.	A., L. und O. L. Hamburg.
80.	Dr. Belmonte, R.A.	Hamburg.	O. L., L. und A. Hamburg.	126.	Bramigk, R. A.	Cöthen.	A. Cöthen, L. Dessau u. O. L. Naumburg.
81.	Benkert, G. M., R.A.	Annaberg in Sachsen.	A. Annaberg, L. Chemnitz.	127.	Brandt, R. A.	Kiel.	L. Kiel.
				128.	Dr. Braubach, R.A.	Cöln.	L. Cöln.
82.	Bennecke, G. L. H., R. A.	Naumburg an der Saale.	O. L. Naumburg.	129.	Brauer, J. R.	Berlin.	L. II. Berlin.
83.	Dr. Berend, R. A.	Hannover.	L. Hannover.	130.	Dr. Braun, J. R.	Leipzig.	R. G.
84.	v. Berg, R. A.	Offenburg in Baden.	L. Offenburg.	131.	Braun, R. A.	Passau.	L. Passau.
85.	Berg, Carl, R. A.	Rostock.	L. und O. L. Rostock.	132.	Dr. Braun, Adolf, R.A.	Berlin.	L. I. Berlin.
86.	Berger, R. A.	Greifswald.	L. Greifswald.	133.	Braun, Carl, R. A.	Augsburg.	L. und O. L. Augsburg.
87.	Berlein, R. A.	Rotenburg an der Fulda.	L. Cassel.	134.	Dr. Brehmer, R. A.	Lübeck.	L. Lübeck und O. L. Hamburg.
88.	Berndorf, R. A.	Cöln.	L. Cöln.	135.	Breithaupt, R. A.	Braunschweig.	L. und O. L. Braunschweig.
89.	Dr. Berolzheimer, R. A.	Nürnberg.	L. u. O. L. Nürnberg.	136.	Dr. Brenner, R. A.	Mainz.	L. Mainz, O. L. Darmstadt.
90.	Berolzheimer, R. A.	Fürth in Bayern.	L. Fürth.	137.	Brickwedde, R. A.	Osnabrück.	L. Osnabrück.
91.	Dr. Berthold, R. A.	Elberfeld.	L. Elberfeld.	138.	v. Brielen, J. R.	Hagen i. Westf.	L. Hagen.
92.	Bescherner, Hofrath.	Dresden.	L. u. A. Dresden.	139.	Dr. Brinckmann, R. A.	Hagen i. Westf.	L. Hagen.
93.	Bessel, J. R.	Cöln.	L. Cöln.	140.	Breda, R. A.	Leipzig.	L. und A. Leipzig.
94.	Bentler, G.G., R.A.	Reichenbach i. Sachsen.	L. Plauen u. A. Reichenbach.	141.	Dr. Brey, R. A.	Leipzig.	L. und A. Leipzig.
95.	Dr. v. Biema, R. A.	Hannover.	L. Hannover.	142.	Dr. Bruch, Ludw., R. A.	Mainz.	L. Mainz u. O. L. Darmstadt.
96.	Bierer, R. A.	Tübingen.	L. Tübingen.	143.	v. Bruchhausen, J. R.	Essen an der Ruhr.	L. Essen.
97.	Bigork, J. R.	Königsberg i. Pr.	O. L. Königsberg in Preußen.				

№	Name	Wohnort	Gericht, bei welchem die Zulassung erfolgt ist
144.	Dr. Bruck, R. A.	Wiesbaden.	L. Wiesbaden.
145.	Dr. Brüggemann, R. A.	Saarbrücken.	L. Saarbrücken.
146.	Brümmer, W., R. A.	Rostock.	L. u. O. L. Rostock.
147.	Brunnemann, R. A.	Stettin.	L. Stettin.
148.	Dr. Brunner, R. A.	Nürnberg.	L. u. O. L. Nürnberg.
149.	Brunner, R. A.	Gudensberg.	L. Cassel.
150.	Brunner, Ferd., J. R.	Leipzig.	L. u. R. Leipzig.
151.	Brunswig, Henr., R. A.	Neustrelitz.	L. Neustrelitz u. O. L. Rostock.
152.	Bry, R. A.	Konitz (Westpreußen).	A. u. L. Konitz.
153.	Buchholz, H., R. A.	Rostock.	L. u. O. L. Rostock.
154.	Buchmann, R. A.	Regensburg.	L. Regensburg.
155.	Buchner, A., R. A.	Darmstadt.	L. u. O. L. Darmstadt.
156.	Büchner, R. A.	Belzig.	L. Potsdam.
157.	Bülowius, J. R.	Königsberg in Preußen.	L. Königsberg i. Pr.
158.	Dr. Büren, R. A.	Aschendorf.	L. Osnabrück.
159.	Dr. Büsing, R. A.	Eutin.	A. Eutin u. L. Lübeck.
160.	Bütgenbach, R. A.	Aachen.	L. Aachen.
161.	Buhl, C., R. A.	Pyrmont.	A. Pyrmont u. L. Hannover.
162.	Buhltheller, R. A.	Schweinfurt.	A. u. L. Schweinfurt.
163.	Buhtz, R. A.	Calbe a./S.	L. Magdeburg, A. Calbe.
164.	Burchas I., H., R. A.	Leipzig.	L. u. R. Leipzig.
165.	Dr. Burchas II., Bruno Victor, R. A.	Leipzig.	R. u. L. Leipzig.
166.	Burger, Hugo, R. A.	Offenburg in Baden.	L. Offenburg.
167.	Burger, R. A.	Metz.	L. Metz.
168.	Burchard, R. A.	Landshut.	L. Landshut.
169.	Dr. Burmeister, R. A.	Ahrensböck.	L. Lübeck u. Großherzogl. Oldenburgisch. A. Ahrensböck.
170.	Dr. Busch, Heinr., R. A.	Crefeld.	K. f. H. u. A. Crefeld.
171.	Busch, Hugo, R. A.	Rostock.	L. u. O. L. Rostock.
172.	Buttenius, J. R.	Leipzig.	R. G. Leipzig.
173.	Buthut, R. A.	Bernstadt in Schlesien.	L. Oels.
174.	Caesar, R. A.	Frankfurt am Main.	L. u. O. L. Frankfurt a. M.
175.	Caesar, R. A.	Oldenburg in Oldenburg.	L. u. O. L. Oldenburg.
176.	Cardauns, Eugen, R. A.	Cöln.	L. Cöln.
177.	Curl, F., R. A.	Schlüchtern.	L. Hanau u. seinen A.
178.	Dr. Carlebach, Friedr., R. A.	Mainz.	L. Mainz, O. L. Darmstadt.
179.	Carstanjen, R. A.	Cöln.	L. Cöln.
180.	Caspar, J. R.	Berlin.	R. G. Berlin.
181.	Dr. Caspari, Fr., R. A.	Frankfurt am Main.	L. Frankfurt a. M.
182.	Caspari, A., R. A.	Detmold.	A. u. L. Detmold.
183.	Castagne, J. R.	Kiel.	L. Kiel.
184.	Dr. Casten, H., R. A.	Chemnitz.	A. u. L. Chemnitz.
185.	Castringius, R. A.	Essen.	L. Essen.
186.	Cerutti, Herm., R. A.	Leipzig.	L. Leipzig.
187.	Chalybaeus, R. A.	Chemnitz.	L. u. A. Chemnitz.
188.	v. Chappuis, J. R.	Waldenburg i. Schl.	L. Schweidnitz.
189.	Dr. Christ, R. A.	Frankfurt a. Main.	L. Frankfurt a. M.
190.	Clauß, R. A.	Straßburg i. E.	L. Straßburg.
191.	Dr. Claußen, Chr., R. A.	Bremerhaven.	A. Bremerhaven, L. Bremen u. O. L. Hamburg.
192.	Claußen, R. A.	Cappeln.	A. Cappeln, L. Flensburg.
193.	Clüsener, H., R. A.	Detmold.	L. u. A. Detmold.
194.	Dr. Cuprin, R. A.	Frankfurt am Main.	L. Frankfurt a. M.
195.	v. Coellen, R. A.	Cöln.	L. Cöln.
196.	Coeiter, R. A.	Hanau.	L. Hanau.
197.	Cohn, A., R. A.	Neustrelitz.	L. Neustrelitz u. O. L. Rostock.
198.	Cohn, M., R. A.	Rostock.	L. u. O. L. Rostock.
199.	Commer, J. R.	Cöln.	Cöln.
200.	Contentius, R. A.	Berlin.	L. I. Berlin.
201.	Ceppeurath, R. A.	Lübbecke.	L. Bielefeld.
202.	Cornils, R. A.	Husum.	L. Flensburg.
203.	Corsepius, R. A.	Landsberg an der Warthe.	L. Landsberg a. W.
204.	Costenoble, R. A.	Magdeburg.	L. Magdeburg.
205.	Dr. Costo, R. A.	Landshut.	L. Landshut.
206.	Courth, R. A.	Düsseldorf.	L. Düsseldorf.
207.	Dr. Crasemann, R. A.	Hamburg.	O. L. u. L. Hamburg.
208.	Cremer, R. A.	Gelsenkirchen.	L. Essen.
209.	Dr. Crome, R. A.	Leipzig.	R. G. Leipzig.
210.	Crull, G., R. A.	Rostock.	O. L. u. L. Rostock.
211.	Dr. Enno, R. A.	Wittenberg R. B. Merseburg.	L. Torgau.
212.	Cunow, R. A.	Potsdam.	A. Potsdam.
213.	Dr. Curtius, R. A.	Lübeck.	L. Lübeck u. O. L. Hamburg.
214.	Curtmann, R. A.	Friedberg in Oberhessen.	A. Friedberg, L. Gießen.
215.	Cuitodis, R. A.	Cöln.	L. Cöln.
216.	Czarnikow, R. A.	Sondershausen.	A. Sondershausen, L. Erfurt u. O. L. Naumburg.
217.	Dahms, R. A.	Neterien in Holstein.	L. Altona.
218.	Damm, O. F., R. A.	Dresden.	L. Dresden.
219.	Dantistel, R. A.	Mainz.	L. Mainz, O. L. Darmstadt.
220.	Dans, R. A.	Altona.	L. Altona.
221.	David, R. A.	Frankenthal.	L. u. A. f. H. Frankenthal.
222.	Deez, R. A.	Belgard R. B. Cöslin.	A. Belgard.
223.	Dr. Dehn, Otto, R. A.	Hamburg.	A., L. und O. L. Hamburg.
224.	Dr. Deiß, R. A.	Lübeck.	L. Lübeck und O. L. Hamburg.
225.	Desch, R. A.	Landshut.	L. Landshut.
226.	Dr. Deutrich, R. A.	Leipzig.	L. und A. Leipzig.
227.	Devin, R. A.	Duisburg.	L. Duisburg.

1*

№	Name	Wohnort	Gericht, bei welchem die Zulassung erfolgt ist	№	Name	Wohnort	Gericht, bei welchem die Zulassung erfolgt ist
228.	Diederichs, Hofrath.	Güstrow in Mecklenburg.	L. Güstrow.	276.	Ellendt, J. R.	Königsberg i. Pr.	L. Königsberg i. Pr.
229.	Dr. Diehl, J., R. A.	Frankfurt am Main.	L. Frankfurt a. M.	277.	Elven, J. R.	Cöln.	L. Cöln.
230.	Diery, R. A.	Gießen.	L. Gießen.	278.	Enderlein, R. A.	Ansbach.	L. Ansbach.
231.	Dippe, J. R.	Tilsit.	L. Tilsit.	279.	Endres, R. A.	Schweinfurt.	L. Schweinfurt.
232.	Dirsten, J. R.	Berlin.	L. I Berlin.	280.	Engel, Julius, R. A.	Neumünster i. Holstein.	L. Kiel.
233.	Disse, J. H., J. R.	Münster i. W.	L. Münster.	281.	Engelhardt, J. R.	Berlin.	L. I Berlin.
234.	Dittelberger, M., R. A.	Rosenheim.	L. Traunstein.	282.	Engelmann, J. R.	Königsberg in Preußen.	L. Königsberg i. Pr.
235.	Dr. Dittmar, C., R. A.	Gießen.	L. Gießen.	283.	Engels, J. R.	Potsdam.	L. Potsdam.
236.	Dr. Dittmar, R. A.	Meiningen.	L. Meiningen.	284.	Engerer, R. A.	Traunstein.	L. Traunstein.
237.	Dittmar, R. A.	Berlin.	L. I Berlin.	285.	Dr. Enzmann, Otto, R. A.	Chemnitz.	L. Chemnitz.
238.	Dr. Dittmer, D., R. A.	Lübeck.	L. Lübeck, O. L. Hamburg und A. Eutin, Schwartau und Ahrensböck.	286.	Dr. Erdmann, R. A.	Leipzig.	L. Leipzig.
				287.	Erdmann, R. A.	Egeln.	L. Halberstadt.
				288.	Erdmannsdorff, R. A.	München.	L. München I. u. den übrigen Collegialgerichten in München.
239.	Doebner, R., R. A.	Sonneberg i. Sachs. Meiningen.	L. Meiningen.				
240.	Doelitzsch, R. A.	Altenburg.	A. und L. Altenburg.	289.	Erhard, R. A.	Nürnberg.	O. L. u. L. Nürnberg.
241.	Döring, R. A.	Berlin.	L. I Berlin.	290.	Erler, Heinr., R. A.	Leipzig.	L. u. A. Leipzig.
242.	Dörpinghaus, Th., R. A.	Barmen.	L. Elberfeld.	291.	Ernst, J. R.	Berlin.	L. I Berlin.
243.	Dormann, R. A.	Düsseldorf.	L. Düsseldorf.	292.	Grethropel, R. A.	Leipzig.	R. G. Leipzig.
244.	Dorn, Geh. J. R.	Leipzig.	O. G. Leipzig.	293.	Esser I., R. A.	Cöln.	L. Cöln.
245.	Drews, J. R.	Berlin.	A. G. Berlin.	294.	Esser II., Rob., R. A.	Cöln.	L. Cöln.
246.	Dr. Dreyer, J. R.	Görlitz.	L. Görlitz.	295.	Euchel, R. A.	Berlin.	L. I Berlin.
247.	Drobnig, R. A.	Kreuzburg, R. B. Oppeln.	L. Oppeln.	296.	Eule, R. A.	Auerbach i. S.	L. Plauen.
248.	Drüge, J. R.	Arnsberg.	L. Arnsberg.	297.	Dr. Euler, J. R.	Frankfurt am Main.	O. L. Frankfurt a. M.
249.	Dubelmann, J. R.	Cöln.	O. L. Cöln.	298.	Euler, R. A.	Düsseldorf.	L. Düsseldorf.
250.	Düreberg, J. R.	Bochum.	L. Essen.	299.	Euler, Ludwig, J. R.	Cöln.	L. Cöln.
251.	Düll, R. A.	Bamberg.	L. u. O. L. Bamberg.	300.	Euler II., Carl, R. A.	Cöln.	L. Cöln.
252.	Dumont, R. A.	Cöln.	L. Cöln.	301.	Eyferth, R. A.	Wolfenbüttel.	A. Wolfenbüttel u. L. Braunschweig.
				302.	Faas, R. A.	Mannheim.	L. Mannheim.
253.	Dr. Ebner, Herm., R. A.	Frankfurt a. Main.	L. Frankfurt a. M.	303.	v. Fabiankowski, R. A.	Kattowitz in Oberschlesien.	A. Kattowitz.
254.	Ebner, R. A.	Ulm.	L. Ulm.	304.	Dr. Faller, Fr., R. A.	Mainz.	O. L. Darmstadt u. L. Mainz.
255.	Ebel, F., R. A.	Wiesbaden.	L. Wiesbaden.				
256.	Eberhard, J. R.	Hanau.	L. Hanau.	305.	Falck, Th., R. A.	Dresden.	L. Dresden.
257.	Dr. Eberlein, R. A.	Nürnberg.	O. L. u. L. Nürnberg.	306.	Faul, R., R. A.	Ellwangen.	L. Ellwangen.
258.	Ebert, R. A.	Dresden.	L. Dresden.	307.	Fechner, J. R.	Hamm i. W.	O. L. Hamm.
259.	v. Eck, J. R.	Wiesbaden.	L. Wiesbaden.	308.	v. Feder, R. A.	Mannheim.	L. Mannheim.
260.	Dr. Eckels, R. A.	Göttingen.	L. Göttingen.	309.	Dr. Fehling, E. F., R. A.	Lübeck.	L. Lübeck, O. L. Hamburg.
261.	Eckstein, F., R. A.	Gießen.	L. Gießen.				
262.	Eckstein, M., R. A.	Leipzig.	A. und L. Leipzig.	310.	Feigel, R. A.	Ansbach.	L. Ansbach.
263.	Eggert, J. R.	Eisleben.	L. Halle a. S.	311.	Feldhaus, R. A.	Mülheim an der Ruhr.	L. Duisburg.
264.	Ehlers, R. A.	Rostock.	L. u. O. L. Rostock.	312.	Feldmann, J. R.	Kiel.	A. u. L. Kiel.
265.	Ehrbard, R. A.	Cöln.	O. L. Cöln.	313.	Feldmann, Carl J., R. A.	Hamburg.	A. Hamburg.
266.	Ehrlich, R. A.	Beuthen, O.-Schl.	L. Beuthen O.-Schl.	314.	Dr. Fels, G., R. A.	Leipzig.	R. G. Leipzig.
267.	Dr. Eich, R. A.	Bonn.	L. Bonn.	315.	Felscher, Ludwig, R. A.	Hirschberg in Schlesien.	L. Hirschberg.
268.	Eichholz, R. A.	Cöln.	L. Cöln.	316.	Fendler, R. A.	Trebnitz in Schlesien.	A. Trebnitz, L. Oels.
269.	Eick, R. A.	Barmen.	L. Elberfeld.				
270.	v. Eicken, R. A.	Dortmund.	L. Dortmund.	317.	Fenner, J. R.	Leipzig.	R. G. Leipzig.
271.	Eickenbusch, R. A.	Hamm i. W.	O. L. Hamm.	318.	Fenner, G., R. A.	Dortmund.	L. Dortmund.
272.	Eilender, R. A.	Cöln.	L. Cöln.	319.	Ferling, R. A.	Passau.	L. Passau.
273.	Einert, Georg, R. A.	Leipzig.	L. u. A. Leipzig.	320.	Dr. Fenst, Philipp, R. A.	Fürth.	L. Fürth.
274.	Eisenhart-Rothe, J. R.	Potsdam.	L. Potsdam.				
275.	Eisermann, J. R.	Berlin.	A. G. Berlin.				

№	Name	Wohnort	Gericht, bei welchem die Zulassung erfolgt ist	№	Name	Wohnort	Gericht, bei welchem die Zulassung erfolgt ist
321.	Arnft, R. A.	München.	L. I. München.	369.	Friedrich, R. A.	Altenburg.	L. Altenburg.
322.	Aßberger, J. R.	Halle a. S.	L. Halle a. S.	370.	Frieß, Carl, R. A.	Cassel.	L. Cassel.
323.	Fischer I., J. J., R. A.	Cöln.	L. Cöln.	371.	Frit, R. A.	Schwäb. Hall.	L. Hall.
324.	Fischer II., R. A.	Hannover.	L. Hannover.	372.	Frings I., J. R.	Düsseldorf.	L. Düsseldorf.
325.	Fitscher, J. R.	Breslau.	O. L. Breslau.	373.	Frings II., R. A.	Düsseldorf.	L. Düsseldorf.
326.	Fizau, J. R.	Bütow.	L. Stolp.	374.	Fürst, R. A.	Heidelberg.	L. Mannheim.
327.	Fizau, R. A.	Templin.	L. Prenzlau, A. Templin.	375.	Fürst, M., R. A.	Carlsruhe.	O. L. Carlsruhe.
328.	Flatow, R. A.	Berlin.	L. I. Berlin.	376.	Dr. Fuld, J. R.	Frankfurt am Main.	O. L. Frankfurt a. M.
329.	Fieck, J. R.	Conitz W. Pr.	L. Conitz.	377.	Furbach, R. A.	Stettin.	L. Stettin.
330.	Fleischmann, F. J., R. A.	Würzburg.	L. Würzburg.	378.	Fußkabe, R. A.	Düsseldorf.	L. Düsseldorf.
331.	Flohbach, R. A.	Cöln.	L. Cöln.	379.	Gabler, J. R.	Altenburg.	L. u. A. Altenburg.
332.	Dr. Foeffer, Rich., R. A.	Frankfurt am Main.	L. Frankfurt a. M.	380.	Gaebel, R. A.	Schneidemühl.	A. u. L. Schneidemühl.
333.	Forkel, Emil, R. A.	Coburg.	L. u. A. sowie A. f. H. in Coburg.	381.	Gail, Carl, R. A.	Hadamar.	L. Limburg a./Lahn.
				382.	Gaßner, R. A.	Amberg.	L. Amberg.
334.	Dr. Fränkel, R. A.	Berlin.	L. I. Berlin.	383.	Gaul, F., R. A.	Cöln.	L. Cöln.
335.	Framm, Joh., R. A.	Rostock i. M.	O. L. u. L. Rostock.	384.	Dr. Gaupp, R. A.	Elbing.	L. u. A. Elbing.
336.	Francke, R. A.	Stendal.	L. Stendal.	385.	Gautier, R. A.	Heidelberg.	L. Mannheim.
337.	Francke, R. A.	Meißen.	L. Dresden.	386.	Dr. Gebser, R. A.	Allstedt i. S.	A. Allstedt, L. Weim.-Eisen.
338.	Frank, E., R. A.	Altenburg.	A. u. L. Altenburg.				
339.	Frankenburger, R. A.	Nürnberg.	L. u. O. L. Nürnberg.	387.	Dr. Geiger, B., R. A.	Frankfurt a. Main.	L. Frankfurt a. M.
340.	Frauenknecht, R. A.	Fürth.	L. Fürth.				
341.	Fraustaedter, R. A.	Breslau.	L. Breslau.	388.	Geißler, R. A.	Gleiwitz.	L. Gleiwitz.
342.	Freischem, R. A.	Düsseldorf.	L. Düsseldorf.	389.	Geißler, R. S.	Freiberg i. S.	L. Freiberg i. S.
343.	Freisleben, R. A.	Heidenheim i. Würtemberg.	L. Ellwangen.	390.	Geißner, R. A.	Beuthen O. S.	L. Beuthen.
				391.	Geppert, J. R.	Berlin.	L. I. Berlin.
344.	Frenkel, D., R. A.	Zweibrücken.	L. u. O. L. Zweibrücken.	392.	Gerard, Otto, R. A.	Elberfeld.	L. Elberfeld.
				393.	Dr. Gerding I., J. R.	Celle.	O. L. Celle.
345.	Frenkel, R. A.	Dessau.	L. Dessau, O. L. Naumburg.	394.	Dr. Gerhard, A., R. A.	Leipzig.	L. u. A. Leipzig.
346.	Frenkel, S., R. A.	Kaiserslautern.	L. Kaiserslautern.	395.	v. Gerhard, J. R.	Königsberg i. Pr.	
347.	Frenkel, R. W., J. R.	Leipzig.	L. u. A. Leipzig.	396.	Dr. Gerhard, Otto, R. A.	Braunschweig	L. Braunschweig.
348.	Frenzel, J. R.	Berlin.	L. I. Berlin.	397.	Gerhardt, R. A.	Gera.	L. Gera.
349.	Frese, F., R. A.	Rostock i. M.	O. L. u. L. Rostock.	398.	Dr. Gerland, R. A.	Schmalkalden	L. Meiningen.
350.	Dr. Fretter, R. A.	Heidelberg.	L. Mannheim, A. Heidelberg.	399.	v. Gerstdorff, R. A.	Stendal.	L. Stendal.
351.	Freyborff, J. R.	Berlin.	L. I. Berlin.	400.	Gerson, R. A.	Czarnikau.	A. Czarnikau u. L. Schneidemühl.
352.	Frey, Georg, R. A.	Carlsruhe.	L. Carlsruhe.				
353.	Freyberg, Franz,	Dessau.	L. Dessau u. O. L. Naumburg.	401.	Gerstein, F., R. A.	Witten a. d. Ruhr.	L. Hagen.
354.	Freys, R. A.	Fulda.	L. Hanau.	402.	Gerth, R. A.	Berlin.	L. I. Berlin.
355.	Freytag, O. E., R. A.	Leipzig.	L. u. A. Leipzig.	403.	Gerth-Norizich, R. A.	Dresden.	L. Dresden.
356.	Freytag, Bernh. R. A.	Leipzig.	L. u. A. Leipzig.	404.	Geßler, J. R.	Bromberg.	L. Bromberg.
357.	Fröhlich, R. A.	Lichtenstein-Callnberg.	A. Lichtenstein, L. Zwickau.	405.	Geßner, R. A.	Memel.	L. Tilsit, A. f. H. Memel.
358.	Fromberg, Gustav,	Freiburg i. B.	L. Freiburg.	406.	Dr. Geß, Gust., J. R.	Frankfurt am Main.	O. L. Frankfurt a. M.
359.	Fromm, R. A.	Schwedt.	L. Prenzlau.	407.	Gervinus, F. W., R. A.	Cassel.	L. Cassel.
360.	Fromme, R. A.	Seehausen i. Altmark.	L. Stendal.				
361.	Frommer, R. A.	Cottbus.	L. Cottbus.	408.	Geyer, R. A.	Stuttgart.	L. Stuttgart.
362.	Frosch, R. A.	Berlin.	L. I. Berlin.	409.	Gepler, Robert, R. A.	Zwickau.	A. u. L. Zwickau, A. f. H. Glauchau.
363.	Dr. Freudentheil, R. A.	Stade.	L. Stade.	410.	Gierse, J. R.	Münster i. W.	L. Münster.
364.	Freund, J. R.	Breslau.	O. L. Breslau.	411.	Gleßen, Heinr., R. A.	Zweibrücken.	L. Zweibrücken.
365.	Friedemann, Jul., R. A.	Gera.	L. Gera.	412.	Glaß, R. A.	Hof.	L. Hof.
366.	Dr. Friedleben, Jul., R. A.	Frankfurt a. Main.	O. L. Frankfurt a. M.	413.	Gleim, R. A.	Rotenburg an der Fulda.	L. Cassel.
367.	Friedmann, Herm., R. A.	Carlsruhe.	O. L. Carlsruhe.	414.	Dr. Gloeckner II., G., R. A.	Frankfurt am Main.	L. Frankfurt a. M.
368.	Friedmann, R. A.	Mannheim.	L. Mannheim.	415.	Goecke, R. A.	Duisburg.	L. Duisburg.
				416.	Goeppert, R. A.	Hirschberg in Schlesien.	L. Hirschberg i. Schl.

№	Name	Wohnort	Gericht, bei welchem die Zulassung erfolgt ist	№	Name	Wohnort	Gericht, bei welchem die Zulassung erfolgt ist
417.	Göring, R.A.	Schlawe i. P.	L. Stolp i. P.	466.	Dr. Gutfleisch, R.A.	Gießen.	L. Gießen.
418.	Göring, R.A.	Oberstein i. O.	A. Oberstein, Birkenfeld und Rohfelden.	467.	Guth, R.A.	Hof.	L. Hof.
419.	Görlitz, R.A.	Birkenfeld in Oldenburg.	L. Saarbrücken und A. wie vorstehend.	468.	Guth, Arnold, R.A.	Heide i. Holst.	L. Kiel, A. Heide.
420.	Dr. Görz, R.A.	Lübeck.	L. Lübeck u. O. L. Hamburg.	469.	Dr. Gutjahr, J.R.	Greifswald.	L. Greifswald.
				470.	Frh. v. Gutschmidt, R.A.	Dresden.	L. Dresden.
421.	Götz, R.W.H., R.A.	Leipzig.	L. u. A. Leipzig.	471.	Guttenstein, L., R.A.	Carlsruhe.	L. Carlsruhe.
422.	Götz, J.R.	Cöln.	L. Cöln.				
423.	Dr. Götz, R.A.	Stuttgart.	L. Stuttgart.				
424.	Goldstein, R.A.	Rügenwalde.	L. Stolp, A. Rügenwalde.	472.	Haack, J.R.	Berlin.	L. I. Berlin.
425.	Dr. Golz, J.R.	Berlin.	L. I. Berlin.	473.	Dr. Haag II., Herm., R.A.	Frankfurt am Main.	O. L. Frankfurt a. M.
426.	Gomilich, J.R.	Graudenz.	A. u. L. Graudenz.	474.	Hacke, R.A.	Aurich.	L. Aurich.
427.	Dr. Gorius, R.A.	Cöln.	O. L. Cöln.	475.	Hacker, R.A.	Königsberg in O. Pr.	L. Königsberg in Pr.
428.	Goslich, J.R.	Berlin.	L. I. Berlin.				
429.	v. Gontowolb, J.R.	Stolp i. P.	L. Stolp i. P.	476.	Dr. Haeberlin, R.A.	Frankfurt am Main.	L. Frankfurt a. M.
430.	Gotthardt, R.A.	Braunschweig.	O. L. u. L. Braunschweig.				
431.	Dr. Gotthelf, R.A.	München.	L. I. u. II., O. L. u. Ob. L. G. München.	477.	Haenel, R.A.	Dresden.	O. L. Dresden.
				478.	Dr. Haenisch, R.A.	Berlin.	K. G. Berlin.
432.	Dr. Gottschalk, R.A.	Dortmund.	L. Dortmund.	479.	Haente, R.A.	Ansbach.	L. Ansbach.
433.	Gottschalk, R.A.	Dresden.	L. Dresden.	480.	Haenschle, J.R.	Berlin.	L. I. Berlin.
434.	Grabower, R.A.	Berlin.	L. I. Berlin.	481.	Härtel, Otto, R.A.	Rudolstadt.	L. Rudolstadt.
435.	Dr. Gräfe, R.A.	Bremen.	L. Bremen u. O. L. Hamburg.	482.	Hagemann, L., R.A.	Leipzig.	A. u. L. Leipzig.
436.	Gräßner, R.A.	Magdeburg.	L. Magdeburg.	483.	Hagemann, R.A.	Osnabrück.	L. Osnabrück.
437.	Graß, R.A.	Osnabrück.	L. Osnabrück.	484.	Hagen, J.R.	Königsberg i. Pr.	L. Königsberg.
438.	Grauer, Fried., J.R.	Neiße.	L. Neiße.				
439.	Gravenhorst, R.A.	Lüneburg.	L. Lüneburg.	485.	Hahn, R.A.	Nürnberg.	L. u. O. L. Nürnberg.
440.	Greger, R.A.	Zerbst.	L. Dessau.	486.	Halle, R.A.	Ohlau.	L. Brieg.
441.	Greuner, R.A.	Lobenstein.	L. Gera.	487.	Dr. Hamburger, Carl, R.A.	Frankfurt am Main.	O. L. Frankfurt a. M.
442.	Grieben, J.R.	Angermünde.	L. Prenzlau.	488.	Hamburger, R.A.	Hanau.	L. Hanau.
443.	Gries-Danicau, R., R.A.	Kiel.	L. Kiel.	489.	Hammer, Gust., R.A.	Altenburg.	L. Altenburg.
				490.	Hautwig, R.A.	Wrietzen.	L. Prenzlau.
				491.	Hase, O., R.A.	Altenburg.	L. Altenburg.
444.	Dr. Grieser, R.A.	Mainz.	L. Mainz.	492.	Dr. v. Harnier, Ed., R.A.	Frankfurt am Main.	L. Frankfurt a. M.
445.	Grisveing, R.A.	Düsseldorf.	L. Düsseldorf.				
446.	Grille, R.A.	Bischofswerda i. S.	L. Bautzen, A. Bischofswerda.	493.	Dr. Hartmann, R.A.	Würzburg.	L. Würzburg.
				494.	Hartmann, R.A.	Nürnberg.	L. u. O. L. Nürnberg.
447.	Grille, Paul, R.A.	Löbau i. S.	L. Bautzen u. A. f. H. in Zittau.	495.	Hartwich, J.R.	Marienburg i. Westpr.	L. Elbing.
448.	v. Grobbeck, J.R.	Marienwerder	O. L. Marienwerder.	496.	Hauck, R.A.	Cöln.	L. Cöln.
449.	Grüning, R.A.	Arnsberg.	L. u. A. Arnsberg.	497.	Hauck, M., R.A.	Frankfurt am Main.	L. Frankfurt a. M.
450.	Grommes, R.A.	Cöln.	L. Cöln.				
451.	Gros, R.A.	Kaiserslautern	L. Kaiserslautern.	498.	Haupt, E., R.A.	Wismar.	L. Schwerin.
452.	Große, J.R.	Altenburg.	L. u. A. Altenburg.	499.	Hecht, J.R.	Rawitsch.	A. Rawitsch, L. Lissa.
453.	Großjohann, R.A.	Saalfeld in Ostpr.	L. Braunsberg.	500.	Hecht, Max, R.A.	Frankenthal i. Baiern, Pfalz.	A. u. L. Frankenthal.
454.	Dr. Großmann, J.R.	Wiesbaden.	L. Wiesbaden.	501.	Hecker, Wilh., R.A.	Dresden.	L. u. A. Dresden.
455.	Dr. Groth, Fr., R.A.	Rostock.	L. u. O. L. Rostock.	502.	Hecker, J.R.	Berlin.	L. I. Berlin.
456.	Groth, R.A.	Schwerin i. M.	L. Schwerin.	503.	Dr. Heckenfeld, R.A.	Berlin.	L. I. Berlin.
457.	Grube, J.R.	Merseburg.	L. Halle a. S.	504.	Heidenreich, H., R.A.	Bayreuth.	L. Bayreuth.
458.	Grünberg, R.A.	Bartenstein Ostpr.	L. Bartenstein.	505.	Heilborn, J.R.	Berlin.	L. I. Berlin.
				506.	Heilbron, J.R.	Berlin.	L. I. Berlin.
459.	Grumbacher, R.A.	Karlsruhe.	L. Karlsruhe.	507.	Heiliger, Ernst, R.A.	Hannover.	L. Hannover.
460.	Grund, Ferd., R.A.	Waltershausen.	L. Gotha.	508.	Heiliger, Arthur, R.A.	Cöln.	O. L. Cöln.
461.	Gülde, R.A.	Rochlitz i. S.	L. Chemnitz, A. Rochlitz.	509.	Heilpern, R.A.	Leipzig.	L. u. A. Leipzig.
				510.	Dr. Heinsen, R.A.	Hamburg.	A., L. und O. L. Hamburg.
462.	Güßloe, J.R.	Essen.	L. Essen.				
463.	Dr. Gundermann, R.A.	München.	L. I. u. II., O. L. u. Ob. L. G. i. München.	511.	Heintges, R.A.	Crefeld.	A. f. H. Crefeld.
				512.	Heisterbergk, R.A.	Freiberg i. S.	L. Freiberg.
464.	Gundlach, R.A.	Neustrelitz.	L. Neustrelitz.	513.	Helleffel, R.A.	Bonn.	L. Bonn.
465.	Gunzenhaeuser, R.A.	Fürth.	L. Fürth.	514.	Heller, R.A.	Gotha.	L. Gotha.

№	Name	Wohnort	Gericht, bei welchem die Zulassung erfolgt ist
515.	Heller, R. A.	Hanau.	L. Hanau.
516.	Hellhoff, J. R.	Perleberg.	L. Neu-Ruppin.
517.	Dr. Hellmann, R. A.	München.	L. I. u. II., O. L. u. Ob. L. G. München.
518.	Hemptenmacher, R. A.	Wanzleben.	L. Magdeburg.
519.	Hendrichs, R. A.	Cöln.	L. Cöln.
520.	Henkel, J. R.	Stolp i. Pom.	L. Stolp.
521.	Dr. Heule, R. A.	München.	L. I. u. II., O. L. u. Ob. L. G. München.
522.	Dr. Henneberg, R.A.	Gotha.	L. Gotha.
523.	Hennecke, R. A.	Soest.	L. Dortmund.
524.	Dr. Henning, R. A.	Greiz.	L. Greiz.
525.	Henrich, Ludw., R.A.	Cöln.	
526.	Hentig, R. A.	Berlin.	L. I. Berlin.
527.	Hentschel, M. F., R. A.	Leipzig.	L. Leipzig.
528.	Hering, R. A.	Döbeln.	A. Döbeln, L. Freiberg i. S.
529.	Hering, R. A.	Berlin.	L. I. Berlin.
530.	Herkner, R. A.	Döbeln.	L. Freiberg u. A. Döbeln.
531.	Herr, J. R.	Cöslin.	L. Cöslin.
532.	Dr. Herrmann, R.A.	Magdeburg.	L. Magdeburg.
533.	Herß, J. R.	Düsseldorf.	
534.	v. Hertzberg, J. R.	Berlin.	L. I. Berlin.
535.	Dr. Herz, R. A.	Wiesbaden.	L. Wiesbaden.
536.	Dr. Herz, J.H., R.A.	Mannheim.	L. Mannheim.
537.	Herzfeld, J. R.	Halle a. S.	L. Halle a. S.
538.	Heß, Julius, R. A.	Eisenach.	L. Eisenach.
539.	Heß, Jacob, J. R.	Ulm.	L. Ulm.
540.	Dr. Heß, G., R. A.	Frankfurt am Main.	L. Frankfurt a. M.
541.	Hesse, K. Th., R.A.	Leipzig.	L. Leipzig.
542.	Heucke, Otto, R. A.	Parchim.	L. Schwerin, A. Parchim.
543.	Heumann, R. A.	Darmstadt.	L. u. O. L. Darmstadt.
544.	Heuser, Wilh., R.A.	Bückeburg.	L. Bückeburg.
545.	Dr. Heußenstamm, R.A.	Frankfurt am Main.	L. Frankfurt a. M.
546.	v. d. Heyden, R. A.	Ballenstedt.	A. Ballenstedt, L. Dessau.
547.	Heyder, Carl, R.A.	Metz.	L. Metz.
548.	Heyland, R. A.	Iserlohn.	L. Hagen.
549.	Heymann, Jul., R.A.	Altona.	L. Altona.
550.	Heymann, R. A.	Braunschweig.	L. u. O. L. Braunschweig.
551.	Hientzsch, R. A.	Magdeburg.	L. Magdeburg.
552.	Hildebrandt, J. R.	Stettin.	O. L. Stettin.
553.	Hilgenberg II., R. A.	Wolfhagen.	L. Cassel.
554.	Dr. Hillig, F. C., R. A.	Leipzig.	L. Leipzig.
555.	Hillmar, J. R.	Cöslin.	L. Cöslin.
556.	Hilpert, Daniel, R.A.	Nürnberg.	L. u. O. L. Nürnberg.
557.	Hinz, Ernst, R. A.	Offenburg.	A. u. L. Offenburg.
558.	Hinträger, R. A.	Schwäb. Hall.	L. Hall.
559.	Hippe, Carl Aug., R.A.	Dresden.	L. Dresden.
560.	Dr. Hirsch, Ad., R.A.	Hamburg.	L. u. O.L. Hamburg.
561.	Dr. Hirsch, Ad., R.A.	Meseritz.	L. Meseritz.
562.	Hirschhorn, A., R.A.	Gießen.	L. Gießen.
563.	Hirschmann, R. A.	Schw. Hall.	L. Hall.
564.	Hoeniger, R. A.	Inowrazlaw.	A. Inowrazlaw u. L. Bromberg.
565.	Hoepner, W., Moritz, R. A.	Leipzig.	L. Leipzig.
566.	Hörner, R. A.	Weinsberg.	L. Heilbronn, A. Weinsberg.
567.	Horsel, Th., R. A.	Chemnitz.	L. u. A. Chemnitz.
568.	Hof, R. A.	Eisleben.	L. Halle a. S.
569.	Hofer, Joseph, R. A.	Neuburg a. D.	L. Neuburg a. D.
570.	Dr. Hoffmann, C.E., R. A.	Darmstadt.	A., L. u. O.L. Darmstadt.
571.	Dr. Hoffmann, Max,	Dresden.	L. Dresden.
572.	Hofmann, G., R. A.	Würzburg.	L. Würzburg.
573.	Hofmann, R. A.	Meiningen.	L. Meiningen.
574.	Holbein, R. A.	Apolda.	L. Weimar.
575.	Holzheim, P., R. A.	Frankfurt am Main.	L. Frankfurt a. M.
576.	Holle, R. A.	Düsseldorf.	L. Düsseldorf.
577.	Holle, Wilh., J. R.	Dortmund.	L. Dortmund.
578.	Holthoff, R. A.	Berlin.	A. G. Berlin.
579.	Hopmann, J. R.	Bonn.	L. Bonn.
580.	Horn, R. A.	Elbing.	L. Elbing.
581.	Horn, R. A.	Insterburg.	L. u. A. Insterburg.
582.	Horn, H., R. A.	Frankenthal.	L. Frankenthal.
583.	Horwitz, R. A.	Schweinfurt.	L. Schweinfurt.
584.	Dr. Horwitz, J. R.	Berlin.	L. I. Berlin.
585.	Dr. Hothorn, Paul,	Leipzig.	L. u. A. Leipzig.
586.	Dr. Hoyer, R. A.	Oldenburg i. O.	A., L. u. O.L. Oldenburg.
587.	Huber, R. A.	Straßburg i. E.	L. Straßburg.
588.	Huch I., W., R.A.	Braunschweig	L. u. O. L. Braunschweig.
589.	Dr. Huch II., R., R. A.	Braunschweig	L. Braunschweig.
590.	Huck, A. R., J. R.	Gleiwitz.	L. Gleiwitz.
591.	Huebenthal, J. R.	Magdeburg.	A. u. L. Magdeburg.
592.	Hülsemann, R. A.	Arnstadt.	L. Erfurt u. O. L. Naumburg.
593.	Hugenberg I., C., J. R.	Osnabrück.	
594.	Hugenberg II., H., R. A.	Osnabrück.	L. Osnabrück.
595.	Humbert, J. R.	Berlin.	L. I. Berlin.
596.	Humbroich, R. A.	Bonn.	L. Bonn.
597.	Dr. Hunszer, G. R., R. A.	Frankfurt am Main.	L. Frankfurt a. M.
598.	Hundt, Otto, R. A.	Grabow i. M.	L. Schwerin i. M.
599.	Hupfeld, G., J. R.	Cassel.	O. L. Cassel.
600.	Frhr. v. Hurter, R.A.	Elberfeld.	L. Elberfeld.
601.	Huschke, B., J. R.	Erfurt.	L. Erfurt.
602.	Huth, R. A.	Ahrensburg.	L. Altona.
603.	Huth, R. A.	Altenburg.	L. u. A. Altenburg.
604.	Hutmacher, F., R. A.	Hattingen	L. Essen. B. Arnsberg.
605.	Jablonski, R. A.	Ratibor.	L. Ratibor.
606.	Dr. Jacobi, L. R. A.	Berlin.	L. I. Berlin.
607.	Jacobs II., R. A.	Gotha.	L. Gotha.
608.	Jacobsohn, Max, R. A.	Berlin.	L. I. Berlin.
609.	Jahn, J., R. A.	Passau.	L. Passau.

№	Name	Wohnort	Gericht, bei welchem die Zulassung erfolgt ist	№	Name	Wohnort	Gericht, bei welchem die Zulassung erfolgt ist
610.	Dr. Jahn, H., R.A.	Bremerhaven.	A. Bremerhaven, L. Bremen.	654.	Dr. Keil, Robert, R.A.	Weimar.	L. Weimar.
611.	Jahn, Bruno, R.A.	Zwickau i. S.	L. Zwickau u. R.f.H. Glauchau.	655.	Keller, W., R.A.	Limburg an der Lahn.	L. Limburg a. Lahn.
612.	Jansen I., R.A.	Cöln.	L. Cöln.	656.	Kellinghausen, R.A.	Osnabrück.	L. Osnabrück.
613.	Jansen II. Franz, R.A.	Cöln.	L. Cöln.	657.	Kempner, A., R.A.	Bromberg.	L. Bromberg.
				658.	Kempner, R.A.	Berlin.	L. I. Berlin.
614.	Janßen, R.A.	Düsseldorf.	L. Düsseldorf.	659.	Keßels, R.A.	Elberfeld.	L. Elberfeld.
615.	Janßen, R.A.	Berlin.	L. I. Berlin.	660.	Kiefe, R.A.	Tübingen.	L. Tübingen.
616.	Jansenius, R.A.	Bonn.	L. Bonn.	661.	Dr. Kielmeyer, L., R.A.	Stuttgart.	L. Stuttgart.
617.	Jaspersen, R.A.	Hadersleben.	L. Flensburg.				
618.	Dr. v. Jbell, R.A.	Frankfurt am Main.	O.L. Frankfurt a. M.	662.	Dr. Kierulff, J., R.A.	Hamburg.	A., L. u. O.L. Hamburg.
619.	Dr. Jckelheimer, R.A.	Frankfurt am Main.	L. Frankfurt a. M.	663.	Dr. Kill, Nicolaus, R.A.	Cöln.	L. Cöln.
620.	Jessen, P., R.A.	Altona.	L. Altona.	664.	Dr. Kitzer, W., R.A.	Frankfurt am Main.	O.L. Frankfurt am Main.
621.	Iffland, R.A.	Treysa.	L. Marburg, A. Treysa.	665.	Dr. Kindscher, Fried. R.A.	Bremen.	O.L. Hamburg, L. u. A. Bremen, H. K. Bremerhaven.
622.	Illgner, R.A.	Berlin.	L. I. Berlin.				
623.	Joachimi, R.A.	Cöthen.	A. Cöthen, L. Dessau u. O.L. Naumburg.	666.	Kindscher, H. O., J.R.	Dessau.	L. u. A. Dessau, O.L. Raumburg.
624.	Joeckel, H., R.A.	Friedberg i. d. Wetterau (Hessen.)	L. Gießen.	667.	Kirch, Eugen, R.A.	M. Gladbach.	R.f.H. M. Gladbach.
				668.	Kircheisen, R.A.	Eisenberg in Sachsen-Altenburg.	A. Eisenberg, L. Altenburg.
625.	Jöel, J.R.	Bromberg.	L. u. A. Bromberg.	669.	Kirchhoff, J.R.	Greifswalt.	L. Greifswalt.
626.	Joeriffen, R.A.	Aachen.	L. Aachen.	670.	Kircher, Chr., R.A.	Hailer bei Meerholz.	L. Hanau.
627.	Jordan, Isidor, R.A.	Stuttgart.	L. Stuttgart.				
628.	Jordan, R.A.	Karlehmen.	L. Tilsit.	671.	Kirchner, E., R.A.	Rostock.	L. u. O.L. Rostock.
629.	Josephthal, R.A.	Nürnberg.	L. u. O.L. Nürnberg.	672.	Dr. Kirger, R.A.	Hamburg.	A. L. u. O.L. Hamburg.
630.	Jreuscherr, R.A.	Chemnitz.	L. u. A. Chemnitz.	673.	Kirschner, R.A.	Breslau.	L. G. Breslau.
631.	Dr. Jucho I., Geh. J.R.	Frankfurt am Main.	O.L. Frankfurt a. M.	674.	Dr. Küstmaler, R.A.	Osnabrück.	L. Osnabrück.
632.	Dr. Juchew II. Wilh., R.A.	Frankfurt am Main.	L. Frankfurt a. M.	675.	Klein, R.A.	Cöln.	L. Cöln.
633.	Dr. Juncker, L., R.A.	Frankfurt am Main.	L. Frankfurt a. M.	676.	Kleinschmidt, R.A.	Hochheim am Main.	A. Hochheim, L. Wiesbaden.
634.	Kabilinski, R.A.	Schwetz.	A.Schwetz, L. Graudenz.	677.	Kleinschmidt, Hofrath.	Leipzig.	L. Leipzig.
635.	Kachern, J.R.	Salzwedel.	L. Stendal.	678.	Dr. Kleinschmidt, R.A.	Darmstadt.	L. u. O.L. Darmstadt.
636.	Kaeuffer, R.A.	Aachen.	L. Aachen.				
637.	Kahle, A., R.A.	Brüel i. M.	L. Güstrow.	679.	Klemm, J.R.	Berlin.	L. I. Berlin.
638.	Kahr, R.A.	Kronach.	L. Bamberg.	680.	Dr. Klemm, R.A.	Leipzig.	A. u. L. Leipzig.
639.	Kaiser, R.A.	Kronach.	L. Bamberg.	681.	Klemme, J.R.	Posen.	L. Posen.
640.	Kaiser, J.R.	Leobschütz.	L. Ratibor.	682.	Klingemann, J.R.	Höxter.	L. Höxter u. L. Paderborn.
641.	Kalau v. Hofe, J.R.	Königsberg in Pr.	O.L. Königsberg in Pr.				
642.	v. Kaldenberg, R.A.	Metz.	L. Metz.	683.	Klingel, Carl Ludw., R.A.	Heidelberg.	A. Heidelberg u. L. Mannheim.
643.	Kallenbach, R.A.	Straßburg (R.-B. Marienwerder).	A. Straßburg.	684.	Klinger, Joh. Herm., R.A.	Burgstädt.	A. Burgstädt u. L. Chemnitz.
644.	Kammer, R.A.	Ansbach.	L. Ansbach.	685.	Klippert, R.A. R.B. Cassel.	Lichtenau.	L. Cassel.
645.	Karpinsko, R.A.	Schrimm.	L. Posen.				
646.	Karsten, J.R.	Berlin.	L. I. Berlin.	686.	Klor, J.R.	D.-Crone.	L. Schneidemühl, A. Deutsch-Crone.
647.	Kaßel, Paul, R.A.	Strinau a.O.	L. Glogau, A. Steinau.	687.	Klossowski, R.A.	Bunzlau in Schl.	L. Liegnitz.
648.	Katzenstein, R.A.	Eisenach.	L. Eisenach.	688.	Knirim, R.A.	Flatow.	L. Conitz, sowie R. Flatow, Zempelburg u. Bandsburg.
649.	Kauffmann, R.A.	Berlin.	K. G. Berlin.				
650.	Kaulitz, A., R.A.	Braunschweig.	L. u. O.L. Braunschweig.	689.	Knodt, R.A.	Bückeburg.	L. Bückeburg, O.L. Oldenburg.
651.	Kaulla, Max, R.A.	Stuttgart.	L. Stuttgart.	690.	Knöpfler, R.A.	Marienwerder.	O.L. Marienwerder.
652.	Kayser, J.R.	Brilon.	L. Arnsberg.	691.	Kober, J., R.A.	Passau.	L. Passau.
653.	Kayser, Fr. Aug., R.A.	Dresden.	A. u. L. Dresden.	692.	Dr. Koch, J., R.A.	Chemnitz.	A. u. L. Chemnitz.

Nr.	Name	Wohnort	Gericht, bei welchem die Zulassung erfolgt ist	Nr.	Name	Wohnort	Gericht, bei welchem die Zulassung erfolgt ist
693.	Dr. Koch, R. A.	Wiesbaden.	L. Wiesbaden.	743.	Kusel, R. A.	Karlsruhe.	L. u. O.L. Karlsruhe.
694.	Koch, R. A.	Aachen.	L. Aachen.	744.	Kutscher, J. R.	Stolp i. Pom.	L. Stolp.
695.	Koch, J. R.	Buchholz in Sachs.	A. Annaberg, L. Chemnitz.	745.	Kuttler, Franz, R.A.	Aichach.	L. Augsburg.
696.	Koechling, R. R.	Bochum.	L. Essen.	746.	Kyll, Julius, R. A.	Cöln.	L. Cöln.
697.	Dr. Köhler, J. R.	Stolp i. Pom.	L. Stolp.	747.	Kyll I., Franz Wilh., R. A.	Cöln.	L. Cöln.
698.	Koehn, R. A.	Angermünde.	L. Prenzlau.				
699.	Koeller, R. A.	Dortmund.	L. Dortmund.	748.	Kyll II., R. A.	Cöln.	O. L. Cöln.
700.	König, J. R.	Elberfeld.	L. Elberfeld.				
701.	König, J. R.	Berlin.	L. I. Berlin.	749.	Dr. Lambinet, R.A.	Mainz.	L. Mainz, O. L. Darmstadt.
702.	v. Könneritz, Carl, Hofrath.	Dresden.	L. Dresden.				
703.	Koeppelmann, J. R.	Wesel.	A. Wesel.	750.	Lamnfromm, R. A.	Tübingen.	L. Tübingen.
704.	Körner, Rob., R. A.	Lengenfeld im Voigtl.	L. Plauen.	751.	Landwehr I., R. A.	Cöln.	L. Cöln.
705.	Körner, R., R. A.	Braunschweig	L. Braunschweig.	752.	Landwehr II., R. A.	Cöln.	L. Cöln.
706.	Körner, Moritz Emil, R. A.	Zwickau.	L. Zwickau.	753.	Dr. Lang, Rob., R.A.	Frankfurt am Main.	L. Frankfurt a. M.
707.	Dr. Környei, Ed., Adv.	Budapest.		754.	Dr. Langbein, D., R. A.	Leipzig.	L. Leipzig.
708.	Koffka, J. R.	Berlin.	L. I. Berlin.	755.	Lange, J. R.	Königsberg in der Neumark.	L. Landsberg a./W.
709.	Kohlrausch, Th., R.A.	Hannover.	L. Hannover.	756.	Lange, R. A.	Kiel.	L. Kiel.
710.	Konzet, R. A.	Konstanz.	L. Konstanz.	757.	Langemak, R. A.	Stralsund.	L. Greifswald u. A. f. H. Stralsund.
711.	Korseit, M. G., R. A.	Zittau.	L. Bauten, A. Zittau u. A. f. H. in Zittau.	758.	Langenbach, R. A.	Darmstadt.	L. u. O.L. Darmstadt.
				759.	Langerfeldt, R. A.	Bückeburg.	L. Bückeburg.
712.	Kortüm, Ludwig, R. A.	Waren in Mecklenb.	L. Güstrow, A. Waren.	760.	Langefee, R. A.	Passau.	A. u. L. Passau.
713.	Kosegarten, J. R.	Nordhausen.	A. u. L. Nordhausen.	761.	Lasker, R. A.	Sonnenburg, R.-B. Frankfurt a. O.	A. Sonnenburg, L. Frankfurt a./O.
714.	Koltmann, R. A.	Perleberg.	L. Neu-Ruppin.				
715.	Krafft, Gh., R. A.	Cöln.	O. L. Cöln.	762.	Laubenheimer, R. A.	Darmstadt.	L. u. O.L. Darmstadt.
716.	Kraft, F., R. A.	Gießen.	L. Gießen.	763.	Laué, J. R.	Berlin.	K. G. Berlin.
717.	Krahmer, J. R.	Königsberg i. Pr.	L. Königsberg i. Pr.	764.	Launburg, J., R. A.	Gadebusch i. Meckl.	L. Schwerin.
718.	Kramer, Fr., R. A.	Düsseldorf.	L. Düsseldorf.	765.	Lauteren, R. A.	Darmstadt.	L. u. O.L. Darmstadt.
719.	Krampf, R. A.	Würzburg.	L. Würzburg.	766.	Lautner, R. A.	Traunstein.	L. Traunstein.
720.	Kranz, J. R.	Tilsit.	L. Tilsit.	767.	Lapmann, R. A.	Cassel.	L. Cassel.
721.	Kranz, Hugo, R. A.	Barmen.	L. Elberfeld.	768.	Dr. Lazarus, J. R.	Charlottenburg.	L. II. Berlin.
722.	Kraus, R. A.	Bamberg.	L. u. O.L. Bamberg.				
723.	Krause, R. A.	Dresden.	L. Dresden.	769.	Lazarus, J. W., R. A.	Neustrelitz.	L. Neustrelitz u. O. L. Rostock.
724.	Krawinkel, J. R.	Witten.	L. Hagen, A. Witten.				
725.	v. Kraynicki, R. A.	Cüstrin.	L. Landsberg a./W.	770.	Lebrecht, R. A.	Stuttgart.	L. Stuttgart.
726.	Krebs, J. R.	Berlin.	L. I. Berlin.	771.	Leesemann, R. A.	Münster i. W.	L. u. A. Münster.
727.	Kreitmair, Hofrath.	Bamberg.	O. L. Bamberg.	772.	Lehmann, Emil, J.R.	Dresden.	L. Dresden.
728.	Kremnitz, J. R.	Berlin.	L. I. Berlin.	773.	Lehmann, R. A.	Cöln.	L. Cöln.
729.	Kretschmann, R. A.	Magdeburg.	L. Magdeburg.	774.	Leiber, R. A.	Straßburg i. Elsaß.	L. Straßburg.
730.	Kretzschmar, Jul. R. A.	Dresden.	L. Dresden.				
731.	Krieger, J. R.	Tilsit.	L. Tilsit.	775.	Leibl, R. A.	St. Johann a. Saar bei Saarbrücken.	L. Saarbrücken.
732.	Krönig, R. A.	Hamm i. W.	O.L. Hamm.				
733.	Dr. Krügelstein, R.A.	Ohrdruf.	L. Gotha u. A. des Herzogth. Gotha.	776.	Leipheimer, R. A.	Stuttgart.	O. L. Stuttgart.
				777.	Dr. Leister, R. A.	Wiesbaden.	L. Wiesbaden.
734.	Krug, Georg, R. A.	Marburg (R.-Bez. Cassel).	L. Marburg.	778.	Leiste, E., R. A.	Braunschweig	L. Braunschweig.
				779.		Hamm.	O. L. Hamm.
735.	Krug, C. W., R. A.	Dresden.	L. Dresden.	780.	Lentze, J. R.	Soest.	L. Dortmund.
736.	Krupp, R. A.	Bonn.	L. Bonn.	781.	Dr. Lenz, J. R.	Greifswald.	L. Greifswald.
737.	Kübel, E., R. A.	Stuttgart.	O.L. Stuttgart.	782.	Dr. Leo, R. A.	Magdeburg.	L. Magdeburg.
738.	Kühn, R. A.	Trachenberg.	L. Oels u. A. Trachenberg und Prausnitz.	783.	Leonhard, J. R.	Magdeburg.	L. Magdeburg.
				784.	Leonhard, J. R.	Berlin.	L. I. Berlin.
739.	Kühn, E., R. A.	Gößnitz i. S.-Altenburg.	L. Altenburg, A. Schmöllen.	785.	Leonhard, R. A.	Offenburg in Baden.	L. Offenburg.
740.	Dr. Kunath, R. A.	Dresden.	A. u. L. Dresden.	786.	Lesky, Wilh., R. A.	Dresden.	L. Dresden.
741.	Kurel, R. A.	Leobschütz.	L. Ratibor.	787.	Lesse, J. R.	Berlin.	L. I. Berlin.
742.	Kurztisch, Wilh., R. A.	Ludwigslust i. Mecklenb.	L. Schwerin.	788.	Lentzen, P., R. A.	Düsseldorf.	L. Düsseldorf u. A. Neuß.

№	Name	Wohnort	Gericht, bei welchem die Zulassung erfolgt ist	№	Name	Wohnort	Gericht, bei welchem die Zulassung erfolgt ist
789.	Leuthold, R. A.	Schöneck in Sachsen.	L. Plauen u. A. Oelsnitz.	837.	Dr. Lübcke, R. A.	Sternberg in Meckl.	L. Güstrow, A. Sternberg.
790.	Dr. Levi I., R. A.	Mainz.	L. Mainz u. O. L. Darmstadt.	838.	Rückert, R. A.	Eisenach.	L. Eisenach.
791.	Levi II., R. A.	Mainz.	L. Mainz u. O. L. Darmstadt.	839.	Lüdecke, J. R.	Neuhaldensleben.	L. Magdeburg.
792.	Levi, R. A.	Stuttgart.	L. Stuttgart.	840.	Lüders, R. A.	Berlin.	L. I. Berlin.
793.	Levie, R. A.	Cassel.	L. Cassel.	841.	Dr. Lünzel, J. R.	Leipzig.	R. G. Leipzig.
794.	Levin, J. R.	Berlin.	L. I. Berlin.	842.	Luschka, R. A.	Konstanz.	L. Konstanz.
795.	Leviseur, J. R.	Posen.	L. Posen.				
796.	Levy, Gustav, Notar.	Berlin.	K. G. Berlin.	843.	Dr. Maas, Simon, R. A.	Frankfurt am Main.	O. L. Frankfurt a. M.
797.	Levy, M., R. A.	Berlin.	L. I. Berlin.	844.	Maas, R. A.	Aachen.	L. Aachen.
798.	Lewald, R. A.	Breslau.	L. Breslau.	845.	Dr. Maaß, Georg, R. A.	Rostock.	L. u. O. L. Rostock.
799.	Lewald, R. A.	Leipzig.	R. G. Leipzig.				
800.	Ley, R. A.	Essen.	L. Essen.	846.	Maaßen, R. A.	Cöln.	O. L. Cöln.
801.	Lezius, Alb., J. R.	Cöthen.	A. Cöthen, L. Dessau u. O. L. Naumburg.	847.	Maber, R. A.	Constanz.	L. Constanz.
				848.	Dr. Maerker, G., R. A.	Frankfurt am Main.	L. Frankfurt a. M.
802.	Libawski, J. R.	Creuzburg R. B. Oppeln.	L. Oppeln.	849.	Dr. Magnus, D., R. A.	Braunschweig.	L. u. O. L. Braunschweig.
803.	Licht, R. A.	Potsdam.	L. Potsdam.				
804.	Dr. Liebe, R. A.	Dessau.	L. Dessau.	850.	Mahla, R. A.	Landau in der Pfalz.	L. Landau.
805.	Lieben, B., R. A.	Cöln.	L. Cöln.				
806.	Liebenau, R. A.	Düsseldorf.	L. Düsseldorf.	851.	Maier, Eduard, R. A.	Mainz.	L. Mainz.
807.	Liman, Wilh., R. A.	Cottbus.	L. Cottbus.	852.	Malower, J. R.	Berlin.	L. I. Berlin.
808.	Linden, R. A.	Braunsberg, Ostpr.	L. Braunsberg.	853.	Mallison, R. A.	Danzig.	L. Danzig.
				854.	Mangelsdorff, R. A.	Graudenz.	A. u. L. Graudenz.
809.	Dr. Lindenberg, C. J., R. A.	Lübeck.	L. Lübeck u. O. L. Hamburg.	855.	Mangold, Aug., R. A.	Offenburg.	L. Offenburg.
				856.	Dr. Mann, R. A.	Bremen.	L. Bremen, O. L. Hamburg.
810.	Lindenschmidt, Carl, R. A.	Elberfeld.	L. Elberfeld.				
811.	Linker, R. A.	Nürnberg.	L. u. O. L. Nürnberg.	857.	Mannkopff, J. R.	Cöslin.	L. Cöslin.
812.	Dr. Lindheimer, R. A.	Frankfurt am Main.	L. Frankfurt a. M.	858.	Manns, Gustav Adolph, R. A.	Hanau.	L. Hanau.
813.	Lindner, J. R.	Danzig.	L. Danzig.	859.	Dr. Mantius, R. A.	Schwerin in Mecklenb.	L. Schwerin.
814.	Lintz, Carl, R. A.	Darmstadt.	L. u. O. L. Darmstadt.	860.	Marckhoff, J. R.	Bochum.	L. Essen.
815.	Dr. Linz, R. A.	Karlsruhe.	L. Karlsruhe.	861.	Marquier, R. A.	Constanz.	L. Constanz.
816.	Dr. Lippert, R. A.	Mainz.	L. Mainz.	862.	Marten, R. A.	Augsburg.	L. Augsburg.
817.	Lippold, W., R. A.	Altenburg.	L. Altenburg.	863.	Martens, R. A.	Wismar i. M.	L. Schwerin.
818.	Littenbauer, R. A.	Deggendorf in Baiern.	L. Deggendorf.	864.	Martini, R. A.	Leipzig.	L. Leipzig.
				865.	Martini, Moritz, R. A.	Weimar.	L. Weimar.
819.	Litthauer, R. A.	Schrimm.	L. Posen.				
820.	Dr. Lochte, R. A.	Magdeburg.	L. Magdeburg.	866.	Martini, Oskar, R. A.	Meerane i. S.	A. Meerane, L. Zwickau, K. f. H. zu Glauchau.
821.	Dr. Loebell, R. A.	Marburg, R. B. Cassel.	L. Marburg.				
822.	Loebnitz, J. R.	Nordhausen.	L. Nordhausen.	867.	Dr. Martinius, R. A.	Erfurt.	L. Erfurt.
823.	Loenary, R. A.	Coblenz.	L. Coblenz.	868.	Martiny, J. R.	Danzig.	L. Danzig.
824.	Loerbroks, J. R.	Soest.	L. Dortmund.	869.	Marx, Herm., R. A.	Greiffenberg i. Schlesien.	A. Greiffenberg.
825.	Loeser, L. S., R. A.	Fulda.	L. Hanau.				
826.	Lowenthal, M., R. A.	Schwerin in Meckl.	L. Schwerin.	870.	Maßot, R. A.	Darmstadt.	L. u. O. L. Darmstadt.
				871.	Mattersdorf, R. A.	Liegnitz.	L. Liegnitz.
827.	Loewenstein, R. A.	Stuttgart.	O. L. Stuttgart.	872.	Matthaei, R. A.	Rawitsch.	A. Rawitsch.
828.	Dr. Lobe, R. A.	Cöln.	L. Cöln.	873.	Matthias, R. A.	Crefeld.	L. Düsseldorf, K. f. H. Crefeld.
829.	Lorel, R. A.	Berlin.	L. I. Berlin.				
830.	Dr. Lorey, Wilh., R. A.	Frankfurt am Main.	L. Frankfurt a. M.	874.	Maubach, R. A.	Cöln.	L. Cöln.
831.	Lov, R. A.	Colmar i. E.	O. L. Colmar.	875.	Maul, R. A.	Weida.	L. Weida, L. Gera.
832.	Lubowski, J. R.	Breslau.	L. Breslau.	876.	Dr. Max, Herm., R. A.	Hamburg.	A., L. u. O. L. Hamburg.
833.	Luckhardt, Aug., R. A.	Ziegenhain.	L. Marburg.	877.	Dr. May, Val., R. A.	Frankfurt am Main.	L. Frankfurt a. M.
834.	Dr. Luten, H., R. A.	Leipzig.	R. G. Leipzig.	878.	Dr. Mayer, Otto, R. A.	Mülhausen im Elsaß.	L. Mülhausen i. E.
835.	Ludwig, Rob., R. A.	Auerbach in Sachsen.	L. Plauen, A. Auerbach.	879.	Dr. Mayer, Carl, R. A.	Cöln.	L. Cöln.
836.	Lübbe, Gust., R. A.	Wittler.	A. Wittler.				

Nᵒ	Name	Wohnort	Gericht, bei welchem die Zulassung erfolgt ist	Nᵒ	Name	Wohnort	Gericht, bei welchem die Zulassung erfolgt ist
880.	Dr. Mayer, Friedr., R.A.	Mainz.	L. Mainz u. O. L. Darmstadt.	926.	Dr. Michels, R.A.	Duisburg	A. u. L. Duisburg.
881.	Mayer, J.R.	Aachen.	L. Aachen.	927.	Mirus, R.A.	Leisnig.	A. Leisnig, L. Leipzig.
882.	Mayer, J., R.A.	Bonn.	L. Bonn.	928.	v. Mittelstaedt, J.R.	Neuwied.	L. Neuwied.
883.	Mayer, jun. M.E., R.A.	Leipzig.	L. Leipzig.	929.	Mittrup, R.A.	Görlitz.	L. Görlitz.
884.	Dr. Mayer, Ferd. R.A.	Mainz.	L. u. O. L. Mainz.	930.	Moeger, J.R.	Dortmund.	L. Dortmund.
885.	Mayerhausen, H., R.A.	Ellwangen.	L. Ellwangen.	931.	Möller, Aug., R.A.	Rostock.	u. O. L. Rostock.
886.	Dr. Mayersohn, R.A.	Aschaffenburg.	L. Aschaffenburg.	932.	Mörichen, k., R.A.	Würzburg.	L. Würzburg.
887.	Dr. Mayr, R.A.	Amberg.	L. Amberg.	933.	Mohr, O., R.A.	Rudolstadt.	L. Rudolstadt.
888.	Mecke, J.R.	Leipzig.	R.G. Leipzig.	934.	Monich, R.A.	Grevismühlen	L. Schwerin.
889.	Medicus, F., R.A.	Dessau.	L. Dessau, O. L. Naumburg.	935.	Morgenroth, J.R.	Beuthen in Ob.-Schl.	L. Beuthen.
890.	Mehr, G., R.A.	Borna.	A. Borna, L. Leipzig.	936.	Dr. Woßner, A., R.A.	Berlin.	L. I Berlin.
891.	Meibauer, J.R.	Coeslin.	L. Coeslin.	937.	v. Müldner, J.R.	Cassel.	L. Cassel.
892.	Meibauer, R.A.	Berlin.	L. Berlin I.	938.	Dr. Müller, J.R.	Verden i. Han.	L. Verden i. Han.
893.	Meibauer, R.A.	Königs W. Pr.	A. u. L. Kenitz.	939.	Dr. Müller, R.A.	Cassel.	L. Cassel.
894.	Meier, H., R.A.	Kiel.	L. Kiel.	940.	Dr. Müller, R.A.	Flensburg.	L. Flensburg.
895.	Meinecke, R.A.	Braunschweig	L. u. O. L. Braunschweig.	941.	Dr. Müller, E., R.A.	Metz.	L. Metz.
896.	Meinhard, R.A.	Gnesen.	L. Gnesen.	942.	Dr. Müller, Leop. Heinr. Fried., R.A.	Bremen.	L. Bremen.
897.	Dr. Meinhold, R.A.	Dresden.	L. u. A. Dresden.	943.	Müller, Carl, J.R.	Saalfeld in Sachs. Mein. Hildburgh.	L. Rudolstadt.
898.	Meisel, Herm., R.A.	Dresden.	A. u. L. Dresden.	944.	Müller, J.R.	Berlin.	L. I Berlin.
899.	Meißner, R.A.	Bamberg.	L. u. O. L. Bamberg.	945.	Müller, Paul, R.A.	Landsberg a. W.	L. Landsberg a. W.
900.	Meißner, Fr. Aug., R.A.	Prenzlau.	L. Prenzlau.	946.	Müller, R.A.	Gera.	L. Gera.
901.	Meißner, R.A.	Magdeburg.	L. Magdeburg.	947.	Müller, C.H., R.A.	Rostock.	L. u. O. L. Rostock.
902.	Meltzer, J.R.	Allenstein O. Pr.	L. Allenstein.	948.	Müller, J., R.A.	Hofgeismar.	L. Cassel.
903.	Meltzen, J.R.	Königsberg i. Pr.	L. Königsberg i. Pr.	949.	Müller, R.A.	Oberstein.	L. Saarbrücken, A. Oberstein, Birkenfeld u. Rohfelden.
904.	Melchior, J.R.	Dortmund.	L. Dortmund.	950.	Müller, R.A.	Schwetz.	L. Graudenz.
905.	Mellien, R.A.	Berlin.	L. I Berlin.	951.	Müller, R.A.	Cöln.	L. Cöln.
906.	Dr. Meltzer, Fr. G. Moriz, R.A.	Leipzig.	L. u. A. Leipzig.	952.	Müller, Carl Aug., R.A.	Rostock.	L. u. O. L. Rostock.
907.	Mendthal, J.R.	Königsberg i. Pr.	L. Königsberg.	953.	Müller, Theodor, R.A.	Chemnitz i. S.	L. u. A. Chemnitz.
908.	Menzel, R.A.	Zittau i. S.	A. Zittau, L. Bautzen, R. f. H. Zittau.	954.	Müller, C.A., R.A.	Gotha.	L. Gotha.
909.	Meß, R.A.	Gießen.	L. Gießen.	955.	Müller, R.A.	Dresden.	A. u. L. Dresden.
910.	v. Meßich, Hugo, R.A.	Leipzig.	A. u. L. Leipzig.	956.	Münz, G., R.A.	Regensburg.	L. Regensburg.
911.	Meurer, R.A.	Cöln.	L. Cöln.	957.	Müseler, R.A.	Berlin.	L. I Berlin.
912.	Meurin, R.A.	Trier.	L. Trier.	958.	Dr. Muhl, R.A.	Gießen.	L. Gießen.
913.	Dr. Meyer, R.A.	Nürnberg.	A., L. u. O. L. Nürnberg.	959.	Mummers, R.A.	Hildesheim.	L. Hildesheim.
914.	Dr. Meyer, G., R.A.	Essen b. Wittlage.	A. Wittlage.	960.	Muntel, R.A.	Berlin.	L. I Berlin.
915.	Dr. Meyer, Fritz, R.A.	Frankfurt am Main.	L. Frankfurt a. M.	961.	Mundt, R.A.	Preetz.	L. Kiel.
916.	Meyer, J.R.	Berlin.	L. I Berlin.	962.	Muser, Oskar, R.A.	Offenburg in Baden.	L. Offenburg.
917.	Meyer, Ad., J.R.	Altona.	L. Altona.	963.	Dr. Muth, R.A.	St. Johann.	L. Saarbrücken.
918.	Meyer, Gustav, R.A.	Dresden.	L. Dresden.	964.	Muther L., Hans, J.R.	Coburg.	L. Coburg.
919.	Meyer, R.A.	Pleschen.	L. Ostrowe.	965.	Naager, F., R.A.	Passau.	L. Passau.
920.	Meyer, Ludw., R.A.	Altenburg.	A. u. L. Altenburg.	966.	Naaß, J.R.	Cöslin.	L. Cöslin.
921.	Meyer, Gust., R.A.	Bayreuth.	L. Bayreuth.	967.	Dr. Nacken, J.R.	Cöln.	O. L. Cöln.
922.	Meyer, R.A.	Cappeln in Schlesw.	L. Flensburg.	968.	Nauen, R.A.	Rosenberg in Westpr.	L. Elbing.
923.	Meyn, H., R.A.	Altona.	L. Altona.	969.	Naumann, Paul, R.A.	Bautzen.	A. u. L. Bautzen, R. f. H. Zittau.
924.	Dr. Michaelis, J.R.	Hildburghausen.	L. Meiningen.	970.	Neele, R.A.	Barmen.	L. Elberfeld.
925.	Michaelsen, R.A.	Tessin i. M.	L. Rostock.	971.	Nemitz, Hellmuth, R.A.	Lauenburg in Pommern.	L. Stolp, A. Lauenburg.
				972.	Nemnich, R.A.	Limburg a. d. Lahn.	L. Limburg an der Lahn.

№	Name	Wohnort	Gericht, bei welchem die Zulassung erfolgt ist	№	Name	Wohnort	Gericht, bei welchem die Zulassung erfolgt ist
973.	Retcke, Heinr., R.A.,	Chemnitz.	L. u. A. Chemnitz.	1015.	Patzki, R.A.	Leipzig.	R. G. Leipzig.
974.	Reubauer, R.A.	Berent i. Westpreußen.	L. Danzig.	1016.	Pause, Eduard, R.A.	Chemnitz.	L. Chemnitz.
975.	Reuhaus, R.A.	Elberfeld.	L. Elberfeld.	1017.	Dr. Pavenstett, R.A.	Bremen.	A. u. L. Bremen, O. L. Hamburg.
976.	Reuhaus, R.A.	Hamm i. Westfalen.	O. L. Hamm.	1018.	Payer I., Gustav, R.A.	Stuttgart.	L. Stuttgart.
977.	Reukirch, R.A.	Olpe.	A. Olpe, L. Arnsberg, K. f. H. Siegen.	1019.	Payer II., Friedrich, R.A.	Stuttgart.	O. L. Stuttgart.
978.	Dr. Reukirch II., Ab., R.A.	Frankfurt am Main.	L. Frankfurt a. M.	1020.	Dr. Peacock, R., R.A.	Lübeck.	L. Lübeck, O. L. Hamburg.
979.	Reumann, Leopold, R.A.	Freiburg in Baden.	L. Freiburg in Baden.	1021.	Pechau, R.A.	Helmstadt.	L. Braunschweig, A. Helmstadt.
980.	Reunmayer, J., R.A.	Kaiserslautern.	L. Kaiserslautern.	1022.	Pelzer II., R.A.	Aachen.	L. Aachen.
981.	Reuß, H., R.A.	Aachen.	L. Aachen.	1023.	Peltgsohn, R.A.	Liegnitz.	L. Liegnitz.
982.	Rickell, R.A.	Lyck.	L. u. A. Lyck.	1024.	Dr. Pemsel, R.A.	München.	L. u. O. L. München.
983.	Nicolai, Paul, R.A.	Crimmitschau.	L. Zwickau, K. f. H. Glauchau.	1025.	Peters, G., R.A.	Schwerin in Meckl.	L. Schwerin.
984.	Niebour, R.A.	Oldenburg in Oldenburg.	L. u. O. L. Oldenburg.	1026.	Peters, Johannes, R.A.	Kiel.	L. Kiel.
985.	Riemeyer, H., R.A.	Essen.	L. Essen.	1027.	Petri, R.A.	Mainz.	L. Mainz, O. L. Darmstadt.
986.	Riessen, Alevs, R.A.	Cöln.	L. Cöln.	1028.	Peus, B., R.A.	Münster i. W.	L. Münster.
987.	Rissen, R.A.	Süderstapel.	L. Rendsburg.	1029.	Peus, Hugo, J.R.	Recklinghausen.	L. Münster.
988.	Dr. Rottenius I., R.A.	Bremen.	L. Bremen u. O. L. Hamburg.	1030.	Pfannenstiel, R.A.	Saargemünd.	L. Saargemünd.
989.	Dr. Rottenius II., Bernh., R.A.	Bremen.	O. L. Hamburg, L. u. A. Bremen.	1031.	Dr. Pfefferkorn, Rud., R.A.	Frankfurt am Main.	O.L. Frankfurt a. M.
990.	Renne, C., R.A.	Hildburghausen.	L. Meiningen.	1032.	Dr. Pfeiffer, W.,	Wiesbaden.	L. Wiesbaden.
991.	Rüder, R.A.	Cöln.	L. Cöln.	1033.	Pflügel, R.A.	Bamberg.	O. L. u. L. Bamberg.
992.	Dr. Obermeyer, R.A.	Nürnberg.	L. u. O.L. Nürnberg.	1034.	Philipp, F., J.R.	Altona.	L. Altona.
993.	v. Obernitz, J.R.	Königsberg in Preußen.	O. L. Königsberg in Preußen.	1035.	Pieper, R.A.	Rybnik.	L. Ratibor.
994.	Obuch, R.A.	Löban i. Westpreußen.	L. Thorn.	1036.	Dr. Pilling, R.A.	Dresden.	L. Dresden.
995.	Oehl, R.A.	Constanz.	L. Constanz.	1037.	Pillmayr, R.A.	Landshut.	L. Landshut.
996.	Oehme, J.R.	Leipzig.	L. u. A. Leipzig.	1038.	Pitschky, Geh. J.R.	Stettin.	L. u. O. L. Stettin.
997.	Oertel, R.A.	Leipzig.	L. Leipzig.	1039.	Plato, J.R.	Colberg.	A. Colberg, L. Cöslin.
998.	Offenburg, J.R.	Münster i. W.	L. Münster.	1040.	Plitt, R.A.	Borken, R.-B. Cassel.	L. Marburg.
999.	Opitz, Richard, R.A.	Dresden.	A. u. L. Dresden.	1041.	Plötz, Johann, R.A.	Deggendorf.	L. Deggendorf.
1000.	Dr. Oppe, R.A.	Chemnitz.	A. u. L. Chemnitz.	1042.	Poblech, J.R.	Bartenstein in Ostpr.	L. Bartenstein.
1001.	Dr. Oppenheim, L., R.A.	Mainz.	L. Mainz, O. L. Darmstadt.	1043.	Pötsch, E., R.A.	Roßlan.	L. Dessau u. Anhalt A.
1002.	Oppermann Andreas, R.A.	Zittau.	L. Bautzen u. A. k. f. H. Zittau.	1044.	Pohl, R.A.	Landsberg a. W.	L. Landsberg a. W.
1003.	Orneld, R.A.	Berlin.	L. I. Berlin.	1045.	Pohlenz, R.A.	Leipzig.	L. u. A. Leipzig.
1004.	Dr. Ortloff, C., R.A.	Meiningen.	L. Meiningen.	1046.	v. Pöllnitz, R.A.	Ansbach.	L. Ansbach.
1005.	Oöner, R.A.	Offenburg in Baden.	L. Offenburg.	1047.	Poschmann, J.R.	Danzig.	L. Danzig.
1006.	Ostendorff, R.A.	Osnabrück.	L. Osnabrück.	1048.	Pottien, R.A.	Bromberg.	L. Bromberg.
1007.	Dr. Oswalt, H., R.A.	Frankfurt am Main.	L. Frankfurt a. M.	1049.	Praefcke, Rob., R.A.	Neubrandenburg.	L. Neustrelitz, A. Neubrandenburg.
1008.	Ottmann, R.A.	Eichstätt.	L. Eichstätt.	1050.	v. Praun, R.A.	Nürnberg.	L. u. O. L. Nürnberg.
1009.	Dr. Otto, R.A.	Heilbronn.	A. u. L. Heilbronn.	1051.	Prechtl, R.A.	Weiden.	L. Weiden.
1010.	Otto, R.A.	Halle a. S.	L. Halle.	1052.	Dr. Predöhl, R.A.	Hamburg.	A., L. u. O. L. Hamburg.
1011.	Padelt, R.A.	Schweidnitz.	L. Schweidnitz.	1053.	Preller, R.A.	Chemnitz.	L. u. A. Chemnitz.
1012.	Dr. Pausa, Otto, R.A.	Leipzig.	A. u. L. Leipzig.	1054.	Prengel, R.A.	Insterburg.	L. Insterburg.
1013.	Pause, J.R.	Erfurt.	L. Erfurt.	1055.	Presso, J.R.	Schneidemühl.	L. Schneidemühl.
1014.	Dr. Patow, Ernst, R.A.	Hamburg.	A., L. u. O. L. Hamburg.	1056.	Preuß, J.R.	Tilsit.	L. Tilsit.
				1057.	Preuß, J.R.	Cosel.	A. Cosel.
				1058.	Priber, R.A.	Frankenberg i. Sachsen.	L. Chemnitz, A. Frankenberg.
				1059.	Dr. Pries, R.A.	Schwaan in Mecklb.	L. Rostock, A. Schwaan.

№	Name	Wohnort	Gericht, bei welchem die Zulaſſung erfolgt iſt	№	Name	Wohnort	Gericht, bei welchem die Zulaſſung erfolgt iſt
1060.	Primker, J. R.	Berlin.	L. I. Berlin.	1100.	Dr. Renner, Fried., R. A.	Caſſel.	L. Caſſel.
1061.	Prinz, R. A.	Saargemünd.	L. u. A. Saarge- münd.	1101.	Rettig, A., R. A.	Saarbrücken.	A. Birkenfeld, L. Saarbrücken u. O.L. Cöln.
1062.	Puchta, J. R.	Bütow.	L. Stolp i. Pom.				
1063.	Puls, W., R. A.	Mirow in Meckl.-Strel.	L. Neuſtreliz.	1102.	Dr. Reuling, R. A.	Darmſtadt.	L.u.O.L. Darmſtadt.
1064.	Puttrich, R. A.	Leipzig.	L. u. A. Leipzig.	1103.	Dr. Reuling, R. A.	Leipzig.	R. G. Leipzig.
1065.	Puz, R. A.	Augsburg.	A., L. u. O. L. Augsburg.	1104.	Dr. Reuß-Jäſſerer, R. A.	Cöln.	L. Cöln.
				1105.	Reuter, J. R.	Hörter.	L. Paderborn.
1066.	Oart, B., R. A.	Coburg.	A., A. f. H. Coburg u. L. Meiningen.	1106.	Richter, R. A.	Landshut.	L. Landshut.
1067.	Dr. Quael-Faslem, R. A.	Melle i. Hann.	L. Osnabrück.	1107.	Richter, A. C., J. R.	Leipzig.	L. Leipzig.
				1108.	Riederer, R. A.	Neuburg a. D.	L. Neuburg a. D.
1068.	Dr. Quenſtedt, R. A.	Berlin.	L. I. Berlin.	1109.	Rieger, Conrad, R. A.	Cöthen.	A. Cöthen, L. Deſſau, O. L. Naumburg.
1069.	Ruckow, R. A.	Schonberg in Meckl.	L. Neuſtreliz.	1110.	Riem, J. R.	Berlin.	R. G. Berlin.
				1111.	Riemann, J. R.	Berlin.	L. I. Berlin.
1070.	v. Radecke, J. R.	Halle a. S.	L. Halle.	1112.	Rieß, J., R. A.	Caſſel.	L. Caſſel.
1071.	Radermacher, R. A.	Aachen.	L. Aachen.	1113.	Rieth, R. A.	Cöln.	O. L. Cöln.
1072.	Raht, J. R.	Frankfurt am Main.	O. L. Frankfurt am Main.	1114.	Rieve, J. R.	Allenſtein.	L. Allenſtein.
				1115.	Rißart, Joſ., R. A.	Cöln.	L. Cöln.
1073.	Ranſt, sen., R. A.	Göhniz.	L. Altenburg.	1116.	Rißgler, Alb., R. A.	Conſtanz.	A. u. L. Conſtanz.
1074.	Rang, L., R. A.	Fulda.	L. Hanau.	1117.	Ritſchl, R. A.	Stargard in Pommern.	L. Stargard.
1075.	Raſche, J. R.	Wittſtock.	A. Wittſtock, L. Neu-Ruppin.				
1076.	Rath, R. A.	Bonn.	L. Bonn.	1118.	Riperow, L., R. A.	Schwerin in Mecklenb.	L. Schwerin.
1077.	Rath, R. A.	Marsberg bei Briton.	L. Arnsberg.	1119.	Robert, J. R.	Berlin.	L. I. Berlin.
				1120.	Robolski R. A.	Wanzleben.	L. Magdeburg.
1078.	Dr. Rau, R. A.	München.	L. I. u. II., O. L. u. Ob. L. G. München.	1121.	Rochell, J. R.	Eſſen.	O. L. Hamm.
				1122.	Roeder, R. A.	Halberſtadt.	L. Halberſtadt.
1079.	Rau, R. A.	Hof.	L. Hof.	1123.	Roediger, R. A.	Kaiserslau- tern.	L. Kaiserslautern.
1080.	Ranſchenbuſch, J. R.	Hamm.	O. L. Hamm.				
1081.	Dr. Reaz, Carl F t., R. A.	Gießen.	L. Gießen.	1124.	Roemer, Max, R. A.	Stuttgart.	O. L. Stuttgart.
				1125.	Dr. Roentich, R. A.	Leipzig.	L. u. A. Leipzig.
1082.	Derr Regensburger, R. A.	Mannheim.	L. Mannheim.	1126.	Dr. Roeſſing, J. C., R. A.	Frankfurt am Main.	O. L. Frankfurt a. M.
1083.	Regge, R. A.	Stallupönen.	A. Stallupönen, L. Insterburg.	1127.	v. Roeßler, A., R. A.	Limburg a. Lahn.	L. Limburg.
1084.	Reichardt, Friedrich, R. A.	Weimar.	L. Weimar.	1128.	Rogler, R. A.	Schweinfurt.	L. Schweinfurt.
				1129.	Romberg, W., R. A.	Meiningen.	L. Meiningen.
1085.	Reichardt, O., R. A.	Eiſenach.	L. Eiſenach.	1130.	Romberg, J. R.	Leipzig.	R. G. Leipzig.
1086.	Reigers, R. A.	Werl.	L. Dortmund.	1131.	Dr. Romeiß, R. A.	Wiesbaden.	A. u. L. Wiesbaden.
1087.	Dr. Reinach, C., R. A.	Mainz.	L. Mainz.	1132.	Dr. Roſenberg, R. A.	Gießen.	L. u. A. Gießen.
1088.	Reinarz, Heinrich, R. A.	Düſſeldorf.	L. Düſſeldorf.	1133.	Roſenberger, R. A.	Zweibrücken.	L. u. O. L. Zwei- brücken.
1089.	Reinecke, R. A.	Schönebeck an der Elbe.	L. Magdeburg.	1134.	Roſenheim, R. A.	Danzig.	L. Danzig.
				1135.	Roßbach, F. J., R. A.	Leipzig.	L. Leipzig.
1090.	Reiners, R. A.	Aachen.	L. Aachen.	1136.	Rethe, C. A., R. A.	Altenburg.	A. u. L. Altenburg.
1091.	Reinhard, J., R. A.	Mannheim.	L. Mannheim.	1137.	Rothlauf, Georg, R. A.	Bamberg.	L. u. O. L. Bamberg.
1092.	Reinhold, A., R. A.	Leipzig.	L. Leipzig.				
1093.	Reinhordt, Th., R. A.	Frankenberg i. Sachſen.	L. Chemniz, A. Fran- kenberg.	1138.	Rothmund, R. A.	Paſſau.	L. Paſſau.
				1139.	Rothſchild, R. A.	Trier.	L. Trier.
1094.	Dr. Reinken, R. A.	Bremen.	A., L. Bremen, O. L. Hamburg u. A.f.H. Bremerhaven.	1140.	Rumpen I., J. R.	Aachen.	L. Aachen.
				1141.	Rumpen II., R. A.	Aachen.	L. Aachen.
				1142.	Rumpf, R. A.	Varel.	A. Varel, L. Olden- burg.
1095.	Dr. Reiß, Paul, R. A.	Frankfurt am Main.	O.L. Frankfurt a. M.				
1096.	Reiſiger, Ludwig, R. A.	Königſtein in Sachſen.	L. Dresden.	1143.	Sabarth, R. A.	Breslau.	O. L. Breslau.
				1144.	Sachs, R. A.	Leipzig.	R. G. Leipzig.
1097.	Rembold, R. A.	Schwäb. Hall.	L. Hall.	1145.	Saenger, R. A.	Ulm.	L. Ulm.
1098.	Renktorff, J. R.	Kiel.	A. u. L. Kiel.	1146.	Dr. Salomon, R. A.	Berlin.	L. I. Berlin.
1099.	Rennecke, Philipp, R. A.	Schwerin in Mecklenb.	L. Schwerin.	1147.	Salzmann, R. A.	Jena.	O. L. Jena.
				1148.	Sander, R. A.	Guben.	L. Guben.

№	Name	Wohnort	Gericht, bei welchem die Zulassung erfolgt ist	№	Name	Wohnort	Gericht, bei welchem die Zulassung erfolgt ist
1149.	Sauthaas, R.A.	Darmstadt.	O. L. u. L. Darmstadt.	1194.	Dr. Schmidt, Rob., R.A.	Dresden.	L. Dresden.
1150.	Sarrazin, R.A.	Gardelegen.	L. Stendal.	1195.	Schmidt I., Ludw., I.R.	Berlin.	L. I. Berlin.
1151.	Sartig, I.R.	Eilenburg.	L. Torgau.	1196.	Schmidt II., Rud., R.A.	Berlin.	L. I. Berlin.
1152.	Sarterius, R.A.	Coburg.	L. Meiningen, A. u. R. f. H. Coburg.	1197.	Schmidt, C., R.A.	Stade.	L. Stade.
1153.	Sattler, R.A.	Schweinfurt.	L. Schweinfurt.	1198.	Schmidt, Emund, R.A.	Leipzig.	L. Leipzig.
1154.	Saul, R.A.	Berlin.	L. I. Berlin.	1199.	Schmidt, Kr., I.R.	Altona.	L. Altona.
1155.	Sayn, F., R.A.	Neuwied.	L. Neuwied.	1200.	Schmidt, Hugo, R.A.	Zweibrücken.	L. u. O. L. Zweibrücken.
1156.	Schaeffer, R.A.	Oels i. Schl.	L. Oels.	1201.	Schmidt, A., R.A.	Lüneburg.	L. Lüneburg.
1157.	Schaeper, H. C., R.A.	Schleswig.	L. Flensburg.	1202.	Schmidt, I.R.	Bromberg.	L. Bromberg.
1158.	Dr. Schaffrath, I.R.	Dresden.	O. L. Dresden.	1203.	Schmidt, F. Chr., R.A.	Dresden.	L. u. A. Dresden.
1159.	Schall I., R.A.	Stuttgart.	O. L. Stuttgart.	1204.	Schmidtmüller, F., R.A.	Zabern i. E.	L. Zabern i. E.
1160.	Schall, C., R.A.	Ulm.	L. Ulm.	1205.	Schmiedicke, I.R.	Beuthen in Oberschl.	L. Beuthen, Oberschl.
1161.	Schaller, I., R.A.	Zabern i. E.	L. Zabern.	1206.	Schmitt, R., I.R.	Mülheim a. d. Ruhr.	L. Duisburg, A. Mülheim a. d. Ruhr.
1162.	Schanz, Richard, R.A.	Dresden.	O. L. Dresden.	1207.	Dr. Schmitt, R.A.	Bamberg.	L. u. O. L. Bamberg.
1163.	Schaube, I.R.	Neumarkt (Reg.-Bezirk Breslau).	L. Breslau.	1208.	Schmitt, Th., R.A.	Würzburg.	L. Würzburg.
1164.	Schaufeli, R.A.	Düsseldorf.	L. Düsseldorf.	1209.	Schmitz I., Bath., R.A.	Cöln.	L. Cöln.
1165.	Dr. Schedlich, Fr., R.A.	Dresden.	L. Dresden.	1210.	Schmitz, R.A.	Elberfeld.	L. Elberfeld.
1166.	Scheele, I.R.	Hamm.	O. L. Hamm.	1211.	Schmitz, Emil, R.A.	Cöln.	O. L. Cöln.
1167.	Scheffer, R.A.	Cassel.	L. Cassel.	1212.	Schneider, R.A.	Arnsberg.	L. Arnsberg.
1168.	Dr. Scheibges, R.A.	Crefeld.	R. f. H. Crefeld.	1213.	Schneider, C. R., R.A.	Thum bei Chemnitz.	A. Ehrenfriedersdorf u. L. Chemnitz.
1169.	Schenck, R.A.	Essen (R.-B. Düsseldorf).	L. Essen.	1214.	Schneider, I.R.	Brieg, R.-B. Breslau.	L. Brieg.
1170.	Schenk, R.A.	Wiesbaden.	L. Wiesbaden.	1215.	Schneider, Carl, R.A.	Cöln.	L. Cöln.
1171.	Schenk II., Carl, I.R.	Darmstadt.	L. u. O. L. Darmstadt.	1216.	Schneider, R.A.	Mittweida in Sachsen.	L. Chemnitz, A. Mittweida.
1172.	Schenk II., Ch., R.A.	Cöln.	L. Cöln.	1217.	Schnitger, I., R.A.	Lemgo.	L. Detmold, A. Lemgo.
1173.	Scherer, F., R.A.	Aschaffenburg.	L. Aschaffenburg.	1218.	Schnitzler, R.A.	Cöln.	L. Cöln.
1174.	Dr. Scherlensky, Aug., R.A.	Frankfurt am Main.	L. Frankfurt am Main.	1219.	Schöneseiffen, Carl, R.A.	M. Gladbach.	R. f. H. zu M. Gladbach.
1175.	Schuch, R.A.	Bockenheim.	L. Frankfurt am Main.	1220.	Schömann, F., R.A.	Greifswald.	L. Greifswald.
1176.	Scheuffler, H. W., R.A.	Meißen.	A. Meißen, L. Dresden.	1221.	Scholz, R.A.	Wiesbaden.	L. Wiesbaden.
1177.	Schiebler, R.A.	Essen.	L. Essen.	1222.	Schoppe, Carl, R.A.	Leipzig.	L. u. A. Leipzig.
1178.	Schiebges, R.A.	Düsseldorf.	L. Düsseldorf.	1223.	Schorn, R.A.	Barmen.	L. Elberfeld.
1179.	Dr. Schill, Otto, R.A.	Leipzig.	L. Leipzig.	1224.	Schön, R.A.	Stendal.	L. Stendal.
1180.	v. Schimmelfennig, I.R.	Bartenstein in Ostpreußen.	L. Bartenstein.	1225.	Schott, Otto, R.A.	Ulm.	L. Ulm.
1181.	Schindling, G., R.A.	Limburg a. d. Lahn.	L. Limburg.	1226.	Schott, Carl, R.A.	Stuttgart.	L. Stuttgart.
1182.	Schlegel I., Franz Arthur, R.A.	Dresden.	O. L. Dresden.	1227.	Dr. Schottlaender, R.A.	Frankfurt am Main.	L. Frankfurt a. M.
1183.	Schleicher, R.A.	Düren.	L. Aachen.	1228.	Dr. Schrader, R.A.	Bremen.	A. u. L. Bremen, O. L. Hamburg.
1184.	Schlichting, R.A.	Potsdam.	L. Potsdam.	1229.	Schrader, R.A.	Göttingen.	L. Göttingen.
1185.	Schlick, R.A.	Grevenbroich.	A. Grevenbroich.	1230.	Schraps, Reinhold, R.A.	Zwickau i. S.	L. Zwickau.
1186.	Schlick, R.A.	Ragnit.	L. Tilsit.	1231.	Dr. Schreiner, R.A.	Cöln.	L. Cöln.
1187.	Schlick, R.A.	Schleiz.	L. Gera.	1232.	Schroeder, A. F., I.R.	Altona.	L. Altona.
1188.	Schlickmann, I.R.	Halle a./S.	L. Halle.	1233.	Schubert, Georg, R.A.	Dresden.	L. Dresden.
1189.	Schloß, R.A.	Heilbronn.	L. Heilbronn.	1234.	Dr. Schüler, Carl, R.A.	Darmstadt.	L. u. O. L. Darmstadt.
1190.	Dr. Schmal, Nathan, R.A.	Stuttgart.	L. Stuttgart.	1235.	Schüler, R.A.	Gotha.	A. u. L. Gotha.
1191.	Schmeel, R.A.	Darmstadt.	L. Darmstadt.				
1192.	Dr. Schmidt, Fr., Victor, R.A.	Marburg (R.-Bez. Cassel).	L. Marburg.				
1193.	Dr. Schmidt, Rob., R.A.	Darmstadt.	L. u. O. L. Darmstadt.				

№	Name	Wohnort	Gericht, bei welchem die Zulassung erfolgt ist	№	Name	Wohnort	Gericht, bei welchem die Zulassung erfolgt ist
1236.	Schütt, R. A.	Traunstein.	L. Traunstein.	1285.	Dr. Stapf, R. A.	Nürnberg.	L. u. O. L. Nürnberg.
1237.	Schuhmann, Fr. A., R. A.	Altenburg.	A. u. L. Altenburg.	1286.	Stapff, August, R. A.	Weimar.	L. Weimar.
1238.	Schulz, J. R.	Magdeburg.	L. Magdeburg.	1287.	Stapff, Robert, R. A.	Kaltennordheim.	L. Eisenach.
1239.	Schulz, R. A.	Bromberg.	L. Bromberg.	1288.	Stapper, Jakob, R. A.	Düsseldorf.	L. Düsseldorf.
1240.	Schulz, Ferd., R. A.	Hamm.	O. L. Hamm.	1289.	Staps, Fr., R. A.	Schmölln in Sachs.-Alt.	L. Altenburg, A. Schmölln.
1241.	Schulze, R. A.	Hirschberg in Schlesien.	L. Hirschberg.	1290.	v. Starck, R. A.	Hanau.	L. Hanau.
1242.	Schulze, G. H., R. A.	Neusalza in Sachsen.	A. Neusalza, L. in Zittau.	1291.	Stargardt, R. A.	Berlin.	L. I. Berlin.
1243.	Schumann, A., R. A.	Apolda.	L. Weimar.	1292.	Staß, J. R.	Aachen.	L. Aachen.
1244.	Dr. Schwabe, H., R. A.	Leipzig.	L. u. A. Leipzig.	1293.	Dr. Stannau, L., R. A.	Lübeck.	A. u. L. Lübeck, O. L. Hamburg.
1245.	Schwerin, J. R.	Berlin.	L. I. Berlin.	1294.	Stegemann, J. R.	Leipzig.	R. G. Leipzig.
1246.	Seckel, R. A.	Göttingen.	L. Göttingen.	1295.	Dr. Steible, R. A.	Würzburg.	L. Würzburg.
1247.	Seehausen, R. A.	Bautzen.	L. u. A. Bautzen.	1296.	Dr. Steigerwaldt, R. A.	Würzburg.	L. Würzburg.
1248.	Dr. Seelig, R. A.	Leipzig.	R. G. Leipzig.	1297.	Dr. Stein, R. A.	Schweinfurt.	L. Schweinfurt.
1249.	Seger, R. A.	Berlin.	R. G. Berlin.	1298.	Steinbach, J. R.	Magdeburg.	L. Magdeburg.
1250.	Seger, A., R. A.	Neiße.	L. Neiße.	1299.	Steinitz, R. A.	Rosenberg O. Schl.	L. Oppeln.
1251.	Schmacher, J. R.	Stettin.	L. Stettin.				
1252.	Seibert, R. A.	Darmstadt.	L. u. O. L. Darmstadt.	1300.	Stellter, J. R.	Königsberg i. Pr.	L. Königsberg i. Pr.
1253.	Seiler, J. R.	Angermünde.	L. Prenzlau.				
1254.	Seldis, R. A.	Berlin.	L. I. Berlin.	1301.	Stelzer, R. A.	Torgau.	L. Torgau.
1255.	Seligmann, J. R.	Coblenz.	L. Coblenz.	1302.	v. Stemann, R. A.	Husum.	L. Flensburg.
1256.	Dr. Sello, R. A.	Berlin.	L. I. Berlin.	1303.	Stengel, Carl, R. A.	Plauen i. B.	L. u. A. Plauen i. B.
1257.	Semler, R. A.	Braunschweig.	L. u. O. L. Braunschweig.	1304.	v. Stern, R. A.	Chemnitz.	L. u. A. Chemnitz.
				1305.	Stern, R. A.	Berlin.	L. I. Berlin.
1258.	Senbich, J., R. A.	Dresden.	L. Dresden.	1306.	v. Sternenfels, Freiherr, R. A.	Ravensburg.	L. Ravensburg.
1259.	Seume, Th., R. A.	Zwickau.	L. Zwickau, A. f. H. Glauchau.	1307.	Stettin, R. A.	Coeslin.	L. Coeslin.
1260.	Seyler, R. A.	Dresden.	A. u. L. Dresden.	1308.	Steuer, R. A.	Lublinitz.	A. Lublinitz.
1261.	Dr. Siebert, J. J., R. A.	Frankfurt am Main.	O. L. Frankfurt a. M.	1309.	Stiebler, R. A.	Breslau.	L. Breslau.
				1310.	Stiesberg, J. R.	Düsseldorf.	L. Düsseldorf.
1262.	Siebmann, Fr., R. A.	Rostock.	L. u. O. L. Rostock.	1311.	Stigler, R. A.	Rastatt.	L. Karlsruhe.
1263.	Sieger, R. A.	Cöln.	L. Cöln.	1312.	Stimmel, R. A.	Plauen i. B.	L. Plauen i. B.
1264.	Siehr, R. A.	Insterburg.	L. Insterburg.	1313.	Stockmann, R. A.	Gr. Strehlitz.	L. Oppeln, A. Gr. Strehlitz.
1265.	Siereckling, C., R. A.	Altona.	L. Altona.				
1266.	Dr. Sievers, Heinr., R. A.	Bremen.	L. Bremen, O. L. Hamburg.	1314.	Stöckel, R. A.	Insterburg.	L. Insterburg.
				1315.	Stoerrlicht, R. A.	Neuwied.	L. Neuwied.
1267.	Simon, Gust., R. A.	Leipzig.	L. Leipzig.	1316.	Stöhr, J. R.	Altenburg.	L. Altenburg.
1268.	Simon, Carl Herm., R. A.	Leipzig.	L. u. A. Leipzig.	1317.	Stoepel, R. A.	Potsdam.	L. Potsdam.
				1318.	Straub,	Stofach.	L. Konstanz.
1269.	Simonis, H., R. A.	Rostock.	L. u. O. L. Rostock.	1319.	Straub, P., R. A.	Waldshut.	L. Waldshut.
1270.	Simonson, J. R.	Berlin.	L. I. Berlin.	1320.	Straus, R. A.	Karlsruhe.	L. Karlsruhe.
1271.	Simson, J. R.	Berlin.	L. I. Berlin.	1321.	Strauven, Adolf, R. A.	Düsseldorf.	L. Düsseldorf.
1272.	Simson, Geh. J. R.	Berlin.	R. G. Berlin.				
1273.	Soenke, J. R.	Berlin.	R. G. Berlin.	1322.	Strenge, Carl Fried., R. A.	Gotha.	L. Gotha.
1274.	Sommer, R. A.	Wilsdruff.	L. Dresden.				
1275.	Sommer, J. R.	Grottkau.	L. Brieg.	1323.	Stroedel, Bernh., J. R.	Dresden.	L. Dresden.
1276.	Sommer, Carl, R. A.	Stuttgart.	L. u. A. Stuttgart.				
1277.	Sonnenleitner, R. A.	Traunstein.	L. Traunstein.	1324.	Struckmann, J., R. A.	Lüdenscheid.	L. Hagen.
1278.	Speck, A., R. A.	Meerane i. S.	A. Meerane, L. Zwickau u. A. f. H. Glauchau.	1325.	Strupp, J., R. A.	Meiningen.	L. Meiningen.
				1326.	Dr. Struve, R. A.	Mainz.	L. Mainz.
1279.	Spickhoff, R. A.	Düsseldorf.	L. Düsseldorf.	1327.	Stubenrauch, J. R.	Berlin.	R. G. Berlin.
1280.	Spohr, R. A.	Cassel.	L. Cassel.	1328.	Dr. Stübel, B., R. A.	Leipzig.	L. Leipzig.
1281.	Sprenmann, R. A.	Berlin.	L. I. Berlin.	1329.	Stuebel, Carl, R. A.	Dresden.	L. Dresden.
1282.	Springsfeld, R. A.	Aachen.	L. Aachen.	1330.	Sturm, R. A.	Gera.	L. Gera.
1283.	Dr. Stachow, R. A.	Bremen.	A. u. L. Bremen, O. L. Hamburg, A. f. H. Bremerhaven.	1331.	Süpfle, Jul., R. A.	Karlsruhe.	L. Karlsruhe.
				1332.	Sußmann, R. A.	Bromberg.	L. Bromberg.
				1333.	Sutro, R. A.	Bochum.	L. Essen.
1284.	Stambrau, J. R.	Königsberg i. Pr.	L. Königsberg i. Pr.	1334.	Szczasny, R. A.	Cosel.	L. Ratibor, A. Cosel.

Nº	Name	Wohnort	Gericht, bei welchem die Zulassung erfolgt ist	Nº	Name	Wohnort	Gericht, bei welchem die Zulassung erfolgt ist
1335.	Taeschner, Alexis, R.A.	Freiberg i. S.	L. Freiberg.	1380.	Viebahn, J.R.	Dortmund.	L. u. A. Dortmund.
1336.	Tafel, Herm., R.A.	Stuttgart.	L. Stuttgart.	1381.	Vizener, R.A.	Wiesbaden.	L. Wiesbaden.
1337.	Tafel, R.A.	Schwäb. Hall.	L. Hall.	1382.	Dr. Vohsen, R.A.	Saargemünd.	L. Saargemünd.
1338.	Tamms, R.A.	Stralsund.	L. Greifswald, K. f. H. in Stralsund.	1383.	Dr. Voigt, R.A.	Weimar.	L. Weimar.
1339.	Dr. Tannert, R.A.	Leipzig.	A. u. L. Leipzig.	1384.	Voigt, J.R.	Fürstenwalde.	L. Frankfurt a. O.
1340.	Turlau, R.A.	Beuthen in Ob.-Schl.	L. Beuthen in Ob.-Schl.	1385.	Dr. Völk, Joseph, R.A.	Augsburg.	L. u. O.L. Augsburg.
1341.	Taurock, R.A.	Prenzlau.	L. Prenzlau.	1386.	Vorbrugg, R.A.	Regensburg.	L. Regensburg.
1342.	Teichert, J.R.	Berlin.	L. I. Berlin.	1387.	Vorbrugg, A., R.A.	München.	L. I. u. II., O.L. u. Ob. L. G. zu München.
1343.	Temper, Herm., R.A.	Zwickau i. S.	L. Zwickau.				
1344.	Tenzler, R.A.	Freiberg i. S.	L. Freiberg.	1388.	Veßen, Wilh., R.A.	Barmen.	L. Elberfeld.
1345.	Theisen, R.A.	Aachen.	L. Aachen.				
1346.	Thelen, R.A.	Berlin.	L. I. Berlin.	1389.	Wachendorf, R.A.	Aachen.	L. Aachen.
1347.	Thiel, R.A.	Crone an der Brahe.	L. Bromberg.	1390.	Wachenhusen, Otto, R.A.	Schwerin in Mecklenburg.	L. Schwerin.
1348.	Thiemer, jun., R.A.	Zittau.	L. Bautzen, K. f. H. Zittau.	1391.	Dr. Wachtel, Fr., R.A.	Leipzig.	L. Leipzig.
1349.	Thienemann, R., R.A.	Schmölln.	L. Altenburg.	1392.	Wagner, R.A.	Heidelberg.	L. Mannheim.
1350.	Dr. Thomsen, R.A.	Leipzig.	R. G. Leipzig.	1393.	Wagner, R., R.A.	Brand b. Freiberg i. S.	A. Brand.
1351.	Thon, R.A.	Cassel.	A. u. L. Cassel.	1394.	Walter, H., R.A.	Breslau.	O.L. Breslau.
1352.	Throner, R.A.	Schweinfurt.	L. Schweinfurt.	1395.	Walther, J.R.	Beuthen in Oberschlesien.	L. Beuthen.
1353.	Thurn, G.G., R.A.	Ronneburg.	L. Altenburg, A. Ronneburg.	1396.	Walther, R.A.	Meerane.	A. Meerane, L. Zwickau, K. f. H. Glauchau.
1354.	Timm, R.A.	Schwerin.	L. Schwerin.				
1355.	Toelle, R.A.	Schneidemühl.	L. Schneidemühl.	1397.	Bannewski, R.A.	Danzig.	L. Danzig.
1356.	Tolsdorff, R.A.	Elbing.	L. Elbing.	1398.	Barda, R.A.	Thorn.	L. Thorn.
1357.	Tolki, R.A.	Neidenburg.	L. Allenstein.	1399.	Barneck, Emil, R.A.	Freiberg i. S.	L. Freiberg.
1358.	Toll, R.A.	Eberswalde.	A. Eberswalde; L. Prenzlau.	1400.	Bassermeyer, R.A.	Bonn.	L. Bonn.
1359.	Tornau, R.A.	Bitterfeld.	L. Halle a. S.	1401.	Weber, R.A.	Aachen.	L. Aachen.
1360.	Traut, R.A.	Zabern i. E.	L. Zabern i. E.	1402.	Weber, R.A.	Schweinfurt.	L. Schweinfurt.
1361.	Treuding, J.R.	Burg, R.-B. Magdeburg.	L. Magdeburg.	1403.	Weber, R.A.	Elberfeld.	L. Elberfeld.
1362.	Trimborn, J.R.	Cöln.	L. Cöln.	1404.	Weber, C., R.A.	Leipzig.	L. Leipzig.
1363.	Troitzsch, Emil, J.R.	Leipzig.	u. A. Leipzig.	1405.	Wetherlin, Aug., R.A.	Stuttgart.	L. Stuttgart.
1364.	Trommer, R.A.	Strasburg in Westpr.	L. Thorn, A. Strasburg.	1406.	Wegner, Max, R.A.	Berlin.	L. I. Berlin.
				1407.	Weidenbusch, R.A.	Darmstadt.	L. u. O.L. u. K.f.H. Darmstadt.
1365.	Uckermann, C., R.A.	Marburg (R.-Bez. Cassel).	L. Marburg.	1408.	Dr. Weigel, R.A.	Cassel.	L. Cassel.
				1409.	Weiler, Ed., R.A.	Leipzig.	L. Leipzig.
1366.	Uckermann, Friedr. R.A.	Schmalkalden.	L. Meiningen.	1410.	Weismann, Otto, R.A.	Coburg.	L. Meiningen, K. f. H. Coburg.
1367.	Unsleber, Gottfr., R.A.	Würzburg.	L. Würzburg.	1411.	Weißmann, R.A.	Breslau.	A. u. L. Breslau.
1368.	Ullrich I., Hermann, R.A.	Chemnitz.	L. Chemnitz.	1412.	Weißler, J.R.	Gera.	L. u. A. Gera.
				1413.	Welcker, R.A.	Marburg, R.-B. Cassel.	L. Marburg.
1369.	Ulrich II., J.R.	Chemnitz.	L. Chemnitz.	1414.	Welter, Otto, R.A.	Cöln.	O.L. Cöln.
1370.	Dr. Unzer, Friedr., R.A.	Frankfurt am Main.	O.L. Frankfurt a. M.	1415.	Welter, C., R.A.	Aachen.	L. Aachen.
1371.	Unzner, R.A.	Neuburg a.D.	L. Neuburg.	1416.	Dr. Wendler sen., R.A.	Leipzig.	L. u. A. Leipzig.
1372.	Urban, Jul., R.A.	Zwickau i. S.	L. Zwickau.	1417.	Dr. Wendler jun. C., R.A.	Leipzig.	L. u. A. Leipzig.
1373.	Wageded, R.A.	Cöln.	O.L. Cöln.	1418.	Wendtlandt, J.R.	Stettin.	L. Stettin.
1374.	Varnhagen, R.A.	Bochum.	A. Bochum, L. Essen.	1419.	Wenning, Aug. Fried., R.A.	Cassel.	L. Cassel.
1375.	Velde, A., R.A.	Diez a.d. Lahn.	L. Limburg.				
1376.	Veling, J.R.	Aachen.	L. Aachen.	1420.	Wenzel, A., R.A.	Hirschberg i. Schl.	L. Hirschberg.
1377.	Venzmer, J., R.A.	Ribnitz.	L. Rostock.	1421.	v. Wenz, R.A.	Hof.	L. Hof.
1378.	Vesenbeckh, O., R.A.	Mannheim.	L. Mannheim.	1422.	Dr. Wenzig, J.R.	Berlin.	L. I. Berlin.
1379.	Vette, J.R.	Wittenberg (Reg.-Bezirk Merseburg).	L. Torgau.	1423.	van Werden, Alfred, R.A.	Elberfeld.	L. Elberfeld.

№	Name	Wohnort	Gericht, bei welchem die Zulassung erfolgt ist	№	Name	Wohnort	Gericht, bei welchem die Zulassung erfolgt ist
1424.	Werne, J. R.	Siegen.	A. Siegen u. K. f. H. Siegen.	1460.	Wolff, J. R.	Berlin.	L. I. Berlin.
1425.	Werner, R. A.	Stettin.	O. L. Stettin.	1461.	Wolff, Hugo, R. A.	Karlsruhe.	L. Karlsruhe.
1426.	Werner, R. A.	Naumburg a. S.	L. Naumburg.	1462.	Dr. Wolff, J., R. A.	Marburg, R. B. Cassel.	L. Marburg.
1427.	Werner, R. A.	Hannover.	L. Hannover.	1463.	Dr. Wolffson, R. A.	Hamburg.	A., L. u. O. L. Hamburg.
1428.	Dr. Wernick, Max, R. A.	Eisenach.	L. Eisenach.	1464.	Dr. Wolfskehl, R. A.	Mainz.	L. Mainz u. O. L. Darmstadt.
1429.	Westermann, Hugo, R. A.	Mülheim a. d. Ruhr.	L. Duisburg.	1465.	Wolfsthal, R. A.	Bamberg.	L. u. O. L. Bamberg.
1430.	Westphal, R. A.	Luckenwalde.	A. Luckenwalde, L. Potsdam.	1466.	Wrede, R. A.	Bonn.	L. Bonn.
1431.	Westram, J. R.	Nimptsch.	L. Schweidnitz.	1467.	Wrede, R. A.	Schlawe in Pommern.	L. Stolp.
1432.	Westrum, R. A.	Celle.	O. L. Celle.	1468.	Wrzedel, R. A.	Beuthen in Ob.-Schl.	L. Beuthen in Ob.-Schlesien.
1433.	Wetzel, R. A.	Tübingen.	L. Tübingen.	1469.	Wündisch, R. A.	Zabern i. E.	L. Zabern.
1434.	Weoland, R. A.	Bochum.	L. Essen.	1470.	Wunderlich, R. A.	Ellwangen.	L. Ellwangen.
1435.	Wickel, Oskar, R. A.	Neustadt a. Saale.	L. Schweinfurt.	1471.	Wunderlich, A., R. A.	Göttingen.	L. Göttingen.
1436.	Dr. Wieczorek, J., R. A.	Poln. Wartenberg.	L. Oels, A. Poln. Wartenberg.	1472.	Zaengerle, Oskar,	Landshut.	L. Landshut.
1437.	Wiese, R. A.	Mülheim a. d. Ruhr.	L. Duisburg.	1473.	Zander, R. A.	Cöln.	A. u. L. Cöln.
1438.	Wiesner, Georg, R. A.	Würzburg.	L. Würzburg.	1474.	Dr. Zenker, O. J., R. A.	Leipzig.	L. Leipzig.
1439.	Wiester, C., R. A.	Hirschberg in Schl.	L. Hirschberg.	1475.	Zenker, Hugo, R. A.	Chemnitz.	A. u. L. Chemnitz.
1440.	Dr. Witkens, Joh., R. A.	Bremen.	L. Bremen, O. L. Hamburg.	1476.	Zenker, R. A.	Breslau.	L. Breslau.
1441.	Wilhelmi sen., G., J. R.	Wiesbaden.	L. Wiesbaden.	1477.	Zens, R. A.	Elberfeld.	L. Elberfeld.
1442.	Wille, J. R.	Berlin.	A. G. Berlin.	1478.	Dr. Zervit, R. A.	Jena.	O. L. Jena, L. Weimar.
1443.	Willert, J. R.	Neu-Ruppin.	L. Neu-Ruppin.	1479.	Dr. Zerener, R. A.	Dresden.	L. Dresden.
1444.	v. Wilmowski, J. R.	Berlin.	L. I. Berlin.	1480.	Ziehm, H., R. A.	Friedland in Mecklenb.	A. Friedland, L. Neustrelitz.
1445.	Wilms, Hubert, R. A.	Crefeld.	A. u. K. f. H. Crefeld.	1481.	Ziemssen, R. A.	Stralsund.	L. Greifswald, A. u. K. f. H. Stralsund.
1446.	Wimmer, C., R. A.	Augsburg.	L. u. O. L. Augsburg.	1482.	Dr. Zieseniß, R. A.	Bremen.	A. u. L. Bremen, O. L. Hamburg, K. f. H. Bremerhaven.
1447.	Winterfeld, R. A.	Berlin.	L. I. Berlin.	1483.	Zimmermann, J. R.	Cöln.	L. Cöln.
1448.	Wirth, Herm., R. A.	Chemnitz.	A. u. L. Chemnitz.	1484.	Zimmermann, F. W., R. A.	Steinau (R. Bez. Cassel).	L. Hanau.
1449.	Wirth, Hugo, R. A.	Düsseldorf.	L. Düsseldorf.	1485.	Zimmermann II., Jacob, R. A.	Cöln.	L. Cöln.
1450.	Witschel, Julius, R. A.	Dresden.	L. Dresden.	1486.	Zinkeisen, Alexander, R. A.	Leipzig.	L. Leipzig.
1451.	de Witt, R. A.	Ortelsburg.	A. Ortelsburg, L. Allenstein.	1487.	Dr. Zuckschwerdt, R. A.	Gandersheim.	L. Holzminden, A. Gandersheim.
1452.	de Witt, R. A.	Dramburg.	L. Stargard i. Pom.	1488.	Zuckmayer, R. A.	Mainz.	L. Mainz.
1453.	Witt, C., R. A.	Wismar.	A. Wismar, L. Schwerin.	1489.	Zuendorf, Carl, R. A.	Deutz.	L. Cöln.
1454.	Wittig, R. A.	Glatz.	L. (Glatz).	1490.	Zurhellen, R. A.	Elberfeld.	L. Elberfeld.
1455.	Dr. Witting, R. A.	Berlin.	L. I. Berlin.	1491.	Zwicker, Max, R. A.	Dresden.	O. L. Dresden.
1456.	Dr. Witting, Herm., R. A.	Holzminden.	L. Holzminden.	1492.	Zwilgmeyer, R. A.	Braunschweig.	L. u. O. L. Braunschweig.
1457.	Woerner, Adolf, R. A.	Stuttgart.	L. Stuttgart.				
1458.	Wolbach, R. A.	Stuttgart.	L. Stuttgart.				
1459.	Dr. Wolf I., A., R. A.	Dresden.	O. L. Dresden.				

Gebührenordnung für Rechtsanwälte.

Gebührenordnung für Rechtsanwälte.

Wir Wilhelm, von Gottes Gnaden Deutscher Kaiser,
König von Preußen 2c.

verordnen im Namen des Reichs, nach erfolgter Zustimmung des Bundesraths
und des Reichstags, was folgt:

Erster Abschnitt.
Allgemeine Bestimmungen.

§. 1.

Die Vergütung für die Berufsthätigkeit des Rechtsanwalts in einem Ver=
fahren vor den ordentlichen Gerichten, auf welches die Civilprozeßordnung, die
Strafprozeßordnung oder die Konkursordnung Anwendung findet, sowie für die
berathende Berufsthätigkeit des Rechtsanwalts, welche den Beginn oder die
Fortsetzung eines solchen Verfahrens betrifft, bestimmt sich nach den Vorschriften
dieses Gesetzes.

§. 2.

Für die gemeinschaftliche Ausführung eines mehreren Rechtsanwälten
ertheilten Auftrags steht jedem derselben die volle Vergütung zu.

§. 3.

Bei Ausführung von Aufträgen mehrerer Auftraggeber durch dieselbe
Thätigkeit haftet jeder Auftraggeber dem Rechtsanwalt für denjenigen Betrag
an Gebühren und Auslagen, welcher bei abgesonderter Ausführung seines Auf=
trags erwachsen sein würde. Die Mitverhaftung der anderen Auftraggeber
kann dem Rechtsanwalt gegenüber nicht geltend gemacht werden.

§. 4.

Für die Thätigkeit als Beistand stehen dem Rechtsanwalt die gleichen
Gebühren zu wie für die Vertretung.

§. 5.

Für Unterzeichnung eines Schriftsatzes erhält der Rechtsanwalt die gleichen
Gebühren wie für Anfertigung desselben.

§. 6.

Für Anfertigung und Uebersendung von Rechnungen über Gebühren und Auslagen und für Zahlungsaufforderungen wegen derselben kann der Rechtsanwalt eine Gebühr nicht beanspruchen.

§. 7.

Bei dem Betrieb eigener Angelegenheiten kann der Rechtsanwalt von dem zur Erstattung der Kosten des Verfahrens verpflichteten Gegner Gebühren und Auslagen bis zu dem Betrage fordern, in welchem er Gebühren und Auslagen eines bevollmächtigten Rechtsanwalts erstattet verlangen könnte.

§. 8.

Der niedrigste Betrag einer jeden nach den Vorschriften der Abschnitte zwei bis vier zu berechnenden Gebühr wird auf eine Mark bestimmt.

Zweiter Abschnitt.

Gebühren in bürgerlichen Rechtsstreitigkeiten.

§. 9.

In bürgerlichen Rechtsstreitigkeiten werden die Gebühren nach dem Werthe des Streitgegenstandes erhoben.

Der Gebührensatz beträgt bei Gegenständen im Werthe:

1.	bis 20 Mark einschließlich				2 Mark,
2.	von mehr als	20 bis	60 Mark einschließlich		3 "
3.	" " "	60 "	120 "	"	4 "
4.	" " "	120 "	200 "	"	7 "
5.	" " "	200 "	300 "	"	10 "
6.	" " "	300 "	450 "	"	14 "
7.	" " "	450 "	650 "	"	19 "
8.	" " "	650 "	900 "	"	24 "
9.	" " "	900 "	1 200 "	"	28 "
10.	" " "	1 200 "	1 600 "	"	32 "
11.	" " "	1 600 "	2 100 "	"	36 "
12.	" " "	2 100 "	2 700 "	"	40 "
13.	" " "	2 700 "	3 400 "	"	44 "
14.	" " "	3 400 "	4 300 "	"	48 "
15.	" " "	4 300 "	5 400 "	"	52 "
16.	" " "	5 400 "	6 700 "	"	56 "
17.	" " "	6 700 "	8 200 "	"	60 "
18.	" " "	8 200 "	10 000 "	"	64 "

Die ferneren Werthklassen steigen um je 2 000 Mark und die Gebührensätze in den Klassen bis 50 000 Mark einschließlich um je 4 Mark, bis 100 000 Mark einschließlich um je 3 Mark und darüber hinaus um je 2 Mark.

§. 10.

Auf die Werthsberechnung finden die Vorschriften der §§. 9 bis 13 des Gerichtskostengesetzes Anwendung.

§. 11.

Die für die Berechnung der Gerichtsgebühren maßgebende Festsetzung des Werthes ist für die Berechnung der Gebühren der Rechtsanwälte maßgebend.

§. 12.

Gegen den im §. 16 des Gerichtskostengesetzes bezeichneten Beschluß steht dem Rechtsanwalte die Beschwerde nach Maßgabe der §§. 531 bis 538 der Civilprozeßordnung zu.

§. 13.

Die Sätze des §. 9 stehen dem als Prozeßbevollmächtigten bestellten Rechtsanwalte zu:

1. für den Geschäftsbetrieb, einschließlich der Information (Prozeßgebühr);
2. für die mündliche Verhandlung (Verhandlungsgebühr);
3. für die Mitwirkung bei einem zur Beilegung des Rechtsstreits abgeschlossenen Vergleiche (Vergleichsgebühr).

Die Sätze des §. 9 stehen dem Rechtsanwalte zu fünf Zehntheilen zu:

4. für die Vertretung in dem Termine zur Leistung des durch ein Urtheil auferlegten Eides, sowie in einem Beweisaufnahmeverfahren, wenn die Beweisaufnahme nicht blos in Vorlegung der in den Händen des Beweisführers, oder des Gegners befindlichen Urkunden besteht (Beweisgebühr).

§. 14.

Soweit der Auftrag vor der mündlichen Verhandlung erledigt ist, ohne daß der Rechtsanwalt die Klage eingereicht hat oder einen Schriftsatz hat zustellen lassen, steht ihm die Prozeßgebühr nur zu fünf Zehntheilen zu.

In einem Verfahren, für welches eine mündliche Verhandlung durch das Gesetz nicht vorgeschrieben ist, findet die gleiche Ermäßigung statt, soweit der Auftrag erledigt ist, bevor der Antrag an das Gericht eingereicht, der mündliche Antrag gestellt oder der Auftrag an den Gerichtsvollzieher oder den diesen Auftrag vermittelnden Gerichtsschreiber ertheilt ist.

§. 15.

Die Verhandlungsgebühr steht dem Rechtsanwalte nicht zu, welcher zur mündlichen Verhandlung geladen hat, ohne daß dieselbe durch das Gesetz vorgeschrieben oder durch das Gericht oder den Vorsitzenden angeordnet war.

§. 16.

Für eine nicht kontradiktorische Verhandlung (Gerichtskostengesetz §. 19) steht dem Rechtsanwalte die Verhandlungsgebühr nur zu fünf Zehntheilen zu. Diese Minderung tritt in Ehesachen und in den vor die Landgerichte gehörigen Entmündigungssachen nicht ein, sofern der Kläger verhandelt.

Die Verhandlung im vorbereitenden Verfahren (Civilprozeßordnung §§. 313 bis 316) gilt als kontradiktorische mündliche Verhandlung.

§. 17.

Insoweit sich in den Fällen des §. 13 Nr. 4 die Vertretung auf die weitere mündliche Verhandlung erstreckt, erhöht sich die dem Rechtsanwalte zustehende Verhandlungsgebühr um fünf Zehntheile und, wenn die weitere mündliche Verhandlung eine nicht kontradiktorische ist, um die Hälfte dieses Betrages.

§. 18.

Die Vergleichsgebühr steht dem Rechtsanwalte nur zu fünf Zehntheilen zu, wenn ihm für denselben Streitgegenstand die volle Verhandlungsgebühr zusteht und der Vergleich vor dem Prozeßgericht oder einem erfuchten oder beauftragten Richter abgeschlossen ist.

§. 19.

Sechs Zehntheile der in den §§. 13 bis 18 bestimmten Gebühren erhält der zum Prozeßbevollmächtigten bestellte Rechtsanwalt für die Vertretung im Urkunden= oder Wechselprozesse (Civilprozeßordnung §§. 555 bis 567).

§. 20.

Fünf Zehntheile der in den §§. 13 bis 18 bestimmten Gebühren erhält der zum Prozeßbevollmächtigten bestellte Rechtsanwalt, soweit die durch die Ge= bühr zu vergütende Thätigkeit ausschließlich die im Gerichtskostengesetze §. 26 Nr. 1 bis 10 bezeichneten Gegenstände betrifft.

§. 21.

Der zum Prozeßbevollmächtigten bestellte Rechtsanwalt erhält die Prozeß= gebühr nur zu fünf Zehntheilen, wenn feine Thätigkeit ausschließlich die Er= ledigung eines bedingten Urtheils betrifft.

§. 22.

Der zum Prozeßbevollmächtigten bestellte Rechtsanwalt erhält die Prozeß= gebühr und die Verhandlungsgebühr nur zu fünf Zehntheilen, wenn feine Thätig= keit Anträge auf Sicherung des Beweises (Civilprozeßordnung §§. 447 bis 455) oder die Anordnung der von Schiedsrichtern für erforderlich erachteten richter= lichen Handlungen (Civilprozeßordnung §. 862) betrifft. Für die Vertretung bei der Beweisaufnahme erhält der Rechtsanwalt die Beweisgebühr (§. 13 Nr. 4).

§. 23.

Drei Zehntheile der in den §§. 13 bis 18 bestimmten Gebühren erhält der zum Prozeßbevollmächtigten bestellte Rechtsanwalt, wenn feine Thätigkeit betrifft:

    1. die im Gerichtskostengesetze §. 27 Nr. 1, §. 34 Nr. 1, 2, §. 35
        Nr. 2, 4, §. 47 Nr. 1 bis 12 bezeichneten Angelegenheiten;
    2. die Zwangsvollstreckung.

§. 24.

Zwei Zehntheile der in den §§. 13 bis 18 bestimmten Gebühren erhält der zum Prozeßbevollmächtigten bestellte Rechtsanwalt, wenn feine Thätigkeit die im Gerichtskostengesetze §. 35 Nr. 1, §. 38 bezeichneten Anträge und Ge= fuche betrifft.

§. 25.

Jede der im §. 13 benannten Gebühren kann der Rechtsanwalt in jeder Instanz rücksichtlich eines jeden Theils des Streitgegenstandes nur einmal be= anspruchen.

§. 26.

Für die Bestimmung des Umfanges einer Instanz im Sinne des §. 25 finden die Vorschriften der §§. 30, 31 des Gerichtskostengesetzes entsprechende Anwendung.

§. 27.

Im Falle der Zurücknahme oder Verwerfung des gegen ein Versäumniß-urtheil eingelegten Einspruchs gilt das Verfahren über denselben für die Ge-bühren der Rechtsanwälte, mit Ausnahme der Prozeßgebühr, als neue Instanz.

Im Falle der Zulassung des Einspruchs steht dem Rechtsanwalte des Gegners der den Einspruch einlegenden Partei die Gebühr für die mündliche Verhandlung, auf welche das Versäumnißurtheil erlassen ist, besonders zu.

Ist das Versäumnißurtheil wegen Nichterscheinens des Schwurpflichtigen in einem zur Eidesleistung bestimmten Termine ergangen (Civilprozeßordnung §. 430), so finden die Bestimmungen des Absatz 2 auch auf den Rechtsanwalt der Partei Anwendung, welche den Einspruch eingelegt hat.

§. 28.

Das ordentliche Verfahren, welches nach der Abstandnahme vom Urkunden-oder Wechselprozesse, sowie nach dem mit Vorbehalt in demselben erlassenen Urtheil anhängig bleibt (Civilprozeßordnung §§. 559, 563), gilt für die Be-rechnung der Gebühren des Rechtsanwalts als besonderer Rechtsstreit; der Rechtsanwalt muß sich jedoch die Prozeßgebühr des Urkunden- oder Wechsel-prozesses auf die gleiche Gebühr des ordentlichen Verfahrens anrechnen.

§. 29.

Die im §. 13 benannten Gebühren umfassen die gesammte Thätigkeit des Rechtsanwalts von dem Auftrage bis zur Beendigung der Instanz.

Zu der Instanz gehören insbesondere:

1. das Verfahren behufs Festsetzung des Werthes des Streitgegen-standes;

2. Zwischenstreite mit Intervenienten, sowie mit Zeugen oder Sach-verständigen;

3. das Verfahren zur Sicherung des Beweises (Civilprozeßordnung §§. 447 bis 455), wenn die Hauptsache anhängig ist;

4. das Verfahren über einen Antrag auf Anordnung oder Aufhebung eines Arrestes oder einer einstweiligen Verfügung, sowie über einen Antrag auf vorläufige Einstellung, Beschränkung oder Aufhebung einer Zwangsvollstreckung (Civilprozeßordnung §§. 647, 657, 688, 690 Abs. 3, §§. 696, 710 Abs. 4), soweit das Verfahren mit dem Verfahren über die Hauptsache verbunden ist;

5. das Verfahren über einen Antrag auf Aenderung einer Entschei-dung des beauftragten oder ersuchten Richters oder des Gerichts-schreibers (Civilprozeßordnung §. 539);

6. das Verfahren über die im Gerichtskostengesetze §. 47 Nr. 1 bis 12 bezeichneten Streitpunkte und Anträge;

7. die Zustellung und Empfangnahme der Entscheidungen und die Mittheilung derselben an den Auftraggeber;

8. die Uebersendung der Handakten an den Bevollmächtigten einer anderen Instanz.

§. 30.

Die Gebühren werden besonders erhoben für die Thätigkeit bei Streitig-keiten und Anträgen, welche betreffen:

1. die Sicherung des Beweises (Civilprozeßordnung §§. 447 bis 455), wenn die Hauptsache noch nicht anhängig ist;

2. das Verfahren über einen Antrag auf Anordnung oder Aufhebung eines Arrestes oder einer einstweiligen Verfügung, sowie über einen Antrag auf vorläufige Einstellung, Beschränkung oder Aufhebung einer Zwangsvollstreckung (Civilprozeßordnung §§. 688, 690 Abs. 3, §§. 696, 710 Abs. 4), sofern das Verfahren von dem Hauptverfahren über die Hauptsache getrennt ist;

3. den Betrag der zu erstattenden Prozeßkosten (Civilprozeßordnung §§. 98, 99).

Die Prozeßgebühr ist in den Fällen der Nr. 2 auf die Prozeßgebühr des Rechtsanwalts in der Hauptsache anzurechnen.

§. 31.

In der Zwangsvollstreckung bildet eine jede Vollstreckungsmaßregel zusammen mit den durch dieselbe vorbereiteten weiteren Vollstreckungshandlungen bis zu der durch die Maßregel zu erlangenden Befriedigung des Gläubigers Eine Instanz.

Die landesgesetzlichen Bestimmungen in Betreff der Gebühren für eine den Landesgesetzen unterliegende Zwangsvollstreckung bleiben unberührt.

§. 32.

Das Verfahren über einen Antrag auf Ertheilung einer weiteren vollstreckbaren Ausfertigung (Civilprozeßordnung §. 669), das Verfahren zur Abnahme des Offenbarungseides (Civilprozeßordnung §§. 781, 782) und die Ausführung der Zwangsvollstreckung in ein gepfändetes Vermögensrecht durch Verwaltung (Civilprozeßordnung §. 754 Abs. 3) bilden besondere Instanzen der Zwangsvollstreckung.

§. 33.

Die Vollstreckung der Entscheidung, durch welche der Schuldner nach Maßgabe des §. 773 Abs. 2 der Civilprozeßordnung zur Vorauszahlung der Kosten verurtheilt wird, scheidet aus der Zwangsvollstreckung zur Erwirkung der Handlung als besonderes Verfahren aus.

Soll die Zwangsvollstreckung auf Unterlassung oder Duldung einer Handlung durch Strafen ausgeführt werden (Civilprozeßordnung §. 775 Abs. 1), so bildet eine jede Verurtheilung zu einer Strafe nach Maßgabe der Vorschriften des §. 29 den Schluß der Instanz.

Die Erwirkung der einer Verurtheilung vorausgehenden Strafandrohung (Civilprozeßordnung §. 775 Abs. 2) gehört zur Instanz der Hauptsache; dem Rechtsanwalte, welcher diese Instanz nicht geführt hat, steht die im §. 23 bestimmte Gebühr zu.

§. 34.

Bei Ausführung der Zwangsvollstreckung auf Vornahme einer Handlung durch Geldstrafen oder Haft (Civilprozeßordnung §. 774) bildet das gesammte Verfahren eine Instanz.

§. 35.

Für die einmalige Erwirkung des Zeugnisses der Rechtskraft (Civilprozeßordnung §. 646) oder der Vollstreckungsklausel (Civilprozeßordnung §§. 662

bis 666, 703, 704 Abf. 1, §. 705 Abf. 1, 2, §. 809) steht weder dem Rechtsanwalte der Instanz, in welcher dieselben zu ertheilen, noch dem Rechtsanwalte, welcher mit dem Betriebe der Zwangsvollstreckung beauftragt ist, und für die Aufhebung einer Vollstreckungsmaßregel weder dem Rechtsanwalte, welcher deren Vornahme veranlaßt hat, noch dem Rechtsanwalte, welcher mit dem Betriebe der weiteren Zwangsvollstreckung beauftragt ist, eine Gebühr zu.

§. 36.

Die Vorschriften der §§. 31 bis 35 finden bei Vollziehung eines Arrestbefehls oder einer einstweiligen Verfügung (Civilprozeßordnung §§. 808 bis 813, 815) entsprechende Anwendung.

Die Instanz dauert bis zur Aufhebung des Arrestes oder der einstweiligen Verfügung oder bis zum Anfange der Zwangsvollstreckung aus dem in der Hauptsache erlassenen Urtheile.

§. 37.

Für die Mitwirkung bei einem der Klage vorausgehenden Sühneverfahren (Civilprozeßordnung §§. 471, 571) erhält der Rechtsanwalt drei Zehntheile der Sätze des §. 9.

Diese Gebühr wird auf eine in dem Rechtsstreite zustehende Prozeßgebühr angerechnet.

Ist in dem Falle des §. 471 der Civilprozeßordnung unter der Mitwirkung des Rechtsanwalts ein Vergleich geschlossen, so erhält er die vollen Sätze des §. 9.

§. 38.

Im Mahnverfahren erhält der Rechtsanwalt von den Sätzen des §. 9:

1. drei Zehntheile für die Erwirkung des Zahlungsbefehls, einschließlich der Mittheilung des Widerspruchs an den Auftraggeber;
2. zwei Zehntheile für die Erhebung des Widerspruchs;
3. zwei Zehntheile für die Erwirkung des Vollstreckungsbefehls.

Die Gebühr in Nr. 2 wird auf die in dem nachfolgenden Rechtsstreite zustehende Prozeßgebühr und die Gebühr in Nr. 3 auf die Gebühr für die nachfolgende Zwangsvollstreckung angerechnet.

§. 39.

Für die Vertretung im Vertheilungsverfahren (Civilprozeßordnung §§. 758 bis 763, 768) stehen dem Rechtsanwalte fünf und, falls der Auftrag vor dem Termine zur Ausführung der Vertheilung erledigt wird, drei Zehntheile der Sätze des §. 9 zu.

Der Werth des Streitgegenstandes wird durch den Betrag der Forderung und, wenn der zu vertheilende Geldbetrag geringer ist, durch diesen Betrag bestimmt.

§. 40.

Im Aufgebotsverfahren (Civilprozeßordnung §§. 823 bis 833, 836 bis 850) stehen dem Rechtsanwalte, als Vertreter des Antragstellers (Civilprozeßordnung §. 824) drei Zehntheile der Sätze des §. 9 zu:

1. für den Betrieb des Verfahrens, einschließlich der Information;
2. für den Antrag auf Erlaß des Aufgebots;
3. für die Wahrnehmung des Aufgebotstermins.

Als Vertreter einer anderen Person erhält der Rechtsanwalt diese Gebühr nur einmal.

§. 41.

Drei Zehntheile der in den §§. 13 bis 18 bestimmten Gebühren erhält der zum Prozeßbevollmächtigten bestellte Rechtsanwalt:

1. in der Beschwerdeinstanz;
2. wenn seine Thätigkeit ausschließlich einen Antrag auf Aenderung einer Entscheidung des beauftragten oder ersuchten Richters oder des Gerichtsschreibers (Civilprozeßordnung §. 539) betrifft.

In der Instanz der an eine Nothfrist nicht gebundenen Beschwerde steht dem Rechtsanwalte die Prozeßgebühr nicht zu, wenn ihm dieselbe oder eine der in den §§. 37 bis 40 bezeichneten Gebühren in der Instanz zustand, in welcher die angefochtene Entscheidung ergangen ist.

§. 42.

Der zum Prozeßbevollmächtigten bestellte Rechtsanwalt, welcher auf Verlangen der Partei die Vertretung in der mündlichen Verhandlung einem anderen Rechtsanwalte übertragen hat, erhält neben den ihm zustehenden Gebühren fünf Zehntheile der Verhandlungsgebühr. Diese Gebühr wird auf eine ihm zustehende Verhandlungsgebühr angerechnet.

§. 43.

Dem Rechtsanwalte, welchem auf Verlangen der Partei nur die Vertretung in der mündlichen Verhandlung oder die Ausführung der Parteirechte in derselben übertragen ist, steht neben der Verhandlungsgebühr die Prozeßgebühr zu fünf Zehntheilen zu. Letztere Gebühr steht ihm auch dann zu, wenn der Auftrag vor der mündlichen Verhandlung erledigt wird.

§. 44.

Dem Rechtsanwalte, welcher lediglich den Verkehr der Partei mit dem Prozeßbevollmächtigten führt, steht eine Gebühr in Höhe der Prozeßgebühr zu. Er erhält nur fünf Zehntheile, wenn ihm in unterer Instanz die vorbezeichnete Gebühr oder die Prozeßgebühr zustand.

Die mit der Uebersendung der Akten an den Rechtsanwalt der höheren Instanz verbundenen gutachtlichen Aeußerungen dienen nicht zur Begründung dieser Gebühr, wenn nicht zu denselben Auftrag ertheilt war.

§. 45.

Dem Rechtsanwalte, welcher, ohne zum Prozeßbevollmächtigten bestellt zu sein, einen Schriftsatz anfertigt oder welcher den Auftraggeber in einem anderen, als dem zur mündlichen Verhandlung bestimmten Termine vertritt, steht eine Gebühr in Höhe von fünf Zehntheilen der Prozeßgebühr zu.

Die Wahrnehmung eines weiteren Termines zur Fortsetzung der Verhandlung begründet nicht eine Erhöhung der Gebühr für Vertretung im Termine.

Wird der Auftrag vor der Ausführung erledigt, so erhält der Rechtsanwalt fünf Zehntheile des im ersten Absatze bestimmten Betrages.

§. 46.

Für einen ertheilten Rath erhält der nicht zum Prozeßbevollmächtigten bestellte Rechtsanwalt eine Gebühr in Höhe von drei Zehntheilen der Prozeßgebühr.

Eine Gebühr in Höhe von fünf Zehntheilen der Prozeßgebühr steht dem mit Einlegung der Berufung oder der Revision beauftragten Rechtsanwalte zu, wenn derselbe von der Einlegung abräth und der Auftraggeber sich dabei beruhigt.

§. 47.

Der nicht zum Prozeßbevollmächtigten bestellte Rechtsanwalt erhält für die in den §§. 43 bis 46 bezeichnete Thätigkeit höchstens die für den Prozeßbevollmächtigten bestimmte Gebühr, falls die ihm aufgetragenen Handlungen in den Kreis derjenigen Thätigkeit fallen, für welche die dem Prozeßbevollmächtigten zustehende Gebühr bestimmt ist.

§. 48.

Wird ein Rechtsanwalt, nachdem er in einer Rechtssache thätig gewesen, zum Prozeßbevollmächtigten bestellt, so erhält er auf Grund der §§. 43 bis 46 und als Prozeßbevollmächtigter zusammen nicht mehr an Gebühren, als ihm zustehen würde, wenn er vorher zum Prozeßbevollmächtigten bestellt worden wäre.

§. 49.

Wird aber einem Rechtsanwalte ertheilte Auftrag vor Beendigung der Instanz aufgehoben, so stehen dem Rechtsanwalte die Gebühren in gleicher Weise zu, als wenn die Instanz zur Zeit der Aufhebung des Auftrags durch Zurücknahme der gestellten Anträge erledigt wäre, unbeschadet der aus einem Verschulden sich ergebenden civilrechtlichen Folgen.

§. 50.

Bei Vertretung mehrerer Streitgenossen, einschließlich der Nebenintervenienten, stehen dem Rechtsanwalte die Gebühren nur einmal zu. Falls die Streitgenossen nicht gleichzeitig Vollmacht ertheilen, so erhöht sich durch jeden Beitritt die Prozeßgebühr um zwei Zehntheile. Die Erhöhung wird nach dem Betrage berechnet, bei welchem die Vollmachtgeber gemeinschaftlich betheiligt sind; durch mehrere Erhöhungen darf der einfache Betrag der Prozeßgebühr nicht überstiegen werden.

§. 51.

Für die bei dem Reichsgerichte zugelassenen Rechtsanwälte erhöhen sich die Gebührensätze in der Revisionsinstanz um drei Zehntheile.

Dritter Abschnitt.
Gebühren im Konkursverfahren.

§. 52.

Auf die Gebühren im Konkursverfahren finden die Vorschriften der §§. 9, 11, 12 entsprechende Anwendung.

§. 53.

Im Verfahren über einen Antrag auf Eröffnung des Konkursverfahrens (Konkursordnung §§. 96 bis 98) erhält der Rechtsanwalt zwei Zehntheile, oder wenn er einen Gläubiger vertritt, fünf Zehntheile der Sätze des §. 9.

§. 54.

Für die Vertretung im Konkursverfahren erhält der Rechtsanwalt sechs Zehntheile, wenn jedoch die Vertretung vor dem allgemeinen Prüfungstermine (Konkursordnung §. 126) sich erledigt oder erst nach demselben beginnt, vier Zehntheile der Sätze des §. 9.

§. 55.

Der Rechtsanwalt erhält die Sätze des §. 9 besonders:

1. für die Thätigkeit bei Prüfung der Forderungen;
2. für die Thätigkeit in dem Zwangsvergleichsverfahren;
3. für die Thätigkeit in dem Vertheilungsverfahren.

§. 56.

Beschränkt sich die Thätigkeit des Rechtsanwalts auf die Anmeldung einer Konkursforderung, so erhält derselbe zwei Zehntheile der Sätze des §. 9.

§. 57.

Für die Vertretung:

1. in der Beschwerdeinstanz,
2. in dem Verfahren über Anträge auf Anordnung von Sicherheitsmaßregeln im Falle des §. 183 Absatz 2 der Konkursordnung

erhält der Rechtsanwalt besonders die im zweiten Abschnitte (§§. 23, 41) bestimmten Gebühren.

§. 58.

Die Gebühren der §§. 53 bis 55 sowie des §. 57 im Falle der Beschwerde gegen den Beschluß über Eröffnung des Konkursverfahrens (Konkursordnung §. 101) oder den Beschluß über Bestätigung eines Zwangsvergleichs (Konkursordnung § 174) werden, wenn der Auftrag von dem Gemeinschuldner ertheilt ist, nach dem Betrage der Aktivmasse (Gerichtskostengesetz §. 52) berechnet.

Ist der Auftrag von einem Konkursgläubiger ertheilt, so werden die Gebühren der §§. 53, 54, 56 und die Gebühr im Falle der Beschwerde gegen den Beschluß über Eröffnung des Konkursverfahrens nach dem Nennwerthe der Forderung, die Gebühren des §. 55 und die Gebühr im Falle der Beschwerde gegen den Beschluß über die Bestätigung eines Zwangsvergleichs nach dem Werthe der Forderung des Gläubigers unter entsprechender Anwendung des §. 136 der Konkursordnung berechnet.

§. 59.

In einem wieder aufgenommenen Konkursverfahren erhält der Rechtsanwalt die Gebühren nach den Bestimmungen der §§. 54 bis 58 besonders.

§. 60.

Insoweit dem Rechtsanwalte Gebühren für die Vornahme einzelner Handlungen im Konkursverfahren zustehen, darf der Gesammtbetrag derselben die im §. 54 bestimmte Gebühr nicht übersteigen.

Wird der Rechtsanwalt, nachdem er einzelne Handlungen im Konkursverfahren vorgenommen hat, mit der Vertretung im Konkursverfahren beauftragt, so erhält er zusammen nicht mehr an Gebühren, als ihm zustehen würde, wenn er vorher mit der Vertretung im Konkursverfahren beauftragt worden wäre.

§. 61.

Die Gebühren werden für jeden Auftrag gesondert, ohne Rücksicht auf andere Aufträge, berechnet.

Vierter Abschnitt.
Gebühren in Straffachen.

§. 62.

In Straffachen erhält der Rechtsanwalt als Vertheidiger in der Hauptverhandlung erster Instanz:

1. vor dem Schöffengerichte . . . . 12 Mark;
2. vor der Straffammer . . . . 20 Mark;
3. vor dem Schwurgericht oder dem Reichsgericht . . 40 Mark.

§. 63.

Erstreckt sich die Verhandlung auf mehrere Tage, so erhöhen sich die im §. 62 bestimmten Gebühren für jeden weiteren Tag der Vertheidigung um fünf Zehntheile.

Im Verfahren auf erhobene Privatklage findet diese Bestimmung nicht Anwendung.

§. 64.

Findet in den auf Privatklage verhandelten Sachen eine Beweisaufnahme statt, so erhöht sich die im §. 62 bestimmte Gebühr um 6 Mark.

§. 65.

In der Berufungsinstanz sowie in der Revisionsinstanz stehen dem Rechtsanwalte die in den §§. 62 bis 64 bestimmten Sätze zu. Die Stufe bestimmt sich nach der Ordnung des Gerichts, welches in erster Instanz erkannt hat.

§. 66.

Für die Vertheidigung im Vorverfahren erhält der Rechtsanwalt:

1. in den zur Zuständigkeit der Schöffengerichte gehörigen Sachen
6 Mark;
2. in den zur Zuständigkeit der Straffammer gehörigen Sachen . . . . 10 Mark;
3. in den zur Zuständigkeit der Schwurgerichte oder des Reichsgerichts gehörigen Sachen . . . . 20 Mark.

§. 67.

Fünf Zehntheile der im §. 62 bestimmten Sätze stehen dem Rechtsanwalte zu für Anfertigung:

1. einer Schrift zur Rechtfertigung einer Berufung;
2. einer Schrift zur Begründung einer Revision;
3. eines Antrags auf Wiederaufnahme des Verfahrens.

Die Stufe bestimmt sich nach der Ordnung des Gerichts, welches in erster Instanz erkannt hat.

§. 68.

Für Einlegung eines Rechtsmittels sowie für Anfertigung anderer, als

4

der im §. 67 bezeichneten Anträge, Gesuche und Erklärungen erhält der Rechtsanwalt je 2 Mark.

§. 69.

Die in den §§. 62 bis 65 sowie die im §. 66 bestimmten Gebühren
umfassen die Anfertigung der zu derselben Instanz oder zu dem Vorverfahren
gehörigen Anträge, Gesuche und Erklärungen, sowie die Einlegung von Rechtsmitteln gegen Entscheidungen oder Verfügungen derselben Instanz oder des
Vorverfahrens.

§. 70.

Auf die Gebühr für Rechtfertigung der Berufung (§. 67 Nr. 1) und
auf die Gebühr für Begründung der Revision (§. 67 Nr. 2) wird die Gebühr für Einlegung des Rechtsmittels (§. 68) angerechnet.

§. 71.

Im Falle der Vertheidigung mehrerer Beschuldigter durch einen gemeinschaftlichen Vertheidiger erhöhen sich die Gebühren um fünf Zehntheile.

§. 72.

Zu Ansehung der Gebühren für Vertretung eines Privatklägers, eines
Nebenklägers oder einer Verwaltungsbehörde (Strafprozeßordnung §. 464)
kommen die Bestimmungen über die Gebühren für die Vertheidigung zur entsprechenden Anwendung.

Die Anfertigung einer Privatklage begründet für den Rechtsanwalt die
im §. 66 Nr. 1 bestimmte Gebühr.

§. 73.

Für Anfertigung eines Antrags auf gerichtliche Entscheidung im Falle
des §. 170 der Strafprozeßordnung erhält der Rechtsanwalt die im §. 66 bestimmten Sätze.

§. 74.

Nach Maßgabe der Vorschriften des zweiten Abschnitts (§. 23) stehen
dem Rechtsanwalte Gebühren besonders zu für die Vertretung:

1. in dem Verfahren behufs Festsetzung der zu erstattenden Kosten
   (Strafprozeßordnung §. 496 Absatz 2);
2. in der Zwangsvollstreckung aus Entscheidungen, welche über eine
   Buße oder über Erstattung von Kosten ergangen sind (Strafprozeßordnung §§. 495, 496).

Fünfter Abschnitt.

Auslagen.

§. 75.

Schreibgebühren stehen dem Rechtsanwalte nur für die zum Zwecke der
Einreichung bei Gericht oder zum Zwecke der Zustellung anzufertigenden Abschriften von Schriftsätzen, Urkunden, Urtheilen oder Beschlüssen zu.

Für die Höhe der Schreibgebühren sind die Vorschriften des §. 80 des
Gerichtskostengesetzes maßgebend.

§. 76.

Für Verpackung von Briefen und Akten dürfen Auslagen nicht berechnet werden.

§. 77.

Bei Geschäftsreisen erhält der Rechtsanwalt, vorbehaltlich der Bestimmungen in den §§. 18, 37, 39 Absatz 2 der Rechtsanwaltsordnung:

I. an Tagegeldern . . . . 12 Mark;
II. für ein Nachtquartier . . . . 3 Mark;
III. an Fuhrkosten einschließlich der Kosten der Gepäckbeförderung:
    1. wenn die Reise auf Eisenbahnen oder Dampfschiffen gemacht werden kann, für das Kilometer . . . . 13 Pf.
    und für jeden Zu- und Abgang . . 3 Mark;
    2. anderenfalls . . . . 60 Pf.
    für das Kilometer der nächsten fahrbaren Straßenverbindung.

Haben erweislich höhere Fuhrkosten aufgewendet werden müssen, so werden diese erstattet.

§. 78.

Die Fuhrkosten werden für die Hin- und Rückreise besonders berechnet.

Hat ein Rechtsanwalt Geschäfte an verschiedenen Orten unmittelbar nach einander ausgerichtet, so ist der von Ort zu Ort wirklich zurückgelegte Weg ungetheilt der Berechnung der Fuhrkosten zu Grunde zu legen.

Bei einer Reise zur Ausführung der Aufträge mehrerer Auftraggeber findet die Vorschrift des §. 3 entsprechende Anwendung.

§. 79.

Für Geschäfte am Wohnorte stehen dem Rechtsanwalt weder Tagegelder noch Fuhrkosten zu; dasselbe gilt von Geschäften außerhalb des Wohnortes in geringerer Entfernung als zwei Kilometer von demselben.

War der Rechtsanwalt durch außergewöhnliche Umstände genöthigt, sich eines Fuhrwerks zu bedienen, oder waren sonstige nothwendige Unkosten, wie Brücken- oder Fährgeld aufzuwenden, so sind die Auslagen zu erstatten.

Für einzelne Ortschaften kann durch die Landesjustizverwaltung bestimmt werden, daß den Rechtsanwälten bei den nicht an der Gerichtstelle vorzunehmenden Geschäften die veranslagten Fuhrkosten zu erstatten sind.

§. 80.

Bei Berechnung der Entfernungen wird jedes angefangene Kilometer für ein volles Kilometer gerechnet.

§. 81.

Der Rechtsanwalt, welcher seinen Wohnsitz verlegt, kann bei Fortführung eines ihm vorher ertheilten Auftrags Tagegelder und Reisekosten nur insoweit verlangen, als sie ihm auch bei Beibehaltung seines Wohnsitzes zugestanden haben würden.

§. 82.

Hat ein Rechtsanwalt seinen Wohnsitz an einem Orte, an welchem sich kein Gericht befindet, so kann die Landesjustizverwaltung bestimmen, daß ihm Tagegelder und Reisekosten nur insoweit zustehen, als er solche auch verlangen könnte, wenn er seinen Wohnsitz an dem Orte des Amtsgerichts, in dessen Bezirk er wohnt, genommen hätte.

Sechster Abschnitt.
Einforderung von Gebühren und Auslagen.

§. 83.

Der Rechtsanwalt kann von seinem Auftraggeber einen angemessenen Vorschuß fordern.

§. 84.

Dem Auftraggeber gegenüber werden die Gebühren des Rechtsanwalts fällig, sobald über die Verpflichtung, dieselben zu tragen, eine Entscheidung ergangen ist, sowie bei Beendigung der Instanz oder bei Erledigung des Auftrags.

§. 85.

Die Einforderung der Gebühren und Auslagen ist nur zulässig, wenn vorher oder gleichzeitig eine von dem Rechtsanwalt unterschriebene Berechnung derselben mit Angabe des Werthes des Streitgegenstandes, sofern der Werth maßgebend, und unter Bezeichnung der zur Anwendung kommenden Bestimmungen dieses Gesetzes mitgetheilt wird.

Die Mittheilung dieser Berechnung kann auch nach erfolgter Zahlung verlangt werden, so lange nicht die Handakten zurückgenommen sind oder die Verpflichtung des Rechtsanwalts zur Aufbewahrung derselben erloschen ist (Rechtsanwaltsordnung §. 32).

Siebenter Abschnitt.
Schlußbestimmungen.

§. 86.

Für die Annahme oder Besorgung einer Zustellung, einschließlich der erforderlichen Mittheilungen an den Auftraggeber, steht dem Rechtsanwalte, welcher ausschließlich mit einer solchen Thätigkeit beauftragt ist, eine Gebühr von 50 Pfennig zu.

§. 87.

Für Erhebung und Ablieferung von Geldern erhält der Rechtsanwalt eine Gebühr:

von 1 Mark für jedes angefangene Hundert des Betrags bis 1 000 Mark;

von 50 Pfennig für jedes angefangene Hundert des weiteren Betrags bis 10 000 Mark;

von 25 Pfennig für jedes angefangene Hundert des Mehrbetrags.

Für Erhebung und Ablieferung von Werthpapieren erhält der Rechtsanwalt nach Maßgabe des Werthes die Hälfte der vorstehenden Gebühren.

Die Gebühr für Erhebung und Ablieferung von Geldern kann von diesen bei der Ablieferung entnommen werden.

§ 88.

Für die Ausarbeitung eines Gutachtens mit juristischer Begründung hat der Rechtsanwalt angemessene Vergütung zu beanspruchen.

§. 89.

Ist für das dem Rechtsanwalt übertragene Geschäft der Betrag der Gebühr in diesem Gesetze nicht bestimmt, so erhält er für jede Stunde der auf die Ausführung des Geschäfts verwendeten Zeit 3 Mark. Die angefangene Stunde wird für voll gerechnet.

§. 90.

Insofern in diesem Gesetze für die begonnene oder vorbereitete Ausführung eines vor der vollständigen Ausführung erledigten Auftrags eine Gebühr nicht vorgesehen ist, erhält der Rechtsanwalt eine nach Maßgabe des §. 89 zu berechnende Gebühr bis zu dem für die vollständige Ausführung bestimmten Betrage.

§. 91.

Die Vorschriften dieses Gesetzes finden entsprechende Anwendung:

1. im schiedsrichterlichen Verfahren;
2. im Verfahren wegen Nichtigkeitserklärung oder Zurücknahme eines Patents;
3. im Disziplinarverfahren nach Maßgabe des Gesetzes, betreffend die Rechtsverhältnisse der Reichsbeamten, vom 31. März 1873 (Reichs-Gesetzbl. S. 61);
4. im ehrengerichtlichen Verfahren gegen Rechtsanwälte;
5. bei der Untersuchung von Seeunfällen.

Für die Berechnung der Gebühren des im schiedsrichterlichen Verfahren als Prozeßbevollmächtigten bestellten Rechtsanwalts gilt das gerichtliche Verfahren im Falle des §. 862 der Civilprozeßordnung als zum schiedsrichterlichen Verfahren gehörig.

Das Verfahren vor der Disziplinarkammer, vor dem Ehrengericht und vor dem Seeamte steht im Sinne des § 62 dem Verfahren vor der Strafkammer gleich.

§. 92.

Fällt eine dem Rechtsanwalt aufgetragene Thätigkeit, für welche ihm nach Vorschrift dieses Gesetzes eine Vergütung zusteht, zugleich in den Kreis derjenigen Angelegenheiten, in welchen die den Rechtsanwälten zustehende Vergütung durch landesgesetzliche Vorschrift geregelt ist, so kommt, soweit die Anwendung beider Vorschriften zu einer zweifachen Vergütung derselben Thätigkeit führen würde, nur eine derselben und zwar die dem Rechtsanwalte günstigere zur Anwendung.

§. 93.

Sofern der Rechtsanwalt nicht einer Partei zur Wahrnehmung ihrer Rechte beigeordnet oder als Vertheidiger bestellt ist, kann der Betrag der Vergütung durch Vertrag abweichend von den Vorschriften dieses Gesetzes festgesetzt werden. Die Festsetzung durch Bezugnahme auf das Ermessen eines Dritten ist ausgeschlossen.

Der Auftraggeber ist an den Vertrag nur gebunden, soweit er denselben schriftlich abgeschlossen hat.

In dem Verhältnisse des Auftraggebers oder Rechtsanwalts zu dem Er-stattungspflichtigen ist die vertragsmäßige Festsetzung nicht maßgebend.

Der Auftraggeber kann eine Berechnung der gesetzlichen Vergütung nach Maßgabe des §. 85 verlangen.

§. 94.

Hat der Rechtsanwalt durch den Vertragsschluß die Grenzen der Mäßigung überschritten, so kann die durch Vertrag festgesetzte Vergütung im Prozeßwege bis auf den in diesem Gesetze bestimmten Betrag herabgesetzt werden. Daß diese Grenzen überschritten sind, wird durch ein Gutachten des Vorstandes der An-waltskammer festgestellt.

Diese Vorschrift findet entsprechende Anwendung, wenn der Rechtsanwalt durch den für die Ausarbeitung eines Gutachtens erhobenen Anspruch (§. 88) die Grenzen der Mäßigung überschritten hat.

§. 95.

Dieses Gesetz tritt im ganzen Umfange des Reichs gleichzeitig mit dem Gerichtsverfassungsgesetz in Kraft.

Urkundlich ꝛc.

Gegeben ꝛc.

Motive

zu dem

Entwurf einer Gebührenordnung für Rechtsanwälte.

Einleitung.

Im Anschluß an das Gerichtskostengesetz vom 18. Juni 1878 (R. G. Bl. S. 141) und die Rechtsanwaltsordnung vom 1. Juli desselben Jahres (R. G. Bl. S. 177) stellt sich der vorliegende Entwurf die Aufgabe, die Gebühren der Rechtsanwälte auf dem Gebiete der Prozeßordnungen für den Umfang des Reichs einheitlich zu regeln. Während §. 2 des Einführungsgesetzes zur Civilprozeßordnung sich auf die Vorschrift beschränkte, daß das Kostenwesen in bürgerlichen Rechtsstreitigkeiten für den ganzen Umfang des Reichs durch eine Gebührenordnung geregelt werden solle, hat das Gerichtskostengesetz über diese Vorschrift hinausgehend auch die Kosten in Konkurs- und Strafsachen geregelt. Die dafür in den Motiven des Entwurfs zum Gerichtskostengesetz entwickelten Gründe erscheinen in gleicher Weise auch für den Erlaß einer Gebührenordnung für Rechtsanwälte maßgebend und es wird daher keiner besonderen Rechtfertigung bedürfen, daß der Entwurf diesem Vorgange des Gerichtskostengesetzes folgt.

Wenn es gewiß erwünscht gewesen wäre, die Gebührenordnung für Rechtsanwälte gleichzeitig mit dem Gerichtskostengesetze zu behandeln, so verbot doch der nahe Zusammenhang, in welchem erstere mit dem Inhalte der Rechtsanwaltsordnung steht, mit dem Entwurfe einer Gebührenordnung für die Rechtsanwälte früher vorzugehen, als die Rechtsanwaltsordnung selbst Gesetz geworden. Nachdem dies geschehen, ist der Zeitpunkt gekommen, die Gebührenordnung für die Rechtsanwälte ins Leben zu rufen.

Der vorliegende Entwurf geht von der Auffassung aus, daß für die Bestimmung des Honorars des Rechtsanwalts eine gesetzliche Taxe maßgebend sein soll, wo und insoweit nicht innerhalb der durch das Gesetz gegebenen Grenzen das Honorar durch Vertrag festgesetzt wird. Er schließt sich weder der Auffassung an, daß eine gesetzliche Taxe überhaupt oder wenigstens für die Entschädigung durch die eigene Partei an sich ungerechtfertigt sei, noch der entgegengesetzten, welche eine Regelung der Entschädigung im Wege des Vertrags ganz verbietet.

Die Frage, ob und in welcher Tragweite eine gesetzliche Regelung der Vergütung für die Mühewaltung des Anwalts zu erfolgen habe, ist zu ver-

Anlage A.

schiedenen Zeiten und in verschiedenen Ländern in sehr verschiedenem Sinne beantwortet worden. Die Anlage A. giebt hierüber umfassenderen Aufschluß. Der Entwurf schließt sich dem in dem überwiegend größten Theile des Bundesgebietes zur Zeit bestehenden Rechtszustande der Hauptsache nach an und entspricht ferner der in dem größeren Theile der Anwaltschaft Deutschlands kundgegebenen Auffassung. Denn von den zur Vorbereitung für den vierten Anwaltstag von dem Vorstande des deutschen Anwaltsvereins erforderten Gutachten hat nur die Anwaltskammer von Gotha die vollständige Beseitigung des Tarifs befürwortet. Von den übrigen Anwaltskammern haben empfohlen:

I. für bürgerliche Rechtsstreitigkeiten die ausschließliche Herrschaft der Taxe 5 Gutachten, die subsidiarische Taxe neben freiem Vereinbarungsrecht 24 Gutachten, den Tarif verbunden mit Selbsttagirung 8 Gutachten;

II. für Straffachen die obligatorische Taxe ein Gutachten (Oldenburg), die subsidiarische Taxe neben Vereinbarungsrecht 22 Gutachten, Selbsttagirung mit subsidiarischer Taxe 4 Gutachten, den Wegfall jeder Taxe 11 Gutachten. — Vergl. den Bericht des Rechtsanwalts Fenner in Berlin über eine neue Gebührenordnung für die deutschen Rechtsanwälte. Berlin, W. Möser 1874, S. 16 bis 23. —

Es ergiebt sich aus dieser Uebersicht, daß die überwiegende Mehrzahl der von den Anwaltskammern erstatteten Gutachten als erstrebenswerthes Ziel einer Gebührenordnung denjenigen Zustand bezeichnet, bei welchem es dem Anwalt überlassen bleibt, sich mit seinem Auftraggeber über eine Gebühr zu einigen und die gesetzliche Taxe nur in Ermangelung einer Vereinbarung maßgebend sein soll.

Mit diesen Gutachten steht es allerdings in einem grellen Widerspruche, wenn der vierte, zu Würzburg am 25. und 26. September 1874 abgehaltene deutsche Anwaltstag mit einer Mehrheit von 71 gegen 27 Stimmen sich dafür entschieden hat, daß es der eigenen Partei gegenüber es weder im Interesse der Gerechtigkeit und der Rechtspflege, noch überhaupt des praktischen Bedürfnisses liege, eine Gebührenordnung für die Rechtsanwälte aufzustellen, daß vielmehr die subsidiäre Geltung von Taxnormationen sich nicht weiter zu erstrecken habe, als den Minimalsatz der Deservitenschuldigkeit der zahlungspflichtigen Gegenpartei zu regeln. — Vergl. Verhandlungen des vierten deutschen Anwaltstages S. 29 ff., S. 43.

Dieser Beschluß kann aber keineswegs als Ausdruck der Anschauung des deutschen Anwaltstandes erachtet werden; denn schon auf dem zu Köln am 2. und 3. Juni 1876 abgehaltenen Anwaltstage wurde geltend gemacht, „daß die Verhandlungen in Würzburg nach zweitägiger Berathung nicht zur Reife gediehen wären", und es wurde die Ansicht der zu Köln versammelten Anwälte dahin festgestellt, daß der eigenen Partei gegenüber der Anwalt neben den tarifmäßigen Gebühren ein Honorar liquidiren könne, dessen Höhe im Bestreitungsfalle der Festsetzung der Anwaltskammer unterliege. — Vergl. Verhandlungen des Anwaltstages zu Köln S. 47.

Bei dem vom Entwurf eingenommenen Standpunkte, die Gebühren der Rechtsanwälte durch Gesetz zu bestimmen, daneben aber die vertragsmäßige Regelung zuzulassen, sind folgende Erwägungen maßgebend gewesen.

1. Es darf zwar zugegeben werden, daß eine Taxordnung für geistige Arbeiten der Art, wie solche von einem Rechtsanwalte geleistet werden, einer

sicheren, für alle Fälle gleichmäßig passenden Grundlage entbehrt und insofern nicht mit Unrecht von der Dresdener Anwaltskammer in gewissem Sinne als ein unlösbares Problem bezeichnet worden ist. — Vergl. Fenner a. a. O. S. 26 ff. —

Denn die Arbeit des Anwalts ist an sich allerdings von dem Werthsbetrage des Gegenstandes unabhängig, weil Rechtsstreite über Gegenstände von großem Werthe höchst einfacher Natur sein können, während ein Prozeß über einen höchst unbedeutenden Gegenstand dennoch die schwierigsten That- und Rechtsfragen umfassen kann. Auch der Umfang der anwaltlichen Thätigkeit, nach der äußeren Erscheinung bemessen, bietet keinen sicheren Maßstab für die aufgewendete Mühe: ein kurzes Plaidoyer oder eine nur wenige Seiten enthaltende Anwaltschrift kann das Ergebniß langer Studien sein, und umgekehrt gestattet der größere Umfang nicht immer einen Schluß auf die dazu verwandte Mühe und Zeit. — Vergl. Bemerkungen über die Anwaltsgebühren von Brauer im Gerichtssaal J. Jahrgang Bd. 1 S. 319 ff. und Beschorner in der Zeitschrift für Rechtspflege und Verwaltung im Königreich Sachsen Bd. 12 S. 328 ff. —

Immerhin aber muß eine gesetzliche Taxordnung einen Maßstab als Grundlage der Schätzung aufstellen, und wenn sie sich dabei an die Regel hält, daß mit dem höheren Werthe eines Streitgegenstandes bezw. mit der größeren Bedeutung einer Sache auch die Mühewaltung sich steigert, so läßt sich allerdings der Einwand dagegen nicht widerlegen, daß damit schlechte und gute Arbeit in gleicher Weise belohnt wird. Eine gesetzliche Taxordnung muß aber einen Durchschnittsmaßstab sowohl rücksichtlich der Zeit als der Personen annehmen.

Bei der Festsetzung der Höhe für die Thätigkeit des Anwalts kann ferner selbstredend nur die Zeit des Erlasses des Gesetzes maßgebend sein und es ist somit nicht ausgeschlossen, daß bei einer Veränderung des Geldwerthes die stabile Taxe entweder zu hoch oder zu niedrig gegriffen erscheinen wird.

Dennoch werden alle diese mit einer gesetzlichen Regelung der Gebühren verbundenen Mißstände, die sich übrigens analog auch bezüglich anderer geistiger Arbeiten, wie der der Aerzte geltend machen, durch die praktischen Rücksichten überwogen, welche für die Aufstellung einer Taxe geltend zu machen sind. Zwar ist anzuerkennen, daß eigentlich nur der Anwalt selbst im Stande ist, den inneren Werth und den Preis seiner Arbeit zu bestimmen, auch kann zugegeben werden, daß der Anwaltstand in Deutschland das Vertrauen verdient, er werde von einer bewußten Ueberschätzung seiner Arbeiten und einer Uebervortheilung des Publikums sich fern halten. Allein es wird sich vor Beginn eines Rechtsstreits nicht immer die Arbeit, welche er verursacht, übersehen lassen; gerade in dieser Hinsicht unterscheidet sich die rein geistige Thätigkeit eines Anwalts und Arztes von der oft zum Vergleich herangezogenen Leistung eines Technikers oder Künstlers. Die Selbstschätzung vor dem Prozesse birgt in vielen Fällen Nachtheile nicht nur für die Partei, sondern auch für den Anwalt selbst und sie ist — wenn sie nach dem Prozesse geschieht — geeignet, das Vertrauen zu dem Anwalte zu erschüttern und zur Quelle unerfreulicher Streitigkeiten zu werden. Eine feste Taxe hat aber nicht nur den Vortheil für die Rechtsuchenden, daß sie die ihnen aus dem Prozeß erwachsenden Kosten schon vorher zu übersehen vermögen, sondern sie überhebt die Anwälte der gerade für die zarter fühlenden peinlichen Nothwendigkeit, wegen des Honorars

6

mit den Parteien vor dem Beginn der Thätigkeit in Verhandlungen zu treten, sowie der nicht minder peinlichen Situation, sich nach beendigter Thätigkeit möglicherweise eine Ermäßigung seitens des Gerichts gefallen lassen zu müssen. Das Vorhandensein einer festen Gebührenordnung verringert die Rechtsstreitigkeiten, welche sonst über die Gebühren entstehen würden.

Alle diese Gesichtspunkte haben dazu geführt, im Entwurfe von einer gesetzlichen Taxe als der Regel auszugehen.

Eine feste Norm hat sich selbst da, wo volle Vertragsfreiheit ohne gesetzliche Taxe herrscht, als unentbehrlich herausgestellt, so daß z. B. im Herzogthum Sachsen-Koburg-Gotha die Anwälte unter sich eine Gebührentaxe entworfen haben, welche die Gerichte in den meisten Fällen berücksichtigen. Gegen einen etwaigen Hinweis auf den Mangel von Taxen in England und Frankreich ist zu erwähnen, daß sich diese Taxfreiheit nur auf die plaidirenden Advokaten (avocats, barristers) bezieht, während in der deutschen Gesetzgebung die Trennung von Anwaltschaft und Advolatur keine Aufnahme gefunden hat.

2. Andererseits konnte es ebensowenig zweifelhaft sein, daß mit gewissen Einschränkungen es den Rechtsanwälten gestattet sein muß, die Entschädigung durch Vertrag zu vereinbaren. Ganz abgesehen davon, daß die gesetzliche Taxe, weil sie eben einen Durchschnittsmaßstab anwenden muß, im einzelnen Falle zu einer Entschädigung führen kann, welche zu der Leistung in einem grellen Mißverhältnisse steht, so ist der Gesichtspunkt allein ausschlaggebend, daß nach den Grundsätzen, von welchen die Rechtsanwaltsordnung ausgeht, der Rechtsanwalt in der Regel nicht verpflichtet ist, einen ihm ertheilten Auftrag anzunehmen. Fällt aber die Verpflichtung des Rechtsanwalts zur Annahme eines ihm ertheilten Auftrags fort, so fehlt es an jedem inneren Grunde, den Rechtsanwalt an der Abschließung von Verträgen zu hindern. Es ist vielmehr nur eine Konsequenz der Berechtigung des Rechtsanwalts, angetragene Aufträge abzulehnen, daß die Taxe nur im Mangel eines freigeschlossenen Vertrags, also insbesondere da, wo die Annahme des Auftrags nicht auf dem freien Willen des Rechtsanwalts beruht, zur Anwendung kommt. Aus diesem Grunde rechtfertigt sich auch die im Eingange des §. 93 getroffene Bestimmung, welche die Vertragsfreiheit da ausschließt, wo gemäß der Vorschriften der Civilprozeßordnung §§. 107 Nr. 3, 609, 620 und 626, der Strafprozeßordnung §§. 140 ff. und der Rechtsanwaltsordnung §§. 33 ff. die Belordnung eines Rechtsanwalts oder die Bestellung desselben zum Vertheidiger seitens des Gerichts erfolgt.

Wenn demgemäß der Entwurf im Falle einer freiwilligen Annahme des Auftrags durch den Rechtsanwalt neben der gesetzlichen Taxe den Abschluß einer dieselbe abändernden Vereinbarung zuläßt, so mußten doch im Hinblick auf die von sämmtlichen Gesetzgebungen, welche die Vertragsfreiheit zulassen, getroffenen Kautelen, Schutzmittel aufgestellt werden, durch die dem möglichen Mißbrauche der Vertragsfreiheit vorgebeugt wird. Zwar ist nicht ausgeschlossen, daß der Abschluß einer Vereinbarung zu hoher oder zu geringer Vergütungen eine Verletzung der allgemeinen Pflichten des Rechtsanwalts (R.-A.-O. §. 28) enthalten und ihn der ehrengerichtlichen Ahndung unterwerfen kann. Dieser Schutz erscheint aber unzureichend, nicht nur weil das ehrengerichtliche Verfahren kein Mittel bietet, dem Verletzten zu einer Schadloshaltung zu verhelfen, sondern auch weil die Grenzen einer angemessenen Vergütung keineswegs nur dann als überschritten anzusehen sind, wenn sie zu einem disziplinären Einschreiten Veranlassung geben. Ueber die von dem Entwurfe für erforderlich erachteten Schutzmittel wird zu den §§. 92, 93 das Weitere anzuführen sein.

Was das der Taxe zu Grunde zu legende System anbetrifft, so hat sich der Entwurf für dasjenige fester Bauschgebühren entschieden, und zwar mit aus den Gründen, welche für die Annahme dieses Systems im Gerichtskostengesetze ausschlaggebend gewesen sind; diese Gründe sind wie weiterhin im Einzelnen ausgeführt werden wird, auch für die Anwaltsgebühren zutreffend.

Anlangend die Höhe der Taxe, so erscheint hier wie dort das Bestreben gerechtfertigt, den Rechtsweg nicht allzu sehr zu vertheuern. Dagegen scheiden hier Rücksichten staatsfinanzieller Natur aus, welche dort allerdings ihre Berücksichtigung erheischen. Vor Allem mußte hier als eine Bestimmung der Anwaltsgebühren im Auge behalten werden, dem für die Rechtspflege nothwendigen Berufsstand eine angemessene Belohnung für seine Leistungen und damit zugleich eine würdige Lebensstellung zu sichern. Letzterer Gesichtspunkt ist für die Rechtspflege selbst von hoher Bedeutung; denn je unabhängiger sich der Anwaltsstand in Folge einer gesicherten Lebensstellung gestaltet, destomehr ist er geeignet, einen wohlthätigen Einfluß zu der Hintanhaltung unnützer oder gar unlauterer Streitigkeiten auszuüben und damit zu der Kräftigung des Rechtsbewußtseins im Volke beizutragen.

Der Entwurf hat einer Kommission von Rechtsanwälten aus verschiedenen Rechtsgebieten zur Begutachtung vorgelegen.[*] Die Berathungen derselben ergaben in allgemeinen Uebereinstimmung mit den Grundlagen des Entwurfs. Die bei einzelnen Punkten geltend gemachten Bedenken und Vorschläge haben bei Umarbeitung des Entwurfs die thunlichste Berücksichtigung gefunden.

Erster Abschnitt.
Allgemeine Bestimmungen.

§. 1.

Das Gerichtskostengesetz beschränkt in §. 1 den Kreis seiner Anwendung auf die vor die ordentlichen Gerichte gehörigen Sachen, auf welche die Civilprozeßordnung, die Strafprozeßordnung oder die Konkursordnung Anwendung findet.

Es schließt damit aus:

1. diejenigen Sachen, auf welche die Prozeßordnungen nicht Anwendung finden;

2. die vor andere Behörden als die ordentlichen Gerichte gehörigen Sachen.

Ob die Anwendbarkeit der Prozeßordnungen zutrifft, darüber haben im einzelnen Falle die Gerichte nach objektiven Merkmalen zu befinden. Bei der

---

[*] An der Kommission haben Theil genommen:
1. Obergerichtsanwalt, Justizrath Ewers aus Celle,
2. Rechtsanwalt Dr. Götz aus Stuttgart,
3. Rechtsanwalt, Hofrath Kreitmair aus Bamberg,
4. Advokatanwalt, Justizrath Lingmann aus Koblenz,
5. Advokat, Justizrath Richter aus Leipzig,
6. Advokatanwalt Schneegans aus Straßburg i. E.,
7. Rechtsanwalt, Justizrath von Wilmowski aus Berlin,
8. Advokat Dr. J. Wolffson aus Hamburg.

Frage aber, ob eine Sache im Sinne des Gerichtskostengesetzes als vor die
ordentlichen Gerichte gehörig anzusehen ist, tritt dem objektiven Moment ein
subjektives hinzu. Indem nämlich die Rechtsuchenden die ordentlichen Gerichte
angehen, befassen sie dieselben mit der Prüfung ihrer Zuständigkeit. Deshalb
gehört dann die Sache vor die ordentlichen Gerichte, selbst wenn sich im Laufe
des Verfahrens ergiebt, daß sie ihrem Gegenstande nach nicht vor dieselben
gehört.

Danach tritt die Erhebung von Gerichtskosten nach Maßgabe des Gerichtskostengesetzes ein, wo eine Sache vor die ordentlichen Gerichte gebracht und
von diesen nach den Prozeßordnungen behandelt wird.

Diese Grenzbestimmung für das Gebiet des Gerichtskostengesetzes ist eine
Folge des Grundsatzes, daß die Reichsgesetzgebung nur soweit zur Regelung
des Kostenwesens berufen ist, als sie das Verfahren selbst geregelt hat. Dieser
Grundsatz soll nach dem Standpunkte des Entwurfs auch in Betreff der
Anwaltsgebühren gelten. Aber er gestaltet sich für letztere in der Anwendung
insofern abweichend, als die Thätigkeit der Anwälte keineswegs immer mit der
Thätigkeit der Gerichte zusammentrifft.

Die Thätigkeit des Anwalts beginnt in einer großen Zahl von Fällen
vor dem Zeitpunkte, in welchem das Gericht mit der Sache befaßt ist. Die
Vorbereitung läßt sich aber von der Thätigkeit im gerichtlichen Verfahren nicht
trennen, es würde offenbar der Natur der Sache widerstreiten, wenn mit der
Anbringung der Sache bei Gericht die Thätigkeit des Anwalts in zwei Theile
zerfiele, deren einer nach Reichsrecht, der andere nach Landesrecht zu vergüten
wäre; ersteres muß sich vielmehr auf die vorbereitende Thätigkeit, als integrirenden Theil der Gesammtthätigkeit erstrecken. Kann danach dem Zeitpunkte,
in welchem das Gericht mit der Sache befaßt wird, eine Bedeutung in der
erwähnten Beziehung nicht beigemessen werden, so erscheint es auch für die
Frage, wie weit die Reichsgesetzgebung die Gebühren der Anwälte zu regeln
habe, nicht von Belang, ob die Sache thatsächlich an die Gerichte gebracht ist;
denn dieser Umstand ändert keineswegs das Wesen der zu vergütenden Thätigkeit. Die Reichsgesetzgebung muß daher auch in Fällen Platz greifen, in welchen
das Gericht nicht mit der Sache befaßt wird.

Im Uebrigen mußte der Entwurf die Schranken einhalten, welche sich das
Gerichtskostengesetz gesetzt hat. Die Thätigkeit des Anwalts muß also eine
Rechtssache betreffen, für welche das Verfahren durch die Prozeßordnungen geregelt ist, und welche vor die ordentlichen Gerichte gehört. Erstere Voraussetzung bestimmt sich wieder nach objektiven Momenten. Für letztere ist die
Intention des Auftraggebers von Bedeutung. Wird der Anwalt beauftragt,
eine den Prozeßordnungen unterliegende Sache vor die ordentlichen Gerichte
zu bringen, so bemißt sich die Vergütung nach Maßgabe des Entwurfs, auch
wenn die vollständige Ausführung des Auftrags unterbleibt, z. B. weil der
Anwalt die Belehrung ertheilt, daß die Sache gar nicht vor die ordentlichen
Gerichte gehöre. Das Gleiche gilt, wenn ein solcher Auftrag auch nur be-
dingungsweise ertheilt oder der Anwalt nur mit der Frage befaßt wird, ob
die Sache vor die ordentlichen Gerichte gebracht werden soll.

Bei Einhaltung dieser Schranken der reichsgesetzlichen Regelung können
allerdings im einzelnen Falle Zweifel entstehen, ob für die Vergütung der Anwälte Reichs- oder Landesrecht zur Anwendung kommen soll. Diese Zweifel wür-
ben sich aber nur vermeiden lassen, wenn der Entwurf es unternähme, die An-

waltsgebühren für alle Geschäfte zu regeln, welche Anwälten überhaupt aufgetragen werden können. Für ein derartiges Vorgehen ließe sich ein scheinbarer Grund aus der Rechtsanwaltsordnung herleiten, welche, abgesehen von einzelnen Bestimmungen, die sich ihrer Natur nach nicht über den Geltungskreis der Reichsprozeßordnungen erstrecken können, sich auf die gesammte Berufsthätigkeit der Rechtsanwälte bezieht. Aber auch die Rechtsanwaltsordnung giebt für die Art und den Umfang der in einem landesrechtlich geregelten Verfahren dem Anwalt obliegenden Leistungen keine Vorschriften, überläßt diese Frage vielmehr der Landesgesetzgebung. Dieser muß daher auch die Regelung der Vergütung für die Leistungen anheimfallen. Zudem würde die Verschiedenheit, welche in den Landesrechten bezüglich der von den Reichs-Prozeßordnungen nicht betroffenen Angelegenheiten obwaltet, jedem Versuche, auch hier das Gebührenwesen einheitlich zu regeln, unüberwindliche Schwierigkeiten bereiten.

Das Nebeneinanderbestehen von Reichs- und Landesrecht bezüglich der Anwaltsgebühren macht Fälle einer Konkurrenz dieser Rechte denkbar, indem ein dem Anwalt aufgetragenes Geschäft einen Anspruch auf Vergütung nach Reichs- und zugleich nach Landesrecht begründen kann. Für derartige Fälle ist der Grundsatz, nach welchem die Entscheidung zu treffen, in §. 92 aufgestellt.

§. 2

entscheidet den Fall, daß jemand mehreren Rechtsanwälten die gemeinschaftliche Ausführung eines Geschäfts aufträgt. In einem solchen Falle geht die Willensmeinung des Auftraggebers dahin, daß jeder Anwalt sich vollständig mit der ganzen Sache befasse. Ob und wie eine Theilung der Arbeit eintritt, ist den Anwälten überlassen und für das Verhältniß derselben zum Auftraggeber nicht von Belang. Möglich ist zwar, daß die Arbeit des einen Anwalts die Arbeit des anderen erleichtert; aber auch das Gegentheil ist denkbar. Dazu tritt, daß solche Fälle regelmäßig besonders schwierige oder verwickelte Rechtssachen betreffen werden. Es rechtfertigt sich daher die getroffene Entscheidung, daß jedem Rechtsanwalte die Gebühren voll zustehen sollen.

Unterschieden von dem Falle des §. 2 ist der, wenn bei der Ertheilung des Auftrags an mehrere Rechtsanwälte die Absicht des Auftraggebers nicht auf gemeinschaftliche Ausführung, sondern dahin ging, daß der Auftrag von dem einen oder dem anderen der Anwälte ausgeführt werde. Dies wird gemeinhin zutreffen, wenn die mehreren Anwälte sich zur gemeinsamen Ausübung der Rechtsanwaltschaft verbunden haben. In solchen Fällen können die mehreren Anwälte zusammen nur diejenige Vergütung beanspruchen, welche einem einzelnen Vertreter zustehen würde.

§. 3

behandelt den nicht seltenen Fall, daß der Rechtsanwalt durch dieselbe Thätigkeit die Aufträge mehrerer Auftraggeber ausführt, beispielsweise wenn er in derselben Verhandlung mehrere Angeklagte vertheidigt oder in demselben Verfahren mehrere Streitgenossen gleichzeitig vertritt.

In diesen Fällen tritt zunächst die Frage entgegen:

> wie hoch sich die Gesammtvergütung des Anwalts beläuft?

Was zunächst die Auslagen anlangt, so liegt es im Allgemeinen auf der Hand, daß die Vergütung des Anwalts für eine Auslage die gleiche sein muß, sei die Auslage für einen oder mehrere Auftraggeber gemacht. Wegen der

Reisekosten, welche dem Rechtsanwalte zustehen, wenn er auf einer Reise die
Aufträge mehrerer Auftraggeber erledigt hat, vergleiche §. 77 und die Motive
dazu. In Betreff der Gebühren kann aber eine Konkurrenz mehrerer Aufträge
verschiedener Personen eine Erhöhung rechtfertigen, da die Mehrheit der
Auftraggeber auch das Maß der erforderlichen Thätigkeit steigern kann. Inwieweit einer solchen Steigerung Gewicht beizulegen ist, wird später im Einzelnen (zu §§. 50, 61, 71) zu erörtern sein; mit der Frage des Betrages der
Gesammtvergütung befaßt sich §. 3 nicht, vielmehr nur mit der anderweiten
Frage:

> inwieweit in dem vorausgesetzten Falle der einzelne Auftraggeber
> haftet?

Bei Prüfung dieser Frage ist zunächst der einfachere Fall ins Auge zu
fassen, wenn die Gesammtvergütung des Anwalts demjenigen Betrage gleich
ist, welchen er von jedem einzelnen Auftraggeber zu beanspruchen haben würde,
wenn kein weiterer Auftraggeber vorhanden wäre. Das trifft z. B. zu, wenn
es sich um Vergütung einer Auslage handelt, ebenso bezüglich der Gebühren,
wenn der Anwalt mehrere Streitgenossen, die ein gleiches Interesse am Streitgegenstande haben, bei einer Verhandlung im Civilprozesse vertritt. In allen
solchen Fällen haftet sachgemäß jeder Auftraggeber dem Anwalte für die ganze
Vergütung, ohne Theilung (beneficium divisionis) beanspruchen zu können;
denn keiner der mehreren Auftraggeber hat ein Recht darauf, aus der Betheiligung der übrigen auf Kosten des Anwalts einen Vortheil zu ziehen. Die
rechtlichen Beziehungen, in welchen die mehreren Auftraggeber zu einander stehen,
mögen einen Anspruch auf Ausgleichung zwischen ihnen begründen; für das
auf dem Auftrage beruhende Rechtsverhältniß des einzelnen zum Anwalte sind
sie nicht von Erheblichkeit. Demgemäß spricht der Entwurf aus, daß die Mitverhaftung der anderen Auftraggeber dem Rechtsanwalte gegenüber nicht geltend
gemacht werden kann.

Diese Bestimmung greift aus gleichem Grunde auch für den weiteren Fall
Platz, wenn der Betrag, welchen der Anwalt für die einzelne Ausführung von
einem der Auftraggeber zu beanspruchen haben würde, dem Betrage der Gesammtvergütung nicht gleichkommt. Das trifft beispielsweise in dem Falle des
§. 71 zu, desgleichen wenn der Anwalt in einem Civilprozesse mehrere Streitgenossen vertritt, von denen einige bei dem ganzen Streitgegenstande, andere
nur bei einem Theile desselben interessirt sind, sofern das geringere Interesse
eine niedrigere Werthsklasse als der ganze Streitgegenstand bedingt. Unter
dieser Voraussetzung handelt es sich nicht blos darum, daß das Zusammentreffen der mehreren Aufträge dem Anwalte nicht nachtheilig werde, sondern
auch darum, daß kein Auftraggeber durch das Zusammentreffen geschädigt
werde. Von dem Grundsatze ausgehend, daß das Vertragsverhältniß zu einem
Auftraggeber dem Anwalte keinen Anspruch gegen einen anderen Auftraggeber
giebt, beschränkt daher der Entwurf die Haftung jedes Auftraggebers auf denjenigen Betrag der Vergütung, welcher bei abgesonderter Ausführung seines
Auftrags erwachsen sein würde. Wenn also, um ein Beispiel in Zahlen zu geben,
in einem Rechtsstreite über 2 000 M. der Anwalt den Beklagten und außerdem
auf Grund einer gleichzeitig ausgestellten Vollmacht (§. 50) einen Intervenienten
vertritt, welcher nur in Höhe von 100 M. bei dem Streite betheiligt ist, und
die Gebühren das Doppelte des Gebührensatzes (§. 9) betragen, so haftet der
Beklagte für 72 M., der Intervenient für 8 M.; eine Solidarhaft ist daher

nur in Höhe des letzteren Betrags vorhanden, indem die Gebühren überhaupt nur 72 *M.* betragen.

§. 4.

Ob der Rechtsanwalt als Bevollmächtigter oder als Beistand einer Partei handelt, soll auf den Betrag der zustehenden Gebühren keinen Einfluß ausüben, wie dies auch in verschiedenen Gebührenordnungen, z. B. in der bayerischen Advokatengebührenordnung vom 21. Juni 1870 (J. M. Bl. S. 326 ff.), bezw. vom 22. August 1873 (Reg. Bl. S. 1345 ff.) und vom 27. November 1875 (Ges. und Verordn. Bl. S. 700 ff.) Art. 33, 41, 47, 51 zum Abdruck gelangt ist. Gegen die Bestimmung, daß für die bloße Assistenz dieselben Gebühren, wie für die Vertretung beansprucht werden können, läßt sich nur geltend machen, daß die Korrespondenz, welche dem Prozeßbevollmächtigten obliegt, im Fall einer bloßen Beistandleistung wegfällt. Auf dieser Erwägung beruht die Vorschrift in §. 18 des preußischen Gesetzes vom 12. Mai 1851 (Ges. Samml. S. 656) und in dem Tarif III. Nr. 4 des waldeckschen Gesetzes vom 14. Juni 1850, nach welcher für die Assistenz in einem einzelnen Termin zwei Drittheile desjenigen Satzes berechnet werden, welcher für Wahrnehmung des Termins von dem Bevollmächtigten beansprucht werden kann. Allein das Mehr der Thätigkeit des Prozeßbevollmächtigten im Vergleich zu der des Beistandes erscheint so gering und die Korrespondenz an sich als ein so untergeordneter Theil der Thätigkeit, daß es um so mehr zulässig ist, von dieser Unterscheidung Abstand zu nehmen, als es dem Anwalt nicht verwehrt werden kann, die bloße Assistenz abzulehnen und dadurch die des Beistands bedürftige Partei zur Bevollmächtigung zu veranlassen. Es erscheint aber auch für den Prozeßgang förderlicher, wenn die Partei, welche in ihrer Sache der Hülfe eines Rechtskundigen bedarf, durch die Gleichstellung der Gebühren veranlaßt wird, sich einen Prozeßbevollmächtigten zu bestellen.

§. 5.

Abgesehen von dem Anwaltsprozeß (C. P. O. §. 121 Nr. 6), ist die Unterzeichnung von Schriften durch einen Rechtsanwalt erforderlich: bei dem Antrag auf gerichtliche Entscheidung über einen von der Staatsanwaltschaft abgelehnten Antrag auf Erhebung der öffentlichen Klage (Str. P. O. §. 170); bei Anbringung und Begründung von Revisionsansprüchen in Strafsachen (Str. P. O. §§. 385, 430) und bei einem Antrag auf Wiederaufnahme eines durch rechtskräftiges Urtheil geschlossenen Strafverfahrens (Str. P. O. §§. 406, 430). Die Unterzeichnung soll eine Schutzwehr gegen unverständliche, unklare und völlig unberechtigte Anträge schaffen. Dieser Zweck würde aber nur unvollkommen erreicht werden, wenn durch Festsetzung eines geringeren Gebührensatzes für die Unterzeichnung, als für die Anfertigung eines Schriftsatzes, die Betheiligten angereizt würden, bei der Anfertigung von der Zuziehung eines Rechtsanwalts Umgang zu nehmen. Als Beleg hierfür dürfen vorzugsweise die in Preußen gemachten Erfahrungen angeführt werden. Für die dort in Prozessen über Gegenstände von mehr als 150 *M.* regelmäßig erforderliche Unterzeichnung der Prozeßschriften durch einen Rechtsanwalt (Verordn. vom 21. Juli 1846 §§. 3, 7) ist diesen nur eine ganz geringfügige Gebühr im Höchstbetrage von ursprünglich 2 Thlrn., jetzt 7,10 *M.* gewährt (Ges. vom 12. Mai 1851 §. 14, Ges. vom 1. Mai 1875). Als Folge dieser niedrigen Gebühr trat sehr bald die Neigung der Parteien hervor, statt die Führung des Prozesses

einem Rechtsanwalt zu übertragen, den Betrieb selbst zu übernehmen, mit Anfertigung der Prozeßschriften aber einen Winkelkonsulenten zu betrauen und
dieselben zur Legalisirung einem Rechtsanwalt vorzulegen oder vorlegen zu
lassen. Von einer genauen Prüfung der Prozeßschrift und bezw. von einer
Verwerfung der letzteren ließ sich der Rechtsanwalt nur zu häufig durch die
Rücksicht abhalten, daß die Partei die Ansicht haben könnte, seine Entschließung
sei von der sich darbietenden Aussicht auf die höhere Gebühr für Anfertigung
des Schriftsatzes beeinflußt. In einzelnen preußischen Bezirken, z. B. in Berlin,
haben daher die Rechtsanwälte unter einander vereinbart, nur im Fall besonderer Beziehung zu der nachsuchenden Partei eine von einem Andern gefertigte
Prozeßschrift zu legalisiren, aber auch hierdurch hat dem Mißstand wirksam
nicht begegnet werden können. Es erscheint daher richtiger und zweckmäßiger,
die Gebühren für die Unterzeichnung und für die Anfertigung eines Schriftsatzes gleich hoch festzusetzen. In dieser gleichen Bemessung liegt überdies keine
Unbilligkeit. Einerseits nämlich übernimmt der Rechtsanwalt mit der Unterzeichnung der Schrift die gleiche Verantwortlichkeit für den Inhalt derselben,
wie wenn er sie selbst angefertigt hätte. Andererseits aber macht auch sehr
häufig die Prüfung eines Schriftstücks und die in Folge derselben nöthig
werdende Verbesserung in den einzelnen Theilen mehr Schwierigkeiten, als die
Anfertigung eines solchen auf Grund eines klar und übersichtlich zusammengestellten Materials.

Unter Schriftsätzen im Sinne dieses Gesetzes sind übrigens nicht nur diejenigen Schriften zu verstehen, welche in der Civilprozeßordnung ausdrücklich
als solche bezeichnet werden, sondern alle schriftlichen Anträge und Gesuche,
welche bei Gericht gestellt worden.

§. 6.

Die Vorschrift des Entwurfs ist ihrem Inhalte nach dem §. 7 Abs. 2
des preußischen Gesetzes vom 12. Mai 1851 entlehnt. Es erscheint nicht angezeigt, neben den für die Vornahme des Geschäfts dem Anwalt bewilligten Gebühren noch eine besondere Gebühr für die Aufstellung der Rechnung und für
die Zahlungsaufforderung zu gewähren.

§. 7.

Im gemeinrechtlichen Prozesse besteht die Streitfrage, ob ein Advokat,
welcher eigene Angelegenheiten betrieben hat, von seinem unterliegenden und
in die Prozeßkosten verurtheilten Gegner Advokatengebühren fordern dürfe.
Ueberwiegend wird diese Streitfrage bejaht — (Oesterding, Nachforschungen II.
S. 296 ff., Busch im Archiv für civilistische Praxis Bd. XVI. S. 271 ff.,
Bayer, Civ. Proz. S. 311). — Auch in den neueren Gesetzgebungen
ist die Berechtigung des Rechtsanwalts, in eigenen Angelegenheiten dieselben
Gebühren zu fordern, die er beanspruchen könnte, falls er den Prozeß für einen
Anderen geführt hätte, vielfach anerkannt; so in der württembergischen Civil-
prozeßordnung vom 3. April 1868 Art. 148, in der braunschweigischen vom
19. März 1850 §. 403 Abs. 1, in dem meiningenschen Ges. vom 19. Juli
1862 Art. 1, in Schwarzburg-Rudolstadt nach dem Ges. vom 25. März
1859 §. 11, in Schwarzburg-Sondershausen nach dem Ges. vom 26. Mai
1830 §. 16, in Lippe nach dem Ges. vom 12. April 1859 §. 16. Die in
Preußen nach dem Gesetze vom 12. Mai 1851 §. 7 bestehende Beschränkung
auf die Hälfte der Gebühren, welche den Rechtsanwälten bei Betreibung ihrer

eigenen Prozeßangelegenheiten, namentlich auch, wenn solche die Einziehung ihrer Gebühren von ihren Auftraggebern betreffen, zugebilligt wird, ist damit begründet worden, daß in den fraglichen Fällen die Informationseinziehung, die Konferenzen, Korrespondenzen, Ausfüllung der Vollmacht und die Belehrung hinwegfielen und die Bearbeitung der eigenen Angelegenheit überhaupt einfacher und leichter sei. Diese Gesichtspunkte sind aber keineswegs immer zutreffend. Die Anwendung der Berufsthätigkeit in eigenen Angelegenheiten erzeugt vielfach Bedenken, die einem fremden Auftraggeber gegenüber gar nicht auftreten. Gerade hierdurch aber vermehrt sich nicht selten die Schwierigkeit in der Bearbeitung der Sache. Auch fällt die Informationseinziehung nicht regelmäßig bei dem Betriebe der eigenen Angelegenheiten für den Rechtsanwalt fort; er muß vielmehr oft selbst Erkundigungen einziehen und Material sammeln, welches ihm sonst der Mandant zu unterbreiten hat. Sonach ist kein innerer Grund vorhanden, dem Rechtsanwalt in seinen eigenen Angelegenheiten diejenige Vergütung seiner Arbeiten zu versagen, welche er sonst für seine Berufsthätigkeit zu beanspruchen hat. Eine solche Beschränkung der Gebühren auf die Hälfte würde überdies im Anwaltsprozesse (C. P. O. §. 74) dem Gegner eine durch nichts begründete Vergünstigung gewähren und erscheint schon deshalb völlig ungerechtfertigt, weil es dem Rechtsanwalte ja unbenommen ist, sich vertreten zu lassen, und dann die Kosten der Vertretung der unterliegenden Partei zur Last fallen (C. P. O. §. 87).

§. 3

schließt sich an Nr. 5 der allgemeinen Bestimmungen des preußischen Tarifs zu dem Ges. vom 12. Mai 1851 an.

Höher als Eine Mark konnte der Mindestbetrag der Gebühr eines Anwalts nicht gegriffen werden, wenn nicht in geringfügigen Sachen der Beistand eines Rechtsanwalts wegen zu hoher Gebühren desselben ausgeschlossen werden sollte.

Zweiter Abschnitt.

Gebühren in bürgerlichen Rechtsstreitigkeiten.

Die Grundsätze, von welchen die Partikulargesetzgebungen bei Regelung der Gebühren der Rechtsanwälte (Advokaten; Anwälte, Advokatanwälte, Prokuratoren) in bürgerlichen Rechtsstreitigkeiten ausgehen, sind unter einander ebenso verschieden, wie diejenigen, welche in den einzelnen Bundesstaaten für die Regelung des Gerichtskostenwesens maßgebend waren. In der in Anlage B. gegebenen Darstellung ist der Versuch gemacht, eine Uebersicht des bestehenden Rechtszustandes zu geben. _Anlage B._

Wenn der Entwurf sich für eines der in den verschiedenen Partikulargesetzgebungen mehr oder weniger consequent festgehaltenen Grundprinzipien entscheiden mußte, so konnte es nicht zweifelhaft sein, daß das Bauschsystem den Vorzug vor allen anderen verdient und dem Entwurfe zu Grunde zu legen war. Von den deutschen Anwaltskammern haben sich auch in den für den vierten deutschen Anwaltstag erstatteten Gutachten 13 für dieses System und nur 9 für das ihm entgegengesetzte der Taxirung der einzelnen Handlungen des Anwalts ausgesprochen, während die übrigen 16 Gutachten Mittelwege einzuschlagen versuchen, welche sich mehr oder weniger dem Bauschsystem nähern. — Fenner, Bericht über eine neue Gebührenordnung zc. S. 44 ff.; Verhandlungen des vierten Anwaltstages S. 19 ff. —

Der Entwurf kann denjenigen Gebührenordnungen nicht folgen, welche eine Gebühr nach dem inneren Gehalte der Arbeit anstreben und zu diesem Behufe den Richter mit der Schätzung der Arbeit befassen. Zunächst entzieht sich ein erheblicher Theil der Arbeit des Anwalts, nämlich jener, welcher die Vorbereitung der prozessualischen Handlungen betrifft, überhaupt der richterlichen Beurtheilung. Zudem wirkt eine mit der Arbitrirung nothwendig verbundene Kritik leicht verletzend, jedenfalls bringt sie den Anwalt in eine unangemessene Lage gegenüber dem Richter. Daß endlich subjektive Momente die Arbitrirung beeinflussen, würde sich auch kaum verhüten lassen.

Einen reelleren und deshalb objektiveren Maßstab bringen diejenigen Gebührenordnungen zur Anwendung, welche die Handlung eines Anwalts im Prozesse nach der auf dieselbe verwendeten Zeit schätzen, oder andererseits diejenigen, welche ohne Rücksicht auf den inneren Gehalt und die verwendete Thätigkeit lediglich das Objekt des Streites für die Höhe der Gebühren entscheidend sein lassen.

Innerhalb dieser sich in einem gewissen Gegensatze befindenden Anschauungsweisen ist vielfach eine Annäherung an die eine oder an die andere versucht worden. Diejenigen Gebührenordnungen, welche rücksichtlich der Termine und Schriftsätze unterscheiden, ob dieselben die Hauptsache oder nur Nebenpunkte betreffen, lehnen sich an das System der Werthschätzung nach dem inneren Gehalt an, bemühen sich aber durch Aufzählung ganzer Kategorien dem freien Ermessen des Richters möglichst feste Schranken zu ziehen. Andere Gebührenordnungen glauben die Gebühren danach bemessen zu sollen, ob der Prozeß vor einem Einzelrichter oder vor einem Kollegialgerichte stattfindet, und noch andere unterscheiden die Gebühren nach den Prozeßarten, indem sie nach diesen die größere oder geringere Thätigkeit und Schwierigkeit abschätzen. Endlich ist für die höheren Instanzen, soweit diese nach dem einzelnen System überhaupt berücksichtigt werden, ein verschiedener Weg eingeschlagen, indem die Gebühren bald mit den Instanzen steigen, bald mit ihnen fallen, bald sich überhaupt nicht verändern.

Jeder einzelne der erörterten Gesichtspunkte hat eine gewisse innnere Berechtigung und es wird darum als ein Vorzug des Bauschsystems bezeichnet werden dürfen, daß dasselbe jene verschiedenen Anschauungen zu vereinigen versucht. Wenn als Repräsentant dieses Systems das preußische Gesetz vom 12. Mai 1851 zu betrachten ist, so findet man in demselben einmal den objektiven Maßstab der Werthsklassen, sodann die Berücksichtigung der verschiedenen Prozeßarten, indem darin die Gebühren im Bagatellverfahren, im Mandatsverfahren und im gewöhnlichen Prozeß verschieden bemessen werden. Auf den Zeitverlust und die größere Mühewaltung des Anwalts ist ferner insofern Rücksicht genommen, als die Gebühren bei erfolgter kontradiktorischer Verhandlung, beziehungsweise bei Beweisaufnahme sich entsprechend erhöhen. Wenn der Entwurf sonach dasselbe System zum Grunde legte, welches in dem Gerichtskostengesetze Aufnahme gefunden hat, so treffen freilich dafür die Gründe, welche für dasselbe dort maßgebend gewesen sind, hier nur theilweise zu; es treten dafür aber andere Erwägungen und zwar mit entscheidendem Gewicht in den Vordergrund.

Den Vortheil hat das Bauschsystem hier, wie bei den Gerichtskosten, daß es der Partei die Möglichkeit gewährt, die Kosten eines Rechtsstreits im voraus mit annähernder Sicherheit zu übersehen. Ebenso wird auf den Vorzug der

Einfachheit auch hier einiges Gewicht zu legen sein. Eine besondere Bedeutung aber hat das Bauschsystem für die Gebühren des Rechtsanwalts im Civilprozesse, wie dieser durch die Civilprozeßordnung gestaltet ist, indem die Vorschriften derselben gegenüber anderen Prozeßordnungen dem Anwalte die Möglichkeit zur Vervielfältigung der Einzelhandlungen in erhöhtem Maße darbieten. Es liegt daher eben so sehr im Interesse des Anwalts, wie der Partei, die Thätigkeit, welche der erstere zum Zwecke der Ausführung des ihm ertheilten Auftrags zu entwickeln hat, als ein Ganzes aufzufassen und demgemäß auch im Ganzen zu honoriren. Je weniger der Anwalt ein Interesse daran hat, die Zahl der von ihm vorzunehmenden Handlungen zu vermehren, je mehr er den Wunsch hegen muß, die Sache in thunlichst kurzer Zeit und in möglichst wenigen einzelnen Abschnitten zu Ende zu führen, desto eher wird die Sache beendigt sein, und eine schnelle Beendigung ist für ihn, wie seinen Auftraggeber gleich vortheilhaft. Gerade dadurch wird der geschicktere und fleißigere Anwalt sich den ihm gebührenden Vorrang vor dem weniger geschickten und wenig fleißigen sichern. Das Bauschsystem gewährt sonach den entscheidenden Vortheil, daß es die möglichst energische Führung und schnelle Beendigung der Sache begünstigt, und dieser Vortheil wiegt um so schwerer, als, wie bereits angedeutet, die Gefahr einer Verschleppung der Sache nach den Grundsätzen des Verfahrens der Civilprozeßordnung, welches die Eventual-Maxime als Regel nicht kennt, nicht ausgeschlossen ist. Umgekehrt wird bei dem Bauschgebührensysteme der Anwalt in Betreff der Frage, wie und in welchem Umfange die einzelne Prozeßhandlung vorzunehmen sei, jeder hemmenden Rücksichtnahme auf den Kostenpunkt enthoben sein, da namentlich für die Vermuthung, als sei das Vorgehen des Anwalts von der Rücksicht auf die Höhe der Gebühren beeinflußt, kein Anlaß geboten wird.

Es ist gegen das Bauschsystem der Einwand gemacht, daß, je mehr die einzelne Handlung des Anwalts gegenüber dem Gesammtergebniß in den Hintergrund tritt, der Anwalt desto weniger Sorgfalt und Mühe auf die einzelne Handlung verwenden werde. Der von Fenner a. a. O. S. 48 ff. zitirte „Bayerische Gutachter" führt aus, es liege in der menschlichen Natur, deren Gesetzen auch der Anwalt unterworfen ist, daß man Arbeiten lässig, jedenfalls unwillig vornimmt, für welche man eine besondere Belohnung nicht erhält, jedenfalls nicht zu erhalten glaubt, und daß man „bei einer Bauschgebühr fürchten müsse, die mit dem ersten Spatenstich verdiente Gebühr reiche nicht allzeitig als genügender Sporn für gleichmäßig tüchtige Arbeit des ganzen Prozesses aus, es trete nachgerade Nachlässigkeit ein". Allein dieser Einwand widerlegt sich — ganz abgesehen davon, daß diese Besorgniß durch die in den Rechtsgebieten des Bauschsystems gemachten Erfahrungen nicht unterstützt wird — durch die praktische Erwägung, daß der leichtfertige Anwalt die Folgen seiner Leichtfertigkeit zu eigenem Nachtheil zu tragen haben wird. Es darf nicht übersehen werden, daß in der durch die Rechtsanwaltsordnung geschaffenen Freigebung der Rechtsanwaltschaft das beste Schutzmittel gegen Lässigkeit der Anwälte gegeben ist. Die Folge des Bauschsystems, daß für einen kurzen, sich rasch entwickelnden Prozeß ebensoviel gezahlt wird, wie für einen solchen, der lange und mühselige Arbeit verursacht, soll nicht geleugnet werden. Sie läßt sich indeß bis zu einem gewissen Grade durch Festsetzung besonderer Tarifsätze für einzelne Prozeßarten einschränken. Uebrigens wird die Partei es mit ihrem Interesse durchaus vereinbar finden, für einen schnell beendigten Prozeß dieselben Gebühren zu bezahlen, wie für einen, auf deſſen Beendigung ſie vielleicht Jahre lang warten müßte.

Läge bei dem Bauſchſyſteme die Gefahr vor, daß der Prozeß zu raſch betrieben würde — ein Nachtheil, der immer noch in der Kontrole der Partei oder des Gerichts ſeine Schranke finden würde —, ſo tritt bei dem Syſteme der Einzelgebühren nicht blos die Gefahr entgegen, daß der Anwalt zur Erzielung höherer Gebühren den Prozeß in die Länge ziehen kann, ſondern der faſt ebenſo bedenkliche Umſtand, daß er bei ſeinem Auftraggeber in den — vielleicht unbegründeten — Verdacht kommen kann, er wolle aus Eigennuß den Prozeß verſchleppen. Schon dieſer Verdacht, gegen den auch der gewiſſenhafteſte Anwalt nicht immer geſichert ſein wird, iſt geeignet, das Vertrauen der Gerichtseingeſeſſenen zu dem Anwaltsſtand erheblich zu beeinträchtigen.

Schließlich dürfte auch das Bauſchgebührſyſtem an ſich der Würde des Anwaltsſtandes förderlicher erſcheinen, als das Syſtem einer Gebührenberechnung, wonach die Thätigkeit des Anwalts in allen ihren Einzelakten detaillirt ſpezifizirt werden muß. Vergl. Bauer, Bemerkungen über die Anwaltsgebühren a. a. O. S. 324 bis 326, und die Gutachten der Anwaltskammern bei Fenner, in der Denkſchrift für den Anwaltsverein a. a. O. S. 44 bis 51. Mußte ſich demgemäß der Entwurf für das Bauſchſyſtem entſcheiden, ſo konnten die beiden Arten deſſelben in Frage kommen, welche ſich am anſchaulichſten in den Geſetzgebungen Preußens und Badens darſtellen.

In Baden (Verordn. vom 20. November 1874 — Geſ.- u. Verordn.-Bl. Nr. LIII. —) wird die Bauſchgebühr für den ganzen Rechtszug, die ganze Inſtanz bezahlt, während in Preußen (Geſ. vom 12. Mai 1851 — G.-S. S. 656 —) die Bauſchgebühr für einzelne Gruppen von Prozeßhandlungen innerhalb der Inſtanz feſtgeſetzt wird. Bei genauerer Prüfung muß man dem preußiſchen Syſteme den Vorzug einräumen. Daſſelbe ſtuft die Belohnung nach den einzelnen Stadien des Verfahrens ab und bewirkt demnach, abgeſehen von der durch den Prozeßgegenſtand bedingten Verſchiedenheit, auch in der Richtung einen Unterſchied bei der Gebührenberechnung, daß der Anwalt in dem regelmäßig ſchwierigeren Prozeſſe, d. h. demjenigen, welcher mehrere ſolcher Stadien zählt, eine höhere Belohnung erhält. Dieſes Syſtem erleichtert aber auch den Wechſel des Anwalts innerhalb des Laufes der Inſtanz.

Einzelne Gebührenordnungen waren genöthigt, für den Fall des Wechſels des Rechtsanwalts im Laufe der Inſtanz, meiſtens mit großer Kaſuiſtik, verſchiedene Beſtimmungen zu treffen, je nachdem der Wechſel mit oder ohne „Verſchulden" des Rechtsanwalts eintrat. Man war genöthigt, bald den Anwalt zu ſchädigen, der in dem einen oder andern Falle nicht ſeine volle Gebühr erhielt, bald die Partei, die doch immer etwas mehr bezahlen mußte, als ſie ohne jenen Wechſel zu zahlen gehabt hätte. (Vergl. Preußen, Geſ. v. 12. Mai 1851 Tarif §. 5 Nr. 7; — Baden, v. 17. Mai 1867 bezw. Verordn. v. 20. November 1874 §. 14; — Hannover, Geſ. v. 8. November 1850 §. 43, §. 37; — Lippe, Geſ. v. 12. April 1859 § 10; — Oldenburg, Geſ. v. 28. Juni 1858 Art. 33, §. 3; — Lübeck, Geſ. v. 26. Oktober 1863 §. 31; — Württemberg, C.-Pr.-O. Art. 147 und Verordn. v. 29. Januar 1869 §. 21; — Sachſen-Meiningen, Geſ. v. 19. Juli 1862 Art. 22.) Die Fälle, daß die Thätigkeit des Rechtsanwalts inmitten des Prozeſſes aufhört, ſind aber nicht ſelten; es gehört hierher nicht nur die Erledigung der Sache aus irgend welchen Gründen, ſondern auch die Uebertragung des Mandats auf einen andern. Für alle solche Fälle wird die Regelung erleichtert, wenn sich die Bauschgebühr nach gewissen Stadien des Verfahrens berechnet, während man bei Bemessung nach der ganzen Instanz genöthigt ist, entweder in einzelnen Fällen dem Rechtsanwalte seine ganze Gebühr zu belassen, oder Quoten aufzustellen, die weder das Interesse des Anwalts noch das der Partei entsprechend wahren. Die Folge würde dann leicht die sein können, daß die Partei, aus Rücksicht auf die Gebühren, veranlaßt würde, einem Anwalt ihr Mandat nicht zu entziehen, trotzdem derselbe ihr Vertrauen nicht mehr besitzt — eine Folge, die beiden Theilen nicht zum Vortheil gereichen würde. — Fenner a. a. O. S. 51 ff.; Verhandlungen des vierten deutschen Anwaltstages S. 19 ff.

§. 9.

Der Entwurf bemißt die Gebühren des Rechtsanwalts im Civilprozesse nach dem Werthe des Streitgegenstandes. Er geht davon aus, daß im Großen und Ganzen der Aufwand von Zeit und geistiger Anstrengung bei Besorgung einer Rechtssache sich mit ihrer Bedeutung und ihrem Werthe steigert. Jedenfalls ist anzuerkennen, daß für die pekuniäre Verantwortlichkeit des Anwalts der Werthsbetrag des Streitgegenstandes der Regel nach maßgebend ist. Ja es lassen sich Fälle denken, in welchen auch das Maß der moralischen Verantwortlichkeit mit der geringeren Wichtigkeit der Sache sich mindert. Die nach Beschaffenheit der einzelnen Fälle nothwendig sich ergebende Verschiedenheit in dem Umfange der zu ihrer Erledigung erforderlichen oder aufgewendeten Arbeit bleibt allerdings unberücksichtigt; es ist dies aber eine unvermeidliche Folge des Systems der festen Bauschgebühren, welche mit den Vortheilen desselben hingenommen werden muß.

Ebenso wie im §. 8 des Gerichtskostengesetzes werden in §. 9 des Entwurfs zuförderst die einfachen Gebührensätze festgesetzt, wobei der „Gebührensatz" des §. 9 der „vollen Gebühr" in §. 8 des Gerichtskostengesetzes entspricht. Wie die meisten Gebührenordnungen gleiche Werthsklassen für Anwalts- und Gerichtsgebühren feststellen, so sind auch in §. 9 die Werthsklassen des §. 8 a. a. O. aufgenommen; insbesondere ist auch die Bestimmung festgehalten, daß von 10 000 ℳ ab die ferneren Werthsklassen um je 2 000 ℳ steigen.

Die Beibehaltung der im Gerichtskostengesetz angenommenen Werthsklassen empfahl sich neben den in den Motiven des Entwurfs jenes Gesetzes (Drucksachen des Reichstags II. Session 1878 Nr. 76 S. 36) für die Eintheilung geltend gemachten Gründen durch die Erwägung des praktischen Vortheils, der sich bietet, wenn zwischen den Werthsklassen für die Berechnung der Gerichtsgebühren und jenen für die Berechnung der Anwaltsgebühren kein Unterschied obwaltet, so daß auch bei der Feststellung des Werthes zum Zwecke der Ermittelung der maßgebenden Klasse im einzelnen Falle nach beiden Richtungen nur dieselben Gesichtspunkte in Frage kommen.

Was die Abmessung der Höhe des Gebührensatzes anlangt, so fehlte es hier freilich an denjenigen Hilfsmitteln, welche bei dem Entwurfe des Gerichtskostengesetzes einen wenigstens annähernden Anhalt gewährten. Während es dort möglich war, eine statistische Uebersicht über den Umfang der von den Prozeßordnungen betroffenen Thätigkeit und die Einnahmen der Gerichte, sei es auch nur für Preußen, zu geben und bezüglich dieses Bundesstaates Vergleiche anzustellen, ist es nicht möglich, einen Durchschnitt der bisherigen Einnahmen der Rechtsanwälte, oder des Umfangs ihrer Thätigkeit, sei es auch nur für einen einzigen Bundesstaat, zu ermitteln, um so weniger den Umfang der Thätigkeit nach dem neuen Verfahren auch nur annähernd durch Vergleiche festzustellen. Gleichwohl mußte der Entwurf, wenn seine Vorschläge nicht jedweden Anhalts entbehren sollen, bestehende Tarifsätze zum Ausgangspunkte nehmen. Zu diesem Behufe boten sich in erster Linie die preußischen Tarifbestimmungen dar, einmal weil das Rechtsgebiet, in welchem das preußische Gesetz vom 12. Mai 1851, bezw. das Nachtragsgesetz vom 1. Mai 1875 gilt, das bei weitem größte ist, indem es fast die Hälfte des Bundesgebiets umfaßt, und vorzugsweise deswegen, weil das System des Entwurfs sich am meisten dem des gedachten Gesetzes, wenngleich unter Berücksichtigung der durch die deutschen Prozeßgesetze geschaffenen Aenderungen, nähert.

Für das Gebiet der preußischen Gesetze vom 12. Mai 1851 und 1. Mai 1875 darf es als eine allgemein anerkannte Thatsache hingestellt werden, daß die dort bestehenden Tarife geeignet sind, dem Anwalt eine würdige Lebensstellung zu sichern. Eine mäßige Erhöhung wird allerdings aus dem Grunde gerechtfertigt erscheinen, weil die Civilprozeßordnung an die Thätigkeit des Anwalts stärkere Anforderungen stellt, als das in Altpreußen geltende Prozeßrecht. Sie wird auch im Interesse der Rechtsuchenden nicht zu beanstanden sein, weil Beschwerden über die Höhe der Anwaltsgebühren im Geltungsgebiete des preußischen Bauschgebührensystems gerade am wenigsten laut geworden sind.

Es ist daher bei Bemessung der Sätze des Entwurfs davon ausgegangen, daß die Anwaltsgebühren im Großen und Ganzen nicht erheblich höher sein sollen, als sie es nach dem preußischen Gesetz und Tarife vom 12 Mai 1851 und dem Gesetze vom 1. Mai 1875 zur Zeit sind. Dadurch ist selbstredend nicht ausgeschlossen, daß sie in einigen Klassen und für gewisse Arten der Erledigung des Prozesses höher, für andere niedriger zu stehen kommen. Nur die Beschränkung der Gebühren auf einen Höchstbetrag, wie z. B. ein solcher auch in Preußen früher in Höhe von 100 Thaler, jetzt von 375 ℳ. besteht, ist aufgegeben, weil eine jede derartige Schranke willkürlich erscheint und die wenigen dabei in Betracht kommenden Sachen eine besondere Berücksichtigung nicht erheischen. Das Verhältniß der Gebührensätze des Entwurfs zu denen des preußischen Tarifs wird die in der Anlage C. enthaltene Zusammenstellung *Anlage C.* veranschaulichen. Sollen aus einer solchen Zusammenstellung auf die künftige Gesammteinnahme des preußischen Anwaltstandes Schlüsse gezogen werden, so ist zu beachten, daß eine Verringerung derselben gegen den bestehenden Zustand zu erwarten steht:

1. durch die Ausdehnung des Mahnverfahrens auf Ansprüche von mehr als 150 ℳ.; hier bietet die im Entwurfe §. 38 vorgeschlagene Sonderung des Mahnverfahrens von dem folgenden Rechtsstreite, welche der preußische Tarif nicht kennt, zwar einigen, aber nicht ausreichenden Ersatz;

2. durch die Erniedrigung der Gebühren im Wechselprozesse; hier sind die bestehenden preußischen Gebühren im Verhältnisse zur Arbeitsleistung auffallend hoch bemessen.

Eine Erhöhung des Einkommens der Rechtsanwälte wird dagegen in Aussicht zu nehmen sein:

1. im ordentlichen Civilprozeßverfahren, weil die Sätze des Entwurfs

regelmäßig über die preußischen hinausgehen, sowie in Folge der Einführung des Anwaltszwanges;

2. in Straffachen vermöge der Verpflichtung des Staates, die Gebühren der bestellten Vertheidiger zu zahlen;

3. in Konkursen mit hoher Dividende, weil bei dieser sich die Tarifsätze des Entwurfs günstiger gestalten, als die preußischen.

Andere Momente geringeren Belanges mögen sich vielleicht gegenseitig ausgleichen.

Als Endergebniß wird gegenüber den preußischen Verhältnissen eine, wenn auch nicht bedeutende Erhöhung der gegenwärtigen Einnahme des Gesammt-Anwaltstandes, also bei sich gleichbleibender Zahl der Anwälte, eine Vermehrung der Durchschnittseinnahme erstrebt. Ob dieses angestrebte Ziel erreicht ist, darüber wird sich erst an der Hand der Erfahrung ein Urtheil fällen lassen.

Es mußte darauf verzichtet werden, für die Gebiete der übrigen Gebührenordnungen auch nur vage Vermuthungen über das Verhältniß der von dem Tarife des Entwurfs zu erwartenden Einnahmen der Anwälte zu denen aus den geltenden Tarifen aufzustellen, weil die zahlreichen und grundsätzlichen Verschiedenheiten nur vereinzelt eine Gegenüberstellung und Vergleichung der Tarifsätze gestatten.

Der Entwurf stellt sich sonach gleich dem Gerichtskostengesetz als ein Experiment dar, von dem erst die Erfahrungen der nächsten Jahre zeigen werden, inwieweit dabei das Richtige getroffen worden ist.

Die

§§. 10 bis 12

entsprechen insofern dem bestehenden Rechtszustande, als durchgehends in den bisherigen Anwaltsgebührenordnungen (z. B. Bayern, Advokatur-Gebührenordnung vom 21. Juni 1870 bezw. 22. August 1873 und 27. November 1875 Art. 2) die Festsetzung des Werthes des Streitgegenstandes bei Berechnung der Anwaltsgebühren nach denselben Grundsätzen erfolgte, wie bei Berechnung der Gerichtsgebühren. Daß der Entwurf an der Uebereinstimmung der Grundsätze festhielt, rechtfertigt sich schon aus dem Mangel jedes Motivs, welches für eine Abweichung herangezogen werden könnte. Bei dieser Sachlage empfiehlt es sich zugleich, zur Vermeidung doppelter Arbeit und eventuell widersprechender Entscheidungen im Anschluß an das preußische Gesetz vom 12. Mai 1851 §. 2 und das hannoversche Gesetz vom 8. November 1850 §. 34 der Werthsfestsetzung, wo sie zur Berechnung der Gerichtsgebühren stattgefunden hat, auch für die Berechnung der Anwaltsgebühren maßgebende Bedeutung zu geben; nur kann dann dem Anwalte, weil er an jener Werthsfestsetzung persönlich interessirt ist, die Beschwerde kraft eigenen Rechts, also auch seinem eigenen Machtgeber gegenüber, nicht versagt werden.

§. 13

führt im Anschluß an §. 18 des Gerichtskostengesetzes die Momente der anwaltlichen Thätigkeit auf, mit welchen im ordentlichen Prozeßverfahren die Gewährung von Anwaltsgebühren verbunden ist. Daß diese Momente mit den im §. 18 a. a. O. bezeichneten prozessualen Akten nur theilweise zusammenfallen, findet seine Rechtfertigung in dem Umstande, daß das Maß der gerichtlichen Thätigkeit nicht immer dem Maße der Thätigkeit des Anwalts entspricht und ein Theil der letzteren außerhalb des gerichtlichen Verfahrens liegt.

Vor Allem erscheint die Absonderung der Gebühr für die mündliche Verhandlung von der Gebühr für den Geschäftsbetrieb, einschließlich der Information, angezeigt. Einerseits gewährt diese Absonderung die unmittelbare Anwendbarkeit der zu treffenden Bestimmungen auf die ohne mündliche Verhandlung zur Erledigung kommenden Rechtssachen; andrerseits erleichtert sie die entsprechende Regelung für den Fall, daß die mündliche Verhandlung einem anderen, als dem zur Führung des Prozesses bevollmächtigten Rechtsanwalt übertragen wird. Hauptsächlich kommt aber für diese Absonderung nachfolgende Erwägung in Betracht:

Die Verhandlungsgebühr muß danach abgestuft werden, je nachdem die Verhandlung eine kontradiktorische ist oder nicht (§. 16), weil sie im ersteren Falle unzweifelhaft die Zeit und die geistige Kraft des Anwalts in erheblich höherem Maße in Anspruch nimmt. Dieses Moment der Steigerung trifft für die Prozeßgebühr nicht zu. Die Informationsthätigkeit des Rechtsanwalts kann zwar größer werden, wenn sie sich auf Einwendungen des Beklagten mit erstrecken muß; ebenso die Thätigkeit im Prozeßbetriebe dann, wenn außer der Klage vorbereitende Schriftsätze zugestellt werden. Beides ist aber nach dem Verfahren der Civilprozeßordnung mit jeder kontradiktorischen Verhandlung nicht nothwendiger Weise verbunden; es kann bei dieser fehlen; es kann auch ohne dieselbe vorkommen. In der mündlichen Verhandlung tritt nur das Ergebniß der vor derselben entwickelten Thätigkeit des Anwalts zu Tage. Diese vorhergegangene Thätigkeit wird oftmals dieselbe sein, gleichviel, ob die Verhandlung später eine kontradiktorische wird oder nicht, da der Rechtsanwalt bei seiner Vorbereitung dies nicht immer wird vorhersehen können. Durch die Sonderung der Prozeßgebühr von der Verhandlungsgebühr wird danach der Vortheil gewonnen, daß das in dem kontradiktorischen Karakter der mündlichen Verhandlung liegende Moment für eine Steigerung der Vergütung auf den Theil der Thätigkeit beschränkt werden kann, für welchen es von wesentlichem Einfluß ist.

Die Prozeßgebühr umfaßt in ihren verschiedenen Abstufungen die gesammte Thätigkeit des Rechtsanwalts außerhalb der mündlichen Verhandlung, insbesondere die Information, die Anfertigung aller vorkommenden Schriftsätze oder schriftlichen Anträge, die Wahrnehmung von Terminen, soweit solche neben der mündlichen Verhandlung etwa vorkommen, und den zur Prozeßführung erforderlichen Verkehr mit den Parteien, dem Gericht und den Gerichtsvollziehern. Da die Anfertigung von Schriftsätzen in gewissem Umfange in jedem Prozeß erforderlich ist, so erscheint es angemessener, dieselben bei Bemessung der Bauschgebühr in Rücksicht zu ziehen, als sie, wie dies z. B. die Gesetzgebungen von Hannover, Oldenburg u. s. w. gethan haben, besonders zu berechnen. Hierdurch erübrigen sich die verschiedenen Vorkehrungen, welche verschiedene Gebührenordnungen dagegen treffen zu müssen glaubten, daß der Gebühren wegen die Schriftsätze über das nothwendige und statthafte Maß hinaus vermehrt oder ausgedehnt würden.

Es ließe sich zwar gegen das Prinzip des Entwurfs einwenden, daß dasselbe den Rechtsanwalt leicht veranlassen könnte, gegen das Interesse der Sache die Schriftsätze zu sehr einzuschränken. Allein dies ist kaum zu befürchten, da der Anwalt an der möglichst raschen Erledigung des Rechtsstreits, welche durch eine sorgfältige Anfertigung der vorbereitenden Schriftsätze wesentlich bedingt wird, selbst interessirt ist. — Eine Theilung dieser Prozeßgebühr, oder die Gewährung einer besonderen Gebühr für den außergerichtlichen Betrieb der Sache nach dem Vorgange der Gesetzgebungen von Braunschweig, Hannover und Lippe erscheint nicht angezeigt, am allerwenigsten aber eine Berechnung der Gebühr nach der während des Prozesses verlaufenen Zeit (Braunschweig und Hannover nach Monaten, Mecklenburg nach Jahren), weil diese den Anwalt geradezu zur Verschleppung herausfordert.

Diese beiden Gebühren — die Prozeßgebühr und die Verhandlungsgebühr — müssen in jedem Zivilprozesse zum Ansatze kommen, wenn er den regelmäßigen Verlauf bis zum Endurtheile nimmt.

Daneben können noch zwei andere Gebühren in Frage kommen, eine für die Thätigkeit des Rechtsanwalts bei der Beweisaufnahme (Beweisgebühr), die andere für die Mitwirkung bei einem zur Beilegung des Rechtsstreits abgeschlossenen Vergleiche (Vergleichsgebühr).

Die Aufstellung einer besonderen Beweisgebühr soll dem Mehraufwande an Zeit und Thätigkeit Rechnung tragen, welchen unzweifelhaft eine Beweisaufnahme bedingt. Dieses Mehr an Arbeit wird geringer zu veranschlagen sein, als die gesammte Thätigkeit für die Information und den Prozeßbetrieb; die Beweisgebühr ist daher nur auf die Hälfte der Prozeßgebühr normirt. Als ein Beweisaufnahmeverfahren im Sinne des Entwurfs wird es aber nicht angesehen, wenn die Beweisaufnahme nur in der Vorlegung der in den Händen des Gegners befindlichen Urkunden besteht, da die Nothwendigkeit eines besonderen Verfahrens in diesem Fall allzusehr von dem Belieben der Rechtsanwälte abhängt. Dagegen ist, mit Rücksicht auf die entsprechende Bestimmung des Gerichtskostengesetzes (§§. 24, 18 Nr. 2) die Vertretung in dem Termin zur Leistung des durch ein bedingtes Urtheil auferlegten Eides (C.-P.-O. §. 427 Abs. 2), einerlei, ob der Eid geleistet wird oder nicht, bezüglich der dem Rechtsanwalt zustehenden Gebühren einer Beweisaufnahme gleichgestellt worden.

Die Festsetzung einer besonderen Gebühr für einen unter Mitwirkung des Rechtsanwalts zur Beilegung des Streits geschlossenen Vergleich, welche in ihrer Höhe den übrigen Gebühren des Hauptverfahrens gleichgestellt ist, findet nicht nur ein Vorbild in einer großen Zahl von Gesetzgebungen (Hannover, Ges. vom 8. November 1850 bezw. Tarif vom 1. Mai 1860 Nr. 16; Lippe, Ges. vom 12. April 1859 bezw. 15. Juni 1864 Taxe B. 1; Braunschweig, Anh. zur C.-P.-O. §. 402 Taxe Nr. 16, 17; Lübeck, Ges. vom 26. Oktober 1863 §. 32; Oldenburg, Ges. vom 28. Juni 1858 Art. 34; Sachsen, Revid. Taxordnung vom 3. Juni 1859, Taxe Nr. 8; Sachsen-Meiningen, Ges. vom 19. Juli 1862 bezw. 16. März 1875, Tarif Nr. 11 a; Sachsen-Weimar, Ges. vom 29. Oktober 1840, Taxe s. v. Vergleich; Württemberg, V. vom 29. Januar 1869 §§. 25, 27), sondern sie rechtfertigt sich auch vorzugsweise durch die Erwägung, daß Verhandlungen, welche zu einem Vergleich führen, regelmäßig ein gründliches Eingehen in den Rechtsstreit, eine ausführliche Erörterung desselben und einen nicht geringen Zeitaufwand erfordern. Auch liegt es sowohl im Interesse der Parteien, wie der Rechtspflege überhaupt, die Rechtsanwälte durch Bestimmung einer besonderen Gebühr vorzugsweise für das Zustandekommen eines Vergleichs zu interessiren. Die Parteien aber werden, wenn sie auch an den Rechtsanwaltsgebühren durch den Abschluß des Vergleichs nichts ersparen, doch an Gerichtskosten weniger aufzuwenden haben, ganz abgesehen von den sonstigen heilsamen Folgen des Vergleichs an sich, welche ihn der besonderen Berücksichtigung und Begünstigung durch das Gesetz empfehlen. Inwiefern dieser Grundsatz eine Modifikation zu erleiden hat, wenn der Vergleich nach stattgehabter Verhandlung vor dem mit der Prozeßsache befaßten Richter abgeschlossen wird, ist bei §. 18 zu erläutern. Für den Begriff eines Vergleichs sind selbstverständlich die civilrechtlichen Bestimmungen maßgebend. Vereinbarungen, welche sich darauf beschränken, für eine nach keiner Richtung bestrittene Forderung lediglich Zahlungsfrist zu gewähren, sind nicht als Vergleich aufzufassen.

Die

§§. 14 bis 18

enthalten die Modifikationen der in dem §. 13 getroffenen Vorschriften, indem sie einige Fälle aufführen, in welchen die in dem §. 13 bestimmten vollen Gebührensätze mit Rücksicht auf die geringfügigere oder größere Thätigkeit des Rechtsanwalts, oder auf die Billigkeit eine Minderung bezw. Erhöhung erfahren sollen.

§. 14 betrifft die Prozeßgebühr,
§§. 15 bis 17 die Verhandlungsgebühr,
§. 18 die Vergleichsgebühr.

§. 14.

Da die Prozeßgebühr eine Vergütung für die Information und den Betrieb der ganzen Sache sein soll, so muß sie entsprechend verkürzt werden, wenn der Auftrag erledigt wird, ehe die Thätigkeit des Anwalts nach außen zur Erscheinung gekommen ist. Dies ist namentlich der Fall, wenn der Rechtsstreit nicht bis zur mündlichen Verhandlung fortgeführt wird und auch der Anwalt die Klage noch nicht eingereicht hat, bezw. dem Gegner einen Schriftsatz noch nicht hat zustellen lassen. Darauf, ob der Anwalt die Klage bezw. den Schriftsatz angefertigt hat, konnte das entscheidende Gewicht nicht gelegt werden; vielmehr erschien es zweckmäßiger, die Zulässigkeit der vollen Gebühr von feststehenden Ereignissen abhängig zu machen. Die Bestimmung des §. 14 geht davon aus, daß in den bezeichneten Fällen die Einziehung der Information auf welche sich dann die Thätigkeit des Anwalts beschränkt, ebenso hoch anzuschlagen ist, als der ganze Prozeßbetrieb.

In entsprechender Weise mußte in Absatz 2 für das Verfahren, für welches eine mündliche Verhandlung durch das Gesetz nicht vorgeschrieben ist, diejenige Handlung bezeichnet werden, welche zwischen den Fällen der ganzen und halben Gebühr die Scheidelinie ziehen soll. Als eine solche Handlung gilt sachgemäß die Einreichung des schriftlichen Antrags bei Gericht, die Stellung des mündlichen Antrags und die Ertheilung des Auftrags an den Gerichtsvollzieher bezw. an den Gerichtsschreiber.

§§. 15 bis 17.

Eine gänzliche Ausschließung der Verhandlungsgebühr, wie sie gemäß §. 21 des Gerichtskostengesetzes eintritt, wenn ein zur Beilegung des Rechtsstreits abgeschlossener Vergleich aufgenommen oder auf Grund eines Anerkenntnisses oder Verzichts eine Entscheidung erlassen wird, bevor die Anordnung einer Beweisaufnahme oder eine andere gebührenpflichtige Entscheidung vorausgegangen ist, würde den Rechtsanwälten gegenüber nicht gerechtfertigt sein. Der Staat kann, um die in jeder Beziehung erwünschte Art der Erledigung eines Rechtsstreits durch Vergleich zu fördern, auf die ihm zustehenden Gebühren verzichten; den Rechtsanwälten aber kann es nicht angesonnen werden, daß sie die in der mündlichen Verhandlung liegende Mehrarbeit ohne Vergütung verrichten sollen.

Wohl aber wird dem Rechtsanwalt, welcher eine Angelegenheit unnöthiger Weise zur mündlichen Verhandlung bringt, ohne daß die letztere durch das Gesetz vorgeschrieben oder durch das Gericht oder den Vorsitzenden angeordnet war, die Gebühr für dieselbe nicht zugebilligt werden können. Dies bezweckt die Vorschrift des §. 15.

Indem der Entwurf bei nicht kontradiktorischer Verhandlung die Gebühr auf die Hälfte herabsetzt (§. 16 Abs. 1), hat er sich dem in einem großen Theile des Deutschen Reichs bestehenden Rechtszustande angeschlossen. Die Bestimmung in Absatz 2 des §. 16 entspricht den in §. 20 des Gerichtskostengesetzes getroffenen Vorschriften. Aus den bereits in den Motiven zu §. 18 des Entwurfs eines Gerichtskostengesetzes (Drucksachen des Reichstages II. Session 1878 Nr. 76 S. 51 ff.) ausgeführten Gründen kann auch hier in Ehesachen und in den vor die Landgerichte gehörigen Entmündigungssachen der Unterschied, ob eine mündliche Verhandlung kontradiktorisch geworden ist, für den Fall, daß der Kläger verhandelt, nicht aufrecht erhalten werden. Ebenso rechtfertigt sich auch die Gleichstellung des vorbereitenden Verfahrens in Rechnungssachen und ähnlichen Prozessen (C.=P.=O. §§. 313 bis 316) mit der kontradiktorischen mündlichen Verhandlung sowohl wegen der in solchen Sachen regelmäßig hervortretenden größeren Schwierigkeit und Verwickelung des Rechtsstreits, als auch wegen der Folgen, welche die Civilprozeßordnung (§. 316, §. 318 Abs. 2) mit dem Nichterscheinen einer Partei in diesem Verfahren verbindet.

Die Verhandlungsgebühr umfaßt zufolge des im §. 25 ausgesprochenen Grundsatzes die Thätigkeit des Anwalts in der gesammten mündlichen Verhandlung der Instanz, gleichviel ob die Verhandlung in einem oder in mehreren Terminen stattfindet. Demgemäß kann auch für die weitere mündliche Verhandlung, welche einem Beweisaufnahmeverfahren nachfolgt, die Verhandlungsgebühr des §. 13 nicht wiederholt in Ansatz kommen, wenn der Anwalt die Vertretung bereits in der dem Beweisbeschlusse vorausgegangenen mündlichen Verhandlung geführt hat. Immerhin erscheint es jedoch im Hinblick auf den Mehraufwand an Zeit und Mühe, welche die Vertretung in einer solchen weiteren Verhandlung regelmäßig verursacht, angezeigt, die Thätigkeit des Anwalts bei der Gebührenbestimmung besonders zu berücksichtigen. Dies geschieht, indem §. 17 für den bezeichneten Fall eine Erhöhung der Verhandlungsgebühr (§. 13 Abs. 1 Nr. 2) eintreten läßt und zwar um die Hälfte oder um ein Viertheil, je nachdem die fragliche weitere Verhandlung eine kontradiktorische ist oder nicht.

Einer besonderen Hervorhebung wird es kaum bedürfen, daß zufolge der erwähnten maßgebenden Bestimmungen in dem Falle, wenn der Anwalt die Vertretung in der dem Beweisbeschlusse vorausgegangenen Verhandlung nicht hatte, sondern erst später eintritt, ihm für die Vertretung in der dem Beweisaufnahmeverfahren nachfolgenden Verhandlung nur die einfache Verhandlungsgebühr (§. 13 Abs. 1 Nr. 2, §. 16) zusteht.

§. 18.

Der Entwurf knüpft eine Ermäßigung der Vergleichsgebühr an zwei Voraussetzungen, nämlich

1. daß dem Rechtsanwalte für eine kontradiktorische Verhandlung bereits die volle Verhandlungsgebühr zusteht,

2. daß der Vergleich vor dem mit der Sache befaßten Prozeßrichter abgeschlossen ist.

Es könnte in Frage kommen, ob nicht schon die erstere Voraussetzung allein den Wegfall oder die Ermäßigung der Vergleichsgebühr zur Folge haben soll, da dann die dem Vergleiche gewöhnlich vorangehenden Erörterungen durch die kontradiktorische Verhandlung vorweg genommen werden und deshalb das Zustandebringen des Vergleichs der Regel nach einen geringeren Aufwand von Mühe und Zeit erfordert. Allein auch nach stattgehabter kontradiktorischer Verhandlung wird der Vergleich im Interesse der Parteien möglichst zu begünstigen sein und es erscheint daher zweckmäßig, dem Rechtsanwalt, welcher kontradiktorisch verhandelt hat, deshalb allein die Vergleichsgebühr nicht zu schmälern.

Tritt aber die zweite Voraussetzung noch hinzu, so muß die Vergleichsgebühr unter dem regelmäßigen Betrage normirt werden, weil dann der Regel nach anzunehmen ist, daß die richterliche Thätigkeit auf das Zustandekommen des Vergleichs von Einfluß gewesen ist.

Das Ergebniß der in den §§. 13 bis 18 des Entwurfs getroffenen Bestimmungen wird sich demnach für den regelmäßigen Prozeßgang folgendermaßen darstellen:

a) Wird der Prozeß ohne kontradiktorische Verhandlung durch Versäumnißurtheil erledigt, so erhält der Rechtsanwalt die Prozeßgebühr und die halbe Verhandlungsgebühr, d. h. die Sätze des §. 9 zum 1½fachen Betrage.

b) Wird der Prozeß auf kontradiktorische Verhandlung ohne Beweisaufnahme durch Endurtheil erledigt, so erhält der Rechtsanwalt die Prozeßgebühr und die Verhandlungsgebühr, d. h. die Sätze des §. 9 zum doppelten Betrage.

c) Wird der Prozeß nach erfolgtem besonderen Beweisaufnahmeverfahren auf weitere mündliche Verhandlung durch Endurtheil erledigt, so erhält der Rechtsanwalt die Sätze des §. 9 dreifach, nämlich einmal als Prozeßgebühr, 1½fach als Verhandlungsgebühr und zur Hälfte als Beweisgebühr.

Ein höherer Betrag kann sich nur dann ergeben, wenn nach der Beweisaufnahme und nach der sich an diese anschließenden kontradiktorischen Verhandlung ein Vergleich vermittelt wird. Werden diese seltenen Fälle nun außer Betracht gelassen, so ist die Basis für die Vergleichung mit den Vorschriften des preußischen Tarifs vom 12. Mai 1851 §§. 3, 4 dahin gegeben, daß der Fall a dem §. 3 A bezw. §. 4 A, der Fall b dem §. 3 B bezw. §. 4 B, der Fall c dem §. 3 C bezw. §. 4 C des letzteren entspricht. Hiernach ist die vergleichende Zusammenstellung in der anliegenden Tabelle (Kolonne 9 bis 11, 13 bis 15, 17 bis 19) gemacht. Das Verhältniß der Steigerung der Gebühren ist in den Fällen a, b, c wie 1 : 2 : 3, in den Fällen des §. 3 A, B, C des preußischen Gesetzes (bei Objekten bis 150 ℳ) ebenfalls wie 1 : 2 : 3; dagegen in den Fällen des §. 4 A, B, C des preußischen Gesetzes wie 2 : 3 : 4, oder wie 1 : 1½ : 2, und darauf beruht es, daß die Erhöhung der Gebühren nach dem Entwurfe gegenüber den nach dem preußischen Tarif berechneten nicht überall in demselben Verhältniß eintritt.

Die

§§. 19 bis 24

bestimmen diejenigen Fälle, in welchen wegen der weniger umfassenden oder einfacheren Thätigkeit des Rechtsanwalts geringere Sätze, als die vollen des §. 9 angemessen erscheinen.

§. 19.

Im Anschluß an §. 25 des Gerichtskostengesetzes bestimmt der Entwurf, daß ebenso wie die Gerichtsgebühren auch die Anwaltsgebühren im Urkunden- und Wechselprozesse (C.-P.-O. §§. 555 bis 567) nur mit sechs Zehntheilen der in §§. 13 bis 20 bestimmten Gebühren berechnet werden sollen. Die Bestimmung rechtfertigt sich aus der Einfachheit des Verfahrens, welches eben so sehr eine geringere Arbeit der Gerichte, als auch eine minder bedeutende Thätigkeit des Anwalts erfordert und einen geringeren Zeitaufwand in Anspruch nimmt. In die in Anlage C. enthaltene Zusammenstellung sind die nach §. 19 sich ergebenden Gebührenbeträge mit aufgenommen (vergl. die Kolonnen 8, 12, 16, 20). Dieselben ergeben im Vergleiche mit den preußischen eine mehr oder weniger erhebliche Reduktion und zwar schon dann, wenn der Prozeß durch Versäumnißurtheil erledigt wird (Kol. 12).

§. 20

lehnt sich an §. 26 Abs. 1 der Gerichtskostengesetzes an, welcher lautet:

Fünf Zehntheile der Gebühr (§§. 18 bis 24) werden erhoben, wenn der Akt ausschließlich betrifft:

1. prozeßhindernde Einreden (C.-P.-O. §. 247);

2. die Unzuständigkeit des Gerichts, die Unzulässigkeit des Rechtsweges, den Mangel der Prozeßfähigkeit, der Legitimation eines gesetzlichen Vertreters oder der erforderlichen Ermächtigung zur Prozeßführung, sofern dieselben von Amtswegen berücksichtigt sind (Gerichtsverfassungsgesetz §. 17 Abs. 1 C.-P.-O. §§. 40, 54);

3. die Entlassung des Beklagten aus dem Rechtsstreite (C.-P.-O. §§. 72, 73), oder die Uebernahme des Rechtsstreits durch den Rechtsnachfolger (C.-P.-O. §. 237);

4. die Aufnahme eines unterbrochenen oder ausgesetzten Verfahrens (C.-P.-O. §§. 217 bis 227);

5. die Zulässigkeit der Wiedereinsetzung in den vorigen Stand, der Berufung, Revision oder der Wiederaufnahme des Verfahrens oder die Zurücknahme eines Rechtsmittels (C.-P.-O. §§ 216, 476 Abs. 3, §§. 497, 529, 552);

6. den Einspruch (C.-P.-O. §§. 306, 310, 311, 640), sowie die gegen ein Versäumnißurtheil eingelegten Rechtsmittel (C.-P.-O. §. 474 Abs. 2, §. 529);

7. die vorläufige Vollstreckbarkeit eines Urtheils;

8. die Ertheilung der Vollstreckungsklausel, sofern sie im Wege der Klage beantragt oder angefochten wird (C.-P.-O. §§. 667, 687), oder Einwendungen gegen die Zwangsvollstreckung, welche den Anspruch selbst betreffen, sofern der §. 686 Absatz 2 oder § 704 Absatz 2 der Civilprozeßordnung Anwendung findet, oder die Zulassung der Zwangsvollstreckung

aus dem Urtheil eines ausländischen Gerichts oder aus einem Schiedsspruche (C.-P.-O. §§. 660, 868);

9. die Anordnung, Abänderung oder Aufhebung eines Arrestes oder einer einstweiligen Verfügung, sofern die Entscheidung durch Endurtheil zu treffen ist (C.-P.-O. §. 802 Abs. 1, §§. 805, 806 Abs. 2, §§. 807, 815);

10. die Ernennung oder Ablehnung eines Schiedsrichters, das Erlöschen eines Schiedsvertrags, die Unzulässigkeit des schiedsrichterlichen Verfahrens oder die Aufhebung eines Schiedsspruchs (C.-P.-O. §. 871).

Voraussetzung der Anwendbarkeit des §. 20 des Entwurfs ist jedoch, daß die Thätigkeit des Prozeßbevollmächtigten ausschließlich bie im §. 26 des Gerichtskostengesetzes bezeichneten Fälle betrifft. Die geringere Gebühr rechtfertigt sich hier wie bort aus der einfacheren Thätigkeit des Rechtsanwalts sowohl als des Gerichts.

Die Vorschrift in Absatz 2 des §. 26 des Gerichtskostengesetzes konnte hier keine Anwendung finden. Sie bezweckt nämlich, die Höhe der Gerichtsgebühren von der richterlichen Prozeßleitung möglichst unabhängig zu stellen. Dieser Gesichtspunkt kann aber im Verhältnisse des Anwalts zur Partei nicht in Betracht kommen.

§. 21.

Wie bereits oben angeführt worden, gilt nach dem Entwurf in Uebereinstimmung mit §. 24 des Gerichtskostengesetzes ein bedingtes Urtheil als Beweisanordnung und die Erledigung desselben als Beweisaufnahmeverfahren; demnach steht dem Rechtsanwalte, welcher die Partei in dem ganzen Prozesse vertreten hat, für die Erledigung eines bedingten Urtheils dieselbe Gebühr, wie für eine Vertretung im Beweisaufnahmeverfahren, nämlich die Hälfte der in §. 9 bestimmten Sätze zu; außerdem kann eine Erhöhung der Verhandlungsgebühr in Gemäßheit des §. 17 eintreten. §. 21 des Entwurfs will jedoch den Fall besonders vorsehen, wenn der Rechtsanwalt erst nach Erlaß des bedingten Urtheils eintritt und seine Vertretung ausschließlich die Erledigung des bedingten Urtheils zum Gegenstande hat. In diesem Falle soll der Rechtsanwalt nur ⁵/₁₀ der durch §. 13 beziehungsweise §. 19 bestimmten Prozeßgebühr erhalten, daneben aber die Beweisgebühr, die Verhandlungsgebühr und nach Umständen die Vergleichsgebühr nach Maßgabe der Bestimmungen in §. 13 Absatz 1 Nr. 2, §. 18. Die geringere Prozeßgebühr rechtfertigt sich aus der Erwägung, daß für den Rechtsanwalt, welcher nach Erlaß des bedingten Urtheils eintritt, der Prozeßbetrieb und die Information eine ungleich einfachere ist.

§. 22.

Die Bestimmung des Entwurfs hat zwei Fälle im Auge, in denen die Thätigkeit des Rechtsanwalts

1. Anträge auf Sicherung des Beweises nach den Vorschristen der §§. 447 bis 455 der Civilprozeßordnung,

2. die Anordnung der vom Schiedsrichter für erforderlich erachteten richterlichen Handlungen (C.-P.-O. §. 862)

zum Gegenstande hat.

Auch das Gerichtskostengesetz hat in den §§. 36 und 34 Nr. 3 die erwähnten Fälle als Gegenstände einer besonderen Besteuerung erachtet und erhebt von dem ersteren fünf, von dem letzteren drei Zehntheile der vollen Gebühr. Beide stellen besondere Arten des Verfahrens dar, die sich durch ihren beschränkteren Inhalt von dem gewöhnlichen Prozeß unterscheiden. Es rechtfertigt sich daher die Herabsetzung auf die Hälfte in Betreff der Gebühr für den Prozeßbetrieb, sowie der Gebühr für die mündliche Verhandlung, sofern es zu einer solchen überhaupt kommt. Denn die Thätigkeit des Rechtsanwalts ist in beiden Richtungen auf einen bestimmten Punkt begrenzt und andererseits tritt, falls die Hauptsache nicht anhängig ist, eine mündliche Verhandlung bei dem Verfahren zur Sicherung eines Beweises so sehr als eine selbstständige hervor, daß die Gebühr für dieselbe nicht etwa in Anrechnung auf diejenige gebracht werden kann, welche der Rechtsanwalt etwa später bei Führung des Hauptprozesses erhält (vergl. unten §. 30 Nr. 1 des Entwurfs); es wird sich nicht selten ereignen, daß die Thätigkeit des Rechtsanwalts im Hauptprozesse durch das vorhergegangene Verfahren auf Sicherung des Beweises nur wenig berührt wird.

Falls in den vorgesehenen Fällen ein Beweisverfahren stattfindet, so ist die Thätigkeit des Anwalts in einem solchen wesentlich dieselbe, wie in den im §. 13 Nr. 4 vorgesehenen Fällen, so daß dann auch die Beweisgebühr gewährt werden kann.

§. 23.

Der Entwurf zählt im Anschluß an die bezüglichen Bestimmungen des Gerichtskostengesetzes eine Reihe von Fällen auf, in welchen eine Herabsetzung der gewöhnlichen Gebühren der §§. 13 bis 18 auf drei Zehntheile erfolgen soll. Diese Minderung bezieht sich nur auf die Höhe, so daß je nach dem Gange des Prozesses jede Art der Gebühren in Anwendung kommen kann. Die Fälle, welche §. 23 hervorhebt, sind folgende:

1. die in §. 34 Nr. 1, 2 des Gerichtskostengesetzes aufgeführten, d. h.:

    a) Anträge auf Entmündigung oder Wiederaufhebung einer Entmündigung, soweit die Amtsgerichte zuständig sind (C.-P.-O. §§. 593 bis 603, 616 bis 619, 621 bis 623, 625);

    b) Anträge auf Festsetzung der vom Gegner zu erstattenden Prozeßkosten (C.-P.-O. §. 99), wobei nur zu erwähnen ist, daß der Betrag der geforderten Kosten den Werth des Streitgegenstandes bildet.

2. die Zwangsvollstreckung im Allgemeinen.

Die Gebühren für die Vertretung in den in Nr. 1 und 2 bezeichneten Angelegenheiten stehen dem Rechtsanwalt unter allen Umständen zu, gleichviel ob er von der Partei ausschließlich mit diesen beauftragt war, oder ob er diese Thätigkeit in Folge und in Verbindung mit der ihm übertragenen Vertretung im Hauptprozesse leistet.

3. die in §. 35 Nr. 2, 4 des Gerichtskostengesetzes aufgeführten Fälle, nämlich Anträge auf vorläufige Einstellung, Beschränkung oder Aufhebung einer Zwangsvollstreckung (C.-P.-O. §§. 647, 657, 688, 690 Abs. 3, §§. 696, 710 Abs. 4) und auf Anordnung oder Aufhebung eines Arrestes oder einer einstweilgen Verfügung (C.-P.-O. §§. 801, 802, 813, 815 bis 822). Für das Verfahren in diesen Fällen stehen dem Rechtsanwalte, welcher im Hauptprozesse thätig ist, besondere Gebühren nur zu, sofern das Verfahren von dem in der Hauptsache getrennt ist (§. 30).

4. Außerdem wird in §. 23 eine Reihe von Streitigkeiten und Anträgen

aufgezählt, für welche dem Rechtsanwalt nur dann eine besondere Vergütung gebührt, wenn er lediglich in der Betreibung dieser die Partei vertritt, nicht aber wenn dieselben im Laufe eines Rechtsstreits in Frage kommen, für welchen der Rechtsanwalt zum Prozeßbevollmächtigten bestellt ist. Der Entwurf entnimmt diese besonders zu vergütenden Handlungen dem Gerichtskostengesetze, nämlich

a) dem §. 27 Nr. 1 die Zulässigkeit einer Nebenintervention (C.-P.-O. §. 68) — vergl. Entwurf eines Gerichtskostengesetzes §. 22 Nr. 1 und dessen Begründung in den Drucksachen a. a. O. S. 7 und 53 —;

b) dem §. 47 Nr. 1 bis 12 die Verhandlung und Entscheidung

Nr. 1, über die Prozeß- oder Sachleitung, einschließlich der Bestimmung oder Aenderung von Terminen und Fristen;

Nr. 2, über die Bewilligung oder Entziehung des Armenrechts, sowie die Verpflichtung zur Nachzahlung von Kosten (C.-P.-O. §. 117);

Nr. 3, über die Zuständigkeit des obersten Landesgerichts (§. 7 Einf.-Ges. zur C.-P.-O.) oder der Kammer für Handelssachen (G.-V.-G. §§. 103 bis 106), über die Bestimmung des zuständigen Gerichts (C.-P.-O. §§. 36, 756), eines Gerichtsvollziehers (C.-P.-O. §. 728 Abs. 1, §. 751 Abs. 1) oder eines Sequesters (C.-P.-O. §§. 747, 752);

Nr. 4, über die Ablehnung eines Richters, eines Gerichtsschreibers oder Sachverständigen (C.-P.-O. §§. 42 bis 49, 371);

Nr. 5, über die Verpflichtung eines Gerichtschreibers, gesetzlichen Vertreters, Rechtsanwalts oder anderen Bevollmächtigten, sowie eines Gerichtsvollziehers zur Tragung der durch Verschulden derselben entstandenen Kosten (C.-P.-O. §. 97);

Nr. 6, über die Verpflichtung eines Rechtsanwalts zur Zurückgabe einer vom Gegner ihm mitgetheilten Urkunde (C.-P.-O. §. 126);

Nr. 7, über die Verpflichtung zur Abgabe eines Zeugnisses oder Gutachtens (C.-P.-O. §§. 351 bis 354, 373);

Nr. 8, über die Zwangsmaßregeln gegen einen Zeugen oder Sachverständigen, sowie die Verurtheilung desselben zu Kosten und Strafe (C.-P.-O. §§. 345, 346, 355, 374);

Nr. 9, über die Bestellung eines Vertreters einer nicht prozeßfähigen oder unbekannten Partei, eines Nachlasses oder eines dem Aufenthalt nach unbekannten Erben (C.-P.-O. §§. 55, 455, 609, 620, 626, 693);

Nr. 10, über die Berichtigung des Urtheils oder des Thatbestandes desselben (C.-P.-O. §§. 290, 291);

Nr. 11, über die Vollstreckbarkeit der durch Rechtsmittelanträge nicht angefochtenen Theile eines Urtheils (C.-P.-O. §§. 496, 523);

Nr. 12, über die Zulassung einer Zustellung an einem Sonntag oder allgemeinen Feiertag oder eines Aktes der

Zwangsvollstreckung an einem solchen Tage oder zur Nachtzeit (C.P.O. §§. 171, 681).

In allen Fällen des §. 47 des Gerichtskostengesetzes werden Gerichtsgebühren nicht erhoben. Diese Gebührenfreiheit begründet sich hauptsächlich durch die Erwägung, daß die gedachten Akte großentheils zur Prozeß- und Sachleitung gehören oder sich als regelmäßige Vorbereitungen des Verfahrens oder als Anhängsel desselben darstellen, oder daß bei diesen Akten das öffentliche Interesse oder das der Beamtendisziplin überwiegend in den Vordergrund tritt. — Vergl. über die einzelnen Fälle die Begründung des Entwurfs eines Gerichtskostengesetzes §. 41 in den Drucksachen a. a. O. S. 60 bis 64. — Alle diese Gesichtspunkte konnten bei der Frage, ob Anwaltsgebühren erhoben werden sollen, wenn sich die Thätigkeit des Rechtsanwalts ausschließlich auf die erwähnten Angelegenheiten erstreckt, nicht entscheidend sein. Hier bleibt allein maßgebend, daß der Rechtsanwalt eine Thätigkeit leistet, welche eine Vergütung verdient. Letztere kann jedoch entsprechend dem durchschnittlichen Aufwande an Zeit und Arbeit nur niedrig bemessen werden.

In den Fällen der Nr. 13 und 14 des §. 47 des Gerichtskostengesetzes ist für die Thätigkeit des Rechtsanwalts die Gebührenbestimmung des §. 23 Nr. 2 maßgebend.

§. 24

regelt die Gebühr für die Fälle, wenn die Thätigkeit des Rechtsanwalts betrifft:

Anträge auf Ertheilung oder Zurücknahme der Vollstreckungsklausel, sofern die Anträge nicht im Wege der Klage gestellt werden (C.P.O. §§. 662 bis 666, 668, 703, 704 Abs. 1, §. 705 Abs. 3, §. 809), oder auf Ertheilung einer weiteren vollstreckbaren Ausfertigung (C.P.O. §. 669) oder auf Ertheilung des Zeugnisses der Rechtskraft oder auf Ertheilung des Zeugnisses, daß innerhalb der Nothfrist ein Schriftsatz zum Zwecke der Terminsbestimmung nicht eingereicht sei (C.P.O. §. 646).

Diese Handlungen erfordern gewöhnlich ein so geringes Maß von Thätigkeit, daß sie mit in die Bauschgebühr für die betreffende Instanz oder den Betrieb der Zwangsvollstreckung hineingezogen werden können (vergl. §. 35). Wo aber diese Möglichkeit nicht obwaltet, wird dem Anwalte für solche Handlungen eine Vergütung zuzubilligen sein, jedoch nur zu dem geringsten Bauschsatze, welchen der Entwurf kennt, nämlich zu zwei Zehntheilen der Normalsätze.

§. 25.

Der §. 25 in Verbindung mit §. 29 Abs. 1 spricht den Grundgedanken des Bauschsystems aus, daß nämlich die im §. 13 bezeichneten Gebühren die gesammte Thätigkeit des Rechtsanwalts bis zur Beendigung der Instanz umfassen und daß der Rechtsanwalt jede dieser Gebühren in jeder Instanz rücksichtlich eines jeden Theiles des Streitgegenstandes nur einmal beanspruchen kann (§. 28 des Gerichtskostengesetzes).

Was den Begriff der „Instanz" anlangt, so hat das Gerichtskostengesetz diesen aus der Civilprozeßordnung entnommen, ihn jedoch, wie die Ausführungen zu den §§. 23 bis 28 des Entwurfs eines Gerichtskostengesetzes — vergl. Drucksachen des Reichstags II. Session 1878 Nr. 76 S. 54 ff. — ergeben, gewissen Modifikationen unterworfen, um eine der Billigkeit entsprechende Erhebung der Gerichtsgebühren herbeizuführen. Es wird keiner Rechtfertigung bedürfen, daß der Entwurf sich in dieser Beziehung dem Gerichtskostengesetz angeschlossen hat, da es zu den größten Unzuträglichkeiten führen müßte, wenn das Gerichtskostengesetz und die Anwaltsgebührenordnung den gedachten Begriff in einem verschiedenen Sinne auffaßten. Insbesondere darf hier hervorgehoben werden, daß auch nach dem Entwurf eine neue Instanz dann als begonnen anzusehen ist, wenn ein Gericht höherer Ordnung mit dem Rechtsstreite befaßt wird.

Der zweite Satz des §. 28 des Gerichtskostengesetzes, welcher in dem Entwurfe desselben fehlte und von der Kommission des Reichstags hinzugefügt wurde, ist in den §. 25 des Entwurfs nicht mit aufgenommen worden, indessen nur deswegen, weil er selbstverständlich ist. Hätte z. B. der Rechtsanwalt über eine prozeßhindernde Einrede (C.-P.-O. §. 247, Entw. §. 27 Nr. 1) und gleichzeitig in der Sache selbst verhandelt, so kann er die Gebühr des §. 13 Nr. 2 nicht etwa zum $1\frac{1}{2}$ fachen Betrage, sondern nur einmal beanspruchen. Dasselbe gilt, wenn der Rechtsanwalt über eine prozeßhindernde Einrede und, nachdem dieselbe verworfen worden ist, zur Hauptsache verhandelt hat. Anders liegt die Sache, wenn der Rechtsanwalt bezüglich eines Punktes der Klage sich auf eine prozeßhindernde Einrede beschränkt, dagegen bezüglich eines anderen Punktes zur Sache verhandelt hat; alsdann erhält er für seine Thätigkeit in Betreff des ersteren Punktes die Gebühr des §. 20, für die in Betreff des zweiten dagegen die Gebühr des §. 13. Bei der Berechnung sind jedoch §. 10 des Entwurfs und §. 10 des Gerichtskostengesetzes zu beachten.

§. 26.

Der Begriff der Instanz wird im Gerichtskostengesetze durch die §§. 30 bis 34 desselben festgestellt, indem theils Rechtsstreitigkeiten, welche sich im Sinne der Civilprozeßordnung als eine neue Instanz darstellen würden, im Sinne des Gebührengesetzes zu der alten Instanz gerechnet werden, theils solche, welche gemäß den Vorschriften der Civilprozeßordnung eine Fortsetzung derselben Instanz bilden, für die Gebührenerhebung als eine neue Instanz betrachtet werden. Der Entwurf hat zuvörderst die Vorschriften der §§. 30, 31 des Gerichtskostengesetzes auch auf die Anwaltsgebühren für anwendbar erklärt.

Die Zusammenfassung des Verfahrens vor dem Landgerichte mit dem vorausgegangenen vor dem Amtsgerichte in den Fällen der §§. 467, 640 der Civilprozeßordnung wird in den Motiven des Gerichtskostengesetzes (Drucksachen des Reichstags 3. Leg.-Per. II. Session 1878 S. 55) durch Billigkeitsgründe motivirt, welche für die Anwaltsgebühren nicht Platz greifen. Sie erscheint aber auch hier gerechtfertigt, weil die Thätigkeit des Anwalts in den bezeichneten Fällen nur im geringfügigen Maße sich steigert.

Wird eine Sache zur anderweiten Verhandlung an das Gericht unterer Instanz zurückverwiesen (C.-P.-O. §§. 500, 501, 528), so bezweckt das neue Verfahren in unterer Instanz eine Verbesserung oder Ergänzung des früheren fehlerhaften oder unvollständigen, welches von Anfang an in der von dem oberen Gericht angeordneten Art hätte stattfinden sollen. Auch hier erscheint also die fernere Thätigkeit des Rechtsanwalts nicht als eine neue, sondern nur als eine Fortsetzung bezw. Ergänzung der vorher verwendeten und wird deshalb von einer gesonderten Gebührenerhebung für jedes einzelne Verfahren um so mehr Abstand zu nehmen sein, als im anderen Falle sich nur zu häufig die Frage aufwerfen würde, wer die entstehenden Mehrkosten verschuldet, eine Frage, die unter Umständen zu unerquicklichen Streitigkeiten führen könnte.

§. 27

behandelt das in §. 32 des Gerichtskostengesetzes vorgesehene Verfahren bei dem Einspruche gegen ein Versäumnißurtheil (C.-P.-O. §§. 306, 310, 311), ohne jedoch, wie dies bezüglich der §§. 30, 31 des Gerichtskostengesetzes geschehen konnte, den §. 25 ohne weiteres für entsprechend anwendbar zu erklären. Die Erhebung einer Gerichtsgebühr rechtfertigt sich nämlich in jedem solchen Falle, weil immer eine Partei, sei es durch Versäumniß oder durch unberechtigten Antrag auf Erlaß des Versäumnißurtheils, das Verfahren herbeigeführt hat. In Bezug auf die Anwaltsgebühren mußte jedoch die im Entwurfe gemachte Unterscheidung getroffen werden. Wird nämlich der Einspruch zugelassen, so kann nur für den Rechtsanwalt des Gegners der den Einspruch einlegenden Partei eine besondere Gebührenerhebung erfolgen, da der Rechtsanwalt dieser letzteren nur die seitens seiner Partei (wenn auch ohne seine Schuld) versäumte Handlung nachholt. Im Falle der Zurücknahme oder Verwerfung des Einspruchs erzeugt das Verfahren für die beiden Rechtsanwälte, sowohl für den der Partei, welche den Einspruch erhoben hat, als für den des Gegners, eine besondere Thätigkeit, die mit der auf das Hauptverfahren zu verwendenden in seinem Zusammenhange steht. Aus diesem Grunde spricht Absatz 1 im §. 27 des Entwurfs die Gebühren des Einspruchsverfahrens als einer neuen Instanz jedem Rechtsanwalte zu.

Selbstverständlich handelt es sich im Falle des zweiten Absatzes an sich nur um die Gebühr für die frühere Verhandlung, deren Ergebniß in Folge der Zulassung des Einspruchs beseitigt wird. Diese Verhandlungsgebühr wird nach §. 16 Absatz 1 zu bemessen sein. Im Falle des ersten Absatzes kann dagegen eine besondere Prozeßgebühr für das Verfahren über den Einspruch deshalb nicht gewährt werden, weil dieses eine erhebliche Vermehrung der Thätigkeit des Rechtsanwalts nur bezüglich der mündlichen Verhandlung, nicht aber bezüglich der Information und des Prozeßbetriebes veranlaßt. Für die Verhandlungsgebühr dieser Instanz ist in Betreff der Rechtsanwälte beider Theile §. 20 des Entwurfs bezw. §. 26 Nr. 6 des Gerichtskostengesetzes maßgebend.

Der dritte Absatz des §. 27 behandelt das Versäumnißurtheil gegen den Schwurpflichtigen, welcher in dem zur Eidesleistung bestimmten Termine nicht erscheint — §. 430 C.-P.-O. —. In diesem Falle tritt immer eine Mehrarbeit des Rechtsanwalts ein, und diese ist durch eine Unterlassung der Partei veranlaßt. Es muß daher auch dem Anwalte der säumigen Partei, gleichviel, ob der Einspruch zugelassen, zurückgenommen oder verworfen wird, eine Vergütung für dieses Mehr an Arbeit zugebilligt werden, nur daß sich das Mehr und deshalb auch die Vergütung verschieden gestaltet, je nachdem die Voraussetzungen des ersten oder des zweiten Absatzes vorliegen. Daß der Rechtsanwalt des Gegners der schwurpflichtigen Partei die in den Absätzen 1 und 2 festgesetzten Gebühren erheben kann, bedarf keiner besonderen Hervorhebung.

§. 28.

Der entsprechende §. 33 des Gerichtskostengesetzes behandelt den Urkunden- oder Wechselprozeß und das in dem anhängigen Rechtsstreite folgende ordentliche Verfahren wie zwei von einander gesonderte Rechtsstreite. Der Entwurf kann diesem Vorgange nicht durchweg folgen. Allerdings bringt das doppelte Verfahren auch eine Steigerung der Thätigkeit des Anwalts mit sich; doch

trifft diese hauptsächlich nur die mündliche Verhandlung und die Beweisaufnahme. Dagegen wird die Information für das eine, wie für das andere
Verfahren im Wesentlichen dieselbe sein, und wird sich die Information für den
Wechsel- oder Urkundenprozeß regelrecht schon mit auf die Umstände erstrecken
müssen, welche später im ordentlichen Verfahren zur Sprache kommen können.
Es erscheint daher billig, daß der Rechtsanwalt sich die Prozeßgebühr des Ur-
kunden- oder Wechselprozesses auf die gleiche Gebühr des ordentlichen Verfahrens
anrechne.

Zu

§. 29.

wird der Begriff der Instanz im Sinne dieser Gebührenordnung näher erläutert, indem unter acht Nummern verschiedene Punkte als zur Instanz gehörig bezeichnet werden, bei denen es zweifelhaft sein könnte, ob sie nicht eine
neue Instanz würden bilden können. Von diesen Punkten bedürfen nur folgende einer Erläuterung bezw. Begründung.

Zu Nr. 2. Die Bestimmung, nach welcher auch Zwischenstreite mit Intervenienten zu der Instanz gerechnet werden sollen, bedarf einer Rechtfertigung,
da es an sich möglich wäre, diese Zwischenstreite aus der Instanz auszuscheiden.
Es kommen hier nur die Nebenintervenienten in Betracht, da die Hauptintervention stets ein besonderes Verfahren neben dem Hauptprozeß bedingt (C.-P.-O.
§§. 61, 62). Die Aussonderung der Zwischenstreite mit den Nebenintervenienten
empfiehlt sich indeß nicht. Für den Anwalt des Nebenintervenienten ist sie
ohne Bedeutung, wenn seine Thätigkeit mit der Beendigung des Zwischenstreits
abschließt, also namentlich, wenn die Intervention zurückgewiesen wird; in diesem
Fall stehen ihm Gebühren überhaupt nur nach Maßgabe des §. 23 Nr. 3 des
Entwurfs, bezw. §. 27 Nr. 1 des Gerichtskostengesetzes zu. In allen anderen
Fällen ist die Aussonderung aber unbillig. Verhandelt der Anwalt des Nebenintervenienten nämlich zur Hauptsache, so wird in den meisten Fällen sein Aufwand an Zeit und Arbeit nicht erheblich größer sein, als wenn er ohne Streit
zugelassen wäre. Und ebenso wenig wird die Arbeit und Mühe des Anwalts
des Gegners durch den Streit über die Zulässigkeit der Intervention in solchem
Grade vermehrt, daß man den letzteren als besondere Instanz auffassen müßte.
Im Zweifel wird man geneigt sein, den Umfang der durch die Bauschgebühr
zu vergütenden Leistungen eher zu weit als zu eng zu ziehen, weil die Berücksichtigung der zufällig das gewöhnliche Maß übersteigenden Mehrarbeit den Anwalt leicht dem Vorwurf aussetzt, die größere Schwierigkeit absichtlich herbeigeführt zu haben.

Zu Nr. 4. Die Bestimmung des Entwurfs schließt sich an das preußische
Recht an. Nach §. 8 des Tarifs vom 12. Mai 1851 bezw. §. 9 des Gerichtskostengesetzes vom 10. Mai 1851 stehen dem Rechtsanwalt für „die Verhandlung schleuniger Arrestsachen, welche nicht mit der Hauptsache verhandelt
werden" (Allg. Ger.-O. I. 29 §§. 30 bis 40), sowie „für die Regulirung
eines Interimistikums, welches in besonderen Verhandlungen erfolgt", auch besondere Gebühren zu. Aus diesen Vorschriften ergiebt sich, daß nur im Fall
der Sonderung des Arrestverfahrens von dem Hauptverfahren dem Rechtsanwalte für das erstere Gebühren bewilligt werden. In der That hat auch
nur in diesem Fall der Rechtsanwalt von dem Arrestverfahren einen besonderen
Zuwachs an Arbeit und Zeitaufwand, während im Fall der Verbindung mit
der Hauptsache — C.-P.-O. §§. 806, 807 — das Arrestverfahren als Inzidentpunkt in dieser erscheint.

Das Gleiche gilt rücksichtlich der Anträge auf vorläufige Einstellung, Beschränkung oder Aufhebung einer Zwangsvollstreckung (C.-P.-O. §§. 647, 657, 688, 690 Abs. 3, §§. 696, 710 Absatz 4).

Zu Nr. 5. In diesen Fällen liegt hier die Sache anders als im Gerichtskostengesetz (§. 45 Absatz 2). Die dort vorgesehene Gerichtsgebühr hat unter Anderem den Zweck, unnütze Anträge zu verhüten; die Gewährung einer besonderen Gebühr für den Anwalt würde aber diesem Zwecke nicht dienen.

Zu Nr. 6 vergl. oben zu §. 23 Nr. 3.

Zu Nr. 7 und 8. Die Zustellung und Empfangnahme von Entscheidungen, ihre Mittheilung an den Auftraggeber, die Uebersendung der Handakten an den Bevollmächtigten einer anderen Instanz sind Handlungen, die in dem Prozeßbetrieb liegen und daher schon durch die Prozeßgebühr ihre vollständige Vergütung finden.

§. 30.

Bezüglich der Nr. 1 vergl. die Bemerkungen zu §. 22, bezüglich der Nr. 2 vergl. die Bemerkungen zu §. 29 Nr. 3. In diesen beiden Fällen sind besondere Gebühren dann zugebilligt, wenn die Hauptsache noch nicht anhängig ist, bezw. das Verfahren sich von jenem in der Hauptsache trennt.

Es kann sich nur fragen, ob, wenn es nachher zu dem Hauptprozesse kommt, nicht die Anrechnung der in dem vorhergegangenen besonderen Verfahren erhobenen Gebühren auf die des Hauptprozesses angemessen erscheint. Bei Streitigkeiten zur Sicherung des Beweises ist von einer solchen Anrechnung abgesehen. Dies Verfahren wird nicht selten eingeschlagen werden, um zunächst die Aussichten eines beabsichtigten Prozesses zu prüfen, für welchen es von vornherein zweifelhaft ist, ob der Beweis der erheblichen Thatsachen sich werde erbringen lassen. Ein solches Vorgehen verdient Begünstigung, weil es den Prozeß möglicherweise erübrigt. Diesem Zweck dient aber die Sonderung der Gebührenberechnung für das Vorverfahren von der für das eventuell einzuleitende Hauptverfahren.

Diese Erwägung trifft bei den Fällen der Nr. 2 nicht zu. Hier wird die Mehrarbeit des Rechtsanwalts wesentlich nur dadurch bedingt, daß eine besondere mündliche Verhandlung und Beweisaufnahme in dem von der Hauptsache getrennten Verfahren stattfindet. Nur für diese ist daher die Erhebung einer besonderen Gebühr billigenswerth, während es wiederum angemessen erscheint, die Prozeßgebühr des getrennten Verfahrens auf die Prozeßgebühr der Hauptsache in Anrechnung zu bringen.

Die in Nr. 3 aufgeführten Streitigkeiten über die von dem Gegner zu erstattenden Prozeßkosten (§. 34 Nr. 1 des Gerichtskostengesetzes) gehören nach Vorschrift der C.-P.-O. §. 98 Abs. 2 nicht zur Instanz, in welcher die Kosten entstanden sind. Die Vergütung für die Thätigkeit des Anwalts in solchen Streitigkeiten könnte danach, wenn keine Sondergebühr gewährt würde, nur in die Bauschgebühr des erstinstanzlichen Anwalts hineingezogen werden. Dies würde aber zu offenbaren Unbilligkeiten führen. Daß der Werth des Streitgegenstandes im vorliegenden Falle durch den Betrag des Kostenanspruchs gebildet wird, ist bereits hervorgehoben.

Der Entwurf hat endlich nicht unerwogen gelassen, ob im Falle des §. 48 des Gerichtskostengesetzes den Anwälten besondere Gebühren zuzubilligen sein möchten. Nach §. 48 kann das Gericht im Falle einer Verschleppung des Prozesses „durch Verschulden einer Partei oder eines Vertreters derselben" beschließen, daß der volle Betrag oder doch ein Theil der dadurch bedingten Gerichtsgebühren gleichsam als Strafe „für die verursachte weitere Verhandlung" sowie „für die durch das Vorbringen veranlaßte nochmalige Beweisanordnung" zu erheben sei.

Der Entwurf des Gerichtskostengesetzes hatte ein anderes Prinzip aufgestellt, nach welchem die durch das Verschulden veranlaßten weiteren Akte aus der Instanz ausscheiden und für sich besteuert werden sollten. — Vergl. Entwurf eines Gerichtskostengesetzes §. 42 und Motive S. 64 ff. a. a. D.

Dieses Prinzip ist in Folge der Beschlüsse des Reichstags aufgegeben worden, und der nunmehrige §. 48 des Gerichtskostengesetzes macht eine Uebertragung des in ihm enthaltenen Grundsatzes auf die Gebühren der Rechtsanwälte unthunlich. Ueberdies könnte das Gesetz im Falle des §. 48 besondere Gebühren den Rechtsanwälten nur insoweit zubilligen, als diese nicht an der Verschleppung der Sache selbst die Schuld tragen. Das Gericht wird aber bei den in §. 48 a. a. D. bezeichneten Beschlüssen nicht in der Lage sein, darüber zu befinden, ob die Verschuldung der Partei oder dem Anwalte zur Last fällt, da die Vorgänge zwischen diesem und seinem Klienten dem Gericht in der Regel unbekannt sein werden. Es würde daher die Entscheidung darüber, wem die Verschleppung eigentlich zur Last fällt, einem besonderen Prozeß überlassen bleiben müssen. Unter diesen Umständen erscheint es richtiger, eine, den Gerichtskosten entsprechende, Erhöhung der Anwaltsgebühr in solchen Fällen nicht eintreten zu lassen.

Die

§§. 31 bis 35

bestimmen den für die Gebührenerhebung festzusetzenden Begriff der Instanz in dem Zwangsvollstreckungsverfahren, da dasselbe in seiner mannigfaltigen Entwickelung und bei der in Folge dessen höchst verschiedenartigen Thätigkeit des Rechtsanwalts nicht immer als eine einzige Instanz aufgefaßt werden kann.

§. 31

giebt den regelmäßigen Begriff der Instanz in der Zwangsvollstreckung. Auch für diese zeigte sich aus den schon mehrfach erörterten Gründen das Bedürfniß, thunlichst die Einzelhandlungen für die Gebührenbemessung zusammenzufassen und also insofern von den entsprechenden Bestimmungen des Gerichtskostengesetzes (§§. 35, 39) abzuweichen. Die Durchführung jeder einzelnen Vollstreckungsmaßregel giebt sowohl für den Rechtsanwalt des Gläubigers, wie für den des Schuldners, falls dessen Thätigkeit überhaupt eintritt, die natürlichen Grenzen eines an sich abgeschlossenen Verfahrens. Demgemäß spricht §. 31 im ersten Absatz die Regel dahin aus, daß jede Vollstreckungsmaßregel mit den durch dieselbe vorbereiteten weiteren Vollstreckungshandlungen bis zu der durch die Maßregel herbeigeführten Befriedigung des Gläubigers Eine Instanz bilden soll. Diese Regel bezieht sich aber nicht auf das Vertheilungsverfahren (C.-P.-O. §§. 758 bis 763, 768), welches als ein für sich bestehendes Verfahren weiter unten (§. 39) besonders in Betracht gezogen ist. Der Vorbehalt des zweiten Absatzes beruht darauf, daß die Zwangsvollstreckung in das unbewegliche Vermögen nach §. 757 der C.-P.-O. sich nach der Landesgesetzgebung bestimmt und daher auch die Vergütung der Anwaltsthätigkeit in derselben nach §. 1 des Entwurfs diesem nicht unterliegt. Insoweit nach §. 755 a. a. D. eine Anordnung der Zwangsvollstreckung in ein Grundstück durch das Amtsgericht als Vollstreckungsgericht erfolgen muß, steht dem Rechtsanwalt für einen

Antrag auf Erlaß dieser Anordnung eine Gebühr nach den Vorschriften dieses Gesetzes zu.

Die Regel des ersten Absatzes erleidet ferner die in den folgenden Paragraphen bezeichneten Modifikationen und Ausnahmen.

§. 32

erwähnt drei Fälle, welche jeder für sich eine besondere Instanz der Zwangsvollstreckung bilden sollen.

Diese Fälle sind:

1. Das Verfahren über einen Antrag auf Ertheilung einer weiteren vollstreckbaren Ausfertigung (C.-P.-O. §. 669). Hier rechtfertigt sich die Aussonderung durch die Erwägung, daß die weitere vollstreckbare Ausfertigung nur ausnahmsweise ertheilt wird, daß in den meisten Fällen eine besondere Thätigkeit des Anwalts erforderlich sein wird, um den Vorsitzenden des Gerichts zur Anordnung dieser Ertheilung zu veranlassen und daß mitunter sogar eine Art kontradiktorischen Verfahrens stattfinden wird, weil der Schuldner „von dem Vorsitzenden über den Antrag gehört werden" kann;

2. das Verfahren zur Abnahme des Offenbarungseides (C.-P.-O. §§. 781, 782, 711, 769). Im Gegensatze zu §. 6 des preußischen Tarifs, nach welchem, „namentlich für die durch Abfordern des Manifestationseides bewirkte Vermögensermittelung — nichts liquidirt werden darf", glaubte der Entwurf das gedachte Verfahren besonders behandeln zu müssen, da dasselbe gemäß §. 781 der Civilprozeßordnung durch Ladung seitens des Gläubigers eingeleitet werden muß und sich schon deswegen seiner Natur nach von der Zwangsvollstreckung ausscheidet. Ueberdies kann das Verfahren zur Abnahme des Offenbarungseides nicht blos in Verbindung mit einer anderen Vollstreckungsmaßregel, sondern auch unabhängig von einer solchen vorkommen, z. B. wenn der Gläubiger, ohne eine Pfändung zu beantragen, glaubhaft macht, daß er durch eine solche seine Befriedigung nicht vollständig erlangen könne (§. 717 C.-P.-O.). Immer aber wird eine besondere Thätigkeit des Rechtsanwalts erforderlich sein;

3. die Ausführung der Zwangsvollstreckung in ein gepfändetes Vermögensrecht durch Verwaltung (C.-P.-O. §. 754 Abs. 3). Das Verfahren enthält mancherlei Komplikationen. Zunächst kann die Thätigkeit des Anwalts erforderlich werden, um dem Schuldner die Detention der Sache zu entziehen und sie dem Verwalter zu übertragen. Es kann sich hieran eine Reihe von Verhandlungen mit dem Verwalter wegen der ihm zustehenden Vergütung und wegen der ihm obliegenden Rechnungslegung, sowie mit den anderen Gläubigern bezüglich der Art der Revenüenvertheilung knüpfen, so daß die auf dieses Verfahren verwendete Thätigkeit des Rechtsanwalts in keiner Weise durch die Gebühr der Zwangsvollstreckung überhaupt angemessen vergütet wird.

Die

§§. 33, 34

beschäftigen sich speziell mit den Fällen, in welchen es sich um Vornahme einer Handlung oder aber um Unterlassung bezw. Duldung einer solchen handelt. Der Entwurf bestrebt sich auch hier, den Rücksichten der Billigkeit Rechnung zu tragen.

Hat im Falle des §. 773 der Civilprozeßordnung, wenn die Zwangsvollstreckung auf Erwirkung einer Handlung des Schuldners gerichtet ist, der Gläubiger neben seiner Ermächtigung, die Handlung auf Kosten des Schuldners vornehmen zu lassen, auch eine Verurtheilung des Schuldners zur Voraus-

zahlung dieser Kosten erlangt (§. 773 Abf. 2 a. a. O.), so geht die unmittelbar gegen das Vermögen des Schuldners gerichtete Vollstreckung der letzteren
Verurtheilung neben dem weiteren Verfahren zur Vornahme der Handlung
ihren eigenen Weg und bedingt eine besondere Thätigkeit des Anwalts. Diesem
Verhältniß entspricht die Sonderung des Verfahrens bezüglich der Anwaltsgebühren im Absatz 1 des §. 33.

Ebenso entspricht es der prozessualen Gestaltung des Verfahrens und der
damit verbundenen Thätigkeit des Anwalts, wenn zufolge der Vorschrift in
Abf. 2 des §. 33 in Fällen wiederholter Verurtheilung des Schuldners zur
Strafe wegen wiederholter Zuwiderhandlung gegen seine Verpflichtung, eine
Handlung zu dulden oder zu unterlassen (C.-P.-O. §. 775), jede Verurthei-
lung für sich als Schluß einer Instanz betrachtet wird, so daß mit dem weiteren
Antrag auf weitere Verurtheilung eine neue Instanz beginnt.

Die einer solchen Verurtheilung des Schuldners zur Strafe vorausgehende
Strafandrohung (C.-P.-O. §. 775 Abf. 2) kann an sich mit dem die Verpflichtung des Schuldners aussprechenden Urtheile verbunden werden; Absatz 3
des §. 33 verfügt deßhalb die Einrechnung in die Instanz der Hauptsache auch
in dem Falle, wenn die Erwirkung der Strafandrohung dem Urtheil in der
Hauptsache nachfolgt; eine Sondergebühr nach §. 23 steht für den Anwalt nur
dann in Frage, wenn sich seine Thätigkeit auf die Erwirkung der Strafandrohung beschränkt.

Daß im Falle des §. 774 der Civilprozeßordnung, wenn der Schuldner
zur persönlichen Vornahme einer Handlung durch Strafen angehalten werden
soll, es angezeigt erscheint, nach der Regel des §. 31 den Entwurfs das gesammte Vollstreckungsverfahren als Eine Instanz aufzufassen, wie §. 34 ausdrücklich vorsieht, findet darin seine Rechtfertigung, daß es sich hier im Wesentlichen nur um ein und denselben, wenn auch mit Steigerungen fortgesetzten
Zwang handelt, wobei die einzelnen Akte immer auf der gleichen Sachlage
beruhen.⸫

§. 35

bezeichnet einige unbedeutende Akte der Zwangsvollstreckung, welche diese entweder vorbereiten, wie die einmalige Erwirkung des Zeugnisses der Rechtskraft
(C.-P.-O. §. 646) oder der Vollstreckungsklausel (C.-P.-O. §§. 662 bis 666,
703, 704 Abf. 1, §. 705 Abf. 1, 2, §. 809) oder welche die Zwangsvollstreckung durch Zurücknahme des gestellten Antrags beendigen. Wegen der
Geringfügigkeit dieser Handlungen des Rechtsanwalts soll demselben eine Vergütung nur in den Ausnahmefällen zustehen, welche sich aus §. 35 dahin ergeben, daß der Rechtsanwalt weder in der Hauptsache, noch in der Zwangsvollstreckung thätig gewesen ist. Der Betrag bemißt sich dann nach §. 23
Abf. 2.

§. 36.

Wie in der prozessualischen Ausführung die Vollziehung eines Arrestes
oder einer einstweiligen Verfügung (C.-P.-O. §§. 808 bis 813, 815) der
Zwangsvollstreckung gleichsteht, so rechtfertigt sich auch eine gleiche Gebührenerhebung der Anwälte für beide Fälle. Demgemäß dehnt §. 36 die in den
§§. 31 bis 35 für die Zwangsvollstreckung gegebenen Vorschriften auf die Vollziehung des Arrestbefehls und eine einstweilige Verfügung aus.

Nur die Bestimmung über die Beendigung der Instanz mußte natürlich
abweichend sich gestalten; es ergiebt sich die im Abf. 2 getroffene Vorschrift
aus der Natur der Sache.

§. 37.

Daß dem zum Prozeßbevollmächtigten bestellten Rechtsanwalte, für die Mitwirkung bei einem Sühneverfahren in den Fällen der §§. 471, 571 der C.-P.-O. ebensowenig wie im Falle des §. 268 der C.-P.-O. eine besondere Vergütung zusteht, bedarf keiner ausdrücklichen Festsetzung, da seine desfallsige Thätigkeit mit zum Prozeßbetriebe gehört. Es mußte aber noch der Fall vorgesehen werden, daß der Auftrag des Rechtsanwalts sich lediglich auf das Sühneverfahren bezieht. Für eine derartig beschränkte Thätigkeit des Rechtsanwalts erscheint eine Vergütung, wie sie Absatz 1 in geringem Maße bestimmt, durchaus angemessen. Ebenso entspricht es aber der Billigkeit, daß diese Gebühr auf eine etwa später zu erhebende Prozeßgebühr in Anrechnung gebracht werde, weil die Information, welche der Rechtsanwalt zu der Vertretung im Sühneverfahren nöthig hatte oder im Sühnetermine gewinnt, ihm bei Führung des Prozesses zu Gute kommt.

Ist im Falle des §. 471 der C.-P.-O. durch den Anwalt ein Vergleich unter den Parteien zu Stande gekommen, so muß ihm die volle Vergleichsgebühr zugesprochen werden, da seine bezügliche Thätigkeit nicht geringer angeschlagen werden kann, als wenn der Vergleich im Laufe des Prozesses zu Stande kommt.

§. 38.

Im Mahnverfahren kann der Natur der Sache nach von den in dem §. 13 erwähnten Gebühren keine Rede sein. Auch muß hier eine Herabsetzung des aus §. 9 sich ergebenden Gebührensatzes angeordnet werden, welche sich am angemessensten dem §. 37 des Gerichtskostengesetzes anschließt. Bezüglich der Gerichtsgebühren genügte es, solche für die Entscheidung über das Gesuch um Erlassung des Zahlungsbefehls und über das Gesuch um Erlassung des Vollstreckungsbefehls festzusetzen. Diesen Gebühren entspricht die Gebühr in Nr. 1 und in Nr. 3 des §. 38; es mußte aber noch eine Gebühr für den Anwalt des Gegners hinzukommen, welcher gegen den Zahlungsbefehl Widerspruch erhebt. Diese ist in Nr. 2 vorgesehen. Da die Thätigkeit bei Erhebung des Widerspruchs und bei Erwirkung des Vollstreckungsbefehls an sich eine einfachere ist, als die auf Erlaß eines Zahlungsbefehls gerichtete, so mußten die Gebühren der Nr. 2 und 3 niedriger sein, als die der Nr. 1, wobei noch hervorzuheben ist, daß die Mittheilung des erhobenen Widerspruchs an die Partei nicht besonders zu vergüten ist. Im Fall einer Beschwerde gegen den Beschluß des Gerichts, durch welchen das Gesuch um Erlaß des Vollstreckungsbefehls zurückgewiesen wird (C.-P.-O. §. 639 Abs. 2), tritt die Gebühr des §. 41 hinzu.

Was die Frage anlangt, inwieweit die von den Rechtsanwälten in dem Mahnverfahren zu erhebenden Gebühren auf die in dem etwa nachfolgenden ordentlichen Verfahren zu erhebenden in Anrechnung zu bringen sind, so erachtete der Entwurf es nicht für räthlich, die Gebühr des klägerischen Rechtsanwalts in Nr. 1 auf die nachfolgende Prozeßgebühr zu verrechnen, weil alsdann die im Mahnverfahren verwendete Arbeit und Mühe des Rechtsanwalts gar keine Vergütung erhielte und somit das ganze Mahnverfahren unter der Ungunst der Rechtsanwälte leiden möchte. Anders liegt die Sache im Falle der Nr. 2 für den Rechtsanwalt des Beklagten, für welchen die Erhebung des Widerspruchs ein nicht zu berücksichtigendes Minimum von Arbeit ist, wenn er die zum Zwecke desselben etwa ertheilte Information für das ordentliche

14

Verfahren verwerthen kann. Ebenso erscheint die Anrechnung der Gebühr der Nr. 3 auf die Gebühr der nachfolgenden Zwangsvollstreckung als der Billigkeit entsprechend.

§. 39.

Die Bestimmung über die Gebühren des Rechtsanwalts im Vertheilungsverfahren schließt sich in dem ersten Absatz eng an die entsprechende Vorschrift des Gerichtskostengesetzes (§. 42) an, und es ist ebenso wie in diesem auch bei Festsetzung der Anwaltsgebühren der größeren oder geringeren Ausdehnung des Verfahrens Rechnung getragen.

Es bedurfte aber außerdem noch einer besonderen Bestimmung über den Werth des Streitgegenstandes. Die Vorschrift des §. 11 des Entwurfs, nach welcher die für die Berechnung der Gerichtsgebühren maßgebende Festsetzung des Werthes auch für die Berechnung der Gebühren der Rechtsanwälte maßgebend sein soll, würde im Vertheilungsverfahren zur Folge haben, daß die Anwaltsgebühren stets nach dem Bestande der Vertheilungsmasse zu berechnen sein würden. Dies aber würde offenbar unbillig sein, wenn die Forderung des Auftraggebers an sich, oder derjenige Theil derselben, wegen dessen die Befriedigung aus der Vertheilungsmasse beansprucht wird, geringer ist als die letztere. Das Interesse des Machtgebers kann selbstverständlich den Betrag der Forderung, für welche er Befriedigung sucht, nicht übersteigen. Andererseits erhält dieses Interesse auch eine Höchstgrenze in dem Betrage der Masse. Der geringere von beiden Beiträgen muß danach maßgebend sein.

§. 40.

In Betreff des Aufgebotsverfahrens (C.-P.-O. §§. 823 bis 833, 836 bis 850) enthält §. 44 des Gerichtskostengesetzes drei Gebühren in Höhe von je drei Zehntheilen der vollen Gebühr für die drei Hauptmomente des Verfahrens, nämlich:

1. für die Entscheidung über die Zulässigkeit des Antrags;
2. für die Verhandlung im Aufgebotstermine;
3. für die Endentscheidung.

Diesen entsprechen die im §. 40 des Entwurfs präzisirten drei Gebühren des Vertreters des Antragstellers für diejenigen Thätigkeiten, welche die gedachten gerichtlichen Akte zur Folge haben, nur daß an Stelle einer Gebühr für die Endentscheidung eine solche für den ganzen Betrieb einschließlich der Information treten mußte. Die Fassung des Entwurfs läßt es zweifellos, daß die Thätigkeit bei Beantragung des Aufgebots, bezw. Wahrnehmung des Aufgebotstermins, als eine einheitliche zusammengefaßt wird, so daß eine Erhöhung der Gebühr nicht eintritt, wenn nacheinander mehrere Anträge zu stellen, bezw. mehrere Termine wahrzunehmen sind.

Wie die Begründung des Gerichtskostengesetzes — Motive zu §. 38 S. 60 a. a. O. — ergiebt, sollte durch die Theilung der Bauschgebühr in drei einzelne Gebührensätze die Möglichkeit gegeben werden, die Kosten für den Fall zu ermäßigen, daß das Verfahren nicht bis zu seinem regelrechten Abschlusse fortgeführt wird. Derselbe-Gesichtspunkt muß auch bezüglich der Anwaltsgebühren maßgebend sein.

Für den Anwalt des Antragstellers können die drei Gebührensätze des §. 40 dann eintreten, wenn das Aufgebotsverfahren dem Antrag entsprechend endet. Die Thätigkeit des Anwalts einer anderen Person, welcher aus Anlaß der in dem Aufgebot enthaltenen Aufforderung Ansprüche oder Rechte an-

meldet, ift eine verhältnißmäßig fo geringfügige, daß fich die Gebühr, wie fie
in dem Schlußabfaße vorgefehen ift, rechtfertigt.

§. 41

regelt im Anfchluß an §. 35 des Gerichtskoftengefeßes die Gebühren der Anwälte für die in den §§. 530 bis 540 der Zivilprozeßordnung vorgefehenen
Fälle, nämlich für die Befchwerdeinftanz fowie für Anträge auf Aenderung
einer Entfcheidung des beauftragten oder erfuchten Richters oder des Gerichts-
fchreibers.

Hervorzuheben ift nur, daß leßtere Anträge, wie zu §. 29 Nr. 5
erörtert worden ift, nicht befonders vergütet, fondern zur Inftanz gerechnet werden, wenn der Rechtsanwalt zur Führung des Prozeffes bevollmächtigt ift.

Eine Modifikation erleidet ferner die Vorfchrift des erften Abfaßes, wenn
es fich nicht um eine fofortige Befchwerde, d. h. wenn es fich um eine Befchwerde handelt, welche an eine Nothfrift nicht gebunden ift. Die Fälle, in
welchen diefe ftattfindet, find im Allgemeinen von geringer Bedeutung, fo
daß dem Rechtsanwalt, welchem in der Inftanz der angefochtenen Entfcheidung
eine Prozeßgebühr überhaupt oder eine der in den §§. 37 und 40 beftimmten
Gebühren zufteht, die Prozeßgebühr in der Befchwerdeinftanz nicht zu gewähren ift.

§§. 42, 43.

Der gewöhnlichfte Fall einer Anwendung der Gebührenfäße der §§. 13
bis 18 wird der fein, daß ein Rechtsanwalt mit der Führung des Rechts-
ftreits befaßt ift. Diefem Falle fteht zufolge der Vorfchrift des §. 2 der fel-
tenere gleich, wenn mehrere Prozeßbevollmächtigte den Prozeß gemeinfchaftlich
führen. Außerdem kann der Machtgeber bei Beftellung mehrerer Prozeßbevollmächtigter jedem einen befchränkten Kreis der Thätigkeit zuweifen. Dann
tritt für jeden derfelben eine Einfchränkung des gefeßlichen Umfangs der Vollmacht ein. Diefe Einfchränkung ift, wenn fie auch zufolge des §. 79 der
C.=P.=O. dem Prozeßgegner gegenüber wirkungslos bleibt, für das Verhältniß
zwifchen dem Auftraggeber und dem Anwalt maßgebend und kann deshalb
auch für den Gebührenanfpruch des leßteren von Bedeutung fein. Der Entwurf kann fich jedoch nicht die Aufgabe ftellen, für alle in der bezeichneten
Weife möglichen Fälle je nach ihrer Eigenart Einzelbeftimmungen zu treffen.
Aus dem Syfteme des Entwurfs, nach welchem die Gebühren des Anwalts in
der Weife geregelt find, daß für feine Thätigkeit nach gewiffen einzelnen
Hauptakten der Inftanz fefte Gebührenfäße beftimmt find, folgt, daß die
Thätigkeit des Prozeßbevollmächtigten bei einem folchen Akte die volle für diefen
beftimmte Gebühr begründet, fo daß die hinzutretende Thätigkeit eines zweiten
Anwalts bei demfelben Akte eine Herabfeßung der Gebühren des erfteren nicht
herbeiführen kann. Die Befeitigung etwaiger Bedenken, welche fich bei ftrikter
Durchführung diefes Grundfaßes ergeben können, wird man der freien Vereinbarung um fo mehr überlaffen können, als folche Fälle doch vorausfichtlich
nur felten, bei einer von der regelmäßigen abweichenden Sachlage vorkommen
werden. Für einen in der Rechtsanwaltsordnung vorgefehenen Fall verwandten
Karakters glaubt jedoch der Entwurf Vorforge treffen zu müffen, da er vermuthlich nicht felten eintreten wird.

Von dem Lokalifirungsprinzipe der Rechtsanwaltsordnung macht §. 27
derfelben infofern eine Ausnahme, als nach diefer Vorfchrift in der mündlichen

Verhandlung, einschließlich der vor dem Prozeßgericht erfolgenden Beweisaufnahme, jeder Rechtsanwalt die Ausführung der Parteirechte und für den Fall, daß der bei dem Prozeßgerichte zum Prozeßbevollmächtigten bestellte Rechtsanwalt ihm die Vertretung überträgt, auch diese übernehmen kann. Als nächstliegende Regelung dieses Falles würde diejenige erscheinen, bei welcher mit der Trennung der Funktionen auch eine Trennung der Gebühren einzutreten hätte, so daß der zum Prozeßbevollmächtigten bestellte Rechtsanwalt, welcher nicht die mündliche Verhandlung führt, auf die Prozeßgebühr beschränkt bleibt, derjenige Rechtsanwalt dagegen, welcher nur die Vertretung der Parteirechte in der mündlichen Verhandlung übernimmt, bloß die Verhandlungsgebühr erhielte. Gegen eine solche einfache Theilung der Gebühren spricht die Rücksicht auf das Maß von Arbeit und Mühe, welches in einem solchen Falle jedem der beiden Anwälte obliegt. Der Prozeßbevollmächtigte, welcher die Ausführung der Parteirechte oder die Vertretung in der mündlichen Verhandlung einem anderen Rechtsanwalt überträgt, hat immer noch einen besonderen Verkehr mit diesem zur Vorbereitung der Verhandlung oder auch zum Zweck der weiteren Prozeßführung zu führen. Andererseits bedarf auch der Rechtsanwalt, welchem nur die Vertretung in der mündlichen Verhandlung oder nur die Ausführung der Parteirechte in derselben übertragen wird, für seine Thätigkeit ohne Zweifel der Information, welche durch die Prozeßgebühr mit vergütigt wird. Es muß deshalb jedem der beiden Anwälte ein entsprechendes Maß der einen oder anderen Gebühr zukommen. Immer ist dabei vorausgesetzt, daß die Trennung der Funktionen auf besonderem Verlangen der Partei beruht. Ist sie von einem Anwalt ohne ein solches Verlangen, insbesondere aus Gründen, die in der Person des Anwalts liegen, vorgenommen, so fehlt es an einer Verpflichtung der Partei zur Zahlung erhöhter Gebühren; vielmehr wird es dann Sache der Anwälte sein, sich untereinander abzufinden.

Von diesem Gesichtspunkte, welcher auch noch in dem hannoverschen Gesetz vom 8. November 1850 §. 43 und in der bayerischen Verordnung vom 21. Juni 1870 bezw. 22. August 1873 und 27. November 1875 Art. 28 Berücksichtigung gefunden hat, gehen die §§. 42, 43 des Entwurfs aus, indem sie dem Prozeßbevollmächtigten außer der vollen Prozeßgebühr fünf Zehntheile der Verhandlungsgebühr, und dem Vertreter in der mündlichen Verhandlung außer der vollen Verhandlungsgebühr fünf Zehntheile der Prozeßgebühr zu billigen. Wenn mit der mündlichen Verhandlung eine Beweisaufnahme verbunden ist, kann natürlich der Vertreter auch noch die Beweisgebühr beanspruchen.

Daß im Falle des §. 42 diese Quote der Verhandlungsgebühr dem Prozeßbevollmächtigten auf eine ihm sonst zustehende Verhandlungsgebühr angerechnet wird, bedarf mit Rücksicht auf §. 25 keiner näheren Begründung. Da die Gewährung einer Quote der Prozeßgebühr im Falle des §. 43, wie bemerkt, auf einer zur Vorbereitung für die mündliche Verhandlung erforderlichen Thätigkeit des Anwalts beruht, so kann diese Gebühr nicht dadurch wegfallen, daß der ertheilte Auftrag sich erledigt, bevor es zur mündlichen Verhandlung kommt. Immerhin wird aber zufolge des Begriffs der Prozeßgebühr vorausgesetzt, daß der Anwalt in irgend einer Weise, z. B. durch Einziehung von Information eine Thätigkeit geleistet hat, für deren Vergütung die Pro-

zetzgebühr bestimmt ist. Trifft diese Voraussetzung nicht zu, so würde ein Anspruch auf Gebühren nicht bestehen.

Wenn die Uebertragung der „Ausführung der Parteirechte" nur in §. 43
und nicht in §. 42 erwähnt ist, so erklärt sich dies daraus, daß eine solche
Uebertragung für die Gebühren des Prozeßbevollmächtigten einflußlos ist. Da
dieser in einem solchen Falle die Vertretung in der mündlichen Verhandlung
führt, so steht ihm die Verhandlungsgebühr unverkürzt zu.

§. 44.

Die Prozeßgebühr allein giebt ihrer Natur nach die angemessene Vergütung für den Fall, wenn die Thätigkeit des Rechtsanwalts lediglich darin
besteht, daß er den Verkehr der Partei mit dem Prozeßbevollmächtigten führt.
Die Bestimmung des preußischen Tarifs vom 12. Mai 1851 §. 19, nach welchem
dem sogenannten Korrespondenz-Mandatar nur die Hälfte der für den ganzen
Prozeßbetrieb bestimmten Gebühr zusteht, kann nicht als maßgebend erachtet
werden, weil der preußische Tarif eine Gebühr für den Prozeßbetrieb im Sinne
des Entwurfs und daneben eine besondere Verhandlungsgebühr nicht kennt.
Hat der Rechtsanwalt die in §. 44 bezeichnete Gebühr oder als Prozeßbevollmächtigter die Prozeßgebühr bereits für die untere Instanz zu beanspruchen,
so erscheint für die höhere Instanz die Hälfte um so mehr ausreichend, als
nach §. 29 Nr. 8 des Entwurfs die Uebersendung der Handakten an den
Bevollmächtigten einer anderen Instanz nicht besonders vergütet wird. Auch
die etwa mit dieser Uebersendung verbundenen gutachtlichen Aeußerungen des
in unterer Instanz thätig gewesenen Anwalts sind nicht von der Bedeutung,
daß sie regelmäßig einen Anspruch auf besondere Vergütung rechtfertigen
könnten; sie sollen daher die in diesem Paragraphen normirte Gebühr nur dann
begründen, wenn sie von der Partei ausdrücklich verlangt waren.

§. 45.

Endlich sind noch diejenigen Fälle der Thätigkeit eines Rechtsanwalts zu
berücksichtigen, welche sich nicht auf eine Betheiligung an der eigentlichen
Prozeßführung beziehen, sondern nur einzelne Handlungen zum Gegenstande
haben. Der Entwurf zählt als solche einzelne Handlungen die Wahrnehmung
von Terminen auf, die nicht zur mündlichen Verhandlung bestimmt sind, und
die Anfertigung von Schriftsätzen. Die gedachten Fälle haben das Erforderniß
einer Information gemeinsam, da ohne dieselbe weder eine Vertretung in einem
Termine noch die Abfassung eines Schriftsatzes möglich ist. Es rechtfertigt sich
daher, zum Maßstab der Vergütung für diese Thätigkeit die Prozeßgebühr zu
nehmen.

§. 46.

Von der konsultativen Thätigkeit eines Rechtsanwalts, welche den Beginn
oder die Fortsetzung eines den Vorschriften der Civilprozeßordnung unterliegenden Verfahrens vor den ordentlichen Gerichten betrifft, scheidet hier das Gutachten mit juristischer Begründung aus, da die Vergütung dafür späterhin
(§. 88) geregelt ist. Dagegen ist der Fall vorzusehen, daß ein nicht zum
Prozeßbevollmächtigten bestellter Rechtsanwalt bezüglich des Beginnes oder der
Fortsetzung eines solchen Verfahrens Rath zu ertheilen hat, gleichviel, ob der
Rath das Ob? oder das Wie? oder beides betrifft. Die Unterscheidung eines
Rathes von einem ausgearbeiteten Gutachten mit juristischer Begründung wird
in der Praxis selten Schwierigkeiten machen, da regelmäßig aus den Umstän-

ben entnommen werden kann, wohin die eigentliche Absicht des Auftraggebers geht und eventuell es Sache des Rechtsanwalts ist, sich hierüber Gewißheit zu verschaffen.

Auch bei der Rathsertheilung besteht das Wesen der Thätigkeit des Anwalts in Einziehung der Information. Es erscheint also auch hier richtig, die Gebühr auf eine Quote der Prozeßgebühr festzusetzen. Bei Bemessung der Gebühr kam in Betracht, daß einerseits dem rechtsuchenden Publikum die Einholung eines sachverständigen Rathes nicht zu sehr vertheuert werden dürfe, andererseits aber auch eine Kautel dafür erforderlich sei, daß die consultative Thätigkeit des Rechtsanwalts nicht über das Bedürfniß hinaus in Anspruch genommen werde. Die Beschränkung auf einen Höchstbetrag, wie sie die §§. 14 bis 17 des preußischen Tarifs vom 12. Mai 1851 enthalten, erscheint hier ebensowenig wie sonst angezeigt.

Eine besondere Berücksichtigung verdient der Fall, wenn ein mit der Einlegung der Berufung oder der Revision beauftragter Rechtsanwalt von der Einlegung des Rechtsmittels abräth und der Auftraggeber dem Rathe folgt. Unzweifelhaft hat in einem solchen Falle der Anwalt eine Gebühr für den Rath zu beanspruchen, da der Auftraggeber die Rathsertheilung, wenn er sie auch nicht verlangt hat, nachträglich genehmigt. Es erscheint aber auch zweckmäßig und angemessen, nach dem Vorgange des preußischen Tarifs (§. 12 Abs. 2 des Ges. vom 12. Mai 1851), die Gebühr höher, als sonst für einen Rath, zu normiren.

Die Erfahrung hat gelehrt, daß hierdurch der erfolglosen Einlegung von Rechtsmitteln in wirksamer Weise begegnet wird.

§§. 47, 48.

Im Anschluß an die vorstehenden Bestimmungen muß Vorkehrung getroffen werden, daß der nicht zum Prozeßbevollmächtigten bestimmte Rechtsanwalt, der nur einzelne Handlungen vornimmt, für diese zusammen nicht höhere Gebühren erhalte, als der wirkliche Prozeßbevollmächtigte. Geschieht dies nicht, so würde unter Umständen zu besorgen sein, daß ein Rechtsanwalt die Prozeßvollmacht ablehnte, um durch Ausführung von Einzelaufträgen höhere Gebühren zu erzielen. Daher soll sowohl derjenige Rechtsanwalt, welcher nur einzelne Handlungen, die in den Kreis der durch die Gebühr des Prozeßbevollmächtigten vergüteten Thätigkeit fallen, vornimmt (§. 47), als auch derjenige Rechtsanwalt, welcher, nachdem er bereits in einer Rechtssache thätig gewesen, später zum Prozeßbevollmächtigten bestellt wird (§. 48), im Ganzen nicht mehr Gebühren erheben, als er erhalten würde, wenn er von vornherein zum Prozeßbevollmächtigten bestellt worden wäre.

§. 49

spricht den Grundsatz aus, daß, wenn der dem Rechtsanwalt ertheilte Auftrag vor Beendigung der Instanz aufgehoben wird, dem Rechtsanwalte die Gebühren in derselben Weise zustehen, als wenn die Instanz zur Zeit der Aufhebung des Auftrags durch Zurücknahme der gestellten Anträge erledigt wäre. Der Entwurf legt kein Gewicht darauf, wodurch der Auftrag aufgehoben ist, ob durch Tod, durch Kündigung oder auf andere Weise, ebensowenig ob die Kündigung eine rein willkürliche oder durch die Lage der Sache motivirte gewesen ist.

Unter den bestehenden Gebührenordnungen sind einige, für welche der in §. 49 entschiedene Fall ohne Bedeutung ist; dies sind diejenigen, welche Bauschgebühren nicht kennen und die einzelnen Handlungen des Anwalts honoriren. In anderen wird zum Theil auf die Gründe der Aufhebung des Auftrags Gewicht gelegt, dergestalt, daß die Gebührenforderung des Rechtsanwalts durch eine seinerseits ohne hinreichenden Grund erfolgte Kündigung oder durch ein in seiner Person eingetretenes Hinderniß beeinflußt wird. In Hannover (Ges. vom 8. November 1850 §. 43) steht die Arrha, welche die Vergütung für die gesammte Informationsthätigkeit gewähren soll, jedem Berechtigten auch im Falle eines in der Instanz eintretenden Wechsels zum ganzen Betrage zu; in Waldeck (Ges. vom 14. Juni 1850, Tarif II. Nr. 5) und in Preußen (Ges. vom 12. Mai 1851, Tarif §. 5 Nr. 7) wird dem Anwalt, welcher nicht die ganze Instanz führt, die für dieselbe bestimmte Gebühr zu ⅔, wenn er aber die Partei nicht in einer mündlichen Verhandlung vertreten hat, nur die im Falle der Beendigung des Prozesses durch Kontumazialbescheid zulässige Gebühr zugebilligt, und nur für den letzteren Fall ist in Preußen der von dem Rechtsanwalt ausgehenden Kündigung die Wirkung einer Reduktion der Gebühr auf die Hälfte beigelegt. Die gleiche Wirkung hat die Kündigung in Sachsen-Meiningen (Ges. vom 19. Juli 1862 bezw. vom 16. März 1875, Tarif Nr. 4) rücksichtlich der die Prüfung und Führung der Sache vergütenden Bauschgebühr, ohne daß jedoch auch hier der Grund der Kündigung von Erheblichkeit wäre. In Baden (Verord. vom 20. November 1874 §. 14) wird, wenn das Erlöschen des Auftrags aus Ursachen erfolgt, welche nicht der Person des Auftraggebers ausgehen, die für die ganze Instanz bestimmte Gebühr um ²/₁₀ bezw. ³/₁₀ gekürzt. In Lippe (Ges. vom 12. April 1859 §. 10 und Tarif zum Gesetz vom 15. Juni 1864 B. 1) unterliegt in allen Fällen die in geringfügigen Streitigkeiten für die Instanz bewilligte Bauschgebühr der Herabsetzung nach billigem Ermessen des Gerichts und die in größeren Sachen für die Information und einen Theil der Prozeßführung bestimmte Arrha der Minderung aus besonderen Gründen der Billigkeit. In gleicher Weise findet in Braunschweig (Anl. §. 402 der C.P.O. vom 19. März 1850 Nr. 4, 19 E., und Gesetz vom 3./18. Dezember 1855 §. 4) eine billige Herabsetzung der in geringfügigen Rechtsstreiten für die ganze Instanz gewährten Gebühr in allen Fällen, und der in großen Sachen gewährten Informationsgebühr im Falle der Niederlegung des Mandats statt. In Lübeck (Ges. vom 26. Oktober 1863 §. 31) und Oldenburg (Ges. vom 28. Juni 1858 Art. 33 §. 3) kann die für Information und Prozeßführung gewährte Arrha herabgesetzt oder ganz gestrichen werden, wenn der Anwalt den angenommenen Auftrag ohne „genügenden Grund" kündigt, oder an der Ausführung durch eigene Schuld verhindert wird; ebenso in Württemberg (Verord. vom 29. Januar 1869 §. 21), wenn durch die Schuld des Anwalts die Aufstellung eines neuen Anwalts nöthig wird.

Der Entwurf geht davon aus, daß das zwischen dem Auftraggeber und dem Rechtsanwalte bestehende Rechtsverhältniß lediglich den Grundsätzen des bürgerlichen Rechts unterliegt und nach diesen zu beurtheilen, und daß hier nur die eine Folge jenes Rechtsverhältnisses zu regeln ist, wie viel der Rechtsanwalt an Gebühren zu fordern hat, wenn keinem der beiden Theile eine Verschuldung zur Last fällt. Ausschließlich nach dem bürgerlichen Rechte bestimmt sich dagegen die Frage, welche Folgen ein vertragswidriges Verhalten, insbesondere der unberechtigte Rücktritt vom Vertrag (Kündigung) oder die Nichterfüllung desselben hat, bezw. inwieweit derjenige, welcher ohne Grund kündigt oder den Vertrag nicht erfüllt, seinem Mitkontrahenten verantwortlich und zum Schadensersatze verpflichtet ist. Hiernach werden die einzelnen Fälle, welche hier in Frage kommen können, z. B. Kündigung wegen Aufgebens der Zulassung zur Rechtsanwaltschaft, wegen Uebersiedelung an ein anderes Gericht bezw. einen anderen Ort, wegen nachlässiger Führung der Sache durch den Anwalt, wegen Nichtzahlung des erforderten Vorschusses durch die Partei u. s. w., ihre Erledigung finden. Der Entwurf mußte sich diese Schranke setzen, weil bezüglich der Folgen eines vertragswidrigen Verhaltens der einem Rechtsanwalte ertheilte Auftrag anderen Aufträgen vollständig gleich steht und daher denselben Vorschriften unterliegen muß. Jedenfalls ist der Unterschied der Partikularrechte nicht von der Bedeutung, daß ein Bedürfniß anerkannt werden könnte, dem künftigen allgemeinen bürgerlichen Gesetzbuche vorgreifend, hier setzt schon eine einheitliche Regelung vorzunehmen.

§. 50.

Bei der Bemessung der Gebühren für den Fall, daß ein Rechtsanwalt mehrere Streitgenossen vertritt, gehen diejenigen Gebührenordnungen, welche hierfür überhaupt eine besondere Bestimmung getroffen haben, von dem Grundsatz aus, daß der Rechtsanwalt, sofern er nur ein den Genossen gemeinsames Interesse verfolgt, auch nur den einfachen Gebührensatz zu fordern berechtigt ist (Preußen, Tarif §. 5 Nr. 5, Württemberg, V. vom 29. Januar 1869 §. 39; Waldeck, Ges. vom 14. Juni 1850 II. 2; Lübeck, Ges. vom 26. Oktober 1863 §§. 16, 36). Die Frage, wie sich der Betrag auf die einzelnen Streitgenossen vertheilt, wird entweder gar nicht berührt oder es wird Vertheilung nach der Kopfzahl vorgeschrieben (Lübeck). Ebenso wird die Frage, ob die Ansprüche der Streitgenossen behufs Feststellung der einzelnen Werthklasse zusammengezählt werden sollen, im Allgemeinen nicht besonders erörtert und nur von Württemberg im bejahenden Sinne entschieden.

Am ausführlichsten wird der Fall der Streitgenossenschaft und deren Vertretung durch einen Rechtsanwalt in den Gesetzgebungen von Preußen und Baden (V. v. 20. November 1874 §. 9) behandelt. In beiden Staaten wird als Regel die Liquidirung des einfachen Betrages aufgestellt. In Preußen darf jedoch der Rechtsanwalt in Bezug auf diejenigen Streitgenossen, welche ihn nachträglich bevollmächtigt haben, die Gebühren für Schriftsätze, Konferenzen und Schreiben, welche durch diesen Hinzutritt veranlaßt worden sind, besonders liquidiren. Anders gestaltet sich die Berechnung, wenn die mehreren durch einen Rechtsanwalt vertretenen Personen nicht ein und dasselbe Interesse haben. Dann werden die Gebühren nach dem Betrage des Interesses jedes Einzelnen besonders berechnet, im Falle der Kumulation jedoch nach dem Gesammtbetrage der kumulirten Forderungen. In Baden kann der gemeinschaftliche Anwalt von demjenigen Streitgenossen, welcher besondere Einreden vorgebracht hat, den Kopftheil an der Bauschgebühr doppelt ansprechen. Hat ein Dritter einen besonderen Anwalt aufgestellt, ohne den Rechtsstreit allein auf sich zu nehmen, so bezieht sein Anwalt $7/10$ der Gebühr des Hauptanwalts. Hat endlich ein Dritter seine Theilnahme am Prozesse lediglich durch Abgabe einzelner Erklärungen bethätigt, so werden für diese von dem Anwalt Einzelgebühren erhoben.

Alle diese Unterscheidungen bieten offenbar zahlreiche Schwierigkeiten und Zweifel in der Anwendung. Es kann aber überhaupt die Voraussetzung, daß durch das Vorhandensein von Streitgenossen eine die Berücksichtigung erheischende Mehrarbeit für den die Mehreren vertretenden Anwalt entstehe, wenigstens soweit das System der Civilprozeßordnung in Frage kommt, als allgemein zutreffend nicht anerkannt werden, da die besonderen Anführungen, welche der Anwalt Namens eines einzelnen Streitgenossen macht, nicht mehr Weiterungen veranlassen, als wenn sie von den übrigen oder durch einen besonderen Anwalt vorgebracht würden. Einzelne eigenartige Fälle, für welche dieser Grund nicht zutrifft, müssen bei einem Bauschgebührensysteme außer Betracht bleiben. Als Regel kann nur gelten, daß, wenn die Streitgenossen nicht gleichzeitig Vollmacht ertheilen, eine Vermehrung der Schriftsätze, der Konferenzen oder der Korrespondenz eintritt. Es steigert sich also diejenige Thätigkeit, welche durch die Prozeßgebühr vergütet werden soll, und es rechtfertigt sich danach eine Erhöhung der Prozeßgebühr, nicht auch der übrigen Gebühren, und nur in dem bezeichneten Falle. Der Entwurf schlägt deshalb für jeden nachfolgenden gesonderten Beitritt von Streitgenossen eine Erhöhung der Prozeßgebühr um je zwei Zehntheile vor mit der Maßgabe, daß bei einer Mehrheit solcher Beitritte der doppelte Betrag der einfachen Gebühr nicht überschritten werden darf. Die Berechnung gestaltet sich einfach, wenn, wie in den meisten Fällen, die Streitgenossen bei dem Streitgegenstande in gleicher Höhe interessirt sind. Dagegen bedarf es einer näheren Angabe der Berechnungsart für den umgekehrten Fall. Dann fragt es sich nämlich, von welchem Betrage die hinzutretende Quote zu berechnen ist. Das Interesse des zum höchsten Betrage betheiligten Genossen kann nicht maßgebend sein, weil dann unter Umständen die hinzutretenden zwei Zehntheile den Betrag übersteigen würden, welche der hinzutretende Genosse an Gebühren zu zahlen hätte, wenn er sich durch einen besonderen Anwalt vertreten ließe. Sonach kann die Erhöhung nur von demjenigen Betrage berechnet werden, bei welchem die Vollmachtgeber gemeinschaftlich betheiligt sind. Ein Beispiel möge zur Erläuterung dienen:

Stellt bei einem Rechtsstreit über 10 000 $\mathscr{M}$. zunächst der bei dem ganzen Streitgegenstande betheiligte A., dann der in Höhe von 1 600 $\mathscr{M}$. betheiligte B., demnächst der in Höhe von 60 $\mathscr{M}$. betheiligte C. Vollmacht aus, so erhöht sich die regelmäßige Prozeßgebühr durch den Hinzutritt von B. von 64 $\mathscr{M}$ um zwei Zehntheile des Gebührensatzes der 10. Werthklasse, also um 6 $\mathscr{M}$ 40 $\text{\textit{\char0}}$ und durch den Hinzutritt von C. um zwei Zehntheile des Gebührensatzes der 2. Klasse, also um 40 $\text{\textit{\char0}}$ zusammen also um 6 $\mathscr{M}$ 80 $\text{\textit{\char0}}$ oder auf 70 $\mathscr{M}$. 80 $\text{\textit{\char0}}$. Nach dem Grundsatze des §. 3. haftet aber A. nur in Höhe von 64, B. nur in Höhe von 32, C. nur in Höhe von 2 $\mathscr{M}$. Wenn noch weitere Genossen einer nach dem anderen zutreten, so darf die Prozeßgebühr doch das Duplum, also hier den Betrag von 128 $\mathscr{M}$. nicht übersteigen.

Zugleich ergiebt sich, daß, wenn eine Rechtsgemeinschaft zwischen den Streitgenossen in Ansehung des Streitgegenstandes auch nicht einmal theilweise vorhanden ist (C. P. O. §. 57.), eine Erhöhung der Prozeßgebühr um eine Quote nicht eintritt. Für solche Fälle bedarf es aber auch einer Erhöhung nicht, da hier der Hinzutritt von Streitgenossen für den die Mehreren vertretenden Anwalt meistentheils eine höhere Werthklasse bedingen wird. In gleicher Weise wird sich die Gebührenberechnung gestalten, wenn mehrere Prozesse, in welchen derselbe Anwalt thätig ist, verbunden werden (C. P. O. §. 138), nur daß selbstver-

ständlich die Verbindung eine Verringerung der vorher schon erwachsenen Gebühren nicht zur Folge haben kann. Werden z. B. zwei Prozesse über je
200 ℳ. nach stattgehabter kontradiktorischer Verhandlung vor der Beweisaufnahme verbunden, so berechnet sich die Prozeß- wie die Verhandlungsgebühr
für jeden Prozeß besonders nach dem Gebührensatze der 4., die Beweisgebühr
sowie die Gebühr für die nach der Beweisaufnahme stattfindende weitere Verhandlung für beide zusammen nach dem Gebührensatze der 6. Werthsklasse.
Die Modifikationen, welche eintreten, wenn die Verbindung der Prozesse wieder
aufgehoben wird (C. P. O. §. 141), bedürfen keiner Darlegung.

§. 51.

Das Gerichtskostengesetz bestimmt in §. 49, daß sich die Sätze der Gerichtsgebühren in der Berufungsinstanz um ein Viertheil, in der Revisionsinstanz um die Hälfte erhöhen. Mit Rücksicht hierauf war zu erwägen, ob
eine solche Erhöhung in diesen höheren Instanzen sich auch für die Anwaltsgebühren rechtfertige. Dafür läßt sich geltend machen, daß in die höheren
Instanzen vorwiegend die in thatsächlicher oder rechtlicher Beziehung zweifelhaften und schwierigeren Sachen gelangen, welche eine stärkere Anspannung der
geistigen Thätigkeit des Anwalts erfordern. Dagegen spricht aber die Erwägung,
daß die oft sehr zeitraubende Sammlung des thatsächlichen Materials vorwiegend dem Anwalte erster Instanz obliegt und daß die Vergütung für die
Anwälte höherer Instanz sich schon deshalb durchschnittlich höher stellt, weil die
Werthsobjekte sich im Durchschnitt steigern. Die Bedeutung dieses letzteren
Umstandes erhellt aus den in Preußen gemachten Erfahrungen, wo die Gebühren für die höheren Instanzen (von 3 000 ℳ. an aufwärts) niedriger, als
die Gebühren für die erste Instanz normirt sind.

Von den dem Anwaltsverein erstatteten Gutachten hat sich nur eines für
eine Minderung, sieben für eine Steigerung nach den Instanzen ausgesprochen;
alle übrigen befürworten die gleichmäßige Behandlung. — Vgl. Fenner, Denkschrift a. a. O. S. 53. —

Der Entwurf hat eine Erhöhung der Gebühren in der Berufungsinstanz
nicht für angezeigt erachtet, da im Allgemeinen nicht angenommen werden kann,
daß die Thätigkeit des Prozeßbevollmächtigten in der Berufungsinstanz eine
größere ist, als in der ersten Instanz. Wollte man eine Erhöhung eintreten
lassen, so wäre kein innerer Grund vorhanden, sie etwa auf diejenigen Sachen
zu beschränken, in welchen das Oberlandesgericht zuständig ist. Würde die Erhöhung aber auch auf diejenigen Sachen ausgedehnt, in welchen das Amtsgericht in erster Instanz entschieden hat, so wäre die Folge davon eine Verschiedenheit der Gebührenberechnung für die Thätigkeit der Rechtsanwälte bei
dem Landgerichte, sowie eine unverhältnißmäßige, dem Interesse der Rechtsuchenden nachtheilige Vertheuerung der Kosten, deren Prozentsatz bei kleinen Streit-
gegenständen ohnehin ein viel höherer ist, als bei großen. Anders liegt die Sache
in Betreff der Revisionsinstanz. Für das Rechtsmittel der Revision ist, abgesehen von
dem Falle des §. 8 des Einführungsgesetzes zum Gerichtsverfassungsgesetz, nur ein
Gericht, das Reichsgericht, zuständig und die Rechtsanwaltschaft bei dem Reichsgericht ist nach §§. 100, 101 der Rechtsanwaltsordnung streng lokalisirt. Es
liegt im Interesse einer gedeihlichen Rechtspflege, daß die Rechtsanwaltschaft
bei dem Reichsgerichte der Bedeutung dieses höchsten Gerichtshofes entspreche
und von dem durch rechtswissenschaftliche Bildung und praktische Tüchtigkeit

hervorragenden Rechtsanwälten als ein Ziel ihres Strebens ins Auge gefaßt werde. So lange ein einheitliches bürgerliches Recht nicht besteht, wird ferner die Thätigkeit der Rechtsanwälte des Reichsgerichts eine besonders schwierige sein. Der Grund, daß eine Vertheuerung der Prozeßkosten zu vermeiden sei, fällt bei Gegenständen im Werthe von mehr als 1 500 ℳ, welche hier wesentlich in Betracht kommen, weniger ins Gewicht, weil bei ihnen der Prozentsatz der Kosten im Verhältniß zum Streitgegenstande bereits erheblich niedriger ist. Auf diesen Erwägungen beruht die in §. 51 vorgeschlagene Erhöhung der Gebühren für die bei dem Reichsgerichte zugelassenen Rechtsanwälte um drei Zehntheile.

Dritter Abschnitt.
Gebühren im Konkursverfahren.

Die in der Anlage D. gegebene Uebersicht, bezüglich der Anwaltsgebühren im Konkursverfahren, läßt ersehen, daß das System der Einzelgebühren im Laufe der Zeit mehr und mehr dem Bauschgebührensysteme weichen mußte. Auffallend erscheint in dieser Hinsicht nur, daß das altpreußische Recht für den Konkurs die Einzelgebühren in weit größerer Ausdehnung festgehalten hat, als für den Civilprozeß. Dieser Umstand findet jedoch seine Erklärung weniger in sachlichen Gründen, als in der geschichtlichen Entwickelung der Gesetzgebung. Bei Aufstellung des Tarifs vom 12. Mai 1851 trug das preußische Konkursverfahren im Wesentlichen die karakteristischen Züge des gemeinrechtlichen Konkursprozesses. Erst die Konkursordnung vom 8. Mai 1855 schuf ein Verfahren, welches die Entscheidung streitiger Ansprüche nicht mehr zum Gegenstande hat. Die früheren Tarifbestimmungen paßten danach nicht mehr für das neu geregelte Verfahren. Indem man trotzdem zur analogen Anwendung derselben sich veranlaßt fand, mußte man vorzugsweise auf die Einzelgebühren des Tarifs eingehen, weil diese am meisten von der Gestaltung des Verfahrens unabhängig sind. Für den Entwurf kann aus diesem Vorgange kein Motiv zu einer Abweichung von dem Systeme fester Bauschgebühren entnommen werden. Für letzteres sprechen vielmehr die schon dargelegten allgemeinen Gründe. Denselben ist hier sogar noch ein verstärktes Gewicht beizulegen, da das Konkursverfahren sich noch weniger, als der Civilprozeß, in festen Stadien abwickelt und deshalb der Möglichkeit einer willkürlichen Vermehrung der Einzelhandlungen noch mehr, als der Civilprozeß, Raum giebt.

Dieses Fehlen fester Stadien im Konkursverfahren macht es unthunlich, die Gebühren des Anwalts nach zeitlich begrenzten Abschnitten des Verfahrens abzustufen. Den einzelnen, von der Konkursordnung vorgeschriebenen Terminen ist nicht eine solche Bedeutung beizulegen, wie etwa in bürgerlichen Rechtsstreitigkeiten den Terminen zur mündlichen Verhandlung, vielmehr wird sich die Thätigkeit des Anwalts außerhalb dieser Termine in der mannigfachsten Weise geltend zu machen haben. Aus diesen Gründen wird auch eine nach Wahrnehmung der Termine bemessene Vergütung nicht als eine geeignete bezeichnet werden können. Ebensowenig läßt sich für die Regelung der Anwaltsgebühren die Thätigkeit des Anwalts zur Konstituirung der Aktivmasse von der zur Ermittelung der Schuldmasse, sondern, da vielfach dieselben Handlungen dem einen wie dem anderen Zwecke gleichzeitig dienen. Die Thätigkeit des

Anwalts im Konkurse hat die gesammte Auseinandersetzung der Schuldverhältnisse zum Gegenstande und muß bei Bestimmung der Tariffsätze als ein Ganzes
durch Eine Bauschsumme vergütet werden. Daneben wird die eine oder andere
Thätigkeit, wie solche im Konkursverfahren zu der bezeichneten Hauptthätigkeit
hinzutreten kann, zu berücksichtigen, und werden dafür weitere Gebührensätze zu
gewähren sein.

Endlich ist noch die Vergütung für einzelne Akte besonders festzusetzen,
weil der dem Rechtsanwalt ertheilte Auftrag sich auf solche beschränken kann.

§. 52.

Der Entwurf schließt sich dem Vorgange des Gerichtskostengesetzes an,
welches in §. 50 die für bürgerliche Rechtsstreitigkeiten festgesetzten Werthsklassen
und Gebührensätze auch für Konkurssachen beibehält. Hierfür, sowie für die
Ausdehnung der Vorschriften der §§. 11, 12 auf den Konkurs, wird es einer
besonderen Begründung nicht bedürfen.

§. 53.

Das Verfahren, welches die Eröffnung eines Konkurses bezweckt, bereitet
dem Anwalte des Gläubigers, in dessen Auftrage der Antrag gestellt wird, eine
nicht unbeträchtliche Arbeit; es kommt hierbei in Betracht, daß zur Glaubhaftmachung der Zahlungsunfähigkeit des Gemeinschuldners (K. O. §. 97) die
Einziehung von Information nothwendig ist, sowie daß in Folge der Anhörung
des Schuldners die Erhebung weiterer Ermittelungen sich als erforderlich darstellen kann. Auch bei den Anordnungen, welche das Gericht gemäß §. 98
der K. O. zur Sicherung der Masse zu treffen berechtigt ist, wird die Mitwirkung des betreibenden Rechtsanwalts nicht ohne Einfluß sein. Rechtfertigt
es sich daher schon an sich, dem Rechtsanwalte für die Vertretung in dem auf
Eröffnung des Konkurses gerichteten Verfahren eine Vergütung zu gewähren,
so tritt noch für die Trennung dieser Gebühren von denen des Konkursverfahrens der Umstand hinzu, daß es unbillig sein würde, dem Rechtsanwalte,
welcher für einen Gläubiger die Eröffnung des Konkurses betrieben hat, hierfür
nebst der folgenden Vertretung im Konkursverfahren zusammen nur das gleiche
Honorar zu gewähren, wie demjenigen, der seinen Auftraggeber nur in dem
bereits eingeleiteten Konkursverfahren vertritt. Die Gebühr des §. 53 soll
aber ferner auch dem Rechtsanwalte zustehen, welcher von dem Gemeinschuldner
im Vorverfahren den Auftrag zur Vertretung erhalten hat. Der Schuldner
wird den Beistand eines Rechtsanwalts vorzugsweise dann suchen, wenn er die
Konkurseröffnung abwenden will; und gerade dann wird regelmäßig die Sachlage Zweifel oder Schwierigkeiten bieten.

Jedoch erscheint es sachgemäß, die Gebühr für den Vertreter des Gemeinschuldners nach einer niedrigeren Quote zu bemessen, weil dessen Gebühr von
dem Betrage der Aktivmasse berechnet wird, während für den Vertreter eines
Gläubigers nur der Betrag der Forderung des letzteren maßgebend ist (§. 58).

Die

§§. 54, 55

normiren die Gebühr, falls dem Rechtsanwalte die Vertretung eines Betheiligten
für das ganze Verfahren übertragen ist. Für die Vertretung im allgemeinen, insbesondere auch für die Einziehung der Information und für den ganzen Betrieb der Sache, einschließlich der Anmeldung der Konkursforderung, giebt
§. 54 den Bauschsatz, welcher jedoch eine Kürzung erfährt, wenn die Vertre-

tung vor dem allgemeinen Prüfungstermin endigt oder erst nach demselben beginnt. Zu einer solchen Abgrenzung giebt der Prüfungstermin einen geeigneten Anhalt, weil in ihm die Ermittelung der Schuldmasse im Wesentlichen abgeschlossen wird, und weil er den Zeitpunkt festsetzt, von welchem ab eine Vertheilung (K.-O. §. 137) und ein Zwangsvergleich (K.-O. §. 160) stattfinden kann.

§. 55 bezeichnet die Thätigkeiten des Rechtsanwalts, für welche er eine besondere Gebühr erhalten soll. Keine derselben muß nothwendig im Konkursverfahren geleistet werden, jede bedingt aber eine Vermehrung der Gesammtthätigkeit. Diese Vermehrung tritt demzufolge im stärkeren Maße ein, wenn mehrere zusammentreffen. Durch diese Sonderung gewinnt also der Entwurf den Vortheil einer Abstufung der Gebühren nach dem Durchschnittsmaßstabe der geleisteten Arbeit.

Es könnte in Frage kommen, nach welchen Grundsätzen die Thätigkeit des Rechtsanwalts zu vergüten sei, dessen sich der Konkursverwalter als Vertreters, Beistandes oder Berathers bedient. Sofern es sich um die Vertretung in einem durch den Konkurs veranlaßten, aber außerhalb des Konkursverfahrens liegenden Verfahren handelt, kann ein Zweifel nicht entstehen; ebensowenig kann die Anwendbarkeit des §. 46 bedenklich sein, wenn der ertheilte Rath den Beginn oder die Fortsetzung eines den Vorschriften der Civilprozeßordnung unterliegenden Verfahrens betrifft (§. 1). Andererseits ist es nach den Grundsätzen der Konkursordnung nicht für zulässig zu erachten, daß der Verwalter seine Vertretung für das Konkursverfahren im Ganzen oder für einzelne ihm durch das Gesetz zugewiesene Handlungen einem Rechtsanwalt überträgt. Dagegen kann sich der Verwalter innerhalb des Konkursverfahrens selbst des Beistandes eines Rechtsanwalts, sowie des Rathes eines solchen bedienen. Besondere Gebührenbestimmungen für eine derartige Thätigkeit des Rechtsanwalts zu treffen, erscheint nicht angezeigt, und es regelt sich daher die Vergütung nach der allgemeinen Bestimmung des §. 89. Daß die Vorschrift des §. 4 in solchen Fällen keine Anwendung finden kann, ergiebt sich daraus, daß das Gesetz Gebühren für die Vertretung hier nicht vorsieht.

Der

§. 56

bestimmt die Höhe der Gebühr, wenn sich der Auftrag des Rechtsanwalts auf die Anmeldung einer Konkursforderung beschränkt. Die Gebühr ist natürlich erheblich geringer als diejenige, welche in §. 54 für „die Vertretung im Konkurse" bestimmt ist.

Sodann erwähnt

§. 57

zwei Fälle, in welchen für die Thätigkeit des Rechtsanwalts die Vorschriften des zweiten Abschnitts Anwendung finden, gleichviel, ob die Thätigkeit sich auf die fraglichen Handlungen beschränkt, oder ob dies nicht der Fall ist und ihm daher noch außerdem Gebühren nach den Vorschriften dieses Abschnitts zustehen.

1. Gemäß §. 66 der Konkursordnung findet gegen die Entscheidungen im Konkursverfahren, sofern eine Anfechtung derselben nicht überhaupt ausgeschlossen ist, wie in den Fällen der §§. 87, 88, 151, 174 Abs. 3, 175, die sofortige Beschwerde nach Maßgabe der §§. 530 ff. der Civilprozeßordnung statt. Außerdem kann die gewöhnliche Beschwerde insoweit in Frage kommen, als die Konkursordnung die Vorschriften der Civilprozeßordnung für anwendbar

erklärt. Ein Unterschied zwischen der Beschwerde im Konkursverfahren und in bürgerlichen Rechtsstreitigkeiten liegt demnach nicht vor und es rechtfertigt sich demgemäß die gleiche Bemessung der Gebühren für die Beschwerdeinstanz in Konkurssachen wie in bürgerlichen Rechtsstreitigkeiten. Dieselben betragen drei Zehntheile der im §. 9 gedachten Sätze (§. 41).

2. Der zweite Fall des §. 57 betrifft die Vertretung des Rechtsanwalts in dem Verfahren, in welchem das Gericht auf gestellten Antrag Sicherheitsmaßregeln gegen den Gemeinschuldner anordnen kann, der einen Zwangsvergleich geschlossen hat, nachträglich aber wegen betrüglichen Bankerutts in gerichtliche Untersuchung geräth. Sowie dieses Verfahren von dem vorhergegangenen Konkursverfahren sich vollständig absondert, so rechtfertigt sich auch eine besondere Vergütung des Rechtsanwalts für die Vertretung in demselben. Die Thätigkeit des Rechtsanwalts erscheint dieselbe, wie in dem Verfahren, welches auf Anordnung oder Aufhebung eines Arrestes oder einer einstweiligen Verfügung (C.-P.-O. §§. 801, 802, 813, 815 bis 822) gerichtet ist und für welche gemäß §. 23 Nr. 1 des Entwurfs mit Bezug auf §. 35 Nr. 4 des Gerichtskostengesetzes eine Gebühr von drei Zehntheilen festgesetzt ist.

Daß neben der Gebühr für die allgemeine Vertretung im Konkursverfahren der Anwalt auch noch eine solche bei etwaiger Erhebung und Ablieferung von Geldern nach §. 87 des Entwurfs erheben kann, ergiebt sich von selbst, ohne daß es einer besonderen Erwähnung bedarf. Ebenso ist eine Gebühr für die Ladung des Schuldners zur Ableistung des Offenbarungseides (Gerichtskostengesetz §. 56) nicht vorgesehen, weil dieser Fall für das Maß der Thätigkeit des Anwalts von äußerst geringer Bedeutung ist. Sollte der kaum zu erwartende Fall eintreten, daß ein Rechtsanwalt lediglich mit dieser Thätigkeit befaßt wäre, so wird die subsidiäre Vorschrift des §. 89 ausreichen.

§. 58.

Bei Bemessung der Gerichtsgebühren konnte es nicht zweifelhaft sein, den Betrag der Aktivmasse zu Grunde zu legen, da das Konkursverfahren ausschließlich die Befriedigung der Gläubiger zum Zweck hat und hierzu das zur Konkursmasse gehörige Aktivvermögen des Schuldners bestimmt ist. Nur in dem Falle, daß die Passivmasse geringer als die Aktivmasse ist, muß die erstere für die Gerichtsgebühren entscheiden. — Vergl. §. 52 des Gerichtskostengesetzes und die Begründung zu dem §. 47 des Entwurfs desselben a. a. O. S. 78 ff. —

Eine Ausnahme ist mit Rücksicht auf die unverhältnißmäßigen Weiterungen, welche mit der Ausmittelung der Aktivmasse verbunden sein können, für die geringe Gebühr zugelassen, welche nach §. 53 des Gerichtskostengesetzes bei Versagung der Zulassung des Antrags auf Konkurseröffnung oder der Zurücknahme des zugelassenen Antrags erhoben wird, indem für diese Gebühr der Streitgegenstand nach den für nicht vermögensrechtliche Ansprüche geltenden Grundsätzen zu bestimmen ist. Anders liegt die Sache für die Anwaltsgebühren im Konkursverfahren. Vertritt der Anwalt den Gemeinschuldner, so erscheint es allerdings gerechtfertigt, der Berechnung der Gebühren den Betrag der Aktivmasse zu Grunde zu legen, da diese die Höhe des für den Gemeinschuldner in Frage stehenden Interesses darstellt, und es bedarf auch seiner Ausnahme für die Fälle des §. 53 Absatz 2 des Gerichtskostengesetzes, weil

im Falle der Versagung der Zulassung des Antrags auf Eröffnung des Konkursverfahrens der Gemeinschuldner gar nicht in die Lage kommt, einen Vertreter zu bestellen und im Falle der Zurücknahme des zugelassenen Antrags der
Vertreter des Gemeinschuldners von dem Stande der Aktivmasse ausreichende
Kenntniß haben wird. Hiernach hat der Entwurf in dem Abs. 1 des §. 58
bei Vertretung des Gemeinschuldners in jenen Fällen den Betrag der Aktivmasse als Grundlage für die Berechnung der Anwaltsgebühren aufgestellt.

Vertritt dagegen der Rechtsanwalt einen Konkursgläubiger, so kann unmöglich der Betrag der Aktivmasse für die Gebühren des Anwalts maßgebend
sein, weil dieselbe zwar das Interesse aller Gläubiger, aber nicht das des
einzelnen bestimmt. Das Interesse des letzteren kann man vielmehr entweder
im Nennwerthe seiner zu dem Konkursverfahren angemeldeten Forderung oder
in dem Handelswerthe derselben suchen, wie sich dieser durch die Aussicht auf
die zu erzielende Dividende bestimmt. Für den letzteren Weg darf die Vorschrift im §. 136 der Konkursordnung herangezogen werden, nach welcher in
einem Prozeß über die Richtigkeit oder das Vorrecht einer Forderung der Werth
des Streitgegenstandes mit Rücksicht auf das Verhältniß der Theilungs- zur
Schuldmasse von dem Prozeßgericht nach freiem Ermessen festzusetzen ist. Die
entsprechende Anwendung dieses Grundsatzes läßt sich aber nur in den Fällen
praktisch durchführen, in welchen diese Dividende auch wirklich übersehen
werden kann.

Dies trifft für die Gebühren der §. 55, sowie im Falle einer Beschwerde
gegen den Beschluß über Bestätigung eines Zwangsvergleichs zu. Hier wird
es meistens nicht zweifelhaft sein, welcher Betrag auf die Forderung des Auftraggebers entfallen wird.

In den Fällen der §§. 53 und 56 dagegen, wenn es sich darum handelt,
ob überhaupt ein Konkursverfahren eintreten soll, oder wenn der Rechtsanwalt,
nachdem das Verfahren eröffnet worden ist, nur die Anmeldung einer Forderung besorgt hat, wird sich die Höhe der Dividende auch nicht annähernd übersehen lassen. Dasselbe ist auch dann der Fall, wenn der Gläubiger oder der
Gemeinschuldner gegen den Beschluß über Eröffnung des Konkursverfahrens
Beschwerde einlegt (§. 57 Ziff. 1). Aber selbst für die Berechnung der Gebühr, welche §. 54 für die allgemeine Vertretung des Gläubigers im Konkursverfahren festsetzt, wird es häufig, insbesondere wenn der Rechtsanwalt die
Vertretung nicht bis zum Ende oder doch mindestens bis zum Prüfungstermine geführt hat, an einer nach dem Grundsatze des §. 136 der Konkursordnung zu bemessenden Basis für die Bemessung seiner Gebührenforderung
fehlen.

Aus diesen Gründen erschien es dem Entwurf erforderlich, in den im
Absatz 2 des §. 58 bestimmten Fällen die Gebühr nach dem Nennwerthe der
Forderung des vertretenen Gläubigers zu berechnen. Zu bemerken ist nur, daß
auf die in §. 58 erfolgte Normirung der Werthsberechnung bei der Bemessung
der Gebühren in den §§. 53 bis 56 Rücksicht genommen ist. Hieraus erklärt
sich, daß in §. 54 nur fünf Zehntheile der Gebühr, in §. 55 für jede der
dort erwähnten Thätigkeiten die volle Gebühr zugebilligt ist.

§. 59.

Die Wiederaufnahme des durch Zwangsvergleich abgeschlossenen Konkursverfahrens gemäß §. 184 der Konkursordnung, im Falle der rechtskräftigen Ver-

urtheilung des Gemeinschuldners wegen betrüglichen Bankerutts ist als ein neues Verfahren anzusehen, das ebenso wie das frühere bekannt gemacht werden muß (K.-O. §§. 100, 103, 104, 106), an welchem sich die früheren wie die neuen Gläubiger betheiligen (K.-O. §. 186) und in welchem sich das Verfahren, so weit als nöthig, wiederholt werden muß (K.-O. §. 187). Sowie also für dieses wieder aufgenommene Verfahren nach §. 58 des Gerichtskostengesetzes die volle Gebühr aufs Neue erhoben wird, so erschien es auch angemessen, den Rechtsanwälten die regelmäßige Gebühr des Konkursverfahrens besonders zu gewähren.

§. 60

drückt bezüglich des Konkursverfahrens denselben Gedanken aus, der sich in Betreff der bürgerlichen Rechtsstreitigkeiten in §. 48 ausgesprochen findet, und es wird daher genügen, auf die Motive zu dem letzteren Paragraphen zu verweisen.

Der im

§. 61

vorgesehene Fall eines Zusammentreffens mehrerer Aufträge in der Hand eines Anwalts liegt im Konkursverfahren anders als im Civilprozesse. In dem letzteren konnte, wie zu §. 50 ausgeführt ist, eine durch die Mehrheit von Streitgenossen herbeigeführte Mehrarbeit in der Hauptsache unberücksichtigt gelassen werden, weil sie nicht nothwendig eintritt und eventuell im Verhältnisse zu der gesammten Thätigkeit des Anwalts gewöhnlich ohne Belang ist. Anders im Konkursverfahren.

Von praktischer Bedeutung sind hierbei allein die Fälle, wenn mehrere Konkursgläubiger denselben Anwalt zum Vertreter haben. Auszusondern ist zunächst der Fall, wenn den mehreren Machtgebern eine und dieselbe Forderung zusteht, z. B., wenn sie als Erben eines im Laufe des Verfahrens verstorbenen Gläubigers auftreten. Hier liegt sachlich nur Ein Auftrag vor. Werden aber von den einzelnen Machtgebern verschiedene Forderungen geltend gemacht, so bedingt das Zusammentreffen der Aufträge nothwendig eine Mehrarbeit des gemeinschaftlichen Anwalts, und diese ist im Verhältniß zur Gesammtthätigkeit keineswegs so gering anzuschlagen, wie in dem entsprechenden Falle des §. 50. In dem Falle des Zusammentreffens der Aufträge mehrerer Konkursgläubiger liegt dem Rechtsanwalt in gleicher Weise die Wahrung der Rechte aus der durch den Konkurs begründeten Gemeinschaft wie die Geltendmachung der Sonderansprüche des einzelnen Gläubigers ob; wogegen letzterer Theil der Thätigkeit bei Vertretung mehrerer Litiskonsorten im Civilprozesse entweder gar nicht oder doch nur mit untergeordneter Bedeutung vorkommen kann. Die einzelnen Forderungen im Konkurse machen immer eine besondere Information und eine besondere Thätigkeit nothwendig. Die durch den einzelnen Auftrag veranlaßte besondere Thätigkeit erhält so im Verhältnisse zu der allen Auftraggebern gemeinsam dienenden Thätigkeit eine solche Bedeutung, daß es unbillig wäre, sie bei der Bemessung der Gebühren außer Betracht zu lassen.

Die Berücksichtigung ist in doppelter Weise möglich:

1. es kann eine Steigerung der Gebühr, welche für die Ausführung des Einzelauftrags festgesetzt wird, beim Hinzutritt eines weiteren Auftrags zugebilligt werden; oder

2. es kann mit Rücksicht auf das regelmäßige Zusammentreffen mehrerer Aufträge die Gebühr für den Einzelauftrag von vornherein niedriger, als es bei der erst bezeichneten Regelung geschehen müßte, normirt und für die einzelne Gebührenberechnung dem Hinzutreten anderer Aufträge ein Einfluß nicht eingeräumt werden.

Auf dem zweiten Wege gestaltet sich natürlich die Vergütung zu gering, wenn in einem Konkurse der Rechtsanwalt nur für Einen Gläubiger thätig wird, und es wird auf eine Ausgleichung durch ein Zusammentreffen von Aufträgen in anderen Sachen gerechnet. In der Möglichkeit, daß solche Rechnung sich als unzutreffend ergeben kann, liegt das Bedenkliche dieses Weges. Trotzdem entscheidet sich der Entwurf zu Gunsten desselben.

Schon die Ausführung der zu 1 bezeichneten Regelung stößt auf Schwierigkeiten. Sie gestaltet sich nur dann einfach, wenn gleichberechtigte Forderungen der mehreren Gläubiger in dieselbe Werthsklasse fallen. Dann kann die Erhöhung der Gesammtgebühr um eine nach der Zahl der Aufträge zu bemessende Quote angeordnet werden. Das würde aber zu ganz verkehrten Ergebnissen führen, wenn die Forderungen in verschiedene Werthsklassen fallen. Ist der Unterschied der Beträge sehr bedeutend, so würde sich unter Umständen die Gesammtgebühr höher herausstellen, als die Summe der Gebühren, welche mehreren Anwälten, wenn die Aufträge unter sie vertheilt worden wären, zuständen. Diese Bemerkung wird genügen, um die Behauptung zu begründen, daß die Beschreitung des zu 1 bezeichneten Weges zu verwickelten Bestimmungen führen muß, welche die praktische Handhabung des Tarifs erschweren würden.

Dazu tritt, daß bei einer solchen Regelung kein einziger Gläubiger in der Lage sein würde, den voraussichtlichen Betrag der Anwaltsgebühren im Voraus annähernd zu berechnen und später die Gebührenrechnung zu kontroliren. Vorzugsweise wird auf die Möglichkeit der Veranschlagung der Gebühren Gewicht zu legen sein. In einem weiteren Umfang, als an den Rechtsuchenden im Civilprozesse, tritt an den Gläubiger im Konkurse die Nothwendigkeit heran, zu erwägen, ob die Kosten der Bestellung eines Mandatars zu dem erreichbaren Zwecke im richtigen Verhältnisse stehen. Die Ungewißheit über die Höhe dieser Kosten würde dieser Erwägung und deshalb auch häufig der Bestellung eines Anwalts hinderlich sein.

Daraus ergiebt sich, daß der zu 2 bezeichnete Weg im Interesse des Gläubigers wie des Anwalts den Vorzug verdient.

Vierter Abschnitt.

Gebühren in Straffachen.

Auch bezüglich der Anwaltsgebühren in Straffachen, über deren Regelung in den bestehenden Gesetzgebungen die Anlage E. eine übersichtliche Darstellung enthält, war das System der Bauschgebühren als das allein geeignete zu erachten. Nach den Vorschriften der Strafprozeßordnung fällt der Schwerpunkt der Thätigkeit eines Rechtsanwalts in Straffachen, falls derselbe nicht etwa ausschließlich im Vorverfahren seinem Klienten Beistand geleistet hat, in die mündliche Hauptverhandlung. Die Mühe, welche der Rechtsanwalt vor der Hauptverhandlung auf die Einziehung der Information und auf das Studium

Anlage E.

18

der rechtlichen Seite der Sache zu verwenden hat, gelangt erst in der mündlichen Hauptverhandlung zur Verwerthung. Erwägt man ferner noch, daß
die Anfertigung von Schriftsätzen im Strafverfahren fast gänzlich in den
Hintergrund tritt, so ergiebt sich von selbst, daß nach der Strafprozeßordnung
für ein System von Einzelgebühren gar kein Raum vorhanden ist. Die
Thätigkeit, welche der Rechtsanwalt, abgesehen von einer Vertheidigung im
Vorverfahren, auf die Vertheidigung bezw. Vertretung eines Angeklagten verwendet, läßt sich in einzelne Theile nicht auflösen und kann deshalb nur mit
Bauschsätzen vergütet werden. Bei der Frage, nach welchem Maßstabe die einzelne Bauschgebühr zu bemessen sei, glaubte der Entwurf sich denjenigen Systemen
anschließen zu sollen, welche die Sätze nach der Ordnung der Gerichte abstufen.
Der Maßstab des Gerichtskostengesetzes (§. 62), nach welchem die Höhe der erkannten Strafe entscheidet, konnte nicht in Frage kommen, weil er das Maß
der Vergütung in ein umgekehrtes Verhältniß zum Erfolge der Thätigkeit
stellen würde. Die Gebührenordnungen, welche das Bauschsystem zu Grunde
legen, haben die Anwaltsgebühren entweder nach der Kategorie der strafbaren
Handlung, oder nach der Ordnung des Gerichts, vor welchem die Verhandlung
stattfindet, abgestuft. Beide Abstufungen führen zu demselben Resultat, insoweit die Uebertretungen vor dem Einzelrichter, die Vergehen vor dem Gerichtskollegium und die Verbrechen vor dem Schwurgerichte verhandelt werden. Wäre
durch die deutsche Strafprozeßordnung bezw. das Gerichtsverfassungsgesetz der
Zuständigkeit der Gerichte nach der Dreitheilung der strafbaren Handlungen
durchgeführt, so hätte der Entwurf auch die Anwaltsgebühren nach der Qualifikation der strafbaren Handlungen regeln können. Da aber das Gerichtsverfassungsgesetz in den §§. 27, 29, 73 bis 75 jene Eintheilung der strafbaren
Handlungen nicht als durchgängige Norm für die Zuständigkeit der Gerichte
angenommen hat, sondern in ziemlich erheblichem Grade davon abgewichen ist,
so hat der Entwurf es allein maßgebend sein lassen, vor welchem Gerichte die
Verhandlung geschieht. Demnach unterscheidet der Entwurf drei Stufen der
Gebühren, je nachdem die Verhandlung vor dem Schöffengerichte, vor der
Strafkammer oder vor dem Schwurgerichte bezw. dem Reichsgerichte stattge-
funden hat.

Ein anderer Weg der Abstufung bot sich noch in der Anwendung des
Maßstabes der höchsten, im Gesetz auf das unter Anklage gestellte Real angedrohten Strafe. Scheinbar würde damit der Forderung, daß die Anwaltsgebühr zu dem Aufwand an Zeit und Arbeit, welcher dem Anwalte verursacht
wird, im entsprechenden Verhältnisse stehen soll, am besten Rechnung getragen,
weil sich mit der größeren Wichtigkeit der Sache auch die Anforderungen an
die Zeit und die geistige Anspannung des Anwalts steigern. Allein die Wichtigkeit der Sache steht nicht immer zu dem Höchstmaße der auf das Real angedrohten Strafe in gleichem Verhältnisse. Gerade bei den am häufigsten
vorkommenden Delikten ist die gesetzliche Strafe in so weiten Grenzen bemessen,
daß die Abstufung nach dem Höchstmaße einer Menge geringfügiger Sachen
eine große Bedeutung beilegen würde. Diese Unzuträglichkeit vermeidet das
System des Entwurfs, indem es alle diejenigen Vergehen, welche das Gesetz
(St.-G.-B. §. 27 Nr. 2 bis 8) oder im einzelnen Falle die Strafkammer
(§. 75 a. a. O.) wegen ihres unbedeutenden Charakters vor die Schöffengerichte
verweist, in die niedrigste Stufe bringt.

§. 62.

Zur Vergleichung mit den Gebühren des Entwurfs erscheint es angezeigt, zunächst die Bestimmungen des preußischen Gesetzes vom 5. Mai 1853 §. 15 und vom 1. Mai 1875 heranzuziehen.*) Nach denselben erhält der Vertheidiger in Strafsachen

1. in den zur Kompetenz des Einzelrichters gehörigen Sachen

5 ℳ. 70 ₰

*) Zum weiteren Vergleiche eignen sich vorzugsweise noch die Gebührenbestimmungen von Bayern, Württemberg und Baden.

Bayern. Verordnung vom 23. Dezember 1875.

§. 2.

Bei den Gebühren in Strafsachen (Ziffer IV. der Verordnung vom 15. Dezember 1852) kommen für die Vertheidigung in öffentlicher Sitzung in Ansatz:

1. Vor den Schwurgerichten:
   a) für einen halben Tag . . . . 10 bis 25 ℳ.
   b) für einen ganzen Tag . . . . 20 + 50 +
2. Vor den Bezirksgerichten, Appellationsgerichten und dem obersten Gerichtshofe:
   a) für einen halben Tag . . . . 6 + 15 +
   b) für einen ganzen Tag . . . . 12 + 30 +
3. Vor den Einzelngerichten . . . . 3 + 10 +

§. 3.

Ist in einzelnen der in §. 2 aufgeführten Sachen die Vertretung, insbesondere das Studium der Akten, die Sammlung des Beweismaterials oder die Vertheidigung in öffentlicher Sitzung mit außergewöhnlichem Aufwande von Zeit und Mühe für den Anwalt verbunden, so daß die festgestellten Sätze nicht mehr als angemessene Vergütung erscheinen, so können ausnahmsweise für die betreffende Thätigkeit Gebühren bewilligt werden, welche das höchste Maß der verordnungsmäßigen Sätze überschreiten.

Württemberg. Verordnung vom 30. April 1875.

§. 7.

In Strafsachen kommen unter den in Unserer Verordnung vom 29. Januar 1869 bestimmten Voraussetzungen folgende Gebühren in Anrechnung:

I. Die Gebühr für Uebernahme der Sache, welche
   in oberamtsgerichtlichen Straffällen . . . . 6 ℳ
   in den vor die Straffammer der Kreisgerichtshöfe gehörenden
   Sachen . . . . 14 +
   in den vor die Schwurgerichtshöfe gehörenden Sachen . . . . 25 +
   beträgt.

II. Tagfahrtsgebühr.

Die Tagfahrtsgebühr erster Gattung beträgt für eine Verhandlung
   vor dem Oberamtsgericht . . . . 6 ℳ,
   vor einer Straffammer der Kreisgerichtshöfe . . . . . . 12 +
   vor einem Schwurgerichtshof . . . . 18 +
   vor dem Kassationshof . . . . 18 +

Für eine Tagfahrt zweiter Gattung kommt die Hälfte, für eine Tagfahrt dritter Gattung der dritte Theil der Gebühr erster Gattung in Anrechnung.

III. Schriftsatzgebühr.

Die Gebühr erster Gattung, ohne Rücksicht auf den Umfang der Schrift, beträgt
   in den oberamtsgerichtlichen Straffällen . . . . 6 ℳ,
   in den vor die Straffammer der Kreisgerichtshöfe gehörigen Sachen 7 +
   in Schwurgerichtsfällen . . . . 11 +

Der letztere Satz findet auch bei den an die Straffammer des Obertribunals als solche oder als Kassationshof gerichteten Schriftsätzen ohne Unterschied, ob es sich um eine zur Zuständigkeit des Oberamtsgerichts, des Kreisgerichts oder des Schwurgerichts gehörige Strafsache handelt, Anwendung.

Für einen Schriftsatz zweiter Gattung wird die Hälfte, für einen Schriftsatz dritter Gattung ein Viertheil der Gebühr erster Gattung berechnet.

2. in den zur Zuständigkeit der Gerichtskollegien gehörenden Sachen
11 ℳ 30 ₰;

Baden. Verordnung vom 20. November 1874.
§. 19.
Bemühungen bei dem urtheilenden Gericht.

Der zur Vertheidigung eines Angeklagten aufgestellte Anwalt hat für seine sämmtlichen Bemühungen vor dem urtheilenden Gericht von der Versetzung in den Anklagestand bis zur Verkündung des Urtheils eine Pauschgebühr anzusprechen, und zwar:

1. bei dem Amtsgericht von . . . . 20 ℳ,
2. bei dem Kreisgericht von . . . . 40 ·
3. bei dem Schwurgericht von . . . . 70 ·

Dieselbe Gebühr bezieht der Anwalt des anklagenden Theils im Fall einer Privatanklage.

§. 20.
Anschließung des Beschädigten.

Für die Betreibung einer Entschädigungsforderung oder einer dem Verletzten zufallenden Geldbuße im Strafverfahren darf die Hälfte der Pauschgebühr des §. 3 Ziffer II. angesetzt werden

§. 21.
Rechtsmittel.

Für die Durchführung von Rechtsmitteln, bei denen eine mündliche Verhandlung statt. findet — Rekurs, Nichtigkeitsbeschwerde und Wiederaufnahme des Verfahrens — hat der Anwalt anzusprechen:

1. bei dem Amtsgericht . . . . 14 ℳ.
2. bei dem Kreisgericht . . . . 28 ·
3. bei dem Oberhofgericht . . . . 50 ·

Ist mit der Rekursverhandlung eine Wiederholung der in erster Instanz stattgehabten Beweisaufnahme verbunden, so erhöht sich die betreffende Gebühr auf . . . . . 40 ℳ

§. 22.
Unterbrechung des Verfahrens und mehrere Angeklagte.

Eine Erhöhung dieser Gebühren um ³/₁₀ ihres Betrages tritt ein, wenn die mündliche Verhandlung aus irgend einem Grunde abgebrochen und an einem anderen Tage fortgesetzt wird. Ebenso erhöht sich die Gebühr des §. 19 um ³/₁₀, wenn der Anwalt mehrere Angeklagte zu vertheidigen hat, und zwar bezüglich jedes einzelnen weiteren Angeklagten.

An dem Gesammtbetrage der Gebühr hat jeder Angeklagte einen Kopftheil zu tragen.

§. 23.
Frühere Beendigung.

Wird das eingeleitete Strafverfahren oder das ergriffene Rechtsmittel vor der mündlichen Verhandlung beendigt, oder der dem Anwalt ertheilte Auftrag widerrufen, so hat derselbe ³/₁₀ der Pauschgebühr anzusprechen.

Tritt er selbst zurück oder erscheint er nicht zur Hauptverhandlung, so bezieht er keine Gebühr.

§. 24.
Beschwerdeführung.

Für eine Beschwerdeführung in den Fällen der §§. 213 und 411 der Strafprozeßordnung bezieht der Anwalt, je nachdem die Beschwerde eine zur Zuständigkeit des Amtsgerichts, Kreisgerichts oder Schwurgerichts gehörende Strafsache betrifft, eine Gebühr von 4, 10 oder 15 ℳ

Für Beschwerdeführungen in anderen Fällen und für die auf Grund des §. 197 der Strafprozeßordnung geleisteten Bemühungen, sowie für Begnadigungsgesuche hat der Anwalt nach Maßgabe der obigen, die Gerichtszuständigkeit betreffenden Unterscheidung 2, 6 oder 10 ℳ anzusprechen.

§. 25.
Von Amtswegen aufgestellte Vertheidiger.

Der nach §. 194 der Strafprozeßordnung von Amtswegen für einen vermögenslosen Angeklagten aufgestellte und aus der Staatskasse zu bezahlende Anwalt hat von dieser nur die Hälfte der festgesetzten Beträge, außerdem den Ersatz seiner nothwendigen Auslagen und für erforderliche Reisen die in §. 28 geordnete Vergütung zu beziehen.

wenn aber die Untersuchung wegen eines Verbrechens oder wegen eines mit höherer Strafe als 600 ℳ Geldbuße oder sechsmonatiger Freiheitsentziehung bedrohten Vergehens eröffnet ist 18 ℳ. 80 ₰;

   3. in den zur Zuständigkeit der Schwurgerichte gehörenden Sachen

37 ℳ. 50 ₰;

wenn aber der Anklagebeschluß auf ein mit schwererer Strafe als zehnjähriger Freiheitsstrafe bedrohtes Verbrechen gerichtet ist 75 ℳ.

Wenn demgegenüber, je nach der Zuständigkeit der Schöffengerichte, der Strafkammern und der Schwurgerichte der Entwurf Sätze von 12, 20 und 40 ℳ. aufstellt, so liegt in diesen letzteren im Vergleiche zu den preußischen Gebühren einerseits keine Erhöhung, da nicht blos die geringeren Vergehen, für welche in Preußen die Gebühr von 11 ℳ. 30 ₰ besteht, dem Schöffengericht überwiesen worden sind (Ger.-Verf.-Ges. §. 27 Nr. 2—8), sondern diesem auch ein großer Theil der schwereren Vergehen durch die Strafkammer im einzelnen Falle überwiesen werden kann (a. a. O. §. 75). Ebenso sind gewisse Kategorien von Verbrechen, für welche in Preußen mindestens eine Gebühr von 37 ℳ. 50 ₰ bestand, der Zuständigkeit der Strafkammern zugetheilt (Ger.-Verf.-Ges. §. 73 Nr. 2—7). Es werden deshalb gegenüber einer Steigerung für einzelne Fälle in einer vermuthlich zahlreicheren Reihe anderer Fälle die Vertheidigungsgebühren in Strafsachen nach dem gegenwärtigen Entwurfe niedriger als in Preußen sein. Dennoch liegt hierin andererseits eine Benachtheiligung der preußischen Rechtsanwälte im Ganzen nicht, weil dieselben zur Uebernahme der Vertheidigung vermögensloser Angeklagter, wenn ihnen dieselbe vom Gericht übertragen war, ohne Entschädigung verpflichtet waren, während nach §. 150 der Strafprozeßordnung dem zum Vertheidiger bestellten Rechtsanwalte für die geführte Vertheidigung die Gebühren nach Maßgabe der Gebührenordnung aus der Staatskasse gezahlt werden müssen. Aber auch die Rechtsanwälte in denjenigen Staaten, deren Gesetzgebung die Kosten der nothwendigen Vertheidigung auf die Staatskasse übernommen hat, erleiden, auch soweit der Entwurf dem bestehenden Tarife gegenüber niedrigere Gebührenbeträge enthält, keine Verkürzung, weil die Verpflichtung des Staates zur Zahlung der Vertheidigungskosten, beziehungsweise die Nothwendigkeit der Vertheidigung selbst in jenen Gesetzgebungen verschiedenartig beschränkt und von gewissen Vorbedingungen abhängig gemacht ist. Solche Beschränkungen sind:

   1. Die nothwendige Vertheidigung findet nur für die Verhandlung vor dem erkennenden Gerichte statt mit Ausschluß des Vorverfahrens (Württemberg, V. vom 29. Januar 1869 §. 64), oder nur für die Hauptverhandlung in den schwereren, im Wesentlichen nur in den den Geschworenengerichten zugewiesenen Fällen (Braunschweig, Allgem. Bemerkungen zur Str.-P.-O. vom 21. Oktober 1858 S. 385 Nr. b. und c.; Sachsen-Meiningen, Gesetz vom 30. Mai 1856 §. 32). In Sachsen (Taxordnung in Strafsachen vom 6. September 1856 §. 47, Str.-P.-O. Art. 38) beginnt die nothwendige Vertheidigung erst mit dem Verweisungserkenntniß.

   2. Bezüglich der Rechtsmittel mußte in einigen Staaten der Anwalt sich wegen der Vertheidigungsgebühren an den Angeklagten halten, wenn die höhere Instanz das Vorerkenntniß bestätigte oder die Strafe nur herabsetzte (Altenburg, Str.-P.-O. vom 27. Februar 1854 Art. 323, 319, sowie die übrigen thüringischen Staaten).

19

3. Der Staat übernimmt die Vergütung nur gegenüber einheimischen Rechtsanwälten und nur gegenüber solchen, welche am Orte des Gerichts ihren Sitz haben, es sei denn, daß ein außerhalb desselben wohnhafter von dem Gerichte zum Vertheidiger bestellt worden ist. Reisekosten werden daher nur unter den vorgedachten Beschränkungen vergütet (Altenburg, Str.-P.-O. Art. 319) oder nur innerhalb des Minimum und Maximum des Gebührensatzes selbst berücksichtigt (Braunschweig, Str.-P.-O. vom 21. Oktober 1858, Allgem. Bemerkungen S. 385b.).

4. Der für die nothwendige Vertheidigung thätige Anwalt erhält außer dem Ersatze baarer Auslagen nur eine Quote der gewöhnlichen Gebührensätze. So vergütete Baden, nach der V. vom 8. Mai 1867 §. 25 nur ein Drittheil, setzt (V. vom 20. November 1874 §. 25) wie Oldenburg (Ges. vom 28. Juni 1858 Art. 39 §. 2) die Hälfte der sonstigen Sätze; Lübeck (Ges. vom 1. Februar 1875, Taxe II. B. Nr. 39) gewährt für die nothwendige Vertheidigung eine Bauschsumme, welche unter der Hälfte und in der höheren Instanz unter dem Drittheil der sonstigen Gebühren steht.

5. Der Staat haftet dem Vertheidiger nur subsidiär, wenn der Angeschuldigte vermögenslos war und es bedarf deshalb einer besonderen Feststellung der Vermögenslosigkeit durch das Gericht (Württemberg, Str.-P.-O. vom 17. April 1868 Art. 217).

6. Wenn der Vertheidiger seine Kostenrechnung nicht binnen 10 Tagen nach Beendigung der Untersuchung bei dem Gericht eingereicht hat, geht sein Anspruch an die Staatskasse verloren (Sachsen, Taxordnung in Strafsachen vom 6. September 1856 §§. 60, 61).

Von derartigen Vorschriften zur Wahrung des fiskalischen Interesse könnte hier nur die (unter Nr. 4 erwähnte) Beschränkung der Gebühren des zum Vertheidiger bestellten Rechtsanwalts auf eine Quote der sonst dem Anwalte für die Vertheidigung zustehenden Gebühren in Frage kommen. Eine derartige Vorschrift würde nicht im Widerspruche zu §. 150 der Str.-P.-O. stehen, da letztere Vorschrift bezüglich des Maßes der Vergütung auf die Gebührenordnung verweist (vergl. auch Protokolle der Reichstagskommission S. 522). Nachdem aber einmal der Staatskasse die Gebühren des bestellten Vertheidigers auferlegt sind, fehlt es an einem in der Natur der Sache liegenden Grunde, für die Bemessung einen anderen Maßstab zu nehmen, als im Falle der Wahl des Vertheidigers durch den Beschuldigten. Vielmehr würde mit einer solchen Minderung der von der Staatskasse zu leistenden Vertheidigungsgebühren immer eine Abschwächung des der Vorschrift §. 150 der Str.-P.-O. zu Grunde liegenden Prinzips verbunden sein.

Es erübrigt daher nur, die Gebührensätze allgemein in solcher Höhe zu normiren, daß den verschiedenen dabei zur Erwägung kommenden Rücksichten gebührend Rechnung getragen wird.

Der Entwurf konnte die Gebühren umsomehr, wie geschehen, feststellen, als durch das von ihm zugelassene Prinzip der Vertragsfreiheit etwaigen Mißständen im einzelnen Falle Abhülfe geschaffen werden kann.

§§. 63, 64.

Liegt, wie bereits ausgeführt worden ist, der Schwerpunkt der anwaltlichen Vertheidung in der mündlichen Verhandlung, so ergiebt sich hieraus von selbst, daß auch auf die Zeit Rücksicht genommen werden muß, welche der Rechtsanwalt in dieser Hauptverhandlung aufwenden muß. So bestimmt sich die Vergütung des Rechtsanwalts in einzelnen Bundesstaaten nach der Terminsdauer, z. B. in Sachsen-Meiningen, wo in dem Ges. vom 16. März 1875, Taxe B. Nr. 19 verordnet ist:

> „Für das Auftreten . . . . . zur Vertheidigung eines oder mehrerer Angeklagten in der Hauptverhandlung, sowie für eine mündliche Verhandlung in der Rechtsmittel-Instanz
>
> a) bei Verbrechen im engeren Sinne und bei Vergehen bis drei
> Stunden Dauer . . . . 8 *M.*
> über drei Stunden . . . . 16 *M.*
> b) bei Uebertretungen die Hälfte dieser Sätze.
>
> Nimmt die Hauptverhandlung mehrere Tage in Anspruch, so hat der Vertheidiger die bestimmte Vergütung für jeden dieser Tage zu fordern."

Auch in der württembergischen Verordnung vom 29. Januar 1869 findet sich in §. 54 die Vorschrift, daß, wenn die Verhandlung von mehrtägiger Dauer ist, für jeden folgenden Tag die volle Gebühr angerechnet werden soll. In anderen Staaten finden sich Bestimmungen, nach welchen nicht dieselbe Gebühr für jeden Tag der Hauptverhandlung gefordert werden kann. Nach §. 22 der badischen Verordnung vom 20. November 1874 wird die Verhandlungsgebühr ohne Rücksicht auf die Art der Unterbrechung für jeden weiteren Tag nur um drei Zehntheile erhöht. Nach §. ·15 des preußischen Gesetzes vom 3. Mai 1853 wird die Gebühr des Vertheidigers durch eine Unterbrechung der Vertheidigung in der Regel gar nicht berührt. Nur dann, wenn sich die Dauer der Verhandlung einer Sache vor dem Schwurgericht über zwei Tage erstreckt, erhält der Rechtsanwalt für jeden folgenden Tag 7 *M.* 50 *₰.* Der Entwurf hat es den Rücksichten der Billigkeit entsprechend erachtet, zu bestimmen, daß, wenn die Verhandlung sich auf mehrere Tage erstreckt, die Sätze des §. 62 sich für jeden folgenden Tag weiterer Verhandlung um die Hälfte erhöhen. Dies trifft selbstverständlich auch dann zu, wenn in Folge einer Unterbrechung die Verhandlung nicht fortgesetzt wird, sondern von neuem beginnt (§. 228 der Str.-Pr.-O.). Eine Erhöhung der Gebühren um den vollen Betrag derselben erschien nicht angemessen, da die Bauschgebühr des Entwurfs ja nicht blos zur Vergütung der Thätigkeit im Termine bestimmt ist.

Bezüglich der Privatklagesachen glaubte der Entwurf jedoch diese Bestimmung des §. 63 nicht anwenden zu können. Im Gebiete des altpreußischen Rechts werden die sogenannten Injuriensachen nach den für bürgerliche Rechtsstreitigkeiten geltenden Vorschriften verhandelt. Nach diesen Vorschriften werden auch die Gebühren der Gerichte und Anwälte zum Ansatze gebracht, wobei je nach der Bedeutung des Falles das Objekt auf 180 oder 300, unter Umständen auch auf 1200 oder 3000 *M.* angenommen wird (Gesetz vom 10. Mai 1851 §. 11, Gesetz vom 9. Mai 1854 Art. 3). In den 1866 erworbenen Provinzen werden die Gebühren verschieden abgestuft, je nachdem nach stattgehabter Beweisaufnahme oder ohne dieselbe erkannt worden ist, oder die Sache ohne Erkenntniß erledigt worden ist (V. vom 30. August 1867, §. 17, Ges.-S. S. 1412). Bei dieser Art der Regelung zeigt sich unzweifelhaft eine Annäherung an die im altpreußischen Rechte für die Anwaltsgebühren im Civilprozeffe geltenden Grundſätze. Dieſelbe rechtfertigt ſich aber auch aus der in vielen Beziehungen hervortretenden nahen Verwandtſchaft des Verfahrens in Privatklageſachen mit dem in bürgerlichen Rechtsſtreitigkeiten. Insbeſondere hat die Zuläſſigkeit der Zurücknahme einer Privatklage (St.-Pr.-O. §. 431) zur häufigen Folge, daß das Verfahren vor Erlaß eines Urtheils abſchließt[*]). Es muß daher auf die größere oder geringere Ausdehnung des Verfahrens und die durch dieſelbe bedingte Verſchiedenheit des Umfanges der anwaltlichen Thätigkeit Rückſicht genommen werden. In dieſer Richtung kann es nicht von Belang erſcheinen, ob die Sache durch Urtheil zur Erledigung gelangt; wohl aber ob eine Beweisaufnahme ſtattgefunden hat, da dieſe immer eine Steigerung der Thätigkeit des Anwalts nach ſich zieht, welche in Privatklageſachen in Folge des Wegfalls der ſtaatsanwaltlichen Thätigkeit von relativ größerer Bedeutung iſt, als in den ſonſtigen Straffachen. Auf dieſer Erwägung beruht die Vor-ſchrift des §. 64, ſofern dieſelbe die Gebühr in Privatklageſachen abſtuft. Re-ben dieſer Erhöhung im Falle einer Beweisaufnahme kann eine anderweite Steigerung der Gebühr für den Fall, daß eine Privatklageſache in Folge einer Ausſetzung an mehreren Tagen verhandelt wird, um ſo weniger in Frage kommen (§. 63 Abf. 2), als ſolche Ausſetzungen häufig nur durch das Ver-halten der Partei oder der Anwälte bedingt werden.

§. 65.

Die Gebühren in den höheren Inſtanzen anders als in erſter Inſtanz zu bemeſſen, liegen ausreichende Gründe nicht vor. Die abweichenden Vorgänge der beſtehenden Tarife können auch hier um ſo weniger maßgebend ſein, als zwiſchen denſelben Gegenſätze beſtehen. Die Vorſchrift des preußiſchen Rechts (§. 15 B des Geſ. vom 5. Mai 1853, §. 17 C der Verord. vom 30. Auguſt 1867), welche, wenn der Angeſchuldigte das Rechtsmittel eingelegt hat, die Gebühren nach der in erſter Inſtanz erkannten Strafe bemißt, paßt nicht in das Syſtem des Entwurfs; für die Fälle der Einlegung des Rechtsmittels ſeitens des Staats-anwalts ſtimmt der Entwurf mit dem in Preußen diesſeits des Rheins geltenden Rechte überein.

Auch für die bei dem Reichsgerichte zugelaſſenen Rechtsanwälte konnte eine Erhöhung der Gebühren (nach Analogie des §. 51) nicht in Frage kommen, weil jeder Rechtsanwalt befugt iſt, vor dem Reichsgericht als Vertheidiger aufzutreten (Rechtsanwaltsordnung §. 26).

§. 66.

Die Vertheidigung im Vorverfahren (§§. 137, 142 Str.-Pr.-O.), welche niemals eine nothwendige iſt, muß als ein völlig abgeſonderter Theil der Thätig-keit eines Vertheidigers angeſehen werden. Sie muß deshalb auch beſonders vergütet werden. Die Bemeſſung der Gebühr auf die Hälfte der Säze des §. 62 ſucht dem Durchſchnittsmaße der zu entwickelnden Thätigkeit gerecht zu werden. Hervorzuheben iſt, daß für die Beſtimmung der Stufe es darauf an-kommt, welches Gericht zuſtändig iſt, nicht vor welchem in erſter Inſtanz die Hauptverhandlung ſtattfindet (§. 62). Auf die Zuſtändigkeit allein konnte das entſcheidende Gewicht gelegt werden, weil es ſonſt an einem Maßſtabe für die-jenigen Sachen fehlen würde, in welchen es zu einem Hauptverfahren nicht kommt.

---

*) Nach der preußiſchen Statiſtik in 61 Prozent der Fälle, J.-M.-Bl. 1877 S. 258.

§§. 67, 68, 70.

In den §§. 67, 68 werden Gebühren des Rechtsanwalts für die Anfertigung gewiſſer Schriftſtücke feſtgeſetzt, falls ihm dieſe allein und losgelöſt von der Vertheidigung in der Hauptverhandlung übertragen iſt. Die Schriften zur Rechtfertigung einer Berufung (§. 358 der Str.-Pr.-O.), zur Begründung einer Reviſion (§. 384 a. a. O.) und zur Begründung eines Antrags auf Wiederaufnahme des Verfahrens (§. 406 a. a. O.) nehmen eine ſolche Zeit und Mühe des Rechtsanwalts in Anſpruch, daß die Hälfte der in §. 62 beſtimmten Sätze als eine zu hohe Vergütung nicht erſcheint. Nach dem ſachſen-meiningſchen Geſetz vom 19. Juli 1862 bezw. 16. März 1875, Taxe B Nr. 18, werden Gebühren für Schriftſätze der Art immer erhoben, wiewohl ſonſt die Regelung der Gebühren für die Führung der Vertheidigung ſich dem Bauſchſyſteme nähert. Auch die badiſche Verordnung vom 8. Mai 1867 bezw. vom 20. November 1874 ſtellt im §. 24 beſondere Gebühren für die Beſchwerdeführung auf und bewirkt durch die Beſtimmung des §. 23, nach welcher bei Beendigung des ergriffenen Rechtsmittels vor der mündlichen Verhandlung dem Anwalt drei Zehntheile der Bauſchgebühr zuſtehen ſoll, wenigſtens indirekt, daß die Schrift für Begründung des Rechtsmittels ihre Vergütung findet. Die Vorſchrift des Entwurfs ſchließt ſich an die entſprechende Beſtimmung des §. 15 D des preußiſchen Geſetzes vom 3. Mai 1853 an.

Für alle übrigen einzelnen Thätigkeiten, welche dem Rechtsanwalt als Vertheidiger in Straffachen übertragen werden können, insbeſondere für die bloße Einlegung eines Rechtsmittels, für Anfertigung anderer, als der im §. 67 bezeichneten Anträge, Geſuche und Erklärungen, z. B. von Beſchwerdeſchriften (Str.-Pr.-O. §§. 348 ff.), von Anträgen auf Entlaſſung aus der Haft oder Ladung von Zeugen u. ſ. w. (nicht aber für Begnadigungsgeſuche, weil dieſe nicht in dem Rahmen des Strafverfahrens liegen) beſtimmt §. 68 eine feſte Gebühr von 2 Mark. Wenn jedoch derſelbe Rechtsanwalt, welcher das Rechtsmittel der Berufung oder der Reviſion eingelegt hat, das eingelegte Rechtsmittel rechtfertigt oder begründet, ſo erſcheint neben der letzteren umfaſſenderen Thätigkeit und der ſie begründenden Gebühr des §. 67 die bei Einlegung des Rechtsmittels verwendete Mühe von ſo geringer Bedeutung, daß auf die Gebühr des §. 67 Nr. 1 und 2 die Gebühr für Einlegung des Rechtsmittels anzurechnen iſt (§. 70).

In dem

§. 69

iſt ausgeſprochen, für welchen Umfang des Verfahrens die feſtgeſetzte Bauſchgebühr als ſolche, d. h. als Gebühr für die Geſammtthätigkeit des Rechtsanwalts, Platz greift.

Was zunächſt das Vorverfahren anbelangt, ſo ſoll die im §. 66 beſtimmte Bauſchgebühr das ganze Vorverfahren umfaſſen, ſo daß alle Erklärungen, Geſuche, Beſchwerden im Laufe deſſelben durch dieſe Gebühr gedeckt und neben derſelben keine beſonderen Einzelgebühren gewährt werden.

Ingleichen ſollen die in §. 62 für das Hauptverfahren in der erſten Inſtanz und in §. 65 für das Hauptverfahren in den höheren Inſtanzen feſtgeſetzen Gebühren nicht blos eine Vergütung für die Vertheidigung in der Hauptverhandlung, ſondern auch für die übrige Thätigkeit des Rechtsanwalts in der betreffenden Inſtanz gewähren. Die Information, welche der Rechtsanwalt zur Führung der Vertheidigung überhaupt bedarf, reicht auch für die Anfertigung von schriftlichen Anträgen in der Instanz völlig aus und diese selbst können nach der Natur des ganzen Verfahrens der Regel nach nicht so schwierig und komplizirt sein, um eine besondere Gebühr zu rechtfertigen.

Daß für die Einlegung von Rechtsmitteln dem Rechtsanwalte, welcher die Vertheidigung in der Instanz der angefochtenen Entscheidung geführt hat, keine besondere Gebühr gewährt wird, erscheint mit Rücksicht auf die Vorschrift des §. 339 der Str.-Pr.-O. zweckmäßig und wird einem Bedenken um so weniger unterliegen, als die Einlegung eines Rechtsmittels für denjenigen Anwalt, welcher vorher als Vertheidiger mit der Sache befaßt war, ein verhältnißmäßig geringes Maß von Thätigkeit erfordert. Unter den Begriff der „Einlegung" von Rechtsmitteln fallen nicht die Rechtfertigung einer Berufung oder die Stellung von Revisionsanträgen und deren Begründung (§§. 355, 358, 381, 385 der Str.-Pr.-O.). Dem Rechtsanwalte, welcher die Vertheidigung in der Vorinstanz geführt hat, steht sonach für die Anfertigung der Berufungs- beziehungsweise Revisionsschriften die Gebühr des §. 67 besonders zu, vorausgesetzt, daß er nicht auch die Vertheidigung in der betreffenden höheren Instanz führt; denn letzterenfalls umfaßt die ihm für die höhere Instanz zukommende Bauschgebühr (§. 65) zufolge der Vorschrift des §. 69 auch die Anfertigung dieser Schriften.

Der im

§. 71

vorgesehene Fall einer Vertheidigung mehrerer Beschuldigten durch einen gemeinschaftlichen Vertheidiger begründet unzweifelhaft eine Erhöhung der Gebühr über den Betrag hinaus, welcher bei Vertheidigung eines einzelnen Beschuldigten zustehen würde. Aber es ist ebenso zweifellos, daß die Thätigkeit und der Zeitaufwand des Anwalts sich nicht im gleichen Verhältnisse mit der steigenden Zahl der Beschuldigten steigert. Die Fälle können sehr verschieden liegen; die Informationsthätigkeit wird regelmäßig, der Zeitaufwand im Verhandlungstermine aber nicht immer eine erhebliche Steigerung erfahren. Der Entwurf sah sich daher genöthigt, ohne Rücksicht auf die Zahl der hinzutretenden Mitbeschuldigten einen Durchschnittssatz für die in solchen Fällen eintretende Erhöhung der Gebühr zu greifen. Andere Gesetzgebungen, welche ebenfalls für die Vertheidigung mehrerer Angeklagter nur eine Erhöhung der Normalgebühr eintreten ließen, haben dabei auf die Anzahl der Personen in der Weise Gewicht gelegt, daß die gleiche Erhöhung für jeden weiteren Angeklagten bewilligt wird. Nach der württembergischen Verordnung vom 29. Januar 1889 §. 60 tritt, wenn der Anwalt für mehrere Beschuldigte oder andere bei dem Strafverfahren betheiligte Personen in Einem Verfahren zu handeln hat, eine entsprechende Erhöhung der Gebühren ein, welche jedoch ein Drittheil für jeden weiteren Klienten nicht übersteigen darf. Ebenso erhöht sich nach §. 22 der badischen Verordnung vom 20. November 1874 die Bauschgebühr bezüglich jedes weiteren Angeklagten, den der Rechtsanwalt zu vertheidigen hat, um drei Zehntheile.

Für den Standpunkt des Entwurfs darf noch geltend gemacht werden, daß in einer größeren Anzahl von Angeklagten häufig der Anlaß liegen kann, die Verhandlung auf mehrere Tage zu erstrecken, durch welchen Umstand ohnehin nach §. 63 eine Erhöhung der Gebühren bedingt wird.

§. 72.

Vertritt der Rechtsanwalt einen Privatkläger, so hat er nach der Seite der Verfolgung eine Thätigkeit zu entwickeln, welche, was das Maß der Arbeit

betrifft, von derjenigen des Vertheidigers nicht verschieden ist. Der §. 72 gewährt ihm daher dieselben Gebühren. Der Vertretung eines Privatklägers ist
die Vertretung eines Nebenklägers gleichzustellen, da dieser gemäß Str.-P.-O.
§. 437 nach erfolgtem Anschlusse die Rechte des Privatklägers hat; desgleichen
ist die Vertretung einer Verwaltungsbehörde, falls diese nach §. 464 der
Str.-P.-O. selbst die Anklage erhebt, ebenso wie die Vertretung eines Privatklägers zu behandeln.

Der Absatz 2 des §. 72 sieht den Fall vor, daß dem Rechtsanwalte lediglich die Anfertigung der Privatklage übertragen ist. Wegen der mit dieser
Arbeit verbundenen Information mußte eine höhere Gebühr, als die im §. 68
angegebene, festgesetzt werden.

§. 73.

Nach §. 170 der Str.-P.-O. muß der Antrag auf gerichtliche Entscheidung,
welchen der Verletzte gegen den die Verfolgung ablehnenden Bescheid der Staatsanwaltschaft stellt, von einem Rechtsanwalt unterzeichnet sein. Die Thätigkeit
des Rechtsanwalts hat auch in diesem Falle die Verfolgung, nicht die Verthei-
bigung zum Gegenstande.

Wie im Vorverfahren (§. 66) der Schwerpunkt der Anwaltsthätigkeit
regelmäßig in der Information und in der Sammlung von Beweismaterial
zur Führung des Entlastungsbeweises liegen wird, so wird die Arbeit des
Rechtsanwalts im Fall des §. 170 der Str.-P.-O. sich auf die Sammlung und
entsprechende Darstellung der belastenden Momente zu richten haben. Hieraus
ergiebt sich die Gleichstellung der Gebühr des §. 73 mit der des §. 66. Aus
den Bemerkungen zu §. 8 ergiebt sich übrigens, daß zwischen der Anfertigung
des Antrags oder der bloßen Unterzeichnung desselben in Betreff der Höhe des
Gebührensatzes ein Unterschied nicht zu machen ist.

§. 74.

Nach §. 495 der Str.-P.-O. erfolgt die Zwangsvollstreckung der über
eine Vermögensstrafe oder Buße ergangenen Entscheidung nach den Vorschriften
über die Vollstreckung der Urtheile der Civilgerichte. In Folge dieses Grundsatzes bestimmt §. 78 Nr. 3a. und b. des Gerichtskostengesetzes, daß auch die Gebühren in den im §. 495 bezeichneten, sowie in einigen anderen verwandten
Fällen nach den für bürgerliche Rechtsstreitigkeiten geltenden Vorschriften erhoben
werden sollen (Motive zu §. 70 des Gerichtskostengesetzes). Diesem Vorgang
des §. 78 schließt sich der Entwurf in §. 74 an. Die Gebühren sollen daher
in den dort angegebenen Fällen nach Maßgabe des §. 23 Nr. 1, 2 erhoben
werden. Nur der Fall der Zwangsvollstreckung einer Vermögensstrafe ist fortgelassen, weil auf die Vollstreckung der Strafe anzutragen nicht Sache des
Privatklägers bezw. seines Vertreters ist.

Fünfter Abschnitt.
Auslagen.

§§. 75, 76.

Der Grundsatz, daß dem Rechtsanwalt nothwendige und nützliche Auslagen, welche er zum Zweck der Ausführung des ihm ertheilten Auftrags gemacht hat, zu erstatten sind, ergiebt sich aus der Natur des Mandatsverhältnisses. Die davon in §. 76 in Betreff der Verpackung von Briefen und

Atten gemachte Ausnahme rechtfertigt sich durch die Geringfügigkeit des in Rede stehenden Gegenstandes und lehnt sich an die Bestimmung in Nr. 1 des Tarifs zum preußischen Gesetze vom 12. Mai 1851 an. Es bedarf keiner ausdrück-lichen Festsetzung, daß die Besorgung von Briefen am Orte oder zur Post zum allgemeinen Geschäftsbetriebe gehört, und daß dafür an Auslagen nur Porto beziehungsweise, wenn im einzelnen Falle die Annahme eines besonderen Boten nothwendig war, der Lohn desselben berechnet werden kann. Besondere Bestim-mungen sind nur für zwei Arten von Auslagen, für Schreibgebühren und für Geschäftsreisen, erforderlich, weil bei diesen die Ermittelung des für das einzelne Geschäft wirklich aufgewendeten Betrags auf Schwierigkeiten stößt, so daß es richtiger erscheint, ein für allemal Vergütungssätze zu normiren.

Fast alle Gebührenordnungen der einzelnen Bundesstaaten, sowohl diejenigen, welche auf dem System der Einzelgebühren, als die, welche auf dem System der Bauschgebühren beruhen, enthalten Bestimmungen, wonach der Rechtsanwalt aus-nahmslos oder in der Regel für die im Betrieb des Prozesses anzufertigenden Abschriften eine Vergütung beanspruchen kann (vergl. preuß. Ges. vom 11. Mai 1852, Tarif Allgem. Bestimm. Nr. 2, Ges. vom 3. Mai 1853 §. 15; Bayern, Verordn. vom 21. Juni 1870 bezw. 22. August 1873 und 27. November 1875 Art. 9; Württemberg, Verordn. vom 29. Januar 1869 §. 72 u. f. w.). Diesem Vorgang schließt sich der Entwurf insoweit an, als er Schreibgebühren für Abschriften von Schriftsätzen, Urkunden, Urtheilen und Beschlüssen zubilligt, wenn die Anfertigung der Abschriften zum Zweck der Einreichung bei Gericht oder zum Zweck der Zustellung erforderlich war. Im Uebrigen kann der Rechts-anwalt Schreibgebühren nicht beanspruchen, namentlich also nicht für seinen schriftlichen Verkehr mit dem Auftraggeber. Diese Einschränkung der Berechnung von Schreibgebühren wird die Aufstellung der Rechnungen wesentlich erleichtern und entspricht dem Grundgedanken des Bauschsystems. Als Konsequenz des letzteren könnte vielleicht angezeigt erscheinen, auch für die zum Prozeßbetrieb regelmäßig erforderlichen Abschriften von Schriftsätzen keine Schreibgebühren zu bewilligen. Der Entwurf glaubte jedoch von dieser Konsequenz absehen und vielmehr den mit der Anfertigung solcher Abschriften immerhin verbundenen Auf-wand von baaren Auslagen vorwiegend berücksichtigen zu sollen.

Wo dem Rechtsanwalt Schreibgebühren vergütet werden, soll für die Höhe §. 80 des Gerichtskostengesetzes maßgebend sein, dessen Sätze sich an die Be-stimmung der sächsischen Taxordnung vom 26. November 1840 Nachtrag I. (Ges.-Samml. S. 414) anschließen und erheblich höher sind, als die preußischen. Aus der Bezugnahme des Entwurfs auf §. 80 a. a. O. ergiebt sich, daß wie dort für Schreibmaterialien ein besonderer Ansatz nicht statt hat.

§. 77.

Inwieweit die zu den Kosten verurtheilte Partei verpflichtet ist, die Reise-kosten des gegnerischen Anwalts zu erstatten, darüber treffen (§. 87 der C.-P.-O.) §. 503 Abs. 5 der Str.-P.-O., §§. 18, 37 der Rechtsanwaltsordnung Bestim-mung. Vorbehaltlich dieser Vorschriften hat der Entwurf in den §§. 77 ff. nur den Betrag der Reisekosten festgesetzt.

Es könnte die Frage aufgeworfen werden, ob ein Bedürfniß vorliege, die Reisekosten der Rechtsanwälte reichsgesetzlich zu regeln, da doch für die Reise-kosten der Justizbeamten, wie auch für die Reisekosten der Rechtsanwälte in solchen Angelegenheiten, auf welche dieses Gesetz keine Anwendung findet (§. 1), die landesgesetzlichen Vorschriften maßgebend bleiben. Die Frage muß indessen bejaht werden. Die Verschiedenheit der in den einzelnen Bundesstaaten geltenden Bestimmungen ist gerade auf diesem Gebiet eine sehr große und ist von einer viel größeren Tragweite, als die in betreff der Reisekosten der Justizbeamten bestehende. Denn der Beamte macht in der Regel nur in seinem Amtsbezirke Dienstreisen. Nach den Vorschriften der Rechtsanwaltsordnung (§§. 26, 27 Abs. 2) kann dagegen jeder Rechtsanwalt vor jedem Gericht im Gebiete des Deutschen Reichs als Vertreter, Beistand oder Vertheidiger auftreten. Tritt ein Rechtsanwalt vor dem Gericht eines anderen Bundesstaates auf, so würde der Zweifel entstehen, nach welchem Gesetz er Reisekosten zu beanspruchen hätte. Jedenfalls würde es erforderlich sein, die Reisegebühren für jene Fälle reichsgesetzlich zu regeln, in welchen auswärtige Anwälte vor dem Reichsgericht auftreten. Hierzu kommt, daß bei den Gerichten, welche auf Grund eines Staatsvertrages für mehrere Bundesstaaten die Rechtspflege auszuüben haben, mögen sie eigentliche Kondominatgerichte sein oder nicht, voraussichtlich auswärtswohnende Anwälte aus den mehreren, bei dem Gerichte betheiligten Staaten zugelassen werden, so daß ein Theil dieser Anwälte nicht in dem Staate, in welchem das Gericht seinen Sitz hat, ihren Wohnsitz haben wird (vergl. Rechtsanwaltsordnung §. 18 Abs. 4 in Verbindung mit §§. 9, 11, 12, 107). Abgesehen von den auch hier entstehenden Zweifel, ob für die Reisekosten solcher Anwälte das am Sitze des gemeinsamen Gerichts geltende Landesgesetz oder das des Wohnsitzes des Anwalts maßgebend ist, wäre es im hohen Grade mißlich, wenn die bei einem und demselben Gerichte zugelassenen Anwälte in einem reichsgesetzlich geregelten Verfahren Reisekosten nach verschiedenen Partikulargesetzen zu beanspruchen hätten. Jedenfalls würde sonach der Zweck des Gesetzes, die Kosten des Prozesses, soweit dieselben in den Gebühren der Anwälte bestehen, einheitlich zu regeln, nur in unvollkommenem Maße erreicht werden, wenn das Gesetz nicht auch die Reisekosten der Anwälte in den Bereich seiner Bestimmungen zöge.

Bei Regelung der Reiseentschädigung der Rechtsanwälte bedürfen Bestimmungen nicht erst einer Abwehr, welche wie Nr. 498 der Taxordnung von Sachsen-Altenburg vom 22. Mai 1841 und Nr. 458 der Gebührentaxe von Reuß j. L. vom 15. Dezember 1855, nur sechzigjährigen Rechtsanwälten die Vergütung für einen Wagen gewähren, jüngeren dagegen in der Regel auf Reisen zu Pferde anweisen. Ebensowenig konnten die Reisekosten der Rechtsanwälte etwa zu den Reisekosten der Mitglieder der Gerichte, bei welchen sie zugelassen sind, in ein Verhältniß gesetzt werden, wie z. B. in Anhalt die Anwälte die Hälfte der den Mitgliedern der Kreisgerichte zustehenden Sätze erhalten. Bei den Beamten soll die Reiseentschädigung den durch den standesmäßigen Aufwand außerhalb des Wohnsitzes verursachten Mehrbedarf vergüten. Bei den Rechtsanwälten ist dagegen der Zeitaufwand mit zu berücksichtigen, welchen die Reise verursacht und welcher dem Anwalte die Gelegenheit zu einer anderweiten Ausnutzung seiner Zeit entzieht. Von diesen Gesichtspunkten ist bereits das preußische Gesetz vom 1. Mai 1875 (Ges.-Samml. S. 209) ausgegangen, indem es den Rechtsanwälten eine höhere Reiseentschädigung gewährt, als den Mitgliedern der Gerichte, bei welchen dieselben zugelassen sind. Den Sätzen dieses Gesetzes glaubte sich der Entwurf umsomehr anschließen zu sollen, als sie erst vor wenigen Jahren festgestellt sind, und die Beträge für Fuhrkosten auch mit den für die Reichsbeamten in §. 4 der Kaiserlichen Verordnung vom 21. Juni 1875 (R.-G.-Bl. S. 249) festgestellten im Wesentlichen übereinstimmen.

§§. 78, 80.

Die Grundsätze, daß die Fuhrkosten für die Hin- und Rückreise besonders zu berechnen sind, und daß jedes angefangene Kilometer für ein volles zu rechnen ist, sind bereits mehrfach in der Reichsgesetzgebung zum Ausdrucke gebracht K. vom 21. Juni 1875 §. 5, 7; Gebührenordnung für die Gerichtsvollzieher §. 17; Gebührenordnung für Zeugen und Sachverständige §. 7).

Der zweite Satz des §. 78 entspricht dem Grundsatze, daß Reisekosten, da sie Auslagen sind, nur soweit gefordert werden können, als die Reise wirklich stattgefunden hat. Bei Reisen, welche zur Ausführung der Aufträge mehrerer Auftraggeber gemacht sind, findet §. 3 entsprechende Anwendung. Ist die Reise nur nach einem und demselben Orte gemacht, so liegt eine Schwierigkeit nicht vor. Der Rechtsanwalt kann die Reisekosten nur einmal, und zwar von jedem seiner Auftraggeber fordern. Wie sich die Sache gestaltet, wenn der Rechtsanwalt auf einer Reise die Aufträge mehrerer Auftraggeber an verschiedenen Orten ausgeführt hat, wird sich am besten aus folgendem Beispiele ergeben.

Wenn ein im Berlin wohnhafter Rechtsanwalt, welcher im Auftrage des A eine Reise nach Potsdam, im Auftrage des B eine Reise nach Magdeburg und im Auftrage des C eine Reise nach Stendal zu machen hat, diese Reise in einer Rundtour Berlin, Potsdam, Magdeburg, Stendal, Berlin erledigt, so stehen ihm an Fuhrkosten zu:

für die Reise von Berlin nach Potsdam . . für 26,1 km
=   =   =   = Potsdam nach Magdeburg = 115,9 =
=   =   =   = Magdeburg nach Stendal = 58,73 =
=   =   =   = Stendal nach Berlin . . = 106 =

$$306,73 = 307 \text{ km}$$

demnach für 307 km zu 13 Pf. 39,91 M.; außerdem für jeden Ab- und Zugang 3 M., also 12 M., zusammen 51,91 M. Fuhrkosten. Hierzu treten Tagegelder mit 12 M. für jeden Tag, desgleichen 3 M. für jedes Nachtquartier.

Mehr als diesen Betrag kann er von seinen drei Auftraggebern zusammen nicht verlangen. Die Frage, wieviel er von jedem einzelnen verlangen kann, beantwortet sich nach §. 3 wie folgt: Er kann an Fuhrkosten beanspruchen:

1. von A:
für Hinreise . . . (26,1 oder) 27 km
= Rückreise . . . . . 27 =

54 km   7,02 M.
für zwei Ab- und Zugänge . . . . . 6,00 =

13,02 M.

2. von B:
für Hinreise . . . 26,1 + 115,9 km
zusammen . . . . . 142 =
= Rückreise . . . . . 142 =

284 km   36,92 M.
für zwei Ab- und Zugänge . . . . . 6,00 =

42,92 M.

3. von C.:

für Hinreise . . . . . . 106 km
„ Rückreise . . . . . . 106 =
                          ————————————
                          212 km   27,56 ℳ.

für zwei Ab- und Zugänge . . . . .   6,00 =
                                    ————————————
                                    33,56 ℳ.

außerdem von jedem Auftraggeber an Tagegeldern und für Nachtquartier so viel, als er zu fordern gehabt haben würde, wenn er die Reise für ihn allein gemacht hätte. Gesetzt, er hätte auf die ganze Reise 3 Tage und 2 Nächte zugebracht, und gesetzt ferner, er würde zu den Reisen für A. und C. nur je einen Tag, zu der für B. aber 2 Tage und eine Nacht gebraucht haben, so würde er für die ganze Reise im Ganzen

$$51,01 + 42,00 \; ℳ. = 93,01 \; ℳ.$$

zu fordern haben, und er würde

A. in Höhe von 25,00 ℳ.
B. = = = 69,02 =
C. = = = 45,56 =

in Anspruch nehmen können, jedoch mit der Maßgabe, daß, wenn z. B. B. 69,02 ℳ. gezahlt hätte, er von A. und C. zusammen nur noch den Rest von 23,99 ℳ. fordern könnte.

§. 79.

Die Vorschrift des Absatz 1 stimmt mit der Vorschrift des §. 6 der für die Reichsbeamten erlassenen Verordnung vom 21. Juni 1875 und dem §. 17 der Gebührenordnung für Gerichtsvollzieher überein. Es liegt kein Grund vor, von diesem in den Reichsgesetzen wiederholt angenommenen Grundsatze hier abzuweichen. Nach dem Tarife zum preußischen Gesetze vom 12. Mai 1851, Allgem. Bestimm. 3 B., erhält zwar der Rechtsanwalt, wenn er außerhalb seiner Wohnung und des Gerichtslokals Geschäfte besorgen muß, auch bei kleineren Entfernungen (die Grenze war früher ¼ Meile und ist jetzt nach dem Gesetze vom 1. Mai 1875 1½ Kilometer) außer seinen sonstigen Gebühren noch eine besondere Gebühr (pro via). Allein diese Vorschrift erscheint in ihrer Allgemeinheit und zwar namentlich in ihrer Anwendung auf kleinere Städte ungerechtfertigt, da von Auslagen bei Wegen, welche der Anwalt zu Fuß zurücklegt, der Regel nach nicht die Rede sein kann. Soweit wirkliche Auslagen in Frage stehen, trifft Absatz 2 Vorsorge. Endlich gewährt Absatz 3 die Möglichkeit, da, wo der Grundsatz des Absatz 1 zu Unzuträglichkeiten führen kann, insbesondere in großen Städten, diese Härten zu beseitigen.

§. 81

regelt einen Ausnahmefall, in welchem die Forderung von Reisekosten ausgeschlossen bezw. eingeschränkt sein soll. Die Vorschrift findet ihre Begründung darin, daß die Verlegung des Wohnsitzes lediglich von dem Willen des Rechtsanwalts abhängt und die Partei nicht einen Schaden erleiden soll, wenn der Rechtsanwalt nach übernommenem Auftrage größere Auslagen veranlaßt, als bei Uebertragung desselben vorhergesehen werden konnten. Eine anderweite Regulirung der Reisevergütung im Wege des Vertrags bleibt hier wie sonst den Betheiligten vorbehalten:

§. 82.

Nach §. 18 Absatz 3 der Rechtsanwaltsordnung kann die Landesjustiz-verwaltung einem bei einem Amtsgerichte zugelassenen Rechtsanwalte gestatten, an einem anderen Orte innerhalb seines Amtsgerichtsbezirks seinen Wohnsitz zu nehmen. Nach §. 107 a. a. O. sind ferner die zur Zeit des Inkrafttretens der Rechtsanwaltsordnung vorhandenen Rechtsanwälte, welche rechtzeitig ihre Zulassung bei dem Landgericht ihres Wohnsitzes beantragen, befugt, ihren bis-herigen Wohnsitz beizubehalten, also auch dann, wenn sich an diesem ein Gericht nicht befindet. Diese den Rechtsanwälten zugestandenen Vergünstigungen können dem rechtsuchenden Publikum nachtheilig werden. Deshalb soll die Landes-justizverwaltung bestimmen können, daß ein solcher Rechtsanwalt, der seinen Wohnsitz an einem Orte hat, an welchem sich kein Gericht befindet, Reisekosten nur insoweit erhalten soll, als er sie beanspruchen könnte, wenn er seinen Wohnsitz an dem Orte des Amtsgerichts genommen hätte, in dessen Bezirk er wohnt.

Sechster Abschnitt.

Einforderung von Gebühren und Auslagen.

§§. 83, 84.

Die Vorschriften über die Fälligkeit der Gebühren und die Verpflichtung der Partei zur Zahlung eines Gebührenvorschusses stehen im engsten Zusammen-hange mit einander, da die Vorschußzahlung der Sache nach nur eine Voraus-bezahlung ist. Während in einzelnen Gebührenordnungen (Bayern, Sachsen, Württemberg, Baden) die Frage des Vorschusses überhaupt nicht berührt ist, kann nach anderen Gebührenordnungen, welche auf dem Systeme der Vergütung der einzelnen Handlungen beruhen, der Rechtsanwalt, sei es sofort auf einmal oder in beliebigen Zwischenräumen vor Ausführung des ihm ertheilten Auftrags einen Vorschuß fordern, welcher den Gesammtbetrag der Gebühren deckt. (Braunschweig, Civilprozeßordnung vom 19. März 1850 §. 404; Advokaten-ordnung vom 19. März 1850 §. 8; Hannover, Ges. vom 8. November 1850 §. 56; Lübeck, Ges. vom 26. Oktober 1863 §. 41; Großherzogthum Sachsen, Ges. vom 29. Oktober 1840 §. 29; Oldenburg, Anwaltsordnung vom 28. Juni 1858 Art. 6 §. 2.) Bei dem Bauschsysteme, zu dessen Hauptvorzügen es gehört, daß das eigene Interesse des Anwalts, die schnelle Beendigung des Rechts-streits erheischt, ist aber der Zweifel berechtigt, ob dieses Interesse sich nicht er-heblich abschwächen müsse, wenn der Rechtsanwalt den ganzen zu erwartenden Gebührenbetrag im Vorschusse bereits vorweg erhält. Von dieser Erwägung aus-gehend bestimmt der §. 6 des preußischen Gesetzes vom 12. Mai 1851, daß es „dem zum Betrieb eines Prozesses bevollmächtigten Rechtsanwalt" gestattet ist, einen angemessenen Vorschuß zu fordern; daß dagegen der Anwalt, der nicht zum Prozeßbevollmächtigten bestellt ist, nur den ungefähren Betrag voraussichtlich zu machender baarer Auslagen als Vorschuß fordern darf. Die hier gemachte Unterscheidung ist indessen in keiner Weise gerechtfertigt, da jeder, auch der nur mit einer einzelnen Handlung beauftragte Rechtsanwalt ein berechtigtes Interesse hat, durch einen Vorschuß auch die ihm für seine Arbeit gebührende Vergütung in gewissen Grenzen gesichert zu sehen. Der Entwurf hat daher mit Weg-lassung dieser Unterscheidung den Grundsatz des §. 6 des preußischen Gesetzes generalifirt. Wie hoch der Vorschuß sein dürfe, läßt sich in dem Gesetze nicht bestimmen. Daß der Rechtsanwalt nicht verpflichtet sein kann, Auslagen aus eigenen Mitteln zu machen, versteht sich von selbst. Er kann daher verlangen, daß ihm die Auslagen vorschußweise gezahlt werden. Was die Gebühren anlangt, so würde ein Vorschuß, welcher den vermuthlichen Betrag derselben überstiege, niemals als ein angemessener erachtet werden können (Instr. des preuß. Justizministers v. 12. Sept. 1851 zu §. 6 des Ges. v. 12. Mai 1851). Welcher Betrag aber innerhalb dieser Grenze als angemessen sich darstellt, kann nur im einzelnen Falle beurtheilt werden. Es wird in der Regel keinem Bedenken unterliegen, wenn der Rechtsanwalt bei dem Beginne eines Rechtsstreits die Prozeßgebühr und die Verhandlungsgebühr, letztere, wenn eine Beendigung durch Versäumnißurtheil zu vermuthen ist, zur Hälfte, als Vorschuß beansprucht.

Es könnte zweifelhaft erscheinen, ob überhaupt eine den Rechtsanwalt in Betreff der Höhe des Vorschusses beschränkende Bestimmung angezeigt ist, weil der Rechtsanwalt zur Uebernahme eines Auftrages nicht verpflichtet ist und daher jede derartige Bestimmung leicht umgangen werden könnte. Allein von unmittelbar praktischer Bedeutung ist eine solche Vorschrift, weil der nach §. 33 der Rechtsanwaltsordnung beigeordnete Anwalt berechtigt ist, die Uebernahme davon abhängig zu machen, daß ihm ein nach den Vorschriften dieses Gesetzes zu bemessender Vorschuß gezahlt wird. Ein von dem Gericht einer armen Partei in bürgerlichen Rechtsstreitigkeiten als Vertreter oder einem Angeklagten als Vertheidiger bestellter Rechtsanwalt hat selbstredend keinen Anspruch auf Vorschußleistung.

§. 84.

Nach §. 93 des Gerichtskostengesetzes werden die Gebühren und Auslagen der Gerichte fällig, sobald das Verfahren oder die Instanz

durch unbedingte Entscheidung über die Kosten,

durch Vergleich,

oder Zurücknahme,

oder anderweite Erledigung

beendet ist. Der Entwurf hat nur die Fälligkeit der Anwaltsgebühren dem Auftraggeber gegenüber zu regeln. Diesem gegenüber sollen sie fällig werden:

1. bei Erledigung des Auftrags; wie sich von selbst versteht;
2. sobald über die Frage, wer die Kosten zu tragen hat, eine Entscheidung ergangen ist, sei es eine unbedingte oder bedingte. Denn auch eine bedingte Entscheidung genügt, weil dem Anwalte gegenüber die Person des Schuldners hier außer Frage steht;
3. bei Beendigung der „Instanz", dies Wort natürlich in dem oben zu §. ·25 entwickelten Sinne genommen.

Die Vorschrift des §. 697 der C.P.O., daß die Kosten der Zwangsvollstreckung also auch die betreffenden Anwaltsgebühren, zugleich mit dem zur Zwangsvollstreckung stehenden Anspruche beizutreiben sind, wird durch §. 84 nicht berührt.

Die Erhebung und Ablieferung von Geldern ist eine für sich abgeschlossene Thätigkeit, bei welcher die sofortige Entnahme der Gebühren bei der Ablieferung für beide Theile eine Erleichterung gewährt (vergl. §. 87). Auf Werthpapiere findet diese Vorschrift selbstredend keine Anwendung.

Was die Auslagen des Rechtsanwalts anlangt, so kann er dieselben sofort erstattet verlangen, soweit er sie nicht vorschußweise erhalten hat.

§. 85.

Das Verfahren über den Betrag der von dem Prozeßgegner zu erstattenden Anwaltsvergütung fällt unter die Bestimmungen der §§. 98, 99 der C.-P.-O. Dagegen enthält die Civilprozeßordnung keine Bestimmung über die Einforderung der Anwaltsgebühren von dem Auftraggeber und der Entwurf schreibt nur vor, daß der Anwalt seinem Auftraggeber spätestens mit der Einforderung der Gebühren eine von ihm unterschriebene Berechnung, mit Angabe des Werthes des Streitgegenstandes, soweit derselbe maßgebend, und der zur Anwendung kommenden Bestimmungen dieses Gesetzes mittheilen soll. Darüber, wie die Einziehung der Gebühren von dem Auftraggeber erfolgt, sagt der Entwurf nichts.

Eine Anzahl von Gebührenordnungen, namentlich solche, welche keine festen Gebührensätze, sondern einen Höchst- und Mindestbetrag enthalten, behandeln beide Fälle gleich und schreiben generell vor, daß auch der Einforderung der Gebühren von dem Auftraggeber eine richterliche Festsetzung vorangehen müsse und ohne eine solche der Auftraggeber zur Zahlung nicht verpflichtet sei (Hessen, Verordn. v. 28. Aug. 1810 Abschn. II §. 3; Mecklenburg-Schwerin, Verordn. v. 20. Juli 1840 Nr. 8, 9; Sachsen-Meiningen, Gesetz v. 19. Juli 1862 Art. 30 bis 32; Sachsen-Altenburg, Gesetz v. 22. Mai 1841 §§. 12, 16, 17; Reuß j. L., Verordn. v. 15. Dez. 1855 §. 11; Schwarzburg-Sondershausen, Taxordn. v. 26. Mai 1830 §. 9; Lippe, Gesetz v. 12. April 1859 §. 18). Nach anderen Gesetzgebungen erfolgt die Feststellung nur auf besonderen Antrag. Zu diesem Antrag ist entweder nur die Partei befugt, welche sich durch die ihr zugestellte Rechnung beschwert erachtet (Preußen, Gesetz v. 12. Mai 1851 §. 4; Waldeck, Gesetz v. 14. Juni 1850; Oldenburg, Gesetz v. 28. Juni 1858 Art. 44, 45; Reuß, ä. L., Verordn. v. 1. Februar 1853 §. 7), oder sowohl die Partei als der Anwalt, sei es ohne eine besondere Veranlassung, sei es, weil dieselben in Streit gerathen sind (Hannover, Gesetz v. 8. November 1850 §. 55; Baden, Anwaltsordnung von 1864 §. 11; Württemberg, Prozeßordnung von 1868 Art. 154; Königreich Sachsen, Advokatenordnung v. 3. Juni 1859 §. 23; Sachsen-Koburg-Gotha, Anwaltsordnung von 1862 Art. 20, 23, 31; Schwarzburg-Rudolstadt, Gesetz v. 5. Mai 1862 Art. 2; Gerichtsordnung des Ober-Appellationsgerichts zu Lübeck v. 13. Aug. 1831 §. 110). Nach dem Gesetze des Großherzogthums Sachsen vom 29. Oktober 1840 §§. 12 bis 14, 17 müssen die Gebühren der Rechtsanwälte in Kriminalsachen immer, und in Civilsachen, soweit es sich um Prozeßschriften und Abschriften derselben handelt, von Amtswegen festgesetzt werden, während die Festsetzung der übrigen Gebühren nur auf Antrag des Anwalts oder des Zahlungspflichtigen stattfindet. Die Kosten dieser gerichtlichen Festsetzung treffen entweder denjenigen, der sie beantragt, oder überhaupt den Zahlungspflichtigen, und ausnahmsweise den Rechtsanwalt dann, wenn er die Taxordnung erheblich überschritten hat. Die Beurtheilung, ob dies geschehen, wird entweder dem richterlichen Ermessen überlassen (sächs. Advokatenordnung vom 3. Juni 1859 §. 23), oder es wird eine Grenze ausdrücklich bezeichnet, so von Sachsen-Weimar der sechste Theil, von Oldenburg fünf Prozent; ist diese Grenze überschritten, so hat der Rechtsanwalt die Kosten zu tragen.

Der Entwurf geht davon aus, daß, wenn der Auftraggeber nicht gutwillig zahlt, der Rechtsanwalt im ordentlichen Verfahren zu klagen hat, und daß nur in diesem ein etwaiger Streit über die Höhe der Gebühren zum Austrage zu bringen ist. Für die richterliche Festsetzung der Gebühren im Wege eines außerordentlichen Verfahrens fehlt es an jedem Grunde, wenn, wie im Entwurfe, die Gebühren fest bestimmt sind, eine Pflicht des Rechtsanwalts zur Annahme angetragener Aufträge, als deren Korrelat in gewisser Beziehung die erleichterte Einziehung der Gebühren auf Grund eines richterlichen Festsetzungs= dekrets betrachtet werden kann, nicht besteht, und endlich auch die Anwälte im allgemeinen und darum auch ihre Gebührenrechnungen der Aufsicht der Gerichte nicht unterstehen. Vielmehr hat auch der Rechtsanwalt einen Anspruch, gegen= über den Einwendungen des Mandanten in den Formen des ordentlichen Ver= fahrens gehört zu werden. Und andererseits würde die sofortige Vollstreckbar= keit der Gebührenforderung des Rechtsanwalts auf Grund eines richterlichen Festsetzungsbeschlusses eine Privilegirung der Rechtsanwaltschaft enthalten, welche der durch die Rechtsanwaltsordnung geschaffenen Stellung derselben nicht ent= spricht.

Die nothwendige eigene Prüfung der Gebührenforderung durch die Partei erfordert die Mittheilung einer speziellen Berechnung. Doch glaubte der Ent= wurf sich dem §. 3 des preußischen Gesetzes vom 12. Mai 1851, welcher im Falle der Unterlassung eine Ordnungsstrafe von 1 bis 5 Thalern androht, nicht anschließen zu sollen; der Partei bleibt es überlassen, wegen unvollständi= ger Rechnungsaufstellung die Zahlung zu verweigern, oder sich über den Rechts= anwalt bei der zuständigen Aufsichtsbehörde zu beschweren.

Mit Rücksicht auf das Recht der Partei, Irrthümer nachträglich geltend zu machen, oder auch die Erstattung der Gebühren von einem Dritten zu ver= langen, soll nach Absatz 2 des §. 85 der Rechtsanwalt verpflichtet sein, die Berechnung auch nach erfolgter Zahlung mitzutheilen. Jedoch erlischt diese Pflicht, wenn der Rechtsanwalt das Material zur Aufstellung der Berechnung herausgegeben hat oder aufzubewahren nicht mehr verbunden ist. Letzteres tritt zufolge der Vorschrift in §. 32 der Rechtsanwaltsordnung mit Ablauf von fünf Jahren nach Beendigung des Auftrags und schon vor Beendigung dieses Zeit= raums ein, wenn der Auftraggeber zur Empfangnahme der Handakten auf= gefordert, sie nicht binnen sechs Monaten nach erhaltener Aufforderung in Empfang genommen hat.

Siebenter Abschnitt.
Schlußbestimmungen.

§. 86.

Ebenso wie die Zivilprozeßordnung §§. 160, 151 Vorschriften für die Be= stellung eines besonderen Zustellungsbevollmächtigten getroffen hat, und demnach ein Rechtsanwalt sowohl mit der Annahme einer Zustellung als auch mit der Besorgung einer solchen ausschließlich beauftragt werden kann, so mußte auch der vorliegende Entwurf eine Gebühr für diese Thätigkeit des Rechtsanwalts normiren. Der Rechtsanwalt hat nicht blos den Gerichtsvollzieher oder den Gerichtschreiber (C.=P.=O. §. 179) mit der Zustellung zu beauftragen, sondern auch seinen Auftraggeber von dem Ergebnisse der Ausführung zu benachrichtigen. Hiernach rechtfertigt sich die für diese Gesammtthätigkeit des Rechtsanwalts be= stimmte Gebühr von 50 Pf. — Vergl. Gerichtskostengesetz §. 40, Gebühren= ordnung für Gerichtsvollzieher §. 2. —

Auch in anderen Bundesstaaten wird für die in §. 86 normirte Thätigkeit eine feste Gebühr, wenngleich in verschiedener Höhe erhoben (Hannover, Ges. vom 8. November 1850 §. 41: 2½ Sgr.; Baden, Verordnung vom 20. November 1874 §. 16: 1 M. 50 Pf. bis 2 M.; Sachsen-Meiningen, Gesetz vom 19. Juli 1862 bezw. 16. März 1875, Taxe Nr. 44: 20 Pf. Nur in Württemberg (Verordnung vom 20. Januar 1869 §. 35) hat der Anwalt, welcher lediglich als Zustellungsbevollmächtigter aufgestellt ist, eine anderweit bemessene Gebühr, nämlich die Hälfte der für die arrha festgesetzten Beträge zu beanspruchen. Die feste Gebühr des Entwurfs empfiehlt sich aus der Erwägung, daß die hier vorliegende Thätigkeit des Anwalts in einer einzelnen, im wesentlichen immer gleichartigen Handlung besteht.

§. 87.

In der Mehrzahl der Bundesstaaten wird dem Rechtsanwalte für die Erhebung und Ablieferung von Geldern eine besondere Vergütung gewährt. Die Bemessung derselben erfolgt jedoch nach verschiedenen Grundsätzen. Am einfachsten geschieht sie in der Weise, daß ohne Rücksicht auf das Mißverhältniß zwischen der Steigerung der Arbeit und dem Steigen des Betrags nur Ein Satz aufgestellt wird, so in Lippe-Detmold und Schwarzburg-Sondershausen ½ Prozent, in Oldenburg ⅔ Prozent, in Reuß älterer Linie 5 Sgr. von jedem Hundert Thaler. In den übrigen Staaten werden mehrfache Abstufungen gemacht, einerseits nach der Höhe der Beträge (5 Abstufungen in Braunschweig; 4 in Sachsen-Altenburg, Reuß j. L., Waldeck; 3 in Preußen, Bayern, Württemberg; 2 im Königreich Sachsen und Großherzogthum Sachsen), andererseits nach dem Umstande, ob das Geld im Ganzen oder in einzelnen Beträgen erhoben bezw. verausgabt wird. In Sachsen und Württemberg wird die Gebühr von jedem besonders erhobenen Betrag auch besonders berechnet, in Sachsen-Meiningen wird die Gebühr auf das Doppelte erhöht (2 Prozent), wenn das Geld im einzelnen erhoben oder ausgezahlt wird; in anderen Staaten (Großherzogthum Sachsen, Schwarzburg-Rudolstadt) tritt diese Erhöhung nur dann ein, wenn das Geld in mehr als drei Posten vereinnahmt oder verausgabt ist. Besonders verwickelt ist die weimarische Berechnung. Zuweilen wird auch unterschieden, je nachdem die Vereinnahmung oder Verausgabung das Geld innerhalb oder außerhalb des Prozesses und in Anwesenheit des Klienten oder ohne diese stattfindet (Sachsen-Altenburg, Reuß j. L.). Ueberall gilt jedoch der Grundsatz, daß mit dem höhern Betrage die Gebühren verhältnißmäßig fallen.

Werthpapiere, Pretiosen und Urkunden werden in einzelnen Fällen noch ausdrücklich hervorgehoben, entweder so, daß für sie dieselben Gebühren, wie bei baarem Gelde berechnet werden (Oldenburg, für jede Urkunde jedoch stets 22½ Sgr.) oder daß diese Gebühren nur zur Hälfte in Ansatz kommen (Sachsen, Sachsen-Weimar). *)

---

*) Es werden erhoben in:

1. Preußen.

Gesetz vom 12. Mai 1851.

Tarif §. 20:

a) bei Beträgen bis zu 500 Thlr. von je 10 Thlr. . . . 3 Sgr.,
b) von dem Mehrbetrage bis 1 000 Thlr. von je 50 Thlr. . 7½ „
c) von dem Mehrbetrage von je 100 Thlr. . . . . . . 7½ „

Der Entwurf schließt sich dem Prinzip an, daß der Prozentsatz mit der steigenden Summe fällt.

---

2. Bayern.

Verordn. vom 21. Juni 1870 bezw. 22. August 1873 und 27. November 1875.

Art. 11.

a) bis zum Betrage von 1 000 *M.* . . . . 1 Prozent,
b) von da ab bis zu 4 000 *M.* . . . . ½ „
c) für jeden weiteren Betrag . . . . ¼ „

3. Königreich Sachsen.

Revid. Taxordnung vom 3. Juni 1859.

Nr. 45.

a) bei einem Betrage bis zu 500 Thlr. von je 10 Thlr. . . 1 Thlr. 5 Sgr
b) bei einem Mehrbetrage von je 1 0 Thlr. desselben. . . 3 „ — „

4. Württemberg.

Verordn. vom 29. Januar 1869.

§. 45.

a) bei Beträgen bis 1 000 *M.* von je 10 *M.* . . . . . 10 Pf.
b) von dem Mehrbetrage bis zu 2 000 *M.* von je 10 *M.* . 5 „
c) bei Mehrbeträgen über 2 000 *M.* von je 100 *M.* . . . 25 „

5. Braunschweig.

Zulage zu §. 402 C.-P.-O.

a) bis 24 Thlr. von jedem Thaler . . . . 1 Sgr.,
b) über 24 Thlr. bis 100 Thlr. im ganzen . . . . . . 1 Thlr.,
c) von 100 Thlr. bis 200 Thlr. . . . . 1 Prozent,
d) von 200 Thlr. bis 500 Thlr. . . . . ½ „
e) von über 500 Thlr. . . . . ¼ „

6. Sachsen-Weimar.

Gesetz vom 29. Oktober 1840 nebst Nachtrag vom 14. April 1868.

1. Wenn das Geld im ganzen oder doch in nicht mehr als drei
Posten eingenommen und ebenso wieder ausgezahlt oder abgeliefert wird,
    a) bei Summen bis zu 100 Thlr. . . . . 6 Pf. vom Thaler;
    b) bei größeren Summen ¾ Prozent, jedoch wenigstens . 1 Thlr. 15 Sgr.;
2. wenn das Geld zwar im ganzen oder doch in nicht mehr als
3 Posten eingenommen, dagegen in einzelnen, d. h. in mehr
als 3 Posten ausgezahlt wird, oder aber im umgekehrten Falle
    a) bei Summen bis zu 100 Thlr. . . . . 9 Pf. vom Thaler,
        jedoch nicht über 1 Thlr. 15 Sgr.;
    b) bei größeren Summen 1 Prozent, jedoch wenigstens . 1 Thlr. 15 Sgr.
3. wenn das Geld im einzelnen, nämlich in mehr als 3 Posten
eingenommen, auch so wieder ausgezahlt oder abgeliefert wird
    a) bei Summen bis zu 100 Thlr. . . . . 1 Sgr. vom Thaler,
        jedoch nicht über 2 Thlr.;
    b) bei größeren Summen 1½ Prozent, jedoch wenigstens . . 2 Thlr.

7. Sachsen-Altenburg und Reuß j. L.

Gesetz vom 22. Mai 1841. Verordn. vom 15. Dezember 1855.

1. Gelderhebung außer dem Prozeß:
    a) bloße Assistenz bei eigener Gelderhebung des
        Klienten nach Größe der Summe von . . . 10 Sgr. bis 1 Thlr. 12 Sgr.,
    b) erhebt aber der Advokat das Geld im Auftrage
        1. bis 100 Thlr. . . . . 10 Sgr. bis — Thlr. 21 Sgr.,
        2. bis 500 Thlr. . . . . 21 Sgr. bis 1 Thlr. 12 Sgr.,
        oder statt dessen von jedem Hundert 8 Sgr.,

Es erschien ferner angemessen, nach dem Vorgange Preußens und der übrigen Mehrzahl der Bundesstaaten die zu erhebende Gebühr in gewissen Abstufungen nach bestimmten festen Sätzen zu regeln. Die Gebühren sind bis zu 4 000 ℳ den bisher in Preußen festgesetzten annähernd gleich; darüber hinaus etwas höher.

Für Werthpapiere bewilligt der Entwurf die Hälfte der für Geld bestimmten Sätze, mit der Maßgabe jedoch, daß der Werth der Werthpapiere, also bei Papieren, welche einen Kurs haben, der letztere maßgebend ist.

Im Interesse der leichteren Berechnung und zur Vermeidung von Streitigkeiten mußte von den Unterscheidungen Abstand genommen werden, die in den einzelnen Taxordnungen mit Rücksicht auf die Zahl der zu erhebenden Posten, auf die Anwesenheit des Klienten, auf die Erhebung im Prozesse oder außerhalb desselben gemacht werden. Der Entwurf glaubte keine innere Berechtigung für diese Unterscheidung finden zu können, da in allen vorliegenden Fällen die Thätigkeit des Rechtsanwalts wesentlich dieselbe bleibt. Hervorzuheben ist endlich, daß der Entwurf den Akt der Erhebung und der Ablieferung zusammenfaßt und hierfür nur eine einzige Gebühr dem Rechtsanwalt bewilligt. Dadurch wird jedoch selbstredend nicht ausgeschlossen, daß der Rechtsanwalt, wenn er eine Summe in verschiedenen Theilen, z. B. von verschiedenen Personen erhoben, aber zusammen abgeliefert hat, oder wenn er einen gleichzeitig erhobenen Gesammtbetrag in verschiedenen Theilen, z. B. an verschiedene Personen abgeliefert hat, die Gebühr für jeden Theil besonders liquidirt.

§. 83.

Der Entwurf hat es nicht für angezeigt erachtet, eine feste Gebühr für die Ausarbeitung eines ausführlichen juristischen Gutachtens zu bestimmen. Der Versuch, die Gebühr nach dem Maßstabe der verwendeten Zeit zu bemessen, scheitert an der Unmöglichkeit, einen Durchschnittswerth der Zeit solcher Personen, welche mit der Erstattung von Rechtsgutachten betraut werden, zu bestimmen. Der Werth des Gegenstandes erscheint ebensowenig als geeigneter Maßstab in Fällen dieser Art. Es kommt wesentlich auf die Arbeit des Anwalts im einzelnen Falle, auf die dazu gemachten Vorarbeiten und Studien, auf die Art der Behandlung u. s. w. an. Es liegt ferner auch ein Interesse der Rechtsuchenden nicht vor, welches in solchen Fällen die Bestimmung einer festen Gebühr erheischte. Von einer Erstattung dieser Gebühr, einem Gegner gegenüber, kann der Natur der Sache nach nicht die Rede sein. Ueberdies sind die Fälle dieser Art so selten, daß es dem Auftraggeber, welcher ein solches Gutachten verlangt, überlassen bleiben kann, das Honorar zu vereinbaren, wenn

---

3. bis 1 500 Thlr.	1 Thlr. 12 Sgr. bis 2 Thlr. 18 Sgr.,	
oder statt dessen von jedem Hundert 5 Sgr.,		
4. darüber, von jedem Hundert	4 Sgr.	

II. Gelderhebung innerhalb des Prozesses:
   a) in Anwesenheit des Klienten:
      1. wenn rechtliche Verhandlungen vorkommen   21 Sgr. bis 1 Thlr.,
      2. ohne solche Verhandlungen . . . . . 16 Sgr. bis — Thlr. 21 Sgr.
   b) in Abwesenheit des Klienten:
      1. bis 300 Thlr. . . . . 21 Sgr. bis 1 Thlr.,
      2. bis 3 000 Thlr., von jedem Hundert . 8 Sgr.,
      3. darüber, von jedem Hundert . . . . 5 Sgr.

er im voraus wissen will, wie viel er zu zahlen haben wird. Der Entwurf bestimmt daher, daß der Rechtsanwalt eine angemessene Vergütung beanspruchen, seine Arbeit also zunächst selbst taxiren dürfe. Im Falle des Streites entscheidet der Richter nach Maßgabe des §. 94 (vergl. die Begründung desselben).

Wenn das Gesetz von „Ausarbeitung eines Gutachtens mit juristischer Begründung" spricht, so ist damit die Unterscheidung von einem schriftlichen Rath hinreichend klar ausgedrückt. Uebrigens würde aber auch der Prozeß- bevollmächtigte für ein derartiges Gutachten, welches er im Laufe des Prozesses auf Verlangen seines Vollmachtgebers ausarbeitet, eine besondere Gebühr nach §. 88 fordern können, da die Prozeßgebühr die Vergütung für eine solche aus- nahmsweise Arbeit zu gewähren nicht bestimmt ist.

§. 89.

Die zu belohnende Thätigkeit des Rechtsanwalts ist eine so mannigfache und so vielseitiger Komplikationen fähige, daß der Entwurf unmöglich alle ein- zelnen Fälle erschöpfen konnte. Es bedurfte vielmehr nach dem Vorgange des §. 31 des preußischen Gesetzes vom 12. Mai 1851 einer subsidiären Bestim- mung für den Fall, wenn dem Rechtsanwalt ein Geschäft übertragen wird, für welches in dem vorliegenden Gesetz eine Gebühr nicht bestimmt wird. Als Maß- stab für eine solche Gebührenfestsetzung kann nur die Zeit genommen werden, welche der Rechtsanwalt auf das übertragene Geschäft verwendet hat. Der Satz von 3 M. für die Stunde kann, wenn das Geschäft von längerer Dauer ge- wesen ist und mit Unterbrechungen daran gearbeitet worden, nicht für jede an- gefangene Stunde liquidirt, sondern es muß die Arbeitszeit zusammengerechnet und nur der dann sich ergebende Bruchtheil einer Stunde ist für voll in Ansatz zu bringen. Dies will im Anschluß an die in Preußen geltende Vorschrift — Min.-Instrukt. zu §. 31 des Ges. vom 12. September 1851 — der zweite Satz des §. 89 zum Ausdruck bringen.

§. 90

enthält eine Anwendung des in §. 89 getroffenen subsidiären Grundsatzes für die Fälle, in welchen ein Auftrag ertheilt, die Ausführung auch schon begonnen, aber nicht beendigt ist, weil sich der Auftrag selbst aus irgend welchen Gründen erledigt hat. Für einzelne Fälle dieser begonnenen aber unerledigt gebliebenen Thätigkeit des Rechtsanwalts hat der Entwurf selbst Vorsorge treffen können, so im §. 14 bezüglich der Prozeßgebühr. Diese Fälle gänzlich zu erschöpfen, war aber nicht thunlich. Es mußte daher im Hinblick auf die Bestimmung des §. 89 bestimmt werden, daß auch für die begonnene aber unerledigt ge- bliebene Ausführung eines Geschäftes dem Rechtsanwalt eine nach der verwen- deten Zeit berechnete Belohnung gewährt werde. Dieselbe hat jedoch die sich von selbst ergebende Begrenzung, daß die nach dem Zeitaufwande gemäß §. 89 bemessene Vergütung nicht den sonst normirten Gebührenbetrag überschreiten darf, welcher dem Rechtsanwalte zugestanden haben würde, falls er den Auftrag vollständig erledigt hätte.

§. 91

erklärt die Vorschriften des Gesetzes für anwendbar auf das schiedsrichterliche Verfahren und auf eine Anzahl von Fällen, in welchen das Verfahren zwar nicht durch die Prozeßordnungen, aber durch andere Reichsgesetze geregelt ist.

Zu Nr. 1. In Betreff des schiedsrichterlichen Verfahrens, auf welches die Vorschriften der §§. 851 bis 872 der C.-P.-O. Anwendung finden, könnte es

zweifelhaft erscheinen, ob das Verfahren vor dem ordentlichen Gerichte behufs
Vornahme richterlicher Handlungen, zu denen die Schiedsrichter nicht befugt
sind (C.-P.-O. §. 861) zum schiedsrichterlichen Verfahren zu rechnen oder als
ein besonderes Verfahren aufzufassen ist, für welches dem im schiedsrichterlichen
Verfahren zum Prozeßbevollmächtigten bestellten Rechtsanwalte besondere Gebühren zustehen (vgl. §. 20). Durch Abs. 2 wird der Zweifel im Sinne der
ersten Alternative entschieden. Der Entwurf legt nämlich das Hauptgewicht
auf den sachlichen Zusammenhang, neben welchem der Umstand, daß der Anwalt nicht mehr vor den Schiedsrichtern, sondern vor dem ordentlichen Gerichte
thätig wird, von untergeordneter Bedeutung erscheint.

Zu Nr. 2. Das Verfahren wegen Nichtigkeitserklärung oder Zurücknahme
eines Patentes — Patentgesetz vom 25. Mai 1877 §§. 27 ff. (R.-G.-Bl.
S. 507) Verordnung, betreffend das Berufungsverfahren beim Reichs-Oberhandelsgericht in Patentsachen, vom 1. Mai 1878 (R.-G.-Bl. S. 90) — ist,
obwohl es nicht auf dem Grundsatze der Mündlichkeit beruht, doch ein förmliches kontradiktorisches, welches sich an das Verfahren der Civilprozeßordnung
anlehnt — §§. 29 a. a. O. —. Die Thätigkeit der Rechtsanwälte in diesen
Patentsachen wird sich daher nicht wesentlich von dem Betrieb anderer bürgerlicher Rechtsstreitigkeiten unterscheiden, und es rechtfertigt sich daher, ihnen
auch in diesen Fällen die Gebühren des zweiten Abschnitts dieses Entwurfs zuzubilligen.

Das Verfahren in den Fällen der Nr. 3, 4, 5 betrifft Untersuchungen,
deren Gegenstand theils die Bestrafung von Disziplinarvergehen (Nr. 3, 4),
theils die Feststellung eines Thatbestandes ist, welche die Grundlage eines weiteren
gerichtlichen Strafverfahrens bilden kann (Nr. 5). Das Verfahren ist dem für
Straffachen vorgeschriebenen ähnlich. In allen diesen Fällen kann die Thätigkeit eines Rechtsanwalts erforderlich werden, indem sowohl der beschuldigte
Reichsbeamte im Disziplinarverfahren (Reichsbeamtengesetz vom 31. März 1873
§§. 101, 102), als auch der beschuldigte Rechtsanwalt im ehrengerichtlichen Verfahren
(Rechtsanwaltsordnung §. 66), sich eines Rechtsanwalts als Vertheidigers oder
Vertreters, endlich der Schiffer oder Steuermann im Verfahren vor dem See-
amt, bezw. Ober-Seeamt (Ges. vom 27. Juli 1877, betreffend die Untersuchung
von Seeunfällen §§. 22, 30) sich eines Rechtsanwalts als Beistandes bedienen
kann. Es erscheint deshalb angemessen, die in diesen Fällen stattfindende Thätigkeit des Rechtsanwalts nach den Bestimmungen des vierten Abschnitts des
Entwurfs zu vergüten. Da die Gebührensätze im Strafverfahren sich nach der
Ordnung des Gerichts, welches in erster Instanz mit der Sache befaßt war
(§§ 62, 65, 67), abstufen, so bedurfte es hier noch der Bestimmung der
Stufe; die Wahl der mittleren wird keiner Rechtfertigung bedürfen.

§. 92.

Wie bereits bei §. 1 bemerkt wurde, sind wegen des Nebeneinanderbestehens
von Reichs- und Landesrecht bezüglich der Anwaltsgebühren Fälle denkbar, in
welchen für ein dem Anwalt aufgetragenes Geschäft ein Anspruch auf Vergütung
sowohl nach Reichsrecht als auch nach Landesrecht begründet werden kann.
§. 91 schließt zunächst eine doppelte Vergütung derselben Thätigkeit aus. Dabei
ist es eine Frage thatsächlicher Natur, ob bei Anwendung beider Vorschriften
dieselbe Thätigkeit zweifach vergütet erscheinen würde. Insofern diese Frage im

einzelnen Falle zu verneinen ist, steht der Anwendung beider Vorschriften nichts im Wege. Denn in einem solchen Falle liegt nur scheinbar Eine Thätigkeit vor, die Leistung des Anwalts sondert sich vielmehr nach Ziel und Gegenstand in zwei Leistungen. Das tritt klar hervor, wenn der Anwalt denselben Anspruch im reichsgesetzlichen und im landesgesetzlichen Verfahren geltend macht. Offenbar ist hier das Honorar für jedes Verfahren besonders zu berechnen; der zufällige Umstand, daß die Information für das eine Verfahren auch im anderen dem Anwalte zu gute kommt, ist ebenso einflußlos, wie wenn der Anwalt eine für einen Auftraggeber eingezogene Information in einem anderen Rechtsstreite desselben oder in dem Rechtsstreite eines anderen Auftraggebers verwerthen kann. Ganz gleich liegt der Fall, wenn der Anwalt vorbereitende Schritte für das eine wie für das andere Verfahren gethan hat. Auch bei Ertheilung eines Raths oder Gutachtens wird zu unterscheiden sein, ob dem Gegenstande nach, nicht blos in der äußeren Erscheinung, zwei Leistungen oder nur Eine vorliegen. Die Frage z. B., ob in einem gegebenen Falle der Weg der Klage im Civilprozeß einzuschlagen sei, kann von der Frage, ob im Verwaltungsstreitverfahren vorzugehen sei, in der Prüfung und Erörterung je nach den verschiedenen in Betracht kommenden Gesichtspunkten vollständig getrennt gehalten werden, so daß in einem solchen Falle bei Bestimmung des Honorars die Anwendung der reichsrechtlichen und der landesrechtlichen Vorschriften nach Maßgabe der bezeichneten Trennung keinem gegründeten Bedenken unterliegen wird, wobei auf den rein äußerlichen Umstand, ob die Ergebnisse der Erörterungen in Einem Gutachten zusammengefaßt werden, ein entscheidendes Gewicht nicht gelegt werden darf.

Das vorbezeichnete Verhältniß zeigt sich am klarsten, wenn das Gutachten des Rechtsanwalts sich darüber verbreitet, daß weder der Weg des Civilprozesses noch der des Verwaltungsstreitverfahrens einzuschlagen sei.

Anders liegt die Sache, wenn der Rath des Anwalts nur darüber verlangt würde, welcher von zwei an sich offen stehenden Wegen vorzuziehen sei. Die Thätigkeit des Anwalts betrifft dann nur eine ihm vorgelegte Frage, und eine Sonderung der Thätigkeit, je nachdem Reichsrecht oder Landesrecht in Betracht kommt, ist unausführbar.

Wenn bei dem Zusammentreffen von Vorschriften des Reichsrechts und des Landesrechts nach Lage des Falles nur die einen oder anderen angewendet werden dürfen, so entspricht es zweifellos den Gründen der Billigkeit, dem Rechtsanwalt einen Anspruch auf Vergütung nach den ihm günstigeren Bestimmungen zu gewähren. Das Interesse des Auftraggebers erscheint, da jede der beiden Gebührenvorschriften an sich anwendbar sein würde, vollständig gewahrt, wenn die kumulirte Anwendung ausgeschlossen wird.

§. 93.

Der Grundsatz, welcher in Abs. 1 des §. 93 seinen Ausdruck gefunden hat, ist bereits in der Einleitung erörtert. Hervorzuheben ist nur, daß der Betrag der Vergütung sich aus dem Vertrage ergeben muß. Nothwendig ist jedoch nicht, daß der Betrag im Vertrage selbst ziffermäßig zum Ausdrucke gebracht sei; er kann beispielsweise auch auf einen Prozentsatz oder auf eine bestimmte Summe über den Betrag der gesetzlichen Gebühren vereinbart werden. Dagegen kann die Festsetzung der Vergütung dem Ermessen eines Dritten nicht überlassen werden. Eine derartige Vereinbarung würde nicht ausschließen, daß die im Gesetze bestimmten Beträge maßgebend bleiben. Bezüglich der Zeit des Vertragsschlusses enthält sich das Gesetz jeder Bestimmung. Derselbe kann nicht blos bei Annahme des Mandats, sondern auch jederzeit nachher erfolgen.

Es handelt sich ferner darum, die Schranken der Vertragsfreiheit zu bestimmen, bezw. Schutzmittel gegen den Mißbrauch derselben zu geben. Eine Beschränkung in dem Gegenstande des Vertrags durch Ausschluß des palmarium und der quota litis erscheint praktisch ohne Werth, weil sie leicht zu umgehen ist. Dagegen empfiehlt sich im Anschluß an die Vorgänge in Hannover und Braunschweig als Schutzmittel die Schriftform, denn es liegt in der Natur der Sache, daß die Parteien in ihrem Wunsch zu ihrem Recht zu gelangen, leicht dem Anwalt gegenüber zu unüberlegten Versprechungen geneigt sind, wogegen die Nothwendigkeit der schriftlichen Abfassung zu ernsterer Ueberlegung veranlaßt. Dieses Schutzes bedarf es aber nur für die Partei, dagegen nicht für den Anwalt, den schon die mündliche Zusage binden muß. Der Vorbehalt einer Genehmigung des Vertrags durch eine Gerichtsbehörde oder durch den Vorstand der Anwaltskammer, wie dies in einigen Gesetzgebungen angeordnet ist, erscheint mit dem Recht der Ablehnung der angetragenen Aufträge nicht vereinbar.

Was den dritten Absatz des §. 93 anlangt, so wird selbst von den Anhängern der unbeschränkten Vertragsfreiheit anerkannt, daß dem Gegner gegenüber eine gesetzliche Norm bei der Erstattung Platz greifen muß. — Vergl. Verhandlungen des vierten deutschen Anwaltstages S. 29 ff. —

Der erstattungspflichtige Gegner darf nicht von dem Belieben des anderen Theils abhängen, sondern muß gegen die Folgen der vertragsmäßigen Festsetzung höherer Gebühren, als sie in diesem Gesetze bestimmt sind, gesichert werden. Dasselbe gilt in Strafsachen rücksichtlich der Staatskasse, sofern es sich um den Ersatz der Kosten für die nothwendige Vertheidigung eines freigesprochenen oder außer Verfolgung gesetzten Angeschuldigten handelt (Str.-Pr.-O. §. 499).

Auch wenn die Gebühren durch Vertrag festgesetzt sind, kann für den Auftraggeber eine Berechnung der aus dem Gesetz sich ergebenden Vergütung (Gebühren und Auslagen) von Werth sein; namentlich dann, wenn er die Erstattung der gesetzlichen Vergütung von einem anderen zu fordern berechtigt ist. Die Vorschrift des Abs. 4 giebt ihm das Recht, diese Berechnung zu verlangen.

§. 94.

So wenig es sich empfiehlt, die Vertragsfreiheit bei Bestimmung der Anwaltsvergütung durch den Vorbehalt einer Genehmigung seitens einer Behörde oder des Vorstandes der Anwaltskammer einzuschränken, so sehr erscheint es im Hinblick auf die, wenn auch voraussichtlich seltenen, doch immerhin denkbaren Fälle, daß die Geltendmachung des vertragsmäßigen Anspruchs zu unstatthafter Härte führen kann, gerechtfertigt, unter gewissen Umständen die Anfechtung des Vertrags, nach dem Vorgange des französischen Rechts und besonders des hannoverschen Gesetzes zuzulassen. Die Grundlage der Anfechtung wird jedoch, wie bereits erwähnt, einerseits nicht erst in einer solchen Steigerung der Gebühren gefunden werden können, welche ein disziplinares Einschreiten gegen den Anwalt rechtfertigt, noch auch überall schon in einer den Umständen nicht entsprechenden Höhe der Vergütung enthalten sein.

Für die Frage, ob eine Ueberschreitung billiger Grenzen stattgefunden hat, ist die Sachlage, wie sie zur Zeit des Vertrags bekannt war, maßgebend; später erst eingetretene oder bekannt gewordene Umstände, welche eine Vereinfachung des Geschäfts zur Folge haben, müssen außer Betracht bleiben, selbst wenn erhellt, daß sie nicht durch eine besondere Thätigkeit oder Geschicklichkeit des Anwalts herbeigeführt sind.

Das entscheidende Urtheil über diese Voraussetzung der Anfechtung ist nach dem Vorgange des hannoverschen Gesetzes und im Anschluß an die Rechtsanwaltsordnung dem für die Disziplin über den Rechtsanwalt nach §. 49 Nr. 1 der Rechtsanwaltsordnung zuständigen Vorstande der Anwaltskammer übertragen, welcher nach §. 49 Nr. 4 der Rechtsanwaltsordnung zur Erstattung von Gutachten an die Gerichte verpflichtet ist. Lautet das Gutachten dahin, daß die Grenzen der Mäßigung nicht überschritten seien, so ist das Gericht daran gebunden; im entgegengesetzten Falle kann es die Gebühren nach seinem Ermessen herabsetzen, jedoch mit der Maßgabe, daß es dabei selbstredend an die durch den gesetzlichen Gebührenbetrag bestimmte Grenze gebunden ist.

Es bedarf keiner besonderen Begründung, daß diese Grundsätze entsprechende Anwendung auch dann zu finden haben, wenn der Rechtsanwalt, welcher die Vergütung für ein von ihm erfordertes Gutachten (§. 88) selbst zu tariren befugt war, bei der Aufstellung dieser Taxe die Grenzen der Mäßigung überschritten hat.

Verzeichniß

der

Anlagen zu den Motiven des Entwurfs einer Gebührenordnung für Rechtsanwälte.

———

————

Gesetzliche Taxe und Vertragsfreiheit.

Geschichtliche Entwickelung.

Die Aufstellung von gesetzlichen Taxordnungen für Advokaten und Anwälte erfolgte in Deutschland erst in Verbindung mit den partikularrechtlichen Prozeßreformen des vorigen Jahrhunderts.

Im römischen Reiche wirkte die Auffassung, daß die Advokatur eine Ehrenpflicht sei, noch so lange fort, daß erst unter Nero der Klient zur Zahlung eines Honorars ohne besondere Zusage verpflichtet und dieses von dem Richter unter Berücksichtigung der Dauer des Prozesses, der Tüchtigkeit des Advokaten und des Gerichtsgebrauchs festgesetzt warde. — Sueton, Nero c. 17; L. 1 §. 10, L. 4 D. de extraordinariis cognitionibus 50, 13. L. 13 §. 9, C. de judiciis 3, 1; Wetzell, System des ordentlichen Civilprozesses 3. Aufl. S. 65. —

Dieser Grundsatz ist mit der Rezeption des römischen Rechts in alle jene Länder übergegangen, welche das Corp. juris als Gesetzbuch anerkannten, und er findet sich daher auch in Frankreich zur Zeit des ancien régime. — Vgl. Dalloz, Répertoire de la jurisprud. générale s. v. avocat No. 243 bis 245. —

In Deutschland bildete sich zur Zeit des gemeinrechtlichen Prozesses die Praxis dahin, daß der Advokat dem Gericht eine Rechnung der von ihm selbst taxirten Handlungen einreichte und dieses Ansätze, welche es zu hoch fand, ermäßigte. — K.-G.-O. Th. 1 Tit. 46 §. 1 und 2; R.-O.-A. 1557 §. 50; vergl. Beyer, Vorträge über den gemeinen deutschen Civilprozeß, 10. Aufl. S. 309 ff.; Renaud, Lehrbuch des gemeinen deutschen Civilprozeßrechts, 2. Aufl. S. 161; Wetzell, System des ordentl. Civilprozesses, 3. Aufl. S. 66. —

Dieselben Grundsätze gelten noch heut in England bezüglich der attorneys und sollicitors (Anwälte), deren Kostenrechnungen erst von den Gerichtsbeamten (taxing master) geprüft werden, um ungeeignete Ansätze (improper charges) zu verhindern. — 6 und 7 Viel. c. 73 Art. 37 bis 44; 33 u. 34. Vict. c. 28; vergt. Gneist, Engl. Verwaltungsrecht 1867 Bd. 2 S. 1248 ff.; Gundermann, Richteramt und Advokatur in England in Vergleichung kontinentaler Zustände 1869 S. 41; Archibald Brown, new law dictionnary s. v. attorney und taxing costs. —

Die Klagen jedoch, welche bereits im 17. Jahrhundert über die Advokaten geführt wurden und noch im 18. Jahrhundert andauerten, lenkten die Aufmerksamkeit der Gesetzgeber auf die Regelung des Gebührenwesens. Die preußische

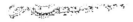
Allgemeine Gerichtsordnung vom 6. Juli 1793 stellte deshalb neben einer Sporteltaxe für die Gerichte auch eine solche für die Justizkommissarien auf und bestimmte in III., VII. §. 116:

> Die Gebühren, welche die Justizkommissarien als Bevollmächtigte oder Rechtsbeystände der Parteyen — erhalten sollen, sind in der ihnen vorgeschriebenen Sporteltaxe festgesetzt.
>
> Nach diesen müssen sich dieselben schlechterdings richten und unter keinerley Vorwande, bey Strafe zehnfachen Ersatzes oder im Wiederholungsfall, bey Vermeidung der Kassation den Parteyen ein mehreres abfordern.

Wie in Preußen, so sind auch in den meisten anderen deutschen Bundesstaaten Taxordnungen für die Anwälte aufgestellt worden. Einzelne Staaten übernahmen mit dem französischen Prozesse gleichzeitig die Unterscheidung von Advokatur und Anwaltschaft und das für die letztere geltende Gebührendekret vom 16. Februar 1807. Nach dem letzteren ist zwar auch für das Plaidoyer der Advokaten in den Art. 80 und 82 ein Honorar durch den Tarif fixirt, allein der taxmäßig festgestellte Betrag gilt nach einer unbezweifelten Praxis nur für das Verhältniß zu dem unterliegenden Gegner, welcher nur zur Erstattung dieser Summe verpflichtet ist. Seinem Klienten gegenüber ist der Advokat an keine Taxe gebunden und nur in Bezug auf den Abschluß von Honorarverträgen, wie unten näher gezeigt werden wird, in gewisser Hinsicht beschränkt. Für die Anwälte dagegen hat der durch das Gebührendekret festgesetzte Tarif eine absolute Geltung, dergestalt, daß ihnen eine Abweichung von demselben bei disziplinarer oder gar krimineller Ahndung untersagt ist.

In anderen Staaten tritt mit den Reformen des Civilprozesses sowie des Strafverfahrens auch eine Abänderung der Anwaltsgebührenordnungen ein, so z. B. in Preußen durch das Gesetz vom 12. Mai 1851. Gegenwärtig haben sämmtliche deutsche Bundesstaaten Taxordnungen für Anwälte, mit Ausnahme für Sachsen-Koburg-Gotha, woselbst der Anwalt nach der Anwaltsordnung vom 2. Juni 1868 an eine Taxe nicht gebunden ist, sondern selbst den Betrag seiner Gebühren, vorbehaltlich richterlicher Entscheidung, festsetzen kann.

Von den außerhalb des Deutschen Reichs geltenden Gesetzgebungen wird es für den vorliegenden Zweck genügen, das Gebührenwesen der Anwälte in England und in Oesterreich hervorzuheben.

In England herrscht unter dem Advokatenstande (barristers) in Bezug auf das Honorar eine peinliche Empfindlichkeit. „Es ist nicht nur gegen die Etiquette, sondern, ich bin glücklich zu sagen, gegen die allgemeine Praxis der Barre, jemals Notiz zu nehmen oder zu sprechen von dem Honorare"; (Sir J. Jarvis, Rep. on Salaries 1854 p. 276, bei Gneist a. a. O. S. 1244). Das Honorar kann daher von dem Advokaten nicht als eine Forderung bei einem Gerichtshof eingeklagt werden, vielmehr wird dasselbe immer von den attorneys festgestellt und auf der Rückseite des Auftragschreibens (brief) aber der Papiere angegeben, welche der barrister zu seiner Information erhält. Andererseits kann aber der barrister es auch ablehnen, einen Auftrag von einem attorney anzunehmen, wenn ihm nicht sofort das Honorar bezahlt wird. — Vergl. Gneist a. a. O. S. 1244 ff.; Gundermann a. a. O. S. 43 ff. —

In Oesterreich endlich bestimmt die durch Gesetz vom 6. Juli 1868 eingeführte Advokatenordnung

„§. 16: Der Advokat ist jederzeit berechtigt, sich eine bestimmte Belohnung zu bedingen; er ist jedoch nicht berechtigt, eine ihm anvertraute Sache ganz oder theilweise an sich zu lösen.

Er ist in allen jenen Fällen, in welchen die Partei kraft des Gesetzes durch einen Advokaten nicht vertreten werden muß, auch nicht verpflichtet, eine Vertretung unentgeltlich zu besorgen . . ."

„§. 17: Bei dem Abgange eines Uebereinkommens soll in Civilstreitigkeiten das Maß der Entlohnung für den Zeitaufwand und für die Mühewaltung des Advokaten, soweit es möglich, durch einen Tarif geregelt werden . . ."

Der Umstand nun, ob in einem Staat eine gesetzliche Gebührenordnung für Anwälte besteht oder nicht, ist für die Frage über die Zulassung von Verträgen zwischen Anwalt und Klient von erheblicher Bedeutung gewesen. Wo eine gesetzliche Taxordnung nicht vorhanden war, mußte folgeweise der Anwalt im allgemeinen berechtigt sein, statt selbst einseitig die Gebühren festzusetzen und die gerichtliche Genehmigung einzuholen, mit der Partei einen Vertrag abzuschließen. Nur gewisse Verträge wurden als gegen die guten Sitten verstoßend von dieser allgemeinen Befugniß ausgenommen. In den Staaten dagegen, welche eine gesetzliche Gebührenordnung aufgestellt haben, hat man vielfach aus Besorgniß vor Mißbräuchen den Abschluß von Verträgen über die Höhe der Gebühren theils überhaupt untersagt, theils mindestens eingeschränkt.

Um hier wieder von dem römischen Recht den Ausgangspunkt zu nehmen, so ging dieses davon aus, daß nach beendigtem Rechtsstreit, da der Advokat seinem Klienten alsbann weder nützen noch schaden könnte, der letztere in keiner Weise gehindert sein sollte, eine Liberalität, wie sie ihm gegen jeden Dritten gestattet ist, auch gegen seinen früheren Rechtsbeistand zu üben. Ein Vertrag war zulässig, soweit er das auf 100 aurei (Dukaten) festgesetzte Maximum nicht überschritt. Man glaubte jedoch, weil, während der Prozeß noch schwebte (lite suspensa), leidenschaftlich erregte Klienten ihrem Rechtsbeistande gegenüber leicht sich zu allzuweit gehenden Verheißungen und Versprechungen hinreißen lassen könnten, dagegen eine Kautel schaffen zu müssen, und es wurden benzufolge alle in diesem Stadium des Verfahrens zwischen Advokaten und Klienten geschlossenen Verträge als gegen die gute Sitte verstoßend, für unwirksam erklärt, gleichgültig, ob der Vertrag auf eine bestimmte Geldsumme oder einen Bruchtheil des künftigen Prozeßgewinnes (pactum de quota litis) gestellt, oder ob nur für den Fall des Sieges eine besondere Erkenntlichkeit (palmarium) versprochen wurde. — L. 1 §. 12 D. de extraordinariis cognitionibus 50, 13; L. 5 C. de postulando 2, 6. —

Abweichend von dieser Anschauung des römischen Rechts untersagte die Kammergerichtsordnung von 1555 Th. I. Tit. 46 §. 1 in strengerer Auffassung der vorerwähnten Vorschriften alle besonderen Abreden zwischen Advokaten, Prokuratoren und ihren Klienten überhaupt und ordnete die Rückgabe des über die richterliche Taxirung hinaus Empfangenen an. Dagegen gestattet schon der R. D. A. von 1557 §. 50 ohne Rücksicht auf den Zeitpunkt des Verfahrens den Abschluß billiger Verträge zwischen Advokaten und Klienten und nimmt nur gewisse Vereinbarungen aus: — „Viel weniger auch sollen sie (die Prokuratoren und Advokaten) andere pacta, de Quota litis, remuneratoria, oder sonst unziemliche, ungebührliche und beschwerende Conventiones machen, sondern sollen, wo sie sich sonst der Billichkeit nach mit der

Partheyen guten willen (doch ausserhalb der obbemeltanten verbotenen Pacta) nicht vergleichen könnten, mit der Richterlichen Tax, vermög der Ordnung, begnügen lassen, und wo solches von ihnen überschritten, so sollen dieselben Pacta Conventiones und Geding unkräftig seyn, die Partheyen nicht binden und dazu die Procuratores mit Entsetzung ihres Stands, oder sonst in andern Wege nach Gestalt und Gelegenheit ihrer Ueberfahrung gestrafft werden." Aus dieser Bestimmung entwickelte sich im gemeinen Recht die Streitfrage, ob mit Ausnahme der verbotenen Verträge die Belohnung in beliebiger Höhe versprochen werden könne — Wetzell, System des gemeinen Civilproz. 3. Aufl. S. 66, Note 50; Renaud, Lehrbuch des gem. deutsch. Civilprozeßrechts, 2. Aufl. S. 162 Anm. 23 — aber ob die Partei, wenn sie ihrem Advokaten zu viel versprochen zu haben glaube, auf richterliche Revision und Moderation der versprochenen Summe antragen dürfe — Heffter, Civilprozeß 1865 §. 171 zu Note 24; von Bayer, Vorträge über den deutsch. gem. Civilprozeß, 10. Aufl. S. 315.

Dieser Standpunkt des gemeinen Rechts findet sich noch heute in dem Rechte Württembergs. Dort ist gemäß §. 46 der Verordnung vom 29. Januar 1869 an dem bisherigen Rechte der Vertragsfreiheit nichts geändert; nur ist in dem Landrecht vom 1. Juni 1610 Th. 1. Tit. XVII. §. 16 den „Fürsprechen" verboten „bey Vermeydung ernstlicher in Rechten auffgesetzter Straff mit ihren Parteyen vmb ein Theil (pro quota litis) der Such aber des strittigen Guts, wenig oder vil ainich Pakt oder Geding" zu machen, diese vielmehr „krafftloß und ohnwürden" sein sollen. Ebenso ist in Sachsen seit der Verordnung vom 30. April 1873 (G.- und B.-Bl. S. 412 ff.) das pactum de palmario und quota litis, sowie die Verpflichtung des Klienten, seinem Advokaten etwa zu verwirkende Geldstrafen zu ersetzen, verboten. Die vorher bestandene Unzulässigkeit eines solchen Vertragsabschlusses ist aufgehoben. Auch in Braunschweig (C.-P.-O. vom 19. März 1850 §. 402), — hier jedoch bezüglich der Advokaten —, in Schwarzburg-Rudolstadt (Gesetz vom 25. März 1859 §. 9) und in Lippe-Detmold (Gesetz vom 12. April 1859 §. 13) sind Verträge über den Gegenstand des Rechtsstreits oder einen Theil desselben, welche vor Beginn des Verfahrens oder während desselben bis zur gänzlichen Beendigung der Sache geschlossen werden, verboten und nichtig. Strenger als die Vorschriften des gemeinen Rechts sind die Gesetzgebungen von

Baden (Anwaltsordnung vom 27. September 1864 §§. 11 und 14);

Altenburg (Gesetz vom 22. Mai 1841 §. 29);

Reuß älterer Linie (Verordnung vom 1. Februar 1853 §. 4);

Schwarzburg-Sondershausen (Taxordnung vom 26. Mai 1830 §. 13),

welche jede Art von Verträgen, nach welchen den Advokaten, sei es überhaupt, sei es bei glücklichem Ausgang des Rechtsstreits, eine höhere als die taxmäßige Gebühr gewährt werden, oder der Streitgegenstand ganz oder zum Theil zufallen soll, verbieten und für unverbindlich erklären. In Baden kann gemäß §. 14 a. a. O. auch wegen Vereinbarung geringerer Gebühren als der taxmäßigen disziplinarisch eingeschritten werden. Umgekehrt hat sich eine ganze Reihe von Bundesstaaten von den Beschränkungen, welche das gemeine Recht der Vertragsfreiheit auferlegt hat, gänzlich losgelöst. So hat Lübeck (Gesetz vom 26. Oktober 1863 §. 38) eine Advokatentaxe nur insofern aufgestellt, als es sich um Ersatz der Kosten durch den Gegner handelt, während für das Verhältniß zwischen Advokaten und der eigenen Partei zunächst die getroffene Ver-

abredung maßgebend sein soll und die gemeinrechtlichen Verbote des pactum de
quota litis und des palmarium ausdrücklich aufgehoben sind. Ebenso ist in
Sachsen-Koburg-Gotha in Folge der Anwaltsordnung vom 2. Juni 1862 eine
gesetzliche Taxe für die Gebühren der Rechtsanwälte nicht mehr vorhanden.
Art. 18 der gedachten Anwaltsordnung bestimmt:

> „Der Rechtsanwalt hat eine entsprechende Vergütung für seine
> Arbeiten und Bemühungen, sowie den Ersatz seiner für den Klienten
> aufgewendeten Verläge zu beanspruchen. Ueber seine Gebühren und
> Auslagen hat der Anwalt, sofern der Schuldner nicht darauf ver-
> zichtet — eine Rechnung aufzustellen.« Bei dieser Aufstellung ist
> derselbe an eine Gebührentaxe nicht gebunden.«

Streitigkeiten zwischen Anwalt und Partei entscheidet das Prozeßgericht,
gegen dessen Entscheidung binnen einer Nothfrist von zehn Tagen „eine Vorstellung" bei dem Appellationsgericht gemacht werden kann. — (Gesetz vom
2. Juni 1862 Art. 23—27).

Auch nach französischem Recht (Rheinpreußen, Rheinhessen, Elsaß-Lothringen)
sind die in dem Dekret vom 16. Februar 1807 Art. 80 ff. für die Plaidoyers
der Advokaten aufgestellten Gebühren nur hinsichtlich der Wiedererstattung vom
Gegner maßgebend — (vergl. Dalloz s. v. avocat Nr. 258 ff.), — von der
eigenen Partei kann der Advokat vor oder nach dem Prozeß die Belohnung in
beliebiger Höhe fordern. Sind hiernach auch Verabredungen zwischen dem Advokaten und seinem Klienten, vorbehaltlich der Festsetzung durch den Disziplinar-
rath auf Anrufen der benachtheiligten Partei, gültig, — Einige wollen freilich,
wie im röm. Recht, das pact. de quota litis für unzulässig erklären —, so
gilt es doch in der französischen Advokatur als der Standesehre nicht entsprechend, das versprochene Honorar gegen die Partei einzuklagen. — Allerdings umgeht man diese Schwierigkeit dadurch, daß der Anwalt dem Advokaten das Honorar entrichtet und es dann als verauslagt dem Klienten in
Rechnung stellt.

Zwischen diesen beiden Hauptgrundsätzen einer unbeschränkten Vertragsfreiheit und eines unbedingten Verbotes, die Taxe durch abändernde Verträge zu
überschreiten, sind von verschiedenen Bundesstaaten Vermittelungswege eingeschlagen worden. In denjenigen Staaten, in welchen eine Trennung der Advokatur von der Anwaltschaft vorhanden war, hat man den Anwälten eine
Abänderung der gesetzlichen Taxe durch besondere Verträge gänzlich untersagt. So ist es
im Gebiete des französischen Rechts durch Art. 151 des Dekrets vom 16. Februar
1807 allen ministeriellen Beamten, zu welchen auch die Anwälte gerechnet
werden, verboten, unter irgend welchem Vorwand oder Rechtstitel, andere als
die gesetzlichen Gebühren zu erheben. Art. 67 a. a. O. schärft dieses Verbot
noch besonders den Anwälten ein. In gleicher Weise sind in Braunschweig
(C.-P.-O. §. 402) Verträge über eine Taxe für gerichtliche Geschäfte über-
schreitende Vergütung zwischen Anwalt und Partei verboten und nichtig. Andererseits glaubte man in einigen Staaten in Angelegenheiten außerhalb des Prozesses
eine Beschränkung der Vertragsfreiheit nicht aufstellen zu sollen, weil in diesen die
Hülfe eines Rechtsbeistandes nicht nothwendig ist und sich die gegenseitigen Beziehungen zwischen einem solchen und seinem Klienten am geeignetsten durch freie
Vereinbarung regeln lassen. So kommt in Braunschweig (Anlage zu §. 402 C.-P.-O.)
und Lippe (Gesetz vom 12. April 1859 §. 13) bezüglich der nicht prozessualischen
Sachen die Taxe nur zur Anwendung, wenn die Parteien sich über das Honorar

nicht geeinigt haben; in Sachsen-Meiningen (Gesetz vom 19. Juli 1862 bezw. vom 16. März 1875) ist für vormundschaftliche Verwaltungen, für Verwaltungen in Konkurssachen, für schriftliche Gutachten, bei Reisen ins Ausland und dergleichen mehr freie Vereinbarung über die Vergütung besonders nachgelassen und auch in der sachsen-weimarischen Gebührentaxe (Gesetz vom 29. Oktober 1840 §. 3) ist für eine Reihe von Geschäften, besonders bei der Verwaltung von Vermögens-massen, eine freie Uebereinkunft ausdrücklich gestattet. In Preußen greift die Taxe, wenn dem Anwalt der Betrieb einer, mehrere nicht prozessualische Geschäfte bedingenden Angelegenheit oder eines ganzen Inbegriffs von Geschäften über-tragen ist (Nachlaßkuratel, Testamentsvollstreckung u. s. w.), nur im Mangel der Verabredung eines Honorars Platz (Gesetz vom 12. Mai 1851, Tarif §. 29). Auch ist es dem Rechtsanwalt erlaubt, bezüglich derjenigen Geschäfte, für welche gesetzliche Gebührensätze nicht festgestellt sind, ein Honorar mit seinem Klienten zu vereinbaren (§. 31 a. a. O.).

Was dagegen die Vertragsfreiheit in eigentlichen Prozeßangelegenheiten an-langt, so sind in den Gesetzgebungen, welche eine mittlere Linie einhalten, ver-schiedene Kautelen aufgestellt worden, bei deren Beobachtung der Abschluß von Verträgen über Gebühren zwischen Rechtsanwalt und Klient für zulässig erklärt wird. So wird in einzelnen Gesetzen verlangt, daß die von der Gebührentaxe abweichende Verabredung schriftlich abgefaßt werde (Hannover: Gesetz vom 8. November 1850, §. 52, Braunschweig: C.P.O. §. 402 zwischen Advo-katen und Klienten). In anderen Bundesstaaten bedarf es zur Klagbarkeit der-artiger Verträge einer ausdrücklichen, durch eine Behörde zu ertheilenden Ge-nehmigung, welche bald den Gerichten überhaupt (Schwarzburg-Rudolstadt, Gesetz vom 25. März 1869 §. 6), bald nur den Appellationsgerichten (Meiningen, Gesetz vom 19. Juli 1862 Art. 2), bald der Landesregierung (Weimar, Gesetz vom 29. Oktober 1840 §. 3) übertragen ist. In Preußen ist nach dem Gesetz vom 12. Mai 1851, Tarif §. 13 es dem Anwalt gestattet, wenn die Vor-bereitungen zur Einleitung eines Prozesses ganz außergewöhnliche Mühe, Arbeit und Zeit erfordern, sich dafür ein besonderes Honorar auszubedingen, sofern der darüber geschlossene Vertrag die Bestätigung des Ehrenraths desjenigen Bezirks erhält, in welchem der Rechtsanwalt seinen Amtssitz hat. Endlich hat man in Frankreich, wie in Hannover, um den aus der Vertragsfreiheit sich ergebenden Mißständen zu begegnen, ein Einschreiten der Disziplinarkammern ermöglicht. In Frankreich bestimmte nämlich bereits das Dekret vom 14. Dezember 1810 Art. 43:

> „Voulons que les avocats taxent eux-mêmes leurs hono-
> raires avec la discrétion qu'on doit attendre de leur ministère.
> Dans le cas où la taxation excéderait les bornes d'une juste
> modération, le conseil de discipline la réduira en égard à
> l'importance de la cause et à la nature du travail; il ordonnera
> la restitution, s'il y a lieu, même avec réprimande. En cas de
> réclamation contre la décision du conseil de discipline, on se
> pourvoira au tribunal."

Obwohl dieses Dekret durch Ordonnanz vom 20. November 1822 aufge-hoben worden ist, so wird es dennoch sowohl dort wie in Elsaß-Lothringen von der Praxis insoweit befolgt, als es eine Beschwerde der Partei an den Disziplinar-rath zuläßt; dagegen findet eine weitere Beschreitung des Rechtsweges nicht mehr statt (vergl. Dalloz s. v. avocat Nr. 261 ff.). Innerhalb des Deutschen Reichs hat jedoch das Dekret vom 14. Dezember 1810 in Rheinpreußen und in Rheinheffen, sowie außerhalb Deutschlands noch in Belgien gesetzliche Geltung. In Hannover kann auf Antrag der Partei der mit dem Advokaten geschlossene Vertrag, falls es sich ergiebt, daß die Vorschriften einer ehrenhaften Geschäftsführung bezw. die Grenzen der Mäßigung überschritten seien, für ungültig erklärt oder die vertragsmäßig bestimmten Gebühren von dem Gericht herabgesetzt werden. Der betreffende Ausspruch des Gerichts hat jedoch die Erklärung der Anwaltskammer, daß jene Voraussetzung vorliege, zur nothwendigen Bedingung.

Die bayerische Advokaten-Gebührenordnung vom 21. Juni 1870 beziehungsweise 22. August 1873 (vom 27. November 1875) läßt gemäß Artikel 1 die Vorschriften der Taxordnung nur eintreten, „soweit nicht ein in Mitte liegendes statthaftes Uebereinkommen Maß giebt," ohne jedoch die Grenzen der Statthaftigkeit näher zu bestimmen.

Uebersicht

des

bestehenden Rechtszustandes bezüglich der Anwaltsgebühren im Civilprozesse.

————

In allen Bundesstaaten, mit Ausnahme von Sachsen-Coburg-Gotha, bestehen *Einleitende Bemerkungen.* gesetzliche Vorschriften, welche die Gebühren der Rechtsanwälte in bürgerlichen Rechtsstreitigkeiten zu regeln bestimmt sind. Diese Vorschriften gehen von den verschiedensten Grundprinzipien aus, und, obwohl sie in einem gewissen Grade mit dem gerichtlichen Verfahren zusammenhängen und durch dasselbe bedingt sind, läßt sich doch nicht behaupten, daß in denjenigen Rechtsgebieten, deren Verfahren auf derselben Grundlage beruht, auch für die Honorirung der Anwälte gleiche oder auch nur verwandte Prinzipien gelten. Wo eine Uebereinstimmung der letzteren sich vorfindet, beruht dies theilweise darauf, daß ein Bundesstaat die bezügliche Gesetzgebung eines andern aufnahm oder als Vorbild benutzte.

So hat — beispielsweise — Reuß jüngerer Linie in die Verordnung vom 15. Dezember 1855, die Gebührentaxe für Gerichtsbehörden, Sachwalter und Notare betreffend (Ges.-Samml. Nr. 182 S. 453 bis 524), wörtlich die Taxordnung von Sachsen-Altenburg (Gesetz, die Gerichts-Sachwalter- und Notariatsgebühren betreffend, vom 22. Mai 1841, Ges.-Samml. S. 242 bis 314) aufgenommen; Lübeck hat sich in seinem Gesetze vom 26. Oktober 1863, die Gerichtsgebühren und die Gebühren der Advokaten betreffend (Samml. der lübeckschen Verordnungen und Bekanntmachungen Nr. 37), rücksichtlich der hier in Frage kommenden Gebühren eng an das oldenburgische Gesetz über die Gebühren in bürgerlichen Rechts- und in Straffachen vom 28. Juni 1858 (Ges.-Bl. S. 303 bis 341) angeschlossen. Eine ähnliche prinzipielle Uebereinstimmung findet sich zufolge der verfassungsmäßigen Kommunikation in den beiden mecklenburgischen Großherzogthümern. Was Preußen anlangt, so ist das für die älteren Provinzen mit Ausnahme des rheinischen Rechtsgebiets erlassene Gesetz, betreffend den Ansatz und die Erhebung der Gebühren der Rechtsanwälte vom 12. Mai 1851 (Ges.-Samml. S. 656), durch die Verordnungen vom 30. August 1867 (Ges.-Samml. S. 1369, 1385, 1399) mit geringen Abweichungen auf die Bezirke der Appellationsgerichte zu Kiel, Kassel und Wiesbaden, sowie durch das Gesetz vom 4. Dezember 1869 (Extra-Ausgabe S. 415 ff.) auf Lauenburg übertragen worden.

Gruppirung der bestehenden Gebührenordnungen.

**Gruppe I.
Einzelgebühren für alle Handlungen.**

**Gruppe II.
Einzelgebühren beschränkt auf die wichtigeren Handlungen.**

Bei der Vielzahl und Verschiedenartigkeit der in Deutschland geltenden Vorschriften über die Anwaltsgebühren ist es nahezu unmöglich, eine vollständig erschöpfende Gesammtdarlegung des geltenden Rechts zu geben; es kann nur versucht werden, die Grundzüge der in den einzelnen Bundesstaaten in Geltung befindlichen Gebührenordnungen darzustellen. Im Großen und Ganzen lassen sich dieselben übersichtlich in fünf Gruppen zusammenfassen.

I. In der ersten Gruppe gilt das Prinzip, daß jede einzelne Handlung des Anwalts zur Liquidation gelangt. Der Ansatz geschieht daher in einer minutiösen Weise, so daß beispielsweise für die Durchsicht von Akten die Gebühr je nach deren Stärke berechnet wird. (Bis zu 50 Blättern, von 50 bis 100 Blättern, von weiteren je 50 Blättern in Schwarzburg-Sondershausen, Ges. vom 26. Mai 1830, Taxordnung s. v. Akten — Samml. der vor 1837 publ. Gesetze u. Verordn. S. 334.) So werden auch im Beweisverfahren die Beweis- und Gegenbeweis-Artikel, sowie die Fragstücke einzeln in Anrechnung gebracht (Reuß jüng. L., Taxordnung vom 15. Dezember 1855 Nr. 486. Schwarzburg-Sondershausen, Taxordnung vom 26. Mai 1830 s v. „Fragestück" — Samml. S. 339 —). Es werden sogar einzelne Akte, welche nur in Verbindung mit anderen vorkommen können, gesondert berechnet, und meistentheils liegt es in der Hand des Anwalts, die Zahl der Akte nach seinem Belieben zu vergrößern. Es entsteht dadurch eine Ungleichheit und eine Unsicherheit, da einerseits gleiche Prozesse ungleiche Kosten verursachen können und andererseits es sich nicht übersehen läßt, wieviel Mandatariengebühren ein Rechtsstreit in Anspruch nehmen wird. Ein Mittel zur Vermeidung dieser Uebelstände hat man in der Aufstellung von Minimal- und Maximalgrenzen zu finden geglaubt, innerhalb deren der Richter im einzelnen Falle die Handlung taxirt.

Die Staaten bezw. Rechtsgebiete, welche zu dieser Gruppe gehören, sind: Sachsen, Sachsen-Altenburg, Reuß ältere und jüngere Linie, Schwarzburg-Sondershausen und Hamburg. Es treten noch hinzu die Gebiete des französischen Rechts: Rheinpreußen, Rheinhessen und Elsaß-Lothringen. Die Rheinpfalz ist seit der Geltung der bayerischen Verordnung vom 21. Juni 1870 bezw. 27. November 1875 aus dieser Gruppe geschieden.

II. Eine zweite Gruppe, zu welcher die preußische Provinz Hannover, die Großherzogthümer Hessen, Sachsen und beide Mecklenburg und die Fürstenthümer Schwarzburg-Rudolstadt und Schaumburg-Lippe gehören, geht bei der Berechnung der Anwaltsgebühren von der Auffassung aus, daß nicht alle einzelnen Handlungen des Anwalts, sondern nur die besonders wichtigen in Berechnung zu ziehen sind, dergestalt, daß für die minder erheblichen eine Taxirung überhaupt nicht besteht, sondern daß die Honorirung dieser bereits in dem Ansatze für jene als inbegriffen zu denken ist. Dieses System findet sich nicht bloß in Staaten, deren Rechtsverfahren ein rein schriftliches ist, wie es als das charakteristische Merkmal des gemeinrechtlichen Prozesses angesehen werden muß, sondern auch im Gebiete des hannoverschen Prozesses, welcher auf dem Grundsatze der Mündlichkeit beruht. In diesem Systeme werden namentlich die Termine und die Schriftsätze hervorgehoben und in verschiedene Klassen, je nach der Wichtigkeit ihres Inhalts, eingetheilt. Dazu treten noch Ansätze für Konferenzen, Rezesse u. dgl. m. Bei diesem Systeme werden sonach nur solche Arbeiten in Berechnung gebracht, welche gleichsam als das Knochengerüst eines jeden Prozesses bezeichnet werden müssen. Dabei war man auf mehrfache Weise bestrebt, der Verschiedenheit des Umfanges und der Wichtigkeit der Arbeiten gerecht zu werden.

So werden z. B. in den meisten der zu dieser Gruppe gehörenden Gebühren-ordnungen solche Termine geringer berechnet, in denen nicht zur Hauptsache, sondern nur über Nebenfragen verhandelt wird. In gleicher Weise werden Schriftsätze mit einer niedrigeren Taxe honorirt, wenn sie sich nicht auf die Hauptsache, sondern auf Inzidentpunkte, wie auf Arreste, Edition u. s. w. be-ziehen.

Eine Berücksichtigung des inneren Gehaltes des betreffenden Aktes wurde in der Weise erstrebt, daß man für die Beurtheilung des Werthes und der zu-zubilligenden Gebühr das richterliche Ermessen eintreten ließ. Dieses sollte einerseits eine etwaige Benachtheiligung des Anwalts verhindern, und dazu sollte ihm bei dem weiten Spielraume der Minimal- und Maximalgrenzen der Taxsätze die Möglichkeit geboten sein (Mecklenburg, Sachsen-Weimar, Schwarz-burg-Rudolstadt). Andererseits gewährte man, um der den Parteien drohenden Benachtheiligung vorzubeugen, dem Richter die Möglichkeit, eine zu lange Ver-schleppung der Sache durch Verhandlungstermine abzuschneiden (Hannover) und in den Schriftsätzen bei bloßen Wiederholungen und unnützen Weitläufigkeiten die Liquidation unter den aus der Bogenzahl sich ergebenden Betrag herabzu-setzen (Hessen, Mecklenburg, Sachsen-Weimar, Schwarzburg-Rudolstadt).

III. In engem Anschluß an die vorhergehende werden in der dritten Gruppe (Bayern, Württemberg, Oldenburg, Lübeck) zwar auch nur die wichti-geren Amtshandlungen des Anwalts zur Berechnung erhoben, unter diesen wird aber die mündliche Verhandlung ganz besonders ausgezeichnet und mit einer höheren Gebühr ausgestattet. Es ist selbstverständlich, daß dieses System nur in denjenigen Bundesstaaten zur Anwendung kommen kann, in welchen ein be-sonderer Nachdruck auf die Mündlichkeit des Verfahrens gelegt wird. Diesem Prinzipe liegt offenbar das Bestreben zu Grunde, im Anschluß an das münd-liche Verfahren gerade die in diesem besonders begründete Thätigkeit des An-walts in der Verhandlung entsprechend zu honoriren. Im Uebrigen gilt auch hier das in Betreff der zweiten Gruppe Bemerkte. Im Endergebnisse nähert sich die Gruppe dem Bauschgebührensystem. Man konnte sich also auch nicht die Folge des letzteren Systems verhehlen, daß die nach dem Durchschnitte be-messene Taxe im einzelnen Falle zu einem unbilligen Satze führe. Hiergegen ist eine Abhülfe in der Bestimmung versucht worden, daß in weitläufigen oder ver-wickelten und verdunkelten Sachen, wenn die taxmäßigen Gebühren als eine genügende Vergütung an Zeit und Arbeit nicht erscheinen, das Gericht dem An-walte auf seinen Antrag für die Information wie für die mündliche Hauptver-handlung eine höhere Gebühr bewilligen kann (Oldenburg, Ges. betr. die Ge-bühren in bürgerlichen Rechts- und in Strafsachen vom 28. Juni 1858 Art. 38 — G.-Bl. für das Herzogthum Oldenburg S. 317).

IV. Ein von den bisher erörterten Grundsätzen völlig abweichender Weg ist durch die Aufstellung des Bauschsystems eingeschlagen worden. Nach diesem, welches in Preußen mit Ausnahme des Appellationsgerichts-Bezirks Köln und der Provinz Hannover, ferner in Baden, Waldeck und Bremen in Geltung ist, werden, wie bei den Gerichtsgebühren, die Hauptmomente des Verfahrens in Ansatz gebracht und zwar in Gestalt fester Gebühren, deren Höhe sich nach dem Werthe des Streitgegenstandes abstuft. Diesem Systeme liegt einerseits die Absicht zu Grunde, den Parteien die Möglichkeit zu gewähren, schon im Voraus die Gebühren zu übersehen, welche dem Anwalte bei der Durchführung des Rechts-streits zu zahlen sind; andererseits will es auch den Schein der Willkür ver-

*Gruppe III.
Einzelgebühren mit vor-zugsweiser Berücksichtigung der mündlichen Verhandlung.*

*Gruppe IV.
Bauschgebühren.*

meiden, welcher immer der richterlichen Arbitrirung einzelner wichtiger oder minder bedeutender Akte, sei es innerhalb eines Minimum und Maximum, sei es ohne diese Grenzen, anhaftet; es will hierdurch von vornherein eine reiche Quelle von Beschwerden abschneiden. Nach dem Bauschsysteme wird entweder nur eine einzige Gebühr für jede Instanz von der Klage bis zum Ende des Verfahrens erhoben, so daß auch für die Information keine besondere Gebühr in Ansatz kommt, oder es wird ein Unterschied in den Gebührensätzen danach gemacht, ob Schriftsätze eingereicht sind, ob kontradiktorisch verhandelt worden ist und ob eine Beweisaufnahme stattgefunden hat. Die Berücksichtigung der Beweisaufnahme ist eine verschiedenartige. Nach dem preußischen Gesetze vom 12. Mai 1851 erhöhen sich die Gebühren, sobald eine Beweisaufnahme erfolgt ist, in der Regel um die Hälfte desjenigen Betrags, welcher für die Beendigung des Prozesses durch Kontumazialbescheid, Agnitionsresolut u. s. w. zum Ansatze kommt — Tarif §. 4 C, §. 3 C —, nur im Mandatsprozesse wird erfordert, daß die Beweisaufnahme außerhalb des Termins zur mündlichen Verhandlung stattgefunden hat — Tarif §. 2 D —.

Eine noch höhere Bedeutung legt das bremische Gesetz vom 24./27. Juni 1864 (nach dem Gesetz vom 29. Juni 1872) der Beweisaufnahme bei, indem es die Gebühren verdoppelt, wenn nicht bloß über Neben- und Inzidentpunkte, sondern zur Sache selbst ein Beweisinterlokut erlassen ist. Derselbe Grundsatz kommt aber auch dann zur Anwendung, wenn ein ferneres Beweisresolut erlassen wird, oder wenn mehrere Beweisauflagen des nämlichen Erkenntnisses nicht im gleichzeitigen Verfahren, sondern nur nacheinander erledigt werden können. Nach §. 7 der badischen Verordnung vom 8. Mai 1867 bezw. 20. November 1874 erhöht sich die Bauschgebühr um die Hälfte ihres Betrags, jedoch nur wenn ein wiederholtes Beweisverfahren deshalb stattfindet, weil eine bereits erfolgte Beweisauflage in derselben Instanz durch ein neues Beweiserkenntniß ergänzt oder abgeändert worden ist. Nur das waldecksche Gesetz vom 14. Juni 1850 über die Gebühren der Rechtsanwälte, welches in seinen Hauptgrundzügen dem preußischen System der Bauschgebühren gefolgt ist, läßt es ohne Einfluß, ob eine kontradiktorische Verhandlung mit oder ohne Beweisaufnahme durch Erkenntniß beendet ist. Vergl. die Bekanntmachung, die Berechnung der Gerichtskosten und Gebühren der Advokaten betreffend, vom 18. Mai 1851 — Reg.-Bl. S. 137 ff. —

Das Bauschsystem ist vorzugsweise von solchen Staaten angenommen, in welchen durch das Prinzip einer mehr oder weniger durchgeführten Mündlichkeit die Formen des Verfahrens loser geworden sind und in welchen auch die Gerichtsgebühren nach dem Bauschsystem berechnet werden.

Gruppe V.
Gemischtes System.

V. Endlich vertritt die letzte Gruppe noch ein gemischtes System, indem sie die Bauschgebühren nur für einzelne Prozeßarten aufgenommen hat, im Allgemeinen aber anderen Grundsätzen folgt.

Im Herzogthum Braunschweig, welches im übrigen dem Systeme der zweiten Gruppe folgt, werden den Advokaten und Anwälten in Sachen von 50 bis 200 Thlrn., welche im ordentlichen Verfahren vor den Kreisgerichten verhandelt werden, nach dem Gesetze vom 3./18. Dezember 1855 Bauschgebühren bewilligt. Auch Sachsen-Meiningen und Lippe haben für Bagatellsachen (bis 175 Gulden bezw. bis 50 Thaler) das Bauschsystem angenommen, während in diesen Staaten bei anderen Prozessen den Rechtsanwälten die wichtigeren Akte ihrer prozessualen Thätigkeit wie in der zweiten Gruppe vergütet werden. In Anhalt werden in der Regel alle einzelnen Handlungen des Rechtsanwalts zur Berechnung gezogen, so daß hauptsächlich das in der I. Gruppe auseinandergesetzte System zur Anwendung gebracht wird. Nur in Bagatellsachen (bis 50 Thlr.) soll ebenfalls nach decisio XXVIII, Gesetz vom 6. Februar 1869, das Bauschsystem gelten.

Wenn nun auch die Gesetzgebungen der deutschen Bundesstaaten sich, wie vorstehend angedeutet, gruppiren lassen, wenn bei einigen das System der Einzelgebühren in verschiedenen Formen, bei anderen das Bauschsystem als das fundamentale erscheint, so war es doch selbstredend nicht möglich, das fundamentale Prinzip überall bis in die äußersten Konsequenzen festzuhalten. Einerseits mußte auch bei dem Bauschsystem dafür Sorge getragen werden, daß, wenn die Thätigkeit des Anwalts nur in einzelnen Handlungen, wie z. B. Anfertigung eines Schriftsatzes, Vertretung in der mündlichen Verhandlung, Abhaltung von Konferenzen besteht, dafür eine entsprechende Vergütung bestimmt wurde (vergl. z. B. preuß. Ges. vom 12. Mai 1851 Tarif §§. 1, 2, 7, 12 — badische Verordn. vom 8. Mai 1867 bezw. 20. November 1874 §. 16 — waldeck'sches Ges. vom 14. Juni 1850, Tarif II Nr. 6, 9, III Nr. 1 bis 5). Umgekehrt haben andererseits die meisten Staaten, deren Gebührensystem rücksichtlich der Anwälte zu einer der drei ersten Gruppen gehört, namentlich in Verbindung mit der Einführung partieller Prozeßreformen eine Bauschgebühr geschaffen. Dies geschah offenbar in der Erwägung, daß "hiedurch zu einiger Ausgleichung des Verlustes beigetragen werde, den die Advokaten durch Entziehung des leichten Nebenverdienstes, z. B. durch Wegfall von Terminen, peremtorischen Fristen u. s. w,. in Folge neuerer Gesetze erleiden" (mecklemburgische Verordn. vom 20. Juli 1840 Nr. 5). Diese Bauschgebühr, welche bald als Arrha, bald als Informationsgebühr, als Salarium oder "pro cura instantiae" bezeichnet wird, besteht bald in einem festen Satze, welcher nach Werthklassen berechnet wird und mit diesem steigt (z. B. bayerische Verordn. vom 21. Juni 1870 Art. 19 — Just. Minist. Bl. S. 329 —, bezw. Verordn. vom 22. August 1873 Art. 19 — R.-Bl. S. 1355 bezw. 27. November 1875, Ges.- und Verordn.-Bl. S. 697, hannoversche Ges. vom 8. November 1850, Gebührentarif B Nr. 16, braunschweig. Anwaltsgebührentarif Nr. 14 als Anlage zu §. 402 der Civ.-Pr.-O. vom 19. März 1850); bald richtet sie sich nach dem Stadium des Verfahrens (so nach der Taxe des Hamburger Niedergerichts bezüglich der Prokuratoren, je nachdem der Prozeß durch Einreichung einer Einredeschrift weiteren Fortgang nimmt oder vorher erledigt wird); bald wird sie durch den Richter nach seinem Ermessen innerhalb gesetzlich firzirter Grenzen bestimmt (mecklenburgische Verordn. vom 20. Juli 1840, welche in Nr. 5 für Cura nach Maßgabe der Wichtigkeit und Umfänglichkeit der Sache ein "Annuum" von 1 bis 20 Thlr. zubilligt); bald wird sie nach Werthklassen und zugleich innerhalb derselben durch richterliches Ermessen festgestellt (sächsische revidirte Taxordnung für die Advokaten vom 3. Juni 1859 Kap. II Nr. 1); endlich ist sie auch verschieden, je nachdem der Prozeß vor einem Einzelgericht oder vor einem Kollegialgerichte verhandelt wird (schwarzburg-rudolstädtisches Ges. vom 25. März 1859, Gebührentaxe Nr. 1). In der Regel wird die Arrha nur einmal für die Durchführung des ganzen Rechtsstreits bewilligt (so in Mecklenburg); mitunter aber wird sie nicht blos bei der Information, sondern mehrmals, z. B. auch bei dem Beginn des Beweisverfahrens (z. B. sächsische revidirte Taxordnung für die Advokaten vom 3. Juni 1859 Kap. II Nr. 1 B), hier zuweilen mit einer Grenze (z. B. nicht mehr als

Modifikation bei der Ausführung der Systeme.

drei Mal nach dem weimarischen Gef. vom 29. Oktober 1840, Gebührentaxe s. v. Information der Sache), und in der Rechtsmittelinstanz zugebilligt, dergestalt jedoch, daß der Anwalt, welcher die Partei auch im ersten Rechtszuge vertreten hat, in den höheren nicht mehr als die Hälfte fordern kann (bayerische Verordn. vom 21. Juni 1870, bezw. 22. August 1873, bezw. 27. November 1875 Art. 41 — württembergische Verordn. vom 29. Januar 1869 §. 21).

Die Arrha gilt als Entschädigung für die Bemühungen des Anwalts bei Einziehung von Information. Es wird genügen, zur Karakterisirung dieser Gebühr drei Gesetzgebungen anzuführen, deren Prozeßverfahren ein durchaus verschiedenes ist. Nach der mecklenburgischen Verordnung vom 20. Juni 1840 Nr. 5 sollen bei Feststellung der Arrha im einzelnen Falle berücksichtigt werden: „die zur Information bei Uebernahme einer Sache erforderlich gewesenen und nicht besonders in Rechnung gestellten Bemühungen, die Erwägungen und Prüfungen, welche die Behandlung der Sache überhaupt, insbesondere aber die Einlegung von Rechtsmitteln erfordern, diejenigen Besprechungen, welche, weil sie nicht umfänglich gewesen sind, nicht besonders in Ansatz kommen, die Beförderung der Vorträge an die Gerichte und der gerichtlichen Dekrete zur Insinuation in- oder außerhalb des Wohnortes des Sachwalters, sowie sonstige kleine mündliche oder schriftliche Besorgungen; nicht minder die Führung und Aufmachung der Advokatur-Rechnung, sowie endlich die Größe des Verlags in Rücksicht auf den dadurch entstehenden Zinsenverlust. Das Honorar für die eigentliche Korrespondenz ist hierin aber nicht mitbegriffen . . . ." Fast wörtlich übereinstimmend bezeichnen andererseits die bayerische Verordnung vom 21. Juni 1870 bezw. vom 22. August 1873, bezw. 27. November 1875 Art. 19 und die württembergische Verordnung vom 29. Januar 1869 §. 19 die Arrha „als Belohnung für alle Bemühungen des Anwalts vor Einleitung oder im Laufe eines Prozesses, welche die Information oder den auf den Prozeß sich beziehenden schriftlichen oder mündlichen Verkehr mit der Partei und dritten Personen betreffen, insbesondere auch für die Vollmacht, für die Einsicht von Hülfsakten, Urkunden und Rechnungsbüchern, für Führung der Handakten und dergleichen, soweit nicht — besondere Gebühren bestimmt sind."

Es ergiebt sich aus dieser Darstellung, daß die Arrha bestimmt ist, den etwaigen Ausfall zu decken, der bei Berechnung der einzelnen Handlungen nothwendiger Weise dadurch für den Anwalt entstehen muß, daß nicht jede kleine Bemühung desselben in der Gebührentaxe ihre ausdrückliche Erwähnung finden konnte.

Daß übrigens auch bei dem Bauschsystem eine besondere Informationsgebühr vorkommt, ergiebt sich aus der bremischen Verordnung vom 24./27. Juni 1864 (nach dem Gef. vom 29. Juni 1872) §. 39 Nr. 1.

Von denjenigen Gesetzgebungen aber, welche anderen Systemen angehören, haben die Arrha als besonders zu berechnende Gebühr aufgestellt: die von Hannover, Bayern, Sachsen, Württemberg, Hessen, Mecklenburg, Oldenburg, Braunschweig, Sachsen-Meiningen, Anhalt, Lippe, Reuß ält. Linie, Hamburg und Lübeck (sowohl bei den besonderen Gerichten, als bei dem Ober-Appellationsgericht).

Bemessung der Gebühren nach festen Sätzen oder innerhalb eines Höchst- und Mindestbetrages. Werthsklassen. Nicht minder verschieden als die einzelnen Systeme an sich sind die Grundsätze, nach denen innerhalb eines Systems für den einzelnen Fall die Gebühren festgestellt werden. Ein bedeutender Unterschied zeigt sich zunächst darin, daß mitunter feste Sätze bestehen (wie z. B. in Preußen nebst der Provinz Hannover, Bayern, Braunschweig, Anhalt), mitunter sich die Sätze innerhalb eines vom Gesetzgeber aufgestellten Minimum und Maximum bewegen (Sachsen, Sachsen-Weimar, beide Mecklenburg, Schwarzburg-Sondershausen). In einigen Gesetzgebungen sind beide Grundsätze mit einander vereinigt, wie in Sachsen-Meiningen, Sachsen-Altenburg, in beiden Reuß, in beiden Lippe und in Schwarzburg-Rudolstadt. Sofern feste Gebühren vorhanden sind, steht dem Richter eine Werthschätzung der anwaltlichen Thätigkeit nicht zu; sofern sich dieselben aber innerhalb jener mehr oder minder weit gezogenen Grenzen bewegen, hat der Richter im Einzelfalle die Forderung des Rechtsbeistandes zu prüfen. Was diese Prüfung anlangt, so finden sich wiederum einige objektive Anleitungen für die Bemessung der Belohnung, z. B. bei Terminen nach der Zeitdauer oder bei Schriftsätzen nach der Bogenzahl. Aber auch in diesen Fällen soll nach einigen Gesetzgebungen der innere Gehalt der Arbeit berücksichtigt werden, dergestalt, daß gründliche Kürze den höheren Ansatz zulässig macht und daß Ansätze für offenbar ganz unnöthige Arbeiten und Handlungen gestrichen, sowie bei bloßen Wiederholungen und unnützen Weitläufigkeiten unter den Betrag nach der Bogenzahl herabgesetzt werden (Sachsen-Weimar, Gesetz vom 29. Oktober 1840 §. 6; Schwarzburg-Rudolstadt, Gesetz vom 25. März 1859 §. 25; Lippe, Gesetz vom 12. April 1859 §. 15. Vergl. auch mecklenburgische Verordnungen vom 2. Februar 1792 §§. I. bis III., V. und vom 20. Juli 1840 Nr. 3). Andere Gesetzgebungen dagegen lassen den Geldwerth der in Frage stehenden Angelegenheit oder deren Wichtigkeit für die Partheien in erster Linie und dann erst den Aufwand an Zeit, Mühe und Fleiß maßgebend sein (sächsische revidirte Taxordnung für die Advokaten vom 3. Juni 1859 §. 3), oder sie stellen umgekehrt den Müheaufwand, die Zweckmäßigkeit und den Gehalt einer Arbeit dem Werthsbetrage des Gegenstandes voran (Reuß ält. L., Verordnung vom 1. Februar 1853 §. 3). Aber auch nach diesen Gesetzen ist der Richter befugt und verpflichtet, Ansätze für unnöthige und voraussichtlich unnütze, sowie für ungebührlich ausgedehnte Arbeiten zu streichen (Reuß ält. L., Verordnung vom 1. Februar 1853 §. 3, sächsische revidirte Taxordnung für die Advokaten vom 3. Juni 1859 §. 4). Ueberall aber, wo der Richter die Gebühren nach Sätzen innerhalb eines Minimum und Maximum festzustellen hat, kann er entsprechend auch die Gebühren erhöhen. Während nun in den vorgedachten Fällen das Objekt des Rechtsstreits nur nebenher bei der Abschätzung der anwaltlichen Thätigkeit in Betracht kommt, wird der Werth des Prozeßgegenstandes von einigen Gesetzgebungen ganz unberücksichtigt gelassen (anhaltische Taxe IV. zu Titel XXII. der Prozeßordnung, Ges.-Samml. von 1864 Anlage A. S. 52 ff., hessische Advokatur- und Prokuratur-Taxordnung vom 28. August 1810, Taxe des hamburger Obergerichts), von anderen Gebührenordnungen dagegen als alleiniger Maßstab angenommen, so daß nur, wenn nicht feste Sätze bestehen, noch andere Gesichtspunkte, wie Aufwand an Zeit und die sonst erörterten, nebenbei maßgebend sind. Es werden demgemäß von den einzelnen Gebührenordnungen der letzten Kategorie Werthsklassen aufgestellt, nach welchen sich die Gebührensätze abstufen. Die Zahl der Werthsklassen ist sehr verschieden, in Hannover z. B. 11, in Bayern 6, Württemberg 10, Oldenburg 10, Braunschweig 5 und 10, Sachsen-Meiningen 6, Lippe-Detmold 11, Lübeck 8, Bremen 5. Einige Gesetzgebungen gelangen zu einer so großen Zahl von Klassen, daß es zweckmäßig erschien, nicht die Werthsklassen selbst, sondern das Prinzip ihrer Feststellung im Gesetzestexte zu bestimmen.

Zum praktischen Gebrauche sind dann Tabellen erforderlich. So erhält z. B. in Preußen der Rechtsanwalt gemäß §. 4 des Tarifs zum Gesetz vom 12. Mai 1851 (abgesehen von der durch das Gesetz vom 1. Mai 1875 festgesetzten Erhöhung aller Gebühren um ein Viertheil), wenn der Prozeß durch Kontumazialbescheid, durch Agnitionsresolut oder nach der Klagebeantwortung bezw. nach der Einführung des Rechtsmittels durch Entsagung oder Vergleich beendigt wird,

a) von dem Betrage bis 50 Thlr. von jedem Thaler . . 1 Sgr.,

b) von dem Mehrbetrage bis 150 Thlr. von je 10 Thlr. 7½ Sgr.,

c) von dem Mehrbetrage bis 500 Thlr. von je 50 Thlr. 20 Sgr.,

d) von dem Mehrbetrage bis 1000 Thlr. von je 100 Thlr. 20 Sgr.,

e) von dem Mehrbetrage in erster Instanz von je 200 Thlr., in höherer Instanz von je 500 Thlr. . . . . 20 Sgr.

In Baden werden gemäß §. 3 der Verordnung vom 20. November 1874 nur zwei Hauptwerthsklassen unterschieden, deren Grenze der Betrag von 350 ℳ. bildet. Innerhalb der ersten Klasse besteht für Sachen von 50 bis zu nicht vollen 75 ℳ. eine Mindestgebühr von 19 ℳ., welche sich um je 1 ℳ. mit jeden weiter hinzukommenden 25 ℳ. des Streitwerths erhöht. Innerhalb der zweiten Werthsklasse bewegt sich die Gebühr zwischen 50 ℳ. und 400 ℳ. Sie erhöht sich von 50 ℳ. an um je eine Mark,

1. bei Streitwerthen von 350 ℳ. bis zu nicht vollen 2 000 ℳ. mit jeden weiteren 50 ℳ.,

2. von 2 000 bis zu nicht vollen 6 000 ℳ. mit jeden weiteren 250 ℳ.,

3. von 6 000 bis zu nicht vollen 40 000 ℳ. mit jeden weiteren 500 ℳ.,

4. von 40 000 ℳ. an mit jeden weiteren 1 000 ℳ.

Ein ähnliches System findet sich in Sachsen-Weimar nach dem Gesetz vom 14. April 1868.

In einigen Gebührenordnungen greifen für die verschiedenen zum Ansatze kommenden Handlungen nicht immer dieselben Werthsklassen Platz. Nach dem schaumburg-lippeschen Publikandum, Advokatentaxe betreffend, vom 23. April 1863 — Landesverordnungen Jahrg. 1863 S. 353 — z. B. werden für Verhandlungstermine fünf Werthsklassen (bis 50 Thlr., 50 Thlr. bis 100 Thlr., 100 Thlr. bis 300 Thlr., 300 Thlr. bis 500 Thlr., 500 Thlr. und darüber), für alle anderen Termine nur drei Werthsklassen (bis 50 Thlr., 50 Thlr. bis 300 Thlr., 300 Thlr. bis 500 Thlr.), für Schriftsätze zwei Werthsklassen (300 Thlr. bis 500 Thlr., 500 Thlr. und darüber), für Konferenzen drei Werthsklassen (bis 50 Thlr., 50 Thlr. bis 300 Thlr., 300 Thlr. und darüber) aufgestellt. Aehnlich ist in Hamburg die Berechnung bei dem Handelsgericht und bei den Amtsgerichten, z. B. für das Amtsgericht Ritzebüttel nach dem Gebühren-Schragen vom 14 Februar 1868, für die einzelnen Handlungen eine verschiedene.

Unterschied in den Gebühren nach der Ordnung der Gerichte. — Am nächsten dem Werthsklassensysteme stehen diejenigen Gebührenordnungen, welche eine Unterscheidung machen, je nachdem die betreffende Handlung bei einem Einzelgericht oder einem Kollegialgerichte vorzunehmen ist. Diese Unterscheidung gilt in Hamburg, wo für jedes Gericht eine besondere Taxe besteht. In Schwarzburg-Rudolstadt wird bei Deduktionsschriften für jeden vollgeschriebenen Bogen beim Einzelgericht 10 Sgr. bis 15 Sgr., beim Kollegialgericht 20 Sgr. bis 1 Thlr. liquidirt (Schwarzburg-Rudolstadt, Gebührentaxe zum Ges. vom 25. März 1859 Nr. 6).

In denjenigen Bundesstaaten, welche zu der zweiten und dritten Gruppe gehören, findet sich ohne Rücksicht darauf, ob Werthsklaffen aufgestellt sind oder nicht, bezüglich der Termine und Schriftsätze noch eine aus dem materiellen Inhalt derselben genommene Unterscheidung, welche für die Liquidation von Einfluß ist. So unterscheidet die Advokatur- und Prokuratur-Taxordnung vom 23. August 1810 für die heffischen Provinzen Starkenburg und Oberheffen A. Nr. 8 bis 15 acht Klaffen von Terminen, je nachdem dieselben „materialia causae", einen einzelnen kurz andauernden gerichtlichen Akt, die Ablage eines Eides, den Empfang eines Lehens, die Einsicht von Akten, Konferenz mit dem Machtgeber, Vergleichsverhandlungen, oder persönliche Sollizitation mit Beförderung der Sache bei dem Directorio" betreffen. — Vergl. auch heffische Verordnung vom 1. August 1863 Art. 2 — Regierungsblatt S. 337. —

Unterscheidungen in den Gebühren für Termine und Schriftsätze.

Bezüglich der Schriftsätze dagegen wird in Heffen nur der Unterschied gemacht, ob sie das Materielle oder nur den äußeren Prozeßgang zum Gegenstand haben. Heffische Verordnung vom 23. August 1810 A. Nr. 1 und 2 —. In der Regel entscheidet sonst bei der Eintheilung der Termine und Schriftsätze das gleiche Prinzip. Es wird genügen, als Beispiel das hannoversche Gesetz vom 8. November 1850 §§. 46 bis 48, 18 bis 20, 44 und 45 hervorzuheben. Nach demselben werden drei Gattungen von Schriftsätzen und Terminen aufgestellt. Als Schriftsätze erster Gattung gelten sowohl in der ersten wie in den folgenden Instanzen die auf die Hauptsache sich beziehenden Anträge (Klage Vernehmlaffung, Replik, Beweisanträge), als Schriftsätze zweiter Gattung diejenigen, welche, ohne zu den ersteren zu gehören, die Hauptsache beziehen, sowie diejenigen, welche Nebenpunkte betreffen. Als Schriftsätze dritter Gattung sind diejenigen anzusehen, welche die Natur der die Verhandlungen vorbereitenden oder bestimmenden Anträge nicht haben, insbesondere Schriftsätze, in welchen die Ansetzung eines Termins beantragt wird. Dieser Eintheilung der Schriftsätze entspricht auch die Eintheilung der Termine in Termine erster Gattung, in welchen kontradiktorisch zur Hauptsache verhandelt wird, Termine zweiter Gattung, in welchen zur Hauptsache, aber nicht kontradiktorisch oder über Nebenpunkte verhandelt wird, und Termine dritter Gattung, wozu insbesondere diejenigen gehören, in welchen eine eigentliche Verhandlung nicht stattfand, oder über rein prozeffualische Nebenpunkte oder ohne Erfolg über einen Vergleich verhandelt wird. Ganz auf den gleichen Grundlagen, und nur in unwesentlichen Einzelheiten verschieden, beruht die Eintheilung der Schriftsätze und Termine in Württemberg (Verordnung vom 29. Januar 1869 §§. 29 bis 31, 23 bis 26), in Sachsen-Meiningen (Gesetz vom 19. Juli 1862 bezw. 16. März 1875 Nr. 6 bis 8), in Lippe (Taxordnung vom 15. Juni 1864 B. 2). In Oldenburg und Lübeck ist nur eine Zweitheilung von Schriftsätzen und Terminen vorhanden, je nachdem sie die Hauptsache betreffen, oder nicht (oldenburgisches Gesetz vom 28. Juni 1858 Artikel 8, 34, 35; Lübeckisches Gesetz vom 26. Oktober 1863 §§. 12, 32 und 33). Den betreffenden Prozeßgrundsätzen entsprechend findet sich endlich in Braunschweig nur eine Unterscheidung der Termine vor, je nachdem sie sich auf „merita causae" beziehen oder nicht (Anlage zu §. 402 der C.-P.-O. vom 19. März 1850, Taxordnung Nr. 16, 17).

Diese Eintheilung von Schriftsätzen und Terminen ist entweder eine allgemeine, so daß die Taxe derselben in den verschiedenen Prozeßarten dieselbe bleibt, oder sie verändert sich wieder mit den letzteren. In ähnlicher Weise tritt auch in anderen Staaten, in welchen eine besondere Taxirung von Schriftsätzen und

Terminen nicht vorgeschrieben ist, ein Unterschied der Gebührenberechnung je nach der Prozeßart ein. Ganz durchgeführt ist dieser Unterschied in den Gebühren= ordnungen von Sachsen=Altenburg (Gesetz vom 22. Mai 1841) und Reuß jün= gerer Linie (Verordnung vom 15. Dezember 1855), nach denen die Taxe eine verschiedene ist, je nachdem die Sache im Ordinarprozeß, im Wechsel= und Exe= kutivprozeß, im Konkursprozeß, im unbestimmten summarischen Prozeß, oder im Rechnungs= und Inhibitivprozeß verhandelt wird. In anderen Gebührenord= nungen ist dieser Unterschied nur insoweit durchgeführt, als einzelne Prozeß= arten von den generellen Vorschriften ausgenommen werden. Dies gilt nament= lich von den Bagatellsachen (Preußen nebst Hannover, Baden, Sachsen=Mei= ningen, Anhalt, Schwarzburg=Rudolstadt, Lippe=Detmold), sowie von Wechsel= und Exekutivsachen (Baden, Braunschweig), endlich von denjenigen, welche durch Mandat oder im Mahnverfahren erledigt werden (Preußen mit Hannover, Braunschweig).

Gebühren in höherer In=
stanz.

Es erübrigt endlich noch die Erörterung darüber, inwieweit die Verschieden= heit der Instanzen auf die Gebühren der Rechtsanwälte einen Einfluß äußert. Auch bei Entscheidung dieser Frage gehen die Gebührenordnungen selbst der= jenigen Staaten, welche derselben Gruppe angehören, auseinander.

In denjenigen Staaten, in welchen die Gebühren je für die einzelnen Handlungen des Anwalts berechnet werden, wie in Sachsen=Altenburg, Reuß jüngerer Linie, Schwarzburg=Sondershausen, läßt es sich schon wegen der durch die betreffenden Instanzen bedingten Eigenart einzelner Prozeßhandlungen nicht sofort erkennen, ob die Absicht dahin ging, daß die Gebühren in den höheren Instanzen sich im Ergebnisse höher oder niedriger als die in den unteren Instanzen gestalten. Diejenigen Gebührenordnungen ferner, welche die Taxe hauptsächlich auf die Verschiedenheit der Termine und Schriftsätze nach ihrem Inhalte gründen, erwähnen die höheren Instanzen entweder überhaupt nicht, oder sie stellen die Instanzen ausdrücklich gleich, wie dies in Württemberg und in Sachsen=Meiningen bestimmt ist. Eine theilweise Erhöhung der Anwalts= gebühren in der Appellinstanz findet in den Gebieten des französischen Rechts statt, soweit die französischen Tarifbestimmungen (1. Dekret Art. 147 und 3. De= kret vom 16. Februar 1807) in Geltung geblieben sind.

Nach dem preußischen Gesetze vom 12. Mai 1851 sind die Gebühren in Sachen bis zu 1000 Thlr. in den beiden ersten Instanzen vollständig gleich. Ueber diese Grenze hinaus werden die Gebühren in der höheren Instanz ge= ringer. In der dritten Instanz erhöhen sich die Gebührensätze der vorhergehen= den zweiten Instanz nur um ganz geringfügige Beträge, welche lediglich den Zweck haben, die Summen abzurunden. Thatsächlich ist aber die Vergütung für die dritte Instanz deswegen niedriger, weil es nach dem bestehenden Prozeß= verfahren in dieser fast niemals zu einer Beweisaufnahme kommen kann, für eine solche aber in den unteren Instanzen noch besondere Gebühren erhoben werden.

In Bayern gilt zwar die Regel, daß die Gebühren der zweiten Instanz denen der ersten gleichstehen. Von dieser Regel sind jedoch viele Ausnahmen gemacht, indem sich in der zweiten Instanz die Sätze für die Anfertigung mo= tivirter Anträge, für die Hinterlegung von Anträgen, für die mündliche Rechts= vertheidigung u. s. w. steigern — vergl. Verordn. vom 21. Juni 1870, bezw. 22. August 1873, bezw. 27. November 1875 §§. 42, 22, 43, 26, 44, 27 —, in der dritten Instanz wird ferner das System der Werthsklassen verlassen und nur unterschieden, von welchem Gericht die Sache an die dritte Instanz gelangt, eine Regelung, welche für eine große Zahl der Fälle die Vergütung des An= walts in dritter Instanz geringer, als in den Vorinstanzen gestaltet.

In Baden tritt eine Erhöhung der Gebühren in den oberen Instanzen nur bei den Sachen bis zu 350 ₰ ein. Endlich ist noch hervorzuheben, daß, wenn in einzelnen Staaten die Einzelgebühren sich erhöhen, falls eine Handlung vor einer Oberbehörde (z. B. in Reuß älterer Linie rücksichtlich der Termine) oder vor einem Kollegialgerichte (z. B. Schwarzburg=Rudolstadt ebenfalls mit Bezug auf Termine) vorgenommen wird, dieses in manchen Fällen zu einer Steigerung der Gebühren in den höheren Instanzen führt.

Tabellarische

der Gebühren des Entwurfs mit denen

Nr.	Werthklasse.	Durchschnitt der Klasse.	Bolle Gerichtsgebühr.	Berhältniß derselben zum Durchschnitt.	Anmeldegebühr (§ 16).	Berhältniß derselben zum Durchschnitt.	Anwaltsgebühr im Urkunden- und Bachsschenprozeße (§. 26) 6/10.	Eine volle und eine halbe Gebühr nach dem Entwurf.	Gebühr nach §§. 3A., 4A., bis in die Werthklasse zu 2 fallenden Beträge nach §§. 3A., 4A. des preußischen Tarifs.	Durchschnitt der Gebühren für die in die Werthklasse zu 2 fallenden Beträge nach §§. 3A., 4A. des preußischen Tarifs.
		M.	M.	pCt.	M.	pCt.	M.	M.	M.	M.
1.	2.	3.	4.	5.	6.	7.	8.	9.	10.	11.
1.	bis 20	10	1	10	2	20	1,20	3	1	1
2.	20—60	40	2,40	6	3	7,50	1,80	4,50	1,80	1,77
3.	60—120	90	4,50	5,11	4	4,44	2,40	6	3,50	3,25
4.	120—200	160	7,50	4,69	7	4,38	4,20	10,50	7,20	6,90
5.	200—300	250	11	4,40	10	4	6	15	10	9,65
6.	300—450	375	15	4	14	3,73	8,40	21	13,80	13,60
7.	450—650	550	20	3,64	19	3,45	11,40	28,50	18,20	18,03
8.	650—900	775	26	3,35	24	3,10	14,40	36	23,30	22,90
9.	900—1 200	1 050	32	3,05	28	2,66	16,80	42	25,70	26,95
10.	1 200—1 600	1 400	38	2,71	32	2,93	19,20	48	33,30	32,09
11.	1 600—2 100	1 850	44	2,38	36	1,95	21,60	54	38,28	37,28
12.	2 100—2 700	2 400	50	2,08	40	1,66	24	60	40,70	41,95
13.	2 700—3 400	3 050	56	1,84	44	1,44	26,40	66	48,20	47,13
14.	3 400—4 300	3 850	62	1,61	48	1,25	28,80	72	50,70	50,02
15.	4 300—5 400	4 850	68	1,40	52	1,07	31,20	78	55,70	54,56
16.	5 400—6 700	6 050	74	1,22	56	0,92	33,40	84	60,70	59,74
17.	6 700—8 200	7 450	81	1,08	60	0,88	36	90	65,70	65,63
18.	8 200—10 000	9 100	90	0,99	64	0,70	38,40	96	73,30	72,37
23.	18 000—20 000	19 000	140	0,74	84	0,44	50,40	126	113,30	113,70
38.	48 000—50 000	49 000	290	0,59	144	0,29	86,40	216	238,30	238,70
63.	98 000—100 000	99 000	540	0,55	219	0,22	131,40	328,50	375	375
113.	198 000—200 000	199 000	790	0,40	319	0,16	191,40	478,50	375	375

Zusammenstellung

des preußischen Tarifs vom $\frac{\text{12. Mai 1851.}}{\text{1. Mai 1875.}}$

Eine volle und eine halbe Gebühr nach dem Entwurf in Urkunden- ꝛc. Prozesse. M.	Zwei volle Gebühren nach dem Entwurf. M.	Gebühr nach §§. 3 B., 4 B. des preußischen Tarife bei einem Werthbetrage wie zu 3. M.	Durchschnitt der Gebühren für die in die Werthklasse zu 2 fallenden Beträge nach §§. 3 B., 4 B. des preußischen Tarife. M.	Zwei volle Gebühren nach dem Entwurf im Urkunden- ꝛc. Prozesse. M.	Drei volle Gebühren nach dem Entwurf. M.	Gebühr nach §§. 3 C., 4 C. des preußischen Tarife bei einem Werthbetrage wie zu 3. M.	Durchschnitt der Gebühren für die in die Werthklasse zu 2 fallenden Beträge nach §§. 3 C., 4 C. des preußischen Tarife. M.	Drei volle Gebühren nach dem Entwurf im Urkunden- ꝛc. Prozesse. M.	Gebühr in der Zwangsvollstreckung nach dem Entwurf 3/10. M.	Gebühr in der Exekutionsinstanz (§. 6 des preußischen Tarife) bei einem Werthbetrage wie zu 3. M.
12.	13.	14.	15.	16.	17.	18.	19.	20.	21.	22.
2,20	4	1	1,50	2,40	6	1,50	1,61	3,60	1	1
2,80	6	3,50	3,48	3,60	9	5,30	5,33	5,40	1	1
3,60	8	7,50	7,85	4,80	12	11,30	11,48	7,20	1,20	1
6,30	14	10,80	11,40	8,40	21	14,40	15,91	12,60	2,10	1,50
9	20	15	16,78	12	30	20	19,70	18	3	2,90
12,60	28	20,70	20,70	16,80	42	27,80	27,40	25,20	4,20	3,70
17,10	38	27,30	28,25	22,80	57	36,40	37,06	34,20	5,70	4,80
21,60	48	34,80	33,30	28,80	72	46,40	44,40	43,20	7,20	6,30
25,20	56	38,80	40,43	33,60	84	51,50	53,90	50,40	8,40	6,90
28,80	64	49,80	49,34	38,40	96	66,40	65,78	57,60	9,60	8,40
32,40	72	57,30	55,89	43,20	108	76,40	74,40	64,80	10,80	10,70
36	80	61,10	62,93	48	120	81,50	83,90	72	12	12,50
39,60	88	72,30	70,70	52,80	132	96,40	94,36	79,20	13,20	15
43,20	96	76,10	75,63	57,60	144	101,30	100,84	86,40	14,40	15
46,80	104	83,40	81,86	62,40	156	111,50	109,13	93,60	15,60	15
50,40	112	91,10	89,61	67,20	168	121,50	119,16	100,80	16,80	15
54	120	98,60	98,30	72	180	131,50	131,06	108	18	15
57,60	128	109,60	108,35	76,80	192	146,40	144,74	115,20	19,20	15
75,60	168	169,80	177,85	100,80	252	226,40	227,40	151,20	25,20	15
129,60	288	357,30	358,05	172,80	432	375	375	259,20	43,20	15
197,10	438	375	675	262,80	657	375	375	394,20	65,70	15
287,10	638	375	375	382,80	957	375	375	574,20	95,70	15

Ueberficht

des

beftehenden Rechtszuftandes bezüglich der Anwaltsgebühren in Konkurssachen.

Zusammenhang der Ge-
bührentaxe mit der Gestaltung
des Konkursverfahrens.

Ebenso wie die Normirung der Gerichtsgebühren im Konkurse, sind auch die Grundsätze, nach denen die Gebühren der Anwälte im Konkurse berechnet werden, von der Gestaltung abhängig, welche in den einzelnen Bundesstaaten das Konkursverfahren selbst gefunden hat. Es findet sich daher im Allgemeinen eine Uebereinstimmung der Grundsätze in Betreff der Gerichtsgebühren mit denen in Betreff der Anwaltsgebühren im Konkurse, so daß hier auf die Darstellung des Rechtszustandes, wie sie in den Motiven des Gerichtskostengesetzes (Druckfachen des Reichstages, 3. Leg.-Per. II. Seffion 1878 Nr. 76 S. 68 ff.) gegeben worden ist, Bezug genommen werden darf. Doch ist die Uebereinstimmung keine vollständige. Während z. B. in den Gebieten des französischen Rechts besondere Grundsätze für die Gerichtskosten im Konkurs aufgestellt sind, fehlt es für die Bemessung der Anwaltsgebühren überhaupt an jeder Vorschrift. Der Grund dieser Erscheinung ist darin zu suchen, daß das Konkursverfahren des französischen Rechts auf die Vertretung der Betheiligten durch Anwälte keine Rücksicht nimmt. Bedient sich eine Partei zu ihrer Vertretung im Konkurs eines Anwalts, so nimmt dieser nur die Stelle eines Privatmandatars ein, für dessen Thätigkeit eine gesetzliche Taxe nicht besteht. Die Belohnung eines solchen Vertreters unterliegt daher entweder der freien Vereinbarung oder einer Schätzung durch das Konkursgericht, welches an feste Normen nicht gebunden ist.

Anwendung der Gebühren
des gewöhnlichen Prozesses
auf das Konkursverfahren.

Einzelne Staaten haben die Anwaltsgebühren im Konkurs überhaupt nicht besonders hervor. Dies ist namentlich in denjenigen Bundesstaaten der Fall, in welchen das Konkursverfahren sich wesentlich in den Formen des Civilprozesses bewegt, so daß die Anwälte im Konkursprozesse dieselben Gebühren erheben, die ihnen in den gewöhnlichen Prozessen zustehen. Zu dieser Gruppe gehören vorzugsweise die Staaten, in welchen das gemeine Recht gilt. In diesen werden die Anwaltsgebühren im Konkurse den oben bei Besprechung der bürgerlichen Rechtsstreitigkeiten auseinandergesetzten Grundsätzen gemäß berechnet. Wo also in dieser Gruppe das System der Einzelgebühren überhaupt Anwendung findet, gilt dasselbe auch im Konkurse.

Besondere Gebühren für
das Konkursverfahren.

Andere Bundesstaaten haben zwar für die Anwaltsgebühren im Konkursprozesse besondere, von den für den gewöhnlichen Prozeß geltenden abweichende

Bestimmungen getroffen; allein diese Abweichungen bilden keineswegs ein anderes Gebührensystem, sondern betreffen nur den Betrag der Gebühren. So enthält das sachsen-altenburgische Gesetz vom 22. Mai 1841 — dessen Taxe von Reuß j. L. wörtlich übernommen ist — in Abschnitt III. Nr. 581 bis 595 die besonderen Vorschriften für die Anwaltsgebühren im Konkursprozesse, ohne jedoch hierbei von dem sonstigen Prinzipe der Einzelberechnung abzuweichen. In den Taxen anderer Staaten wird die Honorirung der im Konkurse vorkommenden besonderen Handlungen des Anwalts, wie die Wahrnehmung von Liquidations-, Professions-, Lizitations- und Distributionsterminen in der allgemeinen Taxe für bürgerliche Rechtsstreitigkeiten geregelt; so z. B. von Reuß ä. L. in dem Gesetz vom 1. Februar 1853 und von Lippe in der Verordnung vom 15. Juni 1864. Was diejenigen Taxordnungen anlangt, welche verschiedene Arten von Terminen und Schriftsätzen unterscheiden, so rechnet das hannoversche Gesetz vom 8. November 1850 §§. 40 und 20 die im Konkurse vorkommenden Schriftsätze und Termine zur dritten Gattung; Oldenburg (Ges. vom 28. Juni 1858 Art. 34 §. 3, Art. 35 §. 3), Meiningen (Ges. vom 19. Juli 1862 bezw. 16. März 1875, Taxe sub 7, 11m., 12) und Lübeck (Bekanntmachung vom 26. Oktober 1863 Art. 33 Abs. 2) dagegen zur zweiten Gattung. Daneben finden sich noch zuweilen besondere Taxen für die erfolgte Anmeldung der Forderung im Konkurse (Oldenburg, Taxe Ziffer 84; Lübeck, Taxe Ziffer 33).

Zu denjenigen Gesetzgebungen, welche ein eigenthümliches System der Anwaltsgebühren im Konkurs aufgestellt haben, bilden diejenigen den Uebergang, in welchen die Konkursgebühren der Anwälte sich aus den Gebühren zusammensetzen, welche für die verschiedenen Prozeßarten und für einzelne Handlungen in der allgemeinen Taxordnung aufgestellt sind. So ist in Preußen ein besonderes Gesetz, betreffend die Anwaltsgebühren in Konkursen, nicht ergangen; auf Grund der Vorschriften des Gesetzes und Tarifs vom 12. Mai 1851 bestimmt ein Reskript des Justizministers vom 20. Mai 1857 (J.-M.-Bl. S. 198), daß der Anwalt erhält: Preußen.

a) in allen beim Konkursverfahren entstehenden Prozessen, welche die Feststellung der streitigen Liquidate, die Nichtigkeitserklärung des Akkordes oder die Erledigung der Einwendungen gegen den Theilungsplan in Betreff der angelegten Spezialmassen zum Gegenstande haben und im ordentlichen Verfahren zu erledigen sind, die für den ordentlichen Prozeß geltenden Gebühren;

b) bei den besonderen im Konkurse vorfallenden Prozessen — Wiederaufhebung des Konkurses, anderweite Bestimmung des Tages der Zahlungseinstellung, Akkordverfahren — die ermäßigten Bauschgebühren, welche für die besonderen Prozeßarten in §. 8 des allg. Tarifs aufgestellt sind;

c) für alle sonstigen im Konkursverfahren für die Konkursgläubiger zu besorgenden Geschäfte einschließlich der Liquidationsberichte und Wahrnehmung der Prüfungstermine, die Einzelgebühren des Tarifs nach Maßgabe der §§. 12 bis 20.

Diese Grundsätze des Gesetzes und Tarifs vom 12. Mai 1851 sind mit geringen Abänderungen auf die neuen preußischen Provinzen, mit Ausnahme von Hannover, durch die Verordnungen vom 30. August 1867 (Ges.-Samml. S. 1369 ff., 1385 ff., 1399 ff.) ausgedehnt worden.

Aehnlich ist die Berechnung in Württemberg nach der Verordnung vom Württemberg. 29. Januar 1869 §§. 36 und 38, nur daß für die Liquidation der Forderung und die damit verbundenen Geschäfte eine Quote der Prozeßarrha nach den verschiedenen Werthsklassen — also gewissermaßen ein Bauschquantum — erhoben wird.

Endlich müssen die Gesetzgebungen von Bayern und Sachsen erwähnt werden, welche für die Anwaltsgebühren im Konkurs ein eigenthümliches System aufgestellt haben.

Bayern. Nach den Vorschriften des siebenten Abschnittes der bayerischen Advokaturgebührenordnung vom 25. Juni 1870 (J.=M.=Bl. S. 326 ff.), bezw. 22. August 1873 (Reg.=Bl. S. 1345 ff.), bezw. 27. November 1875 (Ges.= und Verordn.=Bl. S. 700 ff.) werden Gebühren für die einzelnen Handlungen des Anwalts im Gantverfahren (Anmeldung der Forderung, Einsichtnahme von dem Vertheilungsplan, Gesuche verschiedener Art) berechnet und zu diesen tritt sobann für die gesammte Vertretung oder Verbeistandung eines Betheiligten. bei Gläubigerversammlungen und sonstigen Verhandlungstagfahrten eine einzige feste Gebühr hinzu. Eigenthümlich aber ist es, daß, während in dem gewöhnlichen Prozeßverfahren Werthsklassen aufgestellt werden, die Gebühren im Gantverfahren zum Theil ganz ohne Rücksicht auf die Höhe der Forderung, der Dividende oder der Aktivmasse in allen Fällen gleich zum Ansatz kommen. So beträgt die Gebühr für die schriftliche oder mündliche Anmeldung einer Forderung einschließlich der Einsicht der Akten des Gantverfahrens fünf Mark, in Sachen über 900 , M. 10 M. (Art. 78) und die Gebühr für Vertretung oder Verbeistandung bei Gläubigerversammlungen und sonstigen Verhandlungstagfahrten, wie bei der Verhandlung vor dem Kommissar stets vier Mark. Es darf jedoch diese Gebühr, wenn der Advokat mehrere Personen, welche nicht zusammen eine Partei bilden, vertritt, für jede Person besonders angerechnet werden (Art. 82).

Sachsen. Im Königreich Sachsen werden nach der Taxordnung für das Konkursverfahren vom 8. Juli 1868 (Ges.= und Verordn.=Bl. S. 468 ff.) entsprechend den Eigenthümlichkeiten des Konkursverfahrens, wie für die Gerichtskosten, so auch für die Anwaltsgebühren Bauschsätze aufgestellt. Dieselben werden für die gesammte advokatorische Thätigkeit bei Anmeldung einer Forderung zur Befriedigung, einschließlich aller Streitigkeiten erster Instanz, bis zur Erhebung der Gelder in sechs Werthsklassen berechnet, und zwar

a) bei einem Betrage bis zu 50 Thlr. von jedem Thlr. — 1 Ngr.;

b) hierzu bei einem Mehrbetrag über 50 Thlr. bis zu 150 Thlr — noch 15 Ngr. — von jeden vollen 20 Thlrn.;

c) hierzu bei einem Mehrbetrag über 150 Thlr. bis zu 500 Thlr. noch — 20 Ngr. — von jeden vollen 50 Thlrn.;

d) hierzu bei einem Mehrbetrag über 500 Thlr. bis zu 1 000 Thlr. noch — 20 Ngr. — von jeden vollen 100 Thlrn.;

e) hierzu bei einem Mehrbetrag über 1 000 Thlr. bis zu 10 000 Thlr. noch — 20 Ngr. — von jeden vollen 200 Thlrn.;

f) hierzu bei jedem weiteren Mehrbetrage noch — 20 Ngr. — von jeden vollen 500 Thlrn.

Tritt eine Beweisführung ein oder wird ein Rechtsmittel im Laufe des Konkursverfahrens eingelegt, so greifen die gewöhnlichen Gebühren wie im Prozesse Platz. Wird der Konkurs vor dem Verhörstermine durch Vergleich oder aus einem anderen Grunde beendigt, so hat das Gericht nach freiem Ermessen zu bestimmen, ob dem Anwalte die volle Gebühr oder nur ein Theil derselben gewährt werden soll.

Ueberficht

des

beſtehenden Rechtszuſtandes bezüglich der Anwaltsgebühren in Straffachen.

Aeußerſt mannigfaltig iſt auch das in den Bundesſtaaten geltende Recht in Betreff der Anwaltsgebühren im Strafverfahren. Dieſelben ſind in allen Bundesſtaaten geſetzlich geregelt; nur in Sachſen-Koburg-Gotha beſteht ſeit der Anwaltsordnung vom 2. Juni 1862 (Gemeinſchaftliche Geſetzſammlung Nr. 108) auch in Straffachen für die Rechtsanwälte eine Taxe nicht mehr. In der Regel ſind in den Gebührenbeſtimmungen die für den Anſatz der Gerichtsgebühren maßgebenden Grundſätze befolgt; jedoch zeigen ſich vielfach Abweichungen. Während z. B. in Württemberg in Straffachen keine Gerichtsgebühren erhoben werden, wird den Vertheidigern ihre Mühewaltung für einzelne wichtige Handlungen vergütet. Es kann auch hier nicht der Verſuch gemacht werden, eine vollſtändige Zuſammenſtellung der einſchlagenden geſetzlichen Beſtimmungen zu geben. Eine für den vorliegenden Zweck ausreichende Ueberſicht wird durch eine Gruppirung der Syſteme mit Hervorhebung der hauptſächlichſten Eigenthümlichkeiten gewonnen werden können.

Dabei ſcheint es zweckmäßig, vorab die Gebiete des franzöſiſchen Rechts auszuſondern. Hier tritt nämlich in Straffachen die Trennung zwiſchen Avvokatur und Anwaltſchaft, wenn auch weniger bedeutend als in Civilſachen, hervor. Die Vertretung durch einen Anwalt (avoué) iſt in Straffachen in der Regel nur dem Verletzten geſtattet, welcher ſich als Civilpartei dem öffentlichen Verfahren anſchließt; der Beſchuldigte kann ſich, von Polizeiſtraffachen abgeſehen, nur in ſolchen Vergehensfällen vertreten laſſen, in welchen es ſich nicht um eine Freiheitsſtrafe handelt — Art. 185 Code d'inſtr. — Die Gebühren für den Anwalt werden in Rheinpreußen und in Elſaß-Lothringen nach dem bei Civilprozeſſen für ſummariſche Sachen geltenden Honorar — Dekr. vom 16. Februar 1807 Art. 67, 147 — vom Gerichte feſtgeſetzt. In Rheinheſſen dagegen wird nach Art. 13 der Verordnung vom 25. September 1857 (Reg.-Bl. Nr. 29 vom 1. Oktober 1857), bezw. §. 9 der Verordnung vom 15 Dezember 1874 (Reg.-Bl. Nr. 62 vom 24. Dezember 1874) dem für eine Civilpartei auftretenden „Anwalt" eine Bauſchgebühr gewährt, welche aus zwei Stufen innerhalb eines Minimum und Maximum beſteht, je nachdem die Sache vor dem Bezirksgerichte einerſeits, oder dem Schwurgerichte, Obergerichte, Kaſſations- und Reviſionshofe anderer

Verſchiedenartigkeit der Gebührenbeſtimmungen des Strafverfahrens.

Gebiet des franzöſiſchen Rechts.

31

seits verhandelt wird. Bezüglich des Honorars der Advokaten (advocats) finden sich — ausgenommen in Rheinhessen für Offizialvertheidigungen — in den vorgedachten Ländern des französischen Rechts, keine besonderen Taxen, es sind überhaupt die Advokaten bei dem Entgeld für ihre Mühewaltung an keine andere Anordnung gebunden, als daß sie im Voraus keine Verträge mit ihrem Klienten eingehen dürfen — Dekret vom 14. Dezember 1810, Art. 36. — Können sie sich später mit ihrem Klienten nicht einigen, so setzt auch für sie das Gericht, wie bei den Anwälten die Gebühren nach den in bürgerlichen Rechtsstreitigkeiten für die Vertretung summarischer Sachen geltenden Grundsätzen fest — vergl. Verlet, étude sur les frais de police criminelle. Paris 1872 — p. 11 sqq.

In Rheinhessen dagegen wird für die Offizial-Vertheidigung eines Beschuldigten eine Gesammtgebühr innerhalb eines Minimum und Maximum gewährt, die einerseits bei dem Schwurgerichte höher ist, als bei dem Bezirks- und Obergericht und andererseits von dem Gerichte selbst nach der Wichtigkeit der Sache und der Dauer der Verhandlung bemessen wird (Art. 9 der Verordnung vom 4. März 1842, Art. 1 der Verordnung vom 14. November 1854 und §§ 10, 11 der Verordnung vom 15. Dezember 1874).

Gruppirung der übrigen Systeme.

Die in den anderen Gesetzgebungen für die Honorirung der Rechtsanwälte als Vertheidiger geltenden Grundsätze lassen sich in vier Gruppen zusammenfassen, welche den Systemen der Gerichtskosten in Strafsachen (vergl. Motive zum Gerichtskostengesetz, Drucksachen des D. Reichstages, 3. Leg.-Per. II. Sess. 1878 Nr. 76 S. 83 ff.) annähernd entsprechen.

Gruppe I. Einzelgebühren für alle Handlungen.

In der ersten Gruppe werden die Vertheidigergebühren vollkommen analog den Gerichtskosten und den Anwaltsgebühren in bürgerlichen Rechtsstreitigkeiten in der Weise berechnet, daß jede einzelne Thätigkeit des Rechtsbeistandes (Akteneinsicht, Briefwechsel, Wahrnehmung eines Termins u. s. w.) in Ansatz kommt. Es besteht ein ausführlicher Tarif, welcher die Taxe mit einem weiten Spielraum innerhalb eines Mindest- und Höchstbetrags aufstellt. Die Bundesstaaten, welche sich diesem System anschließen, sind:

> Königreich Sachsen (Taxordnung in Strafsachen vom 6. September 1856, Kapitel V. §. 46 ff.; Ges.- u. Verordn.-Blatt S. 291);
>
> Großherzogthum Sachsen (Strafprozeß-Ordnung nebst Gebührentaxe und Ges. vom 9. Dezember 1854; Reg.-Bl. S. 365);
>
> Mecklenburg-Strelitz (wichtig sind nur von den zahlreichen Erlassen: die Verordnungen vom 20. Juli 1840, vom 11. Mai 1858 und vom 12. Juli 1875 — letztere mit Mecklenb.-Schwerin gemeinsam —);
>
> Sachsen-Altenburg (Strafprozeß-Ordnung und die Gebührentaxe in Strafsachen vom 27. Februar 1854);
>
> Anhalt (die Gebührentaxe für die Verhandlungen in Strafsachen vom 28. Mai 1850 — Ges.-Samml. Bd. I. S. 153 ff. — und abändernde V. vom 30. Dezember 1870 — Ges.-Samml. Bd. V. S. 1663 ff. —);
>
> Schwarzburg-Rudolstadt (Ges. vom 24. November 1854 — Ges.-Samml. S. 241 ff.);
>
> Schwarzburg-Sondershausen (Ges. vom 10. Dezember 1854 — Ges.-Samml. S. 303 ff. —);
>
> Reuß ält. Lin. (Gebührentaxe für die Verhandlungen in Strafsachen zur St.-P.-O. vom 12. September 1868, Abschn. V. §§. 21 bis 30 — Ges.-Samml. S. 511 ff. —);

Reuß jüng. Lin. (Gebührentaxe für die Verhandlungen in Strafsachen zur Str.-P.-O. vom 28. April 1863, Abschn. V. §§. 21
bis 30 — Ges.-Samml. S. 188 ff. —).

Bei Festsetzung der Gebühren sind die Gerichte ermächtigt, sei es überhaupt
die Forderung für unnütze Schreibereien einfach abzusetzen (Mecklenburg), sei es
für solche Handlungen insbesondere, welche wegen kulpofer Versäumniß des
Sachwalters nicht zu berücksichtigen sind, ebenso für unstatthafte Anträge und
für frivole Rechtsmittel Gebühren und Verläge zu streichen, sofern nicht etwa
vorwaltende besondere Umstände dem Sachwalter zur Entschuldigung gereichen
und den Vorbehalt der Kosten rechtfertigen (thüringische Staaten).

Gruppe II.
Einzelgebühren, beschränkt
auf die wichtigeren Hand-
lungen.

In der zweiten Gruppe werden einzelne wichtige Handlungen der anwaltlichen Thätigkeit herausgegriffen und berechnet, ohne daß der mündlichen Verhandlung eine besonders hervorragende Bedeutung in der Taxe zu Theil wird.
Die so hervorgehobene Thätigkeit besteht z. B. in der Information bei Uebernahme der Sache, in der Anfertigung von Schriftsätzen, in der Wahrnehmung
von Terminen, Beschwerdeführung u. s. w. Zu dieser Gruppe gehören vorzugsweise:

Württemberg (Strafprozeßordnung vom 17. April 1868 Art. 217,
450; Kgl. Verordnung vom 29. Januar 1869, betr. die Gebühren
der Rechtsanwälte in gerichtlichen Angelegenheiten §. 18 ff., Reg.-Bl.
S. 79; Kgl. Verordn. vom 30. April 1875, betr. einige Abänderungen der Kgl. Verordn. vom 29. Januar 1869 über die
Gebühren der Rechtsanwälte in gerichtlichen Angelegenheiten §. 7 ff.
— Reg.-Bl. -S. 336 —);

Lippe (Rev. Tax.-Ordn. vom 15. Juni 1864)
und, wenn auch nur zum Theil,

Baden (Verordn. vom 20. November 1874 — Ges.- und V.-Bl.
Nr. LIII. —).

Gruppe III.
Einzelgebühren mit vorzugs-
weiser Berücksichtigung der
mündlichen Verhandlung.

Die dritte Gruppe unterscheidet sich von der eben erörterten nur dadurch,
daß die Thätigkeit des Rechtsanwalts in der für die Vertheidigung bestimmten
mündlichen Verhandlung noch besonders ausgezeichnet und berechnet wird. Die
Honorirung für die letztere bewegt sich zwischen einem Höchst- und Mindestbetrage;
für die übrigen Handlungen bestehen feste Sätze.

Zu dieser Gruppe gehören:

Mecklenburg-Schwerin (Verordn. vom 8. Januar 1839, vom
20. Juli 1840, vom 11. Mai 1858 und vom 12. Juli 1875);

Oldenburg (Ges. betr. die Gebühren in bürgerlichen Rechts- und
Strafsachen vom 28. Juni 1858 — Ges.-Bl. S. 303 ff. —);

Hessen, mit Ausnahme von Rheinhessen (Advokatur- und Prokurator-
Tax-Ordnung vom 23. August 1810; V. die Advokaturgebühren
in den Provinzen Starkenburg und Oberhessen, betr. vom 1. August
1863 — Reg.-Bl. Nr. 27 vom 19. August 1863; abgeändert
durch die V. vom 24. Februar 1873 — Reg.-Bl. Nr. 7 vom
5. März 1873 —);

Lübeck (Ges., die Gerichtsgebühren und die Gebühren der Advokaten
betr. vom 26. Oktober 1863 und Bek. vom 1. Februar 1875);

Bremen (Obrigkeitl. Bek. vom 26. Dezember 1870 — V.-Bl.
S. 275 ff. — und Ges., die hinsichtl. des gerichtl. Verfahrens in

Folge der Münzreform erforderlichen Aenderungen von Gesetzen, betr. vom 29. Juni 1872 — B.-Bl. S. 135 ff. —);

Hamburg (Bek., betr. die Taxordn. in Strafsachen vom 24. Januar 1873 — Ges.-Samml. I. Abth. Nr. 3 —).

Gruppe IV.
Bauschgebühren.

Die vierte Gruppe bilden die Gebührenordnungen des Bauschgebührensystems. Dieses System gestattet auch hier nicht die Durchführung bis zur Ausschließung jeder Einzelgebühr. Innerhalb der von einem Rechtsanwalte geführten Vertheidigung des Beschuldigten in einer Instanz dürfen zwar neben dem Bauschquantum nicht noch einzelne Handlungen besonders berechnet werden. Sofern dagegen der Rechtsanwalt nur nach einer einzelnen Richtung thätig ist, z. B. nur eine Beschwerdeschrift oder ein Restitutionsgesuch anfertigt, bestehen Gebühren für diese einzelnen Handlungen und zwar entweder feste Sätze oder relative, nach Mindest- und Höchstbetrag begrenzte Sätze. Solchen Einzeltarifen gewährt Waldeck einen größeren Raum als Preußen und Braunschweig, während Baden neben den festen Sätzen für einzelne Haupthandlungen eine Bauschgebühr für gewisse Stadien des Verfahrens (Vertheidigung bis zur Verkündigung des Urtheils, Durchführung von Rechtsmitteln) kennt.

Die hierher gehörigen Staaten sind:

Preußen (für die alten Provinzen: Ges. vom 3. Mai 1853 — Ges.-Samml. S. 178 — für die neuen Provinzen: V. vom 30. August 1867 — Ges. vom 1. Mai 1875 —);

Braunschweig (Sportel- und Taxordnung in Strafsachen als Anhang zur Str.-Pr.-O. vom 21. Oktober 1858 — Ges. und Verordn. Samml. S. 379 ff. — Ges., Veränderung der Kompet. der Gerichte und des Verfahrens in Strafsachen betr. vom 22. Dezember 1870 — Ges. und Verordn. Samml. S. 678 ff. —);

Waldeck-Pyrmont (Ges. vom 24. Dezember 1857 über die Gebühren der Rechtsanwälte in Strafsachen — Reg.-Bl. von 1858 S. 1 — Ges. vom 1. September 1875 — Reg.-Bl. S. 76 —);

Sachsen-Meiningen (Ges. vom 30. Mai 1856 einige Abänderungen und Zusätze zur Str.-Pr.-O. enthaltend — Samml. landesherrl. V. S. 335 ff. — §. 32; Ges. vom 19. Juli 1862, die Gebühren der Rechtsanwälte betr. — Samml. landesherrl. V. S. 145 ff. — mit dem abändernden Ges. vom 16. März 1875 — Samml. landesherrl. V. S. 131 ff.

Baden — vergl. oben zu II. —

Dieser Gruppe ist endlich auch Bayern zuzuzählen, wo nur Eine Gebühr „für die Vertheidigung in öffentlicher Sitzung" bestimmt ist, welche Gebühr jedoch die Gesammtvergütung des Anwalts für „die Vertretung", insbesondere auch für das Studium der Akten und die Sammlung des Beweismaterials bildet (Verordn. vom 23. Dezember 1875, Just.-Minist.-Bl. S. 346).

Unterschiede in der Aus-
führung der Systeme.

Innerhalb der einzelnen Systeme sind ebenfalls noch verschiedene Stufen in der Bemessung der Gebühren aufgestellt. In einigen Staaten richtet sich ihre Höhe danach, ob die Sache vor einem Einzelrichter, einem Richterkollegium oder einem Schwurgerichte verhandelt wird (Preußen, Bayern, Sachsen, Württemberg, Oberhessen und Starkenburg, Baden, Braunschweig, Hamburg), zuweilen werden außerdem die leichteren Uebertretungen, wie Holz- und Forstfrevel nach geringeren Taxen als die übrigen bemessen (Preußen, Oberhessen und Starkenburg), zuweilen werden Schriftsätze, die an den Kassationshof gerichtet sind, und Termine vor demselben durch hohe Sätze ausgezeichnet (Württemberg). Innerhalb dieser Stufen werden wieder Unterabtheilungen gemacht und z. B. in Preußen bei den Sachen vor der Gerichtsabtheilung das Honorar erhöht, wenn es sich um eine strafbare Handlung handelt, die mit mehr als 200 Thlr. Geldbuße oder mehr als 6 Monaten Gefängniß bedroht ist. Andererseits finden sich überhaupt nur Unterschiede zwischen Verhandlungen vor dem Einzelrichter und vor dem Kreis- bezw. Schwurgericht (Waldeck). Dieser Unterscheidung entspricht in anderen Gebührenordnungen eine andere, welche nicht sowohl auf die Zuständigkeit der Gerichte, als auf die Eintheilung der strafbaren Handlungen in Verbrechen, Vergehen und Uebertretungen sieht; so macht Meiningen diese Eintheilung zur Grundlage bei der Abschätzung der einzelnen Akte mit Ausnahme der Vertretung in der mündlichen Verhandlung, während in Bezug auf diese nur 2 Klassen (1. Uebertretungen, 2. Vergehen und Verbrechen) geschieden werden.

Gar keinen Unterschied zwischen der Art der Gerichte und der Natur der strafbaren Handlungen machen die beiden Großherzogthümer Mecklenburg.

In Bayern bemessen sich die Gebührensätze neben der Unterscheidung nach der Ordnung des Gerichts einerseits nach der Zeitdauer der Verhandlung, andererseits innerhalb eines bestimmten Höchst- und Mindestbetrages; doch kann in Fällen außergewöhnlichen Aufwands an Zeit und Mühe auch der Höchstbetrag ausnahmsweise überschritten werden.

Auch in Bezug auf das Honorar bei Durchführung von Rechtsmitteln ist *Gebühren in höherer Instanz.* — soweit überhaupt in den einzelnen Staaten hierauf Rücksicht genommen wird — der Gesichtspunkt ein verschiedenartiger. Die Staaten der ersten Gruppe kennen als Maßstab für das Steigen der Kosten nur die Zuständigkeit des Gerichtes als eines Amts-, Kreis- oder Schwurgerichts und berühren die Rechtsmittel überhaupt nicht näher. Ihnen am Nächsten kommen diejenigen Staaten, welche der höheren Instanz ganz dieselbe Vergütung gewähren, wie für die niedere. Dieß ist in Preußen mit der Maßgabe der Fall, daß, wenn der Angeklagte das Rechtsmittel eingelegt hat, die Gebühr nicht nach der im Gesetz angedrohten, sondern nach der erkannten Strafe berechnet wird. In Sachsen sind die Gebühren des Vertheidigers für die unwichtigeren Handlungen in der niederen und höheren Instanz gleich hoch, während in Sachsen-Meiningen nur die Hauptverhandlung in erster Instanz und die mündliche Verhandlung über das Rechtsmittel gleich behandelt werden. In anderen Staaten wird die Thätigkeit in der höheren oder doch wenigstens in der dritten Instanz auch höher belohnt, so in Württemberg, Oldenburg, Lübeck, Bremen, zum Theil auch in Sachsen, nämlich für die wichtigeren Seiten der Vertheidigung. Aber es findet sich auch der entgegengesetzte Grundsatz, wonach bei Einlegung und Durchführung eines Rechtsmittels die Vertheidigungsgebühren geringer sind, als die der angefochtenen Instanz. Ausnahmslos gilt diese Regel in Baden und auch in Hamburg, woselbst die Kosten, welche vor dem Polizei-, Straf- und Schwurgericht in aufsteigender Linie bemessen werden, sich vor dem Ober- und Ober-Appellationsgericht vermindern. In Braunschweig und Waldeck dagegen kann nur für die Vertretung in der Nichtigkeitsinstanz weniger als in den unteren gefordert werden.

Was die Werthschätzung der anwaltlichen Thätigkeit angeht, welche vorgenommen werden muß, wenn sich die Tarifsätze innerhalb eines Mindest- und Höchstbetrages bewegen, so werden auch hierfür von den verschiedenen Staaten verschiedene Gesichtspunkte hervorgehoben. Häufig wird angeordnet, daß als Regel *Bemessung der nach relativen Sätzen bestimmten Gebühren.*

der niedrigste Satz gelten und nur bei Schwierigkeit und Wichtigkeit der Sache von dem Gericht eine höhere Gebühr zugebilligt werden soll (Oldenburg, Bremen, Lübeck, Hamburg).

In anderen Staaten wird ein Regelfall überhaupt nicht hervorgehoben, sondern das Gericht stets auf die sachliche Bedeutung im allgemeinen bei Bemessung der Gebühren hingewiesen (beide Mecklenburg, Oberhessen-Starkenburg). Andere Gesetzgebungen bezeichnen, wenn sie für gleichartige Handlungen verschiedene Sätze aufstellen, diejenigen, welche den höheren oder niedrigeren Satz begründen. So unterscheidet Württemberg verschiedene Gattungen von Tagfahrten und Schriftsätzen nach Zweck und Inhalt — vergl. Motive zu der V. vom 29. Januar 1869 in der amtl. Handausgabe der „Neuen Justizges. des Kgr. Württemberg 1871 Bd. 1 S. 87 ff." — Ein fernerer Maßstab für die Bemessung der Gebühren wird in den einzelnen Staaten in dem für die einzelne Handlung erforderlich gewesenen Zeitaufwande gefunden und dieser wiederum bei schriftlichen Arbeiten nach der Bogenzahl (Hessen mit Ausnahme von Rheinhessen), bei mündlichen Verhandlungen nach der Terminsdauer, sei es in Stunden (so z. B. in Meiningen bei Verbrechen und Vergehen unter oder über drei Stunden), sei es in Tagen (Preußen, Baden, Mecklenburg) bemessen. Endlich tritt auch bei einer Mehrheit von Angeklagten eine verhältnißmäßige Erhöhung um einen Bruchtheil ein.

Privatklagesachen. Die Privatklagesachen werden in einzelnen Gebührenordnungen nur erwähnt, um anzudeuten, daß der Vertreter des anklagenden Theils dieselben Gebühren bezieht, wie sonst der Vertheidiger in Straffachen (Baden, V. vom 20. November 1874 §. 19). Umgekehrt treten nach dem oldenburgischen Tarif (Ges. vom 28. Juni 1858, Taxe Nr. 75 bis 78, 87, vergl. dazu Strafprozeßordnung vom 2. November 1857 Art. 449) andere Sätze ein; je nachdem der Anwalt den Privatkläger vertritt oder den Beschuldigten vertheidigt. Noch andere Gesetzgebungen lassen in solchen Sachen die Gebühren nach den Taxordnungen für Civilprozesse Platz greifen (Bremen, Taxordnung für Straffachen Nr. 19). Die alten preußischen Provinzen scheiden hier aus, da die sogenannten Injuriensachen in den Formen des Civilprozesses erledigt werden. In den neuerworbenen preußischen Provinzen werden die Gebühren der Anwälte in Privatklagesachen verschieden abgestuft, je nachdem diese mit oder ohne Beweisaufnahme durch Erkenntniß oder ohne ein solches zur Erledigung gelangen, eine Art der Regelung, die sich an die Bauschgebühren des preußischen Civilprozesses anschließt.